WISSEN FÜR DIE PRAXIS

Ihr Online-Aktivierungscode
für den Online-Dienst
unter www.WALHALLA.de

Näheres dazu im Vorwort

EINFACH – FLEXIBEL – DIGITAL

Kennen Sie schon den Online-Dienst zum Deutschen Beamten-Jahrbuch?

Holen Sie sich alle wichtigen Fachinformationen einfach und komfortabel auf Ihren Bildschirm. Im Online-Dienst stehen Ihnen zahlreiche Funktionen und stets aktuelle Inhalte zur Verfügung, die ein schnelles und effizientes Arbeiten ermöglichen.

Probieren Sie es gleich aus!

Nutzen Sie den Online-Dienst 3 Monate kostenlos mit dem Aktivierungscode. Gleich anmelden und ausprobieren.

Den **Aktivierungscode** sowie die Anleitung zur **Registrierung** finden Sie im Vorwort.

0941 5684-0
0941 5684-111

WALHALLA@WALHALLA.de
www.WALHALLA.de

Walhalla Fachredaktion

Deutsches Beamten-Jahrbuch Baden-Württemberg

Vorschriftensammlung zum Beamtenrecht

Bibliografische Information der Deutschen Nationalbibliothek
Die Deutsche Nationalbibliothek verzeichnet diese Publikation in der Deutschen Nationalbibliografie; detaillierte bibliografische Daten sind im Internet über www.dnb.de abrufbar.

Zitiervorschlag:
Deutsches Beamten-Jahrbuch Baden-Württemberg
Walhalla Fachverlag, Regensburg 2025

Rechtsstand: 1. Februar 2025
Alle bis dahin veröffentlichten Änderungen sind berücksichtigt.

© Walhalla u. Praetoria Verlag GmbH & Co. KG, Regensburg
Alle Rechte, insbesondere das Recht der Vervielfältigung und Verbreitung
sowie der Übersetzung, vorbehalten. Kein Teil des Werkes darf in irgendeiner Form
(durch Fotokopie, Datenübertragung oder ein anderes Verfahren) ohne schriftliche
Genehmigung des Verlages reproduziert oder unter Verwendung elektronischer
Systeme gespeichert, verarbeitet, vervielfältigt oder verbreitet werden.
Produktion: Walhalla Fachverlag, 93042 Regensburg
Umschlaggestaltung: grubergrafik, Augsburg
Printed in Germany
ISBN 978-3-8029-1196-5

Das aktuelle Beamtenrecht 2025

Besoldung/Versorgung

- Durch das BVAnp-ÄG 2024/2025 wird das Tarifergebnis TV-L vom 9.12.2023 auf die Besoldung und Versorgung übertragen. Hierbei kommt im Versorgungsbereich der individuelle Ruhegehaltssatz zur Anwendung. Im Wesentlichen:
  - Sonderzahlungen zur Inflationsabmilderung: einmalig 1.800 Euro, monatlich 120 Euro für Januar bis Oktober 2024.
  - Erhöhung der Grundgehaltssätze um einen Sockelbetrag in Höhe von 200 Euro ab 1.11.2024, Anwärtergrundbeträge um 100 Euro.
  - Lineare Erhöhung um 5,5 Prozent ab 1.2.2025, Anwärtergrundbeträge um 50 Euro.
- Bei der Prüfung der amtsangemessenen Alimentation im Hinblick auf den Mindestabstand von 15 Prozent zum Grundsicherungsniveau wurde ab dem Jahr 2024 erstmals die Berücksichtigung eines fiktiven Partnereinkommens in Höhe von pauschal 6.000 Euro eingeführt. Familien, die dieses nicht erreichen, können einen zusätzlichen Familienergänzungszuschlag gem. §41a LBesGBW beantragen. Dadurch soll das Familienbild der Alleinverdienerfamilie als Bezugsgröße in der Besoldung zu einer Hinzuverdienerfamilie weiterentwickelt werden.
- Erhöhung der kinderbezogenen Familienzuschläge ab dem dritten Kind zum 1.1.2023 und zum 1.1.2024 sowie Nachzahlungen für 2023 für wenige Besoldungsgruppen.

Versorgung

Durch das Haushaltsbegleitgesetz 2025/2026 wurde mit der Änderung des §59 Landesbeamtenversorgungsgesetz Baden-Württemberg die einmalige Unfallentschädigung und die einmalige Entschädigung rückwirkend zum 1.1.2024 an die höheren Beträge des Bundes und einiger Länder angepasst. Im Gesetz über einen Versorgungsfonds des Landes Baden-Württemberg (VersFondsG, IV.5) wurden die Zuführungen für vorhandene Beamtinnen und Beamte abgeschafft und auf 12.000 Euro jährlich für jede ab dem Jahr 2025 neu geschaffene Planstelle begrenzt.

Beihilfe

Durch das Haushaltsbegleitgesetz 2025/2026 wurde zur Umsetzung der Entscheidung des BVerwG vom 21.3.2024 – 5 C 5.22 die bisher nur in der Beihilfeverordnung geregelte Kostendämpfungspauschale rückwirkend zum 1.1.2013 statt bisher in §15 BVO nun im Landesbeamtengesetz in §78 Abs. 2a normiert. Damit wird am Abzug einer Kostendämpfungspauschale in aktueller Höhe für bereits entstandene und für künftige Aufwendungen festgehalten. Aufgrund der neuen Ermächtigungsgrundlage in §78 Abs. 2a Satz 7 LBG wurden die bisherigen Ausnahmen in der Beihilfeverordnung geregelt. Durch zeitlich gestaffelte Änderungen des LBG wurde die materielle Rechtslage so geregelt, wie sie seit dem Haushaltsbegleitgesetz 2013/14 und den Folgeänderungen bestand. Das Bundesverwaltungsgericht hatte mit seinem Urteil vom 21. März 2024 (5 C 5.22) die Kostendämpfungspauschale – als weitere Sparmaßnahme des Haushaltsbegleitgesetzes 2023/14 – aus formellen Gründen für rechtswidrig und damit für unwirksam erklärt. Das Landesbeamtengesetz enthalte keine ausreichende Verordnungsermächtigung für eine durch Rechtsverordnung zu regelnde besoldungsgruppenabhängige Kostendämpfungspauschale. Die Formulierung zumutbare Selbstbehalte in §78 Abs. 2 Satz 3 LBG genüge diesen Anforderungen nicht, weshalb die Regelung zur Kostendämpfungspauschale in der BVO, die auf dieser Ermächtigung basiert, unwirksam sei.

Wir wünschen Ihnen Freude und Erfolg mit diesem Nachschlagewerk.

Ihr WALHALLA Fachverlag

JETZT MIT TESTZUGANG ZUM ONLINE-DIENST

Erstmals erhalten Sie parallel zum Druckwerk auch einen digitalen Zugriff auf die Inhalte. Der Online-Dienst ist orts- und zeitunabhängig über die Homepage des Verlages aufrufbar.

Ihr Zugangscode ist ab Einlösedatum 3 Monate gültig. Die Laufzeit endet automatisch. Sie gehen keine weiteren Verpflichtungen ein.

Aktivierungscode: MXY-PNH-AIB

So lösen Sie den Code ein:
Melden Sie sich auf www.walhalla.de an. Sollten Sie noch kein Kundenkonto, besitzen, können Sie sich einmalig unter „Mein Konto" registrieren.

Lösen Sie anschließend Ihren Code in der oberen Navigationsleiste unter „Aktivierungscodes" ein.
Der Online-Dienst steht Ihnen nun in der Online-Bibliothek Ihres Accounts (oben rechts unter Mein Konto → Online-Bibliothek) zur Verfügung.

Schnellübersicht

Statusrecht	19	I
Laufbahn/Ausbildung	259	II
Besoldung	341	III
Versorgung	543	IV
Personalvertretung	633	V
Reise- und Umzugskosten/Trennungsgeld	711	VI
Beihilfe/Fürsorge	729	VII
Soziale Schutzvorschriften/Familienförderung/Vermögensbildung	821	VIII
Verfassung/Verwaltung	947	IX
Allgemeine Schutzvorschriften	1147	X
Stichwortverzeichnis	1177	XI
Kalendarium/Ferientermine	1185	XII

Gesamtinhaltsübersicht

I Statusrecht

Allgemeines Beamtenrecht

I.1	Gesetz zur Regelung des Statusrechts der Beamtinnen und Beamten in den Ländern (Beamtenstatusgesetz – BeamtStG)	20
I.2	Gesetz zur Reform des öffentlichen Dienstrechts (Dienstrechtsreformgesetz – DRG) – Auszug –	38
I.3	Landesbeamtengesetz (LBG)	45
I.3.1	Verwaltungsvorschrift des Innenministeriums zur Durchführung beamtenrechtlicher Vorschriften (BeamtVwV)	99
I.4	Gesetz über die Ernennung der Richter und Beamten des Landes (Ernennungsgesetz – ErnG)	169
I.5	Verordnung des Innenministeriums, des Finanzministeriums, des Kultusministeriums, des Wissenschaftsministeriums, des Umweltministeriums, des Wirtschaftsministeriums, des Sozialministeriums, des Justizministeriums, des Verkehrsministeriums, des Ministeriums Ländlicher Raum und des Ministeriums für Landesentwicklung und Wohnen über die Regelung beamtenrechtlicher Zuständigkeiten (Beamtenrechtszuständigkeitsverordnung – BeamtZuVO)	173
I.6	Verordnung der Landesregierung über die Nebentätigkeit der Beamten und Richter (Landesnebentätigkeitsverordnung – LNTVO)	179
I.7	Verordnung der Landesregierung über die dienstliche Beurteilung der Beamtinnen und Beamten (Beurteilungsverordnung – BeurtVO)	185
I.8	Verordnung der Landesregierung über die Gewährung von Jubiläumsgaben an Beamte und Richter (Jubiläumsgabenverordnung – JubGVO)	192

Arbeitszeit/Urlaub/Mutterschutz/Elternzeit

I.9	Verordnung der Landesregierung über die Arbeitszeit, den Urlaub, den Mutterschutz, die Elternzeit, die Pflegezeiten und den Arbeitsschutz der Beamtinnen, Beamten, Richterinnen und Richter (Arbeitszeit- und Urlaubsverordnung – AzUVO)	194
I.10	Verordnung der Landesregierung über die Arbeitszeit der beamteten Lehrkräfte an öffentlichen Schulen in Baden-Württemberg (Lehrkräfte-ArbeitszeitVO)	218

Disziplinarrecht/Korruption

I.11	Landesdisziplinargesetz (LDG)	223
I.12	Verwaltungsvorschrift der Landesregierung und der Ministerien zur Verhütung unrechtmäßiger und unlauterer Einwirkungen auf das Verwaltungshandeln und zur Verfolgung damit zusammenhängender Straftaten und Dienstvergehen (VwV Korruptionsverhütung und -bekämpfung)	237

Gesamtinhaltsübersicht

II Laufbahn/Ausbildung

II.1	Verordnung des Innenministeriums über die Einrichtung von Laufbahnen (Laufbahnverordnung-Innenministerium – LVO-IM)	260
II.2	Verordnung des Kultusministeriums über die Laufbahnen seines Geschäftsbereichs (Laufbahnverordnung Kultusministerium – LVO-KM)	270
II.3	Verordnung des Ministeriums für Ländlichen Raum und Verbraucherschutz über die Einrichtung von Laufbahnen (Laufbahnverordnung MLR – LVO-MLR)	280
II.4	Verordnung des Finanzministeriums über die Errichtung von Laufbahnen und weitere Laufbahnvorschriften für den Bereich der Finanzverwaltung (Finanzlaufbahnverordnung – FLVO)	284
II.5	Verordnung des Wirtschaftsministeriums über die Einrichtung von Laufbahnen (Laufbahnverordnung Wirtschaftsministerium – LVO WM)	289
II.6	Verordnung des Ministeriums für Verkehr über die Einrichtung von Laufbahnen (Laufbahnverordnung VM – LVO-VM)	293
II.7	Verordnung des Justizministeriums über die Einrichtung von Laufbahnen (Laufbahnverordnung-Justizministerium – LVO-JuM)	296
II.8	Verordnung des Wissenschaftsministeriums über die Einrichtung von Laufbahnen und weitere Laufbahnvorschriften für den Wissenschafts- und Kunstbereich (Laufbahnverordnung Wissenschaftsministerium – LVO-MWK)	301
II.9	Verordnung des Sozialministeriums über die Einrichtung von Laufbahnen (Laufbahnverordnung-Sozialministerium – LVO-SM)	306
II.10	Verordnung des Innenministeriums über die Einrichtung von Laufbahnen des Polizeivollzugsdienstes (Laufbahnverordnung-Polizeivollzugsdienst – LVO-PVD)	308
II.11	Verordnung des Umweltministeriums über die Einrichtung von Laufbahnen (Laufbahnverordnung UM – LVO-UM)	315
II.12	Verordnung des Ministeriums für Landesentwicklung und Wohnen über die Einrichtung von Laufbahnen (Laufbahnverordnung Ministerium für Landesentwicklung und Wohnen – LVO MLW)	319
II.13	Verordnung des Innenministeriums über die Ausbildung und Prüfung für den mittleren Verwaltungsdienst (Ausbildungs- und Prüfungsordnung für den mittleren Verwaltungsdienst – APrOVw mD)	321
II.14	Verordnung des Innenministeriums über die Ausbildung und Prüfung für den gehobenen Verwaltungsdienst (Ausbildungs- und Prüfungsordnung für den gehobenen Verwaltungsdienst – APrOVw gD)	330

III Besoldung

Landesbesoldungsgesetz

III.1 Landesbesoldungsgesetz Baden-Württemberg (LBesGBW) 342

III.1.1 Allgemeine Verwaltungsvorschrift des Finanz- und Wirtschaftsministeriums zum Landesbesoldungsgesetz Baden-Württemberg (LBesGBW-VwV) 441

Weitere besoldungsrechtliche Regelungen

III.2 Verordnung des Finanzministeriums über die Beifügung von Zusätzen zu den Grundamtsbezeichnungen (Grundamtsbezeichnungs-Verordnung – GrbezVO) 509

III.3 Verordnung der Landesregierung über die Festsetzung von Stellenobergrenzen für den staatlichen und außerstaatlichen Bereich (Stellenobergrenzenverordnung – StOGVO) 514

III.4 Verordnung der Landesregierung über die Gewährung von Erschwerniszulagen in Baden-Württemberg (Erschwerniszulagenverordnung Baden-Württemberg – EZulVOBW) 516

III.5 Verordnung des Wissenschaftsministeriums, des Innenministeriums und des Justizministeriums über Leistungsbezüge sowie Forschungs- und Lehrzulagen für Professoren und Leiter und Mitglieder von Leitungsgremien an Hochschulen (Leistungsbezügeverordnung – LBVO) 523

III.6 Verordnung des Finanzministeriums über die Gewährung von Leistungsprämien (Leistungsprämienverordnung des Finanzministeriums – LPVO-FM) 528

III.7 Verordnung der Landesregierung über Zulagen für Lehrkräfte mit besonderen Funktionen (Lehrkräftezulagenverordnung) 529

III.8 Verordnung des Finanzministeriums über die Gewährung von Anwärtersonderzuschlägen (Anwärtersonderzuschlagsverordnung – AnwSoZVO) 532

III.9 Verordnung des Kultusministeriums über die Gewährung einer Unterrichtsvergütung für Anwärterinnen und Anwärter sowie Studienreferendarinnen und Studienreferendare (Unterrichtsvergütungsverordnung – UVergVO) 534

III.10 Verwaltungsvorschrift des Ministeriums für Finanzen und Wirtschaft zur Gewährung eines Zuschlages bei Altersteilzeit nach § 69 des Landesbesoldungsgesetzes Baden-Württemberg (LBesGBW) 538

IV Versorgung

Landesbeamtenversorgungsgesetz

IV.1 Landesbeamtenversorgungsgesetz Baden-Württemberg (LBeamtVGBW) 544

Unfallfürsorge

IV.2 Verordnung des Finanz- und Wirtschaftsministeriums zur Durchführung des § 48 Abs. 6 des Landesbeamtenversorgungsgesetzes (Heilverfahrensverordnung Baden-Württemberg – LHeilvfVOBW) 609

IV.3 Verordnung der Landesregierung über die einmalige Unfallentschädigung nach § 59 Abs. 3 Satz 2 des Landesbeamtenversorgungsgesetzes Baden-Württemberg (Unfallentschädigungsverordnung Baden-Württemberg – UEVOBW) 614

Berufskrankheiten

IV.4 Berufskrankheiten-Verordnung (BKV) 617

Sicherung der Versorgung

IV.5 Gesetz über einen Versorgungsfonds des Landes Baden-Württemberg (VersFondsG) 627

IV.6 Gesetz über eine Versorgungsrücklage des Landes Baden-Württemberg (Versorgungsrücklagegesetz – VersRücklG) 629

V Personalvertretung

V.1 Landespersonalvertretungsgesetz (LPVG) 634
V.2 Wahlordnung zum Landespersonalvertretungsgesetz (LPVGWO) 685

VI Reise- und Umzugskosten/Trennungsgeld

Dienstreisen
VI.1 Gesetz zur Neufassung des Landesreisekostengesetzes
(Landesreisekostengesetz – LRKG) 712

Umzug
VI.2 Landesumzugskostengesetz (LUKG) 718

Trennungsgeld
VI.3 Verordnung des Finanzministeriums über das Trennungsgeld bei Abordnungen und Versetzungen
(Landestrennungsgeldverordnung – LTGVO) 724

VII Beihilfe/Fürsorge

Beihilfe

VII.1 Verordnung des Finanzministeriums über die Gewährung von Beihilfe in Geburts-, Krankheits-, Pflege- und Todesfällen (Beihilfeverordnung – BVO) 730

VII.2 Verordnung über Beihilfe in Krankheits-, Pflege- und Geburtsfällen (Bundesbeihilfeverordnung – BBhV) 765

VII.2.1 Übersicht der anerkannten Heilbäder- und Kurorte (zu § 35 Abs. 1 Satz 2 BBhV) 784

Fürsorge

VII.3 Verordnung des Innenministeriums über die Heilfürsorge für Beamtinnen und Beamte des Polizeivollzugsdienstes, des Einsatzdienstes der Feuerwehr und des technischen Dienstes der Landesfeuerwehrschule, des Vollzugs- und Werkdienstes im Justizvollzug sowie des Abschiebungshaftvollzugsdienstes (Heilfürsorgeverordnung – HVO) 804

VII.4 Verwaltungsvorschrift des Finanzministeriums über die Gewährung von Gehaltsvorschüssen (Vorschussrichtlinien – VR) 814

VII.5 Verwaltungsvorschrift des Finanzministeriums über die Neufassung der Unterstützungsgrundsätze (UGr) 817

VIII Soziale Schutzvorschriften/Familienförderung/Vermögensbildung

Gleichberechtigung/Gleichstellung

VIII.1 Gesetz zur Verwirklichung der Chancengleichheit von Frauen und Männern im öffentlichen Dienst des Landes Baden-Württemberg (Chancengleichheitsgesetz – ChancenG) 822

VIII.1.1 Verordnung der Landesregierung über die Wahl der Beauftragten für Chancengleichheit 836

Schwerbehinderte Menschen

VIII.2 Landesgesetz zur Gleichstellung von Menschen mit Behinderungen (Landes-Behindertengleichstellungsgesetz – L-BGG) 840

VIII.2.1 Gemeinsame Verwaltungsvorschrift aller Ministerien und des Rechnungshofs über die Beschäftigung schwerbehinderter Menschen in der Landesverwaltung (SchwbVwV) 849

Familienförderung

VIII.3 Bundeskindergeldgesetz (BKGG) 856

VIII.4 Einkommensteuergesetz (EStG) – Auszug – 870

VIII.5 Gesetz zum Elterngeld und zur Elternzeit (Bundeselterngeld- und Elternzeitgesetz – BEEG) 907

Vermögensbildung

VIII.6 Gesetz über vermögenswirksame Leistungen für Beamte, Richter, Berufssoldaten und Soldaten auf Zeit 929

VIII.7 Fünftes Gesetz zur Förderung der Vermögensbildung der Arbeitnehmer (Fünftes Vermögensbildungsgesetz – 5. VermBG) 931

IX Verfassung/Verwaltung

Verfassung

IX.1	Grundgesetz für die Bundesrepublik Deutschland	948
IX.2	Verfassung des Landes Baden-Württemberg	1002

Verwaltung

IX.3	Verwaltungsgerichtsordnung (VwGO)	1019
IX.4	Verwaltungsverfahrensgesetz für Baden-Württemberg (Landesverwaltungsverfahrensgesetz – LVwVfG)	1071
IX.5	Landesverwaltungsgesetz	1110
IX.6	Landesdatenschutzgesetz (LDSG)	1119
IX.7	Dienstordnung für die Landesverwaltung Baden-Württemberg	1136

Gesamtinhaltsübersicht

X Allgemeine Schutzvorschriften

X.1 Allgemeines Gleichbehandlungsgesetz (AGG) 1148
X.2 Gesetz über die Durchführung von Maßnahmen des Arbeitsschutzes zur Verbesserung der Sicherheit und des Gesundheitsschutzes der Beschäftigten bei der Arbeit
(Arbeitsschutzgesetz – ArbSchG) 1161
X.3 Landesnichtraucherschutzgesetz (LNRSchG) 1174

I Statusrecht

Allgemeines Beamtenrecht

I.1	Gesetz zur Regelung des Statusrechts der Beamtinnen und Beamten in den Ländern (Beamtenstatusgesetz – BeamtStG)	20
I.2	Gesetz zur Reform des öffentlichen Dienstrechts (Dienstrechtsreformgesetz – DRG) – Auszug –	38
I.3	Landesbeamtengesetz (LBG)	45
I.3.1	Verwaltungsvorschrift des Innenministeriums zur Durchführung beamtenrechtlicher Vorschriften (BeamtVwV)	99
I.4	Gesetz über die Ernennung der Richter und Beamten des Landes (Ernennungsgesetz – ErnG)	169
I.5	Verordnung des Innenministeriums, des Finanzministeriums, des Kultusministeriums, des Wissenschaftsministeriums, des Umweltministeriums, des Wirtschaftsministeriums, des Sozialministeriums, des Justizministeriums, des Verkehrsministeriums, des Ministeriums Ländlicher Raum und des Ministeriums für Landesentwicklung und Wohnen über die Regelung beamtenrechtlicher Zuständigkeiten (Beamtenrechtszuständigkeitsverordnung – BeamtZuVO)	173
I.6	Verordnung der Landesregierung über die Nebentätigkeit der Beamten und Richter (Landesnebentätigkeitsverordnung – LNTVO)	179
I.7	Verordnung der Landesregierung über die dienstliche Beurteilung der Beamtinnen und Beamten (Beurteilungsverordnung – BeurtVO)	185
I.8	Verordnung der Landesregierung über die Gewährung von Jubiläumsgaben an Beamte und Richter (Jubiläumsgabenverordnung – JubGVO)	192

Arbeitszeit/Urlaub/Mutterschutz/Elternzeit

I.9	Verordnung der Landesregierung über die Arbeitszeit, den Urlaub, den Mutterschutz, die Elternzeit, die Pflegezeiten und den Arbeitsschutz der Beamtinnen, Beamten, Richterinnen und Richter (Arbeitszeit- und Urlaubsverordnung – AzUVO)	194
I.10	Verordnung der Landesregierung über die Arbeitszeit der beamteten Lehrkräfte an öffentlichen Schulen in Baden-Württemberg (Lehrkräfte-ArbeitszeitVO)	218

Disziplinarrecht/Korruption

I.11	Landesdisziplinargesetz (LDG)	223
I.12	Verwaltungsvorschrift der Landesregierung und der Ministerien zur Verhütung unrechtmäßiger und unlauterer Einwirkungen auf das Verwaltungshandeln und zur Verfolgung damit zusammenhängender Straftaten und Dienstvergehen (VwV Korruptionsverhütung und -bekämpfung)	237

Gesetz zur Regelung des Statusrechts der Beamtinnen und Beamten in den Ländern (Beamtenstatusgesetz – BeamtStG)

Vom 17. Juni 2008 (BGBl. I S. 1010)

Zuletzt geändert durch
Gesetz zur Beschleunigung von Disziplinarverfahren in der Bundesverwaltung und zur Änderung weiterer dienstrechtlicher Vorschriften
vom 20. Dezember 2023 (BGBl. I Nr. 389)

Inhaltsübersicht

Abschnitt 1
Allgemeine Vorschriften
- § 1 Geltungsbereich
- § 2 Dienstherrnfähigkeit

Abschnitt 2
Beamtenverhältnis
- § 3 Beamtenverhältnis
- § 4 Arten des Beamtenverhältnisses
- § 5 Ehrenbeamtinnen und Ehrenbeamte
- § 6 Beamtenverhältnis auf Zeit
- § 7 Voraussetzungen des Beamtenverhältnisses
- § 8 Ernennung
- § 9 Kriterien der Ernennung
- § 10 Voraussetzung der Ernennung auf Lebenszeit
- § 11 Nichtigkeit der Ernennung
- § 12 Rücknahme der Ernennung

Abschnitt 3
Länderübergreifender Wechsel und Wechsel in die Bundesverwaltung
- § 13 Grundsatz
- § 14 Abordnung
- § 15 Versetzung
- § 16 Umbildung einer Körperschaft
- § 17 Rechtsfolgen der Umbildung
- § 18 Rechtsstellung der Beamtinnen und Beamten
- § 19 Rechtsstellung der Versorgungsempfängerinnen und Versorgungsempfänger

Abschnitt 4
Zuweisung einer Tätigkeit bei anderen Einrichtungen
- § 20 Zuweisung

Abschnitt 5
Beendigung des Beamtenverhältnisses
- § 21 Beendigungsgründe
- § 22 Entlassung kraft Gesetzes
- § 23 Entlassung durch Verwaltungsakt
- § 24 Verlust der Beamtenrechte
- § 25 Ruhestand wegen Erreichens der Altersgrenze
- § 26 Dienstunfähigkeit
- § 27 Begrenzte Dienstfähigkeit
- § 28 Ruhestand bei Beamtenverhältnis auf Probe
- § 29 Wiederherstellung der Dienstfähigkeit
- § 30 Einstweiliger Ruhestand
- § 31 Einstweiliger Ruhestand bei Umbildung und Auflösung von Behörden
- § 32 Wartezeit

Abschnitt 6
Rechtliche Stellung im Beamtenverhältnis
- § 33 Grundpflichten
- § 34 Wahrnehmung der Aufgaben, Verhalten und Erscheinungsbild
- § 35 Folgepflicht
- § 36 Verantwortung für die Rechtmäßigkeit
- § 37 Verschwiegenheitspflicht
- § 38 Diensteid
- § 39 Verbot der Führung der Dienstgeschäfte
- § 40 Nebentätigkeit

Inhaltsübersicht — Beamtenstatusgesetz (BeamtStG) I.1

- § 41 Tätigkeit nach Beendigung des Beamtenverhältnisses
- § 42 Verbot der Annahme von Belohnungen, Geschenken und sonstigen Vorteilen
- § 43 Teilzeitbeschäftigung
- § 44 Erholungsurlaub
- § 45 Fürsorge
- § 46 Mutterschutz und Elternzeit
- § 47 Nichterfüllung von Pflichten
- § 48 Pflicht zum Schadensersatz
- § 49 Übermittlungen bei Strafverfahren
- § 50 Personalakte
- § 51 Personalvertretung
- § 52 Mitgliedschaft in Gewerkschaften und Berufsverbänden
- § 53 Beteiligung der Spitzenorganisationen

Abschnitt 7
Rechtsweg
- § 54 Verwaltungsrechtsweg

Abschnitt 8
Spannungs- und Verteidigungsfall
- § 55 Anwendungsbereich
- § 56 Dienstleistung im Verteidigungsfall
- § 57 Aufschub der Entlassung und des Ruhestands
- § 58 Erneute Berufung von Ruhestandsbeamtinnen und Ruhestandsbeamten
- § 59 Verpflichtung zur Gemeinschaftsunterkunft und Mehrarbeit

Abschnitt 9
Sonderregelungen für Verwendungen im Ausland
- § 60 Verwendungen im Ausland

Abschnitt 10
Sonderregelungen für wissenschaftliches Hochschulpersonal
- § 61 Hochschullehrerinnen und Hochschullehrer

Abschnitt 11
Schlussvorschriften
- § 62 Folgeänderungen
- § 63 Inkrafttreten, Außerkrafttreten

Der Bundestag hat mit Zustimmung des Bundesrates das folgende Gesetz beschlossen:

Abschnitt 1
Allgemeine Vorschriften

§ 1 Geltungsbereich

Dieses Gesetz regelt das Statusrecht der Beamtinnen und Beamten der Länder, Gemeinden und Gemeindeverbände sowie der sonstigen der Aufsicht eines Landes unterstehenden Körperschaften, Anstalten und Stiftungen des öffentlichen Rechts.

§ 2 Dienstherrnfähigkeit

Das Recht, Beamtinnen und Beamte zu haben, besitzen

1. Länder, Gemeinden und Gemeindeverbände,
2. sonstige Körperschaften, Anstalten und Stiftungen des öffentlichen Rechts, die dieses Recht im Zeitpunkt des Inkrafttretens dieses Gesetzes besitzen oder denen es durch ein Landesgesetz oder aufgrund eines Landesgesetzes verliehen wird.

Abschnitt 2
Beamtenverhältnis

§ 3 Beamtenverhältnis

(1) Beamtinnen und Beamte stehen zu ihrem Dienstherrn in einem öffentlich-rechtlichen Dienst- und Treueverhältnis (Beamtenverhältnis).

(2) Die Berufung in das Beamtenverhältnis ist nur zulässig zur Wahrnehmung

1. hoheitsrechtlicher Aufgaben oder
2. solcher Aufgaben, die aus Gründen der Sicherung des Staates oder des öffentlichen Lebens nicht ausschließlich Personen übertragen werden dürfen, die in einem privatrechtlichen Arbeitsverhältnis stehen.

§ 4 Arten des Beamtenverhältnisses

(1) Das Beamtenverhältnis auf Lebenszeit dient der dauernden Wahrnehmung von Aufgaben nach § 3 Abs. 2. Es bildet die Regel.

(2) Das Beamtenverhältnis auf Zeit dient

a) der befristeten Wahrnehmung von Aufgaben nach § 3 Abs. 2 oder

b) der zunächst befristeten Übertragung eines Amtes mit leitender Funktion.

(3) Das Beamtenverhältnis auf Probe dient der Ableistung einer Probezeit

a) zur späteren Verwendung auf Lebenszeit oder

b) zur Übertragung eines Amtes mit leitender Funktion.

(4) Das Beamtenverhältnis auf Widerruf dient

a) der Ableistung eines Vorbereitungsdienstes oder

b) der nur vorübergehenden Wahrnehmung von Aufgaben nach § 3 Abs. 2.

§ 5 Ehrenbeamtinnen und Ehrenbeamte

(1) Als Ehrenbeamtin oder Ehrenbeamter kann berufen werden, wer Aufgaben im Sinne des § 3 Abs. 2 unentgeltlich wahrnehmen soll.

(2) Die Rechtsverhältnisse der Ehrenbeamtinnen und Ehrenbeamten können durch Landesrecht abweichend von den für Beamtinnen und Beamte allgemein geltenden Vorschriften geregelt werden, soweit es deren besondere Rechtsstellung erfordert.

(3) Ein Ehrenbeamtenverhältnis kann nicht in ein Beamtenverhältnis anderer Art, ein solches Beamtenverhältnis nicht in ein Ehrenbeamtenverhältnis umgewandelt werden.

§ 6 Beamtenverhältnis auf Zeit

Für die Rechtsverhältnisse der Beamtinnen auf Zeit und Beamten auf Zeit gelten die Vorschriften für Beamtinnen auf Lebenszeit und Beamte auf Lebenszeit entsprechend, soweit durch Landesrecht nichts anderes bestimmt ist.

§ 7 Voraussetzungen des Beamtenverhältnisses

(1) In das Beamtenverhältnis darf nur berufen werden, wer

1. Deutsche oder Deutscher im Sinne des Artikels 116 Absatz 1 des Grundgesetzes ist oder die Staatsangehörigkeit

   a) eines anderen Mitgliedstaates der Europäischen Union oder

b) eines anderen Vertragsstaates des Abkommens über den Europäischen Wirtschaftsraum oder

c) eines Drittstaates, dem die Bundesrepublik Deutschland und die Europäische Union vertraglich einen entsprechenden Anspruch auf Anerkennung von Berufsqualifikationen eingeräumt haben,

besitzt,

2. die Gewähr dafür bietet, jederzeit für die freiheitliche demokratische Grundordnung im Sinne des Grundgesetzes einzutreten, und

3. die nach Landesrecht vorgeschriebene Befähigung besitzt.

In das Beamtenverhältnis darf nicht berufen werden, wer unveränderliche Merkmale des Erscheinungsbilds aufweist, die mit der Erfüllung der Pflichten nach § 34 Absatz 2 nicht vereinbar sind.

(2) Wenn die Aufgaben es erfordern, darf nur eine Deutsche oder ein Deutscher im Sinne des Artikels 116 Absatz 1 des Grundgesetzes in ein Beamtenverhältnis berufen werden.

(3) Ausnahmen von Absatz 1 Nr. 1 und Absatz 2 können nur zugelassen werden, wenn

1. für die Gewinnung der Beamtin oder des Beamten ein dringendes dienstliches Interesse besteht oder

2. bei der Berufung von Hochschullehrerinnen und Hochschullehrern und anderen Mitarbeiterinnen und Mitarbeitern des wissenschaftlichen und künstlerischen Personals in das Beamtenverhältnis andere wichtige Gründe vorliegen.

§ 8 Ernennung

(1) Einer Ernennung bedarf es zur

1. Begründung des Beamtenverhältnisses,

2. Umwandlung des Beamtenverhältnisses in ein solches anderer Art (§ 4),

3. Verleihung eines anderen Amtes mit anderem Grundgehalt oder

4. Verleihung eines anderen Amtes mit anderer Amtsbezeichnung, soweit das Landesrecht dies bestimmt.

(2) Die Ernennung erfolgt durch Aushändigung einer Ernennungsurkunde. In der Urkunde müssen enthalten sein

1. bei der Begründung des Beamtenverhältnisses die Worte „unter Berufung in das Beamtenverhältnis" mit dem die Art des Beamtenverhältnisses bestimmenden Zusatz „auf Lebenszeit", „auf Probe", „auf Widerruf", „als Ehrenbeamtin" oder „als Ehrenbeamter" oder „auf Zeit" mit der Angabe der Zeitdauer der Berufung,

2. bei der Umwandlung des Beamtenverhältnisses in ein solches anderer Art die diese Art bestimmenden Worte nach Nummer 1 und

3. bei der Verleihung eines Amts die Amtsbezeichnung.

(3) Mit der Begründung eines Beamtenverhältnisses auf Probe, auf Lebenszeit und auf Zeit wird gleichzeitig ein Amt verliehen.

(4) Eine Ernennung auf einen zurückliegenden Zeitpunkt ist unzulässig und insoweit unwirksam.

§ 9 Kriterien der Ernennung

Ernennungen sind nach Eignung, Befähigung und fachlicher Leistung ohne Rücksicht auf Geschlecht, Abstammung, Rasse oder ethnische Herkunft, Behinderung, Religion oder Weltanschauung, politische Anschauungen, Herkunft, Beziehungen oder sexuelle Identität vorzunehmen.

§ 10 Voraussetzung der Ernennung auf Lebenszeit

Die Ernennung zur Beamtin auf Lebenszeit oder zum Beamten auf Lebenszeit ist nur zulässig, wenn die Beamtin oder der Beamte sich in einer Probezeit von mindestens sechs Monaten und höchstens fünf Jahren bewährt hat. Von der Mindestprobezeit können durch Landesrecht Ausnahmen bestimmt werden.

§ 11 Nichtigkeit der Ernennung

(1) Die Ernennung ist nichtig, wenn

1. sie nicht der in § 8 Abs. 2 vorgeschriebenen Form entspricht,

2. sie von einer sachlich unzuständigen Behörde ausgesprochen wurde oder

3. zum Zeitpunkt der Ernennung
   a) nach § 7 Absatz 1 Satz 1 Nummer 1 keine Ernennung erfolgen durfte und keine Ausnahme nach § 7 Abs. 3 zugelassen war,
   b) nicht die Fähigkeit zur Bekleidung öffentlicher Ämter vorlag oder
   c) eine ihr zu Grunde liegende Wahl unwirksam ist.

(2) Die Ernennung ist von Anfang an als wirksam anzusehen, wenn

1. im Fall des Absatzes 1 Nr. 1 aus der Urkunde oder aus dem Akteninhalt eindeutig hervorgeht, dass die für die Ernennung zuständige Stelle ein bestimmtes Beamtenverhältnis begründen oder ein bestehendes Beamtenverhältnis in ein solches anderer Art umwandeln wollte, für das die sonstigen Voraussetzungen vorliegen, und die für die Ernennung zuständige Stelle die Wirksamkeit schriftlich bestätigt; das Gleiche gilt, wenn die Angabe der Zeitdauer fehlt, durch Landesrecht aber die Zeitdauer bestimmt ist,

2. im Fall des Absatzes 1 Nr. 2 die sachlich zuständige Behörde die Ernennung bestätigt oder

3. im Fall des Absatzes 1 Nr. 3 Buchstabe a eine Ausnahme nach § 7 Abs. 3 nachträglich zugelassen wird.

§ 12 Rücknahme der Ernennung

(1) Die Ernennung ist mit Wirkung für die Vergangenheit zurückzunehmen, wenn

1. sie durch Zwang, arglistige Täuschung oder Bestechung herbeigeführt wurde,

2. dem Dienstherrn zum Zeitpunkt der Ernennung nicht bekannt war, dass die ernannte Person vor ihrer Ernennung ein Verbrechen oder Vergehen begangen hat, aufgrund dessen sie vor oder nach ihrer Ernennung rechtskräftig zu einer Strafe verurteilt worden ist und das sie für die Berufung in das Beamtenverhältnis als unwürdig erscheinen lässt,

3. die Ernennung nach § 7 Abs. 2 nicht erfolgen durfte und eine Ausnahme nach § 7 Abs. 3 nicht zugelassen war und die Ausnahme nicht nachträglich erteilt wird oder

4. eine durch Landesrecht vorgeschriebene Mitwirkung einer unabhängigen Stelle oder einer Aufsichtsbehörde unterblieben ist und nicht nachgeholt wurde.

(2) Die Ernennung soll zurückgenommen werden, wenn nicht bekannt war, dass gegen die ernannte Person in einem Disziplinarverfahren auf Entfernung aus dem Beamtenverhältnis oder auf Aberkennung des Ruhegehalts erkannt worden war. Dies gilt auch, wenn die Entscheidung gegen eine Beamtin oder einen Beamten der Europäischen Union oder eines Staates nach § 7 Absatz 1 Satz 1 Nummer 1 ergangen ist.

Abschnitt 3
Länderübergreifender Wechsel und Wechsel in die Bundesverwaltung

§ 13 Grundsatz

Die Vorschriften dieses Abschnitts gelten nur bei landesübergreifender Abordnung, Versetzung und Umbildung von Körperschaften sowie bei einer Abordnung oder Versetzung aus einem Land in die Bundesverwaltung.

§ 14 Abordnung

(1) Beamtinnen und Beamte können aus dienstlichen Gründen vorübergehend ganz oder teilweise zu einer dem übertragenen Amt entsprechenden Tätigkeit in den Bereich eines Dienstherrn eines anderen Landes oder des Bundes abgeordnet werden.

(2) Aus dienstlichen Gründen ist eine Abordnung vorübergehend ganz oder teilweise auch zu einer nicht dem Amt entsprechenden Tätigkeit zulässig, wenn der Beamtin oder dem Beamten die Wahrnehmung der neuen Tätigkeit aufgrund der Vorbildung oder Berufsausbildung zuzumuten ist. Dabei ist auch die Abordnung zu einer Tätigkeit, die nicht einem Amt mit demselben Grundgehalt entspricht, zulässig.

(3) Die Abordnung bedarf der Zustimmung der Beamtin oder des Beamten. Abweichend von Satz 1 ist die Abordnung auch ohne Zustimmung zulässig, wenn die neue Tätigkeit

zuzumuten ist und einem Amt mit demselben Grundgehalt entspricht und die Abordnung die Dauer von fünf Jahren nicht übersteigt.

(4) Die Abordnung wird von dem abgebenden im Einverständnis mit dem aufnehmenden Dienstherrn verfügt. Soweit zwischen den Dienstherren nichts anderes vereinbart ist, sind die für den Bereich des aufnehmenden Dienstherrn geltenden Vorschriften über die Pflichten und Rechte der Beamtinnen und Beamten mit Ausnahme der Regelungen über Diensteid, Amtsbezeichnung, Zahlung von Bezügen, Krankenfürsorgeleistungen und Versorgung entsprechend anzuwenden. Die Verpflichtung zur Bezahlung hat auch der Dienstherr, zu dem die Abordnung erfolgt ist.

§ 15 Versetzung

(1) Beamtinnen und Beamte können auf Antrag oder aus dienstlichen Gründen in den Bereich eines Dienstherrn eines anderen Landes oder des Bundes in ein Amt einer Laufbahn versetzt werden, für die sie die Befähigung besitzen.

(2) Eine Versetzung bedarf der Zustimmung der Beamtin oder des Beamten. Abweichend von Satz 1 ist die Versetzung auch ohne Zustimmung zulässig, wenn das neue Amt mit mindestens demselben Grundgehalt verbunden ist wie das bisherige Amt. Stellenzulagen gelten hierbei nicht als Bestandteile des Grundgehalts.

(3) Die Versetzung wird von dem abgebenden im Einverständnis mit dem aufnehmenden Dienstherrn verfügt. Das Beamtenverhältnis wird mit dem neuen Dienstherrn fortgesetzt.

§ 16 Umbildung einer Körperschaft

(1) Beamtinnen und Beamte einer juristischen Person des öffentlichen Rechts mit Dienstherrnfähigkeit (Körperschaft), die vollständig in eine andere Körperschaft eingegliedert wird, treten mit der Umbildung kraft Gesetzes in den Dienst der aufnehmenden Körperschaft über.

(2) Die Beamtinnen und Beamten einer Körperschaft, die vollständig in mehrere andere Körperschaften eingegliedert wird, sind anteilig in den Dienst der aufnehmenden Körperschaften zu übernehmen. Die beteiligten Körperschaften haben innerhalb einer Frist von sechs Monaten nach der Umbildung im Einvernehmen miteinander zu bestimmen, von welchen Körperschaften die einzelnen Beamtinnen und Beamten zu übernehmen sind. Solange eine Beamtin oder ein Beamter nicht übernommen ist, haften alle aufnehmenden Körperschaften für die ihr oder ihm zustehenden Bezüge als Gesamtschuldner.

(3) Die Beamtinnen und Beamten einer Körperschaft, die teilweise in eine oder mehrere andere Körperschaften eingegliedert wird, sind zu einem verhältnismäßigen Teil, bei mehreren Körperschaften anteilig, in den Dienst der aufnehmenden Körperschaften zu übernehmen. Absatz 2 Satz 2 ist entsprechend anzuwenden.

(4) Die Absätze 1 bis 3 gelten entsprechend, wenn eine Körperschaft mit einer oder mehreren anderen Körperschaften zu einer neuen Körperschaft zusammengeschlossen wird, wenn ein oder mehrere Teile verschiedener Körperschaften zu einem oder mehreren neuen Teilen einer Körperschaft zusammengeschlossen werden, wenn aus einer Körperschaft oder aus Teilen einer Körperschaft eine oder mehrere neue Körperschaften gebildet werden, oder wenn Aufgaben einer Körperschaft vollständig oder teilweise auf eine oder mehrere andere Körperschaften übergehen.

§ 17 Rechtsfolgen der Umbildung

(1) Tritt eine Beamtin oder ein Beamter aufgrund des § 16 Abs. 1 kraft Gesetzes in den Dienst einer anderen Körperschaft über oder wird sie oder er aufgrund des § 16 Abs. 2 oder 3 von einer anderen Körperschaft übernommen, wird das Beamtenverhältnis mit dem neuen Dienstherrn fortgesetzt.

(2) Im Fall des § 16 Abs. 1 ist der Beamtin oder dem Beamten von der aufnehmenden oder neuen Körperschaft die Fortsetzung des Beamtenverhältnisses schriftlich zu bestätigen.

(3) In den Fällen des § 16 Abs. 2 und 3 wird die Übernahme von der Körperschaft verfügt, in deren Dienst die Beamtin oder der Beamte treten soll. Die Verfügung wird mit der Zustellung an die Beamtin oder den Beamten wirksam. Die Beamtin oder der Beamte ist verpflichtet, der Übernahmeverfügung Folge

zu leisten. Kommt die Beamtin oder der Beamte der Verpflichtung nicht nach, ist sie oder er zu entlassen.

(4) Die Absätze 1 bis 3 gelten entsprechend in den Fällen des § 16 Abs. 4.

§ 18 Rechtsstellung der Beamtinnen und Beamten

(1) Beamtinnen und Beamten, die nach § 16 in den Dienst einer anderen Körperschaft kraft Gesetzes übertreten oder übernommen werden, soll ein gleich zu bewertendes Amt übertragen werden, das ihrem bisherigen Amt nach Bedeutung und Inhalt ohne Rücksicht auf Dienstzeit und Dienstalter entspricht. Wenn eine dem bisherigen Amt entsprechende Verwendung nicht möglich ist, kann ihnen auch ein anderes Amt mit geringerem Grundgehalt übertragen werden. Das Grundgehalt muss mindestens dem des Amtes entsprechen, das die Beamtinnen und Beamten vor dem bisherigen Amt innehatten. In diesem Fall dürfen sie neben der neuen Amtsbezeichnung die des früheren Amtes mit dem Zusatz „außer Dienst" („a. D.") führen.

(2) Die aufnehmende oder neue Körperschaft kann, wenn die Zahl der bei ihr nach der Umbildung vorhandenen Beamtinnen und Beamten den tatsächlichen Bedarf übersteigt, innerhalb einer Frist, deren Bestimmung dem Landesrecht vorbehalten bleibt, Beamtinnen und Beamte im Beamtenverhältnis auf Lebenszeit oder auf Zeit in den einstweiligen Ruhestand versetzen, wenn deren Aufgabengebiet von der Umbildung berührt wurde. Bei Beamtinnen auf Zeit und Beamten auf Zeit, die nach Satz 1 in den einstweiligen Ruhestand versetzt sind, endet der einstweilige Ruhestand mit Ablauf der Amtszeit; sie gelten in diesem Zeitpunkt als dauernd in den Ruhestand versetzt, wenn sie bei Verbleiben im Amt mit Ablauf der Amtszeit in den Ruhestand getreten wären.

§ 19 Rechtsstellung der Versorgungsempfängerinnen und Versorgungsempfänger

(1) Die Vorschriften des § 16 Abs. 1 und 2 und des § 17 gelten entsprechend für die im Zeitpunkt der Umbildung bei der abgebenden Körperschaft vorhandenen Versorgungsempfängerinnen und Versorgungsempfänger.

(2) In den Fällen des § 16 Abs. 3 bleiben die Ansprüche der im Zeitpunkt der Umbildung vorhandenen Versorgungsempfängerinnen und Versorgungsempfänger gegenüber der abgebenden Körperschaft bestehen.

(3) Die Absätze 1 und 2 gelten entsprechend in den Fällen des § 16 Abs. 4.

Abschnitt 4
Zuweisung einer Tätigkeit bei anderen Einrichtungen

§ 20 Zuweisung

(1) Beamtinnen und Beamten kann mit ihrer Zustimmung vorübergehend ganz oder teilweise eine ihrem Amt entsprechende Tätigkeit zugewiesen werden

1. bei einer öffentlichen Einrichtung ohne Dienstherrneigenschaft oder bei einer öffentlich-rechtlichen Religionsgemeinschaft im dienstlichen oder öffentlichen Interesse oder

2. bei einer anderen Einrichtung, wenn öffentliche Interessen es erfordern.

(2) Beamtinnen und Beamten einer Dienststelle, die ganz oder teilweise in eine öffentlich-rechtlich organisierte Einrichtung ohne Dienstherrneigenschaft oder eine privatrechtlich organisierte Einrichtung der öffentlichen Hand umgewandelt wird, kann auch ohne ihre Zustimmung ganz oder teilweise eine ihrem Amt entsprechende Tätigkeit bei dieser Einrichtung zugewiesen werden, wenn öffentliche Interessen es erfordern.

(3) Die Rechtsstellung der Beamtinnen und Beamten bleibt unberührt.

Abschnitt 5
Beendigung des Beamtenverhältnisses

§ 21 Beendigungsgründe

Das Beamtenverhältnis endet durch

1. Entlassung,
2. Verlust der Beamtenrechte,

3. Entfernung aus dem Beamtenverhältnis nach den Disziplinargesetzen oder
4. Eintritt oder Versetzung in den Ruhestand.

§ 22 Entlassung kraft Gesetzes

(1) Beamtinnen und Beamte sind entlassen, wenn

1. die Voraussetzungen des § 7 Absatz 1 Satz 1 Nummer 1 nicht mehr vorliegen und eine Ausnahme nach § 7 Absatz 3 auch nachträglich nicht zugelassen wird oder
2. sie die Altersgrenze erreichen und das Beamtenverhältnis nicht durch Eintritt in den Ruhestand endet.

(2) Die Beamtin oder der Beamte ist entlassen, wenn ein öffentlich-rechtliches Dienst- oder Amtsverhältnis zu einem anderen Dienstherrn oder zu einer Einrichtung ohne Dienstherrneigenschaft begründet wird, sofern nicht im Einvernehmen mit dem neuen Dienstherrn oder der Einrichtung die Fortdauer des Beamtenverhältnisses neben dem neuen Dienst- oder Amtsverhältnis angeordnet oder durch Landesrecht etwas anderes bestimmt wird. Dies gilt nicht für den Eintritt in ein Beamtenverhältnis auf Widerruf oder als Ehrenbeamtin oder Ehrenbeamter.

(3) Die Beamtin oder der Beamte ist mit der Berufung in ein Beamtenverhältnis auf Zeit aus einem anderen Beamtenverhältnis bei demselben Dienstherrn entlassen, soweit das Landesrecht keine abweichenden Regelungen trifft.

(4) Das Beamtenverhältnis auf Widerruf endet mit Ablauf des Tages der Ablegung oder dem endgültigen Nichtbestehen der für die Laufbahn vorgeschriebenen Prüfung, sofern durch Landesrecht nichts anderes bestimmt ist.

(5) Das Beamtenverhältnis auf Probe in einem Amt mit leitender Funktion endet mit Ablauf der Probezeit oder mit Versetzung zu einem anderen Dienstherrn.

§ 23 Entlassung durch Verwaltungsakt

(1) Beamtinnen und Beamte sind zu entlassen, wenn sie

1. den Diensteid oder ein an dessen Stelle vorgeschriebenes Gelöbnis verweigern,
2. nicht in den Ruhestand oder einstweiligen Ruhestand versetzt werden können, weil eine versorgungsrechtliche Wartezeit nicht erfüllt ist,
3. dienstunfähig sind und das Beamtenverhältnis nicht durch Versetzung in den Ruhestand endet,
4. die Entlassung in schriftlicher Form verlangen oder
5. nach Erreichen der Altersgrenze berufen worden sind.

Im Fall des Satzes 1 Nr. 3 ist § 26 Abs. 2 entsprechend anzuwenden.

(2) Beamtinnen und Beamte können entlassen werden, wenn sie in Fällen des § 7 Abs. 2 die Eigenschaft als Deutsche oder Deutscher im Sinne des Artikels 116 Absatz 1 des Grundgesetzes verlieren.

(3) Beamtinnen auf Probe und Beamte auf Probe können entlassen werden,

1. wenn sie eine Handlung begehen, die im Beamtenverhältnis auf Lebenszeit mindestens eine Kürzung der Dienstbezüge zur Folge hätte,
2. wenn sie sich in der Probezeit nicht bewährt haben oder
3. wenn ihr Aufgabengebiet bei einer Behörde von der Auflösung dieser Behörde oder einer auf landesrechtlicher Vorschrift beruhenden wesentlichen Änderung des Aufbaus oder Verschmelzung dieser Behörde mit einer anderen oder von der Umbildung einer Körperschaft berührt wird und eine andere Verwendung nicht möglich ist.

Im Fall des Satzes 1 Nr. 2 ist § 26 Abs. 2 bei allein mangelnder gesundheitlicher Eignung entsprechend anzuwenden.

(4) Beamtinnen auf Widerruf und Beamte auf Widerruf können jederzeit entlassen werden. Die Gelegenheit zur Beendigung des Vorbereitungsdienstes und zur Ablegung der Prüfung soll gegeben werden.

§ 24 Verlust der Beamtenrechte

(1) Wenn eine Beamtin oder ein Beamter im ordentlichen Strafverfahren durch das Urteil eines deutschen Gerichts

1. wegen einer vorsätzlichen Tat zu einer Freiheitsstrafe von mindestens einem Jahr oder

2. wegen einer vorsätzlichen Tat, die nach den Vorschriften über Friedensverrat, Hochverrat und Gefährdung der demokratischen Rechtsstaates, Landesverrat und Gefährdung der äußeren Sicherheit, Volksverhetzung oder, soweit sich die Tat auf eine Diensthandlung im Hauptamt bezieht, Bestechlichkeit, strafbar ist, zu einer Freiheitsstrafe von mindestens sechs Monaten

verurteilt wird, endet das Beamtenverhältnis mit der Rechtskraft des Urteils. Entsprechendes gilt, wenn die Fähigkeit zur Bekleidung öffentlicher Ämter aberkannt wird oder wenn die Beamtin oder der Beamte aufgrund einer Entscheidung des Bundesverfassungsgerichts nach Artikel 18 des Grundgesetzes ein Grundrecht verwirkt hat.

(2) Wird eine Entscheidung, die den Verlust der Beamtenrechte zur Folge hat, in einem Wiederaufnahmeverfahren aufgehoben, gilt das Beamtenverhältnis als nicht unterbrochen.

§ 25 Ruhestand wegen Erreichens der Altersgrenze

Beamtinnen auf Lebenszeit und Beamte auf Lebenszeit treten nach Erreichen der Altersgrenze in den Ruhestand.

§ 26 Dienstunfähigkeit

(1) Beamtinnen auf Lebenszeit und Beamte auf Lebenszeit sind in den Ruhestand zu versetzen, wenn sie wegen ihres körperlichen Zustandes oder aus gesundheitlichen Gründen zur Erfüllung ihrer Dienstpflichten dauernd unfähig (dienstunfähig) sind. Als dienstunfähig kann auch angesehen werden, wer infolge Erkrankung innerhalb eines Zeitraums von sechs Monaten mehr als drei Monate keinen Dienst getan hat und keine Aussicht besteht, dass innerhalb einer Frist, deren Bestimmung dem Landesrecht vorbehalten bleibt, die Dienstfähigkeit wieder voll hergestellt ist. In den Ruhestand wird nicht versetzt, wer anderweitig verwendbar ist. Für Gruppen von Beamtinnen und Beamten können besondere Voraussetzungen für die Dienstunfähigkeit durch Landesrecht geregelt werden.

(2) Eine anderweitige Verwendung ist möglich, wenn der Beamtin oder dem Beamten ein anderes Amt derselben oder einer anderen Laufbahn übertragen werden kann. In den Fällen des Satzes 1 ist die Übertragung eines anderen Amtes ohne Zustimmung zulässig, wenn das neue Amt zum Bereich desselben Dienstherrn gehört, es mit mindestens demselben Grundgehalt verbunden ist wie das bisherige Amt und wenn zu erwarten ist, dass die gesundheitlichen Anforderungen des neuen Amtes erfüllt werden. Beamtinnen und Beamte, die nicht die Befähigung für die andere Laufbahn besitzen, haben an Qualifizierungsmaßnahmen für den Erwerb der neuen Befähigung teilzunehmen.

(3) Zur Vermeidung der Versetzung in den Ruhestand kann der Beamtin oder dem Beamten unter Beibehaltung des übertragenen Amtes ohne Zustimmung auch eine geringerwertige Tätigkeit im Bereich desselben Dienstherrn übertragen werden, wenn eine anderweitige Verwendung nicht möglich ist und die Wahrnehmung der neuen Aufgabe unter Berücksichtigung der bisherigen Tätigkeit zumutbar ist.

§ 27 Begrenzte Dienstfähigkeit

(1) Von der Versetzung in den Ruhestand wegen Dienstunfähigkeit ist abzusehen, wenn die Beamtin oder der Beamte unter Beibehaltung des übertragenen Amtes die Dienstpflichten noch während mindestens der Hälfte der regelmäßigen Arbeitszeit erfüllen kann (begrenzte Dienstfähigkeit).

(2) Die Arbeitszeit ist entsprechend der begrenzten Dienstfähigkeit herabzusetzen. Mit Zustimmung der Beamtin oder des Beamten ist auch eine Verwendung in einer nicht dem Amt entsprechenden Tätigkeit möglich.

§ 28 Ruhestand bei Beamtenverhältnis auf Probe

(1) Beamtinnen auf Probe und Beamte auf Probe sind in den Ruhestand zu versetzen, wenn sie infolge Krankheit, Verwundung

oder sonstiger Beschädigung, die sie sich ohne grobes Verschulden bei Ausübung oder aus Veranlassung des Dienstes zugezogen haben, dienstunfähig geworden sind.

(2) Beamtinnen auf Probe und Beamte auf Probe können in den Ruhestand versetzt werden, wenn sie aus anderen Gründen dienstunfähig geworden sind.

(3) § 26 Abs. 1 Satz 3, Abs. 2 und 3 sowie § 27 sind entsprechend anzuwenden.

§ 29 Wiederherstellung der Dienstfähigkeit

(1) Wird nach der Versetzung in den Ruhestand wegen Dienstunfähigkeit die Dienstfähigkeit wiederhergestellt und beantragt die Ruhestandsbeamtin oder der Ruhestandsbeamte vor Ablauf einer Frist, deren Bestimmung dem Landesrecht vorbehalten bleibt, spätestens zehn Jahre nach der Versetzung in den Ruhestand, eine erneute Berufung in das Beamtenverhältnis, ist diesem Antrag zu entsprechen, falls nicht zwingende dienstliche Gründe entgegenstehen.

(2) Beamtinnen und Beamte, die wegen Dienstunfähigkeit in den Ruhestand versetzt worden sind, können erneut in das Beamtenverhältnis berufen werden, wenn im Dienstbereich des früheren Dienstherrn ein Amt mit mindestens demselben Grundgehalt übertragen werden soll und wenn zu erwarten ist, dass die gesundheitlichen Anforderungen des neuen Amtes erfüllt werden. Beamtinnen und Beamte, die nicht die Befähigung für die andere Laufbahn besitzen, haben an Qualifizierungsmaßnahmen für den Erwerb der neuen Befähigung teilzunehmen. Den wegen Dienstunfähigkeit in den Ruhestand versetzten Beamtinnen und Beamten kann unter Übertragung eines Amtes ihrer früheren Laufbahn nach Satz 1 auch eine geringerwertige Tätigkeit im Bereich desselben Dienstherrn übertragen werden, wenn eine anderweitige Verwendung nicht möglich ist und die Wahrnehmung der neuen Aufgabe unter Berücksichtigung ihrer früheren Tätigkeit zumutbar ist.

(3) Die erneute Berufung in ein Beamtenverhältnis ist auch in den Fällen der begrenzten Dienstfähigkeit möglich.

(4) Beamtinnen und Beamte, die wegen Dienstunfähigkeit in den Ruhestand versetzt worden sind, sind verpflichtet, sich geeigneten und zumutbaren Maßnahmen zur Wiederherstellung ihrer Dienstfähigkeit zu unterziehen; die zuständige Behörde kann ihnen entsprechende Weisungen erteilen.

(5) Die Dienstfähigkeit der Ruhestandsbeamtin oder des Ruhestandsbeamten kann nach Maßgabe des Landesrechts untersucht werden; sie oder er ist verpflichtet, sich nach Weisung der zuständigen Behörde ärztlich untersuchen zu lassen. Die Ruhestandsbeamtin oder der Ruhestandsbeamte kann eine solche Untersuchung verlangen, wenn sie oder er einen Antrag nach Absatz 1 zu stellen beabsichtigt.

(6) Bei einer erneuten Berufung gilt das frühere Beamtenverhältnis als fortgesetzt.

§ 30 Einstweiliger Ruhestand

(1) Beamtinnen auf Lebenszeit und Beamte auf Lebenszeit können jederzeit in den einstweiligen Ruhestand versetzt werden, wenn sie ein Amt bekleiden, bei dessen Ausübung sie in fortdauernder Übereinstimmung mit den grundsätzlichen politischen Ansichten und Zielen der Regierung stehen müssen. Die Bestimmung der Ämter nach Satz 1 ist dem Landesrecht vorbehalten.

(2) Beamtinnen und Beamte, die auf Probe ernannt sind und ein Amt im Sinne des Absatzes 1 bekleiden, können jederzeit entlassen werden.

(3) Für den einstweiligen Ruhestand gelten die Vorschriften über den Ruhestand. § 29 Abs. 2 und 6 gilt entsprechend. Der einstweilige Ruhestand endet bei erneuter Berufung in das Beamtenverhältnis auf Lebenszeit auch bei einem anderen Dienstherrn, wenn den Beamtinnen oder Beamten ein Amt verliehen wird, das derselben oder einer gleichwertigen Laufbahn angehört wie das frühere Amt und mit mindestens demselben Grundgehalt verbunden ist.

(4) Erreichen Beamtinnen und Beamte, die in den einstweiligen Ruhestand versetzt sind, die gesetzliche Altersgrenze, gelten sie mit diesem Zeitpunkt als dauernd in den Ruhestand versetzt.

§ 31 Einstweiliger Ruhestand bei Umbildung und Auflösung von Behörden

(1) Bei der Auflösung einer Behörde oder bei einer auf landesrechtlicher Vorschrift beruhenden wesentlichen Änderung des Aufbaus oder bei Verschmelzung einer Behörde mit einer oder mehreren anderen kann eine Beamtin auf Lebenszeit oder ein Beamter auf Lebenszeit in den einstweiligen Ruhestand versetzt werden, wenn das übertragene Aufgabengebiet von der Auflösung oder Umbildung berührt wird und eine Versetzung nach Landesrecht nicht möglich ist. Zusätzliche Voraussetzungen können geregelt werden.

(2) Die erneute Berufung der in den einstweiligen Ruhestand versetzten Beamtin oder des in den einstweiligen Ruhestand versetzten Beamten in ein Beamtenverhältnis ist vorzusehen, wenn ein der bisherigen Tätigkeit entsprechendes Amt zu besetzen ist, für das sie oder er geeignet ist. Für erneute Berufungen nach Satz 1, die weniger als fünf Jahre vor Erreichen der Altersgrenze (§ 25) wirksam werden, können durch Landesrecht abweichende Regelungen getroffen werden.

(3) § 29 Abs. 6 gilt entsprechend.

§ 32 Wartezeit

Die Versetzung in den Ruhestand setzt die Erfüllung einer versorgungsrechtlichen Wartezeit voraus.

Abschnitt 6
Rechtliche Stellung im Beamtenverhältnis

§ 33 Grundpflichten

(1) Beamtinnen und Beamte dienen dem ganzen Volk, nicht einer Partei. Sie haben ihre Aufgaben unparteiisch und gerecht zu erfüllen und ihr Amt zum Wohl der Allgemeinheit zu führen. Beamtinnen und Beamte müssen sich durch ihr gesamtes Verhalten zu der freiheitlichen demokratischen Grundordnung im Sinne des Grundgesetzes bekennen und für deren Erhaltung eintreten.

(2) Beamtinnen und Beamte haben bei politischer Betätigung diejenige Mäßigung und Zurückhaltung zu wahren, die sich aus ihrer Stellung gegenüber der Allgemeinheit und aus der Rücksicht auf die Pflichten ihres Amtes ergibt.

§ 34 Wahrnehmung der Aufgaben, Verhalten und Erscheinungsbild

(1) Beamtinnen und Beamte haben sich mit vollem persönlichem Einsatz ihrem Beruf zu widmen. Sie haben die übertragenen Aufgaben uneigennützig nach bestem Gewissen wahrzunehmen. Ihr Verhalten innerhalb und außerhalb des Dienstes muss der Achtung und dem Vertrauen gerecht werden, die ihr Beruf erfordern.

(2) Beamtinnen und Beamte haben bei der Ausübung des Dienstes oder bei einer Tätigkeit mit unmittelbarem Dienstbezug auch hinsichtlich ihres Erscheinungsbilds Rücksicht auf das ihrem Amt entgegengebrachte Vertrauen zu nehmen. Insbesondere das Tragen von bestimmten Kleidungsstücken, Schmuck, Symbolen und Tätowierungen im sichtbaren Bereich sowie die Art der Haar- und Barttracht können eingeschränkt oder untersagt werden, soweit die Funktionsfähigkeit der Verwaltung oder die Pflicht zum achtungs- und vertrauenswürdigen Verhalten dies erfordert. Das ist insbesondere dann der Fall, wenn Merkmale des Erscheinungsbilds nach Satz 2 durch ihre über das übliche Maß hinausgehende besonders individualisierende Art geeignet sind, die amtliche Funktion der Beamtin oder des Beamten in den Hintergrund zu drängen. Religiös oder weltanschaulich konnotierte Merkmale des Erscheinungsbilds nach Satz 2 können nur dann eingeschränkt oder untersagt werden, wenn sie objektiv geeignet sind, das Vertrauen in die neutrale Amtsführung der Beamtin oder des Beamten zu beeinträchtigen. Die Einzelheiten nach den Sätzen 2 bis 4 können durch Landesrecht bestimmt werden. Die Verhüllung des Gesichts bei der Ausübung des Dienstes oder bei einer Tätigkeit mit unmittelbarem Dienstbezug ist stets unzulässig, es sei denn, dienstliche oder gesundheitliche Gründe erfordern dies.

§ 35 Folgepflicht

(1) Beamtinnen und Beamte haben ihre Vorgesetzten zu beraten und zu unterstützen. Sie sind verpflichtet, deren dienstliche Anordnungen auszuführen und deren allgemeine Richtlinien zu befolgen. Dies gilt nicht, soweit die Beamtinnen und Beamten nach besonderen gesetzlichen Vorschriften an Weisungen nicht gebunden und nur dem Gesetz unterworfen sind.

(2) Beamtinnen und Beamte haben bei organisatorischen Veränderungen dem Dienstherrn Folge zu leisten.

§ 36 Verantwortung für die Rechtmäßigkeit

(1) Beamtinnen und Beamte tragen für die Rechtmäßigkeit ihrer dienstlichen Handlungen die volle persönliche Verantwortung.

(2) Bedenken gegen die Rechtmäßigkeit dienstlicher Anordnungen haben Beamtinnen und Beamte unverzüglich auf dem Dienstweg geltend zu machen. Wird die Anordnung aufrechterhalten, haben sie sich, wenn die Bedenken fortbestehen, an die nächst höhere Vorgesetzte oder den nächst höheren Vorgesetzten zu wenden. Wird die Anordnung bestätigt, müssen die Beamtinnen und Beamten sie ausführen und sind von der eigenen Verantwortung befreit. Dies gilt nicht, wenn das aufgetragene Verhalten die Würde des Menschen verletzt oder strafbar oder ordnungswidrig ist und die Strafbarkeit oder Ordnungswidrigkeit für die Beamtinnen oder Beamten erkennbar ist. Die Bestätigung hat auf Verlangen schriftlich zu erfolgen.

(3) Wird von den Beamtinnen oder Beamten die sofortige Ausführung der Anordnung verlangt, weil Gefahr im Verzug besteht und die Entscheidung der oder des höheren Vorgesetzten nicht rechtzeitig herbeigeführt werden kann, gilt Absatz 2 Satz 3 und 4 entsprechend. Die Anordnung ist durch die anordnende oder den anordnenden Vorgesetzten schriftlich zu bestätigen, wenn die Beamtin oder der Beamte dies unverzüglich nach Ausführung der Anordnung verlangt.

§ 37 Verschwiegenheitspflicht

(1) Beamtinnen und Beamte haben über die ihnen bei oder bei Gelegenheit ihrer amtlichen Tätigkeit bekannt gewordenen dienstlichen Angelegenheiten Verschwiegenheit zu bewahren. Dies gilt auch über den Bereich eines Dienstherrn hinaus sowie nach Beendigung des Beamtenverhältnisses.

(2) Absatz 1 gilt nicht, soweit

1. Mitteilungen im dienstlichen Verkehr geboten sind,
2. Tatsachen mitgeteilt werden, die offenkundig sind oder ihrer Bedeutung nach keiner Geheimhaltung bedürfen,
3. gegenüber der zuständigen obersten Dienstbehörde, einer Strafverfolgungsbehörde oder einer durch Landesrecht bestimmten weiteren Behörde oder außerdienstlichen Stelle ein durch Tatsachen begründeter Verdacht einer Korruptionsstraftat nach den §§ 331 bis 337 des Strafgesetzbuches angezeigt wird oder
4. Informationen unter den Voraussetzungen des Hinweisgeberschutzgesetzes an eine zuständige Meldestelle weitergegeben oder offengelegt werden.

Im Übrigen bleiben die gesetzlich begründeten Pflichten, geplante Straftaten anzuzeigen und für die Erhaltung der freiheitlichen demokratischen Grundordnung einzutreten, von Absatz 1 unberührt.

(3) Beamtinnen und Beamte dürfen ohne Genehmigung über Angelegenheiten, für die Absatz 1 gilt, weder vor Gericht noch außergerichtlich aussagen oder Erklärungen abgeben. Die Genehmigung erteilt der Dienstherr oder, wenn das Beamtenverhältnis beendet ist, der letzte Dienstherr. Hat sich der Vorgang, der den Gegenstand der Äußerung bildet, bei einem früheren Dienstherrn ereignet, darf die Genehmigung nur mit dessen Zustimmung erteilt werden. Durch Landesrecht kann bestimmt werden, dass an die Stelle des in den Sätzen 2 und 3 genannten jeweiligen Dienstherrn eine andere Stelle tritt.

(4) Die Genehmigung, als Zeugin oder Zeuge auszusagen, darf nur versagt werden, wenn die Aussage dem Wohl des Bundes oder eines deutschen Landes erhebliche Nachteile bereiten oder die Erfüllung öffentlicher Aufgaben ernstlich gefährden oder erheblich erschweren

würde. Durch Landesrecht kann bestimmt werden, dass die Verweigerung der Genehmigung zur Aussage vor Untersuchungsausschüssen des Deutschen Bundestages oder der Volksvertretung eines Landes einer Nachprüfung unterzogen werden kann. Die Genehmigung, ein Gutachten zu erstatten, kann versagt werden, wenn die Erstattung den dienstlichen Interessen Nachteile bereiten würde.

(5) Sind Beamtinnen oder Beamte Partei oder Beschuldigte in einem gerichtlichen Verfahren oder soll ihr Vorbringen der Wahrnehmung ihrer berechtigten Interessen dienen, darf die Genehmigung auch dann, wenn die Voraussetzungen des Absatzes 4 Satz 1 erfüllt sind, nur versagt werden, wenn die dienstlichen Rücksichten dies unabweisbar erfordern. Wird sie versagt, ist Beamtinnen oder Beamten der Schutz zu gewähren, den die dienstlichen Rücksichten zulassen.

(6) Beamtinnen und Beamte haben, auch nach Beendigung des Beamtenverhältnisses, auf Verlangen des Dienstherrn oder des letzten Dienstherrn amtliche Schriftstücke, Zeichnungen, bildliche Darstellungen sowie Aufzeichnungen jeder Art über dienstliche Vorgänge, auch soweit es sich um Wiedergaben handelt, herauszugeben. Die gleiche Verpflichtung trifft ihre Hinterbliebenen und Erben.

§ 38 Diensteid

(1) Beamtinnen und Beamte haben einen Diensteid zu leisten. Der Diensteid hat eine Verpflichtung auf das Grundgesetz zu enthalten.

(2) In den Fällen, in denen Beamtinnen und Beamte erklären, dass sie aus Glaubens- oder Gewissensgründen den Eid nicht leisten wollen, kann für diese an Stelle des Eides ein Gelöbnis zugelassen werden.

(3) In den Fällen, in denen nach § 7 Abs. 3 eine Ausnahme von § 7 Absatz 1 Satz 1 Nummer 1 zugelassen worden ist, kann an Stelle des Eides ein Gelöbnis vorgeschrieben werden.

§ 39 Verbot der Führung der Dienstgeschäfte

Beamtinnen und Beamten kann aus zwingenden dienstlichen Gründen die Führung der Dienstgeschäfte verboten werden. Das Verbot erlischt, wenn nicht bis zum Ablauf von drei Monaten gegen die Beamtin oder den Beamten ein Disziplinarverfahren oder ein sonstiges auf Rücknahme der Ernennung oder auf Beendigung des Beamtenverhältnisses gerichtetes Verfahren eingeleitet worden ist.

§ 40 Nebentätigkeit

Eine Nebentätigkeit ist grundsätzlich anzeigepflichtig. Sie ist unter Erlaubnis- oder Verbotsvorbehalt zu stellen, soweit sie geeignet ist, dienstliche Interessen zu beeinträchtigen.

§ 41 Tätigkeit nach Beendigung des Beamtenverhältnisses

(1) Ruhestandsbeamtinnen und Ruhestandsbeamte sowie frühere Beamtinnen mit Versorgungsbezügen und frühere Beamte mit Versorgungsbezügen haben die Ausübung einer Erwerbstätigkeit oder sonstigen Beschäftigung außerhalb des öffentlichen Dienstes, die mit der dienstlichen Tätigkeit innerhalb eines Zeitraums, dessen Bestimmung dem Landesrecht vorbehalten bleibt, im Zusammenhang steht und durch die dienstliche Interessen beeinträchtigt werden können, anzuzeigen. Die Erwerbstätigkeit oder sonstige Beschäftigung ist zu untersagen, wenn zu besorgen ist, dass durch sie dienstliche Interessen beeinträchtigt werden. Das Verbot endet spätestens mit Ablauf von sieben Jahren nach Beendigung des Beamtenverhältnisses.

(2) Durch Landesrecht können für bestimmte Gruppen der in Absatz 1 Satz 1 genannten Beamtinnen und Beamten abweichende Voraussetzungen für eine Anzeige oder Regelungen für eine Genehmigung von Tätigkeiten nach Beendigung des Beamtenverhältnisses bestimmt werden.

§ 42 Verbot der Annahme von Belohnungen, Geschenken und sonstigen Vorteilen

(1) Beamtinnen und Beamte dürfen, auch nach Beendigung des Beamtenverhältnisses, keine Belohnungen, Geschenke oder sonstigen Vorteile für sich oder eine dritte Person in

Bezug auf ihr Amt fordern, sich versprechen lassen oder annehmen. Ausnahmen bedürfen der Zustimmung ihres gegenwärtigen oder letzten Dienstherrn.

(2) Wer gegen das in Absatz 1 genannte Verbot verstößt, hat das aufgrund des pflichtwidrigen Verhaltens Erlangte auf Verlangen dem Dienstherrn herauszugeben, soweit nicht die Einziehung von Tatrgerträgen angeordnet worden ist oder es auf andere Weise auf den Staat übergegangen ist.

§ 43 Teilzeitbeschäftigung
Teilzeitbeschäftigung ist zu ermöglichen.

§ 44 Erholungsurlaub
Beamtinnen und Beamten steht jährlicher Erholungsurlaub unter Fortgewährung der Bezüge zu.

§ 45 Fürsorge
Der Dienstherr hat im Rahmen des Dienst- und Treueverhältnisses für das Wohl der Beamtinnen und Beamten und ihrer Familien, auch für die Zeit nach Beendigung des Beamtenverhältnisses, zu sorgen. Er schützt die Beamtinnen und Beamten bei ihrer amtlichen Tätigkeit und in ihrer Stellung.

§ 46 Mutterschutz und Elternzeit
Effektiver Mutterschutz und Elternzeit sind zu gewährleisten.

§ 47 Nichterfüllung von Pflichten
(1) Beamtinnen und Beamte begehen ein Dienstvergehen, wenn sie schuldhaft die ihnen obliegenden Pflichten verletzen. Ein Verhalten außerhalb des Dienstes ist nur dann ein Dienstvergehen, wenn es nach den Umständen des Einzelfalls in besonderem Maße geeignet ist, das Vertrauen in einer für ihr Amt bedeutsamen Weise zu beeinträchtigen.

(2) Bei Ruhestandsbeamtinnen und Ruhestandsbeamten oder früheren Beamtinnen mit Versorgungsbezügen und früheren Beamten mit Versorgungsbezügen gilt als Dienstvergehen, wenn sie sich gegen die freiheitliche demokratische Grundordnung im Sinne des Grundgesetzes betätigen oder an Bestrebungen teilnehmen, die darauf abzielen, den Bestand oder die Sicherheit der Bundesrepublik Deutschland zu beeinträchtigen, oder wenn sie schuldhaft gegen die in den §§ 37, 41 und 42 bestimmten Pflichten verstoßen. Bei sonstigen früheren Beamtinnen und früheren Beamten gilt es als Dienstvergehen, wenn sie schuldhaft gegen die in den §§ 37, 41 und 42 bestimmten Pflichten verstoßen. Für Beamtinnen und Beamte nach den Sätzen 1 und 2 können durch Landesrecht weitere Handlungen festgelegt werden, die als Dienstvergehen gelten.

(3) Das Nähere über die Verfolgung von Dienstvergehen regeln die Disziplinargesetze.

§ 48 Pflicht zum Schadensersatz
Beamtinnen und Beamte, die vorsätzlich oder grob fahrlässig die ihnen obliegenden Pflichten verletzen, haben dem Dienstherrn, dessen Aufgaben sie wahrgenommen haben, den daraus entstehenden Schaden zu ersetzen. Haben mehrere Beamtinnen oder Beamte gemeinsam den Schaden verursacht, haften sie als Gesamtschuldner.

§ 49 Übermittlungen bei Strafverfahren
(1) Das Gericht, die Strafverfolgungs- oder die Strafvollstreckungsbehörde hat in Strafverfahren gegen Beamtinnen und Beamte zur Sicherstellung der erforderlichen dienstrechtlichen Maßnahmen im Fall der Erhebung der öffentlichen Klage

1. die Anklageschrift oder eine an ihre Stelle tretende Antragsschrift,
2. den Antrag auf Erlass eines Strafbefehls und
3. die einen Rechtszug abschließende Entscheidung mit Begründung

zu übermitteln. Ist gegen die Entscheidung ein Rechtsmittel eingelegt worden, ist die Entscheidung unter Hinweis auf das eingelegte Rechtsmittel zu übermitteln. Der Erlass und der Vollzug eines Haftbefehls oder eines Unterbringungsbefehls sind mitzuteilen.

(2) In Verfahren wegen fahrlässig begangener Straftaten werden die in Absatz 1 Satz 1 bestimmten Übermittlungen nur vorgenommen, wenn

1. es sich um schwere Verstöße handelt, namentlich Vergehen der Trunkenheit im Straßenverkehr oder der fahrlässigen Tötung, oder
2. in sonstigen Fällen die Kenntnis der Daten aufgrund der Umstände des Einzelfalls erforderlich ist, um zu prüfen, ob dienstrechtliche Maßnahmen zu ergreifen sind.

(3) Entscheidungen über Verfahrenseinstellungen, die nicht bereits nach Absatz 1 oder 2 zu übermitteln sind, sollen übermittelt werden, wenn die in Absatz 2 Nr. 2 genannten Voraussetzungen erfüllt sind. Dabei ist zu berücksichtigen, wie gesichert die zu übermittelnden Erkenntnisse sind.

(4) Sonstige Tatsachen, die in einem Strafverfahren bekannt werden, dürfen mitgeteilt werden, wenn ihre Kenntnis aufgrund besonderer Umstände des Einzelfalls für dienstrechtliche Maßnahmen gegen eine Beamtin oder einen Beamten erforderlich ist und soweit nicht für die übermittelnde Stelle erkennbar ist, dass schutzwürdige Interessen der Beamtin oder des Beamten an dem Ausschluss der Übermittlung überwiegen. Erforderlich ist die Kenntnis der Daten auch dann, wenn diese Anlass zur Prüfung bieten, ob dienstrechtliche Maßnahmen zu ergreifen sind. Absatz 3 Satz 2 ist entsprechend anzuwenden.

(5) Nach den Absätzen 1 bis 4 übermittelte Daten dürfen auch für die Wahrnehmung der Aufgaben nach dem Sicherheitsüberprüfungsgesetz oder einem entsprechenden Landesgesetz verwendet werden.

(6) Übermittlungen nach den Absätzen 1 bis 3 sind auch zulässig, soweit sie Daten betreffen, die dem Steuergeheimnis (§ 30 der Abgabenordnung) unterliegen. Übermittlungen nach Absatz 4 sind unter den Voraussetzungen des § 30 Abs. 4 Nr. 5 der Abgabenordnung zulässig.

§ 50 Personalakte
Für jede Beamtin und jeden Beamten ist eine Personalakte zu führen. Zur Personalakte gehören alle Unterlagen, die die Beamtin oder den Beamten betreffen, soweit sie mit dem Dienstverhältnis in einem unmittelbaren inneren Zusammenhang stehen (Personalaktendaten). Die Personalakte ist vertraulich zu behandeln. Personalaktendaten dürfen ohne Einwilligung der Beamtin oder des Beamten nur für Zwecke der Personalverwaltung oder Personalwirtschaft verarbeitet werden. Für Ausnahmefälle kann landesrechtlich eine von Satz 4 abweichende Verarbeitung vorgesehen werden.

§ 51 Personalvertretung
Die Bildung von Personalvertretungen zum Zweck der vertrauensvollen Zusammenarbeit zwischen der Behördenleitung und dem Personal ist unter Einbeziehung der Beamtinnen und Beamten zu gewährleisten.

§ 52 Mitgliedschaft in Gewerkschaften und Berufsverbänden
Beamtinnen und Beamte haben das Recht, sich in Gewerkschaften oder Berufsverbänden zusammenzuschließen. Sie dürfen wegen Betätigung für ihre Gewerkschaft oder ihren Berufsverband nicht dienstlich gemaßregelt oder benachteiligt werden.

§ 53 Beteiligung der Spitzenorganisationen
Bei der Vorbereitung gesetzlicher Regelungen der beamtenrechtlichen Verhältnisse durch die obersten Landesbehörden sind die Spitzenorganisationen der zuständigen Gewerkschaften und Berufsverbände zu beteiligen. Das Beteiligungsverfahren kann auch durch Vereinbarung ausgestaltet werden.

Abschnitt 7
Rechtsweg

§ 54 Verwaltungsrechtsweg
(1) Für alle Klagen der Beamtinnen, Beamten, Ruhestandsbeamtinnen, Ruhestandsbeamten, früheren Beamtinnen, früheren Beamten und der Hinterbliebenen aus dem Beamtenverhältnis sowie für Klagen des Dienstherrn ist der Verwaltungsrechtsweg gegeben.

(2) Vor allen Klagen ist ein Vorverfahren nach den Vorschriften des 8. Abschnitts der Verwaltungsgerichtsordnung durchzuführen. Dies gilt auch dann, wenn die Maßnahme von der

obersten Dienstbehörde getroffen worden ist. Ein Vorverfahren ist nicht erforderlich, wenn ein Landesgesetz dieses ausdrücklich bestimmt.

(3) Den Widerspruchsbescheid erlässt die oberste Dienstbehörde. Sie kann die Entscheidung für Fälle, in denen sie die Maßnahme nicht selbst getroffen hat, durch allgemeine Anordnung auf andere Behörden übertragen. Die Anordnung ist zu veröffentlichen.

(4) Widerspruch und Anfechtungsklage gegen Abordnung oder Versetzung haben keine aufschiebende Wirkung.

Abschnitt 8
Spannungs- und Verteidigungsfall

§ 55 Anwendungsbereich

Beschränkungen, Anordnungen und Verpflichtungen nach den §§ 56 bis 59 sind nur nach Maßgabe des Artikels 80a des Grundgesetzes zulässig. Sie sind auf Personen im Sinne des § 5 Abs. 1 des Arbeitssicherstellungsgesetzes anzuwenden.

§ 56 Dienstleistung im Verteidigungsfall

(1) Beamtinnen und Beamte können für Zwecke der Verteidigung auch ohne ihre Zustimmung zu einem anderen Dienstherrn abgeordnet oder zur Dienstleistung bei über- oder zwischenstaatlichen zivilen Dienststellen verpflichtet werden.

(2) Beamtinnen und Beamte können für Zwecke der Verteidigung auch Aufgaben übertragen werden, die nicht ihrem Amt oder ihrer Laufbahnbefähigung entsprechen, sofern ihnen die Übernahme nach ihrer Vor- und Ausbildung und im Hinblick auf die Ausnahmesituation zumutbar ist. Aufgaben einer Laufbahn mit geringeren Zugangsvoraussetzungen dürfen ihnen nur übertragen werden, wenn dies aus dienstlichen Gründen unabweisbar ist.

(3) Beamtinnen und Beamte haben bei der Erfüllung der ihnen für Zwecke der Verteidigung übertragenen Aufgaben Gefahren und Erschwernisse auf sich zu nehmen, soweit diese ihnen nach den Umständen und den persönlichen Verhältnissen zugemutet werden können.

(4) Beamtinnen und Beamte sind bei einer Verlegung der Behörde oder Dienststelle auch in das Ausland zur Dienstleistung am neuen Dienstort verpflichtet.

§ 57 Aufschub der Entlassung und des Ruhestands

Die Entlassung der Beamtinnen und Beamten auf ihren Antrag kann für Zwecke der Verteidigung hinausgeschoben werden, wenn dies im öffentlichen Interesse erforderlich ist und der Personalbedarf der öffentlichen Verwaltung im Bereich ihres Dienstherrn auf freiwilliger Grundlage nicht gedeckt werden kann. Satz 1 gilt entsprechend für den Ablauf der Amtszeit bei Beamtenverhältnissen auf Zeit. Der Eintritt der Beamtinnen und Beamten in den Ruhestand nach Erreichen der Altersgrenze und die vorzeitige Versetzung in den Ruhestand auf Antrag ohne Nachweis der Dienstunfähigkeit können unter den Voraussetzungen des Satzes 1 bis zum Ende des Monats hinausgeschoben werden, in dem die für Bundesbeamtinnen und Bundesbeamte geltende Regelaltersgrenze erreicht wird.

§ 58 Erneute Berufung von Ruhestandsbeamtinnen und Ruhestandsbeamten

Ruhestandsbeamtinnen und Ruhestandsbeamte, die die für Bundesbeamtinnen und Bundesbeamte geltende Regelaltersgrenze noch nicht erreicht haben, können für Zwecke der Verteidigung erneut in ein Beamtenverhältnis berufen werden, wenn dies im öffentlichen Interesse erforderlich ist und der Personalbedarf der öffentlichen Verwaltung im Bereich ihres bisherigen Dienstherrn auf freiwilliger Grundlage nicht gedeckt werden kann. Das Beamtenverhältnis endet, wenn es nicht vorher beendet wird, mit dem Ende des Monats, in dem die für Bundesbeamtinnen und Bundesbeamte geltende Regelaltersgrenze erreicht wird.

§ 59 Verpflichtung zur Gemeinschaftsunterkunft und Mehrarbeit

(1) Wenn dienstliche Gründe es erfordern, können Beamtinnen und Beamte für Zwecke der Verteidigung verpflichtet werden, vorübergehend in einer Gemeinschaftsunter-

kunft zu wohnen und an einer Gemeinschaftsverpflegung teilzunehmen.

(2) Beamtinnen und Beamte sind verpflichtet, für Zwecke der Verteidigung über die regelmäßige Arbeitszeit hinaus ohne besondere Vergütung Dienst zu tun. Für die Mehrbeanspruchung wird ein Freizeitausgleich nur gewährt, soweit es die dienstlichen Erfordernisse gestatten.

Abschnitt 9
Sonderregelungen für Verwendungen im Ausland

§ 60 Verwendungen im Ausland

(1) Beamtinnen und Beamte, die zur Wahrnehmung des ihnen übertragenen Amtes im Ausland oder außerhalb des Deutschen Hoheitsgebiets auf Schiffen oder in Luftfahrzeugen verwendet werden und dabei wegen vom Recht wesentlich abweichender Verhältnisse erhöhten Gefahren ausgesetzt sind, können aus dienstlichen Gründen verpflichtet werden,

1. vorübergehend in einer Gemeinschaftsunterkunft zu wohnen und an einer Gemeinschaftsverpflegung teilzunehmen,
2. Schutzkleidung zu tragen,
3. Dienstkleidung zu tragen und
4. über die regelmäßige Arbeitszeit hinaus ohne besondere Vergütung Dienst zu tun.

In den Fällen des Satzes 1 Nr. 4 wird für die Mehrbeanspruchung ein Freizeitausgleich nur gewährt, soweit es die dienstlichen Erfordernisse gestatten.

(2) Sind nach Absatz 1 verwendete Beamtinnen und Beamte zum Zeitpunkt des vorgesehenen Eintritts in den Ruhestand nach den §§ 25 und 26 oder des vorgesehenen Ablaufs ihrer Amtszeit wegen Verschleppung, Gefangenschaft oder aus sonstigen mit dem Dienst zusammenhängenden Gründen, die sie nicht zu vertreten haben, dem Einflussbereich des Dienstherrn entzogen, verlängert sich das Dienstverhältnis bis zum Ablauf des auf die Beendigung dieses Zustands folgenden Monats.

Abschnitt 10
Sonderregelungen für wissenschaftliches Hochschulpersonal

§ 61 Hochschullehrerinnen und Hochschullehrer

Abweichend von den §§ 14 und 15 können Hochschullehrerinnen und Hochschullehrer nur mit ihrer Zustimmung in den Bereich eines Dienstherrn eines anderen Landes oder des Bundes abgeordnet oder versetzt werden. Abordnung oder Versetzung im Sinne von Satz 1 sind auch ohne Zustimmung der Hochschullehrerinnen oder Hochschullehrer zulässig, wenn die Hochschule oder die Hochschuleinrichtung, an der sie tätig sind, aufgelöst oder mit einer anderen Hochschule zusammengeschlossen wird oder wenn die Studien- oder Fachrichtung, in der sie tätig sind, ganz oder teilweise aufgehoben oder an eine andere Hochschule verlegt wird. In diesen Fällen beschränkt sich die Mitwirkung der aufnehmenden Hochschule oder Hochschuleinrichtung bei der Einstellung auf eine Anhörung. Die Vorschriften über den einstweiligen Ruhestand sind auf Hochschullehrerinnen und Hochschullehrer nicht anzuwenden.

Abschnitt 11
Schlussvorschriften

§ 62 Folgeänderungen
(hier nicht aufgenommen)

§ 63 Inkrafttreten, Außerkrafttreten

(1) Die §§ 25 und 50 treten am Tag nach der Verkündung in Kraft. Gleichzeitig treten die §§ 25 und 26 Abs. 3 sowie die §§ 56 bis 56f des Beamtenrechtsrahmengesetzes in der Fassung der Bekanntmachung vom 31. März 1999 (BGBl. I S. 654), das zuletzt durch Artikel 2 Abs. 1 des Gesetzes vom 5. Dezember 2006 (BGBl. I S. 2748), geändert worden ist, außer Kraft.

(2) § 62 Abs. 13 und 14 tritt für Bundesbeamtinnen und Bundesbeamte am 12. Februar 2009 in Kraft.

(3) Im Übrigen tritt das Gesetz am 1. April 2009 in Kraft. Gleichzeitig tritt das Beamtenrechtsrahmengesetz mit Ausnahme von Kapitel II und § 135 außer Kraft.

(4) Die Länder können für die Zeit bis zum Inkrafttreten des § 11 Landesregelungen im Sinne dieser Vorschrift in Kraft setzen. In den Ländern, die davon Gebrauch machen, ist § 8 des Beamtenrechtsrahmengesetzes nicht anzuwenden.

Gesetz zur Reform des öffentlichen Dienstrechts (Dienstrechtsreformgesetz – DRG)

Vom 9. November 2010 (GBl. S. 793)

Zuletzt geändert durch
Gesetz zur Änderung des Landesbeamtengesetzes und anderer Vorschriften
vom 1. Dezember 2015 (GBl. S. 1035)

– Auszug –

Inhaltsübersicht

Artikel 1 bis 61 (hier nicht aufgenommen)

Artikel 62	**Übergangsbestimmungen**		
§ 1	Laufbahnen		
§ 2	Landespersonalausschuss		
§ 3	Anhebung der Altersgrenzen		
§ 4	Beurlaubung, Freistellungsjahr, Altersteilzeit		
§ 5	Ruhestandseintritt und Hinausschiebung der Altersgrenze von Beamtinnen und Beamten auf Zeit		
§ 6	Bisherige Beamtinnen und Beamte auf Zeit		
§ 7	Bisherige hauptamtliche Vorstandsmitglieder		
Artikel 63	**Inkrafttreten, Außerkrafttreten**		

Artikel 1 bis 61 (hier nicht aufgenommen)

Artikel 62
Übergangsbestimmungen

§ 1 Laufbahnen

(1) Für die bei Inkrafttreten dieses Gesetzes vorhandenen Beamtinnen und Beamten gelten die laufbahnrechtlichen Bestimmungen dieses Gesetzes mit folgenden Maßgaben:

1. Die Beamtinnen und Beamten verbleiben in ihren bisherigen Laufbahnen, soweit nichts anderes bestimmt ist. Für Beamtinnen und Beamte, die im Wege des Aufstiegs für besondere Verwendungen in die nächsthöhere Laufbahngruppe gelangt sind, gelten die Bestimmungen des § 21a Abs. 3, § 25a Abs. 2 und § 30a Abs. 2 der Landeslaufbahnverordnung (LVO) weiter. Einschränkungen des Verwendungsbereichs können nach Maßgabe der Bestimmungen über den horizontalen Laufbahnwechsel (Artikel 1 § 21) geändert werden.

2. Die Ministerien können im Rahmen ihres Geschäftsbereichs durch Rechtsverordnung im Benehmen mit dem Innenministerium die Beamtinnen und Beamten einer Laufbahn in eine Laufbahn vergleichbarer Fachrichtung überleiten. Den Beamtinnen und Beamten darf dabei nur ein Amt mit gleichem Grundgehalt verliehen werden.

3. Beamtinnen und Beamte des einfachen Dienstes werden in ein Amt mit gleichem Grundgehalt einer entsprechenden Laufbahn in der Laufbahngruppe des mittleren Dienstes übergeleitet. Gibt es kein entsprechendes Amt, werden sie in das Eingangsamt dieser Laufbahn des mittleren Dienstes nach § 24 Nr. 1 Buchst. a des Landesbesoldungsgesetzes Baden-Württemberg übergeleitet. Die Überleitung ist durch die für die Ernennung zuständige Behörde schriftlich festzustellen und der Beamtin oder dem Beamten bekannt zu geben.

4. Eine noch nicht beendete Probezeit ist nach Maßgabe der vor Inkrafttreten dieses Gesetzes geltenden Bestimmungen abzuleisten.

5. Eine Ernennung ist mit Wirkung für die Vergangenheit zurückzunehmen, wenn sie ohne die vor Inkrafttreten dieses Gesetzes vorgeschriebene Entscheidung des Landespersonalausschusses erfolgt ist und ihr nicht nachträglich zugestimmt wird. Über die nachträgliche Zustimmung entscheidet bei Beamtinnen und Beamten des Landes die oberste Dienstbehörde im Einvernehmen mit dem Innenministerium, bei anderen Beamtinnen und Beamten die Rechtsaufsichtsbehörde.

6. Ein noch nicht beendeter Aufstieg nach § 21 Abs. 1 bis 3 oder § 25 Abs. 1 bis 3 LVO kann nach Maßgabe der vor Inkrafttreten dieses Gesetzes geltenden Bestimmungen beendet werden. Ein Aufstieg für besondere Verwendungen kann nach den Bestimmungen der §§ 21a, 25a oder 30a LVO in der vor Inkrafttreten dieses Gesetzes geltenden Fassung beendet werden, wenn er zum Zeitpunkt des Inkrafttretens dieses Gesetzes zwar bereits begonnen wurde, die Voraussetzung des § 21a Abs. 1 Nr. 4, § 25a Abs. 1 Nr. 4 oder § 30a Abs. 1 Nr. 4 LVO jedoch noch nicht vollständig vorliegt.

(2) Für die Einstellung von Beamtinnen und Beamten in Laufbahnen besonderer Fachrichtung gelten die Bestimmungen der §§ 33 bis 44 LVO in der vor Inkrafttreten dieses Gesetzes geltenden Fassung fort, längstens jedoch bis zum 31. Dezember 2014.

(3) Ausbildungs- und Prüfungsordnungen, die aufgrund von § 18 Abs. 2 und 3 des Landesbeamtengesetzes sowie Verordnungen, die aufgrund von § 139 des Landesbeamtengesetzes in der vor Inkrafttreten dieses Gesetzes geltenden Fassung erlassen worden sind, gelten in der am Tag vor dem Inkrafttreten dieses Gesetzes geltenden Fassung fort, längstens jedoch bis zum 31. Dezember 2014.

(4) Für lehrberufliche Laufbahnen und Lehrämter, für die aufgrund von Artikel 3 Nr. 2 des Fünften Gesetzes zur Änderung des Landesbeamtengesetzes vom 11. Dezember 1979 (GBl. S. 529) von Artikel 1 § 15 abweichende Bildungsvoraussetzungen galten, gelten die bisherigen Vorschriften fort, soweit die Ministerien für die in ihrem Geschäftsbereich eingerichteten Laufbahnen durch Rechtsverordnung nichts anderes bestimmen.

(5) Für die bei Inkrafttreten dieses Gesetzes vorhandenen Dienstanfängerinnen und Dienstanfänger gilt § 21 des Landesbeamtengesetzes und die Verordnung des Finanzministeriums über die Gewährung von Unterhaltsbeihilfen an Dienstanfänger in den vor Inkrafttreten dieses Gesetzes geltenden Fassungen fort.

§ 2 Landespersonalausschuss

(1) Die Amtszeit der Mitglieder des Landespersonalausschusses nach § 122 des Landesbeamtengesetzes und § 9 des Landesrichtergesetzes in den vor Inkrafttreten dieses Gesetzes geltenden Fassungen endet mit Inkrafttreten dieses Gesetzes.

(2) Anträge, über die der Landespersonalausschuss bis zum Inkrafttreten dieses Gesetzes noch nicht abschließend entschieden hat, gelten als nicht gestellt.

(3) Vor Inkrafttreten dieses Gesetzes getroffene Entscheidungen des Landespersonalausschusses bleiben gültig und können auch nach Inkrafttreten dieses Gesetzes auf Grundlage des geltenden Rechts vollzogen werden.

§ 3 Anhebung der Altersgrenzen

(1) § 39 des Landesbeamtengesetzes und § 45 Absatz 2 Satz 3 des Landeshochschulgesetzes sind mit der Maßgabe anzuwenden, dass einem Antrag von Beamtinnen oder Beamten, die vor dem 1. Januar 1953 geboren sind, auf Hinausschiebung des Eintritts in den Ruhestand bis zu dem Ablauf des Monats, in dem das 68. Lebensjahr vollendet wird, stattzugeben ist, soweit dienstliche Interessen nicht entgegenstehen; für die in § 36 Absatz 3 des Landesbeamtengesetzes genannten und vor dem 1. Januar 1958 geborenen Beamtinnen und Beamten tritt an die Stelle des 68. Lebensjahres das 63. Lebensjahr. Für Professorinnen und Professoren tritt an die Stelle des Ablaufs des Monats das Ende des Semesters, in dem die Professorin oder der Professor das 68. Lebensjahr vollendet. Satz 1 gilt nicht für die in § 36 Absatz 3a des Landesbeamtengesetzes genannten Beamtinnen und Beamten. § 39 Satz 2 des Landesbeamtengesetzes, § 6 Abs. 2 Satz 2 des Landesrichtergesetzes und § 45 Abs. 2 Satz 4 des Landeshochschulgesetzes finden in den sechs Monaten nach dem Inkrafttreten dieses Gesetzes keine Anwendung; der Antrag soll frühzeitig gestellt werden.

(2) Abweichend von § 36 Abs. 1 des Landesbeamtengesetzes und § 6 Abs. 1 des Landesrichtergesetzes erreichen Beamtinnen und Beamte auf Lebenszeit oder Richterinnen und Richter auf Lebenszeit oder auf Zeit die Altersgrenze

bei Geburt im Jahr	mit dem Ablauf des Monats, in dem sie das
1946 oder früher:	65. Lebensjahr vollenden;
1947:	65. Lebensjahr und einen Monat vollenden;
1948:	65. Lebensjahr und zwei Monate vollenden;
1949:	65. Lebensjahr und drei Monate vollenden;
1950:	65. Lebensjahr und vier Monate vollenden;
1951:	65. Lebensjahr und fünf Monate vollenden;
1952:	65. Lebensjahr und sechs Monate vollenden;
1953:	65. Lebensjahr und sieben Monate vollenden;
1954:	65. Lebensjahr und acht Monate vollenden;
1955:	65. Lebensjahr und neun Monate vollenden;
1956:	65. Lebensjahr und zehn Monate vollenden;
1957:	65. Lebensjahr und elf Monate vollenden;
1958:	66. Lebensjahr vollenden;
1959:	66. Lebensjahr und zwei Monate vollenden;
1960:	66. Lebensjahr und vier Monate vollenden;
1961:	66. Lebensjahr und sechs Monate vollenden;
1962:	66. Lebensjahr und acht Monate vollenden;
1963:	66. Lebensjahr und zehn Monate vollenden.

Satz 1 gilt auch für Beamtinnen und Beamte sowie Richterinnen und Richter, für die § 36

Art. 62 — Dienstrechtsreformgesetz (DRG) – Auszug

Abs. 1 des Landesbeamtengesetzes oder § 6 Abs. 1 des Landesrichtergesetzes entsprechend gilt oder maßgebend ist.

(3) Abweichend von § 36 Abs. 2 des Landesbeamtengesetzes erreichen Lehrerinnen und Lehrer an öffentlichen Schulen außer an Hochschulen die Altersgrenze

bei Geburt im Jahr	mit dem Ende des Schuljahres, in dem sie das
1947 oder früher:	64. Lebensjahr vollenden;
1948:	64. Lebensjahr und einen Monat vollenden;
1949:	64. Lebensjahr und zwei Monate vollenden;
1950:	64. Lebensjahr und drei Monate vollenden;
1951:	64. Lebensjahr und vier Monate vollenden;
1952:	64. Lebensjahr und fünf Monate vollenden;
1953:	64. Lebensjahr und sechs Monate vollenden;
1954:	64. Lebensjahr und sieben Monate vollenden;
1955:	64. Lebensjahr und acht Monate vollenden;
1956:	64. Lebensjahr und neun Monate vollenden;
1957:	64. Lebensjahr und zehn Monate vollenden;
1958:	64. Lebensjahr und elf Monate vollenden;
1959:	65. Lebensjahr vollenden;
1960:	65. Lebensjahr und zwei Monate vollenden;
1961:	65. Lebensjahr und vier Monate vollenden;
1962:	65. Lebensjahr und sechs Monate vollenden;
1963:	65. Lebensjahr und acht Monate vollenden;
1964:	65. Lebensjahr und zehn Monate vollenden.

Absatz 2 Satz 2 gilt entsprechend.

(4) Abweichend von § 36 Abs. 3 des Landesbeamtengesetzes erreichen die in dieser Vorschrift genannten Beamtinnen und Beamte auf Lebenszeit die Altersgrenze

bei Geburt im Jahr	mit dem Ablauf des Monats, in dem sie das
1951 oder früher:	60. Lebensjahr vollenden;
1952:	60. Lebensjahr und einen Monat vollenden;
1953:	60. Lebensjahr und zwei Monate vollenden;
1954:	60. Lebensjahr und drei Monate vollenden;
1955:	60. Lebensjahr und vier Monate vollenden;
1956:	60. Lebensjahr und fünf Monate vollenden;
1957:	60. Lebensjahr und sechs Monate vollenden;
1958:	60. Lebensjahr und sieben Monate vollenden;
1959:	60. Lebensjahr und acht Monate vollenden;
1960:	60. Lebensjahr und neun Monate vollenden;
1961:	60. Lebensjahr und zehn Monate vollenden;
1962:	60. Lebensjahr und elf Monate vollenden;
1963:	61. Lebensjahr vollenden;
1964:	61. Lebensjahr und zwei Monate vollenden;
1965:	61. Lebensjahr und vier Monate vollenden;
1966:	61. Lebensjahr und sechs Monate vollenden;
1967:	61. Lebensjahr und acht Monate vollenden;
1968:	61. Lebensjahr und zehn Monate vollenden.

Absatz 2 Satz 2 gilt entsprechend.

(5) Absatz 4 gilt abweichend von § 40 Abs. 1 Satz 1 Nr. 2 des Landesbeamtengesetzes oder § 6 Abs. 3 Nr. 2 des Landesrichtergesetzes für schwerbehinderte Beamtinnen und Beamte auf Lebenszeit und schwerbehinderte Richterinnen und Richter auf Lebenszeit oder auf Zeit entsprechend.

(6) Für die Verabschiedung von Ehrenbeamtinnen und Ehrenbeamten gelten abweichend von § 41 Abs. 1 Satz 1 Nr. 1 des Landesbeamtengesetzes Absatz 2 und abweichend von § 41 Abs. 1 Satz 1 Nr. 2 des Landesbeamtengesetzes Absatz 4 entsprechend.

(7) § 37 Abs. 1 Satz 1 Nr. 1 des Landesbeamtengesetzes ist mit Beginn des Jahres 2012 bis zum Ablauf des Jahres 2028 abweichend mit der Maßgabe anzuwenden, dass an die Stelle des dort jeweils genannten Lebensalterserfordernisses dasjenige Lebensalter tritt, das sich aus der entsprechenden Anwendung des Absatzes 2 ergibt.

§ 4 Beurlaubung, Freistellungsjahr, Altersteilzeit

Für Beamtinnen und Beamte auf Lebenszeit und Richterinnen und Richter auf Lebenszeit oder auf Zeit, deren

1. Urlaub nach §§ 153b und 153c des Landesbeamtengesetzes oder §§ 7 und 7a des Landesrichtergesetzes bis zum Beginn des Ruhestandes,
2. Teilzeitbeschäftigung nach § 153g des Landesbeamtengesetzes mit der Lage des Freistellungsjahres unmittelbar vor dem Beginn des Ruhestandes oder
3. Altersteilzeit nach § 153h Abs. 2 des Landesbeamtengesetzes oder § 7c Abs. 2 des Landesrichtergesetzes

am Tage vor dem Inkrafttreten dieses Gesetzes bewilligt und angetreten oder aufgenommen war, gelten für den Eintritt in den Ruhestand und die Festsetzung der Versorgungsbezüge die am Tage vor dem Inkrafttreten dieses Gesetzes geltenden Vorschriften. Auf Antrag der Beamtin oder des Beamten ist der Eintritt in den Ruhestand nach Maßgabe des § 3 Abs. 1 hinauszuschieben.

§ 5 Ruhestandseintritt und Hinausschiebung der Altersgrenze von Beamtinnen und Beamten auf Zeit

(1) Für den Eintritt von Beamtinnen und Beamten auf Zeit nach § 37 Abs. 1 Satz 1 Nr. 1 des Landesbeamtengesetzes erfolgt die Ermittlung der ruhegehaltfähigen Dienstzeit für die am Tag vor dem Inkrafttreten dieses Gesetzes vorhandenen Beamtinnen und Beamten nach Maßgabe des § 106 Abs. 5 des Landesbeamtenversorgungsgesetzes Baden-Württemberg.

(2) Beamtinnen und Beamte auf Zeit, deren Amtszeit am Tage vor dem Inkrafttreten dieses Gesetzes läuft, treten mit dem Ablauf dieser Amtszeit auch dann in den Ruhestand, wenn sie die nach § 3 Abs. 7 maßgebende Altersgrenze noch nicht erreicht haben, aber die Voraussetzungen des § 131 Abs. 1 Satz 1 Nr. 1 des Landesbeamtengesetzes in der am Tage vor dem Inkrafttreten dieses Gesetzes geltenden Fassung erfüllen.

(3) Landrätinnen und Landräte, Amtsverweserinnen und Amtsverweser nach § 39 Abs. 6 der Landkreisordnung und Beigeordnete, deren Amtszeit am Tage vor dem Inkrafttreten dieses Gesetzes läuft und die in dieser Amtszeit ihr 65. Lebensjahr vollenden werden, erreichen abweichend von § 36 Abs. 4 des Landesbeamtengesetzes die Altersgrenze mit Vollendung des 65. Lebensjahrs. Der Eintritt in den Ruhestand kann auf Antrag der Beamtin oder des Beamten für eine bestimmte Frist, jedoch nicht länger als bis zu dem Ablauf des Monats, in dem die Beamtin oder der Beamte das 68. Lebensjahr vollendet, hinausgeschoben werden, wenn dies im dienstlichen Interesse liegt. Über den Antrag entscheidet bei Beigeordneten der Gemeinderat, bei Landrätinnen und Landräten sowie bei Amtsverweserinnen und Amtsverwesern nach § 39 Abs. 6 der Landkreisordnung der Kreistag im Einvernehmen mit dem Innenministerium. § 3 Abs. 1 Satz 3 gilt entsprechend.

§ 6 Bisherige Beamtinnen und Beamte auf Zeit

(1) Ersten Landesbeamtinnen und Ersten Landesbeamten, die sich am Tag vor dem Inkrafttreten dieses Gesetzes in einem Beamtenverhältnis auf Zeit nach § 137a des Landesbeamtengesetzes in der bis zum Inkrafttreten dieses Gesetzes geltenden Fassung befinden, ist mit Wirkung vom 1. Januar 2011 das Amt mit leitender Funktion im Beamtenverhältnis auf Probe nach § 8 des Landesbeamtengesetzes übertragen. Zeiten, die in dem Beamtenver-

hältnis auf Zeit zurückgelegt worden sind, sollen auf die Probezeit angerechnet werden.

(2) Beamtinnen und Beamte, die sich am Tag vor dem Inkrafttreten dieses Gesetzes in einem Beamtenverhältnis auf Zeit nach

1. § 5 Abs. 4 des Gesetzes über die Landesakademie für Fortbildung und Personalentwicklung an Schulen,
2. § 5 Abs. 3 des Gesetzes zur Errichtung des Landesinstituts für Schulentwicklung oder
3. § 7 Abs. 2 des Medienzentrengesetzes

in den bis zum Inkrafttreten dieses Gesetzes geltenden Fassungen befinden, ist mit Wirkung vom 1. Januar 2011 das jeweilige Amt mit leitender Funktion im Beamtenverhältnis auf Probe nach § 8 des Landesbeamtengesetzes übertragen. Absatz 1 Satz 2 gilt entsprechend.

§ 7 Bisherige hauptamtliche Vorstandsmitglieder

(1) Auf ein bei Inkrafttreten dieses Gesetzes bei den Hochschulen vorhandenes hauptamtliches Vorstandsmitglied in einem Beamtenverhältnis auf Zeit, das unmittelbar vor seiner Ernennung zum hauptamtlichen Vorstandsmitglied auf Zeit in einem Beamtenverhältnis auf Lebenszeit zum Land Baden-Württemberg gestanden hat, findet § 17 Abs. 9 des Landeshochschulgesetzes in der Fassung vor Inkrafttreten dieses Gesetzes Anwendung.

(2) Auf ein bei Inkrafttreten dieses Gesetzes bei den Hochschulen vorhandenes hauptamtliches Vorstandsmitglied in einem befristeten Beschäftigungsverhältnis, das unmittelbar vor seiner Bestellung zum hauptamtlichen Vorstandsmitglied in einem unbefristeten Beschäftigungsverhältnis zum Land Baden-Württemberg gestanden hat, findet § 17 Abs. 9 des Landeshochschulgesetzes in der Fassung vor Inkrafttreten dieses Gesetzes Anwendung.

(3) Die Absätze 1 und 2 gelten auch im Falle der unmittelbaren Wiederernennung in ein Beamtenverhältnis auf Zeit oder Wiederbestellung in ein befristetes Beschäftigungsverhältnis nach Inkrafttreten dieses Gesetzes.

Artikel 63 Inkrafttreten, Außerkrafttreten

(1) Dieses Gesetz tritt vorbehaltlich der Absätze 2, 3 und 4 am 1. Januar 2011 in Kraft. Gleichzeitig treten außer Kraft

1. das Landesbeamtengesetz in der Fassung vom 19. März 1996 (GBl. S. 286), zuletzt geändert durch Artikel 1 des Gesetzes vom 17. Dezember 2009 (GBl. S. 801),
2. das Landesbesoldungsgesetz in der Fassung vom 12. Dezember 1999 (GBl. 2000 S. 2), zuletzt geändert durch Artikel 13 des Gesetzes vom 29. Juli 2010 (GBl. S. 555, 562),
3. das Gesetz über vermögenswirksame Leistungen für das Land Baden-Württemberg in der Fassung vom 3. April 1979 (GBl. S. 134, 158), geändert durch Artikel 7 § 8 des Gesetzes vom 7. Februar 1994 (GBl. S. 73, 75),
4. das Landesbesoldungsanpassungsgesetz vom 3. April 1979 (GBl. S. 134, ber. S. 220), zuletzt geändert durch Artikel 2 des Gesetzes vom 8. April 2003 (GBl. S. 159),
5. die Landeslaufbahnverordnung in der Fassung vom 28. August 1991 (GBl. S. 577), zuletzt geändert durch Artikel 60a dieses Gesetzes,
6. die Landeskommunalbesoldungsverordnung vom 6. März 1979 (GBl. S. 98), zuletzt geändert durch Verordnung vom 10. Oktober 2000 (GBl. S. 664),
7. die Verordnung des Finanzministeriums über die Gewährung von Unterhaltsbeihilfen an Dienstanfänger vom 16. Juli 1969 (GBl. S. 155), zuletzt geändert durch Artikel 3 des Gesetzes vom 8. November 1999 (GBl. S. 430, 435),
8. die Verordnung des Finanzministeriums, des Innenministeriums, des Kultusministeriums, des Wissenschaftsministeriums, des Justizministeriums, des Wirtschaftsministeriums, des Ministeriums für Ernährung und Ländlichen Raum, des Umweltministeriums und des Ministeriums für Arbeit und Soziales zur

Übertragung der Zuständigkeiten zur Kürzung der Anwärterbezüge und der Unterhaltsbeihilfe für Dienstanfänger vom 17. September 1981 (GBl. S. 512), geändert durch Artikel 65 der Verordnung vom 25. April 2007 (GBl. S. 252, 259),

9. die Verordnung der Landesregierung zur Übertragung von Ermächtigungen zum Erlass von Rechtsverordnungen des Besoldungsrechts vom 4. Mai 1982 (GBl. S. 151),

10. die Leistungsstufenverordnung vom 30. März 1998 (GBl. S. 214), zuletzt geändert durch § 5 Abs. 6 des Gesetzes vom 28. März 2000 (GBl. S. 361, 363),

11. die Leistungsprämien- und -zulagenverordnung vom 30. März 1998 (GBl. S. 215), zuletzt geändert durch Artikel 4 des Gesetzes vom 11. Dezember 2007 (GBl. S. 538, 542),

12. die Verordnung des Finanzministeriums über die Gewährung von Unterhaltsbeihilfen an Rechtsreferendare vom 29. Juni 1998 (GBl. S. 398), zuletzt geändert durch Artikel 5 des Gesetzes vom 11. Dezember 2007 (GBl. S. 538, 542),

13. die Verordnung des Innenministeriums über die Zuständigkeiten nach der Leistungsstufenverordnung vom 24. Januar 2000 (GBl. S. 117),

14. die Verordnung des Kultusministeriums über die Zuständigkeiten nach der Leistungsstufenverordnung vom 4. April 2000 (GBl. S. 435), zuletzt geändert durch Artikel 2 der Verordnung vom 11. November 2009 (GBl. S. 693, 706),

15. die Verordnung des Wissenschaftsministeriums über die Zuständigkeiten nach der Leistungsstufenverordnung vom 10. Oktober 2001 (GBl. S. 603), geändert durch Artikel 20 des Gesetzes vom 3. Dezember 2008 (GBl. S. 435, 462),

16. die Beamten-Ausgleichszahlungsverordnung vom 29. Januar 2002 (GBl. S. 94),

17. die Dienstbezügezuschlagsverordnung vom 6. November 2007 (GBl. S. 490, ber. S. 607), geändert durch Verordnung vom 1. Dezember 2009 (GBl. S. 685),

18. die Theaterbetriebszulagenverordnung vom 31. Januar 1978 (GBl. S. 107), zuletzt geändert durch Artikel 1 § 5 Abs. 8 des Gesetzes vom 11. Dezember 2007 (GBl. S. 538, 540),

19. die Verordnung des Wissenschaftsministeriums über die Übertragung beamtenrechtlicher Zuständigkeiten von 2. März 1999 (GBl. S. 136),

20. Verordnung des Innenministeriums über die Vergütung für die Teilnahme an Sitzungen kommunaler Vertretungskörperschaften und ihrer Ausschüsse (Sitzungsvergütungsverordnung) vom 10. Dezember 1998 (GBl. S. 701), geändert durch Artikel 56 dieses Gesetzes,

21. die Anordnung der Landesregierung über den Erlaß von Bestimmungen für die Dienstkleidung der Beamten vom 20. Oktober 1970 (GBl. S. 476),

22. die Anordnung des Ministerpräsidenten über die Festsetzung der Amtsbezeichnung „Rektor" vom 25. Mai 1999 (GBl. S. 250).

(2) Artikel 2 § 63 Satz 1 (Zulagen für besondere Erschwernisse), § 67 Abs. 1 Satz 1 und 2 (Vollstreckungsvergütung), § 68 Abs. 1 Satz 1 (Vergütung für Gerichtsvollzieher), § 81 Abs. 4 (Anwärtersonderzuschläge) und § 82 Abs. 4 (Unterrichtsvergütung für Lehramtsanwärter) treten am Tag nach der Verkündung dieses Gesetzes in Kraft.

(3) Artikel 3 § 48 Abs. 6 (Heilverfahren), § 59 Abs. 3 Satz 2 (Einmalige Unfallentschädigung und einmalige Entschädigung), Artikel 51 Nr. 8b und c (§ 17 Abs. 1 Nr. 2 bis 10) treten am Tag nach der Verkündung dieses Gesetzes in Kraft.

(4) Artikel 60a tritt am Tag nach der Verkündung dieses Gesetzes in Kraft.

Landesbeamtengesetz (LBG)

Vom 9. November 2010 (GBl. S. 793)

Zuletzt geändert durch
Haushaltsbegleitgesetz 2025/2026
vom 17. Dezember 2024 (GBl. Nr. 114)

Inhaltsübersicht

**Erster Teil
Allgemeine Vorschriften**
- § 1 Geltungsbereich
- § 2 Dienstherrnfähigkeit
- § 3 Begriffsbestimmungen
- § 4 Allgemeine Zuständigkeit, Zuständigkeiten nach dem Beamtenstatusgesetz
- § 5 Zustellung

**Zweiter Teil
Beamtenverhältnis**
- § 6 Beamtenverhältnis auf Probe
- § 7 Beamtenverhältnis auf Zeit
- § 8 Führungsfunktionen auf Probe
- § 9 Ernennungszuständigkeit und Rechtsfolgen einer Ernennung
- § 10 Ernennung beim Wechsel der Laufbahngruppe
- § 11 Auswahlverfahren, Stellenausschreibung
- § 12 Rücknahme der Ernennung
- § 13 Verfahren und Rechtsfolgen der Rücknahme oder bei Nichtigkeit der Ernennung

**Dritter Teil
Laufbahnen**
- § 14 Laufbahn
- § 15 Bildungsvoraussetzungen
- § 16 Erwerb der Laufbahnbefähigung
- § 17 Beschränkung der Zulassung der Ausbildung
- § 18 Einstellung
- § 19 Probezeit
- § 20 Beförderung
- § 21 Horizontaler Laufbahnwechsel
- § 22 Aufstieg
- § 23 Übernahme von Beamtinnen und Beamten anderer Dienstherrn und von früheren Beamtinnen und Beamten

**Vierter Teil
Versetzung, Abordnung und Umbildung von Körperschaften innerhalb des Geltungsbereichs dieses Gesetzes**
- § 24 Versetzung
- § 25 Abordnung
- § 26 Umbildung einer Körperschaft
- § 27 Rechtsfolgen der Umbildung
- § 28 Rechtsstellung der Beamtinnen und Beamten
- § 29 Genehmigungsvorbehalt für Ernennungen
- § 30 Rechtsstellung der Versorgungsempfängerinnen und Versorgungsempfänger

**Fünfter Teil
Beendigung des Beamtenverhältnisses**

**1. Abschnitt
Entlassung**
- § 31 Zuständigkeit, Form und Zeitpunkt der Entlassung
- § 32 Rechtsfolgen der Entlassung

**2. Abschnitt
Verlust der Beamtenrechte**
- § 33 Folgen des Verlusts der Beamtenrechte
- § 34 Gnadenerweis
- § 35 Weitere Folgen eines Wiederaufnahmeverfahrens

3. Abschnitt
Ruhestand, Verabschiedung, Dienstunfähigkeit

§ 36 Ruhestand wegen Erreichens der Altersgrenze

§ 37 Ruhestand von Beamtinnen und Beamten auf Zeit wegen Ablaufs der Amtszeit

§ 38 Ruhestand von kommunalen Wahlbeamtinnen und Wahlbeamten wegen Ablaufs der Amtszeit

§ 39 Hinausschiebung der Altersgrenze

§ 40 Versetzung in den Ruhestand auf Antrag

§ 41 Altersgrenzen für die Verabschiedung

§ 42 Einstweiliger Ruhestand

§ 43 Dienstunfähigkeit, begrenzte Dienstfähigkeit, Wiederberufung

§ 44 Verfahren bei Dienstunfähigkeit

§ 45 Form, Zuständigkeit

§ 46 Beginn des Ruhestands und des einstweiligen Ruhestands

Sechster Teil
Rechtliche Stellung im Beamtenverhältnis

1. Abschnitt
Allgemeine Pflichten und Rechte

§ 47 Diensteid

§ 48 Verantwortung für die Rechtmäßigkeit

§ 49 Anträge, Beschwerden, Vertretung

§ 50 Fortbildung

§ 51 Dienstliche Beurteilung, Dienstzeugnis

§ 52 Befreiung von Amtshandlungen

§ 53 Ärztliche Untersuchungen, Genetische Untersuchungen und Analysen

§ 54 Wohnung, Aufenthaltsort

§ 55 Dienstkleidung, Kennzeichnungspflicht, Erscheinungsbild

§ 56 Amtsbezeichnung

§ 57 Verschwiegenheitspflicht

§ 58 Nichterfüllung von Pflichten

§ 59 Pflicht zum Schadenersatz

§ 59a Rückforderung von Leistungen

2. Abschnitt
Nebentätigkeit, Tätigkeit nach Beendigung des Beamtenverhältnisses

§ 60 Nebentätigkeit

§ 61 Nebentätigkeiten auf Verlangen

§ 62 Genehmigungspflichtige Nebentätigkeiten

§ 63 Nicht genehmigungspflichtige Nebentätigkeiten

§ 64 Pflichten bei der Ausübung von Nebentätigkeiten

§ 65 Ausführungsverordnung

§ 66 Tätigkeit nach Beendigung des Beamtenverhältnisses

3. Abschnitt
Arbeitszeit und Urlaub

§ 67 Arbeitszeit

§ 68 Fernbleiben vom Dienst, Krankheit

§ 69 Teilzeitbeschäftigung

§ 70 Altersteilzeit

§ 71 Urlaub

§ 72 Urlaub von längerer Dauer ohne Dienstbezüge

§ 73 Höchstdauer von unterhälftiger Teilzeitbeschäftigung und Urlaub

§ 74 Pflegezeiten

4. Abschnitt
Fürsorge und Schutz

§ 75 Benachteiligungsverbot

§ 76 Mutterschutz, Elternzeit

§ 77 Arbeitsschutz

§ 78 Beihilfe

§ 78a Pauschale Beihilfe

§ 79 Heilfürsorge

§ 80 Ersatz von Sachschaden

§ 80a Erfüllungsübernahme von Schmerzensgeldansprüchen gegen Dritte

§ 81 Übergang des Schadenersatzanspruchs

§ 82 Dienstjubiläum

5. Abschnitt
Personalaktendaten

- § 83 Verarbeitung
- § 84 Vollständig automatisierte Entscheidungen
- § 85 Übermittlung
- § 85a Verarbeitung von Personalaktendaten im Auftrag
- § 86 Löschung
- § 87 Auskunft, Anhörung
- § 88 Gliederung von Personalaktendaten, Zugriff auf Personalaktendaten

Siebter Teil
Beteiligung der Gewerkschaften und Berufsverbände sowie der kommunalen Landesverbände

- § 89 Beteiligung der Gewerkschaften und Berufsverbände
- § 90 Beteiligung der kommunalen Landesverbände

Achter Teil
Besondere Beamtengruppen

- § 91 Ehrenbeamtinnen und Ehrenbeamte
- § 92 Kommunale Wahlbeamtinnen und Wahlbeamte

Neunter Teil
Schlussbestimmung

- § 93 Übergangsvorschriften

Anhang
(zu § 8 Abs. 1)

Erster Teil
Allgemeine Vorschriften

§ 1 Geltungsbereich

Dieses Gesetz gilt für die Beamtinnen und Beamten des Landes, der Gemeinden und Gemeindeverbände sowie der sonstigen der Aufsicht des Landes unterstehenden Körperschaften, Anstalten und Stiftungen des öffentlichen Rechts.

§ 2 Dienstherrnfähigkeit

Körperschaften, Anstalten und Stiftungen des öffentlichen Rechts kann durch Gesetz, Rechtsverordnung oder Satzung die Dienstherrnfähigkeit nach § 2 Nr. 2 des Beamtenstatusgesetzes (BeamtStG) verliehen werden. Wird die Dienstherrnfähigkeit durch Satzung verliehen, bedarf diese der Genehmigung der Landesregierung.

§ 3 Begriffsbestimmungen

(1) Körperschaften im Sinne dieses Gesetzes sind juristische Personen des öffentlichen Rechts mit Dienstherrnfähigkeit.

(2) Oberste Dienstbehörde der Beamtin oder des Beamten ist die oberste Behörde des Dienstherrn, in deren Geschäftsbereich die Beamtin oder der Beamte ein Amt wahrnimmt oder bei Beendigung des Beamtenverhältnisses zuletzt wahrgenommen hat.

(3) Dienstvorgesetzte sind diejenigen, die für beamtenrechtliche Entscheidungen über die persönlichen Angelegenheiten der ihnen nachgeordneten Beamtinnen und Beamten zuständig sind. Die Dienstvorgesetzten werden durch Gesetz oder Rechtsverordnung bestimmt. Sie können Beamtinnen oder Beamte ihrer Dienststelle mit der Wahrnehmung von Aufgaben des Dienstvorgesetzten beauftragen.

(4) Vorgesetzte sind diejenigen, die dienstliche Anordnungen erteilen können. Die Vorgesetzten bestimmen sich nach dem Aufbau der öffentlichen Verwaltung.

(5) Angehörige im Sinne dieses Gesetzes und von Rechtsverordnungen, zu denen dieses Gesetz oder das Beamtenstatusgesetz ermächtigen, sind die in § 20 Abs. 5 des Landesverwaltungsverfahrensgesetzes sowie die darüber hinaus in § 7 Abs. 3 des Pflegezeitgesetzes genannten Personen.

(6) Hinterbliebene im Sinne dieses Gesetzes und von Rechtsverordnungen, zu denen dieses Gesetz oder das Beamtenstatusgesetz ermächtigen, sind auch hinterbliebene Lebenspartnerinnen und Lebenspartner nach dem Lebenspartnerschaftsgesetz.

(7) Als Grundgehalt im Sinne dieses Gesetzes und der auf das Grundgehalt Bezug nehmenden Vorschriften des Beamtenstatusgesetzes gilt das Grundgehalt, in Besoldungsgruppen mit aufsteigenden Gehältern das Grundgehalt der höchsten Stufe, mit Amtszulagen und der Strukturzulage nach dem Landesbesoldungsgesetz Baden-Württemberg (LBesGBW); Stellenzulagen gelten nicht als Bestandteil des Grundgehalts.

§ 4 Allgemeine Zuständigkeit, Zuständigkeiten nach dem Beamtenstatusgesetz

(1) Die unmittelbaren Dienstvorgesetzten sind zuständig für Entscheidungen, die aufgrund des Beamtenstatusgesetzes, dieses Gesetzes oder einer Rechtsverordnung ergehen, zu der dieses Gesetz oder das Beamtenstatusgesetz ermächtigen. Die übergeordneten Dienstvorgesetzten können entsprechende Verfahren im Einzelfall jederzeit an sich ziehen. Die oberste Dienstbehörde kann Zuständigkeiten des Dienstvorgesetzten auch teilweise auf andere Dienstvorgesetzte durch Rechtsverordnung übertragen.

(2) Besteht der letzte Dienstvorgesetzte nicht mehr, entscheidet an seiner Stelle die oberste Dienstbehörde. Besteht die oberste Dienstbehörde nicht mehr und ist eine andere Behörde nicht bestimmt, so entscheidet an ihrer Stelle das Finanzministerium.

(3) Zuständig für die Entscheidung über eine Ausnahme nach § 7 Abs. 3 BeamtStG ist die Behörde, die über die Ernennung der Beamtin oder des Beamten entscheidet.

(4) Zuständig für die Versagung der Aussagegenehmigung nach § 37 Abs. 4 BeamtStG ist die oberste Dienstbehörde; für die Beamtinnen und Beamten der Gemeinden, Ge-

meindeverbände sowie der sonstigen der Aufsicht des Landes unterstehenden Körperschaften, Anstalten und Stiftungen des öffentlichen Rechts tritt an die Stelle der obersten Dienstbehörde die oberste Aufsichtsbehörde oder die von ihr durch Rechtsverordnung bestimmte Behörde.

(5) Für die in § 42 Abs. 1 bezeichneten Beamtinnen und Beamten entscheidet die Landesregierung über die Feststellung der Befähigung als andere Bewerberin oder anderer Bewerber, über die Abkürzung der Probezeit und über Ausnahmen von laufbahnrechtlichen Vorschriften.

(6) Bei Klagen aus dem Beamtenverhältnis wird der Dienstherr durch die oberste Dienstbehörde vertreten. Diese kann die Zuständigkeit zur Vertretung durch Rechtsverordnung auf andere Behörden übertragen.

(7) Soweit in diesem Gesetz nichts anderes bestimmt ist, erlassen das Innenministerium und das Finanzministerium im Rahmen ihrer Geschäftsbereiche die zur Durchführung dieses Gesetzes erforderlichen Verwaltungsvorschriften.

§ 5 Zustellung

Verfügungen und Entscheidungen, die Beamtinnen und Beamten oder Versorgungsempfängerinnen und Versorgungsempfängern nach den Vorschriften dieses Gesetzes bekannt zu geben sind, sind, soweit gesetzlich nichts anderes bestimmt ist, zuzustellen, wenn durch sie eine Frist in Lauf gesetzt wird oder Rechte der Beamtinnen und Beamten oder der Versorgungsempfängerinnen und Versorgungsempfänger berührt werden.

Zweiter Teil
Beamtenverhältnis

§ 6 Beamtenverhältnis auf Probe

Ein Beamtenverhältnis auf Probe ist spätestens nach fünf Jahren in ein solches auf Lebenszeit umzuwandeln, wenn die Beamtin oder der Beamte die beamtenrechtlichen Voraussetzungen hierfür erfüllt.

§ 7 Beamtenverhältnis auf Zeit

Ein Beamtenverhältnis auf Zeit kann nur begründet werden, wenn dies gesetzlich bestimmt ist. Die Vorschriften des Dritten Teils finden keine Anwendung.

§ 8 Führungsfunktionen auf Probe

(1) Ämter mit leitender Funktion im Sinne dieser Vorschrift sind die im Anhang genannten oder danach bestimmten Ämter, soweit sie nicht aufgrund anderer gesetzlicher Vorschriften im Beamtenverhältnis auf Zeit übertragen werden oder die Amtsträger richterliche Unabhängigkeit besitzen.

(2) Ein Amt mit leitender Funktion wird zunächst im Beamtenverhältnis auf Probe übertragen. Die regelmäßige Probezeit beträgt zwei Jahre; Zeiten einer Beurlaubung ohne Dienstbezüge gelten nicht als Probezeit. Die oberste Dienstbehörde kann eine Verkürzung der Probezeit zulassen; die Mindestprobezeit beträgt ein Jahr. Zeiten, in denen Beamtinnen oder Beamten die leitende Funktion nach Satz 1 bereits übertragen worden ist, sowie unmittelbar vorangegangene Zeiten, in denen Beamtinnen oder Beamten ein vergleichbares Amt mit leitender Funktion nach Satz 1 erfolgreich übertragen worden war, sollen auf die Probezeit angerechnet werden. Eine Verlängerung der Probezeit ist nicht zulässig.

(3) In ein Amt mit leitender Funktion darf berufen werden, wer

1. sich in einem Beamtenverhältnis auf Lebenszeit oder einem Richterverhältnis auf Lebenszeit befindet und

2. in dieses Amt auch als Beamtin oder Beamter auf Lebenszeit berufen werden könnte.

Vom Tage der Ernennung ruhen für die Dauer der Probezeit die Rechte und Pflichten aus dem Amt, das der Beamtin oder dem Beamten zuletzt im Beamtenverhältnis auf Lebenszeit oder im Richterverhältnis auf Lebenszeit übertragen worden ist, mit Ausnahme der Verschwiegenheitspflicht (§ 37 BeamtStG) und des Verbotes der Annahme von Belohnungen, Geschenken und sonstigen Vorteilen (§ 42 BeamtStG); das Beamtenverhältnis auf Lebenszeit oder das Richterverhältnis auf Lebenszeit besteht fort. Dienstvergehen, die mit Bezug auf das Beamtenverhältnis auf Lebenszeit, das Richterverhältnis auf Lebenszeit oder das Beamtenverhältnis auf Probe begangen worden sind, werden so verfolgt, als stünde die Beamtin oder der Beamte nur im Beamtenverhältnis auf Lebenszeit oder Richterverhältnis auf Lebenszeit.

(4) Die Beamtin oder der Beamte ist, außer in den Fällen des § 22 Abs. 5 BeamtStG, mit Beendigung des Beamtenverhältnisses auf Lebenszeit oder Richterverhältnisses auf Lebenszeit oder Beamtenverhältnisses auf Probe nach § 4 Abs. 3 Buchst. a Beamtenverhältnisses auf Probe nach §§ 10, 12 und 22 des Deutschen Richtergesetzes aus dem Beamtenverhältnis auf Probe nach Absatz 2 entlassen. § 22 Abs. 1 und 2, § 23 Abs. 1 bis 3 Satz 1 und § 30 Abs. 2 BeamtStG bleiben unberührt.

(5) Mit dem erfolgreichen Abschluss der Probezeit ist der Beamtin oder dem Beamten das Amt mit leitender Funktion auf Dauer im Beamtenverhältnis auf Lebenszeit zu verleihen; eine erneute Berufung der Beamtin oder des Beamten in ein Beamtenverhältnis auf Probe zur Übertragung dieses Amtes innerhalb eines Jahres ist nicht zulässig. Wird das Amt nicht auf Dauer verliehen, endet der Anspruch auf Besoldung aus diesem Amt. Weitergehende Ansprüche bestehen nicht.

(6) Die Beamtinnen und Beamten führen während ihrer Amtszeit im Dienst nur die Amtsbezeichnung des ihnen nach Absatz 2 übertragenen Amtes; nur diese darf auch außerhalb des Dienstes geführt werden. Wird der Beamtin oder dem Beamten das Amt mit leitender Funktion nicht auf Dauer übertragen, darf die Amtsbezeichnung nach Satz 1 mit dem Ausscheiden aus dem Beamtenverhältnis auf Probe nicht weitergeführt werden.

(7) Sofern zwingende dienstliche Gründe dies erfordern, darf abweichend von Absatz 3 Satz 1 in ein Amt mit leitender Funktion ausnahmsweise auch berufen werden,

1. wer sich in einem Beamtenverhältnis auf Probe nach § 4 Abs. 3 Buchst. a BeamtStG oder in einem Beamtenverhältnis auf Probe nach §§ 10, 12 und 22 des Deutschen Richtergesetzes befindet,

2. wer nach Art, Dauer und Wertigkeit dem Amt mit leitender Funktion vergleichbare Tätigkeiten bereits wahrgenommen hat und

3. wem nach dem erfolgreichen Abschluss der Probezeit nach Absatz 2 und der Probezeit nach § 19 dieses Gesetzes oder §§ 10, 12 und 22 des Deutschen Richtergesetzes dieses Amt durch Ernennung im Beamtenverhältnis auf Lebenszeit verliehen werden kann.

Absatz 3 Satz 2 gilt für das Beamtenverhältnis oder Richterverhältnis auf Probe nach Satz 1 Nr. 1 entsprechend mit der Maßgabe, dass auch die Probezeit nach § 19 dieses Gesetzes oder §§ 10, 12 und 22 des Deutschen Richtergesetzes vom Ruhen des Beamtenverhältnisses oder Richterverhältnisses auf Probe ausgenommen ist.

§ 9 Ernennungszuständigkeit und Rechtsfolgen einer Ernennung

(1) Die Beamtinnen und Beamten der Gemeinden und Gemeindeverbände sowie der sonstigen der Aufsicht des Landes unterstehenden Körperschaften, Anstalten und Stiftungen des öffentlichen Rechts werden von den nach Gesetz, Rechtsverordnung oder Satzung hierfür zuständigen Stellen ernannt.

(2) Ernennungen werden mit dem Tage der Aushändigung der Ernennungsurkunde wirksam, wenn nicht in der Urkunde ausdrücklich ein späterer Tag bestimmt ist.

(3) Mit der Berufung in das Beamtenverhältnis erlischt ein privatrechtliches Arbeitsverhältnis zum Dienstherrn.

§ 10 Ernennung beim Wechsel der Laufbahngruppe

Einer Ernennung bedarf es neben den in § 8 Abs. 1 BeamtStG aufgeführten Fällen zur Verleihung eines anderen Amtes mit anderer Amtsbezeichnung beim Wechsel der Laufbahngruppe.

§ 11 Auswahlverfahren, Stellenausschreibung

(1) Für Einstellungen sind die Bewerberinnen und Bewerber durch öffentliche Ausschreibung der freien Stellen zu ermitteln.

(2) Freie Beförderungsdienstposten sollen, sofern sie nicht öffentlich ausgeschrieben werden, innerhalb des Behördenbereichs ausgeschrieben werden. Die obersten Dienstbehörden können Art und Umfang der Ausschreibungen und ihrer Bekanntmachung regeln. Von einer Ausschreibung kann allgemein oder im Einzelfall abgesehen werden, wenn vorrangige Gründe der Personalplanung oder des Personaleinsatzes entgegenstehen.

(3) Die Pflicht zur Ausschreibung gilt nicht
1. für die Einstellung in das Beamtenverhältnis auf Probe,
2. für die Laufbahngruppe des mittleren Dienstes, ausgenommen die Besoldungsgruppen A 10 und A 10 mit Amtszulage,
3. für die Dienstposten der leitenden Beamtinnen und Beamten der obersten Landesbehörden und der diesen unmittelbar nachgeordneten Behörden,
4. für die Dienstposten der leitenden Beamtinnen und Beamten der Gemeinden und Gemeindeverbände sowie der sonstigen der Aufsicht des Landes unterstehenden Körperschaften, Anstalten und Stiftungen des öffentlichen Rechts, soweit gesetzlich nichts anderes bestimmt ist.

§ 12 Rücknahme der Ernennung

Die Ernennung ist mit Wirkung für die Vergangenheit zurückzunehmen, wenn eine vorgeschriebene Mitwirkung einer Aufsichtsbehörde unterblieben ist und nicht nachgeholt wurde.

§ 13 Verfahren und Rechtsfolgen der Rücknahme oder bei Nichtigkeit der Ernennung

(1) Die Nichtigkeit einer Ernennung ist von der Behörde festzustellen, die für die Ernennung zuständig wäre. Wäre der Ministerpräsident für die Ernennung zuständig, ist die Nichtigkeit von der obersten Dienstbehörde festzustellen. Die Feststellung der Nichtigkeit ist der oder dem Ernannten bekannt zu geben. Ist eine Ernennung nichtig, ist dem oder der Ernannten unverzüglich jede weitere Führung der Dienstgeschäfte zu verbieten. Das Verbot ist erst auszusprechen, wenn die sachlich zuständigen Stellen es abgelehnt haben, die Ernennung zu bestätigen oder eine Ausnahme von § 7 Abs. 3 BeamtStG nachträglich zuzulassen.

(2) Die Rücknahme einer Ernennung wird von der Behörde, die für die Ernennung zuständig wäre, erklärt. Wäre der Ministerpräsident für die Ernennung zuständig, so ist die Rücknahme von der obersten Dienstbehörde zu erklären. Soweit Ämter der Besoldungsgruppen W 3, C 3 oder C 4 im Geschäftsbereich des Wissenschaftsministeriums betroffen sind, bedarf die Rücknahme der vorherigen Zustimmung des Wissenschaftsministeriums. Die Ernennung kann nur innerhalb einer Frist von sechs Monaten zurückgenommen werden, nachdem die für die Rücknahme zuständige Behörde Kenntnis vom Grund der Rücknahme erlangt hat. Die Rücknahme ist der Beamtin, dem Beamten oder den versorgungsberechtigten Hinterbliebenen bekannt zu geben.

(3) Vor Entlassung einer Beamtin oder eines Beamten auf Probe nach § 23 Abs. 3 Satz 1 Nr. 1 BeamtStG hat die für die Entlassung zuständige Behörde Ermittlungen durchzuführen; § 8 Abs. 1, § 9 Satz 1, § 10 Abs. 1 und 3, §§ 12, 15 bis 18, 22 bis 24 und 39 des Landesdisziplinargesetzes gelten entsprechend. Satz 1 gilt entsprechend für die Entlassung einer Beamtin oder eines Beamten auf Widerruf wegen eines Dienstvergehens im Sinne von § 23 Abs. 3 Satz 1 Nr. 1 BeamtStG.

(4) Ist eine Ernennung nichtig oder ist sie zurückgenommen worden, sind die bis zu dem Verbot der Weiterführung der Dienstgeschäfte oder bis zur Bekanntgabe der Erklärung der Rücknahme vorgenommenen Amtshandlungen in gleicher Weise wirksam, wie wenn sie eine Beamtin oder ein Beamter ausgeführt hätte. Gewährte Leistungen können belassen werden; die Entscheidung trifft die Stelle, welche die Nichtigkeit feststellt oder über die Rücknahme entscheidet.

Dritter Teil
Laufbahnen

§ 14 Laufbahn

(1) Die Laufbahnen umfassen alle der Laufbahngruppe zugeordneten Ämter derselben

Fachrichtung. Sie unterscheiden sich nach fachlichen Gesichtspunkten und gehören zu den Laufbahngruppen des mittleren, des gehobenen und des höheren Dienstes.

(2) Die Zuordnung einer Laufbahn zu einer Laufbahngruppe erfolgt nach dem Schwierigkeitsgrad der wahrzunehmenden Dienstaufgaben, dem Grad der Selbständigkeit und der Verantwortung, den Bildungsvoraussetzungen und der Ausbildung. Den Laufbahngruppen sind die Ämter grundsätzlich wie folgt zugeordnet:

1. Mittlerer Dienst: Besoldungsgruppen A 8 bis A 10,
2. Gehobener Dienst: Besoldungsgruppen A 10 bis A 13,
3. Höherer Dienst: Besoldungsgruppen A 13 bis A 16 sowie Ämter der Landesbesoldungsordnung B.

Im Landesbesoldungsgesetz Baden-Württemberg werden für einzelne Laufbahnen Eingangsämter und Endämter abweichend bestimmt, wenn es die besonderen Verhältnisse der Laufbahn erfordern.

§ 15 Bildungsvoraussetzungen

(1) Als Bildungsvoraussetzung für den Erwerb einer Laufbahnbefähigung ist erforderlich:

1. für die Laufbahnen des mittleren Dienstes mindestens der Hauptschul- oder ein mittlerer Bildungsabschluss entsprechend den fachlichen Anforderungen der jeweiligen Laufbahn;
2. für die Laufbahnen des gehobenen Dienstes mindestens
   a) der Abschluss eines Diplom- oder Staatsprüfungs-Studiengangs an der Dualen Hochschule oder einer entsprechenden Bildungseinrichtung, einer Fachhochschule oder einer Pädagogischen Hochschule oder
   b) der Abschluss eines Bachelor-Studiengangs an einer Hochschule;
3. für die Laufbahnen des höheren Dienstes
   a) der Abschluss eines Diplom-, Magister-, Staatsprüfungs- oder Master-Studiengangs an einer Universität oder an einer anderen Hochschule in gleichgestellten Studiengängen oder
   b) der Abschluss eines akkreditierten Master-Studiengangs an der Dualen Hochschule oder einer entsprechenden Bildungseinrichtung, einer Hochschule für angewandte Wissenschaften, einer Fachhochschule oder einer Pädagogischen Hochschule.

(2) In den Fällen des Absatzes 1 Nummer 2 reicht bei Erwerb der Laufbahnbefähigung nach § 16 Absatz 1 Nummer 1 zur Begründung des Beamtenverhältnisses auf Widerruf oder des öffentlich-rechtlichen Ausbildungsverhältnisses eine Hochschulzugangsberechtigung nach § 58 Absatz 2 des Landeshochschulgesetzes als Bildungsvoraussetzung aus, wenn die Laufbahnprüfung zugleich einen Hochschulabschluss nach Absatz 1 Nummer 2 vermittelt.

(3) Andere als die in Absatz 1 oder 2 genannten Abschlüsse gelten als gleichwertige Bildungsvoraussetzungen, wenn sie diesen entsprechen. Über die Anerkennung anderer Bildungsstände als gleichwertig entscheidet in den Fällen des Absatzes 1 Nr. 1 das Kultusministerium und in den Fällen des Absatzes 1 Nr. 2 und 3 das Wissenschaftsministerium jeweils im Einvernehmen mit dem für die vorgesehene Laufbahn zuständigen Ministerium.

(4) Die Ministerien können für die in ihrem Geschäftsbereich eingerichteten Laufbahnen durch Rechtsverordnung die fachlichen Anforderungen an den Studienabschluss bestimmen sowie Bildungsstände für die jeweilige Laufbahn allgemein im Benehmen mit dem Kultusministerium bei Schulabschlüssen und dem Wissenschaftsministerium bei Studienabschlüssen als gleichwertig anerkennen.

§ 16 Erwerb der Laufbahnbefähigung

(1) Laufbahnbewerberinnen und Laufbahnbewerber können die Befähigung für eine Laufbahn erwerben

1. a) durch einen Vorbereitungsdienst im Beamtenverhältnis auf Widerruf,
   b) in einem öffentlich-rechtlichen Ausbildungsverhältnis

   und Bestehen der Laufbahnprüfung,

§ 16 Landesbeamtengesetz (LBG) I.3

2. durch Erwerb der Bildungsvoraussetzungen für eine Laufbahn und
   a) eine anschließende laufbahnqualifizierende Zusatzausbildung oder
   b) eine mindestens dreijährige, der Vorbildung entsprechende Berufstätigkeit, die die Eignung zur selbständigen Wahrnehmung eines Amtes der angestrebten Laufbahn vermittelt,
3. durch einen horizontalen Laufbahnwechsel nach §21,
4. durch Aufstieg nach §22,
5. aufgrund der Richtlinie 2005/36/EG des Europäischen Parlaments und des Rates vom 7. September 2005 über die Anerkennung von Berufsqualifikationen (ABl. L 255 vom 30. September 2005, S. 22) in der jeweils geltenden Fassung; das Nähere hierzu regeln die Ministerien im Rahmen ihres Geschäftsbereichs im Benehmen mit dem Innenministerium und dem Finanzministerium durch Rechtsverordnung. Das Berufsqualifikationsfeststellungsgesetz Baden-Württemberg findet mit Ausnahme von §12 Absatz 7, §13 Absatz 8 und §16 keine Anwendung.

(2) Die Ministerien richten im Rahmen ihres Geschäftsbereichs durch Rechtsverordnung im Benehmen mit dem Innenministerium und dem Finanzministerium die Laufbahnen ein und gestalten den Zugang aus; § 40 der Landeshaushaltsordnung bleibt unberührt. Sie können nach den besonderen Erfordernissen der Laufbahn eine Höchstaltersgrenze oder besondere gesundheitliche oder körperliche Voraussetzungen vorsehen und für den Erwerb der Befähigung nach Absatz 1 Nummer 1 und 2 und Absatz 3 den Nachweis zusätzlicher Fachkenntnisse oder besondere Anforderungen hinsichtlich der Vor- und Ausbildung festschreiben, wenn dies die Besonderheit der Laufbahn und der wahrzunehmenden Tätigkeiten erfordert. Im Übrigen bestimmen die Laufbahnvorschriften, ob und inwieweit ein erfolgreich abgeschlossener Ausbildungsgang für eine Laufbahn auf die Ausbildung für die nächsthöhere Laufbahn derselben Fachrichtung und ein nicht erfolgreich abgeschlossener Ausbildungsgang auf die Ausbildung für die nächstniedere Laufbahn derselben Fachrichtung angerechnet werden können. § 34 Absatz 4 Satz 1 Halbsatz 1 des Landeshochschulgesetzes bleibt unberührt.

(3) Andere Bewerberinnen und Bewerber können bei Vorliegen besonderer dienstlicher Gründe für die Übernahme in das Beamtenverhältnis die Befähigung für eine Laufbahn in Einzelfällen abweichend von den Vorschriften der entsprechenden Laufbahnverordnung erwerben, wenn

1. sie nach Vorliegen der Bildungsvoraussetzungen nach §15 mindestens vier Jahre überdurchschnittlich erfolgreich dieser Laufbahn entsprechende Tätigkeiten wahrgenommen haben; liegen nur die Bildungsvoraussetzungen der nächstniederen Laufbahngruppe vor, sind mindestens acht Jahre erforderlich,
2. sie eine besondere Fortbildungsbereitschaft nachweisen können und
3. es für sie eine unzumutbare Härte bedeuten würde, die Befähigung als Laufbahnbewerberin oder Laufbahnbewerber zu erwerben.

Vor- und Ausbildungen sowie bisherige berufliche Tätigkeiten müssen hinsichtlich der Fachrichtung sowie der Breite und Wertigkeit dazu geeignet sein, den Bewerberinnen und Bewerbern die Kenntnisse und Fähigkeiten zu vermitteln, die dazu befähigen, alle Aufgaben der Laufbahn, in der sie verwendet werden sollen, zu erfüllen. Die Entscheidung trifft die oberste Dienstbehörde.

(4) Bewerberinnen und Bewerber müssen über die Kenntnisse der deutschen Sprache verfügen, die für die Wahrnehmung der Aufgaben der jeweiligen Laufbahn erforderlich sind.

(5) Soweit gesetzlich nichts anderes bestimmt ist, finden auf Auszubildende in öffentlich-rechtlichen Ausbildungsverhältnissen die für Beamtinnen und Beamte auf Widerruf im Vorbereitungsdienst geltenden Bestimmungen mit Ausnahme von §§8 und 38 BeamtStG entsprechende Anwendung. Die Ministerien können für ihren Geschäftsbereich im Benehmen mit dem Innenministeri-

um und dem Finanzministerium durch Rechtsverordnung abweichende oder ergänzende Regelungen treffen. Die Auszubildenden erhalten nach § 88 LBesGBW Unterhaltsbeihilfen.

§ 17 Beschränkung der Zulassung der Ausbildung

(1) Die Zulassung zum Vorbereitungsdienst kann in den Fällen, in denen der Vorbereitungsdienst Ausbildungsstätte im Sinne des Artikels 12 Abs. 1 des Grundgesetzes (GG) ist, nach Maßgabe der folgenden Vorschriften eingeschränkt werden.

(2) Für einen Vorbereitungsdienst kann die Zahl der höchstens aufzunehmenden Bewerberinnen und Bewerber (Zulassungszahl) festgesetzt werden, soweit dies unter Berücksichtigung

1. der voraussichtlich vorhandenen Ausbildungskräfte und der Zahl der Auszubildenden, die im Durchschnitt von den Ausbildungskräften betreut werden kann,
2. der räumlichen Kapazitäten der Ausbildungsstellen,
3. der fachspezifischen Gegebenheiten der Ausbildungseinrichtungen,
4. der zur Verfügung stehenden sächlichen Mittel,
5. der im Haushaltsplan zur Verfügung stehenden Stellen für Auszubildende

zwingend erforderlich ist. Zulassungszahlen werden nur für einen bestimmten Zeitraum, längstens für die Zulassungstermine des folgenden Jahres, festgesetzt.

(3) Die Auswahlkriterien sind so zu bestimmen, dass für sämtliche Bewerberinnen und Bewerber unter Berücksichtigung der besonderen Verhältnisse in den einzelnen Ausbildungsbereichen eine Aussicht besteht, nach Möglichkeit innerhalb einer zumutbaren Wartezeit in den Vorbereitungsdienst aufgenommen zu werden. Dabei sind insbesondere zu berücksichtigen

1. die Erfüllung einer Dienstpflicht nach Artikel 12a Absatz 1 oder 2 GG, freiwilliger Wehrdienst, eine Tätigkeit als Entwicklungshelferin oder Entwicklungshelfer im Sinne des Entwicklungshelfer-Gesetzes, Bundesfreiwilligendienst nach dem Bundesfreiwilligendienstgesetz oder Jugendfreiwilligendienst nach dem Jugendfreiwilligendienstegesetz,

2. die Eignung und Befähigung der Bewerberinnen und Bewerber,

3. die Wartezeit seit der ersten Antragstellung auf Zulassung zum Vorbereitungsdienst in Baden-Württemberg, wenn sich die Bewerberinnen und Bewerber zu jedem Zulassungstermin beworben haben, und

4. besondere persönliche oder soziale Härtefälle.

(4) Die Ministerien regeln im Rahmen ihres Geschäftsbereichs durch Rechtsverordnung im Benehmen mit dem Innenministerium und dem Finanzministerium

1. die Laufbahnen, Fachrichtungen und Fächer, für die die Zulassung zum Vorbereitungsdienst beschränkt wird,

2. die Zulassungszahlen und den Zeitraum, für den sie festgesetzt werden,

3. die Auswahlkriterien, wobei bei Bewerberinnen oder Bewerbern, die die Erste Staatsprüfung oder Hochschulprüfung nicht in Baden-Württemberg abgelegt haben, unterschiedliche Prüfungsanforderungen und Unterschiede in der Bewertung der Prüfungsleistungen berücksichtigt werden können, sowie

4. die weiteren Einzelheiten der Zulassung, insbesondere das Bewerbungs- und Zulassungsverfahren einschließlich der Festsetzung von Ausschlussfristen.

(5) Für die Beschränkung der Zulassung zum öffentlich-rechtlichen Ausbildungsverhältnis nach § 16 Abs. 1 Nr. 1 Buchst. b, das Ausbildungsstätte im Sinne des Artikels 12 Abs. 1 GG ist, gelten die Absätze 1 bis 4 entsprechend.

§ 18 Einstellung

(1) Die Begründung eines Beamtenverhältnisses auf Probe oder auf Lebenszeit oder die Umwandlung eines Beamtenverhältnisses auf Widerruf in ein solches Beamtenverhält-

nis (Einstellung) erfolgt grundsätzlich im Eingangsamt einer Laufbahn.

(2) Die Einstellung ist ausnahmsweise im ersten oder zweiten Beförderungsamt zulässig, wenn besondere dienstliche Bedürfnisse dies rechtfertigen und eine Einstellung im Eingangsamt aufgrund der bisherigen Berufserfahrung eine unzumutbare Härte für die Bewerberin oder den Bewerber bedeuten würde. Sie darf im ersten Beförderungsamt nur nach einer mindestens dreijährigen, im zweiten Beförderungsamt nur nach einer mindestens vierjährigen erfolgreichen Wahrnehmung laufbahnentsprechender Tätigkeiten nach dem Erwerb der Laufbahnbefähigung erfolgen. Bei anderen Bewerberinnen und Bewerbern müssen die Mindestzeiten nach Satz 2 zusätzlich zu den Voraussetzungen für den Erwerb der Befähigung nach § 16 Abs. 3 vorliegen.

(3) Richterinnen oder Richtern, die in die Laufbahn des höheren Verwaltungsdienstes wechseln und sich in einem Amt der Besoldungsgruppe

1. R 1 befinden, kann ein Amt der Besoldungsgruppe A 14 frühestens ein Jahr, ein Amt der Besoldungsgruppe A 15 frühestens zwei Jahre und ein Amt der Besoldungsgruppe A 16 frühestens drei Jahre nach Ernennung auf Lebenszeit verliehen werden;

2. R 2 befinden, kann ein Amt der Besoldungsgruppe A 16 oder ein Amt mit niedrigerem Grundgehalt verliehen werden; ein Amt der Landesbesoldungsordnung B kann frühestens vier Jahre nach Ernennung auf Lebenszeit verliehen werden;

3. R 3 oder in einem höheren Richteramt befinden, kann ein Amt der Landesbesoldungsordnung B verliehen werden.

Satz 1 gilt entsprechend für Staatsanwältinnen und Staatsanwälte sowie für Badische Amtsnotarinnen und Badische Amtsnotare.

§ 19 Probezeit

(1) Probezeit ist die Zeit im Beamtenverhältnis auf Probe nach § 4 Abs. 3 Buchst. a BeamtStG, während der sich Beamtinnen und Beamte in den Aufgaben einer Laufbahn, deren Befähigung sie besitzen, bewähren sollen. Sie rechnet ab der Berufung in das Beamtenverhältnis auf Probe und dauert drei Jahre. Zeiten einer Beurlaubung ohne Bezüge gelten nicht als Probezeit, wenn nicht etwas anderes festgestellt worden ist; Absatz 3 bleibt unberührt.

(2) Die Probezeit kann für Beamtinnen und Beamte, die sich in der bisher zurückgelegten Probezeit bewährt haben,

1. bei weit überdurchschnittlicher Bewährung,

2. bei Erwerb der Laufbahnbefähigung mit hervorragendem Ergebnis

um bis zu jeweils einem Jahr abgekürzt werden.

(3) Auf die Probezeit angerechnet werden Verzögerungen im beruflichen Werdegang

1. aufgrund von Wehr- oder Zivildienst, wenn die Verzögerungen nach § 9 Abs. 8 Satz 4 des Arbeitsplatzschutzgesetzes, auch in Verbindung mit § 9 Abs. 10 Satz 2, § 12 Abs. 3 und 4, § 13 Abs. 2 und 3 oder § 16a Abs. 1 und 5 des Arbeitsplatzschutzgesetzes, mit § 8a Abs. 1, 3 und 4 des Soldatenversorgungsgesetzes oder mit § 78 Abs. 1 Nr. 1 des Zivildienstgesetzes, angemessen auszugleichen sind, oder

2. aufgrund einer Tätigkeit als Entwicklungshelferin oder Entwicklungshelfer in den Fällen des § 17 des Entwicklungshelfer-Gesetzes.

Hat sich die Einstellung der Beamtin oder des Beamten in das Beamtenverhältnis auf Widerruf oder auf Probe wegen Betreuung oder Pflege eines Angehörigen verzögert oder wurde Elternzeit, Pflegezeit oder Urlaub nach § 72 Abs. 1 in Anspruch genommen oder wurde Bundesfreiwilligendienst nach dem Bundesfreiwilligendienstgesetz oder Jugendfreiwilligendienst nach dem Jugendfreiwilligendienstegesetz geleistet, können Verzögerungen im beruflichen Werdegang auf die Probezeit angerechnet werden. Verzögerungen nach Satz 1 und 2 sind im tatsächlichen Umfang, höchstens bis zu zwei Jahren, anrechenbar.

(4) Dienstzeiten im öffentlichen Dienst oder Zeiten, die in einem der Ausbildung entsprechenden Beruf zurückgelegt wurden, können auf die Probezeit angerechnet werden, wenn sie nach ihrer Art und Bedeutung Tätigkeiten in der betreffenden Laufbahn entsprochen haben.

(5) Auch bei Abkürzungen nach Absatz 2 und Anrechnungen nach Absatz 3 und 4 ist eine Mindestprobezeit von sechs Monaten zu leisten. Die Ministerien können im Rahmen ihres Geschäftsbereichs durch Rechtsverordnung abweichend von Satz 1 eine Mindestprobezeit von bis zu einem Jahr festlegen, wenn dies die Besonderheit der Laufbahn und der wahrzunehmenden Tätigkeit erfordert. Bei Anrechnung von beim selben Dienstherrn zurückgelegten Zeiten nach Absatz 4 kann die Mindestprobezeit unterschritten oder auf sie verzichtet werden, wenn nach dem Erwerb der Laufbahnbefähigung Tätigkeiten ausgeübt wurden, die in der Regel von Beamtinnen und Beamten derselben Laufbahn im Beamtenverhältnis wahrgenommen werden. Zeiten nach §23 Abs. 5 Satz 1 stehen Zeiten nach Satz 3 gleich. Dienstzeiten im Richterverhältnis auf Probe sind auf die Probezeit anzurechnen; eine Mindestprobezeit ist nicht zu leisten.

(6) Kann die Bewährung bis zum Ablauf der Probezeit noch nicht festgestellt werden, kann die Probezeit bis auf höchstens fünf Jahre verlängert werden.

(7) Wird die Befähigung für eine weitere Laufbahn nach §16 Abs. 1 Nr. 1, 2 oder 5 erworben, können Zeiten, die im Beamtenverhältnis auf Zeit oder in der bisherigen Laufbahn im Beamtenverhältnis auf Probe oder auf Lebenszeit zurückgelegt wurden, auf die Probezeit in der neuen Laufbahn angerechnet werden, wenn die ausgeübten Tätigkeiten für die Aufgaben der neuen Laufbahn förderlich waren. Befindet sich die Beamtin oder der Beamte bereits in einem Beamtenverhältnis auf Lebenszeit, sollen Zeiten nach Satz 1 angerechnet werden. Bei einem Laufbahnwechsel nach §21 oder einem Aufstieg nach §22 ist eine Probezeit in der neuen Laufbahn nicht mehr abzuleisten.

(8) Durch Rechtsverordnung des Innenministeriums kann die Dauer der Probezeit für die Beamtinnen und Beamten des Polizeivollzugsdienstes abweichend von Absatz 1 Satz 2 und Absatz 2 Nr. 2 geregelt werden.

§ 20 Beförderung

(1) Beförderung ist eine Ernennung, durch die einer Beamtin oder einem Beamten ein anderes Amt mit höherem Grundgehalt verliehen wird.

(2) Ämter einer Laufbahn, die in der Landesbesoldungsordnung A aufgeführt sind, sind regelmäßig zu durchlaufen und dürfen nicht übersprungen werden. Das Überspringen von bis zu zwei Ämtern innerhalb der Laufbahngruppe ist ausnahmsweise zulässig, wenn

1. besondere dienstliche Bedürfnisse vorliegen,

2. nach Art, Dauer und Wertigkeit dem höheren Amt vergleichbare Tätigkeiten im entsprechenden zeitlichen Umfang wahrgenommen wurden und

3. die laufbahnentsprechenden Tätigkeiten nicht durch Einstellung in einem Beförderungsamt oder durch Anrechnung auf die Probezeit berücksichtigt wurden.

Wurden die laufbahnentsprechenden Tätigkeiten in einem Beamtenverhältnis auf Zeit wahrgenommen, ist ein gleichzeitiger Wechsel der Laufbahngruppe zulässig. Beim Aufstieg nach §22 kann das Eingangsamt der nächsthöheren Laufbahn übersprungen werden, wenn dieses mit keinem höheren Grundgehalt verbunden ist als das bisherige Amt.

(3) Eine Beförderung ist nicht zulässig

1. während der Probezeit,

2. vor Ablauf eines Jahres seit der Einstellung,

3. vor Ablauf eines Jahres seit der letzten Beförderung.

(4) In den Laufbahnen der Lehrkräfte an Grund-, Haupt-, Werkreal-, Real- und Sonderschulen (gehobener Dienst) ist das Eingangsamt, in den übrigen Laufbahnen der Lehrkräfte das Eingangsamt und das erste

Beförderungsamt innerhalb der Laufbahn regelmäßig zu durchlaufen.

§ 21 Horizontaler Laufbahnwechsel

(1) Ein horizontaler Laufbahnwechsel ist nur zulässig, wenn die Beamtin oder der Beamte die Befähigung für die neue Laufbahn besitzt.

(2) Beamtinnen und Beamte, die eine Laufbahnbefähigung besitzen, können die Befähigung für eine Laufbahn anderer Fachrichtung in derselben Laufbahngruppe erwerben, wenn sie über einen Zeitraum von mindestens drei Jahren erfolgreich in die Aufgaben der neuen Laufbahn eingeführt wurden und zu erwarten ist, dass sie für die neue Laufbahn allgemein befähigt sind. Die Frist nach Satz 1 kann um bis zu zwei Jahre verkürzt werden, wenn die Beamtin oder der Beamte erfolgreich an entsprechenden Qualifizierungsmaßnahmen teilgenommen hat. Ein anderweitiger Erwerb der Befähigung nach § 16 Abs. 1 Nr. 1, 2 oder 5 bleibt unberührt.

(3) Über den Erwerb der Befähigung nach Absatz 2 Satz 1 und 2 entscheidet der für die Einführung in die neue Laufbahn zuständige Dienstvorgesetzte.

(4) Die Beamtinnen und Beamten bleiben bis zur Verleihung eines Amtes der neuen Laufbahn in ihrer Rechtsstellung. Sie haben in der Laufbahn, in die sie wechseln, Ämter, die einer niedrigeren Besoldungsgruppe als ihrem bisherigen Amt zugeordnet sind, nicht mehr zu durchlaufen.

(5) Die Ministerien können im Rahmen ihres Geschäftsbereichs durch Rechtsverordnung im Benehmen mit dem Innenministerium besondere Anforderungen für den Erwerb der Laufbahnbefähigung festlegen, wenn dies die Besonderheiten der Laufbahn und der wahrzunehmenden Tätigkeiten erfordern.

(6) Die Ministerien können für Laufbahnen ihres Geschäftsbereichs, die wegen der im Wesentlichen gleichen Voraussetzungen für den Erwerb der Laufbahnbefähigung einander gleichwertig sind, durch Rechtsverordnung im Benehmen mit dem Innenministerium allgemein festlegen, dass ein horizontaler Laufbahnwechsel abweichend von Absatz 2 und 3 erfolgen kann. Soweit besondere dienstliche Bedürfnisse dies rechtfertigen, kann in der Rechtsverordnung im Einvernehmen mit dem Finanzministerium das Überspringen von Ämtern in der neuen Laufbahn zugelassen werden. Die Sätze 1 und 2 gelten entsprechend für den Laufbahnwechsel aus einer Laufbahn im Geschäftsbereich eines anderen Ministeriums mit der Maßgabe, dass die Rechtsverordnung auch im Benehmen mit diesem Ministerium erlassen wird.

§ 22 Aufstieg

(1) Beamtinnen und Beamte können in die nächsthöhere Laufbahn derselben Fachrichtung aufsteigen, auch wenn die Bildungsvoraussetzungen nach § 15 für diese Laufbahn nicht vorliegen, wenn sie

1. sich im Endamt ihrer bisherigen Laufbahn befinden; ist das Endamt ein Amt mit Amtszulage, so kann der Aufstieg auch aus dem Amt ohne Amtszulage erfolgen,

2. sich in mindestens zwei unterschiedlichen Aufgabengebieten ihrer Laufbahn bewährt haben,

3. seit mindestens einem Jahr erfolgreich überwiegend Aufgaben der nächsthöheren Laufbahn wahrnehmen,

4. nach ihrer Persönlichkeit und ihren bisherigen überdurchschnittlichen Leistungen für diese Laufbahn geeignet erscheinen und

5. sich durch Qualifizierungsmaßnahmen zusätzliche, über ihre Vorbildung und die bisherige Laufbahnbefähigung hinausgehende Kenntnisse und Fähigkeiten erworben haben, die ihnen die Wahrnehmung der Aufgaben der neuen Laufbahn ermöglichen.

(2) Über den Aufstieg entscheidet die für die Ernennung in der neuen Laufbahn zuständige Behörde.

(3) Die Beamtinnen und Beamten bleiben bis zur Verleihung eines Amtes der neuen Laufbahn in ihrer Rechtsstellung.

(4) Die Ministerien können im Rahmen ihres Geschäftsbereichs durch Rechtsverordnung im Benehmen mit dem Innenministerium ein Verfahren zur Feststellung der Eignung für

den Aufstieg und laufbahnspezifische Voraussetzungen für den Aufstieg festlegen. Hierzu gehören insbesondere erfolgreich absolvierte Einführungszeiten, die Teilnahme an für die neue Laufbahn qualifizierenden Fortbildungen mit Abschlussprüfung sowie besondere Anforderungen hinsichtlich einer Berufserfahrung in bestimmten Aufgabenbereichen. Die Ministerien können in den Rechtsverordnungen ferner

1. Ausnahmen von den Voraussetzungen nach Absatz 1 Nr. 1 bis 3 zulassen, wenn die Besonderheit einer Laufbahn dies erfordert oder wenn mit einer Fort- oder Weiterbildungsmaßnahme die Bildungsvoraussetzungen für die nächsthöhere Laufbahn erworben worden sind,

2. in Abhängigkeit von der Qualifizierung nach Absatz 1 Nr. 5 festlegen, welches Amt der nächsthöheren Laufbahn höchstens verliehen werden kann,

3. bestimmen, dass der Aufstieg auch in eine Laufbahn gleicher Fachrichtung, die in der nächsthöheren Laufbahngruppe nicht durch Rechtsverordnung eingerichtet ist, erfolgen kann oder ein Aufstieg aufgrund laufbahnspezifischer Voraussetzungen der nächsthöheren Laufbahn ausgeschlossen ist.

(5) Wird die Qualifizierungsmaßnahme nach Absatz 1 Nummer 5 im Rahmen des Aufstiegs vom mittleren in den gehobenen Dienst entsprechend einem durch Ausbildungs- und Prüfungsordnung ausgestalteten Vorbereitungsdienst an einer Hochschule im Sinne von § 69 des Landeshochschulgesetzes absolviert, so kann das Studium auch ohne die Voraussetzungen des § 15 Absatz 2 aufgenommen werden.

§ 23 Übernahme von Beamtinnen und Beamten anderer Dienstherrn und von früheren Beamtinnen und Beamten

(1) Eine beim Bund oder in einem anderen Land erworbene oder dort von der zuständigen Stelle anerkannte Laufbahnbefähigung soll grundsätzlich als Befähigung für eine Laufbahn vergleichbarer Fachrichtung in Baden-Württemberg anerkannt werden. Über die Anerkennung und die Zuordnung zu einer in Baden-Württemberg eingerichteten Laufbahn entscheidet die für die Ernennung in der neuen Laufbahn zuständige Behörde. Die Ministerien können Laufbahnbefähigungen nach Satz 1 für Laufbahnen ihres Geschäftsbereichs allgemein anerkennen.

(2) Die Ministerien können bei wesentlichen Unterschieden in Ausbildungsinhalten, Ausbildungsdauer oder bei Fehlen sonstiger Mindestanforderungen für den Erwerb der Laufbahnbefähigung im Rahmen ihres Geschäftsbereichs durch Rechtsverordnung Ausgleichs- oder Fortbildungsmaßnahmen oder eine zusätzliche Berufserfahrung festlegen.

(3) Eine Übernahme von Beamtinnen und Beamten anderer Dienstherrn kann statusgleich erfolgen, in einem Beförderungsamt jedoch nur, wenn

1. eine Probezeit bei einem anderen Dienstherrn abgeleistet wurde oder auf eine Mindestprobezeit aus Gründen verzichtet wurde, die § 19 Abs. 5 Satz 3 entsprechen und

2. die Vorschriften über Beförderungen nach § 20 Abs. 3 Nr. 2 und 3 erfüllt sind.

Als statusgleich gilt bei Beamtinnen und Beamten eines Dienstherrn außerhalb des Geltungsbereichs dieses Gesetzes die Verleihung eines Amtes, das hinsichtlich Fachrichtung und Höhe des Grundgehalts dem bisherigen Amt entspricht. Gibt es kein Amt mit gleich hohem Grundgehalt, darf das nächsthöhere Amt der gleichen Laufbahngruppe verliehen werden.

(4) Für die Einstellung früherer Beamtinnen und Beamter gilt Absatz 3 entsprechend; maßgebend ist das letzte Amt im früheren Beamtenverhältnis. § 18 Abs. 2 bleibt unberührt.

(5) Zeiten, in denen nach Erwerb der Laufbahnbefähigung laufbahnentsprechende Tätigkeiten in einem

1. Kirchenbeamtenverhältnis bei einer öffentlich-rechtlichen Religionsgemeinschaft,

2. Dienstordnungsverhältnis bei einem Sozialversicherungsträger oder

3. hauptberuflichen Beschäftigungsverhältnis bei einem kommunalen Bundes- oder Landesverband,

für die das Beamtenrecht des Bundes oder eines Landes entsprechende Anwendung findet, wahrgenommen wurden, werden wie Zeiten in einem Beamtenverhältnis nach dem Beamtenstatusgesetz behandelt; dies gilt auch für Zeiten, in denen nach Erwerb der Laufbahnbefähigung laufbahnentsprechende Tätigkeiten in einem Dienstverhältnis einer Berufssoldatin oder eines Berufssoldaten wahrgenommen wurden. Die Einstellung in ein Beamtenverhältnis kann in diesem Fall in einem vergleichbaren statusrechtlichen Amt erfolgen, in einem Beförderungsamt jedoch nur, wenn eine Probezeit entsprechend beamtenrechtlicher Vorschriften abgeleistet wurde und die Vorschriften über Beförderungen nach § 20 Abs. 3 Nr. 2 und 3 erfüllt sind. Absatz 3 Satz 2 und 3 gilt entsprechend.

Vierter Teil
Versetzung, Abordnung und Umbildung von Körperschaften innerhalb des Geltungsbereichs dieses Gesetzes

§ 24 Versetzung

(1) Eine Versetzung ist die auf Dauer angelegte Übertragung eines anderen Amtes bei einer anderen Dienststelle desselben oder eines anderen Dienstherrn.

(2) Eine Versetzung kann auf Antrag oder aus dienstlichen Gründen erfolgen. Sie bedarf nicht der Zustimmung der Beamtin oder des Beamten, wenn die neue Tätigkeit aufgrund der Vorbildung oder Berufsausbildung der Beamtin oder dem Beamten zumutbar und das Amt mit mindestens demselben Grundgehalt verbunden ist wie das bisherige Amt. Bei der Auflösung einer Behörde oder einer wesentlichen Änderung des Aufbaus oder der Aufgaben einer Behörde oder der Verschmelzung einer Behörde mit einer oder mehreren anderen können Beamtinnen und Beamte, deren Aufgabengebiet davon berührt wird, ohne ihre Zustimmung in ein anderes Amt derselben oder einer gleichwertigen Laufbahn mit geringerem Grundgehalt im Bereich desselben Dienstherrn versetzt werden, wenn eine dem bisherigen Amt entsprechende Verwendung nicht möglich ist; das Grundgehalt muss mindestens dem des Amtes entsprechen, das die Beamtin oder der Beamte vor dem bisherigen Amt inne hatte.

(3) Beamtinnen und Beamte, die in ein Amt einer anderen Laufbahn versetzt werden ohne die Befähigung für diese Laufbahn zu besitzen, sind verpflichtet, an Qualifizierungsmaßnahmen zum Erwerb der Befähigung teilzunehmen.

(4) Die Versetzung wird von dem abgebenden im Einverständnis mit dem aufnehmenden Dienstherrn verfügt. Das Einverständnis ist schriftlich oder elektronisch zu erklären. In der Verfügung ist zum Ausdruck zu bringen, dass das Einverständnis vorliegt. Das Beamtenverhältnis wird mit dem neuen Dienstherrn fortgesetzt; auf die beamtenrechtliche Stellung finden die im Bereich des neuen Dienstherrn geltenden Vorschriften Anwendung.

(5) Absatz 4 Satz 2 und 3 gilt bei einer Versetzung in den Bereich eines Dienstherrn eines anderen Landes oder in den Bereich des Bundes entsprechend.

§ 25 Abordnung

(1) Eine Abordnung ist die vorübergehende Übertragung einer dem Amt der Beamtin oder des Beamten entsprechenden Tätigkeit bei einer anderen Dienststelle desselben oder eines anderen Dienstherrn unter Beibehaltung der Zugehörigkeit zur bisherigen Dienststelle. Die Abordnung kann auf Antrag oder aus dienstlichen Gründen ganz oder teilweise erfolgen.

(2) Aus dienstlichen Gründen kann eine Abordnung auch zu einer nicht dem bisherigen Amt entsprechenden Tätigkeit erfolgen, wenn die Wahrnehmung der neuen Tätigkeit aufgrund der Vorbildung oder Berufsausbildung der Beamtin oder dem Beamten zumutbar ist. Dabei ist auch die Abordnung zu einer Tätigkeit zulässig, die nicht einem Amt mit demselben Grundgehalt entspricht.

(3) Die Abordnung bedarf der Zustimmung der Beamtin oder des Beamten, wenn sie

1. im Fall des Absatzes 2 länger als zwei Jahre dauert oder
2. zu einem anderen Dienstherrn erfolgt.

Die Abordnung zu einem anderen Dienstherrn ist ohne Zustimmung zulässig, wenn die neue Tätigkeit einem Amt mit demselben Grundgehalt auch einer anderen Laufbahn entspricht und nicht länger als fünf Jahre dauert.

(4) Bei Abordnungen zu einem anderen Dienstherrn gilt § 24 Abs. 4 Satz 1 bis 3 entsprechend. Soweit zwischen den Dienstherren nichts anderes vereinbart ist, finden die für den Bereich des aufnehmenden Dienstherrn geltenden Vorschriften über die Pflichten und Rechte der Beamtinnen und Beamten mit Ausnahme der Regelungen über Diensteid, Amtsbezeichnung, Zahlung von Bezügen, Krankenfürsorgeleistungen, Versorgung und Jubiläumsgaben entsprechende Anwendung. Die Verpflichtung zur Bezahlung hat auch der Dienstherr, zu dem die Abordnung erfolgt ist.

(5) § 24 Abs. 4 Satz 2 und 3 gilt bei einer Abordnung in den Bereich eines Dienstherrn eines anderen Landes oder in den Bereich des Bundes entsprechend.

§ 26 Umbildung einer Körperschaft

(1) Beamtinnen und Beamte einer Körperschaft, die vollständig in eine andere Körperschaft eingegliedert wird, treten mit der Umbildung kraft Gesetzes in den Dienst der aufnehmenden Körperschaft über.

(2) Die Beamtinnen und Beamten einer Körperschaft, die vollständig in mehrere andere Körperschaften eingegliedert wird, sind anteilig in den Dienst der aufnehmenden Körperschaften zu übernehmen. Die beteiligten Körperschaften haben innerhalb einer Frist von sechs Monaten nach der Umbildung im Einvernehmen miteinander zu bestimmen, von welchen Körperschaften die einzelnen Beamtinnen und Beamten zu übernehmen sind. Solange eine Beamtin oder ein Beamter nicht übernommen ist, haften alle aufnehmenden Körperschaften für die ihr oder ihm zustehenden Bezüge als Gesamtschuldner.

(3) Die Beamtinnen und Beamten einer Körperschaft, die teilweise in eine andere Körperschaft oder mehrere andere Körperschaften eingegliedert wird, sind zu einem verhältnismäßigen Teil, bei mehreren Körperschaften anteilig, in den Dienst der aufnehmenden Körperschaft oder Körperschaften zu übernehmen. Absatz 2 Satz 2 gilt entsprechend.

(4) Die Absätze 1 bis 3 gelten entsprechend, wenn verschiedene Körperschaften zu einer neuen Körperschaft oder zu mehreren neuen Körperschaften oder ein Teil oder mehrere Teile verschiedener Körperschaften zu einem neuen Teil oder mehreren neuen Teilen einer Körperschaft zusammengeschlossen werden, wenn aus einer Körperschaft oder aus einem Teil oder mehreren Teilen einer Körperschaft eine neue Körperschaft oder mehrere neue Körperschaften gebildet werden, oder wenn Aufgaben einer Körperschaft vollständig oder teilweise auf eine Körperschaft oder mehrere Körperschaften übergehen.

§ 27 Rechtsfolgen der Umbildung

(1) Treten Beamtinnen oder Beamte aufgrund des § 26 Abs. 1 kraft Gesetzes in den Dienst einer anderen Körperschaft über oder werden sie aufgrund des § 26 Abs. 2 oder 3 von einer anderen Körperschaft übernommen, wird das Beamtenverhältnis mit dem neuen Dienstherrn fortgesetzt; auf die beamtenrechtliche Stellung finden die im Bereich des neuen Dienstherrn geltenden Vorschriften Anwendung.

(2) Im Fall des § 26 Abs. 1 ist der Beamtin oder dem Beamten von der aufnehmenden oder neuen Körperschaft die Fortsetzung des Beamtenverhältnisses schriftlich zu bestätigen.

(3) In den Fällen des § 26 Abs. 2 und 3 wird die Übernahme von der Körperschaft verfügt, in deren Dienst die Beamtin oder der Beamte treten soll. Die Verfügung wird mit der Bekanntgabe an die Beamtin oder den Beamten wirksam. Die Beamtin oder der Beamte ist verpflichtet, der Übernahmeverfügung Folge zu leisten; wird der Verpflichtung nicht nachgekommen, ist die Beamtin oder der Beamte zu entlassen.

(4) Die Absätze 1 bis 3 gelten entsprechend in den Fällen des § 26 Abs. 4.

§ 28 Rechtsstellung der Beamtinnen und Beamten

Beamtinnen und Beamten, die nach § 26 in den Dienst einer anderen Körperschaft kraft Gesetzes übertreten oder übernommen werden, soll ein gleich zu bewertendes Amt übertragen werden, das ihrem bisherigen Amt nach Bedeutung und Inhalt ohne Rücksicht auf Dienststellung und Dienstalter entspricht. Ist eine dem bisherigen Amt entsprechende Verwendung nicht möglich, findet § 24 Abs. 2 Satz 3 entsprechende Anwendung. Die Beamtinnen und Beamten dürfen in diesem Fall neben der neuen Amtsbezeichnung die des früheren Amtes mit dem Zusatz „außer Dienst" („a. D.") führen.

§ 29 Genehmigungsvorbehalt für Ernennungen

Ist innerhalb absehbarer Zeit mit einer Umbildung im Sinne des § 26 zu rechnen, so können die obersten Rechtsaufsichtsbehörden der beteiligten Körperschaften anordnen, dass nur mit ihrer Genehmigung Beamtinnen und Beamte, deren Aufgabengebiet von der Umbildung voraussichtlich berührt wird, ernannt werden dürfen. Die Anordnung darf höchstens für die Dauer eines Jahres ergehen. Sie ist den beteiligten Körperschaften zuzustellen. Die Genehmigung soll nur versagt werden, wenn durch derartige Ernennungen die Durchführung der nach den §§ 26 bis 28 erforderlichen Maßnahmen wesentlich erschwert würde.

§ 30 Rechtsstellung der Versorgungsempfängerinnen und Versorgungsempfänger

(1) § 26 Abs. 1 und 2 und § 27 gelten entsprechend für die im Zeitpunkt der Umbildung bei der abgebenden Körperschaft vorhandenen Versorgungsempfängerinnen und Versorgungsempfänger.

(2) In den Fällen des § 26 Abs. 3 bleiben die Ansprüche der im Zeitpunkt der Umbildung vorhandenen Versorgungsempfängerinnen und Versorgungsempfänger gegenüber der abgebenden Körperschaft bestehen.

(3) Die Absätze 1 und 2 gelten entsprechend in den Fällen des § 26 Abs. 4.

(4) Die Absätze 1 bis 3 gelten für die Anspruchinhaberinnen und Anspruchinhaber auf Alters- und Hinterbliebenengeld nach dem Landesbeamtenversorgungsgesetz Baden-Württemberg entsprechend.

Fünfter Teil
Beendigung des Beamtenverhältnisses

1. Abschnitt
Entlassung

§ 31 Zuständigkeit, Form und Zeitpunkt der Entlassung

(1) Soweit durch Gesetz, Verordnung oder Satzung nichts anderes bestimmt ist, wird die Entlassung von der Stelle verfügt, die für die Ernennung der Beamtin oder des Beamten zuständig wäre. Wäre der Ministerpräsident für die Ernennung zuständig, nimmt die oberste Dienstbehörde die Aufgaben nach diesem Abschnitt wahr.

(2) Die Entlassung ist schriftlich zu verfügen; im Falle einer Entlassung kraft Gesetzes wird der Tag der Beendigung des Beamtenverhältnisses festgestellt. Die Verfügung ist der Beamtin oder dem Beamten bekannt zu geben.

(3) Die Entlassung auf Antrag nach § 23 Abs. 1 Satz 1 Nr. 4 BeamtStG soll für den beantragten Zeitpunkt ausgesprochen werden. Sie kann aus zwingenden dienstlichen Gründen um längstens drei Monate ab der Antragstellung hinausgeschoben werden. Der Antrag kann, solange der Beamtin oder dem Beamten die Entlassungsverfügung nicht bekannt gegeben ist, innerhalb von zwei Wochen nach seiner Einreichung, mit Zustimmung der Entlassungsbehörde auch nach Ablauf dieser Frist, zurückgenommen werden.

(4) Soweit durch Gesetz oder Verfügung nichts anderes bestimmt ist, tritt die Entlassung mit dem Ende des Monats ein, der auf den Monat folgt, in dem die Entlassungsverfügung der Beamtin oder dem Beamten bekannt gegeben wird. In Fällen der Entlassung nach § 23 Abs. 1 Satz 1 Nr. 3 BeamtStG sowie der Entlassung von Beamtinnen und Beamten

auf Probe oder Widerruf kann in der Entlassungsverfügung kein früherer Eintritt bestimmt werden. Bei einer Beschäftigungszeit von mindestens einem Jahr tritt die Entlassung frühestens sechs Wochen nach Bekanntgabe der Verfügung zum Ende des Kalendervierteljahres ein. Die Entlassung nach § 23 Abs. 1 Satz 1 Nr. 1 und Abs. 3 Satz 1 Nr. 1 BeamtStG tritt frühestens mit Bekanntgabe der Entlassungsverfügung ein.

(5) Im Fall von § 23 Abs. 3 Satz 1 Nr. 3 BeamtStG kann die Entlassung nur innerhalb einer Frist von sechs Monaten nach Wirksamwerden der Umbildung oder Auflösung der Behörde oder Körperschaft ausgesprochen werden. Durch Rechtsvorschrift kann ein anderer Zeitpunkt für den Beginn der Frist bestimmt werden.

§ 32 Rechtsfolgen der Entlassung

(1) Nach der Entlassung haben frühere Beamtinnen und Beamte keinen Anspruch auf Leistungen des Dienstherrn, soweit gesetzlich nichts anderes bestimmt ist.

(2) Die für die Entlassung zuständige Behörde kann entlassenen Beamtinnen und Beamten die Erlaubnis erteilen, die bisherige Amtsbezeichnung mit dem Zusatz „außer Dienst" („a. D.") sowie die im Zusammenhang mit dem Amt verliehenen Titel zu führen. Die Erlaubnis kann widerrufen werden, wenn die frühere Beamtin oder der frühere Beamte sich ihrer als nicht würdig erweist.

(3) In Fällen der Entlassung von Beamtinnen und Beamten auf Probe oder auf Widerruf wegen eines Verhaltens der in § 23 Abs. 3 Satz 1 Nr. 1 BeamtStG bezeichneten Art gilt § 35 Abs. 2 entsprechend.

2. Abschnitt
Verlust der Beamtenrechte

§ 33 Folgen des Verlusts der Beamtenrechte

Endet das Beamtenverhältnis nach § 24 Abs. 1 BeamtStG, so haben frühere Beamtinnen und Beamte keinen Anspruch auf Leistungen des Dienstherrn, soweit gesetzlich nichts anderes bestimmt ist. Sie dürfen die Amtsbezeichnung und die im Zusammenhang mit dem Amt verliehenen Titel nicht führen.

§ 34 Gnadenerweis

Dem Ministerpräsidenten steht hinsichtlich des Verlusts der Beamtenrechte das Gnadenrecht zu. Wird im Gnadenweg der Verlust der Beamtenrechte in vollem Umfang beseitigt, so gilt von diesem Zeitpunkt ab § 35 entsprechend.

§ 35 Weitere Folgen eines Wiederaufnahmeverfahrens

(1) Gilt nach § 24 Abs. 2 BeamtStG das Beamtenverhältnis als nicht unterbrochen, haben Beamtinnen und Beamte, sofern sie die Altersgrenze noch nicht erreicht haben und dienstfähig sind, Anspruch auf Übertragung eines Amtes derselben oder einer mindestens gleichwertigen Laufbahn wie ihr bisheriges Amt und mit mindestens demselben Grundgehalt; bis zur Übertragung des neuen Amtes erhalten sie die Besoldungsbezüge, die ihnen aus ihrem bisherigen Amt zugestanden hätten.

(2) Beamtinnen und Beamte, die aufgrund des im Wiederaufnahmeverfahren festgestellten Sachverhalts oder aufgrund eines rechtskräftigen Strafurteils, das nach der früheren Entscheidung ergangen ist, nach disziplinarrechtlichen Vorschriften aus dem Dienst entfernt werden, verlieren die ihnen nach Absatz 1 zustehenden Ansprüche. Wird wegen eines schweren Dienstvergehens ein Disziplinarverfahren eingeleitet, können die Ansprüche nach Absatz 1 bis zum bestandskräftigen Abschluss des Disziplinarverfahrens nicht geltend gemacht werden.

(3) Beamtinnen und Beamte müssen sich auf die ihnen nach Absatz 1 zustehenden Besoldungsbezüge ein anderes Arbeitseinkommen oder einen Unterhaltsbeitrag anrechnen lassen; sie sind zur Auskunft hierüber verpflichtet.

3. Abschnitt
Ruhestand, Verabschiedung, Dienstunfähigkeit

§ 36 Ruhestand wegen Erreichens der Altersgrenze

(1) Beamtinnen und Beamte auf Lebenszeit erreichen die Altersgrenze für den Eintritt in

den Ruhestand kraft Gesetzes mit dem Ablauf des Monats, in dem sie das 67. Lebensjahr vollenden.

(2) Lehrerinnen und Lehrer an öffentlichen Schulen außer an Hochschulen erreichen abweichend von Absatz 1 die Altersgrenze mit dem Ende des Schuljahres, in dem sie das 66. Lebensjahr vollenden.

(3) Beamtinnen und Beamte auf Lebenszeit des Polizeivollzugsdienstes, auch wenn sie in Planstellen des Landesamts für Verfassungsschutz eingewiesen sind, sowie des allgemeinen Vollzugsdienstes und des Werkdienstes im Justizvollzug und des Abschiebungshaftvollzugsdienstes erreichen abweichend von Absatz 1 die Altersgrenze mit dem Ablauf des Monats, in dem sie das 62. Lebensjahr vollenden.

(3a) Beamtinnen und Beamte auf Lebenszeit des Einsatzdienstes der Feuerwehr erreichen abweichend von Absatz 1 die Altersgrenze mit dem Ablauf des Monats, in dem sie das 60. Lebensjahr vollenden.

(4) Beigeordnete, Landrätinnen und Landräte sowie bestellte Landrätinnen und Landräte nach §39 Absatz 6 der Landkreisordnung (LKrO) erreichen abweichend von Absatz 1 die Altersgrenze mit dem Ablauf des Monats, in dem sie das 73. Lebensjahr vollenden.

(5) Für hauptamtliche Bürgermeisterinnen und Bürgermeister sowie hauptamtliche bestellte Bürgermeisterinnen und Bürgermeister nach §48 Absatz 3 der Gemeindeordnung (GemO) besteht keine Altersgrenze nach §25 BeamtStG.

§37 Ruhestand von Beamtinnen und Beamten auf Zeit wegen Ablaufs der Amtszeit

(1) Beamtinnen und Beamte auf Zeit treten bereits vor Erreichen der Altersgrenze oder wenn für sie nach §36 Absatz 5 keine Altersgrenze besteht nach Ablauf ihrer Amtszeit in den Ruhestand, wenn sie

1. eine ruhegehaltfähige Dienstzeit im Sinne des §21 LBeamtVGBW von 18 Jahren erreicht und das 47. Lebensjahr vollendet haben oder

2. als Beamtin oder Beamter auf Zeit eine Gesamtdienstzeit von zwölf Jahren erreicht haben oder

3. als Beamtin oder Beamter auf Zeit eine Gesamtdienstzeit von sechs Jahren erreicht und das 63. Lebensjahr vollendet haben.

Zeiten, während der Beamtin oder Beamte auf Zeit nach Vollendung des 18. Lebensjahres eine hauptberufliche Tätigkeit bei einem kommunalen Bundes- oder Landesverband ausgeübt haben, werden bis zu einer Gesamtzeit von zehn Jahren als Dienstzeit nach Satz 1 Nr. 1 berücksichtigt.

(2) Beamtinnen und Beamte auf Zeit treten nicht nach Absatz 1 in den Ruhestand, wenn sie der Aufforderung ihrer obersten Dienstbehörde, nach Ablauf der Amtszeit das Amt unter nicht ungünstigeren Bedingungen weiter zu versehen, nicht nachkommen. Dies gilt nicht für Beamtinnen und Beamte auf Zeit, die am Tag der Beendigung der Amtszeit das 63. Lebensjahr vollendet haben.

(3) Treten Beamtinnen und Beamte auf Zeit mit Ablauf der Amtszeit nicht in den Ruhestand, so sind sie mit diesem Zeitpunkt entlassen, wenn sie nicht im Anschluss an ihre Amtszeit erneut in dasselbe Amt für eine weitere Amtszeit berufen werden. Werden sie erneut berufen, so gilt das Beamtenverhältnis als nicht unterbrochen.

§38 Ruhestand von kommunalen Wahlbeamtinnen und Wahlbeamten wegen Ablaufs der Amtszeit

(1) Bei hauptamtlichen Bürgermeisterinnen und Bürgermeistern, Beigeordneten sowie Landrätinnen und Landräten tritt in den Fällen des §37 Abs. 1 Satz 1 Nr. 3 das 60. Lebensjahr an die Stelle des 63. Lebensjahrs.

(2) Hauptamtliche Bürgermeisterinnen und Bürgermeister, Landrätinnen und Landräte sowie hauptamtliche bestellte Bürgermeisterinnen und Bürgermeister nach §48 Absatz 3 GemO und bestellte Landrätinnen und Landräte nach §39 Absatz 6 LKrO sind von der Rechtsaufsichtsbehörde, Beigeordnete von der Bürgermeisterin oder vom Bürgermeister unter Bestimmung einer angemessenen Frist zu der Erklärung aufzufordern, ob sie bereit

sind, ihr Amt im Falle ihrer Wiederwahl unter nicht ungünstigeren Bedingungen weiter zu versehen. Geben sie diese Erklärung nicht oder nicht fristgerecht ab, treten sie nicht nach § 37 Abs. 1 in den Ruhestand.

(3) Absatz 2 gilt nicht für Bürgermeisterinnen und Bürgermeister, Beigeordnete sowie Landrätinnen und Landräte, die am Tage der Beendigung der Amtszeit

1. das 57. Lebensjahr vollendet oder

2. eine Gesamtdienstzeit als Bürgermeisterin oder Bürgermeister, als Beigeordnete oder Beigeordneter und als Landrätin oder Landrat von 16 Jahren erreicht haben; Zeiten als bestellte Bürgermeisterin oder bestellter Bürgermeister nach § 48 Absatz 3 GemO oder als bestellte Landrätin oder bestellter Landrat nach § 39 Absatz 6 LKrO sowie Zeiten nach § 37 Abs. 1 Satz 2 werden berücksichtigt.

(4) Hauptamtliche bestellte Bürgermeisterinnen und Bürgermeister nach § 48 Absatz 3 GemO und bestellte Landrätinnen und Landräte nach § 39 Absatz 6 LKrO treten nur dann mit Ablauf ihrer Amtszeit in den Ruhestand, wenn

1. die Amtszeit endet, weil eine rechtskräftige Entscheidung vorliegt, nach der die Wahl zur Bürgermeisterin oder zum Bürgermeister oder zur Landrätin oder zum Landrat ungültig ist, oder

2. die Beamtin oder der Beamte nicht erneut zur bestellten Bürgermeisterin oder zum bestellten Bürgermeister oder zur bestellten Landrätin oder zum bestellten Landrat bestellt wird, obwohl sie oder er dazu bereit ist, das Amt weiter zu versehen.

Satz 1 Nr. 1 gilt nicht, wenn die Wahl für ungültig erklärt worden ist, weil die Bewerberin oder der Bewerber für die Wahl der Bürgermeisterin oder des Bürgermeisters bei der Wahl eine strafbare Handlung oder eine andere gegen ein Gesetz verstoßende Wahlbeeinflussung im Sinne des § 32 Abs. 1 Nr. 1 des Kommunalwahlgesetzes begangen hat oder ein Fall des § 32 Abs. 2 des Kommunalwahlgesetzes vorliegt; dies gilt für bestellte Landrätinnen und Landräte nach § 39 Abs. 6 LKrO entsprechend.

§ 39 Hinausschiebung der Altersgrenze

Der Eintritt in den Ruhestand wegen Erreichens der Altersgrenze kann auf Antrag

1. der Beamtinnen und Beamten auf Lebenszeit,

2. der Beamtinnen und Beamten auf Probe nach § 8

jeweils bis zu einem Jahr, jedoch nicht länger als bis zu dem Ablauf des Monats, in dem die Beamtin oder der Beamte das 70. Lebensjahr vollendet, hinausgeschoben werden, wenn dies im dienstlichen Interesse liegt. Für die in § 36 Absatz 3 genannten Beamtinnen und Beamten tritt das 65. Lebensjahr und für die in § 36 Absatz 3a genannten Beamtinnen und Beamten das 65. Lebensjahr an die Stelle des 70. Lebensjahres. Der Antrag ist spätestens sechs Monate vor dem Erreichen der Altersgrenze zu stellen.

§ 40 Versetzung in den Ruhestand auf Antrag

(1) Beamtinnen und Beamte auf Lebenszeit können auf ihren Antrag in den Ruhestand versetzt werden, wenn sie

1. das 63. Lebensjahr vollendet haben oder

2. schwerbehindert im Sinne des § 2 Abs. 2 des Neunten Buches Sozialgesetzbuch sind und das 62. Lebensjahr vollendet haben.

Für die in § 36 Abs. 3 genannten Beamtinnen und Beamten tritt das 60. Lebensjahr an die Stelle des 63. Lebensjahrs nach Satz 1 Nr. 1.

(2) Beamtinnen und Beamte auf Lebenszeit sind auf ihren Antrag in den Ruhestand zu versetzen, wenn sie eine Dienstzeit von 45 Jahren erreicht und das 65. Lebensjahr vollendet haben. In diesem Fall gilt für Rechtsvorschriften, die auf die Altersgrenze nach § 36 Abs. 1 abheben, abweichend der Ablauf des Monats, in dem die Voraussetzungen nach Satz 1 erfüllt sind, als Altersgrenze. Als Dienstzeit im Sinne des Satzes 1 gelten die ruhegehaltfähigen Dienstzeiten nach § 27 Abs. 3 Satz 2 bis 5 LBeamtVGBW. Für die in § 36 Abs. 3 genannten Beamtinnen und Beamten tritt das 60. Lebensjahr an die Stelle des 65. Lebensjahres nach Satz 1.

§ 41 Altersgrenzen für die Verabschiedung

(1) Ehrenbeamtinnen und Ehrenbeamte können, soweit gesetzlich nichts anderes bestimmt ist, verabschiedet werden, wenn sie

1. das 67. Lebensjahr vollendet haben oder
2. schwerbehindert im Sinne des § 2 Abs. 2 des Neunten Buches Sozialgesetzbuch sind und das 62. Lebensjahr vollendet haben.

Sie sind zu verabschieden, wenn die sonstigen Voraussetzungen dieses Gesetzes oder des Beamtenstatusgesetzes für die Versetzung von Beamtinnen und Beamten in den einstweiligen Ruhestand oder in den Ruhestand gegeben sind.

(2) Für ehrenamtliche Bürgermeisterinnen und Bürgermeister sowie ehrenamtlich bestellte Bürgermeisterinnen und Bürgermeister nach § 48 Absatz 3 GemO findet Absatz 1 Satz 1 keine Anwendung.

§ 42 Einstweiliger Ruhestand

(1) Beamtinnen und Beamte auf Lebenszeit, die ein Amt im Sinne von § 30 Abs. 1 oder 2 BeamtStG bekleiden, sind

1. die Staatssekretärin als Chefin der Staatskanzlei oder der Staatssekretär als Chef der Staatskanzlei,
2. die Staatssekretärin oder der Staatssekretär bei der obersten Landesbehörde, deren Geschäftsbereich die stellvertretende Ministerpräsidentin oder der stellvertretende Ministerpräsident leitet,
3. Ministerialdirektorinnen und Ministerialdirektoren,
4. Regierungspräsidentinnen und Regierungspräsidenten.

(2) Die Versetzung in den einstweiligen Ruhestand nach § 31 BeamtStG ist nur zulässig, wenn aus Anlass der Umbildung oder Auflösung der Behörde Planstellen eingespart werden.

(3) Bei Umbildung von Körperschaften nach § 26 ist § 18 Abs. 2 Satz 1 BeamtStG entsprechend anzuwenden.

(4) Die Versetzung in den einstweiligen Ruhestand nach Absatz 2 oder 3 oder nach § 18 Abs. 2 Satz 1 BeamtStG kann nur innerhalb einer Frist von sechs Monaten nach Wirksamwerden der Umbildung oder Auflösung der Behörde oder Körperschaft ausgesprochen werden. Durch Rechtsvorschrift kann ein anderer Zeitpunkt für den Beginn der Frist bestimmt werden.

(5) In den einstweiligen Ruhestand versetzte Beamtinnen und Beamte sind verpflichtet, der erneuten Berufung in das Beamtenverhältnis Folge zu leisten. Freie Planstellen im Bereich desselben Dienstherrn sollen für die erneute Berufung von in den einstweiligen Ruhestand versetzten Beamtinnen und Beamten, die für diese Stellen geeignet sind, vorbehalten werden.

(6) Für nach Absatz 3 oder nach § 31 BeamtStG in den einstweiligen Ruhestand versetzte Beamtinnen oder Beamte auf Zeit gilt § 18 Abs. 2 Satz 2 BeamtStG entsprechend.

§ 43 Dienstunfähigkeit, begrenzte Dienstfähigkeit, Wiederberufung

(1) Beamtinnen und Beamte können als dienstunfähig nach § 26 Abs. 1 Satz 2 BeamtStG nur angesehen werden, wenn die Aussicht auf Wiederherstellung voller Dienstfähigkeit auch innerhalb weiterer sechs Monate nicht besteht.

(2) Beamtinnen und Beamte des Polizeivollzugsdienstes, auch wenn sie in Planstellen des Landesamts für Verfassungsschutz eingewiesen sind, sowie des Einsatzdienstes der Feuerwehr sind dienstunfähig, wenn sie den besonderen gesundheitlichen Anforderungen für den Polizeivollzugsdienst oder den Einsatzdienst der Feuerwehr nicht mehr genügen und keine Aussicht besteht, dass innerhalb zweier Jahre die Verwendungsfähigkeit wieder voll hergestellt ist. Dies gilt nicht, wenn die von der Beamtin oder dem Beamten auszuübenden Funktionen die besonderen gesundheitlichen Anforderungen auf Dauer nicht mehr uneingeschränkt erfordern. Die Dienstunfähigkeit nach diesem Absatz wird amts- oder polizeiärztlich festgestellt.

(3) Von der Verwendung in begrenzter Dienstfähigkeit nach §27 BeamtStG soll abgesehen werden, wenn der Beamtin oder dem Beamten ein anderes Amt nach §26 Abs. 2 BeamtStG oder eine geringerwertige Tätigkeit nach §26 Abs. 3 BeamtStG übertragen werden kann.

(4) Die erneute Berufung in das Beamtenverhältnis nach §29 Abs. 1 BeamtStG ist vor Ablauf von fünf Jahren seit Beginn des Ruhestandes zu beantragen. Bei der erneuten Berufung in ein Beamtenverhältnis nach §29 Abs. 3 BeamtStG ist §27 Abs. 2 BeamtStG entsprechend anzuwenden.

(5) Beamtinnen und Beamte sind verpflichtet, zur Vermeidung einer drohenden Dienstunfähigkeit an geeigneten und zumutbaren Rehabilitationsmaßnahmen teilzunehmen; die zuständige Behörde kann ihnen entsprechende Weisungen erteilen. Der Dienstherr hat die Kosten für Maßnahmen nach Satz 1 oder §29 Absatz 4 BeamtStG zu tragen, sofern keine anderen Ansprüche bestehen.

§44 Verfahren bei Dienstunfähigkeit

(1) Liegen Anhaltspunkte dafür vor, dass Beamtinnen oder Beamte dienstunfähig oder begrenzt dienstfähig sind und scheiden Verwendungen nach §26 Abs. 2 oder 3 oder §27 BeamtStG aus, ist ihnen bekannt zu geben, dass die Versetzung in den Ruhestand oder die Verwendung in begrenzter Dienstfähigkeit beabsichtigt ist. Dabei sind die Gründe für die beabsichtigte Maßnahme anzugeben. Die Beamtin oder der Beamte kann innerhalb eines Monats Einwendungen erheben.

(2) Vom Ablauf des Monats, in dem die Versetzung in den Ruhestand der Beamtin oder dem Beamten bekannt gegeben worden ist, bis zu deren Unanfechtbarkeit wird der die Versorgungsbezüge übersteigende Teil der Dienstbezüge einbehalten. Wird die Versetzung in den Ruhestand unanfechtbar aufgehoben, sind die einbehaltenen Dienstbezüge nachzuzahlen.

§45 Form, Zuständigkeit

(1) Die Versetzung in den Ruhestand und in den einstweiligen Ruhestand, die begrenzte Dienstfähigkeit, die Verabschiedung und die Hinausschiebung des Eintritts in den Ruhestand werden von der Stelle verfügt, die für die Ernennung der Beamtin oder des Beamten zuständig wäre. Die Verfügung ist der Beamtin oder dem Beamten bekannt zu geben; die Verfügung über die Versetzung in den Ruhestand und in den einstweiligen Ruhestand kann bis zum Beginn des Ruhestandes zurückgenommen werden.

(2) Abweichend von Absatz 1 Satz 1 sind zuständig

1. die Ministerien und die Präsidentin oder der Präsident des Rechnungshofs im Rahmen ihrer Geschäftsbereiche:
   a) für die Versetzung in den Ruhestand und den einstweiligen Ruhestand von Beamtinnen und Beamten des Landes in den Laufbahnen des höheren Dienstes der Besoldungsgruppen A 15 mit Ausnahme der Akademischen Direktorinnen und Direktoren, A 15 mit Amtszulage und von Professorinnen und Professoren der Besoldungsgruppe C 3 sowie von Beamtinnen und Beamten der Besoldungsgruppen W 3 und C 4, soweit diese dem Geschäftsbereich des Wissenschaftsministeriums angehören und keine hauptamtlichen Rektoratsmitglieder sind,
   b) für die Versetzung in den Ruhestand wegen Dienstunfähigkeit und die Verwendung in begrenzter Dienstfähigkeit von Beamtinnen und Beamten des Landes, soweit der Ministerpräsident zuständig wäre oder soweit die Universitäten, die Pädagogischen Hochschulen, die Hochschulen für angewandte Wissenschaften, die Kunsthochschulen oder die Duale Hochschule im Geschäftsbereich des Wissenschaftsministeriums für Beamtinnen und Beamte der Besoldungsgruppen W 3, C 3 und C 4 zuständig wären,
   c) für die Hinausschiebung des Eintritts in den Ruhestand von Beamtinnen und Beamten des Landes, soweit der Ministerpräsident zuständig wäre.

2. die oberen Schulaufsichtsbehörden:

für die Versetzung in den Ruhestand nach § 40 von Lehrerinnen und Lehrern in den Laufbahnen des höheren Dienstes der Besoldungsgruppe A 15.

(3) Das Finanzministerium kann im Einvernehmen mit dem Innenministerium durch Verwaltungsvorschrift bestimmen, dass die Versetzung von Beamtinnen und Beamten des Landes in den Ruhestand wegen Dienstunfähigkeit der Zustimmung des Finanzministeriums bedarf.

§ 46 Beginn des Ruhestands und des einstweiligen Ruhestands

(1) Der Ruhestand beginnt, abgesehen von den Fällen der §§ 36 bis 40, mit dem Ablauf des Monats, in dem die Versetzung in den Ruhestand der Beamtin oder dem Beamten bekannt gegeben worden ist. Die Versetzung in den Ruhestand zu einem zurückliegenden Zeitpunkt ist unzulässig und insoweit unwirksam. Für die begrenzte Dienstfähigkeit gelten die Sätze 1 und 2 entsprechend.

(2) Der einstweilige Ruhestand beginnt abweichend von Absatz 1, wenn nicht im Einzelfall ausdrücklich ein späterer Zeitpunkt festgesetzt wird, mit dem Zeitpunkt, in dem die Versetzung in den einstweiligen Ruhestand der Beamtin oder dem Beamten bekannt gegeben worden ist, spätestens jedoch mit dem Ablauf der drei Monate, die auf den Monat der Bekanntgabe folgen.

(3) Ruhestandsbeamtinnen und Ruhestandsbeamte erhalten auf Lebenszeit Ruhegehalt nach den Vorschriften des Landesbeamtenversorgungsgesetzes Baden-Württemberg.

Sechster Teil
Rechtliche Stellung im Beamtenverhältnis

1. Abschnitt
Allgemeine Pflichten und Rechte

§ 47 Diensteid

(1) Der zu leistende Diensteid hat folgenden Wortlaut:

„Ich schwöre, dass ich mein Amt nach bestem Wissen und Können führen, das Grundgesetz für die Bundesrepublik Deutschland, die Landesverfassung und das Recht achten und verteidigen und Gerechtigkeit gegen jedermann üben werde. So wahr mir Gott helfe."

(2) Der Eid kann auch ohne die Worte „So wahr mir Gott helfe" geleistet werden.

(3) Lehnt eine Beamtin oder ein Beamter die Ablegung des vorgeschriebenen Eides aus Glaubens- oder Gewissensgründen ab, können anstelle der Worte „Ich schwöre" auch die Worte „Ich gelobe" oder eine andere Beteuerungsformel gesprochen werden.

(4) In den Fällen, in denen nach § 7 Abs. 3 BeamtStG eine Ausnahme von § 7 Abs. 1 Nr. 1 BeamtStG zugelassen worden ist, kann von einer Eidesleistung abgesehen werden. Die Beamtin oder der Beamte hat zu geloben, die Amtspflichten gewissenhaft zu erfüllen.

§ 48 Verantwortung für die Rechtmäßigkeit

(1) Beamtinnen und Beamte des Polizeivollzugsdienstes sind verpflichtet, unmittelbaren Zwang anzuwenden, der im Vollzugsdienst von ihren Vorgesetzten angeordnet wird, sofern die Anordnung nicht die Menschenwürde verletzt. Die Anordnung darf nicht befolgt werden, wenn dadurch ein Verbrechen oder Vergehen begangen würde. Befolgen sie die Anordnung trotzdem, so tragen sie die Verantwortung für ihr Handeln nur, wenn sie erkennen oder wenn es für sie ohne weiteres erkennbar ist, dass dadurch ein Verbrechen oder Vergehen begangen wird. Bedenken gegen die Rechtmäßigkeit der Anordnung haben die Beamtinnen und Beamten des Polizeivollzugsdienstes unverzüglich ihren Vorgesetzten gegenüber vorzubringen, soweit das nach den Umständen möglich ist. § 36 Abs. 2 und 3 BeamtStG findet keine Anwendung.

(2) Für andere Beamtinnen und Beamte, die unmittelbaren Zwang anzuwenden haben, gilt Absatz 1 entsprechend.

§ 49 Anträge, Beschwerden, Vertretung

(1) Beamtinnen und Beamte können Anträge stellen und Beschwerden vorbringen; hierbei

ist der Dienstweg einzuhalten. Richten sich Beschwerden gegen unmittelbare Vorgesetzte, so können sie bei den nächsthöheren Vorgesetzten unmittelbar eingereicht werden. Der Beschwerdeweg bis zur obersten Dienstbehörde steht offen.

(2) Beamtinnen und Beamte, die eine Meldung oder Offenlegung nach dem Hinweisgeberschutzgesetz vornehmen, sind von der Einhaltung des Dienstwegs befreit.

(3) Beamtinnen und Beamte können die für sie zuständigen Gewerkschaften oder Berufsverbände mit ihrer Vertretung beauftragen, soweit gesetzlich nichts anderes bestimmt ist.

§ 50 Fortbildung

Beamtinnen und Beamte sind verpflichtet, an der dienstlichen Fortbildung teilzunehmen und sich außerdem selbst fortzubilden, damit sie insbesondere die Fach-, Methoden- und sozialen Kompetenzen für die Aufgaben des übertragenen Dienstpostens erhalten und fortentwickeln sowie ergänzende Qualifikationen für höher bewertete Dienstposten und für die Wahrnehmung von Führungsaufgaben erwerben. Die Dienstherrn fördern die dienstliche Fortbildung. Beamtinnen und Beamte, die durch Fortbildung ihre Kenntnisse und Fähigkeiten nachweislich wesentlich gesteigert haben, sollen nach Möglichkeit gefördert werden und vor allem Gelegenheit erhalten, ihre Eignung auf höher bewerteten Dienstposten zu beweisen.

§ 51 Dienstliche Beurteilung, Dienstzeugnis

(1) Eignung, Befähigung und fachliche Leistung der Beamtinnen und Beamten sind in regelmäßigen Zeitabständen zu beurteilen. Beamtinnen und Beamte können außerdem anlässlich bestimmter Personalmaßnahmen beurteilt werden. Die Landesregierung kann die Voraussetzungen für die Erstellung der Beurteilungen anlässlich bestimmter Personalmaßnahmen durch Rechtsverordnung regeln. Die Beurteilung schließt mit einem Gesamturteil; die Beurteilung während der Probezeit kann mit der Feststellung der Bewährung oder Nichtbewährung schließen.

(2) Die Landesregierung kann durch Rechtsverordnung für Beamtinnen und Beamte des Landes auch Grundsätze der Beurteilung und des Verfahrens regeln, insbesondere

1. die Zeitabstände der regelmäßigen Beurteilung,
2. den Inhalt der Beurteilung, insbesondere die zu beurteilenden Merkmale und deren Gewichtung zueinander,
3. ein Bewertungssystem für die Beurteilung,
4. den Beurteilungsmaßstab, insbesondere die Festlegung von Richtwerten, und
5. Ausnahmen von der Beurteilungspflicht, insbesondere aufgrund einer Altersgrenze, für bestimmte Statusämter oder aufgrund besonderer persönlicher Umstände der Beamtinnen und Beamten.

(3) Das Innenministerium, das Justizministerium und das Kultusministerium können für bestimmte Berufsgruppen ihres Geschäftsbereichs durch Rechtsverordnung nach Maßgabe des Absatzes 2 jeweils abweichende Regelungen treffen.

(4) Die Beurteilungen sind den Beamtinnen und Beamten zu eröffnen und auf Verlangen mit ihnen zu besprechen. Eine schriftliche Äußerung der Beamtin oder des Beamten zu der Beurteilung ist zu den Personalaktendaten zu nehmen.

(5) Beamtinnen und Beamten wird auf ihren Antrag nach Beendigung des Beamtenverhältnisses, beim Wechsel des Dienstherrn oder zum Zweck der Bewerbung um eine Stelle bei einem anderen Dienstherrn oder außerhalb des öffentlichen Dienstes vom letzten Dienstvorgesetzten ein Dienstzeugnis erteilt. Das Dienstzeugnis muss Angaben über Art und Dauer der bekleideten Ämter sowie auf Verlangen auch über die ausgeübte Tätigkeit und die Leistung enthalten.

§ 52 Befreiung von Amtshandlungen

Beamtinnen und Beamte sind von Amtshandlungen zu befreien, die sich gegen sie selbst oder Personen richten, zu deren Gunsten ihnen wegen familienrechtlicher Beziehungen im Strafverfahren ein Zeugnisverweigerungsrecht zustünde.

§ 53 Ärztliche Untersuchungen, Genetische Untersuchungen und Analysen

(1) Beamtinnen und Beamte sind verpflichtet, sich nach dienstlicher Weisung ärztlich untersuchen und, falls dies aus amtsärztlicher Sicht für erforderlich gehalten wird, auch beobachten zu lassen, wenn Zweifel an der Dienstfähigkeit oder über die Dienstunfähigkeit bestehen oder die Dienstunfähigkeit ärztlich festzustellen ist. Entzieht sich die Beamtin oder der Beamte trotz schriftlicher Aufforderung dieser Verpflichtung, ohne hierfür einen hinreichenden Grund nachzuweisen, kann Dienstunfähigkeit oder begrenzte Dienstfähigkeit mit der Hälfte der regelmäßigen Arbeitszeit als amtsärztlich festgestellt angenommen werden. Auf die Rechtsfolge ist in der Aufforderung hinzuweisen.

(2) Zu Beginn der ärztlichen Untersuchung oder Beobachtung ist die Beamtin oder der Beamte auf deren Zweck und die Übermittlungsbefugnis bezüglich des Untersuchungsergebnisses an die die Untersuchung oder Beobachtung veranlassende Stelle hinzuweisen.

(3) Die Ärztin oder der Arzt übermittelt der die Untersuchung veranlassenden Personalverwaltung in einem gesonderten und verschlossenen Umschlag nur die tragenden Feststellungen und Gründe des Untersuchungsergebnisses, die in Frage kommenden Maßnahmen zur Wiederherstellung der Dienstfähigkeit und die Möglichkeit der anderweitigen Verwendung, soweit deren Kenntnis für die Personalverwaltung unter Beachtung des Grundsatzes der Verhältnismäßigkeit für die von ihr zu treffende Entscheidung erforderlich ist. Sonstige Untersuchungsdaten dürfen übermittelt werden, soweit deren Verarbeitung nach § 83 Abs. 3 Satz 2 zulässig ist. Die Ärztin oder der Arzt übermittelt der Beamtin oder dem Beamten eine Kopie der Mitteilung an die Personalverwaltung, soweit dem ärztliche Gründe nicht entgegenstehen.

(4) Genetische Untersuchungen und Analysen im Sinne von § 3 Nr. 1 und 2 des Gendiagnostikgesetzes vom 31. Juli 2009 (BGBl. I S. 2529) in der jeweils geltenden Fassung sind bei Beamtinnen und Beamten sowie bei Bewerberinnen und Bewerbern für ein Beamtenverhältnis unzulässig, insbesondere

1. vor und nach einer Ernennung oder
2. im Rahmen arbeitsmedizinischer Vorsorgeuntersuchungen.

(5) Abweichend von Absatz 4 Nr. 2 sind diagnostische genetische Untersuchungen (§ 3 Nr. 7 des Gendiagnostikgesetzes) durch Genproduktanalyse zulässig, soweit sie zur Feststellung genetischer Eigenschaften erforderlich sind, die für schwerwiegende gesundheitliche Störungen, die bei einer Tätigkeit auf einem bestimmten Dienstposten oder mit einer bestimmten Tätigkeit entstehen können, ursächlich oder mitursächlich sind. Als Bestandteil arbeitsmedizinischer Vorsorgeuntersuchungen sind genetische Untersuchungen nachrangig zu anderen Maßnahmen des Arbeitsschutzes nach § 77. Die §§ 7 bis 16 des Gendiagnostikgesetzes gelten entsprechend.

(6) Die Mitteilung von Ergebnissen bereits vorgenommener genetischer Untersuchungen oder Analysen darf weder verlangt werden, noch dürfen solche Ergebnisse entgegengenommen oder verwendet werden.

§ 54 Wohnung, Aufenthaltsort

(1) Beamtinnen und Beamte haben ihre Wohnung so zu nehmen, dass sie in der ordnungsgemäßen Wahrnehmung ihrer Dienstgeschäfte nicht beeinträchtigt werden. Die aktuelle Anschrift ist dem Dienstvorgesetzten mitzuteilen.

(2) Wenn die dienstlichen Verhältnisse es erfordern, können Beamtinnen und Beamte angewiesen werden, ihre Wohnung innerhalb einer bestimmten Entfernung von ihrer Dienststelle zu nehmen.

(3) Beamtinnen und Beamte des Polizeivollzugsdienstes, auch wenn sie in Planstellen des Landesamts für Verfassungsschutz eingewiesen sind, sind auf besondere Anordnung verpflichtet, in einer Gemeinschaftsunterkunft zu wohnen und an einer Gemeinschaftsverpflegung teilzunehmen. Fälle, in denen die Verpflichtungen nach Satz 1 aus persönlichen, insbesondere familiären Gründen eine Härte für diese Beamtinnen und Be-

amten bedeuten würde, sind als Ausnahmen zu berücksichtigen. Die Unterkunft wird unentgeltlich gewährt.

(4) Beamtinnen und Beamte können angewiesen werden, sich während der dienstfreien Zeit in erreichbarer Nähe ihres Dienstorts aufzuhalten, wenn besondere dienstliche Verhältnisse es erfordern.

§ 55 Dienstkleidung, Kennzeichnungspflicht, Erscheinungsbild

(1) Beamtinnen und Beamte sind verpflichtet, nach näherer Bestimmung ihrer obersten Dienstbehörde Dienstkleidung und Dienstrangabzeichen zu tragen, wenn es ihr Amt erfordert. Für Beamtinnen und Beamte des Landes erlässt die jeweilige oberste Dienstbehörde im Einvernehmen mit dem Finanzministerium diese Bestimmungen.

(2) Freie Dienstkleidung erhalten

1. die Beamtinnen und Beamten des Polizeivollzugsdienstes,
2. die Beamtinnen und Beamten des Vollzugsdienstes im Justizvollzug und des Werkdienstes im Justizvollzug,
2a. die Beamtinnen und Beamten des Abschiebungshaftvollzugsdienstes,
3. die technischen Beamtinnen und Beamten der Landesfeuerwehrschule,
4. die Beamtinnen und Beamten des feuerwehrtechnischen Dienstes und die feuerwehrtechnischen Beamtinnen und Beamten nach § 23 des Feuerwehrgesetzes,

wenn sie zum Tragen von Dienstkleidung verpflichtet sind. Das Innenministerium kann für die Beamtinnen und Beamten nach Satz 1 Nr. 1 und 3, das Justizministerium für die Beamtinnen und Beamten nach Satz 1 Nr. 2 und Nummer 2a jeweils im Einvernehmen mit dem Finanzministerium durch Rechtsverordnung bestimmen, in welcher Weise der Anspruch auf Dienstkleidung erfüllt wird und in welchen Fällen, in denen längere Zeit keine Dienstgeschäfte geführt werden, der Anspruch auf Dienstkleidung ausgeschlossen ist.

(3) Die zum Tragen von Dienstkleidung verpflichteten Forstbeamtinnen und Forstbeamten erhalten einen Dienstkleidungszuschuss. Das Ministerium Ländlicher Raum kann im Einvernehmen mit dem Finanzministerium durch Rechtsverordnung Bestimmungen über

1. die Gewährung des Dienstkleidungszuschusses und
2. Art, Umfang und Ausführung der Dienstkleidung

erlassen.

(4) Beamtinnen und Beamten, denen die Führung der Dienstgeschäfte nach § 39 BeamtStG verboten wird, kann das Tragen der Dienstkleidung und Ausrüstung, der Aufenthalt in Diensträumen oder dienstlichen Unterkünften und die Führung dienstlicher Ausweise und Abzeichen untersagt werden. § 39 Satz 2 BeamtStG gilt entsprechend.

(5) Beamtinnen und Beamte des Polizeivollzugsdienstes tragen beim Einsatz in stehenden geschlossenen Einheiten eine zur nachträglichen Identifizierung geeignete pseudonymisierte individuelle Kennzeichnung. Die erforderlichen personenbezogenen Daten der Beamtinnen und Beamten des Polizeivollzugsdienstes werden mit der Vergabe und vor der Benutzung der Kennzeichnungen erhoben und gespeichert. Zweck der Erhebung ist die Sicherstellung einer nachträglichen Identifizierbarkeit. Diese personenbezogenen Daten dürfen nur genutzt werden, wenn tatsächliche Anhaltspunkte die Annahme rechtfertigen, dass beim Einsatz eine strafbare Handlung oder eine nicht unerhebliche Dienstpflichtverletzung begangen wurde und die Identifizierung auf andere Weise nicht oder nur unter erheblichen Schwierigkeiten möglich ist. Die personenbezogenen Daten sind sechs Monate nach dem Abschluss der eingeräumten Benutzung der dienstlich zur Verfügung gestellten Kennzeichnung zu löschen, sofern sie nicht für den Erhebungszweck weiterhin erforderlich sind. Das Innenministerium regelt das Nähere zu Inhalt und Umfang sowie Ausnahmen von der Verpflichtung zum Tragen einer Kennzeichnung nach diesem Absatz durch Verwaltungsvorschrift.

(6) Die Ministerien können für ihren Geschäftsbereich die Einzelheiten nach § 34 Absatz 2 Sätze 2 bis 4 BeamtStG hinsichtlich des Er-

scheinungsbilds der Beamtinnen und Beamten durch Rechtsverordnung bestimmen.

§ 56 Amtsbezeichnung

(1) Die Amtsbezeichnungen der Landesbeamtinnen und Landesbeamten werden durch den Ministerpräsidenten festgesetzt, soweit sie nicht gesetzlich bestimmt sind. Der Ministerpräsident kann die Ausübung dieser Befugnis auf andere Stellen übertragen. Er kann einer Beamtin oder einem Beamten eine andere als die für ihr oder sein Amt vorgesehene Amtsbezeichnung verleihen.

(2) Beamtinnen und Beamte haben das Recht, innerhalb und außerhalb des Dienstes die Amtsbezeichnung des ihnen übertragenen Amtes zu führen. Nach dem Wechsel in ein anderes Amt dürfen sie neben der neuen Amtsbezeichnung die Amtsbezeichnung des früheren Amtes mit dem Zusatz „außer Dienst" („a. D.") nur führen, wenn das neue Amt einer Besoldungsgruppe mit geringerem Grundgehalt angehört als das bisherige Amt.

(3) Ruhestandsbeamtinnen und Ruhestandsbeamte dürfen die ihnen bei der Versetzung in den Ruhestand zustehende Amtsbezeichnung mit dem Zusatz „außer Dienst" („a. D.") und die im Zusammenhang mit dem Amt verliehenen Titel weiter führen. Werden sie erneut in ein Beamtenverhältnis berufen, gilt Absatz 2 Satz 2 entsprechend.

(4) Werden entlassene Beamtinnen und Beamte, denen die Führung der früheren Amtsbezeichnung nach § 32 Abs. 2 erlaubt worden ist, erneut in ein Beamtenverhältnis berufen, gilt Absatz 2 Satz 2 entsprechend.

§ 57 Verschwiegenheitspflicht

(1) Die Verschwiegenheitspflicht nach § 37 Abs. 1 BeamtStG gilt nicht, soweit gegenüber einem bestellten Vertrauensanwalt für Korruptionsverhütung ein durch Tatsachen begründeter Verdacht einer Korruptionsstraftat nach §§ 331 bis 337 des Strafgesetzbuches angezeigt wird.

(2) Soweit ein Vertrauensanwalt für Korruptionsverhütung bestellt oder ein elektronisches System zur Kommunikation mit anonymen Hinweisgebern eingerichtet ist, ist der Dienstherr nicht verpflichtet, die Identität der Informationsgeber, die sich an den Vertrauensanwalt gewandt oder das elektronische System benutzt haben, offen zu legen. Der Dienstherr hat in angemessener Weise dafür Sorge zu tragen, dass die Persönlichkeitsrechte der Beamtinnen und Beamten gewahrt werden. Satz 1 findet keine Anwendung, wenn der Dienstherr auf andere Weise Kenntnis von der Identität der Informationsgeber erhält.

§ 58 Nichterfüllung von Pflichten

Bei Ruhestandsbeamtinnen und Ruhestandsbeamten gilt es auch als Dienstvergehen, wenn sie schuldhaft

1. entgegen § 29 Abs. 2 oder 3 BeamtStG oder § 30 Abs. 3 Satz 2 BeamtStG in Verbindung mit § 29 Abs. 2 BeamtStG einer erneuten Berufung in das Beamtenverhältnis nicht nachkommen oder

2. ihre Verpflichtungen nach § 29 Abs. 4 oder 5 Satz 1 BeamtStG verletzen oder

3. im Zusammenhang mit dem Bezug von Leistungen des Dienstherrn falsche oder pflichtwidrig unvollständige Angaben machen.

§ 59 Pflicht zum Schadenersatz

(1) Für den Schadenersatz nach § 48 BeamtStG gelten die Verjährungsvorschriften des Bürgerlichen Gesetzbuches. Hat der Dienstherr Dritten Schadenersatz geleistet, gilt als Zeitpunkt, zu dem der Dienstherr Kenntnis im Sinne dieser Verjährungsvorschriften erlangt, der Zeitpunkt, zu dem der Ersatzanspruch des Dritten diesem gegenüber vom Dienstherrn anerkannt oder dem Dienstherrn gegenüber rechtskräftig festgestellt wird.

(2) Leisten Beamtinnen und Beamte dem Dienstherrn Ersatz und hat dieser Ersatzansprüche gegen Dritte, gehen die Ersatzansprüche auf die Beamtinnen und Beamten über.

§ 59a Rückforderung von Leistungen

Für die Rückforderung von Leistungen des Dienstherrn, die nicht Besoldung oder Versorgung sind, ist § 15 Absatz 2 LBesGBW entsprechend anzuwenden.

2. Abschnitt
Nebentätigkeit, Tätigkeit nach Beendigung des Beamtenverhältnisses

§ 60 Nebentätigkeit

(1) Nebentätigkeit ist jede nicht zum Hauptamt der Beamtin oder des Beamten gehörende Tätigkeit innerhalb oder außerhalb des öffentlichen Dienstes. Ausgenommen sind unentgeltliche Tätigkeiten, die nach allgemeiner Anschauung zur persönlichen Lebensgestaltung gehören.

(2) Nicht als Nebentätigkeiten gelten

1. öffentliche Ehrenämter und
2. unentgeltliche Vormundschaften, Betreuungen oder Pflegschaften.

Die Übernahme von Tätigkeiten nach Satz 1 ist dem Dienstvorgesetzten anzuzeigen.

§ 61 Nebentätigkeiten auf Verlangen

(1) Beamtinnen und Beamte sind verpflichtet, auf Verlangen ihres Dienstvorgesetzten eine Nebentätigkeit im öffentlichen Dienst auszuüben, sofern diese Tätigkeit ihrer Vorbildung oder Berufsausbildung entspricht und sie nicht über Gebühr in Anspruch nimmt. Satz 1 gilt entsprechend für Nebentätigkeiten außerhalb des öffentlichen Dienstes, wenn die Übernahme der Nebentätigkeit zur Wahrung dienstlicher Interessen erforderlich ist.

(2) Werden Beamtinnen und Beamte aus einer auf Verlangen ausgeübten Tätigkeit im Vorstand, Aufsichtsrat, Verwaltungsrat oder in einem sonstigen Organ einer Gesellschaft, Genossenschaft oder eines in einer anderen Rechtsform betriebenen Unternehmens haftbar gemacht, haben sie gegen ihren Dienstherrn Anspruch auf Ersatz des ihnen entstandenen Schadens. Ist der Schaden vorsätzlich oder grob fahrlässig herbeigeführt worden, ist der Dienstherr nur ersatzpflichtig, wenn die Beamtin oder der Beamte bei der Verursachung des Schadens auf Weisung einer oder eines Vorgesetzten gehandelt hat.

(3) Beamtinnen und Beamte haben Nebentätigkeiten, die auf Verlangen ausgeübt werden, mit Beendigung des Dienstverhältnisses zu ihrem Dienstherrn zu beenden, soweit nichts anderes bestimmt wird.

§ 62 Genehmigungspflichtige Nebentätigkeiten

(1) Beamtinnen und Beamte bedürfen zur Ausübung jeder Nebentätigkeit, mit Ausnahme der in § 63 Abs. 1 genannten, der vorherigen Genehmigung, soweit sie nicht nach § 61 Abs. 1 zu ihrer Ausübung verpflichtet sind.

(2) Die Genehmigung ist zu versagen, wenn zu besorgen ist, dass durch die Nebentätigkeit dienstliche Interessen beeinträchtigt werden. Ein solcher Versagungsgrund liegt insbesondere vor, wenn die Nebentätigkeit

1. die Beamtin oder den Beamten in einen Widerstreit mit den dienstlichen Pflichten bringen kann oder
2. die Unparteilichkeit oder Unbefangenheit der Beamtin oder des Beamten beeinflussen kann oder
3. zu einer wesentlichen Einschränkung der künftigen dienstlichen Verwendbarkeit der Beamtin oder des Beamten führen kann oder
4. sonst dem Ansehen der öffentlichen Verwaltung abträglich sein kann.

(3) Ein Versagungsgrund nach Absatz 2 Satz 1 liegt auch vor, wenn die Nebentätigkeit nach Art und Umfang der Arbeitskraft der Beamtin oder des Beamten so stark in Anspruch nimmt, dass die ordnungsgemäße Erfüllung der dienstlichen Pflichten behindert werden kann. Diese Voraussetzung gilt in der Regel als erfüllt, wenn die zeitliche Beanspruchung durch eine oder mehrere Nebentätigkeiten in der Woche ein Fünftel der regelmäßigen Arbeitszeit überschreitet. Bei begrenzter Dienstfähigkeit verringert sich die Grenze nach Satz 2 in dem Verhältnis, in dem die Arbeitszeit nach § 27 Abs. 2 Satz 1 BeamtStG herabgesetzt ist. Bei beurlaubten oder teilzeitbeschäftigten Beamtinnen und Beamten erhöht sich die Grenze nach Satz 2 in dem Verhältnis, in dem die regelmäßige Arbeitszeit ermäßigt ist, höchstens jedoch auf zwölf Stunden in der Woche; die Nebentätigkeit darf dem Zweck der Bewilligung des Urlaubs oder der Teilzeitbeschäftigung nicht zuwiderlaufen. Für Hochschullehrerinnen und Hochschullehrer gelten die Sätze 1 bis 4 mit

der Maßgabe, dass anstelle der regelmäßigen Arbeitszeit die Zeit tritt, die dem Umfang eines durchschnittlichen individuellen Arbeitstags der Hochschullehrerin oder des Hochschullehrers entspricht.

(4) Beamtinnen und Beamte haben bei der Beantragung einer Genehmigung Angaben über Art und Umfang der Nebentätigkeit, die Person des Auftrag- oder Arbeitgebers sowie die Vergütung zu machen. Auf Verlangen sind die erforderlichen Nachweise zu führen. Der Dienstvorgesetzte kann nähere Bestimmungen über die Form des Antrags treffen.

(5) Die Genehmigung soll auf längstens fünf Jahre befristet werden. Sie kann mit Auflagen oder Bedingungen versehen werden.

(6) Die zur Übernahme einer oder mehrerer Nebentätigkeiten erforderliche Genehmigung gilt allgemein als erteilt, wenn

1. die Vergütungen hierfür insgesamt 1200 Euro im Kalenderjahr nicht übersteigen,
2. die zeitliche Beanspruchung insgesamt ein Fünftel der regelmäßigen wöchentlichen Arbeitszeit nicht überschreitet,
3. die Nebentätigkeiten in der Freizeit ausgeübt werden und
4. kein Versagungsgrund nach Absatz 2 vorliegt.

Beamtinnen und Beamte haben allgemein genehmigte Nebentätigkeiten vor Aufnahme ihrem Dienstvorgesetzten anzuzeigen, es sei denn, dass es sich um eine einmalige Nebentätigkeit im Kalenderjahr handelt und die Vergütung hierfür 200 Euro nicht überschreitet; Absatz 4 gilt entsprechend. Eine allgemein als erteilt geltende Genehmigung erlischt mit dem Wegfall der Voraussetzungen nach Satz 1.

(7) Ergibt sich bei der Ausübung einer Nebentätigkeit eine Beeinträchtigung dienstlicher Interessen, ist die Genehmigung zu widerrufen. Soweit die dienstlichen Interessen es zulassen, soll der Beamtin oder dem Beamten eine angemessene Frist zur Beendigung der Nebentätigkeit eingeräumt werden. Die §§ 48, 49 und 51 des Landesverwaltungsverfahrensgesetzes bleiben unberührt.

§ 63 Nicht genehmigungspflichtige Nebentätigkeiten

(1) Nicht genehmigungspflichtig sind

1. unentgeltliche Nebentätigkeiten mit Ausnahme
   a) der Übernahme einer gewerblichen Tätigkeit, der Ausübung eines freien Berufes oder der Mitarbeit bei einer dieser Tätigkeiten,
   b) des Eintritts in ein Organ eines Unternehmens mit Ausnahme einer Genossenschaft sowie der Übernahme einer Treuhänderschaft,
2. die Verwaltung eigenen oder der Nutznießung der Beamtin oder des Beamten unterliegenden Vermögens,
3. schriftstellerische, wissenschaftliche, künstlerische oder Vortragstätigkeiten,
4. mit Lehr- oder Forschungsaufgaben zusammenhängende selbständige Gutachtertätigkeiten von Lehrerinnen und Lehrern an öffentlichen Hochschulen sowie von Beamtinnen und Beamten an wissenschaftlichen Instituten und Anstalten und
5. Tätigkeiten zur Wahrung von Berufsinteressen in Gewerkschaften, Berufsverbänden oder Selbsthilfeeinrichtungen der Beamtinnen und Beamten.

(2) Beamtinnen und Beamte haben Nebentätigkeiten nach Absatz 1 Nr. 3 und 4 und in Selbsthilfeeinrichtungen nach Absatz 1 Nr. 5, für die eine Vergütung geleistet wird, vor Aufnahme ihrem Dienstvorgesetzten anzuzeigen. Bei regelmäßig wiederkehrenden gleichartigen Nebentätigkeiten genügt eine einmal jährlich zu erstattende Anzeige für die in diesem Zeitraum zu erwartenden Nebentätigkeiten; die obersten Dienstbehörden können abweichende Regelungen treffen. § 62 Abs. 4 gilt entsprechend.

(3) Eine Anzeigepflicht für eine oder mehrere Nebentätigkeiten nach Absatz 2 besteht nicht, wenn

1. die Vergütungen hierfür insgesamt 1200 Euro im Kalenderjahr nicht übersteigen und

2. die zeitliche Beanspruchung insgesamt ein Fünftel der regelmäßigen wöchentlichen Arbeitszeit nicht überschreitet.

(4) Eine nicht genehmigungspflichtige Nebentätigkeit ist ganz oder teilweise zu untersagen, wenn die Beamtin oder der Beamte bei ihrer Ausübung dienstliche Pflichten verletzt. § 62 Abs. 7 Satz 2 gilt entsprechend.

§ 64 Pflichten bei der Ausübung von Nebentätigkeiten

(1) Nebentätigkeiten dürfen grundsätzlich nur in der Freizeit ausgeübt werden.

(2) Bei der Ausübung von Nebentätigkeiten dürfen Einrichtungen, Personal oder Material des Dienstherrn nur bei Vorliegen eines dienstlichen, öffentlichen oder wissenschaftlichen Interesses mit vorheriger Genehmigung in Anspruch genommen werden. Für die Inanspruchnahme hat die Beamtin oder der Beamte ein Entgelt zu entrichten, das den Vorteil, der durch die Inanspruchnahme entsteht, berücksichtigen soll. Das Entgelt ist nach den dem Dienstherrn entstehenden Kosten oder nach einem Prozentsatz der für die Nebentätigkeit bezogenen Vergütung zu bemessen.

(3) Beamtinnen und Beamte haben Vergütungen für

1. im öffentlichen Dienst ausgeübte oder
2. auf Verlangen des Dienstvorgesetzten ausgeübte

Nebentätigkeiten an ihren Dienstherrn im Hauptamt abzuliefern, soweit nicht durch die Ausführungsverordnung nach § 65 etwas anderes bestimmt ist.

(4) Änderungen von genehmigungspflichtigen, anzeigepflichtigen oder auf Verlangen des Dienstherrn übernommenen Nebentätigkeiten, insbesondere hinsichtlich Art und Umfang der Nebentätigkeit, der Person des Auftrag- oder Arbeitgebers und der Vergütung, sind dem Dienstvorgesetzten unverzüglich anzuzeigen. Der Dienstvorgesetzte kann nähere Bestimmungen über die Form der Anzeige treffen. Er kann aus begründetem Anlass verlangen, dass die Beamtin oder der Beamte Auskunft über eine ausgeübte Nebentätigkeit erteilt und die erforderlichen Nachweise führt.

§ 65 Ausführungsverordnung

Die zur Ausführung der §§ 60 bis 64 notwendigen Vorschriften erlässt die Landesregierung durch Rechtsverordnung. In ihr kann insbesondere bestimmt werden,

1. welche Tätigkeiten als öffentlicher Dienst oder als öffentliches Ehrenamt anzusehen sind,
2. was als Vergütung anzusehen ist,
3. in welchen weiteren Fällen Nebentätigkeiten allgemein als genehmigt gelten und ob und inwieweit solche Nebentätigkeiten anzuzeigen sind,
4. in welchen Fällen Nebentätigkeiten ganz oder teilweise innerhalb der Arbeitszeit ausgeübt werden dürfen,
5. in welcher Höhe ein Entgelt für die Inanspruchnahme von Einrichtungen, Personal oder Material des Dienstherrn zu entrichten ist und in welchen Fällen auf die Entrichtung des Entgelts verzichtet werden kann,
6. ob und inwieweit Nebentätigkeiten im öffentlichen Dienst vergütet oder bestimmte Nebentätigkeiten von der Ablieferungspflicht ausgenommen werden und dass Vergütungen nur bei Übersteigen bestimmter Freigrenzen abzuliefern sind,
7. ob und inwieweit Beamtinnen und Beamte in regelmäßigen Abständen über die von ihnen ausgeübten Nebentätigkeiten und die Höhe der dafür erhaltenen Vergütungen Auskunft zu geben haben.

§ 66 Tätigkeit nach Beendigung des Beamtenverhältnisses

Eine Tätigkeit ist nach § 41 Absatz 1 Satz 1 BeamtStG dem letzten Dienstvorgesetzten anzuzeigen, wenn sie innerhalb eines Zeitraums von fünf Jahren nach Beendigung des Beamtenverhältnisses aufgenommen wird und mit der dienstlichen Tätigkeit der Beamtin oder des Beamten in den letzten fünf Jahren vor Beendigung des Beamtenverhältnisses in Zusammenhang steht. Eine Untersagung nach § 41 Absatz 1 Satz 2 BeamtStG wird durch den letzten Dienstvorgesetzten ausgesprochen.

3. Abschnitt
Arbeitszeit und Urlaub

§ 67 Arbeitszeit

(1) Die Landesregierung bestimmt durch Rechtsverordnung mit Zustimmung des Landtags die regelmäßige Arbeitszeit der Beamtinnen und Beamten. Das Nähere, insbesondere zur Dauer der täglichen Arbeitszeit und zur flexiblen Gestaltung der Arbeitszeit, regelt

1. für die Beamtinnen und Beamten des Landes die Landesregierung durch Rechtsverordnung mit Zustimmung des Landtags,
2. für die Beamtinnen und Beamten der Gemeinden und Gemeindeverbände sowie der sonstigen der Aufsicht des Landes unterstehenden Körperschaften, Anstalten und Stiftungen des öffentlichen Rechts die oberste Dienstbehörde.

Dabei sind die Bestimmungen der Richtlinie 2003/88/EG des Europäischen Parlaments und des Rates vom 4. November 2003 über bestimmte Aspekte der Arbeitszeitgestaltung (ABl. L 299 vom 18. November 2003, S. 9) in der jeweils geltenden Fassung zu beachten; für die Berechnung des Durchschnitts der wöchentlichen Höchstarbeitszeit nach Artikel 6 einschließlich Mehrarbeit ist ein Zeitraum von vier Monaten, unbeschadet von Abweichungen und Ausnahmen nach Kapitel 5, zugrunde zu legen.

(2) Soweit der Dienst in Bereitschaft besteht, kann die Arbeitszeit entsprechend dem dienstlichen Bedürfnis auf im Durchschnitt bis zu 48 Stunden in der Woche verlängert werden. Für Beamtinnen und Beamte, die im Wechseldienst unter Einschluss von Bereitschaft Dienst leisten, kann unter Beachtung der allgemeinen Grundsätze der Sicherheit und des Gesundheitsschutzes die Arbeitszeit bis zu im Durchschnitt 54 Stunden in der Woche verlängert werden, wenn diese schriftlich eingewilligt haben. Die Beamtin oder der Beamte kann die Einwilligung jederzeit mit einer Frist von zwei Monaten widerrufen; auf die Widerrufsmöglichkeit ist vor Erklärung der Einwilligung schriftlich hinzuweisen. Für die Ablehnung oder den Widerruf der Einwilligung gilt § 75 Abs. 1 entsprechend. Die Beamtinnen und Beamten mit nach Satz 2 verlängerter Arbeitszeit sind in Listen zu erfassen, die stets aktuell zu halten sind. Den für den Arbeitsschutz zuständigen Behörden und Stellen, die eine Überschreitung der wöchentlichen Höchstarbeitszeit unterbinden oder einschränken können, sind die Listen zur Verfügung zu stellen sowie auf deren Ersuchen darüber Auskunft zu geben, welche Beamtinnen und Beamten in eine nach Satz 2 verlängerte Arbeitszeit eingewilligt haben.

(3) Beamtinnen und Beamte sind verpflichtet, ohne Vergütung über die regelmäßige Arbeitszeit hinaus Dienst zu tun, wenn zwingende dienstliche Verhältnisse dies erfordern. Werden sie durch dienstlich angeordnete oder genehmigte Mehrarbeit mehr als fünf Stunden im Monat über die regelmäßige Arbeitszeit hinaus beansprucht, ist ihnen innerhalb eines Jahres für die über die regelmäßige Arbeitszeit hinaus geleistete Mehrarbeit entsprechende Dienstbefreiung zu gewähren; bei Teilzeitbeschäftigung vermindern sich die fünf Stunden entsprechend der Verringerung der Arbeitszeit. Ist Dienstbefreiung aus zwingenden dienstlichen Gründen nicht möglich, kann nach den Voraussetzungen des § 65 LBesGBW Mehrarbeitsvergütung gewährt werden. Die Ministerien können für ihren Geschäftsbereich durch Rechtsverordnung

1. für die Gewährung von Dienstbefreiung nach Satz 2
2. im Einvernehmen mit dem Finanzministerium zur Ermittlung der vergütungsfähigen Mehrarbeitszeiten nach Satz 3

abweichende oder ergänzende Regelungen treffen, wenn dies die besonderen arbeitsorganisatorischen Verhältnisse erfordern.

§ 68 Fernbleiben vom Dienst, Krankheit

(1) Beamtinnen und Beamte dürfen dem Dienst nicht ohne Genehmigung fernbleiben.

(2) Kann aus tatsächlichen oder rechtlichen Gründen kein Dienst geleistet werden, ist das Fernbleiben vom Dienst unverzüglich anzuzeigen. Dienstunfähigkeit infolge Krankheit ist auf Verlangen nachzuweisen. Wird eine

ärztliche oder amtsärztliche Untersuchung oder die Untersuchung durch eine beamtete Ärztin oder einen beamteten Arzt angeordnet, hat der Dienstherr die Kosten der Untersuchung zu tragen.

(3) Können infolge lang andauernder Krankheit dienstunfähige Beamtinnen und Beamte nach ärztlicher Feststellung ihren Dienst stundenweise verrichten und durch eine gestufte Wiederaufnahme ihres Dienstes voraussichtlich wieder in den Dienstbetrieb eingegliedert werden, kann mit Einverständnis der Beamtinnen und Beamten widerruflich und befristet festgelegt werden, dass in geringerem Umfang als die regelmäßige Arbeitszeit Dienst zu leisten ist.

§ 69 Teilzeitbeschäftigung

(1) Beamtinnen und Beamten mit Dienstbezügen, die

1. ein Kind unter 18 Jahren oder
2. eine nach ärztlichem Gutachten pflegebedürftige Angehörige oder einen pflegebedürftigen Angehörigen

tatsächlich betreuen oder pflegen, ist auf Antrag Teilzeitbeschäftigung mit mindestens der Hälfte der regelmäßigen Arbeitszeit zu bewilligen, wenn zwingende dienstliche Belange nicht entgegenstehen.

(1a) Beamtinnen und Beamten auf Widerruf im Vorbereitungsdienst,

1. bei denen die in Absatz 1 genannten Gründe vorliegen oder
2. bei denen zum Zeitpunkt der Antragstellung die Schwerbehinderteneigenschaft nach § 2 Absatz 2 oder die Gleichstellung nach § 2 Absatz 3 des Neunten Buches Sozialgesetzbuch festgestellt ist,

kann auf Antrag Teilzeitbeschäftigung im festgelegten Umfang, der jedoch mindestens die Hälfte der regelmäßigen Arbeitszeit betragen muss, bewilligt werden, wenn dies durch Rechtsverordnung nach § 16 Absatz 2 vorgesehen ist.

(2) Beamtinnen und Beamten mit Dienstbezügen kann unter den Voraussetzungen des Absatzes 1 Teilzeitbeschäftigung mit weniger als der Hälfte, mindestens aber einem Viertel der regelmäßigen Arbeitszeit bewilligt werden, wenn dienstliche Belange nicht entgegenstehen.

(3) Während der Elternzeit (§ 76) kann Beamtinnen und Beamten mit Dienstbezügen Teilzeitbeschäftigung mit weniger als der Hälfte, mindestens aber einem Viertel der regelmäßigen Arbeitszeit bewilligt werden, wenn dies im Interesse des Dienstherrn liegt. Beamtinnen und Beamten auf Widerruf im Vorbereitungsdienst kann während der Elternzeit nach Satz 1 eine Teilzeitbeschäftigung im festgelegten Umfang, der jedoch mindestens ein Viertel der regelmäßigen Arbeitszeit betragen muss, bewilligt werden, wenn dies durch Rechtsverordnung nach § 16 Absatz 2 vorgesehen ist.

(4) Beamtinnen und Beamten mit Dienstbezügen kann auf Antrag Teilzeitbeschäftigung mit mindestens der Hälfte der regelmäßigen Arbeitszeit bis zur jeweils beantragten Dauer bewilligt werden, soweit dienstliche Belange nicht entgegenstehen.

(5) Die oberste Dienstbehörde kann für ihren Dienstbereich, auch für einzelne Gruppen von Beamtinnen und Beamten, zulassen, dass Teilzeitbeschäftigung nach Absatz 4 auf Antrag in der Weise bewilligt wird, dass der Teil, um den die regelmäßige Arbeitszeit im Einzelfall ermäßigt ist, zu einem zusammenhängenden Zeitraum von bis zu einem Jahr zusammengefasst wird (Freistellungsjahr). Das Freistellungsjahr soll am Ende des Bewilligungszeitraums in Anspruch genommen werden. Es kann auf Antrag der Beamtin oder des Beamten bis vor den Eintritt in den Ruhestand aufgeschoben werden. Mehrere Freistellungsjahre können zusammengefasst werden.

(6) Treten während des Bewilligungszeitraums einer Teilzeitbeschäftigung nach Absatz 5 Umstände ein, die die vorgesehene Abwicklung der Freistellung unmöglich machen, ist ein Widerruf abweichend von § 49 des Landesverwaltungsverfahrensgesetzes nach Maßgabe der Absätze 7 und 8 auch mit Wirkung für die Vergangenheit zulässig. Der Widerruf darf nur mit Wirkung für den gesamten Bewilligungszeitraum und nur in dem

Umfang erfolgen, der der tatsächlichen Arbeitszeit entspricht.

(7) Die Bewilligung einer Teilzeitbeschäftigung mit Freistellungsjahr nach Absatz 5 ist zu widerrufen

1. bei Beendigung des Beamtenverhältnisses,
2. beim Dienstherrnwechsel,
3. bei Gewährung von Urlaub nach § 72 Abs. 2 Nr. 2 oder nach § 31 Abs. 2 der Arbeitszeit- und Urlaubsverordnung.

(8) Wird langfristig Urlaub nach anderen als den in Absatz 7 Nr. 3 genannten Vorschriften bewilligt, so verlängert sich der Bewilligungszeitraum um die Dauer der Beurlaubung. Auf Antrag oder aus dienstlichen Gründen kann die Bewilligung widerrufen werden.

(9) Die Bewilligung von Teilzeitbeschäftigung kann aus dienstlichen Gründen von

1. einer bestimmten Dauer (Mindestbewilligungszeitraum),
2. einem bestimmten Umfang der Teilzeitbeschäftigung und
3. von einer bestimmten Festlegung der Verteilung der Arbeitszeit

abhängig gemacht werden.

Eine Festlegung der Verteilung der Arbeitszeit darf bei Teilzeitbeschäftigung nach Absatz 1 Nr. 1 und Nr. 2 nicht dem Zweck der Bewilligung zuwiderlaufen. Soweit zwingende dienstliche Belange es erfordern, kann nachträglich die Dauer der Teilzeitbeschäftigung beschränkt oder der Umfang der zu leistenden Arbeitszeit erhöht werden. Die Bewilligung soll widerrufen werden, wenn die Gründe nach Absatz 1 weggefallen sind. Ein Antrag auf Verlängerung einer Teilzeitbeschäftigung ist spätestens sechs Monate vor Ablauf des Bewilligungszeitraums zu stellen. Die Ausübung von Nebentätigkeiten ist nach Maßgabe der §§ 60 bis 65 zulässig.

(10) Ein Übergang zur Vollzeitbeschäftigung oder eine Änderung des Umfangs der Teilzeitbeschäftigung ist auf Antrag zuzulassen, wenn der Beamtin oder dem Beamten die Fortsetzung der bewilligten Teilzeitbeschäftigung nicht zugemutet werden kann und dienstliche Belange nicht entgegenstehen.

§ 70 Altersteilzeit

(1) Beamtinnen und Beamten mit Dienstbezügen, bei denen zum Zeitpunkt der Antragstellung die Schwerbehinderteneigenschaft im Sinne des § 2 Abs. 2 des Neunten Buches Sozialgesetzbuch festgestellt ist, kann auf Antrag, der sich auf die Zeit bis zum Beginn des Ruhestands erstrecken muss, Teilzeitbeschäftigung als Altersteilzeit mit 60 Prozent der bisherigen Arbeitszeit, höchstens jedoch 60 Prozent der in den letzten zwei Jahren vor Beginn der Altersteilzeit durchschnittlich geleisteten Arbeitszeit, bewilligt werden, wenn

1. die Beamtin oder der Beamte das 55. Lebensjahr vollendet hat,
2. sie oder er in den letzten fünf Jahren vor Beginn der Altersteilzeit insgesamt drei Jahre mindestens teilzeitbeschäftigt war und
3. dienstliche Belange nicht entgegenstehen.

(2) Altersteilzeit kann in der Weise bewilligt werden, dass

1. während des gesamten Bewilligungszeitraums Teilzeitarbeit durchgehend im nach Absatz 1 festgesetzten Umfang geleistet wird (Teilzeitmodell) oder
2. während der ersten drei Fünftel des Bewilligungszeitraums die tatsächliche Arbeitszeit auf die bisherige Arbeitszeit, höchstens die in den letzten zwei Jahren vor Beginn der Altersteilzeit durchschnittlich zu leistende Arbeitszeit erhöht wird und diese Arbeitszeiterhöhung in den restlichen zwei Fünfteln des Bewilligungszeitraums durch eine volle Freistellung vom Dienst ausgeglichen wird (Blockmodell).

Altersteilzeit mit weniger als 60 Prozent der regelmäßigen Arbeitszeit kann nur bewilligt werden, wenn vor der vollen Freistellung von der Arbeit mindestens im Umfang der bisherigen Teilzeitbeschäftigung Dienst geleistet wird; dabei bleiben geringfügige Unterschreitungen des notwendigen Umfangs der Arbeitszeit außer Betracht. Bei Beantragung der Altersteilzeit im Blockmodell müssen Beamtinnen und Beamte unwiderruflich erklären, ob sie bei Bewilligung der Altersteilzeit mit Erreichen der gesetzlichen Altersgrenze in den Ruhestand treten oder ob sie einen Antrag nach § 40 stellen werden.

(3) § 69 Abs. 9 Satz 6, Abs. 10 und § 75 gelten entsprechend.

§ 71 Urlaub

Die Landesregierung regelt durch Rechtsverordnung

1. Dauer, Erteilung, Widerruf, finanzielle Vergütung und Verfall des Erholungsurlaubs einschließlich etwaigen Zusatzurlaubs,
2. Anlass, Dauer und Erteilung von Sonderurlaub und Urlaub aus sonstigen Gründen und bestimmt dabei, ob und inwieweit die Bezüge während eines solchen Urlaubs belassen werden können.

§ 72 Urlaub von längerer Dauer ohne Dienstbezüge

(1) Beamtinnen und Beamten mit Dienstbezügen, die

1. ein Kind unter 18 Jahren oder
2. eine nach ärztlichem Gutachten pflegebedürftige Angehörige oder einen pflegebedürftigen Angehörigen

tatsächlich betreuen oder pflegen, ist auf Antrag Urlaub ohne Dienstbezüge zu gewähren, wenn zwingende dienstliche Belange nicht entgegenstehen.

(2) Beamtinnen und Beamten mit Dienstbezügen kann aus anderen Gründen auf Antrag Urlaub ohne Dienstbezüge

1. bis zur Dauer von sechs Jahren oder
2. nach Vollendung des 55. Lebensjahres bis zum Beginn des Ruhestands

bewilligt werden, wenn dienstliche Belange nicht entgegenstehen. Zur Ausübung einer Erwerbstätigkeit oder vergleichbaren Tätigkeit darf Urlaub nach Satz 1 nicht bewilligt werden.

(3) § 69 Abs. 9 Satz 1 Nr. 1 und Satz 5 und 6 gilt entsprechend.

(4) Die Rückkehr aus dem Urlaub ist auf Antrag zuzulassen, wenn der Beamtin oder dem Beamten die Fortsetzung des Urlaubs nicht zugemutet werden kann und dienstliche Belange nicht entgegenstehen. Die Bewilligung soll widerrufen werden, wenn die Gründe nach Absatz 1 weggefallen sind.

§ 73 Höchstdauer von unterhälftiger Teilzeitbeschäftigung und Urlaub

(1) Teilzeitbeschäftigung mit weniger als der Hälfte der regelmäßigen Arbeitszeit nach § 69 Abs. 2 und Urlaub nach § 72 Abs. 1 und 2 dürfen insgesamt die Dauer von 15 Jahren nicht überschreiten. Dabei bleiben eine unterhälftige Teilzeitbeschäftigung während einer Elternzeit nach § 76 Nummer 2 sowie ein Urlaub nach § 74 Absatz 4 Satz 2 unberücksichtigt. Satz 1 findet bei Urlaub nach § 72 Abs. 2 Satz 1 Nr. 2 keine Anwendung, wenn es der Beamtin oder dem Beamten nicht mehr zuzumuten ist, zur Voll- oder Teilzeitbeschäftigung zurückzukehren.

(2) Der Bewilligungszeitraum kann bei Beamtinnen und Beamten im Schul- und Hochschuldienst bis zum Ende des laufenden Schuljahrs, Semesters oder Trimesters ausgedehnt werden.

§ 74 Pflegezeiten

(1) Beamtinnen und Beamte dürfen ohne Genehmigung bis zu zehn Arbeitstage, davon neun Arbeitstage unter Belassung der Dienst- oder Anwärterbezüge, dem Dienst fernbleiben, wenn dies erforderlich ist, um für pflegebedürftige nahe Angehörige in einer akut aufgetretenen Pflegesituation eine bedarfsgerechte Pflege zu organisieren oder eine pflegerische Versorgung in dieser Zeit sicherzustellen. Das Fernbleiben vom Dienst und dessen voraussichtliche Dauer sind unverzüglich anzuzeigen. Die Voraussetzungen für das Fernbleiben sind auf Verlangen nachzuweisen.

(2) Beamtinnen und Beamten, die

1. pflegebedürftige nahe Angehörige in häuslicher Umgebung pflegen oder
2. minderjährige pflegebedürftige nahe Angehörige in häuslicher oder außerhäuslicher Umgebung betreuen,

ist auf Verlangen Urlaub ohne Dienst- oder Anwärterbezüge oder auf Antrag Teilzeitbeschäftigung mit mindestens ein Viertel der regelmäßigen Arbeitszeit bis zur Dauer von sechs Monaten zu bewilligen; der Wechsel zwischen Pflege nach Nummer 1 und Betreuung nach Nummer 2 ist jederzeit möglich. Der beantragten Verringerung und Verteilung der Arbeitszeit ist zu entsprechen, wenn dringende dienstliche Gründe nicht entgegenstehen.

(3) Beamtinnen und Beamten mit Dienstbezügen ist für Pflege oder Betreuung nach Absatz 2 Satz 1 Nummer 1 und 2, auch im jederzeitigen Wechsel, auf Antrag Teilzeitbeschäftigung mit mindestens der Hälfte der regelmäßigen Arbeitszeit bis zur Dauer von 24 Monaten zu bewilligen. Absatz 2 Satz 2 findet Anwendung.

(4) Beamtinnen und Beamten ist zur Begleitung naher Angehöriger, wenn diese an einer Erkrankung leiden, die progredient verläuft und bereits ein weit fortgeschrittenes Stadium erreicht hat, bei der eine Heilung ausgeschlossen und eine palliativ-medizinische Behandlung notwendig ist und die eine begrenzte Lebenserwartung von Wochen oder wenigen Monaten erwarten lässt, auf Verlangen Urlaub ohne Dienst- oder Anwärterbezüge oder auf Antrag Teilzeitbeschäftigung mit mindestens einem Viertel der regelmäßigen Arbeitszeit bis zur Dauer von drei Monaten zu bewilligen; Absatz 2 Satz 2 findet Anwendung. Urlaub unter Belassung der Dienst- oder Anwärterbezüge soll Beamtinnen und Beamten auf Antrag zur Beaufsichtigung, Betreuung oder Pflege ihres Kindes bewilligt werden, das an einer Erkrankung nach Satz 1 leidet, wenn das Kind das zwölfte Lebensjahr noch nicht vollendet hat oder behindert und auf Hilfe angewiesen ist; der Urlaub kann nur von einem Elternteil beantragt werden.

(5) Urlaub und Teilzeitbeschäftigung nach Absatz 2 bis 4 Satz 1 dürfen insgesamt die Dauer von 24 Monaten je naher Angehöriger oder nahem Angehörigen nicht überschreiten; auf Antrag ist ein Wechsel zwischen Urlaub oder Teilzeitbeschäftigung nach Absatz 2 und Teilzeitbeschäftigung nach Absatz 3 zuzulassen. Urlaub und Teilzeitbeschäftigung nach Absatz 2 bis 4 Satz 1 unterbrechen einen Urlaub nach § 72 oder eine Teilzeitbeschäftigung nach § 69. § 69 Absatz 9 Satz 6 findet Anwendung.

(6) Die Absätze 1, 2, 4 und 5 gelten, soweit gesetzlich nichts anderes bestimmt ist, für Auszubildende in öffentlich-rechtlichen Ausbildungsverhältnissen entsprechend.

(7) Nahe Angehörige im Sinne dieser Vorschrift sind die nahen Angehörigen nach § 7 Absatz 3 des Pflegezeitgesetzes.

(8) Die Landesregierung regelt im Übrigen durch Rechtsverordnung die der Eigenart des öffentlichen Dienstes entsprechende Anwendung der Vorschriften über die Freistellungen nach dem Pflegezeitgesetz und dem Familienpflegezeitgesetz auf Beamtinnen und Beamte; dabei kann die Gewährung von beihilfegleichen Leistungen, von heilfürsorgegleichen Leistungen und die Erstattung von Beiträgen zur Krankenversicherung festgelegt werden.

4. Abschnitt
Fürsorge und Schutz

§ 75 Benachteiligungsverbot

(1) Teilzeitbeschäftigung darf das berufliche Fortkommen nicht beeinträchtigen; eine unterschiedliche Behandlung von Beamtinnen und Beamten mit ermäßigter Arbeitszeit gegenüber Beamtinnen und Beamten mit regelmäßiger Arbeitszeit ist nur zulässig, wenn zwingende sachliche Gründe dies rechtfertigen. Satz 1 gilt für Schwangerschaft, Mutterschutz, Elternzeit, Pflegezeit, Telearbeit und Urlaub von längerer Dauer entsprechend.

(2) Beamtinnen und Beamten dürfen wegen ihrer oder der genetischen Eigenschaften (§ 3 Nr. 4 des Gendiagnostikgesetzes) einer genetisch verwandten Person in ihrem Dienstverhältnis nicht benachteiligt werden. Dies gilt auch, wenn sich Beamtinnen oder Beamte weigern, genetische Untersuchungen oder Analysen bei sich vornehmen zu lassen oder die Ergebnisse bereits vorgenommener genetischer Untersuchungen oder Analysen zu offenbaren. Die §§ 15 und 22 des Allgemeinen Gleichbehandlungsgesetzes gelten entsprechend.

§ 76 Mutterschutz, Elternzeit

Die Landesregierung regelt durch Rechtsverordnung die der Eigenart des öffentlichen Dienstes entsprechende Anwendung

1. der Vorschriften des Mutterschutzgesetzes auf Beamtinnen,

2. der Vorschriften des Bundeselterngeld- und Elternzeitgesetzes über die Elternzeit auf Beamtinnen und Beamte; dabei kann

§ 77 Arbeitsschutz

(1) Für Beamtinnen und Beamte gelten die aufgrund von § 18 des Arbeitsschutzgesetzes erlassenen Rechtsverordnungen entsprechend.

(2) Die Ministerien können im Rahmen ihrer Geschäftsbereiche im Einvernehmen mit dem Wirtschaftsministerium durch Rechtsverordnung bestimmen, dass für bestimmte Tätigkeiten im öffentlichen Dienst Vorschriften des Arbeitsschutzgesetzes oder der aufgrund von § 18 des Arbeitsschutzgesetzes erlassenen Rechtsverordnungen ganz oder zum Teil nicht anzuwenden sind, soweit öffentliche Belange dies zwingend erfordern, insbesondere zur Aufrechterhaltung oder Wiederherstellung der öffentlichen Sicherheit. In den Rechtsverordnungen ist gleichzeitig festzulegen, wie die Sicherheit und der Gesundheitsschutz bei der Arbeit unter Berücksichtigung der Ziele des Arbeitsschutzgesetzes auf andere Weise gewährleistet werden.

(3) Die Landesregierung regelt durch Rechtsverordnung die der Eigenart des öffentlichen Dienstes entsprechende Anwendung der Vorschriften des Jugendarbeitsschutzgesetzes auf Beamtinnen und Beamte, die das 18. Lebensjahr noch nicht vollendet haben.

§ 78 Beihilfe

(1) Den Beamtinnen und Beamten, Ruhestandsbeamtinnen und Ruhestandsbeamten, früheren Beamtinnen und Beamten, Witwen, Witwern, hinterbliebenen Lebenspartnerinnen und Lebenspartnern nach dem Lebenspartnerschaftsgesetz und Waisen wird zu Aufwendungen in Geburts-, Krankheits-, Pflege- und Todesfällen sowie zur Gesundheitsvorsorge Beihilfe gewährt, solange ihnen laufende Besoldungs- oder Versorgungsbezüge zustehen.

(1a) Für Aufwendungen in Krankheits- und Pflegefällen sowie zur Gesundheitsvorsorge, die für die Ehegattin oder den Ehegatten, die Lebenspartnerin oder den Lebenspartner nach dem Lebenspartnerschaftsgesetz der beihilfeberechtigten Person entstanden sind, wird keine Beihilfe gewährt, wenn der Gesamtbetrag der Einkünfte im Sinne des § 2 Absatz 3 des Einkommensteuergesetzes der Ehegattin oder des Ehegatten, der Lebenspartnerin oder des Lebenspartners nach dem Lebenspartnerschaftsgesetz in beiden Kalenderjahren vor der Stellung des Beihilfeantrags jeweils 20 000 Euro überschritten hat. Bei der Ermittlung des Gesamtbetrags der Einkünfte ist bei einem Bezug von Leibrenten und anderen Leistungen im Sinne des § 22 Nummer 1 Satz 3 Buchstabe a Doppelbuchstabe aa und bb des Einkommensteuergesetzes der Jahresbetrag der Rente maßgeblich; die Regelungen des Besteuerungsanteils im Sinne des § 22 Nummer 1 Satz 3 Buchstabe a Doppelbuchstabe aa Satz 3 des Einkommensteuergesetzes sowie des Ertragsanteils im Sinne des § 22 Nummer 1 Satz 3 Buchstabe a Doppelbuchstabe bb Satz 3 des Einkommensteuergesetzes finden keine Anwendung. Bei der Ermittlung, ob die Einkünftegrenze von 20 000 Euro überschritten ist, sind ausländische Einkünfte, für die die Ehegattin oder der Ehegatte, die Lebenspartnerin oder der Lebenspartner nach dem Lebenspartnerschaftsgesetz zu einer der deutschen Einkommensteuer entsprechenden Steuer herangezogen wird, zu berücksichtigen. Satz 2 gilt bei ausländischen Einkünften im Sinne des Satzes 3 entsprechend. Satz 2 und 4 gilt nicht für Leibrenten und andere Leistungen im Sinne des § 22 Nummer 1 Satz 3 Buchstabe a Doppelbuchstabe aa und bb des Einkommensteuergesetzes, deren erstmaliger Beginn vor dem 1. Januar 2021 liegt. Bei Anlegung eines strengen Maßstabs kann in besonderen Härtefällen mit Zustimmung der für die Beihilfegewährung zuständigen obersten Dienstbehörde und im Einvernehmen mit dem Finanzministerium ausnahmsweise abweichend von Satz 1 Beihilfe gewährt werden. Ein besonderer Härtefall im Sinne von Satz 6 liegt insbesondere vor, wenn der Ehegattin oder dem Ehegatten, der Lebenspartnerin oder dem Lebenspartner nach dem Lebenspartnerschaftsgesetz für beihilfefähige Aufwendungen trotz ausreichender und rechtzeitiger Versicherung wegen angeborener Leiden oder bestimmter Krankheiten auf Grund eines individuellen Ausschlusses keine Versicherungsleistungen gewährt werden oder Re-

§ 78 Landesbeamtengesetz (LBG) I.3

gelleistungen auf Dauer eingestellt worden sind.

(2) Das Nähere regelt das Finanzministerium im Einvernehmen mit dem Innenministerium durch Rechtsverordnung. Dabei ist insbesondere zu bestimmen,

1. welche Personen beihilfeberechtigt und welche Personen berücksichtigungsfähig sind;
2. welche Aufwendungen beihilfefähig sind; kleinere gesetzliche Kostenanteile sowie Kosten des Besuchs vorschulischer oder schulischer Einrichtungen und von berufsfördernden Maßnahmen dürfen nicht einbezogen werden;
3. unter welchen Voraussetzungen Beihilfe zu gewähren ist oder gewährt werden kann sowie das Verfahren; dabei sind Beihilfen zu Wahlleistungen in Krankenhäusern gegen Einbehalt eines monatlichen Betrags von 22 Euro von den Bezügen vorzusehen;
4. wie die Beihilfe nach Maßgabe des Absatzes 3 zu bemessen ist,
5. wie übergangsweise die Gemeinden und Gemeindeverbände sowie die sonstigen der Aufsicht des Landes unterstehenden Körperschaften, Anstalten und Stiftungen des öffentlichen Rechts die zu leistende Beihilfe über eine Versicherung gewähren können.

Die Beihilfe soll grundsätzlich zusammen mit Leistungen Dritter und anderen Ansprüchen die tatsächlich entstandenen Aufwendungen nicht übersteigen; sie soll die notwendigen und angemessenen Aufwendungen unter Berücksichtigung der Eigenvorsorge und zumutbarer Selbstbehalte decken.

(2a) Die Beihilfe wird um eine Kostendämpfungspauschale für jedes Kalenderjahr gekürzt, in dem beihilfefähige Aufwendungen in Rechnung gestellt sind. Der Betrag ist unabhängig von der Fortdauer der Beihilfeberechtigung, die Höhe richtet sich nach der Besoldungsgruppe, nach der die laufenden Bezüge bei Rechnungsstellung bemessen sind, bei Beamtinnen und Beamten auf Widerruf im Vorbereitungsdienst nach der Eingangsbesoldungsgruppe; Änderungen der Besoldung im Lauf eines Jahres führen nicht zu einer Änderung der Stufe. Sind die laufenden Bezüge nicht nach einer nachstehend genannten Besoldungsgruppe bemessen, so hat die Zuordnung zu der Stufe der Besoldungsgruppe zu erfolgen, deren Anfangsgrundgehalt den laufenden Bezügen am nächsten kommt. Die Beihilfe für Hinterbliebene oder für die hinterbliebene Lebenspartnerin oder den hinterbliebenen Lebenspartner nach dem Lebenspartnerschaftsgesetz wird insoweit nicht nochmals gekürzt, als für das Jahr des Todes des verstorbenen Beihilfeberechtigten bereits eine Kürzung erfolgt ist. Die Kostendämpfungspauschale beträgt in

Stufe	Bezüge nach Besoldungsgruppen	Betrag in Euro jährlich	
		Beamtinnen und Beamten	Versorgungsempfängerinnen und Versorgungsempfänger
1	A 8 bis A 9	100	85
2	A 10 bis A 11	115	105
3	A 12, C 1, C 2, C 3	150	125
4	A 13 bis A 14, R 1, W 1, H 1 bis H 2	180	140
5	A 15 bis A 16, R 2, C 4, W 2, H 3	225	175
6	B 1 bis B 2, W 3, H 4	275	210
7	B 3 bis B 5, R 3 bis R 5, H 5	340	240
8	B 6 bis B 8, R 6 bis R 8	400	300
9	Höhere Besoldungsgruppen	480	330.

Hiervon ausgenommen sind Waisen, die Waisengeld für Vollwaisen nach § 38 Absatz 1 Landesbeamtenversorgungsgesetz Baden-Württemberg erhalten, sowie Beihilfen zu nicht beanspruchten Wahlleistungen. In der Rechtsverordnung nach Absatz 2 können darüber hinaus Ausnahmen von der Kürzung der Beihilfe um eine Kostendämpfungspauschale geregelt werden

1. für Aufwendungen in Pflegefällen mit Ausnahme von Aufwendungen für Unterkunft, Investitionskosten und Verpflegung,
2. für Aufwendungen in Zusammenhang mit Organspenden und
3. für Pauschalen in Geburts- und Todesfällen.

(3) Die zumutbare Eigenvorsorge bemisst sich nach einem Prozentsatz der beihilfefähigen Aufwendungen. In der Regel beträgt die zumutbare Eigenvorsorge für Aufwendungen, die entstanden sind für

1. beihilfeberechtigte Personen sowie für entpflichtete Hochschullehrerinnen und -lehrer — 50 Prozent,
2. Empfängerinnen und Empfänger von Versorgungsbezügen, die als solche beihilfeberechtigt sind, sowie berücksichtigungsfähige Ehegattinnen und Ehegatten oder berücksichtigungsfähige Lebenspartnerinnen und Lebenspartner nach dem Lebenspartnerschaftsgesetz — 30 Prozent,
3. berücksichtigungsfähige Kinder sowie Vollwaisen — 20 Prozent,
4. freiwillig versicherte Personen in der gesetzlichen Krankenversicherung — die Leistungen die im Umfang nach dem Fünften Buch Sozialgesetzbuch geleistet wurden,

soweit nicht pauschale Beihilfen vorgesehen werden. Sind zwei oder mehr Kinder berücksichtigungsfähig, beträgt die zumutbare Eigenvorsorge für beihilfeberechtigte Personen nach Satz 2 Nummer 1 30 Prozent; sie erhöht sich bei Wegfall von Kindern nicht, wenn drei oder mehr Kinder berücksichtigungsfähig waren. Satz 2 Nummer 2 gilt auch für entpflichtete Hochschullehrerinnen und Hochschullehrer, bei denen aufgrund einer weiteren, nachrangigen Beihilfeberechtigung die zumutbare Eigenvorsorge 30 Prozent betragen würde. Maßgebend für die Höhe der zumutbaren Eigenvorsorge ist der Zeitpunkt des Entstehens der Aufwendungen. In der Rechtsverordnung nach Absatz 2 können darüber hinaus Abweichungen von der vorgenannten Höhe der zumutbaren Eigenvorsorge sowie zu einzelnen Aufwendungen, Selbstbehalte und Höchstbeträge geregelt oder einzelne Aufwendungen von der Beihilfefähigkeit ausgeschlossen werden. In diesen Fällen erhöht sich die zumutbare Eigenvorsorge entsprechend.

(4) Für die gleichmäßige und gesetzmäßige Festsetzung von Beihilfen können die Beihilfestellen zur Beurteilung der Notwendigkeit weiterer Ermittlungen und für Prüfungen bei der Bearbeitung von Anträgen automationsgestützte Systeme einsetzen. Dabei soll auch der Grundsatz der Wirtschaftlichkeit der Verwaltung berücksichtigt werden. Der Einsatz automationsgestützter Systeme soll zielgerichtet auf bestimmte Sachverhalte hin erfolgen. Dabei muss gewährleistet sein, dass Fälle zufällig oder gezielt zur manuellen Prüfung durch Prüfungsinstanzen ausgewählt werden können. Außerdem muss gewährleistet sein, dass einzelne Fälle gezielt für eine Prüfung durch Amtsträger ausgewählt werden können. Die Einzelheiten zum Einsatz automationsgestützter Systeme legt das Finanzministerium fest; diese dürfen nicht veröffentlicht werden, soweit dies die Gleichmäßigkeit und Gesetzmäßigkeit der Festsetzung von Beihilfen gefährden könnte.

§ 78a Pauschale Beihilfe

(1) An Stelle einer Beihilfe nach § 78 wird eine pauschale Beihilfe nach den folgenden Ab-

sätzen gewährt. Die beihilfeberechtigte Person verzichtet mit der Inanspruchnahme der pauschalen Beihilfe unwiderruflich auf eine Beihilfe nach § 78, welche sie für sich und ihre berücksichtigungsfähigen Angehörigen erhalten würde. Ausgenommen von dem Verzicht ist die Gewährung einer Beihilfe zu Aufwendungen für die Pflege und im Todesfall. Im Falle des Todes der beihilfeberechtigten Person, welche mit der Inanspruchnahme der pauschalen Beihilfe unwiderruflich auf eine Beihilfe nach § 78 verzichtet hat, haben auch die Hinterbliebenen ausschließlich einen Anspruch auf eine pauschale Beihilfe nach den folgenden Absätzen, soweit diese Hinterbliebenen nicht in einer gesetzlichen Krankenversicherung Pflichtmitglied sind.

(2) Die pauschale Beihilfe wird zu einer freiwilligen gesetzlichen oder einer privaten Krankheitskostenvollversicherung gewährt. Bei einer privaten Krankheitskostenvollversicherung ist Voraussetzung, dass das Versicherungsunternehmen die Versicherung nach § 257 Absatz 2a Satz 1 des Fünften Buches Sozialgesetzbuch betreibt. Die pauschale Beihilfe kann auch zu einer ausländischen Krankheitskostenvollversicherung gewährt werden, wenn deren Vertragsleistungen in Art, Umfang und Höhe mit den Leistungen der gesetzlichen Krankenversicherung vergleichbar sind.

(3) Anspruchsberechtigt sind beihilfeberechtigte Personen nach § 78. Der Anspruch auf die pauschale Beihilfe besteht ab dem ersten Tag des Fristbeginns nach Absatz 4, jedoch frühestens ab Beginn der Krankheitskostenvollversicherung.

(4) Die Gewährung einer pauschalen Beihilfe erfolgt nur auf Antrag mit dem von der Beihilfestelle vorgegebenen Formblatt. Der Antrag ist unmittelbar bei der Beihilfestelle innerhalb einer Ausschlussfrist von fünf Monaten zu stellen. Die Frist beginnt

1. für die am 1. Januar 2023 vorhandenen beihilfeberechtigten Personen nach § 78 am 1. Januar 2023,

2. für die am 1. Januar 2023 ohne Beihilfeberechtigung beurlaubten Beamtinnen und Beamten mit dem Wiederaufleben der Beihilfeberechtigung nach § 78,

3. für die heilfürsorgeberechtigten Beamtinnen und Beamten nach § 79 mit Wegfall des Anspruchs auf Heilfürsorge,

4. im Übrigen mit dem Tag der Entstehung einer neuen Beihilfeberechtigung nach § 78 infolge

   a) der Begründung oder Umwandlung des Beamtenverhältnisses mit Ausnahme der Fälle des § 8,

   b) der Entstehung des Anspruchs auf Witwengeld, Witwergeld oder Waisengeld nach dem Satz für Vollwaisen, sofern nicht bereits ein eigener Beihilfeanspruch nach § 78 besteht und wenn die Versorgungsurheberin oder der Versorgungsurheber keinen Antrag auf Gewährung einer pauschalen Beihilfe innerhalb der Ausschlussfrist gestellt hat, oder

   c) der Abordnung oder Versetzung von einem anderen Dienstherrn zu einem Dienstherrn im Geltungsbereich dieses Gesetzes.

(5) Dem Antrag nach Absatz 4 ist der Nachweis einer abgeschlossenen Krankheitskostenvollversicherung für die beihilfeberechtigte Person und ihre nach § 78 berücksichtigungsfähigen Angehörigen in der freiwilligen gesetzlichen Krankenversicherung oder in der privaten Krankenversicherung beizufügen. Kann der Nachweis bei Antragstellung nicht erbracht werden, so ist er spätestens innerhalb von zwei Monaten nach Ablauf der in Absatz 4 Satz 2 genannten Ausschlussfrist nachzureichen. Wird der Nachweis innerhalb dieser Frist nicht erbracht, so ist der Antrag abzulehnen.

(6) Die Höhe der pauschalen Beihilfe beträgt bei freiwillig in der gesetzlichen Krankenversicherung versicherten Anspruchsberechtigten die Hälfte des nachgewiesenen Krankenversicherungsbeitrags der freiwilligen gesetzlichen Versicherung der anspruchsberechtigten Person. Krankenversicherungsbeiträge der berücksichtigungsfähigen Angehörigen nach § 78 sind damit abgegolten.

(7) Die Höhe der pauschalen Beihilfe beträgt bei in der privaten Krankheitskostenvollversicherung versicherten Anspruchsberechtigten höchstens die Hälfte des Beitrags einer im Basistarif nach §152 Absatz 3 des Gesetzes über die Beaufsichtigung der Versicherungsunternehmen versicherten Person. Sofern die Hälfte des nachgewiesenen Beitrags der anspruchsberechtigten Person zur Krankheitskostenvollversicherung geringer als der Höchstbetrag der pauschalen Beihilfe nach Satz 1 ist, kann dieser bis zum Erreichen des Höchstbetrags der pauschalen Beihilfe mit Beiträgen der privaten Krankheitskostenvollversicherung der berücksichtigungsfähigen Angehörigen nach §78 ohne Anwendung seines Absatzes 1a aufgestockt werden.

(8) Beim Zusammentreffen mehrerer Beihilfeberechtigten sind die Konkurrenzregelungen für die Gewährung einer Beihilfe nach §78 entsprechend anzuwenden.

(9) Änderungen der Höhe des Krankenversicherungsbeitrags und Änderungen der persönlichen Verhältnisse, die sich auf den Anspruch sowie die Höhe der pauschalen Beihilfe auswirken können, sind unmittelbar und unverzüglich der Beihilfestelle in Textform oder, sofern die Beihilfestelle hierfür einen Zugang eröffnet hat, elektronisch mitzuteilen. Änderungen der Höhe der Krankenversicherungsbeiträge werden, soweit möglich, mit zukünftigen Zahlungen der pauschalen Beihilfe verrechnet.

(10) Auf die pauschale Beihilfe anzurechnen sind

1. Beiträge eines anderen Arbeitgebers oder eines Sozialleistungsträgers zur Krankenversicherung,
2. ein Zuschuss zum Beitrag zur Krankenversicherung aufgrund von Rechtsvorschriften oder eines Beschäftigungsverhältnisses sowie
3. Beitragsrückerstattungen der Versicherung im Verhältnis der gewährten pauschalen Beihilfe zu den Krankenversicherungsbeiträgen.

Erstattungen nach §47 der Arbeitszeit- und Urlaubsverordnung sind nicht anzurechnen. Die in Satz 1 genannten Zahlungen sind unmittelbar und unverzüglich in Textform oder, sofern die Beihilfestelle hierfür einen Zugang eröffnet hat, elektronisch mitzuteilen. Die Anrechnung erfolgt, soweit möglich, mittels Verrechnung mit zukünftigen Zahlungen der pauschalen Beihilfe.

(11) Die pauschale Beihilfe soll grundsätzlich durch die Beihilfestelle auf das Bezügekonto überwiesen werden, eine Barauszahlung ist nicht möglich.

(12) In besonderen Härtefällen kann zu einzelnen Leistungen eine Beihilfe nach §78 gewährt werden. Dafür müssen folgende Voraussetzungen vorliegen:

1. es handelt sich um Aufwendungen, die grundsätzlich nach §78 beihilfefähig wären und die entsprechenden Voraussetzungen für die Gewährung einer Beihilfe erfüllen,
2. es ist von der abgeschlossenen Krankheitskostenvollversicherung keine und auch keine anteilige Leistung zu erlangen,
3. eine Leistung durch die Krankheitskostenvollversicherung wurde form- und fristgerecht beantragt,
4. die Aufwendungen hätten auch nicht durch den Abschluss einer zumutbaren Zusatzversicherung versichert werden können und
5. die fraglichen Aufwendungen waren unbedingt notwendig und übersteigen 10 Prozent des laufenden Bruttomonatsbezugs, mindestens aber 360 Euro.

Ein besonderer Härtefall liegt nicht allein schon deshalb vor, weil die Leistung nicht vom Leistungskatalog der Krankheitskostenvollversicherung umfasst ist. Über das Vorliegen einer besonderen Härte entscheidet die Beihilfestelle mit Zustimmung der obersten Dienstbehörde und nur im Einvernehmen mit dem Finanzministerium.

§ 79 Heilfürsorge

(1) Die Beamtinnen und Beamten des Polizeivollzugsdienstes, auch wenn sie in Planstellen des Landesamts für Verfassungsschutz eingewiesen sind, des Einsatzdienstes der Feuerwehr und des technischen Dienstes der Lan-

desfeuerwehrschule erhalten Heilfürsorge, solange sie Anspruch auf laufende Dienst- oder Anwärterbezüge haben und nicht Anspruch auf vergleichbare Leistungen eines anderen Dienstherrn oder eines Dritten oder auf truppenärztliche Versorgung besteht.

(1a) Heilfürsorge erhalten unter den in Absatz 1 genannten Voraussetzungen auch die Beamtinnen und Beamten des mittleren und gehobenen Vollzugsdienstes im Justizvollzug, des mittleren und gehobenen Werkdienstes im Justizvollzug und des mittleren und gehobenen Abschiebungshaftvollzugsdienstes, sofern sie vor der Begründung des Beamtenverhältnisses auf Widerruf oder auf Probe, einem horizontalen Wechsel in eine dieser Laufbahnen nach § 21 oder der Übernahme von einem anderen Dienstherrn nach § 23 schriftlich erklärt haben, dass sie Heilfürsorge in Anspruch nehmen werden. Die Erklärung ist gegenüber der zuständigen Ernennungsbehörde abzugeben. Sie kann nicht widerrufen werden.

(2) Die Leistungen der Heilfürsorge sind grundsätzlich als Sach- und Dienstleistungen in dem aus gesundheitlichen Gründen notwendigen angemessenen Umfang in der Regel unter Beachtung der Wirtschaftlichkeitsgrundsätze zu gewähren, die in der gesetzlichen Krankenversicherung nach dem Fünften Buch Sozialgesetzbuch für die Behandlungs- und Verordnungsweise gelten. Heilmaßnahmen, die aufgrund des Bundesversorgungsgesetzes zustehen oder für die ein Träger der gesetzlichen Unfallversicherung leistungspflichtig ist, und Behandlungen zu ausschließlich kosmetischen Zwecken sind von Leistungen der Heilfürsorge ausgenommen. Besteht ein Anspruch auf Dienstunfallfürsorge, gelten für das Heilverfahren die Heilfürsorgevorschriften. Weitergehende Leistungen nach den Vorschriften über die Dienstunfallfürsorge werden als Heilfürsorgeleistungen mit gewährt.

(3) Die Heilfürsorge kann ganz oder teilweise versagt werden, wenn eine die Behandlung betreffende Anordnung ohne gesetzlichen oder sonstigen wichtigen Grund nicht befolgt und dadurch der Behandlungserfolg beeinträchtigt wird. Die Leistungen der Heilfürsorge dürfen zusammen mit anderen aus demselben Anlass zustehenden Leistungen, insbesondere aus Krankheitskostenversicherungen, die Gesamtaufwendungen nicht übersteigen. Leistungen aus Krankentagegeld- und Krankenhaustagegeldversicherungen bleiben unberücksichtigt.

(4) Beamtinnen und Beamten des Einsatzdienstes der Feuerwehr kann anstelle der Heilfürsorge zu den Aufwendungen in Krankheitsfällen Beihilfe nach den beihilferechtlichen Vorschriften des Landes und ein Zuschuss zu den Beiträgen an eine Krankheitskostenversicherung gewährt werden; daneben können zur Erhaltung der Gesundheit Vorsorgekuren nach den Heilfürsorgevorschriften bewilligt werden.

(5) Die Kosten der Heilfürsorge oder der Leistungen nach Absatz 4 trägt der Dienstherr.

(6) Die näheren Einzelheiten der Heilfürsorge regelt das Innenministerium im Einvernehmen mit dem Finanzministerium und dem Justizministerium durch Rechtsverordnung. Dabei sind insbesondere zu bestimmen: Art und Umfang der ambulanten ärztlichen und zahnärztlichen Behandlung, der Krankenhausbehandlung, der Krankenpflege, der Familien- und Haushaltshilfe, der Versorgung mit Arznei-, Verband- und Heilmitteln sowie Hilfsmitteln und Körperersatzstücken, Leistungen zur medizinischen Rehabilitation, vorbeugenden ärztlichen Maßnahmen, Fahr- und Transportkosten und der Leistungen für Kosten, die außerhalb des Landes angefallen sind. Hierbei können in der gesetzlichen Krankenversicherung nach dem Fünften Buch Sozialgesetzbuch bestehende gesetzliche Leistungsausschlüsse oder -begrenzungen, die Richtlinien des Gemeinsamen Bundesausschusses nach § 92 Abs. 1 des Fünften Buches Sozialgesetzbuch und bei Wahlleistungen im Krankenhaus die Regelungen der beihilferechtlichen Vorschriften des Landes einschließlich des Einbehalts nach § 78 Abs. 2 Satz 2 Nr. 3 für entsprechend anwendbar erklärt sowie insbesondere beim Zahnersatz, bei Arznei- und Verbandmitteln, bei Hilfsmitteln und bei Sehhilfen Fest- und Höchstbe-

träge festgesetzt werden. Ferner sind die Genehmigungspflichten, das Verfahren und die Zuständigkeiten zu bestimmen. Hierbei können in der gesetzlichen Krankenversicherung nach dem Fünften Buch Sozialgesetzbuch bestehende gesetzliche Regelungen über die Krankenversicherungskarte und die elektronische Gesundheitskarte für entsprechend anwendbar erklärt werden.

(7) Beamtinnen und Beamten des Polizeivollzugsdienstes, auch wenn sie in Planstellen des Landesamts für Verfassungsschutz eingewiesen sind, die am Tag des Inkrafttretens dieses Gesetzes anstelle der Heilfürsorge einen Zuschuss zu den Beiträgen an eine Krankheitskostenversicherung erhalten, wird dieser Zuschuss weitergewährt, solange ihnen Dienstbezüge zustehen. In der Rechtsverordnung nach Absatz 6 kann bestimmt werden, dass diesen Beamtinnen und Beamten neben dem Zuschuss auch Schutzimpfungen und polizeiärztliche Betreuung gewährt sowie Vorsorgekuren bewilligt werden können.

§ 80 Ersatz von Sachschaden

(1) Sind durch plötzliche äußere Einwirkung in Ausübung oder infolge des Dienstes Kleidungsstücke oder sonstige Gegenstände, die Beamtinnen oder Beamte mit sich geführt haben, beschädigt oder zerstört worden oder abhanden gekommen, ohne dass ein Körperschaden entstanden ist, kann den Beamtinnen und Beamten dafür Ersatz geleistet werden. § 45 Abs. 1 Satz 2 und Abs. 2 Satz 1 und 2 LBeamtVGBW gilt entsprechend.

(2) Ersatz kann auch geleistet werden, wenn ein während einer Dienstreise oder eines Dienstganges abgestelltes, aus triftigem Grund benutztes Kraftfahrzeug durch plötzliche äußere Einwirkung beschädigt oder zerstört worden oder abhanden gekommen ist und sich der Grund zum Verlassen des Kraftfahrzeuges aus der Ausübung des Dienstes ergeben hat. Satz 1 gilt entsprechend, wenn das Kraftfahrzeug für den Weg nach und von der Dienststelle benutzt wurde und dessen Benutzung wegen der Durchführung einer Dienstreise oder eines Dienstganges mit diesem Kraftfahrzeug am selben Tag erforderlich gewesen ist.

(3) Ersatz wird nur geleistet, soweit Ersatzansprüche gegen Dritte nicht bestehen oder nicht verwirklicht werden können. Ersatz wird nicht geleistet, wenn die Beamtin oder der Beamte

1. den Schaden vorsätzlich herbeigeführt hat oder

2. das Schadensereignis nicht innerhalb einer Ausschlussfrist von drei Monaten, im Fall des Absatzes 2 von einem Monat nach seinem Eintritt beim Dienstvorgesetzten oder bei der für die Festsetzung der Ersatzleistung zuständigen Stelle gemeldet hat.

(4) Die zur Durchführung erforderliche Verwaltungsvorschrift erlässt das Finanzministerium.

§ 80a Erfüllungsübernahme von Schmerzensgeldansprüchen gegen Dritte

(1) Hat eine Beamtin oder ein Beamter wegen eines tätlichen rechtswidrigen Angriffs, den sie oder er in Ausübung des Dienstes oder außerhalb des Dienstes wegen der Eigenschaft als Beamtin oder Beamter erleidet, einen Vollstreckungstitel über einen Anspruch auf Schmerzensgeld gegen einen Dritten erlangt, kann der Dienstherr auf Antrag die Erfüllung des titulierten Anspruchs bis zur Höhe des festgestellten Schmerzensgeldbetrags übernehmen. In den Fällen des § 307, des § 331 und des § 794 Absatz 1 der Zivilprozessordnung darf die Erfüllungsübernahme einen Betrag nicht übersteigen, der mit Rücksicht auf die erlittenen immateriellen Schäden angemessen ist.

(2) Der Dienstherr kann die Erfüllungsübernahme verweigern, wenn aufgrund desselben Sachverhalts eine einmalige Unfallentschädigung nach § 59 LBeamtVGBW oder ein Unfallausgleich nach § 50 LBeamtVGBW gezahlt wird.

(3) Die Erfüllung durch den Dienstherrn erfolgt Zug um Zug gegen Vorlage einer öffentlich beglaubigten Abtretungserklärung über den titulierten Anspruch in der Höhe, in der die Erfüllung vom Dienstherrn übernommen wird. Der Übergang des Anspruchs kann nicht zum Nachteil der oder des Geschädigten geltend gemacht werden.

(4) Der Antrag kann innerhalb einer Ausschlussfrist von zwei Jahren nach Eintritt der Rechtskraft oder der Unwiderruflichkeit des Vollstreckungstitels nach Absatz 1 Satz 1 schriftlich oder elektronisch gestellt werden. Die Entscheidung über die Erfüllungsübernahme und die Durchsetzung des übergegangenen Anspruchs obliegen der nach § 62 Absatz 3 Satz 2 LBeamtVGBW zuständigen Behörde. Für Versorgungsberechtigte des Landes ist die für die Zahlung der Versorgungsbezüge bestimmte Behörde zuständig.

(5) Scheidet in den Fällen des Absatzes 1 die Erlangung eines Vollstreckungstitels über einen Anspruch auf Schmerzensgeld gegen einen Dritten aus, weil der Dritte für den entstandenen Schaden nach den §§ 827, 828 des Bürgerlichen Gesetzbuches nicht verantwortlich ist oder dessen Identität nicht festgestellt werden kann, kann der Dienstherr der Beamtin oder dem Beamten auf Antrag eine eigene Entschädigung für Nichtvermögensschäden gewähren, soweit dies zur Vermeidung einer unbilligen Härte geboten ist. Der Antrag kann innerhalb einer Ausschlussfrist von drei Jahren nach Eintritt des schädigenden Ereignisses schriftlich oder elektronisch bei der nach Absatz 4 Sätze 2 und 3 zuständigen Behörde gestellt werden. Sind die Voraussetzungen nach Satz 1 gegeben, legt die Behörde den Fall mit einer Darstellung des Sachverhalts sowie einem Entscheidungsvorschlag einer beim Innenministerium nach Absatz 6 eingerichteten Ombudsstelle vor. Ausnahmsweise kann eine Vorlage an die Ombudsstelle auch in anderen Fällen eines immateriellen Schadens einer Beamtin oder eines Beamten, den sie oder er wegen eines rechtswidrigen Angriffs in Ausübung des Dienstes oder außerhalb des Dienstes wegen der Eigenschaft als Beamtin oder Beamter erleidet, ohne dass die Voraussetzungen nach Absatz 1 vorliegen, erfolgen, sofern der Angriff oder dessen Folgen aufgrund der Umstände des Einzelfalls als besonders schwerwiegend einzustufen sind und die Versagung einer Entschädigung vor diesem Hintergrund unbillig erscheint. Sofern die Ombudsstelle in den Fällen des Satzes 1 oder 4 einen Härtefall feststellt, kann die vorlegende Behörde die Entschädigungszahlung in der von der Ombudsstelle festgelegten Höhe gewähren.

(6) Das Innenministerium beruft in die Ombudsstelle ein Mitglied aus seinem Geschäftsbereich, das den Vorsitz innehat, sowie auf Vorschlag des Justizministeriums ein Mitglied aus dessen Geschäftsbereich, das den stellvertretenden Vorsitz innehat. Das Innenministerium beruft in die Ombudsstelle ein Mitglied auf Vorschlag des Kultusministeriums aus dessen Geschäftsbereich sowie ferner je ein Mitglied auf Vorschlag der kommunalen Landesverbände und der Arbeitsgemeinschaft der Vorsitzenden der Hauptpersonalräte. Für jedes Mitglied beruft das Innenministerium nach Maßgabe der Sätze 1 und 2 ein stellvertretendes Mitglied. Die Amtszeit der Mitglieder und stellvertretenden Mitglieder der Ombudsstelle beträgt zwei Jahre und sechs Monate. Eine erneute Berufung ist zulässig. Scheidet ein Mitglied oder ein stellvertretendes Mitglied während der laufenden Amtszeit aus, erfolgt eine Nachberufung für die Dauer der restlichen Amtszeit. Die Mitglieder sind ehrenamtlich tätig. Sie haben nur Anspruch auf Ersatz ihrer Auslagen. Beim Innenministerium wird ferner eine Geschäftsstelle der Ombudsstelle eingerichtet. Sie bereitet die Behandlung der Vorlagen durch die Ombudsstelle vor und unterrichtet nach deren Entscheidung die vorlegende Behörde. Die Sitzungen der Ombudsstelle sind nicht öffentlich. Die Beschäftigten der Geschäftsstelle können an den Sitzungen teilnehmen. Anhörungen finden nicht statt. Die Entscheidungen bedürfen der Mehrheit der Mitglieder der Ombudsstelle.

§ 81 Übergang des Schadenersatzanspruchs

(1) Werden Beamtinnen und Beamte oder Versorgungsberechtigte oder eine oder einer ihrer Angehörigen körperlich verletzt oder getötet, so geht ein gesetzlicher Schadensersatzanspruch, der diesen Personen infolge der Körperverletzung oder der Tötung gegen einen Dritten zusteht, insoweit auf den

Dienstherrn über, als dieser während einer auf der Körperverletzung beruhenden Aufhebung der Dienstfähigkeit oder infolge der Körperverletzung oder der Tötung zur Gewährung von Leistungen verpflichtet ist. Satz 1 gilt sinngemäß auch für gesetzliche Schadenersatzansprüche wegen der Beschädigung, Zerstörung oder Wegnahme von Heilmitteln, Hilfsmitteln oder Körperersatzstücken sowie für Erstattungsansprüche. Ist eine Versorgungskasse zur Gewährung der Versorgung oder einer anderen Leistung verpflichtet, so geht der Anspruch auf sie über. Der Übergang des Anspruchs kann nicht zum Nachteil der Verletzten oder Hinterbliebenen geltend gemacht werden.

(2) Absatz 1 gilt für die Anspruchinhaberinnen und Anspruchinhaber auf Altersgeld nach dem Landesbeamtenversorgungsgesetz Baden-Württemberg und deren Hinterbliebene entsprechend.

§ 82 Dienstjubiläum

(1) Beamtinnen und Beamten ist anlässlich des 25-, 40- und 50-jährigen Dienstjubiläums eine Jubiläumsgabe zu zahlen. Die Jubiläumsgabe beträgt bei einer Dienstzeit

1. von 25 Jahren 300 Euro.
2. von 40 Jahren 400 Euro.
3. von 50 Jahren 500 Euro.

(2) Als Dienstzeit im Sinne des Absatzes 1 gelten die Zeiten

1. einer hauptberuflichen Tätigkeit im Dienst eines öffentlich-rechtlichen Dienstherrn im Sinne von § 33 Abs. 1 LBesGBW,

2. eines nicht berufsmäßigen Wehrdienstes, eines dem nicht berufsmäßigen Wehrdienst gleichstehenden Grenzschutz- oder Zivildienstes sowie einer Tätigkeit als Entwicklungshelfer, soweit diese vom Wehr- oder Zivildienst befreit,

3. einer Kinderbetreuung bis zu drei Jahren für jedes Kind, soweit sie nach Aufnahme einer hauptberuflichen Tätigkeit im Dienst eines öffentlich-rechtlichen Dienstherrn im Sinne von § 33 Abs. 1 LBesGBW verbracht worden sind.

Zeiten nach § 34 LBesGBW gelten nicht als Dienstzeit im Sinne von Satz 1.

(3) Für die am 17. Oktober 1996 vorhandenen Beamtinnen und Beamten bleibt die nach der Jubiläumsgabenverordnung vom 16. Januar 1995 (GBl. S. 57) oder entsprechenden früheren Regelungen zuletzt festgesetzte Jubiläumsdienstzeit weiterhin unverändert maßgebend; nach dem 31. Dezember 2000 werden nur noch Zeiten im Sinne von Absatz 2 oder entsprechenden früheren Regelungen berücksichtigt.

(4) Treten Beamtinnen und Beamte wegen Erreichens der Altersgrenze oder wegen Dienstunfähigkeit in den Ruhestand, gilt die für ein Jubiläum erforderliche Dienstzeit auch dann als erfüllt, wenn sie um höchstens 182 Tage unterschritten wird.

(5) Das Nähere regelt die Landesregierung durch Rechtsverordnung.

5. Abschnitt
Personalaktendaten

§ 83 Verarbeitung

(1) Der Dienstherr darf Personalaktendaten verarbeiten, soweit dies zur Begründung, Durchführung, Beendigung oder Abwicklung des Dienstverhältnisses oder zur Durchführung innerdienstlich planerischer, organisatorischer, personeller, sozialer oder haushalts- und kostenrechnerischer Maßnahmen, insbesondere auch zu Zwecken der Personalplanung oder des Personaleinsatzes erforderlich ist oder eine Rechtsvorschrift oder Dienstvereinbarung dies erlaubt. Die Vorschriften des Landesdatenschutzgesetzes (LDSG) zur Verarbeitung besonderer Kategorien personenbezogener Daten sowie zur Sicherstellung des Datenschutzes (§ 3 LDSG) finden entsprechende Anwendung.

(2) Personalaktendaten über Beihilfe dürfen für andere als für Beihilfezwecke nur verarbeitet werden, wenn die Voraussetzungen nach § 85 Absatz 2 oder 3 vorliegen. Satz 1 gilt entsprechend für die Verarbeitung von Personalaktendaten über Heilfürsorge und Heilverfahren.

(3) Über medizinische oder psychologische Untersuchungen und Tests dürfen im Rahmen der Personalverwaltung nur die Ergebnisse verarbeitet werden, soweit sie die Eignung betreffen und ihre Speicherung, Veränderung oder Verwendung dem Schutz der Beamtin oder des Beamten dient. Sonstige Untersuchungsdaten dürfen nur verarbeitet werden, soweit deren Kenntnis zur Entscheidung für die konkrete Maßnahme, zu deren Zweck die Untersuchung durchgeführt worden ist, erforderlich ist.

(4) Absatz 1 gilt für die nach §§ 77 und 96 Landesbeamtenversorgungsgesetz Baden-Württemberg zuständigen Stellen entsprechend.

§ 84 Vollständig automatisierte Entscheidungen

Eine beamtenrechtliche Entscheidung darf nur dann auf einer ausschließlich automatisierten Verarbeitung von personenbezogenen Daten beruhen, wenn weder ein Ermessen noch ein Beurteilungsspielraum besteht.

§ 85 Übermittlung

(1) Soweit es zur Erfüllung der Aufgaben der personalverwaltenden Stellen oder der Stellen, an die die Daten übermittelt werden, erforderlich ist, ist die Übermittlung von Personalaktendaten zulässig an:

1. die oberste Dienstbehörde für Zwecke der Personalverwaltung oder der Personalwirtschaft,
2. eine im Rahmen der Dienstaufsicht weisungsbefugte Behörde zum Zwecke der Personalverwaltung oder der Personalwirtschaft,
3. Behörden oder Stellen desselben Geschäftsbereichs zur Vorbereitung oder Durchführung einer Personalentscheidung,
4. Behörden oder Stellen eines anderen Geschäftsbereichs desselben Dienstherrn zur Mitwirkung an einer Personalentscheidung,
5. einen anderen Dienstherrn zur Vorbereitung personeller Maßnahmen, die nicht der Zustimmung der Beamtin oder des Beamten bedürfen,
6. die personalverwaltende Stelle eines anderen Dienstherrn, auf die Aufgaben der Personalverwaltung übertragen worden sind,
7. Ärztinnen oder Ärzte zur Erstellung eines ärztlichen Gutachtens sowie Psychologinnen oder Psychologen zur Erstellung eines psychologischen Gutachtens im Auftrag der personalverwaltenden Stelle,
8. die zuständigen Behörden zur Entscheidung über die Verleihung von staatlichen Orden und Ehrenzeichen oder von sonstigen Ehrungen,
9. die zur Erteilung einer Versorgungsauskunft und zur Festsetzung der Versorgungsbezüge nach § 77 LBeamtVGBW und zur Erteilung einer Auskunft über die Höhe des Altersgeldes nach § 96 LBeamtVGBW zuständigen Stellen, soweit diese sich schriftlich oder elektronisch verpflichten, die übermittelten Daten nicht an Dritte zu übermitteln und die Daten nur für den Zweck, zu dem sie übermittelt worden sind, zu speichern, zu verändern oder zu verwenden,
10. sonstige Dritte zur Abwehr einer erheblichen Beeinträchtigung des Gemeinwohls oder zum Schutz rechtlicher, höherrangiger Interessen des Dritten, wobei die übermittelnde Stelle die betroffene Beamtin oder den Beamten über die Übermittlung, insbesondere über die übermittelten Daten, den Dritten und den Zweck der Übermittlung zu informieren hat,
10a. die zuständigen Behörden zur Erfüllung von Mitteilungspflichten im Rahmen der europäischen Verwaltungszusammenarbeit nach den §§ 8a bis 8e des Landesverwaltungsverfahrensgesetzes,
11. die bezügezahlende Stelle zur Erfüllung ihrer Aufgaben.

(2) Personalaktendaten über Beihilfe dürfen für andere als Beihilfezwecke nur übermittelt werden, wenn

1. die beihilfeberechtigte Beamtin oder der beihilfeberechtigte Beamte und die bei der Beihilfegewährung berücksichtigten Angehörigen im Einzelfall einwilligen,

2. die Einleitung oder Durchführung eines im Zusammenhang mit einem Beihilfeantrag stehenden behördlichen oder gerichtlichen Verfahrens dies erfordert,

3. dies zur Abwehr erheblicher Nachteile für das Gemeinwohl, einer sonst unmittelbar drohenden Gefahr für die öffentliche Sicherheit oder einer schwerwiegenden Beeinträchtigung der Rechte einer anderen Person erforderlich ist.

Satz 1 gilt entsprechend für die Übermittlung von Personalaktendaten über Heilfürsorge und Heilverfahren.

(3) Personalaktendaten über Beihilfe dürfen auch ohne Einwilligung der betroffenen Personen an eine andere Behörde oder Stelle übermittelt werden, wenn sie für die Festsetzung und Berechnung der Besoldung oder Versorgung oder für die Prüfung der Kindergeldberechtigung erforderlich sind. Dies gilt auch für Personalaktendaten über Besoldung und Versorgung, soweit sie für die Festsetzung und Berechnung der Beihilfe oder der Heilfürsorge erforderlich sind.

(4) Die Bezügestellen des öffentlichen Dienstes im Sinne von § 41 Abs. 5 LBesGBW dürfen die zur Durchführung der Zahlung von Familienzuschlag erforderlichen Personalaktendaten untereinander austauschen.

(5) Das Nähere regeln die Rechtsverordnungen nach § 78 Abs. 2 und § 79 Abs. 6.

§ 85a Verarbeitung von Personalaktendaten im Auftrag

(1) Die Verarbeitung von Personalaktendaten im Auftrag des Verantwortlichen gemäß Artikel 28 der Verordnung (EU) 2016/679 des Europäischen Parlaments und des Rates vom 27. April 2016 zum Schutz natürlicher Personen bei der Verarbeitung personenbezogener Daten, zum freien Datenverkehr und zur Aufhebung der Richtlinie 95/46/EG (Datenschutz-Grundverordnung) (ABl. L 119 vom 4. Mai 2016, S. 1, ber. ABl. L 314 vom 22. November 2016, S. 72) ist zulässig,

1. soweit sie erforderlich ist
   a) für die überwiegend automatisierte Erledigung von Aufgaben oder
   b) zur Verrichtung technischer Hilfstätigkeiten durch überwiegend automatisierte Einrichtungen, und

2. wenn der Verantwortliche die Einhaltung der beamten- und datenschutzrechtlichen Vorschriften durch den Auftragsverarbeiter regelmäßig kontrolliert.

(2) Die Auftragserteilung einschließlich der Unterauftragserteilung bedarf der vorherigen Zustimmung der obersten Dienstbehörde. Zu diesem Zweck hat der Verantwortliche der obersten Dienstbehörde rechtzeitig vor der Auftragserteilung mitzuteilen:

1. den Auftragsverarbeiter, die von diesem getroffenen technischen und organisatorischen Maßnahmen und die ergänzenden Festlegungen nach Artikel 28 der Verordnung (EU) 2016/679,

2. die Aufgabe, zu deren Erfüllung der Auftragsverarbeiter die Daten verarbeiten soll,

3. die Art der Daten, die für den Verantwortlichen verarbeitet werden sollen, und den Kreis der Beschäftigten, auf den sich diese Daten beziehen, sowie

4. die beabsichtigte Erteilung von Unteraufträgen durch den Auftragsverarbeiter.

(3) Eine nichtöffentliche Stelle darf nur beauftragt werden, wenn

1. beim Verantwortlichen sonst Störungen im Geschäftsablauf auftreten können oder der Auftragsverarbeiter die übertragenen Aufgaben erheblich wirtschaftlicher erledigen kann und

2. die beim Auftragsverarbeiter mit der Datenverarbeitung beauftragten Beschäftigten besonders auf den Schutz der Personalaktendaten verpflichtet sind.

§ 86 Löschung

(1) Personalaktendaten sind zu löschen, wenn sie für die speichernde Stelle zur Erfüllung ihrer Aufgaben nicht mehr erforderlich

sind, spätestens jedoch nach Ablauf einer Aufbewahrungsfrist von fünf Jahren. Die Frist beginnt,

1. wenn Beamtinnen oder Beamte ohne Versorgungsansprüche oder ohne Anspruch auf Altersgeld aus dem öffentlichen Dienst ausscheiden, mit Ablauf des Jahres, in dem sie die gesetzliche Altersgrenze erreichen, in den Fällen des § 24 BeamtStG und des § 31 des Landesdisziplinargesetzes jedoch erst, wenn mögliche Versorgungsempfängerinnen und Versorgungsempfänger oder mögliche Anspruchsberechtigte auf Altersgeld nicht mehr vorhanden sind,
2. wenn die Beamtin oder der Beamte ohne versorgungsberechtigte Hinterbliebene oder die ehemalige Beamtin oder der ehemalige Beamte ohne Hinterbliebenengeldberechtigte verstorben ist, mit Ablauf des Todesjahres,
3. wenn nach dem Tod der Beamtin oder des Beamten versorgungsberechtigte Hinterbliebene vorhanden sind, mit dem Ablauf des Jahres, in dem die letzte Versorgungsverpflichtung entfallen ist,
4. wenn nach dem Tod der ehemaligen Beamtin oder des ehemaligen Beamten Hinterbliebenengeldberechtigte vorhanden sind, mit Ablauf des Jahres, in dem die letzte Hinterbliebenengeldverpflichtung entfallen ist.

Die für die Versorgung zuständige Behörde hat in den Fällen der Nummern 2 bis 4 der personalaktenführenden Stelle den Zeitpunkt des Abschlusses der Personalakten mitzuteilen.

(2) Personalaktendaten über Beschwerden, Behauptungen und Bewertungen, auf welche die Tilgungsvorschriften des Disziplinarrechts keine Anwendung finden, sind,

1. falls sie sich als unbegründet oder falsch erwiesen haben, mit Zustimmung der Beamtin oder des Beamten unverzüglich zu löschen,
2. falls sie für die Beamtin oder den Beamten ungünstig sind oder der Beamtin oder dem Beamten nachteilig werden können, nach zwei Jahren zu löschen; dies gilt nicht für dienstliche Beurteilungen.

Die Frist nach Satz 1 Nr. 2 wird durch erneute Sachverhalte im Sinne dieser Vorschrift oder durch die Einleitung eines Straf- oder Disziplinarverfahrens unterbrochen. Stellt sich der erneute Sachverhalt als unbegründet oder falsch heraus, gilt die Frist als nicht unterbrochen. Sachverhalte nach Satz 1 Nr. 2 dürfen nach Fristablauf bei Personalmaßnahmen nicht mehr berücksichtigt werden.

(3) Personalaktendaten der Beamtin oder des Beamten über Vorgänge und Eintragungen über strafgerichtliche Verurteilungen und über andere Entscheidungen in Straf-, Bußgeld-, sonstigen Ermittlungs- und berufsgerichtlichen Verfahren, die keinen Anlass zu disziplinarrechtlichen Ermittlungen gegeben haben, sind mit Zustimmung der Beamtin oder des Beamten nach zwei Jahren zu löschen. Die Frist beginnt mit dem Tage der das Verfahren abschließenden Entscheidung; ist diese anfechtbar, beginnt die Frist mit dem Tage, an dem die Entscheidung unanfechtbar geworden ist. Absatz 2 Satz 2 bis 4 gilt entsprechend.

(4) Nach § 88 Abs. 1 Satz 4 mehrfach gespeicherte Personalaktendaten sind innerhalb eines Jahres nach Wegfall des Grundes für die mehrfache Speicherung zu löschen.

(5) Personalaktendaten über Beihilfen, Heilfürsorge, Heilverfahren, Unterstützungen, Urlaub, Erkrankungen, Umzugs- und Reisekosten sind drei Jahre nach Ablauf des Jahres zu löschen, in dem die Bearbeitung des einzelnen Vorgangs abgeschlossen wurde. Daten, die dem Nachweis eines Anspruchs nach Satz 1 dienen, sind unverzüglich zu löschen, sobald sie zur Aufgabenwahrnehmung nicht mehr benötigt werden.

(6) Personalaktendaten über Versorgung, Alters- und Hinterbliebenengeld sind zehn Jahre nach Ablauf des Jahres zu löschen, in dem die letzte Versorgungs-, Alters- oder Hinterbliebenengeldzahlung geleistet worden ist. Besteht die Möglichkeit des Wiederauflebens des Anspruchs, beträgt die Speicherdauer 30 Jahre.

(7) Personalaktendaten dürfen nach ihrer Löschung bei Personalmaßnahmen nicht mehr berücksichtigt werden (Verwertungsverbot).

§ 87 Auskunft, Anhörung

(1) Beamtinnen und Beamte können während und nach Beendigung des Beamtenverhältnisses Auskunft über alle über sie gespeicherten Personalaktendaten auch in Form der Einsichtnahme verlangen.

(2) Bevollmächtigten der Beamtin oder des Beamten ist Auskunft zu erteilen, soweit dienstliche Gründe nicht entgegenstehen. Dies gilt auch für Hinterbliebene und deren Bevollmächtigte, wenn ein berechtigtes Interesse glaubhaft gemacht wird. Absatz 1 gilt entsprechend.

(3) Wird die Auskunft in Form der Einsichtnahme verlangt, bestimmt die personalverwaltende Stelle, wo die Einsicht gewährt wird. Auf Verlangen werden Abschriften, Kopien oder Ausdrucke, auch auszugsweise, gefertigt und überlassen.

(4) Die Einsichtnahme ist unzulässig, wenn die Daten der betroffenen Beamtin oder des betroffenen Beamten mit Daten Dritter oder geheimhaltungsbedürftigen nicht personenbezogenen Daten derart verbunden sind, dass ihre Trennung nicht oder nur mit unverhältnismäßig großem Aufwand möglich ist. In diesem Fall ist der Beamtin oder dem Beamten Auskunft zu erteilen.

(5) Ist beabsichtigt, Beschwerden, Behauptungen und Bewertungen, die für die Beamtinnen und Beamten ungünstig sind oder ihnen nachteilig werden können, als Personalaktendaten zu speichern, sind sie hierüber zu informieren und es ist ihnen Gelegenheit zur Stellungnahme, insbesondere auch hinsichtlich einer notwendigen Berichtigung oder Vervollständigung, zu geben. Soweit eine Speicherung erfolgt, ist hierzu die Äußerung der Beamtin oder des Beamten ebenfalls zu den Personalaktendaten zu speichern.

§ 88 Gliederung von Personalaktendaten, Zugriff auf Personalaktendaten

(1) Personalaktendaten können nach sachlichen Gesichtspunkten in einen Grunddatenbestand und Teildatenbestände gegliedert werden. Teildatenbestände können bei der für den betreffenden Aufgabenbereich zuständigen Behörde geführt werden. Personalaktendaten über Beihilfe, Heilfürsorge und Heilverfahren sowie Disziplinarverfahren sind stets als Teildatenbestände zu führen; Personalaktendaten über Beihilfe, Heilfürsorge und Heilverfahren sollen von einer von der übrigen Personalverwaltung getrennten Organisationseinheit bearbeitet werden. Sind Beschäftigungsstellen nicht zugleich personalverwaltende Stellen oder sind mehrere personalverwaltende Stellen zuständig, dürfen sie Nebendatenbestände über Personalaktendaten des Grunddatenbestands oder der Teildatenbestände führen sowie lesend auf die Hauptdatenbestände zugreifen, soweit deren Kenntnis zur Aufgabenerledigung der betreffenden Stelle erforderlich ist. In den Grunddatenbestand ist ein vollständiges Verzeichnis aller Teil- und Nebendatenbestände aufzunehmen. Werden die Personalaktendaten nicht vollständig in Schriftform oder vollständig automatisiert geführt, legt die personalverwaltende Stelle jeweils schriftlich fest, welche Teile in welcher Form geführt werden und nimmt dies in das Verzeichnis nach Satz 5 auf.

(2) Die oberste Dienstbehörde bestimmt, bei welcher Stelle welche Datenbestände zu führen sind.

(3) Zugriff auf Personalaktendaten dürfen nur Beschäftigte haben, die mit der Bearbeitung von Personalangelegenheiten beauftragt sind und nur soweit dies zu Zwecken der Personalverwaltung oder Personalwirtschaft erforderlich ist.

(4) Der Zugriff auf Personalaktendaten, an deren vertraulichen Behandlung die Beamtin oder der Beamte, auch nach Beendigung des Beamtenverhältnisses, ein besonderes Interesse hat, insbesondere Daten über ärztliche Untersuchungen oder strafrechtlichen Verfahren, darf nur insoweit erfolgen, als diese Daten für eine konkrete beamtenrechtliche Entscheidung erforderlich sind. Der Name der Person, die diese Daten speichert, verändert oder nutzt, der Zeitpunkt des Zugriffs und der Grund der Speicherung, Veränderung oder Nutzung sind gesondert zu dokumentieren.

Siebter Teil
Beteiligung der Gewerkschaften und Berufsverbände sowie der kommunalen Landesverbände

§ 89 Beteiligung der Gewerkschaften und Berufsverbände

(1) Die obersten Landesbehörden und die Spitzenorganisationen der zuständigen Gewerkschaften und Berufsverbände im Land wirken bei der Vorbereitung allgemeiner Regelungen der beamtenrechtlichen Verhältnisse nach Maßgabe der folgenden Absätze vertrauensvoll zusammen.

(2) Bei der Vorbereitung von Regelungen der beamtenrechtlichen Verhältnisse durch Gesetz oder Rechtsverordnung ist den Spitzenorganisationen der beteiligten Gewerkschaften und Berufsverbände im Land innerhalb einer angemessenen Frist Gelegenheit zur Stellungnahme zu geben. Sie sind erneut mit einer angemessenen Frist zu beteiligen, wenn Entwürfe nach der Beteiligung wesentlich verändert oder auf weitere Gegenstände erstreckt worden sind. Schriftliche Stellungnahmen sind auf Verlangen der Spitzenorganisationen der beteiligten Gewerkschaften und Berufsverbände im Land zu erörtern. Auf deren Verlangen sind nicht berücksichtigte Vorschläge bei Gesetzentwürfen dem Landtag und bei Verordnungsentwürfen dem Ministerrat bekannt zu geben.

(3) Absatz 2 gilt bei der Vorbereitung von Verwaltungsvorschriften der Landesregierung entsprechend, wenn die Verwaltungsvorschrift Fragen von grundsätzlicher Bedeutung regelt.

(4) Das Innenministerium und das Finanzministerium kommen mit den Spitzenorganisationen der Gewerkschaften und Berufsverbände im Land regelmäßig zu Gesprächen über allgemeine Regelungen beamtenrechtlicher Verhältnisse und grundsätzliche Fragen des Beamtenrechts zusammen (Grundsatzgespräche). Gegenstand der Grundsatzgespräche können auch einschlägige aktuelle Tagesfragen oder vorläufige Hinweise auf Gegenstände späterer konkreter Beteiligungsgespräche sein.

§ 90 Beteiligung der kommunalen Landesverbände

Die kommunalen Landesverbände sind in den Fällen des § 89 Abs. 1 bis 3 entsprechend zu beteiligen, wenn Fragen geregelt werden, welche die Gemeinden und Gemeindeverbände berühren.

Achter Teil
Besondere Beamtengruppen

§ 91 Ehrenbeamtinnen und Ehrenbeamte

(1) Für Ehrenbeamtinnen und Ehrenbeamte gelten die Vorschriften dieses Gesetzes und des Beamtenstatusgesetzes mit den sich aus der Natur des Ehrenbeamtenverhältnisses ergebenden Maßgaben:

1. Keine Anwendung finden insbesondere § 9 Abs. 3, § 11 Abs. 1, §§ 14 bis 24, §§ 36 bis 40, §§ 42 bis 46, § 54, § 62, §§ 64 und 65, § 68 sowie § 78.

2. Keine Anwendung finden insbesondere § 15, § 22 Abs. 1 Nr. 2 und Abs. 3, § 23 Abs. 1 Nr. 3 und 5, §§ 25 bis 32 sowie § 41 BeamtStG.

3. Die Berufung in ein Ehrenbeamtenverhältnis auf Zeit ist zulässig.

(2) Auf Ehrenbeamtinnen und Ehrenbeamte finden die Vorschriften über Besoldung und Versorgung keine Anwendung, soweit in diesen Vorschriften nichts anderes bestimmt ist.

(3) Im Übrigen regeln sich die Rechtsverhältnisse der Ehrenbeamtinnen und Ehrenbeamten nach den besonderen für die einzelnen Gruppen geltenden Vorschriften.

(4) Beamtinnen und Beamte haben die Berufung in ein Ehrenbeamtenverhältnis ihrem Dienstherrn anzuzeigen.

(5) Ehrenamtliche Bürgermeisterinnen und Bürgermeister, ehrenamtliche Amtsverwalterinnen und Amtsverwalter nach § 48 Absatz 2 GemO, ehrenamtliche bestellte Bürgermeisterinnen und Bürgermeister nach § 48 Absatz 3 GemO sowie ehrenamtliche Ortsvorsteherinnen und Ortsvorsteher können ihre Entlassung nach § 23 Abs. 1 Satz 1 Nr. 4 Be-

amtStG nur verlangen, wenn ein wichtiger Grund im Sinne von § 16 Abs. 1 Satz 2 GemO vorliegt.

§ 92 Kommunale Wahlbeamtinnen und Wahlbeamte

Für Bürgermeisterinnen und Bürgermeister, Landrätinnen und Landräte, Amtsverwalterinnen und Amtsverwalter nach § 48 Absatz 2 GemO, bestellte Bürgermeisterinnen und Bürgermeister nach § 48 Absatz 3 GemO sowie bestellte Landrätinnen und Landräte nach § 39 Absatz 6 LKrO gelten die Vorschriften des Beamtenstatusgesetzes und dieses Gesetzes mit folgenden Maßgaben:

1. Die Aufgaben der für die Ernennung zuständigen Stelle und der obersten Dienstbehörde nimmt die Rechtsaufsichtsbehörde wahr, soweit gesetzlich nichts anderes bestimmt ist. In den Fällen des § 44 Abs. 1, §§ 60 bis 66 und § 80 dieses Gesetzes, § 37 Abs. 3, §§ 39 und 42 BeamtStG sowie § 62 Abs. 3 LBeamtVGBW nimmt die Rechtsaufsichtsbehörde die Zuständigkeiten des Dienstvorgesetzten oder letzten Dienstvorgesetzten wahr.

2. Das Beamtenverhältnis der Bürgermeisterin oder des Bürgermeisters wird durch die rechtsgültige Wahl begründet und beginnt mit dem Amtsantritt.

3. Die Ernennungsurkunde für die Landrätin oder den Landrat wird von der stellvertretenden Vorsitzenden oder dem stellvertretenden Vorsitzenden des Kreistages ausgestellt und der Landrätin oder dem Landrat ausgehändigt; dies gilt für bestellte Landrätinnen und Landräte nach § 39 Abs. 6 LKrO entsprechend.

4. Die Ernennungsurkunde für die Amtsverwalterin oder den Amtsverwalter nach § 48 Absatz 2 GemO und für die bestellte Bürgermeisterin oder den bestellten Bürgermeister nach § 48 Absatz 3 GemO wird von der Stellvertreterin oder dem Stellvertreter der Bürgermeisterin oder des Bürgermeisters ausgestellt und der Amtsverwalterin oder dem Amtsverwalter oder der bestellten Bürgermeisterin oder dem bestellten Bürgermeister bei Amtsantritt ausgehändigt.

Neunter Teil
Schlussbestimmung

§ 93 Übergangsvorschriften

(1) Für einen Vollstreckungstitel nach § 80a, der vor dem Tag des Inkrafttretens des Gesetzes vom 28. November 2018 (GBl. S. 437) erlangt wurde und bei dem der Eintritt der Rechtskraft oder der Unwiderruflichkeit nicht länger als zwei Jahre vor dem Inkrafttreten des Gesetzes vom 28. November 2018 (GBl. S. 437) liegt, kann der Antrag innerhalb einer Ausschlussfrist von sechs Monaten ab dem Tag des Inkrafttretens des Gesetzes vom 28. November 2018 (GBl. S. 437) gestellt werden. Der Antrag auf Gewährung einer Entschädigung nach § 80a Absatz 5 kann innerhalb einer Ausschlussfrist von sechs Monaten ab dem 25. Juni 2024 gestellt werden, wenn das schädigende Ereignis nicht länger als drei Jahre vor dem 25. Juni 2024 liegt.

(2) Die zum Zeitpunkt des Inkrafttretens des Artikels 2 Nummer 4 des Gesetzes zur Änderung des Landesbesoldungsgesetzes Baden-Württemberg und anderer Rechtsvorschriften vorhandenen Beamtinnen und Beamten des mittleren und gehobenen Vollzugsdienstes im Justizvollzug, des mittleren und gehobenen Werkdienstes im Justizvollzug und des mittleren und gehobenen Abschiebungshaftvollzugsdienstes können durch schriftliche Erklärung innerhalb einer Ausschlussfrist von drei Monaten ab dem Zeitpunkt des Inkrafttretens des Artikels 2 Nummer 4 des Gesetzes zur Änderung des Landesbesoldungsgesetzes Baden-Württemberg und anderer Rechtsvorschriften einmalig erklären, dass sie unter den Voraussetzungen des § 79 Absatz 1 Heilfürsorge in Anspruch nehmen werden. Sie erhalten dann ab dem zweiten auf den Ablauf der Ausschlussfrist folgenden Monat Heilfürsorge. § 79 Absatz 1a Sätze 2 und 3 gelten entsprechend.

(3) Für dienstliche Beurteilungen und Beurteilungsbeiträge von Bezirksnotarinnen und Bezirksnotaren, Rechtspflegerinnen und Rechtspflegern und Amtsanwältinnen und Amtsanwälten, deren Beurteilungszeitraum vor dem erstmaligen Inkrafttreten einer

Rechtsverordnung des Justizministeriums nach § 51 Absatz 3 endet, ist die Beurteilungsverordnung in ihrer bis einschließlich 24. Juni 2024 geltenden Fassung weiter anzuwenden. Entsprechendes gilt für dienstliche Beurteilungen und Beurteilungsbeiträge der Lehrkräfte im Schuldienst bis zum erstmaligen Inkrafttreten einer Rechtsverordnung des Kultusministeriums nach § 51 Absatz 3.

Anhang
(zu § 8 Abs. 1)

Ämter mit leitender Funktion sind die Ämter
A. im Bereich der staatlichen allgemeinen und besonderen Verwaltungsbehörden für Landesbeamtinnen und Landesbeamte
   1. der Leiterin oder des Leiters und der stellvertretenden Leiterin oder des stellvertretenden Leiters der Abteilungen sowie der Leiterinnen und der Leiter der Zentralstellen und Referate der obersten Landesbehörden,
   2. der Regierungsvizepräsidentinnen und der Regierungsvizepräsidenten und der Leiterinnen und Leiter der Abteilungen der Regierungspräsidien,
   3. der Leiterinnen und der Leiter, der stellvertretenden Leiterinnen und stellvertretenden Leiter und der Leiterinnen und Leiter der Abteilungen der Landesoberbehörden und der höheren Sonderbehörden sowie in der Oberfinanzdirektion auch der Referatsleiterinnen und Referatsleiter, wenn diese mindestens in die Besoldungsgruppe A 15 eingestuft sind,
   4. der Leiterin oder des Leiters, der stellvertretenden Leiterin oder des stellvertretenden Leiters, der Leiterinnen und Leiter und der stellvertretenden Leiterinnen und der stellvertretenden Leiter der Abteilungen, der Leiterinnen und der Leiter der Referate sowie der Leiterinnen und der Leiter der Regionalstellen des Zentrums für Schulqualität und Lehrerbildung,
   5. der Leiterinnen und Leiter der unteren Sonderbehörden,
   6. der Ersten Landesbeamtinnen und Ersten Landesbeamten der Landratsämter;
B. im Innenministerium zusätzlich
   der Stabsdirektorin oder des Stabsdirektors im Landespolizeipräsidium;
C. im Bereich der den Ministerien sonstigen nachgeordneten Behörden und Stellen sowie der der Aufsicht der Ministerien unterstehenden Körperschaften, Anstalten und Stiftungen des öffentlichen Rechts, ausgenommen der Kommunalbereich nach Buchstabe D
   1. der Leiterinnen und der Leiter der Abteilungen und Referate der Vertretung des Landes Baden-Württemberg beim Bund,
   2. der Direktorin oder des Direktors als Leiterin oder Leiter und der Abteilungsleiterinnen und Abteilungsleiter der Landeszentrale für politische Bildung,
   3. der Präsidentin oder des Präsidenten des Landeskriminalamtes,
   4. der Polizeipräsidentin oder des Polizeipräsidenten des Polizeipräsidiums Einsatz,
   5. der Präsidentin oder des Präsidenten des Präsidiums Technik, Logistik, Service der Polizei,
   6. der Polizeipräsidentin oder des Polizeipräsidenten eines regionalen Polizeipräsidiums,
   6a. der Leiterinnen und Leiter der Abschiebungshafteinrichtungen,
   7. der Leiterin oder des Leiters des Hauses der Heimat,
   8. der Präsidentin oder des Präsidenten der IT Baden-Württemberg sowie deren oder dessen Stellvertreterin oder Stellvertreter,
   9. der Leiterin oder des Leiters, der stellvertretenden Leiterin oder des stellvertretenden Leiters, der Leiterinnen und der Leiter und der stellvertretenden Leiterinnen und der stellvertretenden Leiter der Abteilungen sowie der Leiterinnen und der Leiter der Referate des Instituts für Bildungsanalysen Baden-Württemberg,
   10. der Leiterinnen und der Leiter der Seminare für Ausbildung und Fortbildung der Lehrkräfte,
   11. der Leiterin oder des Leiters des Forums Frühkindliche Bildung Baden-Württemberg,

12. der Direktorin oder des Direktors des Landesmedienzentrums Baden-Württemberg,
13. der Schulleiterinnen und Schulleiter an öffentlichen Schulen,
14. der Leiterinnen und der Leiter der Dezernate der Universitäten und Universitätsklinika, wenn diese innerhalb der Landesbesoldungsordnung A mindestens in die Besoldungsgruppe A 15 eingestuft sind,
15. der Leiterinnen und der Leiter der Universitätsrechenzentren, wenn sie nicht Universitätsprofessorinnen oder Universitätsprofessoren sind,
16. der Leiterinnen und der Leiter der Universitäts- und Landesbibliotheken,
17. der Leiterin oder des Leiters des Landesarchivs,
18. der Verwaltungsdirektorinnen und der Verwaltungsdirektoren an Staatstheatern,
19. der Leiterinnen und der Leiter sowie der stellvertretenden Leiterinnen und stellvertretenden Leiter der Generalstaatsanwaltschaften,
20. der Leiterinnen und der Leiter der Staatsanwaltschaften,
21. der Leiterinnen und der Leiter der Justizvollzugseinrichtungen,
22. der Vollzugsleiterin oder des Vollzugsleiters und der ärztlichen Direktorin oder des ärztlichen Direktors des Justizvollzugskrankenhauses Hohenasperg,
23. der Leiterin oder des Leiters der Sozialtherapeutischen Anstalt Baden-Württemberg,
24. der Leiterin oder des Leiters der Justizvollzugsschule Baden-Württemberg,
25. der Leiterin oder des Leiters der Staatlichen Münzen,
26. der Hauptgeschäftsführerinnen und der Hauptgeschäftsführer und Geschäftsführerinnen und Geschäftsführer der Handwerkskammern,
27. der stellvertretenden Verbandsdirektorinnen und der stellvertretenden Verbandsdirektoren der Regionalverbände und des Verbandes Region Rhein-Neckar,
28. der Leiterinnen oder der Leiter der Chemischen und Veterinäruntersuchungsämter,
29. der Leiterin oder des Leiters des Staatlichen Tierärztlichen Untersuchungsamtes Aulendorf – Diagnostikzentrum,
30. der Leiterin oder des Leiters und der Leiterinnen und der Leiter der Abteilungen der Forstlichen Versuchs- und Forschungsanstalt Baden-Württemberg,
30a. die oder der Vorstandsvorsitzende und das weitere Mitglied des Vorstands der Anstalt des öffentlichen Rechts Forst Baden-Württemberg,
31. der Leiterin oder des Leiters des Haupt- und Landgestüts Marbach,
32. der Leiterin oder des Leiters der Landesanstalt für Entwicklung der Landwirtschaft und der ländlichen Räume mit Landesstelle für landwirtschaftliche Marktkunde Schwäbisch Gmünd,
33. der Leiterin oder des Leiters der Landesanstalt für Schweinezucht mit Sitz in Boxberg,
34. der Leiterin oder des Leiters des Landwirtschaftlichen Technologiezentrums Augustenberg (LTZ Augustenberg),
35. der Leiterin oder des Leiters der Staatlichen Lehr- und Versuchsanstalt für Gartenbau Heidelberg,
36. der Leiterin oder des Leiters der Staatlichen Lehr- und Versuchsanstalt für Wein- und Obstbau Weinsberg,
37. der Leiterin oder des Leiters des Landwirtschaftlichen Zentrums für Rinderhaltung, Grünlandwirtschaft, Milchwirtschaft, Wild und Fischerei Baden-Württemberg (LAZBW),
38. der Leiterin oder des Leiters des Staatlichen Weinbauinstituts Versuchs- und Forschungsanstalt für Weinbau und Weinbehandlung Freiburg,

39. der Chefärztinnen und der Chefärzte der Versorgungskuranstalt Bad Mergentheim und der Versorgungskuranstalt Bad Wildbad,
40. der Leiterinnen und der Leiter der Abteilungen, Sonderreferate und vergleichbarer Organisationseinheiten der Deutschen Rentenversicherung Baden-Württemberg, wenn diese der Landesbesoldungsordnung B angehören oder innerhalb der Landesbesoldungsordnung A mindestens in die Besoldungsgruppe A 15 eingestuft sind,
41. der Leiterinnen und der Leiter der Abteilungen des Medizinischen Dienstes der Krankenversicherung Baden-Württemberg, wenn diese der Landesbesoldungsordnung B angehören oder innerhalb der Landesbesoldungsordnung A mindestens in die Besoldungsgruppe A 15 eingestuft sind,
42. der Leiterinnen und der Leiter der Abteilungen der Landesanstalt für Umwelt Baden-Württemberg,
43. der Direktorin oder des Direktors, der stellvertretenden Leiterin oder des stellvertretenden Leiters, der Leiterinnen oder Leiter der Abteilungen der Betriebsleitung und der Leiterinnen oder der Leiter der Ämter des Landesbetriebs Vermögen und Bau Baden-Württemberg sowie der Geschäftsführerin oder des Geschäftsführers der Staatlichen Schlösser und Gärten,
44. der Direktorin oder des Direktors der Staatlichen Anlagen und Gärten,
45. der Leiterin oder des Leiters der Staatsschule für Gartenbau;

D. im Bereich der Gemeinden, Landkreise, Gemeindeverwaltungsverbände, kommunalen Zweckverbände, des Kommunalverbands für Jugend und Soziales Baden-Württemberg, der Komm.ONE, der Gemeindeprüfungsanstalt Baden-Württemberg, des Kommunalen Versorgungsverbandes Baden-Württemberg und des Verbandes Region Stuttgart für deren Beamtinnen und Beamte

– der Leiterinnen und der Leiter von Behörden oder Teilen von Behörden, die vom zuständigen Organ allgemein durch Satzung oder Beschluss für die Übertragung auf Probe bestimmt sind; sie sind im Stellenplan entsprechend auszuweisen.

Inhaltsübersicht Durchführung beamtenrechtlicher Vorschriften **I.3.1**

Verwaltungsvorschrift des Innenministeriums zur Durchführung beamtenrechtlicher Vorschriften
(BeamtVwV)

Vom 19. April 2016 (GABl. S. 281)

Zuletzt geändert durch
Verwaltungsvorschrift zur Änderung der Verwaltungsvorschrift des Innenministeriums zur Durchführung beamtenrechtlicher Vorschriften
vom 29. Mai 2023 (GABl. S. 251)

Inhaltsübersicht

I.

Beamtenverhältnis

1 Begründung eines Beamtenverhältnisses (zu §§ 7, 9 des Beamtenstatusgesetzes (BeamtStG), § 9 LBG)
2 Beamtenverhältnis auf Probe (zu § 4 Absatz 3 Buchstabe a, § 10 BeamtStG, §§ 6, 19 LBG)
3 Kriterien der Ernennung, Auswahlverfahren, Stellenausschreibungen (zu § 9 BeamtStG, § 11 LBG)
4 Ernennungsurkunde (zu § 8 BeamtStG, §§ 9, 10 LBG)
5 Rücknahme der Ernennung (zu § 12 BeamtStG, § 12 LBG)
6 Führungsfunktionen auf Probe (zu § 4 Absatz 3 Buchstabe b BeamtStG, § 8 LBG)

Laufbahnen

7 Erwerb der Laufbahnbefähigung (zu § 16 LBG)
8 Einstellung (zu § 18 LBG)
9 Probezeit (zu § 19 LBG)
10 Beförderung (zu § 20 LBG)
11 Horizontaler Laufbahnwechsel (zu § 21 LBG)
12 Aufstieg (zu § 22 LBG)

Versetzung, Abordnung, Zuweisung, Entsendung

13 Versetzung (zu § 24 LBG, §§ 13, 15 BeamtStG)
14 Abordnung (zu § 25 LBG, §§ 13, 14 BeamtStG)
15 Zuweisung (zu § 20 BeamtStG)
16 Richtlinien für die Entsendung von Beamtinnen und Beamten

Beendigung des Beamtenverhältnisses

17 Beendigung des Beamtenverhältnisses (zu § 21 BeamtStG, §§ 31 ff. LBG)
18 Entlassung und Zurruhesetzung von Beamtinnen und Beamten auf Probe (zu § 23 Absatz 3, § 28 BeamtStG, § 19 LBG)
19 Eintritt in den Ruhestand kraft Gesetzes wegen Erreichens der Altersgrenze (zu § 25 BeamtStG, § 36 LBG)
20 Hinausschiebung der Altersgrenze (zu § 39 LBG)
21 Versetzung in den Ruhestand auf Antrag (zu § 32 BeamtStG, § 40 LBG)
22 Dienstunfähigkeit (zu § 26 BeamtStG, § 43 Absatz 1 LBG)
23 Begrenzte Dienstfähigkeit (zu § 27 BeamtStG, § 43 Absatz 3 LBG)
24 Zurruhesetzungsverfahren (zu § 44 LBG)
25 Wiederherstellung der Dienstfähigkeit (zu § 29 BeamtStG, § 43 Absatz 4 LBG)

Allgemeine Pflichten und Rechte

26 Grundpflichten (zu § 33 BeamtStG)
27 Diensteid (zu § 38 BeamtStG, § 47 LBG)
28 Befreiung von Amtshandlungen (zu § 52 LBG)
29 Ärztliche Untersuchungen (zu § 53 LBG)
30 Amtsbezeichnung (zu §§ 56, 32 Absatz 2 LBG)
31 Verschwiegenheitspflicht (zu § 37 BeamtStG, § 57 LBG)

32 Verbot der Annahme von Belohnungen, Geschenken und sonstigen Vorteilen (zu § 42 BeamtStG)

Nebentätigkeit

33 Abgrenzung, Zuständigkeit Nebentätigkeit (zu § 40 BeamtStG, § 60 LBG)

34 Nebentätigkeit auf Verlangen (zu § 40 BeamtStG, § 61 LBG)

35 Genehmigungspflichtige Nebentätigkeiten (zu § 40 BeamtStG, § 62 LBG)

36 Nicht genehmigungspflichtige Nebentätigkeiten (zu § 40 BeamtStG, § 63 LBG)

37 Pflichten bei der Ausübung (zu § 40 BeamtStG, § 64 LBG)

38 Jährliche Aufstellung der ausgeübten Nebentätigkeiten (zu § 40 BeamtStG, § 65 LBG)

39 Tätigkeit nach Beendigung des Beamtenverhältnisses (zu § 41 BeamtStG, § 66 LBG)

Arbeitszeit, Urlaub, Fürsorge und Schutz

40 Arbeitszeit (zu § 67 LBG)

41 Fernbleiben vom Dienst, Krankheit (zu § 68 LBG)

42 Rechtsschutz aus Fürsorgegesichtspunkten (zu § 45 BeamtStG)

43 Pflicht zum Schadenersatz (zu § 48 BeamtStG, § 59 LBG)

44 Altersteilzeit (zu § 70 LBG)

45 Erholungsurlaub (zu § 44 BeamtStG, § 71 Nummer 1 LBG)

46 Sonderurlaub aus verschiedenen Anlässen (zu § 71 Nummer 2 LBG)

47 Urlaub und Freistellungen nach Sondervorschriften

48 Arbeitsschutz (zu § 77 LBG)

49 Übergang des Schadenersatzanspruchs (zu § 81 LBG)

Personalaktendaten

50 Personalaktendaten (zu § 50 BeamtStG)

51 Verarbeitung von Personalaktendaten (zu § 83 LBG)

52 Übermittlung von Personalaktendaten (zu § 85 LBG)

53 Löschung von Personalaktendaten (zu § 86 LBG)

54 Auskunft, Anhörung (zu § 87 LBG)

55 Gliederung von Personalaktendaten, Zugriff auf Personalaktendaten (zu § 88 LBG)

II. Anwendungsempfehlung
Anwendungsempfehlung

III. Inkrafttreten, Außerkrafttreten
Inkrafttreten, Außerkrafttreten

Anlagen 1 und 2
(hier nicht aufgenommen)

Anlage 3
Urkundsmuster

Anlage 4
(hier nicht aufgenommen)

Auf Grund von § 4 Absatz 7 des Landesbeamtengesetzes (LBG) vom 9. November 2010 (GBl. S. 793, 794) wird bestimmt:

I.

Beamtenverhältnis

1 Begründung eines Beamtenverhältnisses (zu §§ 7, 9 des Beamtenstatusgesetzes (BeamtStG), § 9 LBG)

1.1 Vor der Begründung eines Beamtenverhältnisses ist zu prüfen, ob die Voraussetzungen des § 7 BeamtStG in Verbindung mit § 9 BeamtStG erfüllt sind.

1.2 Personen, die zur Einstellung vorgesehen sind (im Folgenden: Bewerberinnen und Bewerber), sind verpflichtet, die zur Erstellung eines Personalbogens (Vordruck nach Anlage 1)*) erforderlichen Angaben unter Vorlage geeigneter Nachweise zu machen. Der Personalbogen kann für Zwecke der Personalverwaltung fortgeschrieben werden. Dabei muss erkennbar bleiben, welche Angaben die Bewerberin oder der Bewerber selbst gemacht hat.

1.3 Die Erfüllung der Voraussetzungen nach § 7 Absatz 1 Nummer 1 BeamtStG, gegebenenfalls in Verbindung mit § 7 Absatz 2 BeamtStG, ist an Hand der Bewerbungsunterlagen von Amts wegen zu prüfen. Grundsätzlich genügt die Vorlage eines Reisepasses oder eines Personalausweises als Nachweis der Staatsangehörigkeit oder der Eigenschaft als Deutsche oder Deutscher im Sinne des Artikels 116 des Grundgesetzes (GG). Die Vorlage eines Staatsangehörigkeitsausweises oder eines Ausweises über die Rechtsstellung als Deutsche oder Deutscher ohne deutsche Staatsangehörigkeit ist nur in Zweifelsfällen oder dann zu fordern, wenn eine Ausbildungs- und Prüfungsordnung und Laufbahnverordnung dies ausdrücklich vorschreibt.

Anträge auf Zulassung einer Ausnahme nach § 7 Absatz 3 BeamtStG sind der Ernennungsbehörde (vergleiche zu deren Zuständigkeit § 4 Absatz 3 LBG) in der Regel auf dem Dienstweg vorzulegen.

1.4 Staatsangehörige anderer Mitgliedstaaten der Europäischen Union (EU) oder eines anderen Vertragsstaates des Abkommens über den Europäischen Wirtschaftsraum (EWR) sind hinsichtlich der Berufung in das Beamtenverhältnis Deutschen im Sinne des Artikels 116 GG grundsätzlich gleichgestellt. Andere Vertragsstaaten des Abkommens über den Europäischen Wirtschaftsraum sind Island, Liechtenstein und Norwegen. Gleiches gilt für Staatsangehörige eines Drittstaates, dem Deutschland und die Europäische Union vertraglich einen entsprechenden Anspruch auf Anerkennung von Berufsqualifikationen eingeräumt hat.

1.5 Die Entscheidung, ob eine Aufgabe unter § 7 Absatz 2 BeamtStG fällt (sogenannter Vorbehaltsbereich) und deshalb nur Deutsche in ein Beamtenverhältnis berufen werden dürfen, muss im Einzelfall unter Berücksichtigung der von der jeweiligen Beamtin oder dem jeweiligen Beamten nach dem Schwerpunkt der Tätigkeit wahrzunehmenden Funktionen getroffen werden. Grundsätzlich besteht Freizügigkeit in allen Verwaltungsbereichen. Vorbehalten sind nur solche konkreten Aufgaben, deren Wahrnehmung durch Deutsche erforderlich ist. Dies ist dann der Fall, wenn die Tätigkeiten eine unmittelbare oder mittelbare Teilnahme an der Ausübung hoheitlicher Befugnisse und an der Wahrnehmung solcher Aufgaben mit sich bringen, die auf die Wahrung der allgemeinen Belange des Staates oder anderer öffentlicher Körperschaften gerichtet sind und deshalb ein Verhältnis besonderer Verbundenheit des jeweiligen Stelleninhabers zum Staat sowie die Gegenseitigkeit von Rechten und Pflichten voraussetzen, die ihre Wurzel im Staatsangehörigkeitsband haben.

Die Entscheidung trifft die jeweilige Ernennungsbehörde.

1.6 Zur Einstellung muss ein Führungszeugnis zur Vorlage bei einer Behörde (§ 30 Absatz 5 des Bundeszentralregistergesetzes (BZRG)) vorliegen, das nicht älter als drei Monate sein

---

*) Anlage hier nicht aufgenommen.

soll. Das Führungszeugnis ist von der Bewerberin oder dem Bewerber bei der Meldebehörde zur Vorlage bei der Ernennungsbehörde zu beantragen. Die obersten Dienstbehörden bestimmen, inwieweit allgemein für bestimmte Tätigkeiten ein erweitertes Führungszeugnis (§ 30a BZRG) oder in welchen Einzelfällen unter Verzicht auf ein Führungszeugnis oder ein erweitertes Führungszeugnis eine unbeschränkte Auskunft aus dem Bundeszentralregister eingeholt wird.

1.7 Bewerberinnen und Bewerber haben eine schriftliche Erklärung über etwaige anhängige strafrechtliche Ermittlungsverfahren oder Strafverfahren, über nicht im Führungszeugnis eingetragene und der unbeschränkten Auskunft aus dem Bundeszentralregister unterliegende Verurteilungen sowie über verhängte Disziplinarmaßnahmen und anhängige Disziplinarverfahren vorzulegen. Disziplinarmaßnahmen sind nicht anzugeben, wenn sie bei weiteren Disziplinarverfahren und bei sonstigen Personalmaßnahmen nicht mehr berücksichtigt werden dürfen; Bewerberinnen und Bewerber haben sich gegebenenfalls über die Rechtslage zu vergewissern. Nicht als Disziplinarmaßnahmen in diesem Sinne gelten Disziplinarmaßnahmen, die im Rahmen eines nicht vergleichbaren Zivil- oder Wehrdienstverhältnisses verhängt worden sind.

Die Erklärungen der Bewerberinnen und Bewerber und damit im Zusammenhang stehende Unterlagen sind zu löschen, sobald feststeht, dass das anhängige Ermittlungs- oder Strafverfahren zu keiner Verurteilung führte oder die Daten nach § 49 BeamtStG nicht mitgeteilt werden dürfen.

1.8 Als Nachweis, dass sich Bewerberinnen und Bewerber in geordneten wirtschaftlichen Verhältnissen befinden, kann, falls die vorgesehene Verwendung es erfordert, eine entsprechende Erklärung mit zur Nachprüfung geeigneten Unterlagen verlangt werden. Dabei kann auch eine Erklärung verlangt werden, ob Eintragungen im Schuldnerverzeichnis (§§ 882b ff. der Zivilprozessordnung (ZPO)) vorliegen.

1.9 Nach § 7 Absatz 1 Nummer 2 BeamtStG darf in das Beamtenverhältnis nur berufen werden, wer die Gewähr dafür bietet, jederzeit für die freiheitliche demokratische Grundordnung im Sinne des Grundgesetzes einzutreten (vergleiche auch Nummer 26). Zum Begriff der freiheitlichen demokratischen Grundordnung wird auf die Anlage 2 (Belehrung) verwiesen. Die besondere politische Treuepflicht von Beamtinnen und Beamten gegenüber dem Staat und seiner Verfassung ist ein hergebrachter Grundsatz des Berufsbeamtentums (Artikel 33 Absatz 5 GG) und gehört deshalb zu deren Kernpflichten. Sie gilt für jedes Beamtenverhältnis und für jede Funktion, in der die Beamtin oder der Beamte tätig ist beziehungsweise in der die Bewerberin oder der Bewerber tätig werden soll.

Die politische Treuepflicht gebietet, den Staat und seine geltende Verfassungsordnung zu bejahen und dies nicht lediglich verbal, sondern insbesondere in der beruflichen Tätigkeit dadurch, dass Beamtinnen und Beamte die bestehenden verfassungsrechtlichen und gesetzlichen Vorschriften beachten und erfüllen sowie das Amt aus dem Geist dieser Vorschriften heraus führen. Die politische Treuepflicht fordert mehr als nur eine formal korrekte, im Übrigen aber uninteressierte, kühle, innerlich distanzierte Haltung gegenüber Staat und Verfassung. Sie fordert von Beamtinnen und Beamten insbesondere, dass sie sich eindeutig von Gruppen und Bestrebungen distanzieren, die diesen Staat, seine verfassungsmäßigen Organe und die geltende Verfassungsordnung angreifen, bekämpfen und diffamieren. Von Beamtinnen und Beamten wird erwartet, dass sie diesen Staat und seine Verfassung als einen hohen positiven Wert erkennen und anerkennen, für den es sich lohnt, einzutreten.

Jeder Einzelfall muss für sich geprüft und unter Beachtung des Grundsatzes der Verhältnismäßigkeit entschieden werden. Hierfür gelten die nachstehenden Grundsätze:

Es dürfen keine Umstände vorliegen, die nach Überzeugung der Ernennungsbehörde die künftige Erfüllung der Pflicht zur Verfassungstreue zweifelhaft erscheinen lassen.

Durchführung beamtenrechtlicher Vorschriften   I.3.1

Das bedeutet, dass die für die Einstellung Verantwortlichen im Augenblick der Entscheidung nach den zu diesem Zeitpunkt zur Verfügung stehenden Erkenntnismitteln davon überzeugt sein müssen, dass die Bewerberinnen und Bewerber nach ihrer Persönlichkeit die Gewähr dafür bieten, nach Begründung eines Beamtenverhältnisses jederzeit für die freiheitliche demokratische Grundordnung einzutreten.

Der Überzeugung der Ernennungsbehörde liegt ein Urteil zu Grunde, das zugleich eine Prognose enthält. Es gründet sich auf eine von Fall zu Fall wechselnde Vielzahl von Elementen und deren Bewertung. Zur Begründung berechtigter Zweifel reicht es in der Regel aus, dass die Ernennungsbehörde sich auf festgestellte äußere Verhaltensweisen stützt und wertend auf eine möglicherweise darin zum Ausdruck kommende innere Einstellung zur freiheitlichen demokratischen Grundordnung schließt. Die Zweifel müssen allerdings auf Umständen beruhen, die hinreichendem Gewicht und bei objektiver Betrachtungsweise geeignet sind, ernste Besorgnis an der künftigen Erfüllung der Verfassungstreuepflicht auszulösen. Nicht erforderlich ist die Feststellung, dass die Bewerberin oder der Bewerber tatsächlich ein „Verfassungsfeind" ist.

Der Beitritt oder die Zugehörigkeit zu einer politischen Partei, die verfassungsfeindliche Ziele verfolgt, kann für die Beurteilung der Persönlichkeit von Bewerberinnen und Bewerbern erheblich sein. Dies gilt unabhängig davon, ob die Verfassungswidrigkeit der Partei durch Entscheidung des Bundesverfassungsgerichts festgestellt ist oder nicht. Entsprechendes gilt für sonstige Organisationen unabhängig davon, ob sie verboten sind.

Über die gewichtigsten verfassungsfeindlichen Bestrebungen berichten die jährlichen Verfassungsschutzberichte, zum Beispiel des Bundesministeriums des Innern und für Heimat und des Innenministeriums Baden-Württemberg. Maßgebliches Kriterium für die Bewertung einer Partei oder Organisation als verfassungsfeindlich sind die Feststellungen des Verfassungsschutzberichts. Bei einer Einstufung der Partei beziehungsweise der Organisation als extremistisch ist von deren Verfassungsfeindlichkeit auszugehen. Erforderlichenfalls kann über das Innenministerium Baden-Württemberg eine gutachtliche Äußerung des Landesamts für Verfassungsschutz angefordert werden.

Die Mitgliedschaft in einer Partei oder Organisation mit verfassungsfeindlichen Zielen oder ein der Mitgliedschaft vergleichbares Verhalten, beispielsweise ein aktives Eintreten für die Partei oder Organisation, bietet Anhaltspunkte für Zweifel, denen die Ernennungsbehörde nachzugehen verpflichtet ist. Zur Aufklärung des Sachverhalts sind die Bewerberinnen und Bewerber anzuhören. In der Anhörung, gegebenenfalls im Einstellungsgespräch, kann sich die Ernennungsbehörde ein Bild über die Beziehungen der Bewerberin oder des Bewerbers zu der Partei/Organisation machen, zum Beispiel über die näheren Umstände der Mitgliedschaft, die Intensität der Einbindung in die Partei oder Organisation und die persönlichen Überzeugungen der Bewerberin oder des Bewerbers. Die Befragung muss sich auf die äußeren Umstände der Mitgliedschaft sowie auf die innere Einstellung von Bewerberinnen oder Bewerbern zur Partei oder Organisation beziehen. Durch die Anhörung können Zweifel an der Verfassungstreue möglicherweise ausgeräumt werden. Ebenso wenig wie verfassungsfeindliches Verhalten zwingend eine Mitgliedschaft in einer Partei oder Organisation mit verfassungsfeindlichen Zielen voraussetzt, ergibt sich zwangsläufig aus einer solchen Mitgliedschaft ein verfassungsfeindliches Verhalten von Bewerberinnen und Bewerbern.

Die Ernennungsbehörde muss die zu Zweifeln Anlass gebenden Umstände darlegen. Die Widerlegung ist Sache der Bewerberin und des Bewerbers, welche bei der Aufklärung des Sachverhalts eine Mitwirkungspflicht haben. Kommen sie dieser nicht nach, ist die Ernennungsbehörde berechtigt, die bestehenden Zweifel an der Verfassungstreue als gerechtfertigt anzusehen. Dies gilt auch bei einer Weigerung der Bewerberin oder des Bewerbers, die unter Nummer 1.10 genannte Erklärung zu unterschreiben.

1.3.1 Durchführung beamtenrechtlicher Vorschriften

Können die Zweifel an der Verfassungstreue nicht ausgeräumt werden, darf eine Berufung in das Beamtenverhältnis nicht erfolgen.

Ist ein Beamtenverhältnis zur Ausbildung für Berufe außerhalb des öffentlichen Dienstes gesetzlich vorgeschrieben, kann die Einstellung nur versagt werden, wenn dies trotz des Ausbildungszwecks geboten erscheint.

1.10 Vor der Entscheidung über die Einstellung erfolgt nach Anlage 2 eine schriftliche Belehrung der Bewerberin oder des Bewerbers. Diese haben die Erklärung nach Anlage 2 zu unterschreiben.

1.11 Eine Regelanfrage beim Landesamt für Verfassungsschutz findet nicht statt. Ergeben sich im Einstellungsverfahren, insbesondere im Einstellungsgespräch, jedoch Zweifel an der Verfassungstreue von Bewerberinnen und Bewerbern, ist über das Innenministerium eine Anfrage an das Landesamt für Verfassungsschutz zu richten, ob Tatsachen über diese Personen bekannt sind, die unter dem Gesichtspunkt der Verfassungstreue Bedenken gegen eine Einstellung begründen.

Die Anfrage darf erst erfolgen, wenn die Einstellung der Bewerberin oder des Bewerbers konkret beabsichtigt ist, das heißt, wenn alle sonstigen Voraussetzungen für die Einstellung erfüllt sind. Die Anfrage ist zu begründen und auf dem Dienstweg an das Innenministerium zu richten. Die Bewerberin oder der Bewerber ist vorher zu unterrichten (§ 3 Absatz 4 Satz 1 und Absatz 3 Satz 1 Nummer 4 des Landesverfassungsschutzgesetzes). Die Unterrichtung ist mit der Anfrage nachzuweisen.

Das Innenministerium gibt die Anfrage der Ernennungsbehörde an das Landesamt für Verfassungsschutz zur Überprüfung weiter. Dabei werden vom Landesamt für Verfassungsschutz nur Auskünfte aus Datenbeständen des Verfassungsschutzes und der Sicherheitsbehörden eingeholt. Besondere auf die Bewerberin oder den Bewerber ausgerichtete Ermittlungen des Verfassungsschutzes finden nicht statt.

Sind keine Erkenntnisse vorhanden, wird dies unverzüglich unter nachrichtlicher Beteiligung des Innenministeriums der Ernennungsbehörde mitgeteilt.

Liegen Erkenntnisse vor, übermittelt das Landesamt für Verfassungsschutz diese an das Innenministerium. Dabei werden dem Innenministerium nur rechtserhebliche Tatsachen, die geeignet sind, Zweifel an der Verfassungstreue zu begründen, mitgeteilt.

Das Innenministerium scheidet bei der Prüfung und Wertung der Erkenntnisse sogenannte Jugendsünden und Bagatellfälle von der Weitergabe aus, soweit nicht zusätzliche Erkenntnisse über die angefragte Person vorliegen. Das Innenministerium leitet nur solche, offen verwertbare Tatsachen an die Ernennungsbehörden weiter, die geeignet sind, Zweifel an der Verfassungstreue zu begründen.

1.12 Es sind folgende Verfahrensgrundsätze zu beachten:
– Einer Bewerberin oder einem Bewerber werden stets sämtliche Angaben mitgeteilt, die Zweifel an der Verfassungstreue begründen.
– Jeder Bewerberin und jedem Bewerber wird vor der Entscheidung über die Ablehnung die Möglichkeit zur Stellungnahme zu den vorliegenden Ablehnungsgründen gegeben.
– Einer Bewerberin oder einem Bewerber wird gestattet, bei der Anhörung eine Bevollmächtigte oder einen Bevollmächtigten oder eine sonstige Person ihres oder seines Vertrauens beizuziehen.
– Bei der Anhörung wird stets ein Protokoll angefertigt, von dem die Bewerberin oder der Bewerber auf Verlangen eine Mehrfertigung erhält.
– Die Entscheidung über die Ablehnung ergeht stets unter Beteiligung der obersten Dienstbehörde unter Einschaltung der Ministerin beziehungsweise des Ministers.
– Der Bewerberin oder dem Bewerber ist der mit einer Rechtsbehelfsbelehrung versehene schriftlich begründete Ablehnungsbescheid zuzustellen.

2 Beamtenverhältnis auf Probe (zu § 4 Absatz 3 Buchstabe a, § 10 BeamtStG, §§ 6, 19 LBG)

2.1 Rechtzeitig vor Ablauf der Probezeit ist unter Berücksichtigung von Verkürzungs-

Durchführung beamtenrechtlicher Vorschriften I.3.1

und Anrechnungszeiten zu prüfen, ob sich die Beamtin oder der Beamte bewährt hat.

2.2 Die Feststellung der Bewährung in der Probezeit bezieht sich auf die Elemente der Eignung, Befähigung und fachlichen Leistung. Die gesundheitliche Eignung kann nur verneint werden, wenn nach einer Prognose, welche die Zeit bis zum Erreichen der gesetzlichen Altersgrenze umfasst, tatsächliche Anhaltspunkte die Annahme rechtfertigen, dass mit überwiegender Wahrscheinlichkeit vor Erreichen der gesetzlichen Altersgrenze Dienstunfähigkeit eintreten wird oder die Beamtin oder der Beamte erhebliche krankheitsbedingte Fehlzeiten und deshalb eine erheblich geringere Lebensdienstzeit aufweisen wird. Im Zweifel ist von gesundheitlicher Eignung auszugehen.

Legen konkrete Anhaltspunkte, zum Beispiel über bei der Berufung in das Beamtenverhältnis auf Probe noch nicht bekannte gesundheitliche Risikofaktoren, Zweifel an der gesundheitlichen Eignung der Beamtin oder des Beamten nahe, ist ein ärztliches Zeugnis darüber einzuholen, ob die Beamtin oder der Beamte die gesundheitliche Eignung für eine Übernahme in das Beamtenverhältnis auf Lebenszeit in der Laufbahn oder für eine anderweitige Verwendung nach § 26 Absatz 1 Satz 3 und Absatz 2 BeamtStG besitzt. Die Nummern 24.2, 29.1 und 29.2 sind entsprechend anzuwenden.

Werden Beamtinnen oder Beamte in Kenntnis gesundheitlicher Risikofaktoren, die zu Erkrankungen führen können, die die gesundheitliche Eignung in Frage stellen, in das Beamtenverhältnis auf Probe berufen, kann die Beamtin oder der Beamte wegen mangelnder gesundheitlicher Eignung nicht entlassen werden, wenn die vorhandenen Risikofaktoren im Verlauf der Probezeit zu keiner Erkrankung geführt haben. Es besteht in diesen Fällen bei Vorliegen der übrigen Voraussetzungen ein Anspruch auf Ernennung in das Beamtenverhältnis auf Lebenszeit. Bei Vorliegen beeinflussbarer Risikofaktoren kann durch die für die Ernennung zuständige Stelle eine erneute Prüfung der gesundheitlichen Eignung vorbehalten werden. Darauf ist die Beamtin oder der Beamte bei der Begründung des Beamtenverhältnisses auf Probe hinzuweisen.

2.3 Wird nach Ablauf der Probezeit eine Entscheidung über die Bewährung nicht unverzüglich getroffen, so steht das der grundsätzlichen Feststellung der Bewährung gleich. Eignungsmängel, die erst nach Ablauf der Probezeit auftreten, stellen die Bewährung nicht in Frage. Beamtinnen und Beamte auf Probe können in diesen Fällen nicht mehr mangels Bewährung entlassen werden, es sei denn, die Eignungsmängel lassen Rückschlüsse auf die Bewährung in der laufbahnrechtlichen Probezeit zu.

2.4 Bestehen Zweifel an der Dienstfähigkeit der Beamtin oder des Beamten oder werden, wie beispielsweise beim Polizeivollzugsdienst oder Forstdienst, besondere Anforderungen an die Dienstfähigkeit gestellt, ist grundsätzlich vor Ablauf der Probezeit ein ärztliches Zeugnis anzufordern. Die Nummern 24.2, 29.1 und 29.2 sind entsprechend anzuwenden.

Bezüglich der Entlassung von Beamtinnen und Beamten auf Probe wegen fehlender gesundheitlicher Eignung wird auf Nummer 18.2 und 18.3 verwiesen.

3 Kriterien der Ernennung, Auswahlverfahren, Stellenausschreibungen (zu § 9 BeamtStG, § 11 LBG)

3.1 Zur Eignung im Sinne von § 9 BeamtStG gehört auch die gesundheitliche Eignung für die angestrebte Laufbahn, über die der Dienstherr ohne Beurteilungsspielraum zu entscheiden hat. Die gesundheitliche Eignung kann nur verneint werden, wenn aufgrund einer Prognose, die den Zeitraum bis zum Erreichen der gesetzlichen Altersgrenze umfasst, tatsächliche Anhaltspunkte die Annahme rechtfertigen, dass mit überwiegender Wahrscheinlichkeit vor Erreichen der gesetzlichen Altersgrenze Dienstunfähigkeit eintreten oder die Beamtin oder der Beamte erhebliche krankheitsbedingte Fehlzeiten und deshalb eine erheblich geringere Lebensdienstzeit aufweisen wird. Hierzu ist von der Bewerberin oder dem Bewerber ein ärztliches Zeugnis nach § 14 Absatz 5 des Gesundheitsdienstgesetzes vorzulegen. Dieses soll im Zeitpunkt der Personalmaßnahme nicht älter als sechs Monate sein. Die dafür anfallenden Kosten trägt die Bewerberin oder der Bewerber.

Die Untersuchung der zur Einstellung vorgesehenen Bewerberinnen und Bewerber erfolgt in der Regel vor der Berufung in das Beamtenverhältnis auf Probe. Diese Untersuchung oder gegebenenfalls weitere Untersuchungen können bereits vor der Berufung in das Beamtenverhältnis auf Widerruf beziehungsweise vor der Einstellung in das öffentlich-rechtliche Ausbildungsverhältnis erfolgen, wenn die Ausbildung mit dem Ziel der späteren Berufsausübung im öffentlichen Dienst erfolgt, beispielsweise im Lehrerbereich, oder wenn die Art der Ausbildung besondere Anforderungen an die Dienstfähigkeit stellt. Begründen konkrete Anhaltspunkte Zweifel an der gesundheitlichen Eignung der Beamtin oder des Beamten, ist die Untersuchung über die gesundheitliche Eignung der Beamtin oder des Beamten für eine Übernahme in das Beamtenverhältnis auf Probe beziehungsweise auf Lebenszeit erneut einzuholen.

Auf die Ausführungen bei Nummer 2.2 wird hingewiesen.

3.2 Nach § 211 Absatz 1 des Neunten Buches Sozialgesetzbuch (SGB IX) müssen die Einstellung und Beschäftigung von schwerbehinderten Menschen gefördert und ein angemessener Anteil schwerbehinderter Menschen unter den Beamtinnen und Beamten erreicht werden. Die Erfüllung dieser Verpflichtung soll zum Beispiel durch Verringerung der Anforderungen an die gesundheitliche Eignung gefördert werden. Schwerbehinderte Menschen im Sinne von § 155 SGB IX, die als Tarifbeschäftigte angestellt sind, können in das Beamtenverhältnis übernommen werden, soweit sonstige Rechtsvorschriften dem nicht entgegenstehen.

3.3 Liegen Bewerbungen von schwerbehinderten Menschen vor, soll ihnen bei im Wesentlichen gleicher Eignung der Vorzug vor nicht schwerbehinderten Bewerberinnen und Bewerbern gegeben werden, auch wenn einzelne Eignungsmerkmale behinderungsbedingt schwächer ausgeprägt sind.

Schwerbehinderte Menschen werden zu einem Vorstellungsgespräch eingeladen. Dies ist auch für schwerbehinderte interne Bewerberinnen und Bewerber anzuraten, wenn die Stelle berechtigterweise nur intern zur Besetzung ausgeschrieben wird. Die Einladung ist entbehrlich, wenn die fachliche Eignung offensichtlich fehlt (§ 165 SGB IX).

3.4 In bestimmten Laufbahnen, wie zum Beispiel in Vollzugs- und Einsatzdiensten, müssen an die Tauglichkeit der Beamtinnen und Beamten besondere Anforderungen gestellt werden, so dass sich hierdurch gewisse Einschränkungen bei der Verwendung von behinderten Menschen ergeben können.

3.5 Von schwerbehinderten Menschen darf nur das Mindestmaß gesundheitlicher Eignung für die betreffende Stelle verlangt werden. Die gesundheitliche Eignung kann im Allgemeinen auch dann noch als ausreichend angesehen werden, wenn der schwerbehinderte Mensch nur für die Wahrnehmung bestimmter Dienstposten der betreffenden Laufbahn geistig und körperlich geeignet ist.

Schwerbehinderte Menschen dürfen auch dann in ein Beamtenverhältnis berufen werden, wenn als Folge ihrer Behinderung eine vorzeitige Dienstunfähigkeit möglich ist. Es muss aber bei der Einstellung und bei der Ernennung auf Lebenszeit mit überwiegender Wahrscheinlichkeit davon ausgegangen werden können, dass der schwerbehinderte Mensch mindestens fünf Jahre dienstfähig bleibt. Dies muss im ärztlichen Gutachten zum Ausdruck kommen.

3.6 Die Dienststellen sind verpflichtet zu prüfen, ob freie Stellen mit schwerbehinderten Menschen besetzt werden können. Auf § 165 SGB IX wird hingewiesen. In Stellenausschreibungen ist darauf hinzuweisen, dass schwerbehinderte Menschen bei entsprechender Eignung bevorzugt eingestellt werden.

4 Ernennungsurkunde (zu § 8 BeamtStG, §§ 9, 10 LBG)

4.1 Beamtinnen und Beamte erhalten in den Fällen des § 8 Absatz 1 BeamtStG eine Er-

Durchführung beamtenrechtlicher Vorschriften I.3.1

nennungsurkunde. Der Wortlaut der Ernennungsurkunde ergibt sich aus § 8 Absatz 2 BeamtStG, den Mustern 1 bis 6 der Anlage 3 und den folgenden Bestimmungen.

4.2 Ist der Personenstand bekannt, kann bei Personen mit dem Personenstand divers auf die Anrede in der Ernennungsurkunde verzichtet werden.

4.3 Die Wörter „unter Berufung in das Beamtenverhältnis" sind in die Ernennungsurkunde nur aufzunehmen, wenn ein Beamtenverhältnis begründet wird (§ 8 Absatz 1 Nummer 1 BeamtStG). Wird ein Beamtenverhältnis in ein solches anderer Art umgewandelt (§ 8 Absatz 1 Nummer 2 BeamtStG), wird einer Beamtin oder einem Beamten unter Fortdauer des Beamtenverhältnisses erstmals ein Amt oder ein anderes Amt mit anderem Grundgehalt (§ 8 Absatz 1 Nummer 3 BeamtStG) oder ein anderes Amt mit anderer Amtsbezeichnung beim Wechsel der Laufbahngruppe verliehen (§ 8 Absatz 1 Nummer 4 BeamtStG in Verbindung mit § 10 LBG), soll die Ernennungsurkunde die Wörter „unter Berufung in das Beamtenverhältnis" nicht enthalten.

4.4 Bleibt bei einer Ernennung die Art des Beamtenverhältnisses unverändert, soll die Ernennungsurkunde einen die Art des Beamtenverhältnisses bestimmenden Zusatz nicht enthalten.

4.5 In die Ernennungsurkunde ist die Amtsbezeichnung oder die Dienstbezeichnung einzusetzen, die in einer Besoldungsordnung, einer Laufbahnvorschrift, der Grundamtsbezeichnungsverordnung oder in einer sonstigen Vorschrift für das Amt oder die Dienststellung vorgesehen ist, das beziehungsweise die der Beamtin oder dem Beamten übertragen werden soll. Ist die oder der zu Ernennende bereits Beamtin oder Beamter und wird eine andere Amts- oder Dienstbezeichnung verliehen, ist auch die bisherige Amts- oder Dienstbezeichnung anzugeben. Bei Beamtinnen oder Beamten eines anderen Dienstherrn ist die bisherige Amts- oder Dienstbezeichnung mit einem auf dieses Dienstverhältnis hinweisenden Zusatz (zum Beispiel „im Dienst des ...") zu versehen, wenn sich dieser Hinweis nicht wegen der Fassung der bisherigen Amts- oder Dienstbezeichnung erübrigt. Ist bei einer Berufung in das Beamtenverhältnis die oder der zu Ernennende nach gesetzlicher Vorschrift berechtigt, eine frühere Amts-, Dienst- oder Dienstgradbezeichnung mit einem Zusatz weiterzuführen, kann auch diese frühere Amts-, Dienst- oder Dienstgradbezeichnung mit einem Zusatz angegeben werden. Andere als die in dieser Verwaltungsvorschrift ausdrücklich vorgesehenen Angaben sind unzulässig, zum Beispiel Hinweise auf die Behörde, es sei denn, die Behördenbezeichnung ist Bestandteil der Amtsbezeichnung (zum Beispiel „Präsident des Landesamts für Verfassungsschutz"). Hinweise auf die Besoldungsgruppe werden in die Ernennungsurkunde aufgenommen

- bei der Begründung des Beamtenverhältnisses, wenn Ämter mit gleicher Amtsbezeichnung in mehreren Besoldungsgruppen ausgebracht sind (vergleiche Muster 1 der Anlage 3),
- bei Verleihung eines anderen Amtes mit anderem Grundgehalt, jedoch gleicher Amtsbezeichnung (vergleiche Muster 5 der Anlage 3),
- bei der Berufung in das Beamtenverhältnis auf Probe nach § 8 LBG, wenn Ämter mit gleicher Amtsbezeichnung in mehreren Besoldungsgruppen ausgebracht sind (vergleiche Muster 11 der Anlage 3), oder
- bei der Verleihung eines Amtes mit leitender Funktion auf Dauer im Beamtenverhältnis auf Lebenszeit, wenn Ämter mit gleicher Amtsbezeichnung in mehreren Besoldungsgruppen ausgebracht sind (vergleiche Muster 12 der Anlage 3).

4.6 Die Verleihung eines Amtes mit Amtszulage bedarf einer Ernennungsurkunde nach Muster 6 der Anlage 3.

4.7 Soll die Ernennung zu einem späteren Zeitpunkt als dem Tag der Aushändigung der Ernennungsurkunde wirksam werden (§ 9 Absatz 2 LBG), sind in die Ernennungsurkunde nach dem Namen der Beamtin oder des Beamten die Wörter „mit Wirkung vom ..." unter Angabe des Zeitpunkts einzufügen.

Eine Ernennung auf einen zurückliegenden Zeitpunkt ist nach § 8 Absatz 4 BeamtStG unzulässig und insoweit unwirksam.

4.8 Wird die Ernennungsurkunde nicht durch die Behördenleitung, sondern durch eine zur Vertretung befugte Beamtin oder einen zur Vertretung befugten Beamten unterzeichnet, sind beim Namen der oder des Unterzeichnenden ein das Vertretungsverhältnis kennzeichnender Zusatz (zum Beispiel „In Vertretung") mit Amtsbezeichnung einzufügen.

4.9 Die Ernennungsurkunde ist, je nach zuständiger Ernennungsbehörde, mit dem großen oder kleinen Dienstsiegel zu versehen.

4.10 Die Ernennungsurkunde ist der Beamtin oder dem Beamten gegen schriftliche Empfangsbestätigung auszuhändigen. Die Empfangsbestätigung ist zu den Personalaktendaten zu nehmen. Nach § 88 Absatz 1 Satz 4 LBG ist eine beglaubigte Abschrift der Ernennungsurkunde zum Grunddatenbestand oder zum dafür bestimmten Teildatenbestand zu nehmen, sofern diese Datenbestände nicht bei der Ernennungsbehörde geführt werden.

4.11 Nach § 8 BeamtStG ernannte Beamtinnen und Beamte sind mit Ausnahme der auf der Planstelle geführten Ersatzkräfte von der nach dem Ernennungsgesetz zuständigen Behörde in eine Planstelle einzuweisen. Die Einweisung ist der Beamtin oder dem Beamten unter Angabe des Zeitpunkts, in dem die Einweisung wirksam werden soll, schriftlich mitzuteilen. Sind in Besoldungsordnungen Ämter mit gleicher Amtsbezeichnung in mehreren Besoldungsgruppen ausgebracht, sind in der Einweisungsverfügung das Amt und die Besoldungsgruppe anzugeben, nach der die Bezüge gezahlt werden. Die Vorschriften über die rückwirkende Einweisung in eine Planstelle bei Beförderungen (§ 49 Absatz 2 der Landeshaushaltsordnung (LHO) und § 4 Absatz 1 Satz 3 des Landesbesoldungsgesetzes Baden-Württemberg (LBesGBW)) bleiben unberührt.

4.12 Für die Mitteilung nach Nummer 4.11 Satz 2 wird folgender Wortlaut empfohlen:

„Sie werden mit Wirkung vom ... in eine Planstelle ... bei Kapitel ... des Staatshaushaltsplans eingewiesen."

oder bei Ersatzkräften:

„Sie werden mit Wirkung vom ... auf freien Mitteln einer Planstelle ... bei Kapitel ... des Staatshaushaltsplans zusätzlich geführt."

In den in Nummer 4.10 Satz 3 genannten Fällen werden folgende Fassungen empfohlen:

„Sie werden mit Wirkung vom ... in eine Planstelle des Amts ... der Besoldungsgruppe ... bei Kapitel ... des Staatshaushaltsplans eingewiesen."

oder

„Sie werden mit Wirkung vom ... in eine Planstelle des Amts ... der Besoldungsgruppe ... bei Kapitel ... des Staatshaushaltsplans eingewiesen. Sie erhalten Dienstbezüge aus dem übertragenen Amt in Besoldungsgruppe ..."

4.13 Wird einer Beamtin oder einem Beamten ein anderes Amt mit gleichem Grundgehalt und anderer Amtsbezeichnung übertragen und ist damit kein Wechsel der Laufbahngruppe verbunden, sind ihr oder ihm die Übertragung des Amtes und die Einweisung in eine neue Planstelle schriftlich mitzuteilen. Die Übertragung des Amtes wird mit der Mitteilung an die Beamtin oder den Beamten wirksam, wenn nicht in der Mitteilung ein späterer Zeitpunkt bestimmt ist. Die Mitteilung muss die neue Amtsbezeichnung der Beamtin oder des Beamten enthalten.

4.14 Ändert sich die Amtsbezeichnung des bisherigen Amts, ohne dass der Beamtin oder dem Beamten ein anderes Amt übertragen wird, ist der Beamtin oder dem Beamten die neue Amtsbezeichnung schriftlich mitzuteilen.

5 Rücknahme der Ernennung (zu § 12 BeamtStG, § 12 LBG)

Die Ernennungsbehörde hat zunächst die nachträgliche vorgeschriebene Mitwirkung der zuständigen Aufsichtsbehörde zu der fehlerhaften Ernennung zu veranlassen. Erst wenn die Nachholung der Mitwirkung gescheitert ist, beispielsweise die Zustimmung zu einer Ernennung verweigert wurde, ist die Ernennung zurückzunehmen. Für Fälle, in de-

Durchführung beamtenrechtlicher Vorschriften I.3.1

nen vor dem 1. Januar 2011 fehlerhaft der ehemalige Landespersonalausschuss nicht beteiligt wurde, entscheidet über die nachträgliche Zustimmung bei den Beamtinnen und Beamten des Landes die oberste Dienstbehörde im Einvernehmen mit dem Innenministerium Baden-Württemberg (Artikel 62 § 1 Absatz 1 Nummer 5 des Dienstrechtsreformgesetzes [DRG]).

6 Führungsfunktionen auf Probe (zu § 4 Absatz 3 Buchstabe b BeamtStG, § 8 LBG)

6.1 Der Anwendungsbereich des § 8 LBG ist nur gegeben, wenn eine bestimmte leitende Funktion zugleich mit der Verleihung des statusrechtlichen Amts, das dieser leitenden Funktion zugeordnet ist, übertragen wird. Allein die Übertragung der leitenden Funktion reicht nicht aus.

- Welche Ämter mit leitender Funktion zunächst im Beamtenverhältnis auf Probe vergeben werden, ist im Anhang zu § 8 Absatz 1 LBG Buchstabe A bis D abschließend aufgeführt.
- Welcher Besoldungsgruppe das jeweilige statusrechtliche Amt mit leitender Funktion zugeordnet ist, ergibt sich nach § 20 LBesGBW und den auf dieser Grundlage erstellten Dienstpostenbewertungen oder den Besoldungsordnungen.
- Nicht einbezogen sind Ämter nach § 30 BeamtStG in Verbindung mit § 42 Absatz 1 LBG und Ämter, deren Inhaberinnen und Inhaber richterliche Unabhängigkeit besitzen.

Kein Anwendungsfall des § 8 LBG ist daher die alleinige Übertragung einer leitenden Funktion ohne die Verleihung des entsprechend zugeordneten statusrechtlichen Amts, beispielsweise die Übertragung einer nach der Besoldungsgruppe B 6 bewerteten Abteilungsleitung, die Beamtin oder der Beamte bleibt jedoch zunächst in Besoldungsgruppe B 3. Die Anwendung des § 8 LBG wird erst ausgelöst, wenn auch das entsprechend zugeordnete statusrechtliche Amt verliehen wird. Kein Anwendungsfall des § 8 LBG liegt ferner vor, wenn eine Beamtin oder ein Beamter bereits das statusrechtliche Amt, das der leitenden Funktion zugeordnet ist, innehat und ihr oder ihm unter Beibehaltung dieses Amts eine entsprechende leitende Funktion übertragen wird (zum Beispiel einer Referentin oder einem Referent in Besoldungsgruppe A 16 wird eine in dieser Besoldungsgruppe bewertete Referatsleitung übertragen). Wird dagegen in derselben leitenden Funktion ein höher bewertetes statusrechtliches Amt verliehen, weil dem Amt mit leitender Funktion mehrere Besoldungsgruppen zugeordnet sind (zum Beispiel einer Referatsleiterin oder einem Referatsleiter in der Besoldungsgruppe A 16 wird eine nach Besoldungsgruppe B 3 bewertete Referatsleitung übertragen), löst diese Beförderung die Anwendung des § 8 LBG aus.

6.2 Während der Probezeit wird das Beamtenverhältnis auf Lebenszeit durch das Beamtenverhältnis auf Probe überlagert (Doppelbeamtenverhältnis). Eine Entlassung aus dem Lebenszeitbeamtenverhältnis tritt nicht ein. Die Rechte und Pflichten aus dem zuletzt im Beamtenverhältnis auf Lebenszeit übertragenen Amt ruhen während der Probezeit mit Ausnahme der Pflicht zur Amtsverschwiegenheit (§ 37 BeamtStG in Verbindung mit § 57 LBG) und des Verbots der Annahme von Belohnungen, Geschenken und sonstigen Vorteilen (§ 42 BeamtStG).

Beamtenverhältnis auf Lebenszeit und Beamtenverhältnis auf Probe in einem Amt mit leitender Funktion können nur bei demselben Dienstherrn bestehen. Sollen Beamtinnen und Beamte anderer Dienstherrn in das Beamtenverhältnis auf Probe nach § 8 LBG berufen werden, so ist zuvor durch Versetzung oder Ernennung ein Beamtenverhältnis zum Land Baden-Württemberg zu begründen. Erst im Anschluss daran ist das neue Amt im Beamtenverhältnis auf Probe nach § 8 LBG zu übertragen.

6.3 Die Probezeit von zwei Jahren kann in besonders begründeten Fällen von der obersten Dienstbehörde bis auf ein Jahr verkürzt werden. Ist die leitende Funktion bereits in vollem Umfang übertragen worden, ohne dass auch das statusrechtliche Amt verliehen wurde, beispielsweise weil eine entsprechende Planstelle nicht zur Verfügung stand, oder war unmittelbar zuvor eine vergleichbare leitende Funktion erfolgreich übertragen, sollen diese Zeiten bei Bewährung grundsätzlich auf die Probezeit angerechnet werden. Eine Mindestprobezeit ist dann nicht zu fordern. Je nach dem Umfang der Anrechnung kann die Probezeit ganz entfallen.

Die Dauer der Probezeit unter Berücksichtigung von Anrechnungs- und Verkürzungsmöglichkeiten ist durch einen begleitenden Verwaltungsakt festzusetzen.

Eine Verlängerung der Probezeit ist nicht zulässig. Zeiten einer Beurlaubung ohne Dienstbezüge gelten nicht als Probezeit.

6.4 Beamtinnen und Beamten darf ein Amt mit leitender Funktion im Beamtenverhältnis auf Probe nach § 8 LBG nur übertragen werden, wenn die laufbahnrechtlichen Voraussetzungen dafür erfüllt werden, insbesondere die für das konkrete Amt erforderliche Laufbahnbefähigung (vergleiche § 16 LBG) vorhanden ist.

6.5 Wird Beamtinnen oder Beamten auf Lebenszeit ein Amt mit leitender Funktion im Beamtenverhältnis auf Probe nach § 8 LBG übertragen, erhalten diese eine Ernennungsurkunde nach Anlage 3, Muster 11.

6.6 Wird Beamtinnen oder Beamten als Amt mit leitender Funktion ein anderes Amt mit höherem Grundgehalt übertragen, ohne dass sich die Amtsbezeichnung ändert, beispielsweise die Übertragung eines Amts mit Amtszulage oder von Ministerialrat in der Besoldungsgruppe A 16 zu Ministerialrat in der Besoldungsgruppe B 3, erfolgt die Übertragung des anderen statusrechtlichen Amts ebenfalls durch Ernennung in das Beamtenverhältnis auf Probe (vergleiche § 8 Absatz 1 Nummer 3 BeamtStG). Wird ohne Wechsel der Laufbahngruppe ein anderes Amt mit gleichem Grundgehalt, aber anderer Amtsbezeichnung übertragen, beispielsweise von Ministerialrat in der Besoldungsgruppe B 3 zum Leitenden Ministerialrat in der Besoldungsgruppe B 3, ist wegen der Begründung des Beamtenverhältnisses auf Probe nach § 8 LBG ebenfalls eine Ernennung erforderlich (vergleiche § 8 Absatz 1 Nummer 1 BeamtStG). Für die Übertragung des Amts mit leitender Funktion im Beamtenverhältnis auf Probe wird in diesen Fällen eine Urkunde nach Anlage 3, Muster 11 empfohlen.

6.7 Hat sich die Beamtin oder der Beamte bewährt, ist das Amt mit leitender Funktion im Beamtenverhältnis auf Lebenszeit zu übertragen, das heißt grundsätzlich durch entsprechende Ernennung und Aushändigung einer Ernennungsurkunde nach Anlage 3, Muster 12. Stimmen die bisherige und die künftige Amtsbezeichnung überein, wird auf die Angabe der bisherigen Amtsbezeichnung in der Ernennungsurkunde verzichtet.

Soweit kein Ernennungsfall nach § 8 BeamtStG vorliegt, erfolgt die nachfolgende Übertragung des Amtes auf Dauer im bestehenden Beamtenverhältnis auf Lebenszeit durch schriftliche Verfügung.

Da nach Ablauf der Probezeit das Beamtenverhältnis auf Probe in einem Amt mit leitender Funktion kraft Gesetzes nach § 22 Absatz 5 BeamtStG endet, muss die Entscheidung über die Bewährung möglichst zeitnah erfolgen, so dass eine unmittelbare Anschlussernennung im Beamtenverhältnis auf Lebenszeit oder der rechtzeitige Erlass der Verfügung möglich ist. Es wird empfohlen, die Ernennungsurkunde oder die Verfügung kurz vor Ablauf der Probezeit auszuhändigen und darin den Zusatz „mit Wirkung vom ..." unter Angabe des Zeitpunkts einzufügen.

6.8 Haben sich Beamtinnen und Beamte nicht den Leistungserwartungen entsprechend bewährt, verbleiben sie in dem statusrechtlichen Amt vor der Ernennung zur Beamtin oder zum Beamten auf Probe nach § 8 LBG mit entsprechendem Dienstposten. Weitere statusändernden Verfügungen sind nicht erforderlich. Die Feststellung der Nichtbewährung ist schriftlich mitzuteilen.

Laufbahnen

7 Erwerb der Laufbahnbefähigung (zu § 16 LBG)

7.1 Die Erhaltung eines leistungsfähigen Berufsbeamtentums hängt vor allem davon ab,

Durchführung beamtenrechtlicher Vorschriften I.3.1

dass die Bewerberinnen und Bewerber die für die erfolgreiche Wahrnehmung der jeweiligen Aufgaben erforderliche Laufbahnbefähigung besitzen. § 16 Absatz 1 Nummer 1 und 2 LBG sieht für den Erwerb einer Laufbahnbefähigung als Laufbahnbewerberin oder Laufbahnbewerber verschiedene Regelungsmöglichkeiten vor. Das für die jeweilige Fachlaufbahn zuständige Ministerium kann die betreffende Fachlaufbahn im Rahmen dieser gesetzlichen Regelungsmöglichkeiten einrichten, den Zugang zu der Laufbahn ausgestalten und die weiteren Modalitäten, wie zum Beispiel Einzelheiten zum Aufstieg oder der Gleichwertigkeit zu anderen Laufbahnen, durch Rechtsverordnung näher regeln und dabei insbesondere bestimmen, nach welcher oder welchen der in § 16 Absatz 1 Nummer 1 und 2 LBG vorgesehenen Möglichkeiten die Laufbahnbefähigung erworben wird. Die durch Verordnung des zuständigen Ministeriums getroffenen laufbahnrechtlichen Regelungen gelten für alle Beamtinnen und Beamten, die in diese Laufbahn eingestellt werden (Laufbahnbewerberinnen und Laufbahnbewerber), grundsätzlich gleichermaßen und unabhängig vom jeweiligen Dienstherrn sowie unabhängig davon, in welchem Geschäftsbereich eines Ministeriums sie beschäftigt sind. Spezielle Festlegungen in den laufbahnrechtlichen Verordnungen bleiben unberührt.

7.2 Der Zugang zu einer eingerichteten Laufbahn ist nach § 16 Absatz 1 Nummer 5 LBG auch über die Richtlinie 2005/36/EG des Europäischen Parlaments und des Rates vom 7. September 2005 über die Anerkennung von Berufsqualifikationen möglich. Diese EU-Richtlinie dient der Beseitigung von Hindernissen für den freien Personen- und Dienstleistungsverkehr zwischen den Mitgliedstaaten der Europäischen Union und gibt Unionsbürgerinnen und Unionsbürgern sowie ihnen Gleichgestellten, die ihre Berufsqualifikation in einem Mitgliedstaat erworben haben, Garantien hinsichtlich des Zugangs zu demselben Beruf und seiner Ausübung in einem anderen Mitgliedstaat. Näheres zum Verfahren und zur Zuständigkeit haben das Innenministerium, das Finanzministerium, das Wissenschaftsministerium, das Umweltministerium, das Wirtschaftsministerium, das Sozialministerium, das Justizministerium, das Verkehrsministerium, das Ministerium Ländlicher Raum und das Ministerium für Landesentwicklung und Wohnen in der Laufbahnbefähigungsanerkennungsverordnung geregelt. Für die Anerkennung beruflicher Befähigungsnachweise für Lehrerberufe gilt die EU-EWR-Lehrerverordnung des Kultusministeriums.

7.3 Die Befähigung von anderen Bewerberinnen und Bewerbern für eine bestimmte Laufbahn kann nur von den obersten Dienstbehörden festgestellt werden. Zwingend ist dabei, dass die Laufbahn, in die die andere Bewerberin oder der andere Bewerber eingestellt wird, tatsächlich besteht und durch das zuständige laufbahngestaltende Ministerium eingerichtet worden ist. Die in § 16 Absatz 3 LBG geregelten Voraussetzungen müssen kumulativ vorliegen; Ausnahmen sind nicht möglich. An die Prüfung der Voraussetzungen sind strenge Maßstäbe anzulegen. Die Einstellung einer anderen Bewerberin oder eines anderen Bewerbers soll sich auf Einzelfälle beschränken.

7.4 Nach Artikel 62 § 1 Absatz 1 Nummer 1 DRG bleiben die am 31. Dezember 2010 vorhandenen Beamtinnen und Beamten in ihren bisherigen Laufbahnen, soweit in den jeweiligen laufbahnrechtlichen Vorschriften der Ressorts nichts anderes bestimmt ist. Dies gilt insbesondere auch für die Beamtinnen und Beamten, für die vom ehemaligen Landespersonalausschuss eine auf einen bestimmten Verwendungsbereich eingeschränkte Befähigung zuerkannt wurde.

Für die Beamtinnen und Beamten, die im Wege des Aufstiegs für besondere Verwendungen in die nächsthöhere Laufbahn gelangt sind, gelten die jeweiligen Bestimmungen der Landeslaufbahnverordnung (§ 21a Absatz 3, § 25a Absatz 2 und § 30a Absatz 2) in der bis 31. Dezember 2010 geltenden Fassung fort. Diese damit weiter geltende Einschränkung des Verwendungsbereichs hat zur Folge, dass eine Beförderung nur bis zu den in den jeweiligen Bestimmungen genannten Besoldungsgruppen möglich ist. Einschränkungen des Verwendungsbereichs können nur über einen horizontalen Laufbahnwechsel nach § 21 LBG aufgehoben werden. Voraussetzung ist dabei unter anderem, dass die Aufgaben der entsprechenden Fachlaufbahn entsprechend Nummer 11.1 tatsächlich wahrgenommen werden.

7.5 Die Regelungen zu den Laufbahnen besonderer Fachrichtung in den §§ 33 bis 44 der Landeslaufbahnverordnung in der bis 31. Dezember 2010 geltenden Fassung galten nach Artikel 62 § 1 Absatz 2 DRG lediglich längstens bis 31. Dezember 2014 fort. Der Zugang zu einer Laufbahn richtet sich nunmehr ausschließlich nach den Voraussetzungen in der jeweils einschlägigen laufbahnrechtlichen Verordnung auf der Grundlage des § 16 Absatz 2 LBG.

8 Einstellung (zu § 18 LBG)

Die Einstellung erfolgt grundsätzlich im Eingangsamt der Laufbahn. Der Dienstherr hat, wenn besondere dienstliche Bedürfnisse dies rechtfertigen, nach § 18 Absatz 2 LBG die Möglichkeit, zum Ausgleich einer unzumutbaren Härte ausnahmsweise die Einstellung im ersten oder zweiten Beförderungsamt vorzunehmen. Dies setzt zwingend voraus, dass die Beamtin oder der Beamte nach Erwerb der Laufbahnbefähigung bereits über den in § 18 Absatz 2 LBG festgelegten Zeitraum Aufgaben wahrgenommen hat, die der Laufbahn in der jeweiligen Laufbahngruppe entsprechen, in die sie oder er eingestellt werden soll.

§ 18 Absatz 2 Satz 3 LBG stellt klar, dass auch bei einer anderen Bewerberin oder einem anderen Bewerber die Zeiten der Aufgabenwahrnehmung, die für den Erwerb der Befähigung nach § 16 Absatz 3 LBG mindestens erforderlich sind, darüber hinaus zusätzlich erbracht worden sein müssen. Eine doppelte Berücksichtigung ist nicht möglich.

9 Probezeit (zu § 19 LBG)

9.1 § 19 LBG gestaltet die in § 10 BeamtStG vorgeschriebene Probezeit näher aus. Die erfolgreiche Ableistung der Probezeit nach Erwerb der Laufbahnbefähigung ist Voraussetzung für die Ernennung in ein Beamtenverhältnis auf Lebenszeit (vergleiche Nummer 18.3). Die Probezeit des § 19 LBG ist zu unterscheiden von der Probezeit in einer Führungsfunktion auf Probe nach § 8 LBG (vergleiche dazu Nummer 6).

9.2 Zeiten einer Beurlaubung ohne Bezüge gelten grundsätzlich nicht als Probezeit. Hierunter fallen auch Beurlaubungen, die überwiegend dienstlichen Interessen oder öffentlichen Belangen dienen; zu entsprechenden Beurlaubungen für die vorübergehende Wahrnehmung von Aufgaben in einer öffentlichen zwischenstaatlichen oder überstaatlichen Einrichtung oder in der Verwaltung oder in einer öffentlichen Einrichtung eines Mitgliedstaates der Europäischen Union vergleiche Nummer 16.7. Bei auseinanderfallenden Zuständigkeiten hat die für die Beurlaubung zuständige Stelle vor der Bewilligung einer entsprechenden Beurlaubung die Ernennungsbehörde zu beteiligen. Die Ernennungsbehörde kann im Einzelfall bestimmen, dass Zeiten einer solchen Beurlaubung als Probezeit gelten.

9.3 Das in § 19 Absatz 2 Nummer 2 LBG enthaltene Tatbestandsmerkmal „hervorragend" wurde wegen der Vielzahl der für den Erwerb der Laufbahnbefähigung in Betracht kommenden Prüfungen und Bewertungen gesetzlich nicht definiert. Es kann sich jedoch nur um eine Spitzenbewertung handeln. Die Ernennungsbehörde entscheidet nach pflichtgemäßem Ermessen, ob und in welchem Umfang die Probezeit abgekürzt wird.

9.4 Für den freiwilligen Wehrdienst ist aufgrund der gesetzlichen Festlegung in § 4 Absatz 3 des Wehrpflichtgesetzes und § 58f des Soldatengesetzes ein Nachteilsausgleich entsprechend der Regelung in § 19 Absatz 3 Satz 1 Nummer 1 LBG zu gewähren.

Bei der Prüfung sowohl der in § 19 Absatz 3 Satz 1 als auch der in § 19 Absatz 3 Satz 2 LBG genannten Anrechnungen ist auf einen kausalen Zusammenhang zu der beruflichen Entwicklung als Beamtin oder als Beamter zu achten. Ein solcher Zusammenhang liegt vor,

Durchführung beamtenrechtlicher Vorschriften I.3.1

wenn der Wehr- oder Zivildienst, die Tätigkeit als Entwicklungshelfer oder Entwicklungshelferin, die Betreuung und Pflege eines Angehörigen, die Inanspruchnahme von Elternzeit oder Urlaub nach § 72 Absatz 1 LBG oder die Leistung von Bundesfreiwilligendienst oder Jugendfreiwilligendienst zu einer tatsächlichen Verzögerung in dem beruflichen Werdegang im Beamtenverhältnis geführt haben.

9.5 Dienstzeiten im öffentlichen Dienst oder Zeiten, die in einem der Ausbildung entsprechenden Beruf zurückgelegt wurden, können auf die Probezeit angerechnet werden, wenn sie nach Art und Bedeutung Tätigkeiten in der betreffenden Laufbahn entsprechen. Dies gilt auch, wenn diese Zeiten bereits für den Erwerb der Laufbahnbefähigung herangezogen wurden. Die Entscheidung hierüber obliegt dem jeweiligen Dienstherrn im Rahmen seines Ermessens.

9.6 Kann die Bewährung in der Probezeit nicht festgestellt werden, soll eine Verlängerung der Probezeit schrittweise erfolgen. Die betroffene Person ist vorher anzuhören. Die Verlängerung der Probezeit ist unter Angabe der Gründe und unter Festlegung der zeitlichen Dauer schriftlich mitzuteilen. Die Entlassung bei fehlender Bewährung in der Probezeit richtet sich nach § 23 Absatz 3 Satz 1 Nummer 2 und Satz 2 BeamtStG (vergleiche Nummer 18).

10 Beförderung (zu § 20 LBG)

10.1 In der Regel sind alle Ämter der Besoldungsordnung A in einer Laufbahn zu durchlaufen. Abweichend von § 20 Absatz 2 Satz 1 LBG können im Rahmen eines Aufstiegs nach § 22 LBG Ämter übersprungen werden, wenn eine Rechtsverordnung nach § 22 Absatz 4 Satz 3 Nummer 1 LBG Ausnahmen von § 22 Absatz 1 Nummer 1 LBG vorsieht.

§ 20 Absatz 2 Satz 2 LBG ermöglicht in Ausnahmefällen das Überspringen von bis zu zwei Ämtern, wenn alle genannten Voraussetzungen kumulativ vorliegen. Höherwertige Tätigkeiten können auch außerhalb eines Beamtenverhältnisses erbracht worden sein. Sie müssen jedoch mindestens über einen Zeitraum ausgeübt worden sein, in dem auch bei regulärem Vorrücken in der Laufbahn das höhere Amt laufbahnrechtlich frühestens hätte erreicht werden können (sogenannte fiktive Nachzeichnung des Werdegangs der Laufbahn). Die Tätigkeiten können nicht mehrfach berücksichtigt werden. Eine Anrechnung ist nur auf die Einstellung im Beförderungsamt oder bei der Probezeit oder beim Überspringen von Ämtern möglich.

10.2 Beim Aufstieg in die nächsthöhere Laufbahngruppe kann das Eingangsamt der nächsthöheren Laufbahngruppe übersprungen werden, wenn dieses mit keinem höheren Grundgehalt verbunden ist als das bisherige Amt. Für den Begriff des Grundgehalts gilt § 3 Absatz 7 LBG, wobei die dort genannten Bestandteile als Verweis ihrem Grunde nach und nicht der Höhe nach anzusehen sind. Die Ermessensentscheidung trifft die Ernennungsgsbehörde. Die Sperrfrist des § 20 Absatz 3 Nummer 3 LBG ist zu beachten.

10.3 Wartezeiten für eine Beförderung, die über die in § 20 Absatz 3 Nummer 3 LBG genannte Sperrfrist hinausgehen, dürfen nur unter Beachtung des sich aus Artikel 33 Absatz 2 GG ergebenden Leistungsprinzips festgelegt werden.

10.4 Nummer 3.5 Satz 1 gilt entsprechend.

11 Horizontaler Laufbahnwechsel (zu § 21 LBG)

11.1 Ein Laufbahnwechsel erfordert die Befähigung für die neue Laufbahn. Zu berücksichtigen ist die ganze Bandbreite der Aufgaben der angestrebten Laufbahn.

11.2 Für die Einführungszeit können Konzepte, in denen die notwendigen Qualifizierungs- und sonstigen Maßnahmen, beispielsweise Hospitationen, Praktika, Praxisstationen, festgelegt sind, erstellt werden.

11.3 Die Dienstvorgesetzten entscheiden am Ende der Einführungszeit durch Verwaltungsakt über den Erwerb der Befähigung für die neue Laufbahn und dokumentieren dies in den Personalaktendaten. Bei mehreren Dienstvorgesetzten ist derjenige zuständig, der für die Einführung in die neue Laufbahn zuständig ist. Die Ernennungsbehörde bleibt

I.3.1 Durchführung beamtenrechtlicher Vorschriften

für die Verleihung eines Amts der neuen Laufbahn zuständig.

11.4 Für Beamtinnen oder Beamte des Bundes, die während ihrer Abordnung zu einer Dienststelle in Baden-Württemberg in eine neue Laufbahn eingeführt werden, gilt § 21 LBG über § 27 Absatz 5 des Bundesbeamtengesetzes (BBG), für Beamtinnen und Beamte anderer Länder über § 14 Absatz 4 BeamtStG.

12 Aufstieg (zu § 22 LBG)

12.1 Der Aufstieg ist nur in eine Laufbahn derselben Fachrichtung möglich, die auch in der nächsthöheren Laufbahngruppe eingerichtet ist.

Hat der ehemalige Landespersonalausschuss im Einzelfall eine auf einen bestimmten Verwendungsbereich eingeschränkte Befähigung zuerkannt, ist ein Aufstieg aus dieser eingeschränkten Laufbahn nicht möglich, da diese in der nächsthöheren Laufbahngruppe nicht eingerichtet ist. Sofern die Voraussetzungen vorliegen und Aufgaben der entsprechenden Fachlaufbahn tatsächlich wahrgenommen werden beziehungsweise werden sollen, kann ein horizontaler Laufbahnwechsel nach § 21 LBG in Betracht gezogen werden, mit dem die Beamtin oder der Beamte die Befähigung für eine Laufbahn erwirbt, aus der ein Aufstieg möglich ist.

12.2 Die Voraussetzungen für einen Aufstieg ergeben sich aus § 22 Absatz 1 Nummer 1 bis 5 LBG. Sie müssen kumulativ vorliegen. Die für die jeweilige Fachlaufbahn in den laufbahnrechtlichen Vorschriften getroffenen Ausnahmen von § 22 Absatz 1 Nummer 1 bis 3 LBG bleiben unberührt. Über den Aufstieg entscheidet die für die Ernennung in der höheren Laufbahngruppe zuständige Behörde. Das Vorliegen der Aufstiegsvoraussetzungen ist in den Personalaktendaten zu dokumentieren.

12.3 In § 22 Absatz 1 Nummer 5 LBG ist für die geforderte Qualifizierungsmaßnahme weder eine bestimmte Form noch ein bestimmter Umfang vorgegeben. Auch ist nicht festgelegt, ob die Qualifizierungsmaßnahme mit einer Prüfung abgeschlossen werden muss oder nicht. Die Entscheidung hierüber obliegt dem jeweiligen Dienstherrn. Die Maßnahme muss jedoch geeignet sein, Fähigkeiten und Kenntnisse zu vermitteln, die die Wahrnehmung der Aufgaben in der gesamten Bandbreite der neuen Laufbahn gewährleisten. Es können Aufstiegskonzeptionen festgelegt werden. Die Entsendung zu Qualifizierungsmaßnahmen ist nicht vom Vorliegen der Voraussetzungen des § 22 Absatz 1 Nummer 1 LBG abhängig. Es besteht auch keine zwingende zeitliche Reihenfolge der in § 22 Absatz 1 LBG genannten Voraussetzungen.

Eine konkrete Vorgabe an die Ausgestaltung der Qualifizierungsmaßnahme kann nur in den Fällen gegeben sein, in denen das laufbahngestaltende Ressort in der jeweiligen laufbahnrechtlichen Vorschrift von der Ermächtigung in § 22 Absatz 4 Nummer 2 LBG Gebrauch gemacht hat. Dadurch kann mit der auf die jeweiligen Bedürfnisse zugeschnittenen Qualifikation auch bestimmt werden, welches Amt der nächsthöheren Laufbahn höchstens verliehen werden kann.

12.4 Erfolgt der Aufstieg aus dem Endamt einer Laufbahn in das Eingangsamt der nächsthöheren Laufbahn derselben Fachrichtung, so bedarf es nach § 8 Absatz 1 Nummer 4 BeamtStG in Verbindung mit § 10 LBG einer Ernennung, auch wenn damit kein höheres Grundgehalt (§ 3 Absatz 7 LBG) verbunden ist. Ist mit der Ernennung kein höheres Grundgehalt verbunden, so handelt es sich nicht um eine Beförderung nach § 20 Absatz 1 LBG.

12.5 Beim Aufstieg kann das Eingangsamt der nächsthöheren Laufbahn nach § 20 Absatz 2 Satz 4 LBG übersprungen werden. Auf Nummer 10.2 wird verwiesen.

Versetzung, Abordnung, Zuweisung, Entsendung

13 Versetzung (zu § 24 LBG, §§ 13, 15 BeamtStG)

13.1 Versetzungen innerhalb der Landesverwaltung und Versetzungen vom Land zu einem anderen Dienstherrn im Sinne des § 1

Durchführung beamtenrechtlicher Vorschriften I.3.1

LBG oder umgekehrt richten sich nach § 24 LBG. Bei länderübergreifenden Versetzungen und bei Versetzungen in den Bereich des Bundes sind §§ 13, 15 BeamtStG sowie die Verfahrensvorschriften in § 24 Absatz 5 in Verbindung mit Absatz 4 Satz 2 und 3 LBG anzuwenden. Für Versetzungen aus dem Bereich des Bundes zum Land gilt § 28 BBG.

13.2 Die Versetzung von Beamtinnen und Beamten nach § 24 LBG in ein Amt mit demselben Grundgehalt einer gleichwertigen oder anderen Laufbahn (bei einer anderen Dienststelle desselben oder bei einem anderen Dienstherrn) ist nicht von der Zustimmung der Beamtin oder des Beamten abhängig, wenn die neue Tätigkeit auf Grund der Vorbildung oder der Berufsausbildung der Beamtin oder dem Beamten zumutbar ist. Bei einem derartigen Eingriff in die Rechtsstellung von Beamtinnen und Beamten sind im Rahmen der pflichtgemäßen Ermessensausübung insbesondere der Grundsatz der Verhältnismäßigkeit, die persönliche Situation der Beamtin oder des Beamten und die der Entscheidung zu Grunde zu legenden dienstlichen Gründe zu beachten. Eine Weiterverwendung der Beamtin oder des Beamten im bisherigen Amt und weniger schwerwiegende Maßnahmen, wie die Versetzung in ein Amt derselben Laufbahn, müssen objektiv unmöglich sein. Eine Versetzung in ein Amt mit demselben Grundgehalt einer gleichwertigen oder einer anderen Laufbahn darf zum Beispiel nur bei erheblichen organisatorischen Schwierigkeiten, beispielsweise im Zusammenhang mit dem Abbau von Personalüberhängen, erfolgen; in der Person der betroffenen Beamtinnen und Beamten liegende Gründe scheiden insoweit aus.

Unabhängig vom Zustimmungserfordernis sind betroffene Beamtinnen und Beamte bei Versetzungen aus dienstlichen Gründen stets anzuhören.

13.3 Die Versetzung einer Beamtin oder eines Beamten, deren oder dessen Aufgabengebiet von einem Behördenumbau betroffen ist, in ein Amt derselben oder einer gleichwertigen Laufbahn mit geringerem Grundgehalt wegen Behördenumbildung darf nur innerhalb der Landesverwaltung erfolgen. Es darf nur ein Amt mit einem Grundgehalt übertragen werden, das mindestens dem Amt entspricht, das die Beamtin oder der Beamte vor dem bisherigen Amt innehatte. Versetzungsmöglichkeiten nach anderen Vorschriften, die weniger stark in die Rechtsstellung der Betroffenen eingreifen, sind vorrangig. Im Übrigen ist die Dienstbehörde im Rahmen der Fürsorgepflicht gehalten, Beamtinnen und Beamte so bald wie möglich wieder entsprechend ihrem bisherigen Amt zu verwenden.

13.4 Beamtinnen und Beamte sind verpflichtet, an Qualifizierungsmaßnahmen für den Erwerb der neuen Laufbahnbefähigung teilzunehmen, wenn sie in ein Amt einer anderen Laufbahn versetzt werden, für die sie nicht die Laufbahnbefähigung besitzen. Die Qualifizierungsmaßnahmen müssen den in § 21 Absatz 2 Satz 1 LBG genannten Maßnahmen (Einführungszeit) entsprechen. Mit der Qualifizierungspflicht geht das Recht der betroffenen Beamtinnen und Beamten einher, an Maßnahmen entsprechend § 21 Absatz 2 Satz 2 LBG teilnehmen zu dürfen, die geeignet sind, die Einführungszeit zu verkürzen.

13.5 Nach § 24 Absatz 4 Satz 4 Halbsatz 1 LBG wird bei einem Dienstherrnwechsel das Beamtenverhältnis mit dem neuen Dienstherrn fortgesetzt, so dass es grundsätzlich keiner erneuten Ernennung bedarf. Bei Versetzungen ist der Zeitpunkt der Versetzung zu bestimmen.

Werden Beamtinnen oder Beamte von einem anderen Dienstherrn in den Dienst des Landes versetzt, so erhalten sie neben der von der nach § 24 Absatz 4 LBG zuständigen Stelle zu erlassenden Versetzungsverfügung von der zuständigen Ernennungsbehörde eine schriftliche Mitteilung. Hierfür wird folgender Wortlaut empfohlen:

„Auf Grund ... sind Sie unter Fortdauer Ihres Beamtenverhältnisses auf ... mit Wirkung vom ... in den Dienst des Landes Baden-Württemberg versetzt.

Sie führen die Amtsbezeichnung ... "

Danach folgt die haushaltsrechtliche Einweisungsverfügung (vergleiche Nummer 4.10).

I.3.1 Durchführung beamtenrechtlicher Vorschriften

13.6 Für schwerbehinderte Beamtinnen und Beamte ist es je nach Art und Schwere der Behinderung schwieriger als für andere Beschäftigte, sich auf einen neuen Arbeitsplatz umzustellen. Sie sollen daher gegen ihren Willen nur aus dringenden dienstlichen Gründen versetzt werden, wenn ihnen hierbei mindestens gleichwertige oder bessere Arbeitsbedingungen oder Entwicklungsmöglichkeiten geboten werden. Bei Versetzungen von schwerbehinderten Beamtinnen und schwerbehinderten Beamten ist die Schwerbehindertenvertretung zu unterrichten und vor einer Entscheidung anzuhören. Die Entscheidung ist ihr unverzüglich mitzuteilen (§ 178 Absatz 2 Satz 1 SGB IX).

13.7 Länderübergreifende Versetzungen und Versetzungen zwischen dem Land und dem Bund können nur in ein Amt erfolgen, für das die Beamtin oder der Beamte die Laufbahnbefähigung besitzt. Hierfür ist das Recht des aufnehmenden Dienstherrn maßgebend.

Für Hochschullehrerinnen und Hochschullehrer ist bei einer länderübergreifenden Versetzung § 61 BeamtStG zu beachten.

14 Abordnung (zu § 25 LBG, §§ 13, 14 BeamtStG)

14.1 Abordnungen innerhalb der Landesverwaltung und Abordnungen vom Land zu einem anderen Dienstherrn im Sinne des § 1 LBG oder umgekehrt richten sich nach § 25 LBG. Bei länderübergreifenden Abordnungen und bei Abordnungen in den Bereich des Bundes sind §§ 13, 14 BeamtStG sowie die Verfahrensvorschriften in § 25 Absatz 5 in Verbindung mit § 24 Absatz 4 LBG anzuwenden. Für Abordnungen aus dem Bereich des Bundes zum Land gilt § 27 BBG.

14.2 Über die Abordnung ist nach pflichtgemäßem Ermessen zu entscheiden. Nummer 13.2 gilt insoweit wie auch zum Anhörungserfordernis entsprechend. Unmittelbar aufeinanderfolgende Abordnungen können nur im Ausnahmefall ohne Zustimmung der oder des Betroffenen erfolgen und nur dann, wenn weniger einschneidende Maßnahmen nicht zur Verfügung stehen.

14.3 Für die Abordnung von schwerbehinderten Beamtinnen und Beamten gilt Nummer 13.6 entsprechend.

14.4 Für Hochschullehrerinnen und Hochschullehrer ist bei länderübergreifender Abordnung § 61 BeamtStG zu beachten.

14.5 Mit ihrer Abordnung bekommen Beamtinnen und Beamte neben ihren bisherigen Dienstvorgesetzten weitere Dienstvorgesetzte im Sinne von § 3 Absatz 3 in Verbindung mit § 4 Absatz 1 LBG hinzu, die für bestimmte beamtenrechtliche Entscheidungen zuständig sein können.

15 Zuweisung (zu § 20 BeamtStG)

15.1 Die Zuweisung ermöglicht eine Tätigkeit bei Einrichtungen ohne Dienstherrnfähigkeit. Die Rechtsstellung der Beamtinnen und Beamten bleibt durch die Zuweisung unberührt. Der Dienstherr behält die Möglichkeit, auch im Zuweisungsverhältnis auf die Erfüllung der Pflichten hinzuwirken. Da Zuweisungen zu einer Einrichtung ohne Dienstherrneigenschaft in die statusrechtliche Stellung der Beamtinnen und Beamten eingreifen, ist sie grundsätzlich nur mit deren Zustimmung zulässig. Die Fälle, in denen eine Zustimmung nicht erforderlich ist, sind in § 20 Absatz 2 BeamtStG abschließend geregelt.

15.2 Die Zuweisung zu einer öffentlichen Einrichtung, beispielsweise des Auslands, oder einer öffentlich-rechtlichen Religionsgemeinschaft setzt das Vorliegen eines dienstlichen oder öffentlichen Interesses voraus. Dies kann ein Einzelinteresse einer Dienststelle oder ein allgemeines öffentliches Interesse sein. Für Zuweisungen zu öffentlichen zwischenstaatlichen oder überstaatlichen Organisationen (internationale Organisationen) kann das öffentliche Interesse zum Beispiel darin bestehen, die deutsche Präsenz bei der Einrichtung zu erhöhen.

15.3 Für eine Zuweisung zu einer anderen (privaten) Einrichtung, die national oder international sein kann, muss ein öffentliches Interesse vorliegen. Als öffentliches Interesse kommen zum Beispiel das Erlernen von Methoden außerhalb des öffentlichen Dienstes und das Sammeln von Erfahrungen in Betracht.

Durchführung beamtenrechtlicher Vorschriften I.3.1

Dies dient auch dem Austausch zwischen öffentlichem Dienst und Privatwirtschaft.

16 Richtlinien für die Entsendung von Beamtinnen und Beamten

16.1 Entsendung im Sinne dieses Abschnitts ist die vorübergehende Wahrnehmung von Aufgaben
- in einer öffentlichen zwischenstaatlichen oder überstaatlichen Einrichtung,
- in der Verwaltung oder in einer öffentlichen Einrichtung eines Mitgliedstaates der Europäischen Union

außerhalb der Entwicklungszusammenarbeit.

16.2 Scheidet eine Zuweisung unter Fortzahlung der Bezüge aus, kommt zur Entsendung unter Beachtung des § 22 Absatz 2 BeamtStG gegebenenfalls die Bewilligung von Urlaub aus sonstigen Gründen nach § 31 der Arbeitszeit- und Urlaubsverordnung (AzUVO) in Betracht.

16.3 Die Entsendung von Beamtinnen und Beamten darf nur erfolgen, wenn an der Tätigkeit der Beamtin oder des Beamten in der Einrichtung oder Verwaltung nach Nummer 16.1 ein besonderes Landesinteresse besteht. Ein Bezug zu den Aufgaben des Landes ist daher zwingende Voraussetzung. Das besondere Landesinteresse ist stets aktenkundig zu machen. Bei Vorliegen dieser Voraussetzung ist eine Entsendung auch in eine internationale Organisation möglich, die das Bundesministerium des Innern und für Heimat nicht in Abschnitt I des Anhangs zu den Richtlinien für die Entsendung von Beschäftigten des Bundes beispielhaft aufgeführt hat. Vor einer Verlängerung der Entsendung ist das Vorliegen des besonderen Landesinteresses erneut festzustellen.

16.4 Angesichts der Bedeutung der Aufgaben der in Nummer 16.1 genannten Einrichtungen und Verwaltungen dürfen nur Beamtinnen und Beamte entsandt werden, die für die vorgesehenen Tätigkeiten besonders qualifiziert sind. Die erfolgreiche Teilnahme an geeigneten Fortbildungsveranstaltungen, an Praktika oder Auswahlwettbewerben internationaler Organisationen ist einer solchen Verwendung förderlich. Die Entsendung ist auch möglich, wenn Beamtinnen und Beamte in einer europäischen Organisation auf Lebenszeit angestellt werden.

Die beurlaubende Stelle entscheidet im Einzelfall über die Entsendung. Dabei dürfen personelle Auswirkungen, die in einzelnen Geschäftsbereichen durch die Entsendung entstehen, nicht den Ausschlag geben.

16.5 Beamtinnen und Beamten soll in der Regel für die Dauer der Entsendung nach § 31 Absatz 1 AzUVO Urlaub aus sonstigen Gründen unter Wegfall der Bezüge bewilligt werden. Das Vorliegen der Voraussetzungen für eine Entsendung gilt als Ausnahmefall im Sinne von § 31 Absatz 1 Satz 2 AzUVO, so dass der Urlaub auch für mehr als sechs Monate bewilligt werden kann.

Die Entsendung ist auf bis zu fünf Jahre zu befristen. Sie kann in begründeten Fällen verlängert werden. Der Antrag soll spätestens sechs Monate vor Ablauf der Entsendung gestellt werden. Die Entsendung soll insgesamt zehn Jahre nicht überschreiten, sofern nicht besondere dienstliche Gründe oder besondere schutzwürdige Belange der Beamtin oder des Beamten eine weitere Verlängerung rechtfertigen. Besondere dienstliche Gründe sind insbesondere anzunehmen, wenn ein dienstliches Interesse an der weiteren Verwendung der Beamtin oder des Beamten in der Einrichtung oder Verwaltung nach Nummer 16.1 besteht.

16.6 Der Urlaub dient dienstlichen Interessen. Die Bewilligung des Urlaubs hat unter schriftlicher Anerkennung eines dienstlichen Interesses zu erfolgen, insbesondere in besoldungsrechtlicher Hinsicht für das Aufsteigen in den Erfahrungsstufen oder in versorgungsrechtlicher Hinsicht als eine der Voraussetzungen für die Berücksichtigung als ruhegehalt- oder altersgeldfähige Dienstzeit.

16.7 Grundsätzlich sollen nur Beamtinnen und Beamte entsandt werden, die sich in der Probezeit bewährt haben. Die Zeit der Entsendung steht der Verwendung im Landesdienst gleich. Ist deshalb eine Entsendung ausnahmsweise vor dem Ablauf der Probezeit geboten, soll von der Ernennungsbehörde insoweit bestimmt werden, dass die Zeit

www.WALHALLA.de 117

der Entsendung als Probezeit nach § 19 LBG gilt (vergleiche Nummer 9.2).

16.8 Die Entsendung darf keine nachteiligen Auswirkungen auf den beruflichen Werdegang der Beamtin oder des Beamten haben. Sie steht der Ernennung in das Beamtenverhältnis auf Lebenszeit und einer Beförderung der Beamtin oder des Beamten nicht entgegen.

Bei der Entscheidung über eine Beförderung ist eine erfolgreich absolvierte Tätigkeit in einer Einrichtung oder Verwaltung nach Nummer 16.1 besonders zu berücksichtigen, wenn diese nach ihrem Anforderungsgehalt dem Beförderungsamt im Wesentlichen vergleichbar ist. Bei sonst gleicher Qualifikation bedeutet eine im Rahmen der Entsendung erfolgreich absolvierte Tätigkeit ein zusätzliches Qualifikationsmerkmal. Über die zur Beurteilung anstehenden Beamtinnen und Beamten soll nach Möglichkeit von der Einrichtung oder Verwaltung, zu der sie entsandt sind, ein Beurteilungsbeitrag eingeholt werden.

16.9 Der Urlaub wird zweckgebunden für die zeitweilige hauptberufliche Tätigkeit in einer Einrichtung oder Verwaltung nach Nummer 16.1 bewilligt. Er ist zu widerrufen, wenn er zu einem anderen als dem bewilligten Zweck verwendet wird. Die Beamtinnen und Beamten sind mit der Bewilligung des Urlaubs und der Entsendung zu verpflichten, ihre beurlaubende Stelle über alle Veränderungen zu unterrichten, die den Bewilligungsgrund betreffen.

16.10 Die Belassung der Bezüge nach § 31 Absatz 4 Satz 3 AzUVO kommt nur in besonderen Ausnahmefällen im Rahmen besonderer haushaltsrechtlicher Ermächtigungen oder mit Zustimmung des Finanzministeriums in Betracht.

16.11 Die Zeit der Entsendung ist ruhegehalt- und altersgeldfähig, wenn für diese Zeit ein Versorgungszuschlag entrichtet wird oder mit Zustimmung des Finanzministeriums von der Erhebung des Versorgungszuschlags abgesehen wird (vergleiche auch Nummer 16.6); auf eine entsprechende Ausnahmeregelung in der VwV-Haushaltsvollzug (in der jeweils geltenden Fassung) wird hingewiesen.

Soweit eine besondere Gewährleistungsentscheidung für die Zeit der Entsendung getroffen ist, ist die Entsendung rentenversicherungsrechtlich nur als vorübergehende Unterbrechung einer versicherungsfreien Beschäftigung mit weiterbestehender Anwartschaft auf Versorgung anzusehen, so dass kein Nachversicherungstatbestand nach § 8 Absatz 2 des Sechsten Buches Sozialgesetzbuch (SGB VI) gegeben ist. Eine Aufschubbescheinigung nach § 184 Absatz 4 SGB VI ist nicht zu erteilen. Beamtinnen und Beamte sollen vor der Entsendung darüber unterrichtet werden, dass die Zeit der Entsendung in eine etwaige spätere Nachversicherung einbezogen wird, sofern diese versorgungsrechtlich nicht berücksichtigt worden ist (vergleiche § 4 Absatz 1 Satz 3 in Verbindung mit § 5 Absatz 1 und § 8 Absatz 2 Satz 2 SGB VI).

16.12 Die mit der Entsendung zusammenhängenden weiteren Fragen der Beihilfe und Versorgung, Heilfürsorge oder Versicherung in den Zweigen der Sozialversicherung, insbesondere der gesetzlichen Krankenversicherung, sollen mit dem Landesamt für Besoldung und Versorgung Baden-Württemberg, beziehungsweise dem Sozialversicherung vor der Entsendung geklärt werden. Ein Merkblatt mit Informationen zu häufig wiederkehrenden Fragen wird auf den Internetseiten des Auswärtigen Amtes und des Bundesministeriums des Innern und für Heimat für Beschäftigte des Bundes veröffentlicht und kann entsprechend herangezogen werden.

Beendigung des Beamtenverhältnisses

17 Beendigung des Beamtenverhältnisses (zu § 21 BeamtStG, §§ 31 ff. LBG)

17.1 Die Beendigung des Beamtenverhältnisses wird mit einer Urkunde verfügt, wenn Beamtinnen und Beamte

– in den Ruhestand versetzt werden,
– als Beamtin oder Beamter auf Lebenszeit oder auf Zeit auf schriftliches Verlangen entlassen werden.

Ferner soll mit einer Urkunde festgestellt werden, dass die Beamtin oder der Beamte kraft Gesetzes in den Ruhestand tritt.

Der Wortlaut der Urkunde ergibt sich aus den Mustern 7 bis 10 der Anlage 3 und den folgenden Bestimmungen. Wird ein anderer als der Regelzeitpunkt nach § 46 Absatz 1 Satz 1 oder Absatz 2 LBG für den Beginn des Ruhestands verfügt, sind in die Urkunde nach dem Namen die Wörter „mit dem Ablauf des ..." unter Angabe des Zeitpunkts einzufügen. Entsprechendes gilt, wenn die Entlassung nach § 31 Absatz 3 LBG für einen bestimmten Zeitpunkt beantragt worden ist.

17.2 In anderen als den in Nummer 17.1 genannten Fällen der Beendigung des Beamtenverhältnisses erhalten Beamtinnen und Beamte einen schriftlichen Bescheid. In diesem ist der Zeitpunkt anzugeben, zu dem das Beamtenverhältnis endet oder geendet hat.

17.3 Bei Beendigung des Beamtenverhältnisses ist der Dank für die dem Land geleisteten treuen Dienste auszusprechen, wenn Amtsführung und Leistung der Beamtin oder des Beamten dies rechtfertigen. In der Urkunde über die Beendigung des Beamtenverhältnisses wird der Dank in der Regel durch folgenden Zusatz ausgesprochen:

„Für die dem Land geleisteten treuen Dienste spreche ich ihr/ihm Dank und Anerkennung aus."

17.4 Die Beendigung des Beamtenverhältnisses auf Widerruf im Vorbereitungsdienst mit Ablegung oder dem endgültigen Nichtbestehen der Prüfung nach § 22 Absatz 4 BeamtStG ist vom rechtlichen Bestand der Prüfungsentscheidung unabhängig. Das Beamtenverhältnis auf Widerruf besteht also weder fort noch lebt es wieder auf, wenn die Entscheidung über das Nichtbestehen einer Prüfung später zugunsten des Prüflings rechtskräftig aufgehoben wird.

18 Entlassung und Zurruhesetzung von Beamtinnen und Beamten auf Probe (zu § 23 Absatz 3, § 28 BeamtStG, § 19 LBG)

18.1 Zum Begriff der Probezeit wird auf Nummer 9.1 hingewiesen.

Die Entlassung wegen Nichtbewährung in der Probezeit nach § 23 Absatz 3 Satz 1 Nummer 2 BeamtStG ist grundsätzlich unverzüglich nach Ablauf der Probezeit auszusprechen. Die Entlassung kann schon vor Ablauf der Probezeit verfügt werden, wenn die mangelnde Bewährung festgestellt ist und endgültig nicht behebbar erscheint. Wird keine Entscheidung über die Bewährung nach Ablauf der Höchstdauer der Probezeit von fünf Jahren (§ 10 BeamtStG) getroffen, kommt die Entlassung von Beamtinnen und Beamten auf Probe auf Grund von § 23 Absatz 3 Satz 1 Nummer 2 BeamtStG nicht mehr in Betracht.

18.2 Von der Entlassung allein mangels gesundheitlicher Eignung ist nach § 23 Absatz 3 Satz 2 BeamtStG abzusehen, wenn eine anderweitige Verwendung in sinngemäßer Anwendung des § 26 Absatz 2 BeamtStG möglich ist. Für eine anderweitige Verwendung von aus gesundheitlichen Gründen für die Ernennung zur Beamtin oder zum Beamten auf Lebenszeit ungeeigneten Beamtinnen und Beamten auf Probe reicht es nicht aus, dass diese auf einzelnen hierfür geeigneten und möglicherweise erst einzurichtenden Dienstposten eingesetzt werden können. Vielmehr wird vorausgesetzt, dass die Beamtinnen und Beamten für einen hinreichend breiten Teil von Dienstposten ihrer oder einer gleichwertigen Laufbahn verwendet werden können. Ist dies nicht der Fall, können Beamtinnen und Beamte auf Probe entlassen werden.

18.3 Erfüllen Beamtinnen oder Beamte auf Probe die Voraussetzungen für die Ernennung auf Lebenszeit, erlangen sie spätestens mit Ablauf der Höchstdauer der Probezeit des § 10 BeamtStG grundsätzlich einen Rechtsanspruch auf Verleihung der Eigenschaft einer Beamtin oder eines Beamten auf Lebenszeit. Liegen zu diesem Zeitpunkt Anhaltspunkte für Dienstunfähigkeit vor, ohne dass diese Frage abschließend geklärt werden konnte, so wird der Ablauf der Fünf-Jahres-Frist bis zur Aufklärung des Sachverhalts gehemmt und die Pflicht der zuständigen Stelle zur Entscheidung des Sachverhalts hinausgeschoben. Die zuständige Stelle darf diese Aufklärung jedoch nicht ungebührlich verzögern; nur insoweit wird ihre Entscheidungspflicht aufgeschoben. Trifft die zuständige

I.3.1 Durchführung beamtenrechtlicher Vorschriften

Stelle keine Entscheidung oder erwerben Beamtinnen oder Beamte auf Probe durch Ablauf der Probezeit einen Rechtsanspruch auf Berufung in das Beamtenverhältnis auf Lebenszeit und werden sie erst danach dienstunfähig, können sie auf der Rechtsgrundlage von § 23 Absatz 3 Satz 1 Nummer 2 BeamtStG nicht mehr mangels gesundheitlicher Eignung entlassen werden. In diesem Fall sollen Beamtinnen und Beamte auf Probe nach § 28 Absatz 2 BeamtStG in den Ruhestand versetzt werden, sofern sie nicht ausnahmsweise ohnehin einen Anspruch auf Zurruhesetzung nach § 28 Absatz 1 BeamtStG haben.

Von der Versetzung in den Ruhestand soll abgesehen werden, wenn eine anderweitige Verwendung nach § 26 Absatz 2 BeamtStG, die Übertragung einer geringerwertigen Tätigkeit nach § 26 Absatz 3 BeamtStG oder die Verwendung in begrenzter Dienstfähigkeit nach § 27 BeamtStG möglich ist. Hierzu wird auf Nummern 22.4 bis 22.8 und 23 verwiesen. Erst wenn diese Weiterverwendungen ausscheiden, ist die Versetzung in den Ruhestand zu veranlassen, es sei denn die versorgungsrechtliche Wartezeit nach § 32 BeamtStG in Verbindung mit § 18 des Landesbeamtenversorgungsgesetzes Baden-Württemberg (LBeamtVGBW) ist nicht erfüllt. Fehlt es an letzterer Voraussetzung, führt dies zur Entlassung nach § 23 Absatz 1 Satz 1 Nummer 2 BeamtStG.

Muss eine Beamtin oder ein Beamter auf Probe außerhalb des Anwendungsbereichs des § 28 BeamtStG wegen Dienstunfähigkeit in den Ruhestand versetzt werden, weil eine Entlassung infolge von Versäumnissen nicht mehr erfolgen darf, ist die Regressfrage zu prüfen.

19 Eintritt in den Ruhestand kraft Gesetzes wegen Erreichens der Altersgrenze (zu § 25 BeamtStG, § 36 LBG)

19.1 Beamtinnen und Beamte auf Lebenszeit sowie Beamtinnen und Beamte auf Zeit, deren Amtszeit noch nicht beendet ist, treten mit Erreichen der Altersgrenze kraft Gesetzes in den Ruhestand. Eines Antrags der Beamtinnen und Beamten oder einer Verfügung bedarf es dazu nicht. Die auszufertigende Urkunde ist deklaratorischer Art. Zu welchem Zeitpunkt die für die Beamtengruppe maßgebende Altersgrenze erreicht wird, bestimmt bis zum Ablauf des Jahres 2028 ausschließlich die Übergangsbestimmung nach Artikel 62 § 3 Absatz 2 bis 4 DRG. Erst ab dem Jahr 2029 findet für die Altersgrenze § 36 Absatz 1 bis 3 LBG unmittelbare Anwendung.

19.2 Die bis zum Inkrafttreten des DRG am 1. Januar 2011 bestehende Regelaltersgrenze von 65 Jahren gilt abweichend von Artikel 62 § 3 DRG weiter für Beamtinnen und Beamte, denen nach den bis dahin geltenden Vorschriften Urlaub aus familiären Gründen (§ 153b LBG in der bis 31. Dezember 2010 geltenden Fassung), Urlaub bei Bewerberüberhang (§ 153c LBG in der bis 31. Dezember 2010 geltenden Fassung) oder Altersteilzeit im Teilzeitmodell oder Blockmodell (§ 153h Absatz 2 LBG in der bis 31. Dezember 2010 geltenden Fassung) bewilligt war und welche vor dem 1. Januar 2011 die Beurlaubung angetreten oder die entsprechende Teilzeitbeschäftigung aufgenommen haben. Für die betroffenen Beamtinnen und Beamten gilt die bisher bestehende Regelaltersgrenze als gesetzliche Altersgrenze für den Eintritt in den Ruhestand kraft Gesetzes, so dass es für die Inanspruchnahme dieser Altersgrenze keines Antrags der Beamtin oder des Beamten bedarf. Entsprechend gilt für die von der Regelung erfassten Beamtinnen und Beamten für den Ruhestandseintritt durch Versetzung auf Antrag auch die Antragsaltersgrenze bei Schwerbehinderung (§ 52 Nummer 2 LBG in der bis 31. Dezember 2010 geltenden Fassung) weiter.

Wollen die betreffenden Beamtinnen und Beamten hingegen den Eintritt in den Ruhestand über die Vollendung des 65. Lebensjahrs hinausschieben, ist dazu eine entsprechende Antragstellung nach § 39 LBG, gegebenenfalls in Verbindung mit Artikel 62 § 3 Absatz 1 DRG erforderlich. Veränderungen in der Laufzeit der im vorherigen Absatz aufgeführten Beurlaubungen oder Teilzeitbeschäftigungen berühren nicht die grundsätzliche Bewilligung nach den bis 31. Dezember 2010 geltenden beamtenrechtlichen Vorschriften. Für die Hinausschiebung der Altersgrenze finden daher die vor Inkrafttreten des DRG geltenden Bedingungen weiterhin Anwendung.

20 Hinausschiebung der Altersgrenze (zu § 39 LBG)

20.1 Die Hinausschiebung des Eintritts in den Ruhestand wegen Erreichens der Altersgrenze kann einmal oder mehrmals, jedoch jeweils nur für ein Jahr bewilligt werden, allerdings nicht über die Höchstaltersgrenze von 70 Jahren oder bei Beamtinnen und Beamten nach § 36 Absatz 3 LBG von 65 Jahren und bei Beamtinnen und Beamten nach § 36 Absatz 3a LBG von 63 Jahren hinaus.

Die Hinausschiebung ist auch bei Beamtinnen und Beamten auf Zeit zulässig, wenn deren Amtszeit dies zulässt.

Wird die Altersgrenze im dienstlichen Interesse hinausgeschoben und wird für die Dauer der Hinausschiebung Teilzeitbeschäftigung nach § 69 Absatz 4 LBG beantragt, soll dem Antrag auf Teilzeitbeschäftigung im Interesse der Förderung der freiwilligen Weiterarbeit im Rahmen der dienstlichen Möglichkeiten in der Regel stattgegeben werden.

20.2 Das dienstliche Interesse bezeichnet das Interesse des Dienstherrn an einer sachgemäßen und reibungslosen Aufgabenerfüllung. Dazu gehören etwa die Aufrechterhaltung der Kontinuität in der Wahrnehmung bestimmter Aufgaben, Schwierigkeiten bei der Wiederbesetzung von frei werdenden Stellen sowie andere personalplanerische Belange.

Ein dienstliches Interesse kann insbesondere vorliegen, wenn die Bearbeitung der betroffenen Beamtin oder dem betroffenen Beamten übertragenen (komplexen und schwierigen) Aufgaben gerade durch diese oder diesen auch noch zu einem nach dem regulären Eintritt in den Ruhestand gelegenen Zeitpunkt geboten oder sinnvoll erscheint, etwa weil die Beamtin oder der Beamte Projekte (mit-)betreut, die erst nach der für sie oder ihn geltenden Regelaltersgrenze abgeschlossen werden können, weil die effektive Einarbeitung einer Nachfolgerin oder eines Nachfolgers erforderlich ist oder weil noch keine geeignete Nachfolgerin oder kein geeigneter Nachfolger zur Verfügung steht und die Wahrnehmung der gesetzlichen Aufgaben durch die Behörde ausnahmsweise einstweilen nur durch eine Weiterbeschäftigung der betroffenen Beamtin oder des betroffenen Beamten sichergestellt werden kann.

20.3 Die Verfügung über die Hinausschiebung des Eintritts in den Ruhestand kann nicht zurückgenommen werden; die Beendigung des Beamtenverhältnisses richtet sich nach den statusrechtlichen Bestimmungen. Der Eintritt in den Ruhestand nach Ablauf der Hinausschiebungszeit ist ein gesetzlicher Ruhestand; Nummer 19.1 Satz 2 gilt entsprechend.

20.4 Die Berufung in das Beamtenverhältnis nach Erreichen der Regelaltersgrenze nach Artikel 62 § 3 Absatz 2 bis 4 DRG ist ein Entlassungsgrund (§ 23 Absatz 1 Satz 1 Nummer 5 BeamtStG). Nach dem Eintritt in den Ruhestand wegen Erreichens der Altersgrenze kommt ein Hinausschieben des Ruhestandseintritts nicht mehr in Betracht.

21 Versetzung in den Ruhestand auf Antrag (zu § 32 BeamtStG, § 40 LBG)

21.1 Über die Versetzung in den Ruhestand auf Antrag ohne Nachweis der Dienstunfähigkeit ist aufgrund von § 40 Absatz 1 Satz 1 LBG nach pflichtgemäßem Ermessen zu entscheiden. Liegen die Voraussetzungen vor, wozu auch die Erfüllung der versorgungsrechtlichen Wartezeit gehört, soll dem Antrag zu dem beantragten Zeitpunkt im Regelfall entsprochen werden, es sei denn, es stehen überwiegende dienstliche Gründe entgegen. Bei schwerbehinderten Beamtinnen und Beamten bestimmt bis zum Ablauf des Jahres 2028 ausschließlich die Übergangsbestimmung nach Artikel 62 § 3 Absatz 5 DRG die maßgebende Antragsaltersgrenze.

21.2 Kein Ermessen ist eingeräumt, sobald die Beamtin oder der Beamte die nach § 40 Absatz 2 LBG geforderte ruhegehaltfähige Dienstzeit von mindestens 45 Jahren erreicht und mindestens das 65. Lebensjahr vollendet hat. Es besteht ein Rechtsanspruch auf Versetzung in den Ruhestand, frühestens zum Zeitpunkt, zu dem beide Voraussetzungen erfüllt sind. Dies gilt auch für die schwerbehinderten Beamtinnen und Beamten. Beamtinnen und Beamte nach § 36 Absatz 3 LBG erwerben den Rechtsanspruch auf Zurruhesetzung hingegen schon, sobald mindestens 45 Jahre mit ruhegehaltfähigen Dienstzeiten erreicht sind und das 60. Lebensjahr vollendet ist.

22 Dienstunfähigkeit (zu § 26 BeamtStG, § 43 Absatz 1 LBG)

22.1 Das Verfahren zur Versetzung in den Ruhestand wegen Dienstunfähigkeit kann auf einen Antrag der Beamtin oder des Beamten (§ 49 Absatz 1 Satz 1 LBG) oder von Amts wegen eingeleitet werden.

22.2 Der Antrag von Beamtinnen und Beamten auf Versetzung in den Ruhestand wegen Dienstunfähigkeit ist bei dem Dienstvorgesetzten zu stellen und darf nicht an Bedingungen geknüpft sein. Der Antrag ist zusammen mit der Bewertung des Dienstvorgesetzten, ob die Beamtin oder der Beamte für dienstunfähig gehalten wird, erforderlichenfalls nach Einholung eines in der Regel amtsärztlichen Gutachtens der für die Versetzung in den Ruhestand zuständigen Stelle vorzulegen. Diese ist an die Bewertung des Dienstvorgesetzten nicht gebunden. Sie kann auch andere Beweise erheben.

22.3 Zeichnet sich ab, dass eine Beamtin oder ein Beamter auf Lebenszeit dienstunfähig wird, so sind unter Berücksichtigung des Grundsatzes „Rehabilitation vor Versorgung" zur Vermeidung der Versetzung in den Ruhestand oder der Entlassung alle Möglichkeiten zu nutzen, die eine angemessene Weiterverwendung gestatten oder erwarten lassen. Gegebenenfalls ist entsprechend Nummer 41.3 zu verfahren.

22.4 Vorrangig sind Maßnahmen zur Rehabilitation zu ergreifen, die eine Weiterverwendung in demselben statusrechtlichen Amt, auf dem bisherigen Dienstposten und im bisher ausgeübten Beschäftigungsumfang zulassen. Ist eine solche Weiterverwendung nicht möglich, ist eine Umsetzung oder Versetzung auf einen anderen entsprechend bewerteten Dienstposten vorrangig innerhalb der Dienststelle, falls dies nicht möglich ist, innerhalb der Landesverwaltung anzustreben. Belange von schwerbehinderten Beamtinnen und Beamten sind besonders zu berücksichtigen.

Ohne Zustimmung der Beamtin oder des Beamten ist innerhalb der Landesverwaltung die Weiterverwendung in einem anderen statusrechtlichen Amt der bisherigen oder einer anderen, einschließlich einer gleichwertigen Laufbahn mit mindestens demselben Grundgehalt auf einem entsprechend bewerteten Dienstposten in der Erwartung möglich, dass die gesundheitlichen Anforderungen erfüllt werden (anderweitige Verwendung im Sinne von § 26 Absatz 2 BeamtStG). Diese speziellere Regelung geht anderen statusverändernden Regelungen vor, die ein Zustimmungserfordernis der Beamtin oder des Beamten vorsehen.

In Betracht kommt nur die Übertragung von Ämtern innerhalb derselben Laufbahngruppe. Ämter in Laufbahnen der nächst niedrigeren Laufbahngruppe dürfen, auch wenn es sich um sogenannte Verzahnungsämter handelt, nicht übertragen werden.

Im Hinblick auf den grundsätzlichen Anspruch auf eine dem (bisherigen) Amt entsprechende Verwendung und aus Gründen der Fürsorge kommt die Übertragung des Amtes einer anderen Laufbahn nur in Betracht, sofern dies zumutbar ist. Steht kein Amt einer gleichwertigen Laufbahn oder einer Laufbahn, für die die Beamtin oder der Beamte bereits die Befähigung besitzt, zur Verfügung, sollte es sich deshalb nach Möglichkeit um eine der bisherigen Laufbahn nach der Art der Tätigkeit wenigstens teilweise vergleichbare Laufbahn handeln.

Die Übertragung eines anderen statusrechtlichen Amts erfordert, dass die Laufbahnbefähigung erworben wird. Die Beamtinnen und Beamten sind verpflichtet, an Qualifizierungsmaßnahmen für den Erwerb der neuen Laufbahnbefähigung teilzunehmen, wenn sie

Durchführung beamtenrechtlicher Vorschriften I.3.1

diese nicht besitzen. Die Qualifizierungsmaßnahme muss den in § 21 Absatz 2 Satz 1 LBG genannten Maßnahmen (Einführungszeit) entsprechen. Mit der Qualifizierungspflicht geht das Recht der betroffenen Beamtinnen und Beamten einher, an Maßnahmen entsprechend § 21 Absatz 2 Satz 2 LBG teilnehmen zu dürfen, die geeignet sind, die Einführungszeit zu verkürzen.

22.5 Die Übertragung einer geringerwertigen Tätigkeit unter Beibehaltung des übertragenen statusrechtlichen Amts (§ 26 Absatz 3 BeamtStG) kommt ohne Zustimmung nur in Betracht, wenn die Weiterverwendung im bisherigen Amt und die Möglichkeiten der anderweitigen Verwendung ausgeschöpft sind oder aus rechtlichen oder tatsächlichen Gründen ausscheiden.

Eine geringerwertige Verwendung kann auf jedem Dienstposten innerhalb der Landesverwaltung erfolgen. Auf die Laufbahn, welcher der Dienstposten zugeordnet ist, kommt es nicht an. Ausgenommen sind lediglich Dienstposten mit Tätigkeiten, für die eine bestimmte Vorbildung, Ausbildung oder Prüfung besonders vorgeschrieben oder nach ihrer Eigenart zwingend erforderlich ist. Der Erwerb der Laufbahnbefähigung ist für die Übertragung der geringerwertigen Tätigkeit nicht erforderlich. Gleichwohl kann auf die für die dienstliche Verwendung wesentlichen Fähigkeiten, Kenntnisse und Fertigkeiten nicht verzichtet werden.

Die übertragene geringerwertige Tätigkeit muss für die Beamtin oder den Beamten unter Berücksichtigung der bisherigen Tätigkeit zumutbar sein. Tätigkeiten des Eingangsamts einer Laufbahn scheiden dabei für Beamtinnen und Beamte in Spitzenämtern einer Laufbahn nicht von vornherein aus. Abwägungskriterium für die Zumutbarkeitsprüfung ist auch die gesundheitliche Eignung für die geringerwertige Tätigkeit. Dabei ist auf die Anforderung des konkreten Dienstpostens abzustellen.

22.6 Die Möglichkeit der anderweitigen Verwendung oder der Übertragung einer geringerwertigen Tätigkeit ist grundsätzlich in jedem Einzelfall zu prüfen. Die Rechtsprechung stellt an die Prüfung hohe Anforderungen. So muss sich beispielsweise die Suche nach einem geeigneten Dienstposten grundsätzlich auf den gesamten Bereich des Dienstherrn unter Einbeziehung der in absehbarer Zeit neu zu besetzenden Dienstposten erstrecken und gegebenenfalls konkrete Nachfragen bei den abgefragten Stellen umfassen.

Nicht ausreichend ist die Einräumung einer sogenannten Verschweigensfrist, in Folge derer die suchende Stelle von einer Fehlanzeige ausgeht, wenn nicht innerhalb einer bestimmten Frist eine Rückmeldung seitens der angefragten Stellen vorliegt. Liegen die Voraussetzungen für eine anderweitige Verwendung oder die Übertragung einer geringerwertigen Tätigkeit vor, ist von der Versetzung in den Ruhestand abzusehen.

22.7 Die Gründe für die Zurruhesetzung sind aktenmäßig festzuhalten. Die Durchführung eines betrieblichen Eingliederungsmanagements nach § 167 Absatz 2 Satz 1 SGB IX (hierzu unter Nummer 41.2) ist keine Rechtmäßigkeitsvoraussetzung für die Versetzung einer Beamtin oder eines Beamten in den Ruhestand wegen dauernder Dienstunfähigkeit.

22.8 Schwerbehinderte Beamtinnen und Beamte sollen aufgrund der Behinderung wegen Dienstunfähigkeit nur in den Ruhestand versetzt werden, wenn festgestellt ist, dass sie auch bei jeder möglichen Rücksichtnahme nicht fähig sind, ihre Dienstpflichten zu erfüllen und auch eine begrenzte Dienstfähigkeit nach § 27 BeamtStG nicht vorliegt. § 167 Absatz 1 SGB IX ist zu beachten.

Bei schwerbehinderten Beamtinnen oder Beamten, die nach Art oder Schwere ihrer Behinderung im Arbeitsleben besonders betroffen sind oder das 50. Lebensjahr überschritten haben (§ 155 SGB IX) und in Folge ihrer Behinderung voraussichtlich vorzeitig aus dem Dienst ausscheiden müssen, ist zu prüfen, ob im Rahmen vorhandener Planstellen eine Beförderung angezeigt ist, wenn konkrete Anhaltspunkte dafür bestehen, dass sie ohne ihr vorzeitiges Ausscheiden noch das nächstmögliche Beförderungsamt ihrer Laufbahn erreicht hätten. § 9 BeamtStG ist zu beachten.

23 Begrenzte Dienstfähigkeit (zu § 27 BeamtStG, § 43 Absatz 3 LBG)

23.1 Die begrenzte Dienstfähigkeit ermöglicht es, Beamtinnen und Beamte trotz einer dauerhaften Einschränkung ihrer Dienstfähigkeit im Rahmen der verbleibenden Arbeitskraft weiter zu verwenden. Die Betroffenen bleiben aktiv im Dienst und sind verpflichtet, die ihnen mögliche Dienstleistung in vollem Umfang zu erbringen. Da Beamtinnen oder Beamte die ihnen mögliche Dienstleistung voll und nicht nur teilweise erbringen, handelt es sich um keine Teilzeitbeschäftigung nach §§ 69 und 70 LBG. Dem Verbleiben im Dienst in vollem Umfang ist der Vorrang vor einer Weiterverwendung in begrenzter Dienstfähigkeit einzuräumen (vergleiche Nummer 23.4).

23.2 Die Feststellung der begrenzten Dienstfähigkeit kann auf Antrag der Beamtin oder des Beamten (§ 49 Absatz 1 Satz 1 LBG) oder von Amts wegen eingeleitet werden.

23.3 Die Feststellung der begrenzten Dienstfähigkeit ist verfahrensmäßig zugleich die Feststellung einer teilweisen Dienstunfähigkeit. Die Vorschriften über die Feststellung der Dienstunfähigkeit sind demgemäß entsprechend anzuwenden. Dabei kommt es darauf an, ob die Beamtin oder der Beamte infolge eines körperlichen Gebrechens oder wegen Schwäche der körperlichen oder geistigen Kräfte zur Erfüllung der Dienstpflichten nicht mehr in vollem Umfang, jedoch weiter mindestens zur Hälfte fähig ist.

23.4 Die Verwendung in begrenzter Dienstfähigkeit ist grundsätzlich nachrangig und kommt nach § 43 Absatz 3 LBG nur in Betracht, wenn die anderweitige Verwendung nach § 26 Absatz 2 BeamtStG oder die Übertragung einer geringerwertigen Tätigkeit nach § 26 Absatz 3 BeamtStG nicht möglich ist. Die Möglichkeit einer begrenzten Dienstfähigkeit ist in jedem Einzelfall zu prüfen. Liegen ihre Voraussetzungen vor, ist von der Versetzung in den Ruhestand abzusehen.

Die Herabsetzung der Arbeitszeit gilt nur für die Zeit der begrenzten Dienstfähigkeit. Die Arbeitszeit muss bei einer Besserung der gesundheitlichen Situation entsprechend dem Grad der Dienstfähigkeit bis zur vollen regelmäßigen Arbeitszeit wieder heraufgesetzt werden. Dazu ist in der Regel spätestens alle zwei Jahre ein erneutes Verfahren zur Feststellung der begrenzten Dienstfähigkeit beziehungsweise Dienstfähigkeit durchzuführen.

23.5 Bei der begrenzten Dienstfähigkeit verbleiben die Beamtinnen und Beamten in ihrem statusrechtlichen Amt und werden grundsätzlich in ihrer bisherigen Tätigkeit weiter verwendet.

Die Übertragung einer Tätigkeit, die nicht ihrem Amt entspricht, ist im Hinblick auf das Recht der Beamtinnen und Beamten an einer ihrem Amt entsprechenden Verwendung an ihre Zustimmung gebunden. Allerdings soll auch mit Zustimmung der Beamtin oder des Beamten in der Regel nur eine Funktion übertragen werden, die in der Wertigkeit der bisherigen Tätigkeit vergleichbar ist.

23.6 Für die Ausübung von Nebentätigkeiten gilt bei begrenzt dienstfähigen Beamtinnen und Beamten die zeitliche Beanspruchungsgrenze nach § 62 Absatz 3 Satz 3 LBG.

24 Zurruhesetzungsverfahren (zu § 44 LBG)

24.1 Zurruhesetzungen wegen Dienstunfähigkeit sind unter Beachtung folgender Verfahrensgrundsätze in jedem Verfahrensstadium zügig durchzuführen:

Die Dienstvorgesetzten sollen Erkrankungen spätestens nach einer Dauer von drei Monaten der personalverwaltenden Stelle mitteilen. Dasselbe gilt, wenn innerhalb von sechs Monaten mehrere Erkrankungszeiten von insgesamt mehr als drei Monaten Dauer vorliegen und keine Anhaltspunkte dafür bestehen, dass die einzelnen Erkrankungen nur von vorübergehender Dauer und mit großer Gewissheit als in absehbarer Zeit ausheilbare Erkrankung anzusehen sind. In Zweifelsfällen soll die personalverwaltende Stelle frühzeitig unterrichtet werden.

Die personalverwaltenden Stellen oder die von ihr beauftragten Dienstvorgesetzten sollen in derartigen Fällen, in denen die Wiederaufnahme des Dienstes innerhalb der

Durchführung beamtenrechtlicher Vorschriften I.3.1

nächsten sechs Monate nicht zu erwarten ist, unverzüglich eine in der Regel amtsärztliche Untersuchung veranlassen. Bei der Auswahl der Ärztin oder des Arztes und den inhaltlichen Anforderungen an die Erteilung des Untersuchungsauftrags sind die Nummern 29.1 und 29.2 zu beachten.

Der Untersuchungsauftrag soll der untersuchenden Stelle unmittelbar und der Beamtin oder dem Beamten nachrichtlich zugeleitet werden.

Ergibt sich aus dem Untersuchungsergebnis die Dienstunfähigkeit der Beamtin oder des Beamten, soll das Verfahren zur Zurruhesetzung unverzüglich eingeleitet werden. Eine noch voraussichtlich mehrere Monate bestehende Dienstunfähigkeit ist grundsätzlich nicht hinzunehmen. In diesen Fällen ist die Zurruhesetzung wegen Dienstunfähigkeit mit gegebenenfalls der späteren Wiederberufung in das Beamtenverhältnis nach § 29 BeamtStG vorrangig, wenn die Wiederaufnahme des Dienstes nicht zu erwarten ist. Auf Nummer 25.7 wird hingewiesen. Entsprechendes gilt, sofern sich aus dem Untersuchungsergebnis begrenzte Dienstfähigkeit ergibt.

Bei schwerbehinderten Beamtinnen und Beamten sind § 167 Absatz 1 (Präventionsverfahren) und § 178 Absatz 2 SGB IX (Unterrichtung und Anhörung der Schwerbehindertenvertretung) zu beachten.

Die Bearbeitungszeit zwischen der Bekanntgabe der beabsichtigten Zurruhesetzung und der Verfügung über die Versetzung in den Ruhestand soll unter Beachtung der Monatsfrist nach § 44 Absatz 1 Satz 3 LBG möglichst kurz gehalten werden. Entsprechend zügig ist bei begrenzter Dienstfähigkeit zu verfahren.

Die Zurruhesetzungsverfügung mit der Urkunde oder die Verfügung über die Verwendung in begrenzter Dienstfähigkeit soll im Falle der Aushändigung durch die Beschäftigungsstelle nach Möglichkeit dieser unmittelbar zugeleitet werden, um zeitliche Verzögerungen und unnötigen Verwaltungsaufwand zu vermeiden. Soweit es erforderlich ist, sind sonstige noch in Betracht kommende Stellen nachrichtlich zu verständigen.

24.2 Die Kosten der ärztlichen Untersuchung oder amtsärztlich für erforderlich gehaltenen Beobachtung (§ 53 Absatz 1 Satz 1 LBG) trägt der Dienstherr.

24.3 Bei Versetzung in den Ruhestand sind die Beamtinnen und Beamten insbesondere auf die Anzeigepflichten nach § 41 BeamtStG in Verbindung mit § 66 LBG, § 42 BeamtStG und § 9 Absatz 2 LBeamtVGBW schriftlich hinzuweisen.

25 Wiederherstellung der Dienstfähigkeit (zu § 29 BeamtStG, § 43 Absatz 4 LBG)

25.1 Ruhestandsbeamtinnen und Ruhestandsbeamte haben den Antrag nach § 29 Absatz 1 BeamtStG auf erneute Berufung in das Beamtenverhältnis schriftlich zu stellen. Der Antrag darf nicht an Bedingungen geknüpft sein.

25.2 Ruhestandsbeamtinnen und Ruhestandsbeamte, die keinen Antrag auf Wiederberufung stellen, können nach § 29 Absatz 2 BeamtStG grundsätzlich bis zum Erreichen der Altersgrenze erneut in das Beamtenverhältnis berufen werden. Bei Ruhestandsbeamtinnen und Ruhestandsbeamten, welche die für sie geltende Antragsaltersgrenze erreicht haben, soll das bestehende Ermessen bei der Entscheidung über die Wiederberufung dahingehend ausgeübt werden, dass von der erneuten Berufung in das Beamtenverhältnis grundsätzlich abgesehen wird, sofern die Wiederberufung nicht im zwingenden dienstlichen Interesse liegt. Ab Vollendung des 60. Lebensjahres soll die Berufung nur im Einvernehmen mit der Ruhestandsbeamtin oder dem Ruhestandsbeamten vorgenommen werden.

25.3 Ruhestandsbeamtinnen und Ruhestandsbeamten, deren erneute Berufung in das Beamtenverhältnis in Aussicht genommen ist, ist bekanntzugeben,

– dass beabsichtigt ist, sie erneut in das Beamtenverhältnis zu berufen;

– wann der Dienst angetreten werden soll und

– welches Amt in welcher Laufbahn und welche Tätigkeit ihnen, gegebenenfalls

I.3.1 Durchführung beamtenrechtlicher Vorschriften

nach Erwerb der Laufbahnbefähigung, übertragen werden sollen.

Auf die Nummern 22.4, 22.5 und 23 wird hingewiesen. Der Wiederberufung in eine mögliche Vollbeschäftigung, auch in anderweitiger Verwendung oder mit geringerwertiger Tätigkeit, ist der Vorzug vor einer Wiederberufung in die begrenzte Dienstfähigkeit zu geben.

25.4 Ruhestandsbeamtinnen und Ruhestandsbeamte, welche die erneute Berufung in das Beamtenverhältnis ablehnen, sind schriftlich darauf hinzuweisen, dass sie ihren Anspruch auf Versorgungsbezüge verlieren, solange sie der erneuten Berufung in das Beamtenverhältnis schuldhaft nicht nachkommen (§ 72 Absatz 2 LBeamtVGBW). Eine disziplinarrechtliche Ahndung (§ 58 Nummer 1 LBG) bleibt unberührt.

25.5 Sollen Ruhestandsbeamtinnen und Ruhestandsbeamte, die inzwischen eine berufliche Tätigkeit aufgenommen haben, erneut in das Beamtenverhältnis berufen werden, ist ihnen eine angemessene Frist zur Beendigung der Tätigkeit einzuräumen, beziehungsweise eine mit dem Dienst zu vereinbarende Nebentätigkeit, erforderlichenfalls vorübergehend, zu genehmigen.

25.6 Die Dienstfähigkeit von Ruhestandsbeamtinnen und Ruhestandsbeamten ist ärztlich festzustellen. Die Nummern 24.1 dritter und vierter Absatz, 24.2 und 29.1 gelten entsprechend.

25.7 Bei Krankheiten, die eine Besserung des Gesundheitszustandes in Zukunft möglich erscheinen lassen, ist die Wiederherstellung der Dienstfähigkeit, einschließlich der begrenzten Dienstfähigkeit, durch Vormerkung einer Nachuntersuchung zu überwachen. Die Nachuntersuchung soll, soweit ärztlich nicht anders vorgeschlagen, in der Regel spätestens alle zwei Jahre erfolgen.

Allgemeine Pflichten und Rechte

26 Grundpflichten (zu § 33 BeamtStG)

26.1 Beamtinnen und Beamte sind nach § 33 Absatz 1 Satz 3 BeamtStG verpflichtet, sich durch ihr gesamtes Verhalten zur freiheitlichen demokratischen Grundordnung (vergleiche auch Nummer 1.9) im Sinne des Grundgesetzes zu bekennen und für deren Erhaltung einzutreten.

26.2 § 33 Absatz 2 BeamtStG statuiert eine politische Mäßigungspflicht. Beamtinnen oder Beamte, die sich aktiv für eine Partei oder Organisation einsetzen, die verfassungsfeindliche Ziele verfolgt, verletzen ihre politische Treuepflicht und sind grundsätzlich aus dem Beamtenverhältnis zu entfernen, wenn die Verletzung beharrlich fortgesetzt wird oder werden soll. Um eine solche disziplinarrechtliche Ahndung zu rechtfertigen, muss die Tätigkeit allerdings ein Mindestmaß an Evidenz und Gewicht aufweisen, damit sie als aktives Einsetzen für eine Partei oder Organisation, die verfassungsfeindliche Ziele verfolgt, qualifiziert werden kann. Das bloße Haben einer Überzeugung und die bloße Mitteilung, dass man diese habe, reichen für die Entfernung aus dem Beamtenverhältnis nicht aus. Die Mitgliedschaft in einer Partei mit verfassungsfeindlichen Zielsetzungen ist nur ein Element bei der Beurteilung des Einzelfalls. Es müssen auch die näheren Umstände, zum Beispiel des Erwerbs der Mitgliedschaft, und die Kenntnis von den Zielen der Partei berücksichtigt werden.

26.3 Die Entfernung aus dem Beamtenverhältnis stellt die schwerwiegendste disziplinarrechtliche Maßnahme dar. Für Beamtinnen und Beamte hat sie in der Regel den Verlust der Existenzgrundlage zur Folge. Bei derartigen Entscheidungen ist daher der jeweilige Einzelfall sorgfältig aufzuklären und in besonderem Maße der Grundsatz der Verhältnismäßigkeit zu beachten. Auf § 26 LDG wird hingewiesen.

26.4 Bei Beamtinnen und Beamten auf Widerruf ist § 23 Absatz 4 Satz 2 BeamtStG zu beachten.

27 Diensteid (zu § 38 BeamtStG, § 47 LBG)

27.1 Der Diensteid ist unverzüglich nach der Begründung des Beamtenverhältnisses abzunehmen. Dies gilt auch dann, wenn die Be-

Durchführung beamtenrechtlicher Vorschriften I.3.1

amtin oder der Beamte früher bereits in einem Beamten- oder Richterverhältnis stand oder im Falle der Versetzung, der Übernahme oder des Übertritts von einem Dienstherrn, für den das Landesbeamtengesetz nicht gilt.

27.2 Beamtinnen und Beamte, die unter § 7 Absatz 1 Nummer 1 Buchstaben a bis c BeamtStG fallen, haben ebenso wie Deutsche den Diensteid zu leisten.

27.3 Vor der Leistung des Diensteids ist die Beamtin oder der Beamte mit dem Inhalt des Diensteids bekannt zu machen und auf dessen Bedeutung sowie gegebenenfalls auf die Entlassung aus dem Beamtenverhältnis gemäß § 23 Absatz 1 Satz 1 Nummer 1 BeamtStG im Falle der Weigerung hinzuweisen.

27.4 Der Diensteid wird unter Erheben der rechten Hand durch Nachsprechen der in § 47 Absatz 1 LBG vorgeschriebenen Eidesformel geleistet.

27.5 Über die Vereidigung ist eine Niederschrift nach Anlage 4* zu fertigen. Die Niederschrift ist von der Person, die die Vereidigung vorgenommen hat, zu unterzeichnen. Die Niederschrift ist zu den Personalaktendaten der Beamtin oder des Beamten zu nehmen.

27.6 Wird der Diensteid verweigert, ist eine Niederschrift zu fertigen. Jeder Fall der Verweigerung der Leistung des Diensteids ist unverzüglich der für die Entlassung zuständigen Stelle zur Kenntnis zu bringen.

27.7 Soweit nach § 7 Absatz 3 BeamtStG eine Ausnahme von § 7 Absatz 1 Nummer 1 und Absatz 2 BeamtStG zugelassen wurde, kann nach § 47 Absatz 4 LBG von einer Eidesleistung abgesehen werden. Die Beamtin oder der Beamte hat zu geloben, die Amtspflichten gewissenhaft zu erfüllen. Die Nummern 27.3, 27.5 und 27.6 gelten entsprechend.

28 Befreiung von Amtshandlungen (zu § 52 LBG)

Beamtinnen und Beamte sind verpflichtet, unmittelbare Dienstvorgesetzte unverzüglich darauf hinzuweisen, wenn sie eine Amtshandlung vornehmen sollen, die sich gegen sie selbst oder Personen richtet, zu deren Gunsten ihnen wegen familienrechtlicher Beziehungen im Strafverfahren ein Zeugnisverweigerungsrecht zustünde (§ 52 der Strafprozessordnung (StPO)). Im Übrigen finden im Verwaltungsverfahren die Vorschriften der §§ 20, 21 des Landesverwaltungsverfahrensgesetzes (LVwVfG) über den Ausschluss und die Befangenheit Anwendung.

29 Ärztliche Untersuchungen (zu § 53 LBG)

29.1 Vor der Versetzung in den Ruhestand wegen Dienstunfähigkeit (§ 26 BeamtStG) oder der Feststellung der begrenzten Dienstfähigkeit (§ 27 BeamtStG) ist ein ärztliches Gutachten über den Gesundheitszustand und über die Verwendungsmöglichkeit der Beamtin oder des Beamten einzuholen, es sei denn, die Dienstunfähigkeit oder begrenzte Dienstfähigkeit kann ausnahmsweise auch ohne ärztliche Begutachtung eindeutig festgestellt werden oder es ist entsprechender medizinischer Sachverstand in der personalverwaltenden Dienststelle vorhanden. Die gegenüber einer Beamtin oder einem Beamten ergehende Anordnung, sich zur Klärung der Dienstfähigkeit ärztlich untersuchen zu lassen, ist kein Verwaltungsakt. In formeller Hinsicht muss die Anordnung aus sich heraus verständlich sein. Die Anordnung muss sich auf solche Umstände beziehen, die bei vernünftiger, lebensnaher Einschätzung die ernsthafte Besorgnis begründen, die betroffene Beamtin oder der betroffene Beamte sei dienstunfähig. Der Aufforderung an die Beamtin oder den Beamten müssen tatsächliche Feststellungen zu Grunde gelegt werden, die eine Dienstunfähigkeit als naheliegend erscheinen lassen. Die tatsächlichen Umstände, auf welche die Zweifel an der Dienstfähigkeit gestützt werden, sind in der Untersuchungsaufforderung selbst anzugeben. Die betroffene Beamtin oder der betroffene Beamte muss anhand der Begründung nachvollziehen können, ob die angeführten Gründe tragfähig sind und ob sie die behördlichen Zweifel an

---

* Anlage hier nicht aufgenommen.

der Dienstfähigkeit rechtfertigen. Substanzielle Zweifel an der Dienstfähigkeit der Beamtin oder des Beamten liegen nach ordnungsgemäßer, aber erfolgloser Durchführung eines betrieblichen Eingliederungsmanagements nach § 167 Absatz 2 Satz 1 SGB IX regelmäßig vor.

Die gutachtliche Beurteilung setzt regelmäßig die Kenntnis der einschlägigen Rahmenbedingungen des öffentlichen Dienstes allgemein und der Laufbahn voraus, in der die Beamtin oder der Beamte verwendet wird oder verwendet werden soll. Sie soll daher in aller Regel amtsärztlich oder polizeiärztlich vorgenommen werden. Nur in begründeten Ausnahmefällen kann die Untersuchung auch von geeigneten externen Fachärztinnen oder Fachärzten durchgeführt werden. Die Beauftragung eines externen fachärztlichen Gutachtens soll zuvor amtsärztlich abgestimmt werden.

29.2 Das ärztliche Gutachten ist eine wichtige Grundlage für die Entscheidung der zuständigen Stelle über die Versetzung in den Ruhestand wegen Dienstunfähigkeit, die gesundheitlich bedingte anderweitige Verwendung oder die Übertragung einer geringerwertigen Tätigkeit unter, Beibehaltung des statusrechtlichen Amtes sowie die Feststellung der begrenzten Dienstfähigkeit. Die zuständige Stelle stellt daher im Untersuchungsauftrag zur Erstellung des ärztlichen Gutachtens den Sachverhalt umfassend dar und teilt sämtliche für die Abfassung des Gutachtens wesentlichen Umstände mit. Dies soll zur Erstellung einer umfänglichen medizinischen Gesamtbeurteilung auch in Fällen erfolgen, in denen die zuständige Stelle bereits über einzelne medizinische Erkenntnisse des Falles verfügt. Dazu gehören im Hinblick auf die Beurteilung der Dienstfähigkeit insbesondere Angaben zu

- der bisher ausgeübten Funktion (konkrete Beschreibung des Anforderungsprofils des derzeit ausgeübten Dienstpostens, Hinweis auf physische und psychische Anforderungen und Belastungen und gegebenenfalls auch auf ausgeübte Nebentätigkeiten),
- dem bisherigen Krankheitsverlauf (Fehlzeitenentwicklung, Zeitpunkt und Dauer der letzten Krankschreibung),
- den Auswirkungen der Erkrankung auf die Fähigkeit zur Erfüllung der der Beamtin oder dem Beamten derzeit beziehungsweise zuletzt obliegenden Dienstpflichten mit konkreter Darlegung der bestehenden gesundheitsbezogenen Leistungseinschränkungen,
- den bisherigen Maßnahmen zur Prävention, Rehabilitation und Entlastung der Beamtin oder des Beamten, insbesondere das Ergebnis diesbezüglicher Mitarbeitergespräche oder Maßnahmen im Rahmen des betrieblichen Eingliederungsmanagements sowie deren Auswirkungen, zusätzlich bei schwerbehinderten Beamtinnen und Beamten das Verfahren nach § 167 Absatz 1 SGB IX unter Beteiligung des Integrationsamts,
- den bestehenden Möglichkeiten der anderweitigen Verwendung mit Beschreibung des Anforderungsprofils des für eine anderweitige Verwendung in Frage kommenden Amtes im abstrakt-funktionellen Sinn (zum Beispiel Amt eines Amtsrats, einer Oberregierungsrätin), oder der für die Übertragung einer geringerwertigen Tätigkeit in Frage kommenden Dienstposten (Amt im konkret-funktionellen Sinn),
- einer noch möglichen Tätigkeit mit mindestens der Hälfte der regelmäßigen Arbeitszeit (begrenzte Dienstfähigkeit),
- sämtlichen sonstigen Umständen, die für die Beurteilung der Dienstfähigkeit der Beamtin oder des Beamten wesentlich sind.

Die zuständige Stelle bittet mit dem Gutachtensauftrag, in dem ärztlichen Gutachten

- ein Prognoseurteil zur voraussichtlichen Entwicklung der gesundheitsbezogenen Leistungseinschränkungen abzugeben, insbesondere um Auskunft darüber, ob
  - mit der Wiederherstellung der vollen Dienstfähigkeit innerhalb der nächsten sechs Monate zu rechnen ist,
  - je nach Lage des Falles ein Arbeitsversuch im Wege der gestuften Wiederauf-

Durchführung beamtenrechtlicher Vorschriften I.3.1

nahme des Dienstes (§ 68 Absatz 3 LBG) erfolgen soll,
- die Beamtin oder der Beamte innerhalb der nächsten sechs Monate den Dienst mit Einschränkungen (zum Beispiel ohne Publikumsverkehr, mit Arbeitsunterbrechungen, kein Arbeiten unter Zeitdruck) wieder mit der vollen Arbeitszeit aufnehmen kann,
- die Beamtin oder der Beamte innerhalb der nächsten sechs Monate den Dienst mit mindestens der Hälfte der regelmäßigen Arbeitszeit oder mehr unter Angabe des Prozentsatzes wieder aufnehmen kann, gegebenenfalls unter welchen Einschränkungen (begrenzte Dienstfähigkeit),
- Behandlungsmaßnahmen zur Erhaltung der Dienstfähigkeit, zur Verbesserung oder Wiederherstellung der Einsatzfähigkeit, beispielsweise Rehabilitationsmaßnahmen, psychotherapeutische Behandlung, ambulante oder stationäre ärztliche Behandlung, Heilkuren, Erfolg versprechend erscheinen,
- damit zu rechnen ist, dass die Beamtin oder der Beamte auf Dauer nicht mehr in der Lage ist, die bisherigen Dienstpflichten zu erfüllen,
– darzustellen, inwieweit die Beamtin oder der Beamte hinsichtlich der gesundheitlichen Eignung die Anforderungen der beschriebenen anderweitigen Verwendungsmöglichkeiten erfüllen kann, gegebenenfalls unter Berücksichtigung einer besonderen Gestaltung des Arbeitsplatzes,
– darzustellen, welche geringerwertigen Tätigkeiten die Beamtin oder der Beamte überhaupt noch wahrnehmen kann und inwieweit dies aus medizinischer Sicht zumutbar ist,
– mitzuteilen, ob ein Antrag auf Feststellung einer Schwerbehinderung im Hinblick auf die damit verbundenen Nachteilsausgleiche sinnvoll erscheint,
– mitzuteilen, ob und wann eine Nachuntersuchung zum Zweck der Wiederberufung in das Beamtenverhältnis für zweckmäßig gehalten wird, falls die Beamtin oder der Beamte in den Ruhestand versetzt wird (vergleiche Nummer 25.7).

29.3 Das ärztliche Gutachten muss die das Untersuchungsergebnis tragenden Feststellungen und Gründe enthalten, soweit deren Kenntnis für die zuständige Stelle unter Beachtung des Verhältnismäßigkeitsgrundsatzes für die von ihr zu treffende Entscheidung erforderlich ist. Das Gutachten muss sowohl die notwendigen Feststellungen zum Sachverhalt, mithin die in Bezug auf die Beamtin oder den Beamten erhobenen Befunde enthalten, als auch die aus medizinischer Sicht daraus abzuleitenden Schlussfolgerungen für die Fähigkeit der Beamtin oder des Beamten, ihr oder sein Amt im abstrakt-funktionellen Sinn weiter auszuüben. Die abschließende Entscheidung über die Frage der Dienstunfähigkeit trifft die zuständige Stelle. Sie muss die ärztlichen Befunde und Schlussfolgerungen inhaltlich nachvollziehen und sich auf ihrer Grundlage ein eigenes Urteil bilden. Die Beamtin oder der Beamte muss sich auf Grundlage des ärztlichen Gutachtens mit den Feststellungen und Schlussfolgerungen der Ärztin oder des Arztes und mit der darauf beruhenden Entscheidung der zuständigen Stelle auseinandersetzen können.

29.4 Bei ärztlichen Untersuchungen, die einer möglichen Wiederberufung in das Beamtenverhältnis von Ruhestandsbeamtinnen und Ruhestandsbeamten dienen, ist entsprechend Nummer 29.2 zu verfahren. Die Verpflichtung, sich nach Weisung ärztlich untersuchen zu lassen, ergibt sich aus § 29 Absatz 5 Satz 1 BeamtStG.

30 Amtsbezeichnung (zu §§ 56, 32 Absatz 2 LBG)

30.1 Ein Anspruch auf Anrede mit der Amtsbezeichnung besteht nicht.

30.2 Die Erlaubnis, die Amtsbezeichnung sowie die im Zusammenhang mit dem Amt verliehenen Titel mit dem Zusatz „außer Dienst" („a. D.") zu führen, soll in der Regel nur solchen entlassenen Beamtinnen und Beamten erteilt werden, die mindestens fünf Jahre im Beamtenverhältnis zurückgelegt oder bei kürzerer Dauer so außergewöhnliche

Verdienste erworben haben, dass die Erlaubnis zur Weiterführung der Amtsbezeichnung als besondere Auszeichnung gerechtfertigt erscheint.

31 Verschwiegenheitspflicht (zu § 37 BeamtStG, § 57 LBG)

31.1 § 37 Absatz 2 Satz 1 BeamtStG regelt die Ausnahmen von der Verschwiegenheitspflicht, so beispielsweise für die Mitteilung des Verdachts einer Korruptionsstraftat (§ 37 Absatz 2 Satz 1 Nummer 3 BeamtStG). Ergänzend bestimmt § 57 LBG, dass die Verschwiegenheitspflicht auch gegenüber bestellten Vertrauensanwälten für Korruptionsverhütung nicht gilt.

31.2 § 37 Absatz 2 Satz 2 BeamtStG stellt klar, dass die allgemeinen gesetzlichen Verpflichtungen zur Anzeige von Straftaten (§ 138 des Strafgesetzbuches (StGB)) beziehungsweise für die Erhaltung der freiheitlichen demokratischen Grundordnung einzutreten (§ 33 Absatz 1 Satz 3 BeamtStG) der Verschwiegenheitspflicht vorgehen.

31.3 Nach § 37 Absatz 3 BeamtStG dürfen Beamtinnen und Beamte über dienstliche Angelegenheiten, die ihnen bei oder bei Gelegenheit ihrer amtlichen Tätigkeit bekannt geworden sind, ohne Aussagegenehmigung weder vor Gericht noch außergerichtlich aussagen oder Erklärungen abgeben. In der Aussagegenehmigung ist die Angelegenheit, auf die sie sich erstreckt, konkret zu bezeichnen. Für die Erteilung einer Aussagegenehmigung ist grundsätzlich nach § 4 Absatz 1 Satz 1 LBG der unmittelbare Dienstvorgesetzte zuständig. § 4 Absatz 4 LBG trifft für die Versagung der Aussagegenehmigung eine besondere Zuständigkeitsregelung. Gleiches gilt für die Beschränkung der Aussagegenehmigung. Die Versagung, beziehungsweise die Beschränkung der Aussagegenehmigung, ist zu begründen.

32 Verbot der Annahme von Belohnungen, Geschenken und sonstigen Vorteilen (zu § 42 BeamtStG)

32.1 Beamtinnen und Beamte müssen jeden Anschein vermeiden, im Rahmen der Amtsführung für persönliche Vorteile empfänglich zu sein. Sie dürfen, auch nach Beendigung des Beamtenverhältnisses, keine Belohnungen, Geschenke oder sonstigen Vorteile für sich oder eine dritte Person in Bezug auf ihr Amt fordern, sich versprechen lassen oder annehmen. Ausnahmen bedürfen der Zustimmung des Dienstvorgesetzten. Bei abgeordneten Beamtinnen und Beamten hat die Zustimmung durch den weiteren Dienstvorgesetzten im Sinne von Nummer 14.5 zu erfolgen.

32.2 Belohnungen, Geschenke und sonstige Vorteile im Sinne des § 42 BeamtStG sind nicht nur Geld oder Sachwerte, sondern auch alle anderen Zuwendungen einschließlich Dienstleistungen, auf die Beamtinnen und Beamte keinen Rechtsanspruch haben und die ihnen einen Vorteil verschaffen, sie also objektiv besser stellen. Ein derartiger Vorteil kann insbesondere liegen in

- der Überlassung von Gutscheinen wie beispielsweise Eintrittskarten, Telefon-, Geld- oder Kreditkarten oder von Gegenständen (zum Beispiel Baumaschinen, Fahrzeugen) zum privaten Gebrauch oder Verbrauch,
- besonderen Vergünstigungen bei Privatgeschäften (zum Beispiel zinslose oder zinsgünstige Darlehen, Bürgschaften),
- der Gewährung von Preisnachlässen,
- der Überlassung von Fahrkarten oder Flugtickets oder der Mitnahme auf Reisen (zum Beispiel Urlaubsreisen),
- Bewirtungen oder der Gewährung von Unterkunft,
- erbrechtlichen Begünstigungen (zum Beispiel der Einsetzung als Erbin oder Erbe oder dem Bedenken mit einem Vermächtnis).

Ein Vorteil kann auch dann bestehen, wenn die Beamtin oder der Beamte zwar einen Anspruch auf eine Gegenleistung hat (zum Beispiel aus einer genehmigten privaten Nebentätigkeit), die Leistung aber in keinem angemessenen Verhältnis zur gewährten Gegenleistung steht. Selbst bei einem angemessenen Verhältnis zwischen Leistung und Gegenleistung kann ein Vorteil bereits darin lie-

Durchführung beamtenrechtlicher Vorschriften I.3.1

gen, dass die Gelegenheit zum Abschluss eines sonstigen Vertrages gewährt wird, der für die Beamtin oder den Beamten mittelbar vorteilhaft sein kann.

32.3 Es kommt nicht darauf an, ob der Vorteil von der zuwendenden Person unmittelbar oder in ihrem Auftrag von Dritten gewährt wird.

Für die Anwendbarkeit der Vorschrift ist es auch ohne Bedeutung, ob der Vorteil Beamtinnen und Beamten unmittelbar oder, beispielsweise bei Zuwendungen an Angehörige oder an Vereine, denen die Beamtin oder der Beamte angehört, nur mittelbar zugutekommt Die beabsichtigte Weitergabe von Vorteilen an Dritte (zum Beispiel Verwandte, Bekannte, andere Bedienstete, Gemeinschaftseinrichtungen oder soziale Einrichtungen) oder für Gemeinschaftsveranstaltungen (zum Beispiel Weihnachtstombola) rechtfertigt nicht deren Annahme. Auch in diesen Fällen bedarf es der Entscheidung des Dienstvorgesetzten über die ausnahmsweise Annahme.

32.4 „In Bezug auf das Amt" ist ein Vorteil immer dann gewährt, wenn die zuwendende Person sich davon bestimmen oder mitbestimmen lässt, dass die Beamtin oder der Beamte ein bestimmtes Amt bekleidet oder bekleidet hat. Ein Bezug zu einer bestimmten Amtshandlung ist nicht erforderlich. Zum „Amt" gehören sowohl das Hauptamt als auch jedes Nebenamt und jede sonstige auf Verlangen des Dienstvorgesetzten ausgeübte Nebentätigkeit (§ 61 LBG). „In Bezug auf das Amt" gewährt kann auch eine Zuwendung sein, die Beamtinnen oder Beamte durch eine im Zusammenhang mit ihren dienstlichen Aufgaben stehende Nebentätigkeit oder ein im Zusammenhang mit ihren dienstlichen Aufgaben wahrgenommenes öffentliches Ehrenamt erhalten.

Nicht „in Bezug auf das Amt" gewährt sind Vorteile, die ausschließlich mit Rücksicht auf Beziehungen innerhalb der privaten Sphäre gewährt werden. Derartige Beziehungen dürfen aber nicht mit Erwartungen in Bezug auf die dienstliche Tätigkeit der Beamtin oder des Beamten verknüpft sein. Erkennt die Beamtin oder der Beamte, dass an den persönlichen Verkehr derartige Erwartungen geknüpft werden, dürfen weitere Vorteile nicht mehr angenommen werden. Nicht „in Bezug auf das Amt" gewährt sind außerdem Vorteile beziehungsweise Preisnachlässe, die allen Angehörigen des öffentlichen Dienstes, Mitgliedern berufsständischer oder gewerkschaftlicher Vereinigungen oder einer allgemeinen Berufsgruppe, der die Beamtin oder der Beamte angehört, generell eingeräumt werden (zum Beispiel allen Bediensteten einer Behörde).

32.5 Beamtinnen und Beamte dürfen eine Zuwendung, für deren ausnahmsweise Annahme die Zustimmung nicht nach Nummer 32.15 allgemein erteilt oder nach Nummer 32.6 als allgemein erteilt anzusehen ist, nur annehmen, wenn der Dienstvorgesetzte zugestimmt hat. Geld darf nicht angenommen werden. Haben Beamtinnen oder Beamte Zweifel, ob die Annahme eines Vorteils unter § 42 BeamtStG fällt oder ob die Zustimmung allgemein erteilt oder als allgemein erteilt anzusehen ist, haben sie die Zustimmung zu beantragen.

Die Zustimmung ist in der Regel schriftlich oder elektronisch zu beantragen. Dabei haben Beamtinnen und Beamte die für die Entscheidung maßgeblichen Umstände vollständig mitzuteilen.

Kann die Zustimmung nicht rechtzeitig herbeigeführt werden, so dürfen Beamtinnen und Beamte die Zuwendung ausnahmsweise vorläufig entgegennehmen, müssen die Zustimmung aber unverzüglich beantragen. Sie haben grundsätzlich den ausdrücklichen Vorbehalt zu erklären, die Zuwendung wieder zurückzugeben, falls deren Annahme nicht zugestimmt wird. Auf die Erklärung des Vorbehalts kann insbesondere unter den Voraussetzungen der Nummer 32.7 Absatz 2 Satz 2 verzichtet werden.

32.6 Als allgemein erteilt anzusehen ist die Zustimmung für die Annahme

– von nach allgemeiner Auffassung nicht zu beanstandenden geringwertigen Aufmerksamkeiten (zum Beispiel Massenwerbeartikeln wie Kalendern, Kugelschreibern,

Schreibblocks, sofern es sich dabei um Artikel einfacher Art handelt),
- von Geschenken aus dem Mitarbeiterkreis der Beamtin oder des Beamten (zum Beispiel aus Anlass eines Geburtstags oder Dienstjubiläums) im herkömmlichen Umfang,
- von nach allgemeiner Anschauung nicht zu beanstandenden Vorteilen, die die Durchführung eines Dienstgeschäfts erleichtern oder beschleunigen (zum Beispiel die Abholung mit einem Fahrzeug vom Bahnhof),
- üblicher und angemessener Bewirtung aus Anlass oder bei Gelegenheit dienstlicher Handlungen, Besprechungen, Besichtigungen oder dergleichen, wenn sie ihren Grund in den Regeln des Verkehrs und der Höflichkeit haben, denen sich auch Beamtinnen und Beamte nicht entziehen können, ohne gegen gesellschaftliche Normen zu verstoßen,
- üblicher und angemessener Bewirtung bei allgemeinen Veranstaltungen, an denen Beamtinnen oder Beamte im Rahmen ihres Amts, in dienstlichem Auftrag oder mit Rücksicht auf die ihnen durch ihr Amt auferlegten gesellschaftlichen Verpflichtungen teilnehmen (zum Beispiel Einführung und Verabschiedung von Amtspersonen, offiziellen Empfängen, gesellschaftlichen und kulturellen Veranstaltungen, die der Pflege dienstlicher Interessen dienen, Jubiläen, Grundsteinlegungen, Richtfesten, Einweihungen, Eröffnungen von Ausstellungen, Betriebsbesichtigungen, Sitzungen von Organen wirtschaftlicher Unternehmungen, an denen die öffentliche Hand beteiligt ist).

32.7 Die Zustimmung zur Annahme anderer Zuwendungen ist die Ausnahme. Sie soll nur unter Anlegung strenger Maßstäbe erteilt werden.

Die Zustimmung darf nur erteilt werden, wenn nach Lage des Falles nicht zu besorgen ist, dass die Annahme der Zuwendung die objektive Amtsführung der Beamtin oder des Beamten beeinträchtigt oder bei dritten Personen, die von der Zuwendung Kenntnis erlangen, den Eindruck der Befangenheit entstehen lassen könnte. Dabei kann insbesondere bei persönlichen Geschenken im Zusammenhang mit dienstlichen Kontakten mit ausländischen staatlichen Stellen von Bedeutung sein, ob die Geschenke nach internationalen Gepflogenheiten zurückgewiesen werden können.

Die Zustimmung soll grundsätzlich nicht erteilt werden, wenn die Zuwendung aus öffentlichen Mitteln erfolgt, weil Zuwendungen aus Mitteln der öffentlichen Hand an Angehörige des öffentlichen Dienstes unangebracht sind. Dies gilt auch für Zuwendungen wirtschaftlicher Unternehmen, an denen die öffentliche Hand überwiegend beteiligt ist.

Die Zustimmung darf nicht erteilt werden, wenn mit der Zuwendung von Seiten der zuwendenden Person erkennbar eine Beeinflussung des amtlichen Handelns beabsichtigt ist oder in dieser Hinsicht Zweifel bestehen.

32.8 Die Zustimmung soll schriftlich oder elektronisch erteilt werden. Sie kann mit der Auflage erteilt werden, die Zuwendung an eine soziale Einrichtung, an den Dienstherrn oder an eine sonstige Körperschaft, Anstalt oder Stiftung des öffentlichen Rechts weiterzugeben. In der Regel wird es zweckmäßig sein, die zuwendende Person von der Weitergabe der Zuwendung zu unterrichten. Die Zuwendung kann Beamtinnen oder Beamten ausnahmsweise auch belassen werden, sofern sie sich bereit erklären, den Wert der Zuwendung zu erstatten.

32.9 Beamtinnen und Beamte sind verpflichtet, ihren Dienstvorgesetzten unverzüglich über jeden Versuch zu unterrichten, ihre Amtsführung durch das Angebot von Belohnungen, Geschenken oder sonstigen Vorteilen zu beeinflussen.

32.10 Beamtinnen und Beamte, die für eine – an sich nicht pflichtwidrige – Dienstausübung einen Vorteil für sich oder einen Dritten fordern, sich versprechen lassen oder annehmen, machen sich strafrechtlich der Vorteilsannahme schuldig, die nach § 331 Absatz 1 StGB mit Freiheitsstrafe bis zu drei Jahren oder mit Geldstrafe bestraft wird. Die vorherige oder nachträgliche Zustimmung des Dienstvorgesetzten zur Annahme eines Vorteils schließt die Strafbarkeit der Tat nach § 331 Absatz 3 StGB nicht aus, wenn der

Durchführung beamtenrechtlicher Vorschriften I.3.1

Vorteil von der Beamtin oder dem Beamten gefordert worden ist.

Enthält die zurückliegende oder künftige Diensthandlung, für die die Beamtin oder der Beamte einen Vorteil für sich oder einen Dritten als Gegenleistung fordert, sich versprechen lässt oder annimmt, eine Verletzung der Dienstpflichten, so ist der Tatbestand der Bestechlichkeit gegeben, für die § 332 Absatz 1 StGB eine Freiheitsstrafe von sechs Monaten bis zu fünf Jahren § 335 StGB für besonders schwere Fälle Freiheitsstrafe von einem Jahr bis zu zehn Jahren androht. Bereits der Versuch ist strafbar.

32.11 Werden Beamtinnen oder Beamte wegen Vorteilsannahme zu einer Freiheitsstrafe von einem Jahr oder längerer Dauer verurteilt, so endet das Beamtenverhältnis kraft Gesetzes mit der Rechtskraft des Urteils. Bei einer Verurteilung wegen Bestechlichkeit im Hauptamt reicht auch eine Verurteilung zu einer Freiheitsstrafe von mindestens sechs Monaten (§ 24 BeamtStG). Sind Beamtinnen und Beamte nach Begehung der Tat in den Ruhestand getreten, so verlieren sie mit der Rechtskraft der Entscheidung ihre Rechte als Ruhestandsbeamtinnen und Ruhestandsbeamte (§ 6 Absatz 1 Satz 1 Nummer 1 LBeamtVGBW). Gleiches gilt für Anspruchsinhaberinnen und Artspruchsinhaber auf Altersgeld. Wird eine geringere Strafe verhängt, so wird in der Regel ein Disziplinarverfahren durchgeführt, bei dem Beamtinnen und Beamte mit Maßnahmen bis zur Entfernung aus dem Beamtenverhältnis, Ruhestandsbeamtinnen und Ruhestandsbeamte bis zur Aberkennung des Ruhegehalts rechnen müssen. Anspruchsinhaberinnen und Anspruchsinhabern auf Altersgeld kann das Altersgeld aberkannt werden (§ 86 LBeamtVGBW).

Unabhängig von der strafrechtlichen Beurteilung stellt ein schuldhafter Verstoß gegen das Verbot der Annahme von Belohnungen, Geschenken oder sonstigen Vorteilen für Beamtinnen und Beamten ein disziplinarrechtlich zu untersuchendes Dienstvergehen dar (§ 47 BeamtStG). Bei Ruhestandsbeamtinnen und Ruhestandsbeamten oder früheren Beamtinnen und Beamten mit Versorgungsbezügen gilt es nach § 47 Absatz 2 BeamtStG als Dienstvergehen, wenn sie schuldhaft gegen das Verbot der Annahme von Belohnungen, Geschenken oder sonstigen Vorteilen in Bezug auf ihr früheres Amt verstoßen.

32.12 Neben der Verhängung einer Freiheits- oder Geldstrafe sind weitere Rechtsfolgen gesetzlich vorgesehen, zum Beispiel dass das Eigentum an dem aus der rechtswidrigen Tat Erlangten auf den Staat übergeht (Verfall, §§ 73 ff. StGB).

Darüber hinaus haften Beamtinnen und Beamte für den durch ihre rechtswidrige und schuldhafte Tat entstandenen Schaden (§ 48 BeamtStG).

32.13 Beamtinnen und Beamte sind bei Einstellung schriftlich auf die Verpflichtungen hinzuweisen, die sich aus § 42 BeamtStG ergeben. Es ist dafür Sorge zu tragen, dass sie in regelmäßigen Abständen über diese Verpflichtungen belehrt werden. Für die Belehrung ist die Stelle zuständig, welche die Einstellung vornimmt, im Übrigen der Dienstvorgesetzte.

32.14 Die Dienstvorgesetzten haben etwaigen Verstößen gegen § 42 BeamtStG und die §§ 331 ff. StGB durch geeignete organisatorische und personalwirtschaftliche Maßnahmen vorzubeugen.

Liegen zureichende tatsächliche Anhaltspunkte vor, dass eine Beamtin oder ein Beamter schuldhaft gegen das Verbot der Annahme von Belohnungen, Geschenken oder sonstigen Vorteilen verstoßen hat, hat der Dienstvorgesetzte die Dienstpflicht, ein Disziplinarverfahren einzuleiten (§ 8 LDG).

Bei Verletzung dieser Pflicht kann sich der Dienstvorgesetzte eines Dienstvergehens schuldig und nach § 357 StGB strafbar machen.

32.15 Die obersten Dienstbehörden können ergänzende Hinweise geben oder Anordnungen treffen, um speziellen Gegebenheiten in ihren Bereichen oder einzelnen Verwaltungszweigen gerecht zu werden. Sie können insbesondere Wertgrenzen festlegen oder für geringwertige Zuwendungen, die nicht von

Nummer 32.6 erfasst sind, die Zustimmung allgemein erteilen, sofern ein Bedürfnis für eine Prüfung im Einzelfall nicht besteht.

Den in bestimmten Aufgabenbereichen tätigen Beamtinnen und Beamten kann für bestimmte Zeiträume aufgegeben werden, Zuwendungen, für deren Annahme die Zustimmung allgemein erteilt oder als allgemein erteilt anzusehen ist, unverzüglich dem Dienstvorgesetzten anzuzeigen.

Nebentätigkeit

33 Abgrenzung, Zuständigkeit Nebentätigkeit (zu § 40 BeamtStG, § 60 LBG)

§ 60 Absatz 1 Satz 1 LBG grenzt die Nebentätigkeiten von den Tätigkeiten im Hauptamt ab. Was zum Hauptamt der Beamtinnen und Beamten gehört, ist im Einzelfall zu entscheiden.

Keine Nebentätigkeiten sind nach § 60 Absatz 1 Satz 2 LBG unentgeltliche Tätigkeiten, die zur persönlichen Lebensgestaltung gehören, wie zum Beispiel Hobbys.

Öffentliche Ehrenämter sind in § 1 der Landesnebentätigkeitsverordnung (LNTVO) geregelt; diese gelten nach § 60 Absatz 2 Satz 1 Nummer 1 LBG ebenfalls nicht als Nebentätigkeit.

Nebentätigkeitsrechtliche Entscheidungen trifft der jeweilige Dienstvorgesetzte. Bei abgeordneten Beamtinnen und Beamten ist dies grundsätzlich der Dienstvorgesetzte der Behörde, zu der die Beamtinnen und Beamten abgeordnet sind.

34 Nebentätigkeit auf Verlangen (zu § 40 BeamtStG, § 61 LBG)

Der Dienstvorgesetzte hat bei der Übertragung einer Nebentätigkeit auf Verlangen die Fürsorgepflicht (§ 45 BeamtStG) zu beachten, zum Beispiel durch Entlastung der Beamtin oder des Beamten im Hauptamt.

Insbesondere in Fällen, in denen das Rechtsverhältnis zwischen der Beamtin oder dem Beamten und dem Auftraggeber der Nebentätigkeit durch Bundesrecht geregelt oder vertraglich festgelegt ist, beispielsweise die Mitgliedschaft im Aufsichtsrat einer Aktiengesellschaft, kann die Tätigkeit nicht ohne Weiteres durch Landesrecht beendet werden (§ 61 Absatz 3 LBG). Je nach Einzelfall bedarf es der Festlegung von Übergangsfristen. Zudem können Ausnahmen von der Pflicht zur Beendigung durch die Beamtin oder den Beamten in Frage kommen, wenn ein dienstliches Interesse an der Fortführung der Nebentätigkeit auf Verlangen besteht.

35 Genehmigungspflichtige Nebentätigkeiten (zu § 40 BeamtStG, § 62 LBG)

35.1 Der Antrag auf Erteilung einer Nebentätigkeitsgenehmigung muss alle Angaben und Nachweise enthalten, die zur Beurteilung der Nebentätigkeit, insbesondere der Versagungsgründe, erforderlich sind (§ 62 Absatz 4 Satz 1 LBG). Beamtinnen und Beamte haben auf Verlangen die erforderlichen Nachweise zu führen (§ 62 Absatz 4 Satz 2 LBG). Sie haben eine Mitwirkungspflicht. Zweifel gehen zu ihren Lasten.

Sind endgültige Nachweise zum Zeitpunkt der Antragstellung insbesondere hinsichtlich der Höhe der Vergütung noch nicht möglich, haben die Beamtinnen und Beamten wenigstens annähernde Angaben zu machen, zum Beispiel kurze Darstellung der vorgesehenen Vergütungsgrundsätze oder vorgesehene, bereits bezifferbare Abschlagszahlungen. Den Beamtinnen und Beamten ist in der Genehmigung zur Auflage zu machen, die ungefähren Angaben zu präzisieren, sobald dies möglich ist.

Der Antrag kann auch elektronisch gestellt werden, sofern der Dienstvorgesetzte dies nach § 62 Absatz 4 Satz 3 LBG nicht ausgeschlossen hat.

35.2 Bei jedem Antrag ist zu prüfen, ob zu besorgen ist, dass durch die Nebentätigkeit dienstliche Interessen beeinträchtigt werden (§ 62 Absatz 2 Satz 1 LBG). Dies ist der Fall, wenn ein vernünftiger Grund für die Annahme besteht, dass die Gefahr einer solchen Beeinträchtigung besteht. Ganz fernliegende Gefahren genügen dafür nicht, andererseits muss die Gefahr der Beeinträchtigung aber auch nicht in absehbarer Zeit in hohem Maße

Durchführung beamtenrechtlicher Vorschriften I.3.1

wahrscheinlich sein. In § 62 Absatz 2 Satz 2 LBG werden beispielhaft die wichtigsten Versagungsgründe aufgezählt.

Ein allgemeines öffentliches Interesse an der Untersagung einer Nebentätigkeit genügt jedoch nicht. So kann Beamtinnen und Beamten eine Nebentätigkeit beispielsweise nicht allein deshalb untersagt werden, um Konkurrenz für die örtliche Wirtschaft zu vermeiden.

35.3 Als Grenze für den zeitlichen Umfang der Nebentätigkeiten gilt die Regelvermutung des § 62 Absatz 3 Satz 2 LBG (sogenannte Fünftelvermutung). Bei der Fünftelberechnung sind alle genehmigungspflichtigen Nebentätigkeiten sowie alle anzeigepflichtigen Nebentätigkeiten nach § 62 Absatz 6 LBG und § 63 Absatz 2 Satz 1 und Absatz 3 LBG einzubeziehen. Bei Nebentätigkeiten auf Verlangen im Sinne des § 61 LBG ist zu prüfen, ob und gegebenenfalls inwieweit eine Anrechnung gerechtfertigt ist. Dabei ist insbesondere die Belastung der Beamtinnen und Beamten durch die Nebentätigkeit auf Verlangen sowie deren eventuelle Ausübung während der Dienstzeit zu berücksichtigen.

Ergibt sich bei der Ausübung mehrerer Nebentätigkeiten eine Beeinträchtigung dienstlicher Interessen durch zeitliche Überbeanspruchung, so können Beamtinnen und Beamte in der Regel wählen, welche Nebentätigkeiten sie einschränken oder aufgeben möchten. Dies gilt nicht für Nebentätigkeiten auf Verlangen nach § 61 LBG.

Die Regelvermutung des § 62 Absatz 3 Satz 2 LBG kann in Ausnahmefällen widerlegt werden. Das ist insbesondere dann denkbar, wenn die Nebentätigkeit die Beamtinnen und Beamten nicht voll in Anspruch nimmt, zum Beispiel bei der Ableistung von Rufbereitschaft oder wenn die Nebentätigkeit nur mit einer geringen Belastung für die Beamtinnen und Beamten verbunden ist. Ist mit der Nebentätigkeit nur vorübergehend eine stärkere zeitliche Inanspruchnahme verbunden, wie zum Beispiel bei Prüfungen oder Veranstaltungen im Rahmen der Fortbildung, kann ausnahmsweise von der durchschnittlichen zeitlichen Belastung im Monat oder im Kalendervierteljahr ausgegangen werden.

Für beurlaubte und teilzeitbeschäftigte Beamtinnen und Beamte wird der Nebentätigkeitsumfang um den prozentualen Anteil, um den die Wochenarbeitszeit ermäßigt ist, angehoben, maximal jedoch auf zwölf Stunden pro Woche, soweit nicht speziellere Regelungen bestehen, zum Beispiel zur Teilzeitbeschäftigung während einer Elternzeit (§ 76 Nummer 2 LBG in Verbindung mit § 42 Absatz 2 AzUVO). Die Nebentätigkeit darf dem Zweck der Bewilligung des Urlaubs oder der Teilzeitbeschäftigung nicht zuwider laufen (§ 62 Absatz 3 Satz 4 LBG).

Auch für Beamtinnen und Beamte, die sich nach § 70 Absatz 2 Satz 1 Nummer 2 LBG in der Freistellungsphase des Blockmodells der Altersteilzeit befinden, gilt die Zwölf-Stunden-Grenze des § 62 Absatz 3 Satz 4 LBG (vergleiche Nummer 44.5).

35.4 Eine Genehmigung ist für jede einzelne Nebentätigkeit zu erteilen. Es kann aber auch eine zusammenfassende Genehmigung für fortlaufende oder wiederkehrende und gleichartige Nebentätigkeiten erteilt werden.

In der Genehmigung ist auf eine eventuell bestehende Ablieferungspflicht (§ 64 Absatz 3 LBG in Verbindung mit § 5 Absatz 3, § 6 LNTVO) hinzuweisen.

35.5 Die Genehmigung soll auf längstens fünf Jahre befristet werden (§ 62 Absatz 5 Satz 1 LBG). In Ausnahmefällen kann eine längere Genehmigung erteilt werden. Es sollte jeweils geprüft werden, ob im Einzelfall eine kürzere Frist angebracht ist, zum Beispiel weil

– bei einer zusammenfassenden Genehmigung für fortlaufende oder wiederkehrende und gleichartige Nebentätigkeiten eine frühere Überprüfung erforderlich ist,

– damit zu rechnen ist, dass aufgrund eines Dienststellen- oder Dienstpostenwechsels oder einer Änderung des Aufgabengebiets eine Überprüfung im Hinblick auf mögliche Versagungsgründe, insbesondere Interessenkollisionen, erforderlich wird,

– die Beendigung der Nebentätigkeit innerhalb eines kürzeren Zeitraums wahrscheinlich ist.

Beginn und Ende der Frist bestimmen sich grundsätzlich nach den allgemeinen Regeln (§ 31 LVwVfG in Verbindung mit § 187 ff. des Bürgerlichen Gesetzbuches [BGB]). Es wird empfohlen, im Genehmigungsbescheid grundsätzlich das Fristende festzusetzen.

35.6 Mit Auflagen und Bedingungen kann eine Nebentätigkeit unter Umständen genehmigungsfähig gemacht werden, zum Beispiel um noch ungewissen Ereignissen Rechnung zu tragen, denn die Versagungsbefugnis gilt nur, soweit eine Beeinträchtigung dienstlicher Interessen zu besorgen ist.

35.7 Der Widerruf einer Genehmigung nach § 62 Absatz 7 LBG ist nur innerhalb eines Jahres ab dem Zeitpunkt möglich, zu welchem dem Dienstherrn die für den Widerruf maßgeblichen Tatsachen bekannt geworden sind (§ 49 Absatz 2 Satz 2, § 48 Absatz 4 LVwVfG).

35.8 Mit § 62 Absatz 6 Satz 1 LBG wird bei genehmigungspflichtigen Nebentätigkeiten geringen Umfangs die sonst erforderliche Einzelfallgenehmigung durch eine unmittelbar kraft Gesetzes erteilte Nebentätigkeitsgenehmigung ersetzt. Es wird lediglich eine vorherige Anzeige der Nebentätigkeit mit den nach § 62 Absatz 4 LBG erforderlichen Angaben verlangt. Bei einer einmaligen Nebentätigkeit mit einer Vergütung unter 200 Euro entfällt auch die Anzeigepflicht.

Die Voraussetzungen für eine allgemein als erteilt geltende Genehmigung, beziehungsweise für das Entfallen der Anzeigepflicht, liegen nur vor, wenn die Beamtinnen und Beamten nach sorgfältiger Prüfung davon ausgehen dürfen, dass sie die Tatbestandsmerkmale für die allgemein als erteilt geltende Genehmigung, beziehungsweise den Entfall der Anzeigepflicht, im gesamten maßgeblichen Zeitraum erfüllen werden. Bestehen von vornherein Zweifel, ist ein Genehmigungsantrag, beziehungsweise eine Anzeige, erforderlich.

Beabsichtigen Beamtinnen und Beamte entgegen ihrer ursprünglichen Planung eine weitere genehmigungspflichtige Nebentätigkeit auszuüben, und wird dadurch die Jahreshöchstgrenze überschritten oder entfällt eine andere Voraussetzung der allgemein als erteilt geltenden Genehmigung, beziehungsweise des Entfallens der Anzeigepflicht, so ist für die Ausübung der beabsichtigten und der bereits laufenden Nebentätigkeiten eine Genehmigung zu beantragen, beziehungsweise eine Anzeige nachzuholen.

36 Nicht genehmigungspflichtige Nebentätigkeiten (zu § 40 BeamtStG, § 63 LBG)

36.1 Wird für die in § 63 Absatz 2 Satz 1 LBG genannten nicht genehmigungspflichtigen Nebentätigkeiten eine Vergütung (§ 3 LNTVO) geleistet, besteht in jedem Einzelfall grundsätzlich eine vorherige Anzeigepflicht.

36.2 Eine Verwaltungserleichterung enthält § 63 Absatz 2 Satz 2 LBG. Danach ist bei regelmäßig wiederkehrenden gleichartigen Nebentätigkeiten, wie zum Beispiel bestimmten, in großer Zahl anfallenden, gleichartigen Gutachtertätigkeiten, beispielsweise Laborgutachten, eine mindestens einmal jährlich zu erstattende Anzeige ausreichend (Sammelanzeige).

36.3 Unter § 63 Absatz 1 Nummer 2 LBG kann der Betrieb von Anlagen zur Erzeugung erneuerbarer Energien, insbesondere auf dem eigenen Hausdach fallen. Für die eigene nebentätigkeitsrechtliche Bewertung kommt es nicht auf die Bewertung nach dem Steuerrecht an.

Eine überwiegend beratende Tätigkeit, beispielsweise „Coaching", ist in der Regel keine Vortragstätigkeit im Sinne von § 63 Absatz 1 Nummer 3 LBG.

In den Fällen des § 63 Absatz 1 Nummer 5 LBG besteht die Anzeigepflicht nur für eine Tätigkeit in Selbsthilfeeinrichtungen der Beamtinnen und Beamten, für die eine Vergütung geleistet wird, nicht für die übrigen Fallgruppen der Nummer 5. Dabei ist zu beachten, dass nach der Formulierung der Nummer 5 (Tätigkeiten in, nicht für Selbst-

Durchführung beamtenrechtlicher Vorschriften I.3.1

hilfeeinrichtungen der Beamtinnen und Beamten) nur solche Tätigkeiten genehmigungsfrei sind, die der Wahrung von Berufsinteressen dienen. Damit fällt die Tätigkeit der sogenannten Vertrauensleute von Selbsthilfeeinrichtungen, das sind in der Regel Versicherungs- und Bausparvermittlerinnen und -vermittler, nicht in den Kreis der genehmigungsfreien Nebentätigkeiten. Für sie besteht Genehmigungspflicht. Die Tätigkeit in den Organen der Selbsthilfeeinrichtungen ist dagegen genehmigungsfrei. Sie ist allerdings anzeigepflichtig, wenn für sie eine Vergütung geleistet wird.

36.4 Eine Anzeigepflicht besteht nicht, wenn die anzeigepflichtigen Nebentätigkeiten insgesamt geringen Umfang haben (§ 63 Absatz 3 LBG). Werden die dort festgelegten Grenzen entgegen den ursprünglichen Erwartungen oder durch Hinzukommen einer weiteren genehmigungsfreien Nebentätigkeit überschritten, sind nachträglich alle Nebentätigkeiten im Sinne des § 63 Absatz 2 Satz 1 LBG anzuzeigen.

36.5 Nach § 63 Absatz 2 Satz 3 LBG gilt § 62 Absatz 4 LBG entsprechend (vergleiche Nummer 35.1). Erst nach Erfüllung der Anzeigepflicht dürfen die Beamtinnen und Beamten die Nebentätigkeit aufnehmen. Einer Bestätigung bedarf es hierzu nicht.

37 Pflichten bei der Ausübung (zu § 40 BeamtStG, § 64 LBG)

37.1 Nach § 64 Absatz 4 Satz 3 LBG kann der Dienstvorgesetzte aus begründetem Anlass jederzeit nähere Auskünfte und gegebenenfalls entsprechende Nachweise über die Nebentätigkeit verlangen. Ein begründeter Anlass ist insbesondere gegeben, wenn sich im Zusammenhang mit der Ausübung der Nebentätigkeit Anhaltspunkte für die Beeinträchtigung dienstlicher Interessen oder die Verletzung dienstlicher Pflichten ergeben. Das Auskunftsverlangen steht im Ermessen des Dienstvorgesetzten.

37.2 Nebentätigkeiten dürfen grundsätzlich nur in der Freizeit und ohne Anrechnung auf die Arbeitszeit ausgeübt werden, weil die Wahrnehmung des Hauptamtes nicht durch Nebentätigkeiten beeinträchtigt werden darf. Während der Dienststunden und unter Anrechnung auf die Arbeitszeit sind daher nur solche Nebentätigkeiten zulässig, die die Beamtinnen und Beamten auf Verlangen ihres Dienstvorgesetzten ausüben oder bei denen der Dienstvorgesetzte ein dienstliches Interesse an der Ausübung der Nebentätigkeit durch die Beamtinnen und Beamten anerkannt hat (§ 4 Absatz 1 LNTVO).

Die Anerkennung des dienstlichen Interesses ist eine Ermessensentscheidung. Selbst wenn ein dienstliches Interesse zu bejahen ist, ist der Dienstvorgesetzte nicht zur Anerkennung verpflichtet. Überwiegen andere dienstliche Interessen, muss der Dienstvorgesetzte die Ausübung der Nebentätigkeit mit Anrechnung auf die Arbeitszeit nicht gestatten. Auch kann es für die Beamtinnen und Beamten bei hoher Vergütung zumutbar sein, die Nebentätigkeit ohne Anrechnung auf die Arbeitszeit auszuüben oder den Dienst nachzuleisten.

Bei der Anerkennung eines dienstlichen Interesses hat der Dienstvorgesetzte auch die Möglichkeit, den Umfang der Anrechnung der Nebentätigkeit auf die Arbeitszeit zu bestimmen. Die Anerkennung des dienstlichen Interesses ist aktenkundig zu machen (§ 4 Absatz 1 Satz 2 LNTVO). Der Dienstvorgesetzte muss sicherstellen, dass die ordnungsgemäße Wahrnehmung des Hauptamts nicht beeinträchtigt wird.

Im Übrigen können Ausnahmen von dem Gebot, Nebentätigkeiten nur in der Freizeit auszuüben, nur unter den engen Voraussetzungen des § 4 Absatz 2 LNTVO in besonders begründeten Fällen, insbesondere im öffentlichen Interesse, zugelassen werden. Der Begriff „öffentlichen Interesses" ist weiter als der des „dienstlichen Interesses". In diesen Fällen ist der Dienst nachzuleisten.

37.3 Die Vorgesetzten überwachen in geeigneter Weise die Ausübung von Nebentätigkeiten, insbesondere in arbeitszeitrechtlicher Hinsicht.

37.4 Nach § 64 Absatz 2 LBG kann eine Inanspruchnahme von Einrichtungen, Personal oder Material des Dienstherrn bei Vorliegen eines dienstlichen, öffentlichen oder wissenschaftlichen Interesses genehmigt werden. Die §§ 10 und 11 LNTVO enthalten Regelungen über das dafür fällige Entgelt. Unter den Voraussetzungen des § 10 Absatz 2 Nummer 2 LNTVO kann ein Entgelt bei einem dienstlichen Interesse an einer Nebentätigkeit entfallen.

37.5 Vergütungen für Nebentätigkeiten im öffentlichen Dienst (§ 64 Absatz 3 Nummer 1 LBG in Verbindung mit § 2 LNTVO) oder auf Verlangen des Dienstherrn ausgeübte Nebentätigkeiten (§ 64 Absatz 3 Nummer 2 LBG) sind nach § 5 Absatz 3 LNTVO abzuliefern, soweit sie den in dieser Vorschrift festgelegten Freibetrag überschreiten. Nebentätigkeiten im öffentlichen oder diesem gleichstehenden Dienst liegen auch vor, wenn die Tätigkeit aufgrund eines Vertragsverhältnisses, beispielsweise aufgrund eines Werkvertrags, Auftrags oder Geschäftsbesorgungsvertrags, selbstständig wahrgenommen wird.

Die Pflicht zur Ablieferung entsteht, wenn der in dieser Vorschrift festgelegte Freibetrag überschritten wird (§ 5 Absatz 4 LNTVO) und die abzuführende Vergütung durch Bescheid festgesetzt worden ist. Von den Beamtinnen oder Beamten kann im Einzelfall auch verlangt werden, dass Aufzeichnungen über die zugeflossenen Vergütungen geführt (§ 64 Absatz 4 Satz 3 LBG), und gegebenenfalls Nachweise über Vergütungen aus ablieferungspflichtigen Nebentätigkeiten (§ 8 Absatz 1 Satz 2 LNTVO) vorgelegt werden. Ausnahmen von der Ablieferungspflicht enthält § 6 LNTVO, zum Beispiel für Lehr-, Vortrags- und Prüfungstätigkeiten. Maßgebend für die Berechnung des abzuführenden Betrags ist das Kalenderjahr, in dem die Nebentätigkeit ausgeübt worden ist, nicht der Zeitpunkt, in dem die Vergütung bezogen wurde (§ 5 LNTVO).

37.6 Den Vergütungsbegriff definiert § 3 LNTVO. Danach sind Vergütungen auch geldwerte Vorteile und pauschalierte Aufwandsentschädigungen. Auch Sitzungsvergütungen sind Vergütungen, wenn es sich um ein Entgelt für die Teilnahme an den Sitzungen und um Abgeltung von Zeitversäumnis handelt. Soweit als Sitzungsvergütungen nachweislich nur Fahrkosten, Tage- und Übernachtungsgelder im Rahmen des § 3 Absatz 2 Nummer 1 LNTVO sowie weitere einzelabrechnungsfähige Aufwendungen (§ 3 Absatz 2 Nummer 2 LNTVO) abgegolten werden, liegt eine Nebentätigkeitsvergütung nicht vor. Zur Vergütung im Sinne der Vorschriften über die Ablieferungspflicht zählt auch nicht die vereinnahmte Umsatzsteuer, soweit sie ein Durchlaufposten ist, der nicht im Vermögen der Beamtin oder des Beamten verbleibt. Sie ist daher, soweit sie abzuführen ist, das heißt in Höhe der Umsatzsteuerzahllast, vom Vergütungsbegriff ausgenommen (§ 3 Absatz 2 Nummer 3 LNTVO).

37.7 Nach § 5 Absatz 3a LNTVO sind bei der Ermittlung des abzuliefernden Betrags bestimmte, im Zusammenhang mit der ablieferungspflichtigen Nebentätigkeit entstandene Aufwendungen, für die die Beamtinnen und Beamten keinen Auslagenersatz erhalten haben, von der Bruttovergütung abzusetzen, wie zum Beispiel Reisekosten oder Nutzungsentgelte. Während § 3 LNTVO regelt, inwieweit gewährte Aufwandsentschädigungen oder Auslagenersätze zur Vergütung zählen, gilt § 5 Absatz 3a LNTVO für den Fall, dass die Beamtinnen und Beamten keinen Auslagenersatz erhalten haben.

38 Jährliche Aufstellung der ausgeübten Nebentätigkeiten (zu § 40 BeamtStG, § 65 LBG)

38.1 § 8 LNTVO Verlangt einmal jährlich eine Aufstellung von Nebentätigkeiten, die sich gegebenenfalls aus zwei Teilen zusammensetzt: der Erklärung über alle im Vorjahr ausgeübten genehmigungspflichtigen, anzeigepflichtigen sowie auf Verlangen des Dienstvorgesetzten ausgeübten Nebentätigkeiten (Absatz 1 Satz 1 Nummer 1) und der Abrechnung von ablieferungspflichtigen Nebentätigkeitsvergütungen (Absatz 1 Satz 1 Nummer 2). Die Dienstvorgesetzten sollen die Beamtinnen und Beamten jährlich auf diese Verpflichtung hinweisen und die Einhaltung überwachen. Dies gilt insbesondere für die Angaben zur Vergütung und Abrechnung bei den ablieferungspflichtigen Nebentätigkeiten.

38.2 § 8 Absatz 1 Satz 1 Nummer 2 LNTVO betrifft ablieferungspflichtige Nebentätigkeiten. Die Vorschrift enthält die Verpflichtung zur Vorlage einer Abrechnung über Vergütungen aus ablieferungspflichtigen, nicht geringfügigen Nebentätigkeiten. Aus der Abrechnung muss zusätzlich zur Angabe der Vergütungen, soweit wegen möglichen Überschreitens des maßgeblichen Ablieferungsfreibetrags erforderlich, auch die Angabe eventueller Absetzungen nach § 5 Absatz 3a LNTVO ersichtlich sein. Die Verpflichtung der Beamtinnen und Beamten, erhaltene Vergütungen schon dann an den Dienstherrn abzuliefern, wenn die Überschreitung des Höchstbetrags feststeht (§ 5 Absatz 4 LNTVO), bleibt unberührt. Die Pflicht zur Vorlage einer Abrechnung trifft für vor Beendigung des Beamtenverhältnisses ausgeübte ablieferungspflichtige Nebentätigkeiten auch Ruhestandsbeamtinnen und Ruhestandsbeamte sowie frühere Beamtinnen und Beamte (§ 8 Absatz 3 LNTVO). Beamtinnen und Beamte sind zur Vorlage von Nachweisen verpflichtet, wenn der Dienstvorgesetzte dies aus begründetem Anlass, zum Beispiel bei Unklarheiten, Widersprüchen oder Zweifeln, verlangt. Sind die Erklärung und Abrechnung für ein früheres Kalenderjahr bereits vorgelegt und fließt den Beamtinnen und Beamten nachträglich eine Vergütung für eine in diesem Kalenderjahr ausgeübte Nebentätigkeit zu, die in die Abrechnung nach § 8 Absatz 1 Satz 1 Nummer 2 LNTVO einzubeziehen ist, so ist unverzüglich eine Nachtragsabrechnung für dieses Kalenderjahr vorzulegen.

Aus der Abrechnung sich ergebende, noch abzuliefernde Beträge sind unverzüglich anzufordern.

38.3 Im Rahmen der jährlichen Aufstellung nach § 8 Absatz 1 Satz 1 Nummern 1 und 2 LNTVO sind, unabhängig von einem Dienstherrenwechsel, alle ausgeübten genehmigungspflichtigen, anzeigepflichtigen sowie die auf Verlangen des Dienstvorgesetzten ausgeübten Nebentätigkeiten im vorausgegangenen Kalenderjahr zu berücksichtigen.

38.4 Die Dienstvorgesetzten sollen in geeigneter Weise prüfen, ob die Angaben der Bediensteten in der jährlichen Aufstellung den Tatsachen entsprechen und ob sich die Nebentätigkeiten im Rahmen der Genehmigung oder Anzeige halten.

39 Tätigkeit nach Beendigung des Beamtenverhältnisses (zu § 41 BeamtStG, § 66 LBG)

Nach § 41 BeamtStG haben Ruhestandsbeamtinnen und Ruhestandsbeamte die in dieser Vorschrift näher bezeichneten Erwerbstätigkeiten oder sonstigen Beschäftigungen anzuzeigen. Die Regelung soll verhindern, dass durch die private Verwertung von Amtswissen nach Ausscheiden aus dem Amt das Vertrauen der Allgemeinheit in die Integrität des öffentlichen Dienstes und damit das Ansehen der Verwaltung insgesamt beeinträchtigt wird.

Der zeitliche Rahmen der Verpflichtung ist in § 66 LBG geregelt. Hinsichtlich der Form der Anzeige gilt Nummer 35.1 entsprechend.

Arbeitszeit, Urlaub, Fürsorge und Schutz

40 Arbeitszeit (zu § 67 LBG)

40.1 Die Höchstgrenze zulässiger Arbeitszeit von durchschnittlich 48 Stunden in der Woche (Artikel 6 der Richtlinie 2003/88/EG des Europäischen Parlaments und des Rates vom 4. November 2003 über bestimmte Aspekte der Arbeitszeitgestaltung) darf grundsätzlich nicht überschritten werden. In die Durchschnittsberechnung sind Mehrarbeit und Bereitschaftsdienste sowie Nebentätigkeiten als Arbeitnehmerinnen und Arbeitnehmer oder in arbeitnehmerähnlichen Verhältnissen einzubeziehen, nicht dagegen Reisezeiten außerhalb der täglichen Regelarbeitszeit und Rufbereitschaft, weil letztere Zeiten keine Arbeitszeiten sind, auch wenn für sie entsprechend den Nummern 40.5 und 40.6 aus Fürsorgegründen Arbeitszeitausgleich oder Dienstbefreiung gewährt wird.

Bei der dienstlichen Anordnung oder Genehmigung von Mehrarbeit nach § 67 Absatz 3 LBG ist daher die 48-Stunden-Begrenzung zu beachten. Die zulässige durchschnittliche Wochenarbeitszeit darf zwar in einzelnen

I.3.1 Durchführung beamtenrechtlicher Vorschriften

Wochen durch Mehrarbeit überschritten werden, sie muss aber im maßgebenden Bezugszeitraum auf durchschnittlich höchstens 48 Stunden in der Woche zurückgeführt werden. Für die Berechnung des Durchschnitts der wöchentlichen Höchstarbeitszeit einschließlich Mehrarbeit ist ein Zeitraum von vier Monaten, unbeschadet von Abweichungen und Ausnahmen nach Kapitel 5 der Richtlinie 2003/88/EG des Europäischen Parlaments und des Rates vom 4. November 2003 über bestimmte Aspekte der Arbeitszeitgestaltung, zugrunde zu legen.

40.2 Dienst, der in der Bereitschaft besteht, ist Arbeitszeit, auch wenn Beamtinnen und Beamte in dieser Zeit nicht aktiv zum Dienst herangezogen werden. Bereitschaftsdienst liegt vor, wenn sich Beamtinnen und Beamte an einem bestimmten Ort, in der Regel außerhalb des Privatbereichs, zu einem jederzeitigen unverzüglichen Einsatz bereitzuhalten haben und erfahrungsgemäß mit einer Heranziehung zum Dienst gerechnet werden kann. Die Höchstgrenze der Arbeitszeit von durchschnittlich 48 Stunden in der Woche darf auch durch Bereitschaftsdienst nicht überschritten werden, soweit nicht ausnahmsweise unter den Voraussetzungen des § 67 Absatz 2 LBG eine Vereinbarung mit den Wechseldienst leistenden Beamtinnen oder Beamten im jeweiligen Einzelfall getroffen ist.

40.3 Für schwerbehinderte Beamtinnen und Beamte können unter Berücksichtigung ihrer besonderen Situation und etwaiger Leistungseinschränkungen abweichende Regelungen für die Arbeitszeit und Arbeitspausen erforderlich sein. Insbesondere können auf die Arbeitszeit Dialysebehandlungen, Diabetes-Einstellungen, Kontrolluntersuchungen nach lebensbedrohlichen Erkrankungen oder Therapien bei schwerwiegenden Erkrankungen angerechnet werden. Dabei sind die Vorgesetzten grundsätzlich einzubeziehen. Die Verkehrsverhältnisse können ein Entgegenkommen beim Dienstbeginn und Dienstende rechtfertigen. Dies gilt insbesondere bei feststehender Arbeitszeit. In begründeten Ausnahmefällen gilt dies auch für nicht schwerbehinderte Beamtinnen und Beamte.

40.4 Auf Verlangen sind schwerbehinderte Beamtinnen und Beamte von Mehrarbeit freizustellen (§ 207 SGB IX). Mehrarbeit im Sinne dieser Vorschrift ist die über die tägliche Arbeitszeit hinausgehende Heranziehung zum Dienst, es muss nicht Mehrarbeit im Sinne von § 67 Absatz 3 LBG sein. Zu Mehrarbeit können hier auch ausnahmsweise Reisezeiten und Rufbereitschaft gerechnet werden, in dem Umfang, in dem Arbeitszeitausgleich oder Dienstbefreiung gewährt wird.

Im Lehrerbereich liegt Mehrarbeit in diesem Sinne vor, wenn zusätzliche Unterrichtsstunden zu erteilen sind oder zusätzliche Aufgaben übertragen werden, die nicht im Zusammenhang mit dem Deputat der Lehrkraft stehen.

40.5 Reisezeit, die nicht auf die Arbeitszeit angerechnet oder in der kein vorgeschriebener Dienst verrichtet wird, ist kein Dienst im Sinne des Arbeitszeitrechts. Mit der Genehmigung der Dienstreise ist für die dafür notwendigen Reisezeiten keine Anordnung oder Genehmigung von Mehrarbeit nach § 67 Absatz 3 LBG verbunden.

Bei Dienstreisen werden Reisezeiten bis zur täglichen Höchstarbeitszeit von zehn Stunden nach Maßgabe des § 8 Absatz 2 AzUVO auf die Arbeitszeit angerechnet. Für darüber hinausgehende Reisezeiten wird Arbeitszeitausgleich nach Maßgabe der folgenden Sätze gewährt. Reisezeit ist die Zeit von der Abreise an der Wohnung oder an der Dienststelle bis zur Ankunft an der Stelle des auswärtigen Dienstgeschäfts oder in der auswärtigen Unterkunft. Entsprechendes gilt für die Rückreise. Bei der Festlegung des Ausgangs- und Endpunkts der Dienstreise auch als Reisezeit gilt § 6 Absatz 2 des Landesreisekostengesetzes.

Arbeitszeitausgleich wird gewährt, falls die über die Arbeitszeit hinausgehenden Reisezeiten zusammen mit Arbeitszeit, einschließlich etwaiger Mehrarbeit, die regelmäßige Arbeitszeit um mehr als fünf Stunden im Kalendermonat übersteigen. Bei Teilzeitbeschäftigung vermindern sich die fünf Stunden entsprechend der Verringerung der Arbeitszeit. Sind danach Reisezeiten auszugleichen, wird für diese zu einem Drittel Arbeitszeitausgleich gewährt. Die auszugleichenden

Durchführung beamtenrechtlicher Vorschriften I.3.1

Reisezeiten gelten nicht als Mehrarbeit, § 67 Absatz 3 Satz 2 LBG findet daher keine Anwendung.

Für den Arbeitszeitausgleich mindestens innerhalb dreier Monate soll die Reisezeit in dem auszugleichenden Umfang dem Arbeitszeitkonto der Beamtinnen und Beamten gutgeschrieben oder in anderer Weise die Inanspruchnahme eines Arbeitszeitausgleichs ermöglicht werden. Falls dies nicht möglich ist, ist den Beamtinnen und Beamten innerhalb eines Jahres entsprechende Dienstbefreiung zu gewähren.

40.6 Für die Geschäftsbereiche des Staatsministeriums, des Innenministeriums, des Finanzministeriums, des Wissenschaftsministeriums, des Umweltministeriums, des Wirtschaftsministeriums, des Sozialministeriums, des Verkehrsministeriums, des Ministeriums Ländlicher Raum und des Ministeriums für Landesentwicklung und Wohnen wird im Einvernehmen mit diesen Ministerien bestimmt:

Beamtinnen und Beamte erhalten für die Inanspruchnahme durch Rufbereitschaft Arbeitszeitausgleich nach Maßgabe der folgenden Sätze. Rufbereitschaft unterscheidet sich von Bereitschaftsdienst (vergleiche Nummer 40.2) und liegt vor, wenn sich Beamtinnen und Beamte in ihrer Freizeit auf Anordnung zu Hause oder an einem anderen, vorbehaltlich § 54 Absatz 4 LBG frei wähl- und wechselbaren, soweit angeordnet von ihnen jeweils anzuzeigenden Ort innerhalb eines gewissen Bereichs erreichbar (beispielsweise über Mobilgeräte) bereithalten müssen, um bei Bedarf auf Anforderung zur Dienstleistung abberufen werden zu können. Die Inanspruchnahme durch Rufbereitschaft ist kein Dienst im Sinne des Arbeitszeitrechts. Lediglich Zeiten einer tatsächlichen Heranziehung zum Dienst sind auf die Arbeitszeit voll anzurechnen.

Für Zeiten der Rufbereitschaft wird zu einem Achtel Arbeitszeitausgleich gewährt, falls dieses Achtel zusammen mit Arbeitszeit, einschließlich etwaiger Mehrarbeit, gegebenenfalls auch mit auszugleichenden Reisezeiten die regelmäßige Arbeitszeit um mehr als fünf Stunden im Kalendermonat übersteigt. Bei Teilzeitbeschäftigung vermindern sich die fünf Stunden entsprechend der Verringerung der Arbeitszeit. Die auszugleichende Zeit der Rufbereitschaft gilt nicht als Mehrarbeit, § 67 Absatz 3 Satz 2 LBG findet daher keine Anwendung.

Für den Arbeitszeitausgleich mindestens innerhalb dreier Monate soll die Zeit der Rufbereitschaft in dem auszugleichenden Umfang dem Arbeitszeitkonto der Beamtinnen und Beamten gutgeschrieben oder in anderer Weise die Inanspruchnahme eines Arbeitszeitausgleichs ermöglicht werden. Falls dies nicht möglich ist, ist den Beamtinnen und Beamten innerhalb eines Jahres entsprechende Dienstbefreiung zu gewähren.

Ausnahmsweise kann nach einer Gesamtbeurteilung aller Umstände des Einzelfalls nicht mehr von Zeiten der Rufbereitschaft ausgegangen werden, wenn Beamtinnen und Beamte durch die Rufbereitschaft in ihrer Freizeitgestaltung objektiv gesehen ganz erheblich beeinträchtigt sind. In die Abwägung einzubeziehen sind insbesondere die durchschnittliche Häufigkeit der tatsächlichen Heranziehung und die während der Rufbereitschaft auferlegten Einschränkungen. In diesem Fall sind diese Zeiten voll auf die Arbeitszeit anzurechnen.

41 Fernbleiben vom Dienst, Krankheit (zu § 68 LBG)

41.1 Beamtinnen und Beamte, die wegen Krankheit dem Dienst fernbleiben, haben ihre Dienstvorgesetzten unverzüglich von der Erkrankung und, soweit möglich, von ihrer voraussichtlichen Dauer zu verständigen. Lehrerinnen und Lehrer im Schuldienst haben die Schulleiterinnen und Schulleiter als Vorgesetzte zu verständigen. Auf Verlangen der Dienstvorgesetzten, im Falle der Lehrerinnen und Lehrer im Schuldienst auf Verlangen der Schulleiterin oder des Schulleiters, haben erkrankte Beamtinnen und Beamte ein ärztliches Zeugnis über die Dienstunfähigkeit und ihre Dauer vorzulegen. Ein ärztliches Zeugnis ist stets vorzulegen, wenn die Dauer der Krankheit voraussichtlich eine Woche übersteigen wird, es sei denn, dass auf die Vorlage des ärztlichen Zeugnisses ausnahmsweise verzichtet wird. Als Nachweis der Dienstunfähigkeit und ihrer voraussichtlichen Dauer gilt auch eine Bescheinigung einer Heilpraktikerin oder eines Heilpraktikers. Bei längerer Krankheit ist die Dienstunfähigkeit auf Verlangen erneut nachzuweisen. In begründeten Fällen kann eine ärztliche oder amtsärztliche Untersuchung oder die Untersuchung durch eine beamtete Ärztin oder einen beamteten Arzt angeordnet oder ein entsprechendes Zeugnis verlangt werden. In diesen Fällen trägt der Dienstherr die Kosten der Untersuchung oder des Zeugnisses. In allen anderen Fällen des § 68 Absatz 2 Satz 2 LBG trägt die Kosten der Krankmeldung die Beamtin oder der Beamte.

41.2 Sind Beamtinnen und Beamte innerhalb eines Jahres länger als sechs Wochen ununterbrochen oder wiederholt dienstunfähig krank, ist zur Prävention das betriebliche Eingliederungsmanagement nach § 167 Absatz 2 Satz 1 SGB IX zu veranlassen.

Die gestufte Wiederaufnahme des Dienstes nach § 68 Absatz 3 LBG kann eine Maßnahme des betrieblichen Eingliederungsmanagements sein. Lang andauernd im Sinne des § 68 Absatz 3 LBG ist eine Krankheit mit einer Dauer von mehr als sechs Wochen.

Die Einleitung eines Verfahrens mit dem Ziel der Zurruhesetzung wegen Dienstunfähigkeit oder der Verwendung in begrenzter Dienstfähigkeit (§§ 26, 27 BeamtStG, §§ 43 bis 45 LBG) bleibt unberührt.

41.3 Die gestufte Wiederaufnahme des Dienstes aufgrund von § 68 Absatz 3 LBG ist freiwillig und liegt überwiegend im Interesse der erkrankten Beamtinnen und Beamten, dienstliche Belange sollen daher soweit möglich zurückgestellt werden. Belange von schwerbehinderten Beamtinnen und Beamten sind besonders zu berücksichtigen. Mit der betreffenden Beamtin oder dem betreffenden Beamten ist unter Einbeziehung der Vorgesetzten entsprechend der ärztlichen Maßgaben eine Vereinbarung, möglichst in Schriftform, zu treffen. Die gestufte Wiederaufnahme soll zunächst nicht länger als sechs Monate vereinbart werden. Ist nach dieser Zeit eine Wiederaufnahme des Dienstes im bisherigen Beschäftigungsumfang nach ärztlicher Feststellung noch nicht möglich, aber absehbar, soll die Wiedereingliederung fortgeführt werden. Ist eine Wiederaufnahme des Dienstes im bisherigen Beschäftigungsumfang dagegen nicht absehbar, ist die Zurruhesetzung wegen Dienstunfähigkeit oder die Verwendung in begrenzter Dienstfähigkeit zu prüfen. Aus dienststellenspezifischen Gründen kann stattdessen eine gestufte Wiederaufnahme bis zur Höchstdauer von zwölf Monaten vereinbart werden.

Die Vorgesetzten haben mit darauf zu achten, dass die ärztlichen Vorgaben insbesondere hinsichtlich Belastungen und zeitlicher Inanspruchnahme, eingehalten werden und der Genesungsprozess insoweit nicht durch die Dienstausübung gefährdet wird. Die gestufte Wiederaufnahme ist bei unvorhergesehenen gesundheitlichen Beeinträchtigungen unverzüglich zu unterbrechen und erst nach ärztlicher Rücksprache wieder aufzunehmen.

Die erkrankten Beamtinnen und Beamten gelten während der gestuften Wiederaufnahme weiterhin als dienstunfähig, es handelt sich um keine Teilzeitbeschäftigung und keine Verwendung in begrenzter Dienstfähigkeit. Zeiten der Dienstleistung sind zu erfassen, aber nicht als Arbeitszeit zu werten. Urlaub und Arbeitszeitflexibilisierung finden während der Dauer der Wiedereingliederung nicht statt. Den betreffenden Beamtinnen und Beamten ist möglichst weitgehende Freiheit in der Arbeitszeitgestaltung im Benehmen mit den Vorgesetzten einzuräumen. Unterbrechungen der gestuften Wiederaufnahme, zum Beispiel zu Erholungszwecken, für die uneingeschränkt dienstfähige Beamtinnen oder Beamte Urlaub einsetzen müssten, sollen zugelassen werden, soweit dies mit den Zielen der gestuften Wiederaufnahme, gegebenenfalls nach ärztlichem Dafürhalten, vereinbar ist. Die Dienstleistung während der gestuften Wiederaufnahme ist bei leistungsbezogenen Bewertungen nicht zu berücksichtigen.

Entspricht die Dienstleistung nicht den Erwartungen, die bei objektiver Betrachtung unter Berücksichtigung des Gesundheitszustands mindestens zugrunde gelegt werden dürfen, soll die gestufte Wiederaufnahme widerrufen werden.

41.4 Beamtinnen und Beamte, für die aufgrund gesetzlicher, verordnungsrechtlicher oder behördlicher Anordnung eine Absonderungspflicht oder ein berufliches Tätigkeitsverbot nach dem Infektionsschutzgesetz besteht, haben dem Dienst bzw. der Dienststelle für die Dauer der Absonderung bzw. des Tätigkeitsverbots fernzubleiben und das Fernbleiben vom Dienst unverzüglich anzuzeigen. Ein entsprechender Nachweis ist auf Verlangen der Dienststelle beizubringen. Soweit dienstlich möglich, soll der Dienstleistungsverpflichtung in Form von mobilem Arbeiten oder vergleichbaren Arbeitsformen nachgekommen werden. Das Fernbleiben vom Dienst wegen Dienstunfähigkeit infolge Krankheit bleibt hiervon unberührt.

41.5 Haben Beamtinnen oder Beamte allgemeine staatsbürgerliche Pflichten wahrzunehmen, haben sie die Heranziehung, Einberufung oder Vorladung ihren Dienstvorgesetzten so zeitig anzuzeigen, dass für Stellvertretung gesorgt werden kann. Die Wahrnehmung solcher Pflichten gilt als notwendig und ist gegenüber dienstlichen Gründen vorrangig.

Allgemeine staatsbürgerliche Pflichten sind insbesondere die Heranziehung als Wahlhelferinnen und Wahlhelfer bei öffentlichen Wahlen und Abstimmungen, die Wahrnehmung amtlicher, gerichtlicher, staatsanwaltschaftlicher oder polizeilicher Termine (Zeugenaussagen oder Sachverständige) oder das Befolgen einer behördlichen Vorladung, soweit solche Termine oder Vorladungen nicht durch private Angelegenheiten der Beamtinnen und Beamten veranlasst sind. Staatsbürgerliche Pflichten nach dem Recht eines Mitgliedstaats der Europäischen Union stehen solchen nach deutschem Recht gleich.

Sonderurlaub ist nicht erforderlich. Die notwendige Abwesenheit vom Dienst wird nach Maßgabe der Vorschriften über den Sonderurlaub auf die Arbeitszeit angerechnet.

Für die Erfüllung besonderer staatsbürgerlicher Pflichten als ehrenamtliche Tätigkeit im öffentlichen Leben, zum Beispiel als ehrenamtliche Richterinnen und Richter, gilt § 29 Absatz 1 Nummer 2 AzUVO, soweit hierfür nicht Sonderbestimmungen vorrangig sind (vergleiche auch Nummer 47).

41.6 Wird durch das Fernbleiben vom Dienst während konkret festgesetzter Dienststunden, zum Beispiel in feststehender Arbeitszeit oder nach Dienstplan, Arbeitszeit versäumt, ist diese grundsätzlich nicht nachzuholen. Besoldungs- oder disziplinarrechtliche Folgen bleiben unberührt.

42 Rechtsschutz aus Fürsorgegesichtspunkten (zu § 45 BeamtStG)

42.1 Ist gegen eine Beamtin oder einen Beamten wegen einer dienstlichen Verrichtung oder eines Verhaltens, das mit einer dienstlichen Tätigkeit im Zusammenhang steht, ein Ermittlungsverfahren der Staatsanwaltschaft eingeleitet, die öffentliche Klage im strafgerichtlichen Verfahren oder Privatklage (§ 374 StPO) erhoben, der Erlass eines Strafbefehls beantragt oder ein Bußgeldbescheid erlassen worden, kann der Beamtin oder dem Beamten auf Antrag zur Bestreitung der notwendigen Auslagen (§ 464a Absatz 2 StPO) der Rechtsverteidigung ein Vorschuss oder, wenn Dienstbezüge nicht bezogen werden, ein zinsloses Darlehen gewährt werden.

Eine Vergütungsvereinbarung mit einer Rechtsanwältin oder einem Rechtsanwalt darf nur dann als notwendig anerkannt und bei der Bemessung des Vorschusses oder des Darlehens berücksichtigt werden, wenn dies nach der Bedeutung der Angelegenheit sowie nach Umfang und Schwierigkeit der anwaltlichen Tätigkeit gerechtfertigt erscheint. In diesem Fall hat die Beamtin oder der Beamte den Antrag auf Gewährung der Rechtshilfe unmittelbar nach Beauftragung der Rechtsanwältin oder des Rechtsanwalts, aber vor Abschluss der im Entwurf beizufügenden Vergütungsvereinbarung vorzulegen. Ein nach Abschluss der Vergütungsvereinbarung vorgelegter Antrag kann in dem Umfang abgelehnt werden, in welchem der gesetzliche

I.3.1 Durchführung beamtenrechtlicher Vorschriften

Gebührenrahmen überschritten wird. Er soll in diesem Umfang abgelehnt werden, wenn die Beamtin oder der Beamte die Vorlageverpflichtung bei Abschluss der Vergütungsvereinbarung kannte. Bei erheblicher Überschreitung des gesetzlichen Gebührenrahmens kann die Behörde eine Stellungnahme der Anwaltskammer über die Angemessenheit der Vergütung einholen. Die Behorde ist an das Ergebnis der Stellungnahme nicht gebunden. Zahlungen dürfen erst nach Vorlage einer wirksamen Vergütungsvereinbarung geleistet werden.

42.2 Für Verfahren, die der Durchsetzung von zivilrechtlichen Ansprüchen aus Rechtsverletzungen dienen, die die Beamtin oder der Beamte oder ihre oder seine Familie infolge von Anschlägen erlitten hat, die sich gegen die pflichtgemäße Aufgabenerfüllung der Beamtin oder des Beamten beziehungsweise gegen sie oder ihn als Beamtin oder Beamten des Landes richten, findet Nummer 42.1 mit der Maßgabe entsprechende Anwendung, dass die notwendigen Auslagen auch Vorauszahlungen und Vorschüsse nach §§ 10 bis 18 des Gerichtskostengesetzes umfassen. Gleiches gilt,

– wenn die Beamtin oder der Beamte wegen einer dienstlichen Verrichtung oder eines Verhaltens, das mit einer dienstlichen Tätigkeit im Zusammenhang steht, zivilrechtlich in Anspruch genommen wird, und
– für die Erlangung eines Vollstreckungstitels über einen Anspruch auf Schmerzensgeld, dessen Erfüllung der Dienstherr nach § 80a LBG auf Antrag übernehmen kann.

42.3 Voraussetzung für die Bewilligung von Rechtsschutz ist, dass

– ein dienstliches Interesse an einer zweckentsprechenden Rechtsverteidigung besteht. Ein solches besteht in der Regel nicht, wenn das der Beamtin oder dem Beamten zur Last gelegte Verhalten sich gegen den Dienstherrn gerichtet hat oder wenn der Dienstherr selbst, nicht lediglich aufgrund gesetzlicher Pflichten nach dem Legalitätsprinzip, das Verfahren gegen den Bediensteten veranlasst hat,

– die Verteidigungs- oder sonstige Verfahrensmaßnahme, zum Beispiel Bestellung einer Rechtsanwältin oder eines Rechtsanwalts, Einholung eines Gutachtens, Erhebung der zivilrechtlichen Klage, Einlegung eines Rechtsmittels, wegen der Eigenart der Sach- oder Rechtslage geboten erscheint,
– die Verauslagung der Kosten der Beamtin oder dem Beamten nicht zugemutet werden kann, was bei fehlendem Verschulden des Bediensteten in der Regel der Fall ist und
– von anderer Seite, ausgenommen von Gewerkschaften und Berufsverbänden, Rechtsschutz nicht zu erlangen ist. Hat die Beamtin oder der Beamte bei einer privaten Rechtsschutzversicherung einen Selbstbehalt zu tragen, kann hierfür ein Vorschuss oder ein zinsloses Darlehen gewährt werden.

42.4 Der beim Dienstvorgesetzten einzureichende Antrag soll enthalten:

– das Aktenzeichen der Ermittlungsbehörde oder des Gerichts, möglichst auch Kopien der bisher ergangenen Entscheidungen, beziehungsweise der gegnerischen Schriftsätze,
– eine kurz gefasste Schilderung des Sachverhalts unter Darlegung des Verbringens der Beamtin oder des Beamten,
– die Gründe, die die Verteidigungs- oder sonstigen Maßnahmen geboten erscheinen lassen,
– Namen und Anschrift von Bevollmächtigten oder Gutachterinnen und Gutachtern,
– die Angabe der voraussichtlichen Kosten der Rechtsverteidigung oder Rechtsvertretung.

Der Antrag ist für jede Instanz neu zu stellen.

Bei abgeordneten Beamtinnen und Beamten gilt Nummer 14.5 entsprechend.

42.5 Soweit nach den Nummern 42.6 und 42.7 der Vorschuss endgültig vom Land als Haushaltsausgabe übernommen oder das Darlehen in einen Zuschuss umgewandelt wird, ist der Vorschuss oder das Darlehen zu

Durchführung beamtenrechtlicher Vorschriften I.3.1

tilgen. In begründeten Fällen kann Ratenzahlung bewilligt werden, die in der Regel spätestens nach zwei Jahren abgeschlossen sein soll.

42.6 Wird die Beamtin oder der Beamte in dem Strafverfahren freigesprochen, so wird auf Antrag der Vorschuss endgültig vom Land als Haushaltsausgabe übernommen oder das Darlehen in einen Zuschuss umgewandelt, soweit die Beamtin oder der Beamte für notwendige Auslagen Kostenerstattung oder Ersatz durch die Staatskasse oder einen Dritten nicht erlangen kann. Dies gilt nicht für Kosten, die die Beamtin oder der Beamte durch Säumnis oder Verschulden (§§ 95, 344 ZPO) veranlasst hat.

Das gleiche gilt, wenn

– das Verfahren nicht nur vorläufig eingestellt oder nicht eröffnet wird oder
– die Beamtin oder der Beamte außer Verfolgung gesetzt wird und die Annahme gerechtfertigt ist, dass kein oder nur ein geringes Verschulden vorliegt.

In den in Nummer 42.2 genannten Verfahren steht das Obsiegen einem Freispruch gleich. In den Fällen der Nummer 42.2 Satz 2 Spiegelstrich 2 gilt Satz 1 mit der Maßgabe, dass bezüglich der notwendigen Auslagen auf einen Vollstreckungsversuch durch die Beamtin oder den Beamten verzichtet werden kann, wenn die Beamtin oder der Beamte eine öffentlich beglaubigte Abtretungserklärung über die zu erstattenden notwendigen Auslagen vorlegt.

42.7 Wird die Beamtin oder der Beamte verurteilt oder ergeht gegen sie oder ihn ein Bußgeldbescheid oder bleibt die Verfolgung des Anspruchs im Sinne von Nummer 42.2 ohne Erfolg, ist der Vorschuss oder das Darlehen grundsätzlich durch die Beamtin oder den Beamten zu tilgen. Nach Lage des Einzelfalles, insbesondere bei nur geringem Verschulden, kann auf Antrag der Vorschuss zu einem angemessenen Teil endgültig vom Land als Haushaltsausgabe übernommen oder das Darlehen zu einem angemessenen Teil in einen Zuschuss umgewandelt werden, soweit die Beamtin oder der Beamte für notwendige Auslagen Kostenerstattung oder Ersatz durch die Staatskasse oder einen Dritten nicht erlangen kann. In Ausnahmefällen ist bei Vorliegen einer besonderen Härte die Übernahme des Vorschusses oder die Umwandlung des Darlehens auf Antrag auch in voller Höhe möglich.

42.8 Die notwendigen Auslagen können in entsprechender Anwendung der Nummern 42.1 bis 42.4, 42.6 und 42.7 auf Antrag vom Land als Haushaltsausgabe auch übernommen werden, soweit bis zum Abschluss des Verfahrens ein Vorschuss oder ein Darlehen nicht gewährt worden ist.

Das gilt nicht, wenn Rechtsschutz von einer Gewerkschaft oder einem Berufsverband gewährt worden ist.

Die Verfahrenskosten, die die Beamtin oder der Beamte zu tragen hat, oder ein Teil davon, beispielsweise die einem Nebenkläger iu erstattenden notwendigen Auslagen, können in besonderen Fällen, insbesondere bei außergewöhnlicher Höhe, in entsprechender Anwendung der Nummer 42.7 auf Antrag vom Land als Haushaltsausgabe übernommen werden.

Verfahrenskosten sind die nach § 464a Absatz 1 StPO entstandenen Gebühren und Auslagen der Staatskasse sowie die Privatklage- und Nebenklagekosten nach §§ 471, 472 StPO oder die Gerichtskosten und außergerichtlichen Kosten der obsiegenden anderen Partei nach § 91 ZPO.

Anträge sind innerhalb eines Jahres nach dem rechtskräftigen Abschluss des Verfahrens oder der sonstigen Erledigung zu stellen.

42.9 Erhebt eine Beamtin oder ein Beamter, gegen die oder den Privatklage erhoben ist, Widerklage (§ 388 StPO), gelten für die durch die Widerklage entstehenden Kosten die Nummern 42.1 bis 42.4 entsprechend.

Nach Abschluss des Verfahrens hat die Beamtin oder der Beamte den Vorschuss oder das Darlehen grundsätzlich auch insoweit zu tilgen, als die Verfahrenskosten der Widerklage von ihr oder ihm zu tragen sind. Nummer 42.5 Satz 2 gilt entsprechend. Nach Lage des Einzelfalles kann auch insoweit, als die

I.3.1 Durchführung beamtenrechtlicher Vorschriften

Beamtin oder der Beamte die Verfahrenskosten der Widerklage zu tragen hat, der Vorschuss zu einem angemessenen Teil oder in voller Höhe endgültig vom Land als Haushaltsausgabe übernommen oder das Darlehen zu einem angemessenen Teil oder in voller Höhe in einen Zuschuss umgewandelt werden. Dies gilt bei Erledigung durch Vergleich entsprechend. Nummer 42.8 ist entsprechend anzuwenden.

42.10 Für Beamtinnen und Beamte des Polizeivollzugsdienstes und vergleichbarer Dienste, zum Beispiel Vollzugs- und Vollstreckungsbeamtinnen und -beamte, gelten die Nummern 42.1 bis 42.9 mit folgenden Maßgaben:

In den in Nummer 42.1 Absatz 1 und Nummer 42.2 Satz 2 genannten Verfahren besteht in der Regel ein dienstliches Interesse an der zweckentsprechenden Rechtsverteidigung, wenn die dienstliche Tätigkeit in der Wahrnehmung hoheitlicher Aufgaben, insbesondere in der Ausübung von Zwang, bestand. Nummer 42.3 erster Spiegelstrich gilt entsprechend.

Unter den Voraussetzungen der Nummern 42.3 und 42.10 Absatz 2 hat die Beamtin oder der Beamte Anspruch auf die Gewährung von Rechtsschutz nach den Nummern 42.1 und 42.2 Satz 2.

Hat die Beamtin oder der Beamte gegen eine strafgerichtliche Entscheidung auf Weisung der obersten Dienstbehörde einen Rechtsbehelf eingelegt, so sind auch bei einer Verurteilung die dadurch entstehenden notwendigen Kosten der Rechtsverteidigung nach Maßgabe von Nummer 42.6 Absatz 1 endgültig vom Land als Haushaltsausgabe zu übernehmen. In diesem Fall sind auch die der Beamtin oder dem Beamten auferlegten Gerichtskosten und die notwendigen Auslagen eines Nebenklägers zu übernehmen. Bei der Erteilung der Weisung soll der Beamtin oder dem Beamten die Übernahme der Kosten schriftlich zugesagt werden.

Der Beamtin oder dem Beamten können die gesetzlichen Gebühren und Auslagen einer Rechtsanwältin oder eines Rechtsanwalts erstattet werden, die durch die Zuziehung einer Rechtsanwältin oder eines Rechtsanwalts zur strafgerichtlichen Zeugenvernehmung der Beamtin oder des Beamten über ihr oder ihm aus dienstlichem Anlass bekannt gewordene Tatsachen entstehen. Die Kostenerstattung kommt nur in Betracht, wenn die Beratung der Beamtin oder des Beamten durch eine Beamtin oder einen Beamten mit Befähigung zum Richteramt nicht ausreicht und daher die Zuziehung der Rechtsanwältin oder des Rechtsanwalts zur Wahrung der Zeugenrechte unabweisbar erforderlich ist.

42.11 Entscheidungen trifft die nach § 4 Absatz 1 LBG zuständige Stelle.

42.12 Unberührt bleiben ein Anspruch nach § 2 Absatz 2 des Pflichtversicherungsgesetzes in Verbindung mit § 101 Absatz 1 Satz 2 und 3 des Versicherungsvertragsgesetzes und ein Anspruch der Beamtin oder des Beamten auf Übernahme der notwendigen Kosten der Rechtsverteidigung und auf Freistellung von den ihr oder ihm auferlegten gerichtlichen und außergerichtlichen Kosten.

42.13 Die Nummern 42.1 bis 42.12 gelten auch für Ruhestandsbeamtinnen und Ruhestandsbeamte sowie für frühere Beamtinnen und Beamte, soweit sie Versorgungsleistungen erhalten oder einen Anspruch auf Altersgeld haben. Zuständig für die Entscheidung ist der letzte Dienstvorgesetzte.

42.14 In sonstigen Fällen kann Rechtsschutz bei Vorliegen einer besonderen Härte gewährt werden.

43 Pflicht zum Schadenersatz (zu § 48 BeamtStG, § 59 LBG)

43.1 Die Haftung von Beamtinnen und Beamten gegenüber dem Dienstherrn umfasst sowohl unmittelbare Schäden als auch mittelbare Schäden, das heißt Schäden, für die der Dienstherr zum Beispiel nach §§ 31, 89, 823 BGB, §§ 278, 831 BGB, §§ 7 ff. des Straßenverkehrsgesetzes oder § 839 BGB in Verbindung mit Artikel 34 GG Dritten Schadenersatz geleistet hat.

Wer ein Dienstkraftfahrzeug führt, haftet dem Land

– für Fremdschäden nur in denjenigen Ausnahmefällen und auch nur in der Höhe, in

Durchführung beamtenrechtlicher Vorschriften I.3.1

denen auch eine Haftpflichtversicherung gegenüber ihren Versicherten Regressansprüche geltend machen könnte,
– für Eigenschäden nur bei Vorsatz und grober Fahrlässigkeit.

43.2 Soweit für einzelne Geschäftsbereiche nichts Abweichendes bestimmt ist, ist der Dienstvorgesetzte für die Bearbeitung und Entscheidung über die Heranziehung zum Schadensersatz zuständig.

Da wegen der Schwierigkeit der einschlägigen Rechtsfragen in jedem Fall eine Beamtin oder ein Beamter mit der Befähigung zum Richteramt zu beteiligen ist, ist der höhere Dienstvorgesetzte zu beteiligen, wenn weder der Dienstvorgesetzte noch eine sonstige Person der Behörde diese Befähigung besitzt.

Die Bearbeitung darf nicht durch eine Person erfolgen, die in dem Schadensfall als Mitverursacher oder Verletzter in Betracht kommt.

43.3 Für die Feststellung des Sachverhalts sind unter anderem die für den Schadensfall verantwortlichen Beamtinnen und Beamten aufzufordern, sich in der Regel schriftlich oder zur Niederschrift der mit der Sachaufklärung beauftragten Person zu äußern. Alle Beweismittel sind zu sichern.

Etwaige Forderungen, die sich aus dem Schadensfall gegen Dritte ergeben, sind gleichfalls zu sichern.

43.4 Liegen die Haftungsvoraussetzungen vor, besteht grundsätzlich eine Verpflichtung, den Schadensersatzanspruch gegenüber den verantwortlichen Beamtinnen und Beamten geltend zu machen. Die Geltendmachung hat dabei möglichst in einer Form zu erfolgen, die die Verjährung hemmt oder neu beginnen lässt. Auch die mit der Bearbeitung von Schadensfällen beauftragten Personen sind ersatzpflichtig, wenn sie die ihnen obliegenden Pflichten vorsätzlich oder grob fahrlässig verletzen.

43.5 Bei hohem Schaden ist zu prüfen, welcher Betrag unter Berücksichtigung der Fürsorgepflicht, des Maßes des Verschuldens, des bisherigen Verhaltens der Beamtin oder des Beamten und der Gesichtspunkte, die beim Abschluss eines Vergleichs und bei der Veränderung von Ansprüchen zu beachten sind, einzuklagen wäre. Bleibt dieser Betrag um mindestens 25 000 Euro hinter dem Schaden zurück, bedarf die Beschränkung der Geltendmachung des Schadensersatzanspruchs auf den Teilbetrag der Einwilligung des Finanzministeriums.

Einer Einwilligung des Finanzministeriums bedarf es nicht, wenn aus Kostengründen nur ein Teilbetrag gerichtlich geltend gemacht wird und dies im Einvernehmen mit der Beamtin oder dem Beamten mit Wirkung für den gesamten Schadensbetrag und beziehungsweise oder unter dem ausdrücklichen Vorbehalt der Geltendmachung des gesamten Schadensbetrags erfolgt. Aus Rechtsgründen sollte eine Teilklage regelmäßig aber nur als „offene" Teilklage unter Vorbehalt der Geltendmachung des gesamten Schadensersatzanspruchs und nur dann erhoben werden, solange noch keine Verjährung droht.

Mit dem Ziel, ein Anerkenntnis über den ansonsten gegebenenfalls gerichtlich geltend zu machenden Schadensersatzanspruch zu erreichen, sollten dann Verhandlungen mit der Beamtin oder dem Beamten geführt werden.

43.6 Ergeben sich aus dem Schadensfall auch Forderungen gegen Dritte, sind in der Regel aus Fürsorgegründen zunächst diese Forderungen geltend zu machen. Es ist darauf zu achten, dass die Ansprüche gegenüber der Beamtin oder dem Beamten nicht verjähren.

43.7 Werden Ersatzpflichtigen Geldleistungen, zum Beispiel Besoldungs- oder Versorgungsbezüge oder einmalige Leistungen, geschuldet, kann von der Möglichkeit der Aufrechnung nach §§ 387 ff. BGB Gebrauch gemacht werden. Dabei ist zu beachten, dass sich das Aufrechnungsrecht nach § 14 Absatz 2 Satz 1 LBesGBW und § 4 Absatz 2 Satz 1 LBeamtVGBW auf den pfändbaren Teil der Bezüge (§§ 850 bis 850l ZPO) beschränkt und nach § 4 Absatz 3 Satz 1 LBeamtVGBW für die dort genannten Versorgungsleistungen ganz ausgeschlossen ist. Nur bei vorsätzlich begangener unerlaubter Handlung gelten nach § 14 Absatz 2 Satz 2 LBesGBW und § 4 Absatz 2 Satz 2 LBeamtVGBW diese Einschränkungen nicht, ausgenommen in den

Fällen des § 4 Absatz 3 LBeamtVGBW. Anders als beim Anerkenntnis (§ 212 Absatz 1 Nummer 1 BGB) beginnt die Verjährung im Fall der Aufrechnung nicht neu, sie wird durch Aufrechnung nur ausnahmsweise gehemmt (§ 204 Absatz 1 Nummer 5 BGB).

43.8 Vor der beabsichtigten Geltendmachung des Schadenersatzanspruchs ist der Beamtin oder dem Beamten Gelegenheit zu geben, sich abschließend zu äußern.

43.9 Die Entscheidung über die Heranziehung zum Schadenersatz ist der Beamtin oder dem Beamten unter Darlegung des Sachverhalts auch im Falle der Aufrechnung schriftlich mitzuteilen. Es ist Gelegenheit zu einem schriftlichen Anerkenntnis zu geben.

Bei Schadenersatzansprüchen, die nicht Rückgriffsansprüche nach § 48 BeamtStG, Artikel 34 Satz 2 GG sind, besteht gegenüber Beamtinnen und Beamten ein Wahlrecht zwischen der Aufrechnung, der Erhebung einer Leistungsklage vor dem Verwaltungsgericht oder dem Erlass eines mit Rechtsbehelfsbelehrung versehenen Leistungsbescheids.

Rückgriffsansprüche nach § 48 BeamtStG, Artikel 34 Satz 2 GG können gegenüber Beamtinnen und Beamten nicht durch Leistungsbescheid geltend gemacht werden, da nach Artikel 34 Satz 3 GG der ordentliche Rechtsweg nicht ausgeschlossen werden darf. In diesen Fällen ist daher möglichst auf ein Anerkenntnis hinzuwirken.

Wegen der unterschiedlichen Rechtswege sollte von der Aufrechnung eines nicht rechtskräftig festgestellten Rückgriffsanspruchs aus Amtshaftung mit Besoldungsansprüchen gegen den Willen der Beamtin oder des Beamten abgesehen werden, da im verwaltungsgerichtlichen Verfahren gegen den geltend gemachten Anspruch auf Weiterzahlung der vollen Dienstbezüge nicht mit der Schadenersatzforderung wegen Amtspflichtverletzung als einer sogenannten rechtswegfremden Gegenforderung nach § 17 Absatz 2 Satz 2 des Gerichtsverfassungsgesetzes aufgerechnet werden kann.

44 Altersteilzeit (zu § 70 LBG)

44.1 Die Altersteilzeit für schwerbehinderte Beamtinnen und Beamte ist eine Sonderform der Teilzeitbeschäftigung. Die Beamtinnen oder Beamten müssen zum Zeitpunkt der Antragstellung schwerbehindert im Sinne von § 2 Absatz 2 SGB IX sein, das heißt es muss die Schwerbehinderteneigenschaft nach § 152 Absatz 1 SGB IX mit einem Grad der Behinderung von wenigstens 50 festgestellt sein. Die Beamtinnen oder Beamten haben dies in der Regel durch den Schwerbehindertenausweis nachzuweisen. Über die Bewilligung der Altersteilzeit ist nach pflichtgemäßem Ermessen zu entscheiden. Dabei sind neben den dienstlichen Belangen auch die Belange der schwerbehinderten Beamtinnen oder Beamten angemessen zu berücksichtigen.

44.2 Der Antrag muss sich auf die Zeit bis zum Beginn des Ruhestands (Erreichen der Altersgrenze für den Eintritt in den Ruhestand kraft Gesetzes oder Versetzung in den Ruhestand auf Antrag) erstrecken. Altersteilzeit im Teilzeit- wie im Blockmodell steht grundsätzlich einer Hinausschiebung des Eintritts in den Ruhestand nach § 39 LBG nicht entgegen. Dabei muss im Einzelfall, gegebenenfalls durch ärztliche Untersuchung nach § 53 LBG, geprüft werden, ob unter Berücksichtigung der Schwerbehinderung und der möglicherweise damit einhergehenden Belastungen im Dienst die Voraussetzungen für die Hinausschiebung des Eintritts in den Ruhestand vorliegen.

44.3 Die Höchstgrenze des Altersteilzeitumfangs nach § 70 Absatz 1 Satz 1 LBG gilt für Teilzeitbeschäftigte, die ihr Arbeitszeitvolumen in den letzten zwei Jahren vor Beginn der Altersteilzeit erhöht haben. In diesem Fall kann Altersteilzeit nur in Höhe von 60 Prozent der in den letzten zwei Jahren durchschnittlich geleisteten Arbeitszeit bewilligt werden.

44.4 Altersteilzeit darf nach § 70 Absatz 3 LBG und § 75 Absatz 1 Satz 1 LBG das berufliche Fortkommen nicht beeinträchtigen. Bei der Entscheidung über eine Beförderung während einer Altersteilzeit ist insbesondere beim Blockmodell mit Blick auf die Zielsetzung einer Beförderung, bei der auf die künftige Wahrnehmung der Aufgaben abzustellen ist, zu prüfen, ob eine solche in angemessenem Umfang tatsächlich auch erwartet werden kann.

44.5 Die Ausübung von Nebentätigkeiten ist nach Maßgabe der nebentätigkeitsrechtlichen Bestimmungen zulässig. In der Freistellungsphase gilt für den zeitlichen Umfang die Zwölf-Stunden-Grenze des § 62 Absatz 3 Satz 4 LBG.

44.6 Im Teilzeitmodell nach § 70 Absatz 2 Satz 1 Nummer 1 LBG ist im gesamten Bewilligungszeitraum grundsätzlich 60-prozentige Teilzeitbeschäftigung zu leisten, bezogen auf die volle regelmäßige Arbeitszeit nach § 4 AzUVO. Bei dieser Berechnung bleiben geringfügige Unterschreitungen des notwendigen Umfangs der Arbeitszeit (bis zu 10 Prozent der regelmäßigen Arbeitszeit) außer Betracht. Damit ist beispielsweise auch bei einer bisherigen Teilzeitbeschäftigung im Umfang von 90 Prozent das Teilzeitmodell mit 60 Prozent von 90 Prozent, also mit 54 Prozent möglich. Altersteilzeit mit weniger als 60 Prozent der regelmäßigen Arbeitszeit kann nur im Blockmodell und nur dann bewilligt werden, wenn vor der vollen Freistellung von der Arbeit mindestens im Umfang der bisherigen Teilzeitbeschäftigung, die auch eine unterhälftige Teilzeitbeschäftigung sein kann, Dienst geleistet wird.

44.7 Altersteilzeit im Blockmodell (§ 70 Absatz 2 Satz 1 Nummer 2 LBG) mit einem Zeitpunkt der Zurruhesetzung zwischen der allgemeinen Antragsaltersgrenze (§ 40 Absatz 1 Satz 1 Nummer 1 LBG) und der Antragsaltersgrenze für schwerbehinderte Beamtinnen und Beamte (§ 40 Absatz 1 Satz 1 Nummer 2 LBG) kann nur bewilligt werden, wenn die Personalverwaltung bereits bei Antragstellung davon ausgehen kann, dass die Schwerbehinderteneigenschaft im Sinne des § 2 Absatz 2 SGB IX auch zum angestrebten Zurruhesetzungszeitpunkt bestehen wird. Steht die Schwerbehinderteneigenschaft zum angestrebten Zurruhesetzungszeitpunkt nach Erreichen der Antragsaltersgrenze für schwerbehinderte Beamtinnen und Beamte

noch nicht fest, kann die Altersteilzeit im Blockmodell nur mit einem Zeitpunkt der Zurruhesetzung ab Erreichen der allgemeinen Antragsaltersgrenze bewilligt werden. Die Beamtin oder der Beamte ist dabei auf folgendes hinzuweisen: Eine nachträgliche Verkürzung der Gesamtdauer der bewilligten Altersteilzeitbeschäftigung und damit der Arbeitsphase sowie der Freistellungsphase in der Weise, dass die Beamtinnen oder Beamten bereits zu einem früheren Zeitpunkt als bisher beantragt in den Ruhestand treten, ist zulässig, sofern dadurch, bezogen auf die verkürzte Gesamtdauer der Altersteilzeitbeschäftigung, der gesetzlich festgelegte Mindestumfang der Teilzeitbeschäftigung nicht berührt wird.

44.8 Mit Eintritt in die Freistellungsphase darf weiterhin die den Beamtinnen oder Beamten zustehende Amtsbezeichnung geführt werden. Diese sind keine Ruhestandsbeamtinnen und -beamte, so dass der Zusatz „außer Dienst" („a. D.") nicht verwendet werden darf.

44.9 Bei Altersteilzeit im Blockmodell erbringen die Beamtinnen oder Beamten vorab Dienstleistungen, die während der Freistellungsphase ausgeglichen werden. Für Fälle, in denen das Gleichgewicht zwischen Arbeitsphase und Freistellungsphase in erheblichem Umfang gestört ist, weil die Beamtinnen oder Beamten in der Arbeitsphase über einen zusammenhängenden Zeitraum von mehr als sechs Monaten an der Erbringung der Dienstleistung gehindert sind, beispielsweise infolge Krankheit, muss sich der Dienstherr die Möglichkeit vorbehalten, die Bewilligung der Altersteilzeit ganz oder teilweise zu widerrufen. Bewilligungsbescheide über Altersteilzeit im Blockmodell sind daher vorsorglich mit folgendem Widerrufsvorbehalt zu versehen: „Wenn die Beamtin/der Beamte in der Arbeitsphase über einen zusammenhängenden Zeitraum von mehr als sechs Monaten keinen Dienst leistet, kann dieser Bescheid mit Wirkung für die Zukunft ganz oder teilweise widerrufen und gegebenenfalls die Dauer der Arbeits- und der Freistellungsphase neu berechnet werden." In

Fällen vorzeitiger Beendigung des Dienstverhältnisses (zum Beispiel durch Tod oder Dienstunfähigkeit) endet die Altersteilzeit ohne Widerruf. Sind die während der Altersteilzeit im Blockmodell gezahlten Bezüge geringer als die Besoldung, die der Beamtin oder dem Beamten nach der tatsächlichen Beschäftigung ohne Altersteilzeit zugestanden hätte, erfolgt ein besoldungsrechtlicher Ausgleich nach § 70 LBesGBW.

44.10 War eine bewilligte Altersteilzeit am 31. Dezember 2010 bereits angetreten, ist für nachträgliche Änderungen in der Regel ein Teilwiderruf vorzusehen, so dass die grundsätzliche Bewilligung nach der bis zum 31. Dezember 2010 geltenden Rechtslage unangetastet bleibt.

45 Erholungsurlaub (zu § 44 BeamtStG, § 71 Nummer 1 LBG)

45.1 Beamtinnen und Beamte haben Urlaub rechtzeitig zu beantragen und, soweit möglich und im Einzelfall erforderlich, dafür zu sorgen, dass ihnen Mitteilungen der Dienststelle während des Urlaubs zugeleitet werden können.

Bei der Erteilung des Urlaubs sind die dienstlichen Belange und die Wünsche der Beamtinnen und Beamten aufeinander abzustimmen. Stellvertretungskosten sind möglichst zu vermeiden.

Erholungsurlaub soll nur für ganze Arbeitstage erteilt und genommen werden; stundenweise wird Erholungsurlaub nicht erteilt.

45.2 Wird der Erholungsurlaub widerrufen, werden Mehraufwendungen oder sonstige Vermögensnachteile, die Beamtinnen oder Beamten durch den Widerruf entstehen, nach Maßgabe des § 49 Absatz 6 LVwVfG ersetzt. Sie sind auf diesen Anspruch hinzuweisen.

45.3 Eine Geldabfindung an Stelle des Erholungsurlaubs ist grundsätzlich nicht zulässig. Ausnahmen bestimmen sich nach den Vorschriften in der Arbeitszeit- und Urlaubsverordnung.

45.4 Der Zusatzurlaub für schwerbehinderte Beamtinnen und Beamte im Sinne von § 2 Absatz 2 SGB IX und für behinderte Beamtinnen und Beamte nach § 23 Absatz 1 AzUVO tritt zu dem nach allgemeinen Grundsätzen zu gewährenden Erholungsurlaub hinzu und ist wie ein solcher zu behandeln, soweit § 208 SGB IX oder andere Vorschriften nichts anderes bestimmen.

46 Sonderurlaub aus verschiedenen Anlässen (zu § 71 Nummer 2 LBG)

46.1 Sonderurlaub ist rechtzeitig vor Antritt zu beantragen. Er wird für einen konkreten Anlass und für eine bestimmte Zeitdauer bewilligt. Im Rahmen der Bewilligung ist zu prüfen, ob ein Widerruf des Sonderurlaubs vorzubehalten ist, um den Ersatzanspruch nach § 49 Absatz 6 LVwVfG auszuschließen.

Bei wiederkehrenden Anlässen kann Sonderurlaub für einen befristeten Zeitraum allgemein im Voraus bewilligt werden. Die Bewilligung soll in diesem Fall mit der Auflage verbunden werden, dass die tatsächliche Inanspruchnahme des Sonderurlaubs der oder dem von der Dienststelle bestimmten Vorgesetzten rechtzeitig vorher anzuzeigen ist.

Auf Verlangen der bewilligenden Stelle sind Nachweise zum Anlass des Sonderurlaubs vorzulegen.

46.2 § 29 AzUVO ermächtigt zu Pflichten- und Interessenkollisionen auflösenden Freistellungen vom Dienst. Danach kann Beamtinnen und Beamten bei einem zeitlichen Zusammenfallen eines Anlasses nach § 29 Absatz 1 AzUVO mit dem Dienst Sonderurlaub gewährt werden.

– Der Sonderurlaub soll in der Regel für ganze Arbeitstage bewilligt werden. Voraussetzung ist eine ganztägige notwendige Abwesenheit vom Dienst, mindestens in der Zeit von Beginn bis Ende der an dem Tag von der Beamtin oder dem Beamten zu leistenden Arbeitszeit. Als Arbeitszeit in diesem Sinne gelten die festgelegten Dienststunden (§ 10 Absatz 1 und 2, § 14 Satz 1 AzUVO) oder bei gleitender Arbeitszeit die Funktionszeit (§ 12 Absatz 1 AzUVO). Für ganztägigen Sonderurlaub wird die von den Beamtinnen und Beamten an dem jeweiligen Tag regelmäßig zu leistende Arbeitszeit dem Arbeitszeitkonto gutgeschrieben. Für teilzeitbeschäftigte

Durchführung beamtenrechtlicher Vorschriften I.3.1

Beamtinnen und Beamte sind die nach § 14 AzUVO im Einzelfall festgelegten täglichen Arbeitszeiten maßgebend. Wegezeiten, die unmittelbar mit dem Anlass des Sonderurlaubs zusammenhängen, sowie vorgeschriebene Ruhezeiten sind einzubeziehen. Ganztägiger Sonderurlaub ist nicht durch eine geringfügige Unterschreitung der vorgenannten Arbeitszeiten ausgeschlossen.

– Liegen die Voraussetzungen für die Bewilligung von ganztägigem Sonderurlaub nur deshalb nicht vor, weil nicht eine ganztägige Abwesenheit vom Dienst notwendig ist, kann Beamtinnen und Beamten Sonderurlaub unter entsprechender Anrechnung auf die Arbeitszeit auch stundenweise bewilligt werden. Die Dienststelle entscheidet mit Blick auf die Gesamtumstände, besonders bei Teilzeitbeschäftigten, im Einzelfall.

Regelungen für Beamtinnen und Beamte, deren Arbeitszeit sich nach besonderen Bestimmungen oder Vereinbarungen richtet, bleiben unberührt.

46.3 Ist mehrtägiger Sonderurlaub beantragt, liegt die Notwendigkeit der Abwesenheit aber nicht für den gesamten Zeitraum vor, zum Beispiel bei Reisen und Veranstaltungen mit Begleitprogramm, darf Sonderurlaub nur für eine angemessene Zeitdauer der Abwesenheit bewilligt werden. Die Möglichkeit, bei derartigen Kombinationen auf Antrag der Beamtinnen und Beamten für den verbleibenden Zeitraum Urlaub aufgrund anderer Rechtsgrundlagen zu bewilligen, bleibt unberührt.

46.4 Um Beamtinnen und Beamte und Tarifbeschäftigte des Landes bei Vorliegen eines wichtigen persönlichen Anlasses möglichst gleich zu behandeln, soll Sonderurlaub nach § 29 Absatz 1 Nummer 1 AzUVO, was Anlass und Ausmaß betrifft, in der Regel in Anlehnung an die Arbeitsbefreiung nach § 29 des Tarifvertrags für den öffentlichen Dienst der Länder bewilligt werden. Aus folgenden wichtigen persönlichen Anlässen gilt Sonderurlaub deshalb allgemein als notwendig und gegenüber möglicherweise entgegenstehenden dienstlichen Gründen vorrangig. Er soll im nachstehend genannten Ausmaß ohne Verweis auf die Verlegung der Arbeitszeit bewilligt werden:

– Niederkunft der Ehefrau oder der Lebenspartnerin im Sinne des Lebenspartnerschaftsgesetzes	ein Arbeitstag;
– Tod der Ehegattin oder des Ehegatten, der Lebenspartnerin oder des Lebenspartners im Sinne des Lebenspartnerschaftsgesetzes, eines Kindes oder eines Elternteils	zwei Arbeitstage;
– Umzug aus dienstlichem Grund an einen anderen Ort	ein Arbeitstag.

In diesen Fällen ist es nicht erforderlich, dass der Sonderurlaub am Tag des Anlasses selbst gewährt wird. Der Sonderurlaub muss jedoch in einem nahen zeitlichen Zusammenhang zu dem Anlass stehen.

– Schwere Erkrankung

– eines Kindes, welches das 12. Lebensjahr noch nicht vollendet hat	bis zu vier Arbeitstage im Kalenderjahr;
– einer oder eines sonstigen Angehörigen, soweit sie oder er in demselben Haushalt lebt	ein Arbeitstag im Kalenderjahr;

jeweils wenn die Ärztin oder der Arzt die Notwendigkeit der Anwesenheit der Beamtin oder des Beamten zur vorläufigen Pflege oder Betreuung bescheinigt;

– einer Betreuungsperson, wenn die Beamtin oder der Beamte deshalb die Betreuung ihres oder seines Kindes, welches das 8. Lebensjahr noch nicht vollendet hat oder wegen körperlicher, geistiger oder seelischer Behinderung dauernd pflegebedürftig ist, selbst übernehmen muss	bis zu vier Arbeitstage im Kalenderjahr.

Sonderurlaub wegen schwerer Erkrankung wird nur bewilligt, soweit eine andere Person zur Pflege oder Betreuung nicht sofort zur Verfügung steht. Dieser Sonderurlaub soll insgesamt, auch bei mehrmaliger Inanspruchnahme, fünf Arbeitstage im Kalenderjahr nicht überschreiten.

Sonderurlaub nach § 29 Absatz 2 AzUVO ist in den dort genannten Fällen und dem dort eingeräumten Ausmaß vorrangig zu bewilligen, die Bewilligung von Sonderurlaub bei schwerer Erkrankung ist dadurch aber nach § 29 Absatz 2 Satz 6 AzUVO nicht ausgeschlossen.

Aus anderen wichtigen persönlichen Anlässen oder in größerem Ausmaß als nach vorstehenden Bestimmungen darf Sonderurlaub für die notwendige Dauer der Abwesenheit vom Dienst bei Vorliegen besonderer Umstände im Einzelfall bewilligt werden, sofern nicht dienstliche Gründe entgegenstehen.

46.5 Beamtinnen und Beamten soll nach § 29 Absatz 1 Nummer 2 AzUVO Sonderurlaub bewilligt werden für ihren Einsatz durch eine Organisation der Katastrophenhilfe, der zivilen Verteidigung oder durch anerkannte Hilfs- und Rettungsdienste für humanitäre Hilfen bei Katastrophen, zur Rettung von Menschenleben oder zu vergleichbar humanitären Zwecken, auch im Ausland, soweit jene Einsätze nicht unter den Geltungsbereich vorgehender Rechtsvorschriften über Freistellungen fallen, jedoch ein besonderes öffentliches Interesse besteht.

46.6 Sonderurlaub zur Teilnahme an Tagungen, Lehrgängen und Veranstaltungen kann Beamtinnen und Beamten unter den Voraussetzungen des § 29 Absatz 1 Nummer 3 bewilligt werden zur Teilnahme an:

– Veranstaltungen, insbesondere Parteitagen, der politischen Parteien;
– Tagungen und Lehrgängen, die Zwecken der Gewerkschaften oder der Berufsverbände dienen, auf Anforderung der Gewerkschaft oder des Berufsverbands;
– Veranstaltungen, insbesondere Kirchentagen, Synoden oder vergleichbaren Versammlungen der Kirchen und öffentlichrechtlichen Religionsgemeinschaften, auf Anforderung der Kirchenleitung oder der Leitung der Religionsgemeinschaft;
– Tagungen, Lehrgängen und Veranstaltungen zur staatsbürgerlichen Bildung, unabhängig von der Förderungswürdigkeit, wenn die staatsbürgerliche Zielsetzung im Mittelpunkt steht; die Vermittlung nur allgemeiner Kenntnisse über die politischen und sozialen Gegebenheiten anderer Staaten als insbesondere Mitgliedstaaten der Europäischen Union erfüllt diese Voraussetzung in der Regel nicht; bei Studienreisen ist insbesondere wegen des touristischen Charakters oder der Befriedigung eines allgemeinen Bildungsbedürfnisses Nummer 46.3 Satz 2 zu berücksichtigen;
– Lehrgängen (Übungsveranstaltungen, Aus- und Fortbildungsveranstaltungen) der Organisationen der Katastrophenhilfe, der zivilen Verteidigung und der anerkannten Hilfs- und Rettungsdienste, die der Vorbereitung auf Einsätze dieser Organisationen dienen und nicht bereits von anderen Rechtsvorschriften erfasst sind. Ausgenommen sind Lehr- und Vortragstätigkeiten, für die Beamtinnen und Beamte einen Anspruch auf Vergütung oder Ersatz von Verdienstausfall geltend machen können.

In anderen als den vorgenannten Fällen kann Sonderurlaub zur Teilnahme an Tagungen, Lehrgängen und Veranstaltungen bewilligt werden, wenn insbesondere völkerverständigende, gewerkschaftliche, kirchliche, familien-, gesundheits- oder behindertenpolitische, karitative, wissenschaftliche, kulturelle oder sportliche Zwecke von internationalem, nationalem oder überregionalem Rang ein öffentliches Interesse begründen.

47 Urlaub und Freistellungen nach Sondervorschriften

47.1 Besteht außerhalb des Anwendungsbereichs des § 29 AzUVO nach einer anderen Rechtsnorm ein Anspruch auf Sonderurlaub oder Freistellung vom Dienst, zum Beispiel nach § 45 Absatz 1a Satz 2 des Deutschen Richtergesetzes, § 15 Absatz 1 des Feuerwehrgesetzes, § 13 Absatz 1 des Landeska-

Durchführung beamtenrechtlicher Vorschriften I.3.1

tastrophenschutzgesetzes, § 3 Absatz 1 des THW-Gesetzes, § 1 Absatz 1 des Bildungszeitgesetzes, § 1 des Gesetzes zur Stärkung des Ehrenamtes in der Jugendarbeit, richtet sich die Freistellung nach diesen Bestimmungen. Sofern diese Bestimmungen keine abschließenden Regelungen treffen, sollen die Bestimmungen der Nummer 46 ergänzend angewandt werden. Im Übrigen sind die nachfolgenden Sonderregelungen zu beachten.

47.2 Für die Ausübung einer ehrenamtlichen Tätigkeit als Mitglied in kommunalen Vertretungsorganen (nach § 32 Absatz 2 der Gemeindeordnung, § 26 Absatz 2 der Landkreisordnung oder gesetzlichen Vorschriften, die diese Bestimmungen für Mitglieder von Vertretungsorganen für entsprechend anwendbar erklären) gilt ausschließlich die Sonderregelung nach § 29 Absatz 3 Nummer 1 AzUVO, die einen Anspruch der Beamtinnen und Beamten auf Bewilligung von Sonderurlaub unabhängig von dienstlichen Gründen gewährt. Der Anspruch auf Sonderurlaub im notwendigen Umfang besteht hiernach für die Teilnahme als Mitglied an den Sitzungen

- des Gemeinderats, des Bezirksbeirats oder des Ortschaftsrats einer Gemeinde in Baden-Württemberg,
- des Kreistags eines Landkreises in Baden-Württemberg,
- des Kollegialorgans einer sonstigen der Aufsicht des Landes Baden-Württemberg unterstehenden Körperschaft, Anstalt oder Stiftung des öffentlichen Rechts,
- der beschließenden oder beratenden Ausschüsse der genannten Vertretungsorgane,
- des Ältestenrats und der Fraktionen oder vergleichbarer Gruppierungen zur Vorbereitung der Sitzungen der genannten Vertretungsorgane;

ferner für die Wahrnehmung der Stellvertretung als ehrenamtliche stellvertretende Bürgermeisterin oder ehrenamtlicher stellvertretender Bürgermeister aus der Mitte des Gemeinderats (§ 48 Absatz 1 der Gemeindeordnung).

Ist die Abwesenheit vom Dienst nicht ganztägig im Sinne von Nummer 46.2, erster Spiegelstrich notwendig, erfolgt die Bewilligung von Sonderurlaub stundenweise für die notwendige Abwesenheit innerhalb der festgelegten Dienststunden oder, sofern solche wie etwa bei gleitender Arbeitszeit nicht verbindlich gelten, entsprechend den in § 10 Absatz 1 AzUVO bezeichneten Dienststunden. Für teilzeitbeschäftigte Beamtinnen und Beamte geltende Arbeitszeitvereinbarungen oder Regelungen für Beamtinnen und Beamte, deren Arbeitszeit sich nach besonderen Bestimmungen richtet, beispielsweise beamtete Lehrkräfte im öffentlichen Schuldienst, bleiben hiervon unberührt. Darüber hinaus wird unter Anrechnung auf die Arbeitszeit Sonderurlaub bewilligt, soweit die Beamtin oder der Beamte eine Kollision mit der Dienstleistungspflicht außerhalb der vorgenannten Dienststunden im Einzelfall nachweist.

Keinen Anspruch auf Sonderurlaub gewährt § 29 Absatz 3 Nummer 1 AzUVO für

- die Entsendung in Organe wirtschaftlicher Unternehmen, denn dies stellt nach § 63 Absatz 1 Nummer 1 Buchstabe b LBG eine genehmigungspflichtige Nebentätigkeit dar,
- sonstige Tätigkeiten, die mit der Ausübung der ehrenamtlichen Tätigkeit in einem Vertretungsorgan nur in mittelbarem Zusammenhang stehen, zum Beispiel Bürgersprechstunde, Repräsentationspflichten, Fortbildung, Wahlkampf.

Hierfür oder für andere ehrenamtliche Tätigkeiten im kommunalen Leben kann Sonderurlaub nur unter den Voraussetzungen des § 29 Absatz 1 Nummer 2 AzUVO bewilligt werden.

47.3 Für Beamtinnen und Beamte, die als Betreuerinnen oder Betreuer gerichtlich bestellt sind, gewährt die abschließende Sonderregelung nach § 29 Absatz 3 Nummer 2 AzUVO einen Anspruch auf Bewilligung von Sonderurlaub während des Dienstes nach Nummer 47.2 unabhängig von möglicherweise entgegenstehenden dienstlichen Gründen.

47.4 Die Regelungen über Freistellungen vom Dienst zur Ausübung ehrenamtlicher Tätigkeiten in Organisationen der Jugendarbeit nach § 1 des Gesetzes zur Stärkung des Ehrenamts in der Jugendarbeit gehen dem allgemeinen Sonderurlaubstatbestand nach § 29 Absatz 1 Nummer 2 AzUVO vor. Beamtinnen und Beamten in entsprechender Tätigkeit werden die Bezüge belassen, sofern sie keinen Anspruch auf Vergütung oder Ersatz von Verdienstausfall geltend machen können.

Für nicht unter den Anwendungsbereich des Gesetzes fallende ehrenamtliche Tätigkeiten in der Jugendarbeit kann Sonderurlaub nach den allgemeinen Bestimmungen bewilligt werden.

48 Arbeitsschutz (zu § 77 LBG)

Ergänzend zu den Vorgaben der Arbeitsstättenverordnung und der Verordnung zur arbeitsmedizinischen Vorsorge ist der berufsgenossenschaftliche Grundsatz für arbeitsmedizinische Vorsorgeuntersuchungen „Bildschirmarbeitsplätze" G 37 auf Beamtinnen und Beamte entsprechend anzuwenden. Demnach sind den Beamtinnen und Beamten bei einer Tätigkeit an Bildschirmgeräten regelmäßig arbeitsmedizinische Vorsorgeuntersuchungen anzubieten. Die Kosten der Untersuchung trägt die Dienststelle.

Den Beamtinnen und Beamten sind im erforderlichen Umfang ohne eigene Zuzahlung, in angemessener Qualität und zu durchschnittlich niedrigsten Marktpreisen spezielle Sehhilfen für ihre Arbeit an Bildschirmgeräten zur Verfügung zu stellen, wenn das Untersuchungsergebnis besagt, dass spezielle Sehhilfen notwendig und normale Sehhilfen, die auch außerdienstlich eingesetzt werden können, nicht geeignet sind.

49 Übergang des Schadenersatzanspruchs (zu § 81 LBG)

49.1 Leistungen im Sinne von § 81 Absatz 1 Satz 1 LBG und Versorgung oder eine andere Leistung im Sinne von § 81 Absatz 1 Satz 3 LBG sind auch Beihilfen in Geburts-, Krankheits-, Pflege- und Todesfällen sowie Unfallfürsorgeleistungen nach dem Landesbeamtenversorgungsgesetz Baden-Württemberg.

49.2 Zur Sicherung eventuell übergegangener Schadenersatzansprüche haben die Beamtin oder der Beamte und die Versorgungsempfängerin oder der Versorgungsempfänger jedes Ereignis im Sinne des § 81 LBG, auch im privaten Bereich, insbesondere jede Körperverletzung oder ärztliche Fehlbehandlung der personalverwaltenden Stelle zu melden und den Schadenshergang zu schildern. Versorgungsempfängerinnen und Versorgungsempfänger haben die Meldung gegenüber dem Landesamt für Besoldung und Versorgung Baden-Württemberg zu tätigen.

49.3 Die Schadenersatzfrage ist alsbald nach einem Dienstunfall oder einer sonstigen Beschädigung, die eine Beamtin oder ein Beamter durch Dritte erlitten hat, zu klären. Es besteht eine erhöhte Mitwirkungspflicht der Geschädigten. Es ist dafür zu sorgen, dass die Forderungen nicht verjähren. Hierbei ist zu beachten, dass die Verjährung der auf den Dienstherrn übergegangenen Schadenersatzansprüche durch eine etwaige eigene Klage von Geschädigten gegen Schädiger nicht gehemmt wird.

Personalaktendaten

50 Personalaktendaten (zu § 50 BeamtStG)

50.1 Die personalaktendatenrechtlichen Vorschriften gehen vom materiellen Personalaktenbegriff aus. Ob ein Vorgang zu den Personalakten gehört, richtet sich allein nach seinem unmittelbaren inneren Zusammenhang mit dem Beamtenverhältnis. Art und Ort der Aufbewahrung oder Speicherung sowie Kennzeichnung als Personalakte (formeller Personalaktenbegriff) sind insoweit unerheblich. Die rein elektronische Führung der Personalaktendaten ist zulässig,

50.2 Soweit keine speziellen abschließenden Regelungen zu Personalaktendaten im Beamtenstatusgesetz und im Landesbeamtengesetz getroffen sind, finden die Vorschriften des Landesdatenschutzgesetzes (LDSG) oder andere bereichsspezifische Vorschriften, zum

Beispiel § 3 des Gesetzes über Rabatte für Arzneimittel, Anwendung.

50.3 Der Gesamtbestand an Personalaktendaten soll ein möglichst vollständiges Bild über den beruflichen Werdegang und insoweit über die Persönlichkeit der Beamtinnen und Beamten wiedergeben, um daraus Erkenntnisse für den sachgerechten Personaleinsatz und eine effektive Personalplanung zu gewinnen. Er soll insbesondere den Inhalt des Dienstverhältnisses insgesamt oder einzelner aus ihm fließender Rechte und Pflichten bestimmen.

Vorgänge, die sich auf mehrere Beamtinnen oder Beamte beziehen, sind dann Personalaktendaten der einzelnen Beamtinnen und Beamten, soweit sie das jeweilige Dienstverhältnis unmittelbar betreffen und keine personenbezogenen Daten anderer Beamtinnen und Beamten enthalten.

Vorgänge, die allein die persönlichkeitsrechtlich geschützte Privatsphäre der Beamtinnen und Beamten berühren, sind keine Personalaktendaten. Nur soweit ein rechtliches Interesse an derartigen Angaben besteht, können diese in dem unbedingt notwendigen Umfang verlangt werden.

51 Verarbeitung von Personalaktendaten (zu § 83 LBG)

51.1 Personalaktendaten sind insbesondere:
- ein Personalbogen (vergleiche Nummer 1.2 und Anlage 1) als formularmäßige Zusammenfassung von Personalaktendaten, worunter eine ständig zu aktualisierende schriftliche Übersicht aller für das Dienstverhältnis wesentlichen Daten zu verstehen ist. Bei elektronischer Führung der Personalaktendaten soll eine formularmäßige Darstellung der Personalaktendaten bei allen wichtigen Änderungen über das Personalverwaltungssystem erzeugt werden,
- Bewerbungsschreiben, Lebenslauf,
- Nachweis der Staatsangehörigkeit oder der Rechtsstellung als Deutsche oder Deutscher,
- Nachweise über den Personenstand, zum Beispiel Tenor des Scheidungsurteils,
- Nachweise über Vor-, Aus- und Fortbildungen, Qualifizierungsmaßnahmen einschließlich Prüfungszeugnisse und anderweitige Befähigungsnachweise,
- Führungszeugnisse, Auskünfte aus dem Bundeszentralregister,
- Gesundheitszeugnisse, ärztliche Stellungnahmen zur gesundheitlichen Eignung für einen bestimmten Dienstposten,
- Nachweis der Schwerbehinderteneigenschaft oder der Gleichstellung,
- Nachweis über Wehr- oder Zivildienst, freiwilligen Wehrdienst sowie über die Absolvierung von Diensten im Sinne des Gesetzes zur Förderung von Jugendfreiwilligendiensten, des Entwicklungshelfer-Gesetzes und des Bundesfreiwilligendienstgesetzes,
- Unterlagen über Ernennungen, Vereidigung, Beförderungen, Abordnungen, Versetzungen, Zuweisungen, Umsetzungen, Dienstpostenübertragungen, (abweichende) Arbeitszeiten, Erholungs- und Sonderurlaube, Urlaube von längerer Dauer einschließlich Elternzeiten und Pflegezeiten sowie Urlaube aus sonstigen Gründen, Teilzeitbewilligungen, Dienstjubiläen, Nebentätigkeiten, Ehrungen,
- Unterlagen über Disziplinarverfahren, über Ermittlungs-, Straf- und Berufsgerichtsverfahren sowie über Bußgeldverfahren, soweit ein Bezug zur dienstlichen Tätigkeit besteht, sowie über Maßnahmen der Dienstaufsicht,
- mit dem Dienstverhältnis zusammenhängende Beschwerden, Behauptungen und Bewertungen, die nicht zu einem Disziplinarverfahren geführt haben, soweit sie sich als begründet oder zutreffend erweisen, sowie die Äußerung der Beamtinnen und Beamten dazu,
- abschließende Entscheidungen in Rechtsstreitigkeiten aus dem Dienstverhältnis,
- abschließende Entscheidungen in Regress- und Schadenersatzverfahren,

I.3.1 Durchführung beamtenrechtlicher Vorschriften

- dienstliche Beurteilungen einschließlich Beurteilungsbeiträgen, Dienstzeugnisse,
- Besoldungsunterlagen einschließlich der Unterlagen über vermögenswirksame Leistungen, Abtretungen, Pfändungen, Gehaltsvorschüsse, Bewilligung von Leistungsprämien,
- Unterlagen über Trennungsgeld, Umzugskostenvergütung und Reisekostenvergütung,
- Unterlagen über Erkrankungen, Kuren,
- Unterlagen über Dienstunfälle, Dienstunfallfürsorge, Sachschadenersatz,
- Unterlagen über Beihilfen, Unterstützungen und Zuschüsse, freie Heilfürsorge,
- Unterlagen über die Entlassung sowie den Eintritt oder die Versetzung in den Ruhestand,
- Unterlagen über die Hinausschiebung des Ruhestands,
- Unterlagen über die Versorgung der Beamtinnen und Beamten und ihrer Hinterbliebenen, zum Beispiel Nachweise für einen Pflegezuschlag sowie entsprechende Unterlagen im Zusammenhang mit Alters- und Hinterbliebenengeld,
- Vollmachten, beispielsweise zum Empfang von Schriftstücken,
- Eingaben und Gesuche der Beamtinnen und Beamten in persönlichen Angelegenheiten.

51.2 Werden personenbezogene Daten schwerpunktmäßig zu anderen als Personalzwecken einer bestimmten Beamtin oder eines bestimmten Beamten angelegt und liegt somit ihr Zweck außerhalb des durch das konkrete Beamtenverhältnis begründeten Rechte- und Pflichtenkreises, so sind sie Sachakten.

Zu den Sachakten und den entsprechenden Datenbeständen gehören insbesondere

- Prüfungsakten, ausgenommen Prüfungszeugnisse,
- Sicherheitsakten,
- Unterlagen über Stellenausschreibungen, Auswahlverfahren, Stellenbewertungen,
- Unterlagen, die aus Anlass von Personalplanungen, beispielsweise Stellenbesetzungsvorgänge, und Geschäftsverteilungen zusammengestellt werden,
- Vermerke und sonstige Aufzeichnungen, die lediglich führungsunterstützenden Charakter haben (Zielvereinbarungen, Maßnahmen zur Zielerreichung, Empfehlungen zur beruflichen Entwicklung und Ähnliches) und die ihrer Natur nach nur vorübergehend gelten,
- Unterlagen, die bei den Personalvertretungen, den Schwerbehindertenvertretungen oder den Beauftragten für Chancengleichheit entstehen,
- Prozessführungsakten, insbesondere über Rechtsstreitigkeiten aus dem Dienstverhältnis und in Regress- und Schadenersatzverfahren,
- Untersuchungsunterlagen des ärztlichen Dienstes des Dienstherrn,
- Kindergeldakten; sie dürfen aus verwaltungsökonomischen Gründen mit Besoldungs- und Versorgungsakten verbunden geführt werden, wenn· sie vom Grunddatenbestand und anderen Teildatenbeständen (§ 88 LBG) getrennt sind und von einer anderen Organisationseinheit bearbeitet werden, die nicht mit der eigentlichen Personalverwaltung befasst ist.

51.3 Beschwerden, die sich im Zusammenhang mit einer dienstlichen Maßnahme der Beamtinnen und Beamten ausschließlich gegen deren persönliches Verhalten richten (Dienstaufsichtsbeschwerden) und sich als ganz oder teilweise begründet erweisen, sind Personalaktendaten.

In Sachakten aufzunehmen sind dagegen Beschwerden, die sich ausschließlich auf die sachliche Entscheidung der Beamtinnen und Beamten (Fachaufsichtsbeschwerden) beziehen. Beschwerden, die sich sowohl gegen die sachliche Entscheidung als auch gegen das persönliche Verhalten der Beamtinnen und Beamten richten, sind in die Sachakte aufzunehmen. Erweist sich die Beschwerde über das persönliche Verhalten als ganz oder teilweise begründet, ist sie mit dem Teil, der das persönliche Verhalten der Beamtinnen und Beamten betrifft, in die Personalaktendaten zu übernehmen.

51.4 Zu anderen als den in § 50 BeamtStG und § 83 LBG genannten Zwecken ist die Verarbeitung von Personalaktendaten nur zulässig, wenn die Beamtinnen und Beamten zuvor darin eingewilligt haben (§ 50 Satz 4 BeamtStG, Artikel 7 der Verordnung (EU) 2016/679). Die Einwilligung ist schriftlich oder elektronisch einzuholen.

51.5 Personenbezogene Daten sind grundsätzlich bei den Betroffenen selbst zu erheben.

51.6 Beim Führen einer elektronischen Personalakte sind Vollständigkeit und Richtigkeit der Personalaktendaten durch geeignete technische und organisatorische Vorkehrungen sicherzustellen. Darunter fallen unter anderem klare Funktionszuordnungen und eine eindeutige, schriftlich oder elektronisch festgelegte Rechtestruktur.

51.7 Als sonstige Untersuchungsdaten nach § 83 Absatz 3 Satz 2 LBG kommen insbesondere Zeugnisse nach der PDV 300 bei Polizeibeamtinnen und Polizeibeamten, Feuerwehrtauglichkeitszeugnisse bei Feuerwehrbeamtinnen und Feuerwehrbeamten oder Nachweise über die Schwerbehinderteneigenschaft bei schwerbehinderten Beamtinnen und Beamten in Betracht. Bereits bei der Speicherung dieser Daten ist durch geeignete technische und organisatorische Vorkehrungen sicherzustellen, dass ein Zugriff nur nach den Anforderungen des § 88 Absatz 4 LBG möglich ist.

51.8 Die Personalaktendaten schwerbehinderter Beamtinnen und Beamter sind so zu kennzeichnen, dass die Schwerbehinderteneigenschaft den mit der Bearbeitung von Personalangelegenheiten betrauten Beschäftigten sofort erkennbar ist. In Berichten über Personalangelegenheiten schwerbehinderter Beamtinnen und Beamter und in Mitteilungen an die Personalvertretung ist auf die Schwerbehinderteneigenschaft hinzuweisen, sofern dies von Bedeutung sein kann und die schwerbehinderte Beamtin oder der schwerbehinderte Beamte dem nicht ausdrücklich widerspricht.

51.9 Von § 83 LBG wird auch der gegenseitige Informationsaustausch zwischen Grund-, Teil- und Nebendatenbeständen im Sinne von § 88 LBG umfasst, auch soweit er zwischen verschiedenen Stellen erfolgt. In diesen Fällen wie auch in Fällen des Wechsels der Zuständigkeit zur Führung von Personalaktendaten handelt es sich nicht um eine Übermittlung im Sinne des § 85 LBG. Werden Beamtinnen und Beamte versetzt oder nach ihrem Ausscheiden wieder eingestellt, sind daher Personalaktendaten grundsätzlich an die für ihre Führung zuständige neue Behörde abzugeben. Dies gilt im Falle des Dienstherrnwechsels nicht für erforderliche Grunddaten, welche die Beschäftigung in der bisherigen Dienststelle nachvollziehbar machen und für die Besoldungsaktendaten, die für Zwecke der Rechnungslegung und Rechnungsprüfung beim bisherigen Dienstherrn verbleiben müssen.

52 Übermittlung von Personalaktendaten (zu § 85 LBG)

52.1 Personalaktendaten sind ihrem Wesen nach vertraulich zu behandeln, was sich auch auf den Verkehr der Dienststellen untereinander erstreckt. Jede zulässige Personalaktendatenübermittlung muss sich daher auf den notwendigen Umfang beschränken. Unter Berücksichtigung der gesetzlichen Vorgaben und des Verhältnismäßigkeitsgrundsatzes ist grundsätzlich eine Einzelauskunft der Übermittlung der vollständigen Personalaktendaten vorzuziehen. Eine vollständige Datenübermittlung darf nur in den Fällen erfolgen, in denen dies zur Aufgabenerledigung erforderlich oder die Vorlage der Personalakte durch Rechtsnorm ausdrücklich zugelassen ist.

Einschlägige Verfahrensordnungen oder sonstige Spezialvorschriften sind unter anderem für Verwaltungsgerichte § 99 der Verwaltungsgerichtsordnung, für den Rechnungshof § 95 LHO sowie § 1 des Gesetzes über den Petitionsausschuss des Landtags und § 14 des Gesetzes über Einsetzung und

Verfahren von Untersuchungsausschüssen des Landtags. Auch soweit hier allgemein die Vorlage von Akten vorgesehen ist, muss geprüft werden, ob eine Übermittlung von Personalaktendaten im Hinblick auf den Persönlichkeitsschutz der betroffenen Beamtinnen und Beamten und die Umstände des Einzelfalls erfolgen darf.

Eine Übermittlung an andere als die in § 85 LBG genannten Dienststellen darf, soweit sie nicht durch Gesetz zugelassen ist, nur mit Einwilligung der Beamtinnen und Beamten erfolgen (§ 50 Satz 4 BeamtStG, Artikel 7 der Verordnung (EU) 2016/679). Die Einwilligung ist schriftlich oder elektronisch einzuholen.

52.2 Die Verantwortung für die Zulässigkeit der Personalaktenübermittlung liegt bei der übermittelnden Stelle. Sie hat darauf zu achten, dass das Übermittlungsersuchen eine substantiierte und im Einzelnen mit Tatsachen belegte Darstellung der Erforderlichkeit der Datenübermittlung enthält. Stehen zum Beispiel Beweismittel anderer Art zur Aufklärung des relevanten Sachverhalts zur Verfügung, kommt eine Übermittlung von Personalaktendaten nicht in Betracht. Die übermittelnde Stelle muss in jedem Einzelfall sorgfältig prüfen, ob dem mit der Datenanforderung geltend gemachten öffentlichen Interesse das schutzwürdige Interesse der Beamtinnen und Beamten an der Vertraulichkeit der Personalaktendaten oder die Verpflichtung zur Wahrung des Amtsgeheimnisses entgegensteht.

52.3 Der obersten Dienstbehörde oder einer anderen im Rahmen der Dienstaufsicht weisungsbefugten Behörde (§ 85 Absatz 1 Nummer 1 und 2 LBG) ist dem Verwendungszweck entsprechend nur ein Teil der Personalaktendaten zu übermitteln, wenn dies im Einzelfall für den konkreten Zweck genügt. Der Grundsatz der Vertraulichkeit von Personalaktendaten und deren Zweckbindung gilt auch gegenüber übergeordneten Behörden. Abweichend von Nummer 52.2 hat die übergeordnete Behörde in eigener Verantwortung zu prüfen, ob sie alle über eine Beamtin oder einen Beamten gespeicherten Personalaktendaten benötigt oder ob ein Teil genügt.

52.4 Für die Übermittlung von Personalaktendaten über Beihilfe, Heilfürsorge und Heilverfahren gelten die Beschränkungen des § 85 Absatz 2 LBG. Ausgenommen sind Daten, die gleichzeitig zur allgemeinen Prüfung der Beihilfeberechtigung, zur Berechnung der Bezüge oder zur Kindergeldberechnung erforderlich sind. Es handelt sich dabei insbesondere um Daten über Familienstand und Kinder, über die Krankenkassenzugehörigkeit und über den Tod einer beihilfeberechtigten Person.

53 Löschung von Personalaktendaten (zu § 86 LBG)

53.1 Daten, die gelöscht werden müssten, unzulässigerweise aber noch gespeichert sind, unterliegen dem Verwertungsverbot.

53.2 Unterlagen über Verurteilungen und Verfahren, die Teil der Disziplinaraktendaten geworden sind, weil sie denselben Sachverhalt betreffen, der auch zu einem Disziplinarverfahren geführt hat, sind nach § 42 LDG zu behandeln. Die speziellen disziplinarrechtlichen Tilgungsvorschriften gehen den personalaktendatenrechtlichen Vorschriften vor. Soweit das Landesdisziplinargesetz kein Verwertungsverbot und keine Tilgungsvorschriften vorsieht, zum Beispiel bei schwerwiegenden Disziplinarmaßnahmen, greifen die Vorschriften des Landesbeamtengesetzes wegen des abschließenden Charakters des Disziplinarrechts dennoch nicht. Für missbilligende Äußerungen gilt § 42 Absatz 3 LDG.

53.3 Die Unterbrechung der Löschungsfristen nach § 86 Absatz 2 Satz 2 LBG wahrt die Möglichkeit, dienstrechtliche und insbesondere disziplinarrechtliche Maßnahmen zu ergreifen, wenn innerhalb der Frist erneut ein Sachverhalt der in Rede stehenden Art festgestellt wird.

53.4 Nach Ablauf der Löschungsfrist sind die Personalaktendaten dem Landesarchiv anzubieten (§ 3 des Landesarchivgesetzes). Übernimmt das Landesarchiv die Personalaktendaten nicht, sind sie unverzüglich zu löschen.

Durchführung beamtenrechtlicher Vorschriften I.3.1

54 Auskunft, Anhörung (zu § 87 LBG)

54.1 § 87 Absatz 1 LBG verleiht den Beamtinnen und Beamten ein grundsätzlich uneingeschränktes Recht auf Auskunft über ihre Personalaktendaten. Sie können die Auskunft insbesondere in Form der Einsichtnahme verlangen. Ein Auskunftsrecht besteht darüber hinaus auch hinsichtlich personenbezogener Daten über die Beamtinnen und Beamten in Sachakten, die für das Dienstverhältnis verarbeitet werden, sowie hinsichtlich weiterer über sie gespeicherter Daten in Akten. Personenbezogene Daten Dritter oder geheimhaltungsbedürftige nicht personenbezogene Daten sind im Fall der Einsichtnahme vorher zu trennen. Ist dies nicht oder nur mit unverhältnismäßig großem Aufwand möglich, ist den Beamtinnen und Beamten Auskunft in sonstiger Form zu erteilen.

54.2 Die Beamtinnen und Beamten müssen ihr Begehren auf Auskunft über die Personalaktendaten nicht begründen. Ein rechtliches Interesse daran wird, abgesehen von offensichtlichen Missbrauchsfällen, stets unterstellt. Hinterbliebene müssen dagegen ein berechtigtes Interesse glaubhaft machen.

54.3 Von Bevollmächtigten ist eine schriftliche Vollmacht zu verlangen. Bevollmächtigte und Hinterbliebene sind vor der Erteilung der Auskunft schriftlich darauf hinzuweisen, dass sie von den erlangten Kenntnissen nur im Rahmen des zur Auskunft berechtigenden Zwecks Gebrauch machen dürfen und dass eine darüber hinausgehende Verwertung der erlangten Informationen unzulässig ist.

54.4 Das Begehren auf Auskunft über die Personalaktendaten ist an die personalverwaltende Stelle zu richten. Wird die Auskunft in Form der Einsichtnahme verlangt, sind die Personalaktendaten im Regelfall in den Diensträumen dieser Behörde oder der von ihr bestimmten Stelle in Anwesenheit von Beschäftigten einzusehen, die dort mit der Bearbeitung von Personalangelegenheiten betraut sind. Dies gilt auch bei einer elektronischen Aktenführung. Auf Verlangen werden Abschriften, Kopien oder Ausdrucke, auch auszugsweise, gefertigt und überlassen. Die personalverwaltende Stelle bestimmt unter Berücksichtigung der berechtigten Belange der Beamtinnen und Beamten, an welchem Ort und in welcher Weise die Einsichtnahme in die Personalaktendaten gewährt wird.

54.5 Über Einzelheiten der Auskunft, zum Beispiel Datum, Dauer, angefertigte Kopien, durch die Beamtinnen und Beamten dürfen keine Aufzeichnungen in den Personalaktendaten vorgenommen werden, wenn und soweit derartige Daten zur Erfüllung der Aufgaben einer Personalverwaltung nicht erforderlich sind, so dass ihre Speicherung nach § 83 Absatz 1 LBG unzulässig ist. Reisekosten und andere Kosten, die den Beamtinnen und Beamten durch die Einsichtnahme entstehen, werden nicht erstattet.

54.6 Ist beabsichtigt, Beschwerden, Behauptungen und Bewertungen, die für die Beamtinnen und Beamten ungünstig sind oder ihnen nachteilig werden können, als Personalaktendaten zu speichern, sind sie hierüber zu informieren. Den Beamtinnen und Beamten ist Gelegenheit zur Stellungnahme, insbesondere auch hinsichtlich einer notwendigen Berichtigung oder Vervollständigung, zu geben. Ergeben sich durch die Anhörung Zweifel an der Begründetheit oder Richtigkeit der Beschwerden, Behauptungen oder Bewertungen und lassen sich diese Zweifel nicht ausräumen, darf keine Speicherung als Personalaktendaten erfolgen. Soweit eine Speicherung erfolgt, ist die Äußerung der Beamtin oder des Beamten hierzu ebenfalls in den Personalaktendaten zu speichern. Die Beamtinnen und Beamten können ihre Äußerung schriftlich oder zur Niederschrift abgeben. Verzichten sie auf eine Äußerung, ist dies bei den Personalaktendaten zu vermerken.

Wurden Vorgänge der genannten Art unter Verletzung des Rechts auf Anhörung als Personalaktendaten gespeichert, steht den Beamtinnen und Beamten, sofern nicht ein Tatbestand des § 86 LBG erfüllt ist, kein Anspruch auf Löschung, sondern lediglich auf Nachholung der Anhörung zu. Im Hinblick auf den Zweck der Anhörung sollte die Nachholung möglichst bald erfolgen. Ergeben sich durch die nachgeholte Anhörung Zweifel an der Begründetheit oder Richtigkeit der Beschwerden, Behauptungen oder Bewertungen und lassen sich diese Zweifel nicht ausräumen, so sind die entsprechenden Daten zu löschen.

54.7 Erfolgt eine Anhörung bereits nach anderen Rechtsvorschriften, zum Beispiel nach § 51 Absatz 2 LBG oder nach § 42 Absatz 4 LDG, entfällt die Anhörung nach § 87 Absatz 5 LBG.

54.8 Schwerbehinderte Beamtinnen und Beamte haben nach § 178 Absatz 3 SGB IX das Recht, bei der Einsicht in ihre Personalaktendaten die Schwerbehindertenvertretung ihrer Behörde hinzuzuziehen. Soll die Schwerbehindertenvertretung die Personalaktendaten allein einsehen, ist eine schriftliche Vollmacht zu verlangen.

54.9 Nur mit Zustimmung der Beamtinnen und Beamten dürfen Personalvertretung und Beauftragte für Chancengleichheit die Personalaktendaten einsehen (§ 71 Absatz 1 Satz 3 des Landespersonalvertretungsgesetzes, § 11 Absatz 4 Satz 4 des Chancengleichheitsgesetzes). Nach § 13 Absatz 6 Satz 3 des Landessicherheitsüberprüfungsgesetzes darf die mit der Sicherheitsüberprüfung beauftragte Stelle die Personalaktendaten einsehen, wenn dies zur Klärung oder Beurteilung sicherheitserheblicher Erkenntnisse unerlässlich ist.

55 Gliederung von Personalaktendaten, Zugriff auf Personalaktendaten (zu § 88 LBG)

55.1 Für jede Beamtin und jeden Beamten ist ein Grunddatenbestand zu führen. Er enthält alle Personalaktendaten, die nicht in Teildatenbeständen geführt werden, insbesondere Personalaktendaten über die Begründung des Dienstverhältnisses sowie den dienstlichen Werdegang und den Einsatz der Beamtin oder des Beamten.

55.2 Die Anlage von Teildatenbeständen kann zum Beispiel sinnvoll sein, wenn für verschiedene Personalaktendaten verschiedene Löschungsfristen nach § 86 LBG gelten oder wenn die Personalstelle nach § 85 LBG nur einzelne Personalaktendaten übermittelt. Teildatenbestände sollen im Hinblick auf besondere Löschungsfristen angelegt werden für Personalaktendaten über

– Unterstützungen und Zuschüsse,
– Erholungsurlaub, Sonderurlaub und Dienstbefreiung,
– Erkrankungen,
– Umzugs- und Reisekostenvergütung,
– Versorgung,
– Alters- und Hinterbliebenengeld,
– missbilligende Äußerungen eines Dienstvorgesetzten,
– Beschwerden, Behauptungen und Bewertungen, die keinen Anlass zu disziplinarrechtlichen Ermittlungen gegeben haben,
– strafgerichtliche Verurteilungen und andere Entscheidungen in Straf-, Bußgeld- sowie sonstigen Ermittlungs- und berufsgerichtlichen Verfahren, die keinen Anlass zu disziplinarrechtlichen Ermittlungen gegeben haben.

Teildatenbestände sind stets zwingend anzulegen für Personalaktendaten über

– Beihilfe,
– Heilfürsorge,
– Heilverfahren,
– Disziplinarverfahren.

Disziplinarvorgänge unterliegen sowohl während der Dauer des Disziplinarverfahrens als auch nach dessen Abschluss den besonderen Vorschriften des Landesdisziplinargesetzes, soweit dort Spezialregelungen getroffen sind.

Im Übrigen empfiehlt sich die Anlage von Teildatenbeständen über

– Besoldung, einschließlich vermögenswirksamen Leistungen, Abtretungen, Pfändungen, Gehaltsvorschüsse, Leistungsprämien,
– Trennungsgeld,
– dienstliche Beurteilungen,
– Nebentätigkeiten,
– Dienstunfälle,
– Sachschadenersatz.

Bei Bedarf können weitere Teildatenbestände angelegt werden.

55.3 In den Nebendatenbestand dürfen nur solche Personalaktendaten aufgenommen werden, die im Grunddatenbestand oder in Teildatenbeständen enthalten sind und die für die Stelle, die den Nebendatenbestand führt, zur rechtmäßigen Aufgabenerfüllung erforderlich sind.

55.4 Das Verzeichnis nach § 88 Absatz 1 Satz 5 LBG muss Angaben darüber enthalten, bei welcher Stelle welche Teil- und Nebendatenbestände geführt werden. Der den Grunddatenbestand führenden Stelle ist die Anlegung oder Auflösung von Teil- und Nebendatenbeständen mitzuteilen.

55.5 Der Kreis der Beschäftigten, die Zugriff auf Personalaktendaten haben, ist so klein wie möglich zu halten. Bei elektronischer Führung der Personalaktendaten sind die erhöhten Anforderungen an den Zugriff auf besonders schutzwürdige Daten nach § 88 Absatz 4 LBG durch geeignete technische und organisatorische Maßnahmen sicherzustellen. Zugriff auf entsprechende Daten haben nur Beschäftigte, die mit der konkreten Personalangelegenheit betraut sind und die für eine anstehende, ihnen obliegende dienstliche Aufgabe Kenntnis der darin enthaltenen Informationen benötigen.

II. Anwendungsempfehlung

Anwendungsempfehlung

Den Gemeinden, den Landkreisen und den sonstigen der Aufsicht des Landes unterstehenden Körperschaften, Anstalten und Stiftungen des öffentlichen Rechts wird die entsprechende Anwendung dieser Verwaltungsvorschrift empfohlen.

III. Inkrafttreten, Außerkrafttreten

Inkrafttreten, Außerkrafttreten

Diese Verwaltungsvorschrift tritt am 1. Juli 2016 in Kraft und am 30. Juni 2030 außer Kraft.

I.3.1 Durchführung beamtenrechtlicher Vorschriften

Anlagen 1 und 2

(hier nicht aufgenommen)

Anlage 3　　　Durchführung beamtenrechtlicher Vorschriften

Anlage 3

Urkundsmuster

Muster 1

(Begründung des Beamtenverhältnisses)

BADEN-WÜRTTEMBERG

Urkunde

Ich ernenne
Frau/Herrn
. . . *[Vorname Familienname]*
unter Berufung in das Beamtenverhältnis . . .[1]
zur/zum
. . . *[Amtsbezeichnung]*
in der Besoldungsgruppe . . .[2]

. . ., den . . .

[1] Nach Bedarf ist einzusetzen:
auf Lebenszeit
auf Probe
auf Widerruf
als Ehrenbeamtin/Ehrenbeamter
auf Zeit für die Dauer von . . .

[2] Nur soweit das Amt in mehreren Besoldungsgruppen ausgebracht ist, wird der Zusatz „in der Besoldungsgruppe" in die Urkunde aufgenommen.

Muster 2

(Umwandlung eines Beamtenverhältnisses)

BADEN-WÜRTTEMBERG

Urkunde

Ich verleihe
Frau/Herrn
. . . *[Vorname Familienname]*
die Eigenschaft einer/eines . . .[1]

. . ., den . . .

[1] Nach Bedarf ist einzusetzen:
– Beamtin auf Lebenszeit/Beamten auf Lebenszeit
– Beamtin auf Probe/Beamten auf Probe

Muster 3
(Beförderung/Wechsel der Laufbahngruppe)

BADEN-WÜRTTEMBERG

Urkunde

Ich ernenne
Frau/Herrn *[bisherige Amtsbezeichnung]*
. . . *[Vorname Familienname]*
zur/zum
. . . *[neue Amtsbezeichnung]*

. . ., den . . .

Muster 4
(Umwandlung eines Beamtenverhältnisses und Beförderung)

BADEN-WÜRTTEMBERG

Urkunde

Ich ernenne
Frau/Herrn *[bisherige Amtsbezeichnung]*
. . . *[Vorname Familienname]*
zur/zum . . .
[neue Amtsbezeichnung]
und verleihe ihr/ihm die Eigenschaft einer/eines . . .[1]

. . ., den . . .

[1]Nach Bedarf ist einzusetzen:
– Beamtin auf Lebenszeit/Beamten auf Lebenszeit
– Beamtin auf Probe/Beamten auf Probe

Anlage 3   **Durchführung beamtenrechtlicher Vorschriften**   **I.3.1**

Muster 5
(Verleihung eines Amtes mit anderem Grundgehalt und gleicher Amtsbezeichnung)

BADEN-WÜRTTEMBERG

Urkunde

Ich ernenne
Frau/Herrn *[bisherige Amtsbezeichnung]*
. . . *[Vorname Familienname]*
zur/zum
. . . *[gleiche Amtsbezeichnung]*
in der Besoldungsgruppe . . .

. . ., den . . .

Muster 6
(Verleihung eines Amtes mit Amtszulage)

BADEN-WÜRTTEMBERG

Urkunde

Ich ernenne
Frau/Herrn *(bisherige Amtsbezeichnung)*
. . . *[Vorname Familienname]*
zur/zum
. . . *[gleiche Amtsbezeichnung]* mit Amtszulage

. . ., den . . .

Muster 7
(Eintritt in den Ruhestand wegen Erreichens der Altersgrenze)

BADEN-WÜRTTEMBERG

Urkunde

Frau/Herr
. . . *[Vorname Familienname]*
tritt nach Erreichen der Altersgrenze mit dem Ablauf des Monats . . .
in den Ruhestand.

. . ., den . . .

Muster 8

(Versetzung in den Ruhestand auf Antrag)

BADEN-WÜRTTEMBERG

Urkunde

Ich versetze
Frau/Herrn
... *[Vorname Familienname]*
auf ihren/seinen Antrag
in den Ruhestand.

..., den ...

Muster 9

(Versetzung in den Ruhestand ohne Antrag)

Urkunde

Ich versetze
Frau/Herrn
... *[Vorname Familienname]*
in den Ruhestand.

..., den ...

Muster 10

(Entlassung auf Verlangen)

BADEN-WÜRTTEMBERG

Urkunde

Ich entlasse
Frau/Herrn
... *[Vorname Familienname]*
auf ihr/sein Verlangen aus dem Landesdienst.

..., den ...

Anlage 3   **Durchführung beamtenrechtlicher Vorschriften**   **I.3.1**

Muster 11
(Berufung in das Beamtenverhältnis auf Probe nach § 8 LBG)

BADEN-WÜRTTEMBERG

Urkunde

Ich ernenne
Frau/Herrn *[Amtsbezeichnung]*
. . . *[Vorname Familienname]*
unter Berufung in das Beamtenverhältnis auf Probe
zur/zum
. . . *[Amtsbezeichnung]*
in der Besoldungsgruppe . . .[1]

. . ., den . . .

[1] Nur soweit das Amt in mehreren Besoldungsgruppen ausgebracht ist, wird der Zusatz „in der Besoldungsgruppe" in die Urkunde aufgenommen.

Muster 12
(Verleihung eines Amtes mit leitender Funktion auf Dauer)

Ich ernenne
Frau/Herrn *[bisherige Amtsbezeichnung]*[1]
. . . *[Vorname Familienname]*
mit Wirkung vom *[Datum]*[2]
zur/zum
. . . *[neue Amtsbezeichnung]*
in der Besoldungsgruppe . . .[3]

. . ., den . . .

[1] Stimmen die bisherige und die künftige Amtsbezeichnung überein, wird auf die Angabe der bisherigen Amtsbezeichnung in der Ernennungsurkunde verzichtet.

[2] Vgl. Empfehlung in Nummer 6.7 Absatz 3 Satz 2 BeamtVwV.

[3] Nur soweit das Amt in mehreren Besoldungsgruppen ausgebracht ist, wird der Zusatz „in der Besoldungsgruppe" in die Urkunde aufgenommen.

I.3.1 Durchführung beamtenrechtlicher Vorschriften — Anlage 4

Anlage 4

(hier nicht aufgenommen)

Gesetz über die Ernennung der Richter und Beamten des Landes (Ernennungsgesetz – ErnG)

in der Fassung der Bekanntmachung
vom 29. Januar 1992 (GBl. S. 141)

Zuletzt geändert durch
Haushaltsbegleitgesetz 2023/2024
vom 21. Dezember 2022 (GBl. S. 649)

§ 1

Dem Ministerpräsidenten steht das Recht zu, die Richter und Beamten zu ernennen und zu versetzen, soweit dieses Recht nicht nach den §§ 2 bis 4 auf andere Behörden übertragen wird.

§ 2

Den Ministerien, dem Landesbeauftragten für den Datenschutz und dem Präsidenten des Rechnungshofs wird, soweit in § 4 nichts anderes bestimmt ist, das Recht übertragen,

1. in ihrem Geschäftsbereich
    a) die Richter und die Beamten des höheren Dienstes bis einschließlich der Besoldungsgruppen A 14, A 15 für das Amt eines Akademischen Direktors, A 16 für das Amt eines Leitenden Akademischen Direktors, R 1, W 3 und C 4 mit Ausnahme der hauptamtlichen Rektoratsmitglieder der Hochschule sowie die Beamten des mittleren und des gehobenen Dienstes einzustellen, in das Richter- oder Beamtenverhältnis auf Lebenszeit zu berufen und zu befördern,
    b) die Richter kraft Auftrags einzustellen sowie die Beamten auf Widerruf zu Beamten auf Probe zu ernennen,
    c) einem Beamten beim Wechsel der Laufbahngruppe ein anderes Amt mit anderer Amtsbezeichnung zu verleihen,
    d) die Richter und Beamten zu versetzen;
2. aus ihrem Geschäftsbereich in einen anderen Geschäftsbereich im Lande die Richter und Beamten zu versetzen und das Einverständnis zur Versetzung der Richter und Beamten aus anderen Geschäftsbereichen in ihren Geschäftsbereich zu erklären;
3. aus ihrem Geschäftsbereich zu anderen Dienstherren die in Nummer 1 Buchst. a und b genannten Richter und Beamten zu versetzen und das Einverständnis zur Versetzung dieser Richter und Beamten von anderen Dienstherren in ihren Geschäftsbereich zu erklären.

Die Ernennung der Fachbeamten bei den Regierungspräsidien erfolgt durch das Innenministerium auf Vorschlag des jeweiligen Fachministeriums. Die in Satz 1 Nummer 1 bis 3 genannten Rechte üben das Kultusministerium für die Fachbeamten des schulpädagogischen Dienstes bei den Regierungspräsidien, für die Beamten des schulpsychologischen Dienstes am Zentrum für Schulqualität und Lehrerbildung, für die Beamten des Instituts für Bildungsanalysen Baden-Württemberg sowie des Forums Frühkindliche Bildung Baden-Württemberg und das Ministerium Ländlicher Raum für die Beamten der Abteilung Forstdirektion des Regierungspräsidiums Freiburg aus. Die in den Nummern 1 bis 3 genannten Rechte werden für Fachbeamte des höheren Dienstes des Landes bei den Landratsämtern dem jeweiligen Fachministerium übertragen; die Ernennung erfolgt im Einvernehmen mit dem Innenministerium.

§ 3

Den Ministerien wird für ihren Geschäftsbereich das Recht übertragen, die ehrenamtlichen Richter zu bestellen und abzuberufen sowie die Ehrenbeamten zu ernennen und zu verabschieden, soweit gesetzlich nichts anderes bestimmt ist.

§ 4

Es werden ferner übertragen:

1. Den Regierungspräsidien, soweit in den Nummern 7 bis 10 und 13 nichts anderes bestimmt ist,

a) für die Beamten des mittleren und des gehobenen Dienstes mit Ausnahme der Beamten der Abteilung Forstdirektion des Regierungspräsidiums Freiburg, für die Lehrer in den Laufbahnen des höheren Dienstes bis einschließlich Besoldungsgruppe A 14 sowie für Pharmazieräte als Ehrenbeamte die in § 2 genannten Rechte;
b) für die Lehrer in den Laufbahnen des höheren Dienstes der Besoldungsgruppe A 15 die in § 2 Nr. 1 Buchst. d genannten Rechte;
c) für die Studienreferendare und Lehreranwärter das Recht zur Einstellung und die in § 2 Nr. 1 Buchst. d und Nr. 2 und 3 genannten Rechte;

2. dem Regierungspräsidium Stuttgart
   für die Beamten an den Landratsämtern in den Laufbahnen des mittleren und des gehobenen Dienstes der Versorgungsverwaltung die in § 2 genannten Rechte;

3. dem Regierungspräsidium Freiburg
   für die Beamten an den Landratsämtern jeweils in den Laufbahnen des mittleren und des gehobenen Forstdienstes die in § 2 genannten Rechte;

4. der Oberfinanzdirektion und dem Landesbetrieb Vermögen und Bau Baden-Württemberg jeweils für ihren Zuständigkeitsbereich
   a) für die Beamten des mittleren und des gehobenen Dienstes,
      die in § 2 genannten Rechte,
   b) für die Beamten des höheren Dienstes bis einschließlich der Besoldungsgruppe A 14 ausgenommen bei der Besetzung von Dienstposten, die mit Besoldungsgruppe A 15 und höher bewertet sind, die in § 2 Nr. 1 Buchst. d genannten Rechte,

5. den Präsidenten der Oberlandesgerichte
   a) für die Rechtsreferendare
      das Recht zur Einstellung und die in § 2 Nr. 1 Buchst. d und Nr. 2 und 3 genannten Rechte,
   b) für die Beamten des mittleren und des gehobenen Dienstes mit Ausnahme der Amtsanwälte
      die in § 2 genannten Rechte;

6. den Präsidenten des Verwaltungsgerichtshofs, des Landessozialgerichts, des Landesarbeitsgerichts und des Finanzgerichts
   für die Beamten des mittleren und des gehobenen Dienstes
   die in § 2 genannten Rechte;

7. den regionalen Polizeipräsidien, dem Polizeipräsidium Einsatz, dem Landeskriminalamt, dem Präsidium Technik, Logistik, Service der Polizei, der Hochschule für Polizei Baden-Württemberg, dem Landesamt für Verfassungsschutz, der Cybersicherheitsagentur, der Landesoberbehörde IT Baden-Württemberg, der Landesfeuerwehrschule, dem Landesamt für Besoldung und Versorgung und dem Statistischen Landesamt für die Beamten des mittleren und des gehobenen Dienstes die in § 2 genannten Rechte;

8. dem Landesamt für Geoinformation und Landentwicklung
   für die Beamten des mittleren und des gehobenen Dienstes am Landesamt für Geoinformation und Landentwicklung sowie für die Beamten des mittleren und des gehobenen vermessungstechnischen Dienstes bei den Landratsämtern, deren Planstellen im Einzelplan des Ministeriums Ländlicher Raum veranschlagt sind, die in § 2 genannten Rechte;

9. der Anstalt des öffentlichen Rechts Forst Baden-Württemberg
   für die Beamten des mittleren, des gehobenen und des höheren Dienstes bis einschließlich der Besoldungsgruppe A 16 die in § 2 genannten Rechte; Maßnahmen nach § 2 Satz 1 Nummer 1 Buchstaben a bis c bedürfen der Zustimmung der obersten Forstbehörde;

10. der Nationalparkverwaltung im Nationalpark Schwarzwald für die Beamten des mittleren und gehobenen Dienstes bei der Nationalparkverwaltung im Nationalpark Schwarzwald die in § 2 genannten Rechte;

11. den unteren Schulaufsichtsbehörden

    für die Lehrer in den Laufbahnen des gehobenen Dienstes, mit Ausnahme der Schulleiter, die in § 2 Satz 1 Nummer 1 Buchstabe d genannten Rechte innerhalb des Schulamtsbezirks, für die ständigen Vertreter der Schulleiter in den Laufbahnen des gehobenen Dienstes, die Zweiten Konrektoren, die Sonderpädagogikabteilungsleiter, die Realschulabteilungsleiter, die Gemeinschaftsschulabteilungsleiter, die Technischen Oberlehrer und die Fachoberlehrer als Fachbetreuer oder Stufenleiter oder Leiter eines Schulkindergartens das Recht, sie in dieses Amt zu befördern;

12. dem Zentrum für Schulqualität und Lehrerbildung für seinen Zuständigkeitsbereich und für die Seminare für Ausbildung und Fortbildung der Lehrkräfte

    für die Beamten des mittleren, des gehobenen sowie des höheren Dienstes bis einschließlich der Besoldungsgruppe A 14, mit Ausnahme der in § 2 Satz 3 genannten Beamten des schulpsychologischen Dienstes und den Leitern sowie den stellvertretenden Leitern der Seminare für Ausbildung und Fortbildung der Lehrkräfte, die in § 2 genannten Rechte;

13. den Universitäten

    für die Beamten des höheren Dienstes bis einschließlich der Besoldungsgruppe A 14, A 15 für das Amt eines Akademischen Direktors, A 16 für das Amt eines Leitenden Akademischen Direktors, W 3 und C 4 mit Ausnahme der hauptamtlichen Rektoratsmitglieder der Hochschule sowie für die Beamten des mittleren und des gehobenen Dienstes die in § 2 genannten Rechte;

14. den Pädagogischen Hochschulen, den Hochschulen für angewandte Wissenschaften im Geschäftsbereich des Wissenschaftsministeriums, den Kunsthochschulen und der Dualen Hochschule

    für die Beamten des höheren Dienstes bis einschließlich der Besoldungsgruppe A 14, A 15 für das Amt eines Akademischen Direktors, A 16 für das Amt eines Leitenden Akademischen Direktors, W 3 und C 4 mit Ausnahme der hauptamtlichen Rektoratsmitglieder der Hochschule und mit Ausnahme des Laufbahn des höheren allgemeinen Verwaltungsdienstes sowie für die Beamten des mittleren und des gehobenen Dienstes die in § 2 genannten Rechte;

15. der Hochschule für angewandte Wissenschaften Ludwigsburg – Hochschule für öffentliche Verwaltung und Finanzen und der Hochschule für angewandte Wissenschaften Kehl – Hochschule für öffentliche Verwaltung

    für die Regierungsinspektoranwärter

    die in § 2 genannten Rechte;

16. dem Landesarchiv

    für die Beamten des höheren Dienstes bis einschließlich der Besoldungsgruppe A 14 sowie für die Beamten des mittleren und des gehobenen Dienstes die in § 2 genannten Rechte;

17. der Badischen Landesbibliothek und der Württembergischen Landesbibliothek

    für die Beamten des höheren Dienstes bis einschließlich der Besoldungsgruppe A 14 sowie für die Beamten des mittleren und des gehobenen Dienstes die in § 2 genannten Rechte;

18. der Landesanstalt für Umwelt Baden-Württemberg für die Beamten des mittleren und des gehobenen Dienstes die in § 2 genannten Rechte;

19. den Justizvollzugsanstalten, dem Justizvollzugskrankenhaus und der Sozialtherapeutischen Anstalt Baden-Württemberg

    für die Beamten auf Widerruf im Vorbereitungsdienst

    die in § 2 genannten Rechte;

20. den Justizvollzugsanstalten, den Jugendarrestanstalten, dem Justizvollzugskrankenhaus, der Sozialtherapeutischen Anstalt Baden-Württemberg und der Justizvollzugsschule Baden-Württemberg

    für die Beamten des mittleren Dienstes, soweit sie nicht bereits durch Nummer 19 erfasst sind,

    die in § 2 genannten Rechte.

Von der Zuständigkeitsübertragung nach Nummer 1 Buchst. a und b sowie nach den Nummern 11 und 12 ausgenommen bleibt die Versetzung an das Kultusministerium, die Schulaufsichtsbehörden sowie die dem Kultusministerium unmittelbar nachgeordneten Einrichtungen und Behörden.

§ 5

Das Recht zur Ernennung umfaßt auch die Befugnis, Richter und Beamte in eine Planstelle einzuweisen. Die Richter und Beamten, deren Ernennung dem Ministerpräsidenten vorbehalten bleibt, werden von den zuständigen Ministerien und von dem Präsidenten des Rechnungshofs in Planstellen eingewiesen.

§ 6

Versetzungen aus einem Geschäftsbereich in einen anderen Geschäftsbereich verfügt die abgebende im Einverständnis mit der aufnehmenden Behörde.

§ 7

(1) Das Recht zur Versetzung (§ 2 Nr. 1 Buchst. d und Nr. 2 und 3) umfaßt auch das Recht zur Abordnung. Soweit der Ministerpräsident für Versetzungen zuständig ist, wird das Recht zur Abordnung den Ministerien und dem Präsidenten des Rechnungshofs übertragen. Die Ministerien können das Recht zur Abordnung ganz oder teilweise nachgeordneten Stellen übertragen.

(2) Absatz 1 gilt für die Zuweisung nach § 20 des Beamtenstatusgesetzes entsprechend.

§ 8

Dieses Gesetz gilt für die Übernahme von Richtern und Beamten in den Landesdienst und von Richtern und Beamten des Landes in den Dienst anderer Dienstherrn nach §§ 16 bis 19 des Beamtenstatusgesetzes und §§ 26 bis 30 des Landesbeamtengesetzes entsprechend.

§ 9 (hier nicht aufgenommen)

§ 10* (hier nicht aufgenommen)

---

* Diese Vorschrift betrifft das Inkrafttreten des Gesetzes in der ursprünglichen Fassung vom 22. Februar 1954 (GBl. S. 23).

Verordnung des Innenministeriums, des Finanzministeriums, des Kultusministeriums, des Wissenschaftsministeriums, des Umweltministeriums, des Wirtschaftsministeriums, des Sozialministeriums, des Justizministeriums, des Verkehrsministeriums, des Ministeriums Ländlicher Raum und des Ministeriums für Landesentwicklung und Wohnen über die Regelung beamtenrechtlicher Zuständigkeiten (Beamtenrechtszuständigkeitsverordnung – BeamtZuVO)

Vom 8. Mai 1996 (GBl. S. 402)

Zuletzt geändert durch
10. Anpassungsverordnung
vom 21. Dezember 2021 (GBl. 2022 S. 1)

Es wird verordnet auf Grund von

1. § 5 Abs. 3 des Landesverwaltungsgesetzes in der Fassung vom 2. Januar 1984 (GBl. S. 101),

2. § 4 Abs. 3, § 78 Abs. 1 Satz 1, § 82 Satz 2, § 87a Abs. 2 Satz 2, § 88a Abs. 3 Satz 2, § 89 Satz 2, § 107, § 118 Abs. 3 und § 144 Abs. 1 Satz 1 des Landesbeamtengesetzes (LBG) in der Fassung vom 19. März 1996 (GBl. S. 286),

3. § 8 des Landesrichtergesetzes (LRiG) in der Fassung vom 19. Juli 1972 (GBl. S. 432) und § 71 Abs. 3 des Deutschen Richtergesetzes in der Fassung vom 19. April 1972 (BGBl. I S. 714),

4. § 126 Abs. 3 Nr. 2 Satz 2 des Beamtenrechtsrahmengesetzes (BRRG) in der Fassung vom 27. Februar 1985 (BGBl. I S. 462) in Verbindung mit § 1 des Gesetzes über die Ermächtigungen zum Erlaß von Rechtsverordnungen vom 3. Juli 1961 (BGBl. I S. 856) und § 1 der Verordnung der Landesregierung über Rechtsverordnungen auf Grund von Ermächtigungen in Bundesgesetzen vom 30. Januar 1962 (GBl. S. 5),

5. § 14 Abs. 1 Satz 2 und Abs. 2 des Landesumzugskostengesetzes (LUKG) in der Fassung vom 12. Februar 1996 (GBl. S. 127) und

6. § 30 Abs. 4 und § 127 Abs. 1 der Landesdisziplinarordnung (LDO) in der Fassung vom 25. April 1991 (GBl. S. 227):

1. ABSCHNITT
Übertragung beamtenrechtlicher Zuständigkeiten

§ 1

Die Ministerien übertragen die ihnen nach folgenden Bestimmungen zustehenden Befugnisse auf die Präsidenten der Gerichte, die Behörden und sonstigen Stellen, die für die Ernennung der Beamten zuständig sind, soweit das Ernennungsrecht nicht dem Ministerpräsidenten oder den Ministerien selbst zusteht:

1. Anweisung des dienstlichen Wohnsitzes nach § 18 Abs. 2 Satz 1 des Landesbesoldungsgesetzes Baden-Württemberg (LBesGBW),

2. Anerkennung eines dienstlichen Interesses oder öffentlicher Belange an einer Beurlaubung ohne Dienstbezüge nach § 32 Abs. 2 Satz 1 Nr. 4 LBesGBW und § 21 Abs. 1 Satz 2 Nr. 3 des Landesbeamtenversorgungsgesetzes Baden-Württemberg (LBeamtVGBW) soweit nicht Beamtinnen und Beamte der Besoldungsgruppen W 3, C 3 und C 4 im Geschäftsbereich des Wissenschaftsministeriums betroffen sind,

3. Anerkennung von förderlichen Zeiten als berücksichtigungsfähige Zeiten nach § 32 Abs. 1 Satz 3 LBesGBW,

4. Feststellung, ob die Leistungen des Beamten den Mindestanforderungen entsprechen, nach § 31 Abs. 5 Satz 5 LBesGBW.

§ 2

Das Wissenschaftsministerium überträgt den Hochschulen für ihren Geschäftsbereich das Recht zur Abordnung ganz, auch für Beamte der Besoldungsgruppen C 3, C 4, W 3, A 15 und höher, sowie das Recht zur Erklärung des Einverständnisses zur Abordnung von Richtern. Für die Vorstandsvorsitzenden der Hochschulen verbleibt die Zuständigkeit beim Wissenschaftsministerium.

2. ABSCHNITT
Dienstvorgesetzter

§ 3

(1) Die Minister sind Dienstvorgesetzte,

1. der Beamten des jeweiligen Ministeriums,

2. der Leiter der den Ministerien jeweils unmittelbar nachgeordneten Behörden und Stellen,

3. der Stellvertreter der Leiter der den Ministerien jeweils unmittelbar nachgeordneten Behörden und Stellen für
    a) das Verbot der Führung der Dienstgeschäfte nach § 39 des Beamtenstatusgesetzes (BeamtStG) oder nach § 13 Abs. 1 Satz 4 LBG,
    b) die Zustimmung zur Annahme von Belohnungen, Geschenken oder sonstigen Vorteilen nach § 42 BeamtStG,
    c) die Geltendmachung von Schadenersatz nach § 48 BeamtStG und § 59 LBG,
    d) Entscheidungen über Nebentätigkeiten nach §§ 60 bis 65 LBG,
    e) die Entscheidung über den Ersatz von Sachschaden nach § 80 LBG,
    f) die Feststellung des Verlustes der Dienstbezüge nach § 11 Abs. 1 LBesGBW,
    g) die Zuständigkeiten des Dienstvorgesetzten nach dem Landesdisziplinargesetz.

(2) Die Leiter der den Ministerien unmittelbar nachgeordneten Behörden und Stellen sind Dienstvorgesetzte, soweit sich aus Absatz 1 nichts anderes ergibt,

1. der Beamten dieser Behörden und Stellen,

2. der Leiter der diesen Behörden und Stellen unmittelbar nachgeordneten Behörden und Stellen,

3. der Stellvertreter der Leiter der diesen Behörden und Stellen unmittelbar nachgeordneten Behörden und Stellen für die in Absatz 1 Nr. 3 genannten Fälle.

(3) Im übrigen ist der Leiter der Behörde oder Stelle, der der Beamte angehört, Dienstvorgesetzter. Bei der Stiftung Landesmuseum für Technik und Arbeit ist der Vorsitzende des Stiftungsrates Dienstvorgesetzter des Direktors des Landesmuseums und des Stellvertreters; Dienstvorgesetzter der übrigen Beamten ist der Direktor des Landesmuseums.

§ 4

Der Kultusminister ist Dienstvorgesetzter

1. der Beamten des Ministeriums,

2. der Beamten der dem Ministerium unmittelbar nachgeordneten Behörden und Stellen und

3. der Beamten der Seminare für Ausbildung und Fortbildung der Lehrkräfte.

Für alle übrigen Beamten im Geschäftsbereich des Kultusministeriums ist der Regierungspräsident Dienstvorgesetzter. Die Schulleiter sind Dienstvorgesetzte der Beamten ihrer Dienststelle für den Ausspruch schriftlicher Missbilligungen. Der für die Bewilligung von Urlaub zuständige Dienstvorgesetzte kann seine Befugnis auf die Leiter nachgeordneter Dienststellen und Einrichtungen übertragen.

§ 4a

(1) Der Wissenschaftsminister ist, vorbehaltlich einer anderen gesetzlichen Regelung und soweit sich nicht nachfolgend etwas anderes ergibt, Dienstvorgesetzter der Beamten seines Geschäftsbereichs. Abweichend davon sind

1. der Leiter des Landesarchivs Dienstvorgesetzter der Beamten des Landesarchivs,
2. die Leiter der Württembergischen Landesbibliothek und der Badischen Landesbibliothek Dienstvorgesetzte der Anwärter des mittleren Bibliotheksdienstes ihrer Dienststellen.

Wer Dienstvorgesetzter für die Bewilligung von Urlaub sowie von Teilzeitbeschäftigung nach § 69 LBG, Altersteilzeit nach § 70 LBG, Pflegezeiten nach § 74 LBG sowie Mutterschutz, Elternzeit nach § 76 LBG ist, richtet sich nach § 3.

(2) Abweichend von Absatz 1 Satz 1 sind die Vorstandsvorsitzenden der Hochschulen Dienstvorgesetzte für die Genehmigung zur Aussage oder zur Abgabe von Erklärungen nach § 37 Abs. 3 BeamtStG für die Beamten der jeweiligen Hochschule; § 4 Abs. 4 Halbsatz 1 LBG bleibt unberührt. Für die Vorstandsvorsitzenden verbleibt die Zuständigkeit beim Wissenschaftsminister.

(3) Abweichend von Absatz 1 Satz 1 sind die Leiter der dem Wissenschaftsministerium nachgeordneten Einrichtungen Dienstvorgesetzte

1. für die Entscheidung über den Ersatz von Sachschaden nach § 80 LBG,
2. für Entscheidungen und Maßnahmen sowie die Entgegennahme von Anzeigen und Erklärungen von Nebentätigkeiten nach den Bestimmungen des Landesbeamtengesetzes, der Landesnebentätigkeitsverordnung und der Hochschulnebentätigkeitsverordnung.

Für die Leiter und deren Vertreter verbleibt die Zuständigkeit beim Wissenschaftsminister.

§ 5 (weggefallen)

§ 6

(1) Für die Beamten in den Geschäftsbereichen des Ministeriums Ländlicher Raum, des Umweltministeriums, des Verkehrsministeriums und des Sozialministeriums ist Dienstvorgesetzter für die Bewilligung von Teilzeitbeschäftigung und Urlaub nach den §§ 69, 70, 72 und 73 LBG sowie für Elternzeit nach dem 5. Abschnitt der Arbeitszeit- und Urlaubsverordnung die Stelle, die für die Ernennung der Beamten zuständig ist, wenn der Ministerpräsident für die Ernennung zuständig wäre, die oberste Dienstbehörde.

(2) Für die Beamten im Geschäftsbereich der Oberfinanzdirektion ist die Oberfinanzdirektion Dienstvorgesetzter für Teilzeitbeschäftigung und Urlaub nach §§ 69, 70, 72 und 73 LBG, für Elternzeit nach dem 5. Abschnitt der Arbeitszeit- und Urlaubsverordnung, für Sonderurlaub aufgrund einschlägiger Vorschriften, für die Zustimmung zur Annahme von Belohnungen, Geschenken und sonstigen Vorteilen nach § 42 BeamtStG, für die Geltendmachung von Schadenersatz nach § 48 BeamtStG und § 59 LBG, für die Bearbeitung von Dienstunfällen nach § 62 Abs. 1 und 3 LBeamtVGBW und für die Entscheidung über den Ersatz von Sachschaden nach § 80 LBG. Für die Beamten im Geschäftsbereich des Landesbetriebes Vermögen und Bau Baden-Württemberg ist für die in Satz 1 genannten Angelegenheiten die Betriebsleitung Dienstvorgesetzter.

§ 7

(1) Höherer und nächsthöherer Dienstvorgesetzter sind die Leiter der Behörden, die die Dienstaufsicht über den Dienstvorgesetzten führen; höherer und nächsthöherer Dienstvorgesetzter ist in den Fällen des § 11 Abs. 5 Satz 3 des Landeshochschulgesetzes der Wissenschaftsminister.

(2) Abweichend von Absatz 1 ist für die Fachbeamten des höheren Dienstes bei den Landratsämtern sowie für die aus Anlass der Aufgabenübertragung nach

1. dem Sonderbehörden-Eingliederungsgesetz, dem Gesundheitsdienstgesetz sowie dem Gesetz zur Neuorganisation der Naturschutzverwaltung und zur Änderung des Denkmalschutzgesetzes an die Landratsämter versetzten, übernommenen oder abgeordneten Beamten,
2. dem Verwaltungsstruktur-Reformgesetz an die Landratsämter versetzten, übernommenen oder abgeordneten Fachbeamten

des mittleren und gehobenen Dienstes, solange sie dort im Landesdienst verbleiben, nächsthöherer Dienstvorgesetzter der Leiter des Ministeriums, das die Dienstaufsicht über diese Beamten führt. Höherer Dienstvorgesetzter für die in Satz 1 genannten Fachbeamten ist

1. der Leiter des Regierungspräsidiums Stuttgart für die Fachbeamten der Versorgungsverwaltung,
2. der Leiter des Regierungspräsidiums Freiburg für die Fachbeamten des Forstdienstes,
3. der Leiter des Landesamts für Geoinformation und Landentwicklung für die Fachbeamten des vermessungstechnischen Dienstes, deren Planstellen im Einzelplan des Ministeriums Ländlicher Raum veranschlagt sind.

(3) Abweichend von Absatz 1 ist für die Lehrer, die Fachbeamten des schulpädagogischen Dienstes bei den Regierungspräsidien sowie für die Beamten bei den Staatlichen Schulämtern höherer und nächsthöherer Dienstvorgesetzter der Kultusminister.

(4) Abweichend von Absatz 1 ist für die Beamten der Abteilung Forstdirektion des Regierungspräsidiums Freiburg höherer und nächsthöherer Dienstvorgesetzter die Ministerin oder der Minister für Ländlichen Raum.

(5) Abweichend von Absatz 1 ist für die Regierungsinspektoranwärter bei der Hochschule für öffentliche Verwaltung und Finanzen Ludwigsburg und bei der Hochschule für öffentliche Verwaltung Kehl höherer Dienstvorgesetzter der Rektor der Hochschule und nächsthöherer Dienstvorgesetzter der Innenminister.

§ 8
Die Befugnis des Dienstvorgesetzten, Beamte seiner Dienststelle für die Wahrnehmung von Aufgaben des Dienstvorgesetzten zu beauftragen, bleibt unberührt.

§ 9
Die besonderen Regelungen über die Dienstvorgesetzten im Bereich der Justiz und der Justizverwaltung bleiben unberührt.

3. ABSCHNITT
Übertragung von Zuständigkeiten für die Entscheidung über den Widerspruch nach § 54 Abs. 3 BeamtStG und für die Vertretung des Landes bei Klagen aus dem Beamtenverhältnis

§ 10
(1) In den Geschäftsbereichen des Innenministeriums, des Finanzministeriums, des Verkehrsministeriums und des Umweltministeriums entscheidet über die Widersprüche der Beamten, Ruhestandsbeamten und früheren Beamten des Landes sowie ihrer Hinterbliebenen (§ 54 Abs. 3 BeamtStG) die Behörde, welche die Maßnahme erlassen oder zu erlassen abgelehnt hat.

(2) In den Geschäftsbereichen des Justizministeriums, des Kultusministeriums, des Wissenschaftsministeriums, des Wirtschaftsministeriums, des Sozialministeriums, des Ministeriums Ländlicher Raum und des Ministeriums für Landesentwicklung und Wohnen entscheiden über die Widersprüche der Richter und Beamten, Ruhestandsrichter und -beamten, früheren Richter und Beamten des Landes und ihrer Hinterbliebenen

1. das Landesamt für Geoinformation und Landentwicklung,
2. die Präsidenten der Oberlandesgerichte, des Verwaltungsgerichtshofs, des Landessozialgerichts, des Finanzgerichts, des Landesarbeitsgerichts,
3. die Regierungspräsidien,
4. die Staatsanwaltschaften bei den Oberlandesgerichten,
5. die Hochschulen,
6. die Justizvollzugsanstalten, die Jugendarrestanstalten, das Justizvollzugskrankenhaus, die Sozialtherapeutische Anstalt Baden-Württemberg und die Justizvollzugsschule Baden-Württemberg,
7. das Zentrum für Schulqualität und Lehrerbildung,

wenn diese selbst oder die ihnen nachgeordneten Stellen die Maßnahme erlassen oder zu erlassen abgelehnt haben. In den Fällen des Satzes 1 Nr. 1 gelten die Landratsämter als nachgeordnete Stellen.

(3) Im übrigen entscheidet über die Widersprüche die oberste Dienstbehörde.

§ 11

Bei Klagen aus dem Richter- und Beamtenverhältnis (§ 54 BeamtStG, § 4 Abs. 6 LBG, § 8 LRiG) wird das Land durch die Behörde oder sonstige Stelle vertreten, die nach § 10 für die Entscheidung über den Widerspruch zuständig ist. Ist über einen Widerspruch, über einen Antrag auf Vornahme eines Verwaltungsaktes, über einen Antrag auf Gewährung einer sonstigen Leistung oder über einen Antrag auf Feststellung des Bestehens oder Nichtbestehens eines Rechtsverhältnisses oder der Nichtigkeit eines Verwaltungsaktes nicht entschieden worden, so wird das Land durch die Behörde vertreten, die zur Entscheidung über den Widerspruch oder über den Antrag zuständig wäre. Hat bei der Behörde oder sonstigen Stelle kein Bediensteter die Befähigung für den höheren allgemeinen Verwaltungsdienst, ist die nächsthöhere Behörde oder sonstige Stelle zuständig. Bei Klagen in Angelegenheiten nach dem Landesdisziplinargesetz wird das Land durch die Disziplinarbehörde vertreten, die das Verfahren führt oder die Abschlussverfügung erlassen hat.

4. ABSCHNITT
Besondere Zuständigkeiten nach dem Landesdisziplinargesetz

§ 12 (weggefallen)

§ 13
Die Vorstandsvorsitzenden der Hochschulen sind untere Disziplinarbehörde für die Hochschullehrer.

§ 14
(1) Der Direktor des Landesbetriebs Vermögen und Bau Baden-Württemberg ist untere Disziplinarbehörde der ihm nachgeordneten Beamten.

(2) Die Abteilung Bundesbau Baden-Württemberg der Oberfinanzdirektion Karlsruhe ist untere Disziplinarbehörde für die Beamten der Ämter für Bauaufgaben des Bundes.

§ 15
Die Direktoren der Amtsgerichte und die Vorstände der Notariate sind untere Disziplinarbehörde für die ihnen nachgeordneten Beamten, wenn nicht im Einzelfall der Präsident des Oberlandesgerichts den Präsidenten des Landgerichts, in dessen Bezirk das Amtsgericht oder das Notariat liegt, zur unteren Disziplinarbehörde bestimmt. An die Stelle des Präsidenten des Landgerichts tritt bei den Notariaten in den Bezirken der Amtsgerichte Heilbronn und Stuttgart deren Präsident. Eine Bestimmung nach Satz 1 kann jederzeit aus dienstlichen Gründen getroffen werden. Sie ist insbesondere zulässig,

1. wenn zur Aufklärung eines Sachverhalts umfangreiche Ermittlungen erforderlich sind, für die bei dem Amtsgericht oder Notariat keine ausreichenden Kapazitäten vorhanden sind,
2. wenn gegen mehrere Beamte aus unterschiedlichen Amtsgerichtsbezirken oder Notariaten ermittelt werden muss, denen im Wesentlichen gleichgelagerte Verfehlungen vorgeworfen werden, oder
3. wenn ein Beamter, gegen den disziplinarisch zu ermitteln ist, an mehrere Dienststellen eines Landgerichtsbezirks abgeordnet ist.

Die Bestimmung nach Satz 1 muss den Zeitpunkt benennen, ab dem der Präsident des Landgerichts oder in den Fällen des Satzes 2 der Präsident des Amtsgerichts zur unteren Disziplinarbehörde bestimmt wird, und ist aktenkundig zu machen. Der betroffene Beamte ist von der Zuständigkeitsbestimmung zu unterrichten.

§ 16 (weggefallen)

5. ABSCHNITT
Übertragung von Zuständigkeiten nach dem Landesumzugskostengesetz

§ 17

(1) Die Zusage der Umzugskostenvergütung erteilen in der staatlichen Verwaltung

1. bei Umzügen aus Anlaß der Versetzung und ihrer Aufhebung (§ 3 Abs. 1 Nr. 1 und 3 LUKG), der Einstellung (§ 4 Abs. 1 Nr. 1 LUKG) sowie der Abordnung, Zuweisung nach § 20 BeamtStG, vorübergehenden Zuteilung zu einem anderen Teil der Beschäftigungsbehörde und vorübergehenden dienstlichen Tätigkeit bei einer anderen Stelle als einer Dienststelle sowie der Aufhebung oder Beendigung dieser Maßnahmen (§ 4 Abs. 1 Nr. 2 bis 6 LUKG) jeweils die Präsidenten der Gerichte, die Behörden und sonstigen Stellen, soweit sie die den Umzug veranlassenden dienstlichen Maßnahmen treffen,

2. bei Umzügen aus Gründen der Wohnungsfürsorge (§ 4 Abs. 1 Nr. 7 LUKG) das örtlich zuständige Amt des Landesbetriebs Vermögen und Bau Baden-Württemberg,

3. in den übrigen Fällen (§ 3 Abs. 1 Nr. 2 und Abs. 2 LUKG) die Präsidenten der Gerichte, die Behörden und sonstigen Stellen, die
   a) bei Beamten für die Versetzung in ihrem Geschäftsbereich zuständig sind,
   b) bei im Ruhestand befindlichen Beamten, früheren Beamten, die wegen Dienstunfähigkeit oder Erreichens der Altersgrenze entlassen worden sind, und Hinterbliebenen im Sinne des Landesumzugskostengesetzes im Falle des Fortbestehens des Beamtenverhältnisses für die Versetzung in ihrem Geschäftsbereich zuständig wären.

Das nach Satz 1 Nr. 2 zuständige Amt entscheidet auch über die nach § 4 Abs. 1 Nr. 7 LUKG zu treffenden Maßnahmen.

(2) Die Zusage der Umzugskostenvergütung bei Umzügen aus Anlaß der Einstellung (§ 4 Abs. 1 Nr. 1 LUKG) erteilt für Landräte und Oberbürgermeister der Dienstherr.

6. ABSCHNITT
Schlußbestimmungen

§ 18

Diese Verordnung tritt am ersten Tage des auf die Verkündung folgenden Monats in Kraft. Gleichzeitig tritt die Verordnung des Innenministeriums, des Kultusministeriums, des Wissenschaftsministeriums, des Justizministeriums, des Finanzministeriums, des Wirtschaftsministeriums, des Ministeriums Ländlicher Raum, des Umweltministeriums, des Sozialministeriums, des Verkehrsministeriums und des Ministeriums für Familie, Frauen, Weiterbildung und Kunst über die Regelung beamtenrechtlicher Zuständigkeiten (Beamtenrechtszuständigkeitsverordnung – BeamtZuVO) vom 29. Oktober 1986 (GBl. S. 402), zuletzt geändert durch Artikel 44 der 4. Anpassungsverordnung vom 23. Juli 1993 (GBl. S. 533), außer Kraft.

Verordnung der Landesregierung über die Nebentätigkeit der Beamten und Richter
(Landesnebentätigkeitsverordnung – LNTVO)

in der Fassung der Bekanntmachung
vom 28. Dezember 1972 (GBl. 1973 S. 57)

Zuletzt geändert durch
Gesetz zur Änderung des Landesbeamtenversorgungsgesetzes Baden-Württemberg und
weiterer dienstrechtlicher Vorschriften
vom 5. Dezember 2023 (GBl. S. 429)

Auf Grund von § 81 des Landesbeamtengesetzes (LBG) in der Fassung vom 27. Mai 1971 (Ges.Bl. S. 225) und von § 8 des Landesrichtergesetzes (LRiG) in der Fassung vom 19. Juli 1972 (Ges.Bl. S. 431) wird verordnet:

§ 1 Öffentliches Ehrenamt

Öffentliche Ehrenämter sind die als solche in Rechtsvorschriften bezeichneten Tätigkeiten. Ferner gehört zu den öffentlichen Ehrenämtern jede auf behördlicher Bestellung oder auf öffentlich-rechtlicher Wahl beruhende, ohne Vergütung im Sinne von § 3 ausgeübte Mitwirkung bei der Erfüllung öffentlicher Aufgaben.

§ 2 Nebentätigkeit im öffentlichen Dienst

(1) Nebentätigkeit im öffentlichen Dienst ist jede für den Bund, ein Land, eine Gemeinde, einen Landkreis oder eine andere Körperschaft, Anstalt oder Stiftung des öffentlichen Rechts im Bundesgebiet oder für Verbände von solchen ausgeübte Nebentätigkeit; ausgenommen ist eine Nebentätigkeit für öffentlich-rechtliche Religionsgesellschaften oder Verbände von öffentlich-rechtlichen Religionsgesellschaften (Artikel 140 des Grundgesetzes).

(2) Einer Nebentätigkeit im öffentlichen Dienst steht gleich eine Nebentätigkeit für

1. Vereinigungen, Einrichtungen oder Unternehmen, deren Kapital (Grund- oder Stammkapital) sich unmittelbar oder mittelbar ganz oder überwiegend in öffentlicher Hand befindet oder die fortlaufend ganz oder überwiegend aus öffentlichen Mitteln unterhalten werden,

2. zwischenstaatliche oder überstaatliche Einrichtungen, an denen eine juristische Person oder ein Verband im Sinne des Absatzes 1 Halbsatz 1 durch Zahlung von Beiträgen oder Zuschüssen oder in anderer Weise beteiligt ist,

3. natürliche oder juristische Personen, die der Wahrung von Belangen einer juristischen Person oder eines Verbandes im Sinne des Absatzes 1 Halbsatz 1 dient.

§ 3 Vergütung

(1) Vergütung für eine Nebentätigkeit ist jede Gegenleistung in Geld oder geldwerten Vorteilen, auch wenn kein Rechtsanspruch auf sie besteht.

(2) Als Vergütung im Sinne des Absatzes 1 gelten nicht

1. der Ersatz von Fahrkosten sowie Tagegelder bis zur Höhe des Betrags, den die Reisekostenvorschriften für Beamte für den vollen Kalendertag vorsehen; Entsprechendes gilt für Übernachtungsgelder einschließlich eines Mehrbetrags nach § 10 Abs. 3 des Landesreisekostengesetzes,

2. der Ersatz sonstiger barer Auslagen, wenn keine Pauschalierung vorgenommen wird,

3. die vereinnahmte Umsatzsteuer, soweit sie abzuführen ist.

(3) Pauschalierte Aufwandsentschädigungen sind in vollem Umfang, Tage- und Übernachtungsgelder insoweit, als sie die Beträge nach Absatz 2 Nr. 1 übersteigen, als Vergütung anzusehen.

§ 4 Ausübung von Nebentätigkeiten innerhalb der Arbeitszeit

(1) Eine Nebentätigkeit, die auf Verlangen des Dienstvorgesetzten wahrgenommen wird, darf auch während der Dienststunden ausgeübt werden. Die Ausübung einer Nebentätigkeit kann ganz oder teilweise während der Dienststunden zugelassen werden, wenn der Dienstvorgesetzte ein dienstliches Interesse an der Übernahme der Nebentätigkeit durch die Beamtin oder den Beamten anerkennt. In den Fällen der Sätze 1 und 2 ist festzulegen, ob und in welchem Umfang die versäumte Zeit auf die regelmäßige Arbeitszeit angerechnet wird.

(2) Im Übrigen können auf Antrag Ausnahmen von § 64 Abs. 1 LBG zugelassen werden, wenn an der Ausübung der Nebentätigkeit ein öffentliches Interesse besteht, dienstliche Gründe nicht entgegenstehen und die versäumte Arbeitszeit nachgeleistet wird.

§ 5 Gewährung und Ablieferung von Vergütungen

(1) Für eine Nebentätigkeit, die für das Land, eine Gemeinde, einen Landkreis oder eine sonstige der Aufsicht des Landes unterstehende Körperschaft, Anstalt oder Stiftung des öffentlichen Rechts wahrgenommen wird, wird eine Vergütung nicht gewährt.

Ausnahmen können zugelassen werden

1. bei Lehr-, Vortrags-, Prüfungs- oder Gutachtertätigkeiten sowie bei schriftstellerischen Tätigkeiten,
2. bei Tätigkeiten, für die auf andere Weise eine geeignete Arbeitskraft ohne erheblichen Mehraufwand nicht gewonnen werden kann,
3. bei Tätigkeiten, deren unentgeltliche Ausübung dem Beamten nicht zugemutet werden kann.

Wird der Beamte für die Nebentätigkeit angemessen entlastet, so darf eine Vergütung nicht gezahlt werden.

(2) Werden Vergütungen nach Absatz 1 Satz 2 gewährt, so dürfen sie für die in einem Kalenderjahr ausgeübten Tätigkeiten insgesamt den in Absatz 3 Satz 1 genannten Betrag (Bruttobetrag) nicht übersteigen. Innerhalb des Höchstbetrages ist die Vergütung nach dem Umfang und der Bedeutung der Nebentätigkeit abzustufen. Mit Ausnahme von Tage- und Übernachtungsgeldern dürfen Auslagen nicht pauschaliert werden.

(3) Vergütungen sind nach § 64 Absatz 3 LBG insoweit abzuliefern, als sie für die in einem Kalenderjahr ausgeübten Nebentätigkeiten 9600 Euro übersteigen. Vergütungen sind mit dem Bruttobetrag vor Abzug von Steuern und Abgaben zu berücksichtigen.

(3a) Von den Vergütungen sind bei der Ermittlung des nach Absatz 3 Satz 1 abzuliefernden Betrags die bei Reisen im Zusammenhang mit der Nebentätigkeit entstandenen Fahrkosten sowie Aufwendungen für Unterkunft und Verpflegung bis zur Höhe der in § 3 Abs. 2 Nr. 1 genannten Beträge, die Aufwendungen für die Inanspruchnahme von Einrichtungen, Personal oder Material des Dienstherrn (einschließlich Vorteilsausgleich) und für sonstige Hilfsleistungen und selbst beschafftes Material abzusetzen; dies gilt nicht, soweit für derartige Fahrkosten und Aufwendungen Auslagenersatz geleistet wurde.

(4) Dem Beamten zugeflossene Vergütungen im Sinne des Absatzes 3 sind abzuliefern, sobald feststeht, daß sie den Betrag übersteigen, der ihm zu belassen ist.

(5) Die Verpflichtungen nach den Absätzen 3 und 4 treffen auch Ruhestandsbeamte und frühere Beamte insoweit, als die Vergütungen für vor der Beendigung des Beamtenverhältnisses ausgeübte Nebentätigkeiten gewährt sind.

§ 6 Ausnahmen vom Höchstbetrag und von der Ablieferungspflicht

§ 5 Abs. 2 bis 6 ist nicht anzuwenden auf Vergütungen für

1. Lehr- und Vortragstätigkeiten,
2. Prüfungstätigkeiten,
3. Tätigkeiten auf dem Gebiet der wissenschaftlichen Forschung,
4. schriftstellerische Tätigkeiten und diesen vergleichbare Tätigkeiten mit Mitteln des Films und Fernsehens,

5. künstlerische Tätigkeiten einschließlich künstlerischer Darbietungen,
6. Tätigkeiten als gerichtlicher oder staatsanwaltschaftlicher Sachverständiger,
7. Tätigkeit als Gutachter für juristische Personen des öffentlichen Rechts,
8. Verrichtungen von Ärzten, Zahnärzten und Tierärzten, für die nach den Gebührenordnungen Gebühren zu zahlen sind,
9. Tätigkeiten, die während eines unter Fortfall der Dienstbezüge gewährten Urlaubs ausgeübt werden,
10. Tätigkeiten von Beamten auf Widerruf, die einen Vorbereitungsdienst ableisten oder die nur nebenbei verwendet werden, sowie von Ehrenbeamten.

§ 7 Ermäßigung der Arbeitszeit

Bei teilzeitbeschäftigten Beamten oder Richtern ist der in § 5 Absatz 2 und 3 genannte Bruttobetrag ohne Rücksicht auf das Ausmaß der Arbeitszeitermäßigung anzuwenden.

§ 8 Jährliche Aufstellung der ausgeübten Nebentätigkeiten

(1) Beamte haben bis spätestens zum 1. Juli eines Jahres ihrem Dienstvorgesetzten eine Aufstellung mit folgendem Inhalt vorzulegen:
1. eine Erklärung über die im vorausgegangenen Kalenderjahr ausgeübten genehmigungspflichtigen, anzeigepflichtigen und auf Verlangen des Dienstvorgesetzten übernommenen Nebentätigkeiten, die Angaben über Art, zeitliche Inanspruchnahme und Dauer der Nebentätigkeit, die Person des Auftrag- oder Arbeitgebers und die Höhe der Vergütung enthält;
2. eine Abrechnung über die dem Beamten zugeflossenen Vergütungen aus ablieferungspflichtigen Nebentätigkeiten im Sinne von § 64 Abs. 3 LBG, wenn keine Ausnahme von der Ablieferungspflicht nach § 6 besteht.

Aus begründetem Anlass kann der Dienstvorgesetzte Nachweise über Vergütungen nach Satz 1 Nr. 2 verlangen.

(2) Die oberste Dienstbehörde kann zulassen, dass die Aufstellung einen Zeitraum von zwei Kalenderjahren umfasst und nur alle zwei Jahre vorzulegen ist.

(3) In den Fällen des § 5 Abs. 5 sind auch Ruhestandsbeamte und frühere Beamte zu der Abrechnung nach Absatz 1 Satz 1 Nr. 2 verpflichtet.

§ 9 Genehmigung der Inanspruchnahme von Einrichtungen, Personal und Material

(1) Die Benutzung von Möbeln, einfachen Schreib-, Zeichen- und Bürogeräten, Schreib- und einfachen Rechenmaschinen, einfachen Prüf- und Messgeräten, einfachen Werkzeugen sowie von Bibliotheken, wissenschaftlicher Literatur und Fotokopiergeräten gilt als allgemein genehmigt.

(2) Die Genehmigung ist jederzeit widerruflich; sie kann befristet werden. In besonderen Fällen kann die Genehmigung für die Zeit der Wahrnehmung eines bestimmten Amts erteilt werden; Widerruf aus zwingenden dienstlichen Gründen bleibt zulässig.

(3) In der Genehmigung ist der Umfang der Inanspruchnahme anzugeben. Bei der Genehmigung oder nachträglich kann bestimmt werden, daß über den Umfang der Inanspruchnahme Aufzeichnungen geführt werden.

§ 10 Nutzungsentgelt

(1) Für die Inanspruchnahme von Einrichtungen, Personal oder Material des Dienstherrn hat der Beamte ein angemessenes Nutzungsentgelt, das auch den angemessenen Ausgleich des durch die Bereitstellung von Einrichtungen, Personal oder Material erwachsenen wirtschaftlichen Vorteils umfaßt, zu entrichten. Dies gilt nicht, wenn die Nebentätigkeit für den eigenen Dienstherrn unentgeltlich ausgeübt wird. Ferner ist kein Entgelt zu entrichten für die Benutzung der in § 9 Abs. 1 genannten Geräte und Einrichtungen, ausgenommen Fotokopiergeräte.

(2) Auf die Entrichtung eines Nutzungsentgelts kann verzichtet werden
1. bei einer unentgeltlichen Nebentätigkeit, wenn die Nebentätigkeit im öffentlichen oder wissenschaftlichen Interesse liegt,

2. bei einer Nebentätigkeit, die auf Verlangen des Dienstvorgesetzten ausgeübt wird oder an deren Übernahme der Dienstvorgesetzte ein dienstliches Interesse anerkannt hat, wenn die Erhebung eines Nutzungsentgelts wegen der Höhe der Vergütung unangemessen wäre, oder

3. wenn der Wert einer einmaligen oder gelegentlichen Inanspruchnahme in einem Monat insgesamt 25 Euro nicht übersteigt.

(3) Nehmen mehrere Beamte Einrichtungen, Personal oder Material des Dienstherrn auf Grund einer gemeinschaftlichen Genehmigung in Anspruch, so sind sie als Gesamtschuldner zur Entrichtung des Entgelts verpflichtet.

§ 11 Höhe des Nutzungsentgelts

(1) Das Nutzungsentgelt außerhalb des in § 11a geregelten Bereichs wird pauschaliert nach einem Vomhundertsatz der für die Nebentätigkeit bezogenen Bruttovergütung bemessen. Es beträgt

1. 5 vom Hundert für die Inanspruchnahme von Einrichtungen,
   10 vom Hundert für die Inanspruchnahme von Personal,
   5 vom Hundert für die Inanspruchnahme von Material,

2. zusätzlich bei der Inanspruchnahme von Einrichtungen oder Material je 2,5 vom Hundert und bei der Inanspruchnahme von Personal 5 vom Hundert für den durch die Inanspruchnahme erwachsenen wirtschaftlichen Vorteil (Vorteilsausgleich).

(2) Die oberste Dienstbehörde kann im Einvernehmen mit dem Finanzministerium abweichend von Absatz 1 Gebührenordnungen und sonstige allgemeine Kostentarife, soweit sie die entstandenen Kosten und Vorteile abdecken, für anwendbar erklären.

(3) Steht das nach Hundertsätzen berechnete Nutzungsentgelt in keinem angemessenen Verhältnis zum Umfang der Inanspruchnahme, so ist es einschließlich des Vorteilsausgleichs von Amts wegen oder auf Antrag des Zahlungspflichtigen entsprechend dem Nutzungswert der Inanspruchnahme höher oder niedriger zu bemessen. Hierbei sind die Kosten der Inanspruchnahme zu schätzen, soweit eine genaue Ermittlung nicht oder nur mit unverhältnismäßig großem Aufwand möglich ist. Die Bemessung des Nutzungsentgelts für eine der drei Leistungsgruppen Personal, Einrichtungen oder Material gemäß den Sätzen 1 und 2 schließt die Pauschalbemessung für die anderen Leistungsgruppen nicht aus.

(4) Wird die Nebentätigkeit unentgeltlich ausgeübt, ohne daß die Voraussetzungen des § 10 Abs. 1 Satz 3 oder Abs. 2 Nr. 1 vorliegen, so ist Absatz 3 Satz 2 entsprechend anzuwenden.

§ 11a Nutzungsentgelt im Krankenhaus

(1) Ärzte des Krankenhauses, die wahlärztliche Leistungen selbst berechnen können, sind verpflichtet, die Kostenerstattung der Ärzte nach der Bundespflegesatzverordnung in der jeweils maßgebenden Fassung zu entrichten. Darüber hinaus sind sie verpflichtet, zum Ausgleich für eine hierdurch nicht erfaßten Kosten und des wirtschaftlichen Vorteils ein Nutzungsentgelt in Höhe von 20 vom Hundert der jährlich bezogenen Bruttovergütung zu entrichten. Bei sonstigen stationären oder teilstationären ärztlichen Leistungen beträgt das Nutzungsentgelt 26 vom Hundert der jährlich bezogenen Bruttovergütung.

(2) Ärzte des Krankenhauses, die wahlärztliche Leistungen oder sonstige stationäre oder teilstationäre ärztliche Leistungen auf Grund einer vor dem 1. Januar 1993 nach beamtenrechtlichen Vorschriften erteilten Nebentätigkeitsgenehmigung selbst berechnen können, sind verpflichtet, zur Deckung der Kosten der Inanspruchnahme von Einrichtungen, Personal oder Material sowie zum Ausgleich des hieraus erwachsenen wirtschaftlichen Vorteils ein Nutzungsentgelt in Höhe von 26 vom Hundert der jährlich bezogenen Bruttovergütung zu entrichten. Für die Kalenderjahre 1993, 1994 und 1995 haben sie zusätzlich die nicht pflegesatzfähigen Kosten nach § 13 Abs. 3 Nr. 6a Buchst. b der Bundespflegesatzverordnung in der Fassung von Artikel 12 Abs. 1 des Gesundheitsstrukturgesetzes vom 21. Dezember 1992 (BGBl. I S. 2266) zu er-

statten; für die Berechnung des Nutzungsentgelts ist die um diese Kosten verminderte Bruttovergütung maßgebend.

(3) Ärzte des Krankenhauses, die zur Erbringung ambulanter ärztlicher Leistungen, die sie selbst berechnen können, Einrichtungen, Personal oder Material des Dienstherrn in Anspruch nehmen, sind verpflichtet, als Nutzungsentgelt zu entrichten:

1. einen Betrag in Höhe der dem Krankenhaus durch die Nebentätigkeit entstehenden Kosten sowie

2. zum Ausgleich des durch die Inanspruchnahme von Einrichtungen, Personal oder Material erwachsenen wirtschaftlichen Vorteils einen Betrag in Höhe von 20 vom Hundert der um den Betrag nach Nummer 1 verminderten jährlich bezogenen Bruttovergütung (Vorteilsausgleich).

Das Krankenhaus kann den Erstattungsbetrag nach Satz 1 Nr. 1 durch allgemeine Kostenregelung bestimmen. Die Erstattung nach Satz 1 Nr. 1 entfällt, soweit die Kosten des Krankenhauses anderweitig abgegolten werden.

(4) Überschreitet die Summe der Bruttovergütungen nach Absatz 2 und Absatz 3 Satz 1 Nr. 2 500 000 Euro jährlich, gilt § 11 Abs. 4 der Hochschulnebentätigkeitsverordnung entsprechend.

(5) Wird die Nebentätigkeit unentgeltlich ausgeübt, so ist für die Berechnung des Nutzungsentgelts die für die Leistungen üblicherweise zu fordernde Vergütung maßgebend.

(6) Ist die für die Nebentätigkeit in Rechnung gestellte Vergütung uneinbringlich, so ermäßigt sich das Nutzungsentgelt

1. in den Fällen der Nebentätigkeit gemäß den Absätzen 1 und 2 auf die Höhe der Kostenerstattung der Ärzte nach der Bundespflegesatzverordnung in der jeweils maßgebenden Fassung;

2. in den Fällen der Nebentätigkeit gemäß Absatz 3 auf den Erstattungsbetrag nach Absatz 3 Satz 1 Nr. 1.

Maßgebend für die Berechnung ist die in Rechnung gestellte Vergütung.

(7) Für die Zahnärzte des Krankenhauses gelten die Absätze 1 bis 6 entsprechend.

(8) Bei ärztlichen und zahnärztlichen Nebentätigkeiten außerhalb des Krankenhauses richtet sich die Höhe des Nutzungsentgelts nach den allgemeinen Bestimmungen des § 11.

§ 12 Erhebung des Entgelts

(1) Der Beamte hat die für die Berechnung des Entgelts erforderlichen Angaben, insbesondere über die Höhe der Nebentätigkeitsvergütung, zu machen. Auf Verlangen sind entsprechende Aufzeichnungen und Nachweise zu führen und die zur Festsetzung der Höhe der Bruttovergütung notwendigen Unterlagen vorzulegen.

(2) Das Nutzungsentgelt ist nach Beendigung der Inanspruchnahme, mindestens jedoch jährlich festzusetzen. Es ist einen Monat nach Zugang des Festsetzungsbescheides fällig.

(3) Der Beamte hat auf Verlangen angemessene Abschlagszahlungen zu leisten.

(4) Ist das Nutzungsentgelt oder die nach Absatz 3 zu leistende Abschlagszahlung bei Fälligkeit nicht entrichtet, so sind ab dem Tag nach der Fälligkeit von dem rückständigen Betrag Säumniszinsen in Höhe von jährlich 5 Prozentpunkten über dem Basiszinssatz nach § 247 des Bürgerlichen Gesetzbuchs zu zahlen.

(5) Das Kostenabzugsverfahren für die im Krankenhaus erbrachten ambulanten vertragsärztlichen Leistungen nach § 120 Abs. 1 Satz 3 Fünftes Buch Sozialgesetzbuch bleibt unberührt. Das Krankenhaus kann dabei von der ihm von der Kassenärztlichen Vereinigung überwiesenen Vergütung neben dem Kostenerstattungsbetrag nach § 11a Abs. 3 Satz 1 Nr. 1 auch den Vorteilsausgleich nach § 11a Abs. 3 Satz 1 Nr. 2 abziehen.

§ 13 Nebentätigkeit der Richter

Soweit das Deutsche Richtergesetz und das Landesrichter- und -staatsanwaltsgesetz nichts anderes bestimmen, gelten die Vorschriften dieser Verordnung für Richter entsprechend.

§§ 14 und 15 (weggefallen)

§ 16 Inkrafttreten
(1) Diese Verordnung tritt am 1. Januar 1966 in Kraft.*

(2) Gleichzeitig werden aufgehoben:
1. Die Verordnung der Regierung über die Nebentätigkeit der Beamten vom 7. Dezember 1953 (Ges.Bl. S. 213),
2. die Verordnung über die Nebentätigkeit der beamteten Ärzte, Zahnärzte und Tierärzte vom 3. Mai 1938 (RGBl. I S. 501).

---

* Diese Vorschrift betrifft das Inkrafttreten der Verordnung in ihrer ursprünglichen Fassung vom 12. Juli 1966 (Ges.Bl. S. 213). Zum Inkrafttreten der Änderungsverordnung wird auf deren § 4, zu § 5 Abs. 6 der Landesnebentätigkeitsverordnung auf § 2 der Änderungsverordnung verwiesen.

Verordnung der Landesregierung über die dienstliche Beurteilung der Beamtinnen und Beamten
(Beurteilungsverordnung – BeurtVO)
Vom 16. Dezember 2014 (GBl. S. 778)

Zuletzt geändert durch
Gesetz zur Änderung des Landesbeamtengesetzes und weiterer dienstrechtlicher Vorschriften
vom 18. Juni 2024 (GBl. Nr. 43)

Auf Grund von § 51 Absatz 1 Sätze 2 und 3 des Landesbeamtengesetzes vom 9. November 2010 (GBl. S. 793, 794) wird verordnet:

Abschnitt 1
Allgemeine Vorschriften

§ 1

(1) Beamtinnen und Beamte werden in regelmäßigen Zeitabständen dienstlich beurteilt (Regelbeurteilung).

(2) Ausnahmsweise werden Beamtinnen und Beamte vor Entscheidungen, die auf der Grundlage von Eignung, Befähigung und fachlicher Leistung getroffen werden, dienstlich beurteilt, wenn es die dienstlichen oder persönlichen Verhältnisse erfordern (Anlassbeurteilung). Dies ist insbesondere der Fall, wenn

1. die Beamtin oder der Beamte an der letzten Regelbeurteilung nicht teilgenommen hat oder der Stichtag der letzten Regelbeurteilung im Zeitpunkt der Entscheidung mehr als drei Jahre zurückliegt,

2. die Beamtin oder der Beamte seit dem Stichtag der letzten Regelbeurteilung befördert worden ist oder die Laufbahn gewechselt hat oder

3. die Beamtin oder der Beamte seit dem Stichtag der letzten Regelbeurteilung während eines erheblichen Zeitraums wesentlich andere Aufgaben wahrgenommen hat.

Eine Anlassbeurteilung ist nur für Beamtinnen und Beamte zulässig, bei denen die Voraussetzungen nach Satz 1 vorliegen.

(3) Beamtinnen und Beamte auf Probe im Sinne von § 4 Absatz 3 Buchstabe a des Beamtenstatusgesetzes werden

1. neun Monate nach der Berufung in das Beamtenverhältnis auf Probe sowie

2. drei Monate vor Beendigung der Probezeit

dienstlich beurteilt. Beträgt die Probezeit ein Jahr oder weniger, entfällt die Beurteilung nach Satz 1 Nummer 1. Beträgt die Probezeit voraussichtlich weniger als 18 Monate, kann auf die Beurteilung nach Satz 1 Nummer 1 verzichtet werden.

(4) Vorschriften über die Beurteilung in Ausbildungs- und Prüfungsordnungen bleiben unberührt.

Abschnitt 2
Vorschriften für Beamtinnen und Beamte des Landes

§ 2

(1) Die Beamtinnen und Beamten des Landes werden regelmäßig alle drei Jahre dienstlich beurteilt. Beamtinnen und Beamte nehmen auch dann an einer Regelbeurteilung teil, wenn sie während des Zeitraums der Regelbeurteilung nach § 1 Absatz 2 beurteilt wurden.

(2) Die obersten Dienstbehörden können aus wichtigem Grund den Zeitabstand der regelmäßigen Beurteilung abweichend von Absatz 1 festsetzen. Ein wichtiger Grund ist insbesondere die Angleichung des Beurteilungsrhythmus auf einheitliche Stichtage.

§ 3

Von der Regelbeurteilung werden ausgenommen:

1. Beamtinnen und Beamte, die das 57. Lebensjahr vollendet haben; dies gilt bei Beamtinnen und Beamten des mittleren und gehobenen Dienstes nur, wenn sie sich im Endamt ihrer Laufbahn befinden, bei Beamtinnen und Beamten des höheren Dienstes nur, wenn sie sich in der Besoldungsgruppe A 16 oder in einem Amt der Landesbesoldungsordnung B befinden,
2. Beamtinnen und Beamte von der Besoldungsgruppe B 3 an aufwärts,
3. Beamtinnen und Beamte auf Widerruf im Vorbereitungsdienst,
4. Beamtinnen und Beamte auf Zeit und Ehrenbeamtinnen und Ehrenbeamte,
5. Beamtinnen und Beamte, die am Beurteilungsstichtag bereits länger als ein Jahr
   a) beurlaubt sind und im Beurteilungszeitraum weniger als neun Monate Dienst verrichtet haben,
   b) zu einem anderen Dienstherrn abgeordnet sind,
   c) einer anderen Einrichtung zugewiesen sind oder
   d) von ihrer dienstlichen Tätigkeit freigestellt sind,
6. Beamtinnen und Beamte, die im Beurteilungszeitraum weniger als neun Monate Dienst verrichtet haben,
7. Beamtinnen und Beamte auf Probe nach § 1 Absatz 3,
8. Erste Landesbeamtinnen und Erste Landesbeamte.

§ 4

Die Gleichstellung von Frauen und Männern ist auch bei der Erstellung von Beurteilungen besondere Aufgabe und Verpflichtung der Beurteilerin oder des Beurteilers. Geschlechterspezifische Benachteiligungen sind unzulässig. Das Benachteiligungsverbot gemäß § 75 des Landesbeamtengesetzes sowie § 30 Absatz 3 des Chancengleichheitsgesetzes sind zu beachten.

§ 5

(1) In der dienstlichen Beurteilung werden Eignung, Befähigung und fachliche Leistung beurteilt. Sie ist mit einem zusammenfassenden Gesamturteil abzuschließen.

(2) Die Beurteilung erfolgt nach den Beurteilungsmerkmalen
a) Arbeitsmenge,
b) Arbeitsweise,
c) Sozialkompetenz,
d) Arbeitsgüte,
e) Befähigung und
f) Führungserfolg.

Das Beurteilungsmerkmal Führungserfolg ist nur dann zu bewerten, wenn sich aus der Aufgabenbeschreibung ergibt, dass Führungsaufgaben wahrgenommen wurden. Die Untermerkmale der Beurteilungsmerkmale werden in der Anlage zu dieser Verordnung erläutert. Die obersten Dienstbehörden können neben den in der Anlage genannten Untermerkmalen oder statt dieser besondere Untermerkmale festlegen, soweit dies für ihren Dienstbereich erforderlich ist.

(3) In der dienstlichen Beurteilung, die sich an einer Aufgabenbeschreibung ausrichtet, werden die einzelnen Beurteilungsmerkmale und Untermerkmale nach folgendem Beurteilungsmaßstab mit Punkten bewertet:

1. entspricht nicht den Erwartungen   1 Punkt,
2. entspricht nur eingeschränkt den Erwartungen   2 bis 4 Punkte,
3. entspricht den Erwartungen   5 bis 9 Punkte,
4. liegt über den Erwartungen   10 bis 12 Punkte,
5. übertrifft die Erwartungen in besonderem Maße   13 bis 15 Punkte.

Den Punktewerten 1 bis 15 sind folgende Beschreibungen zu Grunde zu legen:
1. entspricht nicht den Erwartungen   1 Punkt,
2. entspricht den Erwartungen eingeschränkt mit deutlichen Defiziten   2 Punkte,
3. entspricht den Erwartungen eingeschränkt mit Defiziten   3 Punkte,
4. entspricht den Erwartungen eingeschränkt mit leichten Defiziten   4 Punkte,

5. entspricht überwiegend den Erwartungen 5 Punkte,
6. entspricht regelmäßig den Erwartungen 6 Punkte,
7. entspricht stets den Erwartungen 7 Punkte,
8. entspricht stets den Erwartungen mit gelegentlichen Ansätzen überdurchschnittlicher Aufgabenerfüllung 8 Punkte,
9. entspricht stets den Erwartungen mit Ansätzen überdurchschnittlicher Aufgabenerfüllung 9 Punkte,
10. zeigt gelegentlich eine die Erwartungen deutlich übersteigende Aufgabenerfüllung 10 Punkte,
11. zeigt häufig eine die Erwartungen deutlich übersteigende Aufgabenerfüllung 11 Punkte,
12. zeigt überwiegend eine die Erwartungen deutlich übersteigende Aufgabenerfüllung 12 Punkte,
13. übertrifft die Erwartungen stets deutlich, wobei die Aufgaben gelegentlich herausragend erfüllt werden 13 Punkte,
14. übertrifft die Erwartungen in besonderem Maße durch überwiegend herausragende Aufgabenerfüllung 14 Punkte,
15. übertrifft die Erwartungen in besonderem Maße durch stets herausragende Aufgabenerfüllung 15 Punkte.

Bei den einzelnen Beurteilungsmerkmalen und Untermerkmalen sind keine Zwischenbewertungen zulässig. Es können ausschließlich volle Punktewerte vergeben werden.

(4) In der dienstlichen Beurteilung sind Fachkenntnisse und Fähigkeiten für künftige Verwendungen darzustellen.

(5) Das Beurteilungsverfahren gliedert sich in eine Vorbeurteilung und in eine Endbeurteilung.

(6) Die obersten Dienstbehörden können bestimmen, dass bei Beurteilungen der Beamtinnen und Beamten des mittleren Dienstes von einer Gliederung des Beurteilungsverfahrens in eine Vorbeurteilung und in eine Endbeurteilung abgesehen wird.

(7) Bei der Beurteilung der Eignung, Befähigung und fachlichen Leistung schwerbehinderter und ihnen gleichgestellter Beamtinnen und Beamter ist eine etwaige Einschränkung der Dienst- und Verwendungsfähigkeit auf Grund der Behinderung zu berücksichtigen.

§ 6

(1) Bei Regelbeurteilungen sind Vergleichsgruppen zu bilden. Die Zugehörigkeit zu einer Vergleichsgruppe bestimmt sich nach der Besoldungsgruppe und der Laufbahnzugehörigkeit der zu beurteilenden Beamtin oder des zu beurteilenden Beamten.

(2) Der Anteil der Beamtinnen und Beamten einer Vergleichsgruppe, die beurteilt werden, soll im Beurteilungsmaßstab nach § 5 Absatz 3 Satz 1 Nummer 4 (liegt über den Erwartungen, 10 bis 12 Punkte) 25 Prozent und im Beurteilungsmaßstab nach § 5 Absatz 3 Satz 1 Nummer 5 (übertrifft die Erwartungen in besonderem Maße, 13 bis 15 Punkte) 15 Prozent nicht überschreiten. Bei den Punktewerten 10 bis 15 soll der Anteil der Beamtinnen und Beamten einer Vergleichsgruppe, die beurteilt werden, folgende Prozentsätze nicht überschreiten:

1. 10 Punkte 9 Prozent,
2. 11 Punkte 8 Prozent,
3. 12 Punkte 8 Prozent,
4. 13 Punkte 6 Prozent,
5. 14 Punkte 5 Prozent,
6. 15 Punkte 4 Prozent.

Die Richtwerte nach Satz 1 und 2 dürfen im Einzelfall die Zuordnung des zutreffenden Gesamturteils nicht verhindern; die Sätze 1 und 2 finden insoweit keine Anwendung.

(3) Ist die Bildung der Richtwerte nach Absatz 2 wegen einer zu geringen Zahl der einer Vergleichsgruppe zuzuordnenden Beamtinnen und Beamten nicht möglich, sind die Beurteilungen in geeigneter Weise zu differenzieren.

(4) Die Einhaltung der Richtwerte nach Absatz 2 sowie der Differenzierung nach Absatz 3 ist durch Beurteilungskommissionen

bei den Endbeurteilerinnen oder Endbeurteilern sicherzustellen.

§ 7

Bei Beurteilungen während der Probezeit (§ 1 Absatz 3) ist abweichend von § 5 Absatz 1 Satz 2 die Bewährung während der Probezeit abschließend festzustellen. An die Stelle der Bewertung der einzelnen Beurteilungsmerkmale nach § 5 Absatz 3 tritt jeweils die Feststellung der Bewährung während der Probezeit; eine Bewertung der einzelnen Untermerkmale erfolgt abweichend von § 5 Absatz 3 nicht. Die Entscheidung ist zu begründen. Das Verfahren nach § 5 Absatz 5 kann bei Beurteilungen während der Probezeit durch die obersten Dienstbehörden abweichend geregelt werden.

Abschnitt 3
Übergangs- und Schlussvorschriften

§ 8

Die obersten Dienstbehörden bestimmen die Einzelheiten der Beurteilung für ihren Dienstbereich durch Verwaltungsvorschriften. Sie können insbesondere von § 6 Absatz 4 abweichende Regelungen über die Einrichtung von Beurteilungskommissionen bei übergeordneten Dienststellen treffen.

§ 9

(1) Diese Verordnung gilt nicht für

1. Mitglieder des Rechnungshofs,
2. Staatsanwältinnen und Staatsanwälte,
3. das hauptberuflich tätige wissenschaftliche und künstlerische Personal der Hochschulen nach § 44 des Landeshochschulgesetzes,
4. das künstlerische Personal bei anderen Einrichtungen des Landes,
5. Beamtinnen und Beamte beim Landtag.

(2) Ferner gelten nicht

1. (weggefallen)
2. für den Geschäftsbereich des Justizministeriums § 3 Nummer 1 Halbsatz 2,
3. für Lehrkräfte im Schuldienst und das Lehrpersonal der Lehrerbildungseinrichtungen §§ 2, 5, 6 und 7; sie werden von der regelmäßigen Beurteilung ausgenommen, wenn sie das 52. Lebensjahr vollendet haben,
4. für Polizeibeamtinnen und Polizeibeamte § 1 Absatz 3 und § 5 Absätze 2 bis 4 sowie § 6; sie werden zwei Monate vor Beendigung der Probezeit beurteilt; von der regelmäßigen Beurteilung werden auch ausgenommen Polizeibeamtinnen und Polizeibeamte, die das 52. Lebensjahr vollendet haben und sich in ihrer Laufbahngruppe befinden sowie Polizeibeamtinnen und Polizeibeamte, die als Mitglieder von Personalvertretungen oder als Schwerbehindertenvertretung von ihrer dienstlichen Tätigkeit freigestellt sind.

(3) Für Beamtinnen und Beamte, die nach § 3 Nummer 1 der Beurteilungsverordnung vom 6. Juni 1983 (GBl. S. 209), zuletzt geändert durch Artikel 45 des Gesetzes vom 9. November 2010 (GBl. S. 793, 975), von der Regelbeurteilung ausgenommen waren, findet § 2 keine Anwendung.

§ 10

(1) Diese Verordnung tritt am Tag nach ihrer Verkündung in Kraft. Gleichzeitig tritt die Beurteilungsverordnung vom 6. Juni 1983 (GBl. S. 209), zuletzt geändert durch Artikel 45 des Gesetzes vom 9. November 2010 (GBl. S. 793, 975), außer Kraft.

(2) Die Beurteilungen für die Beamtinnen und Beamte des mittleren Dienstes im Geschäftsbereich des Justizministeriums zum Stichtag 1. März 2024 werden auf Grundlage der Beurteilungsverordnung vom 16. Dezember 2014 (GBl. S. 778), die durch Artikel 70 der Verordnung vom 23. Februar 2017 (GBl. S. 99, 107) geändert worden ist, sowie den zu dieser Beurteilungsverordnung erlassenen Beurteilungsrichtlinien vom 30. April 2015 (GABl. S. 178), die zuletzt durch Verwaltungsvorschrift vom 5. Dezember 2019 (GABl. S. 501) geändert worden sind, und der Verwaltungsvorschrift des Justizministeriums zu den Be-

§ 10 Beurteilungsverordnung (BeurtVO) I.7

urteilungsrichtlinien vom 30. November 2022 (Die Justiz 2023 S. 5) erstellt.

(3) Anlassbeurteilungen für Beamtinnen und Beamte im Geschäftsbereich des Finanzministeriums werden bis zum 31. Dezember 2024 und in den Geschäftsbereichen des Wirtschaftsministeriums und des Ministeriums für Landesentwicklung und Wohnen bis zum 31. Januar 2027 auf Grundlage der Beurteilungsverordnung vom 16. Dezember 2014 (GBl. S. 778), die durch Artikel 70 der Verordnung vom 23. Februar 2017 (GBl. S. 99, 107), geändert worden ist, sowie den zu dieser Beurteilungsverordnung erlassenen Beurteilungsrichtlinien vom 30. April 2015 (GABl. S. 178), die zuletzt durch Verwaltungsvorschrift vom 5. Dezember 2019 (GABl. S. 501) geändert worden sind, erstellt.

Anlage
(Zu § 5 Absatz 2)

Definition der Beurteilungsmerkmale

1 Arbeitsmenge
1.1 Arbeitsumfang
Bewältigung der übertragenen Aufgaben innerhalb angemessener Bearbeitungszeit unter Beachtung der qualitativen und quantitativen Vorgaben

1.2 Termingerechtes Arbeiten
Die Arbeitsergebnisse liegen zu den vorgegebenen Terminen beziehungsweise zu einem für den Arbeitsablauf zweckmäßigen Zeitpunkt vor. Zeitliche Prioritäten werden beachtet.

1.3 Belastbarkeit
Bewältigung des Arbeitsanfalls auch unter Zeitdruck, bei erhöhtem Arbeitsanfall, in wechselnden Arbeitssituationen oder unter sonstigen erschwerten Bedingungen

2 Arbeitsweise
2.1 Eigenständigkeit
Die Arbeitsergebnisse werden weitgehend ohne Anleitung und Kontrolle erzielt.

2.2 Initiative und Einfallsreichtum, konzeptionelles Arbeiten
Aufgaben werden unter Berücksichtigung der Prioritäten aus eigenem Antrieb kreativ in Angriff genommen und es werden längerfristige, grundsätzliche, systematische Vorstellungen entwickelt.

2.3 Zuverlässigkeit und Verantwortungsbereitschaft
Übernahme von Verantwortung für den zugewiesenen Aufgabenbereich. Absprachen werden rechtzeitig und umfassend getroffen und umgesetzt. Loyalität

2.4 Strukturiertes Arbeiten
Aufgaben werden planvoll, geordnet, strukturiert, nachvollziehbar und ergebnisorientiert bearbeitet. Arbeitsabläufe werden rationell und zielgerichtet geplant, koordiniert und durchgeführt.

3 Sozialkompetenz
3.1 Teamfähigkeit
Aufgaben in Kooperation mit anderen lösen, Leistung und Stimmung der Gruppe positiv beeinflussen

3.2 Sozialverhalten und Kontaktfähigkeit
situationsadäquates zwischenmenschliches Verhalten, Einfühlungsvermögen, Kommunikations-, Kooperations- und Konfliktfähigkeit, Fähigkeit zur Selbstreflektion; Verbindungen werden aufgenommen und erhalten.

3.3 Dienstleistungsorientierung
Wahrnehmung der Aufgaben unter Berücksichtigung der Interessen der jeweiligen Adressaten (andere Beschäftigte, außenstehende Dritte, andere Arbeitsbereiche)

4 Arbeitsgüte
4.1 Fachliches Wissen und Können
Umfang und Tiefe des Fachwissens einschließlich der Kenntnis und Anwendung von Vorschriften und deren Umsetzung in die praktische Arbeit, angrenzende und übergreifende Fachgebiete und Zusammenhänge kennen

4.2 Gründlichkeit
der Aufgabe angemessene, sorgfältige und umfassende Sachbehandlung

4.3 Effizienz und Zweckmäßigkeit
Die Arbeitsergebnisse berücksichtigen Gesichtspunkte der Sachdienlichkeit und der Verwaltungspraxis. Außerdem stehen Nutzen und Aufwand in einem günstigen Verhältnis. Personal-, Finanz- und Sachmittel werden effizient eingesetzt und die Grundsätze der Kosten- und Leistungsverantwortung werden beachtet.

4.4 Schriftliche Ausdrucksfähigkeit

dem Verständnis des Adressaten und dem Zweck der Äußerung entsprechend schriftlich formulieren

4.5 Mündliche Ausdrucksfähigkeit

dem Verständnis der Adressaten und dem Zweck der Äußerung entsprechend mündlich formulieren

5 Befähigung

5.1 Auffassungsgabe

Fähigkeit, Sachverhalte und Sachzusammenhänge schnell, richtig und vollständig aufzunehmen, zu verstehen und abrufbereit zu halten. Hieraus folgende Frage- und Problemstellungen können auf Grundlage konzeptionellen Herangehens gelöst werden.

5.2 Geistige Flexibilität

Fähigkeit und Interesse, sich von bestimmten Denk- und Handlungsgewöhnungen oder Aufgabenbereichen zu lösen und sich auf andere Anforderungen und Bedingungen einzustellen, insbesondere auf die Belange anderer Fachbereiche

5.3 Überblick

das Wesentliche rasch erfassen, ohne sich in Einzelheiten zu verlieren

5.4 Verhandlungsgeschick

Verhandlungen zielorientiert führen

5.5 Urteilsvermögen und Entschlusskraft

Fähigkeit, sich rechtzeitig und sicher verbindlich festzulegen; Erkennen von Zusammenhängen, Ableitung der richtigen Schlüsse, Beachtung von Auswirkungen auf Dritte

6 Führungserfolg

6.1 Motivierung und Förderung der Mitarbeiterinnen und Mitarbeiter

Förderung der Leistungsbereitschaft und Eigenständigkeit dienstlichen Handelns, Unterstützung und Förderung der Entfaltung der Mitarbeiterinnen und Mitarbeiter, Wertschätzung der Mitarbeiterinnen und Mitarbeiter

6.2 Vereinbarung und Kontrolle der Arbeitsergebnisse

Festlegung der Arbeitsziele unter Beachtung einer ausgewogenen Arbeitsbelastung, Setzen von Prioritäten, Überwachung der Aufgabenerfüllung und Überprüfung der Arbeitsergebnisse, Schaffung und Sicherstellung effizienter Informationsstrukturen

6.3 Konfliktbewältigung

Kooperative Zusammenarbeit; konstruktive Lösung fachlicher oder persönlicher Meinungsverschiedenheiten innerhalb der Organisationseinheit

6.4 Verantwortungsbewusstsein und Entscheidungskompetenz

Übernahme von Verantwortung, Fähigkeit zu zweckmäßigen und nachhaltigen Entscheidungen unter Berücksichtigung betroffener Belange

6.5 Förderung des Ziels der Gleichstellung aller Geschlechter sowie der Teilhabe schwerbehinderter oder diesen gleichgestellten Menschen

Beachtung geschlechter- und teilhabespezifischer Fragestellungen im eigenen Zuständigkeitsbereich, Schaffung von Chancengleichheit und/oder aktives Hinwirken darauf

6.6 Förderung des Ziels der Vereinbarkeit von Beruf und Familie

Einbindung von Teilzeitbeschäftigten und Beschäftigten in Telearbeit in die Abläufe der Organisationseinheit

Verordnung der Landesregierung über die Gewährung von Jubiläumsgaben an Beamte und Richter (Jubiläumsgabenverordnung – JubGVO)

Vom 5. Februar 2002 (GBl. S. 94)

Zuletzt geändert durch
Dienstrechtsreformgesetz
vom 9. November 2010 (GBl. S. 793)

§ 1 Allgemeines

(1) Die Beamten des Landes, der Gemeinden, der Landkreise und der sonstigen der Aufsicht des Landes unterstehenden Körperschaften, Anstalten und Stiftungen des öffentlichen Rechts erhalten anlässlich der Vollendung einer Dienstzeit von 25, 40 und 50 Jahren nach Maßgabe des § 82 LBG und der folgenden Bestimmungen eine Jubiläumsgabe und in der Regel eine Dankurkunde.

(2) Für Richter des Landes gelten die Vorschriften dieser Verordnung entsprechend.

§ 2 Jubiläumsdienstzeit

Die Jubiläumsdienstzeit nach § 82 Abs. 2 LBG ist zu berechnen und der Zeitpunkt der Dienstjubiläen (Jubiläumstage) festzusetzen; die Berechnung und die Festsetzung sind dem Beamten schriftlich mitzuteilen. Entsprechendes gilt in den Fällen des § 82 Abs. 3 Halbsatz 2 LBG.

§ 3 Anspruch, Verfahren

(1) Der Anspruch auf die Jubiläumsgabe besteht gegenüber dem Dienstherrn, in dessen Dienst der Beamte am Jubiläumstag steht. Ein zu diesem Zeitpunkt zu einem anderen Dienstherrn abgeordneter Beamter erhält die Jubiläumsgabe vom abordnenden Dienstherrn.

(2) Die Jubiläumsgabe soll zusammen mit den Dienstbezügen für den Kalendermonat gezahlt werden, in der den Jubiläumstag (§ 2) fällt; § 4 bleibt unberührt. Fällt der Jubiläumstag nach dem 31. Dezember 2000 in die Zeit einer Beurlaubung wegen Kinderbetreuung nach § 82 Abs. 2 Nr. 3 LBG, soll abweichend von Satz 1 Halbsatz 1 die Jubiläumsgabe alsbald nach Wiederaufnahme des Dienstes gewährt werden, es sei denn, die Beurlaubung erstreckt sich bis zum Beginn des Ruhestands.

(3) Auf die Jubiläumsgabe sind die aus demselben Anlass aus öffentlichen Mitteln gewährten Geld- oder Sachzuwendungen anzurechnen.

§ 4 Hinderungsgründe

(1) Die Gewährung der Jubiläumsgabe wird hinausgeschoben,

1. wenn die Disziplinarmaßnahme einer Geldbuße von mehr als 150 Euro verhängt worden ist, bis zum Ablauf von drei Jahren,
2. wenn die Disziplinarmaßnahme einer Kürzung der Bezüge verhängt worden ist, bis zum Ablauf von fünf Jahren,
3. wenn die Disziplinarmaßnahme der Zurückstufung verhängt worden ist, bis zum Ablauf von sieben Jahren

seit dem Tage der Verhängung der Disziplinarmaßnahme, bei späterer Abänderung seit dem Tage der Verhängung der ursprünglichen Disziplinarmaßnahme.

(2) Die Gewährung der Jubiläumsgabe wird zurückgestellt, solange gegen den Beamten strafrechtliche Ermittlungen geführt werden, gegen ihn Anklage erhoben ist oder ein gegen ihn eingeleitetes Straf- oder Disziplinarverfahren nicht unanfechtbar abgeschlossen ist.

§ 5 Dankurkunde

(1) Die Entscheidung über die Ehrung mit einer Dankurkunde trifft die oberste Dienstbehörde oder die von ihr bestimmte Stelle. § 3 Abs. 2 Satz 2 und § 4 gelten entsprechend.

(2) Bei 40- und 50-jährigem Dienstjubiläum wird die Dankurkunde vom Ministerpräsidenten, bei 25-jährigem Dienstjubiläum von der obersten Dienstbehörde oder der von ihr bestimmten Stelle ausgefertigt. Die Dankurkunde soll bei 40- und 50-jährigem Dienstjubiläum und bei Beamten des Landes auch bei 25-jährigem Dienstjubiläum nach dem Muster in der Anlage ausgefertigt werden.

(3) Die nach Absatz 1 zuständige Stelle legt die vorbereitete Dankurkunde spätestens sechs Wochen vor dem Tag des Dienstjubiläums der nach Absatz 2 zuständigen Stelle zur Ausfertigung vor.

Die Anlage ist nachfolgend nicht abgedruckt.

§ 6 Übergangsvorschrift

Ist in den Fällen des § 4 Abs. 1 Nr. 1 eine Geldbuße in einem Betrag in Deutscher Mark festgesetzt worden, tritt an die Stelle des dort genannten Betrags ein Betrag von 300 Deutsche Mark.

§ 7 Änderung der Urlaubsverordnung

(hier nicht aufgenommen)

§ 8 Inkrafttreten

Diese Verordnung tritt mit Wirkung vom 1. Januar 2001 in Kraft.

Verordnung der Landesregierung über die Arbeitszeit, den Urlaub, den Mutterschutz, die Elternzeit, die Pflegezeiten und den Arbeitsschutz der Beamtinnen, Beamten, Richterinnen und Richter (Arbeitszeit- und Urlaubsverordnung – AzUVO)

Vom 29. November 2005 (GBl. S. 716)

Zuletzt geändert durch
Gesetz zur Einführung einer pauschalen Beihilfe
vom 21. Dezember 2022 (GBl. S. 675)

Inhaltsübersicht

1. Abschnitt
Allgemeine Vorschriften

- § 1 Geltungsbereich
- § 2 Begriffsbestimmungen
- § 3 Zuständigkeit

2. Abschnitt
Arbeitszeit

1. Unterabschnitt
Gemeinsame Bestimmungen

- § 4 Regelmäßige wöchentliche Arbeitszeit
- § 5 Arbeitszeitverkürzungstag
- § 6 Arbeitszeit jugendlicher Beamtinnen und Beamter

2. Unterabschnitt
Bestimmungen für Beamtinnen und Beamte des Landes

- § 7 Regelmäßige Arbeitszeit
- § 8 Tägliche Arbeitszeit
- § 9 Gleitende Arbeitszeit
- § 10 Feststehende Arbeitszeit
- § 11 Pausen, Ruhezeit
- § 12 Funktionszeit, Dienstleistungsabend
- § 13 Abweichende Arbeitszeitregelungen
- § 14 Teilzeitbeschäftigte Beamtinnen und Beamte
- § 15 Telearbeit
- § 16 Beamtinnen und Beamte der Polizei, des Strafvollzugsdienstes und des Abschiebungshaftvollzugsdienstes
- § 17 Sonderregelungen für jugendliche Polizeibeamtinnen und -beamte
- § 18 Beamtete Lehrkräfte
- § 19 Neue Arbeitszeitmodelle
- § 20 Richterinnen und Richter

3. Abschnitt
Urlaub

1. Unterabschnitt
Erholungsurlaub

- § 21 Dauer des Jahresurlaubs
- § 22 Zusatzurlaub für Schichtdienst
- § 23 Zusatzurlaub in sonstigen Fällen
- § 24 Anrechnung und Kürzung
- § 25 Inanspruchnahme von Urlaub, Widerruf
- § 25a Vergütung für bis zur Beendigung des Dienstverhältnisses nicht erfüllten Urlaubsanspruch
- § 25b Zusätzliche Vergütung von genommenem Jahresurlaub bei Verringerung der Arbeitszeit

2. Unterabschnitt
Sonderurlaub

- § 26 Besondere Leistungen und Verbesserungsvorschläge
- § 27 Dienstjubiläen
- § 28 Familienheimfahrten
- § 29 Sonderurlaub aus verschiedenen Anlässen
- § 30 Kuren

3. Unterabschnitt
Urlaub aus sonstigen Gründen

- § 31

4. Abschnitt
Mutterschutz

- § 32 Schutzfristen vor und nach der Entbindung
- § 33 Mitteilungspflichten, Nachweise und Freistellungen
- § 34 Ärztliches Beschäftigungsverbot
- § 35 Verbot der Mehrarbeit, Ruhezeit, Nacht- und Sonntagsarbeit
- § 36 Weitere Beschäftigungsverbote, Arbeitsbedingungen, unzulässige Tätigkeiten, Schutzmaßnahmen, Pflichten der Dienststelle, Überwachung und Kontrolle
- § 37 Entlassung
- § 38 Fortzahlung der Bezüge
- § 39 Mutterschaftsgeld

5. Abschnitt
Elternzeit

- § 40 Anspruch auf Elternzeit
- § 41 Inanspruchnahme
- § 42 Teilzeitbeschäftigung
- § 43 Verlängerung
- § 44 Vorzeitige Beendigung
- § 45 Entlassung
- § 46 Krankenfürsorge
- § 47 Erstattung von Kranken- und Pflegeversicherungsbeiträgen

6. Abschnitt
Pflegezeiten

- § 48 Fernbleiben vom Dienst, Urlaub und Teilzeitbeschäftigung
- § 48a Krankenfürsorge, Erstattung von Kranken- und Pflegeversicherungsbeiträgen
- § 48b Änderung der Inanspruchnahme von Pflegezeiten

7. Abschnitt
Arbeitsschutz

- § 49 Geltung arbeitsschutzrechtlicher Vorschriften
- § 50 Ärztliche Untersuchungen

8. Abschnitt
Änderung von Vorschriften, Schlussbestimmungen

- § 51 Änderung der Verordnung über die Zuständigkeiten des Landesamtes für Besoldung und Versorgung
- § 52 Übergangsregelungen und Anwendungsbestimmungen
- § 53 Inkrafttreten

Es wird verordnet auf Grund von

1. § 90 Abs. 1 Satz 1, §§ 99, 100, 100a Abs. 1 und § 112 Abs. 1 Satz 2 und Abs. 2 des Landesbeamtengesetzes (LBG) in der Fassung vom 19. März 1996 (GBl. S. 286), zuletzt geändert durch Artikel 1 des Gesetzes vom 3. Mai 2005 (GBl. S. 321),
2. § 8 des Landesrichtergesetzes (LRiG) in der Fassung vom 22. Mai 2000 (GBl. S. 504),
3. § 3 Abs. 1 des Gesetzes über die Errichtung des Landesamtes für Besoldung und Versorgung Baden-Württemberg vom 2. Februar 1971 (GBl. S. 21) und
4. § 5 Abs. 2 und 3 des Landesverwaltungsgesetzes in der Fassung vom 3. Februar 2005 (GBl. S. 159).

1. Abschnitt
Allgemeine Vorschriften

§ 1 Geltungsbereich

Diese Verordnung gilt, soweit nichts anderes bestimmt ist,

1. für die Beamtinnen und Beamten des Landes, der Gemeinden, der Landkreise und der sonstigen der Aufsicht des Landes unterstehenden Körperschaften, Anstalten und Stiftungen des öffentlichen Rechts sowie
2. in entsprechender Anwendung für die
   a) Auszubildenden in öffentlich-rechtlichen Ausbildungsverhältnissen nach § 16 Abs. 5 LBG mit Ausnahme der Rechtsreferendarinnen und -referendare und
   b) Richterinnen und Richter des Landes.

§ 2 Begriffsbestimmungen

(1) Arbeitstage sind alle Kalendertage, an denen Dienst zu leisten ist. Endet eine Dienstschicht nicht an dem Tag, an dem sie begonnen hat, gilt als Arbeitstag nur der Kalendertag, an dem sie begonnen hat.

(2) Beschäftigung ist jede tatsächliche Heranziehung zu einer Dienstleistung. Als Beschäftigung gelten auch Unterricht, Studium oder Prüfungen im Rahmen einer Ausbildung, soweit eine Pflicht zur Teilnahme besteht.

(3) Erholungsurlaub ist der Jahresurlaub nach § 21 und ein etwaiger Zusatzurlaub nach §§ 22 und 23.

(4) Jugendliche Beamtinnen und Beamte sind Beamtinnen und Beamte, die das 18. Lebensjahr noch nicht vollendet haben.

(5) Bezüge im Sinne dieser Verordnung sind die Dienstbezüge nach § 1 Absatz 2 des Landesbesoldungsgesetzes Baden-Württemberg (LBesGBW), die sonstigen Bezüge nach § 1 Abs. 3 LBesGBW sowie die Unterhaltsbeihilfen nach § 88 LBesGBW, soweit nichts anderes bestimmt ist.

§ 3 Zuständigkeit

(1) Für Entscheidungen nach dieser Verordnung ist der Dienstvorgesetzte zuständig, soweit nichts anderes bestimmt ist.

(2) Soweit nicht das Landesamt für Besoldung und Versorgung zuständig ist, kann die oberste Dienstbehörde für die Durchführung der §§ 39, 46 und 47 eine andere zuständige Stelle bestimmen.

2. Abschnitt
Arbeitszeit

1. Unterabschnitt
Gemeinsame Bestimmungen

§ 4 Regelmäßige wöchentliche Arbeitszeit

Die regelmäßige Arbeitszeit der Beamtinnen und Beamten beträgt im Durchschnitt wöchentlich 41 Stunden.

§ 5 Arbeitszeitverkürzungstag

(1) Beamtinnen und Beamte werden im Kalenderjahr an einem Arbeitstag unter Fortzahlung der Bezüge vom Dienst freigestellt; die Freistellung beträgt höchstens ein Fünftel der für die Beamtin oder den Beamten geltenden durchschnittlichen Wochenarbeitszeit.

(2) Hat die Beamtin oder der Beamte an dem für die Freistellung vorgesehenen Tag Dienst zu leisten, ist die Freistellung innerhalb desselben Kalenderjahres nachzuholen. Ist dies aus dienstlichen Gründen nicht möglich, darf

die Freistellung nur innerhalb der ersten zwei Monate des folgenden Kalenderjahres nachgeholt werden.

(3) Der freie Tag ist von den zur Lehre verpflichteten Mitgliedern der Hochschulen, soweit sie den Regelungen dieser Verordnung zur Arbeitszeit unterliegen, innerhalb der vorlesungsfreien Zeit in Anspruch zu nehmen.

(4) Während eines Studiums, einer Teilnahme an dienstlichen Ausbildungslehrgängen und Fortbildungsveranstaltungen oder eines Vorbereitungsdienstes für ein Lehramt besteht kein Anspruch auf Freistellung.

§ 6 Arbeitszeit jugendlicher Beamtinnen und Beamter

(1) Die wöchentliche Arbeitszeit jugendlicher Beamtinnen und Beamter darf 40 Stunden, die tägliche Arbeitszeit acht Stunden, zusammen mit den Pausen zehn Stunden, nicht überschreiten. Die tägliche Arbeitszeit darf die Dauer der von den erwachsenen Beamtinnen und Beamten der Dienststelle oder des Betriebs an dem jeweiligen Tag zu erbringenden Arbeitszeit nicht überschreiten. Jugendliche Beamtinnen und Beamte dürfen während Zeiten, in denen erwachsene Beamtinnen oder Beamte der Dienststelle oder des Betriebs regelmäßig keinen Dienst leisten, nicht beschäftigt werden. § 4 Abs. 1, § 8 Abs. 2a, § 11 Abs. 1 und 2, §§ 13, 14 Abs. 1 und 2 Nr. 2, § 15 Satz 1, § 16 Abs. 1, § 17 Abs. 1 und § 18 Abs. 1 des Jugendarbeitsschutzgesetzes (JArbSchG) gelten entsprechend.

(2) Berufsschulpflichtige jugendliche Beamtinnen und Beamte sind für die Teilnahme am Berufsschulunterricht entsprechend § 9 JArbSchG unter Belassung der Bezüge vom Dienst freizustellen. § 14 Abs. 4 JArbSchG gilt entsprechend.

(3) Abweichend von Absatz 1 und 2 Satz 2 dürfen jugendliche Beamtinnen und Beamte mit vorübergehenden und unaufschiebbaren Tätigkeiten in Notfällen beschäftigt werden, soweit erwachsene Beschäftigte nicht zur Verfügung stehen. Nach Satz 1 geleistete Mehrarbeit ist durch Dienstbefreiung innerhalb von drei Wochen auszugleichen.

2. Unterabschnitt
Bestimmungen für Beamtinnen und Beamte des Landes

§ 7 Regelmäßige Arbeitszeit

(1) Für die Berechnung des Durchschnitts der regelmäßigen wöchentlichen Arbeitszeit ist ein Zeitraum von einem Jahr zu Grunde zu legen; dabei darf die Arbeitszeit in keiner Woche 55 Stunden überschreiten.

(2) Regelmäßige Arbeitstage sind die Tage von Montag bis Freitag. An Samstagen, Sonntagen, gesetzlichen Feiertagen, Heiligabend und Silvester ist dienstfrei. Wenn die dienstlichen Verhältnisse es erfordern, kann für diese Tage und für die sonst dienstfreie Zeit etwas anderes bestimmt werden.

(3) Fallen gesetzliche Feiertage, Heiligabend oder Silvester auf einen Arbeitstag nach Absatz 2 Satz 1, vermindert sich die Wochenarbeitszeit jeweils um die Zeit, die an diesem Tag im Rahmen der täglichen Regelarbeitszeit der Beamtin oder des Beamten zu leisten wäre. Für Beamtinnen und Beamte, die an dienstfreien Tagen Dienst leisten müssen, vermindert sich die Wochenarbeitszeit, unabhängig von der tatsächlichen Dienstleistung, in demselben Umfang wie für Beamtinnen und Beamte desselben Verwaltungszweigs mit regulärer Arbeitszeit.

§ 8 Tägliche Arbeitszeit

(1) Die Dienststellen und Betriebe regeln die Dienststunden im Rahmen der gleitenden Arbeitszeit (§ 9 Abs. 1 und 2, § 11 Abs. 1 und § 12 Abs. 1 und 2) oder der feststehenden Arbeitszeit (§ 10 Abs. 1 und 2, §§ 11 und 12 Abs. 3).

(2) Die tägliche Arbeitszeit darf zehn Stunden nicht überschreiten, sofern nicht Mehrarbeit nach § 67 Abs. 3 LBG angeordnet oder genehmigt ist.

(3) § 6 Abs. 2 gilt für erwachsene Beamtinnen und Beamte, die noch berufsschulpflichtig sind, entsprechend.

§ 9 Gleitende Arbeitszeit

(1) Die Dienststellen und Betriebe können zulassen, dass die Beamtinnen und Beamten

Dienstbeginn und Dienstende nach Maßgabe der Absätze 2 bis 4 selbst bestimmen (gleitende Arbeitszeit), wenn

1. die Arbeitszeit einschließlich der Pausen durch Zeiterfassungsgeräte erfasst wird,
2. die Personalvertretung der Einführung von Zeiterfassungsgeräten verbindlich zugestimmt hat und ihre Installation konkret vorgesehen ist, jedoch insbesondere wegen fehlender Finanzierungsmittel noch nicht erfolgen konnte, oder
3. die oberste Dienstbehörde ausnahmsweise zugelassen hat, dass in einer Dienststelle oder einem Betrieb oder einem Teil davon auf die Zeiterfassung durch Zeiterfassungsgeräte verzichtet werden kann, weil ihre Anschaffung wegen der Größe der Dienststelle oder des Betriebs oder des Teils davon unwirtschaftlich ist oder wegen der spezifischen Aufgabenstellung nicht vertretbar erscheint.

(2) Die Dienststellen und Betriebe können einzelne Beamtinnen und Beamte oder Gruppen von Beamtinnen und Beamten allgemein oder im Einzelfall vorübergehend oder auf Dauer von der Teilnahme an der gleitenden Arbeitszeit ausnehmen, soweit dies aus dienstlichen Gründen geboten ist.

(3) Mehr- oder Minderarbeitszeiten sollen innerhalb eines Jahres (Abrechnungszeitraum) ausgeglichen werden. Abrechnungszeitraum ist in der Regel das Kalenderjahr. Innerhalb des Abrechnungszeitraums sind Minderarbeitszeiten bis zur Höhe der regelmäßigen wöchentlichen Arbeitszeit (§ 4) zulässig. In den nächsten Abrechnungszeitraum dürfen Mehr- oder Minderarbeitszeiten bis zur Höhe der regelmäßigen wöchentlichen Arbeitszeit (§ 4) übertragen werden.

(4) Zum Arbeitszeitausgleich kann zugelassen werden, dass an bis zu 24 Arbeitstagen im Abrechnungszeitraum kein Dienst geleistet wird, wenn dienstliche Gründe nicht entgegenstehen. Davon sind im Kalendermonat höchstens fünf Tage Arbeitszeitausgleich, die auch zusammengefasst werden können, zulässig. Die Dienststelle oder der Betrieb kann bei erheblich schwankender Arbeitsbelastung eine Zusammenfassung des Arbeitszeitausgleichs bis zu insgesamt zehn Tagen im Abrechnungszeitraum zulassen, ohne dass sich dadurch die zulässigen Ausgleichsmöglichkeiten nach Satz 1 und 2 erhöhen. Zur Betreuung oder Pflege eines erkrankten Kindes, welches das 12. Lebensjahr noch nicht vollendet hat, oder eines pflegebedürftigen Angehörigen kann Arbeitszeitausgleich bis zu fünf Tagen zusammengefasst und ohne Anrechnung auf die zulässigen Ausgleichsmöglichkeiten nach Satz 1 und 2 genommen werden; auf Verlangen ist ein ärztliches Zeugnis vorzulegen.

§ 10 Feststehende Arbeitszeit

(1) Bei feststehender Arbeitszeit beginnt der Dienst täglich um 7.30 Uhr und endet montags bis donnerstags um 16.15 Uhr, freitags um 16.00 Uhr; darin enthalten ist eine Pause von 30 Minuten.

(2) Die Dienststellen und Betriebe können eine abweichende Regelung treffen, wenn dies nach den örtlichen oder dienstlichen Verhältnissen oder aus persönlichen Gründen gerechtfertigt ist. Dabei darf der Dienst nicht nach 9.00 Uhr beginnen und montags bis donnerstags nicht vor 15.30 Uhr, freitags nicht vor 12.00 Uhr enden; davon darf ausnahmsweise abgewichen werden, wenn es aus dienstlichen Gründen erforderlich ist.

(3) Liegen die Voraussetzungen des § 9 Abs. 1 Nr. 1, 2 oder 3 vor, gilt § 9 Abs. 3 und 4 entsprechend mit der Maßgabe, dass für einen Arbeitszeitausgleich bis zu fünf Stunden am Tag eine halbe Ausgleichsmöglichkeit nach § 9 Abs. 4 Satz 1 und 2 verbraucht ist. In anderen Fällen gilt § 9 Abs. 3 und 4 mit folgenden Maßgaben:

1. Innerhalb des Abrechnungszeitraums dürfen Mehrarbeitszeiten 20 Stunden und Minderarbeitszeiten zwölf Stunden nicht überschreiten. In den nächsten Abrechnungszeitraum dürfen Mehr- oder Minderarbeitszeiten bis zu zwölf Stunden übertragen werden.
2. Der Arbeitszeitausgleich ist bis zu zweimal im Kalendermonat jeweils bis zu fünf

Stunden zulässig; er kann zu einem ganzen Tag zusammengefasst werden.

3. Eine Zusammenfassung von Arbeitszeitausgleich über einen Tag hinaus ist nur in den Fällen des § 9 Abs. 4 Satz 4 zulässig. Dabei sind abweichend von Nummer 1 Minderarbeitszeiten bis zur Höhe der regelmäßigen wöchentlichen Arbeitszeit (§ 4) zulässig; sie sind bis zum Ablauf des dritten auf das Ende des Arbeitszeitausgleichs folgenden Kalendermonats auf zwölf Stunden zurückzuführen.

§ 11 Pausen, Ruhezeit

(1) Pausen werden in die Arbeitszeit nicht eingerechnet. Spätestens nach einer Arbeitszeit von mehr als sechs Stunden ist die Arbeit durch eine Pause von mindestens 30 Minuten zu unterbrechen; sie kann in zwei Zeitabschnitte aufgeteilt werden. Nach Beendigung der täglichen Arbeitszeit ist eine Ruhezeit von mindestens elf zusammenhängenden Stunden (Mindestruhezeit) sowie einmal innerhalb eines Siebentageszeitraums eine daran unmittelbar anschließende Ruhezeit von mindestens weiteren 24 Stunden zu gewähren. Die oberste Dienstbehörde kann Ausnahmen von Satz 2 und 3 zulassen, wenn dienstliche Belange es zwingend erfordern und gleichwertige Ausgleichsruhezeiten oder, wenn dies nicht möglich ist, ein angemessener Schutz gewährleistet sind.

(2) Bei feststehender Arbeitszeit bestimmen die Dienststellen und Betriebe Lage und Dauer der Pausen. Liegen die Voraussetzungen des § 9 Abs. 1 Nr. 1, 2 oder 3 vor, kann den Beamtinnen und Beamten gestattet werden, Lage und Dauer der Pausen innerhalb eines festgesetzten Rahmens unter Beachtung von Absatz 1 Satz 2 selbst zu bestimmen.

§ 12 Funktionszeit, Dienstleistungsabend

(1) Bei gleitender Arbeitszeit stellen die Dienststellen und Betriebe entsprechend den dienstlichen Erfordernissen sicher, dass der Dienstbetrieb montags bis donnerstags von 9.00 Uhr bis 15.30 Uhr, freitags bis 12.00 Uhr ohne wesentliche Einschränkungen gewährleistet ist (Funktionszeit). Sie bestimmen außerdem die Rahmenarbeitszeit und die tägliche Regelarbeitszeit; letztere gilt als regelmäßige Arbeitszeit im Sinne von § 67 Abs. 3 Satz 2 LBG.

(2) Die Dienststellen und Betriebe können, auch für einzelne Arbeitsbereiche, andere Funktionszeiten festlegen, wenn dies nach den örtlichen oder dienstlichen Verhältnissen gerechtfertigt ist. Sie sollen an einem Arbeitstag in der Woche die Funktionszeit auf den Abend, spätestens bis 19.30 Uhr, ausdehnen, soweit der Publikumsverkehr dies rechtfertigt; entsprechende Festlegungen kann die oberste Dienstbehörde für ihren Geschäftsbereich treffen.

(3) Bei feststehender Arbeitszeit gilt Absatz 2 Satz 2 entsprechend. Zum Ausgleich kann die Arbeitszeit abweichend von § 10 Abs. 1 und 2 geregelt werden.

§ 13 Abweichende Arbeitszeitregelungen

Dienststellen und Betriebe können von den Regelungen nach § 9 Abs. 3 und 4, §§ 10, 11 Abs. 1 Satz 2 und 3, §§ 12 und 14 Satz 1 sowie vom dienstfreien Heiligabend und Silvester bei entsprechendem Ausgleich abweichen,

1. wenn bei ihnen Beamtinnen und Beamte verschiedener Dienstherren tätig sind, um eine einheitliche Dienststundenregelung zu erreichen,

2. für einen begrenzten Zeitraum oder auf Antrag für einzelne Beamtinnen und Beamte, soweit dies aus Gründen der Gesundheitsvorsorge oder -fürsorge erforderlich ist,

3. auf Antrag für einzelne Beamtinnen und Beamte, wenn dies zur Betreuung eines Kindes unter 18 Jahren oder eines nach ärztlichem Zeugnis pflegebedürftigen Angehörigen erforderlich ist und dienstliche Belange nicht entgegenstehen, oder

4. wenn die Dienstleistungsergebnisse der Beamtinnen und Beamten im Rahmen von Dienstleistungsüberlassungsverträgen privaten Arbeitgebern überlassen worden sind und wichtige Gründe vorliegen; über

die Zulassung von Abweichungen entscheidet die oberste Dienstbehörde; sie kann die Befugnisse auf nachgeordnete Behörden übertragen.

§ 14 Teilzeitbeschäftigte Beamtinnen und Beamte

Für teilzeitbeschäftigte Beamtinnen und Beamte sind die Arbeitstage, die tägliche Arbeitszeit sowie im Rahmen der § 9 Abs. 4 und § 10 Abs. 3 der Umfang des Arbeitszeitausgleichs im Einzelfall festzulegen. § 8 Abs. 2 und § 11 Abs. 1 Satz 2 und 3 und Abs. 2 sind zu beachten.

§ 15 Telearbeit

Bei Telearbeit oder vergleichbaren Arbeitsformen kann die Dienststelle oder der Betrieb, sofern dienstliche Gründe nicht entgegenstehen,

1. Abweichungen von den Dienststunden- und Pausenregelungen unter Beachtung von § 8 Abs. 2 und § 11 Abs. 1 Satz 2 und 3 und

2. abweichend von § 7 Abs. 2 Satz 2 den Samstag bis 13.00 Uhr, vor Ostern und Pfingsten bis 12.00 Uhr als Arbeitstag

zulassen.

§ 16 Beamtinnen und Beamte der Polizei, des Strafvollzugsdienstes und des Abschiebungshaftvollzugsdienstes

(1) Die im Wechseldienst eingesetzten Polizeibeamtinnen und -beamten versehen ihren Dienst auch an den dienstfreien Tagen sowie in der sonst dienstfreien Zeit.

(2) Das Innenministerium wird ermächtigt, durch Verwaltungsvorschriften von § 8 Abs. 2 und § 10 Abs. 1 und 2 abweichende Regelungen über die Einteilung der regelmäßigen Arbeitszeit, über die Dienststundenregelung der im Wechseldienst eingesetzten Polizeibeamtinnen und -beamten sowie über den Bereitschaftsdienst zu erlassen. Die tägliche Arbeitszeit darf höchstens zwölf Stunden betragen. § 7 Abs. 2 Satz 3 bleibt unberührt.

(3) Für die Beamtinnen und Beamten des Strafvollzugsdienstes und des Abschiebungshaftvollzugsdienstes gelten die Absätze 1 und 2 entsprechend mit der Maßgabe, dass Verwaltungsvorschriften für den Strafvollzugsdienst und für den Abschiebungshaftvollzugsdienst vom Justizministerium erlassen werden.

§ 17 Sonderregelungen für jugendliche Polizeibeamtinnen und -beamte

(1) Für jugendliche Polizeibeamtinnen und -beamte werden folgende Ausnahmen von den Vorschriften dieses Abschnitts zugelassen, soweit dies erforderlich ist, um die Ausbildung sicherzustellen:

1. Die tägliche Arbeitszeit darf bis zu zehn Stunden betragen
   a) im ersten Ausbildungsjahr höchstens viermal im Monat, hiervon für die Ausbildung im Wachdienst höchstens dreimal im Monat, insgesamt jedoch nicht öfter als sechsunddreißigmal im Jahr,
   b) im zweiten Ausbildungsjahr höchstens sechsmal im Monat, hiervon für die Ausbildung im Wachdienst höchstens dreimal im Monat,
   c) im Einzeldienstpraktikum.

2. Die tägliche Arbeitszeit und die Pausen dürfen zusammen betragen
   a) im ersten Ausbildungsjahr bis zu zwölf Stunden höchstens viermal im Monat, hiervon für die Ausbildung im Wachdienst höchstens dreimal im Monat,
   b) im zweiten Ausbildungsjahr bis zu 14 Stunden höchstens sechsmal im Monat, hiervon für die Ausbildung im Wachdienst höchstens dreimal im Monat.

3. Die wöchentliche Arbeitszeit darf im ersten Ausbildungsjahr höchstens 48 Stunden, im zweiten Ausbildungsjahr höchstens 50 Stunden betragen.

4. Die tägliche ununterbrochene Freizeit darf im Anschluss an die Ausbildung im Wach- oder Bereitschaftsdienst im zweiten Ausbildungsjahr bis zu dreimal im Monat jeweils bis auf sechs Stunden eingeschränkt werden.

5. Eine Beschäftigung in der Nacht ist zulässig
   a) im ersten Ausbildungsjahr höchstens viermal im Monat, hiervon für die Ausbildung im Wachdienst höchstens dreimal im Monat, insgesamt jedoch nicht öfter als sechsunddreißigmal im Jahr, und für die Kraftfahrausbildung begrenzt auf die Zeit bis 24.00 Uhr,
   b) im zweiten Ausbildungsjahr höchstens sechsmal im Monat, hiervon für die Ausbildung im Wachdienst höchstens dreimal im Monat, insgesamt jedoch nicht öfter als achtundvierzigmal im Jahr,
   c) im Einzeldienstpraktikum.

   Im Anschluss an eine Ausbildung in der Nacht, ausgenommen eine Ausbildung im Wach- oder Bereitschaftsdienst, ist eine ununterbrochene Freizeit von mindestens zwölf Stunden zu gewähren; die Freizeit beträgt mindestens 24 Stunden, wenn diese Ausbildung nach 24.00 Uhr endet.
6. Die Ausbildung an mehr als fünf Tagen in der Woche oder am Samstag oder am Sonntag ist jeweils nur einmal im Monat zulässig, jedoch im ersten Ausbildungsjahr nur für die Ausbildung im Wach- oder Bereitschaftsdienst und im Einzeldienstpraktikum. An gesetzlichen Feiertagen darf höchstens zweimal im Jahr ausgebildet werden, jedoch im ersten Ausbildungsjahr nur für die Ausbildung im Wach- oder Bereitschaftsdienst; im Einzeldienstpraktikum ist die Ausbildung an gesetzlichen Feiertagen zulässig.

(2) Über den in Absatz 1 genannten Umfang hinaus sind Ausnahmen von § 6 Abs. 1 sowie von den Beschäftigungsverboten nach § 49 dieser Verordnung in Verbindung mit § 22 Abs. 1 Nr. 3 bis 7 JArbSchG für jugendliche Polizeibeamtinnen und -beamte zulässig, wenn auf ihren Einsatz aus zwingenden dienstlichen Gründen nicht verzichtet werden kann, während der Grundausbildung nur auf besondere Anordnung der Hochschule für Polizei Baden-Württemberg bei Lagen, die die Kräfte der Polizei in außergewöhnlicher Weise beanspruchen. Auf die Leistungsfähigkeit und den Ausbildungsstand der jugendlichen Polizeibeamtinnen und -beamten ist besondere Rücksicht zu nehmen. Ihre Heranziehung zu Dienstleistungen, die voraussichtlich mit besonderen Gefährdungen sowie mit außergewöhnlichen physischen oder psychischen Belastungen verbunden sind, ist nicht zulässig.

(3) Mehrarbeit, die in den Fällen der Absätze 1 und 2 über die Arbeitszeit nach § 6 Abs. 1 hinaus geleistet wird, ist innerhalb von sechs Wochen durch Dienstbefreiung auszugleichen.

§ 18 Beamtete Lehrkräfte

Die Dauer der Unterrichtsverpflichtung der beamteten Lehrkräfte im Rahmen der durchschnittlichen Wochenarbeitszeit (§ 4) wird durch Verordnung der Landesregierung geregelt.

§ 19 Neue Arbeitszeitmodelle

Zur Erprobung neuer Arbeitszeitmodelle kann die oberste Dienstbehörde befristete Ausnahmen von den Bestimmungen dieses Abschnitts zulassen, um insbesondere

1. eine effektivere Aufgabenerledigung,
2. ein verbessertes Dienstleistungsangebot oder
3. eine bessere Vereinbarkeit von Familie und Beruf

zu erreichen. Durch die Ausnahmen darf der Gesundheitsschutz nicht beeinträchtigt werden; insbesondere sind §§ 4, 7 Abs. 1, § 8 Abs. 2 und § 11 Abs. 1 Satz 2 und 3 zu beachten. Führt die Erprobung zu einer Beeinträchtigung dienstlicher Interessen oder des Gesundheitsschutzes, sind die Arbeitszeitmodelle so anzupassen, dass die Beeinträchtigung unterbunden wird.

§ 20 Richterinnen und Richter

Für Richterinnen und Richter finden die Bestimmungen dieses Unterabschnitts mit Ausnahme von § 7 Abs. 1 Halbsatz 1, Abs. 2 und 3 Satz 1 keine Anwendung. Satz 1 gilt nicht, soweit Richterinnen und Richter zu einer Verwaltungsbehörde des Landes abgeordnet sind.

3. Abschnitt
Urlaub

1. Unterabschnitt
Erholungsurlaub

§ 21 Dauer des Jahresurlaubs

(1) Der Jahresurlaub beträgt für Beamtinnen und Beamte, deren Arbeitszeit in der Regel auf fünf Tage in der Kalenderwoche verteilt ist, 30 Arbeitstage.

(2) Die Arbeitszeit der im Wechseldienst eingesetzten Beamtinnen und Beamten des Polizeivollzugsdienstes, des Strafvollzugsdienstes und des Abschiebungshaftvollzugsdienstes gilt als Arbeitszeit von in der Regel fünf Tagen in der Kalenderwoche im Sinne von Absatz 1; Absatz 3 und § 2 Absatz 1 Satz 2 finden keine Anwendung.

(3) Verteilt sich die Arbeitszeit in der Regel auf mehr oder weniger als fünf Tage in der Kalenderwoche, erhöht oder vermindert sich der Erholungsurlaub für jeden zusätzlichen Arbeitstag oder arbeitsfreien Tag im Kalenderjahr um ein Zweihundertsechzigstel des Jahresurlaubs. Ändert sich die Anzahl der in der Regel in der Kalenderwoche zu leistenden Arbeitstage während des Kalenderjahres, wird anlässlich der Änderung für jeden dadurch begründeten Zeitabschnitt der Anteil am Jahresurlaub anhand der Arbeitstage im jeweiligen Zeitabschnitt nach Maßgabe von Satz 1 ermittelt. Der Jahresurlaub ergibt sich in den Fällen des Satzes 2 aus der Addition der jeweiligen Urlaubsanteile aus den Zeitabschnitten. Urlaubsanteile aus einem Zeitabschnitt mit einer niedrigeren Anzahl der in der Regel in der Kalenderwoche zu leistenden Arbeitstage, die in einem Zeitabschnitt mit höherer Anzahl an Arbeitstagen pro Kalenderwoche in Anspruch genommen werden, können in begründeten Einzelfällen entsprechend dem Verhältnis der höheren zur niedrigeren Anzahl an Arbeitstagen pro Kalenderwoche nachberechnet werden; sich durch die Nachberechnung ergebende Bruchteile eines Urlaubstages unter 0,5 sind abzurunden und Bruchteile von 0,5 und mehr sind aufzurunden. Für noch nicht genommenen Erholungsurlaub aus Vorjahren gilt Satz 4 entsprechend.

(4) Für beamtete Lehrkräfte und für Beamtinnen und Beamte in Ausbildung während eines Studiums wird der Erholungsurlaub durch die Ferien abgegolten. Bleibt infolge einer dienstlichen Inanspruchnahme während der Ferien die Zahl der verbleibenden dienstfreien Ferientage hinter der Zahl der Urlaubstage zurück, werden nur die dienstfreien Ferientage auf den Erholungsurlaub angerechnet.

§ 22 Zusatzurlaub für Schichtdienst

(1) Wird Dienst nach einem Schichtplan verrichtet, der einen regelmäßigen Wechsel der täglichen Arbeitszeit in Wechselschichten bei ununterbrochenem Fortgang der Arbeit während der ganzen Woche, gegebenenfalls mit einer Unterbrechung der Arbeit am Wochenende von höchstens 48 Stunden Dauer, vorsieht, und sind dabei nach dem Dienstplan im Jahresdurchschnitt in je fünf Wochen mindestens 40 Arbeitsstunden in der Nachtschicht zu leisten, wird bei einer solchen Dienstleistung wie folgt Zusatzurlaub bewilligt:

In der Fünf-Tage-Woche	In der Sechs-Tage-Woche	Zusatzurlaub
Dienstleistung an mindestens		
87 Arbeitstagen	104 Arbeitstagen	drei Arbeitstage
130 Arbeitstagen	156 Arbeitstagen	vier Arbeitstage
173 Arbeitstagen	208 Arbeitstagen	fünf Arbeitstage
195 Arbeitstagen	234 Arbeitstagen	sechs Arbeitstage.

Beginnen an einem Tag zwei Dienstschichten und endet die zweite Dienstschicht an einem anderen Kalendertag, so gelten beide Kalendertage als Arbeitstage.

(1a) Der Zusatzurlaub nach Absatz 1 erhöht sich für Beamtinnen und Beamte des Polizeivollzugsdienstes, des Vollzugsdienstes im Justizvollzug und des Abschiebungshaftvollzugsdienstes ab dem Kalenderjahr, in dem die Beamtin oder der Beamte das 50. Lebensjahr vollendet, um einen Arbeitstag,

das 53. Lebensjahr vollendet, um einen weiteren Arbeitstag,

das 55. Lebensjahr vollendet, um zwei weitere Arbeitstage und

das 57. Lebensjahr vollendet, um zwei weitere Arbeitstage.

(2) Wird Dienst nach einem Schichtplan oder in stehenden geschlossenen Einheiten sowie in Spezialeinheiten der Polizei zu erheblich unterschiedlichen Zeiten verrichtet, ohne dass die Voraussetzungen des Absatzes 1 vorliegen, erhält die Beamtin oder der Beamte

einen Arbeitstag Zusatzurlaub, wenn mindestens 110 Stunden,

zwei Arbeitstage Zusatzurlaub, wenn mindestens 220 Stunden,

drei Arbeitstage Zusatzurlaub, wenn mindestens 330 Stunden,

vier Arbeitstage Zusatzurlaub, wenn mindestens 450 Stunden

Nachtdienst geleistet wurden. Die Voraussetzungen des Satzes 1 sind nur erfüllt, wenn die Lage oder die Dauer der Schichten überwiegend um mindestens drei Stunden voneinander abweichen.

(3) Sind weder die Voraussetzungen des Absatzes 1 noch die des Absatzes 2 erfüllt, erhält die Beamtin oder der Beamte

einen Arbeitstag Zusatzurlaub, wenn mindestens 150 Stunden,

zwei Arbeitstage Zusatzurlaub, wenn mindestens 300 Stunden,

drei Arbeitstage Zusatzurlaub, wenn mindestens 450 Stunden,

vier Arbeitstage Zusatzurlaub, wenn mindestens 600 Stunden

Nachtdienst geleistet wurde.

(4) Auf Beamtinnen und Beamte mit ermäßigter Arbeitszeit sind die Absätze 1 bis 3 mit der Maßgabe anzuwenden, dass die Zahl der geforderten Arbeitsstunden in der Nachtschicht oder der geforderten Nachtdienststunden im Verhältnis der ermäßigten Arbeitszeit zur regelmäßigen Arbeitszeit gekürzt wird.

(5) In den Fällen der Absätze 1 und 2 bis 4 werden der Bemessung des Zusatzurlaubs die im Kalenderjahr hiernach erbrachten Dienstleistungen zu Grunde gelegt. Der Zusatzurlaub erhöht sich für Beamtinnen oder Beamte, für die Absatz 1a nicht gilt, ab dem Kalenderjahr, in dem die Beamtin oder der Beamte das 50. Lebensjahr vollendet, um einen Arbeitstag. Der Zusatzurlaub nach den Absätzen 1 und 2 bis 4 darf insgesamt sechs Arbeitstage, in den Fällen des Satzes 2 sieben und in den Fällen des Absatzes 1a zwölf Arbeitstage für das Kalenderjahr nicht überschreiten. § 21 Absatz 3 ist nicht anzuwenden.

(6) Nachtdienst ist der dienstplanmäßige Dienst zwischen 20.00 Uhr und 6.00 Uhr.

(7) Die Absätze 1 bis 6 gelten nicht für Beamtinnen und Beamte, die nach einem Schichtplan eingesetzt sind, der für den Regelfall Schichten von 24 Stunden Dauer vorsieht. Ist mindestens ein Viertel der Schichten kürzer als 24, aber länger als elf Stunden, erhält die Beamtin oder der Beamte für je fünf Monate Schichtdienst im Urlaubsjahr einen Arbeitstag Zusatzurlaub; die Absätze 1a und 5 Satz 2 sind nicht anzuwenden.

§ 23 Zusatzurlaub in sonstigen Fällen

(1) Einen Zusatzurlaub von drei Arbeitstagen erhalten Beamtinnen und Beamte,

1. deren Grad der Behinderung weniger als 50, aber mindestens 30 oder

2. deren Grad der Schädigungsfolgen weniger als 50, aber mindestens 25

beträgt. Der Grad der Behinderung oder der Grad der Schädigungsfolgen ist nachzuweisen, im Zweifelsfall auf Verlangen durch ein ärztliches Zeugnis. § 208 Absatz 1 Satz 1 Halbsatz 2 und Absatz 2 und 3 des Neunten Buches Sozialgesetzbuch (SGB IX) gilt entsprechend.

(2) Soweit in § 208 SGB IX nichts anderes bestimmt ist, sind für den Zusatzurlaub für schwerbehinderte Beamtinnen und Beamte die Bestimmungen dieses Unterabschnitts entsprechend anzuwenden.

(3) Beamtinnen und Beamte, die bei den Zentren für Psychiatrie Baden-Württemberg

überwiegend und nicht nur vorübergehend in unmittelbarem Kontakt mit psychisch kranken Menschen stehen, erhalten im Kalenderjahr einen Arbeitstag Zusatzurlaub.

§ 24 Anrechnung und Kürzung

(1) Erholungsurlaub, der der Beamtin oder dem Beamten während eines anderen Beschäftigungsverhältnisses für Zeiten gewährt worden ist, für die ihr oder ihm nach dieser Verordnung Erholungsurlaub zusteht, ist anzurechnen.

(2) In einem Kalenderjahr zu viel erhaltener Erholungsurlaub ist so bald wie möglich auf einen neuen Urlaubsanspruch anzurechnen.

(3) Beginnt oder endet das Beamtenverhältnis im Laufe des Kalenderjahres, so steht der Beamtin oder dem Beamten für jeden Kalendermonat der Dienstzugehörigkeit ein Zwölftel des Erholungsurlaubs zu.

(4) Der Erholungsurlaub wird für jeden vollen Kalendermonat

1. eines Urlaubs ohne Bezüge nach § 31,
2. eines Urlaubs ohne Bezüge nach § 72 LBG oder nach § 7a LRiStAG,
3. eines Freistellungsjahrs nach § 69 Abs. 5 LBG,
4. einer Freistellung vom Dienst nach § 70 Abs. 2 LBG oder nach § 7c Absatz 2 Satz 1 Nummer 2 LRiStAG,
5. einer Elternzeit ohne Bezüge nach dem 5. Abschnitt oder
6. eines Urlaubs ohne Bezüge nach § 74 LBG

um ein Zwölftel gekürzt.

(5) Verbleibende Bruchteile von Urlaubstagen nach den Absätzen 3 und 4 sowie § 21 Abs. 3 werden zusammengerechnet und einmal im Jahr auf einen vollen Urlaubstag aufgerundet.

(6) Können in den Fällen der Absätze 3 und 4 Minderarbeitszeiten (§ 9 Abs. 3 Satz 3, § 10 Abs. 3 Satz 1 und 2 Nr. 1 und 3) bis zum Ende der Dienstleistungspflicht nicht mehr ausgeglichen werden, wird der Erholungsurlaub um die Zahl von Urlaubstagen gekürzt, die der Höhe der Minderarbeitszeit entspricht. Bruchteile von Urlaubstagen werden abgerundet.

§ 25 Inanspruchnahme von Urlaub, Widerruf

(1) Der Erholungsurlaub soll grundsätzlich in dem Kalenderjahr, in dem der Anspruch entsteht, genommen werden. Noch nicht genommener Erholungsurlaub aus mehreren Kalenderjahren wird in zeitlich aufsteigender Reihenfolge des Entstehens des Anspruchs verbraucht. Errechnet sich ein Urlaubsanspruch aus Zeitabschnitten mit unterschiedlicher Anzahl der in der Regel in der Kalenderwoche zu leistenden Arbeitstagen oder ist der Urlaubsanspruch in einem Zeitabschnitt mit einer höheren durchschnittlichen täglichen Arbeitszeit entstanden, gelten Satz 1 und 2 mit der Maßgabe, dass anstelle des Kalenderjahres der jeweilige Zeitabschnitt tritt.

(2) Nicht genommener Erholungsurlaub verfällt zum 30. September des nächsten Jahres, wenn er bis zu diesem Zeitpunkt hätte genommen werden können; war dies bis zu diesem Zeitpunkt tatsächlich nicht möglich, verfällt er zum 31. März des übernächsten Jahres. Er verfällt nicht, solange es unterlassen wurde, die Beamtin oder den Beamten tatsächlich in die Lage zu versetzen, Erholungsurlaub in Anspruch zu nehmen; dies gilt insbesondere, wenn keine Aufklärung über den bestehenden Urlaubsanspruch und den Verfall desselben bei Nichtinanspruchnahme sowie die Aufforderung, den Erholungsurlaub zu nehmen, erfolgt. Für Erholungsurlaub, der nach Satz 2 nicht verfallen ist, gilt Satz 1 entsprechend.

(3) Erholungsurlaub, der vor Beginn der Beschäftigungsverbote nach dem 4. Abschnitt oder der Elternzeit ohne Bezüge nicht genommen wurde, kann nach Ablauf der Beschäftigungsverbote oder nach Ende der Elternzeit ohne Bezüge im laufenden oder nächsten Kalenderjahr genommen werden. Absatz 2 Satz 2 gilt entsprechend.

(4) Der Erholungsurlaub ist auf Antrag zu erteilen, wenn die ordnungsgemäße Erledigung der Dienstgeschäfte gewährleistet ist. Beamtinnen und Beamte in Ausbildung haben den Erholungsurlaub so zu nehmen, dass die Ausbildung nicht beeinträchtigt wird. § 19 Abs. 3 JArbSchG gilt entsprechend.

§ 25a Arbeitszeit- und Urlaubsverordnung (AzUVO) I.9

(5) Die oberste Dienstbehörde kann bestimmen, dass die Leiterinnen und Leiter staatlicher Dienststellen und Betriebe, die über Organisationseinheiten bestehenden leitenden Beamtinnen und Beamten sowie die Leiterinnen und Leiter der Abteilungen und vergleichbarer Organisationseinheiten der obersten Dienstbehörde sowie vergleichbare leitende Beamtinnen und Beamte anderer Dienstherren Erholungsurlaub im Rahmen der Vorschriften dieses Unterabschnitts ohne Genehmigung in Anspruch nehmen können, wenn die ordnungsgemäße Erledigung der Dienstgeschäfte gewährleistet ist. Der Urlaub ist dem Dienstvorgesetzten rechtzeitig vor Urlaubsantritt anzuzeigen.

(6) Will die Beamtin oder der Beamte aus wichtigen Gründen den erteilten Erholungsurlaub verlegen oder abbrechen, so ist dem Antrag zu entsprechen, wenn dienstliche Gründe nicht entgegenstehen.

(7) Wird die Beamtin oder der Beamte während des Erholungsurlaubs durch Krankheit dienstunfähig und wird dies unverzüglich angezeigt, wird die Zeit der Dienstunfähigkeit nicht auf den Erholungsurlaub angerechnet. Die Dienstunfähigkeit ist grundsätzlich durch ein ärztliches Zeugnis nachzuweisen.

(8) Wenn dringende dienstliche Gründe es erfordern, kann die Genehmigung des Erholungsurlaubs widerrufen oder im Falle des Absatzes 5 die Inanspruchnahme des Erholungsurlaubs untersagt werden.

§ 25a Vergütung für bis zur Beendigung des Dienstverhältnisses nicht erfüllten Urlaubsanspruch

(1) Aus dem Dienstverhältnis ausgeschiedenen Beamtinnen und Beamten sind von Amts wegen nicht verfallene Tage an Jahresurlaub zu vergüten, die sie bis zur Beendigung des Dienstverhältnisses tatsächlich nicht nehmen konnten. Zu vergüten sind danach im Kalenderjahr 20 Urlaubstage vermindert um die in dem jeweiligen Kalenderjahr genommenen und aus demselben Kalenderjahr oder aus einem vorangegangenen Kalenderjahr stammenden Tage an Jahresurlaub. Bei einer Verteilung der Arbeitszeit im jeweiligen Kalenderjahr auf in der Regel mehr oder weniger als fünf Tage in der Kalenderwoche erhöht oder vermindert sich die Anzahl der nach Satz 2 zu vergütenden Urlaubstage für jeden zusätzlichen Arbeitstag oder arbeitsfreien Tag um vier Tage, bei einer Änderung der Anzahl der in der Regel in der Kalenderwoche zu leistenden Arbeitstage während des Kalenderjahres entsprechend anteilig für jeden dadurch begründeten Zeitabschnitt. § 21 Absatz 3 Satz 1 bis 3 und § 24 Absatz 3 bis 5 gelten entsprechend.

(2) Ein Urlaubstag wird mit einem Dreizehntel der Summe der Bezüge für die letzten drei Monate vor der Beendigung des Dienstverhältnisses vergütet, geteilt durch die Anzahl der Arbeitstage in der Kalenderwoche, die sich aus der regelmäßigen Verteilung der Arbeitszeit auf die Wochenarbeitstage ergibt. Geht ein zu vergütender Urlaubstag auf den anteiligen Urlaubsanspruch aus einem Zeitabschnitt zurück, in dem bis zur Änderung der Arbeitszeit höhere Bezüge gezahlt wurden, tritt dieser Zeitpunkt an die Stelle der Beendigung des Dienstverhältnisses. § 4 Absatz 4 LBesGBW gilt entsprechend.

(3) Der Vergütungsanspruch entsteht mit dem Ablauf des Tages, an dem die Beamtin oder der Beamte aus dem Dienstverhältnis ausscheidet. § 6 LBesGBW gilt entsprechend.

(4) Ausgeschiedenen beamteten Lehrkräften sind im Kalenderjahr 20 Urlaubstage zu vergüten. Ferientage sind anzurechnen, sofern die Lehrkraft an diesen Tagen dienstfähig war und nicht zum Dienst herangezogen wurde; eine Heranziehung zum Dienst während der Ferien im Sinne dieser Vorschrift liegt vor, wenn diese ausdrücklich angeordnet wurde. Die Absätze 1 bis 3 finden mit der Maßgabe entsprechende Anwendung, dass sich die Anzahl der Arbeitstage pro Kalenderwoche nach der regelmäßigen Verteilung der Unterrichtstage der Lehrkraft auf die Tage in der Kalenderwoche bestimmt.

(5) Für ausgeschiedene Richterinnen und Richter finden die Absätze 1 bis 3 mit Ausnahme von Absatz 1 Satz 3 mit der Maßgabe entsprechende Anwendung, dass sich die

Anzahl der Arbeitstage pro Kalenderwoche nach einer Fünf-Tage-Woche bestimmt.

§ 25b Zusätzliche Vergütung von genommenem Jahresurlaub bei Verringerung der Arbeitszeit

(1) Beamtinnen und Beamten sind von Amts wegen diejenigen Tage an Jahresurlaub zusätzlich zu vergüten, die nach einer Reduzierung der für die Beamtin oder den Beamten geltenden durchschnittlichen Wochenarbeitszeit in einem Zeitabschnitt genommen werden, in dem die durchschnittliche tägliche Arbeitszeit, die sich aus der für die Beamtin oder den Beamten geltenden durchschnittlichen Wochenarbeitszeit geteilt durch die Anzahl der in der Regel in der Kalenderwoche zu leistenden Arbeitstage der Beamtin oder des Beamten ergibt, geringer ist, als während des Zeitabschnitts, aus dem der Urlaubsanspruch stammt. Zusätzlich zu vergüten nach Satz 1 sind für ein Kalenderjahr höchstens 20 unionsrechtlich gewährleistete Mindesturlaubstage; davon sind die vor der Reduzierung der Arbeitszeit im Kalenderjahr tatsächlich genommenen Tage an Erholungsurlaub, die aus demselben Kalenderjahr stammen, in Abzug zu bringen. Gleiches gilt für die aus einem vorangegangenen Kalenderjahr stammenden Urlaubstage, die über den unionsrechtlich gewährleisteten Mindesturlaub hinausgehen. § 24 Absatz 3 und 4 gilt bei der Berechnung der höchstens zusätzlich zu vergütenden Urlaubstage entsprechend.

(2) Die Anzahl der höchstens zusätzlich zu vergütenden Urlaubstage nach Absatz 1 Satz 2 Halbsatz 1 erhöht oder vermindert sich bei einer Verteilung der Arbeitszeit im jeweiligen Kalenderjahr auf in der Regel mehr oder weniger als fünf Arbeitstage in der Kalenderwoche für jeden zusätzlichen Arbeitstag oder arbeitsfreien Tag um vier Tage, bei einem Wechsel der Anzahl der in der Regel in der Kalenderwoche zu leistenden Arbeitstage während des Kalenderjahres entsprechend anteilig nach den Zeitabschnitten mit der gleichen Anzahl an in der Regel in der Kalenderwoche zu leistenden Arbeitstagen.

(3) Die sich aus den vorstehenden Absätzen ergebende Anzahl der höchstens zusätzlich zu vergütenden Urlaubstage ist anteilig auf die maßgeblichen Zeitabschnitte mit einer unterschiedlichen durchschnittlichen täglichen Arbeitszeit zu verteilen. Zur Ermittlung der durchschnittlichen laufenden Monatsbezüge der Monate des Zeitabschnitts, aus dem der Urlaubsanspruch stammt, werden die Zeitabschnitte in zeitlich aufsteigender Reihenfolge herangezogen.

(4) Die zusätzliche Vergütung für einen Urlaubstag beträgt
– drei Dreizehntel der Bezüge für einen Monat, die sich aus den durchschnittlichen laufenden Monatsbezügen der Monate des Zeitabschnitts errechnen, aus dem der Urlaubsanspruch stammt,
– geteilt durch die Anzahl der Arbeitstage in der Kalenderwoche im oben genannten Zeitabschnitt, die sich aus der regelmäßigen Verteilung der Arbeitszeit auf die Wochenarbeitstage ergibt,
– multipliziert mit dem auf zwei Nachkommastellen gerundeten Prozentsatz, um den sich die durchschnittliche tägliche Arbeitszeit zwischen den jeweils maßgeblichen Zeitabschnitten reduziert hat.

Für Bruchteile von Urlaubstagen gilt dies entsprechend.

(5) Laufende Monatsbezüge sind Bezüge nach § 2 Absatz 5, die in festen Monatsbeträgen gezahlt werden. § 4 Absatz 3 LBesGBW ist nicht anzuwenden.

(6) Bei den Berechnungen der vorstehenden Absätze ist auf zwei Nachkommastellen zu runden, soweit nichts anderes bestimmt ist.

(7) Der Anspruch auf zusätzliche Vergütung entsteht mit Ablauf des Tages, an dem die Beamtin oder der Beamte Jahresurlaub nach Absatz 1 tatsächlich genommen hat. § 6 LBesGBW gilt entsprechend.

(8) Für Richterinnen und Richter finden die vorstehenden Absätze mit der Maßgabe entsprechende Anwendung, dass sich die Anzahl der in der Regel in der Kalenderwoche zu leistenden Arbeitstage nach einer Fünf-Tage-Woche bestimmt.

2. Unterabschnitt
Sonderurlaub

§ 26 Besondere Leistungen und Verbesserungsvorschläge

(1) Einer Beamtin oder einem Beamten können für Leistungen, die besondere Anerkennung verdienen, im Kalenderjahr bis zu drei Tage Sonderurlaub unter Belassung der Bezüge bewilligt werden.

(2) Auf Empfehlung des Ausschusses für das Vorschlagswesen kann einer Beamtin oder einem Beamten für jeden angenommenen Verbesserungsvorschlag bis zu drei Tage, für einen abgelehnten Vorschlag ein Tag Sonderurlaub unter Belassung der Bezüge bewilligt werden.

§ 27 Dienstjubiläen

Die Beamtin oder der Beamte erhält in dem Kalenderjahr ihres oder seines 25-, 40- und 50-jährigen Dienstjubiläums jeweils einen Tag Sonderurlaub unter Belassung der Bezüge. § 3 Abs. 2 Satz 2 und § 4 der Jubiläumsgabenverordnung gelten entsprechend.

§ 28 Familienheimfahrten

Für Familienheimfahrten im Sinne von § 5 Abs. 1 der Landestrennungsgeldverordnung kann bei Vorliegen besonderer Gründe im Kalenderjahr bis zu zwei Tage Sonderurlaub unter Belassung der Bezüge bewilligt werden.

§ 29 Sonderurlaub aus verschiedenen Anlässen

(1) Sofern dienstliche Gründe nicht entgegenstehen, kann der Beamtin oder dem Beamten für die notwendige Dauer der Abwesenheit Sonderurlaub unter Belassung der Bezüge bewilligt werden

1. aus wichtigem persönlichem Anlass,
2. zur Ausübung ehrenamtlicher Tätigkeit im öffentlichen Leben,
3. zur Teilnahme an Tagungen, Lehrgängen und Veranstaltungen, soweit sie
   a) staatsbürgerlichen Zwecken dienen oder
   b) von Organisationen, deren Tätigkeit im öffentlichen Interesse liegt, durchgeführt werden und an den Tagungen, Lehrgängen und Veranstaltungen ein öffentliches Interesse besteht oder
   c) fachlichen Zwecken dienen und im dienstlichen Interesse liegen.

(2) Zur Beaufsichtigung, Betreuung oder Pflege eines erkrankten Kindes, welches das 12. Lebensjahr noch nicht vollendet hat oder behindert und auf Hilfe angewiesen ist, ist für die notwendige Dauer der Abwesenheit Sonderurlaub zu bewilligen. Der Anspruch besteht längstens für zehn Arbeitstage im Kalenderjahr für jedes Kind, jedoch für nicht mehr als 25 Arbeitstage im Kalenderjahr. Für alleinerziehende Beamtinnen und Beamte besteht der Anspruch längstens für 20 Arbeitstage im Kalenderjahr für jedes Kind, jedoch für nicht mehr als 50 Arbeitstage im Kalenderjahr. Für neun Zehntel der in Satz 2 und 3 genannten Tage wird der Sonderurlaub unter Belassung der Bezüge bewilligt. Die Beaufsichtigungs-, Betreuungs- oder Pflegebedürftigkeit des Kindes ist auf Verlangen durch ein ärztliches Zeugnis nachzuweisen; ein ärztliches Zeugnis ist stets vorzulegen, wenn die Dauer der Krankheit voraussichtlich eine Woche übersteigen wird, es sei denn, dass auf die Vorlage des ärztlichen Zeugnisses ausnahmsweise verzichtet wird.

(3) Abweichend von Absatz 1 Nr. 2 ist Sonderurlaub unter Belassung der Bezüge zu bewilligen, wenn er zur Ausübung einer ehrenamtlichen Tätigkeit

1. im Gemeinderat, im Kreistag oder im entsprechenden Vertretungsorgan einer sonstigen der Aufsicht des Landes unterstehenden Körperschaft, Anstalt oder Stiftung des öffentlichen Rechts, im Bezirksbeirat oder im Ortschaftsrat oder
2. als gerichtlich bestellte Betreuerin oder gerichtlich bestellter Betreuer

erforderlich ist.

(4) Der Sonderurlaub nach Absatz 1 Nr. 3 soll fünf Arbeitstage im Kalenderjahr nicht überschreiten; er darf höchstens zehn Arbeitstage betragen. Die oberste Dienstbehörde kann in besonders begründeten Fällen Ausnahmen von der Höchstdauer zulassen.

§ 30 Kuren

Sonderurlaub unter Belassung der Bezüge wird bewilligt für

1. Kuren, die als beihilfefähig anerkannt sind oder für die beamtenrechtliche Heilfürsorge oder Unfallfürsorge genehmigt worden ist,
2. medizinische Vorsorge- oder Rehabilitationsmaßnahmen, die ein Träger der gesetzlichen Renten-, Kranken- oder Unfallversicherung, ein Versorgungs- oder sonstiger Sozialleistungsträger bewilligt hat und die in einer Einrichtung der medizinischen Vorsorge oder Rehabilitation durchgeführt werden.

Bei der Festlegung des Beginns des Sonderurlaubs soll auf dienstliche Belange Rücksicht genommen werden. Die Beurlaubung erfolgt für die als beihilfefähig anerkannte oder vom Leistungsträger bewilligte Dauer; für Nachkuren oder Schonungszeiten wird kein Sonderurlaub bewilligt.

3. Unterabschnitt
Urlaub aus sonstigen Gründen

§ 31

(1) Urlaub aus sonstigen Gründen kann bis zu sechs Monaten bewilligt werden, wenn dienstliche Gründe nicht entgegenstehen. Die oberste Dienstbehörde kann in Ausnahmefällen die Bewilligung von Urlaub über sechs Monate hinaus zulassen; bei Beamtinnen und Beamten des Landes in der Regel nur, wenn besondere Landesinteressen dies rechtfertigen. Die oberste Dienstbehörde kann die Befugnis auf nachgeordnete Dienststellen und Betriebe übertragen. Die Beurlaubung von Beamtinnen und Beamten des Landes zur Beschäftigung im Arbeitnehmerverhältnis beim Land gegen eine höhere Bezahlung ist nicht zulässig. Zum Zwecke der Aufnahme einer Tätigkeit bei einem anderen Dienstherrn ist eine Beurlaubung von Beamtinnen und Beamten des Landes nur ausnahmsweise im Rahmen besonderer haushaltsrechtlicher Ermächtigungen oder mit Zustimmung des Finanzministeriums zulässig.

(2) Abweichend von Absatz 1 kann Beamtinnen und Beamten zur Ausübung einer Tätigkeit bei einer privatrechtlich organisierten Einrichtung der öffentlichen Hand, die öffentliche Aufgaben wahrnimmt, oder einer öffentlich-rechtlich organisierten Einrichtung ohne Dienstherreigenschaft langfristig Urlaub unter Wegfall der Bezüge bewilligt werden, wenn

1. die Beurlaubung dienstlichen Interessen dient,
2. eine Zuweisung nach § 20 des Beamtenstatusgesetzes (BeamtStG) ausscheidet oder für den Dienstherrn insgesamt mit höheren Kosten verbunden wäre und
3. der Beamtin oder dem Beamten die Entlassung aus dem Beamtenverhältnis nicht zumutbar ist.

Eine Rückkehr aus dem Urlaub kann zugelassen werden, wenn der Beamtin oder dem Beamten die Fortsetzung des Urlaubs nicht zugemutet werden kann und dienstliche Belange nicht entgegenstehen.

(3) Urlaub, der lediglich persönlichen Belangen der Beamtin oder des Beamten dient, wird unter Wegfall der Bezüge bewilligt.

(4) Dient Urlaub nach Absatz 1 auch dienstlichen Interessen, können die Bezüge bis zur Dauer von sechs Monaten, für die sechs Wochen übersteigende Zeit jedoch nur in halber Höhe, belassen werden. Die oberste Dienstbehörde kann in Ausnahmefällen zulassen, dass die Bezüge in größerem Umfang belassen werden. Bei Beamtinnen und Beamten des Landes sind Ausnahmen nach Satz 2 nur zulässig

1. im Rahmen besonderer haushaltsrechtlicher Ermächtigungen oder
2. mit Zustimmung des Finanzministeriums in den Fällen ausländischer Lehr- und Forschungsaufenthalte von Hochschullehrerinnen und Hochschullehrern, des gegenseitigen Austauschs oder der Kostenerstattung durch Dritte.

4. Abschnitt
Mutterschutz

§ 32 Schutzfristen vor und nach der Entbindung

(1) In den letzten sechs Wochen vor der Entbindung darf eine Beamtin nicht beschäftigt werden, es sei denn, dass sie sich zur Dienstleistung ausdrücklich bereit erklärt; die Erklärung kann jederzeit mit Wirkung für die Zukunft widerrufen werden. Entbindet eine Beamtin früher oder später als an dem voraussichtlichen Tag der Entbindung, so verkürzt oder verlängert sich die Frist nach Satz 1 entsprechend.

(2) In den ersten acht Wochen nach der Entbindung darf eine Beamtin nicht beschäftigt werden. Die Frist verlängert sich auf zwölf Wochen

1. bei Frühgeburten,
2. bei Mehrlingsgeburten oder
3. wenn vor Ablauf von acht Wochen nach der Entbindung bei dem Kind eine Behinderung im Sinne von § 2 Absatz 1 Satz 1 SGB IX ärztlich festgestellt wird.

Bei vorzeitiger Entbindung verlängert sich die Schutzfrist nach Satz 1 oder nach Satz 2 um den Zeitraum der Verkürzung der Schutzfrist vor der Entbindung nach Absatz 1 Satz 2. Die Schutzfrist nach Satz 2 Nummer 3 verlängert sich nur, wenn die Beamtin dies beantragt.

(3) Eine Beamtin darf nach dem Tod ihres Kindes oder in sonstigen besonders begründeten Fällen bereits nach Ablauf der ersten zwei Wochen nach der Entbindung beschäftigt werden, wenn die Beamtin dies ausdrücklich verlangt und nach ärztlichem Zeugnis nichts dagegen spricht. Sie kann ihre Erklärung jederzeit mit Wirkung für die Zukunft widerrufen.

(4) Eine Beamtin auf Widerruf im Vorbereitungsdienst darf bereits in der Schutzfrist nach der Entbindung tätig werden, wenn sie dies ausdrücklich gegenüber ihrer ausbildenden Dienststelle oder ihrem Betrieb verlangt; sie kann ihre Erklärung jederzeit mit Wirkung für die Zukunft widerrufen. Dies gilt für Beamtinnen während einer Qualifizierungs- oder Aufstiegsmaßnahme nach den laufbahnrechtlichen Vorschriften sowie für Auszubildende in öffentlich-rechtlichen Ausbildungsverhältnissen nach § 16 Absatz 5 LBG entsprechend.

§ 33 Mitteilungspflichten, Nachweise und Freistellungen

(1) Sobald einer Beamtin bekannt ist, dass sie schwanger ist, soll sie dies dem Dienstvorgesetzten mitteilen und dabei den voraussichtlichen Tag der Entbindung angeben.

(2) Auf Verlangen des Dienstvorgesetzten ist die Schwangerschaft durch das Zeugnis einer Ärztin, eines Arztes, einer Hebamme oder eines Entbindungspflegers nachzuweisen; das Zeugnis soll den voraussichtlichen Tag der Entbindung angeben. Die Kosten für das Zeugnis trägt die Dienststelle der Beamtin.

(3) Die Beamtin ist vom Dienst freizustellen, soweit dies zur Durchführung von Untersuchungen im Rahmen der Schwangerschaftsüberwachung erforderlich ist und diese Untersuchungen während der Arbeitszeit stattfinden müssen.

(4) Eine stillende Beamtin soll ihrem Dienstvorgesetzten so früh wie möglich mitteilen, dass sie stillt. Sie ist auf ihr Verlangen während der ersten zwölf Monate nach der Entbindung für die zum Stillen erforderliche Zeit vom Dienst freizustellen. § 7 Absatz 2 des Mutterschutzgesetzes (MuSchG) gilt entsprechend.

§ 34 Ärztliches Beschäftigungsverbot

(1) Eine schwangere Beamtin darf nicht beschäftigt werden, soweit nach einem ärztlichen Zeugnis ihre Gesundheit oder die ihres Kindes bei Fortdauer der Beschäftigung gefährdet ist.

(2) Eine Beamtin, die in den ersten Monaten nach der Entbindung nach ärztlichem Zeugnis nicht voll leistungsfähig ist, darf nicht mit Tätigkeiten beschäftigt werden, die ihre Leistungsfähigkeit übersteigen.

§ 35 Verbot der Mehrarbeit, Ruhezeit, Nacht- und Sonntagsarbeit

(1) Eine Beamtin darf während ihrer Schwangerschaft und solange sie stillt nicht zur Mehrarbeit herangezogen werden. Mehrarbeit in diesem Sinne ist jede Dienstleistung, die

1. von jugendlichen Beamtinnen über acht Stunden täglich oder über 40 Stunden wöchentlich,
2. von sonstigen Beamtinnen über acht Stunden und 30 Minuten täglich oder über die regelmäßige wöchentliche Arbeitszeit nach § 4 oder
3. von teilzeitbeschäftigten Beamtinnen über die vereinbarte Arbeitszeit

hinaus geleistet wird.

(2) Nach Beendigung der täglichen Arbeitszeit ist der schwangeren oder stillenden Beamtin eine ununterbrochene Ruhezeit von mindestens elf Stunden zu gewähren.

(3) Eine schwangere oder stillende Beamtin darf nicht in der Nacht zwischen 20.00 Uhr und 6.00 Uhr beschäftigt werden. Für eine freiwillige Beschäftigung bis 22.00 Uhr gilt § 28 des Mutterschutzgesetzes (MuSchG) entsprechend.

(4) Für die Beschäftigung einer schwangeren oder stillenden Beamtin an Sonn- und Feiertagen gilt § 6 Absatz 1 MuSchG entsprechend mit der Maßgabe, dass § 7 Absatz 2 Satz 3 dieser Verordnung anstelle von § 10 des Arbeitszeitgesetzes Anwendung findet.

(5) Für Beamtinnen auf Widerruf im Vorbereitungsdienst, für Beamtinnen während einer Qualifizierungs- oder Aufstiegsmaßnahme nach den laufbahnrechtlichen Vorschriften sowie für Auszubildende in öffentlich-rechtlichen Ausbildungsverhältnissen nach § 16 Absatz 5 LBG gelten § 5 Absatz 2 und § 6 Absatz 2 MuSchG entsprechend.

§ 36 Weitere Beschäftigungsverbote, Arbeitsbedingungen, unzulässige Tätigkeiten, Schutzmaßnahmen, Pflichten der Dienststelle, Überwachung und Kontrolle

(1) Die §§ 9 bis 14 MuSchG gelten entsprechend; dies gilt insbesondere für die Beschäftigungsverbote in § 10 Absatz 3 und § 13 Absatz 1 Nummer 3 MuSchG.

(2) Für die Mitteilungs- und Aufbewahrungspflichten der Dienststelle gelten § 27 Absatz 1 bis 5 MuSchG entsprechend.

(3) Für die Kontrolle und Überwachung der Einhaltung der dem Gesundheitsschutz dienenden mutterschutzrechtlichen Vorschriften gilt § 29 Absatz 1 bis 4 MuSchG entsprechend; die Regelungen des § 35 sind zu berücksichtigen.

(4) Die aufgrund § 31 Nummer 1 bis 5 und Nummer 7 MuSchG erlassenen Rechtsverordnungen gelten entsprechend.

§ 37 Entlassung

(1) Die Entlassung einer Beamtin nach § 23 Absatz 3 oder 4 BeamtStG oder § 30 Absatz 2 BeamtStG darf

1. während der Schwangerschaft,
2. bis zum Ablauf von vier Monaten nach einer Fehlgeburt nach der zwölften Schwangerschaftswoche oder
3. bis zum Ende der Schutzfrist nach der Entbindung, mindestens jedoch bis zum Ablauf von vier Monaten nach der Entbindung

gegen den Willen der Beamtin nicht ausgesprochen werden, wenn der für die Entlassung zuständigen Behörde die Schwangerschaft oder die Entbindung bekannt war. Eine ohne diese Kenntnis ergangene Entlassungsverfügung ist zurückzunehmen, wenn die Schwangerschaft oder die Entbindung der nach Satz 1 zuständigen Behörde innerhalb von zwei Wochen nach der Zustellung mitgeteilt wird; das Überschreiten dieser Frist ist unschädlich, wenn die Beamtin oder frühere Beamtin dies nicht zu vertreten hat und die Mitteilung unverzüglich nachgeholt wird. Sätze 1 und 2 gelten entsprechend für Vorbereitungsmaßnahmen der nach Satz 1 zuständigen Behörde, die sie im Hinblick auf eine Entlassung trifft.

(2) Abweichend von Absatz 1 kann die Entlassung einer Beamtin auf Probe oder auf Widerruf ausgesprochen werden, wenn ein Sachverhalt vorliegt, bei dem eine Beamtin auf Lebenszeit durch ein Disziplinarverfahren aus dem Beamtenverhältnis zu entfernen wäre.

§ 38 Fortzahlung der Bezüge

(1) Durch die Beschäftigungsverbote nach §§ 32, 34 und § 36 Absatz 1, die Freistellung

nach § 33 Absatz 3 und die Inanspruchnahme der Stillzeit nach § 33 Absatz 4 wird die Fortzahlung der Bezüge nicht berührt.

(2) Durch die Beschäftigungsverbote nach § 35 Abs. 1 werden die Fortzahlung der Erschwerniszulagen für Dienst zu ungünstigen Zeiten, für lageorientierten Dienst und für Wechselschicht- oder Schichtdienst sowie die Vergütung nach § 67a LBesGBW und eines Teils der Vergütung für Gerichtsvollzieherinnen nach der Gerichtsvollzieher-Vergütungsverordnung des Justizministeriums nicht berührt.

(3) Bemessungsgrundlage für die Zahlung der Erschwerniszulagen für Dienst zu ungünstigen Zeiten, für lageorientierten Dienst und für Wechselschicht- oder Schichtdienst sowie für die Vergütung nach § 67a LBesGBW ist der Durchschnitt der Zulagen und der Vergütungen der letzten drei Monate vor Beginn des Monats, in dem die Schwangerschaft eingetreten ist. Bei der Vergütung für Gerichtsvollzieherinnen nach der Gerichtsvollzieher-Vergütungsverordnung des Justizministeriums sind 20 vom Hundert des Durchschnitts dieser Vergütung der letzten drei Monate vor Beginn des Monats, in dem die Schwangerschaft eingetreten ist, maßgebend.

(4) Im Fall der vorzeitigen Beendigung einer Elternzeit nach § 44 Absatz 1 Satz 3 richtet sich die Höhe der Bezüge nach dem Beschäftigungsumfang vor der Elternzeit oder während der Elternzeit, wobei die höheren Bezüge maßgeblich sind.

§ 39 Mutterschaftsgeld

Soweit die Zeiten nach § 32 sowie der Entbindungstag in eine Elternzeit fallen, erhält die Beamtin ein Mutterschaftsgeld in Höhe von 13 Euro je Kalendertag, wenn sie während der Elternzeit nicht teilzeitbeschäftigt ist. Bei einer Beamtin, deren maßgebliche Bezüge vor Beginn der Elternzeit die Versicherungspflichtgrenze in der gesetzlichen Krankenversicherung (§ 6 Abs. 6 des Fünften Buches Sozialgesetzbuch) überschreiten, ist das Mutterschaftsgeld auf insgesamt 210 Euro begrenzt. Maßgebliche Bezüge sind die laufenden monatlichen Dienstbezüge nach § 1 Abs. 2 LBesGBW ohne Familienzuschlag und ohne Auslandsbesoldung sowie die Anwärterbezüge nach § 1 Abs. 3 Nr. 1 LBesGBW und die Unterhaltsbeihilfen nach § 88 LBesGBW. Befand sich die Beamtin vor Beginn der Elternzeit in Elternzeit für ein anderes Kind oder war sie ohne Dienstbezüge beurlaubt, so sind die zuletzt gezahlten Bezüge im Sinne des Satzes 3 sowie die zu diesem Zeitpunkt geltende Versicherungspflichtgrenze in der gesetzlichen Krankenversicherung maßgebend.

5. Abschnitt
Elternzeit

§ 40 Anspruch auf Elternzeit

(1) Beamtinnen und Beamte haben Anspruch auf Elternzeit ohne Bezüge, wenn sie

1. mit
   a) ihrem Kind,
   b) einem Kind, für das sie die Anspruchsvoraussetzungen nach § 1 Abs. 3 oder 4 des Bundeselterngeld- und Elternzeitgesetzes (BEEG) erfüllen, oder
   c) einem Kind, das sie in Vollzeitpflege nach § 33 des Achten Buches Sozialgesetzbuch (SGB VIII) aufgenommen haben,

   in einem Haushalt leben und

2. dieses Kind selbst betreuen und erziehen.

Nicht sorgeberechtigte Elternteile und Personen, die nach Satz 1 Nr. 1 Buchst. b und c Elternzeit nehmen können, bedürfen der Zustimmung des sorgeberechtigten Elternteils.

(1a) Anspruch auf Elternzeit ohne Bezüge haben Beamtinnen und Beamte auch, wenn sie mit ihrem Enkelkind in einem Haushalt leben und dieses Kind selbst betreuen und erziehen und

1. ein Elternteil des Kindes minderjährig ist oder

2. ein Elternteil des Kindes sich in einer Ausbildung befindet, die vor Vollendung des 18. Lebensjahres begonnen wurde und die Arbeitskraft des Elternteils im Allgemeinen voll in Anspruch nimmt.

Der Anspruch besteht nur für Zeiten, in denen keiner der Elternteile des Kindes selbst Elternzeit beansprucht.

(2) Der Anspruch auf Elternzeit besteht bis zur Vollendung des dritten Lebensjahres eines Kindes. Ein Anteil der Elternzeit von bis zu 24 Monaten für jedes Kind ist auf die Zeit vom dritten Geburtstag bis zur Vollendung des achten Lebensjahres übertragbar. Die Zeit des Beschäftigungsverbots nach § 32 Absatz 2 oder nach § 3 Absatz 2 MuSchG (Mutterschutzfrist) wird für die Elternzeit der Mutter auf die Begrenzung nach Satz 1 und 2 angerechnet. Bei mehreren Kindern besteht der Anspruch auf Elternzeit für jedes Kind, auch wenn sich die Zeiträume nach Satz 1 und 2 überschneiden.

(3) Bei einem angenommenen Kind und bei einem Kind in Vollzeit- oder in Adoptionspflege besteht ein Anspruch auf Elternzeit von insgesamt bis zu drei Jahren ab der Aufnahme bei der berechtigten Person, längstens bis zur Vollendung des achten Lebensjahres des Kindes. Absatz 2 Satz 2 und 4 gilt entsprechend.

(4) Die Elternzeit kann, auch anteilig, von jedem Elternteil allein oder von beiden Elternteilen gemeinsam genommen werden. Satz 1 gilt in den Fällen des Absatzes 1 Satz 1 Nr. 1 Buchst. b und c entsprechend.

§ 41 Inanspruchnahme

(1) Die Elternzeit muss

1. für den Zeitraum bis zum vollendeten dritten Lebensjahr des Kindes spätestens sieben Wochen und

2. für den Zeitraum zwischen dem dritten Geburtstag und dem vollendeten achten Lebensjahr des Kindes spätestens 13 Wochen

vor Beginn schriftlich oder elektronisch beantragt werden. Bei Vorliegen dringender Gründe ist ausnahmsweise eine angemessene kürzere Frist möglich. Kann eine sich an die Mutterschutzfrist anschließende Elternzeit aus einem von der Mutter nicht zu vertretenden Grund nicht rechtzeitig beantragt werden, so kann dies innerhalb einer Woche nach Wegfall des Grundes nachgeholt werden.

(2) Bei der Beantragung von Elternzeit nach Absatz 1 Satz 1 Nummer 1 ist anzugeben, für welche Zeiträume innerhalb von zwei Jahren die Elternzeit beantragt wird. Nimmt die Mutter die Elternzeit im Anschluss an die Mutterschutzfrist, wird die Zeit der Mutterschutzfrist auf den Zweijahreszeitraum nach Satz 1 angerechnet. Nimmt die Mutter die Elternzeit im Anschluss an einen auf die Mutterschutzfrist folgenden Erholungsurlaub, werden die Zeit der Mutterschutzfrist und die Zeit des Erholungsurlaubs auf den Zweijahreszeitraum nach Satz 1 angerechnet.

(3) Jeder Elternteil kann seine Elternzeit auf drei Zeitabschnitte verteilen. Eine Verteilung auf weitere Zeitabschnitte ist nur mit Zustimmung der Bewilligungsbehörde möglich. Die Bewilligungsbehörde kann die Inanspruchnahme eines dritten Abschnitts einer Elternzeit bei Entgegenstehen zwingender dienstlicher Belange ablehnen, wenn dieser Abschnitt im Zeitraum zwischen dem dritten Geburtstag und dem vollendeten achten Lebensjahr des Kindes liegen soll.

(4) Bei beamteten Lehrkräften sowie beamteten hauptberuflich tätigen Mitgliedern von Hochschulen mit Lehrverpflichtungen sind Unterbrechungen der Elternzeit, die überwiegend auf die Ferien oder die vorlesungsfreie Zeit entfallen, nicht zulässig; bei Beginn und Ende der Elternzeit dürfen Ferien oder die vorlesungsfreie Zeit nicht ausgespart werden. Ein der Beamtin oder dem Beamten zustehender Erholungsurlaub kann jedoch innerhalb des Kalenderjahres in Anspruch genommen werden.

§ 42 Teilzeitbeschäftigung

(1) Während der Elternzeit ist Beamtinnen und Beamten mit Dienstbezügen auf Antrag eine Teilzeitbeschäftigung in ihrem Beamtenverhältnis mit mindestens der Hälfte der regelmäßigen Arbeitszeit, höchstens mit 32 Stunden wöchentlich zu bewilligen, wenn zwingende dienstliche Belange nicht entgegenstehen. Die Teilzeitbeschäftigung nach Satz 1 kann auch mit weniger als der Hälfte, mindestens aber einem Viertel der regelmäßigen Arbeitszeit bewilligt werden, wenn dies im Interesse des Dienstherrn liegt. Im Schuldienst an öffentlichen Schulen tritt an

die Stelle der wöchentlichen Arbeitszeit nach Satz 1 und 2 die entsprechende Pflichtstundenzahl.

(2) Mit Genehmigung der zuständigen Stelle darf eine Teilzeitbeschäftigung

1. im Arbeitnehmerverhältnis beim eigenen Dienstherrn im Umfang von bis zu 32 Stunden wöchentlich oder
2. in einem sonstigen Arbeitnehmerverhältnis oder als selbstständige Tätigkeit
    a) im Umfang von bis zu zehn Stunden wöchentlich oder
    b) im Umfang von bis zu 32 Stunden wöchentlich, wenn der eigene Dienstherr eine Teilzeitbeschäftigung nach Absatz 1 Satz 2 im beantragten Umfang ablehnt oder keine dem Amt der Beamtin oder des Beamten entsprechende Teilzeitbeschäftigung nach Nummer 1 im beantragten Umfang anbietet, oder
    c) als geeignete Tagespflegeperson im Sinne von § 23 SGB VIII zur Betreuung von bis zu fünf Kindern

nach Maßgabe der nebentätigkeitsrechtlichen Bestimmungen ausgeübt werden. Absatz I Satz 3 gilt entsprechend.

§ 43 Verlängerung

Die Elternzeit kann im Rahmen des § 40 Abs. 2 und 3 verlängert werden, wenn die Bewilligungsbehörde zustimmt. Die Elternzeit ist auf Antrag zu verlängern, wenn ein vorgesehener Wechsel der Inanspruchnahme der Elternzeit unter den Berechtigten aus wichtigem Grund nicht erfolgen kann.

§ 44 Vorzeitige Beendigung

(1) Die Elternzeit kann vorzeitig beendet werden, wenn die Bewilligungsbehörde zustimmt. Die vorzeitige Beendigung wegen der Geburt eines weiteren Kindes oder wegen eines besonderen Härtefalls, insbesondere bei Eintritt einer schweren Krankheit, Schwerbehinderung oder Tod eines Elternteils oder eines Kindes der berechtigten Person oder bei erheblich gefährdeter wirtschaftlicher Existenz der Eltern nach Inanspruchnahme der Elternzeit, kann nur innerhalb von vier Wochen nach der Antragstellung aus dringenden dienstlichen Gründen abgelehnt werden. Die Elternzeit kann zur Inanspruchnahme der Beschäftigungsverbote nach § 32 auch ohne Zustimmung der Bewilligungsbehörde vorzeitig beendet werden.

(2) Stirbt das Kind während der Elternzeit, endet diese spätestens drei Wochen nach dem Tod des Kindes.

(3) Änderungen der Voraussetzungen oder der Inanspruchnahme von Elternzeit sind der Bewilligungsbehörde unverzüglich mitzuteilen.

§ 45 Entlassung

Während der Elternzeit ohne Bezüge darf eine Entlassung nach § 23 Absatz 3 oder 4 BeamtStG oder § 30 Absatz 2 BeamtStG gegen den Willen der Beamtin oder des Beamten nicht ausgesprochen werden. § 37 Absatz 2 gilt entsprechend.

§ 46 Krankenfürsorge

(1) Soweit in Absatz 2 nichts anderes bestimmt ist, wird während der Elternzeit Krankenfürsorge in Form des prozentualen Krankheitskostensatzes entsprechend den Beihilfevorschriften gewährt, sofern Beihilfe nicht bereits auf Grund einer Teilzeitbeschäftigung unmittelbar gewährt wird. Bei der Gewährung einer Beihilfe nach § 78a LBG wird die Krankenfürsorge in Form der pauschalen Beihilfe auch während der Elternzeit gewährt, sofern die pauschale Beihilfe nicht bereits auf Grund einer Teilzeitbeschäftigung unmittelbar gewährt wird.

(2) Beamtinnen und Beamten, die heilfürsorgeberechtigt sind, wird während der Elternzeit Krankenfürsorge entsprechend den Heilfürsorgevorschriften gewährt, sofern Heilfürsorge nicht bereits auf Grund einer Teilzeitbeschäftigung unmittelbar gewährt wird. Beamtinnen und Beamte, die einen Zuschuss zu Beiträgen an eine Krankenversicherung nach Maßgabe des § 20 Abs. 1 und 2 der Heilfürsorgeverordnung erhalten, wird anstelle der Krankenfürsorge nach Satz 1 der Zuschuss während der Elternzeit weitergezahlt; neben dem Zuschuss wird Krankenfürsorge entsprechend § 20 Abs. 4 der Heilfürsorgeverordnung gewährt.

§ 47 Erstattung von Kranken- und Pflegeversicherungsbeiträgen

(1) Beamtinnen und Beamten werden auf Antrag während der Elternzeit die Beiträge für eine die Beihilfe ergänzende Krankheitskosten- und Pflegeversicherung nach Maßgabe der Absätze 2 bis 4 erstattet, wenn die maßgeblichen Bezüge der Beamtin oder des Beamten vor Beginn der Elternzeit die Versicherungspflichtgrenze in der gesetzlichen Krankenversicherung nicht überschritten haben. § 39 Satz 3 und 4 gilt entsprechend.

(2) Besteht ein Anspruch auf Leistungen nach § 46 Abs. 1, werden Beiträge für die eigene Versicherung und die Versicherung der Kinder bei

1. Beamtinnen und Beamten der Besoldungsgruppen A 7 bis A 9, Beamtinnen und Beamten auf Widerruf im Vorbereitungsdienst sowie Auszubildenden in öffentlich-rechtlichen Ausbildungsverhältnissen nach § 16 Abs. 5 LBG bis zu einem Betrag von 120 Euro für den vollen Monat,
2. anderen Beamtinnen und Beamten sowie Richterinnen und Richtern bis zu einem Betrag von 42 Euro für den vollen Monat

erstattet.

(3) Besteht ein Anspruch auf Leistungen nach § 46 Abs. 2, werden Beiträge für die Versicherung der Kinder bis zu einem Betrag von 10 Euro für den vollen Monat erstattet.

(4) § 4 Abs. 3 LBesGBW gilt entsprechend. Eine Beitragserstattung erfolgt nicht, solange eine Teilzeitbeschäftigung nach § 42 mit mindestens der Hälfte der regelmäßigen Arbeitszeit ausgeübt wird. Nehmen die Eltern gemeinsam Elternzeit, steht der Anspruch auf Beitragserstattung nur dem Elternteil zu, bei dem das Kind im Familienzuschlag berücksichtigt wird oder berücksichtigt werden soll.

6. Abschnitt
Pflegezeiten

§ 48 Fernbleiben vom Dienst, Urlaub und Teilzeitbeschäftigung

(1) Die Voraussetzungen für das Fernbleiben vom Dienst nach § 74 Abs. 1 LBG sind auf Verlangen durch ein ärztliches Zeugnis über die Pflegebedürftigkeit oder die Erforderlichkeit der Maßnahmen nach § 74 Abs. 1 LBG nachzuweisen. Als pflegebedürftig im Sinne von § 74 Abs. 1 LBG gelten Personen, die die Voraussetzungen nach den §§ 14 und 15 des Elften Buches Sozialgesetzbuch erfüllen oder voraussichtlich erfüllen werden.

(2) Bei Urlaub nach § 74 Absatz 2 LBG oder Teilzeitbeschäftigung nach § 74 Absatz 2 und 3 LBG haben Beamtinnen und Beamte die Pflegebedürftigkeit der oder des nahen Angehörigen durch Vorlage einer Bescheinigung der Pflegekasse oder des Medizinischen Dienstes der Krankenversicherung nachzuweisen. Bei in der privaten Pflege-Pflichtversicherung versicherten Pflegebedürftigen ist ein entsprechender Nachweis zu erbringen. Als pflegebedürftig im Sinne von § 74 Absatz 2 und 3 LBG gelten Personen, die die Voraussetzungen nach den §§ 14 und 15 des Elften Buches Sozialgesetzbuch erfüllen.

(3) Zur Inanspruchnahme von Urlaub oder Teilzeitbeschäftigung nach § 74 Absatz 4 LBG ist die Erkrankung durch ärztliches Zeugnis nachzuweisen.

(4) Der Urlaub oder die Aufnahme einer Teilzeitbeschäftigung nach § 74 Absatz 2 bis 4 LBG sind spätestens zwei Wochen vor Beginn schriftlich oder elektronisch zu verlangen oder zu beantragen. Bei Vorliegen dringender Gründe ist ausnahmsweise eine angemessene kürzere Frist möglich. Dabei ist gleichzeitig zu erklären, für welchen Zeitraum und in welchem Umfang der Urlaub oder die Teilzeitbeschäftigung in Anspruch genommen werden sollen. Im Falle eines Antrags auf Teilzeitbeschäftigung ist auch die gewünschte Verteilung der Arbeitszeit anzugeben.

§ 48a Krankenfürsorge, Erstattung von Kranken- und Pflegeversicherungsbeiträgen

Während eines Urlaubs unter Wegfall der Bezüge nach § 74 LBG werden Leistungen entsprechend den §§ 46 und 47 gewährt.

§ 48b Änderung der Inanspruchnahme von Pflegezeiten

(1) Der Urlaub oder die Teilzeitbeschäftigung nach § 74 Absatz 2 LBG können bis längstens

sechs Monate, eine Teilzeitbeschäftigung nach § 74 Absatz 3 LBG bis längstens 24 Monate, insgesamt jedoch nur bis zur Höchstdauer von 24 Monaten, für jede pflegebedürftige nahe Angehörige oder jeden pflegebedürftigen nahen Angehörigen in Anspruch genommen werden. Für einen kürzeren Zeitraum in Anspruch genommener Urlaub oder in Anspruch genommene Teilzeitbeschäftigung kann bis zur Höchstdauer verlängert werden. Auf die Verlängerung besteht ein Anspruch, wenn ein vorgesehener Wechsel in der pflegenden Person aus einem wichtigen Grund nicht erfolgen kann.

(2) Ist die Pflegebedürftigkeit entfallen oder ist die häusliche Pflege, die häusliche oder außerhäusliche Betreuung nach § 74 Absatz 2 und 3 LBG oder die Begleitung nach § 74 Absatz 4 LBG unmöglich oder unzumutbar geworden, endet der Urlaub oder die Teilzeitbeschäftigung nach § 74 Absatz 2 bis 4 LBG vier Wochen nach Eintritt der veränderten Umstände. Die Bewilligungsbehörde ist über die veränderten Umstände unverzüglich zu unterrichten. Die Rückkehr aus dem Urlaub, der Übergang zur Vollzeitbeschäftigung oder eine Änderung des Umfangs der Teilzeitbeschäftigung ist auf Antrag zuzulassen, wenn der Beamtin oder dem Beamten die Fortsetzung des Urlaubs oder der Teilzeitbeschäftigung nicht zugemutet werden kann und dienstliche Belange nicht entgegenstehen.

7. Abschnitt
Arbeitsschutz

§ 49 Geltung arbeitsschutzrechtlicher Vorschriften

Für jugendliche Beamtinnen und Beamte gelten §§ 22 und 28 bis 29 JArbSchG sowie die Rechtsverordnungen auf Grund von § 26 Nr. 1 JArbSchG, soweit sie Arbeiten nach § 22 Abs. 1 JArbSchG näher bestimmen, und von § 28 Abs. 2 JArbSchG entsprechend.

§ 50 Ärztliche Untersuchungen

(1) Personen, die das 18. Lebensjahr noch nicht vollendet haben, dürfen als Beamtin oder Beamter nur eingestellt werden, wenn sie vor der Einstellung ärztlich entsprechend § 37 JArbSchG untersucht worden sind. Neun Monate, spätestens ein Jahr nach der Einstellung sind sie erneut ärztlich zu untersuchen. §§ 34, 35, 38 und 39 Abs. 1 JArbSchG gelten entsprechend.

(2) Die Ärztin oder der Arzt teilt der für die Ernennung zuständigen Stelle in dem ärztlichen Zeugnis auch mit,

1. ob die Gesundheit oder die Entwicklung der untersuchten Person durch die Beauftragung mit bestimmten Dienstgeschäften oder durch die Beschäftigung während bestimmter Zeiten gefährdet wird und

2. ob eine außerordentliche Nachuntersuchung erforderlich ist.

(3) Die vorgeschriebenen ärztlichen Untersuchungen für jugendliche Polizeibeamtinnen und -beamte führen die Polizeiärzte durch.

8. Abschnitt
Änderung von Vorschriften, Schlussbestimmungen

§ 51 Änderung der Verordnung über die Zuständigkeiten des Landesamtes für Besoldung und Versorgung
(hier nicht aufgenommen)

§ 52 Übergangsregelungen und Anwendungsbestimmungen

(1) Für Beamtinnen und Beamte, denen beim Inkrafttreten dieser Verordnung ein Anspruch auf Erholungsurlaub nach § 1 Abs. 3 Nr. 2 Buchst. b der Urlaubsverordnung (UrlVO) zustand, beträgt der Jahresurlaub nach § 21 Abs. 1 weiterhin 30 Tage.

(2) Ein nach § 14 Abs. 1 oder 2 UrlVO bewilligter Urlaub kann auch nach Inkrafttreten dieser Verordnung nach den bisherigen Bestimmungen mit Ausnahme von § 14 Abs. 3 Satz 2 UrlVO verlängert werden, wenn der Grund für die Beurlaubung fortbesteht.

(3) Für einen bis zum 28. Februar 2005 bewilligten Erziehungsurlaub gelten die Bestimmungen der Erziehungsurlaubsverordnung vom 1. Dezember 1992 (GBl. S. 751), zuletzt geändert durch Artikel 33 des Gesetzes vom

1. Juli 2004 (GBl. S. 469), für die Dauer der Bewilligung fort.

(4) Für vor dem 1. Juli 2015 geborene oder mit dem Ziel der Adoption aufgenommene Kinder gelten §§ 40 und 41 in der bis zum 30. Juni 2015 geltenden Fassung.

(5) Für eine vor dem 17. November 2018 bewilligte Teilzeitbeschäftigung nach § 42 Absatz 1 AzUVO gilt § 45 AzUVO in der vor dem 17. November 2018 geltenden Fassung weiter.

(6) Mit Wirkung vom 13. Juni 2013 gilt, soweit Erholungsurlaub zu diesem Zeitpunkt noch nicht verfallen war, § 25b für Klägerinnen und Kläger, Widerspruchsführerinnen und Widerspruchsführer sowie Antragstellerinnen und Antragsteller, über deren Ansprüche noch nicht abschließend entschieden worden ist. Dies gilt auch für mittlerweile Ausgeschiedene. Die Anspruchsvoraussetzungen sind durch die personalverwaltenden Stellen innerhalb von drei Monaten nach Verkündung des § 25b zu ermitteln und den bezügezahlenden Stellen mitzuteilen. Eine Nachzahlung nach Satz 1 erfolgt frühestens mit Wirkung ab dem 1. Januar des Jahres der schriftlichen Geltendmachung.

(7) Mit Wirkung vom 13. Juni 2013 gilt, sofern zu diesem Zeitpunkt der Urlaub noch nicht verfallen ist, in der am 21. November 2020 geltenden Fassung

1. § 21 Absatz 3 Satz 1 bis 3 für die Ermittlung des Urlaubsanspruchs, wenn zu diesem Zeitpunkt oder später eine Verringerung der in der Regel in der Kalenderwoche zu leistenden Arbeitstage während des Kalenderjahres stattgefunden hat; führt die Anwendung der Vorschrift zu einem höheren Urlaubsanspruch als bisher ermittelt, können die zusätzlichen Urlaubstage im laufenden oder nächsten Kalenderjahr genommen werden;

2. § 25a Absatz 1 hinsichtlich der Anspruchsvoraussetzungen und § 25a Absatz 2 hinsichtlich der Berechnung des Tagessatzes der Vergütung für einen Urlaubsanspruch, der aufgrund einer nach Verringerung der Anzahl der in der Regel in der Kalenderwoche zu leistenden Arbeitstage vorgenommenen Reduzierung bislang nicht vollständig erfüllt wurde, mit der Maßgabe, dass die Anspruchsvoraussetzungen durch die personalverwaltenden Stellen von Amts wegen innerhalb von sechs Monaten ab dem 21. November 2020 zu ermitteln und den bezügezahlenden Stellen mitzuteilen sind.

(8) Mit Wirkung vom 6. November 2018 gilt für den Verfall von Urlaubsansprüchen bei nicht ordnungsgemäßer Aufklärung und Belehrung § 25 Absatz 2 Satz 2 und Satz 3 in der ab dem 1. Januar 2021 geltenden Fassung, soweit Urlaub in dem konkreten Urlaubsjahr noch nicht in Höhe des unionsrechtlich gewährleisteten Mindesturlaubsanspruchs gemäß Artikel 7 Absatz 1 der Richtlinie 2003/88/EG des Europäischen Parlaments und des Rates vom 4. November 2003 über bestimmte Aspekte der Arbeitszeitgestaltung (ABl. L 299 vom 18. 11. 2003, S. 9) in Anspruch genommen wurde.

(9) Mit Wirkung vom 1. Januar 2014 gilt, sofern zu diesem Zeitpunkt der Urlaub noch nicht verfallen ist und die Anwendung der Vorschrift zu einem höheren Vergütungsanspruch als bisher ermittelt führt, § 25a in der am 21. November 2020 geltenden Fassung. Die Anspruchsvoraussetzungen sind durch die personalverwaltenden Stellen von Amts wegen innerhalb von sechs Monaten ab dem 21. November 2020 zu ermitteln und den bezügezahlenden Stellen mitzuteilen.

(10) Bei vor dem 1. September 2021 geborenen oder mit dem Ziel der Adoption aufgenommenen Kindern ist § 42 in der bis zum 30. November 2022 geltenden Fassung weiter anzuwenden.

§ 53 Inkrafttreten

Diese Verordnung tritt am 1. Januar 2006 in Kraft. Gleichzeitig treten außer Kraft

1. die Arbeitszeitverordnung vom 29. Januar 1996 (GBl. S. 76), zuletzt geändert durch Artikel 32 des Gesetzes vom 1. Juli 2004 (GBl. S. 469),

2. die Urlaubsverordnung in der Fassung vom 6. Oktober 1981 (GBl. S. 521), zuletzt geändert durch Artikel 5 des Gesetzes vom 3. Mai 2005 (GBl. S. 321),

3. die Mutterschutzverordnung in der Fassung vom 16. Juli 1992 (GBl. S. 575), zuletzt geändert durch Verordnung vom 18. Februar 2003 (GBl. S. 121),
4. die Erziehungsurlaubsverordnung vom 25. Januar 2005 (GBl. S. 103),
5. die Beamten-Arbeitsschutzverordnung vom 3. Mai 1999 (GBl. S. 181) und
6. die Jugendarbeitsschutzverordnung vom 3. Juli 1979 (GBl. S. 300), geändert durch Verordnung vom 15. März 1993 (GBl. S. 186).

Verordnung der Landesregierung über die Arbeitszeit der beamteten Lehrkräfte an öffentlichen Schulen in Baden-Württemberg (Lehrkräfte-ArbeitszeitVO)

Vom 8. Juli 2014 (GBl. S. 311)

Zuletzt geändert durch
Verordnung der Landesregierung zur Änderung der Verordnung über die Arbeitszeit der beamteten Lehrkräfte an öffentlichen Schulen in Baden-Württemberg
vom 25. Juli 2024 (GBl. Nr. 61)

Auf Grund von § 67 Absatz 1 Satz 1 und 2 Nummer 1 des Landesbeamtengesetzes vom 9. November 2010 (GBl. S. 793, 794) wird mit Zustimmung des Landtags verordnet:

§ 1 Zeitdauer der Unterrichtseinheiten und unterrichtsähnliche Tätigkeiten

(1) Die wöchentliche Unterrichtsverpflichtung umfasst die Zahl der Unterrichtseinheiten mit je 45 Minuten, die vollbeschäftigte Lehrkräfte an öffentlichen Schulen im Rahmen der regelmäßigen Arbeitszeit der Beamtinnen und Beamten wöchentlich zu unterrichten haben. Beträgt die Dauer einer Unterrichtseinheit weniger oder mehr als 45 Minuten, erhöht oder verringert sich die Unterrichtsverpflichtung entsprechend.

(2) Unterrichtsähnliche Tätigkeiten werden in folgendem Umfang auf die Unterrichtsverpflichtung angerechnet:

1. Bei einem Einsatz in Gruppen mit unterrichtsähnlichem Angebot, für das eine Vor- und Nachbereitung wie für den Unterricht nach Absatz 1 erforderlich ist, wird für 45 Minuten einer solchen Einheit eine Wochenstunde auf die Unterrichtsverpflichtung angerechnet.

2. Bei einem Einsatz in Gruppen mit unterrichtsähnlichem Angebot, für das eine Vor- und Nachbereitung nur eingeschränkt erforderlich ist, wird für 1,5 dieser Einheiten mit je 45 Minuten eine Wochenstunde auf die Unterrichtsverpflichtung angerechnet.

3. Bei einem Einsatz in Gruppen mit unterrichtsähnlichem Angebot, für das keine oder nur eine geringfügige Vor- und Nachbereitung erforderlich ist, wird für zwei dieser Einheiten mit je 45 Minuten eine Wochenstunde auf die Unterrichtsverpflichtung angerechnet.

(3) Bei Stundenbruchteilen von 0,5 und mehr wird aufgerundet, im Übrigen abgerundet.

§ 2 Wöchentliche Unterrichtsverpflichtung der Lehrkräfte

(1) Die wöchentliche Unterrichtsverpflichtung beträgt für

1. Lehrkräfte an Grundschulen 28 Wochenstunden,

2. Lehrkräfte an Hauptschulen und Werkrealschulen 27 Wochenstunden,

3. Lehrkräfte an Realschulen und Gymnasien (gehobener Dienst) 27 Wochenstunden,

4. Lehrkräfte an sonderpädagogischen Bildungs- und Beratungszentren 26 Wochenstunden,

5. Lehrkräfte an Gemeinschaftsschulen

    a) nach § 8a Absatz 1 Satz 1 des Schulgesetzes für Baden-Württemberg 27 Wochenstunden,

    b) mit eingerichteter gymnasialer Oberstufe nach § 8a Absatz 2 Satz 2 in Verbindung mit § 8 Absatz 5 des Schulgesetzes für Baden-Württemberg oder dort eingesetzte Lehrkräfte

        aa) im gehobenen Dienst 27 Wochenstunden,

        bb) im höheren Dienst 25 Wochenstunden.

6. Lehrkräfte an Gymnasien (höherer Dienst) 25 Wochenstunden,
7. wissenschaftliche Lehrkräfte an beruflichen Schulen 25 Wochenstunden,
8. Fachlehrkräfte
   a) mit Lehrbefähigung für musisch-technische Fächer und für vorschulische Einrichtungen einschließlich Instrumentallehrkräften sowie Lehrkräften für Stenografie und Maschinenschreiben 28 Wochenstunden,
   b) mit Lehrbefähigung für Schulen für Geistigbehinderte und Schulen für Körperbehinderte einschließlich Schulkindergärten 31 Wochenstunden,
9. Technische Lehrkräfte an Schulen für Geistigbehinderte beziehungsweise an entsprechenden Abteilungen anderer Typen der sonderpädagogischen Bildungs- und Beratungszentren 31 Wochenstunden,
10. Technische Lehrkräfte der kaufmännischen und hauswirtschaftlichen Fachrichtung 27 Wochenstunden,
11. Technische Lehrkräfte der gewerblichen und landwirtschaftlichen Fachrichtung für den fachpraktischen Unterricht bei Erteilung von
    a) fachpraktischer Unterweisung mit bis zu vier Stunden Technologiepraktikum beziehungsweise Praktischer Fachkunde 28 Wochenstunden,
    b) fachpraktischer Unterweisung mit fünf und mehr Stunden Technologiepraktikum beziehungsweise Praktischer Fachkunde 27 Wochenstunden,
12. Sportlehrkräfte 28 Wochenstunden.

(2) Werden Lehrkräfte an mehreren Schularten eingesetzt, gilt die wöchentliche Unterrichtsverpflichtung der Schulart, an der die Lehrkraft überwiegend eingesetzt ist. Ist eine Lehrkraft an mehreren Schularten in gleichem Umfang eingesetzt, gilt die wöchentliche Unterrichtsverpflichtung der Schulart, die die niedrigere wöchentliche Unterrichtsverpflichtung nach Absatz 1 hat. Die wöchentliche Unterrichtsverpflichtung der Lehrkräfte nach Absatz 1 Nummern 4, 8 Buchstabe b und Nummer 9, die sonderpädagogische Aufgaben der individuellen Lern- und Entwicklungsbegleitung wahrnehmen, ist unabhängig von der Schulart, an der sie eingesetzt werden. Stichtag für die Bestimmung ist der erste Unterrichtstag nach den Sommerferien, bei später eingestellten Lehrkräften der erste Unterrichtstag. Unabhängig davon gilt als Lehrkraft an Hauptschulen oder Werkrealschulen der Krankheitsvertreter mit wechselndem Einsatz an einer verbundenen Grund- und Hauptschule oder Grund- und Werkrealschule.

(3) In den in § 3 Absatz 1 aufgeführten Fällen kann Lehrkräften eine Vorgriffstunde genehmigt werden.

§ 2a Ungleichmäßige Verteilung der wöchentlichen Unterrichtsverpflichtung

(1) Die individuell festgesetzte wöchentliche Unterrichtsverpflichtung einer Lehrkraft kann mit deren Zustimmung zur Sicherung der Unterrichtsversorgung über einen Zeitraum von mindestens zwei Schuljahren ungleichmäßig verteilt werden. Dies kann in der Weise erfolgen, dass sie während des ersten Schuljahres überschritten und grundsätzlich während des darauffolgenden Schuljahres durch Zeitausgleich wieder abgebaut wird. Der Zeitausgleich kann in einem späteren Schuljahr erfolgen, wenn er im darauffolgenden Schuljahr aus dienstlichen Interessen ganz oder teilweise nicht möglich ist.

(2) Die ungleichmäßige Verteilung der individuell festgesetzten wöchentlichen Unterrichtsverpflichtung ist nach Genehmigung der zuständigen Schulaufsichtsbehörde von der Schulleitung schriftlich oder elektronisch anzuordnen.

Die Anordnung bei Schulleiterinnen und Schulleitern erfolgt durch die zuständige Schulaufsichtsbehörde; sie ist nur in Ausnahmefällen zulässig.

(3) Die Anordnung nach Absatz 2 ist grundsätzlich nur für Pflicht- oder Wahlpflichtunterricht gemäß den Stundentafeln der einzelnen Schularten zulässig.

(4) In Fällen nach Absatz 1 Satz 3 ist ein Abbauplan erforderlich, der sicherstellen soll, dass der Zeitausgleich vor Eintritt beziehungsweise Versetzung der Lehrkraft in den Ruhestand vollständig erfolgt. Der Abbauplan ist verbindlich. Die Schulleitung legt den Abbauplan, der Anrechnungen, Ermäßigungen und Freistellungen berücksichtigt und von der zuständigen Schulaufsichtsbehörde zu genehmigen ist, fest. In besonders begründeten Ausnahmefällen ist mit Genehmigung der zuständigen Schulaufsichtsbehörde eine Anpassung des Abbauplans möglich.

Bei Schulleiterinnen und Schulleitern wird der Abbauplan von der zuständigen Schulaufsichtsbehörde festgelegt.

(5) Das Kultusministerium wird ermächtigt, das Verfahren in einer Verwaltungsvorschrift zu regeln.

§ 2b Übergangsvorschrift

Die zum Zeitpunkt des Inkrafttretens dieser Verordnung aufgrund einer ungleichmäßigen Verteilung der individuell festgesetzten Unterrichtsverpflichtung vorhandenen Stunden sind, soweit ein Zeitausgleich noch nicht erfolgt ist, für jede Lehrkraft zu ermitteln und zu dokumentieren. Sie gelten nach Bestätigung durch die zuständige Schulaufsichtsbehörde als genehmigt.

In diesen Fällen soll entsprechend § 2a Absatz 4 grundsätzlich ein Abbauplan erstellt werden.

§ 3 Vorgriffstunde

(1) Ab dem Schuljahr 2020/2021 können vollbeschäftigte und teilzeitbeschäftigte Lehrkräfte auf Antrag bei Vorliegen dienstlicher Interessen an der Schule am Vorgriffstundenmodell teilnehmen. Dienstliche Interessen an der Schule liegen in der Regel vor bei Lehrkräften:

1. an Grundschulen,
2. an sonderpädagogischen Bildungs- und Beratungszentren,
3. regional an Werkreal-, Haupt- und Realschulen sowie Gemeinschaftsschulen zur Sicherung der Unterrichtsversorgung im Pflichtbereich
4. an allgemein bildenden Gymnasien und beruflichen Schulen bezogen auf einzelne Fachbedarfe.

(2) Das Vorgriffstundenmodell besteht aus einer Anspar-, einer Karenz- und einer Rückgabephase, die jeweils drei aufeinanderfolgende Schuljahre umfassen und unmittelbar aufeinanderfolgen.

(3) In der drei Schuljahre umfassenden Ansparphase erteilen die Lehrkräfte über die jeweilige individuell festgesetzte Unterrichtsverpflichtung hinaus wöchentlich jeweils eine zusätzliche Unterrichtsstunde (Vorgriffstunde). Diese wirkt sich nicht auf die festgesetzte Unterrichtsverpflichtung aus.

(4) Während der unmittelbar auf die Ansparphase folgenden, drei Schuljahre umfassenden, Karenzphase erteilen die Lehrkräfte Unterricht gemäß der für sie individuell festgesetzten wöchentlichen Unterrichtsverpflichtung.

(5) Die Rückgabe der zusätzlich erteilten Unterrichtsstunden erfolgt unmittelbar im Anschluss an die Karenzphase, in dem die Lehrkräfte in drei aufeinanderfolgenden Schuljahren wöchentlich jeweils eine Unterrichtsstunde weniger erteilen als für sie individuell festgesetzt ist (Rückgabephase). Dies gilt unabhängig davon, ob die betroffenen Lehrkräfte vollbeschäftigt oder teilzeitbeschäftigt sind. Auf Antrag der Lehrkraft kann die Rückgabe der zusätzlich erteilten Unterrichtsstunden abweichend von Satz 1 zusammengefasst im letzten Jahr der Rückgabephase erfolgen, wenn dienstliche Interessen an der Schule nicht entgegenstehen. Der Antrag ist im letzten Jahr der Karenzphase bis spätestens zu dem für die Mitteilung über stellenwirksame Änderungswünsche festgelegten Termin des betreffenden Jahres über die Schule einzureichen. Absatz 6 findet Anwendung.

(6) Für jede am Vorgriffstundenmodell teilnehmende Lehrkraft ist vor Eintritt in die Rückgabephase von der Schulleitung ein Rückgabeplan festzulegen, der sonstige Anrechnungen, Ermäßigungen und Freistellungen auf die wöchentliche Unterrichtsverpflichtung berücksichtigen muss. Dieser ist von der zuständigen Schulaufsichtsbehörde zu genehmigen. Eine vollständige Rückgabe

der im Rahmen des Vorgriffstundenmodells zusätzlich erteilten Unterrichtsstunden muss vor Eintritt beziehungsweise Versetzung in den Ruhestand erfolgen.

(7) Die Regelung nach Absatz 1 gilt nicht für

1. Lehrerinnen während ihrer Schwangerschaft,
2. Lehrkräfte, die vor Beginn des jeweiligen Schuljahres (1. August) noch nicht drei Jahre im aktiven Schuldienst tätig waren oder deren Probezeit noch nicht abgelaufen ist,
3. begrenzt dienstfähige Lehrkräfte,
4. schwerbehinderte Lehrkräfte,
5. Lehrkräfte in einer Maßnahme nach §68 Absatz 3 des Landesbeamtengesetzes (LBG),
6. Schulleiterinnen und Schulleiter,
7. Lehrkräfte in Altersteilzeit,
8. Lehrkräfte, denen Teilzeitbeschäftigung nach §69 Absatz 5 LBG bewilligt wurde,
9. Lehrkräfte, die vor Beginn des Schuljahres 2020/2021 das 50. Lebensjahr vollendet haben (Geburtsdatum bis einschließlich 01. 08. 1970). Diese können auf Antrag einbezogen werden, wenn eine vollständige Rückgabe der zusätzlich erteilten Unterrichtsstunden vor Eintritt beziehungsweise Versetzung in den Ruhestand erfolgt.

Für Zeiten einer Abordnung in den außerschulischen Bereich, Beurlaubung oder Zuweisung der Lehrkräfte, die in der Ansparphase mindestens ein halbes Schuljahr umfassen, wird kein Ausgleich nach Absatz 5 gewährt. Fallen solche Zeiten in die Rückgabephase, wird der Ausgleich nach Absatz 5 entsprechend zeitversetzt und gegebenenfalls zusammengefasst gewährt. Zeiten einer Dienstunfähigkeit infolge Krankheit, die nicht mindestens sechs Wochen umfassen, bleiben unberücksichtigt. Als Zeiträume, in denen die Ansparverpflichtung erfüllt wurde, gelten auch Zeiten einer Elternzeit ohne Teilzeitbeschäftigung bis zu sechs Monaten.

Treten Gründe, die die vorgesehene Teilnahme am freiwilligen Vorgriffstundenmodell unmöglich machen, vor dem Beginn der Ansparphase nach Absatz 3 ein, ist die Bewilligung der Vorgriffstunde zu widerrufen, im Übrigen findet §71 des Landesbesoldungsgesetzes Baden-Württemberg Anwendung.

§4 Unterrichtsverpflichtung des Schulleiters

(1) Aufgabe des Schulleiters ist es, die Schule zu leiten. Der daneben zu erteilende Unterricht bestimmt sich nach den Absätzen 2 bis 5.

(2) Die wöchentliche Unterrichtsverpflichtung der Schulleiter nach §2 Absatz 1 vermindert sich in Abhängigkeit von der Zahl der Klassen an der Schule um die Leitungszeit. Diese beträgt

1. bei bis zu 20 Klassen: 1,25 Wochenstunden je Klasse,
2. ab der 21. bis 40. Klasse: 1,15 Wochenstunden je Klasse,
3. ab der 41. Klasse: 0,6 Wochenstunden je Klasse, mindestens aber elf Wochenstunden.

(3) An Unterricht sind mindestens zu erteilen

1. vom Schulleiter: vier Wochenstunden,
2. vom ständigen Vertreter: acht Wochenstunden,
3. von anderen mit Schulleitungsaufgaben betrauten Lehrkräften: 14 Wochenstunden.

Bei teilzeitbeschäftigten Schulleitern, ständigen Vertretern und anderen mit Schulleitungsaufgaben betrauten Lehrkräften ermäßigen sich die nach Satz 1 mindestens zu leistenden Unterrichtswochenstunden entsprechend dem Beschäftigungsumfang. Ausnahmen von Satz 1 und 2 bedürfen der Zustimmung der oberen Schulaufsichtsbehörde.

(4) Bei Stundenbruchteilen von 0,5 und mehr wird aufgerundet, im Übrigen abgerundet.

(5) Erteilt der Schulleiter über seine Verpflichtung nach den Absätzen 2 bis 4 hinaus Unterricht, kann anderen Lehrkräften, die mit Schulleitungsaufgaben betraut werden, ihre Unterrichtsverpflichtung entsprechend reduziert werden.

(6) Für den Schulleiter einer verbundenen Schule gilt die niedrigste Unterrichtsverpflichtung der verbundenen Schularten.

(7) Maßgebend ist die Klassenzahl, die sich bei Anwendung der Berechnungsgrundlage für die Klassenzahl des jeweils geltenden Organisationserlasses ergibt. In der Oberstufe (Jahrgangsstufe 1 und 2) und in der Praktikantenausbildung im Bereich der Beruflichen Schulen zählen 20 Schüler beziehungsweise Praktikanten beziehungsweise jede Jahrgangsstufe als eine Klasse.

§ 5 Altersermäßigung

(1) Die wöchentliche Unterrichtsverpflichtung der vollbeschäftigten Lehrkräfte aller Schularten ermäßigt sich zu Beginn des Schuljahres, in dem sie

1. das 60. Lebensjahr vollenden, um eine Wochenstunde,
2. das 62. Lebensjahr vollenden, um zwei Wochenstunden.

(2) Bei teilzeitbeschäftigten Lehrkräften ermäßigt sich die wöchentliche Unterrichtsverpflichtung nach Absatz 1 entsprechend deren Beschäftigungsumfang.

§ 6 Schwerbehindertenermäßigung

(1) Die wöchentliche Unterrichtsverpflichtung der vollbeschäftigten schwerbehinderten Lehrkräfte ermäßigt sich auf Antrag bei einem Grad der Behinderung

1. von mindestens 50 um zwei Wochenstunden,
2. von mindestens 70 um drei Wochenstunden,
3. von mindestens 90 um vier Wochenstunden.

(2) Bei teilzeitbeschäftigten Lehrkräften ermäßigt sich die wöchentliche Unterrichtsverpflichtung nach Absatz 1 entsprechend deren Beschäftigungsumfang.

(3) Der Grad der Behinderung ist durch einen Schwerbehindertenausweis nachzuweisen. Die Ermäßigung der Unterrichtsverpflichtung ist auf die Gültigkeitsdauer des Schwerbehindertenausweises befristet.

(4) In besonderen Ausnahmefällen kann auf Antrag der schwerbehinderten Lehrkraft auf Grund eines fachärztlichen Gutachtens eine befristete zusätzliche Ermäßigung von höchstens zwei Wochenstunden gewährt werden.

§ 7 Anrechnungen und Freistellungen

(1) Anrechnungen, Freistellungen und Arbeitsbefreiungen können für die Wahrnehmung besonderer Aufgaben und Funktionen gewährt werden, die nicht von der Unterrichtsverpflichtung umfasst sind.

(2) Diese sind auf der Grundlage entsprechender Ermächtigungen im Bundesrecht, Landesrecht und Landeshaushalt oder aufgrund vom Kultusministerium erlassener Regelungen zulässig.

(3) Anrechnungen, Freistellungen und Arbeitsbefreiungen führen zu einer Reduzierung der jeweiligen individuell festgesetzten wöchentlichen Unterrichtsverpflichtung; sie dürfen diese nicht überschreiten.

§ 8 Drei unterrichtsfreie Tage

Lehrkräfte erhalten in jedem Schuljahr drei unterrichtsfreie Tage, die entsprechend § 3 der Ferienverordnung vom 20. November 1986 (GBl. S. 450) festzulegen sind.

§ 9 Erprobung von Arbeitszeitmodellen

Zur Erprobung von Arbeitszeitmodellen kann das Kultusministerium im Benehmen mit dem Finanzministerium von dieser Verordnung zeitlich begrenzte Ausnahmen zulassen; § 40 der Landeshaushaltsordnung für Baden-Württemberg bleibt unberührt.

§ 10 Inkrafttreten

Diese Verordnung tritt am 1. August 2014 in Kraft.

Landesdisziplinargesetz (LDG)

Vom 14. Oktober 2008 (GBl. S. 343)

Zuletzt geändert durch
Polizeigesetz-Anpassungsgesetz
vom 3. Februar 2021 (GBl. S. 53)

Inhaltsübersicht

Teil 1
Allgemeine Bestimmungen

- § 1 Geltungsbereich
- § 2 Verfahren
- § 3 Bezüge, Ruhegehalt

Teil 2
Disziplinarbehörden, Zuständigkeit

- § 4 Beamte des Landes
- § 5 Beamte der Gemeinden, der Landkreise und der sonstigen Körperschaften, Anstalten und Stiftungen des öffentlichen Rechts
- § 6 Ruhestandsbeamte
- § 7 Zuständigkeit

Teil 3
Verfahren

1. Abschnitt
Einleitung, Gegenstand des Verfahrens

- § 8 Einleitung von Amts wegen
- § 9 Einleitung auf Antrag
- § 10 Ausdehnung, Beschränkung, Wiedereinbeziehung

2. Abschnitt
Durchführung

- § 11 Unterrichtung, Belehrung, Anhörung
- § 12 Ermittlungen
- § 13 Zusammentreffen mit anderen Verfahren, Aussetzung
- § 14 Bindung an tatsächliche Feststellungen aus anderen Verfahren
- § 15 Beweiserhebung
- § 16 Zeugen und Sachverständige, Augenschein
- § 17 Herausgabe von Beweisgegenständen, Beschlagnahmen, Durchsuchungen
- § 18 Niederschriften
- § 19 Innerdienstliche Informationen
- § 20 Abschließende Anhörung

3. Abschnitt
Vorläufige Maßnahmen

- § 21 Vorläufige, nicht amtsgemäße Verwendung
- § 22 Vorläufige Dienstenthebung, Einbehaltung von Bezügen oder Ruhegehalt
- § 23 Form, Rechtswirkungen
- § 24 Verfall und Nachzahlung einbehaltener Beträge

4. Abschnitt
Disziplinarmaßnahmen

- § 25 Arten
- § 26 Bemessung
- § 27 Verweis
- § 28 Geldbuße
- § 29 Kürzung der Bezüge
- § 30 Zurückstufung
- § 31 Entfernung aus dem Beamtenverhältnis
- § 32 Kürzung des Ruhegehalts
- § 33 Aberkennung des Ruhegehalts
- § 34 Zulässigkeit von Disziplinarmaßnahmen nach Straf- oder Bußgeldverfahren
- § 35 Disziplinarmaßnahmeverbot wegen Zeitablaufs

5. Abschnitt
Abschluss

- § 36 Beendigung
- § 37 Einstellung
- § 38 Ausspruch von Disziplinarmaßnahmen

- § 39 Kosten
- § 40 Aufhebung der Abschlussverfügung
- § 41 Ausschluss der Disziplinarbefugnis
- § 42 Verwertungsverbot, Entfernung aus der Personalakte

**Teil 4
Begnadigung**

- § 43

Teil 1
Allgemeine Bestimmungen

§ 1 Geltungsbereich

(1) Dieses Gesetz regelt die Verfolgung von Dienstvergehen, die Beamte und Ruhestandsbeamte des Landes, der Gemeinden, der Landkreise und der sonstigen der Aufsicht des Landes unterstehenden Körperschaften, Anstalten oder Stiftungen des öffentlichen Rechts

1. während ihres Beamtenverhältnisses,
2. während eines früheren Dienstverhältnisses als Beamter, Richter, Berufssoldat oder Soldat auf Zeit oder
3. nach der Beendigung eines solchen Dienstverhältnisses (Nummer 1 oder 2)

begangen haben. Frühere Beamte, die Unterhaltsbeiträge nach beamtenversorgungsrechtlichen Vorschriften beziehen, gelten als Ruhestandsbeamte, ihre Versorgungsbezüge als Ruhegehalt; dies gilt nicht, soweit sie Unterhaltsbeiträge nach § 53 des Landesbeamtenversorgungsgesetzes Baden-Württemberg beziehen.

(2) Soweit sich aus diesem Gesetz nichts anderes ergibt, finden die Bestimmungen dieses Gesetzes über Beamte auch auf Ruhestandsbeamte Anwendung.

§ 2 Verfahren

Soweit sich aus diesem Gesetz nichts anderes ergibt, finden das Landesverwaltungsverfahrensgesetz und, sofern das Verwaltungsgericht in dem Verfahren mitwirkt, die Verwaltungsgerichtsordnung und die zu ihrer Ausführung ergangenen Rechtsvorschriften Anwendung.

§ 3 Bezüge, Ruhegehalt

(1) Monatliche Bezüge im Sinne dieses Gesetzes sind die Summe der Dienstbezüge nach § 1 Abs. 2 des Landesbesoldungsgesetzes Baden-Württemberg und der Anwärterbezüge nach § 1 Abs. 3 Nr. 1 des Landesbesoldungsgesetzes Baden-Württemberg, jeweils ohne Familienzuschlag. Die monatlichen Bezüge von Beamten, die Gebühren beziehen, berechnen sich als Durchschnitt der Gesamtbezüge (Gebühren abzüglich etwaiger Staatsanteile zuzüglich etwaiger Bezüge) der letzten sechs vollen Kalendermonate, bevor eine vorläufige Dienstenthebung wirksam oder eine Disziplinarmaßnahme ausgesprochen wurde.

(2) Wird das Ruhegehalt nach den Vorschriften dieses Gesetzes gemindert, bleiben die auf dem Familienzuschlag beruhenden Teile außer Ansatz.

Teil 2
Disziplinarbehörden, Zuständigkeit

§ 4 Beamte des Landes

Für die Beamten des Landes ist

1. oberste Disziplinarbehörde die oberste Dienstbehörde,
2. höhere Disziplinarbehörde
   a) die Ernennungsbehörde,
   b) wenn nach Buchstabe a der Ministerpräsident zuständig wäre, die oberste Dienstbehörde,
3. untere Disziplinarbehörde der Dienstvorgesetzte.

Jedes Ministerium kann durch Rechtsverordnung für die Beamten seines Geschäftsbereichs die höheren und unteren Disziplinarbehörden abweichend von Satz 1 Nr. 2 und 3 bestimmen.

§ 5 Beamte der Gemeinden, der Landkreise und der sonstigen Körperschaften, Anstalten und Stiftungen des öffentlichen Rechts

(1) Für die Beamten der Gemeinden und Landkreise nehmen die Aufgaben der Disziplinarbehörden

1. gegenüber Landräten, Bürgermeistern und Beigeordneten die Rechtsaufsichtsbehörde,
2. im Übrigen der Dienstvorgesetzte

wahr.

(2) Für die Beamten der sonstigen Körperschaften, Anstalten und Stiftungen des öffentlichen Rechts, die der Aufsicht des Landes unterstehen, nehmen die Aufgaben der Disziplinarbehörden

1. gegenüber dem Leiter der Verwaltung die Aufsichtsbehörde,
2. im Übrigen der Leiter der Verwaltung

wahr. Ist die Leitung der Verwaltung einem Kollegialorgan übertragen oder findet auf Mitglieder des Beschlussorgans einer der in Satz 1 genannten Körperschaften, Anstalten oder Stiftungen das Landesdisziplinarrecht Anwendung, so nimmt die Aufsichtsbehörde die Aufgaben nach Satz 1 Nr. 1 gegenüber den einzelnen Mitgliedern des Organs wahr.

§ 6 Ruhestandsbeamte

Disziplinarbehörden für die Ruhestandsbeamten sind die zum Zeitpunkt des Eintritts in den Ruhestand zuständigen Disziplinarbehörden. Besteht eine Disziplinarbehörde nicht mehr, bestimmt die oberste Dienstbehörde die zuständige Behörde. Besteht die oberste Dienstbehörde nicht mehr, so tritt an ihre Stelle das Ministerium, das für den Bereich zuständig ist, dem der Beamte zum Zeitpunkt des Eintritts in den Ruhestand zugeordnet war.

§ 7 Zuständigkeit

(1) Soweit sich aus diesem Gesetz nichts anderes ergibt, sind die unteren Disziplinarbehörden für die Aufgaben und Befugnisse der Disziplinarbehörden nach diesem Gesetz zuständig.

(2) Aus dienstlichen Gründen können die höheren und obersten Disziplinarbehörden ein Disziplinarverfahren im Einzelfall jederzeit an sich ziehen.

Teil 3
Verfahren

1. Abschnitt
Einleitung, Gegenstand des Verfahrens

§ 8 Einleitung von Amts wegen

(1) Liegen tatsächliche Anhaltspunkte vor, die den Verdacht eines Dienstvergehens rechtfertigen, leitet die Disziplinarbehörde das Disziplinarverfahren ein und macht dies aktenkundig.

(2) Das Verfahren wird nicht eingeleitet, wenn zu erwarten ist, dass eine Disziplinarmaßnahme nach § 34 nicht ausgesprochen werden darf, oder wenn feststeht, dass eine Disziplinarmaßnahme aus sonstigen Gründen nicht in Betracht kommt. Die Gründe sind aktenkundig zu machen und dem Beamten bekannt zu geben. Das Verfahren wird auch nicht eingeleitet, wenn gegen einen Beamten auf Probe oder auf Widerruf Ermittlungen nach § 13 Abs. 3 des Landesbeamtengesetzes eingeleitet worden sind.

(3) Von der Einleitung des Verfahrens kann vorläufig abgesehen werden, solange die Voraussetzungen für eine Aussetzung nach § 13 vorliegen. Die Entscheidung ist aktenkundig zu machen.

(4) Hat der Beamte mehrere Ämter inne, die im Verhältnis von Haupt- und Nebenamt stehen, leitet die für das Hauptamt zuständige Disziplinarbehörde das Verfahren ein. Stehen die Ämter nicht im Verhältnis von Haupt- und Nebenamt, unterrichten die Disziplinarbehörden einander über die Absicht, das Verfahren einzuleiten. Wegen desselben Sachverhalts darf ein weiteres Disziplinarverfahren gegen den Beamten nicht eingeleitet werden.

(5) Beurlaubung, Abordnung und Zuweisung lassen die Zuständigkeit unberührt. Während einer Abordnung begangene Dienstvergehen werden von der für die Beamten der aufnehmenden Behörde zuständigen Disziplinarbehörde verfolgt, wenn die andere Disziplinarbehörde die Verfolgung nicht an sich zieht.

§ 9 Einleitung auf Antrag

Der Beamte kann bei der Disziplinarbehörde die Einleitung eines Disziplinarverfahrens gegen sich beantragen. Der Antrag darf nur abgelehnt werden, wenn tatsächliche Anhaltspunkte, die den Verdacht eines Dienstvergehens rechtfertigen, nicht vorliegen. Die Entscheidung ist dem Beamten schriftlich bekannt zu geben. § 8 Abs. 4 und 5 gilt entsprechend.

§ 10 Ausdehnung, Beschränkung, Wiedereinbeziehung

(1) Das Verfahren kann auf weitere Handlungen ausgedehnt werden, die den Verdacht eines Dienstvergehens rechtfertigen.

(2) Aus dem Verfahren können Handlungen ausgeschieden werden, die für die Bemessung der Disziplinarmaßnahme voraussichtlich nicht ins Gewicht fallen. Ausgeschiedene Handlungen können wieder einbezogen werden, wenn die Voraussetzungen für die Beschränkung entfallen sind.

(3) Ausdehnung, Beschränkung und Wiedereinbeziehung sind aktenkundig zu machen.

(4) Die Maßnahmen sind längstens bis zum Erlass der Abschlussverfügung zulässig. Nicht wieder einbezogene Handlungen können nicht Gegenstand eines anderen Disziplinarverfahrens sein.

2. Abschnitt
Durchführung

§ 11 Unterrichtung, Belehrung, Anhörung

(1) Der Beamte ist über die Einleitung, Ausdehnung und Beschränkung des Verfahrens sowie die Wiedereinbeziehung von Handlungen in das Verfahren zu unterrichten, sobald dies möglich ist, ohne die Aufklärung des Sachverhalts zu gefährden.

(2) Bei der Unterrichtung über die Einleitung oder Ausdehnung ist dem Beamten zu eröffnen, welches Dienstvergehen ihm zur Last gelegt wird. Er ist darauf hinzuweisen, dass es ihm freisteht, sich mündlich oder schriftlich zu äußern oder nicht zur Sache auszusagen und sich jederzeit eines Bevollmächtigten oder Beistands zu bedienen. Er ist ferner darauf hinzuweisen, dass er zu seiner Entlastung einzelne Beweiserhebungen beantragen kann.

(3) Für die Äußerung wird dem Beamten schriftlich eine angemessene Frist gesetzt. Ist der Beamte aus zwingenden Gründen gehindert, die Frist einzuhalten, und hat er dies unverzüglich mitgeteilt, ist die Frist zu verlängern.

(4) § 44a der Verwaltungsgerichtsordnung findet Anwendung. Ist die Belehrung nach Absatz 2 unterblieben oder unrichtig erfolgt, darf die Aussage des Beamten nur mit dessen Zustimmung zu seinem Nachteil verwertet werden. Satz 2 gilt entsprechend für Anhörungen des Beamten zu möglichen Dienstvergehen vor Einleitung des Verfahrens, wenn er bei der ersten Anhörung im Verfahren von dem Recht Gebrauch macht, nicht zur Sache auszusagen.

§ 12 Ermittlungen

Die belastenden, die entlastenden und die weiteren für die Bemessung der Disziplinarmaßnahme bedeutsamen Umstände sind zu ermitteln.

§ 13 Zusammentreffen mit anderen Verfahren, Aussetzung

(1) Das Disziplinarverfahren kann ausgesetzt werden, wenn in einem anderen gesetzlich geregelten Verfahren eine Frage zu entscheiden ist, die für die Entscheidung im Disziplinarverfahren von wesentlicher Bedeutung ist. Die Aussetzung unterbleibt, wenn begründete Zweifel am Sachverhalt nicht bestehen oder das andere Verfahren aus einem Grund nicht betrieben werden kann, der in der Person des Beamten liegt.

(2) Das Disziplinarverfahren kann jederzeit wieder aufgenommen werden. Es ist unverzüglich wieder aufzunehmen, wenn die Voraussetzungen des Absatzes 1 Satz 2 eintreten oder das andere Verfahren unanfechtbar abgeschlossen ist.

(3) Sind gegen einen Beamten auf Probe oder auf Widerruf Ermittlungen nach § 13 Abs. 3 des Landesbeamtengesetzes eingeleitet worden, wird das Disziplinarverfahren bis zur Entscheidung über die Entlassung ausgesetzt.

(4) Der Beamte ist über Aussetzung und Wiederaufnahme des Verfahrens zu unterrichten. § 44a der Verwaltungsgerichtsordnung findet Anwendung.

§ 14 Bindung an tatsächliche Feststellungen aus anderen Verfahren

(1) Die tatsächlichen Feststellungen eines rechtskräftigen Urteils im Straf- oder Bußgeldverfahren oder einer unanfechtbaren Entscheidung über den Verlust der Bezüge wegen schuldhaften Fernbleibens vom Dienst (§ 11

Abs. 1 des Landesbesoldungsgesetzes Baden-Württemberg) sind im Disziplinarverfahren, das denselben Sachverhalt zum Gegenstand hat, bindend. Sind Feststellungen offenkundig unrichtig, hat die Disziplinarbehörde erneut zu ermitteln; die Gründe sind aktenkundig zu machen und dem Beamten mitzuteilen.

(2) Die in einem anderen gesetzlich geregelten Verfahren getroffenen tatsächlichen Feststellungen können der Entscheidung im Disziplinarverfahren ohne weitere Prüfung zu Grunde gelegt werden.

§ 15 Beweiserhebung

(1) Die erforderlichen Beweise sind zu erheben. Insbesondere können

1. schriftliche dienstliche Auskünfte eingeholt,
2. Zeugen und Sachverständige vernommen oder ihre schriftliche Äußerung eingeholt,
3. Urkunden und Akten beigezogen sowie
4. der Augenschein eingenommen

werden.

(2) Niederschriften über Aussagen von Personen, die in einem anderen gesetzlich geregelten Verfahren vernommen worden sind, sowie Niederschriften über einen richterlichen Augenschein können ohne weitere Beweiserhebung verwertet werden.

(3) Einem Beweisantrag des Beamten ist stattzugeben, soweit der Beweis für die Tatfrage, die Schuldfrage oder die Bemessung der Disziplinarmaßnahme von Bedeutung sein kann, es sei denn, dass

1. die Erhebung des Beweises unzulässig,
2. das Beweismittel unerreichbar oder
3. die zu beweisende Tatsache offenkundig, schon erwiesen oder für die Entscheidung unerheblich ist oder als wahr unterstellt werden kann.

§ 16 Zeugen und Sachverständige, Augenschein

(1) Zeugen sind zur Aussage, Sachverständige zur Erstattung von Gutachten verpflichtet. §§ 48, 50, 51 Abs. 1 Satz 1 und Abs. 2, §§ 52 bis 57, 68, 69, 70 Abs. 1 Satz 1, § 72 in Verbindung mit §§ 48, 51 Abs. 2, §§ 68, 69 sowie §§ 74 bis 76, 77 Abs. 1 Satz 1 und § 406f der Strafprozessordnung gelten entsprechend. Soweit eine Aussagegenehmigung erforderlich ist, gilt sie Beschäftigten des Dienstherrn des Beamten als erteilt; sie kann unter den Voraussetzungen des § 37 Abs. 4 Satz 1 oder Abs. 5 des Beamtenstatusgesetzes ganz oder teilweise widerrufen werden.

(2) Dem Beamten ist Gelegenheit zu geben, an der Vernehmung teilzunehmen und hierbei sachdienliche Fragen zu stellen. Auf die Verlegung eines Termins wegen Verhinderung besteht kein Anspruch. Der Beamte kann, auch gemeinsam mit dem Bevollmächtigten, von der Teilnahme ausgeschlossen werden, soweit dies aus wichtigem Grund, insbesondere mit Rücksicht auf den Zweck der Ermittlungen oder zum Schutz der Rechte Dritter, erforderlich ist. Für die Einnahme des Augenscheins gelten die Sätze 1 bis 3 entsprechend.

(3) Das Verwaltungsgericht kann um die Vernehmung ersucht werden bei

1. Zeugen oder Sachverständigen, die ohne Vorliegen eines der in den §§ 52 bis 55 und § 76 der Strafprozessordnung bezeichneten Gründe die Aussage oder die Erstattung des Gutachtens verweigern,

2. Zeugen,
   a) die minderjährig sind,
   b) für welche die Zeugenaussage eine besondere Belastung darstellt oder
   c) bei denen aus gesundheitlichem oder anderem wichtigen Grund eine Sicherung des Beweises angezeigt ist.

Das Ersuchen darf nur vom Leiter der Disziplinarbehörde, seinem allgemeinen Vertreter oder einem beauftragten Beschäftigten, der die Befähigung zum Richteramt besitzt, gestellt werden. In dem Ersuchen sind der Gegenstand der Vernehmung darzulegen sowie die Namen und Anschriften der Beteiligten anzugeben. Über die Rechtmäßigkeit der Verweigerung entscheidet das Gericht durch unanfechtbaren Beschluss. Es führt die Vernehmung durch. Wird der Beamte von der Vernehmung ausgeschlossen, soll sie ihm zeitgleich in Bild und Ton übertragen werden.

§ 17 Herausgabe von Beweisgegenständen, Beschlagnahmen, Durchsuchungen

(1) Für die Sicherstellung und Herausgabe von Gegenständen, die als Beweismittel für die Ermittlungen von Bedeutung sein können, sowie für Beschlagnahmen und Durchsuchungen gelten § 33 Abs. 2 bis 4, § 36 Abs. 2 Satz 1, § 94 Abs. 1 und 2, §§ 95 bis 97, § 98 Abs. 1 Satz 2, Abs. 2 Satz 2 sowie Abs. 4, § 102, § 103 Abs. 1 Satz 1 und Abs. 2, § 104, § 105 Abs. 2 und 3 sowie §§ 106 bis 110 der Strafprozessordnung entsprechend.

(2) Beschlagnahmen und Durchsuchungen ordnet das Verwaltungsgericht auf Antrag der Disziplinarbehörde an; § 16 Abs. 3 Satz 2 gilt entsprechend. Bei Gefahr im Verzug kann die Disziplinarbehörde die Anordnung treffen; die Anfechtungsklage hat keine aufschiebende Wirkung. Die Disziplinarbehörde führt die Maßnahmen durch; § 105 Abs. 5 des Polizeigesetzes findet Anwendung.

(3) Durch die Absätze 1 und 2 wird das Grundrecht der Unverletzlichkeit der Wohnung (Artikel 13 Abs. 1 des Grundgesetzes) eingeschränkt.

§ 18 Niederschriften

(1) Über Anhörungen und Beweiserhebungen sind Niederschriften zu erstellen. § 168a der Strafprozessordnung gilt entsprechend. Bei der Einholung von schriftlichen dienstlichen Auskünften sowie der Beiziehung von Urkunden und Akten genügt die Fertigung eines Aktenvermerks.

(2) Der Beamte erhält Abschriften der Niederschriften und wird über die Einholung oder Beiziehung unterrichtet, sobald dies möglich ist, ohne die Aufklärung des Sachverhalts zu gefährden. §§ 45 und 46 des Landesverwaltungsverfahrensgesetzes bleiben unberührt.

§ 19 Innerdienstliche Informationen

(1) Die Übermittlung personenbezogener Daten, insbesondere von Personalaktendaten sowie Auskünfte hieraus, an eine mit dem Verfahren befasste Stelle ist zulässig, wenn besondere bundes- oder entsprechende landesgesetzliche Verwendungsregelungen nicht entgegenstehen und die Übermittlung unter Berücksichtigung der Belange des Beamten, anderer betroffener Personen und der übermittelnden Stelle zur Durchführung des Verfahrens erforderlich ist.

(2) Die Übermittlung personenbezogener Daten durch eine mit dem Verfahren befasste Stelle an andere öffentliche Stellen ist zulässig, soweit dies zur Durchführung des Verfahrens, im Hinblick auf die künftige Übertragung von Aufgaben oder Ämtern an den Beamten, zur Ausübung der Dienstaufsicht oder im Einzelfall aus besonderen dienstlichen Gründen unter Berücksichtigung der Belange des Beamten und anderer betroffener Personen erforderlich ist.

§ 20 Abschließende Anhörung

Nach Abschluss der Ermittlungen ist dem Beamten Gelegenheit zu geben, sich zu äußern; § 11 Abs. 3 gilt entsprechend. Satz 1 findet keine Anwendung, wenn das Verfahren nach § 37 Abs. 2 eingestellt werden soll.

3. Abschnitt
Vorläufige Maßnahmen

§ 21 Vorläufige, nicht amtsgemäße Verwendung

Ab Einleitung des Disziplinarverfahrens kann die Disziplinarbehörde dem Beamten vorläufig eine in Bezug auf sein Amt geringerwertige Tätigkeit übertragen, wenn er voraussichtlich zurückgestuft wird und eine dem bisherigen Amt entsprechende Verwendung dem Dienstherrn oder der Allgemeinheit nicht zugemutet werden kann. Die Tätigkeit hat mindestens dem Amt zu entsprechen, in das der Beamte voraussichtlich zurückgestuft wird. § 22 Abs. 1 Satz 1 Nr. 2 bleibt unberührt.

§ 22 Vorläufige Dienstenthebung, Einbehaltung von Bezügen oder Ruhegehalt

(1) Ab Einleitung des Disziplinarverfahrens kann die Disziplinarbehörde den Beamten vorläufig des Dienstes entheben, wenn

1. er voraussichtlich aus dem Beamtenverhältnis entfernt oder ihm das Ruhegehalt aberkannt wird oder

2. andernfalls der Dienstbetrieb oder die Ermittlungen wesentlich beeinträchtigt würden und die Enthebung im Hinblick auf die Bedeutung der Sache und die zu erwartende Disziplinarmaßnahme verhältnismäßig ist.

§ 39 des Beamtenstatusgesetzes und § 55 Abs. 4 des Landesbeamtengesetzes bleiben unberührt.

(2) Wird der Beamte nach Absatz 1 Satz 1 Nr. 1 vorläufig des Dienstes enthoben, kann die Disziplinarbehörde verfügen, dass bis zu 50 Prozent der monatlichen Bezüge einbehalten werden.

(3) Wird dem Ruhestandsbeamten voraussichtlich das Ruhegehalt aberkannt, kann die Disziplinarbehörde ab Einleitung des Disziplinarverfahrens verfügen, dass bis zu 30 Prozent des monatlichen Ruhegehalts einbehalten werden.

§ 23 Form, Rechtswirkungen

(1) Verfügungen über vorläufige Maßnahmen sind mit Begründung und Rechtsbehelfsbelehrung zu versehen und dem Beamten oder Ruhestandsbeamten zuzustellen. Vorläufige, nicht amtsgemäße Verwendung und vorläufige Dienstenthebung werden mit der Zustellung, die Einbehaltung von Bezügen oder Ruhegehalt mit Ablauf des Monats der Zustellung wirksam.

(2) Für die vorläufige Dienstenthebung und die Einbehaltung von Bezügen gilt § 31 Abs. 1 Satz 4 und 6, für die Einbehaltung von Ruhegehalt § 33 Abs. 1 Satz 4 entsprechend.

(3) Amtsbezogene Aufwandsentschädigungen entfallen, solange der Beamte des Dienstes enthoben ist.

(4) Wird der Beamte vorläufig des Dienstes enthoben, während er schuldhaft dem Dienst fernbleibt, dauert der nach § 11 Abs. 1 des Landesbesoldungsgesetzes Baden-Württemberg begründete Verlust der Bezüge fort. Er endet in dem Zeitpunkt, in dem der Beamte seinen Dienst aufgenommen hätte, wenn er hieran nicht durch die vorläufige Dienstenthebung gehindert worden wäre. Der Zeitpunkt ist von der Disziplinarbehörde festzustellen und dem Beamten mitzuteilen.

(5) Die Anfechtungsklage hat keine aufschiebende Wirkung.

(6) Die Disziplinarbehörde kann vorläufige Maßnahmen jederzeit ganz oder teilweise auch mit Wirkung für die Vergangenheit aufheben. Vorläufige Maßnahmen enden spätestens mit dem unanfechtbaren Abschluss des Disziplinarverfahrens.

§ 24 Verfall und Nachzahlung einbehaltener Beträge

(1) Die nach § 22 Abs. 2 oder 3 einbehaltenen Beträge verfallen, wenn

1. der Beamte aus dem Beamtenverhältnis entfernt oder ihm das Ruhegehalt aberkannt worden ist,
2. in einem Strafverfahren wegen desselben Sachverhalts eine Strafe verhängt worden ist, die den Verlust der Rechte als Beamter oder Ruhestandsbeamter zur Folge hat,
3. das Disziplinarverfahren nach § 36 Abs. 1 geendet hat und die Disziplinarbehörde feststellt, dass die Entfernung aus dem Beamtenverhältnis oder die Aberkennung des Ruhegehalts gerechtfertigt gewesen wäre.

(2) Andernfalls sind die einbehaltenen Beträge nachzuzahlen. Einkünfte aus Nebentätigkeiten, die der Beamte während der vorläufigen Dienstenthebung aufgenommen hat, sind anzurechnen, wenn ein Dienstvergehen erwiesen ist. Der Beamte ist verpflichtet, über solche Nebentätigkeiten und die Höhe solcher Einkünfte Auskunft zu geben. Die Vorschriften über die Ablieferungspflicht bleiben unberührt.

4. Abschnitt
Disziplinarmaßnahmen

§ 25 Arten

(1) Disziplinarmaßnahmen gegen Beamte sind Verweis, Geldbuße, Kürzung der Bezüge, Zurückstufung und Entfernung aus dem Beamtenverhältnis. Bei Beamten auf Probe und Beamten auf Widerruf sind nur Verweis und

Geldbuße, bei Ehrenbeamten nur Verweis, Geldbuße und Entfernung aus dem Beamtenverhältnis zulässig. § 23 Abs. 3 Satz 1 Nr. 1 und Abs. 4 Satz 1 des Beamtenstatusgesetzes und § 13 Abs. 3 des Landesbeamtengesetzes bleiben unberührt.

(2) Disziplinarmaßnahmen gegen Ruhestandsbeamte sind Kürzung des Ruhegehalts und Aberkennung des Ruhegehalts.

§ 26 Bemessung

(1) Disziplinarmaßnahmen sind nach den Vorschriften der §§ 27 bis 35 zu bemessen. Das Persönlichkeitsbild des Beamten ist zu berücksichtigen.

(2) Darf eine andere Disziplinarmaßnahme berücksichtigt werden, kann auch eine schärfere als die nach der Schwere des Dienstvergehens zulässige Disziplinarmaßnahme ausgesprochen werden.

§ 27 Verweis

Hat der Beamte durch ein leichtes Dienstvergehen das Vertrauen des Dienstherrn oder der Allgemeinheit in die pflichtgemäße Amtsführung geringfügig beeinträchtigt, kann ihm, um ihn zur Pflichterfüllung anzuhalten, eine ausdrücklich als Verweis bezeichnete, schriftliche Rüge erteilt werden.

§ 28 Geldbuße

(1) Hat der Beamte durch ein leichtes Dienstvergehen das Vertrauen des Dienstherrn oder der Allgemeinheit in die pflichtgemäße Amtsführung nicht nur geringfügig beeinträchtigt, kann ihm, um ihn zur Pflichterfüllung anzuhalten, auferlegt werden, einen bestimmten Geldbetrag an den Dienstherrn zu zahlen (Geldbuße). Die Geldbuße darf die Höhe der monatlichen Bezüge, bei Ehrenbeamten die Höhe der monatlichen Aufwandsentschädigung, bei Beamten, die keine monatlichen Bezüge erhalten, 500 Euro nicht überschreiten.

(2) Die Geldbuße kann von den Bezügen oder dem Ruhegehalt abgezogen werden.

§ 29 Kürzung der Bezüge

(1) Hat der Beamte durch ein mittelschweres Dienstvergehen das Vertrauen des Dienstherrn oder der Allgemeinheit in die pflichtgemäße Amtsführung erheblich beeinträchtigt, können, um ihn zur Pflichterfüllung anzuhalten, seine monatlichen Bezüge um höchstens 20 Prozent für längstens drei Jahre anteilig vermindert werden (Kürzung der Bezüge). Bei der Bestimmung des Anteils sind die wirtschaftlichen Verhältnisse des Beamten zu berücksichtigen; jener kann für verschieden lange Zeiträume verschieden hoch festgesetzt werden. Die Kürzung erstreckt sich auf die Bezüge aus allen Ämtern, die der Beamte bei ihrem Beginn innehat. Bei der Anwendung von Ruhens-, Kürzungs- und Anrechnungsvorschriften bleibt die Kürzung der Bezüge unberücksichtigt.

(2) Die Kürzung beginnt mit dem Kalendermonat, der auf den Eintritt ihrer Unanfechtbarkeit folgt. Tritt der Beamte vor Eintritt der Unanfechtbarkeit in den Ruhestand, gilt eine entsprechende Kürzung des Ruhegehalts als festgesetzt. Tritt der Beamte später in den Ruhestand, wirkt die Kürzung mit dem festgesetzten Anteil und für den restlichen Zeitraum auf sein Ruhegehalt fort. Sterbe-, Witwen- und Waisengeld werden nicht gekürzt.

(3) Der Vollzug der Kürzung wird gehemmt, solange der Beamte ohne Bezüge beurlaubt ist. Er kann während seiner Beurlaubung jeweils den monatlichen Kürzungsbetrag vorab an den Dienstherrn entrichten; die Dauer der Kürzung verringert sich entsprechend.

(4) Für die Dauer der Kürzung ist eine Beförderung ausgeschlossen. Der Zeitraum kann verkürzt werden, soweit das mit Rücksicht auf die Dauer des Verfahrens angezeigt ist.

(5) Die Rechtsfolgen der Kürzung erstrecken sich auch auf ein neues Beamtenverhältnis. Einstellung und Anstellung in einem höheren Amt stehen der Beförderung gleich.

§ 30 Zurückstufung

(1) Hat der Beamte durch ein mittelschweres Dienstvergehen das Vertrauen des Dienstherrn oder der Allgemeinheit in die pflichtgemäße Amtsführung nachhaltig erschüttert, kann er, um zur Pflichterfüllung angehalten zu werden oder weil sein Verbleiben im bisherigen Amt dem Dienstherrn oder der Allge-

meinheit nicht zugemutet werden kann, in ein anderes Amt derselben Laufbahn mit geringerem Endgrundgehalt versetzt werden (Zurückstufung). Mit der Zurückstufung verliert der Beamte auch den Anspruch auf die Bezüge aus dem bisherigen Amt und das Recht, die bisherige Amtsbezeichnung zu führen. Soweit nichts anderes bestimmt wird, verliert der Beamte alle Neben- und Ehrenämter, die er wegen des bisherigen Amtes oder auf Verlangen, Vorschlag oder Veranlassung seines Dienstherrn übernommen hatte; die Genehmigungen derartiger Nebenbeschäftigungen erlöschen. Solange der Beamte nach Absatz 2 nicht befördert werden darf, gilt § 29 Abs. 1 Satz 4 entsprechend.

(2) Der Beamte darf frühestens fünf Jahre nach Eintritt der Unanfechtbarkeit befördert werden. Der Zeitraum kann verkürzt werden, soweit das mit Rücksicht auf die Dauer des Verfahrens angezeigt ist.

(3) Die Rechtsfolgen der Zurückstufung erstrecken sich auch auf ein neues Beamtenverhältnis. Einstellung oder Anstellung in einem höheren Amt stehen der Beförderung gleich.

§ 31 Entfernung aus dem Beamtenverhältnis

(1) Hat der Beamte durch ein schweres Dienstvergehen das Vertrauen des Dienstherrn oder der Allgemeinheit in die pflichtgemäße Amtsführung endgültig verloren, wird er aus dem Beamtenverhältnis entfernt. Mit der Entfernung endet das Beamtenverhältnis. Der Beamte verliert auch den Anspruch auf Bezüge und Versorgung sowie die Befugnis, die Amtsbezeichnung und die im Zusammenhang mit dem Amt verliehenen Titel zu führen und die Dienstkleidung zu tragen. Die Entfernung erstreckt sich auf alle Ämter, die der Beamte im Zeitpunkt der Zustellung der Disziplinarverfügung innehat. Der Beamte verliert auch die Rechte aus einem früheren Dienstverhältnis, wenn die Entfernung wegen eines Dienstvergehens in dem früheren Dienstverhältnis ausgesprochen wird. Wird die Entfernung nur wegen eines in einem Ehrenamt oder im Zusammenhang mit ihm begangenen Dienstvergehens ausgesprochen, kann sie auf das Ehrenamt und die in Verbindung mit ihm übernommenen Nebentätigkeiten beschränkt werden.

(2) Bis zum unanfechtbaren Abschluss des Disziplinarverfahrens wird der Beamte des Dienstes enthoben, ein Teil der monatlichen Bezüge wird einbehalten. Der Einbehalt soll in den ersten drei Monaten 20 Prozent, in den weiteren sechs Monaten 35 Prozent, danach 50 Prozent der monatlichen Bezüge betragen. Wird bereits ein Teil der monatlichen Bezüge nach § 22 Abs. 2 einbehalten, soll dieser Einbehalt nicht unterschritten werden. Dem Beamten ist der unpfändbare Teil der monatlichen Bezüge zu belassen. Tritt der Beamte vor Eintritt der Unanfechtbarkeit der Verfügung in den Ruhestand, wird ein Teil des Ruhegehalts einbehalten; die Höhe des Einbehalts bestimmt sich nach § 33 Abs. 2 Satz 2 bis 4. Die Dienstenthebung wird mit der Zustellung, die Einbehaltung von Bezügen oder Ruhegehalt mit dem Ablauf des Monats der Zustellung wirksam; die Anfechtungsklage hat keine aufschiebende Wirkung. Für Verfall und Nachzahlung der einbehaltenen Beträge gilt § 24 entsprechend. Verfallen die einbehaltenen Beträge, hat der Beamte auch die seit der Zustellung gezahlten Beträge zu erstatten, soweit diese den nach Satz 4 zu belassenden Betrag überstiegen haben.

(3) Wer aus dem Beamtenverhältnis entfernt oder gegen wen in einem dem Disziplinarverfahren entsprechenden Verfahren durch die Europäische Gemeinschaft, in einem anderen Mitgliedstaat der Europäischen Gemeinschaft oder einem anderen Vertragsstaat des Abkommens über den Europäischen Wirtschaftsraum eine entsprechende Maßnahme verhängt worden ist, kann nur in besonders begründeten Ausnahmefällen wieder zum Beamten ernannt werden. Die Ernennung ist frühestens nach Ablauf von fünf Jahren seit der Unanfechtbarkeit der Disziplinarverfügung zulässig.

§ 32 Kürzung des Ruhegehalts

Hat der Ruhestandsbeamte ein mittelschweres Dienstvergehen begangen, das geeignet ist, das Ansehen des öffentlichen Dienstes oder des Berufsbeamtentums erheblich zu beeinträchtigen, kann, um ihn zur Pflichterfüllung anzuhalten, sein monatliches Ruhegehalt um höchstens ein Fünftel für längstens drei Jahre anteilig vermindert werden (Kürzung des Ruhegehalts). Wurde das Dienstvergehen ganz oder teilweise während des Beamtenverhältnisses begangen, darf die Disziplinarmaßnahme auch ausgesprochen werden, um Beamte und Ruhestandsbeamte angemessen gleich zu behandeln. Die Kürzung erstreckt sich auf das Ruhegehalt aus allen Ämtern, die der Ruhestandsbeamte bei Eintritt in den Ruhestand innegehabt hat. § 29 Abs. 1 Satz 2 und 4, Abs. 2 Satz 1 und 4 sowie Abs. 5 Satz 1 gilt entsprechend.

§ 33 Aberkennung des Ruhegehalts

(1) Hat der Ruhestandsbeamte ein schweres Dienstvergehen begangen, das geeignet ist, das Ansehen des öffentlichen Dienstes oder des Berufsbeamtentums so zu beeinträchtigen, dass dem Dienstherrn oder der Allgemeinheit ein Fortbestehen des Versorgungsverhältnisses nicht zugemutet werden kann, wird ihm das Ruhegehalt aberkannt. Wurde das Dienstvergehen ganz oder teilweise während des Beamtenverhältnisses begangen, wird dem Ruhestandsbeamten das Ruhegehalt aberkannt, wenn er als Beamter aus dem Beamtenverhältnis zu entfernen wäre. Mit der Aberkennung verliert der Ruhestandsbeamte den Anspruch auf Versorgung einschließlich der Hinterbliebenenversorgung und die Befugnis, die Amtsbezeichnung und die Titel zu führen, die im Zusammenhang mit dem früheren Amt verliehen wurden. Die Aberkennung erstreckt sich auf alle Ämter, die der Ruhestandsbeamte bei Eintritt in den Ruhestand innegehabt hat. § 31 Abs. 1 Satz 5 gilt entsprechend.

(2) Bis zum unanfechtbaren Abschluss des Disziplinarverfahrens wird ein Teil des monatlichen Ruhegehalts einbehalten. Der Einbehalt soll in den ersten drei Monaten 10 Prozent, in den weiteren sechs Monaten 20 Prozent, danach 30 Prozent des monatlichen Ruhegehalts betragen. Wird bereits ein Teil des monatlichen Ruhegehalts nach § 22 Abs. 3 einbehalten soll dieser Einbehalt nicht unterschritten werden. Dem Beamten ist der unpfändbare Teil des monatlichen Ruhegehalts zu belassen. Die Einbehaltung wird mit dem Ablauf des Monats der Zustellung der Verfügung wirksam; die Anfechtungsklage hat keine aufschiebende Wirkung. Für Verfall und Nachzahlung des einbehaltenen Ruhegehalts gilt § 24 entsprechend. Verfällt das einbehaltene Ruhegehalt, hat der Beamte auch das seit der Zustellung gezahlte Ruhegehalt zu erstatten, soweit dieses den nach Satz 4 zu belassenden Betrag überstiegen hat.

(3) § 31 Abs. 3 gilt entsprechend.

§ 34 Zulässigkeit von Disziplinarmaßnahmen nach Straf- oder Bußgeldverfahren

(1) Ist gegen den Beamten im Straf- oder Bußgeldverfahren eine Strafe, Geldbuße oder Ordnungsmaßnahme unanfechtbar verhängt worden oder kann eine Tat nach § 153a Abs. 1 Satz 5 oder Abs. 2 Satz 2 der Strafprozessordnung nach der Erfüllung von Auflagen und Weisungen nicht mehr als Vergehen verfolgt werden, dürfen wegen desselben Sachverhalts

1. ein Verweis nicht,
2. eine Geldbuße, eine Kürzung der Bezüge oder eine Kürzung des Ruhegehalts nur ausgesprochen werden, wenn dies zusätzlich erforderlich ist, um den Beamten zur Pflichterfüllung anzuhalten.

(2) Ist der Beamte im Straf- oder Bußgeldverfahren auf Grund einer Prüfung des Sachverhalts rechtskräftig freigesprochen worden, darf wegen dieses Sachverhalts eine Disziplinarmaßnahme nicht ausgesprochen werden. Dies gilt nicht, soweit der Sachverhalt eine Handlung umfasst, die ein Dienstvergehen darstellt, aber den Tatbestand einer Straf- oder Bußgeldvorschrift nicht erfüllt.

§ 35 Disziplinarmaßnahmeverbot wegen Zeitablaufs

(1) Ein Verweis darf zwei, eine Geldbuße drei, eine Kürzung der Bezüge oder des Ruhege-

halts fünf und eine Zurückstufung sieben Jahre nach der Vollendung eines Dienstvergehens nicht mehr ausgesprochen werden.

(2) Die Fristen werden unterbrochen, wenn das Disziplinarverfahren eingeleitet, ausgedehnt oder vorläufig nicht eingeleitet wird oder Ermittlungen gegen Beamte auf Probe oder auf Widerruf nach § 13 Abs. 3 des Landesbeamtengesetzes angeordnet oder ausgedehnt werden und dies jeweils aktenkundig gemacht wird.

(3) Die Fristen sind gehemmt, solange das Verfahren vorläufig nicht eingeleitet oder ausgesetzt ist und dies jeweils aktenkundig gemacht ist. Die Fristen sind auch gehemmt, solange der Personalrat beim Erlass der Disziplinarverfügung mitwirkt, wegen desselben Sachverhalts ein Straf- oder Bußgeldverfahren geführt wird oder eine Klage aus dem Beamtenverhältnis rechtshängig ist.

5. Abschnitt
Abschluss

§ 36 Beendigung

(1) Das Verfahren ist beendet, wenn

1. der Beamte oder Ruhestandsbeamte gestorben ist,
2. das Beamtenverhältnis durch Entlassung, Verlust der Beamtenrechte oder Entfernung unanfechtbar beendet ist oder
3. der Ruhestandsbeamte seine Rechte nach § 6 Abs. 1 des Landesbeamtenversorgungsgesetzes Baden-Württemberg unanfechtbar verloren hat.

(2) Die Beendigung des Verfahrens ist aktenkundig zu machen. Über die Kosten ist zu entscheiden, wenn dies beantragt wird oder sonst geboten ist.

§ 37 Einstellung

(1) Das Verfahren wird eingestellt, wenn

1. ein Dienstvergehen nicht erwiesen ist,
2. ein Dienstvergehen zwar erwiesen ist, aber eine Disziplinarmaßnahme nicht angezeigt erscheint,
3. eine Disziplinarmaßnahme nach § 34 oder § 35 nicht ausgesprochen werden darf oder
4. das Verfahren oder eine Disziplinarmaßnahme aus sonstigen Gründen unzulässig ist.

(2) Hat das Verfahren ein leichtes oder mittelschweres Dienstvergehen zum Gegenstand und ist das Verschulden des Beamten gering, kann die Disziplinarbehörde mit Zustimmung des Beamten das Verfahren befristet aussetzen und diesem auferlegen, bis zum Ablauf der Frist

1. zur Wiedergutmachung des durch die Handlung entstandenen Schadens eine bestimmte Leistung zu erbringen oder
2. einen Geldbetrag zugunsten einer gemeinnützigen Einrichtung oder des Dienstherrn zu zahlen.

Es können mehrere Auflagen nebeneinander erteilt werden. Die Auflage muss geeignet sein, den Beamten zur Pflichterfüllung anzuhalten. Sie kann nachträglich aufgehoben oder mit Zustimmung des Beamten auferlegt oder geändert werden. Sie ist nicht vollstreckbar. Wird die Auflage nicht fristgerecht erfüllt, ist das Verfahren unverzüglich wieder aufzunehmen; Leistungen, die zur Erfüllung der Auflage erbracht wurden, werden nicht erstattet. Wird die Auflage fristgerecht erfüllt, stellt die Disziplinarbehörde das Verfahren ein.

(3) Ist das Verfahren innerhalb von sechs Monaten seit der Einleitung nicht abgeschlossen, kann der Beamte bei dem Verwaltungsgericht beantragen, eine Frist zum Abschluss des Verfahrens zu bestimmen. Liegt ein zureichender Grund für den fehlenden Abschluss nicht vor, bestimmt das Gericht eine Frist, in der das Verfahren abzuschließen ist. Andernfalls lehnt es den Antrag ab. Die Frist kann auf Antrag des Dienstherrn verlängert werden, wenn dieser sie aus Gründen, die er nicht zu vertreten hat, voraussichtlich nicht einhalten kann. Wird das Verfahren innerhalb der Frist nicht abgeschlossen, stellt die Disziplinarbehörde es ein.

(4) Die Einstellungsverfügung ist mit Begründung, Kostenentscheidung und Rechtsbehelfsbelehrung zu versehen und dem Beamten zuzustellen. Soweit eine Disziplinarmaß-

nahme erstmals ausgesprochen werden soll, ist die Aufhebung einer Einstellungsverfügung nach Absatz 2 oder 3 nur nach § 40 Abs. 2 zulässig.

§ 38 Ausspruch von Disziplinarmaßnahmen

(1) Disziplinarmaßnahmen werden durch Disziplinarverfügung ausgesprochen. Eine Disziplinarmaßnahme nach §§ 29 bis 33 darf nur ausgesprochen werden, wenn

1. die höhere Disziplinarbehörde der Disziplinarverfügung zugestimmt hat,
2. bei Gemeinden mit bis zu 10 000 Einwohnern die Disziplinarverfügung der Rechtsaufsichtsbehörde vorgelegt worden ist; § 121 Abs. 2 der Gemeindeordnung gilt entsprechend.

(2) Die Disziplinarverfügung ist mit Begründung, Kostenentscheidung und Rechtsbehelfsbelehrung zu versehen und dem Beamten zuzustellen. In der Begründung sind der persönliche und berufliche Werdegang des Beamten, der Gang des Disziplinarverfahrens, die Tatsachen, die ein Dienstvergehen begründen, und die anderen Tatsachen und Beweismittel darzustellen, die für die Entscheidung bedeutsam sind. Auf die bindenden Feststellungen eines Urteils oder einer Entscheidung nach § 14 Abs. 1 Satz 1 kann verwiesen werden.

§ 39 Kosten

(1) Die durch das Verfahren entstandenen Kosten werden dem Dienstherrn, dem Beamten und dem Rechtsträger einer Behörde, die nicht Behörde des Dienstherrn ist, aber in dem Verfahren Aufgaben der Disziplinarbehörden wahrgenommen hat, nach den folgenden Vorschriften erstattet.

(2) Wird eine Disziplinarmaßnahme ausgesprochen, trägt der Beamte die Kosten des Verfahrens. Beruht die Maßnahme nur auf einzelnen der ihm zur Last gelegten Handlungen, können die Kosten zwischen dem Beamten und dem Dienstherrn verhältnismäßig geteilt werden.

(3) Wird das Verfahren auf sonstige Weise abgeschlossen, trägt der Dienstherr die Kosten. Ist ein Dienstvergehen erwiesen oder wird das Verfahren nach § 37 Absatz 2 Satz 7 eingestellt, können die Kosten dem Beamten ganz oder anteilig auferlegt werden.

(4) Kosten, die durch das Verschulden des Dienstherrn, des Beamten oder des Rechtsträgers nach Absatz 1 entstanden sind, hat jeweils dieser zu tragen. Das Verschulden eines Vertreters ist dem Vertretenen zuzurechnen.

(5) Kosten sind die Auslagen des Dienstherrn, die zur zweckentsprechenden Rechtsverfolgung oder Rechtsverteidigung notwendigen Aufwendungen des Beamten sowie die Auslagen des Rechtsträgers nach Absatz 1. Hat sich der Beamte eines Bevollmächtigten bedient, sind dessen gesetzliche Gebühren und Auslagen erstattungsfähig.

(6) Die Kosten setzt die Disziplinarbehörde fest, welche die Kostenentscheidung erlassen hat. Die dem Beamten zu erstattenden Kosten werden auf Antrag festgesetzt.

(7) Die gegen den Beamten festgesetzten Kosten können von den Bezügen, dem Ruhegehalt und nachzuzahlenden Beträgen abgezogen werden.

§ 40 Aufhebung der Abschlussverfügung

(1) Auf die Aufhebung einer Einstellungsverfügung, einer Disziplinarverfügung oder einer Kostenentscheidung (Abschlussverfügung) finden die Vorschriften des Landesverwaltungsverfahrensgesetzes über die Aufhebung von Verwaltungsakten Anwendung, soweit sich aus den folgenden Vorschriften nichts anderes ergibt.

(2) Eine Abschlussverfügung kann, auch nachdem sie unanfechtbar geworden ist, ganz oder teilweise auch mit Wirkung für die Vergangenheit aufgehoben werden, wenn nachträglich

1. ein Urteil nach § 14 Abs. 1 Satz 1 rechtskräftig wird, dessen tatsächliche Feststellungen von den tatsächlichen Feststellungen, auf denen die Verfügung beruht, wesentlich abweichen,

2. der Beamte glaubhaft ein Dienstvergehen eingesteht, das in dem Verfahren nicht hat festgestellt werden können, oder
3. die Disziplinarbehörde von Tatsachen Kenntnis erhält, nach denen der Beamte wegen der Handlung, die Gegenstand des Verfahrens war, allein oder zusammen mit anderen Handlungen voraussichtlich aus dem Beamtenverhältnis entfernt oder ihm das Ruhegehalt aberkannt werden wird.

(3) Auf Antrag des Beamten sind die Disziplinarverfügung aufzuheben und das Verfahren einzustellen, wenn nachträglich die Voraussetzungen des § 34 eintreten und danach die Disziplinarmaßnahme nicht zulässig wäre. § 51 Abs. 3 des Landesverwaltungsverfahrensgesetzes findet Anwendung. Für die Ablehnung des Antrags gelten § 38 Abs. 2 Satz 1 und § 39 entsprechend.

(4) Die Aufhebung einer Abschlussverfügung ist längstens bis zum Eintritt eines Verwertungsverbots (§ 42) zulässig. Soweit eine Disziplinarmaßnahme erstmals ausgesprochen oder nach Art oder Höhe verschärft werden soll, ist die Aufhebung nur innerhalb von drei Monaten nach Zustellung der Verfügung zulässig; dies gilt nicht für eine Aufhebung nach Absatz 2.

§ 41 Ausschluss der Disziplinarbefugnis

Handlungen, die Gegenstand des Verfahrens waren, können nicht Gegenstand eines anderen Disziplinarverfahrens sein. Dies gilt nicht für Rechte aus früheren Dienstverhältnissen, auf die sich die Abschlussverfügung nicht erstreckt.

§ 42 Verwertungsverbot, Entfernung aus der Personalakte

(1) Ein Verweis darf nach zwei, eine Geldbuße nach drei, eine Kürzung der Bezüge oder des Ruhegehalts nach fünf und eine Zurückstufung nach sieben Jahren bei weiteren Disziplinarmaßnahmen und sonstigen Personalmaßnahmen nicht mehr berücksichtigt werden (Verwertungsverbot). Der Beamte gilt als nicht von der Disziplinarmaßnahme betroffen.

(2) Die Frist beginnt mit der Unanfechtbarkeit der Disziplinarmaßnahme. Sie endet nicht, solange ein gegen den Beamten eingeleitetes Straf- oder Disziplinarverfahren nicht unanfechtbar abgeschlossen ist, eine andere Disziplinarmaßnahme berücksichtigt werden darf, eine Kürzung der Bezüge oder des Ruhegehalts noch nicht vollzogen oder ein gerichtliches Verfahren über die Beendigung des Beamtenverhältnisses oder über die Geltendmachung von Schadenersatz gegen den Beamten anhängig ist.

(3) Für Disziplinarverfahren, die nicht zu einer Disziplinarmaßnahme geführt haben, tritt ein Verwertungsverbot zwei Jahre nach Abschluss des Verfahrens ein.

(4) Personalaktendaten über den Disziplinarvorgang sind aufgrund des Verwertungsverbots mit Zustimmung des Beamten zu löschen. Auf Antrag des Beamten unterbleibt die Löschung oder erfolgt eine gesonderte Aufbewahrung. Der Antrag ist innerhalb eines Monats zu stellen, nachdem dem Beamten die Löschungsabsicht mitgeteilt und er auf sein Antragsrecht und die Antragsfrist hingewiesen worden ist. Wird der Antrag nicht gestellt, gilt die Zustimmung als erteilt. Der Tenor einer unanfechtbaren Disziplinarverfügung, durch die eine Zurückstufung ausgesprochen wurde, verbleibt stets in der Personalakte. Das Verwertungsverbot ist bei den in der Personalakte verbleibenden Eintragungen zu vermerken.

Teil 4
Begnadigung

§ 43

(1) Dem Ministerpräsidenten steht das Gnadenrecht in Angelegenheiten nach diesem Gesetz zu. Soweit es sich nicht um schwere Fälle handelt, kann er dieses Recht mit Zustimmung der Landesregierung auf andere Stellen übertragen.

(2) Wird die Entfernung aus dem Beamtenverhältnis oder die Aberkennung des Ruhegehalts im Gnadenweg aufgehoben, gilt § 34 Satz 2 des Landesbeamtengesetzes entsprechend.

Verwaltungsvorschrift der Landesregierung und der Ministerien zur Verhütung unrechtmäßiger und unlauterer Einwirkungen auf das Verwaltungshandeln und zur Verfolgung damit zusammenhängender Straftaten und Dienstvergehen (VwV Korruptionsverhütung und -bekämpfung)[1])

Vom 15. Januar 2013 (GABl. S. 55)

Zuletzt geändert durch
Verwaltungsvorschrift zur Änderung der Verwaltungsvorschrift der Landesregierung und der Ministerien zur Verhütung unrechtmäßiger und unlauterer Einwirkungen auf das Verwaltungshandeln und zur Verfolgung damit zusammenhängender Straftaten und Dienstvergehen
vom 30. November 2021 (GABl. S. 491)

1 Anwendungsbereich

(1) Die Maßnahmen zur Korruptionsprävention aller Behörden, Einrichtungen und Dienststellen des Landes bestimmen sich nach dieser Verwaltungsvorschrift.

(2) Die Verwaltungsvorschrift gilt auch für die Gerichte des Landes, soweit sie in Justizverwaltungsangelegenheiten tätig sind.

(3) Den Körperschaften, Anstalten und Stiftungen unter der Aufsicht des Landes wird empfohlen, diese Verwaltungsvorschrift entsprechend anzuwenden. Es bleibt ihnen unbenommen, zusätzliche Regelungen zu treffen.

(4) Öffentlichen Unternehmen oder Unternehmen in einer Rechtsform des privaten Rechts mit Sitz in Baden-Württemberg, deren Anteile mehrheitlich einer Gebietskörperschaft gehören oder deren Anteile ihr zu 25 % und zusammen mit anderen Gebietskörperschaften die Anteile mehrheitlich gehören, wird empfohlen, diese Verwaltungsvorschrift entsprechend anzuwenden. Absatz 3 Satz 2 gilt entsprechend.

2 Begriffsbestimmungen, gesetzliche Regelungen

(1) Besonders gefährdet durch unrechtmäßige und unlautere Einflüsse sind alle Bereiche, die in unmittelbarem Kontakt mit Bürgern oder der Wirtschaft Aufträge vergeben, Verträge abschließen, Fördermittel bewilligen und über Genehmigungen und andere begünstigende Verwaltungsakte oder Ge- und Verbote entscheiden (korruptionsgefährdete Bereiche).

(2) Der Begriff „Korruption" ist nicht verbindlich definiert und kurz zu beschreiben. Im Kern wird er von Strafvorschriften umrissen. Dies sind:

a) die Bestechungsdelikte:
 - Wählerbestechung (§ 108b des Strafgesetzbuches – StGB),
 - Bestechlichkeit und Bestechung von Mandatsträgern (§ 108e StGB),
 - Bestechlichkeit und Bestechung im geschäftlichen Verkehr (§§ 299, 300 StGB),
 - Bestechlichkeit und Bestechung im Gesundheitswesen (§§ 299a, 299b StGB),
 - Vorteilsannahme (§ 331 StGB),
 - Bestechlichkeit (§ 332 StGB),
 - Vorteilsgewährung (§ 333 StGB),
 - Bestechung (§ 334 StGB), auch in Verbindung mit Unterlassen einer Diensthandlung (§ 336 StGB),
 - Besonders schwere Fälle der Bestechlichkeit und Bestechung (§ 335 StGB),
 - Ausländische und internationale Bedienstete (§ 335a StGB) in Verbindung

---

[1]) Die Verwaltungsvorschrift ist zum 31. Dezember 2024 außer Kraft getreten. Zum Zeitpunkt der Drucklegung lag noch keine neue Fassung vor, daher ist die alte Fassung in der Sammlung verblieben.

mit dem jeweils einschlägigen Straftatbestand und

b) die „Begleitdelikte", insbesondere
- Verletzung von Privatgeheimnissen (§ 203 StGB),
- Verwertung fremder Geheimnisse (§ 204 StGB),
- Unterschlagung (§ 246 StGB),
- Strafvereitelung im Amt (§ 258a StGB),
- Geldwäsche, Verschleierung unrechtmäßig erlangter Vermögenswerte (§ 261 StGB),
- Betrug (§ 263 StGB),
- Subventionsbetrug (§ 264 StGB),
- Untreue (§ 266 StGB),
- Urkundenfälschung (§ 267 StGB),
- Wettbewerbsbeschränkende Absprachen bei Ausschreibungen (§ 298 StGB),
- Rechtsbeugung (§ 339 StGB),
- Falschbeurkundung im Amt (§ 348 StGB),
- Verletzung des Dienstgeheimnisses und einer besonderen Geheimhaltungspflicht (§ 353b StGB),
- Verleitung eines Untergebenen zu einer Straftat (§ 357 StGB),
- Verletzung von Geschäftsgeheimnissen (§ 23 des Gesetzes zum Schutz von Geschäftsgeheimnissen).

(3) Das Dienstrecht soll eine unparteiische, uneigennützige und gemeinwohlorientierte Amtsausübung der Beamtinnen und Beamten gewährleisten.

Schuldhafte Pflichtverletzungen können, auch wenn sie keine Straftatbestände erfüllen, als Dienstvergehen disziplinarisch geahndet werden.

(4) Arbeits- und tarifrechtliche Regelungen lassen bei Pflichtverletzungen abgestufte Maßnahmen zu.

3 Verhütung von Korruption

Verhütung von Korruption muss bereits dort ansetzen, wo die Gefahr besteht, dass mit unlauteren Mitteln Einfluss genommen wird. Allerdings sind vor allem längerfristige Einflüsse schwer zu erkennen. So sind die Grenzen zwischen Kontaktpflege und unlauterer Gewährung von Vorteilen oft fließend. Korruptionsrelevante Sachverhalte können sich auch aus Umständen ergeben, die vordergründig ihren Ursprung ausschließlich in der Privatsphäre der Mitarbeiterin beziehungsweise des Mitarbeiters haben, allerdings aufgrund ausdrücklicher oder konkludenter Willensübereinstimmung zwischen Geber und der Mitarbeiterin beziehungsweise dem Mitarbeiter in einem Bezug zu einer dienstlichen Handlung stehen. So kann auch Vertragsbeziehungen zu oder Zuwendungen an Ehegatten, Verwandte oder sonstige der Mitarbeiterin beziehungsweise dem Mitarbeiter nahestehende Personen betreffen. Deshalb muss allgemein von Anfang an möglichen Korruptionsversuchen entgegengetreten werden. Der als Anlage 3 abgedruckte Verhaltenskodex soll den Beschäftigten den Umgang mit den korruptionsrelevanten Themen und Situationen erleichtern.

3.1 Maßnahmen in den Behörden der Landesverwaltung

3.1.1 Geschäftsverteilung

(1) Bei den Ministerien werden alle Maßnahmen zur Verhütung und Bekämpfung der Korruption im gesamten Ressortbereich in einer Organisationseinheit koordiniert. Diese stimmt die Maßnahmen soweit erforderlich auch mit anderen Ressorts ab und veranlasst, dass Hinweisen auf Verdacht von Korruption nachgegangen wird.

(2) Bei allen anderen Behörden obliegt diese Aufgabe der Leitung, wenn sie nicht ausdrücklich im Geschäftsverteilungsplan einer bestimmten Organisationseinheit zugewiesen wird. Die Behördenleitung hat die Möglichkeit, eine Ansprechperson für Korruption zu bestellen, die ihr unmittelbar unterstellt ist und ein Vortragsrecht bei ihr hat. Innerhalb der Behörde fungiert die Ansprechperson für Korruption als zentrale Ansprech- und Beratungsstelle für Fragen zur Korruptionsverhütung und -bekämpfung.

3.1.2 Verbesserung der Abläufe

(1) Die wichtigsten dienstrechtlichen, organisatorischen, haushalts- und kassenrechtlichen Regelungen, die auch korruptionshemmend

VwV Korruptionsverhütung und -bekämpfung I.12

wirken, sind in Anlage 1 enthalten. Diese Regelungen sind strikt einzuhalten.

(2) Die Behördenleitung stellt sicher, dass in korruptionsgefährdeten Bereichen in regelmäßigen Abständen geprüft wird, ob in den Arbeitsabläufen insbesondere bei der Vergabe von Lieferungen und Leistungen

– das Vier-Augen-Prinzip eingehalten wird,
– Interessenkonflikte nicht bestehen und
– Transparenz gewährleistet ist, indem Entscheidungen nachvollziehbar und aktenkundig begründet werden.

(3) Bei der Vergabe von öffentlichen Aufträgen nach den haushalts- und vergaberechtlichen Bestimmungen sind Vorbereitung, Planung und Bedarfsbeschreibung einerseits und die Durchführung des Vergabeverfahrens andererseits sowie möglichst auch die spätere Abnahme und Abrechnung grundsätzlich organisatorisch zu trennen. In den Fällen, in denen dies zu einem unverhältnismäßigen Mehraufwand führen würde, ist anstatt einer organisatorischen Trennung die Verfahrenstransparenz im Sinne von Absatz 2 zu gewährleisten, so dass stets das Vier-Augen-Prinzip eingehalten wird und Entscheidungen nachvollziehbar und aktenkundig begründet werden. Vergaben öffentlicher Aufträge sind auf unzulässige Einflüsse zu kontrollieren.

3.1.3 Führung und Fachaufsicht

(1) Auch bei einem kooperativen Führungsstil können die Vorgesetzten nicht darauf verzichten, Mitarbeiterinnen und Mitarbeiter zu kontrollieren.

(2) Geregelte Informations- und Beteiligungsverfahren der Fachaufsicht sind mit anlassbezogenen oder regelmäßigen Kontrollen zu verbinden.

(3) Dabei ist jeweils auf Anzeichen von Korruption zu achten.

3.1.4 Aufklärung und Fortbildung

(1) Alle Mitarbeiterinnen und Mitarbeiter sollen in regelmäßigen Abständen in Dienstbesprechungen und anderen internen Veranstaltungen über Formen der Korruption und über Maßnahmen zur Korruptionsverhütung und -bekämpfung unterrichtet werden. Dabei sollen auch die Konsequenzen von Pflichtverletzungen dargestellt werden. Zu diesen Veranstaltungen können Experten der Justiz, der Polizei sowie der Bau- und Finanzverwaltung hinzugezogen werden.

(2) Zu den Veranstaltungen im Rahmen der allgemeinen dienstlichen Fortbildung und zu der ergänzenden fach- und behördenspezifischen Fortbildung sind vor allem Vorgesetzte sowie Mitarbeiterinnen und Mitarbeiter aus besonders korruptionsgefährdeten Bereichen sowie aus deren Aufsichts- und Prüfungsbehörden zu entsenden.

3.1.5 Begrenzung der Verwendungszeiten (Rotation)

Jahrelang unveränderte dienstliche Verwendung kann Verbindungen entstehen lassen, die unlautere Einflüsse erleichtern. Es wird daher empfohlen, die Verwendungszeiten in korruptionsgefährdeten Bereichen auf fünf Jahre zu begrenzen. Wo dies wegen der geringen Zahl der Stellen oder starker Spezialisierung nicht möglich ist, müssen Vorgesetzte besonders sorgfältig auf Anzeichen für Korruption achten.

3.2 Maßnahmen bei Großprojekten oder bei Beauftragung von Projektgesellschaften, die die Eigenschaft eines Öffentlichen Auftraggebers nach § 99 Nummern 2 und 4 des Gesetzes gegen Wettbewerbsbeschränkungen (GWB) haben

3.2.1 Wertgrenzen und Verwaltungsermessen

Bei Projekten mit einem Gesamtauftragsvolumen ab 100 000 000 Euro sowie bei Projekten mit Einzelaufträgen ab 20 000 000 Euro (Großprojekte) müssen bei Planung, Ausschreibung, Vergabe, Betreuung und Abrechnung besondere Maßnahmen der Korruptionsverhütung beachtet werden. Dies gilt auch für die losweise Vergabe von Einzelaufträgen ab 1 000 000 Euro. Über Art und Umfang der Maßnahmen entscheiden die Vergabestellen.

3.2.2 Maßnahmen

(1) Bei Projekten, Beauftragungen und losweisen Vergaben nach Nummer 3.2.1 ist die Vergabestelle für die Beachtung der maßgeblichen Vergabevorschriften verantwortlich. Bei Beauftragung einer Projektgesellschaft, die die Eigenschaft eines Öffentlichen Auftraggebers nach § 99 Nummern 2 und 4 GWB hat, ist diese an die Bestimmungen des vierten Teils des GWB und die Vergabeverordnung (VgV) gebunden.

(2) Auf die Regelungen zum Verbot der Annahme von Belohnungen, Geschenken und sonstigen Vorteilen (Anlage 1) ist bei Projekten, Beauftragungen und losweisen Vergaben nach Nummer 3.2.1 in besonderer Weise zu achten.

(3) Die Vertragspartner der öffentlichen Hand sind bei einem Auftragsvolumen ab 20 000 000 Euro und bei losweiser Vergabe von Einzelaufträgen ab 1 000 000 Euro zu verpflichten, alle erforderlichen Maßnahmen zur Vermeidung von Korruption und anderen strafbaren Handlungen zu ergreifen. Hierzu gehören insbesondere Vorsorgemaßnahmen im jeweiligen Unternehmen, um Ausschlussgründe im Sinne von Nummer 3.4.1 zu vermeiden. Wird durch einen Mitarbeiter oder Geschäftsführer beziehungsweise Vorstand des Vertragspartners oder eines von ihm beauftragten Nachunternehmers eine schwere Verfehlung begangen, kann der Vertragspartner mit einer Vertragsstrafe belegt werden. Auf die Verpflichtung nach Satz 1 und die Option eines Vertragsstrafeverlangens sowie deren Höhe ist in den Ausschreibungsunterlagen hinzuweisen.

(4) Für die Freigabe von Rechnungen und Nachträgen, insbesondere den Abschluss des Projektes, wird ein standardisiertes Prüfraster empfohlen.

3.2.3 Ausnahmeregelung

Die Regelungen der Nummern 3.2.1 und 3.2.2 finden keine Anwendung auf die Bereiche der Staatlichen Vermögens- und Hochbauverwaltung sowie der Straßenbauverwaltung Baden-Württemberg; insoweit gelten die jeweiligen bereichsspezifischen Regelungen.

3.3 Hinweise auf Regelungen in anderen Verwaltungsvorschriften

3.3.1 Annahme von Belohnungen, Geschenken und sonstigen Vorteilen

Sowohl für Beamtinnen und Beamte (nach § 42 des Beamtenstatusgesetzes – BeamtStG) als auch für Tarifbeschäftigte, Arbeitnehmer, Praktikanten und Auszubildende nach entsprechenden tarifvertraglichen Bestimmungen, zum Beispiel § 3 Absatz 3 des Tarifvertrages für den öffentlichen Dienst der Länder – TV-L, gilt das Verbot, Belohnungen, Geschenke oder sonstige Vorteile in Bezug auf ihr Amt beziehungsweise mit Bezug auf ihre Tätigkeit anzunehmen, ohne dass die zuständige Stelle zugestimmt hat. Einzelheiten sind insbesondere in der Verwaltungsvorschrift des Innenministeriums zur Durchführung beamtenrechtlicher Vorschriften sowie in den Hinweisen des Finanzministeriums zum Arbeits- und Tarifrecht, Sozialversicherungsrecht, Zusatzversorgungsrecht geregelt (Anlage 1).

3.3.2 Nebentätigkeiten

Bei Nebentätigkeiten ist darauf zu achten, dass sie mit dienstlichen Interessen und Pflichten vereinbar sind. Sie dürfen nicht genehmigt werden, wenn zu befürchten ist, dass durch die Nebentätigkeit dienstliche Interessen beeinträchtigt werden. Eine erteilte Genehmigung ist zu widerrufen, wenn sich bei der Ausübung der Nebentätigkeit eine Beeinträchtigung dienstlicher Interessen ergibt. Nicht genehmigungspflichtige Nebentätigkeiten sind ganz oder teilweise zu untersagen, wenn die Beamtin oder der Beamte bei ihrer Ausübung dienstliche Pflichten verletzt. Wegen der Einzelheiten wird auf die in Anlage 1 genannten Vorschriften verwiesen.

3.3.3 Vergabeverfahren

Bei der Vergabe von Aufträgen sind die einschlägigen Vorschriften des Haushalts- und Vergabewesens (Anlage 1) strikt zu beachten. Die Beauftragten für den Haushalt prüfen, wenn sie gemäß § 9 Absatz 2 der Landeshaushaltsordnung (LHO) beteiligt werden, auch, ob das wirtschaftlichste Angebot den Zuschlag erhalten soll und ob die Art der Vergabe hinreichend begründet ist.

3.3.4 Pfändungen und Abtretungen

Pfändungen und Abtretungen können ein Indikator für die wirtschaftliche Notlage von Bediensteten sein. Sind solche Bedienstete in korruptionsanfälligen Bereichen eingesetzt, besteht potenziell ein erhöhtes Risiko. Die Verfahrenshinweise des Ministeriums für Finanzen und Wirtschaft für die personalverwaltenden Stellen des Landes beim Eingang von Pfändungs- und Abtretungsmitteilungen des Landesamts für Besoldung und Versorgung vom 8. Dezember 2004 sind zu beachten (nicht veröffentlicht; Az.: 1-0300.2/3).

3.3.5 Sponsoring

Die Zulässigkeit von Sponsoringleistungen ist zu prüfen und richtet sich nach den Vorgaben der Gemeinsamen Anordnung der Ministerien zur Förderung von Tätigkeiten des Landes durch Leistungen Privater in der jeweils gültigen Fassung.

3.4 Ausschluss vom Vergabeverfahren; Wettbewerbsregister

3.4.1 Voraussetzungen eines Ausschlusses

(1) Wesentliche Voraussetzung für die Vergabe öffentlicher Aufträge ist, dass ein Unternehmen, auf dessen Angebot der Zuschlag erteilt werden soll, nicht von der Teilnahme an dem Vergabeverfahren ausgeschlossen werden muss. In § 123 Absatz 1 GWB ist vorgesehen, dass Unternehmen von der Teilnahme an Vergabeverfahren zwingend auszuschließen sind, wenn eine für die Leitung des Unternehmens verantwortliche Person wegen einer in § 123 Absatz 1 GWB aufgeführten Straftat rechtskräftig verurteilt wurde. Ein Ausschluss ist möglich bei Vorliegen der in § 124 Absatz 1 GWB aufgeführten Verfehlungen oder weiteren fakultativen Ausschlussgründen. Diese Regelungen gelten für die Vergabe von Bau-, Liefer- und Dienstleistungen. Sie gelten entsprechend für die Vergabe von verteidigungs- oder sicherheitsspezifischen öffentlichen Aufträgen nach Maßgabe des § 104 GWB und §§ 22, 24 der Vergabeverordnung Verteidigung und Sicherheit, für Konzessionsvergaben nach Maßgabe des § 154 GWB sowie für öffentliche Auftragsvergaben unterhalb der EU-Schwellenwerte nach Maßgabe des § 31 der Unterschwellenvergabeordnung und Nummer 13.1 der Verwaltungsvorschrift der Landesregierung über die Vergabe öffentlicher Aufträge. Für die Vergabe von Bauleistungen unterhalb des EU-Schwellenwertes gilt § 16 der Vergabe- und Vertragsordnung für Bauleistungen – Teil A (VOB/A).

(2) Bei Vorliegen eines Ausschlussgrundes nach § 123 oder § 124 GWB oder eines anderen in Absatz 1 genannten Ausschlussgrundes schließen die Vergabestellen ein Unternehmen nicht von der Teilnahme an dem Vergabeverfahren aus, wenn dieses nachgewiesen hat, dass Maßnahmen nach § 125 Absatz 1 Nummer 1 bis 3 GWB ergriffen wurden.

3.4.2 Wettbewerbsregister

(1) Mit dem beim Bundeskartellamt als elektronische Datenbank geführten Wettbewerbsregister werden den Vergabestellen Informationen über Ausschlussgründe im Sinne der §§ 123 und 124 GWB zur Verfügung gestellt.

(2) Vergabestellen sind gemäß § 6 des Wettbewerbsregistergesetzes (WRegG) verpflichtet, vor Erteilung des Zuschlags in einem Vergabeverfahren mit einem geschätzten Auftragswert ab 30 000 Euro ohne Umsatzsteuer beim Bundeskartellamt abzufragen, ob im Wettbewerbsregister Eintragungen zu dem Bieter gespeichert sind, an den die Vergabestelle den Auftrag zu vergeben beabsichtigt.

(3) Das Nähere ist im Wettbewerbsregistergesetz und der Wettbewerbsregisterverordnung geregelt.

3.5 Förmliche Verpflichtung nichtbeamteter Personen

Werden öffentliche Aufgaben insbesondere im Zusammenhang mit der Ausschreibung, Vergabe, Überwachung und Abrechnung nicht von der Behörde wahrgenommen, sondern eine andere Person oder Stelle damit beauftragt, soll der Beauftragte auf die gewissenhafte Erfüllung seiner Obliegenheiten gemäß dem Gesetz über die förmliche Verpflichtung nichtbeamteter Personen (Verpflichtungsgesetz) verpflichtet werden. Damit werden unter anderem die Strafdrohungen

I.12 VwV Korruptionsverhütung und -bekämpfung

der §§ 331 und 332 StGB (Vorteilsannahme und Bestechlichkeit) sowie § 353b StGB (Verletzung des Dienstgeheimnisses und einer besonderen Geheimhaltungspflicht) auch gegenüber diesen Personen wirksam.

4 Bekämpfung von Korruption

4.1 Informationsgewinnung

4.1.1 Hinweise auf Korruption

(1) Ein Hinweis auf Korruption kann sich aus beobachteten Anzeichen, den sozialneutralen Indikatoren nach Absatz 2 oder den Alarmindikatoren nach Absatz 3 ergeben. Für eine entsprechende Feststellung ist in jedem Fall eine umfassende Bewertung notwendig. An die Bewertung von sozialneutralen Indikatoren und Alarmindikatoren sind unterschiedliche Anforderungen zu stellen. Solche Anzeichen ergeben sich insbesondere aus dem Verhalten von Mitarbeiterinnen und Mitarbeitern. Die Behörden achten auf die Anzeichen für Korruption nach den Absätzen 2 und 3 und gehen diesen in verhältnismäßiger Art nach.

(2) Das Vorliegen sozialneutraler Indikatoren ergibt für sich genommen keinen klaren Hinweis auf Korruption, sondern bedarf für die Feststellung eines solchen Hinweises einer Bewertung unter Berücksichtigung der Gesamtumstände. Sozialneutrale Indikatoren sind:

– aufwändiger Lebensstil, der mit dem Einkommen nicht erklärlich ist,
– sich plötzlich ändernder Lebensstil,
– unerklärliches Absondern, Verschlossenheit gegenüber Kollegen und Vorgesetzten,
– Nebentätigkeiten mit kritischer Nähe zur dienstlichen Tätigkeit,
– Annahme von Einladungen bei Außenkontakten, die über den dienstlich veranlassten sozialadäquaten Rahmen hinausgehen,
– häufiger privater Umgang mit Auftragnehmern, Bietern und Antragstellern,
– unüblich günstige Sonderkonditionen beim Einkauf,
– Anbieten kostenloser oder günstiger Dienstleistungen,
– aufwändige Werbegeschenke,
– Großzügigkeit von Unternehmern,
– vermeintliche Unabkömmlichkeit, Verzicht auf Freizeit und Anwesenheit auch bei Krankheit,
– aus dienstlichen Gründen, wie zum Beispiel Arbeit im Homeoffice, nicht zwingend erforderliche Mitnahme von Vorgängen nach Hause,
– plötzlicher nicht erklärlicher Meinungswandel,
– Verweigerung bei Umsetzungen, Abordnungen und Versetzungen,
– unüblich salopper Umgangston zwischen Mitarbeiterinnen und Mitarbeitern und Unternehmern oder
– das Ausbleiben von Beschwerden, wo sonst üblich.

(3) Das Vorliegen von Alarmindikatoren legt einen Hinweis auf Korruption nahe, bedarf für die Feststellung eines solchen Hinweises ebenfalls einer Bewertung. Alarmindikatoren sind:

– unerklärliche Entscheidungen, die einen bestimmten Bieter oder Antragsteller begünstigen,
– unterschiedliche Beurteilung von Vorgängen mit gleichem Sachverhalt,
– Missbrauch von Ermessensspielräumen,
– Verzicht auf Kontrollen oder Überprüfungen, obwohl hierzu Anlass besteht,
– Beeinflussung der Vorgangsbearbeitung durch sachlich nicht zuständige Bedienstete,
– Ignorieren oder Übersehen von Mitzeichnungspflichten,
– bewusstes Übergehen von Vorgesetzten,
– wiederholte Wahrnehmung von Außenterminen ohne plausiblen Anlass,
– unzulässige Ausweitung der Delegationsvorgaben,
– Abschluss eines Vertrags mit ungünstigen Bedingungen, der die Behörde langfristig bindet,
– wiederholte Bevorzugung bestimmter Bieter,
– auffallende Nachgiebigkeit bei Vertragsverhandlungen,

- fehlende Eingangsstempel im Schriftverkehr mit Bietern, Antragstellern oder Auftragnehmern,
- unerklärliche Verfahrensbeschleunigung,
- Vernachlässigung rechtlicher Bedenken und anderer Einwände oder
- die Vorgabe eines Vorgesetzten, Vorgang ohne Prüfung „zustimmend" zu bearbeiten.

(4) Das Innenministerium stellt Handreichungen zur Korruptionsprävention zur Verfügung.

4.1.2 Rechtsaufsicht und Prüfung

(1) Die staatlichen Rechtsaufsichtsbehörden achten bei ihren Prüfungen verstärkt auf Anzeichen für Korruption und prüfen schwerpunktmäßig in Bereichen, die besonders anfällig für Korruption sind.

(2) Sie unterrichten die zuständige Strafverfolgungsbehörde, wenn bei ihrer Prüfung Verdachtsmomente für Bestechungs- oder Begleitdelikte aufgedeckt werden.

(3) Rechnungshof, Staatliche Rechnungsprüfungsämter und Gemeindeprüfungsanstalt sind aufgerufen, entsprechend zu verfahren.

4.1.3 Unterrichtung von Vorgesetzten, Dienstvorgesetzten oder übergeordneten Behörden

(1) Mitarbeiterinnen und Mitarbeiter sind verpflichtet, ihre Vorgesetzten oder – sofern eine solche bestellt wurde – die Ansprechperson für Korruption unverzüglich zu unterrichten, wenn sie Anzeichen nach Nummer 4.1.1 beobachten, die nach einer ersten, eigenen Bewertung einen Hinweis auf Korruption begründen können. Die Entscheidung darüber, ob aufgrund der Anzeichen ein Hinweis auf Korruption festgestellt wird, obliegt den Vorgesetzten bzw. der Ansprechperson für Korruption.

(2) Tatsachen, aus denen sich ein Verdacht ergibt, dass Vorgesetzte oder Dienstvorgesetzte in strafbare Handlungen verwickelt sind, können, ohne dass der Dienstweg eingehalten werden muss, unmittelbar dem Dienstvorgesetzten, der Ansprechperson für Korruption, sofern eine solche bestellt wurde, jeder vorgesetzten Dienststelle oder der hierfür bestimmten Stelle im zuständigen Ministerium mitgeteilt werden. Die Mitteilung wird auf Wunsch vertraulich behandelt, soweit dies rechtlich möglich ist.

4.1.4 Unterrichtung des Vertrauensanwalts

(1) Das Land hat einen freiberuflich tätigen Rechtsanwalt als Vertrauensanwalt beauftragt. Den Ressorts steht es frei, für ihren jeweiligen Geschäftsbereich mit diesem einen Einzelvertrag abzuschließen. Der Abschluss eines Einzelvertrages ist Voraussetzung dafür, dass der Vertrauensanwalt für das jeweilige Ressort tätig wird.

(2) Der Vertrauensanwalt steht im Rahmen seiner Mandatierung Bürgerinnen und Bürgern, Beschäftigten und Geschäftspartnern der Landesverwaltung als unabhängiger Ansprechpartner zur Verfügung und nimmt Mitteilungen entgegen, die Verdachtsmomente für Korruptionsstraftaten enthalten. Ziel seiner Arbeit ist die Aufklärung von Korruptionssachverhalten. Hinweise werden auf ihre Glaubwürdigkeit und strafrechtliche Relevanz geprüft. Bei Vorliegen hinreichender Verdachtsmomente für ein Fehlverhalten von Beschäftigten oder von Dritten zu Lasten des Landes wird der Sachverhalt der zuständigen obersten Landesbehörde gemeldet, die das weitere Verfahren steuert.

(3) Der Vertrauensanwalt kann der Hinweisgeberin beziehungsweise dem Hinweisgeber auf Wunsch Vertraulichkeit zusichern.

(4) In den Ressorts einschließlich deren nachgeordneter Geschäftsbereiche, die einen Einzelvertrag mit dem Vertrauensanwalt abgeschlossen haben, ist der Unterrichtspflicht gemäß Nummer 4.1.3 Absatz 1 und 2 Rechnung getragen, wenn der Vertrauensanwalt über den konkreten Korruptionsverdacht informiert wird.

(5) Personen, Kontaktadresse und Aufgaben des beauftragten Vertrauensanwalts sind auf der Internetseite des Innenministeriums und im Landesintranet abrufbar. Ein Merkblatt zum Vertrauensanwalt ist als Anlage 2 beigefügt.

4.1.5 Anonymes Hinweisaufnahmesystem

(1) Das anonyme Hinweisaufnahmesystem „Business Keeper Monitoring System (BKMS)"

steht allen Bürgerinnen und Bürgern zur Verfügung, um Verdachtsmomente zur Korruption mitzuteilen.

(2) Die Hinweisgeberin beziehungsweise der Hinweisgeber bleiben anonym. Das Landeskriminalamt kann über das System bei Bedarf mit dem weiterhin anonym bleibenden Hinweisgeber Kontakt aufnehmen, um den Sachverhalt zu verifizieren.

(3) Das Landeskriminalamt prüft die eingehenden Hinweise auf Glaubwürdigkeit und strafrechtliche Relevanz. Bei Vorliegen hinreichender Verdachtsmomente wird der Sachverhalt der örtlich zuständigen Polizeidienststelle übermittelt. In besonderen Fällen ermittelt das Landeskriminalamt. Bei Vorliegen hinreichender Verdachtsmomente für ein Fehlverhalten von Beschäftigten oder von Dritten zu Lasten des Landes wird der Sachverhalt der zuständigen obersten Landesbehörde gemeldet.

(4) Das anonyme Hinweisaufnahmesystem ist über die Internetseite des Innenministeriums und der Landespolizei verfügbar.

4.2 Maßnahmen bei Auftreten eines Verdachts

(1) Wird wegen Anzeichen für Korruption zunächst verwaltungsintern ermittelt, ist darauf zu achten, dass spätere Ermittlungen der Strafverfolgungsbehörden nicht gefährdet werden, zum Beispiel dadurch, dass ein Tatverdächtiger gewarnt wird.

(2) Hat sich ein Korruptionsverdacht erhärtet, werden unverzüglich die Maßnahmen eingeleitet, die erforderlich sind, um Schaden abzuwenden. Ist ein Schaden bereits eingetreten, sind die Ersatzansprüche geltend zu machen, sobald die Beweislage dies zulässt. Der Dienstherr hat auf Grund des Verbots der Annahme von Belohnungen, Geschenken und sonstigen Vorteilen nach § 42 BeamtStG einen Anspruch gegen seine Beamtinnen und Beamten auf Herausgabe von Bestechungszuwendungen, soweit nicht im Strafverfahren der Verfall angeordnet wurde.

4.3 Unterrichtung der Strafverfolgungsbehörden

(1) Besteht aufgrund konkreter Tatsachen der Verdacht eines Bestechungsdelikts (Nummer 2 Absatz 2 Buchstabe a) oder eines Begleitdelikts (Nummer 2 Absatz 2 Buchstabe b), das im Zusammenhang mit einem Bestechungsdelikt stehen kann, unterrichtet die Behörde, gegebenenfalls nach Abstimmung mit der nächsthöheren Behörde, nach Maßgabe der folgenden Bestimmungen unverzüglich die Strafverfolgungsbehörden.

(2) Die Strafverfolgungsbehörden sind bei einem Verdacht auf Vorliegen eines Bestechungsdelikts frühzeitig zu unterrichten.

(3) Bei einem Verdacht auf Vorliegen eines Begleitdelikts, das im Zusammenhang mit einem Bestechungsdelikt stehen kann, werden die Strafverfolgungsbehörden unterrichtet. Unberührt bleibt das Recht, Strafanzeige zu erstatten.

(4) Die Mitteilung ist an die Polizei oder Staatsanwaltschaft zu richten.

(5) Ist die Strafverfolgungsbehörde unterrichtet, richtet sich disziplinarrechtlich das weitere Vorgehen nach §§ 8, 12 des Landesdisziplinargesetzes (LDG). Von der Möglichkeit nach § 8 Absatz 3 in Verbindung mit § 13 LDG soll möglichst Gebrauch gemacht werden.

(6) Auf die Mitwirkungspflicht der Behörden nach § 161 der Strafprozessordnung (StPO) wird hingewiesen.

5 Schlussbestimmungen

(1) Diese Verwaltungsvorschrift tritt mit Wirkung vom 1. Januar 2013 in Kraft und am 31. Dezember 2024 außer Kraft.

(2) Das Innenministerium wird ermächtigt, die Anlagen zu dieser Vorschrift, sofern erforderlich, im Einvernehmen mit dem betroffenen Ressort fortzuschreiben.

Anlage 1 VwV Korruptionsverhütung und -bekämpfung **I.12**

Anlage 1
(zu Nummern 3.1.2 Absatz 1, 3.2.2 Absatz 2, 3.3.1, 3.3.2 und 3.3.3)

Ressortübergreifende Rechts- und Verwaltungsvorschriften mit korruptionshemmender Wirkung

Viele Rechts- und Verwaltungsvorschriften enthalten Bestimmungen, die unmittelbar oder mittelbar korruptionshemmende Wirkung haben. Die nachfolgende Übersicht ist nicht abschließend; sie beschränkt sich vor allem auf solche Vorschriften, die allgemeine Bedeutung haben. Es ist die jeweils geltende Fassung anzuwenden.

1. Annahme von Belohnungen, Geschenken und sonstigen Vorteilen

§ 42 des Beamtenstatusgesetzes (BeamtStG)

Nr. 32 der Verwaltungsvorschrift des Innenministeriums zur Durchführung beamtenrechtlicher Vorschriften (BeamtVwV)

§ 3 Absatz 3 des Tarifvertrags für den öffentlichen Dienst der Länder (TV-L)

§ 3 Absatz 2 des Tarifvertrags für den Öffentlichen Dienst (TVöD)

Hinweise des Finanzministeriums zum Arbeits- und Tarifrecht, Sozialversicherungsrecht, Zusatzversorgungsrecht

AnO Sponsoring

Verwaltungsvorschrift des Wissenschaftsministeriums zur Annahme und Verwendung von Mitteln Dritter zu §§ 13, 41 und 41a des Landeshochschulgesetzes (Drittmittelrichtlinien – DMRL)

2. Nebentätigkeiten

§ 40 des Beamtenstatusgesetzes (BeamtStG)

§§ 60 bis 66 des Landesbeamtengesetzes (LBG)

Verordnung der Landesregierung über die Nebentätigkeiten der Beamten und Richter (Landesnebentätigkeitsverordnung – LNTVO)

Nrn. 33 bis 39 der Verwaltungsvorschrift des Innenministeriums zur Durchführung beamtenrechtlicher Vorschriften (BeamtVwV)

Verordnung der Landesregierung über die Nebentätigkeit des beamteten wissenschaftlichen und künstlerischen Personals der Hochschulen (Hochschulnebentätigkeitsverordnung – HNTVO)

§ 3 Absatz 4 des Tarifvertrags für den öffentlichen Dienst der Länder (TV-L)

Hinweise des Finanzministeriums zum Arbeits- und Tarifrecht, Sozialversicherungsrecht, Zusatzversorgungsrecht

3. Haushalts- und Kassenwesen

§ 77 der Landeshaushaltsordnung für Baden-Württemberg (LHO)

Allgemeine Verwaltungsvorschriften zur Landeshaushaltsordnung für Baden-Württemberg (VV-LHO zu Teil IV [§§ 70 ff.])

4. Vergabewesen

Gesetz gegen Wettbewerbsbeschränkungen (GWB), Teil 4: Vergabe von öffentlichen Aufträgen und Konzessionen

Verordnung über die Vergabe öffentlicher Aufträge (Vergabeverordnung – VgV)

Verordnung über die Vergabe von Konzessionen (Konzessionsvergabeverordnung – KonzVgV)

Verordnung über die Vergabe von öffentlichen Aufträgen im Bereich des Verkehrs, der Trinkwasserversorgung und der Energieversorgung (Sektorenverordnung – SektVO)

Vergabeverordnung für die Bereiche Verteidigung und Sicherheit (Vergabeverordnung Verteidigung und Sicherheit – VSVgV)

Verwaltungsvorschrift der Landesregierung über die Vergabe öffentlicher Aufträge (VwV Beschaffung)

§ 55 der Landeshaushaltsordnung (LHO)

Allgemeine Verwaltungsvorschriften zur Landeshaushaltsordnung für Baden-Württemberg (VV-LHO)

Verfahrensordnung für die Vergabe öffentlicher Liefer- und Dienstleistungsaufträge unterhalb der EU-Schwellenwerte (Unterschwellenvergabeordnung – UVgO); abweichende Regelungen nach Maßgabe der VwV Beschaffung sind zu beachten

Bekanntmachung des Innenministeriums über die Richtlinien der Landesregierung für den Einsatz der Informations- und Kommunikationstechnik (IuK) in der Landesverwaltung (e-Government-Richtlinien Baden-Württemberg 2005)

Gesetz zur Mittelstandsförderung

5. Pfändungen und Abtretungen

Verfahrenshinweise des Ministeriums für Finanzen und Wirtschaft beim Eingang von Pfändungs- und Abtretungsmitteilungen des Landesamts für Besoldung und Versorgung vom 8. Dezember 2004 (nicht veröffentlicht; Az. des Ministeriums für Finanzen und Wirtschaft: 1-0300.2/3).

6. Vorschriften für den kommunalen Bereich

Gemeindeordnung für Baden-Württemberg (Gemo) – Dritter und Vierter Teil –

Verordnung des Innenministeriums zur Durchführung der Gemeindeordnung für Baden-Württemberg (DVO Gemo)

Verordnung des Innenministeriums über die Haushaltswirtschaft der Gemeinden (Gemeindehaushaltsverordnung – GemHVO)

Verordnung des Innenministeriums über die Kassenführung der Gemeinden (Gemeindekassenverordnung – GemKVO)

Verordnung des Innenministeriums über das kommunale Prüfungswesen (Gemeindeprüfungsordnung – GemPrO)

Verwaltungsvorschrift des Innenministeriums über die Vergabe von Aufträgen im kommunalen Bereich (VergabeVwV).

Anlage 2
(zu Nummer 4.1.4 Absatz 5)

Merkblatt zur Einführung des Vertrauensanwalts

1. Zielsetzung

Das Ansehen und die Integrität der öffentlichen Verwaltung ist für einen funktionierenden Rechtsstaat von grundlegender Bedeutung. Korruption richtet große volkswirtschaftliche · Schäden an und gefährdet das Vertrauen in Staat und Verwaltung. Die Bekämpfung und Verhütung von Korruption ist daher wesentliches Ziel des Landes.

Durch die Verwaltungsvorschrift zur Korruptionsverhütung und -bekämpfung vom 19. Dezember 2005 (GABl. 2006, Seite 125, 126) wurde die Möglichkeit eröffnet, als vorbeugende Maßnahme zur Korruptionsbekämpfung einen Vertrauensanwalt zu bestellen. Dieser soll als unabhängige Anlaufstelle außerhalb der Verwaltung wegen möglicherweise korruptionsrelevanter Vorgänge kontaktiert werden können. Das Innenministerium hat für das Land einen Rahmenvertrag mit einem Vertrauensanwalt und einen Einzelvertrag für sich und seinen nachgeordneten Geschäftsbereich abgeschlossen.

2. Aufgaben des Vertrauensanwalts

Der Vertrauensanwalt steht seit 1. September 2009 allen Bürgerinnen und Bürgern, Beschäftigten und Geschäftspartnern der Landesverwaltung als unabhängiger Ansprechpartner zur Verfügung. Als Anlaufstelle nimmt er Mitteilungen entgegen, die Verdachtsmomente für Korruptionsstraftaten enthalten und prüft diese auf ihre Glaubwürdigkeit und strafrechtliche Relevanz. Ziel seiner Arbeit ist die Aufklärung von Korruptionssachverhalten.

Bei Vorliegen hinreichender Verdachtsmomente für ein Fehlverhalten von Beschäftigten oder von Dritten zu Lasten des Landes wird der Sachverhalt der zuständigen obersten Landesbehörde gemeldet. Diese steuert das weitere Verfahren und kann gegebenenfalls den Vertrauensanwalt darum bitten, Rückfragen an den Hinweisgeber beziehungsweise die Hinweisgeberin weiterzuleiten. Der Vertrauensanwalt ist ein weiterer Baustein im vorhandenen Maßnahmenkatalog des Landes zur Korruptionsbekämpfung.

3. Rechtliche Stellung

Der Vertrauensanwalt wird als selbstständiger und unabhängiger Rechtsanwalt tätig. Er unterliegt keinen Weisungen des Landes hinsichtlich der inhaltlichen Sachbehandlung. Er entscheidet nach pflichtgemäßer Prüfung, ob und inwieweit er den Sachverhalt der auf Seiten des Landes zuständigen Stelle weitermeldet. Hierbei orientiert er sich an den Maßstäben der Strafprozessordnung für das Vorliegen eines Anfangsverdachts. Liegt nach seiner Beurteilung ein solcher Verdacht vor, ist der Sachverhalt dem Land mitzuteilen.

Der Vertrauensanwalt kann einem Hinweisgeber auf Wunsch Vertraulichkeit zusichern. Auf Grund seiner anwaltlichen Schweigepflicht darf er in diesem Fall ohne Einwilligung seines Hinweisgebers dessen Identität weder dem Land noch Dritten offenbaren. Soll der Vertrauensanwalt in einem Straf- oder Zivilverfahren als Zeuge vernommen werden, darf er den Namen und die Identität des Hinweisgebers nur offenbaren, wenn dies sowohl vom Land als auch vom Hinweisgeber gestattet wird.

4. Anwendungsbereich

Neben dem Innenministerium beteiligen sich das Ministerium für Finanzen, das Ministerium für Wissenschaft, Forschung und Kunst, das Ministerium für Wirtschaft, Arbeit und Tourismus, das Ministerium für Ernährung, Ländlichen Raum und Verbraucherschutz, das Ministerium für Verkehr, das Ministerium für Kultus, Jugend und Sport, das Ministerium für Soziales, Gesundheit und Integration und das Ministerium der Justiz und für Migration an der Einführung des Vertrauensanwalts. Jedes Ressort schließt dabei einen eigenen Vertrag für sich und seinen ihm nachgeordneten Geschäftsbereich ab und benennt mindestens einen Ressortansprechpartner für den Vertrauensanwalt.

5. Kontaktdaten des Vertrauensanwalts

Als Vertrauensanwalt wurde Rechtsanwalt Michael Rohlfing, BENDER HARRER KREVET Rechtsanwälte Partnerschaft mbB, Zerrenerstraße 11, 75172 Pforzheim, beauftragt. Herr Rechtsanwalt Michael Rohlfing ist wie folgt zu erreichen:

Telefon: (0 72 31) 3 97 63-47

Telefax: (0 72 31) 3 97 63-10

E-Mail: vertrauensanwalt@bender-harrer.de.

6. Aufgaben der Dienststellen

Die Dienststellen haben in diesem Zusammenhang die gleichen Aufgaben, wie sie sich bereits aus der VwV Korruptionsverhütung und -bekämpfung ergeben. Wird nach der ersten Tätigkeit des Vertrauensanwalts ein Sachverhalt an die Dienststelle weitergeleitet, ist diese zur Mitwirkung an der Aufklärung und Weiterverfolgung des Sachverhalts im Zusammenwirken mit dem zuständigen Ressortansprechpartner (vergleiche Nummer 4) und gegebenenfalls in Zusammenarbeit mit dem Vertrauensanwalt verpflichtet.

Davon unberührt bleiben die eigenen Pflichten der Dienststelle, der Führungskräfte und der Mitarbeiterinnen und Mitarbeiter zur Aufklärung von und im Umgang mit Korruptionssachverhalten nach der VwV Korruptionsverhütung und -bekämpfung, die unabhängig von der Institution Vertrauensanwalt fortbestehen (vergleiche Nummern 3.1 ff., 3.1.3, 4.1.3 und 4.2 ff. der VwV).

Nach Nummer 4.3 der VwV Korruptionsverhütung und -bekämpfung besteht für Behörden unter den dort in den Absätzen 1 bis 3 genannten Voraussetzungen die Notwendigkeit, die Strafverfolgungsbehörden zu unterrichten. Dies erfolgt insbesondere, wenn aufgrund konkreter Tatsachen der Verdacht eines Bestechungsdelikts besteht. Die Prüfung und Entscheidung darüber, ob eine Unterrichtung im Einzelfall erforderlich ist, obliegt nach Nummer 3.1.1 der VwV der Behördenleitung oder der dafür von ihr ausdrücklich bestimmten Organisationseinheit.

Wegen der beamtenrechtlichen Fürsorgepflicht nach § 45 BeamtStG muss ein vom Vertrauensanwalt mitgeteilter Sachverhalt sorgfältig daraufhin überprüft werden, ob konkrete Tatsachen für den Verdacht eines Bestechungs- oder Begleitdelikts sprechen.

Diese Prüfung kann im Einzelfall schwierig sein. Um den beteiligten Ministerien und Behörden dabei gegebenenfalls Unterstützung zu bieten, hat das Innenministerium mit den Generalstaatsanwaltschaften Stuttgart und Karlsruhe Kontakt aufgenommen und mit diesen die nachfolgend skizzierte Vereinbarung über die Einrichtung zentraler Ansprechpartner getroffen.

Die von den Ressorts benannten Ansprechpartner für den Vertrauensanwalt und die Behördenleitungen von Behörden, die an der Maßnahme Vertrauensanwalt beteiligt sind und in einem konkreten Verdachtsfall Zweifel haben, ob zureichende tatsächliche Anhaltspunkte für einen strafrechtlichen Anfangsverdacht bestehen, können sich an die Generalstaatsanwaltschaften Stuttgart und Karlsruhe wenden, wo zentrale Ansprechpartner zur Verfügung stehen.

Deren Zuständigkeit richtet sich nach der Tatortzuständigkeit. Die Generalstaatsanwaltschaft Stuttgart ist wie folgt zu erreichen:

Telefon: 07 11/2 12-0

E-Mail:
poststelle@genstastuttgart.justiz.bwl.de

Die Generalstaatsanwaltschaft Karlsruhe ist wie folgt zu erreichen:

Telefon: 07 21/9 26-0

E-Mail:
poststelle@genstakarlsruhe.justiz.bwl.de.

Nach einer ersten Kontaktaufnahme erfolgt eine Vermittlung an den jeweils zuständigen zentralen Ansprechpartner. Mit diesem findet ein persönliches Gespräch statt. Die Mitteilungen werden vom zentralen Ansprechpartner in einem Beobachtungsvorgang nochmals daraufhin überprüft, ob zureichende tatsächliche Anhaltspunkte für verfolgbare Straftaten bestehen. Bejahendenfalls wird der Vorgang von den Generalstaatsanwaltschaften an die jeweils zuständige landgerichtliche Staatsanwaltschaft zur weiteren Veranlassung weitergeleitet.

7. Betroffenheit des Einzelnen

Zur Aufklärung und Prävention im Kampf gegen Korruption sind wir auf Ihre Hilfe angewiesen. Über die Verbesserung interner Kontrollmechanismen hinaus setzen wir dabei auch auf die Zusammenarbeit mit dem externen Vertrauensanwalt als unabhängigen Ansprechpartner. Gerade bei Korruptionsdelikten besteht die Notwendigkeit, alle Möglichkeiten zur Aufklärung zu nutzen, da Korruption ein typisches Delikt mit hohem Dunkelfeld ist. Die zur Verfolgung von Korruptionsdelikten zuständigen Behörden sind daher auf jeden Hinweis angewiesen. Bitte unterstützen Sie uns daher auch in Ihrem eigenen Interesse bei der Aufklärung von Korruptionssachverhalten!

Anlage 3
(zu Nummer 3 Absatz 1)

Verhaltenskodex zur Korruptionsprävention

Korruption kommt in allen Bereichen des gesellschaftlichen Lebens vor. Im Bereich der öffentlichen Verwaltung führt Korruption zu hohen materiellen, aber auch enormen immateriellen Schäden, insbesondere durch den Vertrauensverlust der Bürgerinnen und Bürger.

> Korruption beschädigt das Ansehen des Staates und seiner Beschäftigten.
>
> Korruption führt zu hohen wirtschaftlichen Schäden.
>
> Korruption ist kein Kavaliersdelikt: sie führt direkt in die Strafbarkeit.
>
> Korruption kann schon bei kleinen Gefälligkeiten anfangen.
>
> Korruption macht abhängig.
>
> Korruption macht arbeitslos.

Er soll in Ergänzung der Verwaltungsvorschrift der Landesregierung und der Ministerien zur Verhütung unrechtmäßiger und unlauterer Einwirkungen auf das Verwaltungshandeln und zur Verfolgung damit zusammenhängender Straftaten und Dienstvergehen (VwV Korruptionsverhütung und -bekämpfung) die Mitarbeiterinnen und Mitarbeiter, ihre Vorgesetzten und die Behördenleitungen in die Lage versetzten, Korruptionssituationen zu erkennen, zu vermeiden und richtig zu reagieren.

I. Allgemeine Leitsätze für alle Beschäftigten

1. Seien Sie Vorbild: Zeigen Sie durch Ihr Verhalten, dass Sie Korruption weder dulden noch unterstützen.
2. Wehren Sie Korruptionsversuche sofort ab und informieren Sie Ihre Vorgesetzte oder Ihren Vorgesetzten und die Ansprechperson für Korruptionsprävention.
3. Vermuten Sie, dass jemand Sie um eine pflichtwidrige Bevorzugung bitten will, so ziehen Sie eine Kollegin oder einen Kollegen als Zeugin oder Zeugen hinzu.
4. Arbeiten Sie so, dass Ihre Arbeit jederzeit überprüft werden kann.
5. Trennen Sie strikt Dienst- und Privatleben. Prüfen Sie, ob Ihre Privatinteressen zu einer Kollision mit Ihren Dienstpflichten führen.

Anlage 3   VwV Korruptionsverhütung und -bekämpfung   **I.12**

6. Unterstützen Sie Ihre Dienststelle bei der Entdeckung und Aufklärung von Korruption. Informieren Sie Ihre Vorgesetzte oder Ihren Vorgesetzten und die Ansprechperson für Korruptionsprävention bei konkreten Anhaltspunkten für korruptes Verhalten. Sie können sich auch an den Vertrauensanwalt zur Korruptionsbekämpfung wenden oder das anonyme Hinweisaufnahmesystem des Landeskriminalamtes Baden-Württemberg benutzen.

7. Unterstützen Sie Ihre Dienststelle beim Erkennen fehlerhafter Organisationsstrukturen, die Korruption begünstigen.

8. Informieren Sie sich über die geltenden Regelungen zur Korruptionsprävention und lassen Sie sich zum Thema Korruptionsprävention regelmäßig aus- und fortbilden.

9. Und was tun, wenn Sie sich bereits verstrickt haben? Befreien Sie sich von der ständigen Angst vor Entdeckung! Machen Sie reinen Tisch! Offenbaren Sie sich aus eigenem Antrieb! Führen Ihre Angaben zur vollständigen Aufklärung des Sachverhaltes, kann dies sowohl bei der Strafzumessung als auch bei dienstrechtlichen Reaktionen mildernd berücksichtigt werden.

Erläuterungen:

Zu 1:

Seien Sie Vorbild: Zeigen Sie durch Ihr Verhalten, dass Sie Korruption weder dulden noch unterstützen.

Bei ihrer Einstellung verpflichten sich alle Beschäftigten, das Grundgesetz für die Bundesrepublik Deutschland, die Landesverfassung und die geltenden Gesetze zu wahren und ihre Aufgaben gewissenhaft zu erfüllen. Alle Beschäftigten haben sich so zu verhalten, wie es von Angehörigen des öffentlichen Dienstes erwartet wird und sich darüber hinaus durch ihr gesamtes Verhalten zur freiheitlich-demokratischen Grundordnung im Sinne des Grundgesetzes zu bekennen. Alle Beschäftigten haben ihre Aufgaben daher unparteiisch und gerecht zu erfüllen.

Diese Verpflichtungen sind keine leeren Formeln, sondern müssen sich im beruflichen und privaten Alltag des Einzelnen widerspiegeln.

Korruptes Verhalten widerspricht diesen Verpflichtungen und schädigt das Ansehen des öffentlichen Dienstes. Es zerstört das Vertrauen in die Unparteilichkeit und Objektivität der Staatsverwaltung und damit die Grundlagen für das Zusammenleben in einem staatlichen Gemeinwesen.

Alle Beschäftigten haben daher die Aufgabe, durch ihr Verhalten Vorbild für Kolleginnen und Kollegen, Mitarbeiterinnen und Mitarbeiter, Vorgesetzte und für Bürgerinnen und Bürger zu sein.

Zu 2:

Wehren Sie Korruptionsversuche sofort ab und informieren Sie Ihre Vorgesetzte oder Ihren Vorgesetzten und die Ansprechperson für Korruptionsprävention.

Bei Außenkontakten, z. B. mit Personen der Auftragnehmerseite oder der antragstellenden Seite oder bei Kontrolltätigkeiten, müssen Sie von Anfang an klare Verhältnisse schaffen und jeden Korruptionsversuch sofort abwehren. Es darf nie der Eindruck entstehen, dass Sie für „kleine Geschenke" offen sind. Scheuen Sie sich nicht, ein Geschenk zurückzuweisen oder es zurückzusenden – mit der Bitte um Verständnis für die für Sie geltenden Regeln.

Arbeiten Sie in einem Verwaltungsbereich, der sich mit der Vergabe von öffentlichen Aufträgen beschäftigt, so seien Sie besonders sensibel für Versuche Dritter, Einfluss auf Ihre Entscheidung zu nehmen. In diesem Bereich gibt es die meisten Korruptionshandlungen.

Halten Sie sich streng an Recht und Gesetz und beachten Sie § 3 Abs. 3 TV-L bzw. § 42 BeamtStG sowie Ziffer 32 der Verwaltungsvorschrift des Innenministeriums zur Durchführung beamtenrechtlicher Vorschriften (BeamtVwV) zum Verbot der Annahme von Belohnungen, Geschenken und sonstigen Vorteilen, die auf Beamtinnen und Beamte unmittelbar und auf alle übrigen Beschäftigte des öffentlichen Dienstes sinngemäß Anwendung findet.

Wenn Sie von Dritten um eine zweifelhafte Gefälligkeit gebeten worden sind, so informieren Sie unverzüglich Ihre Vorgesetzte oder Ihren Vorgesetzten und die Ansprechperson für Korruptionsprävention. Das hilft zum einen, selbst jeglichem Korruptionsverdacht zu entgehen, zum anderen aber auch, u. U. rechtliche Maßnahmen gegen Dritte einleiten zu können. Wenn Sie einen Korruptionsversuch zwar selbst abwehren, ihn aber nicht offenbaren, so wird sich Ihr Gegenüber an einen anderen wenden und es bei ihm versuchen. Schützen Sie daher auch Ihre Kolleginnen und Kollegen durch konsequentes Offenlegen von Korruptionsversuchen Außenstehender.

Alle Beschäftigten (Vorgesetzte, Mitarbeiterinnen und Mitarbeiter) müssen an einem Strang ziehen, um einheitlich und glaubhaft aufzutreten.

Zu 3:

Vermuten Sie, dass jemand Sie um eine pflichtwidrige Bevorzugung bitten will, so ziehen Sie eine Kollegin oder einen Kollegen als Zeugin oder Zeugen hinzu.

Manchmal steht Ihnen ein Gespräch bevor, bei dem Sie vermuten, dass ein zweifelhaftes Ansinnen an Sie gestellt und dieses nicht leicht zurückzuweisen sein wird. Hier hilft oftmals auch eindeutige Distanzierung nicht. In solchen Fällen sollten Sie sich der Situation nicht allein stellen, sondern einen anderen zu dem Gespräch hinzubitten. Sprechen Sie vorher mit ihm und bitten Sie ihn, auch durch sein Verhalten jeglichen Korruptionsversuch abzuwehren.

Zu 4:

Arbeiten Sie so, dass Ihre Arbeit jederzeit überprüft werden kann.

Ihre Arbeitsweise muss transparent und für andere nachvollziehbar sein.

Da Sie Ihren Arbeitsplatz in der Regel wieder verlassen werden (Übertragung neuer Aufgaben, Versetzung) oder auch einmal kurzfristig ausfallen(Krankheit, Urlaub), sollten Ihre Arbeitsvorgänge schon deshalb so transparent sein, dass sich jederzeit eine Sie vertretende Person einarbeiten kann. Die transparente Aktenführung hilft Ihnen aber auch, sich bei Kontrollvorgängen vor dem ausgesprochenen oder unausgesprochenen Vorwurf der Unredlichkeit zu schützen. Handakten sind nur zu führen, wenn es für die Erledigung der Arbeit unumgänglich ist.

Zu 5:

Trennen Sie strikt Dienst- und Privatleben. Prüfen Sie, ob Ihre Privatinteressen zu einer Kollision mit Ihren Dienstpflichten führen.

Korruptionsversuche werden oftmals gestartet, indem Dritte den dienstlichen Kontakt auf Privatkontakte ausweiten. Es ist bekanntermaßen besonders schwierig, eine „Gefälligkeit" zu verweigern, wenn man sich privat hervorragend versteht und man selber oder die eigene Familie Vorteile und Vergünstigungen erhält(Konzertkarten, verbilligter gemeinsamer Urlaub, Einladungen zu teuren Essen, die man nicht erwidern kann usw.). Bei privaten Kontakten sollten Sie daher von Anfang an klarstellen, dass Sie streng zwischen Dienst- und Privatleben trennen müssen, um nicht in den Verdacht der Vorteilsannahme zu geraten oder gar den Tatbestand hierfür zu erfüllen.

Ihre Dienststelle, jede Bürgerin und jeder Bürger haben Anspruch auf Ihr faires, sachgemäßes, unparteiisches Verhalten. Prüfen Sie daher bei jedem Verfahren, für das Sie mitverantwortlich sind, ob Ihre privaten Interessen oder solche Ihrer Angehörigen oder z. B. auch von Organisationen, denen Sie verbunden sind, zu einer Kollision mit Ihren hauptberuflichen Verpflichtungen führen können. Vermeiden Sie jeden bösen Schein möglicher Parteilichkeit. Sorgen Sie dafür, dass Sie niemandem befangen erscheinen.

Erkennen Sie bei einer konkreten dienstlichen Aufgabe eine mögliche Kollision zwischen Ihren dienstlichen Pflichten und Ihren privaten Interessen oder den Interessen Dritter, denen Sie sich verbunden fühlen, so unterrichten Sie darüber Ihre Vorgesetzte oder Ihren Vorgesetzten, damit angemessen reagiert werden kann (z. B. durch eine Befreiung von Tätigkeiten im konkreten Einzelfall).

Auch bei von Ihnen ausgeübten oder angestrebten Nebentätigkeiten muss eine klare Trennung zwischen der Arbeit und der Nebentätigkeit bleiben. Persönliche Verbindungen, die sich aus der Nebentätigkeit ergeben, dürfen die hauptberufliche Tätigkeit nicht beeinflussen. Verzichten Sie im Einzelfall auf die Nebentätigkeit. Bedenken Sie außerdem, dass bei Ausübung genehmigungspflichtiger, aber nicht genehmigter Nebentätigkeiten dienst- bzw. arbeitsrechtliche Konsequenzen drohen; dasselbe gilt bei Versäumnis von Anzeigepflichten. Nähere Verfahrensvorschriften zur Anwendung der bestehenden Regelungen im Nebentätigkeitsrecht für die Beamtinnen und Beamten des Landes beinhaltet die Verwaltungsvorschrift des Innenministeriums zur Durchführung beamtenrechtlicher Vorschriften (BeamtVwV) in ihrer jeweils gültigen Fassung.

Unabhängig davon schadet es früher oder später Ihrem Ansehen – und damit dem Ansehen des gesamten öffentlichen Dienstes – wenn Sie im Konfliktfall Ihren privaten Interessen den Vorrang gegeben haben. Das gilt in besonderem Maße, wenn Sie an einflussreicher Stelle tätig sind. Achten Sie in diesem Fall besonders darauf, nur jene Konditionen in Anspruch zu nehmen, die für vergleichbare Umstände abstrakt geregelt sind.

Zu 6:

Unterstützen Sie Ihre Dienststelle bei der Entdeckung und Aufklärung von Korruption. Informieren Sie Ihre Vorgesetzte oder Ihren Vorgesetzten und die Ansprechperson für Korruptionsprävention bei konkreten Anhaltspunkten für korruptes Verhalten. Sie können sich auch an den Vertrauensanwalt zur Korruptionsbekämpfung wenden oder das anonyme Hinweisaufnahmesystem des Landeskriminalamtes Baden-Württemberg benutzen.

Man spricht bei der Korruption oft von einem unsichtbaren Phänomen, denn es gibt nur Täter, meist zwei, den Bestecher und den Bestochenen. An einer Aufdeckung haben beide begreiflicherweise kein Interesse und setzen alles daran, ihr Tun zu verschleiern. Korruption kann daher nur verhindert und bekämpft werden, wenn sich jeder verantwortlich fühlt und alle als gemeinsames Ziel die „korruptionsfreie Dienststelle" verfolgen. Das bedeutet zum einen, dass alle Beschäftigten im Rahmen ihrer Aufgaben dafür sorgen müssen, dass Außenstehende keine Möglichkeit zur unredlichen Einflussnahme auf Entscheidungen haben. Das bedeutet aber auch, dass korrupte Beschäftigte nicht aus falsch verstandener Solidarität oder Loyalität gedeckt werden dürfen. Hier haben alle die Verpflichtung, zur Aufklärung von strafbaren Handlungen beizutragen und die eigene Dienststelle vor Schaden zu bewahren. Ein „schwarzes Schaf" verdirbt die ganze Herde. Beteiligen Sie sich deshalb nicht an Vertuschungsversuchen.

Sie sollten sich nicht scheuen, mit der Dienstvorgesetzten oder dem Dienstvorgesetzten oder der Ansprechperson für Korruptionsprävention zu sprechen, wenn das Verhalten von anderen Beschäftigten Ihnen konkrete und nachvollziehbare Anhaltspunkte dafür gibt, dass sie bestechlich sein könnten. Sie können sich aber auch jederzeit an den Vertrauensanwalt des Landes als unabhängige Anlaufstelle wenden. Dieser nimmt Mitteilungen entgegen, die Verdachtsmomente für Korruptionsstraftaten enthalten und prüft sie auf strafrechtliche Relevanz. Auf Wunsch kann er Ihnen als Hinweisgeber Vertraulichkeit zusichern. Weiter gibt es die Möglichkeit, das vom Landeskriminalamt Baden-Württemberg betriebene anonyme Hinweisaufnahmesystem (https://www.bkms-system.net/bw-korruption) zu benutzen. Über dieses können Sie mit der Polizei in Kontakt treten – Ihre Anonymität ist gewährleistet. Das Landeskriminalamt bewertet die eingehenden Hinweise und kann über das anonyme Postfach bei Bedarf mit Ihnen in Dialog treten. Notwendig kann dies beispielsweise sein, wenn der Hinweis noch vage ist oder ergänzende Informationen benötigt werden.

Ganz wesentlich ist allerdings, dass Sie einen Verdacht nur dann äußern, wenn Sie nachvollziehbare Hinweise dafür haben. Es darf nicht dazu kommen, dass andere angeschwärzt werden, ohne dass ein konkreter Anhaltspunkt vorliegt.

Personen, die nach dem Legalitätsprinzip zur Einleitung von Ermittlungsverfahren verpflichtet sind, können die Instrumente des Vertrauensanwalts und des anonymen Hinweissystems nicht in Anspruch nehmen.

Zu 7:

Unterstützen Sie Ihre Dienststelle beim Erkennen fehlerhafter Organisationsstrukturen, die Korruption begünstigen.

Oftmals führen lang praktizierte Verfahrensabläufe dazu, dass sich Nischen bilden, in denen Korruption besonders gut gedeihen kann. Das können Verfahren sein, bei denen nur eine Person allein für die Vergabe von Vergünstigungen verantwortlich ist. Das können aber auch Arbeitsabläufe sein, die bewusst oder unbewusst im Unklaren gehalten werden und dadurch eine Überprüfung erschweren oder verhindern. Hier kann meistens eine Änderung der Organisationsstrukturen Abhilfe schaffen. Um die Organisationsreferate, die nicht in jedem Fall über das erforderliche Detailwissen verfügen können, zu unterstützten, sind alle Beschäftigten aufgefordert, entsprechende Hinweise an die Organisatoren zu geben, um zu klaren und transparenten Arbeitsabläufen beizutragen. Auch innerhalb von Arbeitseinheiten müssen Arbeitsabläufe so transparent gestaltet werden, dass Korruption gar nicht erst entstehen kann.

Ein weiteres Mittel, um Gefahrenpunkte wirksam auszuschalten, ist das Rotieren von Personal. In besonders korruptionsgefährdeten Bereichen ist daher dieses Personalführungsinstrument verstärkt einzusetzen. Dazu ist die Bereitschaft der Beschäftigten zu einem regelmäßigen Wechsel – in der Regel sollte die Verwendungsdauer fünf Jahre nicht überschreiten – der Aufgaben zwingend erforderlich, auch wenn dies im Regelfall mit einem höheren Arbeitsanfall (Einarbeitungszeit) verbunden ist.

Zu 8:

Informieren Sie sich über die geltenden Regelungen zur Korruptionsprävention und lassen Sie sich zum Thema Korruptionsprävention regelmäßig aus- und fortbilden.

In der Verwaltungsvorschrift der Landesregierung und der Ministerien zu Verhütung unrechtmäßiger und unlauterer Einwirkungen auf das Verwaltungshandeln und zur Verfolgung damit zusammenhängender Straftaten und Dienstvergehen (VwV Korruptionsverhütung und -bekämpfung) sind die geltenden Regeln zur Korruptionsverhütung und -bekämpfung zusammengefasst. Wenn Sie in einem besonders korruptionsgefährdeten Bereich tätig sind, nutzen Sie auch die Angebote der Dienststelle, sich über das Thema Korruptionsprävention aus- und fortbilden zu lassen.

Zu 9:

Und was tun, wenn Sie sich bereits verstrickt haben? Befreien Sie sich von der ständigen Angst vor Entdeckung! Machen Sie reinen Tisch! Offenbaren Sie sich aus eigenem Antrieb! Führen Ihre Angaben zur vollständigen Aufklärung des Sachverhaltes, kann dies sowohl bei der Strafzumessung als auch bei dienstrechtlichen Reaktionen mildernd berücksichtigt werden.

Die meisten Korruptionsfälle werden früher oder später aufgedeckt. Kommen Sie dem also zuvor. Ihr aktives Handeln kann sich im Rahmen eines späteren Straf- oder Disziplinarverfahrens mildernd auswirken.

II. Allgemeine Leitsätze für Vorgesetzte und Behördenleitungen

1. Wenden Sie die Regeln für Ihre Beschäftigten für sich selbst konsequent an.
2. Belehren Sie Ihre Mitarbeiterinnen und Mitarbeiter über das richtige Verhalten in Korruptionssituationen und sensibilisieren Sie diese für die Korruptionsgefahr.
3. Achten Sie auf eine klare Definition und ggf. Einschränkung der Entscheidungsspielräume. Erörtern Sie mit Ihren Mitarbeiterinnen und Mitarbeitern die Delegationsstrukturen, die Grenzen der Ermessensspielräume und die Notwendigkeit von Mitzeichnungspflichten.
4. Leisten Sie in besonders korruptionsgefährdeten Arbeitsgebieten eine erhöhte Fürsorge für Ihre Mitarbeiterinnen und Mitarbeiter.
5. Sorgen Sie für eine aufmerksame, klare Dienst- und Fachaufsicht. Lassen Sie Ihre Mitarbeiterinnen und Mitarbeiter nicht im Regen stehen.
6. Handeln Sie bei Verdacht auf Korruption sofort.

Erläuterungen:

Zu 1:

Wenden Sie die Regeln für Ihre Beschäftigten für sich selbst konsequent an.

Vorgesetzte werden unglaubwürdig, wenn sie die Verhaltensregeln, die für die ihnen unterstellten Beschäftigten gelten, für sich selbst nicht konsequent anwenden. Sie schaffen einen Nachahmungseffekt, der u. U. den Nährboden für Korruption bereitet. Beschäftigte werden sich auch nicht vertrauensvoll mit Hinweisen auf Unrechthandlungen an Vorgesetzte wenden, die selbst Rechtsvorschriften missachten.

Zu 2:

Belehren Sie Ihre Mitarbeiterinnen und Mitarbeiter über das richtige Verhalten in Korruptionssituationen und sensibilisieren Sie diese für die Korruptionsgefahr.

Sprechen Sie mit Ihren Mitarbeiterinnen und Mitarbeitern in regelmäßigen Abständen über die Verpflichtungen, die sich aus dem Verbot der Annahme von Belohnungen, Geschenken und sonstigen Vorteilen nach § 42 BeamtStG oder den entsprechenden tariflichen Vorschriften, § 3 Abs. 3 TV-L ergeben.

Stellen Sie sicher, dass die Mitarbeiterinnen und Mitarbeiter Zugang zur Verwaltungsvorschrift Korruptionsverhütung und -bekämpfung haben. Weisen Sie diese in geeigneter Form auf die Verwaltungsvorschrift hin

– bei Beginn des Beschäftigungsverhältnisses,

– bei einem Wechsel des Aufgabenbereichs der Mitarbeiterin oder des Mitarbeiters sowie

– bei sonstigen wesentlichen Änderungen des Beschäftigungsverhältnisses.

Darüber hinaus sollte die Verwaltungsvorschrift Korruptionsverhütung und -bekämpfung auch anlassunabhängig, beispielsweise bei Fortbildungsveranstaltungen oder Mitarbeitergesprächen, angesprochen werden.

Zu 3:

Achten Sie auf eine klare Definition und ggf. Einschränkung der Entscheidungsspielräume. Erörtern Sie mit Ihren Mitarbeiterinnen und Mitarbeitern die Delegationsstrukturen, die Grenzen der Ermessensspielräume und die Notwendigkeit von Mitzeichnungspflichten.

In besonders korruptionsgefährdeten Tätigkeitsbereichen ist eine Flexibilisierung der Vorgangsbearbeitung nach numerischen oder Buchstabensystemen – etwa durch Einzelzuweisung nach dem Zufallsprinzip oder durch wiederholten Wechsel der Nummer- oder Buchstabenzuständigkeiten einzelner Personen – anzustreben.

Realisieren Sie – wenn irgendwie möglich – das Mehr-Augen-Prinzip auch in Ihrem Verantwortungsbereich. Eventuell bietet sich die Bildung von Arbeitsteams bzw. -gruppen an. Prüfen Sie, ob die Begleitung eines Beschäftigten durch einen zweiten Bediensteten zu Ortsterminen, Kontrollen vor Ort usw. oder die Einrichtung von „gläsernen Büros" für die Abwicklung des Besucherverkehrs geboten ist, damit Außenkontakte der Dienststelle nur nach dem Mehr-Augen-Prinzip wahrgenommen werden. Wo sich das wegen der tatsächlichen Umstände nicht realisieren lässt, organisieren Sie – in nicht zu großen zeitlichen Abständen – Stichprobenkontrollen.

Zu 4:

Leisten Sie in besonders korruptionsgefährdeten Arbeitsgebieten eine erhöhte Fürsorge für Ihre Mitarbeiterinnen und Mitarbeiter.

Der von Ihnen erwarteten erhöhten Fürsorge in besonders korruptionsgefährdeten Arbeitsgebieten können Sie durch folgende Maßnahmen Rechnung tragen:

– Berücksichtigen Sie stets die erhöhte Gefährdung des Einzelnen.
– Bleiben Sie ständig im Dialog mit Ihren Mitarbeiterinnen und Mitarbeitern und lassen Sie dabei ihre dienstlichen und privaten Probleme nicht außer Acht.
– Sorgen Sie für Abhilfe z. B. durch Entbindung einer Mitarbeiterin oder eines Mitarbeiters von seinen Aufgaben im Einzelfall, wenn Ihnen Interessenkollisionen durch eine Nebentätigkeit der Mitarbeiterin oder des Mitarbeiters oder durch Tätigkeiten ihrer bzw. seiner Angehörigen bekannt werden.
– Achten Sie besonders auf Zeichen einer Überforderung oder Unterforderung des Einzelnen.
– Seien Sie besonders aufmerksam, wenn Ihnen persönliche Schwächen (z. B. Suchtprobleme, Hang zu teuren, schwer zu finanzierenden Hobbys) oder eine Überschuldung einer Mitarbeiterin oder eines Mitarbeiters bekannt werden; Beschäftigte, deren wirtschaftliche Verhältnisse nicht geordnet sind, sollen im Beschaffungswesen sowie auf Dienstposten, auf denen sie der Gefahr einer unlauteren Beeinflussung durch Dritte besonders ausgesetzt sind, nicht verwendet werden.
– Schließlich müssen Sie auch bei offen vorgetragener Unzufriedenheit mit dem Dienstherrn besonders wachsam sein und versuchen, dem entgegenzuwirken.

Mitarbeiterinnen und Mitarbeiter, die Kenntnisse oder Beobachtungen von korruptiven Verhaltensweisen melden, sind vor Herabsetzungen wie „Nestbeschmutzer" o. ä. zu schützen. Der Vertrauensschutz gegenüber den Kolleginnen und Kollegen ist zu wahren.

Zu 5:

Sorgen Sie für eine aufmerksame, klare Dienst- und Fachaufsicht. Lassen Sie Ihre Mitarbeiterinnen und Mitarbeiter nicht im Regen stehen.

Machen Sie sich bewusst, dass es bei Korruption keinen beschwerdeführenden Geschädigten gibt und Korruptionsprävention deshalb wesentlich von Ihrer Sensibilität und der Sensibilisierung Ihrer Mitarbeiterinnen und Mitarbeiter abhängt. Sie erfordert aber auch Ihre Dienst- und Fachaufsicht – ohnehin Ihre Kernpflicht als Vorgesetzte oder Vorgesetzter. Ein falsch verstandener kooperativer Führungsstil oder eine „laissez-faire"-Haltung können in besonders korruptionssensiblen Bereichen verhängnisvoll sein.

Anlage 3 VwV Korruptionsverhütung und -bekämpfung **I.12**

Versuchen Sie deshalb,
- die Vorgangskontrolle zu optimieren, indem Sie z. B. Kontrollmechanismen (Wiedervorlagen o. ä.) in den Geschäftsablauf einbauen,
- das Abschotten oder eine Verselbständigung einzelner Mitarbeiterinnen oder Mitarbeiter zu vermeiden,
- dem Auftreten von Korruptionsindikatoren – diese können Sie Ziffer 4.1.1 der VwV Korruptionsverhütung und -bekämpfung entnehmen – besondere Wachsamkeit zu schenken,
- stichprobenweise das Einhalten vorgegebener Ermessensspielräume zu überprüfen,
- die Akzeptanz des Verwaltungshandelns durch Gespräche mit „Verwaltungskunden" zu ermitteln.

Nutzen Sie auch das Fortbildungsangebot bei Lehrgängen zur Korruptionsprävention.

Zu 6:

Handeln Sie bei Verdacht auf Korruption sofort.

Bei konkreten und nachvollziehbaren Anhaltspunkten für einen Korruptionsverdacht müssen Sie sich unverzüglich mit dem Dienstvorgesetzten oder der Ansprechperson für Korruptionsprävention beraten und die Personalverwaltung bzw. Behördenleitung informieren. Eventuell aber erfordern die Umstände auch, dass Sie selbst sofort geeignete Maßnahmen ge,gen eine Verschleierung ergreifen. Infrage kommen etwa:
- der Entzug bestimmter laufender oder abgeschlossener Vorgänge,
- das Verbot des Zugangs zu Akten,
- die Sicherung des Arbeitsraumes, der Aufzeichnungen mit dienstlichem Bezug oder der Arbeitsmittel (z. B. des Computers).

Das Maß und der Umfang der gebotenen Maßnahmen können sich nur nach den Umständen des Einzelfalles richten.

Bedenken Sie, dass Korruption kein „Kavaliersdelikt" und Vertuschen auch Ihrem Ansehen schädlich ist.

Bei Verletzung Ihrer Pflichten können Sie sich eines Dienstvergehens schuldig und strafbar machen.

II Laufbahn/Ausbildung

II.1 Verordnung des Innenministeriums über die Einrichtung von Laufbahnen
(Laufbahnverordnung-Innenministerium – LVO-IM) 260

II.2 Verordnung des Kultusministeriums über die Laufbahnen seines
Geschäftsbereichs
(Laufbahnverordnung Kultusministerium – LVO-KM) 270

II.3 Verordnung des Ministeriums für Ländlichen Raum und Verbraucherschutz über
die Einrichtung von Laufbahnen
(Laufbahnverordnung MLR – LVO-MLR) 280

II.4 Verordnung des Finanzministeriums über die Errichtung von Laufbahnen und
weitere Laufbahnvorschriften für den Bereich der Finanzverwaltung
(Finanzlaufbahnverordnung – FLVO) 284

II.5 Verordnung des Wirtschaftsministeriums über die Einrichtung von Laufbahnen
(Laufbahnverordnung Wirtschaftsministerium – LVO WM) 289

II.6 Verordnung des Ministeriums für Verkehr über die Einrichtung von Laufbahnen
(Laufbahnverordnung VM – LVO-VM) 293

II.7 Verordnung des Justizministeriums über die Einrichtung von Laufbahnen
(Laufbahnverordnung-Justizministerium – LVO-JuM) 296

II.8 Verordnung des Wissenschaftsministeriums über die Einrichtung von Laufbahnen
und weitere Laufbahnvorschriften für den Wissenschafts- und Kunstbereich
(Laufbahnverordnung Wissenschaftsministerium – LVO-MWK) 301

II.9 Verordnung des Sozialministeriums über die Einrichtung von Laufbahnen
(Laufbahnverordnung-Sozialministerium – LVO-SM) 306

II.10 Verordnung des Innenministeriums über die Einrichtung von Laufbahnen des
Polizeivollzugsdienstes
(Laufbahnverordnung-Polizeivollzugsdienst – LVO-PVD) 308

II.11 Verordnung des Umweltministeriums über die Einrichtung von Laufbahnen
(Laufbahnverordnung UM – LVO-UM) 315

II.12 Verordnung des Ministeriums für Landesentwicklung und Wohnen über die
Einrichtung von Laufbahnen
(Laufbahnverordnung Ministerium für Landesentwicklung und Wohnen –
LVO MLW) 319

II.13 Verordnung des Innenministeriums über die Ausbildung und Prüfung für den
mittleren Verwaltungsdienst
(Ausbildungs- und Prüfungsordnung für den mittleren Verwaltungsdienst –
APrOVw mD) 321

II.14 Verordnung des Innenministeriums über die Ausbildung und Prüfung für den
gehobenen Verwaltungsdienst
(Ausbildungs- und Prüfungsordnung für den gehobenen Verwaltungsdienst –
APrOVw gD) 330

Verordnung des Innenministeriums über die Einrichtung von Laufbahnen
(Laufbahnverordnung-Innenministerium – LVO-IM)

Vom 9. Juli 2013 (GBl. S. 221)

Zuletzt geändert durch
Gesetz über die Anpassung von Dienst- und Versorgungsbezügen in Baden-Württemberg 2022
und zur Änderung dienstrechtlicher Vorschriften
vom 15. November 2022 (GBl. S. 540)

Auf Grund von § 16 Absatz 2, § 21 Absatz 6 Satz 1 und 3 und § 22 Absatz 4 Satz 3 Nummer 1 des Landesbeamtengesetzes (LBG) vom 9. November 2010 (GBl. S. 793, 794), geändert durch Artikel 34 der Verordnung vom 25. Januar 2012 (GBl. S. 65, 69), wird im Benehmen mit dem Finanz- und Wirtschaftsministerium und dem Sozialministerium verordnet:

Abschnitt 1
Laufbahnen des mittleren, gehobenen und höheren Verwaltungsdienstes

§ 1 Geltungsbereich

Abschnitt 1 gilt für die Beamtinnen und Beamten des Landes, der Gemeinden und Gemeindeverbände sowie der sonstigen der Aufsicht des Landes unterstehenden Körperschaften, Anstalten und Stiftungen des öffentlichen Rechts.

§ 2 Laufbahnbefähigung für den mittleren Verwaltungsdienst

(1) Die Laufbahnbefähigung für den mittleren Verwaltungsdienst erwirbt, wer den Vorbereitungsdienst nach Maßgabe der Ausbildungs- und Prüfungsordnung für den mittleren Verwaltungsdienst erfolgreich abgeschlossen und die Laufbahnprüfung bestanden hat.

(2) Die Laufbahnbefähigung für den mittleren Verwaltungsdienst erwirbt auch, wer die Bildungsvoraussetzungen nach § 15 Absatz 1 Nummer 1 LBG durch eine erfolgreich abgeschlossene Ausbildung in einem verwaltungsnahen Beruf, der nach Art, Bedeutung und Schwierigkeit den Anforderungen der Laufbahn des mittleren Verwaltungsdienstes vergleichbar ist, besitzt und eine mindestens dreijährige dieser Laufbahn entsprechende Tätigkeit nachweist. Ein Jahr der Tätigkeit soll auf eine Beschäftigung im öffentlichen Dienst entfallen.

(3) Bei einem horizontalen Laufbahnwechsel in die Laufbahn des mittleren Verwaltungsdienstes erwerben Beamtinnen und Beamte, die die Laufbahnbefähigung für die Laufbahn des

1. mittleren Dienstes in der Allgemeinen Finanzverwaltung oder

2. mittleren Verwaltungsdienstes in der Versorgungsverwaltung

nach der jeweiligen laufbahnrechtlichen Verordnung besitzen, die Laufbahnbefähigung für den mittleren Verwaltungsdienst abweichend von § 21 Absatz 2 und 3 LBG ohne Einführung in die Aufgaben des mittleren Verwaltungsdienstes.

§ 3 Laufbahnbefähigung für den gehobenen Verwaltungsdienst

(1) Die Laufbahnbefähigung für den gehobenen Verwaltungsdienst erwirbt, wer den Vorbereitungsdienst nach Maßgabe der Ausbildungs- und Prüfungsordnung für den gehobenen Verwaltungsdienst erfolgreich abgeschlossen und die Laufbahnprüfung bestanden hat.

(2) Die Laufbahnbefähigung für den gehobenen Verwaltungsdienst erwirbt auch, wer einen nach § 15 Absatz 1 Nummer 2 LBG geforderten Abschluss in einem verwaltungsnahen Studiengang nachweist und anschließend

eine laufbahnqualifizierende Zusatzausbildung nach Maßgabe des Absatzes 3 oder eine dreijährige Berufstätigkeit nach Maßgabe des Absatzes 4 absolviert hat.

(3) Die laufbahnqualifizierende Zusatzausbildung nach § 16 Absatz 1 Nummer 2 Buchstabe a LBG erfolgt als ein auf die Verwaltung bezogenes, modular aufgebautes Trainee-Programm in einem Beschäftigtenverhältnis im öffentlichen Dienst. Es soll die Bewerberin oder den Bewerber mit der Organisation, den Aufgaben und der Arbeitsweise der Verwaltung, insbesondere auch mit ihren gestaltenden Funktionen im wirtschaftlichen, sozialen und gesellschaftspolitischen Bereich vertraut machen und sie oder ihn dazu befähigen, sich in angemessener Zeit auch in solche Tätigkeiten einzuarbeiten, für die eine Vorbildung nicht im erforderlichen Maße besteht. Das Trainee-Programm, das grundsätzlich auf einen Zeitraum von einem Jahr ausgelegt ist, vermittelt zusätzliche, über die Vorbildung hinausgehende Kenntnisse und Fähigkeiten, die zur selbständigen Wahrnehmung der Aufgaben im gehobenen Verwaltungsdienst befähigen, insbesondere auf folgenden Gebieten:

1. Grundzüge des Verfassungsrechts;

2. Allgemeines und Besonderes Verwaltungsrecht einschließlich Verwaltungsverfahrensrecht, Grundlagen des Privatrechts, Europarecht;

3. Kommunales Verfassungsrecht;

4. Haushalts- und Rechnungswesen, Grundzüge der wirtschaftlichen Betätigung der Kommunen und des Landes;

5. Personal, Organisation, Kommunikation;

6. Informations- und Kommunikationstechnologie.

Werden auf diesen Gebieten außerhalb des Trainee-Programms erworbene Kenntnisse nachgewiesen, können diese auf dessen Dauer angerechnet werden.

(4) Die dreijährige Berufstätigkeit nach § 16 Absatz 1 Nummer 2 Buchstabe b LBG muss

1. nach Abschluss eines Studiums nach Absatz 2 geleistet worden sein,

2. nach Art, Bedeutung und Schwierigkeit den Anforderungen der Laufbahn des gehobenen Verwaltungsdienstes vergleichbar sein und

3. im Hinblick auf die Aufgaben der angestrebten Laufbahn die Fähigkeit zu fachlich selbständiger Berufsausübung vermitteln.

Ein Jahr der Tätigkeit soll auf eine Beschäftigung im öffentlichen Dienst entfallen.

(5) Bei einem horizontalen Laufbahnwechsel in die Laufbahn des gehobenen Verwaltungsdienstes erwerben Beamtinnen und Beamte, die die Laufbahnbefähigung für die Laufbahn des

1. gehobenen nichttechnischen Dienstes in der Allgemeinen Finanzverwaltung,

2. gehobenen Verwaltungsdienstes in der Rentenversicherung oder

3. gehobenen Dienstes in der Versorgungsverwaltung

nach der jeweiligen laufbahnrechtlichen Verordnung besitzen, die Laufbahnbefähigung für den gehobenen Verwaltungsdienst abweichend von § 21 Absatz 2 und 3 LBG ohne Einführung in die Aufgaben des gehobenen Verwaltungsdienstes.

§ 4 Laufbahnbefähigung für den höheren Verwaltungsdienst

(1) Die Laufbahnbefähigung für den höheren Verwaltungsdienst erwirbt, wer einen nach § 15 Absatz 1 Nummer 3 LBG geforderten Abschluss in einem Studium der Rechtswissenschaften nachweist und die Zweite juristische Staatsprüfung erfolgreich abgeschlossen hat.

(2) Die Laufbahnbefähigung für den höheren Verwaltungsdienst erwirbt auch, wer einen nach § 15 Absatz 1 Nummer 3 LBG geforderten Abschluss in einem Studium der Verwaltungswissenschaften, der Sozialwissenschaften, der Wirtschaftswissenschaften oder der Politikwissenschaften nachweist und anschließend eine laufbahnqualifizierende Zusatzausbildung nach Maßgabe des Absatzes 3 oder eine dreijährige Berufstätigkeit nach Maßgabe des Absatzes 4 absolviert hat.

(3) Die laufbahnqualifizierende Zusatzausbildung nach § 16 Absatz 1 Nummer 2 Buchsta-

be a LBG erfolgt als ein auf die Verwaltung bezogenes, modular aufgebautes Trainee-Programm in einem Beschäftigtenverhältnis im öffentlichen Dienst. Es soll die Bewerberin oder den Bewerber mit der Organisation, den Aufgaben und der Arbeitsweise der Verwaltung, insbesondere auch mit ihren gestaltenden Funktionen im wirtschaftlichen, sozialen und gesellschaftspolitischen Bereich vertraut machen und sie oder ihn dazu befähigen, sich in angemessener Zeit auch in solche Tätigkeiten einzuarbeiten, für die eine Vorbildung nicht im erforderlichen Maße besteht. Das Trainee-Programm, das grundsätzlich auf einen Zeitraum von einem Jahr ausgelegt ist, vermittelt zusätzliche, über die Vorbildung hinausgehende Kenntnisse und Fähigkeiten, die zur selbständigen Wahrnehmung der Aufgaben im höheren Verwaltungsdienst befähigen, insbesondere auf folgenden Gebieten:

1. Grundzüge des Verfassungsrechts;
2. Allgemeines Verwaltungsrecht und Besonderes Verwaltungsrecht mit Bezügen zum Europarecht einschließlich Verwaltungsverfahrensrecht und Grundzüge des Verwaltungsgerichtsverfahrensrechts;
3. Kommunales Verfassungsrecht;
4. Haushalts- und Rechnungswesen, Grundzüge der wirtschaftlichen Betätigung der Kommunen und des Landes;
5. Personal, Organisation, Kommunikation.

Werden auf diesen Gebieten außerhalb des Trainee-Programms erworbene Kenntnisse nachgewiesen, können diese auf dessen Dauer angerechnet werden.

(4) Die dreijährige Berufstätigkeit nach § 16 Absatz 1 Nummer 2 Buchstabe b LBG muss

1. nach Abschluss eines Studiums nach Absatz 2 geleistet worden sein,
2. nach Art, Bedeutung und Schwierigkeit den Anforderungen der Laufbahn des höheren Verwaltungsdienstes vergleichbar sein und
3. im Hinblick auf die Aufgaben der angestrebten Laufbahn die Fähigkeit zu fachlich selbständiger Berufsausübung vermitteln.

Ein Jahr der Tätigkeit soll auf eine Beschäftigung im öffentlichen Dienst entfallen.

§ 5 Aufstieg

Abweichend von § 22 Absatz 1 Nummer 1 bis 3 LBG können Beamtinnen und Beamte des mittleren oder gehobenen Verwaltungsdienstes, die die Bildungsvoraussetzungen der jeweils nächsthöheren Laufbahngruppe in einem verwaltungswissenschaftlichen oder verwaltungsnahen Studiengang erworben haben, in die jeweils nächsthöhere Laufbahn derselben Fachrichtung aufsteigen, wenn sie

1. sich mindestens im ersten Beförderungsamt ihrer Laufbahn befinden,
2. sich in einem Aufgabengebiet ihrer Laufbahn bewährt haben und
3. seit mindestens einem halben Jahr erfolgreich überwiegend Aufgaben der nächsthöheren Laufbahn wahrnehmen.

Abschnitt 2
Laufbahnen des mittleren, gehobenen und höheren Dienstes im Verfassungsschutz

§ 6 Erwerb der Laufbahnbefähigung

(1) Die Laufbahnbefähigung für den mittleren Dienst im Verfassungsschutz erwirbt, wer

1. eine Ausbildung in einem Beruf, der für eine Verwendung im Verfassungsschutz geeignet ist, erfolgreich abgeschlossen hat sowie
2. eine anschließende dreijährige, der Laufbahn des mittleren Dienstes im Verfassungsschutz entsprechende Berufstätigkeit nachweist.

Geeignet nach Satz 1 Nummer 1 sind insbesondere Ausbildungen in technischen Berufen wie Nachrichten- und Fernmeldetechnik, Medien- und Kommunikationstechnik, Informationstechnik, Elektronik, Mechanik und Kraftfahrzeugwesen, in grafischen Berufen sowie in kaufmännischen Berufen.

(2) Die Laufbahnbefähigung für den gehobenen Dienst im Verfassungsschutz erwirbt, wer

1. den Vorbereitungsdienst nach Maßgabe der Verordnung des Innenministeriums über die Ausbildung und Prüfung für den gehobenen Dienst im Verfassungsschutz mit Bestehender Laufbahnprüfung erfolgreich abgeschlossen hat oder

§§ 7–9 Laufbahnverordnung-Innenministerium (LVO-IM) II.1

2. die Bildungsvoraussetzungen nach § 15 Absatz 1 Nummer 2 LBG in einer Fachrichtung erworben hat, die für eine Verwendung im Verfassungsschutz geeignet ist, sowie eine anschließende dreijährige, der Laufbahn des gehobenen Dienstes im Verfassungsschutz entsprechende Berufstätigkeit nachweist.

Geeignet nach Satz 1 Nummer 2 sind insbesondere technische Studiengänge wie Informations- und Kommunikationstechnik oder Maschinenbau, wirtschaftswissenschaftliche Studiengänge sowie geistes- und sozialwissenschaftliche Studiengänge.

(3) Die Laufbahnbefähigung für den höheren Dienst im Verfassungsschutz erwirbt, wer

1. die Bildungsvoraussetzungen nach § 15 Absatz 1 Nummer 3 LBG in einer Fachrichtung erworben hat, die für eine Verwendung im Verfassungsschutz geeignet ist sowie

2. eine anschließende dreijährige, der Laufbahn des höheren Dienstes im Verfassungsschutz entsprechende Berufstätigkeit nachweist.

Geeignet nach Satz 1 Nummer 1 sind insbesondere technische Studiengänge wie Informations- und Kommunikationstechnik, wirtschaftswissenschaftliche Studiengänge sowie geistes- und sozialwissenschaftliche Studiengänge wie Politikwissenschaft, Geschichte, Islamwissenschaften, Sprachen und Soziologie.

§ 7 Aufstieg

Abweichend von § 22 Absatz 1 Nummer 1 bis 3 LBG können Beamtinnen und Beamte des mittleren oder gehobenen Dienstes im Verfassungsschutz, die die Bildungsvoraussetzungen der jeweils nächsthöheren Laufbahngruppe in einem Studiengang erworben haben, der für eine Verwendung im Verfassungsschutz nach § 6 geeignet ist, in die jeweils nächsthöhere Laufbahn derselben Fachrichtung aufsteigen, wenn sie

1. sich mindestens im ersten Beförderungsamt ihrer Laufbahn befinden,

2. sich in einem Aufgabengebiet ihrer Laufbahn bewährt haben und

3. seit mindestens einem halben Jahr erfolgreich überwiegend Aufgaben der nächsthöheren Laufbahn wahrnehmen.

Abschnitt 3
Laufbahn des höheren stenografischen Dienstes in der Parlamentsverwaltung

§ 8 Erwerb der Laufbahnbefähigung

(1) Die Laufbahnbefähigung für den höheren stenografischen Dienst in der Parlamentsverwaltung erwirbt, wer

1. die Bildungsvoraussetzung nach § 15 Absatz 1 Nummer 3 LBG und

2. eine mindestens dreijährige Berufstätigkeit als Stenografin oder Stenograf bei einem Landesparlament, beim Bundesrat oder beim Deutschen Bundestag nachweist.

(2) Die Berufstätigkeit nach Absatz 1 Nummer 2 muss nach Erwerb der Bildungsvoraussetzung geleistet worden sein und

1. an eine bei einer Parlamentsverwaltung durchgeführte Zusatzqualifikation als Stenografin oder Stenograf anknüpfen,

2. nach ihrer Art, Bedeutung und Schwierigkeit den Anforderungen des höheren stenografischen Dienstes in der Parlamentsverwaltung entsprechen und

3. im Hinblick auf die Aufgaben des höheren stenografischen Dienstes in der Parlamentsverwaltung zu fachlich selbständiger Berufsausübung befähigen.

Abschnitt 4
Laufbahnen des gehobenen und höheren informationstechnischen Dienstes

§ 9 Geltungsbereich

Abschnitt 4 gilt für die Beamtinnen und Beamten des Landes, der Gemeinden und Gemeindeverbände sowie der sonstigen der Aufsicht des Landes unterstehenden Körperschaften, Anstalten und Stiftungen des öffentlichen Rechts.

§ 10 Einrichtung von Laufbahnen

Es werden als technische Laufbahnen eingerichtet:

1. gehobener informationstechnischer Dienst und

2. höherer informationstechnischer Dienst.

§ 11 Laufbahnbefähigung für den gehobenen informationstechnischen Dienst

(1) Die Laufbahnbefähigung für den gehobenen informationstechnischen Dienst erwirbt, wer

1. ein Studium gemäß § 15 Absatz 1 Nummer 2 LBG in einem Studiengang in der Fachrichtung Informatik oder in einer anderen für den gehobenen informationstechnischen Dienst geeigneten Fachrichtung abgeschlossen hat sowie danach

2. eine zwölfmonatige laufbahnqualifizierende Zusatzausbildung nach Maßgabe des Absatzes 2 oder eine mindestens dreijährige seiner Fachrichtung entsprechende Berufstätigkeit, die die Eignung zur selbständigen Wahrnehmung eines Amtes des gehobenen informationstechnischen Dienstes vermittelt, absolviert hat.

(2) Die laufbahnqualifizierende Zusatzausbildung erfolgt als Trainee-Programm in einem Beschäftigtenverhältnis im öffentlichen Dienst. Es soll die Bewerberin oder den Bewerber mit der Organisation, den Aufgaben und der Arbeitsweise der Verwaltung und insbesondere mit den besonderen Anforderungen an die Informationstechnik in der Verwaltung vertraut machen und sie oder ihn in die Lage versetzen, sich in angemessener Zeit in bisher unbekannte Fragestellungen einzuarbeiten und geeignete Problemlösungen zu erarbeiten. Das Trainee-Programm vermittelt zusätzliche, über die Vorbildung hinausgehende Kenntnisse und Fähigkeiten, die zur selbständigen Wahrnehmung der Aufgaben im gehobenen informationstechnischen Dienst befähigen, insbesondere auf folgenden Gebieten:

1. Grundzüge des Verwaltungsrechts,

2. Grundlagen des staatlichen und kommunalen Haushaltsrechts,

3. Informationssicherheit und Datenschutz,

4. Grundlagen des Vergabe- und Vertragsrechts in der Informationstechnik,

5. Strukturen der staatlichen und kommunalen Informationstechnik,

6. Projektmanagement in der Informationstechnik.

§ 12 Laufbahnbefähigung für den höheren informationstechnischen Dienst

(1) Die Laufbahnbefähigung für den höheren informationstechnischen Dienst erwirbt, wer

1. ein Studium gemäß § 15 Absatz 1 Nummer 3 LBG in einem Studiengang in der Fachrichtung Informatik oder in einer anderen für den höheren informationstechnischen Dienst geeigneten Fachrichtung abgeschlossen hat sowie danach

2. eine fünfzehnmonatige laufbahnqualifizierende Zusatzausbildung nach Maßgabe des Absatzes 2 oder eine mindestens dreijährige seiner Fachrichtung entsprechende Berufstätigkeit, die die Eignung zur selbständigen Wahrnehmung eines Amtes des höheren informationstechnischen Dienstes vermittelt, absolviert hat.

(2) Die laufbahnqualifizierende Zusatzausbildung erfolgt als Trainee-Programm in einem Beschäftigtenverhältnis im öffentlichen Dienst. Es soll die Bewerberin oder den Bewerber mit der Organisation, den Aufgaben und der Arbeitsweise der Verwaltung und insbesondere mit den besonderen Anforderungen an die Informationstechnik in der Verwaltung vertraut machen und sie oder ihn in die Lage versetzen, sich in angemessener Zeit in bisher unbekannte Fragestellungen einzuarbeiten und geeignete Problemlösungen zu erarbeiten. Das Trainee-Programm vermittelt zusätzliche über die Vorbildung hinausgehende Kenntnisse und Fähigkeiten, die zur selbständigen Wahrnehmung der Aufgaben im höheren informationstechnischen Dienst befähigen, insbesondere auf folgende Gebiete:

1. Grundzüge des Verwaltungsrechts,

2. Grundlagen des staatlichen und kommunalen Haushaltsrechts,

3. Informationssicherheit und Datenschutz,
4. Grundlagen des Vergabe- und Vertragsrechts in der Informationstechnik,
5. Strukturen der staatlichen und kommunalen Informationstechnik,
6. Projektmanagement und Managementstrategie in der Informationstechnik,
7. Strategie und Architektur der Informationstechnik.

§ 13 Aufstieg

Abweichend von § 22 Absatz 1 Nummer 1 bis 3 LBG können Beamtinnen und Beamte des gehobenen informationstechnischen Dienstes, die die Bildungsvoraussetzungen für die Laufbahngruppe des höheren informationstechnischen Dienstes in einem für den höheren informationstechnischen Dienst geeigneten Studiengang erworben haben, in diese Laufbahn aufsteigen, wenn sie

1. sich mindestens im ersten Beförderungsamt ihrer Laufbahn befinden,
2. sich in einem Aufgabengebiet ihrer Laufbahn bewährt haben und
3. seit mindestens einem halben Jahr erfolgreich überwiegend Aufgaben des höheren informationstechnischen Dienstes wahrnehmen.

Abschnitt 5
Laufbahnen des mittleren, gehobenen und höheren feuerwehrtechnischen Dienstes

§ 14 Geltungsbereich

Abschnitt 5 gilt für die Beamtinnen und Beamten des Landes, der Gemeinden und Gemeindeverbände sowie der sonstigen der Aufsicht des Landes unterstehenden Körperschaften, Anstalten und Stiftungen des öffentlichen Rechts.

§ 15 Laufbahnbefähigung für den mittleren feuerwehrtechnischen Dienst

Die Laufbahnbefähigung für den mittleren feuerwehrtechnischen Dienst erwirbt, wer

1. den Vorbereitungsdienst nach Maßgabe der Ausbildungs- und Prüfungsordnung für den mittleren feuerwehrtechnischen Dienst (APrOFw mD) erfolgreich abgeschlossen und die Laufbahnprüfung bestanden hat oder
2. die Bildungsvoraussetzungen nach § 4 Nummer 3 der APrOFw mD besitzt, außerhalb einer Laufbahnausbildung an einem Laufbahnlehrgang und einer Laufbahnprüfung für den mittleren feuerwehrtechnischen Dienst erfolgreich teilgenommen und mindestens drei Jahre erfolgreich eine dieser Laufbahn entsprechende Berufstätigkeit ausgeübt hat.

§ 16 Probezeit im mittleren feuerwehrtechnischen Dienst

(1) Abweichend von § 19 Absatz 5 Satz 1 LBG dauert die Mindestprobezeit ein Jahr.

(2) Die Beamtinnen und Beamten des mittleren feuerwehrtechnischen Dienstes nehmen während der Probezeit an der Fortbildung nach der Verwaltungsvorschrift des Innenministeriums über die Fortbildung in der Laufbahn des mittleren feuerwehrtechnischen Dienstes teil. Die Bewährung in der Probezeit setzt eine erfolgreiche Teilnahme an der Fortbildung voraus.

§ 17 Laufbahnbefähigung für den gehobenen feuerwehrtechnischen Dienst

Die Laufbahnbefähigung für den gehobenen feuerwehrtechnischen Dienst erwirbt, wer

1. den Vorbereitungsdienst nach Maßgabe der Ausbildungs- und Prüfungsordnung für den gehobenen feuerwehrtechnischen Dienst (APrOFw gD) erfolgreich abgeschlossen und die Laufbahnprüfung bestanden hat oder
2. die Bildungsvoraussetzungen nach § 4 Nummer 2 der APrOFw gD besitzt, außerhalb einer Laufbahnausbildung an einem Laufbahnlehrgang und einer Laufbahnprüfung für den gehobenen feuerwehrtechnischen Dienst erfolgreich teilgenommen und mindestens drei Jahre erfolgreich eine dieser Laufbahn entsprechende Berufstätigkeit ausgeübt hat.

§ 18 Laufbahnbefähigung für den höheren feuerwehrtechnischen Dienst

Die Laufbahnbefähigung für den höheren feuerwehrtechnischen Dienst erwirbt, wer den Vorbereitungsdienst nach Maßgabe der Ausbildungs- und Prüfungsordnung für den höheren feuerwehrtechnischen Dienst erfolgreich abgeschlossen und die Laufbahnprüfung bestanden hat.

§ 19 Aufstieg in den gehobenen feuerwehrtechnischen Dienst

(1) Beamtinnen und Beamte des mittleren feuerwehrtechnischen Dienstes können in den gehobenen feuerwehrtechnischen Dienst aufsteigen, wenn sie

1. sich abweichend von § 22 Absatz 1 Nummer 1 und 2 LBG mindestens
   a) in einem Amt der Besoldungsgruppe A 9 ihrer Laufbahn befinden und
   b) in einem Aufgabengebiet ihrer Laufbahn besonders bewährt haben,
2. den Führungslehrgang I nach Nummer 4.5.1 der Verwaltungsvorschrift des Innenministeriums über die Aus- und Fortbildung der Feuerwehrangehörigen in Baden-Württemberg (VwV-Feuerwehrausbildung) erfolgreich abgeschlossen oder eine gleichwertige hauptberufliche Führungsausbildung absolviert haben und
3. die Einführungszeit und die Laufbahnprüfung nach Maßgabe von § 32 APrOFw gD erfolgreich abgeschlossen haben.

Abweichend von § 22 Absatz 1 Nummer 3 LBG müssen Aufgaben des gehobenen feuerwehrtechnischen Dienstes vor dem Aufstieg nicht wahrgenommen werden.

(2) Beamtinnen und Beamte des mittleren feuerwehrtechnischen Dienstes können ferner in den gehobenen feuerwehrtechnischen Dienst aufsteigen, wenn sie

1. sich abweichend von § 22 Absatz 1 Nummer 2 LBG in einem Aufgabengebiet ihrer Laufbahn besonders bewährt haben und
2. den Führungslehrgang II nach Nummer 4.5.2 der VwV-Feuerwehrausbildung erfolgreich abgeschlossen haben.

Abweichend von § 22 Absatz 1 Nummer 3 LBG müssen Aufgaben des gehobenen feuerwehrtechnischen Dienstes vor dem Aufstieg nicht wahrgenommen werden. In der Laufbahn des gehobenen feuerwehrtechnischen Dienstes kann den Beamtinnen und Beamten höchstens ein Amt der Besoldungsgruppe A 12 verliehen werden.

§ 20 Aufstieg in den höheren feuerwehrtechnischen Dienst

(1) Beamtinnen und Beamte des gehobenen feuerwehrtechnischen Dienstes können in den höheren feuerwehrtechnischen Dienst aufsteigen, wenn sie

1. sich abweichend von § 22 Absatz 1 Nummer 1 und 2 LBG mindestens
   a) in einem Amt der Besoldungsgruppe A 12 ihrer Laufbahn befinden und
   b) in einem Aufgabengebiet ihrer Laufbahn besonders bewährt haben und
2. die Einführungszeit und die Laufbahnprüfung nach Maßgabe von § 14 der Ausbildungs- und Prüfungsordnung für den höheren feuerwehrtechnischen Dienst erfolgreich abgeschlossen haben.

Abweichend von § 22 Absatz 1 Nummer 3 LBG müssen Aufgaben des höheren feuerwehrtechnischen Dienstes vor dem Aufstieg nicht wahrgenommen werden.

(2) Beamtinnen und Beamte des gehobenen feuerwehrtechnischen Dienstes können ferner in den höheren feuerwehrtechnischen Dienst aufsteigen, wenn sie sich

1. abweichend von § 22 Absatz 1 Nummer 2 LBG in einem Aufgabengebiet ihrer Laufbahn besonders bewährt haben und
2. nach Vorgabe des Dienstherrrn durch mindestens dreimonatige Qualifizierungsmaßnahmen zusätzliche, über ihre Vorbildung und die bisherige Laufbahnbefähigung hinausgehende Kenntnisse und Fähigkeiten erworben haben, die ihnen die Wahrnehmung der Aufgaben im höheren feuerwehrtechnischen Dienst ermöglichen.

Abweichend von § 22 Absatz 1 Nummer 3 LBG müssen Aufgaben des höheren feuerwehrtechnischen Dienstes vor dem Aufstieg nicht wahrgenommen werden. In der Laufbahn des höheren feuerwehrtechnischen Dienstes kann den Beamtinnen und Beamten höchstens ein Amt der Besoldungsgruppe A 15 verliehen werden.

Abschnitt 6
Laufbahnen des mittleren, gehobenen und höheren technischen Dienstes bei der Polizei sowie des höheren geistes- und sozialwissenschaftlichen Dienstes bei der Polizei

§ 21 Einrichtung von Laufbahnen
Es werden folgende Laufbahnen eingerichtet:
1. mittlerer, gehobener und höherer technischer Dienst bei der Polizei sowie
2. höherer geistes- und sozialwissenschaftlicher Dienst bei der Polizei.

§ 22 Erwerb der Laufbahnbefähigung für den mittleren, gehobenen und höheren technischen Dienst bei der Polizei

(1) Die Laufbahnbefähigung für den mittleren technischen Dienst bei der Polizei erwirbt, wer

1. die Bildungsvoraussetzungen nach § 15 Absatz 1 Nummer 1 LBG erfüllt und eine Meisterprüfung oder eine staatliche oder staatlich anerkannte Technikerprüfung in einem Beruf, der für eine Verwendung im technischen Dienst bei der Polizei geeignet ist, erfolgreich abgelegt hat sowie
2. eine dreijährige Berufstätigkeit nachweist, welche die für die Laufbahn des mittleren technischen Dienstes bei der Polizei notwendige Eignung vermittelt hat.

Geeignet im Sinne des Satzes 1 Nummer 1 sind die Meisterprüfung oder die staatliche oder staatlich anerkannte Technikerprüfung in Berufen, wie zum Beispiel solche aus den Bereichen Vermessungstechnik, Technisches Zeichnen, Elektronik verschiedener Fachrichtungen, Mechanik verschiedener Fachrichtungen oder Stoffprüfung verschiedener Fachrichtungen.

(2) Die Laufbahnbefähigung für den gehobenen technischen Dienst bei der Polizei erwirbt, wer

1. die Bildungsvoraussetzungen nach § 15 Absatz 1 Nummer 2 LBG in einer Fachrichtung erworben hat, die für eine Verwendung im technischen Dienst bei der Polizei geeignet ist sowie
2. eine anschließende dreijährige Berufstätigkeit nachweist, welche die für die Laufbahn des gehobenen technischen Dienstes bei der Polizei notwendige Eignung vermittelt hat.

(3) Die Laufbahnbefähigung für den höheren technischen Dienst bei der Polizei erwirbt, wer

1. die Bildungsvoraussetzungen nach § 15 Absatz 1 Nummer 3 LBG in einer Fachrichtung erworben hat, die für eine Verwendung im technischen Dienst bei der Polizei geeignet ist sowie
2. eine anschließende dreijährige Berufstätigkeit nachweist, welche die für die Laufbahn des höheren technischen Dienstes bei der Polizei notwendige Eignung vermittelt hat.

(4) Geeignet im Sinne von Absatz 2 und Absatz 3 sind insbesondere Studienabschlüsse in den Ingenieurwissenschaften, wie zum Beispiel Elektrotechnik, Informatik, Nachrichtentechnik, Mechatronik, Maschinenbau, Fahrzeugtechnik, Druck- und Medientechnik und Informations- und Kommunikationstechnik.

§ 23 Erwerb der Laufbahnbefähigung für den höheren geistes- und sozialwissenschaftlichen Dienst bei der Polizei

(1) Die Laufbahnbefähigung für den höheren geistes- und sozialwissenschaftlichen Dienst bei der Polizei erwirbt, wer

1. die Bildungsvoraussetzungen nach § 15 Absatz 1 Nummer 3 LBG in einer Fachrichtung erworben hat, die für eine Verwendung im geistes- und sozialwissenschaftlichen Dienst bei der Polizei geeignet ist sowie
2. eine anschließende dreijährige Berufstätigkeit nachweist, welche die für die Lauf-

bahn des höheren geistes- und sozialwissenschaftlichen Dienstes bei der Polizei notwendige Eignung vermittelt hat.

(2) Geeignet sind insbesondere Studiengänge wie Religionswissenschaften, Politikwissenschaften, Geschichtswissenschaften, Sprachwissenschaften, Pädagogik, Ethnologie, Kulturwissenschaften und Soziologie.

§ 24 Aufstieg

Abweichend von § 22 Absatz 1 Nummer 1 und 2 LBG können Beamtinnen und Beamte im Geltungsbereich dieses Abschnitts, die die Bildungsvoraussetzungen der jeweils nächsthöheren Laufbahngruppe in einer Fachrichtung erworben haben, die für eine Verwendung in ihrer jeweiligen Laufbahn geeignet ist, in die nächsthöhere Laufbahngruppe derselben Fachrichtung aufsteigen, wenn sie

1. sich mindestens im ersten Beförderungsamt ihrer Laufbahn befinden,
2. sich in einem Aufgabengebiet ihrer Laufbahngruppe bewährt haben.

Abschnitt 7
Laufbahnen des mittleren und gehobenen Abschiebungshaftvollzugsdienstes

§ 25 Laufbahnbefähigung für den mittleren Abschiebungshaftvollzugsdienst

(1) Die Laufbahnbefähigung für den mittleren Abschiebungshaftvollzugsdienst erwirbt, wer den Vorbereitungsdienst nach Maßgabe der Ausbildungs- und Prüfungsordnung für den mittleren Abschiebungshaftvollzugsdienst erfolgreich abgeschlossen und die Laufbahnprüfung bestanden hat.

(2) Bei einem horizontalen Laufbahnwechsel in die Laufbahn des mittleren Abschiebungshaftvollzugsdienstes erwerben Beamtinnen und Beamte, die die Laufbahnbefähigung für die Laufbahn des mittleren Vollzugsdienstes im Justizvollzug nach § 12 der Laufbahnverordnung-Justizministerium besitzen, die Laufbahnbefähigung für den mittleren Abschiebungshaftvollzugsdienst abweichend von § 21 Absatz 2 und 3 LBG ohne Einführung in die Aufgaben des mittleren Abschiebungshaftvollzugsdienstes.

§ 26 Laufbahnbefähigung für den gehobenen Abschiebungshaftvollzugsdienst

(1) Beamtinnen und Beamte des mittleren Abschiebungshaftvollzugsdienstes, die mindestens ein Jahr lang erfolgreich eine ihnen förmlich übertragene Funktion in der Laufbahn des gehobenen Abschiebungshaftvollzugsdienstes wahrgenommen haben, erwerben die Befähigung für die Laufbahn des gehobenen Abschiebungshaftvollzugsdienstes nach Maßgabe des § 22 Absatz 1 Nummer 1, 2, 4 und 5 LBG.

(2) Bei einem horizontalen Laufbahnwechsel in die Laufbahn des gehobenen Abschiebungshaftvollzugsdienstes erwerben Beamtinnen und Beamte, die die Laufbahnbefähigung für die Laufbahn des gehobenen Vollzugsdienstes im Justizvollzug nach § 15 der Laufbahnverordnung-Justizministerium besitzen, die Laufbahnbefähigung für den gehobenen Abschiebungshaftvollzugsdienst abweichend von § 21 Absatz 2 und 3 LBG ohne Einführung in die Aufgaben des gehobenen Abschiebungshaftvollzugsdienstes.

Abschnitt 8
Laufbahn des gehobenen Dienstes im digitalen Verwaltungsmanagement

§ 27 Geltungsbereich

Abschnitt 8 gilt für die Beamtinnen und Beamten des Landes, der Gemeinden und Gemeindeverbände sowie der sonstigen der Aufsicht des Landes unterstehenden Körperschaften, Anstalten und Stiftungen des öffentlichen Rechts.

§ 28 Einrichtung der Laufbahn

Es wird die Laufbahn des gehobenen Dienstes im digitalen Verwaltungsmanagement eingerichtet.

§ 29 Laufbahnbefähigung für den gehobenen Dienst im digitalen Verwaltungsmanagement

(1) Die Laufbahnbefähigung für den gehobenen Dienst im digitalen Verwaltungsmanagement erwirbt, wer den Vorbereitungsdienst nach Maßgabe der Ausbildungs- und Prüfungsordnung für den gehobenen Dienst im digitalen Verwaltungsmanagement erfolgreich abgeschlossen und die Laufbahnprüfung bestanden hat.

(2) Die Laufbahnbefähigung für den gehobenen Dienst im digitalen Verwaltungsmanagement erwirbt auch, wer einen nach § 15 Absatz 1 Nummer 2 LBG geforderten Abschluss in einem Studiengang nachweist, der für eine Verwendung im digitalen Verwaltungsmanagement geeignet ist, sowie anschließend

1. eine dreijährige Berufstätigkeit nach Maßgabe des Absatzes 3 oder
2. eine zwölfmonatige laufbahnqualifizierende Zusatzausbildung nach Maßgabe des Absatzes 4 absolviert hat.

(3) Die dreijährige Berufstätigkeit nach § 16 Absatz 1 Nummer 2 Buchstabe b LBG muss

1. nach Abschluss eines Studiums nach Absatz 2 geleistet worden sein,
2. nach Art, Bedeutung und Schwierigkeit den Anforderungen der Laufbahn des gehobenen Dienstes im digitalen Verwaltungsmanagement vergleichbar sein und
3. im Hinblick auf die Aufgaben der angestrebten Laufbahn die Fähigkeit zu fachlich selbstständiger Berufsausübung vermitteln.

Ein Jahr der Tätigkeit soll auf eine Beschäftigung im öffentlichen Dienst entfallen.

(4) Die laufbahnqualifizierende Zusatzausbildung nach § 16 Absatz 1 Nummer 2 Buchstabe a LBG erfolgt als Trainee-Programm in einem Beschäftigtenverhältnis im öffentlichen Dienst. Es soll die Bewerberin oder den Bewerber mit der Organisation, den Aufgaben und der Arbeitsweise der Verwaltung und insbesondere mit den besonderen Anforderungen des digitalen Verwaltungsmanagements vertraut machen und sie oder ihn in die Lage versetzen, sich in angemessener Zeit auch in solche Tätigkeiten einzuarbeiten, für die eine Vorbildung nicht im erforderlichen Maße besteht. Das Trainee-Programm vermittelt zusätzliche, über die Vorbildung hinausgehende Kenntnisse und Fähigkeiten, die zur selbstständigen Wahrnehmung der Aufgaben im gehobenen Dienst im digitalen Verwaltungsmanagement befähigen, insbesondere auf folgenden Gebieten:

1. Technische Dimensionen der Digitalisierung,
2. Verwaltungsmanagement,
3. rechtliche Grundlagen der Verwaltung,
4. Steuerung von Digitalisierungsvorhaben.

Abschnitt 9
Schlussbestimmungen

§ 30 Inkrafttreten

Diese Verordnung tritt am Tag nach ihrer Verkündung in Kraft.

## Verordnung des Kultusministeriums über die Laufbahnen seines Geschäftsbereichs
(Laufbahnverordnung Kultusministerium – LVO-KM)
Vom 10. Januar 2012 (GBl. S. 13)

Zuletzt geändert durch
Verordnung des Kultusministeriums zur Änderung der Laufbahnverordnung Kultusministerium
vom 18. Januar 2023 (GBl. S. 52)

Auf Grund von § 15 Absatz 4, § 16 Absatz 2, § 19 Absatz 5 Satz 2, § 21 Absätze 5 und 6, § 22 Absatz 4 des Landesbeamtengesetzes (LBG) vom 9. November 2010 (GBl. S. 793, 794) wird im Benehmen mit dem Finanz- und Wirtschaftsministerium, dem Wissenschaftsministerium und dem Innenministerium verordnet:

§ 1 Allgemeine Grundsätze

(1) Die Laufbahnbefähigung nach § 16 Absatz 1 Nummer 1 LBG für die Lehrerlaufbahnen wird nach Maßgabe der vom Kultusministerium nach § 35 Absatz 3 des Schulgesetzes für Baden-Württemberg (SchG) und § 16 Absatz 2 LBG erlassenen Ausbildungs- und Prüfungsordnungen erworben.

(2) Die Laufbahnbefähigung für eine Lehrerlaufbahn erwirbt auch, wer

1. außerhalb von Baden-Württemberg einen Bildungsabschluss erworben hat, der einer in der Ausbildungs- und Prüfungsordnung nach Absatz 1 oder in dieser Verordnung für die betreffende Lehrerlaufbahn festgelegten Bildungsvoraussetzung gleichwertig ist und

2. a) eine mindestens dreijährige, der Vorbildung entsprechende Berufstätigkeit als Lehrkraft in mindestens einem Unterrichtsfach (allgemein bildende Schulen), einer beruflichen Fachrichtung (berufliche Schulen) oder einer sonderpädagogischen Fachrichtung (Sonderpädagogik) nachweist oder

   b) eine laufbahnqualifizierende Zusatzausbildung abgeschlossen hat.

Die Gleichwertigkeit der Bildungsvoraussetzung nach Satz 1 Nummer 1 setzt voraus, dass sich diese auf zwei Unterrichtsfächer (allgemein bildende Schulen), zwei berufliche Fachrichtungen oder eine berufliche Fachrichtung und ein Unterrichtsfach (berufliche Schulen) oder mindestens eine sonderpädagogische Fachrichtung und ein Unterrichtsfach (Sonderpädagogik) erstreckt. Die Berufstätigkeit nach Satz 1 Nummer 2 Buchstabe a und die laufbahnqualifizierende Zusatzausbildung nach Satz 1 Nummer 2 Buchstabe b müssen jeweils die Eignung zur selbständigen Wahrnehmung eines Amtes der angestrebten Lehrerlaufbahn vermitteln. Die Regelungen zum Laufbahnerwerb von Personen aus einem anderen Mitgliedstaat der Europäischen Union, einem anderen Vertragsstaat des Abkommens über den Europäischen Wirtschaftsraum oder aus einem Drittstaat, dem Deutschland und die Europäische Union vertraglich einen Anspruch auf Anerkennung von Berufsqualifikationen eingeräumt haben, bleiben hiervon unberührt.

(3) Laufbahnen pädagogischer Fachrichtung sind die Lehrerlaufbahnen nach Absatz 1, die nach dieser Verordnung eingerichteten Lehrerlaufbahnen sowie die Laufbahnen des außerschulischen Bereichs nach § 10 Absatz 1 bis 3.

(4) Wissenschaftliche Lehrkräfte im Sinne dieser Verordnung sind solche, für deren Laufbahn in der jeweiligen Ausbildungs- und Prüfungsordnung als Voraussetzung für die Zulassung zum Vorbereitungsdienst der Abschluss eines Studiengangs nach § 15 Absatz 1 Nummer 2 oder 3 LBG vorgeschrieben ist. Dazu gehören auch Lehrkräfte, die die Laufbahnbefähigung nach Absatz 2 erworben und deren Bildungsvoraussetzungen denen einer wissenschaftlichen Lehrkraft im Sinne des Satzes 1 gleichwertig sind.

(5) Der horizontale Laufbahnwechsel nach § 21 LBG zwischen verschiedenen Lehrerlaufbahnen, die der gleichen Laufbahngruppe angehören, ist nur auf der Grundlage einer pädagogischen Nachqualifizierung möglich.

(6) Die Befähigung für eine Lehrerlaufbahn und für die Laufbahnen des außerschulischen Bereichs kann über eine mindestens dreijährige, der Vorbildung entsprechende Berufstätigkeit im Sinne von § 16 Absatz 1 Nummer 2 Buchstabe b LBG nur nach Maßgabe dieser Verordnung erworben werden.

§ 2 Erwerb der Laufbahnbefähigung für Lehrkräfte durch eine laufbahnqualifizierende Zusatzausbildung

(1) Die Befähigung für die Laufbahn der wissenschaftlichen Lehrkraft erwirbt, wer nach Vorliegen der Bildungsvoraussetzungen eine laufbahnqualifizierende Zusatzausbildung erfolgreich abgeschlossen hat. Die laufbahnqualifizierende Zusatzausbildung beinhaltet eine zweijährige pädagogische Schulung und ein Jahr der Bewährung in der Schulpraxis der angestrebten Laufbahn. Auf das Bewährungsjahr im Anschluss an die pädagogische Schulung kann verzichtet werden, wenn die Lehrkraft eine hauptberufliche Unterrichtspraxis von mindestens drei Jahren in der Laufbahn der Technischen Lehrkraft an beruflichen Schulen der gewerblichen Richtung nach Absatz 2 nachweisen kann.

(1a) Auf Antrag kann bei Vorliegen der in § 69 Absatz 1a LBG genannten Voraussetzungen die für den Erwerb der Befähigung für die Laufbahn der wissenschaftlichen Lehrkraft benötigte pädagogische Schulung auch in Teilzeit im Umfang von zwei Drittel der regelmäßigen Arbeitszeit abgeleistet werden. Dabei verlängert sich die pädagogische Schulung um ein Jahr. Tritt eine der Voraussetzungen des § 69 Absatz 1a LBG während des ersten Jahres der pädagogischen Schulung ein, kann der Antrag auch noch nachträglich mit Wirkung zum Beginn des zweiten Jahres der pädagogischen Schulung gestellt werden. Fällt eine der Voraussetzungen des § 69 Absatz 1a LBG nach Bewilligung von Teilzeit nachträglich weg, kann der festgelegte Beschäftigungsumfang während der Dauer der pädagogischen Schulung nicht mehr geändert werden.

(2) Die Befähigung für die Laufbahn der Technischen Lehrkraft an beruflichen Schulen der gewerblichen Richtung oder der landwirtschaftlichen Richtung erwirbt, wer nach dem Bestehen der Meisterprüfung oder der staatlichen Prüfung für Techniker oder für Technische Assistenten oder einer vom Kultusministerium als gleichwertig anerkannten Abschlussprüfung mindestens fünf Jahre eine dieser Vorbildung entsprechende Tätigkeit ausgeübt und eine laufbahnqualifizierende Zusatzausbildung erfolgreich abgeschlossen hat. Die laufbahnqualifizierende Zusatzausbildung beinhaltet eine einjährige pädagogische Schulung.

(3) Die Befähigung für die Laufbahn der Technischen Lehrkraft an beruflichen Schulen der kaufmännischen Richtung erwirbt, wer nach dem Bestehen der Abschlussprüfung der Fachschule für Bürowirtschaft in Baden-Württemberg oder einer vom Kultusministerium als gleichwertig anerkannten Abschlussprüfung mindestens zwei Jahre eine dieser Vorbildung entsprechende Tätigkeit ausgeübt und eine laufbahnqualifizierende Zusatzausbildung erfolgreich abgeschlossen hat. Die laufbahnqualifizierende Zusatzausbildung beinhaltet eine einjährige pädagogische Schulung.

(4) Die Befähigung für die Laufbahn der Technischen Lehrkraft an beruflichen Schulen der hauswirtschaftlichen Richtung erwirbt, wer nach dem Bestehen der Abschlussprüfung des Berufskollegs für Ernährung und Hauswirtschaft II in Baden-Württemberg oder einer vom Kultusministerium als gleichwertig anerkannten Abschlussprüfung mindestens zwei Jahre eine dieser Vorbildung entsprechende Tätigkeit ausgeübt und eine laufbahnqualifizierende Zusatzausbildung erfolgreich abgeschlossen hat. Die laufbahnqualifizierende Zusatzausbildung beinhaltet eine einjährige pädagogische Schulung.

(5) Die Befähigung für die Laufbahn der Fachlehrkraft Sonderpädagogik, Förderschwerpunkt geistige Entwicklung, erwirbt, wer den

Realschulabschluss, die Fachschulreife oder einen gleichwertigen Bildungsstand besitzt und nach dem Bestehen der Prüfung als staatlich anerkannte Erzieherin oder staatlich anerkannter Erzieher oder als staatlich anerkannte Heilerziehungspflegerin oder staatlich anerkannter Heilerziehungspfleger oder nach einer vom Kultusministerium als gleichartig und gleichwertig anerkannten Prüfung mindestens fünf Jahre eine dieser Vorbildung entsprechende Tätigkeit ausgeübt und eine laufbahnqualifizierende Zusatzausbildung erfolgreich abgeschlossen hat. Die laufbahnqualifizierende Zusatzausbildung beinhaltet eine dreijährige pädagogische Schulung.

(6) Die Befähigung für die Laufbahn der Fachlehrkraft Sonderpädagogik, Förderschwerpunkt körperliche und motorische Entwicklung, erwirbt, wer den Realschulabschluss, die Fachschulreife oder einen gleichwertigen Bildungsstand besitzt und die Befähigung als Physiotherapeutin oder Physiotherapeut oder als Ergotherapeutin oder Ergotherapeut besitzt oder eine vom Kultusministerium als gleichartig und gleichwertig anerkannten Prüfung bestanden hat und mindestens fünf Jahre eine dieser Vorbildung entsprechende Tätigkeit ausgeübt und eine laufbahnqualifizierende Zusatzausbildung erfolgreich abgeschlossen hat. Die laufbahnqualifizierende Zusatzausbildung beinhaltet eine dreijährige pädagogische Schulung.

(7) Die Befähigung für die Laufbahn der Technischen Lehrkraft Sonderpädagogik, Förderschwerpunkt geistige Entwicklung, erwirbt, wer den Realschulabschluss, die Fachschulreife oder einen gleichwertigen Bildungsstand besitzt und nach dem Bestehen der Meisterprüfung oder nach einer vom Kultusministerium als gleichwertig anerkannten Prüfung mindestens fünf Jahre eine dieser Vorbildung entsprechende Tätigkeit ausgeübt und eine laufbahnqualifizierende Zusatzausbildung erfolgreich abgeschlossen hat. Die laufbahnqualifizierende Zusatzausbildung beinhaltet eine dreijährige pädagogische Schulung.

(8) Die Befähigung für die Laufbahn als Fachlehrkraft für musisch-technische Fächer erwirbt, wer den Realschulabschluss, die Fachschulreife oder einen gleichwertigen Bildungsstand besitzt und eine abgeschlossene Berufsausbildung in einem anerkannten Ausbildungsberuf nach dem Berufsbildungsgesetz oder der Handwerksordnung oder einen berufsqualifizierenden Abschluss an einem Berufskolleg von mindestens zweijähriger Dauer oder einen diesem Bildungsstand als gleichwertig anerkannten Abschluss nachweist und mindestens fünf Jahre eine dieser Vorbildung entsprechende Tätigkeit ausgeübt und eine laufbahnqualifizierende Zusatzausbildung erfolgreich abgeschlossen hat. Die laufbahnqualifizierende Zusatzausbildung beinhaltet eine dreijährige pädagogische Schulung.

(9) Der erfolgreiche Abschluss der laufbahnqualifizierenden Zusatzausbildung wird durch eine Überprüfung in entsprechender Anwendung der formellen Prüfungsbestimmungen in der für die jeweilige Ziellaufbahn maßgeblichen Prüfungsordnung nachgewiesen. Für Technische Lehrkräfte an beruflichen Schulen finden die formellen Prüfungsbestimmungen der Verordnung des Kultusministeriums über die Ausbildung und Prüfung für die Laufbahn der Technischen Lehrkräfte an beruflichen Schulen entsprechende Anwendung.

§ 2a Erwerb der Laufbahnbefähigung für den gehobenen Schuldienst durch eine laufbahnqualifizierende Zusatzausbildung

(1) Die Befähigung für die Laufbahn des gehobenen Schuldienstes für das Lehramt Grundschule nach der Grundschullehramtsprüfungsordnung erwirbt, wer

1. eine Laufbahnbefähigung für das Lehramt Gymnasium nach der Gymnasiallehramtsprüfungsordnung II oder für das Lehramt Sekundarstufe I nach der Sekundarstufen I – Lehramtsprüfungsordnung oder einer entsprechenden, vorhergehenden Prüfungsordnung mit einem Gesamtnotendurchschnitt in der Zweiten Staatsprüfung von mindestens 3,5 erworben hat und

2. die Lehrbefähigung in mindestens einem Fach, das in der Grundschule unterrichtet wird oder einem in der Grundschule unterrichteten Fach inhaltlich zugeordnet werden kann, besitzt oder eine Vertre-

tungstätigkeit an einer Grundschule mindestens ein Schuljahr erfolgreich wahrgenommen hat und

3. eine laufbahnqualifizierende Zusatzausbildung im Umfang von mindestens einem Schuljahr erfolgreich abgeschlossen hat.

(2) Die Befähigung für die Laufbahn des gehobenen Schuldienstes für das Lehramt Sekundarstufe I erwirbt, wer

1. eine Laufbahnbefähigung für das Lehramt Gymnasium nach der Gymnasiallehramtsprüfungsordnung II oder einer vorhergehenden Prüfungsordnung mit einem Gesamtnotendurchschnitt in der Zweiten Staatsprüfung von mindestens 3,5 erworben hat und

2. die Lehrbefähigung in mindestens zwei Fächern, die in den Schularten der Sekundarstufe I unterrichtet werden oder einem in den Schularten der Sekundarstufe I unterrichteten Fach inhaltlich zugeordnet werden können, besitzt und

3. eine laufbahnqualifizierende Zusatzausbildung im Umfang von mindestens einem Schuljahr erfolgreich abgeschlossen hat.

(3) Die laufbahnqualifizierende Zusatzausbildung beinhaltet eine pädagogische Schulung. Der erfolgreiche Abschluss der laufbahnqualifizierenden Zusatzausbildung wird durch eine Überprüfung in entsprechender Anwendung der formellen Prüfungsbestimmungen in der für die Ziellaufbahn maßgeblichen Prüfungsordnung und eine Bewertung durch den Schulleiter nachgewiesen.

§ 3 Erwerb der Laufbahnbefähigung von Lehrkräften für untere Klassen durch Berufserfahrung

(1) Lehrkräfte mit einer nach dem Recht der ehemaligen Deutschen Demokratischen Republik erworbenen Lehrbefähigung als Lehrkraft für untere Klassen besitzen dann die Befähigung für die Laufbahn der Fachlehrkraft für musisch-technische Fächer, wenn

1. sie unbefristet im öffentlichen Schuldienst in einem Land der Bundesrepublik Deutschland stehen,

2. sich die Lehrbefähigung auf die Fächer Deutsch und Mathematik sowie ein Wahlfach erstreckt und

3. sie eine mindestens dreijährige, dieser Vorbildung entsprechenden Berufstätigkeit im öffentlichen Schuldienst in einem Land der Bundesrepublik Deutschland und davon eine hauptamtliche Unterrichtspraxis im öffentlichen Schuldienst von mindestens zwei Schulhalbjahren in mindestens einem Fach nachweisen können, das einem der Ausbildungsfächer der Ziellaufbahn entspricht.

(2) Lehrkräfte mit einer nach dem Recht der ehemaligen Deutschen Demokratischen Republik erworbenen Lehrbefähigung als Lehrkraft für untere Klassen besitzen dann die Befähigung für die Laufbahn des Lehramts an Grundschulen, wenn

1. die Voraussetzungen nach Absatz 1 Nummer 1 und 2 erfüllen und

2. eine mindestens dreijährige, dieser Vorbildung entsprechenden Berufstätigkeit im öffentlichen Schuldienst in einem Land der Bundesrepublik Deutschland und davon nach bestandener oder anerkannter Ergänzungsprüfung in einem Unterrichtsfach der Ziellaufbahn eine hauptamtliche Unterrichtspraxis im öffentlichen Schuldienst von mindestens zwei Schulhalbjahren in mindestens einem Fach nachweisen können, das einem der Ausbildungsfächer der Ziellaufbahn entspricht.

(3) Ein nach dem Recht der ehemaligen Deutschen Demokratischen Republik erworbener Abschluss als Lehrkraft für untere Klassen wird nach bestandener abschließender Prüfung einer ergänzenden Ausbildung in einem Unterrichtsfach der Ziellaufbahn als gleichwertig mit den Bildungsvoraussetzungen nach § 15 Absatz 1 Nummer 2 LBG für die Laufbahn des Lehramts an Grundschulen anerkannt.

§ 4 Erwerb der Laufbahnbefähigung für Diplomlehrkräfte durch Berufserfahrung

(1) Lehrkräfte mit einer nach dem Recht der ehemaligen Deutschen Demokratischen Republik erworbenen Lehrbefähigung zur Dip-

lomlehrkraft besitzen dann die Befähigung für die nach der Vereinbarung über die Anerkennung und Zuordnung der Lehrerausbildungsgänge der ehemaligen DDR zu herkömmlichen Laufbahnen (Beschluss der Kultusministerkonferenz vom 7. Mai 1993) zugeordnete Laufbahn, wenn

1. sie unbefristet im öffentlichen Schuldienst in einem Land der Bundesrepublik Deutschland stehen,

2. sich die Lehrbefähigung auf zwei Unterrichtsfächer (allgemein bildende Schulen), eine berufliche Fachrichtung sowie ein Unterrichtsfach (berufliche Schulen), oder eine sonderpädagogische Fachrichtung (Sonderschulen) erstreckt, die bei dem zugeordneten Lehramt in Baden-Württemberg jeweils zulässig sind beziehungsweise ist und

3. sie eine mindestens dreijährige, dieser Vorbildung und der Ziellaufbahn entsprechenden Berufstätigkeit im öffentlichen Schuldienst in der Bundesrepublik Deutschland in mindestens einem Fach nachweisen können, das einem der Ausbildungsfächer der Ziellaufbahn entspricht.

(2) Ein bei dem zugeordneten Lehramt in Baden-Württemberg nicht zulässiges Unterrichtsfach kann durch eine bestandene oder anerkannte Ergänzungsprüfung in einem zulässigen Unterrichtsfach und eine anschließende hauptamtliche Unterrichtspraxis im öffentlichen Schuldienst in der Bundesrepublik Deutschland in diesem Fach im Umfang von mindestens zwei Schulhalbjahren ersetzt werden.

§ 5 Erwerb der Laufbahnbefähigung für die Laufbahn des höheren Schuldienstes in der Fachrichtung Religionslehre durch Berufserfahrung

(1) Die Laufbahnbefähigung für den höheren Schuldienst in der Fachrichtung Religionslehre besitzt, wer

1. als ordinierter Geistlicher evangelischen Bekenntnisses oder als Geistlicher römisch-katholischen Bekenntnisses, der die Priesterweihe empfangen hat, oder

2. als Laientheologe, der ein theologisches Hochschulstudium an einer Hochschule im Sinne von § 15 Absatz 1 Nummer 3 Buchstabe a LBG mit der Wissenschaftlichen Theologieprüfung abgeschlossen sowie danach einen dem staatlichen Vorbereitungsdienst entsprechenden Vorbereitungsdienst absolviert und eine der Laufbahnprüfung entsprechende kirchliche Pädagogische Prüfung oder die Ausbildung zum Pastoralreferenten absolviert und die Zweite Dienstprüfung als Pastoralreferent abgelegt hat

und eine Berufstätigkeit nach § 16 Absatz 1 Nummer 2 Buchstabe b LBG nachweisen kann. Zeitdauer und Umfang der erforderlichen Unterrichtstätigkeit bestimmen sich durch die Vereinbarung mit den Kirchen. Der Vorbereitungsdienst nach Nummer 2, das Vikariat oder Zeiten des Pastoralkurses stellen eine der Vorbildung entsprechende Berufstätigkeit nach § 16 Absatz 1 Nummer 2 Buchstabe b LBG dar.

(2) Die Laufbahnbefähigung für den höheren Schuldienst an beruflichen Schulen in der Fachrichtung Evangelische Religionslehre besitzt auch, wer als graduierter Religionspädagoge ein Master-Aufbaustudium abgeschlossen hat und eine Berufstätigkeit nach § 16 Absatz 1 Nummer 2 Buchstabe b LBG nachweisen kann. Zeitdauer und Umfang der erforderlichen Unterrichtstätigkeit bestimmen sich durch die Vereinbarung mit den Kirchen.

§ 6 Erwerb der Laufbahnbefähigung für den gehobenen Schuldienst der wissenschaftlichen Lehrämter für Fachlehrkräfte und Technische Lehrkräfte

(1) Fachlehrkräfte und Technische Lehrkräfte können in die Laufbahn des gehobenen Schuldienstes für das Lehramt

1. Grundschule,

2. an Grund-, Haupt- und Werkrealschulen,

3. Sekundarstufe I,

4. Sonderpädagogik und

5. an beruflichen Schulen

ernannt werden, sofern sie sich im Endamt ihrer Laufbahn befinden, in einer hauptberuflichen Unterrichtspraxis von mindestens zwölf Jahren in der bisherigen Laufbahn mindestens mit der Note 1,5 beurteilt wurden, sich in einer zweijährigen Unterrichtspraxis in der angestrebten Laufbahn bewährt und eine entsprechende Nachqualifizierung an einem Seminar für Ausbildung und Fortbildung der Lehrkräfte absolviert haben. Der erfolgreiche Abschluss der Nachqualifizierung wird durch eine Überprüfung in entsprechender Anwendung der für die jeweilige Ziellaufbahn maßgeblichen Prüfungsordnung nachgewiesen. Die Feststellung der Bewährung erfolgt durch die Schulleitung.

(2) Fachlehrkräfte und Technische Lehrkräfte können in die Laufbahn des gehobenen Schuldienstes für das Lehramt

1. Grundschule,
2. Sekundarstufe I oder Werkreal-, Haupt- und Realschule und
3. Sonderpädagogik,

ernannt werden, sofern sie den erfolgreichen Abschluss eines für diese Lehrämter geeigneten Studiums nachweisen, eine hauptberufliche Unterrichtspraxis von mindestens neun Jahren in der Laufbahn einer Fachlehrkraft oder Technischen Lehrkraft Sonderpädagogik oder einer diesen entsprechenden, vorhergehenden Laufbahn oder in der Laufbahn einer Fachlehrkraft für musisch-technische Fächer an einer öffentlichen Schule oder einer genehmigten oder anerkannten Ersatzschule vorweisen und sich dabei mindestens mit der Note 1,5 bewährt haben.

§ 7 Erwerb der Laufbahnbefähigung für den höheren beruflichen oder gymnasialen Schuldienst durch Aufstieg

(1) Wissenschaftliche Lehrkräfte des gehobenen beruflichen und gymnasialen Schuldienstes können nach § 22 LBG in den höheren Schuldienst in ihren Schularten aufsteigen, wenn sie sich in mindestens einem Aufgabengebiet ihrer Laufbahn bewährt haben und durch eine Qualifizierungsmaßnahme (Aufstiegslehrgang) zusätzliche, über ihre Vorbildung und die bisherige Laufbahnbefähigung hinausgehende Kenntnisse und Fähigkeiten erworben haben, die ihnen die Wahrnehmung der Aufgaben der neuen Laufbahn ermöglichen.

(2) Für die Zulassung zu dem Aufstiegslehrgang müssen sich die Bewerberinnen und Bewerber zu Beginn der Qualifizierungsmaßnahme mindestens im vierten Dienstjahr befinden.

(3) Der dreijährige Aufstiegslehrgang wird berufsbegleitend angeboten. Er ist in zwei Phasen (erste Lehrgangsphase im ersten Jahr und zweite Lehrgangsphase im zweiten und dritten Jahr) unterteilt. Während der Qualifizierungsmaßnahme nehmen die Lehrkräfte eine Unterrichtsverpflichtung in Schularten oberhalb der Fachschulreife in einer Klasse des Berufskollegs, der Fachschule, des Beruflichen Gymnasiums, der Berufsoberschule oder der Oberstufe eines allgemein bildenden Gymnasiums wahr. Diese Verpflichtung beträgt in der ersten Lehrgangsphase in der Regel vier Unterrichtsstunden pro Woche und in der zweiten Lehrgangsphase in der Regel acht Unterrichtsstunden pro Woche. Mit dieser Unterrichtsverpflichtung wird der Nachweis der mindestens einjährigen erfolgreichen Wahrnehmung von überwiegenden Aufgaben der nächsthöheren Laufbahn (§ 22 Absatz 1 Nummer 3 LBG) erbracht.

(4) Für wissenschaftliche Lehrkräfte des gehobenen beruflichen und gymnasialen Schuldienstes, die eine hauptberufliche Unterrichtspraxis von mindestens zehn Jahren in der bisherigen Laufbahn vorweisen können, wird berufsbegleitend ein einjähriger Aufstiegslehrgang angeboten. Im Anschluss daran haben sich die Lehrkräfte ein Jahr in der Schulpraxis der angestrebten Laufbahn zu bewähren. Die Unterrichtsverpflichtung im Bewährungsjahr muss überwiegend in Schularten oberhalb der Fachschulreife in einer Klasse des Berufskollegs, der Fachschule, des Beruflichen Gymnasiums, der Berufsoberschule oder der Oberstufe eines allgemein bildenden Gymnasiums erbracht werden.

(5) Die Teilnahme am Lehrgang kann auf Antrag unterbrochen werden jeweils bis zu einem Jahr wegen Krankheit oder wegen Be-

urlaubung sowie insgesamt bis zu drei Jahre wegen Schwangerschaft, Eltern- oder Pflegezeiten. Dauert die Unterbrechung länger, wird die Teilnahme an dem Lehrgang abgebrochen; soll der Lehrgang fortgesetzt werden, ist eine erneute Bewerbung nötig.

(6) Der erfolgreiche Abschluss des Aufstiegslehrgangs wird durch eine Überprüfung in entsprechender Anwendung der formellen Prüfungsbestimmungen in der für die jeweilige Ziellaufbahn maßgeblichen Prüfungsordnung nachgewiesen.

(7) Die Absätze 1 bis 6 finden auf Lehrkräfte mit der Laufbahnbefähigung für das Lehramt Sekundarstufe I, für das Lehramt an Grund- und Hauptschulen mit dem Stufenschwerpunkt Hauptschule und für das Lehramt Sonderpädagogik oder einer diesen entsprechenden, vorhergehenden Laufbahnbefähigung, die an Gymnasien oder an beruflichen Schulen eingesetzt sind, entsprechend Anwendung. Für die Zulassung zum Aufstiegslehrgang müssen Lehrkräfte mit der Laufbahnbefähigung für das Lehramt an Grund- und Hauptschulen mit dem Stufenschwerpunkt Hauptschule von den in den Absätzen 2 oder 4 genannten Erfahrungszeiten mindestens drei Jahre an einem Gymnasium oder an einer beruflichen Schule unterrichtet haben; die übrigen in Satz 1 genannten Lehrkräfte zwei Jahre.

§ 8 Erwerb der Laufbahnbefähigung des gehobenen Schuldienstes für das Lehramt Sekundarstufe I und für das Lehramt Sonderpädagogik durch horizontalen Laufbahnwechsel

(1) Lehrkräfte mit der Laufbahnbefähigung für das Lehramt an Grund-, Haupt- und Werkrealschulen nach der Verordnung über den Vorbereitungsdienst und die Zweite Staatsprüfung für das Lehramt an Grund-, Haupt- und Werkrealschulen oder einer entsprechenden Laufbahnbefähigung nach einer vorhergehenden Prüfungsordnung, die

1. an einer Realschule Tätigkeiten einer Lehrkraft mit der Laufbahnbefähigung für das Lehramt Sekundarstufe I nach der Sekundarstufen I – Lehramtsprüfungsordnung oder einer dieser vorhergehenden Lehramtsprüfungsordnung ausüben,

2. für ein sonderpädagogisches Bildungs- und Beratungszentrum Tätigkeiten einer Lehrkraft mit der Laufbahnbefähigung für das Lehramt an Sonderschulen nach der Sonderschullehrerprüfungsordnung II oder für das Lehramt Sonderpädagogik nach der Sonderpädagogiklehramtsprüfungsordnung II ausüben,

3. an einer Gemeinschaftsschule in der Sekundarstufe I unterrichten oder

4. an einer Haupt- und Werkrealschule unterrichten und ab dem auf den Beginn des Lehrgangs nach Absatz 2 folgenden Schuljahr an einer Realschule Tätigkeiten einer Lehrkraft mit der Laufbahnbefähigung für das Lehramt Sekundarstufe I nach der Sekundarstufen I – Lehramtsprüfungsordnung oder einer dieser vorhergehenden Lehramtsprüfungsordnung ausüben oder an einer Gemeinschaftsschule in der Sekundarstufe I unterrichten sollen

und mit den jeweiligen Tätigkeiten voraussichtlich dauerhaft, gemessen an der individuell festgesetzten, wöchentlichen Unterrichtsverpflichtung, überwiegend beschäftigt werden, können mit der erfolgreichen Teilnahme an einem Lehrgang nach Absatz 2 bei einer Beschäftigung mit Tätigkeiten nach Satz 1 Nummer 1, 3 und 4 die Laufbahnbefähigung für das Lehramt Sekundarstufe I und bei einer Beschäftigung mit Tätigkeiten nach Satz 1 Nummer 2 die Laufbahnbefähigung für das Lehramt Sonderpädagogik nach der Sonderpädagogiklehramtsprüfungsordnung II erwerben (Ziellaufbahnen). Voraussetzung für die Lehrgangsteilnahme ist für Lehrkräfte nach Absatz 1 Satz 1 Nummer 1 bis 3, dass die Lehrkraft die Tätigkeiten, gemessen an der individuell festgesetzten, wöchentlichen Unterrichtsverpflichtung, überwiegend ausübt oder im Durchschnitt der vergangenen drei Jahre ausgeübt hat.

(2) Die Lehrgänge bestehen aus einer Einführung in die Aufgaben der neuen Laufbahn durch die Schulleitung der Realschule, des sonderpädagogischen Bildungs- und Bera-

tungszentrums oder der Gemeinschaftsschule (Zielschularten) und einer Qualifizierungsmaßnahme nach § 1 Absatz 5. Für Rektorinnen und Rektoren sowie Konrektorinnen und Konrektoren soll die Einführung durch das Staatliche Schulamt erfolgen. Die Lehrgangsdauer beträgt für Lehrkräfte nach Absatz 1 Satz 1 Nummer 1 bis 3 ein Jahr. Für Lehrkräfte nach Absatz 1 Satz 1 Nummer 4 findet die Qualifizierungsmaßnahme nach § 1 Absatz 5 in der Regel während der Tätigkeit an der Haupt- und Werkrealschule statt, das Einführungsjahr beginnt mit der Aufnahme der Beschäftigung an der Realschule mit Tätigkeiten einer Lehrkraft mit der Laufbahnbefähigung für das Lehramt Sekundarstufe I nach der Sekundarstufen I – -Lehramtsprüfungsordnung oder einer dieser vorhergehenden Lehramtsprüfungsordnung oder an der Gemeinschaftsschule in der Sekundarstufe I; der Lehrgang endet mit dem Ende des Einführungsjahres.

(3) Die Qualifizierungsmaßnahme nach Absatz 2 wird für Lehrkräfte nach Absatz 1 Satz 1 Nummer 2 durch das Bestehen eines fachdidaktischen Kolloquiums, für Lehrkräfte nach Absatz 1 Satz 1 Nummer 3 und 4 durch das Bestehen eines fachdidaktischen Kolloquiums und einer unterrichtspraktischen Prüfung abgeschlossen; die Vergabe einer Note erfolgt hierbei nicht. Die Durchführung des fachdidaktischen Kolloquiums und der unterrichtspraktischen Prüfung erfolgt in entsprechender Anwendung der für die jeweilige Ziellaufbahn maßgeblichen Prüfungsordnung.

(4) Lehrkräfte mit der Laufbahnbefähigung für das Lehramt an Grund-, Haupt- und Werkrealschulen nach der Verordnung über den Vorbereitungsdienst und die Zweite Staatsprüfung für das Lehramt an Grund-, Haupt- und Werkrealschulen oder einer entsprechenden Laufbahnbefähigung nach einer vorhergehenden Prüfungsordnung, die an Schulen besonderer Art nach § 107 SchG in schulartspezifischen Klassen (Sekundarstufe I) Tätigkeiten einer Lehrkraft mit der Laufbahnbefähigung für das Lehramt Sekundarstufe I nach der Sekundarstufen I – Lehramtsprüfungsordnung oder einer dieser vorhergehenden Prüfungsordnung ausüben, können an dem Lehrgang für Lehrkräfte nach Absatz 1 Satz 1 Nummer 1 teilnehmen. Sind Lehrkräfte nach Satz 1 nicht in schulartspezifischen Klassen tätig, können sie an dem Lehrgang für Lehrkräfte nach Absatz 1 Satz 1 Nummer 3 teilnehmen. Absatz 1 Satz 2 gilt entsprechend.

(5) Lehrkräfte mit der Laufbahnbefähigung für das Lehramt an Grund-, Haupt- und Werkrealschulen nach der Verordnung über den Vorbereitungsdienst und die Zweite Staatsprüfung für das Lehramt an Grund-, Haupt- und Werkrealschulen oder einer entsprechenden Laufbahnbefähigung nach einer vorhergehenden Prüfungsordnung, die seit mindestens einem Jahr

1. als Ausbilderinnen und Ausbilder in der Qualifizierungsmaßnahme nach Absatz 2 eingesetzt sind,

2. als Ausbilderinnen und Ausbilder an einem Seminar für Ausbildung und Fortbildung der Lehrkräfte (Sekundarstufe I) gemessen an ihrem dortigen Lehrauftrag überwiegend in der Ausbildung von Lehrkräften für das Lehramt Sekundarstufe I oder einem entsprechenden vorhergehenden Lehramt eingesetzt sind,

3. a) als Fachberaterinnen und Fachberater für Unterrichtsentwicklung beziehungsweise Schulentwicklung,
   b) in der Schulaufsicht bei einem Staatlichen Schulamt, einem Regierungspräsidium oder dem Kultusministerium,
   c) in anderen Bereichen in der Schulverwaltung, insbesondere dem Zentrum für Schulqualität und Lehrerbildung oder dem Institut für Bildungsanalysen Baden-Württemberg oder
   d) beim Landesmedienzentrum

   überwiegend für die jeweilige Zielschulart eingesetzt sind oder

4. als Dozentinnen und Dozenten der Pädagogischen Hochschulen des Landes gemessen an ihrem dortigen Lehrauftrag überwiegend im Studiengang Sekundarstufe I oder in sonderpädagogischen Studiengängen eingesetzt sind,

können an einem der Lehrgänge nach Absatz 2 oder 6 für diejenige Zielschulart teilnehmen, für die sie eingesetzt sind. Die Einführung in die Aufgaben der neuen Laufbahnen nach Absatz 2 Satz 1 findet in den Fällen des Satzes 1 Nummer 1 und 2 durch die Seminarleitung, in den Fällen des Satzes 1 Nummer 3 Buchstabe a, b sowie d und 4 durch die Schulaufsicht sowie in den Fällen des Satzes 1 Nummer 3 Buchstabe c durch die jeweilige Leitung statt.

(6) Lehrkräfte mit der Laufbahnbefähigung für das Lehramt an Grund-, Haupt- und Werkrealschulen nach der Verordnung über den Vorbereitungsdienst und die Zweite Staatsprüfung für das Lehramt an Grund-, Haupt- und Werkrealschulen oder einer entsprechenden Laufbahnbefähigung nach einer vorhergehenden Prüfungsordnung, die an einer Haupt- und Werkrealschule oder an einer Gemeinschaftsschule unterrichten und zukünftig als Lehrkraft mit der Befähigung für das Lehramt Sonderpädagogik eingesetzt werden sollen, können durch den erfolgreichen Abschluss eines zweijährigen Aufbaustudiums an einer Pädagogischen Hochschule des Landes für die zukünftige, voraussichtlich dauerhafte Beschäftigung als Lehrkraft mit der Laufbahnbefähigung für das Lehramt Sonderpädagogik nach der Sonderpädagogiklehramtsprüfungsordnung II die Laufbahnbefähigung für dieses Lehramt erwerben. Das Aufbaustudium findet in der Regel während der Tätigkeit an der Haupt- und Werkrealschule statt; die Einführung in die Aufgaben der neuen Laufbahn erfolgt im Rahmen dieses Aufbaustudiums an der Pädagogischen Hochschule. Inhalte und Abschluss des Aufbaustudiums werden in entsprechenden Studien- und Prüfungsordnungen der Pädagogischen Hochschulen geregelt.

(7) Die Teilnahme an den Qualifizierungsmaßnahmen nach Absatz 2 wird von den jeweiligen Seminaren für Ausbildung und Fortbildung der Lehrkräfte bescheinigt. Das Ergebnis der Prüfungen nach Absatz 3 Satz 1 wird durch das Landeslehrerprüfungsamt oder der Erwerb des Studienabschlusses nach Absatz 6 von den Pädagogischen Hochschulen mitgeteilt. Eine Empfehlung über die Befähigung für die neue Laufbahn wird bei den Lehrgängen nach Absatz 2 grundsätzlich von der für die Einführung zuständigen Person oder Stelle am Ende des Einführungsjahrs abgegeben. Auf Grundlage der jeweiligen Bescheinigung und gegebenenfalls der Mitteilung des Prüfungsergebnisses sowie bei den Lehrgängen nach Absatz 2 einer Empfehlung entscheidet der oder die Dienstvorgesetzte abschließend über den Erwerb der Befähigung für die neue Laufbahn.

(8) § 7 Absatz 5 gilt entsprechend.

(9) Wird die Befähigung für die neue Laufbahn am Ende der Einführung nach Absatz 2 mangels entsprechender Empfehlung nach Absatz 7 nicht festgestellt, kann der Lehrgang vom Dienstvorgesetzten einmal um ein halbes Jahr verlängert werden. Am Ende des Verlängerungszeitraums wird eine erneute Empfehlung nach Absatz 7 abgegeben. Werden das fachdidaktische Kolloquium oder die unterrichtspraktische Prüfung nach Absatz 3 Satz 1 nicht bestanden, können diese einmal wiederholt werden; dazu kann der Lehrgang vom Dienstvorgesetzten in Abstimmung mit dem Landeslehrerprüfungsamt längstens um ein halbes Jahr verlängert werden. Bestandene Prüfungen nach Absatz 3 Satz 1 beziehungsweise eine positive Empfehlung nach Absatz 7 bleiben für den jeweiligen Lehrgang gültig. Werden das fachdidaktische Kolloquium oder die unterrichtspraktische Prüfung in der Wiederholung nicht bestanden beziehungsweise kann eine entsprechende Empfehlung am Ende des Verlängerungszeitraums nach Satz 1 nicht abgegeben werden, ist die jeweilige Laufbahnbefähigung nicht erworben und eine erneute Bewerbung für den jeweiligen Lehrgang notwendig.

§ 9 Probezeit

(1) Abweichend von § 19 Absatz 5 Satz 1 LBG ist von Lehrkräften eine Mindestprobezeit von einem Jahr abzuleisten.

(2) Eine weit überdurchschnittliche Bewährung im Sinne von § 19 Absatz 2 Nummer 1 LBG liegt bei Lehrkräften dann vor, wenn die Leistungen in den Probezeitbeurteilungen jeweils mit mindestens der Note 1,5 bewertet wurden.

(3) Ein Erwerb der Laufbahnbefähigung mit hervorragendem Ergebnis im Sinne von § 19 Absatz 2 Nummer 2 LBG liegt bei Lehrkräften vor, sofern sie die Laufbahnprüfung mit mindestens der Note 1,4 abgelegt haben.

§ 10 Laufbahnen des außerschulischen Bereichs

(1) In die Laufbahnen der pädagogischen Fachrichtung des außerschulischen Bereichs

1. des Schulbauernhofs,
2. des Zentrums für Schulqualität und Lehrerbildung,
3. des Instituts für Bildungsanalysen Baden-Württemberg oder
4. des Landesmedienzentrums

kann ernannt werden, wer die Befähigung für eine Laufbahn der wissenschaftlichen Lehrkräfte an Schulen besitzt und sich nach Erwerb dieser Laufbahnbefähigung mindestens drei Jahre im Schuldienst bewährt hat.

(2) In die Laufbahnen der pädagogischen Fachrichtung des außerschulischen Bereichs der Seminare für Ausbildung und Fortbildung der Lehrkräfte kann ernannt werden, wer die Befähigung für eine Laufbahn der wissenschaftlichen Lehrkräfte an Schulen besitzt und sich nach Erwerb dieser Laufbahnbefähigung mindestens fünf Jahre im Schuldienst bewährt hat. Die Bestimmungen der Landesbesoldungsordnung A der Anlage 1 zu § 28 des Landesbesoldungsgesetzes Baden-Württemberg zu den Ämtern am Seminar für Ausbildung und Fortbildung der Lehrkräfte (Fachseminar für Sonderpädagogik und am Pädagogischen Fachseminar) bleiben davon unberührt.

(3) In die Laufbahnen der pädagogischen Fachrichtung der Schulaufsichtsbehörden kann ernannt werden, wer

1. die Befähigung für eine Laufbahn der wissenschaftlichen Lehrkräfte an Schulen besitzt,
2. sich nach Erwerb dieser Laufbahnbefähigung mindestens fünf Jahre im Schuldienst bewährt und
3. zwei Jahre erfolgreich Tätigkeiten der angestrebten Laufbahn wahrgenommen hat.

Fehlende Bewährungszeiten im Schuldienst können durch zusätzliche Zeiten nach Satz 1 Nummer 3 ausgeglichen werden. Auf die erforderlichen Zeiten nach Satz 1 Nummer 3 können Zeiten einer Tätigkeit als Schulleiter oder als stellvertretender Schulleiter höchstens bis zu 18 Monate und Zeiten einer Tätigkeit auf einer anderen Ebene der Schulaufsicht in vollem Umfang angerechnet werden.

(4) Abweichend von Absatz 1 kann in das Amt

1. eines Landwirtschaftlichen Direktors bei einem Schulbauernhof auch ernannt werden, wer ein Studium der Landwirtschaft, Agrarwirtschaft oder Agrarwissenschaft an einer Hochschule abgeschlossen und mindestens drei Jahre erfolgreich Tätigkeiten der angestrebten Laufbahn wahrgenommen hat,
2. eines Fachbereichsdirektors am Landesmedienzentrum als Leiter eines Fachbereichs auch ernannt werden, wer die Befähigung für das Richteramt besitzt.

(5) Das Kultusministerium erkennt im Benehmen mit dem Wissenschaftsministerium nach § 15 Absatz 4 LBG die Gleichwertigkeit des landwirtschaftlichen, agrarwirtschaftlichen oder agrarwissenschaftlichen Abschlusses an einer Fachhochschule mit den Bildungsvoraussetzungen nach § 15 Absatz 1 Nummer 3 Buchstabe b LBG für das Amt eines landwirtschaftlichen Direktors an einem Schulbauernhof an.

§ 11 Erwerb der Laufbahnbefähigung für die Laufbahnen der höheren pädagogischen Fachrichtungen des außerschulischen Bereichs durch Aufstieg

Die Laufbahnvoraussetzungen von § 10 Absatz 1 bis 3 gelten abweichend von § 22 Absatz 1 Nummer 1 bis 3 LBG entsprechend für den Aufstieg der Lehrkräfte aus den Laufbahnen des gehobenen Dienstes in die Laufbahnen der pädagogischen Fachrichtung des außerschulischen Bereichs.

§ 12 Inkrafttreten

Diese Verordnung tritt am Tag nach ihrer Verkündung in Kraft.

Verordnung des Ministeriums für Ländlichen Raum und Verbraucherschutz über die Einrichtung von Laufbahnen (Laufbahnverordnung MLR – LVO-MLR)
Vom 11. April 2014 (GBl. S. 220)

Zuletzt geändert durch
Verordnung zur Neuorganisation der Laufbahnbefähigung für den höheren Forstdienst und zum Erwerb der forsttechnischen Sachkunde
vom 30. November 2023 (GBl. S. 442)

Es wird verordnet auf Grund von

1. § 15 Absatz 4 des Landesbeamtengesetzes (LBG) vom 9. November 2010 (GBl. S. 793, 794),
2. § 16 Absatz 2 LBG, zuletzt geändert durch Artikel 2 des Gesetzes vom 1. April 2014 (GBl. S. 99, 164), im Benehmen mit dem Finanz- und Wirtschaftsministerium und dem Innenministerium,
3. Artikel 62 § 1 Absatz 1 Nummer 2 des Dienstrechtsreformgesetzes vom 9. November 2010 (GBl. S. 793, 984) im Benehmen mit dem Innenministerium:

§ 1 Geltungsbereich

Diese Verordnung gilt für die Beamtinnen und Beamten des Landes, der Gemeinden und Gemeindeverbände sowie der sonstigen der Aufsicht des Landes unterstehenden Körperschaften, Anstalten und Stiftungen des öffentlichen Rechts.

§ 2 Einrichtung von Laufbahnen

(1) Es werden folgende Laufbahnen eingerichtet:

1. Mittlerer veterinärhygienetechnischer Dienst,
2. mittlerer lebensmitteltechnischer Dienst,
3. gehobener technischer Forstdienst,
4. höherer Forstdienst,
5. höherer tierärztlicher Dienst und
6. höherer lebensmittelchemischer Dienst.

(2) Die Laufbahnbefähigung für die Laufbahnen

1. des höheren landwirtschaftlichen Dienstes,
2. des gehobenen landwirtschaftlichen Dienstes,
3. für landwirtschaftstechnische Lehrer und Berater,
4. des höheren vermessungstechnischen Verwaltungsdienstes,
5. des gehobenen vermessungstechnischen Verwaltungsdienstes und
6. des mittleren vermessungstechnischen Verwaltungsdienstes,

wird nach Maßgabe der vom Ministerium Ländlicher Raum erlassenen Laufbahn-, Ausbildungs- und Prüfungsordnung erworben.

§ 3 Laufbahnbefähigung für den mittleren veterinärhygienetechnischen Dienst

(1) Die Laufbahnbefähigung für den mittleren veterinärhygienetechnischen Dienst erwirbt, wer

1. mindestens den erfolgreichen Hauptschulabschluss, eine erfolgreich abgeschlossene Berufsausbildung in einem der in Absatz 2 genannten Berufe und mindestens zwei Jahre Berufserfahrung in diesem Beruf oder
2. mindestens den erfolgreichen Realschulabschluss und eine erfolgreich abgeschlossene Berufsausbildung in einem der in Absatz 2 genannten Berufe und bei Berufen nach Absatz 2 Nummer 6 mindestens zwei Jahre Berufserfahrung in diesem Beruf oder
3. mindestens den erfolgreichen Hauptschulabschluss und eine erfolgreich abgeschlossene Schulung zur amtlichen Fachassistentin oder zum amtlichen Fachassis-

§§ 4–6 Laufbahnverordnung MLR (LVO-MLR) II.3

tenten und eine mindestens fünfjährige Berufserfahrung in dieser Tätigkeit nachweist und zusätzlich eine einjährige verwaltungsinterne Qualifizierungsmaßnahme mit Prüfung zum Veterinärhygienekontrolleur erfolgreich abgeschlossen hat.

(2) Berufe nach Absatz 1 Nummer 1 und 2 sind:

1. Landwirtin oder Landwirt, Tierwirtin oder Tierwirt,
2. tiermedizinische Fachangestellte oder tiermedizinischer Fachangestellter,
3. Tierpflegerin oder Tierpfleger,
4. veterinärmedizinisch-technische Assistentin oder veterinärmedizinisch-technischer Assistent,
5. Berufe, die den unter Nummer 1 bis 4 genannten Berufen nahestehen oder
6. technische oder nicht technische Verwaltungsberufe in der öffentlichen Verwaltung.

§ 4 Laufbahnbefähigung für den mittleren lebensmitteltechnischen Dienst

Die Laufbahnbefähigung für den mittleren lebensmitteltechnischen Dienst erwirbt, wer

1. die Ausbildung und Prüfung nach der Ausbildungs- und Prüfungsordnung für Lebensmittelkontrolleurinnen und Lebensmittelkontrolleure in der jeweils geltenden Fassung erfolgreich abgeschlossen hat oder
2. eine entsprechende Qualifizierungsmaßnahme mit Prüfung zur Lebensmittelkontrolleurin oder zum Lebensmittelkontrolleur in einem anderen Land erfolgreich abgeschlossen hat

und dies nachweist.

§ 5 Laufbahnbefähigung für den gehobenen technischen Forstdienst

Die Laufbahnbefähigung für den gehobenen technischen Forstdienst erwirbt, wer

1. mindestens den Abschluss eines forstwirtschaftlich orientierten Diplomstudiengangs an einer Fachhochschule oder den Abschluss eines forstwirtschaftlich orientierten Bachelor-Studiengangs an einer Hochschule nachweist,
2. eine zweijährige verwaltungsinterne forstliche Qualifizierung mit Prüfung oder eine forstliche Laufbahnprüfung erfolgreich abgeschlossen hat,
3. den Nachweis der gesundheitlichen Eignung durch ein ärztliches Zeugnis nach § 14 Absatz 5 des Gesundheitsdienstgesetzes erbringt, das Aussagen zu den laufbahnspezifischen gesundheitlichen Anforderungen enthält und
4. im Besitz eines gültigen Jagdscheins ist.

§ 6 Laufbahnbefähigung für den höheren Forstdienst

(1) Die Laufbahnbefähigung für den höheren Forstdienst erwirbt, wer

1. den Abschluss eines forstwissenschaftlich orientierten Diplom- oder konsekutiven Masterstudiengangs an einer Universität oder eines konsekutiven akkreditierten forstwirtschaftlich orientierten Masterstudiengangs an einer Fachhochschule nachweist,
2. eine zweijährige, verwaltungsinterne forstliche Qualifizierung mit Prüfung oder eine forstliche Laufbahnprüfung erfolgreich abgeschlossen hat,
3. den Nachweis der gesundheitlichen Eignung durch ein ärztliches Zeugnis nach § 14 Absatz 5 des Gesundheitsdienstgesetzes erbringt, das Aussagen zu den laufbahnspezifischen gesundheitlichen Anforderungen enthält und
4. im Besitz eines gültigen Jagdscheins ist.

(2) Beamtinnen und Beamte des gehobenen technischen Forstdienstes können in den höheren Forstdienst aufsteigen, wenn sie

1. die Voraussetzungen nach § 22 Absatz 1 Nummer 1 bis 4 LBG erfüllen und
2. als Qualifizierungsmaßnahmen nach § 22 Absatz 1 Nummer 5 LBG

    a) in einem allgemeinen Aufstiegslehrgang des Landes über ihre Vorbildung und die bisherige Lautbahnbefähigung hinausgehende Kenntnisse und Fähigkeiten erworben,

b) den verpflichtenden Einführungslehrgang in die periodische Betriebsplanung in Baden-Württemberg nach § 11 Absatz 3 Nummer 1 der Qualifizierungs- und Prüfungsordnung höherer Forstdienst (QuaPrOhF) besucht und
c) eine berufsbegleitende Projektarbeit periodische Betriebsplanung mit einer Bearbeitungszeit von 23 Tagen und den Inhalten § 11 Absatz 3 Nummer 2 bis 4 QuaPrOhF angefertigt haben.

§ 6a Übernahme von Forstbeamtinnen und Forstbeamten anderer Dienstherrn und Anerkennung der forstlichen Laufbahnbefähigungen anderer Bundesländer

(1) Die Übernahme von Forstbeamtinnen und Forstbeamten anderer Dienstherrn und von früheren Forstbeamtinnen und Forstbeamten erfolgt auf Grundlage des § 23 LBG.

(2) Wer bei einem Dienstherrn außerhalb Baden-Württembergs die Befähigung für die Laufbahn des gehobenen technischen Forstdienstes oder für die Laufbahn des höheren Forstdienstes erworben hat, besitzt die Befähigung für die entsprechende Laufbahn nach dieser Verordnung, wenn Ausbildungsdauer und Ausbildungsinhalte vergleichbar sind und ein gleichwertiger Bildungsabschluss nach § 15 LBG vorgelegen hat.

(3) Das Ministerium Ländlicher Raum kann bei der Übernahme von Forstbeamtinnen und Forstbeamten anderer Dienstherrn, sofern wesentliche Unterschiede hinsichtlich der Ausbildungsinhalte und der Ausbildungsdauer bestehen, Ausnahmen zulassen, wenn die Forstbeamtin oder der Forstbeamte bei dem anderen Dienstherrn nach Erwerb der Laufbahnbefähigung mindestens vier Jahre lang überdurchschnittlich erfolgreich forstliche Aufgaben wahrgenommen hat, die diejenigen der Laufbahn, in die die Überahne erfolgen soll, entsprechen.

§ 7 Laufbahnbefähigung für den höheren tierärztlichen Dienst

Die Laufbahnbefähigung für den höheren tierärztlichen Dienst erwirbt, wer

1. eine Approbation als Tierärztin oder Tierarzt besitzt und
2. die Prüfung nach der Prüfungsordnung für den tierärztlichen Staatsdienst in der jeweils geltenden Fassung erfolgreich abgeschlossen hat.

§ 8 Laufbahnbefähigung für den höheren lebensmittelchemischen Dienst

(1) Die Laufbahnbefähigung für den höheren lebensmittelchemischen Dienst erwirbt, wer

1. die Ausbildung und Prüfung zur staatlich geprüften Lebensmittelchemikerin oder zum staatlich geprüften Lebensmittelchemiker nach der Ausbildungs- und Prüfungsordnung für Lebensmittelchemiker in der jeweils geltenden Fassung erfolgreich abgeschlossen hat und
2. über eine zweijährige Berufserfahrung als staatlich geprüfte Lebensmittelchemikerin oder als staatlich geprüfter Lebensmittelchemiker verfügt und dies nachweist.

(2) Wer eine entsprechende Prüfung in einem anderen Land erfolgreich abgeschlossen hat, ist den staatlich geprüften Lebensmittelchemikern nach Absatz 1 Nummer 1 gleichgestellt.

§ 9 Übergangsbestimmungen

(1) Die vor Inkrafttreten dieser Verordnung erfolgreich abgeschlossene Ausbildung und Prüfung nach der Ausbildungs- und Prüfungsordnung für Lebensmittelkontrolleurinnen und Lebensmittelkontrolleure in der jeweils früher geltenden Fassung gilt als Laufbahnbefähigung im Sinne von § 4. Satz 1 gilt auch für die vor Inkrafttreten dieser Verordnung begonnene, aber erst nach Inkrafttreten dieser Verordnung erfolgreich abgeschlossene Ausbildung und Prüfung.

(2) Die vor Inkrafttreten der Laufbahnverordnung MLR vom 20. September 2012 (GBl. S. 547) erfolgreich abgeschlossene verwaltungsinterne forstliche Qualifizierung für den gehobenen technischen Forstdienst gilt als Laufbahnbefähigung im Sinne von § 5 Nummer 2. Die vor Inkrafttreten der Laufbahnverordnung MLR vom 20. September 2012 (GBl.

S. 547) erfolgreich abgeschlossene verwaltungsinterne forstliche Qualifizierung für den höheren Forstdienst gilt als Laufbahnbefähigung im Sinne von § 6 Nummer 2. Die Sätze 1 und 2 gelten auch für die vor Inkrafttreten der Laufbahnverordnung MLR vom 20. September 2012 (GBl. S. 547) begonnene, aber erst nach diesem Zeitpunkt erfolgreich abgeschlossene verwaltungsinterne forstliche Qualifizierung für den gehobenen technischen oder höheren Forstdienst.

(3) Die Befähigung für die Laufbahnen nach §§ 5 oder 6 besitzen auch in Baden-Württemberg vorhandene Beamtinnen und Beamte, die den Vorbereitungsdienst und die Prüfung für den gehobenen oder höheren Forstdienst erfolgreich abgeschlossen haben oder deren Befähigung der Landespersonalausschuss nach § 31 des Landesbeamtengesetzes in der bis 31. Dezember 2010 geltenden Fassung festgestellt hat. Satz 1 gilt auch für Personen, die den Vorbereitungsdienst und die Prüfung in Baden-Württemberg erfolgreich abgeschlossen haben.

(4) Beamtinnen und Beamte des höheren chemischen Dienstes, Fachrichtung Lebensmittelchemiker, werden mit Inkrafttreten dieser Verordnung statusgleich in die Laufbahn des höheren lebensmittelchemischen Dienstes übergeleitet.

§ 10 Inkrafttreten, Außerkrafttreten

Diese Verordnung tritt am Tag nach ihrer Verkündung in Kraft. Gleichzeitig tritt die Laufbahnverordnung MLR vom 20. September 2012 (GBl. S. 547) außer Kraft.

Verordnung des Finanzministeriums über die Errichtung von Laufbahnen und weitere Laufbahnvorschriften für den Bereich der Finanzverwaltung
(Finanzlaufbahnverordnung – FLVO)

Vom 23. Oktober 2012 (GBl. S. 574)

Zuletzt geändert durch
Neunte Verordnung des Innenministeriums zur Anpassung des Landesrechts an die geänderten Geschäftsbereiche und Bezeichnungen der Ministerien vom 23. Februar 2017 (GBl. S. 99)

Auf Grund von § 15 Absatz 4, § 16 Absatz 2, § 21 Absätze 5 und 6, § 22 Absatz 4 des Landesbeamtengesetzes vom 9. November 2010 (GBl. S. 793, 794), geändert durch Artikel 34 der Verordnung vom 25. Januar 2012 (GBl. S. 65, 69), wird im Benehmen mit dem Innenministerium verordnet:

Abschnitt 1
Einrichtung von Laufbahnen, Zugang zu Laufbahnen und horizontaler Laufbahnwechsel

§ 1 Einrichtung von Laufbahnen

(1) In der Steuerverwaltung bestehen folgende Laufbahnen:

1. mittlerer Dienst in der Steuerverwaltung,
2. gehobener Dienst in der Steuerverwaltung,
3. höherer Dienst in der Steuerverwaltung.

(2) Zur Erledigung abgabenrechtlicher Aufgaben können auch Gemeinden, Gemeindeverbände und sonstige der Aufsicht des Landes unterstehende Körperschaften, Anstalten und Stiftungen des öffentlichen Rechts Beamtinnen und Beamte der in Absatz 1 genannten Laufbahnen einstellen.

(3) In der Allgemeinen Finanzverwaltung bestehen folgende Laufbahnen:

1. mittlerer Dienst in der Allgemeinen Finanzverwaltung,
2. gehobener Dienst der Allgemeinen Finanzverwaltung,
3. höherer Dienst der Allgemeinen Finanzverwaltung.

Im höheren Dienst der Allgemeinen Finanzverwaltung bestehen die Fachrichtungen Verwaltung und Statistischer Dienst. Ein Wechsel der Fachrichtung ist nach einer unter Berücksichtigung der Kenntnisse und Erfahrungen angemessenen Einarbeitung mit Zustimmung der obersten Dienstbehörde zulässig.

(4) In der Hochbauverwaltung bestehen folgende Laufbahnen:

1. gehobener bautechnischer Dienst in der Hochbauverwaltung,
2. höherer bautechnischer Dienst in der Hochbauverwaltung.

Im gehobenen und im höheren Dienst bestehen die Fachrichtung Architektur sowie die Fachrichtung Maschinenwesen und Elektrotechnik. Im gehobenen Dienst besteht zusätzlich die Fachrichtung Bauingenieurwesen.

§ 2 Erwerb der Laufbahnbefähigung für die Laufbahnen des mittleren und gehobenen Dienstes in der Steuerverwaltung und der Allgemeinen Finanzverwaltung

Die Laufbahnbefähigung für die in § 1 Absatz 1 und Absatz 3 genannten Laufbahnen des mittleren und gehobenen Dienstes wird durch einen Vorbereitungsdienst gemäß § 16 Absatz 1 Nummer 1 Buchstabe a des Landesbeamtengesetzes (LBG) erworben. Das Nähere wird für die Laufbahnen der Allgemeinen Finanzverwaltung in gesonderten Ausbildungs- und Prüfungsordnungen geregelt. Für den Bereich der Steuerverwaltung gelten das Steuerbeamten-Ausbildungsgesetz (StBAG) und die Ausbildungs- und Prüfungsordnung für die Steuerbeamtinnen und Steuerbeamten in den jeweils geltenden Fassungen.

§ 3 Bildungsvoraussetzungen und Laufbahnbefähigung für die Laufbahn des höheren Dienstes in der Steuerverwaltung

In den höheren Dienst der Steuerverwaltung kann eingestellt werden, wer die Voraussetzungen gemäß § 5 Absatz 1 StBAG in der jeweils geltenden Fassung erfüllt.

§ 4 Bildungsvoraussetzungen und Laufbahnbefähigung für die Laufbahn des höheren Dienstes in der Allgemeinen Finanzverwaltung

(1) Die Bildungsvoraussetzungen für die Laufbahn des höheren Dienstes in der Allgemeinen Finanzverwaltung werden gemäß § 15 Absatz 1 Nummer 3 LBG durch ein Studium der Rechtswissenschaften, Wirtschaftswissenschaften, Finanzwissenschaften, Verwaltungswissenschaften oder Sozialwissenschaften erworben. Für die Fachrichtung des Statistischen Dienstes können die Bildungsvoraussetzungen auch durch ein sonstiges für statistische Zwecke geeignetes Studium, insbesondere ein Studium der Mathematik, der Informatik oder ein naturwissenschaftliches Studium erworben werden.

(2) Die Laufbahnbefähigung gemäß § 16 Absatz 1 Nummer 1 LBG wird erworben durch die Befähigung zum höheren Verwaltungsdienst gemäß § 10 des Juristenausbildungsgesetzes vom 16. Juli 2003 (GBl. S. 354).

(3) Die Laufbahnbefähigung gemäß § 16 Absatz 1 Nummer 2 Buchstabe a LBG auch durch eine laufbahnqualifizierende Zusatzausbildung erworben werden, wenn die Bewerberinnen und Bewerber die Bildungsvoraussetzungen gemäß § 15 Absatz 1 Nummer 3 LBG durch ein in Absatz 1 genanntes Studium mit Ausnahme der Rechtswissenschaften erworben haben. Die laufbahnqualifizierende Zusatzausbildung erfolgt als verwaltungsinternes Trainee-Programm in einem privatrechtlichen Arbeitsverhältnis und dauert zwei Jahre. Zeiten in einem Arbeitsverhältnis im öffentlichen Dienst nach Erwerb der Bildungsvoraussetzungen gemäß § 15 Absatz 1 Nummer 3 LBG können angerechnet werden, soweit diese für die Verwendung im höheren Dienst der Allgemeinen Finanzverwaltung förderlich sind und die ausgeübte Tätigkeit den Anforderungen dieser Laufbahn entspricht. Auch bei Anrechnung nach Satz 3 muss die Dauer einer laufbahnqualifizierenden Zusatzausbildung mindestens ein Jahr betragen.

(4) Die Laufbahnbefähigung kann gemäß § 16 Absatz 1 Nummer 2 Buchstabe b LBG auch erworben werden, wenn Bewerberinnen und Bewerber eine mindestens dreijährige, der Vorbildung entsprechende Berufstätigkeit, die die Eignung zur selbständigen Wahrnehmung eines Amtes der angestrebten Laufbahn vermittelt, nachweisen. Voraussetzung ist, dass die Bildungsvoraussetzungen gemäß § 15 Absatz 1 Nummer 3 LBG durch ein in Absatz 1 genanntes Studium mit Ausnahme der Rechtswissenschaften erworben wurden. Die Tätigkeit muss den Anforderungen des höheren Dienstes entsprechen. Für die Fachrichtung Verwaltung muss sie vertiefte Kenntnisse insbesondere in einem der folgenden Bereiche vermittelt haben:

1. Immobilienmanagement,
2. öffentliches Haushaltswesen, Haushaltsrecht,
3. Personalwesen, Arbeitsrecht oder öffentliches Dienstrecht,
4. Regierungs-, Ministerial- oder Parlamentsangelegenheiten mit Schwerpunkt in den Bereichen Steuer-, Finanz- oder Wirtschaftspolitik,
5. Presse- und Öffentlichkeitsarbeit in Behörden der Finanzverwaltung.

Für die Fachrichtung des Statistischen Dienstes muss sie vertiefte Kenntnisse im Bereich der wissenschaftlichen Tätigkeit im Statistischen Dienst vermittelt haben.

§ 5 Bildungsvoraussetzungen und Laufbahnbefähigung für die Laufbahn des gehobenen bautechnischen Dienstes in der Hochbauverwaltung

(1) Die Bildungsvoraussetzungen für die Laufbahn des gehobenen bautechnischen Dienstes in der Hochbauverwaltung werden erworben durch ein Studium gemäß § 15

Absatz 1 Nummer 2 LBG in einem Studiengang mit naturwissenschaftlich-technischem Schwerpunkt, insbesondere

1. Architektur mit Schwerpunkt Hochbau oder Baubetrieb,
2. Bauingenieurwesen mit Schwerpunkt Baubetrieb,
3. Maschinenwesen und Elektrotechnik.

(2) Die Laufbahnbefähigung gemäß § 16 Absatz 1 Nummer 1 Buchstabe a LBG wird erworben durch die Ableistung eines Vorbereitungsdienstes und das Bestehen der Staatsprüfung. Das Nähere wird in einer gesonderten Ausbildungs- und Prüfungsordnung geregelt.

(3) Die Laufbahnbefähigung kann gemäß § 16 Absatz 1 Nummer 2 Buchstabe a LBG auch durch eine laufbahnqualifizierende Zusatzausbildung erworben werden, wenn ein dienstliches Interesse besteht und die Bewerberinnen und Bewerber die Bildungsvoraussetzungen gemäß § 15 Absatz 1 Nummer 2 LBG durch ein in Absatz 1 genanntes Studium erworben haben. Die laufbahnqualifizierende Zusatzausbildung erfolgt als verwaltungsinternes Trainee-Programm in einem privatrechtlichen Arbeitsverhältnis und dauert zwei Jahre. Zeiten in einem Arbeitsverhältnis im öffentlichen Dienst nach Erwerb der Bildungsvoraussetzungen gemäß § 15 Absatz 1 Nummer 2 LBG können angerechnet werden, soweit diese für die Verwendung im gehobenen bautechnischen Dienst förderlich sind und die ausgeübte Tätigkeit den Anforderungen dieser Laufbahn entspricht. Auch bei Anrechnung nach Satz 3 muss die Dauer einer laufbahnqualifizierenden Zusatzausbildung mindestens ein Jahr betragen.

(4) Die Laufbahnbefähigung kann auch gemäß § 16 Absatz 1 Nummer 2 Buchstabe b LBG erworben werden, wenn ein dienstliches Interesse besteht und die Bewerberinnen und Bewerber eine mindestens dreijährige, der Vorbildung entsprechende Berufstätigkeit, die die Eignung zur selbständigen Wahrnehmung eines Amtes der angestrebten Laufbahn vermittelt, nachweisen. Voraussetzung ist, dass die Bildungsvoraussetzungen gemäß § 15 Absatz 1 Nummer 2 LBG durch ein in Absatz 1 genanntes Studium erworben wurden.

§ 6 Bildungsvoraussetzungen und Laufbahnbefähigung für die Laufbahn des höheren bautechnischen Dienstes in der Hochbauverwaltung

(1) Die Bildungsvoraussetzungen für die Laufbahn des höheren bautechnischen Dienstes in der Hochbauverwaltung werden erworben durch ein Studium gemäß § 15 Absatz 1 Nummer 3 LBG in einem Studiengang mit naturwissenschaftlich-technischem Schwerpunkt, insbesondere

1. Architektur mit Schwerpunkt Hochbau,
2. Maschinenwesen und Elektrotechnik.

(2) Die Laufbahnbefähigung gemäß § 16 Absatz 1 Nummer 1 LBG wird erworben durch die Ableistung eines Vorbereitungsdienstes und das Bestehen der Großen Staatsprüfung. Das Nähere wird in einer gesonderten Ausbildungs- und Prüfungsordnung geregelt.

(3) § 5 Absatz 3 und Absatz 4 gilt entsprechend.

§ 7 Horizontaler Laufbahnwechsel

(1) Bei einem horizontalen Laufbahnwechsel in die Laufbahn des mittleren Dienstes der Allgemeinen Finanzverwaltung erwerben Beamtinnen und Beamte, die die Laufbahnbefähigung für die Laufbahn des

1. mittleren Dienstes in der Steuerverwaltung,
2. mittleren Verwaltungsdienstes,
3. mittleren Dienstes in der Versorgungsverwaltung

nach der jeweiligen laufbahnrechtlichen Verordnung besitzen, die Laufbahnbefähigung für die Laufbahn des mittleren Dienstes der Allgemeinen Finanzverwaltung abweichend von § 21 Absatz 2 und 3 LBG ohne Einführung.

(2) Bei einem horizontalen Laufbahnwechsel in die Laufbahn des gehobenen Dienstes der Allgemeinen Finanzverwaltung erwerben Beamtinnen und Beamte, die die Laufbahnbefähigung für die Laufbahn des

1. gehobenen Dienstes in der Steuerverwaltung,
2. gehobenen Verwaltungsdienstes,

3. gehobenen Verwaltungsdienstes in der Rentenversicherung,
4. gehobenen Dienstes in der Versorgungsverwaltung

nach der jeweiligen laufbahnrechtlichen Verordnung besitzen, die Laufbahnbefähigung für die Laufbahn des gehobenen Dienstes der Allgemeinen Finanzverwaltung abweichend von § 21 Absatz 2 und 3 LBG ohne Einführung.

Abschnitt 2
Aufstieg

§ 8 Aufstiegsverfahren

Der Aufstieg in die nächst höhere Laufbahn erfolgt nach Abschluss des Aufstiegsverfahrens. Das Aufstiegsverfahren besteht aus dem Verfahren zur Feststellung der Eignung für den Aufstieg, der Qualifizierungsphase und der Feststellung der erforderlichen Qualifikation.

§ 9 Verfahren zur Feststellung der Eignung für den Aufstieg

Die für die Ernennung in der neuen Laufbahn zuständige Behörde regelt das Verfahren zur Feststellung der Eignung für den Aufstieg.

§ 10 Qualifizierung zum Aufstieg in den gehobenen Dienst der Steuerverwaltung und der Allgemeinen Finanzverwaltung

(1) Der Aufstieg in den gehobenen Dienst erfordert als Qualifizierungsmaßnahme regelmäßig eine dreijährige Einführungszeit, die mit der Ablegung der Laufbahnprüfung für den gehobenen Dienst derselben Fachrichtung als Aufstiegsprüfung endet (prüfungsgebundener Aufstieg). Die Beamtin oder der Beamte muss sich bei Beginn der Einführungszeit in einem Beamtenverhältnis auf Lebenszeit befinden. Die Voraussetzungen von § 22 Absatz 1 Nummer 1 bis 3 LBG finden in diesem Fall keine Anwendung. Inhalt und Ablauf der Einführungszeit entsprechen dem Vorbereitungsdienst für die jeweilige Laufbahn des gehobenen Dienstes. Wer die Laufbahnprüfung für den gehobenen Dienst endgültig nicht besteht, verbleibt im mittleren Dienst.

(2) Die oberste Dienstbehörde oder eine von ihr bestellte Behörde kann in besonders begründeten Fällen zulassen, dass von der Einführungszeit und der Laufbahnprüfung nach Absatz 1 abgesehen wird, wenn sich die Beamtin oder der Beamte mindestens im Endamt ohne Amtszulage befindet. Die Beamtinnen und Beamten sind durch geeignete Qualifizierungsmaßnahmen, die von der obersten Dienstbehörde oder der von ihr bestimmten Behörde vor Beginn des Aufstiegsverfahrens festgelegt werden, auf die Aufgaben des gehobenen Dienstes vorzubereiten. Für den Aufstieg in den gehobenen Dienst der Steuerverwaltung findet § 22 Absatz 1 Nummer 2 LBG keine Anwendung.

§ 11 Qualifizierung zum Aufstieg in den höheren Dienst in der Steuerverwaltung, der Allgemeinen Finanzverwaltung und in den höheren bautechnischen Dienst in der Hochbauverwaltung

(1) Der Aufstieg in den höheren Dienst kann durch einen berufsbegleitenden Studiengang an einer Hochschule erfolgen, wenn hierfür ein dienstliches Interesse besteht und die Beamtin oder der Beamte vor Beginn des berufsbegleitenden Studiums eine mindestens vierjährige Berufserfahrung im gehobenen Dienst seit Erwerb der Laufbahnbefähigung erworben hat. Der Studiengang muss die Bildungsvoraussetzungen für den höheren Dienst gemäß § 15 Absatz 1 Nummer 3 LBG vermitteln (Aufstiegsmaster). Geeignete Studiengänge werden von der obersten Dienstbehörde bestimmt. Sie müssen für den höheren Dienst in der Allgemeinen Finanzverwaltung und den höheren bautechnischen Dienst in der Hochbauverwaltung die Bildungsvoraussetzungen für die jeweils angestrebte Laufbahn nach § 4 Absatz 1 beziehungsweise § 6 Absatz 1 vermitteln. Für den höheren Dienst in der Steuerverwaltung kommen wirtschaftswissenschaftliche oder finanzwissenschaftliche Studiengänge in Betracht. Über die Auswahl der Teilnehmenden entscheidet die für die Ernennung in der neuen Laufbahn zuständige Behörde. Die Beschränkungen von § 22 Absatz 1 Nummer 1 und 2

LBG finden keine Anwendung. Im Anschluss an das Studium ist eine berufspraktische Einführung von einem Jahr in die Aufgaben des höheren Dienstes zu absolvieren. Das Aufstiegsverfahren kann in Ausnahmefällen durch die für die Ernennung in der neuen Laufbahn zuständige Behörde auf die berufspraktische Einführung beschränkt werden, wenn die Beamtin oder der Beamte den erforderlichen Studiengang bereits erfolgreich absolviert hat.

(2) Die oberste Dienstbehörde kann in besonders begründeten Fällen den Aufstieg in den höheren Dienst ohne Erwerb der Bildungsvoraussetzungen für den höheren Dienst zulassen, wenn sich die Beamtin oder der Beamte im Endamt der bisherigen Laufbahn befindet. Die Beamtinnen und Beamten sind durch geeignete Qualifizierungsmaßnahmen, die von der obersten Dienstbehörde vor Beginn des Aufstiegsverfahrens festgelegt werden, auf die Aufgaben des höheren Dienstes vorzubereiten (Aufstiegslehrgang).

(3) Wird nur an Qualifizierungsmaßnahmen teilgenommen, die im Wesentlichen Fachkompetenzen vermitteln und nicht auf Führungsfunktionen vorbereiten, kann höchstens ein Amt der Besoldungsgruppe A 14 verliehen werden. Die Qualifizierungsmaßnahmen werden von der obersten Dienstbehörde vor Beginn des Austiegsverfahrens festgelegt.

§ 12 Feststellung der erfolgreichen Qualifizierung

Die für die Ernennung in der neuen Laufbahn zuständige Behörde entscheidet aufgrund der gezeigten Leistungen, ob sich die Beamtin oder der Beamte erfolgreich für die nächst höhere Laufbahn qualifiziert hat, soweit nicht in den Fällen des prüfungsgebundenen Aufstiegs gemäß § 10 Absatz 1 eine Laufbahnprüfung abzulegen ist.

Abschnitt 3
Schlussbestimmungen

§ 13 Inkrafttreten

Diese Verordnung tritt am Tag nach ihrer Verkündung in Kraft.

Verordnung des Wirtschaftsministeriums über die Einrichtung von Laufbahnen
(Laufbahnverordnung Wirtschaftsministerium – LVO WM)
Vom 13. Oktober 2022 (GBl. S. 527)[1])

ABSCHNITT 1
Allgemeine Vorschriften

§ 1 Geltungsbereich

(1) § 2 Nummer 1 und die §§ 3 bis 6 gelten für die Beamtinnen und Beamten des Landes, der Gemeinden und Gemeindeverbände sowie der sonstigen der Aufsicht des Landes unterstehenden Körperschaften, Anstalten und Stiftungen des öffentlichen Rechts.

(2) § 2 Nummer 2 und 3 sowie die §§ 7 bis 15 gelten für die Beamtinnen und Beamten der staatlichen Eich- und Beschussverwaltung des Landes.

§ 2 Einrichtung von Laufbahnen

Es werden folgende Laufbahnen eingerichtet:
1. mittlerer, gehobener und höherer Dienst in der Wirtschaftsverwaltung,
2. mittlerer, gehobener und höherer eichtechnischer Dienst sowie
3. mittlerer, gehobener und höherer beschusstechnischer Dienst.

ABSCHNITT 2
Laufbahnen in der Wirtschaftsverwaltung

§ 3 Laufbahnbefähigung für den mittleren Dienst in der Wirtschaftsverwaltung

(1) Die Laufbahnbefähigung für den mittleren Dienst in der Wirtschaftsverwaltung erwirbt, wer

1. nach Erwerb der Bildungsvoraussetzungen gemäß § 15 Absatz 1 Nummer 1 LBG eine für die Verwendung in der Wirtschaftsverwaltung geeignete Ausbildung erfolgreich abgeschlossen hat und
2. eine dreijährige der Vorbildung entsprechende Berufstätigkeit gemäß § 16 Absatz 1 Nummer 2 Buchstabe b LBG vorweisen kann, welche die für die Laufbahn des mittleren Dienstes in der Wirtschaftsverwaltung notwendige Eignung vermittelt hat.

(2) Geeignet im Sinne des Absatzes 1 Nummer 1 sind insbesondere Ausbildungen in kaufmännischen Berufen sowie in Berufen in den Bereichen Bürokommunikation und Medienwirtschaft.

(3) Die laufbahnqualifizierende Berufstätigkeit gemäß § 16 Absatz 1 Nummer 2 Buchstabe b LBG hat die für die jeweilige Laufbahn erforderlichen fachlichen und rechtlichen Kenntnisse sowie soziale und methodische Kompetenzen zu umfassen. Die Wahrnehmung von Aufgaben der jeweiligen Laufbahn setzt dabei insbesondere auch erworbene Kenntnisse auf folgenden Gebieten voraus:

1. Staats- und Verwaltungsrecht,
2. Haushalts-, Zuwendungs- und Vergaberecht sowie
3. Wirtschaftspolitik.

Ein Jahr der Tätigkeit soll auf eine Beschäftigung im öffentlichen Dienst entfallen.

---

[1]) Artikel 1 der Verordnung des Wirtschaftsministeriums und des Ministeriums für Landesentwicklung und Wohnen zur Änderung von Laufbahnrecht und zur Regelung der Ausbildung und Prüfung vom 13. Oktober 2022 (GBl. S. 527). Diese Verordnung ist am 12. November 2022 in Kraft getreten.

§ 4 Laufbahnbefähigung für den gehobenen Dienst in der Wirtschaftsverwaltung

(1) Die Laufbahnbefähigung für den gehobenen Dienst in der Wirtschaftsverwaltung erwirbt, wer

1. ein für die Verwendung in der Wirtschaftsverwaltung geeignetes Studium gemäß § 15 Absatz 1 Nummer 2 LBG erfolgreich abgeschlossen hat und
2. eine dreijährige der Vorbildung entsprechende Berufstätigkeit gemäß § 16 Absatz 1 Nummer 2 Buchstabe b LBG vorweisen kann, welche die für die Laufbahn des gehobenen Dienstes in der Wirtschaftsverwaltung notwendige Eignung vermittelt hat.

(2) Geeignet im Sinne des Absatzes 1 Nummer 1 sind technische und naturwissenschaftliche Studiengänge, insbesondere Maschinenbau, Informationstechnik, Chemie oder Physik, sowie wirtschafts-, medien-, kommunikations- und sozialwissenschaftliche Studiengänge.

(3) Die laufbahnqualifizierende Berufstätigkeit gemäß § 16 Absatz 1 Nummer 2 Buchstabe b LBG hat die für die jeweilige Laufbahn erforderlichen fachlichen und rechtlichen Kenntnisse sowie soziale und methodische Kompetenzen zu umfassen. Die Wahrnehmung von Aufgaben der jeweiligen Laufbahn setzt dabei insbesondere auch erworbene Kenntnisse auf folgenden Gebieten voraus:

1. Staats- und Verwaltungsrecht,
2. Haushalts-, Zuwendungs- und Vergaberecht,
3. Volks- und Betriebswirtschaftslehre sowie
4. Wirtschaftspolitik.

Ein Jahr der Tätigkeit soll auf eine Beschäftigung im öffentlichen Dienst entfallen.

§ 5 Laufbahnbefähigung für den höheren Dienst in der Wirtschaftsverwaltung

(1) Die Laufbahnbefähigung für den höheren Dienst in der Wirtschaftsverwaltung erwirbt, wer

1. ein für die Verwendung in der Wirtschaftsverwaltung geeignetes Studium gemäß § 15 Absatz 1 Nummer 3 LBG erfolgreich abgeschlossen hat und
2. eine dreijährige der Vorbildung entsprechende Berufstätigkeit gemäß § 16 Absatz 1 Nummer 2 Buchstabe b LBG vorweisen kann, welche die für die Laufbahn des höheren Dienstes in der Wirtschaftsverwaltung notwendige Eignung vermittelt hat.

(2) Geeignet im Sinne des Absatzes 1 Nummer 1 sind technische und naturwissenschaftliche Studiengänge, insbesondere Ingenieurwissenschaften, Informationstechnik, Chemie, Physik oder Medizin, sowie wirtschafts-, medien- und kommunikationswissenschaftliche Studiengänge.

(3) Die laufbahnqualifizierende Berufstätigkeit gemäß § 16 Absatz 1 Nummer 2 Buchstabe b LBG hat die für die jeweilige Laufbahn erforderlichen fachlichen und rechtlichen Kenntnisse sowie soziale und methodische Kompetenzen zu umfassen. Die Wahrnehmung von Aufgaben der jeweiligen Laufbahn setzt dabei insbesondere auch erworbene Kenntnisse auf folgenden Gebieten voraus:

1. Staats- und Verwaltungsrecht,
2. Haushalts-, Zuwendungs- und Vergaberecht,
3. Volks- und Betriebswirtschaftslehre sowie
4. Wirtschaftspolitik.

Ein Jahr der Tätigkeit soll auf eine Beschäftigung im öffentlichen Dienst entfallen.

§ 6 Aufstieg in den höheren Dienst in der Wirtschaftsverwaltung

(1) Abweichend von § 22 Absatz 1 Nummer 1 bis 3 LBG können Beamtinnen und Beamte des gehobenen Dienstes in der Wirtschaftsverwaltung, die die Bildungsvoraussetzungen des höheren Dienstes gemäß § 15 Absatz 1 Nummer 3 LBG in einem Studiengang erworben haben, der für eine Verwendung in der Wirtschaftsverwaltung gemäß § 5 Absatz 2 geeignet ist, in die nächsthöhere Laufbahngruppe derselben Fachrichtung aufsteigen, wenn sie sich

1. mindestens im zweiten Beförderungsamt ihrer Laufbahn befinden und
2. in einem Aufgabengebiet ihrer Laufbahn bewährt haben.

(2) In besonders begründeten Fällen kann der Aufstieg ohne den Erwerb der Bildungsvoraussetzungen für den höheren Dienst erfolgen, wenn sich die Beamtinnen und Beamten im Endamt ihrer Laufbahn befinden. Die Beamtinnen und Beamten sind durch geeignete Qualifizierungsmaßnahmen, die vor Beginn des Aufstiegsverfahrens von der obersten Dienstbehörde festgelegt werden, auf die Aufgaben des höheren Dienstes in der Wirtschaftsverwaltung vorzubereiten (Aufstiegslehrgang).

(3) Wird nur an Qualifizierungsmaßnahmen teilgenommen, die im Wesentlichen Fachkompetenzen vermitteln und nicht auf Führungsfunktionen vorbereiten, kann höchstens ein Amt der Besoldungsgruppe A 14 verliehen werden. Die Qualifizierungsmaßnahmen werden von der obersten Dienstbehörde vor Beginn des Aufstiegsverfahrens festgelegt.

ABSCHNITT 3
Laufbahnen des eichtechnischen Dienstes

§ 7 Laufbahnbefähigung für den mittleren eichtechnischen Dienst

Die Laufbahnbefähigung für den mittleren eichtechnischen Dienst erwirbt, wer den Vorbereitungsdienst für den mittleren eichtechnischen Dienst gemäß der Ausbildungs- und Prüfungsordnung für den eichtechnischen Dienst erfolgreich abgeleistet und die Laufbahnprüfung bestanden hat.

§ 8 Laufbahnbefähigung für den gehobenen eichtechnischen Dienst

Die Laufbahnbefähigung für den gehobenen eichtechnischen Dienst erwirbt, wer den Vorbereitungsdienst für den gehobenen eichtechnischen Dienst gemäß der Ausbildungs- und Prüfungsordnung für den eichtechnischen Dienst erfolgreich abgeleistet und die Laufbahnprüfung bestanden hat.

§ 9 Laufbahnbefähigung für den höheren eichtechnischen Dienst

(1) Die Laufbahnbefähigung für den höheren eichtechnischen Dienst erwirbt, wer nach einem nach § 15 Absatz 1 Nummer 3 LBG geforderten Abschluss in einem technischen, ingenieurwissenschaftlichen oder naturwissenschaftlichen Studium mindestens drei Jahre lang eine der Vorbildung entsprechende Berufstätigkeit ausgeübt hat, die die Eignung zur selbstständigen Wahrnehmung eines Amtes dieser Laufbahn vermittelt haben muss. Ein Jahr der Tätigkeit soll eine Beschäftigung im öffentlichen Dienst entfallen.

(2) Der horizontale Laufbahnwechsel von Beamtinnen und Beamten mit der Laufbahnbefähigung für den höheren beschusstechnischen Dienst in den höheren eichtechnischen Dienst kann abweichend von § 21 Absatz 2 und 3 LBG ohne Einführung in die Aufgaben der neuen Laufbahn erfolgen.

§ 10 Aufstieg in den gehobenen eichtechnischen Dienst

Der Aufstieg vom mittleren in den gehobenen eichtechnischen Dienst erfordert als Qualifizierungsmaßnahme eine achtzehnmonatige Einführungszeit, die mit der Ablegung der Laufbahnprüfung für den gehobenen eichtechnischen Dienst gemäß der Ausbildungs- und Prüfungsordnung für den eichtechnischen Dienst abgeschlossen werden muss. Der Aufstieg erfordert nicht das Vorliegen der Bildungsvoraussetzungen für den gehobenen Dienst gemäß § 15 Absatz 1 Nummer 2 LBG. Abweichend von § 22 Absatz 1 Nummer 1 LBG muss sich die Beamtin oder der Beamte mindestens im ersten Beförderungsamt befinden. Abweichend von § 22 Absatz 1 Nummer 3 LBG müssen Aufgaben des gehobenen eichtechnischen Dienstes vor dem Aufstieg nicht wahrgenommen werden.

§ 11 Aufstieg in den höheren eichtechnischen Dienst

(1) Beamtinnen und Beamte des gehobenen eichtechnischen Dienstes, die die Bildungsvoraussetzungen des höheren Dienstes gemäß § 15 Absatz 1 Nummer 3 LBG in einem verwaltungswissenschaftlichen, verwaltungsnahen, betriebswirtschaftlichen oder ingenieurwissenschaftlichen Studiengang erworben haben, können in die Laufbahn des höheren eichtechnischen Dienstes aufsteigen,

wenn die Beamtinnen oder Beamten eine mindestens vierjährige Berufserfahrung im gehobenen eichtechnischen Dienst seit Erwerb der Laufbahnbefähigung erworben haben. Abweichend von § 22 Absatz 1 Nummer 1 LBG ist ein Aufstieg aus jedem Amt der Laufbahn des gehobenen eichtechnischen Dienstes möglich.

(2) Die oberste Dienstbehörde kann den Aufstieg vom gehobenen in den höheren eichtechnischen Dienst ohne Erwerb der Bildungsvoraussetzungen für den höheren Dienst zulassen, wenn sich die Beamtin oder der Beamte im Endamt der bisherigen Laufbahn befindet. Die Beamtinnen und Beamte sind durch geeignete Qualifizierungsmaßnahmen, die von der obersten Dienstbehörde festgelegt werden, auf die Aufgaben des höheren Dienstes vorzubereiten.

ABSCHNITT 4
Laufbahnen des beschusstechnischen Dienstes

§ 12 Laufbahnbefähigung für den mittleren beschusstechnischen Dienst

Die Laufbahnbefähigung erwirbt, wer nach Erwerb mindestens des Hauptschulabschlusses und erfolgreicher Ausbildung in einem für den Fachbereich Beschusswesen geeigneten staatlich anerkannten Ausbildungsberuf eine mindestens dreijährige der Vorbildung entsprechende Berufstätigkeit ausgeübt hat, die die Eignung zur selbständigen Wahrnehmung eines Amtes dieser Laufbahn vermittelt.

§ 13 Laufbahnbefähigung für den gehobenen beschusstechnischen Dienst

Die Laufbahnbefähigung erwirbt, wer nach Abschluss eines Studiengangs gemäß § 15 Absatz 1 Nummer 2 LBG in einer technischen, ingenieur-, oder naturwissenschaftlichen oder sonst für den gehobenen beschusstechnischen Dienst geeigneten Fachrichtung eine mindestens dreijährige der Vorbildung entsprechende Berufstätigkeit ausgeübt hat, die die Eignung zur selbständigen Wahrnehmung eines Amtes dieser Laufbahn vermittelt. Ein Jahr der Tätigkeit soll auf eine Beschäftigung im öffentlichen Dienst entfallen.

§ 14 Laufbahnbefähigung für den höheren beschusstechnischen Dienst

(1) Die Laufbahnbefähigung erwirbt, wer nach Abschluss eines Studiengangs gemäß § 15 Absatz 1 Nummer 3 LBG in einer technischen, naturwissenschaftlichen oder sonst für den höheren beschusstechnischen Dienst geeigneten Fachrichtung eine mindestens dreijährige der Vorbildung entsprechende Berufstätigkeit ausgeübt hat, die die Eignung zur selbständigen Wahrnehmung eines Amtes dieser Laufbahn vermittelt. Ein Jahr der Tätigkeit soll auf eine Beschäftigung im öffentlichen Dienst entfallen.

(2) Der horizontale Laufbahnwechsel von Beamtinnen und Beamten mit der Laufbahnbefähigung für den höheren eichtechnischen Dienst in den höheren beschusstechnischen Dienst kann abweichend von § 21 Absatz 2 und 3 LBG ohne Einführung in die Aufgaben der neuen Laufbahn erfolgen.

§ 15 Aufstieg in den gehobenen und höheren beschusstechnischen Dienst

Abweichend von § 22 Absatz 1 Nummer 1 bis 3 LBG können Beamtinnen und Beamte in den Laufbahnen des mittleren und gehobenen beschusstechnischen Dienstes, die die Bildungsvoraussetzungen der jeweils nächsthöheren Laufbahn erworben haben, in die nächsthöhere Laufbahn aufsteigen, wenn sie

1. sich mindestens im ersten Beförderungsamt der Laufbahn befinden,
2. sich in einem Aufgabengebiet ihrer Laufbahn besonders bewährt haben und
3. seit mindestens sechs Monaten erfolgreich überwiegend die ihnen übertragenen Aufgaben der nächsthöheren Laufbahngruppe wahrnehmen.

# Verordnung des Ministeriums für Verkehr über die Einrichtung von Laufbahnen
(Laufbahnverordnung VM – LVO-VM)

Vom 7. Juli 2014 (GBl. S. 443)

Zuletzt geändert durch
Verordnung des Verkehrsministeriums zur Änderung der Laufbahnverordnung VM und der Ausbildungs- und Prüfungsordnung für den höheren bautechnischen Verwaltungsdienst
vom 16. Dezember 2022 (GBl. S. 677)

Auf Grund von § 15 Absatz 4, § 16 Absatz 2 und § 22 Absatz 4 Satz 3 Nummer 1 und 3 Alternative 1 des Landesbeamtengesetzes (LBG) vom 9. November 2010 (GBl. S. 793, 794), zuletzt geändert durch Artikel 2 des Gesetzes vom 1. April 2014 (GBl. S. 99, 164) wird im Benehmen mit dem Innenministerium und dem Finanz- und Wirtschaftsministerium verordnet:

§ 1 Geltungsbereich

Die Verordnung gilt für Beamtinnen und Beamte des Landes, der Gemeinden und Gemeindeverbände sowie der sonstigen der Aufsicht des Landes unterstehenden Körperschaften, Anstalten und Stiftungen des öffentlichen Rechts.

§ 2 Einrichtung von Laufbahnen

Es werden folgende Laufbahnen eingerichtet:
1. mittlerer und gehobener Straßenmeisterdienst,
2. mittlerer, gehobener und höherer bautechnischer Verwaltungsdienst.

Im gehobenen und höheren bautechnischen Verwaltungsdienst bestehen die Fachrichtungen Straßen und Verkehr.

§ 3 Laufbahnbefähigung für den mittleren Straßenmeisterdienst

Die Laufbahnbefähigung für den mittleren Straßenmeisterdienst erwirbt, wer den Vorbereitungsdienst nach Maßgabe der Ausbildungs- und Prüfungsordnung für den Straßenmeisterdienst erfolgreich abgeschlossen und die Laufbahnprüfung bestanden hat.

§ 4 Laufbahnbefähigung für den gehobenen Straßenmeisterdienst

(1) Die Laufbahnbefahigung für den gehobenen Straßenmeisterdienst kann durch den Aufstieg aus dem mittleren Straßenmeisterdienst erworben werden.

(2) Abweichend von § 22 Absatz 1 Nummer 1 und 2 LBG können Beamtinnen und Beamte des mittleren Straßenmeisterdienstes für den Aufstieg in den gehobenen Straßenmeisterdienst zugelassen werden, wenn sie sich

1. mindestens im ersten Beförderungsamt ihrer Laufbahn befinden und
2. in mindestens einem Aufgabengebiet ihrer Laufbahn bewährt haben.

(3) Die Beamtinnen und Beamten sind durch eine geeignete Qualifizierung auf die Aufgaben des gehobenen Straßenmeisterdienstes vorzubereiten. Die Gesamtdauer der Qualifizierung soll mindestens 15 Tage betragen und die für die Laufbahn des gehobenen Straßenmeisterdienstes erforderlichen rechtlichen Grundkenntnisse sowie soziale und methodische Kompetenzen vermitteln.

§ 5 Bildungsvoraussetzungen

(1) Die Bildungsvoraussetzungen nach § 15 Absatz 1 Nummer 1 LBG für den mittleren bautechnischen Verwaltungsdienst erwirbt, wer eine für die Verwendung in der Mobilitäts-, Verkehrs- und Straßenbauverwaltung geeignete technische Berufsausbildung erfolgreich abgeschlossen hat und einen mittleren Bildungsabschluss nachweist. Geeignet sind insbesondere Ausbildungen im Bereich Straßenbau, Betonbau, Straßen- und Verkehrstechnik, Straßenbetrieb und Bauzeichnung.

(2) Die Bildungsvoraussetzungen nach § 15 Absatz 1 Nummer 2 oder 3 LBG für den gehobenen oder höheren bautechnischen Verwaltungsdienst der Fachrichtung Straßen erwirbt, wer nach Erwerb der Bildungsvoraussetzungen wer ein für die Verwendung in der Straßenbauverwaltung geeignetes Studium abgeschlossen hat. Geeignet ist insbesondere ein Bauingenieurstudium oder ein ähnlicher Studiengang mit starken Bezügen zum Straßenwesen.

(3) Die Bildungsvoraussetzungen nach § 15 Absatz 1 Nummer 2 oder 3 LBG für den gehobenen oder höheren bautechnischen Verwaltungsdienst der Fachrichtung Verkehr erwirbt, wer ein für die Verwendung in der Verkehrsverwaltung geeignetes Studium abgeschlossen hat. Geeignet sind insbesondere Studiengänge mit dem Schwerpunkt Verkehrswesen einschließlich Verkehrsingenieurwesen, Verkehrsplanung, Verkehrswissenschaft, Verkehrsbetriebswirtschaft, Eisenbahnwesen und Binnenschifffahrt oder Geografie.

§ 6 Laufbahnbefähigung für den mittleren und gehobenen bautechnischen Verwaltungsdienst

(1) Die Laufbahnbefähigung für den mittleren bautechnischen Verwaltungsdienst erwirbt, wer nach Erwerb der Bildungsvoraussetzungen

1. eine Prüfung zur staatlich geprüften Technikerin oder zum staatlich geprüften Techniker in einer für die Verwendung in der Mobilitäts-, Verkehrs- und Straßenbauverwaltung geeigneten Fachrichtung oder eine Meisterprüfung in einem für die Verwendung in der Mobilitäts-, Verkehrs- und Straßenbauverwaltung geeigneten Beruf als laufbahnqualifizierende Zusatzausbildung erfolgreich abgeschlossen hat oder

2. eine mindestens dreijährige der Vorbildung entsprechende Berufstätigkeit nach Maßgabe des § 9 nachweist.

(2) Die Laufbahnbefähigung für alle Fachrichtungen des gehobenen bautechnischen Verwaltungsdienstes erwirbt, wer nach Erwerb der Bildungsvoraussetzungen

1. eine laufbahnqualifizierende Zusatzausbildung nach Maßgabe des § 8 erfolgreich absolviert hat oder

2. eine mindestens dreijährige Berufstätigkeit nach Maßgabe des § 9 nachweist.

§ 7 Laufbahnbefähigung für den höheren bautechnischen Verwaltungsdienst

(1) Die Laufbahnbefähigung für den höheren bautechnischen Verwaltungsdienst der Fachrichtung Straßen erwirbt, wer den Vorbereitungsdienst nach Maßgabe der Ausbildungs- und Prüfungsordnung für den höheren bautechnischen Verwaltungsdienst der Fachrichtung Straßen erfolgreich abgeschlossen und die Laufbahnprüfung bestanden hat.

(2) Die Laufbahnbefähigung für den höheren bautechnischen Verwaltungsdienst der Fachrichtung Straßen kann bei Vorliegen besonderer dienstlicher Gründe für eine Übernahme in ein Beamtenverhältnis auch erwerben, wer nach Erwerb der Bildungsvoraussetzungen

1. eine laufbahnqualifizierende Zusatzausbildung nach Maßgabe des § 8 erfolgreich absolviert hat oder

2. eine mindestens vierjährige Berufstätigkeit nach Maßgabe des § 9 nachweist.

(3) Die Laufbahnbefähigung für den höheren bautechnischen Verwaltungsdienst der Fachrichtung Verkehr erwirbt, wer nach Erwerb der Bildungsvoraussetzungen

1. eine laufbahnqualifizierende Zusatzausbildung nach Maßgabe des § 8 erfolgreich absolviert hat oder

2. eine mindestens vierjährige Berufstätigkeit nach Maßgabe des § 9 nachweist.

§ 8 Laufbahnqualifizierende Zusatzausbildung

(1) Die laufbahnqualifizierende Zusatzausbildung nach § 16 Absatz 1 Nummer 2 Buchstabe a LBG erfolgt als modulares, verwaltungsinternes Trainee-Programm in einem Beschäftigtenverhältnis im öffentlichen Dienst. Das Trainee-Programm vermittelt zusätzliche, über die Vorbildung hinausgehende Kenntnisse und Fähigkeiten, die zur selbstständigen Wahrnehmung der Aufgaben der jeweiligen Laufbahn befähigen. Die Trainees sollen während des Trainee-Programms ihre jeweiligen fachlichen Kompetenzen ausbauen. Sie sollen nach Ab-

schluss des Trainee-Programms die Grundlagen des Verwaltungshandelns, Einflüsse auf das Verwaltungshandeln und die Rahmenbedingungen des Verwaltungshandelns kennengelernt und ihre eigene Rolle im System Verwaltung reflektiert haben. Verantwortungsbereitschaft, Fähigkeit zur Selbstreflexion, interdisziplinäre Arbeitsweise, Inklusionskompetenz, Verständnis für rechtliche, politische, wirtschaftliche und gesellschaftliche Zusammenhänge sowie kommunikative, soziale, interkulturelle, ökologische und methodische Kompetenzen sind zu fördern.

(2) Das Trainee-Programm ist für eine Laufbahn des gehobenen Dienstes grundsätzlich auf einen Zeitraum von 18 Monaten und für eine Laufbahn des höheren Dienstes grundsätzlich auf einen Zeitraum von 24 Monaten ausgelegt.

§ 9 Laufbahnqualifizierende Berufstätigkeit

(1) Die laufbahnqualifizierende Berufstätigkeit nach § 16 Absatz 1 Nummer 2 Buchstabe b LBG muss

1. nach Erwerb der jeweiligen Bildungsvoraussetzungen geleistet worden sein,
2. nach Art, Bedeutung und Schwierigkeit den Anforderungen der jeweiligen Laufbahn vergleichbar sein und
3. im Hinblick auf die Aufgaben der jeweils angestrebten Laufbahn die Fähigkeit zu fachlich selbständiger Berufsausübung vermitteln.

Ein Jahr der Tätigkeit soll auf eine Beschäftigung im öffentlichen Dienst entfallen.

(2) Die laufbahnqualifizierende Berufstätigkeit hat die für die jeweilige Laufbahn erforderlichen fachlichen und rechtlichen Kenntnisse sowie soziale und methodische Kompetenzen zu umfassen. Die Wahrnehmung von Aufgaben der jeweiligen Laufbahn setzt dabei insbesondere auch erworbene Kenntnisse auf folgenden Gebieten voraus:

1. im mittleren bautechnischen Verwaltungsdienst
   a) Staats- und Verwaltungsrecht jeweils in Grundzügen,
   b) Haushalts-, Zuwendungs- und Vergaberecht,
   c) technische Vorschriften des Straßen- und konstruktiven Ingenieurbaus,
2. im gehobenen bautechnischen Verwaltungsdienst
   a) Europa-, Staats- und Verwaltungsrecht jeweils in Grundzügen,
   b) Haushalts-, Zuwendungs- und Vergaberecht,
   c) Kommunikation und Präsentation,
3. im höheren bautechnischen Verwaltungsdienst
   a) Europa-, Staats- und Verwaltungsrecht sowie öffentliches Dienstrecht jeweils in Grundzügen,
   b) Verwaltungsmanagement, Haushalts-, Zuwendungs- und Vergaberecht,
   c) Führungs-, Sozial- und Methodenkompetenz.

§ 10 Aufstieg

(1) Abweichend von § 22 Absatz 1 Nummer 1 LBG können Beamtinnen und Beamte des mittleren bautechnischen Verwaltungsdienstes, die die Bildungsvoraussetzungen für den gehobenen bautechnischen Verwaltungsdienst erworben haben, in den gehobenen bautechnischen Verwaltungsdienst beider Fachrichtungen aufsteigen, wenn sie sich mindestens im ersten Beförderungsamt der Laufbahn befinden.

(2) Abweichend von § 22 Absatz 1 Nummer 1 LBG können Beamtinnen und Beamte des gehobenen bautechnischen Verwaltungsdienstes, die die Bildungsvoraussetzungen für den höheren bautechnischen Verwaltungsdienst erworben haben, in den höheren bautechnischen Verwaltungsdienst derselben Fachrichtung aufsteigen, wenn sie sich mindestens im ersten Beförderungsamt der Laufbahn befinden.

§ 11 Inkrafttreten

Diese Verordnung tritt am Tag nach ihrer Verkündung in Kraft.

Verordnung des Justizministeriums über die Einrichtung von Laufbahnen
(Laufbahnverordnung-Justizministerium – LVO-JuM)
Vom 5. November 2014 (GBl. S. 614)

Zuletzt geändert durch
Verordnung des Justizministeriums zur Änderung der Laufbahnverordnung-Justizministerium
vom 3. April 2023 (GBl. S. 152)

Abschnitt 1
Laufbahnen in der Justiz

§ 1 Geltungsbereich

Diese Verordnung richtet die Laufbahnen

1. des mittleren und des gehobenen Justizdienstes,
2. des Justizwachtmeisterdienstes,
3. des mittleren und des gehobenen Gerichtsvollzieherdienstes,
4. des Amtsanwaltsdienstes,
5. des Bezirksnotardienstes,
6. des Badischen Amtsnotardienstes,
7. des mittleren und des gehobenen Vollzugsdienstes im Justizvollzug,
8. des mittleren und des gehobenen Werkdienstes im Justizvollzug,
9. des mittleren und des gehobenen Verwaltungsdienstes im Justizvollzug sowie
10. des Seelsorgedienstes im Justizvollzug

ein und gestaltet den Zugang dazu aus.

§ 2 Richterinnen und Richter, Staatsanwältinnen und Staatsanwälte

Die Vorschiften über die Laufbahnen der Richterinnen und Richter und der Staatsanwältinnen und Staatsanwälte bleiben unberührt.

Abschnitt 2
Laufbahnen des mittleren und des gehobenen Justizdienstes

§ 3 Laufbahnbefähigung für den mittleren Justizdienst

(1) Die Laufbahnbefähigung für den mittleren Justizdienst erwirbt, wer

1. den Vorbereitungsdienst nach Maßgabe der Ausbildungs- und Prüfungsordnung für den mittleren Justizdienst erfolgreich abgeschlossen und die Laufbahnprüfung bestanden hat oder

2. a) die Ausbildung zur oder zum Justizfachangestellten erfolgreich abgeschlossen hat und seit mindestens einem Jahr Aufgaben des mittleren Justizdienstes wahrgenommen hat,

    b) die Ausbildung zur oder zum Justizangestellten erfolgreich abgeschlossen hat und seit mindestens drei Jahren Aufgaben des mittleren Justizdienstes wahrgenommen hat oder

    c) die Ausbildung zur oder zum Rechtsanwaltsfachangestellten oder die Ausbildung zur oder zum Rechtsanwalts- und Notarfachangestellten erfolgreich abgeschlossen hat und seit mindestens zwei Jahren Aufgaben des mittleren Justizdienstes wahrgenommen hat

    und eine anschließende sechsmonatige laufbahnqualifizierende Zusatzausbildung nach Maßgabe der Zusatzausbildungs- und Prüfungsordnung für den mittleren Justizdienst erfolgreich absolviert hat.

(2) Die Laufbahnbefähigung für den mittleren Justizdienst erwirbt auch, wer

1. mindestens über einen Realschulabschluss verfügt,
2. die Ausbildung zur oder zum Justizfachangestellten oder die Ausbildung zur oder zum Justizangestellten erfolgreich abgeschlossen hat,
3. mindestens drei Jahre Aufgaben des mittleren Justizdienstes wahrgenommen hat und

4. für eine Qualifizierungsmaßnahme, die in anderen Vorschriften dieser Verordnung genannt ist, vorgesehen ist.

(3) Beamtinnen und Beamte, die die Laufbahnbefähigung für den mittleren Verwaltungsdienst im Justizvollzug besitzen, erwerben im Falle eines horizontalen Laufbahnwechsels in den mittleren Justizdienst die hierfür erforderliche Laufbahnbefähigung abweichend von § 21 Absatz 2 Satz 1 und 2 und Absatz 3 LBG ohne Einführung in die Aufgaben des mittleren Justizdienstes.

§ 4 Laufbahnbefähigung für den gehobenen Justizdienst

(1) Die Laufbahnbefähigung für den gehobenen Justizdienst erwirbt, wer den Vorbereitungsdienst nach Maßgabe der Verordnung des Justizministeriums über die Ausbildung und Prüfung der Rechtspflegerinnen und Rechtspfleger erfolgreich abgeschlossen und die Rechtspflegerprüfung bestanden hat.

(2) Die Laufbahnbefähigung für den gehobenen Justizdienst besitzt, wer die Befähigung für die Laufbahn des Bezirksnotardienstes nach der Ausbildungs- und Prüfungsordnung für Bezirksnotare erworben hat.

(3) Die Laufbahnbefähigung für den gehobenen Justizdienst erwirbt auch, wer nach Erwerb der in § 15 Absatz 1 Nummer 2 LBG benannten Bildungsvoraussetzungen mindestens drei Jahre einen Beruf ausgeübt hat, der die Eignung zur selbständigen Wahrnehmung eines Amtes der angestrebten Laufbahn vermittelt.

(4) Die Laufbahnbefähigung für den gehobenen Justizdienst erwirbt auch, wer die Zweite juristische Staatsprüfung bestanden hat.

§ 5 Aufstieg

(1) Der Aufstieg vom mittleren in den gehobenen Justizdienst vollzieht sich

1. für Beamtinnen und Beamte des mittleren Justizdienstes, die anstreben, die Rechtspflegerprüfung abzulegen, nach Maßgabe des § 22 LBG in Verbindung mit der Verordnung des Justizministeriums über die Ausbildung und Prüfung der Rechtspflegerinnen und Rechtspfleger,

2. für andere Beamtinnen und Beamte des mittleren Justizdienstes nach Maßgabe des § 22 LBG.

(2) In den gehobenen Justizdienst können auch Beamtinnen und Beamte aufsteigen, die

1. seit mindestens fünf Jahren im Justizdienst beschäftigt sind und davon mindestens ein Jahr überwiegend Aufgaben einer Beschlussfertigerin oder eines Beschlussfertigers in einem Grundbuchamt wahrgenommen haben und

2. erfolgreich an einer Qualifizierungsmaßnahme, die zur Erfüllung der Aufgaben einer Rechtspflegerin oder eines Rechtspflegers in Grundbuchsachen befähigt, teilgenommen haben.

Die Bewährung in einem zweiten Aufgabengebiet ist abweichend von § 22 Absatz 1 Nummer 2 LBG nicht erforderlich. Der Aufstieg ist abweichend von § 22 Absatz 1 Nummer 1 LBG aus jedem Amt der Laufbahn des mittleren Justizdienstes möglich. Den nach Satz 1 aufgestiegenen Beamtinnen und Beamten kann höchstens das Amt einer Amtsrätin oder eines Amtsrats verliehen werden.

Abschnitt 3
Laufbahn des Justizwachtmeisterdienstes

§ 6 Laufbahnbefähigung für den Justizwachtmeisterdienst

(1) Die Laufbahn des Justizwachtmeisterdienstes ist eine Laufbahn des mittleren Dienstes.

(2) Die Laufbahnbefähigung für den Justizwachtmeisterdienst erwirbt, wer

1. mindestens den Hauptschulabschluss, eine erfolgreich abgeschlossene Berufsausbildung und mindestens zwei Jahre Berufserfahrung nachweist und

2. eine justizinterne Qualifizierungsmaßnahme zur Justizwachtmeisterin oder zum Justizwachtmeister nach Maßgabe der Qualifizierungs- und Prüfungsordnung für den Justizwachtmeisterdienst erfolgreich abgeschlossen hat.

(3) Die Befähigung für die Laufbahn des Justizwachtmeisterdienstes erwirbt außerdem, wer die Prüfung für die Laufbahn des mittleren Vollzugsdienstes im Justizvollzug bestanden hat.

Abschnitt 4
Laufbahnen des Gerichtsvollzieherdienstes

§ 7 Laufbahnbefähigung für den mittleren Gerichtsvollzieherdienst

(1) Die Befähigung für die Laufbahn des mittleren Gerichtsvollzieherdienstes erwirbt, wer

1. die Befähigung für die Laufbahn des mittleren Justizdienstes besitzt und
2. nach einer Ausbildung nach Maßgabe der Ausbildungs- und Prüfungsordnung für den mittleren Gerichtsvollzieherdienst die Gerichtsvollzieherprüfung bestanden hat.

(2) Die Befähigung für die Laufbahn des mittleren Gerichtsvollzieherdienstes erwirbt außerdem, wer den Vorbereitungsdienst nach Maßgabe der Verordnung des Justizministeriums über die Ausbildung und Prüfung der Rechtspflegerinnen und Rechtspfleger erfolgreich abgeschlossen hat, die Rechtspflegerprüfung besteht und mindestens sechs Monate mit Erfolg im Gerichtsvollzieherdienst mit Dienstleistungsauftrag verwendet worden ist.

(3) Beamtinnen und Beamte des mittleren Justizdienstes, die zur Ausbildung für den Gerichtsvollzieherdienst zugelassen werden, verbleiben bis zur Verleihung eines Amts des Gerichtsvollzieherdienstes in ihrer bisherigen Rechtsstellung.

§ 8 Laufbahnbefähigung für den gehobenen Gerichtsvollzieherdienst

(1) Die Befähigung für die Laufbahn des gehobenen Gerichtsvollzieherdienstes erwirbt, wer den Vorbereitungsdienst nach Maßgabe der Ausbildungs- und Prüfungsordnung für den gehobenen Gerichtsvollzieherdienst erfolgreich abgeschlossen hat.

(2) Die Befähigung für die Laufbahn des gehobenen Gerichtsvollzieherdienstes erwirbt außerdem, wer den Vorbereitungsdienst nach Maßgabe der Verordnung des Justizministeriums über die Ausbildung und Prüfung der Rechtspflegerinnen und Rechtspfleger erfolgreich abgeschlossen hat, die Rechtspflegerprüfung besteht und eine für Gerichtsvollzieheraufgaben befähigende Qualifizierungsmaßnahme nach Maßgabe der Ausbildungs- und Prüfungsordnung für den gehobenen Gerichtsvollzieherdienst erfolgreich abgeschlossen hat.

Abschnitt 5
Laufbahn des Amtsanwaltsdienstes

§ 9 Laufbahnbefähigung für den Amtsanwaltsdienst

(1) Die Laufbahn des Amtsanwaltsdienstes ist eine Laufbahn des gehobenen Dienstes.

(2) Die Befähigung für die Laufbahn des Amtsanwaltsdienstes erwirbt, wer die Ausbildung nach Maßgabe der Verordnung des Justizministeriums über die Ausbildung und Prüfung für die Laufbahn des Amtsanwaltsdienstes durchlaufen und die Amtsanwaltsprüfung bestanden hat.

(3) Die Befähigung für die Laufbahn des Amtsanwaltsdienstes erwirbt ferner, wer die Zweite juristische Staatsprüfung bestanden hat.

(4) Beamtinnen und Beamte des gehobenen Justizdienstes, die zur Ausbildung für den Amtsanwaltsdienst zugelassen werden, verbleiben bis zur Verleihung eines Amtes des Amtsanwaltsdienstes in ihrer bisherigen Rechtsstellung.

Abschnitt 6
Laufbahnen des Notardienstes

§ 10 Laufbahnbefähigung für den Bezirksnotardienst

(1) Die Laufbahn des Bezirksnotardienstes ist eine Laufbahn des gehobenen Dienstes.

(2) Die Befähigung für die Laufbahn des Bezirksnotardienstes besitzt, wer den Vorbereitungsdienst nach Maßgabe der Ausbildungs- und Prüfungsordnung für Bezirksnotare durchlaufen und die Notarprüfung bestanden hat.

§ 11 Laufbahnbefähigung für den Badischen Amtsnotardienst

(1) Die Laufbahn des Badischen Amtsnotardienstes ist eine Laufbahn des höheren Dienstes.

(2) Die Befähigung für die Laufbahn des Badischen Amtsnotardienstes erwirbt, wer die Zweite juristische Staatsprüfung bestanden hat.

Abschnitt 7
Laufbahnen im Justizvollzug

§ 12 Laufbahnbefähigung für den mittleren Vollzugsdienst im Justizvollzug

Die Laufbahnbefähigung für den mittleren Vollzugsdienst im Justizvollzug erwirbt, wer den Vorbereitungsdienst nach Maßgabe der Ausbildungs- und Prüfungsordnung für den mittleren Vollzugsdienst im Justizvollzug erfolgreich abgeschlossen und die Laufbahnprüfung bestanden hat.

§ 13 Laufbahnbefähigung für den mittleren Werkdienst im Justizvollzug

Die Laufbahnbefähigung für den mittleren Werkdienst im Justizvollzug erwirbt, wer den Vorbereitungsdienst nach Maßgabe der Ausbildungs- und Prüfungsordnung für den mittleren Werkdienst im Justizvollzug erfolgreich abgeschlossen und die Laufbahnprüfung bestanden hat.

§ 14 Laufbahnbefähigung für den mittleren Verwaltungsdienst im Justizvollzug

(1) Die Laufbahnbefähigung für den mittleren Verwaltungsdienst im Justizvollzug erwirbt, wer

1. den Vorbereitungsdienst nach Maßgabe der Ausbildungs- und Prüfungsordnung für den mittleren Verwaltungsdienst im Justizvollzug erfolgreich abgeschlossen und die Laufbahnprüfung bestanden hat oder

2. a) die Ausbildung zur oder zum Justizfachangestellten, die Ausbildung zur oder zum Verwaltungsfachangestellten, die Ausbildung zur oder zum Rechtsanwaltsfachangestellten oder die Ausbildung zur oder zum Rechtsanwalts- und Notarfachangestellten erfolgreich abgeschlossen hat und seit mindestens einem Jahr Aufgaben des mittleren Verwaltungsdienstes im Justizvollzug wahrgenommen hat oder

b) die Ausbildung zur oder zum Justizangestellten erfolgreich abgeschlossen und seit mindestens drei Jahren Aufgaben des mittleren Verwaltungsdienstes im Justizvollzug wahrgenommen hat oder

c) die Ausbildung in einem verwaltungsnahen Beruf erfolgreich abgeschlossen und seit mindestens drei Jahren Aufgaben des mittleren Verwaltungsdienstes im Justizvollzug wahrgenommen hat, wenn dafür im Einzelfall ein dienstliches Interesse besteht,

und eine anschließende sechsmonatige laufbahnqualifizierende Zusatzausbildung im Justizvollzug erfolgreich absolviert hat.

(2) Beamtinnen und Beamte, die die Laufbahnbefähigung für den mittleren Justizdienst besitzen, ererben im Falle eines horizontalen Laufbahnwechsels in den mittleren Verwaltungsdienst im Justizvollzug die hierfür erforderliche Laufbahnbefähigung abweichend von § 21 Absatz 2 und 3 LBG ohne Einführung in die Aufgaben des mittleren Verwaltungsdienstes im Justizvollzug.

§ 15 Laufbahnbefähigung für den gehobenen Vollzugsdienst im Justizvollzug

Beamtinnen und Beamte des mittleren Vollzugsdienstes im Justizvollzug, die mindestens ein Jahr lang erfolgreich eine ihnen förmlich übertragene Funktion der Laufbahn des gehobenen Vollzugdienstes im Justizvollzug wahrgenommen haben, erwerben die Befähigung für die Laufbahn des gehobenen Vollzugsdienstes im Justizvollzug nach Maßgabe des § 22 Absatz 1 Nummern 1, 2, 4 und 5 LBG.

§ 16 Laufbahnbefähigung für den gehobenen Werkdienst im Justizvollzug

Beamtinnen und Beamte des mittleren Werkdienstes im Justizvollzug, die mindestens ein

Jahr lang erfolgreich eine ihnen förmlich übertragene Funktion der Laufbahn des gehobenen Werkdienstes im Justizvollzug wahrgenommen haben, erwerben die Befähigung für die Laufbahn des gehobenen Werkdienstes im Justizvollzug nach Maßgabe des § 22 Absatz 1 Nummern 1, 2, 4 und 5 LBG.

§ 17 Laufbahnbefähigung für den gehobenen Verwaltungsdienst im Justizvollzug

(1) Die Laufbahnbefähigung für den gehobenen Verwaltungsdienst im Justizvollzug besitzt, wer den Vorbereitungsdienst nach Maßgabe der Verordnung des Justizministeriums über die Ausbildung und Prüfung der Rechtspflegerinnen und Rechtspfleger erfolgreich abgeschlossen und die Rechtspflegerprüfung bestanden hat.

(2) Die Laufbahnbefähigung für den gehobenen Verwaltungsdienst im Justizvollzug erwirbt auch, wer die Laufbahnbefähigung für den gehobenen Verwaltungsdienst nach § 3 Laufbahnverordnung-Innenministerium oder einen nach § 15 Absatz 1 Nummer 2 LBG geforderten Abschluss in einem verwaltungsnahen Studiengang erworben und anschließend erfolgreich eine zumindest dreijährige Berufstätigkeit absolviert hat, welche

1. nach Art, Bedeutung und Schwierigkeit den Anforderungen der Laufbahn des gehobenen Verwaltungsdienstes im Justizvollzug vergleichbar ist und
2. im Hinblick auf die Aufgaben der Laufbahn des gehobenen Verwaltungsdienstes im Justizvollzug die Fähigkeit zu fachlich selbständiger Berufsausübung vermittelt.

Zumindest ein Jahr der Tätigkeit soll auf eine Beschäftigung im öffentlichen Dienst entfallen.

§ 18 Laufbahnbefähigung für den Seelsorgedienst im Justizvollzug

(1) Die Laufbahn des Seelsorgedienstes im Justizvollzug ist eine Laufbahn des höheren Dienstes.

(2) Die Laufbahnbefähigung besitzt, wer

1. als ordinierte Geistliche oder ordinierter Geistlicher evangelischen Bekenntnisses oder
2. als Geistlicher römisch-katholischen Bekenntnisses, der die Priesterweihe empfangen hat,

eine mindestens dreijährige Berufstätigkeit nach § 16 Absatz 1 Nummer 2 Buchstabe b LBG nachweist. Zeiten des Vikariats oder des Pastoralkurses stellen eine der Vorbildung entsprechende Berufstätigkeit dar.

Verordnung des Wissenschaftsministeriums über die Einrichtung von Laufbahnen und weitere Laufbahnvorschriften für den Wissenschafts- und Kunstbereich
(Laufbahnverordnung Wissenschaftsministerium – LVO-MWK)
Vom 21. November 2014 (GBl. S. 694)

Zuletzt geändert durch
Verordnung des Wissenschaftsministeriums zur Änderung der
Gleichstellungsbeauftragtenentlastungsverordnung, der Lehrverpflichtungsverordnung und
der Laufbahnverordnung Wissenschaftsministerium
vom 30. März 2021 (GBl. S. 378)

Es wird verordnet auf Grund von

1. § 15 Absatz 4, § 16 Absatz 2, § 21 Absatz 5, § 22 Absatz 4 Satz 1 und Satz 3 Nummer 1 des Landesbeamtengesetzes (LBG) vom 9. November 2010 (GBl. S. 793, 794), zuletzt geändert durch Artikel 2 des Gesetzes vom 1. April 2014 (GBl. S. 99, 164), im Benehmen mit dem Finanz- und Wirtschaftsministerium und dem Innenministerium,
2. Artikel 62 § 1 Absatz 1 Nummer 2 des Dienstrechtsreformgesetzes vom 9. November 2010 (GBl. S. 793, 984) im Benehmen mit dem Innenministerium:

§ 1 Einrichtung von Laufbahnen

(1) Das Wissenschaftsministerium richtet folgende Laufbahnen ein:

1. Die Laufbahn des höheren wissenschaftlichen Dienstes an staatlichen Hochschulen;
2. Die Laufbahnen des mittleren, gehobenen und höheren Dienstes an wissenschaftlichen Bibliotheken;
3. Die Laufbahnen des mittleren, gehobenen und höheren Archivdienstes;
4. Die Laufbahn des höheren Dienstes an Museen und in der Denkmalpflege;
5. Die Laufbahn des gehobenen Schuldienstes an Pädagogischen Hochschulen;
6. Die Laufbahn des gehobenen Künstlerisch-technischen Dienstes an Kunsthochschulen.

(2) Zur Erledigung von Aufgaben in der Denkmalpflege, Aufgaben an wissenschaftlichen Bibliotheken sowie von Aufgaben an Museen und Archiven können die Gemeinden, Gemeindeverbände und sonstige der Aufsicht des Landes unterstehende Körperschaften, Anstalten und Stiftungen des öffentlichen Rechts Beamtinnen und Beamte der in Absatz 1 Nummern 2 bis 4 genannten Laufbahnen einstellen.

Abschnitt 1
Höherer wissenschaftlicher Dienst an den staatlichen Hochschulen

§ 2 Bildungsvoraussetzung und Laufbahnbefähigung für den höheren wissenschaftlichen Dienst an den staatlichen Hochschulen

(1) Die Bildungsvoraussetzung für den höheren wissenschaftlichen Dienst ist ein erfolgreich abgeschlossenes fachwissenschaftliches Studium nach § 15 Absatz 1 Nummer 3 LBG.

(2) Die Laufbahnbefähigung für den höheren wissenschaftlichen Dienst erwirbt, wer eine mindestens dreijährige, der Vorbildung entsprechende Tätigkeit nachweist, die die Eignung zur selbständigen Wahrnehmung eines Amtes der angestrebten Laufbahn vermittelt.

Abschnitt 2
Mittlerer, gehobener und höherer Dienst an wissenschaftlichen Bibliotheken

§ 3 Aufgaben im Dienst an wissenschaftlichen Bibliotheken

Die Aufgaben im Dienst an wissenschaftlichen Bibliotheken umfassen alle Tätigkeiten, die zum Sammeln und Erschließen von wissenschaftlicher Literatur und sonstiger Medien erforderlich sind.

§ 4 Bildungsvoraussetzung und Laufbahnbefähigung für den mittleren Dienst an wissenschaftlichen Bibliotheken

(1) Die Bildungsvoraussetzung für den mittleren Dienst an wissenschaftlichen Bibliotheken ist mindestens ein Haupt- oder Realschulabschluss und eine erfolgreich abgeschlossene Ausbildung zum oder zur Fachangestellten für Medien- und Informationsdienste, Fachrichtung Bibliothek, oder eine vergleichbare Ausbildung.

(2) Die Laufbahnbefähigung für den mittleren Dienst an wissenschaftlichen Bibliotheken erwirbt, wer eine mindestens dreijährige, der Vorbildung entsprechende Tätigkeit nachweist, die die Eignung zur selbständigen Wahrnehmung eines Amtes der angestrebten Laufbahn vermittelt.

§ 5 Bildungsvoraussetzung und Laufbahnbefähigung für den gehobenen Dienst an wissenschaftlichen Bibliotheken

(1) Die Bildungsvoraussetzung für den gehobenen Dienst an wissenschaftlichen Bibliotheken ist ein erfolgreich abgeschlossenes Studium nach § 15 Absatz 1 Nummer 2 LBG mit Schwerpunkt in dem Fachbereich Bibliotheks- oder Informationswissenschaften. Das Studium muss einen mindestens viermonatigen Praxisanteil beinhalten.

(2) Die Laufbahnbefähigung für den gehobenen Dienst an wissenschaftlichen Bibliotheken erwirbt, wer eine mindestens dreijährige, der Vorbildung entsprechende Tätigkeit nachweist, die die Eignung zur selbständigen Wahrnehmung eines Amtes der angestrebten Laufbahn vermittelt.

§ 6 Bildungsvoraussetzung und Laufbahnbefähigung für den höheren Dienst an wissenschaftlichen Bibliotheken

(1) Die Bildungsvoraussetzung für den höheren Dienst an wissenschaftlichen Bibliotheken ist ein erfolgreich abgeschlossenes Studium nach § 15 Absatz 1 Nummer 3 LBG in einem für den höheren Dienst an wissenschaftlichen Bibliotheken einschlägigen Fachgebiet.

(2) Die Laufbahnbefähigung für den höheren Dienst an wissenschaftlichen Bibliotheken erwirbt, wer

1. einen Vorbereitungsdienst nach Maßgabe der Ausbildungs- und Prüfungsordnung für den höheren wissenschaftlichen Bibliotheksdienst abgeschlossen und die Laufbahnprüfung bestanden hat, oder

2. eine mindestens dreijährige der Vorbildung entsprechende Tätigkeit nachweist, die die Eignung zur selbständigen Wahrnehmung eines Amtes der angestrebten Laufbahn vermittelt; die Tätigkeit muss breite Kenntnisse insbesondere in mehreren der Bereiche Bibliothekswesen, Informationswissenschaft, Rechts- und Verwaltungskunde, Buch- und Medienkunde und Informations- sowie Dokumentationswesen vermitteln, oder

3. neben einem erfolgreich abgeschlossenen Studium nach § 15 Absatz 1 Nummer 3 LBG, welcher kein bibliotheks- oder informationswissenschaftlicher Studiengang ist, zusätzlich einen mindestens viersemestrigen bibliotheks- oder informationswissenschaftlichen Weiterbildungsmasterstudiengang an einer Hochschule erfolgreich abgeschlossen hat, wobei das Studium einen viermonatigen Praxisanteil beinhalten muss.

§ 7 Aufstieg in den Laufbahnen an wissenschaftlichen Bibliotheken

Bei einem Aufstieg vom gehobenen in den höheren Dienst an wissenschaftlichen Bibliotheken müssen Aufgaben der angestrebten Laufbahn über einen Zeitraum von mindestens zwei Jahren erfolgreich wahrgenommen worden sein. Zusätzlich muss ein Aufstiegslehrgang nach Vorgabe der obersten Dienstbehörde, der die Teilnahme an einer für die neue Laufbahn qualifizierenden Fortbildung mit Abschlussprüfung beinhaltet, erfolgreich abgeschlossen worden sein.

Abschnitt 3
Mittlerer, gehobener und höherer Archivdienst

§ 8 Aufgaben im Archivdienst

Die Aufgaben im Archivdienst umfassen alle Tätigkeiten, die für die Verwahrung, Erhaltung, Erschließung und Nutzbarmachung von Archivgut nach § 2 des Landesarchivgesetzes erforderlich sind.

§ 9 Bildungsvoraussetzung und Laufbahnbefähigung für den mittleren Archivdienst

(1) Die Bildungsvoraussetzung für den mittleren Archivdienst ist mindestens ein Haupt- oder Realschulabschluss und eine erfolgreich abgeschlossene Berufsausbildung in einem für den mittleren Archivdienst geeigneten Beruf.

(2) Die Laufbahnbefähigung für den mittleren Archivdienst erwirbt, wer eine mindestens dreijährige, der Vorbildung entsprechende Tätigkeit nachweist, die die Eignung zur selbständigen Wahrnehmung eines Amtes der angestrebten Laufbahn vermittelt.

§ 10 Bildungsvoraussetzung und Laufbahnbefähigung für den gehobenen Archivdienst

(1) Die Laufbahnbefähigung für den gehobenen Archivdienst erwirbt, wer einen Vorbereitungsdienst nach Maßgabe der Ausbildungs- und Prüfungsordnung für den gehobenen Archivdienst und die Laufbahnprüfung erfolgreich abgeschlossen hat.

(2) Die Laufbahnbefähigung für den gehobenen Archivdienst erwirbt auch, wer ein erfolgreich abgeschlossenes Studium nach § 15 Absatz 1 Nummer 2 LBG mit dem Schwerpunkt Archivwissenschaft, gesicherte Kenntnisse der lateinischen oder der französischen Sprache und einer weiteren modernen Fremdsprache (Sprachniveau B1) sowie eine mindestens dreijährige, der Vorbildung entsprechende Tätigkeit nachweist, die die Eignung zur selbständigen Wahrnehmung eines Amtes der angestrebten Laufbahn vermittelt. Für den Nachweis gesicherter Lateinkenntnisse ist der Erwerb des Latinums gemäß Abschnitt I Nummer 1 der Verwaltungsvorschrift des Kultusministeriums über den Erwerb des Latinums, des Großen Latinums, des Graecums und des Hebraicums vom 13. August 2001 (K. u. U. 2001, S. 333), zuletzt geändert durch Verwaltungsvorschrift vom 12. September 2007 (K. u. U. 2007, S. 143) in der jeweils geltenden Fassung, oder die erfolgreiche Teilnahme an der Klausur Latein II im Rahmen eines universitären Sprachkurses erforderlich.

§ 11 Bildungsvoraussetzung und Laufbahnbefähigung für den höheren Archivdienst

(1) Die Bildungsvoraussetzung für den höheren Archivdienst ist ein erfolgreich abgeschlossenes Studium nach § 15 Absatz 1 Nummer 3 LBG in einem für den höheren Archivdienst einschlägigen Fachgebiet sowie gesicherte Kenntnisse der lateinischen Sprache und einer weiteren modernen Fremdsprache (Sprachniveau B1). Für den Nachweis gesicherter Lateinkenntnisse gilt § 10 Absatz 1 Satz 2.

(2) Die Laufbahnbefähigung für den höheren Archivdienst erwirbt, wer nach Maßgabe der Ausbildungs- und Prüfungsordnung für den höheren Archivdienst den Vorbereitungsdienst und die Laufbahnprüfung erfolgreich abgeschlossen hat.

(3) Die Laufbahnbefähigung für den höheren Archivdienst erwirbt auch, wer eine mindestens dreijährige, der Vorbildung entsprechende Tätigkeit nachweist, die die Eignung zur selbständigen Wahrnehmung eines Amtes der angestrebten Laufbahn vermittelt.

§ 12 Aufstieg vom mittleren Archivdienst in den gehobenen Archivdienst

Für den Aufstieg in den gehobenen Archivdienst muss ein Aufstiegslehrgang nach Vorgabe der obersten Dienstbehörde erfolgreich abgeschlossen werden, der die Teilnahme an einer für die neue Laufbahn qualifizierenden Fortbildung mit Abschlussprüfung beinhaltet. Diesem Aufstiegslehrgang stehen erfolgreich abgeschlossene, vom Landesarchiv Baden-Württemberg festgelegte Fort- und Weiterbildungsmaßnahmen gleich, die Fach-, Methoden-, Sozial- und Führungskompetenzen sowie die Eignung zur selbständigen Wahrnehmung der Aufgaben in der Laufbahn des gehobenen Archivdienstes vermitteln.

§ 13 Aufstieg vom gehobenen Archivdienst in den höheren Archivdienst

Bei einem Aufstieg vom gehobenen in den höheren Archivdienst müssen Aufgaben der angestrebten Laufbahn über einen Zeitraum von mindestens zwei Jahren erfolgreich wahrgenommen worden sein. Zusätzlich muss ein Aufstiegslehrgang nach Vorgabe der obersten Dienstbehörde erfolgreich abgeschlossen worden sein, der die Teilnahme an einer für die neue Laufbahn qualifizierenden Fortbildung mit Abschlussprüfung beinhaltet. Diesem Aufstiegslehrgang stehen erfolgreich abgeschlossene, vom Landesarchiv Baden-Württemberg festgelegte Fort- und Weiterbildungsmaßnahmen gleich, die Fach-, Methoden-, Sozial- und Führungskompetenzen sowie die Eignung zur selbständigen Wahrnehmung der Aufgaben in der Laufbahn des höheren Archivdienstes vermitteln.

Abschnitt 4
Höherer Dienst an Museen und in der Denkmalpflege

§ 14 Aufgaben im höheren Dienst an Museen und in der Denkmalpflege

Die Aufgaben von Konservatorinnen und Konservatoren umfassen alle Tätigkeiten, die für die Sammlung, Bewahrung, Vermittlung und Ausstellung von sowie die Forschung zu Kunstgegenständen, Literatur, Kulturdenkmalen und sonstigen Werken erforderlich sind, insbesondere auch die Aufgaben von Kustodinnen und Kustoden sowie Kuratorinnen und Kuratoren.

§ 15 Bildungsvoraussetzung und Laufbahnbefähigung für den höheren Dienst an Museen und in der Denkmalpflege

(1) Die Bildungsvoraussetzung für den höheren Dienst an Museen und in der Denkmalpflege ist ein erfolgreich abgeschlossenes Studium nach § 15 Absatz 1 Nummer 3 Buchstabe a LBG in einem Studiengang für das jeweilige Fachgebiet.

(2) Die Laufbahnbefähigung für den höheren Dienst an Museen und in der Denkmalpflege erwirbt, wer eine mindestens dreijährige, der Vorbildung entsprechende Tätigkeit nachweist, die die Eignung zur selbständigen Wahrnehmung eines Amtes der angestrebten Laufbahn vermittelt.

Abschnitt 5
Gehobener Schuldienst an Pädagogischen Hochschulen

§ 16 Laufbahn des gehobenen Schuldienstes an Pädagogischen Hochschulen

Die Laufbahnbefähigung für den gehobenen Schuldienst an Pädagogischen Hochschulen erwirbt, wer die Befähigung für das Lehramt für Grundschule, für das Lehramt für Haupt-, Werkreal- und Realschulen oder für das Lehramt für Sonderpädagogik besitzt und über einen Zeitraum von mindestens einem Jahr erfolgreich in die Aufgaben der neuen Laufbahn an einer Pädagogischen Hochschule eingeführt wurde und an entsprechenden Qualifizierungsmaßnahmen teilgenommen hat.

§ 17 Aufstieg in den höheren wissenschaftlichen Dienst an den staatlichen Hochschulen

Beamtinnen und Beamte im gehobenen Schuldienst an den Pädagogischen Hochschulen können in die Laufbahn des höheren wissenschaftlichen Dienstes an staatlichen Hochschulen aufsteigen, wenn sie sich abweichend von § 22 Absatz 1 Nummer 2 LBG in mindestens einem Aufgabengebiet ihrer Laufbahn bewährt haben, und

1. a) eine mindestens dreijährige, der Vorbildung entsprechende Tätigkeit in Forschung und Lehre nachweisen, die die Eignung zur selbständigen Wahrnehmung eines Amtes der angestrebten Laufbahn vermittelt, sowie

b) Qualifizierungsmaßnahmen im Fachgebiet der Hochschuldidaktik nachweisen, oder

2. a) mindestens eine zweijährige, der Vorbildung entsprechende Tätigkeit nachweisen, die die Eignung zur selbständigen Wahrnehmung eines Amtes der angestrebten Laufbahn vermittelt, und

    b) als Qualifizierungsmaßnahme über eine Promotion in dem eingesetzten Fachgebiet mindestens mit der Bewertung „magna cum laude" verfügen, oder

3. a) eine mindestens einjährige, der Vorbildung entsprechenden Tätigkeit nachweisen, die die Eignung zur selbständigen Wahrnehmung eines Amtes der angestrebten Laufbahn vermittelt, und

    b) als Qualifizierungsmaßnahme über eine Promotion in dem eingesetzten Fachgebiet mindestens mit der Bewertung „magna cum laude" und über Lehrerfahrung verfügen.

Die Eignung und die besondere Qualifikation der Beamtin oder des Beamten für Forschung wird durch ein Gutachten über die wissenschaftlichen und künstlerischen Leistungen, die Eignung für die Lehre durch einen Bericht der Pädagogischen Hochschule über eine positive Lehrevaluation nachgewiesen.

Abschnitt 6
Gehobener Künstlerisch-technischer Dienst an Kunsthochschulen

§ 18 Bildungsvoraussetzung und Laufbahnbefähigung für den gehobenen Künstlerisch-technischen Dienst an Kunsthochschulen

(1) Die Bildungsvoraussetzung für den gehobenen Künstlerisch-technischen Dienst an Kunsthochschulen ist

1. eine erfolgreich abgeschlossene Meisterprüfung oder

2. ein erfolgreich abgeschlossenes technisches, gestalterisches oder künstlerisches Studium nach § 15 Absatz 1 Nummer 2 LBG.

(2) Die Laufbahnbefähigung für den gehobenen Künstlerisch-technischen Dienst an Kunsthochschulen erwirbt, wer die pädagogische Eignung und die Eignung zur selbstständigen Wahrnehmung eines Amtes der angestrebten Laufbahn nachweist. Dieser Nachweis ist durch eine mindestens dreijährige, der Vorbildung entsprechende Tätigkeit zu führen.

Abschnitt 7
Überleitungsvorschriften

§ 19 Höherer Dienst als Astronomierätin und Astronomierat

Beamtinnen und Beamte in der Laufbahn des höheren Dienstes als Astronomierätin und Astronomierat sind in das entsprechende statusrechtliche Amt der Laufbahn des höheren wissenschaftlichen Dienstes an den staatlichen Hochschulen übergeleitet. Die Beamtinnen und Beamten führen die neue Amtsbezeichnung.

Abschnitt 8
Schlussbestimmungen

§ 20 Inkrafttreten

Diese Verordnung tritt am 1. Januar 2015 in Kraft.

Verordnung des Sozialministeriums über die Einrichtung von Laufbahnen
(Laufbahnverordnung-Sozialministerium – LVO-SM)
Vom 24. November 2014 (GBl. S. 713)

Auf Grund von § 15 Absatz 4, § 16 Absatz 2 und § 21 Absatz 6 Satz 1 und 3 des Landesbeamtengesetzes (LBG) vom 9. November 2010 (GBl. S. 793, 794), zuletzt geändert durch Artikel 2 des Gesetzes vom 1. April 2014 (GBl. S. 99, 164), wird im Benehmen mit dem Innenministerium und dem Finanz- und Wirtschaftsministerium verordnet:

§ 1 Geltungsbereich

Diese Verordnung gilt für die Beamtinnen und Beamten des Landes, der Gemeinden und Gemeindeverbände sowie der sonstigen der Aufsicht des Landes unterstehenden Körperschaften, Anstalten und Stiftungen des öffentlichen Rechts.

§ 2 Einrichtung von Laufbahnen

Es werden folgende Laufbahnen eingerichtet:

1. Mittlerer Hygienekontrolldienst,
2. gehobener Sozialdienst,
3. gehobener Verwaltungsdienst in der gesetzlichen Rentenversicherung,
4. höherer ärztlicher Dienst,
5. höherer pharmazeutischer Dienst,
6. höherer zahnärztlicher Dienst und
7. höherer psychologischer Dienst.

§ 3 Laufbahnbefähigung für den mittleren Hygienekontrolldienst

Die Laufbahnbefähigung für den mittleren Hygienekontrolldienst erwirbt, wer die Ausbildung und Prüfung nach Maßgabe der Verordnung des Sozialministeriums über die Ausbildung und Prüfung von Hygienekontrolleurinnen und -kontrolleuren erfolgreich abgeschlossen hat.

§ 4 Laufbahnbefähigung für den gehobenen Sozialdienst

Die Laufbahnbefähigung für den gehobenen Sozialdienst erwirbt, wer gemäß § 16 Absatz 1 Nummer 2 Buchstabe b LBG nach Abschluss eines Studiums gemäß § 15 Absatz 1 Nummer 2 LBG in einem Studiengang der Sozialen Arbeit eine mindestens dreijährige, der Vorbildung entsprechende Tätigkeit nachweist, die die Eignung zur selbständigen Wahrnehmung eines Amtes der Laufbahn des gehobenen Sozialdienstes vermittelt hat.

§ 5 Laufbahnbefähigung für den gehobenen Verwaltungsdienst in der gesetzlichen Rentenversicherung

(1) Die Laufbahnbefähigung für den gehobenen Verwaltungsdienst in der gesetzlichen Rentenversicherung erwirbt, wer den Vorbereitungsdienst nach Maßgabe der Ausbildungs- und Prüfungsordnung für den gehobenen Verwaltungsdienst in der gesetzlichen Rentenversicherung erfolgreich abgeschlossen und die Laufbahnprüfung bestanden hat.

(2) Bei einem horizontalen Laufbahnwechsel in die Laufbahn des gehobenen Verwaltungsdienstes in der gesetzlichen Rentenversicherung erwerben Beamtinnen und Beamte, die die Befähigung für die Laufbahn des

1. gehobenen Verwaltungsdienstes,
2. gehobenen Dienstes in der Versorgungsverwaltung,
3. gehobenen Dienstes der Allgemeinen Finanzverwaltung

nach der jeweiligen laufbahnrechtlichen Verordnung besitzen, die Laufbahnbefähigung für den gehobenen Verwaltungsdienst in der gesetzlichen Rentenversicherung abweichend von § 21 Absatz 2 und 3 LBG ohne Einführung in die Aufgaben des gehobenen Verwaltungsdienstes in der gesetzlichen Rentenversicherung.

§ 6 Laufbahnbefähigung für den höheren ärztlichen Dienst

Die Laufbahnbefähigung für den höheren ärztlichen Dienst erwirbt, wer gemäß § 16

Absatz 1 Nummer 2 Buchstabe b LBG nach Erteilung der Approbation nach Maßgabe der Bundesärzteordnung eine mindestens dreijährige, der Vorbildung entsprechende Tätigkeit nachweist, die die Eignung zur selbständigen Wahrnehmung eines Amtes der Laufbahn des höheren ärztlichen Dienstes vermittelt hat. Die vor der Approbation abgeleistete Zeit einer Tätigkeit als Arzt im Praktikum ist anzurechnen.

§ 7 Laufbahnbefähigung für den höheren pharmazeutischen Dienst

Die Laufbahnbefähigung für den höheren pharmazeutischen Dienst erwirbt, wer gemäß § 16 Absatz 1 Nummer 2 Buchstabe b LBG nach der Erteilung der Approbation nach Maßgabe der Bundes-Apothekerordnung eine mindestens dreijährige, der Vorbildung entsprechende Tätigkeit nachweist, die die Eignung zur selbständigen Wahrnehmung eines Amtes der Laufbahn des höheren pharmazeutischen Dienstes vermittelt hat.

§ 8 Laufbahnbefähigung für den höheren zahnärztlichen Dienst

Die Laufbahnbefähigung für den höheren zahnärztlichen Dienst erwirbt, wer gemäß § 16 Absatz 1 Nummer 2 Buchstabe b LBG nach der Erteilung der Approbation nach Maßgabe des Gesetzes über die Ausübung der Zahnheilkunde eine mindestens dreijährige, der Vorbildung entsprechende Tätigkeit nachweist, die die Eignung zur selbständigen Wahrnehmung eines Amtes der Laufbahn des höheren zahnärztlichen Dienstes vermittelt hat.

§ 9 Laufbahnbefähigung für den höheren psychologischen Dienst

Die Laufbahnbefähigung für den höheren psychologischen Dienst erwirbt, wer gemäß § 16 Absatz 1 Nummer 2 Buchstabe b LBG nach Abschluss eines Studiums gemäß § 15 Absatz 1 Nummer 3 LBG in einem Studiengang der Psychologie eine mindestens dreijährige, der Vorbildung entsprechende Tätigkeit nachweist, die die Eignung zur selbständigen Wahrnehmung eines Amtes der Laufbahn des höheren psychologischen Dienstes vermittelt hat.

§ 10 Inkrafttreten

Die Verordnung tritt am Tag nach ihrer Verkündung in Kraft.

Verordnung des Innenministeriums über die Einrichtung von Laufbahnen des Polizeivollzugsdienstes
(Laufbahnverordnung-Polizeivollzugsdienst – LVO-PVD)
Vom 9. März 2021 (GBl. S. 307)

Zuletzt geändert durch
Gesetz zur Änderung des Landesbeamtengesetzes und weiterer dienstrechtlicher Vorschriften vom 18. Juni 2024 (GBl. Nr. 43)

Auf Grund von §4 Absatz 1 Satz 3, §15 Absatz 4, §16 Absatz 2, §19 Absatz 5 Satz 2 und Absatz 8, §22 Absatz 4 Satz 1 und 3 sowie §23 Absatz 2 des Landesbeamtengesetzes (LBG) vom 9. November 2010 (GBl. S. 793, 794), das zuletzt durch Artikel 3 des Gesetzes vom 15. Oktober 2020 (GBl. S. 914, 921) geändert worden ist, wird im Benehmen mit dem Finanzministerium verordnet:

ABSCHNITT 1
Allgemeine Bestimmungen

§1 Geltungsbereich
Diese Verordnung gilt für die Beamtinnen und Beamten des Polizeivollzugsdienstes.

§2 Laufbahnen
(1) Es werden folgende Laufbahnen des Polizeivollzugsdienstes eingerichtet:
1. mittlerer, gehobener und höherer Polizeivollzugsdienst,
2. gehobener wirtschaftskriminalistischer Dienst,
3. gehobener und höherer cyberkriminalistischer Dienst.

(2) Die Laufbahnen nach Absatz 1 Nummer 1 umfassen die Ämter der Schutzpolizei und in den Laufbahnen des gehobenen und höheren Polizeivollzugsdienstes zudem die Ämter der Kriminalpolizei. Die Laufbahnen nach Absatz 1 Nummer 2 und 3 umfassen die jeweiligen Ämter der Kriminalpolizei.

(3) Die zu den Laufbahnen gehörenden Ämter ergeben sich aus der Anlage.

§3 Besondere gesundheitliche und körperliche Voraussetzungen
In den Polizeivollzugsdienst darf nur eingestellt werden, wer

1. gemäß polizeiärztlicher Feststellung polizeidiensttauglich ist und
2. mindestens 160 cm groß ist; §8 der Ausbildungs- und Prüfungsordnung für den gehobenen Polizeivollzugsdienst (APrOg-PVD) gilt entsprechend.

§4 Übernahme von Beamtinnen und Beamten anderer Dienstherrn
Bei wesentlichen Unterschieden in Ausbildungsinhalten, Ausbildungsdauer oder bei Fehlen sonstiger Mindestanforderungen für den Erwerb einer Laufbahnbefähigung nach dieser Verordnung kann das Innenministerium die Laufbahnbefähigung anerkennen, wenn die Beamtin oder der Beamte bei einem anderen Dienstherrn nach Erwerb der Laufbahnbefähigung mindestens vier Jahre lang überdurchschnittlich erfolgreich vollzugspolizeiliche Aufgaben wahrgenommen hat, die denjenigen der Laufbahn, in welche die Übernahme erfolgen soll, entsprechen.

ABSCHNITT 2
Laufbahnen des mittleren, gehobenen und höheren Polizeivollzugsdienstes

Unterabschnitt 1
Mittlerer Polizeivollzugsdienst

§5 Laufbahnbefähigung für den mittleren Polizeivollzugsdienst
Die Laufbahnbefähigung für den mittleren Polizeivollzugsdienst erwirbt, wer den Vorbereitungsdienst nach Maßgabe der Ausbildungs- und Prüfungsordnung für den mittleren Polizeivollzugsdienst erfolgreich abgeschlossen und die Laufbahnprüfung bestanden hat.

§ 6 Probezeit im mittleren Polizeivollzugsdienst

Die Probezeit dauert abweichend von § 19 Absatz 1 Satz 2 LBG ein Jahr und sechs Monate. Für Beamtinnen und Beamte, die die Laufbahnprüfung mit mindestens der Note „gut" bestanden haben, kann die Probezeit bei entsprechender Bewährung bis auf ein Jahr gekürzt werden. Die Mindestprobezeit beträgt abweichend von § 19 Absatz 5 Satz 1 LBG ein Jahr.

Unterabschnitt 2
Gehobener Polizeivollzugsdienst

§ 7 Laufbahnbefähigung für den gehobenen Polizeivollzugsdienst

Die Laufbahnbefähigung für den gehobenen Polizeivollzugsdienst erwirbt, wer den Vorbereitungsdienst nach Maßgabe der Ausbildungs- und Prüfungsordnung für den gehobenen Polizeivollzugsdienst erfolgreich abgeschlossen und die Laufbahnprüfung bestanden hat.

§ 8 Probezeit im gehobenen Polizeivollzugsdienst

Die Probezeit dauert abweichend von § 19 Absatz 1 Satz 2 LBG zwei Jahre und sechs Monate. Für Beamtinnen und Beamte, die die Laufbahnprüfung mit mindestens der Note „gut" bestanden haben, kann die Probezeit bei entsprechender Bewährung bis auf ein Jahr und sechs Monate gekürzt werden. Die Mindestprobezeit beträgt abweichend von § 19 Absatz 5 Satz 1 LBG ein Jahr.

§ 9 Aufstieg in den gehobenen Polizeivollzugsdienst

(1) Beamtinnen und Beamte des mittleren Polizeivollzugsdienstes, die sich abweichend von § 22 Absatz 1 Nummer 1 LBG mindestens im ersten Beförderungsamt befinden, können in den gehobenen Polizeivollzugsdienst aufsteigen, wenn sie

1. die Laufbahnprüfung für den mittleren Polizeivollzugsdienst mindestens mit der Note „befriedigend" bestanden,
2. eine Dienstzeit von mindestens fünf Jahren im mittleren Polizeivollzugsdienst zurückgelegt,
3. das 39. Lebensjahr oder in entsprechender Anwendung von § 7 Absatz 1 und 2 APrOg-PVD das 47. Lebensjahr noch nicht vollendet und
4. den Ausbildungsdienst nach Maßgabe der Ausbildungs- und Prüfungsordnung für den gehobenen Polizeivollzugsdienst erfolgreich abgeschlossen und die Laufbahnprüfung bestanden haben.

Die Zulassung zum Ausbildungsdienst für den Aufstieg in den gehobenen Polizeivollzugsdienst setzt die erfolgreiche Teilnahme an einem Auswahlverfahren auf der Grundlage der spezifischen Anforderungen des gehobenen Polizeivollzugsdienstes voraus. Das Auswahlverfahren kann insbesondere in Form von Prüfungen durchgeführt werden. Auf der Grundlage der dienstlichen Beurteilungen und sonstiger Anforderungen kann eine Vorauswahl für die Teilnahme am Auswahlverfahren getroffen werden. Das Nähere regelt das Innenministerium.

(2) Das Innenministerium kann aus personalwirtschaftlichen Gründen oder zur Vermeidung einer besonderen Härte Ausnahmen von den Voraussetzungen nach Absatz 1 Satz 1 Nummer 1 bis 3 bis zur Vollendung des 47. Lebensjahres zulassen. Ausnahmen von Absatz 1 Satz 1 Nummer 1 setzen voraus, dass die Laufbahnprüfung mindestens acht Jahre zurückliegt.

(3) Beamtinnen und Beamte des mittleren Polizeivollzugsdienstes, die sich mindestens im zweiten Beförderungsamt befinden, können abweichend von Absatz 1 in den gehobenen Polizeivollzugsdienst aufsteigen, wenn sie einen entsprechenden Qualifizierungslehrgang der Hochschule für Polizei Baden-Württemberg erfolgreich abgeschlossen haben. Der Qualifizierungslehrgang beinhaltet mindestens eine Präsenzzeit von zwei Wochen und schließt mit einem Leistungsnachweis ab. Das Nähere zum Qualifizierungslehrgang regelt die Hochschule für Polizei Baden-Württemberg mit Zustimmung des Innenministeriums. Den Beamtinnen und Beamten kann höchstens ein Amt der Besoldungsgruppe A 11 verliehen werden.

(4) Beamtinnen und Beamte des mittleren Polizeivollzugsdienstes, die sich in einem Amt der Besoldungsgruppe A 10 mit Amtszulage befinden, können abweichend von Absatz 3 Satz 1 an einer prüfungslosen Qualifizierungsmaßnahme teilnehmen. Absatz 3 Satz 3 gilt entsprechend. Den Beamtinnen und Beamten kann höchstens ein Amt der Besoldungsgruppe A 10 verliehen werden.

(5) Die Beamtinnen und Beamten müssen sich abweichend von § 22 Absatz 1 Nummer 2 LBG in einem Aufgabengebiet ihrer Laufbahn bewährt haben. Aufgaben des gehobenen Polizeivollzugsdienstes müssen abweichend von § 22 Absatz 1 Nummer 3 LBG vor dem Aufstieg nicht wahrgenommen werden.

Unterabschnitt 3
Höherer Polizeivollzugsdienst

§ 10 Aufstieg in den höheren Polizeivollzugsdienst

(1) Beamtinnen und Beamte des gehobenen Polizeivollzugsdienstes, die sich abweichend von § 22 Absatz 1 Nummer 1 LBG mindestens im ersten Beförderungsamt befinden, können in den höheren Polizeivollzugsdienst aufsteigen, wenn sie

1. die Laufbahnprüfung für den gehobenen Polizeivollzugsdienst mindestens mit der Note „befriedigend" bestanden,
2. eine Dienstzeit im Polizeivollzugsdienst von mindestens acht Jahren, davon mindestens drei Jahre im gehobenen Polizeivollzugsdienst, zurückgelegt,
3. das 40. Lebensjahr oder in entsprechender Anwendung von § 7 Absatz 1 und 2 APrOg-PVD das 47. Lebensjahr noch nicht vollendet und
4. den Ausbildungsdienst nach Maßgabe der Ausbildungs- und Prüfungsordnung für den höheren Polizeivollzugsdienst erfolgreich abgeschlossen und die Laufbahnprüfung bestanden haben.

Die Zulassung zum Ausbildungsdienst für den Aufstieg in den höheren Polizeivollzugsdienst setzt die erfolgreiche Teilnahme an einem Auswahlverfahren auf der Grundlage der spezifischen Anforderungen des höheren Polizeivollzugsdienstes voraus. Auf der Grundlage der dienstlichen Beurteilungen und sonstiger Anforderungen kann eine Vorauswahl für die Teilnahme am Auswahlverfahren getroffen werden. Das Nähere regelt das Innenministerium.

(2) Die Beamtinnen und Beamten müssen sich abweichend von § 22 Absatz 1 Nummer 2 LBG in einem Aufgabengebiet ihrer Laufbahn bewährt haben. Aufgaben des höheren Polizeivollzugsdienstes müssen abweichend von § 22 Absatz 1 Nummer 3 LBG vor dem Aufstieg nicht wahrgenommen werden.

(3) § 9 Absatz 2 gilt entsprechend.

§ 11 Laufbahnbefähigung für den höheren Polizeivollzugsdienst

(1) Die Laufbahnbefähigung für den höheren Polizeivollzugsdienst erwirbt auch, wer einen nach § 15 Absatz 1 Nummer 3 LBG geforderten Abschluss in einem Studium der Rechtswissenschaften nachweist und die Zweite juristische Staatsprüfung erfolgreich abgeschlossen hat. Abweichend von § 3 Nummer 1 müssen die Bewerberinnen und Bewerber gemäß polizeiärztlicher Feststellung polizeidienstfähig sein.

(2) Wer die Laufbahnbefähigung nach Absatz 1 Satz 1 erworben hat, erhält zu Beginn der Probezeit eine polizeifachliche Unterweisung von mindestens 12 Monaten Dauer, die besondere Kenntnisse und Fähigkeiten für die Wahrnehmung der Aufgaben des höheren Polizeivollzugsdienstes vermittelt; über Ausnahmen entscheidet das Innenministerium. Die Mindestprobezeit beträgt abweichend von § 19 Absatz 5 Satz 1 LBG ein Jahr.

Unterabschnitt 4
Besondere Bestimmungen für die Schutz- und Kriminalpolizei

§ 12 Verwendung in der Schutz- und Kriminalpolizei

(1) Mit der Einstellung in den gehobenen Polizeivollzugsdienst wird den Beamtinnen und Beamten

1. ein Amt der Schutzpolizei verliehen, wenn sie das Studium mit dem Schwerpunkt

Schutzpolizei an der Hochschule für Polizei Baden-Württemberg oder ein vergleichbares Studium absolviert haben, oder

2. ein Amt der Kriminalpolizei verliehen, wenn sie das Studium mit dem Schwerpunkt Kriminalpolizei oder mit dem Schwerpunkt Kriminalpolizei – IT-Ermittlungen/IT-Auswertungen an der Hochschule für Polizei Baden-Württemberg oder ein vergleichbares Studium absolviert haben.

(2) Mit der Einstellung in den höheren Polizeivollzugsdienst wird den Beamtinnen und Beamten ein Amt der Schutzpolizei oder der Kriminalpolizei nach ihrer späteren voraussichtlichen Verwendung verliehen.

§ 13 Wechsel zwischen der Schutz- und Kriminalpolizei

(1) Ein Wechsel zwischen der Schutzpolizei und der Kriminalpolizei ist möglich, wenn die Beamtin oder der Beamte für die jeweilige Verwendung geeignet erscheint.

(2) Mit dem Wechsel wird das entsprechende Amt der Schutzpolizei oder der Kriminalpolizei übertragen, wenn die Voraussetzungen nach § 12 Absatz 1 Nummer 1 oder 2 vorliegen. Andernfalls wird das entsprechende Amt der Schutzpolizei oder der Kriminalpolizei übertragen, wenn die jeweils erforderlichen Fortbildungen erfolgreich absolviert wurden. Das Innenministerium kann Ausnahmen von Satz 2 zulassen.

ABSCHNITT 3
Sonderlaufbahnen
Unterabschnitt 1
Gehobener wirtschaftskriminalistischer Dienst

§ 14 Laufbahnbefähigung für den gehobenen wirtschaftskriminalistischen Dienst

Die Laufbahnbefähigung für den gehobenen wirtschaftskriminalistischen Dienst erwirbt, wer die in § 15 Absatz 1 Nummer 2 LBG genannten Bildungsvoraussetzungen in einem für die Bearbeitung von Wirtschaftskriminalität geeigneten Studiengang erworben hat und

1. danach mindestens drei Jahre eine der Vorbildung entsprechende Berufstätigkeit ausgeübt hat, die die Eignung zur selbständigen Wahrnehmung eines Amtes der angestrebten Laufbahn vermittelt, oder

2. den Vorbereitungsdienst für den mittleren oder gehobenen Polizeivollzugsdienst erfolgreich abgeschlossen und die Laufbahnprüfung bestanden hat.

§ 15 Probezeit im gehobenen wirtschaftskriminalistischen Dienst

Die Probezeit dauert abweichend von § 19 Absatz 1 Satz 2 LBG zwei Jahre und sechs Monate. Wer die Laufbahnbefähigung nach § 14 Nummer 1 erworben hat, erhält zu Beginn der Probezeit eine polizeifachliche Unterweisung von mindestens 12 Monaten Dauer; die polizeifachliche Unterweisung vermittelt über die Vorbildung hinausgehende Kenntnisse und Fähigkeiten, die zur selbständigen Wahrnehmung der Aufgaben des gehobenen wirtschaftskriminalistischen Dienstes befähigen. Die Mindestprobezeit beträgt abweichend von § 19 Absatz 5 Satz 1 LBG ein Jahr.

Unterabschnitt 2
Gehobener cyberkriminalistischer Dienst

§ 16 Laufbahnbefähigung für den gehobenen cyberkriminalistischen Dienst

(1) Die Laufbahnbefähigung für den gehobenen cyberkriminalistischen Dienst erwirbt, wer die in § 15 Absatz 1 Nummer 2 LBG genannten Bildungsvoraussetzungen in einem für die Bearbeitung von Cyberkriminalität geeigneten Studiengang erworben hat und

1. danach mindestens drei Jahre eine der Vorbildung entsprechende Berufstätigkeit ausgeübt hat, die die Eignung zur selbständigen Wahrnehmung eines Amtes der angestrebten Laufbahn vermittelt, oder

2. den Vorbereitungsdienst für den mittleren oder gehobenen Polizeivollzugsdienst erfolgreich abgeschlossen und die Laufbahnprüfung bestanden hat oder

3. eine laufbahnqualifizierende Zusatzausbildung nach Maßgabe des Absatzes 2 absolviert hat.

(2) Die laufbahnqualifizierende Zusatzausbildung nach § 16 Absatz 1 Nummer 2 Buch-

stabe a LBG erfolgt als ein auf die Polizei bezogenes, modular aufgebautes Trainee-Programm in einem Beschäftigtenverhältnis im öffentlichen Dienst. Es soll die Bewerberin oder den Bewerber dazu befähigen, sich in angemessener Zeit auch in polizeispezifische Tätigkeiten einzuarbeiten, für die eine Vorbildung nicht im erforderlichen Maße besteht. Das Trainee-Programm, das auf einen Zeitraum von einem Jahr ausgelegt ist, vermittelt über die Vorbildung hinausgehende Kenntnisse und Fähigkeiten, die zur selbständigen Wahrnehmung der Aufgaben in der Laufbahn befähigen. Darüber hinaus soll den Teilnehmerinnen und Teilnehmern die Integration in die Polizeiorganisation ermöglicht sowie die Aufgaben, Befugnisse und Verantwortung als Beamtin oder Beamter des Polizeivollzugsdienstes vermittelt werden. Voraussetzung für die Teilnahme am Trainee-Programm ist das Erfüllen der Voraussetzungen für die Berufung in ein Beamtenverhältnis im Polizeivollzugsdienst.

§ 17 Probezeit im gehobenen cyberkriminalistischen Dienst

Die Probezeit dauert abweichend von § 19 Absatz 1 Satz 2 LBG zwei Jahre und sechs Monate. Wer die Laufbahnbefähigung nach § 16 Absatz 1 Nummer 1 erworben hat, erhält zu Beginn der Probezeit eine polizeifachliche Unterweisung von mindestens 12 Monaten Dauer; die polizeifachliche Unterweisung vermittelt über die Vorbildung hinausgehende Kenntnisse und Fähigkeiten, die zur selbständigen Wahrnehmung der Aufgaben des gehobenen cyberkriminalistischen Dienstes befähigen. Die Mindestprobezeit beträgt abweichend von § 19 Absatz 5 Satz 1 LBG ein Jahr.

Unterabschnitt 3
Höherer cyberkriminalistischer Dienst

§ 18 Aufstieg in den höheren cyberkriminalistischen Dienst

(1) Beamtinnen und Beamte des gehobenen cyberkriminalistischen Dienstes, die sich abweichend von § 22 Absatz 1 Nummer 1 LBG mindestens im ersten Beförderungsamt befinden, können in den höheren cyberkriminalistischen Dienst aufsteigen, wenn sie

1. ein Studium gemäß § 15 Absatz 1 Nummer 3 LBG in einem für die Bekämpfung von Cyberkriminalität geeigneten Studiengang abgeschlossen haben und
2. mindestens eine Dienstzeit von vier Jahren im gehobenen cyberkriminalistischen Dienst zurückgelegt haben; hierbei wird eine zuvor im gehobenen Polizeivollzugsdienst zurückgelegte Dienstzeit bis zu drei Jahren angerechnet.

(2) Die Zulassung zum Aufstieg setzt die erfolgreiche Teilnahme an einem Auswahlverfahren auf der Grundlage der spezifischen Anforderungen des höheren cyberkriminalistischen Dienstes voraus. Das Nähere regelt das Innenministerium.

(3) Die Beamtinnen und Beamten müssen sich abweichend von § 22 Absatz 1 Nummer 2 LBG in einem Aufgabengebiet ihrer Laufbahn bewährt haben. Aufgaben des höheren cyberkriminalistischen Dienstes müssen abweichend von § 22 Absatz 1 Nummer 3 LBG vor dem Aufstieg nicht wahrgenommen werden.

ABSCHNITT 4
Sonstige Bestimmungen

§ 19 Überleitung in Ämter der Schutzpolizei

Bei Inkrafttreten dieser Verordnung noch vorhandene Beamtinnen und Beamte des mittleren Polizeivollzugsdienstes in Ämtern der Kriminalpolizei sind statusgleich in das entsprechende Amt der Schutzpolizei übergeleitet.

§ 20 Inkrafttreten

Diese Verordnung tritt am 1. April 2021 in Kraft. Gleichzeitig tritt die Polizei-Laufbahnverordnung vom 26. November 2014 (GBl. S. 736), die zuletzt durch Artikel 4 des Polizeigesetz-Anpassungsgesetzes vom 3. Februar 2021 (GBl. S. 53, 54) geändert worden ist, außer Kraft.

Anlage Laufbahnverordnung-Polizeivollzugsdienst (LVO-PVD) **II.10**

Anlage
(zu § 2 Absatz 3)
Ämter des Polizeivollzugsdienstes

Schutzpolizei	Kriminalpolizei
1. Mittlerer Dienst	
Polizeiobermeisterin/Polizeiobermeister Polizeihauptmeisterin/Polizeihauptmeister Erste Polizeihauptmeisterin/Erster Polizeihauptmeister (Besoldungsgruppe A 10) Erste Polizeihauptmeisterin/Erster Polizeihauptmeister (Besoldungsgruppe A 10 mit Amtszulage)	
2. Gehobener Dienst	
Polizeioberkommissarin/Polizeioberkommissar	Kriminaloberkommissarin/Kriminaloberkommissar
Polizeihauptkommissarin/Polizeihauptkommissar (Besoldungsgruppe A 11)	Kriminalhauptkommissarin/Kriminalhauptkommissar (Besoldungsgruppe A 11)
Polizeihauptkommissarin/Polizeihauptkommissar (Besoldungsgruppe A 12)	Kriminalhauptkommissarin/Kriminalhauptkommissar (Besoldungsgruppe A 12)
Erste Polizeihauptkommissarin/Erster Polizeihauptkommissar	Erste Kriminalhauptkommissarin/Erster Kriminalhauptkommissar
3. Höherer Dienst	
Polizeirätin/Polizeirat	Kriminalrätin/Kriminalrat
Polizeioberrätin/Polizeioberrat	Kriminaloberrätin/Kriminaloberrat
Polizeidirektorin/Polizeidirektor	Kriminaldirektorin/Kriminaldirektor
Leitende Polizeidirektorin/Leitender Polizeidirektor	Leitende Kriminaldirektorin/Leitender Kriminaldirektor
Polizeivizepräsidentin/PolizeivizepräsidentVizepräsidentin/Vizepräsident	
– des Präsidiums Technik, Logistik, Service der Polizei[1] – bei der Hochschule für Polizei Baden-Württemberg – des Landeskriminalamts[1]	
Polizeipräsidentin/PolizeipräsidentPräsidentin/Präsident	
– des Präsidiums Technik, Logistik, Service der Polizei[1] – bei der Hochschule für Polizei Baden-Württemberg[2] – des Landeskriminalamts[1]	
Landespolizeidirektorin/Landespolizeidirektor	Landeskriminaldirektorin/Landeskriminaldirektor
Stabsdirektorin / Stabsdirektor im Landespolizeipräsidium	
Landespolizeivizepräsidentin / Landespolizeivizepräsident	

II.10 Laufbahnverordnung-Polizeivollzugsdienst (LVO-PVD) — Anlage

Die mit [1]) gekennzeichneten Ämter können sowohl den Laufbahnen des Polizeivollzugsdienstes im höheren Dienst als auch der Laufbahn des höheren Verwaltungsdienstes zugeordnet werden. Sie sind den Laufbahnen des Polizeivollzugsdienstes im höheren Dienst zugeordnet, wenn das jeweilige bisherige Amt der Beamtin oder des Beamten einer dieser Laufbahnen zugeordnet ist.

Das mit [2]) gekennzeichnete Amt ist der Laufbahn des höheren Polizeivollzugsdienstes zugeordnet, wenn es ausnahmsweise mit einer Beamtin oder einem Beamten dieser Laufbahn in Besoldungsgruppe B 3 besetzt wird.

Verordnung des Umweltministeriums über die Einrichtung von Laufbahnen
(Laufbahnverordnung UM – LVO-UM)
Vom 26. November 2014 (GBl. S. 743)

Es wird verordnet auf Grund von

1. § 15 Absatz 4, § 16 Absatz 2 und § 22 Absatz 4 Satz 3 Nummer 1 des Landesbeamtengesetzes (LBG) vom 9. November 2010 (GBl. S. 793, 794), zuletzt geändert durch Artikel 2 des Gesetzes vom 1. April 2014 (GBl. S. 99, 164) im Benehmen mit dem Innenministerium und dem Finanz- und Wirtschaftsministerium,
2. Artikel 62 § 1 Absatz 1 Nummer 2 des Dienstrechtsreformgesetzes vom 9. November 2010 (GBl. S. 793, 984) im Benehmen mit dem Innenministerium:

§ 1 Geltungsbereich

Diese Verordnung gilt für Beamtinnen und Beamte des Landes, der Gemeinden und Gemeindeverbände sowie der sonstigen der Aufsicht des Landes unterstehenden Körperschaften, Anstalten und Stiftungen des öffentlichen Rechts.

§ 2 Einrichtung von Laufbahnen

(1) Es werden folgende Laufbahnen eingerichtet:

1. mittlerer, gehobener und höherer Dienst Umwelt, Naturschutz, Biologie, Chemie, Physik, Arbeitsschutz und Marktüberwachung sowie
2. gehobener und höherer Dienst im Geologie- und Bergfach.

(2) Die Laufbahnen nach Absatz 1 gliedern sich in folgende Fachbereiche:

1. technischer Dienst,
2. naturwissenschaftlicher Dienst.

(3) In den Laufbahnen des gehobenen und höheren Dienstes Umwelt, Naturschutz, Biologie, Chemie, Physik, Arbeitsschutz und Marktüberwachung erfordert die Zuordnung zum Fachbereich technischer Dienst einen Studienabschluss in der Fächergruppe der Ingenieurwissenschaften ohne den Studienbereich Bergbau, Hüttenwesen. Die Zuordnung zum Fachbereich naturwissenschaftlicher Dienst erfordert einen Studienabschluss in der Fächergruppe Mathematik, Naturwissenschaften ohne die Studienbereiche Informatik, Pharmazie und Geowissenschaften sowie ohne das Studienfach Astronomie, Astrophysik oder in der Fächergruppe Agrar-, Forst- und Ernährungswissenschaften ohne den Studienbereich Ernährungs- und Haushaltswissenschaften. Für den mittleren Dienst erfolgt die Zuordnung entsprechend einem Berufsabschluss in einem thematisch zu den Fachbereichen des Absatzes 2 Nummer 1 oder 2 gehörenden staatlich anerkannten Ausbildungsberuf.

(4) In den Laufbahnen des Dienstes im Geologie- und Bergfach erfordert die Zuordnung zum Fachbereich technischer Dienst einen Studienabschluss im Studienbereich Bergbau, Hüttenwesen und die Zuordnung zum Fachbereich naturwissenschaftlicher Dienst einen Studienabschluss im Studienbereich Geowissenschaften.

§ 3 Laufbahnbefähigung für den mittleren Dienst Umwelt, Naturschutz, Biologie, Chemie, Physik, Arbeitsschutz und Marktüberwachung

Die Laufbahnbefähigung erwirbt, wer nach Erwerb mindestens des Hauptschulabschlusses und erfolgreicher Ausbildung in einem für die Fachbereiche des § 2 Absatz 2 Nummer 1 oder 2 geeigneten staatlich anerkannten Beruf im Sinne des § 2 Absatz 3 Satz 3 mindestens drei Jahre eine der Berufsausbildung entsprechende Berufstätigkeit ausgeübt hat, die die Eignung zur selbständigen Wahrnehmung eines Amts des mittleren Dienstes Umwelt, Naturschutz, Biologie, Chemie, Physik, Arbeitsschutz und Marktüberwachung vermittelt hat.

§ 4 Laufbahnbefähigung für den gehobenen Dienst Umwelt, Naturschutz, Biologie, Chemie, Physik, Arbeitsschutz und Marktüberwachung

Die Laufbahnbefähigung erwirbt, wer nach Abschluss eines Studiengangs nach § 15 Absatz 1 Nummer 2 LBG in einer der in § 2 Absatz 3 Satz 1 und 2 genannten Fächergruppen mindestens drei Jahre eine der Vorbildung entsprechende Berufstätigkeit ausgeübt hat, die die Eignung zur selbständigen Wahrnehmung eines Amts des gehobenen Dienstes Umwelt, Naturschutz, Biologie, Chemie, Physik, Arbeitsschutz und Marktüberwachung vermittelt hat. Ein Jahr der Tätigkeit soll auf eine Beschäftigung im öffentlichen Dienst entfallen.

§ 5 Laufbahnbefähigung für den höheren Dienst Umwelt, Naturschutz, Biologie, Chemie, Physik, Arbeitsschutz und Marktüberwachung

(1) Die Laufbahnbefähigung erwirbt, wer nach Abschluss eines Studiengangs nach § 15 Absatz 1 Nummer 3 LBG in einer der in § 2 Absatz 3 Satz 1 und 2 genannten Fächergruppen mindestens drei Jahre eine der Vorbildung entsprechende Berufstätigkeit ausgeübt hat, die die Eignung zur selbständigen Wahrnehmung eines Amts des höheren Dienstes Umwelt, Naturschutz, Biologie, Chemie, Physik, Arbeitsschutz und Marktüberwachung vermittelt hat. Ein Jahr der Tätigkeit soll auf eine Beschäftigung im öffentlichen Dienst entfallen.

(2) Ein in einem anderen Bundesland abgeleisteter Vorbereitungsdienst für den höheren technischen Verwaltungsdienst der Fachrichtung Landespflege mit erfolgreich abgeschlossener Laufbahnprüfung wird nach § 23 Absatz 1 Satz 3 LBG allgemein als Laufbahnbefähigung anerkannt.

§ 6 Laufbahnbefähigung für den gehobenen Dienst im Geologie- und Bergfach

Die Laufbahnbefähigung erwirbt, wer nach Abschluss eines Studiengangs nach § 15 Absatz 1 Nummer 2 LBG in einem der in § 2 Absatz 4 genannten Studienbereiche mindestens drei Jahre eine der Vorbildung entsprechende Berufstätigkeit ausgeübt hat, die die Eignung zur selbständigen Wahrnehmung eines Amts des gehobenen Dienstes im Geologie- und Bergfach vermittelt hat. Ein Jahr der Tätigkeit soll auf eine Beschäftigung im öffentlichen Dienst entfallen.

§ 7 Laufbahnbefähigung für den höheren Dienst im Geologie- und Bergfach

(1) Die Laufbahnbefähigung erwirbt, wer nach Abschluss eines Studiengangs nach § 15 Absatz 1 Nummer 3 LBG in einem der in § 2 Absatz 4 genannten Studienbereiche mindestens drei Jahre eine der Vorbildung entsprechende Berufstätigkeit ausgeübt hat, die die Eignung zur selbständigen Wahrnehmung eines Amts des höheren Dienstes im Geologie- und Bergfach vermittelt hat. Ein Jahr der Tätigkeit soll auf eine Beschäftigung im öffentlichen Dienst entfallen.

(2) Im Fachbereich technischer Dienst wird ein in einem anderen Bundesland abgeleisteter Vorbereitungsdienst für den höheren Staatsdienst im Bergfach mit erfolgreich abgeschlossener großer Staatsprüfung nach § 23 Absatz 1 Satz 3 LBG allgemein als Laufbahnbefähigung anerkannt.

§ 8 Aufstieg

Abweichend von § 22 Absatz 1 Nummer 1 bis 3 LBG können Beamtinnen und Beamte, die sich in einer der in dieser Verordnung geregelten Laufbahnen befinden und die Bildungsvoraussetzungen der jeweils nächsthöheren Laufbahn in demselben Fachbereich erworben haben, in die nächsthöhere Laufbahn derselben Fachrichtung aufsteigen, wenn sie

1. sich mindestens im zweiten Beförderungsamt der Laufbahn befinden,

2. sich in einem Aufgabengebiet ihrer Laufbahn besonders bewährt haben und
3. seit mindestens sechs Monaten erfolgreich überwiegend ihnen formal übertragene Aufgaben der nächsthöheren Laufbahngruppe wahrnehmen.

§ 9 Überleitung

(1) Beamtinnen und Beamte, die sich beim Inkrafttreten dieser Verordnung bereits in einer der in der Anlage genannten Laufbahnen befinden, sind statusgleich in die entsprechende Laufbahn dieser Verordnung übergeleitet. Welche Laufbahnen sich entsprechen, ist in der Anlage festgelegt.

(2) Konservatoren im Sinne von § 33 Absatz 2 Nummer 5 der Landeslaufbahnverordnung (LVO) in der Fassung vom 28. August 1991 (GBl. S. 577), außer Kraft getreten durch Artikel 63 Absatz 1 Nummer 5 des Gesetzes vom 9. November 2010 (GBl. S. 793, 987), sind statusgleich in den höheren Dienst Umwelt, Naturschutz, Biologie, Chemie, Physik, Arbeitsschutz und Marktüberwachung übergeleitet, soweit sie die Voraussetzungen für den Fachbereich naturwissenschaftlicher Dienst nach § 2 Absatz 2 Nummer 2 (Studienabschluss in einer der in § 2 Absatz 3 Satz 2 genannten Fächergruppen) erfüllen.

§ 10 Inkrafttreten

Diese Verordnung tritt am Tag nach ihrer Verkündung in Kraft.

Anlage
(zu § 9 Absatz 1 und 2)

Überleitung der bisherigen Laufbahnen

Bisherige Laufbahn	Entsprechende Laufbahn
Abschnitt 1: mittlerer Dienst	
mittlerer technischer Gewerbeaufsichtsdienst	mittlerer Dienst Umwelt, Naturschutz, Biologie, Chemie, Physik, Arbeitsschutz und Marktüberwachung
mittlerer bautechnischer Verwaltungsdienst in der Wasserwirtschaftsverwaltung	– Fachbereich technischer Dienst
Abschnitt 2: gehobener Dienst	
gehobener technischer Gewerbeaufsichtsdienst	gehobener Dienst Umwelt, Naturschutz, Biologie, Chemie, Physik, Arbeitsschutz und Marktüberwachung
gehobener bautechnischer Verwaltungsdienst Fachrichtung Bauingenieurwesen mit dem Schwerpunkt Wasser- und Abfallwirtschaft einschließlich Bodenschutz	– Fachbereich technischer Dienst
Abschnitt 3: höherer Dienst	
höherer Dienst im statisch-konstruktiven Ingenieurbau und in der Bauphysik	höherer Dienst Umwelt, Naturschutz, Biologie, Chemie, Physik, Arbeitsschutz und Marktüberwachung
höherer technischer Gewerbeaufsichtsdienst	
höherer bautechnischer Verwaltungsdienst Fachrichtung Bauingenieurwesen mit dem Schwerpunkt Wasser- und Abfallwirtschaft	– Fachbereich technischer Dienst
höherer biologischer Dienst	höherer Dienst Umwelt, Naturschutz, Biologie, Chemie, Physik, Arbeitsschutz und Marktüberwachung
höherer chemischer Dienst (ohne staatlich geprüfte Lebensmittelchemiker)	
höherer physikalischer Dienst	– Fachbereich naturwissenschaftlicher Dienst
höherer Dienst als Konservator (soweit die Voraussetzungen für den Fachbereich naturwissenschaftlicher Dienst nach § 2 Absatz 2 Nummer 2 und Absatz 3 Satz 2 vorliegen)	höherer Dienst Umwelt, Naturschutz, Biologie, Chemie, Physik, Arbeitsschutz und Marktüberwachung
	– Fachbereich naturwissenschaftlicher Dienst
höherer geologischer Dienst	höherer Dienst im Geologie- und Bergfach – Fachbereich naturwissenschaftlicher Dienst
höherer bergtechnischer Verwaltungsdienst	höherer Dienst im Geologie- und Bergfach – Fachbereich technischer Dienst

Verordnung des Ministeriums für Landesentwicklung und Wohnen über die Einrichtung von Laufbahnen
(Laufbahnverordnung Ministerium für Landesentwicklung und Wohnen – LVO MLW)
Vom 13. Oktober 2022 (GBl. S. 527)

§ 1 Geltungsbereich
Diese Verordnung gilt für die Beamtinnen und Beamten der Städtebau- und Raumordnungsverwaltung des Landes, der Gemeinden und Gemeindeverbände sowie der sonstigen der Aufsicht des Landes unterstehenden Körperschaften, Anstalten und Stiftungen des öffentlichen Rechts.

§ 2 Einrichtung von Laufbahnen
Es werden folgende Laufbahnen eingerichtet:
1. gehobener bautechnischer Dienst in der Fachrichtung Städtebau und Raumordnung,
2. höherer bautechnischer Dienst in der Fachrichtung Städtebau und Raumordnung.

§ 3 Laufbahnbefähigung für den gehobenen bautechnischen Dienst der Fachrichtung Städtebau und Raumordnung
(1) Die Bildungsvoraussetzungen für den gehobenen bautechnischen Dienst der Fachrichtung Städtebau und Raumordnung erwirbt, wer ein für die Verwendung in der Städtebau- und Raumordnungsverwaltung geeignetes Studium gemäß § 15 Absatz 1 Nummer 2 des Landesbeamtengesetzes (LBG) erfolgreich abgeschlossen hat. Geeignet sind Studiengänge mit städtebaulichem oder raumplanerischem Schwerpunkt.

(2) Die Laufbahnbefähigung für den gehobenen bautechnischen Dienst der Fachrichtung Städtebau und Raumordnung erwirbt, wer nach Erwerb der Bildungsvoraussetzungen

1. eine laufbahnqualifizierende Zusatzausbildung gemäß § 5 erfolgreich absolviert hat oder
2. eine mindestens dreijährige Berufstätigkeit gemäß § 6 nachweist.

§ 4 Laufbahnbefähigung für den höheren bautechnischen Dienst der Fachrichtung Städtebau und Raumordnung
(1) Die Bildungsvoraussetzungen für den höheren bautechnischen Dienst der Fachrichtung Städtebau und Raumordnung erwirbt, wer ein für die Verwendung in der Städtebau- und Raumordnungsverwaltung geeignetes Studium gemäß § 15 Absatz 1 Nummer 3 LBG erfolgreich abgeschlossen hat. Geeignet sind Studiengänge mit starken Bezügen zur Stadt- und Raumplanung. Bei einem Masterstudiengang mit starken Bezügen zur Stadt- und Raumplanung soll auch der vorangegangene Bachelor-Studiengang starke Bezüge zur Stadt- und Raumplanung aufweisen.

(2) Die Laufbahnbefähigung für den höheren bautechnischen Dienst der Fachrichtung Städtebau und Raumordnung erwirbt, wer den Vorbereitungsdienst gemäß der Ausbildungs- und Prüfungsordnung für den höheren bautechnischen Dienst der Fachrichtung Städtebau und Raumordnung erfolgreich abgeschlossen und die Laufbahnprüfung bestanden hat.

(3) Die Laufbahnbefähigung für den höheren bautechnischen Dienst der Fachrichtung Städtebau und Raumordnung kann bei Vorliegen besonderer dienstlicher Gründe für eine Übernahme in ein Beamtenverhältnis auch erwerben, wer nach Erwerb der Bildungsvoraussetzungen

1. eine laufbahnqualifizierende Zusatzausbildung gemäß § 5 erfolgreich absolviert hat oder
2. eine mindestens vierjährige Berufstätigkeit gemäß § 6 nachweist.

§ 5 Laufbahnqualifizierende Zusatzausbildung

(1) Die laufbahnqualifizierende Zusatzausbildung gemäß § 16 Absatz 1 Nummer 2 Buchstabe a LBG erfolgt als modulares, verwaltungsinternes Trainee-Programm in einem Beschäftigtenverhältnis im öffentlichen Dienst. Das Trainee-Programm vermittelt zusätzliche, über die Vorbildung hinausgehende Kenntnisse und Fähigkeiten, die zur selbständigen Wahrnehmung der Aufgaben der jeweiligen Laufbahn befähigen. Die Trainees sollen während des Trainee-Programms ihre jeweiligen fachlichen Kompetenzen ausbauen. Sie sollen nach Abschluss des Trainee-Programms die Grundlagen des Verwaltungshandelns, Einflüsse auf das Verwaltungshandeln und die Rahmenbedingungen des Verwaltungshandelns kennengelernt und ihre eigene Rolle im System Verwaltung reflektiert haben. Besonders zu fördern sind fachübergreifendes Arbeiten, das Verständnis für ökologische, rechtliche, politische und wirtschaftliche Zusammenhänge sowie Kommunikations- und Methodenkompetenz.

(2) Das Trainee-Programm ist für die Laufbahn des gehobenen bautechnischen Dienstes der Fachrichtung Städtebau und Raumordnung grundsätzlich auf einen Zeitraum von 18 Monaten und für die Laufbahn des höheren bautechnischen Dienstes der Fachrichtung Städtebau und Raumordnung grundsätzlich auf einen Zeitraum von 24 Monaten ausgelegt.

§ 6 Laufbahnqualifizierende Berufstätigkeit

(1) Die laufbahnqualifizierende Berufstätigkeit gemäß § 16 Absatz 1 Nummer 2 Buchstabe b LBG muss

1. nach Erwerb der jeweiligen Bildungsvoraussetzungen geleistet worden sein,
2. nach Art, Bedeutung und Schwierigkeit den Anforderungen der jeweiligen Laufbahn vergleichbar sein und
3. im Hinblick auf die Aufgaben der jeweils angestrebten Laufbahn die Fähigkeit zu fachlich selbständiger Berufsausübung vermitteln.

Ein Jahr der Tätigkeit soll auf eine Beschäftigung im öffentlichen Dienst entfallen.

(2) Die laufbahnqualifizierende Berufstätigkeit hat die für die jeweilige Laufbahn erforderlichen fachlichen und rechtlichen Kenntnisse sowie soziale und methodische Kompetenzen zu umfassen. Die Wahrnehmung von Aufgaben der jeweiligen Laufbahn setzt dabei insbesondere auch erworbene Kenntnisse auf folgenden Gebieten voraus:

1. im gehobenen bautechnischen Dienst der Fachrichtung Städtebau und Raumordnung
   a) Grundzüge des Verfassungs-, Europa- und Verwaltungsrechts,
   b) Haushalts-, Vergabe- und Zuwendungsrecht sowie
   c) Kommunikation und Präsentation,
2. im höheren bautechnischen Dienst der Fachrichtung Städtebau und Raumordnung
   a) Verfassungs-, Europa- und Verwaltungsrecht,
   b) Verwaltungsmanagement, Haushaltsrecht, Recht des öffentlichen Dienstes,
   c) soziale Kompetenzen und
   d) Führungskompetenzen.

§ 7 Aufstieg in den höheren bautechnischen Dienst der Fachrichtung Städtebau und Raumordnung

Abweichend von § 22 Absatz 1 Nummer 1 LBG können Beamtinnen und Beamte des gehobenen bautechnischen Dienstes der Fachrichtung Städtebau und Raumordnung, die die Bildungsvoraussetzungen für den höheren bautechnischen Dienst der Fachrichtung Städtebau und Raumordnung erworben haben, in diese Laufbahn aufsteigen, wenn sie sich mindestens im ersten Beförderungsamt der Laufbahn befinden.

Verordnung des Innenministeriums über die Ausbildung und Prüfung für den mittleren Verwaltungsdienst (Ausbildungs- und Prüfungsordnung für den mittleren Verwaltungsdienst – APrOVw mD)

Vom 3. September 2013 (GBl. S. 278)

Zuletzt geändert durch
Gesetz über die Anpassung von Dienst- und Versorgungsbezügen in Baden-Württemberg 2022 und zur Änderung dienstrechtlicher Vorschriften
vom 15. November 2022 (GBl. S. 540)

Auf Grund von § 16 Absatz 2 Satz 1 und 3 des Landesbeamtengesetzes (LBG) vom 9. November 2010 (GBl. S. 793, 794), geändert durch Artikel 34 der Verordnung vom 25. Januar 2012 (GBl. S. 65, 69), wird im Benehmen mit dem Finanz- und Wirtschaftsministerium verordnet:

ABSCHNITT 1
Allgemeine Vorschriften

§ 1 Geltungsbereich

Diese Verordnung regelt die Ausbildung und Prüfung für den mittleren Verwaltungsdienst beim Land, bei den Gemeinden, den Gemeindeverbänden und den sonstigen der Aufsicht des Landes unterstehenden Körperschaften, Anstalten und Stiftungen des öffentlichen Rechts.

§ 2 Ziel der Ausbildung

(1) Ziel der Ausbildung ist es, Beamtinnen und Beamte heranzubilden, die geeignet sind, Aufgaben des mittleren Verwaltungsdienstes wahrzunehmen, insbesondere wiederkehrende Verwaltungsaufgaben weitgehend selbständig und verantwortlich zu erledigen sowie bei schwierigen Aufgaben organisatorischer, wirtschaftlicher und planender Art mitzuwirken. Die Beamtinnen und Beamten sollen vielseitig verwendbar sein. Zu fördern sind auch die staatsbürgerliche Bildung und das Verständnis für verwaltungs-, wirtschafts- und gesellschaftspolitische Fragen; letzteres umfasst unter anderem auch die Vermittlung interkultureller Kompetenz.

(2) Die notwendigen theoretischen und praktischen Kenntnisse werden in einem Vorbereitungsdienst vermittelt.

ABSCHNITT 2
Öffentlich-rechtliches Ausbildungsverhältnis

§ 3 Einstellungsvoraussetzungen

Mit Bewerberinnen und Bewerbern, die die Voraussetzungen nach § 9 Nummer 2 Buchstabe a und b nicht erfüllen, jedoch einen Hauptschulabschluss nachweisen, kann ein öffentlich-rechtliches Ausbildungsverhältnis begründet werden, wenn sie

1. die persönlichen Voraussetzungen für die Berufung in das Beamtenverhältnis erfüllen und
2. nach ärztlichem Zeugnis über die erforderliche körperliche Eignung oder als schwerbehinderter Mensch über ein Mindestmaß an gesundheitlicher Eignung für die Aufgaben des mittleren Verwaltungsdienstes verfügen.

§ 4 Ausbildungsstellen, Ausbildungsbehörden

Die Vorschriften über die Ausbildungsbehörden und Ausbildungsstellen in § 8 gelten entsprechend.

§ 5 Rechtsstellung

(1) Die Ausbildungsbehörde begründet mit der ausgewählten Bewerberin oder dem ausgewählten Bewerber ein öffentlich-rechtliches Ausbildungsverhältnis.

(2) Das öffentlich-rechtliche Ausbildungsverhältnis endet

1. mit der Berufung in das Beamtenverhältnis auf Widerruf;
2. durch Entlassung. Entlassen wird, wer im Jahreszeugnis der Berufsschule nicht mindestens die Durchschnittsnote 4,00 erreicht.

(3) § 11 Absatz 5 und 12 gelten entsprechend.

§ 6 Dauer und Gliederung

(1) Das öffentlich-rechtliche Ausbildungsverhältnis dauert ein Jahr.

(2) Die Teilnahme an einem allgemeinbildenden und fachbezogenen Unterricht und das Ableisten einer Einführungspraxis ist verpflichtend. Der Unterricht schließt mit einem Jahreszeugnis ab.

§ 7 Übernahme in den Vorbereitungsdienst

Wer im Jahreszeugnis der Berufsschule mindestens die Durchschnittsnote 4,00 erreicht hat, wird von der Ausbildungsbehörde unter Berufung in das Beamtenverhältnis auf Widerruf in den Vorbereitungsdienst übernommen.

ABSCHNITT 3
Vorbereitungsdienst

Unterabschnitt 1
Allgemeine Vorschriften

§ 8 Ausbildungsstellen, Ausbildungsbehörden

(1) Ausbildungsstellen sind

1. die Behörden des Landes, die Gemeinden, die Gemeindeverbände und die sonstigen der Aufsicht des Landes unterstehenden Körperschaften, Anstalten und Stiftungen des öffentlichen Rechts, bei denen im Hinblick auf ihr Aufgabengebiet eine ordnungsgemäße Ausbildung gewährleistet ist und bei denen mindestens eine Beamtin oder ein Beamter mit der Befähigung für die Laufbahn des höheren, des gehobenen oder des mittleren Verwaltungsdienstes beschäftigt ist;
2. die Berufsschulen und die Verwaltungsschulen.

(2) Ausbildungsbehörden sind die in Absatz 1 Nummer 1 genannten Ausbildungsstellen, soweit sie das Recht zur Ernennung von Beamtinnen und Beamten des mittleren Dienstes haben.

§ 9 Einstellungsvoraussetzungen

In den Vorbereitungsdienst kann eingestellt werden, wer

1. die persönlichen Voraussetzungen für die Berufung in das Beamtenverhältnis erfüllt;
2. a) mindestens den Realschulabschluss oder
   b) den Hauptschulabschluss und eine förderliche abgeschlossene Berufsausbildung nachweist oder
   c) die Voraussetzungen des § 7 erfüllt oder einen als gleichwertig anerkannten Bildungsstand besitzt;
3. nach ärztlichem Zeugnis über die erforderliche körperliche Eignung oder als schwerbehinderter Mensch über ein Mindestmaß an gesundheitlicher Eignung für die Aufgaben des mittleren Verwaltungsdienstes verfügt. Bei der Übernahme aus einem öffentlich-rechtlichen Ausbildungsverhältnis (Abschnitt 2) ist ein erneutes ärztliches Zeugnis nicht erforderlich, wenn die körperliche Eignung weiterhin gegeben ist.

§ 10 Beamtenverhältnis

(1) Die Ausbildungsbehörde beruft die von ihr zum Vorbereitungsdienst zugelassenen Bewerberinnen und Bewerber in das Beamtenverhältnis auf Widerruf. Sie führen die Dienstbezeichnung „Hauptsekretäranwärterin" oder „Hauptsekretäranwärter" mit einem auf den Dienstherrn hinweisenden Zusatz.

(2) Das Beamtenverhältnis auf Widerruf endet mit Ablauf des Tages, an dem der Anwärterin oder dem Anwärter eröffnet wird, dass sie oder er die Staatsprüfung für den mittleren Verwaltungsdienst bestanden oder endgültig nicht bestanden hat.

(3) Die Entlassung aus dem Beamtenverhältnis auf Widerruf soll erfolgen, wenn

1. die Anwärterin oder der Anwärter in der Ausbildung nicht hinreichend fortschreitet oder

2. die Anwärterin oder der Anwärter ohne zwingenden Grund nicht an der Staatsprüfung teilnimmt oder
3. sonst ein wichtiger Grund vorliegt.

§ 11 Dauer und Gliederung des Vorbereitungsdienstes

(1) Der Vorbereitungsdienst dauert zwei Jahre und gilt als bis zum Abschluss der auf die Beendigung des Vorbereitungsdienstes folgenden Staatsprüfung verlängert.

(2) Der Vorbereitungsdienst gliedert sich wie folgt:

1. praktische Ausbildung 13 Monate, davon sollen in der Regel abgeleistet werden auf dem Gebiet
   a) der Behördenorganisation (Geschäftsbetrieb, Registratur) und des öffentlichen Dienstrechts (Beamtenrecht, Besoldung, Versorgung, Tarifrecht, Personalvertretungsrecht) 4 Monate,
   b) des Haushalts-, Kassen- und Rechnungswesens sowie des Finanz- und Abgabenrechts 3 Monate,
   c) der öffentlichen Sicherheit und Ordnung 3 Monate,
   d) der Sozial- und Jugendhilfe oder der sozialen Angelegenheiten 3 Monate,
2. theoretische Ausbildung davon 11 Monate,
   a) an der Berufsschule 5 Monate,
   b) an der Verwaltungsschule 6 Monate.

(3) Die Ausbildungsbehörde hat dafür zu sorgen, dass die Anwärterinnen und Anwärter im Rahmen der praktischen Ausbildung auf den in Absatz 2 genannten Gebieten beschäftigt werden. Soweit dies bei einzelnen Ausbildungsstellen nicht möglich ist, hat sie die Anwärterinnen und Anwärter zu Ausbildungsstellen zuzuweisen, die über diese Ausbildungsmöglichkeit verfügen.

(4) Die Ausbildungsbehörde kann im Einvernehmen mit der Prüfungsbehörde auf Antrag der Anwärterin oder des Anwärters für die Ausbildung förderliche Zeiten einer beruflichen Tätigkeit oder Ausbildung bis zu der ein Jahr übersteigenden Zeit des Vorbereitungsdienstes auf die Ausbildung nach Absatz 2 Nummer 1 und 2 Buchstabe a anrechnen. Die Anwärterin oder der Anwärter hat in jedem Fall die Verwaltungsschule nach § 17 Absatz 1 zu besuchen.

(5) Die während der praktischen Ausbildung versäumte Zeit muss nachgeholt werden, soweit sie drei Monate im Ausbildungsjahr übersteigt. Der Vorbereitungsdienst verlängert sich entsprechend. Die Ausbildungsbehörde kann Ausnahmen zulassen.

§ 12 Urlaub

(1) Während des Besuchs der Berufsschule und der Verwaltungsschule soll kein Erholungsurlaub erteilt werden.

(2) Die Ausbildungsbehörde kann im Einvernehmen mit der Prüfungsbehörde Urlaub aus sonstigen Gründen nach § 31 der Arbeitszeit- und Urlaubsverordnung bis zu drei Monaten auf den Vorbereitungsdienst anrechnen, wenn dieser der praktischen Ausbildung förderlich ist. Bei einem Urlaub nach § 30 der Arbeitszeit- und Urlaubsverordnung ist § 11 Absatz 5 entsprechend anzuwenden.

**Unterabschnitt 2
Praktische Ausbildung**

§ 13 Ausbildungsleitung, Ausbildungsplan

(1) Die Ausbildungsleitung ist der Leitung der Ausbildungsstelle nach § 8 Absatz 1 Nummer 1 übertragen, wenn diese Person die Befähigung für die Laufbahn des höheren, des gehobenen oder des mittleren Verwaltungsdienstes besitzt. Sie kann eine andere Person mit einer dieser Befähigungen mit der Ausbildungsleitung beauftragen.

(2) Die praktische Ausbildung erfolgt auf Grund eines Ausbildungsplans, den die Ausbildungsleitung nach den Vorgaben des § 11 Absatz 2 erstellt.

§ 14 Beurteilungen und Zeugnisse

(1) Jede Ausbildungsstelle nach § 8 Absatz 1 Nummer 1 hat unverzüglich nach Beendigung der dort abgeleisteten praktischen Ausbildung eine Beurteilung über Art und Dauer der Beschäftigung, die Leistungen und das dienstliche Verhalten der Anwärterin oder des Anwärters abzugeben. Die Leistungen sind mit einer Note nach § 24 zu bewerten.

(2) Die Ausbildungsbehörde erteilt den Anwärterinnen und Anwärtern nach Beendigung des Vorbereitungsdienstes oder bei Entlassung auf Antrag ein Zeugnis über Art und Dauer der Ausbildung und auf Wunsch auch über ihre Leistungen.

Unterabschnitt 3
Theoretische Ausbildung

§ 15 Gliederung

Die theoretische Ausbildung umfasst den dienstzeitbegleitenden Unterricht an der Berufsschule (§ 16) und den Besuch der Verwaltungsschule (§ 17 Absatz 1).

§ 16 Dienstzeitbegleitender Unterricht

Die Anwärterinnen und Anwärter besuchen im ersten Jahr des Vorbereitungsdienstes an der Berufsschule den Unterricht des Berufsfeldes „Wirtschaft und Verwaltung, Berufsgruppe – Öffentliche Verwaltung –".

§ 17 Verwaltungsschule

(1) Die Anwärterinnen und Anwärter besuchen im zweiten Jahr des Vorbereitungsdienstes sechs Monate die Verwaltungsschule. Die Berufsschulpflicht ruht während dieser Zeit gemäß § 80 Nummer 4 des Schulgesetzes für Baden-Württemberg.

(2) Das Innenministerium bestimmt, bei kommunalen Schulen im Einvernehmen mit den kommunalen Landesverbänden und den kommunalen Schulträgern, welche Verwaltungsschulen eingerichtet werden.

(3) Inhalt und Gliederung des Unterrichts werden vom Innenministerium im Zusammenwirken mit den kommunalen Landesverbänden und den Spitzenorganisationen der beteiligten Gewerkschaften und Berufsverbände in einem Lehrplan festgelegt.

(4) Die Ausbildungsbehörden melden die Anwärterinnen und Anwärter mit dem Beginn des Vorbereitungsdienstes an der nach Absatz 6 zuständigen Verwaltungsschule an.

(5) Zum Besuch der Verwaltungsschule wird aufgenommen, wer

1. seinen bisherigen Vorbereitungsdienst ordnungsgemäß abgeleistet hat und
2. im Jahreszeugnis der Berufsschule mindestens die Durchschnittsnote 4,00 erreicht hat; dies gilt nicht für Personen, die nicht berufsschulpflichtig sind.

Liegen die Voraussetzungen nach Satz 1 nicht vor, wird dies von der Prüfungsbehörde festgestellt und der Anwärterin oder dem Anwärter bekannt gegeben. In den Fällen des Satzes 2 bestimmt die Ausbildungsbehörde im Benehmen mit der Berufsschule, ob und welcher weitere Vorbereitungsdienst zu leisten ist. Die Ausbildungsbehörde kann den Vorbereitungsdienst um bis zu einem Jahr verlängern.

(6) Die Anwärterinnen und Anwärter besuchen regelmäßig eine Verwaltungsschule in dem Regierungsbezirk, in dem sich ihre Ausbildungsbehörde befindet. Anwärterinnen und Anwärter aus dem Regierungsbezirk Freiburg besuchen grundsätzlich die Verwaltungsschule im Regierungsbezirk Karlsruhe. Ausnahmen können die Verwaltungsschulen im gegenseitigen Einvernehmen zulassen.

§ 18 Klausurarbeiten

(1) Im vierten Monat des Besuchs der Verwaltungsschule ist aus jedem der folgenden Fachgebiete eine Prüfungsaufgabe schriftlich zu bearbeiten:

1. Allgemeines Verwaltungsrecht/Recht der Ordnungswidrigkeiten,
2. Staatsrecht,
3. Kommunales Wirtschaftsrecht/Verwaltungsbetriebswirtschaftslehre,
4. Öffentliches Dienstrecht.

Die Bearbeitungszeit beträgt jeweils 90 Minuten. Die Klausurarbeiten sind mit einer Punktzahl nach § 24 zu bewerten. § 20 Absatz 2, § 23 Absatz 1 Satz 3 bis 5 und Absatz 2, § 25 Absatz 3 sowie die §§ 30 und 31 gelten entsprechend.

(2) Während des Lehrgangs an der Verwaltungsschule haben die Anwärterinnen und Anwärter bis zu sechs Übungsarbeiten in den Fächern zu fertigen, die von der Leitung der Verwaltungsschule bestimmt werden.

ABSCHNITT 4
Staatsprüfung für den mittleren Verwaltungsdienst

§ 19 Prüfungsbehörde
Prüfungsbehörde ist das Regierungspräsidium Karlsruhe.

§ 20 Zeitpunkt und Ort der Prüfung
(1) Die Prüfung wird in der Regel einmal im Jahr durchgeführt. Die Prüfungsbehörde bestimmt im Benehmen mit den Verwaltungsschulen den Zeitpunkt und den Ort der Prüfung.

(2) Bei genehmigtem Fernbleiben oder genehmigtem Rücktritt bestimmt die Prüfungsbehörde, zu welchem Zeitpunkt die versäumten Arbeiten nachzuholen sind.

§ 21 Zulassung
(1) Zur Prüfung wird zugelassen, wer den Vorbereitungsdienst an der Verwaltungsschule ordnungsgemäß abgeleistet hat. Zur ordnungsgemäßen Ableistung gehört insbesondere der regelmäßige Besuch der Verwaltungsschule. Die Verwaltungsschule setzt sich umgehend mit der Prüfungsbehörde in Verbindung, wenn sich abzeichnet, dass er im Einzelfall nicht gewährleistet ist.

(2) Die Anwärterinnen und Anwärter haben eine Erklärung abzugeben, ob sie sich schon einmal zur Prüfung gemeldet haben, gegebenenfalls wo und mit welchem Ergebnis.

(3) Über die Zulassung entscheidet die Prüfungsbehörde.

§ 22 Prüfungsausschuss
(1) Der Prüfungsausschuss ist für die Durchführung der Prüfungen zuständig. Seine Mitglieder sind bei ihrer Prüfungstätigkeit unabhängig und nicht an Weisungen gebunden.

(2) Die Prüfungsbehörde bildet für die Prüfung an jeder Verwaltungsschule einen Prüfungsausschuss. Den Prüfungsausschüssen gehören an:

1. eine beauftragte Person der Prüfungsbehörde als Vorsitzende,
2. die Leitung der jeweiligen Verwaltungsschule und
3. mindestens zwei Lehrkräfte der jeweiligen Verwaltungsschule.

Die Mitglieder des Prüfungsausschusses müssen die Befähigung für eine Laufbahn des höheren, des gehobenen oder des mittleren nichttechnischen Dienstes besitzen oder Lehrkräfte an öffentlichen Schulen sein. Sie werden von der Prüfungsbehörde berufen.

(3) Der Prüfungsausschuss bestimmt die prüfenden Personen für die einzelnen Prüfungsfächer. Absatz 1 Satz 2 und Absatz 2 Satz 3 gelten entsprechend.

(4) Der Prüfungsausschuss ist beschlussfähig, wenn mehr als die Hälfte der Mitglieder, darunter die vorsitzende Person oder deren Stellvertretung, anwesend sind. Beschlüsse des Prüfungsausschusses werden mit Stimmenmehrheit gefasst. Bei Stimmengleichheit entscheidet die Stimme der vorsitzenden Person.

(5) Der Prüfungsausschuss kann Prüfungsgruppen bilden, die aus einer vorsitzenden Person und mindestens zwei weiteren Mitgliedern bestehen, und sie mit der Abnahme der mündlichen Prüfung in einem Prüfungsfach oder in mehreren Prüfungsfächern beauftragen. Absatz 4 Satz 2 und 3 gilt entsprechend.

§ 23 Schriftliche Prüfung
(1) In der schriftlichen Prüfung ist aus jedem der folgenden Fachgebiete je eine Aufgabe zu bearbeiten:

1. Kommunalrecht,
2. Kommunales Wirtschaftsrecht,
3. Abgabenrecht,
4. Allgemeines und Besonderes Verwaltungsrecht/Verwaltungslehre,
5. Sozial- und Jugendhilfe/Sozialversicherung und
6. Bürgerliches Recht.

Die Bearbeitungszeit beträgt für jede Aufgabe 120 Minuten. Bei Behinderungen, die die Schreibfähigkeit beeinträchtigen, kann die Prüfungsbehörde auf Antrag die Bearbeitungszeit angemessen verlängern, Ruhepausen gewähren, die nicht auf die Bearbeitungszeit angerechnet werden, oder persönliche oder sächliche Hilfsmittel zulassen. Die Beeinträchtigung ist darzulegen und durch ärztliches Zeugnis nachzuweisen. Die Anwärterinnen und Anwärter sind durch die Prüfungsbehörde in geeigneter Weise rechtzeitig auf die Möglichkeit einer Antragstellung nach Satz 3 hinzuweisen.

(2) Die Prüfungsbehörde entscheidet auf Vorschlag der Prüfungsausschüsse über die Aufgabenstellung der schriftlichen Prüfung und bestimmt die Gesetzestexte und sonstigen Hilfsmittel, die die zu prüfenden Personen benutzen dürfen.

(3) Die Anwärterinnen oder Anwärter versehen ihre Arbeiten anstelle des Namens mit einer für sämtliche Arbeiten gleichen Kennziffer. Die Kennziffern werden vor Beginn der schriftlichen Prüfung verlost. Den Mitgliedern des Prüfungsausschusses und den prüfenden Personen darf die Zuordnung der Kennziffern nicht vor der endgültigen Bewertung der schriftlichen Arbeiten bekannt gegeben werden.

§ 24 Prüfungsnoten

Die einzelnen Prüfungsleistungen sind wie folgt zu bewerten:

Note 1 (sehr gut) (13 bis 15 Punkte) = eine Leistung, die den Anforderungen in besonderem Maße entspricht;

Note 2 (gut) (10 bis 12 Punkte) = eine Leistung, die den Anforderungen voll entspricht;

Note 3 (befriedigend) (7 bis 9 Punkte) = eine Leistung, die im Allgemeinen den Anforderungen entspricht;

Note 4 (ausreichend) (4 bis 6 Punkte) = eine Leistung, die zwar Mängel aufweist, aber im Ganzen den Anforderungen noch entspricht;

Note 5 (mangelhaft) (1 bis 3 Punkte) = eine Leistung, die den Anforderungen nicht entspricht, jedoch erkennen lässt, dass die notwendigen Grundkenntnisse vorhanden sind;

Note 6 (ungenügend) (0 Punkte) = eine Leistung, die den Anforderungen nicht entspricht und bei der die notwendigen Grundkenntnisse fehlen.

§ 25 Bewertung der Prüfungsarbeiten

(1) Die schriftlichen Prüfungsarbeiten werden von zwei prüfenden Personen begutachtet und unabhängig voneinander mit einer vollen Punktzahl nach § 24 bewertet.

(2) Weichen die Bewertungen einer Arbeit um nicht mehr als drei Punkte voneinander ab, so gilt der Durchschnitt als Bewertung. Bei größeren Abweichungen sind die begutachtenden Personen gehalten, ihre Bewertung bis auf drei Punkte anzugleichen. Gelingt dies nicht, setzt die dem Prüfungsausschuss vorsitzende Person oder eine von ihr bestimmte dritte fachkundige Person die Bewertung mit einer von den begutachtenden Personen erteilten Punktzahl oder einer dazwischen liegenden vollen Punktzahl fest.

(3) Gibt die Anwärterin oder der Anwärter eine Arbeit nicht oder nicht rechtzeitig ab, so wird diese Prüfungsaufgabe mit 0 Punkten bewertet.

§ 26 Praktisch-mündliche Prüfung

(1) Zur praktisch-mündlichen Prüfung ist zugelassen, wer in wenigstens drei Fachgebieten der schriftlichen Prüfung (§ 23) jeweils mindestens 4 Punkte erzielt hat; andernfalls ist die Person von der praktisch-mündlichen Prüfung ausgeschlossen und hat die Prüfung nicht bestanden.

(2) Das Ergebnis der schriftlichen Prüfung wird der zu prüfenden Person von der Prüfungsbehörde vor Beginn der praktisch-mündlichen Prüfung mitgeteilt.

(3) Die praktisch-mündliche Prüfung ist in der Regel als Einzelprüfung ausgestaltet. Die Prüfungsdauer beträgt maximal 45 Minuten. Die Prüfung gliedert sich in die drei Abschnitte:

1. Vorbereitung,
2. Aktenvortrag oder Fallbearbeitung und
3. Prüfungsgespräch.

Zu Beginn der Prüfung erhalten die zu prüfenden Personen aus einem der fünf folgenden Fachgebiete einen praktischen Fall, den sie zunächst unter Aufsicht vorzubereiten haben:

1. Kommunalrecht,
2. Allgemeines Polizeirecht,
3. Sozial- und Jugendhilfe,
4. Besonderes Verwaltungsrecht und
5. Kommunales Wirtschaftsrecht.

Die Prüfungsbehörde soll die Prüfung auf drei Fachgebiete beschränken. Der praktische Fall ist Ausgangspunkt für das folgende Prüfungsgespräch. Hierbei soll die zu prüfende Person zeigen, dass sie Sachverhalte erfassen, Lösungen entwickeln und bürgerorientiert darstellen sowie in berufstypischen Situationen kommunizieren und kooperieren kann. Bei einer zu prüfenden Person, die aufgrund einer Behinderung in ihren kommunikativen Fähigkeiten eingeschränkt ist, muss die barrierefreie Gestaltung der praktisch-mündlichen Prüfung gewährleistet sein; soweit erforderlich, hat sie das Recht, geeignete Kommunikationshilfen einzusetzen. Aus behinderungsbedingten Gründen kann die Prüfung unterbrochen und von der maximalen Prüfungszeit abgewichen werden. Die Beeinträchtigung ist darzulegen und durch amtsärztliches Zeugnis nachzuweisen. § 23 Absatz 1 Satz 5 findet entsprechende Anwendung.

(4) Die Leistung wird mit einer vollen Punktzahl nach § 24 bewertet. Die Bewertung erfolgt durch den Prüfungsausschuss oder die von ihm beauftragte Prüfungsgruppe.

§ 27 Feststellung des Ergebnisses

(1) Aus den Einzelleistungen in den Klausurarbeiten nach § 18 Absatz 1, in der schriftlichen Prüfung und in der praktisch-mündlichen Prüfung ist jeweils die Durchschnittspunktzahl bis auf zwei Dezimalstellen zu ermitteln. Die Durchschnittspunktzahl der Klausurarbeiten ist mit sechs, die der schriftlichen Prüfung mit elf und diejenige der praktisch-mündlichen Prüfung mit drei zu multiplizieren. Die errechneten Werte werden zusammengezählt. Die Summe wird durch 20 geteilt und auf zwei Dezimalen errechnet, die weiteren Dezimalstellen werden gestrichen (Gesamtdurchschnittspunktzahl).

(2) Die Prüfung hat bestanden, wer mindestens die Gesamtdurchschnittspunktzahl 4,00 erreicht hat.

(3) Bei bestandener Prüfung ist die Gesamtdurchschnittspunktzahl bei mehr als 49 Hundertsteln auf eine volle Punktzahl aufzurunden, im Übrigen abzurunden (Endpunktzahl). Die Endpunktzahl ist entsprechend § 24 einer Note zuzuordnen (Gesamtnote).

(4) Die nach Absatz 3 ermittelte Gesamtnote setzt der Prüfungsausschuss oder die von ihm beauftragte Prüfungsgruppe nach Abschluss der praktisch-mündlichen Prüfung fest und gibt diese der Anwärterin oder dem Anwärter bekannt.

(5) Die Staatsprüfung ist zugleich Laufbahnprüfung im Sinne von § 16 Absatz 1 Nummer 1 LBG.

§ 28 Prüfungszeugnis

Wer die Prüfung bestanden hat, erhält von der Prüfungsbehörde ein Zeugnis, das die Gesamtnote und Punktzahl ausweist. Sind die Prüfungsleistungen mit der Gesamtnote 4 (ausreichend) bewertet worden, so wird in dem Zeugnis nur angegeben, dass die Prüfung bestanden ist.

§ 29 Berufsbezeichnung

Die bestandene Prüfung berechtigt, die Berufsbezeichnung „Verwaltungswirt" oder „Verwaltungswirtin" zu führen.

§ 30 Fernbleiben, Rücktritt

(1) Bei Fernbleiben oder bei Rücktritt von der Prüfung ohne Genehmigung der Prüfungsbehörde gilt die Prüfung als nicht bestanden.

(2) Genehmigt die Prüfungsbehörde das Fernbleiben oder den Rücktritt von einer schriftlichen Prüfungsarbeit oder der praktisch-mündlichen Prüfung, so gilt diese schriftliche Prüfungsarbeit oder diese praktisch-mündliche Prüfung als nicht unternommen. Die Genehmigung darf nur erteilt werden, wenn wichtige Gründe vorliegen, insbe-

sondere wenn die Anwärterin oder der Anwärter durch Krankheit an der Ablegung verhindert ist. Die Prüfungsbehörde soll die Vorlage eines ärztlichen Zeugnisses verlangen.

(3) Die Ausbildungsbehörde bestimmt auf Vorschlag der Prüfungsbehörde, ob und welchen weiteren Vorbereitungsdienst die Anwärterin oder der Anwärter zu leisten hat.

(4) Wer sich in Kenntnis einer gesundheitlichen Beeinträchtigung oder eines anderen Rücktrittsgrundes einer schriftlichen Prüfungsarbeit oder der praktisch-mündlichen Prüfung unterzogen hat, kann wegen dieses Grundes nicht nachträglich zurücktreten. Der Kenntnis steht die fahrlässige Unkenntnis gleich; fahrlässige Unkenntnis liegt insbesondere dann vor, wenn nicht unverzüglich eine Klärung herbeigeführt wurde.

(5) Wer durch Krankheit oder einen anderen wichtigen Grund vorübergehend verhindert ist, an der praktisch-mündlichen Prüfung teilzunehmen, verbleibt bis zum Wegfall des Hinderungsgrundes, längstens jedoch bis zum Ende der nächsten Prüfung, in der Prüfung. Absatz 3 gilt entsprechend.

§ 31 Täuschungsversuch, ordnungswidriges Verhalten

(1) Wer es unternimmt, das Ergebnis einer schriftlichen Prüfungsarbeit durch Täuschung oder durch Benutzung nicht zugelassener Hilfsmittel zu beeinflussen, oder wer sich sonst eines erheblichen Verstoßes gegen die Ordnung schuldig macht, kann durch die Prüfungsbehörde auf Vorschlag des Prüfungsausschusses in dieser Arbeit mit 0 Punkten bewertet oder von der weiteren Teilnahme an der Prüfung ausgeschlossen werden; im letzteren Fall gilt die Prüfung als nicht bestanden.

(2) Stellt sich nachträglich heraus, dass eine der Voraussetzungen des Absatzes 1 vorlag, so kann die Prüfungsbehörde die bestandene Prüfung für nicht bestanden erklären. Diese Erklärung ist ausgeschlossen, wenn seit Beendigung der Prüfung mehr als zwei Jahre vergangen sind.

(3) Die Absätze 1 und 2 gelten für die praktisch-mündliche Prüfung entsprechend.

§ 32 Wiederholung der Prüfung

(1) Wer die Prüfung nicht bestanden hat, kann sie zum nächstmöglichen Zeitpunkt einmal wiederholen.

(2) Die Ausbildungsbehörde bestimmt unverzüglich nach Feststellung des Prüfungsergebnisses, welchen weiteren Vorbereitungsdienst die Anwärterin oder der Anwärter zu leisten hat.

ABSCHNITT 5
Sonderregelungen

§ 33 Anerkennung von Ausbildungszeiten des gehobenen Verwaltungsdienstes

(1) Anwärterinnen und Anwärter des gehobenen Verwaltungsdienstes, die die Staatsprüfung für den gehobenen Verwaltungsdienst endgültig nicht bestanden haben, werden auf Antrag innerhalb eines Jahres nach Ablegung dieser Prüfung

1. zum Besuch einer Verwaltungsschule und zur Staatsprüfung für den mittleren Verwaltungsdienst zugelassen, wenn sie in mindestens drei Modulprüfungen die Note 4,0 erreicht haben; erfolgte das Grundlagenstudium nach der für Studienanfängerinnen und Studienanfänger vor dem 1. März 2017 geltenden Modulstruktur treten fünf an die Stelle der drei Modulprüfungen;

2. zur Staatsprüfung für den mittleren Verwaltungsdienst ohne vorherigen Besuch einer Verwaltungsschule zugelassen, wenn sie alle Modulprüfungen des Grundlagenstudiums bestanden haben.

§ 17 Absatz 5 und § 21 Absatz 1 finden keine Anwendung. Über den Zulassungsantrag entscheidet die Prüfungsbehörde. Örtlich zuständig ist die Verwaltungsschule, in deren Regierungsbezirk die oder der Betroffene den Wohnsitz hat; § 17 Absatz 6 Satz 2 und 3 ist entsprechend anzuwenden. Der Schulbesuch und die Teilnahme an der Staatsprüfung sind ohne Übernahme in den Vorbereitungsdienst möglich.

(2) Bei zu prüfenden Personen, die keine Verwaltungsschule besucht haben, sind bei der Ermittlung der Gesamtdurchschnittspunktzahl nach § 27 Absatz 2 die Leistungen der schriftlichen Prüfung nach § 23 und der praktisch-mündlichen Prüfung nach § 26 zugrunde zu legen. Dabei ist aus den Einzelleistungen der schriftlichen Prüfung die Durchschnittspunktzahl bis auf zwei Dezimalstellen zu ermitteln. Die Durchschnittspunktzahl ist mit 17 zu multiplizieren. Die in der praktisch-mündlichen Prüfung erreichten Punkte werden mit drei multipliziert. Die Summe wird durch 20 geteilt und auf zwei Dezimalen errechnet, die weiteren Dezimalstellen werden gestrichen.

§ 27 Absatz 2 und 3 und die §§ 28 bis 31 finden Anwendung.

(3) Durch das Bestehen der Staatsprüfung wird die Befähigung für den mittleren Verwaltungsdienst erworben.

(4) Die Staatsprüfung kann nicht wiederholt werden.

§ 34 Inkrafttreten, Außerkrafttreten

Diese Verordnung tritt am 1. Dezember 2013 in Kraft. Gleichzeitig tritt die Ausbildungs- und Prüfungsordnung für den mittleren Verwaltungsdienst vom 8. Dezember 1983 (GBl. S. 836), zuletzt geändert durch Verordnung vom 7. September 2005 (GBl. S. 642), außer Kraft.

Verordnung des Innenministeriums über die Ausbildung und Prüfung für den gehobenen Verwaltungsdienst (Ausbildungs- und Prüfungsordnung für den gehobenen Verwaltungsdienst – APrOVw gD)

Vom 15. April 2014 (GBl. S. 222)

Zuletzt geändert durch
Verordnung des Innenministeriums zur Änderung von Ausbildungs- und Prüfungsordnungen
vom 19. September 2023 (GBl. S. 381)

Es wird verordnet auf Grund von

1. § 16 Absatz 2 Satz 1 und 3 des Landesbeamtengesetzes (LBG) vom 9. November 2010 (GBl. S. 793, 794), geändert durch Artikel 34 der Verordnung vom 25. Januar 2012 (GBl. S. 65, 69), im Benehmen mit dem Finanz- und Wirtschaftsministerium,
2. § 34 Absatz 4 Satz 1 Halbsatz 1 des Landeshochschulgesetzes (LHG) vom 1. April 2014 (GBl. S. 99) im Einvernehmen mit dem Wissenschaftsministerium:

Abschnitt 1
Allgemeine Vorschriften

§ 1 Ausbildungsziel

Ziel der Ausbildung ist es, nach Maßgabe des § 3 Absatz 1 der Laufbahnverordnung-Innenministerium Beamtinnen und Beamte heranzubilden, die nach ihrer Persönlichkeit sowie nach ihren allgemeinen und fachlichen Kenntnissen und Fähigkeiten für den gehobenen Verwaltungsdienst geeignet und vielseitig verwendbar sind. Die Ausbildung soll durch praktische Arbeit und ein anwendungsbezogenes Studium auf wissenschaftlicher Grundlage gründliche Kenntnisse, Fähigkeiten und die Anwendung von Methoden vermitteln, die zur Erfüllung der Aufgaben in der öffentlichen Verwaltung befähigen. Das Verständnis für die politischen, wirtschaftlichen und gesellschaftlichen Zusammenhänge im nationalen, europäischen und internationalen Bereich ist dabei besonders zu fördern; dies umfasst unter anderem auch die Vermittlung interkultureller Kompetenz und Inklusionskompetenz.

§ 2 Gliederung der Ausbildung

Die Ausbildung gliedert sich in

1. ein sechsmonatiges Einführungspraktikum und
2. einen Vorbereitungsdienst in Form eines sechs Semester umfassenden Studiums an der Hochschule für öffentliche Verwaltung Kehl oder an der Hochschule für öffentliche Verwaltung und Finanzen Ludwigsburg (Hochschulen).

§ 3 Ausbildungsstellen

Ausbildungsstellen sind

1. die Bürgermeisterämter und die Gemeindeverbände, sofern mindestens eine Person mit Laufbahnbefähigung für den höheren oder gehobenen Verwaltungsdienst hauptamtlich beschäftigt wird;
2. privatrechtlich organisierte Vereinigungen, Einrichtungen oder Unternehmen, deren Kapital (Grund- oder Stammkapital) sich unmittelbar oder mittelbar ganz oder überwiegend in öffentlicher Hand befindet oder die fortlaufend ganz oder überwiegend aus öffentlichen Mitteln unterhalten werden;
3. für die praktische Ausbildung im Rahmen des Vorbereitungsdienstes auch alle Landesbehörden.

Abschnitt 2
Zulassung

§ 4 Zulassung zur Ausbildung

(1) Für die Vergabe von Ausbildungsplätzen setzt das Innenministerium im Einvernehmen mit dem Wissenschaftsministerium eine Zulassungszahl fest. Die Zulassungszahl bestimmt, wie viele Personen höchstens in den Vorbereitungsdienst eingestellt werden dürfen.

(2) Der Zulassungsantrag ist bei der örtlich zuständigen Hochschule einzureichen. Örtlich zuständig ist

1. die Hochschule für öffentliche Verwaltung und Finanzen Ludwigsburg für Bewerberinnen und Bewerber mit Hauptwohnsitz in den Regierungsbezirken Stuttgart und Tübingen oder
2. die Hochschule für öffentliche Verwaltung Kehl für Bewerberinnen und Bewerber mit Hauptwohnsitz in den Regierungsbezirken Karlsruhe und Freiburg.

Wer keinen Hauptwohnsitz in Baden-Württemberg hat, kann die Zulassung wahlweise bei einer der beiden Hochschulen beantragen. Die Hochschulen können im gegenseitigen Einvernehmen und in Abstimmung mit der Bewerberin oder dem Bewerber Ausnahmen von der örtlichen Zuständigkeit zulassen.

§ 5 Voraussetzungen für die Zulassung

(1) Zur Ausbildung kann zugelassen werden, wer

1. die persönlichen Voraussetzungen für die Berufung in das Beamtenverhältnis erfüllt;
2. a) die allgemeine Hochschulreife, die fachgebundene Hochschulreife, die Fachhochschulreife oder einen als gleichwertig anerkannten Bildungsstand oder
   b) eine sonstige Qualifikation für ein Studium nach § 58 Absatz 2 LHG nachweist.

(2) Zur Ausbildung kann auch zugelassen werden, wer die Voraussetzungen nach Absatz 1 Nummer 1 und 2 Buchstabe a voraussichtlich zum Zeitpunkt der Einstellung in das Einführungspraktikum erfüllen wird.

§ 6 Antrag auf Zulassung

Dem Zulassungsantrag sind beizufügen:

1. eine Kopie des Schulabschlusszeugnisses, das die Hochschulzugangsberechtigung nachweist, oder, wenn ein solches noch nicht vorliegt, Kopien der letzten zwei Schulzeugnisse, die für das Erlangen des Schulabschlusses, der eine Hochschulzugangsberechtigung vermittelt, maßgebend sein müssen, oder Nachweise über den Besitz einer sonstigen Qualifikation für ein Studium nach § 58 Absatz 2 LHG;
2. Zeugnisse und Nachweise über etwaige Tätigkeiten nach der Schulentlassung, die zu einer Verkürzung der Ausbildung nach § 10 Absatz 1 führen können oder für die Einbeziehung in das Auswahlverfahren maßgebend sind;
3. eine Einverständniserklärung der gesetzlichen Vertreter, falls sich die bewerbende Person nicht volljährig ist;
4. im Falle des § 4 Absatz 2 Satz 3 eine schriftliche oder elektronische Erklärung der Bewerberin oder des Bewerbers, dass die Bewerbung nur an einer der beiden Hochschulen erfolgt ist.

§ 7 Entscheidung über die Zulassung

Die Hochschule entscheidet über die Zulassung; die Auswahl durch die Ausbildungsstelle für die Einstellung in das Einführungspraktikum nach § 13 Satz 1 Nummer 1 bleibt unberührt. Soweit ein Zusammenwirken von Hochschule und Ausbildungsstellen im Auswahlverfahren erforderlich ist, erfolgt dieses einvernehmlich zwischen der Hochschule und den kommunalen Landesverbänden.

§ 8 Verfall der Zulassung

Die Zulassung wird unwirksam, wenn das Einführungspraktikum oder im Falle einer Verkürzung der Ausbildung nach § 10 des Vorbereitungsdienst nicht innerhalb von zwei Monaten nach dem im Zulassungsbescheid bestimmten Zeitpunkt begonnen wird. Die Hochschulen können in begründeten Einzelfällen Ausnahmen von Satz 1 zulassen.

§ 9 Zuweisung zu einer Hochschule, örtliche Zuständigkeit

(1) Anwärterinnen und Anwärter (§ 17 Absatz 2) können während des Vorbereitungsdienstes oder zur Ableistung des gesamten Vorbereitungsdienstes

1. auf Antrag aus wichtigen persönlichen, insbesondere familiären oder sozialen Gründen,
2. auf Antrag zur Ableistung des Vertiefungsstudiums nach § 18 Absatz 2 Nummer 3 oder

3. wenn es auf Grund der Kapazitäten der Hochschulen erforderlich ist,

an die andere Hochschule im Einvernehmen mit dieser zugewiesen werden.

(2) Die Hochschule wird für die ihr zugewiesenen Personen mit Bekanntgabe der Entscheidung örtlich zuständig.

§ 10 Verkürzung der Ausbildung

(1) Die Hochschulen können auf Antrag gestatten, dass unmittelbar mit dem Vorbereitungsdienst begonnen werden kann, wenn eine mindestens sechsmonatige Berufstätigkeit oder berufspraktische Tätigkeit innerhalb einer bereits absolvierten Ausbildung nachgewiesen wird, die für die Ausbildung des gehobenen Verwaltungsdienstes förderlich ist. Eine Verkürzung ist nur zulässig, wenn das Erreichen des Ausbildungsziels nicht gefährdet erscheint.

(2) Bei Verkürzung der Ausbildung tritt an die Stelle des Zeitpunkts der Einstellung in das Einführungspraktikum nach § 5 Absatz 2 der Zeitpunkt der Einstellung in den Vorbereitungsdienst.

§ 11 Eingliederungsberechtigte nach dem Soldatenversorgungsgesetz

Die Vorschriften des Soldatenversorgungsgesetzes und die dazu ergangenen Durchführungsvorschriften bleiben unberührt.

Abschnitt 3
Einführungspraktikum

§ 12 Zweck

Im Einführungspraktikum sollen sich die Auszubildenden mit den Aufgaben und der Arbeitsweise der Verwaltung vertraut machen und dabei allgemeine Kenntnisse und Fähigkeiten erwerben, die für die Arbeit in der Verwaltung erforderlich sind.

§ 13 Einstellungsvoraussetzungen

In das Einführungspraktikum ist von der Ausbildungsstelle einzustellen, wer

1. von der Ausbildungsstelle ausgewählt und von einer Hochschule zugelassen worden ist;

2. die übrigen Voraussetzungen nach § 5 Absatz 1 zum Zeitpunkt der Einstellung erfüllt und

3. nach ärztlichem Zeugnis über die erforderliche gesundheitliche Eignung oder als schwerbehinderter Mensch über das Mindestmaß an gesundheitlicher Eignung verfügt.

Bei der Entscheidung über die Einstellung müssen der Nachweis über die Hochschulzugangsberechtigung und die dem Zulassungsantrag nach § 6 Nummer 2 beizufügenden Unterlagen in beglaubigter Form sowie ein Führungszeugnis zur Vorlage bei einer Behörde nach § 30 Absatz 5 des Bundeszentralregistergesetzes vorliegen, das bei der Entscheidung nicht älter als drei Monate sein soll. Das Führungszeugnis ist von der Bewerberin oder dem Bewerber zur Vorlage bei der Ausbildungsstelle zu beantragen. Die zur Einstellung vorgesehenen Bewerberinnen und Bewerber haben eine schriftliche Erklärung über etwa anhängige strafrechtliche Ermittlungsverfahren oder Strafverfahren sowie über Disziplinarmaßnahmen vorzulegen.

§ 14 Rechtsstellung

(1) Die Ausbildungsstellen begründen mit den zugelassenen Personen für das Einführungspraktikum ein öffentlich-rechtliches Ausbildungsverhältnis als Verwaltungspraktikantin oder Verwaltungspraktikant.

(2) Das öffentlich-rechtliche Ausbildungsverhältnis endet

1. mit der Berufung in das Beamtenverhältnis auf Widerruf oder

2. durch Entlassung.

(3) Die Entlassung aus dem öffentlich-rechtlichen Ausbildungsverhältnis soll erfolgen, wenn ein wichtiger Grund vorliegt, insbesondere wenn kein hinreichendes Fortschreiten der Ausbildung zu erkennen ist.

(4) Die Ausbildungsstellen übermitteln der zuständigen Hochschule die erforderlichen Daten über die Einstellung und gegebenenfalls die Entlassung der Verwaltungspraktikantinnen und Verwaltungspraktikanten.

§ 15 Ablauf und Inhalte des Einführungspraktikums

(1) Das Einführungspraktikum setzt sich aus einem vierwöchigen Einführungslehrgang und einer praktischen Ausbildung bei der Ausbildungsstelle zusammen. Die Ausbildungsinhalte werden von den Hochschulen im Benehmen mit den kommunalen Landesverbänden jeweils durch Satzung festgelegt.

(2) Das Einführungspraktikum beginnt mit dem Einführungslehrgang, der 120 Unterrichtsstunden umfasst und mit einer schriftlichen Prüfung, auf die die §§ 29 bis 31 Absatz 1, §§ 32 und 33 Absatz 1 entsprechende Anwendung finden, abschließt. Der Lehrgang soll bei mehreren zentral gelegenen Ausbildungsstellen durchgeführt werden. Die Hochschulen legen im Einvernehmen mit den für die Durchführung des Lehrgangs vorgesehenen Ausbildungsstellen und im Benehmen mit den kommunalen Landesverbänden die Standorte fest. Die ausgewählten Ausbildungsstellen führen den Einführungslehrgang durch und wählen im Einvernehmen mit den Hochschulen die erforderlichen Lehrbeauftragten aus.

(3) An den Einführungslehrgang schließt sich die praktische Ausbildung bei der Ausbildungsstelle an. Die praktische Ausbildung findet in mindestens zwei von der Ausbildungsstelle ausgewählten Bereichen statt, wobei ein Abschnitt mindestens sechs Wochen dauert. Die Ausbildungsstelle erstellt für jeden ausgewählten Bereich eine Beurteilung; für die Bewertung der Leistungen der Verwaltungspraktikantinnen und Verwaltungspraktikanten findet § 29 entsprechende Anwendung.

§ 16 Ordnungsgemäße Ableistung

(1) Das Einführungspraktikum hat ordnungsgemäß abgeleistet, wer den Einführungslehrgang mit mindestens der Note 4,0 in der schriftlichen Prüfung abgeschlossen und in den Beurteilungen der Ausbildungsstelle einen Notendurchschnitt von mindestens 4,0 erreicht hat.

(2) Die Ausbildungsstellen können das Einführungspraktikum für Verwaltungspraktikantinnen und Verwaltungspraktikanten, die unverschuldet so umfassende Teile des Einführungspraktikums versäumt haben, dass der Zweck des Einführungspraktikums nicht erfüllt ist, mit Einverständnis der Verwaltungspraktikantin oder des Verwaltungspraktikanten um bis zu ein Jahr verlängern oder der betreffenden Person zum nächstfolgenden Termin eine Wiederholung des Einführungspraktikums ermöglichen; einer erneuten Zulassung bedarf es nicht.

(3) Die Ausbildungsstellen übermitteln der zuständigen Hochschule die Beurteilungen sowie die Teilnahmebestätigung über den Einführungslehrgang mit Angabe der in der schriftlichen Prüfung erreichten Note und unterrichten sie über eine Verlängerung oder Wiederholung des Einführungspraktikums.

Abschnitt 4
Vorbereitungsdienst, Studium

§ 17 Einstellungsvoraussetzungen, Entlassung

(1) In den Vorbereitungsdienst kann durch die Hochschule eingestellt werden, wer

1. das Einführungspraktikum ordnungsgemäß abgeleistet hat (§ 16) und die persönlichen Voraussetzungen für die Berufung in das Beamtenverhältnis weiterhin erfüllt oder

2. bei verkürzter Ausbildung von der Hochschule zugelassen wurde und die Voraussetzungen des § 13 Satz 1 Nummer 2 und 3 sowie Satz 2 bis 4 erfüllt oder

3. sich bereits in einem auf den Erwerb der Laufbahnbefähigung für den gehobenen Verwaltungsdienst ausgerichteten Studiengang befindet, sofern der Wechsel geboten ist, die Hochschulen über freie Kapazitäten verfügen und die persönlichen Voraussetzungen für die Berufung in das Beamtenverhältnis erfüllt sind.

(2) Mit der Ernennung durch die Hochschule werden die in den Vorbereitungsdienst eingestellten Personen Beamtinnen und Beamte auf Widerruf. Sie führen die Dienstbezeich-

nung „Regierungsoberinspektoranwärterin" oder „Regierungsoberinspektoranwärter".

(3) Das Beamtenverhältnis auf Widerruf endet spätestens mit Ablauf des Tages, an dem den Anwärterinnen und Anwärtern durch die Hochschule eröffnet wird, dass sie die Staatsprüfung für den gehobenen Verwaltungsdienst (§ 26 Absatz 1) bestanden oder endgültig nicht bestanden haben. § 14 Absatz 3 gilt entsprechend.

§ 18 Regelstudienzeit, Studienaufbau, Ausbildungsinhalte

(1) Der Vorbereitungsdienst besteht aus einem sechs Semester umfassenden Studium, das als Bachelorstudiengang ausgestaltet ist.

(2) Das Studium stellt eine Einheit dar, die aus drei aufeinander folgenden Abschnitten besteht:

1. Grundlagenstudium an einer Hochschule 17 Monate;
2. Praktische Ausbildung bei einer Ausbildungsstelle 14 Monate;
3. Vertiefungsstudium an einer Hochschule 5 Monate.

(3) Das Studium umfasst mindestens die folgenden Studieninhalte:

1. Rechtswissenschaften mit den Schwerpunkten allgemeines und besonderes Verwaltungsrecht, Verfassungsrecht, Europarecht, Grundlagen des Privatrechts;
2. Verwaltungswissenschaften mit den Schwerpunkten Verwaltungslehre, Informations- und Kommunikationstechnologie;
3. Wirtschaftswissenschaften mit den Schwerpunkten Verwaltungsbetriebswirtschaft und öffentliche Finanzwirtschaft und
4. Sozialwissenschaften mit den Schwerpunkten Soziologie, Politologie und Sozialpsychologie.

(4) In der praktischen Ausbildung und im Vertiefungsstudium sollen mindestens die folgenden Vertiefungsschwerpunkte angeboten werden:

1. Organisation, Personal, Informationsverarbeitung;
2. Ordnungsverwaltung;
3. Leistungsverwaltung;
4. Wirtschaft und Finanzen, öffentliche Betriebe und
5. Kommunalpolitik, Führung im öffentlichen Sektor.

Im Vertiefungsstudium ist von den Anwärterinnen und Anwärtern ein Vertiefungsschwerpunkt auszuwählen, welcher im Rahmen der vorhandenen Kapazitäten an den Hochschulen zu berücksichtigen ist.

(5) Das Nähere zu Ausbildungsinhalten und zum Studienablauf wird von den Hochschulen unter Beachtung der Absätze 1 bis 4 sowie der §§ 18a bis 24 jeweils durch Satzung, die der Zustimmung des Innenministeriums bedarf, geregelt.

§ 18a Vorbereitungsdienst in Teilzeit

(1) Anwärterinnen und Anwärtern, die die Voraussetzungen des § 69 Absatz 1a LBG erfüllen, kann auf Antrag während der praktischen Ausbildung Teilzeit im Umfang von 50 Prozent der regelmäßigen Arbeitszeit bewilligt werden, wenn dienstliche Belange der Ausbildungsstellen, bei denen die Teilzeitausbildung abgeleistet werden soll, nicht entgegenstehen. Der Antrag ist mit den erforderlichen Nachweisen grundsätzlich spätestens fünf Monate vor Beginn der praktischen Ausbildung bei der Hochschule einzureichen.

(2) Für den Vorbereitungsdienst in Teilzeit gelten die Vorschriften dieser Verordnung mit folgenden Maßgaben:

1. Abweichend von § 18 Absatz 1 umfasst das Studium acht Semester.
2. Abweichend von § 18 Absatz 2 Nummer 2 dauert die praktische Ausbildung 26 Monate, die ersten 24 Monate davon in Teilzeit.
3. Abweichend von § 22 Absatz 2 Satz 1 gliedert sich die praktische Ausbildung in vier mindestens sechs Monate dauernde Module.

4. Abweichend von § 22 Absatz 3 Satz 2 sollen sechs Monate bei einer § 3 entsprechenden Ausbildungsstelle in einem anderen Bundesland oder einer anderen geeigneten Ausbildungsstelle in der Privatwirtschaft, bei einem Verband oder im Ausland absolviert werden.

5. Abweichend von § 23 Absatz 1 Satz 1 sind die Anwärterinnen und Anwärter im ersten Jahr der praktischen Ausbildung von der Teilnahme an den praxisbegleitenden Arbeitsgemeinschaften freigestellt. Im zweiten Jahr haben sie an den praxisbegleitenden Arbeitsgemeinschaften in Vollzeit teilzunehmen.

6. Abweichend von § 28 Absatz 3 beträgt die Bearbeitungsdauer für die schriftliche Arbeit zwei Monate in Teilzeit und zwei Monate in Vollzeit. Die Freistellung erfolgt in der Vollzeit.

7. Die Wiederholung einer Bachelorarbeit nach § 33 Absatz 3 ist nur im Vorbereitungsdienst in Vollzeit möglich.

§ 19 Verlängerung oder Verkürzung des Vorbereitungsdienstes

(1) Die Hochschulen können den Vorbereitungsdienst für Anwärterinnen und Anwärter, die unverschuldet so umfassende Teile des Studiums versäumt haben, dass das Erreichen des Ausbildungszieles gefährdet ist, mit Einverständnis der Anwärterinnen und Anwärter um bis zu ein Jahr verlängern. In besonderen Härtefällen können die Hochschulen in den Fällen des Satzes 1 mit Einverständnis der Anwärterinnen und Anwärter den Vorbereitungsdienst ausnahmsweise einmalig höchstens um bis zu ein weiteres Jahr verlängern; § 17 Absatz 3 Satz 2 bleibt unberührt. Außer Betracht bleiben Zeiten des Erholungsurlaubs oder eines Sonderurlaubs nach den §§ 26, 29 und 30 der Arbeitszeit- und Urlaubsverordnung (AzUVO) sowie eines bis zu zehntägigen Urlaubs aus sonstigen Gründen nach § 31 AzUVO.

(2) Prüfungsleistungen und Kenntnisse, die von Personen nach § 17 Absatz 1 Nummer 3 während ihres bisherigen Studiengangs erbracht oder erworben wurden, werden von den Hochschulen angemessen anerkannt, wenn sie den Prüfungsleistungen und Kenntnissen, die nach dieser Verordnung vorgeschrieben sind, gleichwertig sind. Der Vorbereitungsdienst nach § 18 Absatz 1 und 2 verkürzt sich entsprechend.

§ 20 Module

(1) Das Studium gliedert sich in thematisch und zeitlich abgeschlossene Studieneinheiten (Module), die sich aus verschiedenen Lehr- und Lernformen zusammensetzen können.

(2) Die Hochschulen haben die Studieninhalte, die als Module zusammengefasst werden, in Beschreibungen darzustellen und in diesen die Anteile, die auf die in § 18 Absatz 3 genannten Studieninhalte entfallen, auszuweisen.

(3) Der erfolgreiche Abschluss der Module setzt den Ererb einer durch Hochschulsatzung festzulegenden Anzahl von Leistungspunkten (§ 21 Absatz 1) und das Bestehen der Modulprüfungen (§ 27) voraus.

§ 21 Leistungspunkte

(1) Für Module, deren Prüfungen bestanden wurden, werden Leistungspunkte (Credit Points) nach dem Europäischen System zur Übertragung und Akkumulierung von Studienleistungen (ECTS) vergeben. Für die Vergabe von Leistungspunkten werden alle mit einer Lehrveranstaltung oder einer Prüfung verbundenen studienbezogenen Tätigkeiten einbezogen. Mit den Leistungspunkten ist keine qualitative Bewertung der Studienleistungen verbunden.

(2) Während des gesamten Studiums sind mindestens 180 Leistungspunkte zu erwerben.

(3) Werden in der praktischen Ausbildung und im Vertiefungsstudium die Schwerpunkte nach § 18 Absatz 4 Satz 1 Nummer 2 oder 3 ausgewählt, müssen insgesamt mindestens 90 Leistungspunkte, bei einer sonstigen Schwerpunktbildung mindestens 60 Leistungspunkte in rechtswissenschaftlichen Studieninhalten erworben werden.

§ 22 Praktische Ausbildung

(1) Die praktische Ausbildung dient dem exemplarischen Lernen. Die Anwärterinnen und Anwärter sollen ihre theoretischen Kenntnisse anwenden, vertiefte praktische Erfahrun-

gen sammeln und auf das Vertiefungsstudium hingeführt werden. Dies muss auch bei Zuweisungen zur Privatwirtschaft und zu Ausbildungsstellen im Ausland gewährleistet sein. Die Hochschulen stellen in Zusammenarbeit mit den Ausbildungsstellen sicher, dass diese Ziele erreicht werden.

(2) Die praktische Ausbildung gliedert sich in vier jeweils mindestens drei Monate dauernde Module, in denen aufeinander folgend in vier Vertiefungsschwerpunkten nach § 18 Absatz 4 Satz 1 ausgebildet wird. Der erfolgreiche Abschluss der praktischen Ausbildung setzt voraus, dass in den Modulprüfungen nach § 27 Absatz 1 und den Beurteilungen nach § 24 Absatz 2 ein Gesamtnotendurchschnitt von mindestens 4,0 erreicht wird. Bei Auslandsstationen nach Absatz 3 ist nur die Prüfungsnote einzubeziehen.

(3) Die praktische Ausbildung findet grundsätzlich bei Ausbildungsstellen nach § 3 statt, wobei mindestens ein Modul der praktischen Ausbildung bei einer Gemeinde bis zu 10 000 Einwohnern absolviert werden soll. Drei Monate sollen bei einer § 3 entsprechenden Ausbildungsstelle in einem anderen Bundesland oder einer anderen geeigneten Ausbildungsstelle in der Privatwirtschaft, bei einem Verband oder im Ausland absolviert werden. Die Zuweisung zu den Ausbildungsstellen erfolgt durch die Hochschulen. Dabei sind schriftlich oder elektronisch geäußerte Wünsche der Anwärterinnen und Anwärter nach Möglichkeit zu berücksichtigen.

(4) Für die Organisation und Durchführung der praktischen Ausbildung sind die Ausbildungsstellen unter der Verantwortung der Hochschulen zuständig.

§ 23 Praxisbegleitende Arbeitsgemeinschaften

(1) Die Anwärterinnen und Anwärter haben während der praktischen Ausbildung an praxisbegleitenden Arbeitsgemeinschaften teilzunehmen. Befinden sich die Anwärterinnen und Anwärter bei einer Ausbildungsstelle in einem anderen Bundesland oder im Ausland, können sie während dieser Zeit von der Teilnahme freigestellt werden.

(2) Die Arbeitsgemeinschaften können an einzelnen Tagen oder an mehreren aufeinander folgenden Tagen durchgeführt werden. Sie sollen auf die ersten drei Module der praktischen Ausbildung möglichst gleichmäßig verteilt werden und jeweils mindestens 30 Unterrichtsstunden umfassen.

(3) Die Durchführung und Ausgestaltung der Arbeitsgemeinschaften liegt in der Verantwortung der Hochschulen.

§ 24 Pflichten der Ausbildungsstellen

(1) Die Ausbildungsstellen übermitteln der zuständigen Hochschule, wann mit der praktischen Ausbildung begonnen wurde. Sollte bei einer Anwärterin oder einem Anwärter die durch Krankheit oder aus sonstigen Gründen versäumte Ausbildungszeit zwei Monate übersteigen, erfolgt ebenfalls unverzüglich eine Datenübermittlung an die Hochschulen.

(2) Die Ausbildungsstellen haben unverzüglich nach Beendigung eines Moduls eine Beurteilung zu erstellen. Diese muss Aussagen beinhalten über die Dauer sowie Unterbrechungen der Ausbildung, konkrete Ausbildungsinhalte, Fähigkeiten, Entwicklungspotenziale und Leistungen der Anwärterin oder des Anwärters sowie das dienstliche Verhalten. § 29 findet Anwendung. Die Beurteilungen sind der zuständigen Hochschule zu übermitteln, den Anwärterinnen und Anwärtern bekannt zu geben und auf Verlangen mit diesen zu besprechen; eine Äußerung der Anwärterin oder des Anwärters ist aktenkundig zu machen.

Abschnitt 5
Prüfungen

§ 25 Prüfungsbehörde

(1) Prüfungsbehörden sind die Hochschulen. Sie treffen in Prüfungsangelegenheiten alle Entscheidungen einschließlich der Entscheidung über eingelegte Rechtsbehelfe.

(2) Die Prüfungen sind jeweils an der Hochschule abzulegen, an der zum Zeitpunkt der Prüfung studiert wird. Eine Wiederholung (§ 33) erfolgt an derselben Hochschule, an der die nicht bestandene Prüfung abgelegt worden ist.

§ 26 Staatsprüfung

(1) Die Staatsprüfung setzt sich aus dem Erwerb der Leistungspunkte nach § 21, den Modulprüfungen nach § 27 und der Bachelorarbeit nach § 28 zusammen. Die Prüfung ist bestanden, wenn insgesamt mindestens 180 Leistungspunkte erzielt und die Modulprüfungen bestanden werden sowie die Bachelorarbeit mit mindestens der Note 4,0 bewertet wird.

(2) Die Staatsprüfung ist zugleich Laufbahnprüfung im Sinne von § 16 Absatz 1 Nummer 1 LBG.

(3) Die Hochschulen regeln unter Beachtung der §§ 25 bis 36 die Einzelheiten über Zeitpunkt, Dauer, Inhalt, Ablauf und Bewertung der Prüfungen jeweils durch Satzung, die der Zustimmung des Innenministeriums bedarf.

§ 27 Modulprüfungen, Teilprüfungen

(1) Jedes Modul muss mit einer Prüfung abgeschlossen werden (Modulprüfung), die modulbegleitend oder modulabschließend ausgestaltet werden kann. Eine Modulprüfung kann aus mehreren Teilprüfungen bestehen.

(2) Als Prüfungsformen kommen schriftliche Klausuren, mündliche Prüfungen, Hausarbeiten, Referate, Präsentationen, Projektarbeiten und Praktikumsberichte in Betracht.

(3) Mindestens drei schriftliche Klausuren mit einer Bearbeitungszeit von jeweils mindestens vier Stunden haben sich mit den in § 18 Absatz 3 genannten Studieninhalten zu befassen. Eine dieser Klausuren muss einen rechtswissenschaftlichen Schwerpunkt und die Form der juristischen Fallbearbeitung aufweisen.

(4) Mindestens ein Modul ist mit einer mündlichen Prüfung in einem der in § 18 Absatz 3 genannten Studieninhalte abzuschließen.

§ 28 Bachelorarbeit

(1) Die Anwärterinnen und Anwärter haben während der praktischen Ausbildung eine Prüfungsarbeit (Bachelorarbeit) zu erstellen, mit der sie ihre Befähigung zur selbständigen Bearbeitung einer Problemstellung aus der Praxis unter Anwendung wissenschaftlicher Methoden aufzeigen sollen. Die Bachelorarbeit besteht aus einer schriftlichen Arbeit und deren mündlicher Verteidigung, die insgesamt mit einer Note nach § 29 zu bewerten ist. Der Anteil der mündlichen Verteidigung an der Note beträgt 25 Prozent.

(2) Das Thema der Bachelorarbeit soll grundsätzlich einen Bezug zur praktischen Ausbildung der Anwärterin oder des Anwärters haben und wird von der Prüfungsbehörde vergeben. Die Themenstellung erfolgt in Abstimmung zwischen der Anwärterin oder dem Anwärter und einer Hochschullehrerin oder einem Hochschullehrer.

(3) Die Bearbeitungsdauer für die schriftliche Arbeit beträgt drei Monate. In den Satzungen nach § 18 Absatz 5 kann vorgesehen werden, dass die Anwärterinnen und Anwärter zur Anfertigung der schriftlichen Arbeit für einen Monat durch die Hochschule vollständig von der praktischen Ausbildung freigestellt werden.

§ 29 Prüfungsbewertung

(1) Die einzelnen Prüfungsleistungen werden nach folgender Notenskala bewertet:

sehr gut (1,0 bis 1,5)	– eine hervorragende Leistung;
gut (1,6 bis 2,5)	– eine Leistung, die erheblich über den durchschnittlichen Anforderungen liegt;
befriedigend (2,6 bis 3,5)	– eine Leistung, die den durchschnittlichen Anforderungen genügt;
ausreichend (3,6 bis 4,0)	– eine Leistung, die trotz ihrer Mängel noch den Anforderungen genügt;
nicht ausreichend (4,1 bis 5,0)	– eine Leistung, die wegen Mängeln den Anforderungen nicht mehr entspricht.

(2) Noten für Prüfungsleistungen sind stets mit einer Dezimalstelle auszuweisen.

(3) Das Bestehen einer Modulprüfung setzt voraus, dass sie mindestens mit der Note 4,0 bewertet wird. Sind in einem Modul mehrere Teilprüfungen zu absolvieren, kann in der Satzung nach § 26 Absatz 3 bestimmt werden, dass im Durchschnitt der Bewertung dieser Teilprüfungen mindestens die Note 4,0 erreicht werden muss. Ferner kann bestimmt werden, dass für das Bestehen eines be-

stimmten Moduls auch einzelne Teilprüfungen mindestens mit der Note 4,0 bewertet sein müssen. Bei der Berechnung des Durchschnitts ist § 34 Absatz 2 entsprechend anzuwenden. Die Sätze 1 und 4 gelten für die Bachelorarbeit entsprechend.

§ 30 Fernbleiben, Rücktritt

(1) Bei Fernbleiben oder bei Rücktritt von einer Prüfung ohne Genehmigung der Prüfungsbehörde wird diese mit der Note 5,0 bewertet.

(2) Genehmigt die Prüfungsbehörde das Fernbleiben oder den Rücktritt, so gilt die Prüfung als nicht unternommen. Wird das Fernbleiben oder der Rücktritt von einzelnen Prüfungen genehmigt, können diese im Wiederholungstermin nachgeholt werden. Die Genehmigung darf nur erteilt werden, wenn wichtige Gründe vorliegen. Fernbleiben und Rücktritt im Fall einer Erkrankung können grundsätzlich nur genehmigt werden, wenn unverzüglich eine ärztliche Untersuchung herbeigeführt und das ärztliche Zeugnis der Prüfungsbehörde vorgelegt wird. Das ärztliche Zeugnis muss Angaben über Art, Grad und Dauer der sich aus den medizinischen Befundtatsachen ergebenden Beeinträchtigung der Leistungsfähigkeit enthalten, soweit diese Angaben für die Beurteilung der Prüfungsfähigkeit erheblich sind. In begründeten Einzelfällen kann die Prüfungsbehörde die Vorlage eines amtsärztlichen Zeugnisses verlangen. Ein begründeter Einzelfall ist insbesondere dann gegeben, wenn ein wiederholtes Fernbleiben oder ein wiederholter Rücktritt vorliegt.

(3) Wer sich in Kenntnis einer gesundheitlichen Beeinträchtigung oder eines anderen Rücktrittsgrundes einer Prüfung oder einer Prüfungsaufgabe unterzogen hat, kann wegen dieses Grundes nicht nachträglich zurücktreten. Der Kenntnis steht die fahrlässige Unkenntnis gleich; fahrlässige Unkenntnis liegt insbesondere dann vor, wenn nicht unverzüglich eine Klärung herbeigeführt wurde.

(4) Die Absätze 1 bis 3 gelten für die Bachelorarbeit entsprechend.

§ 31 Täuschungsversuch, Verstoß gegen die Ordnung

(1) Wer es unternimmt, das Ergebnis seiner Staatsprüfung durch Täuschung oder Benutzung nicht zugelassener Hilfsmittel zu eigenem oder fremdem Vorteil zu beeinflussen, oder wer sich sonst eines erheblichen Verstoßes gegen die Ordnung schuldig macht, kann unter Berücksichtigung der Schwere des Verstoßes durch die Prüfungsbehörde von der Fortsetzung des Studiums ausgeschlossen und aus dem Beamtenverhältnis auf Widerruf entlassen werden. Statt eines Ausschlusses können eine oder mehrere Arbeiten mit der Note 5,0 bewertet oder die Gesamtnote zum Nachteil des Prüflings abgeändert werden. In minderschweren Fällen kann von der Verhängung einer Sanktion abgesehen werden.

(2) Stellt sich nachträglich heraus, dass eine der Voraussetzungen des Absatzes 1 Satz 1 vorlag, kann die Prüfungsbehörde die Prüfungsentscheidung zurücknehmen und die in Absatz 1 genannten Maßnahmen treffen, wenn seit der Beendigung der Staatsprüfung nicht mehr als fünf Jahre vergangen sind. Die Rücknahme ist nur innerhalb einer Frist von sechs Monaten zulässig, nachdem die Prüfungsbehörde von Tatsachen Kenntnis erlangt hat, welche die Rücknahme rechtfertigen. Die Entscheidung ist der betroffenen Person zuzustellen.

§ 32 Nachteilsausgleich

(1) Bei Anwärterinnen und Anwärtern, die in ihrer Schreibfähigkeit oder ihren kommunikativen Fähigkeiten eingeschränkt sind, stellt die Prüfungsbehörde die barrierefreie Gestaltung aller Prüfungen, der Bachelorarbeit sowie deren Verteidigung sicher. Soweit erforderlich, werden geeignete Kommunikationshilfen zugelassen oder weitere Nachteilsausgleiche gewährt. Insbesondere kann die Prüfungsbehörde Bearbeitungszeiten angemessen verlängern, Ruhepausen gewähren, die nicht auf die Bearbeitungszeit angerechnet werden, oder persönliche oder sächliche Hilfsmittel zulassen.

(2) Die Gewährung eines Nachteilsausgleichs ist bei der Prüfungsbehörde zu beantragen. Die Anwärterinnen und Anwärter sind durch die Prüfungsbehörde in geeigneter Weise rechtzeitig auf die Möglichkeit einer Antragstellung hinzuweisen.

(3) Die Beeinträchtigung ist darzulegen und durch ärztliches Zeugnis nachzuweisen. § 30 Absatz 2 Satz 5 und 6 gilt entsprechend.

§ 33 Wiederholung von Prüfungen und der Bachelorarbeit

(1) Wird festgestellt, dass eine Modulprüfung nach § 29 Absatz 3 nicht bestanden ist, kann diese einmal wiederholt werden. In der Satzung nach § 26 Absatz 3 kann festgelegt werden, dass in den Fällen, in denen eine Modulprüfung aus mehreren Teilprüfungen besteht, nur die Teilprüfung einmal wiederholt wird, bei der nicht mindestens die Note 4,0 erreicht wurde.

(2) Wird auch die Wiederholungsprüfung nach Absatz 1 nicht bestanden, können bis zu zwei Modulprüfungen des gesamten Studiums ein weiteres Mal wiederholt werden. In der Satzung nach § 26 Absatz 3 kann festgelegt werden, dass die Modulprüfungen nach Satz 1 ausschließlich als mündliche Prüfungen jeweils mit einer Dauer von mindestens 20 Minuten erfolgen und sich auf die gesamten Inhalte des Moduls erstrecken können, auch wenn bei einzelnen Teilprüfungen des Moduls bereits die Note 4,0 oder besser erzielt wurde. Ferner kann festgelegt werden, dass die Prüfungsleistungen abweichend von § 29 Absatz 1 bewertet werden können.

(3) Absatz 1 Satz 1 gilt für die Bachelorarbeit entsprechend.

(4) Wiederholungsprüfungen sind innerhalb von acht Wochen nach Bekanntgabe des Prüfungsergebnisses durchzuführen. Eine Abweichung von dieser Frist ist ausnahmsweise zulässig, wenn zwingende hochschulorganisatorische Gründe vorliegen und sich der Vorbereitungsdienst hierdurch nicht verlängert.

§ 34 Feststellung des Ergebnisses

(1) Nach Abschluss aller Modulprüfungen und nach Bewertung und Verteidigung der Bachelorarbeit setzt die Prüfungsbehörde eine Gesamtnote fest. In diese fließen mit Ausnahme der Modulprüfungen während der praktischen Ausbildung (§ 22 Absatz 2) alle Prüfungsergebnisse ein. Der Anteil der Bachelorarbeit an der Gesamtnote soll mindestens 10 Prozent betragen. Bei Personen nach § 17 Absatz 1 Nummer 3 sind die nach § 19 Absatz 2 anerkannten Prüfungsleistungen angemessen zu berücksichtigen.

(2) Die Gesamtnote wird mit einer Dezimalstelle ausgewiesen. Die weiteren Dezimalstellen werden gestrichen.

§ 35 Abschlusszeugnis und Hochschulgrad

(1) Wer die Staatsprüfung bestanden hat, erhält ein Abschlusszeugnis mit folgenden Angaben:

1. die Gesamtnote und die insgesamt erworbenen Leistungspunkte;
2. Anteil der Leistungspunkte mit rechtswissenschaftlichen Studieninhalten;
3. die Bezeichnung und Benotung der absolvierten Module sowie der hierauf entfallenden Leistungspunkte und
4. das Thema und die Benotung der Bachelorarbeit.

(2) Mit dem Bestehen der Staatsprüfung verleihen die Hochschulen den Hochschulgrad „Bachelor of Arts", abgekürzt „B. A.".

(3) Aus dem Bestehen der Staatsprüfung für den gehobenen Verwaltungsdienst ergibt sich kein Anspruch auf Verwendung im öffentlichen Dienst.

§ 36 (weggefallen)

Abschnitt 6
Sonstige Bestimmungen

§ 37 Urlaub

(1) Urlaub und der Arbeitszeitverkürzungstag werden nach den Bestimmungen der Arbeitszeit- und Urlaubsverordnung gewährt. Während des Vorbereitungsdienstes wird der Erholungsurlaub in dem Umfang nach § 21 Absatz 4 AzUVO durch die Ferien abgegolten, der dem zeitlichen Anteil der Grundlagenstudiums oder des Vertiefungsstudiums im Kalenderjahr entspricht.

(2) Während des Einführungslehrgangs, des Grundlagenstudiums, der praxisbegleitenden Arbeitsgemeinschaften und des Vertiefungsstudiums soll kein Erholungsurlaub gewährt werden.

§ 38 Qualifizierung für den Aufstieg

Für Beamtinnen und Beamte des mittleren Verwaltungsdienstes,

1. die von ihrem Dienstherrn im Rahmen des Aufstiegs in den gehobenen Verwaltungsdienst an die Hochschule entsandt sind und
2. für die der Vorbereitungsdienst als Qualifizierungsmaßnahme im Sinne von § 22 Absatz 1 Nummer 5 LBG festgelegt ist,

finden die §§ 1 bis 3 und 18 bis 37 entsprechende Anwendung.

§ 39 Rechtsaufsicht

Rechtsaufsichtsbehörde bei der Durchführung dieser Verordnung ist das Innenministerium.

§ 39a Übergangsvorschrift

Für Anwärterinnen und Anwärter, die ihren Vorbereitungsdienst vor dem 1. März 2017 begonnen haben, gilt § 33 Absatz 2 in der bis 27. Februar 2017 geltenden Fassung.

§ 40 Inkrafttreten, Außerkrafttreten

Diese Verordnung tritt am Tag nach ihrer Verkündung in Kraft. Gleichzeitig tritt die Ausbildungs- und Prüfungsordnung für den gehobenen Verwaltungsdienst vom 30. August 2007 (GBl. S. 400), geändert durch Verordnung vom 3. August 2010 (GBl. S. 731), außer Kraft.

III   Besoldung

Landesbesoldungsgesetz

III.1   Landesbesoldungsgesetz Baden-Württemberg (LBesGBW) 342

III.1.1   Allgemeine Verwaltungsvorschrift des Finanz- und Wirtschaftsministeriums zum Landesbesoldungsgesetz Baden-Württemberg (LBesGBW-VwV) 441

Weitere besoldungsrechtliche Regelungen

III.2   Verordnung des Finanzministeriums über die Beifügung von Zusätzen zu den Grundamtsbezeichnungen (Grundamtsbezeichnungs-Verordnung – GrbezVO) 509

III.3   Verordnung der Landesregierung über die Festsetzung von Stellenobergrenzen für den staatlichen und außerstaatlichen Bereich (Stellenobergrenzenverordnung – StOGVO) 514

III.4   Verordnung der Landesregierung über die Gewährung von Erschwerniszulagen in Baden-Württemberg (Erschwerniszulagenverordnung Baden-Württemberg – EZulVOBW) 516

III.5   Verordnung des Wissenschaftsministeriums, des Innenministeriums und des Justizministeriums über Leistungsbezüge sowie Forschungs- und Lehrzulagen für Professoren und Leiter und Mitglieder von Leitungsgremien an Hochschulen (Leistungsbezügeverordnung – LBVO) 523

III.6   Verordnung des Finanzministeriums über die Gewährung von Leistungsprämien (Leistungsprämienverordnung des Finanzministeriums – LPVO-FM) 528

III.7   Verordnung der Landesregierung über Zulagen für Lehrkräfte mit besonderen Funktionen (Lehrkräftezulagenverordnung) 529

III.8   Verordnung des Finanzministeriums über die Gewährung von Anwärtersonderzuschlägen (Anwärtersonderzuschlagsverordnung – AnwSoZVO) 532

III.9   Verordnung des Kultusministeriums über die Gewährung einer Unterrichtsvergütung für Anwärterinnen und Anwärter sowie Studienreferendarinnen und Studienreferendare (Unterrichtsvergütungsverordnung – UVergVO) 534

III.10   Verwaltungsvorschrift des Ministeriums für Finanzen und Wirtschaft zur Gewährung eines Zuschlages bei Altersteilzeit nach § 69 des Landesbesoldungsgesetzes Baden-Württemberg (LBesGBW) 538

Landesbesoldungsgesetz Baden-Württemberg (LBesGBW)

Vom 9. November 2010 (GBl. S. 793)

Zuletzt geändert durch
Haushaltsbegleitgesetz 2025/2026
vom 17. Dezember 2024 (GBl. Nr. 114)

Inhaltsübersicht

1. Abschnitt: Allgemeine Vorschriften

- § 1 Geltungsbereich
- § 2 Gleichstellungsbestimmung
- § 3 Regelung durch Gesetz
- § 4 Anspruch auf Besoldung
- § 5 Zahlungsweise
- § 6 Verjährung von Ansprüchen
- § 7 Besoldung bei mehreren Hauptämtern
- § 8 Besoldung bei Teilzeitbeschäftigung
- § 9 Besoldung bei begrenzter Dienstfähigkeit
- § 10 Verminderung der Besoldung bei Gewährung einer Versorgung durch eine zwischenstaatliche oder überstaatliche Einrichtung
- § 11 Verlust der Besoldung bei schuldhaftem Fernbleiben vom Dienst
- § 12 Anrechnung anderer Einkünfte auf die Besoldung
- § 13 Anrechnung von Sachbezügen auf die Besoldung
- § 14 Abtretung von Bezügen, Verpfändung, Aufrechnungs- und Zurückbehaltungsrecht
- § 15 Rückforderung von Bezügen
- § 16 Anpassung der Besoldung
- § 17 Versorgungsrücklage
- § 18 Dienstlicher Wohnsitz
- § 19 Aufwandsentschädigungen

2. Abschnitt: Grundgehälter, Leistungsbezüge an Hochschulen

1. Unterabschnitt: Allgemeine Grundsätze

- § 20 Grundsatz der funktionsgerechten Besoldung
- § 21 Bestimmung des Grundgehalts nach dem Amt
- § 22 Besoldungsanspruch bei Verleihung eines anderen Amtes
- § 23 (weggefallen)
- § 24 Eingangsämter für Beamte
- § 25 Abweichende Eingangsämter
- § 26 Beförderungsämter
- § 27 Obergrenzen für Beförderungsämter

2. Unterabschnitt: Vorschriften für Beamte der Landesbesoldungsordnungen A und B

- § 28 Landesbesoldungsordnungen A und B
- § 29 Amtsbezeichnungen
- § 30 Ämter der Leiter von unteren Verwaltungsbehörden sowie von allgemeinbildenden oder beruflichen Schulen
- § 31 Bemessung des Grundgehalts in der Landesbesoldungsordnung A
- § 32 Berücksichtigungsfähige Zeiten
- § 33 Öffentlich-rechtliche Dienstherrn
- § 34 Nicht zu berücksichtigende Dienstzeiten

3. Unterabschnitt: Vorschriften für Richter und Staatsanwälte

- § 35 Landesbesoldungsordnung R

Inhaltsübersicht   Landesbesoldungsgesetz (LBesGBW)   III.1

§ 36 Bemessung des Grundgehalts in der Landesbesoldungsordnung R

**4. Unterabschnitt:
Vorschriften für Hochschullehrer sowie hauptberufliche Leiter und Mitglieder von Leitungsgremien an Hochschulen**

§ 37 Landesbesoldungsordnung W
§ 38 Leistungsbezüge
§ 39 Vergaberahmen und Besoldungsdurchschnitte

**3. Abschnitt:
Familienzuschlag**

§ 40 Grundlage des Familienzuschlags
§ 41 Familienzuschlag
§ 41a Familienergänzungszuschlag
§ 42 Änderung des Familienzuschlags

**4. Abschnitt:
Zulagen, Vergütungen, Zuschläge**

**1. Unterabschnitt:
Amtszulagen und Strukturzulage**

§ 43 Amtszulagen
§ 44 Amtszulage für die Leiter von besonders großen und besonders bedeutenden unteren Verwaltungsbehörden sowie die Leiter von Mittel- und Oberbehörden
§ 45 Amtszulage für die Leiter von Gerichten mit Register- oder Grundbuchzuständigkeit
§ 46 Strukturzulage

**2. Unterabschnitt:
Stellenzulagen**

§ 47 Stellenzulagen
§ 48 Zulage für Beamte mit vollzugspolizeilichen Aufgaben
§ 49 Zulage für Beamte der Feuerwehr
§ 50 Zulage für Beamte bei Justizvollzugseinrichtungen und Psychiatrischen Krankenanstalten
§ 51 Zulage für Beamte des Justizwachtmeisterdienstes
§ 52 Zulage für Beamte im Außendienst der Steuerverwaltung
§ 53 Zulage für Beamte als fliegendes Personal
§ 54 Zulage für Beamte an Theatern
§ 55 Zulage für die Verwendung bei obersten Behörden des Bundes oder eines anderen Landes
§ 56 Zulage für Beamte im Krankenpflegedienst
§ 57 Weitere Stellenzulagen

**3. Unterabschnitt:
Andere Zulagen**

§ 58 (weggefallen)
§ 59 Zulage für Juniorprofessoren
§ 60 Forschungs- und Lehrzulage
§ 61 Zulage für die Wahrnehmung von Leitungsfunktionen bei Großforschungsaufgaben des KIT
§ 62 Zulage für Professoren als Richter
§ 62a Vertretungszulage
§ 62b Zulage für stellvertretende Kanzler
§ 63 Zulagen für besondere Erschwernisse
§ 64 Ausgleichszulage für den Wegfall von Stellenzulagen

**4. Unterabschnitt:
Vergütungen**

§ 65 Mehrarbeitsvergütung
§ 66 Sitzungsvergütung
§ 67 Vollstreckungsvergütung für Vollziehungsbeamte der Finanzverwaltung
§ 67a Vollstreckungsvergütung für Vollziehungsbeamte der Gemeinden und Gemeindeverbände
§ 68 Vergütung für Gerichtsvollzieher
§ 68a Prüfungsvergütung

**5. Unterabschnitt:
Zuschläge und sonstige Besoldungsbestandteile**

§ 69 Zuschlag bei Altersteilzeit
§ 70 Ausgleich bei vorzeitiger Beendigung der Altersteilzeit
§ 71 Ausgleichszahlung zur Abgeltung von Arbeitszeitguthaben

III.1 Landesbesoldungsgesetz (LBesGBW) — Inhaltsübersicht

- § 72 Zuschlag bei begrenzter Dienstfähigkeit
- § 73 Zuschlag bei freiwilliger Weiterarbeit
- § 74 Zuschlag bei freiwilliger Weiterarbeit in Teilzeit
- § 75 Sonderzuschläge zur Sicherung der Funktions- und Wettbewerbsfähigkeit
- § 76 Leistungsprämien
- § 77 Fahrkostenersatz für Fahrten zwischen Wohnung und Dienststätte

5. Abschnitt: Auslandsbesoldung
- § 78 Auslandsbesoldung

6. Abschnitt: Anwärterbezüge
- § 79 Anwärterbezüge
- § 80 Bezüge des Anwärters nach Ablegung der Laufbahnprüfung
- § 81 Anwärtersonderzuschläge
- § 82 Unterrichtsvergütung für Lehramtsanwärter
- § 83 Anrechnung anderer Einkünfte
- § 84 Kürzung der Anwärterbezüge

7. Abschnitt: Vermögenswirksame Leistungen
- § 85 Vermögenswirksame Leistungen
- § 86 Anlage der vermögenswirksamen Leistungen

8. Abschnitt: Sonstige Vorschriften
- § 87 Zuwendungen aus Gründen der Fürsorge
- § 87a Vorschuss bei Pflegezeiten
- § 87b Zusätzliche Vergütung von genommenem Jahresurlaub bei Verringerung der Arbeitszeit
- § 88 Unterhaltsbeihilfe für Auszubildende in öffentlich-rechtlichen Ausbildungsverhältnissen
- § 89 Einrichtung und Bewirtschaftung von Planstellen und anderen Stellen
- § 90 Zuordnung zu Ämtern nach der Zahl der Einwohner
- § 91 Zuordnung zu Ämtern nach schul- und hochschulstatistischen Merkmalen
- § 92 Ämter bei Absinken der Schüler- oder Gruppenzahl
- § 93 Ämter der Leiter von Schulen besonderer Art und von Schulverbänden
- § 94 Ämter „Direktor und Professor" in den Besoldungsgruppen B 2 und B 3
- § 95 Dienstordnungsmäßig Angestellte

9. Abschnitt: Übergangs- und Schlussvorschriften

1. Unterabschnitt: Übergangsbestimmungen zu früheren Gesetzen
- § 96 Übergangsbestimmungen zum Professorenbesoldungsreformgesetz
- § 97 Übergangsbestimmungen zum Zweiten Gesetz zur Umsetzung der Föderalismusreform im Hochschulbereich

2. Unterabschnitt: Übergangsbestimmungen zu diesem Gesetz
- § 98 Überleitung in die Landesbesoldungsordnungen A, B, R und W
- § 99 Überleitung für vorhandene Ämter der Bundesbesoldungsordnung C
- § 100 Einordnung der vorhandenen Beamten und Richter der Besoldungsordnungen A und R in die Stufen der neuen Grundgehaltstabellen
- § 101 Sonstige Übergangsregelungen
- § 102 Fortgeltung von Rechtsverordnungen
- § 103 (weggefallen)

3. Unterabschnitt: Schlussvorschriften
- § 104 (weggefallen)
- § 105 Künftig wegfallende Ämter
- § 106 Erlass von Verwaltungsvorschriften

Anlage 1
Landesbesoldungsordnung A

Anlage 2
Landesbesoldungsordnung B

Anlage 3
Landesbesoldungsordnung R

Anlage 4
Landesbesoldungsordnung W

Anlage 5
Landesbesoldungsordnungen A, B, C, R und W Künftig wegfallende Ämter (kw)

Anlage 6
(zu § 28)

Anlage 7
(zu § 28)

Anlage 8
(zu § 35)

Anlage 9
(zu § 37)

Anlage 10
(zu § 99)

Anlage 11
(zu § 79)

Anlage 12
(zu § 40 und § 41)

Anlage 12a
(zu § 41a

Anlage 13
(zu den §§ 43 bis 46 sowie zu den Fußnoten der Landesbesoldungsordnungen)

Anlage 14
(zu § 47)

Anlage 15
(zu § 65)

Anlage 16
(zu § 98)

1. Abschnitt: Allgemeine Vorschriften

§ 1 Geltungsbereich

(1) Dieses Gesetz regelt die Besoldung für

1. die Beamten des Landes, der Gemeinden, der Gemeindeverbände und der sonstigen der Aufsicht des Landes unterstehenden Körperschaften, Anstalten und Stiftungen des öffentlichen Rechts,
2. die Richter des Landes. Ausgenommen sind die Ehrenbeamten und die ehrenamtlichen Richter.

(2) Zur Besoldung gehören folgende Dienstbezüge:

1. Grundgehalt,
2. Leistungsbezüge für Professoren sowie hauptberufliche Leiter und Mitglieder von Leitungsgremien an Hochschulen,
3. Familienzuschlag,
4. Zulagen,
5. Vergütungen,
6. Zuschläge und sonstige in diesem Gesetz geregelte Besoldungsbestandteile,
7. Auslandsbesoldung.

(3) Zur Besoldung gehören ferner folgende sonstige Bezüge:

1. Anwärterbezüge,
2. vermögenswirksame Leistungen.

(4) Dieses Gesetz trifft ferner Regelungen über Aufwandsentschädigungen, Zuwendungen aus Gründen der Fürsorge und Unterhaltsbeihilfen für Auszubildende in öffentlich-rechtlichen Ausbildungsverhältnissen.

(5) Die Rechtsverhältnisse der Landräte, der hauptamtlichen Bürgermeister und der Beigeordneten werden durch das Landeskommunalbesoldungsgesetz geregelt.

(6) Dieses Gesetz gilt nicht für die öffentlich-rechtlichen Religionsgesellschaften und ihre Verbände.

§ 2 Gleichstellungsbestimmung

Status- und Funktionsbezeichnungen in diesem Gesetz gelten jeweils in weiblicher und männlicher Form. Beamtinnen und Richterinnen führen die Amtsbezeichnungen, soweit möglich, in weiblicher Form.

§ 3 Regelung durch Gesetz

(1) Die Besoldung der Beamten und Richter wird durch Gesetz geregelt. Andere als die in diesem Gesetz geregelten Besoldungsbestandteile dürfen nicht gewährt werden.

(2) Zusicherungen, Vereinbarungen und Vergleiche, die dem Beamten oder Richter eine höhere als die ihm gesetzlich zustehende Besoldung verschaffen sollen, sind unwirksam. Das Gleiche gilt für sonstige Rechtsgeschäfte, die zu diesem Zweck getätigt werden.

(3) Der Beamte oder Richter kann auf die ihm gesetzlich zustehende Besoldung weder ganz noch teilweise verzichten. Ausgenommen hiervon sind die vermögenswirksamen Leistungen, Leistungen im Rahmen einer Entgeltumwandlung zum Aufbau einer privaten Altersvorsorge und Leistungen im Rahmen einer Entgeltumwandlung für vom Dienstherrn geleaste Dienstfahrräder, die den Beamten und Richtern auch zur privaten Nutzung überlassen werden, wenn es sich um Fahrräder im verkehrsrechtlichen Sinne handelt. Eine Entgeltumwandlung nach Satz 2 setzt außerdem voraus, dass sie für eine Maßnahme erfolgt, die vom Dienstherrn den Beamten und Richtern angeboten wird und es diesen freigestellt ist, ob sie das Angebot annehmen.

§ 4 Anspruch auf Besoldung

(1) Die Beamten und Richter haben Anspruch auf Besoldung. Der Anspruch entsteht mit dem Tag, an dem ihre Ernennung, Versetzung, Übernahme oder ihr Übertritt in den Dienst eines in § 1 Abs. 1 genannten Dienstherrn wirksam wird. Wird der Beamte oder Richter rückwirkend in eine Planstelle eingewiesen, so entsteht der Anspruch mit dem Tag, der in der Einweisungsverfügung bestimmt ist. In den Fällen des § 1 Abs. 2 Satz 1 des Landeskommunalbesoldungsgesetzes entsteht der Anspruch mit der Maßnahme, die der Einweisungsverfügung entspricht.

(2) Der Anspruch auf Besoldung endet mit Ablauf des Tages, an dem der Beamte oder Richter aus dem Dienstverhältnis ausschei-

§§ 5–9 Landesbesoldungsgesetz (LBesGBW) III.1

det, soweit gesetzlich nichts anderes bestimmt ist.

(3) Besteht der Anspruch auf Besoldung nicht für einen vollen Kalendermonat, so wird nur der Teil der Bezüge gezahlt, der auf den Anspruchszeitraum entfällt, soweit gesetzlich nichts anderes bestimmt ist.

(4) Bei der Berechnung von Bezügen nach § 1 sind die sich ergebenden Bruchteile eines Cents unter 0,5 abzurunden und Bruchteile von 0,5 und mehr aufzurunden. Zwischenrechnungen werden jeweils auf zwei Dezimalstellen durchgeführt. Jeder Bezügebestandteil ist einzeln zu runden.

§ 5 Zahlungsweise

(1) Die Dienstbezüge nach § 1 Abs. 2 Nr. 1 bis 3 werden monatlich im Voraus gezahlt. Die anderen Bezüge werden monatlich im Voraus gezahlt, soweit nichts anderes bestimmt ist.

(2) Werden Bezüge nach dem Tag der Fälligkeit gezahlt, so besteht kein Anspruch auf Verzugszinsen.

(3) Für die Zahlungen nach diesem Gesetz hat der Empfänger auf Verlangen der zuständigen Behörde ein Konto in der Europäischen Union anzugeben oder einzurichten, auf das die Überweisung erfolgen kann. Eine Auszahlung auf andere Weise kann nur zugestanden werden, wenn dem Empfänger die Einrichtung oder Benutzung eines Kontos in der Europäischen Union aus wichtigem Grund nicht zugemutet werden kann. Die Kontoeinrichtungs-, Kontoführungs- oder Buchungsgebühren trägt der Empfänger. Die Übermittlungskosten mit Ausnahme der Kosten für die Gutschrift auf dem Konto des Empfängers trägt der Dienstherr. Bei Überweisungen auf ein im Ausland geführtes Konto trägt der Empfänger die hierdurch bedingten Mehrkosten, die Kosten einer Meldung nach den Vorschriften über die Meldung von Zahlungen der Außenwirtschaftsverordnung in der jeweils geltenden Fassung sowie die Gefahr der Übermittlung der Zahlung.

§ 6 Verjährung von Ansprüchen

Ansprüche und Rückforderungsansprüche nach diesem Gesetz oder auf der Grundlage dieses Gesetzes verjähren in drei Jahren. Die Verjährung beginnt mit dem Schluss des Jahres, in dem der Anspruch entstanden ist. Im Übrigen sind die Vorschriften des Bürgerlichen Gesetzbuches entsprechend anzuwenden.

§ 7 Besoldung bei mehreren Hauptämtern

Hat der Beamte oder Richter mit Genehmigung der obersten Dienstbehörde gleichzeitig mehrere besoldete Hauptämter inne, so wird die Besoldung aus dem Amt mit den höchsten Dienstbezügen gewährt, soweit gesetzlich nichts anderes bestimmt ist. Sind für die Ämter Dienstbezüge in gleicher Höhe vorgesehen, so wird die Besoldung aus dem ihm zuerst übertragenen Amt gezahlt, soweit gesetzlich nichts anderes bestimmt ist.

§ 8 Besoldung bei Teilzeitbeschäftigung

(1) Bei Teilzeitbeschäftigung wird die Besoldung im gleichen Verhältnis wie die Arbeitszeit gekürzt, soweit gesetzlich nichts anderes bestimmt ist.

(2) Bei einer Teilzeitbeschäftigung mit ungleichmäßig verteilter Arbeitszeit, die sich in eine Beschäftigungs- und eine Freistellungsphase aufteilt, gilt Absatz 1 für das Grundgehalt, den Familienzuschlag, die Amtszulagen, die Strukturzulage sowie die vermögenswirksamen Leistungen. Andere Besoldungsbestandteile werden abweichend von Absatz 1 entsprechend dem Umfang der tatsächlich geleisteten Tätigkeit während der Beschäftigungsphase gewährt, wenn sie aufgrund ihrer Anspruchsvoraussetzungen in der Zeit der Freistellungsphase nicht gewährt werden können. Bei der Ermittlung der Mieteigenbelastung nach dem 5. Abschnitt sind die Dienstbezüge maßgeblich, die aufgrund der tatsächlich geleisteten Tätigkeit zustehen würden.

(3) Bei Altersteilzeit nach § 70 des Landesbeamtengesetzes (LBG) sowie nach entsprechenden Vorschriften für Richter wird zur Besoldung nach den Absätzen 1 und 2 ein Zuschlag nach Maßgabe des § 69 gewährt.

§ 9 Besoldung bei begrenzter Dienstfähigkeit

Bei begrenzter Dienstfähigkeit nach § 27 des Beamtenstatusgesetzes (BeamtStG) erhält der Beamte oder Richter Besoldung entsprechend § 8 Absatz 1. Zur Besoldung nach Satz 1 wird ein Zuschlag nach Maßgabe des § 72 gewährt.

§ 10 Verminderung der Besoldung bei Gewährung einer Versorgung durch eine zwischenstaatliche oder überstaatliche Einrichtung

(1) Erhält ein Beamter oder Richter aus der Verwendung im öffentlichen Dienst einer zwischenstaatlichen oder überstaatlichen Einrichtung eine Versorgung, so vermindern sich seine Dienstbezüge um den Betrag der Versorgung. Ihm verbleiben jedoch mindestens 40 Prozent seiner Dienstbezüge.

(2) Absatz 1 gilt entsprechend für die Versorgung, die ein Beamter oder Richter nach dem Abgeordnetenstatut des Europäischen Parlaments erhält.

(3) Dienstbezüge im Sinne des Absatzes 1 sind das Grundgehalt, der Familienzuschlag sowie die nach diesem Gesetz oder auf der Grundlage dieses Gesetzes ruhegehaltfähigen Dienstbezüge nach § 1 Absatz 2.

(4) Der Beamte oder Richter ist in den Fällen der Absätze 1 und 2 zur Auskunft verpflichtet.

§ 11 Verlust der Besoldung bei schuldhaftem Fernbleiben vom Dienst

(1) Bleibt der Beamte oder Richter ohne Genehmigung schuldhaft dem Dienst fern, so verliert er für die Zeit des Fernbleibens seine Bezüge. Dies gilt auch bei einem Fernbleiben vom Dienst für Teile eines Tages. Der Verlust der Bezüge wird durch den Dienstvorgesetzten festgestellt.

(2) Der Vollzug einer Freiheitsstrafe, die von einem deutschen Gericht verhängt wird, gilt als schuldhaftes Fernbleiben vom Dienst. Für die Zeit einer Untersuchungshaft wird die Besoldung unter dem Vorbehalt der Rückforderung gezahlt. Sie soll zurückgefordert werden, wenn gegenüber dem Beamten oder Richter aus Anlass des Sachverhalts, der Anlass für die Untersuchungshaft war, eine Freiheitsstrafe verhängt wird.

§ 12 Anrechnung anderer Einkünfte auf die Besoldung

(1) Haben Beamte oder Richter Anspruch auf Besoldung für eine Zeit, in der sie nicht zur Dienstleistung verpflichtet waren, kann ein infolge der unterbliebenen Dienstleistung für diesen Zeitraum erzieltes anderes Einkommen auf die Besoldung angerechnet werden. Der Beamte oder Richter ist zur Auskunft verpflichtet. In den Fällen einer vorläufigen Dienstenthebung aufgrund eines Disziplinarverfahrens gelten die besonderen Vorschriften des Disziplinarrechts.

(2) Erhält ein Beamter oder Richter aus einer Verwendung nach § 20 BeamtStG anderweitig Bezüge, werden diese auf die Besoldung angerechnet. In besonderen Fällen kann die oberste Dienstbehörde im Einvernehmen mit dem Finanzministerium von der Anrechnung ganz oder teilweise absehen.

§ 13 Anrechnung von Sachbezügen auf die Besoldung

(1) Erhält ein Beamter oder Richter Sachbezüge, so werden diese unter Berücksichtigung ihres wirtschaftlichen Wertes mit einem angemessenen Betrag auf die Besoldung angerechnet, soweit nichts anderes bestimmt ist.

(2) Kann der Beamte oder Richter aufgrund seines Dienstverhältnisses regelmäßig verkehrende öffentliche Beförderungsmittel unentgeltlich oder verbilligt zu Fahrten zwischen Wohnung und Dienststätte nutzen, unterbleibt eine Anrechnung. Gleiches gilt für Leistungen des Dienstherrn im Rahmen des Gesundheitsmanagements, soweit hierfür der Haushalt entsprechende Mittel bereitstellt.

(3) Die erforderlichen Verwaltungsvorschriften erlässt

1. soweit der Geschäftsbereich mehrerer oberster Dienstbehörden berührt wird, das Finanzministerium im Einvernehmen mit diesen Behörden,

2. für den Bereich der Gemeinden, der Gemeindeverbände und der sonstigen der Aufsicht des Landes unterstehenden Körperschaften, Anstalten und Stiftungen des öffentlichen Rechts das jeweils zuständige

Fachministerium im Einvernehmen mit dem Finanzministerium,
3. im Übrigen die oberste Dienstbehörde im Einvernehmen mit dem Finanzministerium.

§ 14 Abtretung von Bezügen, Verpfändung, Aufrechnungs- und Zurückbehaltungsrecht

(1) Der Beamte oder Richter kann, wenn gesetzlich nichts anderes bestimmt ist, Ansprüche auf Bezüge nur abtreten oder verpfänden, soweit sie der Pfändung unterliegen.

(2) Gegenüber Ansprüchen auf Bezüge kann der Dienstherr ein Aufrechnungs- oder Zurückbehaltungsrecht nur in Höhe des pfändbaren Teils der Bezüge geltend machen. Dies gilt nicht, soweit gegen den Beamten oder Richter ein Anspruch auf Schadenersatz wegen vorsätzlicher unerlaubter Handlung besteht.

§ 15 Rückforderung von Bezügen

(1) Wird ein Beamter oder Richter durch eine gesetzliche Änderung seiner Bezüge einschließlich der Einreihung seines Amtes in die Besoldungsgruppen der Landesbesoldungsordnungen mit rückwirkender Kraft schlechter gestellt, so sind die Unterschiedsbeträge nicht zu erstatten.

(2) Im Übrigen regelt sich die Rückforderung zu viel gezahlter Bezüge nach den Vorschriften des Bürgerlichen Gesetzbuchs über die Herausgabe einer ungerechtfertigten Bereicherung, soweit gesetzlich nichts anderes bestimmt ist. Der Kenntnis des Mangels des rechtlichen Grundes der Zahlung steht es gleich, wenn der Mangel so offensichtlich war, dass der Empfänger ihn hätte erkennen müssen. Von der Rückforderung kann aus Billigkeitsgründen mit Zustimmung der obersten Dienstbehörde oder der von ihr bestimmten Stelle ganz oder teilweise abgesehen werden.

(3) Geldleistungen, die für die Zeit nach dem Tode des Beamten oder Richters auf ein Konto bei einem Geldinstitut überwiesen wurden, gelten als unter Vorbehalt erbracht. Das Geldinstitut hat sie der überweisenden Stelle zurück zu überweisen, wenn diese sie als zu Unrecht erbracht zurückfordert. Eine Verpflichtung zur Rücküberweisung besteht nicht, soweit über den entsprechenden Betrag bei Eingang der Rückforderung bereits anderweitig verfügt wurde, es sei denn, dass die Rücküberweisung aus einem Guthaben erfolgen kann. Das Geldinstitut darf den überwiesenen Betrag nicht zur Befriedigung eigener Forderungen verwenden.

(4) Soweit Geldleistungen für die Zeit nach dem Tode des Beamten oder Richters zu Unrecht erbracht worden sind, haben die Personen, die die Geldleistung in Empfang genommen oder über den entsprechenden Betrag verfügt haben, diesen Betrag der überweisenden Stelle zu erstatten, sofern er nicht nach Absatz 3 von dem Geldinstitut zurück überwiesen wird. Ein Geldinstitut, das eine Rücküberweisung mit dem Hinweis abgelehnt hat, dass über den entsprechenden Betrag bereits anderweitig verfügt wurde, hat der überweisenden Stelle auf Verlangen Namen und Anschrift der Personen, die über den Betrag verfügt haben, und etwaiger neuer Kontoinhaber zu benennen. Ein Anspruch gegen die Erben bleibt unberührt.

§ 16 Anpassung der Besoldung

Die Besoldung wird entsprechend der Entwicklung der allgemeinen wirtschaftlichen und finanziellen Verhältnisse und unter Berücksichtigung der mit den Dienstaufgaben verbundenen Verantwortung durch Gesetz regelmäßig angepasst.

§ 17 Versorgungsrücklage

(1) Um die Versorgungsleistungen angesichts der demographischen Veränderungen und des Anstieges der Zahl der Versorgungsempfänger sicherzustellen, werden Versorgungsrücklagen als Sondervermögen aus der Verminderung der Besoldungs- und Versorgungsanpassungen nach Absatz 2 gebildet. Damit soll zugleich das Besoldungs- und Versorgungsniveau in gleichmäßigen Schritten von durchschnittlich 0,2 Prozent abgesenkt werden.

(2) In der Zeit bis zum 31. Dezember 2017 werden die Anpassungen der Besoldung nach § 16 gemäß Absatz 1 Satz 2 vermindert. Der Unterschiedsbetrag gegenüber der nicht nach Satz 1 verminderten Anpassung wird den Son-

dervermögen zugeführt. Die Mittel der Sondervermögen dürfen nur zur Finanzierung von Versorgungsausgaben verwendet werden.

(3) Abweichend von Absatz 2 wird die auf den 1. März 2010 folgende allgemeine Anpassung der Besoldung nicht vermindert. Die auf vorangegangenen Anpassungen nach Bundesrecht beruhenden weiteren Zuführungen an die Versorgungsrücklagen bleiben unberührt.

(4) Den Versorgungsrücklagen werden im Zeitraum nach Absatz 2 Satz 1 zusätzlich 50 Prozent der Verminderung der Versorgungsausgaben durch das Versorgungsänderungsgesetz 2001 vom 20. Dezember 2001 (BGBl. I S. 3926) zugeführt.

(5) Die Absätze 1 bis 3 gelten hinsichtlich des Alters- und Hinterbliebenengeldes entsprechend.

(6) Das Nähere wird durch gesondertes Gesetz geregelt.

§ 18 Dienstlicher Wohnsitz

(1) Dienstlicher Wohnsitz des Beamten oder Richters ist der Ort, an dem die Behörde oder ständige Dienststelle ihren Sitz hat.

(2) Die oberste Dienstbehörde kann als dienstlichen Wohnsitz anweisen:

1. den Ort, der Mittelpunkt der dienstlichen Tätigkeit des Beamten oder Richters ist,
2. den Ort, in dem der Beamte oder Richter mit Zustimmung der vorgesetzten Dienststelle wohnt,
3. einen Ort im Inland, wenn der Beamte im Ausland an der deutschen Grenze beschäftigt ist. Sie kann diese Befugnis auf nachgeordnete Stellen übertragen.

§ 19 Aufwandsentschädigungen

(1) Aufwandsentschädigungen dürfen nur gewährt werden, wenn und soweit aus dienstlicher Veranlassung finanzielle Aufwendungen entstehen, deren Übernahme dem Beamten oder Richter nicht zugemutet werden kann, und der Haushaltsplan Mittel ausdrücklich dafür zur Verfügung stellt. Aufwandsentschädigungen in festen Beträgen sind nur zulässig, wenn aufgrund tatsächlicher Anhaltspunkte oder tatsächlicher Erhebungen nachvollziehbar ist, dass und in welcher Höhe dienstbezogene finanzielle Aufwendungen typischerweise entstehen.

(2) Die zuständigen Ministerien werden ermächtigt, im Einvernehmen mit dem Finanzministerium durch Rechtsverordnung die Gewährung von Aufwandsentschädigungen an die Beamten der Gemeinden, der Gemeindeverbände und der sonstigen der Aufsicht des Landes unterstehenden Körperschaften, Anstalten und Stiftungen des öffentlichen Rechts zu regeln. Die Regelungen dürfen von den für die Beamten des Landes geltenden Bestimmungen nur abweichen, wenn dies wegen der Verschiedenheit der Verhältnisse notwendig ist.

2. Abschnitt:
Grundgehälter, Leistungsbezüge an Hochschulen

1. Unterabschnitt:
Allgemeine Grundsätze

§ 20 Grundsatz der funktionsgerechten Besoldung

(1) Die Funktionen der Beamten und Richter sind nach den mit ihnen verbundenen Anforderungen sachgerecht zu bewerten und Ämtern zuzuordnen; eine bestimmte Methode ist dabei nicht vorgegeben. Die Zuordnung von Funktionen zu mehreren Ämtern einer Laufbahngruppe ist zulässig. Die Ämter sind nach ihrer Wertigkeit unter Berücksichtigung der gemeinsamen Belange der in § 1 Abs. 1 genannten Dienstherrn den Besoldungsgruppen zuzuordnen. Zur Feindifferenzierung der Ämtereinstufung können Amtszulagen (§ 43) ausgebracht werden.

(2) Die zuständigen Ministerien werden ermächtigt, im Einvernehmen mit dem Finanzministerium durch Rechtsverordnung Vorschriften über die Bewertung der Dienstposten der Beamten der Gemeinden, der Gemeindeverbände und der sonstigen der Aufsicht des Landes unterstehenden Körperschaften, Anstalten und Stiftungen des öffentlichen Rechts zu erlassen.

§ 21 Bestimmung des Grundgehalts nach dem Amt

(1) Das Grundgehalt des Beamten oder Richters bestimmt sich nach der Besoldungsgruppe des ihm verliehenen Amtes. Ist ein Amt mehreren Besoldungsgruppen zugeordnet oder noch nicht in einer Landesbesoldungsordnung enthalten, bestimmt sich das Grundgehalt nach der Besoldungsgruppe, die in der Einweisungsverfügung bestimmt ist. Die Einweisung bedarf in den Fällen, in denen das Amt in einer Landesbesoldungsordnung noch nicht enthalten ist, des Einvernehmens des Finanzministeriums, bei Körperschaften, Anstalten und Stiftungen des öffentlichen Rechts zudem der Zustimmung der obersten Rechtsaufsichtsbehörde. In den Fällen des § 4 Abs. 4 Buchst. b BeamtStG bestimmt sich das Grundgehalt des Beamten nach der Besoldungsgruppe seines Eingangsamts. Ist dem Richter noch kein Amt verliehen worden, bestimmt sich sein Grundgehalt nach der Besoldungsgruppe R 1.

(2) Ist einem Amt gesetzlich eine Funktion zugeordnet oder richtet sich die Zuordnung eines Amtes zu einer Besoldungsgruppe einschließlich der Gewährung von Amtszulagen nach einem gesetzlich festgelegten Bewertungsmaßstab, insbesondere nach der Zahl der Planstellen, nach der Einwohnerzahl einer Gemeinde oder eines Gemeindeverbandes, nach der Schülerzahl einer Schule oder nach der Anzahl der Studierenden an einer Hochschule, so gibt die Erfüllung dieser Voraussetzungen allein keinen Anspruch auf die Besoldung aus diesem Amt.

§ 22 Besoldungsanspruch bei Verleihung eines anderen Amtes

(1) Verringert sich während eines Dienstverhältnisses nach § 1 Abs. 1 die Summe der Dienstbezüge aus Grundgehalt, Amtszulage und Strukturzulage durch die Verleihung eines anderen Amtes aus dienstlichen Gründen, sind abweichend von § 21 das Grundgehalt sowie die Amtszulage und die Strukturzulage zu zahlen, die bei einem Verbleiben in dem bisherigen Amt zugestanden hätten. Dies gilt entsprechend bei einem Wechsel eines Beamten in das Dienstverhältnis eines Richters oder bei einem Wechsel eines Richters in das Dienstverhältnis eines Beamten. Veränderungen in der Bewertung des bisherigen Amtes bleiben unberücksichtigt. Die Sätze 1 und 3 gelten entsprechend bei Übertragung einer anderen Funktion.

(2) Absatz 1 gilt bei Beamten auf Zeit nur für die restliche Amtszeit.

(3) Absatz 1 gilt nicht, wenn ein Amt mit leitender Funktion im Beamtenverhältnis auf Probe nicht auf Dauer übertragen wird oder wenn die Verringerung auf einer Disziplinarmaßnahme beruht.

§ 23 (weggefallen)

§ 24 Eingangsämter für Beamte

Die Eingangsämter für Beamte werden folgenden Besoldungsgruppen zugeordnet:

1. in der Laufbahngruppe des mittleren Dienstes in den Laufbahnen der Amtsmeister, des Justizwachtmeisterdienstes und der Warte der Besoldungsgruppe A 7, ansonsten der Besoldungsgruppe A 8,

2. in Laufbahnen des gehobenen nichttechnischen Dienstes der Besoldungsgruppe A 10,

3. in Laufbahnen des gehobenen technischen Dienstes, in denen für die Befähigung der Abschluss eines Diplomstudiengangs an der Dualen Hochschule oder einer Hochschule für angewandte Wissenschaften oder ein mit einem Bachelor abgeschlossenes Hochschulstudium oder ein gleichwertiger Abschluss gefordert und mindestens dieser Abschluss von den Beamten nachgewiesen wird, der Besoldungsgruppe A 11, ansonsten der Besoldungsgruppe A 10 und

4. in Laufbahnen des höheren Dienstes der Besoldungsgruppe A 13.

§ 25 Abweichende Eingangsämter

Die Eingangsämter für Beamte in Laufbahnen, bei denen

1. die Ausbildung mit einer gegenüber dem nichttechnischen oder technischen Verwaltungsdienst besonders gestalteten Prüfung abgeschlossen wird oder die Ablegung ei-

ner zusätzlichen Prüfung vorgeschrieben ist und

2. im Eingangsamt Anforderungen gestellt werden, die bei sachgerechter Bewertung zwingend die Zuweisung des Eingangsamts zu einer anderen Besoldungsgruppe als nach § 24 erfordern,

können einer höheren Besoldungsgruppe zugewiesen werden. Die Festlegung als Eingangsamt erfolgt durch besondere Kennzeichnung in den Landesbesoldungsordnungen.

§ 26 Beförderungsämter

Beförderungsämter dürfen außer in den Fällen des § 20 Absatz 1 Satz 2 nur eingerichtet werden, wenn sie sich von den Ämtern der niedrigeren Besoldungsgruppe nach der Wertigkeit der zugeordneten Funktionen wesentlich abheben.

§ 27 Obergrenzen für Beförderungsämter

(1) Die Anteile der Beförderungsämter dürfen nach Maßgabe sachgerechter Bewertung Obergrenzen nicht überschreiten; Beförderungsämter in den Besoldungsgruppen A 15, A 16 und in den Besoldungsgruppen der Landesbesoldungsordnung B sollen zudem nur nach vorheriger Einzelbewertung eingerichtet werden.

(2) Absatz 1 Halbsatz 1 gilt nicht für

1. die obersten Landesbehörden und den Landtag,
2. für Lehrer und pädagogisches Hilfspersonal an öffentlichen Schulen und Hochschulen,
3. für Lehrkräfte an verwaltungsinternen Hochschulen für angewandte Wissenschaften,
4. für Laufbahnen, in denen aufgrund von § 25 das Eingangsamt einer höheren Besoldungsgruppe zugewiesen worden ist,
5. für Bereiche eines Dienstherrn, in denen durch Haushaltsbestimmungen die Besoldungsaufwendungen höchstens auf den Betrag festgelegt sind, der sich bei Anwendung des Absatzes 1 ergeben würde,
6. Kommunalbeamte.

(3) Die Regelungen zur Berechnung und Festsetzung der Obergrenzen erfolgen in einer Rechtsverordnung der Landesregierung.

(4) Werden in Verwaltungsbereichen bei einer Verminderung oder Verlagerung von Planstellen infolge von Rationalisierungsmaßnahmen nach sachgerechter Bewertung der Beförderungsämter die Obergrenzen gemäß den vorstehenden Absätzen und der dazu erlassenen Rechtsverordnung überschritten, kann aus personalwirtschaftlichen Gründen die Umwandlung der die Obergrenzen überschreitenden Planstellen für einen Zeitraum von längstens fünf Jahren ausgesetzt und danach auf jede dritte frei werdende Planstelle beschränkt werden. Dies gilt entsprechend für die Umwandlung von Planstellen, wenn die Obergrenzen nach einer Fußnote zur Landesbesoldungsordnung A aus den gleichen Gründen überschritten werden.

(5) Wird in den Stellenplänen eines Dienstherrn nur eine Stelle der Besoldungsgruppe A 10 ausgewiesen, für die die Fußnote 1 zur Besoldungsgruppe A 10 der Landesbesoldungsordnung A gilt, darf diese Stelle mit der in dieser Fußnote genannten Amtszulage ausgestattet werden, wenn nach Maßgabe sachgerechter Bewertung Funktionen wahrgenommen werden, die sich von denen der Besoldungsgruppe A 10 abheben. Satz 1 gilt für Stellen der Besoldungsgruppe A 13, für die die Fußnote 9 gilt, entsprechend.

(6) Bei der Bewertung der Funktionen der Beamten ist in den Landkreisen ein Abstand von mindestens einer Besoldungsgruppe zum jeweils maßgeblichen Endamt des Ersten Landesbeamten zu wahren. § 20 Absatz 1 bleibt unberührt; dies gilt auch für den Bereich der Gemeinden und Gemeindeverwaltungsverbände.

2. Unterabschnitt: Vorschriften für Beamte der Landesbesoldungsordnungen A und B

§ 28 Landesbesoldungsordnungen A und B

(1) Die Zuordnung der Ämter zu den Besoldungsgruppen und die Amtsbezeichnungen

richten sich nach den Landesbesoldungsordnungen. Den Ämtern können Funktionen zugeordnet werden.

(2) Die Landesbesoldungsordnung A – aufsteigende Gehälter – und die Landesbesoldungsordnung B – feste Gehälter – sind in den Anlagen 1 und 2 ausgewiesen. Die Grundgehaltssätze der Besoldungsgruppen sind in den Anlagen 6 und 7 ausgewiesen.

§ 29 Amtsbezeichnungen

(1) Die in der Landesbesoldungsordnung A gesperrt gedruckten Amtsbezeichnungen sind Grundamtsbezeichnungen. Den Grundamtsbezeichnungen können Zusätze, die

1. auf den Dienstherrn oder den Verwaltungsbereich,
2. auf die Laufbahn,
3. auf die Fachrichtung

hinweisen, beigefügt werden. Die Grundamtsbezeichnungen „Rat", „Oberrat", „Direktor" und „Leitender Direktor" dürfen nur in Verbindung mit einem Zusatz nach Satz 2 verliehen werden.

(2) Den Grundamtsbezeichnungen beigefügte Zusätze bezeichnen die Funktionen, die diesen Ämtern zugeordnet werden können, nicht abschließend.

(3) Über die Beifügung der Zusätze zu den Grundamtsbezeichnungen entscheidet das Finanzministerium durch Rechtsverordnung, soweit der kommunale Bereich berührt ist, im Einvernehmen mit dem Innenministerium.

§ 30 Ämter der Leiter von unteren Verwaltungsbehörden sowie von allgemeinbildenden oder beruflichen Schulen

(1) Die Ämter der Leiter von unteren Verwaltungsbehörden mit einem beim jeweiligen Dienstherrn örtlich begrenzten Zuständigkeitsbereich sowie die Ämter der Leiter von allgemeinbildenden oder beruflichen Schulen dürfen nur in Besoldungsgruppen der Landesbesoldungsordnung A eingestuft werden. Eine Ausnahme gilt für die Ämter der Leiter und der Vertreter der Leiter der regionalen Polizeipräsidien.

(2) Bei Anwendung der auf der Verordnungsermächtigung des § 27 Abs. 3 basierenden Obergrenzen auf die Leiter unterer Verwaltungsbehörden, Mittelbehörden oder Oberbehörden bleiben die mit einer Amtszulage ausgestatteten Planstellen der Besoldungsgruppe A 16 unberücksichtigt.

§ 31 Bemessung des Grundgehalts in der Landesbesoldungsordnung A

(1) Die Höhe des Grundgehalts in den Besoldungsgruppen der Landesbesoldungsordnung A wird nach Stufen bemessen. Das Aufsteigen in den Stufen bestimmt sich nach Zeiten mit dienstlicher Erfahrung (Erfahrungszeiten). Erfahrungszeiten sind Zeiten im Dienst eines öffentlich-rechtlichen Dienstherrn im Geltungsbereich des Grundgesetzes in einem Beamten- oder Richterverhältnis mit Anspruch auf Dienstbezüge.

(2) Das Grundgehalt steigt in den Stufen eins bis sechs im Abstand von drei Jahren und ab der Stufe sieben im Abstand von vier Jahren bis zum Erreichen des Endgrundgehalts. Zeiten ohne Anspruch auf Grundgehalt verzögern den Stufenaufstieg um diese Zeiten, soweit in § 32 Abs. 2 nichts anderes bestimmt ist. Die sich nach Satz 2 ergebenden Verzögerungszeiten werden auf volle Monate abgerundet.

(3) Das Aufsteigen in den Stufen beginnt mit dem Anfangsgrundgehalt der jeweiligen Besoldungsgruppe mit Wirkung vom ersten des Monats, in dem die erste Ernennung mit Anspruch auf Dienstbezüge bei einem öffentlich-rechtlichen Dienstherrn im Geltungsbereich des Grundgesetzes wirksam wird. Der Zeitpunkt des Beginns wird um die zu diesem Zeitpunkt vorliegenden, nach § 32 Absatz 1 Satz 1 berücksichtigungsfähigen sowie nach § 32 Absatz 1 Satz 2 als berücksichtigungsfähig anerkannten Zeiten vorverlegt. Ausgehend von dem Zeitpunkt des Beginns werden die Stufenlaufzeiten nach Absatz 2 berechnet. Die Berechnung und die Festsetzung des Zeitpunkts des Beginns des Aufsteigens in den Stufen stellt die bezügezahlende Stelle fest und teilt diese dem Beamten schriftlich mit.

(4) Eine Änderung der Besoldungsgruppe wirkt sich auf die erreichte Stufe grundsätz-

lich nicht aus. Weist die neue höhere Besoldungsgruppe für diese Stufe kein Grundgehalt aus, wird der Beamte der Stufe des Anfangsgrundgehalts der neuen Besoldungsgruppe zugeordnet. Ab diesem Zeitpunkt beginnt das Aufsteigen in der Stufe des Anfangsgrundgehalts der neuen Besoldungsgruppe. Wechselt der Beamte aus der Endstufe seiner Besoldungsgruppe in eine Besoldungsgruppe, die eine weitere Stufe ausweist, wird für die Festlegung der Stufe in der neuen Besoldungsgruppe die gesamte bisherige Erfahrungszeit berücksichtigt; weist eine neue niedrigere Besoldungsgruppe für diese Stufe kein Grundgehalt aus, wird das Endgrundgehalt der neuen Besoldungsgruppe gezahlt.

(5) Wird festgestellt, dass die Leistungen des Beamten nicht den mit seinem Amt verbundenen Mindestanforderungen entsprechen, ist der Beamte darauf hinzuweisen, anforderungsgerechte Leistungen zu erbringen. Ergibt eine weitere Leistungsfeststellung, dass der Beamte die mit seinem Amt verbundenen Mindestanforderungen nach wie vor nicht erbringt, gelten seine Dienstzeiten ab diesem Zeitpunkt nicht als Erfahrungszeiten und er verbleibt in seiner bisherigen Stufe. Diese Feststellungen erfolgen auf der Grundlage von geeigneten Leistungseinschätzungen. Wird bei einer späteren Leistungseinschätzung, die frühestens zwölf Monate nach der Leistungsfeststellung nach Satz 2 erfolgen darf, festgestellt, dass die Leistungen des Beamten wieder den mit dem Amt verbundenen Mindestanforderungen entsprechen, gelten ab dem Zeitpunkt der späteren Leistungseinschätzung seine Dienstzeiten wieder als Erfahrungszeiten. Die Feststellungen trifft die zuständige oberste Dienstbehörde oder die von ihr bestimmte Stelle. Sie sind dem Beamten schriftlich mitzuteilen. Widerspruch und Anfechtungsklage haben keine aufschiebende Wirkung. Die obersten Dienstbehörden werden ermächtigt, das Nähere für ihren Bereich durch Rechtsverordnung zu regeln.

(6) Der Beamte verbleibt in seiner bisherigen Stufe, solange er vorläufig des Dienstes enthoben ist. Führt ein Disziplinarverfahren nicht zur Entfernung aus dem Beamtenverhältnis oder endet das Beamtenverhältnis nicht durch Entlassung auf Antrag des Beamten oder infolge strafgerichtlicher Verurteilung, regelt sich das Aufsteigen im Zeitraum seiner vorläufigen Dienstenthebung nach Absatz 2. Absatz 5 bleibt unberührt.

(7) In Fällen einer erneuten Begründung eines Beamtenverhältnisses in einem Eingangsamt einer höheren Besoldungsgruppe hat die bezügezahlende Stelle den Zeitpunkt des Beginns des Aufsteigens in den Stufen abweichend von Absatz 3 zu berechnen, soweit die Berechnung nach Absatz 3 zu einem unbilligen Ergebnis führt. Der Berechnung ist der erste des Monats der erneuten Begründung des Beamtenverhältnisses und das neue Eingangsamt zugrunde zu legen. Dieser Zeitpunkt kann höchstens um die in § 32 Abs. 1 genannten Zeiten vorverlegt werden; die Zeit der hauptberuflichen Tätigkeit in dem früheren Beamtenverhältnis gilt dabei als berücksichtigungsfähige Zeit nach § 32 Abs. 1. § 32 Abs. 3 findet Anwendung.

§ 32 Berücksichtigungsfähige Zeiten

(1) Berücksichtigungsfähige Zeiten nach § 31 Abs. 3 Satz 2 sind:
1. Zeiten einer hauptberuflichen Tätigkeit als Beamter oder Pfarrer im Dienst von öffentlich-rechtlichen Religionsgesellschaften und ihren Verbänden,
2. Zeiten einer hauptberuflichen Tätigkeit als Arbeitnehmer im Dienst eines öffentlich-rechtlichen Dienstherrn oder im Dienst von öffentlich-rechtlichen Religionsgesellschaften und ihren Verbänden, die nicht Voraussetzung für den Erwerb der Laufbahnbefähigung sind,
3. (weggefallen)
4. Zeiten als Soldat auf Zeit oder als Berufssoldat,
5. Zeiten eines Wehrdienstes nach dem Wehrpflichtgesetz oder Zeiten eines Zivildienstes nach dem Zivildienstgesetz; Zeiten als Entwicklungshelfer (§ 1 des Entwicklungshelfer-Gesetzes) und Zeiten eines freiwilligen sozialen oder ökologischen Jahres werden bis zur Dauer des gesetzlich geforderten

§§ 33–34 Landesbesoldungsgesetz (LBesGBW) **III.1**

Zivildienstes wie Zeiten eines Zivildienstes behandelt, wenn diese Zeiten zu einer Befreiung vom Zivildienst geführt haben,

6. Zeiten einer Eignungsübung nach dem Eignungsübungsgesetz,

7. Verfolgungszeiten nach dem Beruflichen Rehabilitierungsgesetz, soweit eine Erwerbstätigkeit, die einem Dienst bei einem öffentlich-rechtlichen Dienstherrn (§ 33) entspricht, nicht ausgeübt werden konnte.

Sonstige Zeiten einer hauptberuflichen Tätigkeit, die nicht Voraussetzung für den Erwerb der Laufbahnbefähigung sind oder diese Voraussetzung ersetzen, können insgesamt bis zu zehn Jahren berücksichtigt werden, soweit diese für die Verwendung des Beamten förderlich sind, sofern die hauptberufliche Tätigkeit mindestens

a) auf der Qualifikationsebene eines Ausbildungsberufs und

b) sechs Monate ohne Unterbrechung

ausgeübt wurde. Die Entscheidung darüber, ob und in welchem Umfang sonstige Zeiten als berücksichtigungsfähig anerkannt werden, trifft die oberste Dienstbehörde oder die von ihr bestimmte Stelle. Zeiten nach den vorstehenden Sätzen werden durch Unterbrechungszeiten nach Absatz 2 nicht vermindert.

(2) Abweichend von § 31 Abs. 2 Satz 2 wird der Aufstieg in den Stufen durch folgende Zeiten nicht verzögert:

1. berücksichtigungsfähige Zeiten nach Absatz 1 nach der ersten Ernennung mit Anspruch auf Dienstbezüge bei einem öffentlich-rechtlichen Dienstherrn im Geltungsbereich des Grundgesetzes,

2. Zeiten einer Kinderbetreuung bis zu drei Jahren für jedes Kind,

3. Zeiten der tatsächlichen Pflege von nach ärztlichem Gutachten pflegebedürftigen nahen Angehörigen (Eltern, Schwiegereltern, Eltern von eingetragenen Lebenspartnern, Ehegatten, eingetragenen Lebenspartnern, Geschwistern oder Kindern) bis zu drei Jahren für jeden nahen Angehörigen,

4. Zeiten einer Beurlaubung ohne Dienstbezüge, die nach gesetzlichen Bestimmungen dienstlichen Interessen dient; dies gilt auch, wenn durch die oberste Dienstbehörde oder die von ihr bestimmte Stelle schriftlich anerkannt ist, dass der Urlaub ohne Dienstbezüge dienstlichen Interessen dient.

(3) Die Summe der Zeiten nach Absatz 1 wird auf volle Monate aufgerundet.

(4) Hauptberuflich ist eine Tätigkeit, die entgeltlich erbracht wird, den Schwerpunkt der beruflichen Tätigkeit darstellt und in dem in einem Beamtenverhältnis zulässigen Umfang abgeleistet wird; hierbei ist auf die beamtenrechtlichen Vorschriften des Landes Baden-Württemberg im jeweiligen Zeitpunkt der Tätigkeit abzustellen.

§ 33 Öffentlich-rechtliche Dienstherrn

(1) Öffentlich-rechtliche Dienstherrn im Sinne der §§ 31 und 32 sind der Bund, die Länder, die Gemeinden (Gemeindeverbände) und andere Körperschaften, Anstalten und Stiftungen des öffentlichen Rechts mit Ausnahme der öffentlich-rechtlichen Religionsgesellschaften und ihrer Verbände.

(2) Der Tätigkeit im Dienst eines öffentlich-rechtlichen Dienstherrn stehen gleich:

1. für Staatsangehörige eines Mitgliedstaats der Europäischen Union die ausgeübte gleichartige Tätigkeit im öffentlichen Dienst einer Einrichtung der Europäischen Union oder im öffentlichen Dienst eines Mitgliedstaats der Europäischen Union und

2. die von volksdeutschen Vertriebenen und Spätaussiedlern ausgeübte gleichartige Tätigkeit im Dienst eines öffentlich-rechtlichen Dienstherrn ihres Herkunftslandes.

§ 34 Nicht zu berücksichtigende Dienstzeiten

(1) § 31 Abs. 1 Satz 3 und Abs. 3 Satz 1 sowie § 32 Abs. 1 gelten nicht für Zeiten einer Tätigkeit für das Ministerium für Staatssicherheit oder das Amt für Nationale Sicherheit der ehemaligen Deutschen Demokratischen Republik. Dies gilt auch für Zeiten, die vor einer solchen Tätigkeit zurückgelegt worden sind.

Satz 1 gilt auch für Zeiten einer Tätigkeit als Angehöriger der Grenztruppen der ehemaligen Deutschen Demokratischen Republik.

(2) Absatz 1 Sätze 1 und 2 gelten auch für Zeiten einer Tätigkeit, die aufgrund einer besonderen persönlichen Nähe zum System der ehemaligen Deutschen Demokratischen Republik übertragen war. Das Vorliegen dieser Voraussetzung wird insbesondere widerlegbar vermutet, wenn der Beamte

1. vor oder bei Übertragung der Tätigkeit eine hauptamtliche oder hervorgehobene ehrenamtliche Funktion in der Sozialistischen Einheitspartei Deutschlands, dem Freien Deutschen Gewerkschaftsbund, der Freien Deutschen Jugend oder einer vergleichbaren systemunterstützenden Partei oder Organisation innehatte oder

2. als mittlere oder obere Führungskraft in zentralen Staatsorganen, als obere Führungskraft beim Rat eines Bezirks, als Vorsitzender des Rates eines Kreises oder einer kreisfreien Stadt oder in einer vergleichbaren Funktion tätig war oder

3. hauptamtlich Lehrender an den Bildungseinrichtungen der staatstragenden Parteien oder einer Massen- oder gesellschaftlichen Organisation war oder

4. Absolvent der Akademie für Staat und Recht oder einer vergleichbaren Bildungseinrichtung war.

3. Unterabschnitt:
Vorschriften für Richter und Staatsanwälte

§ 35 Landesbesoldungsordnung R

Die Ämter der Richter und Staatsanwälte und ihre Besoldungsgruppen sind in der Landesbesoldungsordnung R (Anlage 3) geregelt. Die Grundgehaltssätze der Besoldungsgruppen sind in Anlage 8 ausgewiesen. Die Sätze 1 und 2 gelten auch für die Ämter der badischen Amtsnotare.

§ 36 Bemessung des Grundgehalts in der Landesbesoldungsordnung R

(1) Die Höhe des Grundgehalts in den Besoldungsgruppen der Landesbesoldungsordnung R wird nach Stufen bemessen, soweit gesetzlich nichts anderes bestimmt ist. Die §§ 31 bis 34 gelten entsprechend mit folgenden Maßgaben:

1. Das Grundgehalt steigt im Abstand von zwei Jahren bis zum Erreichen des Endgrundgehalts,

2. § 31 Abs. 5 findet keine Anwendung.

(2) Das Aufsteigen in den Stufen beginnt mit dem Anfangsgrundgehalt der jeweiligen Besoldungsgruppe mit Wirkung vom ersten des Monats, in dem die erste Ernennung zum Richter oder Staatsanwalt mit Anspruch auf Dienstbezüge im Geltungsbereich des Grundgesetzes wirksam wird. Bestand vor diesem Zeitpunkt ein Beamtenverhältnis mit Anspruch auf Dienstbezüge zu einem Dienstherrn im Geltungsbereich des Grundgesetzes, tritt der Zeitpunkt der Ernennung in dieses Beamtenverhältnis an die Stelle der ersten Ernennung zum Richter oder Staatsanwalt. § 31 Abs. 7 gilt entsprechend.

4. Unterabschnitt:
Vorschriften für Hochschullehrer sowie hauptberufliche Leiter und Mitglieder von Leitungsgremien an Hochschulen

§ 37 Landesbesoldungsordnung W

Die Ämter der Hochschullehrer nach dem Landeshochschulgesetz (Professoren und Juniorprofessoren) und ihre Besoldungsgruppen sind in der Landesbesoldungsordnung W (Anlage 4) geregelt. Die Grundgehaltssätze der Besoldungsgruppen sind in Anlage 9 ausgewiesen. Die Sätze 1 und 2 gelten auch für

1. hauptberufliche Leiter und Mitglieder von Leitungsgremien an Hochschulen, die nicht Hochschullehrer sind,

2. hauptberufliche Leiter und Mitglieder von Leitungsgremien am Karlsruher Institut für Technologie (KIT),

3. Universitätsprofessoren am KIT, Juniorprofessoren am KIT und Wissenschaftliche Direktoren und Professoren am KIT.

§ 38 Leistungsbezüge

(1) In den Besoldungsgruppen W 2 und W 3 werden nach Maßgabe der nachfolgenden

Vorschriften neben dem als Mindestbezug gewährten Grundgehalt variable Leistungsbezüge vergeben:

1. aus Anlass von Berufungs- und Bleibeverhandlungen (Berufungs- und Bleibeleistungsbezüge),
2. für besondere Leistungen in Forschung, Lehre, Kunst, Weiterbildung und Nachwuchsförderung und am KIT auch für die Mitwirkung an Forschung und Entwicklung nach Maßgabe von § 14a Absatz 1 Nummer 2 des KIT-Gesetzes (KITG) und Mitwirkung an der Gewinnung von Innovationen nach Maßgabe von § 14a Absatz 1 Nummer 3 KITG (besondere Leistungsbezüge) sowie
3. für die Wahrnehmung von Funktionen oder besonderen Aufgaben im Rahmen der Hochschulselbstverwaltung, der Hochschulleitung oder der Leitung des KIT (Funktionsleistungsbezüge). Funktionsleistungsbezüge können am KIT auch für die Dauer der Wahrnehmung von organisatorisch ausgewiesenen herausgehobenen Funktionen oder besonderen Aufgaben im KIT vergeben werden, die nicht oder nicht nur hochschulischer Natur sind.

(2) Die Leistungsbezüge dürfen den Unterschiedsbetrag zwischen den Grundgehältern der Besoldungsgruppe W 3 und der Besoldungsgruppe B 10 übersteigen, wenn dies erforderlich ist, um einen Professor aus dem Bereich außerhalb der deutschen Hochschulen zu gewinnen oder um die Abwanderung eines Professors in den Bereich außerhalb der deutschen Hochschulen abzuwenden. Das KIT steht insoweit einer deutschen Hochschule gleich. Die Leistungsbezüge dürfen den Unterschiedsbetrag ferner übersteigen, wenn ein Professor bereits an seiner bisherigen Hochschule oder am KIT Leistungsbezüge erhält, die den Unterschiedsbetrag erreichen oder übersteigen und dies erforderlich ist, um den Professor für eine andere deutsche Hochschule oder das KIT zu gewinnen oder seine Abwanderung an eine andere deutsche Hochschule oder das KIT zu verhindern. Die Sätze 1 bis 3 gelten entsprechend für hauptberufliche Leiter und Mitglieder von Leitungsgremien an Hochschulen sowie am KIT, die nicht Professoren sind. Einmalzahlungen dürfen den Unterschiedsbetrag übersteigen.

(3) Leistungsbezüge nach Absatz 1 Nr. 1 werden befristet, unbefristet oder als Einmalzahlung gewährt. Unbefristete Leistungsbezüge nehmen nur dann an den regelmäßigen Besoldungsanpassungen (§ 16) teil, wenn dies in Berufungs- und Bleibeverhandlungen festgelegt wird. Befristete Leistungsbezüge sind von Anpassungen nach Satz 2 ausgenommen.

(4) Leistungsbezüge nach Absatz 1 Nr. 2 werden befristet, unbefristet oder als Einmalzahlung gewährt. Die Leistungsbezüge nehmen an den regelmäßigen Besoldungsanpassungen nicht teil. Sie sind zu widerrufen, wenn aus von dem Beamten zu vertretenden Gründen die besonderen Leistungen nach Absatz 1 Nr. 2 nicht mehr oder in wesentlich geringerem Maße erbracht werden.

(5) Leistungsbezüge nach Absatz 1 Nr. 3 werden für die Dauer der Wahrnehmung der Funktion oder Aufgabe gewährt. Sie nehmen an den regelmäßigen Besoldungsanpassungen teil, wenn sie für die Wahrnehmung der Funktionen der hauptberuflichen Leiter und Mitglieder von Leitungsgremien an Hochschulen sowie am KIT gewährt werden. Andere Leistungsbezüge nach Absatz 1 Nr. 3 nehmen daran nicht teil. Daneben können für besonders herausragende Leistungen in Führungsfunktionen Einmalzahlungen gewährt werden. Funktionsleistungsbezüge im Sinne von § 38 Absatz 1 Nummer 3 Satz 2 für nicht hauptamtliche Funktionen am KIT können während der Dauer der Wahrnehmung der Funktion oder Aufgabe in mehrjährigen Abständen erhöht und dabei neben den individuell in der Funktion erbrachten Leistungen und der Bedeutung der Funktion im Gesamtgefüge des KIT auch regelmäßige Besoldungsanpassungen angemessen berücksichtigt werden. An nicht hauptamtliche Funktionsträger können keine Funktionsleistungsbezüge im Sinne von § 38 Absatz 1 Nummer 3 Satz 2 als Einmalzahlung gewährt werden.

(6) Unbefristete Leistungsbezüge nach Absatz 1 Nr. 1 und 2 sind zusammen neben einem Grundgehalt der Besoldungsgruppe W 2 bis zur Höhe von 21 Prozent und neben einem Grundgehalt der Besoldungsgruppe W 3 bis zur Höhe von 28 Prozent des jeweiligen Grundgehalts ruhegehaltfähig, soweit sie jeweils mindestens zwei Jahre bezogen worden sind. Befristete Leistungsbezüge nach Absatz 1 Nr. 1 und 2 können im Rahmen des Satzes 1 frühestens nach jeweils zehnjährigem Bezug für ruhegehaltfähig erklärt werden. Befristete und unbefristete Leistungsbezüge nach Absatz 1 Nr. 1 und 2 können in Ausnahmefällen zusammen insgesamt neben einem Grundgehalt der Besoldungsgruppe W 2 bis zur Höhe von 55 Prozent und neben einem Grundgehalt der Besoldungsgruppe W 3 bis zur Höhe von 65 Prozent des jeweiligen Grundgehalts für ruhegehaltfähig erklärt werden.

(7) Leistungsbezüge nach Absatz 1 Nr. 3 an hauptamtliche Leiter und Mitglieder von Leitungsgremien an Hochschulen sowie am KIT sind ruhegehaltfähig, soweit sie diese Bezüge mindestens zwei Jahre bezogen haben, sofern sie aus dem Beamtenverhältnis auf Zeit in den Ruhestand treten oder in den Ruhestand versetzt werden. In anderen Fällen erhöhen Leistungsbezüge nach Absatz 1 Nr. 3 die ruhegehaltfähigen Dienstbezüge aus einem Beamtenverhältnis auf Lebenszeit. Die Leistungsbezüge nach Absatz 1 Nr. 3 erhöhen in den Fällen des Satzes 2 die ruhegehaltfähigen Dienstbezüge aus dem Beamtenverhältnis auf Lebenszeit um ein Viertel des Leistungsbezugs, soweit dieser mindestens fünf Jahre bezogen worden ist, oder um die Hälfte des Leistungsbezugs, soweit dieser mindestens zehn Jahre bezogen worden ist.

(8) Einmalzahlungen sind nicht ruhegehaltfähig. Sie dürfen in der Regel nur einmal jährlich und aus demselben Anlass nicht mehrfach gewährt werden.

(9) Von der Hochschule festgesetzte Leistungsbezüge werden im Falle von Gemeinsamen Berufungen mit einer außeruniversitären Forschungseinrichtung bei einer Beurlaubung ohne Dienstbezüge nach Maßgabe der vorstehenden Absätze ruhegehaltfähig, soweit dafür ein entsprechender Versorgungszuschlag entrichtet wird. Vom KIT festgesetzte Leistungsbezüge werden in den Fällen des § 39 Absatz 6 Nummer 3 nach Maßgabe der vorstehenden Absätze nur dann ruhegehaltfähig, soweit dafür der nach Landesrecht geltende Versorgungszuschlag entrichtet wird.

(10) Das für die jeweilige Hochschule oder das KIT zuständige Ministerium wird ermächtigt, nach Maßgabe der vorstehenden Absätze das Nähere zur Gewährung von Leistungsbezügen zu regeln. In der Rechtsverordnung sind Regelungen insbesondere zum Vergaberahmen, zur Ruhegehaltfähigkeit, beim Zusammentreffen mehrerer ruhegehaltfähiger Leistungsbezüge, zum Vergabeverfahren, zur Zuständigkeit für die Vergabe sowie zu den weiteren Voraussetzungen und den Kriterien der Vergabe zu treffen. Die Rechtsverordnung ergeht im Einvernehmen mit dem Finanzministerium.

§ 39 Vergaberahmen und Besoldungsdurchschnitte

(1) Der Gesamtbetrag der Leistungsbezüge (Vergaberahmen) ist für die Universitäten und gleichgestellten Hochschulen (Kunsthochschulen, Pädagogische Hochschulen) sowie für die Hochschulen für angewandte Wissenschaften des Landes so zu bemessen, dass die durchschnittlichen Besoldungsausgaben für die in den Besoldungsgruppen W 2 und W 3 sowie C 2 bis C 4 eingestuften Professoren den durchschnittlichen Besoldungsausgaben für diesen Personenkreis (Besoldungsdurchschnitt) im Jahr 2001 entsprechen. Der Besoldungsdurchschnitt ist für den Bereich der Universitäten und gleichgestellten Hochschulen sowie für den Bereich der Hochschulen für angewandte Wissenschaften getrennt zu berechnen. Die durchschnittlichen Besoldungsausgaben für einen Professor im Dienst des Landes wurden für das Jahr 2001 für die Universitäten und gleichgestellten Hochschulen auf 74 000 Euro und für die Hochschulen für angewandte Wissenschaften auf 61 000 Euro festgestellt. Der Besol-

dungsdurchschnitt kann jährlich um durchschnittlich 2 Prozent, insgesamt höchstens um 10 Prozent überschritten werden, soweit zu diesem Zweck Haushaltsmittel bereitgestellt sind. Für das KIT gilt der für die Universitäten maßgebliche Besoldungsdurchschnitt entsprechend.

(2) Der Vergaberahmen ist für die Duale Hochschule so zu bemessen, dass die durchschnittlichen Besoldungsausgaben für die in den Besoldungsgruppen W 2 und W 3 sowie A 14 bis A 16 eingestuften Professoren den durchschnittlichen Besoldungsausgaben für diesen Personenkreis (Besoldungsdurchschnitt) im Jahr 2007 entsprechen. Die durchschnittlichen Besoldungsausgaben für einen Professor an der Dualen Hochschule wurden für das Jahr 2007 auf 59 155 Euro festgestellt. Der Besoldungsdurchschnitt ist bis zum Jahr 2018 schrittweise an den Besoldungsdurchschnitt der Hochschulen für angewandte Wissenschaften anzugleichen; das Finanzministerium kann ihn zur Erreichung dieses Ziels jährlich um bis zu 2 Prozent erhöhen, soweit zu diesem Zweck Haushaltsmittel bereitgestellt sind.

(3) Die Besoldungsdurchschnitte nehmen an den regelmäßigen Besoldungsanpassungen teil; zur Berücksichtigung der nicht an Besoldungserhöhungen teilnehmenden Besoldungsbestandteile kann ein pauschaler Abschlag vorgesehen werden. Veränderungen in der Stellenstruktur sind zu berücksichtigen. Das Finanzministerium gibt die jeweils maßgeblichen Besoldungsdurchschnitte durch Verwaltungsvorschrift im Gemeinsamen Amtsblatt bekannt.

(4) Zu den laufenden Besoldungsausgaben im Sinne der Absätze 1 und 2 zählen die Dienstbezüge nach § 1 Absatz 2 Nummern 1, 2, 4 und 5 sowie die Dienstbezüge nach § 1 Abs. 2 Nr. 2 des Bundesbesoldungsgesetzes (BBesG) in der bis zum 22. Februar 2002 geltenden Fassung.

(5) Bei der Berechnung des Vergaberahmens sind die hauptberuflichen Leiter und Mitglieder von Leitungsgremien an Hochschulen sowie die auf Stellen der Universitätsaufgabe geführten hauptberuflichen Leiter und Mitglieder von Leitungsgremien am KIT und die hierfür aufgewandten Besoldungsausgaben einzubeziehen.

(6) Werden Mittel Dritter den Hochschulen oder dem KIT für die Besoldung von Professoren zur Verfügung gestellt, gilt Folgendes:

1. Soweit Planstellen für Professoren durch Mittel Dritter finanziert werden, sind diese und die darauf entfallenden Besoldungsausgaben nicht in die Berechnung des Vergaberahmens einzubeziehen,

2. der Vergaberahmen kann für nicht ruhegehaltfähige Leistungsbezüge nach § 38 Abs. 1 Nr. 1 und 2 vom Rektorat der Hochschule oder vom Vorstand des KIT aus Mitteln privater Dritter erhöht werden, wenn und soweit die Dritten diese Beträge der Hochschule ausdrücklich für diesen Zweck und ohne Bindung an eine bestimmte Person zur Verfügung gestellt haben,

3. soweit Planstellen am KIT, die aus Mitteln der Großforschungsaufgabe nach § 2 Absatz 3 KITG oder aus sonstigen Mitteln des Bundes finanziert und in einem gesonderten Stellenplan geführt werden, sind diese und die darauf entfallenden Besoldungsausgaben nicht in die Berechnung des Vergaberahmens einzubeziehen. Die Finanzierung der einzelnen Stellen muss dauerhaft alle hierauf entfallenden Kosten umfassen, die durch die konkrete Besetzung entstehen. Dies muss vor der jeweiligen Besetzung der Stelle vom Mittelgeber verbindlich zugesagt werden,

4. bei einer Personalkostenerstattung im Rahmen von Gemeinsamen Berufungen werden die erstatteten Besoldungsausgaben, soweit sie zu einer Überschreitung des für die jeweilige Hochschule oder für das KIT maßgebenden Besoldungsdurchschnitts führen, bei der Berechnung des Vergaberahmens nur bis zur Höhe dieses Besoldungsdurchschnitts berücksichtigt.

Die Drittmittel nach Satz 1 Nummer 2 sind bei der Drittmittelverwaltung gesondert auszuweisen.

(7) Sofern an Hochschulen eine leistungsbezogene Planaufstellung und -bewirtschaftung nach § 7a der Landeshaushaltsordnung für Baden-Württemberg in Verbindung mit § 13 des Landeshochschulgesetzes eingeführt ist, ist sicherzustellen, dass der Besoldungsdurchschnitt eingehalten wird. Im Rahmen der Haushaltsflexibilisierung erwirtschaftete Mittel, die keine Personalausgaben darstellen, beeinflussen den Vergaberahmen nicht. Der Vergaberahmen nach Absatz 1 und 2 kann für die Vergabe von Einmalzahlungen oder befristeten Leistungsbezügen in Ausnahmefällen durch Umschichtungen bei den Personalkosten aus vorübergehend nicht besetzten Planstellen für Professoren erhöht werden. Die Schöpfungsbeträge werden jährlich durch das Wissenschaftsministerium im Einvernehmen mit dem Finanzministerium festgelegt.

(8) Die Absätze 1 bis 7 gelten entsprechend für Professoren sowie hauptberufliche Leiter und Mitglieder von Leitungsgremien an Hochschulen sowie am KIT, die in einem privatrechtlichen Dienstverhältnis stehen und auf Planstellen für Beamte der Besoldungsgruppen W 2 und W 3 geführt werden.

3. Abschnitt: Familienzuschlag

§ 40 Grundlage des Familienzuschlags

Der Familienzuschlag besteht aus einem ehebezogenen und einem kinderbezogenen Teil sowie einem Familienergänzungszuschlag. Seine Höhe richtet sich nach den Anlagen 12 und 12a. Bei ledigen Beamten, die aufgrund dienstlicher Verpflichtungen in einer Gemeinschaftsunterkunft wohnen, wird der in Anlage 12 ausgebrachte Betrag auf das Grundgehalt angerechnet.

§ 41 Familienzuschlag

(1) Den ehebezogenen Teil des Familienzuschlags erhalten

1. verheiratete Beamte und Richter,

2. eingetragene Lebenspartner nach dem Lebenspartnerschaftsgesetz,

3. verwitwete Beamte und Richter, sowie hinterbliebene Beamte und Richter aus einer eingetragenen Lebenspartnerschaft,

4. geschiedene Beamte und Richter sowie Beamte und Richter, deren Ehe oder Lebenspartnerschaft aufgehoben oder für nichtig erklärt ist, wenn sie aus der Ehe oder Lebenspartnerschaft zum Unterhalt verpflichtet sind, sofern diese Unterhaltsverpflichtung mindestens die Höhe des ehebezogenen Teils des Familienzuschlags nach Anlage 12 erreicht,

5. andere Beamte und Richter, die eine andere Person nicht nur vorübergehend in ihre Wohnung aufgenommen haben und ihr Unterhalt gewähren, weil sie gesetzlich oder sittlich dazu verpflichtet sind oder aus beruflichen oder gesundheitlichen Gründen ihrer Hilfe bedürfen. Dies gilt bei gesetzlicher oder sittlicher Verpflichtung zur Unterhaltsgewährung nicht, wenn für den Unterhalt der aufgenommenen Person Mittel zur Verfügung stehen, die, bei einem Kind einschließlich des gewährten Kindergeldes und des kinderbezogenen Teils des Familienzuschlags, das Sechsfache des Betrags des ehebezogenen Teils des Familienzuschlags übersteigen; kurzfristige Überschreitungen dieser Grenze während höchstens zwei Monaten im Kalenderjahr bleiben hierbei unberücksichtigt. Als in die Wohnung aufgenommen gilt ein Kind auch, wenn der Beamte oder Richter es auf seine Kosten anderweitig untergebracht hat, ohne dass dadurch die häusliche Verbindung mit ihm aufgehoben werden soll. Beanspruchen mehrere nach dieser Vorschrift oder einer vergleichbaren Regelung Anspruchsberechtigte einen ehebezogenen Teil des Familienzuschlags oder eine entsprechende Leistung, wird der ehebezogene Teil des Familienzuschlags nach der Zahl der Berechtigten anteilig gewährt; Absatz 2 Satz 3 gilt entsprechend.

(2) Steht der Ehegatte oder Lebenspartner eines Beamten oder Richters als Beamter, Richter oder Soldat im öffentlichen Dienst und stünde ihm ebenfalls ein ehebezogener Teil des Familienzuschlags oder eine entspre-

chende Leistung zu, so erhält der Beamte oder Richter den ehebezogenen Teil des Familienzuschlags zur Hälfte; hierbei steht einem Beamten gleich, wer in einem anderen Rechtsverhältnis steht, auf das die Regelungen dieses Gesetzes zum Familienzuschlag aufgrund einer Rechtsvorschrift entsprechende Anwendung finden. § 8 findet auf den Betrag keine Anwendung, wenn einer der Ehegatten oder Lebenspartner vollbeschäftigt oder nach beamtenrechtlichen Grundsätzen versorgungsberechtigt ist oder beide Ehegatten oder Lebenspartner in Teilzeit beschäftigt sind und dabei zusammen mindestens die regelmäßige Arbeitszeit bei Vollzeitbeschäftigung erreichen. Eine entsprechende Leistung im Sinne des Satzes 1 liegt vor, wenn die Leistung, bei Versorgungsempfängern der entsprechende ruhegehaltfähige Dienstbezug, monatlich gewährt wird und mindestens 40 Prozent des Betrags des ehebezogenen Teils des Familienzuschlags erreicht. Satz 1 gilt nicht, wenn beide Ehegatten oder Lebenspartner in Teilzeit beschäftigt sind und dabei zusammen die regelmäßige Arbeitszeit bei Vollzeitbeschäftigung nicht erreichen; § 8 bleibt unberührt.

(3) Einen kinderbezogenen Teil des Familienzuschlags für jedes Kind erhalten Beamte und Richter, denen Kindergeld nach dem Einkommensteuergesetz oder nach dem Bundeskindergeldgesetz zusteht oder ohne Berücksichtigung der §§ 64 oder 65 des Einkommensteuergesetzes oder der §§ 3 oder 4 des Bundeskindergeldgesetzes zustehen würde.

(4) Stünde neben dem Beamten oder Richter einer anderen Person im öffentlichen Dienst ein kinderbezogener Teil des Familienzuschlags oder eine entsprechende Leistung für ein oder mehrere Kinder zu, so wird der auf das jeweilige Kind entfallende Betrag des Familienzuschlags dem Beamten oder Richter gewährt, wenn und soweit ihm das Kindergeld nach dem Einkommensteuergesetz oder nach dem Bundeskindergeldgesetz gewährt wird oder ohne Berücksichtigung des § 65 des Einkommensteuergesetzes oder des § 4 des Bundeskindergeldgesetzes vorrangig zu gewähren wäre. Auf das Kind entfällt derjenige Betrag, der sich aus der für die Anwendung des Einkommensteuergesetzes oder des Bundeskindergeldgesetzes maßgebenden Reihenfolge der Kinder ergibt. § 8 findet auf den Betrag keine Anwendung, wenn einer der Anspruchsberechtigten im Sinne des Satzes 1 vollbeschäftigt oder nach beamtenrechtlichen Grundsätzen versorgungsberechtigt ist oder mehrere Anspruchsberechtigte in Teilzeit beschäftigt sind und dabei zusammen mindestens die regelmäßige Arbeitszeit bei Vollzeitbeschäftigung erreichen. Eine entsprechende Leistung im Sinne des Satzes 1 liegt vor, wenn kinderbezogene Leistungen nach Besoldungs- oder Versorgungsgesetzen oder Besitzstandszulagen nach den Überleitungstarifverträgen zum TVöD oder TV-L oder einem zu diesen vergleichbaren Tarifvertrag gewährt werden. Zudem muss die Leistung monatlich gewährt werden und mindestens 80 Prozent des Betrags des kinderbezogenen Teils des Familienzuschlags für erste Kinder erreichen; hierbei bleibt der besoldungsgruppenabhängig gewährte Erhöhungsbetrag unberücksichtigt.

(5) Öffentlicher Dienst im Sinne der Absätze 2 und 4 ist die Tätigkeit im Dienst des Bundes, eines Landes, einer Gemeinde oder anderer Körperschaften, Anstalten und Stiftungen des öffentlichen Rechts oder der Verbände von solchen, sowie die Versorgungsberechtigung aufgrund einer solchen Tätigkeit; ausgenommen ist die Tätigkeit bei öffentlich-rechtlichen Religionsgesellschaften oder ihren Verbänden. Dem öffentlichen Dienst steht die Tätigkeit im Dienst einer zwischenstaatlichen oder überstaatlichen Einrichtung gleich, an der der Bund oder eine der in Satz 1 bezeichneten Körperschaften oder einer der dort bezeichneten Verbände durch Zahlung von Beiträgen oder Zuschüssen oder in anderer Weise beteiligt ist. Die Entscheidung, ob die Voraussetzungen erfüllt sind, trifft das Landesamt für Besoldung und Versorgung Baden-Württemberg.

(6) Wegen der Erhebung und des Austausches der zur Durchführung dieser Vorschrift erforderlichen personenbezogenen Daten durch die Bezügestellen des öffentlichen Dienstes (Absatz 5) wird auf die §§ 83 und 85 Abs. 4 LBG verwiesen.

**Entscheidung des Verfassungsgerichtshofs
für das Land Baden-Württemberg
vom 12. Juli 2024 (GBl. Nr. 69)**

Aus dem Urteil des Verfassungsgerichtshofs für das Land Baden-Württemberg vom 12. Juli 2024 – 1 GR 24/22 – wird folgende Entscheidungsformel veröffentlicht:

§ 41 Abs. 4 Satz 3 in Verbindung mit Satz 1 des Landesbesoldungsgesetzes Baden-Württemberg vom 9. November 2010 (GBl. S. 793) ist mit Art. 2 Abs. 1 der Verfassung des Landes Baden-Württemberg in Verbindung mit Art. 3 Abs. 1 des Grundgesetzes für die Bundesrepublik Deutschland unvereinbar, soweit in Teilzeit beschäftigte Anspruchsberechtigte, die zusammen nicht die regelmäßige Arbeitszeit bei Vollbeschäftigung erreichen, den kinderbezogenen Teil des Familienzuschlags nicht entsprechend der Summe ihrer regelmäßigen Arbeitszeit erhalten.

Der Gesetzgeber hat bis spätestens 31. Dezember 2025 eine verfassungskonforme Neuregelung mit Wirkung zum 1. Januar 2024 zu treffen.

Die vorstehende Entscheidungsformel hat gemäß § 23 Abs. 1 Satz 1 Buchst. a des Gesetzes über den Verfassungsgerichtshof Gesetzeskraft.

§ 41a Familienergänzungszuschlag

(1) Bei Vorliegen der Voraussetzungen nach den Absätzen 2 bis 4 wird auf Antrag ein Familienergänzungszuschlag nach Anlage 12a gewährt.

(2) Anspruch auf den Familienergänzungszuschlag nach Anlage 12a haben Empfänger von Dienstbezügen,

1. die Anspruch auf einen kinderbezogenen Teil des Familienzuschlags für mindestens ein Kind haben und

2. deren Ehegatte oder deren eingetragener Lebenspartner über Einkommen aus aktueller oder früherer Erwerbstätigkeit nach Abzug von darauf entfallenden Steuern und Sozialabgaben im jeweiligen Kalenderjahr in Höhe von weniger als 6000 Euro verfügt.

(3) Einkommen aus aktueller oder früherer Erwerbstätigkeit im Sinne von Absatz 2 Nummer 2 sind insbesondere Einkünfte aus nichtselbstständiger Arbeit, Gewerbebetrieb, selbstständiger Arbeit oder Land- und Forstwirtschaft und Einnahmen aus Renten, Betriebsrenten, Leistungen aus einer berufsständischen Versorgungseinrichtung oder Versorgungsbezüge sowie vergleichbares ausländisches Einkommen und Einnahmen aus einer geringfügigen Beschäftigung im Sinne von § 8 Absatz 1 Nummer 1 oder § 8a des Vierten Buches Sozialgesetzbuch. Zum Einkommen im Sinne von Absatz 2 Nummer 2 zählen insbesondere auch Leistungen, die aufgrund oder in entsprechender Anwendung öffentlich-rechtlicher Vorschriften kurzfristig erbracht werden, um Erwerbseinkommen zu ersetzen (Erwerbsersatzeinkommen).

(4) Der Anspruchsberechtigte hat den Familienergänzungszuschlag bei der bezügezahlenden Stelle zu beantragen und das Vorliegen der Voraussetzungen nach Absatz 2 glaubhaft zu machen. Das Antragsverfahren soll vorzugsweise elektronisch erfolgen. Die Auszahlung erfolgt unter dem Vorbehalt der Rückforderung. Der Anspruchsberechtigte ist verpflichtet, der bezügezahlenden Stelle wesentliche Änderungen unverzüglich anzuzeigen. Das Vorliegen der Voraussetzungen ist von dem Anspruchsberechtigten nach Ablauf des Kalenderjahres endgültig nachzuweisen. Kommt der Anspruchsberechtigte der ihm auferlegten Mitwirkungspflichten schuldhaft nicht nach, ist der Familienergänzungszuschlag insoweit zurückzufordern.

(5) Der Familienergänzungszuschlag ist ein Familienzuschlag im Sinne dieses Gesetzes. Abweichend vom ehebezogenen und kinderbezogenen Teil des Familienzuschlags nach § 41 nimmt der Familienergänzungszuschlag nicht an den regelmäßigen Besoldungsanpassungen nach § 16 teil.

§ 42 Änderung des Familienzuschlags

Der Familienzuschlag wird vom Ersten des Monats an gezahlt, in den das hierfür maßgebende Ereignis fällt. Er wird nicht mehr gezahlt für den Monat, in dem die Anspruchsvoraussetzungen an keinem Tage vorgelegen haben. Die Sätze 1 und 2 gelten entsprechend für die Zahlung von Teilbeträgen des Familienzuschlags.

4. Abschnitt: Zulagen, Vergütungen, Zuschläge

1. Unterabschnitt: Amtszulagen und Strukturzulage

§ 43 Amtszulagen

(1) Zur Feindifferenzierung der Ämtereinstufung können für herausgehobene Funktionen Amtszulagen vorgesehen werden. Sie dürfen 75 Prozent des Unterschiedsbetrags zwischen dem Endgrundgehalt der Besoldungsgruppe des Beamten oder Richters und dem Endgrundgehalt der nächst höheren Besoldungsgruppe nicht übersteigen, soweit in diesem Gesetz nichts anderes bestimmt ist.

(2) Amtszulagen sind unwiderruflich und ruhegehaltfähig. Sie gelten als Bestandteil des Grundgehalts und nehmen an den regelmäßigen Besoldungsanpassungen nach § 16 teil.

(3) Die einzelnen Amtszulagen ergeben sich aus den §§ 44 und 45 sowie den Landesbesoldungsordnungen. Die Höhe der Amtszulagen ergibt sich aus Anlage 13.

§ 44 Amtszulage für die Leiter von besonders großen und besonders bedeutenden unteren Verwaltungsbehörden sowie die Leiter von Mittel- und Oberbehörden

(1) Für die Leiter von besonders großen und besonders bedeutenden unteren Verwaltungsbehörden sowie die Leiter von Mittelbehörden oder Oberbehörden können nach Maßgabe des Haushalts Planstellen der Besoldungsgruppe A 16 mit einer Amtszulage ausgestattet werden. Die Zahl der mit einer Amtszulage ausgestatteten Planstellen darf 30 Prozent der Zahl der Planstellen der Besoldungsgruppe A 16 für Leiter unterer Verwaltungsbehörden, Mittelbehörden oder Oberbehörden nicht überschreiten.

(2) Für die Leiter von Ämtern des Landesbetriebs Vermögen und Bau Baden-Württemberg gilt Absatz 1 entsprechend.

§ 45 Amtszulage für die Leiter von Gerichten mit Register- oder Grundbuchzuständigkeit

(1) Die Leiter von Gerichten mit Registerzuständigkeit erhalten eine Amtszulage.

(2) Die Leiter von Gerichten mit Grundbuchzuständigkeit erhalten eine Amtszulage.

(3) Treffen Amtszulagen nach Absatz 1 oder Absatz 2 mit anderen Amtszulagen zusammen, gilt § 43 Absatz 1 Satz 2 mit der Maßgabe, dass anstelle des Prozentsatzes von 75 ein Prozentsatz von 100 tritt. Dies gilt auch für den Fall, dass Amtszulagen nach Absatz 1 und 2 zusammentreffen oder die beiden Amtszulagen mit anderen Amtszulagen zusammentreffen. Wird der Prozentsatz von 100 überschritten, vermindert sich in den Fällen des Satzes 1 die nach Absatz 1 oder 2 gewährte Zulage um den übersteigenden Betrag; in den Fällen des Satzes 2 vermindert sich die Zulage nach Absatz 1 um den übersteigenden Betrag.

§ 46 Strukturzulage

Beamte in den Besoldungsgruppen A 7 bis A 13 erhalten eine unwiderrufliche, das Grundgehalt ergänzende, ruhegehaltfähige Strukturzulage. Satz 1 gilt nicht für

1. Lehrkräfte des gehobenen Dienstes sowie Inhaber von Schulleitungsämtern mit Ausnahme der Lehrer und Inhaber von Schulleitungsämtern in der Laufbahn der Fachlehrer und der Laufbahn der landwirtschaftstechnischen Lehrer und Berater,

2. Beamte in den Laufbahnen der Amtsanwälte und Notare.

Die Strukturzulage nimmt an den regelmäßigen Besoldungsanpassungen nach § 16 teil. Die Höhe der Strukturzulage ergibt sich aus Anlage 13.

2. Unterabschnitt: Stellenzulagen

§ 47 Stellenzulagen

(1) Für herausgehobene Funktionen können Stellenzulagen vorgesehen werden. Sie dürfen 75 Prozent des Unterschiedsbetrags zwischen dem Endgrundgehalt der Besoldungsgruppe des Beamten oder Richters und dem Endgrundgehalt der nächst höheren Besoldungsgruppe nicht übersteigen, soweit in diesem Gesetz nichts anderes bestimmt ist.

(2) Stellenzulagen dürfen nur für die Dauer der Wahrnehmung der herausgehobenen Funktion gewährt werden, soweit in diesem Gesetz nichts anderes bestimmt ist.

(3) Die Stellenzulagen nehmen an den regelmäßigen Besoldungsanpassungen nach § 16 nicht teil, es sei denn, ihre Höhe richtet sich nach einer dynamischen Bemessungsgrundlage dieses Gesetzes.

(4) Die einzelnen Stellenzulagen ergeben sich aus diesem Unterabschnitt. Sie sind widerruflich und nur ruhegehaltfähig, wenn dies gesetzlich bestimmt ist. Die Höhe der Stellenzulagen ergibt sich aus Anlage 14.

§ 48 Zulage für Beamte mit vollzugspolizeilichen Aufgaben

(1) Polizeivollzugsbeamte und Beamte des Steuerfahndungsdienstes in Ämtern der Landesbesoldungsordnung A erhalten eine Stellenzulage. Die Stellenzulage erhalten unter den gleichen Voraussetzungen auch Anwärter.

(2) Durch die Stellenzulage werden die Besonderheiten des jeweiligen Dienstes, insbesondere der mit dem Posten- und Streifendienst sowie dem Nachtdienst verbundene Aufwand sowie der Aufwand für Verzehr mit abgegolten.

(3) Die Stellenzulage wird nicht neben einer Stellenzulage nach § 57 Abs. 1 Nr. 2 gewährt.

§ 49 Zulage für Beamte der Feuerwehr

(1) Beamte in Ämtern der Landesbesoldungsordnung A im Einsatzdienst der Feuerwehr sowie Beamte, die entsprechend verwendet werden, erhalten eine Stellenzulage. Die Stellenzulage erhalten unter den gleichen Voraussetzungen auch Anwärter.

(2) Durch die Stellenzulage werden die Besonderheiten des Einsatzdienstes der Feuerwehr, insbesondere der mit dem Nachtdienst verbundene Aufwand sowie der Aufwand für Verzehr mit abgegolten.

§ 50 Zulage für Beamte bei Justizvollzugseinrichtungen und Psychiatrischen Krankenanstalten

(1) Beamte in Ämtern der Landesbesoldungsordnung A bei Justizvollzugseinrichtungen sowie in geschlossenen Abteilungen oder Stationen bei Psychiatrischen Krankenanstalten, die ausschließlich dem Vollzug von Maßregeln der Sicherung und Besserung dienen, und in Abschiebungshafteinrichtungen erhalten eine Stellenzulage. Die Stellenzulage erhalten unter den gleichen Voraussetzungen auch Anwärter.

(2) Die Stellenzulage wird nicht neben einer Stellenzulage nach § 51 gewährt. Für Beamte in Abschiebungshafteinrichtungen wird sie nicht neben einer Stellenzulage nach § 48 gewährt.

(3) Als Dienstzeit im Sinne der Anlage 14 zählen nicht nur Zeiten einer Tätigkeit nach Absatz 1 in einem Beamtenverhältnis, sondern auch entsprechende Zeiten als Arbeitnehmer im Dienst eines öffentlich-rechtlichen Dienstherrn.

§ 51 Zulage für Beamte des Justizwachtmeisterdienstes

(1) Beamte des Justizwachtmeisterdienstes

1. in abgeschlossenen Vorführbereichen der Gerichte oder
2. in einer Sicherheitsgruppe der Gerichte und Staatsanwaltschaften

erhalten eine Stellenzulage.

(2) Die Stellenzulage nach Absatz 1 Nummer 1 wird nicht neben einer Stellenzulage nach Absatz 1 Nummer 2 gewährt.

§ 52 Zulage für Beamte im Außendienst der Steuerverwaltung

(1) Beamte des mittleren Dienstes und des gehobenen Dienstes in der Steuerverwaltung erhalten für die Zeit ihrer überwiegenden Verwendung im Außendienst der Steuerprüfung eine Stellenzulage.

(2) Die Stellenzulage wird nicht neben einer Stellenzulage nach § 48 gewährt.

§ 53 Zulage für Beamte als fliegendes Personal

(1) Beamte in Ämtern der Landesbesoldungsordnung A erhalten

1. als Luftfahrzeugführer mit der Erlaubnis zum Führen von Luftfahrzeugen,

2. als sonstige ständige Luftfahrzeugbesatzungsangehörige

eine Stellenzulage, wenn sie entsprechend verwendet werden.

(2) Die zuletzt gewährte Stellenzulage wird nach Beendigung der Verwendung für fünf Jahre weitergewährt, wenn der Beamte

1. mindestens fünf Jahre in einer Tätigkeit nach Absatz 1 verwendet worden ist oder
2. bei der Verwendung nach Absatz 1 einen Dienstunfall im Flugdienst oder eine durch die Besonderheiten dieser Verwendung bedingte gesundheitliche Schädigung erlitten hat, die die weitere Verwendung nach Absatz 1 ausschließt.

Danach verringert sich die Stellenzulage auf 50 Prozent.

(3) Hat der Beamte einen Anspruch auf eine Stellenzulage nach Absatz 2 und wechselt er in eine weitere Verwendung über, mit der ein Anspruch auf eine geringere Stellenzulage nach Absatz 1 verbunden ist, so erhält er zusätzlich zu der geringeren Stellenzulage den Unterschiedsbetrag zu der Stellenzulage nach Absatz 2. Nach Beendigung der weiteren Verwendung wird die Stellenzulage nach Absatz 2 Sätze 1 und 2 nur weitergewährt, soweit sie noch nicht vor der weiteren Verwendung bezogen und auch nicht während der weiteren Verwendung durch den Unterschiedsbetrag zwischen der geringeren Stellenzulage und der Stellenzulage nach Absatz 2 abgegolten worden ist. Der Berechnung der Stellenzulage nach Absatz 2 Satz 2 wird die höhere Stellenzulage zugrunde gelegt.

(4) Die Stellenzulage ist für Beamte nach Absatz 1 im Umfang von 50 Prozent ruhegehaltfähig, wenn sie mindestens fünf Jahre bezogen worden ist oder das Dienstverhältnis durch Tod oder Dienstunfähigkeit infolge eines durch die Verwendung erlittenen Dienstunfalls oder einer durch die Besonderheiten dieser Verwendung bedingten gesundheitlichen Schädigung beendet worden ist.

(5) Die Stellenzulage wird neben einer Stellenzulage nach § 57 Abs. 1 Nr. 2 nur gewährt, soweit sie diese übersteigt. Abweichend von Satz 1 wird die Stellenzulage nach Absatz 1 neben einer Stellenzulage nach § 57 Abs. 1 Nr. 2 gewährt, soweit sie deren Hälfte übersteigt.

§ 54 Zulage für Beamte an Theatern

(1) Beamte der Staatstheater und Beamte bei kommunalen Theatern, bei denen die Eigenart des Theaterbetriebs besondere Aufwendungen und Erschwernisse mit sich bringt und die neben einer unregelmäßigen täglichen Arbeitszeit nicht nur gelegentlich, sondern in erheblichem Umfang Nacht-, Sonntags- und Feiertagsdienst sowie Abenddienst bei den Veranstaltungen zu leisten haben, erhalten eine Stellenzulage.

(2) Durch die Stellenzulage sind die Besonderheiten des Dienstes an Theatern, insbesondere die mit dem Dienst zu ungünstigen Zeiten und dem Nachtdienst verbundenen Erschwernisse sowie ein etwaiger durch diese Besonderheiten bedingter Aufwand abgegolten.

§ 55 Zulage für die Verwendung bei obersten Behörden des Bundes oder eines anderen Landes

Beamte und Richter erhalten während der Verwendung bei

1. obersten Gerichtshöfen des Bundes oder
2. obersten Behörden des Bundes oder
3. obersten Behörden eines Landes, das für Beamte oder Richter bei der Verwendung bei obersten Behörden eine Stellenzulage gewährt,

die Stellenzulage in der nach dem Besoldungsrecht des Bundes oder dieses Landes bestimmten Höhe, wenn der Dienstherr, für den der Beamte oder Richter tätig ist, diese in vollem Umfang erstattet. § 64 findet bei Beendigung der Verwendung keine Anwendung.

§ 56 Zulage für Beamte im Krankenpflegedienst

Beamte in Ämtern des Krankenpflegedienstes erhalten als

1. Erste Oberin/Erster Pflegevorsteher als Leiter eines Pflegedienstes mit mindestens 150 Pflegepersonen, Hauptpfleger/Hauptschwester oder Oberin/Pflegevorsteher,

2. Erste Oberin/Erster Pflegevorsteher als Leiter eines Pflegedienstes mit mindestens 300 Pflegepersonen,

bei Bestellung zum Mitglied der Krankenhausbetriebsleitung für die Dauer dieser Tätigkeit eine Stellenzulage.

§ 57 Weitere Stellenzulagen

(1) Eine Stellenzulage erhalten:

1. Beamte in Laufbahnen des mittleren Dienstes, in denen die Meisterprüfung oder die Abschlussprüfung als staatlich geprüfter Techniker vorgeschrieben ist, wenn sie die Prüfung bestanden haben,
2. Beamte, die beim Landesamt für Verfassungsschutz verwendet werden,
3. Geschäftsführende Schulleiter im Sinne von § 43 des Schulgesetzes für Baden-Württemberg,
4. Fachschulräte an Hochschulen für angewandte Wissenschaften und Pädagogischen Hochschulen sowie Erste Künstlerisch-technische Oberlehrer an den Staatlichen Akademien der Bildenden Künste und an der Staatlichen Hochschule für Gestaltung Karlsruhe,
5. Erste Landesbeamte in Ämtern der Landesbesoldungsordnung A,
6. Beamte, wenn sie als Nachprüfer von Luftfahrtgerät verwendet werden und die Nachprüferlaubnis besitzen; die Zulage wird nicht gewährt, wenn eine andere Prüferlaubnis die Nachprüferlaubnis lediglich einschließt,
7. Landwirtschaftliche oder Pädagogische Direktoren bei einem Schulbauernhof für die Dauer der Übertragung der Gesamtleitung des Schulbauernhofs,
8. (weggefallen)
9. Lehrkräfte, die Aufgaben im Rahmen der Lehrerausbildung oder -fortbildung ständig wahrnehmen,
10. Beamte der Laufbahnen des Vollzugsdienstes im Justizvollzug, wenn sie die staatliche Erlaubnis zur Führung der Berufsbezeichnung in einem Pflegeberuf, als Notfallsanitäter, als Rettungsassistent oder als medizinischer Fachangestellter besitzen und überwiegend im Krankenpflege- oder Sanitätsdienst verwendet werden,
11. Ärzte in Ämtern der Besoldungsgruppen A 13 und A 14 bei Justizvollzugseinrichtungen und Abschiebungshafteinrichtungen, sofern sie überwiegend Aufgaben der Partientenversorgung wahrnehmen,
12. Vollzugsleiter des Jugendarrestes,
13. Beamte, wenn sie in einer Landeserstaufnahmeeinrichtung überwiegend Umgang mit dort untergebrachten Personen haben; die Stellenzulage wird neben einer Stellenzulage nach § 48 nur gewährt, soweit sie diese übersteigt,
14. Beamte der Laufbahnen des Werkdienstes im Justizvollzug, die überwiegend Aufgaben im Rahmen der Beschäftigung von Gefangenen wahrnehmen; die Stellenzulage wird neben einer Stellenzulage nach § 57 Absatz 1 Nummer 1 nur gewährt, soweit sie diese übersteigt,
15. Beamte bei einem Regierungspräsidium, die als Bezirksbrandmeister bestellt sind.

(2) Die Stellenzulage nach Absatz 1 Nr. 4 ist ruhegehaltfähig; die Zahl der Stellen ist im Stellenplan des Haushalts festzulegen.

(3) Die Landesregierung wird ermächtigt, durch Rechtsverordnung das Nähere zu den Stellenzulagen nach Absatz 1 Nr. 9 zu regeln. Eine Stellenzulage darf nur vorgesehen werden, wenn die Wahrnehmung der in Absatz 1 Nr. 9 genannten Aufgaben nicht schon durch die Einstufung des Amtes berücksichtigt ist.

3. Unterabschnitt: Andere Zulagen

§ 58 (weggefallen)

§ 59 Zulage für Juniorprofessoren

(1) Juniorprofessoren (§ 51 des Landeshochschulgesetzes) können zur Gewinnung, zur Erhaltung und für besondere Leistungen eine nicht ruhegehaltfähige Zulage bis zur Höhe des Grundgehalts der Besoldungsgruppe W 1 erhalten. Über die Vergabe der Zulage entscheidet das Rektorat der Hochschule nach

Maßgabe des Landeshochschulgesetzes. Das der jeweiligen Hochschule zur Verfügung stehende Volumen für Zulagen nach Satz 1 beträgt 400 Euro pro Monat für jede mit einem Juniorprofessor besetzte Planstelle der Besoldungsgruppe W 1, die im Kapitel der Hochschule oder an anderen Stellen im Haushaltsplan veranschlagt und der Hochschule zugewiesen ist. Mittel für diese Zulage, die in einem Haushaltsjahr nicht in Anspruch genommen wurden, werden als zweckgebundene Haushaltsreste in das nächste Haushaltsjahr übertragen.

(2) Das der jeweiligen Hochschule zur Verfügung stehende Volumen für Zulagen nach Absatz 1 Satz 1 erhöht sich um die Mittel privater Dritter, wenn und soweit die Dritten diese Beträge der Hochschule ausdrücklich für diesen Zweck und ohne Bindung an eine bestimmte Person zur Verfügung gestellt haben. Absatz 1 Sätze 2 und 4 gelten entsprechend. Die Drittmittel nach Satz 1 sind bei der Drittmittelverwaltung gesondert auszuweisen.

(3) Die Absätze 1 und 2 gelten für Juniorprofessoren am KIT entsprechend. Über die Vergabe der Zulage entscheidet der Vorstand des KIT nach Maßgabe des KIT-Gesetzes.

§ 60 Forschungs- und Lehrzulage

(1) Hochschullehrern nach dem Landeshochschulgesetz in Ämtern der Landesbesoldungsordnung W, die Mittel privater Dritter für Forschungs- und Lehrvorhaben der Hochschule einwerben und diese Vorhaben durchführen, kann für die Dauer des Drittmittelzuflusses aus diesen Mitteln eine nicht ruhegehaltfähige Zulage bewilligt werden. Eine Zulage für die Durchführung von Lehrvorhaben darf nur vergeben werden, wenn die entsprechende Lehrtätigkeit des Hochschullehrers nicht auf seine Regellehrverpflichtung angerechnet wird.

(2) In einem Kalenderjahr dürfen an einen Hochschullehrer Forschungs- und Lehrzulagen insgesamt höchstens bis zu 100 Prozent seines Jahresgrundgehalts bewilligt werden; bei Wechsel der Besoldungsgruppe in der Landesbesoldungsordnung W während eines Kalenderjahres ist die höhere Besoldungsgruppe maßgebend. In Ausnahmefällen, insbesondere wenn für die Bindung eines Forschungsvorhabens an eine Hochschule des Landes ein besonderes Landesinteresse besteht, kann der in Satz 1 festgelegte Höchstsatz überschritten werden.

(3) Die Absätze 1 und 2 gelten entsprechend für Hochschullehrer am KIT, die Mittel privater Dritter für Forschungs- und Lehrvorhaben aus dem Bereich der Universitäts- oder Großforschungsaufgabe des KIT einwerben und diese Vorhaben durchführen. An die Stelle des besonderen Landesinteresses im Sinne des Absatzes 2 tritt das besondere Interesse des KIT, das durch den Aufsichtsrat festgestellt wird.

(4) Das für die jeweilige Hochschule oder für das KIT zuständige Ministerium wird ermächtigt, durch Rechtsverordnung das Nähere zur Gewährung von Forschungs- und Lehrzulagen zu regeln, insbesondere zum Vergabeverfahren, zur Zuständigkeit sowie zu den weiteren Voraussetzungen und Kriterien der Vergabe. Die Rechtsverordnung bedarf des Einvernehmens mit dem Finanzministerium.

§ 61 Zulage für die Wahrnehmung von Leitungsfunktionen bei Großforschungsaufgaben des KIT

(1) Universitätsprofessoren am KIT, die unbefristete Leitungsfunktionen in der Großforschungsaufgabe des KIT nach Maßgabe des KITG wahrnehmen, kann hierfür aus Mitteln der Großforschungsaufgabe für die Dauer der Wahrnehmung dieser Leitungsfunktion eine nicht ruhegehaltfähige Zulage (KIT-Funktionszulage) bis zur Höhe von 1500 Euro pro Monat bewilligt werden.

(2) Über die Festsetzung von KIT-Funktionszulagen entscheidet der Vorstand des KIT nach Maßgabe des KIT-Gesetzes.

§ 62 Zulage für Professoren als Richter

Professoren an einer Hochschule, die zugleich das Amt eines Richters der Besoldungsgruppen R 1 oder R 2 ausüben, erhalten, solange sie beide Ämter bekleiden, die Dienstbezüge aus ihrem Amt als Professor und eine nicht ruhegehaltfähige Zulage. Die Zulage beträgt, wenn der Professor ein Amt der Besoldungsgruppe R 1 ausübt, monatlich 214,11 Euro, wenn er ein Amt der Besoldungsgruppe R 2 ausübt, monatlich 239,67 Euro.

§ 62a Vertretungszulage

(1) Beamte und Richter, denen kommissarisch die Aufgaben eines höherwertigen Amtes übertragen werden, erhalten für die Dauer der Wahrnehmung eine nicht ruhegehaltfähige Zulage, wenn zum Amtsinhalt des höherwertigen Amtes die Vorgesetztenfunktion gemäß § 3 Absatz 4 LBG über alle Beamte und Richter der Behörde im Sinne von § 18 oder des Polizeireviers des Amtsinhabers des höherwertigen Amtes gehört. Beamte und Richter der Landesbesoldungsordnungen W und C kw sowie der Besoldungsgruppen B 2 bis B 11 und R 3 bis R 8 sind von der Gewährung der Zulage ausgenommen.

(2) Die Zulage wird ab dem zweiten Kalendermonat gewährt, der auf den Monat des Wirksamwerdens der Aufgabenübertragung folgt, höchstens jedoch für eine ununterbrochene Dauer von fünf Jahren. War der Beamte oder Richter zuvor Stellvertreter des Amtsinhabers des höherwertigen Amtes, wird die Zulage ab dem dritten Kalendermonat gewährt, der auf den Monat des Wirksamwerdens der Aufgabenübertragung folgt.

(3) Die Zulage richtet sich nach der Besoldungsgruppe des höherwertigen Amtes nach Absatz 1 und beträgt monatlich

bis Besoldungsgruppe A 12	140 Euro,
in Besoldungsgruppe A 12 mit Amtszulage	170 Euro,
in Besoldungsgruppe A 13	200 Euro,
in Besoldungsgruppe A 13 mit Amtszulage	230 Euro,
in Besoldungsgruppe A 14	260 Euro,
in Besoldungsgruppe A 14 mit Amtszulage	290 Euro,
in Besoldungsgruppe A 15	320 Euro,
in Besoldungsgruppe A 15 mit Amtszulage	350 Euro,
ab Besoldungsgruppe A 16 und in den Landesbesoldungsordnungen B, R, W, C kw	380 Euro.

Die Höhe der Zulage ist beschränkt auf den Unterschiedsbetrag zwischen der Summe der Dienstbezüge aus Grundgehalt, Amts- und Strukturzulage, die dem Beamten oder Richter zusteht und der Summe der Dienstbezüge aus Grundgehalt, Amts- und Strukturzulage, die ihm bei Übertragung des höherwertigen Amtes nach Absatz 1 zustehen würde. Bei einer Übertragung der Vertretungsaufgaben zu einem Bruchteil der für den Beamten oder Richter geltenden Arbeitszeit wird die ihm zustehende Zulage entsprechend diesem Bruchteil anteilig gewährt.

(4) Die Gemeinden, Gemeindeverbände und sonstige der Aufsicht des Landes unterstehenden Körperschaften, Anstalten und Stiftungen des öffentlichen Rechts können durch Satzung die Funktionen festlegen, die nach ihrer Organisationsstruktur einem höherwertigen Amt im Sinne des Absatzes 1 Satz 1 entsprechen.

§ 62b Zulage für stellvertretende Kanzler

Beamte an staatlichen Hochschulen, die nach § 16 Absatz 2a Satz 1 des Landeshochschulgesetzes (LHG) als Vertreter für den Kanzler bestellt werden, erhalten für die Dauer der Wahrnehmung der Funktion des stellvertretenden Kanzlers eine nicht ruhegehaltfähige Zulage. Die Zulage beträgt, wenn das Amt des Kanzlers in Besoldungsgruppe W 2 ausgebracht ist, monatlich 500 Euro, wenn das Amt des Kanzlers in Besoldungsgruppe W 3 ausgebracht ist, monatlich 600 Euro. Bei einer Übertragung der Vertretungsaufgaben zu einem Bruchteil der für den Beamten geltenden Arbeitszeit wird die ihm zustehende Zulage entsprechend diesem Bruchteil anteilig gewährt.

§ 63 Zulagen für besondere Erschwernisse

Die Landesregierung wird ermächtigt, durch Rechtsverordnung die Gewährung von Zulagen zur Abgeltung besonderer, bei der Bewertung des Amtes oder bei der Regelung der Anwärterbezüge nicht berücksichtigter Erschwernisse zu regeln. Die Zulagen sind widerruflich und nicht ruhegehaltfähig. Es kann bestimmt werden, inwieweit mit der Gewährung von Erschwerniszulagen ein anderer Aufwand des Beamten oder Richters mit abgegolten ist.

§ 64 Ausgleichszulage für den Wegfall von Stellenzulagen

(1) Der Wegfall einer Stellenzulage während eines Dienstverhältnisses nach § 1 Abs. 1 aus dienstlichen Gründen wird ausgeglichen, wenn die Stellenzulage zuvor in einem Zeitraum von sieben Jahren insgesamt mindestens fünf Jahre zugestanden hat. Die Ausgleichszulage wird auf den Betrag festgesetzt, der am Tag vor dem Wegfall zugestanden hat. Jeweils nach Ablauf eines Jahres vermindert sich die Ausgleichszulage ab Beginn des Folgemonats um 20 Prozent des nach Satz 2 maßgebenden Betrags. Erhöhen sich die Dienstbezüge wegen Übertragung eines höherwertigeren Amtes, einer höherwertigeren Funktion oder wegen des Anspruchs auf eine Stellenzulage, so vermindert sich die Ausgleichszulage um den Erhöhungsbetrag. Bezugszeiten von Stellenzulagen, die bereits zu einem Anspruch auf eine Ausgleichszulage geführt haben, bleiben für weitere Ausgleichsansprüche unberücksichtigt.

(2) Bestand innerhalb des Zeitraumes nach Absatz 1 Satz 1 ein Anspruch auf mehrere Stellenzulagen für einen Gesamtzeitraum von mindestens fünf Jahren, ohne dass eine der Stellenzulagen allein für fünf Jahre zugestanden hat, gilt Absatz 1 mit der Maßgabe, dass sich die Ausgleichszulage nach der Stellenzulage mit dem niedrigsten Betrag bemisst.

(3) Die Absätze 1 und 2 gelten nicht, wenn der Wegfall der Stellenzulage auf einer Disziplinarmaßnahme beruht oder wenn in der neuen Verwendung Auslandsbesoldung zusteht. Im Falle des § 53 finden die Absätze 1 und 2 keine Anwendung.

(4) Wird ein Ruhegehaltsempfänger erneut in ein Dienstverhältnis nach § 1 Abs. 1 berufen, gelten die Absätze 1 bis 3 mit der Maßgabe, dass die Zeit im Ruhestand unberücksichtigt bleibt.

4. Unterabschnitt: Vergütungen

§ 65 Mehrarbeitsvergütung

(1) Beamten mit Dienstbezügen in Besoldungsgruppen mit aufsteigenden Gehältern kann in folgenden Bereichen für Mehrarbeit eine Vergütung gewährt werden:

1. im ärztlichen Dienst und Pflegedienst der Krankenhäuser, Kliniken und Sanatorien,
2. im öffentlichen Gesundheitsdienst, soweit Mehrarbeit im Zusammenhang mit der im Rahmen der Einschulungsuntersuchung durchzuführenden Sprachstandsdiagnose geleistet wird,
3. im polizeilichen Vollzugsdienst,
4. im Einsatzdienst der Feuerwehr,
5. im Schuldienst als Lehrkraft,
6. soweit Mehrarbeit in anderen Bereichen geleistet wird im Rahmen eines Dienstes in Bereitschaft, eines Schichtdienstes sowie eines Dienstes nach einem allgemein geltenden besonderen Dienstplan, den die Eigenart des Dienstes erfordert,
7. für sonstige besondere Dienste, bei denen in Form von Sondereinsätzen ein im öffentlichen Interesse liegendes unaufschiebbares, termingebundenes Arbeitsergebnis erzielt werden muss.

Im Landesbereich bedarf die Anordnung oder Genehmigung von Mehrarbeit nach Satz 1 Nr. 7 der Einwilligung des Finanzministeriums.

(2) Die Vergütung wird nur gewährt, wenn die Mehrarbeit

1. von Beamten geleistet wurde, für die beamtenrechtliche Arbeitszeitregelungen gelten,
2. schriftlich oder elektronisch angeordnet oder genehmigt wurde und
3. aus zwingenden dienstlichen Gründen nicht durch Dienstbefreiung innerhalb von mindestens einem Jahr ausgeglichen werden kann.

(3) Die Höhe der Vergütung pro Mehrarbeitsstunde ergibt sich aus Anlage 15. Die für die Vergütungssätze maßgebenden Verhältnisse richten sich nach dem Zeitpunkt, an dem die Mehrarbeit geleistet wurde. Als Mehrarbeitsstunde gilt die volle Zeitstunde, im Schuldienst die Unterrichtsstunde. Dienst in Bereitschaft wird nur entsprechend dem Umfang der erfahrungsgemäß bei der betreffenden Tätigkeit durchschnittlich anfallenden In-

anspruchnahme berücksichtigt; dabei ist schon die Ableistung eines Dienstes in Bereitschaft als solche in jeweils angemessenem Umfang anzurechnen. Die im Laufe eines Monats abgeleisteten Mehrarbeitszeiten werden zusammengerechnet; ergibt sich hierbei ein Bruchteil einer Stunde, so werden 30 Minuten und mehr auf eine volle Stunde aufgerundet, weniger als 30 Minuten bleiben unberücksichtigt. Besteht keine feste tägliche Arbeitszeit, sodass eine Mehrarbeit nicht für den einzelnen Arbeitstag, sondern nur aufgrund der regelmäßigen wöchentlichen Arbeitszeit für eine volle Woche ermittelt werden kann, so ist Mehrarbeit innerhalb einer Kalenderwoche, wenn diese zum Teil auf den laufenden, zum Teil auf den folgenden Kalendermonat fällt, dem folgenden Kalendermonat zuzurechnen. Die Vergütung wird für höchstens 480 Mehrarbeitsstunden, im Schuldienst höchstens für 288 Unterrichtsstunden im Kalenderjahr gewährt.

(4) Mehrarbeit wird nicht vergütet, sofern sie fünf Stunden, im Schuldienst drei Unterrichtsstunden im Kalendermonat nicht übersteigt. Bei Teilzeitbeschäftigung vermindert sich diese Grenze entsprechend der Verringerung der Arbeitszeit.

(5) Eine Mehrarbeitsvergütung wird nicht gewährt neben

1. Auslandsbesoldung,
2. einer Stellenzulage nach § 57 Abs. 1 Nr. 2; dies gilt nicht für Beamte des Observations- und Ermittlungsdienstes, die überwiegend im Außendienst eingesetzt sind. Im Übrigen erhalten Beamte der Besoldungsgruppen A 7 bis A 9 neben der Zulage eine Mehrarbeitsvergütung in Höhe des die Zulage übersteigenden Betrags.

Eine Mehrarbeitsvergütung wird ferner nicht gewährt, wenn eine Ausgleichszulage (§ 64) wegen des Wegfalls einer Stellenzulage nach § 57 Abs. 1 Nr. 2 gezahlt wird, solange diese noch nicht bis zur Hälfte aufgezehrt ist.

(6) Teilzeitbeschäftigte, mit Ausnahme von Beamten in Altersteilzeit, erhalten bis zur Erreichung der regelmäßigen Arbeitszeit von Vollzeitbeschäftigten je Stunde vergütungsfähiger Mehrarbeit eine Vergütung in Höhe des auf eine Stunde entfallenden Anteils der Besoldung entsprechender Vollzeitbeschäftigter. Zur Ermittlung der auf eine Stunde entfallenden anteiligen Besoldung sind die monatlichen Bezüge entsprechender Vollzeitbeschäftigter durch das 4,348-Fache ihrer regelmäßigen wöchentlichen Arbeitszeit zu teilen. Bezüge, die nicht der anteiligen Kürzung nach § 8 Abs. 1 unterliegen, bleiben unberücksichtigt. Mehrarbeit, die über die Arbeitszeit von Vollzeitbeschäftigten hinausgeht, wird nach Anlage 15 vergütet.

(7) Die Gemeinden, Gemeindeverbände und sonstigen der Aufsicht des Landes unterstehenden Körperschaften, Anstalten und Stiftungen des öffentlichen Rechts können für ihre Beamten von den in der Anlage 15 genannten Stundensätzen der Mehrarbeitsvergütung abweichen. Abweichende Sätze der Mehrarbeitsvergütung sind durch Satzung zu regeln.

§ 66 Sitzungsvergütung

Die Gemeinden und Gemeindeverbände mit weniger als 40 000 Einwohnern können ihren Beamten, soweit diesen Beamten Dienstbezüge der Landesbesoldungsordnung A zustehen, eine Vergütung gewähren, wenn die Beamten als Protokollführer regelmäßig an Sitzungen kommunaler Vertretungskörperschaften oder ihrer Ausschüsse außerhalb der regelmäßigen Arbeitszeit teilnehmen. Diese Sitzungsvergütung ist durch Satzung zu regeln. Sie darf nicht neben einer Aufwandsentschädigung gewährt werden; ein allgemein mit der Sitzungstätigkeit verbundener Aufwand wird mit abgegolten. Die Vergütung entfällt, wenn die Arbeitsleistung durch Dienstbefreiung ausgeglichen werden kann.

§ 67 Vollstreckungsvergütung für Vollziehungsbeamte der Finanzverwaltung

(1) Die im Vollstreckungsdienst der Finanzverwaltung tätigen Beamten des mittleren Dienstes erhalten für die Dauer ihrer Verwendung im Außendienst eine Vergütung in Höhe von 180 Euro monatlich. Bei einer Verwendung im Außendienst zu einem Bruchteil der für den Beamten geltenden Arbeitszeit

wird die ihm zustehende Vergütung entsprechend diesem Bruchteil anteilig gewährt.

(2) Bei einer Unterbrechung der Verwendung im Außendienst aufgrund eines Erholungsurlaubs oder von nicht mehr als einem Monat wird die Vergütung weitergewährt.

(3) Mit der Vergütung sind auch die besonderen, für die Vollziehertätigkeit typischen Aufwendungen abgegolten. Typische Aufwendungen sind insbesondere die Aufwendungen bei Nachtdienst. Die Abgeltung der mit dem Außendienst verbundenen Fahrtkosten und sonstigen Mehraufwendungen richtet sich, soweit hierzu nicht besondere Bestimmungen ergangen sind, nach den allgemeinen reisekostenrechtlichen Vorschriften.

§ 67a Vollstreckungsvergütung für Vollziehungsbeamte der Gemeinden und Gemeindeverbände

(1) Die im Vollstreckungsdienst der Gemeinden und der Gemeindeverbände tätigen Beamten (Vollziehungsbeamte) erhalten für die Dauer ihrer Verwendung im Außendienst eine Vergütung. Die Vergütung beträgt

1. 0,51 Euro für jede aufgrund eines Auftrages der Vollstreckungsbehörde erledigte Zahlung zur Abwendung einer Vollstreckungshandlung sowie für jede nach einem Vollstreckungsauftrag durch Pfändung körperlicher Sachen, Wegnahme von Urkunden, Verwertung gepfändeter Sachen (Versteigerung, freihändiger Verkauf) vorgenommene Vollstreckungshandlung und

2. 0,5 Prozent der von dem Vollziehungsbeamten durch Vollstreckungshandlungen beigebrachten Geldbeträge. Hierbei werden auch die vom Vollziehungsbeamten beigebrachten Beträge berücksichtigt, die aufgrund eines Auftrages der Vollstreckungsbehörde zur Abwendung einer Vollstreckungshandlung gezahlt werden.

(2) Die Vergütung für die Erledigung eines einzelnen Auftrages darf den Betrag von 19,94 Euro nicht übersteigen. Besteht Anlass, in einer Einzelsache ausnahmsweise mehr als 19,94 Euro zu gewähren, kann die zuständige Stelle in besonders schwierigen oder zeitraubenden Fällen Ausnahmen zulassen.

(3) Für die einem Vollziehungsbeamten im Kalenderjahr zustehende Vergütung gilt ein Höchstbetrag von 1.435,71 Euro. Wird dieser Höchstbetrag überschritten, verbleiben dem Vollziehungsbeamten 40 Prozent des Mehrbetrages. Die zuständige Stelle kann bestimmen, dass monatlich oder vierteljährlich eine vorläufige Berechnung der Vergütung vorzunehmen ist. Dabei sind als anteiliger Höchstbetrag monatlich 119,64 Euro oder vierteljährlich 358,93 Euro zugrunde zu legen.

(4) Wird der Vollziehungsbeamte nicht für das gesamte Kalenderjahr mit Tätigkeiten beschäftigt, aufgrund derer ihm eine Vergütung zusteht, verringert sich der Höchstbetrag entsprechend; für jeden fehlenden Kalendertag ist ein anteiliger Betrag von 3,99 Euro abzuziehen. Die Dauer des regelmäßigen Erholungsurlaubs und die einer sonst im Interesse des Dienstherrn erfolgten Beurlaubung sowie die Zeit einer Erkrankung sind als Beschäftigungszeit anzusehen.

(5) Der Höchstbetrag nach Absatz 3 erhöht sich um die Hälfte des Betrages nach Absatz 4 für jeden Kalendertag, für den ein Vollziehungsbeamter zusätzlich zu den Dienstgeschäften des eigenen Bezirks die Vertretung eines verhinderten Vollziehungsbeamten oder die Verwaltung einer weiteren Stelle oder Hilfsstelle für einen Vollziehungsbeamten übernimmt.

(6) § 67 Absatz 3 gilt entsprechend.

§ 68 Vergütung für Gerichtsvollzieher

(1) Das Justizministerium wird ermächtigt, durch Rechtsverordnung im Einvernehmen mit dem Finanzministerium die Gewährung einer Vergütung für Gerichtsvollzieher zu regeln. Die Gerichtsvollzieher erhalten die Vergütung zusätzlich zu der ihnen sonst zustehenden Besoldung. Maßstab für die Festsetzung der Vergütung sind die vereinnahmten Gebühren und Dokumentenpauschalen.

(2) Für die Vergütung können Höchstsätze für die einzelnen Vollstreckungsaufträge sowie für das Kalenderjahr festgesetzt werden. Es kann bestimmt werden, inwieweit mit der Vergütung auch die besonderen, für die Gerichtsvollziehertätigkeit typischen Aufwendun-

gen mit abgegolten sind und eine zusätzliche Aufwandsentschädigung ganz oder teilweise ausgeschlossen ist. Typische Aufwendungen sind insbesondere die Aufwendungen für die Einrichtung und den Betrieb des Büros sowie für Nachtdienst. Es kann ferner bestimmt werden, inwieweit im Einzelfall eine besondere Vergütung gewährt wird, wenn die regelmäßig zustehenden Vergütungsbeträge zur Deckung der typischen Aufwendungen nicht ausreichen. Ein Teil der Vergütung kann für ruhegehaltfähig erklärt werden.

(3) Die Vergütungsregelung wird bei wesentlichen Änderungen der für ihre Festsetzung maßgeblichen Umstände, längstens jedoch nach einem Erfahrungszeitraum von jeweils drei Jahren durch das Justizministerium im Einvernehmen mit dem Finanzministerium überprüft, unter dauernder Beachtung der Belange des Haushalts. Als wesentliche Änderung gilt auch eine Veränderung des Finanzierungsdefizits des Landes von mehr als 2 Prozent.

§ 68a Prüfungsvergütung

Hochschullehrerinnen und Hochschullehrern im Sinne von § 44 Absatz 1 Satz 1 Nummer 1 Landeshochschulgesetz (LHG) vom 1. Januar 2005 (GBl. 2005, 1) in der jeweils geltenden Fassung, die nach Maßgabe von § 46 Absatz 1 Satz 2 Nummer 7 LHG verpflichtet sind, bei staatlichen Prüfungen mitzuwirken, durch die ein Hochschulstudium abgeschlossen wird, kann zur Abgeltung zusätzlicher Belastungen, die durch diese Mitwirkung entstehen, eine Vergütung gewährt werden. Die Höhe der Vergütung ist nach der Schwierigkeit der Prüfungstätigkeit und dem Ausmaß der zusätzlichen Belastung festzulegen. Das für die jeweilige staatliche Prüfung zuständige Ministerium wird ermächtigt, im Einvernehmen mit dem Ministerium für Finanzen durch Rechtsverordnung die Höhe der Vergütung zu bestimmen.

5. Unterabschnitt: Zuschläge und sonstige Besoldungsbestandteile

§ 69 Zuschlag bei Altersteilzeit

(1) Beamte und Richter in Altersteilzeit erhalten zusätzlich zu der Besoldung nach § 8 Abs. 1 einen nicht ruhegehaltfähigen Altersteilzeitzuschlag. Der Zuschlag wird gewährt in Höhe des Unterschiedsbetrags zwischen

1. der Nettobesoldung, die sich während der Altersteilzeit aus der entsprechend der ermäßigten Arbeitszeit nach § 8 Abs. 1 gekürzten Bruttobesoldung ergibt, und

2. 80 Prozent der Nettobesoldung, die aus der Bruttobesoldung nach der bisherigen Arbeitszeit zustehen würde; maßgebend ist die Arbeitszeit, die Bemessungsgrundlage für die ermäßigte Arbeitszeit während der Altersteilzeit war. § 9 ist zu berücksichtigen.

(2) Grundlage für die Ermittlung der Höhe des Zuschlags sind die Dienstbezüge nach § 1 Abs. 2 Nr. 1 bis 3, Zuschüsse zum Grundgehalt für Professoren an Hochschulen, Amts- und Stellenzulagen, die Strukturzulage sowie Überleitungs- und Ausgleichszulagen, die wegen des Wegfalls oder einer Verminderung solcher Bezüge zustehen. Stellenzulagen, die nach § 8 Abs. 2 Satz 2 entsprechend dem Umfang der tatsächlich geleisteten Tätigkeit gewährt werden, sind von Satz 1 ausgenommen.

(3) Zur Ermittlung der Nettobesoldung nach Absatz 1 Satz 2 Nr. 2 ist die Bruttobesoldung um die Lohnsteuer entsprechend der individuellen Steuerklasse des Beamten sowie den Solidaritätszuschlag zu vermindern; steuerliche Freibeträge oder sonstige individuelle Merkmale bleiben unberücksichtigt. Ein Abzug von Kirchensteuer in Höhe von 8 Prozent der Lohnsteuer erfolgt bei Ermittlung der Nettobesoldung nach Satz 1 nur dann, wenn auch die Nettobesoldung nach Absatz 1 Satz 2 Nr. 1 um die Kirchensteuer vermindert wird.

§ 70 Ausgleich bei vorzeitiger Beendigung der Altersteilzeit

Wenn die Altersteilzeit im Blockmodell vorzeitig endet, und die insgesamt gezahlten Altersteilzeitbezüge geringer sind als die Besoldung, die nach der tatsächlich geleisteten Arbeitszeit zugestanden hätte, ist ein Ausgleich in Höhe des Unterschiedsbetrags zu gewähren. Dabei bleiben Zeiten ohne

Dienstleistung in der Arbeitsphase unberücksichtigt, soweit sie insgesamt sechs Monate überschreiten.

§ 71 Ausgleichszahlung zur Abgeltung von Arbeitszeitguthaben

(1) Ein Arbeitszeitguthaben aus einer durch Gesetz, Rechtsverordnung oder Satzung festgelegten, langfristig angelegten, ungleichmäßigen Verteilung der regelmäßigen Arbeitszeit wird durch eine Ausgleichszahlung abgegolten, wenn der dienstrechtlich zustehende Arbeitszeitausgleich aus einem der folgenden Ereignisse nicht oder nicht in vollem Umfang gewährt werden kann:

1. Beendigung des Beamtenverhältnisses,
2. Wechsel des Dienstherrn,
3. sonstige Beendigung der ungleichmäßigen Verteilung der Arbeitszeit, wenn dadurch ein Arbeitszeitausgleich ganz oder teilweise unmöglich wird.

(2) Der Anspruch auf die Ausgleichszahlung entsteht mit dem Eintritt des maßgeblichen Ereignisses und richtet sich gegen den Dienstherrn, bei dem die zusätzliche Arbeitszeit geleistet wurde.

(3) Das abzugeltende Arbeitszeitguthaben errechnet sich aus der Differenz zwischen dem vom Beamten tatsächlich geleisteten Arbeitsumfang und dem niedrigeren Arbeitsumfang, der ohne eine ungleichmäßige Verteilung der Arbeitszeit zu leisten gewesen wäre.

(4) Das Arbeitszeitguthaben nach Absatz 3 wird mit der Besoldung abgegolten, die im Zeitpunkt des Entstehens des Ausgleichsanspruchs (Absatz 2) maßgebend ist. Soweit der Beamte in einem höheren Umfang Dienst geleistet hat, als es dem Umfang eines Vollzeitbeschäftigten entspricht, wird der übersteigende Arbeitsumfang nach den im Zeitpunkt des Entstehens des Ausgleichsanspruchs geltenden Sätzen der Mehrarbeitsvergütung nach Anlage 15 abgegolten. Bei Beamten in Besoldungsgruppen der Landesbesoldungsordnung A als Lehrkörper außerhalb des Schulbereichs gelten bei einem finanziellen Arbeitszeitausgleich für eine Lehrtätigkeit die Vergütungssätze bei Mehrarbeit im Schulbereich entsprechend; eine Lehrveranstaltungsstunde gilt dabei als eine Unterrichtsstunde.

(5) Für die Bemessung des Umfangs des abzugeltenden Arbeitszeitguthabens gelten die maßgebenden Arbeitszeitregelungen des Dienstherrn.

§ 72 Zuschlag bei begrenzter Dienstfähigkeit

(1) Begrenzt Dienstfähige erhalten zusätzlich zu der Besoldung nach § 9 Satz 1 einen nicht ruhegehaltfähigen Zuschlag. Der Zuschlag beträgt 50 Prozent des Unterschiedsbetrags zwischen den nach § 9 Satz 1 gekürzten Dienstbezügen und den Dienstbezügen, die sie bei Vollzeitbeschäftigung erhalten würden. Ist die Arbeitszeit über die begrenzte Dienstfähigkeit hinaus aufgrund einer Teilzeitbeschäftigung reduziert, wird der Zuschlag nach Satz 2 entsprechend dem Verhältnis zwischen der reduzierten tatsächlichen Arbeitszeit und der wegen der begrenzten Dienstfähigkeit verringerten Arbeitszeit gewährt. In Fällen einer Teilzeitbeschäftigung mit ungleichmäßig verteilter Arbeitszeit, die sich in eine Beschäftigungs- und eine Freistellungsphase aufteilt, gilt während des gesamten Bewilligungszeitraums als tatsächliche Arbeitszeit im Sinne des Satzes 3 der Umfang der Teilzeitbeschäftigung.

(2) Dienstbezüge im Sinne von Absatz 1 sind die Dienstbezüge nach § 1 Abs. 2 Nr. 1 bis 3, Zuschüsse zum Grundgehalt für Professoren an Hochschulen, Amts- und Stellenzulagen, die Strukturzulage sowie Ausgleichs- und Überleitungszulagen, die wegen des Wegfalls oder einer Verminderung solcher Bezüge zustehen.

(3) Ein Zuschlag nach dieser Vorschrift wird nicht gewährt, wenn ein Zuschlag nach § 69 oder § 74 zusteht.

§ 73 Zuschlag bei freiwilliger Weiterarbeit

(1) Bei Hinausschiebung der Altersgrenze nach § 39 LBG wird ab dem Beginn des auf den Zeitpunkt des Erreichens der gesetzlichen Altersgrenze folgenden Kalendermonats nach Maßgabe des Absatzes 2 ein nicht ruhegehaltfähiger Zuschlag gewährt, soweit

nicht bei einer Teilzeitbeschäftigung mit ungleichmäßig verteilter Arbeitszeit eine Freistellungsphase vorliegt. Der Zuschlag beträgt 10 Prozent der Summe aus den Dienstbezügen nach § 1 Abs. 2 Nr. 1 bis 3, den Zuschüssen zum Grundgehalt für Professoren an Hochschulen, den Amtszulagen sowie der Strukturzulage. Emeritierte Hochschullehrer erhalten keinen Zuschlag.

(2) Voraussetzung für den Zuschlag ist, dass der Beamte oder Richter aus dem laufenden Beamten- oder Richterverhältnis keine Versorgungsbezüge wegen Alters erhält und dass er den Höchstruhegehaltssatz (§ 27 Abs. 1 LBeamtVGBW) erreicht hat. Erreicht der Beamte oder Richter den Höchstruhegehaltssatz erst während der Zeit des Hinausschiebens, wird der Zuschlag ab Beginn des folgenden Kalendermonats gezahlt.

(3) Liegen die Voraussetzungen des § 40 Absatz 2 LBG vor, gelten die Absätze 1 und 2 bis zum Beginn des Ruhestands entsprechend. Satz 1 gilt für Schwerbehinderte im Sinne des § 2 Absatz 2 des Neunten Buches Sozialgesetzbuch bei Vorliegen der Voraussetzungen für ein versorgungsabschlagsfreies Ruhegehalt nach § 27 Absatz 2 Satz 1 Nummer 2 in Verbindung mit § 100 Absatz 2 LBeamtVGBW entsprechend.

(4) Beamte und Richter der Besoldungsgruppen und kw-Besoldungsgruppen B 2 bis B 11, R 3 bis R 8, W 3 sowie der Besoldungsgruppe C 4 kw sind von der Gewährung des Zuschlags ausgenommen.

§ 74 Zuschlag bei freiwilliger Weiterarbeit in Teilzeit

Bei einer Teilzeitbeschäftigung bei Hinausschiebung der Altersgrenze nach § 39 in Verbindung mit § 69 LBG erhält der Beamte oder Richter ab dem Beginn des auf den Zeitpunkt des Erreichens der gesetzlichen Altersgrenze folgenden Kalendermonats zur Besoldung nach § 8 Abs. 1 einen nicht ruhegehaltfähigen Zuschlag, soweit nicht bei einer Teilzeitbeschäftigung mit ungleichmäßig verteilter Arbeitszeit eine Freistellungsphase vorliegt. Bemessungsgrundlage für den Zuschlag ist das Ruhegehalt, das der Beamte oder Richter bei Versetzung in den Ruhestand wegen Erreichens der Altersgrenze erhalten hätte. Die Höhe des Zuschlags entspricht dem Teil des Ruhegehalts, der sich aus dem Verhältnis der Freistellung während der Hinausschiebung der Altersgrenze zur regelmäßigen Arbeitszeit ergibt. § 73 bleibt unberührt. Liegen die Voraussetzungen des § 40 Absatz 2 LBG vor, gelten die Sätze 1 bis 4 bis zum Beginn des Ruhestands entsprechend. Satz 5 gilt für Schwerbehinderte im Sinne des § 2 Absatz 2 des Neunten Buches Sozialgesetzbuch bei Vorliegen der Voraussetzungen für ein versorgungsabschlagsfreies Ruhegehalt nach § 27 Absatz 2 Satz 1 Nummer 2 in Verbindung mit § 100 Absatz 2 LBeamtVGBW entsprechend.

§ 75 Sonderzuschläge zur Sicherung der Funktions- und Wettbewerbsfähigkeit

(1) Die Landesregierung wird ermächtigt, durch Rechtsverordnung zur Sicherung der Funktions- und Wettbewerbsfähigkeit des öffentlichen Dienstes die Gewährung von nicht ruhegehaltfähigen Sonderzuschlägen zu regeln. Sonderzuschläge dürfen nur gewährt werden, wenn Dienstposten andernfalls insbesondere im Hinblick auf die erforderliche fachliche Qualifikation sowie die Bedarfs- und Bewerberlage nicht anforderungsgerecht besetzt werden können.

(2) Der Sonderzuschlag darf 25 Prozent des Anfangsgrundgehalts der jeweiligen Besoldungsgruppe des Beamten oder Richters nicht übersteigen; bei Beamten der Besoldungsgruppe W 1 darf er hiervon abweichend 15 Prozent des Grundgehalts seiner Besoldungsgruppe nicht übersteigen. Sonderzuschläge sollen grundsätzlich befristet werden.

(3) Im Landesbereich dürfen Sonderzuschläge nur im Rahmen besonderer haushaltsrechtlicher Regelungen gewährt werden.

§ 76 Leistungsprämien

(1) Zur Abgeltung von herausragenden besonderen Einzelleistungen können an Beamte in Ämtern der Landesbesoldungsordnungen A und B Leistungsprämien gewährt wer-

den. Leistungsprämien können auch an die Mitglieder von Teams vergeben werden, die an der Erstellung des Arbeitsergebnisses wesentlich beteiligt waren. Beamte auf Zeit sind von der Gewährung von Leistungsprämien ausgenommen. Abgeordnete Beamte sind der Dienststelle zuzuordnen, zu der sie abgeordnet sind. Leistungsprämien sind einmalige, nicht ruhegehaltfähige Zahlungen; erneute Bewilligungen sind möglich. § 8 findet keine Anwendung.

(2) Vergabezeitraum für die Leistungsprämie ist das Kalenderjahr. Die Gesamtzahl der in einem Kalenderjahr bei einem Dienstherrn vergebenen Leistungsprämien darf 20 Prozent der Zahl der am 1. März des jeweiligen Kalenderjahres bei dem Dienstherrn vorhandenen Beamten nach Absatz 1 nicht übersteigen.

(3) Die einem Beamten gewährten Leistungsprämien dürfen innerhalb eines Kalenderjahres insgesamt das Endgrundgehalt der Besoldungsgruppe A 16 nicht übersteigen. Die an die Mitglieder eines Teams gewährten Leistungsprämien dürfen außerdem innerhalb eines Kalenderjahres insgesamt 300 Prozent des Endgrundgehalts der Besoldungsgruppe A 16 nicht übersteigen. Maßgebend ist jeweils das Endgrundgehalt nach dem Stand vom 1. März des jeweiligen Kalenderjahres.

(4) Leistungsprämien können nicht gewährt werden, wenn Beamte für herausragende besondere Einzelleistungen eine andere erfolgsorientierte Entschädigung erhalten. Leistungsprämien führen nicht zu einer Verminderung von Überleitungs- und Ausgleichszulagen.

(5) Leistungsprämien können nur im Rahmen besonderer haushaltsrechtlicher Regelungen vergeben werden.

(6) Die obersten Dienstbehörden werden jeweils für ihren Bereich ermächtigt, durch Rechtsverordnung das Nähere zur Gewährung von Leistungsprämien zu regeln. Dabei können insbesondere Verfahrens- und Zuständigkeitsregelungen sowie Bestimmungen zu den weiteren Voraussetzungen und den Kriterien der Vergabe getroffen werden. Die Zuständigkeit für die Vergabe kann auf nachgeordnete Behörden übertragen werden.

(7) Im Bereich der Gemeinden, der Gemeindeverbände und der sonstigen der Aufsicht des Landes unterstehenden Körperschaften, Anstalten und Stiftungen des öffentlichen Rechts tritt an die Stelle des in Absatz 2 genannten Prozentsatzes der Satz von 50 Prozent. Außerdem kann in den in Satz 1 genannten Bereichen abweichend von Absatz 5 verfahren werden.

(8) Beamte in Ämtern der Landesbesoldungsordnungen A und B, die zu einem Dienstherrn im Bereich des Bundes oder eines anderen Landes abgeordnet sind, erhalten während ihrer Abordnung Leistungsprämien in Form von Einmalzahlungen zur Abgeltung von herausragenden besonderen Einzelleistungen in der nach dem Besoldungsrecht des Bundes oder dieses Landes bestimmten Höhe, wenn der Dienstherr, zu dem der Beamte abgeordnet ist, solche festsetzt und diese in vollem Umfang erstattet.

§ 77 Fahrkostenersatz für Fahrten zwischen Wohnung und Dienststätte

Zu den Aufwendungen für Fahrten zwischen Wohnung und Dienststätte mit regelmäßig verkehrenden öffentlichen Beförderungsmitteln kann im Rahmen besonderer haushaltsrechtlicher Regelungen ganz oder teilweise ein Fahrkostenersatz gewährt werden. Anwärter und Auszubildende in öffentlich-rechtlichen Ausbildungsverhältnissen (§ 88) erhalten unter den gleichen Voraussetzungen Fahrkostenersatz für Fahrten zwischen Wohnung und Ausbildungsstätte.

5. Abschnitt: Auslandsbesoldung

§ 78 Auslandsbesoldung

(1) Beamte und Richter mit dienstlichem und tatsächlichem Wohnsitz im Ausland (ausländischer Dienstort) und allgemeiner Verwendung im Ausland erhalten neben den Dienstbezügen, die ihnen bei einer Verwendung im Inland zustehen, Auslandsbesoldung (Auslandsdienstbezüge) in entsprechender An-

III.1 Landesbesoldungsgesetz (LBesGBW) §§ 79–81

wendung der für Bundesbeamte jeweils geltenden Bestimmungen. Zum Grundgehalt im Sinne dieser Bestimmungen gehören auch Amtszulagen und die Strukturzulage.

(2) Bei einer besonderen Verwendung eines Beamten oder Richters im Ausland gelten für die Gewährung eines Auslandsverwendungszuschlags die für die Bundesbeamten jeweils geltenden Bestimmungen entsprechend.

(3) Ergeben sich während der Zeit der Auslandsverwendung des Beamten oder Richters Änderungen der Grundgehaltsspannen (Tabelle zu § 53 des Bundesbesoldungsgesetzes) durch Bundesrecht, wird mindestens der Auslandszuschlag gezahlt, der dem Beamten oder Richter vor der Änderung zugestanden hat.

(4) Für Beamte, die in Büsingen ihren dienstlichen Wohnsitz und dort oder in der Schweiz ihren tatsächlichen Wohnsitz haben, gelten die bundesrechtlichen Bestimmungen zum Kaufkraftausgleich entsprechend mit der Maßgabe, dass der Kaufkraftausgleich die Hälfte des sich für den Dienstort Bern ergebenden Zuschlags beträgt.

6. Abschnitt: Anwärterbezüge

§ 79 Anwärterbezüge

(1) Beamte auf Widerruf im Vorbereitungsdienst (Anwärter) erhalten Anwärterbezüge.

(2) Zu den Anwärterbezügen gehören der Anwärtergrundbetrag und die Anwärtersonderzuschläge. Daneben werden nach Maßgabe dieses Gesetzes der Familienzuschlag und die vermögenswirksamen Leistungen gewährt. Zulagen, Vergütungen, Zuschläge und sonstige Besoldungsbestandteile werden nur gewährt, wenn dies in diesem Gesetz besonders bestimmt ist. Die Beträge für den Anwärtergrundbetrag ergeben sich aus Anlage 11.

(3) Anwärter, die bei einer von ihnen selbst gewählten Stelle im Ausland ausgebildet werden, erhalten keine Auslandsbesoldung. Die für Bundesbeamte geltenden Bestimmungen über den Kaufkraftausgleich gelten mit der Maßgabe, dass mindestens Bezüge nach Absatz 2 verbleiben.

(4) Für Anwärter, die im Rahmen ihres Vorbereitungsdienstes ein Studium ableisten, wird die Gewährung der Anwärterbezüge von der Erfüllung von Auflagen, insbesondere der Ableistung einer anschließenden Dienstzeit bei ihrem Dienstherrn, abhängig gemacht. Das Finanzministerium wird ermächtigt, das Nähere zu Art, Umfang und Inhalt der Auflagen sowie zu den Rechtsfolgen bei Nichterfüllung der Auflagen durch Rechtsverordnung zu regeln. Bei einer hiernach vorgesehenen Rückforderung von Anwärterbezügen sind mindestens 400 Euro monatlich zu belassen. Auf die Rückforderung kann ganz oder teilweise verzichtet werden, wenn sie eine unzumutbare Härte bedeuten würde.

§ 80 Bezüge des Anwärters nach Ablegung der Laufbahnprüfung

Endet das Beamtenverhältnis eines Anwärters mit Ablauf des Tages der Ablegung oder dem endgültigen Nichtbestehen der für die Laufbahn vorgeschriebenen Prüfung, werden die Bezüge des Anwärters (§ 79 Absätze 2 und 3) für die Zeit nach Ablegung der Prüfung bis zum Ende des laufenden Monats weitergewährt. Wird bereits vor diesem Zeitpunkt ein Anspruch auf Bezüge oder Entgelt aus einer hauptberuflichen Tätigkeit bei einem öffentlich-rechtlichen Dienstherrn (§ 33) oder bei einer Ersatzschule erworben, so werden die Bezüge nur bis zum Tage vor Beginn dieses Anspruchs belassen.

§ 81 Anwärtersonderzuschläge

(1) Besteht ein erheblicher Mangel an qualifizierten Bewerbern, können Anwärtersonderzuschläge gewährt werden. Sie dürfen 70 Prozent des Anwärtergrundbetrags nicht übersteigen.

(2) Anspruch auf Anwärtersonderzuschläge besteht nur, wenn der Anwärter

1. nicht vor dem Abschluss des Vorbereitungsdienstes oder wegen schuldhaften Nichtbestehens der Laufbahnprüfung ausscheidet und

2. nach Bestehen der Laufbahnprüfung mindestens fünf Jahre als Beamter im öffent-

lichen Dienst in der Laufbahn verbleibt, für die er die Befähigung erworben hat, oder, wenn das Beamtenverhältnis nach Bestehen der Laufbahnprüfung endet, in derselben Laufbahn in ein neues Beamtenverhältnis im öffentlichen Dienst für mindestens die gleiche Zeit eintritt.

(3) Werden die Voraussetzungen des Absatzes 2 aus Gründen, die der Beamte oder frühere Beamte zu vertreten hat, nicht erfüllt, ist der Anwärtersonderzuschlag in voller Höhe zurückzuzahlen. Der Rückzahlungsanspruch vermindert sich für jedes nach Bestehen der Laufbahnprüfung im öffentlichen Dienst abgeleistete Dienstjahr um jeweils ein Fünftel. § 15 bleibt unberührt.

(4) Öffentlicher Dienst im Sinne der Absätze 2 und 3 ist die Tätigkeit bei einem in § 1 Absatz 1 genannten Dienstherrn, für den dieses Gesetz gilt. Die Tätigkeit bei einem anderen Dienstherrn steht dem gleich, wenn die Aufnahme dieser Tätigkeit im Einverständnis mit dem abgebenden oder früheren Dienstherrn erfolgt.

(5) Das Finanzministerium wird ermächtigt, die zuschlagsberechtigten Personenkreise und die Höhe der Zuschläge durch Rechtsverordnung zu regeln.

§ 82 Unterrichtsvergütung für Lehramtsanwärter

(1) Anwärtern für ein Lehramt an öffentlichen Schulen kann für selbständig erteilten Unterricht eine Unterrichtsvergütung gewährt werden, wenn in Ausnahmefällen die Unterrichtsversorgung ansonsten nicht gewährleistet werden kann.

(2) Eine Unterrichtsvergütung darf nur für tatsächlich geleistete Unterrichtsstunden gewährt werden, die über die im Rahmen der Ausbildung festgesetzten Unterrichtsstunden hinaus zusätzlich selbständig erteilt und von der Schulleitung schriftlich oder elektronisch genehmigt werden. Zu den im Rahmen der Ausbildung zu erteilenden Unterrichtsstunden, für die eine Unterrichtsvergütung nicht gewährt wird, zählen auch Hospitationen und Unterricht unter Anleitung.

(3) Die Unterrichtsvergütung je Unterrichtsstunde darf 75 Prozent der für das angestrebte Lehramt festgesetzten Beträge der Mehrarbeitsvergütung nicht überschreiten. Eine Unterrichtsvergütung wird für höchstens 24 im Kalendermonat tatsächlich geleistete Unterrichtsstunden gewährt.

(4) Das Kultusministerium wird ermächtigt, im Einvernehmen mit dem Finanzministerium das Nähere durch Rechtsverordnung zu regeln.

§ 83 Anrechnung anderer Einkünfte

(1) Erhält ein Anwärter ein Entgelt für eine andere Tätigkeit innerhalb oder außerhalb des öffentlichen Dienstes, wird das Entgelt auf die Anwärterbezüge angerechnet, soweit es diese übersteigt. Dies gilt auch, wenn der Anwärter einen arbeitsrechtlichen Anspruch auf ein Entgelt für eine in den Ausbildungsrichtlinien vorgeschriebene Tätigkeit hat.

(2) Anwärtern, die aus einem Soldatenverhältnis Bezüge erhalten, die höher sind als die Bezüge nach § 79, wird keine Besoldung aus dem Anwärterverhältnis gewährt.

§ 84 Kürzung der Anwärterbezüge

(1) Die für die Ernennung der Anwärter zuständigen Stellen sollen den Anwärtergrundbetrag um 15 Prozent herabsetzen, wenn der Anwärter die vorgeschriebene Laufbahnprüfung nicht bestanden hat oder sich die Ausbildung aus einem vom Anwärter zu vertretenden Grunde verzögert. Abweichend davon beträgt die Kürzung 30 Prozent, wenn der Anwärter wegen eines Täuschungsversuchs oder eines Ordnungsverstoßes von der Laufbahnprüfung ausgeschlossen wird.

(2) Von der Kürzung ist abzusehen

1. bei Verlängerung des Vorbereitungsdienstes infolge genehmigten Fernbleibens oder Rücktritts von der Prüfung,

2. in besonderen Härtefällen.

(3) Wird eine Zwischenprüfung nicht bestanden oder ein sonstiger Leistungsnachweis nicht erbracht, so ist die Kürzung auf den sich daraus ergebenden Zeitraum der Verlängerung des Vorbereitungsdienstes zu beschränken. Gleiches gilt für Lehramtsanwärter, bei denen der Vorbereitungsdienst verlängert

wird, weil selbständig erteilter Unterricht noch nicht erteilt werden kann.

7. Abschnitt: Vermögenswirksame Leistungen

§ 85 Vermögenswirksame Leistungen

(1) Beamte des mittleren Dienstes sowie Anwärter und Auszubildende in öffentlich-rechtlichen Ausbildungsverhältnissen (§ 88), die für eine Laufbahn des mittleren Dienstes ausgebildet werden, erhalten vermögenswirksame Leistungen nach dem Fünften Gesetz zur Förderung der Vermögensbildung für Arbeitnehmer (Fünftes Vermögensbildungsgesetz) in der jeweils geltenden Fassung.

(2) Die vermögenswirksame Leistung beträgt monatlich 6,65 Euro.

(3) Vermögenswirksame Leistungen werden für die Kalendermonate gewährt, in denen dem Berechtigten Dienstbezüge, Anwärterbezüge oder Unterhaltsbeihilfe zustehen und er diese Bezüge auch erhält.

(4) Der Anspruch auf die vermögenswirksamen Leistungen entsteht frühestens für den Kalendermonat, in dem der Berechtigte die nach § 86 Abs. 1 erforderlichen Angaben mitteilt, und für die beiden vorangegangenen Monate desselben Kalenderjahres.

§ 86 Anlage der vermögenswirksamen Leistungen

(1) Der Berechtigte teilt seiner Dienststelle oder der nach Landesrecht bestimmten Stelle schriftlich oder elektronisch die Art der gewählten Anlage mit und gibt hierbei, soweit dies nach der Art der Anlage erforderlich ist, das Unternehmen oder Institut mit der Nummer des Kontos an, auf das die Leistung eingezahlt werden soll.

(2) Der Wechsel der Anlage bedarf im Fall des § 11 Abs. 3 Satz 2 des Fünften Vermögensbildungsgesetzes nicht der Zustimmung der zuständigen Stelle, wenn der Berechtigte diesen Wechsel aus Anlass der erstmaligen Gewährung der vermögenswirksamen Leistungen verlangt.

8. Abschnitt: Sonstige Vorschriften

§ 87 Zuwendungen aus Gründen der Fürsorge

(1) Zuwendungen aus Gründen der Fürsorge, die nicht gesetzlich geregelt sind, dürfen nur gewährt werden, wenn der Haushaltsplan Mittel ausdrücklich dafür zur Verfügung stellt. Zuwendungen dieser Art sind Geld und geldwerte Leistungen, die die Beamten unmittelbar oder mittelbar im Rahmen ihres Dienstverhältnisses von ihrem Dienstherrn erhalten, auch wenn sie über Einrichtungen geleistet werden, zu denen die Beamten einen eigenen Beitrag erbringen; in diesem Fall dürfen Zuwendungen auch dann gewährt werden, wenn in einem früheren Haushaltsjahr Mittel zur Verfügung gestellt worden sind.

(2) Die zuständigen Ministerien werden ermächtigt, im Einvernehmen mit dem Finanzministerium durch Rechtsverordnung die Gewährung von Zuwendungen im Sinne des Absatzes 1 an die Beamten der Gemeinden, der Gemeindeverbände und der sonstigen der Aufsicht des Landes unterstehenden Körperschaften, Anstalten und Stiftungen des öffentlichen Rechts zu regeln.

§ 87a Vorschuss bei Pflegezeiten

(1) Beamte, Richter und Auszubildende in öffentlich-rechtlichen Ausbildungsverhältnissen (§ 88) erhalten auf Antrag für die Dauer einer Pflegezeit nach § 74 Absatz 2, Absatz 3 oder Absatz 4 Satz 1 LBG einen in Monatsbeträgen zu zahlenden Vorschuss.

(2) Der Vorschuss ist nach Ablauf der Pflegezeit in Monatsbeträgen oder in einer Summe zurückzuzahlen.

(3) Das Finanzministerium wird ermächtigt, das Nähere durch Rechtsverordnung zu regeln. Dabei sind insbesondere Bestimmungen zur Höhe, Gewährung und Tilgung des Vorschusses zu treffen.

§ 87b Zusätzliche Vergütung von genommenem Jahresurlaub bei Verringerung der Arbeitszeit

Die Landesregierung wird ermächtigt, durch Rechtsverordnung die zusätzliche Vergütung des unionsrechtlich gewährleisteten Mindesturlaubsanspruchs (Artikel 7 Absatz 1 der Richtlinie 2003/88/EG des Europäischen Parlaments und des Rates vom 4. November 2003 über bestimmte Aspekte der Arbeitszeitgestaltung – ABl. L 299 vom 18. 11. 2003, S. 9) in Fällen zu regeln, in denen Urlaub nach einer Reduzierung der für den Beamten geltenden durchschnittlichen Wochenarbeitszeit in einem Zeitabschnitt genommen wird, in dem die für den Beamten geltende durchschnittliche tägliche Arbeitszeit geringer ist als während des Zeitabschnitts, aus dem der Urlaubsanspruch stammt.

§ 88 Unterhaltsbeihilfe für Auszubildende in öffentlich-rechtlichen Ausbildungsverhältnissen

Auszubildende in öffentlich-rechtlichen Ausbildungsverhältnissen nach § 16 Abs. 5 LBG erhalten für die Dauer des Ausbildungsverhältnisses eine Unterhaltsbeihilfe. Diese beträgt grundsätzlich 60 Prozent des Anwärtergrundbetrags, der für Beamte auf Widerruf im Vorbereitungsdienst der jeweiligen Laufbahn festgelegt ist. Daneben werden nach Maßgabe dieses Gesetzes der Familienzuschlag, die vermögenswirksamen Leistungen und der Fahrkostenersatz nach § 77 für Fahrten zwischen Wohnung und Ausbildungsstätte gewährt. Weitere Besoldungsbestandteile werden nicht gewährt. Auf die Unterhaltsbeihilfe sind im Übrigen die für Anwärter geltenden Vorschriften entsprechend anzuwenden. Liegen besondere Verhältnisse vor, können davon abweichende Regelungen getroffen werden; dabei dürfen die Bezüge vergleichbarer Anwärter (§ 79 Abs. 2 und 3) nicht überschritten werden. Das Finanzministerium wird ermächtigt, dies im Einvernehmen mit dem laufbahngestaltenden Ministerium durch Rechtsverordnung zu regeln.

§ 89 Einrichtung und Bewirtschaftung von Planstellen und anderen Stellen

Für die Beamten der Gemeinden, Gemeindeverbände und der sonstigen der Aufsicht des Landes unterstehenden Körperschaften, Anstalten und Stiftungen des öffentlichen Rechts gelten § 17 Abs. 5, §§ 21, 47 und 49 der Landeshaushaltsordnung für Baden-Württemberg entsprechend; das Gleiche gilt für § 50 Abs. 5 und 6 der Landeshaushaltsordnung für Baden-Württemberg mit der Maßgabe, dass in § 50 Abs. 5 Satz 1 der Landeshaushaltsordnung für Baden-Württemberg an die Stelle des Finanzministeriums das jeweilige Hauptorgan tritt.

§ 90 Zuordnung zu Ämtern nach der Zahl der Einwohner

Wenn sich die Einreihung in die Besoldungsgruppen nach der Zahl der Einwohner eines Bezirks bestimmt, ist mit Wirkung vom folgenden Kalenderjahr an jeweils von der auf den 30. Juni vom Statistischen Landesamt fortgeschriebenen Einwohnerzahl auszugehen, wenn gesetzlich nichts anderes bestimmt ist. § 21 Abs. 2 bleibt unberührt.

§ 91 Zuordnung zu Ämtern nach schul- und hochschulstatistischen Merkmalen

(1) Wenn sich die Zuordnung von Ämtern zu den Besoldungsgruppen einschließlich der Gewährung von Amtszulagen nach schulstatistischen Merkmalen richtet (Schülerzahlen, Schulstellen, Gruppenzahlen), sind die schulstatistischen Merkmale maßgebend, die sich aus der amtlichen Schulstatistik ergeben. Bei einer dadurch eintretenden Änderung der Zuordnung sind Ernennungen und Einweisungen in Planstellen sowie die Gewährung von Amtszulagen erst zulässig, wenn die schulstatistischen Merkmale bereits ein Jahr vorgelegen haben und mit hinlänglicher Sicherheit feststellbar ist, dass die Änderung für mindestens zwei weitere Jahre Bestand haben wird. § 21 Abs. 2 bleibt unberührt.

(2) Maßgebend für die Zuordnung der Ämter nach Fußnote 2 in Besoldungsgruppe W 2 ist die Zahl der im vorangegangenen Sommersemester voll immatrikulierten Studierenden; bei Hochschulen im Aufbau kann die staatliche Planung für die nächsten acht Jahre zugrunde gelegt werden.

§ 92 Ämter bei Absinken der Schüler- oder Gruppenzahl

(1) Richtet sich die Zuordnung des einem Beamten übertragenen Amtes zu einer Besoldungsgruppe einschließlich der Gewährung von Amtszulagen nach der Schülerzahl einer

Schule oder der Gruppenzahl eines Schulkindergartens, so begründet ein Absinken der Zahl der Schüler oder der Gruppen unter die für das Amt in den Bewertungsmerkmalen festgelegte Untergrenze allein kein dienstliches Bedürfnis, den Beamten in ein anderes Amt seiner Laufbahn zu versetzen. Wird der Beamte aus anderen Gründen in ein anderes Amt versetzt oder scheidet er aus dem Beamtenverhältnis aus, gilt die von ihm innegehabte Planstelle als in eine Planstelle der Besoldungsgruppe umgewandelt, die der tatsächlichen Zahl der Schüler oder der tatsächlichen Gruppenzahl entspricht.

(2) Beamte, die wegen Rückgangs der Schülerzahlen in ein Amt mit niedrigerem Endgrundgehalt übertreten oder übergetreten sind, dürfen auf Antrag anstelle der Amtsbezeichnung des ihnen übertragenen Amtes die Amtsbezeichnung des bisherigen Amtes ohne den Zusatz „außer Dienst" führen.

§ 93 Ämter der Leiter von Schulen besonderer Art und von Schulverbänden

Die in der Landesbesoldungsordnung A enthaltenen Ämter dürfen für folgende nicht geregelten Ämter in Anspruch genommen werden:

1. Ämter der Leiter von Schulen besonderer Art sowie von Verbünden aus verschiedenen Schularten,
2. Ämter der Inhaber von anderen besonderen Funktionen an Schulen nach Nummer 1.

Die Bewertung der nicht geregelten Ämter erfolgt aufgrund eines Vergleichs mit den jeweiligen Anforderungen an die in der Landesbesoldungsordnung A ausgewiesenen Lehrämter mit entsprechenden Aufgaben. Die danach maßgeblichen Ämter werden durch die Ausbringung entsprechender Planstellen im Haushaltsplan festgelegt.

§ 94 Ämter „Direktor und Professor" in den Besoldungsgruppen B 2 und B 3

Die Ämter „Direktor und Professor" in den Besoldungsgruppen B 2 und B 3 dürfen nur an Beamte verliehen werden, denen in wissenschaftlichen Forschungseinrichtungen oder in Dienststellen und Einrichtungen mit eigenen wissenschaftlichen Forschungsbereichen überwiegend wissenschaftliche Forschungsaufgaben obliegen. Eine Einrichtung des Landes mit eigenem wissenschaftlichem Forschungsbereich ist die Forstliche Versuchs- und Forschungsanstalt Baden-Württemberg.

§ 95 Dienstordnungsmäßig Angestellte

(1) Die der Aufsicht des Landes unterstehenden Körperschaften des öffentlichen Rechts im Bereich der Sozialversicherung haben bei der Aufstellung ihrer Dienstordnungen nach den §§ 351 bis 357, § 413 Abs. 2, § 414b der Reichsversicherungsordnung, §§ 144 bis 147 des Siebten Buches Sozialgesetzbuch für die dienstordnungsmäßig Angestellten

1. den Rahmen des Landesbesoldungsgesetzes Baden-Württemberg, insbesondere das für die Beamten des Landes geltende Besoldungs- und Stellengefüge, einzuhalten,
2. alle weiteren Geldleistungen und geldwerten Leistungen sowie die Versorgung im Rahmen und nach den Grundsätzen der für die Beamten des Landes geltenden Bestimmungen zu regeln.

(2) Die Dienstbezüge des Geschäftsführers oder des Vorsitzenden der Geschäftsführung der Unfallkasse Baden-Württemberg dürfen die Dienstbezüge der Besoldungsgruppe B 3 nicht übersteigen. Der stellvertretende Geschäftsführer sowie die Mitglieder der Geschäftsführung sind jeweils mindestens eine Besoldungsgruppe niedriger einzustufen als der Geschäftsführer oder der Vorsitzende der Geschäftsführung.

(3) Die Landesregierung wird ermächtigt, Obergrenzen für Beförderungsämter der dienstordnungsmäßig Angestellten durch Rechtsverordnung entsprechend § 27 festzusetzen.

9. Abschnitt: Übergangs- und Schlussvorschriften

1. Unterabschnitt: Übergangsbestimmungen zu früheren Gesetzen

§ 96 Übergangsbestimmungen zum Professorenbesoldungsreformgesetz

(1) Für Beamte, die sich am 1. Januar 2005 in einem Amt der Bundesbesoldungsordnung C

befunden haben, findet §77 Abs. 2 und 3 des Bundesbesoldungsgesetzes in der am 31. August 2006 geltenden Fassung Anwendung. Die sich aus Satz 1 unter Berücksichtigung der bisherigen Anpassungen und Änderungen des Besoldungsrechts ergebenden Beträge der Dienstbezüge und sonstigen Bezüge sind in den Anlagen 10 und 14 ausgewiesen.

(2) Die am Tag des Inkrafttretens dieses Gesetzes vorhandenen Professoren an Hochschulen in Ämtern der Besoldungsgruppen C 2 und C 3, die einen Antrag auf Überführung in ein Amt des Professors der Landesbesoldungsordnung W stellen, sind folgenden Besoldungsgruppen zuzuweisen:

1. an Universitäten und Pädagogischen Hochschulen der Besoldungsgruppe W 3,
2. an Kunsthochschulen nach Maßgabe der vorhandenen Planstellen der Besoldungsgruppe W 2 oder W 3,
3. an Fachhochschulen der Besoldungsgruppe W 2.

Der Antrag des Beamten ist unwiderruflich. Die §§ 22 und 64 (Ausgleichszulage) finden keine Anwendung.

(3) Die am 1. Januar 2005 vorhandenen Beamten in Ämtern der Präsidenten, Rektoren, Prorektoren und Kanzler an Hochschulen verbleiben während der am 1. Januar 2005 laufenden Amtszeit in ihren bisherigen Ämtern für diese Leitungsfunktionen in den Landesbesoldungsordnungen A und B. Abweichend von Satz 1 findet auf Antrag des Beamten die W-Besoldung Anwendung; der Antrag des Beamten ist unwiderruflich. Die §§ 22 und 64 finden keine Anwendung.

(4) Ein nach Artikel 3 Abs. 3 des Gesetzes vom 19. Oktober 2004 (GBl. S. 765) gewährter Leistungsbezug an Professoren an Fachhochschulen der Besoldungsgruppe C 2 wird weitergewährt.

(5) Auf Professoren, die am 1. Januar 2005 das 55. Lebensjahr vollendet haben, findet § 38 Abs. 2 mit der Maßgabe Anwendung, dass solche Leistungsbezüge frühestens nach fünfjährigem Bezug für ruhegehaltfähig erklärt werden können.

§ 97 Übergangsbestimmungen zum Zweiten Gesetz zur Umsetzung der Föderalismusreform im Hochschulbereich

Für die am 1. März 2009 bei der Dualen Hochschule vorhandenen Beamten der bisherigen Berufsakademien findet Artikel 1 § 10 des Zweiten Gesetzes zur Umsetzung der Föderalismusreform im Hochschulbereich vom 3. Dezember 2008 (GBl. S. 435) Anwendung.

2. Unterabschnitt: Übergangsbestimmungen zu diesem Gesetz

§ 98 Überleitung in die Landesbesoldungsordnungen A, B, R und W

(1) Bei Beamten und Richtern, deren Ämter am Tag vor dem Inkrafttreten dieses Gesetzes in den Bundesbesoldungsordnungen A, B, R oder W des Bundesbesoldungsgesetzes in der am 31. August 2006 geltenden Fassung oder in den Landesbesoldungsordnungen A, B, R und W des Landesbesoldungsgesetzes in der am Tag vor Inkrafttreten dieses Gesetzes geltenden Fassung ausgebracht waren, werden die bisherigen Ämter mit Ablauf des Tages vor Inkrafttreten dieses Gesetzes in die entsprechenden Ämter und Besoldungsgruppen der Anlagen 1 bis 5 übergeleitet, wenn sich durch dieses Gesetz keine Änderungen bei der Amtsbezeichnung und der Besoldungsgruppe ergeben. Dies gilt auch für die in der Bundesbesoldungsordnung A ausgebrachten Grundamtsbezeichnungen, gegebenenfalls mit den Zusätzen nach der Grundamtsbezeichnungsverordnung des Landes.

(2) In anderen Fällen sind Beamte nach Maßgabe der als Anlage 16 angeschlossenen Übersicht übergeleitet. Als bisherige Besoldungsgruppe gilt die Besoldungsgruppe, der die Beamten am Tag vor dem Inkrafttreten dieses Gesetzes angehörten. Die Beamten und Richter führen die neuen Amtsbezeichnungen.

§ 99 Überleitung für vorhandene Ämter der Bundesbesoldungsordnung C

Die Ämter der Professoren, Hochschuldozenten, Oberassistenten, Oberingenieure sowie der wissenschaftlichen und künstlerischen Assistenten der Bundesbesoldungsordnung C werden für vorhandene Amtsinhaber als künftig wegfallende Ämter in Anlage 5 fortgeführt. Die Grundgehaltssätze der Besoldungsgruppen sind in Anlage 10 ausgewiesen.

§ 100 Einordnung der vorhandenen Beamten und Richter der Besoldungsordnungen A und R in die Stufen der neuen Grundgehaltstabellen

(1) Beamte der Besoldungsordnung A werden in den Besoldungsgruppen, in die sie nach § 98 übergeleitet werden, den Stufen des Grundgehalts der Anlage 6 zugeordnet. Die Zuordnung erfolgt zu der Stufe der Besoldungsgruppe, die dem Betrag des am Tag vor dem Inkrafttreten dieses Gesetzes zustehenden Grundgehalts entspricht. Leistungsstufen nach § 27 Abs. 3 Satz 1 BBesG bleiben bei der Zuordnung unberücksichtigt. Bei Teilzeitbeschäftigten ist für die Zuordnung zu den Stufen das Grundgehalt maßgebend, das ihnen bei Vollzeitbeschäftigung zustehen würde. Bei beurlaubten Beamten ohne Anspruch auf Dienstbezüge ist das Grundgehalt maßgebend, das bei Beendigung der am 31. Dezember 2010 laufenden Beurlaubung nach bisherigem Recht maßgebend wäre. Endet eine am 1. Januar 2011 laufende Beurlaubung nach diesem Zeitpunkt, gilt eine Verlängerung als neue Beurlaubung.

(2) Weist die neue Grundgehaltstabelle keinen entsprechenden Betrag aus, erfolgt die Zuordnung der Beamten des einfachen Dienstes, die nach § 98 Abs. 2 übergeleitet werden, zu der Stufe der Besoldungsgruppe A 5 mit dem nächst höheren Betrag. Weist die neue Grundgehaltstabelle in anderen Fällen keinen entsprechenden Betrag aus, erfolgt die Zuordnung zu der Stufe der Besoldungsgruppe mit dem nächst höheren Betrag.

(3) Mit der Zuordnung zu einer Stufe des Grundgehalts der Anlage 6 beginnt das Aufsteigen in den Stufen nach § 31 Abs. 2. Bereits in einer Stufe mit dem entsprechenden Grundgehaltsbetrag verbrachte Zeiten mit Anspruch auf Dienstbezüge ab dem Monat, in dem der Beamte das 21. Lebensjahr vollendet hat, werden angerechnet. § 32 Abs. 2 gilt entsprechend, soweit Zeiten nach § 32 Abs. 2 Nr. 2 oder 3 nicht schon nach § 28 Abs. 3 Nr. 1 oder 2 BBesG in der bis zum 31. August 2006 geltenden Fassung berücksichtigt wurden. Satz 2 gilt nicht für Zeiten einer Hemmung nach § 27 Abs. 3 BBesG in der am 31. August 2006 geltenden Fassung. Mit dem Amt verbundene Mindestanforderungen gelten bis zur ersten Leistungseinschätzung nach § 31 Abs. 5 als erfüllt. In den Fällen des Absatzes 2 Satz 1 verkürzt sich die reguläre Laufzeit der Stufe der Besoldungsgruppe A 5, der der Beamte zugeordnet wird, um die Monate, die der Beamte in seiner bisherigen Stufe nach dem am Tag vor dem Inkrafttreten dieses Gesetzes geltenden Recht bereits verbracht hat, höchstens jedoch um die Laufzeit der jeweiligen Stufe in Besoldungsgruppe A 5. In den Fällen des Absatzes 2 Satz 2 verlängert sich die reguläre Laufzeit der Stufe, der der Beamte zugeordnet wird, um die Monate, die der Beamte nach dem am Tag vor dem Inkrafttreten dieses Gesetzes geltenden Recht noch benötigt hätte, um den Betrag dieser Stufe zu erreichen.

(4) Richter, Staatsanwälte und sonstige Beamte in Ämtern der Besoldungsgruppen R 1 und R 2 der Besoldungsordnung R werden in den Besoldungsgruppen, in die sie nach § 98 Abs. 1 übergeleitet werden, den Stufen des Grundgehalts der Anlage 8 zugeordnet. Absatz 1 Sätze 2, 4, 5 und 6, Absatz 2 Satz 2 sowie Absatz 3 Sätze 1 bis 3 und 7 gelten entsprechend. Absatz 3 Satz 1 gilt mit der Maßgabe, dass an die Stelle von § 31 Abs. 2 Satz 1 § 36 Abs. 1 Satz 2 Nr. 1 tritt.

§ 101 Sonstige Übergangsregelungen

(1) Verringern sich die Bezüge von vorhandenen Beamten und Richtern durch die Anwendung der Vorschriften dieses Gesetzes, wird eine Überleitungszulage in Höhe des Unterschiedsbetrags zwischen den Bezügen, die am Tag vor dem Inkrafttreten dieses Gesetzes zugestanden haben, und den Bezügen, die ab dem Inkrafttreten dieses Gesetzes zustehen, gewährt. Diese Überleitungszulage verringert sich bei jeder Erhöhung der Dienstbezüge um den Erhöhungsbetrag.

(2) Soweit am Tag vor dem Inkrafttreten dieses Gesetzes Ausgleichs- oder Überleitungszulagen nach früherem Recht gewährt werden, sind diese, solange die bisherigen Anspruchsvoraussetzungen erfüllt sind, in Höhe der am Tag vor dem Inkrafttreten dieses Gesetzes zustehenden Höhe fortzuzahlen, jedoch ab dem Zeitpunkt des Inkrafttretens dieses Gesetzes nach Maßgabe des § 64 Abs. 1 Sätze 3 und 4 zu verringern. Soweit Ausgleichs- oder Überleitungszulagen nach Satz 1 für die Verringerung des Grundgehalts einschließlich von Amtszulagen sowie der allgemeinen Stellenzulage zustehen, sind diese in Höhe der am Tag vor dem Inkrafttreten dieses Gesetzes zustehenden Höhe fortzuzahlen mit der Maßgabe, dass ab dem Tag des Inkrafttretens dieses Gesetzes § 22 Anwendung findet.

(3) Beamten, die am Tag vor dem Inkrafttreten dieses Gesetzes aufgrund von § 27 Abs. 3 Satz 1 BBesG eine Leistungsstufe erhalten, wird die nächst höhere Stufe des Grundgehalts für den Zeitraum, für den nach bisherigem Recht die Erhöhung des Grundgehalts vorgezogen wurde, weiterhin gewährt. Leistungszulagen nach § 42a BBesG sind, solange die bisherigen Voraussetzungen vorliegen, bis zum Ablauf der Befristung fortzuzahlen.

(4) Auslandsdienstbezüge, die dem Beamten oder Richter am Tag vor dem Inkrafttreten dieses Gesetzes nach dem Fünften Abschnitt des Bundesbesoldungsgesetzes und den landesrechtlichen Bestimmungen zustehen, werden bis zu einem Jahr nach dem Inkrafttreten dieses Gesetzes in der bisherigen Höhe weitergewährt, soweit sie die Auslandsbesoldung nach § 78 Abs. 1 übersteigen und solange die bisherigen Anspruchsvoraussetzungen erfüllt sind.

(5) Beamtinnen, die zum Zeitpunkt des Inkrafttretens dieses Gesetzes eine männliche Amtsbezeichnung führen, sind berechtigt, die Amtsbezeichnung auch künftig in der männlichen Form zu führen.

(6) Ansprüche auf Besoldung, die vor dem Inkrafttreten dieses Gesetzes entstanden sind, verjähren nach den bisherigen Vorschriften.

(7) Wurde die Altersteilzeit vor dem Inkrafttreten dieses Gesetzes angetreten, gilt für die Berechnung des Zuschlags § 6 Abs. 2 BBesG sowie die dazu erlassene Rechtsverordnung jeweils in der am 31. August 2006 geltenden Fassung.

(8) Soweit am Tag vor dem Inkrafttreten dieses Gesetzes Zulagen nach den §§ 45 oder 46 BBesG in der am 31. August 2006 geltenden Fassung gewährt werden, sind diese in Höhe des am Tag vor dem Inkrafttreten dieses Gesetzes zustehenden Betrags fortzuzahlen, solange die bisherigen Anspruchsvoraussetzungen erfüllt sind.

(9) Soweit am Tag vor dem Inkrafttreten dieses Gesetzes Zulagen nach der Vorbemerkung Nr. 1 Abs. 3 zur Bundesbesoldungsordnung W des Bundesbesoldungsgesetzes in der am 31. August 2006 geltenden Fassung oder nach der beim Amt des Juniordozenten in Besoldungsgruppe W 1 der Landesbesoldungsordnung W ausgebrachten Fußnote 1 gewährt werden, sind diese in Höhe des am Tag vor dem Inkrafttreten dieses Gesetzes zustehenden Betrags fortzuzahlen, solange die bisherigen Anspruchsvoraussetzungen erfüllt sind. Im Übrigen gilt für diesen Personenkreis § 59 mit der Maßgabe, dass die in Satz 1 genannte Zulage auf den Höchstbetrag und auf das Zulagevolumen anzurechnen ist.

(10) Am Tag vor dem Inkrafttreten dieses Gesetzes vorhandene Beamte mit Anspruch auf eine Stellenzulage nach Vorbemerkung Nr. 12 zu den Bundesbesoldungsordnungen A und B erhalten bei Vorliegen der Voraussetzungen des § 50 diese Zulage mit der Maßgabe, dass die Zulage mindestens in Höhe des bisher geltenden Betrages gewährt wird.

(11) In Fällen, in denen der Eintritt in den Ruhestand aufgrund von § 51 LBG in der vor Inkrafttreten dieses Gesetzes geltenden Fassung hinausgeschoben wurde, gelten ab dem Inkrafttreten dieses Gesetzes §§ 73 und 74 entsprechend.

§ 102 Fortgeltung von Rechtsverordnungen

Soweit nach diesem Gesetz die Landesregierung oder eine andere Stelle ermächtigt ist, durch Rechtsverordnung bestimmte Bereiche zu regeln, bleiben die bisherigen Rechtsverordnungen für diese Bereiche bis zum Inkrafttreten der jeweiligen neuen Rechtsverordnung in Kraft.

§ 103 (weggefallen)

3. Unterabschnitt: Schlussvorschriften

§ 104 (weggefallen)

§ 105 Künftig wegfallende Ämter

Die künftig wegfallenden Ämter sind in Anlage 5 aufgeführt. Diese Ämter dürfen Beamten und Richtern nicht mehr verliehen werden, es sei denn, dem Inhaber eines solchen Amtes wird im Wege der Ernennung ein als künftig wegfallendes Amt verliehen, weil eine Ernennung in ein in den Landesbesoldungsordnungen ausgebrachtes anderes Amt nicht möglich ist.

§ 106 Erlass von Verwaltungsvorschriften

Die zur Durchführung dieses Gesetzes erforderlichen Verwaltungsvorschriften erlässt, wenn gesetzlich nichts anderes bestimmt ist, das Finanzministerium; Verwaltungsvorschriften, die nur einzelne Geschäftsbereiche betreffen, erlässt das Finanzministerium im Einvernehmen mit dem jeweiligen Ministerium.

Anlage 1
(zu § 28)

Landesbesoldungsordnung A

Besoldungsgruppe A 7

Erster Hauptwachtmeister[3]

Hauptwart[1][2]

Oberamtsmeister[1][2][4]

---

[1] Erhält eine Amtszulage nach Anlage 13.
[2] Soweit nicht in der Besoldungsgruppe A 8.
[3] Erhält eine Amtszulage nach Anlage 13.
[4] Erhält eine weitere Amtszulage nach Anlage 13, wenn er im Sitzungsdienst der Gerichte eingesetzt ist.

Besoldungsgruppe A 8

Abteilungspfleger/Abteilungsschwester[1]

Hauptsekretär[2][3]

Hauptwart[4]

Hauptwerkmeister[5]

Krankenpfleger/Krankenschwester[5]

Lebensmitteloberkontrolleur[5]

Oberamtsmeister[4]

Oberbrandmeister[5]

Polizeiobermeister[5]

---

[1] Erhält eine Amtszulage nach Anlage 13.
[2] Als Eingangsamt, soweit nicht im Justizwachtmeisterdienst.
[3] Für Funktionen im Justizwachtmeisterdienst, die sich von denen der Besoldungsgruppe A 8 abheben, können nach Maßgabe sachgerechter Bewertung Stellen mit einer Amtszulage nach Anlage 13 ausgestattet werden.
[4] Soweit nicht in der Besoldungsgruppe A 7.
[5] Als Eingangsamt.

Besoldungsgruppe A 9

Amtsinspektor

Betriebsinspektor

Gerichtsvollzieher[1]

Hauptbrandmeister

Lebensmittelhauptkontrolleur

Oberpfleger/Oberschwester

Polizeihauptmeister

Straßenmeister[1][2]

---

[1] Als Eingangsamt.
[2] Erhält als Leiter einer Straßenmeisterei oder Autobahnmeisterei eine Amtszulage nach Anlage 13.

Besoldungsgruppe A 10

Erster Amtsinspektor[1]

Erster Betriebsinspektor[1]

Erster Hauptbrandmeister[1]

Erster Lebensmittelhauptkontrolleur[3]

Erste Oberin/Erster Pflegevorsteher[3][4]

– als Leitende Unterrichtsschwester/Leitender Unterrichtspfleger an einer Krankenpflegeschule oder einer Schule für Krankenpflegehilfe mit durchschnittlich mindestens 80 Lehrgangsteilnehmern

– als Leiterin/Leiter eines Pflegebereichs mit mindestens 96 Pflegepersonen

– als Leiterin/Leiter eines Pflegedienstes mit mindestens 150 Pflegepersonen

– als ständige Vertreterin/ständiger Vertreter einer Leitenden Unterrichtsschwester/eines Leitenden Unterrichtspflegers an einer Krankenpflegeschule oder einer Schule für Krankenpflegehilfe mit durchschnittlich mindestens 160 Lehrgangsteilnehmern

– als ständige Vertreterin/ständiger Vertreter der Leiterin/des Leiters eines Pflegedienstes mit mindestens 300 Pflegepersonen

Erster Polizeihauptmeister[1]

Fachoberlehrer[2][3][5]

Hauptpfleger/Hauptschwester

Hauptstraßenmeister[6]

– als Leiter einer Straßenmeisterei oder Autobahnmeisterei

Kriminaloberkommissar[5]

Landwirtschaftstechnischer Oberlehrer und Berater[3][5]

Obergerichtsvollzieher[1]

III.1 Landesbesoldungsgesetz (LBesGBW) — Anlage 1

Oberin/Pflegevorsteher[7])

Oberinspektor[5])

Oberstraßenmeister

Polizeioberkommissar[5])

---

[1]) Für Funktionen, die sich von denen der Besoldungsgruppe A 10 abheben, können nach Maßgabe sachgerechter Bewertung jeweils bis zu 35 Prozent der Stellen mit einer Amtszulage nach Anlage 13 ausgestattet werden.

[2]) Dieser Besoldungsgruppe werden nur solche Beamte zugeteilt, die die Lehrbefähigung Fachlehrkräfte für musisch-technische Fächer, für vorschulische Einrichtungen, für Sonderschulen oder Sonderpädagogik besitzen.

[3]) Soweit nicht in der Besoldungsgruppe A 11.

[4]) Erhält eine Amtszulage nach Anlage 13.

[5]) Als Eingangsamt.

[6]) Erhält eine Amtszulage nach Anlage 13.

[7]) Erhält eine Amtszulage nach Anlage 13.

Besoldungsgruppe A 11

Amtmann[5])

Erster Hauptstraßenmeister

- als Leiter einer großen und bedeutenden Straßenmeisterei oder Autobahnmeisterei

Erster Lebensmittelhauptkontrolleur[2])

Erste Oberin/Erster Pflegevorsteher

- als Leitende Unterrichtsschwester/Leitender Unterrichtspfleger an einer Krankenpflegeschule oder einer Schule für Krankenpflegehilfe mit durchschnittlich mindestens 160 Lehrgangsteilnehmern
- als Leiterin/Leiter eines Pflegebereichs mit mindestens 192 Pflegepersonen
- als Leiterin/Leiter eines Pflegedienstes mit mindestens 300 Pflegepersonen

Fachoberlehrer[1])[2])

Fachoberlehrer[1])[3])

- als Fachbetreuer
- als Leiter eines Schulkindergartens mit mehr als zwei Gruppen
- an einem sonderpädagogischen Bildungs- und Beratungszentrum mit Förderschwerpunkt geistige Entwicklung oder an einem sonstigen sonderpädagogischen Bildungs- und Beratungszentrum mit einer Abteilung mit Förderschwerpunkt geistige Entwicklung als Stufenleiter der Grund- und Hauptstufe

Kriminalhauptkommissar[4])

Künstlerisch-technischer Lehrer[6])

Landwirtschaftstechnischer Oberlehrer und Berater[2])

Polizeihauptkommissar[4])

Technischer Oberlehrer[6])

- an einer beruflichen Schule oder an einer vergleichbaren kommunalen schulischen Einrichtung
- an einem sonderpädagogischen Bildungs- und Beratungszentrum
- an der dualen Hochschule Baden-Württemberg

---

[1]) Dieser Besoldungsgruppe werden nur solche Beamte zugeteilt, die die Lehrbefähigung Fachlehrkräfte für musisch-technische Fächer, für vorschulische Einrichtungen, für Sonderschulen oder Sonderpädagogik besitzen.

[2]) Soweit nicht in der Besoldungsgruppe A 10.

[3]) Erhält eine Amtszulage nach Anlage 13.

[4]) Soweit nicht in der Besoldungsgruppe A 12.

[5]) Auch als Eingangsamt für Laufbahnen des gehobenen technischen Dienstes, in denen für die Befähigung der Abschluss eines Diplomstudiengangs an der Dualen Hochschule oder einer Hochschule für angewandte Wissenschaften oder ein mit einem Bachelor abgeschlossenes Hochschulstudium oder ein gleichwertiger Abschluss gefordert und diese Befähigung von den Beamten nachgewiesen wird.

[6]) Als Eingangsamt.

Besoldungsgruppe A 12

Amtsanwalt[1])

Amtsrat

Konrektor[2])

- als der ständige Vertreter des Leiters einer Grundschule mit mehr als 100 bis zu 180 Schülern

Kriminalhauptkommissar[3])

Künstlerisch-technischer Oberlehrer

Lehrer[1])

- mit der Befähigung für das Lehramt an Grund- und Hauptschulen

Anlage 1 — Landesbesoldungsgesetz (LBesGBW) **III.1**

– mit der Befähigung für das Lehramt Grundschule

Notarvertreter[1])

Polizeihauptkommissar[3])

Rechnungsrat
– als Prüfungsbeamter beim Rechnungshof

Technischer Oberlehrer
– an einer beruflichen Schule als Fachbetreuer
– an einem sonderpädagogischen Bildungs- und Beratungszentrum mit Förderschwerpunkt geistige Entwicklung als Stufenleiter der Berufsschulstufe
– an der Dualen Hochschule Baden-Württemberg als Fachbeauftragter

---
[1]) Als Eingangsamt.
[2]) Erhält eine Amtszulage nach Anlage 13.
[3]) Soweit nicht in der Besoldungsgruppe A 11.

Besoldungsgruppe A 13

Akademischer Rat[1])

Bezirksnotar

Erster Kriminalhauptkommissar

Erster Künstlerisch-technischer Oberlehrer

Erster Polizeihauptkommissar

Fachschulrat[11])
– an einer Pädagogischen Hochschule

Gemeinschaftsschulkonrektor[5])
– als der ständige Vertreter des Leiters einer Gemeinschaftsschule ohne gymnasiale Oberstufe mit bis zu 180 Schülern

Geschäftsführer bei einer Handwerkskammer[2])

Gewerbeschulrat[1])[3])

Handelsschulrat[1])[3])

Hauswirtschaftsschulrat[1])[3])

Konrektor
– als der ständige Vertreter des Leiters einer Grundschule mit mehr als 180 bis zu 360 Schülern
– als der ständige Vertreter des Leiters einer Grundschule mit mehr als 360 Schülern[5])
– als der ständige Vertreter des Leiters einer Grund- und Hauptschule mit Realschule, Grund- und Werkrealschule mit Realschule, Hauptschule mit Realschule, Werkrealschule mit Realschule oder Grundschule mit Realschule mit insgesamt bis zu 180 Schülern[5])
– als der ständige Vertreter des Leiters einer Hauptschule, Werkrealschule, Grund- und Hauptschule oder Grund- und Werkrealschule mit mehr als 100 bis zu 180 Schülern[5])
– als der ständige Vertreter des Leiters eines sonderpädagogischen Bildungs- und Beratungszentrums mit Förderschwerpunkt Lernen mit bis zu 90 Schülern[5])
– als der ständige Vertreter des Leiters eines sonderpädagogischen Bildungs- und Beratungszentrums mit sonstigen Förderschwerpunkten mit bis zu 45 Schülern[5])

Konservator[1])

Landwirtschaftlicher Direktor bei einem Schulbauernhof[1])[6])

Landwirtschaftlicher Fachschulrat[1])[3])

Landwirtschaftsschulrat[1])[3])

Lehrer[1])
– mit der Befähigung für das Lehramt Sekundarstufe I
– mit der Befähigung für das Lehramt Sonderpädagogik
– mit der Befähigung für das Lehramt Werkreal-, Haupt- und Realschule

Oberamtsanwalt

O b e r a m t s r a t[9])[10])

Oberrechnungsrat[9])
– als Prüfungsbeamter beim Rechnungshof

Pädagogischer Direktor bei einem Schulbauernhof[1])[6])[11])

Parlamentsrat[1])[12])

Pfarrer im Justizvollzugsdienst[1])

R a t[1])

III.1 Landesbesoldungsgesetz (LBesGBW) — Anlage 1

Realschulkonrektor[5])
- als der ständige Vertreter des Leiters einer Realschule mit bis zu 180 Schülern

Realschullehrer[1])
- mit der Befähigung für das Lehramt an Realschulen

Rektor
- einer Grundschule mit bis zu 100 Schülern
- einer Grundschule mit mehr als 100 bis zu 180 Schülern[5])

Seminarschulrat

als Bereichsleiter
- an einem Seminar für Ausbildung und Fortbildung der Lehrkräfte (Fachseminar für Sonderpädagogik und Pädagogisches Fachseminar)[13])
- an einem Seminar für Ausbildung und Fortbildung der Lehrkräfte im Bereich Grundschulen
- an einem Seminar für Ausbildung und Fortbildung der Lehrkräfte im Bereich Grundschulen und zugleich ständiger Vertreter des Leiters des Seminars[5])

Sonderschullehrer[1])[14])

Studienrat[1])
- als der ständige Vertreter des Leiters einer Gemeinschaftsschule ohne gymnasiale Oberstufe mit bis zu 180 Schülern[5])
- als Referatsleiter am Landesmedienzentrum
- als Referent am Institut für Bildungsanalysen Baden-Württemberg
- als Referent am Zentrum für Schulqualität und Lehrerbildung
- als Referent in einem großen und bedeutenden Referat am Landesmedienzentrum
- mit der Befähigung für das Lehramt an Gymnasien oder an beruflichen Schulen

---

[1]) Als Eingangsamt.
[2]) Soweit nicht in den Besoldungsgruppen A 14, A 15, A 16 oder B 3.
[3]) Mit der Befähigung für ein Lehramt des gehobenen Dienstes an beruflichen Schulen (ausgenommen das Lehramt für Technische Lehrer an beruflichen Schulen).
[4]) (weggefallen)
[5]) Erhält eine Amtszulage nach Anlage 13.
[6]) Soweit nicht in der Besoldungsgruppe A 14.
[7]) (weggefallen)
[8]) (weggefallen)
[9]) Für Beamte des gehobenen technischen Dienstes können für Funktionen, die sich von denen der Besoldungsgruppe A 13 abheben, nach Maßgabe sachgerechter Bewertung bis zu 30 Prozent der für technische Beamte ausgebrachten Stellen der Besoldungsgruppe A 13 mit einer Amtszulage nach Anlage 13 ausgestattet werden.
[10]) Für Beamte mit Rechtspflegerbefähigung können für Funktionen bei Gerichten und Staatsanwaltschaften, die sich von denen der Besoldungsgruppe A 13 abheben, nach Maßgabe sachgerechter Bewertung bis zu 20 Prozent der für Rechtspfleger ausgebrachten Stellen der Besoldungsgruppe A 13 mit einer Amtszulage nach Anlage 13 ausgestattet werden.
[11]) Mit der Befähigung für ein Lehramt des gehobenen oder höheren Dienstes.
[12]) Soweit nicht in den Besoldungsgruppen A 14, A 15, A 16 oder B 2.
[13]) Als Eingangsamt für Beamte mit der Befähigung für ein Lehramt mit Eingangsamt in der Besoldungsgruppe A 12 oder einer niedrigeren Besoldungsgruppe.
[14]) Mit der Befähigung für ein Lehramt an Sonderschulen (ausgenommen das Lehramt für Fachlehrer und Technische Lehrer an Sonderschulen).

Besoldungsgruppe A 14

Akademischer Oberrat

Direktor eines Seminars für Ausbildung und Fortbildung der Lehrkräfte
- als Leiter eines Seminars (Grundschulen)[3])

Erster Oberamtsanwalt

Fachschulrat[1])
- als Abteilungsleiter an einem sonderpädagogischen Bildungs- und Beratungszentrum mit Internat

Gemeinschaftsschulabteilungsleiter[8])
- als Leiter einer Abteilung einer Gemeinschaftsschule ohne gymnasiale Oberstufe mit mehr als 850 Schülern

Gemeinschaftsschulkonrektor
- als der ständige Vertreter des Leiters einer Gemeinschaftsschule ohne gymnasiale

Anlage 1 **Landesbesoldungsgesetz (LBesGBW)** **III.1**

Oberstufe mit mehr als 180 bis zu 360 Schülern
– als der ständige Vertreter des Leiters einer Gemeinschaftsschule ohne gymnasiale Oberstufe mit mehr als 360 Schülern[3)]

Gemeinschaftsschulrektor
– einer Gemeinschaftsschule ohne gymnasiale Oberstufe mit bis zu 180 Schülern
– einer Gemeinschaftsschule ohne gymnasiale Oberstufe mit mehr als 180 bis zu 360 Schülern[3)]

Geschäftsführer an einer Handwerkskammer[2)]

Konrektor
– als der ständige Vertreter des Leiters einer Hauptschule, Werkrealschule, Grund- und Hauptschule, Grund- und Werkrealschule, Grund- und Hauptschule mit Realschule, Grund- und Werkrealschule mit Realschule, Hauptschule mit Realschule, Werkrealschule mit Realschule oder Grundschule mit Realschule
  – mit mehr als 180 bis zu 360 Schülern
  – mit mehr als 360 Schülern[3)]
– als der ständige Vertreter des Leiters eines sonderpädagogischen Bildungs- und Beratungszentrums
  – mit Förderschwerpunkt Lernen mit mehr als 90 bis zu 180 Schülern
  – mit Förderschwerpunkt Lernen mit mehr als 180 Schülern[3)]
  – mit sonstigen Förderschwerpunkten mit mehr als 45 bis zu 90 Schülern
  – mit sonstigen Förderschwerpunkten mit mehr als 90 Schülern[3)]
  – mit 3 bis 8 Schulstellen im Justizvollzug
  – mit mindestens 9 Schulstellen im Justizvollzug[3)]

Landwirtschaftlicher Direktor bei einem Schulbauernhof[4)]

Leitender Bezirksnotar

Oberstudienrat
– als der ständige Vertreter des Leiters einer Gemeinschaftsschule ohne gymnasiale Oberstufe mit mehr als 180 bis zu 360 Schülern

– als der ständige Vertreter des Leiters einer Gemeinschaftsschule ohne gymnasiale Oberstufe mit mehr als 360 Schülern[3)]
– als der zweite Vertreter eines Leiters einer Gemeinschaftsschule ohne gymnasiale Oberstufe mit mehr als 540 Schülern
– als Leiter eines großen und bedeutenden Referats am Landesmedienzentrum
– als Leiter einer Abteilung einer Gemeinschaftsschule ohne gymnasiale Oberstufe mit mehr als 850 Schülern[8)]
– als Leiter einer Gemeinschaftsschule ohne gymnasiale Oberstufe mit bis zu 180 Schülern
– als Leiter einer Gemeinschaftsschule ohne gymnasiale Oberstufe mit mehr als 180 bis zu 360 Schülern[3)]
– als Referatsleiter und zugleich der ständige Vertreter des Leiters eines Fachbereichs am Landesmedienzentrum
– als Referent am Institut für Bildungsanalysen Baden-Württemberg
– als Referent am Zentrum für Schulqualität und Lehrerbildung
– mit der Befähigung für das Lehramt an Gymnasien oder an beruflichen Schulen

Oberkonservator

Oberrat

Pädagogischer Direktor bei einem Schulbauernhof[4)]

Parlamentsrat[5)]

Pfarrer im Justizvollzugsdienst[4)]

Realschulabteilungsleiter[8)]
– als Leiter einer Abteilung einer Realschule, Grund- und Hauptschule mit Realschule, Grund- und Werkrealschule mit Realschule, Hauptschule mit Realschule, Werkrealschule mit Realschule oder Grundschule mit Realschule mit mehr als 850 Schülern

Realschulkonrektor
– als der ständige Vertreter des Leiters einer Realschule mit mehr als 180 bis zu 360 Schülern

– als der ständige Vertreter des Leiters einer Realschule mit mehr als 360 Schülern[3])

Realschulrektor
– einer Realschule mit bis zu 180 Schülern
– einer Realschule mit mehr als 180 bis zu 360 Schülern[3])

Regierungsschulrat[6])
– als Referent in der Schulaufsicht bei einer oberen Schulaufsichtsbehörde
– bei einer obersten Landesbehörde

Rektor
– als Leiter eines sonderpädagogischen Bildungs- und Beratungszentrums
  – mit Förderschwerpunkt Lernen mit bis zu 90 Schülern
  – mit Förderschwerpunkt Lernen mit mehr als 90 bis zu 180 Schülern[3])
  – mit sonstigen Förderschwerpunkten mit bis zu 45 Schülern
  – mit sonstigen Förderschwerpunkten mit mehr als 45 bis zu 90 Schülern[3])
  – mit 3 bis 8 Schulstellen im Justizvollzug[3])
– einer Grundschule mit mehr als 180 bis zu 360 Schülern
– einer Grundschule mit mehr als 360 Schülern[3])
– einer Hauptschule, Werkrealschule, Grund- und Hauptschule, Grund- und Werkrealschule, Grund- und Hauptschule mit Realschule, Grund- und Werkrealschule mit Realschule, Hauptschule mit Realschule, Werkrealschule mit Realschule oder Grundschule mit Realschule
  – mit bis zu 180 Schülern
  – mit mehr als 180 bis zu 360 Schülern[3])

Schulrat[3])[6])
– als Schulaufsichtsbeamter bei einer unteren Schulaufsichtsbehörde

Seminarschuldirektor
– als Leiter der Abteilungen Sonderpädagogik am Seminar für Ausbildung und Fortbildung der Lehrkräfte Karlsruhe und Schwäbisch Gmünd (an den Pädagogischen Fachseminaren Karlsruhe und Schwäbisch Gmünd)[3])[7])

Seminarschulrat
– als Bereichsleiter
  – an einem Seminar für Ausbildung und Fortbildung der Lehrkräfte (Fachseminar für Sonderpädagogik und Pädagogisches Fachseminar)[4])
  – an einem Seminar für Ausbildung und Fortbildung der Lehrkräfte im Bereich Sekundarstufe I
  – an einem Seminar für Ausbildung und Fortbildung der Lehrkräfte (Fachseminar für Sonderpädagogik und Pädagogisches Fachseminar) und zugleich ständiger Vertreter des Leiters des Seminars[3])
  – an einem Seminar für Ausbildung und Fortbildung der Lehrkräfte im Bereich Sekundarstufe I und zugleich ständiger Vertreter des Leiters des Seminars[3])
  – an einem Seminar für Ausbildung und Fortbildung der Lehrkräfte (Gymnasium und Sonderpädagogik – Abteilung Sonderpädagogik)
  – an einem Seminar für Ausbildung und Fortbildung der Lehrkräfte (Gymnasium und Sonderpädagogik – Abteilung Sonderpädagogik) und zugleich ständiger Vertreter des Leiters der Abteilung[3])

Sonderpädagogikabteilungsleiter[8])
– als Leiter einer Abteilung eines sonderpädagogischen Bildungs- und Beratungszentrums mit Förderschwerpunkt Lernen mit mehr als 425 Schülern
– als Leiter einer Abteilung eines sonderpädagogischen Bildungs- und Beratungszentrums mit sonstigen Förderschwerpunkten mit mehr als 210 Schülern

Zweiter Gemeinschaftsschulkonrektor
– einer Gemeinschaftsschule ohne gymnasiale Oberstufe mit mehr als 540 Schülern

Zweiter Konrektor
– an einem sonderpädagogischen Bildungs- und Beratungszentrum
  – mit Förderschwerpunkt Lernen mit mehr als 270 Schülern
  – mit sonstigen Förderschwerpunkten mit mehr als 135 Schülern

Anlage 1   **Landesbesoldungsgesetz (LBesGBW)**   **III.1**

- mit mindestens 13 Schulstellen im Justizvollzug
- einer Grund- und Hauptschule mit Realschule, Grund- und Werkrealschule mit Realschule, Hauptschule mit Realschule, Werkrealschule mit Realschule oder Grundschule mit Realschule mit insgesamt mehr als 540 Schülern

Zweiter Realschulkonrektor
- einer Realschule mit mehr als 540 Schülern

[1]) Erhält als der ständige Vertreter des Leiters eines sonderpädagogischen Bildungs- und Beratungszentrums mit Internat mit bis zu 90 Schülern eine Amtszulage nach Anlage 13.
[2]) Soweit nicht in den Besoldungsgruppen A 13, A 15, A 16 oder B 3.
[3]) Erhält eine Amtszulage nach Anlage 13.
[4]) Soweit nicht in der Besoldungsgruppe A 13.
[5]) Soweit nicht in den Besoldungsgruppen A 13, A 15, A 16 oder B 2.
[6]) Für Beamte in der Schulaufsicht mit der Befähigung für ein Lehramt als Eingangsamt.
[7]) Zugleich auch ständiger Vertreter des Direktors für diesen Bereich.
[8]) Für jede Gemeinschaftsschule, jede Realschule, jeden Verbund mit einer Realschule oder jedes sonderpädagogische Bildungs- und Beratungszentrum dürfen höchstens zwei Planstellen für Abteilungsleitungen ausgebracht werden.

Besoldungsgruppe A 15

Akademischer Direktor

Dekan im Justizvollzugsdienst

Direktor

Direktor[8])
- als naturwissenschaftlich-technischer Leiter des Kriminaltechnischen Instituts beim Landeskriminalamt und zugleich Leiter eines wissenschaftlichen Fachbereichs beim Kriminaltechnischen Institut

Direktor des Seminars für Ausbildung und Fortbildung der Lehrkräfte (Fachseminar für Sonderpädagogik und Pädagogisches Fachseminar)

Direktor eines Seminars für Ausbildung und Fortbildung der Lehrkräfte
- als Leiter eines Seminars (Sekundarstufe I auch mit Grundschulen)

- an einem Seminar (Berufliche Schulen)
  - als Bereichsleiter
  - als Bereichsleiter und zugleich ständiger Vertreter des Direktors[1])
  - als Leiter der Abteilung Gymnasium und zugleich ständiger Vertreter des Direktors dieser Abteilung[1])
- an einem Seminar (Gymnasien)
  - als Bereichsleiter
  - als Bereichsleiter und zugleich ständiger Vertreter des Direktors[1])
- an einem Seminar (Gymnasium und Sonderpädagogik)
  - als Leiter der Abteilung Sonderpädagogik

als Leiter eines Seminars (Werkreal-, Hauptsowie Realschulen auch mit Grundschulen)

an einem Seminar (Berufliche Schulen)
- als Bereichsleiter
- als Bereichsleiter und zugleich ständiger Vertreter des Direktors[1])
- als Leiter der Abteilung Gymnasium und zugleich ständiger Vertreter des Direktors für diese Abteilung[1])

an einem Seminar (Gymnasien)
- als Bereichsleiter
- als Bereichsleiter und zugleich ständiger Vertreter des Direktors[1])

an einem Seminar (Gymnasium und Sonderpädagogik)
- als Leiter der Abteilung Sonderpädagogik

Direktor eines sonderpädagogischen Bildungs- und Beratungszentrums mit Internat
- als Leiter eines sonderpädagogischen Bildungs- und Beratungszentrums mit Internat mit bis zu 90 Schülern
- als Leiter eines sonderpädagogischen Bildungs- und Beratungszentrums mit Internat mit mehr als 90 Schülern[1])[2])

Erster Landesbeamter[3])

Fachbereichsdirektor am Landesmedienzentrum
- als Leiter eines Fachbereichs

Fachschuldirektor
- als der ständige Vertreter des Leiters eines sonderpädagogischen Bildungs- und Beratungszentrums mit Internat mit mehr als 90 Schülern[2])
- als der ständige Vertreter des Leiters eines sonderpädagogischen Bildungs- und Beratungszentrums mit Internat mit mehr als 90 Schülern
  - und mit einer Abteilung Sonderberufs- oder Sonderberufsfachschule mit mehr als 60 Schülern[1])[2])
  - und mit einer voll ausgebauten Abteilung gymnasiale Oberstufe[1])

Forstdirektor
- als Leiter eines regional zuständigen Forstbezirks von Forst Baden-Württemberg[7])

Gemeinschaftsschulkonrektor
- als der ständige Vertreter des Leiters einer Gemeinschaftsschule mit gymnasialer Oberstufe mit bis zu 360 Schülern
- als der ständige Vertreter des Leiters einer Gemeinschaftsschule mit gymnasialer Oberstufe mit mehr als 360 Schülern[1])

Gemeinschaftsschulrektor
- einer Gemeinschaftsschule mit gymnasialer Oberstufe mit bis zu 360 Schülern[1])
- einer Gemeinschaftsschule ohne gymnasiale Oberstufe mit mehr als 360 Schülern

Geschäftsführer bei einer Handwerkskammer[4])

Hauptkonservator

Parlamentsrat[5])

Realschulrektor
- einer Realschule mit mehr als 360 Schülern

Regierungsdirektor
- als der ständige Vertreter des Leiters einer Regionalstelle des Zentrums für Schulqualität und Lehrerbildung
- als Referatsleiter am Institut für Bildungsanalysen Baden-Württemberg
- als Referent am Institut für Bildungsanalysen Baden-Württemberg

- als Referent am Zentrum für Schulqualität und Lehrerbildung

Regierungsmedizinaldirektor[8])
- als Leiter einer Außenstelle der Abteilung Polizeiärztlicher Dienst beim Präsidium Technik, Logistik, Service der Polizei
- als Stellvertreter des Leiters eines Gesundheitsamts bei einem Landratsamt

Regierungsschuldirektor
- als der ständige Vertreter des Leiters einer Regionalstelle des Zentrums für Schulqualität und Lehrerbildung
- als Referatsleiter am Institut für Bildungsanalysen Baden-Württemberg
- als Referent am Institut für Bildungsanalysen Baden-Württemberg
- als Referent am Zentrum für Schulqualität und Lehrerbildung
- als Referent in der Schulaufsicht bei einer oberen Schulaufsichtsbehörde
- bei einer obersten Landesbehörde

Rektor
- als Leiter eines sonderpädagogischen Bildungs- und Beratungszentrums
- mit Förderschwerpunkt Lernen mit mehr als 180 Schülern
- mit sonstigen Förderschwerpunkten mit mehr als 90 Schülern
- mit mindestens 9 Schulstellen im Justizvollzug
- einer Hauptschule, Werkrealschule, Grund- und Hauptschule, Grund- und Werkrealschule, Grund- und Hauptschule mit Realschule, Grund- und Werkrealschule mit Realschule, Hauptschule mit Realschule, Werkrealschule mit Realschule oder Grundschule mit Realschule mit mehr als 360 Schülern

Schulamtsdirektor
- als Schulaufsichtsbeamter bei einer unteren Schulaufsichtsbehörde
- als der ständige Vertreter des Leitenden Schulamtsdirektors beim Staatlichen Schulamt Mannheim[1])

Studiendirektor

- als der ständige Vertreter des Leiters des Internationalen Studienzentrums bei einer wissenschaftlichen Hochschule

- als der ständige Vertreter des Leiters des Landesgymnasiums für Hochbegabte mit Internat und Kompetenzzentrum Schwäbisch Gmünd[1])

- als der ständige Vertreter des Leiters des MINT-Exzellenzgymnasiums mit Internat Bad Saulgau[1])

- als der ständige Vertreter des Leiters eines Studienkollegs bei einer wissenschaftlichen Hochschule

- an einem sonderpädagogischen Bildungs- und Beratungszentrum mit Internat mit mehr als 90 Schülern als Leiter einer Abteilung Sonderberufs- oder Sonderberufsfachschule mit mehr als 60 Schülern[1])

- an einem sonderpädagogischen Bildungs- und Beratungszentrum mit Internat mit mehr als 90 Schülern als Leiter einer voll ausgebauten Abteilung gymnasiale Oberstufe[1])

- als Fachberater in der Schulaufsicht, als Fachleiter oder Seminarlehrer an Studienseminaren oder Seminarschulen oder zur Koordinierung schulfachlicher Aufgaben[10])

- als der ständige Vertreter des Leiters
  - einer beruflichen Schule mit mehr als 80 bis zu 360 Schülern,[2])
  - einer beruflichen Schule mit mehr als 360 Schülern,[1])[2])
  - eines Gymnasiums im Aufbau mit
    - mehr als 540 Schülern, wenn die oberste Jahrgangsstufe fehlt,[1])
    - mehr als 670 Schülern, wenn die zwei oberen Jahrgangsstufen fehlen,[1])
    - mehr als 800 Schülern, wenn die drei oberen Jahrgangsstufen fehlen,[1])
  - eines nicht voll ausgebauten Gymnasiums,
  - eines voll ausgebauten Gymnasiums mit bis zu 360 Schülern,
  - eines voll ausgebauten Gymnasiums mit mehr als 360 Schülern,[1])
  - eines voll ausgebauten Oberstufengymnasiums,
  - eines zweizügig voll ausgebauten Oberstufengymnasiums oder eines Oberstufengymnasiums mit mindestens zwei Schultypen[1]),
  - eines Aufbaugymnasiums mit voll ausgebauter Oberstufe,
  - eines Aufbaugymnasiums mit mindestens zweizügig voll ausgebauter Oberstufe,[1])
  - einer Gemeinschaftsschule mit gymnasialer Oberstufe mit bis zu 360 Schülern,
  - einer Gemeinschaftsschule mit gymnasialer Oberstufe mit mehr als 360 Schülern[1])

- als Leiter
  - einer beruflichen Schule mit bis zu 80 Schülern,[2])
  - einer beruflichen Schule mit mehr als 80 bis zu 360 Schülern,[1])[2])
  - eines nicht voll ausgebauten Gymnasiums,[1])
  - eines voll ausgebauten Gymnasiums mit bis zu 360 Schülern,[1])
  - eines voll ausgebauten Oberstufengymnasiums[1]),
  - eines Aufbaugymnasiums mit voll ausgebauter Oberstufe,[1])
  - einer Gemeinschaftsschule mit gymnasialer Oberstufe mit bis zu 360 Schülern,[1])
  - einer Gemeinschaftsschule ohne gymnasiale Oberstufe mit mehr als 360 Schülern

---

[1]) Erhält eine Amtszulage nach Anlage 13.
[2]) Bei Schulen mit Teilzeitunterricht rechnen 2,5 Unterrichtsteilnehmer mit Teilzeitunterricht als einer.
[3]) Soweit nicht in den Besoldungsgruppen A 16 oder B 3.
[4]) Soweit nicht in den Besoldungsgruppen A 13, A 14, A 16 oder B 3.
[5]) Soweit nicht in den Besoldungsgruppen A 13, A 14, A 16 oder B 2.
[6]) Erhält eine Amtszulage nach Anlage 13.
[7]) Erhält eine Amtszulage nach Anlage 13.
[8]) Erhält eine Amtszulage nach Anlage 13.
[9]) (weggefallen)
[10]) Höchstens 30 Prozent der Gesamtzahl der planmäßigen Beamten in der Laufbahn der Studienräte.

Besoldungsgruppe A 16

Abteilungsdirektor[1])
- als ständiger Vertreter des Leiters einer Abteilung bei einem Regierungspräsidium

Direktor bei der Nationalparkverwaltung im Nationalpark Schwarzwald

Direktor der Landesanstalt für Landwirtschaft, Ernährung und Ländlichen Raum

Direktor der Landesanstalt für Schweinezucht

Direktor der Staatlichen Lehr- und Versuchsanstalt für Gartenbau Heidelberg

Direktor der Staatlichen Lehr- und Versuchsanstalt für Wein- und Obstbau Weinsberg

Direktor der Staatsschule für Gartenbau

Direktor des Landwirtschaftlichen Zentrums für Rinderhaltung, Grünlandwirtschaft, Milchwirtschaft, Wild und Fischerei Baden-Württemberg

Direktor des Internationalen Studienzentrums bei einer wissenschaftlichen Hochschule

Direktor des Landesmedienzentrums Baden-Württemberg

Direktor des Staatlichen Weinbauinstituts Freiburg

Direktor
- als Leiter
  - eines Seminars für Ausbildung und Fortbildung der Lehrkräfte (Berufliche Schulen)
  - eines Seminars für Ausbildung und Fortbildung der Lehrkräfte (Gymnasien)

Direktor eines sonderpädagogischen Bildungs- und Beratungszentrums mit Internat
- als Leiter eines sonderpädagogischen Bildungs- und Beratungszentrums mit Internat mit mehr als 90 Schülern[2])
  - und mit einer Abteilung Sonderberufs- oder Sonderberufsfachschule mit mehr als 60 Schülern[2])
  - und mit einer voll ausgebauten Abteilung gymnasiale Oberstufe

Direktor eines Studienkollegs bei einer wissenschaftlichen Hochschule

Ephorus
- als Leiter des evangelisch-theologischen Seminars Maulbronn
- als Leiter des evangelisch-theologischen Seminars Blaubeuren

Erster Landesbeamter[3])

Fachbereichsleiter
- als Leiter eines Fachbereichs der Betriebszentrale von Forst Baden-Württemberg[1])

Gemeinschaftsschulrektor
- einer Gemeinschaftsschule mit gymnasialer Oberstufe mit mehr als 360 Schülern

Geschäftsführer bei einer Handwerkskammer[4])

Landeskonservator

Leitender Akademischer Direktor

Leitender Direktor

Leitender Regierungsdirektor
- als Leiter einer Regionalstelle des Zentrums für Schulqualität und Lehrerbildung
- als Referatsleiter am Zentrum für Schulqualität und Lehrerbildung
- als Referatsleiter und ständiger Vertreter des Leiters einer Abteilung des Instituts für Bildungsanalysen Baden-Württemberg
- als Referatsleiter und ständiger Vertreter des Leiters einer Abteilung des Zentrums für Schulqualität und Lehrerbildung

Leitender Regierungsmedizinaldirektor
- als Leiter eines Gesundheitsamts bei einem Landratsamt mit medizinischer Gutachtenstelle[7])
- als Leiter eines Gesundheitsamts bei einem Landratsamt[8])

Leitender Regierungsschuldirektor
- als Referatsleiter bei einer oberen Schulaufsichtsbehörde
- als Leiter einer Regionalstelle des Zentrums für Schulqualität und Lehrerbildung
- als Referatsleiter am Zentrum für Schulqualität und Lehrerbildung

Anlage 1   Landesbesoldungsgesetz (LBesGBW)   **III.1**

- als Referatsleiter und ständiger Vertreter des Leiters einer Abteilung des Instituts für Bildungsanalysen Baden-Württemberg
- als Referatsleiter und ständiger Vertreter des Leiters einer Abteilung des Zentrums für Schulqualität und Lehrerbildung

Leitender Schulamtsdirektor
- als leitender Schulaufsichtsbeamter bei einer unteren Schulaufsichtsbehörde, dem mindestens sechs weitere Schulaufsichtsbeamte unterstellt sind

Ministerialrat[5])
- beim Landtag und bei einer obersten Landesbehörde

Oberstudiendirektor
- als Leiter des Landesgymnasiums für Hochbegabte mit Internat und Kompetenzzentrum Schwäbisch Gmünd
- als Leiter des MINT-Exzellenzgymnasiums mit Internat Bad Saulgau
- als Leiter
  - einer beruflichen Schule mit mehr als 360 Schülern,[2])
  - eines Gymnasiums im Aufbau mit
    - mehr als 540 Schülern, wenn die oberste Jahrgangsstufe fehlt, mehr als 670 Schülern, wenn die zwei oberen Jahrgangsstufen fehlen,
    - mehr als 800 Schülern, wenn die drei oberen Jahrgangsstufen fehlen,
  - eines voll ausgebauten Gymnasiums mit mehr als 360 Schülern,
  - eines zweizügig voll ausgebauten Oberstufengymnasiums oder
  - eines Oberstufengymnasiums mit mindestens zwei Schultypen,
  - eines Aufbaugymnasiums mit mindestens zweizügig voll ausgebauter Oberstufe,
  - einer Gemeinschaftsschule mit gymnasialer Oberstufe mit mehr als 360 Schülern

Parlamentsrat[6])

Vizepräsident der Cybersicherheitsagentur

[1]) Soweit nicht in der Besoldungsgruppe B 2.
[2]) Bei Schulen mit Teilzeitunterricht rechnen 2,5 Unterrichtsteilnehmer mit Teilzeitunterricht als einer.
[3]) Soweit nicht in den Besoldungsgruppen A 15 oder B 3.
[4]) Soweit nicht in den Besoldungsgruppen A 13, A 14, A 15 oder B 3.
[5]) Soweit nicht in den Besoldungsgruppen B 2 oder B 3.
[6]) Soweit nicht in den Besoldungsgruppen A 13, A 14, A 15 oder B 2.
[7]) Erhält eine Amtszulage nach Anlage 13.
[8]) Erhält eine Amtszulage nach Anlage 13.

Anlage 2
(zu § 28)

Landesbesoldungsordnung B

Besoldungsgruppe B 1

Besoldungsgruppe B 2

Abteilungsdirektor bei der Deutschen Rentenversicherung Baden-Württemberg[1])

Abteilungsdirektor
- als Leiter einer Abteilung des Instituts für Bildungsanalysen Baden-Württemberg
- als Leiter einer Abteilung und ständiger Vertreter des Direktors des Instituts für Bildungsanalysen Baden-Württemberg
- als Leiter einer großen und bedeutenden Abteilung
  - bei einer Mittel- oder Oberbehörde des Landes
  - bei einer sonstigen Dienststelle oder Einrichtung, wenn deren Leiter mindestens in Besoldungsgruppe B 5 eingestuft ist
- als Leiter eines großen und bedeutenden Referats bei der Oberfinanzdirektion, sofern er für sein und mindestens ein weiteres Referat den Finanzpräsidenten vertritt
- als der ständige Vertreter des Direktors des Landesbetriebs Vermögen und Bau Baden-Württemberg
- als der ständige Vertreter des Präsidenten der IT Baden-Württemberg
- als ständiger Vertreter des Leiters einer Abteilung bei einem Regierungspräsidium[2])

Abteilungspräsident[3])[4])
- als Leiter einer Abteilung bei einem Regierungspräsidium

Direktor der Landeszentrale für politische Bildung

Direktor des Landwirtschaftlichen Technologiezentrums Augustenberg

Direktor der Staatlichen Anlagen und Gärten

Direktor der Staatlichen Schlösser und Gärten Baden-Württemberg

Direktor und Professor[4])
- als Leiter einer wissenschaftlichen Forschungseinrichtung

Fachbereichsleiter
- als Leiter eines Fachbereichs der Betriebszentrale von Forst Baden-Württemberg[2])

Landoberstallmeister
- als Leiter des Haupt- und Landgestüts Marbach

Leitender Direktor beim Kommunalverband für Jugend und Soziales Baden-Württemberg
- als der ständige Vertreter des Verbandsdirektors
- als Leiter eines Dezernats
- als Leiter des Medizinisch-Pädagogischen Dienstes

Leitender Direktor beim Verband Region Stuttgart für den Bereich Wirtschaft/Infrastruktur[6])

Leitender Kreisverwaltungsdirektor[2])
- als Dezernent bei einem Landratsamt

Leitender Technischer Direktor beim Verband Region Stuttgart für den Bereich Planung[6])

Ministerialrat[7])[8])
- beim Landtag und bei einer obersten Landesbehörde

Parlamentsrat[9])

Polizeivizepräsident
- als der Vertreter des Leiters eines regionalen Polizeipräsidiums
- als der Vertreter des Leiters des Polizeipräsidiums Einsatz

Stadtdirektor bei einer Stadt mit mehr als 100.000 Einwohnern[4])
- als Leiter einer großen und bedeutenden Organisationseinheit

Anlage 2 **Landesbesoldungsgesetz (LBesGBW)** **III.1**

Verbandsdirektor eines Regionalverbands[4])
– mit nicht mehr als 700.000 Einwohnern

Vizepräsident des Landeskriminalamts
– als der Vertreter des Präsidenten

Vizepräsident des Präsidiums Technik, Logistik, Service der Polizei
– als der Vertreter des Präsidenten

Vizepräsident bei der Hochschule für Polizei Baden-Württemberg
– als der Vertreter des Präsidenten für den Bereich des Präsidiums Bildung

---

[1]) Als Leiter einer großen und bedeutenden Abteilung.
[2]) Soweit nicht in der Besoldungsgruppe A 16.
[3]) Die Amtsbezeichnung kann auch mit einem Zusatz versehen werden, der auf die Fachrichtung der Abteilung hinweist.
[4]) Soweit nicht in der Besoldungsgruppe B 3.
[5]) (weggefallen)
[6]) Nur als der ständige Vertreter des Regionaldirektors; dies gilt auch, soweit diese ständige Vertretung gemeinsam und ausschließlich den Leitern für den Bereich Wirtschaft/Infrastruktur und für den Bereich Planung übertragen wurde.
[7]) Soweit nicht in den Besoldungsgruppen A 16 oder B 3.
[8]) Die Zahl der Planstellen für Leitende Ministerialräte in der Besoldungsgruppe B 3 und für Ministerialräte in den Besoldungsgruppen B 2 und B 3 darf zusammen 60 Prozent der Gesamtzahl der für Leitende Ministerialräte in der Besoldungsgruppe B 3 und für Ministerialräte ausgebrachten Planstellen nicht überschreiten.
[9]) Soweit nicht in den Besoldungsgruppen A 13, A 14, A 15 oder A 16.

Besoldungsgruppe B 3

Abteilungsdirektor
– als Leiter einer Abteilung des Zentrums für Schulqualität und Lehrerbildung

Abteilungspräsident[1])[2])
– als Leiter einer Abteilung bei einem Regierungspräsidium

Direktor der Komm.ONE
– als weiteres Mitglied des Vorstands

Direktor der Staatlichen Münzen Baden-Württemberg

Direktor und Professor
– als Leiter einer wissenschaftlichen Forschungseinrichtung[2])
– als Leiter der Forstlichen Versuchs- und Forschungsanstalt Baden-Württemberg

Erster Landesbeamter[3])

Finanzpräsident

Generalsekretär der Führungsakademie Baden-Württemberg

Geschäftsführer bei der Handwerkskammer Stuttgart
– als der erste Stellvertreter des Hauptgeschäftsführers

Hauptgeschäftsführer bei einer Handwerkskammer[4])

Landeskriminaldirektor

Landespolizeidirektor

Leitender Direktor beim Verband Region Rhein-Neckar
– als der Leitende Planer und ständige Vertreter des Verbandsdirektors

Leitender Ministerialrat[5])
– beim Landtag und bei einer obersten Landesbehörde
  – als ständiger Vertreter eines Abteilungsleiters

Leitender Parlamentsrat[7])

Ministerialrat[5])[6])
– beim Landtag und bei einer obersten Landesbehörde

Museumsdirektor und Professor
– als Leiter der Reiss-Engelhorn-Museen Mannheim
– als Leiter der Staatlichen Kunsthalle Karlsruhe
– als Leiter der Staatsgalerie Stuttgart
– als Leiter der Stiftung Landesmuseum für Technik und Arbeit – Technoseum
– als Leiter des Badischen Landesmuseums
– als Leiter des Landesmuseums Württemberg

- als Leiter des Linden-Museums Stuttgart – Staatliches Museum für Völkerkunde
- als Leiter des Staatlichen Museums für Naturkunde Karlsruhe
- als Leiter des Staatlichen Museums für Naturkunde Stuttgart

Polizeipräsident
- als Leiter eines regionalen Polizeipräsidiums
- als Leiter des Polizeipräsidiums Einsatz

Präsident der Cybersicherheitsagentur

Präsident des Landesamts für Verfassungsschutz

Präsident des Landesarchivs

Präsident des Landeskriminalamts

Präsident des Präsidiums Technik, Logistik, Service der Polizei

Stabsdirektor im Landespolizeipräsidium

Stadtdirektor
- bei einer Stadt mit mehr als 250.000 Einwohnern[2])
  - als Leiter einer großen und bedeutenden Organisationseinheit

Verbandsdirektor eines Regionalverbands
- mit nicht mehr als 700.000 Einwohnern[2])
- mit mehr als 700.000 bis zu 1,5 Millionen Einwohnern[7])

Vertreter des Vorstandsvorsitzenden von Forst Baden-Württemberg

Vizepräsident der Gemeindeprüfungsanstalt Baden-Württemberg

Vizepräsident des Zentrums für Schulqualität und Lehrerbildung
- als Leiter einer Abteilung und ständiger Vertreter des Präsidenten des Zentrums für Schulqualität und Lehrerbildung

---

[1]) Die Amtsbezeichnung kann auch mit einem Zusatz versehen werden, der auf die Fachrichtung der Abteilung hinweist.

[2]) Soweit nicht in der Besoldungsgruppe B 2.

[3]) Soweit nicht in den Besoldungsgruppen A 15 oder A 16.

[4]) Soweit nicht in den Besoldungsgruppen B 4, B 5 oder B 6.

[5]) Die Zahl der Planstellen für Leitende Ministerialräte in der Besoldungsgruppe B 3 und für Ministerialräte in den Besoldungsgruppen B 2 und B 3 darf zusammen 60 Prozent der Gesamtzahl der für Leitende Ministerialräte in der Besoldungsgruppe B 3 und für Ministerialräte ausgebrachten Planstellen nicht überschreiten.

[6]) Soweit nicht in den Besoldungsgruppen A 16 oder B 2.

[7]) Soweit nicht in der Besoldungsgruppe B 4.

Besoldungsgruppe B 4

Beauftragter der Landesregierung für besondere Aufgaben

Direktor des Instituts für Bildungsanalysen Baden-Württemberg
- als Leiter

Direktor des Landesbetriebs Vermögen und Bau Baden-Württemberg

Direktor des Zweckverbands Bodenseewasserversorgung
- als der kaufmännische Geschäftsführer
- als der technische Geschäftsführer

Direktor des Zweckverbands Landeswasserversorgung
- als der kaufmännische Geschäftsführer
- als der technische Geschäftsführer

Hauptgeschäftsführer bei einer Handwerkskammer[1])

Landespolizeivizepräsident
- als der ständige Vertreter des Landespolizeipräsidenten

Leitender Parlamentsrat[2])

Präsident der IT Baden-Württemberg

Präsident des Landesamts für Besoldung und Versorgung

Präsident des Landesamts für Geoinformation und Landentwicklung

Präsident des Landesjustizprüfungsamts

Regierungsvizepräsident
- als der ständige Vertreter eines Regierungspräsidenten

Anlage 2 — Landesbesoldungsgesetz (LBesGBW) III.1

Stadtdirektor
- bei einer Stadt mit mehr als 500.000 Einwohnern[3])
  - als Leiter eines großen und bedeutenden Amtes oder als Leiter eines Referats

Verbandsdirektor des Kommunalverbands für Jugend und Soziales Baden-Württemberg

Verbandsdirektor eines Regionalverbands
- mit mehr als 700.000 bis zu 1,5 Millionen Einwohnern[2])

Vizepräsident der Oberfinanzdirektion

[1]) Soweit nicht in den Besoldungsgruppen B 3, B 5 oder B 6.
[2]) Soweit nicht in der Besoldungsgruppe B 3.
[3]) Soweit nicht in den Besoldungsgruppen B 2 oder B 3.

Besoldungsgruppe B 5

Direktor bei der Deutschen Rentenversicherung Baden-Württemberg
- als stellvertretender Geschäftsführer oder Mitglied der Geschäftsführung

Hauptgeschäftsführer bei einer Handwerkskammer[1])

Präsidentin oder Präsident der Landesanstalt für Umwelt Baden-Württemberg

Präsident des Statistischen Landesamts

Rechnungshofdirektor

Regionaldirektor beim Verband Region Stuttgart

Verbandsdirektor des Verbands Region Rhein-Neckar

Verbandsdirektor eines Regionalverbands
- mit mehr als 1,5 Millionen Einwohnern

Vorstandsvorsitzender von Forst Baden-Württemberg

[1]) Soweit nicht in den Besoldungsgruppen B 3, B 4 oder B 6.

Besoldungsgruppe B 6

Erster Direktor bei der Deutschen Rentenversicherung Baden-Württemberg
- als Geschäftsführer oder Vorsitzender der Geschäftsführung

Hauptgeschäftsführer der Handwerkskammer Stuttgart

Landesforstpräsident

Landespolizeipräsident

Leitender Direktor der Komm.ONE
- als Vorsitzender des Vorstands

Ministerialdirigent
- beim Landtag und bei einer obersten Landesbehörde
  - als Leiter einer Abteilung

Präsident der Gemeindeprüfungsanstalt Baden-Württemberg

Präsident des Zentrums für Schulqualität und Lehrerbildung

Vizepräsident des Rechnungshofs

Besoldungsgruppe B 7

Oberfinanzpräsident

Präsident der Landesanstalt für Kommunikation
- als Vorsitzender des Vorstands

Besoldungsgruppe B 8

Regierungspräsident

Besoldungsgruppe B 9

Ministerialdirektor
- beim Landtag und bei einer obersten Landesbehörde

Präsident des Rechnungshofs

Besoldungsgruppe B 10

Staatssekretär
- als Chef der Staatskanzlei
- bei der obersten Landesbehörde, deren Geschäftsbereich der stellvertretende Ministerpräsident leitet

Besoldungsgruppe B 11

Anlage 3
(zu § 35)

Landesbesoldungsordnung R

Besoldungsgruppe R 1

Richter am Amtsgericht[2]
Richter am Arbeitsgericht[2][3]
Richter am Landgericht
Richter am Sozialgericht[2]
Richter am Verwaltungsgericht
Direktor des Amtsgerichts[4]
Direktor des Arbeitsgerichts[4]
Direktor des Sozialgerichts[4]
Staatsanwalt
Erster Staatsanwalt[5]

---

[1] (weggefallen)
[2] Erhält als der ständige Vertreter des Direktors bei einem Gericht mit 4 bis 7 Richterplanstellen eine Amtszulage nach Anlage 13.
[3] Erhält als örtlicher Gerichtsvorstand der arbeitsgerichtlichen Kammern an einem Gerichtsort, dem kein anderes Leitungsamt zugeordnet ist, eine Amtszulage nach Anlage 13.
[4] An einem Gericht mit bis zu 3 Richterplanstellen; erhält eine Amtszulage nach Anlage 13.
[5] Erhält bei einer Staatsanwaltschaft bei einem Landgericht mit 4 Planstellen und mehr für Staatsanwälte eine Amtszulage nach Anlage 13. Anstatt einer Planstelle für einen Oberstaatsanwalt als Abteilungsleiter können bei einer Staatsanwaltschaft mit 4 und 5 Planstellen für Staatsanwälte eine Planstelle für einen Ersten Staatsanwalt und bei einer Staatsanwaltschaft mit 6 und mehr Planstellen für Staatsanwälte 2 Planstellen für Erste Staatsanwälte ausgebracht werden.

Besoldungsgruppe R 2

Notariatsdirektor
– als Prüfungsbeauftragter nach § 114 Absatz 7 der Bundesnotarordnung in der ab 1. Januar 2018 geltenden Fassung

Richter am Amtsgericht
– als weiterer aufsichtführender Richter[2]
– als der ständige Vertreter eines Direktors[3]

Richter am Arbeitsgericht
– als weiterer aufsichtführender Richter[2]
– als der ständige Vertreter eines Direktors[3]

Richter am Finanzgericht
Richter am Landessozialgericht
Richter am Oberlandesgericht
Richter am Verwaltungsgerichtshof
Richter am Sozialgericht
– als weiterer aufsichtführender Richter[2]
– als der ständige Vertreter eines Direktors[3]

Vorsitzender Richter am Landgericht[4]
Vorsitzender Richter am Verwaltungsgericht
Direktor des Amtsgerichts[5]
Direktor des Arbeitsgerichts[5]
Direktor des Sozialgerichts[5]
Vizepräsident des Amtsgerichts[6]
Vizepräsident des Arbeitsgerichts[6]
Vizepräsident des Landgerichts[7]
Vizepräsident des Sozialgerichts[6]
Vizepräsident des Verwaltungsgerichts[7]

Oberstaatsanwalt
– als Abteilungsleiter bei einer Staatsanwaltschaft bei einem Landgericht[8]
– als Hauptabteilungsleiter bei einer Staatsanwaltschaft bei einem Landgericht[9]
– als Dezernent bei einer Staatsanwaltschaft bei einem Oberlandesgericht[10]

Leitender Oberstaatsanwalt[11]
– als Leiter einer Staatsanwaltschaft bei einem Landgericht
– als Leiter einer Zweigstelle bei einer Staatsanwaltschaft bei einem Landgericht

---

[1] (weggefallen)
[2] An einem Gericht mit 10 und mehr Richterplanstellen. Bei 17 Richterplanstellen und auf je 7 weitere Richterplanstellen kann für weitere aufsichtführende Richter je eine Richterplanstelle der Besoldungsgruppe R 2 ausgebracht werden.
[3] An einem Gericht mit 8 und mehr Richterplanstellen.

Anlage 3   Landesbesoldungsgesetz (LBesGBW)   **III.1**

[4]) Erhält als weiterer aufsichtführender Richter an Landgerichten mit 81 und mehr Richterplanstellen sowie am Landgericht Karlsruhe eine Amtszulage nach Anlage 13.

[5]) An einem Gericht mit 4 und mehr Richterplanstellen; erhält an einem Gericht mit 8 und mehr Richterplanstellen eine Amtszulage nach Anlage 13.

[6]) Als der ständige Vertreter eines Präsidenten der Besoldungsgruppe R 3 oder R 4; erhält an einem Gericht mit 16 und mehr Richterplanstellen eine Amtszulage nach Anlage 13.

[7]) Erhält als der ständige Vertreter eines Präsidenten der Besoldungsgruppe R 3 oder R 4 eine Amtszulage nach Anlage 13.

[8]) Auf je 4 Planstellen für Staatsanwälte kann eine Planstelle für einen Oberstaatsanwalt als Abteilungsleiter ausgebracht werden; erhält als der ständige Vertreter eines Leitenden Oberstaatsanwalts der Besoldungsgruppe R 3 oder R 4 eine Amtszulage nach Anlage 13.

[9]) Erhält als Hauptabteilungsleiter bei der Staatsanwaltschaft Mannheim oder als Hauptabteilungsleiter bei einer Staatsanwaltschaft mit 101 und mehr Planstellen für Staatsanwälte eine Amtszulage nach Anlage 13.

[10]) Erhält als Unterabteilungsleiter beim Cybercrime-Zentrum Baden-Württemberg eine Amtszulage nach Anlage 13.

[11]) Mit bis zu 10 Planstellen für Staatsanwälte; erhält eine Amtszulage nach Anlage 13.

Besoldungsgruppe R 3

Vorsitzender Richter am Finanzgericht[1])

Vorsitzender Richter am Landesarbeitsgericht

Vorsitzender Richter am Landessozialgericht

Vorsitzender Richter am Oberlandesgericht

Vorsitzender Richter am Verwaltungsgerichtshof

Präsident des Amtsgerichts[2])

Präsident des Arbeitsgerichts[2])

Präsident des Landgerichts[2])

Präsident des Sozialgerichts[2])

Präsident des Verwaltungsgerichts[2])

Vizepräsident des Amtsgerichts[3])[4])

Vizepräsident des Finanzgerichts[5])

Vizepräsident des Landesarbeitsgerichts[5])

Vizepräsident des Landessozialgerichts[5])

Vizepräsident des Landgerichts[3])

Vizepräsident des Oberlandesgerichts[5])

Vizepräsident des Verwaltungsgerichts[3])

Vizepräsident des Verwaltungsgerichtshofs[5])

Oberstaatsanwalt
– als der ständige Vertreter eines in Besoldungsgruppe R 5 eingestuften Leitenden Oberstaatsanwalts

Leitender Oberstaatsanwalt
– als Leiter einer Staatsanwaltschaft bei einem Landgericht[6])
– als Abteilungsleiter bei einer Staatsanwaltschaft bei einem Oberlandesgericht

---

[1]) Erhält als örtlicher Gerichtsvorstand der Außensenate des Finanzgerichts eine Amtszulage nach Anlage 13.

[2]) An einem Gericht mit bis zu 40 Richterplanstellen einschließlich der Richterplanstellen der Gerichte, über die der Präsident die Dienstaufsicht führt.

[3]) Als der ständige Vertreter des Präsidenten eines Gerichts mit 81 und mehr Richterplanstellen, einschließlich der Richterplanstellen der Gerichte, über die der Präsident die Dienstaufsicht führt.

[4]) Als der ständige Vertreter eines Präsidenten der Besoldungsgruppe R 5.

[5]) Erhält als der ständige Vertreter eines Präsidenten der Besoldungsgruppe R 6 eine Amtszulage nach Anlage 13.

[6]) Mit 11 bis zu 40 Planstellen für Staatsanwälte sowie bei den Staatsanwaltschaften Mosbach und Waldshut-Tiengen.

Besoldungsgruppe R 4

Präsident des Amtsgerichts[1])

Präsident des Arbeitsgerichts[1])

Präsident des Landgerichts[1])

Präsident des Sozialgerichts[2])

Präsident des Verwaltungsgerichts[1])

Vizepräsident des Landesarbeitsgerichts[3])

Vizepräsident des Landessozialgerichts[3])

Vizepräsident des Oberlandesgerichts[3])

Vizepräsident des Verwaltungsgerichtshofs[3])

Leitender Oberstaatsanwalt[4])
– als Leiter einer Staatsanwaltschaft bei einem Landgericht

---

[1]) An einem Gericht mit 41 bis 80 Richterplanstellen einschließlich der Richterplanstellen der Gerichte, über die der Präsident die Dienstaufsicht führt.

III.1 Landesbesoldungsgesetz (LBesGBW) — Anlage 3

[2]) An einem Gericht mit 41 und mehr Richterplanstellen einschließlich der Richterplanstellen der Gerichte, über die der Präsident die Dienstaufsicht führt.

[3]) Als der ständige Vertreter eines Präsidenten der Besoldungsgruppe R 8.

[4]) Mit 41 bis 80 Planstellen für Staatsanwälte.

Besoldungsgruppe R 5

Präsident des Amtsgerichts[1])

Präsident des Finanzgerichts[2])

Präsident des Landgerichts[3])

Präsident des Verwaltungsgerichts[3])

Generalstaatsanwalt[4])
- als Leiter einer Staatsanwaltschaft bei einem Oberlandesgericht

Leitender Oberstaatsanwalt[5])
- als Leiter einer Staatsanwaltschaft bei einem Landgericht

---

[1]) An einem Gericht mit 81 bis 150 Richterplanstellen einschließlich der Richterplanstellen der Gerichte, über die der Präsident die Dienstaufsicht führt, sowie am Amtsgericht Stuttgart.

[2]) An einem Gericht mit bis zu 25 Richterplanstellen im Bezirk.

[3]) An einem Gericht mit 81 bis 150 Richterplanstellen einschließlich der Richterplanstellen der Gerichte, über die der Präsident die Dienstaufsicht führt.

[4]) Mit bis zu 100 Planstellen für Staatsanwälte im Bezirk.

[5]) Mit 81 und mehr Planstellen für Staatsanwälte.

Besoldungsgruppe R 6

Präsident des Amtsgerichts[1])

Präsident des Finanzgerichts[2])

Präsident des Landesarbeitsgerichts[3])

Präsident des Landessozialgerichts[3])

Präsident des Landgerichts[1])

Präsident des Oberlandesgerichts[3])

Präsident des Verwaltungsgerichtshofs[3])

Generalstaatsanwalt[4])
- als Leiter einer Staatsanwaltschaft bei einem Oberlandesgericht

---

[1]) An einem Gericht mit 151 und mehr Richterplanstellen einschließlich der Richterplanstellen der Gerichte, über die der Präsident die Dienstaufsicht führt.

[2]) An einem Gericht mit 26 und mehr Richterplanstellen im Bezirk.

[3]) An einem Gericht mit 26 bis 100 Richterplanstellen im Bezirk.

[4]) Mit 101 und mehr Planstellen für Staatsanwälte im Bezirk.

Besoldungsgruppe R 7

Besoldungsgruppe R 8

Präsident des Landesarbeitsgerichts[1])

Präsident des Landessozialgerichts[1])

Präsident des Oberlandesgerichts[1])

Präsident des Verwaltungsgerichtshofs[1])

---

[1]) An einem Gericht mit 101 und mehr Richterplanstellen im Bezirk.

Landesbesoldungsordnung W

Anlage 4
(zu § 37)

Besoldungsgruppe W 1

Professor als Juniorprofessor[1]

Professor als Juniorprofessor am KIT

– als Hochschullehrer nach § 14 KITG

---
[1] Nach § 51 Abs. 2 des Landeshochschulgesetzes an einer Universität oder gleichgestellten Hochschule.

Besoldungsgruppe W 2

Dekan einer Fakultät[1]

– als hauptamtlicher Dekan nach § 24 des Landeshochschulgesetzes

Kanzler der . . .[2])[3]

KIT-Dekan einer KIT-Fakultät[1]

– als hauptamtlicher KIT-Dekan nach § 11e KITG in Verbindung mit § 24 des Landeshochschulgesetzes

Professor[1]

– an einer Hochschule für angewandte Wissenschaften

Professor an der Dualen Hochschule Baden-Württemberg

Professor an einer Kunsthochschule[1]

Professor an einer Pädagogischen Hochschule[1]

Universitätsprofessor[1]

Universitätsprofessor am KIT[1]

– als Hochschullehrer nach § 14 KITG

Prorektor der . . .[2])[3]

---
[1] Soweit nicht in der Besoldungsgruppe W 3.
[2] An Kunsthochschulen und Pädagogischen Hochschulen mit einer Studierendenzahl unter 2.000 sowie an Hochschulen für angewandte Wissenschaften mit einer Studierendenzahl unter 2.500.
[3] Der Amtsbezeichnung ist ein Zusatz beizufügen, der auf die Hochschule hinweist, der der Amtsinhaber angehört.

Besoldungsgruppe W 3

Dekan einer Fakultät[1]

– als hauptamtlicher Dekan nach § 24 des Landeshochschulgesetzes

Kanzler der . . .[1])[2]

KIT-Dekan einer KIT-Fakultät[1]

– als hauptamtlicher KIT-Dekan nach § 11e KITG in Verbindung mit § 24 des Landeshochschulgesetzes

Präsident des Karlsruher Instituts für Technologie

Professor[1])[3]

– an einer Hochschule für angewandte Wissenschaften

Professor an der Dualen Hochschule Baden-Württemberg

– als Rektor einer Studienakademie
– als Leiter des Center for Advanced Studies
– als Fachbereichsleiter am Center for Advanced Studies

Professor an einer Kunsthochschule[1])[4]

Professor an einer Pädagogischen Hochschule[5]

Prorektor der . . .[1])[2]

Rektor der . . .[2]

Universitätsprofessor[5]

Universitätsprofessor am KIT[5]

– als Hochschullehrer nach § 14 KITG

Vizepräsident des Karlsruher Instituts für Technologie

Wissenschaftlicher Direktor und Professor am KIT

– als Bereichsleiter nach § 11b KITG

---
[1] Soweit nicht in der Besoldungsgruppe W 2.
[2] Der Amtsbezeichnung ist ein Zusatz beizufügen, der auf die Hochschule hinweist, der der Amtsinhaber angehört.

[3] Der Anteil der Planstellen für Ämter der Professoren in Besoldungsgruppe W 3 an Hochschulen für angewandte Wissenschaften wird auf 25 Prozent der Gesamtzahl der Planstellen für Professoren in Ämtern der Besoldungsgruppen W 2 und W 3 begrenzt.

[4] Der Anteil der Planstellen für Ämter der Professoren in Besoldungsgruppe W 3 an Kunsthochschulen wird auf 80 Prozent der Gesamtzahl der Planstellen für Professoren in Ämtern der Besoldungsgruppen W 2 und W 3 begrenzt.

[5] Soweit nicht in besonderen Fällen nach näherer Bestimmung des Hochschulrechts in der Besoldungsgruppe W 2.

Anlage 5
(zu § 105)

Landesbesoldungsordnungen A, B, C, R und W
Künftig wegfallende Ämter (kw)

1. Landesbesoldungsordnung A

Besoldungsgruppe A 7 kw

Gestüthauptwärter[1])[2])

[1]) Soweit nicht in Besoldungsgruppe A 8 kw.
[2]) Erhält eine Amtszulage nach Anlage 13.

Besoldungsgruppe A 8 kw

Gestüthauptwärter[1])

Hauptsattelmeister[2])

[1]) Soweit nicht in Besoldungsgruppe A 7 kw. Für bis zu 20 Prozent der Gesamtzahl der Planstellen des Gestütsdienstes in den Besoldungsgruppen A 7 kw und A 8 kw.
[2]) Als Eingangsamt.

Besoldungsgruppe A 9 kw

Erster Hauptsattelmeister

Besoldungsgruppe A 10 kw

(weggefallen)

Besoldungsgruppe A 11 kw

Fachoberlehrer[2])[3])

– an einer Sonderschule für Geistigbehinderte oder an einer sonstigen Sonderschule mit einer Abteilung für Geistigbehinderte als Stufenleiter der Unter-, Mittel- oder Oberstufe

Hauptlehrerin für Hauswirtschaft, Handarbeit und Turnen[1])

[1]) Als Eingangsamt.
[2]) Dieser Besoldungsgruppe werden nur solche Beamten zugeteilt, die die Lehrbefähigung für musisch-technische Fächer, für vorschulische Einrichtungen oder für Sonderschulen besitzen.
[3]) Erhält eine Amtszulage nach Anlage 13.

Besoldungsgruppe A 12 kw

Oberlehrerin für Hauswirtschaft, Handarbeit und Turnen

Technischer Oberlehrer
– an einer Sonderschule für Geistigbehinderte als Stufenleiter der Werkstufe

Besoldungsgruppe A 13 kw

Dozent[1])[2])
– an einem Pädagogischen Fachseminar

Fachschulrat[3])
– am Landesinstitut für Schulsport, Schulkunst und Schulmusik
– an einem Pädagogischen Fachseminar
– an einer Fachhochschule
– an der Staatlichen Techniker- und Textilfachschule (Technikum) Reutlingen

Lehrer
– mit der Befähigung für das Lehramt für die Unter- und Mittelstufe eines Gymnasiums
– mit der Befähigung für das Lehramt an Grund- und Hauptschulen bei überwiegender Verwendung in Hauptschul- oder Werkrealschulbildungsgängen[7])[8])

Polizeischullehrer[3])

Seminarschulrat
– als Bereichsleiter
 an einem Seminar für Didaktik und Lehrerbildung (Grund- und Hauptschulen)[6])

Sonderschuloberlehrer[4])[5])

Studienrat[3])
– als Referent am Landesinstitut für Schulentwicklung
– als Referent am Landesinstitut für Schulsport, Schulkunst und Schulmusik
– als Referent an der Landesakademie für Schulkunst, Schul- und Amateurtheater

Wissenschaftlicher Assistent
– an einer wissenschaftlichen Hochschule

[1]) Mit abgeschlossener wissenschaftlicher oder künstlerischer Ausbildung.
[2]) Soweit nicht in der Besoldungsgruppe A 14 kw.
[3]) Als Eingangsamt.
[4]) Erhält eine Amtszulage nach Anlage 13.

[5] Soweit im Zeitpunkt der Überleitung nach Artikel III § 1 des Landesbesoldungsanpassungsgesetzes vom 3. April 1979 (GBl. S. 134) in einem Amt der Besoldungsgruppe A 13a.
[6] Erhält eine Amtszulage nach Anlage 13.
[7] Soweit nicht in der Besoldungsgruppe A 12.
[8] Bis zu 20 Prozent der Gesamtzahl der Planstellen in den Besoldungsgruppen A 12 und A 13 für Lehrer mit der Befähigung für das Lehramt an Grund- und Hauptschulen, die überwiegend in Hauptschul- oder Werkrealschulbildungsgängen verwendet werden.

Besoldungsgruppe A 14 kw

Bezirksnotar
– als Leiter eines Notariats mit 5 und mehr Planstellen für Bezirksnotare und Notarvertreter

Dozent[1]
– an einem Pädagogischen Fachseminar

Fachschulrat[4]
– als Abteilungsleiter einer Heimsonderschule

Oberstudienrat
– als der ständige Vertreter des Leiters eines Pädagogischen Fachseminars mit 3 bis 6 Schulstellen[2]
– als Referent am Landesinstitut für Schulentwicklung
– als Referent am Landesinstitut für Schulsport, Schulkunst und Schulmusik
– als Referent und zugleich ständiger Vertreter des Leiters der Landesakademie für Schulkunst, Schul- und Amateurtheater

Professor an einer Berufsakademie – Staatlichen Studienakademie[3]

Polizeischulrektor

Seminarschuldirektor
– als der ständige Vertreter des Leiters eines Seminars für Didaktik und Lehrerbildung (Grund- und Hauptschulen)
– als der ständige Vertreter des Leiters eines Seminars für Ausbildung und Fortbildung der Lehrkräfte (Grundschulen)

Sonderschulkonrektor
– als der ständige Vertreter des Leiters einer Sonderschule
  – für Lernbehinderte mit mehr als 90 bis 180 Schülern
  – für Lernbehinderte mit mehr als 180 Schülern[2]
  – für sonstige Sonderschüler mit mehr als 45 bis zu 90 Schülern
  – für sonstige Sonderschüler mit mehr als 90 Schülern[2]
  – mit 3 bis 8 Schulstellen im Justizvollzug
  – mit mindestens 9 Schulstellen im Justizvollzug[2]

Sonderschulrektor
– als Leiter einer Sonderschule
  – für Lernbehinderte mit bis zu 90 Schülern
  – für Lernbehinderte mit mehr als 90 bis 180 Schülern,
  – für sonstige Sonderschüler mit bis zu 45 Schülern,
  – für sonstige Sonderschüler mit mehr als 45 bis zu 90 Schülern[2]
  – mit 3 bis 8 Schulstellen im Justizvollzug[2]

Zweiter Sonderschulkonrektor
– an einer Sonderschule
  – für Lernbehinderte mit mehr als 270 Schülern
  – für sonstige Sonderschüler mit mehr als 135 Schülern
  – mit mindestens 13 Schulstellen im Justizvollzug

[1] Soweit nicht in der Besoldungsgruppe A 13 kw.
[2] Erhält eine Amtszulage nach Anlage 13.
[3] Als Eingangsamt; erhält eine Amtszulage nach Anlage 13.
[4] Erhält als der ständige Vertreter des Leiters einer Heimsonderschule mit bis zu 90 Schülern eine Amtszulage nach Anlage 13.

Besoldungsgruppe A 15 kw

Direktor bei der Landesakademie für Fortbildung und Personalentwicklung an Schulen

als weiteres Mitglied des Vorstandes

Direktor der Landesakademie für Schulkunst, Schul- und Amateurtheater[4]

Direktor des Seminars für Ausbildung und Fortbildung der Lehrkräfte (Fachseminar für Sonderpädagogik und Pädagogisches Fachseminar) [4]

Anlage 5 **Landesbesoldungsgesetz (LBesGBW) III.1**

Direktor einer Heimsonderschule
- als Leiter einer Heimsonderschule mit bis zu 90 Schülern
- als Leiter einer Heimsonderschule mit mehr als 90 Schülern[4)5)]

Direktor eines Seminars für Ausbildung und Fortbildung der Lehrkräfte
- als Leiter eines Seminars (Grundschulen)
- an einem Seminar (Berufliche Schulen)
  - als Bereichsleiter[1)]
  - als der ständige Vertreter des Direktors[6)]
- an einem Seminar (Gymnasien)
  - als Bereichsleiter[1)]
  - als der ständige Vertreter des Direktors[6)]

Ephorus[4)]
- als Leiter des evangelisch-theologischen Seminars Maulbronn

Fachschuldirektor
- als der ständige Vertreter des Leiters einer Heimsonderschule mit mehr als 90 Schülern[5)]
- als der ständige Vertreter des Leiters einer Heimsonderschule mit mehr als 90 Schülern
  - und mit einer Abteilung Sonderberufs- oder Sonderberufsfachschule mit mehr als 60 Schülern[4)5)]
  - und mit einer voll ausgebauten Abteilung gymnasiale Oberstufe[4)]

Professor am Landesinstitut für Schulentwicklung[4)]

als Referatsleiter und zugleich ständiger Vertreter des Fachbereichsleiters

Professor an einem Staatlichen Seminar für Schulpädagogik[1)]
- als Fachberater

Professor an einer Berufsakademie – Staatlichen Studienakademie
- als Studiengangsleiter[2)]
- als Studienbereichsleiter[3)]

Professor eines Seminars für Didaktik und Lehrerbildung

an einem Seminar (Berufliche Schulen)
- als Bereichsleiter[1)]
- als der ständige Vertreter des Direktors[6)]

an einem Seminar (Gymnasien)
- als Bereichsleiter[1)]
- als der ständige Vertreter des Direktors[6)]

Seminarschuldirektor
- als der ständige Vertreter des Leiters eines Seminars für Ausbildung und Fortbildung der Lehrkräfte (Fachseminar für Sonderpädagogik und Pädagogisches Fachseminar)
- als der ständige Vertreter des Leiters eines Seminars für Ausbildung und Fortbildung der Lehrkräfte (Werkreal-, Haupt- sowie Realschulen auch mit Grundschulen)
- als Leiter der Abteilungen Sonderpädagogik am Seminar für Ausbildung und Fortbildung der Lehrkräfte Karlsruhe und Schwäbisch Gmünd (an den Pädagogischen Fachseminaren Karlsruhe und Schwäbisch Gmünd)[7)]

Sonderschulrektor
- als Leiter einer Sonderschule
  - für Lernbehinderte mit mehr als 180 Schülern
  - für sonstige Sonderschüler mit mehr als 90 Schülern
  - mit mindestens 9 Schulstellen im Justizvollzug

Studiendirektor
- als der ständige Vertreter des Leiters eines Pädagogischen Fachseminars mit 7 bis 14 Schulstellen
- als der ständige Vertreter des Leiters eines Pädagogischen Fachseminars mit mindestens 15 Schulstellen[4)]
- als Leiter eines Pädagogischen Fachseminars mit 3 bis 6 Schulstellen
- als Leiter eines Pädagogischen Fachseminars mit 7 bis 14 Schulstellen[4)]
- an einer Heimsonderschule mit mehr als 90 Schülern als Leiter einer Abteilung Sonderberufs- oder Sonderberufsfachschule mit mehr als 60 Schülern[4)]

III.1 Landesbesoldungsgesetz (LBesGBW) — Anlage 5

- an einer Heimsonderschule mit mehr als 90 Schülern als Leiter einer voll ausgebauten Abteilung gymnasiale Oberstufe[4])
- als der ständige Vertreter des Leiters des Landesinstituts für Schulsport, Schulkunst und Schulmusik
- am Landesinstitut für Schulentwicklung

---

[1]) Erhält eine Amtszulage nach Anlage 13.
[2]) Erhält eine Amtszulage nach Anlage 13.
[3]) Erhält eine Amtszulage nach Anlage 13.
[4]) Erhält eine Amtszulage nach Anlage 13.
[5]) Bei Schulen mit Teilzeitunterricht rechnen 2,5 Unterrichtsteilnehmer mit Teilzeitunterricht als einer.
[6]) Erhält eine Amtszulage nach Anlage 13.
[7]) Zugleich auch ständiger Vertreter des Direktors für diesen Bereich.

Besoldungsgruppe A 16 kw

Direktor bei der Landesakademie für Fortbildung und Personalentwicklung an Schulen

als Stellvertretender Vorstandsvorsitzender

Direktor des Landesinstituts für Schulsport, Schulkunst und Schulmusik

Direktor einer Heimsonderschule
- als Leiter einer Heimsonderschule mit mehr als 90 Schülern[2])
  - und einer Abteilung Sonderberufs- oder Sonderberufsfachschule mit mehr als 60 Schülern[2])
  - und mit einer voll ausgebauten Abteilung gymnasiale Oberstufe

Direktor einer Staatlichen Akademie für Lehrerfortbildung

Direktor eines Seminars für Ausbildung und Fortbildung der Lehrkräfte
- als Leiter eines Seminars (Werkreal-, Haupt- sowie Realschulen auch mit Grundschulen)

Kanzler einer Universität mit einer Messzahl von mehr als 1000 bis zu 2000

Leitender Verwaltungsdirektor beim Kommunalverband für Jugend und Soziales Baden-Württemberg
- als der ständige Vertreter des Verbandsdirektors

Oberstudiendirektor
- als Leiter eines Pädagogischen Fachseminars mit mindestens 15 Schulstellen

Professor am Landesinstitut für Schulentwicklung
- als Fachbereichsleiter
- als der Stellvertretende Direktor

Professor an einer Berufsakademie – Staatlichen Studienakademie
- als stellvertretender Direktor
- als Leiter einer Außenstelle

Prorektor und Professor[1])
- als der ständige Vertreter des Rektors einer Fachhochschule mit Ausbildungsgängen, die ausschließlich auf den öffentlichen Dienst ausgerichtet sind

---

[1]) Der ständige Vertreter des Leiters einer Fachhochschule, bei der aufgrund einer besonderen gesetzlichen Regelung von der Berufung von Professoren abgesehen wird, führt die Amtsbezeichnung Prorektor.
[2]) Bei Schulen mit Teilzeitunterricht rechnen 2,5 Unterrichtsteilnehmer mit Teilzeitunterricht als einer.

2. Landesbesoldungsordnung B

Besoldungsgruppe B 2 kw

Direktor
- als Leiter
  - eines Seminars für Ausbildung und Fortbildung der Lehrkräfte (Berufliche Schulen)
  - eines Seminars für Ausbildung und Fortbildung der Lehrkräfte (Gymnasien)

Direktor der Landesstelle für Straßentechnik

Direktor des Informationszentrums Landesverwaltung Baden-Württemberg

Erster Direktor der Landesakademie für Fortbildung und Personalentwicklung an Schulen

als Vorstandsvorsitzender

Finanzpräsident
- als Leiter der Abteilung Bundesbau bei der Oberfinanzdirektion

Kanzler einer Universität mit einer Messzahl von mehr als 2.000 bis zu 5.000

Leitender Verwaltungsdirektor beim Kommunalen Versorgungsverband Baden-Württemberg
– als der ständige Vertreter des Direktors

Professor als Direktor
– eines Seminars für Didaktik und Lehrerbildung (Berufliche Schulen)
– eines Seminars für Didaktik und Lehrerbildung (Gymnasien)«

Rektor einer Fachhochschule mit einer Messzahl bis zu 400

Rektor und Professor[2]
– als Leiter einer Fachhochschule mit Ausbildungsgängen, die ausschließlich auf den öffentlichen Dienst ausgerichtet sind

Verwaltungsdirektor bei einer Universität[3]
– als Leiter der Personal- und Wirtschaftsverwaltung eines Universitätsklinikums

Vizepräsident eines Oberschulamtes

---
[1] (weggefallen)
[2] Der Leiter einer Fachhochschule, bei der aufgrund einer besonderen gesetzlichen Regelung von der Berufung von Professoren abgesehen wird, führt die Amtsbezeichnung Rektor.
[3] An einer Universitätsklinik mit mindestens 3.000 hauptberuflich Beschäftigten, wenn der Kanzler der Universität in Besoldungsgruppe B 3 kw eingestuft ist; die Fußnote 3 zur Besoldungsgruppe B 3 kw gilt entsprechend.

Besoldungsgruppe B 3 kw

Direktor des Landesbetriebs Vermögen und Bau Baden-Württemberg

Forstpräsident

Kanzler einer Universität mit einer Messzahl von mehr als 5.000 bis zu 10.000

Leitender Verwaltungsdirektor beim Landeswohlfahrtsverband Baden
– als der ständige Vertreter des Verbandsdirektors

Leitender Verwaltungsdirektor beim Landeswohlfahrtsverband Württemberg-Hohenzollern
– als der ständige Vertreter des Verbandsdirektors

Polizeipräsident
– als Leiter einer Landespolizeidirektion

Präsident einer Kunsthochschule

Professor

als Direktor am Landesinstitut für Schulentwicklung

Rektor einer Fachhochschule mit einer Messzahl von mehr als 400

Rektor einer Kunsthochschule

Rektor einer Pädagogischen Hochschule
– mit einer Messzahl bis zu 1.000
– mit einer Messzahl von mehr als 1.000 bis zu 2.000[1]

Verbandsdirektor des Kommunalverbands für Jugend und Soziales Baden-Württemberg

Verwaltungsdirektor bei einer Universität[2][3]
– als Leiter der Personal- und Wirtschaftsverwaltung eines Universitätsklinikums

---
[1] Erhält eine Amtszulage nach Anlage 13.
[2] An einer Universitätsklinik mit mindestens 3.000 hauptberuflich Beschäftigten, wenn der Kanzler der Universität in Besoldungsgruppe B 4 kw eingestuft ist.
[3] Soweit Beauftragter für den Haushalt und Geschäftsführer der medizinischen Einrichtungen.

Besoldungsgruppe B 4 kw

Direktor des Kommunalen Versorgungsverbands Baden-Württemberg

Kanzler einer Universität mit einer Messzahl von mehr als 10.000

Präsident des Landesamts für Verfassungsschutz

Präsident des Landeskriminalamts

Präsident einer Universität mit einer Messzahl von mehr als 1.000 bis zu 2.000

Rektor einer Pädagogischen Hochschule mit einer Messzahl von mehr als 2.000

Rektor einer Universität mit einer Messzahl von mehr als 1.000 bis zu 2.000

Besoldungsgruppe B 5 kw

Präsident eines Oberschulamts

Präsident einer Universität mit einer Messzahl von mehr als 2.000 bis zu 5.000

Rektor einer Universität mit einer Messzahl von mehr als 2.000 bis zu 5.000

Verbandsdirektor des Landeswohlfahrtsverbands Baden

Verbandsdirektor des Landeswohlfahrtsverbands Württemberg-Hohenzollern

Besoldungsgruppe B 6 kw

Direktor beim Rechnungshof
- als dienstältestes Mitglied des Rechnungshofs

Präsident einer Universität mit einer Messzahl von mehr als 5.000 bis zu 10.000

Rektor einer Universität mit einer Messzahl von mehr als 5.000 bis zu 10.000

Besoldungsgruppe B 7 kw

Präsident einer Universität mit einer Messzahl von mehr als 10.000

Rektor einer Universität mit einer Messzahl von mehr als 10.000

3. Landesbesoldungsordnung C

Besoldungsgruppe C 1 kw

Künstlerischer Assistent

Wissenschaftlicher Assistent

Besoldungsgruppe C 2 kw

Hochschuldozent[1])

Oberassistent[1])

Oberingenieur

Professor[2])
- an einer Fachhochschule

Professor an einer Kunsthochschule[3])

Professor an einer wissenschaftlichen Hochschule[3])
- an einer künstlerisch-wissenschaftlichen Hochschule

---
[1]) Erhält eine Stellenzulage nach Anlage 14, soweit als Oberarzt einer Hochschulklinik tätig.
[2]) Soweit nicht in der Besoldungsgruppe C 3 kw.
[3]) Soweit nicht in den Besoldungsgruppen C 3 kw oder C 4 kw.

Besoldungsgruppe C 3 kw

Professor[1])
- an einer Fachhochschule

Professor an einer Kunsthochschule[2])

Professor an einer wissenschaftlichen Hochschule[2])[3])

Universitätsprofessor[2])

---
[1]) Soweit nicht in der Besoldungsgruppe C 2 kw.
[2]) Soweit nicht in den Besoldungsgruppen C 2 kw oder C 4 kw.
[3]) Nur an einer wissenschaftlichen Hochschule, die nach Landesrecht weder Universität ist, noch einer Universität gleichgestellt ist.

Besoldungsgruppe C 4 kw

Professor an einer Kunsthochschule[1])

Professor an einer wissenschaftlichen Hochschule[1])[2])

Universitätsprofessor[1])

---
[1]) Soweit nicht in den Besoldungsgruppen C 2 kw oder C 3 kw.
[2]) Nur an einer wissenschaftlichen Hochschule, die nach Landesrecht weder Universität ist, noch einer Universität gleichgestellt ist.

4. Landesbesoldungsordnung R kw

Besoldungsgruppe R 1 kw

Justizrat

Oberjustizrat[1])
- als Leiter eines Notariats mit bis zu 3 Planstellen für Notare

---
[1]) Erhält eine Amtszulage nach Anlage 13.

Besoldungsgruppe R 2 kw

Notariatsdirektor
- als Leiter eines Notariats mit 4 bis 7 Planstellen für Notare
- als Leiter eines Notariats mit 8 und mehr Planstellen für Notare[1])
- als der ständige Vertreter des Leiters eines Notariats mit 8 und mehr Planstellen für Notare

---
[1]) Erhält eine Amtszulage nach Anlage 13.

5. Landesbesoldungsordnung W kw

Besoldungsgruppe W 2 kw

Vizepräsident der ...[1][2])

[1]) An Kunsthochschulen und Pädagogischen Hochschulen mit einer Studierendenzahl unter 2000 sowie an Hochschulen für angewandte Wissenschaften mit einer Studierendenzahl unter 2500.

[2]) Der Amtsbezeichnung ist ein Zusatz beizufügen, der auf die Hochschule hinweist, der der Amtsinhaber angehört.

Besoldungsgruppe W 3 kw

Präsident der ...[1])

Vizepräsident der ...[1][2])

Professor an der Dualen Hochschule Baden-Württemberg

– als Prorektor einer Studienakademie
– als Leiter einer Außenstelle einer Studienakademie
– als Studienbereichsleiter

[1]) Der Amtsbezeichnung ist ein Zusatz beizufügen, der auf die Hochschule hinweist, der der Amtsinhaber angehört.

[2]) Soweit nicht in der Besoldungsgruppe W 2 kw.

III.1 Landesbesoldungsgesetz (LBesGBW)

Anlage 6
(zu § 28)

Gültig ab 1. November 2024

Landesbesoldungsordnung A
Grundgehaltssätze
(Monatsbeträge in Euro)

Besoldungs-gruppe	1	2	3	4	5	6	7	8	9	10
			3-Jahres-Rhythmus					4-Jahres-Rhythmus		
A 7	2969,20	3055,37	3141,50	3227,63	3313,83	3375,34	3436,87	3498,44		
A 8	3044,06	3154,49	3264,87	3375,28	3485,72	3559,31	3632,90	3706,54	3780,10	
A 9	3208,17	3326,01	3443,82	3561,66	3679,46	3760,50	3841,52	3922,51	4003,52	
A 10	3445,03	3595,98	3746,95	3897,93	4048,90	4151,32	4254,27	4357,23	4460,20	
A 11	3787,36	3942,07	4097,31	4255,56	4413,82	4519,35	4626,29	4733,95	4841,59	4949,19
A 12		4290,48	4416,26	4606,03	4798,46	4926,79	5055,07	5183,39	5311,71	5440,02
A 13			4915,53	5123,35	5331,19	5469,75	5608,29	5746,85	5885,44	6023,96
A 14			5211,08	5480,59	5750,10	5929,75	6109,46	6289,09	6468,77	6648,47
A 15				5999,35	6295,64	6532,70	6769,73	7006,80	7243,83	7480,91
A 16				6597,21	6939,89	7214,09	7488,26	7762,39	8036,54	8310,70

Gültig ab 1. November 2024

Landesbesoldungsordnung B
Grundgehaltssätze
(Monatsbeträge in Euro)

Besoldungsgruppe	
B 1	7 480,91
B 2	8 657,55
B 3	9 155,70
B 4	9 677,42
B 5	10 276,00
B 6	10 841,25
B 7	11 391,11
B 8	11 964,14
B 9	12 675,69
B 10	14 885,38
B 11	15 454,87

Anlage 8
(zu § 35)

Gültig ab 1. November 2024

Landesbesoldungsordnung R
Grundgehaltssätze
(Monatsbeträge in Euro)

Besoldungs-gruppe	1	2	3	4	5	6	7	8	9	10	11
R 1	5019,92	5129,34	5411,60	5693,83	5976,04	6258,30	6540,56	6822,78	7105,01	7387,27	7669,49
R 2			6087,22	6369,41	6651,70	6933,91	7216,16	7498,41	7780,60	8062,84	8345,07
R 3	9155,70										
R 4	9677,42										
R 5	10 276,00										
R 6	10 841,25										
R 7	11 391,11										
R 8	11 964,14										

Anlage 9
(zu § 37)

Gültig ab 1. November 2024

Landesbesoldungsordnung W
Grundgehaltssätze
(Monatsbeträge in Euro)

Besoldungsgruppe	W 1	W 2	W 3
	5649,89	7062,62	7990,37

III.1 Landesbesoldungsgesetz (LBesGBW) — Anlage 10

Anlage 10
(zu § 99)

Gültig ab 1. November 2024

Landesbesoldungsordnung C kw
Grundgehaltssätze
(Monatsbeträge in Euro)

Besoldungs-gruppe	1	2	3	4	5	6	7	8	9	10	11	12	13	14	15
C 1	4229,20	4365,07	4500,88	4638,41	4777,00	4915,53	5054,07	5192,63	5331,19	5469,75	5608,29	5746,85	5885,44	6023,96	
C 2	4237,66	4454,15	4673,03	4893,85	5114,65	5335,46	5556,29	5777,09	5997,89	6218,71	6439,52	6660,30	6881,13	7101,94	7322,76
C 3	4631,51	4881,53	5131,55	5381,61	5631,61	5881,64	6131,64	6381,66	6631,68	6881,73	7131,74	7381,75	7631,78	7881,78	8131,82
C 4	5808,59	6059,91	6311,24	6562,58	6813,95	7065,28	7316,61	7567,89	7819,25	8070,55	8321,93	8573,23	8824,55	9075,90	9327,23

Anlage 11
(zu § 79)

Gültig ab 1. November 2024

Anwärtergrundbetrag

(Monatsbeträge in Euro)

Eingangsamt, in das der Anwärter nach Abschluss des Vorbereitungsdienstes unmittelbar eintritt	Grundbetrag
A 7 bis A 9	1442,89
A 10 und A 11	1498,78
A 12	1643,53
A 13	1676,46
A 13 mit Strukturzulage	1712,62

III.1 Landesbesoldungsgesetz (LBesGBW) Anlage 12

Anlage 12
(zu §40 und §41)

Gültig ab 1. November 2024

Familienzuschlag
(Monatsbeträge in Euro)

Ehebezogener Teil des Familienzuschlags	166,36

kinderbezogener Teil des Familienzuschlags	
für das erste und zweite Kind jeweils	145,45
für das dritte und jedes weitere Kind jeweils	937,60

Anrechnungsbetrag nach §40 Satz 3	75,98

Der kinderbezogene Teil des Familienzuschlags erhöht sich für das erste zu berücksichtigende Kind

– in den Besoldungsgruppen A 7 bis A 10 um	52,38
– in den Besoldungsgruppen A 11 bis A 13 um	26,19

Der kinderbezogene Teil des Familienzuschlags erhöht sich für das zweite zu berücksichtigende Kind abhängig von der Besoldungsgruppe und der Stufe des Grundgehalts nach Maßgabe nachstehender Tabelle (Monatsbeträge in Euro):

Besoldungs-gruppe	Stufe									
	1	2	3	4	5	6	7	8	9	10
A 7	471,42	455,17	438,93	422,69	406,44	394,83	383,23	371,63		
A 8	457,31	436,48	415,67	394,85	674,02	360,14	346,26	332,38	318,51	
A 9	426,36	404,13	381,92	359,70	337,48	322,21	306,93	291,65	276,38	
A 10	381,69	353,23	324,77	296,29	267,82	248,51	229,10	209,68	190,27	
A 11	317,14	287,96	258,69	228,86	199,01	179,11	158,94	138,65	118,35	98,06
A 12		222,27	198,55	162,77	126,48	102,28	78,09	53,90	29,70	5,50
A 13			104,40	65,21	26,02					
A 14			48,67							
R 1	84,72	64,08	10,86							

Anlage 12a
(zu § 41a)

Gültig ab 1. Januar 2024

Familienergänzungszuschlag

(Monatsbeträge in Euro)

Betrag, den eine Familie mit einem berücksichtigten Kind insgesamt erhält

Besoldungsgruppe	Stufe									
	1	2	3	4	5	6	7	8	9	10
A 7	270,00	185,00	100,00	15,00						
A 8	243,00	133,00	24,00							
A 9	80,00									

Betrag, den eine Familie mit mindestens zwei berücksichtigten Kindern insgesamt erhält

Besoldungsgruppe	Stufe									
	1	2	3	4	5	6	7	8	9	10
A 7	370,00	301,00	232,00	163,00	94,00	45,00				
A 8	357,00	268,00	179,00	91,00	5,00					
A 9	224,00	129,00	34,00							
A 10	32,00									

III.1 Landesbesoldungsgesetz (LBesGBW) — Anlage 12a

Gültig ab 1. Januar 2025

Familienergänzungszuschlag
(Monatsbeträge in Euro)

Betrag, den eine Familie mit einem berücksichtigten Kind insgesamt erhält

Besoldungsgruppe	Stufe									
	1	2	3	4	5	6	7	8	9	10
A 7		385,00		295,00						
205,00		115,00		25,00						
A 8		356,00		244,00						
128,00		12,00								
A 9		183,00		64,00						

Betrag, den eine Familie mit mindestens zwei berücksichtigten Kindern insgesamt erhält

Besoldungs-gruppe	Stufe									
	1	2	3	4	5	6	7	8	9	10
A 7	470,00	397,00	325,00	252,00	179,00	127,00	75,00	23,00		
A 8	456,00	362,00	270,00	176,00	82,00	20,00				
A 9	316,00	216,00	117,00	17,00						
A 10	115,00									

Anlage 13
(zu den §§ 43 bis 46 sowie zu den Fußnoten der Landesbesoldungsordnungen)
Gültig ab 1. November 2024

Amtszulagen und Strukturzulage

(Monatsbeträge)
– in der gesetzlichen Reihenfolge –

Rechtsgrundlage Landesbesoldungsgesetz, Landesbesoldungsordnungen		Betrag in Euro, Prozentsatz
§ 44		272,60
§ 45	Absatz 1	412,28
	Absatz 2	512,28
§ 46	a) Beamte des mittleren Dienstes	98,41
	b) Beamte des gehobenen Dienstes nach § 24 Nr. 2 und 3	109,34
	c) Beamte des höheren Dienstes in der Bes.Gr. A 13 und der Bes.Gr. C 1 kw	109,34

Landesbesoldungsordnung A

Besoldungsgruppe	Fußnote	
A 7	1	46,96
	3	86,63
	4	39,66
A 8	1 und 3	50 Prozent des jeweiligen Unterschiedsbetrags zum Grundgehalt der Bes.Gr. A 9
A 9	2	164,08
A 10	1 und 6	164,08
	4	291,99
	7	127,92
A 11	3	243,71
A 12	2	203,18
A 13	5	243,71
	9 und 10	355,46
A 14	1 und 3	243,71
A 15	1	243,71
	7	406,11
	8	412,28
A 16	7	272,60
	8	209,52

Landesbesoldungsordnung R
Besoldungsgruppe Fußnote

III.1 Landesbesoldungsgesetz (LBesGBW) — Anlage 13

	Rechtsgrundlage Landesbesoldungsgesetz, Landesbesoldungsordnungen	Betrag in Euro, Prozentsatz
R 1	2 bis 5	412,28
R 2	4 bis 11	412,28
R 3	1 und 5	412,28

Landesbesoldungsordnungen A, B, C, R und W
Künftig wegfallende Ämter (kw)
Besoldungsgruppe Fußnote

Besoldungsgruppe	Fußnote	Betrag
A 7 (kw)	2	46,96
A 11 (kw)	3	243,71
A 13 (kw)	4	243,71
	6	137,41
A 14 (kw)	2 und 4	243,71
	3	358,29
A 15 (kw)	1	162,47
	2	509,85
	3	636,16
	4	243,71
	6	406,11
B 3 (kw)	1	324,91
R 1 (kw)	1	269,46
R 2 (kw)	1	269,46

Anlage 14
(zu § 47)

Stellenzulagen

(Monatsbeträge)
– in der gesetzlichen Reihenfolge –

Rechtsgrundlage Landesbesoldungsgesetz, Landesbesoldungsordnungen		Betrag in Euro, Prozentsatz
§ 48	nach einer Dienstzeit von einem Jahr	66,35
	nach einer Dienstzeit von zwei Jahren	132,69
§ 49	nach einer Dienstzeit von einem Jahr	66,35
	nach einer Dienstzeit von zwei Jahren	132,69
§ 50	nach einer Dienstzeit von einem Jahr	66,35
	nach einer Dienstzeit von zwei Jahren	132,69
§ 51 Abs. 1 Nr. 1		99,51
§ 51 Abs. 1 Nr. 2		120,00
§ 52	Beamte des mittleren Dienstes	17,76
	Beamte des gehobenen Dienstes	39,95
§ 53 Abs. 1 Nr. 1		383,48
§ 53 Abs. 1 Nr. 2		306,78
§ 54	A 7 und A 8	61,25
	A 9 bis A 12	69,24
	ab A 13	79,89
§ 56 Nr. 1		8 Prozent des Endgrundgehalts der Besoldungsgruppe A 10
§ 56 Nr. 2		8 Prozent des Endgrundgehalts der Besoldungsgruppe A 11
§ 57 Abs. 1 Nr. 1		39,95
§ 57 Abs. 1 Nr. 2	A 7 bis A 9	159,79
	ab A 10	199,73
§ 57 Abs. 1 Nr. 3		79,89
§ 57 Abs. 1 Nr. 4		38,81
§ 57 Abs. 1 Nr. 5		121,56
§ 57 Abs. 1 Nr. 6		106,52
§ 57 Abs. 1 Nr. 7	A 13	79,89
	A 14	79,89
§ 57 Abs. 1 Nr. 9		bis zu 79,89
§ 57 Abs. 1 Nr. 10		79,90
§ 57 Abs. 1 Nr. 11		357,03
§ 57 Abs. 1 Nr. 12		150,00
§ 57 Abs. 1 Nr. 13		120,00
§ 57 Abs. 1 Nr. 14		79,90
§ 57 Abs. 1 Nr. 15		132,69

III.1 Landesbesoldungsgesetz (LBesGBW) — Anlage 14

Rechtsgrundlage Landesbesoldungsgesetz, Landesbesoldungsordnungen	Betrag in Euro, Prozentsatz
Landesbesoldungsordnungen A, B, C und W	
Künftig wegfallende Ämter (kw)	
Besoldungsgruppe Fußnote	
C 2 kw 1	108,67

Anlage 15
(zu § 65)

Gültig ab 1. November 2024

Mehrarbeitsvergütung

(Stundensätze in Euro)

Mehrarbeit außerhalb des Schuldienstes	

Besoldungsgruppen	
A 7 bis A 9	18,39
A 10 bis A 12	25,02
A 13 bis A 16	32,82

Mehrarbeit im Schuldienst	
Beamte des gehobenen Dienstes, deren Eingangsamt unterhalb der Besoldungsgruppe A 12 liegt	23,04
Beamte des gehobenen Dienstes mit Eingangsamt A 12	27,42
Beamte des gehobenen Dienstes mit Eingangsamt A 13	32,59
Beamte des höheren Dienstes	38,07

Diese Beträge gelten auch für Beamte vergleichbarer Besoldungsgruppen, die der Landesbesoldungsordnung R, R kw oder der Landesbesoldungsordnung C kw angehören.

III.1 Landesbesoldungsgesetz (LBesGBW) Anlage 16

Anlage 16
(zu § 98)

Überleitungsübersicht

Lfd. Nr.	Bisherige Amtsbezeichnung mit Funktionszusatz in den Bundes- und Landesbesoldungsordnungen A, B und R	Bish. Bes.Gr./ Amtszul.	Neue Amtsbezeichnung mit Funktionszusatz in den Landesbesoldungsordnungen A, B und R	Neue Bes.Gr./ Amtszul.
1	Hauptamtsgehilfe[4]	A 3	Oberamtsmeister	A 5
2	Hauptamtsgehilfe[1]	A 3 + 63,05	Oberamtsmeister[4]	A 5 + 63,05
3	Oberwachtmeister[5]	A 3 + 63,05	Erster Hauptwachtmeister[1]	A 5 + 63,05
4	Amtsmeister	A 4	Oberamtsmeister	A 5
5	Amtsmeister[1]	A 4 + 63,05	Oberamtsmeister[4]	A 5 + 63,05
6	Hauptwachtmeister[4]	A 4 + 63,05	Erster Hauptwachtmeister[1]	A 5 + 63,05
7	Oberwart[2]	A 4 + 34,19	Hauptwart[3]	A 5 + 34,19
8	Oberamtsanwalt[1 2]	A 13 + 258,67	Erster Oberamtsanwalt	A 14
9	Medizinaldirektor (als Stellvertreter des Leiters eines Gesundheitsamts bei einem Landratsamt	A 15	Regierungsmedizinaldirektor[8] als Stellvertreter des Leiters eines Gesundheitsamts bei einem Landratsamt	A 15 + 300,00
10	Leitender Regierungsdirektor (als Leiter des Informatikzentrums Landesverwaltung Baden-Württemberg)	A 16	Direktor des Informatikzentrums Landesverwaltung Baden-Württemberg	B 2
11	Direktor der Staatlichen Landwirtschaftlichen Untersuchungs- und Forschungsanstalt Augustenberg	A 16	Direktor des Landwirtschaftlichen Technologiezentrums Augustenberg	B 2
12	Direktor der Staatlichen Anlagen und Gärten	A 16	Direktor der Staatlichen Anlagen und Gärten	B 2
13	Landoberstallmeister	A 16	Landoberstallmeister als Leiter des Haupt- und Landgestüts Marbach	B 2
14	Ministerialrat (als Generalsekretär der Führungsakademie Baden-Württemberg)	B 3	Generalsekretär der Führungsakademie Baden-Württemberg	B 3
15	Präsident des Landesamts für Besoldung und Versorgung	B 3	Präsident des Landesamts für Besoldung und Versorgung	B 4
16	Präsident des Landesamts für Verfassungsschutz	B 3	Präsident des Landesamts für Verfassungsschutz	B 4
17	Präsident des Landeskriminalamts	B 3	Präsident des Landeskriminalamts	B 4
18	Regierungsvizepräsident als der zuständige Vertreter eines in Besoldungsgruppe B 7 eingestuften Regierungspräsidenten	B 3	Regierungsvizepräsident als der ständige Vertreter eines Regierungspräsidenten	B 4
19	Landesbeauftragter für den Datenschutz	B 4	Landesbeauftragter für den Datenschutz	B 5
20	Präsident des Statistischen Landesamts	B 4	Präsident des Statistischen Landesamts	B 5
21	Rechnungshofdirektor	B 4	Rechnungshofdirektor	B 5
22	Regierungspräsident in einem Regierungsbezirk mit bis zu zwei Millionen Einwohnern	B 7	Regierungspräsident	B 8
23	Staatsanwalt[2]	R 1 + 196,08	Erster Staatsanwalt[5]	R 1 + 300,00

Anlage 6
(zu § 28)

Gültig ab 1. Februar 2025

Landesbesoldungsordnung A
Grundgehaltssätze
(Monatsbeträge in Euro)

Besoldungs-gruppe	1	2	3	4	5	6	7	8	9	10
			3-Jahres-Rhythmus					4-Jahres-Rhythmus		
A 7	3132,51	3223,42	3314,28	3405,15	3496,09	3560,98	3625,90	3690,85		
A 8	3211,48	3327,99	3444,44	3560,92	3677,43	3755,07	3832,71	3910,40	3988,01	
A 9	3384,62	3508,94	3633,23	3757,55	3881,83	3967,33	4052,80	4138,25	4223,71	
A 10	3634,51	3793,76	3953,03	4112,32	4271,59	4379,64	4488,25	4596,88	4705,51	
A 11	3995,66	4158,88	4322,66	4489,62	4656,58	4767,91	4880,74	4994,32	5107,88	5221,40
A 12		4526,46	4659,15	4859,36	5062,38	5197,76	5333,10	5468,48	5603,85	5739,22
A 13			5185,88	5405,13	5624,41	5770,59	5916,75	6062,93	6209,14	6355,28
A 14			5497,69	5782,02	6066,36	6255,89	6445,48	6634,99	6824,55	7014,14
A 15				6329,31	6641,90	6892,00	7142,07	7392,17	7642,24	7892,36
A 16				6960,06	7321,58	7610,86	7900,11	8189,32	8478,55	8767,79

Anlage 7
(zu § 28)

Gültig ab 1. Februar 2025

Landesbesoldungsordnung B

Grundgehaltssätze
(Monatsbeträge in Euro)

Besoldungsgruppe	
B 1	7 892,36
B 2	9 133,72
B 3	9 659,26
B 4	10 209,68
B 5	10 841,18
B 6	11 437,52
B 7	12 017,62
B 8	12 622,17
B 9	13 372,85
B 10	15 704,08
B 11	16 304,89

Anlage 8 — Landesbesoldungsgesetz (LBesGBW) — **III.1**

Anlage 8
(zu § 35)

Gültig ab 1. Februar 2025

Landesbesoldungsordnung R
Grundgehaltssätze
(Monatsbeträge in Euro)

Besoldungs-gruppe	Stufe										
	1	2	3	4	5	6	7	8	9	10	11
R 1	5296,02	5411,45	5709,24	6006,99	6304,72	6602,51	6900,29	7198,03	7495,79	7793,57	8091,31
R 2			6422,02	6719,73	7017,54	7315,28	7613,05	7910,82	8208,53	8506,30	8804,05
R 3	9659,26										
R 4	10 209,68										
R 5	10 841,18										
R 6	11 437,52										
R 7	12 017,62										
R 8	12 622,17										

Anlage 9
(zu § 37)

Gültig ab 1. Februar 2025

Landesbesoldungsordnung W

Grundgehaltssätze
(Monatsbeträge in Euro)

Besoldungsgruppe	W 1	W 2	W 3
	5960,63	7451,06	8429,84

Anlage 10
(zu § 99)

Gültig ab 1. Februar 2025

Landesbesoldungsordnung C kw
Grundgehaltssätze
(Monatsbeträge in Euro)

Besoldungs-gruppe	Stufe														
	1	2	3	4	5	6	7	8	9	10	11	12	13	14	15
C 1	4461,81	4605,15	4748,43	4893,52	5039,74	5185,88	5332,04	5478,22	5624,41	5770,59	5916,75	6062,93	6209,14	6355,28	
C 2	4470,73	4699,13	4930,05	5163,01	5395,96	5628,91	5861,89	6094,83	6327,77	6560,74	6793,69	7026,62	7259,59	7492,55	7725,51
C 3	4886,24	5150,01	5413,79	5677,60	5941,35	6205,13	6468,88	6732,65	6996,42	7260,23	7523,99	7787,75	8051,53	8315,28	8579,07
C 4	6128,06	6393,21	6658,36	6923,52	7188,72	7453,87	7719,02	7984,12	8249,31	8514,43	8779,64	9044,76	9309,90	9575,07	9840,23

Anlage 11
(zu § 79)

Gültig ab 1. Februar 2025

Anwärtergrundbetrag
(Monatsbeträge in Euro)

Eingangsamt, in das der Anwärter nach Abschluss des Vorbereitungsdienstes unmittelbar eintritt	Grundbetrag
A 7 bis A 9	1492,89
A 10 und A 11	1548,78
A 12	1693,53
A 13	1726,46
A 13 mit Strukturzulage	1762,62

Anlage 12
(zu § 40 und § 41)

Gültig ab 1. Februar 2025

Familienzuschlag

(Monatsbeträge in Euro)

Ehebezogener Teil des Familienzuschlags	175,51

kinderbezogener Teil des Familienzuschlags	
für das erste und zweite Kind jeweils	153,45
für das dritte und jedes weitere Kind jeweils	989,17

Anrechnungsbetrag nach § 40 Satz 3	80,16

Der kinderbezogene Teil des Familienzuschlags erhöht sich für das erste zu berücksichtigende Kind

– in den Besoldungsgruppen A 7 bis A 10 um	55,26
– in den Besoldungsgruppen A 11 bis A 13 um	27,63

Der kinderbezogene Teil des Familienzuschlags erhöht sich für das zweite zu berücksichtigende Kind abhängig von der Besoldungsgruppe und der Stufe des Grundgehalts nach Maßgabe nachstehender Tabelle (Monatsbeträge in Euro):

Besoldungs-gruppe	Stufe									
	1	2	3	4	5	6	7	8	9	10
A 7	497,35	480,20	463,07	445,94	428,79	416,55	404,31	392,07		
A 8	482,46	460,49	438,53	416,57	394,59	379,95	365,30	350,66	336,03	
A 9	449,81	426,36	402,93	379,48	356,04	339,93	323,81	307,69	291,58	
A 10	402,68	372,66	342,63	312,59	282,55	262,18	241,70	221,21	200,73	
A 11	334,58	303,80	272,92	241,45	209,96	188,96	167,68	146,28	124,86	103,45
A 12		234,49	209,47	171,72	133,44	107,91	82,38	56,86	31,33	5,80
A 13			110,14	68,80	27,45					
A 14			51,35							
R 1	89,38	67,60	11,46							

Anlage 12a
(zu § 41a)

Gültig ab 1. Januar 2024

Familienergänzungszuschlag
(Monatsbeträge in Euro)

Betrag, den eine Familie mit einem berücksichtigten Kind insgesamt erhält

Besoldungs-gruppe	Stufe									
	1	2	3	4	5	6	7	8	9	10
A 7	270,00	185,00	100,00	15,00						
A 8	243,00	133,00	24,00							
A 9	80,00									

Betrag, den eine Familie mit mindestens zwei berücksichtigten Kindern insgesamt erhält

Besoldungs-gruppe	Stufe									
	1	2	3	4	5	6	7	8	9	10
A 7	370,00	301,00	232,00	163,00	94,00	45,00				
A 8	357,00	268,00	179,00	91,00	5,00					
A 9	224,00	129,00	34,00							
A 10	32,00									

Anlage 12a   Landesbesoldungsgesetz (LBesGBW)   **III.1**

Gültig ab 1. Januar 2025

Familienergänzungszuschlag
(Monatsbeträge in Euro)

Betrag, den eine Familie mit einem berücksichtigten Kind insgesamt erhält

Besoldungs-gruppe	Stufe									
	1	2	3	4	5	6	7	8	9	10
A 7	385,00	295,00	205,00	115,00	25,00					
A 8	356,00	244,00	128,00	12,00						
A 9	183,00	64,00								

Betrag, den eine Familie mit mindestens zwei berücksichtigten Kindern insgesamt erhält

Besoldungs-gruppe	Stufe									
	1	2	3	4	5	6	7	8	9	10
A 7	470,00	397,00	325,00	252,00	179,00	127,00	75,00	23,00		
A 8	456,00	362,00	270,00	176,00	82,00	20,00				
A 9	316,00	216,00	117,00	17,00						
A 10	115,00									

III.1 Landesbesoldungsgesetz (LBesGBW) Anlage 13

Anlage 13
(zu §§ 43 bis 46 sowie zu den Fußnoten der Landesbesoldungsordnungen)
Gültig ab 1. Februar 2025

Amtszulagen und Strukturzulage

(Monatsbeträge)
– in der gesetzlichen Reihenfolge –

Rechtsgrundlage Landesbesoldungsgesetz, Landesbesoldungsordnungen		Betrag in Euro, Prozentsatz
§ 44		287,59
§ 45	Absatz 1	434,96
	Absatz 2	434,96
§ 46	a) Beamte des mittleren Dienstes	103,82
	b) Beamte des gehobenen Dienstes nach § 24 Nr. 2 und 3	115,35
	c) Beamte des höheren Dienstes in der Bes.Gr. A 13 und der Bes.Gr. C 1 kw	115,35

Landesbesoldungsordnung A

Besoldungsgruppe	Fußnote	
A 7	1	49,54
	3	91,39
	4	41,84
A 8	1 und 3	50 Prozent des jeweiligen Unterschiedsbetrags zum Grundgehalt der Bes.Gr. A 9
A 9	2	173,10
A 10	1 und 6	173,10
	4	308,05
	7	134,96
A 11	3	257,11
A 12	2	214,35
A 13	5	257,11
	9 und 10	375,01
A 14	1 und 3	257,11
A 15	1	257,11
	7	428,45
	8	434,96
A 16	7	287,59
	8	221,04

Anlage 13 — Landesbesoldungsgesetz (LBesGBW) III.1

Rechtsgrundlage Landesbesoldungsgesetz, Landesbesoldungsordnungen		Betrag in Euro, Prozentsatz
Landesbesoldungsordnung R		
Besoldungsgruppe	**Fußnote**	
R 1	2 bis 5	434,96
R 2	4 bis 10	434,96
R 3	1 und 5	434,96
Landesbesoldungsordnungen A, B, C, R und W		
Künftig wegfallende Ämter (kw)		
Besoldungsgruppe	**Fußnote**	
A 7 (kw)	2	49,54
A 11 (kw)	3	257,11
A 13 (kw)	4	257,11
	6	144,97
A 14 (kw)	2 und 4	257,11
	3	378,00
A 15 (kw)	1	171,41
	2	537,89
	3	671,15
	4	257,11
	6	428,45
B 3 (kw)	1	342,78
R 1 (kw)	1	284,28
R 2 (kw)	1	284,28

Anlage 14
(zu § 47)

Stellenzulagen

(Monatsbeträge)
– in der gesetzlichen Reihenfolge –

Rechtsgrundlage Landesbesoldungsgesetz, Landesbesoldungsordnungen		Betrag in Euro, Prozentsatz
§ 48	nach einer Dienstzeit von einem Jahr	66,35
	nach einer Dienstzeit von zwei Jahren	132,69
§ 49	nach einer Dienstzeit von einem Jahr	66,35
	nach einer Dienstzeit von zwei Jahren	132,69
§ 50	nach einer Dienstzeit von einem Jahr	66,35
	nach einer Dienstzeit von zwei Jahren	132,69
§ 51 Abs. 1 Nr. 1		99,51
§ 51 Abs. 1 Nr. 2		120,00
§ 52	Beamte des mittleren Dienstes	17,76
	Beamte des gehobenen Dienstes	39,95
§ 53 Abs. 1 Nr. 1		383,48
§ 53 Abs. 1 Nr. 2		306,78
§ 54	A 7 und A 8	61,25
	A 9 bis A 12	69,24
	ab A 13	79,89
§ 56 Nr. 1		8 Prozent des Endgrundgehalts der Besoldungsgruppe A 10
§ 56 Nr. 2		8 Prozent des Endgrundgehalts der Besoldungsgruppe A 11
§ 57 Abs. 1 Nr. 1		39,95
§ 57 Abs. 1 Nr. 2	A 7 bis A 9	159,79
	ab A 10	199,73
§ 57 Abs. 1 Nr. 3		79,89
§ 57 Abs. 1 Nr. 4		38,81
§ 57 Abs. 1 Nr. 5		121,56
§ 57 Abs. 1 Nr. 6		106,52
§ 57 Abs. 1 Nr. 7	A 13	79,89
	A 14	79,89
§ 57 Abs. 1 Nr. 9		bis zu 79,89
§ 57 Abs. 1 Nr. 10		79,90
§ 57 Abs. 1 Nr. 11		357,03
§ 57 Abs. 1 Nr. 12		150,00
§ 57 Abs. 1 Nr. 13		120,00
§ 57 Abs. 1 Nr. 14		79,90
§ 57 Abs. 1 Nr. 15		132,69

Anlage 14 Landesbesoldungsgesetz (LBesGBW) **III.1**

Rechtsgrundlage Landesbesoldungsgesetz, Landesbesoldungsordnungen	Betrag in Euro, Prozentsatz

Landesbesoldungsordnungen A, B, C und W
Künftig wegfallende Ämter (kw)
Besoldungsgruppe Fußnote
C 2 kw 1 108,67

III.1 Landesbesoldungsgesetz (LBesGBW) — Anlage 15

Anlage 15
(zu § 65)

Gültig ab 1. Februar 2025

Mehrarbeitsvergütung
(Stundensätze in Euro)

Mehrarbeit außerhalb des Schuldienstes

Besoldungsgruppen

A 7 bis A 9	19,40
A 10 bis A 12	26,40
A 13 bis A 16	34,63

Mehrarbeit im Schuldienst

Beamte des gehobenen Dienstes, deren Eingangsamt unterhalb der Besoldungsgruppe A 12 liegt	24,31
Beamte des gehobenen Dienstes mit Eingangsamt A 12	28,93
Beamte des gehobenen Dienstes mit Eingangsamt A 13	34,38
Beamte des höheren Dienstes	40,16

Diese Beträge gelten auch für Beamte vergleichbarer Besoldungsgruppen, die der Landesbesoldungsordnung R, R kw oder der Landesbesoldungsordnung C kw angehören.

Allgemeine Verwaltungsvorschrift des Finanz- und Wirtschaftsministeriums zum Landesbesoldungsgesetz Baden-Württemberg
(LBesGBW-VwV)

Vom 27. November 2014 (GABl. S. 934, 2015 S. 205)

Zuletzt geändert durch
Verwaltungsvorschrift der Landesregierung und der Ministerien über den Abbau verzichtbarer Formerfordernisse in Verwaltungsvorschriften und innerdienstlichen Anordnungen vom 9. März 2021 (GABl. S. 186)

Inhaltsübersicht

1	Zu § 1 (Geltungsbereich)
2	Zu § 2 (Gleichstellungsbestimmung)
3	Zu § 3 (Regelung durch Gesetz)
4	Zu § 4 (Anspruch auf Besoldung)
5	Zu § 5 (Zahlungsweise)
6	Zu § 6 (Verjährung von Ansprüchen)
7	(unbelegt)
8	Zu § 8 (Besoldung bei Teilzeitbeschäftigung)
9	(unbelegt)
10	Zu § 10 (Verminderung der Besoldung bei Gewährung einer Versorgung durch eine zwischenstaatliche oder überstaatliche Einrichtung)
11	Zu § 11 (Verlust der Besoldung bei schuldhaftem Fernbleiben vom Dienst)
12	Zu § 12 (Anrechnung anderer Einkünfte auf die Besoldung)
13	Zu § 13 (Anrechnung von Sachbezügen auf die Besoldung)
14	(unbelegt)
15	Zu § 15 (Rückforderung von Bezügen)
16–21	(unbelegt)
22	Zu § 22 (Besoldungsanspruch bei Verleihung eines anderen Amtes)
23	Zu § 23 (Besondere Eingangsbesoldung)
24–30	(unbelegt)
31	Zu § 31 (Bemessung des Grundgehalts in der Landesbesoldungsordnung A)
32	Zu § 32 (Berücksichtigungsfähige Zeiten)
33	Zu § 33 (Öffentlich-rechtliche Dienstherrn)
34	(unbelegt)
35	(unbelegt)
36	Zu § 36 (Bemessung des Grundgehalts in der Landesbesoldungsordnung R)
37–39	(unbelegt)
40	Zu § 40 (Grundlage des Familienzuschlags)
41	Zu § 41 (Familienzuschlag)
42	Zu § 42 (Änderung des Familienzuschlags)
43–46	(unbelegt)
47	Zu § 47 (Stellenzulagen)
48–51	(unbelegt)
52	Zu § 52 (Zulage für Beamte im Außendienst der Steuerverwaltung)
53–56	(unbelegt)
57	Zu § 57 (Weitere Stellenzulagen)
58–63	(unbelegt)
64	Zu § 64 (Ausgleichszulage für den Wegfall von Stellenzulagen)
65	Zu § 65 (Mehrarbeitsvergütung)
66–68	(unbelegt)
69	Zu § 69 (Zuschlag bei Altersteilzeit)
70	Zu § 70 (Ausgleich bei vorzeitiger Beendigung der Altersteilzeit)
71	(unbelegt)
72	(unbelegt)
73	Zu § 73 (Zuschlag bei Hinausschiebung der Altersgrenze)

74	Zu § 74 (Zuschlag bei Teilzeitbeschäftigung bei Hinausschiebung der Altersgrenze)	82	(unbelegt)
		83	Zu § 83 (Anrechnung anderer Einkünfte)
75	(unbelegt)	84	Zu § 84 (Kürzung der Anwärterbezüge)
76	Zu § 76 (Leistungsprämie)		
77	(unbelegt)	85	Zu § 85 (Vermögenswirksame Leistungen)
78	(unbelegt)		
79	Zu § 79 (Anwärterbezüge)	86	Zu § 86 (Anlage der vermögenswirksamen Leistungen)
80	Zu § 80 (Bezüge des Anwärters nach Ablegung der Laufbahnprüfung)		
		87–106	(unbelegt)
81	Zu § 81 (Anwärtersonderzuschläge)	107	Inkrafttreten

VwV zum Landesbesoldungsgesetz III.1.1

Auf Grund von § 106 des Landesbesoldungsgesetzes Baden-Württemberg (LBesGBW) vom 9. November 2010 (GBl. S. 793, 826), zuletzt geändert durch Artikel 3 des Gesetzes vom 1. April 2014 (GBl. S. 99, 164), erlässt das Finanz- und Wirtschaftsministerium folgende allgemeine Verwaltungsvorschrift, die hinsichtlich § 13 LBesGBW im Einvernehmen mit dem Innenministerium, dem Kultusministerium und dem Justizministerium ergeht:

Vorbemerkung:

1. Bei allen nicht näher bezeichneten Gesetzesstellen handelt es sich um solche des LBesGBW.
2. Im Interesse der Kürze und der besseren Lesbarkeit wird in der Allgemeinen Verwaltungsvorschrift auf die gesonderte Anführung der Richter neben den Beamten verzichtet. Soweit die maßgebliche Vorschrift des LBesGBW auch für Richter gilt, schließt der Begriff des Beamten die Richter mit ein.
3. Die Nummerierung innerhalb der Allgemeinen Verwaltungsvorschrift entspricht der Paragrafenfolge im LBesGBW. Die zweite Ziffer bezieht sich in der Regel auf den Absatz des Paragrafen. Soweit allgemeine Hinweise erforderlich sind, werden diese mit der Ziffer Null an der zweiten Stelle der Nummerierung gekennzeichnet und den Erläuterungen im Einzelnen vorangestellt. Ab der dritten Ziffer folgen laufende Nummerierungen. Bei Verwaltungsvorschriften zu Paragrafen, die nicht in Absätze untergliedert sind, beginnt die laufende Nummerierung bereits bei der zweiten Ziffer.
4. Die in der Verwaltungsvorschrift verwendeten amtlichen Kurzbezeichnungen und Abkürzungen beziehen sich auf die jeweils geltende Fassung folgender Regelungen:

AbgG	Gesetz über die Rechtsverhältnisse der Mitglieder des Landtags vom 12. September 1978, GBl. S. 473
AnwAuflVO	Verordnung des Ministeriums für Finanzen und Wirtschaft über Auflagen bei der Gewährung von Anwärterbezügen vom 14. Dezember 2011, GBl. S. 571
Anwärtersonderzuschlagsverordnung	Verordnung des Finanz- und Wirtschaftsministeriums über die Gewährung von Anwärtersonderzuschlägen vom 16. Dezember 2010, GBl. S. 1085
ArbPlSchg	Arbeitsplatzschutzgesetz in der Fassung vom 16. Juli 2009, BGBl. I S. 2055
AzUVO	Arbeitszeit- und Urlaubsverordnung vom 29. November 2005, GBl. S. 716
BBesG	Bundesbesoldungsgesetz in der Fassung vom 19. Juni 2009, BGBl. I S. 1434
BetrAVG	Betriebsrentengesetz vom 19. Dezember 1974, BGBl. I S. 3610
BeamtStG	Beamtenstatusgesetz vom 17. Juni 2008, BGBl. I S. 1010
BeamtZuVO	Verordnung des Innenministeriums, Finanz- und Wirtschaftsministeriums, des Kultusministeriums, des Wissenschaftsministeriums, des Umweltministeriums, des Sozialministeriums, des Ministeriums für Ländlichen Raum und Verbraucherschutz, des Justizministeriums, des Ministeriums für Verkehr und Infrastruktur und des Integrationsministeriums über die Regelung beamtenrechtlicher Zuständigkeiten vom 8. Mai 1996, GBl. S. 402
Berufsbildungsgesetz	Berufsbildungsgesetz vom 23. März 2005, BGBl. I S. 931
Berufliches Rehabilitierungsgesetz	Gesetz über den Ausgleich beruflicher Benachteiligungen für Opfer politischer Verfolgung im Beitrittsgebiet in der Fassung vom 1. Juli 1997, BGBl. I S. 1625
BGB	Bürgerliches Gesetzbuch in der Fassung vom 2. Januar 2002, BGBl. I. S. 42; 2003 I S. 738
BKGG	Bundeskindergeldgesetz in der Fassung vom 28. Januar 2009, BGBl. I S. 142, 3177
ChancenG	Chancengleichheitsgesetz vom 1. Oktober 2005, GBl. S. 650
DEÜV	Verordnung über die Erfassung und Übermittlung von Daten für die Träger der Sozialversicherung in der Fassung vom 23. Januar 2006, BGBl. I S. 152
DRG	Dienstrechtsreformgesetz vom 9. November 2010, GBl. S. 793
EhfG	Entwicklungshelfer-Gesetz vom 18. Juni 1969, BGBl. I S. 549
Entsendungsrichtlinie	Richtlinie für die Entsendung von Beschäftigten des Bundes zu einer öffentlichen zwischenstaatlichen oder überstaatlichen Einrichtung, zur Verwaltung oder zu einer öffentlichen Einrichtung eines Mitgliedstaates der europäischen Union oder zur Übernahme von Aufgaben der Entwicklungszusammenarbeit vom 15. April 2014, GMBl. S. 634
EStG	Einkommensteuergesetz in der Fassung vom 8. Oktober 2009, BGBl. I S. 3366, 3862
EÜG	Eignungsübungsgesetz in der im Bundesgesetzblatt Teil III, Gliederungsnummer 53-5, veröffentlichten bereinigten Fassung

III.1.1 VwV zum Landesbesoldungsgesetz

EZulVOBW	Erschwerniszulagenverordnung Baden-Württemberg vom 30. November 2010, GBl. S. 994
FamFG	Gesetz über das Verfahren in Familiensachen und in den Angelegenheiten der freiwilligen Gerichtsbarkeit vom 17. Dezember 2008, BGBl. I S. 2586, 2587
GVVergVO	Gerichtsvollzieher-Vergütungsverordnung
JFDG	Jugendfreiwilligendienstegesetz vom 16. Mai 2008, BGBl. I S. 842
Landesreisekostengesetz	Landesreisekostengesetz (LRKG) in der Fassung vom 20. Mai 1996, GBl. S. 465
LBG	Landesbeamtengesetz vom 9. November 2010, GBl. S. 793, 794
LBeamtVGBW	Landesbeamtenversorgungsgesetz Baden-Württemberg vom 9. November 2010, GBl. S. 793, 911
LBVZuVO	Verordnung der Landesregierung und des Finanz- und Wirtschaftsministeriums über die Zuständigkeiten des Landesamtes für Besoldung und Versorgung Baden-Württemberg in der Fassung vom 1. September 1986, GBl. S. 343
Lehrkräftezulagenverordnung	Verordnung der Landesregierung über Zulagen für Lehrkräfte mit besonderen Funktionen vom 24. April 1995, GBl. S. 328
LHG	Gesetz über die Hochschulen in Baden-Württemberg vom 1. Januar 2005, GBl. S. 1
LHO	Landeshaushaltsordnung für Baden-Württemberg vom 19. Oktober 1971, GBl. S. 428
LKomBesG	Gesetz über die Besoldung und Dienstaufwandsentschädigung der Landräte, der hauptamtlichen Bürgermeister und der Beigeordneten vom 9. November 2010, GBl. S. 793, 962
LNTVO	Landesnebentätigkeitsverordnung in der Fassung vom 28. Dezember 1972, GBl. 1973 S. 57
LPartG	Lebenspartnerschaftsgesetz vom 16. Februar 2001, BGBl. I S. 266
LPVG	Landespersonalvertretungsgesetz in der Fassung vom 1. Februar 1996, GBl. S. 205
LRiStAG	Landesrichter- und staatsanwaltsgesetz in der Fassung vom 22. Mai 2000, GBl. S. 503
LVwVfG	Landesverwaltungsverfahrensgesetz vom 12. April 2005, GBl. S. 350
Mutterschutzgesetz	Gesetz zum Schutz der erwerbstätigen Mutter in der Fassung vom 20. Juni 2002, BGBl. I S. 2318
Pflegezeitgesetz	Gesetz über die Pflegezeit vom 28. Mai 2008, BGBl. I S. 874, 896
SGB II	Sozialgesetzbuch Zweites Buch – Grundsicherung für Arbeitsuchende – vom 24. Dezember 2003, BGBl. I S. 2954, 2955
SGB IV	Sozialgesetzbuch Viertes Buch – Gemeinsame Vorschriften für die Sozialversicherung – vom 23. Dezember 1976, BGBl. I S. 3845
SGB VI	Sozialgesetzbuch Sechstes Buch – Gesetzliche Rentenversicherung – vom 18. Dezember 1989, BGBl. I S. 2261, 1990 I S. 1337
SGB IX	Sozialgesetzbuch Neuntes Buch – Rehabilitation und Teilhabe behinderter Menschen – vom 19. Juni 2001, BGBl. I S. 1046, 1047
SGB XI	Sozialgesetzbuch Elftes Buch – Soziale Pflegeversicherung – vom 26. Mai 1994, BGBl. I S. 1014
SGB XII	Sozialgesetzbuch Zwölftes Buch – Sozialhilfe – Artikel I des Gesetzes vom 27. Dezember 2003, BGBl. I S. 3022, 3023
Soldatengesetz	Gesetz über die Rechtsstellung der Soldaten in der Fassung vom 30. Mai 2005, BGBl. I S. 1482
SVG	Soldatenversorgungsgesetz in der Fassung vom 16. September 2009, BGBl. I S. 3054
TV-L	Tarifvertrag für den öffentlichen Dienst der Länder vom 12. Oktober 2006
TVöD	Tarifvertrag für den öffentlichen Dienst vom 13. September 2005, GMBl. 2006, S. 459
VwGO	Verwaltungsgerichtsordnung in der Fassung vom 19. März 1991, BGBl. I S. 686
Wehrpflichtgesetz	Wehrpflichtgesetz in der Fassung vom 15. August 2011, BGBl. I S. 1730
Wehrrechtsänderungsgesetz 2011	Gesetz zur Änderung wehrrechtlicher Vorschriften 2011 vom 28. April 2011, BGBl. I S. 678
ZDG	Zivildienstgesetz in der Fassung vom 17. Mai 2005, BGBl. I S. 1346
5. VermBG	Fünftes Gesetz zur Förderung der Vermögensbildung der Arbeitnehmer in der Fassung vom 4. März 1994, BGBl. I S. 406

1 Zu § 1 (Geltungsbereich)

(unbelegt)

2 Zu § 2 (Gleichstellungsbestimmung)

(unbelegt)

3 Zu § 3 (Regelung durch Gesetz)

3.1 (unbelegt)

3.2 (unbelegt)

3.3 Zu Absatz 3

3.3.1 Durch § 3 Absatz 3 Satz 2 wird ein Anspruch der Beamten auf Entgeltumwandlung nicht begründet.

3.3.2 Beamte haben insbesondere keinen Anspruch auf Entgeltumwandlung nach § 1a BetrAVG. Nach dieser Vorschrift haben Arbeitnehmer einen Anspruch auf betriebliche Altersversorgung durch Entgeltumwandlung. Nach § 17 BetrAVG sind Beamte keine Arbeitnehmer im Sinne des § 1a BetrAVG, da sie aufgrund ihres Beamtenverhältnisses nicht in der gesetzlichen Rentenversicherung pflichtversichert sind. Die betriebliche Altersversorgung ist im BetrAVG abschließend geregelt. Im Hinblick darauf, dass das Steuerrecht mit dem Begriff der „betrieblichen Altersversorgung" an die Regelungen des BetrAVG anknüpft, hat dies zur Folge, dass hinsichtlich der Beamten die aus einer Entgeltumwandlung finanzierten Beiträge des Arbeitgebers zum Aufbau einer betrieblichen Altersversorgung auch nicht steuerfrei gestellt werden können (§ 3 Nummer 63 EStG).

4 Zu § 4 (Anspruch auf Besoldung)

4.1 Zu Absatz 1

Neben der erstmaligen Entstehung eines Besoldungsanspruchs gilt Absatz 1 auch für das erneute Entstehen eines Besoldungsanspruchs (zum Beispiel nach einer Beurlaubung) oder für eine Veränderung von einzelnen Besoldungsbestandteilen (zum Beispiel nach einer Beförderung).

4.2 Zu Absatz 2

Eine andere gesetzliche Regelung ist zum Beispiel in § 80 enthalten.

4.3 Zu Absatz 3

4.3.1 In Fällen, in denen der Anspruch auf Besoldung nicht für einen vollen Kalendermonat besteht, erfolgt die Berechnung nach Kalendertagen. Damit werden je Anspruchstag 1/31, 1/30, 1/28 beziehungsweise 1/29 der Bezüge gezahlt. Dies gilt nicht für Bezügebestandteile, die sich nach tatsächlich geleisteten Diensten bemessen (zum Beispiel Zulage für Dienst zu ungünstigen Zeiten).

4.3.2 Eine andere gesetzliche Bestimmung ist zum Beispiel für den Besoldungsbestandteil Familienzuschlag in § 42 enthalten.

4.4 (unbelegt)

5 Zu § 5 (Zahlungsweise)

5.1

Die im Voraus zu zahlenden Bezüge werden am letzten Werktag gezahlt, der dem Kalendermonat vorangeht, für den die Zahlung bestimmt ist (Zahltag). Ist dieser Tag ein Samstag, so gilt der vorletzte Werktag als Zahltag. Die Überweisung auf das Konto des Empfängers ist so auszuführen, dass ihm die Bezüge an dem genannten Tag auf dem Konto zur Verfügung stehen. Der Zeitpunkt der Fälligkeit der Besoldung wird hierdurch nicht berührt.

5.2 (unbelegt)

5.3 (unbelegt)

6 Zu § 6 (Verjährung von Ansprüchen)

6.0

Der Eintritt der Verjährung hat zur Folge, dass der Schuldner berechtigt ist, die Leistung zu verweigern. Hinsichtlich der Details zur Verjährung verweist § 6 im Wesentlichen auf §§ 194 ff. BGB.

6.1

Erfasst sind sämtliche finanziellen Leistungen aufgrund des LBesGBW und von Verordnungen oder Satzungen, die auf der Grundlage dieses Gesetzes ergangen sind einschließlich entsprechender Rückforderungsansprüche.

6.2 Entstehung des Anspruchs

Der Beginn der dreijährigen Verjährungsfrist setzt die Entstehung des jeweiligen Anspruchs voraus. Ansprüche entstehen regelmäßig mit ihrer Fälligkeit.

Der Anspruch auf Dienstbezüge ist in der Regel am Ersten eines Monats fällig, auch wenn die Zahlung nach § 5 Absatz 1 aus Fürsorgegründen am letzten Bankwerktag vor Beginn des Kalendermonats erfolgt. Bezüglich der Rückforderung zu viel gezahlter Bezüge vergleiche Nummer 15.2.2.1.

6.3 Kenntnisunabhängiger Verjährungsbeginn

Für den Beginn der Verjährung ist weder Kenntnis noch Kennenmüssen vom Bestehen des Anspruchs beziehungsweise des anspruchsbegründenden Sachverhalts erforderlich. Die Verjährung beginnt deshalb ohne

Weiteres am Ende des Jahres, in dem der Anspruch entstanden ist.

Die Verjährung von Ansprüchen beginnt auch dann, wenn der Beamte einer Mitteilungsverpflichtung nicht oder nicht rechtzeitig nachgekommen ist.

Beispiel:

Ein Beamter des Landes Bayern wird zum 1. 9. 2012 nach Baden-Württemberg versetzt. An diesem Tag entsteht der Anspruch auf Besoldung nach dem LBesGBW. Die Verjährungsfrist beginnt am 31. 12. 2012, 24 Uhr und endet am 31. 12. 2015, 24 Uhr.

6.4 Hemmung, Ablaufhemmung und Neubeginn der Verjährung

6.4.1 Nach § 209 BGB wird der Zeitraum, während dessen die Verjährung gehemmt ist, nicht in die Verjährungsfrist eingerechnet.

Die Verjährung wird insbesondere aus folgenden Gründen gehemmt:

a) durch Klageerhebung (vergleiche Nummer 6.4.1.1),
b) durch Vorverfahren mit anschließender Klageerhebung (vergleiche Nummer 6.4.1.2),
c) bei Verhandlungen (vergleiche Nummer 6.4.1.3),
d) durch Erlass eines Verwaltungsaktes (§ 53 Absatz 1 Satz 1 LVwVfG).

6.4.1.1 Die Verjährung wird nach § 204 Absatz 1 Nummer 1 BGB durch die Erhebung der Klage gehemmt. Die Hemmung beginnt an dem Tag, an dem die Klageschrift bei Gericht eingeht oder an dem Tag, an dem die Klage zur Niederschrift des Urkundsbeamten der Geschäftsstelle des Gerichts erhoben wird (§ 81 Absatz 1 VwGO).

6.4.1.2 Eine Hemmung tritt nach § 204 Absatz 1 Nummer 12 BGB ebenfalls durch das nach § 54 BeamtStG im Verbindung mit §§ 68 ff. VwGO durchzuführende Vorverfahren ein, soweit innerhalb von drei Monaten nach Erledigung des Vorverfahrens Klage erhoben wird. Die verjährungshemmende Wirkung des Vorverfahrens beginnt mit der Erhebung des Widerspruchs (§ 69 VwGO).

Der Widerspruch, der einer allgemeinen Leistungs- oder Feststellungsklage vorauszugehen hat, bedarf keines vorherigen Erlasses eines Verwaltungsaktes durch den Dienstherrn (Urteil des BVerwG vom 28. Juni 2001, Az. 2 C 48.00). Ein Leistungs- oder Feststellungswiderspruch kann daher unmittelbar mit verjährungshemmender Wirkung gegen eine Amtshandlung ohne Verwaltungsaktcharakter oder auch gegen ein behördliches Unterlassen gerichtet werden.

Der Beginn der Hemmung nach § 204 Absatz 1 Nummer 12 BGB erfordert die form- und fristgerechte Einlegung des Widerspruchs sowie die nachfolgende Klageerhebung (§ 81 Absatz 1 VwGO).

6.4.1.3 Schweben zwischen dem Dienstherrn und dem Beamten Verhandlungen über den Anspruch oder über die den Anspruch begründenden Umstände, so ist die Verjährung gehemmt, bis ein Teil die Fortsetzung der Verhandlungen verweigert (§ 203 Absatz 1 Satz 1 BGB). Verhandlungen liegen dann vor, wenn ein Meinungsaustausch über den Anspruch zwischen dem Dienstherrn und dem Beamten stattfindet und wenn nicht erkennbar seitens des Dienstherrn die Verhandlungen über die Leistungsverpflichtung abgelehnt werden.

6.4.2 Im Rahmen der Geltendmachung von Rückforderungsansprüchen können darüber hinaus insbesondere die Hemmungstatbestände des § 204 Absatz 1 Nummer 5 BGB (Geltendmachung der Aufrechnung im Prozess), § 201 Absatz 1 Nummer 9 BGB (Zustellung einer einstweiligen Verfügung oder einer einstweiligen Anordnung) sowie § 204 Absatz 1 Nummer 14 BGB (Veranlassung der Bekanntgabe des erstmaligen Antrages auf Gewährung von Prozesskostenhilfe) zu berücksichtigen sein.

6.4.3 Nach § 204 Absatz 2 Satz 1 BGB endet die Hemmung sechs Monate nach der rechtskräftigen Entscheidung im Verfahren oder der anderweitigen Beendigung des eingeleiteten Verfahrens. Gerät das Verfahren dadurch in Stillstand, dass die Parteien es nicht betreiben, so tritt nach § 204 Absatz 2 Satz 2 BGB an die Stelle der Beendigung des

Verfahrens die letzte Verfahrenshandlung der Parteien oder der sonst mit dem Verfahren befassten Stelle, soweit das Betreiben des Verfahrens den Parteien obliegt. Nach § 204 Absatz 2 Satz 3 BGB beginnt die Hemmung erneut, wenn eine der Parteien das Verfahren weiter betreibt.

6.4.4 Bei der sogenannten Ablaufhemmung läuft die Verjährungsfrist frühestens eine bestimmte Zeit nach dem Wegfall von Gründen ab, die der Geltendmachung des Anspruchs entgegenstehen (§§ 210, 211 BGB).

6.4.5 Der Neubeginn der Verjährung bewirkt, dass die bereits angelaufene Verjährungszeit nicht beachtet wird und die Verjährungsfrist in voller Länge erneut zu laufen beginnt. Die Fälle, in denen die Verjährung erneut beginnt, sind in § 212 Absatz 1 BGB geregelt.

6.5 Einrede der Verjährung

6.5.1 Soweit Bewilligungs- oder Festsetzungsbescheide für zurückliegende Besoldungszeiträume erlassen werden, ist bereits in diesem Verfahren zu prüfen und zu entscheiden, ob die Leistung aufgrund des Verjährungseintritts verweigert werden kann. Ist der Anspruch ganz oder teilweise verjährt, so ist der Dienstherr nicht nur berechtigt, sondern nach dem Grundsatz der Sparsamkeit (§ 7 LHO) grundsätzlich auch verpflichtet, die Einrede der Verjährung geltend zu machen. Nach § 214 Absatz 2 Satz 1 BGB kann das zur Befriedigung eines verjährten Anspruchs Geleistete nicht zurückgefordert werden, auch wenn in Unkenntnis der Verjährung geleistet wurde.

6.5.2 Auch bei der Rückforderung von zu viel gezahlter Besoldung ist bereits vor dem Erlass des Rückforderungsbescheids zu prüfen, inwieweit bereits die Verjährung eingetreten ist. Die Rückforderung ist sowohl in der Anhörung als auch im Rückforderungsbescheid nur auf den unverjährten Zeitraum zu erstrecken.

6.5.3 Die Geltendmachung der Verjährungseinrede durch den Dienstherrn kann im Einzelfall gegen Treu und Glauben verstoßen und damit eine unzulässige Rechtsausübung sein (§ 242 BGB). Dies kann dann angenommen werden, wenn der Dienstherr einen Vertrauenstatbestand geschaffen hat, das heißt – auch unabsichtlich oder durch Unterlassen – dem Berechtigten ein Verhalten gezeigt hat, aus dem dieser schließen durfte, dass sich der Dienstherr nicht auf die Einrede der Verjährung berufen werde.

Der Einwand der unzulässigen Rechtsausübung greift aber nicht bei jedem Fehlverhalten einer Behörde (zum Beispiel Falschberechnung der Bezüge, unrichtige Sachbehandlung). Es muss vielmehr ein qualifiziertes Fehlverhalten hinzutreten, das zwar nicht notwendig schuldhaft zu sein braucht, das aber angesichts der Umstände des Einzelfalls die Einrede der Verjährung als treuwidrig erscheinen lässt, weil der Beamte veranlasst worden ist, verjährungsunterbrechende oder -hemmende Schritte zu unterlassen. Regelmäßig wird ein derartiger Verstoß gegen Treu und Glauben anzunehmen sein, wenn der Beamte aus dem Verhalten des Dienstherrn schließen durfte, dass der Dienstherr die Einrede der Verjährung nicht erheben wird.

Ein Fehlverhalten, das allein darin besteht, dass der Beamte Bezüge nicht erhalten hat oder ihm Ansprüche auf zustehende Bezüge nicht bekannt gegeben wurden, schließt die Verjährungseinrede nicht aus.

Ein qualifiziertes Fehlverhalten kann bei Hinzutreten weiterer Umstände auch ein pflichtwidriges Unterlassen gebotener Maßnahmen durch die zuständigen Behörden sein, wenn dies allein ursächlich dafür gewesen ist, dass der Beamte die Ansprüche hat verjähren lassen. Es besteht jedoch grundsätzlich keine aus der Fürsorgepflicht abzuleitende Pflicht, den Berechtigten ungefragt über alle sich aus dem Dienstverhältnis ergebenden Rechtsfragen zu belehren, so dass ein Ausschluss der Verjährungseinrede allein aus diesem Grund nicht in Frage kommt.

6.5.4 In besonders begründeten Ausnahmefällen kann der Dienstherr im Rahmen seines Ermessens aus fürsorgerechtlichen Erwägungen dann von der Einrede der Verjährung absehen, wenn der Anspruch des Beamten sachlich unstreitig ist und die Geltendmachung der Verjährungseinrede für den Anspruchsinhaber eine unbillige Härte darstellen würde. Letzteres ist beispielsweise anzunehmen, wenn die Erhebung der Verjährungseinrede den Beamten und seine Familie in eine ernste finanzielle Notlage bringen würde.

6.6 Übergangsbestimmungen

6.6.1 Ansprüche auf Besoldung, die vor dem 1. Januar 2011 entstanden sind, verjähren nach § 101 Absatz 6 nach den bis zum 31. Dezember 2010 geltenden Vorschriften. Die Verjährungsfrist beträgt demnach drei Jahre und beginnt mit dem Schluss des Jahres, in dem der Anspruch entstanden ist und der Beamte von den den Anspruch begründenden Umständen Kenntnis erlangt oder ohne grobe Fahrlässigkeit erlangen müsste (§ 199 Absatz 1 BGB). Ohne Rücksicht auf die Kenntnis oder grob fahrlässige Unkenntnis der den Anspruch begründenden Umstände verjähren diese Ansprüche grundsätzlich in zehn Jahren von ihrer Entstehung an (§ 199 Absatz 4 BGB).

6.6.2 Vor dem 1. Januar 2011 entstandene Ansprüche auf Leistungen, die keine Besoldung sind (zum Beispiel Rückforderungsansprüche), verjähren kenntnisunabhängig in drei Jahren (§ 6).

6.7 Verjährung weiterer Ansprüche mit besoldungsrechtlichem Bezug

6.7.1 Für Ansprüche auf Schadensersatz aus Artikel 34 GG im Verbindung mit § 839 BGB (Amtshaftung) wegen unrichtiger Festsetzung von Bezügen gilt die dreijährige Regelverjährung des § 195 BGB. Diese Verjährungsfrist beginnt nach § 199 Absatz 1 BGB kenntnisabhängig. Daneben regelt § 199 Absatz 3 BGB für Schadensersatzansprüche besondere Höchstfristen. Diese Ansprüche verjähren ohne Rücksicht auf die Kenntnis oder grob fahrlässige Unkenntnis spätestens in zehn Jahren von ihrer Entstehung an beziehungsweise ohne Rücksicht auf die Entstehung und die Kenntnis oder grob fahrlässige Unkenntnis spätestens in 30 Jahren von der Begehung der Handlung, der Pflichtverletzung oder dem sonstigen, den Schaden auslösenden Ereignis an. Maßgeblich ist jeweils die früher endende Frist.

6.7.2 Nummer 6.7.1 gilt nach Maßgabe des § 59 LBG auch für Schadensersatzansprüche des Dienstherrn gegenüber dem Beamten nach § 48 BeamtStG.

6.7.3 Rechtskräftig festgestellte Ansprüche verjähren in 30 Jahren (§ 197 Absatz 1 Nummer 3 BGB). Hinsichtlich bestandskräftig gewordener Ansprüche wird auf § 53 LVwVfG verwiesen.

7 (unbelegt)

8 Zu § 8 (Besoldung bei Teilzeitbeschäftigung)

8.1 Zu Absatz 1

Eine andere gesetzliche Regelung ist zum Beispiel in § 8 Absatz 2 enthalten.

Eine Teilzeitbeschäftigung berührt das Aufsteigen in den Stufen des Grundgehalts nicht. Weiterhin führt sie auch nicht zu einer (anteilmäßigen) Verlängerung von Mindestzeiten (zum Beispiel Absenkungszeitraum für Grundgehalt, Bleibeverpflichtung im Zusammenhang mit Anwärterbezügen und Anwärtersonderzuschlägen, Ruhegehaltfähigkeit einer Stellenzulage – fliegendes Personal und Fachschulräte –).

8.2 Zu Absatz 2

Zu den anderen Besoldungsbestandteilen im Sinne des Satzes 2 gehören insbesondere die tätigkeitsbezogenen Stellenzulagen, unabhängig davon, ob sie an eine bestimmte Verwendung anknüpfen oder einen summarischen Funktionsbezug haben. Bei den Stellenzulagen nach § 53 Absatz 2 und § 57 Absatz 1 Nummer 1, die nicht tätigkeitsbezogen sind, ist nach § 8 Absatz 1 zu verfahren. Das Gleiche gilt bei Leistungsbezügen nach § 38 Absatz 1 Nummer 1.

8.3 (unbelegt)

9 (unbelegt)

10 Zu § 10 (Verminderung der Besoldung bei Gewährung einer Versorgung durch eine zwischenstaatliche oder überstaatliche Einrichtung)

10.1 Zu Absatz 1

10.1.1 Eine Verwendung im öffentlichen Dienst einer zwischen- oder überstaatlichen Einrichtung kann nur angenommen werden, wenn ein Rechtsverhältnis bestand, durch das der Betreffende in die Verwaltungsorganisation und den Arbeitsablauf weisungsgebunden eingegliedert war. Auf die Gestaltung des Rechtsverhältnisses (öffentlich-rechtlich oder privatrechtlich) kommt es nicht an.

10.1.2 Zwischen- oder überstaatliche Organisationen sind solche Einrichtungen, zu denen aus deutschen öffentlichen Haushalten einmalige oder laufende Beiträge geleistet werden. Solche finden sich insbesondere im Verzeichnis I der Anlage zur Entsendungsrichtlinie.

10.1.3 Eine Versorgung durch eine zwischenstaatliche oder überstaatliche Einrichtung liegt regelmäßig dann vor, wenn laufende Zahlungen aus der ehemaligen Verwendung geleistet werden. Nicht erfasst werden einmalige Zahlungen, die gewährt werden, weil ein Versorgungsanspruch nicht entstanden ist (zum Beispiel Abfindungen). Dagegen führt die vollständige oder teilweise Kapitalisierung laufender Versorgungsbezüge zur Annahme einer zu berücksichtigenden Versorgung. Hinsichtlich der Verminderung der Dienstbezüge in diesen Fällen sind die Versorgungsbezüge ohne Kapitalisierung maßgeblich.

Eine Versorgung aus der Verwendung braucht in der zugrundeliegenden Regelung nicht als solche bezeichnet zu sein. Entscheidend ist, dass es sich bei der Leistung um einen Bezug aufgrund einer früheren Dienstleistungspflicht bei einer zwischen- oder überstaatlichen Einrichtung handelt.

10.1.4 Für die Umrechnung einer in ausländischer Währung gewährten Versorgung gilt Folgendes:

Währungen, die an der Frankfurter Börse gehandelt und deren Kurse amtlich notiert werden, sind nach dem am Ersten des dem Zahlungszeitraum vorangehenden Monats geltenden Briefkurs umzurechnen, der im Bundesanzeiger bekanntgegeben wird.

Wird von der Frankfurter Börse ein Devisenkurs für eine ausländische Währung nicht notiert, so wird diese Währung nach dem letzten Briefkurs umgerechnet, der von den Kreditinstituten angewendet wird.

10.2 (unbelegt)

10.3 Zu Absatz 3

Ruhegehaltfähige Stellenzulagen sind die Zulagen für Beamte als fliegendes Personal (§ 53) und für die in § 57 Absatz 1 Nummer 4 genannten Fachschulräte. Bei der Zulage nach § 53 und den genannten Leistungsbezügen ist jeweils der volle Betrag maßgebend.

10.4 (unbelegt)

11 Zu § 11 (Verlust der Besoldung bei schuldhaftem Fernbleiben vom Dienst)

11.0 Allgemeines

Zu den „Bezügen" gehören die Dienstbezüge (§ 1 Absatz 2) und die sonstigen Bezüge (§ 1 Absatz 3). § 11 gilt auch für Unterhaltsbeihilfen für Auszubildende in öffentlich-rechtlichen Ausbildungsverhältnissen, soweit in den jeweiligen Rechtsverordnungen über die Gewährung der Unterhaltsbeihilfen nichts anderes bestimmt ist.

11.1 Zu Absatz 1

11.1.1 Die Feststellung über das Vorliegen und die Dauer eines schuldhaften Fernbleibens vom Dienst ohne Genehmigung ist nach dienstrechtlichen Vorschriften (§ 68 LBG) zu treffen und muss durch einen Bescheid erfolgen. Der Erlass eines Bescheids, in dem auch der Verlust der Bezüge auszusprechen ist, ist verfahrensrechtliche Voraussetzung, um die Bezüge einbehalten oder zurückfordern zu können.

11.1.2 Der Verlust der Besoldung tritt auch für dienstfreie Tage ein, die von Tagen uner-

III.1.1 VwV zum Landesbesoldungsgesetz

laubten Fernbleibens vom Dienst umschlossen werden.

11.1.3 Auch das schuldhafte Fernbleiben vom Dienst für eine kürzere Zeit als einen vollen Arbeitstag führt zum Verlust der Besoldung. Ein Abzug wird jedoch nur für volle nicht geleistete Stunden beziehungsweise Unterrichtsstunden vorgenommen. Fehlzeiten innerhalb eines Tages sind dabei zu addieren.

11.1.4 Der auf einen Tag entfallende Anteil der Bezüge ist nach Maßgabe des § 4 Absatz 3 zu ermitteln. Zur Ermittlung des auf eine Arbeitsstunde entfallenden Anteils der Tagesbezüge sind die Tagesbezüge durch ein Fünftel der für den Beamten geltenden durchschnittlichen wöchentlichen Arbeitszeit (Stundenzahl) zu teilen. Dies gilt auch zum Beispiel bei gleitender Arbeitszeit, bei Teilzeitbeschäftigung mit ungleichmäßig verteilter Arbeitszeit, in Fällen von Bereitschaftsdienst und Schichtdienst und in Fällen verringerter Arbeitszeit wegen Jugendschutz oder verminderter Leistungsfähigkeit.

Beispiel bei Vollzeitbeschäftigung (Stand Oktober 2014):

Dienstbezüge eines Beamten (Endgrundgehalt Besoldungsgruppe A 11 mit Strukturzulage)	4020,31 €
durchschnittliche wöchentliche Arbeitszeit: 41 Stunden	
Tagesbezüge für Januar = 1/31	129,69 €
Divisor für Stundenbezug: 8,2 (41/5)	15,82 €
Stundenbezug (129,69 € geteilt durch 8,2)	

Beispiel bei Teilzeitbeschäftigung zu 50 %:

anteilige Dienstbezüge eines Beamten	2010,16 €
durchschnittliche wöchentliche Arbeitszeit: 20,5 Stunden	
Tagesbezüge für Januar = 1/31	64,84 €
Divisor für Stundenbezug: 4,1 (20,5/5)	15,82 €
Stundenbezug (64,84 € geteilt durch 4,1)	

11.1.5 Für den auf eine ausgefallene Unterrichtsstunde entfallenden Anteil der Bezüge gilt Nummer 11.1.4 mit der Maßgabe, dass an die Stelle der für den Beamten geltenden durchschnittlichen Wochenarbeitszeit die durchschnittliche wöchentliche Unterrichtsverpflichtung tritt. Die durchschnittliche wöchentliche Unterrichtsverpflichtung ergibt sich aus dem Regelstundenmaß abzüglich Stundenermäßigungen wegen Alters, Schwerbehinderung oder aus sonstigen Gründen einer verminderten Leistungsfähigkeit. Stundenanrechnungen für besondere Aufgaben im Schuldienst bleiben unberücksichtigt.

Beispiel bei Teilzeitbeschäftigung mit 20/28 Unterrichtsstunden sowie Stundenermäßigungen (Stand Oktober 2014):

anteilige Dienstbezüge eines Lehrers an Grundschulen (Endgrundgehalt Besoldungsgruppe A 12 ohne Strukturzulage)	3017,31 €
durchschnittliche wöchentliche Unterrichtsverpflichtung:	20 Stunden
Stundenermäßigung wegen Alters, Schwerbehinderung oder aus sonstigen Gründen	4 Stunden
Tagesbezüge für Januar = 1/31	97,33 €
Divisor für Stundenbezug: 3,2 (16/5)	
Stundenbezug (97,33 € geteilt durch 3,2)	30,42 €

11.1.6 Präsenzpflichten eines Lehrers außerhalb des Unterrichts (zum Beispiel Elternabende) sind nicht wie Unterrichtsstunden, sondern nach allgemeinen Regeln zu berechnen.

Beispiel 1:
Ein vollzeitbeschäftigter Lehrer hat an einem Tag neben seinen Unterrichtsstunden eine Elternsprechstunde und bleibt sowohl den Unterrichtsstunden als auch der Elternsprechstunde schuldhaft fern. Der Tagesbezug entfällt in voller Höhe.

Beispiel 2:
Der Lehrer aus Beispiel 1 kommt nur seiner Unterrichtsverpflichtung schuldhaft nicht nach. Die wegfallenden Bezüge sind unterrichtsstundenweise zu berechnen.

Beispiel 3:

Der Lehrer aus Beispiel 1 bleibt nur der Elternsprechstunde schuldhaft fern. Der Wegfall der Bezüge ist mit einem Stundensatz von 41/5 zu berechnen.

11.1.7 Ist der Beamte ganztägig schuldhaft dem Dienst ferngeblieben, entfällt sein Tagesbezug in voller Höhe, unabhängig von den auf diesen Tag tatsächlich entfallenden Dienststunden.

11.1.8 Ist der Beamte an einem Tag stundenweise schuldhaft dem Dienst ferngeblieben, darf durch die stundenweise Berechnung der auf den Arbeitstag entfallende Tagesbezug nicht überschritten werden. Die Begrenzung auf einen Arbeitstag gilt auch bei Dienstschichten, die sich über zwei Kalendertage erstrecken.

11.2 (unbelegt)

12 Zu § 12 (Anrechnung anderer Einkünfte auf die Besoldung)

12.1 Zu Absatz 1

12.1.1 Zeiten mit Anspruch auf Besoldung, in denen eine Verpflichtung zur Dienstleistung nicht besteht, liegen insbesondere in folgenden Fällen vor:

a) Entlassung des Beamten bei Anordnung der sofortigen Vollziehung (§ 80 Absatz 2 Satz 1 Nummer 4 VwGO) und spätere Aufhebung der Entlassungsverfügung,

b) Versetzung des Beamten in den Ruhestand beziehungsweise einstweiligen Ruhestand und spätere Aufhebung der Versetzungsverfügung. Die Fälle, in denen der Beamte wieder in das Beamtenverhältnis berufen wird, sind hiervon nicht erfasst,

c) Verlust der Beamtenrechte nach § 24 Absatz 1 BeamtStG in Verbindung mit § 33 LBG und spätere Aufhebung der Entscheidung im Wiederaufnahmeverfahren nach § 24 Absatz 2 BeamtStG in Verbindung mit § 35 LBG,

d) Verbot der Führung der Dienstgeschäfte im Sinne des § 39 BeamtStG.

Zeiten eines Erholungsurlaubs, eines Sonderurlaubs und des Mutterschutzes werden nicht von dieser Vorschrift erfasst. Bei Erkrankungen ist § 12 hingegen anwendbar.

12.1.2 Anrechenbar ist Einkommen, das nur deshalb erzielt werden konnte, weil der Wegfall der Dienstleistungspflicht und die damit verbundene Freisetzung von Arbeitskapazitäten dies ermöglichte. In Betracht kommen alle Einkünfte aus einer selbstständigen und nicht selbstständigen Erwerbstätigkeit (zum Beispiel Arbeitslohn, Einkünfte aus unternehmerischer Tätigkeit). Die Berechnung des Einkommens ist in entsprechender Anwendung des § 68 Absatz 5 LBeamtVGBW vorzunehmen.

Die Regelung über die Besoldung bei der Wahrnehmung mehrerer Hauptämter nach § 7 bleibt unberührt.

Die Frage, ob und gegebenenfalls in welcher Höhe eine Anrechnung zu erfolgen hat, ist durch den Dienstvorgesetzten oder eine andere von ihm bestimmte Stelle im Rahmen einer Ermessensentscheidung zu treffen. Dabei ist ein strenger Maßstab anzulegen. Über die Anrechnung ist dem Besoldungsempfänger ein Bescheid zu erteilen.

12.1.3 Die Auskunftspflicht des Beamten umfasst auch die Pflicht, Einkommen durch entsprechende Unterlagen (zum Beispiel Gehaltsabrechnung, Steuerbescheid) nachzuweisen.

12.2 Zu Absatz 2

12.2.1 Anderweitig gewährte Bezüge sind alle Leistungen, die der Besoldungsempfänger aus seiner Verwendung von der Stelle, der er zugewiesen ist, erhält. Auf die Bezeichnung der Bezüge kommt es nicht an. Einmalige Bezüge bleiben jedoch außer Betracht, es sei denn, dass entsprechende Bezüge auch nach dem LBesGBW zustehen. Als Bezüge sind auch Entschädigungen oder Tagegelder anzusehen, die während der Dauer der Verwendung regelmäßig gezahlt werden. Sachbezüge, die regelmäßig anstelle einer Geldleistung gewährt werden, sind zu berücksichtigen.

12.2.2 Die Anrechnung auf die Besoldung erfolgt brutto, und zwar grundsätzlich für den Monat, für den die anderweitig gewährten

Bezüge bestimmt sind. Unterliegen die anderweitigen Bezüge der Besteuerung im Ausland, so werden diese im Nettobetrag auf die Besoldung angerechnet. Für die Umrechnung in ausländischer Währung gezahlter Bezüge gilt Nummer 10.1.4 entsprechend.

12.2.3 Für Bezüge, die zur Bestreitung der höheren Kosten für Unterkunft und Verpflegung im Ausland gewährt werden (zum Beispiel EU-Tagegelder), gilt für die Anrechnung Folgendes:

Erhält ein Besoldungsempfänger, der Auslandsbesoldung nach § 78 erhält, solche Bezüge, wird die Anrechnung auf die Auslandsbesoldung beschränkt. Der Kaufkraftausgleich sowie die Inlandsdienstbezüge bleiben anrechnungsfrei. Im Rahmen der Anrechnung wird § 53 Absatz 2 Satz 4 und Satz 5 Alternative 2 BBesG nicht angewendet.

Wird bei einer Zuweisung nach § 20 BeamtStG in das Ausland keine Auslandsbesoldung gewährt, werden die Bezüge nicht angerechnet.

13 Zu § 13 (Anrechnung von Sachbezügen auf die Besoldung)

13.1 Zu Absatz 1

Ein in der Praxis relevanter Sachbezug liegt in der Überlassung einer Personalunterkunft. Es besteht weder ein Anspruch auf Gewährung einer Personalunterkunft durch den Dienstherrn noch eine Verpflichtung zum Bezug einer solchen durch den Beamten. Für die Anrechnung dieses Sachbezuges auf die Besoldung sind die für die Arbeitnehmer des Landes geltenden Regelungen (Tarifvertrag über die Bewertung der Personalunterkünfte für Angestellte mit den zugehörigen Hinweisen in Nummer 4.6.1 der Hinweissammlung des Ministeriums für Finanzen und Wirtschaft zum Arbeits- und Tarifrecht) entsprechend anzuwenden. Für Gemeinschaftsunterkünfte gilt anstelle der Anrechnung nach § 13 die Sondervorschrift des § 40 Satz 3.

13.2 (unbelegt)

13.3 (unbelegt)

14 (unbelegt)

15 Zu § 15 (Rückforderung von Bezügen)

15.0 Allgemeines

Zu den „Bezügen" gehören die Dienstbezüge (§ 1 Absatz 2) sowie die sonstigen Bezüge (§ 1 Absatz 3).

Auch hinsichtlich der Unterhaltsbeihilfen für Auszubildende in öffentlich-rechtlichen Ausbildungsverhältnissen ist § 15 anzuwenden, soweit in den jeweiligen Rechtsverordnungen über die Gewährung der Unterhaltsbeihilfen nichts anderes bestimmt ist. Für die Rückforderung anderer Leistungen, die keine Bezüge sind (Aufwandsentschädigungen, Leistungen aus Gründen der Fürsorge), kommt der öffentlich-rechtliche Erstattungsanspruch als Anspruchsgrundlage in Betracht.

Die Rückforderung nach besonderen Bestimmungen, wie zum Beispiel § 79 Absatz 4 in Verbindung mit der AnwAuflVO, bleibt unberührt.

15.1 Zu Absatz 1

15.1.1 Eine „gesetzliche" Änderung der Bezüge liegt auch dann vor, wenn die Änderung durch Rechtsverordnung erfolgt.

15.1.2 Ein Beamter wird durch eine gesetzliche Änderung „schlechter gestellt", wenn und soweit ihm durch die Änderung seiner Bezüge für den maßgeblichen Zeitraum im Ergebnis brutto weniger zusteht als zuvor.

15.2 Zu Absatz 2

15.2.1 Allgemeines

15.2.1.1 Die Rückforderung zu viel gezahlter Bezüge richtet sich nach §§ 812 ff. BGB, soweit gesetzlich nichts anderes bestimmt ist.

15.2.1.2 § 15 Absatz 2 enthält eine spezielle Ausgestaltung des öffentlich-rechtlichen Erstattungsanspruchs für den Bereich der Beamtenbesoldung und geht für diesen Bereich den allgemeinen Regelungen in § 49a LVwVfG vor.

15.2.1.3 Neben einem Rückforderungsanspruch aus § 15 Absatz 2 kann bei schuldhafter, die Überzahlung verursachender Pflichtverletzung (zum Beispiel Verletzung der Anzeigepflicht) ein Schadensersatzanspruch nach § 48 BeamtStG gegeben sein. Da Ansprüche nach § 48 BeamtStG und § 15 Absatz 2 nebeneinander bestehen können, empfiehlt es sich, den Rückforderungsbescheid gegebenenfalls auf beide Vorschriften zu stützen; dabei sind auch etwaige sonstige Voraussetzungen für einen Anspruch nach § 48 BeamtStG zu beachten (zum Beispiel Beachtung der Zuständigkeit, Anforderungen nach dem Personalvertretungsrecht und Beteiligung der Schwerbehindertenvertretung). Wegen der verjährungsrechtlichen Regelungen vergleiche Nummer 15.2.5.7.

15.2.1.4 Die Rückforderung richtet sich nach § 15 Absatz 2, wenn

a) Bezüge (vergleiche Nummer 15.0) „zu viel gezahlt" (vergleiche Nummer 15.2.2) wurden,

b) nicht § 15 Absatz 1 als Sonderregelung vorgeht und

c) nicht gesetzlich etwas anderes bestimmt ist.

Zu viel gezahlte Bezüge sind zurückzufordern, wenn und soweit

a) nicht der Wegfall der Bereicherung unterstellt werden kann (vergleiche Nummer 15.2.3.1) oder mit Erfolg geltend gemacht wird (vergleiche Nummer 15.2.3.2) oder

b) die Berufung auf den Wegfall der Bereicherung unbeachtlich ist (vergleiche Nummer 15.2.3.4) und

c) nicht aus Billigkeitsgründen nach § 15 Absatz 2 Satz 3 von der Rückforderung abgesehen wird (vergleiche Nummer 15.2.4).

15.2.2 Zahlung ohne rechtlichen Grund („zu viel gezahlt")

15.2.2.1 Bezüge sind „zu viel gezahlt" (überzahlt), wenn sie ohne rechtlichen Grund gezahlt wurden. Im Zeitpunkt der Überzahlung ohne Rechtsgrund oder des Wegfalls des Rechtsgrundes entsteht der Anspruch auf Rückforderung (= Anknüpfungspunkt für den Verjährungsbeginn nach § 6).

Ein vorausgegangenes Handeln der Verwaltung bildet einen selbstständigen Rechtsgrund für die Zahlung von Bezügen, wenn es sich um einen Verwaltungsakt im Sinne des § 35 LVwVfG handelt. Dies gilt auch für einen fehlerhaften Verwaltungsakt, soweit dieser nicht nichtig ist.

Eine Überzahlung liegt demnach vor, wenn und soweit Bezüge gezahlt wurden

a) ohne Bescheid im Widerspruch zum geltenden Recht,

b) im Widerspruch zu einem wirksamen Bescheid (vergleiche Nummer 15.2.2.3),

c) aufgrund eines nichtigen Bescheids (vergleiche Nummer 15.2.2.4) im Widerspruch zum geltenden Recht,

d) aufgrund eines zunächst wirksamen, später jedoch ganz oder teilweise zurückgenommenen, widerrufenen, anderweitig aufgehobenen (zum Beispiel durch verwaltungsgerichtliche Entscheidung) oder durch Zeitablauf oder in anderer Weise (zum Beispiel durch Beendigung des Beamtenverhältnisses oder durch förmliche Feststellung des Verlustes der Bezüge nach § 11) erledigten Bescheids (vergleiche Nummer 15.2.2.5),

e) aufgrund eines später nach § 42 LVwVfG berichtigten Bescheids.

15.2.2.2 Bescheide in diesem Sinne sind schriftliche Mitteilungen an den Beamten über ihm zustehende oder bewilligte Bezüge, sofern in ihnen eine Regelung der Bezüge oder die Festsetzung einzelner Bemessungsgrundlagen der Bezüge (zum Beispiel Entscheidungen zur Festsetzung des Zeitpunkts des Beginns des Aufsteigens in den Stufen) enthalten ist.

Hierzu gehören nicht bloße Gehaltsmitteilungen, da ihnen ein regelnder Charakter nicht zukommt und sie den Empfänger lediglich über die erfolgten Zahlungen unterrichten sollen. Entscheidend für die Abgrenzung ist, ob im konkreten Einzelfall durch über das Zahlenwerk hinausgehende zusätzliche Entscheidungen der Verwaltung erkennbar eine Regelung getroffen oder aber nur informiert werden soll.

15.2.2.3 Im Widerspruch zu einem wirksamen Bescheid sind Bezüge „zu viel gezahlt", wenn sie zum Beispiel infolge eines Fehlers beim Auszahlungsvorgang überzahlt wurden oder wenn sie wegen der aufschiebenden Wirkung von Widerspruch und Anfechtungsklage gegen einen Bescheid, der Bezüge entzieht oder herabsetzt, zunächst weitergezahlt worden sind, der angefochtene Bescheid aber aufrechterhalten wird.

15.2.2.4 Ein nichtiger Bescheid ist als Rechtsgrundlage für die Zahlung von Besoldungsbezügen unwirksam (vergleiche § 43 Absatz 3 LVwVfG). Wann ein Bescheid nichtig ist, ergibt sich aus § 44 LVwVfG.

15.2.2.5 Ein rechtswidriger Bescheid bleibt nach § 43 Absatz 2 LVwVfG wirksam, solange und soweit er nicht zurückgenommen, anderweitig (zum Beispiel durch verwaltungsgerichtliche Entscheidung) aufgehoben, berichtigt oder durch Zeitablauf oder auf andere Weise (zum Beispiel Beendigung des Beamtenverhältnisses oder Feststellung des Verlustes der Bezüge nach § 11) erledigt ist.

Wann und in welchem Umfang ein rechtswidriger Bescheid zurückgenommen werden kann, ergibt sich aus § 48 LVwVfG.

15.2.3 Wegfall der Bereicherung

15.2.3.1 Die Rückforderung zu viel gezahlter Bezüge ist ausgeschlossen, wenn die Bereicherung weggefallen ist (§ 818 Absatz 3 BGB). Der Wegfall der Bereicherung kann ohne nähere Prüfung unterstellt werden, wenn die im jeweiligen Monat zu viel gezahlten Bezüge 10 Prozent des insgesamt zustehenden Betrags, höchstens 200 Euro, nicht übersteigen. Dies gilt auch dann, wenn in einem Monat Nachzahlungen erfolgen.

15.2.3.2 Kann der Wegfall der Bereicherung nicht unterstellt werden, ist der Beamte auf die Möglichkeit hinzuweisen, sich auf den Wegfall der Bereicherung zu berufen. Macht ein Beamter den Wegfall der Bereicherung geltend, so ist er aufzufordern, sich innerhalb einer angemessenen Frist über die Höhe seiner Einkünfte während des Überzahlungszeitraums und über deren Verwendung zu äußern. Insbesondere sind Angaben erforderlich zu Beträgen, die aus der Überzahlung noch vorhanden sind sowie zu aus der Überzahlung geleisteten Aufwendungen für den Erwerb von Vermögensgegenständen (Sachen, Rechte), die noch vorhanden sind, zu Aufwendungen zur Tilgung von Schulden, zu Aufwendungen für den Lebensunterhalt oder sonstige Zwecke und zu unentgeltlichen Zuwendungen an Dritte. Inwieweit eine Bereicherung weggefallen ist, hat der Beamte im Einzelnen darzulegen und nachzuweisen.

Der Wegfall der Bereicherung ist anzunehmen, wenn der Beamte glaubhaft macht, dass er die zu viel gezahlten Bezüge im Rahmen seiner Lebensführung verbraucht hat.

Eine Bereicherung ist noch vorhanden, wenn im Zeitpunkt der Rückforderung gegenüber dem Beginn des Zeitraums, in dem die Überzahlung geleistet worden ist, ein Vermögenszuwachs zu verzeichnen ist, der ohne die Überzahlung nicht eingetreten wäre. Eine Verminderung von Schulden steht einem Vermögenszuwachs gleich.

15.2.3.3 Soweit für einen Zeitraum Nachzahlungsansprüche des Beamten Rückforderungsansprüchen des Dienstherrn gegenüberstehen, können diese auch verrechnet werden, wenn der Geltendmachung der Rückforderungsansprüche der Wegfall der Bereicherung entgegensteht.

15.2.3.4 Der Anspruch auf Rückzahlung zu viel gezahlter Bezüge bleibt ohne Rücksicht auf den Wegfall der Bereicherung bestehen, wenn und soweit

a) die Bezüge ausdrücklich unter Rückforderungsvorbehalt, als Vorschuss, als Abschlag oder aufgrund eines als vorläufig bezeichneten oder erkennbaren Bescheids gewährt wurden,

b) die Bezüge wegen der aufschiebenden Wirkung von Widerspruch und Anfechtungsklage gegen einen Bescheid, der Bezüge herabsetzt oder entzieht oder Grundlage für die Herabsetzung oder Entziehung von Bezügen ist, zunächst weitergezahlt worden sind und der angefochtene Bescheid aufrechterhalten wird,

VwV zum Landesbesoldungsgesetz **III.1.1**

c) der Beamte den Mangel des rechtlichen Grundes der Zahlung oder die Fehlerhaftigkeit des der Zahlung zugrundeliegenden Bescheids beim Empfang der Bezüge kannte oder nachträglich erfuhr oder

d) der Mangel des rechtlichen Grundes der Zahlung oder die Fehlerhaftigkeit des Bescheids so offensichtlich war, dass der Beamte dies hätte erkennen müssen (vergleiche § 15 Absatz 2 Satz 2). Dies ist dann der Fall, wenn der Beamte den Mangel des rechtlichen Grundes der Zahlung oder die Fehlerhaftigkeit des Bescheids nur deshalb nicht erkannt hat, weil er die im Verkehr erforderliche Sorgfalt in ungewöhnlich hohem Maße außer Acht gelassen hat. Dabei ist insbesondere auf die individuellen Kenntnisse und Fähigkeiten des Beamten (zum Beispiel Vor- und Ausbildung, dienstliche Tätigkeit) zur Prüfung der ihm zustehenden Bezüge abzustellen. Ob die für die Festsetzung, Anordnung oder Abrechnung der Bezüge zuständigen Stellen die ihnen obliegende Sorgfaltspflicht verletzt haben, ist in diesem Zusammenhang rechtlich unerheblich; dies kann allenfalls im Rahmen einer Billigkeitsentscheidung nach § 15 Absatz 2 Satz 3 von Bedeutung sein. Aufgrund der ihm obliegenden Treuepflicht ist der Empfänger von Bezügen verpflichtet, einen Festsetzungsbescheid oder eine ihm sonst zugeleitete aufgeschlüsselte Berechnungsgrundlage auf ihre Richtigkeit zu überprüfen. Dies gilt auch in den Fällen der elektronischen Übermittlung des Bescheids oder der Berechnungsgrundlage, wenn der Beamte diese Übermittlungsform gewählt hat oder sie vom Dienstherrn vorgegeben wurde. Versäumt der Beamte diese Prüfung oder hat er sie nach seinen individuellen Kenntnissen nicht sorgfältig durchgeführt, so hat er regelmäßig die im Verkehr erforderliche Sorgfalt in ungewöhnlich hohem Maße außer Acht gelassen, wenn er nicht durch besondere Umstände an der Prüfung gehindert war. Die Prüfungspflicht des Empfängers erstreckt sich auch darauf, die Bedeutung von Schlüsselkennzahlen, die ihm schriftlich oder elektronisch erläutert wurden, nachzuvollziehen.

15.2.3.5 Hat der Besoldungsempfänger den Mangel des rechtlichen Grundes der Zahlung oder die Fehlerhaftigkeit des Bescheids nicht beim Empfang der Bezüge gekannt, sondern erst später erfahren, so ist bei dem erforderlichen Vergleich der Vermögensverhältnisse an Stelle des Zeitpunkts der Rückforderung der Überzahlung der Zeitpunkt zugrunde zu legen, in dem die Kenntnis erlangt wurde oder hätte erlangt werden müssen.

15.2.4 Absehen von der Rückforderung aus Billigkeitsgründen

15.2.4.1 Die Entscheidung darüber, ob und wieweit aus Billigkeitsgründen (§ 15 Absatz 2 Satz 3) von der Rückforderung überzahlter Bezüge abgesehen werden wird oder ob Ratenzahlungen oder sonstige Erleichterungen zugebilligt werden, steht im pflichtgemäßen Ermessen der zuständigen Behörde. Bei der Entscheidung ist neben den wirtschaftlichen und sozialen Verhältnissen der Berechtigten zum Zeitpunkt der Rückforderung und dem Grund der Überzahlung zu berücksichtigen, inwieweit bereits durch den Eintritt der Verjährung ein Vorteil erlangt wurde. Soll die Rückforderung ganz oder teilweise unterbleiben, bedarf es der Zustimmung der obersten Dienstbehörde oder der von ihr bestimmten Stelle. § 59 LHO bleibt unberührt.

15.2.4.2 Ein Rückforderungsbescheid muss mit einer Billigkeitsentscheidung verbunden werden. Die Billigkeitsentscheidung betrifft nicht lediglich die Vollziehung des Rückforderungsbescheids, sondern den materiellen Bestand des Rückforderungsanspruchs und ist deshalb zwingend vor der Rückforderung zu treffen. Vor der Billigkeitsentscheidung steht lediglich die Überzahlung fest, nicht aber, ob, in welcher Höhe und mit welchen Modalitäten diese Überzahlung auch einen Rückforderungsanspruch begründet. Die Rechtsfehlerhaftigkeit einer Billigkeitsentscheidung hat die Rechtswidrigkeit der Rückforderungsentscheidung nach § 15 Absatz 2 Satz 1 zur Folge.

15.2.4.3 Bei der Prüfung, ob von der Rückzahlung überzahlter Bezüge ganz oder teilweise abgesehen werden soll, ist ein strenger Maßstab anzulegen. § 15 Absatz 2 Satz 3 ist eine Ausnahmevorschrift und dementsprechend restriktiv zu interpretieren. Bei dem Vorliegen der Rückforderungsvoraussetzungen ist eine Rückforderung daher in aller Regel auch auszusprechen. Ein Absehen von der Rückforderung kann damit nur unter den Ausnahmefällen in Betracht kommen, die unter dem Gebot von Treu und Glauben eine Rückforderung untragbar oder als unzulässige Rechtsausübung erscheinen lassen.

15.2.4.4 Ist die Zahlung aufgrund eines schuldhaften, pflichtwidrigen Verhaltens des Beamten (zum Beispiel Verletzung von Anzeigepflichten) entstanden, so kann grundsätzlich nicht von der Rückforderung abgesehen werden. Werden bestehende Härten bereits durch die Einräumung von Ratenzahlungen oder sonstigen Erleichterungen genügend gemildert, kann von einer Rückforderung ebenfalls nicht abgesehen werden.

15.2.4.5 Für die Billigkeitsentscheidung kann ebenfalls ein (Mit)Verschulden der Behörde an der Überzahlung erheblich sein. Deshalb ist in der Regel von der Rückforderung teilweise abzusehen, wenn der Grund für die Überzahlung in der überwiegenden behördlichen Verantwortung liegt.

15.2.4.6 Wird von der Rückforderung einer Überzahlung aus Billigkeitsgründen abgesehen und stellt sich nachträglich heraus, dass für denselben Zeitraum Bezüge nachzuzahlen sind, so ist, weil in diesen Fällen ein Vertrauensschutz nicht eingreift, eine Verrechnung des zunächst nicht zurückgeforderten Betrags mit dem Nachzahlungsanspruch möglich.

15.2.5 Durchführung der Rückforderung

15.2.5.1 Die Rückforderung überzahlter Bezüge wird durch Aufrechnung des Rückforderungsanspruchs gegen den Anspruch auf pfändbare Bezüge oder durch einen Rückforderungsbescheid geltend gemacht. Wenn dem Rückzahlungspflichtigen weiterhin laufende Bezüge zu zahlen sind, ist grundsätzlich aufzurechnen. Der Bezügeempfänger ist vor dem Beginn der Aufrechnung zu unterrichten.

Die Beschränkung des Aufrechnungsrechts auf den pfändbaren Teil der Bezüge besteht nicht, wenn ein Schadensersatzanspruch wegen vorsätzlicher unerlaubter Handlung gegeben ist (§ 14 Absatz 2 Satz 2). Aus Fürsorgegründen ist dem Beamten aber so viel zu belassen, wie dieser für seinen notwendigen Lebensunterhalt und die Erfüllung seiner laufenden gesetzlichen Unterhaltspflichten benötigt. Der zu belassende notwendige Unterhalt hat sich an den Leistungen zur Sicherung des Lebensunterhalts nach §§ 19 ff. SGB II als unterster Grenze zu orientieren.

15.2.5.2 Ein Rückforderungsbescheid muss den Zeitraum, den Betrag der Überzahlung, die Höhe des zurückgeforderten Betrags sowie eine Rechtsbehelfsbelehrung (§ 58 VwGO) enthalten. Der Empfänger ist darüber zu unterrichten, in welcher Form die Rückzahlung erfolgen soll. Der Bescheid muss ferner nach § 39 LVwVfG eine Begründung der Ermessensentscheidung der Behörde enthalten, beispielsweise auch, aus welchen Gründen sie von einer Billigkeitsmaßnahme (§ 15 Absatz 2 Satz 3) abgesehen hat.

15.2.5.3 Solange die Vollziehbarkeit eines Rückforderungsbescheids oder eines die Rückforderung betreffenden Widerspruchsbescheids infolge eines Widerspruchs oder einer Anfechtungsklage aufgeschoben ist, ist die Einziehung des überzahlten Betrags auszusetzen. Der Beamte soll jedoch vorsorglich darauf hingewiesen werden, dass er mit einer Einziehung des überzahlten Betrags in dem sich aus dem Ausgang des Rechtsmittelverfahrens ergebenden Umfang zu rechnen hat und sich dann nicht etwa auf einen Wegfall der Bereicherung berufen kann.

15.2.5.4 Die Anordnung der sofortigen Vollziehung ist entsprechend § 80 Absatz 2 Nummer 4 in Verbindung mit Absatz 3 VwGO auf Ausnahmefälle zu beschränken und eingehend zu begründen. Ein Ausnahmefall ist insbesondere gegeben, wenn nach Lage des Einzelfalls die Durchsetzung des Rückforderungsanspruchs gefährdet erscheint.

15.2.5.5 Zurückzufordern sind die Bruttobeträge; ihre steuerliche Behandlung richtet sich nach den Vorschriften des Steuerrechts.

15.2.5.6 Ist die geltend gemachte Forderung fällig und rechtshängig, sollen Prozesszinsen erhoben werden. Die Rechtshängigkeit tritt grundsätzlich erst durch Erhebung der Leistungsklage, nicht schon durch Erlass eines Leistungsbescheids ein (§ 90 Absatz 1 VwGO, § 261 Absatz 1 ZPO). Eine gegen den Leistungsbescheid gerichtete Anfechtungsklage führt nicht zur Rechtshängigkeit im Sinne des § 291 BGB. In den Fällen der verschärften Haftung (vergleiche Nummer 15.2.3.4) wird die Rechtshängigkeit jedoch nach § 819 BGB auf den Zeitpunkt der Kenntnis des Mangels des rechtlichen Grundes der Zahlung oder des „Kennenmüssens" vorverlegt; Entsprechendes gilt in den Fällen des § 820 BGB. In diesen Fällen sind Prozesszinsen ab Erlass des Leistungsbescheids zu erheben und mit diesem geltend zu machen.

Bei der Erhebung einer Leistungsklage sind Ausführungen zur Billigkeitsentscheidung zu machen.

Andere Zinsen als Prozesszinsen sind bis zur Bestandskraft des Rückforderungsbescheids nicht geltend zu machen; danach können sie Teil einer Stundungsvereinbarung sein.

15.2.5.7 Für den Rückforderungsanspruch aus § 15 Absatz 2 gilt die dreijährige Verjährungsfrist des § 6. Wird die Rückforderung als Schadensersatzanspruch (§ 48 BeamtStG) geltend gemacht, tritt die Verjährung nach drei, zehn oder 30 Jahren ein. Auf Nummer 6.7.2 wird verwiesen.

15.2.5.8 Nach dem Tod des Beamten ist der Leistungsbescheid zur Rückerstattung zu viel gezahlter Bezüge an die Erben zu richten, wenn die Überzahlung noch zu Lebzeiten eingetreten ist. Für die zu treffende Billigkeitsentscheidung gilt Nummer 15.2.4 entsprechend. Bezüge, die nach dem Tod des Berechtigten gezahlt worden sind, können grundsätzlich nicht durch Leistungsbescheid von den Erben zurückgefordert werden. Hierbei handelt es sich vielmehr um einen unmittelbar auf §§ 812 ff. BGB gestützten zivilrechtlichen Erstattungsanspruch, der erforderlichenfalls im Wege einer zivilrechtlichen Leistungsklage geltend zu machen ist. Mehrere Erben haften als Gesamtschuldner (§ 421 BGB).

15.2.5.9 Die Rückforderung einer irrtümlichen Zahlung von Bezügen an Dritte (zum Beispiel wegen Verwechslung der Kontonummer oder wegen eines rechtsgeschäftlichen Wechsels des Kontoinhabers) erfolgt als zivilrechtlicher Erstattungsanspruch (§§ 812 ff. BGB), der erforderlichenfalls im Wege einer zivilrechtlichen Leistungsklage geltend zu machen ist.

15.3 (unbelegt)

15.4 Zu Absatz 4

Für den Erstattungsanspruch von Geldleistungen, die nach dem Tod des Beamten überwiesen wurden, gelten die Einschränkungen des Absatzes 2 (Geltendmachung des Wegfalls der Bereicherung, Pflicht zur Prüfung einer Billigkeitsentscheidung) nicht, weil Absatz 4 insoweit eine Sonderregelung darstellt.

16–21 (unbelegt)

22 Zu § 22 (Besoldungsanspruch bei Verleihung eines anderen Amtes)

22.1 Zu Absatz 1

22.1.1 Die Vorschrift setzt voraus, dass sich die maßgeblichen Bezüge während eines zu einem Dienstherrn im Geltungsbereich des LBesGBW bestehenden Dienstverhältnisses verringern. Sie kommt demnach nur zur Anwendung im Falle der Verleihung eines anderen Amtes bei demselben Dienstherrn oder beim Wechsel des Dienstherrn im Geltungsbereich des LBesGBW, sofern hierbei das Beamtenverhältnis fortbesteht und nicht eine Entlassung beim alten Dienstherrn und anschließende Neu-Verbeamtung beim neuen Dienstherrn erfolgt. Im Falle der Verleihung eines anderen Amtes bei einem Wechsel von einem Dienstherrn außerhalb des Geltungsbereichs des § 1 Absatz 1 zu einem Dienstherrn innerhalb des Geltungsbereichs des LBesGBW, wie beispielsweise bei einem Wechsel von einem anderen Bundesland nach Baden-Württemberg, kommt § 22 nicht zur Anwendung.

22.1.2 Dienstliche Gründe sind in Abgrenzung zu persönlichen Gründen solche, die überwiegend aus der Sphäre des Dienstherrn herrühren oder jedenfalls überwiegend seinen Interessen dienen. Demgegenüber liegen dienstliche Gründe nicht vor, wenn für die Verleihung eines anderen Amtes ausschließlich oder überwiegend persönliche Gründe maßgebend sind. Abzustellen ist dabei auf die Umstände des Einzelfalls. Ein Indiz für persönliche Gründe liegt vor, wenn die Initiative für die Personalmaßnahme vom Besoldungsempfänger ausgeht. Ob dienstliche Gründe vorliegen, entscheiden die personalverwaltenden Stellen. Diese teilen die Entscheidung den bezügezahlenden Stellen mit. Dienstliche Gründe im Sinne der Vorschrift liegen insbesondere vor bei

- Versetzung nach § 24 Absatz 2 Satz 3 LBG,
- anderweitiger Verwendung wegen des Grundsatzes „Rehabilitation vor Versorgung" (§ 26 Absatz 2 Satz 1 BeamtStG),
- anderweitiger Verwendung wegen Nichterfüllung der geforderten besonderen gesundheitlichen Anforderungen (zum Beispiel Polizeidienstfähigkeit),
- Rückernennung, wenn Einstufungskriterien wie Planstellen, Schülerzahlen oder Einwohnerzahlen nicht mehr erfüllt werden,
- Verlust von Amtszulagen beim Aufstieg in die nächst höhere Laufbahn.

Eine erfolgreiche Bewerbung auf eine Stellenausschreibung kann regelmäßig als dienstlicher Grund angenommen werden, es sei denn, die Umstände des Einzelfalls stehen dem entgegen. Dies ist der Fall, wenn persönliche Gründe als wesentliches Motiv allein- oder hauptentscheidend für den Stellenwechsel des Beamten sind. Ein persönliches Motiv kann beispielsweise ein beabsichtigter Wohnortwechsel sein. Im Zweifelsfall ist zu prüfen, ob es sich um eine Stellenbewerbung handelt, die nach der persönlichen Befähigung im Hinblick auf das persönliche Fortkommen des Beamten nachvollziehbar erscheint und deshalb dienstliche Gründe hat.

22.1.3 Eine Verringerung setzt voraus, dass die maßgeblichen Bezüge zum Zeitpunkt der Verleihung eines anderen Amtes niedriger sind als im früheren Amt. Dies ist zu bejahen, wenn

- im neuen Amt ein niedrigeres Grundgehalt als im bisherigen Amt zusteht,
- im neuen Amt keine oder eine geringere Amtszulage zusteht,
- für die Besoldungsgruppe des neuen Amtes keine oder eine geringere Strukturzulage gewährt wird.

22.1.4 Sind die Bezüge aus dem bisherigen Amt zu zahlen, so sind Besoldungsanpassungen und ein etwaiges Aufsteigen in den Erfahrungsstufen zu berücksichtigen (dynamische Rechtsstandswahrung).

Tritt in dem Amt, dessen Grundgehalt nach § 22 Absatz 1 Satz 1 im Wege der gesetzlichen Fiktion fortgezahlt wird, eine strukturelle Veränderung ein (zum Beispiel besoldungsrechtliche Neubewertung des Amtsinhalts), bleibt diese für die Anwendung der Vorschrift unberücksichtigt.

Andere als die in § 22 aufgeführten Besoldungsbestandteile (Grundgehalt, Amts- und Strukturzulage) sind bei der Anwendung des § 22 nicht zu berücksichtigen.

Beispiel (Stand Oktober 2014):

Ein Beamter in der Besoldungsgruppe A 13, Stufe 9, wird aus dienstlichen Gründen zum Professor als Juniorprofessor in der Besoldungsgruppe W 1 ernannt. Die für den Beamten maßgebliche Summe aus Grundgehalt und Strukturzulage in der Besoldungsgruppe A 13 beträgt 4444,03 Euro. Das Grundgehalt in der neuen Besoldungsgruppe W 1 beträgt 4393,41 Euro und ist mithin um 50,62 Euro geringer als die Summe der im bisherigen Amt zustehenden, maßgeblichen Bezüge. Zudem erhält der Beamte als Professor eine Zulage nach § 59 in Höhe von 300 Euro. Bei der Anwendung des § 22 ist die Zulage nach § 59 nicht zu berücksichtigen. Der Beamte erhält über § 22 die Bezüge aus seinem bisherigen Amt in Höhe von 4444,03 Euro. Die Zulage nach § 59 in Höhe von 300 Euro wird zusätzlich gewährt. Eine Anrechnung erfolgt nicht.

22.1.5 Die Anwendung des § 22 endet zu dem Zeitpunkt, ab welchem die Summe der maßgeblichen Dienstbezüge des Beamten im neuen Amt die Summe der maßgeblichen Dienstbezüge des alten Amtes erreicht bzw. diese überschreitet.

VwV zum Landesbesoldungsgesetz III.1.1

Beispiel (Stand Oktober 2014):

Ein Amtsinspektor in Besoldungsgruppe A 9 mit Amtszulage im mittleren Dienst der Steuerverwaltung steigt in den gehobenen Dienst auf und wird zum Steuerinspektor in Besoldungsgruppe A 9 ernannt. Nach dem Aufstieg würde ihm eine höhere Strukturzulage zustehen, gleichzeitig aber auch die bisherige Amtszulage entfallen. Da sich die Summe von Grundgehalt, Amtszulage und Strukturzulage im vorliegenden Fall verringert, erhält er nach § 22 die genannten Dienstbezüge weiterhin in der Höhe gezahlt, wie sie bei einem Verbleiben im bisherigen Amt zugestanden hätten. Erst nach einer Beförderung zum Steueroberinspektor in Besoldungsgruppe A 10 bestimmen sich das Grundgehalt und die Strukturzulage nach dem verliehenen Amt.

Amtsinspektor	
Endgrundgehalt Besoldungsgruppe A 9	3140,09 €
Amtszulage	276,59 €
Strukturzulage	77,81 €
Summe	3494,49 €
Steuerinspektor	
Endgrundgehalt Besoldungsgruppe A 9	3140,09 €
Strukturzulage	86,46 €
Summe	3226,55 € (= ./. 267,94 €)
Steueroberinspektor	
Endgrundgehalt Besoldungsgruppe A 10	3527,27 €
Strukturzulage	86,46 €
Summe	3613,73 €

22.2 (unbelegt)

22.3 (unbelegt)

23 Zu § 23 (Besondere Eingangsbesoldung)

23.0 Allgemeines

Die besondere Eingangsbesoldung – auch Absenkung der Eingangsbesoldung genannt – erfasst nicht nur Berufsanfänger, sondern es können beispielsweise auch Beamte des Bundes oder anderer Bundesländer, die nach mehrjähriger Tätigkeit in den Landesdienst wechseln, von der Norm betroffen sein.

23.1 Zu Absatz 1

23.1.1 Beamte in Besoldungsgruppen der Landesbesoldungsordnung A, für die das Laufbahnrecht nicht gilt, wie zum Beispiel Bürgermeister, unterliegen der Absenkung ihres Grundgehalts nicht, da sie sich nicht in einem Eingangsamt befinden. Entsprechendes gilt für Beamte, die in einem Beförderungsamt eingestellt (zum Beispiel § 18 Absatz 2 LBG) oder übernommen werden (zum Beispiel § 23 Absatz 3 LBG). Die Absenkung endet im Falle einer Beförderung während der gesetzlichen Absenkungsdauer zum Zeitpunkt der Wirksamkeit der Beförderung.

23.1.2 Der Anspruch auf Dienstbezüge im Sinne dieser Vorschrift entsteht nicht nur bei der erstmaligen Aufnahme, sondern auch bei einer Wiederaufnahme der Bezügezahlung, beispielsweise nach Ablauf einer Beurlaubung. Eine insgesamt übermäßige Absenkungsdauer wird durch die Anrechnungsvorschriften der Absätze 3 und 4 verhindert.

23.1.3 Aus Gründen des Vertrauensschutzes gelten für diejenigen Beamten, denen spätestens am 31. Dezember 2012 Dienstbezüge im Geltungsbereich dieses Gesetzes zugestanden haben, bei der Abgrenzung des betroffenen Personenkreises und der Absenkungshöhe die Bedingungen, die vor Inkrafttreten des Haushaltsbegleitgesetzes 2013/14 bestanden (Absenkung der Grundgehälter und Amtszulagen um 4 Prozent für die Dauer von drei Jahren nach Entstehen des Anspruchs bei Beamten und Richtern mit Anspruch auf Dienstbezüge aus einem Eingangsamt der Besoldungsgruppe A 12 und höher, der Besoldungsgruppe R 1 oder aus einem Amt der Besoldungsgruppe W 1). Dies gilt auch dann, wenn die Absenkung (zum Teil) wegen einer Zeit ohne Dienstbezüge erst Jahre später erfolgen kann.

23.2 Zu Absatz 2

23.2.1 Nach Nummer 1 werden Beamte von der Regelung ausgenommen, denen spätestens am 31. Dezember 2004 Dienstbezüge im Geltungsbereich dieses Gesetzes zugestanden haben. Die Ausnahme von der Absenkung wird nicht dadurch ausgeschlossen, dass

a) das Beamtenverhältnis, aus dem Dienstbezüge zugestanden haben, vor dem Stichtag geendet hat,
b) dem Beamtenverhältnis, aus dem Dienstbezüge vor dem Stichtag zugestanden haben, keine der Absenkung unterliegende Besoldungsgruppe zugrunde lag,
c) zwischen dem Beamtenverhältnis, aus dem Dienstbezüge vor dem Stichtag zugestanden haben, und einem späteren Beamtenverhältnis kein inhaltlicher Zusammenhang besteht.

Hingegen werden von der Ausnahme beispielsweise nicht erfasst und unterliegen daher grundsätzlich der Absenkung:

a) Beamte, denen bis zum Stichtag lediglich Dienstbezüge vom Bund oder anderen Ländern zugestanden haben,
b) Beamte, die bis zum Stichtag lediglich Anwärterbezüge erhalten haben,
c) Beamte, die sofort nach der Berufung ins Beamtenverhältnis ohne Bezüge beurlaubt wurden.

23.2.2 Nach Nummer 2 werden Beamte von der Regelung ausgenommen, die im Land ab dem 1. Januar 2005 aus einem vor diesem Stichtag begründeten Angestelltenverhältnis im öffentlichen Dienst unmittelbar in ein Beamtenverhältnis wechseln (zum Beispiel Lehrer). Diese Ausnahme hat durch Zeitablauf nur noch geringe praktische Bedeutung.

23.2.3 Durch die Ausnahmeregelung der Nummer 3 soll ausgeschlossen werden, dass Personen, die sonst der Absenkung unterliegen würden, jedoch unmittelbar zuvor Dienstbezüge aus einem nicht in § 23 Absatz 1 genannten Amt im Land bezogen haben, unter die Absenkung fallen. Dies zielt auf Aufstiegsbeamte ab.

23.3 Zu Absatz 3

23.3.1 Satz 1 regelt die Anrechnung von Zeiten, in denen eine Absenkung erfolgt ist. Zeiten in Teilzeitbeschäftigung zählen voll. Zeiten mit verringerter Eingangsbesoldung nach dem Recht anderer Bundesländer sind hingegen nicht zu berücksichtigen.

Beispiel:

Ein Beamter wird zum 1. 7. 2008 zum Regierungsrat (Besoldungsgruppe A 13) ernannt. Nach genau einem Jahr mit abgesenkten Bezügen wird er für die Dauer von vier Jahren ohne Dienstbezüge beurlaubt. Bei Rückkehr aus der Beurlaubung zum 1. 7. 2013 unterliegt er erneut der dreijährigen Absenkungsregelung (vergleiche Nummer 23.1.2), wobei das bereits mit abgesenkten Bezügen verbrachte Jahr auf die Absenkungsdauer angerechnet wird. Sein Grundgehalt wird somit noch für zwei Jahre abgesenkt. Da er unter die in Nummer 23.1.3 angeführte Vertrauensschutzregelung fällt, beträgt der Satz der Absenkung vier Prozent.

23.3.2 Satz 2 hat praktische Bedeutung bei vom Land ernannten und unmittelbar in den Privatschuldienst beurlaubten Lehrkräften bei ihrer Rückkehr in den Landesdienst. Er stellt den anrechenbaren Zeiten in einem Beamtenverhältnis solche Zeiten in einem Arbeitsverhältnis gleich, in denen die Regelung zur Absenkung entsprechend angewandt wurde. Für einen Arbeitgeber, der nicht zu den in § 1 Absatz 1 aufgeführten Körperschaften gehört, stellt das Gesetz weitergehende Anforderungen, die dazu führen sollen, dass sich die Absenkung finanziell zugunsten des Landes auswirken kann. Ein Zuschuss zu den Personalkosten liegt vor, wenn ein Zuschuss bei seiner Bemessung die Einrechnung der Absenkung (und damit Kürzung des Zuschusses) ermöglicht. Dies gilt auch für die Zuschussgewährung nach § 18 Absatz 2 des Privatschulgesetzes.

23.4 Zu Absatz 4

Auch Zeiten, in denen anstelle einer Absenkung des Grundgehalts keine Sonderzahlungen gewährt werden (§ 1a des früheren Landessonderzahlungsgesetzes) stehen bei der

Anrechnung Zeiten nach den neueren Regelungen gleich.

23.5 (unbelegt)

24–30 (unbelegt)

31 Zu § 31 (Bemessung des Grundgehalts in der Landesbesoldungsordnung A)

31.0 Allgemeines

31.0.1 Die Gehaltstabellen bei den aufsteigenden Gehältern orientieren sich sowohl beim Stufeneinstieg als auch beim weiteren Stufenaufstieg an individuellen Zeiten von Berufserfahrung.

31.0.2 Wenn in § 31 auf den Geltungsbereich des Grundgesetzes verwiesen wird, handelt es sich um den heutigen Geltungsbereich des Grundgesetzes.

31.1 Zu Absatz 1

31.1.1 Zeiten mit Anspruch auf Dienstbezüge werden unabhängig vom Umfang der Beschäftigung berücksichtigt. Bei teilzeitbeschäftigten Beamten erfolgt daher keine Kürzung der Erfahrungszeit entsprechend dem Teilzeitfaktor.

Zeiten mit Anspruch auf Dienstbezüge können Zeiten im Beamtenverhältnis auf Probe, auf Lebenszeit, auf Zeit, sowie im Richterverhältnis auf Probe oder auf Lebenszeit sein. Anwärterbezüge sind keine Dienstbezüge, sondern sonstige Bezüge. Anwärterzeiten dienen dem Erwerb der Befähigungsvoraussetzungen für den zukünftigen Beruf.

Die Dienstbezüge sind in § 1 Absatz 2 aufgezählt. Nicht zu den Dienstbezügen gehören insbesondere die sonstigen Bezüge nach § 1 Absatz 3 sowie die in § 1 Absatz 4 aufgeführten Geldleistungen.

31.1.2 Bei Zeiten, in denen anderweitige Bezüge in vollem Umfang auf die Besoldung angerechnet werden (§ 12 Absatz 2), so dass kein Zahlbetrag mehr verbleibt, handelt es sich gleichwohl um Zeiten mit Anspruch auf Dienstbezüge, da der Anspruch dem Grunde nach besteht und nur wegen einer entsprechenden Anrechnungsregelung nicht zur Auszahlung kommt.

31.1.3 Erfahrungszeiten nach § 31 Absatz 1 sind auch dann zu berücksichtigen, wenn hierbei Tätigkeiten wahrgenommen werden, die als solche zu keiner Berücksichtigung führen würden.

Beispiel:

Ein Beamter des mittleren Dienstes in der Steuerverwaltung (Besoldungsgruppe A 9) wird zum Aufstieg in den gehobenen Dienst zugelassen. Er absolviert die reguläre Ausbildung von drei Jahren. Die Anwärterzeit als solche wäre zwar nicht berücksichtigungsfähig, jedoch ist dieser Zeitraum gleichwohl nach § 31 Absatz 1 Satz 3 zu berücksichtigen, weil der Beamte während der Ausbildung weiterhin Anspruch auf Dienstbezüge hat.

31.2 Zu Absatz 2

31.2.1 Absatz 2 Satz 1 enthält die grundsätzliche Regelung zu den Stufenlaufzeiten in der Besoldungstabelle der Landesbesoldungsordnung A. Danach muss ein Beamter

in den Stufen 1 bis 4 jeweils zwei Jahre,

in den Stufen 5 bis 8 jeweils drei Jahre und

ab der Stufe 9 bis zum Erreichen des Endgrundgehalts jeweils vier Jahre

verbringen, bis er in die nächst höhere Stufe aufsteigt und daraus das Grundgehalt erhält.

31.2.2 Zeiten, in denen kein Anspruch auf Grundgehalt besteht, verzögern grundsätzlich den weiteren Stufenaufstieg, da in diesen Zeiten keine Berufserfahrung erworben wird. Sie führen also dazu, dass die bis dahin erreichte Erfahrungszeit angehalten wird. Ab dem Zeitpunkt, zu dem wieder ein Anspruch auf Grundgehalt besteht, läuft die Erfahrungszeit weiter.

Beispiel:

Ein Beamter in Besoldungsgruppe A 10 lässt sich mit Wirkung vom 1. 1. 2012 für drei Jahre ohne Dienstbezüge beurlauben, ohne dass die besonderen Voraussetzungen des § 32 Absatz 2 vorliegen. Zum Zeitpunkt des Beginns der Beurlaubung hatte er mit einer Erfahrungszeit von sechs Jahren und vier Monaten das Grundgehalt der Stufe fünf erreicht. Mit dem Ende der Beurlaubung am 1. 1. 2015 läuft die Erfahrungszeit in der Stufe fünf weiter. Bis zum nächsten Stufenaufstieg hat der Beamte noch 32 Monate zurückzulegen.

31.2.3 Die den Aufstieg verzögernden Zeiten ohne Grundgehalt sind zunächst nach Jahren zu rechnen und – soweit keine vollen Jahre vorliegen – tagegenau zu addieren. Zur Ermittlung der maßgeblichen Monate ist die Summe der Tage durch 30 zu teilen und das Ergebnis dann nach § 31 Absatz 2 Satz 3 auf volle Monate abzurunden.

Beispiel:
Ein Beamter ist vom 1. 1. 2012 bis einschließlich 28. 2. 2013 ohne Bezüge beurlaubt. Seine Unterbrechungszeit beträgt ein Jahr und 59 Tage. Der Verzögerungszeitraum beträgt ein Jahr und einen Monat.

Wenn dieser Beamte sich im Jahr 2015 für drei Wochen (21 Tage) ohne Bezüge beurlauben lässt, betragen die Unterbrechungszeiten insgesamt ein Jahr und 80 Tage, der Verzögerungszeitraum ein Jahr und zwei Monate.

31.2.4 Nicht zu einer Verzögerung des Stufenaufstiegs führen die in § 32 Absatz 2 abschließend aufgeführten Zeiten. Hierzu gehören zum Beispiel Zeiten einer Kinderbetreuung bis zu drei Jahren für jedes Kind. Die in § 32 Absatz 2 genannten Zeiten werden somit im Ergebnis wie Erfahrungszeiten bei den Stufenlaufzeiten berücksichtigt.

31.2.5 Fälle, in denen der Beamte trotz des Bezugs von Grundgehalt nicht in den Stufen aufsteigt, sind in § 31 Absätze 5 und 6 geregelt.

31.3 Zu Absatz 3

31.3.1 Bei der ersten Ernennung eines Beamten mit Anspruch auf Dienstbezüge handelt es sich im Regelfall um die Ernennung zum Beamten auf Probe. Eine Ernennung erfolgt nach § 8 Absatz 2 BeamtStG durch Aushändigung einer Ernennungsurkunde. Mit Beginn des Monats, in dem die Ernennung des Beamten auf Probe wirksam wird, beginnt im Falle des § 31 Absatz 3 Satz 1 dessen Aufsteigen in den Stufen des Grundgehalts. Maßgeblich für die Einstufung in die Grundgehaltstabelle ist grundsätzlich die erste mit einem Wert belegte Grundgehaltsstufe der jeweiligen Besoldungsgruppe (Anfangsgrundgehalt).

Beispiel:
Ein Bewerber wird nach Erwerb der Laufbahnbefähigung für den gehobenen Dienst mit Wirkung vom 16. 5. 2011 zum Regierungsinspektor (Besoldungsgruppe A 9) ernannt. Berücksichtigungsfähige Zeiten nach § 32 liegen nicht vor. Mit Wirkung vom 1. 5. 2011 wird ein Grundgehalt der Stufe zwei zugrunde gelegt. In dieser Stufe hat er eine Erfahrungszeit von zwei Jahren zurückzulegen.

31.3.2 Liegen zum Zeitpunkt des Beginns der Stufenlaufzeit berücksichtigungsfähige Zeiten nach § 32 Absatz 1 vor, wie zum Beispiel eine Tätigkeit als Arbeitnehmer in den öffentlichen Dienst, so wird der Beginn um die jeweilige Zeit nach vorne verlegt. Dies hat zur Folge, dass ab der Ernennung gegebenenfalls ein höheres Grundgehalt als das Anfangsgrundgehalt gezahlt wird.

Beispiel 1:
Ein Bewerber wird mit Wirkung vom 1. 11. 2011 zum Regierungsrat (Besoldungsgruppe A 13) ernannt. Er war nach seinem Vorbereitungsdienst ein Jahr und zehn Monate als Tarifbeschäftigter beim Land tätig. Er erhält ein Grundgehalt der Stufe fünf, auf das ihm eine Stufenlaufzeit von einem Jahr und zehn Monaten angerechnet wird, so dass er bis zum nächsten Stufenaufstieg noch ein Jahr und zwei Monate zurückzulegen hat.

Beispiel 2:
Ein Bewerber wird mit Wirkung vom 1. 11. 2011 zum Regierungsrat (Besoldungsgruppe A 13) ernannt. Er war nach dem Vorbereitungsdienst drei Jahre und fünf Monate in der Privatwirtschaft beschäftigt. Diese Zeit soll als förderliche Zeit nach § 32 Absatz 1 Nummer 3 berücksichtigt werden. Mit Wirkung vom 1. 11. 2011 wird für ihn auf Grund einer

VwV zum Landesbesoldungsgesetz **III.1.1**

berücksichtigungsfähigen Zeit von insgesamt drei Jahren und fünf Monaten ein Grundgehalt der Stufe sechs festgesetzt. Dabei wird ihm in der Stufe sechs eine Stufenlaufzeit von fünf Monaten angerechnet, so dass er bis zum nächsten Stufenaufstieg noch zwei Jahre und sieben Monate zurückzulegen hat.

31.3.3 Mit der Festsetzung des Zeitpunkts des Beginns des Aufsteigens in den Stufen wird der individuelle Beginn der Stufenlaufzeit bestimmt. Die Festsetzung erfolgt bei der ersten Ernennung mit Anspruch auf Dienstbezüge im Geltungsbereich des LBesGBW, also bei Einstellung eines Bewerbers. Hierbei kommt es nicht darauf an, ob bereits zu diesem Zeitpunkt eine Zahlung von Dienstbezügen tatsächlich erfolgt.

Beispiel:

Eine am 1. 9. 2013 in Besoldungsgruppe A 12 neu eingestellte Lehrkraft wird bei ihrer Ernennung gleichzeitig für zwei Jahre im dienstlichen Interesse zur Wahrnehmung einer Tätigkeit im Privatschuldienst ohne Dienstbezüge beurlaubt. Anlässlich der Ernennung hat eine Stufenfestsetzung zu erfolgen. Der Beginn der Stufenlaufzeit (1. 9. 2013) ändert sich durch die Zeit der Beurlaubung nicht. Es handelt sich hierbei um eine berücksichtigungsfähige Zeit nach § 32 Absatz 2 Nummer 4, durch die der Stufenaufstieg nicht verzögert wird. Die Lehrkraft befindet sich nach Rückkehr in den Schuldienst des Landes (1. 9. 2015) in der Stufe fünf und steigt nach drei Jahren in die Stufe sechs auf.

Eine Festsetzung nach § 31 Absatz 3 Satz 4 ist außerdem in folgenden Fällen vorzunehmen:

a) bei Versetzungen in den Dienst eines Dienstherrn im Geltungsbereich des LBesGBW (§ 1 Absatz 1), zum Beispiel aus dem Dienst eines anderen Landes oder des Bundes,

b) bei Unterbrechungen des Beamtenverhältnisses oder der Rückkehr in das Beamtenverhältnis nach einer Beurlaubung ohne Dienstbezüge oder einer Reaktivierung (§ 29 Absatz 6 BeamtStG), sofern nicht ausschließlich Zeiten nach § 32 Absatz 2 vorliegen,

c) bei der erneuten Einstellung ehemaliger Beamter in ein Amt der Landesbesoldungsordnung A.

Eine kurzfristige Unterbrechung des Beamtenverhältnisses mit dem alleinigen Ziel, durch eine Neufestsetzung des Beginns der Stufenlaufzeit bei den im Zeitpunkt der Dienstrechtsreform bereits vorhandenen Beamten eine Verbesserung der Besoldung zu erreichen, soll nicht erfolgen. Eine Neufestsetzung des Beginns der Stufenlaufzeit kommt in einem solchen Fall nicht in Betracht, da dies eine Umgehung der Übergangsvorschriften des Gesetzes darstellen würde und somit rechtsmissbräuchlich wäre.

31.3.4 Keine (neue) Festsetzung des Zeitpunkts des Beginns des Aufsteigens in den Stufen findet in aller Regel statt:

a) bei Versetzungen, Übernahmen und Übertritten von Beamten innerhalb des Geltungsbereichs des LBesGBW mit Ausnahme eines Wechsels
   – aus einem Amt der Landesbesoldungsordnungen B, R, W oder C kw in ein Amt der Landesbesoldungsordnung A,
   – aus einem in § 1 Absatz 1 LKomBesG angeführten Amt der Landesbesoldungsordnung A mit einem Grundgehalt aus der höchsten Stufe (vergleiche § 6 LKomBesG) in ein anderes Amt der Landesbesoldungsordnung A,

b) bei Verleihung eines anderen Amtes zum Beispiel durch eine Beförderung,

c) bei einem Wechsel der Laufbahn oder der Laufbahngruppe.

Beispiel 1:

Ein Bürgermeister, der zuvor nicht im öffentlichen Dienst war, wird am 1. 10. 2005 zum Bürgermeister gewählt und scheidet nach einer Amtszeit von acht Jahren aus dem Wahlamt aus. Am 1. 10. 2013 wird ihm ein Amt als Laufbahnbeamter in Besoldungsgruppe A 11 (bei gegebenen laufbahnrechtlichen Voraussetzungen) übertragen. Bei der Übernahme des Amtes in Besoldungsgruppe A 11 hat eine Stufenfestsetzung zu erfolgen. Der Beginn der Stufenlaufzeit ist auf den 1. 10. 2005 festzusetzen, da er ab diesem Zeitpunkt erstmals Anspruch auf Dienstbezüge aus einem Beamtenverhältnis hat. Am 1. 10. 2013 befindet sich der Beamte in der Stufe sechs und steigt nach zwei Jahren in die Stufe sieben auf.

Beispiel 2:

Ein Beamter der Besoldungsgruppe A 11 wird, nachdem er vier Jahre im gehobenen Dienst tätig war, am 1. 10. 2005 zum Bürgermeister gewählt. Nach einer Amtszeit von acht Jahren scheidet er aus dem Wahlamt aus. Am 1. 10. 2013 wird ihm ein Amt als Laufbahnbeamter in Besoldungsgruppe A 13 übertragen. Es hat keine neue Stufenfestsetzung zu erfolgen. Der Beginn der Stufenlaufzeit (1. 10. 2001) ändert sich durch die Zeit als Bürgermeister nicht. Es handelt sich hierbei um eine Erfahrungszeit. Der Beamte befindet sich am 1. 10. 2013 in der Stufe sieben und steigt nach einem Jahr in die Stufe acht auf.

31.3.5 Für die Berechnung und Festsetzung des Zeitpunkts des Beginns des Aufsteigens in den Stufen ist die bezügezahlende Stelle zuständig. Für die Beamten des Landes ist das Landesamt für Besoldung und Versorgung die bezügezahlende Stelle. Die Festsetzung ist dem Beamten schriftlich mitzuteilen. Eine Ablehnung der Berücksichtigung von Zeiten ist zu begründen.

31.4 Zu Absatz 4

31.4.1 § 31 Absatz 4 regelt den Grundsatz, dass sich eine Änderung der Besoldungsgruppe auf die erreichte Stufe nicht auswirkt, und die Ausnahmen von diesem Grundsatz.

Beispiel:

Wird ein Beamter, der sich seit einem Jahr in der Stufe vier der Besoldungsgruppe A 10 befindet, nach A 11 befördert, so erhält er sein Grundgehalt aus der Stufe vier der Besoldungsgruppe A 11 und steigt nach einem weiteren Jahr in die Stufe fünf von Besoldungsgruppe A 11 auf.

31.4.2 Eine Ausnahme gilt für den Fall, dass ein Beamter in eine höhere Besoldungsgruppe wechselt, die für die bisherige Stufe kein Grundgehalt ausweist. In diesem Sonderfall ist eine neue Festsetzung des Zeitpunkts des Beginns des Aufsteigens in den Stufen erforderlich.

Beispiel:

Ein Beamter, der sich seit einem Jahr in der Stufe eins der Besoldungsgruppe A 7 befindet, wird nach A 8 befördert und bekommt das Grundgehalt aus der Stufe zwei der Besoldungsgruppe A 8. In Besoldungsgruppe A 8 ist in der Tabelle für die Stufe eins kein Grundgehaltssatz ausgewiesen. Mit Beginn des Ersten des Monats, für den der Beamte das Grundgehalt aus Besoldungsgruppe A 8 erhält, beginnt das Aufsteigen in den Stufen der Besoldungsgruppe A 8. Der Beamte bleibt zwei Jahre in der Stufe zwei der Besoldungsgruppe A 8 und steigt dann in die Stufe drei der Besoldungsgruppe A 8 auf.

31.4.3 Zu einer weiteren Ausnahme kommt es für den Fall, dass ein Beamter aus der Endstufe seiner Besoldungsgruppe in eine Besoldungsgruppe wechselt, die eine weitere Stufe hat. Hierbei wird die gesamte bisherige Erfahrungszeit berücksichtigt, die nach dem in Absatz 3 enthaltenen Grundsatz (das Aufsteigen in den Stufen beginnt mit dem Anfangsgrundgehalt der Besoldungsgruppe der ersten Ernennung) zu berechnen ist. Absatz 4 Satz 4 erster Halbsatz enthält nur eine Ausnahme hinsichtlich der erreichten Stufe.

Beispiel 1:

Ein Beamter befindet sich in der Endstufe der Besoldungsgruppe A 10. Er hat bisher eine Erfahrungszeit von 31 Jahren zurückgelegt und befindet sich somit seit fünf Jahren in der Endstufe. Der Beamte wechselt in die Besoldungsgruppe A 11 und bekommt sein Grundgehalt sofort aus der Stufe zwölf, also der Endstufe.

Bei übergeleiteten Beamten (§ 98) ist die „gesamte bisherige Erfahrungszeit" wie folgt zu ermitteln: Auszugehen ist von der zum Zeitpunkt der Überleitung erreichten Stufe sowie der in dieser Stufe zu diesem Zeitpunkt verbrachten Zeit. Ab diesem Zeitpunkt laufen die Erfahrungszeiten nach Maßgabe des § 100 Absatz 3.

Beispiel 2:

Ein Beamter befindet sich in der Endstufe der Besoldungsgruppe A 10 und wird zum 1. 1. 2017 nach Besoldungsgruppe A 11 befördert. Er wurde zum 1. 1. 2011 in die Stufe zehn der Besoldungsgruppe A 10 übergeleitet und hat zu diesem Zeitpunkt in der Stufe zehn schon eine Zeit mit Dienstbezügen von drei Jahren verbracht. Zum Zeitpunkt der Beförderung hat der Beamte eine Erfahrungszeit von sechs Jahren verbracht. Dies bedeutet, dass er nach der Beförderung ein Grundgehalt aus der Stufe zwölf der Besoldungsgruppe A 11 erhält.

31.4.4 In § 31 Absatz 4 ist schließlich noch der Fall geregelt, dass ein Beamter, der sich in der Endstufe einer Besoldungsgruppe befindet, in eine niedrigere Besoldungsgruppe eingestuft wird. Weist die neue niedrigere Besoldungsgruppe für diese Stufe kein Grundgehalt aus, bekommt er ab der Zurückstufung das für die niedrigere Besoldungsgruppe ausgewiesene Endgrundgehalt (zum Beispiel bei einer Zurückstufung aus disziplinarischen Gründen).

31.5 Zu Absatz 5

31.5.1 § 31 Absatz 5 regelt den Ausnahmefall, dass die vom Beamten erbrachten Leistungen den mit seinem Amt verbundenen Mindestanforderungen nicht entsprechen. Die Nichterfüllung der Mindestanforderungen ist gravierender als die Erbringung von Minderleistungen. Als Sanktion wird die Erfahrungszeit ab dem Zeitpunkt der weiteren Leistungsfeststellung nach § 31 Absatz 5 Satz 2 angehalten und der Beamte verbleibt in seiner bisherigen Stufe. Der weitere Aufstieg erfolgt erst nach der Feststellung, dass der Beamte die Mindestanforderungen wieder erfüllt. Der Zeitpunkt für das Erreichen des Endgrundgehalts schiebt sich um die Zeit hinaus, in der die Erfahrungszeit angehalten wurde.

31.5.2 Sieht der zuständige Vorgesetzte Anhaltspunkte dafür, dass die Leistungen des Beamten nicht den mit seinem Amt verbundenen Mindestanforderungen entsprechen, hat er mit dem Beamten ein Mitarbeitergespräch zu führen (§ 31 Absatz 5 Satz 1). In diesem Gespräch sind die jeweiligen Leistungsdefizite sowie die Möglichkeiten ihrer Behebung zu besprechen. Dabei ist auf die Gefährdung des Stufenaufstiegs hinzuweisen. Die Durchführung des Gesprächs sowie der im Rahmen dieses Gesprächs erteilte Hinweis auf die Gefährdung des Stufenaufstiegs sind zu dokumentieren und zu den Personalaktendaten zu nehmen.

31.5.3 Da abstrakte Kriterienkataloge der Vielfalt der Aufgaben im Land und bei den anderen Dienstherrn nicht gerecht werden, wird im Gesetz bewusst auf Vorgaben zu den Kriterien verzichtet, aufgrund derer die Feststellung erfolgt, dass ein Beamter die mit seinem Amt verbundenen Mindestanforderungen nicht erfüllt; gefordert wird lediglich eine geeignete Leistungseinschätzung.

31.5.4 Zuständig für die Entscheidungen nach § 31 Absatz 5 ist die für den Beamten jeweils zuständige oberste Dienstbehörde oder die von ihr bestimmte Stelle (vergleiche § 1 BeamtZuVO). Die obersten Dienstbehörden tragen die Verantwortung für die angemessene Durchführung in ihrem Bereich.

31.5.5 Die Entscheidung zum Verbleiben in der Stufe ist dem betreffenden Beamten mit Begründung schriftlich mitzuteilen. Widerspruch und Anfechtungsklage haben keine aufschiebende Wirkung. Eine Mehrfertigung ist zu den Personalaktendaten zu nehmen.

31.5.6 Die Dienstzeiten des Beamten gelten ab dem Zeitpunkt, in dem festgestellt wird, dass seine Leistungen wieder den mit dem Amt verbundenen Mindestanforderungen entsprechen, wieder als Erfahrungszeiten.

31.5.7 Der Zeitraum der Stufenhemmung wird in entsprechender Anwendung von Nummer 31.2.3 zusammen mit eventuellen Zeiten nach § 31 Absatz 2 Satz 2 auf volle Monate abgerundet. Dieser Zeitraum ist dem betreffenden Beamten schriftlich mitzuteilen.

31.6 Zu Absatz 6

31.6.1 In den Fällen, in denen Beamte im Rahmen eines Disziplinarverfahrens vorläufig des Dienstes enthoben werden, findet für die Dauer der vorläufigen Dienstenthebung kein Aufstieg in den Stufen des Grundgehalts statt.

31.6.2 Führt ein Disziplinarverfahren nicht zur Entfernung aus dem Beamtenverhältnis oder endet das Beamtenverhältnis nicht durch Entlassung auf Antrag des Beamten oder infolge strafgerichtlicher Verurteilung, ist der Beamte so zu stellen, als ob der Aufstieg nicht unterblieben wäre. Die Beträge, die aufgrund von Stufenaufstiegen gezahlt worden wären, die jedoch infolge des Verbleibens in der Stufe des Grundgehalts im Zeitraum der vorläufigen Dienstenthebung nicht gezahlt wurden, sind nachzuzahlen, soweit für den Zeitraum der vorläufigen Dienstenthebung nicht die Sanktion nach § 31 Absatz 5 greift, weil der Beamte auch den mit seinem Amt verbundenen Mindestanforderungen nicht entsprochen hat.

31.7 Zu Absatz 7

31.7.1 Nach Absatz 7 hat die bezügezahlende Stelle in Fällen einer erneuten Begründung eines Beamtenverhältnisses in einem Eingangsamt einer höheren Besoldungsgruppe den Zeitpunkt des Beginns des Aufsteigens in den Stufen abweichend von Absatz 3 zu berechnen, soweit die Berechnung nach Absatz 3 zu einem unbilligen Ergebnis führt. Dies wird durch die nachstehenden Beispiele verdeutlicht.

Beispiel 1:

Ein Steuerinspektor lässt sich nach einjährigem Dienst bei einem Finanzamt aus dem Beamtenverhältnis entlassen und studiert Rechtswissenschaften. Nach erfolgreichem Abschluss der Zweiten Staatsprüfung ist er drei Jahre und sechs Monate hauptberuflich bei einer Rechtsanwaltskanzlei als angestellter Rechtsanwalt tätig. Danach wird er als Regierungsrat auf Probe in den höheren Dienst der Steuerverwaltung übernommen.

Nach § 31 Absatz 3 beginnt das Aufsteigen in den Stufen mit Beginn des Monats der Einstellung als Steuerinspektor in Besoldungsgruppe A 9. Bei seiner Entlassung hat der Betreffende in A 9 in der Stufe zwei bereits ein Jahr zurückgelegt. Nach § 32 Absatz 2 Nummer 1 wird der Aufstieg in den Stufen durch die förderlichen Zeiten als Rechtsanwalt nicht verzögert. Im Nachhinein betrachtet läuft die Stufenlaufzeit in A 9 also weiter und der Betreffende befindet sich am Ende seiner Zeit als Rechtsanwalt in der Stufe vier, wobei er in dieser Stufe sechs Monate zurückgelegt hat. Die Übernahme als Regierungsrat in A 13 wirkt sich nach § 31 Absatz 4 Satz 1 auf die erreichte Stufe grundsätzlich nicht aus. Da es in A 13 jedoch keine Stufe vier gibt, wird der Betreffende der Stufe fünf zugewiesen und es beginnt für ihn das Aufsteigen in der Besoldungsgruppe A 13 (§ 31 Absatz 4 Satz 2).

Beispiel 2:

Ein Bewerber wird als Regierungsrat auf Probe in den höheren Dienst der Steuerverwaltung übernommen. Nach erfolgreichem Abschluss der Zweiten Staatsprüfung war er vor seiner Übernahme drei Jahre und sechs Monate hauptberuflich bei einer Rechtsanwaltskanzlei als angestellter Rechtsanwalt tätig. Die Zeit als angestellter Rechtsanwalt wird als förderliche Zeit anerkannt mit der Folge, dass es zu einer Vorverlegung des Zeitpunkts des Beginns des Aufstiegs in den Stufen kommt und der Regierungsrat nicht das Grundgehalt aus der Stufe fünf, sondern gleich das Grundgehalt aus der Stufe sechs der Besoldungsgruppe A 13 bekommt.

Der Beamte des ersten Beispiels würde sich schlechter stellen, obwohl er gleich lange förderliche Zeiten und zudem noch ein Jahr an Erfahrungszeiten hat. In solchen Fällen muss die bezügezahlende Stelle nach § 31 Absatz 7 von der Berechnung nach § 31 Absatz 3 in Verbindung mit Absatz 4 abweichen, um zu einem gerechten Ergebnis zu kommen.

32 Zu § 32 (Berücksichtigungsfähige Zeiten)

32.0 Allgemeines

Liegen nach den in § 32 normierten Voraussetzungen berücksichtigungsfähige Zeiten vor, ist es unschädlich, wenn während dieser Zeiten (auch) Tätigkeiten wahrgenommen werden, die als solche zu keiner Berücksichtigung führen würden.

Beispiel 1:

Soldaten auf Zeit können nach § 5 SVG vor dem Ende ihrer Dienstzeit für einen bestimmten Zeitraum zur Berufsausbildung, evtl. als Anwärter, freigestellt werden. Die Anwärterzeit als solche wäre zwar nicht berücksichtigungsfähig, jedoch ist der Zeitraum als Soldat auf Zeit gleichwohl nach § 32 Absatz 1 Nummer 4 zu berücksichtigen.

Beispiel 2:

Ein Beamter hat vor seiner Einstellung hauptberuflich eine Tätigkeit ausgeübt, die für seine Verwendung als Beamter förderlich ist. Während dieser Zeit hat er sich berufsbegleitend auf seine Promotion vorbereitet. Die Vorbereitung auf die Promotion wäre als solche als Ausbildung zwar nicht berücksichtigungsfähig, jedoch ist dieser Zeitraum gleichwohl nach § 32 Absatz 1 Nummer 3 zu berücksichtigen, weil die förderliche Tätigkeit den überwiegenden Teil seiner Arbeitskraft in Anspruch genommen hat; er also hauptberuflich tätig war.

Wäre die Promotion nicht berufsbegleitend, sondern im Wege einer bezahlten Freistellung erfolgt, würde es an dem Merkmal der hauptberuflichen Tätigkeit fehlen und die Zeit somit nicht berücksichtigungsfähig sein.

32.1 Zu Absatz 1

32.1.1 Der Absatz bestimmt, um welche Zeiten der Zeitpunkt des Beginns des Aufsteigens in den Stufen vorverlegt wird. Bezugspunkt für die Vorverlegung ist der erste des Monats, in dem die erste Ernennung mit Dienstbezügen bei einem öffentlich-rechtlichen Dienstherrn im Geltungsbereich des Grundgesetzes wirksam wird. Nur Zeiten, die vor diesem Bezugspunkt liegen, führen zu einer Vorverlegung des Zeitpunkts des Beginns des Aufsteigens in den Stufen. Nach diesem Bezugspunkt liegende berücksichtigungsfähige Zeiten nach § 32 Absatz 1 verzögern nach Maßgabe des § 32 Absatz 2 Nummer 1 den Stufenaufstieg nicht.

32.1.2 Eine „berufliche" Tätigkeit liegt erst nach dem Erwerb der Voraussetzungen für die Ausübung des jeweiligen Berufs vor. Ausbildungszeiten dienen dem Erwerb der Befähigung für den zukünftigen Beruf und sind daher keine Zeiten einer beruflichen Tätigkeit (zum Beispiel Zeiten in einem Lehr- oder Volontärverhältnis). Dies gilt auch, wenn während der Ausbildungszeit ein Stipendium gezahlt wird. Trainee- und Praktikantenzeiten sind nur dann berücksichtigungsfähig, wenn es sich um keine Ausbildungszeiten handelt und sie die Voraussetzungen des § 32 Absatz 1 erfüllen. Keine berufliche Tätigkeit sind Zeiten einer Promotion.

32.1.3 Eine Tätigkeit ist als »hauptberuflich« im Sinne des § 32 anzusehen, wenn sie im fraglichen Zeitraum mindestens 50 Prozent der regelmäßigen Arbeitszeit einer vergleichbaren vollbeschäftigten Arbeitskraft umfasst und entgeltlich ausgeübt wurde. Das Gleiche gilt, wenn bei einer durch Erkrankung oder Unfall eingetretenen Arbeitsunfähigkeit zwar kein Arbeitsentgelt gezahlt wurde, das Dienst- beziehungsweise Arbeitsverhältnis aber fortbestand, oder anstelle des Arbeitsentgelts Mutterschaftsgeld nach dem Mutterschutzgesetz gewährt wurde.

Hauptberuflich kann aber auch eine Tätigkeit sein, die weniger als die Hälfte der für eine vergleichbare vollbeschäftigte Arbeitskraft geltenden Regelarbeitszeit in Anspruch nimmt, wenn sie nach den Lebensumständen des Betroffenen dessen Tätigkeitsschwerpunkt bildet (vergleiche Urteil des BVerwG vom 25. Mai 2005, Az. 2 C 20/04). Dies ist zum Beispiel der Fall, wenn neben der beruflichen Tätigkeit keine weitere Tätigkeit ausgeübt wird. Die Tätigkeit muss außerdem mindestens in dem in einem Beamtenverhältnis zulässigen Umfang (derzeit 25 Prozent der regelmäßigen wöchentlichen Arbeitszeit von 41 Stunden = 10,25 Stunden; bei Lehrern tritt an die Stelle der 41 Stunden die jeweilige Unterrichtsverpflichtung) abgeleistet werden. Hierbei ist auf die beamtenrechtlichen Vorschriften im Zeitpunkt der Tätigkeit abzustellen. Wird eine weitere Tätigkeit ausgeübt, die zeitlich überwiegt, bildet die berufliche Tätigkeit nicht den Tätigkeitsschwerpunkt und kann daher nicht als hauptberufliche Tätigkeit angesehen werden.

Beispiel 1:

Eine Bewerberin, die zur Steuersekretärin ernannt werden soll, war bislang ausschließlich als Steuerfachgehilfin bei einem Steuerberater in einem Umfang von 15 Wochenstunden beschäftigt. Es liegt eine hauptberufliche Tätigkeit vor.

Beispiel 2:

Wie Beispiel 1, nur dass die Bewerberin daneben noch in einem Handwerksbetrieb mit einem Umfang von 25 Wochenstunden tätig war. Die Hauptberuflichkeit der Tätigkeit beim Steuerberater ist zu verneinen, weil sie nicht den Schwerpunkt der beruflichen Tätigkeit darstellt.

Bei der Prüfung, ob eine hauptberufliche Tätigkeit vorliegt, sind mehrere unterhälftige Tätigkeiten beim gleichen Arbeitgeber, die innerhalb des gleichen Zeitraums ausgeübt werden, zusammenzurechnen, wenn es sich entweder nur um Tätigkeiten nach § 32 Absatz 1 Satz 1 Nummer 2 oder nur um Tätigkeiten nach Nummer 3 gehandelt hat.

32.1.4 Das Vorliegen von berücksichtigungsfähigen Zeiten muss der Beamte in geeigneter Weise nachweisen. Dabei kann zum Nachweis der Entgeltlichkeit auch die Vorlage des Steuerbescheids gefordert werden.

32.1.5 Die in § 32 Absatz 1 Satz 1 Nummer 1 genannten Beamten im Dienst von öffentlich-rechtlichen Religionsgesellschaften sind die Kirchenbeamten. Ein Kirchenbeamter steht zu seinem Dienstherrn (zum Beispiel Evangelische Landeskirchen, Diözesen) in einem öffentlich-rechtlichen Dienst- und Treueverhältnis. Einrichtungen des privaten oder öffentlichen Rechts, die sich Religionsgesellschaften zur Erfüllung einzelner Aufgaben geschaffen haben (wie zum Beispiel den Caritasverband, das Diakonische Werk und kirchliche Orden) zählen nicht zu den Verbänden von öffentlich-rechtlichen Religionsgesellschaften.

32.1.6 Keine berücksichtigungsfähigen Zeiten nach § 32 Absatz 1 Satz 1 Nummer 2 sind hauptberufliche Tätigkeiten, die Voraussetzung für den Erwerb der Laufbahnbefähigung sind.

Beispiel 1:

Nach § 39 der bis zum 31. Dezember 2010 geltenden Landeslaufbahnverordnung war für den Erwerb der Laufbahnbefähigung für den gehobenen Sozialdienst Voraussetzung, dass ein Bewerber, nachdem er die staatliche Anerkennung als Sozialarbeiter oder Sozialpädagoge erhalten hat, „mindestens ein Jahr eine Tätigkeit in der Sozialarbeit hauptberuflich ausgeübt hat, die ihm die Eignung zur selbstständigen Wahrnehmung eines Amtes seiner Laufbahn vermittelt hat".

Wenn damit ein Bewerber in die Laufbahn des gehobenen Sozialdienstes als Beamter auf Probe eingestellt wird, der nach Erwerb der staatlichen Anerkennung ein Jahr bei einer Kommune als Sozialarbeiter tätig war, ist dieses Jahr keine berücksichtigungsfähige Zeit.

Beispiel 2:

Der Bewerber aus Beispiel 1 war drei Jahre bei einer Kommune als Sozialarbeiter hauptberuflich tätig. Von den drei Jahren dieser Tätigkeit ist ein Jahr nicht berücksichtigungsfähig, da diese Zeit Voraussetzung für den Erwerb der Laufbahnbefähigung ist. Berücksichtigungsfähig sind daher nur zwei Jahre.

32.1.7 Keine berücksichtigungsfähigen Zeiten sind insbesondere auch die Zeiten, die sogenannte Direkteinsteiger in den Schuldienst im Arbeitnehmerverhältnis zum Land bis zur Feststellung der Bewährung verbringen.

32.1.8 § 32 Absatz 1 Satz 1 Nummer 3 ermöglicht die Berücksichtigung von sonstigen Zeiten einer hauptberuflichen Tätigkeit. Dies sind in der Regel Zeiten einer beruflichen Tätigkeit außerhalb des öffentlichen Dienstes. In Betracht kommen sowohl Zeiten als Arbeitnehmer in einem Arbeitsverhältnis als auch Zeiten als Selbstständiger.

32.1.9 Keine berücksichtigungsfähigen Zeiten nach § 32 Absatz 1 Satz 1 Nummer 3 sind hauptberufliche Tätigkeiten, die Voraussetzung für den Erwerb der Laufbahnbefähigung sind oder diese Voraussetzung ersetzen. Nummer 32.1.6 gilt sinngemäß.

32.1.10 Ein Beispiel für die Ersetzung einer Voraussetzung für den Erwerb der Laufbahnbefähigung ist in § 58 Absatz 2 Nummer 6 LHG enthalten. Soweit hauptberufliche Tätigkeiten die Hochschulreife als Voraussetzung für ein Studium an einer Hochschule ersetzen und damit die Grundlage für das Vorliegen der Bildungsvoraussetzungen, die Teil der Laufbahnbefähigung sind, darstellen, sind diese nicht berücksichtigungsfähig.

32.1.11 Förderliche Zeiten im Sinne von § 32 Absatz 1 Satz 1 Nummer 3 sind solche Berufszeiten, die für die Wahrnehmung der künftigen Dienstaufgaben von konkretem Interesse sind. Eine Tätigkeit ist zum Beispiel dann förderlich, wenn sie für die Dienstausübung des Beamten nützlich ist, also wenn diese entweder erst aufgrund der früher gewonnenen Fähigkeiten und Erfahrungen ermöglicht oder wenn sie jedenfalls erleichtert und verbessert wird (vergleiche Urteil des BVerwG vom 14. März 2002, Az. 2 C 4/01). Anknüpfungspunkt für die Entscheidung über die Förderlichkeit der hauptberuflichen Zeiten sind daher die künftig ausgeübten der Laufbahn entsprechenden Tätigkeiten des Beamten. Als förderliche Zeiten kommen auch Tätigkeiten in Betracht, die zu den Anforderungsprofilen der Tätigkeiten der betreffenden Laufbahngruppe in sachlichem Zusammenhang stehen oder durch die Kenntnisse, Fertigkeiten und Erfahrungen erworben wurden, die für die auszuübenden Tätigkeiten von Nutzen oder Interesse sind. Die Tätigkeiten müssen jedoch nicht den Tätigkeiten der betreffenden Laufbahngruppe entsprechen.

Beispiel 1:
Eine Bewerberin für den höheren Verwaltungsdienst war als Juristin bei einer Anwaltskanzlei beschäftigt. Diese Tätigkeit ist in der Regel förderlich.

Beispiel 2:
Ein Bewerber für den höheren landwirtschaftlichen Dienst war als Gärtner hauptberuflich tätig. Diese Tätigkeit ist in der Regel förderlich.

32.1.12 Förderliche hauptberufliche Tätigkeiten sind nach § 32 Absatz 1 Satz 1 Nummer 3 nur dann berücksichtigungsfähig, wenn sie auf der Qualifikationsebene eines Ausbildungsberufs oder auf einer höheren Qualifikationsebene (zum Beispiel Beruf, der einen Universitäts- oder Fachhochschulabschluss erfordert) mindestens sechs Monate ohne Unterbrechung ausgeübt worden sind. Bei kurzfristigen Unterbrechungen der Tätigkeit bis zu 31 Tagen werden die vor- und nach der Unterbrechung liegenden Tätigkeitszeiten zusammengerechnet.

Ab dem Zeitpunkt, ab dem der Zeitraum von sechs Monaten erreicht ist, sind längere Unterbrechungen für die Zusammenrechnung der förderlichen Zeiten unschädlich. Die förderlichen Tätigkeiten müssen für eine Zusammenrechnung weder gleichartig sein, noch müssen sie beim gleichen Arbeitgeber abgeleistet worden sein.

Zeiten eines zustehenden Erholungs- oder Sonderurlaubs sowie Krankheitszeiten gelten nicht als Unterbrechung in diesem Sinne. Bei einer länger andauernden Krankheit ist im Rahmen der nach § 32 Absatz 1 Satz 2 zu treffenden Ermessensentscheidung zu prüfen, in welchem Umfang die Tätigkeit als förderlich anerkannt werden kann.

Beispiel:
Bei einer einjährigen Tätigkeit ist der Arbeitnehmer insgesamt acht Monate krank. Im vorliegenden Fall könnten im Rahmen der zu treffenden Ermessensentscheidung gegebenenfalls bis zu vier Monate anerkannt werden.

32.1.13 Wegen des Begriffs „Ausbildungsberuf" in § 32 Absatz 1 Satz 1 Nummer 3 wird auf § 4 des Berufsbildungsgesetzes verwiesen. Damit wird angesichts dessen, dass es sich bei den Arbeitsplätzen für Beamte im öffentlichen Dienst durchweg um solche mit einem anspruchsvollen Aufgabenfeld handelt, für die Anerkennung als förderliche Zeit mindestens eine Tätigkeit in einem Beruf gefordert, der eine abgeschlossene Lehre voraussetzt.

Regelungen zu Ausbildungsberufen enthalten auch die Handwerksordnung und für die Gesundheitsfachberufe spezielle Gesetze, wie zum Beispiel das Krankenpflege- und das Altenpflegegesetz. Die anerkannten Ausbildungsberufe werden in einem Verzeichnis geführt, das vom Bundesinstitut für Berufsbildung herausgegeben wird.

32.1.14 Eine Tätigkeit wird in der Regel dann auf der Qualifikationsebene eines Ausbildungsberufs ausgeübt, wenn der Betreffende in dem Beruf tätig ist, für den er einen berufsqualifizierenden Abschluss besitzt. Diese Voraussetzung erfüllt zum Beispiel ein Koch, der im Gastgewerbe tätig ist, nachdem er die dreijährige Ausbildung dazu mit Erfolg absolviert hat.

Eine Tätigkeit kann in Ausnahmefällen auch dann auf der Qualifikationsebene eines Ausbildungsberufs ausgeübt werden, wenn der Betreffende zwar über keinen berufsqualifizierenden Abschluss in seinem ausgeübten Beruf verfügt, der Betreffende jedoch zum Beispiel durch eine abgeschlossene Ausbildung in einem verwandten Beruf oder auch nur durch längere Berufserfahrungszeiten in der Lage ist, gleichwertige Tätigkeiten wie ein für den Beruf regulär Ausgebildeter auszuüben.

32.1.15 Zur Klärung der Frage, ob eine berufliche Tätigkeit vorliegt, kann in Zweifelsfällen auch eine Meldung des Arbeitgebers an den Sozialversicherungsträger herangezogen werden. Nach der DEÜV sind die Arbeitgeber verpflichtet, für jeden ihrer sozialversicherungspflichtig beschäftigten Arbeitnehmer bestimmte Daten in der Regel an die zuständige AOK zu melden. Gegenstand der Meldung im DEÜV-Meldeverfahren (vergleiche www.arbeitsagentur.de) sind auch Angaben zur ausgeübten Tätigkeit (Tätigkeitsschlüssel). Der für die Meldung zu verwendende Vordruck gibt zum Beispiel hinsichtlich der ausgeübten Tätigkeit an der siebten Stelle des Tätigkeitsschlüssels das Anforderungsniveau an, welches üblicherweise mit dem ausgewählten Beruf verbunden ist. Berufe ohne beruflichen Ausbildungsabschluss werden hierbei mit der Ziffer eins gekennzeichnet (zum Beispiel Helfer- und Anlerntätigkeiten).

32.1.16 Tätigkeiten auf dem Niveau eines „Anlernberufs" erfüllen nicht die Voraussetzungen eines Ausbildungsberufs. Als „Anlernberuf" wird ein Beruf bezeichnet, der nach kurzer innerbetrieblicher Schulung ausgeübt werden kann. Tätigkeiten auf dem Niveau eines Anlernberufs erfordern weder eine reguläre Berufsausbildung noch den Besuch einer Berufsschule.

32.1.17 Bei der Entscheidung über die Förderlichkeit hat die oberste Dienstbehörde oder die von ihr bestimmte Stelle (vergleiche § 1 BeamtZuVO) innerhalb der Höchstgrenze von zehn Jahren einen Beurteilungsspielraum.

Die Entscheidung, ob und in welchem Umfang eine Anerkennung hauptberuflicher förderlicher Zeiten erfolgt, ist nach pflichtgemäßem Ermessen zu treffen. Auch sofern das Vorliegen hauptberuflicher förderlicher Zeiten zu bejahen ist, besteht demnach kein Anspruch darauf, dass diese Zeiten bei der Stufenfestsetzung berücksichtigt werden. Bei der Ermessensentscheidung ist darauf zu achten, dass über gleichgelagerte Fälle nicht ohne sachlichen Grund abweichend entschieden wird. Nicht ausgeschlossen ist allerdings, dass die entscheidende Stelle die Ausübung ihres Ermessens einer veränderten Sachlage anpasst.

Eine Anerkennung der Zeiten wird umso eher und umfangreicher zu erfolgen haben, je förderlicher sie für die Dienstausübung des Beamten zu qualifizieren sind.

Nach der Vorschrift ist sowohl eine vollständige Anerkennung bis zu höchstens zehn Jahren als auch eine nur teilweise Anerkennung möglich (zum Beispiel prozentuale Anerkennung nach dem Grad der Förderlichkeit). Eine nur teilweise Anerkennung ist etwa zu erwägen, wenn eine vorangegangene Tätigkeit nur partiell oder vom Grad her nur bedingt förderlich für die künftige Tätigkeit zu qualifizieren ist.

32.1.18 Die personalverwaltenden Stellen haben über die Anerkennung förderlicher Zeiten nach § 32 Absatz 1 Satz 1 Nummer 3 zu entscheiden beziehungsweise eine Entscheidung der zuständigen Stelle einzuholen (vergleiche § 1 BeamtZuVO). Zudem haben sie die anderen nach § 32 Absatz 1 berücksichtigungsfähigen Zeiten (kraft Sachzusammenhangs) zu ermitteln; in den Fällen, in de-

VwV zum Landesbesoldungsgesetz **III.1.1**

nen bereits ein früheres Beamtenverhältnis zum Land oder zu einem anderen Dienstherrn bestanden hat, gilt dies auch hinsichtlich der Zeiten nach § 32 Absatz 2 sowie der früheren Zeiten im Beamtenverhältnis einschließlich der Besoldungsgruppe zum Zeitpunkt der ersten Ernennung mit Anspruch auf Dienstbezüge. Die festgestellten Zeiten sowie die abgelehnten Zeiten und die Gründe hierfür werden dann den bezügezahlenden Stellen schriftlich oder elektronisch mitgeteilt, um sie in die Lage zu versetzen, die Beamten bei der ersten Stufenfestsetzung der für sie maßgeblichen Stufe zuzuordnen.

32.1.19 Berufssoldat im Sinne von § 32 Absatz 1 Satz 1 Nummer 4 ist ein Soldat, der sich freiwillig verpflichtet, auf Lebenszeit Wehrdienst zu leisten. Soldat auf Zeit ist ein Soldat, der sich freiwillig verpflichtet, für eine begrenzte Zeit Wehrdienst zu leisten (§ 1 Absatz 2 Soldatengesetz).

Kein Soldat auf Zeit ist ein Wehrpflichtiger während der Zeit des (früheren) Grundwehrdienstes sowie während der freiwilligen Verlängerung der Dienstzeit nach § 6b des Wehrpflichtgesetzes und – seit dem 1. Juli 2011 – ein freiwillig Wehrdienstleistender (§ 58b Soldatengesetz). Die Zeit der freiwilligen Verlängerung nach § 6b des Wehrpflichtgesetzes sowie die Zeit des freiwilligen Wehrdienstes ab dem 1. Juli 2011 fällt daher nicht unter § 32 Absatz 1 Satz 1 Nummer 4, sondern unter den Begriff des Wehrdienstes nach § 32 Absatz 1 Satz 1 Nummer 5.

32.1.20 Zeiten eines Wehrdienstes vor der Aussetzung der allgemeinen Wehrpflicht (ab 1. Juli 2011) sind Zeiten nach § 4 des Wehrpflichtgesetzes. Von den dort genannten Arten des Wehrdienstes sind vor allem der Grundwehrdienst und die Wehrübungen von praktischer Bedeutung. Der freiwillige Wehrdienst nach der Aussetzung der allgemeinen Wehrpflicht besteht aus sechs Monaten freiwilligem Wehrdienst als Probezeit und bis zu 17 Monaten anschließendem freiwilligem zusätzlichen Wehrdienst (§ 58b Soldatengesetz).

32.1.21 Zeiten eines Zivildienstes sind Zeiten nach dem ZDG. Hierzu gehört auch ein freiwilliger zusätzlicher Zivildienst nach § 41a ZDG.

32.1.22 Beim Bundesfreiwilligendienst handelt es sich um keine berücksichtigungsfähige Zeit, da auf ihn das Arbeitsplatzschutzgesetz keine Anwendung findet.

32.1.23 Entwicklungshelfer ist, wer als Entwicklungshelfer nach § 1 des EhfG in einem Entwicklungshelferdienstverhältnis steht.

Zeiten eines freiwilligen sozialen oder ökologischen Jahres sind Zeiten nach § 1 Absatz 2 JFDG.

Die vorstehenden Zeiten können nur dann berücksichtigt werden, wenn diese zur Befreiung vom Zivildienst geführt haben. Durch das Wehrrechtsänderungsgesetz 2011 wurde der Zivildienst seit dem 1. Juli 2011 ausgesetzt. Vorstehende Zeiten sind damit nicht mehr berücksichtigungsfähig, soweit sie nach diesem Zeitpunkt abgeleistet werden.

32.1.24 Die Ableistung der in Nummer 5 genannten Dienste und deren Dauer ist durch die in den maßgeblichen Gesetzen vorgesehenen Bescheinigungen nachzuweisen.

32.1.25 Zeiten einer Eignungsübung nach dem EÜG sind nach § 32 Absatz 1 Satz 1 Nummer 6 berücksichtigungsfähig.

Eine Eignungsübung liegt nach § 1 EÜG vor, wenn jemand auf Grund freiwilliger Verpflichtung zu einer Übung zur Auswahl von freiwilligen Soldaten einberufen wird.

32.1.26 Nach § 32 Absatz 1 Satz 1 Nummer 7 sind Verfolgungszeiten nach dem Beruflichen Rehabilitierungsgesetz berücksichtigungsfähig, soweit eine Erwerbstätigkeit, die einem Dienst bei einem öffentlich-rechtlichen Dienstherrn (§ 33) entspricht, nicht ausgeübt werden konnte.

Das Vorliegen einer Verfolgungszeit nach dem Beruflichen Rehabilitierungsgesetz muss durch die zuständigen Rehabilitierungsbehörden festgestellt worden sein. Rehabilitierungsbehörden sind in den neuen Bundesländern eingerichtet. Zuständig ist in der Regel die Rehabilitierungsbehörde des Landes, von dessen Gebiet nach dem Stand vom 3. Oktober 1990 die Verfolgungsmaßnahme ausgegangen ist.

32.1.27 Nach § 32 Absatz 1 Satz 3 werden Zeiten nach Satz 1 durch Unterbrechungszeiten nach Absatz 2 nicht vermindert. Bei der Anerkennung von berücksichtigungsfähigen Zeiten nach Satz 1 führt also der Umstand, dass zum Beispiel die Zeit einer hauptberuflichen Tätigkeit als Arbeitnehmer im Dienst eines öffentlich-rechtlichen Dienstherrn durch eine Kinderbetreuungszeit unterbrochen worden ist, nicht zur Verminderung der Zeit der hauptberuflichen Tätigkeit als Arbeitnehmer um die Zeit der Kinderbetreuung.

Beispiel:
Eine Beamtin der Steuerverwaltung war nach Erwerb der Laufbahnbefähigung zunächst insgesamt fünf Jahre bei einem Finanzamt als Arbeitnehmerin tätig und dabei im zweiten und dritten Jahr wegen der Betreuung ihres Kindes beurlaubt. Es sind fünf Jahre berücksichtigungsfähig.

Kinderbetreuungs- und Pflegezeiten, die weder in die Zeit eines Beamtenverhältnisses noch in eine berücksichtigungsfähige Zeit nach § 32 Absatz 1 fallen, bleiben außer Ansatz.

Fallen Zeiten einer Kinderbetreuung in die Zeit einer förderlichen Zeit, sind die berücksichtigungsfähigen Zeiten der Kinderbetreuung als förderliche Zeiten zu behandeln. Da sie insoweit das Schicksal der förderlichen Zeiten teilen, ist auch in diesem Fall die Höchstgrenze von zehn Jahren zu beachten.

32.2 Zu Absatz 2

32.2.1 Der Absatz enthält eine abschließende Aufzählung der Zeiten, die den Aufstieg in den Stufen nicht verzögern.

32.2.2 Der Absatz regelt nur die Fälle von Zeiten nach dem Ersten des Monats, in dem die erste Ernennung mit Dienstbezügen bei einem öffentlich-rechtlichen Dienstherrn im Geltungsbereich des Grundgesetzes wirksam wird.

32.2.3 § 32 Absatz 2 Nummer 1 bestimmt, dass berücksichtigungsfähige Zeiten nach § 32 Absatz 1, wenn sie nach der ersten Ernennung mit Anspruch auf Dienstbezüge bei einem öffentlich-rechtlichen Dienstherrn liegen, den Aufstieg nicht verzögern.

Beispiel:
Ein Jurist war drei Jahre lang im Amt eines Regierungsrats im höheren Dienst des Landes tätig und scheidet aus dem öffentlichen Dienst des Landes aus. Er ist dann fünf Jahre als Kirchenbeamter bei der Diözese Rottenburg-Stuttgart tätig und kehrt im Anschluss daran wieder in den öffentlichen Dienst des Landes zurück. Der Jurist befindet sich bei seiner Rückkehr in den Landesdienst als Regierungsrat in der Stufe sieben der Besoldungsgruppe A 13 und hat in der Stufe sieben bereits eine Stufenlaufzeit von zwei Jahren zurückgelegt. Die Stufenlaufzeit hat mit der Stufe fünf begonnen, in der das Anfangsgrundgehalt der Besoldungsgruppe A 13 ausgewiesen ist.

32.2.4 Kinder im Sinne des § 32 Absatz 2 Nummer 2 sind leibliche Kinder und angenommene Kinder sowie Kinder, für die der Besoldungsempfänger oder dessen mit ihm in häuslicher Gemeinschaft lebender Ehegatte einen vorrangigen Kindergeldanspruch hat oder im Falle eines Vorrangverzichts eines Elternteils haben würde (zum Beispiel Kinder des Ehegatten, Pflegekinder, Enkelkinder), sowie Kinder des Lebenspartners.

32.2.5 Kinderbetreuung im Sinne von § 32 Absatz 2 Nummer 2 ist eine höchstpersönliche Leistung für ein in häuslicher Gemeinschaft mit dem Besoldungsempfänger lebendes betreuungsbedürftiges Kind. Kinderbetreuungszeiten liegen deshalb nicht vor, wenn die Betreuung eines Kindes im Wesentlichen Dritten überlassen ist (zum Beispiel ständige Unterbringung bei den Großeltern oder in einem Internat). Eine zeitweilige Beteiligung Dritter bei der Kinderbetreuung (zum Beispiel in einem Kindergarten oder während einer Urlaubsreise) ist unschädlich.

Kinderbetreuung ist die pflegende, beaufsichtigende, erziehende Tätigkeit Erwachsener gegenüber Kindern. Betreuungsbedürftig sind grundsätzlich nur unverheiratete minderjährige Kinder. Behinderte volljährige Kinder sind zu berücksichtigen, wenn sie wegen

VwV zum Landesbesoldungsgesetz III.1.1

der Schwere der Behinderung ständiger Betreuung bedürfen. Auf Anforderung hat der Beamte das Vorliegen dieser Voraussetzungen in geeigneter Form nachzuweisen.

32.2.6 Kinderbetreuung kann für Zeiten einer Elternzeit nach dem 5. Abschnitt der Arbeitszeit- und Urlaubsverordnung und Zeiten eines Urlaubs von längerer Dauer ohne Dienstbezüge nach § 72 Absatz 1 Nummer 1 LBG ohne weiteres unterstellt werden.

32.2.7 Kinderbetreuungszeiten können längstens bis zur Volljährigkeit eines Kindes, für jedes Kind höchstens drei Jahre, berücksichtigt werden. Bei behinderten Kindern kann der Drei-Jahres-Zeitraum auch in der Volljährigkeit liegen; auf die Nummer 32.2.5 Satz 6 wird verwiesen. Auf den Drei-Jahres-Zeitraum sind auch die bei einer anderen Betreuungsperson berücksichtigten Zeiten anzurechnen. Dies gilt unabhängig davon, ob eine andere Betreuungsperson für dieses Kind ebenfalls zeitgleich Betreuungszeiten in Anspruch nimmt.

32.2.8 Soweit ein Kind bereits nach der in § 28 Absatz 3 Nummer 1 oder 2 BBesG in der bis zum 31. August 2006 geltenden Fassung berücksichtigt wurde (vergleiche § 100 Absatz 3 Satz 3), findet § 32 Absatz 2 Nummer 2 für dieses Kind keine Anwendung mehr. In Fällen, in denen eine Kinderbetreuungszeit bisher nicht nach der in Satz 1 genannten bundesrechtlichen Regelung berücksichtigt wurde, weil sie vor Vollendung des 31. beziehungsweise 35. Lebensjahres des Beamten lag, findet jedoch § 32 Absatz 2 Nummer 2 Anwendung.

32.2.9 Als Zeiten einer tatsächlichen Pflege im Sinne von § 32 Absatz 2 Nummer 3 kommt insbesondere ein Urlaub nach § 72 Absatz 1 Nummer 2 LBG in Betracht. Entscheidend ist, dass sich die pflegende Person in dieser Zeit ganz oder überwiegend der häuslichen Pflege des nahen Angehörigen widmet. Die Aufzählung der nahen Angehörigen in § 32 Absatz 2 Nummer 3 ist abschließend. Die Pflege anderer Personen führt zu einer Verzögerung des Stufenaufstiegs; dies gilt auch für den Fall, dass es sich um nahe Angehörige nach § 7 Absatz 3 des Pflegezeitgesetzes handelt (zum Beispiel Großeltern). Die engere Regelung im LBesGBW liegt darin begründet, dass es hier nicht – wie im Landesbeamtengesetz – um die Bewilligung eines Urlaubs ohne Dienstbezüge geht, sondern sich die Zeiten nach § 32 Absatz 2 Nummer 3 auf die Höhe der Besoldung nach der Beurlaubung auswirken.

32.2.10 Das Vorliegen tatsächlicher Pflege ist ohne weiteres anzunehmen, wenn der Beamte wegen der nicht erwerbsmäßigen Pflege eines Pflegebedürftigen nach § 3 Satz 1 Nummer 1a SGB VI in der gesetzlichen Rentenversicherung versicherungspflichtig war. Hiernach besteht Versicherungspflicht für Beamte in der Zeit, in der sie einen Pflegebedürftigen im Sinne des § 14 SGB XI nicht erwerbsmäßig mindestens 14 Stunden wöchentlich in seiner häuslichen Umgebung pflegen, wenn der Pflegebedürftige Anspruch auf Leistungen aus der sozialen oder einer privaten Pflegeversicherung hat. Eine neben der Pflegetätigkeit ausgeübte Erwerbstätigkeit darf regelmäßig nicht mehr als 30 Stunden wöchentlich betragen. Als Nachweis für die Versicherungspflicht dient der Versicherungsverlauf des zuständigen Rentenversicherungsträgers.

32.2.11 Liegen die Voraussetzungen der Nummer 32.2.10 nicht vor, bedarf es zur Anerkennung von Pflegezeiten eines ärztlichen Gutachtens. Die Behörde kann hierfür einen Arzt bestimmen.

32.2.12 In Anspruch genommen werden können insgesamt bis zu drei Jahre für jeden pflegebedürftigen nahen Angehörigen. Auf den Drei-Jahres-Zeitraum sind die bei einer anderen Betreuungsperson berücksichtigten Zeiten anzurechnen. Dies gilt auch dann, wenn die andere Betreuungsperson für diesen Angehörigen Pflegezeiten zeitgleich in Anspruch nimmt.

32.2.13 Für Pflegezeiten gilt Nummer 32.2.8 sinngemäß.

32.2.14 Wenn Zeiten, in denen kein Anspruch auf Dienstbezüge besteht, zu einer Verzögerung des Stufenaufstiegs führen, wird dies den Beamten bei Wiederaufnahme des Dienstes schriftlich mitgeteilt.

32.3 Zu Absatz 3

Die Zeiten nach § 32 Absatz 1 sind zunächst nach Jahren zu rechnen und – soweit keine vollen Jahre vorliegen – tagegenau zu addieren. Zur Ermittlung der maßgeblichen Monate ist die Summe der Tage durch 30 zu teilen und das Ergebnis dann nach § 32 Absatz 3 auf volle Monate aufzurunden.

Beispiel:

Zeitraum vom 01. 11. 2009 bis 15. 05. 2013 = 3 Jahre und 196 Tage

196 Tage: 30 = 6,53 Monate, aufgerundet 7 Monate

Ergebnis: 3 Jahre und 7 Monate

33 Zu § 33 (Öffentlich-rechtliche Dienstherrn)

33.1 (unbelegt)

33.2 Zu Absatz 2

Bei der Anwendung des § 33 Absatz 2 Nummer 1 kommt es nicht darauf an, ob der Beamte während der Zeit der Ausübung der Tätigkeit im öffentlichen Dienst in der EU ein EU-Bürger gewesen ist.

34 (unbelegt)

35 (unbelegt)

36 Zu § 36 (Bemessung des Grundgehalts in der Landesbesoldungsordnung R)

36.0 Allgemeines

Die Besoldungsgruppen R 1 und R 2 enthalten – wie die A-Besoldung – aufsteigende Grundgehälter. Nach § 36 gelten daher die §§ 31 bis 34 grundsätzlich entsprechend.

36.1 Zu Absatz 1

Der Ausschluss der Anwendung des § 31 Absatz 5 liegt in der richterlichen Unabhängigkeit begründet.

36.2 Zu Absatz 2

§ 36 Absatz 2 entspricht § 31 Absatz 3 unter Berücksichtigung der Besonderheiten für Richter.

37–39 (unbelegt)

40 Zu § 40 (Grundlage des Familienzuschlags)

40.1 Ledige Beamte in Gemeinschaftsunterkunft

Die Vorschrift gilt für ledige Beamte mit Anspruch auf Grundgehalt, die nach den für sie geltenden dienstrechtlichen Vorschriften verpflichtet sind, ständig, das heißt nicht nur vorübergehend aus besonderem Anlass, in einer Gemeinschaftsunterkunft zu wohnen. Für Beginn und Ende der Berücksichtigung des Anrechnungsbetrags gilt § 4 entsprechend. Im Übrigen gelten die §§ 41 und 42.

41 Zu § 41 (Familienzuschlag)

41.0 Allgemeines

41.0.1 Überprüfung

41.0.1.1 Die Sachverhalte, die zum Bezug von Familienzuschlag berechtigen, sind häufig Änderungen unterworfen, die den zuständigen Stellen nicht immer rechtzeitig bekannt werden. Um Überzahlungen zu vermeiden oder zu begrenzen, bedarf es in laufenden Bezugsfällen einer Überprüfung.

41.0.1.2 In Nummer 41.0.2 werden der Umfang der Prüfungszeiträume und die Prüfungstatbestände geregelt. Ergibt sich im Einzelfall die Notwendigkeit einer Überprüfung eines in diesem Abschnitt genannten Prüfungstatbestands außerhalb des festgelegten Turnus oder eines sonstigen Tatbestands, bleibt dies unberührt.

41.0.1.3 Die Überprüfung berührt nicht die Pflicht des Besoldungsempfängers zur Anzeige zahlungserheblicher Änderungen der Verhältnisse. Deshalb sollen die Besoldungsempfänger bei geeigneten Gelegenheiten auf diese Anzeigepflicht hingewiesen werden.

41.0.1.4 Wird angezeigt oder festgestellt, dass die Voraussetzungen für einen Teil des Familienzuschlags nicht mehr vorliegen, ist stets zu ermitteln, von welchem Zeitpunkt an die Anspruchsvoraussetzungen weggefallen sind.

41.0.2 Prüfungstatbestände

Es sind folgende turnusmäßige Überprüfungen vorzunehmen:

41.0.2.1 Ehebezogener Teil des Familienzuschlags nach § 41 Absatz 1 Nummer 4

Das Fortbestehen der Anspruchsvoraussetzungen ist in Abständen von drei Jahren zu überprüfen.

41.0.2.2 Ehebezogener Teil des Familienzuschlags nach § 41 Absatz 1 Nummer 5

a) Bei Aufnahme eines minderjährigen Kindes in die Wohnung des Besoldungsempfängers ist das Fortbestehen der Anspruchsvoraussetzungen jeweils zu den Zeitpunkten, in denen das betreffende Kind das 6., das 12. und das 15. Lebensjahr vollendet, zu überprüfen,

b) bei Aufnahme eines volljährigen Kindes in Ausbildung in die Wohnung des Besoldungsempfängers ist die Prüfung des Fortbestehens der Anspruchsvoraussetzungen zusammen mit der Überprüfungen des Anspruchs auf den kinderbezogenen Teil des Familienzuschlags vorzunehmen,

c) in den übrigen Fällen (zum Beispiel bei Aufnahme eines volljährigen Kindes in die Wohnung des Besoldungsempfängers, wenn für das Kind kein Kindergeld zusteht) ist das Fortbestehen der Anspruchsvoraussetzungen in Abständen von einem Jahr zu überprüfen.

Bei mehreren Kindern kann die Überprüfung auf ein anspruchsbegründendes Kind beschränkt werden.

41.0.2.3 Kinderbezogener Teil des Familienzuschlags (§ 41 Absätze 3 und 4)

Wenn das Kindergeld dem Besoldungsempfänger gewährt wird, sind aus den Kindergeldüberprüfungen die entsprechenden Folgerungen zu ziehen. In den anderen Fällen sind entsprechende Überprüfungen in dem Zeitpunkt vorzunehmen, in dem sie bei fiktiver Kindergeldzuständigkeit vorgenommen würden. Zumindest sind jedoch folgende Überprüfungen vorzunehmen:

a) bei minderjährigen Kindern: Das Fortbestehen der Anspruchsvoraussetzungen ist in Abständen von sechs Jahren zu überprüfen,

b) bei volljährigen Kindern: Das Fortbestehen der Anspruchsvoraussetzungen ist in Abständen von vier Jahren zu überprüfen.

Ein Empfänger von Familienzuschlag, der nicht zugleich das Kindergeld erhält, ist darauf hinzuweisen, dass der Anspruch auf den Familienzuschlag für ein Kind entfällt, wenn der Kindergeldempfänger oder ein anderer Elternteil, der das Kind in seine Wohnung aufgenommen hat (zum Beispiel auch ein Pflege- oder Großvater), in den öffentlichen Dienst eintritt.

41.0.2.4 Zuschlag für Kinder nach der Tabelle in Anlage VI.2 des BBesG (Auslandsbesoldung nach § 78 Absatz 1 LBesGBW im Verbindung mit § 53 Absatz 2 Satz 3 BBesG)

Das Fortbestehen der Anspruchsvoraussetzungen ist in Abständen von einem Jahr zu überprüfen.

41.0.3 Mitwirkung des Besoldungsempfängers

Der Besoldungsempfänger hat Sachverhaltsänderungen, die für den Familienzuschlag von Bedeutung sind, der zuständigen Stelle anzuzeigen. Zudem hat er alle Angaben zu machen, aus denen sich sein Anspruch ergibt. Dies gilt auch hinsichtlich der Sachverhalte, die für die Anwendung der Konkurrenzregelungen von Bedeutung sind. Ist eine Entscheidung deshalb nicht möglich, weil der Besoldungsempfänger keine für die Entscheidung oder für erfolgversprechende Ermittlungen ausreichende Angaben macht, ist der entsprechende Teil des Familienzuschlags nicht zu gewähren.

41.1 Zu Absatz 1

41.1.1 Geschiedene Berechtigte mit Unterhaltsverpflichtung (Nummer 4)

41.1.1.1 Geschieden, aufgehoben oder für nichtig erklärt ist eine Ehe erst mit der Rechtskraft des gerichtlichen Scheidungsausspruchs (§§ 1564 ff. BGB) beziehungsweise der gerichtlichen Entscheidung. Dies gilt entsprechend für die Aufhebung einer Lebenspartnerschaft (§ 15 LPartG).

Bei einer Ehescheidung in einem Mitgliedsstaat der EU mit Ausnahme von Dänemark ist zur Anerkennung der Ehescheidung kein besonderes gerichtliches Verfahren notwendig (Artikel 21 Absatz 1 der Verordnung (EG) Nummer 2201/2003 des Rates vom 27. November 2003). Im Übrigen werden Entscheidungen ausländischer Gerichte in Familienrechtssachen nach § 107 Absatz 1 FamFG in der Regel nur anerkannt, wenn die Landesjustizverwaltung festgestellt hat, dass die Voraussetzungen für die Anerkennung vorliegen. Diese Feststellung hat der Besoldungsempfänger unverzüglich herbeizuführen und auf seine Kosten vorzulegen. Bis zur Rechtskraft der Entscheidung beziehungsweise Anerkennung von Entscheidungen nach ausländischem Recht ist der ehebezogene Teil des Familienzuschlags zu gewähren.

41.1.1.2 Aus der Ehe oder Lebenspartnerschaft besteht eine Unterhaltsverpflichtung nur dann, wenn sie gegenüber dem früheren Ehegatten oder Lebenspartner aus der letzten Ehe beziehungsweise Lebenspartnerschaft besteht. Eine Unterhaltsverpflichtung Kindern gegenüber ist keine Unterhaltsverpflichtung aus der Ehe oder Lebenspartnerschaft; sie kann nur unter den Voraussetzungen des § 41 Absatz 1 Nummer 5 zur Zahlung des ehebezogenen Teils des Familienzuschlags führen.

41.1.1.3 Die Verpflichtung zur Zahlung von Unterhalt kann auf Gesetz oder Vertrag (Vereinbarung) beruhen und kann nachgewiesen werden durch Vorlage eines entsprechenden Unterhaltsurteils, eines gerichtlichen oder außergerichtlichen Vergleichs oder durch eine schriftliche Unterhaltsvereinbarung. Freiwillige Unterhaltsleistungen begründen keinen Anspruch auf den Familienzuschlag.

41.1.1.4 Die Unterhaltsverpflichtung muss im jeweiligen Monat mindestens in Höhe des Tabellenbetrags des ehebezogenen Teils des Familienzuschlags bestehen; dies gilt auch im Fall einer Teilzeitbeschäftigung. Diese Voraussetzung ist nicht (mehr) gegeben, wenn die Verpflichtung zur Unterhaltszahlung zu diesem Zeitpunkt erloschen ist. Gründe hierfür können beispielsweise sein: Wiederheirat, Tod des Unterhaltsberechtigten, Zahlung einer Abfindung (anstelle einer Unterhaltsrente) nach § 1585 Absatz 2 BGB oder aufgrund einer Vereinbarung der ehemaligen Ehegatten nach § 1585c BGB.

41.1.1.5 Die Unterhaltsleistung muss in der erforderlichen Höhe tatsächlich und nachweislich erfüllt werden. Fälligkeitsabsprachen (Vorauszahlungen, Nachzahlungen) der ehemaligen Ehegatten oder Lebenspartner für maximal ein Jahr sowie sonstige vorzeitige oder verspätete Zahlungen sind unschädlich. Dabei müssen die auf die einzelnen Monate des Zahlungszeitraums umgerechneten Beträge die Höhe des ehebezogenen Familienzuschlags erreichen.

Als Unterhalt kommen nicht nur Geldleistungen in Betracht, sondern auch andere vereinbarte geldwerte Vorteile wie zum Beispiel ein unentgeltliches Wohnrecht. Vorteile aus einem Versorgungsausgleich, die der ausgleichsberechtigte Ehegatte erhält, sind nicht zu berücksichtigen, da sie keine Erfüllung einer Unterhaltsverpflichtung darstellen.

41.1.2 Wohnungsaufnahme einer anderen Person (Nummer 5)

41.1.2.1 Der Besoldungsempfänger muss eine Person – dies kann auch sein Kind sein – in seine Wohnung aufgenommen haben. Die Aufnahme in die Wohnung muss nicht auf einer gesetzlichen oder sittlichen Verpflichtung beruhen. Ob es sich bei der Wohnung um einen einzigen Raum oder um mehrere Räume handelt, ist unerheblich. Der Besoldungsempfänger muss dort tatsächlich – gegebenenfalls auch zusammen mit Dritten – wohnen und seinen Lebensmittelpunkt haben. Zudem muss die Wohnung dem Besoldungsempfänger rechtlich oder zumindest wirtschaftlich zugeordnet werden können.

41.1.2.2 In die Wohnung „nicht nur vorübergehend aufgenommen" ist eine andere Person, wenn die Wohnung auch für den Aufgenommenen zum Mittelpunkt der Le-

VwV zum Landesbesoldungsgesetz III.1.1

bensbeziehungen wird und es zur Bildung einer häuslichen Gemeinschaft kommt. Der Aufenthalt des Kindes nur während eines bestimmten kürzeren Zeitraums im Jahr (zum Beispiel Ferien) führt nicht zur Bildung eines Lebensmittelpunkts. Bei Kindern, deren geschiedenen Eltern das Sorgerecht gemeinsam obliegt, kann je nach den Umständen des Einzelfalls ein Mittelpunkt der Lebensbeziehungen in den Wohnungen beider Eltern vorliegen. Es ist hierbei nicht erforderlich, dass sich das Kind in der jeweiligen Wohnung hälftig oder sogar überwiegend aufhält.

41.1.2.3 Die gesetzliche Unterhaltspflicht ergibt sich aus den Vorschriften des bürgerlichen Rechts (§ 1584 und §§ 1601 ff. BGB). Ob eine sittliche Verpflichtung des Besoldungsempfängers zur Leistung von Unterhalt besteht, ist nach den Umständen des Einzelfalls zu entscheiden. Sie setzt eine persönliche Bindung zwischen ihm und der aufgenommenen Person voraus, aus der sich zwar keine rechtliche Verpflichtung, aber nach der Verkehrsauffassung ein aus der allgemeinen Anstandspflicht herrührendes Helfenmüssen ergibt. Es handelt sich hierbei um eine im außerrechtlichen Raum bestehende Anstandspflicht, etwa gegenüber Personen, die den Besoldungsempfänger einmal wesentlich und nachhaltig unterstützt haben, oder gegenüber Geschwistern. Da die sittliche Unterhaltsverpflichtung einzelfallbezogen ist, stellt sie allerdings keinen Auffangtatbestand für Personengruppen dar, denen gegenüber der Gesetzgeber keine Unterhaltspflicht auferlegt hat. Allein aus einer nichtehelichen Lebensgemeinschaft ergibt sich daher keine sittliche Verpflichtung zur Gewährung von Unterhalt. Entsprechendes gilt in der Regel gegenüber einem Kind des Partners einer nichtehelichen Lebensgemeinschaft.

Gegenüber dem Grunde nach unterhaltsberechtigten Personen, vor allem bei Kindern, kann die sittliche Verpflichtung bestehen, Unterhalt über das gesetzlich vorgesehene Maß hinaus zu leisten. Die sittliche Verpflichtung endet bei missbräuchlicher Inanspruchnahme durch das Kind (etwa bei Arbeits- und Ausbildungsunwilligkeit).

Beispiel:
Ein Besoldungsempfänger finanziert seinem Kind verschiedene Berufsausbildungen oder ein Promotionsstudium. Es muss hier – von Missbrauchsfällen abgesehen – nicht geprüft werden, ab wann der Besoldungsempfänger seiner rechtlichen Unterhaltspflicht genügt hat, da die überschießende Unterhaltsleistung auf einer sittlichen Verpflichtung beruht.

41.1.2.4 Die Annahme, dass der Besoldungsempfänger aus beruflichen Gründen der Hilfe der in seinem Haushalt aufgenommenen Person bedarf, ist auf ganz besonders gelagerte Einzelfälle beschränkt. Gesundheitliche Gründe sind anzuerkennen, wenn der Besoldungsempfänger infolge Krankheit oder körperlicher Behinderung ohne fremde Hilfe und Pflege nicht auskommen kann. Die für den Besoldungsempfänger zu verrichtenden Tätigkeiten müssen so umfangreich oder so vielfältig sein, dass sie die Aufnahme der anderen Person in die Wohnung erforderlich machen. In Zweifelsfällen kann die Vorlage einer amtsärztlichen Bescheinigung gefordert werden.

Das Bestehen eines Verwandtschaftsverhältnisses, das eine gesetzliche Unterhaltspflicht des Besoldungsempfängers gegenüber der aufgenommenen Person begründen könnte, ist unschädlich; das Gleiche gilt hinsichtlich eigener Mittel der aufgenommenen Person.

41.1.2.5 Zu den Mitteln, die für den Unterhalt der aufgenommenen Person zur Verfügung stehen, gehören eigene Einnahmen der Person sowie auch solche Einnahmen, die für ihren Unterhalt von anderen Personen oder Stellen tatsächlich gewährt werden. Hierzu gehören alle Einnahmen, gleich welcher Art, die tatsächlich zur Verfügung stehen, um Kosten der Lebenshaltung zu decken. Hierzu zählen auch zweckgebundene Mittel für Zwecke, die zur Lebenshaltung oder in üblichem Umfang zur Ausbildung eines Kindes gehören (zum Beispiel Essensgeld, Büchergeld, Fahrtkostenzuschüsse). Nicht zu diesen Mitteln gehören jedoch Leistungen, die dazu bestimmt sind, einen Sonderbedarf abzudecken, der zum Beispiel durch eine Behinderung oder Pflegebedürftigkeit des Kindes entsteht.

Eigene Einnahmen eines Kindes sind beispielsweise:
a) Unterhaltszahlungen (auch Eingliederungshilfen),
b) Ausbildungsvergütungen,
c) Einkommen aus selbstständiger oder unselbstständiger Tätigkeit,
d) Renten,
e) zweckfreie Einnahmen (zum Beispiel aus Vermögen),
f) Ausbildungshilfen (zum Beispiel BAföG, auch als Darlehen, oder Leistungen der Bundesanstalt für Arbeit).

Die eigenen Einnahmen stehen mit dem Nettobetrag (nach Abzug der gesetzlichen Abzüge beziehungsweise diesen gleichstehenden Beiträgen zur privaten Kranken- und Pflegeversicherung) zur Verfügung. Durch eine Entgeltumwandlung geleistete Beiträge zur Altersversorgung vermindern die zur Verfügung stehenden Einnahmen. Bei Einkommen aus einem Arbeits- oder Ausbildungsverhältnis sind einmalige Sonderleistungen (zum Beispiel Sonderzuwendungen, Urlaubsgelder), die neben den regelmäßigen Bezügen gezahlt werden, nicht zu berücksichtigen. Sonstige Abzüge sind nicht vorzunehmen.

Sachleistungen Dritter sind in Höhe ihres wirtschaftlichen Wertes anzurechnen. Unterhaltsleistungen in Geld sind grundsätzlich in tatsächlicher Höhe anzusetzen. In folgenden Fällen sind sie jedoch fiktiv nach der „Düsseldorfer Tabelle" (zu finden beispielsweise unter www.olg-duesseldorf.nrw.de) zu bestimmen:
a) Die Höhe der Unterhaltsleistungen ist nicht feststellbar (insbesondere bei gemeinsamer Haushaltsführung vom Kind mit beiden Elternteilen),
b) wegen wechselseitiger Unterhaltsansprüche beider Elternteile ist kein Unterhalt zu leisten oder lediglich ein Spitzenbetrag,
c) Unterhaltsleistungen werden nicht oder in offensichtlich zu geringer Höhe geleistet; dies gilt jedoch nicht in den Fällen, in denen der Besoldungsempfänger glaubhaft macht, dass der Unterhalt nicht realisiert werden kann.

Einnahmen von anderen Personen oder Stellen sind beispielsweise:
a) Kinderzulagen und -zuschüsse,
b) Kindergeld,
c) der kinderbezogene Teil des Familienzuschlags (Bruttobetrag in tatsächlicher Höhe).

Stehen solche Leistungen für mehrere Kinder zu, sind sie gleichmäßig auf die Kinder zu verteilen.

41.1.2.6 Die Mittel sind in dem Zeitabschnitt zu berücksichtigen, in dem sie zufließen. Dies gilt auch für nachträglich gewährte Mittel, da sie erst ab Zufluss zur Verfügung stehen. Wenn Mittel nicht regelmäßig zufließen (zum Beispiel Unterhaltszahlungen), ist der Durchschnitt der letzten zwölf Monate zugrunde zu legen.

Wenn Mittel nicht monatlich, sondern für längere Zeiträume (zum Beispiel Voraus- oder Nachzahlungen, Kapitalerträge) zufließen, bleiben Beträge bis insgesamt 300 Euro kalenderjährlich aus Vereinfachungsgründen unberücksichtigt; Beträge über 300 Euro sind entsprechend dem Zurechnungszeitraum ab dem Zuflussmonat anteilig in Monatsbeträgen zu berücksichtigen.

Ist ein Zurechnungszeitraum nicht zu ermitteln, sind die Beträge auf die verbleibenden Monate des laufenden Kalenderjahres zu verteilen.

41.1.2.7 Eine kurzfristige Überschreitung der Eigenmittelgrenze während höchstens zwei Monaten im Kalenderjahr liegt auch bei jahresübergreifenden Sachverhalten nur dann vor, wenn der jeweilige Sachverhalt kurzfristig ist, also höchstens zwei Überschreitensmonate betrifft. Führen mehrere kurzfristige Sachverhalte dazu, dass die Eigenmittelgrenze häufiger als in zwei Monaten eines Kalenderjahres überschritten ist, ist die Regelung insgesamt nicht anzuwenden (auch nicht hinsichtlich der ersten beiden Monate). Die Ausnahmebestimmung soll

VwV zum Landesbesoldungsgesetz III.1.1

dazu führen, dass trotz einer vorübergehenden atypischen Einkommenssituation (zum Beispiel Ferienjob) eine ganzjährige Zahlung ermöglicht wird.

41.1.2.8 Wenn sich der Tabellenwert des ehebezogenen Teils des Familienzuschlags bei einer Besoldungsanpassung für verschiedene Besoldungsgruppen zu unterschiedlichen Zeitpunkten erhöht, kann bei der Berechnung der Eigenmittelgrenze aus Vereinfachungsgründen einheitlich vom frühesten Anpassungszeitpunkt ausgegangen werden. Bei Teilzeitbeschäftigung errechnet sich die Eigenmittelgrenze aus dem sechsfachen Betrag des vollen ehebezogenen Teils des Familienzuschlags.

41.1.2.9 Soweit die anderweitige Unterbringung eines Kindes offensichtlich nicht auf „seine Kosten", das heißt nicht auf Kosten des Besoldungsempfängers, erfolgt, beispielsweise bei Unterkunftsgewährung im Rahmen eines Bundesfreiwilligendienstes, liegen die Voraussetzungen der Vorschrift nicht vor. In den übrigen Fällen kann bei einem Unterschreiten der Eigenmittelgrenze die anderweitige Unterbringung auf „seine Kosten" unterstellt werden.

41.1.2.10 Behinderte, die aufgrund ihrer Behinderung in einer Behinderteneinrichtung leben, sind vor dem Hintergrund der damit in der Regel verbundenen Kostenübernahme durch öffentliche Träger (zum Beispiel Sozialhilfe) nicht auf Kosten des Besoldungsempfängers anderweitig untergebracht. Da die Kosten der Behinderteneinrichtung jedoch auf einem behinderungsbedingten Sonderbedarf beruhen, gilt ein Kind aus Billigkeitsgründen dann als auf „seine Kosten" untergebracht, wenn der Besoldungsempfänger aus eigenen Mitteln (also zusätzlich zum Kindergeld und dem Bruttobetrag des kinderbezogenen Teils des Familienzuschlags in der dem Besoldungsempfänger konkret zustehender Höhe) Unterhalt mindestens in Höhe des Bruttobetrags des ehebezogenes Teils des Familienzuschlags (Tabellenbetrag) leistet. Unterhalt ist auch in Form von Sachleistungen möglich. Größere Zuwendungen können auch auf künftige Monate umgelegt werden.

Dies gilt entsprechend bei einem längeren Krankenhausaufenthalt eines Kindes.

41.1.2.11 Eine anderweitige Unterbringung liegt nur vor, wenn die häusliche Verbindung erhalten bleibt und hierfür auch Anhaltspunkte vorliegen (zum Beispiel eigenes Zimmer, familiäre Bindung usw.). Sie ist nicht gegeben, wenn der Besoldungsempfänger lediglich für den Unterhalt aufkommt oder das Kind zum Beispiel beim anderen Elternteil lebt. Eine anderweitige Unterbringung besteht zum Beispiel fort, wenn die aufgenommene Person nur vorübergehend (etwa wegen Studiums, Internats- oder längeren Krankenhausaufenthalts) abwesend ist und nach den Gesamtumständen eine Rückkehr in die Wohnung des Besoldungsempfängers beabsichtigt ist. Bei Beibehaltung der anderweitigen Unterbringung in einer Übergangszeit zwischen dem Abschluss eines Studiums und der Aufnahme einer beruflichen Tätigkeit wird widerleglich vermutet, dass die Rückkehrabsicht aufgegeben wurde. Eine häusliche Verbindung liegt nicht mehr vor, wenn die Lebensgemeinschaft in der Wohnung des Besoldungsempfängers beendet worden ist, zum Beispiel weil das Kind einen eigenen Hausstand oder ein Eltern-Kind-ähnliches Verhältnis zu einer anderen Person (Pflegekindverhältnis) oder eine nichteheliche Lebensgemeinschaft begründet hat.

Im Regelfall ist ein Kind von demjenigen untergebracht, bei dem es vorher gelebt hat und mit dem vorrangig die häusliche Verbindung aufrechterhalten wird. In den Fällen der Nummer 41.1.2.2 Satz 3 und 4 kann diese Voraussetzung bei beiden Eltern gegeben sein.

41.1.2.12 Die Konkurrenzvorschrift (§ 41 Absatz 1 Nummer 5 Satz 4) ist auch anzuwenden, wenn Partner einer nichtehelichen Lebensgemeinschaft die Voraussetzungen der Nummer 5 unabhängig voneinander erfüllen (zum Beispiel wegen der Aufnahme eigener – nicht gemeinsamer – Kinder in die gemeinsame Wohnung). Sie ist jedoch in den Fällen der Nummer 41.1.2.2 Satz 3 und 4 nicht anzuwenden, da sich die Konkurrenzsituation auf die jeweilige Wohnung und nicht auf ein bestimmtes Kind bezieht.

Ist eine oder sind mehrere der Personen, die Familienzuschlag nach dieser Vorschrift beanspruchen, teilzeitbeschäftigt, so findet § 8 auf den anteiligen Familienzuschlag Anwendung.

Die Konkurrenzvorschrift ist nicht anzuwenden, wenn einem der Partner einer nichtehelichen Lebensgemeinschaft der ehebezogene Teil des Familienzuschlags nach einer anderen Vorschrift zusteht (zum Beispiel als Verwitweter). Die Konkurrenzvorschrift findet zudem nur Anwendung, wenn mindestens zwei hiernach Anspruchsberechtigte ihren Anspruch tatsächlich geltend machen. Wenn ein Anspruchsberechtigter (im Hinblick auf die Leistungen an den anderen Anspruchsberechtigten) seinen Anspruch nicht geltend gemacht hat, kann er seine Entscheidung unter dem Gesichtspunkt von Treu und Glauben nicht rückwirkend, sondern nur mit Wirkung für die Zukunft, also ab dem folgenden Monat, ändern. In allen Fällen mit mehreren (möglichen) Anspruchsberechtigten sind Vergleichsmitteilungen auszutauschen. Im Zweifel ist vorläufig nur der anteilige Familienzuschlag zu zahlen.

41.2 Zu Absatz 2

Der Absatz trifft für die Fälle eine Konkurrenzregelung, in denen der Ehegatte oder Lebenspartner des Besoldungsempfängers ebenfalls Anspruch auf einen ehebezogenen Teil des Familienzuschlags oder eine entsprechende Leistung (Nummer 41.2.2) hat. Der Ehegatte oder Lebenspartner muss hierbei in einem Beamten-, Richter- oder Soldatenverhältnis stehen, wozu auch Versorgungsempfänger aus einem solchen Rechtsverhältnis gehören (Ruhestandsbeamte), oder in einem anderen Rechtsverhältnis stehen, auf das die Regelungen des LBesGBW zum Familienzuschlag aufgrund einer Rechtsvorschrift entsprechende Anwendung finden. Dabei handelt es sich beispielsweise um Auszubildende in öffentlich-rechtlichen Ausbildungsverhältnissen oder Empfänger von Amtsbezügen.

Die Konkurrenzregelung ist auch anzuwenden, wenn Bezüge einschließlich des Familienzuschlags ohne Dienstleistung fortgezahlt werden, etwa aufgrund besonderer Rechtsvorschriften (zum Beispiel Beschäftigungsverbote nach den Vorschriften über den Mutterschutz der Beamtinnen). Familienbezogene Leistungen lediglich aufgrund tarifvertraglicher Regelungen fallen nicht unter die Vorschrift, ebenso Leistungen an Kirchenbeamte.

41.2.2 Im Hinblick auf die Föderalismusreform I werden sich die familienbezogenen Leistungen der verschiedenen Dienstherrn voraussichtlich sowohl in ihrer rechtlichen Ausgestaltung als auch in ihrer Höhe auseinanderentwickeln. Aus diesem Grunde wurde im Gesetz eine Betragsgrenze (40 Prozent) festgelegt, bei deren Unterschreitung keine „entsprechende Leistung" vorliegt. Bei Berechnung der Grenze ist gegebenenfalls auch die vom anderen Dienstherrn praktizierte Konkurrenzregelung mit einzubeziehen. Im Übrigen werden keine hohen Anforderungen an die Vergleichbarkeit der Leistungen gestellt; es genügt eine im Grundgedanken vergleichbare Zweckbestimmung.

Hat der Ehegatte oder Lebenspartner eines Besoldungsempfängers als Beamter der Europäischen Union Anspruch auf Familienzulagen nach Artikel 67 des Statuts der Beamten der EG, ist die Konkurrenzregelung wegen des vorrangigen Europarechts nicht anzuwenden.

41.2.3 Im Rahmen der Konkurrenzregelung erhalten Teilzeitbeschäftigte den halben Familienzuschlag ungekürzt.

41.3 Zu Absatz 3

41.3.1 Die besoldungsrechtliche Regelung zum kinderbezogenen Teil des Familienzuschlags nach § 41 Absatz 3 knüpft an den Tatbestand „zustehendes Kindergeld" nach dem EStG oder nach dem BKGG an. Danach ist Voraussetzung, dass dem Besoldungsempfänger Kindergeld nach dem EStG oder nach dem BKGG zusteht oder ohne Berücksichtigung des § 64 oder § 65 EStG oder § 3 oder § 4 BKGG zustehen würde. Der Besoldungsgesetzgeber hat den kinderbezogenen Teil des Familienzuschlags inhaltlich damit durch vollständige Verweisung auf das Kindergeldrecht geregelt. Unter Berücksichtigung der Notwendigkeit zur Typisierung geht der Gesetzgeber insoweit von der Gleichheit des Zwecks der Zahlung von Kindergeld und der Zahlung des kinderbezogenen Teils des Familienzuschlags aus. Diese umfassende besoldungsrechtliche Anknüpfung an das Kindergeldrecht lässt erkennen, dass kindergeldrechtliche Entscheidungen ohne weiteres auch für den besoldungsrechtlichen Anspruch maßgebend sein sollen, zumal sie förmlich durch Bescheid festgesetzt werden. Die Kindergeldentscheidung der Familienkasse bindet somit unabhängig von ihrer Richtigkeit die bezügezahlende Stelle. Danach darf der kinderbezogene Teil des Familienzuschlags auch bei rechtswidriger, aber bestandskräftiger Ablehnung der Kindergeldberechtigung nicht gewährt werden. Dies entspricht den Entscheidungen des Bundesverwaltungsgerichts vom 26. August 1993 (Az. 2 C 16/92) und vom 18. Juni 2013 (Az. 2 B 12/13).

Die Frage, ob Kindergeld ohne Berücksichtigung des § 64 oder § 65 EStG oder § 3 oder § 4 BKGG zustehen würde, ist dann von der bezügezahlenden Stelle zu entscheiden, wenn ein Rückgriff auf eine Kindergeldentscheidung nicht möglich ist, beispielsweise weil der Anspruch auf Kindergeld wegen einer entsprechenden Leistung aufgrund über- oder zwischenstaatlicher Regelungen ausgeschlossen ist.

41.3.2 Nach § 93 SGB XII kann der Träger der Sozialhilfe, wenn er dem Kind des Besoldungsempfängers Hilfe leistet, neben dem Kindergeld auch den kinderbezogenen Teil des Familienzuschlags auf sich überleiten. Diese Leistungen sind dann in Höhe des übergeleiteten Betrags, höchstens in Höhe des Bruttobetrags, statt an den Besoldungsempfänger an den Träger der Sozialhilfe zu zahlen.

41.4 Zu Absatz 4

41.4.1 Der Absatz trifft für die Fälle eine Regelung, dass wegen ein und desselben Kindes mehrere Personen Anspruch auf den kinderbezogenen Teil des Familienzuschlags oder auf eine entsprechende Leistung hätten. Grundsätzlich wird in diesen Fällen der kinderbezogene Teil des Familienzuschlags nur einem der Berechtigten gezahlt.

41.4.2 Im Hinblick auf die mit der Föderalismusreform I verbundenen Rechtsänderungen und grundlegenden Änderungen im Tarifbereich wurde im Interesse einer Verwaltungsvereinfachung der Begriff „entsprechende Leistung" neu definiert. Neben gesetzlichen Leistungen mit vergleichbarer Zweckbestimmung fallen nur noch Besitzstandszulagen nach den Überleitungstarifverträgen zum TVöD, TV-L (TVÜ-Bund, TVÜ-VKA, TVÜ-Länder) oder einem vergleichbaren Tarifvertrag (zum Beispiel TVÜ-Ärzte) als „entsprechende Leistungen" unter die Konkurrenzregelung, nicht jedoch kinderbezogene Leistungen nach anderen Tarifverträgen. Tätigkeiten bei öffentlich-rechtlichen Religionsgesellschaften oder ihren Verbänden fallen unabhängig von der getroffenen Bezahlungsregelung niemals unter die Konkurrenzregelung. Außerdem wurde eine Betragsgrenze festgelegt, bei deren Unterschreitung keine „entsprechende Leistung" vorliegt.

41.4.3 Hat ein Berechtigter als Beamter der Europäischen Union Anspruch auf Familienzulagen nach Artikel 67 des Statuts der Beamten der EG, ist die Konkurrenzregelung wegen des vorrangigen Europarechts insoweit nicht anzuwenden.

41.4.4 Kommt die Anwendung der Konkurrenzregelung in Betracht (mehrere Personen im öffentlichen Dienst, denen ohne diese Regelung ein kinderbezogener Teil des Familienzuschlags für ein Kind zustünde, so wird der kinderbezogene Teil des Familienzuschlags nur an einen der Berechtigten gezahlt. Das ist der Berechtigte, dem das Kindergeld für dieses Kind gewährt wird oder vorrangig zu gewähren wäre. In diesem Sinne gewährt wird einem Besoldungsempfänger Kindergeld auch dann, wenn es nach § 74 EStG oder anderen Vorschriften nicht an den Berechtigten, sondern an eine andere Stelle oder andere Person, zum Beispiel an das Kind selbst, ausgezahlt wird.

Wird das Kindergeld bei mehreren vorhandenen Berechtigten einer Person gewährt, die nicht im öffentlichen Dienst steht, so ist der kinderbezogene Teil des Familienzuschlags für das Kind unter den in Betracht kommenden Personen im öffentlichen Dienst derjenigen zu gewähren, die bei Nichtvorhandensein des Kindergeldempfängers (und gegebenenfalls weiterer Personen außerhalb des öffentlichen Dienstes) das Kindergeld für das Kind erhalten würde. Hierbei sind die in § 64 EStG oder in § 3 BKGG enthaltenen Rangfolgen entsprechend anzuwenden.

Beispiel:

Die geschiedenen Eltern eines Kindes stehen beide im öffentlichen Dienst. Das Kindergeld nach dem EStG erhält der Großvater, der nicht im öffentlichen Dienst steht und bei dem das Kind lebt. Somit ist der familienzuschlagsberechtigte Ehegatte nach den oben genannten Grundsätzen zu ermitteln. Das bedeutet hier, dass derjenige Elternteil den kinderbezogenen Teil des Familienzuschlags für das Kind erhält, der dem Kind eine beziehungsweise die höchste Unterhaltsrente zahlt.

41.4.5 Der für das jeweilige Kind zu gewährende Betrag, also der Betrag, der auf ein Kind entfällt, ergibt sich aus der für die Anwendung des EStG oder des BKGG maßgebenden Reihenfolge der Kinder. Diese bestimmt sich danach, an welcher Stelle das zu berücksichtigende Kind in der Reihenfolge der Geburten bei dem Besoldungsempfänger steht und ob es demnach für ihn erstes, zweites oder weiteres Kind ist. In der Reihenfolge der Kinder werden auch sogenannte „Zählkinder" mitgezählt. Das sind Kinder, für die die Besoldungsempfänger nur deshalb keinen Anspruch auf den entsprechenden kinderbezogenen Teil des Familienzuschlags hat, weil der Anspruch für sie vorrangig einer anderen Person zusteht.

Beispiel:

Ein verheirateter Beamter, dessen Ehefrau nicht im öffentlichen Dienst steht, hat drei Kinder, von denen er für die zwei ehelichen Kinder Kindergeld erhält (Kind 1 und Kind 3 nach dem Lebensalter). Für das nichteheliche Kind 2 erhält die im öffentlichen Dienst stehende Kindesmutter das Kindergeld und somit den kinderbezogenen Teil des Familienzuschlags. Der Beamte erhält für sein Kind 1 den kinderbezogenen Teil des Familienzuschlags für ein erstes Kind und für sein Kind 3 den erhöhten kinderbezogenen Teil des Familienzuschlags für ein drittes Kind. Kind 3 rückt in diesem Fall nicht auf Platz 2 auf.

Scheidet das Kind 1 aus (zum Beispiel wegen Beendigung der Berufsausbildung), rückt das nichteheliche Kind 2 zum Kind 1 auf. Es bleibt Zählkind; die Leistungen für dieses Kind gehen weiterhin an die Kindesmutter. Das bisherige Kind 3 wird Kind 2 (verringerte Leistung an den Beamten).

41.4.6 Erhält im Rahmen der Konkurrenzregelung ein Teilzeitbeschäftigter den kinderbezogenen Teil des Familienzuschlags für ein Kind, wird dieser Teil nicht entsprechend der Teilzeitbeschäftigung gekürzt, außer wenn alle Anspruchsberechtigten teilzeitbeschäftigt sind und ihr zusammengerechneter Arbeitszeitanteil die regelmäßige Arbeitszeit bei Vollzeitbeschäftigung unterschreitet. Diese Regelung bezieht sich jeweils stets auf ein bestimmtes Kind. Sie ist daher nur anwendbar, wenn in Bezug auf dieses Kind mehrere Anspruchsberechtigte vorhanden sind.

Beispiel:

Ein teilzeitbeschäftigter verheirateter Beamter, dessen vollbeschäftigte Ehefrau nicht im öffentlichen Dienst steht, hat drei Kinder, von denen er für zwei Kinder Kindergeld erhält (Kind Nummer 1 und Kind Nummer 3 nach dem Lebensalter). Für das Kind Nummer 2 erhält die im öffentlichen Dienst stehende Kindesmutter das Kindergeld und damit den kinderbezogenen Teil des Familienzuschlags für das Kind. In diesem Falle kann die Regelung für Teilzeitbeschäftigte für die Kinder Nummer 1 und 3 des Beamten nicht angewendet werden, weil in Bezug auf diese Kinder keine Anspruchskonkurrenz im Sinne des § 40 Absatz 4 Satz 1 besteht. Der kinderbezogene Teil des Familienzuschlags für diese beiden Kinder ist im Verhältnis der ermäßigten zur regelmäßigen Arbeitszeit zu verringern.

Ist die Mutter des Kindes Nummer 2 auch teilzeitbeschäftigt, wird ihr der kinderbezogene Teil des Familienzuschlags für das Kind ungekürzt gewährt, wenn beide Teilzeitbeschäftigungen zusammengerechnet die Arbeitszeit einer Vollzeitbeschäftigung erreichen.

41.5 Zu Absatz 5

41.5.1 „Verbände" von öffentlich-rechtlichen Körperschaften, Anstalten oder Stiftungen sind Zusammenschlüsse dieser Rechtsträger jeder Art ohne Rücksicht auf ihre Rechtsform und Bezeichnung. Es kann sich demnach auch um Zusammenschlüsse in nicht öffentlich-rechtlicher Rechtsform handeln, zum Beispiel in Form eines Vereins oder einer Gesellschaft des bürgerlichen Rechts.

41.5.2 Bei einer zwischenstaatlichen oder überstaatlichen Einrichtung kann von einer Beteiligung der öffentlichen Hand durch Beiträge, Zuschüsse oder in anderer Weise ausgegangen werden, wenn die Einrichtung in dem Verzeichnis I der Anlage zur Entsendungsrichtlinie oder einer entsprechenden Vorschrift eines Landes aufgeführt ist. Im Zweifel ist bei Entscheidungserheblichkeit eine Entscheidung des Landesamtes für Besoldung und Versorgung einzuholen. In Fällen der Beschäftigung eines Ehegatten als Beamter der Europäischen Union sind allerdings die Nummern 41.2.2 und 41.4.3 zu beachten (keine Anspruchskonkurrenz).

41.6 Zu Absatz 6

In Fällen, in denen Anspruchskonkurrenzen vorliegen (§ 41 Absatz 1 Nummer 5, Absätze 2 und 4), sind unverzüglich Vergleichsmitteilungen auszutauschen. Auf die diesen Datenaustausch regelnde Vorschrift des § 85 Absatz 4 LBG wird hingewiesen.

42 Zu § 42 (Änderung des Familienzuschlags)

42.1 Das für die Zahlung des Familienzuschlags maßgebende Ereignis tritt zu dem Zeitpunkt ein, zu dem die Tatbestandsmerkmale einer Vorschrift, nach der jeweilige Teil des Familienzuschlags erstmals zu zahlen ist, erfüllt sind oder aber die Tatbestandsmerkmale einer Vorschrift, die die Zahlung des vollen Teils des Familienzuschlags bisher verhindert haben (zum Beispiel § 41 Absatz 2 oder 4), nicht mehr erfüllt sind.

Beispiel 1:

Durch die Eheschließung eines Beamten am 31. 7. werden die Voraussetzungen für die Gewährung des ehebezogenen Teils des Familienzuschlags erfüllt. Die Heirat ist das maßgebende Ereignis im Sinne des § 42 Satz 1, das zur Zahlung des Familienzuschlags ab 1. 7. führt.

Beispiel 2:

Beide Ehegatten stehen im öffentlichen Dienst, und jeder von ihnen erhält in Anwendung des § 41 Absatz 2 den ehebezogenen Teil des Familienzuschlags zur Hälfte. Mit Ablauf des 10. 3. scheidet die Ehefrau aus dem öffentlichen Dienst aus. In diesem Falle erhält die Ehefrau für die Zeit vom 1. bis 10. 3. (für die ihr noch Bezüge zustehen) zeitanteilig den ehebezogenen Teil des Familienzuschlags (wie bisher) zur Hälfte. Für den Ehemann ist das Ausscheiden seiner Frau aus dem öffentlichen Dienst das für die volle Zahlung seines Familienzuschlags maßgebende Ereignis, da von diesem Zeitpunkt an die Voraussetzungen des § 41 Absatz 2 nicht mehr vorliegen. Er erhält den ehebezogenen Teil des Familienzuschlags bereits für den (ganzen) Monat März in voller Höhe (wäre die Ehefrau mit Ablauf des Monats März aus dem öffentlichen Dienst ausgeschieden, erhielte der Ehemann den vollen Familienzuschlag dagegen erst vom Ersten des folgenden Monats).

Beispiel 3:

Im Beispielsfall 2 sei der Ehemann mit 75 % und die Ehefrau mit 30 % teilzeitbeschäftigt. Wegen des Ausscheidens der Ehefrau erhält der Ehemann den ehebezogenen Teil des Familienzuschlags für den (ganzen) Monat März zu 75 %. Bei der Ehefrau ändert sich am Ergebnis nichts.

Beispiel 4:

Im Beispielsfall 2 sei der Ehemann mit 30 % und die Ehefrau mit 75 % teilzeitbeschäftigt. Wegen des Ausscheidens der Ehefrau erhält der Ehemann den ehebezogenen Teil des Fa-

III.1.1 VwV zum Landesbesoldungsgesetz

milienzuschlags (erst) ab April zu 30 %. Bei der Ehefrau ändert sich am Ergebnis nichts.

Beispiel 5:
Beide Ehegatten sind Beamte. Der Ehemann wird unter Wegfall der Bezüge für die Zeit vom 10. 8. bis 4. 9. beurlaubt. Er erhält für die Monate August und September seine zeitanteiligen Bezüge unter Zugrundelegung des ehebezogenen Teils des Familienzuschlags zur Hälfte; die nicht beurlaubte (vollbeschäftigte) Ehefrau erhält für die Monate August und September den vollen ehebezogenen Teil des Familienzuschlags.

42.2 Ereignisse, die nach dem Ende des Dienstverhältnisses eintreten, wirken sich auf die Höhe des zuletzt zustehenden Familienzuschlags nicht mehr aus.

Beispiel:
Ein Beamter scheidet mit Ablauf des 15. 5. aus dem Dienst aus. Am 18. 5. wird ein Kind geboren, für das ihm Kindergeld nach dem EStG oder dem BKGG zusteht. Der Familienzuschlag ist für die Zeit vom 1. bis 15. 5. nicht zu erhöhen.

42.3 Nach § 42 Satz 2 wird ein Teil des Familienzuschlags letztmalig für den Monat gewährt, in dem die Anspruchsvoraussetzungen dafür an (mindestens) einem Tage erfüllt waren.

Beispiel 1:
Die Ehefrau eines Beamten tritt am 2. 3. als Beamtin in den öffentlichen Dienst ein. Sie erhält anteilig, das heißt für die Zeit vom 2. bis 31. 3., den ehebezogenen Teil des Familienzuschlags zur Hälfte. Der Ehemann erhält für diesen Monat noch den vollen ehebezogenen Teil des Familienzuschlags und erst ab April diesen Teil zur Hälfte.

Beispiel 2:
Durch die Ehescheidung eines Beamten mit Rechtskraftwirkung zum 1. 8. (ohne Unterhaltsverpflichtung) entfallen die Voraussetzungen für die Zahlung des ehebezogenen Teils des Familienzuschlags ebenfalls ab 1. 8., also für den gesamten Monat.

42.4 Sind innerhalb eines Monats die Anspruchsvoraussetzungen sowohl für eine Erhöhung als auch für eine Verminderung von Teilen des Familienzuschlags gegeben, so sind die Änderungen gesondert zu beurteilen.

Beispiel:
Eine geschiedene Beamtin mit einem Kind und einer auf 70 % reduzierten Arbeitszeit erhält bislang den ehebezogenen Teil und den kinderbezogenen Teil des Familienzuschlags entsprechend ihrem Arbeitszeitanteil zu 70 %. Sie heiratet am 15. 9. einen vollzeitbeschäftigten Beamten. Die Reduzierung auf die Hälfte des ehebezogenen Teils des Familienzuschlags erfolgt erst vom 1. 10. an. Der kinderbezogene Teil wird bereits ab 1. 9. in voller Höhe (statt bisher in Höhe von 70 %) gewährt. Eine Gegenrechnung erfolgt nicht.

43–46 (unbelegt)

47 Zu § 47 (Stellenzulagen)

47.0
Stellenzulagen sind in der Regel Zulagen, die wegen der Bedeutung oder sonstiger Besonderheiten der wahrgenommenen Funktion für den Zeitraum gewährt werden, in dem die in der Zulageregewrolung genannten Voraussetzungen, zum Beispiel Verwendung in einer bestimmten Funktion (Tätigkeit) oder Verwendung als Angehöriger einer bestimmten Beamtengruppe, erfüllt sind.

Die Gewährung und der Wegfall einer Stellenzulage sind dem Besoldungsempfänger von der anweisenden Stelle schriftlich mitzuteilen.

47.1 Zu Absatz 1
Die Entscheidung, welche Funktionen im Vergleich zu den mit der allgemeinen Ämterbewertung abgegoltenen Normalanforderungen herausgehoben sind und für deren Wahrnehmung daher Stellenzulagen gewährt werden, hat der Gesetzgeber in den §§ 48 bis 57 getroffen. Die in diesen Paragrafen enthaltenen Stellenzulagen sind abschließend; andere, als die gesetzlich bezeichneten Stellenzulagen dürfen nicht gewährt werden.

47.2 Zu Absatz 2

47.2.1 Tatsächliche Wahrnehmung der herausgehobenen Funktion

Tatbestandsvoraussetzung für die Gewährung einer Stellenzulage ist die tatsächliche Wahrnehmung der herausgehobenen Funktion, soweit das LBesGBW nichts anderes bestimmt. Dies bedeutet, dass dem Berechtigten der zulageberechtigende Aufgabenbereich zum Beispiel in internen Regelungen über die behördliche Organisation oder über die Geschäftsverteilung zur eigenverantwortlichen Wahrnehmung übertragen worden ist und er die Aufgaben dieses Dienstpostens auch tatsächlich erfüllt. Eine lediglich informatorische Beschäftigung oder die Zeit einer Ausbildung bei einer in der Zulageregelung genannten Behörde oder Einrichtung ist keine Wahrnehmung einer herausgehobenen Funktion. Eine Ausnahme gilt in den Fällen der Nummer 47.2.6.

Hinsichtlich der in der Lehrkräftezulagenverordnung geregelten Stellenzulagen ist die dortige Bestimmung in § 1 Absatz 2 zu beachten. Danach müssen die in der Anlage zur Lehrkräftezulagenverordnung genannten Funktionen durch förmliche Bestellung übertragen worden sein.

Soweit in der Zulageregelung die Verwendung in einer bestimmten Funktion nicht ausdrücklich gefordert wird, wird die Stellenzulage für den Zeitraum gewährt, in dem der Besoldungsempfänger in der maßgeblichen Funktionsgruppe, Beamtengruppe oder bei der in der Zulageregelung genannten Behörde oder Einrichtung verwendet wird (zum Beispiel Zulage für Beamte mit vollzugspolizeilichen Aufgaben nach § 48).

47.2.2 Zeitlicher Umfang der Aufgabenwahrnehmung

Soweit in den einzelnen Zulageregelungen nichts anderes bestimmt ist, wird die Zulage nur gewährt, wenn eine andere als die zulageberechtigende Tätigkeit nur in geringfügigem Umfang ausgeübt wird. Dies ist der Fall, wenn die andere Tätigkeit durchschnittlich höchstens 20 Prozent der Gesamttätigkeit des Besoldungsempfängers (zeitlicher Umfang) umfasst. Bei der Stellenzulage nach § 53 ist Voraussetzung, dass der Besoldungsempfänger auf einem entsprechenden Dienstposten ausschließlich verwendet wird.

Soweit bei einzelnen Stellenzulagenregelungen eine überwiegende Ausübung der zulageberechtigenden Tätigkeit vorgesehen ist (zum Beispiel Zulage für Beamte im Außendienst der Steuerverwaltung nach § 52), so ist diese Voraussetzung erfüllt, wenn die Wahrnehmung dieser Tätigkeit durchschnittlich im Kalendermonat mehr als die Hälfte der regelmäßigen oder im Einzelfall festgelegten Arbeitszeit beansprucht.

Beginnt oder endet die zulageberechtigende Tätigkeit im Laufe eines Kalendermonats, so ist die auf den Teilzeitraum entfallende Stellenzulage zu gewähren, wenn in diesem der jeweils erforderliche zeitliche Umfang der Aufgabenwahrnehmung gegeben ist.

47.2.3 Staffelung der Zulagenhöhe

Ist die Höhe einer Stellenzulage nach Besoldungsgruppen gestaffelt (zum Beispiel Zulage für Beamte an Theatern nach § 54), so wird bei einer rückwirkenden Einweisung in die Planstelle einer Besoldungsgruppe mit höherer Stellenzulage diese rückwirkend gewährt, soweit die mit der neuen Planstelle verbundenen Aufgaben wahrgenommen worden sind.

47.2.4 Anspruchsentstehung

Der Anspruch auf eine Stellenzulage entsteht regelmäßig mit dem Tag, an dem der Besoldungsempfänger die zulageberechtigende Tätigkeit tatsächlich aufnimmt oder mit dem Tag, an dem er als Angehöriger der von der Zulage erfassten Funktionsgruppe, Beamtengruppe oder bei der genannten Behörde oder Einrichtung sein Aufgabengebiet tatsächlich wahrnimmt und eine etwaige, gesetzlich vorgeschriebene Wartezeit (zum Beispiel Zulage für Beamte mit vollzugspolizeilichen Aufgaben nach § 48 in Verbindung mit Anlage 14) abgelaufen ist. In Fällen, in welchen eine überwiegende Ausübung der Tätigkeit Voraussetzung ist, entsteht der Anspruch vom

Ersten des Kalendermonats beziehungsweise vom ersten Tage des Teilzeitraumes an, in welchem der Besoldungsempfänger erstmals die anspruchsbegründende Tätigkeit in dem geforderten Umfang ausgeübt hat.

Wenn der Abschluss einer Ausbildung, die Ablegung einer Prüfung usw. Voraussetzung für die Gewährung einer Stellenzulage ist, entsteht der Anspruch mit dem Tag, an dem diese Voraussetzung erfüllt ist.

47.2.5 Einstellung der Zahlung

Die Zahlung einer Stellenzulage wird regelmäßig mit Ablauf des Tages eingestellt, an dem die zulageberechtigende Tätigkeit zuletzt ausgeübt worden ist oder die Verwendung des Besoldungsempfängers in der genannten Gruppe, Behörde oder Einrichtung endet beziehungsweise unterbrochen wird oder ab dem die sonstigen Tatbestandsvoraussetzungen (zum Beispiel der erforderliche zeitliche Umfang) nicht mehr erfüllt sind. Dies gilt zum Beispiel auch, wenn eine zulageberechtigende Tätigkeit endet oder unterbrochen wird durch

a) eine laufbahnrechtlich bedingte oder ausbildungsbezogene andere Tätigkeit, die das Maß einer bloßen Fortbildung überschreitet,
b) eine Übertragung einer nicht zulageberechtigenden Tätigkeit im Wege der Abordnung oder Zuweisung nach § 20 BeamtStG,
c) eine disziplinarrechtliche vorläufige Dienstenthebung, ein beamtenrechtliches Verbot der Führung der Dienstgeschäfte oder eine richterliche vorläufige Untersagung der Amtsgeschäfte.

Besteht der Anspruch auf eine Stellenzulage nicht für einen vollen Kalendermonat, wird die Stellenzulage nur zu dem Teil gezahlt, der auf den Anspruchszeitraum entfällt. Der Teilbetrag ist nach § 4 Absatz 3 zu berechnen, vergleiche Nummer 4.3.

Sofern der Wegfall einer Stellenzulage aus dienstlichen Gründen (siehe Nummer 64.1.1.1) erfolgt, ist die Anwendung des § 64 (Ausgleichszulage) zu prüfen.

47.2.6 Besonderheit zu den §§ 48 bis 50

Anwärter erhalten die Stellenzulagen nach den §§ 48 bis 50 unter den gleichen Voraussetzungen wie Beamte mit Dienstbezügen. Diese Stellenzulagen werden daher auch bei einer laufbahnrechtlich bedingten oder ausbildungsbezogenen anderen Tätigkeit, einer Einführungszeit und einer informatorischen Beschäftigung gewährt, wenn die in den Zulageregelungen genannten Voraussetzungen erfüllt sind.

47.2.7 Weitergewährung der Stellenzulage in bestimmten Fällen

Die Stellenzulage wird trotz Unterbrechung der zulageberechtigenden Tätigkeit in den folgenden Fällen fortgezahlt:

a) Erkrankung einschließlich Heilkur,
b) Erholungsurlaub,
c) Schulferien,
d) Beurlaubung unter Fortzahlung der Bezüge im Sinne des § 9 Absätze 2 und 11 des ArbPlSchG (Wehrübungen),
e) Beschäftigungsverbot nach den Vorschriften über den Mutterschutz der Beamtinnen,
f) Freistellung vom Dienst zum Zwecke der Ausübung einer Tätigkeit in der Personalvertretung nach dem LPVG, einer Tätigkeit in der Schwerbehindertenvertretung nach den Vorschriften des SGB IX oder zum Zwecke der Wahrnehmung der Aufgaben einer Beauftragten für Chancengleichheit nach den Vorschriften des Chancengleichheitsgesetzes,
g) Teilnahme an Fortbildungslehrgängen, wenn nicht Auslandsdienstbezüge im Sinne des § 78 gewährt werden oder der Fortbildungslehrgang nicht zugleich die Merkmale der in Nummer 47.2.5 aufgeführten Beendigungstatbestände aufweist. Der Aufstieg vom gehobenen in den höheren allgemeinen Verwaltungsdienst ist in der Regel als Fortbildung zu bewerten; die Ausbildung eines Beamten des mittleren Dienstes für eine Laufbahn des gehobenen Dienstes, die mit einer Laufbahnprüfung beendet wird, ist dagegen

keine Fortbildung. Ein Fortbildungslehrgang nach Satz 1 liegt nicht vor, wenn er zeitlich überwiegend in der Ableistung eines Praktikums besteht.

Über die Weiterzahlung einer Stellenzulage bei einem Sonderurlaub unter Fortzahlung der Bezüge ist im Einzelfall zu entscheiden (Ermessensentscheidung).

47.2.8 Gewährung von Stellenzulagen im Anschluss an eine Elternzeit

Zur Vermeidung von Nachteilen durch die Inanspruchnahme von Elternzeit sind Stellenzulagen bei Vorliegen der unter Nummer 47.2.7 genannten Weitergewährungstatbestände auch dann weiterzugewähren, wenn sich diese unmittelbar, also ohne zwischenzeitliche tatsächliche Dienstaufnahme, an eine Elternzeit anschließen.

Voraussetzung hierfür ist, dass die Stellenzulage bis zum Tag vor dem Beginn einer Elternzeit gewährt wurde und nach der Elternzeit dieselbe (oder eine entsprechende) zulageberechtigende Tätigkeit wahrgenommen wird.

Beispiel:

Ein Polizeibeamter erhielt bis zum 31. 7. 2012 die Stellenzulage nach § 48 (Polizeizulage). Vom 1. 8. 2012 bis zum 31. 7. 2013 befindet sich der Beamte in Elternzeit. Für den 1. 8. 2013 war die tatsächliche Dienstaufnahme in einer die Zulage nach § 48 berechtigenden Funktion beabsichtigt. Krankheitsbedingt erfolgt die tatsächliche Dienstaufnahme jedoch erst zum 14. 8. 2013. Mit der Aufnahme der Besoldung nach Rückkehr aus der Elternzeit ab dem 1. 8. 2013 wird auch die Zahlung der Polizeizulage aufgenommen.

47.3 (unbelegt)

47.4 (unbelegt)

48–51 (unbelegt)

52 Zu § 52 (Zulage für Beamte im Außendienst der Steuerverwaltung)

52.1 Zu Absatz 1

Zum Außendienst der Steuerprüfung gehören folgende Prüfungsdienste:

a) der allgemeine Betriebsprüfungsdienst,
b) die Steuerfahndung,
c) die Amtsbetriebsprüfung,
d) die Umsatzsteuerprüfung,
e) die Lohnsteueraußenprüfung,
f) die Rennwett- und Lotteriesteuerprüfung.

Weitere Prüfungsdienste dürfen nur mit vorheriger Zustimmung des Ministeriums für Finanzen und Wirtschaft einbezogen werden.

52.1.2 Eine überwiegende Verwendung im Außendienst der Steuerprüfung ist lediglich dann gegeben, wenn der Beamte zu mehr als 50 Prozent seiner Gesamttätigkeit als Prüfer der in Nummer 52.1.1 genannten Prüfungsdienste oder als Sachgebietsleiter der in Nummer 52.1.1 unter den Buchstaben a) bis c) aufgeführten Prüfungsdienste eingesetzt ist.

52.1.3 Zum Außendienst im Sinne dieser Vorschrift zählen auch die bei den Prüfungen für den Zu- und Abgang aufgewendeten Zeiten sowie die Vorbereitung der Prüfungen, die Vernehmungen, die Auswertung der bei den Prüfungen beschafften Unterlagen, Zwischen-, Vor- und Schlussbesprechungen im Zusammenhang mit Prüfungen, die Anfertigung der Prüfungsberichte und die Überprüfung der Prüfungsberichte durch den Sachgebietsleiter.

52.1.4 Anspruch auf die Stellenzulage haben grundsätzlich nur selbstständig und eigenverantwortlich arbeitende Beamte des Prüfungsdienstes. Beamte, die zur Einarbeitung mit dem Ziel einer späteren Verwendung für den Prüfungsdienst nach Nummer 52.1.1 eingesetzt sind, erhalten während der Einarbeitung bei den in Nummer 52.1.1 genannten Prüfungsdiensten ebenfalls diese Stellenzulage. Betriebsprüfungs- und Steuerfahndungshelfern sowie den Auswertern steht diese Stellenzulage nicht zu.

52.2 (unbelegt)

53–56 (unbelegt)

57 Zu § 57 (Weitere Stellenzulagen)

57.1 Zu Absatz 1

57.1.1 Zu Absatz 1 Nummer 1

57.1.1.1 Meister im Sinne der Vorschrift sind Handwerksmeister und Industriemeister. Staatlich geprüfter Techniker ist, wer einen nach Maßgabe der Rahmenvereinbarung über Fachschulen (Beschluss der Kultusministerkonferenz vom 7. November 2002 in der jeweils geltenden Fassung) gestalteten Ausbildungsgang mit der vorgeschriebenen Prüfung erfolgreich abgeschlossen und die Berechtigung zur Führung der ihrer Fachrichtung/ihrem Schwerpunkt zugeordneten Berufsbezeichnung „Staatlich geprüfter Techniker" erworben hat.

57.1.1.2 Voraussetzung für die Zulagengewährung ist, dass eine Meisterprüfung oder eine Abschlussprüfung als staatlich geprüfter Techniker als Einstellungsvoraussetzung für eine bestimmte Laufbahn vorgeschrieben ist. Dies ist derzeit bei folgenden Laufbahnen des mittleren technischen Dienstes im Land Baden-Württemberg der Fall:

a) Werkdienst bei den Vollzugsanstalten,
b) mittlerer technischer Gewerbeaufsichtsdienst,
c) mittlerer lebensmitteltechnischer Dienst,
d) mittlerer eichtechnischer Dienst,
e) Straßenmeisterdienst.

Beamte in diesen Laufbahnen, die die vorgeschriebene Meisterprüfung oder Abschlussprüfung als staatlich geprüfter Techniker im oben genannten Sinne nicht nachweisen können (zum Beispiel bei alternativ anderen Vorbildungsvoraussetzungen), können diese Stellenzulage nicht erhalten.

57.1.1.3 Wird für eine Laufbahn des mittleren technischen Dienstes eine der in § 57 Absatz 1 Nummer 1 geforderten Prüfungen als Einstellungsvoraussetzung erst von einem bestimmten Zeitpunkt an vorgeschrieben, so steht ab diesem Zeitpunkt auch früher eingestellten Beamten die Meisterzulage zu, sofern sie eine der in § 57 Absatz 1 Nummer 1 geforderten Prüfungen bestanden haben.

57.2 (unbelegt)

57.3 (unbelegt)

58–63 (unbelegt)

64 Zu § 64 (Ausgleichszulage für den Wegfall von Stellenzulagen)

64.0 Anwendungsbereich

Diese Vorschrift regelt Ausgleichsansprüche für die Fälle, in denen eine Stellenzulage wegfällt oder sich vermindert (zum Beispiel Zulage nach § 57 Absatz 1 Nummer 9 in Verbindung mit der Lehrkräftezulagenverordnung. Die in § 53 getroffenen Regelungen zur Weitergewährung der Zulage für Beamte als fliegendes Personal sind vorrangig zu beachten, vergleiche § 64 Absatz 3 Satz 2. Auf die Zulage nach § 55 (Verwendung bei obersten Behörden des Bundes oder eines anderen Landes) ist § 64 im Falle der Beendigung der einschlägigen Verwendung nicht anzuwenden, vergleiche § 55 Satz 2.

64.1 Zu Absatz 1

64.1.1 Dienstliche Gründe

64.1.1.1 Allgemeines

Voraussetzung für die Gewährung einer Ausgleichszulage ist, dass die bisherige Stellenzulage aus dienstlichen Gründen wegfällt. Dienstliche Gründe sind auch dann gegeben, wenn eine vom Dienstherrn initiierte Maßnahme zugleich im Interesse des Beamten liegt. Ausgleichsansprüche können daher zum Beispiel regelmäßig entstehen, wenn der Wegfall einer Stellenzulage durch eine Beförderung oder durch einen Verwendungswechsel verursacht ist, die auf einer erfolgreichen Bewerbung auf eine ausgeschriebene Stelle beruhen.

Dienstliche Gründe liegen hingegen nicht vor, wenn die den Wegfall der Stellenzulage auslösende Maßnahme (zum Beispiel Verwendungswechsel) ausschließlich oder überwiegend persönliche Gründe hat (zum Beispiel privat veranlasster Wohnortwechsel). Ein Indiz für persönliche Gründe ist es, wenn die Initiative für die auslösende Maßnahme vom

Besoldungsempfänger ausgeht. Entscheidend sind jeweils die Umstände des Einzelfalls.

64.1.1.2 Besonderheiten im Zusammenhang mit der Inanspruchnahme von Elternzeit

Ein Anspruch auf eine Ausgleichszulage kann auch dann bestehen, wenn im Zusammenhang mit der Inanspruchnahme von Elternzeit bei Dienstantritt (Rückkehr aus der Elternzeit beziehungsweise Aufnahme einer Teilzeitbeschäftigung während der Elternzeit) eine Verwendung ohne Zulagenberechtigung übertragen wird (zum Beispiel weil der bisherige Dienstposten zwischenzeitlich anderweitig besetzt wurde). Voraussetzung für die Gewährung der Ausgleichszulage nach § 64 ist, dass die Stellenzulage nach Rückkehr aus der Elternzeit aus dienstlichen, nicht vom Besoldungsempfänger zu vertretenden Gründen wegfällt. Voraussetzung ist jedoch, dass die tatbestandlichen zeitlichen Voraussetzungen des § 64 für die Gewährung der Ausgleichszulage erfüllt sind. Die Stellenzulage muss also vor der Elternzeit in einem Zeitraum von sieben Jahren insgesamt mindestens fünf Jahre zugestanden haben.

Beispiel:

Eine vollzeitbeschäftigte Steuerbeamtin, die seit 1. 10. 1999 ununterbrochen Anspruch auf die Prüferzulage nach § 52 hat, nimmt zunächst vom 1. 10. 2005 bis 30. 9. 2008 Elternzeit. Während der Elternzeit erfolgt die Geburt eines zweiten Kindes, weshalb sich an die erste Elternzeit nahtlos eine zweite Elternzeit für dieses Kind bis zum 30. 9. 2011 anschließt. Bei ihrem Dienstantritt am 1. 10. 2011 wird sie in einen nicht zulageberechtigenden Bereich umgesetzt, weil ihr früherer Dienstposten anderweitig besetzt ist. Hier besteht ein Anspruch auf eine Ausgleichszulage nach § 64, weil auch die zeitlichen Tatbestandsvoraussetzungen erfüllt sind.

64.1.2 Mindestbezugsdauer von fünf Jahren

64.1.2.1 Allgemeines

Für einen Ausgleichsanspruch ist es erforderlich, dass die weggefallene Stellenzulage mindestens fünf Jahre zugestanden hat. Ein ununterbrochener Anspruch ist nicht erforderlich. Vielmehr ist es ausreichend, dass während eines Zeitraumes von sieben Jahren vor dem Verwendungswechsel insgesamt eine fünfjährige Bezugszeit erreicht wird. Für die Berechnung des Bezugszeitraums ist § 191 BGB zugrunde zu legen. Hiernach rechnet sich das Jahr mit 365 Tagen und der Monat mit 30 Tagen.

Beispiel:

Ein Beamter im Einsatzdienst der Feuerwehr mit Anspruch auf die Stellenzulage nach § 49 (132,69 €) wird mit Wirkung vom 1. 10. 2012 aus dienstlichen Gründen versetzt und verliert diesen Anspruch. Der 7-Jahres-Rückblick für den Zeitraum vom 1. 10. 2005 bis 30. 9. 2012 stellt sich wie folgt dar:

1. 10. 2005 –	Einsatzdienst	Bezugszeit 3 Jahre,
31. 1. 2009	Feuerwehr	4 Monate
1. 2. 2009 –	Beurlaubung	Unterbrechung der
31. 1. 2010	wegen Pflege Angehörige	Bezugszeit
1. 2. 2010 –	keine zulageberechtigende Verwendung	Unterbrechung der
30. 11. 2010		Bezugszeit
1. 12. 2010 –	Einsatzdienst	Bezugszeit 1 Jahr,
30. 9. 2012	Feuerwehr	10 Monate

Die Anspruchsvoraussetzungen für die Ausgleichszulage sind erfüllt. In dem zurückliegenden 7-Jahres-Zeitraum wurde die Stellenzulage insgesamt fünf Jahre und zwei Monate bezogen.

64.1.2.2 Nichtberücksichtigung bestimmter Stellenzulagenbezugszeiten

Bezugszeiten von Stellenzulagen, die bereits zu einem Anspruch auf eine Ausgleichszulage geführt haben, bleiben für weitere Ausgleichsansprüche unberücksichtigt, vergleiche § 64 Absatz 1 Satz 5.

Beispiel:

Die weitere Verwendung des im Beispiel in Nummer 64.1.2.1 genannten Beamten gestaltet sich folgendermaßen:

1. 10. 2012 –	keine zulageberechtigende Verwendung
31. 5. 2014	

1. 6. 2014 – 31. 12. 2017 ab 1. 1. 2018 keine zulagebe- rechtigende Verwendung	Einsatzdienst Feuerwehr	Bezugszeit 3 Jahre, 7 Monate

Zu prüfen ist, ob der Wegfall der Stellenzulage nach § 49 mit Wirkung vom 1. 1. 2018 zu einem erneuten Ausgleichsanspruch führt. Die Betrachtung der letzten sieben Jahre vor dem Wegfall der Stellenzulage (1. 1. 2011 – 31. 12. 2017) ergibt Folgendes:

1. 1. 2011 – 30. 9. 2012	zulageberechti- gende Verwen- dung	Bezugszeit 1 Jahr, 9 Monate
1. 10. 2012 – 31. 5. 2014	keine zulage- rechtigende Ver- wendung	
1. 6. 2014 – 31. 12. 2017	zulageberechti- gende Verwen- dung	Bezugszeit 3 Jahre, 7 Monate

Insgesamt wurde die Zulage innerhalb der letzten sieben Jahre für fünf Jahre und vier Monate gewährt. Zeiten der Gewährung einer Stellenzulage, die schon zu einem Anspruch auf eine Ausgleichszulage geführt haben, müssen nach § 64 Absatz 1 Satz 5 jedoch unberücksichtigt bleiben.

1. 10. 2005 – 30. 9. 2012	erster 7-Jahres-Zeitraum
1. 1. 2011 – 31. 12. 2017	zweiter 7-Jahres-Zeitraum
1. 1. 2011 – 30. 9. 2012	Überschneidungszeitraum
1. 1. 2011 – 30. 9. 2012	nicht zu berücksichtigende Bezugs- zeiten von 1 Jahr, 9 Monate
1. 6. 2014 – 31. 12. 2017	zu berücksichtigender Bezugszeit- raum von 3 Jahren, 7 Monaten

Es besteht ab 1. 1. 2018 kein erneuter Anspruch auf eine Ausgleichszulage.

64.1.3 Höhe und Verminderung der Ausgleichszulage, Anrechnungen

64.1.3.1 Höhe der Ausgleichszulage

Der Anspruch auf Ausgleichszulage besteht in Höhe des Betrags, der am Tag vor dem Wegfall der Stellenzulage zugestanden hat. Bei einer Teilzeitbeschäftigung zum Zeitpunkt des Wegfalls der Stellenzulage errechnet sich die Ausgleichszulage aus der nach § 8 geminderten Höhe der Stellenzulage. Dies gilt auch dann, wenn in der neuen Verwendung der Umfang der Teilzeitbeschäftigung erhöht wird oder wieder zu einer Vollzeitbeschäftigung zurückgekehrt wird.

64.1.3.2 Verminderung der Ausgleichszulage durch Zeitablauf

Die Ausgleichszulage verringert sich jeweils nach Ablauf eines Kalenderjahres um 20 Prozent der festgesetzten Ausgleichszulage, § 64 Absatz 1 Satz 3.

Beispiel:

Wie Beispiel zu Nummer 64.1.2.1. Die Ausgleichszulage ist in Höhe von 132,69 € zum 1. 10. 2012 festzusetzen. Der jeweilige Kürzungsbetrag beträgt 20 % von 132,69 €, also 26,54 €. Die Höhe der Ausgleichszulage ergibt sich demnach wie folgt:

1. 10. 2012 – 30. 9. 2013	132,69 €
1. 10. 2013 – 30. 9. 2014	106,15 €
1. 10. 2014 – 30. 9. 2015	79,61 €
1. 10. 2015 – 30. 9. 2016	53,07 €
1. 10. 2016 – 30. 9. 2017	26,53 €
1. 10. 2017	Die Ausgleichs- zulage ist abge- baut.

Der Abbau der Ausgleichszulage erfolgt – von den Fällen des § 64 Absatz 1 Satz 4 abgesehen – unabhängig davon, wie sich die übrigen Dienstbezüge entwickeln. Ein Abbau der Ausgleichszulage erfolgt daher auch dann, wenn eine dem Grunde nach zustehende Ausgleichszulage tatsächlich nicht zur Auszahlung gelangt, zum Beispiel während der Elternzeit.

64.1.3.3 Sonstige Verminderungen der Ausgleichszulage

Bezügeerhöhungen wegen der Übertragung eines höherwertigen Amtes, einer höherwertigen Funktion oder wegen des Anspruchs auf eine andere Stellenzulage vermindern die Ausgleichszulage. Der Aufstieg in den Erfahrungsstufen der Landesbesoldungsordnungen sowie eine Bezügeerhöhung aufgrund einer allgemeinen Besoldungsanpassung nach § 16 führen nicht zu einer Verringerung der Ausgleichszulage.

Beispiel:

Wie Beispiel zu Nummer 64.1.2. Der Beamte wird mit Wirkung vom 1. 10. 2015 befördert und erhält hierdurch ein um 276,11 € erhöhtes Grundgehalt ab diesem Zeitpunkt.

Die Erhöhung der Dienstbezüge durch die Beförderung vermindert die Ausgleichszulage. Die Gewährung der Ausgleichszulage stellt sich wie folgt dar:

1. 10. 2012 – 30. 9. 2013	132,69 €
1. 10. 2013 – 30. 9. 2014	106,15 €
1. 10. 2014 – 30. 9. 2015	79,61 €
ab 1. 10. 2015	Die Ausgleichszulage ist abgebaut.

64.1.3.4 Besonderheit bei Teilzeitbeschäftigung im Rahmen der Elternzeit

Wird im Rahmen einer Elternzeit einer Teilzeitbeschäftigung nachgegangen und führt während dieser Zeit eine als dienstlich zu qualifizierende Maßnahme zum Wegfall der Stellenzulage, so ist Anknüpfungspunkt hier – ebenso wie bei Elternzeit ohne Beschäftigung – die Höhe der Stellenzulage vor Beginn der Elternzeit.

Beispiel:

Eine seit 1. 10. 2002 vollzeitbeschäftigte Steuerbeamtin mit Anspruch auf die Prüferzulage nach § 52 beantragt aufgrund der Geburt ihres ersten Kindes vom 14. 8. 2010 bis einschließlich 13. 8. 2012 Elternzeit. Ab dem 1. 8. 2011 beantragt sie eine Teilzeitbeschäftigung mit 50 % der regelmäßigen Arbeitszeit während ihrer Elternzeit. Sie wird in ihrem bisherigen Aufgabenbereich verwendet (hat weiterhin Anspruch auf die Prüferzulage). Zum 1. 12. 2011 erfolgt eine Neuorganisation und die Beamtin wird in einen nicht zulageberechtigenden Bereich umgesetzt. Mit dem Ende ihrer Elternzeit am 14. 8. 2012 beabsichtigt sie, in eine Vollzeitbeschäftigung zurückzukehren. Mit der Aufnahme der Besoldung zum 1. 8. 2011 erhält die Beamtin aufgrund der zulageberechtigenden Verwendung die Prüferzulage in Höhe von 50 % entsprechend ihrer Teilzeitbeschäftigung. Aufgrund der Umorganisation ist zum 1. 12. 2011 über den Anspruch auf eine Ausgleichszulage nach § 64 zu entscheiden, der hier zu bejahen ist, da in den letzten sieben Jahren mindestens fünf Jahre die Zulage gewährt wurde. Zu beachten ist jedoch, dass die Beamtin sich am 1. 12. 2011 noch immer in Elternzeit befindet. Dem Grunde nach ergibt sich ein Ausgleichsanspruch in voller Höhe; allerdings kommt er aufgrund von § 8 Absatz 1 lediglich in Höhe von 50 % zur Auszahlung. Mit der Rückkehr zur Vollzeitbeschäftigung zum 14. 8. 2012 ist die Ausgleichszulage dann in voller Höhe zu gewähren.

64.1.3.5 Änderung des Beschäftigungsumfangs während der Bezugszeit der Ausgleichszulage

Eine Erhöhung des Beschäftigungsumfangs während der Bezugszeit der Ausgleichszulage führt nicht zu einer entsprechenden Erhöhung der Ausgleichszulage.

Beispiel 1:

Eine Steuerbeamtin, die vom 1. 10. 2004 bis 30. 9. 2009 vollzeitbeschäftigt war und ununterbrochen Anspruch auf die Prüferzulage nach § 52 (39,95 €) hatte, war vom 1. 10. 2009 bis zum Beginn ihres Mutterschutzes am 15. 12. 2010 mit 75 % der regelmäßigen Arbeitszeit zulageberechtigend teilzeitbeschäftigt. Danach nahm die Beamtin Elternzeit bis zum 11. 12. 2011. Ab dem 12. 12. 2011 arbeitet die Beamtin vollzeitbeschäftigt, jedoch aus dienstlichen Gründen nicht mehr zulageberechtigend. Nach Rückkehr aus der Elternzeit wird mit der Aufnahme der Besoldung am 12. 12. 2011 für die vor dem Mutterschutz zu 75 % zustehende Prüferzulage (29,96 €) ein Ausgleich gewährt. Eine Erhöhung der Arbeitszeit über die vor dem Mutterschutz geleistete Arbeitszeit (im Beispielsfall bis zur Vollzeitbeschäftigung) während der fünf Jahre, in denen die Ausgleichszulage zusteht, hat keine Auswirkung auf die Höhe der Ausgleichszulage.

Dagegen hat eine Verminderung des Beschäftigungsumfangs eine entsprechende Verminderung der Ausgleichszulage und des daraus resultierenden Verminderungsbetrags zur Folge.

Beispiel 2:

Die Beamtin aus Beispiel 1 arbeitet nach ihrer Elternzeit in einem Umfang von 75 % der regelmäßigen Arbeitszeit und beantragt zum 1. 2. 2013 eine Beschäftigung zu 50 % der regelmäßigen Arbeitszeit. Die Beamtin ist ab diesem Zeitpunkt so zu stellen, als hätte der Beschäftigungsumfang von 50 % bereits zum Zeitpunkt des Verwendungswechsels bestanden. Rechnerisch bedeutet dies, dass sich die bestehende Ausgleichszulage auf 50/75 reduziert. Die Aufzehrung der Ausgleichszulage beträgt künftig 50/75 des bisherigen Verminderungsbetrags.

Datum	Beschäftigungsumfang	Verminderungsbetrag	(verbleibende) Ausgleichszulage
12. 12. 2011	75 %		29,96 €
1. 1. 2013	75	5,99 €	23,97 €
1. 2. 2013	50		15,98 €
1. 1. 2014	50	3,99 €	11,99 €
1. 1. 2015	50	3,99 €	8,00 €
1. 1. 2016	50 %	3,99 €	4,01 €
1. 1. 2017	50 %	3,99 €	Die Ausgleichszulage ist abgebaut.

64.2 Zu Absatz 2

Nach § 64 Absatz 2 können Zeiten unterschiedlicher zulageberechtigender Verwendungen zum Erwerb eines Ausgleichsanspruchs zusammengezählt werden. Die Ausgleichszulage bemisst sich in diesen Fällen nach der Stellenzulage mit dem niedrigsten Betrag, wenn nicht eine Zulage mindestens fünf Jahre zugestanden hat.

Beispiel:

Ein Beamter wechselt aus dienstlichen Gründen zwischen folgenden Zulageberechtigungen:

1. 4. 2005 – 31. 1. 2006	keine zulageberechtigende Verwendung	
1. 2. 2006 – 30. 5. 2009	Zulage nach § 52 (AußendienstSteuerverwaltung) in Höhe von 39,95 €	Bezugszeit 2 Jahre, 4 Monate
1. 6. 2009 – 31. 3. 2012	Zulage als Steuerfahnder nach § 48 nach einem Dienstjahr in Höhe von 66,35 €, nach 2 Dienstjahren in Höhe von 132,69 €	Bezugszeit 2 Jahre, 10 Monate
ab 1. 4. 2012	keine zulageberechtigende Verwendung	

Der Beamte hat in dem 7-Jahres-Zeitraum vom 1. 4. 2005 bis 31. 3. 2012 insgesamt Bezugszeiten von fünf Jahren und vier Monaten aus den beiden unterschiedlichen Stellenzulagen. Nach § 64 Absatz 2 hat er somit einen Anspruch auf eine Ausgleichszulage, die sich nach der Stellenzulage mit dem niedrigsten Betrag bemisst. Es ist daher ab dem 1. 5. 2012 eine Ausgleichszulage in Höhe von 39,95 € festzusetzen und nach den Regelungen des § 64 Absatz 1 Satz 3 jährlich zu vermindern.

64.3 (unbelegt)

64.4 Zu Absatz 4

§ 64 Absatz 4 regelt den Anspruch auf eine Ausgleichszulage für Ruhegehaltsempfänger, die erneut in das Beamtenverhältnis berufen werden. Dieser Personenkreis erhält eine Ausgleichszulage, wenn der Beamte in seiner letzten aktiven Verwendung Anspruch auf eine Stellenzulage hatte und eine solche in der neuen Verwendung nicht zusteht und die weiteren Voraussetzungen des § 64 erfüllt sind. Die Zeit im Ruhestand bleibt sowohl bei der Ermittlung des 5-Jahres-Zeitraums als auch bei der Verminderung der Ausgleichszulage unberücksichtigt.

Beispiel:

Ein Steuerbeamter mit Anspruch auf eine Stellenzulage nach § 52 (Prüferzulage) in Höhe von 39,95 € wird mit Wirkung vom 1. 8. 2012 wegen Dienstunfähigkeit in den Ruhestand versetzt. Nach Ablauf von einem Jahr wird der Beamte zum 1. 8. 2013 reaktiviert und erneut in das Beamtenverhältnis berufen, aber fortan im Innendienst nicht zulageberechtigend verwendet. Die allgemeinen

Voraussetzungen für die Gewährung einer Ausgleichszulage liegen vor. Der Beamte erhält nach seiner erneuten Berufung in das Beamtenverhältnis eine Ausgleichszulage. Nachdem die Ruhestandszeit unberücksichtigt bleibt, ist die Ausgleichszulage zum 1. 8. 2013 in unverminderter Höhe (39,95 €) festzusetzen. Sie vermindert sich nach Maßgabe des § 64 Absatz 1 Satz 3 und 4.

65 Zu § 65 (Mehrarbeitsvergütung)

65.1 Zu Absatz 1

65.1.1 Zu den Beamten mit Dienstbezügen in Besoldungsgruppen mit aufsteigenden Gehältern gehören nicht nur die Beamten der Landesbesoldungsordnung A, sondern auch Beamte der Landesbesoldungsordnung C kw oder R. Allerdings werden die sonstigen für eine Gewährung von Mehrarbeitsvergütung geforderten Voraussetzungen außerhalb der Landesbesoldungsordnung A nur in besonderen Ausnahmefällen vorliegen (vergleiche Nummer 65.2.1).

65.1.2 In § 65 Absatz 1 sind die Bereiche bestimmt, in denen Mehrarbeit typischerweise messbar ist. Bei den Nummern 1 bis 5 liegt dies in der Natur der bereichstypischen Tätigkeiten.

65.1.3 Mehrarbeit im Schuldienst (§ 65 Absatz 1 Satz 1 Nummer 5) liegt vor, wenn von einer Lehrkraft auf Anordnung oder mit Genehmigung über die sich aus Rechts- und Verwaltungsvorschriften oder Verwaltungsakten ergebende individuelle Pflichtstundenzahl hinaus Unterricht erteilt wird. Da abgeltbare Mehrarbeit nur bei einer Mehrbeanspruchung durch Unterrichtstätigkeit vorliegt, kann für die Teilnahme an Schulveranstaltungen, die keinen Unterricht darstellen, und für außerunterrichtliche Tätigkeiten (zum Beispiel Teilnahme an Eltern- und Schülersprechterminen, Lehrerkonferenzen oder Fortbildungsveranstaltungen, Erledigung von Verwaltungsarbeit, bloße Beaufsichtigung einer Klasse ohne Unterrichtserteilung) keine Mehrarbeitsvergütung gewährt werden.

65.1.4 Bei Nummer 6 besteht der insoweit von einem Beamten zu verrichtende Dienst aus Tätigkeiten, deren zeitlicher Ablauf und Inhalt durch Dienst-, Einsatz- oder Unterrichtspläne vorgeschrieben sind, so dass sich aus der Dauer der Mehrarbeit ohne weiteres das Maß der erbrachten Mehrleistung ergibt. Unter Bereitschaftsdienst ist die Pflicht eines Beamten zu verstehen, sich an einem vom Dienstherrn bestimmten Ort außerhalb des Privatbereichs zu einem jederzeitigen unverzüglichen Einsatz bereitzuhalten, wobei erfahrungsgemäß mit einer dienstlichen Inanspruchnahme gerechnet werden muss. Hiervon zu unterscheiden ist die selbst nicht vergütungsfähige Rufbereitschaft, also das Bereithalten im Privatbereich; Zeiten der Heranziehung zur Dienstleistung während der Rufbereitschaft können jedoch zu vergütungsfähiger Mehrarbeit führen. Schichtdienst ist der Dienst nach einem Schichtplan (Dienstplan), der einen regelmäßigen Wechsel der täglichen Arbeitszeit in Zeitabschnitten von längstens einem Monat vorsieht. Schichtdienst wird für Dienststellen oder Einrichtungen festgesetzt, bei denen wegen der sachlichen Aufgaben oder der örtlichen Verhältnisse der Dienstbetrieb über die sonst übliche Arbeitszeit hinaus aufrecht zu erhalten ist. Hierbei ist es nicht erforderlich, dass während der vollen 24 Stunden des Tages und an allen Kalendertagen gearbeitet wird. Dienst nach einem allgemein geltenden besonderen Dienstplan liegt vor, wenn die Dienstleistenden aufgrund dieses Dienstplans zu unterschiedlichen Zeiten den in seinem Ablauf genau vorgeschriebenen Dienst antreten und beenden müssen, und diese besondere Dienstzeitgestaltung wegen der Eigenart des Dienstes zwingend erforderlich ist, um eine sachund zweckgerechte Erfüllung der dienstlichen Obliegenheiten sicherzustellen. Dienstpläne, die vorübergehend zur Behebung bestimmter Schwierigkeiten (zum Beispiel Personalknappheit) aufgestellt werden, sind daher keine besonderen Dienstpläne im Sinne der Vorschrift.

65.1.5 Nummer 7 ermöglicht für Sondereinsätze unter besonderen Voraussetzungen die Gewährung von Mehrarbeitsvergütung. Ein Arbeitsergebnis liegt nur dann im öffentlichen Interesse, wenn ein Verzicht darauf zu erheblichen Nachteilen oder nicht akzeptablen Folgewirkungen führen würde. Unaufschiebbarkeit und Termingebundenheit liegt vor, wenn in der Arbeitsergebnis aus in der Natur der Sache liegenden Gründen bis zu einem bestimmten Termin erbracht sein muss und dieser Termin zwingend eingehalten werden muss. Sachgrundlos gesetzte Termine führen zu keiner Termingebundenheit.

Aufgrund dieser Grundsätze stellt die laufende Bearbeitung von dienstlichen Vorgängen keine Herbeiführung eines Arbeitsergebnisses im Sinne dieser Vorschrift dar. Wird jedoch der Arbeitsumfang durch von außen kommende von den jeweiligen Bearbeitern nicht beeinflussbare Besonderheiten vorübergehend so gesteigert, dass der notwendige Dienstbetrieb nur durch Sondereinsätze aufrecht erhalten werden kann, kommt die Gewährung von Mehrarbeitsvergütung in Betracht. Arbeiten zur termingerechten Berichterstattung über Ergebnisse der Verwaltungstätigkeit, bei Teilnahme an Sitzungen von Vertretungen oder Ausschüssen erfüllen die Voraussetzungen nicht.

65.1.6 Im Landesbereich bedarf die (vorherige) Anordnung oder die (nachträgliche) Genehmigung von Mehrarbeit nach Nummer 7 der Einwilligung des Finanz- und Wirtschaftsministeriums. Diese Einwilligung ist rein besoldungsrechtlicher Natur und lässt daher die daneben zu erfüllenden beamtenrechtlichen und haushaltsrechtlichen Erfordernisse unberührt. Hinsichtlich des Zeitpunkts, in dem diese Einwilligung einzuholen ist, gilt Folgendes:

Nach § 67 Absatz 3 LBG sind Beamte verpflichtet, über die regelmäßige Arbeitszeit hinaus Dienst zu tun, wenn zwingende dienstliche Verhältnisse dies erfordern. Bei dienstlich angeordneter oder genehmigter Mehrarbeit von mehr als fünf Stunden im Monat besteht Anspruch auf Dienstbefreiung. Hinsichtlich der Gewährung von Mehrarbeitsvergütung verweist das LBG auf § 65 LBesGBW.

In § 65 werden für die Gewährung von Mehrarbeitsvergütung weitergehende Anforderungen gestellt. Eine dieser weitergehenden Anforderungen besteht darin, dass im Landesbereich die Anordnung oder Genehmigung sonstiger besonderer Dienste (Nummer 7) der Einwilligung des Finanz- und Wirtschaftsministeriums bedarf.

Das bedeutet, dass eine Anordnung von Mehrarbeit ohne Beteiligung des Finanz- und Wirtschaftsministeriums erfolgen kann, wenn dies aufgrund der Kurzfristigkeit der benötigten Mehrarbeit geboten ist, sowie in anderen Fällen, in denen die realistische Möglichkeit von Zeitausgleich besteht. Durch eine solche Anordnung von Mehrarbeit erwerben die betroffenen Beamten allerdings lediglich einen Anspruch auf Dienstbefreiung, nicht jedoch auf Mehrarbeitsvergütung. Dies ist den Betroffenen erforderlichenfalls offenzulegen. Erweist sich später die Einschätzung der Möglichkeit eines Zeitausgleichs als nicht realisierbar (insbesondere in den Fällen, in denen der Ausgleich nach einem Jahr noch immer nicht gelungen ist), so ist die nachträgliche Genehmigung des Finanz- und Wirtschaftsministeriums einzuholen, die dann die Möglichkeit einer Zahlung von Mehrarbeitsvergütung eröffnet. Ist frühzeitig zu erkennen, dass ein Zeitausgleich nicht erfolgen kann, ist die Einwilligung des Finanz- und Wirtschaftsministeriums unverzüglich einzuholen.

65.2 Zu Absatz 2

65.2.1 Der jeweilige Beamte muss einer beamtenrechtlichen Arbeitszeitregelung unterliegen. Dies kann bei atypischer Verwendung auch für einen Beamten gelten, der normalerweise einer beamtenrechtlichen Arbeitszeitregelung nicht unterliegen würde, wie beispielsweise ein Hochschullehrer.

65.2.2 In der geforderten schriftlichen Anordnung oder Genehmigung ist die Mehrarbeit konkret zu bezeichnen. Soweit Mehrarbeit aus Bereitschaftsdienst besteht, sind die für die Ermittlung der Mehrarbeitsstunden erforderlichen Festlegungen unter Beachtung der Nummer 65.3.1 zu treffen.

65.2.3 Die Jahresfrist für die vorrangig zu gewährende Dienstbefreiung beginnt mit dem Ersten des Kalendermonats, der auf die Mehrarbeitsleistung folgt. Da es sich um eine Mindestfrist handelt, bedeutet ihr Ablauf nicht, dass nunmehr in jedem Fall eine finanzielle Abgeltung zu erfolgen hätte. Der Dienstvorgesetzte beziehungsweise die zuständige Stelle hat dann jedoch zu prüfen, ob ein Freizeitausgleich tatsächlich in absehbarer Zeit nachgeholt werden kann. Soweit dies nicht der Fall ist, ist die bis dahin insoweit bestehende Sperre für die Zahlung der Vergütung beseitigt.

Wenn und sobald eindeutig feststeht, dass ein Freizeitausgleich aus zwingenden dienstlichen Gründen nicht möglich sein wird, kann eine Gewährung von Mehrarbeitsvergütung auch bereits vor Ablauf der Jahresfrist erfolgen. Dies gilt entsprechend auch für Teile der geleisteten Mehrarbeit, wenn ein vollumfänglicher Freizeitausgleich nicht erfolgen kann.

Die Fälligkeit der Mehrarbeitsvergütung tritt nicht mit der Ableistung des Dienstes ein, sondern erst wenn feststeht, dass Mehrarbeitsvergütung zu gewähren ist, zum Beispiel wenn ein Freizeitausgleich nicht mehr möglich ist.

65.3 Zu Absatz 3

65.3.1 Bei der Bemessung der Mehrarbeitsvergütung für Bereitschaftsdienst kann wegen der unterschiedlichen Verhältnisse in den einzelnen Bereichen kein generell anzusetzender Zeitfaktor festgelegt werden. Besteht für bestimmte Gruppen von Arbeitnehmern eine besondere Regelung zur Bewertung von Bereitschaftsdienst, so kann der sich hieraus ergebende Maßstab auch auf Beamte angewendet werden, denen die gleichen Aufgaben wie den entsprechenden Arbeitnehmern übertragen worden sind. Im Übrigen ist auf den Umfang der durchschnittlichen Inanspruchnahme sowie auf die arbeitszeitrechtliche Behandlung abzustellen.

65.3.2 Die im Laufe eines Kalendermonats abgeleisteten (nicht gerundeten) Mehrarbeitszeiten werden zunächst zusammengerechnet. Danach erfolgt erforderlichenfalls die Rundung auf volle Mehrarbeitsstunden.

65.4 Zu Absatz 4

65.4.1 Abgeltbare Mehrarbeit liegt nur vor, wenn die für den Kalendermonat ermittelten und gerundeten Mehrarbeitsstunden fünf Stunden (im Schulbereich drei Unterrichtsstunden) überschreiten; bei Vollzeitbeschäftigung müssen somit nach der Rundung mindestens sechs Stunden (im Schulbereich vier Unterrichtsstunden) an Mehrarbeit vorliegen. Bei Überschreitung der Grenze ist die Mehrarbeit jedoch bereits von der ersten Stunde an abzugelten. Bei nur teilweise möglichem Freizeitausgleich können die restlichen, noch auszugleichenden Mehrarbeitsstunden eines Monats auch dann vergütet werden, wenn sie (ohne die in Freizeit ausgeglichenen Stunden) die Mindeststundenzahl unterschreiten. Mehrarbeitsstunden aus mehreren Kalendermonaten dürfen nicht zum Zweck der Errechnung der Mindeststundenzahl zusammengerechnet werden.

65.4.2 Bei Teilzeitbeschäftigten ist die Grenze von fünf beziehungsweise drei (Unterrichts-) Stunden entsprechend dem Verhältnis der ermäßigten zur regelmäßigen Arbeitszeit beziehungsweise Unterrichtspflichtzeit herabgesetzt. Die so herabgesetzte Bagatellgrenze ist nicht zu runden.

Beispiel:

Ein zu 50 % teilzeitbeschäftigter Lehrer hat in einem Monat zwei Unterrichtsstunden an Mehrarbeit geleistet. Da er die Bagatellgrenze von 1,5 Unterrichtsstunden überschritten hat, kann Mehrarbeitsvergütung (vergleiche § 65 Absatz 6) gewährt werden.

65.5 (unbelegt)

65.6 Zu Absatz 6

Teilzeitbeschäftigt sind während der Zeit ihrer Arbeitsphase auch Beamte, die unter den § 69 Absatz 5 LBG (Teilzeitbeschäftigung mit Freistellungsjahr) fallen.

Vor dem Hintergrund von Rechtsprechung des Europäischen Gerichtshofs wird bis zum Erreichen der regelmäßigen Arbeitszeit anstelle der sich nach Anlage 15 ergebenden Zulagensätze ein individueller Satz ermittelt. Hierzu sind zunächst die Monatsbezüge entsprechender Vollzeitbeschäftigter zu ermitteln, wobei die Summe nur derjenigen Besoldungsbestandteile zu bilden ist, die der Kürzung gemäß des jeweiligen Teilzeitanteils unterliegen. Nicht zu kürzende Besoldungsleistungen, beispielsweise die Zulage für Dienst zu ungünstigen Zeiten, bleiben unberücksichtigt. Diese Summe ist dann durch das 4,348-Fache der regelmäßigen wöchentlichen Arbeitszeit (im Schuldienst der abzuleistenden Unterrichtsstunden) der Betroffenen zu teilen, um den Zulagensatz für eine Stunde Mehrarbeit zu erhalten.

(Vereinfachtes) Beispiel:

Ein zu 50 % teilzeitbeschäftigter Beamter, für den bei Vollzeitbeschäftigung eine Arbeitszeit von 41 Stunden pro Woche gelten würde, erhält nach dem Maß seiner Teilzeitbeschäftigung reduzierte Bezüge in Höhe von 2000 €. Als Vollzeitbeschäftigter hätte er somit 4000 € erhalten. Sein Zulagensatz pro Mehrarbeitsstunde beläuft sich auf

$4000 € / (4,348 \times 41) = 22,44 €$.

Abweichend hiervon stehen Beamten in Altersteilzeit die sich aus Anlage 15 ergebenden Beträge zu.

65.7 (unbelegt)

66–68 (unbelegt)

69 Zu § 69 (Zuschlag bei Altersteilzeit)

69.0 Allgemeines

69.0.1 Die personalverwaltenden Stellen haben den Bezüge zahlenden Stellen die Bewilligung von Altersteilzeit mitzuteilen. Entsprechendes gilt bei einer vorzeitigen Beendigung der Altersteilzeit; die Mitteilung der personalverwaltenden Stelle muss auch eine Aussage darüber enthalten, ob und gegebenenfalls in welchem zeitlichen Umfang Ausfallzeiten in der Arbeitsphase vorliegen, die nach § 70 bei dem Ausgleich nicht berücksichtigt werden können.

69.0.2 Der Altersteilzeitzuschlag ist nach § 3 Nummer 28 EStG steuerfrei.

69.0.3 Bei einer Altersteilzeit, die vor dem 1. Januar 2011 bewilligt und angetreten wurde, sind für die Berechnung des Altersteilzeitzuschlags sowie einer Ausgleichszahlung bei vorzeitiger Beendigung der Altersteilzeit und für die Festsetzung der Versorgungsbezüge die am Tag vor dem 1. Januar 2011 geltenden Rechtsvorschriften weiterhin anzuwenden (vergleiche Artikel 62 § 4 Satz 1 Nummer 3 DRG, § 101 Absatz 7 LBesGBW, § 106 Absatz 2 LBeamtVGBW). Dies bedeutet, dass in diesen Fällen auch weiterhin nach der Verwaltungsvorschrift des Finanzministeriums zur Besoldung, Versorgung und zum Haushaltsrecht bei Beamten und Richtern in Altersteilzeit vom 24. August 2001 (GABl. S. 922) zu verfahren ist.

69.1 Zu Absatz 1

Unabhängig von der Ausgestaltung der Bewilligung von Altersteilzeit (Teilzeitmodell oder Blockmodell) wird nach § 8 Absatz 1 während des gesamten Zeitraums der Altersteilzeit Besoldung entsprechend dem Umfang der Teilzeitbeschäftigung gewährt (grundsätzlich 60 Prozent der bisherigen Arbeitszeit, vergleiche § 70 LBG). Daneben besteht Anspruch auf einen Zuschlag. Dieser Zuschlag wird gewährt in Höhe des Differenzbetrags zwischen 80 Prozent der Nettobesoldung, die sich nach der für die Altersteilzeit maßgebenden bisherigen Arbeitszeit ergeben würde (fiktive Nettobesoldung) und der Nettobesoldung während der Altersteilzeit (Altersteilzeit-Nettobesoldung).

69.2 Zu Absatz 2

69.2.1 Die fiktive Nettobesoldung und die Altersteilzeit-Nettobesoldung sind auf der Grundlage der in § 69 Absatz 2 genannten Bruttobesoldung zu ermitteln. Hierbei werden von der Bruttobesoldung

a) die hierauf entfallende und nach §§ 39b ff. EStG ermittelte Lohnsteuer entsprechend der als Lohnsteuerabzugsmerkmal festgestellten oder in der Bescheinigung für den Lohnsteuerabzug eingetragenen Steuerklasse,

b) die bei Bestehen einer Kirchensteuerpflicht hierauf entfallende Kirchensteuer

(8 Prozent der sich ergebenden Lohnsteuer) und

c) der hierauf entfallende Solidaritätszuschlag (5,5 Prozent der sich ergebenden Lohnsteuer)

abgesetzt.

69.2.2 Nach § 69 Absatz 2 Satz 2 werden tätigkeitsbezogene Stellenzulagen (vergleiche Nummer 8.2), unabhängig davon, ob die Beschäftigung im reinen Teilzeitmodell oder im Blockmodell erfolgt, nicht berücksichtigt.

69.3 Zu Absatz 3

69.3.1 Freibeträge und sonstige individuelle steuerliche Merkmale werden bei der Berechnung der fiktiven Nettobesoldung nicht berücksichtigt. Beiträge für die Krankenversicherung und für die private Pflege-Pflichtversicherung, die im Lohnsteuerabzugsverfahren von den Beamten geltend gemacht werden können, haben auf die Ermittlung der fiktiven Nettobesoldung daher keinen Einfluss. Dies gilt auch für das optional zur Steuerklassenkombination III/V oder IV/IV anzuwendende Faktorverfahren. Bei der Berechnung der Altersteilzeit-Nettobesoldung sind hingegen die im Lohnsteuerabzugsverfahren zu berücksichtigenden Freibeträge und sonstigen individuellen steuerlichen Merkmale maßgeblich. Von den Besoldungsempfängern oder von Dritten veranlasste Einbehalte (zum Beispiel Bausparbeiträge, Pfändungen, Beihilfebeitrag für Wahlleistungen im Krankenhaus) vermindern die Nettobesoldung nicht.

Beispiel zur Berechnung des Altersteilzeitzuschlags (Stand Oktober 2014):

Ein schwerbehinderter Amtsrat (Besoldungsgruppe A 12, Endstufe) im Alter von 60 Jahren, der bisher vollbeschäftigt war, geht ab 1. 10. 2014 in Altersteilzeit (Dauer fünf Jahre). Er wählt das Blockmodell, das heißt drei Jahre Arbeitsphase, zwei Jahre Freistellungsphase. Persönliche Verhältnisse: verheiratet, keine beim Familienzuschlag berücksichtigungsfähigen Kinder, Ehegatte nicht im öffentlichen Dienst, Steuerklasse III/0, kein Freibetrag, Kirchensteuerpflicht.

Berechnung der fiktiven Vollzeit-Nettobesoldung

Endgrundgehalt Besoldungsgruppe A 12	4224,24 €
ehebezogener Teil des Familienzuschlags	128,02 €
Strukturzulage	84,15 €
fiktive Vollzeit-Bruttobesoldung	4436,41 €
abzüglich	
Lohnsteuer (Steuerklasse III/0)	653,66 €
Kirchensteuer (8 %)	52,29 €
Solidaritätszuschlag (5,5 %)	35,95 €
fiktive Vollzeit-Nettobesoldung	3694,15 €

Berechnung der Altersteilzeit-Nettobesoldung

Altersteilzeit-Bruttobesoldung (fiktive Vollzeit-Bruttobesoldung): hiervon 60 %	2661,85 €
abzüglich	
Lohnsteuer (Steuerklasse III/0)	181,16 €
Kirchensteuer (8 %)	14,49 €
Solidaritätszuschlag (5,5 %)	3,83 €
Altersteilzeit-Nettobesoldung	2462,37 €

Berechnung des Altersteilzeitzuschlags

80 % der fiktiven Vollzeit-Nettobesoldung (3694,51 €)	2955,61 €
Altersteilzeit-Nettobesoldung	2462,37 €
Altersteilzeitzuschlag	493,24 €

69.3.2 Neuberechnung des Altersteilzeitzuschlags

Die Bezüge einschließlich des Altersteilzeitzuschlags sind bei allen Änderungen der maßgeblichen Verhältnisse neu zu berechnen (zum Beispiel lineare Besoldungsanpassung, Stufenaufstieg, Beförderung).

70 Zu § 70 (Ausgleich bei vorzeitiger Beendigung der Altersteilzeit)

70.1 Ausgleichszahlung bei vorzeitiger Beendigung der Altersteilzeit

Die Regelung gilt für alle Fälle der vorzeitigen Beendigung des aktiven Dienstverhältnisses (zum Beispiel durch Tod, Dienstunfähigkeit,

Entlassung), das heißt auch dann, wenn das Dienstverhältnis aufgrund einer disziplinarrechtlichen oder strafgerichtlichen Entscheidung endet. Sie gilt sowohl bei vorzeitiger Beendigung des aktiven Dienstverhältnisses während der Arbeitsphase als auch während der Freistellungsphase. Der Ausgleichsanspruch wird mit dem Zeitpunkt der Beendigung des aktiven Dienstverhältnisses fällig. Bei einem Todesfall steht der Anspruch auf die Ausgleichszahlung den Erben zu.

Beispiel zur Berechnung der Ausgleichszahlung:

In dem Beispielsfall unter Nummer 69.3 tritt nach vier Jahren eine Störung ein, die den weiteren Zeitausgleich unmöglich macht. Für drei Jahre wurde Dienst mit einer regelmäßigen Arbeitszeit von 100 % geleistet, der Zeitausgleich erfolgte für ein Jahr.

Dem Beamten wurden in diesen vier Jahren insgesamt folgende Altersteilzeitbezüge (Altersteilzeit-Bruttobesoldung in Höhe von 2661,85 € und Altersteilzeitzuschlag in Höhe von 493,24 € = 3155,09 €) gezahlt:

4 Jahre (48 Monate) × 3155,09 € = 151 444,32 €

Nach dem Ausmaß der tatsächlichen Beschäftigung ohne Altersteilzeit hätte dem Beamten folgende Vollzeit-Bruttobesoldung zugestanden:

3 Jahre (36 Monate) × 4436,41 € = 159 710,76 €

Die Ausgleichszahlung beträgt somit 8266,44 €.

Dieses Beispiel stellt in vereinfachter Form die Berechnung eines eventuell zu zahlenden Ausgleichs dar. Bei der Berechnung sind zum Beispiel Besoldungsanpassungen oder eine Änderung der persönlichen Verhältnisse zu berücksichtigen.

70.2

Bei einem Störfall bleibt der Teil des Ausgleichsanspruchs, der dem bereits gewährten Altersteilzeitzuschlag entspricht, nach § 3 Nummer 28 EStG weiterhin steuerfrei. Steuerpflichtig ist im Beispiel nur die Zahlung von 8266,44 Euro.

Die Ausgleichszahlung unterliegt als steuerpflichtiger Arbeitslohn dem Lohnsteuerabzug; unter den Voraussetzungen des § 34 Absatz 2 Nummer 4 in Verbindung mit Absatz 1 EStG ist die Ausgleichszahlung ermäßigt zu besteuern.

71 (unbelegt)

72 (unbelegt)

73 Zu § 73 (Zuschlag bei Hinausschiebung der Altersgrenze)

73.0 Allgemeines

Beamte können über die Altersgrenze nach § 36 LBG hinaus auf Antrag freiwillig weiterarbeiten, soweit dienstliche Interessen nicht entgegenstehen (vergleiche § 39 LBG im Verbindung mit Artikel 62 § 3 DRG) beziehungsweise nach Auslaufen der vorgenannten Übergangsbestimmung, wenn dies im dienstlichen Interesse liegt (§ 39 LBG).

73.1 Zu Absatz 1

73.1.1 Während eines Freistellungsjahres (§ 69 Absatz 5 LBG) wird der Zuschlag nach § 73 nicht gewährt, da in dieser Zeit keine Weiterarbeit erfolgt.

73.1.2

Beispiel zur Berechnung des Zuschlags nach § 73 (Stand Oktober 2014):

Ein verheirateter Beamter in Besoldungsgruppe A 12 (Endgrundgehalt) hat am 15. 8. 2014 die Altersgrenze erreicht. Er verlängert die Vollzeitbeschäftigung um ein Jahr. Den Höchstruhegehaltssatz hat er erreicht.

Ermittlung des Zuschlags nach § 73	
Endgrundgehalt Besoldungsgruppe A 12	4224,24 €
ehebezogener Teil des Familienzuschlags	128,02 €
Strukturzulage	84,15 €
Maßgebliche Dienstbezüge	4436,41 €
Zuschlag nach § 73 in Höhe von 10 %	443,64 €
Besoldung ab 1. 9. 2014	4880,05 €

73.2 (unbelegt)

73.3 (unbelegt)

74 Zu § 74 (Zuschlag bei Teilzeitbeschäftigung bei Hinausschiebung der Altersgrenze)

74.1 Bei freiwilliger Weiterarbeit in Teilzeit werden neben der anteiligen Besoldung folgende Zuschläge gewährt:

a) Zuschlag nach § 74, der sich nach dem erdienten Ruhegehalt und dem Umfang der Freistellung bemisst,

b) Zuschlag nach § 73 entsprechend dem Arbeitszeitanteil, sofern der Höchstruhegehaltssatz erreicht ist.

74.2 Während eines Freistellungsjahres (§ 69 Absatz 5 LBG) wird der Zuschlag nach § 74 nicht gewährt, da in dieser Zeit keine Weiterarbeit erfolgt.

74.3 Der Zuschlag nach § 74 steht auch dann zu, wenn der Höchstruhegehaltssatz noch nicht erreicht ist.

74.4 Bemessungsgrundlage für den Zuschlag nach § 74 ist das Ruhegehalt, das der Beamte bei Versetzung in den Ruhestand wegen Erreichens der Altersgrenze erhalten hätte. Hierbei ist das Ruhegehalt vor der Anwendung von Ruhens- und Kürzungsvorschriften maßgebend. Zur Berechnung des Ruhegehalts sind die ruhegehaltfähigen Dienstbezüge (mit Ausnahme des ehebezogenen Teils des Familienzuschlags) nach § 19 Absatz 1 LBeamtVGBW mit dem Faktor 0,984 zu multiplizieren. Die so ermittelte Bemessungsgrundlage bleibt für den gesamten Zeitraum der freiwilligen Weiterarbeit unverändert.

74.5

Beispiel zur Berechnung des Zuschlags nach § 74 (Stand Oktober 2014):

Ein verheirateter Beamter in Besoldungsgruppe A 12 (Endstufe) hat am 15. 8. 2014 die Altersgrenze erreicht. Er arbeitet mit einer Teilzeit von 60 % um ein Jahr weiter. Den Höchstruhegehaltssatz hat er erreicht.

Ermittlung des Zuschlags nach § 74

Endgrundgehalt Besoldungsgruppe A 12	4224,24 €
Strukturzulage	84,15 €
Summe	4308,39 €
× 0,984 Faktor (§ 19 Absatz 1 LBeamtVGBW)	4239,46 €
ehebezogener Teil des Familienzuschlags	128,02 €
ruhegehaltfähige Dienstbezüge	4367,48 €
× 71,75 % (Höchstruhegehaltssatz)	3133,67 €
Zuschlag nach § 74 in Höhe von 40 %	1253,47 €
Besoldung ab 1. 9. 2014	
Grundgehalt Besoldungsgruppe A 12	4224,24 €
ehebezogener Teil des Familienzuschlags	128,02 €
Strukturzulage	84,15 €
Maßgebliche Dienstbezüge	4436,41 €
hiervon 60 %	2661,85 €
Zuschlag § 73 (10 %)	266,19 €
Zuschlag § 74	1253,47 €
Summe Besoldung	4181,51 €

75 (unbelegt)

76 Zu § 76 (Leistungsprämie)

76.1 Zu Absatz 1

76.1.1 Eine herausragende besondere Einzelleistung liegt vor, wenn ein konkretes Arbeitsergebnis im Hinblick auf die Arbeitsqualität, die Arbeitsquantität oder den wirtschaftlichen Erfolg erheblich über das durchschnittliche Maß hinausragt. Die Übernahme zusätzlicher Aufgaben (zum Beispiel Aufgaben eines anderen Arbeitsplatzes) für einen längeren Zeitraum (regelmäßig mehr als zwei Monate) und deren sachgerechte Erledigung kann ebenfalls Grundlage für die Gewährung einer Leistungsprämie sein, wenn die Bewältigung der überdurchschnittlichen Belastung als herausragende besondere Leistung zu werten ist.

Die Übernahme der Aufgaben eines anderen Arbeitsplatzes muss sich jedoch zumindest auf wesentliche Aufgaben erstrecken.

76.1.2 Eine Einzelleistung liegt auch dann vor, wenn sie über einen bestimmten längeren Zeitraum erbracht wurde (zum Beispiel während eines Projekts). Dauerhafte herausragende Gesamtleistungen können dagegen nicht mit einer Leistungsprämie honoriert werden; solche Leistungen können nur im Rahmen einer Beförderung berücksichtigt werden.

76.1.3 Leistungsprämien können auch an die Mitglieder von Teams vergeben werden. Zur Gewährung einer Leistungsprämie an Teammitglieder bedarf es der Feststellung, dass das Team eine herausragende besondere Leistung erbracht hat und der betreffende Beamte hieran wesentlich beteiligt war. Diese Regelung gilt auch für Projektgruppen, Arbeitsgruppen oder sonstige abgrenzbare Einheiten.

76.1.4 Die Entscheidung über die Gewährung von Leistungsprämien ist in das Ermessen des Dienstvorgesetzten gestellt. Durch das Erbringen einer herausragenden besonderen Einzelleistung wird daher kein Anspruch auf Gewährung einer Leistungsprämie begründet.

76.1.5 Die Höhe der Leistungsprämie hängt von der Bewertung der jeweils erbrachten herausragenden besonderen Einzelleistung ab. Dies gilt für voll- und teilzeitbeschäftigte Beamte gleichermaßen. § 8 findet insoweit keine Anwendung. Bei der Beurteilung der Leistung von schwerbehinderten Beschäftigten ist eine durch die Schwerbehinderung bedingte Minderung der Arbeits- und Verwendungsfähigkeit entsprechend den Regelungen in der Gemeinsamen Verwaltungsvorschrift aller Ministerien und des Rechnungshofs über die Beschäftigung schwerbehinderter Menschen zu berücksichtigen.

76.1.6 Bei abgeordneten Beamten ist für die Vergabe von Leistungsprämien der Dienstvorgesetzte der Dienststelle zuständig, bei der die herausragende besondere Einzelleistung erbracht wurde. Dementsprechend ist die Vergabe einer Leistungsprämie an einen abgeordneten Beamten auch auf das Vergabekontingent dieser Dienststelle anzurechnen.

76.2 Zu Absatz 2

76.2.1 Vergabezeitraum für die Leistungsprämie ist das Kalenderjahr. Dies bedeutet, dass für alle innerhalb eines Kalenderjahres vergebenen, das heißt zur Zahlung angewiesenen Leistungsprämien die Quote des laufenden Kalenderjahres maßgeblich ist. Eine im Vorjahr nicht ausgeschöpfte Vergabequote kann nicht nachträglich im laufenden Kalenderjahr in Anspruch genommen werden. Da das LBesGBW keine Angaben über den „Leistungszeitraum" enthält, können in einem Kalenderjahr auch Einzelleistungen honoriert werden, die bereits im Vorjahr erbracht wurden. In der Regel sollte die Leistungsprämie jedoch möglichst in einem engen zeitlichen Zusammenhang mit der zu honorierenden Leistung gewährt werden.

76.2.2 Die Obergrenze von 20 Prozent nach § 76 Absatz 2 Satz 2 bezieht sich auf die am 1. März des jeweiligen Kalenderjahres bei dem Dienstherrn vorhandenen Beamten. Vorhandene Beamte im Sinne dieser Vorschrift sind alle Beamten in der A- und B-Besoldung, die am Stichtag im Geschäftsbereich des jeweiligen Dienstvorgesetzten verwendet werden. Hierzu gehören zum Beispiel auch Beamtinnen während der mutterschutzrechtlichen Beschäftigungsverbote sowie erkrankte Beamte. Beurlaubte Beamte rechnen nicht zu den vorhandenen Beamten. Abgeordnete Beamte sind bei dem Dienstherrn zu erfassen, bei dessen Dienststelle sie am Stichtag tätig sind. Bei Teamleistungen wird jedes Mitglied, das eine Leistungsprämie erhält, auf die Obergrenze angerechnet. Personalveränderungen nach dem 1. März haben keine Auswirkungen auf den Vergabeumfang des betreffenden Kalenderjahres. Bei Dienstherrn mit weniger als fünf Beamten kann in jedem Kalenderjahr einem Beamten eine Leistungsprämie gewährt werden.

76.3 (unbelegt)

76.4 Zu Absatz 4

Dieser Absatz schließt die Vergabe von Leistungsprämien bei Gewährung anderer leistungsorientierter Besoldungselemente, wie zum Beispiel der Vollstreckungsvergütung nach § 67, für denselben Sachverhalt aus. Unzulässig wäre es auch, neben Freizeitausgleich oder Mehrarbeitsvergütung allein wegen der infolge dieser überdurchschnittlichen zeitlichen Inanspruchnahme erbrachten zusätzlichen Arbeitsmenge eine Prämie zu zahlen.

76.5 Zu Absatz 5

Eine Vergabe von Leistungsprämien aus erwirtschafteten Mitteln kann erst dann erfolgen, wenn die entsprechenden Mittel zur Verfügung stehen. Für die Vergabe von Leistungsprämien ist es dabei ohne Belang, ob es sich um im laufenden Kalenderjahr erwirtschaftete Mittel handelt oder um Mittel des Vorjahres, die in das laufende Kalenderjahr übertragen wurden. Bezüglich des Budgets für Leistungsprämien wird auf die Festlegungen im jeweiligen Staatshaushaltsgesetz/-plan sowie in den jeweils hierzu erlassenen Verwaltungsvorschriften des Ministeriums für Finanzen und Wirtschaft zur Haushalts- und Wirtschaftsführung (VwV-Haushaltsvollzug) verwiesen.

76.6 (unbelegt)

76.7 (unbelegt)

77 (unbelegt)

78 (unbelegt)

79 Zu § 79 (Anwärterbezüge)

79.1 Zu Absatz 1

Die Mitgliedschaft eines Anwärters im Bundestag oder in einem Landtag steht dem Anspruch auf Anwärterbezüge nicht entgegen, soweit der Anwärter nicht ohne Anwärterbezüge beurlaubt ist (vergleiche § 27 Absatz 3 AbgG oder entsprechendes Recht des Bundes oder anderer Länder). § 83 bleibt unberührt.

79.1 Zu Absatz 2

Die Gewährung von Zulagen und Vergütungen an Anwärter ist insbesondere zugelassen für:

a) die Zulage für Beamte mit vollzugspolizeilichen Aufgaben (§ 48),
b) die Zulage für Beamte der Feuerwehr (§ 49),
c) die Zulage für Beamte bei Justizvollzugseinrichtungen und Psychiatrischen Krankenanstalten (§ 50),
d) Erschwerniszulagen, soweit dies in der EZulVOBW vorgesehen ist,
e) die Unterrichtsvergütung für Lehramtsanwärter (§ 82).

79.3 Zu Absatz 3

Der Kaufkraftausgleich nach den für Bundesbeamte geltenden Bestimmungen (§ 55 BBesG) ist unabhängig vom Vorliegen eines dienstlichen Wohnsitzes im Ausland und von der Dauer des Auslandseinsatzes zu gewähren. Ihm unterliegen sämtliche Bezüge der Anwärter nach Absatz 2 mit Ausnahme der vermögenswirksamen Leistungen. Kaufkraftabschläge werden nicht erhoben.

79.4 Zu Absatz 4

79.4.1 Das Nähere zu den Auflagen sowie die Rechtsfolgen bei Nichterfüllung der Auflagen ergeben sich aus der AnwAuflVO. Der Begriff der Auflage in diesem Sinne ist nicht identisch mit der Definition in § 36 Absatz 2 Nummer 4 LVwVfG.

79.4.2 Die Rückforderung von Anwärterbezügen wegen Nichterfüllung der Auflagen richtet sich nicht nach § 15 Absatz 2, sondern nach den Regelungen der AnwAuflVO. Eine Berufung auf den Wegfall der Bereicherung ist nicht möglich. Die Rückforderung obliegt dem Dienstherrn, der die Anwärterbezüge gezahlt hat.

79.4.3 Wechselt ein Beamter vor Erfüllung der Auflagen zu einem anderen Dienstherrn, so ist dieser über die noch abzuleistende Mindestdienstzeit zu unterrichten. Der aufnehmende Dienstherr hat dem Dienstherrn, der die Anwärterbezüge gezahlt hat, ein vorzeitiges Ausscheiden mitzuteilen. Dienstherren außerhalb des Geltungsbereichs des LBesGBW sind zu bitten, dem Dienstherrn, der die Anwärterbezüge gezahlt hat, ein vorzeitiges Ausscheiden mitzuteilen.

80 Zu § 80 (Bezüge des Anwärters nach Ablegung der Laufbahnprüfung)

80.1 § 80 erfasst nur Fälle des § 22 Absatz 4 BeamtStG, in denen der Anwärter die Laufbahnprüfung besteht oder endgültig nicht besteht und das Anwärterverhältnis aus diesem Grund endet. Wird das Anwärterverhältnis nicht nach Satz 1 beendet, sondern zum Beispiel durch

a) Entlassung,

b) Verlust der Beamtenrechte oder

c) Beendigung des Beamtenverhältnisses auf Widerruf wegen des endgültigen Nichtbestehens einer vorgeschriebenen Zwischenprüfung

werden die Anwärterbezüge nach § 4 Absatz 3 nur bis zur Beendigung des Beamtenverhältnisses auf Widerruf gewährt.

80.2 Bei der Anwendung des § 80 ist nur auf die tatsächliche Beendigung des Beamtenverhältnisses wegen des Bestehens oder endgültigen Nichtbestehens der Laufbahnprüfung abzustellen. Auf die Rechtmäßigkeit der Prüfungsentscheidung beziehungsweise deren Bestands- oder Rechtskraft kommt es nicht an.

80.3 Endet das Beamtenverhältnis am letzten Tag eines Kalendermonats, so stehen die Anwärterbezüge nur noch für diesen Kalendermonat zu.

80.4 Zum Begriff der hauptberuflichen Tätigkeit vergleiche Nummer 32.1.3.

81 Zu § 81 (Anwärtersonderzuschläge)

81.1 Zu Absatz 1

Absatz 1 bildet keine selbstständige Anspruchsgrundlage für die Gewährung von Anwärtersonderzuschlägen. Welchen Anwärtern Anwärtersonderzuschläge gewährt werden sowie die Höhe der jeweiligen Anwärtersonderzuschläge ergibt sich aus der Anwärtersonderzuschlagsverordnung.

81.2 Zu Absatz 2

(unbelegt)

81.3 Zu Absatz 3

81.3.1 Absatz 3 enthält eine eigenständige Anspruchsgrundlage für die Rückforderung der Anwärtersonderzuschläge und ist insoweit eine Spezialregelung zu § 15. Im Übrigen gilt § 15, weswegen auch bei den Anwärtersonderzuschlägen beispielsweise aus Billigkeitsgründen auf die Rückforderung verzichtet werden kann (vergleiche Nummer 81.3.4). Eine Berufung auf den Wegfall der Bereicherung ist jedoch nicht möglich.

81.3.2 Die Rückzahlungspflicht setzt voraus, dass der Anwärter die in Absatz 2 genannten Anspruchsvoraussetzungen nicht erfüllt hat.

81.3.2.1 Schuldhaftes Nichtbestehen der Laufbahnprüfung

Für eine Rückforderung des Anwärtersonderzuschlags aufgrund schuldhaften Nichtbestehens der Laufbahnprüfung muss das Nichtbestehen vorsätzlich oder fahrlässig sein. Dies ist grundsätzlich nach den jeweiligen Umständen des Einzelfalls zu beurteilen.

Schuldhaft ist das Nichtbestehen insbesondere bei einem nicht genehmigten Fernbleiben von Prüfungsterminen, bei einem Täuschungsversuch oder einem sonstigen Verstoß gegen die Ordnung, wenn die Prüfung dadurch endgültig nicht bestanden ist.

Ein bloßes Nichtbestehen aufgrund unzureichender Leistung reicht in der Regel nicht aus. Allerdings kann ein Nichtbestehen aufgrund unzureichender Leistungen beispielsweise dann zu einer Rückforderung führen, wenn das nicht ausreichende Prüfungsergebnis in einem derartigen Widerspruch zu den sonstigen Leistungen im Vorbereitungsdienst steht, dass ein willentliches Nichtbestehen angenommen werden muss.

81.3.2.2 Zu vertretender Grund

Für den Begriff des „zu vertretenden Grundes" ist es erforderlich, aber auch ausreichend, wenn zum Beispiel das Ausscheiden aus dem Vorbereitungsdienst auf Umständen beruht, die dem Verantwortungsbereich des Beamten zuzurechnen sind. Dies ist in der Regel dann der Fall, wenn die Umstände maßgeblich durch das Verhalten des Beamten geprägt sind, wobei die Motive für das Ausscheiden aus dem Dienst zu berücksichtigen sind. Entscheidend ist, ob das Verhalten des Beamten bei der Einbeziehung der Motivation „billigerweise" dem vom Beamten oder dem vom Dienstherrn zu verantwortenden Bereich zuzuordnen ist. Ob ein dem Verantwortungsbereich des Beamten zuzurechnender Grund vorliegt, ist im Übrigen maßgeblich nach den jeweiligen Umständen des Einzelfalls zu beurteilen.

81.3.2.3 Gründe, die der Beamte zu vertreten hat, liegen beispielweise in folgenden Fällen grundsätzlich vor:

a) eine auf einer Willensentscheidung beruhende Entlassung auf eigenen Antrag des Beamten,

b) Entlassung/Nicht-Übernahme in das Beamtenverhältnis auf Probe aufgrund eines vorwerfbaren Verhaltens,

c) Entlassung/Nicht-Übernahme in das Beamtenverhältnis auf Probe wegen mangelnder persönlicher Eignung (zum Beispiel häufige unentschuldigte Verspätungen, sonstige Unzuverlässigkeiten).

81.3.2.4 Nicht von dem Anwärter zu vertreten sind insbesondere:

a) die nicht von einem in seiner Willenssphäre liegenden Verhalten geprägte Nichteignung (Eignungsmangel),

b) eine Entlassung auf eigenen Antrag des Beamten, wenn der Dienstherr zu erkennen gibt, dass der Wechsel in eine andere Laufbahn im Interesse des Dienstherrn liegt,

c) Ausscheiden aus Anlass der Geburt eines Kindes, um sich der Betreuung des Kindes zu widmen.

81.3.3 Die Erfüllung der Mindestdienstzeit wird durch eine Ermäßigung der Arbeitszeit nicht berührt, sofern noch eine hauptberufliche Tätigkeit vorliegt. Zeiten einer nicht hauptberuflichen Tätigkeit und Zeiten einer Beurlaubung ohne Dienstbezüge führen zu einer entsprechenden Verlängerung der Mindestdienstzeit. Dies gilt nicht für Zeiten nach § 32 Absatz 2 Nummer 2 bis 4.

81.3.4 Auf die Rückforderung der Anwärtersonderzuschläge kann aus Billigkeitsgründen ganz oder teilweise verzichtet werden, wenn sie eine unzumutbare Härte bedeuten würde. Daneben soll auf die Rückzahlung verzichtet werden, wenn:

a) der Vorbereitungsdienst innerhalb von drei Monaten seit der Einstellung als Beamter auf Widerruf abgebrochen wird,

b) der Vorbereitungsdienst innerhalb der ersten Hälfte abgebrochen wird und die personalverwaltende Stelle dies befürwortet oder

c) ein Beamter auf eigenen Antrag ausscheidet, um einer Entlassung durch den Dienstherrn wegen eines vom Beamten nicht zu vertretenden Grundes zuvorzukommen.

Im Übrigen wird zum Absehen von der Rückforderung aus Billigkeitsgründen auf Nummer 15.2.4 verwiesen.

81.3.5 Die Rückzahlungspflicht erstreckt sich auf den Gesamtbetrag der gezahlten Anwärtersonderzuschläge.

81.3.6 Zur Durchführung der Rückforderung vergleiche Nummer 15.2.5.

81.4 Zu Absatz 4
(unbelegt)

82 (unbelegt)

83 Zu § 83 (Anrechnung anderer Einkünfte)

83.0 Allgemeines

83.0.1 Die Anwärterbezüge werden unter dem gesetzlichen Vorbehalt gezahlt, dass der Anwärter während der Dauer des Anwärterverhältnisses keine anzurechnenden Entgelte (vergleiche Nummer 83.3) aus einer anderen Tätigkeit innerhalb oder außerhalb des öffentlichen Dienstes erhält. Überzahlte Anwärterbezüge sind daher nach § 15 Absatz 2 auch rückwirkend zurückzufordern. Eine Berufung auf den Wegfall der Bereicherung ist nicht möglich.

83.0.2 Die Verminderung der Anwärterbezüge tritt in Höhe des Betrags ein, um den das Entgelt für eine andere Tätigkeit die Anwärterbezüge übersteigt. Der Anspruch auf Anwärterbezüge besteht danach nur noch in der entsprechend verminderten Höhe. Entgelte für mehrere Tätigkeiten sind dabei zu addieren.

83.0.3 Die Kürzung tritt auch dann ein, wenn die Tätigkeit nach den beamtenrechtlichen Regelungen über Nebentätigkeiten keiner Genehmigung bedarf oder gar nicht erst anzeigepflichtig ist. Die Ablieferungspflicht nach § 5 Absatz 3 LNTVO bleibt von § 83 unberührt; die Anrechnung bezieht sich auf den nach der Ablieferung verbleibenden Betrag.

83.1

Die Anwärterbezüge sind in § 79 Absatz 2 Satz 1 aufgeführt. Weitere Leistungen (zum Beispiel Familienzuschlag, Zulagen) bleiben bei der Anwendung des § 83 unberücksichtigt. Eine Kürzung der Anwärterbezüge nach § 84 bleibt bei der Anwendung des § 83 unberücksichtigt.

(Vereinfachtes) Beispiel:

Ein Anwärter erhält Anwärterbezüge in Höhe von 1000 €. Aufgrund eines Täuschungsversuchs werden die Anwärterbezüge um 30 % gekürzt (§ 84). Der Anwärter erhält ein Entgelt in Höhe von 1200 € für eine andere Tätigkeit. Das Entgelt für die andere Tätigkeit übersteigt die Anwärterbezüge um 200 €. Dieser Betrag ist auf die tatsächlich gezahlten Anwärterbezüge in Höhe von 700 € anzurechnen, so dass der Anwärter nunmehr 500 € erhält.

83.2 Tätigkeit innerhalb oder außerhalb des öffentlichen Dienstes

83.2.1 Tätigkeiten im Sinne des § 83 sind grundsätzlich alle nachhaltigen, auf Entgelt ausgerichteten selbstständigen und nicht selbstständigen Tätigkeiten sowie Tätigkeiten, die nicht in erster Linie wegen eines Entgelts ausgeübt werden, für die aber üblicherweise Geldleistungen gewährt werden (zum Beispiel Amateursportler, Schiedsrichter). Tätigkeiten im Sinne des § 83 sind auch Tätigkeiten, die in den Ausbildungsrichtlinien vorgeschrieben oder fakultativ vorgesehen sind sowie selbstständig erteilter Unterricht im Sinne des § 82.

83.2.2 Keine Tätigkeiten im Sinne des § 83 sind insbesondere

a) die bloße Verwaltung von eigenem Vermögen (zum Beispiel Verwaltung von Kapitalvermögen, Vermietung) sowie

b) nur gelegentlich ausgeübte öffentliche Ehrenämter (zum Beispiel Schöffe, Gemeinderat).

83.2.3 Es ist nicht erforderlich, dass der Anwärter die Tätigkeit im jeweiligen Monat auch tatsächlich ausführt. Vielmehr ist es ausreichend, dass der Anwärter einen Anspruch auf Vergütung hat. Entgelt wird demnach auch berücksichtigt, wenn der Anwärter die Tätigkeit zum Beispiel wegen Erholungsurlaub, Krankheit oder Freistellung tatsächlich nicht ausgeübt hat.

Beispiel:

Ein Anwärter war vor seiner Ausbildung als Versicherungsvertreter tätig. Während der Ausbildung steht er seinen Kunden nur noch als Ansprechpartner und Vermittler zur Verfügung. Er erhält eine Bestandspflegeprovision aus den laufenden Verträgen. Diese ist unabhängig von der tatsächlichen Inanspruchnahme des Anwärters durch seine Kunden zu berücksichtigen.

83.3 Entgelt

83.3.1 Entgelt für eine Tätigkeit ist grundsätzlich jede Gegenleistung in Geld oder Geldeswert, auch wenn kein Rechtsanspruch auf sie besteht. Auf die Bezeichnung der Gegenleistung kommt es nicht an.

Entgelte sind demnach insbesondere Löhne, Gehälter, Sonderzuwendungen (zum Beispiel Weihnachtsgeld, Urlaubsgeld), vermögenswirksame Leistungen, Provisionen, Prämien (zum Beispiel Treue- und Leistungsprämien, Prämien wegen Verbesserungsvorschlägen, Umsatzbeteiligungen), Umsatzerlöse, Honorare, Gagen, Sachbezüge (zum Beispiel unentgeltliche Verpflegung, Naturalleistungen) und Abgeordnetenentschädigungen.

83.3.2 Sachbezüge sind mit ihrem wirtschaftlichen Wert zu berücksichtigen. Lässt sich ein solcher nicht leicht und einwandfrei ermitteln, sind die steuerlichen Sachbezugswerte maßgebend. Dies gilt auch, soweit in einem Vertrag, einer Vereinbarung oder Ähnlichem ein Betrag festgelegt ist, der den örtlichen Gegebenheiten offensichtlich nicht entspricht.

VwV zum Landesbesoldungsgesetz III.1.1

83.3.3 Pauschalierte Aufwandsentschädigungen sind in vollem Umfang als Entgelt anzusehen.

83.3.4 Als Entgelt gelten nicht

a) Gelder, die von Dritten ohne rechtliche Verpflichtung gewährt werden (zum Beispiel Trinkgelder),

b) die vereinnahmte Umsatzsteuer, soweit sie abzuführen ist und

c) der Ersatz von Fahrkosten sowie Tagegelder und Übernachtungsgelder bis zur Höhe des Betrags, den die Reisekostenvorschriften für Beamte vorsehen.

83.3.5 Es sind nur Entgelte für Tätigkeiten zu berücksichtigen, die während des Anwärterverhältnisses bestanden haben.

Beispiel 1:
Ein Anwärter tritt am 1. 10. 2012 in das Beamtenverhältnis auf Widerruf ein. Vor diesem Zeitpunkt war er gelegentlich als Alleinunterhalter tätig. Eine noch ausstehende Rechnung wird im November 2012 beglichen. Es handelt sich nicht um Entgelt im Sinne des § 83.

Beispiel 2:
Ein Soldat auf Zeit wird nach dem SVG vom 1. 10. 2012 bis zum Ende seiner Dienstzeit am 31. 12. 2012 freigestellt, um eine Ausbildung in der öffentlichen Verwaltung beginnen zu können. Die Freistellung erfolgt unter Belassung der Bezüge. Die Bezüge sind nach § 83 auf die Anwärterbezüge anzurechnen, da der Anwärter statusrechtlich noch Soldat auf Zeit ist.

Beispiel 3:
Bestimmte Soldaten auf Zeit erhalten nach dem Ende ihrer Dienstzeit eine Dienstzeitversorgung nach dem SVG. Diese wird zum Teil als monatliche Ausgleichsbezüge für die Dauer des Anwärterverhältnisses gewährt. Die Ausgleichsbezüge sind nicht zu berücksichtigen, da der Anspruch darauf aus einer Tätigkeit resultiert, die nicht während des Anwärterverhältnisses bestanden hat.

83.3.6 Bei der Ermittlung des Entgelts ist auf die Gegenleistung vor Abzug von Aufwendungen und Steuern abzustellen. Sofern dies zu einem offensichtlich unrichtigen Ergebnis führt, sind Aufwendungen in einem angemessenen Umfang zu berücksichtigen; dabei sind solche Aufwendungen nur zu berücksichtigen, wenn sie 20 Prozent des Entgelts übersteigen.

Beispiel 1:
Ein Anwärter betreibt neben seiner Ausbildung einen Online-Shop (An- und Verkauf von Computerspielen). Er ist als Kleinunternehmer von der Umsatzsteuerpflicht befreit. Sein Umsatz im laufenden Monat beträgt 2500 € für Spiele. Der Anwärter hat die verkauften Spiele für 1200 € eingekauft; die Aufwendungen für Porto und Verpackung belaufen sich auf 50 €. Das Entgelt im Sinne des § 83 beträgt 1250 €.

Beispiel 2:
Der Anwärter aus Beispiel 1 hat sich auch für Repräsentationszwecke einen Porsche als Geschäftswagen angeschafft, der monatliche Kosten von 1000 € verursacht. Die monatlichen Kosten für ein angemessenes Fahrzeug hätten 200 € betragen. Das Entgelt im Sinne des § 83 beträgt 1050 €.

83.4
Der Anwärter ist aufgrund seines Beamtenverhältnisses verpflichtet, wahrheitsgemäß anzugeben, welche Entgelte er für welche Monate erhalten hat. Dies umfasst auch die Vorlage geeigneter Unterlagen, aus denen sich das erhaltene Entgelt ergibt (zum Beispiel Arbeitsvertrag) oder aus denen das Entgelt ermittelt werden kann (zum Beispiel Gewinn- und Verlustrechnung). Einkommensteuerbescheide allein reichen im Hinblick auf Nummer 83.3.6 in der Regel nicht aus.

83.5
Bei dem erforderlichen Vergleich ist auf den Monat abzustellen, für den das Entgelt aus der anderen Tätigkeit bestimmt ist. Ist eine Zuordnung zu einzelnen Monaten nicht oder nur mit unverhältnismäßigem Aufwand möglich, sind die Entgelte auf alle infrage kommenden Monate gleichmäßig aufzuteilen.

III.1.1 VwV zum Landesbesoldungsgesetz

Beispiel 1:

Ein Anwärter übt 2012 ganzjährig eine Tätigkeit in einem Produktionsbetrieb aus. Wegen des überdurchschnittlichen Jahresergebnisses 2012 zahlt der Betrieb seinen Beschäftigten eine Prämie. Der Anwärter erhält 600 €. Da eine Zuordnung von Teilbeträgen der Prämie auf einzelne Monate nicht möglich ist, ist diese gleichmäßig aufzuteilen und mit 50 € pro Monat zu berücksichtigen.

Beispiel 2:

Ein Anwärter betreibt zusammen mit zwei weiteren Gesellschaftern eine Gesellschaft bürgerlichen Rechts. Eine monatliche Ermittlung des Entgelts nach § 83 wäre ein unverhältnismäßiger Aufwand. Aus Vereinfachungsgründen kann das Entgelt daher für das Kalenderjahr ermittelt und auf zwölf Monate gleichmäßig aufgeteilt werden. Grundlage für die Ermittlung kann die ohnehin für steuerliche Zwecke zu erstellende Gewinn- und Verlustrechnung sein.

Entgelte, die für bestimmte Zeiträume gewährt werden, können aus Vereinfachungsgründen auch dann gleichmäßig über den gesamten Zeitraum aufgeteilt werden, wenn der Anwärter die Tätigkeit in einzelnen Monaten an keinem Tag ausgeübt hat.

Beispiel 3:

Der Anwärter aus Beispiel 1 hat die Tätigkeit in den Monaten Juli und August 2012 krankheits- und urlaubsbedingt an keinem Tag ausgeübt. Aus Vereinfachungsgründen wird die gezahlte Prämie auf zwölf Monate aufgeteilt. Sofern der Anwärter eine Aufteilung auf zehn Monate begehrt, ist dem zu entsprechen.

Entgelte, die ereignisbezogen gewährt werden (zum Beispiel Weihnachtsgeld, Prämien für Verbesserungsvorschläge), sind in dem Monat zu berücksichtigen, in dem sie dem Anwärter zufließen.

84 Zu § 84 (Kürzung der Anwärterbezüge)

84.0 Allgemeines

Die Zahlung der Anwärterbezüge steht unter dem gesetzlichen Vorbehalt, dass keine Kürzungstatbestände des § 84 eintreten. Überzahlte Anwärterbezüge sind daher auch rückwirkend nach § 15 Absatz 2 zurückzufordern. Eine Berufung auf den Wegfall der Bereicherung ist nicht möglich.

84.1 Zu Absatz 1

84.1.1 Die Kürzung der Anwärterbezüge nach der nicht bestandenen Laufbahnprüfung ist vom rechtlichen Bestand der Prüfungsentscheidung unabhängig. Auf die Rechtmäßigkeit der Prüfungsentscheidung beziehungsweise deren Bestandskraft oder Rechtskraft kommt es nicht an, da die Vorschrift an den rein tatsächlichen Vorgang der Verlängerung der Ausbildung wegen des Nichtbestehens der Prüfung anknüpft.

84.1.2 Die Verzögerung der Ausbildung (Verlängerung des Vorbereitungsdienstes) ist immer dann vom Anwärter zu vertreten, wenn der Grund für die Verzögerung im Einflussbereich des Anwärters liegt und die Umstände maßgeblich durch das Verhalten des Beamten geprägt sind. Dies ist insbesondere der Fall bei:

a) jedem Nichtbestehen von Prüfungen,
b) mangelnden Leistungsnachweisen,
c) sonstigen ungenügenden Leistungen, die die Ausbildung verzögern.

84.1.3 Nicht von dem Anwärter zu vertreten sind insbesondere:

a) Krankheit,
b) Zeiten eines Beschäftigungsverbots nach der AzUVO,
c) Zeiten einer Elternzeit,
d) Pflegezeiten nach § 74 LBG sowie Zeiten der tatsächlichen Pflege im Sinne des § 32 Absatz 2 Nummer 3 bis zu insgesamt drei Jahren,
e) Freistellung für staatsbürgerliche Aufgaben (zum Beispiel Übernahme von Ehrenämtern oder parlamentarische Tätigkeit),
f) Sonderurlaub aus zwingenden Gründen.

84.1.4 Der Zeitraum der Kürzung der Anwärterbezüge beginnt mit dem Ersten des Monats, der auf den Monat folgt, in den das für die Kürzung maßgebliche Ereignis fällt. Er darf nicht länger sein als der Zeitraum, um den sich der Vorbereitungsdienst verlängert (vergleiche § 84 Absatz 3 Satz 1).

84.2 Zu Absatz 2

84.2.1 Würde die Kürzung zu einer besonderen Härte führen oder tritt, nachdem eine Kürzung verfügt worden ist, im Nachhinein ein besonderer Härtefall ein, ist von der Kürzung abzusehen. Wenn und sobald ein besonderer Härtefall nicht mehr vorliegt, ist eine Kürzung wieder zulässig.

84.2.2 Besondere Härtefälle können insbesondere im persönlichen Umfeld des Anwärters auftreten (zum Beispiel erhebliche Aufwendungen wegen gesundheitlicher Einschränkungen, Unterhaltpflicht gegenüber nahen Angehörigen). Ein besonderer Härtefall kann ferner vorliegen, wenn der Anwärter durch nicht von ihm zu vertretende Gründe während seiner Ausbildung oder in der Prüfung erheblich beeinträchtigt war (zum Beispiel wegen einer lang anhaltenden Erkrankung der Ehefrau oder eines Kindes).

84.2.3 Die Nachteile aus dem Umstand, dass sich der Vorbereitungsdienst wegen Nichtbestehens der Laufbahnprüfung verlängert, reichen für sich allein nicht aus, um einen solchen Härtefall zu begründen; es müssen stets weitere, besondere Umstände hinzukommen. Entsprechendes gilt, wenn der Anwärter im Fall einer Kürzung auf Sozialhilfeleistungen angewiesen ist. Diese Fallgruppe kann nicht von vornherein als Härte angesehen werden, da der Beamte auf Widerruf im Vorbereitungsdienst gerade keinen Anspruch auf Vollalimentation hat.

84.3 (unbelegt)

85 Zu § 85 (Vermögenswirksame Leistungen)

85.1 Zu Absatz 1

Vermögenswirksame Leistungen sind Geldleistungen, die der Dienstherr für den Beamten (Berechtigten) anlegt. Die hierfür möglichen Anlageformen sind im 5. VermBG, das entsprechend auch für Beamte gilt, aufgeführt. Altersvorsorgebeiträge nach § 82 EStG (Riesterverträge) sind nicht als vermögenswirksame Anlageform möglich. Unter den Begriff der vermögenswirksamen Leistungen im Sinne des 5. VermBG fallen auch die Beträge, die der Berechtigte aus eigenen Mitteln über die besoldungsrechtlich geregelte Leistung hinaus anlegen lässt (oder vollständig aus eigenen Mitteln, wenn ein Anspruch auf eine Besoldungsleistung nicht besteht). Der Berechtigte kann bestimmen, dass die Anlage vermögenswirksamer Leistungen in bestimmten Anlageformen nach Maßgabe des § 3 des 5. VermBG erfolgen soll zugunsten

a) seines Ehegatten (§ 26 Absatz 1 EStG),

b) der in § 32 Absatz 1 EStG bezeichneten Kinder, die zu Beginn des maßgebenden Kalenderjahres das 17. Lebensjahr noch nicht vollendet hatten oder die in diesem Kalenderjahr lebend geboren wurden,

c) der Eltern oder eines Elternteils des Berechtigten, wenn der Berechtigte als Kind die Voraussetzungen nach Buchstabe b) erfüllt.

Der Anspruch auf vermögenswirksame Leistungen im Sinne des 5. VermBG ist nicht übertragbar und damit weder pfändbar noch verpfändbar. Die vermögenswirksamen Leistungen sind steuerpflichtige Einnahmen im Sinne des Einkommensteuergesetzes und im Falle der Nachversicherung Arbeitsentgelt im Sinne der Sozialversicherung.

85.2 Zu Absatz 2

Der Besoldungsanspruch Teilzeitbeschäftigter auf vermögenswirksame Leistungen wird nach § 8 gekürzt. Besteht der Anspruch auf Besoldung nicht für einen vollen Kalendermonat, so ist auch die (besoldungsrechtliche) vermögenswirksame Leistung anteilig zu zahlen (§ 4 Absatz 3).

85.3 Zu Absatz 3

Die vermögenswirksamen Leistungen sind auch dann monatlich zu zahlen, wenn im Anlagevertrag eine einmalige oder eine jährlich einmalige Anlage vereinbart ist. Verfügungen über die angelegten Leistungen vor Ablauf der dafür im 5. VermBG festgelegten Sperrfristen lassen die hierfür gewährten besoldungsrechtlichen Leistungen unberührt.

85.4 Zu Absatz 4

Mängel in der schriftlichen Mitteilung über die gewählte Anlage beeinträchtigen die Entstehung des Anspruchs nicht.

86 Zu § 86 (Anlage der vermögenswirksamen Leistungen)

86.1 Zu Absatz 1

Da der im 5. VermBG geregelte Anspruch auf Arbeitnehmersparzulage zwischen verschiedenen Anlageformen differenziert, kann der Berechtigte verlangen, gleichzeitig zwei Verträge zu bedienen, damit er mehr Sparzulage erhalten kann als nur bei einem Vertrag.

Die vermögenswirksamen Leistungen sind grundsätzlich unmittelbar an das Unternehmen oder Institut zu überweisen, bei dem sie angelegt werden sollen. Sie sind gegenüber dem Unternehmen oder Institut als vermögenswirksame Leistungen zu kennzeichnen. Es obliegt dem Berechtigten, rechtzeitig eine neue Anlageform zu wählen und die hierfür erforderlichen Angaben zu übermitteln, wenn die vermögenswirksamen Leistungen für die bisherige Anlageform nicht mehr überwiesen werden können oder sollen.

86.2 (unbelegt)

87–106 (unbelegt)

107 Inkrafttreten

Diese Verwaltungsvorschrift tritt am Tag nach ihrer Veröffentlichung[1]) in Kraft und wird in die amtliche Vorschriftensammlung zum Besoldungsrecht des Finanz- und Wirtschaftsministeriums (Besoldungskartei) aufgenommen.

Gleichzeitig treten folgende Verwaltungsvorschriften außer Kraft:

1. Verwaltungsvorschrift des Finanzministeriums zur Vorbemerkung Nummer 26 Absatz 2 der Bundesbesoldungsordnungen A und B vom 29. März 1982 (GABl. S. 392),
2. Verwaltungsvorschrift des Finanzministeriums über die Festsetzung der Zahlungstage von Besoldung und Versorgung vom 5. April 1983 (veröffentlicht durch Aufnahme in die Besoldungskartei),
3. Verwaltungsvorschrift über die Bewertung der Personalunterkünfte für Beamte vom 28. Mai 1985 (GABl. S. 667),
4. Verwaltungsvorschrift des Finanzministeriums zum Familienzuschlag vom 23. Oktober 2001 (veröffentlicht durch Aufnahme in die Besoldungskartei),
5. Verwaltungsvorschrift des Finanzministeriums zur Überprüfung von besoldungs-, versorgungs- und tarifrechtlichen Leistungen vom 29. April 2004 (GABl. S. 417),
6. Verwaltungsvorschrift des Ministeriums für Finanzen und Wirtschaft zur Gewährung eines Zuschlags bei Altersteilzeit nach § 69 des Landesbesoldungsgesetzes Baden-Württemberg (LBesGBW) vom 7. Dezember 2011 (GABl. S. 647).

---

[1]) Der Tag der Veröffentlichung war der 30. Dezember 2014.

Verordnung des Finanzministeriums über die Beifügung von Zusätzen zu den Grundamtsbezeichnungen (Grundamtsbezeichnungs-Verordnung – GrbezVO)

Vom 28. Januar 1988 (GBl. S. 90)

Zuletzt geändert durch
Gesetz über die Anpassung von Dienst- und Versorgungsbezügen in Baden-Württemberg 2022 und zur Änderung dienstrechtlicher Vorschriften
vom 15. November 2022 (GBl. S. 540)

Auf Grund von § 11 des Landesbesoldungsgesetzes (LBesG) in der Fassung vom 3. Juli 1979 (GBl. S. 270) wird im Einvernehmen mit dem Staatsministerium und dem Innenministerium verordnet:

§ 1

(1) Für die Beamten des Landes werden die in der Anlage 1 aufgeführten Zusätze zu den Grundamtsbezeichnungen nach § 29 Abs. 1 Satz 2 des Landesbesoldungsgesetzes Baden-Württemberg festgesetzt. Für die Beamten der Gemeinden, der Landkreise und der sonstigen der Aufsicht des Landes unterstehenden Körperschaften, Anstalten und Stiftungen des öffentlichen Rechts werden die in der Anlage 2 aufgeführten Zusätze festgesetzt. Die Gemeinden, Landkreise und Städte können festlegen, dass Zusätzen, die auf die Laufbahn oder Fachrichtung hinweisen, der weitere Zusatz „Gemeinde-", „Kreis-" oder „Stadt-" vorangestellt wird; dem Zusatz „Technischer" wird dieser weitere Zusatz nachgestellt.

(2) Die nach Absatz 1 jeweils maßgebenden Zusätze bestimmen sich nach der Laufbahn, der Fachrichtung und dem Dienstherrn des Beamten.

§ 2

Die Grundamtsbezeichnung und – soweit vorhanden – der beigefügte Zusatz bilden die Amtsbezeichnung nach § 56 des Landesbeamtengesetzes.

§ 3

Die von § 1 erfaßten Beamten führen vom Inkrafttreten dieser Verordnung an die neue Amtsbezeichnung.

§ 4

Diese Verordnung tritt am ersten Tage des auf die Verkündung folgenden Monats in Kraft. Gleichzeitig treten entsprechende oder entgegenstehende Regelungen außer Kraft.

III.2 Grundamtsbezeichnungs-Verordnung (GrbezVO) — Anlage 1

Anlage 1
(zu § 1)

Zusätze zu den Grundamtsbezeichnungen für die Beamten des Landes

Nummer	Grundamtsbezeichnungen	Zusätze
1	Erster Hauptwachtmeister[5]	Justiz-
2	Hauptsekretär	Archiv-
		Bibliotheks-
		Eich-
		Gerichts-
		im Justizvollzugsdienst
		im Justizwachtmeisterdienst[1]
		Justiz-
		Regierungs-[2]
		Steuer-
		Technischer[7]
		Verfassungsschutz-
		Vermessungs-
3	Oberinspektor	Archiv-
	Amtmann	Bau-
		Bibliotheks-
		Brand-
		Eich-
		Forst-
		Gerichts-
		im Gerichtsvollzieherdienst
		im Justizvollzugsdienst
		Justiz-
		Landwirtschafts-[3]
		Regierungs-[2]
		Sozial-
		Steuer-
		Technischer[7]
		Verfassungsschutz-
		Vermessungs-
4	Rat	Archiv-
	Oberrat[4]	Bau-
	Direktor	Bibliotheks-
	Leitender Direktor[6]	Brand-
		Chemie-
		Eich-
		Forst-

Anlage 1 Grundamtsbezeichnungs-Verordnung (GrbezVO) III.2

Nummer	Grundamtsbezeichnungen	Zusätze
		Kriminal-
		Landwirtschafts-[3]
		Medizinal-
		Pharmazie-
		Polizei-
		Psychologie-
		Regierungs-[2]
		Technischer[7]
		Verfassungsschutz-
		Vermessungs-
		Veterinär-

[1] (weggefallen)
[2] Dieser Zusatz ist nach Maßgabe des § 1 Absatz 2 stets dann zu verwenden, wenn in nichttechnischen Laufbahnen keine anderen auf die Laufbahn oder Fachrichtung hinweisenden Zusätze festgesetzt sind.
[3] Bei Verwendung im Bereich des Gartenbaus kann anstelle dieses Zusatzes der Zusatz „Gartenbau-" verwendet werden.
[4] Der Wortteil „Ober-" wird außer bei den Zusätzen „Kriminal-", „Polizei-" und „Technischer" stets vorangestellt.
[5] Der Zusatz „Justiz-" wird dem Wort „Hauptwachtmeister" vorangestellt.
[6] Die Zusätze zur Grundamtsbezeichnung werden dem Wort „Direktor" vorangestellt.
[7] Dieser Zusatz ist nach Maßgabe des § 1 Absatz 2 stets dann zu verwenden, wenn in technischen Laufbahnen keine anderen auf die Laufbahn oder Fachrichtung hinweisenden Zusätze festgesetzt sind.

III.2 Grundamtsbezeichnungs-Verordnung (GrbezVO) Anlage 2

Anlage 2
(zu § 1)

Zusätze zu den Grundamtsbezeichnungen für die Beamten der Gemeinden, der Landkreise und der sonstigen der Aufsicht des Landes unterstehenden Körperschaften, Anstalten und Stiftungen des öffentlichen Rechts

Nummer	Grundamtsbezeichnungen	Zusätze
1	Hauptwart	Betriebs-
2	Hauptsekretär	Archiv-
	Amtsinspektor	Bibliotheks-
	Erster Amtsinspektor	Gemeinde-[1)]
		Justiz-
		Kreis-[1)]
		Stadt-[1)]
		Steuer-
		Technischer[10)]
		Verbands-[1)]
		Vermessungs-
		Verwaltungs-[2)]
		Veterinärhygiene-
3	Oberinspektor	Archiv-
	Amtmann	Bank-[3)]
	Amtsrat	Bau-
	Oberamtsrat	Bibliotheks-
		Brand-
		Forst-
		Gemeinde-[1)]
		Justiz-
		Kreis-[1)]
		Landwirtschafts-[4)]
		Sozial-
		Stadt-[1)]
		Steuer-
		Technischer[10)]
		Vermessungs-
		Verbands-[1)]
		Verwaltungs-[2)]
4	Rat	Archiv-
	Oberrat[5)]	Bank-[3), 6)]
	Direktor	Bau-
	Leitender Direktor[9)]	bei der Landeskreditbank[7)]
		Bibliotheks-
		Brand-

Anlage 2 — Grundamtsbezeichnungs-Verordnung (GrbezVO) III.2

Nummer	Grundamtsbezeichnungen	Zusätze
		Chemie-
		Forst-
		Landwirtschafts-[4]
		Medizinal-
		Pharmazie-
		Psychologie-
		Rechts-[8]
		Technischer[10]
		Vermessungs-
		Verwaltungs-[1]
		Veterinär-

[1] Dieser Zusatz ist nach Maßgabe des § 1 Absatz 2 stets dann zu verwenden, wenn in nichttechnischen Laufbahnen keine anderen auf die Laufbahn oder Fachrichtung hinweisenden Zusätze festgesetzt sind.

[2] Nur für Beamte der Deutschen Rentenversicherung Baden-Württemberg, der Handwerkskammern, der Gemeindeprüfungsanstalt Baden-Württemberg und des Karlsruher Instituts für Technologie, soweit keine anderen Zusätze maßgebend sind.

[3] Nur für Beamte der Landeskreditbank Baden-Württemberg – Förderbank – (L-Bank).

[4] Bei Verwendung im Bereich des Gartenbaus kann anstelle dieses Zusatzes der Zusatz „Gartenbau-" verwendet werden.

[5] Der Wortteil „Ober-" wird unbeschadet von § 1 Absatz 1 Satz 2 Halbsatz 2 außer bei den Zusätzen „Bank-" und „Technischer" stets vorangestellt.

[6] Nur für die Grundamtsbezeichnungen Rat und Oberrat.

[7] Nur für die Grundamtsbezeichnungen Direktor und Leitender Direktor.

[8] Zusatz lediglich für die Beamten der Gemeinden und der Landkreise in der Laufbahn des höheren Verwaltungsdienstes, die Juristen sind und überwiegend Justitiaraufgaben wahrnehmen.

[9] Die Zusätze zur Grundamtsbezeichnung werden mit Ausnahme des Zusatzes „bei der Landeskreditbank" dem Wort „Direktor" vorangestellt. Wenn nach § 1 Absatz 1 Satz 3 Halbsatz 1 ein weiterer Zusatz „Gemeinde-", „Kreis-" oder „Stadt-" festgelegt wird, ist dieser dem Zusatz, der auf die Laufbahn oder Fachrichtung hinweist, voranzustellen. In den Fällen des § 1 Absatz 1 Satz 3 Halbsatz 2 wird dem Zusatz „Technischer" dieser weitere Zusatz nachgestellt.

[10] Dieser Zusatz ist nach Maßgabe des § 1 Absatz 2 stets dann zu verwenden, wenn in technischen Laufbahnen keine anderen auf die Laufbahn oder Fachrichtung hinweisende Zusätze festgesetzt sind. Nach § 1 Absatz 1 Satz 3 Halbsatz 2 kann dem Zusatz „Technischer" ein weiterer Zusatz „Gemeinde-", „Kreis-" oder „Stadt-" nachgestellt werden.

Verordnung der Landesregierung über die Festsetzung von Stellenobergrenzen für den staatlichen und außerstaatlichen Bereich
(Stellenobergrenzenverordnung – StOGVO)
Vom 22. Juni 2004 (GBl. S. 365)

Zuletzt geändert durch
Gesetz über die Anpassung von Dienst- und Versorgungsbezügen in Baden-Württemberg 2022
und zur Änderung dienstrechtlicher Vorschriften
vom 15. November 2022 (GBl. S. 540)

Es wird verordnet auf Grund von

1. § 26 Abs. 3 des Bundesbesoldungsgesetzes in der Fassung vom 6. August 2002 (BGBl. I S. 3022),
2. Artikel VIII § 2 Abs. 1 Satz 1 Nr. 2 des Zweiten Gesetzes zur Vereinheitlichung und Neuregelung des Besoldungsrechts in Bund und Ländern vom 23. Mai 1975 (BGBl. I S. 1173), zuletzt geändert durch Artikel 3 des Gesetzes vom 14. Dezember 2001 (BGBl. I S. 3702):

§ 1 Anwendungsbereich

Diese Verordnung gilt für das Land und die der Aufsicht des Landes unterstehenden Körperschaften, Anstalten und Stiftungen des öffentlichen Rechts mit Ausnahme der in § 27 Absatz 2 des Landesbesoldungsgesetzes Baden-Württemberg (LBesGBW) genannten Bereiche. Sie regelt die Stellenobergrenzen für Beamte sowie für die dienstordnungsmäßig Angestellten im Bereich der Sozialversicherung.

§ 2 Bewertungs- und Berechnungsgrundsätze

(1) Die Stellenobergrenzen dürfen nur ausgeschöpft werden, wenn dies nach sachgerechter Bewertung der Funktionen im Einzelfall gerechtfertigt ist.

(2) Ergeben sich bei der Berechnung der Stellenobergrenzen Stellenbruchteile, so dürfen diese ab 0,5 aufgerundet werden.

§ 3 Planstellen

(1) Die Prozentsätze für die Stellenobergrenzen beziehen sich auf die Gesamtzahl aller Planstellen der Laufbahnen mit denselben Obergrenzen, im höheren Dienst auf die Gesamtzahl der Planstellen in den Besoldungsgruppen A 13 bis A 16 und den Besoldungsgruppen der Landesbesoldungsordnung B.

(2) Planstellen, die als „künftig umzuwandeln" (ku) bezeichnet sind, sind der Laufbahn- oder Besoldungsgruppe zuzurechnen, der sie nach der Umwandlung angehören werden.

(3) Planstellen, die als „künftig wegfallend" (kw) bezeichnet sind, sind rechnerisch zu berücksichtigen, solange sie besetzt sind.

(4) Die für dauernd beschäftigte Angestellte eines Dienstherrn ausgebrachten gleichwertigen Stellen können mit der Maßgabe in die Berechnungsgrundlage einbezogen werden, dass eine entsprechende Anrechnung auf die jeweiligen Stellen für Beförderungsämter erfolgt.

§ 4 Allgemeine Stellenobergrenzen

Nach § 27 Absatz 3 und § 95 Absatz 3 LBesGBW dürfen die Anteile der Beförderungsämter für Beamte und dienstordnungsmäßig Angestellte nach Maßgabe sachgerechter Bewertung folgende Stellenobergrenzen nicht überschreiten:

1. im mittleren Dienst
   in der Besoldungsgruppe A 10
   – im Polizeivollzugsdienst 70 %,
   – in der Steuerverwaltung 60 %,
   – im Gerichtsvollzieherdienst 70 %,
   – in allen übrigen Laufbahnen 40 %;
2. im gehobenen Dienst
   in der Besoldungsgruppe A 13 30 %;
3. im höheren Dienst
   in der Besoldungsgruppe A 16 und
   den Besoldungsgruppen der Landesbesoldungsordnung B 20 %.

§ 5 Stellenobergrenzen für die Zentren für Psychiatrie

Die in § 4 geregelten Stellenobergrenzen dürfen nach Maßgabe sachgerechter Bewertung überschritten werden. Im mittleren Dienst dürfen dabei Stellen in der Besoldungsgruppe A 10 mit einem Anteil von höchstens 55 % ausgebracht werden. Stellen des gehobenen und höheren Dienstes dürfen ohne Begrenzung nach Maßgabe entsprechender Einzelbewertung in Anspruch genommen werden.

§ 6 Inkrafttreten, Aufhebung von Vorschriften

(1) Diese Verordnung tritt am ersten Tage des auf die Verkündung folgenden Monats in Kraft.

(2) Gleichzeitig treten folgende Vorschriften außer Kraft:

1. die Verordnung der Landesregierung über die Festsetzung von Stellenobergrenzen für den mittleren vermessungstechnischen Dienst beim Landesbetrieb Vermessung vom 8. Oktober 2002 (GBl. S. 390),

2. die Verordnung der Landesregierung über die Festsetzung von Stellenobergrenzen für den mittleren Dienst bei den Justizvollzugsanstalten vom 8. März 1999 (GBl. S. 120),

3. die Stellenobergrenzenverordnung vom 24. November 1981 (GBl. S. 603), zuletzt geändert durch Verordnung vom 19. August 1999 (GBl. S. 392),

4. die Stellenobergrenzenverordnung – Landesversicherungsanstalt Baden vom 21. September 1978 (GBl. S. 551),

5. die Stellenobergrenzenverordnung – Krankenversicherung vom 21. Mai 1981 (GBl. S. 316), geändert durch Verordnung vom 3. Mai 1991 (GBl. S. 306) und

6. die Stellenobergrenzenverordnung – Zentren für Psychiatrie vom 14. Dezember 1995 (GBl. 1996 S. 47).

Verordnung der Landesregierung über die Gewährung von Erschwerniszulagen in Baden-Württemberg (Erschwerniszulagenverordnung Baden-Württemberg – EZulVOBW)

Vom 30. November 2010 (GBl. S. 994)

Zuletzt geändert durch
Gesetz über die Anpassung von Dienst- und Versorgungsbezügen in Baden-Württemberg 2024/2025 und zur Änderung dienstrechtlicher Vorschriften
vom 5. November 2024 (GBl. Nr. 91)

Auf Grund von § 63 des Landesbesoldungsgesetzes Baden-Württemberg (LBesGBW) vom 9. November 2010 (GBl. S. 793, 826) wird verordnet:

1. Abschnitt
Allgemeine Vorschriften

§ 1 Anwendungsbereich

Diese Verordnung regelt die Gewährung von Zulagen zur Abgeltung besonderer, bei der Bewertung des Amtes oder bei der Regelung der Anwärterbezüge nicht berücksichtigter Erschwernisse (Erschwerniszulagen) für Empfänger von Dienstbezügen und Anwärterbezügen im Geltungsbereich von § 1 LBesGBW. Durch eine Erschwerniszulage wird ein mit der Erschwernis verbundener Aufwand mit abgegolten.

§ 2 Ausschluss einer Erschwerniszulage neben einer Ausgleichszulage

Ist die Gewährung einer Erschwerniszulage neben einer anderen Zulage ganz oder teilweise ausgeschlossen, gilt dies auch für eine nach Wegfall der anderen Zulage gewährte Ausgleichszulage, solange diese noch nicht bis zur Hälfte aufgezehrt ist.

§ 3 Erschwerniszulage bei einer Verwendung im Dienst des Bundes oder eines anderen Landes

Sehen die Vorschriften zu den Erschwerniszulagen des Bundes oder eines anderen Landes Zulagen vor, die in dieser Verordnung nicht geregelt sind, so erhalten Beamte und Richter während der Zeit der Verwendung im Dienst des Bundes oder eines anderen Landes die Erschwerniszulage nach Maßgabe und in Höhe der Vorschriften des Bundes oder dieses Landes, wenn der Dienstherr, für den der Beamte oder Richter tätig ist, diese in vollem Umfang erstattet.

2. Abschnitt
Einzeln abzugeltende Erschwernisse

1. Unterabschnitt
Zulage für Dienst zu ungünstigen Zeiten und Zulage für lageorientierten Dienst

§ 4 Allgemeine Voraussetzungen

(1) Empfänger von Dienstbezügen in Besoldungsgruppen mit aufsteigenden Gehältern und Empfänger von Anwärterbezügen erhalten eine Zulage für Dienst zu ungünstigen Zeiten, wenn sie mit mehr als fünf Stunden im Kalendermonat zum Dienst zu ungünstigen Zeiten herangezogen werden; bei Teilzeitbeschäftigung werden diese Dienststunden im gleichen Umfang wie die Arbeitszeit reduziert. Die Empfänger, die dem Polizeivollzugsdienst angehören, erhalten unter den Voraussetzungen des Satzes 1 anstelle einer Zulage für Dienst zu ungünstigen Zeiten eine Zulage für lageorientierten Dienst.

(2) Dienst zu ungünstigen Zeiten ist der Dienst

1. zur Nachtzeit (Nachtdienst),

2. an Sonntagen und gesetzlichen Feiertagen (Sonn- und Feiertagsdienst),

3. an Samstagen in der Zeit zwischen 13 Uhr und 20 Uhr (Samstagnachmittagsdienst) sowie

4. an den Samstagen vor Ostern und Pfingsten nach 12 Uhr sowie am 24. und 31. Dezember jeden Jahres nach 12 Uhr.

Nachtzeit ist die Zeit zwischen 20 Uhr und 6 Uhr. Sonn- und Feiertagsdienst ist der Dienst zwischen 0 Uhr bis 24 Uhr des jeweiligen Tages.

(3) Lageorientierter Dienst ist der Dienst nach Absatz 2 im Polizeivollzugsdienst.

(4) Zulagefähig sind nur Zeiten einer tatsächlichen Dienstausübung; Bereitschaftsdienst, der zu ungünstigen Zeiten oder lageorientiert geleistet wird, ist voll zu berücksichtigen. Wachdienst ist nur zulagefähig, wenn er mit mehr als 24 Stunden im Kalendermonat zu ungünstigen Zeiten oder lageorientiert geleistet wird; bei Teilzeitbeschäftigung werden diese Dienststunden im gleichen Umfang wie die Arbeitszeit reduziert.

(5) Zum Dienst zu ungünstigen Zeiten oder zum lageorientierten Dienst gehören nicht der Dienst während Übungen, es sei denn, die oberste Dienstbehörde hat bei einer Übung, die aus zwingenden dienstlichen Gründen oder sonstigen übergeordneten Gesichtspunkten termingebunden stattfinden muss, Dienst nach Absatz 2 angeordnet, sowie Reisezeiten bei Dienstreisen und die Rufbereitschaft.

(6) Rufbereitschaft im Sinne von Absatz 5 ist das Bereithalten des hierzu Verpflichteten in seiner Häuslichkeit (Hausrufbereitschaft) oder das Bereithalten an einem von ihm anzuzeigenden und dienstlich genehmigten Ort seiner Wahl (Wahlrufbereitschaft), um bei Bedarf zu Dienstleistungen sofort abgerufen werden zu können. Beim Wohnen in einer Gemeinschaftsunterkunft gilt als Häuslichkeit die Gemeinschaftsunterkunft.

§ 5 Höhe und Berechnung der Zulage für Dienst zu ungünstigen Zeiten

(1) Die Zulage beträgt für

1. Nachtdienst 1,28 Euro je Stunde,

2. Sonn- und Feiertagsdienst 4,21 Euro je Stunde,

3. Samstagnachmittagsdienst 0,64 Euro je Stunde und

4. Dienst an den Samstagen vor Ostern und Pfingsten nach 12 Uhr sowie am 24. und 31. Dezember jeden Jahres nach 12 Uhr 4,21 Euro je Stunde.

(2) Für Beamte des Steuerfahndungsdienstes nach § 48 LBesGBW, für Beamte der Feuerwehr nach § 49 LBesGBW sowie für Beamte in Ämtern der Landesbesoldungsordnung A bei den Justizvollzugsanstalten oder bei den Abschiebungshafteinrichtungen und für entsprechende Beamte auf Widerruf im Vorbereitungsdienst tritt an die Stelle des Betrags nach Absatz 1 Nr. 3 der Betrag von 0,77 Euro.

(3) Für Dienst über volle Stunden hinaus wird die Zulage anteilig gewährt. Wenn in einem Zeitraum zeitgleich mehrere Zulagentatbestände nach Absatz 1 erfüllt werden, wird dafür die Zulage mit dem höchsten Stundenbetrag gezahlt.

§ 6 Höhe und Berechnung der Zulage für lageorientierten Dienst

(1) Die Zulage beträgt für

1. Nachtdienst in den donnerstags, freitags und samstags und vor gesetzlichen Feiertagen beginnenden Nächten 2,91 Euro je Stunde, in den übrigen Nächten 1,28 Euro je Stunde,

2. Sonn- und Feiertagsdienst 4,21 Euro je Stunde,

3. Samstagnachmittagsdienst 0,77 Euro je Stunde und

4. Dienst an den Samstagen vor Ostern und Pfingsten nach 12 Uhr sowie am 24. und 31. Dezember jeden Jahres nach 12 Uhr 4,21 Euro je Stunde.

(2) § 5 Abs. 3 gilt entsprechend.

§ 7 Fortzahlung der Zulagen bei vorübergehender Dienstunfähigkeit

Bei einer vorübergehenden Dienstunfähigkeit infolge eines Unfalls im Sinne von § 52 des Landesbeamtenversorgungsgesetzes Baden-Württemberg (LBeamtVGBW) wird Beamten des Vollzugsdienstes und des Einsatzdienstes der Feuerwehr die Zulage für den Dienst zu ungünstigen Zeiten und die Zulage für lageorientierten Dienst weitergewährt. Ferner werden die Zulagen weitergewährt, wenn Beamte bei einem besonderen Einsatz im Ausland oder im dienstlichen Zusammenhang damit einen Unfall erleiden, der auf vom Inland wesentlich abweichende Verhältnisse mit gesteigerter Gefährdungslage zurückzuführen ist, ohne dass die sonstigen Voraussetzungen des § 46 LBeamtVGBW vorliegen. Bemessungsgrundlage für die Zahlung der Erschwerniszulagen ist der Durchschnitt der jeweiligen Zulage der letzten drei Monate vor Beginn des Monats, in dem die vorübergehende Dienstunfähigkeit eingetreten ist.

§ 8 Ausschluss der Zulagen durch andere Zulagen

Die Zulagen werden nicht gewährt neben

1. einer Zulage nach § 54 LBesGBW,
2. einer Zulage nach § 57 Abs. 1 Nr. 2 LBesGBW,
3. einer Vergütung für Beamte im Vollstreckungsdienst nach §§ 67, 67a und 68 LBesGBW,
4. Auslandsdienstbezügen oder Auslandsverwendungszuschlag (§ 78 LBesGBW).

§ 9 Sonstiger Ausschluss der Zulagen

Die Zulagen entfallen oder sie verringern sich, soweit der Dienst zu ungünstigen Zeiten oder der lageorientierte Dienst auf andere Weise als mit abgegolten oder ausgeglichen gilt.

2. Unterabschnitt
Zulage für Tauchertätigkeit

§ 10 Allgemeine Voraussetzungen

(1) Beamte erhalten eine Zulage für Tauchertätigkeiten.

(2) Tauchertätigkeiten sind Übungen oder Arbeiten im Wasser

1. im Taucheranzug ohne Helm oder ohne Tauchgerät,
2. mit Helm oder Tauchgerät.

Zu den Tauchertätigkeiten gehören auch Übungen oder Arbeiten in Pressluft (Druckkammern).

§ 11 Höhe der Zulage

(1) Die Zulage für Tauchertätigkeit nach § 10 Abs. 2 Nr. 1 beträgt je Stunde 4,35 Euro.

(2) Die Zulage für Tauchertätigkeit nach § 10 Abs. 2 Nr. 2 beträgt je Stunde Tauchzeit bei einer Tauchtiefe

bis zu 5 Metern	18,01 Euro,
von mehr als 5 Metern	21,86 Euro,
von mehr als 10 Metern	27,16 Euro,
von mehr als 15 Metern	34,99 Euro.

Für Tauchtiefen von mehr als 20 Metern erhöht sich die Zulage für je fünf Meter weiterer Tauchtiefe um 6,99 Euro je Stunde.

(3) Die Zulage nach Absatz 2 erhöht sich für Tauchertätigkeit

1. in Strömung mit Stromschutz gleich welcher Art um 15 Prozent,
2. in Strömung ohne Stromschutz um 30 Prozent,
3. in Binnenwasserstraßen bei Lufttemperaturen von weniger als 3 Grad Celsius Wärme um 25 Prozent.

(4) Die Zulage für Tauchertätigkeit nach § 10 Abs. 2 Satz 2 beträgt je Stunde ein Drittel der Sätze nach Absatz 2.

§ 12 Berechnung der Zulage

(1) Die Zulage wird nach Stunden berechnet. Die Zeiten sind für jeden Kalendertag zu ermitteln, und das Ergebnis ist zu runden. Dabei bleiben Zeiten von weniger als zehn Minuten unberücksichtigt; Zeiten von 10 bis 30 Minuten werden auf eine halbe Stunde, von mehr als 30 Minuten auf eine volle Stunde aufgerundet.

(2) Als Tauchzeit gilt

1. für Helmtaucher die Zeit unter dem geschlossenen Taucherhelm,
2. für Schwimmtaucher die Zeit unter der Atemmaske,
3. bei Arbeiten in Druckkammern die Zeit von Beginn des Einschleusens bis zum Ende des Ausschleusens.

3. Unterabschnitt
(weggefallen)

§ 13 (weggefallen)

4. Unterabschnitt
Zulagen nach der Erschwerniszulagenverordnung des Bundes

§ 14 Zulagen nach der Erschwerniszulagenverordnung des Bundes

Für Berechtigte im Geltungsbereich des § 1 LBesGBW finden für Zulagen

1. für den Umgang mit Munition und Sprengstoffen,
2. für Tätigkeiten an Antennen und Antennenträgern, für Tätigkeiten an Geräten und Geräteträgern des Wetterdienstes und des Vermessungsdienstes sowie an Windmasten des lufthygienischen Überwachungsdienstes und
3. für Klimaerprobung und Unterdruckkammerdienst

die für Bundesbeamte geltenden Bestimmungen im 3. bis 5. Titel des Abschnitts 2 der Erschwerniszulagenverordnung des Bundes in der jeweils geltenden Fassung entsprechende Anwendung.

3. Abschnitt
Zulagen in festen Monatsbeträgen

§ 15 Entstehung des Anspruchs

(1) Der Anspruch auf die Zulage entsteht mit der tatsächlichen Aufnahme der zulageberechtigenden Tätigkeit und erlischt mit deren Beendigung, soweit in den §§ 16 bis 22 nichts anderes bestimmt ist.

(2) Besteht der Anspruch auf die Zulage nicht für einen vollen Kalendermonat und sieht die Zulageregelung eine tageweise Abgeltung nicht vor, wird nur der Teil der Zulage gezahlt, der auf den Anspruchszeitraum entfällt.

§ 16 Unterbrechung der zulageberechtigenden Tätigkeit

(1) Bei einer Unterbrechung der zulageberechtigenden Tätigkeit wird die Zulage nur weitergewährt im Falle

1. eines Erholungsurlaubs,
2. eines Sonderurlaubs unter Fortzahlung der Dienstbezüge,
3. einer Erkrankung einschließlich Heilkur,
4. einer Teilnahme an Fortbildungsveranstaltungen,
5. einer Dienstreise,

soweit in den §§ 17 bis 22 nichts anderes bestimmt ist. In den Fällen von Satz 1 Nr. 2 bis 5 wird die Zulage nur weitergewährt bis zum Ende des Monats, der auf den Eintritt der Unterbrechung folgt. Bei einer Unterbrechung der zulageberechtigenden Verwendung durch Erkrankung einschließlich Heilkur, die auf einem Dienstunfall beruht, wird die Zulage weitergewährt bis zum Ende des sechsten Monats, der auf den Eintritt der Unterbrechung folgt.

(2) Die Befristungen nach Absatz 1 Satz 2 und 3 gelten nicht, wenn bei Beamten die Voraussetzungen des § 52 LBeamtVGBW erfüllt sind. Es ist nicht erforderlich, dass sich der Beamte des Lebenseinsatzes bei der Ausübung der Diensthandlung bewusst war.

§ 17 Zulagen für Wechselschichtdienst und Schichtdienst

(1) Beamte erhalten eine Wechselschichtzulage von 102,26 Euro monatlich, wenn sie ständig nach einem Schichtplan (Dienstplan) eingesetzt sind, der einen regelmäßigen Wechsel der täglichen Arbeitszeit in Wechselschichten (wechselnde Arbeitsschichten, in denen ununterbrochen bei Tag und Nacht, werktags, sonntags und feiertags gearbeitet wird) vorsieht, und sie dabei regelmäßig in je fünf Wochen durchschnittlich mindestens 40 Dienststunden in der dienstplanmäßigen oder betriebsüblichen Nachtschicht sowie in den anderen Schichten leisten. Bei Teilzeitbeschäftigung werden die in Satz 1 genannten 40 Dienststunden im gleichen Verhältnis wie die Arbeitszeit reduziert. Zeiten eines Bereitschaftsdienstes gelten nicht als Arbeitszeit im Sinne dieser Vorschrift.

(2) Beamte erhalten, wenn sie ständig Schichtdienst zu leisten haben (Dienst nach einem Schichtplan, der einen regelmäßigen Wechsel

der täglichen Arbeitszeit in Zeitabschnitten von längstens einem Monat vorsieht),

1. eine Schichtzulage von 61,36 Euro monatlich, wenn sie die Voraussetzungen für eine Wechselschichtzulage nach Absatz 1 nur deshalb nicht erfüllen, weil nach dem Schichtplan eine zeitlich zusammenhängende Unterbrechung des Dienstes von höchstens 48 Stunden vorgesehen ist oder sie die in Absatz 1 geforderten Dienststunden nur in je sieben Wochen leisten,
2. eine Schichtzulage von 46,02 Euro monatlich, wenn der Schichtdienst innerhalb einer Zeitspanne von mindestens 18 Stunden,
3. eine Schichtzulage von 35,79 Euro monatlich, wenn der Schichtdienst innerhalb einer Zeitspanne von mindestens 13 Stunden geleistet wird.

Zeitspanne ist die Zeit zwischen dem Beginn der frühesten und dem Ende der spätesten Schicht innerhalb von 24 Stunden. Die geforderte Stundenzahl muss im Durchschnitt an den im Schichtplan vorgesehenen Arbeitstagen erreicht werden. Sieht der Schichtplan mehr als fünf Arbeitstage wöchentlich vor, können, falls dies günstiger ist, der Berechnung des Durchschnitts fünf Arbeitstage wöchentlich zugrunde gelegt werden. Bei Teilzeitbeschäftigung werden die in Nummer 1 genannten 40 Dienststunden im gleichen Verhältnis wie die Arbeitszeit reduziert. Absatz 1 Satz 3 gilt entsprechend.

(3) Die Absätze 1 und 2 gelten nicht, soweit der Schichtplan (Dienstplan) eine Unterscheidung zwischen Volldienst und Bereitschaftsdienst nicht vorsieht. Sie finden keine Anwendung auf Beamte auf Widerruf im Vorbereitungsdienst; abweichend hiervon erhalten Beamte im Vorbereitungsdienst für den Krankenpflegedienst 75 Prozent der entsprechenden Beträge. Sie finden ferner keine Anwendung auf Beamte, die als Pförtner oder Wächter tätig sind oder Zulagen nach § 19 oder Auslandsdienstbezüge oder Auslandsverwendungszuschlag nach § 78 LBesGBW erhalten oder die auf Schiffen oder schwimmenden Geräten tätig sind, wenn die dadurch bedingte besondere Dienstplangestaltung bereits anderweitig berücksichtigt ist.

(4) Die Erschwerniszulagen nach den Absätzen 1 und 2 werden nur zur Hälfte gewährt, wenn für denselben Zeitraum Anspruch auf eine Stellenzulage nach §§ 48, 49, 50, 51 oder 57 Abs. 1 Nr. 2 LBesGBW besteht. Abweichend von Satz 1 erhalten Beamte im Krankenpflegedienst, die für den gleichen Zeitraum Anspruch auf eine Zulage nach § 50 LBesGBW haben, die Erschwerniszulage nach Absatz 1 in Höhe von 76,69 Euro monatlich und nach Absatz 2 in voller Höhe.

§ 18 Zulagen für den Krankenpflegedienst

(1) Beamte des mittleren Dienstes im Krankenpflegedienst, die

1. in psychiatrischen Krankenhäusern, Kliniken, Abteilungen oder Stationen Patienten pflegen,
2. in neurologischen Kliniken, Abteilungen oder Stationen ständig geisteskranke Patienten pflegen,
3. in psychiatrischen oder neurologischen Krankenhäusern, Kliniken oder Abteilungen im Elektroencephalogramm-Dienst (EEG-Dienst) oder in der Röntgendiagnostik tätig sind und ständig mit geisteskranken Patienten umgehen,
4. zu arbeitstherapeutischen Zwecken ständig mit geisteskranken Patienten zusammenarbeiten oder sie bei der Arbeitstherapie beaufsichtigen,

erhalten eine Zulage von monatlich 40 Euro.

(2) Beamte des mittleren Dienstes im Krankenpflegedienst, die die Grund- und Behandlungspflege zeitlich überwiegend bei

1. an schweren Infektionskrankheiten erkrankten Patienten (zum Beispiel Tuberkulose-Patienten), die wegen der Ansteckungsgefahr in besonderen Infektionsabteilungen oder Infektionsstationen untergebracht sind,
2. Kranken in geriatrischen Abteilungen oder Stationen,
3. gelähmten oder an multipler Sklerose erkrankten Patienten,

4. Patienten nach Transplantationen innerer Organe oder von Knochenmark,

5. an AIDS (Vollbild) erkrankten Patienten,

6. Patienten, bei denen Chemotherapien durchgeführt oder die mit Strahlen oder mit inkorporierten radioaktiven Stoffen behandelt werden,

7. Patienten in Einheiten für Intensivmedizin

ausüben, erhalten eine Zulage von monatlich 120 Euro. Die Zulage erhalten auch Beamte, die unmittelbare Aufsichtsfunktionen im Krankenpflegedienst über die vorstehend genannten ihnen ständig unterstellten Beamten wahrnehmen; das gilt auch für deren ständige Vertreter.

(3) Beamte des mittleren Dienstes im Krankenpflegedienst, die

1. zeitlich überwiegend Kranke in geschlossenen oder halbgeschlossenen (Open-Door-System) psychiatrischen Abteilungen oder Stationen oder als Beamte des Justizvollzugsdienstes ständig Kranke in psychiatrischen Abteilungen oder Stationen pflegen,

2. ständig in Abteilungen für zwangsasylierte asoziale Tuberkulosekranke tätig sind,

3. als Beamte des Justizvollzugsdienstes die Voraussetzungen der Zulage nach Absatz 2 erfüllen,

erhalten eine Zulage von monatlich 160 Euro.

(4) Eine Zulage wird jeweils nur einmal gewährt. Sind die Voraussetzungen für eine Zulage nach den Absätzen 1 und 2 erfüllt, so werden beide Zulagen nebeneinander gewährt. Eine nach § 50 LBesGBW gewährte Stellenzulage ist mit dem Betrag von 120 Euro anzurechnen.

(5) Die Zulagen werden nicht neben einer Zulage nach § 21 gewährt.

§ 19 Zulage für besondere Einsätze

(1) Eine Zulage in Höhe von 300 Euro monatlich erhält, wer als

1. Polizeivollzugsbeamter oder Arzt in einem Mobilen Einsatzkommando, im Spezialeinsatzkommando oder beim Technikzentrum Spezialeinheiten – Öffnungstechnik,

2. Beamter unter einer ihm verliehenen, auf Dauer angelegten veränderten Identität (Legende) als Verdeckter Ermittler oder

3. Polizeivollzugsbeamter in der Direktion Spezialeinheiten des Polizeipräsidiums Einsatz für Aufgben des Personenschutzes

verwendet wird.

(2) Eine Zulage in Höhe von 300 Euro monatlich erhält, wer als Beamter des mittleren oder gehobenen Vollzugsdienstes im Justizvollzug in der Sicherheitsgruppe Justizvollzug verwendet wird.

(3) Die Zulage wird nicht neben einer Stellenzulage nach § 53 LBesGBW sowie einer Zulage nach § 20 gewährt. Neben einer Stellenzulage nach § 55 LBesGBW wird die Zulage nur gewährt, soweit sie unter Hinzurechnung der Stellenzulage nach §§ 48 oder 50 LBesGBW den Betrag der Stellenzulage nach § 55 LBesGBW übersteigt.

§ 20 Zulage für Polizeivollzugsbeamte als fliegendes Personal

(1) Polizeivollzugsbeamte, die als Luftfahrzeugführer oder Flugtechniker in fliegenden Verbänden, fliegerischen Ausbildungseinrichtungen oder den fliegenden Verbänden gleichgestellten Einrichtungen, Einheiten und Dienststellen verwendet werden, erhalten eine Zulage.

(2) Die Zulage erhalten auch Polizeivollzugsbeamte, die

1. auf Grund von Dienstvorschriften oder Dienstanweisungen als nichtständige Luftfahrzeugbesatzungsangehörige zum Mitfliegen in Luftfahrzeugen dienstlich verpflichtet sind und mindestens zehn Flüge im laufenden Kalendermonat nachweisen,

2. in Erfüllung ihrer Aufgaben als Prüfer von Luftfahrtgerät oder als Systemoperator Wärmebildgerät zum Mitfliegen verpflichtet sind

(Sondergruppe). Eine Anrechnung von Flügen aus anderen Kalendermonaten und von Reiseflügen ist nicht zulässig.

(3) Die Zulage beträgt monatlich für Polizeivollzugsbeamte in der Verwendung als

1. Luftfahrzeugführer oder Flugtechniker jeweils mit Zusatzqualifikation 300 Euro,
2. Luftfahrzeugführer oder Flugtechniker jeweils ohne Zusatzqualifikation 240 Euro,
3. Angehörige der Sondergruppe (Absatz 2) bei zehn oder mehr Flügen im laufenden Kalendermonat 180 Euro.

Zusatzqualifikationen sind insbesondere Instrumentenflugberechtigung sowie die erworbene Ausbildung im Umgang mit Bildverstärkerbrille oder Wärmebildkamera.

(4) In den Fällen des Absatzes 3 Nummer 3 findet § 16 keine Anwendung. Werden im laufenden Kalendermonat weniger als zehn, jedoch mindestens fünf Flüge nachgewiesen, vermindert sich die Zulage nach Absatz 3 Nummer 3 für jeden fehlenden Flug um 18 Euro.

§ 21 Zulage für Beamte des Justizvollzuges

(1) Beamte des Justizvollzuges, die zeitlich überwiegend Untergebrachte in einer Abteilung für Sicherungsverwahrung beaufsichtigen, betreuen oder behandeln, erhalten eine Zulage von monatlich 122,72 Euro.

(2) Voraussetzung für die Entstehung des Anspruchs nach § 15 Absatz 1 ist eine zusammenhängende zulageberechtigende Tätigkeit von drei Monaten.

§ 22 Zulage für Beamte in der Waffenannahmestelle des Regierungspräsidiums Stuttgart

Beamte im Regierungspräsidium Stuttgart, die zeitlich überwiegend Waffen und Gegenstände nach dem Waffengesetz entgegennehmen, registrieren, demontieren und vernichten, erhalten eine Zulage von monatlich 133,33 Euro.

4. Abschnitt
Inkrafttretensvorschrift

§ 23 Inkrafttreten

Diese Verordnung tritt am 1. Januar 2011 in Kraft.

Verordnung des Wissenschaftsministeriums, des Innenministeriums und des Justizministeriums über Leistungsbezüge sowie Forschungs- und Lehrzulagen für Professoren und Leiter und Mitglieder von Leitungsgremien an Hochschulen
(Leistungsbezügeverordnung – LBVO)

Vom 14. Januar 2005 (GBl. S. 125)

Zuletzt geändert durch
Fünftes Hochschulrechtsänderungsgesetz
vom 12. November 2024 (GBl. Nr. 97)

Auf Grund von § 11 Abs. 5 und § 12 Abs. 3 des Landesbesoldungsgesetzes in der Fassung des Artikels 1 Nr. 4 des Gesetzes vom 19. Oktober 2004 (GBl. S. 765), wird im Einvernehmen mit dem Finanzministerium und mit Zustimmung des Finanzausschusses des Landtags verordnet:

§ 1 Anwendungsbereich

(1) Diese Verordnung regelt das Nähere zur Vergabe von

1. Leistungsbezügen nach § 38 Abs. 1 Nr. 1 bis 3 des Landesbesoldungsgesetzes Baden-Württemberg (LBesGBW), insbesondere zur Ruhegehaltfähigkeit, zum Vergabeverfahren, zur Zuständigkeit sowie zu den weiteren Voraussetzungen und Kriterien der Vergabe von Leistungsbezügen an Professoren und hauptberufliche Leiter und Mitglieder von Leitungsgremien an Hochschulen in den Besoldungsgruppen W 2 und W 3 sowie an Universitätsprofessoren am Karlsruher Institut für Technologie (KIT) und hauptberufliche Leiter und Mitglieder von Leitungsgremien am KIT in den Besoldungsgruppen W 2 und W 3 und

2. Forschungs- und Lehrzulagen nach § 60 LBesGBW, insbesondere zum Vergabeverfahren, zur Zuständigkeit für die Vergabe sowie zu den weiteren Voraussetzungen und Kriterien der Vergabe dieser Zulagen an Hochschullehrer in den Besoldungsgruppen W 1 bis W 3.

(2) Aus Gründen der Lesbarkeit ist in dieser Verordnung nur die männliche Sprachform gewählt worden. Alle personenbezogenen Aussagen gelten jedoch stets für Frauen und Männer gleichermaßen.

§ 2 Leistungsbezüge aus Anlass von Berufungs- und Bleibeverhandlungen

(1) Aus Anlass von Berufungs- und Bleibeverhandlungen können Leistungsbezüge gewährt werden, soweit dies erforderlich ist, um einen Professor für die Hochschule oder für das KIT zu gewinnen (Berufungs-Leistungsbezüge) oder eine Abwanderung abzuwenden (Bleibe-Leistungsbezüge). Kriterien für die Vergabe von Leistungsbezügen aus Anlass von Berufungs- und Bleibeverhandlungen sind die Qualifikation und die bisherigen Leistungen des Bewerbers unter Berücksichtigung der Bewerberlage und der Arbeitsmarktsituation in dem jeweiligen Fach sowie alternativer Angebote.

(2) Bleibeleistungsbezüge werden nur gewährt, wenn der Professor das Einstellungsangebot einer anderen Hochschule oder eines anderen Dienstherrn oder Arbeitgebers in Schriftform vorlegt. Die Vergabe eines neuen oder höheren Leistungsbezugs soll bei einem Ruf an eine andere Hochschule im Inland oder an das KIT frühestens nach Ablauf von drei Jahren seit der letzten Gewährung aus einem solchen Anlass erfolgen. Vorteile aus dem nicht erforderlichen Ortswechsel sind angemessen zu berücksichtigen.

(3) Zuständig für die Vergabe der Leistungsbezüge nach § 38 Abs. 1 Nr. 1 LBesGBW ist

die jeweilige Hochschule oder das KIT nach Maßgabe der hochschulrechtlichen Bestimmungen oder des KITG.

§ 3 Leistungsbezüge für besondere Leistungen

(1) Leistungsbezüge nach § 38 Absatz 1 Nummer 2 LBesGBW können für besondere Leistungen, die in der Regel über mehrere Jahre erbracht werden müssen, gewährt werden. Neben den Leistungen im Hauptamt sind Nebentätigkeiten nur zu berücksichtigen, wenn sie auf Verlangen, Vorschlag oder Veranlassung der Hochschule oder des KIT ausgeübt werden oder die Hochschule oder das KIT ein dienstliches Interesse an der Übernahme anerkannt hat und sie unentgeltlich ausgeübt werden.

(2) Besondere Leistungen in der Forschung können insbesondere nachgewiesen werden durch

1. Publikationen, Preise oder Evaluationen,
2. Wissens-, Gestaltungs- und Technologietransfers,
3. die Einwerbung von Drittmitteln in nicht geringem Umfang.

(3) Besondere Leistungen in der Lehre können insbesondere nachgewiesen werden durch

1. Publikationen, Preise oder Evaluationen,
2. eine über die Lehrverpflichtung hinausgehende Lehrtätigkeit,
3. eine Lehrbelastung mit besonderem Betreuungsaufwand,
4. besondere Belastungen durch Prüfungstätigkeiten,
5. die Einwerbung von Drittmitteln in nicht geringem Umfang.

(4) Besondere Leistungen in der Kunst können insbesondere durch besondere Leistungen auf dem Gebiet der künstlerischen Entwicklungsvorhaben und der Kunstausübung sowie herausragende und besonders anerkannte künstlerische Leistungen nachgewiesen werden.

(5) Besondere Leistungen in der Nachwuchsförderung können insbesondere nachgewiesen werden durch

1. besondere Leistungen bei der Betreuung von Promotionen und weiterführenden wissenschaftlichen und künstlerischen Qualifikationen,
2. nicht auf die Erfüllung der Lehrverpflichtung anrechenbare Betreuung von Promotionsstudien,
3. die Durchführung besonderer Formen der Nachwuchsbetreuung,
4. besondere Leistungen bei der Förderung des weiblichen wissenschaftlichen und künstlerischen Nachwuchses.

(6) Besondere Leistungen in der Weiterbildung können insbesondere nachgewiesen werden durch

1. für das Aufgabenspektrum der Hochschule oder des KIT wichtige Weiterbildungsangebote,
2. über die Lehrverpflichtung hinausgehende Lehrtätigkeit in der Weiterbildung,
3. Lehrbelastung in der Weiterbildung mit überdurchschnittlichem Betreuungsaufwand,
4. besonders hohe mit der Weiterbildung für die Hochschule oder das KIT erzielte Einnahmen.

(7) Zuständig für die Vergabe und den Widerruf der Leistungsbezüge nach § 38 Abs. 1 Nr. 2 LBesGBW ist die jeweilige Hochschule oder das KIT nach Maßgabe der hochschulrechtlichen Bestimmungen oder des KITG.

§ 4 Leistungsbezüge für die Wahrnehmung von Funktionen oder besonderen Aufgaben im Rahmen der Hochschulselbstverwaltung oder der Hochschulleitung oder beim KIT

(1) Rektoren der Hochschulen, der Vorstandsvorsitzende des KIT, hauptamtliche Rektoratsmitglieder der Hochschulen und Vorstandsmitglieder des KIT, Bereichsleiter am KIT, nebenamtliche Rektoratsmitglieder der Hochschulen und Vorstandsmitglieder des KIT, Bereichsleiter am KIT, Dekane, Rektoren der Studienakademien und Gleichstellungsbeauftragte sollen für die Dauer der Wahrnehmung dieser Funktion Funktionsleistungsbezüge erhalten. Funktionsleistungsbezüge können auch für die Wahr-

nehmung weiterer Funktionen oder besonderer Aufgaben im Rahmen der Hochschulselbstverwaltung, der Hochschulleitung oder beim KIT gewährt werden.

(2) Die in Monatsbeträgen zu zahlenden Leistungsbezüge für die hauptamtlichen Mitglieder von Leitungsgremien setzen sich aus zwei Bestandteilen zusammen. Zu einem Festbetrag, dessen Höhe anhand quantitativer Kriterien, insbesondere Studierendenzahl, Haushaltsvolumen, Personal und Dauer der Amtszeit festzulegen ist, kommt ein variabler Bestandteil hinzu, dessen Höhe anhand qualitativer Kriterien, insbesondere Qualifikation und Verantwortungsbereich des Funktionsträgers festzulegen ist. Das Wissenschaftsministerium kann für die Vergabe der Leistungsbezüge nach Absatz 1, insbesondere zu den Bemessungsmaßstäben und zur Höhe bindende Leitlinien vorgeben.

(3) Zuständig für die Vergabe der Funktionsleistungsbezüge nach § 38 Abs. 1 Nr. 3 LBesGBW ist die jeweilige Hochschule oder das KIT nach Maßgabe der hochschulrechtlichen Bestimmungen oder des KITG. Abweichend hiervon ist für die Vergabe dieser Bezüge an die hauptamtlichen Mitglieder von Leitungsgremien an der Hochschule Schwetzingen – Hochschule für Rechtspflege das Justizministerium und an der Hochschule Villingen-Schwenningen – Hochschule für Polizei Baden-Württemberg das Innenministerium zuständig.

§ 5 Kontingentierung

Das zuständige Ministerium kann das Rektorat einer Hochschule oder den Vorstand des KIT anweisen, den der Hochschule oder dem KIT zur Verfügung stehenden Vergaberahmen hinsichtlich der drei Arten der variablen Leistungsbezüge zu kontingentieren, wenn die Vergabepraxis der Hochschule oder des KIT den besoldungsrechtlichen Zielen einer ausgewogenen leistungsbezogenen Besoldung widerspricht. Bei der Ausgestaltung der Kontingente sind hochschulart- und hochschulspezifische Besonderheiten sowie die Besonderheiten des KIT zu berücksichtigen. Die Kontingente bedürfen der Zustimmung des zuständigen Ministeriums. Hinsichtlich der Versagung der Zustimmung gelten die hochschulrechtlichen Bestimmungen und die Bestimmungen des KITG über staatliche Mitwirkungsrechte.

§ 6 Ruhegehaltfähigkeit

(1) Für die Ruhegehaltfähigkeit von Leistungsbezügen nach § 38 Abs. 1 Nr. 1 bis 3 LBesGBW gelten ergänzend zum Landesbesoldungsgesetz Baden-Württemberg die Absätze 2 bis 8; Leistungsbezüge, die nach § 39 Abs. 6 Nr. 2 LBesGBW aus Mitteln privater Dritter finanziert werden, sind nicht ruhegehaltfähig.

(2) Befristete Leistungsbezüge nach § 38 Absatz 1 Nr. 1 und 2 LBesGBW können nach zehnjährigem Bezug neben einem Grundgehalt der Besoldungsgruppe W 2 bis zur Höhe von 21 Prozent und neben einem Grundgehalt der Besoldungsgruppe W 3 bis zur Höhe von 28 Prozent des jeweiligen Grundgehalts für ruhegehaltfähig erklärt werden. Für die Berechnung des Bezugszeitraums sind die Zeiten, in denen diese Leistungsbezüge vergeben worden sind, zu addieren. Zeiten, in denen mehrere befristete Leistungsbezüge nebeneinander vergeben werden, dürfen nur einmal berücksichtigt werden. Leistungsbezüge, die zunächst befristet, dann unbefristet vergeben werden, werden spätestens nach zehnjährigem Bezug ruhegehaltfähig.

(3) Bei mehreren nacheinander oder nebeneinander bezogenen befristeten Leistungsbezügen nach § 38 Abs. 1 Nr. 1 und 2 LBesGBW wird der höchste Betrag, der über einen Zeitraum von zehn Jahren bezogen worden ist, als ruhegehaltfähiger Leistungsbezug berücksichtigt. Ruhegehaltfähige befristete Leistungsbezüge, die über einen Zeitraum von zehn Jahren nebeneinander bezogen worden sind, werden addiert. Leistungsbezüge nach § 38 Abs. 1 Nr. 3 LBesGBW werden in den Fällen des § 38 Abs. 7 Satz 2 und 3 LBesGBW nach den dortigen Maßgaben neben den Leistungsbezügen nach Satz 1 und 2 gewährt.

(4) Ruhegehaltfähige befristete und unbefristete Leistungsbezüge nach § 38 Abs. 1 Nr. 1 und 2 LBesGBW sind bei der Berechnung des

Ruhegehalts zu addieren, sofern sie mindestens zehn Jahre nebeneinander bezogen worden sind. Werden ruhegehaltfähige befristete und unbefristete Leistungsbezüge nacheinander oder weniger als zehn Jahre nebeneinander bezogen, werden die ruhegehaltfähigen befristeten Leistungsbezüge nur insoweit als ruhegehaltfähiger Leistungsbezug berücksichtigt, als sie die ruhegehaltfähigen unbefristeten Leistungsbezüge übersteigen. Leistungsbezüge nach § 38 Abs. 1 Nr. 3 LBesGBW werden in den Fällen des § 38 Abs. 7 Satz 2 und 3 LBesGBW nach den dortigen Maßgaben neben den Leistungsbezügen nach Satz 1 und 2 gewährt.

(5) Für Professoren, die die Voraussetzungen des Artikels 3 Abs. 4 des Gesetzes zur Änderung des Landesbesoldungsgesetzes und anderer Gesetze vom 19. Oktober 2004 (GBl. S. 765) oder des Artikels 1 § 10 Abs. 5 des Zweiten Gesetzes zur Umsetzung der Föderalismusreform im Hochschulbereich erfüllen, finden die Absätze 2 bis 4 mit der Maßgabe Anwendung, dass in allen Fällen an die Stelle der Zehnjahresfrist eine Fünfjahresfrist tritt.

(6) An Universitäten und am KIT, soweit Stellen betroffen sind, die aus Mitteln der Universitätsaufgabe finanziert werden, können unbefristete und befristete Leistungsbezüge nach § 38 Absatz 1 Nr. 1 und 2 LBesGBW über den für die Besoldungsgruppe W 3 geltenden Prozentsatz nach Absatz 2 Satz 1 zusammen höchstens

1. für 4 Prozent der Inhaber von W 3-Stellen bis zur Höhe von 37 Prozent des Grundgehalts,
2. für 2 Prozent der Inhaber von W 3-Stellen bis zur Höhe von 46 Prozent des Grundgehalts,
3. für 1,5 Prozent der Inhaber von W 3-Stellen bis zur Höhe von 56 Prozent des Grundgehalts und
4. für 2,5 Prozent der Inhaber von W 3-Stellen bis zur Höhe von 65 Prozent des Grundgehalts

für ruhegehaltfähig erklärt werden. Befristete Leistungsbezüge können frühestens nach zehnjährigem Bezug für ruhegehaltfähig erklärt werden; für die Berechnung des Bezugszeitraums gilt Absatz 2 Sätze 2 bis 4.

(7) An Kunsthochschulen können unbefristete und befristete Leistungsbezüge nach § 38 Absatz 1 Nr. 1 und 2 LBesGBW über den für die Besoldungsgruppe W 3 geltenden Prozentsatz nach Absatz 2 Satz 1 zusammen höchstens

1. für 2,5 Prozent der Inhaber von W 3-Stellen bis zur Höhe von 37 Prozent des Grundgehalts,
2. für 2,5 Prozent der Inhaber von W 3-Stellen bis zur Höhe von 46 Prozent des Grundgehalts und
3. für 1 Prozent der Inhaber von W 3-Stellen bis zur Höhe von 65 Prozent des Grundgehalts

für ruhegehaltfähig erklärt werden. Absatz 6 Satz 2 gilt entsprechend.

(8) Das zuständige Ministerium kann in diesem Rahmen für die einzelnen Hochschulen und für das KIT von den Absätzen 6 und 7 abweichende Höchstsätze festlegen. An Pädagogischen Hochschulen, Hochschulen für angewandte Wissenschaften und an der Dualen Hochschule ist bei der Bewilligung von ruhegehaltfähigen unbefristeten und befristeten Leistungsbezügen eine Überschreitung des Vomhundertsatzes nach Absatz 2 Satz 1 nicht möglich.

§ 7 Besoldungsdurchschnitt

(1) Das zuständige Ministerium legt jährlich die für die jeweilige Hochschule und für das KIT maßgeblichen durchschnittlichen Besoldungsausgaben je Professor unter Berücksichtigung der vom Finanzministerium nach § 39 LBesGBW errechneten Besoldungsdurchschnitte fest und teilt diese den Hochschulen und dem KIT mit. Dieser Besoldungsdurchschnitt ist Maßstab für den Vergaberahmen für Leistungsbezüge nach § 38 Abs. 1 Nr. 1 bis 3 LBesGBW an dieser Hochschule für das betreffende Kalenderjahr.

(2) Die sich aufgrund des nach Absatz 1 Satz 1 mitgeteilten Besoldungsdurchschnitts ergebenden Mittel zur Vergabe von Leistungsbezügen, die in einem Kalenderjahr

nicht in Anspruch genommen werden, werden für die Bewilligung von Leistungsbezügen als zweckgebundene Haushaltsreste übertragen.

(3) Die Rektorate der Hochschulen und der Vorstand des KIT unterrichten das zuständige Ministerium über die in einem Kalenderjahr gewährten Leistungsbezüge nach §§ 2, 3 und 4 sowie über die Ruhegehaltfähigkeit.

§ 8 Forschungs- und Lehrzulage

(1) Professoren nach dem Landeshochschulgesetz in der Landesbesoldungsordnung W, die Mittel privater Dritter für Forschungs- und Lehrvorhaben der Hochschule einwerben und diese Vorhaben durchführen, kann für die Dauer des Drittmittelflusses aus diesen Mitteln eine nicht ruhegehaltfähige Zulage nach § 60 LBesGBW gewährt werden, soweit der Drittmittelgeber bestimmte Mittel ausdrücklich zu diesem Zweck vorgesehen hat. Eine Zulage darf nur gewährt werden, soweit neben den Kosten des Forschungsvorhabens einschließlich der Gemeinkosten auch die Zulagenbeträge durch die Drittmittel gedeckt sind. Die hochschulrechtlichen Bestimmungen über die Verwendung von Mitteln Dritter sind zu berücksichtigen. Das KIT hat insoweit die Bestimmungen des KITG zu berücksichtigen.

(2) Absatz 1 gilt entsprechend für Universitätsprofessoren am KIT und Juniorprofessoren am KIT, die Mittel privater Dritter für Forschungs- und Lehrvorhaben aus dem Bereich der Universitäts- oder Großforschungsaufgabe des KIT einwerben und diese Vorhaben durchführen.

(3) Ein besonderes Landesinteresse im Sinne von § 60 Abs. 2 LBesGBW für die Überschreitung der Obergrenze nach Satz 1 dieser Vorschrift liegt insbesondere dann vor, wenn das Vorhaben für die Forschung, Lehre, Weiterbildung, Entwicklung, künstlerische Entwicklungsvorhaben oder den Technologietransfer der Hochschule von herausragender Bedeutung ist.

(4) Über die Festsetzung von Forschungs- und Lehrzulagen entscheidet das Rektorat einer Hochschule nach Maßgabe der hochschulrechtlichen Bestimmungen oder der Vorstand des KIT nach Maßgabe der Bestimmungen des KITG.

§ 9 Regelungen der Hochschulen und des KIT

(1) Das Rektorat einer Hochschule oder der Vorstand des KIT regelt auf der Grundlage dieser Verordnung das Verfahren und die Vergabe von Leistungsbezügen nach §§ 2, 3 und 4 sowie das Verfahren und die Vergabe von Forschungs- und Lehrzulagen nach § 8. Das Rektorat einer Hochschule oder der Vorstand des KIT berücksichtigt dabei den Gleichstellungsauftrag und gewährleistet so die Chancengleichheit von Frauen und Männern bei der Vergabe von Leistungsbezügen.

(2) Entscheidungen über die Vergabe von Leistungsbezügen und über die Vergabe von Forschungs- und Lehrzulagen bedürfen der Schriftform. Verfahren und Vergabe sind aktenkundig zu machen und zentral zu erfassen.

§ 10 (weggefallen)

§ 11 Inkrafttreten

(1) Diese Verordnung tritt mit Wirkung vom 1. Januar 2005 in Kraft.

(2) § 10 tritt gleichzeitig mit dem In-Kraft-Treten des Zweiten Gesetzes zur Änderung hochschulrechtlicher Vorschriften (2. HRÄG) außer Kraft.

Verordnung des Finanzministeriums über die Gewährung von Leistungsprämien
(Leistungsprämienverordnung des Finanzministeriums – LPVO-FM)
Vom 28. September 2011 (GBl. S. 489)

Zuletzt geändert durch
Gesetz zur Änderung des Landesbesoldungsgesetzes Baden-Württemberg
und anderer Rechtsvorschriften
vom 15. Oktober 2020 (GBl. S. 914)

Auf Grund von § 76 Absatz 6 des Landesbesoldungsgesetzes Baden-Württemberg (LBesGBW) vom 9. November 2010 (GBl. S. 793, 826) wird verordnet:

§ 1 Geltungsbereich

Diese Verordnung gilt für Landesbehörden und Landesbetriebe im Geschäftsbereich des Finanzministeriums, denen im Rahmen besonderer haushaltsrechtlicher Regelungen Haushaltsmittel zur Vergabe von Leistungsprämien zur Verfügung stehen.

§ 2 Zuständigkeit und Verfahren

(1) Für die Vergabe von Leistungsprämien an Beamte ist im Geschäftsbereich des Finanzministeriums der jeweilige Dienstvorgesetzte zuständig. Für abgeordnete Beamte ist der Dienstvorgesetzte der Dienststelle zuständig, bei der die herausragende besondere Leistung erbracht wurde. Die zuständigen Dienstvorgesetzten des dem Finanzministerium unmittelbar nachgeordneten Bereichs können die Wahrnehmung der Vergabe von Leistungsprämien auf Vorgesetzte ihrer Dienststelle übertragen.

(2) Die Entscheidung über die Vergabe einer Leistungsprämie ist den Beamten schriftlich mitzuteilen. Sie umfasst auch die Feststellung und die Bewertung der herausragenden Leistung. Eine Mehrfertigung der schriftlichen Bewilligung einer Leistungsprämie ist dem Landesamt für Besoldung und Versorgung zuzuleiten; ein weiterer Abdruck ist zur Personalakte zu nehmen.

§ 3 Vergabeumfang

Die Gesamtzahl der in einem Kalenderjahr vergebenen Leistungsprämien darf unter Beachtung der haushaltsgesetzlichen Bestimmungen 20 Prozent der Zahl der am 1. März des jeweiligen Kalenderjahres bei den einzelnen Behörden und Betrieben vorhandenen Beamten in Ämtern der Landesbesoldungsordnungen A und B nach Maßgabe des § 76 Absatz 2 LBesGBW nicht übersteigen. Bei der Ermittlung der höchstmöglichen Zahl von Beamten, denen unter Ausschöpfung der Höchstquote von 20 Prozent Leistungsprämien bewilligt werden können, sind Bruchteile bei der Zahl der Beamten stets abzurunden.

§ 4 Inkrafttreten

Diese Verordnung tritt mit Wirkung vom 1. Januar 2011 in Kraft.

Verordnung der Landesregierung über Zulagen für Lehrkräfte mit besonderen Funktionen
(Lehrkräftezulagenverordnung)
Vom 24. April 1995 (GBl. S. 328)

Zuletzt geändert durch
Gesetz zur Umsetzung des Qualitätskonzepts für die öffentlichen Schulen
in Baden-Württemberg
vom 19. Februar 2019 (GBl. S. 37)

Auf Grund von § 78 des Bundesbesoldungsgesetzes in der Fassung vom 21. September 1994 (BGBl. I S. 2646, ber. S. 3134, S. 3367) wird verordnet:

§ 1

(1) Für die Dauer der Verwendung in den in der Anlage zu dieser Verordnung aufgeführten besonderen Funktionen im Sinne des § 57 Absatz 1 Nummer 9 des Landesbesoldungsgesetzes Baden-Württemberg erhalten die dort genannten Lehrer nach Maßgabe der Anlage eine Stellenzulage.

(2) Eine Verwendung in einer der in der Anlage genannten Funktionen liegt nur vor, wenn die Funktion dem Lehrer durch eine förmliche Bestellung übertragen wurde.

(3) Eine Stellenzulage steht nicht zu, wenn die in der Anlage genannte Funktion bei der Bewertung des Amtes bereits berücksichtigt ist.

(4) Werden mehrere der in der Anlage aufgeführten Funktionen nebeneinander ausgeübt, wird nur eine Stellenzulage, bei Stellenzulagen in unterschiedlicher Höhe nur die höhere Stellenzulage gewährt.

§ 2

Die Zahl der Stellen mit Zulagen ist im Stellenplan des Haushalts festzulegen.

§ 3

Diese Verordnung tritt am ersten Tage des auf die Verkündung folgenden Monats in Kraft. Gleichzeitig treten die Nummern 20 und 22 der Vorbemerkung zu den Landesbesoldungsordnungen A und B in der Fassung des Landesbesoldungsgesetzes vom 6. Mai 1975 (GBl. S. 334) und die darauf fußenden Bestimmungen außer Kraft (Artikel VI § 3 Nr. 7 des Landesbesoldungsanpassungsgesetzes vom 3. April 1979, GBl. S. 134).

III.7 Lehrkräftezulagenverordnung — Anlage

Anlage
(zu § 1)

Vorbemerkung: BesGr. = Besoldungsgruppe(n)

Nr.	Lehrer	Funktion	Stellenzulage monatlich in Euro
1	Lehrer des gehobenen Dienstes an allgemein bildenden Schulen und in Ämtern der Technischen Lehrer an beruflichen Schulen in Ämtern der BesGr. A 9 bis A 15	Fachberater in der Lehreraus- und -fortbildung an diesen Schulen	38,81
2	Studienräte und Oberstudienräte	Ausbildungslehrer für Lehramtspraktikanten des höheren Lehramts an Gymnasien oder an beruflichen Schulen	79,89
3	Studienräte und Oberstudienräte	Verwendung an Seminaren für Ausbildung und Fortbildung der Lehrkräfte – Gymnasien oder beruflichen Schulen –	
3.1		als Lehrbeauftragter[1]	79,89
3.2		als Fachleiter	79,89
4	Lehrer des gehobenen Dienstes in Eingangsämtern der BesGr. A 12 oder A 13 sowie in einem nicht funktionsgebundenen Beförderungsamt der BesGr. A 13 oder A 13 kw	Verwendung an Seminaren für Ausbildung und Fortbildung der Lehrkräfte – Grundschulen, Werkreal-, Haupt- und Realschulen, Sonderschulen –	
4.1		als Lehrbeauftragter[1]	38,81
4.2		als Fachleiter	79,89
5	Lehrer in den Laufbahnen der Fachlehrer und der Technischen Lehrer, Lehrer des gehobenen Dienstes in Eingangsämtern der BesGr. A 12 oder A 13 sowie in einem nicht funktionsgebundenen Beförderungsamt der BesGr. A 13 oder A 13 kw, Studienräte und Oberstudienräte	Verwendung an Seminaren für Ausbildung und Fortbildung der Lehrkräfte (Pädagogischen Fachseminaren oder am Fachseminar Sonderpädagogik).	
5.1		als Lehrbeauftragter[1]	38,81
5.2		als Fachleiter	79,89
6	Lehrer in den Laufbahnen der Fachlehrer und der Technischen Lehrer, Lehrer des gehobenen Dienstes in Eingangsämtern der BesGr. A 12 oder A 13 sowie in einem nicht funktionsgebundenen Beförderungsamt der BesGr. A 13 oder A 13 kw	Verwendung an Seminaren für Ausbildung und Fortbildung der Lehrkräfte (Berufliche Schulen)	

Anlage Lehrkräftezulagenverordnung **III.7**

Nr.	Lehrer	Funktion	Stellenzulage monatlich in Euro
6.1		als Lehrbeauftragter[1]	38,81
6.2		als Fachleiter	79,89

[1] Die Funktion muss mindestens 20 vom Hundert der Gesamttätigkeit des Lehrers in Anspruch nehmen.

Verordnung des Finanzministeriums über die Gewährung von Anwärtersonderzuschlägen
(Anwärtersonderzuschlagsverordnung – AnwSoZVO)
Vom 16. Dezember 2010 (GBl. S. 1085)

Zuletzt geändert durch
Verordnung des Finanzministeriums zur Änderung der Anwärtersonderzuschlagsverordnung
vom 14. Oktober 2024 (GBl. Nr. 87)

Auf Grund von § 81 Abs. 4 des Landesbesoldungsgesetzes Baden-Württemberg vom 9. November 2010 (GBl. S. 793, 826) wird verordnet:

§ 1 Zuschlagsberechtigter Personenkreis

(1) Folgende Anwärterinnen und Anwärter erhalten Anwärtersonderzuschläge:

1. Anwärterinnen und Anwärter für das höhere Lehramt an beruflichen Schulen in den Fächern
   a) Energie- und Automatisierungstechnik,
   b) System- und Informationstechnik,
   c) Fertigungstechnik,
   d) Fahrzeugtechnik,
   e) Metallbautechnik oder
   f) Sanitär, Heizungs- und Klimatechnik;

2. Anwärterinnen und Anwärter des höheren bautechnischen Verwaltungsdienstes der Staatlichen Vermögens- und Hochbauverwaltung in den Bereichen
   a) Maschinenwesen oder
   b) Elektrotechnik;

3. Anwärterinnen und Anwärter des höheren bautechnischen Verwaltungsdienstes der Straßenbauverwaltung;

4. Anwärterinnen und Anwärter des gehobenen bautechnischen Verwaltungsdienstes der Staatlichen Vermögens- und Hochbauverwaltung in den Bereichen
   a) Maschinenwesen oder
   b) Elektrotechnik;

5. Anwärterinnen und Anwärter des gehobenen bautechnischen Verwaltungsdienstes der Straßenbauverwaltung;

6. Anwärterinnen und Anwärter im Straßenmeisterdienst;

7. Anwärterinnen und Anwärter des mittleren Werkdienstes im Justizvollzug;

8. Anwärterinnen und Anwärter des mittleren Vollzugsdienstes im Justizvollzug mit abgeschlossener förderlicher Berufsausbildung, die bei Einstellung in den Vorbereitungsdienst bereits mindestens zwei Jahre im Ausbildungsberuf oder anderweitig erwerbstätig waren;

9. Anwärterinnen und Anwärter des mittleren Abschiebungshaftvollzugsdienstes mit abgeschlossener förderlicher Berufsausbildung, die bei Einstellung in den Vorbereitungsdienst bereits mindestens zwei Jahre im Ausbildungsberuf oder anderweitig erwerbstätig waren;

10. Anwärterinnen und Anwärter des höheren vermessungstechnischen Verwaltungsdienstes;

11. Anwärterinnen und Anwärter des gehobenen vermessungstechnischen Verwaltungsdienstes;

12. Anwärterinnen und Anwärter des mittleren vermessungstechnischen Verwaltungsdienstes;

13. Anwärterinnen und Anwärter des mittleren Vollzugsdienstes im Justizvollzug mit einer der in § 57 Absatz 1 Nummer 10 des Landesbesoldungsgesetzes Baden-Württemberg (LBesGBW) aufgeführten medizinischen Qualifikationen oder einer abgeschlossenen Aus- oder Weiterbildung als Beschäftigungstherapeut, Ergotherapeut, Arbeitserzieher, Heilerziehungspfleger oder vergleichbaren therapeutischen Aus- oder Weiterbildung;

14. Anwärterinnen und Anwärter des mittleren Abschiebungshaftvollzugsdienstes mit einer der in § 57 Absatz 1 Nummer 10 LBesGBW aufgeführten medizinischen Qualifikationen oder einer abgeschlossenen Aus- oder Weiterbildung als Beschäftigungstherapeut, Ergotherapeut, Arbeitserzieher, Heilerziehungspfleger oder vergleichbaren therapeutischen Aus- oder Weiterbildung;
15. Anwärterinnen und Anwärter des höheren bautechnischen Verwaltungsdienstes in der Fachrichtung Städtebau und Raumordnung.

(2) Absatz 1 Nummer 1 gilt nur für Anwärterinnen und Anwärter, deren Ernennung vor dem 1. Januar 2029 liegt.

(3) Absatz 1 Nummer 10 bis 12 gilt nur für Anwärterinnen und Anwärter, deren Ernennung nach dem 31. März 2018 liegt.

(4) Absatz 1 Nummer 8, 9, 13 und 14 gilt nur für Anwärterinnen und Anwärter, deren Ernennung nach dem 30. September 2018 liegt. Auf Anwärterinnen und Anwärter, deren Ernennung vor dem 1. Oktober 2018 liegt, findet § 1 Absatz 1 Nummer 8 und 9 der Anwärtersonderzuschlagsverordnung in der bis zum 30. September 2018 geltenden Fassung weiterhin Anwendung.

(5) Absatz 1 Nummer 15 gilt nur für Anwärterinnen und Anwärter, deren Ernennung nach dem 31. März 2025 und vor dem 1. Januar 2030 liegt.

(6) Erfüllt eine Anwärterin oder ein Anwärter gleichzeitig die Voraussetzungen für mehr als einen Anwärtersonderzuschlag, wird nur der höchste Anwärtersonderzuschlag gewährt.

§ 2 Höhe der Anwärtersonderzuschläge

(1) Die Höhe der Anwärtersonderzuschläge beträgt für

1. Anwärterinnen und Anwärter nach § 1 Absatz 1 Nummer 1 70 Prozent des zustehenden Anwärtergrundbetrags,
2. Anwärterinnen und Anwärter nach § 1 Absatz 1 Nummer 2 bis 5, 10 bis 12 und 15 45 Prozent des zustehenden Anwärtergrundbetrags,
3. Anwärterinnen und Anwärter nach § 1 Absatz 1 Nummer 6 50 Prozent des zustehenden Anwärtergrundbetrags,
4. Anwärterinnen und Anwärter nach § 1 Absatz 1 Nummer 8 und 9 55 Prozent des zustehenden Anwärtergrundbetrags,
5. Anwärterinnen und Anwärter nach § 1 Absatz 1 Nummer 7, 13 und 14 70 Prozent des zustehenden Anwärtergrundbetrags.

(2) Abweichend von Absatz 1 Nummer 5 betragen die Anwärtersonderzuschläge 55 Prozent des Anwärtergrundbetrags, wenn bereits vor dem 1. Oktober 2018 ein Anspruch auf Anwärtersonderzuschläge bestand.

§ 3 Inkrafttreten

Die Verordnung tritt am 1. Januar 2011 in Kraft.

Verordnung des Kultusministeriums über die Gewährung einer Unterrichtsvergütung für Anwärterinnen und Anwärter sowie Studienreferendarinnen und Studienreferendare (Unterrichtsvergütungsverordnung – UVergVO)

Vom 12. Dezember 2010 (GBl. 2011 S. 13)

Zuletzt geändert durch
Verordnung des Kultusministeriums zur Änderung der Unterrichtsvergütungsverordnung
vom 10. März 2021 (GBl. S. 332)

Auf Grund von § 82 Abs. 4 des Landesbesoldungsgesetzes Baden-Württemberg (LBesGBW) in der Fassung vom 9. November 2010 (GBl. S. 793) wird im Einvernehmen mit dem Finanzministerium verordnet:

§ 1 Unterrichtsvergütung für Anwärter und Studienreferendare

Anwärterinnen und Anwärter auf das Lehramt einer Fachlehrkraft oder Technischen Lehrkraft sowie Anwärterinnen und Anwärter auf ein wissenschaftliches Lehramt und Studienreferendarinnen und Studienreferendare erhalten für zusätzlich selbständig erteilte Unterrichtsstunden eine Unterrichtsvergütung nach Maßgabe dieser Verordnung. Der Abschluss von Arbeitsverträgen im Rahmen einer Nebentätigkeit ist ausgeschlossen.

§ 2 Vergütungsfähige Unterrichtsstunden

(1) Vergütungsfähige Unterrichtsstunden sind solche, die in einer Kalenderwoche über die in der Ausbildungs- und Prüfungsordnung für die jeweilige Schularten der Anwärterinnen und Anwärter beziehungsweise Studienreferendarinnen und Studienreferendare vorgesehene Soll-Wochenstundenzahl hinaus selbständig erteilt werden und von der Schulleitung vor der Erteilung schriftlich genehmigt wurden.

(2) Soweit in den jeweiligen Ausbildungs- und Prüfungsordnungen eine Obergrenze für den im Rahmen des Vorbereitungsdienstes zu erbringender Unterricht vorgesehen ist, gilt diese als Soll-Wochenstundenzahl. Ist eine Regel-Unterrichtsverpflichtung festgelegt, so ist diese maßgeblich.

(3) Bei der Ermittlung der tatsächlich geleisteten Unterrichtsstunden werden für Feiertage, unterrichtsfreie Tage sowie Feiertage die auf diese Tage entfallenden und im Rahmen der Ausbildung planmäßig selbständig zu erteilenden Unterrichtsstunden angerechnet.

(4) Bei Unterrichtswochen, die sich über zwei Kalendermonate hinweg erstrecken, sind die insgesamt und zusätzlich innerhalb dieser überlappenden Kalenderwoche geleisteten Unterrichtsstunden nachrichtlich auch insoweit anzugeben, als sie nicht mehr in den Abrechnungsmonat fallen. Diese werden für die Ermittlung der je Kalendermonat vergütungsfähigen Unterrichtsstunden herangezogen.

(5) Die Unterrichtsvergütung wird für höchstens vierundzwanzig im Kalendermonat tatsächlich zusätzlich geleistete Unterrichtsstunden gewährt.

§ 3 Genehmigungsvoraussetzungen

(1) Die Genehmigung von zusätzlichen Unterrichtsstunden erfolgt durch die Schulleitung der Ausbildungsschule. Sie darf nur erteilt werden, wenn

1. die Versorgung mit Pflichtunterricht nicht auf andere Weise sichergestellt werden kann,
2. die Prüfungsteile der den Vorbereitungsdienst abschließenden Staatsprüfung erfolgreich bestanden wurden und
3. das Ausbildungsziel dadurch nicht gefährdet wird.

Soll der zusätzliche Unterricht an einer anderen als der Ausbildungsschule abgeleistet werden, erfolgt die Genehmigung durch die

Schulleitung der Ausbildungsschule im Einvernehmen mit der Schulleitung der Einsatzschule. Die Zustimmung des zuständigen Regierungspräsidiums ist vor Erteilung der Genehmigung einzuholen.

(2) Ob die Erteilung von zusätzlichen Unterrichtsstunden das Ausbildungsziel gefährdet, entscheidet die Ausbildungsleitung (Seminarleitung) vor der Genehmigung im Einvernehmen mit der Schulleitung der Ausbildungsschule.

(3) Schwerbehinderte sollen nicht zu zusätzlichen Unterrichtsstunden herangezogen werden. Auf eigenen Wunsch kann dies im Ausnahmefall nach Rücksprache mit der Schulleitung der Ausbildungsschule und mit den Betroffenen von der Ausbildungsleitung genehmigt werden.

(4) Die Ableistung von zusätzlichen Unterrichtsstunden ist für Anwärterinnen und Anwärter sowie Studienreferendarinnen und Studienreferendare freiwillig. Verweigern sie die Ableistung, dürfen ihnen daraus keine Nachteile entstehen.

(5) Während der Prüfungszeiträume der Anwärterinnen und Anwärter sowie Studienreferendarinnen und Studienreferendare sollen keine zusätzlichen Unterrichtsstunden genehmigt werden.

§ 4 Höhe der Unterrichtsvergütung

Die Unterrichtsvergütung beträgt je Unterrichtsstunde 75 Prozent der nach Anlage 15 zu § 65 LBesGBW festgelegten Mehrarbeitsvergütungssätze des Eingangsamtes im Schuldienst, das nach Abschluss des Vorbereitungsdienstes angestrebt wird.

§ 5 Verfahrensvorschriften

(1) Die Unterrichtsvergütung ist beim zuständigen Regierungspräsidium mit dem in der Anlage aufgeführten Vordruck für jeden Kalendermonat separat zu beantragen. Feiertage, unterrichtsfreie Tage sowie Ferientage sind durch Einkreisen zu kennzeichnen.

(2) Der Anspruch erlischt, wenn er nicht innerhalb von sechs Monaten nach Ablauf des Monats, in dem der selbständige Unterricht erteilt wurde, beim zuständigen Regierungspräsidium geltend gemacht wird.

§ 6 Inkrafttreten

Diese Verordnung tritt am 01. Januar 2011 in Kraft.

III.9 Unterrichtsvergütungsverordnung (UVergVO) Anlage

Anlage

Ausbildungsschule: Name, Schulart, Anschrift, PLZ, Schulort	**Unterrichtsvergütung** nach der **Unterrichtsvergütungsverordnung**
Einsatzschule: Name, Schulart, Anschrift, PLZ, Schulort	
Regierungspräsidium Abteilung 7 - Schule und Bildung	Eingangsstempel des Regierungspräsidiums

- Bitte in Druckschrift ausfüllen -

Z	Feld 1	Von der Anwärterin / dem Anwärter bzw. der Studienreferendarin / dem Studienreferendar auszufüllen		
1	Name		Anwärterin / Anwärter bzw. Studienreferendarin / Studienreferendar für das Lehramt	
2	Vorname		Personalnummer Bezüge (siehe Bezügemitteilung)	

Abrechnungszeitraum (für jeden Kalendermonat separates Blatt verwenden)

Monat / Jahr:

Woche von – bis	insgesamt selbständig geleistete Unterrichtsstunden (1. davon zusätzlich geleistet an der Ausbildungsschule) (2. davon zusätzlich geleistet an der Einsatzschule) Mo / Di / Mi / Do / Fr / Summe Mo - Fr	m. d. Anwärterbezügen abgegoltene Unterrichtsstunden	vergütungsfähige Unterrichtsstunden
	( ) ( ) ( ) ( ) ( )		
	( ) ( ) ( ) ( ) ( )		
	( ) ( ) ( ) ( ) ( )		
	( ) ( ) ( ) ( ) ( )		
	( ) ( ) ( ) ( ) ( )		
	( ) ( ) ( ) ( ) ( )		
	( ) ( ) ( ) ( ) ( )		
	( ) ( ) ( ) ( ) ( )		

4	Summe der vergütungsfähigen Unterrichtsstunden:	

Ich versichere die Richtigkeit und Vollständigkeit meiner Angaben sowie die erstmalige Abrechnung.

Ort, Datum   Unterschrift der Anwärterin/des Anwärters bzw. der Studienreferendarin/des Studienreferendars

Feld 2a | Von der Schulleitung der Einsatzschule auszufüllen

Mit der Unterschrift wird die sachliche Richtigkeit und Vollständigkeit der Angaben sowie die erstmalige Abrechnung bestätigt.

Dienstsiegel
Ort, Datum   Unterschrift der Schulleiterin / des Schulleiters

Feld 2b | Von der Schulleitung der Ausbildungsschule auszufüllen

Mit der Unterschrift wird die sachliche Richtigkeit und Vollständigkeit der Angaben sowie die erstmalige Abrechnung bestätigt.

Dienstsiegel
Ort, Datum   Unterschrift der Schulleiterin / des Schulleiters

Anlage — Unterrichtsvergütungsverordnung (UVergVO) III.9

Feld 3	Vom Regierungspräsidium auszufüllen

Mit der Unterschrift wird die rechnerische Richtigkeit bestätigt sowie die Auszahlung des errechneten Betrages angeordnet.

Buchungsstelle: ☐ Kap. 0436 Tit. 422 05 (Beamtinnen/Beamte), BewDst. und UG wie DIPSY-Zahlfall
☐ Kap. 0436 Tit. 428 05 (öffentlich-rechtliches Ausbildungsverhältnis), BewDst. und UG wie DIPSY-Zahlfall

---

Ort, Datum   Unterschrift Sachbearbeiterin / Sachbearbeiter, Amts- / Dienstbezeichnung

Hinweise:

Einzutragen sind nur die tatsächlich eigenverantwortlich gehaltenen Unterrichtsstunden. Ausgefallene Unterrichtsstunden dürfen nicht eingetragen werden.

Nicht einzutragen sind ferner Hospitationen, Hörstunden, Seminarveranstaltungen, Unterricht unter Anleitung etc.

Felder für unterrichtsfreie Tage, Ferientage und Feiertage sind durch Einkreisen zu kennzeichnen, Tage ohne gehaltene Unterrichtsstunden frei zu halten.
Bei Unterrichtswochen, die sich über zwei Kalendermonate hinweg erstrecken, sind die jeweils geleisteten Unterrichtsstunden nachrichtlich anzugeben.

Wurden zusätzliche Unterrichtsstunden an der Ausbildungsschule und an einer anderen Schule (Einsatzschule) geleistet, sind die entsprechenden Stunden separat für die jeweilige Schule aufzuführen (1. Zeile Ausbildungsschule, 2. Zeile Einsatzschule). Die sachliche und rechnerische Bestätigung erfolgt durch die Schulleitung der Schule, an der die zusätzlichen Unterrichtsstunden jeweils geleistet wurden.

Die vollständige und richtige Erteilung aller Auskünfte mit diesem Formular ist Voraussetzung für die Gewährung der Unterrichtsvergütung nach Unterrichtsvergütungsverordnung.

Die stark umrandeten Felder werden vom zuständigen Regierungspräsidium ausgefüllt.

Verwaltungsvorschrift des Ministeriums für Finanzen und Wirtschaft zur Gewährung eines Zuschlages bei Altersteilzeit nach § 69 des Landesbesoldungsgesetzes Baden-Württemberg (LBesGBW)

Vom 7. Dezember 2011 (GABl. S. 647)

1

Auf Grund von § 70 des Landesbeamtengesetzes (LBG) und § 7c des Landesrichtergesetzes (LRiG) kann voll- und teilzeitbeschäftigten Beamten und Richtern, bei denen die Schwerbehinderteneigenschaft im Sinne des § 2 Absatz 2 des Neunten Buches Sozialgesetzbuch vom 19. Juni 2001 (BGBl. I S. 1046) festgestellt ist, auf Antrag unter den dort genannten Voraussetzungen Altersteilzeit in Teilzeit- oder Blockmodell bewilligt werden. Der Antrag muss sich auf die Zeit bis zum Beginn des Ruhestands erstrecken und die Schwerbehinderteneigenschaft muss im Zeitpunkt der Antragstellung festgestellt sein. Beim Teilzeitmodell sind im gesamten Bewilligungszeitraum grundsätzlich 60 Prozent der bisherigen Arbeitszeit zu leisten. Beim Blockmodell ist während der ersten drei Fünftel des Bewilligungszeitraums die bisherige Arbeitszeit zu erbringen (Arbeitsphase). Zum Ausgleich für die in der Arbeitsphase geleistete Mehrarbeit erfolgt in den restlichen zwei Fünfteln des Bewilligungszeitraums eine volle Freistellung vom Dienst (Freistellungsphase).

2

Zur Gewährung eines Zuschlags bei Altersteilzeit gibt das Ministerium für Finanzen und Wirtschaft folgende Hinweise:

2.1 Besoldung

2.1.1 Allgemeines

(1) Unabhängig von der Ausgestaltung der Bewilligung von Altersteilzeit (Teilzeitmodell oder Blockmodell) wird nach § 8 Absatz 1 LBesGBW während des gesamten Zeitraums der Altersteilzeit Besoldung entsprechend dem Umfang der Teilzeitbeschäftigung gewährt (grundsätzlich 60 Prozent der bisherigen Arbeitszeit). Daneben besteht Anspruch auf einen Zuschlag nach § 69 LBesGBW. Dieser Zuschlag wird gewährt in Höhe des Differenzbetrags zwischen 80 Prozent der Nettobesoldung, die sich nach der für die Altersteilzeit maßgebenden bisherigen Arbeitszeit ergeben würde *(fiktive Nettobesoldung)* und der Nettobesoldung während der Altersteilzeit *(Altersteilzeit-Nettobesoldung)*.

(2) Die fiktive Nettobesoldung und die Altersteilzeit-Nettobesoldung sind auf der Grundlage der in § 69 Absatz 2 LBesGBW genannten Bruttobesoldung zu ermitteln.

Hierbei werden von der vorgenannten Bruttobesoldung

– die hierauf entfallende und nach den §§ 39b ff. Einkommensteuergesetz (EStG) ermittelte Lohnsteuer entsprechend der auf der Lohnsteuerkarte 2010/Ersatzbescheinigung eingetragenen Steuerklasse (ab 2013: die hierauf entfallende und nach den §§ 39b ff. EStG ermittelte Lohnsteuer entsprechend der als Lohnsteuerabzugsmerkmal festgestellten oder in der Bescheinigung für den Lohnsteuerabzug eingetragenen Steuerklasse),

– die bei Bestehen einer Kirchensteuerpflicht hierauf entfallende Kirchensteuer (8 Prozent der sich ergebenden Lohnsteuer) und

– der hierauf entfallende Solidaritätszuschlag (5,5 Prozent der sich ergebenden Lohnsteuer)

abgesetzt.

(3) Freibeträge und sonstige individuelle steuerliche Merkmale werden bei der Berechnung der fiktiven Nettobesoldung nicht berücksichtigt (§ 69 Absatz 3 LBesGBW). Beiträge für die Krankenversicherung und für die private Pflege-Pflichtversicherung, die nach dem Bürgerentlastungsgesetz im Lohn-

VwV Altersteilzeitzuschlag III.10

steuerabzugsverfahren von den Beamten geltend gemacht werden können, haben auf die Ermittlung der fiktiven Nettobesoldung daher keinen Einfluss. Bei der Berechnung der Altersteilzeit-Nettobesoldung sind hingegen die im Lohnsteuerabzugsverfahren zu berücksichtigenden Freibeträge und sonstige individuellen steuerlichen Merkmale maßgeblich. Von den Besoldungsempfängern oder von Dritten veranlasste Einbehalte (z. B. Bausparbeiträge, Pfändungen) vermindern die Nettobesoldung nicht.

2.1.2 Beispiel zur Berechnung des Altersteilzeitzuschlags (Stand Juni 2011):

Ein schwerbehinderter Amtsrat (BesGr. A 12, Endstufe) im Alter von 60 Jahren, der bisher vollbeschäftigt war, geht ab 1. Juni 2011 in Altersteilzeit (Dauer 5 Jahre). Er wählt das Blockmodell, das heißt 3 Jahre Arbeitsphase, 2 Jahre Freistellungsphase. Persönliche Verhältnisse: verheiratet, keine beim Familienzuschlag berücksichtigungsfähigen Kinder, Ehegatte nicht im öffentlichen Dienst, Steuerklasse III/0, kein Freibetrag, Kirchensteuerpflicht.

2.1.2.1 Berechnung der fiktiven Vollzeit-Nettobesoldung

Endgrundgehalt BesGr. A 12	4057,53 €
Ehebezogener Teil des Familienzuschlag	123,48 €
Strukturzulage	81,17 €
fiktive Vollzeit-Bruttobesoldung abzüglich	4262,18 €
Lohnsteuer (Steuerklasse III/0)	616,50 €
Kirchensteuer (8 Prozent)	49,32 €
Solidaritätszuschlag (5,5 Prozent)	33,90 €
fiktive Vollzeit-Nettobesoldung	3562,46 €

2.1.2.2 Berechnung der Altersteilzeit-Nettobesoldung

Altersteilzeit-Bruttobesoldung (fiktive Vollzeit-Bruttobesoldung, hiervon 60 Prozent) abzüglich	2557,31 €
Lohnsteuer (Steuerklasse III/0)	168,66 €
Kirchensteuer (8 Prozent)	13,49 €
Solidaritätszuschlag (5,5 Prozent)	1,33 €
Altersteilzeit-Nettobesoldung	2373,83 €

2.1.2.3 Berechnung des Altersteilzeitzuschlags

Fiktive Vollzeit-Nettobesoldung (siehe Nummer 2.1.2.1) hiervon 80 Prozent	2849,97 €
Altersteilzeit-Nettobesoldung (siehe Nummer 2.1.2.2)	2373,83 €
Altersteilzeitzuschlag	476,14 €

2.1.3 Neuberechnung des Altersteilzeitzuschlags

Die Bezüge einschließlich des Altersteilzeitzuschlags sind bei allen Änderungen, der maßgeblichen Verhältnisse neu zu berechnen (zum Beispiel Stufenaufstieg, Beförderung).

2.1.4 Steuerliche Behandlung des Altersteilzeitzuschlags

Der Altersteilzeitzuschlag ist gemäß § 3 Nummer 28 EStG steuerfrei. Er wird aber im Rahmen der Einkommensteuerveranlagung bei der Ermittlung des Steuersatzes berücksichtigt, dem das übrige steuerpflichtige Einkommen unterliegt (Progressionsvorbehalt nach § 32b Absatz 1 Nummer 1 Buchstabe g EStG), das heißt dass die steuerpflichtigen Bezüge mit dem Steuersatz besteuert werden, der sich ergeben würde, wenn die Bezüge einschließlich des Altersteilzeitzuschlags zu versteuern wären. Der Zuschlag wirkt sich daher, obwohl er selbst steuerfrei ist, erhöhend auf den Steuersatz für das zu versteuernde Einkommen aus (Progressionswirkung). Hierdurch wird es in der Regel bei der Veranlagung durch das Finanzamt zu Steuernachforderungen kommen. Der Altersteilzeitzuschlag ist in der Steuererklärung anzugeben. Der Zuschlag ist im Lohnkonto und in der Lohnsteuerbescheinigung gesondert auszuweisen; ein Lohnsteuer-Jahresausgleich durch den Arbeitgeber darf nicht

III.10 VwV Altersteilzeitzuschlag

durchgeführt werden (§ 42b Absatz 1 Satz 4 Nummer 4 EStG).

2.1.5 Ausgleichszahlung bei vorzeitiger Beendigung der Altersteilzeit

Nach § 70 LBesGBW wird ein Ausgleich gewährt, wenn die Altersteilzeit mit ungleichmäßiger Verteilung der Arbeitszeit (Blockmodell) vorzeitig endet und die insgesamt gezahlten Brutto-Altersteilzeitbezüge geringer sind als die Brutto-Besoldung, die nach der tatsächlichen Beschäftigung ohne Altersteilzeit zugestanden hätte. Der Ausgleich ist in Höhe dieses Unterschiedsbetrags zu zahlen. Bei dem Ausgleich bleiben Zeiten ohne Dienstleistung in der Arbeitsphase, soweit sie insgesamt sechs Monate überschreiten, unberücksichtigt (zum Beispiel Zeiten einer längeren Erkrankung).

Die Regelung gilt für alle Fälle der vorzeitigen Beendigung des aktiven Dienstverhältnisses (zum Beispiel durch Tod, Dienstunfähigkeit, Entlassung), das heißt auch dann, wenn das Dienstverhältnis aufgrund einer disziplinarrechtlichen oder strafgerichtlichen Entscheidung endet. Sie gilt sowohl bei vorzeitiger Beendigung des aktiven Dienstverhältnisses während der Arbeitsphase als auch während der Freistellungsphase. Der Ausleichsanspruch wird mit dem Zeitpunkt der Beendigung des aktiven Dienstverhältnisses fällig. Bei einem Todesfall steht der Anspruch auf die Ausgleichszahlung den Erben zu.

Die Ausgleichszahlung unterliegt als steuerpflichtiger Arbeitslohn dem Lohnsteuerabzug; unter den Voraussetzungen des § 34 Absatz 2 Nummer 4 in Verbindung mit Absatz 1 EStG ist die Ausgleichszahlung ermäßigt zu besteuern. Die für den Zeitraum bis zur vorzeitigen Beendigung der Altersteilzeit gewährten Altersteilzeitzuschläge bleiben nach § 3 Nummer 28 EStG steuerfrei.

Beispiel:

In dem Beispielsfall unter Nummer 2.1.2 tritt nach vier Jahren eine Störung ein, die den weiteren Zeitausgleich unmöglich macht.

Für drei Jahre wurde Dienst mit einer regelmäßigen Arbeitszeit von 100 Prozent geleistet, der Zeitausgleich erfolgte für ein Jahr.

Dem Beamten wurden in diesen vier Jahren insgesamt folgende *Altersteilzeitbezüge* (Altersteilzeit-Bruttobesoldung in Höhe von 2557,31 € und Altersteilzeitzuschlag in Höhe von 476,14 € = 3033,45 €) gezahlt:

4 Jahre (48 Monate) × 3033,45 € = *145 605,60 €*

Nach dem Ausmaß der tatsächlichen Beschäftigung ohne Altersteilzeit hätte dem Beamten folgende *Vollzeit-Bruttobesoldung* zugestanden:

3 Jahre (36 Monate) × 4262,18 € = *153 438,48 €*

Die *Ausgleichszahlung* beträgt somit *7832,88 €.*

Dieses Beispiel stellt in vereinfachter Form die Berechnung eines eventuell zu zahlenden Ausgleichs dar. Bei der Berechnung sind zum Beispiel Besoldungsanpassungen oder eine Änderung der persönlichen Verhältnisse zu berücksichtigen.

2.1.6 Zuständigkeiten für die Festsetzung und Auszahlung des Altersteilzeitzuschlags und der Ausgleichszahlung bei vorzeitiger Beendigung der Altersteilzeit

Nach § 2 Nummer 15 der Verordnung der Landesregierung und des Finanzministeriums über die Zuständigkeiten des Landesamts für Besoldung und Versorgung Baden-Württemberg in der Fassung vom 1. September 1986 (GBl. S. 344), zuletzt geändert durch Artikel 51 des Gesetzes vom 9. November 2010 (GBl. S. 793, 979), ist bei den Beamten und Richtern des Landes das Landesamt für Besoldung und Versorgung für die Festsetzung und Anweisung des Altersteilzeitzuschlags und der Ausgleichszahlung bei vorzeitiger Beendigung der Altersteilzeit zuständig.

Die personalverwaltenden Stellen haben dem Landesamt die Bewilligung von Altersteilzeit mitzuteilen. Entsprechendes gilt bei einer vorzeitigen Beendigung der Altersteilzeit; die Mitteilung der personalverwaltenden Stelle muss auch eine Aussage darüber enthalten, ob und gegebenenfalls in welchem zeitlichen Umfang Ausfallzeiten in der Arbeitsphase vorliegen, die nach § 70 LBesGBW bei dem Ausgleich nicht berücksichtigt werden können.

2.2 Versorgungsrechtliche Regelungen

Nach § 21 Absatz 1 Satz 3 des Landesbeamtenversorgungsgesetzes Baden-Württemberg (LBeamt-VGBW) sind Zeiten einer Altersteilzeit sowohl im Teilzeit- als auch im Blockmodell nur zu dem Teil ruhegehaltfähig, der dem Verhältnis der ermäßigten zur bisherigen regelmäßigen Arbeitszeit entspricht (grundsätzlich 60 Prozent). Das gilt auch für Beamte und Richter, die vor Beginn der Altersteilzeit wegen begrenzter Dienstfähigkeit nur anteilig beschäftigt waren (vergleiche § 27 des Beamtenstatusgesetzes, § 8 LRiG).

Im Falle der vorzeitigen Versetzung in den Ruhestand wegen Inanspruchnahme der Antragsaltersgrenze oder wegen Dienstunfähigkeit vermindert sich das Ruhegehalt auch bei vorangegangener Altersteilzeit um einen Versorgungsabschlag.

2.3 Übergangsregelungen

Bei einer Altersteilzeit, die vor dem 1. Januar 2011 bewilligt und angetreten wurde, sind für die Berechnung des Altersteilzeitzuschlags sowie einer Ausgleichszahlung bei vorzeitiger Beendigung der Altersteilzeit und für die Festsetzung der Versorgungsbezüge die am Tag vor dem 1. Januar 2011 geltenden Rechtsvorschriften weiterhin anzuwenden (vergleiche Artikel 62 § 4 Satz 1 Nummer 3 des Dienstrechtsreformgesetzes, § 101 Absatz 7 LBesGBW, § 106 Absatz 2 LBeamtVGBW). Dies bedeutet, dass in diesen Fällen auch weiterhin nach der Verwaltungsvorschrift des Finanzministeriums zur Besoldung, Versorgung und zum Haushaltsrecht bei Beamten und Richtern in Altersteilzeit vom 24. August 2001 (GABl. S. 922) zu verfahren ist.

2.4 Haushaltsrechtliche Regelungen

2.4.1 § 3 Absatz 1 Nummer 3 des Staatshaushaltsgesetzes 2010/11 in der Fassung des Gesetzes über die Feststellung eines Dritten Nachtrags zur Staatshaushaltsplan von Baden-Württemberg für das Haushaltsjahr 2011 vom 7. Februar 2011 (GBl. S. 33) enthält zur Besetzung von Planstellen mit Beamten und Richtern in Altersteilzeit folgende Regelung:

3. „Planstellen für Beamte und Richter, denen auf Grund von

3.1 § 70 LBG und § 7c Landesrichtergesetz als Schwerbehinderte Altersteilzeit bewilligt ist, gelten für die gesamte Dauer der Altersteilzeit mit einem Stellenanteil von 60 vom Hundert als besetzt. Zudem kann aus der Planstelle der Zuschlag nach § 69 LBesGBW und erforderlichenfalls ein Ausgleich nach § 70 LBesGBW gezahlt werden. Sätze 1 und 2 der Nr. 3.1 gelten auch, wenn die Altersteilzeit in eine Arbeits- und Freizeitphase aufgeteilt (Blockmodell) wird; in diesem Fall sind während der Arbeitsphase 40 vom Hundert der Stelle gesperrt und dürfen in dieser Zeit auch nicht anderweitig in Anspruch genommen werden.

3.2 Artikel 62 § 4 Nr. 3 Dienstrechtsreformgesetz als Schwerbehinderte Altersteilzeit bewilligt ist, gelten für die gesamte Dauer der Altersteilzeit mit einem Stellenanteil von 50 vom Hundert als besetzt. Zudem kann aus der Planstelle der Zuschlag nach § 101 Abs. 7 LBesGBW gezahlt werden. Sätze 1 und 2 der Nr. 3.2 gelten auch, wenn die Altersteilzeit in eine Arbeits- und Freizeitphase aufgeteilt (Blockmodell) wird; in diesem Fall sind während der Arbeitsphase 50 vom Hundert der Stelle gesperrt und dürfen in dieser Zeit auch nicht anderweitig in Anspruch genommen werden.

Wird teilzeitbeschäftigten schwerbehinderten Beamten oder Richtern Altersteilzeit gewährt, sind die vorstehenden Regelungen entsprechend anzuwenden mit der Maßgabe, dass der Umfang der für die Bemessung der Altersteilzeit maßgebenden bisherigen Arbeitszeit zu Grunde zu legen ist."

Mit der Regelung des § 3 Abs. 1 Nr. 3.1 des Staatshaushaltsgesetzes 2010/11 in der Fassung des Gesetzes über die Feststellung eines Dritten Nachtrags zum Staatshaushaltsplan von Baden-Württemberg für das Haushaltsjahr 2011 wird zugelassen, dass

– beim Teilzeitmodell während des gesamten Bewilligungszeitraums die Beamten oder Richter in Altersteilzeit auf ihrer bisherigen Planstelle mit 60 Prozent Teilzeit geführt werden, zusätzlich der Altersteilzeitzuschlag nach den besoldungsrechtlichen Vorschriften gezahlt werden kann und darüber hinaus die Besetzung derselben Planstelle mit einer teilzeitbeschäftigten Person mit einem Beschäftigungsumfang bis zu 40 Prozent Teilzeit zulässig ist;

– beim Blockmodell während der Freistellungsphase auf der Planstelle von in Altersteilzeit befindlichen Beamten oder Richtern zusätzlich eine Ersatzkraft geführt und gezahlt werden darf; während der Arbeitsphase sind 40 Prozent der Planstelle mit Blick auf die Beschäftigung einer Ersatzkraft in der Freistellungsphase gesperrt.

2.4.2 Die Bezüge der in Altersteilzeit befindlichen Beamten oder Richtern, die Altersteilzeitzuschläge nach § 69 LBesGBW und die Ausgleichszahlungen nach § 70 LBesGBW sind aus dem jeweiligen Besoldungstitel (422 01) zu leisten.

3

Diese Verwaltungsvorschrift tritt mit Wirkung vom 1. Januar 2011 in Kraft und wird in die amtliche Vorschriftensammlung zum Besoldungsrecht des Ministeriums für Finanzen und Wirtschaft Baden-Württemberg (Besoldungskartei) aufgenommen.

IV Versorgung

Landesbeamtenversorgungsgesetz
IV.1 Landesbeamtenversorgungsgesetz Baden-Württemberg (LBeamtVGBW) 544

Unfallfürsorge
IV.2 Verordnung des Finanz- und Wirtschaftsministeriums zur Durchführung des § 48 Abs. 6 des Landesbeamtenversorgungsgesetzes (Heilverfahrensverordnung Baden-Württemberg – LHeilvfVOBW) 609

IV.3 Verordnung der Landesregierung über die einmalige Unfallentschädigung nach § 59 Abs. 3 Satz 2 des Landesbeamtenversorgungsgesetzes Baden-Württemberg (Unfallentschädigungsverordnung Baden-Württemberg – UEVOBW) 614

Berufskrankheiten
IV.4 Berufskrankheiten-Verordnung (BKV) 617

Sicherung der Versorgung
IV.5 Gesetz über einen Versorgungsfonds des Landes Baden-Württemberg (VersFondsG) 627

IV.6 Gesetz über eine Versorgungsrücklage des Landes Baden-Württemberg (Versorgungsrücklagegesetz – VersRücklG) 629

Landesbeamtenversorgungsgesetz Baden-Württemberg (LBeamtVGBW)

Vom 9. November 2010 (GBl. S. 793)

Zuletzt geändert durch
Haushaltsbegleitgesetz 2025/2026
vom 17. Dezember 2024 (GBl. Nr. 114)

Inhaltsübersicht

Erster Teil
Allgemeiner Teil

- § 1 Geltungsbereich
- § 2 Regelung durch Gesetz
- § 3 Festsetzung und Zahlung der Versorgungsbezüge, des Alters- und Hinterbliebenengeldes
- § 4 Abtretung, Verpfändung, Aufrechnungs- und Zurückbehaltungsrecht, Umrechnung fremdländischer Währungen
- § 5 Rückforderung von Versorgungsbezügen, Alters- und Hinterbliebenengeld
- § 6 Erlöschen der Versorgungsbezüge und des Anspruchs auf Altersgeld wegen Verurteilung
- § 7 Entzug von Hinterbliebenenversorgung sowie Alters- und Hinterbliebenengeld
- § 8 Tötung eines Angehörigen
- § 9 Anzeige- und Mitwirkungspflichten
- § 10 Mitteilungspflicht für den Bericht der Landesregierung über die Entwicklung der Versorgung, des Alters- und Hinterbliebenengeldes
- § 11 Allgemeine Anpassung
- § 12 Verjährung
- § 13 Familienrechtlicher Versorgungsausgleich nach der Ehescheidung
- § 14 Abwendung der Kürzung der Versorgungsbezüge oder des Altersgeldes bei familienrechtlichem Versorgungsausgleich
- § 15 Nichtberücksichtigung der Versorgungsbezüge und des Altersgeldes
- § 16 Ermächtigung zum Erlass von Verwaltungsvorschriften und Zuständigkeitsregelungen

Zweiter Teil
Versorgung

1. Abschnitt
Allgemeine versorgungsrechtliche Vorschriften

- § 17 Arten der Versorgung

2. Abschnitt
Ruhegehalt, Unterhaltsbeitrag

- § 18 Entstehung und Berechnung des Ruhegehalts
- § 19 Ruhegehaltfähige Dienstbezüge
- § 20 Zusammentreffen einer Mindestversorgung mit Leistungen aus anderen Alterssicherungssystemen
- § 21 Dienstzeit im Beamtenverhältnis und vergleichbare Zeiten
- § 22 Wehrdienst, Zivildienst
- § 23 Vordienst- und Ausbildungszeiten
- § 24 Nicht zu berücksichtigende Zeiten
- § 25 Zeiten in dem in Artikel 3 des Einigungsvertrags genannten Gebiet
- § 26 Zurechnungszeit
- § 27 Höhe des Ruhegehalts
- § 28 Vorübergehende Erhöhung des Ruhegehaltssatzes
- § 29 Unterhaltsbeitrag für Beamte auf Lebenszeit und auf Probe, Sonderregelungen für Beamte auf Probe und auf Zeit mit leitender Funktion

3. Abschnitt
Hinterbliebenenversorgung

- § 30 Allgemeines
- § 31 Bezüge für den Sterbemonat

- § 32 Sterbegeld
- § 33 Witwengeld
- § 34 Höhe des Witwengeldes
- § 35 Witwenabfindung
- § 36 Unterhaltsbeitrag für nicht witwengeldberechtigte Witwen
- § 37 Waisengeld
- § 38 Höhe des Waisengeldes
- § 39 Zusammentreffen von Witwengeld, Waisengeld und Unterhaltsbeiträgen
- § 40 Unterhaltsbeitrag für Hinterbliebene von Beamten auf Lebenszeit und auf Probe
- § 41 Beginn der Zahlungen
- § 42 Erlöschen der Witwen- und Waisenversorgung

4. Abschnitt
Bezüge bei Verschollenheit
- § 43 Zahlung der Bezüge bei Verschollenheit

5. Abschnitt
Unfallfürsorge
- § 44 Allgemeines
- § 45 Dienstunfall
- § 46 Einsatzversorgung
- § 47 Erstattung von Sachschäden und besonderen Aufwendungen
- § 48 Heilverfahren
- § 49 Pflegekosten und Hilflosigkeitszuschlag
- § 50 Unfallausgleich
- § 51 Unfallruhegehalt
- § 52 Erhöhtes Unfallruhegehalt
- § 53 Unterhaltsbeitrag für ehemalige Beamte und ehemalige Ruhestandsbeamte
- § 54 Unterhaltsbeitrag bei Schädigung eines ungeborenen Kindes
- § 55 Unfall-Hinterbliebenenversorgung
- § 56 Unterhaltsbeitrag für Verwandte der aufsteigenden Linie
- § 57 Unterhaltsbeitrag für Hinterbliebene
- § 58 Höchstgrenzen der Hinterbliebenenversorgung
- § 59 Einmalige Unfallentschädigung und einmalige Entschädigung
- § 60 Schadensausgleich in besonderen Fällen
- § 61 Nichtgewährung von Unfallfürsorge
- § 62 Meldung und Untersuchungsverfahren
- § 62a Meldung von Dienstunfalldaten an Eurostat
- § 63 Begrenzung der Unfallfürsorgeansprüche

6. Abschnitt
Übergangsgeld, Zuschläge
- § 64 Übergangsgeld
- § 65 Familienzuschlag
- § 66 Kinderzuschlag und Kindererziehungsergänzungszuschlag
- § 67 Pflege- und Kinderpflegeergänzungszuschlag

7. Abschnitt
Anrechnungs- und Ruhensvorschriften
- § 68 Zusammentreffen von Versorgungsbezügen mit Erwerbs- und Erwerbsersatzeinkommen
- § 69 Zusammentreffen von Versorgungsbezügen mit Entschädigung oder Versorgungsbezügen nach dem Abgeordnetenstatut des Europäischen Parlaments
- § 70 Zusammentreffen mehrerer Versorgungsbezüge
- § 71 Zusammentreffen von Versorgungsbezügen mit Versorgung aus zwischen- und überstaatlicher Verwendung
- § 71a Sonderregelung bei Anwendung von Ruhens-, Anrechnungs- und Kürzungsvorschriften

8. Abschnitt
Erneute Berufung in das Beamtenverhältnis
- § 72 Erneute Berufung in das Beamtenverhältnis und Erlöschen der Versorgungsbezüge bei Ablehnung einer erneuten Berufung

9. Abschnitt
Besondere Beamtengruppen

- § 73 Beamte auf Zeit
- § 74 Wissenschaftliche Qualifikationszeiten
- § 75 Ehrenbeamte
- § 76 Ausgleich bei besonderen Altersgrenzen

10. Abschnitt
Versorgungsauskunft

- § 77 Erteilung einer Versorgungsauskunft und Festsetzung der Versorgungsbezüge

11. Abschnitt
Versorgungslastenteilung bei landesinternen Dienstherrnwechseln

- § 78 Dienstherrnwechsel
- § 79 Versorgungslastenteilung
- § 80 Abfindung
- § 81 Berechnungsgrundlage
- § 82 Weitere Zahlungsansprüche
- § 83 Dokumentationspflicht und Zahlungsmodalitäten

Dritter Teil
Trennung der Alterssicherungssysteme

1. Abschnitt
Allgemeine Vorschriften zum Alters- und Hinterbliebenengeld

- § 84 Altersgeld und Hinterbliebenengeld
- § 85 Anspruch und Verzicht auf Altersgeld
- § 86 Aberkennung von Altersgeld

2. Abschnitt
Altersgeld

- § 87 Ruhen des Anspruchs auf Altersgeld, Höhe des Altersgeldes und Antragserfordernis
- § 88 Festsetzung von Altersgeld
- § 89 Altersgeldfähige Dienstbezüge, altersgeldfähige Dienstzeit und Anpassung des Altersgeldes
- § 90 Beginn der Zahlungen des Altersgeldes

3. Abschnitt
Hinterbliebenengeld

- § 91 Hinterbliebenengeld

4. Abschnitt
Mischbiografien

- § 92 Erneute Berufung eines auf Antrag entlassenen ehemaligen Beamten ins Beamtenverhältnis
- § 93 (weggefallen)

5. Abschnitt
Zuschläge

- § 94 Kinderzuschlag und Kindererziehungsergänzungszuschlag
- § 95 Pflege- und Kinderpflegeergänzungszuschlag

6. Abschnitt
Sonstiges

- § 96 Erteilung einer Auskunft über die Höhe des Altersgeldes
- § 97 Abfindung
- § 98 Zustellung

Vierter Teil
Übergangsvorschriften

1. Abschnitt
Allgemeine Übergangsvorschriften

- § 99 Absenkung der Versorgungsniveaus
- § 100 Übergangsregelung zur Anhebung der Altersgrenzen
- § 101 Übergangsregelungen zur Berücksichtigung von Hochschulausbildungszeiten
- § 102 Besondere Bestandskraft
- § 103 Bezügebestandteile
- § 104 Hinterbliebenenversorgung
- § 105 Versorgung künftiger Hinterbliebener, Versorgungsausgleich
- § 106 Besondere Bestimmungen zur ruhegehaltfähigen Dienstzeit
- § 107 Ruhegehalt und Übergangsgeld aufgrund von Übergangsregelungen im Besoldungsrecht

2. Abschnitt
Übergangsvorschriften über Ruhensregelungen für vorhandene Beamte oder Versorgungsempfänger

§ 108 Zusammentreffen von Versorgungsbezügen mit Renten

3. Abschnitt
Übergangsvorschriften für besondere Beamtengruppen

§ 109 Hochschullehrer, Wissenschaftliche Assistenten sowie Lektoren

4. Abschnitt
Übergangsvorschriften zur Versorgungslastenteilung

§ 110 Laufende Erstattungen

§ 111 Versorgungslastenteilung bei vergangenen Dienstherrnwechseln ohne laufende Erstattung

§ 112 Versorgungslastenteilung im Fall eines zusätzlichen Dienstherrnwechsels nach § 79

§ 113 Versorgungslastenteilung im Fall eines zusätzlichen Dienstherrnwechsels nach dem Versorgungslastenteilungs-Staatsvertrag

5. Abschnitt
Übergangsvorschriften zum Landesbeamtenversorgungsgesetz Baden-Württemberg

§ 114 Übergangsregelung zum Zusammentreffen einer Mindestversorgung mit Leistungen nach dem Gesetz über die Alterssicherung der Landwirte

§ 115 Übergangsregelung zur Gewährung der Mindestversorgung

Erster Teil
Allgemeiner Teil

§ 1 Geltungsbereich

(1) Dieses Gesetz regelt die Versorgung der Beamten des Landes Baden-Württemberg, der baden-württembergischen Gemeinden und Gemeindeverbände sowie der sonstigen der Aufsicht des Landes Baden-Württemberg unterstehenden Körperschaften, Anstalten und Stiftungen des öffentlichen Rechts sowie ihrer Hinterbliebenen. Ferner regelt es den Anspruch und Bezug von Altersgeld der ehemaligen Beamten sowie ihrer Hinterbliebenen auf Hinterbliebenengeld.

(2) Dieses Gesetz gilt nicht für die öffentlich-rechtlichen Religionsgesellschaften und ihre Verbände.

(3) Soweit Vorschriften dieses Gesetzes auf Beamte und Ruhestandsbeamte sowie entlassene Beamte Bezug nehmen, gilt dies entsprechend für Richter, in Ruhestand getretene oder versetzte Richter sowie entlassene Richter, soweit nicht ausdrücklich etwas anderes bestimmt ist. Das Richterverhältnis steht dem Beamtenverhältnis im Sinne dieses Gesetzes gleich, soweit nicht ausdrücklich etwas anderes bestimmt ist.

(4) Lebenspartnerschaften nach dem Lebenspartnerschaftsgesetz sind der gesetzlichen Ehe gleichgestellt. Insofern stehen nach Maßgabe dieses Gesetzes

1. die Lebenspartnerschaft der Ehe,
2. der Lebenspartner dem Ehegatten,
3. die Begründung der Lebenspartnerschaft der Heirat, der Eheschließung und der Verheiratung,
4. die Aufhebung einer Lebenspartnerschaft der Ehescheidung,
5. der frühere Lebenspartner aus einer aufgehobenen Lebenspartnerschaft dem geschiedenen oder früheren Ehegatten,
6. der hinterbliebene Lebenspartner der Witwe oder dem hinterbliebenen Ehegatten,
7. die Zeit der Lebenspartnerschaft der Ehezeit

gleich. Hinterbliebene Lebenspartner haben unter den Voraussetzungen dieses Gesetzes Anspruch auf Hinterbliebenenversorgung (§ 30) und Hinterbliebenengeld (§ 91). Der Anspruch einer Witwe aus einer zum Zeitpunkt des Todes bestehenden Ehe schließt den Anspruch hinterbliebener Lebenspartner aus einer zum Zeitpunkt des Todes bestehenden Lebenspartnerschaft aus.

(5) Status- und Funktionsbezeichnungen in diesem Gesetz gelten jeweils in weiblicher und männlicher Form.

(6) Soweit keine Altersgrenze für den Eintritt in den Ruhestand besteht, gilt bei Anwendung dieses Gesetzes der Ablauf des Monats, in dem der Beamte das 67. Lebensjahr vollendet, als Altersgrenze.

§ 2 Regelung durch Gesetz

(1) Die Versorgung der Beamten und ihrer Hinterbliebenen sowie das Alters- und Hinterbliebenengeld wird durch Gesetz geregelt.

(2) Zusicherungen, Vereinbarungen und Vergleiche, die dem Beamten, dem ehemaligen Beamten und Hinterbliebenen eine höhere als die ihm gesetzlich zustehende Versorgung oder ein höheres als ihm gesetzlich zustehendes Alters- und Hinterbliebenengeld verschaffen sollen, sind unwirksam. Das Gleiche gilt für Versicherungsverträge, die zu diesem Zweck abgeschlossen werden. Ausgenommen hiervon sind Leistungen im Rahmen der Entgeltumwandlung zum Aufbau einer privaten Altersvorsorge.

(3) Auf die gesetzlich zustehende Versorgung und auf das gesetzlich zustehende Altersgeld kann weder ganz noch teilweise verzichtet werden, soweit nicht § 85 Abs. 2 Anwendung findet. Eine Ausnahme gilt ferner für das Ruhegehalt der Ruhestandsbeamten, sofern Leistungen im Rahmen einer Entgeltumwandlung für vom Dienstherrn geleaste Dienstfahrräder, die dem Beamten während seiner aktiven Dienstzeit auch zur privaten Nutzung überlassen wurden, betroffen sind, wenn es sich um Fahrräder im verkehrsrechtlichen Sinne handelt und es den Beamten freigestellt war, dieses Angebot anzunehmen.

§ 3 Festsetzung und Zahlung der Versorgungsbezüge, des Alters- und Hinterbliebenengeldes

(1) Die oberste Dienstbehörde oder die ehemalige oberste Dienstbehörde setzt die Ver-

sorgungsbezüge, das Alters- und Hinterbliebenengeld fest. Sie bestimmt die Person des Zahlungsempfängers und entscheidet über die Berücksichtigung von Zeiten als ruhegehalt- und altersgeldfähige Dienstzeit. Sie kann diese Befugnisse für Beamte sowie für auf Antrag entlassene Beamte und deren Hinterbliebene im Einvernehmen mit der zuständigen obersten Dienstbehörde auf andere Stellen übertragen.

(2) Ob Zeiten aufgrund der §§ 21 bis 25 und 74 als ruhegehaltfähige Dienstzeit zu berücksichtigen sind, soll in der Regel bei der Berufung in das Beamtenverhältnis entschieden werden; diese Entscheidungen stehen unter dem Vorbehalt eines Gleichbleibens der Rechtslage, die ihnen zugrunde liegt.

(3) Entscheidungen in versorgungsrechtlichen Angelegenheiten oder Entscheidungen bezüglich des Alters- und Hinterbliebenengeldes, die eine grundsätzliche, über den Einzelfall hinausgehende Bedeutung haben, sind vom Finanzministerium zu treffen.

(4) Die Versorgungsbezüge und das Alters- und Hinterbliebenengeld sind, soweit nichts anderes bestimmt ist, für die gleichen Zeiträume und im gleichen Zeitpunkt zu zahlen wie die Dienstbezüge der Beamten.

(5) Werden Versorgungsbezüge, Alters- oder Hinterbliebenengeld nach dem Tag der Fälligkeit gezahlt, so besteht kein Anspruch auf Verzugszinsen.

(6) Haben Versorgungsberechtigte und Empfänger von Alters- oder Hinterbliebenengeld ihren Wohnsitz oder dauernden Aufenthalt außerhalb des Geltungsbereichs des Grundgesetzes, so kann die oberste Dienstbehörde oder die von ihr bestimmte Stelle die Zahlung der Versorgungsbezüge, des Alters- oder Hinterbliebenengeldes von der Bestellung einer empfangsbevollmächtigten Person im Geltungsbereich des Grundgesetzes abhängig machen.

(7) Für die Zahlung der Versorgungsbezüge, des Alters- oder Hinterbliebenengeldes hat der Empfänger auf Verlangen der zuständigen Behörde ein Konto anzugeben oder einzurichten, auf das die Überweisung erfolgen kann. Die Übermittlungskosten mit Ausnahme der Kosten für die Gutschrift auf dem Konto des Empfängers trägt die auszahlende Stelle; bei einer Überweisung der Versorgungsbezüge, des Alters- oder Hinterbliebenengeldes auf ein im Ausland geführtes Konto trägt der Empfänger die Kosten und die Gefahr der Übermittlung der Zahlung sowie die Kosten einer Meldung nach den Vorschriften über die Meldung von Zahlungen nach der Außenwirtschaftsverordnung in der jeweils geltenden Fassung. Die Kontoeinrichtungs-, Kontoführungs- oder Buchungsgebühren trägt der Empfänger.

(8) Bei der Berechnung von Versorgungsbezügen, Alters- oder Hinterbliebenengeld sind die sich ergebenden Bruchteile eines Cents unter 0,5 abzurunden und ab 0,5 aufzurunden. Zwischenrechnungen werden jeweils auf zwei Dezimalstellen durchgeführt. Jeder Versorgungsbestandteil, Alters- oder Hinterbliebenengeldbestandteil ist einzeln zu runden.

(9) Beträge von weniger als fünf Euro sind nur auf Verlangen des Anspruchsberechtigten auszuzahlen.

§ 4 Abtretung, Verpfändung, Aufrechnungs- und Zurückbehaltungsrecht, Umrechnung fremdländischer Währungen

(1) Ansprüche auf Versorgungsbezüge, Alters- oder Hinterbliebenengeld können, wenn gesetzlich nichts anderes bestimmt ist, nur insoweit abgetreten oder verpfändet werden, als sie der Pfändung unterliegen.

(2) Gegenüber Ansprüchen auf Versorgungsbezüge, Alters- oder Hinterbliebenengeld kann der Dienstherr oder ehemalige Dienstherr ein Aufrechnungs- oder Zurückbehaltungsrecht nur in Höhe des pfändbaren Teils der Versorgungsbezüge, des Alters- oder Hinterbliebenengeldes geltend machen. Dies gilt nicht, soweit gegen den Berechtigten ein Anspruch auf Schadensersatz wegen vorsätzlicher unerlaubter Handlung besteht.

(3) Ansprüche auf Sterbegeld (§ 32), auf Erstattung der Kosten des Heilverfahrens (§ 48) und der Pflege (§ 49), auf Unfallausgleich

(§ 50) sowie auf eine einmalige Unfallentschädigung (§ 59) und auf Schadensausgleich in besonderen Fällen (§ 60) können weder gepfändet noch abgetreten noch verpfändet werden. Forderungen des Dienstherrn gegen den Verstorbenen aus Vorschuss- oder Darlehensgewährungen sowie aus Überzahlungen von Dienstbezügen oder Versorgungsbezügen, Altersgeld oder Hinterbliebenengeld können auf das Sterbegeld angerechnet werden.

(4) Die Umrechnung fremdländischer Währungen erfolgt in sinngemäßer Anwendung des § 17a des Vierten Buches Sozialgesetzbuch.

§ 5 Rückforderung von Versorgungsbezügen, Alters- und Hinterbliebenengeld

(1) Wird ein Versorgungsberechtigter oder ein Anspruchinhaber auf Alters- oder Hinterbliebenengeld durch eine gesetzliche Änderung seiner Versorgungsbezüge oder des Alters- oder Hinterbliebenengeldes mit rückwirkender Kraft schlechter gestellt, sind die Unterschiedsbeträge nicht zu erstatten.

(2) Im Übrigen regelt sich die Rückforderung zu viel gezahlter Versorgungsbezüge oder zu viel gezahltem Alters- oder Hinterbliebenengeld nach den Vorschriften des Bürgerlichen Gesetzbuchs über die Herausgabe einer ungerechtfertigten Bereicherung, soweit gesetzlich nichts anderes bestimmt ist. Der Kenntnis des Mangels des rechtlichen Grundes der Zahlung steht es gleich, wenn der Mangel so offensichtlich war, dass der Empfänger ihn hätte erkennen müssen. Von der Rückforderung kann aus Billigkeitsgründen mit Zustimmung der für das Versorgungsrecht oder des Alters- oder Hinterbliebenengeld zuständigen obersten Dienstbehörde oder der von ihr bestimmten Stelle ganz oder teilweise abgesehen werden.

(3) Die Rückforderung von Beträgen von weniger als fünf Euro unterbleibt. Treffen mehrere Einzelbeträge zusammen, gilt die Grenze nach Satz 1 für die Gesamtrückforderung.

(4) § 118 Abs. 3 bis 5 des Sechsten Buches Sozialgesetzbuch gilt entsprechend.

§ 6 Erlöschen der Versorgungsbezüge und des Anspruchs auf Altersgeld wegen Verurteilung

(1) Ein Ruhestandsbeamter, Unterhaltsbeitragsempfänger oder ein Anspruchinhaber auf Altersgeld,

1. gegen den wegen einer vor Beendigung des Beamtenverhältnisses begangenen Tat eine Entscheidung ergangen ist, die nach § 24 des Beamtenstatusgesetzes (BeamtStG) in der jeweils geltenden Fassung zum Verlust der Beamtenrechte geführt hätte, oder

2. der wegen einer nach Beendigung des Beamtenverhältnisses begangenen Tat durch ein deutsches Gericht im Geltungsbereich des Grundgesetzes im ordentlichen Strafverfahren

   a) wegen einer vorsätzlichen Tat zu Freiheitsstrafe von mindestens zwei Jahren oder

   b) wegen einer vorsätzlichen Tat, die nach den Vorschriften über Friedensverrat, Hochverrat, Gefährdung des demokratischen Rechtsstaates oder Landesverrat und Gefährdung der äußeren Sicherheit strafbar ist, zu Freiheitsstrafe von mindestens sechs Monaten

verurteilt worden ist, verliert mit der Rechtskraft der Entscheidung seine Rechte als Ruhestandsbeamter, Unterhaltsbeitragsempfänger oder als Anspruchinhaber auf Altersgeld. Entsprechendes gilt, wenn der Ruhestandsbeamte, Unterhaltsbeitragsempfänger oder der Anspruchinhaber auf Altersgeld aufgrund einer Entscheidung des Bundesverfassungsgerichts gemäß Artikel 18 des Grundgesetzes (GG) ein Grundrecht verwirkt hat.

(2) Die §§ 34 und 35 des Landesbeamtengesetzes (LBG) finden entsprechende Anwendung.

§ 7 Entzug von Hinterbliebenenversorgung sowie Alters- und Hinterbliebenengeld

(1) Die oberste Dienstbehörde kann Empfängern von Hinterbliebenenversorgung die Versorgungsbezüge oder Empfängern von Al-

ters- oder Hinterbliebenengeld das Alters- oder Hinterbliebenengeld auf Zeit teilweise oder ganz entziehen, wenn sie sich gegen die freiheitliche demokratische Grundordnung im Sinne des Grundgesetzes betätigt haben. Die diese Maßnahmen rechtfertigenden Tatsachen sind in einem Untersuchungsverfahren festzustellen, in dem die eidliche Vernehmung von Zeugen und Sachverständigen zulässig und der Versorgungsberechtigte oder der Empfänger von Alters- oder Hinterbliebenengeld zu hören ist. Satz 1 und 2 gilt für die Fälle des § 57 sinngemäß.

(2) § 42 Abs. 1 Satz 1 Nr. 4 und Satz 2 bleibt unberührt.

§ 8 Tötung eines Angehörigen

Ein Anspruch der Hinterbliebenen auf Versorgungsbezüge oder ein Anspruch auf Hinterbliebenengeld besteht nicht für Personen, die den Tod des Versorgungsberechtigten oder des Anspruchinhabers auf Altersgeld vorsätzlich herbeigeführt haben.

§ 9 Anzeige- und Mitwirkungspflichten

(1) Die Beschäftigungsstelle hat der Zahlstelle (Versorgungsbezüge und Alters- und Hinterbliebenengeld auszahlende Stelle) jede Verwendung eines Versorgungsberechtigten oder eines Empfängers von Alters- und Hinterbliebenengeld unter Angabe der gewährten Bezüge, ebenso jede spätere Änderung der Bezüge oder die Zahlungseinstellung sowie die Gewährung einer Versorgung oder eines Alters- oder Hinterbliebenengeldes unverzüglich anzuzeigen.

(2) Die Versorgungsberechtigten oder die Anspruchinhaber von Alters- und Hinterbliebenengeld sind verpflichtet, der Zahlstelle

1. die Verlegung des Wohnsitzes;
2. den Bezug und jede Änderung von Einkünften aus einer Tätigkeit nach § 23 Abs. 1, sowie Einkünfte nach §§ 29 Abs. 1 und 2, 42 Abs. 2, 64 und 68 bis 71, 92 Absatz 3, 108;
3. Änderungen des Familienstands, insbesondere für Witwen und für kindergeldberechtigte Kinder des Versorgungsberechtigten die Verheiratung, sowie den Erwerb und jede Änderung eines neuen Versorgungs-, Unterhalts-, Renten-, Alters- oder Hinterbliebenengeldanspruchs;
4. die Erfüllung der allgemeinen Wartezeit nach dem Sechsten Buch Sozialgesetzbuch in den Fällen der §§ 21 bis 23, 25 und 74 Abs. 2 sowie im Rahmen der §§ 66 und 67;
5. die Begründung eines neuen öffentlich-rechtlichen Dienstverhältnisses oder eines privatrechtlichen Arbeitsverhältnisses im öffentlichen Dienst in den Fällen des § 64 Abs. 4

unverzüglich anzuzeigen. Auf Verlangen der Zahlstelle sind die Versorgungsberechtigten oder Anspruchinhaber von Alters- und Hinterbliebenengeld verpflichtet, Nachweise vorzulegen, Auskünfte zu erteilen oder der Erteilung erforderlicher Nachweise oder Auskünfte, die für die Versorgungsbezüge und das Alters- und Hinterbliebenengeld erheblich sind, durch Dritte zuzustimmen.

(3) Die Versorgungsberechtigten oder die Anspruchinhaber von Alters- und Hinterbliebenengeld sind ferner verpflichtet, auf Verlangen eine Lebensbescheinigung vorzulegen.

(4) Kommen Versorgungsberechtigte oder Anspruchinhaber von Alters- und Hinterbliebenengeld der ihnen nach Absatz 2 Satz 1 Nr. 2 bis 5 sowie nach Absatz 3 auferlegten Verpflichtungen schuldhaft nicht nach, kann ihnen die Versorgung, das Alters- oder Hinterbliebenengeld ganz oder teilweise auf Zeit oder Dauer entzogen werden. Bei Vorliegen besonderer Verhältnisse kann die Versorgung, das Alters- oder Hinterbliebenengeld ganz oder teilweise wieder zuerkannt werden. Die Entscheidung trifft die Zahlstelle.

§ 10 Mitteilungspflicht für den Bericht der Landesregierung über die Entwicklung der Versorgung, des Alters- und Hinterbliebenengeldes

Die obersten Dienstbehörden übermitteln dem Finanzministerium jährlich, jeweils bis zum 1. März, für ihren Bereich die für die Erstellung des Berichts der Landesregierung über die Entwicklung der Versorgung, des Alters- und Hinterbliebenengeldes erforderlichen Daten

1. zu den Gründen der Dienstunfähigkeit nach Hauptdiagnoseklassen und
2. zur Person und letzten Beschäftigung der Betroffenen, die zur statistischen Auswertung erforderlich sind.

§ 11 Allgemeine Anpassung

Werden die Dienstbezüge der Besoldungsberechtigten allgemein erhöht oder vermindert, sind von demselben Zeitpunkt an die Versorgungsbezüge oder das Alters- und Hinterbliebenengeld sowie die Kürzungsbeträge des § 101 durch Gesetz entsprechend zu regeln.

§ 12 Verjährung

Ansprüche und Rückforderungsansprüche nach diesem Gesetz oder auf der Grundlage dieses Gesetzes verjähren in drei Jahren. Die Verjährung beginnt mit dem Schluss des Jahres, in dem der Anspruch entstanden ist. Im Übrigen sind die Verjährungsvorschriften des Bürgerlichen Gesetzbuches entsprechend anzuwenden.

§ 13 Familienrechtlicher Versorgungsausgleich nach der Ehescheidung

(1) Sind durch Entscheidung des Familiengerichts
1. Anwartschaften in einer gesetzlichen Rentenversicherung nach § 1587b Abs. 2 des Bürgerlichen Gesetzbuches in der bis zum 31. August 2009 geltenden Fassung oder
2. Anrechte nach dem Versorgungsausgleichsgesetz vom 3. April 2009 (BGBl. I S. 700)

übertragen oder begründet worden, werden nach Wirksamkeit dieser Entscheidung die Versorgungsbezüge der ausgleichspflichtigen Person und ihrer Hinterbliebenen nach Anwendung von Ruhens-, Kürzungs- und Anrechnungsvorschriften um den nach Absatz 2 oder Absatz 3 berechneten Betrag gekürzt. Das einer Vollwaise zu gewährende Waisengeld wird nicht gekürzt, wenn nach dem Recht der gesetzlichen Rentenversicherung die Voraussetzungen für die Gewährung einer Waisenrente aus der Versicherung der ausgleichsberechtigten Person nicht erfüllt sind.

(2) Der Kürzungsbetrag für das Ruhegehalt berechnet sich aus dem Monatsbetrag der durch die Entscheidung des Familiengerichts begründeten Anwartschaften oder übertragenen Anrechte; in den Fällen des § 10 Absatz 2 des Versorgungsausgleichsgesetzes aus dem Monatsbetrag, der sich nach Verrechnung als Wertunterschied ergibt. Dieser Monatsbetrag erhöht oder vermindert sich bei einem Beamten um die Prozentsätze der nach dem Ende der Ehezeit bis zum Zeitpunkt des Eintritts in den Ruhestand eingetretenen Erhöhungen oder Verminderungen der beamtenrechtlichen Versorgungsbezüge, die in festen Beträgen festgesetzt sind. Vom Zeitpunkt des Eintritts in den Ruhestand an, bei einem Ruhestandsbeamten vom Tag nach dem Ende der Ehezeit an, erhöht oder vermindert sich der Kürzungsbetrag in dem Verhältnis, in dem sich das Ruhegehalt vor Anwendung von Ruhens-, Kürzungs- und Anrechnungsvorschriften durch Anpassung der Versorgungsbezüge erhöht oder vermindert; hierbei bleibt der ehebezogene Teil im Familienzuschlag unberücksichtigt.

(3) Der Kürzungsbetrag für das Witwen- und Waisengeld berechnet sich aus dem Kürzungsbetrag nach Absatz 2 für das Ruhegehalt, das der Beamte erhalten hat oder hätte erhalten können, wenn er am Todestag in den Ruhestand versetzt worden wäre, nach den Anteilssätzen des Witwen- oder Waisengeldes.

(4) In den Fällen des § 5 des Gesetzes zur Regelung von Härten im Versorgungsausgleich vom 21. Februar 1983 (BGBl. I S. 105) in der bis zum 31. August 2009 geltenden Fassung oder der §§ 33, 34 des Versorgungsausgleichsgesetzes steht die Zahlung des Ruhegehalts der ausgleichspflichtigen Person für den Fall rückwirkender oder erst nachträglich bekannt werdender Rentengewährung an die ausgleichsberechtigte Person oder deren Hinterbliebene unter dem Vorbehalt der Rückforderung.

(5) Für das Alters- und Hinterbliebenengeld ist Absatz 1 bis 4 sinngemäß anzuwenden.

§ 14 Abwendung der Kürzung der Versorgungsbezüge oder des Altersgeldes bei familienrechtlichem Versorgungsausgleich

(1) Die Kürzung der Versorgungsbezüge nach § 13 kann von dem Beamten oder dem Ru-

hestandsbeamten ganz oder teilweise durch Zahlung eines Kapitalbetrags an den Dienstherrn abgewendet werden.

(2) Als voller Kapitalbetrag wird der Betrag angesetzt, der aufgrund der Entscheidung des Familiengerichts zu leisten gewesen wäre, erhöht oder vermindert um die Prozentsätze der nach dem Ende der Ehezeit bis zum Tag der Zahlung des Kapitalbetrags eingetretenen Erhöhungen oder Verminderungen der beamtenrechtlichen Versorgungsbezüge, die in festen Beträgen festgesetzt sind. Vom Zeitpunkt des Eintritts in den Ruhestand an, bei einem Ruhestandsbeamten vom Tage nach dem Ende der Ehezeit an, erhöht oder vermindert sich der Kapitalbetrag in dem Verhältnis, in dem sich das Ruhegehalt vor Anwendung von Ruhens-, Kürzungs- und Anrechnungsvorschriften durch Anpassung der Versorgungsbezüge erhöht oder vermindert.

(3) Bei teilweiser Zahlung vermindert sich die Kürzung der Versorgungsbezüge in dem entsprechenden Verhältnis; der Betrag der teilweisen Zahlung soll den Monatsbetrag der Dienstbezüge des Beamten oder des Ruhegehalts des Ruhestandsbeamten nicht unterschreiten.

(4) Ergeht nach der Scheidung eine Entscheidung zur Abänderung des Wertausgleichs und sind Zahlungen nach Absatz 1 erfolgt, sind im Umfang der Abänderung zu viel gezahlte Beiträge unter Anrechnung der nach § 13 anteilig errechneten Kürzungsbeträge zurückzuzahlen.

(5) Für das Altersgeld ist Absatz 1 bis 4 sinngemäß anzuwenden.

§ 15 Nichtberücksichtigung der Versorgungsbezüge und des Altersgeldes

Werden Versorgungsberechtigte oder Empfänger von Alters- und Hinterbliebenengeld im öffentlichen Dienst (§ 68 Abs. 6 Satz 2 und 3) verwendet, sind ihre Bezüge aus dieser Beschäftigung ohne Rücksicht auf die Versorgungsbezüge oder auf das Alters- oder Hinterbliebenengeld zu bemessen. Das Gleiche gilt für eine aufgrund der Beschäftigung zu gewährende Versorgung oder für ein aufgrund der Beschäftigung zu gewährendes Alters- oder Hinterbliebenengeld.

§ 16 Ermächtigung zum Erlass von Verwaltungsvorschriften und Zuständigkeitsregelungen

Die zur Durchführung dieses Gesetzes erforderlichen Verwaltungsvorschriften erlässt das Finanzministerium.

Zweiter Teil
Versorgung

1. Abschnitt
Allgemeine versorgungsrechtliche Vorschriften

§ 17 Arten der Versorgung

Versorgungsbezüge sind

1. Ruhegehalt,
2. Unterhaltsbeiträge,
3. Hinterbliebenenversorgung,
4. Bezüge bei Verschollenheit,
5. Versorgung bei Dienstbeschädigung,
6. Übergangsgeld,
7. familienbezogene Leistungen nach den §§ 66 und 67 sowie der kinderbezogene Teil des Familienzuschlags nach § 65.

Bei Anwendung der Anrechnungs-, Ruhens- und Kürzungsvorschriften gelten Unterhaltsbeiträge als Ruhegehalt, Witwen- oder Waisengeld. Dies gilt entsprechend für die Bezüge von nach § 32 des Deutschen Richtergesetzes oder einer entsprechenden gesetzlichen Vorschrift nicht im Amt befindlichen Richter und Mitglieder einer obersten Rechnungsprüfungsbehörde oder einer entsprechenden landesrechtlichen Vorschrift sowie für die Bezüge, die nach oder entsprechend § 18 Abs. 2 Satz 2 gewährt werden.

2. Abschnitt
Ruhegehalt, Unterhaltsbeitrag

§ 18 Entstehung und Berechnung des Ruhegehalts

(1) Ein Ruhegehalt wird nur gewährt, wenn der Beamte

1. eine Dienstzeit von mindestens fünf Jahren abgeleistet hat oder
2. infolge Krankheit, Verwundung oder sonstiger Beschädigung, die er sich ohne grobes Verschulden bei Ausübung oder aus Veranlassung des Dienstes zugezogen hat, dienstunfähig geworden ist.

Die Dienstzeit wird vom Zeitpunkt der ersten Berufung in das Beamtenverhältnis ab gerechnet und nur berücksichtigt, sofern sie ruhegehaltfähig ist; § 21 Absatz 1 Satz 3 und 4 ist insoweit nicht anzuwenden. Zeiten im Beamtenverhältnis, in denen sich der Beamte in Elternzeit oder im Erziehungsurlaub befunden hat sowie Zeiten im Beamtenverhältnis, in denen eine Pflege nach § 67 ausgeübt wurde, sind zu berücksichtigen. Zeiten, die nach § 21 Absatz 3 sowie § 22 ruhegehaltfähig sind, sind einzurechnen. Satz 4 gilt nicht für Zeiten, die der Beamte vor dem 3. Oktober 1990 in dem in Artikel 3 des Einigungsvertrages genannten Gebiet zurückgelegt hat.

(2) Der Anspruch auf Ruhegehalt entsteht mit dem Beginn des Ruhestands. Der in den einstweiligen Ruhestand versetzte Beamte erhält für den Monat, in dem ihm die Versetzung in den einstweiligen Ruhestand mitgeteilt worden ist, und für die folgenden drei Monate die Bezüge weiter, die ihm am Tag vor der Versetzung zustanden. Änderungen beim Familienzuschlag nach § 65 sind zu berücksichtigen. In den Fällen des Satz 2 beginnt die Zahlung des Ruhegehalts nach Ablauf der Zeit, für die Dienstbezüge gewährt werden.

(3) Das Ruhegehalt wird auf der Grundlage der ruhegehaltfähigen Dienstbezüge und der ruhegehaltfähigen Dienstzeit berechnet.

§ 19 Ruhegehaltfähige Dienstbezüge

(1) Ruhegehaltfähige Dienstbezüge sind

1. das Grundgehalt und
2. der ehebezogene Teil des Familienzuschlags (§ 41 Abs. 1 und 2 des Landesbesoldungsgesetzes Baden-Württemberg (LBesGBW),
3. sonstige Dienstbezüge, die im Besoldungsrecht als ruhegehaltfähig bezeichnet sind,
4. Leistungsbezüge nach Maßgabe des § 38 LBesGBW,

die dem Beamten in den Fällen der Nummer 1 und 3 zuletzt zugestanden haben oder in den Fällen der Nummer 2 nach dem Besoldungsrecht zustehen würden, wobei die Dienstbezüge in den Fällen von Nummer 1, 3 und 4 mit dem Faktor 0,984 vervielfältigt werden. Bei Teilzeitbeschäftigung und Beurlaubung ohne Dienstbezüge (Freistellung) gelten als ruhegehaltfähige Dienstbezüge die dem letzten Amt entsprechenden vollen ruhegehaltfähigen Dienstbezüge. Satz 2 gilt entsprechend bei eingeschränkter Verwendung eines Beamten wegen begrenzter Dienstfähigkeit nach § 27 BeamtStG.

(2) Ist der Beamte wegen Dienstunfähigkeit aufgrund eines Dienstunfalls im Sinne des § 45 in den Ruhestand versetzt worden, ist das Grundgehalt der nach Absatz 1 Satz 1 Nr. 1, Absatz 3 oder 5 maßgebenden Besoldungsgruppe nach der Stufe zugrunde zu legen, die er bis zum Eintritt in den Ruhestand wegen Erreichens der Altersgrenze hätte erreichen können.

(3) Ist ein Beamter aus einem Amt in den Ruhestand getreten oder versetzt worden, das nicht der Eingangsbesoldungsgruppe seiner Laufbahn oder das keiner Laufbahn angehört, und hat er die Dienstbezüge dieses oder eines mindestens gleichwertigen Amts vor dem Eintritt oder der Versetzung in den Ruhestand nicht mindestens zwei Jahre erhalten, sind nur die Bezüge des vorher bekleideten Amts ruhegehaltfähig. Hat der Beamte vorher ein Amt nicht bekleidet, setzt die oberste Dienstbehörde im Einvernehmen mit dem Finanzministerium die ruhegehaltfähigen Dienstbezüge bis zur Höhe der ruhegehaltfähigen Dienstbezüge der nächst niedrigeren Besoldungsgruppe fest. In die Zweijahresfrist einzurechnen ist die innerhalb dieser Frist liegende Zeit einer Beurlaubung ohne Dienstbezüge, soweit sie als ruhegehaltfähig berücksichtigt worden ist. Satz 1 gilt nicht

1. bei gesetzlich geänderten Ämterbewertungen unabhängig davon, ob hiermit eine Besoldungsgruppenänderung einhergeht,

2. in den Fällen der §§ 90 und 91 LBesGBW oder

3. wenn eine gesetzliche Überleitung in ein höher bewertetes Amt nur aufgrund einer bereits zuvor erfolgten Beförderung in das Amt, in welches ansonsten die Überleitung erfolgt wäre, unterbleibt.

(4) Absatz 3 gilt nicht, wenn der Beamte vor Ablauf der Frist infolge von Krankheit, Verwundung oder sonstiger Beschädigung, die er sich ohne grobes Verschulden bei Ausübung oder aus Veranlassung des Dienstes zugezogen hat, in den Ruhestand versetzt worden ist.

(5) Das Ruhegehalt eines Beamten, der früher ein mit höheren Dienstbezügen verbundenes Amt bekleidet und diese Bezüge mindestens zwei Jahre erhalten hat, wird, sofern der Beamte in ein mit geringeren Dienstbezügen verbundenes Amt nicht lediglich auf einen im eigenen Interesse gestellten Antrag übergetreten ist, nach den höheren ruhegehaltfähigen Dienstbezügen des früheren Amts und der gesamten ruhegehaltfähigen Dienstzeit berechnet. Absatz 3 Satz 3 und Absatz 4 gelten entsprechend. Das Ruhegehalt darf jedoch die ruhegehaltfähigen Dienstbezüge des letzten Amts nicht übersteigen.

(6) Verringern sich bei einem Wechsel in ein Amt der Besoldungsgruppe W die ruhegehaltfähigen Dienstbezüge, berechnet sich das Ruhegehalt aus den ruhegehaltfähigen Dienstbezügen des früheren Amts und der gesamten ruhegehaltfähigen Dienstzeit, sofern der Beamte die Dienstbezüge des früheren Amts mindestens zwei Jahre erhalten hat. Ruhegehaltfähig ist die zum Zeitpunkt des Wechsels erreichte Stufe des Grundgehalts. Auf die Zweijahresfrist nach Absatz 3 Satz 1 wird der Zeitraum, in dem der Beamte Dienstbezüge aus einem Amt der Besoldungsordnung W erhalten hat, angerechnet. Absatz 5 Satz 2 und 3 gilt entsprechend.

(7) Würde ein Beamter nach einem Aufstieg ein geringeres Ruhegehalt erhalten, als dies bei Verbleib im bisherigen Amt, welches nach dem Aufstieg und vor dem Ruhestandseintritt einer gesetzlich geänderten Ämterbewertung unterlag, der Fall gewesen wäre, so wird das Ruhegehalt nach den ruhegehaltfähigen Dienstbezügen des Amts berechnet, welches ohne Aufstieg bei Verbleib in der bisherigen Laufbahn nach der gesetzlich geänderten Ämterbewertung zustehen würde. Hierbei ist die gesamte ruhegehaltfähige Dienstzeit zu berücksichtigen.

§ 20 Zusammentreffen einer Mindestversorgung mit Leistungen aus anderen Alterssicherungssystemen

(1) Werden neben der Mindestversorgung Leistungen anderer Alterssicherungssysteme gezahlt, ruht die Versorgung bis zur Höhe des Unterschiedsbetrags zwischen dem erdienten Ruhegehalt und der Mindestversorgung. Als Leistungen aus anderen Alterssicherungssystemen gelten

1. Renten aus den gesetzlichen Rentenversicherungen,

2. Renten aus einer zusätzlichen Alters- oder Hinterbliebenenversorgung für Angehörige des öffentlichen Dienstes,

3. Renten aus der gesetzlichen Unfallversicherung, wobei für Ruhegehaltsempfänger ein dem Unfallausgleich (§ 50) entsprechender Betrag unberücksichtigt bleibt; bei einem Grad der Schädigungsfolgen von 20 bleiben zwei Drittel, bei einem Grad der Schädigungsfolgen von 10 bleibt ein Drittel des Unfallausgleichs, welcher der Höhe des Betrags bei einem Grad der Schädigungsfolgen von 30 entspricht, unberücksichtigt,

4. Leistungen aus einer berufsständischen Versorgungseinrichtung oder aus einer befreienden Lebensversicherung, zu denen der Arbeitgeber aufgrund eines Beschäftigungsverhältnisses im öffentlichen Dienst mindestens die Hälfte der Beiträge oder Zuschüsse in dieser Höhe geleistet hat,

5. sonstige Versorgungsleistungen, die zur Versorgung des Berechtigten für den Fall der Erwerbsminderung oder wegen Alters und der Hinterbliebenen für den Fall des Todes bestimmt sind und zu denen der Arbeitgeber aufgrund eines Beschäftigungsverhältnisses im öffentlichen Dienst mindestens die Hälfte der Beiträge oder Zuschüsse in dieser Höhe geleistet hat,

6. Renten nach dem Gesetz über die Alterssicherung der Landwirte.

Der kinderbezogene Teil des Familienzuschlags nach § 65 Abs. 2 bleibt bei der Berechnung außer Betracht.

(2) § 108 Abs. 1 Satz 4 bis 10 und die Absätze 3, 4 und 8 gelten entsprechend.

(3) § 20 gilt nicht, sofern der Anwendungsbereich des § 108 Absatz 9 eröffnet ist.

§ 21 Dienstzeit im Beamtenverhältnis und vergleichbare Zeiten

(1) Ruhegehaltfähig ist die Dienstzeit, die der Beamte vom Tag der ersten Berufung in das Beamtenverhältnis an im Dienst eines inländischen öffentlich-rechtlichen Dienstherrn im Beamtenverhältnis zurückgelegt hat. Dies gilt nicht für die Zeit

1. in einem Amt, das die Arbeitskraft nur nebenbei beansprucht,
2. einer ehrenamtlichen Tätigkeit,
3. einer Beurlaubung ohne Dienstbezüge; die Zeit einer Beurlaubung ohne Dienstbezüge ist ruhegehaltfähig, wenn spätestens bei Beendigung des Urlaubs schriftlich zugestanden worden ist, dass dieser öffentlichen Belangen oder dienstlichen Interessen dient und für diese Zeit ein Versorgungszuschlag entrichtet oder mit Zustimmung des Finanzministeriums von der Erhebung eines Versorgungszuschlags abgesehen wird; die Höhe des Versorgungszuschlags ergibt sich aus den jeweils zum Zeitpunkt der Beurlaubung (Beginn oder Verlängerung der Beurlaubung) gültigen Verwaltungsvorschriften des Finanzministeriums zur Haushalts- und Wirtschaftsführung; der Versorgungszuschlag soll bei Beendigung der Beurlaubung im geschuldeten Umfang gezahlt worden sein,
4. eines schuldhaften Fernbleibens vom Dienst unter Verlust der Dienstbezüge,
5. für die eine Abfindung aus öffentlichen Mitteln gewährt ist,
6. im Beamtenverhältnis auf Widerruf im Sinne des § 4 Abs. 4 Buchst. b BeamtStG,
7. einer Tätigkeit, aus der ohne Ruhehaltsberechtigung nur Gebühren bezogen werden.

Zeiten einer Teilzeitbeschäftigung sind nur zu dem Teil ruhegehaltfähig, der dem Verhältnis der ermäßigten zur regelmäßigen Arbeitszeit entspricht. Zeiten der eingeschränkten Verwendung wegen begrenzter Dienstfähigkeit nach § 27 BeamtStG sind nur zu dem Teil ruhegehaltfähig, der dem Verhältnis der ermäßigten zur regelmäßigen Arbeitszeit entspricht, mindestens im Umfang des § 26.

(2) Nicht ruhegehaltfähig sind Dienstzeiten

1. in einem Beamtenverhältnis, das durch eine Entscheidung der in § 24 BeamtStG bezeichneten Art oder durch unanfechtbare Disziplinarverfügung beendet worden ist,
2. in einem Beamtenverhältnis auf Probe oder auf Widerruf, wenn der Beamte entlassen worden ist, weil er eine Handlung begangen hat, die bei einem Beamten auf Lebenszeit mindestens eine Kürzung der Dienstbezüge zur Folge hätte,
3. in einem Beamtenverhältnis, das durch Entlassung auf Antrag des Beamten beendet worden ist,
   a) wenn ihm ein Verfahren mit der Folge des Verlusts der Beamtenrechte oder der Entfernung aus dem Dienst drohte oder
   b) wenn der Beamte den Antrag gestellt hat, um einer drohenden Entlassung nach Nummer 2 zuvorzukommen

(3) Der im Beamtenverhältnis zurückgelegten Dienstzeit stehen gleich

1. die Zeit als Mitglied der Bundesregierung oder einer Landesregierung sowie die Zeit der Bekleidung des Amts eines Parlamentarischen Staatssekretärs bei einem Mitglied der Bundesregierung oder einem Mitglied der Landesregierung, soweit entsprechende Voraussetzungen vorliegen,
2. die im öffentlichen Dienst einer zwischenstaatlichen oder überstaatlichen Einrichtung zurückgelegte Dienstzeit; Absatz 1 Satz 2 Nr. 5 findet keine Anwendung,
3. die Zeit eines Vorbereitungsdiensts in einem öffentlich-rechtlichen Ausbildungs-

verhältnis, für die nach beamtenrechtlichen Vorschriften eine Anwartschaft auf Versorgung bei verminderter Erwerbsfähigkeit und im Alter sowie auf Hinterbliebenenversorgung gewährleistet wird,

4. eine Tätigkeit nach Erwerb der Laufbahnbefähigung in einer laufbahnentsprechenden Tätigkeit in einem Dienstordnungsverhältnis bei einem Sozialversicherungsträger,

5. die Zeit als Kirchenbeamter oder als Geistlicher bei öffentlich-rechtlichen Religionsgesellschaften oder ihrer Verbände (Artikel 140 GG), soweit eine Versorgungslastenteilung vereinbart wird,

6. die Zeit im Dienst von kommunalen Spitzenverbänden oder ihren Landesverbänden sowie von Spitzenverbänden der Sozialversicherung oder ihren Landesverbänden, soweit eine Versorgung nach beamtenrechtlichen Grundsätzen gewährleistet ist,

7. die an Ersatzschulen erbrachten Zeiten von Personen, die in den Landesdienst eingestellt wurden, soweit ihnen unter Anwendung von § 104 des Schulgesetzes eine Versorgungsberechtigung verliehen wurde.

(4) Die ruhegehaltfähige Dienstzeit erhöht sich um die Zeit, die ein Ruhestandsbeamter

1. in einer seine Arbeitskraft voll beanspruchenden entgeltlichen Beschäftigung als Beamter, Richter, Berufssoldat oder in einem Amtsverhältnis im Sinne des Absatzes 3 Nummer 1 zurückgelegt hat, ohne einen neuen Versorgungsanspruch zu erlangen,

2. in einer Tätigkeit im Sinne des Absatzes 3 Nummer 2 zurückgelegt hat.

Absatz 1 Satz 2 Nummer 3 und 4 und Absatz 2 gilt entsprechend, für die Anwendung des Satzes 1 Nummer 1 außerdem Absatz 1 Satz 2 Nummer 5.

§ 22 Wehrdienst, Zivildienst

(1) Als ruhegehaltfähig gilt die Dienstzeit, in der ein Beamter vor der Berufung in das Beamtenverhältnis berufsmäßig im Dienst der Bundeswehr, der Nationalen Volksarmee der ehemaligen Deutschen Demokratischen Republik oder im Vollzugsdienst der Polizei gestanden hat.

(2) Als ruhegehaltfähig gilt die Zeit, während der ein Beamter vor der Berufung in das Beamtenverhältnis nichtberufsmäßigen Wehrdienst oder Polizeivollzugsdienst geleistet hat. Der Zeit des nichtberufsmäßigen Wehrdienstes ist die Zeit, in welcher ein Wehrpflichtiger nach dem Kriegsdienstverweigerungsgesetz Dienst verrichtet, gleichgestellt.

(3) Ruhegehaltfähig ist die Zeit, während der ein Beamter vor der Berufung in das Beamtenverhältnis sich aufgrund einer Krankheit oder Verwundung als Folge eines Dienstes nach Absatz 1 oder 2 im Anschluss an die Entlassung arbeitsunfähig in einer Heilbehandlung befunden hat.

(4) § 21 Abs. 1 Satz 2 Nr. 1 und 3 bis 5, Satz 3 und Absatz 2 gilt entsprechend.

§ 23 Vordienst- und Ausbildungszeiten

(1) Bis zu einer Gesamtzeit von höchstens fünf Jahren sind als ruhegehaltfähig auch Zeiten zu berücksichtigen, in denen ein Beamter in unmittelbarem zeitlichen Zusammenhang vor der Berufung in das Beamtenverhältnis hauptberuflich

1. im privatrechtlichen Arbeitsverhältnis im Dienst eines öffentlich-rechtlichen Dienstherrn oder im ausländischen öffentlichen Dienst tätig war, sofern der Beamte durch diese Tätigkeit Fachkenntnisse erworben hat, die für die Wahrnehmung des späteren Amtes förderlich sind,

2. als Lehrer nach Erwerb der Lehrbefähigung bei einer als Ersatz für eine öffentliche Schule genehmigten Privatschule (Artikel 7 Abs. 4 und 5 GG) tätig war,

3. im Dienst von Einrichtungen tätig war, die von mehreren öffentlich-rechtlichen Dienstherrn durch Staatsvertrag oder Verwaltungsabkommen zur Erfüllung oder Koordinierung ihnen obliegender hoheitsrechtlicher Aufgaben geschaffen worden sind.

Ein unmittelbarer zeitlicher Zusammenhang nach Satz 1 liegt auch bei Unterbrechung der Tätigkeit vor, wenn die Zeit der Unterbrechung nach § 22 ruhegehaltfähig ist oder die

Unterbrechung der Tätigkeit bis zu einem Jahr nicht von dem Beamten zu vertreten ist.

(2) Die Zeit, während der ein Beamter vor der Berufung in das Beamtenverhältnis hauptberuflich

1. im Dienst öffentlich-rechtlicher Religionsgesellschaften oder ihrer Verbände (Artikel 140 GG),
2. im Dienst der Fraktionen des Bundestags oder der Landtage oder kommunaler Vertretungskörperschaften,
3. im Dienst von kommunalen Spitzenverbänden oder ihren Landesverbänden sowie von Spitzenverbänden der Sozialversicherung oder ihren Landesverbänden

tätig gewesen ist, ist bis zu einer Gesamtzeit von höchstens fünf Jahren als ruhegehaltfähige Dienstzeit zu berücksichtigen.

(3) Hauptberuflich ist eine Tätigkeit, die entgeltlich erbracht wird, den Schwerpunkt der beruflichen Tätigkeit darstellt sowie dem durch Ausbildung und Berufswahl geprägten Berufsbild entspricht und zum Zeitpunkt der Zurruhesetzung im gleichen Zeitraum in einem Beamtenverhältnis mit dem jeweils gleichen Beschäftigungsumfang zulässig gewesen wäre.

(4) Bis zu einer Gesamtzeit von höchstens fünf Jahren sind ruhegehaltfähig

1. Zeiten, während der ein Beamter vor der Berufung in das Beamtenverhältnis durch eine Tätigkeit oder eine abgeschlossene Ausbildung außerhalb der allgemeinen Schulbildung Fachkenntnisse erworben hat, die für die Wahrnehmung des späteren Amts förderlich sind oder
2. Zeiten einer praktischen für die Übernahme in das Beamtenverhältnis vorgeschriebenen Tätigkeit oder des Erwerbs besonderer Fachkenntnisse, die über die für die Übernahme in das Beamtenverhältnis vorgeschriebene praktische Tätigkeit hinaus notwendige Voraussetzung für die Wahrnehmung des späteren Amts im funktionellen Sinne sind.

Wird die allgemeine Schulbildung durch eine andere Art der Ausbildung ersetzt, steht diese der Schulbildung gleich.

(5) Zeiten nach Absatz 1 bis 4 können, auch wenn sie sich überschneiden, insgesamt nur bis zu einer Gesamtzeit von höchstens fünf Jahren berücksichtigt werden.

(6) Zusätzlich sind bis zu einer Gesamtzeit von 855 Tagen Zeiten einer abgeschlossenen, förderlichen Hochschulausbildung ruhegehaltfähig.

(7) Ruhegehaltfähig sind Zeiten der Teilzeitbeschäftigung nach §§ 69 und 74 LBG. Im Übrigen gilt § 21 Abs. 1 Satz 3 und 4 entsprechend.

§ 24 Nicht zu berücksichtigende Zeiten

(1) Nicht ruhegehaltfähig sind Zeiten einer Tätigkeit für das Ministerium für Staatssicherheit oder das Amt für Nationale Sicherheit. Dies gilt auch für Zeiten, die vor einer solchen Tätigkeit zurückgelegt worden sind. Satz 1 gilt auch für Zeiten einer Tätigkeit als Angehöriger der Grenztruppen der ehemaligen Deutschen Demokratischen Republik.

(2) Absatz 1 Satz 1 und 2 gilt auch für Zeiten einer Tätigkeit, die aufgrund einer besonderen persönlichen Nähe zum System der ehemaligen Deutschen Demokratischen Republik übertragen war. Das Vorliegen dieser Voraussetzung wird insbesondere widerlegbar vermutet, wenn der Beamte

1. vor oder bei Übertragung der Tätigkeit eine hauptamtliche oder hervorgehobene ehrenamtliche Funktion in der Sozialistischen Einheitspartei Deutschlands, dem Freien Deutschen Gewerkschaftsbund, der Freien Deutschen Jugend oder einer vergleichbaren systemunterstützenden Partei oder Organisation innehatte oder als mittlere oder obere Führungskraft in zentralen Staatsorganen war,
2. als obere Führungskraft beim Rat eines Bezirks, als Vorsitzender des Rats eines Kreises oder einer kreisfreien Stadt oder in einer vergleichbaren Funktion tätig war oder
3. hauptamtlich Lehrender an den Bildungseinrichtungen der staatstragenden Parteien oder einer Massen- oder gesellschaftlichen Organisation war oder

4. Absolvent der Akademie für Staat und Recht oder einer vergleichbaren Bildungseinrichtung war.

(3) Für Beamte, die ab Inkrafttreten dieses Gesetzes erstmals in ein Beamtenverhältnis berufen werden und bei denen keine Zeiten nach § 21 Absatz 3 vor dem 1. Januar 2011 vorliegen, sind Zeiten einer Tätigkeit, für die bereits in anderen Alterssicherungssystemen Anwartschaften oder Ansprüche erworben wurden, bei der Berechnung der ruhegehaltfähigen Dienstzeit nicht berücksichtigungsfähig. Als Leistungen im Sinne des Satz 1 gelten insbesondere die Leistungen nach § 20 Abs. 1 Satz 2 Nr. 1 und 4, sofern sie nicht ausschließlich auf freiwilligen Beiträgen beruhen, sowie vergleichbare Leistungen ausländischer Alterssicherungssysteme. Soweit eine Versorgung nach beamtenrechtlichen Grundsätzen gewährleistet war und der Beamte daraus einen unverfallbaren Anspruch auf eine Betriebsrente erworben hat, gilt Satz 1 entsprechend.

§ 25 Zeiten in dem in Artikel 3 des Einigungsvertrags genannten Gebiet

(1) Wehrdienstzeiten und vergleichbare Zeiten nach § 22, Beschäftigungszeiten nach § 23 Abs. 1 bis 3, 5 und 7 sowie nach § 73 Abs. 6 und § 74, die der Beamte vor dem 3. Oktober 1990 in dem in Artikel 3 des Einigungsvertrags genannten Gebiet zurückgelegt hat, werden nicht als ruhegehaltfähige Dienstzeit berücksichtigt, sofern die allgemeine Wartezeit für die gesetzliche Rentenversicherung erfüllt ist und diese Zeiten als rentenrechtliche Zeiten berücksichtigungsfähig sind. Ausbildungszeiten im Sinn des § 23 Abs. 4 und 6 sind nicht ruhegehaltfähig, soweit die allgemeine Wartezeit für die gesetzliche Rentenversicherung erfüllt ist. Rentenrechtliche Zeiten sind auch solche im Sinne des Artikels 2 des Renten-Überleitungsgesetzes.

(2) Sofern die allgemeine Wartezeit für die gesetzliche Rentenversicherung nicht erfüllt ist, können die in Absatz 1 genannten Zeiten im Rahmen der dort genannten Vorschriften insgesamt höchstens bis zu fünf Jahre als ruhegehaltfähig berücksichtigt werden.

§ 26 Zurechnungszeit

Bei Versetzung in den Ruhestand vor Vollendung des 60. Lebensjahres wegen Dienstunfähigkeit wird die Zeit vom Beginn des Ruhestands bis zum Ablauf des Monats der Vollendung des 60. Lebensjahres, soweit diese nicht nach anderen Vorschriften als ruhegehaltfähig berücksichtigt wird, für die Berechnung des Ruhegehalts der ruhegehaltfähigen Dienstzeit zu zwei Dritteln hinzugerechnet (Zurechnungszeit). Bei erneuter Berufung in das Beamtenverhältnis nach § 29 Abs. 1 BeamtStG in Verbindung mit § 43 Abs. 4 LBG wird eine der Berechnung des früheren Ruhegehalts zugrunde gelegene Zurechnungszeit insoweit berücksichtigt, als die Zahl der dem neuen Ruhegehalt zugrunde liegenden Dienstjahre hinter der Zahl der dem früheren Ruhegehalt zugrunde gelegenen Dienstjahre zurückbleibt.

§ 27 Höhe des Ruhegehalts

(1) Das Ruhegehalt beträgt für jedes Jahr ruhegehaltfähiger Dienstzeit 1,79375 Prozent der ruhegehaltfähigen Dienstbezüge (§ 19), insgesamt jedoch höchstens 71,75 Prozent. Der Ruhegehaltssatz ist auf zwei Dezimalstellen auszurechnen. Dabei ist die zweite Dezimalstelle um eins zu erhöhen, wenn in der dritten Stelle eine der Ziffern fünf bis neun verbleiben würde. Zur Ermittlung der gesamten ruhegehaltfähigen Dienstjahre sind etwa anfallende Tage unter Benutzung des Nenners dreihundertfünfundsechzig umzurechnen; Satz 2 und 3 gilt entsprechend.

(2) Das Ruhegehalt vermindert sich um 3,6 Prozent für jedes Jahr, um das der Beamte

1. vor Ablauf des Monats, in dem er die für ihn geltende gesetzliche Altersgrenze erreicht, nach § 40 Abs. 1 Satz 1 Nr. 1 und Satz 2 LBG in den Ruhestand versetzt wird,

2. vor Ablauf des Monats, in dem er das 65. Lebensjahr vollendet, nach § 40 Abs. 1 Satz 1 Nr. 2 LBG in den Ruhestand versetzt wird,

3. vor Ablauf des Monats, in dem er das 65. Lebensjahr vollendet, wegen Dienstunfähigkeit, die nicht auf einem Dienstunfall beruht, in den Ruhestand versetzt wird.

Die Minderung des Ruhegehalts darf 10,8 Prozent in den Fällen des Satzes 1 Nr. 2 und 3 und 14,4 Prozent in den Fällen des Satzes 1 Nr. 1 nicht übersteigen. Absatz 1 Satz 2 bis 4 gilt entsprechend. Gilt für den Beamten eine vor der Vollendung des 65. Lebensjahres liegende Altersgrenze, tritt sie in den Fällen des Satzes 1 Nr. 2 an die Stelle des 65. Lebensjahres; bei Beamten, auf die § 36 Absatz 3 und 3a LBG Anwendung findet, tritt in den Fällen des Satzes 1 Nr. 3 anstelle der Vollendung des 65. Lebensjahres die Vollendung des 60. Lebensjahres. Gilt für den Beamten eine nach Vollendung des 67. Lebensjahres liegende Altersgrenze, wird in den Fällen des Satzes 1 Nr. 1 nur die Zeit bis zum Ablauf des Monats berücksichtigt, in dem der Beamte das 67. Lebensjahr vollendet.

(3) Ein Versorgungsabschlag entfällt in den Fällen des Absatzes 2 Satz 1 Nr. 1, wenn der Beamte zum Zeitpunkt des Eintritts in den Ruhestand nach § 40 Abs. 2 Satz 1 und 2 LBG das 65. Lebensjahr oder in den Fällen des § 40 Abs. 2 Satz 1, 2 und 4 LBG das 60. Lebensjahr vollendet und mindestens 45 Jahre mit ruhegehaltfähigen Dienstzeiten erreicht hat. Bei der Ermittlung der Dienstzeit nach Satz 1 sind berücksichtigungsfähig

1. Zeiten nach den §§ 21, 22 und 23 Abs. 1,
2. Pflegezeiten nach § 67,
3. Zeiten einer dem Beamten zuzuordnenden Erziehung eines Kindes bis zu dessen vollendetem zehnten Lebensjahr.

Zeiten einer Teilzeitbeschäftigung werden in vollem Umfang berücksichtigt. Soweit sich Zeiten überschneiden, sind sie nur einmal zu berücksichtigen. Zeiten nach § 24 sind bei der Ermittlung der Dienstzeit nach Satz 1 nicht zu berücksichtigen.

(4) Das Ruhegehalt beträgt mindestens 35 Prozent der ruhegehaltfähigen Dienstbezüge (§ 19). An die Stelle des Ruhegehalts nach Satz 1 treten, wenn dies günstiger ist, 57 Prozent der ruhegehaltfähigen Dienstbezüge aus der Endstufe der Besoldungsgruppe A 7. Bei Anwendung des Satzes 2 sind als ruhegehaltfähige Dienstbezüge ausschließlich das Grundgehalt, eine in der Besoldungsgruppe A 7 zustehende Strukturzulage sowie gegebenenfalls ein zustehender ehebezogener Teil des Familienzuschlags zu berücksichtigen; hinsichtlich des Faktors 0,984 findet § 19 Absatz 1 Satz 1 entsprechend Anwendung. Die Mindestversorgung der Witwe beträgt 60 Prozent des Betrags nach Satz 1 oder, wenn dies für sie günstiger ist, 60,9 Prozent des Betrags nach Satz 2 und 3.

(5) Bei einem in den einstweiligen Ruhestand versetzten Beamten beträgt das Ruhegehalt für die Dauer der Zeit, die der Beamte das Amt, aus dem er in den einstweiligen Ruhestand versetzt worden ist, innehatte, mindestens für die Dauer von sechs Monaten, längstens für die Dauer von zwei Jahren, 71,75 Prozent der ruhegehaltfähigen Dienstbezüge aus der Endstufe der Besoldungsgruppe, in der sich der Beamte zur Zeit seiner Versetzung in den einstweiligen Ruhestand befunden hat. Das erhöhte Ruhegehalt nach Satz 1 darf die Dienstbezüge, die dem Beamten in diesem Zeitpunkt zustanden, nicht übersteigen; das nach sonstigen Vorschriften ermittelte Ruhegehalt darf nicht unterschritten werden. Die Frist nach Satz 1 beginnt mit Ablauf des Monats der Weiterzahlung der Bezüge nach § 18 Absatz 2.

§ 28 Vorübergehende Erhöhung des Ruhegehaltssatzes

(1) Der nach den § 27 Abs. 1, § 51 Abs. 3 Satz 1, § 73 Abs. 2 und § 102 Abs. 5 bis 7 berechnete Ruhegehaltssatz erhöht sich vorübergehend, wenn Beamte vor Erreichen der Regelaltersgrenze nach § 36 Abs. 1 LBG in Verbindung mit Artikel 62 § 3 Abs. 2 des Dienstrechtsreformgesetzes in den Ruhestand getreten oder versetzt worden sind und sie

1. bis zum Beginn des Ruhestandes die Wartezeit von 60 Kalendermonaten für eine Rente der gesetzlichen Rentenversicherung erfüllt haben,

2. a) wegen Dienstunfähigkeit im Sinne des § 26 Abs. 1 BeamtStG in den Ruhestand versetzt worden sind oder
   b) wegen Erreichens einer besonderen Altersgrenze in den Ruhestand getreten sind oder auf Antrag vor Erreichen dieser Altersgrenze in den Ruhestand versetzt wurden, sobald sie die besondere Altersgrenze erreicht haben,
3. einen Ruhegehaltssatz von 66,97 Prozent noch nicht erreicht haben und
4. keine Einkünfte im Sinne des § 68 Abs. 5 beziehen; die Einkünfte bleiben außer Betracht, soweit sie durchschnittlich im Monat einen Betrag von 325 Euro nicht überschreiten.

(2) Die Erhöhung des Ruhegehaltssatzes beträgt 0,95667 Prozent der ruhegehaltfähigen Dienstbezüge für je zwölf Kalendermonate der für die Erfüllung der Wartezeit (Absatz 1 Nr. 1) anrechnungsfähigen Pflichtbeitragszeiten, soweit sie nicht von Absatz 5 erfasst werden und nicht als ruhegehaltfähig berücksichtigt sind. Der hiernach berechnete Ruhegehaltssatz darf 66,97 Prozent nicht überschreiten. In den Fällen des § 27 Abs. 2 ist das Ruhegehalt, das sich nach Anwendung der Sätze 1 und 2 ergibt, entsprechend zu vermindern. Für die Berechnung nach Satz 1 sind verbleibende Kalendermonate unter Benutzung des Nenners 12 umzurechnen; § 27 Abs. 1 Satz 2 und 3 gilt entsprechend.

(3) Die Erhöhung fällt spätestens mit Ablauf des Monats weg, in dem die Ruhestandsbeamten die Regelaltersgrenze nach § 36 Abs. 1 LBG in Verbindung mit Artikel 62 § 3 Abs. 2 des Dienstrechtsreformgesetzes erreichen. Sie endet vorher, wenn

1. aus den anrechnungsfähigen Pflichtbeitragszeiten eine Versichertenrente einer inländischen oder ausländischen Alterssicherungseinrichtung bezogen wird, mit Ablauf des Tages vor dem Beginn der Rente, oder
2. in den Fällen des Absatzes 1 Nr. 2 Buchst. a keine Dienstunfähigkeit mehr vorliegt, mit Ablauf des Monats, in dem der Wegfall der Erhöhung mitgeteilt wird, oder
3. ein Erwerbseinkommen bezogen wird, mit Ablauf des Tages vor dem Beginn der Erwerbstätigkeit.

§ 50 Abs. 3 Satz 2 gilt sinngemäß.

(4) Die Erhöhung des Ruhegehaltssatzes wird auf Antrag vorgenommen. Anträge, die innerhalb von drei Monaten nach Eintritt oder Versetzung in den Ruhestand gestellt werden, gelten als zum Zeitpunkt des Ruhestandseintritts oder der Ruhestandsversetzung gestellt. Wird der Antrag zu einem späteren Zeitpunkt gestellt, so tritt die Erhöhung vom Beginn des Antragsmonats an ein.

(5) Versorgungsempfänger, die vor Erreichen der Regelaltersgrenze nach § 36 Abs. 1 LBG in Verbindung mit Artikel 62 § 3 Abs. 2 des Dienstrechtsreformgesetzes in den Ruhestand versetzt worden sind oder in den Ruhestand getreten sind, erhalten vorübergehend Leistungen entsprechend den § 50a Abs. 1 bis 6 und 8, §§ 50b und 50d des Beamtenversorgungsgesetzes (BeamtVG) in der bis zum 31. August 2006 geltenden Fassung, wenn

1. die Voraussetzungen des Absatz 1 Nr. 1 bis 4 vorliegen und
2. entsprechende Leistungen nach dem Sechsten Buch Sozialgesetzbuch dem Grunde nach zustehen, jedoch vor dem Erreichen der maßgebenden Altersgrenze noch nicht gewährt werden.

Durch die Leistung nach Satz 1 darf der Betrag nicht überschritten werden, der sich bei Berechnung des Ruhegehalts mit einem Ruhegehaltssatz von 66,97 Prozent ergibt. Absatz 3 und 4 und § 66 Absatz 8 gelten sinngemäß.

§ 29 Unterhaltsbeitrag für Beamte auf Lebenszeit und auf Probe, Sonderregelungen für Beamte auf Probe und auf Zeit mit leitender Funktion

(1) Einem Beamten auf Lebenszeit, der vor Ableistung einer Dienstzeit von fünf Jahren (§ 18 Abs. 1 Satz 1 Nr. 1) wegen Dienstunfähigkeit oder Erreichens der Altersgrenze nach § 36 LBG entlassen, in den Ruhestand getreten oder in den Ruhestand versetzt worden ist, ist ein Unterhaltsbeitrag zu bewilligen.

Die Höhe des Unterhaltsbeitrags steht im Ermessen der festsetzenden Dienstbehörde und soll das erdiente Ruhegehalt nicht überschreiten. Der Unterhaltsbeitrag darf die Höhe des Mindestruhegehalts nach § 27 Abs. 4 nicht überschreiten.

(2) Das Gleiche gilt für einen Beamten auf Probe, der wegen Dienstunfähigkeit oder wegen Erreichens der Altersgrenze entlassen ist (§ 22 Abs. 1 Nr. 2 BeamtStG).

(3) Absatz 1 und 2 findet auf Beamtenverhältnisse auf Zeit und auf Probe mit leitender Funktion nach § 4 Abs. 2 Buchst. b und Abs. 3 Buchst. b BeamtStG keine Anwendung.

(4) Aus den Beamtenverhältnissen auf Probe und auf Zeit mit leitender Funktion im Sinne des Absatzes 3 ergibt sich kein selbständiger Anspruch auf Versorgung; die Unfallfürsorge bleibt hiervon unberührt.

3. Abschnitt
Hinterbliebenenversorgung

§ 30 Allgemeines

(1) Die Hinterbliebenenversorgung umfasst

1. Bezüge für den Sterbemonat,
2. Sterbegeld,
3. Witwengeld,
4. Witwenabfindung,
5. Waisengeld,
6. Unterhaltsbeiträge nach §§ 36, 37 Abs. 2 Satz 2 und 40.

(2) Zur Hinterbliebenenversorgung nach Absatz 1 Nummer 3 gehören ferner die Zuschläge nach den §§ 66 und 67.

(3) Regelungen für Witwen gelten entsprechend für Witwer. An die Stelle der Witwe tritt der Witwer, an die Stelle des Witwengeldes das Witwergeld.

§ 31 Bezüge für den Sterbemonat

(1) Den Erben eines verstorbenen Beamten, Ruhestandsbeamten oder entlassenen Beamten verbleiben für den Sterbemonat die Bezüge des Verstorbenen. Dies gilt auch für eine für den Sterbemonat gewährte Aufwandsentschädigung.

(2) Die an den Verstorbenen noch nicht gezahlten Teile der Bezüge für den Sterbemonat können statt an die Erben auch an den Ehegatten des verstorbenen Beamten gezahlt werden.

§ 32 Sterbegeld

Beim Tode eines Beamten mit Dienstbezügen oder eines Beamten auf Widerruf im Vorbereitungsdienst erhält der überlebende Ehegatte Sterbegeld. Das Sterbegeld ist in Höhe des zweifachen der Dienstbezüge oder der Anwärterbezüge des Verstorbenen ausschließlich der Auslandskinderzuschläge, des Auslandsverwendungszuschlags und der Vergütungen in einer Summe zu zahlen; § 19 Abs. 1 Satz 2 und 3 gilt entsprechend. Satz 1 und 2 gilt entsprechend beim Tode eines Ruhestandsbeamten oder eines entlassenen Beamten, der im Sterbemonat einen Unterhaltsbeitrag erhalten hat. An die Stelle der Dienstbezüge tritt das Ruhegehalt oder der Unterhaltsbeitrag zuzüglich des kinderbezogenen Teils des Familienzuschlags nach § 65.

§ 33 Witwengeld

(1) Die Witwe eines Beamten auf Lebenszeit oder eines Ruhestandsbeamten erhält Witwengeld. Dies gilt nicht, wenn

1. der Beamte die Voraussetzungen des § 18 Abs. 1 nicht erfüllt hat oder
2. die Ehe mit dem Verstorbenen nicht mindestens ein Jahr gedauert hat, es sei denn, dass nach den besonderen Umständen des Falls die Annahme nicht gerechtfertigt ist, dass es der alleinige oder überwiegende Zweck der Heirat war, der Witwe eine Versorgung zu verschaffen oder
3. die Ehe erst nach dem Eintritt des Beamten in den Ruhestand geschlossen worden ist und der Ruhestandsbeamte zur Zeit der Eheschließung das 65. Lebensjahr bereits vollendet hatte.

(2) Absatz 1 gilt auch für die Witwe eines Beamten auf Probe, an den Folgen einer Dienstbeschädigung (§ 28 Abs. 1 BeamtStG) verstorben ist oder dem die Entscheidung nach § 28 Abs. 2 BeamtStG zugestellt war.

§ 34 Höhe des Witwengeldes

(1) Das Witwengeld beträgt 55 Prozent des Ruhegehalts, das der Verstorbene erhalten hat oder hätte erhalten können, wenn er am Todestag in den Ruhestand versetzt worden wäre. § 27 Abs. 5 ist nicht anzuwenden.

(2) War die Witwe mehr als zwanzig Jahre jünger als der Verstorbene und ist aus der Ehe ein Kind nicht hervorgegangen, wird das Witwengeld für jedes angefangene Jahr des Altersunterschieds über zwanzig Jahre um 5 Prozent gekürzt, jedoch höchstens um 35 Prozent. Das Witwengeld darf nicht hinter dem Mindestwitwengeld zurückbleiben.

(3) Von dem nach Absatz 2 gekürzten Witwengeld ist auch bei der Anwendung des § 39 auszugehen.

§ 35 Witwenabfindung

(1) Witwen mit Anspruch auf Witwengeld oder auf Unterhaltsbeitrag erhalten im Fall einer Wiederverheiratung eine Witwenabfindung.

(2) Die Witwenabfindung beträgt das 24-Fache des für den Monat, in dem sich die Witwe wiederverheiratet, nach Anwendung der Anrechnungs-, Kürzungs- und Ruhensvorschriften zu zahlenden Betrags des Witwengeldes oder Unterhaltsbeitrags; eine Kürzung nach § 39 und die Anwendung der §§ 68, 69, 70 Abs. 1 Nr. 3 und § 71 bleibt jedoch außer Betracht. Die Abfindung ist in einer Summe zu zahlen.

§ 36 Unterhaltsbeitrag für nicht witwengeldberechtigte Witwen

In den Fällen des § 33 Abs. 1 Satz 2 Nr. 3 ist ein Unterhaltsbeitrag in Höhe von 75 Prozent des Witwengeldes zu gewähren. Dies gilt nicht in den Fällen des § 33 Abs. 1 Satz 2 Nr. 2. Im Fall des § 34 Abs. 2 Satz 1 ist der nach Satz 1 ermittelte Unterhaltsbeitrag entsprechend zu kürzen. § 27 Abs. 4 kommt nicht zur Anwendung.

§ 37 Waisengeld

(1) Die Kinder

1. eines verstorbenen Beamten auf Lebenszeit,
2. eines verstorbenen Ruhestandsbeamten oder
3. eines verstorbenen Beamten auf Probe, der an den Folgen einer Dienstbeschädigung (§ 28 Abs. 1 BeamtStG) verstorben ist oder dem die Entscheidung nach § 28 Abs. 2 BeamtStG zugestellt war,

erhalten Waisengeld, wenn der Beamte die Voraussetzungen des § 18 Abs. 1 erfüllt hat.

(2) Kein Waisengeld erhalten die Kinder eines verstorbenen Ruhestandsbeamten, wenn das Kindschaftsverhältnis durch Annahme als Kind begründet wurde und der Ruhestandsbeamte zu diesem Zeitpunkt bereits im Ruhestand war und die Regelaltersgrenze nach § 36 Absatz 1 LBG erreicht hatte. Es ist ihnen jedoch ein Unterhaltsbeitrag in Höhe von 75 Prozent des Waisengeldes zu bewilligen. § 42 Abs. 2 gilt entsprechend.

§ 38 Höhe des Waisengeldes

(1) Das Waisengeld beträgt für die Halbwaise 12 Prozent und für die Vollwaise 20 Prozent des Ruhegehalts, das der Verstorbene erhalten hat oder hätte erhalten können, wenn er am Todestag in den Ruhestand versetzt worden wäre. § 27 Abs. 5 findet keine Anwendung.

(2) Wenn der überlebende Elternteil nicht zum Bezug von Witwengeld berechtigt ist und auch keinen Unterhaltsbeitrag nach § 36 erhält, wird das Waisengeld nach dem Satz für Vollwaisen gezahlt; es darf zuzüglich des Unterhaltsbeitrags den Betrag des Witwengeldes und des Waisengeldes nach dem Satz für Halbwaisen nicht übersteigen.

(3) Ergeben sich für eine Waise Waisengeldansprüche aus Beamtenverhältnissen mehrerer Personen, wird nur das höchste Waisengeld gezahlt.

§ 39 Zusammentreffen von Witwengeld, Waisengeld und Unterhaltsbeiträgen

(1) Witwengeld, Waisengeld und Unterhaltsbeiträge nach den §§ 36 und 40 dürfen weder einzeln noch zusammen den Betrag des ihrer Berechnung zugrunde zu legenden Ruhegehalts übersteigen. Ergibt sich an Witwen-,

Waisengeld und Unterhaltsbeitrag zusammen ein höherer Betrag, werden die einzelnen Bezüge im gleichen Verhältnis gekürzt.

(2) Nach dem Ausscheiden eines Witwengeld-, Waisengeld- und Unterhaltsbeitragberechtigten erhöht sich das Witwen-, Waisengeld oder der Unterhaltsbeitrag der verbleibenden Berechtigten vom Beginn des folgenden Monats an insoweit, als sie nach Absatz 1 noch nicht den vollen Betrag nach den §§ 34, 36 bis 38 erhalten.

§ 40 Unterhaltsbeitrag für Hinterbliebene von Beamten auf Lebenszeit und auf Probe

Der Witwe und den Kindern eines Beamten, dem nach § 29 ein Unterhaltsbeitrag bewilligt worden ist oder hätte bewilligt werden können, kann die in den §§ 33, 34, 36 bis 39 vorgesehene Versorgung bis zu der dort bezeichneten Höhe als Unterhaltsbeitrag bewilligt werden. § 35 gilt entsprechend.

§ 41 Beginn der Zahlungen

(1) Die Zahlung des Witwen- und Waisengeldes sowie eines Unterhaltsbeitrags nach § 36 oder § 37 Abs. 2 Satz 2 beginnt mit dem Ablauf des Sterbemonats. Kinder, die nach diesem Zeitpunkt geboren werden, erhalten Waisengeld vom Ersten des Geburtsmonats an.

(2) Absatz 1 gilt entsprechend für die Zahlung eines Unterhaltsbeitrags nach § 40.

§ 42 Erlöschen der Witwen- und Waisenversorgung

(1) Der Anspruch der Witwen und Waisen auf Versorgungsbezüge erlischt

1. für jeden Berechtigten mit dem Ende des Monats, in dem er stirbt,
2. für jede Witwe außerdem mit dem Ende des Monats, in dem sie sich verheiratet,
3. für jede Waise außerdem mit dem Ende des Monats, in dem sie das 18. Lebensjahr vollendet,
4. für jeden Berechtigten, der durch ein Gericht im Geltungsbereich des Grundgesetzes im ordentlichen Strafverfahren wegen eines Verbrechens zu Freiheitsstrafe von mindestens zwei Jahren oder wegen einer vorsätzlichen Tat, die nach den Vorschriften über Friedensverrat, Hochverrat, Gefährdung des demokratischen Rechtsstaats oder Landesverrat und Gefährdung der äußeren Sicherheit strafbar ist, zu Freiheitsstrafe von mindestens sechs Monaten verurteilt worden ist, mit der Rechtskraft des Urteils.

Entsprechendes gilt, wenn der Berechtigte aufgrund einer Entscheidung des Bundesverfassungsgerichts gemäß Artikel 18 GG ein Grundrecht verwirkt hat. In den Fällen des Satzes 1 Nr. 4 und des Satzes 2 gilt § 57 sinngemäß. Die §§ 34 und 35 LBG finden entsprechende Anwendung.

(2) Das Waisengeld wird nach Vollendung des 18. Lebensjahres auf Antrag gewährt, solange die in § 32 Abs. 4 Satz 1 Nr. 2 Buchst. a, b und d, Nr. 3 und Abs. 5 Satz 1 und 2 des Einkommensteuergesetzes genannten Voraussetzungen gegeben sind. Im Fall einer körperlichen, geistigen oder seelischen Behinderung im Sinne des § 32 Abs. 4 Satz 1 Nr. 3 des Einkommensteuergesetzes wird das Waisengeld ungeachtet der Höhe eines eigenen Einkommens dem Grunde nach gewährt; soweit ein eigenes Einkommen der Waise das Zweifache des Mindestvollwaisengeldes (§ 27 Abs. 4 Satz 2 in Verbindung mit § 38 Abs. 1) übersteigt, wird es zur Hälfte auf das Waisengeld zuzüglich des kinderbezogenen Teils des Familienzuschlags nach § 65 angerechnet. Das Waisengeld nach Satz 2 wird über das 25. Lebensjahr hinaus nur gewährt, wenn

1. die Behinderung vor Vollendung des 25. Lebensjahres bestanden hat oder bis zu dem sich nach § 32 Abs. 5 des Einkommensteuergesetzes ergebenden Zeitpunkt eingetreten ist, wenn die Waise sich in verzögerter Schul- oder Berufsausbildung befunden hat, und
2. die Waise ledig oder verwitwet ist oder ihr Ehegatte oder früherer Ehegatte ihr keinen ausreichenden Unterhalt leisten kann oder dem Grunde nach nicht unterhaltspflichtig ist und sie nicht unterhält.

4. Abschnitt
Bezüge bei Verschollenheit

§ 43 Zahlung der Bezüge bei Verschollenheit

(1) Ist ein Beamter, Ruhestandsbeamter oder sonstiger Versorgungsempfänger verschollen, werden die jeweils zustehenden Bezüge bis zum Ablauf des Monats gezahlt, in dem die oberste Dienstbehörde oder die von ihr bestimmte Stelle feststellt, dass sein Ableben mit Wahrscheinlichkeit anzunehmen ist.

(2) Mit Beginn des Folgemonats erhalten die Personen, die im Fall des Todes des Verschollenen Witwen- oder Waisengeld erhalten würden oder einen Unterhaltsbeitrag erhalten könnten, diese Bezüge. Die §§ 31 und 32 finden keine Anwendung.

(3) Kehrt der Verschollene zurück, lebt sein Anspruch auf Bezüge, soweit nicht besondere gesetzliche Gründe entgegenstehen, wieder auf. Nachzahlungen sind längstens für die Dauer eines Jahres zu leisten; die nach Absatz 2 für den gleichen Zeitraum gewährten Bezüge sind anzurechnen.

(4) Ergibt sich, dass bei einem Beamten die Voraussetzungen des § 11 Abs. 1 LBesGBW vorliegen, können die nach Absatz 2 gezahlten Bezüge von ihm zurückgefordert werden.

(5) Wird der Verschollene für tot erklärt oder die Todeszeit gerichtlich festgestellt oder eine Sterbeurkunde über den Tod des Verschollenen ausgestellt, ist die Hinterbliebenenversorgung von dem Ersten des auf die Rechtskraft der gerichtlichen Entscheidung oder die Ausstellung der Sterbeurkunde folgenden Monats ab unter Berücksichtigung des festgestellten Todeszeitpunkts neu festzusetzen.

5. Abschnitt
Unfallfürsorge

§ 44 Allgemeines

(1) Wird ein Beamter durch einen Dienstunfall verletzt, so wird ihm oder seinen Hinterbliebenen Unfallfürsorge gewährt. Unfallfürsorge wird auch dem Kind einer Beamtin gewährt, das durch deren Dienstunfall während der Schwangerschaft unmittelbar geschädigt wurde. Satz 2 gilt auch, wenn die Schädigung durch besondere Einwirkungen verursacht worden ist, die generell geeignet sind, bei der Mutter einen Dienstunfall im Sinne des § 45 Abs. 3 zu verursachen.

(2) Die Unfallfürsorge umfasst folgende, nach den Regelungen dieses Gesetzes normierte Zahlungen:

1. Einsatzversorgung im Sinne des § 46,
2. Erstattung von Sachschäden und besonderen Aufwendungen (§ 47),
3. Heilverfahren (§§ 48 und 49),
4. Unfallausgleich (§ 50),
5. Unfallruhegehalt oder Unterhaltsbeitrag (§§ 51 bis 54),
6. Unfall-Hinterbliebenenversorgung (§§ 55 bis 58),
7. einmalige Unfallentschädigung (§ 59),
8. Schadensausgleich in besonderen Fällen (§ 60).

Im Fall von Absatz 1 Satz 2 und 3 erhält das Kind der Beamtin Leistungen nach Satz 1 Nr. 3 und 4 sowie nach § 54.

(3) Im Übrigen gelten die allgemeinen Vorschriften.

§ 45 Dienstunfall

(1) Dienstunfall ist ein auf äußerer Einwirkung beruhendes, plötzliches, örtlich und zeitlich bestimmbares, einen Körperschaden verursachendes Ereignis, das in Ausübung oder infolge des Dienstes eingetreten ist. Zum Dienst gehören auch

1. Dienstreisen, Dienstgänge und die dienstliche Tätigkeit am Bestimmungsort,
2. die Teilnahme an dienstlichen Veranstaltungen und
3. Nebentätigkeiten, zu deren Ausübung der Beamte nach § 61 LBG verpflichtet ist, oder an deren Übernahme der Dienstvorgesetzte ein dienstliches Interesse anerkannt hat, sofern kein Versicherungsschutz in der gesetzlichen Unfallversicherung (§ 2 des Siebten Buches Sozialgesetzbuch) besteht.

(2) Als Dienst gilt auch das Zurücklegen des mit dem Dienst zusammenhängenden Wegs

nach und von der Dienststelle; hat der Beamte wegen der Entfernung der ständigen Familienwohnung vom Dienstort an diesem oder in dessen Nähe eine Unterkunft, gilt Halbsatz 1 auch für den Weg von und nach der Familienwohnung. Der Zusammenhang mit dem Dienst gilt als nicht unterbrochen, wenn der Beamte

1. von dem unmittelbaren Weg zwischen der Wohnung und der Dienststelle in vertretbarem Umfang abweicht,
   a) um sein dem Grunde nach kindergeldberechtigendes Kind wegen seiner beruflichen Tätigkeit oder der beruflichen Tätigkeit beider Eheleute in fremde Obhut zu geben oder aus fremder Obhut abzuholen oder
   b) weil er mit anderen berufstätigen oder in der gesetzlichen Unfallversicherung versicherten Personen gemeinsam ein Fahrzeug für den Weg nach und von der Dienststelle benutzt, oder
2. in seiner Wohnung Dienst leistet und Wege zurücklegt, um ein Kind im Sinne der Nummer 1 Buchstabe a in fremde Obhut zu geben oder aus fremder Obhut abzuholen.

Ein Unfall, den der Verletzte bei Durchführung des Heilverfahrens (§ 48) oder auf einem hierzu notwendigen Weg erleidet, gilt als Folge eines Dienstunfalls.

(3) Erkrankt ein Beamter, der nach der Art seiner dienstlichen Verrichtung der Gefahr der Erkrankung an bestimmten Krankheiten besonders ausgesetzt ist, an einer solchen Krankheit, gilt dies als Dienstunfall, es sei denn, dass der Beamte sich die Krankheit außerhalb des Diensts zugezogen hat. Die Erkrankung an einer solchen Krankheit gilt jedoch stets als Dienstunfall, wenn sie durch gesundheitsschädigende Verhältnisse verursacht worden ist, denen der Beamte am Ort des dienstlich angeordneten Aufenthalts im Ausland besonders ausgesetzt war. Die in Betracht kommenden Krankheiten ergeben sich aus der Berufskrankheiten-Verordnung (BKV) vom 31. Oktober 1997 (BGBl. I S. 2623) in der jeweils geltenden Fassung.

(4) Dem durch Dienstunfall verursachten Körperschaden ist ein Körperschaden gleichzusetzen, den ein Beamter außerhalb seines Diensts erleidet, wenn er im Hinblick auf pflichtgemäßes dienstliches Verhalten oder wegen seiner Eigenschaft als Beamter angegriffen wird. Gleichzuachten ist ferner ein Körperschaden, den ein Beamter im Ausland erleidet, wenn er bei Kriegshandlungen, Aufruhr oder Unruhen, denen er am Ort des dienstlich angeordneten Aufenthalts im Ausland besonders ausgesetzt war, angegriffen wird.

(5) Unfallfürsorge wie bei einem Dienstunfall kann auch gewährt werden, wenn ein Beamter, der zur Wahrnehmung einer Tätigkeit, die öffentlichen Belangen oder dienstlichen Interessen dient, beurlaubt worden ist und in Ausübung oder infolge dieser Tätigkeit einen Körperschaden erleidet.

§ 46 Einsatzversorgung

(1) Unfallfürsorge wie bei einem Dienstunfall wird auch dann gewährt, wenn ein Beamter aufgrund eines in Ausübung oder infolge des Diensts eingetretenen Unfalls oder einer derart eingetretenen Erkrankung im Sinne des § 45 bei einer besonderen Verwendung im Ausland eine gesundheitliche Schädigung erleidet (Einsatzunfall). Eine besondere Verwendung im Ausland ist eine Verwendung, die aufgrund eines Übereinkommens oder einer Vereinbarung mit einer über- oder zwischenstaatlichen Einrichtung oder mit einem auswärtigen Staat auf Beschluss der Bundesregierung im Ausland oder außerhalb des deutschen Hoheitsgebiets auf Schiffen oder in Luftfahrzeugen stattfindet oder eine Verwendung im Ausland oder außerhalb des deutschen Hoheitsgebiets auf Schiffen oder in Luftfahrzeugen mit vergleichbar gesteigerter Gefährdungslage. Die besondere Verwendung im Ausland beginnt mit dem Eintreffen im Einsatzgebiet und endet mit dem Verlassen des Einsatzgebiets.

(2) Gleiches gilt, wenn bei einem Beamten eine Erkrankung oder ihre Folgen oder ein Unfall auf gesundheitsschädigende oder sonst vom Inland wesentlich abweichende

Verhältnisse bei einer Verwendung im Sinne des Absatzes 1 zurückzuführen sind oder wenn eine gesundheitliche Schädigung bei dienstlicher Verwendung im Ausland auf einen Unfall oder eine Erkrankung im Zusammenhang mit einer Verschleppung oder einer Gefangenschaft zurückzuführen ist oder darauf beruht, dass der Beamte aus sonstigen mit dem Dienst zusammenhängenden Gründen dem Einflussbereich des Dienstherrn entzogen ist.

(3) § 45 Abs. 5 gilt entsprechend.

(4) Die Unfallfürsorge ist ausgeschlossen, wenn sich der Beamte vorsätzlich oder grob fahrlässig der Gefährdung ausgesetzt oder die Gründe für eine Verschleppung, Gefangenschaft oder sonstige Einflussbereichsentziehung herbeigeführt hat, es sei denn, dass der Ausschluss für ihn eine unbillige Härte wäre.

§ 47 Erstattung von Sachschäden und besonderen Aufwendungen

Sind bei einem Dienstunfall Kleidungsstücke oder sonstige Gegenstände, die der Beamte mit sich geführt hat, beschädigt oder zerstört worden oder abhanden gekommen, kann dafür Ersatz geleistet werden. Anträge auf Gewährung von Sachschadenersatz nach Satz 1 sind innerhalb einer Ausschlussfrist von drei Monaten zu stellen. Sind durch die erste Hilfeleistung nach dem Unfall besondere Kosten entstanden, ist dem Beamten der nachweisbar notwendige Aufwand zu ersetzen.

§ 48 Heilverfahren

(1) Das Heilverfahren umfasst die notwendige

1. ärztliche Behandlung,
2. Versorgung mit Arznei- und anderen Heilmitteln, Ausstattung mit Körperersatzstücken, orthopädischen und anderen Hilfsmitteln, die den Erfolg der Heilbehandlung sichern oder die Unfallfolgen erleichtern sollen,
3. Pflege (§ 49).

(2) Anstelle der ärztlichen Behandlung sowie der Versorgung mit Arznei- und anderen Heilmitteln kann Krankenhausbehandlung gewährt werden. Der Verletzte ist verpflichtet, sich einer Krankenhausbehandlung zu unterziehen, wenn sie nach einer Stellungnahme eines durch die Dienstbehörde bestimmten Arztes zur Sicherung des Heilerfolgs notwendig ist.

(3) Der Verletzte ist verpflichtet, sich einer ärztlichen Behandlung zu unterziehen, es sei denn, dass sie mit einer erheblichen Gefahr für Leben oder Gesundheit des Verletzten verbunden ist. Das Gleiche gilt für eine Operation dann, wenn sie keinen erheblichen Eingriff in die körperliche Unversehrtheit bedeutet.

(4) Verursachen die Folgen des Dienstunfalls außergewöhnliche Kosten für Kleider- und Wäscheverschleiß, sind diese in angemessenem Umfang zu ersetzen.

(5) Ist der Verletzte an den Folgen des Dienstunfalls verstorben, können auch die Kosten für die Überführung und die Bestattung in angemessener Höhe erstattet werden.

(6) Das Nähere zu Umfang und Durchführung des Heilverfahrens regelt das Finanzministerium durch Rechtsverordnung.

§ 49 Pflegekosten und Hilflosigkeitszuschlag

(1) Ist der Verletzte infolge des Dienstunfalls so hilflos, dass er nicht ohne fremde Hilfe und Pflege auskommen kann, sind ihm die Kosten einer notwendigen Pflege in angemessenem Umfang zu erstatten.

(2) Nach dem Beginn des Ruhestands ist dem Verletzten auf Antrag für die Dauer der Hilflosigkeit ein Zuschlag zu dem Unfallruhegehalt bis zum Erreichen der ruhegehaltfähigen Dienstbezüge zu gewähren; die Kostenerstattung nach Satz 1 entfällt.

§ 50 Unfallausgleich

(1) Liegt infolge des Dienstunfalls ein Grad der Schädigungsfolgen von mindestens 25 länger als sechs Monate vor, so erhält der Verletzte, solange dieser Zustand andauert, neben den Dienstbezügen, den Anwärterbezügen oder dem Ruhegehalt einen monatlichen Unfallausgleich. Dieser beträgt bei einem Grad der Schädigungsfolgen von:

30	188,99 Euro,
40	257,51 Euro,
50	382,41 Euro,
60	476,35 Euro,
70	654,29 Euro,
80	780,29 Euro,
90	939,44 Euro,
100	1043,32 Euro.

Die vorstehenden Grade stellen Durchschnittssätze dar; ein um fünf Grad geringerer Grad der Schädigungsfolgen wird vom höheren Zehnergrad umfasst. Der Unfallausgleich wird auch während einer Beurlaubung ohne Dienstbezüge gewährt. Der Unfallausgleich erhöht oder vermindert sich entsprechend den allgemeinen Anpassungen nach §11.

(2) Der Grad der Schädigungsfolgen ist nach den allgemeinen Auswirkungen der Funktionsbeeinträchtigungen, die durch die als Schädigungsfolge anerkannten körperlichen, geistigen oder seelischen Gesundheitsstörungen bedingt sind, in allen Lebensbereichen zu beurteilen. Hat bei Eintritt des Dienstunfalls ein abschätzbarer Grad der Schädigungsfolgen bereits bestanden, so ist für die Berechnung des Unfallausgleichs von dem individuellen Grad der Schädigungsfolgen des Verletzten, der unmittelbar vor dem Eintritt des Dienstunfalls bestand, auszugehen und zu ermitteln, welcher Teil dieses individuellen Grades der Schädigungsfolgen durch den Dienstunfall eingetreten ist. Beruht der frühere Grad der Schädigungsfolgen auf einem Dienstunfall, so kann ein einheitlicher Unfallausgleich festgesetzt werden. Für äußere Körperschäden können Mindestgrade festgelegt werden.

(3) Der Unfallausgleich wird neu festgestellt, wenn in den Verhältnissen, die für die Feststellung maßgebend gewesen sind, eine wesentliche Änderung eingetreten ist. Zu diesem Zweck ist der Beamte verpflichtet, sich auf Anordnung der obersten Dienstbehörde durch einen von ihr bestimmten Arzt untersuchen zu lassen; die oberste Dienstbehörde kann diese Befugnis auf andere Stellen übertragen.

§ 51 Unfallruhegehalt

(1) Ist der Beamte infolge des Dienstunfalls dienstunfähig geworden und in den Ruhestand versetzt worden, erhält er Unfallruhegehalt.

(2) Für die Berechnung des Unfallruhegehalts eines vor Vollendung des 60. Lebensjahres in den Ruhestand versetzten Beamten wird der ruhegehaltfähigen Dienstzeit nur die Hälfte der Zurechnungszeit nach §26 hinzugerechnet.

(3) Der Ruhegehaltssatz nach §27 Abs. 1 erhöht sich um 20 Prozent. Das Unfallruhegehalt beträgt mindestens 66 2/3 Prozent der ruhegehaltfähigen Dienstbezüge und darf 71,75 Prozent der ruhegehaltfähigen Dienstbezüge nicht übersteigen. Es darf nicht hinter 64,51 Prozent der jeweils ruhegehaltfähigen Dienstbezüge aus der Endstufe der Besoldungsgruppe A 7 zurückbleiben. In den Fällen des Satzes 3 ist § 27 Absatz 4 Satz 3 entsprechend anzuwenden.

§ 52 Erhöhtes Unfallruhegehalt

(1) Setzt sich ein Beamter bei Ausübung einer Diensthandlung einer damit verbundenen besonderen Lebensgefahr aus und erleidet er infolge dieser Gefährdung einen Dienstunfall, sind bei der Bemessung des Unfallruhegehalts 80 Prozent der ruhegehaltfähigen Dienstbezüge aus der Endstufe der übernächsten Besoldungsgruppe zugrunde zu legen, wenn er infolge dieses Dienstunfalls dienstunfähig geworden und in den Ruhestand versetzt worden ist, und der Grad der Schädigungsfolgen im Zeitpunkt der Versetzung in den Ruhestand infolge des Dienstunfalls mindestens 50 beträgt. Satz 1 gilt mit der Maßgabe, dass sich die ruhegehaltfähigen Dienstbezüge für Beamte

1. der Laufbahngruppe des mittleren Dienstes mindestens nach der Besoldungsgruppe A 9,

2. der Laufbahngruppe des gehobenen Dienstes mindestens nach der Besoldungsgruppe A 12 und

3. der Laufbahngruppe des höheren Dienstes mindestens nach der Besoldungsgruppe A 16

bemessen.

(2) Unfallruhegehalt nach Absatz 1 wird auch gewährt, wenn der Beamte

1. in Ausübung des Dienstes durch einen rechtswidrigen Angriff oder
2. außerhalb des Dienstes durch einen Angriff im Sinne des § 45 Abs. 4

einen Dienstunfall mit den in Absatz 1 genannten Folgen erleidet.

(3) Unfallruhegehalt nach Absatz 1 wird auch gewährt, wenn ein Beamter einen Einsatzunfall oder ein diesem gleichstehendes Ereignis im Sinne des § 46 erleidet und er infolge des Einsatzunfalls oder des diesem gleichstehenden Ereignisses dienstunfähig geworden und in den Ruhestand versetzt wurde und im Zeitpunkt des Eintritts in den Ruhestand infolge des Einsatzunfalls oder des diesem gleichstehenden Ereignisses einen Grad der Schädigungsfolgen von mindestens 50 hat.

§ 53 Unterhaltsbeitrag für ehemalige Beamte und ehemalige Ruhestandsbeamte

(1) Ein ehemaliger Beamter, der durch einen Dienstunfall verletzt wurde und dessen Beamtenverhältnis nicht durch Eintritt in den Ruhestand geendet hat, erhält neben dem Heilverfahren (§§ 48 und 49) für die Dauer eines durch den Dienstunfall verursachten Grades der Schädigungsfolgen einen Unterhaltsbeitrag.

(2) Der Unterhaltsbeitrag beträgt

1. bei einem Grad der Schädigungsfolgen von 100 : 66 2/3 Prozent der ruhegehaltfähigen Dienstbezüge nach Absatz 4,
2. bei einem Grad der Schädigungsfolgen von mindestens 25 den diesem Grad entsprechenden Teil des Unterhaltsbeitrags nach Nummer 1.

(3) Im Fall des Absatzes 2 Nr. 2 kann der Unterhaltsbeitrag, solange der Verletzte aus Anlass des Unfalls unverschuldet arbeitslos ist, bis auf den Betrag nach Absatz 2 Nr. 1 erhöht werden. Bei Hilflosigkeit des Verletzten gilt § 49 entsprechend.

(4) Die ruhegehaltfähigen Dienstbezüge bestimmen sich nach § 19 Abs. 1. Bei einem früheren Beamten auf Widerruf im Vorbereitungsdienst sind die Dienstbezüge zugrunde zu legen, die er bei der Ernennung zum Beamten auf Probe zuerst erhalten hätte; das Gleiche gilt bei einem früheren Polizeivollzugsbeamten auf Widerruf mit Dienstbezügen. Ist der Beamte wegen Dienstunfähigkeit infolge des Dienstunfalls entlassen worden, gilt § 19 Abs. 2 entsprechend. Der Unterhaltsbeitrag für einen früheren Beamten auf Widerruf, der ein Amt bekleidete, das seine Arbeitskraft nur nebenbei beanspruchte, ist nach billigem Ermessen festzusetzen.

(5) Ist der Beamte wegen Dienstunfähigkeit infolge des Dienstunfalls entlassen worden, darf der Unterhaltsbeitrag nach Absatz 2 Nr. 1 nicht hinter dem Mindestunfallruhegehalt (§ 51 Abs. 3 Satz 3) zurückbleiben. Ist der Beamte wegen Dienstunfähigkeit infolge eines Dienstunfalls der in § 52 bezeichneten Art entlassen worden und beträgt der Grad der Schädigungsfolgen des Beamten infolge des Dienstunfalls im Zeitpunkt der Entlassung mindestens 50, treten an die Stelle des Mindestunfallruhegehalts 80 Prozent der ruhegehaltfähigen Dienstbezüge aus der Endstufe der Besoldungsgruppe, die sich bei sinngemäßer Anwendung des § 52 ergibt. Absatz 4 Satz 4 gilt entsprechend.

(6) Der Grad der Schädigungsfolgen ist nach der körperlichen Beeinträchtigung im allgemeinen Erwerbsleben zu beurteilen. Zum Zwecke der Nachprüfung des Grads der Schädigungsfolgen ist der frühere Beamte verpflichtet, sich auf Anordnung der obersten Dienstbehörde durch einen von ihr bestimmten Arzt untersuchen zu lassen; die oberste Dienstbehörde kann diese Befugnis auf andere Stellen übertragen.

(7) Absatz 1 bis 6 gilt entsprechend für einen durch Dienstunfall verletzten früheren Ruhestandsbeamten, der seine Rechte als Ruhestandsbeamter verloren hat oder dem das Ruhegehalt aberkannt worden ist.

(8) Der Anspruch nach Absatz 1 erlischt ab der Gewährung von Altersgeld.

§ 54 Unterhaltsbeitrag bei Schädigung eines ungeborenen Kindes

(1) Der Unterhaltsbeitrag wird im Fall des § 44 Abs. 1 Satz 2 und 3 für die Dauer der durch einen Dienstunfall der Mutter verursachten Grad der Schädigungsfolgen gewährt

1. bei einem Grad der Schädigungsfolgen von 100 in Höhe des Mindestunfallwaisengeldes nach § 55 Abs. 1 Nr. 2 in Verbindung mit § 51 Abs. 3 Satz 3,

2. bei einem Grad der Schädigungsfolgen von mindestens 25 in Höhe eines dem Grad der Schädigungsfolgen entsprechenden Teils des Unterhaltsbeitrags nach Nummer 1.

(2) § 53 Abs. 6 gilt entsprechend. Bei Minderjährigen wird der Grad der Schädigungsfolgen nach den Auswirkungen bemessen, die sich bei Erwachsenen mit gleichem Gesundheitsschaden ergeben würden. Die Sorgeberechtigten sind verpflichtet, Untersuchungen zu ermöglichen.

(3) Der Unterhaltsbeitrag beträgt vor Vollendung des 14. Lebensjahres 30 Prozent, vor Vollendung des 18. Lebensjahres 50 Prozent der Sätze nach Absatz 1.

(4) Auf den Unterhaltsbeitrag werden erstattete Pflegekosten nach § 49 Abs. 1 angerechnet.

(5) Hat eine unterhaltsbeitragsberechtigte Person Anspruch auf Waisengeld nach diesem Gesetz, wird nur der höhere Versorgungsbezug gezahlt.

§ 55 Unfall-Hinterbliebenenversorgung

(1) Ist ein Beamter oder ein Ruhestandsbeamter mit Anspruch auf Unfallruhegehalt an den Folgen des Dienstunfalls verstorben, erhalten seine Hinterbliebenen Unfall-Hinterbliebenenversorgung. Für diese gelten folgende besondere Vorschriften:

1. Das Witwengeld beträgt 60 Prozent des Unfallruhegehalts (§§ 51 und 52).

2. Das Waisengeld beträgt für jedes waisengeldberechtigte Kind (§ 37) 30 Prozent des Unfallruhegehalts und wird auch elternlosen Enkeln gewährt, deren Unterhalt zur Zeit des Dienstunfalls ganz oder überwiegend durch den Verstorbenen bestritten wurde.

(2) Ist ein Ruhestandsbeamter, der Unfallruhegehalt bezog, nicht an den Folgen des Dienstunfalls verstorben, steht den Hinterbliebenen nur Versorgung nach den §§ 30 bis 42 zu; diese Bezüge sind unter Zugrundelegung des Unfallruhegehalts zu berechnen.

§ 56 Unterhaltsbeitrag für Verwandte der aufsteigenden Linie

Verwandten der aufsteigenden Linie, deren Unterhalt zur Zeit des Dienstunfalls ganz oder überwiegend durch den Verstorbenen (§ 55 Abs. 1) bestritten wurde, ist für die Dauer der Bedürftigkeit ein Unterhaltsbeitrag von zusammen 30 Prozent des Unfallruhegehalts zu gewähren, mindestens jedoch 40 Prozent des in § 51 Abs. 3 Satz 3 genannten Betrags. Sind mehrere Anspruchsberechtigte vorhanden, wird der Unterhaltsbeitrag den Eltern vor den Großeltern gewährt; an die Stelle eines verstorbenen Elternteils treten dessen Eltern.

§ 57 Unterhaltsbeitrag für Hinterbliebene

(1) Ist in den Fällen des § 53 der Anspruchsberechtigte an den Folgen des Dienstunfalls verstorben, erhält die Witwe für die Dauer von zwei Jahren einen Unterhaltsbeitrag in Höhe des Witwengeldes, das sich nach den allgemeinen Vorschriften unter Zugrundelegung des Unterhaltsbeitrags nach § 53 Abs. 2 Nr. 1 ergibt. Abweichend hiervon wird der Unterhaltsbeitrag gewährt, solange die Witwe ein Kind des Verstorbenen erzieht.

(2) Der Unterhaltsbeitrag für Waisen richtet sich nach den allgemeinen Vorschriften unter Zugrundelegung des Unterhaltsbeitrags nach § 53 Abs. 2 Nr. 1.

(3) Ist der ehemalige Beamte oder der ehemalige Ruhestandsbeamte nicht an den Folgen des Dienstunfalls verstorben, kann seinen Hinterbliebenen ein Unterhaltsbeitrag bis zur Höhe des Witwen- oder Waisengeldes bewilligt werden, das sich nach den allge-

meinen Vorschriften unter Zugrundelegung des Unterhaltsbeitrags ergibt, den der Verstorbene im Zeitpunkt seines Todes bezogen hat. Absatz 1 gilt entsprechend.

§ 58 Höchstgrenzen der Hinterbliebenenversorgung

Die Unfallversorgung der Hinterbliebenen (§§ 55 bis 57) darf insgesamt die Bezüge (Unfallruhegehalt oder Unterhaltsbeitrag) nicht übersteigen, die der Verstorbene erhalten hat oder hätte erhalten können. Abweichend von Satz 1 sind in den Fällen des § 52 als Höchstgrenze mindestens die ruhegehaltfähigen Dienstbezüge aus der Endstufe der übernächsten anstelle der von dem Verstorbenen tatsächlich erreichten Besoldungsgruppe zugrunde zu legen. § 39 gilt entsprechend anzuwenden. Der Unfallausgleich (§ 50) sowie der Zuschlag bei Hilflosigkeit (§ 49 Abs. 2) oder bei Arbeitslosigkeit (§ 53 Abs. 3 Satz 1) bleiben sowohl bei der Berechnung des Unterhaltsbeitrags nach § 57 als auch bei der vergleichenden Berechnung nach § 39 außer Betracht.

§ 59 Einmalige Unfallentschädigung und einmalige Entschädigung

(1) Ein Beamter, der einen Dienstunfall der in § 52 bezeichneten Art erleidet, erhält neben einer beamtenrechtlichen Versorgung bei Beendigung des Dienstverhältnisses eine einmalige Unfallentschädigung von 150 000 Euro, wenn infolge des Unfalls ein dauerhafter Grad der Schädigungsfolgen von mindestens 50 festgestellt wird.

(2) Ist ein Beamter an den Folgen eines Dienstunfalls der in § 52 bezeichneten Art verstorben, wird seinen Hinterbliebenen eine einmalige Unfallentschädigung nach Maßgabe der folgenden Bestimmungen gewährt:

1. Die Witwe sowie die versorgungsberechtigten Kinder erhalten eine Entschädigung in Höhe von insgesamt 100 000 Euro.

2. Sind Anspruchsberechtigte im Sinne der Nummer 1 nicht vorhanden, erhalten die Eltern und die in Nummer 1 bezeichneten, nicht versorgungsberechtigten Kinder eine Entschädigung in Höhe von insgesamt 40 000 Euro.

3. Sind Anspruchsberechtigte im Sinne der Nummer 1 und 2 nicht vorhanden, erhalten die Großeltern und Enkel eine Entschädigung in Höhe von insgesamt 20 000 Euro.

(3) Absatz 1 und 2 gilt entsprechend, wenn ein Beamter, der

1. als Angehöriger des besonders gefährdeten fliegenden Personals während des Flugdienstes,

2. als Helm- oder Schwimmtaucher während des besonders gefährlichen Tauchdienstes,

3. im Bergrettungsdienst während des Einsatzes und der Ausbildung oder

4. als Angehöriger des besonders gefährdeten Munitionsuntersuchungspersonals während des dienstlichen Umgangs mit Munition oder

5. als Angehöriger eines Polizeiverbands bei einer besonders gefährlichen Diensthandlung im Einsatz oder in der Ausbildung dazu oder

6. im Einsatz beim Ein- oder Aushängen von Außenlasten bei einem Drehflügelflugzeug oder

7. im Einsatz unter umluftunabhängigen Atemschutzgeräten

einen Unfall erleidet, der nur auf die eigentümlichen Verhältnisse des Dienstes nach Nummer 1 bis 7 zurückzuführen ist. Die Landesregierung bestimmt durch Rechtsverordnung den Personenkreis des Satzes 1 und die zum Dienst im Sinne des Satzes 1 gehörenden dienstlichen Verrichtungen. Satz 1 und 2 gilt entsprechend für andere Angehörige des öffentlichen Dienstes, zu deren Dienstobliegenheiten Tätigkeiten der in Satz 1 bezeichneten Art gehören.

(4) Absatz 1 gilt entsprechend, wenn ein Beamter oder ein anderer Angehöriger des öffentlichen Dienstes einen Einsatzunfall oder ein diesem gleichstehendes Ereignis im Sinne des § 46 erleidet.

(5) Die Hinterbliebenen erhalten eine einmalige Entschädigung nach Maßgabe des Absatzes 2, wenn ein Beamter oder ein anderer Angehöriger des öffentlichen Dienstes an den Folgen eines Einsatzunfalls oder eines diesem gleichstehenden Ereignisses im Sinne des § 46 verstorben ist.

(6) Für die einmalige Entschädigung nach Absatz 4 und 5 gilt § 45 Abs. 5 und § 46 Abs. 4 entsprechend. Besteht aufgrund derselben Ursache Anspruch sowohl auf eine einmalige Unfallentschädigung nach den Absätzen 1 bis 3 als auch auf eine einmalige Entschädigung nach Absatz 4 oder 5, wird nur die einmalige Entschädigung gewährt.

(7) Eine Entschädigung aus einer Unfallversicherung, für die der Dienstherr die Beträge gezahlt hat, ist auf die Unfallentschädigung nach Absatz 3 anzurechnen.

§ 60 Schadensausgleich in besonderen Fällen

(1) Schäden, die einem Beamten während einer Verwendung im Sinne des § 46 Abs. 1 infolge von besonderen, vom Inland wesentlich abweichenden Verhältnissen, insbesondere infolge von Kriegshandlungen, kriegerischen Ereignissen, Aufruhr, Unruhen oder Naturkatastrophen oder als Folge der Ereignisse nach § 46 Abs. 2 entstehen, werden ihm in angemessenem Umfang ersetzt. Gleiches gilt für Schäden des Beamten durch einen Gewaltakt gegen staatliche Amtsträger, Einrichtungen oder Maßnahmen, wenn der Beamte von dem Gewaltakt in Ausübung des Dienstes oder wegen seiner Eigenschaft als Beamter betroffen ist.

(2) Im Fall einer Verwendung im Sinne des § 46 Abs. 1 wird einem Beamten ein angemessener Ausgleich auch für Schäden infolge von Maßnahmen einer ausländischen Regierung, die sich gegen die Bundesrepublik Deutschland richten, gewährt.

(3) Ist ein Beamter an den Folgen des schädigenden Ereignisses der in Absatz 1 oder 2 bezeichneten Art verstorben, wird ein angemessener Ausgleich gewährt

1. der Witwe sowie den versorgungsberechtigten Kindern,

2. den Eltern sowie den nicht versorgungsberechtigten Kindern, wenn Hinterbliebene der in Nummer 1 bezeichneten Art nicht vorhanden sind.

Der Ausgleich für ausgefallene Versicherungen wird der natürlichen Person gewährt, die der Beamte im Versicherungsvertrag begünstigt hat.

(4) Der Schadensausgleich nach Absatz 1 bis 3 wird nur einmal gewährt. Wird er aufgrund derselben Ursache nach § 63b des Soldatenversorgungsgesetzes vorgenommen, ist Absatz 1 bis 3 nicht anzuwenden.

(5) Absatz 1 bis 4 ist auch auf Schäden bei dienstlicher Verwendung im Ausland anzuwenden, die im Zusammenhang mit einer Verschleppung oder einer Gefangenschaft entstanden sind oder darauf beruhen, dass der Geschädigte aus sonstigen mit dem Dienst zusammenhängenden Gründen dem Einflussbereich des Dienstherrn entzogen ist.

(6) Für den Schadensausgleich gelten § 45 Abs. 5 und § 46 Abs. 4 entsprechend.

§ 61 Nichtgewährung von Unfallfürsorge

(1) Unfallfürsorge wird nicht gewährt, wenn der Verletzte oder der anspruchsberechtigte Hinterbliebene den Dienstunfall vorsätzlich herbeigeführt hat.

(2) Hat der Verletzte eine die Heilbehandlung betreffende Anordnung ohne gesetzlichen oder sonstigen wichtigen Grund nicht befolgt und wird dadurch seine Dienst- oder Erwerbsfähigkeit ungünstig beeinflusst, kann ihm die oberste Dienstbehörde oder die von ihr bestimmte Stelle die Unfallfürsorge insoweit versagen. Der Verletzte ist auf diese Folgen schriftlich hinzuweisen.

(3) Hinterbliebenenversorgung nach den Unfallfürsorgevorschriften wird im Fall des § 36 nicht gewährt.

§ 62 Meldung und Untersuchungsverfahren

(1) Unfälle, aus denen Unfallfürsorgeansprüche nach diesem Gesetz entstehen können, sind innerhalb einer Ausschlussfrist von zwei Jahren nach dem Eintritt des Unfalls bei dem

Dienstvorgesetzten des Verletzten zu melden. § 47 Satz 2 bleibt unberührt. Die Frist nach Satz 1 gilt auch dann als gewahrt, wenn der Unfall bei der für den Wohnort des Berechtigten zuständigen unteren Verwaltungsbehörde gemeldet worden ist.

(2) Nach Ablauf der Ausschlussfrist wird Unfallfürsorge nur gewährt, wenn seit dem Unfall noch nicht zehn Jahre vergangen sind und glaubhaft gemacht wird, dass mit der Möglichkeit einer den Anspruch auf Unfallfürsorge begründenden Folge des Unfalls nicht habe gerechnet werden können oder dass der Berechtigte durch außerhalb seines Willens liegende Umstände gehindert worden ist, den Unfall zu melden. Die Meldung muss, nachdem mit der Möglichkeit einer den Anspruch auf Unfallfürsorge begründenden Folge des Unfalls gerechnet werden konnte oder das Hindernis für die Meldung weggefallen ist, innerhalb von drei Monaten erfolgen. Die Unfallfürsorge wird in diesen Fällen vom Tag der Meldung an gewährt; zur Vermeidung von Härten kann sie auch von einem früheren Zeitpunkt an gewährt werden.

(3) Der Dienstvorgesetzte hat jeden Unfall, der ihm von Amts wegen oder durch Meldung der Beteiligten bekannt wird, zu untersuchen. Die oberste Dienstbehörde oder die von ihr bestimmte Stelle entscheidet, ob ein Dienstunfall vorliegt und ob der Verletzte den Unfall vorsätzlich herbeigeführt hat; die oberste Dienstbehörde kann mit Zustimmung des Finanzministeriums allgemeine Regelungen zum Ablauf und Umfang des Untersuchungsverfahrens treffen. Die Entscheidung ist dem Verletzten oder seinen Hinterbliebenen bekannt zu geben.

(4) Unfallfürsorge nach § 44 Abs. 1 Satz 2 wird nur gewährt, wenn der Unfall des Beamten innerhalb der Frist nach Absatz 1 und 2 gemeldet und als Dienstunfall anerkannt worden ist. Der Anspruch auf Unfallfürsorge nach § 44 Abs. 2 Satz 2 ist innerhalb von zwei Jahren vom Tag der Geburt an von den Sorgeberechtigten geltend zu machen. Absatz 2 gilt mit der Maßgabe, dass die Zehn-Jahres-Frist am Tag der Geburt zu laufen beginnt. Der Antrag muss, nachdem mit der Möglichkeit einer Schädigung durch einen Dienstunfall der Mutter während der Schwangerschaft gerechnet werden konnte oder das Hindernis für den Antrag weggefallen ist, innerhalb von drei Monaten gestellt werden.

§ 62a Meldung von Dienstunfalldaten an Eurostat

(1) Die meldepflichtigen Dienstunfalldaten über Dienstunfälle von Beamtinnen und Beamten im Sinne der Verordnung (EU) Nr. 349/2011 der Kommission vom 11. April 2011 zur Durchführung der Verordnung (EG) Nr. 1338/2008 des Europäischen Parlaments und des Rates zu Gemeinschaftsstatistiken über öffentliche Gesundheit und über Gesundheitsschutz und Sicherheit am Arbeitsplatz betreffend Statistiken über Arbeitsunfälle (ABl. L 97 vom 12. April 2011, S. 3) werden über die Unfallkasse Baden-Württemberg weitergemeldet.

(2) Einzelheiten zum Verfahren und zur Kostenerstattung werden in einer Verwaltungsvereinbarung und durch die Satzung der Unfallkasse geregelt.

§ 63 Begrenzung der Unfallfürsorgeansprüche

(1) Verletzte Beamte und ihre Hinterbliebenen haben aus Anlass eines Dienstunfalls gegen den Dienstherrn nur die in den §§ 44 bis 60 geregelten Ansprüche. Sind Beamte nach dem Dienstunfall in den Dienstbereich eines anderen öffentlich-rechtlichen Dienstherrn im Geltungsbereich dieses Gesetzes versetzt worden, richten sich die Ansprüche gegen diesen; das Gleiche gilt in den Fällen des gesetzlichen Übertritts oder der Übernahme bei der Umbildung von Körperschaften. Satz 2 gilt in den Fällen, in denen Beamte aus dem Dienstbereich eines öffentlich-rechtlichen Dienstherrn außerhalb des Geltungsbereichs dieses Gesetzes zu einem Dienstherrn im Geltungsbereich dieses Gesetzes versetzt werden mit der Maßgabe, dass die Vorschriften dieses Gesetzes Anwendung finden.

(2) Weitergehende Ansprüche aufgrund allgemeiner gesetzlicher Vorschriften können

gegen einen öffentlich-rechtlichen Dienstherrn im Bundesgebiet oder gegen die in seinem Dienst stehenden Personen nur dann geltend gemacht werden, wenn der Dienstunfall

1. durch eine vorsätzliche unerlaubte Handlung einer solchen Person verursacht worden ist oder

2. bei der Teilnahme am allgemeinen Verkehr eingetreten ist.

Im Fall von Satz 1 Nr. 2 sind Leistungen, die dem Beamten oder seinen Hinterbliebenen nach diesem Gesetz gewährt werden, auf diese weitergehenden Ansprüche anzurechnen; der Dienstherr, der Leistungen nach diesem Gesetz gewährt, hat keinen Anspruch auf Ersatz dieser Leistungen gegen einen anderen öffentlich-rechtlichen Dienstherrn im Bundesgebiet.

(3) Ersatzansprüche gegen andere Personen bleiben unberührt.

(4) Auf laufende und einmalige Geldleistungen, die nach diesem Gesetz wegen eines Körper-, Sach- oder Vermögensschadens im Rahmen einer besonderen Auslandsverwendung im Sinne des § 46 gewährt werden, sind Geldleistungen anzurechnen, die wegen desselben Schadens von anderer Seite erbracht werden. Hierzu gehören insbesondere Geldleistungen, die von Drittstaaten oder von zwischenstaatlichen oder überstaatlichen Einrichtungen gewährt oder veranlasst werden. Nicht anzurechnen sind Leistungen privater Schadensversicherungen, die auf Beiträgen der Beamten oder anderen Angehörigen des öffentlichen Dienstes beruhen.

6. Abschnitt
Übergangsgeld, Zuschläge

§ 64 Übergangsgeld

(1) Beamte mit Dienstbezügen, die nicht auf Antrag entlassen werden, erhalten als Übergangsgeld nach vollendeter einjähriger Beschäftigungszeit das Einfache und bei längerer Beschäftigungszeit für jedes weitere volle Jahr ihrer Dauer die Hälfte der Dienstbezüge abzüglich der durch das Gesetz zur Integration der Sonderzahlungen und zur Anpassung der Besoldung und Versorgung 2008 und zur Änderung weiterer Rechtsvorschriften (BV AnpG 2008) vom 11. Dezember 2007 (GBl. S. 538) integrierten Sonderzuwendung. Dies wird berücksichtigt durch den Faktor 0,96. Insgesamt wird höchstens das Sechsfache der Dienstbezüge (§ 1 Abs. 2 Nr. 1 bis 4 und Nr. 6 LBesGBW) des letzten Monats gewährt. § 19 Abs. 1 Satz 2 und 3 gilt entsprechend. Das Übergangsgeld wird auch dann gewährt, wenn der Beamte im Zeitpunkt der Entlassung ohne Dienstbezüge beurlaubt war. Maßgebend sind die Dienstbezüge, die der Beamte im Zeitpunkt der Entlassung erhalten hätte.

(2) Als Beschäftigungszeit gilt die Zeit ununterbrochener hauptberuflicher entgeltlicher Tätigkeit im Dienst desselben Dienstherrn oder der Verwaltung, deren Aufgaben der Dienstherr übernommen hat, sowie im Fall der Versetzung die entsprechende Zeit im Dienst des früheren Dienstherrn; die von einer Beurlaubung ohne Dienstbezüge liegende Beschäftigungszeit wird mit berücksichtigt. Zeiten mit einer Ermäßigung der regelmäßigen Arbeitszeit sind nur zu dem Teil anzurechnen, der dem Verhältnis der ermäßigten zur regelmäßigen Arbeitszeit entspricht.

(3) Das Übergangsgeld wird nicht gewährt, wenn

1. der Beamte wegen eines Verhaltens im Sinne des § 22 Abs. 1 Nr. 1 und Abs. 2, § 23 Abs. 1 Nr. 1, Abs. 2 und Abs. 3 Nr. 1 BeamtStG entlassen wird oder

2. der Beamte mit der Berufung in ein Richterverhältnis oder mit der Ernennung in ein Beamtenverhältnis auf Zeit entlassen wird,

3. ein Unterhaltsbeitrag nach § 29 gewährt wird,

4. die Beschäftigungszeit als ruhegehaltfähige Dienstzeit angerechnet wird.

(4) Auf das Übergangsgeld wird Erwerbs- oder Erwerbsersatzeinkommen (§ 68 Abs. 5) in voller Höhe angerechnet.

(5) Das Übergangsgeld wird in Monatsbeträgen für die der Entlassung folgende Zeit wie die Dienstbezüge gezahlt. Es ist längstens bis

zum Ende des Monats zu zahlen, in dem der Beamte die für sein Beamtenverhältnis bestimmte gesetzliche Altersgrenze erreicht hat. Beim Tode des Empfängers ist der noch nicht ausgezahlte Betrag den Hinterbliebenen in einer Summe zu zahlen.

(6) Ein Beamter, der aus einem Amt im Sinne des §42 Absatz 1 LBG nicht auf eigenen Antrag entlassen wird, erhält ein Übergangsgeld in Höhe von 71,75 Prozent der ruhegehaltfähigen Dienstbezüge aus der Endstufe der Besoldungsgruppe, in der er sich zum Zeitpunkt seiner Entlassung befunden hat. Für die Dauer des Übergangsgeldes gilt §27 Abs. 5 Satz 1 sinngemäß. Absätze 3 bis 5 sowie §18 Absatz 2 Satz 2 gelten entsprechend.

(7) Ein Beamter auf Zeit hat Anspruch auf Übergangsgeld, wenn dieser trotz der Nichterfüllung der versorgungsrechtlichen Wartezeit des §18 Absatz 1 Satz 1 Nummer 1 für den Rest seiner Amtszeit kraft Gesetzes in den einstweiligen Ruhestand getreten ist. Als Übergangsgeld werden für den Monat, in dem der Eintritt in den einstweiligen Ruhestand mitgeteilt worden ist, und für die folgenden drei Monate die Dienstbezüge weitergewährt, die ihm am Tag vor dem Eintritt in den einstweiligen Ruhestand zustanden. Daran anschließend beträgt das Übergangsgeld für die Dauer der Zeit, die der Beamte das Amt, aus dem er in den einstweiligen Ruhestand getreten ist, innehatte, mindestens für die Dauer von sechs Monaten, längstens für die Dauer von zwei Jahren, 71,75 Prozent der ruhegehaltfähigen Dienstbezüge aus der Endstufe der Besoldungsgruppe, in der sich der Beamte zur Zeit seines Eintritts in den einstweiligen Ruhestand befunden hat. Die Gewährung von Übergangsgeld endet spätestens mit Ablauf der ursprünglichen Amtszeit. Absätze 3 bis 5 gelten sinngemäß. Ein Anspruch auf Ruhegehalt besteht in den Fällen des Satzes 1 nicht.

§65 Familienzuschlag

(1) Auf den Familienzuschlag finden die für Beamte geltenden Vorschriften der §§40, 41 sowie 42 LBesGBW Anwendung. Ein Familienergänzungszuschlag wird nicht gewährt.

(2) Der kinderbezogene Teil des Familienzuschlags nach §41 Abs. 3 bis 5 LBesGBW wird neben dem Ruhegehalt gezahlt. Er wird unter Berücksichtigung der nach den Verhältnissen des Beamten oder des Ruhestandsbeamten für die Stufen des Familienzuschlags in Betracht kommenden Kinder neben dem Witwengeld gezahlt, soweit die Witwe Anspruch auf Kindergeld für diese Kinder hat oder ohne Berücksichtigung der §§64 und 65 des Einkommensteuergesetzes oder der §§3 und 4 des Bundeskindergeldgesetzes haben würde. Soweit kein Anspruch nach Satz 2 besteht, wird der kinderbezogene Teil des Familienzuschlags nach §41 Abs. 3 bis 5 LBesGBW neben dem Waisengeld gezahlt, wenn die Waise bei den Stufen des Familienzuschlags zu berücksichtigen ist oder zu berücksichtigen wäre, wenn der Beamte oder der Ruhestandsbeamte noch lebte. Sind mehrere Anspruchsberechtigte vorhanden, wird der kinderbezogene Teil des Familienzuschlags nach §41 Abs. 3 bis 5 LBesGBW auf die Anspruchsberechtigten nach der Zahl der auf sie entfallenden Kinder zu gleichen Teilen aufgeteilt.

(3) Bei Anwendung der Absätze 1 und 2 bleiben die in Anlage 12 (Familienzuschlag) des LBesGBW ausgewiesenen Erhöhungsbeträge, um welche sich der kinderbezogene Teil des Familienzuschlags für das erste und zweite zu berücksichtigende Kind in Abhängigkeit von der Besoldungsgruppe erhöht, außer Betracht.

§66 Kinderzuschlag und Kindererziehungsergänzungszuschlag

(1) Für ein nach dem 31. Dezember 1991 geborenes leibliches oder adoptiertes Kind oder Stiefkind im Sinne des §56 Abs. 2 Nr. 1 des Ersten Buches Sozialgesetzbuch oder Pflegekind im Sinne des §56 Abs. 2 Nr. 2 des Ersten Buches Sozialgesetzbuch erhöht sich das nach §27 Absatz 1, §51 Absatz 3 Satz 1, §73 Absatz 2 oder §102 Absatz 5 bis 7 berechnete Ruhegehalt des Beamten um einen Kinderzuschlag. Dies gilt nicht, wenn der Beamte wegen der Erziehung des Kindes in der gesetzlichen Rentenversicherung versicherungspflichtig (§3 Satz 1 Nr. 1 des Sechsten

Buches Sozialgesetzbuch) war und die allgemeine Wartezeit für eine Rente in der gesetzlichen Rentenversicherung erfüllt ist.

(2) Die Höhe des Kinderzuschlags beträgt pro Kind 118,87 Euro. Der Kinderzuschlag wird für die ersten 36 Kalendermonate nach Geburt des Kindes gewährt. Wenn

1. das Kind zur Adoption freigegeben wurde oder

2. die elterliche Sorge dem Beamten vollständig entzogen wurde oder

3. das Kind stirbt,

vermindert sich der Kinderzuschlag für jeden vollen Monat vor Vollendung des dritten Lebensjahres des Kindes um 1/36.

(3) Die Eltern können eine anteilige Zuordnung des Kinderzuschlags nach Absatz 2 bestimmen. Für die Zuordnung des Kinderzuschlags zu einem Elternteil (§ 56 Abs. 1 Satz 1 Nr. 3 und Abs. 3 Nr. 2 und 3 des Ersten Buches Sozialgesetzbuch) gilt § 56 Abs. 2 des Sechsten Buches Sozialgesetzbuch entsprechend.

(4) Für Zeiten, für die kein Kinderzuschlag zusteht, erhöht sich das nach § 27 Absatz 1, § 51 Absatz 3 Satz 1, § 73 Absatz 2 oder § 102 Absatz 5 bis 7 berechnete Ruhegehalt um einen Kindererziehungsergänzungszuschlag, wenn

1. nach dem 31. Dezember 1991 liegende Zeiten der Erziehung eines Kindes bis zur Vollendung des 10. Lebensjahres oder Zeiten der nichterwerbsmäßigen Pflege eines pflegebedürftigen Kindes (§ 3 des Sechsten Buches Sozialgesetzbuch) bis zur Vollendung des 18. Lebensjahres

    a) mit entsprechenden Zeiten für ein anderes Kind zusammentreffen oder

    b) mit Zeiten im Beamtenverhältnis, die als ruhegehaltfähig berücksichtigt werden, oder Zeiten nach § 67 Absatz 1 Satz 1 zusammentreffen,

2. für diese Zeiten kein Anspruch nach § 70 Absatz 3a Satz 2 des Sechsten Buches Sozialgesetzbuch besteht und

3. dem Beamten die Kindererziehungszeit zuzuordnen ist. Für die Zuordnung der Kindererziehungszeit zu einem Elternteil gilt Absatz 3 Satz 2 entsprechend.

(5) Die Höhe des Kindererziehungsergänzungszuschlags beträgt für jeden angefangenen Monat, in dem die Voraussetzungen des Absatz 4 erfüllt waren,

1. im Fall des Absatzes 4 Nummer 1 Buchstabe a 1,12 Euro

2. im Fall des Absatzes 4 Nummer 1 Buchstabe b 0,82 Euro.

(6) Der um den Kindererziehungsergänzungszuschlag erhöhte Betrag, der sich unter Berücksichtigung der ruhegehaltfähigen Dienstbezüge und der auf die Kindererziehungszeit nach Absatz 4 entfallenden ruhegehaltfähigen Dienstzeit als Ruhegehalt ergeben würde, darf die Höchstgrenze nicht übersteigen. Für den Vergleich mit der Höchstgrenze ist, auch bei mehreren Zeiträumen, nur eine einzige Gesamtberechnung durchzuführen. Als Höchstgrenze für den Kindererziehungsergänzungszuschlag gilt der für jeden Monat der Zeiten nach Absatz 4 mit dem Wert 3,31 Euro vervielfältigte Betrag. Der vorgenannte Wert erhöht oder vermindert sich entsprechend den allgemeinen Anpassungen nach § 11.

(7) Das um den Kinderzuschlag, den Kindererziehungsergänzungszuschlag oder um beide Zuschläge erhöhte Ruhegehalt darf nicht höher sein als das Ruhegehalt, das sich unter Berücksichtigung des Höchstruhegehaltssatzes ergeben würde.

(8) Für die Anwendung des § 27 Absatz 2, von Ruhens-, Kürzungs- und Anrechnungsvorschriften sowie der Bemessung der Hinterbliebenenversorgung gelten der Kinderzuschlag und der Kindererziehungsergänzungszuschlag als Teil des Ruhegehalts.

(9) Das Witwengeld nach § 34 Absatz 1 erhöht sich nach Absatz 1 bis 3, 7 und 8 um einen Kinderzuschlag; dies gilt auch für ein vor dem 1. Januar 1992 geborenes Kind. Die Höhe des Kinderzuschlags beziffert sich auf 55 Prozent des Absatzes 2. Der Zuschlag ist Bestandteil der Versorgung. Satz 1 gilt nicht bei Bezügen nach § 34 in Verbindung mit § 27 Abs. 4. War der Kinderzuschlag der oder dem

vor Vollendung des dritten Lebensjahres des Kindes Verstorbenen zugeordnet, erhalten Witwen den Kinderzuschlag anteilig, mindestens für die Zeit, die bis zum Ablauf des Monats, in dem das Kind das dritte Lebensjahr vollendet hat, fehlt. Stirbt ein Beamter vor der Geburt des Kindes, wird der Kinderzuschlag in voller Höhe gewährt, wenn das Kind innerhalb von 300 Tagen nach dem Tode geboren wird.

(10) Der Kinderzuschlag und der Kindererziehungsergänzungszuschlag wird pro Kind insgesamt nur einmal gewährt.

(11) Für nach dem Eintritt oder der Versetzung in den Ruhestand geleistete Erziehungs- oder Pflegezeiten steht dem Ruhestandsbeamten weder ein Kinderzuschlag noch ein Kindererziehungsergänzungszuschlag zu.

(12) Der nach §66 Absatz 1 bis 11 berechnete Kinderzuschlag und Kindererziehungsergänzungszuschlag erhöht oder vermindert sich entsprechend den allgemeinen Anpassungen nach §11.

§67 Pflege- und Kinderpflegeergänzungszuschlag

(1) War ein Beamter nach §3 Satz 1 Nummer 1a des Sechsten Buches Sozialgesetzbuch versicherungspflichtig, weil er eine pflegebedürftige Person nicht erwerbsmäßig gepflegt hat, erhöht sich das nach §27 Absatz 1, §51 Absatz 3 Satz 1, §73 Absatz 2 oder §102 Absatz 5 bis 7 berechnete Ruhegehalt des Beamten für die Zeit der Pflege um einen Pflegezuschlag. Dies gilt nicht, wenn die allgemeine Wartezeit in der gesetzlichen Rentenversicherung erfüllt ist.

(2) Der Pflegezuschlag beträgt für jeden Monat der Zeit der Pflege 3,12 Euro.

(3) Hat ein Beamter ein ihm nach §66 Abs. 3 zuzuordnendes pflegebedürftiges Kind nicht erwerbsmäßig gepflegt (§3 des Sechsten Buches Sozialgesetzbuch), wird neben dem Pflegezuschlag ein Kinderpflegeergänzungszuschlag gewährt. Dieser wird längstens für die Zeit bis zur Vollendung des 18. Lebensjahres des pflegebedürftigen Kindes und nicht neben Zuschlägen nach §66 oder einer Leistung nach §70 Abs. 3a des Sechsten Buches Sozialgesetzbuch gewährt. Die Höhe des Kinderpflegeergänzungszuschlags beträgt für jeden Kalendermonat der nicht erwerbsmäßigen Pflege 1,12 Euro.

(4) §66 Absatz 7, 8, 11 und 12 gilt entsprechend.

7. Abschnitt
Anrechnungs- und Ruhensvorschriften

§68 Zusammentreffen von Versorgungsbezügen mit Erwerbs- und Erwerbsersatzeinkommen

(1) Beziehen Versorgungsberechtigte Erwerbs- oder Erwerbsersatzeinkommen (Absatz 5), werden daneben Versorgungsbezüge nur bis zum Erreichen der in Absatz 2 bezeichneten Höchstgrenze gezahlt.

(2) Als Höchstgrenze gelten

1. für Ruhestandsbeamte und Witwen die ruhegehaltfähigen Dienstbezüge aus der Endstufe der Besoldungsgruppe, aus der sich das Ruhegehalt berechnet, mindestens ein Betrag in Höhe des 1,285-fachen der ruhegehaltfähigen Dienstbezüge aus der Endstufe der Besoldungsgruppe A 7,

2. für Waisen 40 Prozent des Betrags, der sich nach Nummer 1 ergibt,

3. für Ruhestandsbeamte, die wegen Dienstunfähigkeit, die nicht auf einem Dienstunfall beruht, oder nach §40 Abs. 1 Satz 1 Nr. 2 LBG in den Ruhestand versetzt wurden, bis zum Ablauf des Monats, in dem sie die Regelaltersgrenze nach §36 Abs. 1 LBG in Verbindung mit Artikel 62 §3 Abs. 2 des Dienstrechtsreformgesetzes erreichen, 71,75 Prozent der ruhegehaltfähigen Dienstbezüge aus der Endstufe der Besoldungsgruppe, aus der sich das Ruhegehalt berechnet, mindestens ein Betrag in Höhe von 71,75 Prozent des 1,285-fachen der ruhegehaltfähigen Dienstbezüge aus der Endstufe der Besoldungsgruppe A 7, zuzüglich eines Betrags von monatlich 325 Euro.

Die Höchstgrenze erhöht sich um den jeweils zustehenden kinderbezogenen Teil des Familienzuschlags nach §65 Abs. 2. Auf die ruhegehaltfähigen Dienstbezüge aus der Endstufe der Besoldungsgruppe A 7 ist § 27 Absatz 4 Satz 3 entsprechend anzuwenden.

(3) Den Versorgungsberechtigten ist mindestens ein Betrag in Höhe von 20 Prozent ihres jeweiligen Versorgungsbezugs (§ 17) zu belassen. Satz 1 gilt nicht beim Bezug von Erwerbseinkommen aus einer Verwendung im öffentlichen Dienst, das mindestens aus derselben Besoldungsgruppe oder einer vergleichbaren Entgeltgruppe berechnet wird, aus der sich auch die ruhegehaltfähigen Dienstbezüge bestimmen. Für sonstiges in der Höhe vergleichbares Verwendungseinkommen gilt Satz 2 und Absatz 5 Satz 4 entsprechend.

(4) Bei der Ruhensberechnung für ehemalige Beamte oder ehemalige Ruhestandsbeamte, die Anspruch auf Versorgung nach § 53 haben, ist mindestens ein Betrag als Versorgung zu belassen, der unter Berücksichtigung des Grads der Schädigungsfolgen infolge des Dienstunfalls dem Unfallausgleich entspricht.

(5) Erwerbseinkommen sind Einkünfte aus nichtselbständiger Arbeit einschließlich Abfindungen, sowie Einkünfte aus selbständiger Arbeit, aus Gewerbebetrieb, aus Land- und Forstwirtschaft, die auf einer die Arbeitskraft des Ruhestandsbeamten nennenswert beanspruchenden erwerbswirtschaftlichen Betätigung beruhen, sowie entsprechende Einkünfte, die unabhängig vom Wohnsitz im Ausland erzielt werden. Nicht als Erwerbseinkommen gelten Aufwandsentschädigungen, im Rahmen der Einkunftsarten nach Satz 1 anerkannte Betriebsausgaben und Werbungskosten nach dem Einkommensteuergesetz, Jubiläumszuwendungen, ein Unfallausgleich nach § 50, steuerfreie Einnahmen für Leistungen der Grundpflege oder hauswirtschaftlichen Versorgung, Einkünfte aus Nebentätigkeiten nach § 63 Abs. 1 Nr. 3 LBG. Erwerbsersatzeinkommen sind Leistungen, die aufgrund oder in entsprechender Anwendung öffentlich-rechtlicher Vorschriften kurzfristig erbracht werden, um Erwerbseinkommen zu ersetzen. Die Berücksichtigung des Erwerbs- und des Erwerbsersatzeinkommens erfolgt monatsbezogen. Wird Einkommen nicht in Monatsbeträgen erzielt, ist das Einkommen des Kalenderjahres, geteilt durch zwölf Kalendermonate, anzusetzen. Hat die Erwerbstätigkeit in den Fällen des Satzes 5 keine zwölf Monate bestanden, ist das Gesamteinkommen durch die Anzahl der Monate zu teilen, für die die Erwerbstätigkeit bestanden hat. Sonderzahlungen und entsprechende Leistungen, die der Versorgungsberechtigte aus einer Erwerbstätigkeit erhält, sind im jeweiligen Auszahlungsmonat zu berücksichtigen.

(6) Nach Ablauf des Monats, in dem der Versorgungsberechtigte die nach § 36 Absatz 1 LBG in Verbindung mit Artikel 62 § 3 Absatz 2 des Dienstrechtsreformgesetzes berechnete Regelaltersgrenze erreicht, gilt Absatz 1 bis 5 nur für Erwerbseinkommen aus einer Verwendung im öffentlichen Dienst (Verwendungseinkommen). Dies ist jede Beschäftigung im Dienst von Körperschaften, Anstalten und Stiftungen des deutschen öffentlichen Rechts oder ihrer Verbände sowie jede Verwendung im öffentlichen Dienst einer zwischen- oder überstaatlichen Einrichtung, an der eine deutsche Körperschaft oder ein deutscher Verband durch Zahlung von Beiträgen oder Zuschüssen oder in anderer Weise beteiligt ist. Ausgenommen ist die Beschäftigung bei öffentlich-rechtlichen Religionsgemeinschaften oder ihren Verbänden. Absatz 1 bis 5 gilt nicht für Verwendungseinkommen, das aufgrund einer Tätigkeit erzielt wird, für die vor Beginn der Verwendung schriftlich festgestellt worden ist, dass sie auf Betreiben des Arbeitgebers aus dringenden öffentlichen Belangen oder dringenden dienstlichen Interessen erfolgt.

(7) Bezieht ein Beamter im einstweiligen Ruhestand oder ein kommunaler Wahlbeamter auf Zeit im Ruhestand Erwerbs- und Erwerbsersatzeinkommen nach Absatz 5, das nicht Verwendungseinkommen nach Absatz 6 ist, ruhen die Versorgungsbezüge um 50 Prozent des Betrags, um den sie und das Einkommen die Höchstgrenze übersteigen. Bezieht ein kommunaler Wahlbeamter auf Zeit im Ruhestand Verwendungseinkommen, ist Absatz 2 Nr. 3 und Absatz 3 nicht anzuwenden. Bezieht der in den einstweiligen Ruhestand versetzte

Beamte, der Bezüge nach §18 Abs. 2 Satz 2 erhält, ein Verwendungseinkommen in Sinne des Absatzes 6, so werden die Bezüge um diesen Betrag verringert.

(8) Führt ein Wahlbeamter auf Zeit nach Eintritt in den Ruhestand sein bisheriges Amt unter erneuter Berufung in das Beamtenverhältnis auf Zeit oder durch Wiederwahl mindestens im selben Umfang weiter, ruhen die Versorgungsbezüge für die Dauer dieser Tätigkeit. Satz 1 gilt entsprechend für Wahlbeamte auf Zeit, die aus ihrem bisherigen Amt ohne Unterbrechung in ein vergleichbares oder höherwertiges Amt unter erneuter Berufung in das Beamtenverhältnis auf Zeit gewählt werden.

(9) Besteht in den Fällen des §70 Absatz 1 Satz 1 ein Einkommen im Sinne des Absatzes 5, ist zunächst der neue Versorgungsbezug und anschließend der frühere Versorgungsbezug zuzüglich des verbliebenen neuen Versorgungsbezugs nach §68 zu regeln. Ist es für den Versorgungsempfänger günstiger, ist zunächst der frühere Versorgungsbezug und anschließend der neue Versorgungsbezug zuzüglich des verbliebenen früheren Versorgungsbezuges nach §68 zu regeln. Durch die Anwendung der Sätze 1 und 2 darf keine Besserstellung erfolgen, als wenn nur die Regelung des §70 anzuwenden wäre. In den Fällen der Sätze 1 und 2 ist §70 nicht anzuwenden.

(10) Eine in der Zeit vom 1. März 2020 bis 31. März 2022 gewährte Leistung, die nach §3 Nummer 11a des Einkommensteuergesetzes steuerfrei ist, gilt bis zu einem Betrag von 1 500 Euro nicht als Erwerbseinkommen im Sinne des Absatzes 5.

§69 Zusammentreffen von Versorgungsbezügen mit Entschädigung oder Versorgungsbezügen nach dem Abgeordnetenstatut des Europäischen Parlaments

(1) Bezieht ein Versorgungsberechtigter eine Entschädigung nach Artikel 10 des Beschlusses (2005/684/EG, Euratom) des Europäischen Parlaments vom 28. September 2005 zur Annahme des Abgeordnetenstatuts des Europäischen Parlaments (ABl. L 262 vom 7. Oktober 2005, S. 1; Abgeordnetenstatut), ruhen die Versorgungsbezüge nach diesem Gesetz in Höhe von 80 Prozent des Betrags, höchstens jedoch in Höhe der Entschädigung.

(2) Bezieht ein Versorgungsberechtigter Versorgungsbezüge nach Artikel 14 bis 17 des Abgeordnetenstatuts, findet Absatz 1 entsprechend Anwendung. Das Übergangsgeld nach Artikel 13 des Abgeordnetenstatuts zählt zu den Versorgungsbezügen.

§70 Zusammentreffen mehrerer Versorgungsbezüge

(1) Erhalten aus einer Verwendung im öffentlichen Dienst (§68 Abs. 6) an neuen Versorgungsbezügen

1. Ruhestandsbeamte ein Ruhegehalt oder eine ähnliche Versorgung,
2. Witwen oder Waisen aus der Verwendung des verstorbenen Beamten oder Ruhestandsbeamten Witwengeld, Waisengeld oder eine ähnliche Versorgung,
3. Witwen ein Ruhegehalt oder eine ähnliche Versorgung,

so sind neben den neuen Versorgungsbezügen die früheren Versorgungsbezüge nur bis zum Erreichen der in Absatz 2 bezeichneten Höchstgrenze zu zahlen. Dabei darf die Gesamtversorgung nicht hinter der früheren Versorgung zurückbleiben.

(2) Als Höchstgrenze gelten

1. für Ruhestandsbeamte (Absatz 1 Nr. 1) das Ruhegehalt, das sich unter Zugrundelegung der gesamten ruhegehaltfähigen Dienstzeit und der ruhegehaltfähigen Dienstbezüge aus der Endstufe der Besoldungsgruppe, aus der sich das frühere Ruhegehalt berechnet, ergibt,
2. für Witwen und Waisen (Absatz 1 Nr. 2) das Witwen- oder Waisengeld, das sich aus dem Ruhegehalt nach Nummer 1 ergibt,
3. für Witwen (Absatz 1 Nr. 3) 71,75 Prozent, in den Fällen des §52 80 Prozent, der ruhegehaltfähigen Dienstbezüge aus der Endstufe der Besoldungsgruppe, aus der

sich das dem Witwengeld zugrunde liegende Ruhegehalt bemisst.

Die Höchstgrenze erhöht sich um den jeweils zustehenden kinderbezogenen Teil des Familienzuschlags nach § 65 Abs. 2. Ist bei einem an der Ruhensregelung nach Satz 1 Nr. 1 oder 2 beteiligten Versorgungsbezug die Ruhegehalt um einen Versorgungsabschlag nach § 27 Abs. 2 oder einer entsprechenden bundes- oder landesrechtlichen Vorschrift gemindert, ist das für die Höchstgrenze maßgebende Ruhegehalt entsprechend festzusetzen. In den Fällen des Satzes 1 Nr. 3 ist Satz 3 entsprechend anzuwenden, wenn das dem Witwengeld zugrunde liegende Ruhegehalt einem Versorgungsabschlag unterliegt.

(3) Im Fall des Absatzes 1 Nr. 3 ist neben dem neuen Versorgungsbezug mindestens ein Betrag in Höhe von 20 Prozent des früheren Versorgungsbezugs zu belassen.

(4) Erwerben Ruhestandsbeamte einen Anspruch auf Witwengeld oder eine ähnliche Versorgung, so erhalten sie daneben ihr Ruhegehalt zuzüglich des jeweils zustehenden kinderbezogenen Teils des Familienzuschlags nach § 65 Abs. 2 nur bis zum Erreichen der in Absatz 2 sowie in Nr. 3 sowie Satz 4 bezeichneten Höchstgrenze. Die Gesamtbezüge dürfen nicht hinter ihrem Ruhegehalt zuzüglich des jeweils zustehenden kinderbezogenen Teils des Familienzuschlags nach § 65 Abs. 2 sowie eines Betrags in Höhe von 20 Prozent des neuen Versorgungsbezugs zurückbleiben.

(5) § 68 Abs. 4 gilt entsprechend.

(6) Eine Energiepreispauschale oder eine der Energiepreispauschale entsprechende Leistung, welche außerhalb des Geltungsbereichs des Gesetzes über eine einmalige Energiepreispauschale an Versorgungsempfängerinnen und -empfänger sowie Alters- und Hinterbliebenengeldempfängerinnen und -empfänger gewährt wird, gilt bis zu einer Höhe von insgesamt 300 Euro nicht als Versorgungsbezug im Sinne der Absätze 1 bis 5. Sofern Satz 1 zur Anwendung kommt, scheidet eine erneute Anwendung aus.

§ 71 Zusammentreffen von Versorgungsbezügen mit Versorgung aus zwischen- und überstaatlicher Verwendung

(1) Erhält ein Ruhestandsbeamter aus der Verwendung im öffentlichen Dienst einer zwischen- oder überstaatlichen Einrichtung eine Versorgung, ruht sein Ruhegehalt nach diesem Gesetz in Höhe des Betrags, um den die Summe aus der genannten Versorgung und dem Ruhegehalt nach diesem Gesetz die in Absatz 2 genannte Höchstgrenze übersteigt, mindestens jedoch in Höhe des Betrags, der einer Minderung des Prozentsatzes von 1,79375 für jedes Jahr im zwischen- oder überstaatlichen Dienst entspricht; der kinderbezogene Teil des Familienzuschlags nach § 65 Abs. 2 ruht in Höhe von 2,39167 Prozent für jedes Jahr im zwischen- oder überstaatlichen Dienst. § 27 Abs. 1 Satz 2 bis 4 ist entsprechend anzuwenden. Die Versorgungsbezüge ruhen in voller Höhe, wenn der Ruhestandsbeamte als Invaliditätspension die Höchstversorgung aus seinem Amt bei der zwischen- oder überstaatlichen Einrichtung erhält. Bei der Anwendung des Satzes 1 wird die Zeit, in welcher der Beamte, ohne ein Amt bei einer zwischen- oder überstaatlichen Einrichtung auszuüben, dort einen Anspruch auf Vergütung oder sonstige Entschädigung hat und Ruhegehaltsansprüche erwirbt, als Zeit im zwischen- oder überstaatlichen Dienst gerechnet. Entsprechendes gilt für Zeiten nach dem Ausscheiden aus dem Dienst einer zwischen- oder überstaatlichen Einrichtung, die dort bei der Berechnung des Ruhegehalts wie Dienstzeiten berücksichtigt werden.

(2) Die Höchstgrenze des § 70 Abs. 2 gilt sinngemäß. Dabei ist als Ruhegehalt das Ruhegehalt nach diesem Gesetz zugrunde zu legen, das sich unter Einbeziehung der Zeiten einer Verwendung im öffentlichen Dienst einer zwischen- oder überstaatlichen Einrichtung als ruhegehaltfähige Dienstzeit und auf der Grundlage der ruhegehaltfähigen Dienstbezüge aus der Endstufe der nächsthöheren Besoldungsgruppe ergibt.

(3) Verzichtet der Beamte oder der Ruhestandsbeamte bei seinem Ausscheiden aus

dem öffentlichen Dienst einer zwischen- oder überstaatlichen Einrichtung auf eine Versorgung oder wird an deren Stelle eine Abfindung, Beitragserstattung oder ein sonstiger Kapitalbetrag gezahlt, findet Absatz 1 mit der Maßgabe Anwendung, dass an die Stelle der Versorgung der Betrag tritt, der vom Leistungsträger ansonsten zu zahlen wäre; erfolgt die Zahlung eines Kapitalbetrags, weil kein Anspruch auf laufende Versorgung besteht, ist der sich bei einer Verrentung des Kapitalbetrags ergebende Betrag zugrunde zu legen. Satz 1 gilt nicht, wenn der Beamte oder der Ruhestandsbeamte innerhalb eines Jahres nach Beendigung der Verwendung oder der Berufung in das Beamtenverhältnis den Kapitalbetrag zuzüglich der hierauf gewährten Zinsen in Höhe von 2 Prozentpunkten über dem zum Zeitpunkt seiner Zahlung geltenden Basiszinssatz an seinen Dienstherrn abführt. §108 Absatz 1 Satz 9 und 10 gilt entsprechend.

(4) Hat der Beamte oder Ruhestandsbeamte schon vor seinem Ausscheiden aus dem zwischen- oder überstaatlichen öffentlichen Dienst unmittelbar oder mittelbar Zahlungen aus dem Kapitalbetrag erhalten oder hat die zwischen- oder überstaatliche Einrichtung diesen durch Aufrechnung oder in anderer Form verringert, ist die Zahlung nach Absatz 3 in Höhe des ungekürzten Kapitalbetrags zu leisten.

(5) Erhalten die Witwe oder die Waisen eines Beamten oder Ruhestandsbeamten Hinterbliebenenbezüge von der zwischen- oder überstaatlichen Einrichtung, ruht ihr Witwen- oder Waisengeld nach diesem Gesetz in Höhe des Betrags, der sich unter Anwendung von Absatz 1 und 2 nach dem entsprechenden Anteilssatz ergibt. Absatz 1 Satz 1 Halbsatz 2, Absatz 3, 4 und 6 finden entsprechende Anwendung.

(6) Der Ruhensbetrag darf die von der zwischen- oder überstaatlichen Einrichtung gewährte Versorgung nicht übersteigen. Dem Ruhestandsbeamten ist mindestens ein Betrag in Höhe von 20 Prozent des Ruhegehalts nach diesem Gesetz zu belassen. Satz 2 gilt nicht, wenn die Unterschreitung der Mindestbelassung darauf beruht, dass

1. das Ruhegehalt nach diesem Gesetz in Höhe des Betrags ruht, der einer Minderung des Prozentsatzes um 1,79375 für jedes im zwischen- oder überstaatlichen Dienst vollendete Jahr entspricht oder

2. Absatz 1 Satz 3 Anwendung findet.

(7) §68 Absatz 4 gilt entsprechend.

(8) Der sich bei Anwendung des Absatzes 1 bis 7 ergebende Ruhensbetrag ist von den nach Anwendung der §§68 bis 70 sowie 108 verbleibenden Versorgungsbezügen abzuziehen.

§71a Sonderregelung bei Anwendung von Ruhens-, Anrechnungs- und Kürzungsvorschriften

(1) Eine in der Zeit vom 18. November 2021 bis zum 31. Dezember 2022 gewährte Leistung, die nach §3 Nummer 11b des Einkommensteuergesetzes steuerfrei ist, ist bei der Anwendung von Ruhens-, Anrechnungs- und Kürzungsvorschriften nicht zu berücksichtigen.

(2) Eine in der Zeit vom 26. Oktober 2022 bis zum 31. Dezember 2024 gewährte Leistung, die nach §3 Nummer 11c des Einkommensteuergesetzes steuerfrei ist, ist bei der Anwendung von Ruhens-, Anrechnungs- und Kürzungsvorschriften nicht zu berücksichtigen.

8. Abschnitt
Erneute Berufung in das Beamtenverhältnis

§72 Erneute Berufung in das Beamtenverhältnis und Erlöschen der Versorgungsbezüge bei Ablehnung einer erneuten Berufung

(1) Bei erneuter Berufung in das Beamtenverhältnis nach §§29 und 30 Abs. 3 oder §31 Abs. 2 BeamtStG bleibt der am Tag vor der erneuten Berufung in das Beamtenverhältnis vor Anwendung von Ruhens-, Kürzungs- und Anrechnungsvorschriften zustehende Betrag des Ruhegehalts gewahrt. Bei erneutem Ruhestand wird die ruhegehaltfähige Dienstzeit und das Ruhegehalt nach dem im Zeitpunkt der Zurruhesetzung geltenden Recht berech-

net. Bei der Anwendung des § 102 Abs. 6 bis 8 gilt die Zeit des Ruhestandes nicht als Unterbrechung des Beamtenverhältnisses; die Zeit im Ruhestand ist nicht ruhegehaltfähig. Das höhere Ruhegehalt wird gezahlt.

(2) Kommt ein Ruhestandsbeamter entgegen den Vorschriften des § 29 Abs. 2 und 3, § 30 Abs. 3 oder § 31 Abs. 2 BeamtStG in Verbindung mit § 43 Abs. 4 LBG einer erneuten Berufung in das Beamtenverhältnis schuldhaft nicht nach, obwohl er auf die Folgen eines solchen Verhaltens schriftlich hingewiesen worden ist, verliert er für diese Zeit seine Versorgungsbezüge. Die oberste Dienstbehörde stellt den Verlust der Versorgungsbezüge fest. Eine disziplinarrechtliche Verfolgung wird dadurch nicht ausgeschlossen.

9. Abschnitt
Besondere Beamtengruppen

§ 73 Beamte auf Zeit

(1) Für die Versorgung der Beamten auf Zeit und ihrer Hinterbliebenen gelten die Vorschriften für die Versorgung der Beamten auf Lebenszeit und ihrer Hinterbliebenen entsprechend, soweit in diesem Gesetz nichts anderes bestimmt ist.

(2) Für Beamte auf Zeit, die eine ruhegehaltfähige Dienstzeit von zehn Jahren zurückgelegt haben, beträgt das Ruhegehalt, wenn es für sie günstiger ist, nach einer Amtszeit von acht Jahren als Beamter auf Zeit 33,48345 Prozent der ruhegehaltfähigen Dienstbezüge und steigt mit jedem weiteren vollen Amtsjahr als Beamter auf Zeit um 1,91333 Prozent der ruhegehaltfähigen Dienstbezüge bis zum Höchstsatz von 71,75 Prozent. § 27 Abs. 2 findet Anwendung.

(3) Ein Übergangsgeld nach § 64 wird nicht gewährt, wenn der Beamte auf Zeit einer gesetzlichen Verpflichtung, sein Amt nach Ablauf der Amtszeit unter erneuter Berufung in das Beamtenverhältnis weiterzuführen, nicht nachkommt.

(4) Führt der Beamte auf Zeit nach Ablauf seiner Amtszeit sein bisheriges Amt unter erneuter Berufung als Beamter auf Zeit oder durch Wiederwahl für die folgende Amtszeit weiter, gilt für die Anwendung dieses Gesetzes das Beamtenverhältnis als nicht unterbrochen; Zeiten einer Tätigkeit als Amtsverweser als Amtsverwalter nach § 48 Absatz 2 der Gemeindeordnung, als bestellter Bürgermeister nach § 48 Absatz 3 der Gemeindeordnung, als bestellter Landrat nach § 39 Absatz 6 der Landkreisordnung oder die aus anderen Gründen angeordneten vorübergehende Weiterführung der Dienstgeschäfte gelten nicht als Unterbrechung des Beamtenverhältnisses auf Zeit. Satz 1 gilt entsprechend für Beamte auf Zeit, die aus ihrem bisherigen Amt ohne Unterbrechung in ein vergleichbares oder höherwertiges Amt unter erneuter Berufung als Beamter auf Zeit gewählt werden.

(5) Bei einem wegen Dienstunfähigkeit in den Ruhestand versetzten Wahlbeamten auf Zeit ist § 27 Abs. 2 Satz 1 Nr. 3 nicht anzuwenden, wenn er nach Ablauf seiner Amtszeit sein Amt weitergeführt hatte, obwohl er nicht gesetzlich dazu verpflichtet war und mit Ablauf seiner Amtszeit bereits eine Versorgungsanwartschaft erworben hatte. § 26 findet mit der Maßgabe Anwendung, dass die Zeit vom Eintritt in den Ruhestand bis zum Ablauf des Monats der Vollendung des 55. Lebensjahres zu einem Drittel als ruhegehaltfähige Dienstzeit berücksichtigt wird.

(6) Zeiten, während der ein Wahlbeamter auf Zeit durch eine hauptberufliche Tätigkeit oder eine Ausbildung außerhalb der allgemeinen Schulbildung Fachkenntnisse erworben hat, die für die Wahrnehmung des Amts förderlich sind, sind bis zu einer Gesamtzeit von drei Jahren als ruhegehaltfähig zu berücksichtigen, die Zeit einer abgeschlossenen Hochschulausbildung einschließlich der Prüfungszeit bis zu 855 Tage.

§ 74 Wissenschaftliche Qualifikationszeiten

(1) Für die Versorgung der zu Beamten ernannten Professoren an Hochschulen, Hochschuldozenten, Oberassistenten, Oberingenieure, Wissenschaftlichen und Künstleri-

schen Assistenten mit Bezügen nach der Besoldungsordnung A, W und C und ihren Hinterbliebenen gelten die Vorschriften dieses Gesetzes, soweit nachfolgend nichts anderes bestimmt ist. Satz 1 gilt auch für die Versorgung der zu Beamten ernannten Professoren und der hauptberuflichen Leiter und Mitglieder von Leitungsgremien an Hochschulen und am KIT mit Bezügen nach der Besoldungsordnung W und ihre Hinterbliebenen.

(2) Ruhegehaltfähig ist auch die Zeit, in der die Professoren, Hochschuldozenten, Oberassistenten, Oberingenieure, Wissenschaftlichen und Künstlerischen Assistenten nach der Habilitation dem Lehrkörper einer Hochschule angehört haben. Als ruhegehaltfähig gilt auch die zur Vorbereitung für die Promotion benötigte Zeit bis zu zwei Jahren. Die in einer Habilitationsordnung vorgeschriebene Mindestzeit für die Erbringung der Habilitationsleistungen oder sonstiger gleichwertiger wissenschaftlicher Leistungen kann als ruhegehaltfähige Dienstzeit berücksichtigt werden; soweit die Habilitationsordnung eine Mindestdauer nicht vorschreibt, sind bis zu drei Jahre berücksichtigungsfähig. Die nach erfolgreichem Abschluss eines Hochschulstudiums vor der Ernennung zum Professor, Hochschuldozenten, Oberassistenten, Oberingenieur, Wissenschaftlichen und Künstlerischen Assistenten liegende Zeit einer hauptberuflichen Tätigkeit, in der besondere Fachkenntnisse erworben wurden, die für die Wahrnehmung des Amtes förderlich sind, soll im Falle des § 47 Abs. 1 Nr. 4 Buchst. c des Landeshochschulgesetzes als ruhegehaltfähig berücksichtigt werden; im Übrigen kann sie bis zu fünf Jahren in vollem Umfang, darüber hinaus bis zur Hälfte als ruhegehaltfähig berücksichtigt werden. Zeiten nach Satz 4 können in der Regel insgesamt nicht über zehn Jahre hinaus als ruhegehaltfähig berücksichtigt werden. Zeiten mit einer geringeren als der regelmäßigen Arbeitszeit dürfen nur zu dem Teil als ruhegehaltfähig berücksichtigt werden, der dem Verhältnis der tatsächlichen zur regelmäßigen Arbeitszeit entspricht.

(3) Zur Gewinnung einer herausragend qualifizierten wissenschaftlichen Fachkraft, die nach dem Zeitpunkt des Inkrafttretens dieses Gesetzes zum Professor im Geltungsbereich dieses Gesetzes ernannt wird und deren Gewinnung unter Berücksichtigung der entstehenden Versorgungslasten einen erheblichen Vorteil für das Land Baden-Württemberg bedeutet, können Vordienstzeiten im Rahmen des Absatzes 2 anerkannt werden. Die Anerkennung erfolgt im Benehmen mit dem Finanzministerium; hat die Fachkraft das 52. Lebensjahr vollendet, ist die Zustimmung des Finanzministeriums erforderlich. § 24 Abs. 3 findet im Umfang der anerkannten Zeiten keine Anwendung. § 108 ist für diese Fälle entsprechend anzuwenden.

§ 75 Ehrenbeamte

Erleidet der Ehrenbeamte einen Dienstunfall (§ 45), hat er Anspruch auf ein Heilverfahren (§ 48). Außerdem kann ihm Ersatz von Sachschäden (§ 47) und von der obersten Dienstbehörde oder der von ihr bestimmten Stelle für Ehrenbeamte des Landes im Einvernehmen mit dem Finanzministerium oder der von ihm bestimmten Stelle, ein nach billigem Ermessen festzusetzender Unterhaltsbeitrag bewilligt werden. Das Gleiche gilt für seine Hinterbliebenen.

§ 76 Ausgleich bei besonderen Altersgrenzen

(1) Beamte des Vollzugsdienstes und Beamte des Einsatzdienstes der Feuerwehr, die vor Vollendung des 67. Lebensjahres wegen Erreichens der Altersgrenze nach § 36 LBG in den Ruhestand treten, erhalten neben dem Ruhegehalt einen Ausgleich in Höhe des Fünffachen der Dienstbezüge (§ 1 Abs. 2 Nr. 1, 3 und 4 LBesGBW) des letzten Monats, jedoch nicht über 4091 Euro. Dieser Betrag verringert sich um jeweils ein Fünftel für jedes Jahr, das über die besondere Altersgrenze hinaus abgeleistet wird. § 19 Abs. 1 Satz 2 gilt entsprechend. Der Ausgleich ist bei Eintritt in den Ruhestand in einer Summe zu zahlen. Der Ausgleich wird nicht neben einer einmaligen (Unfall-)Entschädigung im Sinne des § 59 gewährt.

(2) Schwebt zum Zeitpunkt des Eintritts in den Ruhestand gegen den Beamten ein Verfahren auf Rücknahme der Ernennung oder ein Verfahren, das nach § 24 Abs. 1 BeamtStG zum Verlust der Beamtenrechte führen könnte, oder ist gegen den Beamten Disziplinarklage erhoben worden, darf der Ausgleich erst nach dem rechtskräftigen Abschluss des Verfahrens und nur gewährt werden, wenn kein Verlust der Versorgungsbezüge eingetreten ist. Die disziplinarrechtlichen Vorschriften bleiben unberührt.

(3) Der Ausgleich wird im Falle der Bewilligung von Urlaub bis zum Beginn des Ruhestands nach § 72 Abs. 2 Satz 1 Nr. 2 LBG nicht gewährt.

10. Abschnitt
Versorgungsauskunft

§ 77 Erteilung einer Versorgungsauskunft und Festsetzung der Versorgungsbezüge

(1) Einem Beamten auf Lebenszeit, der seiner Mitwirkungspflicht vollständig nachgekommen ist, wird ab dem Zeitpunkt der Begründung eines Anspruchs auf Versorgung nach § 18 Absatz 1 in regelmäßigem Abstand von fünf Jahren, beginnend ab dem 1. Januar 2017, eine Auskunft über die Höhe seiner Versorgungsbezüge auf Grundlage der jeweils zum Zeitpunkt der Erteilung der Versorgungsauskunft aktuellen Rechtslage erteilt. Die Auskunft nach Satz 1 stellt unter Beachtung des § 2 keine verbindliche Zusage über die Höhe der späteren Versorgungsansprüche dar; sie steht unter dem Vorbehalt künftiger Sach- und Rechtsänderungen. Der Beamte ist verpflichtet, bei Erstellung der Versorgungsauskunft mitzuwirken. Insbesondere hat er der personalverwaltenden Dienststelle auf deren Verlangen seinen lückenlosen Werdegang vorzulegen. Zudem ist der Beamte verpflichtet, die Daten des in die Versorgungsauskunft aufgenommenen beruflichen Werdegangs auf Richtigkeit und Vollständigkeit hin zu überprüfen und etwaige Unrichtigkeiten oder Lücken im Werdegang unverzüglich gegenüber der für die Festsetzung der Versorgungsbezüge zuständigen Stelle zu melden. Die personalverwaltenden Dienststellen erheben die erforderlichen Daten bei Berufung in das Beamtenverhältnis oder für die bei Inkrafttreten dieses Gesetzes vorhandenen Beamten sukzessive bis zum 31. Oktober 2016.

(2) Ergänzend zu Absatz 1 kann einem Beamten bei ausführlicher Darlegung eines besonderen Interesses eine Versorgungsauskunft erteilt werden.

11. Abschnitt
Versorgungslastenteilung bei landesinternen Dienstherrnwechseln

§ 78 Dienstherrnwechsel

(1) Ein Dienstherrnwechsel liegt vor, wenn eine Person, die in einem in § 1 Abs. 1 und 3 genannten Rechtsverhältnis steht, bei diesem Dienstherrn ausscheidet und in ein in § 1 Abs. 1 oder 3 genanntes Rechtsverhältnis eines anderen Dienstherrn tritt. Einbezogen sind kommunale Wahlbeamte. Einbezogen sind ferner dienstordnungsmäßige Angestellte eines Sozialversicherungsträgers und Angestellte im Dienst von kommunalen Spitzenverbänden oder ihren Landesverbänden sowie von Spitzenverbänden der Sozialversicherung oder ihren Landesverbänden, soweit eine Versorgung nach beamtenrechtlichen Grundsätzen gewährleistet ist und soweit sie keine unverfallbare Anwartschaft auf eine Betriebsrente haben. Ausgenommen sind Beamte auf Widerruf.

(2) Als Dienstherrnwechsel gilt auch die Übernahme in den Dienst nach Maßgabe der §§ 16 und 17 BeamtStG und der §§ 26 bis 30 LBG, soweit die abgebende Körperschaft bestehen bleibt und nicht etwas anderes geregelt wird.

§ 79 Versorgungslastenteilung

(1) Eine Versorgungslastenteilung findet bei einem Dienstherrnwechsel statt, wenn der abgebende Dienstherr dem Dienstherrnwechsel zugestimmt hat und zwischen dem Ausscheiden und dem Eintritt keine zeitliche Unterbrechung liegt.

(2) Die Zustimmung muss vor dem Wirksamwerden des Dienstherrnwechsels schriftlich gegenüber dem aufnehmenden Dienstherrn erklärt werden. Sie darf nur aus dienstlichen Gründen verweigert werden. Sie gilt als erteilt, wenn Beamte auf Zeit mit Ablauf ihrer Dienst- oder Amtszeit bei einem neuen Dienstherrn eintreten oder wenn eine Wahl Voraussetzung für die Begründung des Beamtenverhältnisses ist.

(3) Eine zeitliche Unterbrechung ist unschädlich, wenn Personen aufgrund einer gesetzlichen Verpflichtung übernommen werden und keine Nachversicherung durchgeführt wurde.

§ 80 Abfindung

(1) Die Versorgungslastenteilung erfolgt durch Zahlung einer Abfindung.

(2) Die Höhe der Abfindung entspricht dem Produkt aus den Bezügen (§ 81 Abs. 1), den in vollen Monaten ausgedrückten Dienstzeiten (§ 81 Abs. 2) und einem Bemessungssatz. Der Bemessungssatz ist vom Lebensalter der wechselnden Person zum Zeitpunkt des Ausscheidens beim abgebenden Dienstherrn abhängig und beträgt

1. bis Vollendung des 30. Lebensjahres 15 Prozent,
2. bis Vollendung des 50. Lebensjahres 20 Prozent,
3. nach Vollendung des 50. Lebensjahres 25 Prozent.

(3) Maßgebend sind die tatsächlichen und rechtlichen Verhältnisse beim abgebenden Dienstherrn zum Zeitpunkt des Ausscheidens; Nachberechnungen finden nicht statt.

(4) Bei Beamten auf Zeit, die nach Ablauf ihrer beim abgebenden Dienstherrn begründeten Dienst- und Amtszeit nicht in den Ruhestand getreten wären, ist eine Abfindung in Höhe der Kosten zu zahlen, die im Fall des Ausscheidens zum Zeitpunkt des Dienstherrnwechsels für eine Nachversicherung der bei ihm zurückgelegten Zeiten in der gesetzlichen Rentenversicherung angefallen wären. Hat der abgebende Dienstherr aufgrund eines früheren Dienstherrnwechsels eine Abfindung nach diesem Gesetz oder nach dem Staatsvertrag über die Verteilung von Versorgungslasten bei bund- und länderübergreifenden Dienstherrnwechseln (Versorgungslastenteilungs-Staatsvertrag) erhalten, hat er neben der Abfindung nach Satz 1 diesen Betrag zuzüglich Zinsen in Höhe von 4,5 Prozent pro Jahr ab dem Zeitpunkt des Erhalts der Zahlung an den aufnehmenden Dienstherrn zu bezahlen.

§ 81 Berechnungsgrundlage

(1) Bezüge sind die nach § 19 ruhegehaltfähigen Bezüge. Auf die Erfüllung von Mindestdienst- oder -bezugszeiten kommt es nicht an. Die Bezüge sind als Monatsbetrag anzusetzen.

(2) Dienstzeiten sind die Zeiten, die beim abgebenden Dienstherrn und bei früheren Dienstherrn in einem in § 1 Abs. 1 oder 3 genannten Rechtsverhältnis zurückgelegt wurden, soweit sie ruhegehaltfähig sind. Einzubeziehen sind Zeiten, die bei Dienstherrn außerhalb des Geltungsbereichs dieses Gesetzes in einem Beamten-, Richter- oder Soldatenverhältnis zurückgelegt wurden, soweit sie ruhegehaltfähig sind. Ausgenommen sind Zeiten in einem Beamtenverhältnis auf Widerruf sowie Zeiten, für die eine Nachversicherung durchgeführt wurde. Dem Dienstherrnwechsel unmittelbar vorangehende Abordnungszeiten, Beschäftigungszeiten und Zeiten eines Doppelbeamtenverhältnisses beim aufnehmenden Dienstherrn sind diesem zuzurechnen, es sei denn, der aufnehmende Dienstherr hat hierfür einen Versorgungszuschlag an den abgebenden Dienstherrn entrichtet.

§ 82 Weitere Zahlungsansprüche

(1) Liegt ein Dienstherrnwechsel ohne die Voraussetzungen des § 79 vor und hat der abgebende Dienstherr aufgrund eines früheren Dienstherrnwechsels eine Abfindung nach diesem Gesetz oder nach dem Versorgungslastenteilungs-Staatsvertrag erhalten, hat er diesen Betrag zuzüglich Zinsen in Höhe von 4,5 Prozent pro Jahr ab dem Zeitpunkt des Erhalts der Zahlung an den aufnehmenden Dienstherrn zu bezahlen, wenn nicht bereits eine Nachversicherung durchgeführt wurde oder ein Anspruch auf Altersgeld besteht.

(2) Hat der aufnehmende Dienstherr aufgrund eines Dienstherrnwechsels eine Abfindung erhalten und scheidet die wechselnde Person beim aufnehmenden Dienstherrn ohne Versorgungsansprüche oder ohne einen Anspruch auf Altersgeld aus, hat der aufnehmende Dienstherr dem abgebenden Dienstherrn die Kosten einer Nachversicherung zu erstatten oder im Fall eines bestehenden Versorgungsanspruchs gegenüber dem abgebenden Dienstherrn die erhaltene Abfindung zuzüglich Zinsen in Höhe von 4,5 Prozent pro Jahr ab dem Zeitpunkt des Erhalts der Zahlung an diesen zurückzuzahlen.

§ 83 Dokumentationspflicht und Zahlungsmodalitäten

(1) Der zahlungspflichtige Dienstherr hat die Berechnung des Zahlungsbetrags durchzuführen und dem berechtigten Dienstherrn gegenüber nachzuweisen.

(2) Die Abfindung ist innerhalb von sechs Monaten nach Aufnahme beim neuen Dienstherrn zu leisten. In Fällen des § 79 Abs. 3 beginnt die Frist nach Mitteilung der Aufnahme durch den neuen Dienstherrn.

(3) Die beteiligten Dienstherrn können abweichende Zahlungsregelungen vereinbaren.

(4) Die Abwicklung kann auf andere Stellen übertragen werden.

Dritter Teil
Trennung der Alterssicherungssysteme

1. Abschnitt
Allgemeine Vorschriften zum Alters- und Hinterbliebenengeld

§ 84 Altersgeld und Hinterbliebenengeld

(1) Beamte haben Anspruch auf Altersgeld, soweit sie auf Antrag aus dem Beamtenverhältnis im Geltungsbereich dieses Gesetzes nach § 1 Abs. 1 und 3 entlassen werden und keine Gründe für einen Aufschub der Beitragszahlung (§ 184 Abs. 2 des Sechsten Buches Sozialgesetzbuch) gegeben sind. Ihre Hinterbliebenen haben Anspruch auf Hinterbliebenengeld. Alters- und Hinterbliebenengeldempfänger sind keine Versorgungsempfänger im Sinne dieses Gesetzes.

(2) Für Beamte auf Zeit, die mit Ablauf der Amtszeit ohne Anspruch auf beamtenrechtliche Versorgung aus dem Beamtenverhältnis ausscheiden, gilt Absatz 1 entsprechend.

§ 85 Anspruch und Verzicht auf Altersgeld

(1) Ein Anspruch auf Altersgeld entsteht nur, wenn der ehemalige Beamte eine altersgeldfähige Dienstzeit nach § 89 Abs. 2 von mindestens fünf Jahren zurückgelegt hat. Zeiten einer Teilzeitbeschäftigung sind im Rahmen des Satzes 1 in vollem Umfang zu berücksichtigen; Zeiten im Beamtenverhältnis, in denen sich der ehemalige Beamte in Elternzeit oder im Erziehungsurlaub befunden hat sowie Zeiten im Beamtenverhältnis, in denen eine Pflege nach § 67 ausgeübt wurde, sind ebenfalls zu berücksichtigen. Der Anspruch auf Altersgeld entsteht mit Ablauf des Tages, an dem das Beamtenverhältnis im Geltungsbereich dieses Gesetzes durch Entlassung auf Antrag des Beamten endet, soweit keine Gründe für einen Aufschub der Beitragszahlung (§ 184 Abs. 2 des Sechsten Buches Sozialgesetzbuch) gegeben sind. Soweit Gründe für einen Aufschub der Beitragszahlung gegeben sind, entsteht der Anspruch auf Altersgeld mit dem Wegfall des Aufschubgrundes.

(2) Ein Verzicht auf das Altersgeld ist möglich, wenn die zu entlassende Person anstelle des Altersgeldes die Nachversicherung wählt. Der Verzicht nach Satz 1 ist unwiderruflich. Ist die Nachversicherung durchgeführt, entfällt der Anspruch auf Altersgeld.

(3) Der Verzicht nach Absatz 2 Satz 1 ist innerhalb von einem Monat nach Entlassung gegenüber der Zahlstelle zu erklären.

§ 86 Aberkennung von Altersgeld

(1) Der Anspruch auf Altersgeld wird durch Verwaltungsakt aberkannt, wenn der frühere Beamte vor seiner Entlassung ein Dienstvergehen begangen hat, das bei einem Beamten

nach Disziplinarrecht die Entfernung aus dem Beamtenverhältnis zur Folge hätte. Ist bei Entlassung aus dem Beamtenverhältnis auf Antrag bereits ein Disziplinarverfahren anhängig, geht dieses in ein Verfahren auf Aberkennung von Altersgeld im Sinne des Satzes 1 über.

(2) Hat die Zahlung des Altersgeldes zum Zeitpunkt der Aberkennung bereits begonnen, wird bis zur Unanfechtbarkeit der Aberkennung ein Teil des monatlichen Altersgeldes einbehalten. § 33 Abs. 2 des Landesdisziplinargesetzes gilt entsprechend.

(3) Zuständig für die Aberkennung des Altersgeldes ist die Behörde, die zum Zeitpunkt der Entlassung zuständige Disziplinarbehörde war. § 6 Satz 2 des Landesdisziplinargesetzes gilt entsprechend.

(4) Die Regelungen des Disziplinarrechts gelten für das Aberkennungsverfahren mit den sich aus der Natur des Altersgeldes ergebenden Maßgaben entsprechend.

2. Abschnitt
Altersgeld

§ 87 Ruhen des Anspruchs auf Altersgeld, Höhe des Altersgeldes und Antragserfordernis

(1) Der Anspruch auf Altersgeld ruht bis zum Ablauf des Monats, in dem der ehemalige Beamte die Regelaltersgrenze nach dem Sechsten Buch Sozialgesetzbuch erreicht hat. Ein vorzeitiges Ende des Ruhens des Anspruchs auf Altersgeld (vorzeitige Inanspruchnahme) ist mit Ablauf des Monats möglich, wenn ehemalige Beamte

1. das 63. Lebensjahr vollendet haben,
2. schwerbehindert im Sinne des § 2 Abs. 2 des Neunten Buches Sozialgesetzbuch sind und entweder
   a) das 62. Lebensjahr vollendet haben oder
   b) vor dem 1. Januar 1964 geboren sind und die nach § 236a Abs. 2 des Sechsten Buches Sozialgesetzbuch jeweils geltende Altersgrenze für die vorzeitige Inanspruchnahme der Altersrente für schwerbehinderte Menschen erreicht haben,
3. voll erwerbsgemindert nach § 43 Abs. 2 des Sechsten Buches Sozialgesetzbuch sind oder
4. teilweise erwerbsgemindert nach § 43 Abs. 1 des Sechsten Buches Sozialgesetzbuch sind oder
5. vor dem 2. Januar 1961 geboren und berufsunfähig nach § 240 Abs. 2 des Sechsten Buches Sozialgesetzbuch sind.

Soweit im Einzelfall die Feststellung, ob eine verminderte Erwerbsfähigkeit nach Satz 2 Nr. 3, 4 oder 5 vorliegt, nicht durch einen gesetzlichen Rentenversicherungsträger getroffen wird, entscheidet hierüber ein Amtsarzt. In den Fällen von Satz 2 Nr. 3, 4 und 5 findet § 102 Abs. 2 des Sechsten Buches Sozialgesetzbuch entsprechend Anwendung.

(2) Wird eine vorzeitige Inanspruchnahme des Altersgeldes nach Absatz 1 Satz 2 Nr. 4 und 5 beantragt, wird das Altersgeld mit dem Faktor 0,5 vervielfältigt. Erfüllen diese Altersgeldempfänger zu einem späteren Zeitpunkt die Voraussetzungen für eine vorzeitige Inanspruchnahme des Altersgeldes nach Absatz 1 Satz 2 Nr. 1, 2 oder 3, ist das Altersgeld neu festzusetzen.

(3) Das Altersgeld wird auf Grundlage der altersgeldfähigen Dienstzeit und der altersgeldfähigen Dienstbezüge gemäß § 89 berechnet. § 27 Absatz 1 ist entsprechend anzuwenden. Es wird nur auf Antrag, der an die Zahlstelle von Alters- und Hinterbliebenengeld zu richten ist, gewährt. Das Altersgeld ist innerhalb von drei Monaten nach Ende des Ruhens des Altersgeldanspruchs zu beantragen. Bei späterer Antragstellung wird das Altersgeld ab dem Antragsmonat gewährt

(4) Das Altersgeld vermindert sich

1. in den Fällen von Absatz 1 Satz 2 Nr. 1 um 0,3 Prozent für jeden Monat, um den der Anspruchinhaber das Ende des Ruhens vor Ablauf des Monats, in dem er die für ihn jeweils geltende Regelaltersgrenze für die Altersrente nach dem Sechsten Buch Sozialgesetzbuch erreicht hat, beantragt,

2. in den Fällen von Absatz 1 Satz 2 Nr. 2 Buchst. a und b um 0,3 Prozent für jeden Monat, um den der Anspruchinhaber das Ende des Ruhens vor Ablauf des Monats, in dem er die für ihn jeweils geltende Altersgrenze für die Altersrente für schwerbehinderte Menschen nach dem Sechsten Buch Sozialgesetzbuch erreicht hat, beantragt,

3. in den Fällen von Absatz 1 Satz 2 Nr. 3, 4 und 5 um 0,3 Prozent für jeden Monat, um den der Anspruchinhaber das Ende des Ruhens vor Ablauf des Kalendermonats der Vollendung des 65. Lebensjahres beantragt.

Die Minderung des Altersgeldes darf 10,8 Prozent in den Fällen von Absatz 1 Satz 1 Nr. 3, 4 und 5 nicht übersteigen. In den Fällen von Absatz 1 Satz 1 ist das Altersgeld nicht zu vermindern, wenn der Anspruchinhaber zum Ende des Ruhens das 65. Lebensjahr vollendet und mindestens 45 Jahre mit altersgeldfähigen Dienstzeiten zurückgelegt hat; dabei sind Zeiten einer dem ehemaligen Beamten zuzuordnenden Erziehung eines Kindes bis längstens zu dessen vollendetem zehnten Lebensjahr zu berücksichtigen.

(5) In den Fällen einer Erwerbsminderung im Sinne des Absatzes 1 Satz 2 Nr. 3 bis 5 kann auf Antrag ein erhöhtes Altersgeld gewährt werden, soweit die Summe aus Altersgeld und Leistungen aus anderen Alterssicherungssystemen nach § 20 zusammengenommen hinter dem Rentenanspruch, der sich im Fall einer Nachversicherung der versicherungsfreien und altersgeldfähigen Zeiten ergeben hätte, zurückbleibt. Die Vergleichsberechnung kann in diesen Fällen aufgrund einer Auskunft der Deutschen Rentenversicherung Baden-Württemberg oder des zuständigen Rentenversicherungsträgers der gesetzlichen Rentenversicherung vorgenommen werden.

(6) Altersgeld wegen voller oder teilweiser Erwerbsminderung wird nur gewährt, wenn die Hinzuverdienstgrenze durch neben dem Altersgeld erzieltem Einkommen (§ 68 Abs. 5) nicht überschritten wird. Abhängig vom erzielten Hinzuverdienst wird

1. ein Altersgeld wegen teilweiser Erwerbsminderung in voller Höhe oder in Höhe der Hälfte,

2. ein Altersgeld wegen voller Erwerbsminderung in voller Höhe, in Höhe von drei Vierteln, in Höhe der Hälfte oder in Höhe eines Viertels

geleistet.

(7) Die Hinzuverdienstgrenze beträgt

1. bei einem Altersgeld wegen teilweiser Erwerbsminderung,
   a) in voller Höhe gewährt wird, das 2-Fache,
   b) in Höhe der Hälfte gewährt wird, das 2,5-Fache

des monatlich zu gewährenden Altersgeldes,

2. bei einem Altersgeld wegen voller Erwerbsminderung, das in voller Höhe gewährt wird, 400 Euro,

3. bei einem Altersgeld wegen voller Erwerbsminderung, das
   a) in Höhe von drei Vierteln gewährt wird, das 1,5-Fache,
   b) in Höhe der Hälfte gewährt wird, das 2-Fache,
   c) in Höhe von einem Viertel gewährt wird, das 2,5-Fache

des monatlich zu gewährenden Altersgeldes.

§ 88 Festsetzung von Altersgeld

(1) Innerhalb von drei Monaten nach Entstehung des Anspruchs auf Altersgeld nach § 85 Abs. 1 Satz 3 erfolgt die erstmalige Festsetzung des Altersgeldes durch die Zahlstelle. Die Festsetzung erfolgt von Amts wegen und steht unter dem Vorbehalt künftiger Sach- und Rechtsänderungen. Änderungen des Familienstandes bleiben unberücksichtigt.

(2) Wird im Fall des § 85 Abs. 2 die Nichtgewährung von Altersgeld festgestellt, ist dies dem Betroffenen durch einen rechtsmittelfähigen Bescheid bekannt zu geben.

§ 89 Altersgeldfähige Dienstbezüge, altersgeldfähige Dienstzeit und Anpassung des Altersgeldes

(1) Die altersgeldfähigen Dienstbezüge werden entsprechend den ruhegehaltfähigen Dienstbezügen (§ 19 Absatz 1 Satz 1 Num-

mer 1, 3 und 4, Satz 2 und 3, Absatz 3, 5 und 6) ermittelt. Das Altersgeld ist vom Zeitpunkt der Entstehung des Anspruchs an entsprechend der jeweiligen Versorgungsanpassung anzupassen.

(2) Zur Ermittlung der altersgeldfähigen Dienstzeit sind aus dem Zweiten Teil dieses Gesetzes ausschließlich die §§ 21, 22 und 24 entsprechend heranzuziehen, ohne dass es bei § 24 Absatz 3 Satz 1 auf den Zeitpunkt der erstmaligen Berufung in ein Beamtenverhältnis ankommt; § 24 Abs. 3 gilt zusätzlich mit der Maßgabe, dass Zeiten, für die bereits Ansprüche oder Anwartschaften nach beamtenrechtlichen Grundsätzen oder auf Altersgeld oder gleichwertige Alterssicherungsansprüche erworben wurden, bei der Berechnung des Altersgeldes nicht berücksichtigt werden. Für die Beurteilung, ob Ansprüche oder Anwartschaften nach beamtenrechtlichen Grundsätzen bestehen, ist die Sachlage zum Zeitpunkt der Entlassung maßgeblich. § 25 ist ergänzend entsprechend der in Satz 1 genannten Zeiten heranzuziehen. § 106 Absatz 1 Satz 1 und 2 ist entsprechend anzuwenden.

§ 90 Beginn der Zahlungen des Altersgeldes

(1) Die Zahlung des Altersgeldes beginnt nach erfolgter Antragsstellung gemäß § 87 Abs. 3 Satz 3 bis 5 mit dem Erreichen der jeweils maßgeblichen Altersgrenzen nach § 87 Abs. 1 Satz 1. In den Fällen des § 87 Abs. 1 Satz 2 bis 4 beginnt sie, soweit die dort genannten Voraussetzungen vorliegen.

(2) Bei Feststellung einer verminderten Erwerbsfähigkeit auf Zeit werden befristete Altersgelder nicht vor Beginn des siebten Kalendermonats nach dem Eintritt der Minderung der Erwerbsfähigkeit geleistet.

(3) In den Fällen von § 87 Abs. 1 Satz 2 Nr. 2 bis 5 wird Altersgeld nicht an Berechtigte geleistet, die die für die Leistung erforderliche gesundheitliche Beeinträchtigung absichtlich herbeigeführt haben.

(4) In den Fällen von § 87 Abs. 1 Satz 2 Nr. 2 bis 5 können die Leistungen ganz oder teilweise versagt werden, wenn die Berechtigten sich die für die Leistung von Altersgeld erforderliche gesundheitliche Beeinträchtigung bei einer Handlung zugezogen haben, die nach strafrechtlichem Urteil ein Verbrechen oder vorsätzliches Vergehen ist. Dies gilt auch, wenn aus einem in der Person der Berechtigten liegenden Grunde ein strafgerichtliches Urteil nicht ergeht.

(5) Ist die Gewährung von Altersgeld befristet, endet die Zahlung mit Ablauf der Frist. Dies schließt eine vorherige Änderung oder ein Ende des Altersgeldes aus anderen Gründen nicht aus.

3. Abschnitt
Hinterbliebenengeld

§ 91 Hinterbliebenengeld

(1) Für die Hinterbliebenen eines ehemaligen Beamten, der die Voraussetzungen der §§ 85 und 87 erfüllt, erfolgt die Festsetzung, Zahlung und das Erlöschen des Hinterbliebenengeldes in entsprechender Anwendung der Vorschriften des Hinterbliebenenversorgungsrechts. Das Hinterbliebenengeld umfasst dabei ausschließlich:

1. Bezüge für den Sterbemonat nach § 31,
2. Witwengeld nach § 33,
3. Witwenabfindung nach § 35,
4. Waisengeld nach § 37.

Unterhaltsbeiträge werden vom Hinterbliebenengeld nicht umfasst. Ein Anspruch auf Mindestwitwengeld sowie Mindestwaisengeld besteht nicht. § 87 Abs. 5 findet auf das Hinterbliebenengeld entsprechende Anwendung.

(2) Das Hinterbliebenengeld wird aus dem Altersgeld berechnet, das dem verstorbenen ehemaligen Beamten zusteht. Das Hinterbliebenengeld beträgt für Witwen 55 Prozent, für Vollwaisen 20 Prozent und für Halbwaisen 12 Prozent des Altersgeldes.

(3) Hinterbliebenengeld wird in den Fällen, in denen Altersgeld an den Anspruchinhaber noch nicht ausgezahlt wurde, nur auf Antrag gewährt. Der Antrag ist an die Zahlstelle von Alters- und Hinterbliebenengeld zu richten. § 87 Abs. 3 Satz 3 und 4 gilt entsprechend.

(4) § 43 gilt in entsprechender Anwendung auf das Altersgeld sinngemäß.

4. Abschnitt
Mischbiografien

§ 92 Erneute Berufung eines auf Antrag entlassenen ehemaligen Beamten ins Beamtenverhältnis

(1) Wird ein auf Antrag entlassener ehemaliger Beamter mit Anspruch auf Altersgeld oder eine dem Altersgeld entsprechende Alterssicherung erneut in ein Beamtenverhältnis berufen und tritt er aus diesem Beamtenverhältnis in den Ruhestand, errechnet sich die ruhegehaltfähige Dienstzeit für den Teil des erneut begründeten Beamtenverhältnisses nach §§ 21 bis 25, § 73 Absatz 6 sowie § 74 Absatz 2 und 3. Für die Zeit, aus der ein Anspruch auf Altersgeld oder eine dem Altersgeld entsprechende Alterssicherung erdient wurde, wird als ruhegehaltfähige Dienstzeit die altersgeldfähige Dienstzeit nach § 89 Absatz 2 zugrunde gelegt; dies gilt auch dann, wenn der Anspruch gegenüber einem Dienstherrn außerhalb des Geltungsbereichs dieses Gesetzes besteht.

(2) Wird ein auf Antrag entlassener ehemaliger Beamter mit Anspruch auf Altersgeld erneut in ein Beamtenverhältnis berufen und wird er erneut auf Antrag aus diesem Beamtenverhältnis entlassen, erhält er neben seinem bisherigen Anspruch auf Altersgeld einen weiteren, eigenständigen Anspruch auf Altersgeld.

(3) Bezieht ein Versorgungsempfänger, auf den Absatz 1 Anwendung findet, Altersgeld oder eine dem Altersgeld entsprechende Alterssicherung, ruhen die Versorgungsbezüge in Höhe des Altersgeldes oder in Höhe einer dem Altersgeld entsprechenden Alterssicherung. Entsprechendes gilt beim Zusammentreffen von Hinterbliebenenversorgung und Hinterbliebenengeld, soweit dieses nach dem Recht des in Satz 1 genannten Versorgungsempfängers abgeleitet ist. Wird ein Altersgeld oder eine dem Altersgeld entsprechende Alterssicherung im Sinne des Satzes 1 oder 2 nicht beantragt, darauf verzichtet oder wird an dessen Stelle eine Kapitalleistung, Beitragserstattung oder Abfindung gezahlt, tritt an die Stelle des Altersgeldes der Betrag, der vom Leistungsträger ansonsten zu zahlen wäre. Bei Zahlung einer Abfindung, Beitragserstattung oder eines sonstigen Kapitalbetrags ist der sich bei einer Verrentung ergebende Betrag zugrunde zu legen. Dies gilt nicht, wenn der Versorgungsempfänger innerhalb von drei Monaten nach Zufluss den Kapitalbetrag zuzüglich der hierauf gewährten Zinsen in Höhe von 2 Prozentpunkten über dem zum Zeitpunkt seiner Zahlung geltenden Basiszinssatz an den Dienstherrn, welcher Versorgungsbezüge nach diesem Gesetz leisten wird, abführt. Kapitalbeträge nach Satz 4 sind um die Prozentsätze der allgemeinen Anpassungen nach § 11, bis zum 31. Dezember 2010 nach § 70 BeamtVG, zuletzt geändert durch Artikel 2 des Gesetzes vom 4. November 2016 (BGBl. I S. 2464, 2472), zu erhöhen oder zu vermindern, die sich nach dem Zeitpunkt der Entstehung des Anspruchs auf die Kapitalbeträge bis zur Gewährung von Versorgungsbezügen ergeben. Der Verrentungsbetrag nach Satz 4 errechnet sich bezogen auf den Monat aus dem Verhältnis zwischen dem nach Satz 6 dynamisierten Kapitalbetrag und dem Verrentungsdivisor, der sich aus dem zwölffachen Betrag des Kapitalwertes nach der vom Bundesministerium der Finanzen zu § 14 Absatz 1 des Bewertungsgesetzes in der Fassung vom 1. Februar 1991 (BGBl. I S. 230), zuletzt geändert durch Artikel 2 des Gesetzes vom 4. November 2016 (BGBl. I S. 2464, 2472), in der jeweils geltenden Fassung im Bundessteuerblatt veröffentlichten Tabelle ergibt.

(4) Für Beamte auf Zeit, die mit Ablauf der Amtszeit mit Anspruch auf Altersgeld aus dem Beamtenverhältnis ausgeschieden sind, gelten die Absätze 1 bis 3 entsprechend.

(5) Eine Energiepreispauschale oder eine der Energiepreispauschale entsprechende Leistung, welche außerhalb des Geltungsbereichs dieses Gesetzes über eine einmalige Energiepreispauschale an Versorgungsempfängerinnen und -empfänger sowie Alters- und Hinterbliebenengeldempfängerinnen und -empfänger gewährt wird, gilt bis zu einer Höhe von insgesamt 300 Euro nicht als Altersgeld oder eine dem Altersgeld entsprechende Alterssicherung im Sinne der Absätze 3 und 4. Sofern Satz 1 zur Anwendung kommt, scheidet eine erneute Anwendung aus.

§ 93 (weggefallen)

5. Abschnitt
Zuschläge

§ 94 Kinderzuschlag und Kindererziehungsergänzungszuschlag

(1) Der Kinderzuschlag nach § 66 erhöht das Alters- und Hinterbliebenengeld für ein nach dem 31. Dezember 1991 geborenes Kind im Sinne des § 66 Abs. 1 Satz 1. Der Zuschlag wird nur gewährt, soweit der Anspruchinhaber auf Altersgeld während der ersten 36 Lebensmonate des Kindes ab der Geburt an im Beamtenverhältnis stand. Der Zuschlag vermindert sich für jeden vollen Monat, in dem die Voraussetzungen von Satz 2 nicht vorliegen, um 1/36. Für die Berechnung des Kinderzuschlags beim Hinterbliebenengeld findet § 66 Absatz 9 entsprechende Anwendung.

(2) Der Kindererziehungsergänzungszuschlag erhöht das Altersgeld in entsprechender Anwendung des § 66. Der Zuschlag wird nur gewährt, soweit der Anspruchinhaber auf Altersgeld während der Zeiten nach § 66 Absatz 4 Nummer 1 im Beamtenverhältnis stand.

(3) Für die Anwendung des § 87 Absatz 4 und 5, von Ruhens-, Kürzungs- und Anrechnungsvorschriften sowie der Bemessung des Hinterbliebenengeldes gelten der Kinderzuschlag und der Kindererziehungsergänzungszuschlag als Teil des Alters- und Hinterbliebenengeldes.

§ 95 Pflege- und Kinderpflegeergänzungszuschlag

(1) War ein Anspruchinhaber von Altersgeld während des bestehenden Beamtenverhältnisses, aus dem Altersgeld gewährt wird, nach § 3 Satz 1 Nr. 1a des Sechsten Buches Sozialgesetzbuch versicherungspflichtig, weil er eine pflegebedürftige Person nicht erwerbsmäßig gepflegt hat, wird für die Zeit der Pflege ein Pflegezuschlag zum Altersgeld gewährt. Dies gilt nicht, wenn die allgemeine Wartezeit in der gesetzlichen Rentenversicherung erfüllt ist.

(2) Der Pflegezuschlag beträgt für jeden Monat der Zeit der Pflege 3,12 Euro.

(3) Hat ein Anspruchinhaber von Altersgeld ein ihm nach § 66 Abs. 3 zuzuordnendes pflegebedürftiges Kind während des bestehenden Beamtenverhältnisses, aus dem Altersgeld gewährt wird, nicht erwerbsmäßig gepflegt (§ 3 des Sechsten Buches Sozialgesetzbuch), wird neben dem Pflegezuschlag ein Kinderpflegeergänzungszuschlag gewährt. Dieser wird längstens für die Zeit bis zur Vollendung des 18. Lebensjahres des pflegebedürftigen Kindes und nicht neben Zuschlägen nach § 94 oder einer Leistung nach § 70 Abs. 3a des Sechsten Buches Sozialgesetzbuch gewährt. Die Höhe des Kinderpflegeergänzungszuschlags beträgt für jeden Kalendermonat der nicht erwerbsmäßigen Pflege 1,12 Euro.

(4) § 66 Absatz 7 und 12 sowie § 94 Absatz 3 gelten entsprechend.

6. Abschnitt
Sonstiges

§ 96 Erteilung einer Auskunft über die Höhe des Altersgeldes

Einem Beamten kann vor seinem Ausscheiden aus dem Beamtenverhältnis bei Darlegung eines berechtigten Interesses eine Auskunft über die Höhe des zu erwartenden Altersgeldes erteilt werden. Einem Anspruchsinhaber auf Altersgeld kann in Fällen einer beabsichtigten vorzeitigen Inanspruchnahme des Altersgeldes eine Auskunft über die Höhe des zu erwartenden Altersgeldes erteilt werden.

§ 97 Abfindung

(1) Der Anspruch auf Altersgeld kann nicht abgefunden werden.

(2) Hinterbliebenengeld für Witwen wird bei der Wiederheirat mit dem 24-fachen Monatsbetrag des für den Monat, in dem sich die Witwe wiederverheiratet, maßgeblichen Betrags abgefunden.

§ 98 Zustellung

Entscheidungen nach § 88 sind zuzustellen.

Vierter Teil
Übergangsvorschriften

1. Abschnitt
Allgemeine Übergangsvorschriften

§ 99 Absenkung des Versorgungsniveaus

(1) Der bei Inkrafttreten dieses Gesetzes geltende Anpassungsfaktor der Stufe 7 0,96208 nach § 69e Abs. 3 BeamtVG in der bis zum 31. August 2006 geltenden Fassung entfällt, sobald der der Berechnung der Versorgungsbezüge zugrunde liegende Ruhegehaltssatz mit dem Inkrafttreten und vor dem Vollzug der ersten Anpassung nach § 11 nach Inkrafttreten dieses Gesetzes mit dem Faktor 0,95667 vervielfältigt wird. Dies gilt nicht bei Bezug von Mindestversorgung nach § 27 Abs. 4.

(2) Der nach Absatz 1 verminderte Ruhegehaltssatz gilt als neu festgesetzt. Er ist ab dem Tag der ersten Anpassung nach Inkrafttreten dieses Gesetzes der Berechnung der Versorgungsbezüge zugrunde zu legen.

(3) Wurde der nach Absatz 1 maßgebliche Ruhegehaltssatz nach § 36 Abs. 3 BeamtVG in der bis zum 31. August 2006 geltenden Fassung berechnet, wird in Höhe des Betrags, um den sich die Versorgung vor der Anwendung von Anrechnungs-, Kürzungs- und Ruhensvorschriften durch die Anwendung des Absatzes 1 verringert, ein Ausgleichsbetrag zu den Versorgungsbezügen gewährt. Dieser verringert sich bei nach Inkrafttreten dieses Gesetzes folgenden Anpassungen nach § 11 jeweils um die Hälfte der sich aus diesen Anpassungen ergebenden Erhöhungsgewinne der Versorgungsbezüge vor der Anwendung von Anrechnungs-, Kürzungs- und Ruhensvorschriften.

(4) Wurde das Ruhegehalt nach §§ 37 oder 91 Abs. 2 BeamtVG in der bis zum 31. August 2006 geltenden Fassung oder nach § 52 oder § 109 Abs. 2 ermittelt, sind Absatz 1 und 2 nicht anzuwenden.

(5) Bis zur ersten auf das Inkrafttreten dieses Gesetzes folgenden Anpassung nach § 11 sind folgende Maßgaben anzuwenden:

1. in § 27 Abs. 1 Satz 1 und Abs. 5 Satz 1, § 51 Abs. 3 Satz 2, § 68 Abs. 2 Satz 1 Nr. 3, § 70 Abs. 2 Nr. 3 und § 73 Abs. 2 tritt an die Stelle der Zahl „71,75" die Zahl „75",

2. in § 27 Abs. 1 Satz 1 tritt an die Stelle der Zahl „1,79375" die Zahl „1,875",

3. in § 71 Abs. 1 Satz 1 tritt an die Stelle der Zahl „1,79375" die Zahl „1,875" und an die Stelle der Zahl „2,39167" die Zahl „2,5",

4. in § 73 Abs. 2 Satz 1 tritt an die Stelle der Zahl „1,91333" die Zahl „2".

In § 28 Abs. 1 Nr. 3 und Abs. 5 Satz 2 tritt unter Berücksichtigung von Satz 1 an die Stelle der Zahl „66,97" die Zahl „70". In § 28 Abs. 2 Satz 1 tritt an die Stelle der Zahl „0,95667" die Zahl „1". In § 73 Abs. 2 Satz 1 tritt an die Stelle der Zahl „33,48345" die Zahl „35".

§ 100 Übergangsregelung zur Anhebung der Altersgrenzen

(1) Für Beamte, die nach Inkrafttreten dieses Gesetzes nach § 40 Abs. 1 Satz 1 Nr. 1 LBG in den Ruhestand versetzt werden, ist § 27 Abs. 2 Satz 1 Nr. 1 mit folgenden Maßgaben anzuwenden:

1. An die Stelle des Erreichens der gesetzlichen Altersgrenze tritt, wenn sie vor dem 1. Januar 1949 geboren sind, die Vollendung des 65. Lebensjahres.

2. An die Stelle des Erreichens der gesetzlichen Altersgrenze tritt, wenn sie nach dem 31. Dezember 1948 und vor dem 1. Januar 1950 geboren sind, das Erreichen folgenden Lebensalters:

Geburtsdatum bis	Lebensalter	
	Jahr	Monate
31. Januar 1949	65	1
28. Februar 1949	65	2
31. Dezember 1949	65	3

3. Für Beamte, deren Antrag auf vorzeitige Zurruhesetzung vor Inkrafttreten dieses Gesetzes bereits bewilligt wurde, gilt § 14 Abs. 3 Satz 1 Nr. 2 BeamtVG in der bis zum 31. August 2006 geltenden Fassung, so-

weit sie bis zum 31. Januar 2011 in den Ruhestand versetzt werden.

(2) Für Beamte, die nach Inkrafttreten dieses Gesetzes nach § 40 Abs. 1 Satz 1 Nr. 2 LBG in den Ruhestand versetzt werden, ist § 27 Abs. 2 Satz 1 Nr. 2 mit folgenden Maßgaben anzuwenden:

1. An die Stelle der Vollendung des 65. Lebensjahres tritt, wenn sie vor dem 1. Januar 1952 geboren sind, die Vollendung des 63. Lebensjahres.
2. An die Stelle der Vollendung des 65. Lebensjahres tritt, wenn sie nach dem 31. Dezember 1951 und vor dem 1. Januar 1969 geboren sind, das Erreichen folgenden Lebensalters:

Geburtsdatum bis	Lebensalter	
	Jahr	Monate
31. Dezember 1952	63	1
31. Dezember 1953	63	2
31. Dezember 1954	63	3
31. Dezember 1955	63	4
31. Dezember 1956	63	5
31. Dezember 1957	63	6
31. Dezember 1958	63	7
31. Dezember 1959	63	8
31. Dezember 1960	63	9
31. Dezember 1961	63	10
31. Dezember 1962	63	11
31. Dezember 1963	64	
31. Dezember 1964	64	2
31. Dezember 1965	64	4
31. Dezember 1966	64	6
31. Dezember 1967	64	8
31. Dezember 1968	64	10.

(3) Für Beamte, die nach Inkrafttreten dieses Gesetzes wegen Dienstunfähigkeit, die nicht auf einem Dienstunfall beruht, in den Ruhestand versetzt werden, ist § 27 Abs. 2 Satz 1 Nr. 3 mit folgenden Maßgaben anzuwenden:

1. An die Stelle der Vollendung des 65. Lebensjahres tritt, wenn sie vor dem 1. Januar 2012 in den Ruhestand versetzt werden, die Vollendung des 63. Lebensjahres.
2. An die Stelle der Vollendung des 65. Lebensjahres tritt, wenn sie nach dem 31. Dezember 2011 und vor dem 1. Januar 2029 in den Ruhestand versetzt werden, das Erreichen folgenden Lebensalters:

Zeitpunkt der Versetzung in den Ruhestand zum oder nach dem	Lebensalter	
	Jahr	Monate
1. Januar 2012	63	1
1. Januar 2013	63	2
1. Januar 2014	63	3
1. Januar 2015	63	4
1. Januar 2016	63	5
1. Januar 2017	63	6
1. Januar 2018	63	7
1. Januar 2019	63	8
1. Januar 2020	63	9
1. Januar 2021	63	10
1. Januar 2022	63	11
1. Januar 2023	64	
1. Januar 2024	64	2
1. Januar 2025	64	4
1. Januar 2026	64	6
1. Januar 2027	64	8
1. Januar 2028	64	10.

(4) Wird der Beamte, der in den Anwendungsbereich des § 36 Abs. 2 LBG in Verbindung mit Artikel 62 § 3 Abs. 3 des Dienstrechtsreformgesetzes fällt, mit Ablauf des Schuljahres, in dem er das 64. Lebensjahr vollendet, nach § 40 Abs. 1 Satz 1 Nr. 1 LBG in den Ruhestand versetzt, wird der Versorgungsabschlag entsprechend der nachfolgenden Tabelle berechnet:

Jahrgang/ Geburtsdatum	Anhebungsstufen nach Artikel 62 §3 des Dienstrechtsreformgesetzes	Versorgungsabschlag in Prozent
1947 oder früher	64. Lebensjahr	0
1948	64. Lebensjahr und ein Monat	0,3
1949	64. Lebensjahr und zwei Monate	0,6
1950	64. Lebensjahr und drei Monate	0,9
1951	64. Lebensjahr und vier Monate	1,2
1952	64. Lebensjahr und fünf Monate	1,5
1953	64. Lebensjahr und sechs Monate	1,8
1954	64. Lebensjahr und sieben Monate	2,1
1955	64. Lebensjahr und acht Monate	2,4
1956	64. Lebensjahr und neun Monate	2,7
1957	64. Lebensjahr und zehn Monate	3,0
1958	64. Lebensjahr und elf Monate	3,3
1959	65. Lebensjahr	3,6
01. 01. 1960 bis 01. 06. 1960	65. Lebensjahr und zwei Monate	3,6
02. 06. 1960 bis 01. 08. 1960	65. Lebensjahr und zwei Monate	4,2
02. 08. 1960 bis 31. 12. 1960	65. Lebensjahr und zwei Monate	3,6
01. 01. 1961 bis 01. 04. 1961	65. Lebensjahr und vier Monate	3,6
02. 04. 1961 bis 01. 08. 1961	65. Lebensjahr und vier Monate	4,8
02. 08. 1961 bis 31. 12. 1961	65. Lebensjahr und vier Monate	3,6
01. 01. 1962 bis 01. 02. 1962	65. Lebensjahr und sechs Monate	3,6
02. 02. 1962 bis 01. 08. 1962	65. Lebensjahr und sechs Monate	5,4
02. 08. 1962 bis 31. 12. 1962	65. Lebensjahr und sechs Monate	3,6
01. 01. 1963 bis 01. 08. 1963	65. Lebensjahr und acht Monate	6,0
02. 08. 1963 bis 01. 12. 1963	65. Lebensjahr und acht Monate	3,6
02. 12. 1963 bis 31. 12. 1963	65. Lebensjahr und acht Monate	6,0
01. 01. 1964 bis 01. 08. 1964	65. Lebensjahr und zehn Monate	6,6
02. 08. 1964 bis 01. 10. 1964	65. Lebensjahr und zehn Monate	3,6
02. 10. 1964 bis 31. 12. 1964	65. Lebensjahr und zehn Monate	6,6.

(5) Wird der Beamte, der in den Anwendungsbereich des § 36 Abs. 2 LBG in Verbindung mit Artikel 62 § 3 Abs. 3 des Dienstrechtsreformgesetzes fällt, mit Ablauf des Schuljahres, in dem er das 65. Lebensjahr vollendet, nach § 40 Abs. 1 Satz 1 Nr. 1 LBG in den Ruhestand versetzt, wird der Versorgungsabschlag entsprechend der nachfolgenden Tabelle berechnet:

Jahrgang	Anhebungsstufen nach Artikel 62 § 3 Abs. 3 des Dienstrechtsreformgesetzes	Versorgungsabschlag in Prozent
1959	65. Lebensjahr	0
1960	65. Lebensjahr und zwei Monate	0,6
1961	65. Lebensjahr und vier Monate	1,2
1962	65. Lebensjahr und sechs Monate	1,8
1963	65. Lebensjahr und acht Monate	2,4
1964	65. Lebensjahr und zehn Monate	3,0.

(6) Wird der Beamte, der in den Anwendungsbereich des § 36 Abs. 2 LBG in Verbindung mit Artikel 62 § 3 Abs. 3 des Dienstrechtsreformgesetzes fällt, mit Ablauf des Schuljahres, in dem er das 63. Lebensjahr vollendet, nach § 40 Abs. 1 Satz 1 Nr. 1 LBG in den Ruhestand versetzt, wird der Versorgungsabschlag, der sich im Fall einer Weiterarbeit bis zum Ablauf des Schuljahres, in dem er das 64. Lebensjahr vollendet, nach Absatz 4 ergeben würde, um 3,6 Prozent erhöht. In den Fällen des Satzes 1, in denen der Beamte im Fall der Weiterarbeit bis zum Ablauf des Schuljahres, in dem er das 64. Lebensjahr vollendet, mit Erreichen der gesetzlichen Altersgrenze in den Ruhestand treten würde, beträgt der Versorgungsabschlag 3,6 Prozent.

(7) Wird der Beamte, der in den Anwendungsbereich des § 36 Abs. 2 LBG in Verbindung mit Artikel 62 § 3 Abs. 3 des Dienstrechtsreformgesetzes fällt, zu einem vor dem jeweiligen Schuljahresende liegenden Zeitpunkt nach § 40 Abs. 1 Satz 1 Nr. 1 LBG in den Ruhestand versetzt, erhöht sich der Versorgungsabschlag, der sich im Fall einer Weiterarbeit bis zu den in Absatz 4 bis 6 genannten Zeitpunkten nach Absatz 4 bis 6 ergeben würde, für die Monate, die vor dem jeweiligen Schuljahresende liegen, um 0,3 Prozent pro Monat der vorzeitigen Inanspruchnahme.

§ 101 Übergangsregelungen zur Berücksichtigung von Hochschulausbildungszeiten

(1) Für Versorgungsfälle, die vor dem 1. März 2011 eintreten, ist § 12 Abs. 1 Satz 1 und § 66 Abs. 9 BeamtVG in der bis zum 31. August 2006 geltenden Fassung anzuwenden. Eine Beschränkung der ruhegehaltfähigen Dienstzeiten auf Zeiten nach der Vollendung des 17. Lebensjahres erfolgt nicht.

(2) Für Versorgungsfälle, die nach dem in Absatz 1 genannten Zeitpunkt bis zum Ablauf des 31. Januars 2015 eintreten, ist § 12 Abs. 1 Satz 1 und § 66 Abs. 9 Satz 1 BeamtVG in der bis zum 31. August 2006 geltenden Fassung mit der Maßgabe anzuwenden, dass sich die höchstens anrechenbare Zeit einer Hochschulausbildung für jeden nach dem 28. Februar 2011 beginnenden Kalendermonat bis einschließlich des Kalendermonats, in dem der Versorgungsfall eintritt, um jeweils fünf Tage verringert, bis 855 Tage erreicht sind. Eine Beschränkung der ruhegehaltfähigen Dienstzeiten auf Zeiten nach der Vollendung des 17. Lebensjahres erfolgt nicht. Bei einem in den einstweiligen Ruhestand versetzten Beamten werden für die Berechnung des erdienten Ruhegehalts die Ausbildungszeiten nach der Rechtslage berücksichtigt, die zum Zeitpunkt der Versetzung in den einstweiligen Ruhestand bestand.

(3) In den Fällen einer freiwilligen Weiterarbeit jenseits der jeweils maßgeblichen Al-

tersgrenze nach § 36 LBG in Verbindung mit Artikel 62 § 3 des Dienstrechtsreformgesetzes, werden die Ausbildungszeiten nach der Rechtslage, die zum Zeitpunkt des Erreichens der maßgeblichen gesetzlichen Altersgrenze bestand, berücksichtigt.

(4) Ergibt die Berechnung des Ruhegehalts nach § 102 Abs. 5 bis 7 unter Berücksichtigung von Hochschulausbildungszeiten nach dem bis zum 31. Dezember 1991 geltenden Recht des Beamtenversorgungsgesetzes gegenüber der Ruhegehaltsberechnung nach § 102 Abs. 5 bis 7 einen Differenzbetrag, der größer ist, als der sich aus der Tabelle nach Absatz 5 für die jeweilige Besoldungsgruppe ergebende Betrag (Kürzungsbetrag), so ist neben dem Ruhegehalt eine Ausgleichszulage zu zahlen. Für die Berechnung der Ausgleichszulage ist zunächst die Differenz zwischen dem Ruhegehalt, das sich nach § 102 Abs. 5 bis 7 unter Berücksichtigung von Hochschulausbildungszeiten nach dem bis zum 31. Dezember 1991 geltenden Recht des Beamtenversorgungsgesetzes ergibt und dem jeweiligen Kürzungsbetrag nach Absatz 5 zu ermitteln. Die Ausgleichszulage berechnet sich durch Abzug des Ruhegehalts, das sich nach § 102 Abs. 5 bis 7 ergibt, von dem nach Satz 2 ermittelten Betrag.

(5) Für die Berechnung nach Absatz 4 sind für die jeweiligen Besoldungsgruppen, einschließlich etwaiger Zulagen nach §§ 43 bis 46 LBesGBW, folgende Kürzungsbeträge anzusetzen:

Besoldungsgruppe/-n	Kürzungsbetrag in Euro
A 9	52,01
A 10	57,72
A 11	63,71
A 12	69,69
A 13	76,85
A 14	84,47
A 15	94,65
A 16	104,82
B 1	93,37
R 1	95,69
B 2	107,76
R 2	103,93
B 3, R 3	113,86
B 4, R 4	120,24
B 5, R 5	127,58
B 6, R 6	134,49
B 7, R 7	141,22
B 8, R 8	148,22
B 9	156,96
B 10	184,00
B 11	190,96
C 1, W 1	75,52
C 2	91,45
C 3, W 2	101,32
C 4, W 3	115,94

(6) Das nach § 27 Abs. 1 berechnete Ruhegehalt wird um die Ausgleichszulage nach Absatz 4 erhöht. Für die Anwendung des § 27 Abs. 2 sowie von Ruhens-, Kürzungs- und Anrechnungsvorschriften gilt die Ausgleichszulage als Teil des Ruhegehalts.

§ 102 Besondere Bestandskraft

(1) Der Versorgung der bei Inkrafttreten vorhandenen Ruhestandsbeamten sind der Ruhegehaltssatz, die ruhegehaltfähige Dienstzeit, die ruhegehaltfähigen Dienstbezüge, die prozentuale Verminderung des Ruhegehalts aufgrund vorzeitiger Ruhestandsversetzung und die Besoldungsgruppe, aus der sich das Ruhegehalt berechnet, wie sie sich aus der letzten bestandskräftigen Festsetzung vor dem Zeitpunkt des Inkrafttretens dieses Gesetzes unter Berücksichtigung der seither vorgenommenen Anpassungen der Versorgungsbezüge ergeben, zugrunde zu legen. Die Bezüge nach Satz 1 nehmen an künftigen Versorgungsanpassungen teil. Werden nach diesem Zeitpunkt neue Tatsachen oder Beweismittel bekannt, die einen dieser Werte betreffen, gelten §§ 48, 49 und 51 des Landesverwaltungsverfahrensgesetzes mit der Maßgabe, dass die Neufestsetzung nur in Bezug auf den betroffenen Wert erfolgt; da-

bei ist der Ruhegehaltssatz für am 31. Dezember 1991 vorhandene Beamte und Ruhestandsbeamte nach Absatz 5 bis 8 zu ermitteln. Soweit noch keine Festsetzung erfolgt oder die letzte Festsetzung von Inkrafttreten dieses Gesetzes noch nicht bestandskräftig ist, ist bis zur Bestandskraft der Festsetzung oder bis zur rechtskräftigen Entscheidung über die Festsetzung das vor Inkrafttreten dieses Gesetzes geltende Recht anzuwenden; nach Eintritt der Bestandskraft oder Rechtskraft gilt Satz 1 entsprechend. § 19 Abs. 1 Satz 1 Nr. 2 bleibt unberührt. Für ehemalige Beamte, die vor Inkrafttreten dieses Gesetzes bereits einen Unterhaltsbeitrag erhalten haben, der nicht auf einem Dienstunfall beruht, gilt Satz 1 bis 3 entsprechend für die festgesetzten Unterhaltsbeiträge. Eine Beschränkung der ruhegehaltfähigen Dienstzeiten auf Zeiten nach der Vollendung des 17. Lebensjahres erfolgt nicht. Sofern eine vorübergehende Erhöhung des Ruhegehaltssatzes nach § 14a BeamtVG in der bis zum 31. August 2006 geltenden Fassung erfolgt, so entfällt eine Begrenzung auf Zeiten ab dem 17. Lebensjahr.

(2) Beruht die Versorgung auf einem Beamtenverhältnis, das vor dem 1. Januar 1966 begründet wurde, ist § 108 mit der Maßgabe anzuwenden, dass der zu berücksichtigende Rentenbetrag um 40 Prozent gemindert und neben den Renten mindestens ein Betrag von 40 Prozent der Versorgungsbezüge belassen wird. Die Ausgleichszulage nach Artikel 2 § 2 Abs. 1 des 2. Haushaltsstrukturgesetzes vom 22. Dezember 1981 (BGBl. I S. 1523) in der Fassung des Artikels 5 des Siebten Gesetzes zur Änderung dienstrechtlicher Vorschriften vom 18. Juli 1985 (BGBl. I S. 1513) darf den sich aus § 108 ergebenden Ruhensbetrag nicht übersteigen. Der Ausgleichsbetrag vermindert sich um die Hälfte des Betrags, um den sich die Versorgungsbezüge aufgrund einer allgemeinen Bezügeanpassung nach § 11 erhöhen; er ist auf die Mindestbelastung nach Satz 2 anzurechnen.

(3) Für die bei Inkrafttreten dieses Gesetzes vorhandenen Hinterbliebenen, die Witwen- oder Waisengeld oder einen Ausgleichsbetrag nach § 50 Abs. 3 BeamtVG in der bis zum 31. August 2006 geltenden Fassung erhalten, gilt Absatz 1 Satz 1 bis 3 und Absatz 2 entsprechend, auch für den für die Höhe des Witwengeldes maßgeblichen Prozentsatz. §§ 42 und 104 Absatz 3 Satz 2 bleiben unberührt. Für die bei Inkrafttreten dieses Gesetzes vorhandenen Hinterbliebenen, die einen Unterhaltsbeitrag erhalten, der nicht auf einem Dienstunfall beruht, gilt Satz 1 und 2 entsprechend für die festgesetzten Unterhaltsbeiträge. Für die bei Inkrafttreten dieses Gesetzes vorhandenen Hinterbliebenen, die einen Unterhaltsbeitrag nach § 22 Absatz 1 BeamtVG in der bis zum 31. August 2006 geltenden Fassung erhalten, gilt die Anwendung dieser Norm weiter, wenn dies für sie günstiger ist.

(4) Für die bei Inkrafttreten dieses Gesetzes vorhandenen Unfallfürsorgeberechtigten steht ein vor Inkrafttreten dieses Gesetzes erlittener Dienstunfall oder Einsatzunfall im Sinne des Beamtenversorgungsgesetzes in der bis zum 31. August 2006 geltenden Fassung dem Dienstunfall oder Einsatzunfall im Sinne dieses Gesetzes gleich. Auf die am 31. Dezember 1991 vorhandenen Beamten, denen aufgrund eines bis zu diesem Zeitpunkt erlittenen Dienstunfalls ein Unfallausgleich gewährt wird, findet § 35 BeamtVG in der bis zum 31. Dezember 1991 geltenden Fassung mit der Maßgabe Anwendung, dass sich die Höhe des Unfallausgleichs nach § 50 Absatz 1 Satz 2 und 3 bemisst. Für das Unfallruhegehalt gilt Absatz 1 entsprechend, für die Unfall-Hinterbliebenenversorgung Absatz 3; bei Neufestsetzungen ist in den Fällen, in denen § 36 BeamtVG in der bis zum 31. August 2006 geltenden Fassung Anwendung gefunden hat, § 51 Abs. 3 anzuwenden. Der bis zum Inkrafttreten dieses Gesetzes gewährte Unterhaltsbeitrag für Hinterbliebene nach § 41 BeamtVG in der bis zum 31. August 2006 geltenden Fassung wird weitergewährt und ist bei Anpassungen der Versorgungsbezüge entsprechend anzupassen. Für die Mindestversorgung nach § 14 Abs. 4 BeamtVG in der bis zum 31. August 2006 geltenden Fassung gilt Satz 4 sinngemäß. § 14 Absatz 4 Satz 4 BeamtVG in der bis

zum 31. August 2006 geltenden Fassung ist nicht mehr anzuwenden.

(5) Hat das Beamtenverhältnis oder ein unmittelbar vorangehendes anderes öffentlich-rechtliches Dienstverhältnis, aus dem der Beamte in den Ruhestand tritt, bereits am 31. Dezember 1991 bestanden, tritt an die Stelle des Ruhegehaltssatzes nach §27 Abs. 1 der nach Absatz 6 und 7 berechnete Ruhegehaltssatz, soweit dies für den Beamten günstiger ist. Den Berechnungen wird die nach diesem Gesetz ermittelte ruhegehaltfähige Dienstzeit mit der Maßgabe zugrunde gelegt, dass §73 Abs. 6 sowie abweichend von §106 Abs. 5 dieses Gesetzes §12 Abs. 2 und §66 Abs. 9 BeamtVG in der bis zum 31. August 2006 geltenden Fassung keine Anwendung finden und die Zurechnungszeit nach §26 Satz 1 nur in Höhe von einem Drittel bis zum Ende des Monats der Vollendung des 55. Lebensjahres zur ruhegehaltfähigen Dienstzeit hinzugerechnet wird. Für Beamte auf Zeit, deren Beamtenverhältnis über den 31. Dezember 1991 hinaus fortbesteht, beträgt das Ruhegehalt, wenn es für sie günstiger ist, nach einer Amtszeit von acht Jahren als Beamter auf Zeit 42 Prozent der ruhegehaltfähigen Dienstbezüge und steigt mit jedem weiteren vollen Amtsjahr als Beamter auf Zeit um 2 Prozent der ruhegehaltfähigen Dienstbezüge; nach einer Amtszeit von 24 Jahren beträgt das Ruhegehalt 75 Prozent der ruhegehaltfähigen Dienstbezüge. Für Fälle nach Satz 3, die ab dem Tag der ersten Anpassung gemäß §11 nach Inkrafttreten dieses Gesetzes eintreten, ist der nach Satz 3 berechnete Ruhegehaltssatz mit dem Faktor 0,95667 zu vervielfältigen und der Berechnung der Versorgungsbezüge zu Grunde zu legen.

(6) Für die vor dem 1. Januar 1992 zurückgelegte ruhegehaltfähige Dienstzeit beträgt der Ruhegehaltssatz bis zu einer zehnjährigen Dienstzeit 35 Prozent; er steigt je weiterem vollem Jahr ruhegehaltfähiger Dienstzeit um 2 Prozentpunkte bis zu einer fünfundzwanzigjährigen Dienstzeit und um einen Prozentpunkt bis zu einer fünfunddreißigjährigen Dienstzeit. §27 Abs. 1 Satz 2 bis 4 ist entsprechend anzuwenden.

(7) Der Ruhegehaltssatz nach Absatz 6 erhöht sich um einen Prozentpunkt je vollem Jahr ruhegehaltfähiger Dienstzeit, die nach dem 31. Dezember 1991 zurückgelegt wurde, bis zum Höchstsatz von 75 Prozent. Beträgt die ruhegehaltfähige Dienstzeit nach Absatz 6 Satz 1 keine zehn Jahre, bleibt die Zeit bis zum vollen zehnten Jahr bei der ruhegehaltfähigen Dienstzeit nach Satz 1 außer Ansatz. Für Versorgungsfälle, die ab dem Tag der ersten Anpassung nach §11 nach Inkrafttreten dieses Gesetzes eintreten, ist der nach Absatz 6 und 7 berechnete Ruhegehaltssatz mit dem Faktor 0,95667 zu vervielfältigen und der Berechnung der Versorgungsbezüge zugrunde zu legen. §27 Abs. 1 Satz 2 bis 4 ist entsprechend anzuwenden. Errechnet sich der maßgebende Ruhegehaltssatz nach Absatz 5 bis 7, ist entsprechend diesen Vorschriften auch der Ruhegehaltssatz für die Höchstgrenzen nach §70 Abs. 2 und §108 Abs. 2 zu berechnen.

(8) Die Voraussetzungen des Absatzes 5 sind auch dann erfüllt, wenn dem Beamtenverhältnis, aus dem der Ruhestandseintritt erfolgt, mehrere öffentlich-rechtliche Dienstverhältnisse in unmittelbarem zeitlichen Zusammenhang mit dem am 31. Dezember 1991 bestehenden öffentlich-rechtlichen Dienstverhältnis vorangegangen sind. Einem öffentlich-rechtlichen Dienstverhältnis steht ein Beschäftigungsverhältnis im Sinne des §5 Abs. 1 Nr. 2 und des §6 Abs. 1 Nr. 2 des Sechsten Buches Sozialgesetzbuch gleich.

(9) §42 Abs. 2 kommt für Waisen, die nach dem 31. Dezember 1986 geboren sind, zur Anwendung. Für Waisen, die vor dem 1. Januar 1987 geboren sind, gilt §61 Abs. 2 BeamtVG in der bis zum 31. August 2006 geltenden Fassung fort.

(10) Ansprüche auf Versorgung, die vor dem Inkrafttreten dieses Gesetzes entstanden sind, verjähren nach den bisherigen Vorschriften.

(11) (weggefallen)

(12) §68 Absatz 3 Satz 2 und 3 findet auf am 1. Januar 2002 vorhandene Versorgungsempfänger keine Anwendung.

(13) Für Versorgungsfälle, die seit dem Inkrafttreten dieses Gesetzes und vor der besoldungsrechtlichen Anhebung der Eingangsämter des ehemaligen einfachen Dienstes nach Besoldungsgruppe A 6 eingetreten sind, ist § 51 Absatz 3 Satz 3 sowie § 27 Absatz 4 Satz 2 weiterhin in der bislang geltenden Fassung anzuwenden. Die bisherigen Dienstbezüge erhöhen oder vermindern sich entsprechend den allgemeinen Anpassungen nach § 11.

(14) Für Versorgungsfälle, die seit dem 1. September 2020 und vor der besoldungsrechtlichen Anhebung der Eingangsämter des mittleren Dienstes nach Besoldungsgruppe A 7 eingetreten sind, sind § 27 Absatz 4 Satz 2 und 3 sowie § 51 Absatz 3 Satz 3 weiterhin in der bislang geltenden Fassung anzuwenden. Die bisherigen Dienstbezüge erhöhen oder vermindern sich entsprechend den allgemeinen Anpassungen nach § 11.

§ 103 Bezügebestandteile

(1) Für Versorgungsempfänger, deren ruhegehaltfähige Bezüge sich im Zeitpunkt vor Inkrafttreten dieses Gesetzes nach der Besoldungsgruppe A 2 bis A 4 bestimmen, gilt § 102 Abs. 1. Die zu diesem Zeitpunkt geltenden Grundgehaltsbeträge gelten für die Berechnung der Versorgungsbezüge fort und nehmen an allgemeinen Anpassungen der Versorgungsbezüge gemäß § 11 teil. Die im Rahmen der Neufassung der Landesbesoldungsordnung A weggefallenen Grundgehaltssätze der Besoldungsgruppen A 12 bis A 14 werden durch die neuen Anfangsgrundgehälter der jeweiligen Besoldungsgruppen ersetzt.

(2) Die der Berechnung der Versorgungsbezüge vor Inkrafttreten dieses Gesetzes zugrunde liegenden Zuschläge nach den §§ 50a bis 50e BeamtVG in der bis zum 31. August 2006 geltenden Fassung werden nach Inkrafttreten dieses Gesetzes weiterhin gewährt und wie bis zum Zeitpunkt des Inkrafttretens dieses Gesetzes angepasst.

(3) Zu den ruhegehaltfähigen Bezügen im Sinne des § 19 Abs. 1 Satz 1 zählen und nehmen an den allgemeinen Anpassungen der Versorgungsbezüge nach § 11 teil:

1. die Ausgleichszulage nach § 13 Abs. 1 des Bundesbesoldungsgesetzes (BBesG) in der bis zum 31. August 2006 geltenden Fassung,

2. die Ausgleichszulage nach § 13 Abs. 2 BBesG in der bis zum 31. August 2006 geltenden Fassung,

3. die Überleitungszulage nach Artikel 14 § 1 Abs. 1 des Gesetzes zur Reform des öffentlichen Dienstrechts (Reformgesetz) vom 24. Februar 1997 (BGBl. I S. 322),

4. die Zulagen nach § 5 Abs. 3 Satz 1 Buchst. a und b der Zweiten Verordnung über besoldungsrechtliche Übergangsregelungen nach Herstellung der Einheit Deutschlands (Zweite Besoldungs-Übergangsverordnung – 2. BesÜV) in der Fassung der Bekanntmachung vom 27. November 1997 (BGBl. I S. 2764),

5. die Überleitungszulage nach Artikel IX § 11 des Zweiten Gesetzes zur Vereinheitlichung und Neuregelung des Besoldungsrechts in Bund und Ländern (2. BesVNG) vom 23. Mai 1975 (BGBl. I S. 1173),

6. der Zuschuss zur Ergänzung des Grundgehalts nach Nummer 2 Buchst. c der Vorbemerkung zu Abschnitt II Landesbesoldungsordnung zu den Besoldungsgruppen AH 3 und AH 4 in der bis zum Zeitpunkt des Inkrafttretens diesen Gesetzes geltenden Fassung,

7. die Zulagen nach den Nummern 6 und 27 der Vorbemerkungen zu den Bundesbesoldungsordnungen A und B zum Bundesbesoldungsgesetz in der bis zum 31. August 2006 geltenden Fassung,

8. die Vergütung für Gerichtsvollzieher nach § 12 der Verordnung über die Vergütung für Beamte im Vollstreckungsdienst (Vollstreckungsvergütungsverordnung – VollstrVergV) in der Fassung der Bekanntmachung vom 6. Januar 2003 (BGBl. I S. 8),

9. die Ausgleichszulage nach § 13 Abs. 3 BBesG in der Fassung vom 22. Februar 1996.

(4) Zu den ruhegehaltfähigen Bezügen im Sinne des § 19 Abs. 1 zählen und nehmen nicht an den allgemeinen Anpassungen der Versorgungsbezüge nach § 11 teil:

1. der Anpassungszuschlag nach § 71 BeamtVG in der bis zum 31. Dezember 1983 geltenden Fassung nach Maßgabe des Artikels 32 des Gesetzes über Maßnahmen zur Entlastung der öffentlichen Haushalte und zur Stabilisierung der Finanzentwicklung in der Rentenversicherung sowie über die Verlängerung der Investitionshilfeabgabe (Haushaltsbegleitgesetz 1984) vom 22. Dezember 1983 (BGBl. I S. 1532),

2. der Strukturausgleich nach Artikel 1 § 6 des Gesetzes über die Anpassung von Dienst- und Versorgungsbezügen in Bund und Ländern 1991 (Bundesbesoldungs- und -versorgungsanpassungsgesetzes 1991 – BBVAnpG 91) vom 21. Februar 1992 (BGBl. I S. 266) nach Maßgabe des Artikel 2 Abs. 4 des Bundesbesoldungs- und -versorgungsanpassungsgesetzes 1998 (BBVAnpG 98) vom 6. August 1998 (BGBl. I S. 2026),

3. der Anpassungszuschlag nach § 71 BeamtVG in der bis zum 30. Juni 1997 geltenden Fassung nach Maßgabe des Artikels 4 Nr. 12 und 13 des Reformgesetzes,

4. der Zuschlag zum Grundgehalt (Erhöhungszuschlag) nach Artikel 5 § 1 Abs. 1 oder Artikel 6 Abs. 1 des Siebenten Gesetzes zur Änderung des Bundesbesoldungsgesetzes (7. BesÄndG) vom 15. April 1970 (BGBl. I S. 339) nach Maßgabe des Artikels 2 Abs. 4 BBVAnpG 98,

5. die Ausgleichszulage nach § 81 Abs. 1 BBesG in der bis zum 31. August 2006 geltenden Fassung,

6. die Ausgleichszulage nach Artikel IX § 13 2. BesVNG,

7. die Nummern 8, 9, 10, 12, 13a, 23, 25 und 26 der Vorbemerkungen zu den Bundesbesoldungsordnungen A und B zum Bundesbesoldungsgesetz in der bis zum 31. August 2006 geltenden Fassung nach Maßgabe des § 81 Abs. 2 BBesG in der bis zum 31. August 2006 geltenden Fassung und der danach erfolgten landesrechtlichen Bezügeanpassungen,

8. die Nummern 8, 9, 10, 12, 13a, 23, 25 und 26 der Vorbemerkungen zu den Bundesbesoldungsordnungen A und B zum Bundesbesoldungsgesetz in der bis zum 31. Dezember 1998 geltenden Fassung,

9. die Unterrichtsabfindung nach Nummer 3 der Vorbemerkungen zu Abschnitt II Landesbesoldungsordnung zu den Besoldungsgruppen AH 1 bis AH 4 in der bis zum Zeitpunkt des Inkrafttretens dieses Gesetzes geltenden Fassung,

10. Zulagen nach Vorbemerkung 7 der Landesbesoldungsordnung A in der Fassung vom 6. Mai 1975,

11. Zulagen nach Fußnote 7 zu A 13 und Fußnote 4 zu A 14 des Landesbesoldungsgesetzes in der bis zum Zeitpunkt des Inkrafttretens dieses Gesetzes geltenden Fassung,

12. Zulagen nach Nummer 14 der Vorbemerkungen zu C 4 der Landesbesoldungsordnung in der Fassung bis zum 3. Juli 1979,

13. Zulagen nach Artikel 3 § 2 Abs. 1 und 3 2. BBesErhG,

14. Zulagen nach Artikel X § 5 Abs. 3 2. BesVNG,

15. Zulagen nach Vorbemerkung 12 der Landesbesoldungsordnung in der Fassung vom 12. Dezember 1999,

16. Zulagen nach Vorbemerkung 12 der Landesbesoldungsordnung in der Fassung vom 24. April 1995,

17. Zulagen nach Artikel II 1. BesVNG.

(5) Für Leistungsbezüge nach § 38 Abs. 1 Nr. 3 LBesGBW gilt § 15a Abs. 3 BeamtVG in der bis zum 31. August 2006 geltenden Fassung, soweit das Amt vor dem Inkrafttreten dieses Gesetzes übertragen wurde und die Voraussetzungen für eine versorgungserhöhende Berücksichtigung der Leistungsbezüge nach § 38 Abs. 7 Satz 2 und 3 LBesGBW nicht vorliegen; die Leistungsbezüge gelten dabei als Unterschiedsbetrag.

(6) Für im Zeitpunkt vor der besoldungsrechtlichen Anhebung der Eingangsämter des ehemaligen einfachen Dienstes nach Besoldungsgruppe A 6 vorhandene Versorgungsempfänger, deren Versorgungsbezüge ruhegehaltfähige Dienstbezüge nach der Besoldungsgruppe A 5 zugrunde liegen, bestimmt sich die Versorgung weiterhin nach dieser Besoldungsgruppe. Die zu diesem Zeitpunkt geltenden Dienstbezüge erhöhen oder vermindern sich entsprechend den allgemeinen Anpassungen nach § 11.

(7) Für im Zeitpunkt vor der besoldungsrechtlichen Anhebung der Eingangsämter des mittleren Dienstes nach Besoldungsgruppe A 7 vorhandene Versorgungsempfänger, deren Versorgungsbezüge ruhegehaltfähige Dienstbezüge nach der Besoldungsgruppe A 6 zugrunde liegen, bestimmt sich die Versorgung weiterhin nach dieser Besoldungsgruppe. Die zu diesem Zeitpunkt geltenden Dienstbezüge erhöhen oder vermindern sich entsprechend den allgemeinen Anpassungen nach § 11.

§ 104 Hinterbliebenenversorgung

(1) Für die Hinterbliebenenversorgung aus einer vor dem 1. Januar 2002 geschlossenen Ehe, bei der mindestens ein Ehegatte vor dem 2. Januar 1962 geboren ist, beträgt das Witwengeld abweichend von § 34 Absatz 1 Satz 1 60 Prozent des Ruhegehalts, das der Verstorbene erhalten hat oder hätte erhalten können, wenn er am Todestag in den Ruhestand versetzt worden wäre. § 66 Absatz 9 ist in diesen Fällen nicht anzuwenden.

(2) Hat die Ehe mit dem Beamten oder Ruhestandsbeamten bereits am 31. Dezember 2010 bestanden, findet § 20 Absatz 2 Satz 1 und 2 BeamtVG in der bis zum 31. August 2006 geltenden Fassung Anwendung.

(3) Wenn die Ehe vor dem 1. Juli 1977 geschieden worden ist, ist dem schuldlos oder aus überwiegendem Verschulden des anderen Ehepartners geschiedenen Ehepartner eines verstorbenen Beamten oder Ruhestandsbeamten, der im Fall des Fortbestehens der Ehe Witwengeld erhalten hätte, ein Unterhaltsbeitrag bis zur Höhe des Witwengeldes insoweit zu gewähren, als ihm der Verstorbene zur Zeit seines Todes Unterhalt zu leisten hatte. Eine später eingetretene oder eintretende Änderung der Verhältnisse kann berücksichtigt werden. Dies gilt entsprechend für den früheren Ehepartner eines verstorbenen Beamten, der einem schuldlos oder aus überwiegendem Verschulden des anderen Ehepartners geschiedenen Ehepartner gleichgestellt ist und dessen Ehe aufgehoben oder für nichtig erklärt war.

(4) Einem geschiedenen Ehepartner, der im Fall des Fortbestehens der Ehe Witwengeld erhalten hätte, ist auf Antrag ein Unterhaltsbeitrag insoweit zu gewähren, als er im Zeitpunkt des Todes gegen den Versorgungsurheber einen Anspruch auf schuldrechtlichen Versorgungsausgleich nach § 1587f Nr. 2 des Bürgerlichen Gesetzbuches in der am 31. August 2009 geltenden Fassung wegen einer Anwartschaft oder eines Anspruchs nach § 1587a Abs. 2 Nr. 1 des Bürgerlichen Gesetzbuches in der am 31. August 2009 geltenden Fassung hatte. Der Unterhaltsbeitrag wird jedoch nur gewährt,

1. solange der geschiedene Ehepartner erwerbsgemindert im Sinne des Sechsten Buches Sozialgesetzbuch ist oder

2. solange er mindestens ein waisengeldberechtigtes Kind erzieht oder die Sorge für ein waisengeldberechtigtes Kind mit körperlichen oder geistigen Gebrechen hat oder

3. wenn er die Regelaltersgrenze nach den §§ 35 und 235 des Sechsten Buches Sozialgesetzbuch erreicht hat.

Der nach Satz 1 festgestellte Betrag ist in einem Prozentsatz des Witwengeldes festzusetzen; der Unterhaltsbeitrag darf fünf Sechstel des entsprechend § 13 gekürzten Witwengeldes nicht übersteigen. Dem geschiedenen Ehepartner werden frühere Ehepartner einer aufgehobenen oder für nichtig erklärten Ehe gleichgestellt. Die §§ 35, 39, 40 und 41 gelten entsprechend.

(5) Wenn das Scheidungsverfahren bis zum 31. Juli 1989 rechtshängig geworden ist oder die Parteien bis zum 31. Juli 1989 eine Vereinbarung nach § 1587o des Bürgerlichen Gesetzbuches in der damals geltenden Fassung getroffen haben, ist ein Unterhaltsbei-

trag nach Absatz 3 auch insoweit zu gewähren, als ein Anspruch auf schuldrechtlichen Versorgungsausgleich besteht, weil

1. die Begründung von Rentenanwartschaften in einer gesetzlichen Rentenversicherung mit Rücksicht auf die Vorschrift des § 1587b Abs. 3 Satz 1 Halbsatz 2 des Bürgerlichen Gesetzbuches nicht möglich war,
2. der ausgleichspflichtige Ehegatte die ihm nach § 1587b Abs. 3 Satz 1 Halbsatz 1 des Bürgerlichen Gesetzbuches auferlegten Zahlungen zur Begründung von Rentenanwartschaften in einer gesetzlichen Rentenversicherung nicht erbracht hat,
3. in den Ausgleich Leistungen der betrieblichen Altersversorgung aufgrund solcher Anwartschaften oder Aussichten einzubeziehen sind, die im Zeitpunkt des Erlasses der Entscheidung noch nicht unverfallbar waren oder
4. das Familiengericht nach § 1587b Abs. 4 des Bürgerlichen Gesetzbuches eine Regelung in der Form des schuldrechtlichen Versorgungsausgleichs getroffen hat oder die Ehegatten nach § 1587o des Bürgerlichen Gesetzbuches den schuldrechtlichen Versorgungsausgleich vereinbart haben.

§ 105 Versorgung künftiger Hinterbliebener, Versorgungsausgleich

(1) Der Hinterbliebenenversorgung nach einem zum Zeitpunkt des Inkrafttretens dieses Gesetzes vorhandenen Ruhestandsbeamten ist das von dem Verstorbenen bezogene Ruhegehalt zugrunde zu legen. Für die Hinterbliebenenversorgung aus einer vor dem 1. Januar 2002 geschlossenen Ehe, bei der mindestens ein Ehegatte vor dem 2. Januar 1962 geboren ist, beträgt das Witwengeld (§§ 33 und 34) 60 Prozent des Ruhegehalts, das der Verstorbene erhalten hat oder hätte erhalten können, wenn er am Todestag in den Ruhestand versetzt worden wäre.

(2) Das Ruhegehalt, das der verpflichtete Ehegatte im Zeitpunkt der Wirksamkeit der Entscheidung des Familiengerichts über den Versorgungsausgleich erhält, wird nach § 13 erst gekürzt, wenn aus der Versicherung des berechtigten Ehegatten eine Rente zu gewähren oder eine Zahlung nach § 5 des Bundesversorgungsteilungsgesetzes vom 3. April 2009 (BGBl. I S. 700, 716) oder entsprechendem Landesrecht zu leisten ist; dies gilt nur, wenn der Anspruch auf Ruhegehalt vor dem Zeitpunkt des Inkrafttretens dieses Gesetzes entstanden ist und die Entscheidung des Familiengerichts über den Versorgungsausgleich zu diesem Zeitpunkt bereits wirksam war. § 13 Abs. 4 findet entsprechende Anwendung.

§ 106 Besondere Bestimmungen zur ruhegehaltfähigen Dienstzeit

(1) Bestand während der Kindererziehung vor dem 1. Januar 1992 bereits ein Beamtenverhältnis, ist für ein vor dem 1. Januar 1992 geborenes Kind die Zeit eines Erziehungsurlaubs bis zu dem Tag ruhegehaltfähig, an dem das Kind sechs Monate alt wird. Dies gilt entsprechend für die Zeit einer Kindererziehung von der Geburt des Kindes bis zu dem Tag, an dem das Kind sechs Monate alt wird, die in eine Freistellung vom Dienst nach dem bis zum 31. Dezember 1991 geltenden Landesrecht fällt. Haben Beamte vor der Berufung in ein Beamtenverhältnis ein vor dem 1. Januar 1992 geborenes Kind erzogen, findet § 50a Abs. 8 BeamtVG in der bis zum 31. August 2006 geltenden Fassung Anwendung.

(2) Zeiten einer Altersteilzeit nach § 153h Abs. 2 LBG in der bis zum Zeitpunkt des Inkrafttretens dieses Gesetzes geltenden Fassung oder § 7c Abs. 2 des Landesrichtergesetzes in der bis zum Zeitpunkt des Inkrafttretens dieses Gesetzes geltenden Fassung, die vor Inkrafttreten dieses Gesetzes bewilligt und angetreten oder aufgenommen war, sind zu neun Zehnteln der Arbeitszeit ruhegehaltfähig, die der Bemessung der ermäßigten Arbeitszeit während der Altersteilzeit zugrunde gelegt worden ist.

(3) Der Zeitraum der Verwendung eines Beamten zum Zwecke der Aufbauhilfe im Beitrittsgebiet wird bis zum 31. Dezember 1995 doppelt als ruhegehaltfähige Dienstzeit berücksichtigt, wenn die Verwendung ununterbrochen mindestens ein Jahr gedauert hat.

(4) § 27 Abs. 2 ist auf am 1. Januar 2001 vorhandene Beamte, die bis zum 16. Novem-

ber 1950 geboren sind und am 16. November 2000 schwerbehindert im Sinne des §2 Abs. 2 des Neunten Buches Sozialgesetzbuch sind und nach §52 Nr. 2 LBG in der bis zum Zeitpunkt des Inkrafttretens dieses Gesetzes geltenden Fassung oder nach §40 Abs. 1 Nr. 2 LBG i. V. m. Artikel 62 §3 Abs. 5 des Dienstrechtsreformgesetzes in den Ruhestand versetzt werden, nicht anzuwenden.

(5) Hat das Beamtenverhältnis oder ein unmittelbar vorangegangenes anderes öffentlich-rechtliches Dienstverhältnis, aus dem der Beamte in den Ruhestand tritt, bereits am 31. Dezember 2010 bestanden, finden die §§4, 6 Absatz 1 Satz 1 bis 3 Halbsatz 1 und Satz 6 sowie Absatz 2 und 3, die §§7 bis 12 Absatz 4, §§12b, 13 Absatz 2, §66 Absatz 9, §67 Absatz 2, §69c Absatz 3 und §84 BeamtVG in der bis zum 31. August 2006 geltenden Fassung hinsichtlich der Bestimmung der ruhegehaltfähigen Dienstzeit neben den §§24 Absatz 1 und 2 und 26 dieses Gesetzes weiterhin mit der Maßgabe Anwendung, dass sich die Berücksichtigung von Hochschulausbildungszeiten nach den §§23 Absatz 6, 101 dieses Gesetzes richtet. Eine Beschränkung der ruhegehaltfähigen Dienstzeiten auf Zeiten nach der Vollendung des 17. Lebensjahres erfolgt nicht. Bei der nach Satz 1 erforderlich Anwendung des §4 Absatz 1 BeamtVG in der bis zum 31. August 2006 geltenden Fassung ist §6 Absatz 1 Sätze 3 bis 6 BeamtVG in der bis zum 31. August 2006 geltenden Fassung nicht anzuwenden; Zeiten im Beamtenverhältnis, in denen sich der Beamte in Elternzeit oder im Erziehungsurlaub befunden hat sowie Zeiten im Beamtenverhältnis, in denen eine Pflege nach §67 ausgeübt wurde, sind im Rahmen des §4 Absatz 1 BeamtVG in der bis zum 31. August 2006 geltenden Fassung zu berücksichtigen. §102 Abs. 8 gilt entsprechend.

§107 Ruhegehalt und Übergangsgeld aufgrund von Übergangsregelungen im Besoldungsrecht

(1) Ruhegehaltfähige Bezüge im Sinne des §19 Abs. 1 sind

1. Zuschüsse zum Grundgehalt von Professoren der Besoldungsordnung C nach §96 Abs. 1 LBesGBW, soweit sie für ruhegehaltfähig erklärt wurden,

2. die Überleitungszulage nach §101 Abs. 1 LBesGBW, soweit sie ruhegehaltfähige Bezüge im Sinne dieses Gesetzes ersetzt und

3. die Ausgleichszulage nach §101 Abs. 2 LBesGBW, soweit sie ruhegehaltfähige Bezüge nach früherem Recht ersetzt.

(2) §67 Abs. 4 BeamtVG in der bis zum 31. August 2006 geltenden Fassung findet für die zum Zeitpunkt des Inkrafttretens dieses Gesetzes vorhandenen Hochschuldozenten, Oberassistenten, Oberingenieure sowie wissenschaftliche und künstlerische Assistenten (§99 LBesGBW) weiterhin Anwendung.

2. Abschnitt
Übergangsvorschriften über Ruhensregelungen für vorhandene Beamte oder Versorgungsempfänger

§108 Zusammentreffen von Versorgungsbezügen mit Renten

(1) Versorgungsbezüge für die zum Zeitpunkt des Inkrafttretens dieses Gesetzes vorhandenen Beamten, früheren Beamten oder Versorgungsempfänger sowie deren Hinterbliebene werden neben Renten nur bis zum Erreichen der in Absatz 2 bezeichneten Höchstgrenze gezahlt. Dies gilt ebenfalls für Versorgungsbezüge, deren Berechnung Zeiten vor dem 1. Januar 2011 nach §21 Absatz 3 zugrunde liegen. Als Renten gelten

1. Renten aus den gesetzlichen Rentenversicherungen,

2. Renten aus einer zusätzlichen Alters- oder Hinterbliebenenversorgung für Angehörige des öffentlichen Dienstes,

3. Renten aus der gesetzlichen Unfallversicherung, wobei für Ruhegehaltsempfänger ein dem Unfallausgleich (§50) entsprechender Betrag unberücksichtigt bleibt; bei einem Grad der Schädigungsfolgen von 20 bleiben zwei Drittel, bei ei-

nem Grad der Schädigungsfolgen von 10 bleibt ein Drittel des Unfallausgleichs, welcher der Höhe des Betrags bei einem Grad der Schädigungsfolgen von 30 entspricht, unberücksichtigt,

4. Leistungen aus einer berufsständischen Versorgungseinrichtung oder aus einer befreienden Lebensversicherung, zu denen der Arbeitgeber aufgrund eines Beschäftigungsverhältnisses im öffentlichen Dienst mindestens die Hälfte der Beiträge oder Zuschüsse in dieser Höhe geleistet hat,

5. sonstige Versorgungsleistungen, die zur Versorgung der Berechtigten für den Fall der Erwerbsminderung oder wegen Alters und der Hinterbliebenen für den Fall des Todes bestimmt sind und zu denen der Arbeitgeber aufgrund eines Beschäftigungsverhältnisses im öffentlichen Dienst mindestens die Hälfte der Beiträge oder Zuschüsse in dieser Höhe geleistet hat,

6. Renten nach dem Gesetz über die Alterssicherung der Landwirte.

Wird eine Rente im Sinne des Satzes 3 nicht beantragt oder auf sie verzichtet oder wird an deren Stelle eine Kapitalleistung, Beitragserstattung oder Abfindung gezahlt, tritt an die Stelle der Rente der Betrag, der vom Leistungsträger ansonsten zu zahlen wäre. Bei Zahlung einer Abfindung, Beitragserstattung oder eines sonstigen Kapitalbetrags ist der sich bei einer Verrentung ergebende Betrag zugrunde zu legen. Dies gilt nicht, wenn der Ruhestandsbeamte innerhalb von drei Monaten nach Zufluss den Kapitalbetrag zuzüglich der hierauf gewährten Zinsen in Höhe von 2 Prozentpunkten über dem zum Zeitpunkt seiner Zahlung geltenden Basiszinssatz an den Dienstherrn abführt. Zu den Renten und den Leistungen nach Satz 3 Nr. 4 rechnet nicht der Kinderzuschuss. Renten, Rentenerhöhungen und Rentenminderungen, die auf § 1587b des Bürgerlichen Gesetzbuches oder § 1 des Gesetzes zur Regelung von Härten im Versorgungsausgleich vom 21. Februar 1983 (BGBl. I S. 105), zuletzt geändert am 17. Dezember 2008 (BGBl. I S. 2586, 2729), jeweils in der bis zum 31. August 2009 geltenden Fassung, oder auf den Vorschriften des Versorgungsausgleichsgesetzes vom 3. April 2009 (BGBl. I S. 700), geändert am 15. Juli 2009 (BGBl. I S. 1939, 1947), in der jeweils geltenden Fassung, beruhen, sowie Zuschläge oder Abschläge beim Rentensplitting unter Ehegatten nach §76c des Sechsten Buches Sozialgesetzbuch, bleiben unberücksichtigt. Die Kapitalbeträge nach Satz 5 sind um die Prozentsätze der allgemeinen Anpassungen nach §11, bis zum 31. Dezember 2010 nach § 70 BeamtVG, zu erhöhen oder zu vermindern, die sich nach dem Zeitpunkt der Entstehung des Anspruchs auf die Kapitalbeträge bis zur Gewährung von Versorgungsbezügen ergeben. Der Verrentungsbetrag nach Satz 5 errechnet sich bezogen auf den Monat aus dem Verhältnis zwischen dem nach Satz 9 dynamisierten Kapitalbetrag und dem Verrentungsdivisor, der sich aus dem zwölffachen Betrag des Kapitalwertes nach der vom Bundesministerium der Finanzen zu § 14 Abs. 1 des Bewertungsgesetzes in der Fassung vom 1. Februar 1991 (BGBl. I S. 231), zuletzt geändert am 24. Dezember 2008 (BGBl. I S. 3018, 3028), in der jeweils geltenden Fassung im Bundessteuerblatt veröffentlichten Tabelle ergibt.

(2) Als Höchstgrenze gelten

1. für Ruhestandsbeamte der Betrag, der sich als Ruhegehalt zuzüglich des kinderbezogenen Teils des Familienzuschlags nach § 65 Abs. 2 ergeben würde, wenn der Berechnung unter Berücksichtigung von § 99 Abs. 1 zugrunde gelegt werden

a) bei den ruhegehaltfähigen Dienstbezügen die Endstufe der Besoldungsgruppe, aus der sich das Ruhegehalt berechnet,

b) als ruhegehaltfähige Dienstzeit die Zeit vom vollendeten 17. Lebensjahr bis zum Eintritt des Versorgungsfalls abzüglich von Zeiten nach § 24, zuzüglich der Zeiten, um die sich die ruhegehaltfähige Dienstzeit erhöht und der bei der Rente berücksichtigten Zeiten einer rentenversicherungspflichtigen Beschäftigung oder Tätigkeit nach Eintritt des Versorgungsfalls sowie aller ruhegehaltfähiger Dienstzeiten und Pflichtbeitragszeiten aus den anzurechnenden Renten, die vor Vollendung des 17. Lebensjahres zurückgelegt wurden,

2. für Witwen der Betrag, der sich als Witwengeld zuzüglich des kinderbezogenen Teils des Familienzuschlags nach § 65 Abs. 2, für Waisen der Betrag, der sich als Waisengeld zuzüglich des kinderbezogenen Teils des Familienzuschlags nach § 65 Abs. 2, wenn dieser neben dem Waisengeld gezahlt wird, aus dem Ruhegehalt nach Nummer 1 ergeben würde.

Ist bei einem an der Ruhensregelung beteiligten Versorgungsbezug das Ruhegehalt nach § 27 Abs. 2 oder einer entsprechenden bundes- oder landesrechtlichen Vorschrift gemindert, ist das für die Höchstgrenze maßgebende Ruhegehalt in sinngemäßer Anwendung dieser Vorschrift festzusetzen.

(3) Als Renten im Sinne des Absatzes 1 gelten nicht

1. bei Ruhestandsbeamten (Absatz 2 Satz 1 Nr. 1) Hinterbliebenenrenten aus einer Beschäftigung oder Tätigkeit des Ehegatten,

2. bei Witwen und Waisen (Absatz 2 Satz 1 Nr. 2) Renten aufgrund einer eigenen Beschäftigung oder Tätigkeit.

(4) Bei Anwendung von Absatz 1 und 2 bleibt außer Ansatz der Teil der Rente (Absatz 1), der

1. dem Verhältnis der Versicherungsjahre aufgrund freiwilliger Weiterversicherung oder Selbstversicherung zu den gesamten Versicherungsjahren oder, wenn sich die Rente nach Werteinheiten berechnet, dem Verhältnis der Werteinheiten für freiwillige Beiträge zu der Summe der Werteinheiten für freiwillige Beiträge, Pflichtbeiträge, Ersatzzeiten und Ausfallzeiten oder, wenn sich die Rente nach Entgeltpunkten berechnet, dem Verhältnis der Entgeltpunkte für freiwillige Beiträge zu der Summe der Entgeltpunkte für freiwillige Beiträge, Pflichtbeiträge, Ersatzzeiten, Zurechnungszeiten und Anrechnungszeiten entspricht,

2. auf einer Höherversicherung beruht.

Dies gilt nicht, soweit der Arbeitgeber mindestens die Hälfte der Beiträge oder Zuschüsse in dieser Höhe geleistet hat.

(5) Bei Anwendung des § 68 ist von der nach Anwendung des Absatzes 1 bis 4 verbleibenden Gesamtversorgung auszugehen.

(6) Beim Zusammentreffen von zwei Versorgungsbezügen mit einer Rente ist zunächst der neuere Versorgungsbezug nach Absatz 1 bis 4 und danach der frühere Versorgungsbezug unter Berücksichtigung des gekürzten neueren Versorgungsbezugs nach § 70 zu regeln. Der hiernach gekürzte frühere Versorgungsbezug ist unter Berücksichtigung des gekürzten neueren Versorgungsbezugs nach Absatz 1 bis 4 zu regeln; für die Berechnung der Höchstgrenze nach Absatz 2 ist hierbei die Zeit bis zum Eintritt des neueren Versorgungsfalls zu berücksichtigen.

(7) § 68 Abs. 4 gilt entsprechend.

(8) Den in Absatz 1 bezeichneten Renten stehen entsprechende wiederkehrende Geldleistungen gleich, die aufgrund der Zugehörigkeit zu Zusatz- oder Sonderversorgungssystemen der ehemaligen Deutschen Demokratischen Republik geleistet werden oder die von einem ausländischen Versicherungsträger nach einem für die Bundesrepublik Deutschland wirksamen zwischen- oder überstaatlichen Abkommen gewährt werden.

(9) Übersteigt beim Zusammentreffen von Mindestversorgung mit einer Rente nach Anwendung dieser Regelung die Versorgung das erdiente Ruhegehalt, so ruht die Versorgung bis zur Höhe des Unterschieds zwischen dem erdienten Ruhegehalt und der Mindestversorgung. Der kinderbezogene Teil des Familienzuschlags nach § 65 bleibt bei der Berechnung außer Betracht. Die Summe aus Versorgung und Rente darf nicht hinter dem Betrag der Mindestversorgung zuzüglich des kinderbezogenen Teils des Familienzuschlags nach § 65 zurückbleiben. Zahlbar bleibt mindestens das erdiente Ruhegehalt zuzüglich des kinderbezogenen Teils des Familienzuschlags nach § 65. Satz 1 bis 4 gilt entsprechend für Witwen und Waisen.

(10) Absatz 1 Satz 3 Nr. 5 ist auf Versorgungsfälle anzuwenden, die nach Inkrafttreten dieses Gesetzes eintreten. Maßgeblich ist der Versorgungsbeginn des Versorgungsurhebers.

(11) Auf Versorgungsfälle, die vor dem 1. Januar 2013 eingetreten sind, ist anstelle von Absatz 1 Satz 3 § 108 Absatz 1 Satz 2 in der bis zum 31. Dezember 2012 geltenden Fassung anzuwenden. Auf Versorgungsfälle, die ab 1. Januar 2013 eintreten, ist § 108 Absatz 1 Satz 3 Nummer 6 mit der Maßgabe anzuwenden, dass der Teil der Rente nach dem Gesetz über die Alterssicherung der Landwirte außer Ansatz bleibt, der auf rentenrechtlichen Zeiten beruht, die bis zum 31. Dezember 2012 in der Alterssicherung der Landwirte erworben wurden. Maßgeblich ist der Versorgungsbeginn des Versorgungsurhebers.

3. Abschnitt
Übergangsvorschriften für besondere Beamtengruppen

§ 109 Hochschullehrer, Wissenschaftliche Assistenten sowie Lektoren

(1) Auf die Versorgung der Hochschullehrer, Wissenschaftlichen Assistenten und Lektoren im Sinne des Kapitels I, Abschnitt V, 3. Titel des Beamtenrechtsrahmengesetzes in der am 29. Januar 1976 geltenden Fassung, die nicht als Professoren oder als Hochschulassistenten übernommen worden sind, und ihrer Hinterbliebenen finden die für Beamte auf Lebenszeit, auf Probe oder auf Widerruf geltenden Vorschriften dieses Gesetzes nach Maßgabe der bis zum 31. Dezember 1976 geltenden landesrechtlichen Vorschriften Anwendung.

(2) Für Professoren, die nach dem 31. Dezember 1976 von ihren amtlichen Pflichten entbunden werden (Entpflichtung), und ihre Hinterbliebenen gilt Folgendes:

1. die §§ 6, 9, 13 bis 15, 68 bis 71, 104 Abs. 2 bis 5, § 105 Abs. 2 und § 108 finden Anwendung; hierbei gelten die Bezüge der entpflichteten Professoren als Ruhegehalt, die Empfänger als Ruhestandsbeamte; § 15 gilt nicht für entpflichtete Hochschullehrer, die die Aufgaben der von ihnen bis zur Entpflichtung innegehabten Stelle vertretungsweise wahrnehmen; auf das Ruhegehalt nach Halbsatz 2 wird § 99 Abs. 1 nicht angewandt,

2. die Bezüge der entpflichteten Professoren gelten unter Hinzurechnung des dem Entpflichteten zustehenden, mindestens des zuletzt vor einer Überleitung nach dem nach § 72 des Hochschulrahmengesetzes vom 26. Januar 1976 (BGBl. I S. 185) erlassenen Landesgesetz zugesicherten Vorlesungsgeldes (Kolleggeldpauschale) als Höchstgrenze im Sinne des § 68 Abs. 2,

3. für die Versorgung der Hinterbliebenen eines entpflichteten Hochschullehrers gilt dieses Gesetz mit der Maßgabe, dass sich die Bemessung des den Hinterbliebenenbezügen zugrunde zu legenden Ruhegehalts sowie die Bemessung des Sterbe-, Witwen- und Waisengeldes der Hinterbliebenen nach dem vor dem 1. Januar 1977 geltenden Landesrecht bestimmt; für die Anwendung des § 33 Abs. 1 Satz 2 Nummer 3 und des § 37 gelten die entpflichteten Professoren als Ruhestandsbeamte.

(3) Die Versorgung der Hinterbliebenen eines nach dem nach § 72 des Hochschulrahmengesetzes erlassenen Landesgesetzes übergeleiteten Professors, der einen Antrag nach § 76 Abs. 2 des Hochschulrahmengesetzes nicht gestellt hat, regelt sich nach § 67 BeamtVG in der bis zum 31. August 2006 geltenden Fassung, wenn der Professor vor der Entpflichtung verstorben ist.

(4) Auf das den Hinterbliebenenbezügen nach Absatz 2 Nr. 3 zugrunde liegende fiktive Ruhegehalt ist § 99 Abs. 1 sinngemäß anzuwenden.

4. Abschnitt
Übergangsvorschriften zur Versorgungslastenteilung

§ 110 Laufende Erstattungen

Zum Zeitpunkt des Inkrafttretens dieses Gesetzes laufende Erstattungen werden nach den bisherigen Anteilen fortgeführt.

§ 111 Versorgungslastenteilung bei vergangenen Dienstherrnwechseln ohne laufende Erstattung

(1) Hat vor Inkrafttreten dieses Gesetzes ein Dienstherrnwechsel stattgefunden, der die gesetzlichen Voraussetzungen für eine Versorgungslastenteilung erfüllte, tragen die beteiligten Dienstherrn die Versorgungsbezüge

bei Eintritt des Versorgungsfalls im Verhältnis der Dienstzeiten, die beim abgebenden und beim aufnehmenden Dienstherrn in einem in § 1 Abs. 1 oder 3 genannten Rechtsverhältnis abgeleistet wurden, soweit diese ruhegehaltfähig sind. Zeiten in einem Beamtenverhältnis auf Widerruf bleiben unberücksichtigt. Zeiten einer Beurlaubung, für die der beurlaubende Dienstherr die Ruhegehaltfähigkeit anerkannt oder zugesichert hat, stehen den bei ihm abgeleisteten ruhegehaltfähigen Dienstzeiten gleich. Zeiten einer Abordnung zum aufnehmenden Dienstherrn vor dem Dienstherrnwechsel gelten als beim abgebenden Dienstherrn abgeleistete Dienstzeiten.

(2) Wurde dem Beamten aus Anlass oder nach der Übernahme von dem aufnehmenden Dienstherrn ein höherwertiges Amt verliehen, bemisst sich der Anteil des abgebenden Dienstherrn, als wäre der Beamte in dem beim abgebenden Dienstherrn zuletzt bekleideten Amt verblieben.

(3) Wird der Beamte in den einstweiligen Ruhestand versetzt, entsteht die Verpflichtung des abgebenden Dienstherrn erst mit der Antragsaltersgrenze des Beamten, spätestens jedoch mit Einsetzen der Hinterbliebenenversorgung. Die Zeit im einstweiligen Ruhestand wird, soweit sie ruhegehaltfähig ist, zu Lasten des aufnehmenden Dienstherrn berücksichtigt.

(4) Der abgebende Dienstherr kann anstelle der Erstattung nach Absatz 1 bis 3 eine Abfindung an den erstattungsberechtigten Dienstherrn leisten. Die Abfindung wird nach den §§ 80 und 81 Absatz 1 mit der Maßgabe des § 112 Abs. 2 Nr. 2 berechnet; § 112 Abs. 3 und 5 gilt entsprechend. Der Abfindungsberechnung nach § 80 ist die den Versorgungsbezügen nach Absatz 1 zugrunde liegende ruhegehaltfähige Dienstzeit im sich aus Absatz 1 ergebenden Verhältnis, in vollen Monaten ausgedrückt, zugrunde zu legen.

§ 112 Versorgungslastenteilung im Fall eines zusätzlichen Dienstherrnwechsels nach § 79

(1) Erfolgt in Fällen des § 111 nach Inkrafttreten dieses Gesetzes ein Dienstherrnwechsel, der die Voraussetzungen des § 79 erfüllt, haben neben dem zuletzt abgebenden Dienstherrn auch die früheren, nach bisherigem Recht erstattungspflichtigen Dienstherrn eine Abfindung an den aufnehmenden Dienstherrn zu leisten; für die früheren Dienstherrn tritt die Abfindung anstelle der Erstattung nach § 111 Abs. 1 bis 3.

(2) Die Abfindungen nach Absatz 1 werden nach den §§ 80 und 81 mit folgenden Maßgaben berechnet:

1. Abweichend von § 81 Abs. 2 sind Zeiten bei früheren zahlungspflichtigen Dienstherrn nicht zu berücksichtigen.

2. Für die Berechnung der von den früheren Dienstherrn zu leistenden Abfindungen sind die Bezüge abweichend von § 80 Abs. 3 bis zum Inkrafttreten dieses Gesetzes entsprechend den linearen Anpassungen zu dynamisieren.

3. Dienstzeiten bei weiteren Dienstherrn, die nicht zur Erstattung verpflichtet sind, werden den zahlungspflichtigen Dienstherrn und dem berechtigten Dienstherrn anteilig zugerechnet (Quotelung); die Aufteilung erfolgt nach dem Verhältnis der Zeiten, die die wechselnde Person bei dem zahlungspflichtigen Dienstherrn abgeleistet hat und beim berechtigten Dienstherrn bis zum Erreichen der für die wechselnde Person geltenden gesetzlichen Altersgrenze ableisten würde; abweichend hiervon werden die Zeiten dem nachfolgenden zahlungspflichtigen Dienstherrn zugerechnet, wenn er die wechselnde Person ohne Zustimmung übernommen hat.

(3) Der von den früheren Dienstherrn zu leistende Abfindungsbetrag ist vom Zeitpunkt des Inkrafttretens dieses Gesetzes mit 4,5 Prozent pro Jahr zu verzinsen.

(4) Für den zuletzt abgebenden Dienstherrn gilt § 83 Abs. 2 Satz 1 entsprechend. Die früheren Dienstherrn müssen die Abfindung innerhalb von sechs Monaten leisten, nachdem sie vom zahlungsberechtigten Dienstherrn über den letzten Dienstherrnwechsel unterrichtet wurden.

(5) Die beteiligten Dienstherrn unterrichten sich gegenseitig über die für die Abfindung

maßgeblichen Umstände. § 82 Abs. 2 sowie § 83 Abs. 1, 3 und 4 gelten entsprechend.

§ 113 Versorgungslastenteilung im Fall eines zusätzlichen Dienstherrnwechsels nach dem Versorgungslastenteilungs-Staatsvertrag

Erfolgt in Fällen des § 111 nach Inkrafttreten dieses Gesetzes ein Dienstherrnwechsel, der unter § 3 des Versorgungslastenteilungs-Staatsvertrags fällt, haben die früheren, nach bisherigem Recht erstattungspflichtigen Dienstherrn anstelle der Erstattung nach § 111 Abs. 1 bis 3 eine Abfindung an den zuletzt abgebenden Dienstherrn zu leisten. § 112 Abs. 2, 3, 4 Satz 2 und Abs. 5 gilt entsprechend. Die Pflicht des erstattungspflichtigen Dienstherrn zur Leistung einer Abfindung an den zuletzt abgebenden Dienstherrn nach Satz 1 entfällt, wenn der erstattungspflichtige Dienstherr nach den Vorschriften des Versorgungslastenteilungs-Staatsvertrags zur Zahlung einer Abfindung an den aufnehmenden Dienstherrn verpflichtet ist. Bei einem Dienstherrenwechsel, der nach Inkrafttreten dieses Gesetzes stattgefunden hat und dem vor Inkrafttreten des Versorgungslastenteilungs-Staatsvertrags ein bund-länderübergreifender oder ein länderübergreifender Dienstherrnwechsel vorausgegangen ist, sind beim zuletzt abgebenden Dienstherrn Zeiten bei früheren, nach dem Versorgungslastenteilungs-Staatsvertrag zahlungspflichtigen, Dienstherrn nicht zu berücksichtigen.

5. Abschnitt
Übergangsvorschriften zum Landesbeamtenversorgungsgesetz Baden-Württemberg

§ 114 Übergangsregelung zum Zusammentreffen einer Mindestversorgung mit Leistungen nach dem Gesetz über die Alterssicherung der Landwirte

Auf Versorgungsfälle, die vor dem 1. August 2015 eingetreten sind, ist § 20 Absatz 1 in der bis zum 31. Juli 2015 geltenden Fassung anzuwenden. Auf Versorgungsfälle, die ab 1. August 2015 eintreten, ist § 20 Absatz 1 Satz 2 Nummer 6 mit der Maßgabe anzuwenden, dass der Teil der Rente nach dem Gesetz über die Alterssicherung der Landwirte außer Ansatz bleibt, der auf rentenrechtlichen Zeiten beruht, die bis zum 31. Juli 2015 erworben wurden. Maßgeblich ist der Versorgungsbeginn des Versorgungsurhebers.

§ 115 Übergangsregelung zur Gewährung der Mindestversorgung

Der mit Wirkung vom 1. Januar 2019 eingefügte § 102 Absatz 4 Satz 6 gilt auch für alle sich zum 1. Januar 2019 bereits im Ruhestand befindlichen Personen sowie deren Hinterbliebene. Die Berechnung der Höhe der Mindestversorgung bestimmt sich weiterhin nach den bisherigen Regelungen. Satz 1 und 2 gelten entsprechend für die mit Wirkung zum 1. Januar 2019 erfolgte Aufhebung der Unterschreitung der Mindestversorgung nach § 27 Absatz 4 Satz 4.

Verordnung des Finanz- und Wirtschaftsministeriums zur Durchführung des § 48 Abs. 6 des Landesbeamtenversorgungsgesetzes (Heilverfahrensverordnung Baden-Württemberg – LHeilvfVOBW)

Vom 16. Dezember 2010 (GBl. S. 1082)

Zuletzt geändert durch
Gesetz über den öffentlichen Gesundheitsdienst und zur Änderung anderer Vorschriften
vom 17. Dezember 2015 (GBl. S. 1210)

Auf Grund von § 48 Abs. 6 des Landesbeamtenversorgungsgesetzes Baden-Württemberg (LBeamtVGBW) vom 9. November 2010 (GBl. S. 793, 911) wird verordnet:

§ 1 Allgemeines

(1) Der Anspruch eines durch Dienstunfall Verletzten auf ein Heilverfahren wird dadurch erfüllt, dass ihm die notwendigen und angemessenen Kosten erstattet werden, soweit die Dienstbehörde das Heilverfahren nicht selbst durchführt oder durchführen lässt.

(2) Beamtenrechtliche Vorschriften über die Gewährung von Heilfürsorge bleiben unberührt, soweit diese Verordnung nicht umfassendere Leistungen vorsieht.

§ 2 Ärztliche Untersuchung

Der Verletzte ist verpflichtet, sich nach Weisung der Dienstbehörde ärztlich untersuchen und, wenn einer der in § 14 bezeichneten Ärzte dies für erforderlich hält, auch beobachten zu lassen.

§ 3 Heilbehandlung

(1) Kosten werden erstattet für

1. Untersuchung, Beratung, Verrichtung, Behandlung, Beobachtung, Begutachtung und andere Maßnahmen der Heilbehandlung, die vom Arzt oder Zahnarzt vorgenommen oder schriftlich angeordnet sind,

2. die bei den Maßnahmen nach Nummer 1 verbrauchten und die auf schriftliche ärztliche oder zahnärztliche Verordnung beschafften Arznei- und anderen Heilmittel, Stärkungsmittel, Verbandmittel, Artikel zur Krankenpflege und ähnliche Mittel der Heilbehandlung,

3. die vom Arzt oder Zahnarzt schriftlich verordnete besondere Kost, soweit sie die Aufwendungen für Normalkost übersteigen.

(2) Kosten nach Absatz 1 für die Inanspruchnahme von Personen, die nach § 19 des Gesetzes über die Ausübung der Zahnheilkunde in der im Bundesgesetzblatt Teil III, Gliederungsnummer 2123-1, veröffentlichten bereinigten Fassung, zuletzt geändert durch § 2 der Verordnung vom 27. September 1977 (BGBl. I S. 1869), zur Ausübung der Zahnheilkunde berechtigt sind, oder von Personen, die nach dem Heilpraktikergesetz in der im Bundesgesetzblatt Teil III, Gliederungsnummer 2122-2, veröffentlichten bereinigten Fassung, geändert durch Artikel 53 des Gesetzes vom 2. März 1974 (BGBl. I S. 469), zur Ausübung der Heilkunde berechtigt sind, sind zu erstatten.

(3) Die Kosten für eine Untersuchung, Beobachtung und Begutachtung im unmittelbaren Anschluss an den Dienstunfall werden auch dann erstattet, wenn diese Maßnahmen nur der Feststellung dienten, ob Unfallfolgen eingetreten sind.

(4) Die Dienstbehörde kann bei Zweifeln über die Notwendigkeit einer Maßnahme im Sinne des Absatz 1 das Gutachten eines der in § 14 bezeichneten Ärzte einholen.

§ 4 Krankenhausbehandlung

(1) Der Verletzte hat der Dienstbehörde den Beginn einer Krankenhausbehandlung unverzüglich anzuzeigen. Hat diese auf Grund eines ärztlichen Gutachtens (§ 3 Abs. 4) entschieden, dass eine Krankenhausbehandlung nicht notwendig ist, werden die Kosten hier-

für nur bis zum Ablauf des auf den Tag der Zustellung der Entscheidung folgenden Tages erstattet.

(2) Als Krankenhausbehandlung im Sinne dieser Verordnung gilt die stationäre Behandlung oder Beobachtung in öffentlichen und freien gemeinnützigen Krankenhäusern sowie in privaten Krankenhäusern, die nach § 30 der Gewerbeordnung konzessioniert sind. Ein Aufenthalt in einem Kurkrankenhaus oder in einem Sanatorium gilt nicht als Krankenhausbehandlung im Sinne des Satzes 1.

(3) Bei Behandlung in Krankenhäusern, in denen die erbrachten Leistungen nach den Grundsätzen der Bundespflegesatzverordnung berechnet werden, sind die Kosten für die allgemeinen Krankenhausleistungen, die gesondert berechenbaren Nebenleistungen, eine gesondert berechenbare Unterkunft in einem Zweibettzimmer und für gesondert berechenbare ärztliche Leistungen angemessen. Erfolgt die Behandlung in Krankenhäusern, die nach dem Krankenhausentgeltgesetz (Fallpauschalenprinzip) abrechnen, sind die entsprechenden Fallpauschalen angemessen. Mehrkosten für die Unterbringung in einem Einzelzimmer sind angemessen, wenn hierfür besondere dienstliche oder medizinische Gründe vorliegen. Dasselbe gilt für Zusatzentgelte für sonstige gesondert berechenbare Leistungen.

(4) Ergibt sich die Notwendigkeit einer Krankenhausbehandlung während eines dienstlich angeordneten Aufenthalts im Ausland, ist über die Erstattung der Kosten für diese Behandlung unabhängig von den Vorschriften der Absätze 2 und 3 zu entscheiden. Im übrigen sind Kosten für eine Krankenhausbehandlung im Ausland nur bis zu dem Betrag zu erstatten, der nach Absatz 3 zu erstatten wäre, wenn der Verletzte in ein Krankenhaus im Sinne des Absatz 3 am dienstlichen Wohnsitz aufgenommen worden wäre.

(5) Eine Krankenhausbehandlung ist zur Sicherung des Heilerfolges insbesondere dann notwendig (§ 48 Abs. 2 Satz 2 LBeamtVGBW), wenn nach ärztlichem Gutachten

1. die Art der Verletzung eine Behandlung oder Pflege verlangt, die auf andere Weise nicht möglich ist, oder

2. der Zustand oder das Verhalten des Verletzten eine Pflege oder eine fortgesetzte Beobachtung erfordert.

§ 5 Kur- oder Sanatoriumsaufenthalt

(1) Die Kosten für einen Aufenthalt in einem Kurkrankenhaus oder in einem Sanatorium oder für eine Heilkur werden nur erstattet, wenn die Dienstbehörde diese Maßnahme vor Beginn genehmigt hat. Sie darf erst genehmigt werden, wenn sie nach dem Gutachten eines der in § 14 bezeichneten Ärzte zur Behebung oder Minderung der durch den Dienstunfall verursachten körperlichen Beschwerden notwendig ist und der gleiche Heilerfolg durch eine andere Behandlungsweise nicht zu erwarten ist.

(2) Ort, Zeit und Dauer einer Maßnahme nach Absatz 1 bestimmt die Dienstbehörde auf Grund eines Gutachtens eines der in § 14 bezeichneten Ärzte.

(3) Bei einer Maßnahme nach Absatz 1 werden neben den Kosten nach § 3 Abs. 1 und 2 und § 7 die Kosten für die Kurtaxe und den ärztlichen Schlussbericht sowie die Kosten für die Unterkunft und Verpflegung bei

1. Durchführung einer Heilkur bis zur Höhe des Tagegeldes und der Übernachtungskosten gemäß §§ 9 und 10 des Landesreisekostengesetzes

2. einem Aufenthalt in einem Kurkrankenhaus oder in einem Sanatorium in Höhe des niedrigsten Satzes der jeweiligen Einrichtung erstattet.

(4) Die Absätze 1 bis 3 gelten entsprechend für die Kosten für einen der Heilbehandlung dienenden Aufenthalt außerhalb des Dienst- oder Wohnortes.

§ 6 Hilfsmittel

(1) Die Kosten für Hilfsmittel (Körperersatzstücke, orthopädische und andere Hilfsmittel) und deren Zubehör, soweit sie 600 Euro übersteigen, sowie die Kosten für eine notwendige Ausbildung in ihrem Gebrauch werden grundsätzlich nur erstattet, wenn die

Dienstbehörde die Erstattung vorher zugesagt hat. Die Hilfsmittel müssen schriftlich verordnet und den persönlichen und beruflichen Bedürfnissen des Verletzten angepasst sein.

(2) Als Kosten für Hilfsmittel nach Absatz 1 gelten auch die Kosten für ihre Wartung sowie ihre Instandsetzung und ihren Ersatz, wenn die Unbrauchbarkeit oder der Verlust nicht auf Missbrauch, Vorsatz oder grober Fahrlässigkeit des Verletzten beruht. Bei Erstattung der Kosten für den Ersatz eines unbrauchbar gewordenen Hilfsmittels kann sein Verkaufswert angerechnet werden.

(3) Die Erstattung der Kosten für Hilfsmittel kann davon abhängig gemacht werden, dass der Verletzte sie sich anpassen lässt oder sich einer Ausbildung unterzieht, um mit ihrem Gebrauch vertraut zu werden.

(4) Blinden werden die Kosten für die Beschaffung und den Ersatz eines Führhundes erstattet; die Absätze 1 bis 3 gelten sinngemäß. Zum Unterhalt des Hundes wird der Betrag gewährt, der nach dem Bundesversorgungsgesetz jeweils für den gleichen Zweck vorgesehen ist. Wird ein Führhund nicht gehalten, weil er nicht verwendet werden kann, werden die Kosten für fremde Führung erstattet. Wird ein Führhund aus anderen Gründen nicht gehalten, werden nur die Kosten bis zur Höhe des in Satz 2 genannten Betrages erstattet.

(5) Die Orthopädieverordnung vom 4. Oktober 1989 (BGBl. I S. 1834) ist in der jeweils geltenden Fassung entsprechend anzuwenden, soweit sich aus dieser Verordnung nichts anderes ergibt.

§ 7 Beförderungsauslagen

(1) Die Kosten für die Benutzung von Beförderungsmitteln werden erstattet, wenn die Benutzung aus Anlass der Heilbehandlung notwendig war. Die Höhe der zu erstattenden Kosten richtet sich nach den Vorschriften über die Fahrkostenerstattung des Landesreisekostengesetzes in der jeweils geltenden Fassung. Kosten für die Benutzung öffentlicher Verkehrsmittel und sonstige Nebenkosten werden auch dann erstattet, wenn die Heilbehandlung am Wohnort des Verletzten durchgeführt wird.

(2) In den Fällen des Absatz 1 werden Tagegeld und Übernachtungskosten nach den Vorschriften des Landesreisekostengesetzes in der jeweils geltenden Fassung gewährt. Während eines Krankenhausaufenthaltes (§ 4 Abs. 2), während eines Aufenthaltes in einem Kurkrankenhaus oder in einem Sanatorium oder während einer Heilkur (§ 5 Abs. 1) entfällt die Zahlung von Tage- und Übernachtungsgeld.

(3) War die Begleitung des Verletzten nach ärztlichem Gutachten erforderlich, werden die Kosten erstattet, die durch die Inanspruchnahme der Begleitperson entstanden sind. Absatz 1 Satz 2 und 3 sowie Absatz 2 Satz 1 gelten entsprechend.

(4) Die Kosten einer Besuchsfahrt von nächsten Angehörigen (Ehegatten, Lebenspartner, Kindern, Eltern) können bei Krankenhausbehandlung des Verletzten erstattet werden, wenn und soweit die Besuchsfahrt nach Befürwortung durch einen der in § 14 bezeichneten Ärzte zur Sicherung des Heilerfolgs dringend erforderlich war. Absatz 1 Satz 2 und 3 sowie Absatz 2 Satz 1 gelten entsprechend.

§ 8 Bestattungskosten

Ist der Verletzte an den Folgen des Dienstunfalls verstorben, werden die Kosten der Überführung der Leiche zum Wohnort, in besonderen Fällen auch nach einem anderen Ort, und die Kosten der Bestattung erstattet. Die Erstattung der Kosten der Überführung kann ganz oder teilweise versagt werden, wenn der Tod während eines nicht mit der dienstlichen Tätigkeit zusammenhängenden Aufenthalts im Ausland eingetreten ist. Für den Umfang der Kosten der Bestattung und für die Empfangsberechtigung gilt § 1968 des Bürgerlichen Gesetzbuches entsprechend.

§ 9 Verdienstausfall

Einem früheren Beamten oder früheren Ruhestandsbeamten, der Heilverfahren erhält (§ 48 LBeamtVGBW), kann ein Verdienstausfall, der durch eine Heilbehandlung entstanden ist, für dessen Dauer erstattet werden. Der Erstattungsbetrag und ein Unterhaltsbeitrag (§ 53 LBeamtVGBW) dürfen zusammen den Unterhaltsbeitrag nach § 53 Abs. 2 Nr. 1 LBeamtVGBW nicht übersteigen. Wird einem früheren Beamten auf Widerruf, der ein Amt bekleidete, das seine Arbeitskraft nur nebenbei beanspruchte, im Unterhaltsbeitrag nach Maßgabe des Grades der Schädigungsfolgen in Höhe des jeweiligen Unfallausgleichs gewährt, dürfen der Erstattungsbetrag und der Unterhaltsbeitrag zusammen den Betrag des Unfallausgleichs für einen Grad der Schädigungsfolgen von 100 nicht übersteigen. Ehrenbeamten (§ 75 LBeamtVGBW) kann ein Verdienstausfall nach billigem Ermessen erstattet werden.

§ 10 Vorschuss

Die Kosten für eine Heilbehandlung werden in der Regel nach ihrem Abschluss erstattet; auf Antrag können Vorschüsse oder Abschlagszahlungen gewährt werden. In geeigneten Fällen können mit Zustimmung des Verletzten die Kosten für eine Heilbehandlung durch eine jederzeit widerrufliche laufende Zahlung ganz oder teilweise abgegolten werden.

§ 11 Pflegekosten

(1) Die Kosten für eine notwendige Pflege (§ 49 Abs. 1 LBeamtVGBW) werden erstattet, wenn der Verletzte nach dem Gutachten eines der in § 14 bezeichneten Ärzte infolge des Dienstunfalls zu den Verrichtungen des täglichen Lebens aus eigener Kraft nicht imstande ist, so dass für seine Pflege die Arbeitskraft einer anderen Person oder eine für die Pflege geeignete Einrichtung in Anspruch genommen werden muss.

(2) Die Angemessenheit der Kosten ergibt sich in erster Linie aus dem der Hilflosigkeit des Verletzten entsprechenden Ausmaßes der Pflege; seine persönlichen Verhältnisse sind dabei zu berücksichtigen.

(3) Wird Pflege durch eine andere geeignete Pflegekraft als eine Berufspflegekraft geleistet, werden Kosten bis zu der Höhe erstattet, die für die Inanspruchnahme einer berufsmäßigen Pflegekraft aufgewendet werden müssten.

(4) Im Rahmen des Absatzes 3 werden bei Pflege durch Familienangehörige als Kosten nach Absatz 1 erstattet

1. ein Betrag höchstens in Höhe des Ausfalls an Arbeitseinkommen zuzüglich des Arbeitgeberanteils zur Sozialversicherung, wenn die Familienangehörigen einen Beruf aufgegeben haben, um die Pflege ausüben zu können,

2. Kosten für eine Hilfe im Haushalt, wenn diese wegen der Inanspruchnahme der Angehörigen durch die Pflege des Verletzten angenommen werden muss, oder

3. in allen anderen Fällen 50 Prozent der sonst durch die Inanspruchnahme einer berufsmäßigen Pflegekraft entstehenden Kosten.

In den Fällen des Satz 1 Nr. 1 und 2 ist mindestens ein Betrag in der in Satz 1 Nummer 3 genannten Höhe zu gewähren.

(5) Zu den Kosten einer Pflegekraft gehören auch die Fahrkosten, wenn eine geeignete Pflegekraft am Ort nicht zur Verfügung steht.

(6) Wird der Verletzte, wenn geeignete Pflege sonst nicht gewährleistet ist, in einer zur Pflege geeigneten Einrichtung untergebracht, werden die Kosten, die für eine angemessene Unterbringung in öffentlichen oder, falls solche nicht vorhanden sind, in freien gemeinnützigen Einrichtungen am Ort der Unterbringung oder in seiner nächsten Umgebung aufzuwenden wären, erstattet. Auf die Kosten der Unterbringung ist ein angemessener Betrag für Einsparungen im Haushalt anzurechnen.

(7) Die erstattungsfähigen Beträge können monatlich im voraus gezahlt werden. Mindestens alle zwei Jahre nach Beginn der Pflege ist in der Regel auf Grund eines ärztlichen Gutachtens zu prüfen, ob die Inanspruchnahme einer Pflegekraft oder die Unterbringung in einer Pflegeeinrichtung noch notwendig ist. Ist sie nicht mehr notwendig, ist die Erstattung mit Ablauf des Monats einzustellen, der auf den Monat folgt, in dem dem Verletzten der Bescheid zugestellt worden ist.

(8) Der Verletzte ist verpflichtet, jede wesentliche Änderung in den Verhältnissen, die für die Erstattung der Pflegekosten maßgebend sind, der Dienstbehörde unverzüglich anzuzeigen.

§ 12 Zuschlag zum Unfallruhegehalt

(1) Der Zuschlag zum Unfallruhegehalt ist im Rahmen des Höchstbetrages (§ 49 Abs. 2 LBeamtVGBW) bei Hilflosigkeit (§ 11 Abs. 1) zu gewähren. Seine Höhe ist unter Berücksichtigung des Einzelfalls, insbesondere des der Hilflosigkeit des Verletzten entsprechenden Ausmaßes der Pflege zu bemessen (§ 11 Abs. 2 bis 5). Er wird vom Ersten des Monats an gezahlt, in dem der Antrag gestellt ist. Für den gleichen Zeitraum gezahlte Beträge sind anzurechnen. § 11 Absatz 7 und 8 gilt sinngemäß.

(2) Der Zuschlag ist neu festzustellen, wenn sich die Verhältnisse, die für seine Feststellung maßgebend gewesen sind, wesentlich geändert haben. Eine Erhöhung des Zuschlags wird mit Beginn des Monats wirksam, in dem der Bescheid zugestellt worden ist, oder, wenn der Zuschlag auf Antrag erhöht wird, mit dem Ersten des Antragsmonats. Eine Minderung des Zuschlags wird mit Ablauf des Monats wirksam, der auf den Monat folgt, in dem der Bescheid zugestellt worden ist.

(3) Einem Verletzten, der einen Zuschlag erhält, können auf Antrag und frühestens vom Beginn des Antragsmonats an statt des Zuschlags die Kosten einer notwendigen Pflege erstattet werden. Ein für den gleichen Zeitraum gezahlter Zuschlag ist anzurechnen.

(4) In Fällen des § 53 Absatz 1 und 6 des Landesbeamtenversorgungsgesetzes Baden-Württemberg gelten bei einer durch Dienstunfall verursachten Hilflosigkeit des Verletzten die Absätze 1 bis 3 entsprechend.

§ 13 Kleider- und Wäscheverschleiß

(1) Die durch die Folgen des Dienstunfalls verursachten außergewöhnlichen Kosten für Kleider- und Wäscheverschleiß (§ 48 Abs. 4 LBeamtVGBW) sind unter entsprechender Anwendung von § 15 Bundesversorgungsgesetz in Verbindung mit den §§ 1 bis 4 der Verordnung zur Durchführung des § 15 des Bundesversorgungsgesetzes vom 31. Januar 1972 (BGBl. I S. 105) in der jeweils geltenden Fassung zu ersetzen.

(2) Der Pauschbetrag wird monatlich im voraus gezahlt. § 11 Absatz 7 Satz 2 und 3 und § 12 Absatz 2 gelten sinngemäß. Die in Sonderfällen den Höchstsatz des Pauschbetrags übersteigenden Aufwendungen werden jeweils für das abgelaufene Kalenderjahr erstattet.

§ 14 Gutachten

Soweit diese Verordnung ein ärztliches Gutachten vorsieht, kann auch das Gutachten eines beamteten Arztes oder eines von der Dienstbehörde allgemein oder im Einzelfall bezeichneten Arztes gefordert werden. Wird Heilfürsorge gewährt (§ 1 Abs. 2), treten an die Stelle der in dieser Verordnung bezeichneten Ärzte die jeweils für die Durchführung der Heilfürsorge bestimmten Ärzte.

§ 15 Zuständigkeit

Die Zuständigkeit der Dienstbehörden nach dieser Verordnung richtet sich nach § 3 Landesbeamtenversorgungsgesetz Baden-Württemberg.

§ 16 Inkrafttreten

Diese Verordnung tritt am 1. Januar 2011 in Kraft.

Verordnung der Landesregierung über die einmalige Unfallentschädigung nach § 59 Abs. 3 Satz 2 des Landesbeamtenversorgungsgesetzes Baden-Württemberg (Unfallentschädigungsverordnung Baden-Württemberg – UEVOBW)

Vom 30. November 2010 (GBl. S. 999)

§ 1 Flugdienst

(1) Flugdienst im Sinne des § 59 Abs. 3 Satz 1 Nr. 1 (LBeamtVGBW) ist jeder Aufenthalt, der an Bord eines Luftfahrzeugs zur Durchführung eines Flugauftrags oder eines sonstigen dienstlichen Auftrags vom Beginn des Starts bis zur Beendigung der Landung erforderlich ist.

(2) Der Start beginnt nach der Freigabe zum Start oder aus eigenem Entschluss des verantwortlichen Luftfahrzeugführers mit der Bewegung des Luftfahrzeugs zum Zweck des Abhebens und endet mit Erreichen der Reiseflughöhe oder der durch Flugauftrag vorgeschriebenen Mindestflughöhe. Die Landung beginnt mit der Freigabe zur Landung oder aus eigenem Entschluss des verantwortlichen Luftfahrzeugführers und endet bei Starrflüglern mit dem Verlassen der Start- und Landebahn, bei Drehflüglern mit dem Aufsetzen oder dem Ausrollen.

(3) Zum Flugdienst gehören auch

1. bei Luftfahrzeugen mit Strahl- oder Turbinenantrieb
   a) das Rollen, Schweben oder Anschwimmen von der Park- zur Startposition und das Rollen, Schweben oder Abschwimmen nach dem Verlassen der Start- und Landebahn oder des Landepunkts zur Parkposition,
   b) der Betrieb im Stand vom Anlassen des Triebwerks bis zum Stillstand des Triebwerks sowie die Bewegung bei laufendem Triebwerk zum Zweck von Funktionsprüfungen oder Positionswechseln,

2. bei Starrflüglern mit Kolbentriebwerk das Rollen auf nicht ordnungsgemäß ausgebauter und befestigter Oberfläche, die nicht durch Angehörige des Flugbetriebspersonals oder durch einen Luftfahrzeugführer vorher erkundet ist,

3. im Luftnotfall der Absprung mit dem Fallschirm,

4. im Luftrettungsdienst oder in der Ausbildung dazu Dienstverrichtungen im Gefahrenbereich der Rotoren eines Drehflüglers oder beim Abseilen oder Aufseilen an einem Drehflügler.

§ 2 Besonders gefährdetes fliegendes Personal

(1) Beamte, die

1. zur Besatzung eines Starrflüglers mit Strahl- oder Turbinenantrieb gehören,

2. in der Ausbildung zum Angehörigen der Besatzung, zum Fluglehrer oder zum Testpiloten stehen oder auf einen anderen Luftfahrzeugtyp umgeschult werden,

3. zum Lehrpersonal für die fliegerische Ausbildung oder zum Prüfpersonal für die Abnahme fliegerischer Prüfungen gehören,

4. Dienstverrichtungen nach § 1 Abs. 3 vornehmen,

5. einen besonders gefährlichen Auftrag (§ 3 Abs. 1) durchführen,

6. zur Besatzung eines Luftfahrzeugs gehören, das sich in einem besonders gefährlichen Flug- oder Betriebszustand (§ 3 Abs. 3) befindet,

sind Angehörige des besonders gefährdeten fliegenden Personals.

(2) Für Beamte, die auf Grund eines dienstlich erteilten Auftrages in einem Luftfahrzeug des Bundes, eines Landes oder der verbündeten Streitkräfte mitfliegen, gilt Absatz 1 sinngemäß.

§ 3 Besonders gefährlicher Auftrag, Flug- oder Betriebszustand

(1) Ein besonders gefährlicher Auftrag (§ 2 Abs. 1 Nr. 5) liegt vor bei vorgeschriebenen Flügen

1. in einer Flughöhe von weniger als 500 Meter über Grund,
2. mit Verlastung oder Abwurf von Gegenständen,
3. im Luftrettungseinsatz, dessen Durchführung mit einer besonderen Lebensgefahr verbunden ist,
4. im Langsamflug, Kunstflug oder Verbandsflug,
5. zur Durchführung von Messungen im Rahmen der Flugsicherung oder Wettererkundung (Messflug),
6. im Gebirge bei einem seitlichen Abstand von weniger als 20 Metern zu einer Steilwand,
7. zur Erprobung oder zum Nachfliegen von neuen Luftfahrzeugtypen oder Luftfahrzeugen im Rahmen einer beabsichtigten Änderung des bisherigen Verwendungszwecks,
8. zur Abnahme von neuen Luftfahrzeugen,
9. zur Überprüfung von überholten Luftfahrzeugen oder neuen oder erneuerten wesentlichen Luftfahrzeugteilen,
10. zur Durchführung von Triebwerks- und Geräteerprobungen.

(2) Einem besonders gefährlichen Auftrag im Sinne des Abs. 1 Nr. 1, 3, 4 und 6 stehen die Fälle gleich, in denen sich abweichend von dem erteilten Flugauftrag die Notwendigkeit der dort bezeichneten Flugarten erst nach dem Start auf Grund der die Flugbedingungen beeinflussenden Umstände ergibt.

(3) Ein besonders gefährlicher Flug- oder Betriebszustand (§ 2 Abs. 1 Nr. 6) liegt vor

1. für die Dauer des Start- und Landevorganges (§ 1 Abs. 2),
2. für die Dauer eines zur Durchführung des Flugauftrages notwendigen Durchfliegens von Schlechtwettergebieten, wenn das Luftfahrzeug nach Instrumentenflugregeln fliegen muss,
3. wenn das Luftfahrzeug steuerungsunfähig ist.

§ 4 Helm- und Schwimmtaucher

(1) Beamte, die zu Unterwasserarbeiten mit einem Helmtauchgerät ausgebildet, in Übung gehalten oder eingesetzt werden, sind Helmtaucher. Beamte, die zu Unterwasserarbeiten mit einem Leichttauchgerät ausgebildet, in Übung gehalten oder eingesetzt werden, sind Schwimmtaucher. Das gilt auch für die Feuerwehrtaucher.

(2) Besonders gefährlicher Tauchdienst ist jede Dienstverrichtung,

1. des Helmtauchers vom Schließen bis zum Öffnen des Helmfensters,
2. des Schwimmtauchers vom Aufsetzen bis zum Absetzen der Schwimmmaske.

§ 5 Beamte im Bergrettungsdienst

(1) Beamte, die

1. Bergführer sind oder an Bergführerlehrgängen teilnehmen,
2. aus dienstlichen Gründen Bergnothilfe leisten,
3. für die Bergnothilfe ausgebildet werden oder
4. Ausbildungspersonal für die Fels- und Eisausbildung sind,
5. als Höhenretter bei einer Feuerwehr Nothilfe leisten oder
6. als Höhenretter bei einer Feuerwehr ausgebildet werden,

sind während der Dienstverrichtung nach Absatz 2 Beamte im Bergrettungsdienst.

(2) Bergrettungsdienst ist jede Dienstverrichtung, die beim Einsatz oder bei der Ausbildung zur Bergnothilfe ausgeübt wird, und zwar im Felsklettern ab Schwierigkeitsgrad III, im Eisgehen ab Schwierigkeitsgrad II oder unter sonstigen Bedingungen, mit denen eine besondere Lebensgefahr verbunden ist. Ausbildung sind auch alle Dienstverrichtungen im Sinne des Satzes 1, die notwendig sind, um den Beamten für die Bergnothilfe in Übung zu halten. Als Bergrettungsdienst gilt auch der Einsatz in der Höhenrettung der Feuerwehr.

§ 6 Munitionsuntersuchungspersonal

(1) Beamte, die zur Untersuchung von Munition dienstlich eingesetzt, und Beamte, die dabei als Hilfskräfte tätig sind, gehören während des dienstlichen Umgangs mit Munition (Absatz 3) zum besonders gefährdeten Munitionsuntersuchungspersonal.

(2) Munition sind alle Gegenstände, die Explosivstoffe enthalten oder aus Explosivstoffen bestehen. Zur Erzeugung von Feuer, Rauch und künstlichem Nebel oder einer anderen Wirkung können die Gegenstände auch andere Stoffe enthalten.

(3) Dienstlicher Umgang mit Munition ist das dienstlich angeordnete Untersuchen (Prüfen und Feststellen des Zustands) von Munition, deren Zustand zweifelhaft oder deren Herkunft unbekannt ist. Dazu gehören alle Dienstverrichtungen, die mit der Untersuchung im Zusammenhang stehen, insbesondere das Suchen, Markieren, Freilegen, Befördern, Zerlegen und Vernichten sowie das Entfernen, Auswechseln und Hinzufügen von Teilen.

§ 7 Angehörige eines Polizeiverbands

(1) Polizeivollzugsbeamte, die in den zur Bekämpfung schwerer Gewaltkriminalität gebildeten polizeilichen Verbänden dienstlich eingesetzt oder ausgebildet werden, sind Angehörige eines Polizeiverbands im Sinne von § 59 Abs. 3 Satz 1 Nr. 5 LBeamtVGBW. Entsprechendes gilt für andere Beamte, die gemeinsam mit den in Satz 1 bezeichneten Beamten oder mit diese beschützenden Beamten zur Bekämpfung schwerer Gewaltkriminalität eingesetzt oder ausgebildet werden.

(2) Besonders gefährlich ist eine Diensthandlung, die beim besonderen polizeilichen Einsatz zur Bekämpfung schwerer Gewaltkriminalität oder in einer Sonderausbildung dazu vorgenommen wird und nach der Art des Einsatzes oder der Sonderausbildung über die im Polizeidienst übliche Gefährdung hinausgeht.

§ 8 Einsatz beim Ein- oder Aushängen von Außenlasten bei einem Drehflügelflugzeug

Beamte, die unter einem schwebenden Drehflügelflugzeug Außenlasten an diesem Flugzeug ein- oder aushängen oder die Verbindung einer Steuerleitung zwischen Flugzeug und Außenlast herstellen oder lösen, befinden sich im Einsatz im Sinne des § 59 Abs. 3 Satz 1 Nr. 6 LBeamtVGBW. Der Einsatz umfasst auch die Ausbildung und Erprobung.

§ 9 Einsatz unter umluftunabhängigen Atemschutzgeräten

Beamte, die zur Erfüllung ihres Einsatzauftrags zum Schutz vor einer Gefährdung durch Sauerstoffmangel oder durch Einatmen gesundheitsschädigender Stoffe (Atemgifte) mit unabhängig von der Umgebungsatmosphäre wirkenden Atemschutzgeräten tätig werden, befinden sich im Einsatz im Sinne des § 59 Abs. 3 Satz 1 Nr. 7 LBeamtVGBW.

§ 10 Andere Angehörige des öffentlichen Dienstes

Für Angestellte und Arbeiter, zu deren Dienstobliegenheiten Tätigkeiten der in § 59 Abs. 3 Satz 1 Nr. 1 bis 7 LBeamtVGBW bezeichneten Art gehören, gelten die §§ 1 bis 9 entsprechend.

§ 11 Inkrafttreten

Diese Verordnung tritt am 1. Januar 2011 in Kraft.

Berufskrankheiten-Verordnung (BKV)

Vom 31. Oktober 1997 (BGBl. I S. 2623)

Zuletzt geändert durch
Fünfte Verordnung zur Änderung der Berufskrankheiten-Verordnung
vom 29. Juni 2021 (BGBl. I S. 2245)

Auf Grund des § 9 Abs. 1 und 6 und des § 193 Abs. 8 des Siebten Buches Sozialgesetzbuch – Gesetzliche Unfallversicherung – (Artikel 1 des Gesetzes vom 7. August 1996, BGBl. I S. 1254) verordnet die Bundesregierung:

Abschnitt 1
Allgemeine Bestimmungen

§ 1 Berufskrankheiten

Berufskrankheiten sind die in der Anlage 1 bezeichneten Krankheiten, die Versicherte infolge einer den Versicherungsschutz nach § 2, 3 oder 6 des Siebten Buches Sozialgesetzbuch begründenden Tätigkeit erleiden.

§ 2 Erweiterter Versicherungsschutz in Unternehmen der Seefahrt

Für Versicherte in Unternehmen der Seefahrt erstreckt sich die Versicherung gegen Tropenkrankheiten und Fleckfieber auch auf die Zeit, in der sie an Land beurlaubt sind.

§ 3 Maßnahmen gegen Berufskrankheiten, Übergangsleistung

(1) Besteht für Versicherte die Gefahr, daß eine Berufskrankheit entsteht, wiederauflebt oder sich verschlimmert, haben die Unfallversicherungsträger dieser Gefahr mit allen geeigneten Mitteln entgegenzuwirken. Ist die Gefahr gleichwohl nicht zu beseitigen, haben die Unfallversicherungsträger darauf hinzuwirken, daß die Versicherten die gefährdende Tätigkeit unterlassen. Den für den medizinischen Arbeitsschutz zuständigen Stellen ist Gelegenheit zur Äußerung zu geben.

(2) Versicherte, die die gefährdende Tätigkeit unterlassen, weil die Gefahr fortbesteht, haben zum Ausgleich hierdurch verursachter Minderungen des Verdienstes oder sonstiger wirtschaftlicher Nachteile gegen den Unfallversicherungsträger Anspruch auf Übergangsleistungen. Als Übergangsleistung wird

1. ein einmaliger Betrag bis zur Höhe der Vollrente oder
2. eine monatlich wiederkehrende Zahlung bis zur Höhe eines Zwölftels der Vollrente längstens für die Dauer von fünf Jahren

gezahlt. Renten wegen Minderung der Erwerbsfähigkeit sind nicht zu berücksichtigen.

§ 4 Mitwirkung der für den medizinischen Arbeitsschutz zuständigen Stellen

(1) Die für den medizinischen Arbeitsschutz zuständigen Stellen wirken bei der Feststellung von Berufskrankheiten und von Krankheiten, die nach § 9 Abs. 2 des Siebten Buches Sozialgesetzbuch wie Berufskrankheiten anzuerkennen sind, nach Maßgabe der Absätze 2 bis 4 mit.

(2) Die Unfallversicherungsträger haben die für den medizinischen Arbeitsschutz zuständigen Stellen über die Einleitung eines Feststellungsverfahrens unverzüglich zu unterrichten; als Unterrichtung gilt auch die Übersendung der Anzeige nach § 193 Abs. 2 und 7 oder § 202 des Siebten Buches Sozialgesetzbuch. Die Unfallversicherungsträger beteiligen die für den medizinischen Arbeitsschutz zuständigen Stellen an dem weiteren Feststellungsverfahren; das nähere Verfahren können die Unfallversicherungsträger mit den für den medizinischen Arbeitsschutz zuständigen Stellen durch Vereinbarung regeln.

(3) In den Fällen der weiteren Beteiligung nach Absatz 2 Satz 2 haben die Unfallversicherungsträger vor der abschließenden Entscheidung die für den medizinischen Arbeits-

schutz zuständigen Stellen über die Ergebnisse ihrer Ermittlungen zu unterrichten. Soweit die Ermittlungsergebnisse aus Sicht der für den medizinischen Arbeitsschutz zuständigen Stellen nicht vollständig sind, können sie den Unfallversicherungsträgern ergänzende Beweiserhebungen vorschlagen; diesen Vorschlägen haben die Unfallversicherungsträger zu folgen.

(4) Nach Vorliegen aller Ermittlungsergebnisse können die für den medizinischen Arbeitsschutz zuständigen Stellen ein Zusammenhangsgutachten erstellen. Zur Vorbereitung dieser Gutachten können sie die Versicherten untersuchen oder andere Ärzte auf Kosten der Unfallversicherungsträger mit Untersuchungen beauftragen.

§ 5 Gebühren

(1) Erstellen die für den medizinischen Arbeitsschutz zuständigen Stellen ein Zusammenhangsgutachten nach § 4 Abs. 4, erhalten sie von den Unfallversicherungsträgern jeweils eine Gebühr in Höhe von 200 Euro. Mit dieser Gebühr sind alle Personal- und Sachkosten, die bei der Erstellung des Gutachtens entstehen, einschließlich der Kosten für die ärztliche Untersuchung von Versicherten durch die für den medizinischen Arbeitsschutz zuständigen Stellen abgegolten.

(2) Ein Gutachten im Sinne des Absatzes 1 setzt voraus, daß der Gutachter unter Würdigung

1. der Arbeitsanamnese des Versicherten und der festgestellten Einwirkungen am Arbeitsplatz,
2. der Beschwerden, der vorliegenden Befunde und der Diagnose

eine eigenständig begründete schriftliche Bewertung des Ursachenzusammenhangs zwischen der Erkrankung und den tätigkeitsbezogenen Gefährdungen unter Berücksichtigung der besonderen für die gesetzliche Unfallversicherung geltenden Bestimmungen vornimmt.

§ 6 Rückwirkung

(1) Leiden Versicherte am 1. August 2017 an einer Krankheit nach den Nummern 1320, 1321, 2115, 4104 (Eierstockkrebs) oder 4113 (Kehlkopfkrebs) der Anlage 1, ist die Krankheit auf Antrag als Berufskrankheit anzuerkennen, wenn sie vor diesem Tag eingetreten ist.

(2) Leiden Versicherte am 1. Januar 2015 an einer Krankheit nach Nummer 1319, 2113, 2114 oder 5103 der Anlage 1, ist die Krankheit auf Antrag als Berufskrankheit anzuerkennen, wenn sie vor diesem Tag eingetreten ist.

(3) Leiden Versicherte am 1. Juli 2009 an einer Krankheit nach Nummer 2112, 4114 oder 4115 der Anlage 1, ist diese auf Antrag als Berufskrankheit anzuerkennen, wenn der Versicherungsfall nach dem 30. September 2002 eingetreten ist. Leiden Versicherte am 1. Juli 2009 an einer Krankheit nach Nummer 4113 der Anlage 1, ist diese auf Antrag als Berufskrankheit anzuerkennen, wenn der Versicherungsfall nach dem 30. November 1997 eingetreten ist. Leiden Versicherte am 1. Juli 2009 an einer Krankheit nach Nummer 1318 der Anlage 1, ist die Krankheit auf Antrag als Berufskrankheit anzuerkennen, wenn der Versicherungsfall vor diesem Tag eingetreten ist.

(4) Leidet ein Versicherter am 1. Oktober 2002 an einer Krankheit nach Nummer 4112 der Anlage 1, ist diese auf Antrag als Berufskrankheit anzuerkennen, wenn der Versicherungsfall nach dem 30. November 1997 eingetreten ist. Satz 1 gilt auch für eine Krankheit nach Nummer 2106 der Anlage 1, wenn diese nicht bereits nach der Nummer 2106 der Anlage 1 in der am 1. Dezember 1997 in Kraft getretenen Fassung als Berufskrankheit anerkannt werden kann.

(5) Leidet ein Versicherter am 1. Dezember 1997 an einer Krankheit nach Nummer 1316, 1317, 4104 (Kehlkopfkrebs) oder 4111 der Anlage 1, ist diese auf Antrag als Berufskrankheit anzuerkennen, wenn der Versicherungsfall nach dem 31. Dezember 1992 eingetreten ist. Abweichend von Satz 1 ist eine Erkrankung nach Nummer 4111 der Anlage 1 auch dann als Berufskrankheit anzuerkennen, wenn die Erkrankung bereits vor dem 1. Januar 1993 eingetreten und einem Unfallversicherungsträger bis zum 31. Dezember 2009 bekannt geworden ist.

(6) Hat ein Versicherter am 1. Januar 1993 an einer Krankheit gelitten, die erst auf Grund der Zweiten Verordnung zur Änderung der Berufskrankheiten-Verordnung vom 18. Dezember 1992 (BGBl. I S. 2343) als Berufskrankheit anerkannt werden kann, ist die Krankheit auf Antrag als Berufskrankheit anzuerkennen, wenn der Versicherungsfall nach dem 31. März 1988 eingetreten ist.

(7) Hat ein Versicherter am 1. April 1988 an einer Krankheit gelitten, die erst auf Grund der Verordnung zur Änderung der Berufskrankheiten-Verordnung vom 22. März 1988 (BGBl. I S. 400) als Berufskrankheit anerkannt werden kann, ist die Krankheit auf Antrag als Berufskrankheit anzuerkennen, wenn der Versicherungsfall nach dem 31. Dezember 1976 eingetreten ist.

(8) Bindende Bescheide und rechtskräftige Entscheidungen stehen der Anerkennung als Berufskrankheit nach den Absätzen 1 bis 7 nicht entgegen. Leistungen werden rückwirkend längstens für einen Zeitraum bis zu vier Jahren erbracht; der Zeitraum ist vom Beginn des Jahres an zu rechnen, in dem der Antrag gestellt worden ist.

Abschnitt 2
Ärztlicher Sachverständigenbeirat Berufskrankheiten

§ 7 Aufgaben

Der Ärztliche Sachverständigenbeirat Berufskrankheiten (Sachverständigenbeirat) ist ein wissenschaftliches Gremium, das das Bundesministerium bei der Prüfung der medizinischen Erkenntnisse zur Bezeichnung neuer und zur Erarbeitung wissenschaftlicher Stellungnahmen zu bestehenden Berufskrankheiten unterstützt.

§ 8 Mitglieder

(1) Der Sachverständigenbeirat besteht in der Regel aus zwölf Mitgliedern, die vom Bundesministerium für Arbeit und Soziales für die Dauer von fünf Jahren berufen werden. Dem Sachverständigenbeirat sollen angehören:

1. acht Hochschullehrerinnen oder Hochschullehrer, insbesondere der Fachrichtung Arbeitsmedizin oder Epidemiologie,

2. zwei Staatliche Gewerbeärztinnen oder Staatliche Gewerbeärzte und

3. zwei Ärztinnen oder Ärzte aus dem betriebs- oder werksärztlichen Bereich.

(2) Die Mitgliedschaft im Sachverständigenbeirat ist ein persönliches Ehrenamt, das keine Stellvertretung zulässt. Der Name und die hauptamtliche Funktion der Mitglieder werden vom Bundesministerium für Arbeit und Soziales veröffentlicht.

(3) Die Mitglieder sind unabhängig und nicht an Weisungen gebunden; sie sind nur ihrem Gewissen verantwortlich und zu unparteiischer Erfüllung ihrer Aufgaben sowie zur Verschwiegenheit verpflichtet. Sie sind auch nach Beendigung ihrer Mitgliedschaft verpflichtet, über die ihnen dabei bekannt gewordenen Angelegenheiten, insbesondere über den Inhalt und den Verlauf der Beratungen, Verschwiegenheit zu wahren.

(4) Das Bundesministerium für Arbeit und Soziales ist berechtigt, Mitglieder aus sachlichen Gründen oder wenn die persönlichen Voraussetzungen der Berufung entfallen sind, abzuberufen. Die Mitglieder können jederzeit aus eigenem Entschluss die Mitgliedschaft beenden.

§ 9 Durchführung der Aufgaben

(1) Zur Durchführung seiner Aufgaben tritt der Sachverständigenbeirat zu Sitzungen zusammen. Das Bundesministerium für Arbeit und Soziales nimmt an den Sitzungen teil. Die Sitzungen sind nicht öffentlich.

(2) Zu den Sitzungen können ständige Berater sowie externe Sachverständige und Gäste hinzugezogen werden. Für ständige Berater gilt § 8 Absatz 2 und 3, für externe Sachverständige und Gäste gilt § 8 Absatz 3 entsprechend.

(3) Die Beratungsthemen, die aktuell vom Sachverständigenbeirat geprüft werden, werden vom Bundesministerium für Arbeit und Soziales veröffentlicht.

(4) Der Sachverständigenbeirat gibt als Ergebnis seiner Beratungen Empfehlungen für neue oder Stellungnahmen zu bestehenden Berufskrankheiten entsprechend dem aktuellen wissenschaftlichen Erkenntnisstand ab. Gibt der Sachverständigenbeirat keine Empfehlung oder Stellungnahme ab, wird ein Abschlussvermerk erstellt. Die Empfehlungen und Stellungnahmen enthalten eine ausführliche wissenschaftliche Begründung, die Abschlussvermerke eine Zusammenfassung der wissenschaftlichen Entscheidungsgründe.

(5) Das Bundesministerium für Arbeit und Soziales gibt die Empfehlungen und Stellungnahmen des Sachverständigenbeirats bekannt; die Abschlussvermerke werden veröffentlicht. Die vorbereitenden, intern erstellten Beratungsunterlagen des Sachverständigenbeirats sind vertraulich.

§ 10 Geschäftsstelle

(1) Die Bundesanstalt für Arbeitsschutz und Arbeitsmedizin führt die Geschäfte des Sachverständigenbeirats. Sie unterstützt die Arbeit des Sachverständigenbeirats wissenschaftlich und organisatorisch.

(2) Zur wissenschaftlichen Unterstützung kann der Sachverständigenbeirat die Geschäftsstelle insbesondere beauftragen, zu einzelnen Beratungsthemen systematische Reviews oder Literaturrecherchen durchzuführen. Außerdem unterstützt die Geschäftsstelle die Sachverständigen bei der Erstellung von wissenschaftlichen Empfehlungen und Stellungnahmen.

(3) Zur organisatorischen Unterstützung verwaltet die Geschäftsstelle insbesondere die Beratungsunterlagen und erstellt die Ergebnisniederschriften der einzelnen Sitzungen.

§ 11 Geschäftsordnung

(1) Der Sachverständigenbeirat gibt sich eine Geschäftsordnung, die der Zustimmung des Bundesministeriums für Arbeit und Soziales bedarf und veröffentlicht wird.

(2) In der Geschäftsordnung werden insbesondere die Einzelheiten über den Vorsitz und die organisatorische Durchführung der Sitzungen, die Bildung von Arbeitsgruppen sowie die Hinzuziehung externer Sachverständiger geregelt.

Abschnitt 3
Übergangsrecht

§ 12 Überprüfung früherer Bescheide

Bescheide, in denen eine Krankheit nach Nummer 1315, 2101, 2104, 2108 bis 2110, 4301, 4302 oder 5101 der Anlage 1 von einem Unfallversicherungsträger vor dem 1. Januar 2021 nur deshalb nicht als Berufskrankheit anerkannt worden ist, weil die Versicherten die verrichtete gefährdende Tätigkeit nicht unterlassen haben, werden von den Unfallversicherungsträgern von Amts wegen überprüft, wenn die Bescheide nach dem 1. Januar 1997 erlassen worden sind.

Nr.	Krankheiten
1	**Durch chemische Einwirkungen verursachte Krankheiten**
11	**Metalle und Metalloide**
1101	Erkrankungen durch Blei oder seine Verbindungen
1102	Erkrankungen durch Quecksilber oder seine Verbindungen
1103	Erkrankungen durch Chrom oder seine Verbindungen
1104	Erkrankungen durch Cadmium oder seine Verbindungen
1105	Erkrankungen durch Mangan oder seine Verbindungen
1106	Erkrankungen durch Thallium oder seine Verbindungen
1107	Erkrankungen durch Vanadium oder seine Verbindungen
1108	Erkrankungen durch Arsen oder seine Verbindungen
1109	Erkrankungen durch Phosphor oder seine anorganischen Verbindungen
1110	Erkrankungen durch Beryllium oder seine Verbindungen
12	**Erstickungsgase**
1201	Erkrankungen durch Kohlenmonoxid
1202	Erkrankungen durch Schwefelwasserstoff
13	**Lösemittel, Schädlingsbekämpfungsmittel (Pestizide) und sonstige chemische Stoffe**
1301	Schleimhautveränderungen, Krebs oder andere Neubildungen der Harnwege durch aromatische Amine
1302	Erkrankungen durch Halogenkohlenwasserstoffe
1303	Erkrankungen durch Benzol, seine Homologe oder durch Styrol
1304	Erkrankungen durch Nitro- oder Aminoverbindungen des Benzols oder seiner Homologe oder ihrer Abkömmlinge
1305	Erkrankungen durch Schwefelkohlenstoff
1306	Erkrankungen durch Methylalkohol (Methanol)
1307	Erkrankungen durch organische Phosphorverbindungen
1308	Erkrankungen durch Fluor oder seine Verbindungen
1309	Erkrankungen durch Salpetersäureester
1310	Erkrankungen durch halogenierte Alkyl-, Aryl- oder Alkylaryloxide
1311	Erkrankungen durch halogenierte Alkyl-, Aryl- oder Alkylarylsulfide
1312	Erkrankungen der Zähne durch Säuren
1313	Hornhautschädigungen des Auges durch Benzochinon
1314	Erkrankungen durch para-tertiär-Butylphenol
1315	Erkrankungen durch Isocyanate
1316	Erkrankungen der Leber durch Dimethylformamid
1317	Polyneuropathie oder Enzephalopathie durch organische Lösungsmittel oder deren Gemische
1318	Erkrankungen des Blutes, des blutbildenden und des lymphatischen Systems durch Benzol
1319	Larynxkarzinom durch intensive und mehrjährige Exposition gegenüber schwefelsäurehaltigen Aerosolen
1320	Chronisch-myeloische oder chronisch-lymphatische Leukämie durch 1,3-Butadien bei Nachweis der Einwirkung einer kumulativen Dosis von mindestens 180 Butadien-Jahren (ppm × Jahre)
1321	Schleimhautveränderungen, Krebs oder andere Neubildungen der Harnwege durch polyzyklische aromatische Kohlenwasserstoffe bei Nachweis der Einwirkung einer kumulativen Dosis von mindestens 80 Benzo(a)pyren-Jahren [(µg/m^3) × Jahre]Zu den Nummern 11 01 bis 11 10, 12 01 und 12 02, 13 03 bis 13 09 und 13 15: Ausgenommen sind Hauterkrankungen. Diese gelten als Krankheiten im Sinne dieser Anlage nur insoweit, als sie Erscheinungen einer Allgemeinerkrankung sind, die durch Aufnahme der schädigenden Stoffe in den Körper verursacht werden, oder gemäß Nummer 51 01 zu entschädigen sind.
2	**Durch physikalische Einwirkungen verursachte Krankheiten**
21	**Mechanische Einwirkungen**
2101	Schwere oder wiederholt rückfällige Erkrankungen der Sehnenscheiden oder des Sehnengleitgewebes sowie der Sehnen- oder Muskelansätze
2102	Meniskusschäden nach mehrjährigen andauernden oder häufig wiederkehrenden, die Kniegelenke überdurchschnittlich belastenden Tätigkeiten
2103	Erkrankungen durch Erschütterung bei Arbeit mit Druckluftwerkzeugen oder gleichartig wirkenden Werkzeugen oder Maschinen
2104	Vibrationsbedingte Durchblutungsstörungen an den Händen
2105	Chronische Erkrankungen der Schleimbeutel durch ständigen Druck
2106	Druckschädigung der Nerven
2107	Abrißbrüche der Wirbelfortsätze
2108	Bandscheibenbedingte Erkrankungen der Lendenwirbelsäule durch langjähriges Heben oder Tragen schwerer Lasten oder durch langjährige Tätigkeiten in extremer Rumpfbeugehaltung, die zu chronischen oder chronisch-rezidivierenden Beschwerden und Funktionseinschränkungen (der Lendenwirbelsäule) geführt haben

Nr.	Krankheiten
2109	Bandscheibenbedingte Erkrankungen der Halswirbelsäule durch langjähriges Tragen schwerer Lasten auf der Schulter, die zu chronischen oder chronisch-rezidivierenden Beschwerden und Funktionseinschränkungen (der Halswirbelsäule) geführt haben
2110	Bandscheibenbedingte Erkrankungen der Lendenwirbelsäule durch langjährige, vorwiegend vertikale Einwirkung von Ganzkörperschwingungen im Sitzen, die zu chronischen oder chronisch-rezidivierenden Beschwerden und Funktionseinschränkungen (der Lendenwirbelsäule) geführt haben
2111	Erhöhte Zahnabrasionen durch mehrjährige quarzstaubbelastende Tätigkeit
2112	Gonarthrose durch eine Tätigkeit im Knien oder vergleichbare Kniebelastung mit einer kumulativen Einwirkungsdauer während des Arbeitslebens von mindestens 13 000 Stunden und einer Mindesteinwirkungsdauer von insgesamt einer Stunde pro Schicht
2113	Druckschädigung des Nervus medianus im Carpaltunnel (Carpaltunnel-Syndrom) durch repetitive manuelle Tätigkeiten mit Beugung und Streckung der Handgelenke, durch erhöhten Kraftaufwand der Hände oder durch Hand-Arm-Schwingungen
2114	Gefäßschädigung der Hand durch stoßartige Krafteinwirkung (Hypothenar-Hammer-Syndrom und Thenar-Hammer-Syndrom)
2115	Fokale Dystonie als Erkrankung des zentralen Nervensystems bei Instrumentalmusikern durch feinmotorische Tätigkeit hoher Intensität
2116	Koxarthrose durch Lastenhandhabung mit einer kumulativen Dosis von mindestens 9500 Tonnen während des Arbeitslebens gehandhabter Lasten mit einem Lastgewicht von mindestens 20 kg, die mindestens zehnmal pro Tag gehandhabt wurden

22 Druckluft
2201 Erkrankungen durch Arbeit in Druckluft

23 Lärm
2301 Lärmschwerhörigkeit

24 Strahlen
2401 Grauer Star durch Wärmestrahlung
2402 Erkrankungen durch ionisierende Strahlen

3 Durch Infektionserreger oder Parasiten verursachte Krankheiten sowie Tropenkrankheiten
3101 Infektionskrankheiten, wenn der Versicherte im Gesundheitsdienst, in der Wohlfahrtspflege oder in einem Laboratorium tätig oder durch eine andere Tätigkeit der Infektionsgefahr in ähnlichem Maße besonders ausgesetzt war
3102 Von Tieren auf Menschen übertragbare Krankheiten
3103 Wurmkrankheiten der Bergleute, verursacht durch Ankylostoma duodenale oder Strongyloides stercoralis
3104 Tropenkrankheiten, Fleckfieber

4 Erkrankungen der Atemwege und der Lungen, des Rippenfells und Bauchfells und der Eierstöcke

41 Erkrankungen durch anorganische Stäube
4101 Quarzstaublungenerkrankung (Silikose)
4102 Quarzstaublungenerkrankung in Verbindung mit aktiver Lungentuberkulose (Siliko-Tuberkulose)
4103 Asbeststaublungenerkrankung (Asbestose) oder durch Asbeststaub verursachte Erkrankung der Pleura
4104 Lungenkrebs, Kehlkopfkrebs oder Eierstockkrebs
  – in Verbindung mit Asbeststaublungenerkrankung (Asbestose)
  – in Verbindung mit durch Asbeststaub verursachter Erkrankung der Pleura oder
  – bei Nachweis der Einwirkung einer kumulativen Asbestfaserstaub-Dosis am Arbeitsplatz von mindestens 25 Faserjahren [25×10^6 [(Fasern/m³) × Jahre]]
4105 Durch Asbest verursachtes Mesotheliom des Rippenfells, des Bauchfells oder des Perikards
4106 Erkrankungen der tieferen Atemwege und der Lungen durch Aluminium oder seine Verbindungen
4107 Erkrankungen an Lungenfibrose durch Metallstäube bei der Herstellung oder Verarbeitung von Hartmetallen
4108 Erkrankungen der tieferen Atemwege und der Lungen durch Thomasmehl (Thomasphosphat)
4109 Bösartige Neubildungen der Atemwege und der Lungen durch Nickel oder seine Verbindungen
4110 Bösartige Neubildungen der Atemwege und der Lungen durch Kokereirohgase
4111 Chronische obstruktive Bronchitis oder Emphysem von Bergleuten unter Tage im Steinkohlebergbau bei Nachweis der Einwirkung einer kumulativen Dosis von in der Regel 100 Feinstaubjahren [(mg/m³) × Jahre]
4112 Lungenkrebs durch die Einwirkung von kristallinem Siliziumdioxid (SiO_2) bei nachgewiesener Quarzstaublungenerkrankung (Silikose oder Siliko-Tuberkulose)
4113 Lungenkrebs oder Kehlkopfkrebs durch polyzyklische aromatische Kohlenwasserstoffe bei Nachweis der Einwirkung einer kumulativen Dosis von mindestens 100 Benzo[a]pyren-Jahren [(µg/m³) × Jahre]

Nr.	Krankheiten
4114	Lungenkrebs durch das Zusammenwirken von Asbestfaserstaub und polyzyklischen aromatischen Kohlenwasserstoffen bei Nachweis der Einwirkung einer kumulativen Dosis, die einer Verursachungswahrscheinlichkeit von mindestens 50 Prozent nach der Anlage 2 entspricht
4115	Lungenfibrose durch extreme und langjährige Einwirkung von Schweißrauchen und Schweißgasen – (Siderofibrose)
4116	Lungenkrebs nach langjähriger und intensiver Passivrauchexposition am Arbeitsplatz bei Versicherten, die selbst nie oder maximal bis zu 400 Zigarettenäquivalente aktiv geraucht haben
42	**Erkrankungen durch organische Stäube**
4201	Exogen-allergische Alveolitis
4202	Erkrankungen der tieferen Atemwege und der Lungen durch Rohbaumwoll-, Rohflachs- oder Rohhanfstaub (Byssinose)
4203	Adenokarzinome der Nasenhaupt- und Nasennebenhöhlen durch Stäube von Eichen- oder Buchenholz

Nr.	Krankheiten
43	**Obstruktive Atemwegserkrankungen**
4301	Durch allergisierende Stoffe verursachte obstruktive Atemwegserkrankungen (einschließlich Rhinopathie)
4302	Durch chemisch-irritativ oder toxisch wirkende Stoffe verursachte obstruktive Atemwegserkrankungen
5	**Hautkrankheiten**
5101	Schwere oder wiederholt rückfällige Hauterkrankungen
5102	Hautkrebs oder zur Krebsbildung neigende Hautveränderungen durch Ruß, Rohparaffin, Teer, Anthrazen, Pech oder ähnliche Stoffe
5103	Plattenepithelkarzinome oder multiple aktinische Keratosen der Haut durch natürliche UV-Strahlung
6	**Krankheiten sonstiger Ursache**
6101	Augenzittern der Bergleute

Anlage 2
Berufskrankheit Nummer 4114 Verursachungswahrscheinlichkeit in Prozent

BaP Jahre	Asbestfaserjahre																									
	0	1	2	3	4	5	6	7	8	9	10	11	12	13	14	15	16	17	18	19	20	21	22	23	24	25
0	0	4	7	11	14	17	19	22	24	26	29	31	32	34	36	38	39	40	42	43	44	46	47	48	49	**50**
1	1	5	8	12	15	17	20	22	25	27	29	31	33	35	36	38	39	41	42	44	45	46	47	48	49	**50**
2	2	6	9	12	15	18	21	23	25	28	30	32	33	35	37	38	40	41	43	44	45	46	47	48	49	**50**
3	3	7	10	13	16	19	21	24	26	28	30	32	34	35	37	39	40	42	43	44	45	47	48	49	**50**	51
4	4	7	11	14	17	19	22	24	26	29	31	32	34	36	38	39	40	42	43	44	46	47	48	49	**50**	51
5	5	8	12	15	17	20	22	25	27	29	31	33	35	36	38	39	41	42	44	45	46	47	48	49	**50**	51
6	6	9	12	15	18	21	23	25	28	30	32	33	35	37	38	40	41	43	44	45	46	47	48	49	**50**	51
7	7	10	13	16	19	21	24	26	28	30	32	34	35	37	39	40	42	43	44	45	47	48	49	**50**	51	52
8	7	11	14	17	19	22	24	26	29	31	32	34	36	38	39	40	42	43	44	46	47	48	49	**50**	51	52
9	8	12	15	17	20	22	25	27	29	31	33	35	36	38	39	41	42	44	45	46	47	48	49	**50**	51	52
10	9	12	15	18	21	23	25	28	30	32	33	35	37	38	40	41	43	44	45	46	47	48	49	**50**	51	52
11	10	13	16	19	21	24	26	28	30	32	34	35	37	39	40	42	43	44	45	47	48	49	**50**	51	52	53
12	11	14	17	19	22	24	26	29	31	32	34	36	38	39	40	42	43	44	46	47	48	49	**50**	51	52	53
13	12	15	17	20	22	25	27	29	31	33	35	36	38	39	41	42	44	45	46	47	48	49	**50**	51	52	53
14	12	15	18	21	23	25	28	30	32	33	35	37	38	40	41	43	44	45	46	47	48	49	**50**	51	52	53
15	13	16	19	21	24	26	28	30	32	34	35	37	39	40	42	43	44	45	47	48	49	**50**	51	52	53	53
16	14	17	19	22	24	26	29	31	32	34	36	37	39	40	42	43	44	46	47	48	49	**50**	51	52	53	54
17	15	17	20	22	25	27	29	31	33	35	36	38	39	41	42	43	45	46	47	48	49	**50**	51	52	53	54
18	15	18	21	23	25	28	30	32	33	35	37	38	40	41	43	44	45	46	47	48	49	**50**	51	52	53	54
19	16	19	21	24	26	28	30	32	34	35	37	39	40	42	43	44	45	47	48	49	**50**	51	52	53	53	54
20	17	19	22	24	26	29	31	32	34	36	37	39	40	42	43	44	46	47	48	49	**50**	51	52	53	54	55
21	17	20	22	25	27	29	31	33	35	36	38	39	41	42	44	45	46	47	48	49	**50**	51	52	53	54	55
22	18	21	23	25	28	30	32	33	35	37	38	40	41	43	44	45	46	47	48	49	**50**	51	52	53	54	55
23	19	21	24	26	28	30	32	34	35	37	39	40	42	43	44	45	47	48	49	**50**	51	52	53	53	54	55
24	19	22	24	26	29	31	32	34	36	37	39	40	42	43	44	46	47	48	49	**50**	51	52	53	54	55	55
25	20	22	25	27	29	31	33	35	36	38	39	41	42	44	45	46	47	48	49	**50**	51	52	53	54	55	56
26	21	23	25	28	30	32	33	35	37	38	40	41	43	44	45	46	47	48	49	**50**	51	52	53	54	55	56
27	21	24	26	28	30	32	34	35	37	39	40	42	43	44	45	47	48	49	**50**	51	52	53	54	55	55	56
28	22	24	26	29	31	32	34	36	38	39	40	42	43	45	46	47	48	49	**50**	51	52	53	54	55	55	56
29	22	25	27	29	31	33	35	36	38	39	41	42	44	45	46	47	48	49	**50**	51	52	53	54	55	56	56
30	23	25	28	30	32	33	35	37	38	40	41	43	44	45	46	47	48	49	**50**	51	52	53	54	55	56	57
31	24	26	28	30	32	34	35	37	39	40	42	43	44	45	47	48	49	**50**	51	52	53	54	55	55	56	57
32	24	26	29	31	32	34	36	38	39	40	42	43	45	46	47	48	49	**50**	51	52	53	54	55	55	56	57
33	25	27	29	31	33	35	36	38	39	41	42	44	45	46	47	48	49	**50**	51	52	53	54	55	56	56	57
34	25	28	30	32	33	35	37	38	40	41	43	44	45	46	47	48	49	**50**	51	52	53	54	55	56	57	57
35	26	28	30	32	34	35	37	39	40	42	43	44	45	47	48	49	**50**	51	52	53	53	54	55	56	57	57
36	26	29	31	32	34	36	37	39	40	42	43	44	46	47	48	49	**50**	51	52	53	54	55	55	56	57	58
37	27	29	31	33	35	36	38	39	41	42	44	45	46	47	48	49	**50**	51	52	53	54	55	56	56	57	58
38	28	30	32	33	35	37	38	40	41	43	44	45	46	47	48	49	**50**	51	52	53	54	55	56	57	57	58
39	28	30	32	34	35	37	39	40	42	43	44	45	47	48	49	**50**	51	52	53	54	55	55	56	57	58	58
40	29	31	32	34	36	37	39	40	42	43	44	46	47	48	49	**50**	51	52	53	54	55	56	57	58	58	

Anlage 2　　　　　　　　　　　Berufskrankheiten-Verordnung (BKV)　**IV.4**

BaP Jahre	Asbestfaserjahre																									
	0	1	2	3	4	5	6	7	8	9	10	11	12	13	14	15	16	17	18	19	20	21	22	23	24	25
41	29	31	33	35	36	38	39	41	42	44	45	46	47	48	49	**50**	51	52	53	54	55	56	56	57	58	59
42	30	32	33	35	37	38	40	41	43	44	45	46	47	48	49	**50**	51	52	53	54	55	56	57	57	58	59
43	30	32	34	35	37	39	40	42	43	44	45	47	48	49	**50**	51	52	53	53	54	55	56	57	57	58	59
44	31	32	34	36	37	39	40	42	43	44	46	47	48	49	**50**	51	52	53	54	55	55	56	57	58	58	59
45	31	33	35	36	38	39	41	42	44	45	46	47	48	49	**50**	51	52	53	54	55	56	56	57	58	59	59
46	32	33	35	37	38	40	41	43	44	45	46	47	48	49	**50**	51	52	53	54	55	56	57	57	58	59	59
47	32	34	35	37	39	40	42	43	44	45	47	48	49	**50**	51	52	53	53	54	55	56	57	57	58	59	60
48	32	34	36	38	39	40	42	43	44	46	47	48	49	**50**	51	52	53	54	55	55	56	57	58	58	59	60
49	33	35	36	38	39	41	42	44	45	46	47	48	49	**50**	51	52	53	54	55	56	56	57	58	59	59	60
50	33	35	37	38	40	41	43	44	45	46	47	48	49	**50**	51	52	53	54	55	56	57	57	58	59	59	60
51	34	35	37	39	40	42	43	44	45	47	48	49	**50**	51	52	53	53	54	55	56	57	57	58	59	60	60
52	34	36	38	39	40	42	43	44	46	47	48	49	**50**	51	52	53	54	55	55	56	57	58	58	59	60	60
53	35	36	38	39	41	42	44	45	46	47	48	49	**50**	51	52	53	54	55	56	56	57	58	59	59	60	60
54	35	37	38	40	41	43	44	45	46	47	48	49	**50**	51	52	53	54	55	56	57	57	58	59	59	60	61
55	35	37	39	40	42	43	45	46	47	48	49	**50**	51	52	53	54	55	56	56	57	58	58	59	60	60	61
56	36	38	39	40	42	43	44	46	47	48	49	**50**	51	52	53	54	55	55	56	57	58	58	59	60	60	61
57	36	38	39	41	42	44	45	46	47	48	49	**50**	51	52	53	54	55	56	56	57	58	59	59	60	60	61
58	37	38	40	41	43	44	45	46	47	48	49	**50**	51	52	53	54	55	56	57	57	58	59	59	60	61	61
59	37	39	40	42	43	44	45	47	48	49	**50**	51	52	53	54	54	55	56	57	58	58	59	60	60	61	61
60	38	39	40	42	43	44	46	47	48	49	**50**	51	52	53	54	55	56	57	58	58	59	60	60	61	61	62
61	38	39	41	42	44	45	46	47	48	49	**50**	51	52	53	54	55	56	56	57	58	59	59	60	60	61	62
62	38	40	41	43	44	45	46	47	48	49	**50**	51	52	53	54	55	56	57	57	58	59	59	60	61	61	62
63	39	40	42	43	44	45	47	48	49	**50**	51	52	53	53	54	55	56	57	57	58	59	60	60	61	61	62
64	39	40	42	43	44	46	47	48	49	**50**	51	52	53	54	55	55	56	57	58	58	59	60	60	61	62	62
65	39	41	42	44	45	46	47	48	49	**50**	51	52	53	54	55	56	56	57	58	59	59	60	61	61	62	62
66	40	41	43	44	45	46	47	48	49	**50**	51	52	53	54	55	56	57	57	58	59	59	60	61	61	62	62
67	40	42	43	44	45	47	48	49	**50**	51	52	52	53	54	55	56	57	58	58	59	60	60	61	61	62	63
68	40	42	43	44	46	47	48	49	**50**	51	52	53	54	55	55	56	57	58	58	59	60	60	61	62	62	63
69	41	42	44	45	46	47	48	49	**50**	51	52	53	54	55	56	56	57	58	59	59	60	61	61	62	62	63
70	41	43	44	45	46	47	48	49	**50**	51	52	53	54	55	56	57	57	58	59	59	60	61	61	62	62	63
71	42	43	44	45	47	48	49	**50**	51	52	52	53	54	55	56	57	58	59	60	60	61	61	62	63	63
72	42	43	44	46	47	48	49	**50**	51	52	53	54	55	56	56	57	58	58	59	60	60	61	62	62	63	63
73	42	44	45	46	47	48	49	**50**	51	52	53	54	55	56	56	57	58	59	59	60	60	61	62	62	63	63
74	43	44	45	46	47	48	49	**50**	51	52	53	54	55	56	57	57	58	59	59	60	61	61	62	62	63	63
75	43	44	45	47	48	49	**50**	51	52	53	54	55	55	56	57	58	59	59	60	60	61	62	62	63	63	64
76	43	44	46	47	48	49	**50**	51	52	53	54	55	55	56	57	58	58	59	60	60	61	62	62	63	63	64
77	44	45	46	47	48	49	**50**	51	52	53	54	55	56	56	57	58	58	59	60	60	61	62	62	63	63	64
78	44	45	46	47	48	49	**50**	51	52	53	54	55	56	57	57	58	59	59	60	61	61	62	62	63	64	64
79	44	45	47	48	49	**50**	51	52	53	54	55	55	56	57	58	59	60	60	61	62	63	63	64	64		
80	44	46	47	48	49	**50**	51	52	53	54	55	55	56	57	58	59	60	60	61	62	62	63	63	64	64	
81	45	46	47	48	49	**50**	51	52	53	54	55	56	56	57	58	59	59	60	60	61	62	62	63	63	64	64
82	45	46	47	48	49	**50**	51	52	53	54	55	56	57	58	59	59	60	61	61	62	62	63	64	64	65	
83	45	47	48	49	**50**	51	52	53	54	55	56	57	57	58	59	60	60	61	61	62	63	63	64	64	65	
84	46	47	48	49	**50**	51	52	53	54	55	56	56	57	58	58	59	60	60	61	62	62	63	63	64	64	65
85	46	47	48	49	**50**	51	52	53	54	55	56	56	57	58	59	59	60	60	61	62	62	63	63	64	64	65

IV

IV.4 Berufskrankheiten-Verordnung (BKV) — Anlage 2

BaP Jahre	\multicolumn{26}{c}{Asbestfaserjahre}

BaP Jahre	0	1	2	3	4	5	6	7	8	9	10	11	12	13	14	15	16	17	18	19	20	21	22	23	24	25
86	46	47	48	49	**50**	51	52	53	54	55	56	57	57	58	59	59	60	61	61	62	62	63	63	64	65	65
87	47	48	49	**50**	51	52	53	53	54	55	56	57	57	58	59	60	60	61	61	62	63	63	64	64	65	65
88	47	48	49	**50**	51	52	53	54	55	55	56	57	58	58	59	60	60	61	62	62	63	63	64	64	65	65
89	47	48	49	**50**	51	52	53	54	55	56	57	57	58	59	59	60	60	61	62	62	63	63	64	64	65	65
90	47	48	49	**50**	51	52	53	54	55	56	57	57	58	59	59	60	61	61	62	62	63	64	64	65	65	66
91	48	49	**50**	51	52	53	53	54	55	56	57	57	58	59	60	60	61	61	62	63	63	64	64	65	65	66
92	48	49	**50**	51	52	53	54	55	55	56	57	58	58	59	60	60	61	62	62	63	63	64	64	65	65	66
93	48	49	**50**	51	52	53	54	55	56	56	57	58	59	59	60	60	61	62	62	63	63	64	64	65	65	66
94	48	49	**50**	51	52	53	54	55	56	57	57	58	59	59	60	61	61	62	62	63	64	64	65	65	66	66
95	49	**50**	51	52	53	53	54	55	56	57	57	58	59	60	60	61	61	62	63	63	64	64	65	65	66	66
96	49	**50**	51	52	53	54	55	55	56	57	58	58	59	60	60	61	62	62	63	63	64	64	65	65	66	66
97	49	**50**	51	52	53	54	55	56	56	57	58	59	59	60	60	61	62	62	63	63	64	64	65	65	66	66
98	49	**50**	51	52	53	54	55	56	57	57	58	59	59	60	61	61	62	62	63	64	64	65	65	66	66	66
99	**50**	51	52	53	53	54	55	56	57	57	58	59	60	60	61	61	62	63	63	64	64	65	65	66	66	67
100	**50**	51	52	53	54	55	55	56	57	58	58	59	60	60	61	62	62	63	63	64	64	65	65	66	66	67

Gesetz über einen Versorgungsfonds des Landes Baden-Württemberg (VersFondsG)

Vom 18. Dezember 2007 (GBl. S. 617)

Zuletzt geändert durch
Haushaltsbegleitgesetz 2025/2026
vom 17. Dezember 2024 (GBl. Nr. 114)

§ 1 Zweck, Errichtung

Zur Absicherung der Finanzierung der Versorgungsaufwendungen der Beamtinnen und Beamten sowie der Richterinnen und Richter des Landes wird ein Sondervermögen im Sinne von § 113 Abs. 2 der Landeshaushaltsordnung für Baden-Württemberg unter dem Namen „Versorgungsfonds des Landes Baden-Württemberg" errichtet.

§ 2 Rechtsform

Das Sondervermögen ist nicht rechtsfähig. Es kann unter seinem Namen im rechtsgeschäftlichen Verkehr handeln, klagen und verklagt werden. Der allgemeine Gerichtsstand des Sondervermögens ist Stuttgart.

§ 3 Verwaltung, Anlage der Mittel

(1) Das Finanzministerium verwaltet das Sondervermögen. Die Verwaltung der Mittel des Sondervermögens kann das Finanzministerium auf Dritte übertragen.

(2) Die Mittel des Sondervermögens einschließlich der Erträge sind nach dem Gesetz für nachhaltige Finanzanlagen in Baden-Württemberg anzulegen. Dabei können bis zu 50 Prozent der Mittel des Sondervermögen zugeführten Mittel in Aktien angelegt werden. Das Finanzministerium erlässt Anlagerichtlinien.

§ 4 Zuführung der Mittel

(1) Dem Sondervermögen werden vom Dienstherrn nach Absatz 2 festzulegende Beträge zugeführt.

(2) Dem Versorgungsfonds werden 12 000 Euro pro Jahr für jede ab dem Jahr 2025 neu geschaffene Planstelle unabhängig von der Stellenbesetzung zugeführt. Abweichend von Satz 1 beträgt bei durch Haushaltsvermerk unterjährig besetzbaren Neustellen der Zuführungsbetrag im ersten Jahr 1000 Euro je Monat, in dem die Planstelle besetzbar ist.

(3) Die Zuführungen nach den Absätzen 1 und 2 erfolgen jeweils zum 10. März eines Jahres für das jeweils aktuelle Kalenderjahr.

(4) Dem Sondervermögen können nach Maßgabe des § 42a der Landeshaushaltsordnung für Baden-Württemberg oder des jeweiligen Staatshaushaltsplans zusätzliche Mittel zugeführt werden.

(5) Die vom Sondervermögen erwirtschaftete Rendite fließt diesem zu.

(6) Eine Kreditaufnahme durch das Sondervermögen ist nicht zulässig.

§ 5 Verwendung des Sondervermögens

(1) Die Mittel des Sondervermögens sind ausschließlich zweckgebunden zur Finanzierung der Versorgungsaufwendungen des Landes zu verwenden.

(2) Eine Entnahme von Mitteln soll schrittweise erfolgen. Sie erfolgt frühestens ab dem 1. Januar 2020. Die Entnahme ist durch Gesetz zu regeln.

§ 6 Vermögenstrennung

Das Sondervermögen ist vom übrigen Vermögen des Landes, seinen Rechten und Verbindlichkeiten getrennt zu halten.

§ 7 Wirtschaftsplan

Das Finanzministerium stellt ab 2009 für jedes Kalenderjahr einen Wirtschaftsplan für das Sondervermögen auf.

§ 8 Jahresrechnung

(1) Die mit der Verwaltung der Mittel des Sondervermögens Beauftragten legen dem Finanzministerium jährlich einen Bericht über die Verwaltung der Mittel des Sondervermögens vor. Auf dessen Grundlage stellt das Finanzministerium am Schluss eines jeden Rechnungsjahres die Jahresrechnung des Sondervermögens auf.

(2) In der Jahresrechnung sind der Bestand des Sondervermögens einschließlich der Forderungen und Verbindlichkeiten sowie die Einnahmen und Ausgaben darzustellen.

§ 9 Beirat

(1) Bei dem Sondervermögen wird ein Beirat gebildet. Er wirkt bei allen wichtigen Fragen mit, insbesondere bei den Anlagerichtlinien und dem Wirtschaftsplan. Zur Jahresrechnung ist seine Stellungnahme einzuholen.

(2) Der Beirat besteht aus acht Mitgliedern, die vom Finanzministerium für die Dauer von fünf Jahren berufen werden. Dem Beirat gehört je ein Vertreter folgender Stellen an:

1. Finanzministerium (Vorsitz),
2. Innenministerium,
3. Ministerium für Arbeit und Soziales,
4. Justizministerium,
5. Beamtenbund Baden-Württemberg,
6. Deutscher Gewerkschaftsbund, Landesbezirk Baden-Württemberg,
7. Verein der Richter und Staatsanwälte in Baden-Württemberg e. V. und
8. Arbeitsgemeinschaft der Hauptpersonalratsvorsitzenden des Landes Baden-Württemberg.

Für jedes Mitglied ist ein Stellvertreter zu berufen. Scheidet ein Mitglied oder ein Stellvertreter vorzeitig aus, so wird für den Rest seiner Amtszeit ein Nachfolger berufen.

(3) Das Sondervermögen zahlt an die Mitglieder und ihre Stellvertreter für ihre Tätigkeit keine Vergütung; Auslagen werden ebenfalls nicht erstattet.

(4) Der Beirat gibt sich eine Geschäftsordnung.

Gesetz über eine Versorgungsrücklage des Landes Baden-Württemberg
(Versorgungsrücklagegesetz – VersRücklG)
Vom 15. Dezember 1998 (GBl. S. 658)

Zuletzt geändert durch
Gesetz für nachhaltige Finanzanlagen in Baden-Württemberg und zur Änderung weiterer Vorschriften
vom 7. März 2023 (GBl. S. 77)

Der Landtag hat am 10. Dezember 1998 das folgende Gesetz beschlossen:

§ 1 Geltungsbereich

(1) Dieses Gesetz gilt für das Land und die der Aufsicht des Landes unterstehenden Körperschaften, Anstalten und Stiftungen des öffentlichen Rechts, die als Dienstherren an Beamte und Richter Dienstbezüge und an Versorgungsempfänger Versorgungsbezüge zahlen. Es gilt entsprechend hinsichtlich des Alters- und Hinterbliebenengeldes und bei Zahlung von Amts- und Versorgungsbezügen aus öffentlich-rechtlichen Amtsverhältnissen, die an das Bundesbesoldungsgesetz oder an das Landesbesoldungsgesetz Baden-Württemberg (LBesGBW) anknüpfen. Es gilt ferner für die landesunmittelbaren Sozialversicherungsträger, soweit sie nach § 145 Abs. 3 Sechstes Buch Sozialgesetzbuch die Bezüge der Beamten und ihrer Hinterbliebenen tragen oder nach einer Dienstordnung an Angestellte Dienstbezüge und an Versorgungsempfänger Versorgungsbezüge zahlen.

(2) Dieses Gesetz gilt nicht für

1. die Mitglieder des Kommunalen Versorgungsverbandes Baden-Württemberg sowie für die Körperschaften, Anstalten und Stiftungen des öffentlichen Rechts, denen er Dienstleistungen gegen Erstattung auftragsweise erbringt und insoweit auch die Versorgungsrücklage nach § 17 LBesGBW ansammelt;

2. Körperschaften, Anstalten und Stiftungen des öffentlichen Rechts, die aufgrund anderer rechtlicher Bestimmungen verpflichtet sind, in Höhe ihrer künftigen Pensionsverpflichtungen Rückstellungen zu bilden, oder unabhängig von einer rechtlichen Verpflichtung in Höhe ihrer künftigen Pensionsverpflichtungen Rückstellungen bilden. Die jeweilige Rechtsaufsichtsbehörde hat das Vorliegen der Voraussetzungen für die Ausnahmeregelung zu überprüfen und auf Dauer sicherzustellen.

§ 2 Errichtung

(1) Zur Durchführung von § 17 LBesGBW wird zur Sicherung der Versorgungsaufwendungen ein Sondervermögen im Sinne von § 113 Abs. 2 der Landeshaushaltsordnung unter dem Namen „Versorgungsrücklage des Landes Baden-Württemberg" errichtet.

(2) Auf Antrag kann das Finanzministerium im Einvernehmen mit der Rechtsaufsichtsbehörde für einzelne Körperschaften, Anstalten oder Stiftungen des öffentlichen Rechts zulassen, dass diese allein oder im Verband durch Satzung entsprechende Sondervermögen errichten. Die §§ 3, 7, 8, 9, 10 und 12 gelten entsprechend. Der Antrag ist bis spätestens 31. Mai des Jahres zu stellen, für welches die jeweilige Körperschaft, Anstalt oder Stiftung des öffentlichen Rechts erstmals Zuführungen an das Sondervermögen abzuführen hätte. Er ist unwiderruflich.

(3) Ist eine Körperschaft, Anstalt oder Stiftung des öffentlichen Rechts Mitglied bei einer kommunalen Versorgungskasse eines anderen Bundeslandes, so kann die Rechtsaufsichtsbehörde auf Antrag im Einvernehmen mit dem Finanzministerium zulassen, daß diese Einrichtung auch die in § 17 Absatz 2 LBesGBW bestimmten Unterschiedsbeträge dieser Versorgungskasse zuführt. Der Antrag ist bis spätestens 31. Mai 1999 zu stellen und ist unwiderruflich.

§ 3 Zweck

Das Sondervermögen dient der Sicherung der Aufwendungen für Versorgung, Alters- und Hinterbliebenengeld. Es darf nach Maßgabe des § 7 nur zur Entlastung von Aufwendungen für Versorgung, Alters- und Hinterbliebenengeld der Einrichtungen im Sinne des § 1 verwendet werden, die entsprechende Leistungen zahlen.

§ 4 Rechtsform

Das Sondervermögen ist nicht rechtsfähig. Es kann unter seinem Namen im rechtsgeschäftlichen Verkehr handeln, klagen und verklagt werden. Der allgemeine Gerichtsstand des Sondervermögens ist Stuttgart.

§ 5 Verwaltung, Anlage der Mittel

(1) Das Finanzministerium verwaltet das Sondervermögen. Die Verwaltung der Mittel des Sondervermögens kann das Finanzministerium auf Dritte übertragen. Soweit die Verwaltung der Mittel der Landeszentralbank in Baden-Württemberg übertragen wird, werden keine Kosten erstattet.

(2) Die Mittel des Sondervermögens einschließlich der Erträge sind nach dem Gesetz für nachhaltige Finanzanlagen in Baden-Württemberg anzulegen. Dabei können bis zu zu 50 vom Hundert der dem Sondervermögen zugeführten Mittel in Aktien angelegt werden. Das Finanzministerium erlässt Anlagerichtlinien.

§ 6 Zuführung der Mittel

(1) Die sich nach § 17 Absatz 2 bis 5 LBesGBW ergebenden Zuführungen zur Versorgungsrücklage sind ihr von den in § 1 genannten Einrichtungen jährlich nachträglich zum 15. Januar des Folgejahres zuzuführen. Zuführungen der aus diesem Gesetz neben dem Land verpflichteten anderen juristischen Personen des öffentlichen Rechts einschließlich der darauf entfallenden Erträge sind bei dem Sondervermögen auf Sonderkonten gesondert auszuweisen. Die Höhe der Beträge wird nach einer vom Finanzministerium festzulegenden Berechnungsformel aus den Ist-Ausgaben des abgelaufenen Haushaltsjahres pauschal ermittelt.

(2) Auf die Zuführungen ist bis zum 15. Juni des laufenden Jahres ein Abschlag in der zu erwartenden Höhe zu zahlen, der mit der Zuführung zum 15. Januar zu verrechnen ist.

§ 7 Verwendung des Sondervermögens

Das Sondervermögen ist nach Abschluss der Zuführung der Mittel (§ 17 Absatz 2 LBesGBW) ab 1. Januar 2018 über einen Zeitraum von 15 Jahren zur schrittweisen Entlastung von Aufwendungen für Versorgung, Alters- und Hinterbliebenengeld einzusetzen. Die Entnahme von Mitteln ist durch Gesetz zu regeln. Die Entnahme der gesondert ausgewiesenen Mittel der landesunmittelbaren Sozialversicherungsträger erfolgt auf der Grundlage von Beschlüssen der Selbstverwaltungsorgane.

§ 8 Vermögenstrennung

Das Sondervermögen ist von dem übrigen Vermögen des Landes, seinen Rechten und Verbindlichkeiten getrennt zu halten.

§ 9 Wirtschaftsplan

Das Finanzministerium stellt ab dem 1. Januar 1999 für jedes Kalenderjahr einen Wirtschaftsplan für das Sondervermögen auf.

§ 10 Jahresrechnung

(1) Die mit der Verwaltung der Mittel des Sondervermögens Beauftragten legen dem Finanzministerium jährlich einen Bericht über die Verwaltung der Mittel des Sondervermögens vor. Auf dessen Grundlage stellt das Finanzministerium am Schluß eines jeden Rechnungsjahres die Jahresrechnung des Sondervermögens auf.

(2) In der Jahresrechnung sind der Bestand des Sondervermögens einschließlich der Forderungen und Verbindlichkeiten sowie die Einnahmen und Ausgaben nachzuweisen.

§ 11 Beirat

(1) Bei dem Sondervermögen wird ein Beirat gebildet. Er wirkt bei allen wichtigen Fragen mit, insbesondere bei den Anlagerichtlinien und dem Wirtschaftsplan. Zur Jahresrechnung ist seine Stellungnahme einzuholen.

(2) Der Beirat besteht aus acht Mitgliedern, die vom Ministerium für Finanzen und Wirt-

schaft für die Dauer von fünf Jahren berufen werden. Dem Beirat gehört je ein Vertreter folgender Stellen an:
1. Ministerium für Finanzen und Wirtschaft (Vorsitz),
2. Innenministerium,
3. Sozialministerium,
4. Justizministerium,
5. Beamtenbund Baden-Württemberg,
6. Deutscher Gewerkschaftsbund, Landesbezirk Baden-Württemberg,
7. Verein der Richter und Staatsanwälte in Baden-Württemberg e. V. und
8. Arbeitsgemeinschaft der Hauptpersonalratsvorsitzenden des Landes Baden-Württemberg.

Für jedes Mitglied ist ein Stellvertreter zu berufen. Scheidet ein Mitglied oder ein Stellvertreter vorzeitig aus, so wird für den Rest seiner Amtszeit ein Nachfolger berufen.

(3) Das Sondervermögen zahlt an die Mitglieder und ihre Stellvertreter für ihre Tätigkeit keine Vergütung; Auslagen werden ebenfalls nicht erstattet.

(4) Der Beirat gibt sich eine Geschäftsordnung.

§ 12 Auflösung
Das Sondervermögen gilt nach Auszahlung seines Vermögens (§ 7) als aufgelöst.

§ 13 Inkrafttreten
Dieses Gesetz tritt am 1. Januar 1999 in Kraft.

V Personalvertretung

V.1 Landespersonalvertretungsgesetz (LPVG) 634
V.2 Wahlordnung zum Landespersonalvertretungsgesetz (LPVGWO) 685

Landespersonalvertretungsgesetz (LPVG)[1]

in der Fassung der Bekanntmachung
vom 12. März 2015 (GBl. S. 221)

Zuletzt geändert durch
Gesetz zur Änderung des Landespersonalvertretungsgesetzes
vom 21. Dezember 2023 (GBl. S. 482)

Inhaltsübersicht

Teil 1
Allgemeine Vorschriften

- § 1 Allgemeiner Grundsatz
- § 2 Aufgaben der Dienststelle, der Personalvertretung, der Gewerkschaften und der Arbeitgebervereinigungen
- § 3 Ausschluss abweichender Regelungen
- § 4 Beschäftigte, Gruppen
- § 5 Dienststellen
- § 6 Behinderungs-, Benachteiligungs- und Begünstigungsverbot, Unfallschutz
- § 7 Verschwiegenheitspflicht

Teil 2
Der Personalrat
Abschnitt 1
Wahl und Zusammensetzung

- § 8 Wahlberechtigung
- § 9 Wählbarkeit
- § 10 Bildung von Personalräten, Zahl der Mitglieder
- § 11 Vertretung nach Gruppen und Geschlechtern
- § 12 Andere Gruppeneinteilung
- § 13 Wahl des Personalrats
- § 14 Zusammensetzung des Personalrats nach Beschäftigungsarten und Dienststellenteilen
- § 15 Wahlvorstand
- § 16 Bestellung oder Wahl des Wahlvorstands
- § 17 Einleitung und Durchführung der Wahl
- § 18 Feststellung des Wahlergebnisses
- § 19 Konstituierende Sitzung des Personalrats
- § 20 Freiheit der Wahl, Kosten
- § 21 Anfechtung der Wahl

Abschnitt 2
Amtszeit

- § 22 Amtszeit, regelmäßiger Wahlzeitraum
- § 23 Vorzeitige Neuwahl
- § 24 Ausschluss einzelner Mitglieder und Auflösung des Personalrats
- § 25 Erlöschen der Mitgliedschaft im Personalrat
- § 26 Ruhen der Mitgliedschaft im Personalrat
- § 27 Ersatzmitglieder

Abschnitt 3
Geschäftsführung

- § 28 Vorstand
- § 29 Vorsitz
- § 30 Anberaumung der Sitzungen
- § 31 Gemeinsame Aufgaben von Personalrat, Richterrat und Staatsanwaltsrat
- § 32 Durchführung der Sitzungen, Teilnahmerechte
- § 33 Befangenheit

---

[1] Dieses Gesetz dient auch der Umsetzung der Richtlinie 2002/14/EG des Europäischen Parlaments und des Rates vom 11. März 2002 zur Festlegung eines allgemeinen Rahmens für die Unterrichtung und Anhörung der Arbeitnehmer in der Europäischen Gemeinschaft (ABl. L 80 vom 23. 3. 2002, S. 29) in der jeweils geltenden Fassung.

Inhaltsübersicht **Landespersonalvertretungsgesetz (LPVG)** **V.1**

§ 34	Beschlussfassung
§ 35	Ausschüsse des Personalrats
§ 36	Übertragung von Befugnissen auf den Vorstand des Personalrats
§ 37	Einspruch der Vertreter einer Gruppe, der Beschäftigten im Sinne von § 59 oder der schwerbehinderten Beschäftigten
§ 38	Niederschrift
§ 39	Geschäftsordnung
§ 40	Sprechstunden
§ 41	Kosten
§ 42	Verbot der Beitragserhebung

**Abschnitt 4
Rechtsstellung der Personalratsmitglieder**

§ 43	Allgemeines
§ 44	Schulungs- und Bildungsmaßnahmen
§ 45	Freistellung
§ 46	Benachteiligungsverbot, Berufsbildung freigestellter Mitglieder des Personalrats
§ 47	Schutz des Arbeitsplatzes
§ 48	Übernahme Auszubildender

**Teil 3
Die Personalversammlung**

§ 49	Allgemeines
§ 50	Einberufung der Personalversammlung
§ 51	Durchführung der Personalversammlung
§ 52	Angelegenheiten der Personalversammlung
§ 53	Nichtöffentlichkeit der Personalversammlung, Teilnahmerechte

**Teil 4
Gesamtpersonalrat und Stufenvertretungen, Arbeitsgemeinschaften**

§ 54	Gesamtpersonalrat
§ 55	Bezirkspersonalrat und Hauptpersonalrat (Stufenvertretungen)
§ 56	Arbeitsgemeinschaften von Personalvertretungen
§ 57	Arbeitsgemeinschaft der Vorsitzenden der Hauptpersonalräte

**Teil 5
Ausbildungspersonalrat**

§ 58

**Teil 6
Jugend- und Auszubildendenvertretungen, Jugend- und Auszubildendenversammlung**

§ 59	Grundsatz
§ 60	Wahlberechtigung, Wählbarkeit
§ 61	Zahl der Mitglieder
§ 62	Wahlgrundsätze
§ 63	Aufgaben der Jugend- und Auszubildendenvertretung
§ 64	Schutz der Mitglieder der Jugend- und Auszubildendenvertretung
§ 65	Jugend- und Auszubildendenversammlung
§ 66	Gesamt-Jugend- und Auszubildendenvertretung, Stufen-Jugend- und Auszubildendenvertretung

**Teil 7
Datenschutz**

§ 67

**Teil 8
Beteiligung des Personalrats**

**Abschnitt 1
Allgemeines**

§ 68	Zusammenarbeit zwischen Dienststelle und Personalvertretung
§ 69	Allgemeine Grundsätze für die Behandlung der Beschäftigten
§ 70	Allgemeine Aufgaben der Personalvertretung
§ 71	Unterrichtungs- und Teilnahmerechte der Personalvertretung, Arbeitsplatzschutzangelegenheiten
§ 72	Wirtschaftsausschuss

**Abschnitt 2
Mitbestimmung, Mitwirkung und Anhörung**

§ 73	Mitbestimmung
§ 74	Angelegenheiten der uneingeschränkten Mitbestimmung

- § 75 Angelegenheiten der eingeschränkten Mitbestimmung
- § 76 Einleitung, Verfahren der Mitbestimmung
- § 77 Stufenverfahren der Mitbestimmung
- § 78 Einigungsstellenverfahren
- § 79 Einigungsstelle
- § 80 Mitwirkung
- § 81 Angelegenheiten der Mitwirkung
- § 82 Einleitung, Verfahren der Mitwirkung
- § 83 Stufenverfahren der Mitwirkung
- § 84 Antrag des Personalrats
- § 85 Dienstvereinbarungen
- § 86 Anhörung des Personalrats
- § 87 Angelegenheiten der Anhörung
- § 88 Durchführung von Entscheidungen, vorläufige Regelungen
- § 89 Zuständigkeit in nicht gestuften Verwaltungen
- § 90 Verhältnis zu anderen Beteiligungsrechten

Teil 9
Zuständigkeit des Personalrats, des Gesamtpersonalrats und der Stufenvertretungen
- § 91

Teil 10
Gerichtliche Entscheidungen
- § 92
- § 93

Teil 11
Vorschriften für die Behandlung von Verschlusssachen
- § 94

Teil 12
Besondere Vorschriften für die Justizverwaltung
- § 95

Teil 13
Besondere Vorschriften für die Polizei und für das Landesamt für Verfassungsschutz
- § 96 Polizei
- § 97 Landesamt für Verfassungsschutz

Teil 14
Besondere Vorschriften für Dienststellen, die bildenden, wissenschaftlichen und künstlerischen Zwecken dienen
- § 98 Personalvertretungen im Schulbereich
- § 99 Besondere Vorschriften für Lehre und Forschung
- § 100 Besondere Vorschriften für Beschäftigte an Hochschulen mit Aufgaben an einem Universitätsklinikum
- § 100a Besondere Vorschriften für Universitätsklinika
- § 101 Besondere Vorschriften für das Karlsruher Institut für Technologie
- § 102 Besondere Vorschriften für die Führungsakademie Baden-Württemberg
- § 103 Besondere Vorschriften für Theater und Orchester

Teil 15
Besondere Vorschriften für die Forstverwaltung
- § 104 Beschäftigte der Abteilung Forstdirektion der Regierungspräsidien

Teil 16
Südwestrundfunk
- § 105 Allgemeines
- § 106 Dienststellen
- § 107 Beschäftigte
- § 108 Wählbarkeit
- § 109 Kosten
- § 110 Besondere Gruppen von Beschäftigten
- § 111 Einigungsstelle
- § 112 Gesamtpersonalrat

Teil 17
Schlussvorschriften
- § 113 Übergangspersonalrat, Regelungen für Umbildungen von Dienststellen
- § 114 Wahlordnung, Verwaltungsvorschriften
- § 115 Religionsgemeinschaften
- § 116 Inkrafttreten

Teil 1
Allgemeine Vorschriften

§ 1 Allgemeiner Grundsatz

In den Verwaltungen und Betrieben des Landes, der Gemeinden und Gemeindeverbände sowie der sonstigen Körperschaften, Anstalten und Stiftungen des öffentlichen Rechts, die der Aufsicht des Landes unterstehen, sowie in den Gerichten des Landes werden Personalvertretungen gebildet.

§ 2 Aufgaben der Dienststelle, der Personalvertretung, der Gewerkschaften und der Arbeitgebervereinigungen

(1) Dienststelle und Personalvertretung arbeiten unter Beachtung der Gesetze und Tarifverträge partnerschaftlich, vertrauensvoll und im Zusammenwirken mit den in der Dienststelle vertretenen Gewerkschaften und Arbeitgebervereinigungen zum Wohle der Beschäftigten und zur Erfüllung der der Dienststelle obliegenden Aufgaben zusammen.

(2) Zur Wahrnehmung der in diesem Gesetz genannten Aufgaben und Befugnisse der in der Dienststelle vertretenen Gewerkschaften ist deren Beauftragten nach Unterrichtung der Dienststelle Zugang zu der Dienststelle zu gewähren, soweit dem nicht unumgängliche Notwendigkeiten des Dienstablaufs, zwingende Sicherheitsvorschriften oder der Schutz von Dienstgeheimnissen entgegenstehen.

(3) Die Aufgaben der Gewerkschaften und der Vereinigungen der Arbeitgeber, insbesondere die Wahrnehmung der Interessen ihrer Mitglieder, werden durch dieses Gesetz nicht berührt.

§ 3 Ausschluss abweichender Regelungen

Durch Tarifvertrag oder Dienstvereinbarung kann das Personalvertretungsrecht nicht abweichend von diesem Gesetz geregelt werden.

§ 4 Beschäftigte, Gruppen

(1) Beschäftigte im Sinne dieses Gesetzes sind Personen, die

1. weisungsgebunden in die Arbeitsorganisation der Dienststelle eingegliedert und innerhalb dieser tätig sind oder arbeitnehmerähnliche Personen im Sinne von § 12a des Tarifvertragsgesetzes sind oder
2. sich in der Ausbildung für eine Beamtenlaufbahn oder in sonstiger beruflicher Ausbildung befinden,

unabhängig davon, ob sie in einem Dienst-, Arbeits- oder Ausbildungsverhältnis mit einer juristischen Person nach § 1 stehen. Beschäftigte sind auch Personen, die unter Fortsetzung eines bestehenden unmittelbaren Dienst- oder Arbeitsverhältnisses zur Dienststelle nach beamtenrechtlichen oder tariflichen Vorschriften zu einer anderen Stelle abgeordnet oder dieser zugewiesen sind oder dort ihre geschuldete Arbeitsleistung erbringen.

(2) Als Beschäftigte im Sinne dieses Gesetzes gelten nicht

1. Personen in einem öffentlich-rechtlichen Amtsverhältnis,
2. Richter sowie Staatsanwälte, es sei denn
   a) die Richter auf Lebenszeit oder Staatsanwälte auf Lebenszeit sind an eine andere Dienststelle als ein Gericht oder eine Staatsanwaltschaft abgeordnet,
   b) die Richter auf Probe oder die Richter kraft Auftrags sind einer anderen Dienststelle als einem Gericht oder einer Staatsanwaltschaft zur Verwendung zugewiesen,
3. Personen, die ehrenamtlich tätig sind, es sei denn, sie stehen in einem Ehrenbeamtenverhältnis,
4. Personen, die vorwiegend zu ihrer Heilung, Wiedereingewöhnung oder Erziehung beschäftigt werden,
5. Personen, die in der Dienststelle auf der Grundlage von Werk-, Werklieferungs- oder Geschäftsbesorgungsverträgen tätig sind; Absatz 1 Satz 1 Nummer 1 bleibt unberührt.

(3) Unter den Beschäftigten bilden die Beamten im Sinne der Beamtengesetze eine Gruppe. Als Beamte im Sinne dieses Gesetzes gelten auch Personen, die sich, ohne in ein

Beamtenverhältnis berufen zu sein, in der Ausbildung für eine Beamtenlaufbahn in einem öffentlich-rechtlichen Ausbildungsverhältnis befinden oder als Richter oder Staatsanwälte nach Absatz 2 Nummer 2 verwendet werden.

(4) Die übrigen Beschäftigten bilden die Gruppe der Arbeitnehmer. Die dieser Gruppe angehörenden Beschäftigten gelten als Arbeitnehmer im Sinne dieses Gesetzes.

§ 5 Dienststellen

(1) Dienststellen im Sinne dieses Gesetzes sind die einzelnen Behörden, Stellen und Betriebe der in § 1 genannten juristischen Personen sowie die Gerichte, die Hochschulen, das Karlsruher Institut für Technologie (KIT) und die Schulen, soweit in diesem Gesetz nichts anderes bestimmt ist.

(2) Eigenbetriebe mit in der Regel nicht mehr als 50 Beschäftigten gelten nicht als Dienststelle im Sinne von Absatz 1; ihre Beschäftigten gelten als Beschäftigte der Verwaltungsbehörde der Gemeinde oder des Gemeindeverbands.

(3) Außenstellen, Nebenstellen und Teile einer Dienststelle nach Absatz 1 oder einer nach Absatz 4 zusammengefassten Dienststelle können auf Antrag der Mehrheit der betroffenen wahlberechtigten Beschäftigten oder von Amts wegen vom Leiter der Hauptdienststelle oder der zusammengefassten Dienststelle unter Berücksichtigung dienstlicher Belange und der Belange der Beschäftigten zu einer selbstständigen Dienststelle im Sinne dieses Gesetzes erklärt oder zu einer solchen zusammengefasst werden. Der Personalrat ist vor der Entscheidung anzuhören. Für die Aufhebung der Verselbstständigung gilt Satz 1 entsprechend. Vor der Aufhebung sind der Personalrat der Dienststelle nach Satz 1, der Personalrat der Hauptdienststelle und der Gesamtpersonalrat anzuhören. Die Verselbstständigung und ihre Aufhebung sind jeweils ab der folgenden Wahl wirksam.

(4) Mehrere Dienststellen eines Verwaltungszweigs können von der obersten Dienstbehörde zu einer Dienststelle im Sinne dieses Gesetzes zusammengefasst werden, wenn die Mehrheit ihrer wahlberechtigten Beschäftigten in geheimen Abstimmungen zustimmt. Für die Aufhebung gilt Satz 1 mit der Maßgabe entsprechend, dass es nur der Zustimmung der Mehrheit der wahlberechtigten Beschäftigten der Dienststellenteile bedarf, die aus dem Zusammenschluss ausscheiden wollen oder sollen; eine Verselbstständigung nach Absatz 3 Satz 1 gilt dadurch ebenfalls als aufgehoben. Die Zusammenfassung und ihre Aufhebung sind jeweils ab der folgenden Wahl wirksam.

(5) Bei gemeinsamen Dienststellen verschiedener juristischer Personen gelten die Beschäftigten jeder juristischen Person als Beschäftigte einer besonderen Dienststelle. Das Landratsamt gilt als einheitliche Dienststelle.

§ 6 Behinderungs-, Benachteiligungs- und Begünstigungsverbot, Unfallschutz

(1) Personen, die Aufgaben oder Befugnisse nach diesem Gesetz wahrnehmen, dürfen darin nicht behindert und wegen ihrer Tätigkeit nicht benachteiligt oder begünstigt werden; dies gilt auch für ihre berufliche Entwicklung.

(2) Erleiden Beamte, die Aufgaben oder Befugnisse nach diesem Gesetz wahrnehmen, dabei einen Unfall, der im Sinne der beamtenrechtlichen Unfallfürsorgevorschriften ein Dienstunfall wäre, oder erfahren sie einen Sachschaden, der nach § 80 des Landesbeamtengesetzes zu ersetzen wäre, so finden diese Vorschriften entsprechende Anwendung.

§ 7 Verschwiegenheitspflicht

(1) Personen, die Aufgaben oder Befugnisse nach diesem Gesetz wahrnehmen oder wahrgenommen haben, haben über die ihnen dabei bekannt gewordenen Angelegenheiten und Tatsachen Verschwiegenheit zu bewahren. Abgesehen von den Fällen des § 71 Absatz 1 Satz 3, des § 76 Absatz 4 und des § 94 gilt die Verschwiegenheitspflicht nicht

1. für Mitglieder der Personalvertretung und der Jugend- und Auszubildendenvertretung gegenüber den übrigen Mitgliedern der Vertretung und gegenüber den für Mitglieder eingetretenen Ersatzmitgliedern,

2. für die in Satz 1 bezeichneten Personen gegenüber der zuständigen Personalvertretung und der zuständigen Jugend- und Auszubildendenvertretung,
3. gegenüber der übergeordneten Dienststelle, der obersten Dienstbehörde oder dem anzurufenden obersten Organ oder einem Ausschuss dieses Organs,
4. gegenüber der bei der übergeordneten Dienststelle oder der obersten Dienstbehörde gebildeten Stufenvertretung,
5. gegenüber dem Gesamtpersonalrat,
6. gegenüber der anzuhörenden Personalvertretung,
7. für die Anrufung der Einigungsstelle,
8. für Mitglieder des Wirtschaftsausschusses gegenüber Mitgliedern der Personalvertretungen.

(2) Die Verschwiegenheitspflicht besteht nicht für Angelegenheiten oder Tatsachen, die offenkundig sind oder ihrer Bedeutung nach keiner Geheimhaltung bedürfen.

(3) Die Dienststelle kann im Einzelfall auf Antrag des Personalrats von der Verschwiegenheitspflicht entbinden; die Aussagegenehmigung nach beamtenrechtlichen oder entsprechenden tariflichen Vorschriften bleibt davon unberührt.

Teil 2
Der Personalrat

Abschnitt 1
Wahl und Zusammensetzung

§ 8 Wahlberechtigung

(1) Wahlberechtigt sind alle Beschäftigten, es sei denn, dass sie

1. infolge Richterspruchs das Recht, in öffentlichen Angelegenheiten zu wählen oder zu stimmen, nicht besitzen,
2. am Wahltag seit mehr als zwölf Monaten ohne Dienstbezüge oder Arbeitsentgelt beurlaubt sind,
3. eine Teilzeitbeschäftigung mit Freistellungsjahr ausüben und am Wahltag noch mehr als zwölf Monate vom Dienst freigestellt sind,
4. Altersteilzeit im Blockmodell ausüben und sich am Wahltag in der Freistellung befinden.

(2) Auszubildende in öffentlich-rechtlichen Ausbildungsverhältnissen, Beamte im Vorbereitungsdienst und Beschäftigte in einer dem Vorbereitungsdienst entsprechenden Berufsausbildung sind nur bei ihrer Stammbehörde wahlberechtigt, soweit sich aus § 58 nichts anderes ergibt. Sofern die Ausbildung bei mehreren Ausbildungsstellen erfolgt, bestimmt die oberste Dienstbehörde, welche Dienststelle Stammbehörde im Sinne dieses Gesetzes ist.

§ 9 Wählbarkeit

(1) Wählbar sind die wahlberechtigten Beschäftigten im Sinne von § 4 Absatz 1 Satz 1, die am Wahltag

1. seit zwei Monaten der Dienststelle angehören und
2. das 18. Lebensjahr vollendet haben.

(2) Nicht wählbar sind

1. Beschäftigte, die infolge Richterspruchs die Fähigkeit, Rechte aus öffentlichen Wahlen zu erlangen, nicht besitzen,
2. der Leiter der Dienststelle und sein ständiger Vertreter,
3. Beschäftigte, die zu selbstständigen Entscheidungen in Personalangelegenheiten der Dienststelle befugt sind,
4. die den Beschäftigten nach Nummer 3 zugeordneten unmittelbaren Mitarbeiter, die als Personalsachbearbeiter die Entscheidungen vorbereiten,
5. die Beauftragte für Chancengleichheit und ihre Stellvertreterin.

Beschäftigte, die nicht ständig selbstständige Entscheidungen in Personalangelegenheiten treffen oder vorbereiten, sind von der Wählbarkeit nach Satz 1 Nummer 3 und 4 nicht ausgeschlossen, wenn nur zu einem untergeordneten Teil der Gesamtaufgaben der Beschäftigten Personalangelegenheiten entschieden oder vorbereitet werden.

§ 10 Bildung von Personalräten, Zahl der Mitglieder

(1) In allen Dienststellen, die in der Regel mindestens fünf Wahlberechtigte beschäfti-

gen, von denen drei Beschäftigte wählbar sind, werden Personalräte gebildet.

(2) Dienststellen, bei denen die Voraussetzungen des Absatzes 1 nicht vorliegen, werden von der übergeordneten Dienststelle im Einvernehmen mit der Stufenvertretung einer benachbarten Dienststelle zugeteilt, wenn die Mehrheit ihrer wahlberechtigten Beschäftigten in geheimer Abstimmung zustimmt.

(3) Der Personalrat besteht in Dienststellen mit in der Regel

5 bis 14 wahlberechtigten Beschäftigten	aus einer Person,
15 wahlberechtigten Beschäftigten bis 50 Beschäftigten	aus drei Mitgliedern,
51 bis 150 Beschäftigten	aus fünf Mitgliedern,
151 bis 300 Beschäftigten	aus sieben Mitgliedern,
301 bis 600 Beschäftigten	aus neun Mitgliedern,
601 bis 1000 Beschäftigten	aus elf Mitgliedern,
1001 bis 1500 Beschäftigten	aus 13 Mitgliedern,
1501 bis 2000 Beschäftigten	aus 15 Mitgliedern,
2001 bis 3000 Beschäftigten	aus 17 Mitgliedern,
3001 bis 4000 Beschäftigten	aus 19 Mitgliedern,
4001 bis 5000 Beschäftigten	aus 21 Mitgliedern,
5001 bis 7500 Beschäftigten	aus 23 Mitgliedern,
7501 bis 10000 Beschäftigten	aus 25 Mitgliedern,
10 001 und mehr Beschäftigten	aus 27 Mitgliedern.

(4) Liegen in Dienststellen mit in der Regel 601 und mehr Beschäftigten Außenstellen, Nebenstellen oder Teile der Dienststelle räumlich vom Dienstort der Hauptdienststelle entfernt, erhöht sich die Zahl der Mitglieder nach Absatz 3 um

1. zwei Mitglieder, wenn mindestens ein Drittel der in der Regel Beschäftigten der Dienststelle,
2. vier Mitglieder, wenn mindestens die Hälfte der in der Regel Beschäftigten der Dienststelle

zum überwiegenden Teil ihrer Arbeitszeit an einem anderen als dem Dienstort der Hauptdienststelle beschäftigt ist.

(5) Maßgebend für die Ermittlung der Zahl der Mitglieder des Personalrats ist der zehnte Arbeitstag vor Erlass des Wahlausschreibens. Der Wahlvorstand legt dabei den zu dem Stichtag absehbaren Beschäftigtenstand zugrunde, der voraussichtlich über die Hälfte der Amtszeit des Personalrats in der Dienststelle vorhanden sein wird.

§ 11 Vertretung nach Gruppen und Geschlechtern

(1) Besteht der Personalrat aus mindestens drei Mitgliedern, sollen im Personalrat Frauen und Männer entsprechend ihren Anteilen an den in der Regel Beschäftigten der Dienststelle vertreten sein. Sind in der Dienststelle Beamte und Arbeitnehmer beschäftigt, sollen Frauen und Männer in jeder Gruppe, der mehr als ein Sitz im Personalrat zusteht, entsprechend ihrem Anteil an den in der Regel beschäftigten Gruppenangehörigen vertreten sein.

(2) Besteht der Personalrat aus mindestens drei Mitgliedern und sind in der Dienststelle Beamte und Arbeitnehmer beschäftigt, so muss jede der Gruppen entsprechend der Zahl der in der Regel beschäftigten Gruppenangehörigen im Personalrat vertreten sein. Sind beide Gruppen gleich groß, entscheidet das Los. Macht eine Gruppe von ihrem Recht, im Personalrat vertreten zu sein, keinen Gebrauch, so verliert sie ihren Anspruch auf Vertretung für die Dauer der Amtszeit des Personalrats; die entsprechend zustehenden Sitze fallen der anderen Gruppe zu.

(3) Der Wahlvorstand stellt fest, wie hoch der Anteil der Frauen und der Männer an den in der Regel Beschäftigten insgesamt und innerhalb der Gruppen ist. Er errechnet nach den Grundsätzen der Verhältniswahl die Verteilung der Sitze

1. im Personalrat auf die Gruppen,
2. im Personalrat auf die Geschlechter,
3. innerhalb einer Gruppe, der mehr als ein Sitz im Personalrat zusteht, auf die Geschlechter.

(4) Eine Gruppe erhält mindestens bei in der Regel

weniger als	
101 Gruppenangehörigen	einen Vertreter,
101 bis 300 Gruppenangehörigen	zwei Vertreter,
301 bis 1000 Gruppenangehörigen	drei Vertreter,
1001 bis 2500 Gruppenangehörigen	vier Vertreter,
2501 bis 5000 Gruppenangehörigen	fünf Vertreter,
5001 und mehr Gruppenangehörigen	sechs Vertreter.

(5) Eine Gruppe, der in der Regel nicht mehr als fünf Beschäftigte angehören, erhält nur dann eine Vertretung, wenn sie mindestens ein Zwanzigstel der Beschäftigten der Dienststelle umfasst.

§ 12 Andere Gruppeneinteilung

(1) Die Verteilung der Mitglieder des Personalrats auf die Gruppen kann abweichend von § 11 geordnet werden, wenn die wahlberechtigten Angehörigen jeder Gruppe dies vor der Neuwahl in getrennten geheimen Vorabstimmungen beschließen. Der Beschluss bedarf der Mehrheit der Stimmen aller Wahlberechtigten jeder Gruppe.

(2) Für jede Gruppe können auch Angehörige der anderen Gruppe vorgeschlagen werden. Die Gewählten gelten als Vertreter derjenigen Gruppe, für die sie vorgeschlagen worden sind. Satz 2 gilt auch für Ersatzmitglieder.

§ 13 Wahl des Personalrats

(1) Der Personalrat wird in geheimer und unmittelbarer Wahl gewählt.

(2) Besteht der Personalrat aus mehr als einer Person, so wählen die Beamten und Arbeitnehmer ihre Vertreter je in getrennten Wahlgängen, es sei denn, dass eine Gruppe nach § 11 Absatz 5 keine Vertretung erhält oder die wahlberechtigten Angehörigen jeder Gruppe vor der Neuwahl in getrennten geheimen Vorabstimmungen die gemeinsame Wahl beschließen. Der Beschluss bedarf der Mehrheit der Stimmen aller Wahlberechtigten jeder Gruppe.

(3) Die Wahl wird nach den Grundsätzen der Verhältniswahl durchgeführt. Wird nur ein Wahlvorschlag eingereicht, so findet Mehrheitswahl statt. In Dienststellen, deren Personalrat aus einer Person besteht, wird dieser mit einfacher Stimmenmehrheit gewählt. Das gleiche gilt für Gruppen, denen nur ein Vertreter im Personalrat zusteht.

(4) Zur Wahl des Personalrats können die wahlberechtigten Beschäftigten und die in der Dienststelle vertretenen Gewerkschaften Wahlvorschläge machen. Jeder Wahlvorschlag der Beschäftigten muss von mindestens einem Zwanzigstel der wahlberechtigten Gruppenangehörigen unterzeichnet sein. In jedem Fall genügt die Unterzeichnung durch 50 wahlberechtigte Gruppenangehörige. Die nach § 9 Absatz 2 Satz 1 Nummer 3 und 4 in Verbindung mit Satz 2 nicht wählbaren Beschäftigten dürfen keine Wahlvorschläge machen oder unterzeichnen.

(5) Die Wahlvorschläge müssen mindestens so viele Bewerber enthalten, wie erforderlich sind, um die anteilige Verteilung der Sitze im Personalrat und innerhalb der Gruppen auf Frauen und Männer zu erreichen. Wahlvorschläge, die diesem Erfordernis nicht entsprechen, hat der Wahlvorstand nach näherer Maßgabe der Wahlordnung als gültig zuzulassen, wenn die Abweichung schriftlich begründet wird. Die Begründung ist mit dem Wahlvorschlag bekanntzugeben.

(6) Ist gemeinsame Wahl beschlossen worden, so muss jeder Wahlvorschlag der Beschäftigten von mindestens einem Zwanzigstel der wahlberechtigten Beschäftigten unterzeichnet sein; Absatz 4 Satz 3 und 4 gilt entsprechend.

(7) Werden bei gemeinsamer Wahl für eine Gruppe gruppenfremde Bewerber vorgeschlagen, muss der Wahlvorschlag der Beschäftigten von mindestens einem Zwanzigstel der wahlberechtigten Gruppenangehöri-

gen unterzeichnet sein, für die sie vorgeschlagen werden. Absatz 4 Satz 3 und 4 gilt entsprechend.

(8) Jeder Beschäftigte kann nur auf einem Wahlvorschlag benannt werden.

§ 14 Zusammensetzung des Personalrats nach Beschäftigungsarten und Dienststellenteilen

(1) Der Personalrat soll sich aus Vertretern der verschiedenen Beschäftigungsarten und verschiedener Organisationseinheiten der Dienststelle zusammensetzen.

(2) Dem Personalrat beim Landratsamt sollen Beschäftigte des Landkreises und des Landes entsprechend ihren Anteilen an den in der Regel Beschäftigten des Landratsamts angehören. Dies gilt entsprechend für die Vertretung in den Gruppen im Personalrat.

§ 15 Wahlvorstand

(1) Der Wahlvorstand besteht aus drei wahlberechtigten Beschäftigten. Sind in der Dienststelle Angehörige verschiedener Gruppen beschäftigt, so muss jede Gruppe im Wahlvorstand vertreten sein. Beide Geschlechter sollen im Wahlvorstand vertreten sein.

(2) Ein Mitglied des Wahlvorstands wird zum Vorsitzenden sowie ein weiteres Mitglied zum stellvertretenden Vorsitzenden bestimmt.

(3) Für jedes Mitglied des Wahlvorstands können Ersatzmitglieder derselben Gruppe bestellt werden. Ein Ersatzmitglied tritt in den Wahlvorstand ein, wenn ein Mitglied aus dem Wahlvorstand ausscheidet oder ein Mitglied des Wahlvorstands zeitweilig verhindert ist.

(4) Ist der Vorsitzende des Wahlvorstands zeitweilig verhindert, vertritt ihn der stellvertretende Vorsitzende; scheidet der Vorsitzende aus dem Wahlvorstand aus, so ist der Vorsitz neu zu bestimmen. Unabhängig davon tritt jeweils das Ersatzmitglied nach Absatz 3 Satz 2 ein.

(5) § 41 Absatz 1 Satz 2, § 43 Absatz 2 Satz 2 und § 47 Absatz 1 Satz 1 und Absatz 2 sowie Absatz 4 gelten entsprechend für die Mitglieder des Wahlvorstands und Ersatzmitglieder, solange sie in den Wahlvorstand eingetreten sind.

§ 16 Bestellung oder Wahl des Wahlvorstands

(1) Spätestens zwölf Wochen vor Ablauf seiner Amtszeit bestellt der Personalrat den Wahlvorstand und bestimmt den Vorsitzenden und den stellvertretenden Vorsitzenden.

(2) Auf Antrag von mindestens drei wahlberechtigten Beschäftigten oder einer in der Dienststelle vertretenen Gewerkschaft beruft der Leiter der Dienststelle eine Personalversammlung zur Wahl des Wahlvorstands und zur Bestimmung des Vorsitzes ein, wenn

1. der Personalrat zehn Wochen vor Ablauf seiner Amtszeit keinen Wahlvorstand bestellt hat oder
2. in einer Dienststelle, die die Voraussetzungen des § 10 Absatz 1 erfüllt, kein Personalrat besteht.

Die Personalversammlung wählt einen Versammlungsleiter.

(3) Findet die einberufene Personalversammlung nicht statt oder wählt die Personalversammlung keinen Wahlvorstand, so bestellt ihn der Leiter der Dienststelle auf Antrag von mindestens drei wahlberechtigten Beschäftigten oder einer in der Dienststelle vertretenen Gewerkschaft.

§ 17 Einleitung und Durchführung der Wahl

(1) Der Wahlvorstand führt die Wahl des Personalrats durch. Er bestimmt den Tag, die Zeit und den Ort der Wahl. Dabei hat er auf die Belange der Beschäftigten und der Dienststelle Rücksicht zu nehmen.

(2) Der Wahlvorstand hat die Wahl spätestens zwei Monate vor dem vorgesehenen Wahltag einzuleiten. Die Wahl soll rechtzeitig vor dem Ablauf der Amtszeit des Personalrats stattfinden. Ist der Wahlvorstand durch die Personalversammlung gewählt, durch den Leiter der Dienststelle bestellt oder findet eine nicht regelmäßige Personalratswahl nach § 23 Absatz 1 statt, soll die Wahl spätestens zwei

Monate nach der Wahl oder Bestellung des Wahlvorstands stattfinden.

(3) Kommt der Wahlvorstand den Verpflichtungen nach Absatz 1 Satz 1 und 2 und Absatz 2 nicht nach, so beruft der Leiter der Dienststelle eine Personalversammlung zur Wahl eines neuen Wahlvorstands ein. § 16 Absatz 2 Satz 2 und Absatz 3 gilt entsprechend.

(4) Bei einer Neubestellung des Wahlvorstands nach Absatz 3 gelten Absatz 1 Satz 2 und Absatz 2 mit der Maßgabe, dass der Wahlvorstand unverzüglich den Wahltag festzusetzen und die Wahl einzuleiten hat.

§ 18 Feststellung des Wahlergebnisses

Unverzüglich nach Abschluss der Wahl nimmt der Wahlvorstand öffentlich die Auszählung der Stimmen vor, stellt deren Ergebnis in einer Niederschrift fest und gibt es den Angehörigen der Dienststelle bekannt. Dem Leiter der Dienststelle, den in der Dienststelle vertretenen Gewerkschaften und den Vertretern der sonstigen gültigen Wahlvorschläge ist eine Abschrift der Niederschrift zu übersenden.

§ 19 Konstituierende Sitzung des Personalrats

Spätestens sechs Arbeitstage nach dem Wahltag beruft der Wahlvorstand die Mitglieder des Personalrats zur Vornahme der vorgeschriebenen Wahlen ein und leitet die Sitzung, bis der Personalrat aus seiner Mitte einen Wahlleiter bestellt hat.

§ 20 Freiheit der Wahl, Kosten

(1) Niemand darf die Wahl des Personalrats behindern oder in einer gegen die guten Sitten verstoßenden Weise beeinflussen. Insbesondere darf kein Wahlberechtigter in der Ausübung des aktiven und passiven Wahlrechts beschränkt werden. § 47 Absatz 1 Satz 1 und Absatz 2 sowie Absatz 4 gilt für Wahlbewerber entsprechend.

(2) Die Kosten der Wahl trägt die Dienststelle. Notwendiges Versäumnis von Arbeitszeit infolge der Ausübung des Wahlrechts, der Teilnahme an den in den § 16 Absatz 2 und § 17 Absatz 3 genannten Personalversammlungen oder der Betätigung im Wahlvorstand hat keine Minderung der Besoldung oder des Arbeitsentgelts zur Folge.

§ 21 Anfechtung der Wahl

(1) Mindestens drei Wahlberechtigte, jede in der Dienststelle vertretene Gewerkschaft oder der Leiter der Dienststelle können binnen einer Frist von zwölf Arbeitstagen, vom Tag der Bekanntgabe des Wahlergebnisses an gerechnet, die Wahl beim Verwaltungsgericht anfechten, wenn gegen wesentliche Vorschriften über das Wahlrecht, die Wählbarkeit oder das Wahlverfahren verstoßen worden und eine Berichtigung nicht erfolgt ist, es sei denn, dass durch den Verstoß das Wahlergebnis nicht geändert oder beeinflusst werden konnte.

(2) Ist die Wahl für ungültig erklärt, setzt der Vorsitzende der Fachkammer des Verwaltungsgerichts einen Wahlvorstand ein. Dieser hat unverzüglich die Wiederholungswahl einzuleiten, durchzuführen und das Ergebnis festzustellen. Der Wahlvorstand nimmt die dem Personalrat nach diesem Gesetz zustehenden Befugnisse und Pflichten bis zur Wiederholungswahl wahr.

Abschnitt 2
Amtszeit

§ 22 Amtszeit, regelmäßiger Wahlzeitraum

(1) Die regelmäßige Amtszeit des Personalrats beträgt fünf Jahre. Sie beginnt mit dem Tag der Wahl oder, wenn zu diesem Zeitpunkt noch ein Personalrat besteht, mit dem Ablauf der Amtszeit dieses Personalrats. Die Amtszeit endet spätestens am 31. Juli des Jahres, in dem die regelmäßigen Personalratswahlen stattfinden.

(2) Ist am Tag des Ablaufs der Amtszeit ein neuer Personalrat nicht gewählt, führt der Personalrat die Geschäfte weiter, bis der neue Personalrat gewählt ist, längstens bis zum Ablauf des 31. Juli. Der geschäftsführende Personalrat ist nicht befugt, Maßnahmen nach § 84 zu beantragen oder Dienstvereinbarungen zu schließen.

(3) Die regelmäßigen Personalratswahlen finden alle fünf Jahre in der Zeit vom 1. April bis 31. Juli statt. Fand außerhalb dieses Zeitraums eine Personalratswahl statt, so ist der Personalrat in dem auf die Wahl folgenden nächsten Zeitraum der regelmäßigen Personalratswahlen neu zu wählen, wenn die Amtszeit des Personalrats zu Beginn des für die regelmäßigen Personalratswahlen festgelegten Zeitraums mehr als ein Jahr betragen hat. War seine Amtszeit kürzer, so ist der Personalrat erst in dem übernächsten Zeitraum der regelmäßigen Personalratswahlen neu zu wählen.

§ 23 Vorzeitige Neuwahl

(1) Der Personalrat ist außerhalb des für die regelmäßigen Personalratswahlen festgelegten Zeitraums neu zu wählen, wenn

1. mit Ablauf von 20 Monaten oder 40 Monaten, vom Tag der Wahl gerechnet, die Zahl der in der Regel Beschäftigten um ein Drittel, mindestens aber um 50 gestiegen oder gesunken ist oder
2. die Gesamtzahl der Mitglieder des Personalrats auch nach dem Eintreten sämtlicher Ersatzmitglieder um mehr als ein Viertel der Mitgliederzahl nach § 10 Absatz 3 gesunken ist oder
3. der Personalrat mit der Mehrheit seiner Mitglieder seinen Rücktritt beschlossen hat oder
4. der Personalrat durch gerichtliche Entscheidung aufgelöst ist oder
5. die Wahl des Personalrats mit Erfolg angefochten worden ist oder
6. in der Dienststelle kein Personalrat besteht.

In den Fällen der Nummer 1 bis 3 führt der Personalrat die Geschäfte weiter, bis der neue Personalrat gewählt ist, längstens für vier Monate. § 22 Absatz 2 Satz 2 gilt entsprechend.

(2) Ist eine in der Dienststelle vorhandene Gruppe, die bisher im Personalrat vertreten war, auch nach dem Eintreten sämtlicher Ersatzmitglieder durch kein Mitglied des Personalrats mehr vertreten, so wählt diese Gruppe für den Rest der Amtszeit des Personalrats neue Vertreter. Die §§ 16 bis 18, 20 und 21 finden mit folgenden Maßgaben entsprechende Anwendung:

1. Eine Personalversammlung oder eine Gruppenversammlung zur Wahl eines Wahlvorstands findet nicht statt.
2. Die Bestellung des Wahlvorstands durch den Leiter der Dienststelle ist nur auf Antrag von drei wahlberechtigten Beschäftigten der Gruppe, für welche die Neuwahl stattfinden soll, möglich. Das Antragsrecht einer in der Dienststelle vertretenen Gewerkschaft bleibt unberührt.

§ 24 Ausschluss einzelner Mitglieder und Auflösung des Personalrats

(1) Auf Antrag eines Viertels der Wahlberechtigten oder einer in der Dienststelle vertretenen Gewerkschaft kann das Verwaltungsgericht den Ausschluss eines Mitglieds aus dem Personalrat oder die Auflösung des Personalrats wegen grober Vernachlässigung seiner gesetzlichen Befugnisse oder wegen grober Verletzung seiner gesetzlichen Pflichten beschließen. Der Personalrat kann aus den gleichen Gründen den Ausschluss eines Mitglieds beantragen. Der Leiter der Dienststelle kann den Ausschluss eines Mitglieds aus dem Personalrat oder die Auflösung des Personalrats wegen grober Verletzung seiner gesetzlichen Pflichten beantragen.

(2) Ist über den Antrag auf Ausschluss eines Mitglieds bis zum Ablauf der Amtszeit noch nicht rechtskräftig entschieden, so ist das Verfahren mit der Wirkung für die folgende Amtszeit fortzusetzen, wenn das Mitglied für die folgende Amtszeit wieder gewählt worden ist.

(3) Ist der Personalrat aufgelöst, so setzt der Vorsitzende der Fachkammer des Verwaltungsgerichts einen Wahlvorstand ein. Dieser hat unverzüglich die Neuwahl einzuleiten, durchzuführen und das Ergebnis festzustellen. Der Wahlvorstand nimmt bis zur Neuwahl die dem Personalrat nach diesem Gesetz zustehenden Befugnisse und Pflichten wahr.

§ 25 Erlöschen der Mitgliedschaft im Personalrat

(1) Die Mitgliedschaft im Personalrat erlischt durch

1. Ablauf der Amtszeit,
2. Niederlegung des Amts,
3. Rücktritt des gesamten Personalrats,
4. Beendigung des Dienst-, Arbeits- oder Ausbildungsverhältnisses,
5. Ausscheiden als Beschäftigter aus der Dienststelle,
6. Beurlaubung ohne Dienstbezüge oder Arbeitsentgelt, wenn diese länger als zwölf Monate gedauert hat; bei Mitgliedern, die bereits bei Beginn der Amtszeit beurlaubt sind, beginnt die Frist ab diesem Zeitpunkt,
7. Teilzeitbeschäftigung mit Freistellungsjahr, wenn dieses bis zum Ruhestand andauert, mit dem Beginn der Freistellung,
8. Altersteilzeit im Blockmodell mit dem Beginn der Freistellung,
9. Verlust der Wählbarkeit,
10. gerichtliche Entscheidung nach § 24 Absatz 1 Satz 1,
11. Feststellung nach Ablauf der in § 21 Absatz 1 bezeichneten Frist, dass der Gewählte nicht wählbar war.

(2) Die Mitgliedschaft im Personalrat wird durch einen Wechsel der Gruppenzugehörigkeit eines Mitglieds nicht berührt; dieses bleibt Vertreter der Gruppe, die es gewählt hat.

(3) Für Waldarbeiter gilt Absatz 1 Nummer 4 und 5 mit der Maßgabe, dass die Mitgliedschaft im Personalrat erst bei endgültigem Ausscheiden als Waldarbeiter erlischt.

§ 26 Ruhen der Mitgliedschaft im Personalrat

(1) Die Mitgliedschaft eines Beamten im Personalrat ruht, solange ihm die Führung der Dienstgeschäfte verboten oder er disziplinarrechtlich vorläufig des Dienstes enthoben ist.

(2) Die Mitgliedschaft der in § 8 Absatz 2 bezeichneten Beschäftigten im Personalrat ruht, solange sie entsprechend den Erfordernissen ihrer Ausbildung einen Ausbildungsabschnitt in einer anderen Dienststelle ableisten.

(3) Die Absätze 1 und 2 gelten sinngemäß für Arbeitnehmer.

(4) Die Mitgliedschaft von Waldarbeitern im Personalrat ruht, solange sie vorübergehend nicht im Beschäftigungsverhältnis stehen.

§ 27 Ersatzmitglieder

(1) Scheidet ein Mitglied aus dem Personalrat aus, so tritt ein Ersatzmitglied ein. Ist ein Mitglied des Personalrats zeitweilig verhindert oder ruht seine Mitgliedschaft, so tritt ein Ersatzmitglied für die Zeit der Verhinderung oder des Ruhens ein.

(2) Die Ersatzmitglieder werden der Reihe nach aus den nicht gewählten Beschäftigten derjenigen Vorschlagslisten entnommen, denen die zu ersetzenden Mitglieder angehören. Ist ein Mitglied nach Absatz 1 mit einfacher Stimmenmehrheit gewählt, so tritt der nicht gewählte Beschäftigte mit der nächsthöheren Stimmenzahl als Ersatzmitglied ein.

(3) § 25 Absatz 2 gilt entsprechend bei einem Wechsel der Gruppenzugehörigkeit vor dem Eintritt des Ersatzmitglieds in den Personalrat.

(4) In den Fällen des § 23 Absatz 1 Satz 1 Nummer 3 und 4 treten Ersatzmitglieder nicht ein.

Abschnitt 3
Geschäftsführung

§ 28 Vorstand

(1) Der Personalrat bildet aus seiner Mitte den Vorstand. Diesem muss ein Mitglied jeder im Personalrat vertretenen Gruppe angehören. Die Vertreter jeder Gruppe wählen das auf sie entfallende Vorstandsmitglied.

(2) Der Personalrat kann aus seiner Mitte mit der Mehrheit der Stimmen aller Mitglieder zwei weitere Mitglieder in den Vorstand wählen. Sind Mitglieder des Personalrats aus Wahlvorschlägen mit verschiedenen Bezeichnungen gewählt worden und sind im Vorstand nach Absatz 1 Mitglieder aus dem

Wahlvorschlag nicht vertreten, der die zweitgrößte Zahl aller von den Angehörigen der Dienststelle abgegebenen Stimmen erhalten hat, so ist eines der weiteren Vorstandsmitglieder aus diesem Wahlvorschlag zu wählen.

(3) Beide Geschlechter sollen im Vorstand vertreten sein.

(4) Der Vorstand führt die laufenden Geschäfte. Er kann dazu andere Mitglieder des Personalrats heranziehen.

§ 29 Vorsitz

(1) Der Personalrat bestimmt, welches Vorstandsmitglied nach § 28 Absatz 1 den Vorsitz übernimmt. Das Vorstandsmitglied der anderen Gruppe übernimmt den stellvertretenden Vorsitz, es sei denn, der Personalrat bestimmt dazu mit Zustimmung der Vertreter dieser Gruppe ein anderes Mitglied aus seiner Mitte. Ist nur eine Gruppe im Vorstand vertreten, bestimmt der Personalrat aus seiner Mitte ein Mitglied, das den stellvertretenden Vorsitz übernimmt.

(2) Der Vorsitzende vertritt den Personalrat im Rahmen der von diesem gefassten Beschlüsse. In Angelegenheiten, die nur eine Gruppe betreffen, vertritt der Vorsitzende, wenn er nicht selbst dieser Gruppe angehört, gemeinsam mit einem der Gruppe angehörenden Vorstandsmitglied den Personalrat.

§ 30 Anberaumung der Sitzungen

(1) Der Vorsitzende des Personalrats beraumt die Sitzungen an; dabei hat er auf die dienstlichen Erfordernisse Rücksicht zu nehmen. Er setzt die Tagesordnung fest und leitet die Verhandlung. Der Vorsitzende hat die Mitglieder des Personalrats, die Schwerbehindertenvertretung und das von der Jugend- und Auszubildendenvertretung nach § 32 Absatz 4 Satz 1 benannte Mitglied zu den Sitzungen rechtzeitig unter Mitteilung der Tagesordnung zu laden. Zu den Sitzungen sind ebenso zu laden

1. die weiteren Mitglieder der Jugend- und Auszubildendenvertretung,
2. Beauftragte von Stufenvertretungen,
3. Beauftragte des Gesamtpersonalrats,
4. die Beauftragte für Chancengleichheit,

soweit sie allgemein oder auf Beschluss des Personalrats berechtigt sind, an der Sitzung teilzunehmen.

(2) Der Leiter der Dienststelle ist vom Zeitpunkt der Sitzung unter Mitteilung der Tagesordnung rechtzeitig zu verständigen und zu Tagesordnungspunkten, an denen er teilnehmen soll, zu laden.

(3) Auf Antrag eines Viertels der Mitglieder des Personalrats, der Mehrheit der Vertreter einer Gruppe oder des Leiters der Dienststelle hat der Vorsitzende eine Sitzung anzuberaumen und den Gegenstand, dessen Beratung beantragt wird, auf die Tagesordnung zu setzen. Entsprechendes gilt in Angelegenheiten, die

1. besonders Beschäftigte im Sinne von § 59 betreffen, für die Mehrheit der Mitglieder der Jugend- und Auszubildendenvertretung;
2. schwerbehinderte Beschäftigte besonders betreffen, für die Schwerbehindertenvertretung;
3. besonders die Gleichstellung von Frauen und Männern betreffen, für die Beauftragte für Chancengleichheit.

(4) Der Leiter der Dienststelle oder im Verhinderungsfall eine von ihm beauftragte Person nimmt an den Sitzungen, die auf sein Verlangen anberaumt sind, und an den Sitzungen, zu denen er ausdrücklich eingeladen ist, teil.

(5) Der Personalrat kann von Fall zu Fall beschließen, dass Beauftragte von Stufenvertretungen und Beauftragte des Gesamtpersonalrats berechtigt sind, mit beratender Stimme an einer Sitzung teilzunehmen. In diesem Fall kann die Ladung zur Sitzung nach Absatz 1 auch kurzfristig erfolgen.

§ 31 Gemeinsame Aufgaben von Personalrat, Richterrat und Staatsanwaltsrat

(1) Sind an einer Angelegenheit sowohl der Personalrat als auch der Richterrat oder der Staatsanwaltsrat beteiligt, so teilt der Vorsitzende dem Richterrat oder dem Staatsanwaltsrat den entsprechenden Teil der Tages-

ordnung mit und gibt ihm Gelegenheit, Mitglieder in die Sitzung des Personalrats zu entsenden (§ 30 des Landesrichter- und -staatsanwaltsgesetzes).

(2) Der Vorsitzende des Personalrats hat auf Antrag des Richterrats oder des Staatsanwaltsrats oder des Leiters der Dienststelle eine Angelegenheit, deren Beratung beantragt ist, auf die Tagesordnung zu setzen. § 30 Absatz 3 bis 5 gilt entsprechend.

§ 32 Durchführung der Sitzungen, Teilnahmerechte

(1) Die Sitzungen des Personalrats sind nicht öffentlich; sie finden in der Regel während der Arbeitszeit statt.

(2) Der Personalrat kann ihm zur Verfügung gestelltes Büropersonal zur Erstellung der Niederschrift hinzuziehen.

(3) Auf Antrag eines Viertels der Mitglieder oder der Mehrheit einer Gruppe des Personalrats kann von Fall zu Fall je eine beauftragte Person der im Personalrat vertretenen Gewerkschaften an einer Sitzung beratend teilnehmen. In diesem Fall sind der Zeitpunkt der Sitzung und die Tagesordnung den im Personalrat vertretenen Gewerkschaften rechtzeitig mitzuteilen. Nimmt der Leiter der Dienststelle oder die von ihm beauftragte Person an der Sitzung teil, kann er oder sie einen Vertreter der Arbeitgebervereinigung, der die Dienststelle angehört, hinzuziehen. Personelle und soziale Angelegenheiten einzelner Beschäftigter dürfen nur mit deren vorheriger Einwilligung in Anwesenheit von Beauftragten von Gewerkschaften oder der Arbeitgebervereinigung beraten werden.

(4) Ein Mitglied der Jugend- und Auszubildendenvertretung, das von dieser benannt wird, kann an allen Sitzungen des Personalrats beratend teilnehmen. An der Behandlung von Angelegenheiten, die besonders Beschäftigte im Sinne von § 59 betreffen, kann die gesamte Jugend- und Auszubildendenvertretung teilnehmen; die Mitglieder der Jugend- und Auszubildendenvertretung haben bei Beschlüssen des Personalrats in diesen Angelegenheiten Stimmrecht. Der Vorsitzende des Personalrats soll Angelegenheiten, die besonders Beschäftigte im Sinne von § 59 betreffen, der Jugend- und Auszubildendenvertretung zur Beratung zuleiten.

(5) Die Schwerbehindertenvertretung kann an allen Sitzungen des Personalrats beratend teilnehmen.

(6) Die Beauftragte für Chancengleichheit kann an den Beratungen des Personalrats von einzelnen Gegenständen auf der Tagesordnung teilnehmen, wenn

1. der Gegenstand auf ihren Antrag auf die Tagesordnung gesetzt wurde oder

2. der Personalrat dies im Einzelfall beschließt.

Sie kann Anregungen zur Behandlung von Angelegenheiten geben, die besonders die Gleichstellung von Frauen und Männern betreffen.

(7) Der Personalrat kann nach vorheriger Unterrichtung des Leiters der Dienststelle sachverständige Personen aus der Dienststelle oder sonstige Auskunftspersonen aus der Dienststelle anhören, soweit dies zur Erfüllung seiner Aufgaben erforderlich ist. Die Teilnahme dieser Personen an Beratung und Beschlussfassung ist nicht zulässig.

(8) Der Personalrat kann nach vorheriger Unterrichtung des Leiters der Dienststelle in Mitbestimmungsangelegenheiten zu personellen Einzelmaßnahmen betroffene Beschäftigte anhören. Absatz 7 Satz 2 gilt entsprechend.

§ 33 Befangenheit

(1) Ein Mitglied des Personalrats darf weder beratend noch entscheidend mitwirken, wenn die Entscheidung einer Angelegenheit ihm selbst oder folgenden Personen einen unmittelbaren Vorteil oder Nachteil bringen kann:

1. dem Ehegatten oder dem Lebenspartner nach § 1 des Lebenspartnerschaftsgesetzes,

2. einem in gerader Linie oder in der Seitenlinie bis zum dritten Grad Verwandten,

3. einem in gerader Linie oder in der Seitenlinie bis zum zweiten Grad Verschwägerten oder als verschwägert Geltenden, so-

lange die die Schwägerschaft begründende Ehe oder Lebenspartnerschaft nach § 1 des Lebenspartnerschaftsgesetzes besteht, oder

4. einer von ihm kraft Gesetzes oder Vollmacht vertretenen Person.

Satz 1 gilt nicht,

1. wenn die Entscheidung nur die gemeinsamen Interessen einer Berufs- oder Beschäftigtengruppe berührt,
2. für Wahlen, die vom Personalrat aus seiner Mitte vorgenommen werden müssen,
3. für Wahlen, die von den Gruppen aus ihrer Mitte vorgenommen werden müssen.

(2) Ein Mitglied des Personalrats darf ferner weder beratend noch entscheidend mitwirken, wenn es die zur Beschlussfassung anstehende Maßnahme als Beschäftigter der Dienststelle vorbereitet oder daran verantwortlich mitgewirkt hat.

(3) Das Mitglied des Personalrats, bei dem ein Tatbestand vorliegt, der Befangenheit zur Folge haben kann, hat dies vor Beginn der Beratung über diesen Gegenstand dem Vorsitzenden mitzuteilen. Ob ein Ausschließungsgrund vorliegt, entscheidet in Zweifelsfällen in Abwesenheit des Betroffenen der Personalrat.

(4) Wer an der Beratung und Entscheidung nicht mitwirken darf, muss die Sitzung verlassen.

(5) Ein Beschluss ist rechtswidrig, wenn bei der Beratung oder Beschlussfassung ein Mitglied trotz Befangenheit mitgewirkt hat.

§ 34 Beschlussfassung

(1) Die Beschlüsse des Personalrats werden mit einfacher Stimmenmehrheit der anwesenden Mitglieder gefasst. Bei Stimmengleichheit ist ein Antrag abgelehnt.

(1a) Bei Vorliegen besonderer Umstände kann der Vorsitzende des Personalrats alle oder einzelne Mitglieder des Personalrats sowie sonstige teilnahmeberechtigte Personen zur Teilnahme mittels Video- oder Telefonkonferenztechnik an einer Sitzung zulassen, wenn

1. vorhandene Einrichtungen genutzt werden, die durch die Dienststelle zur dienstlichen Nutzung freigegeben sind und die datenschutzrechtlichen Voraussetzungen erfüllen,
2. der Personalrat geeignete organisatorische Maßnahmen trifft, um sicherzustellen, dass Dritte vom Inhalt der Sitzung keine Kenntnis nehmen können, und
3. vorbehaltlich einer abweichenden Regelung in der Geschäftsordnung nicht ein Viertel der Mitglieder des Personalrats unverzüglich nach Bekanntgabe der Absicht des Vorsitzenden zum Einsatz von Video- oder Telefonkonferenztechnik diesem gegenüber widerspricht.

Eine Aufzeichnung ist unzulässig. Personalratsmitglieder sowie sonstige teilnahmeberechtigte Personen, die mittels Video- oder Telefonkonferenz an der Sitzung teilnehmen, gelten als anwesend. § 38 Absatz 1 Satz 3 findet mit der Maßgabe Anwendung, dass der Vorsitzende vor Beginn der Beratung die zugeschalteten Personalratsmitglieder feststellt und in die Anwesenheitsliste einträgt.

(2) Der Personalrat ist nur beschlussfähig, wenn mindestens die Hälfte seiner Mitglieder anwesend ist; Stellvertretung durch Ersatzmitglieder ist zulässig.

(3) In einfach gelagerten Angelegenheiten, die durch die Geschäftsordnung nicht anderweitig übertragen sind, kann der Vorsitzende im schriftlichen oder elektronischen Umlaufverfahren beschließen lassen, wenn kein Mitglied des Personalrats diesem Verfahren widerspricht. Die nähere Bestimmung einfach gelagerter Angelegenheiten und das Verfahren sind in der Geschäftsordnung zu regeln. Das Ergebnis des Umlaufbeschlusses ist dem Personalrat in der nächsten Sitzung bekanntzugeben.

(4) Die im Personalrat vertretenen Gruppen beraten und beschließen gemeinsam. In Angelegenheiten, die lediglich die Angehörigen einer Gruppe betreffen, beschließen nach gemeinsamer Beratung im Personalrat nur die Vertreter dieser Gruppe, wenn getrennte Beschlussfassung in der Geschäftsordnung all-

gemein festgelegt ist oder im Einzelfall die Mehrheit der Vertreter dieser Gruppe die alleinige Beschlussfassung beantragt.

§ 35 Ausschüsse des Personalrats

(1) In einem Personalrat mit elf und mehr Mitgliedern kann der Personalrat durch Regelung in der Geschäftsordnung zur Vorberatung seiner Beratungen und Vorbereitung von Beschlüssen aus seiner Mitte höchstens bis zum Ablauf seiner Amtszeit Ausschüsse bilden, in denen jeweils beide Gruppen vertreten sein müssen. Beide Geschlechter sollen im Ausschuss vertreten sein.

(2) Den Vorsitz in den Ausschüssen führt der Vorsitzende des Personalrats, soweit in der Geschäftsordnung des Personalrats nichts anderes bestimmt ist.

(3) Die § 30 Absatz 1, 2 und 4, § 32 Absatz 1, 2 und 4 Satz 1 sowie Absätze 5 bis 8, §§ 33, 34 Absatz 3 Satz 3 sowie Absatz 4 Satz 1 und § 38 gelten entsprechend. Das Weitere über die Zusammensetzung und das Verfahren regelt die Geschäftsordnung.

(4) Der Personalrat kann seine Befugnisse in einfach gelagerten Mitbestimmungsangelegenheiten und in Mitwirkungsangelegenheiten, mit Ausnahme der Fälle des § 81 Absatz 2, höchstens bis zum Ablauf seiner Amtszeit auf Ausschüsse übertragen. In welchem Umfang er die Ausübung seiner Befugnisse übertragen will, ist in der Geschäftsordnung zu bestimmen. Für die Beschlussfassung in den Ausschüssen gelten § 32 Absatz 4 Satz 2 und § 34 Absatz 1, 1a, 2 und 4 Satz 2 entsprechend. Der Personalrat ist über die Beschlüsse unverzüglich zu unterrichten.

(5) Eine einem Ausschuss übertragene Angelegenheit ist dem Personalrat zur Beratung und Beschlussfassung vorzulegen, wenn

1. der Ausschuss die Zustimmung zu einer beabsichtigten Maßnahme verweigern oder Einwendungen gegen eine beabsichtigte Maßnahme erheben will,
2. ein Ausschussmitglied einen Beschluss des Ausschusses als eine erhebliche Beeinträchtigung der Interessen der durch das Mitglied vertretenen Gruppe erachtet,
3. die Schwerbehindertenvertretung einen Beschluss des Ausschusses als erhebliche Beeinträchtigung wichtiger Interessen der schwerbehinderten Beschäftigten erachtet,
4. der Vertreter der Jugend- und Auszubildendenvertretung einen Beschluss des Ausschusses als eine erhebliche Beeinträchtigung wichtiger Interessen der Beschäftigten im Sinne von § 59 erachtet.

Die Vorlage an den Personalrat ist der Dienststelle schriftlich oder elektronisch mitzuteilen. In den Fällen des Satzes 1 verlängert sich die Frist zur Zustimmung oder Erhebung von Einwendungen um eine Woche, soweit mit der Dienststelle nichts anderes vereinbart ist.

§ 36 Übertragung von Befugnissen auf den Vorstand des Personalrats

(1) Der Personalrat kann seine Befugnisse in einfach gelagerten Mitbestimmungsangelegenheiten und in Mitwirkungsangelegenheiten, mit Ausnahme der Fälle des § 81 Absatz 2, höchstens bis zum Ablauf seiner Amtszeit auf den Vorstand übertragen. In welchem Umfang er die Ausübung seiner Befugnisse auf den Vorstand übertragen will, ist in der Geschäftsordnung zu bestimmen.

(2) § 32 Absatz 5, § 34 Absatz 1, 1a, 2 und 3 Satz 3 sowie Absatz 4 Satz 2, § 35 Absatz 4 Satz 4 und Absatz 5 Satz 1 Nummer 1 bis 3 sowie Satz 2 und 3 gelten entsprechend.

§ 37 Einspruch der Vertreter einer Gruppe, der Beschäftigten im Sinne von § 59 oder der schwerbehinderten Beschäftigten

(1) Erachtet die Mehrheit der Vertreter einer Gruppe, die Mehrheit der Mitglieder der Jugend- und Auszubildendenvertretung oder die Schwerbehindertenvertretung einen Beschluss des Personalrats als eine erhebliche Beeinträchtigung wichtiger Interessen der durch sie vertretenen Beschäftigten, so ist auf ihren Antrag der Beschluss auf die Dauer von einer Woche vom Zeitpunkt der Beschlussfassung an auszusetzen. In dieser Frist soll, gegebenenfalls mit Hilfe der unter den Mit-

gliedern des Personalrats vertretenen Gewerkschaften, eine Verständigung versucht werden. Bei Aussetzung eines Beschlusses nach Satz 1 und Unterrichtung der Dienststelle verlängern sich Fristen nach diesem Gesetz um die Dauer der Aussetzung.

(2) Nach Ablauf der Frist ist über die Angelegenheit erneut zu beschließen. Wird der erste Beschluss bestätigt, so kann der Antrag auf Aussetzung nicht wiederholt werden.

§ 38 Niederschrift

(1) Über jede Verhandlung des Personalrats ist eine Niederschrift aufzunehmen, die mindestens den Wortlaut der Beschlüsse und die Stimmenmehrheit, mit der sie gefasst sind, enthält. Die Niederschrift ist vom Vorsitzenden und einem weiteren Mitglied zu unterzeichnen. Der Niederschrift ist eine Anwesenheitsliste beizufügen, in die sich jeder Teilnehmer eigenhändig einzutragen hat.

(2) Haben der Leiter der Dienststelle, die von ihm beauftragte Person oder Beauftragte von Gewerkschaften an der Sitzung teilgenommen, so ist ihnen der entsprechende Teil der Niederschrift abschriftlich zuzuleiten. Einwendungen gegen die Niederschrift sind unverzüglich schriftlich oder elektronisch zu erheben und der Niederschrift beizufügen.

(3) Die Beauftragte für Chancengleichheit, die Schwerbehindertenvertretung, Mitglieder der Jugend- und Auszubildendenvertretung und Beauftragte von Stufenvertretungen und des Gesamtpersonalrats können in die Niederschrift über den Teil der Sitzung Einsicht nehmen, an dem sie teilgenommen haben. Entsprechende Abschriften können gefertigt werden.

§ 39 Geschäftsordnung

(1) Sonstige Bestimmungen über die Geschäftsführung können in einer Geschäftsordnung getroffen werden, die der Personalrat mit der Mehrheit der Stimmen seiner Mitglieder und in jeder Gruppe mit der Mehrheit der Stimmen der jeweiligen Gruppenmitglieder beschließt.

(2) Hat der Personalrat mindestens fünf Mitglieder, so soll er sicherstellen, dass er an den regelmäßigen Arbeitstagen der für Personalratsbeteiligungen zuständigen Verwaltung der Dienststelle, bei der er eingerichtet ist, für die Einleitung förmlicher Beteiligungsverfahren erreichbar ist. Andere Personalräte sollen die Dienststelle rechtzeitig vorher unterrichten, wenn absehbar ist, dass der Personalrat für mehrere zusammenhängende Arbeitstage nicht erreichbar ist. Personalrat und Dienststelle können für die Dauer der Amtszeit des Personalrats abweichende Vereinbarungen für die Erreichbarkeit treffen.

(3) Die Geschäftsordnung und Änderungen der Geschäftsordnung sind der Dienststelle zur Kenntnis zu geben.

§ 40 Sprechstunden

(1) Der Personalrat kann Sprechstunden während der Arbeitszeit einrichten. Zeit und Ort bestimmt er im Einvernehmen mit dem Leiter der Dienststelle.

(2) Versäumnis von Arbeitszeit wegen des Aufsuchens der Sprechstunde des Personalrats oder sonstiger Inanspruchnahme des Personalrats hat keine Minderung der Besoldung oder des Arbeitsentgelts zur Folge. Soweit der Besuch der Sprechstunde aus dienstlichen Gründen außerhalb der Arbeitszeit stattfinden muss, ist Beschäftigten Dienstbefreiung in entsprechendem Umfang zu gewähren. Reisekosten, die durch den Besuch der Sprechstunde entstehen, werden in entsprechender Anwendung des Landesreisekostengesetzes erstattet.

§ 41 Kosten

(1) Die durch die Tätigkeit des Personalrats entstehenden notwendigen Kosten trägt die Dienststelle. Mitglieder des Personalrats erhalten bei Reisen, die zur Erfüllung ihrer Aufgaben notwendig sind, Reisekostenvergütungen nach dem Landesreisekostengesetz.

(2) Für die Sitzungen, die Sprechstunden und die laufende Geschäftsführung hat die Dienststelle in erforderlichem Umfang Räume, Geschäftsbedarf, die üblicherweise in der Dienststelle genutzte Informations- und Kommunikationstechnik und Büropersonal zur Verfügung zu stellen.

(3) Dem Personalrat werden in allen Dienststellen geeignete Plätze für Bekanntmachungen und Anschläge zur Verfügung gestellt und er kann erforderliche schriftliche Mitteilungen an die Beschäftigten verteilen. Er kann die Beschäftigten auch über die üblicherweise in der Dienststelle genutzten Informations- und Kommunikationseinrichtungen unterrichten. Die Kosten für erforderliche Informationsmedien des Personalrats trägt die Dienststelle.

§ 42 Verbot der Beitragserhebung
Der Personalrat darf für seine Zwecke von den Beschäftigten keine Beiträge erheben oder annehmen.

Abschnitt 4
Rechtsstellung der Personalratsmitglieder

§ 43 Allgemeines
(1) Die Mitglieder des Personalrats führen ihr Amt unentgeltlich als Ehrenamt.

(2) Versäumnis von Arbeitszeit, die zur ordnungsmäßigen Durchführung der Aufgaben des Personalrats erforderlich ist, hat keine Minderung der Besoldung oder des Arbeitsentgelts zur Folge. Werden Mitglieder des Personalrats durch die Erfüllung ihrer Aufgaben über ihre individuell maßgebliche Arbeitszeit hinaus beansprucht, so ist ihnen Dienstbefreiung in entsprechendem Umfang zu gewähren.

§ 44 Schulungs- und Bildungsmaßnahmen
(1) Die Mitglieder des Personalrats sowie die Ersatzmitglieder, die in absehbarer Zeit in den Personalrat eintreten werden oder regelmäßig zu Sitzungen des Personalrats hinzugezogen werden, sind unter Fortzahlung der Besoldung oder des Arbeitsentgelts für die Teilnahme an Schulungs- und Bildungsveranstaltungen vom Dienst freizustellen, soweit diese Kenntnisse vermitteln, die für die Tätigkeit im Personalrat erforderlich sind; dabei sind die dienstlichen Interessen angemessen zu berücksichtigen. § 43 Absatz 2 Satz 2 gilt entsprechend.

(2) Der Vorsitzende des Personalrats sowie einer der stellvertretenden Vorsitzenden haben viermal im Jahr Anspruch auf Besoldungs- oder Entgeltfortzahlung anlässlich der Teilnahme an einer von der zuständigen Gewerkschaft einberufenen Konferenz der Vorsitzenden der Personalräte. Denselben Anspruch haben alle Mitglieder des Personalrats zweimal im Jahr zur Teilnahme an einer gleichen Konferenz. Die persönliche Teilnahme an einer dieser Konferenzen ist durch eine Bescheinigung der zuständigen gewerkschaftlichen Konferenzleitung nachzuweisen. Absatz 1 bleibt unberührt.

§ 45 Freistellung
(1) Mitglieder des Personalrats sind auf Antrag des Personalrats von ihrer dienstlichen Tätigkeit freizustellen, wenn und soweit es nach Umfang und Art der Dienststelle zur ordnungsgemäßen Durchführung ihrer Aufgaben erforderlich ist. Sie sind freizustellen in Personalräten mit

fünf Mitgliedern	für zwölf Arbeitsstunden in der Woche,
sieben Mitgliedern	für 24 Arbeitsstunden in der Woche,
neun Mitgliedern	im Umfang eines Vollzeitbeschäftigten,
elf Mitgliedern	im Umfang von zwei Vollzeitbeschäftigten,
13 Mitgliedern	im Umfang von drei Vollzeitbeschäftigten,
15 Mitgliedern	im Umfang von vier Vollzeitbeschäftigten,
17 Mitgliedern	im Umfang von fünf Vollzeitbeschäftigten,
19 Mitgliedern	im Umfang von sechs Vollzeitbeschäftigten,
21 Mitgliedern	im Umfang von sieben Vollzeitbeschäftigten,
23 Mitgliedern	im Umfang von acht Vollzeitbeschäftigten,
25 Mitgliedern	im Umfang von neun Vollzeitbeschäftigten,
27 Mitgliedern	im Umfang von zehn Vollzeitbeschäftigten.

Eine entsprechende Teilfreistellung mehrerer Mitglieder ist zulässig.

(2) Personalrat und Dienststelle können abweichend von Absatz 1 Satz 2 höhere oder niedrigere Freistellungen für die Dauer der Amtszeit des Personalrats vereinbaren.

(3) Maßgebend für die Ermittlung der Freistellungen ist die Zahl der Mitglieder des Personalrats, welche nach § 10 Absatz 1, 3 und 4 einer zum Zeitpunkt der Antragstellung durchzuführenden Wahl des Personalrats zugrunde zu legen wäre. Würde sich nach der Freistellung die Zahl der Mitglieder des Personalrats im Falle einer Neuwahl um mehr als zwei Mitglieder verringern, ist eine aufgrund der bisherigen Mitgliederzahl bewilligte Freistellung zu verringern. Absatz 2 bleibt unberührt.

(4) Bei der Freistellung sind zunächst die von den Gruppenvertretern gewählten Vorstandsmitglieder, sodann die übrigen Vorstandsmitglieder zu berücksichtigen. Bei weiteren Freistellungen sind die im Personalrat vertretenen Wahlvorschläge nach den Grundsätzen der Verhältniswahl zu berücksichtigen; dabei sind die nach Satz 1 freigestellten Vorstandsmitglieder anzurechnen.

§ 46 Benachteiligungsverbot, Berufsbildung freigestellter Mitglieder des Personalrats

(1) Von ihrer dienstlichen Tätigkeit freigestellte Mitglieder des Personalrats dürfen in ihrem beruflichen Werdegang nicht benachteiligt werden.

(2) Von ihrer dienstlichen Tätigkeit freigestellte Mitglieder des Personalrats dürfen von Maßnahmen der Berufsbildung innerhalb und außerhalb der Verwaltung oder des Betriebs nicht ausgeschlossen werden. Innerhalb eines Jahres nach Beendigung der Freistellung eines Personalratsmitglieds ist diesem im Rahmen der Möglichkeiten der Dienststelle Gelegenheit zu geben, eine wegen der Freistellung unterbliebene verwaltungs- oder betriebsübliche Entwicklung nachzuholen. Für Mitglieder des Personalrats, die drei volle aufeinanderfolgende Amtszeiten von ihrer dienstlichen Tätigkeit freigestellt waren, erhöht sich der Zeitraum nach Satz 2 auf zwei Jahre.

§ 47 Schutz des Arbeitsplatzes

(1) Mitglieder des Personalrats dürfen gegen ihren Willen nur versetzt werden, wenn dies auch unter Berücksichtigung der Mitgliedschaft im Personalrat aus wichtigen dienstlichen Gründen unvermeidbar ist. Die Versetzung von Mitgliedern des Personalrats gegen ihren Willen bedarf der Zustimmung des Personalrats. Verweigert der Personalrat seine Zustimmung oder äußert er sich nicht innerhalb von drei Arbeitstagen nach Eingang des Antrags, so kann das Verwaltungsgericht die Zustimmung auf Antrag der Dienststelle ersetzen, wenn die Voraussetzungen des Satzes 1 vorliegen. In dem Verfahren vor dem Verwaltungsgericht ist das Mitglied des Personalrats Beteiligter.

(2) Absatz 1 gilt entsprechend in den Fällen der Abordnung, der Zuweisung, der Personalgestellung und der mit einem Wechsel des Dienstorts verbundenen oder für eine Dauer von mehr als zwei Monaten vorgesehenen Umsetzung in derselben Dienststelle.

(3) Für Auszubildende in öffentlich-rechtlichen Ausbildungsverhältnissen, Beamte im Vorbereitungsdienst und Beschäftigte in einer dem Vorbereitungsdienst entsprechenden Berufsausbildung gelten die Absätze 1 und 2 sowie die §§ 15 und 16 des Kündigungsschutzgesetzes nicht. Die Absätze 1 und 2 gelten ferner nicht bei den dort genannten Personalmaßnahmen dieser Beschäftigten im Anschluss an den Vorbereitungsdienst oder das Ausbildungsverhältnis.

(4) Die außerordentliche Kündigung von Mitgliedern des Personalrats, die in einem Arbeitsverhältnis stehen, bedarf der Zustimmung des Personalrats. Verweigert der Personalrat seine Zustimmung oder äußert er sich nicht innerhalb von drei Arbeitstagen nach Eingang des Antrags, so kann das Verwaltungsgericht die Zustimmung auf Antrag der Dienststelle ersetzen, wenn die außerordentliche Kündigung unter Berücksichtigung aller Umstände gerechtfertigt ist. In dem

Verfahren vor dem Verwaltungsgericht ist das Mitglied des Personalrats Beteiligter.

(5) Die Absätze 1, 2 und 4 gelten entsprechend für Ersatzmitglieder, solange sie nach § 27 Absatz 1 in den Personalrat eingetreten sind.

§ 48 Übernahme Auszubildender

(1) Beabsichtigt die Dienststelle, einen Auszubildenden in einem Berufsausbildungsverhältnis nach dem Berufsbildungsgesetz, dem Krankenpflegegesetz oder dem Hebammengesetz, der Mitglied im Personalrat ist, nach erfolgreicher Beendigung des Berufsausbildungsverhältnisses nicht in ein Arbeitsverhältnis auf unbestimmte Zeit zu übernehmen, so hat sie dies drei Monate vor Beendigung des Berufsausbildungsverhältnisses dem Auszubildenden schriftlich mitzuteilen.

(2) Verlangt ein Auszubildender nach Absatz 1 innerhalb der letzten drei Monate vor Beendigung des Berufsausbildungsverhältnisses schriftlich von der Dienststelle die Weiterbeschäftigung, so gilt zwischen dem Auszubildenden und der Dienststelle im Anschluss an das erfolgreiche Berufsausbildungsverhältnis ein Arbeitsverhältnis auf unbestimmte Zeit als begründet.

(3) Die Absätze 1 und 2 gelten auch, wenn das Berufsausbildungsverhältnis vor Ablauf eines Jahres nach Beendigung der Amtszeit des Personalrats erfolgreich endet.

(4) Die Dienststelle kann spätestens bis zum Ablauf von zwei Wochen nach Beendigung des Berufsausbildungsverhältnisses beim Verwaltungsgericht beantragen,

1. festzustellen, dass ein Arbeitsverhältnis nach den Absätzen 2 oder 3 nicht begründet wird, oder
2. das bereits nach den Absätzen 2 oder 3 begründete Arbeitsverhältnis aufzulösen,

wenn Tatsachen vorliegen, aufgrund derer der Dienststelle unter Berücksichtigung aller Umstände die Weiterbeschäftigung nicht zugemutet werden kann. In dem Verfahren vor dem Verwaltungsgericht ist der Personalrat Beteiligter.

(5) Die Absätze 2 bis 4 sind unabhängig davon anzuwenden, ob die Dienststelle ihrer Mitteilungspflicht nach Absatz 1 nachgekommen ist.

Teil 3
Die Personalversammlung

§ 49 Allgemeines

(1) Die Personalversammlung besteht aus den Beschäftigten der Dienststelle.

(2) Kann nach den dienstlichen Verhältnissen, der Eigenart der Dienststelle oder anderen sachlichen Gegebenheiten eine gemeinsame Versammlung aller Beschäftigten nicht stattfinden, so sind Teilversammlungen abzuhalten.

(3) Der Personalrat kann ferner getrennte Versammlungen in bestimmten Verwaltungseinheiten der Dienststelle oder Versammlungen eines bestimmten Personenkreises durchführen.

(4) Auf Beschluss der zuständigen Personalräte kann zur Behandlung gemeinsamer Angelegenheiten eine gemeinsame Personalversammlung mehrerer Dienststellen stattfinden, wenn für sie ein Gesamtpersonalrat gebildet ist oder wenn Dienststellen derselben juristischen Person nach § 1 unter derselben Leitung stehen. Die Personalräte einigen sich zugleich, welcher Vorsitzende eines Personalrats die gemeinsame Personalversammlung leitet.

(5) § 68 Absatz 2 und § 69 Absatz 1 Satz 3 gelten für die Personalversammlung entsprechend.

§ 50 Einberufung der Personalversammlung

(1) Der Personalrat beruft die Personalversammlung ein und legt die Tagesordnung fest. Der Vorsitzende des Personalrats lädt zur Personalversammlung ein und leitet sie.

(2) Der Personalrat ist auf Wunsch des Leiters der Dienststelle oder eines Viertels der wahlberechtigten Beschäftigten verpflichtet, eine Personalversammlung einzuberufen und den Gegenstand, dessen Beratung beantragt ist, auf die Tagesordnung zu setzen.

(3) Auf Antrag einer in der Dienststelle vertretenen Gewerkschaft muss der Personalrat vor Ablauf von drei Wochen nach Eingang des Antrags eine Personalversammlung einberufen, wenn im vorhergegangenen Kalenderjahr keine Personalversammlung und keine Teilversammlung durchgeführt worden sind.

§ 51 Durchführung der Personalversammlung

(1) Personalversammlungen finden während der Arbeitszeit statt, soweit nicht die dienstlichen Verhältnisse eine andere Regelung erfordern. Die Teilnahme an der Personalversammlung hat keine Minderung der Besoldung oder des Arbeitsentgelts zur Folge. Soweit Personalversammlungen aus dienstlichen Gründen außerhalb der Arbeitszeit stattfinden müssen, ist den Teilnehmern Dienstbefreiung in entsprechendem Umfang zu gewähren. § 43 Absatz 2 Satz 2 gilt entsprechend.

(2) Die Kosten, die durch die Teilnahme an Personalversammlungen entstehen, werden in entsprechender Anwendung des Landesreisekostengesetzes erstattet.

§ 52 Angelegenheiten der Personalversammlung

(1) Der Personalrat soll einmal in jedem Kalenderjahr in einer Personalversammlung einen Tätigkeitsbericht erstatten.

(2) Die Personalversammlung kann alle Angelegenheiten behandeln, die die Dienststelle oder ihre Beschäftigten unmittelbar betreffen, insbesondere wirtschaftliche Angelegenheiten, Tarif-, Besoldungs- und Sozialangelegenheiten sowie Fragen der Gleichstellung von Frauen und Männern.

(3) Die Personalversammlung kann dem Personalrat Anträge unterbreiten und zu seinen Beschlüssen Stellung nehmen. In einer gemeinsamen Personalversammlung wird gemeinsam beraten, Anträge und Stellungnahmen an die Personalräte werden jedoch getrennt von den Beschäftigten der jeweiligen Dienststelle beschlossen.

(4) Der Personalrat unterrichtet die Beschäftigten über die Behandlung der Anträge und den Fortgang der in der Personalversammlung behandelten Angelegenheiten.

§ 53 Nichtöffentlichkeit der Personalversammlung, Teilnahmerechte

(1) Die Personalversammlung ist nicht öffentlich.

(2) An der Personalversammlung können mit beratender Stimme teilnehmen:

1. je ein Beauftragter der in der Dienststelle vertretenen Gewerkschaften,
2. ein Beauftragter der Arbeitgebervereinigung, der die Dienststelle angehört,
3. ein beauftragtes Mitglied der Stufenvertretung,
4. ein Beauftragter der Dienststelle, bei der die Stufenvertretung besteht,
5. ein beauftragtes Mitglied des Gesamtpersonalrats,
6. die Schwerbehindertenvertretung,
7. ein beauftragtes Mitglied der Jugend- und Auszubildendenvertretung.

Der Vorsitzende des Personalrats hat die Einberufung der Personalversammlung den Teilnahmeberechtigten mitzuteilen. Die Teilnahmeberechtigten können Änderungen oder Ergänzungen der Tagesordnung beantragen.

(3) Der Personalrat kann der Personalversammlung vorschlagen, dass Beauftragte nach Absatz 2 Satz 1 Nummer 1 und 2 an der Personalversammlung nicht teilnehmen sollen. Über den Ausschluss entscheidet die Personalversammlung mit der Mehrheit der Stimmen der anwesenden Beschäftigten.

(4) Der Leiter der Dienststelle kann an den Personalversammlungen teilnehmen. An den Personalversammlungen, die auf seinen Wunsch einberufen worden sind oder zu denen er ausdrücklich eingeladen worden ist, hat er teilzunehmen. Er kann einen Vertreter der Arbeitgebervereinigung, der die Dienststelle angehört, hinzuziehen; in diesem Fall kann auch je ein Beauftragter der in der Dienststelle vertretenen Gewerkschaften an der Personalversammlung teilnehmen. Der Leiter der Dienststelle kann sich durch einen

Beauftragten in der Personalversammlung vertreten lassen, sofern die Personalversammlung nicht auf seinen Wunsch einberufen worden ist.

Teil 4
Gesamtpersonalrat und Stufenvertretungen, Arbeitsgemeinschaften

§ 54 Gesamtpersonalrat

(1) In den Fällen des § 5 Absatz 3 wird neben den einzelnen Personalräten ein Gesamtpersonalrat gebildet.

(2) Die Mitglieder des Gesamtpersonalrats werden von den Beschäftigten der Dienststellen gewählt, für die der Gesamtpersonalrat gebildet wird. Der Gesamtpersonalrat besteht bei

bis zu 500 in der Regel Beschäftigten	aus sieben Mitgliedern,
501 bis 1000 in der Regel Beschäftigten	aus neun Mitgliedern,
1001 bis 3000 in der Regel Beschäftigten	aus elf Mitgliedern,
3001 bis 5000 in der Regel Beschäftigten	aus 13 Mitgliedern,
5001 bis 7500 in der Regel Beschäftigten	aus 15 Mitgliedern,
7501 bis 10 000 in der Regel Beschäftigten	aus 17 Mitgliedern,
10 001 und mehr in der Regel Beschäftigten	aus 19 Mitgliedern.

(3) Im Gesamtpersonalrat erhält jede Gruppe mindestens einen Vertreter. Besteht der Gesamtpersonalrat aus mehr als neun Mitgliedern, erhält jede Gruppe mindestens zwei Vertreter. § 11 Absatz 5 gilt entsprechend.

(4) Für die Wahl, die Amtszeit und die Geschäftsführung des Gesamtpersonalrats gelten die §§ 8 bis 10 Absatz 2 und 5, § 11 Absatz 1 bis 3, §§ 12 bis 16 Absatz 1, § 17 Absatz 1, 2 und 4, §§ 18 bis 48 mit folgenden Maßgaben entsprechend:

1. Das Wahlrecht kann auch bei Zugehörigkeit zu mehreren Dienststellen, für die der Gesamtpersonalrat gebildet wird, nur einmal ausgeübt werden.
2. An Stelle einer Personalversammlung zur Bestellung des Wahlvorstands übt der Leiter der Dienststelle, bei der der Gesamtpersonalrat errichtet wird, die Befugnis zur Bestellung des Wahlvorstands nach § 16 Absatz 2 und 3 sowie § 17 Absatz 3 aus.
3. Eine beauftragte Person des Personalrats kann an den Sitzungen des Gesamtpersonalrats mit beratender Stimme teilnehmen, wenn Angelegenheiten behandelt werden, die Beschäftigte der Dienststelle betreffen, bei welcher der Personalrat gebildet ist. Die Einladung zu der Sitzung ist dem Personalrat zuzuleiten.

(5) Für die Befugnisse und Pflichten des Gesamtpersonalrats gelten die §§ 68 bis 90 entsprechend.

§ 55 Bezirkspersonalrat und Hauptpersonalrat (Stufenvertretungen)

(1) Für den Geschäftsbereich mehrstufiger Verwaltungen werden Stufenvertretungen gebildet, und zwar bei den Mittelbehörden Bezirkspersonalräte, bei den obersten Dienstbehörden Hauptpersonalräte. Mittelbehörde im Sinne dieses Gesetzes ist die einer obersten Dienstbehörde unmittelbar nachgeordnete Behörde, der andere Dienststellen nachgeordnet sind.

(2) Die Mitglieder des Bezirkspersonalrats werden von den zum Geschäftsbereich der Mittelbehörde, die Mitglieder des Hauptpersonalrats von den zum Geschäftsbereich der obersten Dienstbehörde gehörenden Beschäftigten gewählt. Der Bezirkspersonalrat besteht bei

bis zu 500 in der Regel Beschäftigten	aus drei Mitgliedern,
501 bis 1000 in der Regel Beschäftigten	aus fünf Mitgliedern,
1001 bis 3000 in der Regel Beschäftigten	aus sieben Mitgliedern,
3001 bis 5000 in der Regel Beschäftigten	aus neun Mitgliedern,
5001 und mehr in der Regel Beschäftigten	aus elf Mitgliedern.

Der Hauptpersonalrat besteht bei

bis zu 500 in der Regel Beschäftigten	aus fünf Mitgliedern,
501 bis 1000 in der Regel Beschäftigten	aus sieben Mitgliedern,
1001 bis 2000 in der Regel Beschäftigten	aus neun Mitgliedern,
2001 bis 3000 in der Regel Beschäftigten	aus elf Mitgliedern,
3001 bis 5000 in der Regel Beschäftigten	aus 13 Mitgliedern,
5001 bis 10 000 in der Regel Beschäftigten	aus 15 Mitgliedern,
10 001 bis 20 000 in der Regel Beschäftigten	aus 17 Mitgliedern,
20 001 und mehr in der Regel Beschäftigten	aus 19 Mitgliedern.

(3) Für die Wahl, die Amtszeit und die Geschäftsführung der Stufenvertretungen gelten die §§ 8 bis 10 Absatz 2 und 5, § 11 Absatz 1 bis 3, §§ 12 bis 16 Absatz 1, § 17 Absatz 1, 2 und 4, §§ 18 bis 45 Absatz 1 Satz 1 und Absatz 4, §§ 46 bis 48 und 54 Absatz 3 und 4 Nummer 1 bis 3 mit folgenden Maßgaben entsprechend:

1. § 9 Absatz 2 Satz 1 Nummer 2 bis 4 gilt nur für die leitenden Beschäftigten der Dienststelle, bei der die Stufenvertretung errichtet ist, sowie für die unmittelbaren Mitarbeiter dieser Beschäftigten, die als Personalsachbearbeiter Entscheidungen vorbereiten.

2. Die in § 9 Absatz 2 Satz 1 Nummer 2 bis 4 genannten Personen, die Beschäftigte einer nachgeordneten Dienststelle sind, dürfen als Mitglieder der Stufenvertretung an Personalangelegenheiten der eigenen Dienststelle weder beratend noch entscheidend mitwirken; § 33 Absatz 2 bleibt unberührt.

3. Bei der entsprechenden Anwendung des § 19 tritt an die Stelle der Frist von sechs Arbeitstagen die Frist von drei Wochen.

4. § 32 Absatz 5 gilt mit der Maßgabe, dass beim Bezirkspersonalrat die Bezirksschwerbehindertenvertretung, die für die Dienststelle, bei der der Bezirkspersonalrat gebildet ist, zuständig ist, zu beteiligen ist; dies gilt entsprechend für die Beteiligung der Hauptschwerbehindertenvertretung beim Hauptpersonalrat.

5. § 34 Absatz 3 gilt mit der Maßgabe, dass der Vorsitzende alle Angelegenheiten im schriftlichen oder elektronischen Umlaufverfahren beschließen lassen kann, wenn nicht im Einzelfall ein Drittel der Mitglieder dem schriftlichen oder elektronischen Umlaufverfahren widerspricht.

6. Der für die Reisekostenvergütungen nach § 41 Absatz 1 Satz 2 maßgebende Dienstort ist der Sitz der Dienststelle, der das Mitglied der Stufenvertretung angehört.

(4) Für die Befugnisse und Pflichten der Stufenvertretungen gelten die §§ 68 bis 90 entsprechend.

(5) Die Personalräte oder, wenn solche nicht bestehen, die Leiter der Dienststellen bestellen auf Ersuchen des Bezirks- oder Hauptwahlvorstands die örtlichen Wahlvorstände für die Wahl der Stufenvertretungen. Werden in einer Verwaltung die Personalräte und Stufenvertretungen gleichzeitig gewählt, so führen die bei den Dienststellen bestehenden Wahlvorstände die Wahlen der Stufenvertretungen im Auftrag des Bezirks- oder Hauptwahlvorstands durch. Für die Durchführung der Wahl der Stufenvertretungen bei den Landratsämtern ist der Wahlvorstand für die Wahl des Personalrats beim Landratsamt zuständig.

§ 56 Arbeitsgemeinschaften von Personalvertretungen

(1) Personalvertretungen derselben Verwaltungsstufe, desselben Verwaltungszweigs oder mehrerer Verwaltungen und Betriebe juristischer Personen nach § 1 können zur Behandlung gemeinsam betreffender Angelegenheiten eine Arbeitsgemeinschaft bilden, wenn dies der Wahrnehmung der Befugnisse und Pflichten der einzelnen Personalvertretung förderlich ist.

(2) Der Arbeitsgemeinschaft gehören jeweils der Vorsitzende oder ein anderes von der Personalvertretung bestimmtes Mitglied der beteiligten Personalvertretungen an. In begründeten Fällen ist im Einvernehmen mit der

Dienststelle der entsendenden Personalvertretung eine Entsendung mehrerer Mitglieder zulässig.

(3) Die Arbeitsgemeinschaft bestimmt aus ihrer Mitte einen Vorsitzenden und Stellvertreter. Sie gibt sich eine Geschäftsordnung. Für die Rechte und Pflichten der Mitglieder von Personalvertretungen in Arbeitsgemeinschaften und für die Geschäftsführung der Arbeitsgemeinschaften gelten § 30 Absatz 1 Satz 1 und 2, § 32 Absatz 1, § 38 Absatz 1, §§ 42, 43, 67 Absatz 1, § 68 Absatz 2, § 69 Absatz 1 Satz 2 und 3 entsprechend. § 41 gilt mit der Maßgabe, dass die durch die Entsendung in die Arbeitsgemeinschaft entstehenden notwendigen Kosten von der Dienststelle der jeweils entsendenden Personalvertretung zu tragen sind.

(4) Abweichend von Absatz 2 Satz 1 können die Personalräte bei den Universitätsklinika eine Arbeitsgemeinschaft bilden, der aus jedem Universitätsklinikum bis zu zwei Mitglieder angehören. Auf Antrag des Personalrats ist bei jedem Universitätsklinikum ein Mitglied für bis zu zehn Arbeitsstunden in der Woche von seiner dienstlichen Tätigkeit für die Wahrnehmung von Aufgaben der Arbeitsgemeinschaft freizustellen. Eine entsprechende Teilfreistellung von zwei Mitgliedern ist zulässig. § 43 Absatz 2 bleibt unberührt.

(5) Die Befugnisse und Aufgaben der Personalvertretungen nach diesem Gesetz bleiben unberührt; die §§ 73 bis 88 finden keine Anwendung.

§ 57 Arbeitsgemeinschaft der Vorsitzenden der Hauptpersonalräte

(1) Die Vorsitzenden der Hauptpersonalräte bei den obersten Landesbehörden bilden die Arbeitsgemeinschaft der Vorsitzenden der Hauptpersonalräte (ARGE-HPR). Besteht bei einer obersten Landesbehörde kein Hauptpersonalrat, ist der Vorsitzende des Personalrats bei der obersten Landesbehörde Mitglied in der Arbeitsgemeinschaft.

(2) An den Sitzungen der Arbeitsgemeinschaft können teilnehmen:

1. ein Vertreter der zu einer Arbeitsgemeinschaft zusammengeschlossenen Schwerbehindertenvertretungen bei den obersten Landesbehörden,
2. die Vorsitzenden der Personalräte der Dienststellen des Landtags von Baden-Württemberg.

(3) Die Arbeitsgemeinschaft ist anzuhören vor Entscheidungen

1. der Landesregierung, welche für die Beschäftigten des Landes in den Geschäftsbereichen der obersten Dienstbehörden unmittelbar belastende Regelungen enthalten,
2. oberster Dienstbehörden, welche auch Beschäftigte in den Geschäftsbereichen anderer oberster Dienstbehörden des Landes betreffen,

soweit die Entscheidungen in Angelegenheiten nach den §§ 74, 75, 81 und 87 mit Ausnahme von Maßnahmen in einzelnen personellen Angelegenheiten der Beteiligung des Personalrats unterliegen würden, wenn sie von einer Dienststelle für ihre Beschäftigten getroffen würden. Satz 1 gilt nicht, wenn nach beamtenrechtlichen Vorschriften die Spitzenorganisationen der zuständigen Gewerkschaften und Berufsverbände zu beteiligen sind. § 56 Absatz 5 gilt entsprechend.

(4) Die federführend zuständige oberste Dienstbehörde hört die Arbeitsgemeinschaft rechtzeitig und umfassend zu der beabsichtigten Maßnahme an. Der Arbeitsgemeinschaft sind die erforderlichen Unterlagen vorzulegen. Auf Verlangen der Arbeitsgemeinschaft ist die beabsichtigte Maßnahme mit ihr zu erörtern. Die Arbeitsgemeinschaft übermittelt ihre Stellungnahme der anhörenden obersten Dienstbehörde innerhalb von drei Wochen, sofern nicht einvernehmlich eine andere Frist vereinbart ist; § 91 Absatz 3 gilt sinngemäß.

(5) Die Arbeitsgemeinschaft kann grundsätzliche Angelegenheiten beraten, die für die Beschäftigten von allgemeiner Bedeutung sind und über den Geschäftsbereich einer obersten Dienstbehörde hinausgehen. Sie kann hierzu Vorschläge machen und Stel-

lungnahmen abgeben. Dies gilt auch dann, wenn nach beamtenrechtlichen Vorschriften die Spitzenorganisationen der zuständigen Gewerkschaften und Berufsverbände zu beteiligen sind. Absatz 4 gilt entsprechend.

(6) § 56 Absatz 3 Satz 1 bis 3 gilt entsprechend. § 41 gilt mit der Maßgabe, dass die oberste Dienstbehörde, deren Geschäftsbereich der Vorsitzende der Arbeitsgemeinschaft angehört, die notwendigen Kosten für die Geschäftsstelle der Arbeitsgemeinschaft trägt.

Teil 5
Ausbildungspersonalrat

§ 58

(1) Für Auszubildende in öffentlich-rechtlichen Ausbildungsverhältnissen, Beamte im Vorbereitungsdienst und für Beschäftigte in dem Vorbereitungsdienst entsprechender Berufsausbildung kann das für die Ordnung der Ausbildung zuständige Ministerium im Einvernehmen mit dem Innenministerium durch Rechtsverordnung bestimmen, dass

1. Ausbildungspersonalräte für eine oder mehrere Dienststellen oder für einzelne Ausbildungsbereiche gebildet werden,
2. die Amtszeit abweichend von § 22 Absatz 1 auf eine kürzere Dauer als fünf Jahre, mindestens aber auf die Dauer von einem Jahr, festgesetzt und ein von § 22 Absatz 3 Satz 1 abweichender Zeitraum für die regelmäßigen Wahlen festgelegt wird,
3. von Beteiligungsangelegenheiten des Teils 8 Abschnitt 2 abgesehen werden kann, soweit dies mit Rücksicht auf eine sachgemäße Ausbildung oder sonst aus wichtigen Gründen erforderlich und gesetzlich nichts anderes bestimmt ist.

(2) Wahlberechtigt und wählbar zum Ausbildungspersonalrat sind die Auszubildenden in öffentlich-rechtlichen Ausbildungsverhältnissen, die Beamten im Vorbereitungsdienst und die Beschäftigten in dem Vorbereitungsdienst entsprechender Berufsausbildung der Dienststellen oder des Ausbildungsbereichs, für die der Ausbildungspersonalrat gebildet wird.

(3) Für die Wahl, die Amtszeit, die Geschäftsführung, die Rechte, Pflichten und Aufgaben des Ausbildungspersonalrats und seiner Mitglieder gelten § 8 Absatz 1, § 9 Absatz 1 Nummer 1 und Absatz 2 Nummer 1, § 10 Absatz 1, 3 und 5, §§ 11 bis 14 Absatz 1, §§ 15, 16 Absatz 1, § 17 Absatz 1 und 2, §§ 18 bis 23 Absatz 1 Satz 1 Nummer 2 bis 6, Satz 2 und 3, §§ 24 bis 30, 32 Absatz 1 bis 3, 5 bis 8, §§ 33, 34, 38 bis 44, 47 Absatz 1 und 2, §§ 49 bis 53, 68 bis 71 und 73 bis 88 entsprechend. An Stelle einer Personalversammlung zur Bestellung des Wahlvorstands übt der Leiter der Dienststelle, bei der der Ausbildungspersonalrat gebildet ist, die Befugnis zur Bestellung des Wahlvorstands nach § 16 Absatz 2 und 3 sowie § 17 Absatz 3 aus.

(4) Beschäftigte, die zu einem Ausbildungspersonalrat wahlberechtigt sind, besitzen nicht die Wahlberechtigung und die Wählbarkeit zum Personalrat, zum Gesamtpersonalrat, zu den Stufenvertretungen und zur Jugend- und Auszubildendenvertretung.

(5) § 31 findet mit der Maßgabe Anwendung, dass für die Beratung sozialer Angelegenheiten gemeinsame Sitzungen mit dem Personalrat und dem Richterrat und Staatsanwaltsrat der Dienststelle, deren Leiter auch der Leiter der Dienststelle ist, bei der der Ausbildungspersonalrat gebildet ist, stattfinden können.

(6) Eine Beteiligung bei der Gestaltung von Lehrveranstaltungen sowie bei der Auswahl der Lehrpersonen findet nicht statt.

Teil 6
Jugend- und Auszubildendenvertretungen, Jugend- und Auszubildendenversammlung

§ 59 Grundsatz

In Dienststellen, bei denen Personalvertretungen gebildet sind und denen in der Regel mindestens fünf wahlberechtigte Beschäftigte angehören, die das 18. Lebensjahr noch nicht vollendet haben oder die sich in einer beruflichen Ausbildung befinden, werden Jugend- und Auszubildendenvertretungen gebildet.

§ 60 Wahlberechtigung, Wählbarkeit

(1) Wahlberechtigt sind die Beschäftigten im Sinne von § 59, soweit sich aus den §§ 58 und 96 nichts anderes ergibt. § 8 Absatz 1 gilt entsprechend.

(2) Wählbar sind Beschäftigte, die am Wahltag das 26. Lebensjahr noch nicht vollendet haben, soweit sich aus den §§ 58 und 96 nichts anderes ergibt. Die Altersgrenze gilt nicht für Beschäftigte, die sich in einer beruflichen Ausbildung befinden. § 9 Absatz 1 Nummer 1 und Absatz 2 ist entsprechend anzuwenden.

§ 61 Zahl der Mitglieder

(1) Die Jugend- und Auszubildendenvertretung besteht in Dienststellen mit in der Regel

5 bis 20 Beschäftigten im Sinne von § 59	aus einer Person,
21 bis 50 Beschäftigten im Sinne von § 59	aus drei Mitgliedern,
51 bis 200 Beschäftigten im Sinne von § 59	aus fünf Mitgliedern,
mehr als 200 Beschäftigten im Sinne von § 59	aus sieben Mitgliedern.

(2) § 14 gilt entsprechend.

§ 62 Wahlgrundsätze

(1) Der Personalrat bestimmt den Wahlvorstand, den Vorsitzenden und die stellvertretenden Vorsitzenden. § 11 Absatz 1 und 3, § 13 Absatz 1, 3 und 4 Satz 1, Absatz 5, 6 und 8, § 20 Absatz 1 Satz 1 und 2, Absatz 2 und § 21 gelten entsprechend.

(2) Der Wahlvorstand kann bestimmen, dass die Wahl in Dienststellen mit höchstens 20 in der Regel Beschäftigten im Sinne von § 59 in einer Wahlversammlung stattfindet. Er hat dazu spätestens vier Wochen vor Ablauf der Amtszeit einzuberufen. Gewählt wird in geheimer Wahl nach den Grundsätzen der Mehrheitswahl. Der Vorsitzende des Wahlvorstands leitet die Wahlversammlung, führt die Wahl durch und fertigt über das Ergebnis eine Wahlniederschrift.

(3) Die regelmäßigen Wahlen der Jugend- und Auszubildendenvertretung finden im Wechsel

1. zusammen mit den regelmäßigen Wahlen des Personalrats und

2. sonst in der Zeit vom 1. Oktober bis 31. Januar

statt. § 22 Absatz 3 Satz 2 und 3 sowie § 23 Absatz 1 Satz 1 Nummer 2 bis 6 gelten entsprechend.

(4) Die regelmäßige Amtszeit der Jugend- und Auszubildendenvertretung beträgt zwei Jahre und sechs Monate. Sie endet spätestens mit Ablauf des letzten Tages des Zeitraums, in dem die regelmäßigen Wahlen der Jugend- und Auszubildendenvertretung stattfinden. § 22 Absatz 1 Satz 2 und Absatz 2 Satz 1, § 23 Absatz 1 Satz 2 sowie §§ 24 bis 27 gelten entsprechend. Die Mitgliedschaft in der Jugend- und Auszubildendenvertretung erlischt nicht dadurch, dass ein Mitglied im Laufe der Amtszeit das 26. Lebensjahr vollendet oder die Ausbildung beendet.

(5) Besteht die Jugend- und Auszubildendenvertretung aus drei oder mehr Mitgliedern, so wählt sie aus ihrer Mitte einen Vorsitzenden und dessen Stellvertreter.

§ 63 Aufgaben der Jugend- und Auszubildendenvertretung

(1) Die Jugend- und Auszubildendenvertretung hat folgende allgemeine Aufgaben:

1. Maßnahmen, die den Beschäftigten im Sinne von § 59 dienen, insbesondere in Fragen der Berufsbildung und der Übernahme der zu ihrer Berufsausbildung Beschäftigten in ein Arbeits- oder Dienstverhältnis, beim Personalrat zu beantragen,

2. darüber zu wachen, dass die zugunsten der Beschäftigten im Sinne von § 59 geltenden Gesetze, Verordnungen, Tarifverträge, Dienstvereinbarungen, Verwaltungsanordnungen, Unfallverhütungsvorschriften und sonstigen Arbeitsschutzvorschriften durchgeführt werden,

3. Anregungen und Beschwerden von Beschäftigten im Sinne von § 59, insbesondere in Fragen der Berufsbildung, entge-

genzunehmen und, falls sie berechtigt erscheinen, beim Personalrat auf eine Erledigung hinzuwirken; die Jugend- und Auszubildendenvertretung hat die betroffenen Beschäftigten im Sinne von § 59 über den Stand und das Ergebnis der Verhandlungen zu informieren,

4. Maßnahmen, die der Gleichstellung von weiblichen und männlichen Beschäftigten im Sinne von § 59 dienen, beim Personalrat zu beantragen,

5. die Eingliederung von Beschäftigten im Sinne von § 59 mit Migrationshintergrund in die Dienststelle sowie das Verständnis zwischen Beschäftigten im Sinne von § 59 unterschiedlicher Herkunft zu fördern und entsprechende Maßnahmen beim Personalrat zu beantragen,

6. Maßnahmen, die dem Umweltschutz, dem Klimaschutz oder der sorgsamen Energienutzung in der Dienststelle dienen, beim Personalrat zu beantragen.

(2) An Vorstellungsgesprächen zur Besetzung von ausgeschriebenen Ausbildungsplätzen kann ein Mitglied der Jugend- und Auszubildendenvertretung teilnehmen. An Personalgesprächen mit entscheidungsbefugten Vertretern der Dienststelle kann auf Verlangen von Beschäftigten im Sinne von § 59 ein Mitglied der Jugend- und Auszubildendenvertretung teilnehmen.

(3) Die Zusammenarbeit der Jugend- und Auszubildendenvertretung mit dem Personalrat bestimmt sich nach § 30 Absatz 1 Satz 3 und 4, Absatz 3, § 32 Absatz 4, § 35 Absatz 3 und 5 Satz 1 Nummer 4, § 36 Absatz 2, § 37 Absatz 1 Satz 1 und § 38 Absatz 3.

(4) Zur Durchführung ihrer Aufgaben ist die Jugend- und Auszubildendenvertretung durch den Personalrat rechtzeitig und umfassend zu unterrichten. Vor Organisationsentscheidungen, die beteiligungspflichtige Maßnahmen zur Folge haben, ist die Jugend- und Auszubildendenvertretung durch den Personalrat frühzeitig und fortlaufend zu unterrichten. Die Jugend- und Auszubildendenvertretung kann verlangen, dass ihr der Personalrat die zur Durchführung ihrer Aufgaben erforderlichen Unterlagen einschließlich der Bewerbungsunterlagen aller Bewerber bei Einstellungen von Beschäftigten im Sinne von § 59, soweit dem nicht berechtigte Belange der Bewerber entgegenstehen, zur Verfügung stellt.

(5) Die Jugend- und Auszubildendenvertretung kann nach Verständigung des Personalrats Sitzungen abhalten; §§ 19 und 30 Absatz 1 gelten entsprechend. An den Sitzungen der Jugend- und Auszubildendenvertretung kann ein vom Personalrat beauftragtes Personalratsmitglied teilnehmen.

(6) Die Jugend- und Auszubildendenvertretung oder ein von ihr beauftragtes Mitglied hat das Recht, nach vorheriger Unterrichtung des Personalrats und des Leiters der Dienststelle, Arbeits- und Ausbildungsplätze zu begehen, sofern die aufzusuchenden Beschäftigten im Sinne von § 59 zustimmen und zwingende dienstliche Gründe nicht entgegenstehen.

(7) In Dienststellen mit mehr als 50 Beschäftigten im Sinne von § 59 kann die Jugend- und Auszubildendenvertretung Sprechstunden während der Arbeitszeit einrichten. § 40 gilt entsprechend. Ein beauftragtes Mitglied des Personalrats kann beratend teilnehmen.

§ 64 Schutz der Mitglieder der Jugend- und Auszubildendenvertretung

Für die Jugend- und Auszubildendenvertretung gelten die §§ 41 bis 45 Absatz 1 Satz 1, § 46 Absatz 1 und § 69 Absatz 1 Satz 3 entsprechend. § 47 Absatz 1, 2 und 4 sowie § 48 gelten entsprechend mit den Maßgaben, dass die dort aufgeführten Personalmaßnahmen bei Mitgliedern der Jugend- und Auszubildendenvertretung der Zustimmung des Personalrats bedürfen und in dem Verfahren vor dem Verwaltungsgericht auch die Jugend- und Auszubildendenvertretung beteiligt ist. Für Mitglieder des Wahlvorstands und Wahlbewerber gilt § 47 Absatz 1 Satz 1, Absatz 2 sowie Absatz 4 entsprechend.

§ 65 Jugend- und Auszubildendenversammlung

(1) Die Jugend- und Auszubildendenversammlung besteht aus den Beschäftigten im

Sinne von § 59. Sie wird vom Vorsitzenden der Jugend- und Auszubildendenvertretung geleitet. Der Personalratsvorsitzende oder ein vom Personalrat beauftragtes anderes Mitglied soll an der Jugend- und Auszubildendenversammlung teilnehmen.

(2) Die Jugend- und Auszubildendenversammlung soll möglichst unmittelbar vor oder nach einer Personalversammlung stattfinden. Auf Antrag eines Viertels der Beschäftigten im Sinne von § 59 ist die Jugend- und Auszubildendenvertretung verpflichtet, innerhalb von vier Wochen eine Jugend- und Auszubildendenversammlung einzuberufen.

(3) Die für die Personalversammlung geltenden Vorschriften sind sinngemäß anzuwenden.

§ 66 Gesamt-Jugend- und Auszubildendenvertretung, Stufen-Jugend- und Auszubildendenvertretung

(1) Bestehen in den Fällen des § 5 Absatz 3 mehrere Jugend- und Auszubildendenvertretungen, so ist neben diesen eine Gesamt-Jugend- und Auszubildendenvertretung zu bilden.

(2) In die Gesamt-Jugend- und Auszubildendenvertretung entsendet jede Jugend- und Auszubildendenvertretung ein Mitglied. Die Benennung hat in der ersten Sitzung nach der Wahl der Jugend- und Auszubildendenvertretung zu erfolgen. Mindestens ein Ersatzmitglied ist zu benennen. § 27 Absatz 1 gilt entsprechend. Die Namen und Anschriften der Mitglieder und der Ersatzmitglieder sind dem Vorsitzenden des Gesamtpersonalrats mitzuteilen.

(3) Für die Gesamt-Jugend- und Auszubildendenvertretung gelten § 62 Absatz 3, §§ 63 und 64 Satz 1 entsprechend. Die Mitglieder der Gesamt-Jugend- und Auszubildendenvertretung sind vom Vorsitzenden des Gesamtpersonalrats innerhalb von vier Wochen nach der Wahl der Jugend- und Auszubildendenvertretung zur konstituierenden Sitzung einzuladen; er leitet die Sitzung bis zur Benennung des Vorsitzenden der Gesamt-Jugend- und Auszubildendenvertretung.

(4) Bei den Bezirkspersonalräten können Bezirks-Jugend- und Auszubildendenvertretungen und bei den Hauptpersonalräten Haupt-Jugend- und Auszubildendenvertretungen gebildet werden. Die Absätze 2 und 3 gelten entsprechend.

Teil 7
Datenschutz

§ 67

(1) Die Personalvertretungen haben bei der Verarbeitung personenbezogener Daten die datenschutzrechtlichen Vorschriften zu beachten und treffen die zu deren Einhaltung erforderlichen ergänzenden Regelungen für ihre Geschäftsführung in eigener Verantwortung. Der Dienststelle sind die getroffenen Maßnahmen auf Verlangen mitzuteilen.

(2) Die Personalvertretungen dürfen personenbezogene Daten speichern, soweit und solange dies zur Erfüllung ihrer Aufgaben erforderlich ist. Nach Abschluss der Maßnahme, an der die Personalvertretung beteiligt war, sind die ihr in diesem Zusammenhang zur Verfügung gestellten personenbezogenen Daten zu löschen und Unterlagen mit personenbezogenen Daten der Dienststelle zurückzugeben.

(3) Unabhängig von Absatz 2 dürfen Personalvertretungen zur Erfüllung ihrer Aufgaben Grunddaten der Beschäftigten speichern. Dazu zählen Namen, Funktion sowie ihre Bewertung, Besoldungs- oder Entgeltgruppe, Geburts-, Einstellungs- und Ernennungsdatum, Rechtsgrundlage und Dauer der Befristung des Arbeitsverhältnisses, Datum der letzten Beförderung, Höher- oder Rückgruppierung, Beurlaubung und Teilzeitbeschäftigung. Die Dienststelle stellt den Personalvertretungen diese Grunddaten auf aktuellem Stand zur Verfügung. Vorher zur Verfügung gestellte Grunddaten sind unverzüglich zu löschen.

(4) Personenbezogene Daten in Niederschriften sind spätestens am Ende des achten Jahres ab der Speicherung zu löschen.

Teil 8
Beteiligung des Personalrats

Abschnitt 1
Allgemeines

§ 68 Zusammenarbeit zwischen Dienststelle und Personalvertretung

(1) Der Leiter der Dienststelle oder sein Beauftragter und die Personalvertretung treten mindestens einmal im Vierteljahr zu gemeinschaftlichen Besprechungen zusammen. In ihnen soll auch die Gestaltung des Dienstbetriebs behandelt werden, insbesondere alle Vorgänge, die die Beschäftigten wesentlich berühren. Der Leiter der Dienststelle und die Personalvertretung können einvernehmlich zweimal im Jahr von den gemeinschaftlichen Besprechungen absehen, wenn wirtschaftliche Angelegenheiten im Wirtschaftsausschuss ausreichend behandelt worden sind. Sofern in der Dienststelle kein Wirtschaftsausschuss besteht, soll die Dienststelle die Personalvertretung in den gemeinschaftlichen Besprechungen mindestens zweimal im Jahr über die von einem Wirtschaftsausschuss zu behandelnden Angelegenheiten unterrichten. Sie haben über strittige Fragen mit dem ernsten Willen zur Einigung zu verhandeln und Vorschläge für die Beilegung von Meinungsverschiedenheiten zu machen. Zu den gemeinschaftlichen Besprechungen sind beratend hinzuzuziehen:

1. die Schwerbehindertenvertretung,
2. ein Mitglied der Jugend- und Auszubildendenvertretung, das von dieser benannt wird, wenn Angelegenheiten behandelt werden, die besonders Beschäftigte im Sinne von § 59 betreffen,
3. die Beauftragte für Chancengleichheit, wenn Angelegenheiten behandelt werden, die besonders die Gleichstellung von Frauen und Männern betreffen.

(2) Dienststelle und Personalvertretung haben alles zu unterlassen, was geeignet ist, die Arbeit und den Frieden der Dienststelle zu beeinträchtigen. Insbesondere dürfen Dienststelle und Personalvertretung keine Maßnahmen des Arbeitskampfs gegeneinander durchführen. Arbeitskämpfe tariffähiger Parteien werden hierdurch nicht berührt.

(3) Außenstehende Stellen dürfen erst angerufen werden, wenn eine Einigung in der Dienststelle nicht erzielt worden ist.

§ 69 Allgemeine Grundsätze für die Behandlung der Beschäftigten

(1) Dienststelle und Personalvertretung haben darüber zu wachen, dass alle Angehörigen der Dienststelle nach Recht und Billigkeit behandelt werden, insbesondere, dass jede Benachteiligung von Personen aus rassistischen Gründen oder wegen ihrer ethnischen Herkunft, ihrer Abstammung oder sonstigen Herkunft, ihrer Nationalität, ihrer Religion oder Weltanschauung, ihrer Behinderung, ihres Alters, ihrer politischen oder gewerkschaftlichen Betätigung oder Einstellung oder wegen ihres Geschlechts oder ihrer sexuellen Identität unterbleibt. Dabei müssen sie sich so verhalten, dass das Vertrauen der Beschäftigten in die Objektivität und Neutralität ihrer Amtsführung nicht beeinträchtigt wird. Der Leiter der Dienststelle und die Personalvertretung haben jede parteipolitische Betätigung in der Dienststelle zu unterlassen; die Behandlung von Tarif-, Besoldungs- und Sozialangelegenheiten wird hierdurch nicht berührt.

(2) Soweit sich Beschäftigte, die Aufgaben nach diesem Gesetz wahrnehmen, auch in der Dienststelle für ihre Gewerkschaft betätigen, gilt Absatz 1 Satz 2 und 3 entsprechend.

(3) Die Personalvertretung hat sich für die Wahrung der Vereinigungsfreiheit der Beschäftigten einzusetzen.

§ 70 Allgemeine Aufgaben der Personalvertretung

(1) Die Personalvertretung hat folgende allgemeine Aufgaben:

1. Maßnahmen zu beantragen, die der Dienststelle und ihren Angehörigen oder im Rahmen der Aufgabenerledigung der Dienststelle der Förderung des Gemeinwohls dienen,

2. darüber zu wachen, dass die zugunsten der Beschäftigten geltenden Gesetze, Verordnungen, Tarifverträge, Dienstvereinbarungen, Verwaltungsanordnungen, Unfallverhütungsvorschriften und sonstigen Arbeitsschutzvorschriften durchgeführt werden und Anforderungen an die Barrierefreiheit nachgekommen wird,

3. auf die Verhütung von Unfall- und Gesundheitsgefahren zu achten, die für den Arbeitsschutz zuständigen Behörden, die Träger der gesetzlichen Unfallversicherung und die übrigen in Betracht kommenden Stellen durch Anregungen, Beratung und Auskunft bei der Bekämpfung von Unfall- und Gesundheitsgefahren zu unterstützen und sich für den Arbeitsschutz einzusetzen,

4. Anregungen und Beschwerden von Beschäftigten und der Jugend- und Auszubildendenvertretung entgegenzunehmen und, falls sie berechtigt erscheinen, durch Verhandlung mit dem Leiter der Dienststelle auf ihre Erledigung hinzuwirken; der Personalrat hat die betroffenen Beteiligten über das Ergebnis der Verhandlungen zu unterrichten,

5. im Zusammenwirken mit der Schwerbehindertenvertretung die Eingliederung und berufliche Entwicklung schwerbehinderter Beschäftigter und sonstiger Hilfsbedürftiger, insbesondere älterer Personen, in die Dienststelle zu fördern und für eine ihren Fähigkeiten und Kenntnissen entsprechende Beschäftigung zu sorgen,

6. an der Weiterentwicklung der interkulturellen Kompetenz der Verwaltung mitzuwirken und die Eingliederung von Beschäftigten mit Migrationshintergrund in die Dienststelle sowie das Verständnis zwischen Beschäftigten unterschiedlicher Herkunft zu fördern,

7. mit der Jugend- und Auszubildendenvertretung zur Förderung der Belange der Beschäftigten im Sinne von § 59 eng zusammenzuarbeiten,

8. Einrichtungen und Angebote der Dienststelle zur Kinderbetreuung anzuregen und vorzuschlagen,

9. Wahrung der Interessen der Beschäftigten in Telearbeit sowie auf einem sonstigen Arbeitsplatz außerhalb der Dienststelle,

10. Maßnahmen zu beantragen, die der Gleichstellung von Frauen und Männern dienen,

11. Maßnahmen zu beantragen, die dem Umweltschutz, dem Klimaschutz oder der sorgsamen Energienutzung in der Dienststelle dienen.

(2) Reicht die Personalvertretung schriftlich Anträge oder Vorschläge nach Absatz 1 ein, soll der Leiter der Dienststelle innerhalb von drei Wochen schriftlich oder elektronisch Stellung nehmen oder, wenn die Einhaltung der Frist nicht möglich ist, einen schriftlichen oder elektronischen Zwischenbescheid erteilen. Die Ablehnung schriftlicher oder elektronischer Anträge und Vorschläge hat der Leiter der Dienststelle schriftlich oder elektronisch zu begründen.

§ 71 Unterrichtungs- und Teilnahmerechte der Personalvertretung, Arbeitsplatzschutzangelegenheiten

(1) Die Personalvertretung ist zur Durchführung ihrer Aufgaben rechtzeitig und umfassend zu unterrichten. Ihr sind die hierfür erforderlichen Unterlagen vorzulegen. Personalaktendaten dürfen nur mit Einwilligung des Beschäftigten und nur von den von ihm bestimmten Mitgliedern der Personalvertretung eingesehen werden.

(2) Vor Organisationsentscheidungen, die beteiligungspflichtige Maßnahmen zur Folge haben, ist die Personalvertretung frühzeitig und fortlaufend zu unterrichten. An Arbeitsgruppen, die der Vorbereitung derartiger Entscheidungen dienen, können Mitglieder der Personalvertretung beratend teilnehmen.

(3) Bei Einstellungen von Beschäftigten sind der Personalvertretung auf Verlangen die Bewerbungsunterlagen aller Bewerber vorzulegen, soweit dem nicht berechtigte Belange der Bewerber entgegenstehen. An Vorstellungs- oder Eignungsgesprächen, welche die

Dienststelle im Rahmen geregelter oder auf Übung beruhender Auswahlverfahren zur Auswahl unter mehreren Bewerbern durchführt oder durchführen lässt, kann ein Mitglied der Personalvertretung, das von dieser benannt ist, teilnehmen.

(4) An Personalgesprächen mit entscheidungsbefugten Vertretern der Dienststelle sowie an Beurteilungsgesprächen im Sinne von § 51 Absatz 2 Satz 1 des Landesbeamtengesetzes kann auf Verlangen des Beschäftigten ein Mitglied der Personalvertretung teilnehmen. An allgemeinen Besprechungen zur Abstimmung einheitlicher Beurteilungsmaßstäbe vor regelmäßigen Beurteilungen im Sinne von § 51 Absatz 1 des Landesbeamtengesetzes kann ein Mitglied der Personalvertretung, das von dieser benannt ist, teilnehmen. Die Gesamtergebnisse regelmäßiger Beurteilungen im Sinne von § 51 des Landesbeamtengesetzes sind der Personalvertretung anonymisiert mitzuteilen. Dienstliche Beurteilungen sind auf Verlangen des betroffenen Beschäftigten der Personalvertretung zur Kenntnis zu geben.

(5) Bei Prüfungen, die eine Dienststelle für Beschäftigte ihres Bereichs abnimmt, ist einem Mitglied der für diesen Bereich zuständigen Personalvertretung, das von dieser benannt ist, die Anwesenheit zu gestatten. Dies gilt nicht für die Beratung.

(6) Der Vorsitzende oder ein beauftragtes Mitglied der Personalvertretung hat jederzeit das Recht, nach vorheriger Unterrichtung des Leiters der Dienststelle, die Dienststelle zu begehen und, sofern die Beschäftigten zustimmen, diese an ihrem Arbeitsplatz aufzusuchen, wenn zwingende dienstliche Gründe nicht entgegenstehen.

(7) Die Dienststelle und die für den Arbeitsschutz zuständigen Behörden, die Träger der gesetzlichen Unfallversicherung und die übrigen in Betracht kommenden Stellen sind verpflichtet, bei allen im Zusammenhang mit dem Arbeitsschutz oder der Unfallverhütung stehenden Besichtigungen und Fragen und bei Unfalluntersuchungen die Personalvertretung oder die von ihr bestimmten Mitglieder der Personalvertretung derjenigen Dienststelle hinzuzuziehen, in der die Besichtigung oder Untersuchung stattfindet. Die Dienststelle hat der Personalvertretung unverzüglich die den Arbeitsschutz oder die Unfallverhütung betreffenden Auflagen und Anordnungen der in Satz 1 genannten Stellen mitzuteilen. An den Besprechungen der Dienststelle mit den Sicherheitsbeauftragten nach § 22 Absatz 2 des Siebten Buches Sozialgesetzbuch nehmen von der Personalvertretung beauftragte Mitglieder der Personalvertretung teil. Die Personalvertretung erhält die Niederschriften über die Untersuchungen, Besichtigungen und Besprechungen, zu denen sie nach den Sätzen 1 und 3 hinzuzuziehen ist. Die Dienststelle hat der Personalvertretung eine Durchschrift der nach § 193 Absatz 5 Satz 1 des Siebten Buches Sozialgesetzbuch von der Personalvertretung mit zu unterschreibenden Unfallanzeige oder des nach beamtenrechtlichen Vorschriften zu erstattenden Berichts auszuhändigen.

§ 72 Wirtschaftsausschuss

(1) In Dienststellen ab einer Größe der Personalvertretung von mindestens sieben Mitgliedern soll auf Antrag der Personalvertretung ein Wirtschaftsausschuss gebildet werden. Der Wirtschaftsausschuss hat die Aufgabe, wirtschaftliche Angelegenheiten der Dienststelle zu beraten und die Personalvertretung zu unterrichten. Die Befugnisse und Aufgaben der Personalvertretungen nach diesem Gesetz bleiben unberührt.

(2) Die Dienststelle hat den Wirtschaftsausschuss rechtzeitig und umfassend über die wirtschaftlichen Angelegenheiten unter Vorlage der erforderlichen Unterlagen zu unterrichten, soweit dadurch nicht die Dienst- oder Betriebs- und Geschäftsgeheimnisse gefährdet werden, sowie die sich daraus ergebenden Auswirkungen auf die Personalplanung darzustellen.

(3) Zu den wirtschaftlichen Angelegenheiten im Sinne von Absatz 1 gehören insbesondere

1. die wirtschaftliche und finanzielle Lage der Dienststelle,
2. Veränderungen der Produktpläne,
3. beabsichtigte Investitionen,

§§ 73–74 **Landespersonalvertretungsgesetz (LPVG)** **V.1**

4. beabsichtigte Partnerschaften mit Privaten,
5. die Stellung der Dienststelle in der Gesamtdienststelle,
6. beabsichtigte Rationalisierungsmaßnahmen,
7. Einführung neuer Arbeits- und Managementmethoden,
8. Fragen des Umweltschutzes, des Klimaschutzes oder der sorgsamen Energienutzung in der Dienststelle,
9. Verlegung von Dienststellen oder Dienststellenteilen,
10. Auflösung, Neugründung, Zusammenlegung oder Teilung der Dienststelle oder von Dienststellenteilen,
11. Zusammenarbeit mit anderen Dienststellen,
12. sonstige Vorgänge und Vorhaben, welche das wirtschaftliche Leben der Dienststelle und die Interessen der Beschäftigten der Dienststelle wesentlich berühren können.

(4) Der Wirtschaftsausschuss besteht aus mindestens drei und höchstens sieben Mitgliedern, die der Dienststelle angehören müssen, darunter mindestens einem Mitglied der Personalvertretung. Ersatzmitglieder können bestellt werden. Die Mitglieder des Wirtschaftsausschusses sollen die zur Erfüllung ihrer Aufgaben erforderliche fachliche und persönliche Eignung besitzen. Sie werden im Einvernehmen mit der Personalvertretung für die Dauer ihrer Amtszeit von der Dienststelle bestellt und können jederzeit abberufen werden. Der Vorsitzende der Personalvertretung beruft die Mitglieder des Wirtschaftsausschusses zur konstituierenden Sitzung ein und leitet die Sitzung, bis der Wirtschaftsausschuss aus seiner Mitte einen Vorsitzenden gewählt hat. § 43 Absatz 2 gilt für die Mitglieder des Wirtschaftsausschusses entsprechend.

(5) Der Wirtschaftsausschuss soll einmal im Vierteljahr zusammentreten.

(6) Der Leiter der Dienststelle oder eine von ihm beauftragte Person nimmt an den Sitzungen des Wirtschaftsausschusses teil; weitere sachkundige Beschäftigte können hinzugezogen werden. An den Sitzungen des Wirtschaftsausschusses können darüber hinaus beratend teilnehmen:

1. die Schwerbehindertenvertretung,
2. ein Mitglied der Jugend- und Auszubildendenvertretung, das von dieser benannt wird, wenn Angelegenheiten behandelt werden, die besonders Beschäftigte im Sinne von § 59 betreffen,
3. die Beauftragte für Chancengleichheit, wenn Angelegenheiten behandelt werden, die besonders die Gleichstellung von Frauen und Männern betreffen.

**Abschnitt 2
Mitbestimmung, Mitwirkung und Anhörung**

§ 73 Mitbestimmung

(1) Soweit eine Maßnahme der Mitbestimmung des Personalrats unterliegt, kann sie nur mit seiner Zustimmung getroffen werden. Eine Maßnahme im Sinne von Satz 1 liegt bereits dann vor, wenn durch eine Handlung eine mitbestimmungspflichtige Maßnahme vorweggenommen oder festgelegt wird.

(2) Der Personalrat kann seine Zustimmung zu Maßnahmen in zuvor festgelegten Einzelfällen oder für zuvor festgelegte Fallgruppen von Maßnahmen vorab erteilen. Die Bestimmung der Maßnahmen erfolgt für die Dauer der Amtszeit des Personalrats in der Geschäftsordnung; die Bestimmung kann jederzeit geändert oder widerrufen werden. Die Fälle, in denen die Vorabzustimmung in Anspruch genommen worden ist, sind dem Personalrat jeweils in der nächsten Sitzung bekanntzugeben.

§ 74 Angelegenheiten der uneingeschränkten Mitbestimmung

(1) Der Personalrat hat mitzubestimmen über die

1. Gewährung von Unterstützungen, Vorschüssen, Darlehen und entsprechenden sozialen Zuwendungen,
2. allgemeine Festsetzung der Nutzungsbedingungen für Wohnungen, über die die Beschäftigungsdienststelle verfügt oder

für die die Beschäftigungsdienststelle ein Vorschlagsrecht hat,
3. Zuweisung von Wohnungen nach Nummer 2,
4. Kündigung von Wohnungen nach Nummer 2,
5. Aufstellung des Urlaubsplans,
6. Festsetzung der zeitlichen Lage des Erholungsurlaubs für einzelne Beschäftigte, wenn zwischen dem Leiter der Dienststelle und den beteiligten Beschäftigten kein Einverständnis erzielt wird.

(2) Der Personalrat hat, soweit eine gesetzliche oder tarifliche Regelung nicht besteht, mitzubestimmen über

1. Regelungen der Ordnung in der Dienststelle und des Verhaltens der Beschäftigten,
2. Beginn und Ende der täglichen Arbeitszeit und der Pausen sowie die Verteilung der Arbeitszeit auf die einzelnen Wochentage,
3. Einführung, Anwendung, wesentliche Änderung und Aufhebung von Arbeitszeitmodellen,
4. Anordnung von Mehrarbeit oder Überstunden, Bereitschaftsdienst und Rufbereitschaft,
5. Fragen der Gestaltung des Entgelts innerhalb der Dienststelle für Arbeitnehmer, insbesondere durch Aufstellung von Entgeltgrundsätzen, die Einführung und Anwendung von neuen Entgeltmethoden und deren Änderung sowie die Festsetzung der Akkord- und Prämiensätze und vergleichbarer leistungsbezogener Entgelte, sowie entsprechende Regelungen innerhalb der Dienststelle für Beamte,
6. Errichtung, Verwaltung, wesentliche Änderung und Auflösung von Sozialeinrichtungen ohne Rücksicht auf ihre Rechtsform,
7. Maßnahmen zur Verhütung von Dienst- und Arbeitsunfällen, Berufskrankheiten und sonstigen Gesundheitsschädigungen sowie von Gesundheitsgefährdungen,
8. Maßnahmen des behördlichen oder betrieblichen Gesundheitsmanagements einschließlich vorbereitender und präventiver Maßnahmen, allgemeine Fragen des behördlichen oder betrieblichen Eingliederungsmanagements, Maßnahmen aufgrund von Feststellungen aus Gefährdungsanalysen,
9. Aufstellung von Sozialplänen einschließlich Plänen für Umschulungen zum Ausgleich oder zur Milderung von wirtschaftlichen Nachteilen, die den Beschäftigten infolge von Rationalisierungsmaßnahmen entstehen,
10. Grundsätze über die Bewertung von anerkannten Vorschlägen im Rahmen des behördlichen oder betrieblichen Vorschlagswesens.

(3) Muss für Gruppen von Beschäftigten die tägliche Arbeitszeit nach Erfordernissen, die die Dienststelle nicht voraussehen kann, unregelmäßig und kurzfristig festgesetzt werden, so beschränkt sich die Mitbestimmung nach Absatz 2 Nummer 2 und 4 auf die Grundsätze für die Aufstellung der Dienstpläne.

§ 75 Angelegenheiten der eingeschränkten Mitbestimmung

(1) Der Personalrat hat mitzubestimmen in Personalangelegenheiten der Beschäftigten, die voraussichtlich länger als zwei Monate Beschäftigte sein werden, bei

1. Begründung des Beamtenverhältnisses, mit Ausnahme der Fälle, in denen das Beamtenverhältnis auf Widerruf nach Ablegung oder dem endgültigen Nichtbestehen der für die Laufbahn vorgeschriebenen Prüfung aufgrund von Rechtsvorschriften endet,
2. Einstellung von Arbeitnehmern, Übertragung der auszuübenden Tätigkeit bei der Einstellung, Nebenabreden zum Arbeitsvertrag, Zeit- oder Zweckbefristung des Arbeitsverhältnisses,
3. Ein-, Höher-, Um- oder Rückgruppierung einschließlich Stufenzuordnung sowie Verkürzung und Verlängerung der Stufenlaufzeit nach Entgeltgrundsätzen, Bestimmung der Fallgruppe innerhalb einer Entgeltgruppe, soweit jeweils tarifver-

traglich nichts anderes bestimmt ist, übertariflicher Eingruppierung,
4. Beförderung, horizontalem Laufbahnwechsel,
5. Zulassung zum Aufstieg einschließlich der Zulassung zur Eignungsfeststellung für den Aufstieg,
6. zwei Monate überschreitender Übertragung von Dienstaufgaben eines Amtes mit höherem oder niedrigerem Grundgehalt,
7. zwei Monate überschreitender Übertragung einer Tätigkeit, die
   a) den Tätigkeitsmerkmalen einer höheren oder niedrigeren Entgeltgruppe entspricht als die bisherige Tätigkeit,
   b) einen Anspruch auf Zahlung einer Zulage auslöst, sowie Widerruf einer solchen Übertragung,
8. zwei Monate überschreitender Übertragung einer anderen Tätigkeit,
9. erneuter Übertragung von Dienstaufgaben eines Amtes oder der auszuübenden Tätigkeit nach Rückkehr aus der Beurlaubung von längerer Dauer,
10. wesentlicher Änderung des Arbeitsvertrags, ausgenommen der Änderung der arbeitsvertraglich vereinbarten Arbeitszeit,
11. Umsetzung innerhalb der Dienststelle, wenn sie mit einem Wechsel des Dienstorts verbunden ist,
12. ordentlicher Kündigung durch die Dienststelle.

(2) Der Personalrat der abgebenden Dienststelle und, soweit dort bestehend, der Personalrat der aufnehmenden Dienststelle haben in Personalangelegenheiten jeweils mitzubestimmen bei

1. Versetzung von Beschäftigten, die voraussichtlich länger als zwei Monate Beschäftigte sein werden, zu einer anderen Dienststelle,
2. Abordnung für die Dauer von mehr als zwei Monaten, mit Ausnahme der Abordnung von Beamten für die Erfüllung von Aufgaben nach dem Landesdisziplinargesetz,
3. Zuweisung für die Dauer von mehr als zwei Monaten,
4. Personalgestellung für die Dauer von mehr als zwei Monaten,
5. Abordnung auch für die Dauer von weniger als zwei Monaten, sofern sie sich unmittelbar an eine vorangegangene Abordnung anschließt; entsprechendes gilt für die Zuweisung oder Personalgestellung.

(3) Der Personalrat bestimmt in Personalangelegenheiten der Beschäftigten nur auf deren Antrag mit bei

1. Verlängerung der Probezeit,
2. Änderung der arbeitsvertraglich vereinbarten Arbeitszeit für die Dauer von mehr als zwei Monaten,
3. Anordnungen gegenüber Beschäftigten, welche die Freiheit in der Wahl der Wohnung beschränken,
4. Ablehnung eines Antrags auf Telearbeit oder auf Einrichtung eines Arbeitsplatzes außerhalb der Dienststelle, sofern diese Arbeitsform tarifvertraglich oder durch Dienstvereinbarung besteht,
5. Versagung oder Widerruf der Genehmigung einer Nebentätigkeit, Erteilung von Auflagen zu Nebentätigkeitsgenehmigungen, Untersagung einer Nebentätigkeit,
6. Ablehnung eines Antrags auf Teilzeitbeschäftigung oder Urlaub ohne Dienstbezüge oder Arbeitsentgelt, Widerruf der Bewilligung,
7. Ablehnung eines Antrags auf Altersteilzeit,
8. Herabsetzung der Anwärterbezüge oder Unterhaltsbeihilfe,
9. Geltendmachung von Ersatzansprüchen gegen Beschäftigte,
10. Entlassung von Beamten auf Probe oder auf Widerruf, wenn sie die Entlassung nicht selbst beantragt haben,
11. Abschluss von Aufhebungs- oder Beendigungsverträgen, wenn der Arbeitnehmer die Auflösung des Arbeitsverhältnisses nicht selbst beantragt hat; entsprechendes gilt für die Beendigung von öf-

fentlich-rechtlichen Ausbildungsverhältnissen,

12. Ablehnung des Antrags auf vorzeitige Versetzung in den Ruhestand oder vorzeitiger Versetzung in den Ruhestand, wenn der Beamte die Versetzung nicht selbst beantragt hat,
13. Feststellung der begrenzten Dienstfähigkeit, wenn der Beamte die Feststellung nicht selbst beantragt hat,
14. Ablehnung des Antrags auf Hinausschiebung des Eintritts in den Ruhestand wegen Erreichens der Altersgrenze.

(4) Der Personalrat hat, soweit eine gesetzliche oder tarifliche Regelung nicht besteht, mitzubestimmen über

1. Bestellung und Abberufung von
   a) Vertrauens- und Betriebsärzten,
   b) behördlichen Datenschutzbeauftragten,
   c) Fachkräften für Arbeitssicherheit, Sicherheitsbeauftragten, Beauftragten für biologische Sicherheit, Fachkräften und Beauftragten für den Strahlenschutz,
   d) Hygienebeauftragten,
   e) Beauftragten des Arbeitgebers für schwerbehinderte Menschen,
2. Widerruf der Bestellung der Beauftragten für Chancengleichheit oder ihrer Stellvertreterin,
3. Inhalt von Personalfragebögen, mit Ausnahme von solchen im Rahmen der Rechnungsprüfung, Inhalt von Fragebögen für Mitarbeiterbefragungen,
4. Beurteilungsrichtlinien,
5. Inhalt und Verwendung von Formulararbeitsverträgen,
6. Erlass von Richtlinien über die personelle Auswahl
   a) bei Einstellungen,
   b) bei Versetzungen,
   c) bei Höher-, Rück- oder Umgruppierungen,
   d) bei Kündigungen,
   e) für Beförderungen und horizontalen Laufbahnwechsel nach Absatz 1 Nummer 4,
   f) bei beförderungsähnlichen Übertragungen anderer Tätigkeiten und Übertragungen von Tätigkeiten, die einen Anspruch auf Zahlung einer Zulage auslösen,
   g) für die Zulassung zum Aufstieg einschließlich Zulassung zur Eignungsfeststellung für den Aufstieg,
7. Erlass von Richtlinien über Ausnahmen von der Ausschreibung von Dienstposten für Beamte und Aufstellung von allgemeinen Grundsätzen über die Durchführung von Stellenausschreibungen für Arbeitnehmer einschließlich Inhalt, Ort und Dauer,
8. Absehen von der Ausschreibung eines Dienstpostens für Beamte, der nach gesetzlichen Vorschriften, einer Richtlinie nach Nummer 7 oder einer Dienstvereinbarung auszuschreiben wäre,
9. allgemeine Fragen zur Durchführung der beruflichen Ausbildung mit Ausnahme der Gestaltung von Lehrveranstaltungen
   a) bei Arbeitnehmern einschließlich der Bestellung und Abberufung der Ausbilder und Ausbildungsleiter bei Ausbildungen im Sinne des Berufsbildungsgesetzes, des Krankenpflegegesetzes und des Hebammengesetzes,
   b) der Beamten einschließlich der Bestellung und Abberufung der Ausbilder und Ausbildungsleiter,
   c) von Studierenden der Dualen Hochschule, von Studierenden, die ein nach einer Studienordnung vorgeschriebenes Praktikum leisten, oder von Volontären,
10. allgemeine Fragen der beruflichen Fortbildung, Weiterbildung, Umschulung, Einführung in die Aufgaben einer anderen Laufbahn und Qualifizierungsmaßnahmen im Rahmen der Personalentwicklung,
11. Einführung und Anwendung technischer Einrichtungen, die dazu geeignet sind, das Verhalten und die Leistung der Beschäftigten zu überwachen,
12. Gestaltung der Arbeitsplätze,

13. Einführung, Anwendung oder wesentliche Änderung oder wesentliche Erweiterung technischer Einrichtungen und Verfahren der automatisierten Verarbeitung personenbezogener Daten der Beschäftigten, mit Ausnahme der Einführung und Anwendung automatisierter Verfahren für amtliche Statistiken beim Statistischen Landesamt, soweit diese von Dienststellen außerhalb des Geltungsbereichs dieses Gesetzes erstellt und unter dortiger Mitbestimmung der Personalvertretung freigegeben worden sind,
14. Maßnahmen, die zur Hebung der Arbeitsleistung und Erleichterung des Arbeitsablaufs geeignet sind, sowie deren wesentliche Änderung oder wesentliche Ausweitung,
15. Einführung grundsätzlich neuer Arbeitsmethoden, wesentliche Änderung oder wesentliche Ausweitung bestehender Arbeitsmethoden,
16. Einführung, wesentliche Änderung oder wesentliche Ausweitung der Informations- und Kommunikationsnetze,
17. Einführung grundsätzlich neuer Formen der Arbeitsorganisation und wesentliche Änderungen der Arbeitsorganisation,
18. Anordnung von Urlaubssperren aus arbeitsorganisatorischen Gründen,
19. Erstellung und Anpassung des Chancengleichheitsplans.

(5) Es gelten nicht

1. Absätze 1 bis 3 Nummer 1 bis 3, 5 bis 7, 10, 12, 14 für
   a) Beamtenstellen und Beamte der Besoldungsgruppe A 16 und höher, bei den obersten Dienstbehörden des Landes der Besoldungsgruppe B 3 und höher sowie jeweils für entsprechende Arbeitnehmerstellen und Arbeitnehmer,
   b) Landräte, Bürgermeister und Beigeordnete,
   c) leitende Beschäftigte öffentlich-rechtlicher Kreditinstitute; welche Beschäftigten leitende Beschäftigte öffentlich-rechtlicher Kreditinstitute sind, entscheidet die zuständige oberste Aufsichtsbehörde,
2. Absatz 1 Nummer 1 für die Begründung des Beamtenverhältnisses bei
   a) Polizeiobermeistern und Polizeioberkommissaren und Kriminaloberkommissaren,
   b) Lehrern an allgemeinbildenden und beruflichen Schulen,
3. Absatz 1 Nummer 11 und Absatz 2 für nicht beamtete Lehrer.

(6) An die Stelle der Mitbestimmung tritt, soweit in Absatz 5 nichts anderes bestimmt ist, die Mitwirkung

1. in den Fällen der Absätze 1, 2 und 3 Nummer 2, 3, 5 bis 7 und 14 bei
   a) Leitern von Dienststellen im Sinne dieses Gesetzes,
   b) Rektoren an Grund-, Haupt-, Werkreal-, Real- und Gemeinschaftsschulen sowie entsprechenden sonderpädagogischen Bildungs- und Beratungszentren,
   c) Abteilungsleitern bei den Regierungspräsidien, Landesoberbehörden und höheren Sonderbehörden,
   d) den Ersten Landesbeamten bei den Landratsämtern,
2. in den Fällen des Absatzes 1 Nummer 11 und des Absatzes 2 bei
   a) Beamten des allgemeinen Vollzugsdienstes und des Werkdienstes bei den Justizvollzugseinrichtungen,
   b) Polizeibeamten,
   c) Beschäftigten des Landesamts für Verfassungsschutz.

(7) Wird trotz anderslautender Empfehlung der Einigungsstelle nach § 78 Absatz 4 eine ordentliche Kündigung ausgesprochen, ist dem Arbeitnehmer mit der Kündigung eine Abschrift der Empfehlung der Einigungsstelle zuzuleiten. Hat der Arbeitnehmer im Falle des Satzes 1 nach dem Kündigungsschutzgesetz Klage auf Feststellung erhoben, dass das Arbeitsverhältnis durch die Kündigung nicht aufgelöst ist, so muss die Dienststelle auf Verlangen des Arbeitnehmers diesen nach Ablauf der Kündigungsfrist bis zum rechts-

kräftigen Abschluss des Rechtsstreits bei unveränderten Arbeitsbedingungen weiterbeschäftigen. Auf Antrag der Dienststelle kann das Arbeitsgericht sie durch einstweilige Verfügung von der Verpflichtung zur Weiterbeschäftigung nach Satz 2 entbinden, wenn

1. die Klage des Arbeitnehmers keine hinreichende Aussicht auf Erfolg bietet oder mutwillig erscheint oder
2. die Weiterbeschäftigung des Arbeitnehmers zu einer unzumutbaren wirtschaftlichen Belastung der Dienststelle führen würde oder
3. die Verweigerung der Zustimmung des Personalrats offensichtlich unbegründet war.

(8) Tritt nach einer Rechtsvorschrift im Falle der ordentlichen Kündigung des Arbeitnehmers durch die Dienststelle an die Stelle der Mitbestimmung die Mitwirkung, so ist dem Arbeitnehmer mit der Kündigung eine Abschrift der Stellungnahme des Personalrats zuzuleiten, sofern der Personalrat nach § 82 Absatz 4 Satz 1 Einwendungen gegen die Kündigung erhoben hat, es sei denn, dass die Stufenvertretung nach Verhandlung nach § 83 Absatz 1 Satz 4 und 5 die Einwendungen nicht aufrechterhalten hat. Bis zur endgültigen Entscheidung der übergeordneten Dienststelle nach § 83 Absatz 1 Satz 4 und 5 oder der obersten Dienstbehörde nach § 83 Absatz 2 oder des nach § 89 Absatz 1 zuständigen Organs kann die Kündigung nicht ausgesprochen werden. Absatz 7 Satz 2 und 3 sowie § 76 Absatz 2 gelten entsprechend.

§ 76 Einleitung, Verfahren der Mitbestimmung

(1) Die Dienststelle unterrichtet den Personalrat von der beabsichtigten Maßnahme und beantragt seine Zustimmung.

(2) Der Personalrat bestimmt, soweit in § 75 Absatz 5 und 6 nichts anderes bestimmt ist, nur mit

1. in den Personalangelegenheiten nach § 75 Absatz 1 und 2 der
   a) in § 9 Absatz 2 Satz 1 Nummern 2 und 3 bezeichneten Beschäftigten,
   b) der Beamten auf Zeit,
   c) der Beschäftigten mit überwiegend wissenschaftlicher oder künstlerischer Tätigkeit,
2. in den Angelegenheiten des § 74 Absatz 1 Nummer 1 und 4,

wenn die betroffenen Beschäftigten es beantragen. § 75 Absatz 3 bleibt unberührt.

(3) In den Fällen von Absatz 2 sowie von § 75 Absatz 3 sind die Beschäftigten von der beabsichtigten Maßnahme rechtzeitig vorher in Kenntnis zu setzen; gleichzeitig sind sie auf ihr Antragsrecht hinzuweisen.

(4) In den Angelegenheiten nach § 74 Absatz 1 Nummer 1 und 4 bestimmt auf Verlangen der betroffenen Beschäftigten nur der Vorstand mit.

(5) Der Personalrat kann verlangen, dass die Dienststelle die beabsichtigte Maßnahme begründet.

(6) Der Beschluss des Personalrats über die beantragte Zustimmung ist der Dienststelle innerhalb von drei Wochen mitzuteilen. In dringenden Fällen kann die Dienststelle diese Frist auf eine Woche abkürzen. Personalrat und Dienststelle können für die Dauer der Amtszeit des Personalrats abweichende Fristen vereinbaren.

(7) Die Dienststelle kann die Fristen im Einzelfall verlängern oder in begründeten Fällen im Einvernehmen mit dem Personalrat abkürzen.

(8) Aufgrund eines Beschlusses des Vorstands kann der Vorsitzende des Personalrats bei der Dienststelle im Einzelfall eine längere Frist beantragen. Dabei ist die Dauer der Fristverlängerung zu benennen und ihre Erforderlichkeit zu begründen. Soweit keine andere Frist bewilligt wird, verlängert sich die Frist um drei Arbeitstage. Entscheidet die Dienststelle nicht innerhalb von drei Arbeitstagen nach Zugang über den Antrag, gilt die Fristverlängerung im beantragten Umfang als bewilligt. Der Antrag kann nicht wiederholt werden.

(9) Die Maßnahme gilt als gebilligt, wenn nicht der Personalrat innerhalb der geltenden Frist die Zustimmung unter Angabe der

Gründe schriftlich oder elektronisch verweigert oder die angeführten Gründe offenkundig keinen unmittelbaren Bezug zu den Mitbestimmungsangelegenheiten haben. Soweit dabei Beschwerden oder Behauptungen tatsächlicher Art vorgetragen werden, die für einzelne Beschäftigte ungünstig sind oder ihnen nachteilig werden können, hat die Dienststelle diesen Beschäftigten Gelegenheit zur Äußerung zu geben; die Äußerung ist aktenkundig zu machen.

(10) Kommt bei Arbeitnehmern in den Fällen des § 75 Absatz 3 Nummer 2 über die beantragte Verringerung der arbeitsvertraglich vereinbarten Arbeitszeit und in den Fällen des § 75 Absatz 3 Nummer 6 über die beantragte Teilzeitbeschäftigung eine Einigung nicht zustande, entscheidet die Dienststelle endgültig; die §§ 77 und 78 finden keine Anwendung.

§ 77 Stufenverfahren der Mitbestimmung

(1) Kommt eine Einigung nicht zustande, so kann die Dienststelle oder der Personalrat die Angelegenheit binnen drei Wochen auf dem Dienstweg der übergeordneten Dienststelle, bei der eine Stufenvertretung besteht, vorlegen. Legt die Dienststelle die Angelegenheit der übergeordneten Dienststelle vor, so teilt sie dies dem Personalrat unter Angabe der Gründe mit.

(2) Die übergeordnete Dienststelle hat die Angelegenheit mit der bei ihr gebildeten Stufenvertretung innerhalb von fünf Wochen vorzulegen. § 76 Absatz 1 und 5 bis 9 gilt entsprechend.

(3) Können sich die übergeordnete Dienststelle und die Stufenvertretung nicht einigen, so kann die übergeordnete Dienststelle oder die Stufenvertretung die Angelegenheit binnen drei Wochen der obersten Dienstbehörde vorlegen. Absatz 1 Satz 2 und Absatz 2 Satz 2 gelten entsprechend.

§ 78 Einigungsstellenverfahren

(1) Ergibt sich zwischen der obersten Dienstbehörde und der bei ihr bestehenden zuständigen Personalvertretung keine Einigung, so kann jede Seite die Einigungsstelle anrufen.

(2) In den Fällen des § 74 entscheidet die Einigungsstelle endgültig. Ihr Beschluss bindet die Beteiligten, soweit er eine Entscheidung im Sinne von § 79 Absatz 5 enthält. Die oberste Dienstbehörde kann einen Beschluss der Einigungsstelle, der im Einzelfall wegen seiner Auswirkungen auf das Gemeinwesen wesentlicher Bestandteil der Regierungsverantwortung ist, unverzüglich nach seiner Zustellung der Landesregierung zur endgültigen Entscheidung vorlegen. Der Einigungsstelle und der bei der obersten Dienstbehörde bestehenden zuständigen Personalvertretung ist Gelegenheit zu geben, innerhalb von zwei Wochen zu der Vorlage an die Landesregierung Stellung zu nehmen. Eine Stellungnahme ist der Landesregierung zur Kenntnis zu bringen. Die Entscheidung der Landesregierung ist den Beteiligten durch die oberste Dienstbehörde bekanntzugeben.

(3) An die Stelle der Landesregierung tritt in Angelegenheiten der Dienststellen des Landtags von Baden-Württemberg der Präsident des Landtags und in Angelegenheiten des Rechnungshofs Baden-Württemberg der Präsident des Rechnungshofs.

(4) In den Fällen des § 75 beschließt die Einigungsstelle, wenn sie sich nicht der Auffassung der obersten Dienstbehörde anschließt, eine Empfehlung an diese. Die oberste Dienstbehörde entscheidet sodann endgültig. Die Entscheidung ist zu begründen und der Einigungsstelle und den beteiligten Personalvertretungen bekanntzugeben.

§ 79 Einigungsstelle

(1) Die Einigungsstelle wird, soweit sich aus Absatz 2 nichts Abweichendes ergibt, von Fall zu Fall bei der obersten Dienstbehörde gebildet. Sie besteht aus je drei Beisitzern, die von der obersten Dienstbehörde und der bei ihr bestehenden zuständigen Personalvertretung bestellt werden, und einer unparteiischen Person für den Vorsitz, auf die sich beide Seiten einigen. Die Beisitzer sowie die Person für den Vorsitz sind innerhalb von zwei Wochen nach Anrufung der Einigungs-

stelle zu bestellen. Die Person für den Vorsitz muss die Befähigung zum Richteramt besitzen oder die Voraussetzungen des § 110 Satz 1 des Deutschen Richtergesetzes erfüllen. Kommt eine Einigung über die Person für den Vorsitz nicht zustande, so bestellt sie der Präsident des Verwaltungsgerichtshofs. Unter den Beisitzern, die von der Personalvertretung bestellt werden, muss sich je ein Beamter und ein Arbeitnehmer befinden, es sei denn, die Angelegenheit betrifft lediglich die Beamten oder die Arbeitnehmer.

(2) Aufgrund einer Dienstvereinbarung kann die Einigungsstelle auf Dauer, längstens bis zum Ablauf der Amtszeit der zuständigen Personalvertretung gebildet werden. Absatz 1 gilt mit der Maßgabe entsprechend, dass zwischen der obersten Dienstbehörde und der zuständigen Personalvertretung Einigung über die unparteiische Person für den Vorsitz für die vereinbarte Amtszeit erzielt wird.

(3) Die Verhandlung der Einigungsstelle ist nicht öffentlich. Der obersten Dienstbehörde und der zuständigen Personalvertretung ist Gelegenheit zur mündlichen Äußerung zu geben. Im Einvernehmen mit den Beteiligten kann die Äußerung schriftlich erfolgen.

(4) Die Einigungsstelle soll binnen zwei Monaten nach der Anrufung durch einen Beteiligten entscheiden. Die Einigungsstelle ist beschlussfähig, wenn die Person für den Vorsitz und mindestens drei Beisitzer anwesend sind. Bestellt eine Seite innerhalb der in Absatz 1 Satz 3 genannten Frist keine Beisitzer oder bleiben Beisitzer trotz rechtzeitiger Einladung der Sitzung fern, so entscheide die Person für den Vorsitz und die erschienenen Beisitzer allein.

(5) Die Einigungsstelle entscheidet durch Beschluss. Sie kann den Anträgen der Beteiligten auch teilweise entsprechen. Der Beschluss wird mit einfacher Stimmenmehrheit gefasst; bei Stimmengleichheit entscheidet die Stimme der Person für den Vorsitz. Er muss sich im Rahmen der geltenden Rechtsvorschriften, insbesondere des Haushaltsgesetzes, halten. Der Beschluss ist den Beteiligten zuzustellen.

§ 80 Mitwirkung

Soweit der Personalrat an Entscheidungen mitwirkt, ist ihm die beabsichtigte Maßnahme rechtzeitig bekanntzugeben und auf Verlangen mit ihm zu erörtern.

§ 81 Angelegenheiten der Mitwirkung

(1) Der Personalrat wirkt mit bei

1. Vorbereitung von Verwaltungsanordnungen einer Dienststelle für die innerdienstlichen, sozialen oder persönlichen Angelegenheiten der Beschäftigten ihres Geschäftsbereichs,
2. Auflösung, Einschränkung, Erweiterung, Verlegung oder Zusammenlegung von Dienststellen oder wesentlichen Teilen von ihnen,
3. nicht nur vorübergehender Übertragung wesentlicher Arbeiten oder wesentlicher Aufgaben, die bisher üblicherweise durch Beschäftigte der Dienststelle wahrgenommen werden, durch Vergabe oder Privatisierung,
4. Einrichtung von Telearbeitsplätzen oder sonstigen Arbeitsplätzen außerhalb der Dienststelle,
5. Auswahl der Beschäftigten zur Teilnahme an Maßnahmen der Berufsausbildung, an Fortbildungs- sowie Weiterbildungsveranstaltungen, an Qualifizierungsmaßnahmen im Rahmen der Personalentwicklung,
6. Grundsätzen der Personalplanung,
7. Arbeitsorganisation einschließlich der Planungs- und Gestaltungsmittel und der Zahl der einzusetzenden Beschäftigten, mit Ausnahme der Erstellung von Stundenplänen an allgemeinbildenden und beruflichen Schulen,
8. Grundsätzen der Arbeitsplatz- oder Dienstpostenbewertung.

(2) Der Personalrat wirkt auf Antrag der Beschäftigten mit bei

1. Erlass von Disziplinarverfügungen oder schriftlichen Missbilligungen gegen Beamte,
2. Erteilung schriftlicher Abmahnungen gegen Arbeitnehmer.

§ 75 Absatz 5 Nummer 1 gilt entsprechend.

§ 82 Einleitung, Verfahren der Mitwirkung

(1) Die Dienststelle unterrichtet den Personalrat über die beabsichtigte Maßnahme.

(2) In den Fällen des § 81 Absatz 2 gilt § 76 Absatz 3 entsprechend, § 83 findet keine Anwendung.

(3) Der Personalrat kann verlangen, dass die Dienststelle die beabsichtigte Maßnahme begründet.

(4) Äußert sich der Personalrat nicht innerhalb von drei Wochen, hält er bei Erörterung seine Einwendungen oder Vorschläge nicht aufrecht oder haben sie offenkundig keinen unmittelbaren Bezug zu den Mitwirkungsangelegenheiten, so gilt die beabsichtigte Maßnahme als gebilligt. § 76 Absatz 6 Satz 2 und 3, Absatz 7 und 8 gilt entsprechend.

(5) Erhebt der Personalrat Einwendungen, so hat er der Dienststelle die Gründe mitzuteilen. § 76 Absatz 9 Satz 2 gilt entsprechend.

(6) Entspricht die Dienststelle den Einwendungen des Personalrats nicht oder nicht in vollem Umfang, so teilt sie dem Personalrat ihre Entscheidung unter Angabe der Gründe schriftlich oder elektronisch mit.

§ 83 Stufenverfahren der Mitwirkung

(1) Der Personalrat einer nachgeordneten Dienststelle kann die Angelegenheit binnen drei Wochen nach Zugang der Mitteilung der Dienststelle, dass Einwendungen nicht oder nicht in vollem Umfang berücksichtigt werden, auf dem Dienstweg der übergeordneten Dienststelle, bei der eine Stufenvertretung besteht, mit dem Antrag auf Entscheidung vorlegen. Der Personalrat leitet der Dienststelle eine Abschrift des Antrags zu. Die übergeordnete Dienststelle hat die Angelegenheit der Stufenvertretung innerhalb von fünf Wochen vorzulegen. Die übergeordnete Dienststelle entscheidet nach Verhandlung mit der Stufenvertretung. § 82 Absatz 1 und 3 bis 6 gilt entsprechend.

(2) Die Stufenvertretung kann die Angelegenheit binnen drei Wochen der obersten Dienstbehörde vorlegen. Absatz 1 Satz 2, 4 und 5 gilt entsprechend.

(3) Ist ein Antrag nach Absatz 1 oder 2 gestellt, so ist die beabsichtigte Maßnahme bis zur Entscheidung der angerufenen Dienststelle auszusetzen.

§ 84 Antrag des Personalrats

(1) Der Personalrat kann eine Maßnahme, die nach § 74 Absatz 1 Nummer 2, 5 und 6, Absatz 2 und 3, § 75 Absatz 4 und § 81 Absatz 1 seiner Mitbestimmung oder Mitwirkung unterliegt, schriftlich oder elektronisch beim Leiter der Dienststelle beantragen; der Antrag ist zu begründen. § 70 Absatz 2 Satz 1 gilt entsprechend.

(2) Entspricht der Leiter der Dienststelle dem Antrag nicht oder nicht in vollem Umfang, so teilt er dem Personalrat die Entscheidung unter Angabe der Gründe schriftlich oder elektronisch mit. Das weitere Verfahren bestimmt sich nach der Art der beantragten Maßnahme und dem dafür vorgesehenen Verfahren nach den §§ 77 bis 79 und 83.

(3) § 70 Absatz 1 bleibt unberührt.

§ 85 Dienstvereinbarungen

(1) Dienstvereinbarungen sind in allen Angelegenheiten der Mitbestimmung nach § 74 Absatz 1 Nummer 2, 5 und 6, Absatz 2 und 3, § 75 Absatz 4 und Mitwirkung nach § 81 Absatz 1 zulässig, soweit eine gesetzliche oder tarifliche Regelung nicht besteht. Sie sind ferner zulässig, soweit dieses Gesetz oder tarifvertragliche Vereinbarungen Dienstvereinbarungen vorsehen.

(2) Arbeitsentgelte und sonstige Arbeitsbedingungen, die durch Tarif geregelt sind oder üblicherweise geregelt werden, können nicht Gegenstand einer Dienstvereinbarung sein. Dies gilt nicht, wenn tarifvertragliche Vereinbarungen den Abschluss ergänzender Dienstvereinbarungen ausdrücklich zulassen.

(3) Dienstvereinbarungen werden durch Dienststelle und Personalrat gemeinsam beschlossen, sind schriftlich niederzulegen, von beiden Seiten zu unterzeichnen und in geeigneter Weise bekanntzumachen.

(4) Dienstvereinbarungen, die für einen größeren Bereich gelten, gehen Dienstvereinbarungen für einen kleineren Bereich vor.

(5) Sofern nichts anderes vereinbart ist, können Dienstvereinbarungen von beiden Seiten jederzeit mit einer Frist von drei Monaten gekündigt werden.

(6) In Angelegenheiten der uneingeschränkten Mitbestimmung nach § 74 Absatz 1 Nummer 2, 5 und 6 sowie Absatz 2 und 3 kann die Weitergeltung einer gekündigten oder abgelaufenen Dienstvereinbarung über eine bestimmte Dauer vereinbart werden. Ist keine Vereinbarung über die Dauer der Weitergeltung getroffen, endet die Weitergeltung mit Ablauf der Amtszeit des Personalrats, der zum Zeitpunkt der Kündigung oder des Auslaufens der Dienstvereinbarung amtiert hat.

(7) Weitergeltende Regelungen einer gekündigten oder abgelaufenen Dienstvereinbarung können jederzeit ganz oder teilweise aufgehoben werden, soweit diese Regelungen wegen ihrer Auswirkungen auf das Gemeinwesen die Regierungsverantwortung wesentlich berühren. § 78 Absatz 2 Satz 3 bis 6 und Absatz 3 gilt entsprechend.

§ 86 Anhörung des Personalrats

Soweit der Personalrat anzuhören ist, ist ihm die Angelegenheit rechtzeitig bekanntzugeben und ausreichend Gelegenheit zur Äußerung zu geben.

§ 87 Angelegenheiten der Anhörung

(1) Der Personalrat ist anzuhören

1. bei Personalplanungen,
2. bei Personalanforderungen zum Haushaltsvoranschlag vor der Weiterleitung; gibt der Personalrat einer nachgeordneten Dienststelle zu den Personalanforderungen eine Stellungnahme ab, so ist diese mit den Personalanforderungen der übergeordneten Dienststelle vorzulegen,
3. bei Raumbedarfsanforderungen für Neu-, Um- und Erweiterungsbauten von Diensträumen vor der Weiterleitung; Nummer 2 Halbsatz 2 gilt entsprechend,
4. bei Bauplanungsprojekten und Anmietungen,
5. bei räumlicher Auslagerung von Arbeit aus der Dienststelle,
6. bei Festlegung von Verfahren und Methoden von Wirtschaftlichkeits- und Organisationsuntersuchungen, mit Ausnahme von solchen im Rahmen der Rechnungsprüfung,
7. bei der Auswahl und Beauftragung von Gutachten für Wirtschaftlichkeits- und Organisationsuntersuchungen nach Nummer 6,
8. beim Abschluss von Arbeitnehmerüberlassungs- oder Arbeitnehmergestellungsverträgen,
9. vor Kündigungen von Arbeitsverhältnissen während der Probezeit, bei fristlosen Entlassungen und außerordentlichen Kündigungen.

(2) In den Fällen des Absatzes 1 Nummer 1 bis 8 gilt § 70 Absatz 2 mit der Maßgabe, dass anstelle der Schriftform auch die mündliche Unterrichtung in einer Sitzung des Personalrats erfolgen kann.

(3) In den Fällen des Absatzes 1 Nummer 9 hat die Dienststelle die beabsichtigte Maßnahme zu begründen. Hat der Personalrat Bedenken, so hat er sie unter Angabe der Gründe der Dienststelle unverzüglich, spätestens jedoch innerhalb von drei Arbeitstagen schriftlich oder elektronisch mitzuteilen. § 75 Absatz 5 Nummer 1 gilt entsprechend.

§ 88 Durchführung von Entscheidungen, vorläufige Regelungen

(1) Entscheidungen, an denen der Personalrat beteiligt war, führt die Dienststelle durch, es sei denn, dass im Einzelfall etwas anderes vereinbart ist.

(2) Wird eine Maßnahme, welcher der Personalrat zugestimmt hat, die durch den Personalrat als gebilligt gilt oder die auf Antrag des Personalrats zustande gekommen ist, von der Dienststelle nicht oder nicht in angemessener Zeit durchgeführt, unterrichtet diese den Personalrat unter Angabe der Gründe.

(3) Der Personalrat darf nicht durch einseitige Handlungen in den Dienstbetrieb eingreifen.

(4) Die Dienststelle kann bei Maßnahmen, die der Natur für Sache nach keinen Aufschub dulden, bis zur endgültigen Entscheidung vorläufige Regelungen treffen. Sie hat dem Personalrat die vorläufige Regelung mitzu-

teilen und zu begründen und unverzüglich das Verfahren

1. in Mitbestimmungsangelegenheiten nach §§ 76 bis 78 Absatz 1,
2. in Mitwirkungsangelegenheiten nach §§ 82 und 83

einzuleiten oder fortzusetzen.

§ 89 Zuständigkeit in nicht gestuften Verwaltungen

(1) In Gemeinden und Gemeindeverbänden sowie sonstigen Körperschaften, Anstalten und Stiftungen des öffentlichen Rechts tritt in Verfahren nach den § 77 Absatz 3, §§ 78, 79 Absatz 1 Satz 2 und Absatz 3 sowie § 83 Absatz 2 an die Stelle

1. der obersten Dienstbehörde das in ihrer Verfassung vorgesehene oberste Organ oder ein Ausschuss dieses Organs oder, wenn ein solches nicht vorhanden ist, die Aufsichtsbehörde; in Zweifelsfällen bestimmt die zuständige oberste Landesbehörde die anzurufende Stelle,
2. der Stufenvertretung der Personalrat,
3. der Landesregierung das Organ nach Nummer 1.

Besteht ein Gesamtpersonalrat, ist dieser zu hören.

(2) Stehen soziale oder personelle Angelegenheiten der Beschäftigten, über die zwischen dem Personalrat und der Dienststelle keine Einigung besteht, in der Sitzung des Hauptorgans einer Gemeinde, eines Gemeindeverbandes, eines Zweckverbandes oder eines anderen öffentlich-rechtlichen Verbandes kommunaler Gebietskörperschaften zur Beratung an, so ist der Vorsitzende des Personalrats zur Darlegung der Auffassung des Personalrats in nicht öffentlicher Sitzung zu laden. Das Gleiche gilt für Ausschüsse der Hauptorgane oder für vergleichbare Gremien, die aufgrund ihrer Satzung oder Verfassung als Beschlussorgan vorgesehen sind.

§ 90 Verhältnis zu anderen Beteiligungsrechten

Die Personalvertretungen werden bei Maßnahmen, bei deren Vorbereitung nach § 53 des Beamtenstatusgesetzes und § 89 des Landesbeamtengesetzes die Spitzenorganisationen der zuständigen Gewerkschaften zu beteiligen sind, sowie beim Erlass von Rechtsverordnungen und Satzungen nicht beteiligt.

Teil 9
Zuständigkeit des Personalrats, des Gesamtpersonalrats und der Stufenvertretungen

§ 91

(1) Der Personalrat wird an den Maßnahmen beteiligt, die die Dienststelle, bei der er gebildet ist, für ihre Beschäftigten trifft.

(2) In Angelegenheiten, in denen die Dienststelle nicht zur Entscheidung befugt ist, ist an Stelle des Personalrats die bei der zuständigen Dienststelle gebildete Stufenvertretung zu beteiligen.

(3) Vor einem Beschluss in Angelegenheiten, die einzelne Beschäftigte oder Dienststellen betreffen, gibt die Stufenvertretung dem Personalrat Gelegenheit zur Äußerung. In diesem Fall erhöhen sich die Beteiligungsfristen auf fünf Wochen; § 76 Absatz 6 Satz 2 findet Anwendung. § 76 Absatz 6 Satz 3 sowie Absatz 7 und 8 gilt entsprechend.

(4) Werden im Geschäftsbereich mehrstufiger Verwaltungen personelle oder soziale Maßnahmen von einer Dienststelle getroffen, bei der keine für eine Beteiligung zu diesen Maßnahmen zuständige Personalvertretung vorgesehen ist, so ist die Stufenvertretung bei der nächsthöheren Dienststelle, zu deren Geschäftsbereich die entscheidende Dienststelle und die von der Entscheidung Betroffenen gehören, zu beteiligen.

(5) Soweit der Ministerpräsident Maßnahmen für Beschäftigte des Geschäftsbereichs einer anderen obersten Dienstbehörde als des Staatsministeriums trifft, die der Beteiligung der Personalvertretung unterliegen, wird die zuständige Personalvertretung beim Vorschlag der obersten Dienstbehörde an den Ministerpräsidenten beteiligt.

(6) Bei Einzelmaßnahmen, in denen die Entscheidung von einer Dienststelle getroffen wird, die zum Geschäftsbereich einer anderen obersten Dienstbehörde gehört als die, auf die sich die Maßnahme erstreckt, ist der Personalrat der Dienststelle, auf deren Beschäftigte sich die Maßnahme erstreckt, zu beteiligen. Erstreckt sich die Einzelmaßnahme auf mehrere Dienststellen, ist der Personalrat jeder dieser Dienststellen zu beteiligen. Erstreckt sich eine Maßnahme auf Dienststellen mehrerer oberster Dienstbehörden, wird bei der obersten Dienstbehörde, zu der die hauptnutzende Stelle gehört, eine gemeinsame Einigungsstelle gebildet.

(7) Ist eine Dienststelle neu errichtet und ist bei ihr ein Personalrat noch nicht gebildet worden, ist auf die Dauer von längstens sechs Monaten die bei der übergeordneten Dienststelle gebildete Stufenvertretung zu beteiligen.

(8) Besteht ein Gesamtpersonalrat, so ist dieser zu beteiligen, wenn die Maßnahme über den Bereich einer Dienststelle hinausgeht. Soweit der Gesamtpersonalrat zuständig ist, ist er an Stelle der Personalräte der Dienststellen zu beteiligen. Vor einem Beschluss in Angelegenheiten, die einzelne Beschäftigte oder Dienststellen betreffen, gibt der Gesamtpersonalrat dem Personalrat Gelegenheit zur Äußerung. Absatz 3 Satz 2 und 3 gilt entsprechend.

Teil 10
Gerichtliche Entscheidungen

§ 92

(1) Die Verwaltungsgerichte entscheiden außer in den Fällen der §§ 21, 24, 47 Absatz 1 und 4, § 48 Absatz 4 sowie § 64 Satz 2 über

1. Wahlberechtigung und Wählbarkeit,
2. Wahl, Amtszeit und Zusammensetzung der Personalvertretungen und der in § 59 genannten Vertretungen,
3. Zuständigkeit und Geschäftsführung der Personalvertretungen,
4. Bestehen oder Nichtbestehen von Dienstvereinbarungen.

(2) Die Vorschriften des Arbeitsgerichtsgesetzes über das Beschlussverfahren gelten entsprechend.

§ 93

(1) Für die nach diesem Gesetz zu treffenden Entscheidungen sind bei den Verwaltungsgerichten Fachkammern und beim Verwaltungsgerichtshof ein Fachsenat zu bilden.

(2) Die Fachkammer besteht aus einem Vorsitzenden und ehrenamtlichen Richtern, der Fachsenat aus dem Vorsitzenden, Richtern und ehrenamtlichen Richtern. Die ehrenamtlichen Richter müssen Beschäftigte des Landes oder einer der Aufsicht des Landes unterstehenden Körperschaft, Anstalt oder Stiftung des öffentlichen Rechts sein. Sie werden je zur Hälfte von

1. den unter den Beschäftigten vertretenen Gewerkschaften und
2. den obersten Landesbehörden oder den von diesen bestimmten Stellen und den kommunalen Landesverbänden

vorgeschlagen und vom Justizministerium berufen. Für die Berufung und Stellung der Beisitzer und ihre Heranziehung zu den Sitzungen gelten die Vorschriften des Arbeitsgerichtsgesetzes über Arbeitsrichter und Landesarbeitsrichter entsprechend.

(3) Die Fachkammer wird tätig in der Besetzung mit einem Vorsitzenden und je zwei nach Absatz 2 Satz 3 Nummer 1 und 2 vorgeschlagenen und berufenen ehrenamtlichen Richtern. Unter den in Absatz 2 Satz 3 Nummer 1 bezeichneten ehrenamtlichen Richtern muss sich je ein Beamter und ein Arbeitnehmer befinden.

(4) Der Fachsenat wird tätig in der Besetzung mit einem Vorsitzenden, zwei Richtern und je einem nach Absatz 2 Satz 3 Nummer 1 und 2 vorgeschlagenen und berufenen ehrenamtlichen Richter. Einer der ehrenamtlichen Richter muss Beamter und einer Arbeitnehmer sein.

Teil 11
Vorschriften für die Behandlung von Verschlusssachen

§ 94

(1) Soweit eine Angelegenheit, an der eine Personalvertretung zu beteiligen ist, als Ver-

schlusssache mindestens des Geheimhaltungsgrads „VS – VERTRAULICH" eingestuft ist, tritt an die Stelle der Personalvertretung ein Ausschuss. Dem Ausschuss gehört höchstens je ein in entsprechender Anwendung des § 28 Absatz 1 gewählter Vertreter der im Personalrat vertretenen Gruppen an. Die Mitglieder des Ausschusses müssen nach den dafür geltenden Bestimmungen ermächtigt sein, Kenntnis von Verschlusssachen des in Betracht kommenden Geheimhaltungsgrads zu erhalten. Personalvertretungen bei Dienststellen, die Mittelbehörden nachgeordnet sind, bilden keinen Ausschuss; an ihre Stelle tritt der Ausschuss des Bezirkspersonalrats.

(2) Wird der zuständige Ausschuss nicht rechtzeitig gebildet, ist der Ausschuss der bei der Dienststelle bestehenden Stufenvertretung oder, wenn dieser nicht rechtzeitig gebildet wird, der Ausschuss der bei der obersten Dienstbehörde bestehenden Stufenvertretung zu beteiligen.

(3) Die Einigungsstelle besteht in den in Absatz 1 Satz 1 bezeichneten Fällen aus je einem Beisitzer, der von der obersten Dienstbehörde und der nach § 78 Absatz 1 zuletzt beteiligten Personalvertretung bestellt wird, und einem unparteiischen Vorsitzenden, die nach den dafür geltenden Bestimmungen ermächtigt sind, von Verschlusssachen des in Betracht kommenden Geheimhaltungsgrads Kenntnis zu erhalten. § 78 Absatz 2 und 3, § 79 Absatz 1 Satz 1 bis 5, Absatz 2 bis 5 und § 89 Absatz 1 Satz 1 Nummer 1 gelten entsprechend.

(4) § 32 Absatz 4 bis 6 und § 91 Absatz 3 sowie die Vorschriften über die Beteiligung der Gewerkschaften und Arbeitgebervereinigungen in § 32 Absatz 3 und § 37 Absatz 1 sind nicht anzuwenden. Angelegenheiten, die als Verschlusssache mindestens des Geheimhaltungsgrads „VS – VERTRAULICH" eingestuft sind, werden in der Personalversammlung nicht behandelt.

(5) Die oberste Dienstbehörde kann anordnen, dass in den Fällen des Absatzes 1 Satz 1 dem Ausschuss und der Einigungsstelle Unterlagen nicht vorgelegt und Auskünfte nicht erteilt werden dürfen, soweit dies zur Vermeidung von Nachteilen für das Wohl der Bundesrepublik Deutschland oder eines ihrer Länder oder auf Grund internationaler Verpflichtungen geboten ist. Im Verfahren nach § 92 sind die gesetzlichen Voraussetzungen für die Anordnung glaubhaft zu machen.

Teil 12
Besondere Vorschriften für die Justizverwaltung

§ 95
Für den Geschäftsbereich eines Oberlandesgerichts und der in seinem Bezirk bestehenden Staatsanwaltschaften wird eine gemeinsame Stufenvertretung (Bezirkspersonalrat beim Oberlandesgericht) gebildet.

Teil 13
Besondere Vorschriften für die Polizei und für das Landesamt für Verfassungsschutz

§ 96 Polizei
(1) § 5 Absatz 3 findet auf das Polizeipräsidium Einsatz, das Präsidium Technik, Logistik, Service der Polizei und auf die Hochschule für Polizei Baden-Württemberg nur mit der Maßgabe Anwendung, dass Außenstellen, Nebenstellen und Teile der Dienststelle räumlich weit von der Hauptdienststelle entfernt liegen. Im Übrigen findet § 5 Absatz 3 auf Polizeidienststellen keine Anwendung.

(2) Die Beschäftigten der Polizeidienststellen und Einrichtungen für den Polizeivollzugsdienst wählen einen Hauptpersonalrat der Polizei beim Innenministerium. Dieser kann gemeinsam mit dem beim Innenministerium gebildeten allgemeinen Hauptpersonalrat beraten, soweit beide Hauptpersonalräte zu beteiligen sind; eine gemeinsame Beschlussfassung findet jedoch nicht statt.

(3) Polizeibeamte im Vorbereitungs- oder Ausbildungsdienst, die am Wahltag das 18. Lebensjahr vollendet haben, besitzen

nicht die Wahlberechtigung und Wählbarkeit zur Jugend- und Auszubildendenvertretung.

(4) Werden im Geschäftsbereich der Polizei Maßnahmen von einer dem Innenministerium nachgeordneten Polizeidienststelle oder Einrichtung für den Polizeivollzugsdienst getroffen, die sich auf Beschäftigte anderer Polizeidienststellen oder Einrichtungen für den Polizeivollzugsdienst erstrecken, wird der Hauptpersonalrat der Polizei beteiligt. § 91 Absatz 1 und 4 findet keine Anwendung.

§ 97 Landesamt für Verfassungsschutz

Für das Landesamt für Verfassungsschutz gilt dieses Gesetz mit folgenden Abweichungen:

1. Der Leiter des Landesamts für Verfassungsschutz kann nach Anhörung des Personalrats bestimmen, dass Beschäftigte, bei denen dies wegen ihrer dienstlichen Aufgaben dringend geboten ist, nicht an Personalversammlungen teilnehmen.

2. Die Vorschriften über eine Beteiligung von Vertretern oder Beauftragten der Gewerkschaften und Arbeitgebervereinigungen (§ 32 Absatz 3, § 37 Absatz 1, § 53) sind nicht anzuwenden.

3. Bei der Beteiligung der Stufenvertretung und der Einigungsstelle sind Angelegenheiten, die lediglich Beschäftigte des Landesamts für Verfassungsschutz betreffen, wie Verschlusssachen des Geheimhaltungsgrads „VS – VERTRAULICH" zu behandeln, soweit nicht die zuständige Stelle etwas anderes bestimmt.

Teil 14
Besondere Vorschriften für Dienststellen, die bildenden, wissenschaftlichen und künstlerischen Zwecken dienen

§ 98 Personalvertretungen im Schulbereich

(1) Für Grund-, Haupt-, Werkreal-, Real-, Gemeinschafts- und entsprechende sonderpädagogische Bildungs- und Beratungszentren sowie Schulkindergärten mit Ausnahme der sonderpädagogische Bildungs- und Beratungszentren mit Internat und der diesen angegliederten Schulkindergärten werden besondere Personalräte bei den unteren Schulaufsichtsbehörden gebildet. Für Lehrer an Schulen besonderer Art sowie an Schulen, die in einen Verbund von Schularten oder einen Schulversuch einbezogen sind, kann das Kultusministerium eine hiervon abweichende Regelung treffen, sofern an der Schule auch Lehrer der in Absatz 2 Satz 1 Nummer 2 oder 3 aufgeführten Schularten unterrichten. § 5 Absatz 3 findet keine Anwendung.

(2) Die beamteten und nichtbeamteten Lehrer der

1. Grund-, Haupt-, Werkreal-, Real-, Gemeinschafts- und entsprechenden sonderpädagogischen Bildungs- und Beratungszentren sowie Schulkindergärten,

2. Gymnasien und Kollegs,

3. beruflichen Schulen einschließlich der beruflichen Gymnasien

wählen je besondere Stufenvertretungen bei den oberen Schulaufsichtsbehörden und beim Kultusministerium. Absatz 1 Satz 2 gilt entsprechend. Die besonderen Stufenvertretungen können gemeinsam und zusammen mit der bei der Dienststelle gebildeten allgemeinen Stufenvertretung beraten, soweit alle jeweils gemeinsam beratenden Stufenvertretungen zu beteiligen sind; eine gemeinsame Beschlussfassung mehrerer Stufenvertretungen findet jedoch nicht statt.

(3) In Angelegenheiten der in Ausbildung zu einem Lehrerberuf stehenden Beschäftigten, in denen die Dienststelle nicht zur Entscheidung befugt ist, werden die entsprechenden Lehrerstufenvertretungen beteiligt.

(4) Das sonstige pädagogisch tätige Personal ist Lehrern im Sinne dieser Vorschrift gleichgestellt.

(5) Werden im Geschäftsbereich des Kultusministeriums Maßnahmen vom Zentrum für Schulqualität und Lehrerbildung oder vom Institut für Bildungsanalysen Baden-Württemberg getroffen, die sich auf Beschäftigte anderer Dienststellen erstrecken, wird der zuständige Hauptpersonalrat beteiligt. § 91 Absatz 1 und 4 finden keine Anwendung.

§ 99 Besondere Vorschriften für Lehre und Forschung

(1) Dieses Gesetz gilt nicht für

1. Hochschullehrer und Hochschullehrer am KIT, vor Inkrafttreten des Landeshochschulgesetzes vom 1. Januar 2005 eingestellte Hochschuldozenten, Gastprofessoren, Oberassistenten, Oberingenieure, wissenschaftliche und künstlerische Assistenten sowie Akademische Mitarbeiter und Akademische Mitarbeiter am KIT, denen jeweils Aufgaben in Forschung und Lehre zur selbstständigen Wahrnehmung übertragen sind, ferner Lehrbeauftragte an Hochschulen,
2. die in Lehre und Forschung tätigen habilitierten Personen sowie solche Personen, die die Einstellungsvoraussetzungen als Professor erfüllen, an Forschungsstätten, die nicht wissenschaftliche Hochschulen sind; das KIT ist keine solche Forschungsstätte.

(2) § 75 Absatz 1 Nummer 2 und 3 findet keine Anwendung auf Beschäftigte, die als

1. Akademische Mitarbeiter an Hochschulen, soweit sie nicht unter Absatz 1 Nummer 1 fallen,
2. nicht habilitierte Akademische Mitarbeiter an Forschungsstätten, die nicht wissenschaftliche Hochschulen sind,
3. Akademische Mitarbeiter am KIT, soweit sie nicht unter Absatz 1 Nummer 1 fallen,
   a) als Doktoranden angenommen sind oder nach Abschluss der Promotion bis zu einer Dauer von drei Jahren jeweils zur Förderung der eigenen wissenschaftlichen Qualifizierung oder
   b) erstmalig

in einem befristeten Arbeitsverhältnis eingestellt werden sollen.

(3) Bei wissenschaftlichen und künstlerischen Hilfskräften an Hochschulen im Sinne von § 57 Satz 1 des Landeshochschulgesetzes sowie bei studentischen Hilfskräften an Hochschulen im Sinne von § 57 Satz 2 des Landeshochschulgesetzes tritt an die Stelle der Mitbestimmung die Mitwirkung, in den Personalangelegenheiten nach § 75 Absatz 1 Nummer 1, 2, 3 für alle Regelungsfälle, ausgenommen die Fallgruppenbestimmung, Nummer 4, 6, 7 Buchstabe a und Nummer 11, Absatz 2 und 3 Nummer 2, 3, 5 bis 7 und 14 jedoch nur, wenn sie die Beteiligung des Personalrats beantragen. Bei Personalangelegenheiten dieser Beschäftigten nach § 75 Absatz 1 Nummer 3 für den Regelungsfall der Fallgruppenbestimmung, Nummer 5, 7 Buchstabe b und Nummer 8 sowie Absatz 3 Nummer 1 ist der Personalrat nur zu beteiligen, wenn sie es beantragen.

(4) Die Studienakademien der Dualen Hochschule sind Dienststellen im Sinne des § 5 Absatz 3. Der Gesamtpersonalrat bei der Dualen Hochschule führt die Bezeichnung „Hochschulpersonalrat". § 91 Absatz 8 Satz 1 und 2 gilt mit der Maßgabe, dass der Hochschulpersonalrat auch bei Maßnahmen zu beteiligen ist, die von den zentralen Organen der Hochschule getroffen werden.

§ 100 Besondere Vorschriften für Beschäftigte an Hochschulen mit Aufgaben an einem Universitätsklinikum

Akademische Mitarbeiter an Hochschulen, soweit sie nicht unter § 99 Absatz 1 Nummer 1 fallen, und nicht habilitierte Akademische Mitarbeiter an Forschungsstätten, die nicht wissenschaftliche Hochschulen sind, sowie Beschäftigte an Hochschulen im Sinne von § 99 Absatz 3, die Aufgaben im Universitätsklinikum erfüllen, gelten auch als Beschäftigte des Universitätsklinikums; entsprechende Beschäftigte sind auch Arbeitnehmer an Hochschulen, die nach § 12 Absatz 1 Satz 4 des Universitätsklinika-Gesetzes vom 24. November 1997 (GBl. S. 474) nicht auf das Universitätsklinikum übergeleitet wurden und ihre Dienste beim Universitätsklinikum erbringen. Die Beschäftigteneigenschaft bei der Hochschule bleibt unberührt. In Personalangelegenheiten der in Satz 1 genannten Beschäftigten gibt die zuständige Personalvertretung dem Personalrat des Universitätsklinikums Gelegenheit zur Äußerung. In diesem Fall erhöhen sich die Beteiligungsfristen auf fünf Wochen; § 76 Absatz 6 Satz 2 findet Anwendung. § 76 Absatz 6 Satz 3 sowie Absatz 7 und 8 gilt entsprechend. § 91 Absatz 3 Satz 1 bleibt unberührt.

§ 100a Besondere Vorschriften für Universitätsklinika

(1) Abweichend von § 10 Absatz 3 besteht der Personalrat an einem Universitätsklinikum mit in der Regel

12 501 bis 15 000 Beschäftigten aus 29 Mitgliedern,

15 001 bis 17 500 Beschäftigten aus 31 Mitgliedern.

Bei 17 501 und mehr Beschäftigten erhöht sich die Anzahl der Personalratsmitglieder entsprechend. § 10 Absatz 4 gilt entsprechend.

(2) Bei einem Universitätsklinikum mit mehr als 27 Personalratsmitgliedern erhöhen sich die Freistellungen abweichend von § 45 Absatz 1 Satz 2 für je zwei weitere Mitglieder jeweils um eine zusätzliche Freistellung im Umfang eines Vollzeitbeschäftigten.

(3) Bei einem Universitätsklinikum kann der Personalrat ergänzend zu § 28 Absatz 2 Satz 1 aus seiner Mitte mit der Mehrheit der Stimmen aller Mitglieder zusätzlich drei weitere Mitglieder in den Vorstand wählen.

(4) Abweichend von § 61 Absatz 1 besteht die Jugend- und Auszubildendenvertretung bei einem Universitätsklinikum mit 201 bis 400 in der Regel Beschäftigten im Sinne von § 59 aus sieben Mitgliedern, mit 401 bis 1000 in der Regel Beschäftigten im Sinne von § 59 aus neun Mitgliedern, mit mehr als 1000 in der Regel Beschäftigten im Sinne von § 59 aus elf Mitgliedern.

§ 101 Besondere Vorschriften für das Karlsruher Institut für Technologie

Für das KIT gilt dieses Gesetz nach Maßgabe der folgenden Vorschriften:

1. Im KIT sind
   a) die Einrichtungen, Institute und sonstigen Stellen des KIT in Garmisch-Patenkirchen,
   b) die Einrichtungen, Institute und sonstigen Stellen des KIT im Übrigen

   jeweils eine Dienststelle im Sinne von § 5 Absatz 3. § 56 Absatz 4 findet entsprechende Anwendung. Leiter der Dienststellen ist der Vorstandsvorsitzende des KIT.

2. Der Personalrat bei der Dienststelle nach Nummer 1 Buchstabe b besteht aus 37 Mitgliedern.

3. Abweichend von § 28 Absatz 2 Satz 1 wählt der Personalrat neun weitere Mitglieder in den Vorstand.

4. Auf Antrag des Personalrats sind bis zu 13 Mitglieder des Personalrats bei der Dienststelle nach Nummer 1 Buchstabe b von ihrer dienstlichen Tätigkeit freizustellen.

5. Der Personalrat kann bis zu vier Mal in jedem Kalenderjahr eine Personalversammlung einberufen.

6. Die Jugend- und Auszubildendenvertretung bei der Dienststelle nach Nummer 1 Buchstabe b besteht aus 13 Mitgliedern; sie kann bis zu viermal in jedem Kalenderjahr eine Jugend- und Auszubildendenversammlung einberufen.

7. Der Leiter der Dienststelle oder sein Beauftragter und die Personalvertretungen treten mindestens einmal im Monat zu gemeinschaftlichen Besprechungen zusammen.

8. a) Vor der Vorlage einer Angelegenheit nach § 77 oder § 83 ist ein Schlichtungsversuch zu unternehmen, der abgesehen von Verfahren nach § 76 Absatz 6 Satz 2 oder § 82 Absatz 4 Satz 2 auf Antrag des Personalrats oder der Dienststelle vor einer Schlichtungsstelle erfolgt. Ein Antrag hemmt die Frist nach § 77 Absatz 1 Satz 1 oder § 83 Absatz 1 Satz 1.

   b) In Angelegenheiten nach § 74 Absatz 1 Nummer 6, § 75 Absatz 1 Nummer 1 bis 8, 11 und 12, Absatz 2, Absatz 3 Nummer 1 bis 3, 5 bis 7, 9, 10, 12 und 14, § 81 Absatz 1 Nummer 5 und Absatz 2 wird eine ständige Schlichtungsstelle eingerichtet. Das Nähere zur Bildung der Schlichtungs-

stelle, zum Verfahren und zu Einigungsvorschlägen der Schlichtungsstelle ist durch eine Dienstvereinbarung zu regeln. Einigen sich die Personalvertretungen und die Dienststelle nicht auf eine Dienstvereinbarung, trifft nach entsprechender Anwendung des Verfahrens nach § 77 das Wissenschaftsministerium endgültig die Bestimmungen.

9. In den Personalangelegenheiten nach § 75 Absatz 1 Nummern 1, 4, 6 bis 8 und 11, Absatz 2 und Absatz 3 Nummer 2, 3, 5 bis 7 und 14 der Akademischen Mitarbeiter am KIT im Sinne von § 99 Absatz 2 Nummer 3 wird, auch in Verfahren nach § 76 Absatz 6 Satz 2 und § 82 Absatz 4 Satz 2, an Stelle der Vorlage nach § 77 oder § 83 das Verfahren nach Nummer 8 durchgeführt, auch ohne dass es eines Antrags des Akademischen Mitarbeiters am KIT bedarf. In diesen Fällen kann durch Dienstvereinbarung ein von § 76 Absatz 1, 5 bis 9, §§ 80 und 82 Absatz 4 bis 6 abweichendes Verfahren vereinbart werden.

10. Arbeitnehmer des Landes am KIT gelten auch als Beschäftigte des KIT. In deren Angelegenheiten gibt der Hauptpersonalrat beim Wissenschaftsministerium dem Personalrat des KIT Gelegenheit zur Äußerung.

11. Der Personalrat kann von Fall zu Fall beschließen, dass ein Mitglied des Hauptpersonalrats beim Wissenschaftsministerium berechtigt ist, mit beratender Stimme an den Sitzungen des Personalrats teilzunehmen. Ebenso kann ein Mitglied des Hauptpersonalrats beim Wissenschaftsministerium sowie ein Vertreter des Wissenschaftsministeriums an den Personalversammlungen teilnehmen.

§ 102 Besondere Vorschriften für die Führungsakademie Baden-Württemberg

Die bei der Führungsakademie Baden-Württemberg tätigen Landesbeamten gelten auch als Beschäftigte des Staatsministeriums. Die Beschäftigteneigenschaft bei der Führungsakademie bleibt unberührt. § 100 Satz 3 bis 5 gilt entsprechend.

§ 103 Besondere Vorschriften für Theater und Orchester

§ 74 Absatz 1 Nummer 5, 6, Absatz 2 Nummer 2, 4 und 5, § 75 Absatz 1 Nummer 1 bis 8, 11 und 12, Absatz 2, Absatz 3 Nummer 1 bis 3, 5 bis 7, 10, 12 und 14, Absatz 4 Nummer 12, 14 und 15, § 81 Absatz 1 Nummer 2 und 7, Absatz 2 sowie § 87 Absatz 1 Nummer 2 und 9 gelten nicht für künstlerische Mitglieder von Theatern und Orchestern.

Teil 15
Besondere Vorschriften für die Forstverwaltung

§ 104 Beschäftigte der Abteilung Forstdirektion der Regierungspräsidien

Die Beschäftigten der Abteilung Forstdirektion der Regierungspräsidien sind Beschäftigte in den Geschäftsbereichen des Innenministeriums und des Ministeriums Ländlicher Raum.

Teil 16
Südwestrundfunk

§ 105 Allgemeines

Dieses Gesetz gilt für den Südwestrundfunk nach Maßgabe der folgenden Vorschriften.

§ 106 Dienststellen

(1) Beim Südwestrundfunk wird an jedem der drei Sitze eine Dienststelle im Sinne dieses Gesetzes gebildet:

1. Der Dienststelle in Baden-Baden sind alle Beschäftigten zugeordnet, die überwiegend am Sitz in Baden-Baden und außerhalb des Sendegebiets des Südwestrundfunks tätig sind.

2. Der Dienststelle in Stuttgart sind alle sonstigen Beschäftigten zugeordnet, die überwiegend in Baden-Württemberg tätig sind.

3. Der Dienststelle in Mainz sind alle Beschäftigten zugeordnet, die überwiegend in Rheinland-Pfalz tätig sind.

(2) § 5 Absatz 3 findet keine Anwendung.

(3) Leiter der Dienststellen ist der Intendant. Er entscheidet in allen Fällen, in denen nach diesem Gesetz der Leiter der Dienststelle, die übergeordnete Dienststelle und die oberste Dienstbehörde zur Entscheidung befugt sind.

§ 107 Beschäftigte

Beschäftigte des Südwestrundfunks im Sinne dieses Gesetzes sind

1. die durch Arbeitsvertrag unbefristet oder auf Zeit fest angestellten Personen einschließlich die zu ihrer Berufsausbildung durch Ausbildungsvertrag Beschäftigten,

2. arbeitnehmerähnliche Personen nach § 12a des Tarifvertragsgesetzes.

Beschäftigte im Sinne dieses Gesetzes sind nicht die Mitglieder der Geschäftsleitung.

§ 108 Wählbarkeit

§ 9 gilt mit der Maßgabe, dass auch die Leiter der Außenstudios und Korrespondentenbüros nicht wählbar sind.

§ 109 Kosten

§ 41 Absatz 1 Satz 2 findet mit der Maßgabe Anwendung, dass an die Stelle des Landesreisekostengesetzes die Reisekostenordnung des Südwestrundfunks tritt und die Reisekostenvergütungen nach der Reisekostenstufe, die für Abteilungsleiter des Südwestrundfunks gilt, zu bemessen sind.

§ 110 Besondere Gruppen von Beschäftigten

(1) Bei Beschäftigten, deren Funktion nicht mehr von den Merkmalen des Gehaltstarifs des Südwestrundfunks erfasst ist und deren Gehalt über der höchsten Tarifgruppe liegt, wird der Personalrat in den Fällen der § 74 Absatz 1 Nummer 1 bis 4 und 6, Absatz 2 Nummer 1, 9 und 10, § 75 Absatz 1 Nummer 2, 3, 7, 8 und 11, Absatz 2 Nummer 1 bis 3, Absatz 3 Nummer 2, 3, 5 bis 7 und 9, Absatz 4 Nummer 3 bis 6 Buchstabe a und Nummer 11 bis 13 und § 81 Absatz 2 Satz 1 Nummer 2 nicht beteiligt.

(2) Bei im Programmbereich Beschäftigten der höchsten Gehaltsgruppe des Tarifvertrages des Südwestrundfunks tritt in den Fällen des § 75 Absatz 1 Nummer 2, 3, 7 Buchstabe a und Nummer 11, Absatz 2 Nummer 1 bis 3 und Absatz 3 Nummer 2, 3, 5 bis 7 an die Stelle der Mitbestimmung des Personalrats die Mitwirkung.

(3) Bei Beschäftigten nach § 107 Satz 1 Nummer 1 mit überwiegend wissenschaftlicher oder künstlerischer Tätigkeit sowie bei Beschäftigten, die maßgeblich und verantwortlich an der Programmgestaltung beteiligt sind, bestimmt der Personalrat in den Fällen des § 75 Absatz 1 Nummer 2, 3, 7 Buchstabe a und Nummer 11, Absatz 2 Nummer 1 bis 3 und Absatz 3 Nummer 2, 3, 5 bis 7 nur mit, wenn sie dies beantragen; sie sind von der beabsichtigten Maßnahme rechtzeitig vorher in Kenntnis zu setzen und gleichzeitig auf ihr Antragsrecht hinzuweisen. Bei Beschäftigten nach § 107 Satz 1 Nummer 2 findet § 75 Absatz 1 bis 3 keine Anwendung, soweit sie unmittelbar an der Programmgestaltung mitwirken.

§ 111 Einigungsstelle

Kommt zwischen Dienststelle und Personalrat eine Einigung nicht zustande, kann von jeder Seite die Einigungsstelle angerufen werden; die §§ 77, 78 Absatz 1 und § 89 Absatz 1 finden keine Anwendung.

§ 112 Gesamtpersonalrat

(1) Beim Südwestrundfunk wird ein Gesamtpersonalrat gebildet, der aus elf Mitgliedern besteht. Er ist zuständig für die Behandlung von Angelegenheiten, die mehrere Dienststellen gemeinsam betreffen und nicht von den einzelnen Personalräten innerhalb ihrer Dienststelle geregelt werden können. Soweit der Gesamtpersonalrat zuständig ist, ist er anstelle der Personalräte der Dienststellen zu beteiligen.

(2) Kommt eine Einigung mit dem Gesamtpersonalrat nicht zustande, gilt § 111 entsprechend.

Teil 17
Schlussvorschriften

§ 113 Übergangspersonalrat, Regelungen für Umbildungen von Dienststellen

(1) Werden Dienststellen im Sinne von § 5 Absatz 1 vollständig in eine andere Dienststelle eingegliedert oder zu einer neuen Dienststelle zusammengeschlossen, wird ein Übergangspersonalrat gebildet. Ihm gehören an:

1. bei einer Eingliederung

   der Personalrat der aufnehmenden Dienststelle, die Vorstände und die nicht einem Vorstand angehörenden stellvertretenden Vorsitzenden der Personalräte der eingegliederten Dienststellen,

2. bei einem Zusammenschluss

   die Vorstände und die nicht einem Vorstand angehörenden stellvertretenden Vorsitzenden der Personalräte der zusammengeschlossenen Dienststellen.

Besteht ein Gesamtpersonalrat, treten in den Übergangspersonalrat statt der Mitglieder des Personalrats die entsprechenden Mitglieder des Gesamtpersonalrats ein. Das lebensälteste Mitglied des Übergangspersonalrats nimmt die Aufgaben nach § 19 wahr. Ersatzmitglieder sind die nicht eingetretenen Mitglieder und Ersatzmitglieder jeweils für die Mitglieder aus ihrem bisherigen Personalrat. Bei einer Eingliederung tritt der Übergangspersonalrat an die Stelle des Personalrats oder, wenn ein solcher besteht, des Gesamtpersonalrats der aufnehmenden Dienststelle. Im Übrigen gelten für die Übergangspersonalrat die Vorschriften dieses Gesetzes für Personalräte entsprechend.

(2) Die Amtszeit des Übergangspersonalrats endet mit der Neuwahl eines Personalrats, spätestens mit Ablauf eines Jahres von dem Tag an gerechnet, an dem er gebildet worden ist. Die Amtszeit wird über ein Jahr hinaus verlängert, wenn binnen weiterer fünf Monate regelmäßige Personalratswahlen stattfinden. § 23 Absatz 1 Satz 1 Nummer 1 findet keine Anwendung.

(3) Wird aus Teilen des Geschäftsbereichs eines Ministeriums oder mehrerer Ministerien ein Ministerium neu gebildet, ist bis zur Wahl eines Personalrats, längstens jedoch auf die Dauer von sechs Monaten nach der Bekanntmachung der Landesregierung über die Abgrenzung der Geschäftsbereiche der Ministerien, der Personalrat bei dem Ministerium zu beteiligen, aus welchem die meisten Beschäftigten zu dem neu gebildeten Ministerium übergegangen sind. Bei gleicher Anzahl übergegangener Beschäftigter oder in Zweifelsfällen bestimmen die Ministerien, welche die maßgeblichen Geschäftsbereiche abgegeben haben, einvernehmlich den zu beteiligenden Personalrat; die Personalräte sind vor der Bestimmung anzuhören. Befinden sich unter den übergegangenen Beschäftigten des neu gebildeten Ministeriums Beschäftigte, die unmittelbar vor der Bildung des neuen Ministeriums Mitglied in einem Personalrat waren, treten diese Beschäftigten bei der Behandlung von Angelegenheiten des neu gebildeten Ministeriums zu dem zu beteiligenden Personalrat mit Stimmrecht hinzu.

(4) Bei Umbildungen von Dienststellen nach Absatz 1 bilden die bisherigen Jugend- und Auszubildendenvertretungen eine Übergangs-Jugend- und Auszubildendenvertretung. Absatz 1 Satz 3 bis 7 und Absatz 2 und 3 gelten entsprechend.

(5) Die Ministerien werden ermächtigt, für ihren Geschäftsbereich und die von ihnen beaufsichtigten Körperschaften, Anstalten und Stiftungen des öffentlichen Rechts im Benehmen mit dem Innenministerium durch Rechtsverordnung Vorschriften zu erlassen, welche die Personalvertretung und ihre Wahl insoweit sicherstellen oder erleichtern, als dies erforderlich ist, um Erschwernisse auszugleichen, die bei der Neubildung, Eingliederung oder Auflösung von Dienststellen entstehen, wenn andere als die in Absatz 1 genannten Umbildungen vorgenommen oder zugleich Übergangsbestimmungen für Stufenvertretungen in demselben Geschäftsbereich getroffen werden. Ist kein Ministerium zuständig, erlässt das Innenministerium die Rechtsverordnung. Es können dabei insbesondere Bestimmungen getroffen werden über

1. die Bildung von Übergangspersonalvertretungen, höchstens mit einer Amtszeit entsprechend Absatz 2,
2. die vorübergehende Fortführung der Geschäfte durch nicht weiterbestehende Personalvertretungen für längstens sechs Monate,
3. die Zuordnung von Mitgliedern von Personalvertretungen nicht weiterbestehender oder umgebildeter Dienststellen zu anderen Personalvertretungen,
4. die Voraussetzungen und den Zeitpunkt für die Neuwahl der Personalvertretungen,
5. die Änderung der Amtszeit der Personalvertretungen bis zu höchstens einem Jahr,
6. die Bestellung von Wahlvorständen.

§ 114 Wahlordnung, Verwaltungsvorschriften

(1) Zur Regelung der in den §§ 8 bis 20, 22, 23, 54, 55 und 58 bis 62 bezeichneten Wahlen erlässt die Landesregierung durch Rechtsverordnung Vorschriften über

1. die Vorbereitung der Wahl, insbesondere die Aufstellung der Wählerlisten und die Errechnung der Vertreterzahl,
2. die Frist für die Einsichtnahme in die Wählerlisten und die Erhebung von Einsprüchen,
3. die Vorschlagslisten und die Frist für ihre Einreichung,
4. das Wahlausschreiben und die Fristen für seine Bekanntmachung,
5. die Stimmabgabe,
6. die Feststellung des Wahlergebnisses und die Fristen für seine Bekanntmachung,
7. die Aufbewahrung der Wahlakten,
8. die Nutzung elektronischer Informations- und Kommunikationstechnik, insbesondere für Bekanntmachungen des Wahlvorstands, die Vorbereitung der Wahl und die Ermittlung und Feststellung des Wahlergebnisses.

(2) Absatz 1 gilt entsprechend für die Vorabstimmungen nach § 12 Absatz 1 und § 13 Absatz 2.

(3) Die zur Ausführung dieses Gesetzes erforderlichen Verwaltungsvorschriften erlässt das zuständige Ministerium im Einvernehmen mit dem Innenministerium.

§ 115 Religionsgemeinschaften

Dieses Gesetz findet keine Anwendung auf Religionsgemeinschaften und ihre karitativen und erzieherischen Einrichtungen, die kraft Satzung Teil einer Religionsgemeinschaft sind, ohne Rücksicht auf ihre Rechtsform; ihnen bleibt die selbstständige Ordnung eines Personalvertretungsrechts überlassen.

§ 116 Inkrafttreten

(1) Dieses Gesetz tritt am 1. August 1958 in Kraft mit Ausnahme des § 87, der erst am 1. November 1958 in Kraft tritt.* Bis dahin sind für die nach diesem Gesetz zu treffenden Entscheidungen die bestehenden Verwaltungsgerichte und Verwaltungsgerichtshöfe nach den zurzeit geltenden verwaltungsgerichtlichen Verfahrensvorschriften zuständig.

(2) Nicht abgedruckt.

---

* Diese Vorschrift betrifft das Inkrafttreten des Gesetzes in der ursprünglichen Fassung vom 30. Juni 1958 (GBl. S. 175)

Wahlordnung zum Landespersonalvertretungsgesetz (LPVGWO)
in der Fassung der Bekanntmachung
vom 12. März 2015 (GBl. S. 260)

Zuletzt geändert durch
Verordnung der Landesregierung zur Änderung der Wahlordnung
zum Landespersonalvertretungsgesetz
vom 25. Juli 2023 (GBl. S. 277)

Inhaltsübersicht

**Teil 1
Wahl des Personalrats**

**Abschnitt 1
Gemeinsame Vorschriften über die Vorbereitung und die Durchführung der Wahl**

- § 1 Wahlvorstand, Wahlhelfer
- § 2 Bekanntmachungen des Wahlvorstands
- § 3 Ort und Zeit der Wahl
- § 4 Vorabstimmungen
- § 5 Feststellung der Zahl der Beschäftigten und der Anteile der Geschlechter
- § 6 Wählerverzeichnis
- § 7 Verteilung der Personalratssitze auf die Gruppen
- § 8 Anteilige Vertretung nach Geschlechtern
- § 9 Wahlausschreiben
- § 10 Auflegung des Landespersonalvertretungsgesetzes und der Wahlordnung
- § 11 Wahlvorschläge, Einreichungsfrist
- § 12 Inhalt der Wahlvorschläge
- § 13 Sonstige Erfordernisse
- § 14 Vorprüfung der Wahlvorschläge durch den Wahlvorstand
- § 15 Beschlussfassung über die Wahlvorschläge
- § 16 Nachfrist für die Einreichung von Wahlvorschlägen
- § 17 Reihenfolge der Wahlvorschläge
- § 18 Bekanntmachung der Wahlvorschläge
- § 19 Sitzungsniederschriften
- § 20 Ausübung des Wahlrechts
- § 21 Stimmzettel, Stimmzettelumschläge, Wählerverzeichnis
- § 22 Wahlhandlung
- § 23 Briefwahl
- § 24 Wahl bei Außenstellen, Nebenstellen und Teilen von Dienststellen
- § 25 Wahl von Beschäftigten außerhalb der Dienststelle
- § 26 Feststellung des Wahlergebnisses
- § 27 Ungültige Stimmzettel
- § 28 Ungültige Stimmen
- § 29 Wahlniederschrift
- § 30 Benachrichtigung der gewählten Bewerber
- § 31 Bekanntmachung des Wahlergebnisses
- § 32 Aufbewahrung der Wahlunterlagen

**Abschnitt 2
Besondere Vorschriften für die Verhältniswahl**

- § 33 Stimmabgabe bei Verhältniswahl
- § 34 Stimmzettel bei Verhältniswahl
- § 35 Ungültige Stimmen bei Verhältniswahl
- § 36 Streichung überzähliger Stimmen bei Verhältniswahl
- § 37 Ermittlung der gewählten Gruppenvertreter bei Gruppenwahl
- § 38 Ermittlung der gewählten Gruppenvertreter bei gemeinsamer Wahl
- § 39 Wahlniederschrift und Bekanntmachung des Wahlergebnisses bei Verhältniswahl

Abschnitt 3
Besondere Vorschriften für die Mehrheitswahl

- § 40 Stimmabgabe bei Mehrheitswahl
- § 41 Stimmzettel bei Mehrheitswahl
- § 42 Ungültige Stimmzettel und ungültige Stimmen bei Mehrheitswahl
- § 43 Ermittlung der gewählten Bewerber bei Mehrheitswahl
- § 44 Wahlniederschrift und Bekanntmachung des Wahlergebnisses bei Mehrheitswahl

Teil 2
Wahl der Stufenvertretungen und des Gesamtpersonalrats

Abschnitt 1
Wahl des Bezirkspersonalrats

- § 45 Vorschriften über die Wahl des Bezirkspersonalrats
- § 46 Bezirkswahlvorstand
- § 47 Örtlicher Wahlvorstand
- § 48 Wahlausschreiben
- § 49 Wahlvorschläge

Abschnitt 2
Wahl des Hauptpersonalrats

- § 50 Entsprechende Anwendung der Vorschriften über die Wahl des Bezirkspersonalrats

Abschnitt 3
Wahl des Gesamtpersonalrats

- § 51 Entsprechende Anwendung von Vorschriften

Abschnitt 4
Gleichzeitige Durchführung mehrerer Wahlen

- § 52 Verfahrensgrundsätze

Teil 3
Wahl des Ausbildungspersonalrats und der Jugend- und Auszubildendenvertretung

- § 53 Wahl des Ausbildungspersonalrats
- § 54 Wahl der Jugend- und Auszubildendenvertretung

Teil 4
Schlussvorschriften

- § 55 Berechnung von Fristen
- § 56 Inkrafttreten

Teil 1
Wahl des Personalrats

Abschnitt 1
Gemeinsame Vorschriften über die Vorbereitung und die Durchführung der Wahl

§ 1 Wahlvorstand, Wahlhelfer

(1) Der Wahlvorstand führt die Wahl des Personalrats durch. Er kann wahlberechtigte Beschäftigte als Wahlhelfer zu seiner Unterstützung bestellen. § 20 Absatz 2 Satz 2, § 41 Absatz 1 Satz 2 und § 43 Absatz 2 Satz 2 des Gesetzes gelten für die Wahlhelfer entsprechend.

(2) Die Dienststelle hat den Wahlvorstand bei der Erfüllung seiner Aufgaben zu unterstützen, insbesondere die notwendigen Unterlagen zur Verfügung zu stellen und, wenn erforderlich, zu ergänzen sowie die erforderlichen Auskünfte zu erteilen. Für die Vorbereitung und Durchführung der Wahl hat die Dienststelle in erforderlichem Umfang Räume, den Geschäftsbedarf, die üblicherweise in der Dienststelle genutzte Informations- und Kommunikationstechnik und Büropersonal zur Verfügung zu stellen.

(3) Der Wahlvorstand macht die Namen seiner Mitglieder und der Ersatzmitglieder für das jeweilige Mitglied in der durch den Personalrat bestimmten Reihenfolge unverzüglich nach seiner Wahl oder Bestellung in der Dienststelle bekannt. Die Zusammensetzung des Wahlvorstands ist bis zur Bekanntmachung des Wahlergebnisses auszuhängen; § 2 Absatz 2 gilt entsprechend. Im Bereich der Forstverwaltung können die Namen der Mitglieder und Ersatzmitglieder des Wahlvorstands den Waldarbeitern, wenn ein Aushang nicht möglich ist, auch in sonstiger geeigneter Weise bekanntgegeben werden.

(4) Der Wahlvorstand fasst seine Beschlüsse mit einfacher Stimmenmehrheit seiner Mitglieder. Der Wahlvorstand ist beschlussfähig, wenn alle Mitglieder anwesend sind; die Stellvertretung durch Ersatzmitglieder, wenn Mitglieder ausgeschieden oder zeitweilig verhindert sind, ist zulässig. § 34 Absatz 1a des Gesetzes ist für nicht öffentliche Sitzungen entsprechend anwendbar mit der Maßgabe, dass kein Mitglied des Wahlvorstands unverzüglich nach Bekanntgabe der Absicht des Vorsitzenden des Wahlvorstands zum Einsatz von Video- oder Telefonkonferenztechnik diesem gegenüber widerspricht; vor Beginn der Beratung stellt der Vorsitzende des Wahlvorstands die Anwesenheit der zugeschalteten Wahlvorstandsmitglieder fest und trägt sie in eine Anwesenheitsliste ein, die der Niederschrift nach § 19 beizufügen ist. § 22, § 23 Absatz 3 Satz 2 in Verbindung mit Absatz 6 und § 26 bleiben unberührt. Satz 3 gilt nicht für Sitzungen des Wahlvorstands zur Beschlussfassung über die Wahlvorschläge nach § 15 und über die Reihenfolge der Wahlvorschläge nach § 17.

§ 2 Bekanntmachungen des Wahlvorstands

(1) Bekanntmachungen des Wahlvorstands sind an einer geeigneten Stelle oder an mehreren solchen Stellen auszuhängen. Räumlich getrennte Teile, Außenstellen oder Nebenstellen von Dienststellen und Dienststellen, die nach § 5 Absatz 4 des Gesetzes mit einer anderen Dienststelle zusammengefasst oder nach § 10 Absatz 2 des Gesetzes einer anderen Dienststelle zugeteilt sind, sowie Schulen und Schulkindergärten, für die nach § 98 Absatz 1 des Gesetzes besondere Personalräte bei den unteren Schulaufsichtsbehörden gebildet werden, sind dabei besonders zu berücksichtigen.

(2) Bekanntmachungen des Wahlvorstands sollen zusätzlich elektronisch mittels der in der Dienststelle üblicherweise genutzten Informations- und Kommunikationstechnik vorgenommen werden. In diesem Fall genügt es, die Bekanntmachung an einer geeigneten Stelle in der Hauptdienststelle und, falls davon abweichend, am dienstlichen Sitz des Vorsitzenden des Wahlvorstands auszuhängen; in der elektronischen Fassung der Bekanntmachung ist anzugeben, an welchem Ort der schriftliche Aushang erfolgt. Eine ausschließliche elektronische Bekanntmachung ist nur zulässig, wenn alle wahlberechtigten Beschäftigten der Dienststelle

über einen eigenen Zugang zur üblicherweise in der Dienststelle genutzten Informations- und Kommunikationstechnik verfügen. Bei der Bekanntmachung in elektronischer Form sind technische oder programmtechnische Vorkehrungen zu treffen, dass die Bekanntmachungen des Wahlvorstands nicht durch andere Personen als Mitglieder des Wahlvorstands verändert werden können. Dies gilt für die elektronische Übermittlung von Bekanntmachungen des Wahlvorstands an andere Stellen entsprechend, wofür sichere Übertragungswege zu nutzen und Dateiformate zu verwenden sind, deren Veränderung einen unverhältnismäßig hohen Aufwand erfordert.

§ 3 Ort und Zeit der Wahl

Der Wahlvorstand bestimmt den Ort, den Tag (Wahltag) und die Zeit der Wahl. Er hat dabei auf die Belange der Dienststelle und der Beschäftigten Rücksicht zu nehmen. Wenn die besonderen Verhältnisse einer Dienststelle es erfordern, kann er die Wahl in einem Zeitraum von höchstens vier aufeinanderfolgenden Tagen durchführen. Als Wahltag im Sinne des Gesetzes und dieser Wahlordnung gilt in diesem Fall der erste Tag der Wahlhandlung. Die Wahlräume sollen nach den örtlichen Gegebenheiten so ausgewählt und eingerichtet werden, dass allen wahlberechtigten Beschäftigten, insbesondere Menschen mit Behinderungen und anderen Menschen mit Mobilitätsbeeinträchtigungen, die Teilnahme an der Wahl erleichtert wird.

§ 4 Vorabstimmungen

Der Wahlvorstand macht gleichzeitig mit der Bekanntmachung nach § 1 Absatz 3 bekannt, dass Vorabstimmungen über

1. eine von § 11 des Gesetzes abweichende Verteilung der Mitglieder des Personalrats auf die Gruppen (§ 12 Absatz 1 des Gesetzes) oder
2. die Durchführung gemeinsamer Wahl (§ 13 Absatz 2 des Gesetzes)

nur berücksichtigt werden, wenn ihr Ergebnis dem Wahlvorstand binnen sechs Arbeitstagen nach der Bekanntmachung nach § 1 Absatz 3 vorliegt und dem Wahlvorstand glaubhaft gemacht wird, dass das Ergebnis unter Leitung eines aus mindestens drei wahlberechtigten Beschäftigten bestehenden Abstimmungsvorstands in geheimen und in nach Gruppen getrennten Abstimmungen zustande gekommen ist und dem Abstimmungsvorstand mindestens ein Mitglied jeder in der Dienststelle vertretenen Gruppe angehört hat.

§ 5 Feststellung der Zahl der Beschäftigten und der Anteile der Geschlechter

Der Wahlvorstand stellt die Zahl der in der Regel Beschäftigten und ihre Verteilung auf die Gruppen (§ 4 Absatz 3 und 4 des Gesetzes) sowie die Anteile von Frauen und Männern an den in der Regel Beschäftigten und in den Gruppen fest. Maßgebend für die Feststellungen ist der zehnte Arbeitstag vor Erlass des Wahlausschreibens. Der Wahlvorstand legt dabei den zu dem Stichtag absehbaren Beschäftigtenstand zugrunde, der voraussichtlich über die Hälfte der Amtszeit des Personalrats in der Dienststelle vorhanden sein wird. Übersteigt die Zahl der in der Regel Beschäftigten 50 nicht, stellt der Wahlvorstand außerdem die Zahl der wahlberechtigten Beschäftigten fest.

§ 6 Wählerverzeichnis

(1) Der Wahlvorstand stellt ein Verzeichnis der wahlberechtigten Beschäftigten (Wählerverzeichnis) getrennt nach den Gruppen der Beamten und der Arbeitnehmer auf (§ 11 Absatz 2 des Gesetzes). Er hat das Wählerverzeichnis bis zum Abschluss der Wahlhandlung auf dem Laufenden zu halten und zu berichtigen.

(2) Das Wählerverzeichnis kann in schriftlicher Form einer Wählerliste oder einer Wählerkartei oder bis zum Beginn der Wahlhandlung in elektronischer Form einer Wählerdatei geführt werden. Der Wahlvorstand kann bestimmen, dass für jede Gruppe ein besonderes Wählerverzeichnis anzulegen ist. Das Gleiche gilt für Außenstellen, Nebenstellen und Teile einer Dienststelle. Schriftliche Wählerlisten müssen gebunden oder geheftet sein. Bei schriftlichen Wählerkarteien müssen

die Behälter, in denen die Karteikarten aufbewahrt werden, verschließbar und mit einer Vorrichtung versehen sein, die jede einzelne Karteikarte festhält und die unberechtigte Entnahme oder Einfügung von Karteikarten unmöglich macht. Elektronische Wählerdateien können als Liste, Tabelle oder Datenbank geführt werden, dabei darf die Schreibberechtigung für Änderungen in der Wählerdatei nur den Mitgliedern des Wahlvorstands eingeräumt sein und jede Änderung muss protokolliert werden und nachverfolgbar aufgezeichnet sein.

(3) Das Wählerverzeichnis muss folgende Angaben enthalten:

1. laufende Nummer
2. Familiennamen
3. Vornamen
4. Geburtstag } der Wahlberechtigten,
5. Amts- oder Funktionsbezeichnung
6. Vermerk über Stimmabgabe,
7. Bemerkungen.

Im Wählerverzeichnis sind ferner die Anteile von Frauen und Männern an den in der Regel Beschäftigten innerhalb der Gruppen der Beamten und Arbeitnehmer anzugeben (§ 11 Absatz 1 des Gesetzes); wird für jede Gruppe ein besonderes Wählerverzeichnis angelegt, kann sich die Angabe auf die Anteile innerhalb dieser Gruppe beschränken. In das Wählerverzeichnis kann außerdem die Bezeichnung der Dienststelle der Wahlberechtigten aufgenommen werden. In der Spalte 7 dürfen Bemerkungen, die sich auf die Änderung des Wählerverzeichnisses beziehen, nur vom Beginn der Auflegungsfrist ab eingetragen werden. Die Bemerkungen sind mit Datum und Unterschrift des vollziehenden Bediensteten zu versehen; bei Führung als elektronische Wählerdatei tritt an die Stelle der Unterschrift ein unverwechselbares, zuvor vom Wahlvorstand für seine Mitglieder festgelegtes Namenskürzel. Bei einem Wegfall der Wahlberechtigung darf der Grund nur durch Anführung der Rechtsgrundlage vermerkt werden.

(4) Das Wählerverzeichnis ist mindestens zwölf Arbeitstage vor dem Wahltag bis zum zweiten Arbeitstag vor dem Wahltag während der Dienststunden zur Einsicht der Beschäftigten aufzulegen. In räumlich getrennten Teilen, Außenstellen oder Nebenstellen von Dienststellen und in Dienststellen, die nach § 5 Absatz 4 des Gesetzes mit einer anderen Dienststelle zusammengefasst oder nach § 10 Absatz 2 des Gesetzes einer anderen Dienststelle zugeteilt sind, sowie in Schulen und in Schulkindergärten, für die nach § 98 Absatz 1 des Gesetzes besondere Personalräte bei den unteren Schulaufsichtsbehörden gebildet werden, können statt der Urschrift des Wählerverzeichnisses Abschriften hiervon aufgelegt werden. In den aufgelegten Fertigungen des Wählerverzeichnisses darf der Geburtstag der Wahlberechtigten nicht enthalten sein. Die Auflegung durch Gewährung von Einsicht in die elektronisch geführte Wählerdatei ist nicht zulässig.

(5) Jeder Beschäftigte kann innerhalb der Auflegungsfrist (Absatz 4 Satz 1) beim Wahlvorstand schriftlich Einspruch gegen die Richtigkeit des Wählerverzeichnisses einlegen.

(6) Über den Einspruch entscheidet der Wahlvorstand unverzüglich. Die Entscheidung ist dem Beschäftigten, der den Einspruch eingelegt hat, und dem durch den Einspruch Betroffenen unverzüglich, spätestens am Arbeitstag vor dem Wahltag (§ 3), schriftlich mitzuteilen. Ist der Einspruch begründet, hat der Wahlvorstand das Wählerverzeichnis zu berichtigen.

§ 7 Verteilung der Personalratssitze auf die Gruppen

(1) Der Wahlvorstand ermittelt die Zahl der zu wählenden Mitglieder des Personalrats (§ 10 Absatz 3 und 4 des Gesetzes). Besteht der Personalrat aus mindestens drei Mitgliedern und ist keine andere Gruppeneinteilung beschlossen worden (§ 12 des Gesetzes), so errechnet der Wahlvorstand die Verteilung der Personalratssitze auf die Gruppen nach § 11 Absatz 2 bis 5 des Gesetzes.

(2) Bei der Verteilung der Sitze auf die Gruppen nach den Grundsätzen der Verhältniswahl (§ 11 Absatz 3 des Gesetzes) ist das

d'Hondt'sche Höchstzahlverfahren anzuwenden. Hierzu werden die Zahlen der der Dienststelle angehörenden Beamten und Arbeitnehmer (§ 5) nebeneinandergestellt und der Reihe nach durch 1, 2, 3 usw. geteilt. Auf die jeweils höchste Teilzahl (Höchstzahl) wird so lange ein Sitz zugeteilt, bis alle Personalratssitze (§ 10 Absatz 3 und 4 des Gesetzes) verteilt sind. Jede Gruppe erhält soviel Sitze, wie Höchstzahlen auf sie entfallen. Ist bei gleichen Höchstzahlen nur noch ein Sitz zu verteilen, so entscheidet das Los.

(3) Entfallen bei der Verteilung der Sitze nach Absatz 2 auf eine Gruppe weniger Sitze, als ihr nach § 11 Absatz 4 des Gesetzes mindestens zustehen, so erhält sie die in § 11 Absatz 4 des Gesetzes vorgeschriebene Zahl von Sitzen. Die Zahl der Sitze der anderen Gruppe vermindert sich entsprechend um die ihr zuletzt zugeteilten Sitze.

(4) Ist auch innerhalb der Nachfrist (§ 16) bei Gruppenwahl für eine Gruppe kein gültiger Wahlvorschlag eingegangen oder sind bei gemeinsamer Wahl für eine Gruppe keine Bewerber gültig vorgeschlagen (§ 16 Absatz 2 und 4), fallen alle Sitze der anderen Gruppe zu.

§ 8 Anteilige Vertretung nach Geschlechtern

Besteht der Personalrat aus mindestens drei Mitgliedern, so ermittelt der Wahlvorstand nach den Grundsätzen der Verhältniswahl, wie viele Sitze im Personalrat auf Frauen und Männer entfallen sollen. Sind beide Gruppen im Personalrat vertreten, ermittelt der Wahlvorstand nach den Grundsätzen der Verhältniswahl, wie viele Sitze in der jeweiligen Gruppe, der mehr als ein Sitz im Personalrat zusteht, auf Frauen und Männer entfallen sollen. § 7 Absatz 2 gilt entsprechend.

§ 9 Wahlausschreiben

(1) Nach Ablauf der in § 4 bestimmten Frist, spätestens zwei Monate vor dem Wahltag, erlässt der Wahlvorstand ein Wahlausschreiben. Es soll von sämtlichen Mitgliedern des Wahlvorstands unterschrieben werden.

(2) Das Wahlausschreiben muss enthalten:

1. den Ort und den Tag seines Erlasses,
2. den Tag, die Zeit und den Ort der Wahl (§ 17 Absatz 1 Satz 2 des Gesetzes),
3. die nach § 5 Satz 1 ermittelte Zahl der Beschäftigten und, sofern der Personalrat aus mindestens drei Mitgliedern besteht, ihre Verteilung auf die Gruppen der Beamten und Arbeitnehmer, sowie die nach § 5 Satz 4 ermittelte Zahl der Wahlberechtigten,
4. die Zahl der zu wählenden Mitglieder des Personalrats und, sofern der Personalrat aus mindestens drei Mitgliedern besteht, ihre Verteilung auf die Gruppen der Beamten und Arbeitnehmer (§ 7),
5. die Angabe der Anteile der Frauen und Männer an den in der Regel Beschäftigten innerhalb der Gruppen der Beamten und Arbeitnehmer (§ 11 Absatz 1 des Gesetzes),
6. die Angabe, wie viele Sitze im Personalrat und in den Gruppen auf Frauen und Männer entfallen sollen (§ 8),
7. Angaben darüber, ob die Beamten und Arbeitnehmer ihre Vertreter in getrennten Wahlgängen wählen (Gruppenwahl) oder gemeinsame Wahl beschlossen worden ist (§ 4 Nummer 2) oder gesetzlich vorgesehen ist (§ 13 Absatz 2 des Gesetzes),
8. die Angabe, wo und wann das Wählerverzeichnis oder Abschriften des Wählerverzeichnisses zur Einsicht aufliegen (§ 6 Absatz 4),
9. den Hinweis, dass nur Beschäftigte wählen können, die in das Wählerverzeichnis eingetragen sind (§ 20 Absatz 1),
10. den Hinweis, wo und wann das Landespersonalvertretungsgesetz und diese Wahlordnung zur Einsicht aufliegen oder in elektronischer Form eingesehen werden können (§ 10),
11. den Hinweis, dass Frauen und Männer im Personalrat entsprechend ihren Anteilen an den in der Regel Beschäftigten der Dienststelle und in den Gruppen entsprechend ihrem Anteil an den in der

Regel beschäftigten Gruppenangehörigen vertreten sein sollen (§ 11 Absatz 1 des Gesetzes),

12. den Hinweis, dass Einsprüche gegen das Wählerverzeichnis nur innerhalb der Auflegungsfrist (§ 6 Absatz 4 Satz 1) schriftlich beim Wahlvorstand eingelegt werden können; Tag und Uhrzeit des Ablaufs der Auflegungsfrist (§ 6 Absatz 4 Satz 1 und Absatz 5) sind anzugeben,

13. die Aufforderung, Wahlvorschläge innerhalb von zwölf Arbeitstagen nach dem Erlass des Wahlausschreibens während der Dienststunden beim Wahlvorstand einzureichen; Tag und Uhrzeit des Ablaufs der Einreichungsfrist (§ 11 Absatz 2) sind anzugeben,

14. einen Hinweis auf den Inhalt der Wahlvorschläge (§§ 12, 13),

15. die Mindestzahl der wahlberechtigten Beschäftigten, von denen ein von den Wahlberechtigten eingereichter Wahlvorschlag unterzeichnet sein muss (§ 13 Absatz 4, 6 und 7 des Gesetzes) und den Hinweis, dass jeder Beschäftigte für die Wahl des Personalrats nur auf *einem* Wahlvorschlag benannt werden kann (§ 13 Absatz 1), sowie den Hinweis, dass ein von einer in der Dienststelle vertretenen Gewerkschaft eingereichter Wahlvorschlag nur der Unterschrift eines zeichnungsberechtigten Mitglieds des Vorstands dieser Gewerkschaft auf Orts-, Bezirks-, Landes- oder Bundesebene bedarf (§ 12 Absatz 4),

16. den Hinweis, dass nur rechtzeitig eingereichte Wahlvorschläge berücksichtigt werden (§ 15 Absatz 5 Nummer 1) und dass nur gewählt werden kann, wer in einen bekanntgemachten Wahlvorschlag aufgenommen ist (§ 18 Absatz 2 Satz 2 Nummer 2),

17. den Ort, an dem die Wahlvorschläge bekanntgemacht werden,

18. einen Hinweis auf die Möglichkeit der Briefwahl (§ 23) und gegebenenfalls auf deren Anordnung in den Fällen des §§ 24 und 25,

19. den Ort und die Zeit der Stimmenauszählung und der Sitzung des Wahlvorstands, in der das Wahlergebnis abschließend festgestellt wird.

(3) Der Wahlvorstand gibt das Wahlausschreiben am Tag des Erlasses in der Dienststelle bekannt. Das Wahlausschreiben ist bis zur Bekanntmachung des Wahlergebnisses auszuhängen; § 2 Absatz 2 gilt entsprechend.

(4) Wahlberechtigten Beschäftigten, die für längere Dauer beurlaubt, abgeordnet, zugewiesen oder aus sonstigen Gründen nicht in der Dienststelle beschäftigt sind, soll der Wahlvorstand eine Abschrift des Wahlausschreibens übersenden. Die Übersendung kann auch in geeigneter elektronischer Form erfolgen. Von der Übersendung an die wahlberechtigten Beschäftigten im Sinne von Satz 1 in der Kultusverwaltung kann der Wahlvorstand, insbesondere bei Wahlen zu schulischen Personalvertretungen absehen, wenn das Wahlausschreiben nach § 2 Absatz 2 elektronisch bekanntgemacht wird und für diese Beschäftigten Zugang zu dieser Form der Bekanntmachung besteht.

(5) Offenbare Unrichtigkeiten des Wahlausschreibens können vom Wahlvorstand jederzeit berichtigt werden.

(6) Mit Erlass des Wahlausschreibens ist die Wahl eingeleitet.

§ 10 Auflegung des Landespersonalvertretungsgesetzes und der Wahlordnung

Der Wahlvorstand legt vom Tag des Erlasses des Wahlausschreibens bis zur Bekanntmachung des Wahlergebnisses das Landespersonalvertretungsgesetz und diese Wahlordnung zur Einsicht der Beschäftigten auf oder macht bekannt, wo sie in elektronischer Form abgerufen werden können. § 2 gilt entsprechend.

§ 11 Wahlvorschläge, Einreichungsfrist

(1) Zur Wahl des Personalrats können die wahlberechtigten Beschäftigten und die in der Dienststelle vertretenen Gewerkschaften Wahlvorschläge machen.

(2) Wahlvorschläge sind innerhalb von zwölf Arbeitstagen nach dem Erlass des Wahlausschreibens während der Dienststunden beim Wahlvorstand schriftlich einzureichen. Bei Gruppenwahl sind für die einzelnen Gruppen getrennte Wahlvorschläge einzureichen.

§ 12 Inhalt der Wahlvorschläge

(1) Jeder Wahlvorschlag soll mindestens doppelt soviel Bewerber enthalten, als

1. bei Gruppenwahl Gruppenvertreter,
2. bei gemeinsamer Wahl, sofern mindestens drei Personalratsmitglieder zu wählen sind, Gruppenvertreter, im übrigen Personalratsmitglieder

zu wählen sind.

(2) Jeder Wahlvorschlag muss mindestens so viele Bewerber enthalten, wie erforderlich sind, um die anteilige Verteilung der Sitze im Personalrat und innerhalb der Gruppen auf Frauen und Männer zu erreichen (§ 8). Entspricht der Wahlvorschlag diesem Erfordernis nicht, ist die Abweichung schriftlich zu begründen.

(3) Die Namen der einzelnen Bewerber sind auf dem Wahlvorschlag untereinander aufzuführen und mit fortlaufenden Nummern zu versehen. Außer dem Familiennamen sind der Vorname, die Amts- oder Funktionsbezeichnung, die Gruppenzugehörigkeit und, soweit Sicherheitsbedürfnisse nicht entgegenstehen, die Dienststelle, bei der der Bewerber beschäftigt ist, anzugeben. Vorschläge für die Stimmabgabe (Stimmenhäufung) dürfen die Wahlvorschläge nicht enthalten. Bei gemeinsamer Wahl sind in dem Wahlvorschlag die Bewerber nach Gruppen zusammenzufassen, sofern mindestens drei Personalratsmitglieder zu wählen sind.

(4) Ein von einer in der Dienststelle vertretenen Gewerkschaft eingereichter Wahlvorschlag bedarf der Unterschrift eines zeichnungsberechtigten Mitglieds des Vorstands der Gewerkschaft auf Orts-, Bezirks-, Landes- oder Bundesebene.

(5) Aus dem Wahlvorschlag der wahlberechtigten Beschäftigten soll zu ersehen sein, welcher der Unterzeichner zur Vertretung des Wahlvorschlags gegenüber dem Wahlvorstand und zur Entgegennahme von Erklärungen und Entscheidungen des Wahlvorstands berechtigt ist (Vertreter des Wahlvorschlags) und wer ihn im Fall seiner Verhinderung vertritt. Fehlt eine Angabe hierüber, so gilt der an erster Stelle stehende Unterzeichner als berechtigt. Er wird von dem an zweiter Stelle stehenden Unterzeichner vertreten. Auf einem von einer in der Dienststelle vertretenen Gewerkschaft eingereichten Wahlvorschlag (Absatz 4) kann die Gewerkschaft je einen in der Dienststelle Beschäftigten, der Mitglied der Gewerkschaft ist, als Vertreter des Wahlvorschlags und dessen Stellvertreter benennen; wird ein Vertreter des Wahlvorschlags nicht benannt, gilt der Unterzeichner des Wahlvorschlags als Vertreter des Wahlvorschlags.

(6) Mitglieder des Wahlvorstands können nicht Vertreter eines Wahlvorschlags oder deren Stellvertreter sein.

(7) Der Wahlvorschlag kann mit einem Kennwort versehen sein.

§ 13 Sonstige Erfordernisse

(1) Jeder Bewerber kann für die Wahl des Personalrats nur auf *einem* Wahlvorschlag benannt werden.

(2) Dem Wahlvorschlag ist die schriftliche Zustimmung der in ihm aufgeführten Bewerber zur Aufnahme in den Wahlvorschlag beizufügen.

(3) Jeder Beschäftigte, der berechtigt ist, Wahlvorschläge zu machen und zu unterzeichnen (§ 13 Absatz 4 Satz 1 und 4 des Gesetzes), kann seine Unterschrift zur Wahl des Personalrats rechtswirksam nur für *einen* Wahlvorschlag abgeben. Die Unterzeichner eines Wahlvorschlags haben ihrer Unterschrift ihre Amts- oder Funktionsbezeichnung und die Bezeichnung der Dienststelle, bei der sie beschäftigt sind, beizufügen. Die Namen sind in Block- oder Maschinenschrift zu wiederholen.

(4) Eine Verbindung von Wahlvorschlägen ist unzulässig.

§ 14 Vorprüfung der Wahlvorschläge durch den Wahlvorstand

(1) Der Vorsitzende des Wahlvorstands vermerkt auf den Wahlvorschlägen den Tag und die Uhrzeit des Eingangs. Im Fall des Absatzes 2 und des § 15 Absatz 4 ist auch der Zeitpunkt des Eingangs des berichtigten Wahlvorschlags zu vermerken. Maßgebend ist jeweils der Zugang des Wahlvorschlags in Schriftform.

(2) Etwaige Mängel hat der Vorsitzende des Wahlvorstands dem Vertreter des Wahlvorschlags unverzüglich, spätestens am Arbeitstag nach dem Ablauf der Einreichungsfrist unter Rückgabe des Wahlvorschlags mitzuteilen; dabei hat er ihn aufzufordern, die Anstände unverzüglich zu beseitigen. Fehlen die erforderlichen Unterschriften oder Zustimmungserklärungen oder sind sie oder der ganze Wahlvorschlag unter einer Bedingung abgegeben, können diese Anstände, unbeschadet der Bestimmungen des § 15 Absatz 4, nach Ablauf der Einreichungsfrist nicht mehr behoben werden. Der berichtigte Wahlvorschlag muss spätestens am dritten Arbeitstag nach Ablauf der Einreichungsfrist wieder eingereicht sein.

(3) Unterschriften unter einem Wahlvorschlag und Zustimmungserklärungen von Bewerbern können nicht zurückgenommen werden.

§ 15 Beschlussfassung über die Wahlvorschläge

(1) Der Wahlvorstand prüft unverzüglich, spätestens unmittelbar nach Ablauf der in § 14 Absatz 2 Satz 3 genannten Frist, die Wahlvorschläge, insbesondere

1. die Einhaltung der Einreichungsfrist (§ 11 Absatz 2),
2. bei Wahlvorschlägen der wahlberechtigten Beschäftigten die Unterschriften der Unterzeichner und ihre Wahlberechtigung sowie ihre Berechtigung, Wahlvorschläge zu machen oder zu unterzeichnen (§ 13 Absatz 4 Satz 1 und 4 des Gesetzes),
3. die Angabe einer Reihenfolge der Bewerber sowie das Vorliegen der Zustimmungserklärungen,
4. die Einhaltung des Verbots der Unterzeichnung mehrerer Wahlvorschläge für dieselbe Wahl durch einen Wahlberechtigten und der Aufnahme eines Bewerbers in mehrere Wahlvorschläge für dieselbe Wahl,
5. die Einhaltung des Verbots von Stimmenhäufungsvorschlägen im Wahlvorschlag (§ 12 Absatz 3 Satz 3),
6. die ausreichende Benennung von Frauen und Männern, um die anteilige Vertretung der Geschlechter im Personalrat und in den Gruppen zu erreichen, oder das Vorliegen einer schriftlichen Begründung für ein Abweichen von dem Erfordernis.

Hat der Wahlvorstand bei einem von einer Gewerkschaft eingereichten Wahlvorschlag Zweifel an der Vertretungsberechtigung des Unterzeichners oder ob die Gewerkschaft unter den Beschäftigten der Dienststelle vertreten ist, also mindestens ein Mitglied unter den Beschäftigten der Dienststelle hat, so hat die Gewerkschaft den Nachweis binnen drei Arbeitstagen nach Aufforderung durch den Wahlvorstand zu führen.

(2) In den Wahlvorschlägen sind die Bewerber zu streichen,

1. die so unvollständig bezeichnet sind, dass Zweifel über ihre Person bestehen können,
2. deren Zustimmungserklärung fehlt oder nicht rechtzeitig oder unter einer Bedingung vorgelegt worden ist,
3. die offensichtlich nicht wählbar sind.

Stimmenhäufungsvorschläge sind zu streichen.

(3) Der Wahlvorstand hat Bewerber, die mit ihrer schriftlichen Zustimmung von mehreren Wahlvorschlägen für diese Wahl benannt worden sind, aufzufordern, innerhalb von drei Arbeitstagen zu erklären, auf welchem Wahlvorschlag sie benannt bleiben wollen. Gibt ein Bewerber diese Erklärung nicht fristgerecht ab, so wird er von sämtlichen Wahlvorschlägen gestrichen.

(4) Hat ein Wahlberechtigter mehr als einen Wahlvorschlag unterzeichnet, ist sein Name unter allen eingereichten Wahlvorschlägen

zu streichen. Wahlvorschläge, die danach nicht mehr die erforderliche Anzahl Unterschriften aufweisen, sind vom Wahlvorstand dem Vertreter des Wahlvorschlags mit der Auflage, die fehlenden Unterschriften binnen drei Arbeitstagen nachzubringen, zurückzugeben.

(5) Als ungültig zurückzuweisen sind Wahlvorschläge,

1. die nicht rechtzeitig eingereicht worden sind,
2. die eine Bedingung enthalten,
3. die nicht ordnungsgemäß, insbesondere nicht von der erforderlichen Zahl Wahlberechtigter oder nicht von einem zeichnungsberechtigten Mitglied des Vorstands der Gewerkschaft auf Orts-, Bezirks-, Landes- oder Bundesebene unterzeichnet sind (§ 13 Absatz 4, 6 und 7 des Gesetzes, § 12 Absatz 4),
4. die die Reihenfolge der Bewerber nicht zweifelsfrei erkennen lassen,
5. die im Falle des Absatzes 4 nicht rechtzeitig oder ohne Behebung des Mangels wieder eingereicht worden sind,
6. bei denen die Gewerkschaft die nach Absatz 1 Satz 2 vom Wahlvorstand verlangten Nachweise nicht binnen drei Arbeitstagen erbringt,
7. die ohne schriftliche Begründung keine ausreichende Zahl von Frauen und Männern enthalten, um die anteilige Vertretung der Geschlechter im Personalrat und in den Gruppen zu erreichen (§ 13 Absatz 5 des Gesetzes, § 8).

(6) Wird ein Wahlvorschlag zurückgewiesen oder wird ein Bewerber oder ein Stimmenhäufungsvorschlag gestrichen, sind die getroffenen Entscheidungen dem Vertreter des Wahlvorschlags sowie dem betroffenen Bewerber unverzüglich gegen Unterschrift zu eröffnen oder sonst zuzustellen.

§ 16 Nachfrist für die Einreichung von Wahlvorschlägen

(1) Ist nach Ablauf der in § 11 Absatz 2, § 14 Absatz 2 Satz 3 und § 15 Absatz 1 Satz 2 und Absatz 4 und 5 Nummer 6 genannten Fristen bei Gruppenwahl nicht für jede Gruppe mindestens ein gültiger Wahlvorschlag oder bei gemeinsamer Wahl überhaupt kein gültiger Wahlvorschlag eingegangen oder sind bei gemeinsamer Wahl zwar gültige Wahlvorschläge eingegangen, aber für eine Gruppe, der nach § 11 des Gesetzes mindestens ein Sitz zusteht, keine Bewerber gültig benannt worden, so macht der Wahlvorstand dies sofort durch Aushang an den gleichen Stellen, an denen das Wahlausschreiben ausgehängt ist, bekannt. Gleichzeitig fordert er zur Einreichung von Wahlvorschlägen während der Dienststunden innerhalb einer Nachfrist von sechs Arbeitstagen auf.

(2) Im Falle der Gruppenwahl weist der Wahlvorstand in der Bekanntmachung darauf hin, dass eine Gruppe keine Vertreter in den Personalrat wählen kann und die ihr zustehenden Sitze der anderen Gruppe zufallen, wenn bis zum Ablauf der Nachfrist für jene kein gültiger Wahlvorschlag eingeht; liegt von beiden Gruppen kein gültiger Wahlvorschlag vor, weist der Wahlvorstand auch darauf hin, dass der Personalrat nicht gewählt werden kann, wenn nicht mindestens ein gültiger Wahlvorschlag eingeht. Im Falle gemeinsamer Wahl weist der Wahlvorstand darauf hin, das, falls bis zum Ablauf der Nachfrist kein gültiger Wahlvorschlag eingeht,

1. der Personalrat nicht gewählt werden kann,
2. für die Gruppe, für die keine Bewerber gültig benannt wurden, keine Vertreter in den Personalrat gewählt werden können.

(3) Für nachgereichte Wahlvorschläge gelten die §§ 14 und 15 entsprechend.

(4) Gehen auch innerhalb der Nachfrist gültige Wahlvorschläge nicht oder nicht für alle Gruppen ein, so gibt der Wahlvorstand sofort bekannt

1. bei Gruppenwahl, wenn nur für eine Gruppe kein gültiger Wahlvorschlag eingereicht wurde, und bei gemeinsamer Wahl im Falle des Absatzes 2 Satz 2 Nummer 2

   a) für welche Gruppe keine Vertreter gewählt werden können,

b) dass alle Sitze der anderen Gruppe zufallen (§ 7 Absatz 4),
2. bei Gruppenwahl und bei gemeinsamer Wahl, wenn kein gültiger Wahlvorschlag eingereicht wurde, dass die Wahl nicht stattfinden kann.

§ 17 Reihenfolge der Wahlvorschläge

Der Wahlvorstand versieht die gültigen Wahlvorschläge in der Reihenfolge ihres Eingangs mit Ordnungsnummern. Ist ein Wahlvorschlag berichtigt worden (§ 14 Absatz 2, § 15 Absatz 4), so ist der Zeitpunkt, zu dem der berichtigte Wahlvorschlag eingegangen ist, maßgebend. Sind mehrere Wahlvorschläge gleichzeitig eingegangen, so entscheidet das Los über die Reihenfolge.

§ 18 Bekanntmachung der Wahlvorschläge

(1) Unverzüglich nach Beschlussfassung über die Wahlvorschläge (§§ 15 und 16 Absatz 3), spätestens jedoch fünf Arbeitstage vor dem Wahltag, macht der Wahlvorstand die zugelassenen Wahlvorschläge bekannt. Enthält ein zugelassener Wahlvorschlag keine ausreichende Zahl von Frauen und Männern, um die anteilige Vertretung der Geschlechter im Personalrat und in den Gruppen zu erreichen, ist die dazu abgegebene Begründung mit dem jeweiligen Wahlvorschlag bekanntzumachen (§ 13 Absatz 5 des Gesetzes, § 15 Absatz 1 Nummer 6). Die Wahlvorschläge, gegebenenfalls mit dazu abgegebener Begründung, sind bis zur Bekanntmachung des Wahlergebnisses auszuhängen; § 2 Absatz 2 gilt entsprechend. Mehrere zugelassene Wahlvorschläge sind in der Bekanntmachung in der Reihenfolge ihrer Ordnungsnummern (§ 17) aufzuführen. Bei Wahlvorschlägen, die mit einem Kennwort versehen sind, ist auch dieses anzugeben. Die Namen der Unterzeichner der Wahlvorschläge werden nicht bekanntgegeben.

(2) In der Bekanntmachung ist auf die jeweils in Betracht kommenden Vorschriften des § 20 Absatz 4 hinzuweisen. Außerdem ist darauf hinzuweisen, dass der Wahlberechtigte

1. nur mit amtlichen Stimmzetteln und amtlichen Stimmzettelumschlägen (§ 21) abstimmen darf,
2. nur solche Bewerber wählen darf, die in einen der bekanntgemachten Wahlvorschläge aufgenommen sind,
3. in der Art abzustimmen hat, dass er durch Ankreuzen von Namen, Beifügen einer Zahl oder auf sonstige Weise zweifelsfrei zu erkennen gibt, für welche Bewerber er stimmt und wieviel Stimmen er ihnen gibt (§ 20 Absatz 3).

§ 19 Sitzungsniederschriften

Der Wahlvorstand fertigt über jede Sitzung, in der über die Anlegung des Wählerverzeichnisses (§ 6 Absatz 2 Satz 2 und 3), die Ermittlung der Zahl der zu wählenden Personalratsmitglieder (§ 10 des Gesetzes) und die Verteilung der Personalratssitze auf die Gruppen (§ 7) sowie die anteilige Vertretung nach Geschlechtern (§ 8), über Einsprüche gegen das Wählerverzeichnis (§ 6 Absatz 5 und 6), über die Zulassung oder Reihenfolge von Wahlvorschlägen (§§ 15, 16 Absatz 3 und § 17) oder über die Gewährung von Nachfristen (§ 16) entschieden wird, eine Niederschrift. Sie soll von sämtlichen Mitgliedern des Wahlvorstands unterzeichnet werden.

§ 20 Ausübung des Wahlrechts

(1) Wählen kann nur, wer in das Wählerverzeichnis eingetragen ist.

(2) Das Wahlrecht wird durch persönliche Abgabe eines amtlichen Stimmzettels in einem amtlichen Stimmzettelumschlag (§ 22), ausnahmsweise durch Briefwahl (§§ 23 bis 25) ausgeübt.

(3) Der Wähler gibt seine Stimmen in der Weise auf dem Stimmzettel (§ 21) ab, dass er durch Ankreuzen von Namen, Beifügen einer Zahl oder auf sonstige Weise zweifelsfrei zu erkennen gibt, für welche Bewerber er stimmt und wieviel Stimmen er ihnen gibt.

(4) Jeder Wähler kann so viele Stimmen abgeben, als bei Gruppenwahl Vertreter der Gruppe, der er angehört, bei gemeinsamer Wahl Personalratsmitglieder zu wählen sind. Bei gemeinsamer Wahl kann er für die Be-

werber der einzelnen Gruppen nur soviele Stimmen abgeben, als Vertreter dieser Gruppen zu wählen sind. Der Wähler ist nicht gebunden, eine bestimmte Anzahl von Stimmen an Bewerber eines bestimmten Geschlechts zu vergeben.

§ 21 Stimmzettel, Stimmzettelumschläge, Wählerverzeichnis

(1) Abgestimmt wird mit amtlichen Stimmzetteln; für ihre Herstellung hat der Wahlvorstand zu sorgen. Bei Gruppenwahl müssen die Stimmzettel für jede Gruppe, bei gemeinsamer Wahl alle Stimmzettel dieselbe Größe, Farbe, Beschaffenheit und Beschriftung haben. Sie dürfen keine besonderen Merkmale (Zeichen, Falten, Flecken, Risse und dergleichen) aufweisen und müssen die Bezeichnung der Dienststelle, für die der Personalrat gewählt werden soll, enthalten.

(2) Die Stimmzettelumschläge sind vom Wahlvorstand bereitzustellen (amtlicher Stimmzettelumschlag). Sie müssen undurchsichtig sein; im Übrigen gilt Absatz 1 Satz 2 und 3 entsprechend.

(3) Vor Beginn der Wahlhandlung hat der Wahlvorstand das Wählerverzeichnis in Form einer elektronischen Wählerdatei abzuschließen, auszudrucken und zu heften oder zu binden. Der Wahlhandlung ist das Wählerverzeichnis in schriftlicher Form zugrunde zu legen. Entsprechendes gilt für besondere Wählerverzeichnisse für Gruppen sowie für Außenstellen, Nebenstellen und Teile einer Dienststelle.

§ 22 Wahlhandlung

(1) Der Wahlvorstand trifft Vorkehrungen, dass der Wähler den Stimmzettel im Wahlraum unbeobachtet kennzeichnen und in den Stimmzettelumschlag legen kann. Für die Aufnahme der Umschläge sind Wahlurnen zu verwenden. Vor Beginn der Stimmabgabe sind die Wahlurnen vom Wahlvorstand zu verschließen. Sie müssen so eingerichtet sein, dass die eingeworfenen Umschläge nicht vor Öffnung der Urne entnommen werden können. Findet Gruppenwahl statt, so kann die Wahlhandlung nach Gruppen getrennt durchgeführt werden; in jedem Falle sind jedoch getrennte Wahlurnen zu verwenden.

(2) Ein Wähler, der durch körperliches Gebrechen in der Stimmabgabe behindert ist, bestimmt eine Person seines Vertrauens, deren er sich bei der Stimmabgabe bedienen will, und gibt dies dem Wahlvorstand bekannt. Die Hilfeleistung hat sich auf die Erfüllung der Wünsche des Wählers zur Stimmabgabe zu beschränken. Die Vertrauensperson darf gemeinsam mit dem Wähler die Wahlzelle aufsuchen, soweit dies zur Hilfeleistung erforderlich ist. Die Vertrauensperson ist zur Geheimhaltung der Kenntnisse verpflichtet, die sie bei der Hilfeleistung von der Wahl eines anderen erlangt hat. Wahlbewerber, Mitglieder des Wahlvorstands und Wahlhelfer dürfen nicht zur Hilfeleistung herangezogen werden.

(3) Solange der Wahlraum zur Stimmabgabe geöffnet ist, müssen mindestens zwei Mitglieder des Wahlvorstands im Wahlraum anwesend sein; sind Wahlhelfer bestellt (§ 1 Absatz 1), genügt die Anwesenheit eines Mitglieds des Wahlvorstands und eines Wahlhelfers.

(4) Vor Einwurf des Stimmzettelumschlags in die Wahlurne ist festzustellen, ob der Wähler im Wählerverzeichnis eingetragen ist. Ist dies der Fall, prüft der Vorsitzende des Wahlvorstands oder das von ihm mit der Entgegennahme der Stimmzettelumschläge beauftragte Mitglied des Wahlvorstands den Stimmzettelumschlag. Nichtamtliche Stimmzettelumschläge und Stimmzettelumschläge, die mit einem Kennzeichen versehen sind oder einen von außen wahrnehmbaren Gegenstand enthalten, sind zurückzuweisen. Im anderen Fall wirft der Wahlberechtigte oder mit dessen Zustimmung der Vorsitzende des Wahlvorstands oder das von ihm mit der Entgegennahme der Stimmzettelumschläge beauftragte Mitglied des Wahlvorstands den Stimmzettelumschlag sofort ungeöffnet in die Wahlurne. Die Stimmabgabe ist im Wählerverzeichnis zu vermerken.

(5) Wird die Wahlhandlung unterbrochen oder wird das Wahlergebnis nicht unmittelbar nach Abschluss der Wahlhandlung festge-

stellt, so hat der Wahlvorstand für die Zwischenzeit die Wahlurne so zu verschließen und aufzubewahren, dass der Einwurf oder die Entnahme von Stimmzetteln unmöglich ist. Bei Wiedereröffnung der Wahl oder bei Entnahme der Stimmzettel zur Stimmenzählung hat sich der Wahlvorstand davon zu überzeugen, dass der Verschluss unversehrt ist.

(6) Nach Ablauf der für die Durchführung der Wahlhandlung festgesetzten Zeit dürfen nur noch die Wahlberechtigten abstimmen, die sich in diesem Zeitpunkt im Wahlraum befinden. Sodann erklärt der Wahlvorstand die Wahlhandlung für beendet.

(7) Über Zweifelsfragen, die sich bei der Wahlhandlung ergeben, entscheidet der Wahlvorstand.

(8) Der Wahlraum muss allen Beschäftigten während der Dauer der Wahlhandlung zugänglich sein.

§ 23 Briefwahl

(1) Einem wahlberechtigten Beschäftigten, der im Wählerverzeichnis eingetragen ist, hat der Wahlvorstand auf Antrag

1. die Stimmzettel und den Stimmzettelumschlag,

2. eine vorgedruckte, vom Wähler abzugebende Erklärung, in der dieser gegenüber dem Wahlvorstand versichert, dass er den Stimmzettel persönlich gekennzeichnet hat oder, soweit unter den Voraussetzungen des § 22 Absatz 2 erforderlich, durch eine Person seines Vertrauens hat kennzeichnen lassen, sowie

3. einen Wahlbriefumschlag, der die Anschrift des Wahlvorstands und als Absender den Namen und die Anschrift des wahlberechtigten Beschäftigten sowie den Vermerk „Briefwahl" trägt,

auszuhändigen oder zu übersenden. Auf Antrag ist auch ein Abdruck des Wahlausschreibens (§ 9) und der etwa ergangenen Ergänzungen und Berichtigungen (§ 9 Absatz 5, § 16 Absatz 4) auszuhändigen oder zu übersenden. Der Wahlbriefumschlag ist so zu gestalten, dass er für den Beschäftigten kostenfrei durch die Post befördert werden kann. Der Wahlvorstand soll dem Wähler ferner ein Merkblatt über die Art und Weise der Briefwahl (Absatz 2) aushändigen oder übersenden. Der Wahlvorstand hat die Aushändigung oder Übersendung im Wählerverzeichnis zu vermerken.

(2) Im Falle der Briefwahl gibt der Wähler seine Stimme in der Weise ab, dass er im verschlossenen Wahlbriefumschlag den unverschlossenen Stimmzettelumschlag, der den gemäß § 20 Absatz 3 ausgefüllten Stimmzettel enthält, sowie die in Absatz 1 Satz 1 Nummer 2 genannte, mit Datum und Unterschrift des Wählers versehene Erklärung so rechtzeitig durch die Post an den Wahlvorstand absendet oder dem Vorsitzenden des Wahlvorstands oder im Falle seiner Verhinderung einem von ihm bestimmten Mitglied des Wahlvorstands übergibt, dass er bei diesem spätestens bei Ablauf der für die Wahlhandlung festgesetzten Zeit vorliegt. Der Wähler kann, soweit unter den Voraussetzungen des § 22 Absatz 2 erforderlich, die in Satz 1 bezeichneten Tätigkeiten durch eine Person seines Vertrauens verrichten lassen.

(3) Der Wahlvorstand hat die eingegangenen Wahlbriefe bis zum Wahltag ungeöffnet unter Verschluss zu halten. Unmittelbar vor Abschluss der Wahlhandlung prüft er die eingegangenen Wahlbriefe. Dabei darf der Stimmzettelumschlag nicht geöffnet werden. Ein Wahlbrief ist zurückzuweisen, wenn

1. er nicht bis zum Ablauf der für die Durchführung der Wahlhandlung festgelegten Zeit eingegangen ist,

2. er unverschlossen eingegangen ist,

3. der Stimmzettelumschlag als nichtamtlich erkennbar, mit einem Kennzeichen versehen ist oder einen von außen wahrnehmbaren Gegenstand enthält,

4. der Stimmzettelumschlag im Wahlbrief verschlossen ist,

5. der Stimmzettel nicht in einen Stimmzettelumschlag gelegt ist,

6. die in Absatz 1 Satz 1 Nummer 2 genannte vorgedruckte Erklärung nicht vorliegt oder unvollständig ist.

(4) In den Fällen des Absatzes 3 Satz 4 liegt eine Stimmabgabe nicht vor.

(5) Die zurückgewiesenen Wahlbriefe sind samt ihrem Inhalt auszusondern und im Falle des Absatzes 3 Satz 4 Nummer 1 ungeöffnet, im Übrigen ohne Öffnung des Stimmzettelumschlags samt ihrem Inhalt verpackt und versiegelt als Anlagen der Wahlniederschrift beizufügen. Die zurückgewiesenen Wahlbriefe sind einen Monat nach Bekanntgabe des Wahlergebnisses, im Falle des Absatzes 3 Satz 4 Nummer 1 ungeöffnet, im Übrigen ohne Öffnung des Stimmzettelumschlags zu vernichten. Ist die Wahl angefochten, so sind sie einen Monat nach rechtskräftigem Abschluss des Wahlanfechtungsverfahrens zu vernichten.

(6) Nach der Prüfung eines jeden Wahlbriefs wirft, wenn der Wahlbrief nicht zurückgewiesen werden musste, der Vorsitzende des Wahlvorstands oder das von ihm beauftragte Mitglied des Wahlvorstands den Stimmzettelumschlag nach Vermerk der Stimmabgabe im Wählerverzeichnis ungeöffnet in die Wahlurne.

§ 24 Wahl bei Außenstellen, Nebenstellen und Teilen von Dienststellen

(1) Für die Beschäftigten von Außenstellen, Nebenstellen oder Teilen einer Dienststelle, die räumlich weit von dieser entfernt liegen und nicht zu selbstständigen Dienststellen nach § 5 Absatz 3 des Gesetzes erklärt sind, soll der Wahlvorstand die Wahlhandlung in diesen Stellen durchführen oder die Briefwahl anordnen. Ist wegen der geringen Zahl der Wahlberechtigten das Wahlgeheimnis gefährdet, so hat der Wahlvorstand anzuordnen, dass der Inhalt der hierbei verwendeten Wahlurnen vor Feststellung des Wahlergebnisses mit dem Inhalt der bei der allgemeinen Wahlhandlung verwendeten Wahlurnen vermischt wird

(2) Absatz 1 findet sinngemäß Anwendung auf Dienststellen, die mit einer anderen Dienststelle desselben Verwaltungszweigs zusammengefasst (§ 5 Absatz 4 und § 98 Absatz 1 des Gesetzes) oder einer benachbarten Dienststelle zugeteilt (§ 10 Absatz 2 des Gesetzes) worden sind.

§ 25 Wahl von Beschäftigten außerhalb der Dienststelle

Für die wahlberechtigten Beschäftigten, die für längere Dauer beurlaubt, abgeordnet, zugewiesen oder aus sonstigen Gründen nicht in der Dienststelle beschäftigt sind, kann der Wahlvorstand die Briefwahl anordnen. § 24 Absatz 1 Satz 2 gilt entsprechend.

§ 26 Feststellung des Wahlergebnisses

(1) Das Wahlergebnis wird vom Wahlvorstand nach Beendigung der Wahlhandlung und nach Einwurf der in § 23 Absatz 6 genannten Stimmzettelumschläge in die Wahlurnen unverzüglich ermittelt. Wenn besondere Gründe es erfordern, kann der Wahlvorstand die Ermittlung des Wahlergebnisses unterbrechen; dabei sind die Wahlunterlagen unter Verschluss zu nehmen.

(2) Vor dem Öffnen der Wahlurne werden alle nicht benutzten Stimmzettelumschläge und Stimmzettel vom Wahltisch entfernt. Sodann werden die Stimmzettelumschläge der Wahlurne entnommen und ungeöffnet gezählt. Zugleich wird die Zahl der Stimmabgabevermerke im Wählerverzeichnis festgestellt. Ergibt sich dabei auch nach wiederholter Zählung keine Übereinstimmung, so ist dies in der Wahlniederschrift anzugeben und soweit möglich zu erläutern.

(3) Nach der Zählung der Stimmzettelumschläge und der Abstimmungsvermerke entnimmt der Wahlvorstand die Stimmzettel den Stimmzettelumschlägen und prüft ihre Gültigkeit.

(4) Der Wahlvorstand stellt die Zahl der gültigen und ungültigen Stimmzettel und der gültigen und ungültigen Stimmen fest.

(5) Über Stimmzettel und Stimmen, die zu Zweifeln über ihre Gültigkeit Anlass geben, beschließt der Wahlvorstand. Stimmzettelumschläge und Stimmzettel, über die der Wahlvorstand Beschluss fassen musste, sind der Wahlniederschrift (§ 29) anzuschließen. Dies gilt auch für Stimmzettel, auf denen

einzelne Stimmen für ungültig erklärt werden.

(6) Die Sitzung, in der das Wahlergebnis festgestellt wird, muss den Beschäftigten zugänglich sein.

§ 27 Ungültige Stimmzettel

(1) Ungültig sind Stimmzettel,

1. die nicht in einem amtlichen Stimmzettelumschlag abgegeben worden sind,
2. die in einem gekennzeichneten Stimmzettelumschlag abgegeben worden sind,
3. die sich in einem Stimmzettelumschlag, der beleidigende Bemerkungen für Bewerber, Dritte oder Behörden enthält, befinden,
4. die nicht als amtlich erkennbar sind,
5. die ganz durchgestrichen oder ganz durchgerissen sind,
6. die beleidigende Bemerkungen für Bewerber, Dritte oder Behörden enthalten.

Die auf ungültigen Stimmzetteln abgegebenen Stimmen werden weder als gültige noch als ungültige Stimmen gezählt.

(2) Mehrere in einem Stimmzettelumschlag enthaltene Stimmzettel gelten als *ein* Stimmzettel,

1. wenn sie gleichlautend sind oder
2. wenn nur einer von ihnen eine Stimmabgabe enthält.

Bei der Verhältniswahl gilt dies auch, wenn mehrere Stimmzettel eine Stimmabgabe enthalten und die höchstzulässige Stimmenzahl (§ 20 Absatz 4 Satz 1) insgesamt nicht überschritten ist. Trifft keine dieser Voraussetzungen zu, gelten die mehreren in einem Stimmzettelumschlag enthaltenen Stimmzettel als *ein* ungültiger Stimmzettel.

(3) Ein Stimmzettelumschlag, der keinen Stimmzettel enthält, gilt als ungültiger Stimmzettel.

§ 28 Ungültige Stimmen

Ungültig sind Stimmen,

1. bei denen nicht erkennbar ist, für welchen Bewerber sie abgegeben wurden,
2. die für Personen abgegeben worden sind, deren Name nicht lesbar oder nicht unzweifelhaft erkennbar ist, oder denen gegenüber eine Verwahrung oder ein Vorbehalt beigefügt ist,
3. die für Personen abgegeben worden sind, die auf keinem bekanntgemachten Wahlvorschlag aufgeführt sind.

Ungültige Stimmen sind bei der Ermittlung des Wahlergebnisses nicht anzurechnen.

§ 29 Wahlniederschrift

(1) Der Wahlvorstand fertigt eine Wahlniederschrift; sie soll von sämtlichen Mitgliedern des Wahlvorstands unterzeichnet werden. Die Wahlniederschrift hat insbesondere zu enthalten:

1. die Namen der Mitglieder des Wahlvorstands,
2. die während der Wahlhandlung und der Feststellung des Wahlergebnisses gefassten Beschlüsse,
3. die Zahl der in das Wählerverzeichnis, bei Gruppenwahl für jede Gruppe, bei gemeinsamer Wahl insgesamt, eingetragenen Wahlberechtigten,
4. den Zeitpunkt des Beginns und Endes der Wahl,
5. bei Gruppenwahl die Zahl der Wahlberechtigten jeder Gruppe, bei gemeinsamer Wahl die Gesamtzahl der Wahlberechtigten, die an der Wahl teilgenommen haben,
6. bei Gruppenwahl die Zahlen der von jeder Gruppe abgegebenen Stimmzettel und Stimmen, bei gemeinsamer Wahl die Zahl aller abgegebenen Stimmzettel und Stimmen,
7. bei Gruppenwahl die Zahlen der von jeder Gruppe abgegebenen gültigen Stimmzettel und Stimmen, bei gemeinsamer Wahl die Zahl aller abgegebenen gültigen Stimmzettel und Stimmen,
8. die Zahl der ungültigen Stimmzettel,
9. die für die Gültigkeit oder Ungültigkeit zweifelhafter Stimmzettel oder Stimmen maßgebenden Gründe,

10. die Namen der gewählten Bewerber sowie die Namen und die Reihenfolge der als Ersatzmitglieder der Personalratsmitglieder festgestellten Bewerber.

(2) Besondere Vorkommnisse bei der Wahlhandlung oder der Feststellung des Wahlergebnisses sind in der Niederschrift zu vermerken.

§ 30 Benachrichtigung der gewählten Bewerber

Der Wahlvorstand benachrichtigt die als Personalratsmitglieder Gewählten unverzüglich schriftlich von ihrer Wahl.

§ 31 Bekanntmachung des Wahlergebnisses

(1) Der Wahlvorstand macht die Namen der als Personalratsmitglieder gewählten Bewerber in der Dienststelle bekannt. Das Wahlergebnis ist für die Dauer von zwei Wochen an den gleichen Stellen wie das Wahlausschreiben auszuhängen; § 2 Absatz 2 gilt entsprechend.

(2) Die Bekanntmachung des Wahlergebnisses hat zu enthalten:

1. die Gesamtzahl der in das Wählerverzeichnis eingetragenen Wahlberechtigten,
2. die Gesamtzahl der Wahlberechtigten, die an der Wahl teilgenommen haben,
3. die Gesamtzahlen der gültigen und ungültigen Stimmzettel,
4. die Gesamtzahl der gültigen Stimmen,
5. die Namen und die Reihenfolge der gewählten Bewerber und der Ersatzmitglieder.

(3) Bei Gruppenwahl sind die Angaben für jede Gruppe getrennt zu machen.

(4) Dem Leiter der Dienststelle, den in der Dienststelle vertretenen Gewerkschaften und den Vertretern der sonstigen gültigen Wahlvorschläge ist eine Abschrift der Wahlniederschrift (§ 29) zu übersenden.

§ 32 Aufbewahrung der Wahlunterlagen

Die Wahlunterlagen (Niederschriften, Bekanntmachungen, Stimmzettel usw.) werden vom Personalrat mindestens bis zur Durchführung der nächsten Personalratswahl in schriftlicher Form aufbewahrt; elektronisch gespeicherte Daten und Wahlunterlagen sind unverzüglich zu löschen, sobald die Gültigkeit oder Ungültigkeit der Wahl feststeht.

Abschnitt 2
Besondere Vorschriften für die Verhältniswahl

§ 33 Stimmabgabe bei Verhältniswahl

Findet Verhältniswahl statt, so kann der Wähler Bewerber innerhalb der gleichen Gruppe aus anderen Wahlvorschlägen übernehmen (panaschieren) und innerhalb der Gesamtzahl der für jede Gruppe zulässigen Stimmen einem Bewerber bis zu drei Stimmen geben (kumulieren). Hierauf ist in der Bekanntmachung der Wahlvorschläge (§ 18) hinzuweisen.

§ 34 Stimmzettel bei Verhältniswahl

(1) Die Stimmzettel sind als Einzelstimmzettel für jeden Wahlvorschlag, bei Gruppenwahl auch für jede Gruppe herzustellen. Sind die Einzelstimmzettel nur durch Perforation getrennt, so sind die Wahlvorschläge in der Reihenfolge ihrer Ordnungsnummer (§ 17) anzuordnen. Bei Wahlvorschlägen, die mit einem Kennwort versehen sind, ist auch dieses anzugeben.

(2) Die Stimmzettel müssen die Ordnungsnummer und die Bewerber in der vorgeschlagenen Reihenfolge unter Angabe von Familienname, Vorname und Amts- oder Funktionsbezeichnung enthalten. Bei Gruppenwahl müssen die Stimmzettel ferner die Angabe der Gruppe und bei gemeinsamer Wahl die Angabe der Gruppenzugehörigkeit des einzelnen Bewerbers enthalten. Weiter müssen sie Hinweise darauf enthalten,

1. dass der Wähler nur einen Stimmzettel abgeben soll,
2. wie viele Stimmen jeder Wähler abgeben kann (§ 20 Absatz 4),
3. dass die Bewerber, die gewählt werden, durch ein zu ihrem Namen gesetztes Kreuz, durch Beifügen einer Zahl oder auf

sonstige Weise zweifelsfrei zu bezeichnen sind (§ 20 Absatz 3),

4. dass der Wähler Bewerber anderer Wahlvorschläge übernehmen (panaschieren) kann (§ 33),
5. dass der Wähler einem Bewerber innerhalb der Gesamtzahl der für jede Gruppe zulässigen Stimmen durch Beifügen einer Zahl bis zu drei Stimmen geben (kumulieren) kann (§ 33),
6. wie viele Frauen und Männer im Personalrat vertreten sein sollen (§ 8), jedoch der Wähler nicht gebunden ist, eine bestimmte Anzahl von Stimmen an Bewerber eines bestimmten Geschlechts zu vergeben (§ 20 Absatz 4 Satz 3),
7. dass Personen, die auf keinem Wahlvorschlag aufgeführt sind, nicht gewählt werden können.

§ 35 Ungültige Stimmen bei Verhältniswahl

Bei Verhältniswahl sind auch Stimmen ungültig, die einem Bewerber im Wege der Stimmenhäufung über die zulässige Häufungszahl hinaus oder durch Beifügung einer nicht lesbaren Häufungszahl zugewendet werden.

§ 36 Streichung überzähliger Stimmen bei Verhältniswahl

Stehen bei Verhältniswahl nach Streichung ungültiger Stimmen (§§ 28, 35) mehr Stimmen auf dem Stimmzettel als Bewerber insgesamt oder Bewerber einer bestimmten Gruppe zu wählen sind, so werden die über die zulässige Zahl hinaus abgegebenen Stimmen gestrichen. Dabei sind in der Reihenfolge von hinten die Einzelstimmen und sodann die Stimmenhäufungen der Bewerber, die zwei Stimmen erhalten haben, und sodann erforderlichenfalls deren verbleibende Einzelstimme so lange in der Reihenfolge von hinten zu streichen, bis die zulässige Gesamtstimmenzahl nicht mehr überschritten ist. Entfällt auf die dann verbleibenden Bewerber mit je drei Stimmen noch eine zu hohe Gesamtstimmenzahl oder sind von vornherein gleiche Stimmenzahlen in der Weise gehäuft, dass die Gesamtstimmenzahl zu hoch ist, so sind zunächst in der Reihenfolge von hinten die Stimmenhäufungen zu verringern, dann zu streichen und erforderlichenfalls auch Einzelstimmen zu streichen.

§ 37 Ermittlung der gewählten Gruppenvertreter bei Gruppenwahl

(1) Bei Gruppenwahl sind die einer Gruppe zustehenden Sitze auf die einzelnen Wahlvorschläge der Gruppe nach dem d'Hondt'schen Höchstzahlverfahren zu verteilen. Hierzu werden die auf sämtliche Bewerber eines jeden Wahlvorschlags entfallenden Stimmen zusammengezählt, die Gesamtstimmenzahlen der einzelnen Wahlvorschläge nebeneinandergestellt und der Reihe nach durch 1, 2, 3 usw. geteilt. Auf die jeweils höchste Teilzahl (Höchstzahl) wird so lange ein Sitz zugeteilt, bis alle der Gruppe zustehenden Sitze (§ 7) verteilt sind. Ist bei gleichen Höchstzahlen nur noch ein Sitz oder sind bei drei gleichen Höchstzahlen nur noch zwei Sitze zu verteilen, so entscheidet das Los. Stimmen, die für einen Bewerber abgegeben worden sind, der vom Wähler aus einem anderen Wahlvorschlag übernommen worden ist, sind zugunsten des Wahlvorschlags, auf dem er benannt ist, zu zählen.

(2) Innerhalb der Wahlvorschläge werden die Sitze auf die Bewerber in der Reihenfolge der von ihnen erreichten Stimmenzahlen zugeteilt. Dabei sind die durch Übernahme eines Bewerbers in einen anderen Wahlvorschlag von diesem erlangten Stimmen mitzuzählen. Haben mehrere Bewerber die gleiche Stimmenzahl erhalten, entscheidet die Reihenfolge der Benennung im Wahlvorschlag. Die Bewerber, auf die kein Sitz entfällt, sind in der Reihenfolge der von ihnen erreichten Stimmenzahlen als Ersatzmitglieder ihres Wahlvorschlags festzustellen.

(3) Enthält ein Wahlvorschlag weniger Bewerber, als ihm nach der Zahl der auf ihn entfallenen Höchstzahlen Sitze zustehen würden, so fallen die überschüssigen Sitze den übrigen Wahlvorschlägen in der Reihenfolge der nächsten Höchstzahlen zu. Soweit auch die übrigen Wahlvorschläge nicht genügend Bewerber enthalten, bleiben die überschüssigen Sitze unbesetzt.

§ 38 Ermittlung der gewählten Gruppenvertreter bei gemeinsamer Wahl

(1) Bei gemeinsamer Wahl sind die den einzelnen Gruppen zustehenden Sitze auf die verschiedenen Wahlvorschläge nach dem d'Hondt'schen Höchstzahlverfahren zu verteilen. Hierzu werden innerhalb der Wahlvorschläge die auf Bewerber gleicher Gruppenzugehörigkeit entfallenen Stimmen zusammengezählt, die Gesamtstimmenzahlen der Bewerber gleicher Gruppenzugehörigkeit aus den verschiedenen Wahlvorschlägen nebeneinandergestellt und der Reihe nach durch 1, 2, 3 usw. geteilt. Auf die jeweils höchste Teilzahl (Höchstzahl) wird so lange ein Sitz zugeteilt, bis alle der jeweiligen Gruppe zustehenden Sitze (§ 7) verteilt sind. Ist bei gleichen Höchstzahlen nur noch ein Sitz oder sind bei drei gleichen Höchstzahlen nur noch zwei Sitze zu verteilen, so entscheidet das Los. Stimmen, die für einen Bewerber abgegeben worden sind, der vom Wähler aus einem anderen Wahlvorschlag übernommen worden ist, sind zugunsten des Wahlvorschlags, auf dem er benannt ist, zu zählen.

(2) Innerhalb der Wahlvorschläge werden die den einzelnen Gruppen zugefallenen Sitze auf die Bewerber der entsprechenden Gruppe in der Reihenfolge der von ihnen erreichten Stimmenzahlen zugeteilt. § 37 Absatz 2 Satz 2 bis 4 gilt entsprechend.

(3) Enthält ein Wahlvorschlag weniger Bewerber einer Gruppe als dieser nach der Zahl der auf sie entfallenen Höchstzahlen Sitze zustehen würden, so fallen die überschüssigen Sitze den Bewerbern derselben Gruppe auf den übrigen Wahlvorschlägen in der Reihenfolge der nächsten Höchstzahlen dieser Gruppe zu. § 37 Absatz 3 Satz 2 findet Anwendung.

§ 39 Wahlniederschrift und Bekanntmachung des Wahlergebnisses bei Verhältniswahl

(1) Die Wahlniederschrift (§ 29) muss im Falle der Verhältniswahl auch die Zahl der für jeden Wahlvorschlag und für jeden Bewerber abgegebenen gültigen Stimmen sowie die Errechnung der Höchstzahlen und die Verteilung der Sitze auf die Wahlvorschläge und Bewerber, bei gemeinsamer Wahl auch auf die Gruppen, enthalten.

(2) Die Bekanntmachung des Wahlergebnisses (§ 31) muss in diesem Falle die Zahl der für jeden Wahlvorschlag und für jeden Bewerber abgegebenen gültigen Stimmen enthalten.

Abschnitt 3
Besondere Vorschriften für die Mehrheitswahl

§ 40 Stimmabgabe bei Mehrheitswahl

Findet Mehrheitswahl statt, so kann der Wähler jedem Bewerber nur eine Stimme geben. Hierauf ist in der Bekanntmachung der Wahlvorschläge (§ 18) hinzuweisen.

§ 41 Stimmzettel bei Mehrheitswahl

(1) Ist *ein* Bewerber oder sind *mehrere* Bewerber auf Grund *eines* Wahlvorschlags zu wählen, so werden die Bewerber aus dem Wahlvorschlag in unveränderter Reihenfolge unter Angabe von Familienname, Vorname, Amts- oder Funktionsbezeichnung in den Stimmzettel übernommen.

(2) Ist *ein* Bewerber auf Grund *mehrerer* Wahlvorschläge zu wählen, so werden die Bewerber aus den Wahlvorschlägen in alphabetischer Reihenfolge unter Angabe von Familienname, Vorname, Amts- oder Funktionsbezeichnung in den Stimmzettel übernommen.

(3) Bei Gruppenwahl müssen die Stimmzettel ferner die Angabe der Gruppe und bei gemeinsamer Wahl die Angabe der Gruppenzugehörigkeit des einzelnen Bewerbers enthalten. Weiter müssen sie Hinweise darauf enthalten,

1. dass der Wähler nur einen Stimmzettel abgeben kann,
2. wie viele Stimmen jeder Wähler abgeben kann (§ 20 Absatz 4),
3. dass jedem Bewerber nur eine Stimme gegeben werden kann (§ 40),
4. dass die Bewerber, die gewählt werden, durch ein zu ihrem Namen gesetztes Kreuz

oder auf sonstige Weise zweifelsfrei zu bezeichnen sind (§ 20 Absatz 3),

5. wie viele Frauen und Männer im Personalrat vertreten sein sollen (§ 8), jedoch der Wähler nicht gebunden ist, eine bestimmte Anzahl von Stimmen an Bewerber eines bestimmten Geschlechts zu vergeben (§ 20 Absatz 4 Satz 3),

6. dass Personen, die auf keinem Wahlvorschlag aufgeführt sind, nicht gewählt werden können.

§ 42 Ungültige Stimmzettel und ungültige Stimmen bei Mehrheitswahl

(1) Ist *ein* Bewerber auf Grund *mehrerer* Wahlvorschläge zu wählen und sind auf dem Stimmzettel Stimmen für mehr als einen Bewerber abgegeben worden, so ist der Stimmzettel ungültig.

(2) Bei Mehrheitswahl sind auch Stimmen ungültig, die einem Bewerber im Wege der Stimmenhäufung zugewendet wurden. In diesem Falle bleibt eine der zugewendeten Stimmen gültig.

§ 43 Ermittlung der gewählten Bewerber bei Mehrheitswahl

(1) Sind *mehrere* Bewerber auf Grund *eines* Wahlvorschlags zu wählen, so sind

1. bei Gruppenwahl die Bewerber in der Reihenfolge der jeweils höchsten auf sie entfallenen Stimmenzahlen gewählt,

2. bei gemeinsamer Wahl die den einzelnen Gruppen zustehenden Sitze mit den Bewerbern dieser Gruppe in der Reihenfolge der jeweils höchsten auf sie entfallenen Stimmenzahlen zu besetzen.

Bei gleicher Stimmzahl entscheidet das Los. Für jede Gruppe sind die Bewerber, auf die kein Sitz entfällt, in der Reihenfolge der von ihnen erreichten Stimmenzahlen als Ersatzmitglieder festzustellen.

(2) Ist *ein* Bewerber auf Grund *mehrerer* Wahlvorschläge zu wählen, so ist der Bewerber gewählt, der die meisten Stimmen erhalten hat. Absatz 1 Satz 2 findet entsprechend Anwendung. Bewerber, auf die kein Sitz entfällt, sind in der Reihenfolge der von ihnen erreichten Stimmenzahlen als Ersatzmitglieder festzustellen.

(3) Sind *mehrere* Bewerber auf Grund *eines* Wahlvorschlags zu wählen und sind nach Streichung ungültiger Stimmen (§§ 28, 42 Absatz 2) mehr Stimmen auf dem Stimmzettel als Bewerber insgesamt oder Bewerber einer bestimmten Gruppe zu wählen sind, so ist eine entsprechende Anzahl von Stimmen in der Reihenfolge von hinten zu streichen.

(4) Ist *ein* Bewerber auf Grund *eines* Wahlvorschlags zu wählen, so gelten die Absätze 1 und 3 entsprechend.

§ 44 Wahlniederschrift und Bekanntmachung des Wahlergebnisses bei Mehrheitswahl

(1) Die Wahlniederschrift (§ 29) muss im Falle der Mehrheitswahl auch die Zahl der auf jeden Bewerber entfallenen gültigen Stimmen enthalten.

(2) Die Bekanntmachung des Wahlergebnisses (§ 31) muss in diesen Fällen die Zahlen der auf die einzelnen Bewerber entfallenen gültigen Stimmen enthalten.

Teil 2
Wahl der Stufenvertretungen und des Gesamtpersonalrats

Abschnitt 1
Wahl des Bezirkspersonalrats

§ 45 Vorschriften über die Wahl des Bezirkspersonalrats

(1) Für die Wahl des Bezirkspersonalrats gelten die §§ 1 bis 44 entsprechend, soweit in den §§ 46 bis 49 nichts anderes bestimmt ist.

(2) Mitteilungen zwischen den Wahlvorständen können elektronisch mittels der in der Dienststelle und zwischen Dienststellen üblicherweise genutzten Informations- und Kommunikationstechnik übermittelt werden, soweit die Schriftform nicht vorgeschrieben ist oder sich aus der Natur der Sache ergibt, insbesondere bei der Übermittlung der Wahlniederschriften. Für die Übermittlung sind sichere

Übertragungswege zu nutzen und Dateiformate zu verwenden, deren Veränderung einen unverhältnismäßig hohen Aufwand erfordert, jedoch dem örtlichen Wahlvorstand die Möglichkeit zur Ergänzung lässt (§ 48 Absatz 3).

§ 46 Bezirkswahlvorstand

Der Bezirkswahlvorstand leitet die Wahl des Bezirkspersonalrats. Er hat insbesondere

1. den Wahltag (§ 3) und den Tag des Erlasses des Wahlausschreibens (§ 48) zu bestimmen,
2. auf Grund der Mitteilungen der örtlichen Wahlvorstände festzustellen, welche Beschäftigten durch Abordnung, Zuweisung oder Personalgestellung mehreren Dienststellen im Geschäftsbereich der Mittelbehörde, bei welcher der Bezirkspersonalrat zu bilden ist, als Beschäftigte zugehören, zu bestimmen, bei welcher Dienststelle diese Beschäftigten zur Wahl des Bezirkspersonalrats berechtigt sind, und dies den örtlichen Wahlvorständen aller für die Wahlausübung in Frage kommenden Dienststellen rechtzeitig vor der Wahl zur Berücksichtigung im Wählerverzeichnis mitzuteilen,
3. auf Grund der Mitteilungen der örtlichen Wahlvorstände die Zahl der in der Regel Beschäftigten und ihre Verteilung auf die Gruppen (§ 4 Absatz 3 und 4 des Gesetzes) festzustellen (§ 5); der Bezirkswahlvorstand legt dabei den am zehnten Arbeitstag vor Erlass des Wahlausschreibens bei den Dienststellen, für die der Bezirkspersonalrat zu wählen ist, absehbaren Beschäftigtenstand zugrunde, der voraussichtlich über die Hälfte der Amtszeit des Bezirkspersonalrats vorhanden sein wird,
4. die Zahl der zu wählenden Mitglieder des Bezirkspersonalrats und ihre Verteilung auf die Gruppen der Beamten und Arbeitnehmer zu ermitteln (§ 55 des Gesetzes und § 7 dieser Wahlordnung),
5. auf Grund der Mitteilungen der örtlichen Wahlvorstände die Anteile von Frauen und Männern an den in der Regel Beschäftigten innerhalb der Gruppen der Beamten und Arbeitnehmer (§ 11 Absatz 1 des Gesetzes) festzustellen (§ 5); der Bezirkswahlvorstand legt dabei den am zehnten Arbeitstag vor Erlass des Wahlausschreibens bei den Dienststellen, für die der Bezirkspersonalrat zu wählen ist, absehbaren Beschäftigtenstand zugrunde, der voraussichtlich über die Hälfte der Amtszeit des Bezirkspersonalrats vorhanden sein wird,
6. auf Grund der Anteile von Frauen und Männern nach der Nummer 5 zu ermitteln, wie viele Sitze im Bezirkspersonalrat und in den Gruppen auf Frauen und Männer entfallen sollen (§ 8),
7. das Wahlausschreiben zu erlassen (§ 48),
8. das Landespersonalvertretungsgesetz und diese Wahlordnung zur Einsicht der Beschäftigten bereitzustellen (§ 10),
9. die Wahlvorschläge entgegenzunehmen und zu prüfen, über sie Beschluss zu fassen und sie bekanntzumachen (§§ 11 bis 18),
10. die Stimmzettel und die Stimmzettelumschläge bereitzustellen und den örtlichen Wahlvorständen rechtzeitig vor der Wahl in ausreichender Zahl zur Verfügung zu stellen (§ 21),
11. die ihm von den örtlichen Wahlvorständen nach § 47 Absatz 7 übermittelten versiegelten Briefumschläge mit den Stimmzettelumschlägen entgegenzunehmen, sie auf ihre Unversehrtheit zu prüfen, ihnen die Stimmzettelumschläge zu entnehmen und diese nach einem entsprechenden Vermerk in der Wahlniederschrift ungeöffnet in eine Wahlurne einzuwerfen sowie nach Eingang der Wahlniederschriften aller an der Wahl des Bezirkspersonalrats beteiligten Dienststellen die Wahlurne zu öffnen und die Zahl der auf die einzelnen Bewerber entfallenen gültigen Stimmen nach § 26 zu ermitteln,
12. die von den örtlichen Wahlvorständen gefertigten Wahlniederschriften und die weiteren mit den Wahlniederschriften vorzulegenden Unterlagen zu prüfen, erforderlichenfalls zu berichtigen und hierüber eine Niederschrift zu fertigen (§ 29),

13. das Wahlergebnis festzustellen (Nummer 11 und §§ 37, 38 und 43) und bekanntzumachen (§ 31) sowie die Gewählten unverzüglich schriftlich von ihrer Wahl zu benachrichtigen (§ 30) und sie zur ersten Sitzung des Bezirkspersonalrats einzuberufen (§§ 19 und 55 Absatz 3 des Gesetzes).

§ 47 Örtlicher Wahlvorstand

(1) Kommt der Personalrat einer Dienststelle seiner Verpflichtung, einen örtlichen Wahlvorstand zu bestellen (§ 55 Absatz 5 Satz 1 des Gesetzes), nach Aufforderung durch den Bezirkswahlvorstand nicht unverzüglich nach, so hat auf Antrag des Bezirkswahlvorstands der Leiter der Dienststelle den örtlichen Wahlvorstand zu bestellen.

(2) Der örtliche Wahlvorstand macht die Namen seiner Mitglieder und der Ersatzmitglieder für das jeweilige Mitglied in der durch den Personalrat bestimmten Reihenfolge sowie die Namen der Mitglieder des Bezirkswahlvorstands und der Ersatzmitglieder für das jeweilige Mitglied in der durch den Bezirkspersonalrat bestimmten Reihenfolge unverzüglich nach seiner Bestellung in der Dienststelle bekannt. Die Zusammensetzung des Wahlvorstands ist bis zur Bekanntmachung des Wahlergebnisses auszuhängen; § 2 Absatz 2 gilt entsprechend.

(3) Der örtliche Wahlvorstand hat die Wahl des Bezirkspersonalrats im Auftrag und nach den Weisungen des Bezirkswahlvorstands in der Dienststelle vorzubereiten und durchzuführen. Er kann wahlberechtigte Beschäftigte als Wahlhelfer zu seiner Unterstützung heranziehen.

(4) Für die Durchführung der Wahl des Bezirkspersonalrats bei den Landratsämtern ist der Wahlvorstand für die Wahl des Personalrats beim Landratsamt als örtlicher Wahlvorstand zuständig (§ 55 Absatz 5 Satz 3 des Gesetzes).

(5) Der örtliche Wahlvorstand hat insbesondere

1. den Ort und die Zeit der Wahl in der Dienststelle zu bestimmen (§§ 3 und 46 Satz 2 Nummer 1),

2. die Zahl der in der Dienststelle in der Regel Beschäftigten und ihre Verteilung auf die Gruppen (§ 4 Absatz 3 und 4 des Gesetzes) festzustellen (§ 5) und diese Zahlen unverzüglich dem Bezirkswahlvorstand mitzuteilen; der örtliche Wahlvorstand legt dabei den am zehnten Arbeitstag vor Erlass des Wahlausschreibens absehbaren Beschäftigtenstand zugrunde, der voraussichtlich über die Hälfte der Amtszeit des Bezirkspersonalrats vorhanden sein wird,

3. mitzuteilen, welche Beschäftigten auf Grund Abordnung, Zuweisung oder Personalgestellung welchen anderen Dienststellen im Geschäftsbereich der Mittelbehörde, bei welcher der Bezirkspersonalrat zu bilden ist, ebenfalls als Beschäftigte zugehören,

4. die Anteile der Frauen und Männer an den in der Regel Beschäftigten innerhalb der Gruppen (§ 11 Absatz 1 des Gesetzes) festzustellen (§ 5) und diese Zahlen unverzüglich dem Bezirkswahlvorstand mitzuteilen,

5. das Wählerverzeichnis aufzustellen, aufzulegen, es bis zum Abschluss der Wahlhandlung auf dem Laufenden zu halten und zu berichtigen und über etwaige Einsprüche gegen die Richtigkeit des Wählerverzeichnisses zu entscheiden (§ 6),

6. das Wahlausschreiben des Bezirkswahlvorstands zu ergänzen und unverzüglich in der Dienststelle bekanntzumachen; das ergänzte Wahlausschreiben ist bis zur Bekanntmachung des Wahlergebnisses auszuhängen; § 2 Absatz 2 gilt entsprechend (§ 9 Absatz 3, § 48 Absatz 3),

7. das Landespersonalvertretungsgesetz und diese Wahlordnung zur Einsicht durch die Beschäftigten aufzulegen oder bekanntzumachen, wo sie in elektronischer Form abgerufen werden können (§ 10),

8. das zur ordnungsmäßigen Durchführung der Wahlhandlung sowie der Briefwahl Erforderliche in der Dienststelle zu veranlassen (§§ 22 bis 25),

9. unverzüglich nach Abschluss der Wahlhandlung die Zahl der auf die einzelnen

Bewerber entfallenen gültigen Stimmen festzustellen (§ 26), eine Wahlniederschrift nach § 29 Absatz 1 Satz 2 Nummer 1 bis 9 und Absatz 2 zu fertigen, diese mit den zurückgewiesenen Wahlbriefen (§ 23 Absatz 3 Satz 4) und mit den Stimmzettelumschlägen und den Stimmzetteln, über die der Wahlvorstand beschließen musste (§ 26 Absatz 5), unverzüglich dem Bezirkswahlvorstand als Übergabeeinschreiben oder auf andere sichere Weise zu übersenden und die übrigen in der Dienststelle entstandenen Wahlunterlagen mit einer Abschrift der Wahlniederschrift dem örtlichen Personalrat zur Aufbewahrung zu übergeben; die Wahlniederschrift ohne Anlagen kann zusätzlich elektronisch übermittelt werden (§ 45 Absatz 2),

10. das vom Bezirkswahlvorstand festgestellte Wahlergebnis bekanntzumachen; das Wahlergebnis ist für die Dauer von zwei Wochen an den gleichen Stellen wie das Wahlausschreiben auszuhängen; § 2 Absatz 2 gilt entsprechend (§ 31 Absatz 1).

(6) Der örtliche Wahlvorstand soll wahlberechtigten Beschäftigten, die für längere Dauer beurlaubt, abgeordnet, zugewiesen oder aus sonstigen Gründen nicht in der Dienststelle beschäftigt sind, eine Abschrift des von ihm ergänzten Wahlausschreibens übersenden (§ 9 Absatz 4).

(7) Haben bei Gruppenwahl in einer Dienststelle bei einer Gruppe weniger als zehn Wahlberechtigte dieser Gruppe ihre Stimme abgegeben, so hat der örtliche Wahlvorstand nach Erfüllung der in § 26 Absatz 2 genannten Aufgaben die Stimmzettelumschläge ungeöffnet in einem versiegelten Briefumschlag der Wahlniederschrift, in die ein entsprechender Vermerk aufzunehmen ist, anzuschließen und mit dieser und den in Absatz 5 Nummer 9 genannten weiteren Unterlagen unverzüglich dem Bezirkswahlvorstand als Übergabeeinschreiben oder auf andere sichere Weise zu übersenden. Für die andere Gruppe bleibt Absatz 5 Nummer 9 unberührt. Satz 1 gilt entsprechend, wenn bei gemeinsamer Wahl in einer Dienststelle weniger als zehn Wahlberechtigte ihre Stimme abgegeben haben.

§ 48 Wahlausschreiben

(1) Spätestens zwei Monate vor dem Wahltag erlässt der Bezirkswahlvorstand ein Wahlausschreiben; es soll von sämtlichen Mitgliedern des Bezirkswahlvorstands unterschrieben werden.

(2) Das Wahlausschreiben muss enthalten:

1. Ort und Tag seines Erlasses,
2. den Tag der Wahl (§ 3),
3. die nach § 5 festgestellte Zahl der Beschäftigten und ihre Verteilung auf die Gruppen der Beamten und Arbeitnehmer,
4. die Zahl der zu wählenden Mitglieder des Bezirkspersonalrats und ihre Verteilung auf die Gruppen der Beamten und Arbeitnehmer (§ 7),
5. die Angabe der Anteile der Frauen und Männer an den in der Regel Beschäftigten innerhalb der Gruppen der Beamten und Arbeitnehmer (§ 11 Absatz 1 des Gesetzes),
6. die Angabe, wie viele Sitze im Bezirkspersonalrat und in den Gruppen auf Frauen und Männer entfallen sollen (§ 8),
7. Angaben darüber, ob die Beamten und Arbeitnehmer ihre Vertreter in getrennten Wahlgängen (Gruppenwahl) oder ob gemeinsame Wahl beschlossen worden ist (§ 4 Nummer 2),
8. den Hinweis, dass die wahlberechtigten Beschäftigten nur bei der Dienststelle, zu der sie am Wahltag gehören, wählen können und dass die wahlberechtigten Beschäftigten, die mehreren Dienststellen zugehören, nur bei einer Dienststelle, zu der sie am Wahltag gehören, denselben Bezirkspersonalrat wählen können (§ 55 Absatz 3 in Verbindung mit § 54 Absatz 4 Nummer 1 des Gesetzes),
9. den Hinweis, dass nur Beschäftigte wählen können, die in das Wählerverzeichnis eingetragen sind (§ 20 Absatz 1),
10. den Hinweis, dass Frauen und Männer im Bezirkspersonalrat entsprechend ihren

Anteilen an den in der Regel Beschäftigten und in den Gruppen entsprechend ihrem Anteil an den in der Regel beschäftigten Gruppenangehörigen vertreten sein sollen (§ 11 Absatz 1 des Gesetzes),

11. die Aufforderung, Wahlvorschläge innerhalb von zwölf Arbeitstagen nach dem Erlass des Wahlausschreibens während der Dienststunden beim Bezirkswahlvorstand einzureichen; Tag und Uhrzeit des Ablaufs der Einreichungsfrist (§ 11 Absatz 2) sind anzugeben,

12. einen Hinweis auf den Inhalt der Wahlvorschläge und die mit den Wahlvorschlägen einzureichenden Nachweise (§§ 12, 13 und 49),

13. die Mindestzahl von wahlberechtigten Beschäftigten, von denen ein Wahlvorschlag unterzeichnet sein muss (§ 13 Absatz 4, 6 und 7 des Gesetzes) und den Hinweis, dass jeder Bewerber für die Wahl des Bezirkspersonalrats nur auf *einem* Wahlvorschlag benannt werden kann (§ 13 Absatz 8 des Gesetzes),

14. den Hinweis, dass nur rechtzeitig eingereichte Wahlvorschläge berücksichtigt werden (§ 15 Absatz 5 Nummer 1) und dass nur gewählt werden kann, wer in einen der bekanntgemachten Wahlvorschläge aufgenommen ist (§ 18 Absatz 2 Satz 2 Nummer 2),

15. einen Hinweis auf die Möglichkeit der Briefwahl (§ 23),

16. den Ort und die Zeit der Sitzung des Bezirkswahlvorstands, in der das Wahlergebnis abschließend festgestellt wird.

(3) Der örtliche Wahlvorstand ergänzt das Wahlausschreiben durch die folgenden Angaben:

1. Ort und Zeit der Wahl (§ 3),

2. die Angabe, wo und wann das Wählerverzeichnis oder eine Abschrift des Wählerverzeichnisses zur Einsicht aufliegen (§ 6 Absatz 4 Satz 1),

3. den Hinweis, wo und wann das Landespersonalvertretungsgesetz und diese Wahlordnung zur Einsicht aufliegen oder in elektronischer Form eingesehen werden können (§ 10),

4. den Hinweis, dass Einsprüche gegen das Wählerverzeichnis nur innerhalb der Auflegungsfrist (§ 6 Absatz 4 Satz 1) schriftlich beim örtlichen Wahlvorstand eingelegt werden können; Tag und Uhrzeit des Ablaufs der Auflegungsfrist (§ 6 Absatz 4 Satz 1 und Absatz 5) sind anzugeben,

5. den Ort, an dem die Ergebnisse in der Dienststelle bekanntgemacht werden,

6. einen etwaigen Hinweis auf die Anordnung der Briefwahl nach §§ 24 und 25,

7. den Ort und die Zeit der Stimmenauszählung,

8. im Falle der gleichzeitigen Durchführung mehrerer Wahlen einen Hinweis, dass die Stimmzettel für jede Wahl in einem besonderen Stimmzettelumschlag abzugeben sind (§ 52 Absatz 2 Nummer 3) und dass die in § 23 Absatz 3 Satz 4 Nummer 6 vorgeschriebene Erklärung für alle gleichzeitig durchgeführten Wahlen in einer Erklärung zusammengefasst werden kann.

(4) Der örtliche Wahlvorstand vermerkt auf dem Wahlausschreiben den ersten und den letzten Tag des Aushangs.

§ 49 Wahlvorschläge

In den Wahlvorschlägen sind, soweit Sicherheitsgründe nicht entgegenstehen, auch die Dienststellen, bei denen die Bewerber beschäftigt sind, anzugeben. Dem Wahlvorschlag ist für jeden Bewerber und für jeden Unterzeichner eine Bescheinigung des örtlichen Wahlvorstands über seine Aufnahme in das Wählerverzeichnis und über seine Gruppenzugehörigkeit beizufügen.

Abschnitt 2
Wahl des Hauptpersonalrats

§ 50 Entsprechende Anwendung der Vorschriften über die Wahl des Bezirkspersonalrats

(1) Für die Wahl des Hauptpersonalrats gelten die §§ 45 bis 49 entsprechend, soweit in den Absätzen 2 bis 4 nichts anderes bestimmt ist.

(2) Der Hauptwahlvorstand kann die bei den Mittelbehörden bestehenden Bezirkswahlvorstände beauftragen,

1. die von den örtlichen Wahlvorständen im Bereich der Mittelbehörde festzustellenden Zahlen der in der Regel Beschäftigten und ihre Verteilung auf die Gruppen zusammenzustellen,
2. die Zahl der im Bereich der Mittelbehörde in der Regel Beschäftigten getrennt nach Gruppen der Beamten und Arbeitnehmer sowie die Anteile der Frauen und Männer an den wahlberechtigten Beschäftigten innerhalb der Gruppen festzustellen,
3. die in § 46 Satz 2 Nummer 11 genannten Aufgaben zu übernehmen und hierüber eine besondere Niederschrift zu fertigen,
4. die bei den Dienststellen im Bereich der Mittelbehörde festgestellten Abstimmungsergebnisse zusammenzustellen, auf Grund der Wahlniederschriften und der mit diesen vorzulegenden Unterlagen zu prüfen und erforderlichenfalls zu berichtigen,
5. die Bekanntmachungen des Hauptwahlvorstands an die örtlichen Wahlvorstände im Bereich der Mittelbehörden weiterzuleiten.

(3) Im Falle des Absatzes 2 hat der Bezirkswahlvorstand

1. die örtlichen Wahlvorstände darüber zu unterrichten, dass die in Absatz 2 genannten Angaben an ihn zu senden sind,
2. über die Nachprüfung und die Zusammenstellung der Abstimmungsergebnisse eine Niederschrift zu fertigen,
3. dem Hauptwahlvorstand jeweils unverzüglich als Übergabeeinschreiben oder auf andere sichere Weise die in Absatz 2 Nummer 1 und 2 genannten Zusammenstellungen, die Niederschrift nach Absatz 2 Nummer 3 und die Niederschrift über die Prüfung und die Zusammenstellung der Abstimmungsergebnisse zu übersenden.

(4) Besteht in einer Mittelbehörde bei der Wahl des Hauptpersonalrats kein Bezirkswahlvorstand, so hat auf Antrag des Hauptwahlvorstands der Bezirkspersonalrat drei wahlberechtigte Beschäftigte aus dem Geschäftsbereich der Mittelbehörde zum Bezirkswahlvorstand und einen von diesen zum Vorsitzenden des Bezirkswahlvorstands zu bestellen. Sind im Geschäftsbereich der Mittelbehörde Angehörige verschiedener Gruppen beschäftigt, so muss jede Gruppe im Bezirkswahlvorstand vertreten sein. Besteht bei einer Mittelbehörde kein Bezirkspersonalrat oder entspricht dieser dem Antrag des Hauptwahlvorstands auf Bestellung eines Bezirkswahlvorstands nicht, so hat auf Antrag des Hauptwahlvorstands der Leiter der Mittelbehörde den Bezirkswahlvorstand zu bestellen; die Sätze 1 und 2 gelten im Übrigen entsprechend. Für jedes Mitglied des Bezirkswahlvorstands können Ersatzmitglieder der jeweiligen Gruppe bestellt werden (§ 15 Absatz 3 des Gesetzes).

Abschnitt 3
Wahl des Gesamtpersonalrats

§ 51 Entsprechende Anwendung von Vorschriften

Für die Wahl des Gesamtpersonalrats gelten die Vorschriften der §§ 1 bis 44 entsprechend. Der Wahlvorstand für die Wahl des Gesamtpersonalrats kann die Personalräte der an der Wahl des Gesamtpersonalrats beteiligten Dienststellen beauftragen, jeweils für ihren Bereich örtliche Wahlvorstände zu bestellen. In diesem Falle gelten § 45 Absatz 2 und die §§ 46 bis 49 entsprechend mit der Maßgabe, dass der Wahlvorstand für die Wahl des Gesamtpersonalrats auf die Vorlage der in § 49 Satz 2 genannten Nachweise allgemein verzichten kann, wenn er sich auf andere Weise bei der Prüfung der Wahlvorschläge Gewissheit über die Eintragung der Unterzeichner der Wahlvorschläge und der Bewerber in das Wählerverzeichnis verschaffen kann.

Abschnitt 4
Gleichzeitige Durchführung mehrerer Wahlen

§ 52 Verfahrensgrundsätze

(1) In den einzelnen Verwaltungszweigen sollen die Wahl des Hauptpersonalrats und

die Wahl der Bezirkspersonalräte möglichst gleichzeitig stattfinden. Ebenso sollen die Wahl des Personalrats der einzelnen Dienststellen und die Wahl des Gesamtpersonalrats möglichst gleichzeitig durchgeführt werden. Die Wahlen des Personalrats und des Gesamtpersonalrats können auch gleichzeitig mit den Wahlen der Stufenvertretungen durchgeführt werden.

(2) Werden mehrere der in Absatz 1 genannten Wahlen gleichzeitig durchgeführt, gilt folgendes:

1. für alle Wahlen ist in jeder Dienststelle ein gemeinsames Wählerverzeichnis aufzustellen,
2. die Stimmabgabe ist für jede Wahl im Wählerverzeichnis in einer besonderen Spalte zu vermerken,
3. für jede Wahl sind besondere Stimmzettel und besondere Stimmzettelumschläge zu verwenden; sie müssen für jede Wahl von anderer Farbe sein und die Wahl, für die sie zu verwenden sind, einwandfrei bezeichnen,
4. für jede Wahl sind besondere Wahlurnen zu verwenden, die mit einem deutlich sichtbaren Hinweis auf die Wahl, für die sie verwendet werden, versehen sein müssen.
5. für jede Wahl ist eine besondere Wahlniederschrift zu fertigen,
6. das Abstimmungsergebnis für die Wahl des Hauptpersonalrats ist zuerst zu ermitteln, dann das Abstimmungsergebnis für die Wahl des Bezirkspersonalrats, dann das Abstimmungsergebnis für die Wahl des Gesamtpersonalrats; das Abstimmungsergebnis für die Wahl des Personalrats ist zuletzt zu ermitteln,
7. bei der Briefwahl ist in jedem Falle nur ein Wahlbriefumschlag zu verwenden; die in § 23 Absatz 3 Satz 4 Nummer 6 vorgeschriebene Erklärung kann für alle gleichzeitig durchgeführten Wahlen in einem Vordruck zusammengefasst werden,
8. liegt bei Briefwahl ein Zurückweisungsgrund nach § 23 Absatz 3 Satz 4 Nummer 3 bis 6 nur für einzelne Wahlen vor, so ist der Wahlbrief nur für diese Wahlen zurückzuweisen.

Teil 3
Wahl des Ausbildungspersonalrats und der Jugend- und Auszubildendenvertretung

§ 53 Wahl des Ausbildungspersonalrats
Auf die Vorbereitung und Durchführung der Wahl des Ausbildungspersonalrats finden die §§ 1 bis 44 entsprechende Anwendung.

§ 54 Wahl der Jugend- und Auszubildendenvertretung
(1) Sofern nicht nach § 62 Absatz 2 des Gesetzes eine Wahlversammlung stattfindet, finden auf die Vorbereitung und Durchführung der Wahl der Jugend- und Auszubildendenvertretung die §§ 1 bis 44 mit folgenden Maßgaben entsprechende Anwendung:

1. die Mitglieder der Jugend- und Auszubildendenvertretung werden in gemeinsamer Wahl gewählt,
2. die Vorschriften über die Gruppenwahl gelten nicht,
3. dem Wahlvorstand muss mindestens ein nach § 9 des Gesetzes in den Personalrat wählbarer Beschäftigter angehören.

(2) Erfolgt die Wahl nach § 62 Absatz 2 des Gesetzes in einer Wahlversammlung der wahlberechtigten Beschäftigten im Sinne von § 59 des Gesetzes, wird in geheimer Wahl mit Stimmzetteln nach den Grundsätzen der Mehrheitswahl auf Grund von Wahlvorschlägen, die aus der Mitte der Teilnehmer an der Wahlversammlung gemacht werden können, gewählt. Die Einzelheiten des Wahlverfahrens bestimmt der Wahlvorstand in sinngemäßer Anwendung der Vorschriften über die Mehrheitswahl. Das Wahlergebnis ist unverzüglich nach Abschluss der Wahlhandlung in der Wahlversammlung festzustellen. Im Anschluss an die Wahlversammlung sind die Gewählten unverzüglich schriftlich zu benachrichtigen und ist das Wahlergebnis in der Dienststelle bekanntzumachen.

Teil 4
Schlussvorschriften

§ 55 Berechnung von Fristen

(1) Auf die Berechnung der in dieser Wahlordnung bestimmten Fristen finden die §§ 186 bis 193 des Bürgerlichen Gesetzbuchs entsprechende Anwendung. Arbeitstage im Sinne dieser Wahlordnung sind die Wochentage Montag bis Freitag mit Ausnahme der gesetzlichen Feiertage, Heiligabend und Silvester.

(2) Mit der Bestimmung des letzten Tages einer Frist nach Absatz 1 kann der Wahlvorstand eine Uhrzeit festlegen, bis zu der ihm Erklärungen nach § 4, § 6 Absatz 5 in Verbindung mit Absatz 4 Satz 1, § 11 Absatz 2 Satz 1, § 14 Absatz 2 Satz 3, § 15 Absatz 1 Satz 2 und Absatz 3 Satz 1, Absatz 4 Satz 2, § 16 Absatz 1 Satz 2 zugehen müssen. Diese Uhrzeit darf nicht vor dem Ende der Dienststunden der Mehrheit der wahlberechtigten Beschäftigten an diesem Tag liegen. § 9 Absatz 2 Nummern 12 und 13 sowie § 48 Absatz 2 Nummer 11 und Absatz 3 Nummer 4 bleiben unberührt.

§ 56 Inkrafttreten*

Diese Verordnung tritt am Tage nach ihrer Verkündung in Kraft. Gleichzeitig tritt die Wahlordnung zum Landespersonalvertretungsgesetz in der Fassung vom 3. Januar 1977 (GBl. S. 1), zuletzt geändert durch Artikel 2 der Verordnung vom 24. Juni 1991 (GBl. S. 480), außer Kraft.

---

* Diese Vorschrift betrifft das Inkrafttreten der Verordnung in der ursprünglichen Fassung vom 14. Oktober 1996 (GBl. S. 677)

VI Reise- und Umzugskosten/Trennungsgeld

Dienstreisen

VI.1 Gesetz zur Neufassung des Landesreisekostengesetzes
(Landesreisekostengesetz – LRKG) 712

Umzug

VI.2 Landesumzugskostengesetz (LUKG) 718

Trennungsgeld

VI.3 Verordnung des Finanzministeriums über das Trennungsgeld bei Abordnungen und Versetzungen
(Landestrennungsgeldverordnung – LTGVO) 724

Gesetz zur Neufassung des Landesreisekostengesetzes (Landesreisekostengesetz – LRKG)

Vom 4. Februar 2021 (GBl. S. 111)

Zuletzt geändert durch
Gesetz über die Anpassung von Dienst- und Versorgungsbezügen in
Baden-Württemberg 2022 und zur Änderung dienstrechtlicher
Vorschriften
vom 15. November 2022 (GBl. S. 540)

§ 1 Geltungsbereich

(1) Dieses Gesetz regelt die Erstattung von Auslagen für Dienstreisen, Dienstgänge und für Reisen zum Zweck der Aus- oder Fortbildung (Reisekostenvergütung) der Beamtinnen und Beamten des Landes, der Gemeinden, der Gemeindeverbände, der Landkreise und der sonstigen der Aufsicht des Landes unterstehenden Körperschaften, Anstalten und Stiftungen des öffentlichen Rechts, der Richterinnen und Richter des Landes, sowie der zu diesen Dienstherren abgeordneten Beamtinnen, Beamten, Richterinnen und Richter. Es regelt auch die Erstattung von Auslagen aus Anlass der Abordnung (Trennungsgeld).

(2) Die Reisekostenvergütung umfasst
1. Fahrt- und Flugkostenerstattung (§ 4),
2. Wegstreckenentschädigung (§ 5),
3. Tagegeld bei Dienstreisen (§ 6),
4. notwendige Mehraufwendungen bei Dienstgängen (§ 6),
5. Übernachtungsgeld (§ 7),
6. Auslagenerstattung bei längerem Aufenthalt am Geschäftsort (§ 8),
7. Aufwands- und Pauschvergütung (§ 9) und
8. Erstattung sonstiger Kosten (§ 10).

§ 2 Dienstreisen und Dienstgänge

(1) Dienstreisen im Sinne dieses Gesetzes sind Reisen zur Erledigung von Dienstgeschäften außerhalb des Dienstortes, die von der oder dem zuständigen Dienstvorgesetzten angeordnet oder genehmigt worden sind, es sei denn, dass eine Anordnung oder Genehmigung nach dem Amt der Dienstreisenden oder dem Wesen des Dienstgeschäfts nicht in Betracht kommt. Die Anordnung oder Genehmigung hat schriftlich oder elektronisch zu erfolgen. Dienstreisen sind auch Reisen von einem dem vorübergehenden Aufenthalt dienenden Ort zum Dienstort, wenn im Übrigen die Voraussetzungen der Sätze 1 und 2 erfüllt sind. Dienstreisen sollen nur durchgeführt werden, wenn eine kostengünstigere Art der Erledigung des Dienstgeschäftes nicht möglich und sinnvoll ist.

(2) Dienstgänge sind Reisen zur Erledigung von Dienstgeschäften außerhalb der Dienststätte am Dienst- oder Wohnort, die von der oder dem zuständigen Vorgesetzten angeordnet oder genehmigt worden sind, es sei denn, dass eine Anordnung oder Genehmigung nach dem Amt der Dienstreisenden oder dem Wesen des Dienstgeschäfts nicht in Betracht kommt. Dem Wohnort steht ein dem vorübergehenden Aufenthalt dienender Ort gleich.

(3) Für Dienstreisen von Richterinnen oder Richtern zur Wahrnehmung von richterlichen Amtsgeschäften oder zur Teilnahme an einer Sitzung des Präsidiums oder eines anderen vergleichbaren Gerichtsverfassungsorgans, dem sie angehören, bedarf es keiner Anordnung oder Genehmigung. Dasselbe gilt für Dienstreisen der oder des Landesbeauftragten für den Datenschutz und die Informationsfreiheit zur Wahrnehmung der Aufgaben nach dem Landesdatenschutzgesetz und für Dienstreisen der oder des Beauftragten der Landesregierung für die Belange von Menschen mit Behinderungen zur Wahrnehmung der Aufgaben nach dem Landesbehindertengleichstellungsgesetz.

§ 3 Anspruch auf Reisekostenvergütung

(1) Dienstreisende erhalten auf Antrag eine Vergütung der dienstlich veranlassten notwendigen Auslagen. Dies gilt auch bei Reisen zum Zweck der Ausbildung.

(2) Ausgangs- und Endpunkt einer Dienstreise sind von den Dienstreisenden unter Beachtung des Wirtschaftlichkeitsgrundsatzes grundsätzlich selbst zu bestimmen. Abweichend davon kann die oder der zuständige Dienstvorgesetzte die Dienststätte als Ausgangs- oder Endpunkt der Dienstreise anordnen, wenn die Fahrtstrecke unmittelbar an der Dienststätte vorbeiführt. Bei einer Dienstreise, die an der Wohnung angetreten oder beendet wird, bemisst sich die Fahrtkostenerstattung (§ 4) oder die Wegstreckenentschädigung (§ 5) nach der Entfernung von oder bis zur Wohnung, es sei denn, als Ausgangs- und/oder Endpunkt der Dienstreise wurde die Dienststätte angeordnet. Beim Vorliegen mehrerer Wohnungen oder Unterkünfte ist die der Dienststätte am nächsten gelegene Wohnung oder Unterkunft maßgebend.

(3) Die Dienstreisenden sind grundsätzlich in der Wahl der Beförderungsmittel frei. Bei der Wahl des Beförderungsmittels haben die Dienstreisenden neben wirtschaftlichen Gesichtspunkten insbesondere die Erfordernisse des Klimaschutzes zu beachten. Fahrtkosten werden nicht erstattet, wenn eine unentgeltliche Beförderungsmöglichkeit genutzt werden kann.

(4) Der Anspruch auf Reisekostenvergütung erlischt, wenn die Reisekostenvergütung nicht innerhalb einer Ausschlussfrist von sechs Monaten nach Beendigung der Dienstreise schriftlich oder elektronisch beantragt wird. Die Frist beginnt mit dem Tag nach Beendigung der Dienstreise, in den Fällen des § 10 Absatz 2 mit Ablauf des Tages, an dem die Dienstreise geendet hätte. Die zuständigen Stellen können bis zum Ablauf von sechs Monaten nach Antragstellung die Vorlage der maßgeblichen Kostenbelege verlangen. Werden diese Belege auf Anforderung nicht innerhalb eines Monats vorgelegt, kann der Vergütungsantrag insoweit abgelehnt werden. Die Dienstreisenden sind verpflichtet, die Kostenbelege nach Erstattung der Reisekostenvergütung bis zum Ablauf eines Jahres für Zwecke der Rechnungsprüfung aufzubewahren und auf Verlangen vorzulegen.

(5) Leistungen, die Dienstreisende ihres Amtes wegen von dritter Seite aus Anlass einer Dienstreise erhalten, sind auf die Reisekostenvergütung anzurechnen.

(6) Bei Dienstreisen für eine auf Verlangen, Vorschlag oder Veranlassung der zuständigen Behörde wahrgenommene Nebentätigkeit haben die Dienstreisenden nach diesem Gesetz nur insoweit Anspruch auf Reisekostenvergütung, wie nicht eine andere Stelle Auslagenerstattung für dieselbe Dienstreise zu gewähren hat. Das gilt auch dann, wenn die Dienstreisenden auf ihren Anspruch gegen diese Stelle verzichtet haben.

(7) Auf Reisekostenvergütung und Auslagenerstattung kann ganz oder teilweise verzichtet werden. Der Verzicht ist schriftlich oder elektronisch zu erklären.

§ 4 Fahrt- und Flugkostenerstattung

(1) Entstandene notwendige Kosten für Fahrten mit regelmäßig verkehrenden Beförderungsmitteln werden bis zur Höhe der Kosten der niedrigsten Beförderungsklasse erstattet. Die oberste Dienstbehörde oder die von ihr ermächtigte nachgeordnete Behörde kann für ihren Geschäftsbereich hiervon Ausnahmen zulassen. Ausnahmen sind zulässig, wenn besondere dienstliche Gründe vorliegen. Flugkosten sind erstattungsfähig, wenn die dienstlichen oder wirtschaftlichen Gründe für die Flugzeugbenutzung die Belange des Klimaschutzes überwiegen. Die Kosten für Ausgleichszahlungen für Flugreisen nach Absatz 4 sind bei der Wirtschaftlichkeitsberechnung einzubeziehen. Erstattet werden grundsätzlich die Kosten der niedrigsten Flugklasse. Das Finanzministerium kann hiervon durch Verwaltungsvorschrift Ausnahmen bestimmen.

(2) Dienstreisende, denen nach Absatz 1 die Fahrt- oder Flugkosten der niedrigsten Klasse zu erstatten wären, werden bei einem Grad der Behinderung von mindestens 50 die Aus-

lagen für die nächsthöhere Klasse erstattet. Dieselbe Vergünstigung kann anderen Dienstreisenden gewährt werden, wenn ihr körperlicher oder gesundheitlicher Zustand das Benutzen dieser Klasse rechtfertigt.

(3) Wurde aus triftigem Grund ein Mietwagen, ein Taxi oder ein Fahrzeug im Rahmen eines Carsharing-Modells benutzt, werden die entstandenen notwendigen Kosten erstattet. Liegt kein triftiger Grund vor, so darf keine höhere Reisekostenvergütung gewährt werden als beim Benutzen eines öffentlichen Verkehrsmittels. Bei Nutzung von Fahrzeugen im Rahmen eines Carsharing-Modells erfolgt keine Kürzung der Mitgliedsgebühr wegen eventueller privater Nutzung.

(4) Die obersten Dienstbehörden sind verpflichtet, zum Klimaausgleich für dienstlich veranlasste Flugreisen von Mitgliedern der Landesregierung und Bediensteten der Landesministerien sowie der jeweiligen nachgeordneten Behörden jährliche Ausgleichszahlungen auf der Grundlage der bestehenden Entscheidungen der Landesregierung zu leisten. Gleiches gilt für die staatlichen Hochschulen. Bei Flügen, die bei Projekten staatlicher Hochschulen aus Drittmitteln bezahlt werden, fällt eine Ausgleichszahlung an, sofern Vorgaben der Drittmittelgeber einer entsprechenden Verwendung nicht entgegenstehen.

§ 5 Wegstreckenentschädigung

(1) Für Fahrten, die von den Dienstreisenden mit einem privaten Kraftfahrzeug zurückgelegt wurden, wird eine Wegstreckenentschädigung gewährt. Sie beträgt 30 Cent je Kilometer zurückgelegter Strecke.

(2) Besteht an der Benutzung eines Kraftfahrzeugs ein erhebliches dienstliches Interesse, beträgt die Wegstreckenentschädigung 35 Cent je Kilometer zurückgelegter Strecke. Zur Wegstreckenentschädigung nach Satz 1 kann mit Zustimmung der obersten Dienstbehörde ein Zuschlag gewährt werden, wenn auf Grund der Art der Dienstgeschäfte regelmäßig in größerem Umfang Fahrten auf unbefestigten Straßen oder schwer befahrbaren Feld- oder Waldwegen durchzuführen sind. Der Zuschlag beträgt 5 Cent je Kilometer.

(3) Für Fahrten, die von den Dienstreisenden mit einem Fahrrad, E-Bike oder Pedelec zurückgelegt wurden, wird eine Wegstreckenentschädigung in Höhe von 25 Cent je Kilometer zurückgelegter Strecke gewährt.

§ 6 Tagegeld

(1) Zur Abgeltung der Mehraufwendungen für Verpflegung beträgt das Tagegeld für jeden vollen Kalendertag einer Dienstreise 24 Euro. Bei einer Dienstreise, die weniger als einen vollen Kalendertag dauert, für den Tag des Antritts und den Tag der Beendigung einer mehrtägigen Dienstreise, beträgt das Tagegeld bei einer Dienstreisedauer von mehr als 8 Stunden 6 Euro und bei einer Dienstreisedauer von mehr als 14 Stunden 12 Euro.

(2) Die Dauer der Dienstreise bestimmt sich nach der Abreise und Ankunft von der Wohnung, es sei denn, die Dienstreise beginnt oder endet an der Dienststätte oder Beginn oder Ende wurde an der Dienststätte angeordnet. Beim Vorliegen mehrerer Wohnungen oder Unterkünfte ist der Dienststätte am nächsten gelegene Wohnung oder Unterkunft maßgebend.

(3) Für Dienstgänge besteht kein Anspruch auf Tagegeld nach Absatz 1. Bei Dienstgängen von mehr als acht Stunden Dauer werden die nachgewiesenen notwendigen Auslagen für Verpflegung bis zur Höhe des Tagegeldes bei einer Dienstreise von gleicher Dauer erstattet.

(4) Erhalten Dienstreisende ihres Amtes wegen unentgeltlich Verpflegung, werden von dem ihnen zustehenden Tagegeld nach Absatz 1 für das Frühstück 20 vom Hundert und für das Mittagessen und Abendessen je 40 vom Hundert des Tagegeldes für einen vollen Kalendertag einbehalten. Das Gleiche gilt, wenn von dritter Seite Verpflegung bereitgestellt wird und hierfür das Entgelt in den erstattungsfähigen Fahrt-, Flug-, Übernachtungs- oder Nebenkosten enthalten ist. Die Sätze 1 und 2 sind auch dann anzuwenden, wenn die Dienstreisenden ihres Amtes wegen unentgeltlich bereitgestellte Verpflegung ohne triftigen Grund nicht in Anspruch nehmen.

§ 7 Übernachtungsgeld

(1) Für eine notwendige Übernachtung erhalten Dienstreisende pauschal 20 Euro im Inland und 30 Euro im Ausland. Höhere Übernachtungskosten werden im notwendigen Umfang erstattet. Durch Verwaltungsvorschrift wird bestimmt, bis zu welcher Höhe Übernachtungskosten notwendig sind.

(2) Übernachtungsgeld wird nicht gewährt

1. für die Dauer der Benutzung von Beförderungsmitteln,
2. für die Dauer des Aufenthalts in einer Wohnung der oder des Dienstreisenden,
3. bei unentgeltlicher Bereitstellung einer Unterkunft von Amts wegen, auch wenn diese Unterkunft ohne triftigen Grund nicht genutzt wird oder
4. in den Fällen, in denen das Entgelt für die Unterkunft in den erstattungsfähigen Fahrtkosten oder sonstigen Kosten enthalten ist, es sei denn, dass eine Übernachtung aufgrund einer zu frühen Ankunft am Geschäftsort oder einer zu späten Abfahrt von diesem zusätzlich erforderlich wird.

§ 8 Auslagenerstattung bei längerem Aufenthalt am Geschäftsort

Dauert der Aufenthalt an demselben auswärtigen Geschäftsort länger als sieben Tage, so wird vom achten Tag an die gleiche Vergütung gewährt, die von diesem Tag an bei einer Abordnung zu gewähren wäre. Zu den Aufenthaltstagen zählen alle Tage zwischen dem Anreisetag und dem Abreisetag.

§ 9 Aufwands- und Pauschvergütung

(1) Dienstreisende, denen erfahrungsgemäß geringere Aufwendungen für Verpflegung und Unterkunft als allgemein entstehen, können nach näherer Bestimmung der obersten Dienstbehörde oder der von ihr ermächtigten nachgeordneten Behörde anstelle von Tagegeld, Übernachtungsgeld und Auslagenerstattung nach § 8 Satz 1 und 2 entsprechend den notwendigen Aufwendungen mit einer Aufwandsvergütung abgefunden werden.

(2) Die oberste Dienstbehörde oder die von ihr ermächtigte nachgeordnete Behörde kann bei regelmäßigen oder gleichartigen Dienstreisen anstelle der Reisekostenvergütung oder einzelner ihrer Bestandteile eine Pauschvergütung gewähren, die nach dem Durchschnitt der in einem bestimmten Zeitraum sonst anfallenden Einzelvergütungen zu bemessen ist.

§ 10 Erstattung sonstiger Kosten

(1) Zur Erledigung des Dienstgeschäfts notwendige Auslagen, die nicht nach den §§ 4 bis 9 zu erstatten sind, werden als Nebenkosten erstattet.

(2) Entfallen Dienstreisen aus Gründen, die von den Dienstreisenden nicht zu vertreten sind, werden die durch die Vorbereitung entstandenen notwendigen, nach diesem Gesetz berücksichtigungsfähigen Auslagen erstattet.

§ 11 Bemessung der Reisekostenvergütung in besonderen Fällen

(1) Bei Dienstreisen aus Anlass der Versetzung, Abordnung oder Aufhebung einer Abordnung wird das Tagegeld (§ 6) für die Zeit bis zur Ankunft am neuen Dienstort gewährt. Das Tagegeld wird für die Zeit bis zum Ablauf des Ankunftstages gewährt, wenn die Dienstreisenden vom nächsten Tag an Trennungsgeld für auswärtiges Verbleiben erhalten; daneben wird Übernachtungsgeld (§ 7) gewährt.

(2) Für Reisen zum Zwecke der Fortbildung, die zumindest teilweise im dienstlichen Interesse liegen, können entstandene Kosten bis zur Höhe der für Dienstreisen zustehenden Reisekostenvergütung erstattet werden.

(3) Werden Dienstreisen mit einer Urlaubsreise oder einer anderen privaten Reise verbunden, wird die Reisekostenvergütung so bemessen, als ob nur die Dienstreise durchgeführt worden wäre. Die Reisekostenvergütung nach Satz 1 darf die sich nach dem tatsächlichen Reiseverlauf ergebende Reisekostenvergütung nicht übersteigen.

(4) Wird angeordnet oder genehmigt, dass die Dienstreise am Urlaubsort anzutreten

oder zu beenden ist, wird die Reisekostenvergütung abweichend von Absatz 3 nach der Abreise von oder der Ankunft an diesem Ort bemessen.

(5) Wird aus dienstlichen Gründen die vorzeitige Beendigung einer Urlaubsreise oder einer anderen privaten Reise angeordnet, gilt die Rückreise vom Urlaubs- oder Aufenthaltsort zur Dienststätte als Dienstreise, für die Reisekostenvergütung gewährt wird.

(6) Aufwendungen der Dienstreisenden und der sie begleitenden Personen, die durch die Unterbrechung oder die vorzeitige Beendigung einer Urlaubsreise oder einer anderen privaten Reise verursacht worden sind, werden in angemessenem Umfang erstattet. Dies gilt auch für Aufwendungen, die aus diesen Gründen nicht ausgenutzt werden konnten.

(7) Erkranken Dienstreisende und werden sie in ein Krankenhaus aufgenommen, werden für jeden vollen Kalendertag des Krankenhausaufenthalts die notwendigen Auslagen für die Unterkunft am Geschäftsort erstattet.

(8) Für Fahrten zwischen Wohnung und regelmäßiger Dienststätte aus besonderem dienstlichen Anlass können die entstandenen notwendigen Fahrtkosten erstattet werden.

§ 12 Auslandsdienstreisen

(1) Auslandsdienstreisen sind Dienstreisen zwischen dem Inland und dem Ausland sowie im Ausland. Dabei muss mindestens ein Geschäftsort im Ausland liegen.

(2) Für Auslandsdienstreisen gelten die Regelungen der §§ 1 bis 11 entsprechend.

(3) Abweichend von den §§ 6 und 7 werden Auslandstagegelder und Auslandsübernachtungsgelder nach Maßgabe der jeweils gültigen Fassung des § 3 der Auslandsreisekostenverordnung des Bundes (ARV) und der Allgemeinen Verwaltungsvorschrift über die Neufestsetzung der Auslandstage- und Auslandsübernachtungsgelder (ARVVwV) gewährt.

(4) Das Tage- und Übernachtungsgeld wird für das Land gewährt, das die Dienstreisenden vor Mitternacht Ortszeit zuletzt erreichen. Wird bei Auslandsdienstreisen das Inland vor Mitternacht zuletzt erreicht, wird Auslandstagegeld für das Land des letzten Geschäftsortes im Ausland gewährt.

(5) Bei Flugreisen gilt ein Land in dem Zeitpunkt als erreicht, in dem das Flugzeug dort landet. Zwischenlandungen bleiben unberücksichtigt, es sei denn, dass durch sie Übernachtungen notwendig werden. Bei Schiffsreisen gilt Satz 1 entsprechend.

(6) Dauert der Aufenthalt an demselben ausländischen Geschäftsort ohne Hin- und Rückreisetage länger als 14 Tage, ist das Auslandstagegeld nach Absatz 3 vom 15. Tag an um 25 vom Hundert zu ermäßigen. Die oberste Dienstbehörde oder die von ihr ermächtigte nachgeordnete Behörde kann in begründeten Fällen von der Ermäßigung absehen. Anstelle des pauschalen Übernachtungsgeldes werden ab dem 15. Tag die nachgewiesenen notwendigen Übernachtungskosten erstattet.

§ 13 Trennungsgeld

(1) Beamtinnen, Beamte, Richterinnen und Richter, die ohne Zusage der Umzugskostenvergütung an einen Ort außerhalb des Dienst- oder Wohnortes abgeordnet werden, erhalten für die ihnen dadurch entstehenden notwendigen Auslagen unter Berücksichtigung der häuslichen Ersparnis ein Trennungsgeld. Dasselbe gilt für die vorübergehende Zuteilung aus dienstlichen Gründen zu einem anderen Teil der Beschäftigungsbehörde und der vorübergehenden dienstlichen Tätigkeit bei einer anderen Stelle als der Dienststelle. Der Abordnung steht die Zuweisung nach § 20 des Beamtenstatusgesetzes gleich. Das Finanzministerium wird ermächtigt eine Rechtsverordnung zur Regelung des Trennungsgeldes zu erlassen.

(2) Absatz 1 gilt auch für Beamtinnen und Beamten auf Widerruf im Vorbereitungsdienst bei Abordnungen im Rahmen der Ausbildung. Der für die Ausbildung maßgebliche Dienstort wird von der obersten Dienstbehörde oder der von ihr ermächtigten nachgeordneten Behörde bestimmt. Satz 1 gilt auch bei Abordnungen im Rahmen des Ausbil-

dungs- oder Einführungsdienstes, einer Ausbildungs- oder Einführungszeit, die zum Erwerb einer Laufbahnbefähigung notwendig sind.

§ 14 Ermächtigung, Verwaltungsvorschriften

(1) Das Finanzministerium wird ermächtigt, durch Rechtsverordnung die in den §§ 5 und 7 Absatz 1 festgesetzten Beträge veränderten wirtschaftlichen Verhältnissen anzupassen.

(2) Die allgemeinen Verwaltungsvorschriften zu diesem Gesetz erlässt das Finanzministerium.

§ 15 Inkrafttreten

(1) Dieses Gesetz tritt am 1. Januar 2022 in Kraft. Gleichzeitig treten das Landesreisekostengesetz in der Fassung vom 20. Mai 1996 (GBl. S. 466), das zuletzt durch Artikel 2 des Gesetzes zur Weiterentwicklung des Klimaschutzes in Baden-Württemberg vom 15. Oktober 2020 (GBl. S. 937, 943) geändert worden ist, die Auslandsreisekostenverordnung des Landes vom 2. Januar 1984 (GBl. S. 33), die zuletzt durch Verordnung vom 20. November 2015 (GBl. S. 1057) geändert worden ist, und die Verordnung des Finanzministeriums über die Reisekostenvergütung in besonderen Fällen vom 4. März 1975 (GBl. S. 200), die zuletzt durch Artikel 3 der Verordnung vom 12. Dezember 1985 (GBl. S. 409, 411) geändert worden ist, außer Kraft.

(2) Für Dienstreisen, die bis zum 31. Dezember 2021 angetreten werden, gelten die Vorschriften des Landesreisekostengesetzes, der Auslandsreisekostenverordnung des Landes und die Verordnung des Finanzministeriums über die Reisekostenvergütung in besonderen Fällen jeweils in der Fassung vom 31. Dezember 2021. Dies gilt auch, wenn die Dienstreise bis zum 31. Dezember 2021 angetreten wurde und über den Zeitpunkt des Inkrafttretens dieses Gesetzes hinaus andauert.

Landesumzugskostengesetz (LUKG)

in der Fassung der Bekanntmachung
vom 12. Februar 1996 (GBl. S. 127)

Zuletzt geändert durch
Gesetz zur Änderung des Landesbeamtenversorgungsgesetzes Baden-Württemberg und
weiterer dienstrechtlicher Vorschriften
vom 5. Dezember 2023 (GBl. S. 429)

§ 1 Anwendungsbereich

(1) Dieses Gesetz regelt Art und Umfang der Erstattung von Auslagen aus Anlaß der in den §§ 3 und 4 bezeichneten Umzüge und der in § 12 genannten Maßnahmen. Berechtigte sind:

1. Landesbeamte und Beamte der Gemeinden, der Landkreise und der sonstigen der Aufsicht des Landes unterstehenden Körperschaften, Anstalten und Stiftungen des öffentlichen Rechts sowie zu diesen Dienstherren abgeordnete Beamte mit Ausnahme der Ehrenbeamten,

2. Richter im Landesdienst sowie in den Landesdienst abgeordnete Richter mit Ausnahme der ehrenamtlichen Richter,

3. Beamte und Richter (Nummern 1 und 2) im Ruhestand,

4. frühere Beamte und Richter (Nummern 1 und 2), die wegen Dienstunfähigkeit oder Erreichens der Altersgrenze entlassen worden sind,

5. Hinterbliebene der in den Nummern 1 bis 4 bezeichneten Personen.

(2) Hinterbliebene sind der Ehegatte, der Lebenspartner nach dem Lebenspartnerschaftsgesetz, Verwandte bis zum vierten Grade, Verschwägerte bis zum zweiten Grade, Pflegekinder und Pflegeeltern, wenn diese Personen zur Zeit des Todes zur häuslichen Gemeinschaft des Verstorbenen gehört haben.

(3) Eine häusliche Gemeinschaft im Sinne dieses Gesetzes setzt ein Zusammenleben in gemeinsamer Wohnung oder in enger Betreuungsgemeinschaft in demselben Hause voraus.

§ 2 Anspruch auf Umzugskostenvergütung

(1) Voraussetzung für den Anspruch auf Umzugskostenvergütung ist die schriftliche Zusage. Sie soll gleichzeitig mit der den Umzug veranlassenden Maßnahme erteilt werden.

(2) Die Umzugskostenvergütung wird nach Beendigung des Umzuges gewährt. Sie ist innerhalb einer Ausschlussfrist von einem Jahr bei der Beschäftigungsbehörde, von den in § 1 Abs. 1 Satz 2 Nr. 3 und 4 bezeichneten Berechtigten bei der letzten Beschäftigungsbehörde und von den Hinterbliebenen (§ 1 Abs. 1 Satz 2 Nr. 5) bei der letzten Beschäftigungsbehörde des Verstorbenen schriftlich oder elektronisch zu beantragen. Die Frist beginnt mit dem Tag nach Beendigung des Umzuges, in den Fällen des § 11 Satz 1 mit dem Tag nach der Bekanntgabe des Widerrufs. Die zuständigen Abrechnungsstellen können bis zum Ablauf von sechs Monaten nach Antragstellung die Vorlage der maßgeblichen Kostenbelege verlangen. Werden diese Belege auf Anforderung nicht innerhalb eines Monats vorgelegt, kann der Erstattungsantrag insoweit abgelehnt werden. Der Berechtigte ist verpflichtet, die Kostenbelege nach Erstattung der Umzugskostenvergütung bis zum Ablauf eines Jahres für Zwecke der Rechnungsprüfung aufzubewahren und auf Verlangen vorzulegen.

(3) Umzugskostenvergütung wird nur gewährt, wenn der Umzug innerhalb von fünf Jahren nach Wirksamwerden der Zusage der Umzugskostenvergütung durchgeführt wird oder bis zu einem späteren Umzug ein durchgängiger Anspruch auf Trennungsgeld besteht.

§ 3 Zusage der Umzugskostenvergütung

(1) Die Umzugskostenvergütung ist zuzusagen für Umzüge aus Anlaß

1. der Versetzung aus dienstlichen Gründen an einen anderen Ort als den bisherigen Dienstort, es sei denn, daß
   a) mit einer baldigen weiteren Versetzung an einen anderen Dienstort zu rechnen ist,
   b) der Umzug aus besonderen Gründen nicht durchgeführt werden soll oder
   c) die Wohnung im neuen Dienstort oder in dessen Einzugsgebiet liegt. Im Einzugsgebiet liegt die Wohnung, wenn sie auf einer üblicherweise befahrenen Strecke weniger als 30 Kilometer von der neuen Dienststätte entfernt ist,
2. der Anweisung des Dienstvorgesetzten, die Wohnung innerhalb bestimmter Entfernung von der Dienststelle zu nehmen,
3. der Aufhebung einer Versetzung nach einem Umzug mit Zusage der Umzugskostenvergütung.

(2) Absatz 1 Nr. 1 gilt entsprechend für Umzüge aus Anlaß

1. der Verlegung der Beschäftigungsbehörde,
2. der nicht nur vorübergehenden Zuteilung aus dienstlichen Gründen zu einem anderen Teil der Beschäftigungsbehörde,
3. der Übertragung eines weiteren oder anderen Richteramtes nach § 27 Abs. 2 oder § 32 Abs. 2 des Deutschen Richtergesetzes.

§ 4 Zusage der Umzugskostenvergütung in besonderen Fällen

(1) Die Umzugskostenvergütung kann in entsprechender Anwendung des § 3 Abs. 1 Nr. 1 zugesagt werden für Umzüge aus Anlaß

1. der Einstellung bei Vorliegen eines besonderen dienstlichen Interesses an der Einstellung,
2. der Abordnung, auch im Rahmen der Ausbildung,
3. der Zuweisung nach § 20 des Beamtenstatusgesetzes,
4. der vorübergehenden Zuteilung aus dienstlichen Gründen zu einem anderen Teil der Beschäftigungsbehörde,
5. der vorübergehenden dienstlichen Tätigkeit bei einer anderen Stelle als einer Dienststelle,
6. der Aufhebung oder Beendigung einer Maßnahme nach Nummer 2 bis 5 nach einem Umzug mit Zusage der Umzugskostenvergütung,
7. der Räumung einer im Eigentum oder im Besetzungsrecht eines öffentlich-rechtlichen Dienstherrn im Geltungsbereich des Landesbeamtengesetzes stehenden Mietwohnung, wenn sie auf dienstliche Veranlassung hin im dienstlichen Interesse geräumt werden soll.

In den Fällen des Satzes 1 Nr. 1 kann bei kommunalen Wahlbeamten die Zusage der Umzugskostenvergütung auch dann erteilt werden, wenn die bisherige Wohnung bereits im Einzugsgebiet des neuen Dienstortes liegt, eine Wohnsitzverlegung an den neuen Dienstort aber im Interesse der Gemeinde erfolgt.

(2) Die Zusage der Umzugskostenvergütung kann in den Fällen des Absatzes 1 der Höhe nach oder auf einzelne Erstattungstatbestände (§ 5 Abs. 1) beschränkt werden.

§ 5 Arten der Umzugskostenvergütung

(1) Die Umzugskostenvergütung umfaßt die Erstattung der

1. Beförderungsauslagen (§ 6),
2. Reisekosten (§ 7),
3. Mietentschädigung (§ 8),
4. Maklergebühren (§ 9),
5. Pauschvergütung für sonstige Umzugsauslagen (§ 10),
6. Auslagen für Umzugsvorbereitungen (§ 11).

(2) Zuwendungen, die für denselben Umzug von einer anderen Dienst- oder Beschäftigungsstelle gewährt werden, sind auf die Umzugskostenvergütung insoweit anzurechnen, als für denselben Zweck Umzugskostenvergütung nach diesem Gesetz gewährt wird.

(3) Die auf Grund einer Zusage nach § 4 Abs. 1 Nr. 1 gewährte Umzugskostenvergütung ist zurückzuzahlen, wenn der Berechtig-

te vor Ablauf von zwei Jahren nach Beendigung des Umzuges aus einem von ihm zu vertretenden Grunde aus dem Dienst seines bisherigen Dienstherrn ausscheidet. Die oberste Dienstbehörde kann hiervon Ausnahmen zulassen, wenn der Berechtigte unmittelbar in ein Dienst- oder Beschäftigungsverhältnis zu einem anderen öffentlich-rechtlichen Dienstherrn in der Bundesrepublik Deutschland oder zu einer in § 40 Abs. 7 Satz 2 und 3 des Bundesbesoldungsgesetzes bezeichneten Einrichtung übertritt.

§ 6 Beförderungsauslagen

(1) Die notwendigen Auslagen für das Befördern des Umzugsgutes von der bisherigen zur neuen Wohnung werden erstattet. In den Fällen des § 3 Abs. 1 Nr. 3 und § 4 Abs. 1 Nr. 7 werden höchstens die Beförderungsauslagen erstattet, die bei einem Umzug für eine Entfernung von 30 Kilometer entstanden wären.

(2) Auslagen für das Befördern von Umzugsgut, das sich außerhalb der bisherigen Wohnung befindet, werden höchstens insoweit erstattet, als sie beim Befördern mit dem übrigen Umzugsgut erstattungsfähig wären.

(3) Umzugsgut sind die Wohnungseinrichtung und in angemessenem Umfang andere bewegliche Gegenstände und Haustiere, die sich am Tage vor dem Einladen des Umzugsgutes im Eigentum, Besitz oder Gebrauch des Berechtigten oder anderer Personen befinden, die mit ihm in häuslicher Gemeinschaft leben. Andere Personen im Sinne des Satzes 1 sind der Ehegatte oder der Lebenspartner nach dem Lebenspartnerschaftsgesetz sowie die ledigen Kinder, Stief- und Pflegekinder. Es gehören ferner dazu die nicht ledigen in Satz 2 genannten Kinder und Verwandte bis zum vierten Grade, Verschwägerte bis zum zweiten Grade und Pflegeeltern, wenn der Berechtigte diesen Personen aus gesetzlicher oder sittlicher Verpflichtung nicht nur vorübergehend Unterkunft und Unterhalt gewährt, sowie Hausangestellte und solche Personen, deren Hilfe der Umziehende aus beruflichen oder gesundheitlichen Gründen nicht nur vorübergehend bedarf.

§ 7 Reisekosten

(1) Die Auslagen für die Reise des Berechtigten und der zur häuslichen Gemeinschaft gehörenden Personen (§ 6 Abs. 3 Satz 2 und 3) von der bisherigen zur neuen Wohnung werden wie bei Dienstreisen des Berechtigten erstattet. Übernachtungsgeld wird für den Tag des Ausladens des Umzugsgutes nur gewährt, wenn eine Übernachtung außerhalb der neuen Wohnung notwendig gewesen ist.

(2) Absatz 1 Satz 1 gilt entsprechend für zwei Reisen einer Person oder eine Reise von zwei Personen zum Suchen oder Besichtigen einer Wohnung. Eine Erstattung wird je Reise für höchstens zwei Reise- und zwei Aufenthaltstage gewährt.

(3) Für eine Reise des Berechtigten zur bisherigen Wohnung zur Vorbereitung und Durchführung des Umzuges werden Fahrauslagen wie bei einer Dienstreise erstattet. Die Fahrauslagen einer anderen Person für eine solche Reise werden im gleichen Umfang erstattet, wenn sich zur Zeit des Umzuges am bisherigen Wohnort weder der Berechtigte noch eine andere Person (§ 6 Abs. 3 Satz 2 und 3) befunden hat, der die Vorbereitung und Durchführung des Umzuges zuzumuten war. Wird der Umzug vor dem Wirksamwerden einer Maßnahme nach den §§ 3 und 4 Abs. 1 durchgeführt, so werden Fahrauslagen des Berechtigten für die Rückreise von der neuen Wohnung zur Dienst- oder Beschäftigungsstelle wie bei einer Dienstreise erstattet.

(4) § 6 Abs. 1 Satz 2 gilt entsprechend.

§ 8 Mietentschädigung

(1) Miete für die bisherige Wohnung wird bis zu dem Zeitpunkt, zu dem das Mietverhältnis frühestens gelöst werden konnte, längstens jedoch für sechs Monate, erstattet, wenn für dieselbe Zeit Miete für die neue Wohnung gezahlt werden mußte. Ferner werden die notwendigen Auslagen für das Weitervermieten der Wohnung innerhalb der Vertragsdauer bis zur Höhe der Miete für einen Monat erstattet. Die Sätze 1 und 2 gelten auch für die Miete einer Garage.

(2) Miete für die neue Wohnung, die nach Lage des Wohnungsmarktes für eine Zeit ge-

§§ 9–10 Landesumzugskostengesetz (LUKG)

zahlt werden mußte, während der die Wohnung noch nicht benutzt werden konnte, wird längstens für drei Monate erstattet, wenn für dieselbe Zeit Miete für die bisherige Wohnung gezahlt werden mußte. Entsprechendes gilt für die Miete einer Garage.

(3) Miete nach den Absätzen 1 und 2 wird nicht für eine Zeit erstattet, in der die Wohnung oder die Garage ganz oder teilweise anderweitig vermietet oder benutzt worden ist.

§ 9 Maklergebühren

Die notwendigen ortsüblichen Maklergebühren für die Vermittlung einer Mietwohnung und einer Garage oder die entsprechenden Auslagen bis zu dieser Höhe für eine eigene Wohnung werden erstattet.

§ 10 Pauschvergütung für sonstige Umzugsauslagen

(1) Berechtigte, die am Tage vor dem Einladen des Umzugsgutes eine Wohnung hatten und eine solche nach dem Umzug wieder eingerichtet haben, erhalten eine Pauschvergütung für sonstige Umzugsauslagen. Sie beträgt für verheiratete oder in einer eingetragenen Lebenspartnerschaft lebende Angehörige der Besoldungsgruppen

A 6 bis A 8	20,2 vom Hundert,
A 9 bis A 12	21,4 vom Hundert,
A 13 bis A 16, B 1 und B 2, C 1 bis C 3, W 1 und W 2 sowie R 1 und R 2	24,1 vom Hundert,
B 3 bis B 11, C 4, W 3 sowie R 3 bis R 10	28,6 vom Hundert

des Endgrundgehaltes der Besoldungsgruppe A 13 nach Anlage VI des Landesbesoldungsgesetzes Baden-Württemberg. Ledige erhalten 50 vom Hundert des Betrags nach Satz 2. Für die Zuteilung zu den Besoldungsgruppen ist maßgebend

1. bei Beamten auf Widerruf im Vorbereitungsdienst
die Eingangsbesoldungsgruppe ihrer Laufbahn,

2. bei den übrigen Beamten und Richtern
die Besoldungsgruppe, in der sie sich am Tage vor dem Einladen des Umzugsgutes befinden,

3. bei Beamten und Richtern im Ruhestand und früheren Beamten und Richtern
die Besoldungsgruppe, der sie bei Beendigung des Dienstverhältnisses angehört haben, oder, wenn dies günstiger ist, die Besoldungsgruppe, nach der sich ihre Versorgungsbezüge bemessen,

4. bei Hinterbliebenen
die Besoldungsgruppe, der der Verstorbene zuletzt angehört hat, oder, wenn dies günstiger ist, die Besoldungsgruppe, nach der sich ihre Versorgungsbezüge bemessen.

Die Rückwirkung der Einweisung in eine Planstelle bleibt unberücksichtigt.

(2) Die Beträge nach Absatz 1 Satz 2 und 3 erhöhen sich für jede in § 6 Abs. 3 Satz 2 und 3 bezeichnete Person mit Ausnahme des Ehegatten oder des Lebenspartners nach dem Lebenspartnerschaftsgesetz um 6,3 vom Hundert des Endgrundgehaltes der Besoldungsgruppe A 13 nach Anlage VI des Landesbesoldungsgesetzes Baden-Württemberg, wenn sie auch nach dem Umzug mit dem Umziehenden in häuslicher Gemeinschaft lebt.

(3) Verheirateten stehen Verwitwete und Geschiedene sowie diejenigen gleich, deren Ehe aufgehoben oder für nichtig erklärt ist, ferner Ledige, der auch in der neuen Wohnung Verwandten bis zum vierten Grade, Verschwägerten bis zum zweiten Grade, Pflegekindern oder Pflegeeltern aus gesetzlicher oder sittlicher Verpflichtung nicht nur vorübergehend Unterkunft und Unterhalt gewähren, sowie Ledige, die auch in der neuen Wohnung eine andere Person aufgenommen haben, deren Hilfe sie aus beruflichen oder gesundheitlichen Gründen nicht nur vorübergehend bedürfen. Satz 1 gilt für eingetragene Lebenspartnerschaften entsprechend.

(4) Eine Wohnung im Sinne des Absatzes 1 besteht aus einer geschlossenen Einheit von mehreren Räumen, in der ein Haushalt geführt werden kann, darunter stets eine Küche

oder ein Raum mit Kochgelegenheit. Zu einer Wohnung gehören außerdem Wasserver- und -entsorgung sowie Toilette.

(5) Sind die Voraussetzungen des Absatzes 1 Satz 1 nicht gegeben, so beträgt die Pauschvergütung bei Verheirateten oder in einer eingetragenen Lebenspartnerschaft Lebenden 30 vom Hundert, bei Ledigen 20 vom Hundert des Betrages nach Absatz 1 Satz 2 oder 3. Die volle Pauschvergütung wird gewährt, wenn das Umzugsgut aus Anlaß einer vorangegangenen Auslandsverwendung untergestellt war.

(6) Ist innerhalb von fünf Jahren ein Umzug mit Zusage der Umzugskostenvergütung nach §§ 3, 4 Abs. 1 Nr. 2 bis 6 vorausgegangen, so wird ein Häufigkeitszuschlag in Höhe von 50 vom Hundert der Pauschvergütung nach Absatz 1 gewährt, wenn beim vorausgegangenen und beim abzurechnenden Umzug die Voraussetzungen des Absatzes 1 Satz 1 vorgelegen haben.

(7) Stehen für denselben Umzug mehrere Pauschvergütungen zu, wird nur eine davon gewährt; sind die Pauschvergütungen unterschiedlich hoch, so wird die höhere Pauschvergütung gewährt.

§ 11 Auslagen für Umzugsvorbereitungen

Wird die Zusage der Umzugskostenvergütung aus von dem Berechtigten nicht zu vertretenden Gründen widerrufen, so werden die durch die Vorbereitung des Umzuges entstandenen notwendigen Auslagen im Rahmen der §§ 6 bis 9 erstattet. Sonstige Umzugsauslagen sind bei Nachweis bis zur Höhe der Pauschvergütung nach § 10 erstattungsfähig. Muß in diesem Fall ein anderer Umzug durchgeführt werden, so wird dafür Umzugskostenvergütung gewährt; Satz 1 bleibt unberührt. Die Sätze 1 bis 3 gelten entsprechend, wenn die Zusage der Umzugskostenvergütung zurückgenommen oder anderweitig aufgehoben wird oder sich auf andere Weise erledigt.

§ 12 Trennungsgeld

(1) Ein Beamter oder Richter erhält

1. in den Fällen des § 3 Abs. 1 Nr. 1 und 4 sowie Abs. 2, ausgenommen bei Vorliegen der Voraussetzungen des § 3 Abs. 1 Nr. 1 Buchst. c,

2. in den Fällen des § 3 Abs. 1 Nr. 3 und

3. in den Fällen des § 4 Abs. 1 Nr. 1 bis 6 bei Zusage der Umzugskostenvergütung

für die ihm durch die getrennte Haushaltsführung, das Beibehalten der Wohnung oder der Unterkunft am bisherigen Wohnort oder das Unterstellen des zur Führung eines Haushalts notwendigen Teils der Wohnungseinrichtung entstandenen notwendigen Auslagen unter Berücksichtigung der häuslichen Ersparnis ein Trennungsgeld. Das Finanzministerium wird ermächtigt, die Einzelheiten der Trennungsgeldgewährung durch Rechtsverordnung zu regeln. Dabei kann die Kürzung oder der Wegfall des Trennungsgeldes nach Ablauf angemessener Fristen bestimmt und die Gewährung von Trennungsgeld bei Umzügen mit Zusage der Umzugskostenvergütung, die vor dem Wirksamwerden der dienstlichen Maßnahme erfolgen, geregelt werden. Außerdem kann bestimmt werden, in welchen Fällen das Trennungsgeld auch bei der Einstellung ohne Zusage der Umzugskostenvergütung gewährt wird.

(2) Absatz 1 gilt auch für Beamte auf Widerruf im Vorbereitungsdienst bei Abordnungen im Rahmen der Ausbildung. Der für die Ausbildung maßgebliche Dienstort wird von der obersten Dienstbehörde oder der von ihr ermächtigten nachgeordneten Behörde bestimmt.

(3) Ist dem Trennungsgeldberechtigten die Umzugskostenvergütung zugesagt worden, so darf Trennungsgeld nur gewährt werden, wenn er uneingeschränkt umzugswillig ist und nachweislich wegen Wohnungsmangels am neuen Dienstort einschließlich dessen Einzugsgebietes (§ 3 Abs. 1 Nr. 1 Buchst. c) nicht umziehen kann. Diese Voraussetzungen müssen seit dem Tage erfüllt sein, an dem die Umzugskostenvergütung zugesagt worden oder, falls für den Trennungsgeldberechtigten günstiger, die Maßnahme nach Absatz 1 wirksam geworden ist.

(4) Vom Vorliegen der Voraussetzungen des Absatzes 3 ist von dem Tag an abzusehen, an dem der Trennungsgeldberechtigte aus einem der folgenden Gründe vorübergehend an einem Umzug gehindert ist:

1. vorübergehende schwere Erkrankung des Trennungsgeldberechtigten oder einer zur häuslichen Gemeinschaft gehörenden Person (§ 6 Abs. 3 Satz 2 und 3) bis zur Dauer von einem Jahr;
2. Beschäftigungsverbot nach den Vorschriften über den Mutterschutz für die Trennungsgeldberechtigte oder für eine zur häuslichen Gemeinschaft gehörende Person (§ 6 Abs. 3 Satz 2 und 3);
3. Schul- oder Berufsausbildung eines Kindes (§ 6 Absatz 3 Satz 2 und 3) bis zum Ende des Schul- oder Ausbildungsjahres; befindet sich das Kind in der vorletzten Jahrgangsstufe einer Schule, so verlängert sich der Zeitraum bis zum Ende des folgenden Schuljahres; befindet sich das Kind im vorletzten Ausbildungsjahr eines Berufsausbildungsverhältnisses, so verlängert sich der Zeitraum bis zum Ende des folgenden Ausbildungsjahres;
4. Schul- oder Berufsausbildung eines schwerbehinderten Kindes (§ 6 Abs. 3 Satz 2 und 3) bis zur Beendigung der Ausbildung, solange diese am neuen Dienst- oder Wohnort oder in erreichbarer Entfernung davon wegen der Behinderung nicht fortgesetzt werden kann;
5. akute lebensbedrohende Erkrankung eines Elternteils des Trennungsgeldberechtigten oder seines Ehegatten oder seines Lebenspartners nach dem Lebenspartnerschaftsgesetz, wenn dieser in hohem Maße Hilfe des Ehegatten, des Lebenspartners nach dem Lebenspartnerschaftsgesetz oder einer zur häuslichen Gemeinschaft gehörenden Person (§ 6 Abs. 3 Satz 2 und 3) erhält;
6. Schul- oder erste Berufsausbildung des Ehegatten oder des Lebenspartners nach dem Lebenspartnerschaftsgesetz in entsprechender Anwendung der Nummer 3.

Liegt bei Wegfall des Hinderungsgrundes ein neuer Hinderungsgrund im Sinne des Satzes 1 vor, ist vom Vorliegen der Voraussetzungen des Absatzes 3 längstens bis zu einem weiteren Jahr abzusehen. Wenn der neue Hinderungsgrund erst später eintritt, bleibt er unberücksichtigt.

§ 13 Auslandsumzüge

Für Auslandsumzüge gelten die Sondervorschriften des Bundes entsprechend.

§ 14 Zuständigkeitsregelung

(1) Für die Zusage der Umzugskostenvergütung ist die oberste Dienstbehörde, in den Fällen des § 1 Abs. 1 Satz 2 Nr. 3 bis 5 die letzte oberste Dienstbehörde zuständig. Die oberste Dienstbehörde kann durch Rechtsverordnung ihre Zuständigkeit auf nachgeordnete Behörden übertragen.

(2) Bei Umzügen aus Gründen der Wohnungsfürsorge entscheidet das Finanzministerium als das für die Wohnungsfürsorge zuständige Ministerium über die Erteilung der Zusage der Umzugskostenvergütung und über die nach § 4 Abs. 1 Nr. 7 zu treffenden Maßnahmen; es kann seine Befugnisse auf nachgeordnete Behörden übertragen.

§ 15 Verwaltungsvorschriften

Die allgemeinen Verwaltungsvorschriften zu diesem Gesetz erläßt das Finanzministerium, soweit sie erlassen werden

1. zu den Vorschriften für die Richter im Landesdienst, im Benehmen mit dem Justizministerium,
2. zu den Vorschriften für die Beamten nach § 1 Abs. 1 Satz 2 Nr. 1 mit Ausnahme der Landesbeamten, im Benehmen mit dem Innenministerium.

Verordnung des Finanzministeriums über das Trennungsgeld bei Abordnungen und Versetzungen (Landestrennungsgeldverordnung – LTGVO)

Vom 26. Mai 2021 (GBl. S. 502)

Es wird verordnet auf Grund von

1. § 13 Absatz 1 des Gesetzes zur Neufassung des Landesreisekostengesetzes (LRKG) vom 3. Februar 2021 (Fundstelle GBl. S. 111),
2. § 12 Absatz 1 des Landesumzugskostengesetzes (LUKG) vom 12. Februar 1996 (GBl. S. 127), das zuletzt durch Artikel 19 der neunten Verordnung des Innenministeriums zur Anpassung des Landesrechts an die geänderten Geschäftsbereiche und Bezeichnungen der Ministerien vom 23. Februar 2017 (GBl. S. 99) geändert worden ist:

§ 1 Geltungsbereich

(1) Trennungsgeldberechtigt nach dieser Verordnung sind

1. Landesbeamtinnen und Landesbeamte, Beamtinnen und Beamte der Gemeinden, der Landkreise und der sonstigen der Aufsicht des Landes unterstehenden Körperschaften, Anstalten und Stiftungen des öffentlichen Rechts und zu diesen Dienstherren abgeordnete Beamtinnen und Beamte und
2. Richterinnen und Richter im Landesdienst und in den Landesdienst abgeordnete Richterinnen und Richter.

(2) Anspruch auf Trennungsgeld entsteht aus Anlass der

1. Versetzung aus dienstlichen Gründen,
2. Aufhebung einer Versetzung aus dienstlichen Gründen nach einem Umzug mit Zusage der Umzugskostenvergütung,
3. Verlegung der Beschäftigungsbehörde,
4. nicht nur vorübergehenden Zuteilung aus dienstlichen Gründen zu einem anderen Teil der Beschäftigungsbehörde,
5. Übertragung eines anderen Richteramtes nach § 32 Absatz 1 des Deutschen Richtergesetzes oder eines weiteren Richteramtes nach § 27 Absatz 2 des Deutschen Richtergesetzes,
6. Abordnung, auch im Rahmen der Ausbildung,
7. Zuweisung nach § 20 des Beamtenstatusgesetzes,
8. vorübergehenden Zuteilung aus dienstlichen Gründen zu einem anderen Teil der Beschäftigungsbehörde,
9. vorübergehenden dienstlichen Tätigkeit bei einer anderen Stelle als einer Dienststelle,
10. Aufhebung oder Beendigung einer Maßnahme nach den Nummern 6 bis 9 nach einem Umzug mit Zusage der Umzugskostenvergütung,
11. Einstellung mit Zusage der Umzugskostenvergütung,
12. Einstellung ohne Zusage der Umzugskostenvergütung bei vorübergehender Dauer des Dienstverhältnisses oder der vorübergehenden Verwendung am Einstellungsort, vorbehaltlich der Zustimmung der obersten Dienstbehörde oder der von ihr ermächtigten nachgeordneten Behörde,
13. Räumung einer Dienstwohnung auf dienstliche Weisung, solange der zur Führung eines Haushalts notwendige Teil der Wohnungseinrichtung untergestellt werden muss.

(3) Trennungsgeld wird nur gewährt, wenn bei Maßnahmen nach Absatz 2 der neue Dienstort ein anderer als der bisherige Dienstort ist und die Wohnung nicht im Einzugsgebiet (§ 3 Absatz 1 Nummer 1 Buchstabe c LUKG) der neuen Dienststätte liegt. Beim Vorliegen besonderer dienstlicher Gründe kann bei Maßnahmen nach Absatz 2 Nummer 6 bis 9 auch dann Trennungsgeld gewährt werden, wenn die Wohnung im Einzugsgebiet (§ 3 Absatz 1 Nummer 1 Buch-

stabe c LUKG) der neuen Dienststätte liegt. Das Vorliegen besonderer dienstlicher Gründe ist von der Dienststelle im Rahmen der personalrechtlichen Verfügung festzustellen.

§ 2 Trennungsgeld nach Zusage der Umzugskostenvergütung

(1) Ist Umzugskostenvergütung zugesagt, steht Trennungsgeld zu, wenn Trennungsgeldberechtigte seit dem Tag des Wirksamwerdens der Zusage oder, falls für sie günstiger, der Maßnahme nach § 1 Absatz 2 uneingeschränkt umzugswillig sind und solange sie wegen Wohnungsmangels am neuen Dienstort und in dessen Einzugsgebiet nicht umziehen können. Uneingeschränkt umzugswillig ist, wer sich unter Ausschöpfung aller Möglichkeiten nachweislich fortwährend um eine Wohnung bemüht und den Umzug nicht durch unangemessene Ansprüche an die Wohnung oder aus anderen nicht in Absatz 2 genannten Gründen verzögert. Unangemessen ist eine Wohnung, soweit die Zahl der Zimmer die Zahl der nach § 6 Absatz 3 Satz 2 und 3 LUKG berücksichtigungsfähigen Personen um mehr als zwei übersteigt. Bei unverheirateten oder nicht nach dem Lebenspartnerschaftsgesetz verpartnerten Trennungsgeldberechtigten ohne Wohnung nach § 10 Absatz 4 LUKG gilt als angemessene Wohnung auch ein möbliertes Zimmer oder eine bereitgestellte Gemeinschaftsunterkunft.

(2) Vom Vorliegen der Voraussetzungen des Absatzes 1 ist von dem Tag an abzusehen, an dem Trennungsgeldberechtigte aus einem der folgenden Gründe vorübergehend an einem Umzug gehindert sind:

1. vorübergehende schwere Erkrankung der trennungsgeldberechtigten Person oder einer zur häuslichen Gemeinschaft gehörenden Person nach § 6 Absatz 3 Satz 2 und 3 LUKG bis zur Dauer von einem Jahr;

2. Beschäftigungsverbot nach den Vorschriften über den Mutterschutz für die Trennungsgeldberechtigte oder eine zur häuslichen Gemeinschaft gehörende Person nach § 6 Absatz 3 Satz 2 und 3 LUKG;

3. Schul- oder Berufsausbildung eines Kindes nach § 6 Absatz 3 Satz 2 und 3 LUKG bis zum Ende des Schul- oder Ausbildungsjahres. Befindet sich das Kind in der vorletzten Jahrgangsstufe einer Schule, so verlängert sich der Zeitraum bis zum Ende des folgenden Schuljahres; befindet sich das Kind im vorletzten Ausbildungsjahr eines Berufsausbildungsverhältnisses, so verlängert sich der Zeitraum bis zum Ende des folgenden Ausbildungsjahres;

4. Schul- oder Berufsausbildung eines schwerbehinderten Kindes nach § 6 Absatz 3 Satz 2 und 3 LUKG bis zur Beendigung der Ausbildung, solange diese am neuen Dienst- oder Wohnort oder in erreichbarer Entfernung davon wegen der Behinderung nicht fortgesetzt werden kann;

5. akute lebensbedrohende Erkrankung eines Elternteils der trennungsgeldberechtigten Person oder ihres Ehegatten oder ihrer Lebenspartnerin oder ihres Lebenspartners nach dem Lebenspartnerschaftsgesetz,

6. Schul- oder erste Berufsausbildung der Ehegattin oder des Ehegatten oder der Lebenspartnerin oder des Lebenspartners nach dem Lebenspartnerschaftsgesetz in entsprechender Anwendung der Nummer 3.

Liegt bei Wegfall des Hinderungsgrundes ein neuer Hinderungsgrund im Sinne des Satzes 1 vor, ist vom Vorliegen der Voraussetzungen des Absatzes 1 längstens bis zu einem weiteren Jahr abzusehen. Wenn der neue Hinderungsgrund erst später eintritt, bleibt er unberücksichtigt.

(3) Ist Umzugskostenvergütung zugesagt, wird das Trennungsgeld nach einer Bezugszeit von sechs Monaten um 50 vom Hundert gekürzt und steht nach weiteren sechs Monaten nicht mehr zu. Die Bezugszeit verlängert sich in den Fällen des Absatzes 2 um den Zeitraum, für den vom Vorliegen der Voraussetzungen des Absatzes 1 abgesehen wird. Die oberste Dienstbehörde kann auf Antrag in außergewöhnlichen Härtefällen von der Kürzung absehen und die Bezugszeit bis zu einem weiteren Jahr verlängern.

(4) Wird ein Umzug, für den Umzugskostenvergütung zugesagt ist, aus Anlass einer

Maßnahme nach § 1 Absatz 2 vor deren Wirksamwerden durchgeführt, kann Trennungsgeld in sinngemäßer Anwendung dieser Verordnung bis zum Tag vor der Dienstantrittsreise, längstens für zwölf Monate gewährt werden.

(5) Wird die Zusage der Umzugskostenvergütung außerhalb des Rechtsbehelfsverfahrens aufgehoben, wird dadurch ein Trennungsgeldanspruch nicht begründet; ein erloschener Trennungsgeldanspruch lebt nicht wieder auf.

§ 3 Trennungsgeld beim auswärtigen Verbleiben

(1) Trennungsgeldberechtigte, die nicht täglich zum Wohnort zurückkehren und denen die tägliche Rückkehr nicht zuzumuten oder aus dienstlichen Gründen nicht gestattet ist, erhalten für die ersten sieben Tage nach beendeter Dienstantrittsreise als Trennungsgeld die gleiche Vergütung wie bei Dienstreisen (Trennungsreisegeld). Die tägliche Rückkehr zum Wohnort ist in der Regel nicht zuzumuten, wenn beim Benutzen öffentlicher Verkehrsmittel die Abwesenheit von der Wohnung mehr als zwölf Stunden oder die benötigte Zeit für das Zurücklegen der Strecke zwischen Wohnung und Dienststätte und zurück mehr als drei Stunden beträgt. Sollte das Benutzen öffentlicher Verkehrsmittel nicht möglich oder nicht zumutbar sein, kann für die o. g. Zeitgrenzen auch das tatsächliche benutzte Beförderungsmittel zugrunde gelegt werden. Auf das Tagegeld des Trennungsreisegeldes ist die für eine Dienstreise oder einen Dienstgang von weniger als 24 Stunden Dauer zustehende Reisekostenvergütung für Verpflegungsmehraufwand anzurechnen.

(2) Vom achten Tag wird unter der Voraussetzung, dass eine Wohnung oder Unterkunft am bisherigen Wohnort beibehalten wird, als Trennungsgeld, Trennungstagegeld und Trennungsübernachtungsgeld nach Maßgabe der Absätze 3 und 4 gewährt. Trennungstagegeld wird nach Beginn der Maßnahme von § 1 Absatz 2 LTGVO längstens für drei Monate gewährt.

(3) Als Trennungstagegeld wird für jeden Tag der Anwesenheit am neuen Dienstort ein Betrag in Höhe der Summe der nach § 2 Absatz 1 Satz 2 und Absatz 6 der Sozialversicherungsentgeltverordnung maßgebenden Sachbezugswerte für Frühstück, Mittagessen und Abendessen gewährt. Davon ausgenommen sind Urlaubstage und Tage des Arbeitszeitausgleichs sowie Aufenthaltstage in einem Krankenhaus oder einer Reha-Einrichtung. Ebenfalls davon ausgenommen sind allgemein dienstfreie Tage, sofern sie aus den Gründen nach Satz 2 eingeschlossen sind (gefangene Tage). Erhalten Trennungsgeldberechtigte ihres Amtes wegen unentgeltliche Verpflegung, ist das Trennungstagegeld für jede bereitgestellte Mahlzeit um den maßgebenden Sachbezugswert nach § 2 Absatz 1 Satz 2 und Absatz 6 der Sozialversicherungsentgeltverordnung zu kürzen. Das gleiche gilt, wenn Verpflegung von dritter Seite bereitgestellt wird und das Entgelt für sie in den erstattungsfähigen Fahr- und Nebenkosten enthalten ist oder wenn die Trennungsgeldberechtigten ihres Amtes wegen unentgeltlich bereitgestellte Verpflegung ohne triftigen Grund nicht in Anspruch nehmen.

(4) Als Trennungsübernachtungsgeld werden die nachgewiesenen, notwendigen zu zahlenden Kosten für eine wegen einer Maßnahme nach § 1 Absatz 2 bezogene, angemessene Unterkunft erstattet. Zu den Unterkunftskosten gehören auch die unmittelbar mit der Nutzung der Unterkunft zusammenhängenden und verbrauchsunabhängigen Nebenkosten. Erhalten Berechtigte ihres Amtes wegen unentgeltliche Unterkunft, wird ein Trennungsübernachtungsgeld nicht gewährt.

(5) Ändert sich der neue Dienstort auf Grund einer Maßnahme nach § 1 Absatz 2 für längstens drei Monate, werden nachgewiesene notwendige Kosten für das Beibehalten der Unterkunft erstattet. Bei tatsächlicher oder zumutbarer täglicher Rückkehr wird neben dem Trennungsgeld nach § 3 eine Entschädigung nach § 5 Absatz 1, 3 und 4 gewährt.

§ 4 Reisebeihilfe für Heimfahrten

(1) Trennungsgeldberechtigte, die

1. mit ihrer Ehegattin oder ihrem Ehegatten oder Lebenspartnerin oder Lebenspartner

§ 5 Landestrennungsgeldverordnung (LTGVO)

nach dem Lebenspartnerschaftsgesetz in häuslicher Gemeinschaft leben oder

2. mit einer oder einem Verwandten bis zum vierten Grad, einer oder einem Verschwägerten bis zum zweiten Grad, einem Pflegekind oder Pflegeeltern in häuslicher Gemeinschaft leben und ihnen aus gesetzlicher oder sittlicher Verpflichtung nicht nur vorübergehend Unterkunft und Unterhalt ganz oder überwiegend gewähren oder

3. mit einer Person in häuslicher Gemeinschaft leben, deren Hilfe sie aus beruflichen oder nach ärztlichem, im Zweifel nach amtsärztlichem Zeugnis aus gesundheitlichen Gründen nicht nur vorübergehend bedürfen oder

4. das 18. Lebensjahr noch nicht vollendet haben,

erhalten für jeden Kalendermonat zwei Reisebeihilfen. Ab dem vierten Monat wird für jede Woche eine Reisebeihilfe gewährt. Die übrigen Trennungsgeldberechtigten erhalten eine Reisebeihilfe für jeden Kalendermonat. Ab dem vierten Monat werden für jeden Kalendermonat zwei Reisebeihilfen gewährt. Darüber hinaus können Fahrtkosten für Heimfahrten bis zur Höhe des dadurch ersparten Trennungstage- und Trennungsübernachtungsgeldes nach § 3 Absatz 3 und 4 erstattet werden.

(2) Beginnt die Maßnahme nach § 1 Absatz 2 innerhalb eines Kalendermonats, wird für jeden halben Monat dieses Kalendermonats eine Reisebeihilfe gewährt. Das Gleiche gilt für den Kalendermonat, in dem der Trennungsgeldanspruch endet.

(3) Anstelle einer Reise der Trennungsgeldberechtigten kann auch eine Reise der Ehegattin oder des Ehegattens, bzw. der Lebenspartnerin oder Lebenspartners nach dem Lebenspartnerschaftsgesetz oder eines Kindes berücksichtigt werden.

(4) Als Reisebeihilfe werden die entstandenen notwendigen Fahrauslagen in Höhe der Kosten der allgemein niedrigsten Klasse eines öffentlichen Verkehrsmittels vom Dienstort zum bisherigen Wohnort oder, wenn dieser im Ausland liegt, bis zum inländischen Grenzort und zurückerstattet. Bei Kraftfahrzeugnutzung werden 30 Cent je Entfernungskilometer erstattet.

(5) Die oberste Dienstbehörde kann in Fällen, in denen die kürzeste Entfernung vom Dienstort zum Wohnort mehr als 500 km beträgt, bei Trennungsgeldberechtigten, welche die Voraussetzungen des Absatzes 1 Satz I erfüllen, für jede Woche eine Reisebeihilfe zulassen, im Übrigen zwei Reisebeihilfen für jeden Kalendermonat.

§ 5 Trennungsgeld bei täglicher Rückkehr zum Wohnort

(1) Trennungsgeldberechtigte, die täglich an den Wohnort zurückkehren, erhalten als Trennungsgeld Fahrtkostenersatz bis zur Höhe der beim Benutzen öffentlicher Verkehrsmittel entstehenden notwendigen Fahrtkosten nach § 4 Absatz 1 LRKG; benutzen sie ein nicht öffentliches Verkehrsmittel aus triftigem Grund, wird Wegstreckenentschädigung nach § 5 Absatz 1 und 3 LRKG oder Fahrtkostenerstattung nach § 4 Absatz 3 gewährt. Hierauf sind die Fahrauslagen anzurechnen, die für das Zurücklegen der Strecke zwischen der Wohnung und der bisherigen, bei einer Kette von Maßnahmen nach § 1 Absatz 2 der ursprünglichen Dienststätte entstanden wären. Dabei ist ein Betrag von 10 Cent je Entfernungskilometer und Arbeitstag zugrunde zu legen. Die Anrechnung unterbleibt, wenn die Entfernung weniger als fünf Kilometer beträgt, oder wenn die Berechtigten nachweisen, dass sie bei Fahrten zwischen Wohnung und bisheriger Dienststätte üblicherweise keinen entsprechenden Aufwand hätten.

(2) Zusätzlich wird längstens für drei Monate ein Verpflegungszuschuss von 2 Euro je Arbeitstag gewährt, wenn die notwendige Abwesenheit von der Wohnung mehr als elf Stunden beträgt, es sei denn, dass Anspruch auf Reisekostenvergütung für Verpflegungsmehraufwand besteht.

(3) Muss aus dienstlichen Gründen am Dienstort übernachtet werden, werden die dadurch entstandenen notwendigen Mehraufwendungen erstattet.

(4) Das Trennungsgeld nach den Absätzen 1 und 2 darf in einem Kalendermonat den Betrag von 500 Euro nicht übersteigen. In besonders begründeten Fällen kann die oberste Dienstbehörde Ausnahmen hiervon zulassen.

§ 6 Sonderfälle

(1) Anspruch auf Trennungsgeld besteht weiter, wenn sich aus Anlass einer neuen Maßnahme nach § 1 Absatz 2 der neue Dienstort nicht ändert.

(2) Nach einem Umzug, für den Umzugskostenvergütung nicht zugesagt ist, darf das Trennungsgeld nicht höher sein als vor dem Umzug.

(3) Das Trennungsgeld kann ganz oder teilweise versagt werden, wenn die Führung der Dienstgeschäfte verboten ist oder infolge einer vorläufigen Dienstenthebung oder einer gesetzmäßig angeordneten Freiheitsentziehung der Dienst nicht ausgeübt werden kann. Das gilt nicht, wenn die Trennungsgeldberechtigten auf Grund einer dienstlichen Weisung am Dienstort bleiben.

(4) Trennungsgeld steht nur zu, solange Anspruch auf Besoldung besteht.

§ 7 Ende des Trennungsgeldanspruchs

(1) Das Trennungsgeld wird bis zum Tag des Wegfalls der maßgebenden Voraussetzungen gewährt.

(2) Bei einem Umzug mit Zusage der Umzugskostenvergütung wird Trennungsgeld längstens gewährt bis vor dem Tag, für den die Trennungsgeldberechtigten Reisekostenerstattung nach § 7 Absatz 1 LUKG erhalten, im Übrigen bis zum Tag des Umzugs.

(3) Bei einer neuen dienstlichen Maßnahme nach § 1 Absatz 2 wird Trennungsgeld bis zu dem Tag gewährt, an dem der Dienstort verlassen wird, bei Gewährung von Reisekostenvergütung für diesen Tag bis zum vorausgehenden Tag.

§ 8 Verfahrensvorschriften

(1) Das Trennungsgeld ist innerhalb einer Ausschlussfrist von sechs Monaten schriftlich oder elektronisch zu beantragen. Die Frist beginnt jeweils mit Ablauf des Kalendermonats, für den das Trennungsgeld zusteht. Das Trennungsgeld wird monatlich nachträglich gezahlt. Die zuständigen Abrechnungsstellen können bis zum Ablauf von sechs Monaten nach Antragstellung die Vorlage der maßgeblichen Belege verlangen. Werden diese Belege auf Anforderung nicht innerhalb eines Monats vorgelegt, kann der Erstattungsbetrag insoweit abgelehnt werden. Die Trennungsgeldberechtigten sind verpflichtet, die Kostenbelege nach Erstattung des Trennungsgeldes bis zum Ablauf eines Jahres für Zwecke der Rechnungsprüfung aufzubewahren und auf Verlangen vorzulegen.

(2) Die Trennungsgeldberechtigten haben nachzuweisen, dass die Voraussetzungen für die Trennungsgeldgewährung vorliegen, insbesondere haben sie das fortwährende Bemühen um eine Wohnung gemäß § 2 Absatz 1 zu belegen.

(3) Die oberste Dienstbehörde bestimmt die Behörde, die das Trennungsgeld gewährt.

§ 9 Inkrafttreten

Diese Verordnung tritt am 1. Januar 2022 in Kraft. Gleichzeitig tritt die Landestrennungsgeldverordnung vom 12. Dezember 1985 (GBl. S. 411), die zuletzt durch Artikel 99 der Verordnung vom 23. Februar 2017 (GBl. S. 99, 111) geändert worden ist, außer Kraft.

VII Beihilfe/Fürsorge

Beihilfe

VII.1 Verordnung des Finanzministeriums über die Gewährung von Beihilfe in Geburts-, Krankheits-, Pflege- und Todesfällen (Beihilfeverordnung – BVO) 730

VII.2 Verordnung über Beihilfe in Krankheits-, Pflege- und Geburtsfällen (Bundesbeihilfeverordnung – BBhV) 765

VII.2.1 Übersicht der anerkannten Heilbäder- und Kurorte (zu § 35 Abs. 1 Satz 2 BBhV) 784

Fürsorge

VII.3 Verordnung des Innenministeriums über die Heilfürsorge für Beamtinnen und Beamte des Polizeivollzugsdienstes, des Einsatzdienstes der Feuerwehr und des technischen Dienstes der Landesfeuerwehrschule, des Vollzugs- und Werkdienstes im Justizvollzug sowie des Abschiebungshaftvollzugsdienstes (Heilfürsorgeverordnung – HVO) 804

VII.4 Verwaltungsvorschrift des Finanzministeriums über die Gewährung von Gehaltsvorschüssen (Vorschussrichtlinien – VR) 814

VII.5 Verwaltungsvorschrift des Finanzministeriums über die Neufassung der Unterstützungsgrundsätze (UGr) 817

Verordnung des Finanzministeriums über die Gewährung von Beihilfe in Geburts-, Krankheits-, Pflege- und Todesfällen
(Beihilfeverordnung – BVO)
Vom 28. Juli 1995 (GBl. S. 561)

Zuletzt geändert durch
Haushaltsbegleitgesetz 2025/2026
vom 17. Dezember 2024 (GBl. Nr. 114)

Es wird im Einvernehmen mit dem Innenministerium verordnet auf Grund von

1. §101 Abs. 1 des Landesbeamtengesetzes (LBG) in der Fassung des Gesetzes vom 3. Februar 1986 (GBl. S. 21) und
2. §8 des Landesrichtergesetzes (LRiG) in der Fassung vom 19. Juli 1972 (GBl. S. 432):

§1 Anwendungsbereich, Zweckbestimmung und Rechtsnatur

(1) Diese Verordnung regelt die Gewährung von Beihilfe in Geburts-, Krankheits-, Pflege- und Todesfällen sowie zur Gesundheitsvorsorge. Die Beihilfe ergänzt in diesen Fällen den Betrag, der in den laufenden Bezügen für eine anteilige Eigenvorsorge enthalten ist.

(2) Diese Verordnung gilt für die Beamten, früheren Beamten und Versorgungsempfänger der in §1 LBG genannten Dienstherren. Sie gilt für Richter, frühere Richter sowie Richter im Ruhestand entsprechend.

(3) Auf die Beihilfe besteht ein Rechtsanspruch. Der Anspruch kann nicht abgetreten, verpfändet oder gepfändet werden; jedoch ist die Pfändung durch einen Forderungsgläubiger bezüglich des auf seine Forderung zustehenden und noch nicht ausgezahlten Betrags einer Beihilfe zulässig.

(4) Beihilfe wird zu den beihilfefähigen Aufwendungen der beihilfeberechtigten Personen und ihrer berücksichtigungsfähigen Angehörigen oder als Pauschale gewährt.

§2 Beihilfeberechtigte Personen

(1) Beihilfeberechtigt sind

1. Beamte,
2. Ruhestandsbeamte sowie frühere Beamte,
3. Witwen, Witwer und hinterbliebene Lebenspartner nach dem Lebenspartnerschaftsgesetz sowie die in §37 des Landesbeamtenversorgungsgesetzes Baden-Württemberg genannten Kinder der in den Nummern 1 und 2 bezeichneten Personen.

(2) Die in Absatz 1 bezeichneten Personen sind beihilfeberechtigt, wenn und solange sie Dienstbezüge, Anwärterbezüge, Unterhaltsbeihilfe, Entpflichtetenbezüge, Ruhegehalt, Übergangsgeld auf Grund gesetzlichen Anspruchs, Witwengeld, Witwergeld, Waisengeld nach dem Satz für Vollwaisen oder Unterhaltsbeitrag erhalten. Die Beihilfeberechtigung besteht auch, wenn Bezüge nur wegen Anwendung von Ruhens- oder Anrechnungsvorschriften nicht gezahlt werden oder wenn gnadenweise bewilligte Bezüge die Beihilfeberechtigung ausdrücklich mit umfassen. Ein Urlaub unter Wegfall der Bezüge von längstens 31 Kalendertagen lässt den Anspruch auf Beihilfe unberührt. Die in Absatz 1 Nummer 3 bezeichneten Personen haben für die beihilfefähigen Aufwendungen, die nach dem Tod des Beihilfeberechtigten bis zum Ende des Sterbemonats des Beihilfeberechtigten für sich und die bisher beim Verstorbenen weiteren berücksichtigungsfähigen Angehörigen entstanden sind, eine Beihilfeberechtigung.

(3) Als beihilfeberechtigt gelten unter den Voraussetzungen des §9a Absatz 1, §9f Absatz 2, §9j, §10a Nummer 7 Satz 2 und §12 Absatz 4 bis 6 auch andere natürliche sowie juristische Personen.

(4) Beihilfeberechtigt sind nicht

1. Ehrenbeamte,
2. Beamte, wenn das Dienstverhältnis auf weniger als ein Jahr befristet ist, es sei

denn, dass sie insgesamt mindestens ein Jahr ununterbrochen im öffentlichen Dienst (§ 41 Abs. 5 des Landesbesoldungsgesetzes Baden-Württemberg) beschäftigt oder Beamte auf Widerruf im Vorbereitungsdienst sind,

3. Beamte und Versorgungsempfänger, wenn ihnen Leistungen nach § 11 des Europaabgeordnetengesetzes, § 27 des Gesetzes über die Rechtsverhältnisse der Mitglieder des Deutschen Bundestags oder entsprechenden vorrangigen landesrechtlichen Vorschriften zustehen,

4. Ruhestandsbeamte und frühere Beamte, wenn sie am Tag der Beendigung der aktiven Dienstzeit nach Nummer 1 oder 2 in der an diesem Tag maßgeblichen Fassung nicht beihilfeberechtigt waren, sowie deren Hinterbliebene oder hinterbliebene Lebenspartner nach dem Lebenspartnerschaftsgesetz.

§ 3 Berücksichtigungsfähige Angehörige

(1) Berücksichtigungsfähige Angehörige sind

1. die Ehegatten oder die Lebenspartner nach dem Lebenspartnerschaftsgesetz der Beihilfeberechtigten,

2. die im Familienzuschlag nach dem Landesbesoldungsgesetz Baden-Württemberg berücksichtigungsfähigen Kinder der Beihilfeberechtigten.

Im Hinblick auf die Geburt eines nichtehelichen Kindes des Beihilfeberechtigten gilt die Mutter des Kindes als nach Satz 1 Nr. 1 berücksichtigungsfähige Angehörige.

(2) Berücksichtigungsfähige Angehörige sind nicht

1. Geschwister der Beihilfeberechtigten oder von Ehegatten oder von Lebenspartnern nach dem Lebenspartnerschaftsgesetz,

2. Ehegatten, Lebenspartner nach dem Lebenspartnerschaftsgesetz und Kinder beihilfeberechtigter Waisen.

(3) Die Berücksichtigung von Ehegatten oder von Lebenspartnern nach dem Lebenspartnerschaftsgesetz endet mit dem Ablauf des Kalendermonats, in dem sie im Familienzuschlag nicht mehr berücksichtigungsfähig sind. Die Berücksichtigung von Kindern endet mit dem Ablauf des Kalenderjahres, in dem sie im Familienzuschlag nicht mehr berücksichtigungsfähig sind, bei Wegfall am 31. Dezember eines Jahres mit Ablauf des folgenden Kalenderjahres. Darüber hinaus bleiben Kinder, für die der Kinderanteil im Familienzuschlag rückwirkend wegfällt, bis zum Ablauf des Kalendermonats, für den zuletzt der Kinderanteil gezahlt wurde, ohne dass der Beihilfeberechtigte den Wegfallgrund kannte oder hätte kennen müssen, berücksichtigungsfähig.

§ 4 Zusammentreffen mehrerer Beihilfeberechtigungen

(1) Beim Zusammentreffen mehrerer Beihilfeberechtigungen auf Grund beamtenrechtlicher Vorschriften schließt eine Beihilfeberechtigung

1. aus einem Dienstverhältnis die Beihilfeberechtigung aus einem Rechtsverhältnis als Versorgungsempfänger,

2. aus einem neuen Dienstverhältnis die Beihilfeberechtigung aus einem älteren Dienstverhältnis,

3. auf Grund eines neuen Versorgungsbezugs die Beihilfeberechtigung auf Grund eines älteren Versorgungsbezugs; bei gleichzeitigem Beginn von zwei Versorgungsbezügen die Beihilfeberechtigung aus dem jüngeren die aus dem älteren Dienstverhältnis,

4. auf Grund eines Versorgungsbezugs aus einem eigenen Dienstverhältnis die Beihilfeberechtigung auf Grund eines Bezugs von Witwengeld oder Witwergeld

aus.

(2) Die Beihilfeberechtigung nach anderen als beamtenrechtlichen Vorschriften geht der Beihilfeberechtigung aus einem Rechtsverhältnis als Versorgungsempfänger vor.

(3) Die Beihilfeberechtigung auf Grund beamtenrechtlicher Vorschriften schließt die Berücksichtigungsfähigkeit als Angehöriger aus. Die Beihilfeberechtigung nach anderen als beamtenrechtlichen Vorschriften geht der Berücksichtigungsfähigkeit als Angehöriger vor.

(4) Der Beihilfeberechtigung nach beamtenrechtlichen Vorschriften steht der Anspruch auf Krankenfürsorgeleistungen nach § 11 des Europaabgeordnetengesetzes, nach dem Statut der Beamten der Europäischen Union, nach § 27 des Gesetzes über die Rechtsverhältnisse der Mitglieder des Deutschen Bundestags oder entsprechenden vorrangigen landesrechtlichen Vorschriften, nach § 78 des Bundesbeamtengesetzes gegen die Deutsche Bundesbahn und das Bundeseisenbahnvermögen oder entsprechenden kirchenrechtlichen Vorschriften gleich.

(5) Eine Beihilfeberechtigung nach anderen als beamtenrechtlichen Vorschriften ist gegeben, wenn ein Anspruch auf Beihilfe auf Grund privatrechtlicher Rechtsbeziehungen nach einer den Beihilfevorschriften des Landes im wesentlichen vergleichbaren Regelung besteht. Keine im wesentlichen vergleichbare Regelung ist der bei teilzeitbeschäftigten Arbeitnehmern arbeitszeitanteilig zu kürzende Beihilfeanspruch.

(6) Ist ein Angehöriger bei mehreren Beihilfeberechtigten berücksichtigungsfähig, wird Beihilfe für Aufwendungen dieses Angehörigen jeweils nur einem Beihilfeberechtigten gewährt, der von ihnen zu bestimmen ist; die Bestimmung darf nur aus einem triftigen Grund geändert werden. Bestimmungen und Änderungen sind jeweils der anderen Beihilfestelle mitzuteilen. Abweichend hiervon wird Beihilfe zu Aufwendungen für ein Kind, das bei mehreren nach beamtenrechtlichen Vorschriften Beihilfeberechtigten berücksichtigungsfähig ist, nur dem Beihilfeberechtigten gewährt, der das Kindergeld erhält; eine Bestimmung nach Satz 1 entfällt.

§ 5 Beihilfefähigkeit der Aufwendungen

(1) Nach den folgenden Vorschriften sind Aufwendungen beihilfefähig, wenn sie dem Grunde nach notwendig und soweit sie der Höhe nach angemessen sind. Über die Notwendigkeit und die Angemessenheit entscheidet die Beihilfestelle. Sie kann hierzu begründete medizinische Gutachten (§ 18 Abs. 5) einholen, in Ausnahmefällen auch ohne Einverständnis des Betroffenen. Bezüglich der Höhe der Aufwendungen sind die Rechtsvorschriften des Bundes und der Länder über Preise und Gebühren sowie die Anlage anzuwenden.

(2) Voraussetzung für die Beihilfefähigkeit ist, daß im Zeitpunkt des Entstehens der Aufwendungen Beihilfeberechtigung besteht und bei Aufwendungen für einen Angehörigen dieser berücksichtigungsfähig ist. Die Aufwendungen gelten in dem Zeitpunkt als entstanden, in dem die sie begründende Leistung erbracht wird.

(3) Bei Ansprüchen auf Sozialleistungen, Krankenfürsorge oder Kostenersatz auf Grund von Rechtsvorschriften oder arbeitsvertraglichen Vereinbarungen sind die im Einzelfall tatsächlich gewährten Geldleistungen in voller Höhe von den im Rahmen dieser Verordnung beihilfefähigen Aufwendungen abzuziehen. Ist eine auf Grund von Ansprüchen nach Satz 1 zustehende Geldleistung insbesondere bei Behandlern, die an der Versorgung der gesetzlich Versicherten teilnehmen, nicht in Anspruch genommen worden, entfällt insoweit die Beihilfefähigkeit der Aufwendung. Hierbei sind auch Aufwendungen für kieferorthopädische Behandlungen sowie für Arznei- und Verbandmittel in voller Höhe als zustehende Leistung anzusetzen. Sätze 2 und 3 gelten nicht hinsichtlich einer Leistung

1. nach den Kapiteln 5, 7 und 8 des Vierzehnten Buches des Sozialgesetzbuches oder hierauf bezugnehmenden Vorschriften,

2. für berücksichtigungsfähige Kinder eines Beihilfeberechtigten, die von der Versicherung in der gesetzlichen Kranken- oder Rentenversicherung einer anderen Person erfaßt werden,

3. der gesetzlichen Krankenversicherung aus einer freiwilligen Versicherung.

Sätze 1 bis 4 gelten nicht für Leistungen nach § 28 Abs. 2 des Elften Buches des Sozialgesetzbuches (SGB XI) und nach dem Wohngeldgesetz.

(4) Nicht beihilfefähig sind

1. Dienst- und Sachleistungen; dies gilt nicht für Leistungen nach dem Bundessozialhil-

fegesetz, wenn Ansprüche auf den Sozialhilfeträger übergeleitet sind. Von der Beihilfegewährung ausgeschlossen sind auch
a) Aufwendungen, die darauf beruhen, dass die bei dem aufgesuchten Leistungserbringer mögliche Dienst- oder Sachleistung nicht beansprucht wurde,
b) Aufwendungen, die darauf beruhen, dass Kostenerstattung nach §§ 13 Abs. 2, 53 Abs. 4, 64 Abs. 4 des Fünften Buches des Sozialgesetzbuches (SGB V) oder entsprechenden Vorschriften beansprucht wurde,
c) Festbeträge für Arznei- und Verbandmittel nach § 35 SGB V,
d) Aufwendungen, soweit sie infolge eines Abschlags für Verwaltungskosten und fehlende Wirtschaftlichkeitsprüfung nach § 13 SGB V oder entsprechenden Vorschriften nicht erstattet wurden; wird die Höhe des Abschlags nicht nachgewiesen, gelten 10 Prozent der Kostenerstattung als Abschlag.

Satz 2 Buchst. a und b gilt nicht für Leistungen nach Absatz 3 Satz 4 und für Wahlleistungen nach § 6a Abs. 2 und § 7.

2. gesetzlich vorgesehene kleinere Kostenanteile, insbesondere Zuzahlungen nach dem SGB V; auf das gewählte Abrechnungsverfahren kommt es dabei nicht an,
3. Aufwendungen für medizinisch notwendige Leistungen, die als Folge von medizinisch nicht notwendigen Maßnahmen entstehen, insbesondere nach ästhetischer Operation, Tätowierung, Piercing,
4. (weggefallen)
5. die in §§ 6 bis 8, 10 bis 11 Absatz 1 genannten Aufwendungen, auch in Verbindung mit § 13, für Beamte, denen aufgrund von § 79 LBO, der Heilfürsorgeverordnung oder entsprechenden anderen landesrechtlichen Vorschriften Heilfürsorge zusteht,
6. Aufwendungen für die persönliche Tätigkeit eines nahen Angehörigen bei einer Heilbehandlung; nahe Angehörige im Sinne dieser Vorschrift sind
a) Ehegatten, Lebenspartner nach dem Lebenspartnerschaftsgesetz, Kinder, Eltern, Großeltern, Enkelkinder,
b) Schwiegersöhne, Schwiegertöchter und Geschwister

des Beihilfeberechtigten oder der berücksichtigungsfähigen Angehörigen. Aufwendungen zum Ersatz der dem nahen Angehörigen im Einzelfall entstandenen Sachkosten sind bis zur Höhe des nachgewiesenen Geldwertes im Rahmen dieser Vorschriften beihilfefähig. Aufwendungen für nahe Angehörige nach Satz 1 Buchst. b sind bis zu zwei Dritteln der jeweils einschlägigen Gebühren oder der Höchstbeträge beihilfefähig.

7. Aufwendungen, die bereits auf Grund eines vorgehenden Beihilfeanspruchs (§ 4 Abs. 2, Abs. 3 Satz 2 oder Abs. 5 Satz 1) beihilfefähig sind,
8. Aufwendungen für den Schwangerschaftsabbruch ohne medizinische oder kriminologische Indikation,
9. Aufwendungen für den Besuch vorschulischer oder schulischer Einrichtungen, für sozialpädiatrische, sozialpädagogische, heilpädagogische, psychosoziale, berufsfördernde, berufsvorbereitende und berufsbildende Maßnahmen sowie für den Besuch von Werkstätten für Behinderte in allen Bereichen.

(5) Nicht beihilfefähig sind Aufwendungen insoweit, als Schadenersatz von einem Dritten erlangt werden kann oder die Ansprüche auf einen anderen übergegangen oder übertragen worden sind. Dies gilt auch für verjährte, erloschene oder im Vergleichsweg abgefundene Ansprüche. Abweichend von Satz 1 und 2 sind Aufwendungen beihilfefähig, die auf einem Ereignis beruhen, das nach § 81 LBG zum Übergang des gesetzlichen Schadenersatzanspruchs auf den Dienstherrn oder auf eine Versorgungskasse führt.

(6) Bei Anlegung eines strengen Maßstabs kann in besonderen Härtefällen mit Zustimmung der obersten Dienstbehörde und nur im Einvernehmen mit dem Finanzministerium zu Aufwendungen im Sinne des § 78 LBG aus-

nahmsweise abweichend von den in dieser Verordnung genannten Voraussetzungen Beihilfe gewährt werden. Dies gilt für die in Absatz 4 Nr. 3 genannten Fälle entsprechend. Satz 1 gilt nicht für Aufwendungen, die ausdrücklich oder der Beihilfefähigkeit ausgenommen oder der Betragshöhe nach begrenzt sind; eine zeitliche oder nach Anzahl begrenzte Beihilfefähigkeit darf mit Zustimmung der obersten Dienstbehörde um höchstens dieselbe Dauer verlängert oder um höchstens dieselbe Anzahl erhöht werden. Voraussetzung ist außerdem, daß die fraglichen Aufwendungen unbedingt notwendig sind und 10 Prozent des laufenden in § 2 Abs. 2 genannten Bruttomonatsbezugs, mindestens 360 Euro, übersteigen.

§ 6 Beihilfefähige Aufwendungen bei Krankheit

(1) Aus Anlaß einer Krankheit sind beihilfefähig die Aufwendungen für gesondert erbrachte und berechnete

1. ärztliche, psychotherapeutische und zahnärztliche Leistungen und Leistungen von Heilpraktikern nach Maßgabe der Anlage. Ausgenommen sind Begutachtungen, die weder im Rahmen einer Behandlung noch bei der Durchführung dieser Vorschriften erbracht werden,

2. von Ärzten, Zahnärzten oder Heilpraktikern bei Leistungen nach Nummer 1 verbrauchte oder nach Art und Menge schriftlich verordnete Arzneimittel, Verbandmittel und Teststreifen für Körperflüssigkeiten. Keine Arzneimittel sind
    a) Mittel, die geeignet sind, Güter des täglichen Bedarfs zu ersetzen,
    b) Nahrungsergänzungsmittel nach § 1 Absatz 1 der Nahrungsergänzungsmittelverordnung, die als solche gekennzeichnet sind,
    c) diätetische Lebensmittel nach § 1 Absatz 1 der Diätverordnung, die mit den Zusätzen „Diät", „diätetisch", „Kost", „Nahrung" oder „Lebensmittel" gekennzeichnet sind,
    d) Medizinprodukte im Sinne des Medizinprodukterechts,
    e) nicht verschreibungspflichtige Vitamin- und Mineralstoffpräparate und
    f) Mittel, die zur Empfängnisregelung oder Potenzbeeinflussung verordnet werden.

Von den in Satz 2 genannten Aufwendungen sind ausnahmsweise beihilfefähig:

a) Nahrungsergänzungsmittel, Vitamin- und Mineralstoffpräparate, wenn nach begründetem medizinischen Gutachten die medizinische Notwendigkeit nachgewiesen ist; das Finanzministerium kann bestimmen, unter welchen Voraussetzungen von der medizinischen Notwendigkeit ohne gesonderten Nachweis auszugehen ist; Aufwendungen für Mittel zur Vorbeugung gegen Rachitis und Karies bei Kindern unter drei Jahren sind beihilfefähig,

b) Aminosäuremischungen, Eiweißhydrolysate, Elementardiäten und Sondennahrung zur enteralen Ernährung bei fehlender oder eingeschränkter Fähigkeit, sich auf natürliche Weise ausreichend zu ernähren nach ärztlicher Bescheinigung und soweit die Aufwendungen hierfür vierteljährlich 360 Euro übersteigen; Aufwendungen für chemisch definierte Formeldiäten sind ohne Abzug von vierteljährlich 360 Euro beihilfefähig, wenn die Kosten zusätzlich zu den für die übliche Diätnahrung entstehen,

c) Elementardiäten für Kinder unter drei Jahren mit Kuhmilcheiweiß-Allergie sowie bei Neurodermitis unabhängig vom Alter der Person für einen Zeitraum von insgesamt einem halben Jahr, wenn sie für diagnostische Zwecke eingesetzt werden,

d) Stoffe und Zubereitungen aus Stoffen, die als Medizinprodukt im Sinne des Medizinprodukterechts zur Anwendung am oder im menschlichen Körper bestimmt sind, in Anlage V der Arzneimittel-Richtlinie des Gemeinsamen Bundesausschusses nach §92 Absatz 1 Satz 2 Nummer 6 SGB V in der jeweils geltenden und gemäß §94 Absatz 2 SGB V im Bundesanzeiger bekannt gemachten Fassung aufgeführt sind und die dort genannten Maßgaben erfüllen und

e) nicht verschreibungspflichtige Notfallkontrazeptiva bis zur Vollendung des 22. Lebensjahres auch ohne schriftliche ärztliche Verordnung,

3. von Ärzten schriftlich begründet verordnete Heilbehandlungen und die dabei verbrauchten Stoffe nach Maßgabe der Anlage. Gleiches gilt für von Zahnärzten schriftlich begründet verordnete Heilbehandlungen, soweit dies zur Ausübung der Zahn-, Mund- und Kieferheilkunde gehört. Aus der ärztlichen oder zahnärztlichen Verordnung müssen sich Art und genauer Umfang der Heilbehandlung sowie die Diagnose ergeben. Die Heilbehandlung muss von einem der folgenden Heilberufe in ihrer jeweiligen Qualifikation erbracht werden: Beschäftigungs- und Arbeitstherapeut, Ergotherapeut, Krankengymnast, Logopäde, Masseur, medizinischer Bademeister, Neuropsychologe GNP, Physiotherapeut, Podologe; die Anlage 10 zur Bundesbeihilfeverordnung (BBhV) findet ergänzend entsprechende Anwendung. Zur Heilbehandlung gehören auch ärztlich verordnete Bäder – ausgenommen Saunabäder und Mineral- oder Thermalbäder außerhalb einer nach §§7 oder 8 beihilfefähigen stationären Behandlung oder Kur –, Massagen, Bestrahlungen, Krankengymnastik, Beschäftigungs- sowie Sprachtherapie. Ist die Durchführung einer Heilbehandlung in einen Unterricht zur Erfüllung der Schulpflicht eingebunden, so sind die Aufwendungen gemäß §5 Abs. 4 Nr. 9 nicht beihilfefähig; dies gilt entsprechend für Heilbehandlungen, mit denen zugleich einer der in §5 Abs. 4 Nr. 9 genannten Zwecke verfolgt wird,

4. Anschaffung, Miete, Reparatur, Ersatz sowie Betrieb und Unterhaltung der von Ärzten schriftlich begründet verordneten Hilfsmittel, Geräte zur Selbstbehandlung und zur Selbstkontrolle, Körperersatzstücke sowie die Unterweisung im Gebrauch dieser Gegenstände nach Maßgabe der Anlage.

5. erste Hilfe,

6. voll- und teilstationäre Krankenhausleistungen sowie vor- und nachstationäre Behandlungen in zugelassenen Krankenhäusern nach §108 SGB V nach Maßgabe des §6a,

7. von Ärzten begründet als notwendig bescheinigte häusliche Krankenpflege. Sie besteht in der Behandlungspflege sowie, sofern nicht §9 einschlägig ist, bis zu sechs Monaten Grundpflege mit hauswirtschaftlicher Versorgung; dabei muss die Grundpflege überwiegen. Angemessen sind Aufwendungen bis zur Höhe des tariflichen oder ortsüblichen Entgelts einer Pflegekraft der öffentlichen oder freien gemeinnützigen Träger, die für die häusliche Krankenpflege in Betracht kommen. Bis zu dieser Höhe sind auch die Aufwendungen für eine Ersatzpflegekraft, welche die verordnende Ärztin oder der verordnende Arzt für geeignet erklärt, beihilfefähig. Die Beihilfestelle kann zulassen, dass die Höhe des tariflichen oder ortsüblichen Entgelts durch den Träger der häuslichen Krankenpflege auf der Rechnung oder in anderer geeigneter Weise nachgewiesen wird. Bei einer Pflege durch nahe Angehörige (§5 Abs. 4 Nr. 6) sind die folgenden Aufwendungen beihilfefähig:

a) Fahrkosten (§10a Nr. 4),

b) eine für die Pflege an nahe Angehörige gewährte Vergütung bis zur Höhe von 1300 Euro monatlich, wenn wegen der Ausübung der Pflege eine mindestens halbtägige Erwerbstätigkeit aufgegeben oder im Umfang einer solchen eingeschränkt wird; eine an Ehegatten, Lebenspartner nach dem Lebenspartnerschaftsgesetz, Eltern oder Kinder des Pflegebedürftigen gewährte Vergütung ist nicht beihilfefähig.

Ist häusliche Krankenpflege nach Satz 1 bei schwerer Krankheit oder wegen akuter Verschlimmerung, insbesondere nach einem Krankenhausaufenthalt, nach einer ambulanten Operation oder nach einer ambulanten Krankenhausbehandlung nicht ausreichend und liegt keine Pflegebedürftigkeit oder Pflegegrad 1 nach §9 vor, sind die in Rechnung gestellten Aufwendungen für eine Kurzzeitpflege bis zu dem in §9d Absatz 3 genannten Betrag je Kalenderjahr in zugelassenen Einrichtungen nach dem Elften Buch Sozialgesetzbuch oder in anderen geeigneten Einrichtungen beihilfefähig, wenn die Notwendigkeit der Kurzzeitpflege ärztlich bescheinigt worden ist.

8. von Ärzten schriftlich verordnete ambulante spezialisierte Palliativversorgung, wenn wegen einer nicht heilbaren weiter fortschreitenden Erkrankung und zugleich begrenzten Lebenserwartung eine besonders aufwändige spezialisierte pflegerische Versorgung notwendig ist, damit ein Verbleiben im häuslichen Bereich möglich ist. Ist nach ärztlicher Begründung die ambulante Versorgung nicht möglich oder nicht ausreichend, sind bei stationärer oder teilstationärer Palliativversorgung in Hospizen Aufwendungen insoweit beihilfefähig, als sie der Preisvereinbarung dieser Einrichtung mit einem Sozialversicherungsträger, den zuschussfähigen Kosten nach §39a SGB V, entsprechen. Zur Ermittlung dieses Betrages reicht die Bestätigung der Einrichtung über die Höhe der einer gesetzlichen Krankenversicherung in vergleichbaren Fällen in Rechnung gestellten Vergütung. §§9i und 9k sind sinngemäß anzuwenden,

9. von Ärztinnen oder Ärzten schriftlich verordnete Maßnahmen des Rehabilitationssports sowie des Funktionstrainings in besonderen Gruppen unter Betreuung und Überwachung durch Ärztinnen oder Ärzte oder Personen nach Nummer 3 Satz 4,

10. von Ärztinnen oder Ärzten schriftlich verordnete ambulante Rehabilitationsmaßnahmen oder ambulante Anschlussheilbehandlungen in Einrichtungen, die mit einem Träger der Sozialversicherung einen entsprechenden Versorgungsvertrag abgeschlossen haben. Die Nummern 1 bis 3 sowie §10a Nummer 3 und 4 finden entsprechende Anwendung. Pauschale Abrechnungen für Aufwendungen nach den Nummern 1 bis 3 sind bis zur Höhe des vereinbarten Tagessatzes entsprechend der Vereinbarung mit einem Sozialversicherungsträger beihilfefähig,

11. Medizinprodukte niedriger Risikoklasse, deren Hauptfunktion wesentlich auf digitalen Technologien beruht und die dazu bestimmt sind, die Erkennung, Überwachung, Behandlung oder Linderung von Krankheiten oder die Erkennung, Behandlung, Linderung oder Kompensierung von Verletzungen oder Behinderungen zu unterstützen (digitale Gesundheitsanwendungen). Beihilfefähig sind die Aufwendungen

a) nach schriftlicher Verordnung einer Ärztin, eines Arztes, einer Psychotherapeutin oder eines Psychotherapeuten,

b) nur für die in das Verzeichnis nach §33a Absatz 1 Satz 2 Nummer 1 SGB V aufgenommenen digitalen Gesundheitsanwendungen, entsprechend der dort genannten Maßgaben, Diagnosen und Voraussetzungen sowie Nutzungs- und Anwendungsdauer,

c) in Höhe der Kosten für die Standardversion, sofern nicht ärztlicherseits die Notwendigkeit einer erweiterten Version schriftlich begründet wurde und

d) für Zubehör, soweit es für die Nutzung der Software zwingend erforderlich ist und im Übrigen nicht den allgemeinen Lebenshaltungskosten zuzurechnen ist wie zum Beispiel Kopfhörer, digitale Waagen.

Nicht beihilfefähig sind die Aufwendungen

§ 6 **Beihilfeverordnung (BVO)** **VII.1**

a) für das zur Nutzung der digitalen Gesundheitsanwendung erforderliche Endgerät einschließlich der Kosten für die mobile Anbindung und den mobilen Betrieb und

b) für Zweit- oder Mehrfachbeschaffungen zur Nutzung auf verschiedenen Endgeräten; dies gilt auch für den Fall, dass eine teurere Version der digitalen Gesundheitsanwendung Lizenzen für die Nutzung auf mehreren Endgeräten beinhaltet,

12. außerklinische Intensivpflege mit folgenden Maßgaben:

a) Personen mit einem besonders hohen Bedarf an medizinischer Behandlungspflege haben Anspruch auf außerklinische Intensivpflege. Ein besonders hoher Bedarf an medizinischer Behandlungspflege liegt entsprechend der Definition in § 37c Absatz 1 Satz 2 SGB V vor, wenn die ständige Anwesenheit einer geeigneten Pflegefachkraft zur individuellen Kontrolle und Einsatzbereitschaft oder ein vergleichbar intensiver Einsatz einer Pflegefachkraft erforderlich ist.

b) Voraussetzung für die Beihilfefähigkeit der Aufwendungen ist eine schriftliche Verordnung durch eine Ärztin oder einen Arzt, die oder der für die Versorgung dieser Personen besonders qualifiziert ist sowie dass nur dreijährig examinierte Pflegekräfte eingesetzt werden. Für die Verordnung von außerklinischer Intensivpflege besonders qualifiziert sind insbesondere Fachärztinnen und Fachärzte für Innere Medizin und Pneumologie, sowie Fachärztinnen und Fachärzte für Kinder- und Jugendmedizin mit der Zusatzweiterbildung Kinder- und Jugend-Pneumologie zur Behandlung von Kindern und Jugendlichen, sowie Fachärztinnen und Fachärzte für Anästhesiologie/Anästhesie, Fachärztinnen und Fachärzte für Neurologie oder Fachärztinnen und Fachärzte mit der Zusatzbezeichnung Intensivmedizin. Die außerklinische Intensivpflege muss spätestens nach zwölf Monaten erneut durch eine Ärztin oder einen Arzt mit der besonderen Qualifikation nach Satz 2 schriftlich verordnet werden.

c) Als angemessen gelten die Aufwendungen bis zu einem Betrag in Höhe von 39 Euro pro Stunde. Aufwendungen für häusliche Krankenpflege nach Nummer 7 sind daneben nicht beihilfefähig. Aufwendungen für Unterkunft und Verpflegung sind nicht beihilfefähig. Wird außerklinische Intensivpflege in einer Einrichtung der vollstationären Pflege nach § 9f Absatz 1 erbracht, sind verbleibende Selbstbehalte nach § 9f Absatz 3 beihilfefähig.

d) In begründeten Ausnahmefällen kann von dem Betrag nach Buchstabe c Satz 1 abgewichen werden. Ein begründeter Ausnahmefall liegt vor, wenn nachgewiesen wird, dass

aa) die Höhe des in Rechnung gestellten Stunden- oder Tagessatzes einer Vereinbarung mit einer gesetzlichen Krankenversicherung entspricht, oder

bb) in einer einfachen Entfernung von 30 Kilometern kein anderer Anbieter für außerklinische Intensivpflege vorhanden ist, welcher die Leistung zum Betrag nach Buchstabe c Satz 1 oder zumindest günstiger als der derzeitige Anbieter erbringen kann.

Die Beihilfestelle kann nach Ablauf von einem Jahr einen erneuten Nachweis für das Vorliegen des Ausnahmefalles einfordern.

(2) Das Finanzministerium kann, soweit nicht in der Anlage bereits geregelt, die Beihilfefähigkeit von folgenden Aufwendungen, die nicht zweifelsfrei notwendig oder nach Umfang oder Höhe angemessen sind, ganz oder teilweise von einer vorherigen Anerkennung abhängig machen, begrenzen oder ausschließen:

1. Aufwendungen für wissenschaftlich nicht allgemein anerkannte Untersuchungs- oder Behandlungsmethoden sowie Materialien, Arznei- und Verbandmittel,
2. Aufwendungen für nicht in den Gebührenverzeichnissen der Gebührenordnungen der Bundesregierung aufgeführte ärztliche, psychotherapeutische oder zahnärztliche Leistungen,
3. Aufwendungen für Heilbehandlungen nach Absatz 1 Nr. 3, Behandlungen von Heilpraktikern und psychotherapeutische oder ähnliche Behandlungen.

§ 6a Krankenhausleistungen

(1) Beihilfefähig sind die Aufwendungen für Leistungen in zugelassenen Krankenhäusern (§ 108 SGB V), die nach der Bundespflegesatzverordnung (BPflV) oder dem Krankenhausentgeltgesetz (KHEntgG) vergütet werden, für

1. vor- und nachstationäre Behandlungen nach § 1 Abs. 3 Satz 1 KHEntgG, § 115a SGB V,
2. allgemeine Krankenhausleistungen nach § 2 Abs. 2 BPflV, § 2 Abs. 2 KHEntgG,
3. nach § 22 BPflV in der am 31. Dezember 2012 geltenden Fassung, § 16 Satz 2 BPflV und 17 KHEntgG gesondert berechnete wahlärztliche Leistungen und für Unterkunft bis zur Höhe der Wahlleistungsentgelte für Zweibettzimmer, jeweils unter den Voraussetzungen des Absatzes 2,
4. andere im Zusammenhang mit Nummern 1 und 2 berechenbare Leistungen im Rahmen des § 6 Abs. 1 Nr. 1 und 2.

(2) Beihilfeberechtigte haben Anspruch auf Beihilfen für die Aufwendungen für Wahlleistungen nach Absatz 1 Nr. 3 gegen Zahlung eines Betrages von 22 Euro monatlich, wenn gegenüber der Bezügestelle und Beihilfestelle innerhalb einer Ausschlussfrist von fünf Monaten schriftlich erklärt wird, dass sie für sich und ihre berücksichtigungsfähigen Angehörigen Beihilfen für Aufwendungen für Wahlleistungen ab Beginn der Frist in Anspruch nehmen werden. Die Frist beginnt:

1. für die am 1. April 2004 nach dieser Verordnung Beihilfeberechtigten am 1. April 2004,
2. für die am 1. April 2004 ohne Beihilfeberechtigung beurlaubten Beamten mit dem Wiederaufleben der Beihilfeberechtigung,
3. im Übrigen mit dem Tag der Entstehung einer neuen Beihilfeberechtigung nach dieser Verordnung infolge
   a) der Begründung oder Umwandlung des Beamtenverhältnisses mit Ausnahme der Fälle des § 8 LBG,
   b) der Entstehung des Anspruchs auf Witwengeld, Witwergeld oder Waisengeld nach dem Satz für Vollwaisen, jeweils nur wenn der Versorgungsurheber Anspruch auf Beihilfe zu Wahlleistungen hatte, oder
   c) der Abordnung oder Versetzung von einem anderen Dienstherrn zu einem Dienstherrn im Geltungsbereich dieser Verordnung.

Die Beihilfeberechtigten sind auf die Ausschlussfrist schriftlich hinzuweisen. Die Erklärung nach Satz 1 beinhaltet das Einverständnis, dass der ab Beginn der Frist zu zahlende Betrag monatlich von den Bezügen einbehalten wird; bei Beihilfeberechtigten ohne Bezüge besteht in den Fällen des § 2 Absatz 2 Satz 3, während eines Wahlvorbereitungsurlaubs, während einer Pflegezeit sowie während einer Elternzeit Beitragsfreiheit. Sie kann jederzeit ohne Angabe von Gründen schriftlich für die Zukunft widerrufen werden.

(3) Bei Leistungen von zugelassenen Krankenhäusern, die nicht nach der Bundespflegesatzverordnung oder dem Krankenhausentgeltgesetz vergütet werden, sind Aufwendungen insoweit beihilfefähig, als sie für Leistungen eines vergleichbaren Krankenhauses nach Absatz 1 und 2 beihilfefähig wären.

Der nach Art. 3 Nr. 1 des Haushaltsbegleitgesetzes vom 14. Februar 2012 (GBl. S. 25) erhöhte Betrag in Abs. 2 Satz 1 ist ab dem Monat zu leisten, in dem dieses Änderungsgesetz verkündet wurde; dies war der Februar 2012. Entgegen § 6a Absatz 2 Satz 5 der Beihilfeverordnung kann die Erklärung nach § 6a Absatz 2 der Beihilfeverordnung innerhalb von drei Monaten ab dem Tag der Verkündung dieses Gesetzes (dies war der 24. Februar 2012) auch rückwirkend bis zum Monat der Verkündung schriftlich widerrufen werden.

§ 7 Beihilfe bei Behandlung und Rehabilitation in nicht als Krankenhaus zugelassenen Einrichtungen

(1) Die Aufwendungen für die stationäre Behandlung in

1. Krankenhäusern nach Absatz 2,
2. Einrichtungen für Anschlußheilbehandlungen,
3. Einrichtungen für Suchtbehandlungen und
4. in sonstigen Einrichtungen der medizinischen Rehabilitation

sind nach den folgenden Absätzen beihilfefähig.

(2) Krankenhäuser im Sinne des Absatzes 1 Nr. 1 sind nur solche, die die Voraussetzungen des § 107 Abs. 1 SGB V erfüllen und nur deshalb nicht unter § 6 Abs. 1 Nr. 6 fallen, weil sie nach § 108 SGB V zugelassen sind.

(3) Einrichtungen für Anschlußheilbehandlungen sind solche auf medizinische Rehabilitationsmaßnahmen besonders spezialisierte Einrichtungen, welche die Voraussetzungen für entsprechende stationäre Maßnahmen der Träger der Sozialversicherung erfüllen. Anschlußheilbehandlungen liegen nur vor, wenn sie sich unmittelbar an einen Krankenhausaufenthalt anschließen oder bei einer zeitlichen Unterbrechung zum Krankenhausaufenthalt mit diesem in zeitlichem Zusammenhang stehen.

(4) Einrichtungen für Suchtbehandlungen sind solche auf Suchtbehandlungen zur Entwöhnung spezialisierte Einrichtungen, welche die Voraussetzungen für entsprechende stationäre Maßnahmen der Träger der Sozialversicherung erfüllen.

(5) Sonstige Einrichtungen der medizinischen Rehabilitation sind nur solche, die die Voraussetzungen des § 107 Absatz 2 SGB V, für Einrichtungen in anderen Mitgliedstaaten der Europäischen Union, in den Vertragsstaaten des Abkommens über den Europäischen Wirtschaftsraum, in dem Vereinigten Königreich Großbritannien und Nordirland oder in der Schweiz in Verbindung mit § 140e SGB V, erfüllen (Rehabilitationseinrichtungen).

(6) Voraussetzung für die Beihilfefähigkeit von Aufwendungen bei stationären Maßnahmen in Einrichtungen nach Absatz 2 bis 4 ist, daß die Maßnahme nach begründeter Bescheinigung einer Ärztin oder eines Arztes, die oder der nicht mit der Einrichtung verbunden ist, nach Art und vorgesehener Dauer medizinisch notwendig ist und ambulante Maßnahmen nicht ausreichend sind. Voraussetzung für die Beihilfefähigkeit von Aufwendungen bei stationären Maßnahmen in Einrichtungen nach Absatz 5 ist, daß es sich nicht um eine Anschlußheilbehandlung (Absatz 3) handelt und nach begründender Bescheinigung einer Ärztin oder eines Arztes, die oder der nicht mit der Einrichtung verbunden ist, die Art oder Schwere der Erkrankung die stationäre Behandlung und die vorgesehene Dauer medizinisch notwendig macht und ambulante Behandlungen oder eine Kur nicht ausreichend sind. Die Beihilfefähigkeit ist ab einer Dauer von 30 Tagen von der vorherigen Anerkennung der Beihilfefähigkeit durch die Beihilfestelle abhängig; die Anerkennung wird erteilt, wenn die lange Dauer von der Ärztin oder dem Arzt besonders begründet wird.

(7) Bei Behandlung in Krankenhäusern nach Absatz 2 sind Aufwendungen wie folgt beihilfefähig:

1. bei Indikationen, die mit Fallpauschalen nach dem KHEntgG abgerechnet werden können,
   a) die allgemeinen Krankenhausleistungen nach § 6a Absatz 1 Nummer 2 bis zu dem Betrag, der sich bei Anwendung des Fallpauschalenkatalogs nach § 9 Absatz 1 Nummer 1 KHEntgG ergibt; dabei wird die obere Grenze des nach § 10 Absatz 9 KHEntgG zu vereinbarenden einheitlichen Basisfallwertkorridors zugrunde gelegt und
   b) tagesbezogene Pflegeentgelte zur Abzahlung des Pflegebudgets, nach § 6a KHEntgG oder, sofern diese aufgrund

einer fehlenden Vereinbarung für das Jahr 2020 noch nicht berechnet werden, nach § 15 Absatz 2a KHEntgG,

2. bei Indikationen, die nach dem pauschalierenden Entgeltsystem für psychiatrische und psychosomatische Einrichtungen (PEPP) nach § 17d des Krankenhausfinanzierungsgesetzes abgerechnet werden:

   a) das nach Anlage 1a oder Anlage 2a des PEPP-Entgeltkatalogs berechnete Entgelt bei Anwendung des pauschalen Basisentgeltwertes,

   b) Zusatzentgelte bis zu den in Anlage 3 des PEPP-Entgeltkatalogs ausgewiesenen Beträgen und

   c) ergänzende Tagesentgelte nach Anlage 5 des PEPP-Entgeltkatalogs bei Anwendung des pauschalen Basisentgeltwertes;

   maßgebend ist die jeweils geltende, auf der Internetseite des Instituts für das Entgeltsystem im Krankenhaus (www.g-drg.de) veröffentlichte Fassung des PEPP-Entgeltkatalogs. Als pauschaler Basisentgeltwert ist der ersatzweise anzuwendende Basisentgeltwert nach der jeweils gültigen Vereinbarung zum pauschalierenden Entgeltsystem für psychiatrische und psychosomatische Einrichtungen mit einem Aufschlag von 10 Prozent anzusetzen;

3. in allen anderen Fällen je Behandlungstag bis zur Höhe des Betrags, der sich aus der Multiplikation einer Bewertungsrelation von

   a) 1,00 bei vollstationärer Behandlung,

   b) 0,75 bei teilstationärer Behandlung

   mit dem ersatzweise anzuwendenden Basisentgeltwert nach der jeweils gültigen Vereinbarung zum pauschalierenden Entgeltsystem für psychiatrische und psychosomatische Einrichtungen mit einem Aufschlag von 10 Prozent ergibt. Aufnahme- und Entlasstag gelten dabei als ein Berechnungstag,

4. gesondert berechnete Wahlleistungen für Unterkunft bis zur Höhe der Wahlleistungsentgelte für Zweibettzimmer, höchstens bis zur Höhe von 1,5 Prozent der oberen Grenze des nach § 10 Absatz 9 KHEntgG zu vereinbarenden einheitlichen Basisfallwertkorridors täglich sowie gesondert berechnete wahlärztliche Leistungen nach § 6a Absatz 1 Nummer 3, jeweils unter den Voraussetzungen des § 6a Absatz 2,

5. gesondert berechnete belegärztliche Leistungen im Sinne des § 18 KHEntgG oder § 16 Satz 1 BPflV,

6. im Rahmen einer Notfallbehandlung entstandene, dem Grunde nach beihilfefähige Aufwendungen, wenn die notfallmäßige Aufnahme in einem zugelassenen Krankenhaus (§ 6a Absatz 1 Satz 1) nicht möglich war,

7. die medizinisch notwendige Unterbringung einer Begleitperson im Krankenhaus (§ 2 Absatz 2 Satz 2 Nummer 3 KHEntgG) bis zur Höhe des nach § 17b Absatz 1 Satz 4 des Krankenhausfinanzierungsgesetzes zu vereinbarenden Zuschlags,

8. Fahrkosten nach Maßgabe des Satzes 4 Nummer 4, Aufwendungen für Familien- und Haushaltshilfe nach Maßgabe des § 10a Nummer 3,

9. das berechnete Entgelt, welches bezüglich seines Leistungsinhalts dem eines krankenhausindividuell vereinbarten Entgelts der Anlagen 3a, 3b und 4 des Fallpauschalenkatalogs nach § 6 Absatz 1 Satz 1 KHEntgG entspricht.

Nicht beihilfefähig sind Aufwendungen für Leistungen, die zusätzlich in Rechnung gestellt werden und die Bestandteile der Leistungen nach § 6a Absatz 1 Nummer 2 sind. Vor der Aufnahme in ein Krankenhaus nach Absatz 2 kann eine Übersicht über die voraussichtlich entstehenden Kosten bei der Festsetzungsstelle zur Prüfung der Beihilfefähigkeit eingereicht werden. Bei Behandlungen in Einrichtungen nach den Absätzen 3 bis 5 sind Aufwendungen für folgende gesondert erbrachte und berechnete Leistungen beihilfefähig:

1. nach § 6 Abs. 1 Nr. 1,

2. nach § 6 Abs. 1 Nr. 2 und 3,

3. für Pflege, Unterkunft und Verpflegung nach Maßgabe der Sätze 5 bis 7, zuzüglich Kurtaxe,
4. § 6 Abs. 1 Nr. 9, § 10a Nr. 3, sowie Fahrkosten nach § 10a Nr. 4 bis zu 120 Euro für die einfache Entfernung, darüber hinaus nur in ganz besonderen Fällen, soweit nach eingehender ärztlicher Begründung keine näher gelegene Behandlungseinrichtung in Betracht kommt,
5. für den ärztlichen Schlußbericht, falls er vorgelegt wird.

Satz 4 Nr. 3 und 4 gilt auch für Begleitpersonen, wenn die Notwendigkeit der Begleitung durch amtlichen Ausweis oder medizinisches Gutachten festgestellt ist und die Einrichtung bestätigt, dass für eine erfolgversprechende Behandlung eine Begleitperson notwendig ist. Die Einzelentgelte, Pauschalpreise und Tagessätze von Einrichtungen nach Absatz 4 und 5, die Leistungen nach Satz 4 Nummer 3 erster Halbsatz betreffen, sind nur bis zur Höhe des niedrigsten Satzes der Einrichtung beihilfefähig; die Beihilfefähigkeit darüber hinausgehender Aufwendungen nach Satz 4 Nummer 3 erster Halbsatz ist ausgeschlossen. Pauschale Abrechnungen von Einrichtungen nach Absatz 4 und 5 sind beihilfefähig, soweit sie keine Vergütung für nicht-medizinische Komfortleistungen beinhalten und einen Betrag in Höhe von 200 Euro täglich nicht überschreiten; daneben sind die Aufwendungen nach Satz 4 Nummer 1 bis 3 und 5 nicht beihilfefähig. Pauschale Abrechnungen von Einrichtungen nach Absatz 3 sind beihilfefähig, soweit sie keine Vergütung für nicht-medizinische Komfortleistungen beinhalten; daneben sind die Aufwendungen nach Satz 4 dann beihilfefähig, wenn sie nicht in der pauschalen Abrechnung enthalten sind.

§ 8 Beihilfe bei Kuren

(1) Beihilfe wird gewährt zu

1. Kuren in Einrichtungen der medizinischen Rehabilitation,
2. Müttergenesungskuren, Vätergenesungskuren und Mutter-Kind-Kuren, Vater-Kind-Kuren,
3. ambulanten Heilkuren.

Zu Kuren, die weit überwiegend der Vorsorge dienen, wird Beihilfe nicht gewährt; Gleiches gilt für Maßnahmen, deren Zweck eine berufliche Rehabilitation ist, wenn medizinisch keine kurmäßigen Maßnahmen mehr erforderlich sind.

(2) Kuren in Einrichtungen der medizinischen Rehabilitation sind Heilbehandlungen im Sinne des § 6 Abs. 1 Nr. 3, die mit Unterkunft und Verpflegung kurmäßig durchgeführt werden und für die die Voraussetzungen für eine Beihilfe nach § 7 Abs. 6 Satz 2 nicht erfüllt sind.

(3) Müttergenesungskuren, Vätergenesungskuren, Mutter-Kind-Kuren und Vater-Kind-Kuren sind Maßnahmen in Form einer Rehabilitationskur oder nach § 41 SGB V als gleichartig anerkannten Einrichtung. Für Einrichtungen in anderen Mitgliedstaaten der Europäischen Union, den Vertragsstaaten des Abkommens über den Europäischen Wirtschaftsraum, in dem Vereinigten Königreich Großbritannien und Nordirland oder in der Schweiz gelten die Voraussetzungen des § 140e SGB V.

(4) Ambulante Heilkuren sind Maßnahmen für Beamtinnen und Beamte sowie Richterinnen und Richter zur Wiederherstellung und Erhaltung der Dienstfähigkeit. Die Kuren müssen mit Heilbehandlungen nach § 6 Abs. 1 Nr. 3 nach einem ärztlich erstellten Kurplan in einem im Heilkurorteverzeichnis des Bundesministeriums des Innern aufgeführten Heilkurort durchgeführt werden. Die Unterkunft muß sich im Heilkurgebiet befinden und ortsgebunden sein, eine Unterkunft in Ferienwohnungen, Wohnwagen, auf Campingplätzen und dergleichen ist nicht ausreichend.

(5) Voraussetzung für die Beihilfe zu Kuren nach Absatz 1 bis 4 ist, daß

1. erstmalig eine Wartezeit von insgesamt fünf Jahren Beihilfeberechtigung oder Berücksichtigungsfähigkeit nach diesen oder entsprechenden Beihilfevorschriften erfüllt ist,
2. im laufenden und den beiden vergangenen Kalenderjahren keine Kur nach Ab-

satz 1 bis 4 durchgeführt und beendet wurde,

3. ambulante ärztliche Behandlungen und Heilbehandlungen außerhalb von Kurmaßnahmen wegen erheblich beeinträchtigter Gesundheit nicht ausreichend sind, und
4. die medizinische Notwendigkeit vor Beginn der Kur durch begründete ärztliche Bescheinigung nachgewiesen ist.

Beihilfe zu Kuren für Beamtinnen und Beamte sowie Richterinnen und Richter (§ 2 Abs. 1 Nr. 1) wird nur gewährt, wenn neben den Voraussetzungen des Satzes 1 Nr. 1 und 2

1. durch begründete ärztliche Bescheinigung nachgewiesen ist, daß die Voraussetzungen des Satzes 1 Nr. 3 vorliegen und die Kur zur Wiederherstellung oder Erhaltung der Fähigkeit zur Ausübung der beruflichen Tätigkeit erforderlich ist,
2. die Beihilfestelle die Beihilfefähigkeit vor Beginn der Kur anerkannt hat, und
3. die Kur innerhalb eines im Anerkennungsbescheid unter Beachtung der dienstlichen Belange zu bestimmenden Zeitraums begonnen wird.

(6) Bei Kuren nach den vorstehenden Absätzen sind neben Aufwendungen nach § 6 Abs. 1 Nr. 1 bis 3 beihilfefähig die Aufwendungen für

1. eine Familien- und Haushaltshilfe nach § 10a Nr. 3,
2. Fahrkosten nach § 10a Nr. 4 bis zu 120 Euro für die einfache Entfernung, darüber hinaus nur in ganz besonderen Fällen soweit nach eingehender ärztlicher Begründung kein näher gelegener Kurort in Betracht kommt,
3. die Kurtaxe,
4. den ärztlichen Schlußbericht, wenn er vorgelegt wird,
5. eine behördlich als notwendig anerkannte Begleitperson für schwerbehinderte Menschen,
6. Unterkunft und Verpflegung bis zu 26 Euro pro Tag und Person, begrenzt auf eine Dauer von höchstens 30 Tagen.

Bei Kuren nach Absatz 1 Satz 1 Nummer 2 sind die Aufwendungen nach Nummer 2, 3 und 6 für nicht behandlungsbedürftige Geschwisterkinder, welche ein zu behandelndes Kind begleiten, beihilfefähig. Das Gleiche gilt für alle nicht behandlungsbedürftigen Kinder, welche einen zu behandelnden Elternteil begleiten. Bei Pauschalpreisen in Einrichtungen nach Absatz 3, für die eine Preisvereinbarung mit einem Sozialleistungsträger besteht, ist die Beihilfefähigkeit auf den Pauschalpreis begrenzt.

§ 9 Feststellung der Pflegebedürftigkeit und Voraussetzungen für Pflegeleistungen

(1) Pflegebedürftig sind Personen, die gesundheitlich bedingte Beeinträchtigungen der Selbständigkeit oder der Fähigkeiten nach § 14 Absatz 2 SGB XI aufweisen und deshalb der Hilfe durch andere bedürfen. Es muss sich um Personen handeln, die körperliche, kognitive oder psychische Beeinträchtigungen oder gesundheitlich bedingte Belastungen oder Anforderungen nicht selbständig kompensieren oder bewältigen können. Die Pflegebedürftigkeit muss voraussichtlich mindestens sechs Monate andauern und einem Pflegegrad nach § 15 Absatz 3 SGB XI zuzuordnen sein, um einen Anspruch auf Beihilfefähigkeit der Aufwendungen nach §§ 9a bis 9i und 9k zu begründen.

(2) Die Beihilfestelle entscheidet über die Pflegebedürftigkeit und die Beihilfe. Erforderlich ist eine Erhebung der die Pflegebedürftigkeit begründenden Kriterien durch ein medizinisches Gutachten, das zu dem Vorliegen der Pflegebedürftigkeit sowie zu Art und notwendigem Umfang der Pflege Stellung nimmt. Bei Versicherten der privaten oder sozialen Pflegeversicherung ist der von der Versicherung festgestellte Pflegegrad auch für die Beihilfe bindend, im Übrigen ist aufgrund des für die Versicherung erstellten Gutachtens zu entscheiden. Dies schließt Aufwendungen zu Maßnahmen zur Beseitigung, Minderung oder Verhütung einer Verschlimmerung der Pflegebedürftigkeit einschließlich der Leistungen zu einer medizinischen Rehabilitation ein.

Kostenanteile für die Erstellung des Gutachtens nach Satz 3 werden nicht erstattet. Die Beihilfe wird ab Beginn des Monats der erstmaligen Antragstellung oder des Antrags auf Feststellung eines höheren Pflegegrades bei der Beihilfestelle oder Pflegeversicherung gewährt, frühestens jedoch ab dem Zeitpunkt, von dem an die Anspruchsvoraussetzungen vorliegen.

(3) Bei Vorliegen des Pflegegrades 1 beschränkt sich der Anspruch nach Absatz 1 Satz 3 auf:

1. Pflegeberatung und Beratungsbesuch nach § 9a,
2. Aufwendungen bei ambulanten Wohngruppen nach § 9b Absatz 4,
3. Vergütungszuschläge nach § 9f Absatz 1 Satz 3 und Satz 4,
4. aktivierende Maßnahmen nach § 9f Absatz 2,
5. Entlastungsbetrag nach § 9g Absatz 1,
6. Wohnumfeldverbesserung nach § 9h,
7. Pflegehilfsmittel nach § 9i,
8. digitale Pflegeanwendungen nach § 9k,
9. Versorgung Pflegebedürftiger bei Inanspruchnahme von Vorsorge- oder Rehabilitationsleistungen durch die Pflegeperson nach § 9d Absatz 4.

Wählen Pflegebedürftige des Pflegegrades 1 vollstationäre Pflege, besteht darüber hinaus je Kalendermonat Anspruch auf Beihilfe zu den vollstationären Aufwendungen bis zu dem Betrag nach § 43 Absatz 3 SGB XI.

(4) Bei Pflegebedürftigkeit sind die Aufwendungen für die von Ärzten begründet als notwendig bescheinigte Behandlungspflege beihilfefähig; § 6 Absatz 1 Nummer 7 Satz 3 gilt entsprechend.

§ 9a Pflegeberatung und Beratungsbesuch

(1) Die Beihilfestelle trägt die Kosten für eine Pflegeberatung nach § 7a SGB XI, wenn Beihilfeberechtigte oder berücksichtigungsfähige Angehörige Leistungen der Pflegeversicherung

1. beziehen oder
2. beantragt haben und erkennbar Hilfs- und Beratungsbedarf besteht.

Die Zahlung nach Satz 1 erfolgt auf formlosen Antrag an berechtigte Träger der Pflegeberatung. Es wird eine pauschale Beihilfe entsprechend der jeweils maßgeblichen Vereinbarung nach § 37 Absatz 1 der Bundesbeihilfeverordnung gewährt.

(2) Beihilfefähig sind Aufwendungen für Beratungsbesuche nach § 37 Absatz 3 SGB XI ohne Anrechnung auf die Beträge nach § 9b Absatz 2 Satz 3.

§ 9b Häusliche Pflege, Kombinationspflege, ambulante Wohngruppen

(1) Die Aufwendungen für häusliche Pflege durch geeignete Pflegekräfte nach § 36 Absatz 4 Satz 2 und 3 SGB XI (Pflegesachleistungen) sind in dem als notwendig festgestellten Umfang der Pflege einschließlich der Fahrkosten entsprechend des Pflegegrades des § 15 Absatz 3 SGB XI für Pflegebedürftige beihilfefähig in

1. Pflegegrad 2 bis zu 761 Euro je Kalendermonat,
2. Pflegegrad 3 bis zu 1432 Euro je Kalendermonat,
3. Pflegegrad 4 bis zu 1778 Euro je Kalendermonat,
4. Pflegegrad 5 bis zu 2200 Euro je Kalendermonat.

Im Übrigen ist § 5 Absatz 6 mit Ausnahme von dessen Satz 3 anzuwenden. Bei einer Pflege durch nahe Angehörige sind die Aufwendungen im Rahmen des Satzes 1 nur unter den weiteren Voraussetzungen des § 6 Absatz 1 Nummer 7 Satz 3 beihilfefähig; besteht danach kein Beihilfeanspruch, findet Absatz 2 Anwendung.

(2) Bei einer häuslichen Pflege durch geeignete Pflegepersonen nach § 19 SGB XI wird ein Pflegegeld ohne Nachweis von Aufwendungen als beihilfefähig berücksichtigt. Der Anspruch setzt voraus, dass die oder der Pflegebedürftige mit dem zustehenden Pflegegeld die erforderlichen körperbezogenen Pflegemaßnahmen und pflegerischen Betreuungsmaßnahmen sowie Hilfen bei der Haushaltsführung in geeigneter Weise selbst sicherstellt. Als beihilfefähig gelten in

1. Pflegegrad 2: 332 Euro je Kalendermonat,
2. Pflegegrad 3: 573 Euro je Kalendermonat,
3. Pflegegrad 4: 765 Euro je Kalendermonat,
4. Pflegegrad 5: 947 Euro je Kalendermonat.

Die Beträge nach Satz 3 vermindern sich anteilig nur um die Tage einer vollstationären Unterbringung nach § 6 Absatz 1 Nummer 6 und § 7, soweit diese über vier Wochen hinausgeht. Sie vermindern sich ebenso um Tage, an denen Beihilfe für eine vollstationäre Pflege in Einrichtungen der Hilfe für behinderte Menschen nach § 9e, für vollstationäre Pflege nach § 9f oder eine Versorgung nach § 42a SGB XI zusteht. Für Tage, an denen Beihilfe für Kurzzeitpflege nach § 9d Absatz 2 zusteht, erfolgt für bis zu acht Wochen im Kalenderjahr die Minderung nur zur Hälfte. Dabei gelten Tage der An- und Abreise jeweils auch als volle Tage der häuslichen Pflege. Pflegegeld wird bis zum Ende des Kalendermonats gewährt, in dem der Pflegebedürftige verstorben ist.

(3) Werden im Kalendermonat sowohl Pflegesachleistungen nach Absatz 1 als auch Pflegegeld nach Absatz 2 in Anspruch genommen (Kombinationspflege), darf die Summe der nach den Absätzen 1 und 2 beihilfefähigen Beträge den nach dem Pflegegrad zutreffenden Höchstbetrag des Absatzes 1 nicht übersteigen.

(4) Bei Pflegebedürftigen in ambulant betreuten Wohngruppen ist ein pauschaler Zuschlag nach Maßgabe des § 38a SGB XI beihilfefähig. Aufwendungen der Anschubfinanzierung zur Gründung von ambulant betreuten Wohngruppen sind nach Maßgabe des § 45e SGB XI beihilfefähig, wenn und soweit die Maßnahme von der Pflegeversicherung anteilig bezuschusst wird.

§ 9c Teilstationäre Pflege in Einrichtungen der Tages- und Nachtpflege

(1) Wird die häusliche Pflege teilstationär in Einrichtungen der Tages- und Nachtpflege nach § 41 Absatz 1 SGB XI erbracht, sind die pflegebedingten Aufwendungen einschließlich der notwendigen Fahrkosten und der Aufwendungen für die in der Einrichtung notwendigen Leistungen der medizinischen Behandlungspflege entsprechend des Pflegegrades nach § 15 Absatz 3 SGB XI beihilfefähig. Beihilfefähig sind in

1. Pflegegrad 2 bis zu 689 Euro je Kalendermonat,
2. Pflegegrad 3 bis zu 1298 Euro je Kalendermonat,
3. Pflegegrad 4 bis zu 1612 Euro je Kalendermonat,
4. Pflegegrad 5 bis zu 1995 Euro je Kalendermonat.

§ 9f Absatz 1 Satz 3 ist entsprechend anzuwenden.

(2) Neben den Aufwendungen der teilstationären Pflege in Einrichtungen der Tages- und Nachtpflege sind folgende Aufwendungen beihilfefähig:

1. Pflegesachleistungen (§ 9b Absatz 1),
2. Pflegegeld (§ 9b Absatz 2),
3. der Zuschlag bei ambulanten Wohngruppen (§ 9b Absatz 4 Satz 1) nach Maßgabe des § 38a Absatz 1 Satz 2 SGB XI.

§ 9d Gemeinsamer Jahresbetrag für Verhinderungspflege und Kurzzeitpflege, Versorgung Pflegebedürftiger bei Inanspruchnahme von Vorsorge- oder Rehabilitationsleistungen durch die Pflegeperson

(1) Ist eine Pflegeperson nach § 9b Absatz 2 wegen Urlaub, Krankheit oder aus anderen Gründen an der häuslichen Pflege gehindert, so sind Aufwendungen für die Pflege beihilfefähig (Verhinderungspflege).

(2) Kann die häusliche Pflege nach § 9b zeitweise nicht, noch nicht oder nicht im erforderlichen Umfang erbracht werden, sind Aufwendungen für vollstationäre Pflege in Einrichtungen nach § 9e Satz 2, § 9f Absatz 1 Satz 1 oder andere geeignete Einrichtungen beihilfefähig (Kurzzeitpflege).

(3) Pflegebedürftige Personen haben für Verhinderungspflege (Absatz 1) und Kurzzeitpflege (Absatz 2) je Kalenderjahr einen Anspruch auf einen beide Pflegearten umfassenden gemeinsamen Jahresbetrag in Höhe von 3539 Euro. Bei Kurzzeitpflege finden § 9f Absatz 1 Satz 3 und 4 sowie Absatz 3 entsprechend Anwendung.

(4) Nimmt eine Pflegeperson Vorsorge- oder Rehabilitationsleistungen in einer zugelassenen Vorsorge- oder Rehabilitationseinrichtung entsprechend § 42a Absatz 1 SGB XI in Anspruch, hat die pflegebedürftige Person

Anspruch auf Beihilfe zu den ihr entstandenen Aufwendungen im Rahmen dieser Versorgung entsprechend § 42a Absatz 3 SGB XI.

§ 9e Pflege in Einrichtungen der Hilfe für behinderte Menschen

Wird die häusliche Pflege teilstationär in Einrichtungen der Hilfe für behinderte Menschen (§§ 43a, 71 Absatz 4 SGB XI) erbracht, sind die Aufwendungen für die Pflege in der Einrichtung neben Aufwendungen nach § 9b Absatz 2 bis zur Höhe der Hälfte der in Satz 2 genannten Beträge beihilfefähig. Wird die Pflege vollstationär in Einrichtungen der Behindertenhilfe erbracht, gelten als beihilfefähige Aufwendungen für die Pflege in der Einrichtung in

1. Pflegegrad 2:	266 Euro je Kalendermonat,
2. Pflegegrad 3:	549 Euro je Kalendermonat,
3. Pflegegrad 4:	733 Euro je Kalendermonat,
4. Pflegegrad 5:	908 Euro je Kalendermonat.

Im Monat des Beginns und der Beendigung der Pflege werden die Beträge nach Satz 1 und 2 halbiert; im Übrigen sind Unterbrechungen bereits bei der Bemessung der Beträge berücksichtigt.

§ 9f Vollstationäre Pflege, Vergütungszuschläge, Aktivierungsbetrag, Selbstbehalt bei Unterkunfts-, Verpflegungs- und Investitionskosten

(1) Aufwendungen für die vollstationäre Pflege sind nur in einer dafür zugelassenen Pflegeeinrichtung nach § 72 Absatz 1 Satz 1 SGB XI beihilfefähig. Erfolgt die Unterbringung vollstationär, liegen aber die Voraussetzungen des Satzes 1 oder der Kurzzeitpflege nach § 9d Absatz 2 und der Pflege in Einrichtungen der Hilfe für behinderte Menschen nach § 9e nicht vor, sind die auf die Pflege entfallenden Kosten im Rahmen der Höchstbeträge für Pflegesachleistungen nach § 9b Absatz 1 beihilfefähig. Aufwendungen für Vergütungszuschläge nach § 84 Absatz 8 SGB XI in Verbindung mit § 85 Absatz 8 SGB XI sind beihilfefähig. Aufwendungen für Vergütungszuschläge nach § 84 Absatz 9 SGB XI in Verbindung mit § 85 Absatz 9 SGB XI sind beihilfefähig.

(2) Der Betrag nach § 87a Absatz 4 SGB XI ist beihilfefähig, wenn die pflegebedürftige Person nach der Durchführung aktivierender oder rehabilitativer Maßnahmen in einen niedrigeren Pflegegrad zurückgestuft oder festgestellt wurde, dass sie nicht mehr pflegebedürftig nach §§ 14 und 15 SGB XI ist. Anstelle des Beihilfeberechtigten kann die Pflegeeinrichtung den Betrag gegenüber der Beihilfestelle geltend machen. Die gewährte Beihilfe ist vom Zahlungsempfänger zurückzufordern, wenn die oder der Pflegebedürftige innerhalb von sechs Monaten in einen höheren Pflegegrad oder wieder als pflegebedürftig nach §§ 14 und 15 SGB XI eingestuft wird.

(3) Aus Anlass einer nach Absatz 1 beihilfefähigen vollstationären Pflege sind Aufwendungen für Unterkunft (einschließlich Investitionskosten und Verpflegung) insoweit beihilfefähig, als sie einen Selbstbehalt übersteigen. Der Selbstbehalt beträgt

1. bei Beihilfeberechtigten mit

a) einem Angehörigen	250 Euro je Kalendermonat,
b) zwei Angehörigen	220 Euro je Kalendermonat,
c) drei Angehörigen	190 Euro je Kalendermonat,
d) mehr als drei Angehörigen	160 Euro je Kalendermonat;

die Beträge gelten für jede Person, wenn mehr als eine Person vollstationär pflegebedürftig ist,

2. bei Beihilfeberechtigten ohne Angehörige oder bei gleichzeitiger vollstationärer Pflege des Beihilfeberechtigten und aller Angehörigen 70 Prozent der in § 2 Absatz 2 genannten Bruttobezüge sowie der Renten aus den gesetzlichen Rentenversicherungen und zusätzlichen Alters- und Hinterbliebenenversorgungseinrichtungen.

Angehörige nach Satz 2 Nummern 1 und 2 sind Personen, die nach § 3 Absatz 1 berücksichtigungsfähig sind. Die in Satz 2 Nummern 1 und 2 bezeichneten Selbstbehalte werden nur für Kalendertage abgezogen, für die Aufwendungen für Unterkunft in Rechnung gestellt sind.

§ 9g Entlastungsbetrag und Umwandlungsanspruch

(1) Bei Pflegebedürftigen in häuslicher Pflege sind Aufwendungen nach Maßgabe des § 45b SGB XI (Entlastungsbetrag) beihilfefähig bei Inanspruchnahme von

1. Tages- oder Nachtpflege,
2. Kurzzeitpflege, jedoch ohne Selbstbehalte nach § 9f Absatz 3,
3. Pflegesachleistungen, in den Pflegegraden 2 bis 5 jedoch nicht von Leistungen im Bereich der Selbstversorgung nach § 14 Absatz 2 Nummer 4 SGB XI,
4. nach Landesrecht anerkannten Angeboten zur Unterstützung im Alltag nach § 45a SGB XI.

(2) Pflegebedürftige in häuslicher Pflege mit mindestens Pflegegrad 2 können eine Beihilfegewährung zu nach Absatz 1 Nummer 4 zustehenden Aufwendungen unter Anrechnung auf ihren Anspruch auf Pflegesachleistungen nach § 9b Absatz 1 beantragen, soweit für den jeweiligen Kalendermonat für die geltend gemachten Aufwendungen noch keine Beihilfe zu vorrangig zu gewährenden Pflegesachleistungen nach § 9b Absatz 1 bezogen wurde. Der hierfür verwendete Betrag darf je Kalendermonat 40 Prozent des nach § 9b Absatz 1 für den jeweiligen Pflegegrad vorgesehenen beihilfefähigen Höchstbetrags nicht überschreiten. Die Inanspruchnahme des Umwandlungsanspruchs nach Satz 1 und die Inanspruchnahme des Entlastungsbetrags nach Absatz 1 erfolgen unabhängig voneinander.

§ 9h Individuelle Wohnumfeldverbesserung

Aufwendungen zur Verbesserung des individuellen oder gemeinsamen Wohnumfeldes nach § 40 Absatz 4 SGB XI sind beihilfefähig, wenn und soweit die Maßnahme von der Pflegeversicherung anteilig bezuschusst wird.

§ 9i Pflegehilfsmittel

Aufwendungen für Hilfsmittel zur Linderung von Beschwerden, zur Erleichterung der Pflege oder der selbständigen Lebensführung der oder des Pflegebedürftigen sind nach Maßgabe der Anlage beihilfefähig oder wenn und soweit das Hilfsmittel von der Pflegeversicherung anteilig bezuschusst wird. Bei stationärer Pflege gilt Satz 1 nur für Gegenstände, die zum Verbrauch bestimmt, die individuell angepasst oder die überwiegend nur der oder dem Pflegebedürftigen allein überlassen sind, sofern sie nicht üblicherweise von der Einrichtung vorzuhalten sind. Für ärztlich schriftlich verordnete, zum Verbrauch bestimmte Hilfsmittel, die nicht bereits nach Nummer 2 der Anlage beihilfefähig sind, sind bei häuslicher Pflege Aufwendungen bis zu dem in § 40 Absatz 2 Satz 1 SGB XI genannten Betrag monatlich beihilfefähig.

§ 9j Pflegeunterstützungsgeld

Hat eine nicht beihilfeberechtigte Person einen Anspruch auf Pflegeunterstützungsgeld nach § 44a Absatz 3 SGB XI wegen der Pflege einer beihilfeberechtigten Person oder eines berücksichtigungsfähigen Angehörigen, wird hierzu eine Beihilfe unter Anwendung des für die gepflegte beihilfeberechtigte Person oder den berücksichtigungsfähigen Angehörigen maßgeblichen Bemessungssatzes gewährt. Die Festsetzung des Pflegeunterstützungsgeldes erfolgt auf schriftlichen Antrag der nicht beihilfeberechtigten Person nach Satz 1.

§ 9k Digitale Pflegeanwendungen

Aufwendungen für digitale Pflegeanwendungen im Sinne des § 40a SGB XI und ergänzende Unterstützungsleistungen im Sinne des § 39a SGB XI sind insgesamt im Kalendermonat bis zur Höhe des in § 40b Absatz 1 SGB XI genannten Betrags beihilfefähig, wenn die digitale Pflegeanwendung in das Verzeichnis nach § 78a Absatz 3 SGB XI aufgenommen wurde.

§ 10 Beihilfefähige Aufwendungen bei Maßnahmen zur Gesundheitsvorsorge

(1) Aus Anlass von Maßnahmen zur Früherkennung von Krankheiten sind nur beihilfefähig

1. bei Kindern bis zur Vollendung des sechsten Lebensjahres die Aufwendungen für Untersuchungen zur Früherkennung von Krankheiten, die eine körperliche oder

§ 10a

geistige Entwicklung des Kindes in nicht geringfügigem Maße gefährden,

2. bei Kindern und Jugendlichen die Kosten für eine Jugendgesundheitsuntersuchung zwischen dem vollendeten 13. und dem vollendeten 14. Lebensjahr, wobei die Untersuchung auch bis zu zwölf Monate vor und nach diesem Zeitraum durchgeführt werden kann,

3. bei Frauen vom Beginn des 20., bei Männern vom Beginn des 45. Lebensjahres an die Aufwendungen für jährlich eine Untersuchung zur Früherkennung von Krebserkrankungen,

4. bei Personen vom Beginn des 36. Lebensjahres an die Aufwendungen für eine Gesundheitsuntersuchung, insbesondere zur Früherkennung von Herz-, Kreislauf- und Nierenerkrankungen sowie der Zuckerkrankheit. Diese Aufwendungen sind jedes zweite Jahr beihilfefähig,

5. Aufwendungen für die Risikofeststellung und interdisziplinäre Beratung, Gendiagnostik und Früherkennung im Rahmen des Früherkennungsprogramms für erblich belastete Personen mit einem erhöhten familiären Brust- oder Eierstockkrebsrisiko, wenn die Leistungen nach Maßgabe der Anlage 14 zur Bundesbeihilfeverordnung erbracht werden,

6. Aufwendungen für Leistungen im Rahmen des Früherkennungsprogramms für erblich belastete Personen mit einem erhöhten familiären Darmkrebsrisiko, wenn die Leistungen nach Maßgabe der Anlage 15 BBhV erbracht werden.

(2) Beihilfefähig sind Aufwendungen für prophylaktische zahnärztliche Leistungen nach den Nummern 1000 bis 1040 und 2000 des Gebührenverzeichnisses der Gebührenordnung für Zahnärzte (GOZ).

(3) Beihilfefähig sind Aufwendungen für ambulante ärztliche Leistungen, wenn diese notwendig sind, um

1. eine Schwächung der Gesundheit, die in absehbarer Zeit voraussichtlich zu einer Krankheit führen würde, zu beseitigen,

2. einer Gefährdung der gesundheitlichen Entwicklung eines Kindes entgegenzuwirken,

3. Krankheiten zu verhüten oder deren Verschlimmerung zu vermeiden oder

4. Pflegebedürftigkeit zu vermeiden.

(4) Beihilfefähig sind Aufwendungen für Schutzimpfungen, die auf Grund des Infektionsschutzgesetzes angeordnet oder von der obersten Gesundheitsbehörde des Landes öffentlich empfohlen sind. Die Beihilfestelle kann die Kosten einer Impfaktion in einer Dienststelle voll übernehmen, wenn dies kostengünstiger als Beihilfe zu privatärztlichen Einzelimpfungen ist.

(5) Reichen bei gefährdeter Gesundheit Maßnahmen nach Absatz 1 und 3 nicht aus, kann Beihilfe zu Aufwendungen für qualitätsgeprüfte ambulante Maßnahmen entsprechend § 137d SGB V gewährt werden, die unter ärztlicher Betreuung und Überwachung von Angehörigen der Heilberufe (§ 6 Abs. 1 Nr. 3 Satz 3, gegebenenfalls in Verbindung mit Nummer 1.1 der Anlage) durchgeführt werden.

§ 10a Sonstige Aufwendungen

Beihilfefähig sind außerdem die Aufwendungen für

1. von Ärzten schriftlich verordnete ambulante sozialmedizinische Nachsorge für chronisch oder schwerstkranke Kinder bis zum vollendeten 12. Lebensjahr im Anschluss an eine stationäre Maßnahme, wenn dadurch die stationäre Maßnahme verkürzt wird oder die nachfolgende ambulante Weiterbehandlung gesichert wird,

2. von Ärzten schriftlich verordnete ambulante Soziotherapie bis zu 120 Stunden innerhalb von drei Jahren, wenn die Person wegen schwerer psychischer Erkrankung nicht in der Lage ist, ärztliche, ärztlich verordnete oder psychotherapeutische Leistungen selbständig in Anspruch zu nehmen und soweit dadurch von § 6 beihilfefähige Aufwendungen erspart werden,

3. Familien- und Haushaltshilfe pro Stunde
   a) für hauptberufliche Pflegekräfte in Höhe von 0,8 Prozent,

b) für nebenberufliche Pflegekräfte in Höhe von 0,4 Prozent

der sich aus § 18 des Vierten Buches Sozialgesetzbuch ergebenden Bezugsgröße, anteilig je Kalendermonat aufgerundet auf volle Euro. Als angemessen gelten Aufwendungen für bis zu 12 Stunden pro Tag. Mit ärztlicher Begründung kann auch ein Zeitbedarf von bis zu 24 Stunden pro Tag als angemessen angesehen werden. Voraussetzung für die Beihilfefähigkeit ist, dass

a) die sonst den Haushalt allein oder überwiegend führende beihilfeberechtigte oder berücksichtigungsfähige Person aufgrund ihrer notwendigen außerhäuslichen Unterbringung wegen Krankheit, Anschlussheil-, Sucht- und Rehabilitationsbehandlungen, Kuren, Schwangerschaft und Geburt oder Pflege (§§ 6 bis 9j, § 10a Nummer 5 sowie § 11) den Haushalt nicht weiterführen kann,

b) im Haushalt mindestens ein berücksichtigungsfähiges Kind verbleibt, welches das 15. Lebensjahr noch nicht vollendet hat, und

c) keine andere im Haushalt lebende Person den Haushalt, gegebenenfalls auch an einzelnen Tagen, weiterführen kann.

Dies gilt auch für bis zu sieben, in ärztlich begründeten Fällen bis zu weiteren 14 Tagen nach Ende der außerhäuslichen Unterbringung. § 6 Abs. 1 Nr. 7 Satz 3 gilt entsprechend. Anstelle einer außerhäuslichen Unterbringung nach Satz 4 Buchstabe a kann auch eine langfristige häusliche Bettlägerigkeit, insbesondere bei Problemschwangerschaft, oder langfristige krankheitsbedingte Unfähigkeit zur Verrichtung der häuslichen Tätigkeiten Voraussetzung sein; in diesen Fällen wird Beihilfe für Familien- und Haushaltshilfe ab Beginn der vierten Woche gewährt, wenn mindestens ein Kind unter zwölf Jahren vorhanden ist. Werden anstelle der Beschäftigung einer Familien- und Haushaltshilfe Kinder unter zwölf Jahren in einem Heim oder in einem fremden Haushalt untergebracht, so sind die Aufwendungen hierfür bis zu den sonst notwendigen Kosten einer Familien- und Haushaltshilfe beihilfefähig. Die Kosten für eine Unterbringung im Haushalt eines nahen Angehörigen (§ 5 Abs. 4 Nr. 6 Buchst. a) sind mit Ausnahme der Fahrkosten (Nummer 4) nicht beihilfefähig,

4. Fahrten bei Inanspruchnahme ärztlicher, psychotherapeutischer, zahnärztlicher Leistungen und Krankenhausleistungen sowie bei Heilbehandlung (§ 6 Abs. 1 Nr. 3) und für eine erforderliche Begleitung bis zur Höhe der Kosten der niedrigsten Klasse regelmäßig verkehrender Beförderungsmittel sowie die Gepäckbeförderung. Höhere Fahr- und Transportkosten dürfen nur berücksichtigt werden, wenn sie unvermeidbar waren; wird ein privater Personenwagen benutzt, ist höchstens der in § 5 Absatz 1 Satz 2 des Gesetzes zur Neufassung des Landesreisekostengesetzes genannte Betrag beihilfefähig.

Nicht beihilfefähig sind Aufwendungen für

a) die Mitnahme weiterer Personen sowie des Gepäcks bei Benutzung privater Personenkraftwagen,

b) die Verwendung privat genutzter Fahrzeuge, Taxen sowie regelmäßig verkehrender Beförderungsmittel am Wohn-, Behandlungs- oder Aufenthaltsort und in deren Nahbereich bei einfachen Entfernungen bis zu 30 Kilometer; dies gilt nicht wenn eine Schwerbehinderung mit den Merkzeichen „aG" (außergewöhnliche Gehbehinderung), „Bl" (blind), oder „H" (hilflos) im Schwerbehindertenausweis oder ein Pflegegrad 3, 4 oder 5 vorliegt, sowie bei Fahrten aufgrund einer Dialysebehandlung, onkologischen Strahlen- und Chemotherapie, ambulanten Rehabilitationsbehandlung, ambulanten Anschlussheilbehandlung sowie Behandlungen, bei denen eine Grunderkrankung nach einem vorgegebenen Therapieschema behandelt wird, das eine vergleichbar hohe Behandlungsfrequenz über einen längeren Zeitraum aufweist,

c) die Mehrkosten von Fahrten zu einem anderen als dem nächstgelegenen Ort, an dem eine geeignete Behandlung möglich ist, und zurück,

d) Rücktransport wegen Erkrankung während einer Urlaubs- oder anderen Reise,

5. Unterkunft bei notwendigen auswärtigen ambulanten ärztlichen und psychotherapeutischen Leistungen bis zum Höchstbetrag von 30 Euro täglich. Ist eine Begleitperson erforderlich, so sind deren Kosten für Unterkunft ebenfalls bis zum Höchstbetrag von 30 Euro täglich beihilfefähig. Diese Vorschrift findet bei Kuren oder ähnlichen Maßnahmen keine Anwendung,

6. ambulante Nachsorgebehandlungen, welche im Anschluss an stationäre Suchtbehandlungen erfolgen. Diese sind in angemessener Höhe als beihilfefähig anzuerkennen,

7. Leistungen bei Organspendern, wenn die das Organ erhaltende Person beihilfeberechtigt oder berücksichtigungsfähig ist, im Rahmen von § 6 Absatz 1 Nummern 1 bis 3, 9 und 10, § 6a, § 7 Absatz 1 Nummer 2 bis 4 und vorstehenden Nummern 3 bis 5, soweit sie bei den für die Transplantation notwendigen Maßnahmen entstehen; beihilfefähig ist auch der vom Organspender nachgewiesene Ausfall an Arbeitseinkommen. Dem Arbeitgeber der Organspenderin oder des Organspenders wird auf Antrag das fortgezahlte Entgelt entsprechend § 3a des Entgeltfortzahlungsgesetzes zum Bemessungssatz der Organempfängerin oder des Organempfängers erstattet. Dies gilt auch für als Organspender vorgesehene Personen, wenn sich herausstellt, daß sie als Organspender nicht in Betracht kommen,

8. behördlich angeordnete Entseuchung und die dabei verbrauchten Stoffe.

§ 11 Beihilfe bei Geburtsfällen

(1) Im Hinblick auf eine Geburt sind beihilfefähig die Aufwendungen

1. für die Schwangerschaftsüberwachung,

2. entsprechend § 6 Abs. 1 Nr. 1 bis 6, §§ 6a, 7 Abs. 1 Nr. 1, § 10a Nr. 3 und in Einrichtungen der Geburtshilfe, die von Hebammen geleitet werden,

3. für die Hebamme und den Entbindungspfleger nach Maßgabe der Hebammengebührenordnung,

4. für eine Haus- und Wochenpflegekraft bei Hausentbindung oder ambulanter Entbindung in einer von Hebammen geleiteten Einrichtung der Geburtshilfe oder in einem Krankenhaus bis zu zwei Wochen nach der Geburt, wenn die Wöchnerin nicht bereits Krankenpflege im Sinne von § 6 Abs. 1 Nr. 7 erhält; § 6 Abs. 1 Nr. 7 ist entsprechend anzuwenden,

5. entsprechend § 6 Absatz 1 Nummer 6 und § 7 Absatz 1 Nummer 1 für das gesunde neugeborene Kind.

(2) Für die Säuglings- und Kleinkinderausstattung jedes lebend geborenen Kindes und die sonstigen Aufwendungen, die im Zusammenhang mit den während der Schwangerschaft und nach der Entbindung üblichen Untersuchungen entstehen, wird eine pauschale Beihilfe von 250 Euro gewährt. Dies gilt auch, wenn der Beihilfeberechtigte ein Kind, das das dritte Lebensjahr noch nicht vollendet hat, annimmt oder mit dem Ziel der Annahme in seinen Haushalt aufnimmt und die zur Annahme erforderliche Einwilligung der Eltern erteilt ist. Sind beide Elternteile beihilfeberechtigt, wird die Beihilfe der Mutter gewährt.

§ 12 Beihilfefähige Aufwendungen bei Todesfällen

(1) In Todesfällen wird zu den Aufwendungen für die Leichenschau, die Einsargung, die Überführung, die Aufbahrung, die Einäscherung, die Beisetzung, die Anlegung der Grabstelle sowie die Grundlage für einen Grabstein eine pauschale Beihilfe in Höhe von 1900 Euro gewährt. Daneben sind Aufwendungen für den Sarg, die Urne und für das Nutzungsrecht für einen Beisetzungsplatz beihilfefähig; Aufwendungen für das Nutzungsrecht vor dem Tode gelten als am Todestag entstanden, soweit sie anteilig auf die Zeit ab dem Tode entfallen.

(2) Stehen anlässlich des Todes einer Person Sterbegelder auf Grund von Rechtsvorschrif-

ten, arbeitsvertraglichen Regelungen oder aus Zusatzversorgungseinrichtungen zu, die insgesamt den Betrag von 1500 Euro übersteigen, so ist die Pauschalbeihilfe nach Absatz 1 Satz 1 auf 1300 Euro zu kürzen. Übersteigen die Sterbegelder 2700 Euro, so ist die Pauschalbeihilfe auf 700 Euro zu kürzen; übersteigen sie 3900 Euro, so wird keine Beihilfe nach Absatz 1 Satz 1 gewährt. Übersteigen die Sterbegelder den Betrag von 4900 Euro, so sind auch Aufwendungen nach Absatz 1 Satz 2 nicht beihilfefähig.

(3) Verbleibt mindestens ein berücksichtigungsfähiges Kind unter 15 Jahren im Haushalt und kann dieser beim Tode der den Haushalt allein führenden beihilfeberechtigten Person oder berücksichtigungsfähigen Angehörigen nicht durch eine andere im Haushalt lebende Person weitergeführt werden, so sind die Aufwendungen für eine Familien- und Haushaltshilfe in entsprechender Anwendung des § 10a Nr. 3 bis zu sechs Monaten, in Ausnahmefällen bis zu einem Jahr beihilfefähig.

(4) Die Ansprüche nach Absatz 1 stehen vorrangig dem hinterbliebenen Ehegatten, dem hinterbliebenen Lebenspartner nach dem Lebenspartnerschaftsgesetz, den leiblichen Kindern und Adoptivkindern eines verstorbenen Beihilfeberechtigten zu. Die Beihilfe wird demjenigen gewährt, der die Originalbelege zuerst vorlegt. Die Beihilfe bemisst sich nach den Verhältnissen am Tag vor dem Tod.

(5) Andere als die in Absatz 4 genannten natürlichen sowie juristische Personen erhalten Beihilfe nach Absatz 1 und nach Maßgabe des Absatzes 4 Satz 3, wenn sie von dritter Seite in Rechnung gestellte Aufwendungen nachweislich bezahlt haben und die Originalbelege vorlegen.

(6) Bestattungsunternehmen erhalten Beihilfe nach Absatz 1 und nach Maßgabe des Absatzes 4 Satz 3, höchstens jedoch in tatsächlich entstandener Höhe, wenn sie Aufwendungen nach Absatz 1 nachweislich getragen haben (Sach- und Personalkostennachweis).

§ 13 Beihilfefähige außerhalb der Bundesrepublik Deutschland entstandene Aufwendungen

(1) Außerhalb der Bundesrepublik Deutschland entstandene Aufwendungen sind nur beihilfefähig insoweit und bis zu der Höhe, wie sie in der Bundesrepublik Deutschland am Sitz der Beihilfestelle oder deren nächster Umgebung entstanden und beihilfefähig gewesen wären; nicht beihilfefähig sind außerhalb der Europäischen Union, einem Vertragsstaat des Abkommens über den Europäischen Wirtschaftsraum, des Vereinigten Königreichs Großbritannien und Nordirland und der Schweiz entstandene Aufwendungen nach § 6a Absatz 1 Nummer 3, § 7 Absatz 1 Nummer 3 und 4, §§ 8, 10a und 15 Absatz 4. Außerhalb der Europäischen Union, den Vertragsstaaten des Abkommens über den Europäischen Wirtschaftsraum, des Vereinigten Königreichs Großbritannien und Nordirland oder der Schweiz entstandene Aufwendungen für Unterkunft und Verpflegung in Einrichtungen nach § 7 Absatz 1 Nummer 2 sind höchstens bis zur in § 8 Absatz 6 Satz 1 Nummer 6 bestimmten Höhe und Dauer beihilfefähig. In einem Vertragsstaat des Abkommens über den Europäischen Wirtschaftsraum, des Vereinigten Königreichs Großbritannien und Nordirland oder der Schweiz entstandene Aufwendungen sind nur beihilfefähig insoweit und bis zu der Höhe, wie sie in der Bundesrepublik Deutschland entstanden und beihilfefähig gewesen wären. Bei innerhalb der in anderen Mitgliedstaaten der Europäischen Union, den Vertragsstaaten des Abkommens über den Europäischen Wirtschaftsraum, des Vereinigten Königreichs Großbritannien und Nordirland oder der Schweiz entstandenen Aufwendungen für ambulante Behandlungen und für stationäre Leistungen in öffentlichen Krankenhäusern ist regelmäßig ein Kostenvergleich nicht erforderlich, es sei denn, dass gebietsfremden Personen regelmäßig höhere Preise als ansässigen Personen berechnet werden; die beihilferechtlichen Ausschlüsse und Höchstbeträge sind zu beachten. Soweit ein Beleg inhaltlich nicht den im Inland geltenden Anforderungen voll entspricht oder die

§ 13　　　　　　　　　　　　　　　　　　Beihilfeverordnung (BVO)　　　**VII.1**

beihilfeberechtigte Person die für den Vergleich notwendigen Angaben nicht beibringt, hat die Beihilfestelle die Beihilfefähigkeit im Rahmen der Sätze 1 und 3 nach billigem Ermessen ganz oder teilweise anzuerkennen, wenn die beihilfeberechtigte Person mindestens eine Beschreibung des Krankheitsbildes und der ungefähr erbrachten Leistungen, auf Anforderung auch eine Übersetzung der Belege vorlegt.

(2) Aufwendungen nach Absatz 1 sind ohne Beschränkung auf die Kosten in der Bundesrepublik Deutschland beihilfefähig, jedoch unter Beachtung der beihilferechtlichen Ausschlüsse und Höchstbeträge,

1. wenn sie bei einer Dienstreise eines Beihilfeberechtigten entstanden sind, es sei denn, daß die Behandlung bis zur Rückkehr in die Bundesrepublik Deutschland hätte aufgeschoben werden können,
2. wenn und soweit die Beihilfefähigkeit vor Antritt der Reise anerkannt worden ist. Die Anerkennung der Beihilfefähigkeit kommt ausnahmsweise in Betracht, wenn durch ein begründetes medizinisches Gutachten nachgewiesen ist, daß die Behandlung außerhalb der Bundesrepublik Deutschland zwingend notwendig ist, weil hierdurch eine wesentlich größere Erfolgsaussicht zu erwarten ist. Die Anerkennung der Beihilfefähigkeit von Aufwendungen, die im Zusammenhang mit einer Kur oder ähnlichen Maßnahmen entstehen, ist nur nach Maßgabe der Absätze 1, 3 und 4 zulässig,
3. wenn sie 1000 Euro nicht übersteigen,
4. bei Beihilfeberechtigten mit dienstlichem Wohnsitz im Ausland, die ins Ausland abgeordnet oder zugewiesen sind, und ihren berücksichtigungsfähigen Angehörigen; die Aufwendungen sind unter Beachtung der Verhältnisse im Gastland in angemessenem Umfang beihilfefähig,
5. wenn zur Notfallversorgung die nächstgelegene Behandlungsmöglichkeit aufgesucht werden muss.

(3) Aus Anlass stationärer oder ambulanter Maßnahmen im Sinne von § 7 Absatz 1 Nummer 2 bis 4 und § 8 Absatz 1 Satz 1 Nummer 1 bis 3 in anderen Mitgliedstaaten der Europäischen Union, in den Vertragsstaaten des Abkommens über den Europäischen Wirtschaftsraum, in dem Vereinigten Königreich Großbritannien und Nordirland oder in der Schweiz entstandene Aufwendungen sind nur insoweit und bis zu der Höhe beihilfefähig, wie sie in der Bundesrepublik Deutschland entstanden und beihilfefähig gewesen wären; die beihilferechtlichen Ausschlüsse und Höchstbeträge sind zu beachten. Bei Kuren in Einrichtungen der medizinischen Rehabilitation müssen die sonstigen Voraussetzungen des § 8 Absatz 2 und 5 vorliegen. Bei Müttergenesungskuren, Vätergenesungskuren, Mutter-Kind-Kuren und Vater-Kind-Kuren müssen die sonstigen Voraussetzungen des § 8 Absatz 3 und 5 vorliegen. Bei ambulanten Heilkuren muss der Kurort im Kurorteverzeichnis EU-Ausland des Bundesministeriums des Innern aufgeführt sein und die sonstigen Voraussetzungen des § 8 Absatz 4 und 5 vorliegen.

(4) Aus Anlass stationärer oder ambulanter Maßnahmen im Sinne von § 7 Absatz 1 Nummer 2 bis 4 und § 8 Absatz 1 Satz 1 Nummer 1 oder 3 außerhalb der Europäischen Union, den Vertragsstaaten des Abkommens über den Europäischen Wirtschaftsraum, des Vereinigten Königreichs Großbritannien und Nordirland oder der Schweiz entstandene Aufwendungen sind ausnahmsweise beihilfefähig, wenn vor Antritt der Reise

1. durch medizinische Gutachten nachgewiesen ist, dass die Maßnahme wegen wesentlich größerer Erfolgsaussicht außerhalb der Europäischen Union, den Vertragsstaaten des Abkommens über den Europäischen Wirtschaftsraum, des Vereinigten Königreichs Großbritannien und Nordirland oder der Schweiz zwingend notwendig ist und
2. bei ambulanten Heilkuren der Kurort im Kurorteverzeichnis Ausland des Bundesministeriums des Innern aufgeführt ist und die sonstigen Voraussetzungen des § 8 Absatz 4 und 5 vorliegen.

Die Aufwendungen nach § 6 Absatz 1 Nummer 1 bis 3 und § 8 Absatz 6 Satz 1 Nummer 2 bis 5 sind ohne Beschränkung auf die Kosten in der Bundesrepublik Deutschland beihilfefähig; die beihilferechtlichen Ausschlüsse und Höchstbeträge sind zu beachten. Die Aufwendungen für Unterkunft und Verpflegung sind höchstens bis zur in § 8 Absatz 6 Satz 1 Nummer 6 bestimmten Höhe und Dauer beihilfefähig.

§ 14 Bemessung der Beihilfe

(1) Die Beihilfe bemißt sich nach einem Prozentsatz der beihilfefähigen Aufwendungen (Bemessungssatz). Der Bemessungssatz beträgt für Aufwendungen, die entstanden sind für

1. beihilfeberechtigte Personen nach § 2 Abs. 1 Nr. 1 sowie für entpflichtete Hochschullehrerinnen und Hochschullehrer 50 Prozent,
2. Empfängerinnen und Empfänger von Versorgungsbezügen, die als solche beihilfeberechtigt sind, sowie berücksichtigungsfähige Ehegattinnen und Ehegatten oder berücksichtigungsfähige Lebenspartnerinnen und Lebenspartner nach dem Lebenspartnerschaftsgesetz 70 Prozent,
3. berücksichtigungsfähige Kinder sowie Waisen, die als solche beihilfeberechtigt sind, 80 Prozent.

Maßgebend für die Höhe des Bemessungssatzes ist der Zeitpunkt des Entstehens der Aufwendungen. Sind zwei oder mehr Kinder berücksichtigungsfähig, beträgt der Bemessungssatz für beihilfeberechtigte Personen nach Satz 2 Nummer 1 70 Prozent; er vermindert sich bei Wegfall von Kindern nicht, wenn drei oder mehr Kinder berücksichtigungsfähig waren. Satz 2 Nummer 2 gilt auch für entpflichtete Hochschullehrerinnen und Hochschullehrer, denen aufgrund einer weiteren Beihilfeberechtigung nach § 2 Absatz 1 Nummer 2, die jedoch gemäß § 4 Absatz 1 Nummer 3 ausgeschlossen ist, ein Bemessungssatz von 70 Prozent zustehen würde.

(2) Für die Anwendung des Absatzes 1 gelten die Aufwendungen

1. nach § 10a Nr. 3 und § 12 Abs. 3 als Aufwendungen des jüngsten verbleibenden Kindes,
2. einer Begleitperson als Aufwendungen des Begleiteten, sofern mehrere Personen begleitet werden, als Aufwendungen der begleiteten Person mit dem höheren Bemessungssatz,
3. nach § 11 Abs. 1 als Aufwendungen der Mutter.
4. nach § 10 Absatz 1 Nummer 5 in Indexfällen als Kosten der erkrankten Person. In Fällen prädiktiver Gentests gelten die Aufwendungen der Indexpatienten als Kosten der gesunden Ratsuchenden.

(3) Für beihilfefähige Aufwendungen, für die trotz ausreichender und rechtzeitiger Versicherung wegen angeborener Leiden oder bestimmter Krankheiten auf Grund eines individuellen Ausschlusses keine Versicherungsleistungen gewährt werden oder für die die Regelleistungen auf Dauer eingestellt worden sind (Aussteuerung), erhöht sich der Bemessungssatz um 20 Prozent, jedoch höchstens auf 90 Prozent. Satz 1 gilt nur, wenn das Versicherungsunternehmen die Bedingungen nach § 257 Abs. 2a Satz 1 Nr. 1 bis 4 SGB V erfüllt und eine Aufnahme in den Standardtarif oder die Streichung des Risikoausschlusses gegen Risikozuschlag nicht zu zumutbaren Bedingungen möglich ist.

(4) Bei freiwillig versicherten Mitgliedern der gesetzlichen Krankenversicherung einschließlich ihrer familienversicherten Angehörigen erhöht sich der Bemessungssatz auf 100 Prozent der sich nach Anrechnung der nachzuweisenden Kassenleistung ergebenden beihilfefähigen Aufwendungen, wenn die Kassenleistung das in der gesetzlichen Pflichtversicherung übliche Maß nicht unterschreitet. Satz 1 gilt nicht für Belege, zu denen keine oder nur eine geringere als die übliche Kassenleistung gewährt wird, insbesondere wegen eines Wahltarifs mit Selbstbehalt.

(5) Für Personen, die nach § 28 Abs. 2 SGB XI Leistungen der Pflegeversicherung zu nach §§ 9a, 9b Absatz 1 Satz 1, Absatz 2 bis 4, §§ 9c bis 9f Absatz 1 und 2, §§ 9g bis 9k bei-

hilfefähigen Aufwendungen grundsätzlich zur Hälfte erhalten, beträgt der Bemessungssatz bezüglich dieser Aufwendungen 50 Prozent. Soweit die beihilfefähigen Aufwendungen die jeweiligen vollen Höchstbeträge nach dem SGB XI übersteigen, ist Absatz 1 anzuwenden.

(6) Bei Anlegung eines strengen Maßstabs kann der Bemessungssatz in besonderen Härtefällen, insbesondere wenn die Aufwendungen infolge einer Dienstbeschädigung entstanden sind, erhöht werden.

§ 15 Begrenzung der Beihilfe

(1) Die Beihilfe wird vor Anwendung der Absätze 2 bis 4 um eine Kostendämpfungspauschale nach §78 Absatz 2a LBG gekürzt. Hiervon ausgenommen sind Beihilfen nach §§9a bis 9f Absätze 1 und 2 sowie §§9g bis 9k, §10a Nummer 7 und §11 Absatz 2.

(2) Die Beihilfe darf zusammen mit den aus demselben Anlaß gewährten Leistungen aus Krankenversicherungen, Pflegeversicherungen, auf Grund von Rechtsvorschriften oder arbeitsvertraglichen Vereinbarungen die dem Grunde nach beihilfefähigen Aufwendungen nicht übersteigen. Hierbei bleiben Sterbegelder, Wohngeld, Leistungen aus Krankentagegeld-, Krankenhaustagegeld- und Pflegetagegeldversicherungen, aus nicht aufwandsbezogenen Kapitalversicherungen sowie Ansprüche nach §1968 BGB unberücksichtigt. Dem Grunde nach beihilfefähig sind die in den §§6 bis 13 genannten Aufwendungen in tatsächlicher Höhe, für die im Einzelfall eine Beihilfe gewährt wird. Bei pauschalen Beihilfen nach §9b Absatz 2 und Absatz 4 und §9f Absatz 2 sowie §11 Absatz 2 sind Aufwendungen in Höhe des Pauschalbetrags zugrunde zu legen. Die Sätze 1 bis 4 gelten nicht für Beihilfen nach §12 Abs. 1 und 2.

(3) Die in Absatz 2 bezeichneten Leistungen sind durch Belege nachzuweisen. Wenn die Leistungen aus einer privaten Kranken- oder Pflegeversicherung nachweislich nach einem für alle Aufwendungen einheitlich hohen Prozentsatz bemessen werden, ist ein Einzelnachweis nicht erforderlich; in diesem Fall werden die Leistungen der Versicherung nach diesem Prozentsatz von den dem Grunde nach beihilfefähigen Aufwendungen errechnet. Gleiches gilt für Leistungen nach §28 Abs. 2 SGB XI. Der Summe der mit einem Antrag geltend gemachten Aufwendungen ist die Summe der hierauf entfallenden Leistungen gegenüberzustellen, auch wenn Leistungen nicht in Anspruch genommen werden. Aufwendungen nach §12 werden getrennt abgerechnet.

(4) Wird die beihilfefähige Wahlleistung Unterkunft (§6a Absatz 1 Nummer 3, §7 Absatz 7 Satz 1 Nummer 4) anlässlich eines Aufenthalts in einem zugelassenen Krankenhaus nach §108 SGB V oder einem Krankenhaus nach §7 Absatz 2 nicht beansprucht, so wird stattdessen eine Beihilfe von 11 Euro pro Tag, an dem die Leistung berechenbar gewesen wäre, gewährt. Für nicht beanspruchte wahlärztliche Leistungen (§6a Absatz 1 Nummer 3, §7 Absatz 7 Satz 1 Nummer 4) anlässlich eines Aufenthalts nach Satz 1 wird eine Beihilfe von 22 Euro pro Tag, an dem die Leistungen berechenbar gewesen wären, gewährt.

(5) Die Beihilfestelle kann mit Personen oder Einrichtungen, die Leistungen erbringen oder Rechnungen ausstellen, mit Versicherungen und anderen Kostenträgern sowie deren Zusammenschlüssen Verträge über Beihilfeangelegenheiten abschließen, wenn dies im Interesse einer wirtschaftlicheren Krankenfürsorge liegt. Dabei sollen auch feste Preise vereinbart werden, die deutlich unter den nach dieser Verordnung maßgeblichen Gebührenrahmensätzen und Höchstbeträgen liegen.

§ 16 (weggefallen)

§ 17 Verfahren

(1) Beihilfe wird auf schriftlichen Antrag der Beihilfeberechtigten gewährt; hierfür sind im Bereich der Landesverwaltung die vom Finanzministerium, im übrigen Bereich die vom Finanzministerium oder der Beihilfestelle bekanntgegebenen Formblätter zu verwenden. Die Beihilfestelle kann elektronische Antragstellung sowie Kommunikationsmöglichkeiten nach §3a Landesverwaltungsverfahrens-

gesetz (LVwVfG) zulassen und die dafür erforderlichen Standards festlegen.

(2) (weggefallen)

(3) Beihilfe wird nur zu den Aufwendungen gewährt, die durch Belege nachgewiesen sind, soweit nichts anderes bestimmt ist. Würde mehreren Beihilfeberechtigten zu denselben Aufwendungen Beihilfe zustehen, so wird eine Beihilfe nur dem gewährt, der die Originalbelege zuerst vorlegt.

(4) Die Beihilfeanträge sind unter Beifügung der Belege unmittelbar der Beihilfestelle vorzulegen. Die Beihilfestelle soll die Angaben zur Beihilfeberechtigung und zur Berücksichtigung nach den §§ 2 bis 4 mit den für die Bezüge maßgeblichen Daten abgleichen. Auf im Inland ausgestellten Arzneimittelrezepten muss die Pharmazentralnummer angegeben sein. Beihilfe zu Aufwendungen für Arzneimittel wird für Personen, die eine elektronische Gesundheitskarte nach § 291a SGB V erhalten haben, grundsätzlich nur gewährt, wenn dabei die Karte eingesetzt wird. Die Beihilfestelle darf bei begründeten Zweifeln an der Echtheit eines Belegs, insbesondere einer Computerrechnung ohne vorgedruckten Briefkopf, die erforderliche Auskunft unmittelbar beim Aussteller einholen.

(5) Als Beihilfestellen entscheiden, soweit in Rechtsvorschriften oder von den obersten Dienstbehörden nichts anderes bestimmt ist,

1. die obersten Dienstbehörden über die Anträge ihrer Bediensteten und der Leiter der ihnen unmittelbar nachgeordneten Behörden,
2. die den obersten Dienstbehörden unmittelbar nachgeordneten Behörden über die Anträge der Bediensteten ihres Geschäftsbereichs,
3. die Pensionsregelungsbehörden über die Anträge der Versorgungsempfänger.

(5a) Der Beihilfebescheid kann vollständig durch automatische Einrichtungen erlassen werden, sofern kein Anlass dazu besteht, den Einzelfall durch Amtsträger zu bearbeiten.

(6) In automatisierten Zahlungsverfahren soll die Beihilfe grundsätzlich auf das Bezügekonto überwiesen werden; abweichende Zahlungswege sind zu überwachen, Barauszahlungen und Überweisungen auf Zweitkonten sind nicht zulässig. Nach dem Tod des Beihilfeberechtigten ist die Beihilfe auf das Bezügekonto zu zahlen. Ein abweichendes Konto kann nur von demjenigen bestimmt werden, der gemäß Erbschein, Testamentsvollstreckererzeugnis oder Ausfertigung oder beglaubigter Abschrift einer letztwilligen Verfügung nebst zugehöriger Eröffnungsniederschrift als Erbe oder Testamentsvollstrecker bezeichnet wird. Die Sätze 2 und 3 gelten nicht für die Beihilfe nach § 12 Absatz 1 sowie für Beihilfe an Personen nach § 2 Absatz 2 Satz 4.

(7) Den Beihilfeberechtigten können Abschlagszahlungen gewährt werden.

(8) Nur solche Originalbelege, deren Vorlage vorgeschrieben oder ausdrücklich verlangt worden ist, werden zurückgegeben. Sie können vor der Rückgabe von der Beihilfestelle als für Beihilfezwecke verwendet kenntlich gemacht werden. Andere Belege kann die Beihilfestelle einbehalten.

(9) Ist eine vorgeschriebene vorherige Anerkennung der Beihilfefähigkeit unterblieben, wird eine Beihilfe nur gewährt, wenn der Beihilfeberechtigte ohne Verschulden und nicht lediglich aus Unkenntnis verhindert war, die Anerkennung zu beantragen und die Antragstellung innerhalb eines Monats nach Wegfall des Hindernisses nachgeholt worden ist. Im übrigen gilt § 32 des Landesverwaltungsverfahrensgesetzes entsprechend.

(10) Eine Beihilfe wird nur gewährt, wenn die Beihilfeberechtigten sie vor Ablauf der beiden Kalenderjahre beantragt haben, die auf das Jahr des Entstehens der Aufwendungen oder, wenn es sich nicht um Aufwendungen nach § 9b Absatz 2 und 4 handelt, der ersten Ausstellung der Rechnung folgen. Für den Beginn der Frist ist bei Beihilfe nach § 9b Absatz 2 und 4 und § 15 Abs. 4 jeder Pflegetag, nach § 11 Abs. 2 der Tag der Geburt oder der Annahme als Kind maßgebend. Sätze 1 und 2 gelten auch, wenn Adressat der Rechnung nicht der Beihilfeberechtigte selbst, sondern ein anderer Kostenschuldner ist. Bei Fristversäumnis erlischt der Anspruch.

§ 18 Datenschutz

(1) Beihilfeangelegenheiten sind in einer von der übrigen Personalverwaltung unabhängigen, getrennten Beihilfestelle zu bearbeiten. Die Trennung muß durch organisatorische Regelungen und technische Zugriffssperren gewährleistet sein. Die Beihilfestelle darf Beihilfeangelegenheiten nur für solche andere Stellen erledigen, die zusichern, daß sie diese Datenschutzvorschriften beachten.

(2) Die Beihilfestelle hat die notwendigen organisatorischen und technischen Maßnahmen zu treffen, um die im Zusammenhang mit Verfahren auf Gewährung von Beihilfe stehenden personenbezogenen Daten (Beihilfedaten) vor unbefugter Kenntnisnahme und Nutzung zu schützen.

An dem Schutz der Beihilfedaten haben auch alle Informationen und Unterlagen der Angehörigen der Beihilfeberechtigten teil, die sich auf Geburts-, Krankheits-, Pflege- oder Todesfälle sowie auf Gesundheitsvorsorge beziehen oder im Zusammenhang mit einer Beihilfeangelegenheit sonstige finanzielle oder familienbezogene Umstände betreffen. Gleiches gilt für solche Beihilfestammdaten, die als beihilferechtliche Konsequenz aus Bezügedaten festzustellen sind, insbesondere hinsichtlich der Berücksichtigung nach §§ 3 und 4.

(3) Beihilfedaten und Beihilfeakten sollen im Schriftverkehr zur Vermeidung von Fehlleitungen und zur Wahrung besonderer Vertraulichkeit eindeutig als solche und nicht lediglich als Personaldaten oder Personalakten bezeichnet werden. Sind bei Auskunftsersuchen nicht eindeutige Bezeichnungen verwendet, ist bis zur ausdrücklichen Klarstellung in jedem Einzelfall davon auszugehen, daß Beihilfedaten und Beihilfeakten nicht angesprochen sind.

(4) Vorschriften über die Benutzung des Dienstwegs sind in Beihilfeangelegenheiten nicht anzuwenden. Ein Antrag auf Anerkennung der Beihilfefähigkeit für eine Heilkur (§ 8 Abs. 5 Satz 2) soll über die für die Urlaubsbewilligung zuständige Stelle unmittelbar der Beihilfestelle zugeleitet werden; begründende Unterlagen sind in verschlossenem Umschlag beizufügen und ungeöffnet weiterzuleiten oder unmittelbar der Beihilfestelle zuzuleiten.

(5) Soweit für Beihilfezwecke medizinische Gutachten ohne Bezeichnung der Gutachterstelle vorgesehen sind, soll ein – bezüglich des anzugebenden Zwecks ausreichend begründetes – amtsärztliches Zeugnis des Gesundheitsamts eingeholt werden. Die Beihilfestelle kann stattdessen andere Stellen oder Personen zur Begutachtung benennen.

(6) Ein gegebenes Einverständnis zur Einholung von erforderlichen Auskünften bei Personen oder Einrichtungen, die Leistungen erbringen, Rechnungen ausstellen, bei Versicherungen und anderen Kostenträgern oder eine Entbindung von der Schweigepflicht kann von der Beihilfestelle nur insoweit als Grundlage für Auskunftsersuchen verwendet werden, als sich das Einverständnis zweifelsfrei auf den konkreten Sachverhalt erstreckt. Auskunftsersuchen zur Krankheitsgeschichte und zur Bewertung der Schwierigkeit ärztlicher Leistungen soll die Beihilfestelle auch bei vorliegendem Einverständnis nicht direkt an den Behandler richten.

(7) In Verträgen nach § 15 Abs. 5 darf von Verfahrensregelungen dieser Verordnung abgewichen werden, der Schutz der Beihilfedaten muß vertraglich gewährleistet bleiben. An Beihilfeberechtigte oder berücksichtigungsfähige Angehörige kann die Beihilfestelle Chipkarten mit Daten entsprechend § 291 SGB V und zum Umfang des Beihilfeanspruchs herausgeben, wenn die entsprechende Verwendung in solchen Verträgen geregelt ist.

(8) Bei der Veranschlagung und Anforderung von Haushaltsmitteln für Beihilfe ist darauf zu achten, daß Rückschlüsse auf einzelne Beihilfeberechtigte nicht möglich sind. Gleiches gilt für die Haushaltsrechnung.

(9) Schriftliche Unterlagen über Beihilfeangelegenheiten sollen unverzüglich ausgesondert und vernichtet werden, wenn die Daten für die vorgeschriebene Aufbewahrungsfrist durch automatisierte Datenverarbeitung gespeichert sind.

§ 19 Übergangsvorschriften

(1) Kinder gelten übergangsweise nach § 3 weiterhin als berücksichtigungsfähig, wenn sie im Sommersemester 2006 oder im Wintersemester 2006/07 an einer Hochschule eingeschrieben waren, solange sie die im Einkommensteuergesetz in der bis 31. Dezember 2006 geltenden Fassung genannten Voraussetzungen für den Kindergeldbezug weiterhin erfüllen, längstens bis zur Vollendung des 27. Lebensjahres zuzüglich Wehr- oder Ersatzdienstzeiten oder davon befreiender Tätigkeit als Entwicklungshelfer. § 3 Abs. 3 und § 14 Abs. 1 Satz 3 finden Anwendung.

(2) § 15 Abs. 2 und 3 gilt nicht für Personen, die mindestens seit 1. Januar 1985 in einem Festkostentarif einer privaten Krankenversicherung versichert sind, hinsichtlich der Leistungen aus diesem Tarif, solange sie diesen Tarif beibehalten und nicht zu zumutbaren Bedingungen einen restkostendeckenden Prozenttarif abschließen können. § 14 Abs. 3 Satz 2 ist sinngemäß anzuwenden.

(3) Die Gemeinden, Landkreise und sonstigen der Aufsicht des Landes unterstehenden Körperschaften, Anstalten und Stiftungen des öffentlichen Rechts können die nach den vorstehenden Bestimmungen zu leistende Beihilfe auch durch ein Versicherungsunternehmen ganz oder teilweise auszahlen lassen, wenn sie bereits im Zeitpunkt des Inkrafttretens dieser Verordnung entsprechend verfahren. Sie haben etwaige Unterschiedsbeträge auszugleichen und bleiben Leistungsschuldner.

(4) Werden Regelungen des Bundesministeriums des Innern geändert, die nach dieser Verordnung anzuwenden sind, gelten die Änderungen auch im Rahmen dieser Verordnung, soweit das Finanzministerium übergangsweise nichts anderes bestimmt. Gleiches gilt für solche Beträge in den §§ 9 bis 9k, wenn im Bereich des Elften Buches Sozialgesetzbuch entsprechende Beträge in vergleichbaren Vorschriften geändert werden. Die Beträge in § 9e werden bei Anpassungen der Beträge in § 9b Absatz 2 neu berechnet und geltend ab dem Zeitpunkt der Anpassung der Beträge in § 9b Absatz 2. Das Finanzministerium gibt das Ergebnis der Berechnung im gemeinsamen Amtsblatt bekannt.

§ 20 Inkrafttreten

Diese Verordnung tritt am 1. November 1995 in Kraft. Gleichzeitig tritt die Beihilfeverordnung vom 12. März 1986 (GBl. S. 67) und die sie ändernden Verordnungen, zuletzt Verordnung vom 7. Dezember 1993 (GBl. S. 743), außer Kraft.

Anlage
zur Beihilfeverordnung

1 **Einschränkungen zu § 5 Abs. 1 und §§ 6 ff.**

1.1 Die Angemessenheit ärztlicher, psychotherapeutischer und zahnärztlicher Aufwendungen beurteilt sich ausschließlich nach dem Gebührenrahmen der jeweils geltenden Gebührenordnungen für Ärzte, Psychologische Psychotherapeuten und Kinder- und Jugendlichenpsychotherapeuten und Zahnärzte; soweit gebührenrechtlich zulässig und begründet, ist auch eine über den Schwellenwert hinausgehende Gebühr angemessen. Angemessen sind auch Aufwendungen für Leistungen, die auf Grund von Vereinbarungen gesetzlicher Krankenkassen nach dem Fünften Buch Sozialgesetzbuch oder auf Grund von Verträgen von Unternehmen der privaten Krankenversicherung oder anderer Kostenträger mit Leistungserbringern erbracht worden sind, wenn dadurch Kosten eingespart werden. Werden Leistungen nach Satz 1 nach Regeln in Vereinbarungen über medizinische Leistungen der gesetzlichen Kranken- und Rentenversicherungsträger auf Bundes- oder Landesebene zusammen mit Leistungen nach § 6 Absatz 1 Nummer 3 oder anderer sozialtherapeutischer Berufe erbracht und pauschal berechnet (Komplexleistungen), so sind unter denselben Voraussetzungen die mit den anderen Leistungsträgern vereinbarten pauschalen Vergütungen beihilfefähig.

1.2 Aufwendungen für zahnärztliche Leistungen einschließlich Kieferorthopädie

1.2.1 Nicht beihilfefähig sind

a) Aufwendungen für Leistungen, die auf der Grundlage einer Vereinbarung nach § 2 Abs. 3 der GOZ erbracht werden,

b) die bei einer zahnärztlichen Behandlung nach den Abschnitten C, F und H des Gebührenverzeichnisses der GOZ entstandenen Aufwendungen für Auslagen, Material- und Laborkosten nach § 4 Absatz 3 und § 9 der GOZ, soweit sie 70 Prozent der ansonsten beihilfefähigen Aufwendungen übersteigen,

c) Aufwendungen für besondere individuelle Zahngestaltung, Charakterisierung, besondere Farbauswahl und Farbgebung, Bemalen, Bleaching.

1.2.2 Bei Mitgliedern gesetzlicher Krankenkassen und ihren mitversicherten Angehörigen gilt bei der Versorgung mit Zahnersatz und Zahnkronen der nach § 55 Absatz 1 SGB V auf 75 Prozent erhöhte Zuschuß als gewährte Leistung.

1.2.3 Aufwendungen für kieferorthopädische Leistungen sind beihilfefähig, wenn die Notwendigkeit und Angemessenheit anhand eines vorzulegenden Heil- und Kostenplans für den gesamten Behandlungszeitraum von der Beihilfestelle festgestellt wird und

a) die behandelte Person bei Behandlungsbeginn das 18. Lebensjahr noch nicht vollendet hat oder

b) bei Personen die bei Behandlungsbeginn das 18. Lebensjahr vollendet haben, eine schwere Kieferanomalie vorliegt, die eine kombinierte kieferchirurgische und kieferorthopädische Behandlung erfordert oder wenn die Behandlung ausschließlich medizinisch indiziert ist und nicht aus ästhetischen Gründen erfolgt, keine Behandlungsalternative gegeben ist und die Zahnfehlstellung mit erheblichen Folgeproblemen verbunden ist.

1.2.4 Aufwendungen für implantologische Leistungen einschließlich aller damit verbundenen weiteren zahnärztlichen Leistungen sind nur bei Vorliegen einer der folgenden Indikationen beihilfefähig:

a) Nicht angelegte Zähne im jugendlichen Erwachsenengebiss, wenn pro Kiefer weniger als acht Zähne an-

VII.1 Beihilfeverordnung (BVO) — Anlage

gelegt sind, nach einem einzuholenden Gutachten,

b) bei großen Kieferdefekten infolge von Kieferbruch oder Kieferresektion, wenn nach einem einzuholenden Gutachten auf andere Weise Kaufähigkeit nicht hergestellt werden kann.

In anderen Fällen sind Aufwendungen für mehr als zwei Implantate pro Kieferhälfte, einschließlich vorhandener Implantate, und die damit verbundenen weiteren zahnärztlichen Leistungen von der Beihilfefähigkeit ausgeschlossen; dabei sind die gesamten Aufwendungen nach Satz 1 entsprechend dem Verhältnis der Zahl der nichtbeihilfefähigen zur Gesamtzahl der Implantate der jeweils geltend gemachten Aufwendungen zu kürzen.

1.3 Werden Leistungen von Gesellschaften oder Unternehmen (z. B. Klinik, Badebetrieb) in Rechnung gestellt, so sind – soweit keine anderen Rechtsvorschriften bestehen – die Aufwendungen insoweit beihilfefähig, als sie im Fall einer Leistung und Berechnung durch einen freiberuflich tätigen Behandler beihilfefähig wären.

1.4 Es gelten folgende Voraussetzungen, Beschränkungen und Höchstbeträge:

1.4.1 Für Heilbehandlungen nach § 6 Abs. 1 Nr. 3 die in der Anlage 9 und 10 zur Bundesbeihilfeverordnung genannten;

1.4.2 für psychotherapeutische Leistungen die in den §§ 18 bis 21 BBhV sowie in Anlage 3 zur BBhV genannten, abweichend davon sind bei analytischer Psychotherapie ab der 240. Stunde, bei anderen Psychotherapieverfahren ab der 90. Stunde Aufwendungen nur bis zum 1,7 fachen der Einfachsätze nach den Gebührenordnungen beihilfefähig;

1.4.3 für Leistungen der Heilpraktiker die Beträge, die für vergleichbare Leistungen nach der Gebührenordnung für Ärzte (GOÄ) angemessen sind;

1.4.4 für Leistungen ambulanter neuropsychologischer Therapie die in § 30a BBhV genannten. Für die Abrechnung kommen in entsprechender Anwendung insbesondere die Nummern 849, 860, 870 und 871 der GOÄ in Betracht. Aufwendungen für eine Behandlungseinheit als Einzelbehandlung sind beihilfefähig bis zur Höhe des Betrages entsprechend der Nummer 870 der GOÄ.

1.5 Ausschlußregelung, Voranerkennung

Von der Beihilfefähigkeit sind, einschließlich der zugehörigen Materialien, Arznei- und Verbandmittel, ausgeschlossen:

1.5.1 Aufwendungen für die vom Bundesministerium des Innern in Anlage 1 zur BBhV genannten Untersuchungs- und Behandlungsmethoden mit den dort genannten Maßgaben. Bei Vorliegen einer schwerwiegenden lebensbedrohlichen Erkrankung sind wissenschaftlich nicht allgemein anerkannte Untersuchungs- und Behandlungsmethoden beihilfefähig, wenn:

a) zu deren Behandlung sich eine wissenschaftlich allgemein anerkannte Methode noch nicht herausgebildet hat oder

b) zu deren Behandlung wissenschaftlich allgemein anerkannte Methoden aus medizinischen Gründen nicht angewendet werden dürfen oder

c) zu deren Behandlung bereits wissenschaftlich allgemein anerkannte Methoden ohne Erfolg eingesetzt wurden und

d) es für die vom Arzt nach gewissenhafter fachlicher Einschätzung vorgenommene oder beabsichtigte Behandlung ernsthafte Hinweise auf einen nicht ganz entfernt liegenden Erfolg der Heilung oder auch nur spürbare Hinweise auf den positiven Krankheitsverlauf im konkreten Einzelfall gibt.

Der Nachweis für das Vorliegen der vorgenannten Ausnahmen ist durch ein medizinisches Gutachten zu führen;

1.5.2 Akupunktur, sofern nicht die Beihilfegewährung aus besonderen Gründen durch medizinisches Gutachten befürwortet ist oder chronische Schmerzen behandelt werden;

1.5.3 Aufwendungen für psychotherapeutische, psychosomatische oder ähnliche Behandlungen, wenn und soweit sie nach Maßgabe der §§ 18 bis 21 BBhV sowie der Anlage 3 zur BBhV des Bundesministeriums des Innern nicht vorher anerkannt oder ausgeschlossen sind.

2 Hilfsmittel

2.1 Die notwendigen und angemessenen Aufwendungen für Anschaffung, Miete und Ersatz der Hilfsmittel und Geräte zur Selbstbehandlung und Selbstkontrolle nebst Zubehör sind im Rahmen der Höchstbeträge beihilfefähig, wenn sie vom Arzt schriftlich verordnet und nachstehend aufgeführt sind:

Abduktionslagerungskeil

Absauggerät (z. B. bei Kehlkopferkrankung)

Adaptionen für diverse Gebrauchsgegenstände

(z. B. bei Schwerstbehinderten zur Erleichterung der Körperpflege und zur Nahrungsaufnahme, Universalhalter)

Aircast-Fußgelenkstütze

Alarmgerät für Epileptiker

Anti-Varus-Schuh

Anus-praeter-Versorgungsartikel

Anzieh-/Ausziehhilfen

Aquamat (Spezialkanüle für Kehlkopflose)

Arthrodesensitzkissen

Arthrodesensitzkoffer (Nielsen)

Arthrodesenstuhl

Atomiseur (zur Medikamenten-Aufsprühung)

Aufrichteschlaufe

Auftriebshilfe (bei Schwerstbehinderten)

Augenschielklappe, auch als Folie

Autokindersitz mit individueller schwerstbehindertengerechter Ausstattung, soweit sie 76 Euro übersteigen

Badewannensitz nur bei Schwerstbehinderung, Totalendoprothese, Hüftgelenk-Luxationsgefahr, Polyarthritis

Badewannenverkürzer

Ballspritze

Behindertenspezialfahrzeug für außerhalb der Wohnung bis zum Höchstbetrag von 2600 Euro

Behinderten-Dreirad oder Behinderten-Zweirad mit Stützrädern, unter Abzug eines Selbstbehalts von 300 Euro, zur Therapie

Behindertenstuhl, -sessel oder Zimmerrollstuhl bis zum Höchstbetrag von 1300 Euro

Bestrahlungsmaske für ambulante Strahlentherapie

Bettnässer-Weckgerät

Beugebandage

Billroth-Batist-Lätzchen

Blasenfistelbandage

Blindenführhund (einschließlich Geschirr, Hundeleine, Halsband, Maulkorb)

Blindenlangstock, Blindenstock, Blindentaststock

Blindenleitgerät (Ultraschallbrille, Ultraschall-Leitgerät)

Blindenschriftmaschine

Blutkoagulometer

Blutlanzette

Blutzuckermeßgerät

Bracelet

Bruchband

Closett-Matratze (im häuslichen Bereich bei dauernder Bettlägerigkeit und bestehender Inkontinenz)

- Communicator (bei dysarthrischen Sprachstörungen)
- Decubitus-Schutz-Mittel, z. B. Auf-/Unterlagen für das Bett, Spezialmatratzen, -Keile, -Kissen, Auf-/Unterlagen für den Rollstuhl, Schützer für Ellenbogen, Unterschenkel und Füße
- Delta-Gehrad
- Drehscheibe, Umsetzhilfen
- Druckbeatmungsgerät
- Duschsitz/-stuhl
- Einlagen, orthopädische, für Schuhe, nicht eingebaut
- Einmal-Schutzhosen bei Querschnittsgelähmten
- Ekzem-Manschette
- Epicondylitisbandage/-spange mit Pelotten
- Ergometer nach Herzinfarkt bei Notwendigkeit einer exakten Leistungskontrolle
- Ernährungssonde und -pumpe
- Farberkennungsgerät für Blinde
- Fersenschutz (Kissen, Polster, Schale, Schoner)
- Fixationshilfen
- (Mini-)Fonator
- Gehgipsgalosche
- Gehhilfen und -übungsgeräte
- Gerät zur Behandlung mit elektromagnetischen Wechselfeldern bei atropher Pseudarthrose, Endoprothesenlockerung, idiopathischer Hüftnekrose und verzögerter Knochenbruchheilung
- Gerät zur Behandlung von muskulären Inaktivitätsatrophien
- Gerät zur Elektrostimulationsbehandlung der idiopathischen Skoliose (Scolitron-Gerät, Skolitrosegerät)
- Gerät zur Lagetherapie bei schlafbezogenen Atmungsstörungen
- Gerät zur transkutanen Nervenstimulation (TNS-Gerät)
- Gipsbett, Liegeschale
- Gummistrümpfe
- Halskrawatte, Hals-, Kopf-, Kinnstütze
- Hebekissen
- Heimdialysegerät
- Helfende Hand, Scherenzange
- Herz-Atmungs-Überwachungsgerät (-monitor)
- Herzschrittmacher einschl. Kontrollgerät und Schutzbandage
- Hörgeräte (C.R.O.S.-Gerät, Hörbrille, drahtlose Hörhilfe, HdO- und Im-Ohr-Geräte, Hör-Sprachtrainer, Infrarot-Kinnbügel-Hörer, Otoplastik, Taschengerät)
- Hüftbandage (z. B. Hohmann-Bandage)
- Impulsvibrator (Abklopfgerät, z. B. bei Mucoviscidose, Pankreasfibrose)
- Infusionsbesteck bzw. -gerät
- Inhalationsgerät (auch Sauerstoff), jedoch nicht Luftbefeuchter, -filter, -wäscher
- Inkontinenzartikel
- Innenschuh, orthopädischer
- Insulinapplikationshilfen (Insulindosiergerät, -pumpe, -injektor)
- Iontophoresegerät bei Hyperhidrosis
- Ipos-Redressions-Korrektur-Schühchen
- Ipos-Vorfußentlastungsschuh
- Kanülen
- Katheter, auch Ballonkatheter
- Klumpfußschiene
- Klumphandschiene
- Klyso
- Kniekappe/Kniebandage/Kreuzgelenkbandage
- Kniepolster/Knierutscher bei Unterschenkelamputation
- Knöchel- und Gelenkstützen

- Körperersatzstücke
- Kompressionsstrümpfe, -strumpfhose
- Koordinator nach Schielbehandlung
- Kopfring mit Stab, Kopfschreiber
- Kopfschützer
- Krabbler für Spastiker
- Krampfaderbinde
- Krankenfahrstuhl, handbetrieben oder elektrisch
- Krankenstock
- Kreuzstützbandage
- Krücke
- Latextrichter bei Querschnittlähmung
- Leibbinde; jedoch nicht: Nieren-, Flanell- und Wärmeleibbinden
- Lesehilfen: Leseständer, Blattwendestab, Blattwendegerät, Blattlesegerät (auch Würzburger Bettlesegerät), Auflagegestell
- Lesehilfen, elektronisch für stark Sehbehinderte und Blinde
- (z. B. Bildschirmlesegerät, elektronische Sprachausgabe für Computer, Lesephon, Reading-Edge, Open Book, Optacon)
- Lichtsignalanlage für Gehörlose und hochgradig Schwerhörige
- Lifter: Krankenlifter, Multilift, Bad-Helfer, Krankenheber, Badewannenlifter
- Lispelsonde
- Mangoldsche Schnürbandage
- Maßschuhe, orthopädische, die nicht serienmäßig herstellbar sind, soweit die Aufwendungen 35 Euro pro Schuh übersteigen (bei Kindern: 25 Euro)
- Milchpumpe
- Mundstab, Mundgreifstab
- Narbenschützer
- Neurodermitis-Overall für Personen, die das zwölfte Lebensjahr noch nicht vollendet haben (zwei pro Jahr und bis zu 80 Euro je Overall)
- Orthese, Orthoprothese, Korrekturschienen, Korsetts sowie Haltemanschetten, Stützapparate und dergleichen
- Orthonyxie-Nagelkorrekturspange
- Orthopädische Zurichtungen an Konfektionsschuhen, soweit sie pro Schuh 12 Euro übersteigen
- Pavlikbandage
- Perücke oder Toupet bei entstellendem partiellen Haarausfall, bei verunstaltenden Narben oder bei totalem oder sehr weitgehendem Haarausfall. Die Aufwendungen sind auf einen Höchstbetrag
  - von 1250 Euro bis zur Vollendung des 18. Lebensjahres,
  - von 1000 Euro ab Vollendung des 18. Lebensjahres

pro Kalenderjahr begrenzt. Regelmäßig wird eine Höchsttragedauer von einem Jahr angenommen.

- Pflegebett oder Pflegebettrost bei häuslicher Pflege nach §§ 9b, 9c oder § 9e Satz 1, insgesamt höhenverstellbar
- Polarimeter
- Pulsoxymeter
- Quengelschiene
- Reflektometer
- Rollbrett
- Rutschbrett
- Schaumstoff-Therapie-Schuh, soweit die Aufwendungen 25 Euro pro Schuh übersteigen
- Schede-Rad
- Schrägliegebrett
- Schutzbrille für Blinde
- Schutzhelm für Behinderte
- Schwellstromapparat
- Segufix-Bandagensystem

Sehhilfe; jedoch nur entsprechend nachstehender Nummer 2.2.1 und 2.2.2

Sensomotorische und propriozeptive Einlagen, wenn ein orthopädischer Zweck, regelmäßig die Behandlung angeborener oder erworbener Form- und Funktionsfehler des Bewegungsapparates, als individuelles Behandlungsziel angestrebt wird

Sitzschale, wenn Korsett nicht ausreicht

Skolioseumkrümmungsbandage

Spastikerhilfen (auch Gymnastik-, Übungsgeräte)

Sphinkter-Stimulator

Sprachverstärker

Spreizfußbandage

Spreizhose, Spreizschale, Spreizwagenaufsatz

Spritzen

Stehübungsgerät

Stomaversorgungsartikel, Sphinkter-Plastik

Strickleiter

Strubbies

Stumpfschutzhülle

Stumpfstrumpf

Suspensorium

Symphysen-Gürtel

Teleskoprampe

Therapiestuhl, soweit die Aufwendungen 200 Euro überschreiten

Therapeutisches Bewegungsgerät

Tinnitus-Masker, auch in Kombination mit Hörgerät

Toilettenhilfen bei Schwerbehinderten

Tracheostomaversorgungsartikel, auch Wasserschutzgerät (Larchel)

Tragegurtsitz

Treppenraupe

Übungsschiene

Urostomie-Beutel

Vibrationstrainer bei Taubheit (Gehörlosigkeit)

wasserfeste Gehhilfe

Wechseldruckgerät

Wright-Peak-Flow-Meter

Zyklomat-Hormon-Pumpe und Set.

Die Aufwendungen für die Anschaffung sind nicht beihilfefähig, wenn das Eigentum einem anderen als der beihilfeberechtigten oder berücksichtigungsfähigen Person zusteht, insbesondere wenn der Gegenstand nur im Ausleihverfahren zur Verfügung gestellt wird. Ist eine Beihilfe für die Anschaffung gewährt und das Eigentum einem anderen überlassen worden, so ist der Beihilfeberechtigte zur unverzüglichen Unterrichtung der Beihilfestelle und anteiligen Erstattung der Beihilfe nach dem Zeitwert verpflichtet. Neben der kurzzeitigen Miete oder einer Anschaffung kommt auch die langfristige Gebrauchsüberlassung gegen Einmalbetrag (Fallpauschale) in Betracht; beihilfefähig ist die finanziell günstigste Form.

2.2 Auch ohne ärztliche Verordnung sind beihilfefähig die Aufwendungen für

2.2.1 Brillengestelle, jeweils alle drei Jahre jeweils bis 20,50 Euro. Wenn durch eine fachärztliche Bescheinigung nachgewiesen wird, dass aufgrund eines schwerwiegenden medizinischen Ausnahmefalls ein Brillengestell über den allgemeinen Anpassungsbedarf eines Brillengestells hinaus modifiziert werden muss zum Beispiel aufgrund anatomischer Besonderheiten nach Operationen oder Unfällen, sind die Aufwendungen für den Anpassungsbedarf in berechneter Höhe beihilfefähig. Zusätzlich alle drei Jahre bei Vorliegen der Voraussetzung der Nummer 2.2.2 Satz 2 Buchstabe a oder Satz 3 Buchstabe b für Gestelle von Lichtschutz- und Schulsportbrillen jeweils bis 20,50 Euro. Bei Fehlsichtigkeit sowohl im Nah- als auch im Fernbereich ist ein weiteres Brillengestell innerhalb des Dreijahreszeitraums beihilfefähig. Bei Sehschärfenänderung oder wenn das vorhandene Brillengestell unbrauchbar ist, sind die Aufwendungen für eine Neubeschaffung vor Ablauf des Dreijahreszeitraums beihilfefähig.

2.2.2 vom Optiker angepasste Brillengläser und Kontaktlinsen und damit im Zusammenhang stehende Leistungen, wenn die Anschaffung der letzten Gläser oder Kontaktlinsen mindestens drei Jahre zurückliegt, bei Sehschärfenänderung oder Unbrauchbarkeit der Gläser, bis zu folgenden Beträgen:

a) Kontaktlinse oder Einstärkenglas sphärisch/zylindrisch, einschließlich aller Zusatzleistungen (zum Beispiel Entspiegelung, Tönung, Kunststoff/Leichtglas)

   bis ± 6 Dioptrien (dpt) 50 Euro,

b) Mehrstärkenkontaktlinse oder Mehrstärkenglas sphärisch/zylindrisch, einschließlich aller Zusatzleistungen (zum Beispiel Entspiegelung, Tönung, Kunststoff/Leichtglas)

   bis ± 6 dpt 205 Euro,

c) Kontaktlinse oder Einstärkenglas, sphärisch/zylindrisch einschließlich aller Zusatzleistungen (zum Beispiel Entspiegelung, Tönung, Kunststoff/Leichtglas),

   über ± 6 dpt bis ± 10 dpt 75 Euro,

d) Mehrstärkenkontaktlinse oder Mehrstärkenglas sphärisch/zylindrisch, einschließlich aller Zusatzleistungen (zum Beispiel Entspiegelung, Tönung, Kunststoff/Leichtglas),

   über ± 6 dpt bis ± 10 dpt 230 Euro,

e) Kontaktlinse oder Ein-/Mehrstärkenglas sphärisch/zylindrisch, einschließlich aller Zusatzleistungen (zum Beispiel Entspiegelung, Tönung, Kunststoff/Leichtglas),

   über ± 10 dpt in berechneter Höhe.

Zusätzlich zu den Beträgen unter Satz 1 Buchstabe a bis e sind beihilfefähig die Aufwendungen für:

a) Lichtschutzgläser ab 25 Prozent Tönung mit Sehschärfe und Vorliegen einer der in den Verwaltungsvorschriften des Finanzministeriums genannten Indikationen

   in Höhe von 30 Euro je Glas,

b) Phototrope Gläser ab 25 Prozent Tönung mit Sehschärfe und Vorliegen einer der in den Verwaltungsvorschriften des Finanzministeriums genannten Indikationen

   in Höhe von 50 Euro je Glas,

Im Weiteren sind beihilfefähig die Aufwendungen für:

a) Prismen in voller Höhe,
b) Gläser von Schulsportbrillen mit Sehschärfe für Kinder bis zum vollendeten 18. Lebensjahr in voller Höhe,
c) Refraktionsbestimmung bis zu 13 Euro je Sehhilfe.

Die genannten Beträge gelten auch für augenärztlich angepasste Brillengläser und Kontaktlinsen. Bei Kontaktlinsenaustauschsystemen gelten die vorgenannten Höchstbeträge bis zu deren Erreichen. Die Dreijahresfrist gilt entsprechend.

Zweit- und Mehrfachbeschaffung der gleichen Brillengläser oder der gleichen Kontaktlinsen sind nur beihilfefähig, wenn sie medizinisch begründet sind. Beihilfefähig sind entweder die Aufwendungen für Brillen oder für Kontaktlinsen. Aufwendungen für Brillen neben Kontaktlinsen oder Kontaktlinsen neben Brillen sind nur beihilfefähig, wenn dies medizinisch begründet ist. Es sind entweder die Aufwendungen für Phototrope Gläser oder für Gläser mit bis zu 24 Prozent Tönung beihilfefähig. Es sind entweder die Aufwendungen für Phototrope Gläser oder für Gläser ab 25 Prozent Tönung (Lichtschutzgläser) beihilfefähig. In berechneter Höhe als beihilfefähig anzuerkennen, sind die Aufwendungen für Brillengläser und Kontaktlinsen in besonders schwerwiegenden medizinisch begründeten Einzelfällen, unabhängig vom Ausmaß einer Korrektur der Brechkraft. Besonders schwerwiegende medizinisch begründete Einzelfälle liegen insbesondere bei Brillengläsern und Kontaktlinsen vor, die als therapeutische Sehhilfen aufgrund von Erkrankungen und nach Operationen erforderlich sind und bedürfen der begründeten Bescheinigung einer Augenärztin oder eines Augenarztes. Nachweise von Optikerinnen oder Optikern sind nicht ausreichend. Indikationen für das Vorliegen eines besonders schwerwiegenden medizinisch begründeten Einzelfalls sind insbesondere:

Indikation	Erläuterung und Konkretisierung
Irreguläre Hornhauttopographie bei oder nach	Keratokonus Keratoplastik ausgeprägten Dystrophien beziehungsweise Degenerationen aller Art Trauma, chirurgischer Eingriff oder Ähnlichem
Besondere Hornhautparameter	Numerische Exzentrizität $\geq 0{,}8$ und $\leq 0{,}2$/oblong Hornhautdurchmesser: Mikrocornea $\leq 10{,}5$ mm Makrocornea $\geq 12{,}5$ mm Hornhautradien: Hornhautradien $\leq 7{,}00$ mm Hornhautradien $\geq 8{,}80$ mm
Personenbedingte Erschwernisse	ausgeprägter pathologischer Nystagmus

Ein besonders schwerwiegender medizinisch begründeter Einzelfall liegt bei orthokeratologischen Kontaktlinsen nicht vor.

2.2.3 Betrieb und Unterhaltung der Hilfsmittel und Geräte. Nicht beihilfefähig sind Aufwendungen bis zu 100 Euro im Kalenderjahr von Personen, die das 18. Lebensjahr vollendet haben, für Batterien für Hörgeräte von Personen, die das 18. Lebensjahr vollendet haben, für elektrischen Strom sowie für Pflege- und Reinigungsmittel.

2.2.4 Reparaturen beihilfefähiger Hilfsmittel und Geräte, höchstens bis zu dem bei Ersatzanschaffung beihilfefähigen Betrag.

2.3 Zu den Hilfsmitteln und Geräten gehören nicht Gegenstände von geringem oder umstrittenem therapeutischen Nutzen oder geringem Preis, oder die dem Bereich der allgemeinen Lebenshaltung zuzurechnen sind. Dies gilt auch für behindertengerecht veränderte Gegenstände sowie Bade- und Turnbekleidung, Bandscheibenmatratzen, Bestrahlungslampen und -geräte (ausgenommen zur Psoriasisbehandlung), Blutdruckmeßgeräte, Fieberthermometer, Fitneßgeräte (Heimtrainer und dergleichen), Gesundheitsschuhe, Hausnotruf, Heizkissen, Heizdecken, Liegestühle, Luftbefeuchter und -filter, Mieder, Munddusche, Personenkraftwagen einschließlich behindertengerechter Einbauten, Rheumawäsche, Tische, Treppenlifte, Zahnbürsten (auch elektrische). § 9h bleibt unberührt.

2.4 Das Finanzministerium kann durch Verwaltungsvorschrift Hilfsmittel und Geräte, die vorstehend nicht ausdrücklich genannt sind, einer der vorstehenden Nummern 2.1 bis 2.3 zuordnen; es kann, auch ergänzend zu Nummer 2.1, durchschnittlich ausreichende Höchstbeträge sowie Selbstbehalte wegen Lebenshaltungskosten festlegen. Im übrigen ist eine Beihilfegewährung auch ohne Vorliegen eines besonderen Härtefalls unter den sonstigen Voraussetzungen des § 5 Abs. 6 nur mit Zustimmung des Finanzministeriums zulässig.

Verordnung über Beihilfe in Krankheits-, Pflege- und Geburtsfällen
(Bundesbeihilfeverordnung – BBhV)

Zuletzt geändert durch
Zehnte Verordnung zur Änderung der Bundesbeihilfeverordnung
vom 6. März 2024 (BGBl. I Nr. 92)

Ausschlussregelung bei bestimmten Untersuchungs- oder Behandlungsmethoden

Nach Nr. 1.5.1 der Anlage zur baden-württembergischen Beihilfeverordnung (BVO) sind die Aufwendungen für die vom Bundesministerium des Innern in Anlage 1 (zu § 6 Abs. 2 BBhV) zur BBhV genannten Untersuchungs- und Behandlungsmethoden mit den dort genannten Maßgaben, einschließlich der zugehörigen Materialien, Arznei- und Verbandsmittel, von der Beihilfefähigkeit ausgeschlossen.

Voraussetzungen, Beschränkungen und Höchstbeträge für psychotherapeutische Behandlungen

Nach Nr. 1.4.2 der Anlage zur baden-württembergischen Beihilfeverordnung (BVO) gelten für psychotherapeutische Leistungen die in der Anlage 3 (zu §§ 18 bis 21 BBhV) zur BBhV genannten Voraussetzungen, Beschränkungen und Höchstbeträge. Nach Nr. 1.5.3 der Anlage zur baden-württembergischen Beihilfeverordnung (BVO) sind Aufwendungen für psychotherapeutische, psychosomatische oder ähnliche Behandlungen, einschließlich der zugehörigen Materialien, Arznei- und Verbandsmittel, von der Beihilfefähigkeit ausgeschlossen, wenn und soweit sie nach Maßgabe der Anlage 3 (zu §§ 18 bis 21 BBhV) des Bundesministeriums des Innern nicht vorher anerkannt oder ausgeschlossen sind.

Voraussetzungen, Beschränkungen und Höchstbeträge für Heilbehandlungen

Nach Nr. 1.4.1 der Anlage zur baden-württembergischen Beihilfeverordnung (BVO) gelten für Heilbehandlungen nach § 6 Abs. 1 Nr. 3 die in der Anlage 9 (§ 23 Abs. 1 BBhV) zur BBhV genannten Voraussetzungen, Beschränkungen und Höchstbeträge.

Anlage 1
(zu § 6 Absatz 4 Satz 2)

Ausgeschlossene und teilweise ausgeschlossene Untersuchungen und Behandlungen

Abschnitt 1 Völliger Ausschluss

1.1 Anwendung tonmodulierter Verfahren, Audio-Psycho-Phonologie-Therapie (zum Beispiel nach Tomatis, Hörtraining nach Volf, audiovokale Integration und Therapie, Psychophonie-Verfahren zur Behandlung einer Migräne)

1.2 Atlastherapie nach Arlen

1.3 autohomologe Immuntherapien

1.4 autologe-Target-Cytokine-Therapie nach Klehr

1.5 ayurvedische Behandlungen, zum Beispiel nach Maharishi

2.1 Behandlung mit nicht beschleunigten Elektronen nach Nuhr

2.2 Biophotonen-Therapie

2.3 Bioresonatorentests

2.4 Blutkristallisationstests zur Erkennung von Krebserkrankungen

2.5 Bogomoletz-Serum

2.6 brechkraftverändernde Operation der Hornhaut des Auges (Keratomileusis) nach Barraquer

2.7 Bruchheilung von Eingeweiden (Hernien) ohne Operation

3.1 Colon-Hydro-Therapie und ihre Modifikationen

3.2 computergestützte mechanische Distraktionsverfahren, zur nichtoperativen segmentalen Distraktion an der Wirbelsäule (zum Beispiel SpineMED-Verfahren, DRX 9000, Accu-SPINA)

3.3 cytotoxologische Lebensmitteltests

4.1 DermoDyne-Therapie (DermoDyne-Lichtimpfung)

5.1 Elektroneuralbehandlungen nach Croon

5.2 Elektronneuraldiagnostik

5.3 epidurale Wirbelsäulenkathetertechnik nach Racz

6.1 Frischzellentherapie

7.1 Ganzheitsbehandlungen auf bioelektrisch-heilmagnetischer Grundlage (zum Beispiel Bioresonanztherapie, Decoderdermographie, Elektroakupunktur nach Voll, elektronische Systemdiagnostik, Medikamententests nach der Bioelektrischen Funktionsdiagnostik, Mora-Therapie)

7.2 gezielte vegetative Umstimmungsbehandlung oder gezielte vegetative Gesamtumschaltung durch negative statische Elektrizität

8.1 Heileurhythmie

8.2 Höhenflüge zur Asthma- oder Keuchhustenbehandlung

8.3 Hornhautimplantation refraktiv zur Korrektur der Presbyopie

9.1 immunoaugmentative Therapie

9.2 Immunseren (Serocytol-Präparate)

9.3 isobare oder hyperbare Inhalationstherapien mit ionisiertem oder nichtionisiertem Sauerstoff oder Ozon einschließlich der oralen, parenteralen oder perkutanen Aufnahme (zum Beispiel hämatogene Oxidationstherapie, Sauerstoff-Darmsanierung, Sauerstoff-Mehrschritt-Therapie nach von Ardenne)

10.1 (frei)

11.1 kinesiologische Behandlung

11.2 Kirlian-Fotografie

11.3 kombinierte Serumtherapie (zum Beispiel Wiedemann-Kur)

11.4 konduktive Förderung nach Petö

12.1 Laser-Behandlung im Bereich der physikalischen Therapie

13.1 (weggefallen)

14.1 Neurostimulation nach Molsberger

14.2 neurotopische Diagnostik und Therapie

14.3 niedrig dosierter, gepulster Ultraschall

15.1 osmotische Entwässerungstherapie

16.1 Photobiomodulation (PBM) bei trockener altersbedingter Makuladegeneration (AMD)

16.2 photodynamische Therapie in der Parodontologie

Anlage 1   **Bundesbeihilfeverordnung (BBhV)**   **VII.2**

16.3 Psycotron-Therapie
16.4 pulsierende Signaltherapie
16.5 Pyramidenenergiebestrahlung
17.1 (frei)
18.1 Regeneresen-Therapie
18.2 Reinigungsprogramm mit Megavitaminen und Ausschwitzen
18.3 Rolfing-Behandlung
19.1 Schwingfeld-Therapie
19.2 SIPARI-Methode
20.1 Thermoregulationsdiagnostik
20.2 Transorbitale Wechselstromstimulation bei Optikusatrophie (zum Beispiel SAVIR-Verfahren)
20.3 Trockenzellentherapie
21.1 (frei)
22.1 Vaduril-Injektionen gegen Parodontose
22.2 Vibrationsmassage des Kreuzbeins
22.3 visuelle Restitutionstherapie
23.1 (frei)
24.1 (frei)
25.1 (frei)
26.1 Zellmilieu-Therapie

Abschnitt 2 Teilweiser Ausschluss

1. Chelattherapie
   Aufwendungen sind nur beihilfefähig bei Behandlung von Schwermetallvergiftung, Morbus Wilson und Siderose. Alternative Schwermetallausleitungen gehören nicht zur Behandlung einer Schwermetallvergiftung.

2. Extracorporale Stoßwellentherapie (ESWT) im orthopädischen und schmerztherapeutischen Bereich
   Aufwendungen sind nur beihilfefähig bei Behandlung von Tendinosis calcarea, Pseudarthrose, Fasziitis plantaris, therapierefraktäre Epicondylitis humeri radialis und therapiefraktäre Achillodynie. Auf der Grundlage des Beschlusses der Bundesärztekammer zur Analogbewertung der ESWT sind Gebühren nach Nummer 1800 der Anlage zur Gebührenordnung für Ärzte beihilfefähig. Daneben sind keine Zuschläge beihilfefähig.

3. Hyperbare Sauerstofftherapie (Überdruckbehandlung)
   Aufwendungen sind nur beihilfefähig bei Behandlung von Kohlenmonoxydvergiftung, Gasgangrän, chronischen Knocheninfektionen, Septikämien, schweren Verbrennungen, Gasembolien, peripherer Ischämie, diabetisches Fußsyndrom ab Wagner Stadium II oder von Tinnitusleiden, die mit Perzeptionsstörungen des Innenohres verbunden sind.

4. Hyperthermiebehandlung
   Aufwendungen sind nur beihilfefähig bei Tumorbehandlungen in Kombination mit Chemo- oder Strahlentherapie.

5. Klimakammerbehandlung
   Aufwendungen sind nur beihilfefähig, wenn andere übliche Behandlungsmethoden nicht zum Erfolg geführt haben und die Festsetzungsstelle auf Grund des Gutachtens von einer Ärztin oder einem Arzt, die oder den sie bestimmt, vor Beginn der Behandlung zugestimmt hat.

6. Lanthasol-Aerosol-Inhalationskur
   Aufwendungen sind nur beihilfefähig, wenn die Aerosol-Inhalationskuren mit hochwirksamen Medikamenten, zum Beispiel Aludrin, durchgeführt werden.

7. Magnetfeldtherapie
   Aufwendungen sind nur beihilfefähig bei Behandlung von atrophen Pseudarthrosen, bei Endoprothesenlockerung, idiopathischer Hüftnekrose und verzögerter Knochenbruchheilung, wenn die Magnetfeldtherapie in Verbindung mit einer sachgerechten chirurgischen Therapie durchgeführt wird, sowie bei psychiatrischen Erkrankungen.

8. Modifizierte Eigenblutbehandlung
   a) Zahnheilkunde
      Aufwendungen für eine Behandlung mit autologen Thrombozytenkonzentraten wie plättchenreiches Plasma (PRP) und plättchenreiches Fibrin (PRF) sind nur beihilfefähig nach Extraktion eines Zahnes oder mehrerer Zähne
      aa) zum Volumenerhalt des Knochens beispielsweise Alveolar-

fortsatzes (postextraktioneller, zum Beispiel präimplantologisch indizierter Kieferkammerhalt; Socket/Ridge Preservation) oder

bb) zur Verbesserung der Alveolenheilung und Reduktion des Alveolitis-Risikos (PRF als solide PRF-Plug-Matrix) insbesondere im Rahmen einer operativen Weisheitszahnentfernung.

b) Augenheilkunde
Aufwendungen für eine Behandlung mit autologen Serumaugentropfen aus Eigenblut als Tränenersatzstoff sind nur beihilfefähig bei einer trockenen Glandulae tarsales (Meibom-Drüsen-Dysfunktion, Sicca-Syndrom, Keratokonjunktivitis sicca etc.).

9. Ozontherapie
Aufwendungen sind nur beihilfefähig bei Gasinsufflationen, wenn damit arterielle Verschlusserkrankungen behandelt werden. Vor Aufnahme der Behandlung ist die Zustimmung der Festsetzungsstelle einzuholen.

10. Radiale extrakorporale Stoßwellentherapie (r-ESWT)
Aufwendungen sind nur beihilfefähig im orthopädischen und schmerztherapeutischen Bereich bei Behandlung der therapierefraktären Epicondylitis humeri radialis oder einer therapierefraktären Fasciitis plantaris. Auf der Grundlage des Beschlusses der Bundesärztekammer zur Analogbewertung der r-ESWT sind Gebühren nach Nummer 302 der Anlage zur Gebührenordnung für Ärzte beihilfefähig. Zuschläge sind nicht beihilfefähig.

11. Therapeutisches Reiten (Hippotherapie)
Aufwendungen sind nur beihilfefähig bei ausgeprägten cerebralen Bewegungsstörungen (Spastik) oder schwerer geistiger Behinderung, sofern die ärztlich verordnete Behandlung von Angehörigen der Gesundheits- oder Medizinalfachberufe (zum Beispiel Krankengymnastin oder Krankengymnast) mit entsprechender Zusatzausbildung durchgeführt wird. Die Aufwendungen sind nach den Nummern 4 bis 6 der Anlage 9 beihilfefähig.

12. Thymustherapie und Behandlung mit Thymuspräparaten
Aufwendungen sind nur beihilfefähig bei Krebsbehandlungen, wenn andere übliche Behandlungsmethoden nicht zum Erfolg geführt haben.

13. Visusverbessernde Maßnahmen

a) Austausch natürlicher Linsen
Bei einer reinen visusverbessernden Operation sind Aufwendungen nur beihilfefähig, wenn der Austausch die einzige Möglichkeit ist, um eine Verbesserung des Visus zu erreichen. Die Aufwendungen für die Linsen sind dabei nur bis zur Höhe der Kosten einer Monofokallinse, höchstens bis zu 270 Euro pro Linse beihilfefähig. Satz 2 gilt auch für Linsen bei einer Kataraktoperation.

b) Chirurgische Hornhautkorrektur durch Laserbehandlung
Aufwendungen sind nur beihilfefähig, wenn eine Korrektur durch eine Brille oder Kontaktlinsen nach augenärztlicher Feststellung nicht möglich ist.

c) Implantation einer additiven Linse, auch vorn Add-on-Intraokularlinse
Aufwendungen sind nur beihilfefähig, wenn die Implantation die einzige Möglichkeit ist, um eine Verbesserung des Visus zu erreichen.

d) Implantation einer phaken Intraokularlinse
Aufwendungen sind nur beihilfefähig, wenn die Implantation die einzige Möglichkeit ist, um eine Verbesserung des Visus zu erreichen.

Aufwendungen für visusverbessernde Maßnahmen sind nur dann beihilfefähig, wenn die Festsetzungsstelle den Maßnahmen vor Aufnahme der Behandlung zugestimmt hat.

Anlage 3
(zu den §§ 18 bis 21)

Ambulant durchgeführte psychotherapeutische Behandlungen und Maßnahmen der psychosomatischen Grundversorgung

Abschnitt 1 Psychotherapeutische Leistungen

1. Nicht beihilfefähig sind Aufwendungen für:
   a) Familientherapie,
   b) Funktionelle Entspannung nach Marianne Fuchs,
   c) Gesprächspsychotherapie (zum Beispiel nach Rogers),
   d) Gestalttherapie,
   e) Körperbezogene Therapie,
   f) Konzentrative Bewegungstherapie,
   g) Logotherapie,
   h) Musiktherapie,
   i) Heileurhythmie,
   j) Psychodrama,
   k) Respiratorisches Biofeedback,
   l) Transaktionsanalyse.

2. Nicht zu den psychotherapeutischen Leistungen im Sinne der §§ 18 bis 21 gehören:
   a) Behandlungen, die zur schulischen, beruflichen oder sozialen Anpassung oder Förderung bestimmt sind,
   b) Maßnahmen der Erziehungs-, Ehe-, Familien-, Lebens-, Paar- oder Sexualberatung,
   c) Heilpädagogische und ähnliche Maßnahmen sowie
   d) Psychologische Maßnahmen, die der Aufarbeitung und Überwindung sozialer Konflikte dienen.

Abschnitt 2 Psychosomatische Grundversorgung

1. Aufwendungen für eine verbale Intervention sind nur beihilfefähig, wenn die Behandlung durchgeführt wird von einer Fachärztin oder einem Facharzt für
   a) Allgemeinmedizin,
   b) Augenheilkunde,
   c) Frauenheilkunde und Geburtshilfe,
   d) Haut- und Geschlechtskrankheiten,
   e) Innere Medizin,
   f) Kinder- und Jugendlichenmedizin,
   g) Kinder- und Jugendpsychiatrie und -psychotherapie,
   h) Neurologie,
   i) Phoniatrie und Pädaudiologie,
   j) Psychiatrie und Psychotherapie,
   k) Psychotherapeutische Medizin oder Psychosomatische Medizin und Psychotherapie oder
   l) Urologie.

2. Aufwendungen für übende und suggestive Interventionen (autogenes Training, progressive Muskelrelaxation nach Jacobson, Hypnose) sind nur dann beihilfefähig, wenn die Behandlung durchgeführt wird von
   a) einer Ärztin oder einem Arzt,
   b) einer Psychologischen Psychotherapeutin oder einem Psychologischen Psychotherapeuten,
   c) einer Kinder- und Jugendlichenpsychotherapeutin oder einem Kinder- und Jugendlichenpsychotherapeuten.
   d) einer Psychotherapeutin oder einem Psychotherapeuten.

   Die behandelnde Person muss über Kenntnisse und Erfahrungen in der Anwendung der entsprechenden Intervention verfügen.

Abschnitt 3 Tiefenpsychologisch fundierte und analytische Psychotherapie

1. Leistungen der anerkannten Psychotherapieform tiefenpsychologisch fundierte oder analytische Psychotherapie dürfen bei Personen, die das 18. Lebensjahr voll-

endet haben, nur von folgenden Personen erbracht werden:
   a) Psychotherapeutinnen und Psychotherapeuten mit einer Weiterbildung für die Behandlung von Erwachsenen in diesem Verfahren,
   b) Psychologischen Psychotherapeutinnen und Psychologischen Psychotherapeuten mit einer vertieften Ausbildung in diesem Verfahren.

2. Leistungen der anerkannten Psychotherapieform tiefenpsychologisch fundierte oder analytische Psychotherapie dürfen bei Personen, die das 18. Lebensjahr noch nicht vollendet haben, nur von folgenden Personen erbracht werden:
   a) Psychotherapeutinnen und Psychotherapeuten mit einer Weiterbildung für die Behandlung von Kindern und Jugendlichen in diesem Verfahren,
   b) Psychologischen Psychotherapeutinnen und Psychologischen Psychotherapeuten mit einer vertieften Ausbildung in diesem Verfahren und einer Zusatzqualifikation für die Behandlung von Kindern und Jugendlichen, die die Anforderungen des § 6 Absatz 4 der Psychotherapievereinbarung erfüllt,
   c) Kinder- und Jugendlichenpsychotherapeutinnen und Kinder- und Jugendlichenpsychotherapeuten mit einer vertieften Ausbildung in diesem Verfahren.

3. Abweichend von Nummer 1 dürfen Leistungen der anerkannten Psychotherapieform tiefenpsychologisch fundierte oder analytische Psychotherapie bei Personen, die das 18. Lebensjahr, aber noch nicht das 21. Lebensjahr vollendet haben, sowohl von Personen nach Nummer 1 als auch von Personen nach Nummer 2 erbracht werden.

4. Wird die Behandlung von einer ärztlichen Psychotherapeutin oder einem ärztlichen Psychotherapeuten durchgeführt, muss diese Person Fachärztin oder Facharzt für eines der folgenden Fachgebiete sein:
   a) Psychotherapeutische Medizin,
   b) Psychiatrie und Psychotherapie oder Psychosomatische Medizin und Psychotherapie,
   c) Kinder- und Jugendlichenpsychiatrie und -psychotherapie oder
   d) Ärztin oder Arzt mit der Bereichs- oder Zusatzbezeichnung „Psychotherapie" oder „Psychoanalyse".

   Eine Fachärztin oder ein Facharzt für Psychotherapeutische Medizin, Psychiatrie und Psychotherapie oder Kinder- und Jugendlichenpsychiatrie und -psychotherapie sowie eine Ärztin oder ein Arzt mit der Bereichsbezeichnung „Psychotherapie" kann nur tiefenpsychologisch fundierte Psychotherapie (Nummern 860 bis 862 der Anlage zur Gebührenordnung für Ärzte) durchführen. Eine Ärztin oder ein Arzt mit der Bereichs- oder Zusatzbezeichnung „Psychoanalyse" oder mit der vor dem 1. April 1984 verliehenen Bereichsbezeichnung „Psychotherapie" kann auch analytische Psychotherapie (Nummern 863 und 864 der Anlage zur Gebührenordnung für Ärzte) durchführen.

5. Voraussetzung für die Beihilfefähigkeit der Aufwendungen in Ausnahmefällen (§ 19 Absatz 1 Nummer 3 und 4) ist, dass vor Beginn der Behandlung eine erneute eingehende Begründung der Therapeutin oder des Therapeuten vorgelegt wird und die Festsetzungsstelle vor Beginn der Behandlung zugestimmt hat. Zeigt sich bei der Therapie, dass das Behandlungsziel innerhalb der vorgesehenen Anzahl der Sitzungen nicht erreicht wird, kann in Ausnahmefällen eine weitere begrenzte Behandlungsdauer anerkannt werden. Die Anerkennung darf erst im letzten Behandlungsabschnitt erfolgen. Voraussetzung für die Anerkennung ist eine Indikation nach § 18a Absatz 1 und 2, die nach ihrer besonderen Symptomatik und Struktur eine besondere tiefenpsychologisch fundierte oder analytische Bearbeitung erfordert und eine hinreichende Prognose über das Erreichen des Behandlungsziels erlaubt.

Abschnitt 4 Verhaltenstherapie

1. Leistungen der Verhaltenstherapie dürfen bei Personen, die das 18. Lebensjahr vollendet haben, nur von folgenden Personen erbracht werden:
   a) Psychotherapeutinnen und Psychotherapeuten mit einer Weiterbildung für die Behandlung von Erwachsenen in diesem Verfahren,
   b) Psychologischen Psychotherapeutinnen und Psychologischen Psychotherapeuten mit einer vertieften Ausbildung in diesem Verfahren.

2. Leistungen der Verhaltenstherapie dürfen bei Personen, die das 18. Lebensjahr noch nicht vollendet haben, nur von folgenden Personen erbracht werden:
   a) Psychotherapeutinnen und Psychotherapeuten mit einer Weiterbildung für die Behandlung von Kindern und Jugendlichen in diesem Verfahren,
   b) Psychologischen Psychotherapeutinnen und Psychologischen Psychotherapeuten mit einer vertieften Ausbildung in diesem Verfahren und einer Zusatzqualifikation für die Behandlung von Kindern und Jugendlichen, die die Anforderungen des § 6 Absatz 4 der Psychotherapeutenvereinbarung erfüllt,
   c) Kinder- und Jugendlichenpsychotherapeutinnen und Kinder- und Jugendlichenpsychotherapeuten mit einer vertieften Ausbildung in diesem Verfahren.

3. Abweichend von Nummer 1 dürfen Leistungen der Verhaltenstherapie bei Personen, die das 18. Lebensjahr, aber noch nicht das 21. Lebensjahr vollendet haben, sowohl von Personen nach Nummer 1 als auch von Personen nach Nummer 2 erbracht werden.

4. Wird die Behandlung von einer ärztlichen Psychotherapeutin oder einem ärztlichen Psychotherapeuten durchgeführt, muss diese Person Fachärztin oder Facharzt für eines der folgenden Fachgebiete sein:
   a) Psychotherapeutische Medizin oder Psychosomatische Medizin,
   b) Psychiatrie und Psychotherapie,
   c) Kinder- und Jugendlichenpsychiatrie und -psychotherapie oder
   d) Ärztin oder Arzt mit der Bereichs- oder Zusatzbezeichnung „Psychotherapie".

Ärztliche Psychotherapeutinnen oder ärztliche Psychotherapeuten, die keine Fachärztinnen oder Fachärzte sind, können die Behandlung durchführen, wenn sie den Nachweis erbringen, dass sie während ihrer Weiterbildung schwerpunktmäßig Kenntnisse und Erfahrungen in Verhaltenstherapie erworben haben.

Abschnitt 5 Systemische Therapie

1. Leistungen der Systemischen Therapie dürfen nur von folgenden Personen erbracht werden:
   a) Psychotherapeutinnen und Psychotherapeuten mit einer Weiterbildung in diesem Verfahren,
   b) Psychologischen Psychotherapeutinnen und Psychologischen Psychotherapeuten mit einer vertieften Ausbildung in diesem Verfahren,
   c) Psychologischen Psychotherapeutinnen und Psychologischen Psychotherapeuten mit einer vertieften Ausbildung in einem Verfahren nach Abschnitt 3 oder 4 und einer Zusatzqualifikation für dieses Verfahren, die die Anforderungen des § 6 Absatz 8 der Psychotherapievereinbarung erfüllt.

2. Wird die Behandlung von einer ärztlichen Psychotherapeutin oder einem ärztlichen Psychotherapeuten durchgeführt, muss diese Person Fachärztin oder Facharzt für eines der folgenden Fachgebiete sein:
   a) Psychiatrie und Psychotherapie,
   b) Psychosomatische Medizin und Psychotherapie oder
   c) Ärztin oder Arzt mit der Zusatzbezeichnung „Psychotherapie"

   mit erfolgreicher Weiterbildung auf dem Gebiet der Systemischen Therapie.

Abschnitt 6 Eye-Movement-Desensitization-and-Reprocessing-Behandlung

1. Leistungen der Eye-Movement-Desensitization-and-Reprocessing-Behandlung dürfen nur von folgenden Personen erbracht werden:
   a) Psychotherapeutinnen und Psychotherapeuten mit einer Weiterbildung in einem Verfahren nach Abschnitt 3 oder 4,
   b) Psychologischen Psychotherapeutinnen und Psychologischen Psychotherapeuten mit einer vertieften Ausbildung in einem Verfahren nach Abschnitt 3 oder 4.
2. Wird die Behandlung von einer Psychologischen Psychotherapeutin oder einem Psychologischen Psychotherapeuten, einer Psychotherapeutin oder einem Psychotherapeuten durchgeführt, muss diese Person Kenntnisse und praktische Erfahrungen in der Behandlung der posttraumatischen Belastungsstörung und in der Eye-Movement-Desensitization-and-Reprocessing-Behandlung erworben haben.
3. Wurde die Qualifikation nach Nummer 1 oder Nummer 2 bei Psychologischen Psychotherapeutinnen oder Psychologischen Psychotherapeuten nicht im Rahmen der Ausbildung und bei Psychotherapeutinnen oder Psychotherapeuten nicht im Rahmen der Weiterbildung erworben, muss die behandelnde Person
   a) in mindestens 40 Stunden eingehende Kenntnisse in der Theorie der Traumabehandlung und der Eye-Movement-Desensitization-and-Reprocessing-Behandlung erworben haben und
   b) mindestens 40 Stunden Einzeltherapie mit mindestens fünf abgeschlossenen Eye-Movement-Desensitization-and-Reprocessing-Behandlungsabschnitten unter Supervision von mindestens 10 Stunden mit Eye-Movement-Desensitization-and-Reprocessing-Behandlung durchgeführt haben.
4. Wird die Behandlung von einer ärztlichen Psychotherapeutin oder einem ärztlichen Psychotherapeuten durchgeführt, muss diese Person
   a) die Voraussetzungen nach Abschnitt 3 oder 4 erfüllen und
   b) Kenntnisse und praktische Erfahrungen in der Behandlung der posttraumatischen Belastungsstörung und in der Eye-Movement-Desensitization-and-Reprocessing-Behandlung erworben haben.

Anlage 9
(zu § 23 Absatz 1)

Höchstbeträge für beihilfefähige Aufwendungen für Heilmittel

Abschnitt 1 Leistungsverzeichnis

Vorbemerkungen: Wenn im Leistungsverzeichnis ein Richtwert angegeben ist, ist die jeweilige Therapiemaßnahme einschließlich ihrer Vor- und Nachbereitung sowie ihrer Dokumentation innerhalb des durch den Richtwert angegebenen Zeitrahmens durchzuführen. Der Richtwert darf nur aus medizinischen Gründen unterschritten werden.

Einige Therapiemaßnahmen sehen nach deren Durchführung eine Nachruhe vor. Der Zeitrahmen für die Nachruhe beträgt 20 bis 25 Minuten.

Nr.	Leistung	beihilfefähiger Höchstbetrag in Euro
	Bereich Inhalation	
1	Inhalationstherapie, auch mittels Ultraschallvernebelung	
	a) als Einzelinhalation	11,60
	b) als Rauminhalation in einer Gruppe, je Teilnehmerin oder Teilnehmer	4,80
	c) als Rauminhalation in einer Gruppe bei Anwendung ortsgebundener natürlicher Heilwässer, je Teilnehmerin oder Teilnehmer	7,50
	Aufwendungen für die für Inhalationen erforderlichen Zusätze sind daneben gesondert beihilfefähig.	
2	Radon-Inhalation	
	a) im Stollen	14,90
	b) mittels Hauben	18,20
	Bereich Krankengymnastik, Bewegungsübungen	
3	Physiotherapeutische Befundung und Berichte	
	a) physiotherapeutische Erstbefundung zur Erstellung eines Behandlungsplans, einmal je Behandlungsfall	16,50
	b) physiotherapeutischer Bericht auf schriftliche Anforderung der verordnenden Person	63,50
4	Krankengymnastik (KG), auch auf neurophysiologischer Grundlage, Atemtherapie, einschließlich der zur Leistungserbringung erforderlichen Massage, als Einzelbehandlung, Richtwert: 15 bis 25 Minuten	27,80
5	Krankengymnastik auf neurophysiologischer Grundlage (KG-ZNS nach Bobath, Vojta, Propriozeptive Neuromuskuläre Fazilitation [PNF]) bei zentralen Bewegungsstörungen nach Vollendung des 18. Lebensjahres, als Einzelbehandlung, Richtwert: 25 bis 35 Minuten	44,20
6	Krankengymnastik auf neurophysiologischer Grundlage (KG-ZNS-Kinder nach Bobath, Vojta) bei zentralen Bewegungsstörungen bis zur Vollendung des 18. Lebensjahres als Einzelbehandlung, Richtwert: 30 bis 45 Minuten	55,20
7	Krankengymnastik (KG) in einer Gruppe (2 bis 5 Personen), je Teilnehmerin oder Teilnehmer, Richtwert: 20 bis 30 Minuten	12,50

VII.2 Bundesbeihilfeverordnung (BBhV) — Anlage 9

Nr.	Leistung	beihilfefähiger Höchstbetrag in Euro
8	Krankengymnastik bei zerebralen Dysfunktionen in einer Gruppe (2 bis 4 Personen), je Teilnehmerin oder Teilnehmer, Richtwert: 20 bis 30 Minuten	15,60
9	Krankengymnastik (Atemtherapie) insbesondere bei Mukoviszidose und schweren Bronchialerkrankungen als Einzelbehandlung, Richtwert: 60 Minuten	83,50
10	Krankengymnastik im Bewegungsbad	
	a) als Einzelbehandlung einschließlich der erforderlichen Nachruhe, Richtwert: 20 bis 30 Minuten	31,80
	b) in einer Gruppe (2 bis 3 Personen), je Teilnehmerin oder Teilnehmer, einschließlich der erforderlichen Nachruhe, Richtwert: 20 bis 30 Minuten	22,70
	c) in einer Gruppe (4 bis 5 Personen), je Teilnehmerin oder Teilnehmer, einschließlich der erforderlichen Nachruhe, Richtwert: 20 bis 30 Minuten	15,60
11	Manuelle Therapie, Richtwert: 15 bis 25 Minuten	33,40
12	Chirogymnastik (funktionelle Wirbelsäulengymnastik), als Einzelbehandlung, Richtwert: 15 bis 20 Minuten	19,20
13	Bewegungsübungen	
	a) als Einzelbehandlung, Richtwert: 10 bis 20 Minuten	12,90
	b) in einer Gruppe (2 bis 5 Personen), Richtwert: 10 bis 20 Minuten	8,00
14	Bewegungsübungen im Bewegungsbad	
	a) als Einzelbehandlung einschließlich der erforderlichen Nachruhe, Richtwert: 20 bis 30 Minuten	31,20
	b) in einer Gruppe (2 bis 3 Personen), je Teilnehmerin oder Teilnehmer, einschließlich der erforderlichen Nachruhe, Richtwert: 20 bis 30 Minuten	22,60
	c) in einer Gruppe (4 bis 5 Personen), je Teilnehmerin oder Teilnehmer, einschließlich der erforderlichen Nachruhe, Richtwert: 20 bis 30 Minuten	15,60
15	Erweiterte ambulante Physiotherapie (EAP), Richtwert: 120 Minuten je Behandlungstag	108,10
16	Gerätegestützte Krankengymnastik (KG-Gerät) einschließlich Medizinischen Aufbautrainings (MAT) und Medizinischer Trainingstherapie (MTT), je Sitzung für eine parallele Einzelbehandlung (bis zu 3 Personen), Richtwert: 60 Minuten, begrenzt auf maximal 25 Behandlungen je Kalenderhalbjahr	52,40
17	Traktionsbehandlung mit Gerät (zum Beispiel Schrägbrett, Extensionstisch, Perl'sches Gerät, Schlingentisch) als Einzelbehandlung, Richtwert: 10 bis 20 Minuten	8,80

Anlage 9 Bundesbeihilfeverordnung (BBhV) **VII.2**

Nr.	Leistung	beihilfefähiger Höchstbetrag in Euro
	Bereich Massagen	
18	Massage eines einzelnen Körperteils oder mehrerer Körperteile	
	a) Klassische Massagetherapie (KMT), Segment-, Periost-, Reflexzonen-, Bürsten- und Colonmassage, Richtwert: 15 bis 20 Minuten	20,30
	b) Bindegewebsmassage (BGM), Richtwert: 20 bis 30 Minuten	24,40
19	Manuelle Lymphdrainage (MLD)	
	a) Teilbehandlung, Richtwert: 30 Minuten	33,80
	b) Großbehandlung, Richtwert: 45 Minuten	50,60
	c) Ganzbehandlung, Richtwert: 60 Minuten	67,50
	d) Kompressionsbandagierung einer Extremität; Aufwendungen für das notwendige Polster- und Bindenmaterial (zum Beispiel Mullbinden, Kurzzugbinden, Fließpolsterbinden) sind daneben beihilfefähig	21,50
20	Unterwasserdruckstrahlmassage einschließlich der erforderlichen Nachruhe, Richtwert: 15 bis 20 Minuten	31,70
	Bereich Palliativversorgung	
21	Physiotherapeutische Komplexbehandlung in der Palliativversorgung, Richtwert: 60 Minuten	66,00
	Bereich Packungen, Hydrotherapie, Bäder	
22	Heiße Rolle einschließlich der erforderlichen Nachruhe, Richtwert: 10 bis 15 Minuten	13,60
23	Warmpackung eines einzelnen Körperteils oder mehrerer Körperteile einschließlich der erforderlichen Nachruhe	
	a) bei Anwendung wiederverwendbarer Packungsmaterialien (zum Beispiel Fango-Paraffin, Moor-Paraffin, Pelose, Turbatherm)	15,60
	b) bei Anwendung einmal verwendbarer natürlicher Peloide (Heilerde, Moor, Naturfango, Pelose, Schlamm, Schlick) ohne Verwendung von Folie oder Vlies zwischen Haut und Peloid, als Teilpackung	36,20
	c) bei Anwendung einmal verwendbarer natürlicher Peloide (Heilerde, Moor, Naturfango, Pelose, Schlamm, Schlick) ohne Verwendung von Folie oder Vlies zwischen Haut und Peloid, als Großpackung	47,80
24	Schwitzpackung (zum Beispiel spanischer Mantel, Salzhemd, Dreiviertel-Packung nach Kneipp) einschließlich der erforderlichen Nachruhe	19,70
25	Kaltpackung (Teilpackung)	
	a) Anwendung von Lehm, Quark oder Ähnlichem	10,20
	b) Anwendung einmal verwendbarer Peloide (Heilerde, Moor, Naturfango, Pelose, Schlamm, Schlick) ohne Verwendung von Folie oder Vlies zwischen Haut und Peloid	20,30
26	Heublumensack, Peloidkompresse	12,10
27	Sonstige Packungen (z. B. Wickel, Auflagen, Kompressen), auch mit Zusatz	6,10
28	Trockenpackung	4,10

VII.2 Bundesbeihilfeverordnung (BBhV) — Anlage 9

Nr.	Leistung	beihilfefähiger Höchstbetrag in Euro
29	Guss	
	a) Teilguss, Teilblitzguss, Wechselteilguss	4,10
	b) Vollguss, Vollblitzguss, Wechselvollguss	6,10
	c) Abklatschung, Abreibung, Abwaschung	5,40
30	An- oder absteigendes Bad einschließlich der erforderlichen Nachruhe	
	a) an- oder absteigendes Teilbad (zum Beispiel nach Hauffe)	16,20
	b) an- oder absteigendes Vollbad (Überwärmungsbad)	26,40
31	Wechselbäder einschließlich der erforderlichen Nachruhe	
	a) Teilbad	12,10
	b) Vollbad	17,60
32	Bürstenmassagebad einschließlich der erforderlichen Nachruhe	25,10
33	Naturmoorbad einschließlich der erforderlichen Nachruhe	
	a) Teilbad	43,30
	b) Vollbad	52,70
34	Sandbad einschließlich der erforderlichen Nachruhe	
	a) Teilbad	37,90
	b) Vollbad	43,30
35	Balneo-Phototherapie (Sole-Photo-Therapie) und Licht-Öl-Bad einschließlich Nachfetten und der erforderlichen Nachruhe	43,30
36	Medizinische Bäder mit Zusatz	
	a) Hand- oder Fußbad	8,80
	b) Teilbad einschließlich der erforderlichen Nachruhe	17,60
	c) Vollbad einschließlich der erforderlichen Nachruhe	24,40
	d) bei mehreren Zusätzen je weiterer Zusatz	4,10
37	Gashaltige Bäder	
	a) gashaltiges Bad (zum Beispiel Kohlensäurebad, Sauerstoffbad) einschließlich der erforderlichen Nachruhe	26,10
	b) gashaltiges Bad mit Zusatz einschließlich der erforderlichen Nachruhe	29,70
	c) Kohlendioxidgasbad (Kohlensäuregasbad) einschließlich der erforderlichen Nachruhe	27,70
	d) Radon-Bad einschließlich der erforderlichen Nachruhe	24,40
	e) Radon-Zusatz, je 500 000 Millistat	4,10
38	Aufwendungen für andere als die in diesem Abschnitt bezeichneten Bäder sind nicht beihilfefähig. Bei Hand- oder Fußbad, Teil- oder Vollbad mit ortsgebundenen natürlichen Heilwässern erhöhen sich die jeweils angegebenen beihilfefähigen Höchstbeträge nach Nummer 36 Buchstabe a bis c und nach Nummer 37 Buchstabe b um 4,10 Euro. Weitere Zusätze hierzu sind nach Maßgabe der Nummer 36 Buchstabe d beihilfefähig.	

Nr.	Leistung	beihilfefähiger Höchstbetrag in Euro
	Bereich Kälte- und Wärmebehandlung	
39	Kältetherapie eines einzelnen Körperteils oder mehrerer Körperteile mit lokaler Applikation intensiver Kälte in Form von Eiskompressen, tiefgekühlten Eis- oder Gelbeuteln, direkter Abreibung, Kaltgas oder Kaltluft mit entsprechenden Apparaturen sowie Eisteilbädern in Fuß- oder Armbadewannen, Richtwert: 5 bis 10 Minuten	12,90
40	Wärmetherapie eines einzelnen Körperteils oder mehrerer Körperteile mittels HeißluftRichtwert: 10 bis 20 Minuten	7,50
41	Ultraschall-Wärmetherapie, Richtwert: 10 bis 20 Minuten	13,80
	Bereich Elektrotherapie	
42	Elektrotherapie eines einzelnen Körperteils oder mehrerer Körperteile mit individuell eingestellten Stromstärken und Frequenzen, Richtwert: 10 bis 20 Minuten	8,20
43	Elektrostimulation bei Lähmungen, Richtwert: je Muskelnerveinheit 5 bis 10 Minuten	17,60
44	Iontophorese	8,20
45	Hydroelektrisches Teilbad (Zwei- oder Vierzellenbad), Richtwert: 10 bis 20 Minuten	14,90
46	Hydroelektrisches Vollbad (zum Beispiel Stangerbad), auch mit Zusatz, einschließlich der erforderlichen Nachruhe, Richtwert: 10 bis 20 Minuten	29,00
	Bereich Stimm-, Sprech-, Sprach- und Schlucktherapie	
47	Stimm-, sprech-, sprach- und schlucktherapeutische Erstdiagnostik zur Erstellung eines Behandlungsplans, einmal je Behandlungsfall; bei Wechsel der Leistungserbringerin oder des Leistungserbringers innerhalb des Behandlungsfalls sind die Aufwendungen für eine erneute Erstdiagnostik beihilfefähig. Je Kalenderjahr sind Aufwendungen für bis zu zwei Einheiten Diagnostik (entweder eine Einheit Erstdiagnostik und eine Einheit Bedarfsdiagnostik oder zwei Einheiten Bedarfsdiagnostik) innerhalb eines Behandlungsfalls beihilfefähig, Richtwert: 60 Minuten	111,20
48	Stimm-, sprech-, sprach- und schlucktherapeutische Bedarfsdiagnostik; je Kalenderjahr sind Aufwendungen für bis zu zwei Einheiten Diagnostik (entweder eine Einheit Erstdiagnostik und eine Einheit Bedarfsdiagnostik oder zwei Einheiten Bedarfsdiagnostik) innerhalb eines Behandlungsfalls beihilfefähig, Richtwert: 30 Minuten	55,60
49	Bericht an die verordnende Person	6,20
50	Bericht auf besondere Anforderung der verordnenden Person	111,20
51	Einzelbehandlung bei Stimm-, Sprech-, Sprach- und Schluckstörungen	
	a) Richtwert: 30 Minuten	49,40
	b) Richtwert: 45 Minuten	68,00
	c) Richtwert: 60 Minuten	86,50

Nr.	Leistung	beihilfefähiger Höchstbetrag in Euro
52	Gruppenbehandlung bei Stimm-, Sprech-, Sprach- und Schluckstörungen, je Teilnehmerin oder Teilnehmer	
	a) Gruppe (2 Personen), Richtwert: 45 Minuten	61,20
	b) Gruppe (3 bis 5 Personen), Richtwert: 45 Minuten	34,60
	c) Gruppe (2 Personen), Richtwert: 90 Minuten	111,20
	d) Gruppe (3 bis 5 Personen), Richtwert: 90 Minuten	56,10
	Bereich Ergotherapie	
53	Funktionsanalyse und Erstgespräch einschließlich Beratung und Behandlungsplanung, einmal je Behandlungsfall	41,80
54	Einzelbehandlung	
	a) bei motorisch-funktionellen Störungen, Richtwert: 45 Minuten	45,20
	b) bei sensomotorischen oder perzeptiven Störungen, Richtwert: 60 Minuten	60,90
	c) bei psychisch-funktionellen Störungen, Richtwert: 75 Minuten	76,20
55	Einzelbehandlung als Beratung zur Integration in das häusliche und soziale Umfeld im Rahmen eines Besuchs im häuslichen oder sozialen Umfeld, einmal je Behandlungsfall	
	a) bei motorisch-funktionellen Störungen, Richtwert: 120 Minuten	135,60
	b) bei sensomotorischen oder perzeptiven Störungen, Richtwert: 120 Minuten	182,60
	c) bei psychisch-funktionellen Störungen, Richtwert: 120 Minuten	152,40
56	Parallelbehandlung (bei Anwesenheit von zwei zu behandelnden Personen)	
	a) bei motorisch-funktionellen Störungen, je Teilnehmerin oder Teilnehmer, Richtwert: 45 Minuten	35,90
	b) bei sensomotorischen oder perzeptiven Störungen, je Teilnehmerin oder Teilnehmer, Richtwert: 60 Minuten	48,70
	c) bei psychisch-funktionellen Störungen, je Teilnehmerin oder Teilnehmer, Richtwert: 75 Minuten	60,30
57	Gruppenbehandlung (3 bis 6 Personen)	
	a) bei motorisch-funktionellen Störungen, je Teilnehmerin oder Teilnehmer, Richtwert: 45 Minuten	16,50
	b) bei sensomotorischen oder perzeptiven Störungen, je Teilnehmerin oder Teilnehmer, Richtwert: 60 Minuten	21,40
	c) bei psychisch-funktionellen Störungen, je Teilnehmerin oder Teilnehmer, Richtwert: 105 Minuten	39,30
58	Hirnleistungstraining/Neuropsychologisch orientierte Einzelbehandlung, Richtwert: 45 Minuten	50,10
59	Hirnleistungstraining als Einzelbehandlung bei der Beratung zur Integration in das häusliche und soziale Umfeld im Rahmen eines Besuchs im häuslichen oder sozialen Umfeld, einmal je Behandlungsfall, Richtwert: 120 Minuten	152,40

Nr.	Leistung	beihilfefähiger Höchstbetrag in Euro
60	Hirnleistungstraining als Parallelbehandlung bei Anwesenheit von zwei zu behandelnden Personen, je Teilnehmerin oder Teilnehmer, Richtwert: 45 Minuten	39,40
61	Hirnleistungstraining als Gruppenbehandlung, je Teilnehmerin oder Teilnehmer, Richtwert: 60 Minuten	21,40
	Bereich Podologie	
62	Podologische Behandlung (klein), Richtwert: 35 Minuten	34,20
63	Podologische Behandlung (groß), Richtwert: 50 Minuten	49,20
64	Podologische Befundung, je Behandlung	3,40
65	Erst- und Eingangsbefundung	
	a) Erstbefundung (klein), Richtwert: 20 Minuten	27,20
	b) Erstbefundung (groß), einmal je Kalenderjahr, Richtwert: 45 Minuten	54,40
	c) Eingangsbefundung, einmal je LeistungserbringerRichtwert: 20 Minuten	21,90
66	Therapiebericht auf schriftliche Anforderung der verordnenden Person	16,40
67	Anpassung einer einteiligen unilateralen oder bilateralen Nagelkorrekturspange, z. B. nach Ross Fraser	96,40
68	Fertigung einer einteiligen unilateralen oder bilateralen Nagelkorrekturspange, z. B. nach Ross Fraser	52,80
69	Nachregulierung der einteiligen unilateralen oder bilateralen Nagelkorrekturspange, z. B. nach Ross Fraser	48,30
70	Vorbereitung des Nagels, Anpassung und Aufsetzen einer mehrteiligen bilateralen Nagelkorrekturspange	92,00
71	Vorbereitung des Nagels, Anpassung und Aufsetzen einer einteiligen Kunststoff- oder Metall-Nagelkorrekturspange	52,60
72	Indikationsspezifische Kontrolle auf Sitz- und Passgenauigkeit	16,80
73	Behandlungsabschluss, ggf. einschließlich der Entfernung der Nagelkorrekturspange	25,20
	Bereich Ernährungstherapie	
74	Ernährungstherapeutische Anamnese, einmal je BehandlungsfallRichtwert: 30 Minuten	38,70
75	Ernährungstherapeutische Anamnese, einmal je BehandlungsfallRichtwert: 60 Minuten	77,40
76	Berechnung und Auswertung von Ernährungsprotokollen und Entwicklung entsprechender individueller Empfehlungen, Richtwert: 60 Minuten	63,40
77	Notwendige Abstimmung der Therapie mit einer dritten Partei	63,40
78	Ernährungstherapeutische Intervention als Einzelbehandlung, Richtwert: 30 Minuten	38,70
79	Ernährungstherapeutische Intervention als Einzelbehandlung, Richtwert: 60 Minuten	77,40

Nr.	Leistung	beihilfefähiger Höchstbetrag in Euro
80	Ernährungstherapeutische Intervention im häuslichen oder sozialen Umfeld als Einzelbehandlung, Richtwert: 60 Minuten	77,40
81	Ernährungstherapeutische Intervention als Gruppenbehandlung, Richtwert: 30 Minuten	27,10
82	Ernährungstherapeutische Intervention als Gruppenbehandlung, Richtwert: 60 Minuten	54,20
	Bereich Sonstiges	
83	Ärztlich verordneter Hausbesuch einschließlich der Fahrtkosten, pauschalWerden auf demselben Weg mehrere Patientinnen oder Patienten besucht, sind die Aufwendungen nur anteilig je Patientin oder Patient beihilfefähig.	22,40
84	Besuch einer Patientin oder eines Patienten oder mehrerer Patientinnen oder Patienten in einer sozialen Einrichtung oder Gemeinschaft, einschließlich der Fahrtkosten, je Patientin oder Patient pauschal	14,70
85	Hausbesuch bei der Beratung im häuslichen und sozialen Umfeld (Mehraufwand)Der Hausbesuch ist nur beihilfefähig, wenn Leistungen nach Nummer 55 Buchstabe a bis c, Nummer 59 oder Nummer 80 ohne ärztlich verordneten Hausbesuch erbracht wurden. Aufwendungen für Leistungen der Nummern 83 und 84 sind daneben nicht beihilfefähig.	22,40
86	Übermittlungsgebühr für Mitteilung oder Bericht an die verordnende Person	1,40

Richtwert im Sinne des Leistungsverzeichnisses ist die Zeitangabe zur regelmäßigen Dauer der jeweiligen Therapiemaßnahme (Regelbehandlungszeit). Er beinhaltet die Durchführung der Therapiemaßnahme einschließlich der Vor- und Nachbereitung. Die Regelbehandlungszeit darf nur aus medizinischen Gründen unterschritten werden.

Abschnitt 2 Erweiterte ambulante Physiotherapie

1. Aufwendungen für eine EAP nach Abschnitt 1 Nummer 15 sind nur dann beihilfefähig, wenn die Therapie in einer Einrichtung, die durch die gesetzlichen Krankenkassen oder Berufsgenossenschaften zur ambulanten Rehabilitation oder zur EAP zugelassen ist und bei einer der folgenden Indikationen angewendet wird:

    a) Wirbelsäulensyndrome mit erheblicher Symptomatik bei

    aa) nachgewiesenem frischem Bandscheibenvorfall (auch postoperativ),

    bb) Protrusionen mit radikulärer, muskulärer und statischer Symptomatik,

    cc) nachgewiesenen Spondylolysen und Spondylolisthesen mit radikulärer, muskulärer und statischer Symptomatik,

    dd) instabilen Wirbelsäulenverletzungen mit muskulärem Defizit und Fehlstatik, wenn die Leistungen im Rahmen einer konservativen oder postoperativen Behandlung erbracht werden,

    ee) lockerer korrigierbarer thorakaler Scheuermann-Kyphose von mehr als 50° nach Cobb,

Anlage 9 **Bundesbeihilfeverordnung (BBhV)** **VII.2**

- b) Operationen am Skelettsystem bei
  - aa) posttraumatischen Osteosynthesen,
  - bb) Osteotomien der großen Röhrenknochen,
- c) prothetischer Gelenkersatz bei Bewegungseinschränkungen oder muskulären Defiziten bei
  - aa) Schulterprothesen,
  - bb) Knieendoprothesen,
  - cc) Hüftendoprothesen,
- d) operativ oder konservativ behandelte Gelenkerkrankungen, einschließlich Instabilitäten bei
  - aa) Kniebandrupturen (Ausnahme isoliertes Innenband),
  - bb) Schultergelenkläsionen, insbesondere nach
    - aaa) operativ versorgter Bankard-Läsion,
    - bbb) Rotatorenmanschettenruptur,
    - ccc) schwere Schultersteife (frozen shoulder),
    - ddd) Impingement-Syndrom,
    - eee) Schultergelenkluxation,
    - fff) tendinosis calcarea,
    - ggg) periathritis humero-scapularis,
  - cc) Achillessehnenrupturen und Achillessehnenabriss,
  - dd) Knorpelschaden am Kniegelenk nach Durchführung einer Knorpelzelltransplantation oder nach Anwendung von Knorpelchips (sogenannte minced cartilage),
- e) Amputationen.

Voraussetzung für die Beihilfefähigkeit ist zudem eine Verordnung von
- a) einer Krankenhausärztin oder einem Krankenhausarzt,
- b) einer Fachärztin oder einem Facharzt für Orthopädie, Neurologie oder Chirurgie,
- c) einer Ärztin oder einem Arzt für Physikalische und Rehabilitative Medizin oder
- d) einer Allgemeinärztin oder einem Allgemeinarzt mit der Zusatzbezeichnung „Physikalische und Rehabilitative Medizin".

2. Eine Verlängerung der erweiterten ambulanten Physiotherapie erfordert eine erneute ärztliche Verordnung. Eine Bescheinigung der Therapieeinrichtung oder von bei dieser beschäftigten Ärztinnen oder Ärzten reicht nicht aus. Nach Abschluss der erweiterten ambulanten Physiotherapie ist der Festsetzungsstelle die Therapiedokumentation zusammen mit der Rechnung vorzulegen.

3. Die erweiterte ambulante Physiotherapie umfasst je Behandlungstag mindestens folgende Leistungen:
   - a) Krankengymnastische Einzeltherapie,
   - b) Physikalische Therapie,
   - c) MAT.

4. Werden Lymphdrainage, Massage, Bindegewebsmassage, Isokinetik oder Unterwassermassage zusätzlich erbracht, sind diese Leistungen mit dem Höchstbetrag nach Abschnitt 1 Nummer 15 abgegolten.

5. Die Patientin oder der Patient muss die durchgeführten Leistungen auf der Tagesdokumentation unter Angabe des Datums bestätigen.

Abschnitt 3 Medizinisches Aufbautraining, Medizinische Trainingstherapie

1. Aufwendungen für ein ärztlich verordnetes MAT nach Abschnitt 1 Nummer 16 mit Sequenztrainingsgeräten zur Behandlung von Funktions- und Leistungseinschränkungen im Stütz- und Bewegungsapparat sind beihilfefähig, wenn
   a) das Training verordnet wird von
      aa) einer Krankenhausärztin oder einem Krankenhausarzt,
      bb) einer Fachärztin oder einem Facharzt für Orthopädie, Neurologie oder Chirurgie,
      cc) einer Ärztin oder einem Arzt für Physikalische und Rehabilitative Medizin oder
      dd) einer Allgemeinärztin oder einem Allgemeinarzt mit der Zusatzbezeichnung „Physikalische und Rehabilitative Medizin",
   b) Therapieplanung und Ergebniskontrolle von einer Ärztin oder einem Arzt der Therapieeinrichtung vorgenommen werden und
   c) jede therapeutische Sitzung unter ärztlicher Aufsicht durchgeführt wird; die Durchführung therapeutischer und diagnostischer Leistungen kann teilweise an speziell geschultes medizinisches Personal delegiert werden.

2. Die Beihilfefähigkeit ist auf maximal 25 Behandlungen je Kalenderhalbjahr begrenzt.

3. Die Angemessenheit und damit Beihilfefähigkeit der Aufwendungen richtet sich bei Leistungen, die von einer Ärztin oder einem Arzt erbracht werden, nach dem Beschluss der Bundesärztekammer zur Analogbewertung der Medizinischen Trainingstherapie. Danach sind folgende Leistungen bis zum 2,3-fachen der Gebührensätze der Anlage zur Gebührenordnung für Ärzte beihilfefähig:
   a) Eingangsuntersuchung zur Medizinischen Trainingstherapie einschließlich biomechanischer Funktionsanalyse der Wirbelsäule, spezieller Schmerzanamnese und gegebenenfalls anderer funktionsbezogener Messverfahren sowie Dokumentation Nummer 842 der Anlage zur Gebührenordnung für Ärzte analog. Aufwendungen für eine Kontrolluntersuchung (Nummer 842 der Anlage zur Gebührenordnung für Ärzte analog) nach Abschluss der Behandlungsserie sind beihilfefähig.
   b) Medizinische Trainingstherapie mit Sequenztraining einschließlich progressiv-dynamischen Muskeltrainings mit speziellen Therapiemaschinen (Nummer 846 der Anlage zur Gebührenordnung für Ärzte analog), zuzüglich zusätzlichen Geräte-Sequenztrainings (Nummer 558 der Anlage zur Gebührenordnung für Ärzte analog) und begleitender krankengymnastischer Übungen (Nummer 506 der Anlage zur Gebührenordnung für Ärzte). Aufwendungen für Leistungen nach Nummer 506, Nummer 558 analog sowie Nummer 846 analog der Anlage zur Gebührenordnung für Ärzte sind pro Sitzung jeweils nur einmal beihilfefähig.

4. Werden die Leistungen von zugelassenen Leistungserbringerinnen oder Leistungserbringern für Heilmittel erbracht, richtet sich die Angemessenheit der Aufwendungen nach Abschnitt 1 Nummer 16.

5. Aufwendungen für Fitness- und Kräftigungsmethoden, die nicht den Anforderungen nach Nummer 1 entsprechen, sind nicht beihilfefähig. Dies ist auch dann der Fall, wenn sie an identischen Trainingsgeräten mit gesundheitsfördernder Zielsetzung durchgeführt werden.

Abschnitt 4 Palliativversorgung

1. Aufwendungen für Palliativversorgung nach Abschnitt 1 Nummer 21 sind gesondert beihilfefähig, sofern sie nicht bereits von § 40 Absatz 1 umfasst sind.
2. Aufwendungen für Palliativversorgung werden als beihilfefähig anerkannt bei
   a) passiven Bewegungsstörungen mit Verlust, Einschränkung und Instabilität funktioneller Bewegung im Bereich der Wirbelsäule, der Gelenke, der discoligamentären Strukturen,
   b) aktiven Bewegungsstörungen bei Muskeldysbalancen oder -insuffizienz,
   c) atrophischen und dystrophischen Muskelveränderungen,
   d) spastischen Lähmungen (cerebral oder spinal bedingt),
   e) schlaffen Lähmungen,
   f) abnormen Bewegungen/Koordinationsstörungen bei Erkrankungen des zentralen Nervensystems,
   g) Schmerzen bei strukturellen Veränderungen im Bereich der Bewegungsorgane,
   h) funktionellen Störungen von Organsystemen (zum Beispiel Herz-Kreislauferkrankungen, Lungen-/Bronchialerkrankungen, Erkrankungen eines Schließmuskels oder der Beckenbodenmuskulatur),
   i) unspezifischen schmerzhaften Bewegungsstörungen, Funktionsstörungen, auch bei allgemeiner Dekonditionierung.
3. Aufwendungen für physiotherapeutische Komplexbehandlung in der Palliativversorgung nach Abschnitt 1 Nummer 21 umfassen folgende Leistungen:
   a) Behandlung einzelner oder mehrerer Körperteile entsprechend dem individuell erstellten Behandlungsplan,
   b) Wahrnehmungsschulung,
   c) Behandlung von Organfehlfunktionen (zum Beispiel Atemtherapie),
   d) dosiertes Training (zum Beispiel Bewegungsübungen),
   e) angepasstes, gerätegestütztes Training,
   f) Anwendung entstauender Techniken,
   g) Anwendung von Massagetechniken im Rahmen der lokalen Beeinflussung im Behandlungsgebiet als vorbereitende oder ergänzende Maßnahme der krankengymnastischen Behandlung,
   h) ergänzende Beratung,
   i) Begleitung in der letzten Lebensphase,
   j) Anleitung oder Beratung der Bezugsperson,
   k) Hilfsmittelversorgung,
   l) interdisziplinäre Absprachen.

VII.2.1 Heilbäder- und Kurorteverzeichnis

Übersicht der anerkannten Heilbäder- und Kurorte
(zu § 35 Abs. 1 Satz 2 BBhV)
Vom 1. Juli 2022 (GMBl. S. 722)

Zuletzt geändert durch
Änderung des Heilbäder- und Kurortverzeichnisses Bund
vom 9. Januar 2025

(Übersicht der anerkannten Heilbäder- und Kurorte)

Abschnitt 1 Heilbäder und Kurorte im Inland

Name ohne „Bad"	PLZ	Gemeinde	Anerkennung als Heilbad oder Kurort ist erteilt für: (Ortsteile, sofern nicht B, G, K*)	Artbezeichnung
A				
Aachen	52066	Aachen	Burtscheid	Heilbad
	52062	Aachen	Monheimsallee	Heilbad
Aalen	73433	Aalen	Röthardt	Ort mit Heilstollen Kurbetrieb
Abbach	93077	Bad Abbach	Bad Abbach, Abbach-Schlossberg, Au, Kalkofen, Weichs	Heilbad
Ahlbeck	17419	Ahlbeck	G	Ostseeheilbad
Ahrenshoop	18347	Ostseebad Ahrenshoop	G	Seebad
Aibling	83043	Bad Aibling	Bad Aibling, Harthausen, Thürham, Zell	Heilbad
Alexandersbad	95680	Bad Alexandersbad	G	Heilbad
Altenau	38707	Altenau	G	Heilklimatischer Kurort
Andernach	56626	Andernach	Bad Tönisstein	Heilbad
Arolsen	34454	Bad Arolsen	K	Heilbad
Aue-Schlema	08301	Aue-Bad Schlema	Bad Schlema, Wildbach	Heilbad
Aulendorf	88326	Aulendorf	Aulendorf	Kneippkurort
B				
Baden-Baden	76530	Baden-Baden	Baden-Baden, Balg, Lichtental, Oos	Heilbad
Badenweiler	79410	Badenweiler	Badenweiler	Heilbad
Baiersbronn	72270	Baiersbronn	Obertal,	Heilklimatischer Kurort
			Schönmünzach-Schwarzenberg	Kneippkurort
Baltrum	26579	Baltrum	G	Nordseeheilbad
Bansin	17429	Bansin	G	Ostseeheilbad

Heilbäder- und Kurorteverzeichnis VII.2.1

Name ohne „Bad"	PLZ	Gemeinde	Anerkennung als Heilbad oder Kurort ist erteilt für: (Ortsteile, sofern nicht B, G, K*)	Artbezeichnung
Bayersoien	82435	Bad Bayersoien	Bad Bayersoien	Heilbad
Bayreuth	95410	Bayreuth	B – Lohengrin Therme Bayreuth	Heilquellenkurbetrieb
Bayrischzell	83735	Bayrischzell	G	Heilklimatischer Kurort
Bederkesa	27624	Bad Bederkesa	G	Ort mit Moor-Kurbetrieb
Bellingen	79415	Bad Bellingen	Bad Bellingen	(Mineral-)Heilbad
Belzig	14806	Bad Belzig	Bad Belzig	(Thermalsole-)Heilbad
Bentheim	48455	Bad Bentheim	Bad Bentheim	(Mineral-)Heilbad
Berchtesgaden	83471	Berchtesgaden	G	Heilklimatischer Kurort
Bergzabern	76887	Bad Bergzabern	Bad Bergzabern	Kneippheilbad u. heilklimatischer Kurort
Berka	99438	Bad Berka	G	Ort mit Heilquellenkurbetrieb
Berleburg	57319	Bad Berleburg	Bad Berleburg	Kneippheilbad
Berneck	95460	Bad Berneck	Bad Berneck im Fichtelgebirge	Kneippheilbad
			Frankenhammer, Kutschenrangen, Rödlasberg, Warmeleithen	
Bernkastel-Kues	54470	Bernkastel-Kues	Kueser Plateau	Heilklimatischer Kurort
Bertrich	56864	Bad Bertrich	Bad Bertrich	Heilbad
Beuren	72660	Beuren	G	Ort mit Heilquellenkurbetrieb
Bevensen	29549	Bad Bevensen	Bad Bevensen	(Jod- u. Sole-)Heilbad
Binz	18609	Ostseebad Binz auf Rügen	G	Seebad
Birnbach	84364	Birnbach	Birnbach, Aunham	Heilquellenkurbetrieb
Bischofsgrün	95493	Bischofsgrün	G	Heilklimatischer Kurort
Bischofswiesen	83483	Bischofswiesen	G	Heilklimatischer Kurort
Blankenburg, Harz	38889	Blankenburg, Harz	G	Heilbad
Blieskastel	66440	Blieskastel	Mitte (Alschbach, Blieskastel, Lautzkirchen)	Kneippkurort
Bocklet	97708	Bad Bocklet	Bad Bocklet – ohne den Gemeindeteil Nickersfelden	(Mineral- und Moor-)Heilbad

VII.2.1 Heilbäder- und Kurorteverzeichnis

Name ohne „Bad"	PLZ	Gemeinde	Anerkennung als Heilbad oder Kurort ist erteilt für: (Ortsteile, sofern nicht B, G, K*)	Artbezeichnung
Bodenmais	94249	Bodenmais	G	Heilklimatischer Kurort
Bodenteich	29389	Bodenteich	G	Kneippkurort
Boll	73087	Bad Boll	Bad Boll	Ort mit Heilquellenkurbetrieb
Boltenhagen	23946	Ostseebad Boltenhagen	G	Ostseeheilbad
Boppard	56154	Boppard	a) Boppard	Kneippheilbad
			b) Bad Salzig	Heilbad
Borkum	26757	Borkum	G	Nordseeheilbad
Brambach	08648	Bad Brambach	Bad Brambach	(Mineral-)Heilbad
Bramstedt	24576	Bad Bramstedt	Bad Bramstedt	(Moor-)Heilbad
Breisig	53498	Bad Breisig	Bad Breisig	Heilbad
Brilon	59929	Brilon	Brilon	Kneipp-Heilbad
Brückenau	97769	Bad Brückenau	G – sowie Gemeindeteil Eckarts des Marktes Zeitlofs	(Mineral- und Moor-)Heilbad
Buchau	88422	Bad Buchau	Bad Buchau	(Thermal- und Moor-)Heilbad
Buckow	15377	Buckow	G – ausgenommen der Ortsteil Hasenholz	Kneippkurort
Bünde	32257	Bünde	Randringhausen	Kurmittelgebiet (Heilquelle u. Moor)
Büsum	25761	Büsum	Büsum	Nordseeheilbad
Burg	03096	Burg	Burg	Ort mit Heilquellenkurbetrieb
Burgbrohl	56659	Burgbrohl	Bad Tönisstein	Heilbad
Burg/Fehmarn	23769	Burg/Fehmarn	Burg	Ostseeheilbad
C				
Camberg	65520	Bad Camberg	K	Kneippheilbad
Colberg-Heldburg	98663	Bad Colberg-Heldburg	Bad Colberg	Ort mit Heilquellen-Kurbetrieb
Cuxhaven	27478	Cuxhaven	G	Nordseeheilbad
D				
Dahme	23747	Dahme	Dahme	Ostseeheilbad
Damp	24351	Damp	Damp 2000	Ostseeheilbad
Daun	54550	Daun	Daun	Kneippkurort u. heilklimatischer Kurort
Ditzenbach	73342	Bad Ditzenbach	Bad Ditzenbach	Heilbad

Heilbäder- und Kurorteverzeichnis VII.2.1

Name ohne „Bad"	PLZ	Gemeinde	Anerkennung als Heilbad oder Kurort ist erteilt für: (Ortsteile, sofern nicht B, G, K*)	Artbezeichnung
Dobel	75335	Dobel	G	Heilklimatischer Kurort
Doberan	18209	Bad Doberan	a) Bad Doberan	(Moor-)Heilbad
			b) Heiligendamm	Seeheilbad
Dornum	26553	Aurich	a) Dornumer-/Westeraccumersiel	Nordseebad
			b) Neßmersiel	
Driburg	33014	Bad Driburg	Bad Driburg, Hermannsborn	Heilbad
Düben	04849	Bad Düben	Bad Düben	(Moor-)Heilbad
Dürkheim	65098	Bad Dürkheim	Bad Dürkheim	Heilbad
Dürrheim	78073	Bad Dürrheim	Bad Dürrheim	(Sole-)Heilbad, Heilklimatischer Kurort u. Kneippkurort
E				
Ehlscheid	56581	Ehlscheid	G	Heilklimatischer Kurort
Eilsen	31707	Bad Eilsen	G	Ort mit Heilquellen-Kurbetrieb
Elster	04645	Bad Elster	Bad Elster, Sohl	(Moor- u. Mineral-)Heilbad
Ems	56130	Bad Ems	Bad Ems	Heilbad
Emstal	34308	Bad Emstal	Sand	Heilbad
Endbach	35080	Bad Endbach	K	Heilbad und Kneippheilbad
Endorf	83093	Bad Endorf	Bad Endorf, Eisenbartling, Hofham, Kurf, Rachental, Ströbing	Heilbad
Erwitte	59597	Erwitte	Bad Westernkotten	Heilbad
Esens	26422	Esens	Bensersiel	Nordseeheilbad
Essen	49152	Bad Essen	Bad Essen	Ort mit Sole-Kurbetrieb
Eutin	23701	Eutin	G	Heilklimatischer Kurort
F				
Feilnbach	83075	Bad Feilnbach	G – ausgenommen die Gemeindeteile der ehemaligen Gemeinde Dettendorf	(Moor-)Heilbad
Feldberger Seenlandschaft	17258	Feldberger Seenlandschaft	Feldberg	Kneippkurort
Finsterbergen	99898	Finsterbergen	G	Heilklimatischer Kurort
Fischen	87538	Fischen/Allgäu	G	Heilklimatischer Kurort

VII.2.1 Heilbäder- und Kurorteverzeichnis

Name ohne „Bad"	PLZ	Gemeinde	Anerkennung als Heilbad oder Kurort ist erteilt für: (Ortsteile, sofern nicht B, G, K*)	Artbezeichnung
Frankenhausen	06567	Bad Frankenhausen	G	(Sole-)Heilbad
Freiburg	79098	Freiburg	Ortsbereich „An den Heilquellen"	Ort mit Heilquellen-Kurbetrieb
Freienwalde	16259	Bad Freienwalde	Bad Freienwalde	(Moor-)Heilbad
Freudenstadt	72250	Freudenstadt	Freudenstadt	Kneippkurort u. heilklimatischer Kurort
Friedrichroda	99894	Friedrichroda	Friedrichroda, Finsterbergen	Heilklimatischer Kurort
Friedrichskoog	25718	Friedrichskoog	Friedrichskoog	Nordseeheilbad
Füssen	87629	Füssen	G	Kneippkurort
Füssing	94072	Bad Füssing	Bad Füssing, Aichmühle, Ainsen, Angering, Brandschachen, Dürnöd, Egglfing a. Inn, Eitlöd, Flickenöd, Gögging, Holzhäuser, Holzhaus, Hub, Irching, Mitterreuthen, Oberreuthen, Pichl, Pimsöd, Poinzaun, Riedenburg, Safferstetten, Schieferöd, Schöchlöd, Steinreuth, Thalau, Thalham, Thierham, Unterreuthen, Voglöd, Weidach, Wies, Würding, Zieglöd, Zwicklarn	Heilbad
G				
Gaggenau	76571	Gaggenau	Bad Rotenfels	Ort mit Heilquellen-Kurbetrieb
Gandersheim	37581	Bad Gandersheim	Bad Gandersheim	Soleheilbad
Garmisch-Partenkirchen	82467	Garmisch-Partenkirchen	G – ohne das eingegliederte Gebiet der ehemaligen Gemeinde Wamberg	Heilklimatischer Kurort
Gelting	24395	Gelting	G	Kneippkurort
Gersfeld	36129	Gersfeld (Rhön)	K	Heilklimatischer Kurort
Glücksburg	24960	Glücksburg	Glücksburg	Ostseeheilbad
Göhren	18586	Ostseebad Göhren	G	Kneippkurort
Goslar	38644	Goslar	Hahnenklee-Bockswiese	Heilklimatischer Kurort
Gottleuba-Bergießhübel	01816/ 01819	Bad Gottleuba-Bergießhübel	a) Bad Gottleuba	Moorheilbad
	01819		b) Berggießhübel	Kneippkurort

Heilbäder- und Kurorteverzeichnis VII.2.1

Name ohne „Bad"	PLZ	Gemeinde	Anerkennung als Heilbad oder Kurort ist erteilt für: (Ortsteile, sofern nicht B, G, K*)	Artbezeichnung
Graal-Müritz	18181	Graal-Müritz	G	Ostseeheilbad
Grasellenbach	64689	Grasellenbach	K	Kneippheilbad
Griesbach i. Rottal	94086	Bad Griesbach i. Rottal	Bad Griesbach i. Rottal, Weghof	Heilbad
Grömitz	23743	Grömitz	Grömitz	Ostseeheilbad
Grönenbach	87728	Bad Grönenbach, Markt	Bad Grönenbach, Au, Brandholz, in der Tarrast, Egg, Gmeinschwenden, Greit, Herbisried, Hueb, Klevers, Kornhofen, Kreuzbühl, Manneberg, Niederholz, Ölmühle, Raupolz, Rechberg, Rothenstein, Schwenden, Seefeld, Waldegg b. Grönenbach, Ziegelberg, Ziegelstadel	Kneippheilbad
			Ehwiesmühle, Falken, Jttelsburg, Schulerloch, Streifen, Thal, Vordergsäng, Hintergsäng, Grönenbach-Weiler	Kneippkurort
Großenbrode	23775	Großenbrode	G	Ostseeheilbad
Grund	37539	Bad Grund	Bad Grund	Kurort mit Heilstollenkurbetrieb
H				
Haffkrug-Scharbeutz	23683	Haffkrug-Scharbeutz	Haffkrug	Ostseeheilbad
Harzburg	38667	Bad Harzburg	K	(Sole-)Heilbad
Heilbrunn	83670	Bad Heilbrunn	Bad Heilbrunn, Achmühl, Baumberg, Bernwies, Graben, Hinterstallau, Hub, Kiensee, Langau, Linden, Mürnsee, Oberbuchen, Oberenzenau, Obermühl, Obersteinbach, Ostfeld, Ramsau, Reindlschmiede, Schönau, Unterbuchen, Unterenzenau, Untersteinbach, Voglherd, Weiherweber, Wiesweber, Wörnern	Heilklimatischer Kurort
Heiligenhafen	23774	Heiligenhafen	Heiligenhafen	Ostseeheilbad
Heiligenstadt	37308	Heilbad Heiligenstadt	G	(Sole-)Heilbad
Helgoland	27498	Helgoland	G	Nordseeheilbad
Herbstein	36358	Herbstein	K	Heilbad

VII.2.1 Heilbäder- und Kurorteverzeichnis

Name ohne „Bad"	PLZ	Gemeinde	Anerkennung als Heilbad oder Kurort ist erteilt für: (Ortsteile, sofern nicht B, G, K*)	Artbezeichnung
Heringsdorf	17424	Heringsdorf	G	Ostseeheilbad u. (Sole-)Heilbad
Herrenalb	76332	Bad Herrenalb	Bad Herrenalb	Heilbad u. heilklimatischer Kurort
Hersfeld	36251	Bad Hersfeld	K	(Mineral-)Heilbad
Hille	32479	Hille	Rothenuffeln	Kurmittelgebiet (Heilquelle u. Moor)
Hindelang	87541	Bad Hindelang	G	Kneippheilbad u. heilklimatischer Kurort
Hinterzarten	79856	Hinterzarten	G	Heilklimatischer Kurort
Hitzacker (Elbe)	29456	Hitzacker (Elbe)	Hitzacker (Elbe)	Kneippkurort
Höchenschwand	79862	Höchenschwand	Höchenschwand	Heilklimatischer Kurort
Honnef	53604	Bad Honnef, Stadt		Erholungsort mit Kurmittelgebiet
Hönningen	53557	Bad Hönningen	Bad Hönningen	Heilbad
Hohwacht	24321	Hohwacht	G	Ostseeheilbad
Homburg	61348	Bad Homburg v. d. Höhe	K	Heilbad
Horn	32805	Horn-Bad Meinberg	Bad Meinberg	Heilbad
I				
Iburg	49186	Bad Iburg	Bad Iburg	Kneippkurort
Isny	88316	Isny	Isny, Neutrauchburg	Heilklimatischer Kurort
J				
Jonsdorf	02796	Jonsdorf	G	Kneippkurort
Juist	26571	Juist	G	Nordseeheilbad
K				
Karlshafen	34385	Bad Karlshafen	K	Heilbad
Kassel	34117	Kassel	Wilhelmshöhe	Kneippheilbad u. (Thermal-Sole-)Heilbad
Kellenhusen	23746	Kellenhusen	Kellenhusen	Ostseeheilbad
Kevelaer	47623	Kevelaer	Kevelaer	Ort mit Heilquellenkurbetrieb
Kissingen	97688	Bad Kissingen	G – ohne die Gemeindeteile Albertshausen und Poppenroth	Mineral- und Moorbad

Heilbäder- und Kurorteverzeichnis VII.2.1

Name ohne „Bad"	PLZ	Gemeinde	Anerkennung als Heilbad oder Kurort ist erteilt für: (Ortsteile, sofern nicht B, G, K*)	Artbezeichnung
Klosterlausnitz	07639	Bad Klosterlausnitz	G	Heilbad
König	64732	Bad König	K	Heilbad
Königsfeld	78126	Königsfeld	Königsfeld, Bregnitz, Grenier	Kneippkurort u. heilklimatischer Kurort
Königshofen	97631	Bad Königshofen i. Grabfeld	G – ohne die eingegliederten Gebiete der ehemaligen Gemeinden Aub und Merkershausen	Heilbad
Königstein	61462	Königstein im Taunus	a) K b) Falkenstein	Heilklimatischer Kurort
Kösen	06628	Bad Kösen	G	Heilbad
Kötzting	93444	Bad Kötzting	G	Kneippheilbad und Kneippkurort
Kohlgrub	82433	Bad Kohlgrub	G	(Moor-)Heilbad
Kreuth	83708	Kreuth	G	Heilklimatischer Kurort
Kreuznach	55543	Bad Kreuznach	Bad Kreuznach	Heilbad
Krozingen	79189	Bad Krozingen	Bad Krozingen	Heilbad
Krumbach	86381	Krumbach (Schwaben)	B – Sanatorium Krumbad	Peloidkurbetrieb
Kühlungsborn	18225	Ostseebad Kühlungsborn	G	Seebad
L				
Laasphe	57334	Bad Laasphe	Bad Laasphe	Kneippheilbad
Laer	49196	Bad Laer	G	(Sole-)Heilbad
Langensalza	99947	Bad Langensalza	K	(Schwefel-Sole-)Heilbad
Langeoog	26465	Langeoog	G	Nordseeheilbad
Lausick	04651	Bad Lausick	G	Heilbad
Lauterberg	37431	Bad Lauterberg	Bad Lauterberg	Kneippheilbad
Lennestadt	57368	Lennestadt	Saalhausen	Kneipp-Kurort
Lenzkirch	79853	Lenzkirch	Lenzkirch, Saig	Heilklimatischer Kurort
Liebenstein	36448	Bad Liebenstein	G	Heilbad
Liebenwerda	04924	Bad Liebenwerda	Dobra, Kosilenzien, Maasdorf, Zeischa	Ort mit Peloidkurbetrieb
Liebenzell	75378	Bad Liebenzell	Bad Liebenzell	Heilbad
Lindenfels	64678	Lindenfels	K	Heilklimatischer Kurort

VII.2.1 Heilbäder- und Kurorteverzeichnis

Name ohne „Bad"	PLZ	Gemeinde	Anerkennung als Heilbad oder Kurort ist erteilt für: (Ortsteile, sofern nicht B, G, K*)	Artbezeichnung
Lippspringe	33175	Bad Lippspringe	Bad Lippspringe	Heilbad u. heilklimatischer Kurort
Lippstadt	59556	Lippstadt	Bad Waldliesborn	Heilbad
Lobenstein	07356	Lobenstein	G	(Moor-)Heilbad
Ludwigsburg	71638	Ludwigsburg	Hoheneck	Ort mit Heilquellenkurbetrieb
M				
Malente	23714	Malente	Malente-Gremsmühlen, Krummsee, Timmdorf	Heilklimatischer Kurort
Manderscheid	54531	Manderscheid	Manderscheid	Heilklimatischer Kurort u. Kneippkurort
Marienberg	56470	Bad Marienberg	Bad Marienberg (nur Stadtteile Bad Marienberg, Zinnheim und der Gebietsteil der Gemarkung Langenbach, begrenzt durch die Gemarkungsgrenze Hardt, Zinnheim, Marienberg sowie die Bahntrasse Erbach-Bad Marienberg)	Kneippheilbad
Marktschellenberg	83487	Marktschellenberg	G	Heilklimatischer Kurort
Masserberg	98666	Masserberg	Masserberg	Heilklimatischer Kurort
Mergentheim	97980	Bad Mergentheim	Bad Mergentheim	Heilbad
Mettlach	06864	Mettlach	Gemeindebezirk Orscholz	Heilklimatischer Kurort
Mölln	23879	Mölln	Mölln	Kneippkurort
Mössingen	72116	Mössingen	Bad Sebastiansweiler	Ort mit Heilquellen-Kurbetrieb
Münder	31848	Bad Münder	Bad Münder	Ort mit Heilquellen-Kurbetrieb
Münster/Stein	55583	Bad Münster am Stein-Ebernburg	Bad Münster am Stein	(Mineral-)Heilbad und heilklimatischer Kurort
Münstereifel	53902	Bad Münstereifel	Bad Münstereifel	Kneippheilbad
Münstertal/Schwarzwald	79244	Münstertal	G	Ort mit Heilstollen-Kurbetrieb
Muskau	02953	Bad Muskau	G	Ort mit Moorkurbetrieb

Heilbäder- und Kurorteverzeichnis VII.2.1

Name ohne „Bad"	PLZ	Gemeinde	Anerkennung als Heilbad oder Kurort ist erteilt für: (Ortsteile, sofern nicht B, G, K*)	Artbezeichnung
N				
Nauheim	61231	Bad Nauheim	K	Heilbad und Kneippkurort
Naumburg	34311	Naumburg	K	Kneippheilbad
Nenndorf	31542	Bad Nenndorf	Bad Nenndorf	(Moor- u. Mineral-)Heilbad und Thermalheilbad
Neualbenreuth	95698	Bad Neualbenreuth	G – Kurmittelhaus Sibyllenbad und Badehaus Maiersreuth	Heilbad, Ort mit Heilquellen-Kurbetrieb
Neubulach	75387	Neubulach	Neubulach	Heilklimatischer Kurort und Ort mit Heilstollenkurbetrieb
Neuenahr	53474	Bad Neuenahr-Ahrweiler	Bad Neuenahr	Heilbad
Neuharlingersiel	26427	Neuharlingersiel	Neuharlingersiel	Nordseeheilbad
Neukirchen	34626	Neukirchen	K	Kneippkurort
Neustadt/D	93333	Neustadt a. d. Donau	Bad Gögging	Heilbad
Neustadt/Harz	99762	Neustadt/Harz	G	Heilklimatischer Kurort
Neustadt/S	97616	Bad Neustadt a. d. Saale	Bad Neustadt a. d. Saale	Heilbad
Nidda	63667	Nidda	Bad Salzhausen	Heilbad
Nieheim	33039	Nieheim, Stadt		Heilklimatischer Kurort
Nonnweiler	66620	Nonnweiler	Nonnweiler	Heilklimatischer Kurort
Norddorf	25946	Norddorf/Amrum	Norddorf	Nordseeheilbad
Norden	26506	Norddeich/Westermarsch II	Norden	Nordseeheilbad
Norderney	26548	Norderney	G	Nordseeheilbad
Nordstrand	25845	Nordstrand	G	Nordseeheilbad
Nümbrecht	51588	Nümbrecht	G	Heilklimatischer Kurort
O				
Oberstaufen	87534	Oberstaufen	G – ausgenommen die Gemeindeteile Aach i. Allgäu, Hänse, Hagspiel, Hütten, Krebs, Nägeleshalde	(Schroth-)Heilbad u. heilklimatischer Kurort

VII.2.1 Heilbäder- und Kurorteverzeichnis

Name ohne „Bad"	PLZ	Gemeinde	Anerkennung als Heilbad oder Kurort ist erteilt für: (Ortsteile, sofern nicht B, G, K*)	Artbezeichnung
Oberstdorf	87561	Oberstdorf	Oberstdorf, Anatswald, Birgsau, Dietersberg, Ebene, Einödsbach, Faistennoy, Gerstruben, Gottenried, Gruben, Gundsbach, Jauchen, Kornau, Reute, Ringang, Schwand, Spielmannsau	Kneippkurort u. heilklimatischer Kurort
Oeynhausen	32545	Bad Oeynhausen	Bad Oeynhausen	Heilbad
Olsberg	59939	Olsberg	Olsberg	Kneipp-Heilbad
Orb	63619	Bad Orb	G	Heilbad
Ottobeuren	87724	Ottobeuren, Markt	Ottobeuren, Eldern	Kneippkurort
Oy-Mittelberg	87466	Oy-Mittelberg	Oy	Kneippkurort
P				
Pellworm	25847	Pellworm	Pellworm	Nordseeheilbad
Petershagen	32469	Petershagen	Hopfenberg	Kurmittelgebiet
Peterstal-Griesbach	77740	Bad Peterstal-Griesbach	G	(Mineral- und Moor-)Heilbad, Kneippkurort
Prerow	18375	Ostseebad Prerow	G	Seebad
Preußisch Oldendorf	32361	Preußisch Oldendorf	Bad Holzhausen	Heilbad
Prien	83209	Prien a. Chiemsee	G ohne die eingegliederten Gebiete der ehemaligen Gemeinde Wildenwart und den Gemeindeteil Vachendorf	Kneippkurort
Pyrmont	31812	Bad Pyrmont	K	(Moor- u. Mineral-)Heilbad
R				
Radolfzell	78315	Radolfzell	Mettnau	Kneippkurort
Ramsau	83486	Ramsau b. Berchtesgaden	G	Heilklimatischer Kurort
Rappenau	74906	Bad Rappenau	Bad Rappenau	(Sole-)Heilbad
Reichenhall	83435	Bad Reichenhall	Bad Reichenhall, Bayerisch Gmain und Gemeindeteil Kibling der Gemeinde Schneizlreuth	Mineral- und Moorbad
Reichshof	51580	Reichshof	Eckenhagen	Heilklimatischer Kurort
Rippoldsau-Schapbach	77776	Bad Rippoldsau-Schapbach	Bad Rippoldsau	(Moor- u. Mineral-)Heilbad

Heilbäder- und Kurorteverzeichnis VII.2.1

Name ohne „Bad"	PLZ	Gemeinde	Anerkennung als Heilbad oder Kurort ist erteilt für: (Ortsteile, sofern nicht B, G, K*)	Artbezeichnung
Rodach	96476	Bad Rodach b. Coburg	Bad Rodach b. Coburg	Heilbad
Rothenfelde	49214	Bad Rothenfelde	G	(Sole-)Heilbad
Rottach-Egern	83700	Rottach-Egern	G	Heilklimatischer Kurort
S				
Saalfeld/Saale	07318	Saalfeld/Saale	G ausgenommen Ortsteil Arnsgereuth	Ort mit Heilstollenkurbetrieb
Saarow	15526	Bad Saarow	Bad Saarow	(Thermalsole- u. Moor-)Heilbad
Sachsa	37441	Bad Sachsa	Bad Sachsa	Heilklimatischer Kurort
Säckingen	79713	Bad Säckingen	Bad Säckingen	Heilbad
Salzdetfurth	31162	Bad Salzdetfurth	Bad Salzdetfurth, Detfurth	(Moor- u. Sole-)Heilbad
Salzgitter	38259	Salzgitter	Salzgitter-Bad	Ort mit Sole-Kurbetrieb
Salzschlirf	36364	Bad Salzschlirf	G	(Mineral- u. Sole-)Heilbad
Salzuflen	32105	Bad Salzuflen, Stadt	Bad Salzuflen	Kneippheilbad
Salzungen	36433	Bad Salzungen	K	(Sole-)Heilbad
Sasbachwalden	77887	Sasbachwalden	G	Heilklimatischer Kurort u. Kneippkurort
Sassendorf	59505	Bad Sassendorf	Bad Sassendorf	(Sole-)Heilbad
Saulgau	88348	Bad Saulgau	Bad Saulgau	Heilbad
Schandau	01814	Bad Schandau	Bad Schandau, Krippen, Ostrau, Schmilka	Kneippheilbad
Scharbeutz	23683	Scharbeutz	Scharbeutz	Ostseeheilbad
Scheidegg	88175	Scheidegg, Markt	G	Kneippkurort u. heilklimatischer Kurort
Schlangenbad	65388	Schlangenbad	K	Heilbad
Schleiden	53937	Schleiden	Gemünd	Kneippkurort
Schluchsee	79859	Schluchsee	Schluchsee, Faulenfürst, Fischbach	Heilklimatischer Kurort
Schmallenberg	57392	Schmallenberg	a) Bad Fredeburg	Kneipp-Heilbad und Ort mit Heilstollen-Kurbetrieb
			b) Grafschaft	Heilklimatischer Kurort
			c) Nordenau	Ort mit Heilstollen-Kurbetrieb

VII.2.1 Heilbäder- und Kurorteverzeichnis

Name ohne „Bad"	PLZ	Gemeinde	Anerkennung als Heilbad oder Kurort ist erteilt für: (Ortsteile, sofern nicht B, G, K*)	Artbezeichnung
Schmiedeberg	06905	Bad Schmiedeberg	G	Heilbad
Schömberg	75328	Schömberg	Schömberg	Heilklimatischer Kurort u. Kneippkurort
Schönau	83471	Schönau a. Königsee	G	Heilklimatischer Kurort
Schönberg	24217	Schönberg	Holm	Heilbad
Schönborn	76669	Bad Schönborn	a) Bad Mingolsheim	Heilbad
			b) Langenbrücken	Ort mit Heilquellenkurbetrieb
Schönebeck-Salzelmen	39624	Schönebeck-Salzelmen	G	(Sole-)Heilbad
Schönwald	78141	Schönwald	G	Heilklimatischer Kurort
Schwalbach	65307	Bad Schwalbach	K	Heilbad und Kneippkurort
Schwangau	87645	Schwangau	G	Heilklimatischer Kurort
Schwartau	23611	Bad Schwartau	Bad Schwartau	(Jodsole- u. Moor-)Heilbad
Segeberg	23795	Bad Segeberg	G	Heilbad
Sellin	18586	Ostseebad Sellin	G	Seebad
Siegsdorf	83313	Siegsdorf	B – Adelholzener Primusquelle Bad Adelholzen	Heilquellen-Kurbetrieb
Sobernheim	55566	Bad Sobernheim	Bad Sobernheim	Heilbad
Soden am Taunus	65812	Bad Soden am Taunus	K	Ort mit Heilquellenkurbetrieb
Soden-Salmünster	63628	Bad Soden-Salmünster	Bad Soden	(Mineral-)Heilbad
Soltau	29614	Soltau	Soltau	Ort mit Sole-Kurbetrieb
Sooden-Allendorf	37242	Bad Sooden-Allendorf	K	Heilbad
Spiekeroog	26474	Spiekeroog	G	Nordseeheilbad
St. Blasien	79837	St. Blasien	St. Blasien	Kneippkurort u. heilklimatischer Kurort
St. Peter-Ording	25826	St. Peter-Ording	St. Peter-Ording	Nordseeheilbad u. Schwefelbad
Staffelstein	96226	Bad Staffelstein	G Thermalsolbad Bad Staffelstein – Obermain Therme –	Heilbad, Ort mit Heilquellenkurbetrieb
Steben	95138	Bad Steben	a) Bad Steben b) Obersteben	Mineral- und Moorbad

Heilbäder- und Kurorteverzeichnis VII.2.1

Name ohne „Bad"	PLZ	Gemeinde	Anerkennung als Heilbad oder Kurort ist erteilt für: (Ortsteile, sofern nicht B, G, K*)	Artbezeichnung
Stützerbach	98714	Stützerbach	Stützerbach	Heilkurort
Stuttgart	70173	Stuttgart	Berg, Bad Cannstatt	Mineralbad
				Ort mit Heilquellenkurbetrieb
Suderode	06507	Bad Suderode	G	(Calciumsole-)Heilbad
Sülze	18334	Bad Sülze	G	Peloidkurbetrieb
Sulza	99518	Bad Sulza	G	(Sole-)Heilbad
T				
Tabarz	99891	Tabarz	G	Kneippheilbad
Tecklenburg	49545	Tecklenburg	Tecklenburg	Kneippkurort
Tegernsee	83684	Tegernsee	G	Heilklimatischer Kurort
Teinach-Zavelstein	75385	BadTeinach-Zavelstein	Bad Teinach	Heilbad
Templin	17268	Templin	Templin	(Thermalsole-)Heilbad
Tennstedt	99955	Bad Tennstedt	G	Ort mit Heilquellenkurbetrieb
Thiessow	18586	Ostseebad Thiessow	G	Seebad
Thyrnau	94136	Thyrnau	B – Sanatorium Kellberg	Mineralquellenkurbetrieb
Timmendorfer Strand	23669	Timmendorfer Strand	Timmendorfer Strand, Niendorf	Ostseeheilbad
Titisee-Neustadt	79822	Titisee-Neustadt	Titisee	Heilklimatischer Kurort
Todtmoos	79682	Todtmoos	G	Heilklimatischer Kurort
Tölz	83646	Bad Tölz	a) Gebiet der ehem. Stadt Bad Tölz	(Moor-)Heilbad u. heilklimatischer Kurort
			b) Gebiet der ehem. Gemeinde Oberfischbach	Heilklimatischer Kurort
Traben-Trarbach	56841	Traben-Trarbach	Bad Wildstein	Heilbad
Travemünde	23570	Travemünde	Travemünde	Ostseeheilbad
Treuchtlingen	91757	Treuchtlingen	B – Altmühltherme/Lambertusbad	Ort mit Heilquellenkurbetrieb
Triberg	78098	Triberg	Triberg	Heilklimatischer Kurort

VII.2.1 Heilbäder- und Kurorteverzeichnis

Name ohne „Bad"	PLZ	Gemeinde	Anerkennung als Heilbad oder Kurort ist erteilt für: (Ortsteile, sofern nicht B, G, K*)	Artbezeichnung
U				
Überkingen	73337	Bad Überkingen	Bad Überkingen	Heilbad
Überlingen	88662	Überlingen	Überlingen	Kneippheilbad
Urach	72574	Bad Urach	Bad Urach	Heilbad
V				
Vallendar	56179	Vallendar	Vallendar	Kneippkurort
Vilbel	61118	Bad Vilbel	K	Ort mit Heilquellenkurbetrieb
Villingen-Schwenningen	78050	Villingen-Schwenningen	Villingen	Kneippkurort
Vlotho	32602	Vlotho	Seebruch, Senkelteich, Valdorf-West	Kurmittelgebiet (Heilquelle u. Moor)
W				
Waldbronn	76337	Waldbronn	Gemeindeteile Busenbach, Reichenbach	Ort mit Heilquellenkurbetrieb
Waldsee	88399	Bad Waldsee	Bad Waldsee	(Moor-)Heilbad u. Kneippkurort
Wangerland	26434	Wangerland	Horumersiel, Schillig	Nordseeheilbad
Wangerooge	26486	Wangerooge	G	Nordseeheilbad
Warburg	34414	Warburg	Germete	Kurmittelbetrieb (Heilquelle)
Waren	17192	Waren/Müritz	Waren/Müritz	(Sole-)Heilbad
Wolkenstein	09429	Wolkenstein	Warmbad	Ort mit Heilbad
Warnemünde	18119	Hansestadt Rostock	G	Seebad
Weiskirchen	66709	Weiskirchen	Weiskirchen	Heilklimatischer Kurort Kneippkurort
Weißenstadt	95163	Weißenstadt am See	Kurzentrum Weißenstadt am See	Ort mit Heilquellenkurbetrieb
Wenningstedt	25996	Wenningstedt/Sylt	Wenningstedt	Nordseeheilbad
Westerland	25980	Westerland	Westerland	Nordseeheilbad
Wiesbaden	65189	Wiesbaden	K	Heilbad
Wiesenbad	09488	Thermalbad Wiesenbad	Thermalbad Wiesenbad	Ort mit Heilquellenkurbetrieb
Wiessee	83707	Bad Wiessee	G	Heilbad
Wildbad	75323	Bad Wildbad	Bad Wildbad	Heilbad
Wildungen	34537	Bad Wildungen	K, Reinhardshausen	Heilbad
Willingen	34508	Willingen (Upland)	a) K	Kneippheilbad und Heilklimatischer Kurort
			b) Usseln	Heilklimatischer Kurort

Heilbäder- und Kurorteverzeichnis VII.2.1

Name ohne „Bad"	PLZ	Gemeinde	Anerkennung als Heilbad oder Kurort ist erteilt für: (Ortsteile, sofern nicht B, G, K*)	Artbezeichnung
Wilsnack	19336	Bad Wilsnack	K	(Thermalsole- u. Moor-)Heilbad
Wimpfen	74206	Bad Wimpfen	Bad Wimpfen, Erbach, Fleckinger Mühle, Höhenhöfe	(Sole-)Heilbad
Windsheim	91438	Bad Windsheim	Bad Windsheim, Kleinwindsheimer Mühle, Walkmühle	Heilbad
Winterberg	59955	Winterberg	Winterberg, Altastenberg, Elkeringhausen	Heilklimatischer Kurort
Wittdün/Amrum	25946	Wittdün/Amrum	Wittdün	Nordseeheilbad
Wittmund	26409	Wittmund	Carolinensiel-Harlesiel	Nordseeheilbad
Wörishofen	86825	Bad Wörishofen	Bad Wörishofen, Hartenthal, Oberes Hart, Obergammenried, Schöneschach, Untergammenried, Unteres Hart	Kneippheilbad
Wolfegg	88364	Wolfegg	G	Heilklimatischer Kurort
Wünnenberg	33181	Wünnenberg	Wünnenberg	Kneippheilbad
Wurzach	88410	Bad Wurzach	Bad Wurzach	(Moor-)Heilbad
Wustrow	18347	Ostseebad Wustrow	G	Seebad
Wyk a. F.	25938	Wyk a. F.	Wyk	Nordseeheilbad
Z				
Zingst	18374	Ostseebad Zingst	G	Ostseeheilbad
Zwesten	34596	Bad Zwesten	K	Ort mit Heilquellenkurbetrieb
Zwischenahn	26160	Bad Zwischenahn	Bad Zwischenahn	(Moor-)Heilbad und Kneippkurort

* B = Einzelkurbetrieb
 G = Gesamtes Gemeindegebiet
 K = nur Kerngemeinde, Kernstadt

VII.2.1 Heilbäder- und Kurorteverzeichnis

Abschnitt 2 Heilbäder und Kurorte im Inland, die Ortsteile einer Gemeinde sind

Heilbad oder Kurort ohne Zusatz „Bad"	aufgeführt bei
A	
Abbach-Schloßberg	Abbach
Achmühl	Heilbrunn
Adelholzener Primusquelle	Siegsdorf
Aichmühle	Füssing
Ainsen	Füssing
Alschbach	Blieskastel
Altastenberg	Winterberg
Anatswald	Oberstdorf
An den Heilquellen	Freiburg
Angering	Füssing
Au	Abbach
Au	Grönenbach
Aunham	Birnbach
B	
Balg	Baden-Baden
Baumberg	Heilbrunn
Bayerisch Gmain	Reichenhall
Benserstiel	Esens
Bernwies	Heilbrunn
Berg	Stuttgart
Berggießhübel	Gottleuba-Berggießhübel
Birgsau	Oberstdorf
Bockswiese	Goslar
Brandholz	Grönenbach
Brandschachen	Füssing
Bregnitz	Königsfeld
Bruchhausen	Höxter
Burtscheid	Aachen
Busenbach	Waldbronn
C	
Cannstatt	Stuttgart
Carolinensiel-Harlesiel	Wittmund
D	
Detfurth	Salzdetfurth

Heilbad oder Kurort ohne Zusatz „Bad"	aufgeführt bei
Dietersberg	Oberstdorf
Dobra	Liebenwerda
Dürnöd	Füssing
E	
Ebene	Oberstdorf
Eckarts	Brückenau
Eckenhagen	Reichshof
Egg	Grönenbach
Egglfing a. Inn	Füssing
Einödsbach	Oberstdorf
Eisenbartling	Endorf
Eitlöd	Füssing
Eldern	Ottobeuren
Elkeringhausen	Winterberg
Erbach	Wimpfen
F	
Faistenoy	Oberstdorf
Faulenfürst	Schluchsee
Feldberg	Feldberger Seenlandschaft
Fischbach	Schluchsee
Fleckinger Mühle	Wimpfen
Flickenöd	Füssing
Frankenhammer	Berneck
Fredeburg	Schmallenberg
G	
Gemünd	Schleiden
Germete	Warburg
Gerstruben	Oberstdorf
Glashütte	Schieder
Gmeinschwenden	Grönenbach
Gögging	Füssing
Gögging	Neustadt a. d. Donau
Gottenried	Oberstdorf
Gottleuba	Gottleuba-Berggrießhübel
Graben	Heilbrunn
Grafschaft	Schmallenberg
Greit	Grönenbach

Heilbäder- und Kurorteverzeichnis VII.2.1

Heilbad oder Kurort ohne Zusatz „Bad"	aufgeführt bei
Gremsmühlen	Malente
Grenier	Königsfeld
Griesbach	Peterstal-Griesbach
Gruben	Oberstdorf
Gundsbach	Oberstdorf
H	
Hahnenklee	Goslar
Hartenthal	Wörishofen
Harthausen	Aibling
Heiligendamm	Doberan
Herbisried	Grönenbach
Hermannsborn	Driburg
Hiddesen	Detmold
Hinterstallau	Heilbrunn
Höhenhöfe	Wimpfen
Hofham	Endorf
Hoheneck	Ludwigsburg
Holm	Schönberg
Holzhäuser	Füssing
Holzhaus	Füssing
Holzhausen	Preußisch Oldendorf
Hopfen am Berg	Petershagen
Horumersiel	Wangerland
Hub	Füssing
Hub	Heilbrunn
Hueb	Grönenberg
I	
In der Tarrast	Grönenbach
Irching	Füssing
J	
Jauchen	Oberstdorf
Jordanbad	Biberach
K	
Kalkofen	Abbach
Kellberg	Thyrnau
Kibling der Gemeinde Schneizlreuth	Reichenhall
Kiensee	Heilbrunn

Heilbad oder Kurort ohne Zusatz „Bad"	aufgeführt bei
Kleinwindsheimer Mühle	Windsheim
Klevers	Grönenbach
Kornhofen	Grönenbach
Kornau	Oberstdorf
Kosilenzien	Liebenwerda
Kreuzbühl	Grönenbach
Krippen	Schandau
Krummsee	Malente
Kurf	Endorf
Kutschenrangen	Berneck
L	
Langau	Heilbrunn
Langenbach	Marienberg
Langenbrücken	Schönborn
Lautzkirchen	Blieskastel
Lichtental	Baden-Baden
Linden	Heilbrunn
M	
Maasdorf	Liebenwerda
Manneberg	Grönenberg
Meinberg	Horn
Mettnau	Radolfzell
Mingolsheim	Schönberg
Mitterreuthen	Füssing
Monheimsallee	Aachen
Mürnsee	Heilbrunn
N	
Neutrauchburg	Isny
Niederholz	Grönenbach
Niendorf	Timmendorfer Strand
Nordenau	Schmallenberg
O	
Oberbuchen	Heilbrunn
Oberenzenau	Heilbrunn
Oberes Hart	Wörishofen
Oberfischbach	Tölz
Obergammenried	Wörishofen
Obermühl	Heilbrunn
Oberreuthen	Füssing

VII.2.1 Heilbäder- und Kurorteverzeichnis

Heilbad oder Kurort ohne Zusatz „Bad"	aufgeführt bei
Obersteben	Steben
Obersteinbach	Heilbrunn
Obertal	Baiersbronn
Ölmühle	Grönenbach
Oos	Baden-Baden
Orscholz	Mettlach
Ostfeld	Heilbrunn
Ostrau	Schandau
P	
Pichl	Füssing
Pimsöd	Füssing
Poinzaun	Füssing
R	
Rachental	Endorf
Ramsau	Heilbrunn
Randringhausen	Bünde
Raupolz	Grönenbach
Rechberg	Grönenbach
Reichenbach	Waldbronn
Reindlschmiede	Heilbrunn
Reute	Oberstdorf
Riedenburg	Füssing
Ringang	Oberstdorf
Rödlasberg	Berneck
Röthardt	Aalen
Rotenfels	Gaggenau
Rothenstein	Grönenbach
Rothenuffeln	Hille
S	
Saalhausen	Lennestadt
Safferstetten	Füssing
Saig	Lenzkirch
Salzhausen	Nidda
Salzig	Boppard
Sand	Emstal
Schieferöd	Füssing
Schillig	Wangerland
Schmilka	Schandau
Schöchlöd	Füssing
Schönau	Heilbrunn

Heilbad oder Kurort ohne Zusatz „Bad"	aufgeführt bei
Schöneschach	Wörishofen
Schwand	Oberstdorf
Schwarzenberg-Schönmünzach	Baiersbronn
Schwenden	Grönenbach
Sebastiansweiler	Mössingen
Seebruch	Vlotho
Seefeld	Grönenbach
Senkelteich	Vlotho
Sohl	Elster
Spielmannsau	Oberstdorf
Steinreuth	Füssing
Ströbing	Endorf
T	
Thalau	Füssing
Thalham	Füssing
Thierham	Füssing
Thürham	Aibling
Timmdorf	Malente
Tönisstein	Andernach
Tönisstein	Burgbrohl
U	
Unterbuchen	Heilbrunn
Unterenzenau	Heilbrunn
Unteres Hart	Wörishofen
Untergammenried	Wörishofen
Untersteinbach	Heilbrunn
Unterreuthen	Füssing
Usseln	Willingen
V	
Valdorf-West	Vlotho
Voglherd	Heilbrunn
Voglöd	Füssing
W	
Waldegg b. Grönenbach	Grönenbach
Waldliesborn	Lippstadt
Walkmühle	Windsheim
Waren/Müritz	Waren
Warmbad	Wolkenstein
Warmeleithen	Berneck

Heilbad oder Kurort ohne Zusatz „Bad"	aufgeführt bei
Weghof	Griesbach
Weichs	Abbach
Weidach	Füssing
Weiherweber	Heilbrunn
Westernkotten	Erwitte
Wies	Füssing
Wiesweber	Heilbrunn
Wildbach	Aue-Schlema
Wildstein	Traben-Trarbach
Wilhelmshöhe	Kassel
Wörnern	Heilbrunn
Würding	Füssing
Z	
Zeitlofs	Brückenau
Zeischa	Liebenwerda
Zell	Aibling
Ziegelberg	Grönenbach
Ziegelstadel	Grönenbach
Zieglöd	Füssing
Zinnheim	Marienberg
Zwicklarn	Füssing

Abschnitt 3   Heilbäder und Kurorte im EU-Ausland

a) Frankreich
   - aa) Aix-les-Bains
   - bb) Amélie-les-Bains-Palada
   - cc) Cambo-les-Bains
   - dd) La Roche-Posay
b) Italien
   - aa) Abano Therme
   - bb) Galzignano
   - cc) Ischia
   - dd) Meran
   - ee) Montegrotto
   - ff) Montepulciano
c) Kroatien
   - Cres
d) Österreich
   - aa) Bad Gastein
   - bb) Bad Hall in Tirol
   - cc) Bad Hofgastein
   - dd) Bad Schönau
   - ee) Bad Traunstein
   - ff) Oberlaa
e) Polen
   - aa) Bad Flinsberg/Swieradow Zdroy
   - bb) Kolberg/Kolobrzeg
   - cc) Swinemünde/Świnoujście
   - dd) Ustroń
f) Rumänien
   - Bad Felix/Băile Felix
g) Slowakei
   - aa) Dudince
   - bb) Piešťany
   - cc) Turčianske Teplice
h) Tschechien
   - aa) Bad Bělohrad/Lázně Bělohrad
   - bb) Bad Joachimsthal/Jáchymov
   - cc) Bad Luhatschowitz/Luhačovice
   - dd) Bad Teplitz/Lázně Teplice v Čechách
   - ee) Franzensbad/Františkovy Lázně
   - ff) Freiwaldau/Lázně Jeseník
   - gg) Johannisbad/Janské Lázně
   - hh) Karlsbad/Karlovy Vary
   - ii) Konstantinsbad/Konstantinovy Lázně
   - jj) Marienbad/Mariánské Lázně
i) Ungarn
   - aa) Bad Hévíz
   - bb) Bad Zalakaros
   - cc) Bük
   - dd) Hajdúszoboszló
   - ee) Harkány
   - ff) Komárom
   - gg) Sárvár

Abschnitt 4   Heilbäder und Kurorte im Nicht-EU-Ausland

a) Ein Boqeq
b) Sweimeh

VII.3 Heilfürsorgeverordnung (HVO) §§ 1–2

Verordnung des Innenministeriums über die Heilfürsorge für Beamtinnen und Beamte des Polizeivollzugsdienstes, des Einsatzdienstes der Feuerwehr und des technischen Dienstes der Landesfeuerwehrschule, des Vollzugs- und Werkdienstes im Justizvollzug sowie des Abschiebungshaftvollzugsdienstes (Heilfürsorgeverordnung – HVO)

Vom 3. Januar 2011 (GBl. S. 16)

Zuletzt geändert durch
Gesetz über die Anpassung von Dienst- und Versorgungsbezügen in Baden-Württemberg 2022 und zur Änderung dienstrechtlicher Vorschriften
vom 15. November 2022 (GBl. S. 540)

Auf Grund von § 79 Abs. 6 und 7 des Landesbeamtengesetzes (LBG) vom 9. November 2010 (GBl. S. 793) wird im Einvernehmen mit dem Finanzministerium verordnet:

Erster Teil
Heilfürsorge für Beamtinnen und Beamte des Polizeivollzugsdienstes, des technischen Dienstes der Landesfeuerwehrschule, des Vollzugs- und Werkdienstes im Justizvollzug sowie des Abschiebungshaftvollzugsdienstes

§ 1 Heilfürsorgeberechtigte

(1) Die Polizeivollzugsbeamtinnen und Polizeivollzugsbeamten, auch soweit sie in Planstellen des Landesamts für Verfassungsschutz eingewiesen sind, und die technischen Beamtinnen und Beamten der Landesfeuerwehrschule erhalten Heilfürsorge nach Maßgabe dieser Verordnung, solange ihnen Dienstbezüge oder Anwärterbezüge zustehen. Während eines Urlaubs ohne Bezüge ruht der Anspruch auf Heilfürsorge. Ein Urlaub ohne Bezüge von längstens 31 Kalendertagen lässt den Anspruch auf Heilfürsorge unberührt.

(2) Die Heilfürsorge wird nicht auf die Besoldung angerechnet.

(3) Die nach § 79 Abs. 1a und § 93 Abs. 2 LBG heilfürsorgeberechtigten Beamtinnen und Beamten des Vollzugs- und Werkdienstes im Justizvollzug sowie des Abschiebungshaftvollzugsdienstes stehen den Polizeivollzugsbeamtinnen und Polizeivollzugsbeamten in Bezug auf die Vorschriften dieser Verordnung gleich. §§ 5, 6 Abs. 3 Sätze 3 und 4 und § 15 Nummer 4 finden keine Anwendung.

§ 2 Art und Umfang der Heilfürsorgeleistungen

(1) Die Heilfürsorge umfasst

1. ambulante Betreuung (§§ 4 und 5),
2. zahnärztliche Betreuung (§§ 6 und 7),
3. Krankenhausbehandlung (§ 8),
4. Krankenpflege (§ 9),
5. Familien- und Haushaltshilfe (§ 10),
6. Versorgung mit Arzneimitteln, Verbandmitteln sowie Hilfsmitteln und Körperersatzstücken (§§ 11 und 12),
7. Heilmittel und Soziotherapie (§ 13),
8. Leistungen zur medizinischen Rehabilitation (§ 14),
9. vorbeugende ärztliche Maßnahmen (§ 15),
10. Fahr- und Transportkosten (§ 16) und
11. Leistungen außerhalb des Landes (§ 17).

(2) Ausgenommen von der Heilfürsorge sind

1. Heilmaßnahmen, die auf Grund des Bundesversorgungsgesetzes in der jeweils geltenden Fassung zustehen,
2. Heilmaßnahmen, für die ein Träger der gesetzlichen Unfallversicherung leistungspflichtig ist,
3. Behandlungen zu rein kosmetischen Zwecken.

Die Regelungen über die Leistungsbeschränkung bei Selbstverschulden nach § 52 des Fünften Buches Sozialgesetzbuch (SGB V) finden in der jeweils geltenden Fassung entsprechend Anwendung.

(3) Besteht Anspruch auf Dienstunfallfürsorge, richten sich Art und Umfang der Leistungen nach dieser Verordnung. Weitergehende Leistungen nach den Vorschriften über die Dienstunfallfürsorge werden als Heilfürsorgeleistungen mitgewährt.

(4) Heilfürsorgeleistungen werden in dem aus gesundheitlichen Gründen notwendigen angemessenen Umfang unter Beachtung der Wirtschaftlichkeitsgrundsätze gewährt, die bei den gesetzlichen Krankenkassen für die Behandlungs- und Verordnungsweise gelten. Über die medizinische Notwendigkeit der Leistungen können Gutachten erstellt oder angefordert werden. Soweit medizinische Gutachten ohne Bezeichnung der Gutachterstelle vorgesehen sind, kann ein bezüglich des anzugebenden Zwecks ausreichend begründetes Gutachten der zuständigen Polizeiärztin oder des zuständigen Polizeiarztes eingeholt werden. Heilfürsorge kann ganz oder teilweise versagt werden, wenn eine die Behandlung betreffende Anordnung ohne gesetzlichen oder sonstigen wichtigen Grund nicht befolgt und dadurch der Behandlungserfolg beeinträchtigt wird.

(5) Über die nach dieser Verordnung zu gewährenden Leistungen werden vom Innenministerium im erforderlichen Umfang Verträge mit Dritten abgeschlossen. Die Kosten außervertraglicher Leistungen können in Ausnahmefällen nach grundsätzlich vorheriger Genehmigung übernommen werden.

(6) Die Leistungen der Heilfürsorge dürfen zusammen mit den aus demselben Anlass zustehenden Leistungen, insbesondere aus Krankheitskostenversicherungen, die Gesamtaufwendungen nicht übersteigen. Die Heilfürsorgeberechtigten haben hierüber den Nachweis zu erbringen. Leistungen aus Krankentagegeld- und Krankenhaustagegeldversicherungen bleiben unberücksichtigt. Die Kostenerstattung wird nur gewährt, wenn sie vor Ablauf der beiden Kalenderjahre beantragt wird, die auf das Jahr des Entstehens der erstattungsfähigen Aufwendungen folgen. Bei Fristversäumnis erlischt der Anspruch. Kostenerstattungen werden nur auf schriftlichen Antrag gewährt; hierfür ist das von der Heilfürsorgestelle herausgegebene Formblatt zu verwenden. Es sind grundsätzlich Originalbelege oder, soweit dies nicht möglich ist, Duplikate oder beglaubigte Fotokopien vorzulegen; sie werden von der Heilfürsorgestelle einbehalten. Im automatisierten Zahlungsverfahren sollen die Heilfürsorgeleistungen auf das Bezügekonto überwiesen werden. In Ausnahmefällen können Abschlagszahlungen gewährt werden.

(7) Die Heilfürsorgestelle oder eine von ihr beauftragte Institution kann an Heilfürsorgeberechtigte Chipkarten mit Daten entsprechend den §§ 291 und 291a SGB V in der jeweils geltenden Fassung und zum Umfang der Heilfürsorge herausgeben.

§ 3 Kostenträger

Das Land trägt die Kosten für die im Rahmen des Ersten Teils dieser Verordnung zu gewährenden Leistungen.

§ 4 Ambulante Betreuung

(1) Die Heilfürsorgeberechtigten können sich von jeder praktizierenden Ärztin oder jedem praktizierenden Arzt beraten, untersuchen und behandeln lassen, bei der oder dem die Bereitschaft besteht, die Beratung, Untersuchung, Behandlung und Abrechnung nach dem zwischen dem Land Baden-Württemberg und der zuständigen Kassenärztlichen Vereinigung abgeschlossenen Vertrag zu übernehmen.

(2) Für die Beratung, Untersuchung und Behandlung durch Heilpraktikerinnen und Heilpraktiker werden die Kosten, soweit sie für vergleichbare ärztliche Leistungen nach der Gebührenordnung für Ärzte (GOÄ) angemessen sind, zu 50 Prozent übernommen. § 14 Absatz 1 Sätze 3 und 5 der Beihilfeverordnung (BVO) gelten entsprechend.

(3) Heilfürsorgeleistungen für künstliche Befruchtung werden entsprechend § 27a SGB V in der jeweils geltenden Fassung gewährt.

(4) Heilfürsorgeberechtigte haben während der Schwangerschaft sowie bei und nach der Entbindung Anspruch auf ärztliche Betreuung und Hebammenhilfe durch Hebammen und Entbindungspfleger. Die ärztliche Betreuung schließt die Untersuchungen zur Feststellung der Schwangerschaft und zur Schwangerenvorsorge sowie die Schwangerschaftsüberwachung ein. In diesem Zusammenhang notwendig werdende Verordnung von Arznei-, Verband- und Heilmittel werden gewährt.

(5) Eine psycho-, verhaltenstherapeutische oder ähnliche Beratung, Untersuchung und Behandlung bedarf der vorherigen Genehmigung. § 28 Abs. 3 SGB V in der jeweils geltenden Fassung findet entsprechend Anwendung.

§ 5 Ambulante Betreuung bei Wohnverpflichtungen und von Einsatzeinheiten

(1) Polizeivollzugsbeamtinnen und Polizeivollzugsbeamte, die auf besondere Anordnung nach § 54 Abs. 3 LBG verpflichtet sind, in einer Gemeinschaftsunterkunft zu wohnen, haben im Krankheitsfalle polizeiärztliche Versorgung oder deren vertraglich bestellte Vertretung in Anspruch zu nehmen. Ist das Aufsuchen der Polizeiärztin oder des Polizeiarztes oder der vertraglich bestellten Vertretung bei Aufenthalt außerhalb des Dienstortes oder aus sonstigen Gründen nicht möglich, so kann nach Maßgabe des § 4 Abs. 1 eine praktizierende Ärztin oder ein praktizierender Arzt in Anspruch genommen werden.

(2) Nehmen Polizeivollzugsbeamtinnen und Polizeivollzugsbeamte als Einsatzeinheiten an Einsätzen oder Übungen mit polizeiärztlicher Versorgung teil, übernimmt vom Zeitpunkt der geschlossenen Bereithaltung (Alarmbereitschaft) bis zur Beendigung des Einsatzes oder der Übung die Polizeiärztin oder der Polizeiarzt die ärztliche Beratung, Untersuchung und Behandlung, soweit nicht eine fachärztliche Behandlung, Zahnbehandlung oder die Behandlung in einem Krankenhaus notwendig ist. Ist keine Polizeiärztin oder kein Polizeiarzt erreichbar, kann nach Maßgabe des § 4 Abs. 1 eine praktizierende Ärztin oder ein praktizierender Arzt in Anspruch genommen werden.

§ 6 Zahnärztliche Behandlung

(1) Die Heilfürsorgeberechtigten können sich von jeder praktizierenden Zahnärztin oder jedem praktizierenden Zahnarzt beraten, untersuchen und behandeln lassen, bei der oder dem die Bereitschaft besteht, die Beratung, Untersuchung, Behandlung und Abrechnung nach dem zwischen dem Land Baden-Württemberg und der zuständigen Kassenzahnärztlichen Vereinigung abgeschlossenen Vertrag zu übernehmen.

(2) § 28 Abs. 2 in Verbindung mit § 92 Abs. 1 Satz 2 Nr. 2 SGB V in der jeweils geltenden Fassung findet entsprechend Anwendung.

(3) Parodontosebehandlung und kieferorthopädische Behandlung bedürfen der vorherigen Genehmigung. Die Entscheidung ist der oder dem Heilfürsorgeberechtigten und der behandelnden Ärztin oder dem behandelnden Arzt bekannt zu geben. Bei Polizeivollzugsbeamtinnen und Polizeivollzugsbeamten auf Widerruf ist vor der Genehmigung einer kieferorthopädischen Behandlung eine Stellungnahme der zuständigen Polizeiärztin oder des zuständigen Polizeiarztes zu möglichen Auswirkungen der Behandlung auf die Polizeidienstfähigkeit einzuholen. Die Entscheidung ist in diesen Fällen auch der Polizeiärztin oder dem Polizeiarzt bekannt zu geben.

(4) Die Kosten für Inlays werden nach Maßgabe der §§ 3 bis 12 der Gebührenordnung für Zahnärzte (GOZ) jeweils zu 50 Prozent erstattet. § 14 Absatz 1 Sätze 3 und 5 BVO gelten entsprechend. Für die Übernahme der Kosten gilt die Anlage zu § 6 BVO entsprechend.

§ 7 Zahnersatz

(1) Heilfürsorgeberechtigte haben Anspruch auf befundbezogene Festzuschüsse bei einer medizinisch notwendigen Versorgung mit Zahnersatz einschließlich Zahnkronen und Suprakonstruktionen (zahnärztliche und zahntechnische Leistungen) in den Fällen, in denen eine zahnprothetische Versorgung notwendig ist und die geplante Versorgung einer Methode entspricht, die nach § 135 Abs. 1 SGB V anerkannt ist.

§ 56 Abs. 1 in Verbindung mit § 92 Abs. 1 Satz 2 Nr. 2 SGB V in der jeweils geltenden

Fassung findet entsprechend Anwendung. Der bei notwendigem Zahnersatz übernommene Betrag beträgt 100 Prozent der nach § 57 Abs. 1 Satz 6 und Abs. 2 Satz 5 und 6 SGB V festgesetzten Beträge der Regelversorgung.

(2) Die Anfertigung von Zahnersatz bedarf der vorherigen Genehmigung.

§ 8 Krankenhausbehandlung

(1) Krankenhausbehandlung wird in zugelassenen Krankenhäusern (§ 108 SGB V) gewährt, wenn eine ambulante Diagnostik und Behandlung aus medizinischen Gründen nicht möglich oder nach Lage des Falles nicht angezeigt ist. Krankenhausbehandlung wird auch aus Anlass eines Geburtsfalles sowie für das gesunde Neugeborene bis zur Dauer von sechs Kalendertagen nach der Entbindung gewährt.

(2) In medizinisch begründeten Ausnahmefällen kann mit vorheriger Genehmigung eine Behandlung auch in nicht nach § 108 SGB V zugelassenen Krankenhäusern durchgeführt werden.

(3) Die Heilfürsorgeberechtigten haben Anspruch auf die medizinisch zweckmäßigen und ausreichenden Krankenhausleistungen im Rahmen von § 2 Abs. 2 und § 18 Abs. 1 des Krankenhausentgeltgesetzes (KHEntgG) vom 23. April 2002 (BGBl. I S. 1412, 1422) in der jeweils geltenden Fassung beziehungsweise § 2 Abs. 2 der Bundespflegesatzverordnung vom 26. September 1994 (BGBl. I S. 2750) in der jeweils geltenden Fassung. Krankenhausleistungen für eine vor- und nachstationäre Behandlung werden nach § 115a SGB V und für eine ambulante Operation nach § 115b SGB V in der jeweils geltenden Fassung gewährt.

(4) Werden auf eigenen Wunsch Wahlleistungen nach § 17 KHEntgG in Anspruch genommen, so werden diese im Rahmen und unter der Voraussetzung des § 6a BVO jeweils zu 50 Prozent erstattet. Die Voraussetzung wird durch die Erklärung und Zahlung des monatlichen Betrags gegenüber der Bezüge- und Beihilfestelle nach § 6a Abs. 2 BVO erfüllt. § 14 Absatz 1 Sätze 3 und 5 BVO gelten entsprechend. Sollte die erstattungsfähige Wahlleistung Unterkunft anlässlich eines Krankenhausaufenthalts nicht beansprucht werden, so wird statt dessen ein Betrag von 11 Euro pro Pflegesatztag gewährt. Für erstattungsfähige und nicht beanspruchte wahlärztliche Leistungen anlässlich eines in Satz 3 genannten Krankenhausaufenthalts wird ein Betrag von 22 Euro pro Pflegesatztag gewährt.

(5) Bei Vorliegen der Voraussetzungen des § 39a Abs. 1 SGB V kann eine Bezuschussung bei vollstationärer oder teilstationärer Palliativversorgung in einem Hospiz, bei Bedarf auch zusammen mit einer anteiligen spezialisierten ambulanten Palliativversorgung, berücksichtigt werden.

§ 8a Spende von Organen oder Geweben

Ist eine Heilfürsorgeberechtigte oder ein Heilfürsorgeberechtigter Organ- oder Gewebeempfängerin oder Organ- oder Gewebeempfänger, hat die Heilfürsorgestelle folgende Kosten zu tragen:

1. die Leistungen der Krankenbehandlung für den Spender nach § 27 Abs. 1a SGB V,
2. die Erstattung des Ausfalls von Arbeitseinkünften als Krankengeld nach § 44a SGB V für den Spender und
3. die Erstattung des nach dem Entgeltfortzahlungsgesetz fortgezahlten Arbeitsentgeltes sowie die hierauf entfallenden vom Arbeitgeber zu tragenden Beiträge zur Sozialversicherung und zur betrieblichen Alters- und Hinterbliebenenversorgung nach § 3a Abs. 2 des Entgeltfortzahlungsgesetzes für den Spender auf Antrag des Arbeitgebers.

§ 9 Krankenpflege

(1) Häusliche Krankenpflege wird gewährt, wenn sie nach ärztlicher Bescheinigung wegen vorübergehender krankheitsbedingter Pflegebedürftigkeit erforderlich ist. Die dafür notwendigen Aufwendungen werden bis zur Höhe der Sätze, die die Ersatzkassen mit den Leistungserbringern vereinbart haben, erstattet. Die Kosten für eine Pflege durch im Haushalt des Erkrankten lebende oder tätige Personen werden nicht übernommen.

(2) Sofern eine anderweitige Unterbringung infolge der häuslichen Verhältnisse notwendig ist, werden die Kosten des niedrigsten

Satzes für die vorübergehende Aufnahme in einem öffentlichen oder freien gemeinnützigen Pflegeheim übernommen.

(3) Es können auch die Kosten für eine spezialisierte ambulante Palliativversorgung nach § 37b SGB V berücksichtigt werden.

§ 10 Familien- und Haushaltshilfe

Familien- und Haushaltshilfe wird unter der Voraussetzung gewährt, dass

1. die sonst den Haushalt allein oder überwiegend führende heilfürsorgeberechtigte Person wegen ihrer notwendigen außerhäuslichen Unterbringung den Haushalt nicht weiterführen kann,
2. im Haushalt mindestens ein Kind verbleibt, das das 15. Lebensjahr noch nicht vollendet hat und
3. keine andere im Haushalt lebende Person den Haushalt, gegebenenfalls auch an einzelnen Tagen, weiterführen kann.

Dies gilt auch für bis zu sieben, in ärztlich begründeten Fällen bis zu weiteren 14 Tagen nach Ende der außerhäuslichen Unterbringung. Anstelle der außerhäuslichen Unterbringung nach Satz 1 Nr. 1 kann auch eine langfristige häusliche Bettlägerigkeit, insbesondere bei Problemschwangerschaft, oder langfristige krankheitsbedingte Unfähigkeit zur Verrichtung der häuslichen Tätigkeiten Voraussetzung sein; in diesen Fällen wird die Familien- und Haushaltshilfe ab Beginn der vierten Woche gewährt, wenn mindestens ein Kind unter zwölf Jahren vorhanden ist. Werden anstelle der Beschäftigung einer Familien- und Haushaltshilfe Kinder unter zwölf Jahren in einem Heim oder in einem fremden Haushalt untergebracht, so sind die Aufwendungen hierfür bis zu den sonst notwendigen Kosten einer Familien- und Haushaltshilfe erstattungsfähig. Die Kosten für eine Unterbringung im Haushalt eines nahen Angehörigen sind mit Ausnahme der Fahrkosten nicht erstattungsfähig. Nahe Angehörige im Sinne dieser Vorschrift sind die in § 3 Abs. 5 LBG genannten Personen. Für Familien- und Haushaltshilfen werden höchstens die zwischen den Leistungserbringern und den Ersatzkassen vereinbarten Stundensätze beziehungsweise Höchstsätze erstattet. § 6 Abs. 1 Nr. 7 Buchstabe b BVO gilt entsprechend.

§ 11 Versorgung mit Arzneimitteln und Verbandmitteln

(1) Heilfürsorgeberechtigte haben Anspruch auf die Versorgung mit Verbandmitteln, Harn- und Blutteststreifen und nach dem Arzneimittelgesetz verkehrsfähigen apothekenpflichtigen Arzneimitteln, soweit diese nicht nach § 34 SGB V oder auf Grund von § 92 Abs. 1 Satz 2 Nr. 6 SGB V in der jeweils geltenden Fassung ausgeschlossen sind.

(2) Für von einer Heilpraktikerin oder einem Heilpraktiker verordnete oder verabreichte Arznei- oder Verbandmittel werden die Kosten übernommen, sofern sie auch bei einer ärztlichen oder zahnärztlichen Verordnung oder Verabreichung übernommen werden können.

(3) Für Arznei- oder Verbandsmittel, für die ein Festbetrag nach § 35 SGB V in der jeweils geltenden Fassung festgesetzt ist, werden die Kosten nur bis zu dieser Höhe übernommen.

§ 12 Hilfsmittel und Körperersatzstücke

(1) Heilfürsorgeberechtigte haben Anspruch auf die Versorgung mit ärztlich verordneten Hörhilfen, Körperersatzstücken, orthopädischen und anderen Hilfsmitteln, die im Einzelfall erforderlich sind, um den Erfolg der Krankenbehandlung zu sichern, einer drohenden Behinderung vorzubeugen oder eine Behinderung auszugleichen, soweit die Hilfsmittel nicht als allgemeine Gebrauchsgegenstände des täglichen Lebens anzusehen oder nach § 34 Abs. 4 SGB V ausgeschlossen sind. Der Anspruch umfasst auch die Ausbildung in ihrem Gebrauch sowie die notwendige Änderung, Instandsetzung und Ersatzbeschaffung. Aufwendungen für Batterien für Hörgeräte, für elektrischen Strom sowie für Pflege- und Reinigungsmittel werden nicht übernommen beziehungsweise erstattet. Hilfsmittel, die sich für eine Weiterverwendung eignen, können auch leihweise überlassen werden. Werden von der Heilfürsorgeberechtigten oder dem Heilfürsorgeberechtigten Hilfsmittel oder zusätzliche Leistungen ge-

wählt, die über das Maß des Notwendigen hinausgehen, sind die Mehrkosten und dadurch bedingte höhere Folgekosten selbst zu tragen. § 34 Abs. 4 und § 92 Abs. 1 Satz 2 Nr. 6 SGB V in der jeweils geltenden Fassung finden entsprechend Anwendung.

(2) Für Hilfsmittel, für welche nach § 36 SGB V Festbeträge festgesetzt sind, werden die Kosten nur bis zu dieser Höhe übernommen. Für Hilfsmittel, für die Preise nach § 127 Abs. 2 Satz 2 SGB V vereinbart wurden, werden die zwischen den Leistungserbringern und dem Verband der Ersatzkassen in Baden-Württemberg vereinbarten Kostensätze übernommen. Die Übernahme höherer Kosten ist bei Polizeivollzugsbeamtinnen und Polizeivollzugsbeamten nur nach vorheriger Genehmigung und zur Vermeidung einer sonst gegebenen Polizeidienstunfähigkeit möglich. Bei den Beamtinnen und Beamten des technischen Dienstes der Landesfeuerwehrschule, des Vollzugs- und Werkdienstes im Justizvollzug sowie des Abschiebungshaftvollzugsdienstes ist die Übernahme höherer Kosten nur nach vorheriger Genehmigung und zur Vermeidung einer sonst gegebenen Dienstunfähigkeit möglich.

(3) Heilfürsorgeberechtigte haben Anspruch auf Brillen und Brillengläser. Bei den Brillengläsern werden auch die Kosten der einfachen Entspiegelung übernommen. Kosten für Zweitbrillen werden nicht übernommen. Lichtschutzgläser, Kontaktlinsen und besondere Sehhilfen können nur bei Vorliegen einer medizinischen Indikation gewährt werden und bedürfen einer ärztlichen Verordnung. Absatz 2 Satz 1 gilt entsprechend.

(4) Für ärztlich verordnetes orthopädisches Schuhwerk werden die Mehrkosten gegenüber den Ausgaben für normales Schuhwerk gleicher Art übernommen.

§ 13 Heilmittel, Soziotherapie und digitale Gesundheitsanwendungen

(1) Heilfürsorgeberechtigte haben Anspruch auf die Versorgung mit ärztlich verordneten Heilmitteln. Zu den Heilmitteln gehören physikalische, logopädische, podologische und ergotherapeutische Maßnahmen. § 34 Abs. 4 und § 92 Abs. 1 Satz 2 Nr. 6 SGB V in der jeweils geltenden Fassung finden entsprechend Anwendung.

(2) Heilmittel sind soweit möglich am Wohn- oder Dienstort oder in seiner unmittelbaren Umgebung in Anspruch zu nehmen; ansonsten sind die Mehrkosten selbst zu tragen.

(3) Heilfürsorgeberechtigte haben weiterhin Anspruch auf von Ärztinnen oder Ärzten schriftlich verordnete ambulante Soziotherapie bis zu 120 Stunden innerhalb von drei Jahren, wenn die Person wegen schwerer psychischer Erkrankung nicht in der Lage ist, ärztliche, ärztlich verordnete oder psychotherapeutische Leistungen selbstständig in Anspruch zu nehmen und soweit dadurch Aufwendungen nach Absatz 1 und den §§ 4 bis 12 erspart werden. § 37a Abs. 1 Satz 2 SGB V in der jeweils geltenden Fassung findet entsprechend Anwendung.

(4) Die Kosten einer digitalen Gesundheitsanwendung können nach schriftlicher Verordnung einer Ärztin, eines Arztes, einer Psychotherapeutin oder eines Psychotherapeuten übernommen werden. Dies gilt nur für die in das Verzeichnis nach § 33a Absatz 1 Satz 2 Nummer 1 SGB V aufgenommenen digitalen Gesundheitsanwendungen, entsprechend der dort genannten Maßgaben, Diagnosen und Voraussetzungen sowie Nutzungs- und Anwendungsdauer und in Höhe der Kosten für die Standardversion, sofern nicht ärztlicherseits die Notwendigkeit einer erweiterten Version schriftlich begründet wurde und für Zubehör, soweit es für die Nutzung der Software zwingend erforderlich ist und im Übrigen nicht den allgemeinen Lebenshaltungskosten zuzurechnen ist wie zum Beispiel Kopfhörer, digitale Waagen. Nicht übernommen werden die Kosten für das zur Nutzung der digitalen Gesundheitsanwendung erforderliche Endgerät einschließlich der Kosten für die mobile Anbindung und den mobilen Betrieb und für Zweit- oder Mehrfachbeschaffungen zur Nutzung auf verschiedenen Endgeräten; dies gilt auch für den Fall, dass eine teurere Version der digitalen Gesundheitsanwendung Lizenzen für die Nutzung auf mehreren Endgeräten beinhaltet.

§ 14 Leistungen zur medizinischen Rehabilitation

(1) Leistungen zur medizinischen Rehabilitation werden gewährt, soweit sie aus medizinischen Gründen zur Wiederherstellung der Gesundheit erforderlich sind. Sie bedürfen der vorherigen Genehmigung. Genehmigungen zu Leistungen nach Absatz 3 erteilt bei heilfürsorgeberechtigten Beamtinnen und Beamten des Landes die zuständige Polizeiärztin oder der zuständige Polizeiarzt im Auftrag der Heilfürsorgestelle. Widersprüche gegen die Entscheidungen des Polizeiarztes sind an die Heilfürsorgestelle zu richten.

(2) Ambulante Rehabilitationsleistungen werden wohnortnah in Rehabilitationseinrichtungen, für die ein Versorgungsvertrag nach § 111 SGB V besteht und die auch ambulante Rehabilitationsleistungen erbringen, sowie in ambulant tätigen Einrichtungen, die mit den Sozialversicherungsträgern einen Vertrag über die bedarfsgerechte, leistungsfähige und wirtschaftliche Versorgung der Versicherten mit medizinischen Leistungen ambulanter Rehabilitation abgeschlossen haben, erbracht. § 92 Abs. 1 Satz 2 Nr. 8 SGB V gilt entsprechend.

(3) Stationäre Leistungen zur medizinischen Rehabilitation werden in der Regel in Einrichtungen nach § 107 Abs. 2 SGB V durchgeführt; sie sollen für längstens drei Wochen erbracht werden, es sei denn, eine Verlängerung der Leistung ist aus medizinischen Gründen dringend erforderlich. Es werden die von der Einrichtung mit den Sozialversicherungsträgern vereinbarten Entgelte übernommen. Sofern die Versorgung unterhaltsbedürftiger, nicht behandlungsbedürftiger Kinder unter zwölf Jahren nicht nach § 10 gewährleistet ist und sie deshalb in die Einrichtung mitgenommen werden müssen, werden die Kosten für ihre Unterbringung mitübernommen.

(4) Ambulante Heilverfahren (Heilkuren) werden gewährt, soweit sie aus medizinischen Gründen zur Wiederherstellung der Dienstfähigkeit nach einer schweren Erkrankung oder zur Erhaltung der Dienstfähigkeit bei einem erheblichen chronischen Leiden notwendig sind und nicht durch andere Maßnahmen mit gleicher Erfolgsaussicht, insbesondere nicht durch eine andere Behandlung am Wohnort oder in der nächsten Umgebung ersetzt werden können und weder in den laufenden noch in den beiden vorausgegangenen Kalenderjahren bereits ein Heilverfahren durchgeführt wurde. Sie bedürfen der vorherigen Genehmigung. Sofern die Kurärztin oder der Kurarzt nicht bereit ist, die Arztkosten entsprechend dem Vertrag mit der zuständigen Kassenärztlichen Vereinigung abzurechnen, werden diese Kosten nach Maßgabe der §§ 3 bis 14 GOÄ übernommen. Außerdem werden die Kosten für die ärztlich verordneten Anwendungen und Heilmittel sowie für den vorzulegenden ärztlichen Schlussbericht übernommen.

(5) Heilverfahren zur Erhaltung der Gesundheit (Vorsorgekuren) werden gewährt

1. Beamtinnen und Beamten des fliegenden Personals der Polizeihubschrauberstaffel, die das 35. Lebensjahr vollendet haben und die jährlich an einer flugmedizinischen Tauglichkeitsuntersuchung teilnehmen müssen;

2. Beamtinnen und Beamten des Wechselschichtdienstes, die das 40. Lebensjahr vollendet und die mindestens zwei Jahre lang in vollem Umfang durchgehenden Wechselschichtdienst geleistet haben und bei denen funktionelle Störungen der Gesundheit vorliegen;

3. Beamtinnen und Beamten des Stammpersonals der operativen Einsatzeinheiten des Polizeipräsidiums Einsatz, die auf Anforderung des Bundes oder anderer Bundesländer regelmäßig im gesamten Bundesgebiet eingesetzt werden, die das 45. Lebensjahr vollendet und die mindestens drei Jahre lang in vollem Umfang durchgehenden operativen Einsatzdienst geleistet haben und bei denen funktionelle Störungen der Gesundheit vorliegen.

Vorsorgekuren bedürfen der vorherigen Genehmigung. Diese erteilt bei heilfürsorgeberechtigten Beamtinnen und Beamten des Landes die zuständige Polizeiärztin oder der zuständige Polizeiarzt im Auftrag der Heilfürsorgestelle. Absatz 1 Satz 4 und Absatz 3 Satz 1 2. Halbsatz gelten entsprechend. Mutter- beziehungsweise Vater-Kind-Kuren in Form von Vorsorgekuren werden nicht gewährt. Mit der Wiederholung der Vorsorgekuren kann frühestens nach Ablauf von drei Jahren begonnen werden. Leistungen nach Absatz 2 bis 4 führen zum Neubeginn der Wartezeit.

(6) Rehabilitationssport und Funktionstraining können nach § 43 Abs. 1 Satz 1 SGB V als ergänzende Leistungen zur Rehabilitation gewährt werden. Die Rahmenvereinbarungen der Sozialversicherungsträger über den Rehabilitationssport und das Funktionstraining in der jeweils geltenden Fassung finden entsprechend Anwendung. Es werden die zwischen den Leistungserbringern und den Ersatzkassen vereinbarten Sätze erstattet.

§ 15 Vorbeugende Maßnahmen

Als vorbeugende Maßnahmen werden gewährt:

1. Schutzimpfungen; § 20i SGB V gilt entsprechend,
2. ärztliche Früherkennungsuntersuchungen; § 25 SGB V gilt entsprechend,
3. Mutterschaftsvorsorge; §§ 24c bis 24 i SGB V gelten entsprechend,
4. polizeiärztliche Betreuung zur Erkennung, Verhütung, Minderung oder Beseitigung von Gefahren oder Schäden, die sich aus dem Dienstablauf oder der besonderen Art der dienstlichen Verwendung der Polizeivollzugsbeamtin oder des Polizeivollzugsbeamten ergeben können und
5. besondere Vorsorgeleistungen, Beratung über Fragen der Empfängnisregelung, Leistung bei krankheitsbedingter Sterilisation sowie bei nicht rechtswidrigem Schwangerschaftsabbruch; § 24a Abs. 1 und § 24b SGB V, ausgenommen der Anspruch auf Krankengeld, gelten entsprechend.

§ 16 Fahr- und Transportkosten

(1) Den Heilfürsorgeberechtigten werden bei

1. ambulanter ärztlicher oder zahnärztlicher Beratung, Untersuchung oder Behandlung,
2. Unterbringung in einer Einrichtung nach § 8,
3. Anwendung von Heilmitteln und Soziotherapie nach § 13 und
4. Durchführung einer genehmigten Rehabilitationsmaßnahme nach § 14

die 10 Euro je einfache Fahrt übersteigenden Fahrkosten erstattet.

(2) Anerkannt werden folgende notwendige Kosten:

1. bei Nutzung eines öffentlichen Verkehrsmittels der Fahrpreis der niedrigsten Klasse unter Ausschöpfung der Fahrpreisermäßigung;
2. für einen in Anspruch genommenen Gepäcktransport, wenn auf Grund der Art der Erkrankung ein eigenständiger Transport nicht zumutbar ist;
3. bei Benutzung eines privaten Kraftfahrzeugs höchstens der in § 5 Absatz 1 Satz 2 des Gesetzes zur Neufassung des Landesreisekostengesetzes genannte Betrag;
4. für einen Kranken- oder Rettungstransport sowie für eine Krankenfahrt die zwischen den Leistungserbringern und den Ersatzkassen jeweils vereinbarten Höchstsätze.

Die Krankentransport-Richtlinien des Gemeinsamen Bundesausschusses in der jüngsten auf der Internetseite des Gemeinsamen Bundesausschusses veröffentlichten Fassung finden entsprechende Anwendung.

(3) Mehrkosten für eine erforderliche Begleitung werden übernommen, wenn die behandelnde Ärztin oder der behandelnde Arzt die Notwendigkeit bescheinigt.

(4) Wird ohne zwingenden Grund eine andere als die nächsterreichbare Ärztin oder Zahnärztin oder ein anderer als der nächsterreichbare Arzt oder Zahnarzt oder ein anderes als das nächsterreichbare Krankenhaus in Anspruch genommen, so werden hierdurch entstehende Mehrkosten nicht erstattet.

§ 17 Leistungen außerhalb des Landes

(1) Wird Heilfürsorge in einem anderen Bundesland notwendig, werden die Kosten in Höhe

der für die Ersatzkassen des betreffenden Bundeslandes geltenden Sätze übernommen.

(2) Bei Erkrankungen im Ausland während eines dienstlichen Aufenthalts auf Grund einer Zuweisung des Landes nach § 20 des Beamtenstatusgesetzes, nach einer Ausbildungs- und Prüfungsordnung beziehungsweise einer Studienordnung oder zur Erledigung eines Auftrags des Landes werden die Kosten einer notwendigen Behandlung einschließlich der Kosten für ärztlich verordnete Arznei-, Verband-, Heil- und Hilfsmittel gegen Vorlage einer spezifizierten Rechnung erstattet. Dies gilt entsprechend für die Kosten einer ärztlich verordneten Rückführung an den Wohn- oder Dienstort oder die Verlegung in ein inländisches Krankenhaus.

(3) Bei Erkrankungen im Ausland während sonstiger Auslandsaufenthalte werden die Kosten einer notwendigen Behandlung innerhalb der Europäischen Union, des Geltungsbereichs des Abkommens über den Europäischen Wirtschaftsraum, in dem Vereinigten Königreich Großbritannien und Nordirland und der Schweiz und die Kosten einer notwendigen und unaufschiebbaren Behandlung im restlichen Ausland bis zu der Höhe der Heilfürsorge erstattet, wie sie bei einer Erkrankung am Dienst- oder Wohnort im Inland und Inanspruchnahme an der vertragsärztlichen Versorgung teilnehmender Ärztinnen oder Ärzte, Zahnärztinnen oder Zahnärzte oder Krankenhäuser der Regelversorgung entstanden wären. Die Kosten für ärztlich verordnete Arznei-, Verband-, Heil- und Hilfsmittel werden gegen Vorlage einer spezifizierten Rechnung erstattet. Rückführungskosten an den Wohn- oder Dienstort oder die Verlegung in ein inländisches Krankenhaus werden nicht erstattet. Die Kosten einer notwendigen und unaufschiebbaren Behandlung werden in voller Höhe erstattet.

(4) Bei der Behandlung von Erkrankungen im Ausland werden die Kosten einer notwendigen Behandlung innerhalb der Europäischen Union, des Geltungsbereichs des Abkommens über den Europäischen Wirtschaftsraum, in dem Vereinigten Königreich Großbritannien und Nordirland und der Schweiz bis zu der Höhe von der Heilfürsorge erstattet, wie sie bei einer Erkrankung am Dienst- oder Wohnort im Inland und Inanspruchnahme an der vertragsärztlichen Versorgung teilnehmender Ärztinnen oder Ärzte, Zahnärztinnen oder Zahnärzte oder Krankenhäuser der Regelversorgung entstanden wären. Eine in diesem Zusammenhang notwendige, planbare, stationäre Behandlung bedarf der vorherigen Genehmigung. § 13 Abs. 5 Satz 2 SGB V in der jeweils geltenden Fassung findet entsprechend Anwendung. Absatz 3 Satz 2 und 3 gelten entsprechend. Die Kosten einer notwendigen und unaufschiebbaren Behandlung werden in voller Höhe erstattet.

(5) Bei der Behandlung von Erkrankungen außerhalb der Europäischen Union, des Geltungsbereichs des Abkommens über den Europäischen Wirtschaftsraum, in dem Vereinigten Königreich Großbritannien und Nordirland und der Schweiz sowie in Fällen, in denen eine dem allgemein anerkannten Stand der medizinischen Erkenntnisse entsprechende Behandlung nur im Ausland möglich ist, können die Kosten einer notwendigen Behandlung in angemessener Höhe erstattet werden, wenn zuvor eine Genehmigung eingeholt wurde. Absatz 3 Satz 2 und 3 gelten entsprechend.

(6) Soweit ein Beleg inhaltlich nicht den im Inland geltenden Anforderungen entspricht und der Heilfürsorgeberechtigte die für die Beurteilung der Voraussetzungen nach den Absätzen 2 bis 5 benötigten Angaben nicht beibringen kann, hat die Heilfürsorgestelle nach billigem Ermessen zu entscheiden, wenn der Heilfürsorgeberechtigte mindestens eine Beschreibung des Krankheitsbildes und der ungefähr erbrachten Leistungen, auf Anforderung auch eine Übersetzung der Belege vorlegt. Kosten für eine erforderliche Übersetzung der Belege werden mit Ausnahme von dienstlich veranlassten Auslandsaufenthalten nicht erstattet. Kosten bis zu 1000 EUR werden ohne Kostenvergleich nach Absatz 3 Satz 1 und Absatz 4 Satz 1 erstattet.

§ 18 Zuständigkeit

Soweit vorstehend nichts anderes bestimmt ist, ist für Erteilung der erforderlichen Genehmigungen sowie für die Versagung der Heilfürsorge und das Kostenerstattungs- und das Kostenbeteiligungsverfahren die Heilfürsorgestelle beim Landesamt für Besoldung und Versorgung Baden-Württemberg zuständig. Die Heilfürsorgestelle ist außerdem für alle das Abrechnungsverfahren betreffenden Regelungen zuständig. Werden in diesem Zusammenhang Ansprüche der Heilfürsorgeberechtigten berührt oder ergeben sich Auswirkungen auf den Haushalt des Innenministeriums oder des Justizministeriums, bedarf es des Einvernehmens des jeweiligen Ministeriums.

Zweiter Teil
Heilfürsorge für Beamte des Einsatzdienstes der Feuerwehr

§ 19

(1) Die Beamtinnen und Beamten des Einsatzdienstes der Feuerwehr erhalten Heilfürsorge nach Maßgabe der §§ 1, 2, 4 und 6 bis 17 dieser Verordnung, soweit in den nachfolgenden Absätzen nichts Abweichendes bestimmt ist. Die Kosten trägt der jeweilige Dienstherr.

(2) Soweit Genehmigungen erforderlich sind, erteilt diese der Dienstherr oder eine von ihm beauftragte Stelle. Erforderliche Gutachten sind von einer oder einem durch den Dienstherrn beauftragten Ärztin oder Arzt zu erstellen.

(3) Die zur Sicherstellung der medizinischen Versorgung erforderlichen Verträge mit Dritten sind von dem jeweiligen Dienstherrn abzuschließen.

(4) Die am 26. April 1979 bestehenden Regelungen der Gemeinden über die Gewährung von Heilfürsorge nach den §§ 141 und 150 des Landesbeamtengesetzes in der vor dem 1. Januar 2011 geltenden Fassung an Beamte des Einsatzdienstes der Feuerwehr werden durch diese Verordnung nicht berührt. Dies gilt entsprechend für Neuregelungen nach § 79 Abs. 4 LBG. Neben Leistungen nach diesen Regelungen wird Heilfürsorge nach dieser Verordnung nicht gewährt, es sei denn, in diesen Regelungen werden bestimmte Leistungen für entsprechend anwendbar erklärt.

Dritter Teil
Übergangs- und Schlussbestimmungen

§ 20 Inkrafttreten, Übergangsbestimmung

(1) Diese Verordnung tritt mit Wirkung vom 1. Januar 2011 in Kraft. Gleichzeitig tritt die Heilfürsorgeverordnung vom 21. April 1998 (GBl. S. 281), zuletzt geändert durch Artikel 57 des Gesetzes vom 9. November 2010 (GBl. S. 793, 983), außer Kraft.

(2) Für die vor dem Inkrafttreten dieser Verordnung entstandenen Aufwendungen beziehungsweise erteilten Genehmigungen sind die bisher geltenden Vorschriften anzuwenden.

Verwaltungsvorschrift des Finanzministeriums über die Gewährung von Gehaltsvorschüssen (Vorschussrichtlinien – VR)

Vom 28. Januar 2008 (GABl. S. 84, 211)

1 Begriff, Geltungsbereich, Grundvoraussetzungen

Beamten und Arbeitnehmern mit Bezügen höchstens aus Besoldungsgruppe A10/Entgeltgruppe 9/KR 9d TV-L oder einer vergleichbaren Einstufung nach anderen Entgeltordnungen oder Eingruppierungsrichtlinien, die durch besondere Umstände ungewöhnlicher Art zu unabwendbaren Ausgaben genötigt sind, die sie aus den laufenden Bezügen nicht bestreiten können, können auf Antrag unverzinsliche Gehaltsvorschüsse nach Maßgabe der folgenden Bestimmungen gewährt werden. Die Vorschüsse sind freiwillige Leistungen. Ein Rechtsanspruch hierauf besteht nicht.

Von den Vorschussrichtlinien unberührt bleiben:

– die Hinweise zu § 98 der Verwaltungsvorschrift des Innenministeriums zur Durchführung des Landesbeamtengesetzes,
– § 47 der Gerichtsvollzieherordnung.

2 Antragsgründe

2.1 Besondere Umstände im Sinne der Nummer 1 sind nur

2.1.1 Wohnungswechsel aus zwingendem Anlass hinsichtlich der Kosten, die bei einem Umzug mit Zusage der Umzugskostenvergütung nach den §§ 4 bis 7 und 10 Landesumzugskostengesetz dem Grunde nach erstattungsfähig sind,

2.1.2 Beschaffung oder Ersatzbeschaffung von neuen oder neuwertigen Kraftfahrzeugen, die förmlich zum Dienstreiseverkehr zugelassen sind oder werden; als neuwertig gilt ein Kraftfahrzeug dann noch, wenn es eine Fahrleistung von nicht mehr als 20 000 km aufweist und wenn seine Erstzulassung nicht länger als ein Jahr zurückliegt.

Abweichend davon können Gerichtsvollzieher einen Vorschuss zur Beschaffung eines privateigenen Kraftfahrzeugs auch dann erhalten, wenn das regelmäßig zum Dienstreiseverkehr benutzte Fahrzeug dazu nicht förmlich zugelassen wird.

2.1.3 Beschaffung oder Ersatzbeschaffung von Kraftfahrzeugen durch Bedienstete, die wegen einer körperlichen Behinderung für das Zurücklegen eines Weges zwischen Wohnung und Arbeitsstätte auf ein eigenes Kraftfahrzeug angewiesen sind,

2.1.4 Beschaffung von Hausrat aus Anlass der erstmaligen Gründung eines eigenen Hausstandes,

2.1.5 Beschaffung von Hausrat aus Anlass der eigenen Eheschließung, sofern nicht bereits ein Vorschuss gemäß Nummer 2.1.4 gewährt wurde; Aufwendungen, die später als sechs Monate nach der Eheschließung getätigt werden, sind nicht berücksichtigungsfähig,

2.1.6 Ausstattung (§ 1624 BGB) von Kindern im Sinne des Bundeskindergeldgesetzes mit Ausnahme der Geschwister,

2.1.7 ungedeckter Verlust von Hausrat und Bekleidungsstücken durch Diebstahl, Brand oder Wasserschaden,

2.1.8 notwendige Ergänzungsbeschaffung von Möbeln, die im Zusammenhang mit dem Umzug in eine größere Wohnung erforderlich wird, bei Familien mit mindestens drei Kindern, für die Kindergeld zusteht oder zustehen würde,

2.1.9 Aufwendungen bei einem Krankheits-, Geburts- oder Todesfall, wenn durch Gewährung einer Beihilfe, Abschlagszahlung auf eine zu erwartende Beihilfe, Unterstützung oder durch Leistungen einer Versicherung u. ä. nicht, nicht rechtzeitig oder nicht ausreichend geholfen wird; die Antragsbeschränkung nach § 17 Abs. 2 der Beihilfeverordnung rechtfertigt eine Vorschussgewährung nicht.

3 Sicherung des Vorschusses

3.1 Ein Vorschuss darf nur bewilligt werden, wenn seine Rückzahlung in der vorgegebenen Zeit sichergestellt ist.

Die Bewilligung ist deshalb nur zulässig, wenn ein nachhaltiger Anspruch auf laufende Bezüge besteht und der Vorschuss zu keiner untragbaren Verschuldung führt. Arbeitnehmer müssen die Probezeit abgeleistet haben und in einem ungekündigten Arbeitsverhältnis stehen. Arbeitnehmer im Falle der Nummer 2.1.2 können auch schon während der Probezeit einen Vorschuss erhalten.

3.2 Nicht ausreichend gesichert und deshalb nicht zulässig ist ein Vorschuss an

3.2.1 Bedienstete, die keinen Rechtsanspruch auf Dienstbezüge, Anwärterbezüge, Entgelt, Krankenbezüge oder Mutterschaftsgeld haben,

3.2.2 Beamte auf Widerruf im Vorbereitungsdienst, wenn der Vorschuss nicht bis zum Ablauf der Ausbildung getilgt werden kann,

3.2.3 befristet oder nur für die Dauer gewisser Arbeiten eingestellte Kräfte, wenn der Vorschuss nicht bis zum Ende des Dienst- oder Arbeitsverhältnisses getilgt werden kann.

3.3 Die Bediensteten haben vor der Auszahlung des Vorschusses ihr schriftliches Einverständnis zu erteilen, dass Vorschussreste, die im Zeitpunkt eines etwaigen Ausscheidens aus dem Landesdienst noch bestehen, durch Einbehaltung von den letzten Bezügen abgedeckt werden.

Bei verheirateten Bediensteten hat sich auch der Ehegatte schriftlich zur vereinbarungsgemäßen Rückzahlung des Vorschusses zu verpflichten.

4 Bemessung

4.1 Der Vorschuss darf höchstens 2600 Euro betragen. Dies gilt auch bei gleichzeitiger Vorschussgewährung aus verschiedenen Anlässen.

4.2 Für die Ersatzbeschaffung eines privateigenen Kraftfahrzeugs, für das bereits ein Vorschuss gewährt wurde, kann ein erneuter Vorschuss erst nach fünf Betriebsjahren oder einer Fahrleistung von mindestens 130 000 km oder einem Totalschaden gewährt werden. Ein Totalschaden ist anzunehmen, wenn das Kraftfahrzeug durch plötzliche äußere Einwirkung so schwer beschädigt wird, dass entweder eine völlige Instandsetzung nicht mehr möglich ist oder aber die Reparaturkosten den Zeitwert des Kraftfahrzeugs übersteigen. Ausfälle, die lediglich durch Verschleißerscheinungen verursacht werden, können eine vorzeitige erneute Vorschussgewährung nicht rechtfertigen.

4.3 Gehören beide Ehegatten zum anspruchsberechtigten Personenkreis, so kann aus demselben Anlass nur ein Vorschuss bewilligt werden; der andere Ehegatte hat auf dem Vorschussantrag zu bestätigen, dass er aus diesem Anlass einen eigenen Vorschussantrag nicht gestellt hat und auch nicht stellen wird.

5 Tilgung

5.1 Die Tilgung des Vorschusses beginnt mit dem übernächsten des auf die Auszahlung des Vorschusses folgenden Zahlungstages für die Bezüge.

5.2 Die Tilgung erfolgt in höchstens 24 gleichen Monatsraten. Scheidet der Vorschussnehmer früher aus dem Landesdienst aus, so sind die Tilgungsraten entsprechend höher zu bemessen. Bei vorzeitigem Ausscheiden aus dem Landesdienst ist der Rest des Vorschusses in einer Summe zurückzuzahlen. Soweit der Vorschuss zu Leistungen verwendet wird, für die der Vorschussnehmer in der Folge Ersatz von anderer Seite erhält, ist dieser über die laufende Tilgung hinaus zur Abdeckung des Vorschusses zu verwenden.

5.3 Lassen besondere Umstände die Tilgung eines Vorschusses in geringeren als den bei der Gewährung des Vorschusses vorgesehenen Tilgungsraten begründet erscheinen, so kann die Bewilligungsstelle den monatlichen Tilgungsbetrag äußerstenfalls für die Dauer von sechs Monaten bis zur Hälfte ermäßigen oder die Tilgung für die Dauer von drei Monaten aussetzen.

5.4 Sollte vor vollständiger Tilgung eines Vorschusses ein weiterer Vorschuss gewährt werden, so ist der Rest des ersten Vorschusses unter Beachtung des Höchstbetrages von 2600 Euro mit dem neuen Vorschuss zusammenzulegen und die monatliche Tilgungsrate neu festzusetzen.

5.5 Für die Dauer der Beurlaubung zur Ableistung des Grundwehrdienstes oder des Zivildienstes wird die Tilgung ausgesetzt.

6 Zuständigkeit

6.1 Zuständig für die Gewährung und Tilgung von Vorschüssen ist die Stelle, die für die Festsetzung der Bezüge zuständig ist. Die obersten Dienstbehörden können eine abweichende Zuständigkeit bestimmen, wenn für die Bezügefestsetzung nicht das Landesamt für Besoldung und Versorgung zuständig ist.

6.2 Ausnahmen von den Vorschussrichtlinien bedürfen der Zustimmung des Finanzministeriums.

7 Inkrafttreten

7.1 Die Vorschussrichtlinien treten mit Wirkung vom 1. Januar 2008 in Kraft. Zum 31. Dezember 2007 traten außer Kraft die Richtlinien des Finanzministeriums für die Gewährung von Vorschüssen in besonderen Fällen vom 22. September 1993, zuletzt geändert und in Kraft gesetzt mit Verwaltungsvorschrift vom 25. September 2000 (GABl. S. 340).

Verwaltungsvorschrift des Finanzministeriums über die Neufassung der Unterstützungsgrundsätze (UGr)

Vom 7. September 2006 (GABl. S. 431)

Nr. 1 Allgemeines

(1) Unterstützungen nach diesen Vorschriften sind Geldzuwendungen aus Gründen der Fürsorge und Hilfsbedürftigkeit; ein Anspruch darauf besteht nicht. Die Gewährung von einmaligen und laufenden Unterstützungen setzt voraus, dass die antragstellende Person unverschuldet in eine außerordentliche wirtschaftliche Notlage geraten ist, aus der sie sich weder aus eigener Kraft, mit Hilfe von Angehörigen noch durch Inanspruchnahme von Leistungen nach anderen Vorschriften zu befreien vermag.

(2) Die Gewährung von Unterstützungen für Zwecke, für die im Haushalt besondere Mittel bereitgestellt sind, ist unzulässig. Die Unterstützungen dürfen nicht über Absatz 1 hinausgehend zu einer Umgehung von Beschränkungen führen, die für die Verwendung öffentlicher Mittel festgelegt sind.

(3) Die Anträge auf Unterstützungen sind schriftlich zu stellen; sie sind vertraulich zu behandeln (§§ 113 ff. LBG).

(4) Die Auszahlung kann auch an den Ehegatten, ein volljähriges Kind, den Betreuer, eine andere Vertrauensperson oder an einen Gläubiger angeordnet werden, wenn sonst die vorgesehene Verwendung der Unterstützung nicht hinreichend gesichert erscheint.

Nr. 2 Einmalige Unterstützungen

(1) Einmalige Unterstützungen können gewährt werden:

1. a) Beamtinnen und Beamten, Richterinnen und Richtern des Landes,
   b) Personen, die in einem Ausbildungsverhältnis zum Land stehen,
   c) Arbeitnehmerinnen und Arbeitnehmern des Landes;

2. a) Versorgungsempfängern des Landes. Versorgungsempfänger sind auch Personen, denen Versorgungsbezüge wegen Anwendung von Kürzungs-, Ruhens- oder Anrechnungsvorschriften nicht gezahlt werden,
   b) früheren Beamtinnen und Beamten, Richterinnen und Richtern des Landes, die wegen mangelnder gesundheitlicher Eignung, wegen Dienstunfähigkeit oder wegen Erreichens der Altersgrenze entlassen worden sind,
   c) früheren Arbeitnehmerinnen und Arbeitnehmern des Landes, die wegen verminderter Erwerbsfähigkeit oder wegen Bezugs einer Rente wegen Alters aus der gesetzlichen Rentenversicherung oder wegen Erreichens der Altersgrenze ausgeschieden sind,

3. a) Witwen und Witwern der unter Ziff. 1 und 2 genannten Personen,
   b) Vollwaisen und Halbwaisen der unter Ziff. 1 und 2 genannten Personen bis zur Vollendung des 18. Lebensjahres, darüber hinaus nur so lange die Voraussetzungen für einen Anspruch auf Kindergeld vorliegen,
   c) in besonderen Fällen geschiedenen und nicht wiederverheirateten Ehegatten der unter Ziff. 1a, c und Ziff. 2 genannten Personen nach deren Tode.

(2) Einmalige Unterstützungen können grundsätzlich nur bis zur Höhe von 2000,– Euro für den einzelnen Empfänger bewilligt werden.

(3) Zu regelmäßig wiederkehrenden Aufwendungen, die aus den laufenden Bezügen zu bestreiten sind, sollen keine einmaligen Unterstützungen gewährt werden.

(4) Der Bezug einer laufenden Unterstützung schließt die Gewährung einmaliger Unterstützungen nicht aus.

Nr. 3 Laufende Unterstützungen

(1) Sofern keine laufende Besoldung oder kein laufendes Entgelt aus einem Dienst- oder Beschäftigungsverhältnis zum Land, Versorgungsbezüge nach dem Beamtenversorgungsgesetz oder entsprechenden Vorschriften, Renten in Anlehnung an Regelungen des Beamtenversorgungsgesetzes, Ruhelohn oder Leistungen aus Zusatzversorgungseinrichtungen des öffentlichen Dienstes gezahlt werden, können laufende Unterstützungen gewährt werden an die in Nummer 2 Ziff. 1 genannten Personen. Gleiches gilt für die unter Nr. 2 Ziff. 2 und 3 genannten Personen unter der weiteren Voraussetzung, dass sie oder der Verstorbene mindestens zehn Jahre im öffentlichen Dienst tätig gewesen sind. Teilzeitbeschäftigung mit weniger als 65 v. H. der regelmäßigen wöchentlichen Arbeitszeit sind auf Vollbeschäftigungszeit umzurechnen.

(2) Eine laufende Unterstützung darf nicht bewilligt werden, soweit die Antragsteller in der Lage sind, den eigenen Lebensunterhalt selbst zu erwerben, soweit ausreichendes eigenes Vermögen vorhanden ist oder gesetzlich zum Unterhalt Verpflichtete hinreichend für sie sorgen können. Leistungen aus der gesetzlichen Rentenversicherung, aus anderen als den in Absatz 1 genannten Versorgungseinrichtungen (z. B. Zusatzrenten, Betriebsrenten, Zahlungen aus Lebensversicherungen), sowie Leistungen nach dem Bundesversorgungsgesetz und nach dem Bundessozialhilfegesetz sind bei Prüfung der Unterstützungsbedürftigkeit zu berücksichtigen. Laufende Unterstützungen dienen der Aufstockung solcher Einnahmen.

(3) Laufende Unterstützungen dürfen bis zum Höchstsatz von 250,– Euro monatlich gewährt werden. Für Waisen beträgt der Höchstsatz 100,– Euro.

(4) Laufende Unterstützungen können im Rahmen des Höchstsatzes des Absatzes 3 nur insoweit bewilligt werden, als die Einnahmen der Antragsberechtigten aus privaten und öffentlichen Mitteln hinter dem Betrag der Mindestversorgungsbezüge (§§ 14 Abs. 1 Satz 3 und 4, 20 Abs. 1 Satz 3 und 24 Abs. 1 Satz 3 BeamtVG), ggf. zuzüglich der Beträge nach § 50 Abs. 1 und 3 BeamtVG oder etwa zustehender Kindergeldbeträge zurückbleiben. Die Einnahmen sind mindestens in Höhe der doppelten Regelsätze nach dem Sozialgesetzbuch XII anzunehmen, auch wenn sie geringer sind.

(5) Bei der Feststellung der Einnahmen bleiben außer Ansatz:

a) Grundrenten nach § 31 des Bundesversorgungsgesetzes oder andere entsprechende Einnahmen einer verletzten, in der Erwerbsfähigkeit beeinträchtigten Person bis zur Höhe des Betrages, der nach dem Bundesversorgungsgesetz bei gleicher Minderung der Erwerbsfähigkeit als Grundrente gewährt werden würde,

b) Zuwendungen, die zur Abgeltung eines bestimmten Aufwandes vorgesehen sind (z. B. Pflegegeld, Ersatz der Kosten für Kleider- und Wäscheverschleiß u. Ä.).

Nr. 4 Verfahren bei laufenden Unterstützungen

(1) Laufende Unterstützungen dürfen nur unter Vorbehalt jederzeitigen Widerrufs und für jeweils höchstens fünf Jahre, versehen mit einer auflösenden Bedingung für den Fall einer Anrechnung der Unterstützung auf andere Einnahmen, bewilligt werden. Sie sind in monatlichen Teilbeträgen im Voraus zu zahlen.

(2) Bei der Bewilligung einer laufenden Unterstützung ist dem Antragsteller aufzugeben, jede Änderung seiner wirtschaftlichen Verhältnisse, insbesondere eine Minderung seiner Einnahmen durch Anrechnung der Unterstützung auf andere Leistungen, der Bewilligungsstelle unverzüglich anzuzeigen. Die Empfänger einer laufenden Unterstützung haben spätestens jeweils nach Ablauf von zwei Jahren eine Erklärung über ihre wirtschaftlichen Verhältnisse abzugeben.

(3) Falls die Voraussetzungen für die Bewilligung nicht mehr gegeben sind oder sonstige besondere Gründe dies rechtfertigen, ist die laufende Unterstützung zu widerrufen. Für den Widerruf ist die jeweilige Bewilligungsstelle zuständig. Im Übrigen fällt die Unter-

stützung weg mit Ablauf des Monats, in dem der Empfänger verstorben ist, oder mit dem Wirksamwerden der auflösenden Bedingung nach Absatz 1 Satz 1.

Nr. 5 Zuständigkeit

(1) Über Anträge von Bediensteten einer obersten Dienstbehörde auf Gewährung einer einmaligen Unterstützung (Nr. 2 Abs. 1 Ziff. 1) entscheidet die oberste Dienstbehörde; die dieser unmittelbar nachgeordnete oder von ihr ermächtigte Behörde entscheidet über die Anträge der Bediensteten ihres Geschäftsbereichs. Über Anträge früherer Bediensteter oder Hinterbliebener auf Gewährung einer einmaligen oder laufenden Unterstützung entscheidet die für die Gewährung beamtenrechtlicher Versorgungsbezüge zuständige Behörde.

(2) Die Zuständigkeit des Landesamts für Besoldung und Versorgung Baden-Württemberg richtet sich nach den aufgrund von § 3 Abs. 1 des Gesetzes über die Errichtung des Landesamts vom 2. Februar 1971 (GBl. S. 21) erlassenen Rechtsverordnungen. Das Landesamt gewährt weiterhin Billigkeitsleistungen an Beamte, Richter, Arbeitnehmer und Versorgungsempfänger, die sich infolge Krankheit in einer besonderen Notsituation befinden, aus Kapitel 1210 Titel 443 03 des Staatshaushaltsplans.

Nr. 6 Schlussbestimmungen, Inkrafttreten

(1) Unterstützungen dürfen nur im Rahmen der bereitgestellten Haushaltmittel gewährt werden.

(2) Diese Unterstützungsgrundsätze treten am ersten Tag des Monats, der auf die Bekanntgabe im Gemeinsamen Amtsblatt folgt, in Kraft.

VIII Soziale Schutzvorschriften/Familienförderung/Vermögensbildung

Gleichberechtigung/Gleichstellung

VIII.1 Gesetz zur Verwirklichung der Chancengleichheit von Frauen und Männern im öffentlichen Dienst des Landes Baden-Württemberg (Chancengleichheitsgesetz – ChancenG) 822

VIII.1.1 Verordnung der Landesregierung über die Wahl der Beauftragten für Chancengleichheit 836

Schwerbehinderte Menschen

VIII.2 Landesgesetz zur Gleichstellung von Menschen mit Behinderungen (Landes-Behindertengleichstellungsgesetz – L-BGG) 840

VIII.2.1 Gemeinsame Verwaltungsvorschrift aller Ministerien und des Rechnungshofs über die Beschäftigung schwerbehinderter Menschen in der Landesverwaltung (SchwbVwV) 849

Familienförderung

VIII.3 Bundeskindergeldgesetz (BKGG) 856

VIII.4 Einkommensteuergesetz (EStG) – Auszug – 870

VIII.5 Gesetz zum Elterngeld und zur Elternzeit (Bundeselterngeld- und Elternzeitgesetz – BEEG) 907

Vermögensbildung

VIII.6 Gesetz über vermögenswirksame Leistungen für Beamte, Richter, Berufssoldaten und Soldaten auf Zeit 929

VIII.7 Fünftes Gesetz zur Förderung der Vermögensbildung der Arbeitnehmer (Fünftes Vermögensbildungsgesetz – 5. VermBG) 931

Gesetz zur Verwirklichung der Chancengleichheit von Frauen und Männern im öffentlichen Dienst des Landes Baden-Württemberg (Chancengleichheitsgesetz – ChancenG)

Vom 23. Februar 2016 (GBl. S. 108)

Zuletzt geändert durch
Gesetz zur Änderung des ADV-Zusammenarbeitsgesetzes und anderer Vorschriften
vom 17. Juni 2020 (GBl. S. 401)

Inhaltsübersicht

Abschnitt 1
Allgemeine Bestimmungen

- § 1 Gesetzesziele
- § 2 Besondere Verantwortung
- § 3 Geltungsbereich
- § 4 Begriffsbestimmungen

Abschnitt 2
Maßnahmen zur Gleichstellung von Frauen und Männern

- § 5 Erstellung des Chancengleichheitsplans
- § 6 Inhalt des Chancengleichheitsplans
- § 7 Bekanntmachung, Veröffentlichung
- § 8 Erfüllung des Chancengleichheitsplans
- § 9 Ausschreibung von Stellen
- § 10 Bewerbungs- und Personalauswahlgespräche
- § 11 Einstellung, beruflicher Aufstieg und Vergabe von Ausbildungsplätzen
- § 12 Fort- und Weiterbildung
- § 13 Gremien
- § 14 Beseitigen der Unterrepräsentanz

Abschnitt 3
Beauftragte für Chancengleichheit, Stellvertreterin

- § 15 Bestellung
- § 16 Verfahren zur Bestellung
- § 17 Erlöschen der Bestellung, Widerruf, Neubestellung
- § 18 Rechtsstellung
- § 19 Grundsätze für die Zusammenarbeit
- § 20 Sonstige Aufgaben und Rechte
- § 21 Beanstandungsrecht
- § 22 Aufgaben der Stellvertreterin
- § 23 Arbeitskreis der Beauftragten für Chancengleichheit der Ministerien und des Rechnungshofs

Abschnitt 4
Regelungen für Gemeinden, Stadt- und Landkreise sowie sonstige Körperschaften und Anstalten

- § 24 Kommunale Gleichstellungspolitik
- § 25 Beauftragte
- § 26 Aufgaben und Rechte
- § 27 Chancengleichheitspläne

Abschnitt 5
Vereinbarkeit von Familie, Pflege und Beruf für Frauen und Männer

- § 28 Verpflichtete
- § 29 Familien- und pflegegerechte Arbeitszeit
- § 30 Teilzeitbeschäftigung, Telearbeit und Beurlaubung zur Wahrnehmung von Familien- oder Pflegeaufgaben
- § 31 Wechsel zur Vollzeitbeschäftigung, beruflicher Wiedereinstieg

Abschnitt 6
Übergangs- und Schlussvorschriften

- § 32 Übergangsvorschrift
- § 33 Evaluation

Abschnitt 1
Allgemeine Bestimmungen

§ 1 Gesetzesziele

(1) Mit diesem Gesetz wird in Erfüllung des Verfassungsauftrags nach Artikel 3 Absatz 2 des Grundgesetzes (GG) die tatsächliche Durchsetzung der Gleichberechtigung von Frauen und Männern in dem in § 3 genannten Geltungsbereich gefördert.

(2) Die tatsächliche Durchsetzung der Gleichberechtigung von Frauen und Männern erfolgt mit dem Ziel ihrer Gleichstellung und der Beseitigung bestehender sowie der Verhinderung künftiger Diskriminierungen wegen des Geschlechts und des Familienstandes. Dadurch sollen auch bestehende Nachteile für Frauen abgebaut oder ausgeglichen werden, unter Wahrung des Vorrangs von Eignung, Befähigung und fachlicher Leistung nach Artikel 33 Absatz 2 GG. Zu diesem Zweck werden Frauen nach Maßgabe dieses Gesetzes gezielt gefördert, insbesondere, um Zugangs- und Aufstiegschancen für Frauen zu verbessern sowie eine deutliche Erhöhung des Anteils der Frauen in Bereichen, in denen sie unterrepräsentiert sind, zu erreichen.

(3) Ziel des Gesetzes ist darüber hinaus die paritätische Vertretung von Frauen und Männern in Gremien, soweit das Land Mitglieder für diese bestimmen kann.

(4) Ziel des Gesetzes ist es zudem, die Vereinbarkeit von Familie, Pflege und Beruf für Frauen und Männer zu verbessern.

§ 2 Besondere Verantwortung

Alle Beschäftigten, insbesondere diejenigen mit Vorgesetzten- und Leitungsaufgaben, sowie die Dienststellenleitungen und die Personalvertretungen, fördern die tatsächliche Verwirklichung der Gleichberechtigung von Frauen und Männern und berücksichtigen Chancengleichheit als durchgängiges Leitprinzip in allen Aufgabenbereichen der Dienststelle. Dies gilt insbesondere bei Personalwirtschafts- und Personalentwicklungsmaßnahmen.

§ 3 Geltungsbereich

(1) Dieses Gesetz gilt für

1. die Behörden des Landes,

2. die Körperschaften, Anstalten und Stiftungen des öffentlichen Rechts, die der alleinigen Aufsicht des Landes unterstehen, mit Ausnahme der außeruniversitären wissenschaftlichen Einrichtungen, der kommunalen Stiftungen, der sozialkaritativen Stiftungen, der Landesbank Baden-Württemberg, der Landeskreditbank, der Sparkassen sowie ihrer Verbände und Verbundunternehmen, des Badischen Gemeinde-Versicherungs-Verbands, der Selbstverwaltungskörperschaften der Wirtschaft und der freien Berufe, der Sozialversicherungsträger sowie der Landesverbände der Betriebskrankenkassen und Innungskrankenkassen, des Medizinischen Dienstes der Krankenversicherung, der Kassenärztlichen Vereinigung Baden-Württemberg und der Kassenzahnärztlichen Vereinigung Baden-Württemberg,

3. die Hochschulen sowie das Karlsruher Institut für Technologie, soweit nicht das Landeshochschulgesetz (LHG) und das KIT-Gesetz (KITG) eigene Regelungen enthalten,

4. die Gerichte des Landes und

5. den Südwestrundfunk dem Sinne nach.

(2) Auf die Gemeinden, die Stadt- und Landkreise, die Zweckverbände, die Gemeindeverwaltungsverbände, den Kommunalverband für Jugend und Soziales, die Gemeindeprüfungsanstalt Baden-Württemberg, die Komm.ONE, den Kommunalen Versorgungsverband Baden-Württemberg, die Nachbarschaftsverbände, die Regionalverbände und den Verband Region Stuttgart finden ausschließlich Absatz 3 und die Vorschriften der Abschnitte 4 und 6 Anwendung.

(3) Soweit das Land oder eine kommunale Gebietskörperschaft ein Unternehmen in Rechtsformen des Privatrechts gründet oder umwandelt, soll die Anwendung dieses Gesetzes im Gesellschaftsvertrag oder in der Satzung vereinbart werden. Die kommunale Gebietskörperschaft soll ihre Gesellschafterrechte in Unternehmen des Privatrechts, auf die sie durch mehrheitliche Beteiligung oder

in sonstiger Weise direkt oder indirekt bestimmenden Einfluss nehmen kann, so ausüben, dass die Vorschriften dieses Gesetzes entsprechende Anwendung finden. Verfügt das Land oder die kommunale Gebietskörperschaft nicht über eine Mehrheitsbeteiligung an einem Unternehmen in der Rechtsform einer juristischen Person des Privatrechts oder einer Personengesellschaft, hält aber mindestens einen Geschäftsanteil von 25 Prozent, soll das Land oder die kommunale Gebietskörperschaft darauf hinwirken, dass die Vorschriften dieses Gesetzes entsprechende Anwendung finden.

§ 4 Begriffsbestimmungen

(1) Beschäftigte im Sinne dieses Gesetzes sind Arbeitnehmerinnen und Arbeitnehmer, Beamtinnen und Beamte, Auszubildende sowie Richterinnen und Richter. Beschäftigte im Sinne dieses Gesetzes sind ferner Personen des Südwestrundfunks, die arbeitnehmerähnliche Personen nach § 12a des Tarifvertragsgesetzes sind.

(2) Familienaufgaben im Sinne dieses Gesetzes bestehen, wenn eine beschäftigte Person mindestens ein Kind unter 18 Jahren tatsächlich betreut.

(3) Pflegeaufgaben im Sinne dieses Gesetzes bestehen, wenn eine beschäftigte Person eine nach § 14 Absatz 1 des Elften Buches Sozialgesetzbuch (SGB XI) pflegebedürftige nahe angehörige Person nach § 7 Absatz 3 des Pflegezeitgesetzes (PflegeZG) tatsächlich und nicht erwerbsmäßig häuslich pflegt oder betreut.

(4) Dienststellen im Sinne dieses Gesetzes sind die einzelnen Behörden, Verwaltungsstellen der in § 3 genannten Körperschaften, Anstalten und Stiftungen sowie die Gerichte, die Hochschulen und die Schulen.

(5) Beförderung im Sinne dieses Gesetzes ist auch die Verleihung eines anderen Amtes mit höherem Grundgehalt ohne Änderung der Amtsbezeichnung, die Übertragung eines anderen Amtes mit gleichem Grundgehalt und anderer Amtsbezeichnung unter gleichzeitigem Wechsel der Laufbahngruppe, die Verleihung eines Richteramtes mit höherem Grundgehalt und die Übertragung einer höher zu bewertenden Tätigkeit sowie die Gewährung einer Amtszulage.

(6) Eine Unterrepräsentanz von Frauen im Sinne dieses Gesetzes liegt dort vor, wo innerhalb eines Geltungsbereichs eines Chancengleichheitsplans in einer Entgelt- oder Besoldungsgruppe einer Laufbahn oder in den Funktionen mit Vorgesetzten- und Leitungsaufgaben einschließlich der Stellen und Planstellen Vorsitzender Richterinnen und Vorsitzender Richter weniger Frauen als Männer beschäftigt sind.

(7) Frühzeitige Beteiligung im Sinne dieses Gesetzes bedeutet, dass die Beauftragte für Chancengleichheit an der Entscheidungsfindung gestaltend mitwirken und Einfluss nehmen kann. Die Beteiligung der Beauftragten für Chancengleichheit soll vor der Beteiligung der Personalvertretung erfolgen.

Abschnitt 2
Maßnahmen zur Gleichstellung von Frauen und Männern

§ 5 Erstellung des Chancengleichheitsplans

(1) Jede personalverwaltende Dienststelle, deren Personalverwaltungsbefugnis 50 und mehr Beschäftigte umfasst, erstellt mindestens einen Chancengleichheitsplan. In den anderen Dienststellen kann ein Chancengleichheitsplan erstellt werden. Für die Ministerien ist jeweils ein gesonderter Chancengleichheitsplan zu erstellen. Soweit Gleichstellungspläne für alle Beschäftigten gemäß § 4 Absatz 5 LHG aufgestellt werden, entfällt die Pflicht zur Erstellung eines Chancengleichheitsplans nach diesem Gesetz.

(2) Ist die personalverwaltende Dienststelle, deren Personalverwaltungsbefugnis Beschäftigte einer nachgeordneten Dienststelle umfasst, an der Personalplanung und der Personalauswahl der nachgeordneten Dienststelle nicht unmittelbar beteiligt, kann sie von der Erstellung eines Chancengleichheitsplans für diese Beschäftigten der nachgeordneten Dienststelle absehen. Diese Beschäftigten

sind in den Chancengleichheitsplan der nachgeordneten Dienststelle aufzunehmen und bei der Berechnung nach Absatz 1 Satz 1 zu berücksichtigen.

(3) In besonders gelagerten Einzelfällen kann mit Genehmigung des jeweiligen Fachministeriums und des für Frauenfragen zuständigen Ministeriums von der Erstellung eines Chancengleichheitsplans abgesehen werden.

(4) Der Chancengleichheitsplan ist für die Dauer von sechs Jahren zu erstellen und soll bei erheblichen strukturellen Änderungen angepasst werden. Bei der Erstellung des Chancengleichheitsplans und seiner Anpassung ist die Beauftragte für Chancengleichheit mit dem Ziel einer einvernehmlichen Regelung frühzeitig zu beteiligen. Gegen die Entscheidungen der Dienststellenleitung steht der Beauftragten für Chancengleichheit das Recht der Beanstandung nach § 21 zu.

(5) Die Chancengleichheitspläne und ihre Anpassung sind der Dienstaufsichtsbehörde, die ihre Beauftragte für Chancengleichheit informiert, vorzulegen. Chancengleichheitspläne der übrigen, der alleinigen Aufsicht des Landes unterstehenden Körperschaften, Anstalten und Stiftungen des öffentlichen Rechts sind der Dienststelle, die die Rechtsaufsicht ausübt und ihre Beauftragte für Chancengleichheit informiert, vorzulegen.

(6) Zusammen mit dem Chancengleichheitsplan ist alle sechs Jahre eine Übersicht über die Beschäftigtenstruktur der einzelnen Dienststellen zu erstellen und in der jeweiligen Dienststelle in geeigneter Weise bekannt zu machen.

§ 6 Inhalt des Chancengleichheitsplans

(1) Der Chancengleichheitsplan hat eine Bestandsaufnahme und beschreibende Auswertung der Beschäftigtenstruktur seines jeweiligen Geltungsbereichs zu enthalten. Im Chancengleichheitsplan ist darzustellen, in welchen Bereichen die Frauen unterrepräsentiert sind. Hierfür sind alle sechs Jahre folgende Daten jeweils getrennt nach Geschlecht zu erheben und auszuwerten:

1. die Zahl der Beschäftigten, gegliedert nach Voll- und Teilzeittätigkeit, Besoldungs-, Entgeltgruppen, Laufbahnen und Berufsgruppen,
2. die Zahl der Beurlaubten,
3. die Zahl der Beschäftigten in Positionen mit Vorgesetzten- und Leitungsaufgaben,
4. die Zahl der Auszubildenden, gegliedert nach Laufbahnen und Ausbildungsberufen, sowie
5. die Gremienbesetzung nach § 13.

Stichtag ist der 30. Juni des Berichtsjahres.

(2) Der Chancengleichheitsplan hat die Zielvorgabe zu enthalten, mindestens die Hälfte der durch Einstellung zu besetzenden Stellen in Bereichen, in denen Frauen unterrepräsentiert sind, zur Besetzung durch Frauen vorzusehen. Sind in Bereichen der Unterrepräsentanz von Frauen voraussichtlich nicht genügend Frauen mit der notwendigen Qualifikation zu gewinnen, können entsprechend weniger Stellen zur Besetzung mit Frauen vorgesehen werden. Dies ist im Chancengleichheitsplan darzulegen. Bei Beförderung und bei Übertragung höherwertiger Tätigkeiten ist der Anteil der Frauen in Bereichen, in denen sie in geringerer Zahl beschäftigt sind als Männer, deutlich zu erhöhen. Der Vorrang von Eignung, Befähigung und fachlicher Leistung nach Artikel 33 Absatz 2 GG ist zu beachten.

(3) Im Chancengleichheitsplan ist festzulegen, mit welchen personellen, organisatorischen, fortbildenden und qualifizierenden Maßnahmen die Frauenanteile auf allen Ebenen sowie allen Positionen mit Vorgesetzten- und Leitungsaufgaben in unterrepräsentierten Bereichen erhöht werden, bis eine Beseitigung der Unterrepräsentanz erreicht ist. Zur Erreichung dessen kann sich die Zielvorgabe an dem Geschlechteranteil der vorangegangenen Entgelt- oder Besoldungsgruppe einer Laufbahn orientieren.

§ 7 Bekanntmachung, Veröffentlichung

(1) Der Chancengleichheitsplan ist innerhalb eines Monats nach Ausfertigung durch die Dienststellenleitung in den vom Geltungsbereich des Chancengleichheitsplans erfassten Dienststellen an geeigneter Stelle zur Einsicht

auszulegen, auszuhängen oder in sonstiger geeigneter Weise bekannt zu machen.

(2) Die Chancengleichheitspläne und die Zwischenberichte nach § 8 Absatz 1 sind jeweils im Internet zu veröffentlichen. Die Chancengleichheitspläne und Zwischenberichte der Ministerien sind darüber hinaus auf der Webseite der Landesregierung im Internet zu veröffentlichen. Daten, die auf einer Datenbasis von weniger als sechs Personen beruhen, sind nicht zu veröffentlichen.

§ 8 Erfüllung des Chancengleichheitsplans

(1) Nach drei Jahren (Zwischenbericht) und im nächsten Chancengleichheitsplan stellt jede Dienststelle, die den Chancengleichheitsplan erstellt, den Stand der Erfüllung der im Chancengleichheitsplan festgelegten Zielvorgaben fest. Die jeweils zuständige Beauftragte für Chancengleichheit ist frühzeitig zu beteiligen. Werden die Zielvorgaben nicht erreicht, ist darzulegen, weshalb von den Zielvorgaben des Chancengleichheitsplans abgewichen wird und welche Gegenmaßnahmen ergriffen werden. Hierfür sind folgende Daten jeweils getrennt nach Geschlecht zu erheben und auszuwerten:

1. die Zahl der Beschäftigten, gegliedert nach Voll- und Teilzeittätigkeit, Besoldungs-, Entgeltgruppen, Laufbahnen und Berufsgruppen,

2. die Zahl der Stellenausschreibungen, Bewerbungen, Einstellungen, Beförderungen und Höhergruppierungen,

3. die Anzahl der Teilnehmerinnen und Teilnehmer an Fortbildungen in Bereichen, in denen Frauen unterrepräsentiert sind, und

4. die Gremienbesetzung nach § 13.

Stichtag ist der 30. Juni des Berichtsjahres.

(2) Der Zwischenbericht ist der Dienstaufsichtsbehörde, die ihre Beauftragte für Chancengleichheit informiert, vorzulegen. Bei den der alleinigen Aufsicht des Landes unterstehenden Körperschaften, Anstalten und Stiftungen des öffentlichen Rechts berichtet die Dienststelle der Rechtsaufsichtsbehörde, die ihre Beauftragte für Chancengleichheit informiert.

(3) Auf die Erfüllung des Chancengleichheitsplans achtet die nach Absatz 2 aufsichtführende Behörde, die ihre Beauftragte für Chancengleichheit beteiligt. Soweit Verstöße festgestellt werden und sie nicht im Rahmen der im Gesetz gegebenen Möglichkeiten behoben werden können, sind die Gründe hierfür bei der Aufstellung des nächsten Chancengleichheitsplans darzulegen.

(4) Bei erheblichen Abweichungen von den Zielvorgaben des Chancengleichheitsplans kann sich die Dienstaufsichtsbehörde unter frühzeitiger Beteiligung ihrer Beauftragten für Chancengleichheit in begründeten Fällen die Zustimmung bei jeder weiteren Einstellung oder Beförderung vorbehalten.

§ 9 Ausschreibung von Stellen

(1) In Bereichen, in denen Frauen unterrepräsentiert sind, sind alle Stellen grundsätzlich in der Dienststelle sowie öffentlich auszuschreiben. Ausschreibungen müssen geschlechtsneutral erfolgen, es sei denn, ein bestimmtes Geschlecht ist unverzichtbare Voraussetzung für die Tätigkeit. Die Ausschreibung ist so abzufassen, dass Frauen ausdrücklich zur Bewerbung aufgefordert werden.

(2) Soweit zwingende dienstliche Belange nicht entgegenstehen, ist in der Ausschreibung darauf hinzuweisen, dass Vollzeitstellen grundsätzlich teilbar sind. Dies gilt auch für Stellen mit Vorgesetzten- und Leitungsaufgaben.

(3) Die Beauftragte für Chancengleichheit soll bei allen Ausschreibungen frühzeitig beteiligt werden. Bei Ausnahmen von den Grundsätzen nach Absatz 1 Satz 1 und Absatz 2 ist die Beauftragte für Chancengleichheit frühzeitig zu beteiligen.

(4) § 11 Absätze 2 und 3 des Landesbeamtengesetzes gilt entsprechend.

§ 10 Bewerbungs- und Personalauswahlgespräche

(1) Soweit möglich sind in Bereichen, in denen Frauen unterrepräsentiert sind, mindestens ebenso viele Frauen wie Männer oder alle Bewerberinnen zum Bewerbungsgespräch zu laden, soweit sie das in der Aus-

schreibung vorgegebene Anforderungs- und Qualifikationsprofil aufweisen.

(2) Insbesondere Fragen nach dem Familienstand, nach einer bestehenden oder geplanten Schwangerschaft oder geplanten Elternzeit sowie danach, wie bestehende oder geplante Familien- oder Pflegeaufgaben neben dem Beruf gewährleistet werden können, sind unzulässig.

(3) Bei der Stellenbesetzung kann die Beauftragte für Chancengleichheit an den Bewerbungs- und Personalauswahlgesprächen teilnehmen.

§ 11 Einstellung, beruflicher Aufstieg und Vergabe von Ausbildungsplätzen

(1) In Bereichen, in denen Frauen unterrepräsentiert sind, hat die Dienststelle unter Wahrung des Vorrangs von Eignung, Befähigung und fachlicher Leistung nach Artikel 33 Absatz 2 GG sowie nach Maßgabe der Zielvorgaben des Chancengleichheitsplans und entsprechender Personalplanung Frauen bei der Besetzung von Stellen, insbesondere mit Vorgesetzten- und Leitungsaufgaben, sowie von Stellen für die Berufsausbildung und bei der Beförderung vorrangig zu berücksichtigen, soweit nicht in der Person des Mitbewerbers liegende Gründe überwiegen.

(2) Bei der Beurteilung der Eignung sind die in den Familien- und Pflegeaufgaben und in ehrenamtliche Tätigkeit erworbenen überfachlichen Kompetenzen einzubeziehen, soweit sie für die vorgesehene Tätigkeit von Bedeutung sind und in das Bewerbungsverfahren eingebracht werden.

(3) Bei gleicher Eignung, Befähigung und fachlicher Leistung können Frauenförderung und Behinderteneigenschaft als zusätzliche Hilfskriterien berücksichtigt werden. Bei Vorliegen gleicher Eignung, Befähigung und fachlicher Leistung von Frauen und Männern dürfen geringere aktive Dienst- oder Beschäftigungszeiten, Inanspruchnahme von Elternzeit, Familienpflegezeit, Pflegezeit, Telearbeit und flexiblen Arbeitszeitmodellen sowie Reduzierungen der Arbeitszeit, Beurlaubungen oder Verzögerungen beim Abschluss einzelner Ausbildungsgänge auf Grund der Betreuung von Kindern oder pflegebedürftigen Personen nicht berücksichtigt werden. Ferner sind Familienstand oder Einkommen der Partnerin oder des Partners nicht zu berücksichtigen.

(4) Die Dienststelle hat die Beauftragte für Chancengleichheit an der Entscheidung über jede Einstellung und Beförderung frühzeitig zu beteiligen. Ihr sind die entscheidungsrelevanten Daten mitzuteilen und die erforderlichen Bewerbungsunterlagen frühzeitig zur Einsicht vorzulegen. Hiervon erfasst sind auch die Bewerbungsunterlagen männlicher Mitbewerber, die die vorgesehenen Voraussetzungen für die Besetzung der Personalstelle oder des zu vergebenden Amtes erfüllen. Andere Personalaktendaten darf die Beauftragte für Chancengleichheit nur mit Zustimmung der Betroffenen einsehen.

§ 12 Fort- und Weiterbildung

(1) Die berufliche Fort- und Weiterbildung weiblicher Beschäftigter wird gefördert. Insbesondere sollen dazu Fort- und Weiterbildungsmaßnahmen angeboten werden, die eine Weiterqualifikation ermöglichen oder auf die Übernahme von Tätigkeiten in Bereichen der Unterrepräsentanz von Frauen vorbereiten. Bei der Planung und Gestaltung der Fort- und Weiterbildungsmaßnahmen ist der Beauftragten für Chancengleichheit Gelegenheit zur Beteiligung zu geben.

(2) Bei innerbehördlichen Dienstbesprechungen und bei geeigneten Veranstaltungen der beruflichen Fort- und Weiterbildung, insbesondere auch bei Fort- und Weiterbildungsmaßnahmen für Führungskräfte, sind Themen zur Chancengleichheit von Frauen und Männern vorzusehen.

(3) Bei allen beruflichen Fort- und Weiterbildungsmaßnahmen sollen Frauen entsprechend ihrem Anteil an der Zielgruppe der Fort- und Weiterbildungsmaßnahme berücksichtigt werden. Frauen sollen verstärkt als Leiterinnen und Referentinnen für Fort- und Weiterbildungsveranstaltungen eingesetzt werden. Die Beauftragte für Chancengleichheit ist bei der Auswahl der Teilnehmerinnen und Teilnehmer an Fort- und Weiterbildungs-

maßnahmen, die eine Weiterqualifikation ermöglichen oder auf die Übernahme von Tätigkeiten in Bereichen der Unterrepräsentanz von Frauen vorbereiten, zu beteiligen.

(4) Bei der Ausgestaltung und Durchführung von beruflichen Fort- und Weiterbildungsveranstaltungen soll auch darauf geachtet werden, dass den Beschäftigten mit zu betreuenden Kindern oder pflegebedürftigen nahen angehörigen Personen eine Teilnahme möglich ist. Möglichkeiten der Betreuung sollen im Bedarfsfall angeboten werden.

§ 13 Gremien

(1) In Gremien, für die dem Land ein Berufungs-, Entsende- oder Vorschlagsrecht zusteht, müssen ab 1. Januar 2017 mindestens 40 Prozent der durch das Land zu bestimmenden Mitglieder Frauen sein, soweit nicht eine Ausnahme aus besonderen Gründen nach Absatz 5 vorliegt. Der Mindestanteil ist bei erforderlich werdenden Berufungen, Entsendungen oder Vorschlägen zur Besetzung einzelner oder mehrerer Sitze zu beachten und im Wege einer sukzessiven Steigerung zu erreichen. Bestehende Mandate können bis zu ihrem vorgesehenen Ende wahrgenommen werden. Stehen dem Land insgesamt höchstens zwei Gremiensitze zu, sind die Sätze 1 bis 3 nicht anzuwenden.

(2) Wird ein Gremium gebildet oder wiederbesetzt von einer Stelle, die nicht zur unmittelbaren Landesverwaltung gehört, ist auf eine Besetzung des Gremiums mit mindestens 40 Prozent Frauen hinzuwirken.

(3) Es ist das Ziel, ab dem 1. Januar 2019 die in Absatz 1 genannten Anteile auf 50 Prozent zu erhöhen. Steht dem Land insgesamt eine ungerade Anzahl an Gremiensitzen zu, darf das Ungleichgewicht zwischen Frauen und Männern nur einen Sitz betragen.

(4) Gremien im Sinne von Absatz 1 sind solche, die auf gesetzlicher Grundlage beruhen, insbesondere Beiräte, Kommissionen, Verwaltungs- und Aufsichtsräte sowie sonstige Kollegialorgane und vergleichbare Mitwirkungsgremien, unabhängig von ihrer Bezeichnung.

(5) Ausnahmen sind nur aus besonderen Gründen zulässig, die aktenkundig zu machen sind. Besondere Gründe sind insbesondere dann gegeben, wenn die Ausübung des Mandats in einem Gremium an einen bestimmten Dienstposten geknüpft ist, der einen fachlichen Bezug zum auszuübenden Mandat hat.

(6) Bei der Gremienbesetzung ist die Beauftragte für Chancengleichheit in den einzelnen Dienststellen frühzeitig zu beteiligen.

(7) Absatz 1 gilt nicht, soweit die Mitgliedschaft in Gremien durch eine auf einer Rechtsnorm oder Satzung beruhenden Wahl begründet wird.

§ 14 Beseitigen der Unterrepräsentanz

(1) Soweit das Gesetzesziel der weitgehenden Beseitigung der Unterrepräsentanz in allen Entgelt- oder Besoldungsgruppen der Laufbahn und in den Funktionen mit Vorgesetzten- und Leitungsaufgaben einschließlich der Stellen und Planstellen Vorsitzender Richterinnen und Vorsitzender Richter erreicht ist, ist die jeweilige Dienststelle von folgenden Vorschriften entbunden:

1. Erstellung eines Chancengleichheitsplans nach § 5,
2. Erstellung eines Zwischenberichts nach § 8 und
3. Aufforderung zur Bewerbung von Frauen nach § 9 Absatz 1 Satz 3.

(2) Die Dienststelle hat unter frühzeitiger Beteiligung ihrer Beauftragten für Chancengleichheit im Abstand von zwei Jahren zu prüfen, ob das Gesetzesziel nach Absatz 1 weiterhin gewahrt ist und sie von den Vorschriften des Absatzes 1 entbunden bleibt. Die Beauftragte für Chancengleichheit kann die Entscheidung der Dienststelle nach § 21 beanstanden.

Abschnitt 3
Beauftragte für Chancengleichheit, Stellvertreterin

§ 15 Bestellung

(1) In jeder Dienststelle mit 50 und mehr Beschäftigten und in jeder personalverwaltenden Dienststelle, deren Personalverwaltungs-

befugnis 50 und mehr Beschäftigte umfasst, ist eine Beauftragte für Chancengleichheit und ihre Stellvertreterin nach vorheriger Wahl zu bestellen. Bei den Hochschulen gelten die Angehörigen des wissenschaftlichen und künstlerischen Personals nach § 44 LHG nicht als Beschäftigte im Sinne dieser Bestimmung. Die regelmäßige Amtszeit beträgt fünf Jahre. In allen anderen Dienststellen ist eine Ansprechpartnerin für die weiblichen Beschäftigten und die zuständige Beauftragte für Chancengleichheit zu bestellen. Eine Ansprechpartnerin kann auch für einen Teil der Dienststelle bestellt werden, der räumlich von dem Hauptsitz der Dienststelle entfernt seinen Sitz hat.

(2) Zuständig für eine Dienststelle nach Absatz 1 Satz 4 ist die Beauftragte für Chancengleichheit der nächsthöheren Dienststelle.

(3) In jedem Staatlichen Schulamt ist für den Bereich der Lehrkräfte an Grund-, Werkreal-, Haupt-, Real-, Gemeinschaftsschulen und Sonderpädagogischen Bildungs- und Beratungszentren aus deren Kreis nach vorheriger Ausschreibung eine Beauftragte für Chancengleichheit zu bestellen.

(4) In jedem Regierungspräsidium ist zusätzlich zur Beauftragten für Chancengleichheit eine fachliche Beraterin aus dem Bereich Schule zu bestellen. Absatz 1 Satz 3 gilt entsprechend. Die fachliche Beraterin nimmt in Abstimmung mit der Beauftragten für Chancengleichheit deren Aufgaben und Rechte wahr, soweit Maßnahmen der Dienststelle ausschließlich die Schulen betreffen.

§ 16 Verfahren zur Bestellung

(1) Wahlberechtigt sind alle weiblichen Beschäftigten der Dienststelle, es sei denn, dass sie am Wahltag seit mehr als zwölf Monaten ohne Dienstbezüge oder Arbeitsentgelt beurlaubt sind.

(2) Wählbar für das Amt der Beauftragten für Chancengleichheit und der Stellvertreterin sind alle weiblichen Beschäftigten der Dienststelle. Wer zu einer anderen Dienststelle abgeordnet ist, ist für das Amt der Beauftragten für Chancengleichheit und der Stellvertreterin nicht wählbar. Satz 2 gilt nicht bei Abordnungen zur Teilnahme an Lehrgängen.

(3) Die Beauftragte für Chancengleichheit und ihre Stellvertreterin werden in einem Wahlverfahren in getrennten Wahlgängen nach den Grundsätzen der Mehrheitswahl gewählt. Die Wahl hat den Grundsätzen der allgemeinen, unmittelbaren, freien, gleichen und geheimen Wahl zu entsprechen. Das Verfahren für die Durchführung der Wahl wird durch Rechtsverordnung der Landesregierung geregelt.

(4) Findet sich nur eine zur Ausübung des Amtes bereite Beschäftigte, kann die Dienststelle von der weiteren Durchführung des Wahlverfahrens absehen und diese zur Beauftragten für Chancengleichheit bestellen. Findet sich aus dem Kreis der weiblichen Beschäftigten keine zur Ausübung des Amtes bereite Person, kann die Dienststelle auch einen zur Ausübung bereiten männlichen Beschäftigten zum Beauftragten für Chancengleichheit bestellen. Anderenfalls hat die Dienststelle das Wahlverfahren nach sechs Monaten zu wiederholen. Gleiches gilt für die Stellvertretung.

(5) Die Wahl der Beauftragten für Chancengleichheit und ihrer Stellvertreterin kann beim Verwaltungsgericht angefochten werden, wenn gegen wesentliche Vorschriften über das Wahlrecht, die Wählbarkeit oder das Wahlverfahren verstoßen worden ist und eine Berichtigung nicht erfolgt ist, es sei denn, dass durch den Verstoß das Wahlergebnis nicht geändert oder beeinflusst werden konnte. Zur Anfechtung berechtigt sind mindestens drei Wahlberechtigte, alle Bewerberinnen oder die Dienststellenleitung. Die Anfechtung ist nur binnen einer Frist von zwei Wochen, von dem Tag der Bekanntgabe des Wahlergebnisses an gerechnet, zulässig.

§ 17 Erlöschen der Bestellung, Widerruf, Neubestellung

(1) Die Bestellung zur Beauftragten für Chancengleichheit erlischt mit Ablauf der Amtszeit, der Niederlegung des Amtes, ihrem Ausscheiden aus der Dienststelle oder ihrer

nicht nur vorübergehenden Verhinderung von mehr als sechs Monaten.

(2) Die Dienststellenleitung darf die Bestellung zur Beauftragten für Chancengleichheit nur auf deren Verlangen oder wegen grober Verletzung ihrer gesetzlichen Verpflichtungen widerrufen.

(3) Ist die Bestellung erloschen oder widerrufen worden, ist die Stellvertreterin mit ihrem Einverständnis bis zum Ende der laufenden Amtszeit zur Beauftragten für Chancengleichheit zu bestellen. Anderenfalls hat die Dienststellenleitung aus der Liste der für das Amt der Beauftragten für Chancengleichheit nicht gewählten Beschäftigten die Person mit der nächsthöheren Stimmenzahl bis zum Ende der laufenden Amtszeit zur Beauftragten für Chancengleichheit zu bestellen. Ist eine solche nicht vorhanden, hat die Dienststelle aus dem Kreis der weiblichen Beschäftigten die Beauftragte für Chancengleichheit bis zum Ende der laufenden Amtszeit zu bestellen. § 16 Absatz 4 Satz 2 findet entsprechende Anwendung. Die Bestellung ist nur mit Einverständnis der zu bestellenden Beschäftigten vorzunehmen.

(4) Die Absätze 1 und 2 gelten für die Stellvertreterin entsprechend. Ist die Bestellung zur Stellvertreterin erloschen oder widerrufen worden, findet Absatz 3 Sätze 2 bis 5 entsprechende Anwendung. Gleiches gilt bei Nachrücken der Stellvertreterin in das Amt der Beauftragten für Chancengleichheit nach Absatz 3 Satz 1.

§ 18 Rechtsstellung

(1) Die Beauftragte für Chancengleichheit ist der Dienststellenleitung unmittelbar zugeordnet und hat ein unmittelbares Vortragsrecht. Sie ist in der Ausübung ihrer Tätigkeit nicht an Weisungen gebunden.

(2) Die Beauftragte für Chancengleichheit ist mit den zur Erfüllung ihrer Aufgaben notwendigen räumlichen, personellen und sachlichen Mitteln auszustatten. Ihr und ihrer Stellvertreterin ist die Teilnahme an spezifischen Fortbildungsveranstaltungen zu ermöglichen, soweit diese für ihre Tätigkeit erforderlich sind.

(3) Die Dienststellenleitung hat die Beauftragte für Chancengleichheit im erforderlichen Umfang von ihren anderweitigen dienstlichen Verpflichtungen zu entlasten. Unter Berücksichtigung der Struktur der jeweiligen Dienststelle und sofern keine anderweitige Vereinbarung zwischen Dienststelle und Beauftragter für Chancengleichheit getroffen wird, beträgt die Entlastung in der Regel in personalverwaltenden Dienststellen mit mehr als 300 Beschäftigten mindestens 50 Prozent der vollen regelmäßigen Arbeitszeit. Bei einer Beschäftigtenzahl von mehr als 600 Beschäftigten wird die Beauftragte für Chancengleichheit in der Regel im Umfang der Regelarbeitszeit einer Vollzeitkraft entlastet. § 15 Absatz 1 Satz 2 gilt entsprechend. Soweit die Beauftragte für Chancengleichheit eine Teilzeitbeschäftigung ausübt, wird auf die Möglichkeit der Aufgabendelegation nach § 22 Absatz 2 verwiesen.

(4) Bei Uneinigkeit über den Umfang der Entlastung kann die Dienststelle oder die Beauftragte für Chancengleichheit eine Schlichtungsstelle anrufen. Die Schlichtungsstelle besteht aus einer Vertreterin oder einem Vertreter des für Frauenfragen zuständigen Ministeriums als Vorsitzende oder Vorsitzender, einer Vertreterin oder einem Vertreter des betroffenen Fachministeriums und einer dritten Person mit Befähigung zum Richteramt, die der baden-württembergischen Arbeits- oder Verwaltungsgerichtsbarkeit angehört und von dem für Frauenfragen zuständigen Landtagsausschuss zu benennen ist. Das Nähere wird durch Rechtsverordnung des für Frauenfragen zuständigen Ministeriums geregelt.

(5) Die Beauftragte für Chancengleichheit darf wegen ihrer Tätigkeit weder allgemein noch in ihrer beruflichen Entwicklung benachteiligt werden. Sie darf gegen ihren Willen nur umgesetzt, versetzt oder abgeordnet werden, wenn dies aus dringenden dienstlichen Gründen, auch unter Berücksichtigung ihrer Funktion als Beauftragte für Chancengleichheit, unvermeidbar ist. In diesem Fall ist die Zustimmung der vorgesetzten Dienststelle, die ihre Beauftragte für Chancengleichheit

beteiligt, notwendig. § 15 Absätze 2 und 4 des Kündigungsschutzgesetzes gilt entsprechend.

(6) Die Beauftragte für Chancengleichheit und ihre Stellvertreterin sind verpflichtet, über die persönlichen Verhältnisse von Beschäftigten und andere vertrauliche Angelegenheiten in der Dienststelle auch über die Zeit ihrer Bestellung hinaus Stillschweigen zu bewahren. Die Verschwiegenheitspflicht gilt auch für die Ansprechpartnerinnen und für die fachlichen Beraterinnen.

§ 19 Grundsätze für die Zusammenarbeit

(1) Die Dienststellenleitung legt zu Beginn der Amtszeit der Beauftragten für Chancengleichheit im Einvernehmen mit ihr die näheren Einzelheiten der Zusammenarbeit fest.

(2) Die Beauftragte für Chancengleichheit ist in dem für die sachgerechte Wahrnehmung ihrer Aufgaben und Beteiligungsrechte erforderlichen Umfang frühzeitig und umfassend zu unterrichten. Ihr sind die hierfür erforderlichen Unterlagen frühzeitig vorzulegen und alle erforderlichen Informationen und Auskünfte zu erteilen.

(3) Die Beauftragte für Chancengleichheit kann an der regelmäßig stattfindenden Besprechung der Dienststellenleitung mit den anderen Führungskräften der Dienststelle teilnehmen. Dies gilt nicht, soweit die Dienststelle einen Bezug zu den der Beauftragten für Chancengleichheit nach diesem Gesetz zugewiesenen Aufgaben ausschließt.

§ 20 Sonstige Aufgaben und Rechte

(1) Die Beauftragte für Chancengleichheit achtet auf die Durchführung und Einhaltung dieses Gesetzes und unterstützt die Dienststellenleitung bei dessen Umsetzung. Sie ist an sonstigen allgemeinen personellen sowie sozialen und organisatorischen Maßnahmen ihrer Dienststelle, soweit diese Auswirkungen auf die berufliche Situation weiblicher Beschäftigter haben können, frühzeitig zu beteiligen.

(2) Die Beauftragte für Chancengleichheit hat ein Initiativrecht für Maßnahmen zur gezielten beruflichen Förderung von Frauen. Sie kann sich innerhalb ihrer Dienststelle zu fachlichen Fragen der Gleichberechtigung von Frauen und Männern, der beruflichen Förderung von Frauen und der Vereinbarkeit von Familie, Pflege und Beruf äußern. Sie kann während der Arbeitszeit Sprechstunden durchführen und einmal im Jahr eine Versammlung der weiblichen Beschäftigten der Dienststelle einberufen.

(3) Weibliche Beschäftigte können sich in ihren Angelegenheiten ohne Einhaltung des Dienstwegs an die Beauftragte für Chancengleichheit ihrer Dienststelle wenden.

(4) Den Beauftragten für Chancengleichheit ist Gelegenheit zum Erfahrungsaustausch untereinander zu geben.

(5) Die Rechte der Personalvertretungen und Schwerbehindertenvertretungen bleiben unberührt.

§ 21 Beanstandungsrecht

(1) Hält die Beauftragte für Chancengleichheit eine Maßnahme für unvereinbar mit diesem Gesetz oder mit anderen Vorschriften über die Gleichbehandlung von Frauen und Männern, hat sie das Recht, diese Maßnahme innerhalb von einer Woche nach ihrer Unterrichtung schriftlich zu beanstanden. Bei unaufschiebbaren Maßnahmen kann die Dienststelle die Frist auf zwei Arbeitstage verkürzen. Im Fall der fristgerechten Beanstandung hat die Dienststellenleitung unter Beachtung der Einwände neu zu entscheiden. Die Ablehnung der Beanstandung ist gegenüber der Beauftragten für Chancengleichheit schriftlich zu begründen.

(2) Die beanstandete Maßnahme soll vor Ablauf der Frist und vor der Entscheidung der Dienststellenleitung nach Absatz 1 Satz 3 nicht vollzogen werden.

(3) Wird die Beauftragte für Chancengleichheit nicht oder nicht rechtzeitig nach Maßgabe dieses Gesetzes beteiligt, soll der Vollzug bis zum Ablauf von einer Woche nach Unterrichtung der Beauftragten für Chancengleichheit ausgesetzt werden. Bei unaufschiebbaren Maßnahmen kann die Dienststelle die Frist auf zwei Arbeitstage verkürzen.

(4) Die Beauftragte für Chancengleichheit kann sich unter Einhaltung des Dienstwegs über die jeweils nächsthöhere Behörde an die oberste Dienstbehörde wenden und insbesondere Beanstandungen, denen auch die nächsthöhere Behörde nicht abhilft, binnen einer Woche nach Unterrichtung zur Klärung vorlegen.

(5) Bei Fragen von allgemeiner frauenpolitischer Bedeutung kann sich die Beauftragte für Chancengleichheit an das für Frauenfragen zuständige Ministerium wenden.

§ 22 Aufgaben der Stellvertreterin

(1) Die Stellvertreterin wird grundsätzlich im Vertretungsfall tätig.

(2) Abweichend von Absatz 1 kann die Beauftragte für Chancengleichheit der Stellvertreterin mit deren Einverständnis Aufgaben zur eigenständigen Erledigung übertragen. Eine Änderung oder Aufhebung der Delegationsentscheidung nach Satz 1 kann die Beauftragte für Chancengleichheit jederzeit ohne Zustimmung der Stellvertreterin vornehmen. § 18 Absatz 1 Satz 2 gilt entsprechend. Eine Aufgabendelegation ist gegenüber der Dienststelle und der Personalvertretung anzuzeigen.

(3) Die Stellvertreterin hat die von der Beauftragten für Chancengleichheit vorgegebenen Leitlinien der Chancengleichheitsarbeit zu beachten. Die Gesamtverantwortung für die Aufgabenerledigung verbleibt bei der Beauftragten für Chancengleichheit.

(4) Wird die Stellvertreterin nach Absatz 1 tätig, ist sie anstelle der Beauftragten für Chancengleichheit mit Beginn der Vertretungstätigkeit in dem Ausmaß ihrer Tätigkeit als Stellvertreterin von anderweitigen Tätigkeiten nach § 18 Absatz 3 zu entlasten. Im Falle des Absatzes 2 Satz 1 wird die Stellvertreterin anstelle der Beauftragten für Chancengleichheit entsprechend der Aufgabendelegation entlastet.

§ 23 Arbeitskreis der Beauftragten für Chancengleichheit der Ministerien und des Rechnungshofs

(1) Die Beauftragten für Chancengleichheit der Ministerien und des Rechnungshofs bilden den Arbeitskreis Chancengleichheit (AKC). Dieser tritt regelmäßig zusammen. Der AKC gibt sich eine Geschäftsordnung.

(2) An den Sitzungen des AKC können nach Maßgabe der Geschäftsordnung teilnehmen:

1. eine Vertreterin oder ein Vertreter des für Frauenfragen zuständigen Ministeriums,
2. die Beauftragten für Chancengleichheit der Regierungspräsidien und
3. weitere Personen.

(3) Der AKC kann grundsätzliche Angelegenheiten, die für die weiblichen Beschäftigten von allgemeiner Bedeutung sind, beraten sowie Vorschläge unterbreiten und Stellungnahmen hierzu abgeben.

(4) Die Möglichkeit, weitere Arbeitskreise zur Koordinierung der Arbeit der Beauftragten für Chancengleichheit einzurichten, bleibt unberührt.

(5) Näheres regelt die Geschäftsordnung.

Abschnitt 4
Regelungen für Gemeinden, Stadt- und Landkreise sowie sonstige Körperschaften und Anstalten

§ 24 Kommunale Gleichstellungspolitik

Die Verwirklichung des Verfassungsgebots der Gleichberechtigung von Frauen und Männern ist auch eine kommunale Aufgabe. Die Gemeinden sowie Stadt- und Landkreise wirken auf die Chancengleichheit und Gleichstellung von Frauen in allen kommunalen Bereichen, insbesondere in Beruf, öffentlichem Leben, Bildung und Ausbildung, Familie, sowie in den Bereichen der sozialen Sicherheit hin. Sie stellen durch geeignete Maßnahmen sicher, dass Frauen gefördert und gestärkt werden und Chancengleichheit als durchgängiges Leitprinzip in allen kommunalen Aufgabenbereichen berücksichtigt sowie inhaltlich und fachlich begleitet wird.

§ 25 Beauftragte

(1) In jedem Stadt- und Landkreis sowie in Gemeinden mit einer Einwohnerzahl ab 50 000 ist eine hauptamtliche Gleichstel-

lungsbeauftragte zu bestellen, die die Frauenförderung und gesellschaftliche Gleichstellung von Frauen und Männern wahrnimmt. Sie ist in der Ausübung ihrer behördeninternen Aufgaben nicht an Weisungen gebunden.

(2) Gemeinden mit einer Einwohnerzahl unter 50 000 benennen jeweils eine Person oder eine Organisationseinheit, die die Aufgaben der Frauenförderung und der Chancengleichheit in der Gemeinde wahrnimmt.

§ 26 Aufgaben und Rechte

(1) Die Beauftragten nach § 25 Absätze 1 und 2 wirken behördenintern auf die Gleichberechtigung von Frauen und Männern in Familie, Beruf und Verwaltung hin. Neben diesen behördeninternen Aufgaben obliegt es darüber hinaus den Beauftragten nach § 25 Absatz 1 auch, die gesellschaftliche Position der Frauen zu stärken und zu fördern. Die Gemeinden, Stadt- und Landkreise werden von ihrer Beauftragten nach § 25 Absätze 1 und 2 in Fragen der Gleichstellungspolitik beraten. Die Beauftragten arbeiten mit der Verwaltung zusammen. Zudem nehmen die Gleichstellungsbeauftragten der Landkreise neben ihren eigenen Aufgaben die Koordination der mit den Gleichstellungsfragen befassten Personen oder Organisationseinheiten bei den kreisangehörigen Gemeinden wahr.

(2) Die Gemeinden, Stadt- und Landkreise beteiligen ihre Beauftragte nach § 25 Absätze 1 und 2 bei allen Vorhaben, soweit die spezifischen Belange von Frauen betroffen sind, frühzeitig. Über die jeweilige Stellungnahme informiert die Bürgermeisterin oder der Bürgermeister den Gemeinderat sowie die Landrätin oder der Landrat den Kreistag.

(3) Den Beauftragten nach § 25 Absätze 1 und 2 stehen zur Wahrnehmung der behördeninternen Frauenförderung insbesondere folgende Rechte zu:

1. In Angelegenheiten der behördeninternen Frauenförderung haben sie ein unmittelbares Vortragsrecht bei der Behördenleitung,
2. bei Stellenbesetzungen können sie an Vorstellungs- und Auswahlgesprächen teilnehmen,
3. bei der Planung und Gestaltung von Fort- und Weiterbildungsmaßnahmen ist ihnen Gelegenheit zur Beteiligung zu geben und
4. sie besitzen ein Initiativrecht für Maßnahmen zur gezielten beruflichen Förderung von Frauen.

§ 27 Chancengleichheitspläne

(1) Die Gemeinden mit mehr als 8000 Einwohnerinnen und Einwohnern sowie Stadt- und Landkreise sollen Chancengleichheitspläne erstellen.

(2) Der Kommunalverband für Jugend und Soziales Baden-Württemberg soll einen Chancengleichheitsplan erstellen.

(3) Für die Zweckverbände, den Kommunalen Versorgungsverband Baden-Württemberg, die Gemeindeprüfungsanstalt Baden-Württemberg, die Komm.ONE, die Nachbarschaftsverbände, die Regionalverbände und den Verband Region Stuttgart gilt, soweit sie 50 und mehr Personen beschäftigen, Absatz 1 entsprechend.

(4) Die vorstehend bezeichneten Stellen regeln in eigener Verantwortung die Erstellung der Chancengleichheitspläne und das Verfahren.

Abschnitt 5
Vereinbarkeit von Familie, Pflege und Beruf für Frauen und Männer

§ 28 Verpflichtete

Die Dienststelle ist verpflichtet, die Vereinbarkeit von Familie, Pflege und Beruf für Frauen und Männer zu fördern und geeignete Maßnahmen zur Verbesserung der Rahmenbedingungen vorzunehmen. Die Personalvertretung hat im Rahmen ihrer allgemeinen Aufgaben nach § 70 des Landespersonalvertretungsgesetzes auf die bessere Vereinbarkeit von Familie, Pflege und Beruf hinzuwirken.

§ 29 Familien- und pflegegerechte Arbeitszeit

Die Dienststellen können auf Antrag über die gleitende Arbeitszeit hinaus eine familien- oder pflegegerechte Gestaltung der täglichen und wöchentlichen Arbeitszeit einräumen, wenn dies nachweislich zur Betreuung von mindestens einem Kind unter 18 Jahren oder einer nach § 14 Absatz 1 SGB XI pflegebedürftigen nahen angehörigen Person nach § 7 Absatz 3 PflegeZG erforderlich ist und dienstliche Belange nicht entgegenstehen. Ist beabsichtigt, dem Antrag einer oder eines Beschäftigten nicht zu entsprechen, ist die Beauftragte für Chancengleichheit zu beteiligen. Die Ablehnung des Antrags ist von der Dienststelle schriftlich zu begründen.

§ 30 Teilzeitbeschäftigung, Telearbeit und Beurlaubung zur Wahrnehmung von Familien- oder Pflegeaufgaben

(1) Die Dienststelle hat unter Einbeziehung der Beauftragten für Chancengleichheit für die Beschäftigten in allen Bereichen, auch bei Stellen mit Vorgesetzten- und Leitungsaufgaben, ein ausreichendes Angebot an Teilzeitarbeitsplätzen zu schaffen, soweit zwingende dienstliche Belange nicht entgegenstehen. Die Wahrnehmung von Vorgesetzten- und Leitungsaufgaben steht der Reduzierung der Arbeitszeit grundsätzlich nicht entgegen.

(2) Im Rahmen der dienstlichen Möglichkeiten sollen die Dienststellen den Beschäftigten auch Telearbeitsplätze anbieten. Diese sollen bevorzugt durch Beschäftigte mit Familien- oder Pflegeaufgaben besetzt werden.

(3) Teilzeitbeschäftigung, Telearbeit und Beurlaubung zur Wahrnehmung von Familien- oder Pflegeaufgaben dürfen sich nicht nachteilig auf den beruflichen Werdegang, insbesondere auf die dienstliche Beurteilung, auswirken. Teilzeitbeschäftigten sind die gleichen beruflichen Aufstiegsmöglichkeiten und Fortbildungschancen einzuräumen wie Vollzeitbeschäftigten. Entsprechendes gilt für Beschäftigte an Telearbeitsplätzen. Teilzeit, Telearbeit und Beurlaubung zur Wahrnehmung von Familien- oder Pflegearbeiten dürfen nicht dazu führen, dass den Beschäftigten geringerwertige Aufgaben übertragen werden.

(4) Die Dienststellen sind verpflichtet, Beschäftigte, die einen Antrag auf Teilzeitbeschäftigung oder Beurlaubung zur Wahrnehmung von Familien- oder Pflegeaufgaben stellen, ausdrücklich auf die allgemeinen beamten- und versorgungsrechtlichen, sozialversicherungs-, arbeits- und tarifrechtlichen Folgen hinzuweisen.

(5) Beabsichtigt die Dienststelle, dem Antrag einer oder eines Beschäftigten mit Familien- oder Pflegeaufgaben auf Teilzeitbeschäftigung, Teilnahme an der Telearbeit oder Beurlaubung nicht zu entsprechen, ist die Beauftragte für Chancengleichheit zu beteiligen. Die Ablehnung des Antrags ist von der Dienststelle schriftlich zu begründen.

§ 31 Wechsel zur Vollzeitbeschäftigung, beruflicher Wiedereinstieg

(1) Bei Vorliegen der gleichen Eignung, Befähigung und fachlicher Leistung müssen im Rahmen der Besetzung von Vollzeitstellen vorrangig berücksichtigt werden:

1. Teilzeitbeschäftigte mit Familien- oder Pflegeaufgaben, die eine Vollzeitbeschäftigung oder eine Erhöhung ihrer wöchentlichen Arbeitszeit beantragen, sowie

2 beurlaubte Beschäftigte, die während der Beurlaubung Familien- oder Pflegeaufgaben wahrgenommen haben und eine vorzeitige Rückkehr aus der Beurlaubung beantragen.

(2) Die Dienststelle hat insbesondere den aus familien- oder pflegebedingten Gründen Beurlaubten durch geeignete Maßnahmen die Verbindung zum Beruf und den beruflichen Wiedereinstieg zu erleichtern.

(3) Beurlaubten soll in geeigneten Fällen Gelegenheit gegeben werden, Urlaubs- oder Krankheitsvertretungen wahrzunehmen.

(4) Beurlaubte sind auf Verlangen über Fortbildungsmaßnahmen zu unterrichten. Eine Teilnahme an Fortbildungsveranstaltungen soll ihnen im Rahmen der zur Verfügung stehenden Plätze und der allgemeinen Grundsätze über die Auswahl der dafür in Frage kommenden Beschäftigten ermöglicht werden. Ihnen sind auf Verlangen Fortbildungsmaßnahmen anzubieten, die den beruflichen Wiedereinstieg erleichtern. § 12 Absatz 1 Satz 3 und Absatz 4 findet entsprechende Anwendung.

(5) Mit den Beurlaubten sind auf Antrag Beratungsgespräche zu führen, in denen sie über Einsatzmöglichkeiten während und nach der Beurlaubung informiert werden.

Abschnitt 6
Übergangs- und Schlussvorschriften

§32 Übergangsvorschrift

(1) Gleichstellungsbeauftragte nach § 25 Absatz 1 sind, soweit nicht bereits bestellt, innerhalb eines Jahres nach Inkrafttreten dieses Gesetzes, aber vor Erstellung eines Chancengleichheitsplans, zu bestellen.

(2) In den Gemeinden unter 50 000 Einwohnerinnen und Einwohnern sind Personen oder Organisationseinheiten nach § 25 Absatz 2, soweit nicht bereits benannt, innerhalb eines Jahres nach Inkrafttreten dieses Gesetzes, aber vor Erstellung eines Chancengleichheitsplans, zu benennen.

(3) Vor Inkrafttreten dieses Gesetzes bestellte hauptamtliche Gleichstellungsbeauftragte bleiben mit deren Zustimmung bis zum Ablauf ihrer derzeitigen Bestellung im Amt. Sie führen ihr Amt mit den Rechten und Pflichten einer Gleichstellungsbeauftragten nach diesem Gesetz fort.

§33 Evaluation

Die Neuregelungen dieses Gesetzes sind drei Jahre nach dem Inkrafttreten zu evaluieren.

Verordnung der Landesregierung über die Wahl der Beauftragten für Chancengleichheit

Vom 12. Februar 1996 (GBl. S. 133)

Zuletzt geändert durch
Verordnung der Landesregierung zur Änderung der Verordnung
über die Wahl der Frauenvertreterin
vom 8. November 2005 (GBl. S. 685)

§ 1 Verfahrensgrundsatz

Der Bestellung der Beauftragten für Chancengleichheit aus dem Kreis der Beschäftigten in der Dienststelle geht die Durchführung der Wahl voraus, soweit sich mindestens eine zur Ausübung des Amtes bereite Beschäftigte findet und die Dienststelle im Falle einer Einzelbewerbung nicht von der Durchführung des Wahlverfahrens absieht.

§ 2 Wahlberechtigung

(1) An der Wahl können sich alle weiblichen Beschäftigten der Dienststelle beteiligen. Stichtag ist der Wahltag.

(2) Voraussetzung für die Teilnahme an der Wahl ist die Eintragung in die Liste nach § 7 Abs. 3.

§ 3 Wählbarkeit

Wählbar für das Amt der Beauftragten für Chancengleichheit sind alle weiblichen Beschäftigten der Dienststelle.

§ 4 Fristen für die Wahl

Die Wahl muss bis eine Woche vor Ablauf der bisherigen Amtszeit der Beauftragten für Chancengleichheit abgeschlossen sein.

§ 5 Formen der Stimmabgabe für die Wahl

(1) Für die Wahl ist die persönliche Stimmabgabe im Wahlraum oder bei Verhinderung die Briefwahl möglich.

(2) Die Dienststelle kann abweichend von Absatz 1 ausschließlich die Briefwahl anordnen.

(3) Bei der Briefwahl ist Wahltag der Tag, an dem die Wahl abgeschlossen wird.

§ 6 (weggefallen)

§ 7 Bestellung und Aufgaben des Wahlvorstandes

(1) Die Dienststelle bestellt einen Wahlvorstand aus drei Beschäftigten und überträgt einer Person von ihnen den Vorsitz. Dem Wahlvorstand soll mindestens eine Frau angehören.

(2) Der Wahlvorstand bereitet die Wahl vor und führt sie durch. Seine Beschlüsse werden mit Stimmenmehrheit gefaßt. Er nimmt über jede Sitzung eine Niederschrift auf, die den Wortlaut der gefaßten Beschlüsse enthält und von mindestens zwei Mitgliedern zu unterzeichnen ist. Der Wahlvorstand kann wahlberechtigte Beschäftigte als Hilfskräfte zu seiner Unterstützung bei der Wahlhandlung und der Stimmenzählung bestellen.

(2a) Die Dienststelle unterstützt den Wahlvorstand bei der Erfüllung seiner Aufgaben, insbesondere erstellt sie eine Namensliste (Familien- und Vornamen) der weiblichen Beschäftigten.

(3) Der Wahlvorstand überprüft die Vollständigkeit der Namensliste und die Wahlberechtigung der eingetragenen weiblichen Beschäftigten, stellt diese Liste als Wählerinnenliste fest und gibt sie nach Einleitung der Wahl bis zum Wahltag durch Aushang bekannt. Jede Wahlberechtigte kann innerhalb von zwei Wochen seit Erlaß des Wahlausschreibens beim Wahlvorstand schriftlich Einspruch gegen die Richtigkeit der Wählerin-

nenliste einlegen. Der Wahlvorstand entscheidet über Einsprüche nach Satz 2 und berichtigt die Wählerinnenliste, wenn der Einspruch begründet ist.

(4) Spätestens sechs Wochen vor dem Wahltag erläßt der Wahlvorstand ein Wahlausschreiben, das von mindestens zwei Mitgliedern des Wahlvorstandes unterschrieben und durch Aushang bekanntgegeben wird. Es muß enthalten:

1. Ort und Tag seines Erlasses,
2. Namen und Anschriften der Mitglieder des Wahlvorstandes,
3. den Hinweis, wo Einsprüche, Bewerbungen und sonstige Erklärungen gegenüber dem Wahlvorstand abzugeben sind,
4. die Hinweise auf die Wahlberechtigung und Wählbarkeit sowie die Bedeutung der Wählerinnenliste,
5. Ort und Tag der Bekanntgabe der Wählerinnenliste,
6. die Aufforderung, sich für das Amt der Beauftragten für Chancengleichheit innerhalb von zwei Wochen nach Erlaß des Wahlausschreibens (Angabe des letzten Tages der Frist) zu bewerben,
7. den Ort, an dem die gültigen Bewerbungen bis zum Abschluß der Wahl durch Aushang bekannt gemacht sind,
8. die Hinweise, daß jede Wahlberechtigte nur eine Stimme hat und die Stimmabgabe an die rechtzeitigen Bewerbungen gebunden ist,
9. den Wahltag sowie Ort und Zeit der persönlichen Stimmabgabe,
10. den Hinweis auf die Möglichkeit der Briefwahl und auf den rechtzeitigen Zugang des Wahlumschlags beim Wahlvorstand (Angabe des Fristablaufs),
11. gegebenenfalls den Hinweis auf die Anordnung der Briefwahl durch die Dienststelle nach § 5 Abs. 2,
12. Ort und Zeit der öffentlichen Sitzung des Wahlvorstandes für die Stimmenauszählung und die abschließende Feststellung des Wahlergebnisses.

§ 8 Bewerbung

(1) Wer in der Dienststelle beschäftigt ist, kann sich für das Amt der Beauftragten für Chancengleichheit bewerben. Die Bewerbung muß schriftlich unter Angabe von Familienname, Vorname, Art der Beschäftigung sowie Dienststelle und gegebenenfalls Dienstort erfolgen und dem Wahlvorstand spätestens zwei Wochen nach Erlaß des Wahlausschreibens zugehen.

(1a) Geht innerhalb der Frist des Absatzes 1 nur eine gültige Bewerbung ein, kann die Dienststelle von der weiteren Durchführung des Wahlverfahrens absehen und diese Person zur Beauftragten für Chancengleichheit bestellen.

(2) Ist nach Ablauf der Frist des Absatzes 1 keine gültige Bewerbung eingegangen, muß dies der Wahlvorstand sofort in der gleichen Weise bekanntgeben wie das Wahlausschreiben und eine Nachfrist von einer Woche für die Einreichung von Bewerbungen setzen. In der Bekanntgabe ist darauf hinzuweisen, daß die Wahl nur stattfinden kann, wenn innerhalb der Nachfrist mindestens eine gültige Bewerbung eingereicht wird. Es ist ferner darauf hinzuweisen, dass im Falle einer Einzelbewerbung von der Durchführung des Wahlverfahrens abgesehen werden kann.

(2a) Geht innerhalb der Nachfrist nur eine gültige Bewerbung ein, gilt Absatz 1a entsprechend.

(3) Geht innerhalb der Nachfrist keine gültige Bewerbung ein, hat der Wahlvorstand bekanntzugeben, daß die Wahl nicht stattfindet.

(4) Der Wahlvorstand gibt unverzüglich nach Ablauf der Bewerbungsfrist (Absätze 1 und 2) die Namen und sonstigen Angaben aus den gültigen Bewerbungen in gleicher Weise bekannt wie das Wahlausschreiben.

§ 9 Persönliche Stimmabgabe im Wahlraum

(1) Jede Wählerin hat nur eine Stimme. Sie kann ihre Stimme nur für eine Person mit einer gültigen Bewerbung abgeben.

(2) Das Wahlrecht wird durch Abgabe eines Stimmzettels in einem Wahlumschlag ausgeübt. Auf dem Stimmzettel sind die Bewerbungen in alphabetischer Reihenfolge unter Angabe der Familien- und Vornamen, Art der Beschäftigung sowie Dienststelle und Dienstort aufzuführen. Die Stimmzettel müssen sämtlich die gleiche Größe, Farbe, Beschaffenheit und Beschriftung haben. Das gleiche gilt für die Wahlumschläge.

(3) Die Wählerin kennzeichnet die von ihr gewählte Person durch Ankreuzen an der hierfür im Stimmzettel vorgesehenen Stelle.

(4) Stimmzettel, auf denen mehr als eine Person angekreuzt oder die mit einem besonderen Merkmal versehen sind oder aus denen sich der Wille der Wählerin nicht zweifelsfrei ergibt, sind ungültig.

(5) Der Wahlvorstand trifft geeignete Vorkehrungen für die unbeobachtete Kennzeichnung der Stimmzettel im Wahlraum und sorgt für die Bereitstellung einer oder mehrerer verschlossener Wahlurnen, die so eingerichtet sind, daß die eingeworfenen Wahlumschläge ohne Öffnung der Urnen nicht herausgenommen werden können.

(6) Solange der Wahlraum zur Stimmabgabe geöffnet ist, müssen mindestens zwei Mitglieder des Wahlvorstandes im Wahlraum anwesend sein; sind Hilfskräfte (§ 7 Abs. 2 Satz 4) bestellt, genügt die Anwesenheit eines Mitglieds des Wahlvorstandes und einer Hilfskraft.

(7) Die Wählerin übergibt den Wahlumschlag, in den der Stimmzettel eingelegt ist, dem mit der Entgegennahme der Wahlumschläge betrauten Mitglied des Wahlvorstandes. Der Wahlvorstand stellt fest, ob sie in der Wählerinnenliste eingetragen ist. Trifft dies zu, wird der ungeöffnete Wahlumschlag in Gegenwart der Wählerin in die Wahlurne eingeworfen und die Stimmabgabe in der Wählerinnenliste vermerkt.

(8) Eine Wählerin, die infolge einer Behinderung in der Stimmabgabe beeinträchtigt ist, bestimmt eine Person ihres Vertrauens, deren sie sich bei der Stimmabgabe bedienen will, und gibt dies dem Wahlvorstand bekannt. Mitglieder des Wahlvorstandes, Hilfskräfte (§ 7 Abs. 2 Satz 4) und Personen, die sich für das Amt der Beauftragten für Chancengleichheit bewerben, dürfen nicht zur Hilfeleistung herangezogen werden. Die Hilfe hat sich auf die Erfüllung der Wünsche der Wählerin zur Stimmabgabe zu beschränken. Die Vertrauensperson darf auch gemeinsam mit der Wählerin die Wahlzelle aufsuchen. Sie ist zur Geheimhaltung der Kenntnisse verpflichtet, die sie bei der Hilfeleistung erlangt hat.

(9) Wird der Wahlvorgang unterbrochen oder die Stimmenzählung nicht unmittelbar nach Abschluß der Wahl durchgeführt, ist die Wahlurne solange zu versiegeln.

§ 10 Briefwahl

(1) Eine Wahlberechtigte, die an der persönlichen Stimmabgabe verhindert ist, erhält auf ihren Wunsch vom Wahlvorstand ausgehändigt oder übersandt

1. das Wahlausschreiben,
2. den Stimmzettel und den Wahlumschlag,
3. eine vorgedruckte, von der Wählerin gegenüber dem Wahlvorstand abzugebende Erklärung, daß sie den Stimmzettel persönlich gekennzeichnet hat oder unter den Voraussetzungen des § 9 Abs. 8 durch eine Person ihres Vertrauens hat kennzeichnen lassen,
4. einen größeren Freiumschlag mit der Anschrift des Wahlvorstandes, mit dem Namen und Anschrift der Wählerin als Absenderin sowie mit dem Vermerk „Briefwahl",
5. ein Merkblatt über die Art und Weise der Briefwahl.

Der Wahlvorstand vermerkt die Aushändigung oder Übersendung der Unterlagen in der Wählerinnenliste.

(2) Bei einer von der Dienststelle angeordneten ausschließlichen Briefwahl werden die in Absatz 1 bezeichneten Unterlagen mit einem entsprechenden Vermerk in der Wählerinnenliste vom Wahlvorstand unaufgefordert spätestens zwei Wochen vor dem Wahltag (§ 5 Abs. 3) allen Wahlberechtigten ausgehändigt oder übersandt.

(3) Die Wählerin gibt ihre Stimme in der Weise ab, daß sie

1. den Stimmzettel unbeobachtet persönlich kennzeichnet und in den Wahlumschlag einlegt,
2. die vorgedruckte Erklärung unter Angabe des Ortes und des Datums unterschreibt und
3. den Wahlumschlag in dem Freiumschlag verschließt und diesen so rechtzeitig an den Wahlvorstand absendet oder übergibt, daß er vor Abschluß der Wahl vorliegt.

Die Wählerin kann unter den Voraussetzungen des § 9 Abs. 8 die in den Nummern 1 bis 3 bezeichneten Tätigkeiten durch eine Person ihres Vertrauens verrichten lassen.

(4) Unmittelbar vor Abschluß der Wahl öffnet der Wahlvorstand in öffentlicher Sitzung die bis zu diesem Zeitpunkt eingegangenen Freiumschläge und entnimmt ihnen die Wahlumschläge sowie die vorgedruckten Erklärungen. Ist die Briefwahl ordnungsgemäß erfolgt, legt der Wahlvorstand die Wahlumschläge nach Vermerk der Stimmabgabe in der Wählerinnenliste ungeöffnet in die Wahlurne.

(5) Verspätet eingehende Freiumschläge nimmt der Wahlvorstand mit einem Vermerk über den Zeitpunkt des Eingangs ungeöffnet zu den Wahlunterlagen. Sie sind einen Monat nach Bekanntgabe des Wahlergebnisses ungeöffnet von der Dienststelle zu vernichten, wenn die Wahl nicht angefochten ist.

§ 11 Wahlergebnis

(1) Unverzüglich nach Abschluß der Wahl nimmt der Wahlvorstand, gegebenenfalls mit Unterstützung der Hilfskräfte (§ 7 Abs. 2 Satz 4) öffentlich die Auszählung der Stimmen vor und stellt das Ergebnis fest. Als Beauftragte für Chancengleichheit ist gewählt, wer die meisten Stimmen erhalten hat. Bei Stimmengleichheit entscheidet das Los.

(2) Der Wahlvorstand fertigt über das Ergebnis eine Niederschrift an. Die Niederschrift muß die Zahl der abgegebenen gültigen und ungültigen Stimmzettel, die auf jede Bewerbung entfallenen Stimmenzahlen sowie den Namen der gewählten Beauftragten für Chancengleichheit enthalten.

(3) Der Wahlvorstand benachrichtigt die als Beauftragte für Chancengleichheit gewählte Person unverzüglich schriftlich gegen Empfangsbestätigung von ihrer Wahl. Erklärt die gewählte Person nicht innerhalb von drei Arbeitstagen nach Zugang der Benachrichtigung dem Wahlvorstand die Ablehnung ihrer Wahl, gilt diese als angenommen.

(4) Lehnt die gewählte Person die Wahl ab, tritt an ihre Stelle die Person mit der nächsthöchsten Stimmenzahl.

(5) Sobald der Name der als Beauftragten für Chancengleichheit gewählten Person endgültig feststeht, gibt der Wahlvorstand ihn durch zweiwöchigen Aushang bekannt und teilt ihn der Dienststelle mit.

(6) Die Absätze 3 und 5 gelten im Falle der Bestellung der Beauftragten für Chancengleichheit nach § 8 Abs. 1a und 2a entsprechend.

§ 12 Aufbewahrung der Wahlunterlagen

Die Dienststelle bewahrt die Wahlunterlagen, insbesondere die Niederschriften, Bekanntmachungen und Stimmzettel mindestens bis zum Ablauf der Amtszeit der Beauftragten für Chancengleichheit auf.

§ 13 Stellvertreterin

Für die Stellvertreterin der Beauftragten für Chancengleichheit gelten die vorstehenden Vorschriften entsprechend.

§ 14 Inkrafttreten

Diese Verordnung tritt am Tage nach ihrer Verkündung in Kraft.

Der Tag der Verkündung war der 29. Februar 1996.

Landesgesetz zur Gleichstellung von Menschen mit Behinderungen
(Landes-Behindertengleichstellungsgesetz – L-BGG)
Vom 17. Dezember 2014 (GBl. S. 819)

Zuletzt geändert durch
Gesetz zur Änderung des Landes-Behindertengleichstellungsgesetzes und anderer Gesetze vom 25. Juli 2023 (GBl. S. 270)

Abschnitt 1
Allgemeine Bestimmungen

§ 1 Gesetzesziel

Ziel dieses Gesetzes ist es, in Umsetzung des Übereinkommens der Vereinten Nationen über die Rechte von Menschen mit Behinderungen (UN-Behindertenrechtskonvention) vom 13. Dezember 2006 (BGBl. 2008 II S. 1420) den vollen und gleichberechtigten Genuss aller Rechte durch alle Menschen mit Behinderungen zu fördern, zu schützen und zu gewährleisten. Bei der Verwirklichung der Rechte von Menschen mit Behinderungen sind insbesondere folgende in der UN-Behindertenrechtskonvention verankerte Prinzipien zu beachten:

1. die Achtung der dem Menschen innewohnenden Würde,
2. Selbstbestimmung,
3. Nichtbenachteiligung,
4. Inklusion,
5. Partizipation,
6. die Achtung der Unterschiedlichkeit von Menschen mit Behinderungen und die Akzeptanz dieser Menschen als Teil der menschlichen Vielfalt und der Menschheit,
7. Chancengleichheit,
8. Barrierefreiheit,
9. Gleichberechtigung von Mann und Frau und
10. die Achtung von den sich entwickelnden Fähigkeiten von Kindern mit Behinderungen und die Achtung ihres Rechts auf Identität.

§ 2 Geltungsbereich

Dieses Gesetz gilt für

1. die Dienststellen und sonstigen Einrichtungen der Landesverwaltung einschließlich der landesunmittelbaren Körperschaften, Anstalten und Stiftungen sowie für Gemeinden, Gemeindeverbände, die sonstigen der Aufsicht des Landes unterstehenden juristischen Personen des öffentlichen Rechts sowie die Gerichte und Staatsanwaltschaften, soweit sie in Verwaltungsangelegenheiten tätig werden,

2. juristische Personen des öffentlichen und des privaten Rechts, die zu dem besonderen Zweck gegründet wurden, im Allgemeininteresse liegende Aufgaben nicht gewerblicher Art zu erfüllen, sofern

    a) sie überwiegend von öffentlichen Stellen im Sinne von Nummer 1 einzeln oder gemeinsam durch Beteiligung oder auf sonstige Weise finanziert werden,

    b) ihre Leitung der Aufsicht durch öffentliche Stellen im Sinne von Nummer 1 unterliegt oder

    c) mehr als die Hälfte der Mitglieder eines ihrer zur Geschäftsführung oder zur Aufsicht berufenen Organe durch öffentliche Stellen im Sinne von Nummer 1 bestimmt worden ist,

3. Verbände, deren Mitglieder unter Nummer 1 oder Nummer 2 fallen.

Eine überwiegende Finanzierung durch öffentliche Stellen im Sinne von Nummer 1 wird angenommen, wenn sie mehr als 50 Prozent der Gesamtheit der Mittel finanzieren.

§ 3 Begriffsbestimmungen

(1) Menschen mit Behinderungen im Sinne dieses Gesetzes sind Menschen, die langfristige körperliche, seelische, geistige oder Sinnesbeeinträchtigungen haben, welche sie in Wechselwirkung mit einstellungs- und umweltbedingten Barrieren an der vollen, wirksamen und gleichberechtigten Teilhabe an der Gesellschaft hindern können.

(2) Barrierefrei sind Anlagen, Verkehrsmittel, technische Gebrauchsgegenstände, Systeme der Informationsverarbeitung, akustische und visuelle Informationsquellen und Kommunikationseinrichtungen sowie andere gestaltete Lebensbereiche, wenn sie für Menschen mit Behinderungen in der allgemein üblichen Weise, ohne besondere Erschwernis und grundsätzlich ohne fremde Hilfe zugänglich und nutzbar sind. Eine besondere Erschwernis liegt auch dann vor, wenn Menschen mit Behinderungen die Mitnahme oder der Einsatz benötigter Hilfsmittel verweigert oder erschwert wird. Die Begriffsbestimmungen der Landesbauordnung für Baden-Württemberg bleiben unberührt.

(3) Eine Benachteiligung liegt vor, wenn Menschen mit und ohne Behinderungen ohne zwingenden Grund unterschiedlich behandelt werden und dadurch Menschen mit Behinderungen in der gleichberechtigten Teilhabe am Leben in der Gesellschaft unmittelbar oder mittelbar beeinträchtigt werden.

§ 4 Frauen mit Behinderungen

Zur Durchsetzung der Gleichberechtigung von Frauen und Männern sind die besonderen Belange von Frauen mit Behinderungen zu berücksichtigen und bestehende Benachteiligungen zu beseitigen. Dabei sind besondere Maßnahmen zur Förderung der tatsächlichen Durchsetzung der Gleichberechtigung von Frauen mit Behinderungen sowie zum Abbau und zur Beseitigung bestehender Benachteiligungen zulässig.

Abschnitt 2
Verpflichtung zur Gleichstellung und Barrierefreiheit

§ 5 Gleichstellungsauftrag

(1) Die Gleichstellung von Menschen mit Behinderungen ist Aufgabe des Staates und der Gesellschaft.

(2) Die öffentlichen Stellen im Sinne von § 2 sollen im Rahmen ihres jeweiligen Aufgabenbereichs die in § 1 genannten Ziele aktiv fördern und bei der Planung von Maßnahmen beachten. In Bereichen bestehender Benachteiligungen von Menschen mit Behinderungen gegenüber nicht behinderten Menschen sind besondere Maßnahmen zum Abbau und zur Beseitigung dieser Benachteiligungen zulässig. Bei der Anwendung von Gesetzen zur tatsächlichen Durchsetzung der Gleichberechtigung von Frauen und Männern ist den besonderen Belangen von Frauen mit Behinderungen Rechnung zu tragen.

§ 6 Benachteiligungsverbot für öffentliche Stellen; Beweislastumkehr

(1) Öffentliche Stellen im Sinne von § 2 dürfen Menschen mit Behinderungen nicht benachteiligen.

(2) Besondere Benachteiligungsverbote zu Gunsten von Menschen mit Behinderungen in anderen Rechtsvorschriften bleiben unberührt.

(3) Wenn ein Mensch mit Behinderung Sachverhalte oder Tatsachen beweist, die eine Benachteiligung aufgrund einer Behinderung vermuten lassen, ist diese Vermutung im Streitfalle von der Gegenseite zu widerlegen.

§ 6a Menschen mit Behinderungen in Begleitung zertifizierter Assistenzhunde

(1) Öffentliche Stellen im Sinne von § 2 dürfen Menschen mit Behinderungen in Begleitung ihres Assistenzhundes im Sinne von § 12e Absatz 3 des Behindertengleichstellungsgesetzes (BGG) den Zutritt zu ihren typischerweise für den allgemeinen Publikums- und Benutzungsverkehr zugänglichen Anlagen und Einrichtungen nicht wegen der Begleitung durch ihren Assistenzhund verweigern. Dies gilt nicht, so-

fern der Zutritt mit Assistenzhund eine unverhältnismäßige Belastung für die öffentliche Stelle im Sinne von § 2 darstellen würde. Weitergehende Rechte von Menschen mit Behinderungen bleiben unberührt.

(2) Eine nach Absatz 1 unberechtigte Verweigerung durch öffentliche Stellen im Sinne von § 2 gilt als Benachteiligung im Sinne von § 6 Absatz 1.

(3) Menschen mit Behinderungen, die ihre Rechte nach Absatz 1 wahrnehmen, haben ihren Assistenzhund nach Maßgabe des § 26 Absatz 2 und 3 der Assistenzhundeverordnung mit einem Abzeichen als solchen zu kennzeichnen.

§ 7 Herstellung von Barrierefreiheit in den Bereichen Bau und Verkehr

(1) Bei Neubau- und Umbaumaßnahmen sind bauliche und andere Anlagen nach Maßgabe der einschlägigen Rechtsvorschriften, insbesondere der Landesbauordnung Baden-Württemberg, barrierefrei herzustellen.

(2) Neu zu errichtende öffentliche Straßen sowie öffentlich zugängliche Verkehrsanlagen und neu zu beschaffende Beförderungsmittel im öffentlichen Personenverkehr sind nach Maßgabe der einschlägigen Rechtsvorschriften des Landes barrierefrei zu gestalten. Bei großen Umbau- oder Erweiterungsmaßnahmen sollen diese nach Maßgabe der einschlägigen Rechtsvorschriften des Landes barrierefrei gestaltet werden.

§ 8 Recht auf Verwendung von Gebärdensprache und anderen Kommunikationshilfen

(1) Die Deutsche Gebärdensprache ist als eigenständige Sprache anerkannt.

(2) Lautsprachbegleitende Gebärden sind als Kommunikationsform der deutschen Sprache anerkannt.

(3) Menschen mit Hörbehinderungen (Gehörlose, Ertaubte und Schwerhörige) und Menschen mit Sprachbehinderungen haben das Recht, mit öffentlichen Stellen im Sinne von § 2 in Deutscher Gebärdensprache, mit lautsprachbegleitenden Gebärden oder über andere geeignete Kommunikationshilfen zu kommunizieren, soweit dies zur Wahrnehmung eigener Rechte im Verwaltungsverfahren erforderlich ist. Die öffentlichen Stellen haben die dafür erforderlichen Aufwendungen zu erstatten.

(4) Die Erstattung der erforderlichen Aufwendungen für die Dolmetscherdienste erfolgt in entsprechender Anwendung des Justizvergütungs- und -entschädigungsgesetzes in der jeweils geltenden Fassung. Für den Einsatz sonstiger Kommunikationshilfen werden die angemessenen Kosten erstattet.

§ 9 Gestaltung des Schriftverkehrs

(1) Öffentliche Stellen im Sinne von § 2 sollen auf Verlangen im Schriftverkehr mit den Bürgerinnen und Bürgern im Rahmen der technischen und verwaltungsorganisatorischen Möglichkeiten sowie rechtlichen Bestimmungen eine Behinderung von Menschen berücksichtigen.

(2) Blinde Menschen und Menschen mit einer Sehbehinderung können insbesondere verlangen, dass ihnen Bescheide, öffentlich-rechtliche Verträge und Vordrucke ohne zusätzliche Kosten auch in einer für sie wahrnehmbaren Form zugänglich gemacht werden, soweit dies zur Wahrnehmung eigener Rechte im Verwaltungsverfahren erforderlich ist. Die Verordnung über barrierefreie Dokumente in der Bundesverwaltung vom 17. Juli 2002 (BGBl. I S. 2652) in der jeweils geltenden Fassung findet entsprechende Anwendung.

(3) Die Vorschriften über Form, Bekanntgabe und Zustellung von Verwaltungsakten bleiben von den in den Absätzen 1 und 2 getroffenen Regelungen unberührt.

§ 10 Barrierefreie mediale Angebote

(1) Öffentliche Stellen im Sinne von § 2 gestalten ihre Internet- und Intranetseiten (Webseiten), ihre mobilen Anwendungen sowie die von ihnen zur Verfügung gestellten grafischen Programmoberflächen, die mit Mitteln der Informationstechnik dargestellt werden (mediale Angebote) barrierefrei, sodass sie von Menschen mit Behinderungen grundsätzlich uneingeschränkt genutzt werden können. Dies erfordert, dass sie zugänglich, wahrnehmbar, bedienbar, verständlich und robust sind. Die Anforderungen zur barrierefreien Gestaltung bestimmen sich nach Maßgabe der § 3 Ab-

§ 10 Landes-Behindertengleichstellungsgesetz (L-BGG)

satz 1 bis 4 und § 4 der Barrierefreie-Informationstechnik-Verordnung vom 12. September 2011 (BGBl. I S. 1843), die zuletzt durch Artikel 1 der Verordnung vom 21. Mai 2019 (BGBl. I S. 738) geändert worden ist, in der jeweils geltenden Fassung.

(2) Öffentliche Stellen im Sinne von § 2 können im Einzelfall von einer Gestaltung nach Absatz 1 nur dann absehen, soweit diese zu einer unverhältnismäßigen Belastung führen würde. Für das Vorliegen einer unverhältnismäßigen Belastung im Einzelfall sind insbesondere zu berücksichtigen

1. die Größe, die Ressourcen und die Art der betreffenden öffentlichen Stelle,

2. die geschätzten Kosten und Vorteile für die betreffende öffentliche Stelle im Verhältnis zu den geschätzten Vorteilen für Menschen mit Behinderungen, wobei die Nutzungshäufigkeit und die Nutzungsdauer der betreffenden Webseite beziehungsweise der betreffenden mobilen Anwendung zu berücksichtigen sind.

Mangelnde Aufgabenpriorität, Zeit oder Kenntnis von den in Absatz 1 genannten Anforderungen begründen keine unverhältnismäßige Belastung nach Satz 1. Die Gestaltung nach Absatz 1 ist schnellstmöglich nachzuholen.

(3) Öffentliche Stellen im Sinne von § 2 stellen eine Erklärung zur Barrierefreiheit ihrer Webseiten und mobilen Anwendungen im Sinne von Absatz 1 Satz 1 bereit. Die Erklärung zur Barrierefreiheit enthält insbesondere

1. für den Fall, dass ausnahmsweise keine vollständige barrierefreie Gestaltung der Webseite oder mobilen Anwendung erfolgt ist, die Benennung der Teile des Inhalts, die nicht vollständig barrierefrei gestaltet sind und die Gründe für die nicht barrierefreie Gestaltung sowie einen Hinweis auf gegebenenfalls barrierefrei gestaltete Alternativen,

2. eine Rückmeldefunktion, die es den Nutzenden ermöglicht, der betreffenden öffentlichen Stelle jegliche Mängel bei der Einhaltung der Anforderungen nach Absatz 1 mitzuteilen und

3. einen Hinweis auf das Schlichtungsverfahren nach § 10b, der die Möglichkeit, ein solches Schlichtungsverfahren durchzuführen, erläutert und eine Verlinkung der Webseite der Schlichtungsstelle beinhaltet.

Das Sozialministerium und das Innenministerium werden ermächtigt, die Einzelheiten zur Erklärung zur Barrierefreiheit und zur Rückmeldefunktion durch eine gemeinsame Rechtsverordnung zu regeln.

(4) Bei der Deutschen Rentenversicherung Baden-Württemberg wird eine Überwachungsstelle des Landes für mediale Barrierefreiheit eingerichtet. Die Überwachungsstelle hat

1. in regelmäßigen Abständen zu prüfen und zu überwachen, ob und inwieweit Webseiten und mobile Anwendungen öffentlicher Stellen im Sinne von § 2 die Anforderungen nach Absatz 1 bis 3 erfüllen,

2. die öffentlichen Stellen im Sinne von § 2 über Mängel, die die Überwachungsstelle im Rahmen ihrer Tätigkeit festgestellt hat, innerhalb einer angemessenen Frist zu informieren,

3. Hinweise und Anregungen zur Behebung der Mängel nach Nummer 2 und für eine Verbesserung der Barrierefreiheit der geprüften Webseite oder mobilen Anwendung zu übermitteln, wobei sie eine angemessene Frist zur Beseitigung der festgestellten Mängel setzen kann,

4. die öffentlichen Stellen im Sinne von § 2 anlässlich der jeweiligen Prüfergebnisse zu beraten,

5. die Webseite oder mobile Anwendung einer öffentlichen Stelle im Sinne von § 2 bei Bedarf ab einem Zeitraum von sechs Monaten nach Übersendung des Prüfergebnisses oder einer Beratung einer Nachprüfung zu unterziehen,

6. in regelmäßigen Abständen die Ergebnisse in einem Bericht an das Land festzuhalten und

7. mit der Überwachungsstelle des Bundes und den Überwachungsstellen der Länder zusammenzuarbeiten.

Die Überwachungsstelle untersteht der Rechts- und Fachaufsicht des Sozialministeriums. Das Sozialministerium und das Innenministerium werden ermächtigt, die Einzelheiten des Überwachungsverfahrens und der Berichterstattung durch eine gemeinsame Rechtsverordnung zu regeln.

(5) Öffentliche Stellen im Sinne von § 2 sind verpflichtet, die Überwachungsstelle bei der Erfüllung ihrer Aufgaben zu unterstützen. Dies umfasst insbesondere, der Überwachungsstelle auf Ersuchen Auskünfte zu erteilen und soweit erforderlich Akteneinsicht zu gewähren, sofern andere Rechtsvorschriften nicht entgegenstehen.

§ 10a Kompetenzzentrum für Barrierefreiheit des Landes Baden-Württemberg

(1) Das Land unterhält im Geschäftsbereich des Sozialministeriums ein Kompetenzzentrum für Barrierefreiheit des Landes Baden-Württemberg (Landeszentrum Barrierefreiheit, LZ-BARR). Es soll die gleichberechtigte gesellschaftliche Teilhabe von Menschen mit Behinderungen durch eine umfassende barrierefreie Gestaltung der Umwelt verbessern und weiter voranbringen.

(2) Aufgaben des LZ-BARR sind

1. die Beratung in den Bereichen Bauen, Verkehr und Öffentlicher Personennahverkehr, Informationstechnik, Information und Kommunikation (insbesondere leichte und einfache Sprache, Deutsche Gebärdensprache, taktile Gebärdensprache und Lormen, Untertitelung, Audiodeskription, Technik, Medienalternativen), Nutzung assistiver Technologien, Erstellung von Aktionsplänen und Zielvereinbarungen,

2. die Förderung von Interesse und Bewusstsein für das Thema Barrierefreiheit durch wirksame Öffentlichkeitsarbeit,

3. die Entwicklung und Umsetzung von allgemeinen Informations-, Sensibilisierungs- und Schulungsangeboten zum Thema Barrierefreiheit und

4. das Betreiben einer Webseite auf der insbesondere auch Informationen über seine aktuellen Tätigkeiten, über allgemeine Entwicklungen im Bereich der Barrierefreiheit sowie zu aktuellen Gesetzesvorhaben auf Ebene des Landes, des Bundes und der Europäischen Union sowie Praxishilfen zur Verfügung stehen.

(3) Das Angebot des LZ-BARR nach

1. Absatz 2 Nummer 1 bis 3 richtet sich an öffentliche Stellen im Sinne von § 2, freie gemeinnützige Träger mit Sitz und Tätigkeitsschwerpunkt in Baden-Württemberg und Unternehmen, die Einrichtungen und Dienste von allgemeinem wirtschaftlichen Interesse anbieten und der Öffentlichkeit in Baden-Württemberg zur Verfügung stehen oder für sie bereitgestellt werden,

2. Absatz 2 Nummer 4 richtet sich insbesondere auch an die Bürgerinnen und Bürger Baden-Württembergs.

(4) Die Verarbeitung personenbezogener Daten und besonderer Kategorien personenbezogener Daten durch das LZ-BARR ist nur zulässig, wenn dies zur Erfüllung der Aufgaben nach Absatz 2 erforderlich ist. Im Übrigen findet das Landesdatenschutzgesetz (LDSG) Anwendung. Das LZ-BARR sieht angemessene und spezifische Maßnahmen zur Wahrung der Interessen der betroffenen Personen nach § 3 LDSG vor.

(5) Näheres zur Organisation des LZ-BARR regelt das Sozialministerium durch Verwaltungsvorschrift.

§ 10b Schlichtungsstelle

(1) Beim LZ-BARR wird eine Schlichtungsstelle eingerichtet. Ziel der Schlichtung ist die außergerichtliche einvernehmliche Beilegung von Streitigkeiten im Einzelfall zwischen Menschen mit Behinderungen und öffentlichen Stellen im Sinne von § 2. Die Schlichtungsstelle ist unabhängig, handelt unparteiisch und ermöglicht eine barrierefreie Kommunikation. Die schlichtende Person und die weiteren in die Schlichtung eingebundenen Personen sind zur Verschwiegenheit verpflichtet, soweit durch Rechtsvorschrift nichts anderes geregelt ist. Die Pflicht nach Satz 4 bezieht sich auf alles, was ihnen in Ausübung der Schlichtungstätigkeit bekannt geworden ist.

(2) Bei der Schlichtungsstelle nach Absatz 1 kann bei einer behaupteten Verletzung folgender Rechte durch eine öffentliche Stelle im Sinne von § 2 ein Antrag auf Einleitung eines Schlichtungsverfahrens gestellt werden:

1. die Verpflichtung zur Herstellung von Barrierefreiheit bei Bauvorhaben der öffentlichen Hand und im öffentlichen Personenverkehr nach § 7,

2. das Recht auf Kommunikation in der Gebärdensprache oder mit anderen Kommunikationshilfen nach § 8 Absatz 3,

3. die Verpflichtung zur Herstellung von Barrierefreiheit bei der Ausgestaltung des Schriftverkehrs nach § 9 oder

4. die Verpflichtung zur barrierefreien Gestaltung medialer Angebote nach § 10 Absatz 1 bis 3.

Sofern der Sachverhalt die barrierefreie Gestaltung medialer Angebote nach § 10 Absatz 1 bis 3 betrifft, hat die antragstellende Person schlüssig darzulegen, dass über die Rückmeldefunktion nach § 10 Absatz 3 Satz 2 Nummer 2 keine Abhilfe erzielt werden konnte. Der Schlichtungsantrag kann jederzeit ohne Begründung zurückgenommen werden.

(3) Antragsberechtigt sind Menschen mit Behinderungen mit Wohnsitz in Baden-Württemberg, kommunale Behindertenbeauftragte nach § 15 Absatz 1 und nach § 15 Absatz 3 BGG anerkannte Verbände oder deren baden-württembergische Landesverbände, wenn sie durch den gegenständlichen Sachverhalt in ihrem satzungsgemäßen Aufgabenbereich berührt sind.

(4) Der Schlichtungsantrag kann in Textform oder zur Niederschrift bei der Schlichtungsstelle gestellt werden. Die Schlichtungsstelle stellt ein barrierefreies Antragsformular auf ihrer Webseite zur Verfügung, das zur Antragstellung genutzt werden kann. Der Schlichtungsantrag muss eine Schilderung des Sachverhalts, das verfolgte Ziel, den Vor- und Nachnamen und die Anschrift der antragstellenden Person sowie die Bezeichnung der beteiligten öffentlichen Stellen im Sinne von § 2 enthalten.

(5) Die Schlichtungsstelle übermittelt der öffentlichen Stelle im Sinne von § 2 eine Abschrift des Schlichtungsantrags und gibt ihr die Möglichkeit, binnen einer Frist von einem Monat ab Eingang der Abschrift Stellung zu nehmen. Nimmt die öffentliche Stelle im Sinne von § 2 Stellung, leitet das LZ-BARR die Stellungnahme der antragstellenden Person zu und gibt ihr die Möglichkeit, sich innerhalb einer Frist von einem Monat zu äußern. Äußert sich die öffentliche Stelle im Sinne von § 2 nicht, informiert das LZ-BARR die antragstellende Person durch eine Mitteilung in Textform über die erfolglose Durchführung der Schlichtung.

(6) Die Schlichtungsstelle bestimmt den weiteren Gang des Verfahrens nach freiem Ermessen unter Beachtung der Grundsätze der Unparteilichkeit und Billigkeit. Hierzu kann sie die Beteiligten zu einem Schlichtungstermin einladen und den Sachverhalt mit ihnen mündlich erörtern.

(7) Die Schlichtungsstelle unterbreitet den Beteiligten einen begründeten und angemessenen Vorschlag zur Beilegung der Streitigkeit (Schlichtungsvorschlag), der auf dem sich aus dem Schlichtungsverfahren ergebenden Sachverhalt beruht und am geltenden Recht ausgerichtet sein muss. Der Schlichtungsvorschlag und die Begründung werden den Beteiligten in Textform übermittelt. Die Schlichtungsstelle setzt den Beteiligten eine angemessene Frist zur Annahme des Schlichtungsvorschlags, die einen Monat ab Bekanntgabe nicht überschreiten soll. Sie unterrichtet die Beteiligten mit der Unterbreitung des Schlichtungsvorschlags über die rechtlichen Folgen einer Annahme und darüber, dass der Schlichtungsvorschlag nicht dem Ergebnis eines gerichtlichen Verfahrens entsprechen muss. Sie weist auf die Möglichkeit hin, den Schlichtungsvorschlag nicht anzunehmen und den Rechtsweg zu beschreiten. Die Annahme des Schlichtungsvorschlags ist gegenüber der Schlichtungsstelle in Schriftform zu erklären.

(8) Das Schlichtungsverfahren endet, wenn die Beteiligten den Schlichtungsvorschlag nach Absatz 7 angenommen haben, zwischen den Beteiligten auf eine andere Weise eine

Einigung zu Stande kam, der Schlichtungsantrag nach Absatz 2 Satz 3 zurückgenommen oder festgestellt wurde, dass eine gütliche Einigung nicht möglich ist. Wird der Schlichtungsvorschlag angenommen, übermittelt die Schlichtungsstelle den Beteiligten jeweils eine Ausfertigung des von ihnen angenommen Schlichtungsvorschlags oder der zwischen ihnen erzielten Vereinbarung in Textform und teilt ihnen mit, dass das Schlichtungsverfahren beendet ist. Konnte zwischen den Beteiligten keine gütliche Einigung erzielt werden, teilt die Schlichtungsstelle der antragstellenden Person in Textform mit, dass das Schlichtungsverfahren beendet ist.

(9) Die Verarbeitung personenbezogener Daten und besonderer Kategorien personenbezogener Daten durch die Schlichtungsstelle ist nur zulässig, soweit dies zur Erfüllung ihrer Aufgaben nach Absatz 1 bis 8 erforderlich ist. Im Übrigen findet das Landesdatenschutzgesetz Anwendung.

(10) Näheres zur Organisation der Schlichtungsstelle regelt das Sozialministerium durch Verwaltungsvorschrift.

Abschnitt 3
Rechtsbehelfe

§ 11 Prozessstandschaft in verwaltungs- und sozialrechtlichen Verfahren

Werden Menschen mit Behinderungen in ihren Rechten nach diesem Gesetz verletzt, können an ihrer Stelle und mit ihrem schriftlichen Einverständnis Verbände nach § 12 Absatz 1, die nicht selbst am Verfahren beteiligt sind, Rechtsschutz beantragen. In diesen Fällen müssen alle Verfahrensvoraussetzungen wie bei einem Rechtsschutzersuchen durch den Menschen mit Behinderungen selbst vorliegen.

§ 12 Verbandsklagerecht

(1) Ein nach § 15 Absatz 3 BGG in der jeweils geltenden Fassung anerkannter Verband oder dessen baden-württembergischer Landesverband kann, ohne in seinen Rechten verletzt zu sein, Klage nach Maßgabe der Verwaltungsgerichtsordnung oder des Sozialgerichtsgesetzes auf Feststellung eines Verstoßes gegen

1. das Benachteiligungsverbot nach § 6 Absatz 1,
2. die Verpflichtung zur Herstellung von Barrierefreiheit bei Bauvorhaben der öffentlichen Hand und im öffentlichen Personenverkehr nach § 7,
3. das Recht auf Kommunikation in der Gebärdensprache oder mit anderen Kommunikationshilfen nach § 8 Absatz 3,
4. die Verpflichtung zur Herstellung von Barrierefreiheit bei der Ausgestaltung des Schriftverkehrs nach § 9 sowie bei der Gestaltung medialer Angebote nach § 10

durch die in § 2 genannten Behörden erheben. Satz 1 gilt nicht, wenn eine Maßnahme aufgrund einer Entscheidung in einem verwaltungs- oder sozialgerichtlichen Streitverfahren erlassen worden ist.

(2) Eine Klage ist nur zulässig, wenn der Verband durch die angegriffene Maßnahme in seinem satzungsgemäßen Aufgabenbereich berührt ist. Soweit ein Mensch mit Behinderungen selbst seine Rechte durch eine Gestaltungs- oder Leistungsklage verfolgen kann oder hätte verfolgen können, kann die Klage nach Absatz 1 nur erhoben werden, wenn der Verband geltend macht, dass es sich bei der Maßnahme um einen Fall von allgemeiner Bedeutung handelt. Dies ist insbesondere gegeben, wenn eine Vielzahl gleich gelagerter Sachverhalte vorliegt. Für Klagen nach Absatz 1 Satz 1 gelten die Vorschriften des Achten Abschnitts der Verwaltungsgerichtsordnung entsprechend mit der Maßgabe, dass es eines Vorverfahrens auch dann bedarf, wenn die angegriffene Maßnahme von einer obersten Landesbehörde erlassen worden ist.

Abschnitt 4
Interessenvertretung von Menschen mit Behinderungen

§ 13 Amt der oder des Beauftragten der Landesregierung für die Belange von Menschen mit Behinderungen

(1) Die Landesregierung bestellt im Benehmen mit dem Landes-Beirat für die Belange

von Menschen mit Behinderungen für die Dauer der Wahlperiode des Landtags eine Beauftragte oder einen Beauftragten der Landesregierung für die Belange von Menschen mit Behinderungen (Landes-Behindertenbeauftragte oder Landes-Behindertenbeauftragter). Die oder der Landes-Behindertenbeauftragte ist unabhängig, weisungsungebunden und ressortübergreifend tätig.

(2) Der beauftragten Person ist die für die Erfüllung ihrer Aufgabe notwendige Personal- und Sachausstattung zur Verfügung zu stellen.

§ 14 Aufgaben und Befugnisse der oder des Landes-Behindertenbeauftragten

(1) Die oder der Landes-Behindertenbeauftragte wirkt darauf hin, dass die Verpflichtung des Landes, für gleichwertige Lebensbedingungen für Menschen mit und ohne Behinderungen zu sorgen, in allen Bereichen des gesellschaftlichen Lebens erfüllt wird. Die oder der Landes-Behindertenbeauftragte setzt sich bei der Wahrnehmung dieser Aufgabe dafür ein, dass unterschiedliche Lebensbedingungen von Frauen und Männern mit Behinderungen berücksichtigt und Benachteiligungen beseitigt werden.

(2) Die oder der Landes-Behindertenbeauftragte berät die Landesregierung in Fragen der Politik für Menschen mit Behinderungen und arbeitet mit der Verwaltung zusammen. Zudem sind die oder der Landes-Behindertenbeauftragte Anlaufstelle für Menschen mit Behinderungen und deren Angehörige (Ombudsfrau beziehungsweise Ombudsmann).

(3) Zur Wahrnehmung dieser Aufgabe ist die oder der Landes-Behindertenbeauftragte, soweit die spezifischen Belange der Menschen mit Behinderungen betroffen sind, bei Gesetzgebungs- und Verordnungsvorhaben frühzeitig zu beteiligen.

(4) Öffentliche Stellen im Sinne des § 2 sollen die Landes-Behindertenbeauftragte oder den Landes-Behindertenbeauftragten bei der Erfüllung ihrer oder seiner Aufgaben unterstützen. Dies umfasst insbesondere die Verpflichtung zur Auskunftserteilung und Akteneinsicht im Rahmen der Bestimmungen zum Schutz personenbezogener Daten.

§ 15 Kommunale Beauftragte für die Belange von Menschen mit Behinderungen

(1) In jedem Stadt- und Landkreis ist eine Beauftragte oder ein Beauftragter für die Belange von Menschen mit Behinderungen (kommunale Behindertenbeauftragte oder kommunaler Behindertenbeauftragter) zu bestellen. In den übrigen Gemeinden können kommunale Behindertenbeauftragte bestellt werden. Die kommunalen Behindertenbeauftragten sind unabhängig und weisungsungebunden.

(2) Das Land fördert die Bestellung von hauptamtlichen Behindertenbeauftragten in den Stadt- und Landkreisen.

(3) Die Beauftragten im Sinne von Absatz 1 Satz 1 beraten die Stadt- und Landkreise in Fragen der Politik für Menschen mit Behinderungen und arbeiten mit der Verwaltung zusammen. Zudem sind sie Ombudsfrau beziehungsweise Ombudsmann. Die Beauftragten der Landkreise nehmen neben ihren eigenen Aufgaben die Koordination der Beauftragten bei den kreisangehörigen Gemeinden wahr.

(4) Die Beauftragten im Sinne von Absatz 1 sind bei allen Vorhaben der Gemeinden und Landkreise, soweit die spezifischen Belange der Menschen mit Behinderungen betroffen sind, frühzeitig zu beteiligen. Über die jeweilige Stellungnahme informiert die Bürgermeisterin oder der Bürgermeister den Gemeinderat sowie die Landrätin oder der Landrat den Kreistag.

(5) Öffentliche Stellen im Sinne von § 2 sollen die Beauftragten im Sinne von Absatz 1 bei der Erfüllung ihrer Aufgaben unterstützen. Dies umfasst insbesondere die Verpflichtung zur Auskunftserteilung und Akteneinsicht im Rahmen der Bestimmungen zum Schutz personenbezogener Daten.

(6) Unbeschadet der Regelung in Absatz 1 können Beiräte für die Belange von Menschen mit Behinderungen auf kommunaler Ebene gebildet werden.

§ 16 Landes-Beirat für die Belange von Menschen mit Behinderungen; Verordnungsermächtigung

(1) Der Landes-Beirat für die Belange von Menschen mit Behinderungen (Landes-Behindertenbeirat) berät und unterstützt die Landes-Behindertenbeauftragte oder den Landes-Behindertenbeauftragten bei allen wesentlichen Fragen, die die Belange von Menschen mit Behinderungen berühren. Zur Wahrnehmung dieser Aufgabe ist der Landes-Behindertenbeirat, soweit die spezifischen Belange der Menschen mit Behinderungen betroffen sind, bei Gesetzgebungs- und Verordnungsvorhaben frühzeitig zu beteiligen.

(2) Der Landes-Behindertenbeirat setzt sich aus 25 Mitgliedern zusammen. Die oder der Landes-Behindertenbeauftragte hat den Vorsitz und ist stimmberechtigtes Mitglied des Landes-Behindertenbeirats. Folgende 14 weitere stimmberechtigte Mitglieder gehören dem Landes-Behindertenbeirat an:

1. zehn Mitglieder auf Vorschlag der Verbände und Selbsthilfegruppen der Menschen mit Behinderungen,
2. ein Mitglied auf Vorschlag der Landesarbeitsgemeinschaft der Werkstatträte,
3. jeweils ein Mitglied auf Vorschlag der Behindertenbeauftragten der Stadt- und Landkreise und der Behindertenbeauftragten kreisangehöriger Gemeinden und
4. ein Mitglied auf Vorschlag der Behinderten- und Rehabilitationssportverbände.

Nicht stimmberechtigte Mitglieder des Landes-Behindertenbeirats sind je eine Vertreterin oder ein Vertreter

1. des Sozialministeriums,
2. der Regionaldirektion Baden-Württemberg der Bundesagentur für Arbeit,
3. der landesunmittelbaren gesetzlichen Krankenkassen,
4. der Deutschen Rentenversicherung Baden-Württemberg,
5. des Integrationsamts,
6. der kommunalen Landesverbände,
7. der Liga der freien Wohlfahrtspflege,
8. der Architektenkammer Baden-Württemberg,
9. der kassenärztlichen oder der kassenzahnärztlichen Vereinigung und
10. die Landesärztin oder der Landesarzt für Menschen mit Behinderungen.

(3) Für jedes stimmberechtigte Mitglied ist eine Stellvertretung vorzuschlagen.

(4) Bei der Auswahl der Vorschläge nach Absatz 2 Satz 3 und Absatz 3 ist dafür Sorge zu tragen, dass möglichst betroffene Menschen mit Behinderungen berücksichtigt werden und Frauen und Männer zu gleichen Anteilen vertreten sind. Bei der Auswahl der Vorschläge der Verbände und Selbsthilfegruppen der Menschen mit Behinderungen ist zu berücksichtigen, dass Menschen mit unterschiedlichen Arten von Behinderungen angemessen Berücksichtigung finden.

(5) Die Mitglieder des Landes-Behindertenbeirats und ihre Stellvertretungen werden von der oder dem Landes-Behindertenbeauftragten für die Dauer einer Wahlperiode des Landtags berufen.

(6) Das Nähere zur Auswahl, Berufung und Abberufung der Mitglieder beziehungsweise Stellvertretungen des Gremiums bestimmt das Sozialministerium durch Rechtsverordnung.

Abschnitt 5
Schlussvorschrift

§ 17 Inkrafttreten

Dieses Gesetz tritt am 1. Januar 2015 in Kraft. Gleichzeitig tritt das Landes-Behindertengleichstellungsgesetz vom 3. Mai 2005 (GBl. S. 327) außer Kraft.

Gemeinsame Verwaltungsvorschrift aller Ministerien und des Rechnungshofs über die Beschäftigung schwerbehinderter Menschen in der Landesverwaltung (SchwbVwV)

Vom 24. Juni 2013 (GABl. S. 322)

Zuletzt geändert durch
Gemeinsame Verwaltungsvorschrift aller Ministerien und des Rechnungshofs zur Änderung der Gemeinsamen Verwaltungsvorschrift über die Beschäftigung schwerbehinderter Menschen in der Landesverwaltung
vom 6. Dezember 2023 (GABl. S. 678)

1 Einleitende Vorschriften

1.1 Geltungsbereich

Diese Verwaltungsvorschrift gilt für schwerbehinderte und diesen gleichgestellte behinderte Menschen im Sinne von § 2 Absatz 2 und 3 des Neunten Buches Sozialgesetzbuch (SGB IX), die beim Arbeitgeber Land Baden-Württemberg als Arbeitnehmerinnen und Arbeitnehmer, Beamtinnen und Beamte, Richterinnen und Richter sowie Auszubildende und andere zu ihrer beruflichen Bildung Eingestellte beschäftigt werden.

1.2 Anwendung von Vorschriften

Sonstige Regelungen für die oben unter 1.1 genannten beim Land Beschäftigten bleiben unberührt oder gelten, soweit mit der Eigenart des Beschäftigungsverhältnisses vereinbar, entsprechend.

1.3 Schwerbehindertenbeauftragte oder Schwerbehindertenbeauftragter

Jedes Ressort bestellt eine Schwerbehindertenbeauftragte oder einen Schwerbehindertenbeauftragten, die oder der es in Angelegenheiten schwerbehinderter Menschen verantwortlich vertritt. Soweit erforderlich, können bei Dienststellen weitere Schwerbehindertenbeauftragte des Arbeitgebers bestellt werden. Näheres regelt das Ressort für seinen Geschäftsbereich. Die oder der Schwerbehindertenbeauftragte soll nach Möglichkeit selbst ein schwerbehinderter Mensch sein. Die oder der Schwerbehindertenbeauftragte achtet vor allem darauf, dass die dem Arbeitgeber obliegenden Verpflichtungen erfüllt werden (§ 98 SGB IX).

2 Grundsatz

2.1 Inklusion und berufliche Teilhabe

Der Arbeitgeber gewährleistet die Inklusion der schwerbehinderten Menschen und fördert ihre berufliche Entwicklung durch eine Beschäftigung, bei der sie ihre Fähigkeiten und Kenntnisse möglichst voll verwerten und weiterentwickeln können. Die für schwerbehinderte Menschen getroffenen Bestimmungen sind so auszulegen, dass die berufliche Teilhabe gestärkt und ein wertvoller Beitrag zum Arbeitsergebnis erzielt wird.

2.2 Benachteiligungsverbot

Nach § 81 Absatz 2 SGB IX darf ein schwerbehinderter Mensch bei der Begründung eines Arbeits- oder sonstigen Beschäftigungsverhältnisses, beim beruflichen Aufstieg, bei einer Weisung oder bei einer Kündigung nicht wegen seiner Behinderung benachteiligt werden. Eine unterschiedliche Behandlung ist nur zulässig, wenn bestimmte körperliche Funktionen, geistige Fähigkeiten oder seelische Gesundheit wesentliche und entscheidende berufliche Anforderungen für diese Tätigkeit sind und keine unterstützenden Maßnahmen eingesetzt werden können. Bei der Ausübung eines Ermessens haben Vorgesetzte auch auf Behinderungen der oder des Beschäftigten Rücksicht zu nehmen.

2.3 Beweislastumkehr

Nach allgemeinen Grundsätzen hätte der schwerbehinderte Mensch die Beweislast für die von ihm vermutete Benachteiligung zu tragen. Zum Schutz von schwerbehinderten Menschen findet jedoch eine Beweislastumkehr (§ 81 Absatz 2 Satz 2 SGB IX, § 22 des Allgemeinen Gleichbehandlungsgesetzes) statt. Der schwerbehinderte Mensch muss im Streitfall lediglich darlegen, dass ein Verstoß gegen das Benachteiligungsverbot vorliegt, indem er Tatsachen glaubhaft macht, die vermuten lassen, dass der Arbeitgeber gegen das Benachteiligungsverbot verstoßen hat. Der Arbeitgeber hat zu beweisen, dass eine Benachteiligung nicht vorliegt.

2.4 Verhältnis zu anderen Einstellungsverpflichtungen

Verpflichtungen zur bevorzugten Einstellung und Beschäftigung bestimmter Personenkreise nach anderen Gesetzen entbinden den Arbeitgeber nicht von der Verpflichtung zur Beschäftigung schwerbehinderter Menschen nach den besonderen Regelungen für schwerbehinderte Menschen (§ 122 SGB IX).

3 Besetzung freier Arbeitsplätze

3.1 Grundsatz

Bei der Besetzung freier Arbeitsplätze im Sinne des § 73 Absatz 1 SGB IX ist unabhängig davon, ob die Mindestbeschäftigungsquote erfüllt ist, stets zu prüfen, ob schwerbehinderte oder gleichgestellte behinderte Menschen beschäftigt werden können (§ 81 Absatz 1 SGB IX). Grundsätzlich ist davon auszugehen, dass alle Arbeitsplätze zur Besetzung mit schwerbehinderten Menschen geeignet sind, soweit nicht in einzelnen Tätigkeitsbereichen besondere gesundheitliche Anforderungen an die Beschäftigten gestellt werden müssen.

3.2 Stellenausschreibungen

In Stellenausschreibungen ist darauf hinzuweisen, dass schwerbehinderte Menschen bei entsprechender Eignung bevorzugt eingestellt werden.

3.3 Einladung zum Vorstellungsgespräch

Haben schwerbehinderte Menschen sich um einen frei werdenden und neu zu besetzenden oder um einen neuen Arbeitsplatz beworben oder sind sie von der Bundesagentur für Arbeit oder einem von dieser beauftragten Integrationsfachdienst vorgeschlagen worden, werden sie zu einem Vorstellungsgespräch eingeladen. Eine Einladung ist entbehrlich, wenn die fachliche Eignung offensichtlich fehlt (§ 82 Satz 1 bis 3 SGB IX).

3.4 Beteiligung der Schwerbehindertenvertretung

Über Bewerbungen von schwerbehinderten Menschen sind die Schwerbehindertenvertretung und der Personalrat unmittelbar nach Eingang zu unterrichten (§ 81 Absatz 1 Satz 4 SGB IX).

Bei Bewerbungen von schwerbehinderten Menschen hat die Schwerbehindertenvertretung das Recht auf Einsichtnahme in die entscheidungsrelevanten Teile der Bewerbungsunterlagen sowie auf Teilnahme an den Vorstellungsgesprächen der schwerbehinderten und der nicht behinderten Bewerberinnen und Bewerber (§ 95 Absatz 2 Satz 3 SGB IX).

Auf Verlangen ist die beabsichtigte Einstellungsentscheidung mit der Schwerbehindertenvertretung in einem Gespräch zu erörtern und ihr im Einzelnen zu begründen.

Die Schwerbehindertenvertretung ist nicht zu beteiligen, wenn der schwerbehinderte Mensch die Beteiligung ausdrücklich ablehnt (§ 81 Absatz 1 Satz 10 SGB IX). Das allgemeine Beteiligungsrecht der Schwerbehindertenvertretung wird hiervon nicht berührt (§ 95 Absatz 2 SGB IX).

3.5 Vorrang der schwerbehinderten Menschen

Liegen Bewerbungen von schwerbehinderten Menschen vor, soll ihnen bei insgesamt gleicher Eignung der Vorzug vor nicht schwerbehinderten Bewerberinnen und Bewerbern gegeben werden, auch wenn einzelne Eignungsmerkmale behinderungsbedingt schwächer ausgeprägt sind.

Die gesundheitliche Eignung kann im Allgemeinen auch dann noch als ausreichend angesehen werden, wenn der schwerbehinderte Mensch nur für die Wahrnehmung bestimmter Dienstposten der betreffenden Laufbahn geistig und körperlich geeignet ist.

Erfüllt das Ressort die Beschäftigungsquote nicht und ist die Schwerbehindertenvertretung mit der beabsichtigten Entscheidung des Arbeitgebers nicht einverstanden, muss die beabsichtigte Einstellungsentscheidung mit der Schwerbehindertenvertretung und dem Personalrat erörtert und begründet werden (§ 81 Absatz 1 Satz 7 SGB IX).

Außerdem sind alle von der beabsichtigten Entscheidung betroffenen schwerbehinderten Bewerberinnen und Bewerber anzuhören (§ 81 Absatz 1 Satz 8 SGB IX).

3.6 Menschen mit besonders schwerer Behinderung

Menschen, die besonders schwerbehindert sind (§ 72 Absatz 1 SGB IX), sind in angemessenem Umfang zu beschäftigen. Soweit sie zur Ausübung der Beschäftigung wegen der Schwerbehinderung nicht nur vorübergehend einer besonderen Hilfskraft bedürfen, ist neben technischen Hilfsmitteln eine Vorlese- oder andere Arbeitsassistenz (zum Beispiel Gebärdensprachdolmetscherinnen und -dolmetscher, Hilfskräfte für Rollstuhlfahrer) zur Verfügung zu stellen und für deren Vertretung Sorge zu tragen. Hierüber ist mit dem Personalrat und der Schwerbehindertenvertretung zu beraten.

Die Leistungen des Integrationsamts, der Integrationsfachdienste und der Rehabilitationsträger sind in Anspruch zu nehmen.

4 Arbeitsbedingungen

Die schwerbehinderten Menschen haben gegenüber ihren Arbeitgebern Anspruch auf behinderungsgerechte Einrichtung und Unterhaltung der Arbeitsstätten einschließlich der Betriebsanlagen, Maschinen und Geräte sowie der Gestaltung der Arbeitsplätze, des Arbeitsumfeldes, der Arbeitsorganisation und der Arbeitszeit, unter besonderer Berücksichtigung der Unfallgefahr (§ 81 Absatz 4 Satz 1 Nummer 4 SGB IX) sowie auf Ausstattung ihres Arbeitsplatzes mit den erforderlichen technischen Arbeitshilfen (§ 81 Absatz 4 Satz 1 Nummer 5 SGB IX) unter Berücksichtigung der Behinderung und ihrer Auswirkungen auf die Beschäftigung. Ein Anspruch nach Satz 1 besteht nicht, soweit seine Erfüllung für den Arbeitgeber nicht zumutbar oder mit unverhältnismäßigen Aufwendungen verbunden wäre oder soweit die staatlichen oder berufsgenossenschaftlichen Arbeitsschutzvorschriften oder beamtenrechtliche Vorschriften entgegenstehen (§ 81 Absatz 4 Satz 3 SGB IX).

4.1 Arbeitsplatzgestaltung

Für schwerbehinderte Beschäftigte müssen die jeweils geeigneten technischen Arbeitsbedingungen, gegebenenfalls durch Umsetzung oder Versetzung (siehe Nummer 5.2) auf einen gleichwertigen Arbeitsplatz, geschaffen werden. Für schwerbehinderte Beschäftigte sind behinderungsgerechte beziehungsweise barrierefreie Arbeitsbedingungen zu schaffen, soweit dies nicht mit unverhältnismäßigem Aufwand verbunden ist. Ihre Arbeitsräume sind so auszuwählen und auszustatten, dass die Leistungsfähigkeit sowie die Inklusion im Arbeitsumfeld gefördert und erhalten werden (§ 81 Absatz 4 SGB IX).

4.2 Technische Arbeitshilfen

Die Arbeitsplätze sind mit den erforderlichen technischen Arbeitshilfen auszustatten (§ 81 Absatz 4 Satz 1 Nummer 5 SGB IX). Die Einweisung in deren Handhabung ist sicherzustellen. Zu den technischen Arbeitshilfen gehören unter anderem akustische Hilfsmittel für Hörgeschädigte, besondere Vorrichtungen zur Telefonbedienung, Versehrtenstühle, Vergrößerungsgeräte, zusätzliche Licht- und Lesehilfen für Sehbehinderte, Blindenschreibmaschinen, besondere Tastaturen für die Informationstechnik, barrierefreie Software, Diktiergeräte, Lesegeräte und Wörterbücher für Blinde, Spezialwähleinrichtungen und spezielle Vermittlungsanlagen.

4.3 Alternierende Telearbeit

Mit der Einrichtung von Telearbeitsplätzen wird das Ziel verfolgt, die Arbeitsorganisation örtlich und zeitlich zu flexibilisieren. Die alternierende Telearbeit dient als Arbeitsform dazu, Beruf und Familienpflichten besser miteinander vereinbaren zu können. Sie stellt besondere Anforderungen an die Beschäftigten und die Führungskräfte.

Telearbeitsplätze sind dazu geeignet, die Rahmenbedingungen für schwerbehinderte Beschäftigte zu verbessern (§ 81 Absatz 4 Satz 1 Nummer 4 SGB IX) und können ein Instrument zur Sicherung gefährdeter Arbeitsverhältnisse darstellen.

Auf Antrag soll schwerbehinderten Beschäftigten ein Telearbeitsplatz zur Verfügung gestellt werden, wenn

– der tägliche Weg zur Arbeit mit erheblichen behinderungsbedingten Zusatzbelastungen verbunden ist oder auf Grund der Behinderung eine besondere Arbeitszeitgestaltung notwendig ist,

– die fachlichen beziehungsweise organisatorischen Voraussetzungen (Eignung der Aufgaben oder Tätigkeiten für die Einrichtung eines Telearbeitsplatzes) vorliegen und

– die persönlichen Voraussetzungen durch die Vorgesetzten im Einvernehmen mit dem Personalreferat positiv beurteilt werden.

Die Schwerbehindertenvertretung ist rechtzeitig zu beteiligen. Das zuständige Integrationsamt ist wegen einer möglichen Bezuschussung für die Einrichtung des Telearbeitsplatzes rechtzeitig einzuschalten.

4.4 Erleichterungen bei der Arbeitszeit

Für schwerbehinderte Beschäftigte können unter Berücksichtigung ihrer besonderen Situation und etwaiger Leistungseinschränkungen abweichende Regelungen für die Arbeitszeit und Arbeitspausen gewährt werden. Dies gilt insbesondere bei Dialysebehandlungen, Diabetes-Einstellungen, Kontrolluntersuchungen nach lebensbedrohlichen Erkrankungen oder Therapien bei schwerwiegenden psychischen Erkrankungen. Dabei sind die Vorgesetzten grundsätzlich einzubeziehen. Die Verkehrsverhältnisse können ein Entgegenkommen beim Dienstbeginn und Dienstende rechtfertigen; dies gilt insbesondere bei feststehender Arbeitszeit.

Auf Verlangen sind schwerbehinderte Beschäftigte von Mehrarbeit freizustellen (§ 124 SGB IX). Mehrarbeit im Sinne dieser Verwaltungsvorschrift ist die über die tägliche Arbeitszeit hinausgehende Heranziehung zum Dienst, es muss nicht Mehrarbeit im Sinne von § 67 Absatz 3 des Landesbeamtengesetzes sein. Zu Mehrarbeit können hier auch ausnahmsweise Reisezeiten und Rufbereitschaft gerechnet werden, in dem Umfang, in dem als Ausgleich Dienstbefreiung gewährt wird.

4.5 Prüfungen

Schwerbehinderte Menschen sind rechtzeitig vor der Prüfung darauf hinzuweisen, dass sie gegebenenfalls Prüfungserleichterungen nach Maßgabe der einschlägigen Prüfungsordnung beantragen und sich hierbei vom Prüfungsamt und von der Schwerbehindertenvertretung beraten lassen können.

5 Berufsförderung

5.1 Auswahl des Arbeitsplatzes

Bei der Auswahl des Arbeitsplatzes achtet die Dienststelle darauf, dass schwerbehinderte Beschäftigte ihrer beruflichen Qualifikation entsprechend eingesetzt werden und sie ihre Fähigkeiten und Kenntnisse möglichst voll verwerten und weiter entwickeln können (§ 81 Absatz 4 Satz 1 Nummer 1 SGB IX). Die Verpflichtung der Dienststelle, schwerbehinderte Beschäftigte nach dem Stand ihrer jeweiligen individuellen Leistungsfähigkeit zu beschäftigen, begründet keinen Anspruch auf Übertragung einer bestimmten Tätigkeit oder auf die Übertragung eines bestimmten Arbeitsplatzes.

5.2 Arbeitsplatzwechsel

Der Wechsel des Arbeitsplatzes kann für schwerbehinderte Menschen mit größeren Schwierigkeiten verbunden sein als für andere Beschäftigte und darf nur vollzogen werden, wenn dieser keine negativen Auswirkungen im Hinblick auf die Verschlimmerung der Behinderung mit sich bringt.

Nach einem Wechsel des Arbeitsplatzes kann gegebenenfalls behinderungsbedingt eine verlängerte Einarbeitungszeit erforderlich sein, die sich nicht negativ für behinderte Beschäftigte auswirken darf und von den Vorgesetzten fördernd zu unterstützen ist.

Gegen ihren Willen sollen schwerbehinderte Menschen nur aus dringenden dienstlichen Gründen versetzt, abgeordnet oder umgesetzt werden, wenn ihnen hierbei mindestens gleichwertige oder bessere Arbeitsbedingungen oder Entwicklungsmöglichkeiten geboten werden.

5.3 Auflösung von Dienststellen

Ist die weitere Beschäftigung schwerbehinderter Menschen in der bisherigen Dienststelle nicht möglich (zum Beispiel wegen Auflösung oder Umbildung von Dienststellen oder wesentlichen Teilen von ihnen), so ist dem schwerbehinderten Menschen im Rahmen der haushaltsmäßigen und der tariflichen und beamtenrechtlichen Regelungen und sonstiger Vereinbarungen grundsätzlich ein anderer, beamten- oder tarifrechtlich statusgleicher Dienstposten oder Arbeitsplatz zu vermitteln. Dabei soll, soweit dies dem Arbeitgeber zumutbar und ohne unverhältnismäßig hohen Aufwand möglich ist, für schwerbehinderte Menschen vorrangig eine Unterbringung bei einer Dienststelle am bisherigen Dienstort oder in Wohnortnähe angestrebt werden. Die Anforderungen und Belastungen gegenüber dem bisherigen Dienstposten oder Arbeitsplatz für den schwerbehinderten Menschen sollen sich nach Möglichkeit nicht erhöhen.

5.4 Wechsel des Arbeitgebers

Anträgen schwerbehinderter Menschen auf ihre Versetzung, Abordnung, Zuweisung oder Umsetzung sowie entsprechenden Verwendungswünschen bei einem Wechsel des Arbeitgebers durch Übernahme soll möglichst entsprochen werden.

5.5 Anhörung der Schwerbehindertenvertretung

Die Bedürfnisse der schwerbehinderten Beschäftigten sind nach Möglichkeit zu berücksichtigen. Schwerbehinderte Beschäftigte und die Schwerbehindertenvertretung müssen bei jedem Wechsel des Arbeitsplatzes vorher gehört werden, auch dann, wenn der Wechsel überwiegend im Interesse der schwerbehinderten Beschäftigten beabsichtigt ist (§ 95 Absatz 2 SGB IX). Begründeten eigenen Anträgen auf Versetzung oder sonstigen Wechsel des Arbeitsplatzes soll entsprochen werden, wenn dienstliche Gründe nicht entgegenstehen.

5.6 Berufliche Förderung

Auf die berufliche Entwicklung und Förderung schwerbehinderter Menschen, auch in Führungspositionen, muss besonderer Wert gelegt werden.

Für schwerbehinderte Menschen, die nach Art und Schwere ihrer Behinderung besonders betroffen sind, sollen die Möglichkeiten geeigneter individueller Fördermaßnahmen ausgeschöpft werden.

Bei der Besetzung freier oder neu eingerichteter Dienstposten oder Arbeitsplätze, die einem Beförderungsamt zugeordnet sind oder die Übertragung einer höherwertigen Tätigkeit ermöglichen, sind, unter Beachtung des Artikels 33 Absatz 2 des Grundgesetzes solche schwerbehinderte Bewerberinnen und Bewerber nach Möglichkeit bevorzugt zu berücksichtigen, die bereits in der betreffenden Dienststelle oder in einer Dienststelle des Geschäftsbereichs auf geringer bewerteten Dienstposten oder Arbeitsplätzen mit niederwertigeren Tätigkeiten eingesetzt sind.

Schwerbehinderte Menschen mit befristeten Arbeitsverträgen sind bei der Besetzung von Dauerarbeitsplätzen bevorzugt zu berücksichtigen, wenn die sachlichen und persönlichen Voraussetzungen erfüllt sind. Der Arbeitgeber hat vor Ablauf des Arbeitsvertrags zu prüfen, ob eine unbefristete oder befristete Weiterbeschäftigung möglich ist.

Der schwerbehinderte Mensch wird in der Regel als gesundheitlich geeignet für eine Beförderung oder Höhergruppierung angesehen werden können, wenn er die an das Beförderungsamt oder die höherwertige Tätigkeit geknüpften Mindestanforderungen erfüllt.

5.7 Dienstliche Beurteilungen

Vor der Beurteilung hat sich die beurteilende Person über die behinderungsbedingten Auswirkungen auf Leistung, Befähigung und Einsatzmöglichkeit kundig zu machen. Sie führt hierzu mit dem schwerbehinderten Menschen ein Gespräch, an dem auf Wunsch des schwerbehinderten Menschen die Schwerbehindertenvertretung zu beteiligen ist. Eine etwaige Minderung der Arbeits- und Verwendungsfähigkeit durch die Behinderung ist besonders zu berücksichtigen und in der die Beurteilung abschließenden Gesamtwürdigung zu vermerken. Eine quantitative Minderung der Leistungsfähigkeit, zum Beispiel Einschränkungen in der Fähigkeit Schichtdienst zu leisten, darf nicht zum Nachteil angerechnet werden. An die Qualität der Bewältigung des Arbeitspensums sind hingegen die allgemeinen Beurteilungsmaßstäbe anzulegen.

6 Integration

6.1 Integrationsvereinbarungen

Integrationsvereinbarungen nach § 83 SGB IX werden grundsätzlich dienststellenbezogen abgeschlossen. Arbeitgeber im Sinne von § 83 SGB IX sind die Behörden- und Dienststellenleitungen. Der Schwerbehindertenbeauftragte des Arbeitgebers (§ 83 Absatz 1, § 98 SGB IX) ist zu beteiligen.

6.2 Prävention

Ergeben sich Anhaltspunkte für eine Gefährdung des Beschäftigungsverhältnisses aus personen-, verhaltens- oder betriebsbedingten Gründen, werden mit dem betroffenen schwerbehinderten Menschen, der Schwerbehindertenvertretung, dem Personalrat und dem Integrationsamt frühzeitig Präventionsgespräche mit dem Ziel geführt, das Beschäftigungsverhältnis zu stabilisieren und möglichst dauerhaft fortsetzen zu können (§ 84 Absatz 1 SGB IX).

6.3 Betriebliches Eingliederungsmanagement

Sind Beschäftigte innerhalb eines Jahres länger als sechs Wochen ununterbrochen oder wiederholt arbeitsunfähig, klärt der Arbeitgeber mit der zuständigen Interessenvertretung im Sinne von § 93 SGB IX, bei schwerbehinderten Menschen außerdem mit der Schwerbehindertenvertretung, mit Zustimmung und Beteiligung der betroffenen Person die Möglichkeiten, wie die Arbeitsunfähigkeit möglichst überwunden werden und mit welchen Leistungen oder Hilfen erneuter Arbeitsunfähigkeit vorgebeugt und der Arbeitsplatz erhalten werden kann (betriebliches Eingliederungsmanagement BEM; § 84 Absatz 2 SGB IX). Hierbei ist auf die Möglichkeit einer stufenweisen Wiedereingliederung hinzuweisen. Wegen der besonderen Sensibilität von Gesundheitsdaten ist vor Aufnahme des BEM eine datenschutzrechtliche Einverständniserklärung der/des Betroffenen einzuholen. Zur Verfügung gestellte Unterlagen und erhobene Daten werden in einer gesonderten BEM-Sachakte gespeichert und nach Abschluss des BEM-Verfahrens oder einer vereinbarten Frist gelöscht. In die Personalaktendaten werden nur Angaben zum Zeitpunkt der Aufnahme und Beendigung des BEM und zur konkret getroffenen Maßnahme aufgenommen.

7 Ergänzende und allgemeine Teilhabemaßnahmen

7.1 Begleitpersonen bei Dienstreisen

Ein schwerbehinderter Mensch, der eine Dienstreise nur mit fremder Hilfe ausführen kann, darf sich nach vorheriger Genehmigung durch die zuständige vorgesetzte Person auch von einer nicht im Landesdienst stehenden oder dorthin abgeordneten Person (zum Beispiel der Ehegattin oder dem Ehegatten) begleiten lassen. Die dadurch entstehenden Fahrkosten und die notwendigen Auslagen für Unterkunft und Verpflegung sind als Nebenkosten im Rahmen der Nummer 2 zu § 14 der Allgemeinen Verwaltungsvorschriften des Finanzministeriums zum Landesreisekostengesetz erstattungsfähig. Die Voraussetzung ist regelmäßig erfüllt, wenn im Ausweis das Merkzeichen „H" (Hilflosigkeit) oder „B" (Notwendigkeit ständiger Begleitung) eingetragen ist.

7.2 Benutzung von Dienstfahrzeugen

Schwerbehinderten Menschen, die behinderungsbedingt nicht selbst ein Fahrzeug führen können, ist bevorzugt ein Dienstfahrzeug mit Fahrerin oder Fahrer zur Verfügung zu stellen.

7.3 Parkmöglichkeiten

Soweit bei einer Dienststelle Parkmöglichkeiten vorhanden sind, ist auf schwerbehinderte Menschen, die wegen der Art und Schwere der Behinderung auf den Gebrauch eines Kraftfahrzeugs angewiesen sind, besondere Rücksicht zu nehmen. Hierzu gehört in erster Linie die Bereitstellung von geeigneten Parkplätzen nach Möglichkeit in der Nähe des Arbeitsplatzes.

Können Parkplätze nicht bereitgestellt werden, ist für die in Satz 1 bezeichneten schwerbehinderten Menschen auf deren Wunsch von der Dienststelle eine Ausnahmegenehmigung zum Parken während der Arbeitszeit auf bestimmten Flächen nach § 46 der Straßenverkehrs-Ordnung zu beantragen.

7.4 Wohnungsfürsorge

Bei der Vermietung von landeseigenen Wohnungen oder Zuweisung von Besetzungswohnungen des Landes soll auf die besonderen Bedürfnisse der schwerbehinderten Menschen und die Nähe zum Arbeitsplatz sowie auf Art und Umfang der Behinderung, Familienstand und sonstige persönliche Verhältnisse Rücksicht genommen werden. Bei gleicher Dringlichkeit sind schwerbehinderte Bewerberinnen und Bewerber gegenüber nicht schwerbehinderten Bewerberinnen und Bewerbern vorrangig zu berücksichtigen.

8 Arbeitsgemeinschaft der Schwerbehindertenvertretung (AGSV BW)

Die Hauptschwerbehindertenvertretungen und örtlichen Schwerbehindertenvertretungen bei den obersten Landesbehörden in Baden-Württemberg bilden eine Arbeitsgemeinschaft, die das Bewusstsein für die Bedürfnisse schwerbehinderter Menschen im Beschäftigungsverhältnis schärfen und die Inklusion der Menschen mit Behinderung stärken soll. Sie wird in grundsätzlichen oder ressortübergreifenden Angelegenheiten, die die Interessen der schwerbehinderten Landesbeschäftigten berühren, vom jeweils federführenden Ressort beteiligt.

9 Schlussbestimmungen

9.1 Empfehlung

Den Gemeinden, Landkreisen und sonstigen der Aufsicht des Landes unterstehenden Körperschaften, Anstalten und Stiftungen des öffentlichen Rechts wird empfohlen, entsprechend dieser Verwaltungsvorschrift zu verfahren.

9.2 Inkrafttreten

Diese Verwaltungsvorschrift tritt mit Wirkung vom 1. Januar 2013 in Kraft und mit Ablauf des 30. September 2024 außer Kraft.

Bundeskindergeldgesetz (BKGG)

in der Fassung der Bekanntmachung
vom 28. Januar 2009 (BGBl. I S. 142, S. 3177)

Zuletzt geändert durch
Steuerfortentwicklungsgesetz
vom 23. Dezember 2024 (BGBl. I Nr. 449)

Inhaltsübersicht

Erster Abschnitt
Leistungen

- § 1 Anspruchsberechtigte
- § 2 Kinder
- § 3 Zusammentreffen mehrerer Ansprüche
- § 4 Andere Leistungen für Kinder
- § 5 Beginn und Ende des Anspruchs
- § 6 Höhe des Kindergeldes
- § 6a Kinderzuschlag
- § 6b Leistungen für Bildung und Teilhabe
- § 6c Unterhaltspflichten
- § 6d Kinderfreizeitbonus aus Anlass der COVID-19-Pandemie für Familien mit Kinderzuschlag, Wohngeld oder Sozialhilfe

Zweiter Abschnitt
Organisation und Verfahren

- § 7 Zuständigkeit
- § 7a Datenübermittlung
- § 7b Automatisiertes Abrufverfahren
- § 8 Aufbringung der Mittel
- § 9 Antrag
- § 10 Auskunftspflicht
- § 11 Gewährung des Kindergeldes und des Kinderzuschlags
- § 12 Aufrechnung
- § 13 Zuständige Stelle
- § 14 Bescheid
- § 15 Rechtsweg

Dritter Abschnitt
Bußgeldvorschriften

- § 16 Ordnungswidrigkeiten

Vierter Abschnitt
Übergangs- und Schlussvorschriften

- § 17 Recht der Europäischen Gemeinschaft
- § 18 Anwendung des Sozialgesetzbuches
- § 19 Übergangsvorschriften
- § 20 Anwendungsvorschrift
- § 21 Sondervorschrift zur Steuerfreistellung des Existenzminimums eines Kindes in den Veranlagungszeiträumen 1983 bis 1995 durch Kindergeld

Erster Abschnitt
Leistungen

§ 1 Anspruchsberechtigte

(1) Kindergeld nach diesem Gesetz für seine Kinder erhält, wer nach § 1 Absatz 1 und 2 des Einkommensteuergesetzes nicht unbeschränkt steuerpflichtig ist und auch nicht nach § 1 Abs. 3 des Einkommensteuergesetzes als unbeschränkt steuerpflichtig behandelt wird und

1. in einem Versicherungspflichtverhältnis zur Bundesagentur für Arbeit nach dem Dritten Buch Sozialgesetzbuch steht oder versicherungsfrei nach § 28 Absatz 1 Nummer 1 des Dritten Buches Sozialgesetzbuch ist oder

2. als Entwicklungshelfer Unterhaltsleistungen im Sinne des § 4 Absatz 1 Nummer 1 des Entwicklungshelfer-Gesetzes erhält oder als Missionar der Missionswerke und -gesellschaften, die Mitglieder oder Vereinbarungspartner des Evangelischen Missionswerkes Hamburg, der Arbeitsgemeinschaft Evangelikaler Missionen e. V., des Deutschen katholischen Missionsrates oder der Arbeitsgemeinschaft pfingstlich-charismatischer Missionen sind, tätig ist oder

3. eine nach § 123a des Beamtenrechtsrahmengesetzes oder § 29 des Bundesbeamtengesetzes oder § 20 des Beamtenstatusgesetzes bei einer Einrichtung außerhalb Deutschlands zugewiesene Tätigkeit ausübt oder

4. als Ehegatte oder Lebenspartner eines Mitglieds der Truppe oder des zivilen Gefolges eines NATO-Mitgliedstaates die Staatsangehörigkeit eines EU/EWR-Mitgliedstaates besitzt und in Deutschland seinen Wohnsitz oder gewöhnlichen Aufenthalt hat.

(2) ₁Kindergeld für sich selbst erhält, wer

1. in Deutschland einen Wohnsitz oder seinen gewöhnlichen Aufenthalt hat,

2. Vollwaise ist oder den Aufenthalt seiner Eltern nicht kennt und

3. nicht bei einer anderen Person als Kind zu berücksichtigen ist.

₂§ 2 Absatz 2 und 3 sowie die §§ 4 und 5 sind entsprechend anzuwenden. ₃Im Fall des § 2 Absatz 2 Satz 1 Nummer 3 wird Kindergeld längstens bis zur Vollendung des 25. Lebensjahres gewährt.

(3) ₁Ein nicht freizügigkeitsberechtigter Ausländer erhält Kindergeld nur, wenn er

1. eine Niederlassungserlaubnis oder eine Erlaubnis zum Daueraufenthalt-EU besitzt,

2. eine Blaue Karte EU, eine ICT-Karte, eine Mobiler-ICT-Karte oder eine Aufenthaltserlaubnis besitzt, die für einen Zeitraum von mindestens sechs Monaten zur Ausübung einer Erwerbstätigkeit berechtigen oder berechtigt haben oder diese erlauben, es sei denn, die Aufenthaltserlaubnis wurde

   a) nach § 16e des Aufenthaltsgesetzes zu Ausbildungszwecken, nach § 19c Absatz 1 des Aufenthaltsgesetzes zum Zweck der Beschäftigung als Au-Pair oder zum Zweck der Saisonbeschäftigung, nach § 19e des Aufenthaltsgesetzes zum Zweck der Teilnahme an einem Europäischen Freiwilligendienst oder nach § 20a Absatz 5 Satz 1 des Aufenthaltsgesetzes zur Suche nach einer Erwerbstätigkeit oder nach Maßnahmen zur Anerkennung ausländischer Berufsqualifikationen erteilt,

   b) nach § 16b des Aufenthaltsgesetzes zum Zweck eines Studiums, nach § 16d des Aufenthaltsgesetzes für Maßnahmen zur Anerkennung ausländischer Berufsqualifikationen, nach § 20 des Aufenthaltsgesetzes zur Suche nach einer Erwerbstätigkeit oder nach § 20a Absatz 5 Satz 2 des Aufenthaltsgesetzes zur Suche nach einer Erwerbstätigkeit oder nach Maßnahmen zur Anerkennung ausländischer Berufsqualifikationen erteilt und wird er weder erwerbstätig noch nimmt er Elternzeit nach § 15 des Bundeselterngeld- und Elternzeitgesetzes oder laufende Geldleistungen

nach dem Dritten Buch Sozialgesetzbuch in Anspruch,
c) nach § 23 Absatz 1 des Aufenthaltsgesetzes wegen eines Krieges in seinem Heimatland oder nach den § 23a oder § 25 Absatz 3 bis 5 des Aufenthaltsgesetzes erteilt,
3. eine in Nummer 2 Buchstabe c genannte Aufenthaltserlaubnis besitzt und im Bundesgebiet berechtigt erwerbstätig ist oder Elternzeit nach § 15 des Bundeselterngeld- und Elternzeitgesetzes oder laufende Geldleistungen nach dem Dritten Buch Sozialgesetzbuch in Anspruch nimmt,
4. eine in Nummer 2 Buchstabe c genannte Aufenthaltserlaubnis besitzt und sich seit mindestens 15 Monaten erlaubt, gestattet oder geduldet im Bundesgebiet aufhält oder
5. eine Beschäftigungsduldung gemäß § 60d in Verbindung mit § 60a Absatz 2 Satz 3 des Aufenthaltsgesetzes besitzt.

₂Abweichend von Satz 1 Nummer 3 erste Alternative erhält ein minderjähriger nicht freizügigkeitsberechtigter Ausländer unabhängig von einer Erwerbstätigkeit Kindergeld.

§ 2 Kinder

(1) Als Kinder werden auch berücksichtigt

1. vom Berechtigten in seinen Haushalt aufgenommene Kinder seines Ehegatten oder Lebenspartners,
2. Pflegekinder (Personen, mit denen der Berechtigte durch ein familienähnliches, auf Dauer berechnetes Band verbunden ist, sofern er sie nicht zu Erwerbszwecken in seinen Haushalt aufgenommen hat und das Obhuts- und Pflegeverhältnis zu den Eltern nicht mehr besteht),
3. vom Berechtigten in seinen Haushalt aufgenommene Enkel.

(2) ₁Ein Kind, das das 18. Lebensjahr vollendet hat, wird berücksichtigt, wenn es

1. noch nicht das 21. Lebensjahr vollendet hat, nicht in einem Beschäftigungsverhältnis steht und bei einer Agentur für Arbeit im Inland als Arbeitsuchender gemeldet ist oder

2. noch nicht das 25. Lebensjahr vollendet hat und

a) für einen Beruf ausgebildet wird oder
b) sich in einer Übergangszeit von höchstens vier Monaten befindet, die zwischen zwei Ausbildungsabschnitten oder zwischen einem Ausbildungsabschnitt und der Ableistung des gesetzlichen Wehr- oder Zivildienstes, einer vom Wehr- oder Zivildienst befreienden Tätigkeit als Entwicklungshelfer oder als Dienstleistender im Ausland nach § 14b des Zivildienstgesetzes oder der Ableistung des freiwilligen Wehrdienstes nach § 58b des Soldatengesetzes oder der Ableistung eines freiwilligen Dienstes im Sinne des Buchstaben d liegt, oder
c) eine Berufsausbildung mangels Ausbildungsplatzes nicht beginnen oder fortsetzen kann oder
d) einen der folgenden freiwilligen Dienste leistet:
   aa) ein freiwilliges soziales Jahr im Sinne des Jugendfreiwilligendienstegesetzes,
   bb) ein freiwilliges ökologisches Jahr im Sinne des Jugendfreiwilligendienstegesetzes,
   cc) einen Bundesfreiwilligendienst im Sinne des Bundesfreiwilligendienstgesetzes,
   dd) eine Freiwilligentätigkeit im Rahmen des Europäischen Solidaritätskorps im Sinne der Verordnung (EU) 2021/888 des Europäischen Parlaments und des Rates vom 20. Mai 2021 zur Aufstellung des Programms für das Europäische Solidaritätskorps und zur Aufhebung der Verordnungen (EU) 2018/1475 und (EU) Nr. 375/2014 (ABl. L 202 vom 8. 6. 2021, S. 32),
   ee) einen anderen Dienst im Ausland im Sinne von § 5 des Bundesfreiwilligendienstgesetzes,
   ff) einen entwicklungspolitischen Freiwilligendienst „weltwärts" im Sin-

ne der Förderleitlinie des Bundesministeriums für wirtschaftliche Zusammenarbeit und Entwicklung vom 1. Januar 2016,

gg) einen Freiwilligendienst aller Generationen im Sinne von § 2 Absatz 1a des Siebten Buches Sozialgesetzbuch oder

hh) einen Internationalen Jugendfreiwilligendienst im Sinne der Richtlinie des Bundesministeriums für Familie, Senioren, Frauen und Jugend vom 4. Januar 2021 (GMBl. S. 77) oder

3. wegen körperlicher, geistiger oder seelischer Behinderung außerstande ist, sich selbst zu unterhalten; Voraussetzung ist, dass die Behinderung vor Vollendung des 25. Lebensjahres eingetreten ist.

₂Nach Abschluss einer erstmaligen Berufsausbildung oder eines Erststudiums wird ein Kind in den Fällen des Satzes 1 Nummer 2 nur berücksichtigt, wenn das Kind keiner Erwerbstätigkeit nachgeht. ₃Eine Erwerbstätigkeit mit bis zu 20 Stunden regelmäßiger wöchentlicher Arbeitszeit, ein Ausbildungsdienstverhältnis oder ein geringfügiges Beschäftigungsverhältnis im Sinne der §§ 8 und 8a des Vierten Buches Sozialgesetzbuch sind unschädlich.

(3) ₁In den Fällen des Absatzes 2 Satz 1 Nummer 1 oder Nummer 2 Buchstabe a und b wird ein Kind, das

1. den gesetzlichen Grundwehrdienst oder Zivildienst geleistet hat oder

2. sich an Stelle des gesetzlichen Grundwehrdienstes freiwillig für die Dauer von nicht mehr als drei Jahren zum Wehrdienst verpflichtet hat oder

3. eine vom gesetzlichen Grundwehrdienst oder Zivildienst befreiende Tätigkeit als Entwicklungshelfer im Sinne des § 1 Absatz 1 des Entwicklungshelfer-Gesetzes ausgeübt hat,

für einen der Dauer dieser Dienste oder der Tätigkeit entsprechenden Zeitraum, höchstens für die Dauer des inländischen gesetzlichen Grundwehrdienstes, bei anerkannten Kriegsdienstverweigerern für die Dauer des inländischen gesetzlichen Zivildienstes über das 21. oder 25. Lebensjahr hinaus berücksichtigt. ₂Wird der gesetzliche Grundwehrdienst oder Zivildienst in einem Mitgliedstaat der Europäischen Union oder einem Staat, auf den das Abkommen über den Europäischen Wirtschaftsraum Anwendung findet, geleistet, so ist die Dauer dieses Dienstes maßgebend. ₃Absatz 2 Satz 2 und 3 gilt entsprechend.

(4) ₁Kinder, für die einer anderen Person nach dem Einkommensteuergesetz Kindergeld oder ein Kinderfreibetrag zusteht, werden nicht berücksichtigt. ₂Dies gilt nicht für Kinder, die in den Haushalt des Anspruchsberechtigten nach § 1 aufgenommen worden sind oder für die dieser die höhere Unterhaltsrente zahlt, wenn sie weder in seinen Haushalt noch in den Haushalt eines nach § 62 des Einkommensteuergesetzes Anspruchsberechtigten aufgenommen sind.

(5) ₁Kinder, die weder einen Wohnsitz noch ihren gewöhnlichen Aufenthalt in Deutschland haben, werden nicht berücksichtigt. ₂Dies gilt nicht gegenüber Berechtigten nach § 1 Absatz 1 Nummer 2 und 3, wenn sie die Kinder in ihren Haushalt aufgenommen haben.

(6) Die Bundesregierung wird ermächtigt, durch Rechtsverordnung, die nicht der Zustimmung des Bundesrates bedarf, zu bestimmen, dass einem Berechtigten, der in Deutschland erwerbstätig ist oder sonst seine hauptsächlichen Einkünfte erzielt, für seine in Absatz 5 Satz 1 bezeichneten Kinder Kindergeld ganz oder teilweise zu leisten ist, soweit dies mit Rücksicht auf die durchschnittlichen Lebenshaltungskosten für Kinder in deren Wohnland und auf die dort gewährten dem Kindergeld vergleichbaren Leistungen geboten ist.

§ 3 Zusammentreffen mehrerer Ansprüche

(1) Für jedes Kind werden nur einer Person Kindergeld, Kinderzuschlag und Leistungen für Bildung und Teilhabe gewährt.

(2) ₁Erfüllen für ein Kind mehrere Personen die Anspruchsvoraussetzungen, so werden das Kindergeld, der Kinderzuschlag und die Leistungen für Bildung und Teilhabe derjenigen Person gewährt, die das Kind in ihren Haushalt aufgenommen hat. ₂Ist ein Kind in den ge-

meinsamen Haushalt von Eltern, von einem Elternteil und dessen Ehegatten oder Lebenspartner, von Pflegeeltern oder Großeltern aufgenommen worden, bestimmen diese untereinander den Berechtigten. ₃Wird eine Bestimmung nicht getroffen, bestimmt das Familiengericht auf Antrag den Berechtigten. ₄Antragsberechtigt ist, wer ein berechtigtes Interesse an der Leistung des Kindergeldes hat. ₅Lebt ein Kind im gemeinsamen Haushalt von Eltern und Großeltern, werden das Kindergeld, der Kinderzuschlag und die Leistungen für Bildung und Teilhabe vorrangig einem Elternteil gewährt; sie werden an einen Großelternteil gewährt, wenn der Elternteil gegenüber der zuständigen Stelle auf seinen Vorrang schriftlich verzichtet hat.

(3) ₁Ist das Kind nicht in den Haushalt einer der Personen aufgenommen, die die Anspruchsvoraussetzungen erfüllen, wird das Kindergeld derjenigen Person gewährt, die dem Kind eine Unterhaltsrente zahlt. ₂Zahlen mehrere anspruchsberechtigte Personen dem Kind Unterhaltsrenten, wird das Kindergeld derjenigen Person gewährt, die dem Kind laufend die höchste Unterhaltsrente zahlt. ₃Werden gleich hohe Unterhaltsrenten gezahlt oder zahlt keiner der Berechtigten dem Kind Unterhalt, so bestimmen die Berechtigten untereinander, wer das Kindergeld erhalten soll. ₄Wird eine Bestimmung nicht getroffen, so gilt Absatz 2 Satz 3 und 4 entsprechend.

§ 4 Andere Leistungen für Kinder

₁Kindergeld wird nicht für ein Kind gezahlt, für das eine der folgenden Leistungen zu zahlen ist oder bei entsprechender Antragstellung zu zahlen wäre:

1. Leistungen für Kinder, die im Ausland gewährt werden und dem Kindergeld oder der Kinderzulage aus der gesetzlichen Unfallversicherung nach § 217 Absatz 3 des Siebten Buches Sozialgesetzbuch in der bis zum 30. Juni 2020 geltenden Fassung oder dem Kinderzuschuss aus der gesetzlichen Rentenversicherung nach § 270 des Sechsten Buches Sozialgesetzbuch in der bis zum 16. November 2016 geltenden Fassung vergleichbar sind,

2. Leistungen für Kinder, die von einer zwischen- oder überstaatlichen Einrichtung gewährt werden und dem Kindergeld vergleichbar sind.

₂Steht ein Berechtigter in einem Versicherungspflichtverhältnis zur Bundesagentur für Arbeit nach dem Dritten Buch Sozialgesetzbuch oder ist er versicherungsfrei nach § 28 Absatz 1 Nummer 1 des Dritten Buches Sozialgesetzbuch oder steht er in Deutschland in einem öffentlich-rechtlichen Dienst- oder Amtsverhältnis, so wird sein Anspruch auf Kindergeld für ein Kind nicht nach Satz 1 Nummer 2 mit Rücksicht darauf ausgeschlossen, dass sein Ehegatte oder Lebenspartner als Beamter, Ruhestandsbeamter oder sonstiger Bediensteter der Europäischen Gemeinschaften für das Kind Anspruch auf Kinderzulage hat.

§ 5 Beginn und Ende des Anspruchs

(1) Das Kindergeld, der Kinderzuschlag und die Leistungen für Bildung und Teilhabe werden vom Beginn des Monats an gewährt, in dem die Anspruchsvoraussetzungen erfüllt sind; sie werden bis zum Ende des Monats gewährt, in dem die Anspruchsvoraussetzungen wegfallen.

(2) Das Kindergeld wird rückwirkend nur für die letzten sechs Monate vor Beginn des Monats gezahlt, in dem der Antrag auf Kindergeld eingegangen ist.

(3) ₁Der Kinderzuschlag wird nicht für Zeiten vor der Antragstellung gewährt. ₂§ 28 des Zehnten Buches Sozialgesetzbuch gilt mit der Maßgabe, dass der Antrag unverzüglich nach Ablauf des Monats, in dem die Ablehnung oder Erstattung der anderen Leistungen bindend geworden ist, nachzuholen ist.

§ 6 Höhe des Kindergeldes

(1) Das Kindergeld beträgt monatlich für jedes Kind 255 Euro.

(2) (weggefallen)

(3) ₁Darüber hinaus wird für jedes Kind, für das für den Monat Juli 2022 ein Anspruch auf Kindergeld besteht, für den Monat Juli 2022 ein Einmalbetrag in Höhe von 100 Euro gezahlt. ₂Ein Anspruch in Höhe des Einmalbetrags von 100 Euro für das Kalenderjahr 2022

besteht auch für ein Kind, für das nicht für den Monat Juli 2022, jedoch für mindestens einen anderen Kalendermonat im Kalenderjahr 2022 ein Anspruch auf Kindergeld besteht.

§6a Kinderzuschlag

(1) Personen erhalten für in ihrem Haushalt lebende unverheiratete oder nicht verpartnerte Kinder, die noch nicht das 25. Lebensjahr vollendet haben, einen Kinderzuschlag, wenn

1. sie für diese Kinder nach diesem Gesetz oder nach dem X. Abschnitt des Einkommensteuergesetzes Anspruch auf Kindergeld oder Anspruch auf andere Leistungen im Sinne von §4 haben,
2. sie mit Ausnahme des Wohngeldes, des Kindergeldes und des Kinderzuschlags über Einkommen im Sinne des §11 Absatz 1 Satz 1 und 2 des Zweiten Buches Sozialgesetzbuch in Höhe von mindestens 900 Euro oder, wenn sie alleinerziehend sind, in Höhe von mindestens 600 Euro verfügen, wobei Beträge nach §11b des Zweiten Buches Sozialgesetzbuch nicht abzusetzen sind, und
3. bei Bezug des Kinderzuschlags keine Hilfebedürftigkeit im Sinne des §9 des Zweiten Buches Sozialgesetzbuch besteht, wobei die Bedarfe nach §28 des Zweiten Buches Sozialgesetzbuch außer Betracht bleiben. Bei der Prüfung der Hilfebedürftigkeit ist das für den Antragsmonat bewilligte Wohngeld zu berücksichtigen. Wird kein Wohngeld bezogen und könnte mit Wohngeld und Kinderzuschlag Hilfebedürftigkeit vermieden werden, ist bei der Prüfung Wohngeld in der Höhe anzusetzen, in der es voraussichtlich für den Antragsmonat zu bewilligen wäre.

(1a) Ein Anspruch auf Kinderzuschlag besteht abweichend von Absatz 1 Nummer 3, wenn

1. bei Bezug von Kinderzuschlag Hilfebedürftigkeit besteht, der Bedarfsgemeinschaft zur Vermeidung von Hilfebedürftigkeit aber mit ihrem Einkommen, dem Kinderzuschlag und dem Wohngeld höchstens 100 Euro fehlen,
2. sich bei der Ermittlung des Einkommens der Eltern nach §11b Absatz 2 bis 3 des Zweiten Buches Sozialgesetzbuch wegen Einkommen aus Erwerbstätigkeit Absetzbeträge in Höhe von mindestens 100 Euro ergeben und
3. kein Mitglied der Bedarfsgemeinschaft Leistungen nach dem Zweiten oder nach dem Zwölften Buch Sozialgesetzbuch erhält oder beantragt hat.

(2) ₁Der monatliche Höchstbetrag des Kinderzuschlags deckt zusammen mit dem für ein erstes Kind nach §66 des Einkommensteuergesetzes zu zahlenden Kindergeld ein Zwölftel des steuerfrei zu stellenden sächlichen Existenzminimums eines Kindes für das jeweilige Kalenderjahr mit Ausnahme des Anteils für Bildung und Teilhabe. ₂Steht dieses Existenzminimum eines Kindes zu Beginn eines Jahres nicht fest, ist insoweit der für das Jahr geltende Betrag für den Mindestunterhalt eines Kindes in der zweiten Altersstufe nach der Mindestunterhaltsverordnung maßgeblich. ₃Als Höchstbetrag des Kinderzuschlags in dem jeweiligen Kalenderjahr gilt der Betrag, der sich zu Beginn des Jahres nach den Sätzen 1 und 2 ergibt, mindestens jedoch ein Betrag in Höhe des Vorjahres. ₄Der Betrag nach Satz 3 erhöht sich um einen Sofortzuschlag in Höhe von 25 Euro.

(3) ₁Ausgehend vom Höchstbetrag mindert sich der jeweilige Kinderzuschlag, wenn das Kind nach den §§11 bis 12 des Zweiten Buches Sozialgesetzbuch zu berücksichtigendes Einkommen oder Vermögen hat. ₂Bei der Berücksichtigung des Einkommens bleiben das Wohngeld, das Kindergeld und der Kinderzuschlag außer Betracht. ₃Der Kinderzuschlag wird um 45 Prozent des zu berücksichtigenden Einkommens des Kindes monatlich gemindert. ₄Ein Anspruch auf Zahlung des Kinderzuschlags für ein Kind besteht nicht, wenn zumutbare Anstrengungen unterlassen wurden, Ansprüche auf Einkommen des Kindes geltend zu machen. ₅§12 des Zweiten Buches Sozialgesetzbuch ist mit der Maßgabe anzuwenden, dass Vermögen nur berücksichtigt wird, wenn es erheblich ist. ₆Ist das zu berücksichtigende Vermögen höher als der nach den Sätzen 1 bis 5 verbleibende monatliche Anspruch auf Kinderzuschlag, so dass es den

Kinderzuschlag für den ersten Monat des Bewilligungszeitraums vollständig mindert, entfällt der Anspruch auf Kinderzuschlag. ₇Ist das zu berücksichtigende Vermögen niedriger als der monatliche Anspruch auf Kinderzuschlag, ist der Kinderzuschlag im ersten Monat des Bewilligungszeitraums um einen Betrag in Höhe des zu berücksichtigenden Vermögens zu mindern und ab dem folgenden Monat Kinderzuschlag ohne Minderung wegen des Vermögens zu zahlen.

(4) Die Summe der einzelnen Kinderzuschläge nach den Absätzen 2 und 3 bildet den Gesamtkinderzuschlag.

(5) ₁Der Gesamtkinderzuschlag wird in voller Höhe gewährt, wenn das nach den §§ 11 bis 11b des Zweiten Buches Sozialgesetzbuch mit Ausnahme des Wohngeldes und des Kinderzuschlags zu berücksichtigende Einkommen der Eltern einen Betrag in Höhe der bei der Berechnung des Bürgergeldes zu berücksichtigenden Bedarfe der Eltern (Gesamtbedarf der Eltern) nicht übersteigt und kein zu berücksichtigendes Vermögen der Eltern nach § 12 des Zweiten Buches Sozialgesetzbuch vorhanden ist. ₂Als Einkommen oder Vermögen der Eltern gilt dabei dasjenige der Mitglieder der Bedarfsgemeinschaft mit Ausnahme des Einkommens oder Vermögens der in dem Haushalt lebenden Kinder. ₃Absatz 3 Satz 5 gilt entsprechend. ₄Zur Feststellung des Gesamtbedarfs der Eltern sind die Bedarfe für Unterkunft und Heizung in dem Verhältnis aufzuteilen, das sich aus den im 12. Bericht der Bundesregierung über die Höhe des Existenzminimums von Erwachsenen und Kindern festgestellten entsprechenden Bedarfen für Alleinstehende, Ehepaare, Lebenspartnerschaften und Kinder ergibt.

(6) ₁Der Gesamtkinderzuschlag wird um das zu berücksichtigende Einkommen der Eltern gemindert, soweit es deren Bedarf übersteigt. ₂Wenn das zu berücksichtigende Einkommen der Eltern nicht nur aus Erwerbseinkünften besteht, ist davon auszugehen, dass die Überschreitung des Gesamtbedarfs der Eltern durch die Erwerbseinkünfte verursacht wird, wenn nicht die Summe der anderen Einkommensteile für sich genommen diesen maßgebenden Betrag übersteigt. ₃Der Gesamtkinderzuschlag wird um 45 Prozent des Betrags, um den die monatlichen Erwerbseinkünfte den maßgebenden Betrag übersteigen, monatlich gemindert. ₄Anderes Einkommen oder Vermögen der Eltern mindern den Gesamtkinderzuschlag in voller Höhe. ₅Bei der Berücksichtigung des Vermögens gilt Absatz 3 Satz 6 und 7 entsprechend.

(7) ₁Über den Gesamtkinderzuschlag ist jeweils für sechs Monate zu entscheiden (Bewilligungszeitraum). ₂Der Bewilligungszeitraum beginnt mit dem Monat, in dem der Antrag gestellt wird, jedoch frühestens nach Ende eines laufenden Bewilligungszeitraums. ₃Änderungen in den tatsächlichen oder rechtlichen Verhältnissen während des laufenden Bewilligungszeitraums sind abweichend von § 48 des Zehnten Buches Sozialgesetzbuch nicht zu berücksichtigen, es sei denn, die Zusammensetzung der Bedarfsgemeinschaft oder der Höchstbetrag des Kinderzuschlags ändert sich. ₄Wird ein neuer Antrag gestellt, unverzüglich nachdem der Verwaltungsakt nach § 48 des Zehnten Buches Sozialgesetzbuch wegen einer Änderung der Bedarfsgemeinschaft aufgehoben worden ist, so beginnt ein neuer Bewilligungszeitraum unmittelbar nach dem Monat, in dem sich die Bedarfsgemeinschaft geändert hat.

(8) ₁Für die Ermittlung des monatlich zu berücksichtigenden Einkommens ist der Durchschnitt der in den sechs Monaten vor Beginn des Bewilligungszeitraums maßgeblich. ₂Bei Personen, die den selbst genutzten Wohnraum mieten, sind als monatliche Bedarfe für Unterkunft und Heizung die laufenden Bedarfe für den ersten Monat des Bewilligungszeitraums zugrunde zu legen. ₃Bei Personen, die an dem selbst genutzten Wohnraum Eigentum haben, sind als monatliche Bedarfe für Unterkunft und Heizung die Bedarfe aus den durchschnittlichen Monatswerten des Kalenderjahres vor Beginn des Bewilligungszeitraums zugrunde zu legen. ₄Liegen die entsprechenden Monatswerte für den Wohnraum nicht vor, soll abweichend von Satz 3 ein Durchschnitt aus den letzten vorliegenden Monatswerten für den

Wohnraum zugrunde gelegt werden, nicht jedoch aus mehr als zwölf Monatswerten. ₅Im Übrigen sind die tatsächlichen und rechtlichen Verhältnisse zu Beginn des Bewilligungszeitraums maßgeblich.

§ 6b Leistungen für Bildung und Teilhabe

(1) ₁Personen erhalten Leistungen für Bildung und Teilhabe für ein Kind, wenn sie für dieses Kind nach diesem Gesetz oder nach dem X. Abschnitt des Einkommensteuergesetzes Anspruch auf Kindergeld oder Anspruch auf andere Leistungen im Sinne von § 4 haben und wenn

1. das Kind mit ihnen in einem Haushalt lebt und sie für ein Kind Kinderzuschlag nach § 6a beziehen oder

2. im Falle der Bewilligung von Wohngeld sie und das Kind, für das sie Kindergeld beziehen, zu berücksichtigende Haushaltsmitglieder sind.

₂Satz 1 gilt entsprechend, wenn das Kind, nicht jedoch die berechtigte Person zu berücksichtigendes Haushaltsmitglied im Sinne von Satz 1 Nummer 2 ist und die berechtigte Person Leistungen nach dem Zweiten oder Zwölften Buch Sozialgesetzbuch bezieht. ₃Wird das Kindergeld nach § 74 Absatz 1 des Einkommensteuergesetzes oder nach § 48 Absatz 1 des Ersten Buches Sozialgesetzbuch ausgezahlt, stehen die Leistungen für Bildung und Teilhabe dem Kind oder der Person zu, die dem Kind Unterhalt gewährt.

(2) ₁Die Leistungen für Bildung und Teilhabe entsprechen den Leistungen zur Deckung der Bedarfe nach § 28 Absatz 2 bis 7 des Zweiten Buches Sozialgesetzbuch. ₂§ 28 Absatz 1 Satz 2 des Zweiten Buches Sozialgesetzbuch gilt entsprechend. ₃Für die Bemessung der Leistungen für die Schülerbeförderung nach § 28 Absatz 4 des Zweiten Buches Sozialgesetzbuch sind die erforderlichen tatsächlichen Aufwendungen zu berücksichtigen, soweit sie nicht von Dritten übernommen werden. ₄Die Leistungen nach Satz 1 gelten nicht als Einkommen oder Vermögen im Sinne dieses Gesetzes. ₅§ 19 Absatz 3 des Zweiten Buches Sozialgesetzbuch findet keine Anwendung.

(2a) Ansprüche auf Leistungen für Bildung und Teilhabe verjähren in zwölf Monaten nach Ablauf des Kalendermonats, in dem sie entstanden sind.

(3) Für die Erbringung der Leistungen für Bildung und Teilhabe gelten die §§ 29, 30 und 40 Absatz 6 des Zweiten Buches Sozialgesetzbuch entsprechend.

§ 6c Unterhaltspflichten

Unterhaltspflichten werden durch den Kinderzuschlag nicht berührt.

§ 6d Kinderfreizeitbonus aus Anlass der COVID-19-Pandemie für Familien mit Kinderzuschlag, Wohngeld oder Sozialhilfe

(1) ₁Personen erhalten eine Einmalzahlung in Höhe von 100 Euro für ein Kind, welches das 18. Lebensjahr noch nicht vollendet hat und für das sie für den Monat August 2021 Kindergeld nach diesem Gesetz oder nach dem X. Abschnitt des Einkommensteuergesetzes oder andere Leistungen im Sinne von § 4 beziehen, wenn

1. sie für dieses Kind für den Monat August 2021 Kinderzuschlag nach § 6a beziehen,

2. sie und dieses Kind oder nur dieses Kind zu berücksichtigende Haushaltsmitglieder im Sinne der §§ 5 und 6 Absatz 1 des Wohngeldgesetzes sind und die Wohngeldbewilligung den Monat August 2021 umfasst oder

3. dieses Kind für den Monat August 2021 Leistungen nach dem Dritten Kapitel des Zwölften Buches Sozialgesetzbuch bezieht.

₂Eines gesonderten Antrags bedarf es in den Fällen des Satzes 1 Nummer 1 nicht. ₃In den Fällen des Satzes 1 Nummer 2 und 3 bedarf es eines Antrags; § 9 Absatz 1 Satz 2 ist entsprechend anzuwenden.

(2) ₁Die Einmalzahlung nach Absatz 1 Satz 1 ist bei Sozialleistungen, deren Zahlung von anderen Einkommen abhängig ist, nicht als Einkommen zu berücksichtigen. ₂Der Anspruch auf die Einmalzahlung nach Absatz 1 Satz 1 ist unpfändbar. ₃§ 6c gilt entsprechend.

Zweiter Abschnitt
Organisation und Verfahren

§ 7 Zuständigkeit

(1) Die Bundesagentur für Arbeit (Bundesagentur) führt dieses Gesetz nach fachlichen Weisungen des Bundesministeriums für Familie, Senioren, Frauen und Jugend durch.

(2) Die Bundesagentur führt bei der Durchführung dieses Gesetzes die Bezeichnung „Familienkasse".

(3) Abweichend von Absatz 1 führen die Länder § 6b als eigene Angelegenheit aus.

§ 7a Datenübermittlung

(1) Die Träger der Leistungen nach § 6b und die Träger der Grundsicherung für Arbeitsuchende teilen sich alle Tatsachen mit, die für die Erbringung und Abrechnung der Leistungen nach § 6b dieses Gesetzes und § 28 des Zweiten Buches Sozialgesetzbuch erforderlich sind.

(2) ₁Die zuständige Familienkasse übermittelt dem Bundeszentralamt für Steuern unter den Vorgaben des § 139b Absatz 10 Satz 2 und 3 der Abgabenordnung die internationale Bankkontonummer (IBAN), bei ausländischen Kreditinstituten auch den internationalen Banken-Identifizierungsschlüssel (BIC), des Kontos, auf welches das Kindergeld zuletzt ausgezahlt worden ist. ₂Ist in den Fällen des Satzes 1 der Familienkasse die Identifikationsnummer nicht bekannt, darf sie diese Identifikationsnummer unter Angabe der in § 139b Absatz 3 der Abgabenordnung genannten Daten beim Bundeszentralamt für Steuern abfragen.

§ 7b Automatisiertes Abrufverfahren

Macht das Bundesministerium der Finanzen von seiner Ermächtigung nach § 68 Absatz 6 Satz 2 des Einkommensteuergesetzes Gebrauch und erlässt eine Rechtsverordnung zur Durchführung von automatisierten Abrufen nach § 68 Absatz 6 Satz 1 des Einkommensteuergesetzes, so ist die Rechtsverordnung im Geltungsbereich dieses Gesetzes entsprechend anzuwenden.

§ 8 Aufbringung der Mittel

(1) Die Aufwendungen der Bundesagentur für die Durchführung dieses Gesetzes trägt der Bund.

(2) Der Bund stellt der Bundesagentur nach Bedarf die Mittel bereit, die sie für die Zahlung des Kindergeldes und des Kinderzuschlags benötigt.

(3) ₁Der Bund erstattet die Verwaltungskosten, die der Bundesagentur aus der Durchführung dieses Gesetzes entstehen. ₂Näheres wird durch Verwaltungsvereinbarung geregelt.

(4) Abweichend von den Absätzen 1 bis 3 tragen die Länder die Ausgaben für die Leistungen nach § 6b und ihre Durchführung.

§ 9 Antrag

(1) ₁Das Kindergeld und der Kinderzuschlag sind schriftlich zu beantragen. ₂Der Antrag soll bei der nach § 13 zuständigen Familienkasse gestellt werden. ₃Den Antrag kann außer dem Berechtigten auch stellen, wer ein berechtigtes Interesse an der Leistung des Kindergeldes hat.

(2) ₁Vollendet ein Kind das 18. Lebensjahr, so wird es für den Anspruch auf Kindergeld nur dann weiterhin berücksichtigt, wenn der oder die Berechtigte anzeigt, dass die Voraussetzungen des § 2 Absatz 2 vorliegen. ₂Absatz 1 gilt entsprechend.

(3) ₁Die Leistungen für Bildung und Teilhabe sind bei der zuständigen Stelle zu beantragen. ₂Absatz 1 Satz 3 gilt entsprechend.

§ 10 Auskunftspflicht

(1) ₁§ 60 Absatz 1 des Ersten Buches Sozialgesetzbuch gilt auch für die bei dem Antragsteller oder Berechtigten berücksichtigten Kinder, für den nicht dauernd getrennt lebenden Ehegatten des Antragstellers oder Berechtigten und für die sonstigen Personen, bei denen die bezeichneten Kinder berücksichtigt werden. ₂§ 60 Absatz 4 des Zweiten Buches Sozialgesetzbuch gilt entsprechend.

(2) Soweit es zur Durchführung der §§ 2 und 6a erforderlich ist, hat der jeweilige Arbeitgeber der in diesen Vorschriften bezeichneten Personen auf Verlangen der zuständigen Stelle eine Bescheinigung über den Arbeitslohn, die einbehaltenen Steuern und Sozialabgaben auszustellen.

(3) Die Familienkassen können den nach Absatz 2 Verpflichteten eine angemessene Frist zur Erfüllung der Pflicht setzen.

§ 11 Gewährung des Kindergeldes und des Kinderzuschlags

(1) Das Kindergeld und der Kinderzuschlag werden monatlich gewährt.

(2) Auszuzahlende Beträge sind auf Euro abzurunden, und zwar unter 50 Cent nach unten, sonst nach oben.

(3) § 45 Absatz 3 des Zehnten Buches Sozialgesetzbuch findet keine Anwendung.

(4) Ein rechtswidriger nicht begünstigender Verwaltungsakt ist abweichend von § 44 Absatz 1 des Zehnten Buches Sozialgesetzbuch für die Zukunft zurückzunehmen; er kann ganz oder teilweise auch für die Vergangenheit zurückgenommen werden.

(5) Wird ein Verwaltungsakt über die Bewilligung von Kinderzuschlag aufgehoben, sind bereits erbrachte Leistungen abweichend von § 50 Absatz 1 des Zehnten Buches Sozialgesetzbuch nicht zu erstatten, soweit der Bezug von Kinderzuschlag den Anspruch auf Leistungen nach dem Zweiten Buch Sozialgesetzbuch ausschließt oder mindert.

(6) Entsprechend anwendbar sind die Vorschriften des Dritten Buches Sozialgesetzbuch über

1. die Aufhebung von Verwaltungsakten (§ 330 Absatz 2, 3 Satz 1) sowie
2. die vorläufige Zahlungseinstellung nach § 331 mit der Maßgabe, dass die Familienkasse auch zur teilweisen Zahlungseinstellung berechtigt ist, wenn sie von Tatsachen Kenntnis erhält, die zu einem geringeren Leistungsanspruch führen.

§ 12 Aufrechnung

§ 51 des Ersten Buches Sozialgesetzbuch gilt für die Aufrechnung eines Anspruchs auf Erstattung von Kindergeld und Kinderzuschlag gegen einen späteren Anspruch auf Kindergeld und Kinderzuschlag eines oder einer mit dem Erstattungspflichtigen in Haushaltsgemeinschaft lebenden Berechtigten entsprechend, soweit es sich um laufendes Kindergeld oder laufenden Kinderzuschlag für ein Kind handelt, das bei beiden berücksichtigt werden konnte.

§ 13 Zuständige Stelle

(1) ₁Für die Entgegennahme des Antrages und die Entscheidungen über den Anspruch ist die Familienkasse (§ 7 Absatz 2) zuständig, in deren Bezirk der Berechtigte seinen Wohnsitz hat. ₂Hat der Berechtigte keinen Wohnsitz im Geltungsbereich dieses Gesetzes, ist die Familienkasse zuständig, in deren Bezirk er seinen gewöhnlichen Aufenthalt hat. ₃Hat der Berechtigte im Geltungsbereich dieses Gesetzes weder einen Wohnsitz noch einen gewöhnlichen Aufenthalt, ist die Familienkasse zuständig, in deren Bezirk er erwerbstätig ist. ₄In den übrigen Fällen ist die Familienkasse Bayern Nord zuständig.

(2) Die Entscheidungen über den Anspruch trifft die Leitung der Familienkasse.

(3) Der Vorstand der Bundesagentur kann für bestimmte Bezirke oder Gruppen von Berechtigten die Entscheidungen über den Anspruch auf Kindergeld und Kinderzuschlag einheitlich einer anderen Familienkasse übertragen.

(4) Für die Leistungen nach § 6b bestimmen abweichend von den Absätzen 1 und 2 die Landesregierungen oder die von ihnen beauftragten Stellen die für die Durchführung zuständigen Behörden.

§ 14 Bescheid

₁Wird der Antrag auf Kindergeld, Kinderzuschlag oder Leistungen für Bildung und Teilhabe abgelehnt, ist ein Bescheid zu erteilen. ₂Das Gleiche gilt, wenn das Kindergeld, Kinderzuschlag oder Leistungen für Bildung und Teilhabe entzogen werden.

§ 15 Rechtsweg

Für Streitigkeiten nach diesem Gesetz sind die Gerichte der Sozialgerichtsbarkeit zuständig.

Dritter Abschnitt
Bußgeldvorschriften

§ 16 Ordnungswidrigkeiten

(1) Ordnungswidrig handelt, wer vorsätzlich oder leichtfertig

1. entgegen § 60 Absatz 1 Satz 1 Nummer 1 oder Nummer 3 des Ersten Buches Sozialgesetzbuch in Verbindung mit § 10 Absatz 1 auf Verlangen nicht die leistungser-

heblichen Tatsachen angibt oder Beweisurkunden vorlegt,

2. entgegen § 60 Absatz 1 Satz 1 Nummer 2 des Ersten Buches Sozialgesetzbuch eine Änderung in den Verhältnissen, die für einen Anspruch auf Kindergeld, Kinderzuschlag oder Leistungen für Bildung und Teilhabe erheblich ist, nicht, nicht richtig, nicht vollständig oder nicht rechtzeitig mitteilt oder

3. entgegen § 10 Absatz 2 oder Absatz 3 auf Verlangen eine Bescheinigung nicht, nicht richtig, nicht vollständig oder nicht rechtzeitig ausstellt.

(2) Die Ordnungswidrigkeit kann mit einer Geldbuße geahndet werden.

(3) § 66 des Zehnten Buches Sozialgesetzbuch gilt entsprechend.

(4) Verwaltungsbehörden im Sinne des § 36 Absatz 1 Nummer 1 des Gesetzes über Ordnungswidrigkeiten sind die nach § 409 der Abgabenordnung bei Steuerordnungswidrigkeiten wegen des Kindergeldes nach dem X. Abschnitt des Einkommensteuergesetzes zuständigen Verwaltungsbehörden.

Vierter Abschnitt
Übergangs- und Schlussvorschriften

§ 17 Recht der Europäischen Gemeinschaft

₁Soweit in diesem Gesetz Ansprüche Deutschen vorbehalten sind, haben Angehörige der anderen Mitgliedstaaten der Europäischen Union, Flüchtlinge und Staatenlose nach Maßgabe des Vertrages zur Gründung der Europäischen Gemeinschaft und der auf seiner Grundlage erlassenen Verordnungen die gleichen Rechte. ₂Auch im Übrigen bleiben die Bestimmungen der genannten Verordnungen unberührt.

§ 18 Anwendung des Sozialgesetzbuches

Soweit dieses Gesetz keine ausdrückliche Regelung trifft, ist bei der Ausführung das Sozialgesetzbuch anzuwenden.

§ 19 Übergangsvorschriften

(1) Ist für die Nachzahlung und Rückforderung von Kindergeld und Zuschlag zum Kindergeld für Berechtigte mit geringem Einkommen der Anspruch eines Jahres vor 1996 maßgeblich, finden die §§ 10, 11 und 11a in der bis zum 31. Dezember 1995 geltenden Fassung Anwendung.

(2) Verfahren, die am 1. Januar 1996 anhängig sind, werden nach den Vorschriften des Sozialgesetzbuches und des Bundeskindergeldgesetzes in der bis zum 31. Dezember 1995 geltenden Fassung zu Ende geführt, soweit in § 78 des Einkommensteuergesetzes nichts anderes bestimmt ist.

(3) Wird Kinderzuschlag vor dem 1. Juli 2019 bewilligt, finden die Regelungen des Bundeskindergeldgesetzes in der bis zum 30. Juni 2019 geltenden Fassung weiter Anwendung, mit Ausnahme der Regelung zum monatlichen Höchstbetrag des Kinderzuschlags nach § 20 Absatz 3.

(4) § 6c lässt Unterhaltsleistungen, die vor dem 30. Juni 2021 fällig geworden sind, unberührt.

§ 20 Anwendungsvorschrift

(1) ₁§ 1 Absatz 3 in der am 19. Dezember 2006 geltenden Fassung ist in Fällen, denen eine Entscheidung über den Anspruch auf Kindergeld für Monate in dem Zeitraum zwischen dem 1. Januar 1994 und dem 18. Dezember 2006 noch nicht bestandskräftig geworden ist, anzuwenden, wenn dies für den Antragsteller günstiger ist. ₂In diesem Fall werden die Aufenthaltsgenehmigungen nach dem Ausländergesetz den Aufenthaltstiteln nach dem Aufenthaltsgesetz entsprechend den Fortgeltungsregelungen in § 101 des Aufenthaltsgesetzes gleichgestellt.

(2) (weggefallen)

(3) Abweichend von § 6a Absatz 2 beträgt für die Zeit vom 1. Juli 2019 bis zum 31. Dezember 2020 der monatliche Höchstbetrag des Kinderzuschlags für jedes zu berücksichtigende Kind 185 Euro.

(3a) Abweichend von § 6a Absatz 2 beträgt der monatliche Höchstbetrag des Kinderzuschlags im Kalenderjahr 2023 für jedes zu berücksichtigende Kind 250 Euro.

(4) Wird einer Person Kinderzuschlag für einen nach dem 30. Juni 2019 und vor dem 1. Juli 2021 beginnenden Bewilligungszeitraum bewilligt und wird ihr der Verwaltungsakt erst nach Ablauf des ersten Monats des Bewilligungszeitraums bekannt gegeben, endet dieser Bewilligungszeitraum abweichend von §6a Absatz 7 Satz 1 am Ende des fünften Monats nach dem Monat der Bekanntgabe des Verwaltungsaktes.

(5) ₁Abweichend von §6a Absatz 7 Satz 1 wird in Fällen, in denen der höchstmögliche Gesamtkinderzuschlag bezogen wird und der sechsmonatige Bewilligungszeitraum in der Zeit vom 1. April 2020 bis zum 30. September 2020 endet, der Bewilligungszeitraum von Amts wegen einmalig um weitere sechs Monate verlängert. ₂Satz 1 gilt entsprechend, wenn der ursprüngliche Bewilligungszeitraum in Anwendung des §20 Absatz 4 mehr als sechs Monate umfasst.

(6) ₁Abweichend von §6a Absatz 8 Satz 1 ist für Anträge, die in der Zeit vom 1. April 2020 bis zum 30. September 2020 eingehen, bei der Ermittlung des monatlich zu berücksichtigenden Einkommens der Eltern nur das Einkommen aus dem letzten Monat vor Beginn des Bewilligungszeitraums maßgeblich. ₂In diesen Fällen wird abweichend von §6a Absatz 3 Satz 1 und Absatz 5 Satz 1 Vermögen nach §12 des Zweiten Buches Sozialgesetzbuch nicht berücksichtigt. ₃Satz 2 gilt nicht, wenn das Vermögen erheblich ist; es wird vermutet, dass kein erhebliches Vermögen vorhanden ist, wenn die Antragstellerin oder der Antragsteller dies im Antrag erklärt.

(6a) ₁Abweichend von §6a Absatz 3 Satz 1 und Absatz 5 Satz 1 wird für Bewilligungszeiträume, die in der Zeit vom 1. Oktober 2020 bis 31. März 2022 beginnen, Vermögen nach §12 des Zweiten Buches Sozialgesetzbuch nicht berücksichtigt. ₂Satz 1 gilt nicht, wenn das Vermögen erheblich ist; es wird vermutet, dass kein erhebliches Vermögen vorhanden ist, wenn die Antragstellerin oder der Antragsteller dies im Antrag erklärt. ₃Macht die Bundesregierung von ihrer Ver-

ordnungsermächtigung nach §67 Absatz 5 des Zweiten Buches Sozialgesetzbuch Gebrauch und verlängert den in §67 Absatz 1 des Zweiten Buches Sozialgesetzbuch genannten Zeitraum, ändert sich das in Satz 1 genannte Datum, bis zu dem die Regelung Anwendung findet, entsprechend.

(7) ₁In Fällen, in denen der Bewilligungszeitraum vor dem 1. April 2020 begonnen hat, kann im April oder Mai 2020 einmalig während des laufenden Bewilligungszeitraums ein Antrag auf Überprüfung gestellt werden. ₂Bei der Überprüfung ist abweichend von §6a Absatz 8 Satz 1 als monatlich zu berücksichtigendes Einkommen der Eltern nur das Einkommen aus dem Monat vor dem Überprüfungsantrag zugrunde zu legen. ₃Im Übrigen sind die bereits für den laufenden Bewilligungszeitraum nach Absatz 8 ermittelten tatsächlichen und rechtlichen Verhältnisse zugrunde zu legen. ₄Die Voraussetzung nach §6a Absatz 1 Nummer 3, dass bei Bezug des Kinderzuschlags keine Hilfebedürftigkeit besteht, ist nicht anzuwenden. ₅Ergibt die Überprüfung einen höheren Kinderzuschlag, wird für die restlichen Monate des Bewilligungszeitraums Kinderzuschlag in der neuen Höhe bewilligt; anderenfalls ist der Antrag abzulehnen. ₆Ist ein Bewilligungsbescheid für einen Bewilligungszeitraum, der vor dem 1. April 2020 beginnt, noch nicht ergangen, gelten die Sätze 1 bis 5 entsprechend. ₇In den Fällen nach den Sätzen 1 bis 6 ist die Verlängerungsregelung nach Absatz 5 nicht anzuwenden.

(8) ₁§1 Absatz 2 Satz 3 und §2 Absatz 2 und 3 in der Fassung des Artikels 3a des Gesetzes vom 19. Juli 2006 (BGBl. I S. 1652) ist für Kinder, die im Kalenderjahr 2006 das 24. Lebensjahr vollendeten, mit der Maßgabe anzuwenden, dass jeweils an die Stelle der Angabe „25. Lebensjahres" die Angabe „26. Lebensjahres" und an die Stelle der Angabe „25. Lebensjahr" die Angabe „26. Lebensjahr" tritt; für Kinder, die im Kalenderjahr 2006 das 25. oder 26. Lebensjahr vollendeten, sind §1 Absatz 2 Satz 3 und §2 Absatz 2 und 3 weiterhin in der bis zum 31. Dezember 2006 geltenden Fassung anzu-

wenden. ₂§ 1 Absatz 2 Satz 3 und § 2 Absatz 2 und 3 in der Fassung des Artikels 3 des Gesetzes vom 19. Juli 2006 (BGBl. I S. 1652) sind erstmals für Kinder anzuwenden, die im Kalenderjahr 2007 wegen einer vor Vollendung des 25. Lebensjahres eingetretenen körperlichen, geistigen oder seelischen Behinderung außerstande sind, sich selbst zu unterhalten; für Kinder, die wegen einer vor dem 1. Januar 2007 in der Zeit ab der Vollendung des 25. Lebensjahres und vor Vollendung des 27. Lebensjahres eingetretenen körperlichen, geistigen oder seelischen Behinderung außerstande sind, sich selbst zu unterhalten, ist § 2 Absatz 2 Satz 1 Nummer 3 weiterhin in der bis zum 31. Dezember 2006 geltenden Fassung anzuwenden. ₃§ 2 Absatz 3 Satz 1 in der Fassung des Artikels 3 des Gesetzes vom 19. Juli 2006 (BGBl. I S. 1652) ist für Kinder, die im Kalenderjahr 2006 das 24. Lebensjahr vollendeten, mit der Maßgabe anzuwenden, dass an die Stelle der Angabe „über das 21. oder 25. Lebensjahr hinaus" die Angabe „über das 21. oder 26. Lebensjahr hinaus" tritt; für Kinder, die im Kalenderjahr 2006 das 25., 26. oder 27. Lebensjahr vollendeten, ist § 2 Absatz 3 Satz 1 weiterhin in der bis zum 31. Dezember 2006 geltenden Fassung anzuwenden.

(9) § 2 Absatz 2 Satz 1 Nummer 2 Buchstabe d in der am 31. Juli 2014 geltenden Fassung ist auf Freiwilligendienste im Sinne der Verordnung (EU) Nr. 1288/2013 des Europäischen Parlaments und des Rates vom 11. Dezember 2013 zur Einrichtung von „Erasmus+", dem Programm der Union für allgemeine und berufliche Bildung, Jugend und Sport, und zur Aufhebung der Beschlüsse Nr. 1719/2006/EG, Nr. 1720/2006/EG und Nr. 1298/2008/EG (ABl. L 347 vom 20. 12. 2013, S. 50), die ab dem 1. Januar 2014 begonnen wurden, ab dem 1. Januar 2014 anzuwenden.

(9a) § 2 Absatz 2 Satz 2 in der Fassung des Artikels 13 des Gesetzes vom 16. Juli 2009 (BGBl. I S. 1959) ist ab dem 1. Januar 2010 anzuwenden.

(10) § 2 Absatz 2 Satz 4 in der Fassung des Artikels 2 Absatz 8 des Gesetzes vom 16. Mai 2008 (BGBl. I S. 842) ist erstmals ab dem 1. Januar 2009 anzuwenden.

(11) § 2 Absatz 3 ist letztmals bis zum 31. Dezember 2018 anzuwenden; Voraussetzung ist in diesen Fällen, dass das Kind den Dienst oder die Tätigkeit vor dem 1. Juli 2011 angetreten hat.

(12) § 6 Absatz 3 in der am 1. Januar 2018 geltenden Fassung ist auf Anträge anzuwenden, die nach dem 31. Dezember 2017 eingehen.

(13) ₁§ 1 Absatz 3 Satz 1 Nummer 1 bis 4 in der Fassung des Artikels 34 des Gesetzes vom 12. Dezember 2019 (BGBl. I S. 2451) ist für Entscheidungen anzuwenden, die Zeiträume betreffen, die nach dem letzten Tag des sechsten auf die Verkündung des Fachkräfteeinwanderungsgesetzes folgenden Kalendermonats beginnen. ₂§ 1 Absatz 3 Satz 1 Nummer 5 in der Fassung des Artikels 34 des Gesetzes vom 12. Dezember 2019 (BGBl. I S. 2451) ist für Entscheidungen anzuwenden, die Zeiträume betreffen, die nach dem 31. Dezember 2019 beginnen. ₃§ 1 Absatz 3 Nummer 2 Buchstabe c in der Fassung des Artikels 5 Nummer 1 des Gesetzes vom 23. Mai 2022 (BGBl. I S. 760) ist für Entscheidungen anzuwenden, die Zeiträume betreffen, die nach dem 31. Mai 2022 beginnen. ₄§ 1 Absatz 3 Satz 1 Nummer 2 in der Fassung des Artikels 42 des Gesetzes vom 2. Dezember 2024 (BGBl. 2024 I Nr. 387) ist für Entscheidungen anzuwenden, die Zeiträume betreffen, die nach dem 31. Mai 2024 beginnen.

§ 21 Sondervorschrift zur Steuerfreistellung des Existenzminimums eines Kindes in den Veranlagungszeiträumen 1983 bis 1995 durch Kindergeld

₁In Fällen, in denen die Entscheidung über die Höhe des Kindergeldanspruchs für Monate in dem Zeitraum zwischen dem 1. Januar 1983 und dem 31. Dezember 1995 noch nicht bestandskräftig geworden ist, kommt eine von den §§ 10 und 11 in der jeweils geltenden Fassung abweichende Bewilligung von Kindergeld nur in Betracht, wenn die Einkommensteuer formell bestandskräftig und hinsichtlich der Höhe der Kinderfreibeträge nicht vorläufig festgesetzt sowie das Existenzminimum des Kindes nicht unter der Maßgabe des § 53 des Einkommensteuergesetzes steuerfrei belassen worden ist. ₂Dies ist vom Kindergeldberechtigten durch eine Bescheinigung des zuständigen Finanzamtes nachzuweisen. ₃Nach Vorlage dieser Bescheinigung hat die Familienkasse den vom Finanzamt ermittelten Unterschiedsbetrag zwischen der festgesetzten Einkommensteuer und der Einkommensteuer, die nach § 53 Satz 6 des Einkommensteuergesetzes festzusetzen gewesen wäre, wenn die Voraussetzungen nach § 53 Satz 1 und 2 des Einkommensteuergesetzes vorgelegen hätten, als zusätzliches Kindergeld zu zahlen.

Einkommensteuergesetz (EStG)

in der Fassung der Bekanntmachung
vom 8. Oktober 2009 (BGBl. I S. 3366, S. 3862)

– Auszug –[1])

Zuletzt geändert durch
Steuerfortentwicklungsgesetz
vom 23. Dezember 2024 (BGBl. I Nr. 449)

Inhaltsübersicht

I. Steuerpflicht
- § 1 Steuerpflicht
- § 1a (EU- und EWR-Staatsangehörige)

II. Einkommen

1. Sachliche Voraussetzungen für die Besteuerung
- § 2 Umfang der Besteuerung, Begriffsbestimmungen

4. Überschuss der Einnahmen über die Werbungskosten
- § 8 Einnahmen
- § 9 Werbungskosten
- § 9a Pauschbeträge für Werbungskosten

5. Sonderausgaben
- § 10
- § 10a Zusätzliche Altersvorsorge

IV. Tarif
- § 31 Familienleistungsausgleich
- § 32 Kinder, Freibeträge für Kinder
- § 32a Einkommensteuertarif

X. Kindergeld
- § 62 Anspruchsberechtigte
- § 63 Kinder
- § 64 Zusammentreffen mehrerer Ansprüche
- § 65 Andere Leistungen für Kinder
- § 66 Höhe des Kindergeldes, Zahlungszeitraum
- § 67 Antrag
- § 68 Besondere Mitwirkungspflichten und Offenbarungsbefugnis
- § 69 Datenübermittlung an die Familienkassen
- § 70 Festsetzung und Zahlung des Kindergeldes
- § 71 Vorläufige Einstellung der Zahlung des Kindergeldes
- § 72 (weggefallen)
- § 73 (weggefallen)
- § 74 Zahlung des Kindergeldes in Sonderfällen
- § 75 Aufrechnung
- § 76 Pfändung
- § 77 Erstattung von Kosten im Vorverfahren
- § 78 Übergangsregelungen

XI. Altersvorsorgezulage
- § 79 Zulageberechtigte
- § 80 Anbieter
- § 81 Zentrale Stelle
- § 81a Zuständige Stelle
- § 82 Altersvorsorgebeiträge
- § 83 Altersvorsorgezulage
- § 84 Grundzulage
- § 85 Kinderzulage
- § 86 Mindesteigenbeitrag
- § 87 Zusammentreffen mehrerer Verträge
- § 88 Entstehung des Anspruchs auf Zulage
- § 89 Antrag
- § 90 Verfahren

---

[1]) Aufgeführt sind nur die den Auszug betreffenden Änderungen.

I. Steuerpflicht

§ 1 Steuerpflicht

(1) ₁Natürliche Personen, die im Inland einen Wohnsitz oder ihren gewöhnlichen Aufenthalt haben, sind unbeschränkt einkommensteuerpflichtig. ₂Zum Inland im Sinne dieses Gesetzes gehört auch der der Bundesrepublik Deutschland zustehende Anteil

1. an der ausschließlichen Wirtschaftszone, soweit dort
   a) die lebenden und nicht lebenden natürlichen Ressourcen der Gewässer über dem Meeresboden, des Meeresbodens und seines Untergrunds erforscht, ausgebeutet, erhalten oder bewirtschaftet werden,
   b) andere Tätigkeiten zur wirtschaftlichen Erforschung oder Ausbeutung der ausschließlichen Wirtschaftszone ausgeübt werden, wie beispielsweise die Energieerzeugung aus Wasser, Strömung und Wind oder
   c) künstliche Inseln errichtet oder genutzt werden und Anlagen und Bauwerke für die in den Buchstaben a und b genannten Zwecke errichtet oder genutzt werden, und

2. am Festlandsockel, soweit dort
   a) dessen natürliche Ressourcen erforscht oder ausgebeutet werden; natürliche Ressourcen in diesem Sinne sind die mineralischen und sonstigen nicht lebenden Ressourcen des Meeresbodens und seines Untergrunds sowie die zu den sesshaften Arten gehörenden Lebewesen, die im nutzbaren Stadium entweder unbeweglich auf oder unter dem Meeresboden verbleiben oder sich nur in ständigem körperlichen Kontakt mit dem Meeresboden oder seinem Untergrund fortbewegen können; oder
   b) künstliche Inseln errichtet oder genutzt werden und Anlagen und Bauwerke für die in Buchstabe a genannten Zwecke errichtet oder genutzt werden.

(2) ₁Unbeschränkt einkommensteuerpflichtig sind auch deutsche Staatsangehörige, die

1. im Inland weder einen Wohnsitz noch ihren gewöhnlichen Aufenthalt haben und
2. zu einer inländischen juristischen Person des öffentlichen Rechts in einem Dienstverhältnis stehen und dafür Arbeitslohn aus einer inländischen öffentlichen Kasse beziehen

sowie zu ihrem Haushalt gehörende Angehörige, die die deutsche Staatsangehörigkeit besitzen oder keine Einkünfte oder nur Einkünfte beziehen, die ausschließlich im Inland einkommensteuerpflichtig sind. ₂Dies gilt nur für natürliche Personen, die in dem Staat, in dem sie ihren Wohnsitz oder ihren gewöhnlichen Aufenthalt haben, lediglich in einem der beschränkten Einkommensteuerpflicht ähnlichen Umfang zu einer Steuer vom Einkommen herangezogen werden.

(3) ₁Auf Antrag werden auch natürliche Personen als unbeschränkt einkommensteuerpflichtig behandelt, die im Inland weder einen Wohnsitz noch ihren gewöhnlichen Aufenthalt haben, soweit sie inländische Einkünfte im Sinne des § 49 haben. ₂Dies gilt nur, wenn ihre Einkünfte im Kalenderjahr mindestens zu 90 Prozent der deutschen Einkommensteuer unterliegen oder die nicht der deutschen Einkommensteuer unterliegenden Einkünfte den Grundfreibetrag nach § 32a Absatz 1 Satz 2 Nummer 1 nicht übersteigen; dieser Betrag ist zu kürzen, soweit es nach den Verhältnissen im Wohnsitzstaat des Steuerpflichtigen notwendig und angemessen ist. ₃Inländische Einkünfte, die nach einem Abkommen zur Vermeidung der Doppelbesteuerung nur der Höhe nach beschränkt besteuert werden dürfen, gelten hierbei als nicht der deutschen Einkommensteuer unterliegend. ₄Unberücksichtigt bleiben bei der Ermittlung der Einkünfte nach Satz 2 nicht der deutschen Einkommensteuer unterliegende Einkünfte, die im Ausland nicht besteuert werden, soweit vergleichbare Einkünfte im Inland steuerfrei sind. ₅Weitere Voraussetzung ist, dass die Höhe der nicht der deutschen Einkommensteuer unterliegenden Einkünfte durch eine Bescheinigung der zuständigen ausländischen Steuerbehörde nachgewiesen wird. ₆Der Steuerabzug nach § 50a ist ungeachtet der Sätze 1 bis 4 vorzunehmen.

(4) Natürliche Personen, die im Inland weder einen Wohnsitz noch ihren gewöhnlichen Aufenthalt haben, sind vorbehaltlich der Absätze 2 und 3 und des § 1a beschränkt einkommensteuerpflichtig, wenn sie inländische Einkünfte im Sinne des § 49 haben.

§ 1a (EU- und EWR-Staatsangehörige)

(1) Für Staatsangehörige eines Mitgliedstaates der Europäischen Union oder eines Staates, auf den das Abkommen über den Europäischen Wirtschaftsraum anwendbar ist, die nach § 1 Absatz 1 unbeschränkt einkommensteuerpflichtig sind oder die nach § 1 Absatz 3 als unbeschränkt einkommensteuerpflichtig zu behandeln sind, gilt bei Anwendung von § 10 Absatz 1a und § 26 Absatz 1 Satz 1 Folgendes:

1. Aufwendungen im Sinne des § 10 Absatz 1a sind auch dann als Sonderausgaben abziehbar, wenn der Empfänger der Leistung oder Zahlung nicht unbeschränkt einkommensteuerpflichtig ist. ₂Voraussetzung ist, dass

    a) der Empfänger seinen Wohnsitz oder gewöhnlichen Aufenthalt im Hoheitsgebiet eines anderen Mitgliedstaates der Europäischen Union oder eines Staates hat, auf den das Abkommen über den Europäischen Wirtschaftsraum Anwendung findet und

    b) die Besteuerung der nach § 10 Absatz 1a zu berücksichtigenden Leistung oder Zahlung beim Empfänger durch eine Bescheinigung der zuständigen ausländischen Steuerbehörde nachgewiesen wird;

2. der nicht dauernd getrennt lebende Ehegatte ohne Wohnsitz oder gewöhnlichen Aufenthalt im Inland wird auf Antrag für die Anwendung des § 26 Absatz 1 Satz 1 als unbeschränkt einkommensteuerpflichtig behandelt. ₂Nummer 1 Satz 2 Buchstabe a gilt entsprechend. ₃Bei Anwendung des § 1 Absatz 3 Satz 2 ist auf die Einkünfte beider Ehegatten abzustellen und der Grundfreibetrag nach § 32a Absatz 1 Satz 2 Nummer 1 zu verdoppeln.

(2) Für unbeschränkt einkommensteuerpflichtige Personen im Sinne des § 1 Absatz 2, die die Voraussetzungen des § 1 Absatz 3 Satz 2 bis 5 erfüllen, und für unbeschränkt einkommensteuerpflichtige Personen im Sinne des § 1 Absatz 3, die die Voraussetzungen des § 1 Absatz 2 Satz 1 Nummer 1 und 2 erfüllen und an einem ausländischen Dienstort tätig sind, gilt die Regelung des Absatzes 1 Nummer 2 entsprechend mit der Maßgabe, dass auf Wohnsitz oder gewöhnlichen Aufenthalt im Staat des ausländischen Dienstortes abzustellen ist.

II. Einkommen

1. Sachliche Voraussetzungen für die Besteuerung

§ 2 Umfang der Besteuerung, Begriffsbestimmungen

(1) ₁Der Einkommensteuer unterliegen

1. Einkünfte aus Land- und Forstwirtschaft,
2. Einkünfte aus Gewerbebetrieb,
3. Einkünfte aus selbständiger Arbeit,
4. Einkünfte aus nichtselbständiger Arbeit,
5. Einkünfte aus Kapitalvermögen,
6. Einkünfte aus Vermietung und Verpachtung,
7. sonstige Einkünfte im Sinne des § 22,

die der Steuerpflichtige während seiner unbeschränkten Einkommensteuerpflicht oder als inländische Einkünfte während seiner beschränkten Einkommensteuerpflicht erzielt. ₂Zu welcher Einkunftsart die Einkünfte im einzelnen Fall gehören, bestimmt sich nach den §§ 13 bis 24.

(2) ₁Einkünfte sind

1. bei Land- und Forstwirtschaft, Gewerbebetrieb und selbständiger Arbeit der Gewinn (§§ 4 bis 7k und 13a),
2. bei den anderen Einkunftsarten der Überschuss der Einnahmen über die Werbungskosten (§§ 8 bis 9a).

₂Bei Einkünften aus Kapitalvermögen tritt § 20 Absatz 9 vorbehaltlich der Regelung in § 32d Absatz 2 an die Stelle der §§ 9 und 9a.

§ 8 Einkommensteuergesetz (EStG) – Auszug VIII.4

(3) Die Summe der Einkünfte, vermindert um den Altersentlastungsbetrag, den Entlastungsbetrag für Alleinerziehende und den Abzug nach § 13 Absatz 3, ist der Gesamtbetrag der Einkünfte.

(4) Der Gesamtbetrag der Einkünfte, vermindert um die Sonderausgaben und die außergewöhnlichen Belastungen, ist das Einkommen.

(5) ₁Das Einkommen, vermindert um die Freibeträge nach § 32 Absatz 6 und um die sonstigen vom Einkommen abzuziehenden Beträge, ist das zu versteuernde Einkommen; dieses bildet die Bemessungsgrundlage für die tarifliche Einkommensteuer. ₂Knüpfen andere Gesetze an den Begriff des zu versteuernden Einkommens an, ist für deren Zweck das Einkommen in allen Fällen des § 32 um die Freibeträge nach § 32 Absatz 6 zu vermindern.

(5a) ₁Knüpfen außersteuerliche Rechtsnormen an die in den vorstehenden Absätzen definierten Begriffe (Einkünfte, Summe der Einkünfte, Gesamtbetrag der Einkünfte, Einkommen, zu versteuerndes Einkommen) an, erhöhen sich für deren Zwecke diese Größen um die nach § 32d Absatz 1 und nach § 43 Absatz 5 zu besteuernden Beträge sowie um die nach § 3 Nummer 40 steuerfreien Beträge und mindern sich um die nach § 3c Absatz 2 nicht abziehbaren Beträge. ₂Knüpfen außersteuerliche Rechtsnormen an die in den Absätzen 1 bis 3 genannten Begriffe (Einkünfte, Summe der Einkünfte, Gesamtbetrag der Einkünfte) an, mindern sich für deren Zwecke diese Größen um die nach § 10 Absatz 1 Nummer 5 abziehbaren Kinderbetreuungskosten.

(5b) Soweit Rechtsnormen dieses Gesetzes an die in den vorstehenden Absätzen definierten Begriffe (Einkünfte, Summe der Einkünfte, Gesamtbetrag der Einkünfte, Einkommen, zu versteuerndes Einkommen) anknüpfen, sind Kapitalerträge nach § 32d Absatz 1 und § 43 Absatz 5 nicht einzubeziehen.

(6) ₁Die tarifliche Einkommensteuer, vermindert um den Unterschiedsbetrag nach § 32c Absatz 1 Satz 2, die anzurechnenden ausländischen Steuern und die Steuerermäßigungen, vermehrt um die Steuer nach § 32d Absatz 3 und 4, die Steuer nach § 34c Absatz 5 und den Zuschlag nach § 3 Absatz 4 Satz 2 des Forstschäden-Ausgleichsgesetzes in der Fassung der Bekanntmachung vom 26. August 1985 (BGBl. I S. 1756), das zuletzt durch Artikel 412 der Verordnung vom 31. August 2015 (BGBl. I S. 1474) geändert worden ist, in der jeweils geltenden Fassung, ist die festzusetzende Einkommensteuer. ₂Wurde der Gesamtbetrag der Einkünfte in den Fällen des § 10a Absatz 2 um Sonderausgaben nach § 10a Absatz 1 gemindert, ist für die Ermittlung der festzusetzenden Einkommensteuer der Anspruch auf Zulage nach Abschnitt XI der tariflichen Einkommensteuer hinzuzurechnen; bei der Ermittlung dem Steuerpflichtigen zustehenden Zulage bleibt die Erhöhung der Grundzulage nach § 84 Satz 2 außer Betracht. ₃Wird das Einkommen in den Fällen des § 31 um die Freibeträge nach § 32 Absatz 6 gemindert, ist der Anspruch auf Kindergeld nach Abschnitt X der tariflichen Einkommensteuer hinzuzurechnen; nicht jedoch für Kalendermonate, in denen durch Bescheid der Familienkasse ein Anspruch auf Kindergeld festgesetzt, aber wegen § 70 Absatz 1 Satz 2 nicht ausgezahlt wurde.

(7) ₁Die Einkommensteuer ist eine Jahressteuer. ₂Die Grundlagen für ihre Festsetzung sind jeweils für ein Kalenderjahr zu ermitteln. ₃Besteht während eines Kalenderjahres sowohl unbeschränkte als auch beschränkte Einkommensteuerpflicht, so sind die während der beschränkten Einkommensteuerpflicht erzielten inländischen Einkünfte in eine Veranlagung zur unbeschränkten Einkommensteuerpflicht einzubeziehen.

(8) Die Regelungen dieses Gesetzes zu Ehegatten und Ehen sind auch auf Lebenspartner und Lebenspartnerschaften anzuwenden.

4. Überschuss der Einnahmen über die Werbungskosten

§ 8 Einnahmen

(1) ₁Einnahmen sind alle Güter, die in Geld oder Geldeswert bestehen und dem Steuerpflichtigen im Rahmen einer der Einkunftsar-

VIII.4 Einkommensteuergesetz (EStG) – Auszug § 8

ten des § 2 Absatz 1 Satz 1 Nummer 4 bis 7 zufließen. ₂Zu den Einnahmen in Geld gehören auch zweckgebundene Geldleistungen, nachträgliche Kostenerstattungen, Geldsurrogate und andere Vorteile, die auf einen Geldbetrag lauten. ₃Satz 2 gilt nicht bei Gutscheinen und Geldkarten, die ausschließlich zum Bezug von Waren oder Dienstleistungen berechtigen und die Kriterien des § 2 Absatz 1 Nummer 10 des Zahlungsdiensteaufsichtsgesetzes erfüllen.

(2) ₁Einnahmen, die nicht in Geld bestehen (Wohnung, Kost, Waren, Dienstleistungen und sonstige Sachbezüge), sind mit den um übliche Preisnachlässe geminderten üblichen Endpreisen am Abgabeort anzusetzen. ₂Für die private Nutzung eines betrieblichen Kraftfahrzeugs zu privaten Fahrten gilt § 6 Absatz 1 Nummer 4 Satz 2 entsprechend. ₃Kann das Kraftfahrzeug auch für Fahrten zwischen Wohnung und erster Tätigkeitsstätte sowie Fahrten nach § 9 Absatz 1 Satz 3 Nummer 4a Satz 3 genutzt werden, erhöht sich der Wert in Satz 2 für jeden Kalendermonat um 0,03 Prozent des Listenpreises im Sinne des § 6 Absatz 1 Nummer 4 Satz 2 für jeden Kilometer der Entfernung zwischen Wohnung und erster Tätigkeitsstätte sowie der Fahrten nach § 9 Absatz 1 Satz 3 Nummer 4a Satz 3. ₄Der Wert nach den Sätzen 2 und 3 kann mit dem auf die private Nutzung und die Nutzung zu Fahrten zwischen Wohnung und erster Tätigkeitsstätte sowie Fahrten nach § 9 Absatz 1 Satz 3 Nummer 4a Satz 3 entfallenden Teil der gesamten Kraftfahrzeugaufwendungen angesetzt werden, wenn die durch das Kraftfahrzeug insgesamt entstehenden Aufwendungen durch Belege und das Verhältnis der privaten Fahrten und der Fahrten zwischen Wohnung und erster Tätigkeitsstätte sowie Fahrten nach § 9 Absatz 1 Satz 3 Nummer 4a Satz 3 zu den übrigen Fahrten durch ein ordnungsgemäßes Fahrtenbuch nachgewiesen werden; § 6 Absatz 1 Nummer 4 Satz 3 zweiter Halbsatz gilt entsprechend. ₅Die Nutzung des Kraftfahrzeugs zu einer Familienheimfahrt im Rahmen einer doppelten Haushaltsführung ist mit 0,002 Prozent des Listenpreises im Sinne des § 6 Absatz 1 Nummer 4 Satz 2 für jeden Kilometer der Entfernung zwischen dem Ort des eigenen Hausstands und dem Beschäftigungsort anzusetzen; dies gilt nicht, wenn für diese Fahrt ein Abzug von Werbungskosten nach § 9 Absatz 1 Satz 3 Nummer 5 Satz 5 und 6 in Betracht käme; Satz 4 ist sinngemäß anzuwenden. ₆Bei Arbeitnehmern, für deren Sachbezüge durch Rechtsverordnung nach § 17 Absatz 1 Satz 1 Nummer 4 des Vierten Buches Sozialgesetzbuch Werte bestimmt worden sind, sind diese Werte maßgebend. ₇Die Werte nach Satz 6 sind auch bei Steuerpflichtigen anzusetzen, die nicht der gesetzlichen Rentenversicherungspflicht unterliegen. ₈Wird dem Arbeitnehmer während einer beruflichen Tätigkeit außerhalb seiner Wohnung und ersten Tätigkeitsstätte oder im Rahmen einer beruflich veranlassten doppelten Haushaltsführung vom Arbeitgeber oder auf dessen Veranlassung von einem Dritten eine Mahlzeit zur Verfügung gestellt, ist diese Mahlzeit mit dem Wert nach Satz 6 (maßgebender amtlicher Sachbezugswert nach der Sozialversicherungsentgeltverordnung) anzusetzen, wenn der Preis für die Mahlzeit 60 Euro nicht übersteigt. ₉Der Ansatz einer nach Satz 8 bewerteten Mahlzeit unterbleibt, wenn beim Arbeitnehmer für ihm entstehende Mehraufwendungen für Verpflegung ein Werbungskostenabzug nach § 9 Absatz 4a Satz 1 bis 7 in Betracht käme. ₁₀Die oberste Finanzbehörde eines Landes kann mit Zustimmung des Bundesministeriums der Finanzen für weitere Sachbezüge der Arbeitnehmer Durchschnittswerte festsetzen. ₁₁Sachbezüge, die nach Satz 1 zu bewerten sind, bleiben außer Ansatz, wenn die sich nach Anrechnung der vom Steuerpflichtigen gezahlten Entgelte ergebenden Vorteile insgesamt 50 Euro im Kalendermonat nicht übersteigen; die nach Absatz 1 Satz 3 nicht zu den Einnahmen in Geld gehörenden Gutscheine und Geldkarten bleiben nur dann außer Ansatz, wenn sie zusätzlich zum ohnehin geschuldeten Arbeitslohn gewährt werden. ₁₂Der Ansatz eines Sachbezugs für eine dem Arbeitnehmer vom Arbeitgeber, auf dessen Veranlassung von einem verbundenen Unternehmen (§ 15 des Aktiengesetzes) oder bei

einer juristischen Person des öffentlichen Rechts als Arbeitgeber auf dessen Veranlassung von einem entsprechend verbundenen Unternehmen zu eigenen Wohnzwecken überlassene Wohnung unterbleibt, soweit das vom Arbeitnehmer gezahlte Entgelt mindestens zwei Drittel des ortsüblichen Mietwerts und dieser nicht mehr als 25 Euro je Quadratmeter ohne umlagefähige Kosten im Sinne der Verordnung über die Aufstellung von Betriebskosten beträgt.

(3) ₁Erhält ein Arbeitnehmer auf Grund seines Dienstverhältnisses Waren oder Dienstleistungen, die vom Arbeitgeber nicht überwiegend für den Bedarf seiner Arbeitnehmer hergestellt, vertrieben oder erbracht werden und deren Bezug nicht nach §40 pauschal versteuert wird, so gelten als deren Werte abweichend von Absatz 2 die um 4 Prozent geminderten Endpreise, zu denen der Arbeitgeber oder der dem Abgabeort nächstansässige Abnehmer die Waren oder Dienstleistungen fremden Letztverbrauchern im allgemeinen Geschäftsverkehr anbietet. ₂Die nach Abzug der vom Arbeitnehmer gezahlten Entgelte ergebenden Vorteile sind steuerfrei, soweit sie aus dem Dienstverhältnis insgesamt 1080 Euro im Kalenderjahr nicht übersteigen.

(4) ₁Im Sinne dieses Gesetzes werden Leistungen des Arbeitgebers oder auf seine Veranlassung eines Dritten (Sachbezüge oder Zuschüsse) für eine Beschäftigung nur dann zusätzlich zum ohnehin geschuldeten Arbeitslohn erbracht, wenn

1. die Leistung nicht auf den Anspruch auf Arbeitslohn angerechnet,
2. der Anspruch auf Arbeitslohn nicht zugunsten der Leistung herabgesetzt,
3. die verwendungs- oder zweckgebundene Leistung nicht anstelle einer bereits vereinbarten künftigen Erhöhung des Arbeitslohns gewährt und
4. bei Wegfall der Leistung der Arbeitslohn nicht erhöht

wird. ₂Unter den Voraussetzungen des Satzes 1 ist von einer zusätzlich zum ohnehin geschuldeten Arbeitslohn erbrachten Leistung auch dann auszugehen, wenn der Arbeitnehmer arbeitsvertraglich oder auf Grund einer anderen arbeits- oder dienstrechtlichen Rechtsgrundlage (wie Einzelvertrag, Betriebsvereinbarung, Tarifvertrag, Gesetz) einen Anspruch auf diese hat.

§9 Werbungskosten

(1) ₁Werbungskosten sind Aufwendungen zur Erwerbung, Sicherung und Erhaltung der Einnahmen. ₂Sie sind bei der Einkunftsart abzuziehen, bei der sie erwachsen sind. ₃Werbungskosten sind auch

1. Schuldzinsen und auf besonderen Verpflichtungsgründen beruhende Renten und dauernde Lasten, soweit sie mit einer Einkunftsart in wirtschaftlichem Zusammenhang stehen. ₂Bei Leibrenten kann nur der Anteil abgezogen werden, der sich nach §22 Nummer 1 Satz 3 Buchstabe a Doppelbuchstabe bb ergibt;

2. Steuern vom Grundbesitz, sonstige öffentliche Abgaben und Versicherungsbeiträge, soweit solche Ausgaben sich auf Gebäude oder auf Gegenstände beziehen, die dem Steuerpflichtigen zur Einnahmeerzielung dienen;

3. Beiträge zu Berufsständen und sonstigen Berufsverbänden, deren Zweck nicht auf einen wirtschaftlichen Geschäftsbetrieb gerichtet ist;

4. Aufwendungen des Arbeitnehmers für die Wege zwischen Wohnung und erster Tätigkeitsstätte im Sinne des Absatzes 4. ₂Zur Abgeltung dieser Aufwendungen ist für jeden Arbeitstag, an dem der Arbeitnehmer die erste Tätigkeitsstätte aufsucht eine Entfernungspauschale für jeden vollen Kilometer der Entfernung zwischen Wohnung und erster Tätigkeitsstätte von 0,30 Euro anzusetzen, höchstens jedoch 4500 Euro im Kalenderjahr; ein höherer Betrag als 4500 Euro ist anzusetzen, soweit der Arbeitnehmer einen eigenen oder ihm zur Nutzung überlassenen Kraftwagen benutzt. ₃Die Entfernungspauschale gilt nicht für Flugstrecken und Strecken mit steuerfreier Sammelbeförderung nach §3 Num-

mer 32. ₄Für die Bestimmung der Entfernung ist die kürzeste Straßenverbindung zwischen Wohnung und erster Tätigkeitsstätte maßgebend; eine andere als die kürzeste Straßenverbindung kann zugrunde gelegt werden, wenn diese offensichtlich verkehrsgünstiger ist und vom Arbeitnehmer regelmäßig für die Wege zwischen Wohnung und erster Tätigkeitsstätte benutzt wird. ₅Nach § 8 Absatz 2 Satz 11 oder Absatz 3 steuerfreie Sachbezüge für Fahrten zwischen Wohnung und erster Tätigkeitsstätte mindern den nach Satz 2 abziehbaren Betrag; ist der Arbeitgeber selbst der Verkehrsträger, ist der Preis anzusetzen, den ein dritter Arbeitgeber an den Verkehrsträger zu entrichten hätte. ₆Hat ein Arbeitnehmer mehrere Wohnungen, so sind die Wege von einer Wohnung, die nicht der ersten Tätigkeitsstätte am nächsten liegt, nur zu berücksichtigen, wenn sie den Mittelpunkt der Lebensinteressen des Arbeitnehmers bildet und nicht nur gelegentlich aufgesucht wird. ₇Nach § 3 Nummer 37 steuerfreie Sachbezüge mindern den nach Satz 2 abziehbaren Betrag nicht; § 3c Absatz 1 ist nicht anzuwenden. ₈Zur Abgeltung der Aufwendungen im Sinne des Satzes 1 ist für die Veranlagungszeiträume 2021 bis 2026 abweichend von Satz 2 für jeden Arbeitstag, an dem der Arbeitnehmer die erste Tätigkeitsstätte aufsucht, eine Entfernungspauschale für jeden vollen Kilometer der ersten 20 Kilometer der Entfernung zwischen Wohnung und erster Tätigkeitsstätte von 0,30 Euro und für jeden weiteren vollen Kilometer

a) von 0,35 Euro für 2021,
b) von 0,38 Euro für 2022 bis 2026

anzusetzen, höchstens 4500 Euro im Kalenderjahr; ein höherer Betrag als 4500 Euro ist anzusetzen, soweit der Arbeitnehmer einen eigenen oder ihm zur Nutzung überlassenen Kraftwagen benutzt.

4a. Aufwendungen des Arbeitnehmers für beruflich veranlasste Fahrten, die nicht Fahrten zwischen Wohnung und erster Tätigkeitsstätte im Sinne des Absatzes 4 sowie keine Familienheimfahrten sind. ₂Anstelle der tatsächlichen Aufwendungen, die dem Arbeitnehmer durch die persönliche Benutzung eines Beförderungsmittels entstehen, können die Fahrtkosten mit den pauschalen Kilometersätzen angesetzt werden, die für das jeweils benutzte Beförderungsmittel (Fahrzeug) als höchste Wegstreckenentschädigung nach dem Bundesreisekostengesetz festgesetzt ist. ₃Hat ein Arbeitnehmer keine erste Tätigkeitsstätte (§ 9 Absatz 4) und hat er nach den dienst- oder arbeitsrechtlichen Festlegungen sowie den diese ausfüllenden Absprachen und Weisungen zur Aufnahme seiner beruflichen Tätigkeit dauerhaft denselben Ort oder dasselbe weiträumige Tätigkeitsgebiet typischerweise arbeitstäglich aufzusuchen, gilt Absatz 1 Satz 3 Nummer 4 und Absatz 2 für die Fahrten von der Wohnung zu diesem Ort oder dem zur Wohnung nächstgelegenen Zugang zum Tätigkeitsgebiet entsprechend. ₄Für die Fahrten innerhalb des weiträumigen Tätigkeitsgebietes gelten die Sätze 1 und 2 entsprechend.

5. notwendige Mehraufwendungen, die einem Arbeitnehmer wegen einer beruflich veranlassten doppelten Haushaltsführung entstehen. ₂Eine doppelte Haushaltsführung liegt nur vor, wenn der Arbeitnehmer außerhalb des Ortes seiner ersten Tätigkeitsstätte einen eigenen Hausstand unterhält und auch am Ort der ersten Tätigkeitsstätte wohnt. ₃Das Vorliegen eines eigenen Hausstandes setzt das Innehaben einer Wohnung sowie eine finanzielle Beteiligung an den Kosten der Lebensführung voraus. ₄Als Unterkunftskosten für eine doppelte Haushaltsführung können im Inland die tatsächlichen Aufwendungen für die Nutzung der Unterkunft angesetzt werden, höchstens 1000 Euro im Monat. ₅Aufwendungen für die Wege vom Ort der ersten Tätigkeitsstätte zum Ort des eige-

nen Hausstandes und zurück (Familienheimfahrt) können jeweils nur für eine Familienheimfahrt wöchentlich abgezogen werden. ₆Zur Abgeltung der Aufwendungen für eine Familienheimfahrt ist eine Entfernungspauschale von 0,30 Euro für jeden vollen Kilometer der Entfernung zwischen dem Ort des eigenen Hausstandes und dem Ort der ersten Tätigkeitsstätte anzusetzen. ₇Nummer 4 Satz 3 bis 5 ist entsprechend anzuwenden. ₈Aufwendungen für Familienheimfahrten mit einem dem Steuerpflichtigen im Rahmen einer Einkunftsart überlassenen Kraftfahrzeug werden nicht berücksichtigt. ₉Zur Abgeltung der Aufwendungen für eine Familienheimfahrt ist für die Veranlagungszeiträume 2021 bis 2026 abweichend von Satz 6 eine Entfernungspauschale für jeden vollen Kilometer der ersten 20 Kilometer der Entfernung zwischen dem Ort des eigenen Hausstandes und dem Ort der ersten Tätigkeitsstätte von 0,30 Euro und für jeden weiteren vollen Kilometer

a) von 0,35 Euro für 2021,
b) von 0,38 Euro für 2022 bis 2026

anzusetzen.

5a. notwendige Mehraufwendungen eines Arbeitnehmers für beruflich veranlasste Übernachtungen an einer Tätigkeitsstätte, die nicht erste Tätigkeitsstätte ist. ₂Übernachtungskosten sind die tatsächlichen Aufwendungen für die persönliche Inanspruchnahme einer Unterkunft zur Übernachtung. ₃Soweit höhere Übernachtungskosten anfallen, weil der Arbeitnehmer eine Unterkunft gemeinsam mit Personen nutzt, die in keinem Dienstverhältnis zum selben Arbeitgeber stehen, sind nur diejenigen Aufwendungen anzusetzen, die bei alleiniger Nutzung durch den Arbeitnehmer angefallen wären. ₄Nach Ablauf von 48 Monaten einer längerfristigen beruflichen Tätigkeit an derselben Tätigkeitsstätte, die nicht erste Tätigkeitsstätte ist, können Unterkunftskosten nur noch bis zur Höhe des Betrags nach Nummer 5 angesetzt werden. ₅Eine Unterbrechung dieser beruflichen Tätigkeit an derselben Tätigkeitsstätte führt zu einem Neubeginn, wenn die Unterbrechung mindestens sechs Monate dauert.

5b. notwendige Mehraufwendungen, die einem Arbeitnehmer während seiner auswärtigen beruflichen Tätigkeit auf einem Kraftfahrzeug des Arbeitgebers oder eines vom Arbeitgeber beauftragten Dritten im Zusammenhang mit einer Übernachtung in dem Kraftfahrzeug für Kalendertage entstehen, an denen der Arbeitnehmer eine Verpflegungspauschale nach Absatz 4a Satz 3 Nummer 1 und 2 sowie Satz 5 zur Nummer 1 und 2 beanspruchen könnte. ₂Anstelle der tatsächlichen Aufwendungen, die dem Arbeitnehmer im Zusammenhang mit einer Übernachtung in dem Kraftfahrzeug entstehen, kann im Kalenderjahr einheitlich eine Pauschale von 9 Euro für jeden Kalendertag berücksichtigt werden, an dem der Arbeitnehmer eine Verpflegungspauschale nach Absatz 4a Satz 3 Nummer 1 und 2 sowie Satz 5 zur Nummer 1 und 2 beanspruchen könnte,

6. Aufwendungen für Arbeitsmittel, zum Beispiel für Werkzeuge und typische Berufskleidung. ₂Nummer 7 bleibt unberührt;

7. Absetzungen für Abnutzung und für Substanzverringerung, Sonderabschreibungen nach § 7b und erhöhte Absetzungen. ₂§ 6 Absatz 2 Satz 1 bis 3 ist in Fällen der Anschaffung oder Herstellung von Wirtschaftsgütern entsprechend anzuwenden.

(2) ₁Durch die Entfernungspauschalen sind sämtliche Aufwendungen abgegolten, die durch die Wege zwischen Wohnung und erster Tätigkeitsstätte im Sinne des Absatzes 4 und durch die Familienheimfahrten veranlasst sind. ₂Aufwendungen für die Benutzung öffentlicher Verkehrsmittel können angesetzt werden, soweit sie den im Kalenderjahr insgesamt als Entfernungspauschale abziehbaren Betrag übersteigen. ₃Menschen mit Behinderungen,

VIII.4 Einkommensteuergesetz (EStG) – Auszug § 9

1. deren Grad der Behinderung mindestens 70 beträgt,
2. deren Grad der Behinderung weniger als 70, aber mindestens 50 beträgt und die in ihrer Bewegungsfähigkeit im Straßenverkehr erheblich beeinträchtigt sind,

können anstelle der Entfernungspauschalen die tatsächlichen Aufwendungen für die Wege zwischen Wohnung und erster Tätigkeitsstätte und für Familienheimfahrten ansetzen. ₄Die Voraussetzungen der Nummern 1 und 2 sind durch amtliche Unterlagen nachzuweisen.

(3) Absatz 1 Satz 3 Nummer 4 bis 5a sowie die Absätze 2 und 4a gelten bei den Einkunftsarten im Sinne des § 2 Absatz 1 Satz 1 Nummer 5 bis 7 entsprechend.

(4) ₁Erste Tätigkeitsstätte ist die ortsfeste betriebliche Einrichtung des Arbeitgebers, eines verbundenen Unternehmens (§ 15 des Aktiengesetzes) oder eines vom Arbeitgeber bestimmten Dritten, der der Arbeitnehmer dauerhaft zugeordnet ist. ₂Die Zuordnung im Sinne des Satzes 1 wird durch die dienst- oder arbeitsrechtlichen Festlegungen sowie die diese ausfüllenden Absprachen und Weisungen bestimmt. ₃Von einer dauerhaften Zuordnung ist insbesondere auszugehen, wenn der Arbeitnehmer unbefristet, für die Dauer des Dienstverhältnisses oder über einen Zeitraum von 48 Monaten hinaus an einer solchen Tätigkeitsstätte tätig werden soll. ₄Fehlt eine solche dienst- oder arbeitsrechtliche Festlegung auf eine Tätigkeitsstätte oder ist sie nicht eindeutig, ist erste Tätigkeitsstätte die betriebliche Einrichtung, an der der Arbeitnehmer dauerhaft

1. typischerweise arbeitstäglich tätig werden soll oder
2. je Arbeitswoche zwei volle Arbeitstage oder mindestens ein Drittel seiner vereinbarten regelmäßigen Arbeitszeit tätig werden soll.

₅Je Dienstverhältnis hat der Arbeitnehmer höchstens eine erste Tätigkeitsstätte. ₆Liegen die Voraussetzungen der Sätze 1 bis 4 für mehrere Tätigkeitsstätten vor, ist diejenige Tätigkeitsstätte erste Tätigkeitsstätte, die der Ar-

beitgeber bestimmt. ₇Fehlt es an dieser Bestimmung oder ist sie nicht eindeutig, ist die der Wohnung örtlich am nächsten liegende Tätigkeitsstätte die erste Tätigkeitsstätte. ₈Als erste Tätigkeitsstätte gilt auch eine Bildungseinrichtung, die außerhalb eines Dienstverhältnisses zum Zwecke eines Vollzeitstudiums oder einer vollzeitigen Bildungsmaßnahme aufgesucht wird; die Regelungen für Arbeitnehmer nach Absatz 1 Satz 3 Nummer 4 und 5 sowie Absatz 4a sind entsprechend anzuwenden.

(4a) ₁Mehraufwendungen des Arbeitnehmers für die Verpflegung sind nur nach Maßgabe der folgenden Sätze als Werbungskosten abziehbar. ₂Wird der Arbeitnehmer außerhalb seiner Wohnung und ersten Tätigkeitsstätte beruflich tätig (auswärtige berufliche Tätigkeit), ist zur Abgeltung der ihm tatsächlich entstandenen, beruflich veranlassten Mehraufwendungen eine Verpflegungspauschale anzusetzen. ₃Diese beträgt

1. 28 Euro für jeden Kalendertag, an dem der Arbeitnehmer 24 Stunden von seiner Wohnung und ersten Tätigkeitsstätte abwesend ist,
2. jeweils 14 Euro für den An- und Abreisetag, wenn der Arbeitnehmer an diesem, einem anschließenden oder vorhergehenden Tag außerhalb seiner Wohnung übernachtet,
3. 14 Euro für den Kalendertag, an dem der Arbeitnehmer ohne Übernachtung außerhalb seiner Wohnung mehr als 8 Stunden von seiner Wohnung und der ersten Tätigkeitsstätte abwesend ist; beginnt die auswärtige berufliche Tätigkeit an einem Kalendertag und endet am nachfolgenden Kalendertag ohne Übernachtung, werden 14 Euro für den Kalendertag gewährt, an dem der Arbeitnehmer den überwiegenden Teil der insgesamt mehr als 8 Stunden von seiner Wohnung und der ersten Tätigkeitsstätte abwesend ist.

₄Hat der Arbeitnehmer keine erste Tätigkeitsstätte, gelten die Sätze 2 und 3 entsprechend; Wohnung im Sinne der Sätze 2 und 3 ist der Hausstand, der den Mittelpunkt der Lebensinteressen des Arbeitnehmers bildet sowie eine

Unterkunft am Ort der ersten Tätigkeitsstätte im Rahmen der doppelten Haushaltsführung. ₅Bei einer Tätigkeit im Ausland treten an die Stelle der Pauschbeträge nach Satz 3 länderweise unterschiedliche Pauschbeträge, die für die Fälle der Nummer 1 mit 120 sowie der Nummern 2 und 3 mit 80 Prozent der Auslandstagegelder nach dem Bundesreisekostengesetz vom Bundesministerium der Finanzen im Einvernehmen mit den obersten Finanzbehörden der Länder aufgerundet auf volle Euro festgesetzt werden; dabei bestimmt sich der Pauschbetrag nach dem Ort, den der Arbeitnehmer vor 24 Uhr Ortszeit zuletzt erreicht, oder, wenn dieser Ort im Inland liegt, nach dem letzten Tätigkeitsort im Ausland. ₆Der Abzug der Verpflegungspauschalen ist auf die ersten drei Monate einer längerfristigen beruflichen Tätigkeit an derselben Tätigkeitsstätte beschränkt. ₇Eine Unterbrechung der beruflichen Tätigkeit an derselben Tätigkeitsstätte führt zu einem Neubeginn, wenn sie mindestens vier Wochen dauert. ₈Wird dem Arbeitnehmer anlässlich oder während einer Tätigkeit außerhalb seiner ersten Tätigkeitsstätte vom Arbeitgeber oder auf dessen Veranlassung von einem Dritten eine Mahlzeit zur Verfügung gestellt, sind die nach den Sätzen 3 und 5 ermittelten Verpflegungspauschalen zu kürzen:

1. für Frühstück um 20 Prozent,
2. für Mittag- und Abendessen um jeweils 40 Prozent,

der nach Satz 3 Nummer 1 gegebenenfalls in Verbindung mit Satz 5 maßgebenden Verpflegungspauschale für einen vollen Kalendertag; die Kürzung darf die ermittelte Verpflegungspauschale nicht übersteigen. ₉Satz 8 gilt auch, wenn Reisekostenvergütungen wegen der zur Verfügung gestellten Mahlzeiten einbehalten oder gekürzt werden oder die Mahlzeiten nach § 40 Absatz 2 Satz 1 Nummer 1a pauschal besteuert werden. ₁₀Hat der Arbeitnehmer für die Mahlzeit ein Entgelt gezahlt, mindert dieser Betrag den Kürzungsbetrag nach Satz 8. ₁₁Erhält der Arbeitnehmer steuerfreie Erstattungen für Verpflegung, ist ein Werbungskostenabzug insoweit ausgeschlossen. ₁₂Die Verpflegungspauschalen nach den Sätzen 3 und 5, die Dreimonatsfrist nach den Sätzen 6 und 7 sowie die Kürzungsregelungen nach den Sätzen 8 bis 10 gelten entsprechend auch für den Abzug von Mehraufwendungen für Verpflegung, die bei einer beruflich veranlassten doppelten Haushaltsführung entstehen, soweit der Arbeitnehmer vom eigenen Hausstand im Sinne des § 9 Absatz 1 Satz 3 Nummer 5 abwesend ist; dabei ist für jeden Kalendertag innerhalb der Dreimonatsfrist, an dem gleichzeitig eine Tätigkeit im Sinne des Satzes 2 oder des Satzes 4 ausgeübt wird, nur der jeweils höchste in Betracht kommende Pauschbetrag abziehbar. ₁₃Die Dauer einer Tätigkeit im Sinne des Satzes 2 an dem Tätigkeitsort, an dem die doppelte Haushaltsführung begründet wurde, ist auf die Dreimonatsfrist anzurechnen, wenn sie ihr unmittelbar vorausgegangen ist.

(5) ₁§ 4 Absatz 5 Satz 1 Nummer 1 bis 4, 6b bis 8a, 10, 12 und Absatz 6 gilt sinngemäß. ₂Die §§ 4j, 4k, 6 Absatz 1 Nummer 1a und § 6e gelten entsprechend.

(6) ₁Aufwendungen des Steuerpflichtigen für seine Berufsausbildung oder für sein Studium sind nur dann Werbungskosten, wenn der Steuerpflichtige zuvor bereits eine Erstausbildung (Berufsausbildung oder Studium) abgeschlossen hat oder wenn die Berufsausbildung oder das Studium im Rahmen eines Dienstverhältnisses stattfindet. ₂Eine Berufsausbildung als Erstausbildung nach Satz 1 liegt vor, wenn eine geordnete Ausbildung mit einer Mindestdauer von 12 Monaten bei vollzeitiger Ausbildung und mit einer Abschlussprüfung durchgeführt wird. ₃Eine geordnete Ausbildung liegt vor, wenn sie auf der Grundlage von Rechts- oder Verwaltungsvorschriften oder internen Vorschriften eines Bildungsträgers durchgeführt wird. ₄Ist eine Abschlussprüfung nach dem Ausbildungsplan nicht vorgesehen, gilt die Ausbildung mit der tatsächlichen planmäßigen Beendigung als abgeschlossen. ₅Eine Berufsausbildung als Erstausbildung hat auch abgeschlossen, wer die Abschlussprüfung einer durch Rechts- oder Verwaltungsvorschriften geregelten Berufsausbildung mit einer Mindestdauer von 12 Monaten bestanden hat,

VIII.4 Einkommensteuergesetz (EStG) – Auszug §§ 9a–10

ohne dass er zuvor die entsprechende Berufsausbildung durchlaufen hat.

Entscheidung des Bundesverfassungsgerichts Vom 19. November 2019 (BGBl. 2022 I S. 413)

Aus dem Beschluss des Bundesverfassungsgerichts vom 19. November 2019 – 2 BvL 22/14 u. a. – wird folgende Entscheidungsformel veröffentlicht:

§ 9 Absatz 6 des Einkommensteuergesetzes in der Fassung des Gesetzes zur Umsetzung der Beitreibungsrichtlinie sowie zur Änderung steuerlicher Vorschriften (Beitreibungsrichtlinie-Umsetzungsgesetz – BeitrRLUmsG) vom 7. Dezember 2011 (Bundesgesetzblatt I Seite 2592) ist mit dem Grundgesetz vereinbar.

Die vorstehende Entscheidungsformel hat gemäß § 31 Absatz 2 des Bundesverfassungsgerichtsgesetzes Gesetzeskraft.

§ 9a Pauschbeträge für Werbungskosten

₁Für Werbungskosten sind bei der Ermittlung der Einkünfte die folgenden Pauschbeträge abzuziehen, wenn nicht höhere Werbungskosten nachgewiesen werden:

1. a) von den Einnahmen aus nichtselbständiger Arbeit vorbehaltlich Buchstabe b:
   ein Arbeitnehmer-Pauschbetrag von 1230 Euro;
   b) von den Einnahmen aus nichtselbständiger Arbeit, soweit es sich um Versorgungsbezüge im Sinne des § 19 Absatz 2 handelt:
   ein Pauschbetrag von 102 Euro;

2. (weggefallen)

3. von den Einnahmen im Sinne des § 22 Nummer 1, 1a und 5:
   ein Pauschbetrag von insgesamt 102 Euro.

₂Der Pauschbetrag nach Satz 1 Nummer 1 Buchstabe b darf nur bis zur Höhe der um den Versorgungsfreibetrag einschließlich des Zuschlags zum Versorgungsfreibetrag (§ 19 Absatz 2) geminderten Einnahmen, die Pauschbeträge nach Satz 1 Nummer 1 Buchstabe a und Nummer 3 dürfen nur bis zur Höhe der Einnahmen abgezogen werden.

5. Sonderausgaben

§ 10

(1) Sonderausgaben sind die folgenden Aufwendungen, wenn sie weder Betriebsausgaben noch Werbungskosten sind oder wie Betriebsausgaben oder Werbungskosten behandelt werden:

1. (weggefallen)

2. a) Beiträge zu den gesetzlichen Rentenversicherungen oder zur landwirtschaftlichen Alterskasse sowie zu berufsständischen Versorgungseinrichtungen, die den gesetzlichen Rentenversicherungen vergleichbare Leistungen erbringen;

   b) Beiträge des Steuerpflichtigen

   aa) zum Aufbau einer eigenen kapitalgedeckten Altersversorgung, wenn der Vertrag nur die Zahlung einer monatlichen, auf das Leben des Steuerpflichtigen bezogenen lebenslangen Leibrente nicht vor Vollendung des 62. Lebensjahres oder zusätzlich die ergänzende Absicherung des Eintritts der Berufsunfähigkeit (Berufsunfähigkeitsrente), der verminderten Erwerbsfähigkeit (Erwerbsminderungsrente) oder von Hinterbliebenen (Hinterbliebenenrente) vorsieht. ₂Hinterbliebene in diesem Sinne sind der Ehegatte des Steuerpflichtigen und die Kinder, für die er Anspruch auf Kindergeld oder auf einen Freibetrag nach § 32 Absatz 6 hat. ₃Der Anspruch auf Waisenrente darf längstens für den Zeitraum bestehen, in dem der Rentenberechtigte die Voraussetzungen für die Berücksichtigung als Kind im Sinne des § 32 erfüllt;

   bb) für seine Absicherung gegen den Eintritt der Berufsunfähigkeit oder der verminderten Erwerbsfähigkeit (Versicherungsfall), wenn der Vertrag nur die Zahlung einer monatlichen, auf das Leben des Steuerpflichtigen bezogenen le-

§ 10 Einkommensteuergesetz (EStG) – Auszug VIII.4

benslangen Leibrente für einen Versicherungsfall vorsieht, der bis zur Vollendung des 67. Lebensjahres eingetreten ist. ₂Der Vertrag kann die Beendigung der Rentenzahlung wegen eines medizinisch begründeten Wegfalls der Berufsunfähigkeit oder der verminderten Erwerbsfähigkeit vorsehen. ₃Die Höhe der zugesagten Rente kann vom Alter des Steuerpflichtigen bei Eintritt des Versicherungsfalls abhängig gemacht werden, wenn der Steuerpflichtige das 55. Lebensjahr vollendet hat.

₂Die Ansprüche nach Buchstabe b dürfen nicht vererblich, nicht übertragbar, nicht beleihbar, nicht veräußerbar und nicht kapitalisierbar sein. ₃Anbieter und Steuerpflichtiger können vereinbaren, dass bis zu zwölf Monatsleistungen in einer Auszahlung zusammengefasst werden oder eine Kleinbetragsrente im Sinne von § 93 Absatz 3 Satz 2 oder 4 abgefunden wird. ₄Bei der Berechnung der Kleinbetragsrente sind alle bei einem Anbieter bestehenden Verträge des Steuerpflichtigen jeweils nach Buchstabe b Doppelbuchstabe aa oder Doppelbuchstabe bb zusammenzurechnen. ₅Neben den genannten Auszahlungsformen darf kein weiterer Anspruch auf Auszahlungen bestehen. ₆Zu den Beiträgen nach den Buchstaben a und b ist der nach § 3 Nummer 62 steuerfreie Arbeitgeberanteil zur gesetzlichen Rentenversicherung und ein diesem gleichgestellter steuerfreier Zuschuss des Arbeitgebers hinzuzurechnen. ₇Beiträge nach § 168 Absatz 1 Nummer 1b oder 1c oder nach § 172 Absatz 3 oder 3a des Sechsten Buches Sozialgesetzbuch werden abweichend von Satz 6 nur auf Antrag des Steuerpflichtigen hinzugerechnet;

3. Beiträge zu
   a) Krankenversicherungen, soweit diese zur Erlangung eines durch das Zwölfte Buch Sozialgesetzbuch bestimmten sozialhilfegleichen Versorgungsniveaus erforderlich sind und sofern auf die Leistungen ein Anspruch besteht. ₂Für Beiträge zur gesetzlichen Krankenversicherung sind dies die nach dem Dritten Titel des Ersten Abschnitts des Achten Kapitels des Fünften Buches Sozialgesetzbuch oder die nach dem Sechsten Abschnitt des Zweiten Gesetzes über die Krankenversicherung der Landwirte festgesetzten Beiträge; Voraussetzung für die Berücksichtigung beim Steuerpflichtigen ist die Angabe der erteilten Identifikationsnummer (§ 139b der Abgabenordnung) des Kindes in der Einkommensteuererklärung des Steuerpflichtigen. ₃Für Beiträge zu einer privaten Krankenversicherung sind dies die Beitragsanteile, die auf Vertragsleistungen entfallen, die, mit Ausnahme der auf das Krankengeld entfallenden Beitragsanteile, in Art, Umfang und Höhe den Leistungen nach dem Dritten Kapitel des Fünften Buches Sozialgesetzbuch vergleichbar sind; § 158 Absatz 2 des Versicherungsaufsichtsgesetzes gilt entsprechend. ₄Wenn sich aus den Krankenversicherungsbeiträgen nach Satz 2 ein Anspruch auf Krankengeld oder ein Anspruch auf eine Leistung, die anstelle von Krankengeld gewährt wird, ergeben kann, ist der jeweilige Beitrag um 4 Prozent zu vermindern;
   b) gesetzlichen Pflegeversicherungen (soziale Pflegeversicherung und private Pflege-Pflichtversicherung).

₂Als eigene Beiträge des Steuerpflichtigen können auch eigene Beiträge im Sinne der Buchstaben a oder b eines Kindes behandelt werden, wenn der Steuerpflichtige die Beiträge des Kindes, für das ein Anspruch auf einen Freibetrag nach § 32 Absatz 6 oder auf Kindergeld besteht, durch Leistungen in Form von Bar- oder Sachunterhalt wirtschaftlich getragen hat, unabhängig von Einkünften oder Bezügen des Kindes. ₃Satz 2 gilt entsprechend, wenn der Steuerpflichtige die Beiträge für ein unterhaltsberechtigtes Kind trägt, welches nicht selbst Versicherungsnehmer ist, sondern der andere Elternteil. ₄Hat der Steuerpflichtige in den Fällen des Absatzes 1a Nummer 1 eigene Beiträge im Sinne des Buchstaben a oder des Buchstaben b zum Erwerb einer Krankenversicherung oder gesetzlichen Pflegeversicherung für einen geschiedenen oder dauernd getrennt lebenden unbeschränkt einkommensteuerpflichtigen Ehegatten geleistet, dann werden diese abweichend von Satz 1 als eigene Beiträge des geschiedenen oder dauernd getrennt lebenden unbeschränkt einkommensteuerpflichtigen Ehegatten behandelt. ₅Beiträge, die für nach Ablauf des Veranlagungszeitraums beginnende Beitragsjahre geleistet werden und in der Summe das Dreifache der auf den Veranlagungszeitraum entfallenden Beiträge überschreiten, sind in dem Veranlagungszeitraum anzusetzen, für den sie geleistet wurden;

3a. Beiträge zu Kranken- und Pflegeversicherungen, soweit diese nicht nach Nummer 3 zu berücksichtigen sind; Beiträge zu Versicherungen gegen Arbeitslosigkeit, zu Erwerbs- und Berufsunfähigkeitsversicherungen, die nicht unter Nummer 2 Satz 1 Buchstabe b fallen, zu Unfall- und Haftpflichtversicherungen sowie zu Risikoversicherungen, die nur für den Todesfall eine Leistung vorsehen; Beiträge zu Versicherungen im Sinne des § 10 Absatz 1 Nummer 2 Buchstabe b Doppelbuchstabe bb bis dd in der am 31. Dezember 2004 geltenden Fassung, wenn die Laufzeit dieser Versicherungen vor dem 1. Januar 2005 begonnen hat und ein Versicherungsbeitrag bis zum 31. Dezember 2004 entrichtet wurde; § 10 Absatz 1 Nummer 2 Satz 2 bis 6 und Absatz 2 Satz 2 in der am 31. Dezember 2004 geltenden Fassung ist in diesen Fällen weiter anzuwenden;

4. gezahlte Kirchensteuer; dies gilt nicht, soweit die Kirchensteuer als Zuschlag zur Kapitalertragsteuer oder als Zuschlag auf die nach dem gesonderten Tarif des § 32d Absatz 1 ermittelte Einkommensteuer gezahlt wurde;

5. 80 Prozent der Aufwendungen, höchstens 4800 Euro je Kind, für Dienstleistungen zur Betreuung eines zum Haushalt des Steuerpflichtigen gehörenden Kindes im Sinne des § 32 Absatz 1, welches das 14. Lebensjahr noch nicht vollendet hat oder wegen einer vor Vollendung des 25. Lebensjahres eingetretenen körperlichen, geistigen oder seelischen Behinderung außerstande ist, sich selbst zu unterhalten. ₂Dies gilt nicht für Aufwendungen für Unterricht, die Vermittlung besonderer Fähigkeiten sowie für sportliche und andere Freizeitbetätigungen. ₃Ist das zu betreuende Kind nicht nach § 1 Absatz 1 oder Absatz 2 unbeschränkt einkommensteuerpflichtig, ist der in Satz 1 genannte Betrag zu kürzen, soweit es nach den Verhältnissen im Wohnsitzstaat des Kindes notwendig und angemessen ist. ₄Voraussetzung für den Abzug der Aufwendungen nach Satz 1 ist, dass der Steuerpflichtige für die Aufwendungen eine Rechnung erhalten hat und die Zahlung auf das Konto des Erbringers der Leistung erfolgt ist;

6. (weggefallen)

7. Aufwendungen für die eigene Berufsausbildung bis zu 6000 Euro im Kalenderjahr. ₂Bei Ehegatten, die die Voraussetzungen des § 26 Absatz 1 Satz 1 erfüllen, gilt Satz 1 für jeden Ehegatten. ₃Zu den Aufwendungen im Sinne des Satzes 1 gehören auch Aufwendungen für eine auswärtige Unterbringung. ₄§ 4 Absatz 5 Satz 1 Nummer 6b und 6c sowie § 9 Absatz 1 Satz 3 Nummer 4 und 5, Absatz 2, 4 Satz 8 und Absatz 4a sind bei der Ermittlung der Aufwendungen anzuwenden.

8. (weggefallen)

9. 30 Prozent des Entgelts, höchstens 5000 Euro, das der Steuerpflichtige für ein Kind, für das er Anspruch auf einen Freibetrag nach § 32 Absatz 6 oder auf Kindergeld hat, für dessen Besuch einer Schule in

freier Trägerschaft oder einer überwiegend privat finanzierten Schule entrichtet, mit Ausnahme des Entgelts für Beherbergung, Betreuung und Verpflegung. ₂Voraussetzung ist, dass die Schule in einem Mitgliedstaat der Europäischen Union oder in einem Staat belegen ist, auf den das Abkommen über den Europäischen Wirtschaftsraum Anwendung findet, und die Schule zu einem von dem zuständigen inländischen Ministerium eines Landes, von der Kultusministerkonferenz der Länder oder von einer inländischen Zeugnisanerkennungsstelle anerkannten oder einem inländischen Abschluss an einer öffentlichen Schule als gleichwertig anerkannten allgemein bildenden oder berufsbildenden Schul-, Jahrgangs- oder Berufsabschluss führt. ₃Der Besuch einer anderen Einrichtung, die auf einen Schul-, Jahrgangs- oder Berufsabschluss im Sinne des Satzes 2 ordnungsgemäß vorbereitet, steht einem Schulbesuch im Sinne des Satzes 1 gleich. ₄Der Besuch einer Deutschen Schule im Ausland steht dem Besuch einer solchen Schule gleich, unabhängig von ihrer Belegenheit. ₅Der Höchstbetrag nach Satz 1 wird für jedes Kind, bei dem die Voraussetzungen vorliegen, je Elternpaar nur einmal gewährt.

(1a) ₁Sonderausgaben sind auch die folgenden Aufwendungen:

1. Unterhaltsleistungen an den geschiedenen oder dauernd getrennt lebenden unbeschränkt einkommensteuerpflichtigen Ehegatten, wenn der Geber dies mit Zustimmung des Empfängers beantragt, bis zu 13 805 Euro im Kalenderjahr. ₂Der Höchstbetrag nach Satz 1 erhöht sich um den Betrag der im jeweiligen Veranlagungszeitraum nach Absatz 1 Nummer 3 für die Absicherung des geschiedenen oder dauernd getrennt lebenden unbeschränkt einkommensteuerpflichtigen Ehegatten aufgewandten Beiträge. ₃Der Antrag kann jeweils nur für ein Kalenderjahr gestellt und nicht zurückgenommen werden. ₄Die Zustimmung ist mit Ausnahme der nach § 894 der Zivilprozessordnung als erteilt geltenden bis auf Widerruf wirksam. ₅Der Widerruf ist vor Beginn des Kalenderjahres, für das die Zustimmung erstmals nicht gelten soll, gegenüber dem Finanzamt zu erklären. ₆Die Sätze 1 bis 5 gelten für Fälle der Nichtigkeit oder der Aufhebung der Ehe entsprechend. ₇Voraussetzung für den Abzug der Aufwendungen ist die Angabe der erteilten Identifikationsnummer (§ 139b der Abgabenordnung) der unterhaltenen Person in der Steuererklärung des Unterhaltsleistenden, wenn die unterhaltene Person der unbeschränkten oder beschränkten Steuerpflicht unterliegt. ₈Die unterhaltene Person ist für diese Zwecke verpflichtet, dem Unterhaltsleistenden ihre erteilte Identifikationsnummer (§ 139b der Abgabenordnung) mitzuteilen. ₉Kommt die unterhaltene Person dieser Verpflichtung nicht nach, ist der Unterhaltsleistende berechtigt, bei der für ihn zuständigen Finanzbehörde die Identifikationsnummer der unterhaltenen Person zu erfragen;

2. auf besonderen Verpflichtungsgründen beruhende, lebenslange und wiederkehrende Versorgungsleistungen, die nicht mit Einkünften in wirtschaftlichem Zusammenhang stehen, die bei der Veranlagung außer Betracht bleiben, wenn der Empfänger unbeschränkt einkommensteuerpflichtig ist. ₂Dies gilt nur für

a) Versorgungsleistungen im Zusammenhang mit der Übertragung eines Mitunternehmeranteils an einer Personengesellschaft, die eine Tätigkeit im Sinne der §§ 13, 15 Absatz 1 Satz 1 Nummer 1 oder des § 18 Absatz 1 ausübt,

b) Versorgungsleistungen im Zusammenhang mit der Übertragung eines Betriebs oder Teilbetriebs, sowie

c) Versorgungsleistungen im Zusammenhang mit der Übertragung eines mindestens 50 Prozent betragenden Anteils an einer Gesellschaft mit beschränkter Haftung, wenn der Übergeber als Geschäftsführer tätig war und der Übernehmer diese Tätigkeit nach der Übertragung übernimmt.

₃Satz 2 gilt auch für den Teil der Versorgungsleistungen, der auf den Wohnteil eines Betriebs der Land- und Forstwirtschaft entfällt. ₄Voraussetzung für den Abzug der Aufwendungen ist die Angabe der erteilten Identifikationsnummer (§ 139b der Abgabenordnung) des Empfängers in der Steuererklärung des Leistenden; Nummer 1 Satz 8 und 9 gilt entsprechend;

3. Ausgleichsleistungen zur Vermeidung eines Versorgungsausgleichs nach § 6 Absatz 1 Satz 2 Nummer 2 und § 23 des Versorgungsausgleichsgesetzes sowie § 1408 Absatz 2 und § 1587 des Bürgerlichen Gesetzbuchs, soweit der Verpflichtete dies mit Zustimmung des Berechtigten beantragt und der Berechtigte unbeschränkt einkommensteuerpflichtig ist. ₂Nummer 1 Satz 3 bis 5 gilt entsprechend. ₃Voraussetzung für den Abzug der Aufwendungen ist die Angabe der erteilten Identifikationsnummer (§ 139b der Abgabenordnung) des Berechtigten in der Steuererklärung des Verpflichteten; Nummer 1 Satz 8 und 9 gilt entsprechend;

4. Ausgleichszahlungen im Rahmen des Versorgungsausgleichs nach den §§ 20 bis 22 und 26 des Versorgungsausgleichsgesetzes und nach den §§ 1587f, 1587g und 1587i des Bürgerlichen Gesetzbuchs in der bis zum 31. August 2009 geltenden Fassung sowie nach § 3a des Gesetzes zur Regelung von Härten im Versorgungsausgleich, soweit die ihnen zu Grunde liegenden Einnahmen bei der ausgleichspflichtigen Person der Besteuerung unterliegen, wenn die ausgleichsberechtigte Person unbeschränkt einkommensteuerpflichtig ist. ₂Nummer 3 Satz 3 gilt entsprechend.

(2) ₁Voraussetzung für den Abzug der in Absatz 1 Nummern 2, 3 und 3a bezeichneten Beträge (Vorsorgeaufwendungen) ist, dass sie

1. nicht in unmittelbarem wirtschaftlichen Zusammenhang mit steuerfreien Einnahmen stehen; ungeachtet dessen sind Vorsorgeaufwendungen im Sinne des Absatzes 1 Nummer 2, 3 und 3a zu berücksichtigen, soweit

a) sie in unmittelbarem wirtschaftlichen Zusammenhang mit in einem Mitgliedstaat der Europäischen Union oder einem Vertragsstaat des Abkommens über den Europäischen Wirtschaftsraum oder in der Schweizerischen Eidgenossenschaft erzielten Einnahmen stehen,

b) diese Einnahmen nach einem Abkommen zur Vermeidung der Doppelbesteuerung im Inland steuerfrei sind und

c) der andere Staat keinerlei steuerliche Berücksichtigung von Vorsorgeaufwendungen im Rahmen der Besteuerung dieser Einnahmen zulässt;

steuerfreie Zuschüsse zu einer Kranken- oder Pflegeversicherung stehen insgesamt in unmittelbarem wirtschaftlichen Zusammenhang mit den Vorsorgeaufwendungen im Sinne des Absatzes 1 Nummer 3,

2. geleistet werden an
a) Versicherungsunternehmen,
aa) die ihren Sitz oder ihre Geschäftsleitung in einem Mitgliedstaat der Europäischen Union oder einem Vertragsstaat des Abkommens über den Europäischen Wirtschaftsraum haben und das Versicherungsgeschäft im Inland betreiben dürfen, oder

bb) denen die Erlaubnis zum Geschäftsbetrieb im Inland erteilt ist.

₂Darüber hinaus werden Beiträge nur berücksichtigt, wenn es sich um Beträge im Sinne des Absatzes 1 Nummer 3 Satz 1 Buchstabe a an eine Einrichtung handelt, die eine anderweitige Absicherung im Krankheitsfall im Sinne des § 5 Absatz 1 Nummer 13 des Fünften Buches Sozialgesetzbuch oder eine der Beihilfe oder freien Heilfürsorge vergleichbare Absicherung im Sinne des § 193 Absatz 3 Satz 2 Nummer 2 des Versicherungsvertragsgesetzes gewährt. ₃Dies gilt entsprechend, wenn ein Steuerpflichtiger, der weder seinen Wohnsitz noch seinen gewöhnlichen Aufenthalt im Inland hat, mit den Bei-

trägen einen Versicherungsschutz im Sinne des Absatzes 1 Nummer 3 Satz 1 erwirbt,
b) berufsständische Versorgungseinrichtungen,
c) einen Sozialversicherungsträger oder
d) einen Anbieter im Sinne des § 80.

₂Vorsorgeaufwendungen nach Absatz 1 Nummer 2 Buchstabe b werden nur berücksichtigt, wenn die Beiträge zugunsten eines Vertrags geleistet wurden, der nach § 5a des Altersvorsorgeverträge-Zertifizierungsgesetzes zertifiziert ist, wobei die Zertifizierung Grundlagenbescheid im Sinne des § 171 Absatz 10 der Abgabenordnung ist.

(2a) ₁Bei Vorsorgeaufwendungen nach Absatz 1 Nummer 2 Buchstabe b hat der Anbieter als mitteilungspflichtige Stelle nach Maßgabe des § 93c der Abgabenordnung und unter Angabe der Vertrags- oder der Versicherungsdaten die Höhe der im jeweiligen Beitragsjahr geleisteten Beiträge und die Zertifizierungsnummer an die zentrale Stelle (§ 81) zu übermitteln. ₂§ 22a Absatz 2 gilt entsprechend. ₃§ 72a Absatz 4 und § 93c Absatz 4 der Abgabenordnung finden keine Anwendung.

(2b) ₁Bei Vorsorgeaufwendungen nach Absatz 1 Nummer 3 hat das Versicherungsunternehmen, der Träger der gesetzlichen Kranken- und Pflegeversicherung, die Künstlersozialkasse oder eine Einrichtung im Sinne des Absatzes 2 Satz 1 Nummer 2 Buchstabe c Satz 2 als mitteilungspflichtige Stelle nach Maßgabe des § 93c der Abgabenordnung und unter Angabe der Vertrags- oder der Versicherungsdaten die Höhe der im jeweiligen Beitragsjahr geleisteten und erstatteten Beiträge sowie die in § 93c Absatz 1 Nummer 2 Buchstabe c der Abgabenordnung genannten Daten mit der Maßgabe, dass insoweit als Steuerpflichtiger die versicherte Person gilt, an die zentrale Stelle (§ 81) zu übermitteln; sind Versicherungsnehmer und versicherte Person nicht identisch, sind zusätzlich die Identifikationsnummer und der Tag der Geburt des Versicherungsnehmers anzugeben. ₂Auf die Grundlage des § 65a des Fünften Buches Sozialgesetzbuch nach den Satzungen der gesetzlichen Krankenkassen erbrachte Bonusleistungen gelten bis zu einer Höhe von 150 Euro pro versicherter Person und Beitragsjahr nicht als Beitragserstattung; diese Summe übersteigende Bonusleistungen gelten stets als Beitragserstattung. ₃Der Steuerpflichtige kann nachweisen, dass Bonusleistungen in Höhe des übersteigenden Betrags nicht als Beitragserstattung zu qualifizieren sind. ₄Satz 1 gilt nicht, soweit diese Daten mit der elektronischen Lohnsteuerbescheinigung (§ 41b Absatz 1 Satz 2) oder der Rentenbezugsmitteilung (§ 22a Absatz 1 Satz 1 Nummer 4) zu übermitteln sind. ₅§ 22a Absatz 2 gilt entsprechend. ₆Zuständige Finanzbehörde im Sinne des § 72a Absatz 4 und des § 93c Absatz 4 der Abgabenordnung ist das Bundeszentralamt für Steuern. ₇Wird in den Fällen des § 72a Absatz 4 der Abgabenordnung eine unzutreffende Höhe der Beiträge übermittelt, ist die entgangene Steuer mit 30 Prozent des zu hoch ausgewiesenen Betrags anzusetzen.

(2c) ₁Bei Vorsorgeaufwendungen nach Absatz 1 Nummer 2 Buchstabe a hat der Träger der gesetzlichen Rentenversicherung, die landwirtschaftliche Alterskasse oder die berufsständische Versorgungseinrichtung als mitteilungspflichtige Stelle nach Maßgabe des § 93c der Abgabenordung unter Angabe der Versicherungsdaten die Höhe der im jeweiligen Beitragsjahr geleisteten und erstatteten Beiträge an die zentrale Stelle (§ 81) zu übermitteln. ₂Satz 1 gilt nicht, soweit diese Daten mit der elektronischen Lohnsteuerbescheinigung (§ 41b Absatz 1 Satz 2) zu übermitteln sind. ₃§ 22a Absatz 2 gilt entsprechend. ₄§ 72a Absatz 4 und § 93c Absatz 4 der Abgabenordnung finden keine Anwendung.

(3) ₁Vorsorgeaufwendungen nach Absatz 1 Nummer 2 sind bis zu dem Höchstbeitrag zur knappschaftlichen Rentenversicherung, aufgerundet auf einen vollen Betrag in Euro, zu berücksichtigen. ₂Bei zusammenveranlagten Ehegatten verdoppelt sich der Höchstbetrag. ₃Der Höchstbetrag nach Satz 1 oder 2 ist bei Steuerpflichtigen, die

1. Arbeitnehmer sind und die während des ganzen oder eines Teils des Kalenderjahres

a) in der gesetzlichen Rentenversicherung versicherungsfrei oder auf Antrag des Arbeitgebers von der Versicherungspflicht befreit waren und denen für den Fall ihres Ausscheidens aus der Beschäftigung auf Grund des Beschäftigungsverhältnisses eine lebenslängliche Versorgung oder an deren Stelle eine Abfindung zusteht oder die in der gesetzlichen Rentenversicherung nachzuversichern sind oder

b) nicht der gesetzlichen Rentenversicherungspflicht unterliegen, eine Berufstätigkeit ausgeübt und im Zusammenhang damit auf Grund vertraglicher Vereinbarungen Anwartschaftsrechte auf eine Altersversorgung erworben haben, oder

2. Einkünfte im Sinne des § 22 Nummer 4 erzielen und die ganz oder teilweise ohne eigene Beitragsleistung einen Anspruch auf Altersversorgung erwerben,

um den Betrag zu kürzen, der, bezogen auf die Einnahmen aus der Tätigkeit, die die Zugehörigkeit zum genannten Personenkreis begründen, dem Gesamtbeitrag (Arbeitgeber- und Arbeitnehmeranteil) zur allgemeinen Rentenversicherung entspricht. ₄Im Kalenderjahr 2013 sind 76 Prozent der nach den Sätzen 1 bis 3 ermittelten Vorsorgeaufwendungen anzusetzen. ₅Der sich danach ergebende Betrag, vermindert um den nach § 3 Nummer 62 steuerfreien Arbeitgeberanteil zur gesetzlichen Rentenversicherung und einen diesem gleichgestellten steuerfreien Zuschuss des Arbeitgebers, ist als Sonderausgabe abziehbar. ₆Der Prozentsatz in Satz 4 erhöht sich in den folgenden Kalenderjahren bis zum Kalenderjahr 2022 um je 2 Prozentpunkte je Kalenderjahr; ab dem Kalenderjahr 2023 beträgt er 100 Prozent. ₇Beiträge nach § 168 Absatz 1 Nummer 1b oder 1c oder nach § 172 Absatz 3 oder 3a des Sechsten Buches Sozialgesetzbuch vermindern den abziehbaren Betrag nach Satz 5 nur, wenn der Steuerpflichtige die Hinzurechnung dieser Beiträge zu den Vorsorgeaufwendungen nach Absatz 1 Nummer 2 Satz 7 beantragt hat.

(4) ₁Vorsorgeaufwendungen im Sinne des Absatzes 1 Nummer 3 und 3a können je Kalenderjahr insgesamt bis 2800 Euro abgezogen werden. ₂Der Höchstbetrag beträgt 1900 Euro bei Steuerpflichtigen, die ganz oder teilweise ohne eigene Aufwendungen einen Anspruch auf vollständige oder teilweise Erstattung oder Übernahme von Krankheitskosten haben oder für den Krankenversicherung Leistungen im Sinne des § 3 Nummer 9, 14, 57 oder 62 erbracht werden. ₃Bei zusammen veranlagten Ehegatten bestimmt sich der gemeinsame Höchstbetrag aus der Summe der jedem Ehegatten unter den Voraussetzungen von Satz 1 und 2 zustehenden Höchstbeträge. ₄Übersteigen die Vorsorgeaufwendungen im Sinne des Absatzes 1 Nummer 3 die nach den Sätzen 1 bis 3 zu berücksichtigenden Vorsorgeaufwendungen, sind diese abzuziehen und ein Abzug von Vorsorgeaufwendungen im Sinne des Absatzes 1 Nummer 3a scheidet aus.

(4a) ₁Ist in den Kalenderjahren 2013 bis 2019 der Abzug der Vorsorgeaufwendungen nach Absatz 1 Nummer 2 Buchstabe a, Absatz 1 Nummer 3 und Nummer 3a in der für das Kalenderjahr 2004 geltenden Fassung des § 10 Absatz 3 mit folgenden Höchstbeträgen für den Vorwegabzug

Kalenderjahr	Vorwegabzug für den Steuerpflichtigen	Vorwegabzug im Fall der Zusammenveranlagung der Ehegatten
2013	2100	4200
2014	1800	3600
2015	1500	3000
2016	1200	2400
2017	900	1800
2018	600	1200
2019	300	600

zuzüglich des Erhöhungsbetrags nach Satz 3 günstiger, ist der sich danach ergebende Betrag anstelle des Abzugs nach Absatz 3 und 4 anzusetzen. ₂Mindestens ist bei Anwendung des Satzes 1 der Betrag anzusetzen, der sich ergeben würde, wenn zusätzlich noch die Vorsorgeaufwendungen nach Absatz 1 Nummer 2 Buchstabe b in die Günstigerprüfung einbezogen werden würden; der Erhöhungsbetrag nach Satz 3 ist nicht hinzuzurechnen.

§ 10a   **Einkommensteuergesetz (EStG) – Auszug**   **VIII.4**

₃Erhöhungsbetrag sind die Beiträge nach Absatz 1 Nummer 2 Buchstabe b, soweit sie nicht den um die Beiträge nach Absatz 1 Nummer 2 Buchstabe a und den nach § 3 Nummer 62 steuerfreien Arbeitgeberanteil zur gesetzlichen Rentenversicherung und einen diesem gleichgestellten steuerfreien Zuschuss verminderten Höchstbetrag nach Absatz 3 Satz 1 bis 3 überschreiten; Absatz 3 Satz 4 und 6 gilt entsprechend.

(4b) ₁Erhält der Steuerpflichtige für die von ihm für einen anderen Veranlagungszeitraum geleisteten Aufwendungen im Sinne des Satzes 2 einen steuerfreien Zuschuss, ist dieser den erstatteten Aufwendungen gleichzustellen. ₂Übersteigen bei den Sonderausgaben nach Absatz 1 Nummer 2 bis 3a die im Veranlagungszeitraum erstatteten Aufwendungen die geleisteten Aufwendungen (Erstattungsüberhang), ist der Erstattungsüberhang mit anderen im Rahmen der jeweiligen Nummer anzusetzenden Aufwendungen zu verrechnen. ₃Ein verbleibender Betrag des sich bei den Aufwendungen nach Absatz 1 Nummer 3 und 4 ergebenden Erstattungsüberhangs ist dem Gesamtbetrag der Einkünfte hinzuzurechnen. ₄Nach Maßgabe des § 93c der Abgabenordnung haben Behörden im Sinne des § 6 Absatz 1 der Abgabenordnung und andere öffentliche Stellen, die einem Steuerpflichtigen für die von ihm geleisteten Beiträge im Sinne des Absatzes 1 Nummer 2, 3 und 3a steuerfreie Zuschüsse gewähren oder Vorsorgeaufwendungen im Sinne dieser Vorschrift erstatten als mitteilungspflichtige Stellen, neben den nach § 93c Absatz 1 der Abgabenordnung erforderlichen Angaben, die zur Gewährung und Prüfung des Sonderausgabenabzugs nach § 10 erforderlichen Daten an die zentrale Stelle zu übermitteln. ₅§ 22a Absatz 2 gilt entsprechend. ₆§ 72a Absatz 4 und § 93c Absatz 4 der Abgabenordnung finden keine Anwendung.

(5) Durch Rechtsverordnung wird bezogen auf den Versicherungstarif bestimmt, wie der nicht abziehbare Teil der Beiträge zum Erwerb eines Krankenversicherungsschutzes im Sinne des Absatzes 1 Nummer 3 Buchstabe a Satz 3 durch einheitliche prozentuale Abschläge auf die zugunsten des jeweiligen Tarifs gezahlte Prämie zu ermitteln ist, soweit der nicht abziehbare Beitragsteil nicht bereits als gesonderter Tarif oder Tarifbaustein ausgewiesen wird.

(6) Absatz 1 Nummer 2 Buchstabe b Doppelbuchstabe aa ist für Vertragsabschlüsse vor dem 1. Januar 2012 mit der Maßgabe anzuwenden, dass der Vertrag die Zahlung der Leibrente nicht vor der Vollendung des 60. Lebensjahres vorsehen darf.

§ 10 a Zusätzliche Altersvorsorge

(1) ₁In der inländischen gesetzlichen Rentenversicherung Pflichtversicherte können Altersvorsorgebeiträge (§ 82) zuzüglich der dafür nach Abschnitt XI zustehenden Zulage jährlich bis zu 2100 Euro als Sonderausgaben abziehen; das Gleiche gilt für

1. Empfänger von inländischer Besoldung nach dem Bundesbesoldungsgesetz oder einem Landesbesoldungsgesetz,

2. Empfänger von Amtsbezügen aus einem inländischen Amtsverhältnis, deren Versorgungsrecht die entsprechende Anwendung des § 69e Absatz 3 und 4 des Beamtenversorgungsgesetzes vorsieht,

3. die nach § 5 Absatz 1 Satz 1 Nummer 2 und 3 des Sechsten Buches Sozialgesetzbuch versicherungsfrei Beschäftigten, die nach § 6 Absatz 1 Satz 1 Nummer 2 oder nach § 230 Absatz 2 Satz 2 des Sechsten Buches Sozialgesetzbuch von der Versicherungspflicht befreiten Beschäftigten, deren Versorgungsrecht die entsprechende Anwendung des § 69e Absatz 3 und 4 des Beamtenversorgungsgesetzes vorsieht,

4. Beamte, Richter, Berufssoldaten und Soldaten auf Zeit, die ohne Besoldung beurlaubt sind, für die Zeit einer Beschäftigung, wenn während der Beurlaubung die Gewährleistung einer Versorgungsanwartschaft unter den Voraussetzungen des § 5 Absatz 1 Satz 1 des Sechsten Buches Sozialgesetzbuch auf diese Beschäftigung erstreckt wird, und

5. Steuerpflichtige im Sinne der Nummern 1 bis 4, die beurlaubt sind und deshalb keine

Besoldung, Amtsbezüge oder Entgelt erhalten, sofern sie eine Anrechnung von Kindererziehungszeiten nach §56 des Sechsten Buches Sozialgesetzbuch in Anspruch nehmen könnten, wenn die Versicherungsfreiheit in der inländischen gesetzlichen Rentenversicherung nicht bestehen würde,

wenn sie spätestens bis zum Ablauf des Beitragsjahres (§ 88) folgt, gegenüber der zuständigen Stelle (§ 81a) schriftlich oder elektronisch eingewilligt haben, dass diese der zentralen Stelle (§ 81) jährlich unter Angabe der Identifikationsnummer mitteilt, dass der Steuerpflichtige zum begünstigten Personenkreis gehört, dass die zuständige Stelle der zentralen Stelle die für die Ermittlung des Mindesteigenbeitrags (§ 86) und die Gewährung der Kinderzulage (§ 85) erforderlichen Daten übermittelt und die zentrale Stelle diese Daten für das Zulageverfahren verarbeiten darf. ₂Bei der Erteilung der Einwilligung ist der Steuerpflichtige darauf hinzuweisen, dass er die Einwilligung vor Beginn des Kalenderjahres, für das sie erstmals nicht mehr gelten soll, gegenüber der zuständigen Stelle widerrufen kann. ₃Versicherungspflichtige nach dem Gesetz über die Alterssicherung der Landwirte stehen Pflichtversicherten gleich; dies gilt auch für Personen, die

1. eine Anrechnungszeit nach §58 Absatz 1 Nummer 3 oder Nummer 6 des Sechsten Buches Sozialgesetzbuch in der gesetzlichen Rentenversicherung erhalten und

2. unmittelbar vor einer Anrechnungszeit nach §58 Absatz 1 Nummer 3 oder Nummer 6 des Sechsten Buches Sozialgesetzbuch einer der im ersten Halbsatz, in Satz 1 oder in Satz 4 genannten begünstigten Personengruppen angehörten.

₄Die Sätze 1 und 2 gelten entsprechend für Steuerpflichtige, die nicht zum begünstigten Personenkreis nach Satz 1 oder 3 gehören und eine Rente wegen voller Erwerbsminderung oder Erwerbsunfähigkeit oder eine Versorgung wegen Dienstunfähigkeit aus einem der in Satz 1 oder 3 genannten Alterssicherungssysteme beziehen, wenn unmittelbar vor dem Bezug der entsprechenden Leistungen der Leistungsbezieher einer der in Satz 1 oder 3 genannten begünstigten Personengruppen angehörte; dies gilt nicht, wenn der Steuerpflichtige das 67. Lebensjahr vollendet hat. ₅Bei der Ermittlung der dem Steuerpflichtigen zustehenden Zulage nach Satz 1 bleibt die Erhöhung der Grundzulage nach § 84 Satz 2 außer Betracht.

(1a) ₁Steuerpflichtige, die eine Kinderzulage für ein Kind beantragen oder auf den Ehegatten übertragen haben, das im Beitragsjahr sein viertes Lebensjahr noch nicht vollendet hat und für das gegenüber dem Steuerpflichtigen oder seinem Ehegatten Kindergeld festgesetzt worden ist, stehen einem in der inländischen gesetzlichen Rentenversicherung Pflichtversicherten gleich, wenn eine Anrechnung von Kindererziehungszeiten nach §56 des Sechsten Buches Sozialgesetzbuch nur auf Grund eines fehlenden oder noch nicht beschiedenen Antrags auf Berücksichtigung von Kindererziehungszeiten bislang nicht erfolgt ist. ₂Voraussetzung ist, dass der Steuerpflichtige spätestens am Tag nach der Vollendung des vierten Lebensjahres des Kindes die Kindererziehungszeiten beim zuständigen Träger der gesetzlichen Rentenversicherung beantragt. ₃Werden die Kindererziehungszeiten vom Träger der gesetzlichen Rentenversicherung nicht anerkannt, entfällt rückwirkend die Förderberechtigung nach Satz 1. ₄Wurde das Kind am 1. Januar geboren, gilt Satz 1 mit der Maßgabe, dass das fünfte Lebensjahr noch nicht vollendet sein darf.

(1b) ₁Sofern eine Zulagenummer (§ 90 Absatz 1 Satz 2) durch die zentrale Stelle oder eine Versicherungsnummer nach §147 des Sechsten Buches Sozialgesetzbuch noch nicht vergeben ist, haben die in Absatz 1 Satz 1 Nummer 1 bis 5 genannten Steuerpflichtigen über die zuständige Stelle eine Zulagenummer bei der zentralen Stelle zu beantragen. ₂Für Empfänger einer Versorgung im Sinne des Absatzes 1 Satz 4 gilt Satz 1 entsprechend.

(2) ₁Ist der Sonderausgabenabzug nach Absatz 1 für den Steuerpflichtigen günstiger als der Anspruch auf die Zulage nach Abschnitt XI, erhöht sich die unter Berücksichtigung des

Sonderausgabenabzugs ermittelte tarifliche Einkommensteuer um den Anspruch auf Zulage. ₂In den anderen Fällen scheidet der Sonderausgabenabzug aus. ₃Die Günstigerprüfung wird von Amts wegen vorgenommen.

(3) ₁Der Abzugsbetrag nach Absatz 1 steht im Fall der Veranlagung von Ehegatten nach § 26 Absatz 1 jedem Ehegatten unter den Voraussetzungen des Absatzes 1 gesondert zu. ₂Gehört nur ein Ehegatte zu dem nach Absatz 1 begünstigten Personenkreis und ist der andere Ehegatte nach § 79 Satz 2 zulageberechtigt, sind bei dem nach Absatz 1 abzugsberechtigten Ehegatten die von beiden Ehegatten geleisteten Altersvorsorgebeiträge und die dafür zustehenden Zulagen bei der Anwendung der Absätze 1 und 2 zu berücksichtigen. ₃Der Höchstbetrag nach Absatz 1 Satz 1 erhöht sich in den Fällen des Satzes 2 um 60 Euro. ₄Dabei sind die von dem Ehegatten, der zu dem nach Absatz 1 begünstigten Personenkreis gehört, geleisteten Altersvorsorgebeiträge vorrangig zu berücksichtigen, jedoch mindestens 60 Euro für die von dem anderen Ehegatten geleisteten Altersvorsorgebeiträge. ₅Gehören beide Ehegatten zu dem nach Absatz 1 begünstigten Personenkreis und liegt ein Fall der Veranlagung nach § 26 Absatz 1 vor, ist bei der Günstigerprüfung nach Absatz 2 der Anspruch auf Zulage beider Ehegatten anzusetzen.

(4) ₁Im Fall des Absatzes 2 Satz 1 stellt das Finanzamt die über den Zulageanspruch nach Abschnitt XI hinausgehende Steuerermäßigung gesondert fest und teilt diese der zentralen Stelle (§ 81) mit; § 10d Absatz 4 Satz 3 bis 5 gilt entsprechend. ₂Sind Altersvorsorgebeiträge zugunsten von mehreren Verträgen geleistet worden, erfolgt die Zurechnung im Verhältnis der nach Absatz 1 berücksichtigten Altersvorsorgebeiträge. ₃Ehegatten ist der nach Satz 1 festzustellende Betrag auch im Fall der Zusammenveranlagung jeweils getrennt zuzurechnen; die Zurechnung erfolgt im Verhältnis der nach Absatz 1 berücksichtigten Altersvorsorgebeiträge. ₄Werden Altersvorsorgebeiträge nach Absatz 3 Satz 2 berücksichtigt, die der nach § 79 Satz 2 zulageberechtigte Ehegatte zugunsten eines auf seinen Namen lautenden Vertrages geleistet hat, ist die hierauf entfallende Steuerermäßigung dem Vertrag zuzurechnen, zu dessen Gunsten die Altersvorsorgebeiträge geleistet wurden. ₅Die Übermittlung an die zentrale Stelle erfolgt unter Angabe der Vertragsnummer und der Identifikationsnummer (§ 139b Abgabenordnung) sowie der Zulage- oder Versicherungsnummer nach § 147 des Sechsten Buches Sozialgesetzbuch.

(5) ₁Nach Maßgabe des § 93c der Abgabenordnung hat der Anbieter als mitteilungspflichtige Stelle auch unter Angabe der Vertragsdaten die Höhe der im jeweiligen Beitragsjahr zu berücksichtigenden Altersvorsorgebeiträge sowie die Zulage- oder die Versicherungsnummer nach § 147 des Sechsten Buches Sozialgesetzbuch an die zentrale Stelle zu übermitteln. ₂§ 22a Absatz 2 gilt entsprechend. ₃§ 72a Absatz 4 der Abgabenordnung findet keine Anwendung. ₄Die übrigen Voraussetzungen für den Sonderausgabenabzug nach den Absätzen 1 bis 3 werden im Wege der Datenerhebung und des automatisierten Datenabgleichs nach § 91 überprüft. ₅Erfolgt eine Datenübermittlung nach Satz 1 und wurde noch keine Zulagenummer (§ 90 Absatz 1 Satz 2) durch die zentrale Stelle oder keine Versicherungsnummer nach § 147 des Sechsten Buches Sozialgesetzbuch vergeben, gilt § 90 Absatz 1 Satz 2 und 3 entsprechend.

(6) ₁Für die Anwendung der Absätze 1 bis 5 stehen den in der inländischen gesetzlichen Rentenversicherung Pflichtversicherten nach Absatz 1 Satz 1 die Pflichtmitglieder in einem ausländischen gesetzlichen Alterssicherungssystem gleich, wenn diese Pflichtmitgliedschaft

1. mit einer Pflichtmitgliedschaft in einem inländischen Alterssicherungssystem nach Absatz 1 Satz 1 oder 3 vergleichbar ist und

2. vor dem 1. Januar 2010 begründet wurde.

₂Für die Anwendung der Absätze 1 bis 5 stehen den Steuerpflichtigen nach Absatz 1 Satz 4 die Personen gleich,

1. die aus einem ausländischen gesetzlichen Alterssicherungssystem eine Leistung erhalten, die den in Absatz 1 Satz 4 genannten Leistungen vergleichbar ist,

2. die unmittelbar vor dem Bezug der entsprechenden Leistung nach Satz 1 oder Absatz 1 Satz 1 oder 3 begünstigt waren und

3. die noch nicht das 67. Lebensjahr vollendet haben.

₃Als Altersvorsorgebeiträge (§ 82) sind bei den in Satz 1 oder 2 genannten Personen nur diejenigen Beiträge zu berücksichtigen, die vom Abzugsberechtigten zugunsten seines vor dem 1. Januar 2010 abgeschlossenen Vertrags geleistet wurden. ₄Endet die unbeschränkte Steuerpflicht eines Zulageberechtigten im Sinne des Satzes 1 oder 2 durch Aufgabe des inländischen Wohnsitzes oder gewöhnlichen Aufenthalts und wird die Person nach § 1 Absatz 3 als unbeschränkt einkommensteuerpflichtig behandelt, so gelten die §§ 93 und 94 entsprechend; § 99 Absatz 1 in der am 31. Dezember 2008 geltenden Fassung ist anzuwenden.

(7) Soweit nichts anderes bestimmt ist, sind die Regelungen des § 10a und des Abschnitts XI in der für das jeweilige Beitragsjahr geltenden Fassung anzuwenden.

IV. Tarif

§ 31 Familienleistungsausgleich

₁Die steuerliche Freistellung eines Einkommensbetrags in Höhe des Existenzminimums eines Kindes einschließlich der Bedarfe für Betreuung und Erziehung oder Ausbildung wird im gesamten Veranlagungszeitraum entweder durch die Freibeträge nach § 32 Absatz 6 oder durch Kindergeld nach Abschnitt X bewirkt. ₂Soweit das Kindergeld dafür nicht erforderlich ist, dient es der Förderung der Familie. ₃Im laufenden Kalenderjahr wird Kindergeld als Steuervergütung monatlich gezahlt. ₄Bewirkt der Anspruch auf Kindergeld für den gesamten Veranlagungszeitraum die nach Satz 1 gebotene steuerliche Freistellung nicht vollständig und werden deshalb bei der Veranlagung zur Einkommensteuer die Freibeträge nach § 32 Absatz 6 vom Einkommen abgezogen, erhöht sich die unter Abzug dieser Freibeträge ermittelte tarifliche Einkommensteuer um den Anspruch auf Kindergeld für den gesamten Veranlagungszeitraum; bei nicht zusammenveranlagten Eltern wird der Kindergeldanspruch im Umfang des Kinderfreibetrags angesetzt. ₅Bei der Prüfung der Steuerfreistellung und der Hinzurechnung nach Satz 4 bleibt der Anspruch auf Kindergeld für Kalendermonate unberücksichtigt, in denen durch Bescheid der Familienkasse ein Anspruch auf Kindergeld festgesetzt, aber wegen § 70 Absatz 1 Satz 2 nicht ausgezahlt wurde. ₆Satz 4 gilt entsprechend für mit dem Kindergeld vergleichbare Leistungen nach § 65. ₇Besteht nach ausländischem Recht Anspruch auf Leistungen für Kinder, wird dieser insoweit nicht berücksichtigt, als er das inländische Kindergeld übersteigt.

§ 32 Kinder, Freibeträge für Kinder

(1) Kinder sind

1. im ersten Grad mit dem Steuerpflichtigen verwandte Kinder,

2. Pflegekinder (Personen, mit denen der Steuerpflichtige durch ein familienähnliches, auf längere Dauer berechnetes Band verbunden ist, sofern er sie nicht zu Erwerbszwecken in seinen Haushalt aufgenommen hat und das Obhuts- und Pflegeverhältnis zu den Eltern nicht mehr besteht).

(2) ₁Besteht bei einem angenommenen Kind das Kindschaftsverhältnis zu den leiblichen Eltern weiter, ist es vorrangig als angenommenes Kind zu berücksichtigen. ₂Ist ein im ersten Grad mit dem Steuerpflichtigen verwandtes Kind zugleich ein Pflegekind, ist es vorrangig als Pflegekind zu berücksichtigen.

(3) Ein Kind wird in dem Kalendermonat, in dem es lebend geboren wurde, und in jedem folgenden Kalendermonat, zu dessen Beginn es das 18. Lebensjahr noch nicht vollendet hat, berücksichtigt.

(4) ₁Ein Kind, das das 18. Lebensjahr vollendet hat, wird berücksichtigt, wenn es

1. noch nicht das 21. Lebensjahr vollendet hat, nicht in einem Beschäftigungsverhältnis steht und bei einer Agentur für Arbeit im Inland als Arbeitsuchender gemeldet ist oder

2. noch nicht das 25. Lebensjahr vollendet hat und

a) für einen Beruf ausgebildet wird oder

b) sich in einer Übergangszeit von höchstens vier Monaten befindet, die zwischen zwei Ausbildungsabschnitten oder zwischen einem Ausbildungsabschnitt und der Ableistung des gesetzlichen Wehr- oder Zivildienstes, einer vom Wehr- oder Zivildienst befreienden Tätigkeit als Entwicklungshelfer oder als Dienstleistender im Ausland nach § 14b des Zivildienstgesetzes oder der Ableistung des freiwilligen Wehrdienstes nach § 58b des Soldatengesetzes oder der Ableistung eines freiwilligen Dienstes im Sinne des Buchstaben d liegt, oder

c) eine Berufsausbildung mangels Ausbildungsplatzes nicht beginnen oder fortsetzen kann oder

d) einen der folgenden freiwilligen Dienste leistet:

aa) ein freiwilliges soziales Jahr im Sinne des Jugendfreiwilligendienstegesetzes,

bb) ein freiwilliges ökologisches Jahr im Sinne des Jugendfreiwilligendienstegesetzes,

cc) einen Bundesfreiwilligendienst im Sinne des Bundesfreiwilligendienstegesetzes,

dd) eine Freiwilligentätigkeit im Rahmen des Europäischen Solidaritätskorps im Sinne der Verordnung (EU) 2021/888 des Europäischen Parlaments und des Rates vom 20. Mai 2021 zur Aufstellung des Programms für das Europäische Solidaritätskorps und zur Aufhebung der Verordnungen (EU) 2018/1475 und (EU) Nr. 375/2014 (ABl. L 202 vom 8. 6. 2021, S. 32),

ee) einen anderen Dienst im Ausland im Sinne von § 5 des Bundesfreiwilligendienstgesetzes,

ff) einen entwicklungspolitischen Freiwilligendienst „weltwärts" im Sinne der Förderleitlinie des Bundesministeriums für wirtschaftliche Zusammenarbeit und Entwicklung vom 1. Januar 2016,

gg) einen Freiwilligendienst aller Generationen im Sinne von § 2 Absatz 1a des Siebten Buches Sozialgesetzbuch oder

hh) einen Internationalen Jugendfreiwilligendienst im Sinne der Richtlinie des Bundesministeriums für Familie, Senioren, Frauen und Jugend vom 4. Januar 2021 (GMBl S. 77) oder

3. wegen körperlicher, geistiger oder seelischer Behinderung außerstande ist, sich selbst zu unterhalten; Voraussetzung ist, dass die Behinderung vor Vollendung des 25. Lebensjahres eingetreten ist.

₂Nach Abschluss einer erstmaligen Berufsausbildung oder eines Erststudiums wird ein Kind in den Fällen des Satzes 1 Nummer 2 nur berücksichtigt, wenn das Kind keiner Erwerbstätigkeit nachgeht. ₃Eine Erwerbstätigkeit mit bis zu 20 Stunden regelmäßiger wöchentlicher Arbeitszeit, ein Ausbildungsdienstverhältnis oder ein geringfügiges Beschäftigungsverhältnis im Sinne der §§ 8 und 8a des Vierten Buches Sozialgesetzbuch sind unschädlich.

(5) ₁In den Fällen des Absatzes 4 Satz 1 Nummer 1 oder Nummer 2 Buchstabe a und b wird ein Kind, das

1. den gesetzlichen Grundwehrdienst oder Zivildienst geleistet hat, oder

2. sich anstelle des gesetzlichen Grundwehrdienstes freiwillig für die Dauer von nicht mehr als drei Jahren zum Wehrdienst verpflichtet hat, oder

3. eine vom gesetzlichen Grundwehrdienst oder Zivildienst befreiende Tätigkeit als Entwicklungshelfer im Sinne des § 1 Absatz 1 des Entwicklungshelfer-Gesetzes ausgeübt hat,

für einen der Dauer dieser Dienste oder der Tätigkeit entsprechenden Zeitraum, höchstens für die Dauer des inländischen gesetzlichen Grundwehrdienstes oder bei anerkannten Kriegsdienstverweigerern für die Dauer des inländischen gesetzlichen Zivildienstes über das 21. oder 25. Lebensjahr hinaus berücksichtigt. ₂Wird der gesetzliche Grundwehrdienst oder Zivildienst in einem Mitgliedstaat der Europäischen Union oder einem Staat, auf den das Abkommen über den Europäischen Wirtschaftsraum Anwendung findet, geleistet, so ist die Dauer dieses Dienstes maßgebend. ₃Absatz 4 Satz 2 und 3 gilt entsprechend.

(6) ₁Bei der Veranlagung zur Einkommensteuer wird für jedes zu berücksichtigende Kind des Steuerpflichtigen ein Freibetrag von 3336 Euro für das sächliche Existenzminimum des Kindes (Kinderfreibetrag) sowie ein Freibetrag von 1464 Euro für den Betreuungs- und Erziehungs- oder Ausbildungsbedarf des Kindes vom Einkommen abgezogen. ₂Bei Ehegatten, die nach den §§ 26, 26b zusammen zur Einkommensteuer veranlagt werden, verdoppeln sich die Beträge nach Satz 1, wenn das Kind zu beiden Ehegatten in einem Kindschaftsverhältnis steht. ₃Die Beträge nach Satz 2 stehen dem Steuerpflichtigen auch dann zu, wenn

1. der andere Elternteil verstorben oder nicht unbeschränkt einkommensteuerpflichtig ist oder

2. der Steuerpflichtige allein das Kind angenommen hat oder das Kind nur zu ihm in einem Pflegekindschaftsverhältnis steht.

₄Für ein nicht nach § 1 Absatz 1 oder 2 unbeschränkt einkommensteuerpflichtiges Kind können die Beträge nach den Sätzen 1 bis 3 nur abgezogen werden, soweit sie nach den Verhältnissen seines Wohnsitzstaates notwendig und angemessen sind. ₅Für jeden Kalendermonat, in dem die Voraussetzungen für einen Freibetrag nach den Sätzen 1 bis 4 nicht vorliegen, ermäßigen sich die dort genannten Beträge um ein Zwölftel. ₆Abweichend von Satz 1 wird bei einem unbeschränkt einkommensteuerpflichtigen Elternpaar, bei dem die Voraussetzungen des § 26 Absatz 1 Satz 1 nicht vorliegen, auf Antrag eines Elternteils der dem anderen Elternteil zustehende Kinderfreibetrag auf ihn übertragen, wenn er, nicht jedoch der andere Elternteil, seiner Unterhaltspflicht gegenüber dem Kind für das Kalenderjahr im Wesentlichen nachkommt oder der andere Elternteil mangels Leistungsfähigkeit nicht unterhaltspflichtig ist; die Übertragung des Kinderfreibetrags führt stets auch zur Übertragung des Freibetrags für den Betreuungs- und Erziehungs- oder Ausbildungsbedarf. ₇Eine Übertragung nach Satz 6 scheidet für Zeiträume aus, für die Unterhaltsleistungen nach dem Unterhaltsvorschussgesetz gezahlt werden. ₈Bei minderjährigen Kindern wird der dem Elternteil, in dessen Wohnung das Kind nicht gemeldet ist, zustehende Freibetrag für den Betreuungs- und Erziehungs- oder Ausbildungsbedarf auf Antrag des anderen Elternteils auf diesen übertragen, wenn bei dem Elternpaar die Voraussetzungen des § 26 Absatz 1 Satz 1 nicht vorliegen. ₉Eine Übertragung nach Satz 8 scheidet aus, wenn der Übertragung widersprochen wird, weil der Elternteil, bei dem das Kind nicht gemeldet ist, Kinderbetreuungskosten trägt oder das Kind regelmäßig in einem nicht unwesentlichen Umfang betreut. ₁₀Die den Eltern nach den Sätzen 1 bis 9 zustehenden Freibeträge können auf Antrag auch auf einen Stiefelternteil oder Großelternteil übertragen werden, wenn dieser das Kind in seinen Haushalt aufgenommen hat oder dieser einer Unterhaltspflicht gegenüber dem Kind unterliegt. ₁₁Die Übertragung nach Satz 10 kann auch mit Zustimmung des berechtigten Elternteils erfolgen, die nur für künftige Kalenderjahre widerrufen werden kann. ₁₂Voraussetzung für die Berücksichtigung des Kinderfreibetrags sowie des Freibetrags für den Betreuungs- und Erziehungs- oder Ausbildungsbedarf des Kindes ist die Identifizierung des Kindes durch die an dieses Kind vergebene Identifikationsnummer (§ 139b der Abgabenordnung). ₁₃Ist das Kind nicht nach einem Steuergesetz steuerpflichtig (§ 139a Absatz 2 der Abgabenordnung), ist es in anderer geeigneter Weise zu identifizieren. ₁₄Die nachträgliche Identifizierung oder nachträgliche Vergabe der Identifikationsnummer wirkt auf Monate zurück, in denen die übrigen Voraussetzungen für die Gewährung des Kinderfreibetrags sowie des Freibetrags für den Betreuungs- und Erziehungs- oder Ausbildungsbedarf des Kindes vorliegen.

§ 32a Einkommensteuertarif

(1) ₁Die tarifliche Einkommensteuer bemisst sich nach dem auf volle Euro abgerundeten zu versteuernden Einkommen. ₂Sie beträgt ab dem Veranlagungszeitraum 2025 vorbehaltlich der §§ 32b, 32d, 34, 34a, 34b und 34c jeweils in Euro für zu versteuernde Einkommen

1. bis 12 096 Euro (Grundfreibetrag): 0;

2. von 12 097 Euro bis 17 443 Euro: $(932{,}30 \cdot y + 1\,400) \cdot y$;

3. von 17 444 Euro bis 68 480 Euro: $(176{,}64 \cdot z + 2\,397) \cdot z + 1\,015{,}13$;

4. von 68 481 Euro bis 277 825 Euro: $0{,}42 \cdot x - 10\,911{,}92$;

5. von 277 826 Euro an: $0{,}45 \cdot x - 19\,246{,}67$.

₃Die Größe „y" ist ein Zehntausendstel des den Grundfreibetrag übersteigenden Teils des auf einen vollen Euro-Betrag abgerundeten zu versteuernden Einkommens. ₄Die Größe „z" ist ein Zehntausendstel des 17 443 Euro übersteigenden Teils des auf einen vollen Euro-Betrag abgerundeten zu versteuernden Einkommens. ₅Die Größe „x" ist das auf einen vollen Euro-Betrag abgerundete zu versteuernde Einkommen. ₆Der sich ergebende Steuerbetrag ist auf den nächsten vollen Euro-Betrag abzurunden.

(2) bis (4) (weggefallen)

(5) Bei Ehegatten, die nach den §§ 26, 26b zusammen zur Einkommensteuer veranlagt werden, beträgt die tarifliche Einkommensteuer vorbehaltlich der §§ 32b, 32d, 34, 34a, 34b und 34c das Zweifache des Steuerbetrags, der sich für die Hälfte ihres gemeinsam zu versteuernden Einkommens nach Absatz 1 ergibt (Splitting-Verfahren).

(6) ₁Das Verfahren nach Absatz 5 ist auch anzuwenden zur Berechnung der tariflichen Einkommensteuer für das zu versteuernde Einkommen

1. bei einem verwitweten Steuerpflichtigen für den Veranlagungszeitraum, der dem Kalenderjahr folgt, in dem der Ehegatte verstorben ist, wenn der Steuerpflichtige und sein verstorbener Ehegatte im Zeitpunkt seines Todes die Voraussetzungen des § 26 Absatz 1 Satz 1 erfüllt haben,

2. bei einem Steuerpflichtigen, dessen Ehe in dem Kalenderjahr, in dem er sein Einkommen bezogen hat, aufgelöst worden ist, wenn in diesem Kalenderjahr
   a) der Steuerpflichtige und sein bisheriger Ehegatte die Voraussetzungen des § 26 Absatz 1 Satz 1 erfüllt haben,
   b) der bisherige Ehegatte wieder geheiratet hat und
   c) der bisherige Ehegatte und dessen neuer Ehegatte ebenfalls die Voraussetzungen des § 26 Absatz 1 Satz 1 erfüllen.

₂Voraussetzung für die Anwendung des Satzes 1 ist, dass der Steuerpflichtige nicht nach den §§ 26, 26a einzeln zur Einkommensteuer veranlagt wird.

X. Kindergeld

§ 62 Anspruchsberechtigte

(1) ₁Für Kinder im Sinne des § 63 hat Anspruch auf Kindergeld nach diesem Gesetz, wer

1. im Inland einen Wohnsitz oder seinen gewöhnlichen Aufenthalt hat oder

2. ohne Wohnsitz oder gewöhnlichen Aufenthalt im Inland
   a) nach § 1 Absatz 2 unbeschränkt einkommensteuerpflichtig ist oder
   b) nach § 1 Absatz 3 als unbeschränkt einkommensteuerpflichtig behandelt wird.

₂Voraussetzung für den Anspruch nach Satz 1 ist, dass der Berechtigte durch die an ihn vergebene Identifikationsnummer (§ 139b der Abgabenordnung) identifiziert wird. ₃Die nachträgliche Vergabe der Identifikationsnummer wirkt auf Monate zurück, in denen die Voraussetzungen des Satzes 1 vorliegen.

(1a) ₁Begründet ein Staatsangehöriger eines anderen Mitgliedstaates der Europäischen Union oder eines Staates, auf den das Abkommen über den Europäischen Wirtschaftsraum Anwendung findet, im Inland einen Wohnsitz oder gewöhnlichen Aufenthalt, so hat er für die ersten drei Monate ab Begründung des Wohnsitzes oder des gewöhnlichen Aufenthalts keinen Anspruch auf Kindergeld. ₂Dies gilt nicht, wenn er nachweist, dass er inländische Einkünfte im Sinne des §2 Absatz 1 Satz 1 Nummer 1 bis 4 mit Ausnahme von Einkünften nach §19 Absatz 1 Satz 1 Nummer 2 erzielt. ₃Nach Ablauf des in Satz 1 genannten Zeitraums hat er Anspruch auf Kindergeld, es sei denn, die Voraussetzungen des §2 Absatz 2 oder Absatz 3 des Freizügigkeitsgesetzes/EU liegen nicht vor oder es sind nur die Voraussetzungen des §2 Absatz 2 Nummer 1a des Freizügigkeitsgesetzes/EU erfüllt, ohne dass vorher eine andere der in §2 Absatz 2 des Freizügigkeitsgesetzes/EU genannten Voraussetzungen erfüllt war. ₄Die Prüfung, ob die Voraussetzungen für einen Anspruch auf Kindergeld gemäß Satz 2 vorliegen oder gemäß Satz 3 nicht gegeben sind, führt die Familienkasse in eigener Zuständigkeit durch. ₅Lehnt die Familienkasse eine Kindergeldfestsetzung in diesem Fall ab, hat sie ihre Entscheidung der zuständigen Ausländerbehörde mitzuteilen. ₆Wurde das Vorliegen der Anspruchsvoraussetzungen durch die Verwendung gefälschter oder verfälschter Dokumente oder durch Vorspiegelung falscher Tatsachen vorgetäuscht, hat die Familienkasse die zuständige Ausländerbehörde unverzüglich zu unterrichten.

(2) Ein nicht freizügigkeitsberechtigter Ausländer erhält Kindergeld nur, wenn er

1. eine Niederlassungserlaubnis oder eine Erlaubnis zum Daueraufenthalt-EU besitzt,

2. eine Blaue Karte EU, eine ICT-Karte, eine Mobiler-ICT-Karte oder eine Aufenthaltserlaubnis besitzt, die für einen Zeitraum von mindestens sechs Monaten zur Ausübung einer Erwerbstätigkeit berechtigen oder berechtigt haben oder diese erlauben, es sei denn, die Aufenthaltserlaubnis wurde

   a) nach §16e des Aufenthaltsgesetzes zu Ausbildungszwecken, nach §19c Absatz 1 des Aufenthaltsgesetzes zum Zweck der Beschäftigung als Au-Pair oder zum Zweck der Saisonbeschäftigung, nach §19e des Aufenthaltsgesetzes zum Zweck der Teilnahme an einem Europäischen Freiwilligendienst oder nach §20a Absatz 5 Satz 1 des Aufenthaltsgesetzes zur Suche nach einer Erwerbstätigkeit oder nach Maßnahmen zur Anerkennung ausländischer Berufsqualifikationen erteilt,

   b) nach §16b des Aufenthaltsgesetzes zum Zweck eines Studiums, nach §16d des Aufenthaltsgesetzes für Maßnahmen zur Anerkennung ausländischer Berufsqualifikationen, nach §20 des Aufenthaltsgesetzes zur Suche nach einer Erwerbstätigkeit oder nach §20a Absatz 5 Satz 2 des Aufenthaltsgesetzes zur Suche nach einer Erwerbstätigkeit oder nach Maßnahmen zur Anerkennung ausländischer Berufsqualifikationen erteilt und er ist weder erwerbstätig noch nimmt er Elternzeit nach §15 des Bundeselterngeld- und Elternzeitgesetzes oder laufende Geldleistungen nach dem Dritten Buch Sozialgesetzbuch in Anspruch,

   c) nach §23 Absatz 1 des Aufenthaltsgesetzes wegen eines Krieges in seinem Heimatland oder nach den §23a oder §25 Absatz 3 bis 5 des Aufenthaltsgesetzes erteilt,

3. eine in Nummer 2 Buchstabe c genannte Aufenthaltserlaubnis besitzt und im Bundesgebiet berechtigt erwerbstätig ist oder Elternzeit nach §15 des Bundeselterngeld- und Elternzeitgesetzes oder laufende Geldleistungen nach dem Dritten Buch Sozialgesetzbuch in Anspruch nimmt,

4. eine in Nummer 2 Buchstabe c genannte Aufenthaltserlaubnis besitzt und sich seit mindestens 15 Monaten erlaubt, gestattet oder geduldet im Bundesgebiet aufhält oder

5. eine Beschäftigungsduldung gemäß §60d in Verbindung mit §60a Absatz 2 Satz 3 des Aufenthaltsgesetzes besitzt.

§63 Kinder

(1) ₁Als Kinder werden berücksichtigt

1. Kinder im Sinne des §32 Absatz 1,

2. vom Berechtigten in seinen Haushalt aufgenommene Kinder seines Ehegatten,

3. vom Berechtigten in seinen Haushalt aufgenommene Enkel.

₂§ 32 Absatz 3 bis 5 gilt entsprechend. ₃Voraussetzung für die Berücksichtigung ist die Identifizierung des Kindes durch die an dieses Kind vergebene Identifikationsnummer (§ 139b der Abgabenordnung). ₄Ist das Kind nicht nach einem Steuergesetz steuerpflichtig (§ 139a Absatz 2 der Abgabenordnung), ist es in anderer geeigneter Weise zu identifizieren. ₅Die nachträgliche Identifizierung oder nachträgliche Vergabe der Identifikationsnummer wirkt auf Monate zurück, in denen die Voraussetzungen der Sätze 1 bis 4 vorliegen. ₆Kinder, die weder einen Wohnsitz noch ihren gewöhnlichen Aufenthalt im Inland, in einem Mitgliedstaat der Europäischen Union oder in einem Staat, auf den das Abkommen über den Europäischen Wirtschaftsraum Anwendung findet, haben, werden nicht berücksichtigt, es sei denn, sie leben im Haushalt eines Berechtigten im Sinne des § 62 Absatz 1 Satz 1 Nummer 2 Buchstabe a. ₇Kinder im Sinne von § 2 Absatz 4 Satz 2 des Bundeskindergeldgesetzes werden nicht berücksichtigt.

(2) Die Bundesregierung wird ermächtigt, durch Rechtsverordnung, die nicht der Zustimmung des Bundesrates bedarf, zu bestimmen, dass einem Berechtigten, der im Inland erwerbstätig ist oder sonst seine hauptsächlichen Einkünfte erzielt, für seine in Absatz 1 Satz 3 erster Halbsatz bezeichneten Kinder Kindergeld ganz oder teilweise zu leisten ist, soweit dies mit Rücksicht auf die durchschnittlichen Lebenshaltungskosten für Kinder in deren Wohnsitzstaat und auf die dort gewährten dem Kindergeld vergleichbaren Leistungen geboten ist.

§ 64 Zusammentreffen mehrerer Ansprüche

(1) Für jedes Kind wird nur einem Berechtigten Kindergeld gezahlt.

(2) ₁Bei mehreren Berechtigten wird das Kindergeld demjenigen gezahlt, der das Kind in seinen Haushalt aufgenommen hat. ₂Ist ein Kind in den gemeinsamen Haushalt von Eltern, einem Elternteil und dessen Ehegatten, Pflegeeltern oder Großeltern aufgenommen worden, so bestimmen diese untereinander den Berechtigten. ₃Wird eine Bestimmung nicht getroffen, so bestimmt das Familiengericht auf Antrag den Berechtigten. ₄Den Antrag kann stellen, wer ein berechtigtes Interesse an der Zahlung des Kindergeldes hat. ₅Lebt ein Kind im gemeinsamen Haushalt von Eltern und Großeltern, so wird das Kindergeld vorrangig einem Elternteil gezahlt; es wird an einen Großelternteil gezahlt, wenn der Elternteil gegenüber der zuständigen Stelle auf seinen Vorrang schriftlich verzichtet hat.

(3) ₁Ist das Kind nicht in den Haushalt eines Berechtigten aufgenommen, so erhält das Kindergeld derjenige, der dem Kind eine Unterhaltsrente zahlt. ₂Zahlen mehrere Berechtigte dem Kind Unterhaltsrenten, so erhält das Kindergeld derjenige, der dem Kind die höchste Unterhaltsrente zahlt. ₃Werden gleich hohe Unterhaltsrenten gezahlt oder zahlt keiner der Berechtigten dem Kind Unterhalt, so bestimmen die Berechtigten untereinander, wer das Kindergeld erhalten soll. ₄Wird eine Bestimmung nicht getroffen, so gilt Absatz 2 Satz 3 und 4 entsprechend.

§ 65 Andere Leistungen für Kinder

₁Kindergeld wird nicht für ein Kind gezahlt, für das eine der folgenden Leistungen zu zahlen ist oder bei entsprechender Antragstellung zu zahlen wäre:

1. Leistungen für Kinder, die im Ausland gewährt werden und dem Kindergeld oder der Kinderzulage aus der gesetzlichen Unfallversicherung nach § 217 Absatz 3 des Siebten Buches Sozialgesetzbuch in der bis zum 30. Juni 2020 geltenden Fassung oder dem Kinderzuschuss aus der gesetzlichen Rentenversicherung nach § 270 des Sechsten Buches Sozialgesetzbuch in der bis zum 16. November 2016 geltenden Fassung vergleichbar sind,

2. Leistungen für Kinder, die von einer zwischen- oder überstaatlichen Einrichtung gewährt werden und dem Kindergeld vergleichbar sind.

₂Soweit es für die Anwendung von Vorschriften dieses Gesetzes auf den Erhalt von Kindergeld ankommt, stehen die Leistungen nach Satz 1 dem Kindergeld gleich. ₃Steht ein Berechtigter in einem Versicherungspflichtverhältnis zur Bundesagentur für Arbeit nach § 24 des Dritten Buches Sozialgesetzbuch oder ist er versicherungsfrei nach § 28 Absatz 1 Nummer 1 des Dritten Buches Sozialgesetzbuch oder steht er im Inland in einem öffentlich-rechtlichen Dienst- oder Amtsverhältnis, so wird sein Anspruch auf Kindergeld für ein Kind nicht nach Satz 1 Nummer 2 mit Rücksicht darauf ausgeschlossen, dass sein Ehegatte als Beamter, Ruhestandsbeamter oder sonstiger Bediensteter der Europäischen Union für das Kind Anspruch auf Kinderzulage hat.

§ 66 Höhe des Kindergeldes, Zahlungszeitraum

(1) Das Kindergeld beträgt monatlich für jedes Kind 255 Euro.

(2) Das Kindergeld wird monatlich vom Beginn des Monats an gezahlt, in dem die Anspruchsvoraussetzungen erfüllt sind, bis zum Ende des Monats, in dem die Anspruchsvoraussetzungen wegfallen.

§ 67 Antrag

₁Das Kindergeld ist bei der zuständigen Familienkasse elektronisch nach amtlich vorgeschriebenem Datensatz über die amtlich vorgeschriebene Schnittstelle zu beantragen; die Familienkasse kann auf die elektronische Antragstellung verzichten, wenn das Kindergeld schriftlich beantragt und der Antrag vom Berechtigten eigenhändig unterschrieben wird. ₂Den Antrag kann außer dem Berechtigten auch stellen, wer ein berechtigtes Interesse an der Leistung des Kindergeldes hat. ₃In Fällen des Satzes 2 ist § 62 Absatz 1 Satz 2 bis 3 anzuwenden. ₄Der Berechtigte ist zu diesem Zweck verpflichtet, demjenigen, der ein berechtigtes Interesse an der Leistung des Kindergeldes hat, seine an ihn vergebene Identifikationsnummer (§ 139b der Abgabenordnung) mitzuteilen. ₅Kommt der Berechtigte dieser Verpflichtung nicht nach, teilt die zuständige Familienkasse demjenigen, der ein berechtigtes Interesse an der Leistung des Kindergeldes hat, auf seine Anfrage die Identifikationsnummer des Berechtigten mit.

§ 68 Besondere Mitwirkungspflichten und Offenbarungsbefugnis

(1) ₁Wer Kindergeld beantragt oder erhält, hat Änderungen in den Verhältnissen, die für die Leistung erheblich sind oder über die im Zusammenhang mit der Leistung Erklärungen abgegeben worden sind, unverzüglich der zuständigen Familienkasse mitzuteilen. ₂Ein Kind, das das 18. Lebensjahr vollendet hat, ist auf Verlangen der Familienkasse verpflichtet, an der Aufklärung des für die Kindergeldzahlung maßgebenden Sachverhalts mitzuwirken; § 101 der Abgabenordnung findet insoweit keine Anwendung.

(2) (weggefallen)

(3) Auf Antrag des Berechtigten erteilt die das Kindergeld auszahlende Stelle eine Bescheinigung über das für das Kalenderjahr ausgezahlte Kindergeld.

(4) ₁Die Familienkassen dürfen den Stellen, die die Bezüge im öffentlichen Dienst anweisen, den für die jeweilige Kindergeldzahlung maßgebenden Sachverhalt durch automatisierte Abrufverfahren bereitstellen oder Auskunft über diesen Sachverhalt erteilen. ₂Das Bundesministerium der Finanzen wird ermächtigt, durch Rechtsverordnung ohne Zustimmung des Bundesrates zur Durchführung von automatisierten Abrufen nach Satz 1 die Voraussetzungen, unter denen ein Datenabruf erfolgen darf, festzulegen.

(5) ₁Zur Erfüllung der in § 31a Absatz 2 der Abgabenordnung genannten Mitteilungspflichten und zur Prüfung der jeweiligen Anspruchsvoraussetzungen und zur Bemessung der jeweiligen Leistung dürfen die Familienkassen den Leistungsträgern, die für Leistungen der Arbeitsförderung nach § 19 Absatz 2, für Leistungen der Grundsicherung für Arbeitsuchende nach § 19a Absatz 2, für Kindergeld, Kinderzuschlag, Leistungen für Bildung und Teilhabe und Elterngeld nach § 25 Absatz 3 oder für Leistungen der Sozialhilfe nach § 28 Absatz 2 des Ersten Buches Sozialgesetzbuch zuständig sind, und den nach § 9 Absatz 1 Satz 2 des Unterhaltsvorschussge-

setzes zuständigen Stellen den für die jeweilige Kindergeldzahlung maßgebenden Sachverhalt in einem automatisierten Abrufverfahren übermitteln. ₂Das Bundesministerium der Finanzen wird ermächtigt, durch Rechtsverordnung mit Zustimmung des Bundesrates zur Durchführung von automatisierten Abrufen nach Satz 1 die Voraussetzungen, unter denen ein Datenabruf erfolgen darf, festzulegen.

(6) ₁Zur Prüfung und Bemessung der in Artikel 3 Absatz 1 Buchstabe j in Verbindung mit Artikel 1 Buchstabe z der Verordnung (EG) Nr. 883/2004 des Europäischen Parlaments und des Rates vom 29. April 2004 zur Koordinierung der Systeme der sozialen Sicherheit (ABl. L 166 vom 30. 4. 2004, S. 1), die zuletzt durch die Verordnung (EU) 2017/492 (ABl. L 76 vom 22. 3. 2017, S. 13) geändert worden ist, genannten Familienleistungen dürfen die Familienkassen den zuständigen öffentlichen Stellen eines Mitgliedstaates der Europäischen Union den für die jeweilige Kindergeldzahlung maßgebenden Sachverhalt durch automatisierte Abrufverfahren bereitstellen. ₂Das Bundesministerium der Finanzen wird ermächtigt, durch Rechtsverordnung ohne Zustimmung des Bundesrates zur Durchführung von automatisierten Abrufen nach Satz 1 die Voraussetzungen, unter denen ein Datenabruf erfolgen darf, festzulegen.

(7) ₁Die Datenstelle der Rentenversicherung darf den Familienkassen in einem automatisierten Abrufverfahren die zur Überprüfung des Anspruchs auf Kindergeld nach § 62 Absatz 1a und 2 erforderlichen Daten übermitteln; § 79 Absatz 2 bis 4 des Zehnten Buches Sozialgesetzbuch gilt entsprechend. ₂Die Träger der Leistungen nach dem Zweiten und Dritten Buch Sozialgesetzbuch dürfen den Familienkassen in einem automatisierten Abrufverfahren die zur Überprüfung des Anspruchs auf Kindergeld nach § 62 erforderlichen Daten übermitteln. ₃Das Bundesministerium für Arbeit und Soziales wird ermächtigt, durch Rechtsverordnung mit Zustimmung des Bundesrates die Voraussetzungen für das Abrufverfahren und Regelungen zu den Kosten des Verfahrens nach Satz 2 festzulegen.

§ 69 Datenübermittlung an die Familienkassen

₁Erfährt das Bundeszentralamt für Steuern, dass ein Kind, für das Kindergeld gezahlt wird, verzogen ist oder von Amts wegen von der Meldebehörde abgemeldet wurde, hat es der zuständigen Familienkasse unverzüglich die in § 139b Absatz 3 Nummer 1, 3, 5, 8 und 14 der Abgabenordnung genannten Daten zum Zweck der Prüfung der Rechtmäßigkeit des Bezugs von Kindergeld zu übermitteln. ₂Die beim Bundeszentralamt für Steuern gespeicherten Daten für ein Kind, für das Kindergeld gezahlt wird, werden auf Anfrage auch den Finanzämtern zur Prüfung der Rechtmäßigkeit der Berücksichtigung der Freibeträge nach § 32 Absatz 6 zur Verfügung gestellt. ₃Erteilt das Bundeszentralamt für Steuern auf Grund der Geburt eines Kindes eine neue Identifikationsnummer nach § 139b der Abgabenordnung, übermittelt es der zuständigen Familienkasse zum Zweck der Prüfung des Bezugs von Kindergeld unverzüglich

1. die in § 139b Absatz 3 Nummer 1, 3, 5, 8 und 10 der Abgabenordnung genannten Daten des Kindes sowie

2. soweit vorhanden, die in § 139b Absatz 3 Nummer 1, 3, 5, 8 und 10 und Absatz 3a der Abgabenordnung genannten Daten der Personen, bei denen für dieses Kind nach § 39e Absatz 1 ein Kinderfreibetrag berücksichtigt wird.

§ 70 Festsetzung und Zahlung des Kindergeldes

(1) ₁Das Kindergeld nach § 62 wird von den Familienkassen durch Bescheid festgesetzt und ausgezahlt. ₂Die Auszahlung von festgesetztem Kindergeld erfolgt rückwirkend nur für die letzten sechs Monate vor Beginn des Monats, in dem der Antrag auf Kindergeld eingegangen ist. ₃Der Anspruch auf Kindergeld nach § 62 bleibt von dieser Auszahlungsbeschränkung unberührt.

(2) ₁Soweit in den Verhältnissen, die für den Anspruch auf Kindergeld erheblich sind, Änderungen eintreten, ist die Festsetzung des Kindergeldes mit Wirkung vom Zeitpunkt der

Änderung der Verhältnisse aufzuheben oder zu ändern. ₂Ist die Änderung einer Kindergeldfestsetzung nur wegen einer Anhebung der in § 66 Absatz 1 genannten Kindergeldbeträge erforderlich, kann von der Erteilung eines schriftlichen Änderungsbescheides abgesehen werden.

(3) ₁Materielle Fehler der letzten Festsetzung können durch Aufhebung oder Änderung der Festsetzung mit Wirkung ab dem auf die Bekanntgabe der Aufhebung oder Änderung der Festsetzung folgenden Monat beseitigt werden. ₂Bei der Aufhebung oder Änderung der Festsetzung nach Satz 1 ist § 176 der Abgabenordnung entsprechend anzuwenden; dies gilt nicht für Monate, die nach der Verkündung der maßgeblichen Entscheidung eines obersten Bundesgerichts beginnen.

§ 71 Vorläufige Einstellung der Zahlung des Kindergeldes

(1) Die Familienkasse kann die Zahlung des Kindergeldes ohne Erteilung eines Bescheides vorläufig einstellen, wenn

1. sie Kenntnis von Tatsachen erhält, die kraft Gesetzes zum Ruhen oder zum Wegfall des Anspruchs führen, und

2. die Festsetzung, aus der sich der Anspruch ergibt, deshalb mit Wirkung für die Vergangenheit aufzuheben ist.

(2) ₁Soweit die Kenntnis der Familienkasse nicht auf Angaben des Berechtigten beruht, der das Kindergeld erhält, sind dem Berechtigten unverzüglich die vorläufige Einstellung der Zahlung des Kindergeldes sowie die dafür maßgeblichen Gründe mitzuteilen. ₂Ihm ist Gelegenheit zu geben, sich zu äußern.

(3) Die Familienkasse hat die vorläufig eingestellte Zahlung des Kindergeldes unverzüglich nachzuholen, soweit die Festsetzung, aus der sich der Anspruch ergibt, zwei Monate nach der vorläufigen Einstellung der Zahlung nicht mit Wirkung für die Vergangenheit aufgehoben oder geändert wird.

§ 72 (weggefallen)

§ 73 (weggefallen)

§ 74 Zahlung des Kindergeldes in Sonderfällen

(1) ₁Das für ein Kind festgesetzte Kindergeld nach § 66 Absatz 1 kann an das Kind ausgezahlt werden, wenn der Kindergeldberechtigte ihm gegenüber seiner gesetzlichen Unterhaltspflicht nicht nachkommt. ₂Dies gilt auch, wenn der Kindergeldberechtigte mangels Leistungsfähigkeit nicht unterhaltspflichtig ist oder nur Unterhalt in Höhe eines Betrags zu leisten braucht, der geringer ist als das für die Auszahlung in Betracht kommende Kindergeld. ₃Die Auszahlung kann auch an die Person oder Stelle erfolgen, die dem Kind Unterhalt gewährt.

(2) Für Erstattungsansprüche der Träger von Sozialleistungen gegen die Familienkasse gelten die §§ 102 bis 109 und 111 bis 113 des Zehnten Buches Sozialgesetzbuch entsprechend.

§ 75 Aufrechnung

(1) Mit Ansprüchen auf Erstattung von Kindergeld kann die Familienkasse gegen Ansprüche auf Kindergeld bis zu deren Hälfte aufrechnen, wenn der Leistungsberechtigte nicht nachweist, dass er dadurch hilfebedürftig im Sinne der Vorschriften des Zwölften Buches Sozialgesetzbuch über die Hilfe zum Lebensunterhalt oder im Sinne der Vorschriften des Zweiten Buches Sozialgesetzbuch über die Leistungen zur Sicherung des Lebensunterhalts wird.

(2) Absatz 1 gilt für die Aufrechnung eines Anspruchs auf Erstattung von Kindergeld gegen einen späteren Kindergeldanspruch eines mit dem Erstattungspflichtigen in Haushaltsgemeinschaft lebenden Berechtigten entsprechend, soweit es sich um laufendes Kindergeld für ein Kind handelt, das bei beiden berücksichtigt werden kann oder konnte.

§ 76 Pfändung

Der Anspruch auf Kindergeld kann nur wegen gesetzlicher Unterhaltsansprüche eines Kindes, für das Kindergeld festgesetzt und dem Berechtigten ausgezahlt wird, gepfändet werden.

§ 77 Erstattung von Kosten im Vorverfahren

(1) ¹Soweit der Einspruch gegen die Kindergeldfestsetzung erfolgreich ist, hat die Familienkasse demjenigen, der den Einspruch erhoben hat, die zur zweckentsprechenden Rechtsverfolgung oder Rechtsverteidigung notwendigen Aufwendungen zu erstatten. ²Dies gilt auch, wenn der Einspruch nur deshalb keinen Erfolg hat, weil die Verletzung einer Verfahrens- oder Formvorschrift nach § 126 der Abgabenordnung unbeachtlich ist. ³Aufwendungen, die durch das Verschulden eines Erstattungsberechtigten entstanden sind, hat dieser selbst zu tragen; das Verschulden eines Vertreters ist dem Vertretenen zuzurechnen.

(2) Die Gebühren und Auslagen eines Bevollmächtigten oder Beistandes, der nach den Vorschriften des Steuerberatungsgesetzes zur geschäftsmäßigen Hilfeleistung in Steuersachen befugt ist, sind erstattungsfähig, wenn dessen Zuziehung notwendig war.

(3) ¹Die Familienkasse setzt auf Antrag den Betrag der zu erstattenden Aufwendungen fest. ²Die Kostenentscheidung bestimmt auch, ob die Zuziehung eines Bevollmächtigten oder Beistandes im Sinne des Absatzes 2 notwendig war.

§ 78 Übergangsregelungen

(1) bis (4) (weggefallen)

(5) ¹Abweichend von § 64 Absatz 2 und 3 steht Berechtigten, die für Dezember 1990 für ihre Kinder Kindergeld in dem in Artikel 3 des Einigungsvertrages genannten Gebiet bezogen haben, das Kindergeld für diese Kinder auch für die folgende Zeit zu, solange sie ihren Wohnsitz oder gewöhnlichen Aufenthalt in diesem Gebiet beibehalten und die Kinder die Voraussetzungen ihrer Berücksichtigung weiterhin erfüllen. ²§ 64 Absatz 2 und 3 ist insoweit erst für die Zeit vom Beginn des Monats an anzuwenden, in dem ein hierauf gerichteter Antrag bei der zuständigen Stelle eingegangen ist; der hiernach Berechtigte muss die nach Satz 1 geleisteten Zahlungen gegen sich gelten lassen.

XI. Altersvorsorgezulage

§ 79 Zulageberechtigte

¹Die in § 10a Absatz 1 genannten Personen haben Anspruch auf eine Altersvorsorgezulage (Zulage). ²Ist nur ein Ehegatte nach Satz 1 begünstigt, so ist auch der andere Ehegatte zulageberechtigt, wenn

1. beide Ehegatten nicht dauernd getrennt leben (§ 26 Absatz 1),
2. beide Ehegatten ihren Wohnsitz oder gewöhnlichen Aufenthalt in einem Mitgliedstaat der Europäischen Union oder einem Staat haben, auf den das Abkommen über den Europäischen Wirtschaftsraum anwendbar ist,
3. ein auf den Namen des anderen Ehegatten lautender Altersvorsorgevertrag besteht,
4. der andere Ehegatte zugunsten des Altersvorsorgevertrags nach Nummer 3 im jeweiligen Beitragsjahr mindestens 60 Euro geleistet hat und
5. die Auszahlungsphase des Altersvorsorgevertrags nach Nummer 3 noch nicht begonnen hat.

³Satz 1 gilt entsprechend für die in § 10a Absatz 6 Satz 1 und 2 genannten Personen, sofern sie unbeschränkt steuerpflichtig sind oder für das Beitragsjahr nach § 1 Absatz 3 als unbeschränkt steuerpflichtig behandelt werden.

§ 80 Anbieter

Anbieter im Sinne dieses Gesetzes sind Anbieter von Altersvorsorgeverträgen gemäß § 1 Absatz 2 des Altersvorsorgeverträge-Zertifizierungsgesetzes sowie die in § 82 Absatz 2 genannten Versorgungseinrichtungen.

§ 81 Zentrale Stelle

Zentrale Stelle im Sinne dieses Gesetzes ist die Deutsche Rentenversicherung Bund.

§ 81a Zuständige Stelle

¹Zuständige Stelle ist bei einem

1. Empfänger von Besoldung nach dem Bundesbesoldungsgesetz oder einem Landesbesoldungsgesetz die die Besoldung anordnende Stelle,

2. Empfänger von Amtsbezügen im Sinne des § 10a Absatz 1 Satz 1 Nummer 2 die die Amtsbezüge anordnende Stelle,

3. versicherungsfrei Beschäftigten sowie bei einem von der Versicherungspflicht befreiten Beschäftigten im Sinne des § 10a Absatz 1 Satz 1 Nummer 3 der die Versorgung gewährleistende Arbeitgeber der rentenversicherungsfreien Beschäftigung,

4. Beamten, Richter, Berufssoldaten und Soldaten auf Zeit im Sinne des § 10a Absatz 1 Satz 1 Nummer 4 der zur Zahlung des Arbeitsentgelts verpflichtete Arbeitgeber und

5. Empfänger einer Versorgung im Sinne des § 10a Absatz 1 Satz 4 die die Versorgung anordnende Stelle.

₂Für die in § 10a Absatz 1 Satz 1 Nummer 5 genannten Steuerpflichtigen gilt Satz 1 entsprechend.

§ 82 Altersvorsorgebeiträge

(1) ₁Geförderte Altersvorsorgebeiträge sind im Rahmen des in § 10a Absatz 1 Satz 1 genannten Höchstbetrags

1. Beiträge,

2. Tilgungsleistungen,

die der Zulageberechtigte (§ 79) bis zum Beginn der Auszahlungsphase zugunsten eines auf seinen Namen lautenden Vertrags leistet, der nach § 5 des Altersvorsorgeverträge-Zertifizierungsgesetzes zertifiziert ist (Altersvorsorgevertrag). ₂Die Zertifizierung ist Grundlagenbescheid im Sinne des § 171 Absatz 10 der Abgabenordnung. ₃Als Tilgungsleistungen gelten auch Beiträge, die vom Zulageberechtigten zugunsten eines auf seinen Namen lautenden Altersvorsorgevertrags im Sinne des § 1 Absatz 1a Satz 1 Nummer 3 des Altersvorsorgeverträge-Zertifizierungsgesetzes erbracht wurden und die zur Tilgung eines im Rahmen des Altersvorsorgevertrags abgeschlossenen Darlehens abgetreten wurden. ₄Im Fall der Übertragung von gefördertem Altersvorsorgevermögen nach § 1 Absatz 1 Satz 1 Nummer 10 Buchstabe b des Altersvorsorgeverträge-Zertifizierungsgesetzes in einen Altersvorsorgevertrag im Sinne des § 1 Absatz 1a Satz 1 Nummer 3 des Altersvorsorgeverträge-Zertifizierungsgesetzes gelten die Beiträge nach Satz 1 Nummer 1 ab dem Zeitpunkt der Übertragung als Tilgungsleistungen nach Satz 3; eine erneute Förderung nach § 10a oder Abschnitt XI erfolgt insoweit nicht. ₅Tilgungsleistungen nach den Sätzen 1 und 3 werden nur berücksichtigt, wenn das zugrunde liegende Darlehen für eine nach dem 31. Dezember 2007 vorgenommene wohnungswirtschaftliche Verwendung im Sinne des § 92a Absatz 1 Satz 1 eingesetzt wurde. ₆Bei einer Aufgabe der Selbstnutzung nach § 92a Absatz 3 Satz 1 gelten im Beitragsjahr der Aufgabe der Selbstnutzung auch die nach der Aufgabe der Selbstnutzung geleisteten Beiträge oder Tilgungsleistungen als Altersvorsorgebeiträge nach Satz 1. ₇Bei einer Reinvestition nach § 92a Absatz 3 Satz 9 Nummer 1 gelten im Beitragsjahr der Reinvestition auch die davor geleisteten Beiträge oder Tilgungsleistungen als Altersvorsorgebeiträge nach Satz 1. ₈Bei einem beruflich bedingten Umzug nach § 92a Absatz 4 gelten

1. im Beitragsjahr des Wegzugs auch die nach dem Wegzug und

2. im Beitragsjahr des Wiedereinzugs auch die vor dem Wiedereinzug

geleisteten Beiträge und Tilgungsleistungen als Altersvorsorgebeiträge nach Satz 1.

(2) ₁Zu den Altersvorsorgebeiträgen gehören auch

a) die aus dem individuell versteuerten Arbeitslohn des Arbeitnehmers geleisteten Beiträge an einen Pensionsfonds, eine Pensionskasse oder eine Direktversicherung zum Aufbau einer kapitalgedeckten betrieblichen Altersversorgung und

b) Beiträge des Arbeitnehmers und des ausgeschiedenen Arbeitnehmers, die dieser im Fall der zunächst durch Entgeltumwandlung (§ 1a des Betriebsrentengesetzes) finanzierten und nach § 3 Nummer 63 oder § 10a und diesem Abschnitt geförderten kapitalgedeckten betrieblichen Altersversorgung nach Maßgabe des § 1a Absatz 4, des § 1b Absatz 5 Satz 1 Nummer 2 und des § 22 Absatz 3 Nummer 1 Buchstabe a des Betriebsrentengesetzes selbst erbringt.

₂Satz 1 gilt nur, wenn

1. a) vereinbart ist, dass die zugesagten Altersversorgungsleistungen als monatliche Leistungen in Form einer lebenslangen Leibrente oder als Ratenzahlungen im Rahmen eines Auszahlungsplans mit einer anschließenden Teilkapitalverrentung ab spätestens dem 85. Lebensjahr ausgezahlt werden und die Leistungen während der gesamten Auszahlungsphase gleich bleiben oder steigen; dabei können bis zu zwölf Monatsleistungen in einer Auszahlung zusammengefasst und bis zu 30 Prozent des zu Beginn der Auszahlungsphase zur Verfügung stehenden Kapitals außerhalb der monatlichen Leistungen ausgezahlt werden, und

   b) ein vereinbartes Kapitalwahlrecht nicht oder nicht außerhalb der letzten Jahres vor dem vertraglich vorgesehenen Beginn der Altersversorgungsleistung ausgeübt wurde, oder

2. bei einer reinen Beitragszusage nach § 1 Absatz 2 Nummer 2a des Betriebsrentengesetzes der Pensionsfonds, die Pensionskasse oder die Direktversicherung eine lebenslange Zahlung als Altersversorgungsleistung zu erbringen hat.

₃Die §§ 3 und 4 des Betriebsrentengesetzes stehen dem vorbehaltlich des § 93 nicht entgegen.

(3) Zu den Altersvorsorgebeiträgen gehören auch die Beitragsanteile, die zur Absicherung der verminderten Erwerbsfähigkeit des Zulageberechtigten und zur Hinterbliebenenversorgung verwendet werden, wenn in der Leistungsphase die Auszahlung in Form einer Rente erfolgt.

(4) Nicht zu den Altersvorsorgebeiträgen zählen

1. Aufwendungen, die vermögenswirksame Leistungen nach dem Fünften Vermögensbildungsgesetz in der jeweils geltenden Fassung darstellen,

2. prämienbegünstigte Aufwendungen nach dem Wohnungsbau-Prämiengesetz in der Fassung der Bekanntmachung vom 30. Oktober 1997 (BGBl. I S. 2678), zuletzt geändert durch Artikel 5 des Gesetzes vom 29. Juli 2008 (BGBl. I S. 1509), in der jeweils geltenden Fassung,

3. Aufwendungen, die im Rahmen des § 10 als Sonderausgaben geltend gemacht werden,

4. Zahlungen nach § 92a Absatz 2 Satz 4 Nummer 1 und Absatz 3 Satz 9 Nummer 2 oder

5. Übertragungen im Sinne des § 3 Nummer 55 bis 55c.

(5) ₁Der Zulageberechtigte kann für ein abgelaufenes Beitragsjahr bis zum Beitragsjahr 2011 Altersvorsorgebeiträge auf einen auf seinen Namen lautenden Altersvorsorgevertrag leisten, wenn

1. der Anbieter des Altersvorsorgevertrags davon Kenntnis erhält, in welcher Höhe und für welches Beitragsjahr die Altersvorsorgebeiträge berücksichtigt werden sollen,

2. in dem Beitragsjahr, für das die Altersvorsorgebeiträge berücksichtigt werden sollen, ein Altersvorsorgevertrag bestanden hat,

3. im fristgerechten Antrag auf Zulage für dieses Beitragsjahr eine Zulageberechtigung nach § 79 Satz 2 angegeben wurde, aber tatsächlich eine Zulageberechtigung nach § 79 Satz 1 vorliegt,

4. die Zahlung der Altersvorsorgebeiträge für abgelaufene Beitragsjahre bis zum Ablauf von zwei Jahren nach Erteilung der Bescheinigung nach § 92, mit der zuletzt Ermittlungsergebnisse für dieses Beitragsjahr bescheinigt wurden, längstens jedoch bis zum Beginn der Auszahlungsphase des Altersvorsorgevertrages erfolgt und

5. der Zulageberechtigte vom Anbieter in hervorgehobener Weise darüber informiert wurde oder dem Anbieter seine Kenntnis darüber versichert, dass die Leistungen aus diesen Altersvorsorgebeiträgen der vollen nachgelagerten Besteuerung nach § 22 Nummer 5 Satz 1 unterliegen.

₂Wurden die Altersvorsorgebeiträge dem Altersvorsorgevertrag gutgeschrieben und sind die Voraussetzungen nach Satz 1 erfüllt, so hat der Anbieter der zentralen Stelle (§81) die entsprechenden Daten nach §89 Absatz 2 Satz 1 für das zurückliegende Beitragsjahr nach einem mit der zentralen Stelle abgestimmten Verfahren mitzuteilen. ₃Die Beträge nach Satz 1 gelten für die Ermittlung der zu zahlenden Altersvorsorgezulage nach §83 als Altersvorsorgebeiträge für das Beitragsjahr, für das sie gezahlt wurden. ₄Für die Anwendung des §10a Absatz 1 Satz 1 sowie bei der Ermittlung der dem Steuerpflichtigen zustehenden Zulage im Rahmen des §2 Absatz 6 und des §10a sind die nach Satz 1 gezahlten Altersvorsorgebeiträge weder für das Beitragsjahr nach Satz 1 Nummer 2 noch für das Beitragsjahr der Zahlung zu berücksichtigen.

§83 Altersvorsorgezulage

In Abhängigkeit von den geleisteten Altersvorsorgebeiträgen wird eine Zulage gezahlt, die sich aus einer Grundzulage (§84) und einer Kinderzulage (§85) zusammensetzt.

§84 Grundzulage

₁Jeder Zulageberechtigte erhält eine Grundzulage; diese beträgt ab dem Beitragsjahr 2018 jährlich 175 Euro. ₂Für Zulageberechtigte nach §79 Satz 1, die zu Beginn des Beitragsjahres (§88) das 25. Lebensjahr noch nicht vollendet haben, erhöht sich die Grundzulage nach Satz 1 um einmalig 200 Euro. ₃Die Erhöhung nach Satz 2 ist für das erste nach dem 31. Dezember 2007 beginnende Beitragsjahr zu gewähren, für das eine Altersvorsorgezulage beantragt wird.

§85 Kinderzulage

(1) ₁Die Kinderzulage beträgt für jedes Kind, für das gegenüber dem Zulageberechtigten Kindergeld festgesetzt wird, jährlich 185 Euro. ₂Für ein nach dem 31. Dezember 2007 geborenes Kind erhöht sich die Kinderzulage nach Satz 1 auf 300 Euro. ₃Der Anspruch auf Kinderzulage entfällt für den Veranlagungszeitraum, für den das Kindergeld insgesamt zurückgefordert wird. ₄Erhalten mehrere Zulageberechtigte für dasselbe Kind Kindergeld, steht die Kinderzulage demjenigen zu, dem gegenüber für den ersten Anspruchszeitraum (§66 Absatz 2) im Kalenderjahr Kindergeld festgesetzt worden ist.

(2) ₁Bei Eltern verschiedenen Geschlechts, die miteinander verheiratet sind, nicht dauernd getrennt leben (§26 Absatz 1) und ihren Wohnsitz oder gewöhnlichen Aufenthalt in einem Mitgliedstaat der Europäischen Union oder einem Staat haben, auf den das Abkommen über den Europäischen Wirtschaftsraum (EWR-Abkommen) anwendbar ist, wird die Kinderzulage der Mutter zugeordnet, auf Antrag beider Eltern dem Vater. ₂Bei Eltern gleichen Geschlechts, die miteinander verheiratet sind oder eine Lebenspartnerschaft führen, nicht dauernd getrennt leben (§26 Absatz 1) und ihren Wohnsitz oder gewöhnlichen Aufenthalt in einem Mitgliedstaat der Europäischen Union oder einem Staat haben, auf den das EWR-Abkommen anwendbar ist, ist die Kinderzulage dem Elternteil zuzuordnen, dem gegenüber das Kindergeld festgesetzt wird, auf Antrag beider Eltern dem anderen Elternteil. ₃Der Antrag kann für ein abgelaufenes Beitragsjahr nicht zurückgenommen werden.

§86 Mindesteigenbeitrag

(1) ₁Die Zulage nach den §§84 und 85 wird gekürzt, wenn der Zulageberechtigte nicht den Mindesteigenbeitrag leistet. ₂Dieser beträgt jährlich 4 Prozent der Summe der in dem dem Kalenderjahr vorangegangenen Kalenderjahr

1. erzielten beitragspflichtigen Einnahmen im Sinne des Sechsten Buches Sozialgesetzbuch,

2. bezogenen Besoldung und Amtsbezüge,

3. in den Fällen des §10a Absatz 1 Satz 1 Nummer 3 und Nummer 4 erzielten Einnahmen, die beitragspflichtig wären, wenn die Versicherungsfreiheit in der gesetzlichen Rentenversicherung nicht bestehen würde und

4. bezogenen Rente wegen voller Erwerbsminderung oder Erwerbsunfähigkeit oder bezogenen Versorgungsbezüge wegen

Dienstunfähigkeit in den Fällen des §10a Absatz 1 Satz 4,

jedoch nicht mehr als der in §10a Absatz 1 Satz 1 genannte Höchstbetrag, vermindert um die Zulage nach den §§84 und 85; gehört der Ehegatte zum Personenkreis nach §79 Satz 2, berechnet sich der Mindesteigenbeitrag des nach §79 Satz 1 Begünstigten unter Berücksichtigung der den Ehegatten insgesamt zustehenden Zulagen. ₃Auslandsbezogene Bestandteile nach den §§52 ff. des Bundesbesoldungsgesetzes oder entsprechender Regelungen eines Landesbesoldungsgesetzes bleiben unberücksichtigt. ₄Als Sockelbetrag sind ab dem Jahr 2005 jährlich 60 Euro zu leisten. ₅Ist der Sockelbetrag höher als der Mindesteigenbeitrag nach Satz 2, so ist der Sockelbetrag als Mindesteigenbeitrag zu leisten. ₆Die Kürzung der Zulage ermittelt sich nach dem Verhältnis der Altersvorsorgebeiträge zum Mindesteigenbeitrag.

(2) ₁Ein nach §79 Satz 2 begünstigter Ehegatte hat Anspruch auf eine ungekürzte Zulage, wenn der zum begünstigten Personenkreis nach §79 Satz 1 gehörende Ehegatte seinen geförderten Mindesteigenbeitrag unter Berücksichtigung der den Ehegatten insgesamt zustehenden Zulagen erbracht hat. ₂Werden bei einer in der gesetzlichen Rentenversicherung pflichtversicherten Person beitragspflichtige Einnahmen zu Grunde gelegt, die höher sind als das tatsächlich erzielte Entgelt oder die Entgeltersatzleistung, ist das tatsächlich erzielte Entgelt oder der Zahlbetrag der Entgeltersatzleistung für die Berechnung des Mindesteigenbeitrags zu berücksichtigen. ₃Für die nicht erwerbsmäßig ausgeübte Pflegetätigkeit einer nach §3 Satz 1 Nummer 1a des Sechsten Buches Sozialgesetzbuch rentenversicherungspflichtigen Person ist für die Berechnung des Mindesteigenbeitrags ein tatsächlich erzieltes Entgelt von 0 Euro zu berücksichtigen.

(3) ₁Für Versicherungspflichtige nach dem Gesetz über die Alterssicherung der Landwirte ist Absatz 1 mit der Maßgabe anzuwenden, dass auch die Einkünfte aus Land- und Forstwirtschaft im Sinne des §13 des zweiten dem Beitragsjahr vorangegangenen Veranlagungszeitraums als beitragspflichtige Einnahmen des vorangegangenen Kalenderjahres gelten. ₂Negative Einkünfte im Sinne des Satzes 1 bleiben unberücksichtigt, wenn weitere nach Absatz 1 oder Absatz 2 zu berücksichtigende Einnahmen erzielt werden.

(4) Wird nach Ablauf des Beitragsjahres festgestellt, dass die Voraussetzungen für die Gewährung einer Kinderzulage nicht vorgelegen haben, ändert sich dadurch die Berechnung des Mindesteigenbeitrags für dieses Beitragsjahr nicht.

(5) Bei den in §10a Absatz 6 Satz 1 und 2 genannten Personen ist der Summe nach Absatz 1 Satz 2 die Summe folgender Einnahmen und Leistungen aus dem dem Kalenderjahr vorangegangenen Kalenderjahr hinzuzurechnen:

1. die erzielten Einnahmen aus der Tätigkeit, die die Zugehörigkeit zum Personenkreis des §10a Absatz 6 Satz 1 begründet, und

2. die bezogenen Leistungen im Sinne des §10a Absatz 6 Satz 2 Nummer 1.

§87 Zusammentreffen mehrerer Verträge

(1) ₁Zahlt der nach §79 Satz 1 Zulageberechtigte Altersvorsorgebeiträge zugunsten mehrerer Verträge, so wird die Zulage nur für zwei dieser Verträge gewährt. ₂Der insgesamt nach §86 zu leistende Mindesteigenbeitrag muss zugunsten dieser Verträge geleistet worden sein. ₃Die Zulage ist entsprechend dem Verhältnis der auf diese Verträge geleisteten Beiträge zu verteilen.

(2) ₁Der nach §79 Satz 2 Zulageberechtigte kann die Zulage für das jeweilige Beitragsjahr nicht auf mehrere Altersvorsorgeverträge verteilen. ₂Es ist nur der Altersvorsorgevertrag begünstigt, für den zuerst die Zulage beantragt wird.

§88 Entstehung des Anspruchs auf Zulage

Der Anspruch auf die Zulage entsteht mit Ablauf des Kalenderjahres, in dem die Altersvorsorgebeiträge geleistet worden sind (Beitragsjahr).

§ 89 Antrag

(1) ₁Der Zulageberechtigte hat den Antrag auf Zulage nach amtlich vorgeschriebenem Vordruck bis zum Ablauf des zweiten Kalenderjahres, das auf das Beitragsjahr (§ 88) folgt, bei dem Anbieter seines Vertrages einzureichen; dies kann auch elektronisch unter Angabe der erforderlichen Antragsdaten erfolgen, wenn sowohl der Anbieter als auch der Zulageberechtigte mit diesem Verfahren einverstanden sind. ₂Hat der Zulageberechtigte im Beitragsjahr Altersvorsorgebeiträge für mehrere Verträge gezahlt, so hat er mit dem Zulageantrag zu bestimmen, auf welche Verträge die Zulage überwiesen werden soll. ₃Beantragt der Zulageberechtigte die Zulage für mehr als zwei Verträge, so wird die Zulage nur für die zwei Verträge mit den höchsten Altersvorsorgebeiträgen gewährt. ₄Sofern eine Zulagenummer (§ 90 Absatz 1 Satz 2) durch die zentrale Stelle (§ 81) oder eine Versicherungsnummer nach § 147 des Sechsten Buches Sozialgesetzbuch für den nach § 79 Satz 2 berechtigten Ehegatten noch nicht vergeben ist, hat dieser über seinen Anbieter eine Zulagenummer bei der zentralen Stelle zu beantragen. ₅Der Antragsteller ist verpflichtet, dem Anbieter unverzüglich eine Änderung der Verhältnisse mitzuteilen, die zu einer Minderung oder zum Wegfall des Zulageanspruchs führt; dies kann auch elektronisch erfolgen, wenn sowohl der Anbieter als auch der Zulageberechtigte mit diesem Verfahren einverstanden sind.

(1a) ₁Der Zulageberechtigte kann den Anbieter seines Vertrages unter Angabe der erforderlichen Antragsdaten schriftlich bevollmächtigen, für ihn abweichend von Absatz 1 die Zulage für jedes Beitragsjahr zu beantragen; dies kann auch elektronisch erfolgen, wenn sowohl der Anbieter als auch der Zulageberechtigte mit diesem Verfahren einverstanden sind. ₂Absatz 1 Satz 5 gilt mit Ausnahme der Mitteilung geänderter beitragspflichtiger Einnahmen im Sinne des Sechsten Buches Sozialgesetzbuch entsprechend; erlangt der Anbieter von einer Änderung der Verhältnisse Kenntnis, hat dieser die zentrale Stelle zu unterrichten. ₃Ein Widerruf der Vollmacht ist bis zum Ablauf des Beitragsjahres, für das der Anbieter keinen Antrag auf Zulage stellen soll, gegenüber dem Anbieter zu erklären.

(2) ₁Der Anbieter ist verpflichtet,

a) die Vertragsdaten,

b) die Identifikationsnummer, die Versicherungsnummer nach § 147 des Sechsten Buches Sozialgesetzbuch, die Zulagenummer des Zulageberechtigten und dessen Ehegatten oder einen Antrag auf Vergabe einer Zulagenummer eines nach § 79 Satz 2 berechtigten Ehegatten,

c) die vom Zulageberechtigten mitgeteilten Angaben zur Ermittlung des Mindesteigenbeitrags (§ 86),

d) die Identifikationsnummer des Kindes sowie die weiteren für die Gewährung der Kinderzulage erforderlichen Daten,

e) die Höhe der geleisteten Altersvorsorgebeiträge und

f) das Vorliegen einer nach Absatz 1a erteilten Vollmacht

als die für die Ermittlung und Überprüfung des Zulageanspruchs und Durchführung des Zulageverfahrens erforderlichen Daten zu erfassen. ₂Er hat die Daten der bei ihm im Laufe eines Kalendervierteljahres eingegangenen Anträge bis zum Ende des folgenden Monats nach amtlich vorgeschriebenem Datensatz durch amtlich bestimmte Datenfernübertragung an die zentrale Stelle zu übermitteln. ₃Dies gilt auch im Fall des Absatzes 1 Satz 5. ₄§ 22a Absatz 2 gilt entsprechend.

(3) ₁Ist der Anbieter nach Absatz 1a Satz 1 bevollmächtigt worden, hat er der zentralen Stelle die nach Absatz 2 Satz 1 erforderlichen Angaben für jedes Kalenderjahr bis zum Ablauf des auf das Beitragsjahr folgenden Kalenderjahres zu übermitteln. ₂Liegt die Bevollmächtigung erst nach dem im Satz 1 genannten Meldetermin vor, hat der Anbieter die Angaben bis zum Ende des folgenden Kalendervierteljahres nach der Bevollmächtigung, spätestens jedoch bis zum Ablauf der in Absatz 1 Satz 1 genannten Antragsfrist, zu übermitteln. ₃Absatz 2 Satz 2 und 3 gilt sinngemäß.

§ 90 Verfahren

(1) ₁Die zentrale Stelle ermittelt auf Grund der von ihr erhobenen oder der ihr übermittelten Daten, ob und in welcher Höhe ein Zulageanspruch besteht. ₂Soweit der zuständige Träger der Rentenversicherung keine Versicherungsnummer vergeben hat, vergibt die zentrale Stelle zur Erfüllung der ihr nach diesem Abschnitt zugewiesenen Aufgaben eine Zulagenummer. ₃Die zentrale Stelle teilt im Fall eines Antrags nach § 10a Absatz 1b der zuständigen Stelle, im Fall eines Antrags nach § 89 Absatz 1 Satz 4 dem Anbieter die Zulagenummer mit; von dort wird sie an den Antragsteller weitergeleitet.

(2) ₁Die zentrale Stelle veranlasst die Auszahlung an den Anbieter zugunsten der Zulageberechtigten durch die zuständige Kasse nach erfolgter Berechnung nach Absatz 1 und Überprüfung nach § 91. ₂Ein gesonderter Bescheid ergeht vorbehaltlich des Absatzes 4 nicht. ₃Der Anbieter hat die erhaltenen Zulagen unverzüglich den begünstigten Verträgen gutzuschreiben. ₄Zulagen, die nach Beginn der Auszahlungsphase für das Altersvorsorgevermögen von der zentralen Stelle an den Anbieter überwiesen werden, können vom Anbieter an den Anleger ausgezahlt werden. ₅Besteht kein Zulageanspruch, so teilt die zentrale Stelle dies dem Anbieter durch Datensatz mit. ₆Die zentrale Stelle teilt dem Anbieter die Altersvorsorgebeiträge im Sinne des § 82, auf die § 10a oder dieser Abschnitt angewendet wurde, durch Datensatz mit.

(3) ₁Erkennt die zentrale Stelle bis zum Ende des zweiten auf die Ermittlung der Zulage folgenden Jahres nachträglich auf Grund neuer, berichtigter oder stornierter Daten, dass der Zulageanspruch ganz oder teilweise nicht besteht oder weggefallen ist, so hat sie zu Unrecht gutgeschriebene oder ausgezahlte Zulagen bis zum Ablauf eines Jahres nach der Erkenntnis zurückzufordern und dies dem Zulageberechtigten durch Bescheid nach Absatz 4 Satz 1 Nummer 2 und dem Anbieter durch Datensatz mitzuteilen. ₂Bei bestehendem Vertragsverhältnis hat der Anbieter das Konto zu belasten. ₃Die ihm im Kalendervierteljahr mitgeteilten Rückforderungsbeträge hat er bis zum zehnten Tag des dem Kalendervierteljahr folgenden Monats in einem Betrag bei der zentralen Stelle anzumelden und an diese abzuführen. ₄Die Anmeldung nach Satz 3 ist nach amtlich vorgeschriebenem Vordruck abzugeben. ₅Sie gilt als Steueranmeldung im Sinne der Abgabenordnung. ₆Abweichend von Satz 1 gilt die Ausschlussfrist für den Personenkreis der Kindererziehenden nach § 10a Absatz 1a und deren nach § 79 Satz 2 förderberechtigten Ehegatten nicht; die zentrale Stelle hat die Zulage des Zulageberechtigten als auch die nach § 79 Satz 2 förderberechtigten Ehegatten bis zur Vollendung des fünften Lebensjahres des Kindes, das für die Anerkennung der Förderberechtigung nach § 10a Absatz 1a maßgebend war, zurückzufordern, wenn die Kindererziehungszeiten bis zu diesem Zeitpunkt in der gesetzlichen Rentenversicherung nicht angerechnet wurden. ₇Hat der Zulageberechtigte die Kindererziehungszeiten innerhalb der in § 10a Absatz 1a genannten Frist beantragt, der zuständige Träger der gesetzlichen Rentenversicherung aber nicht innerhalb der Ausschlussfrist von Satz 6 darüber abschließend beschieden, verlängert sich die Ausschlussfrist um drei Monate nach Kenntniserlangung der zentralen Stelle vom Erlass des Bescheides.

(3a) ₁Erfolgt nach der Durchführung einer versorgungsrechtlichen Teilung eine Rückforderung von zu Unrecht gezahlten Zulagen, setzt die zentrale Stelle den Rückforderungsbetrag nach Absatz 3 unter Anrechnung bereits vom Anbieter einbehaltener und abgeführter Beträge gegenüber dem Zulageberechtigten fest, soweit

1. das Guthaben auf dem Vertrag des Zulageberechtigten zur Zahlung des Rückforderungsbetrags nach § 90 Absatz 3 Satz 1 nicht ausreicht und

2. im Rückforderungsbetrag ein Zulagebetrag enthalten ist, der in der Ehe- oder Lebenspartnerschaftszeit ausgezahlt wurde.

₂Erfolgt nach einer Inanspruchnahme eines Altersvorsorge-Eigenheimbetrags im Sinne des § 92a Absatz 1 oder während einer Darlehenstilgung bei Altersvorsorgeverträgen nach §1 Absatz 1a des Altersvorsorgeverträge-Zertifizierungsgesetzes eine Rückforderung zu Unrecht gezahlter Zulagen, setzt die zentrale Stelle den Rückforderungsbetrag nach Absatz 3 unter Anrechnung bereits vom Anbieter einbehaltener und abgeführter Beträge gegenüber dem Zulageberechtigten fest, soweit das Guthaben auf dem Altersvorsorgevertrag des Zulageberechtigten zur Zahlung des Rückforderungsbetrags nicht ausreicht. ₃Der Anbieter hat in diesen Fällen der zentralen Stelle die nach Absatz 3 einbehaltenen und abgeführten Beträge nach amtlich vorgeschriebenem Datensatz durch amtlich bestimmte Datenfernübertragung mitzuteilen.

(4) ₁Eine Festsetzung der Zulage erfolgt

1. von Amts wegen, wenn die nach den vorliegenden Daten abschließend berechnete Zulage von der beantragten Zulage abweicht,
2. im Falle des Absatzes 3 von Amts wegen,
3. auf besonderen Antrag des Zulageberechtigten, sofern nicht bereits eine Festsetzung von Amts wegen erfolgt ist, oder
4. auf Anforderung des zuständigen Finanzamtes, wenn dessen Daten von den Daten der zentralen Stelle abweichen; eine gesonderte Festsetzung unterbleibt, wenn eine Festsetzung nach den Nummern 1 bis 3 bereits erfolgt ist, für das Beitragsjahr keine Zulage beantragt wurde oder die Frist nach Absatz 3 Satz 1 abgelaufen ist.

₂Der Antrag nach Satz 1 Nummer 3 ist schriftlich oder elektronisch innerhalb eines Jahres nach Erteilung der Bescheinigung nach §92 an die zentrale Stelle zu richten; die Frist beginnt mit der Erteilung der Bescheinigung nach §92, die die Ermittlungsergebnisse für das Beitragsjahr enthält, für das eine Festsetzung der Zulage erfolgen soll. ₃Der Anbieter teilt auf Anforderung der zentralen Stelle nach amtlich vorgeschriebenem Datensatz durch amtlich bestimmte Datenfernübertragung das Datum der Erteilung der nach Satz 2 maßgebenden Bescheinigung nach §92 mit. ₄Er hat auf Anforderung weitere ihm vorliegende, für die Festsetzung erforderliche Unterlagen beizufügen; eine ergänzende Stellungnahme kann beigefügt werden; dies kann auch elektronisch erfolgen, wenn sowohl der Anbieter als auch die zentrale Stelle mit diesem Verfahren einverstanden sind. ₅Die zentrale Stelle teilt die Festsetzung auch dem Anbieter und die Festsetzung nach Satz 1 Nummer 4 auch dem Finanzamt mit; erfolgt keine Festsetzung nach Satz 1 Nummer 4, teilt dies die zentrale Stelle dem Finanzamt ebenfalls mit. ₆Im Übrigen gilt Absatz 3 entsprechend. ₇Satz 1 Nummer 1 gilt nicht, wenn der Datensatz nach §89 Absatz 2 auf Grund von unzureichenden oder fehlerhaften Angaben des Zulageberechtigten abgewiesen sowie um eine Fehlermeldung ergänzt worden ist und die Angaben nicht innerhalb der Antragsfrist des §89 Absatz 1 Satz 1 von dem Zulageberechtigten an den Anbieter nachgereicht werden.

(5) ₁Im Rahmen des Festsetzungsverfahrens oder Einspruchsverfahrens kann der Zulageberechtigte bis zum rechtskräftigen Abschluss des Festsetzungsverfahrens oder Einspruchsverfahrens eine nicht fristgerecht abgegebene Einwilligung nach §10a Absatz 1 Satz 1 Halbsatz 2 gegenüber der zuständigen Stelle nachholen. ₂Über die Nachholung hat er die zentrale Stelle unter Angabe des Datums der Erteilung der Einwilligung unmittelbar zu informieren. ₃Hat der Zulageberechtigte im Rahmen des Festsetzungsverfahrens oder Einspruchsverfahrens eine wirksame Einwilligung gegenüber der zuständigen Stelle erteilt, wird er so gestellt, als hätte er die Einwilligung innerhalb der Frist nach §10a Absatz 1 Satz 1 Halbsatz 2 wirksam gestellt.

Gesetz zum Elterngeld und zur Elternzeit
(Bundeselterngeld- und Elternzeitgesetz – BEEG)

in der Fassung der Bekanntmachung
vom 27. Januar 2015 (BGBl. I S. 33)

Zuletzt geändert durch
Jahressteuergesetz 2024
vom 2. Dezember 2024 (BGBl. I Nr. 387)

Abschnitt 1
Elterngeld

§ 1 Berechtigte

(1) ₁Anspruch auf Elterngeld hat, wer

1. einen Wohnsitz oder seinen gewöhnlichen Aufenthalt in Deutschland hat,
2. mit seinem Kind in einem Haushalt lebt,
3. dieses Kind selbst betreut und erzieht und
4. keine oder keine volle Erwerbstätigkeit ausübt.

₂Bei Mehrlingsgeburten besteht nur ein Anspruch auf Elterngeld.

(2) ₁Anspruch auf Elterngeld hat auch, wer, ohne eine der Voraussetzungen des Absatzes 1 Satz 1 Nummer 1 zu erfüllen,

1. nach § 4 des Vierten Buches Sozialgesetzbuch dem deutschen Sozialversicherungsrecht unterliegt und im Rahmen seines in Deutschland bestehenden öffentlich-rechtlichen Dienst- oder Amtsverhältnisses vorübergehend ins Ausland abgeordnet, versetzt oder kommandiert ist,
2. Entwicklungshelfer oder Entwicklungshelferin im Sinne des § 1 des Entwicklungshelfer-Gesetzes ist oder als Missionar oder Missionarin der Missionswerke und -gesellschaften, die Mitglieder oder Vereinbarungspartner des Evangelischen Missionswerkes Hamburg, der Arbeitsgemeinschaft Evangelikaler Missionen e. V. oder der Arbeitsgemeinschaft pfingstlich-charismatischer Missionen sind, tätig ist oder
3. die deutsche Staatsangehörigkeit besitzt und nur vorübergehend bei einer zwischen- oder überstaatlichen Einrichtung tätig ist, insbesondere nach den Entsenderichtlinien des Bundes beurlaubte Beamte und Beamtinnen, oder wer vorübergehend eine nach § 123a des Beamtenrechtsrahmengesetzes oder § 29 des Bundesbeamtengesetzes zugewiesene Tätigkeit im Ausland wahrnimmt.

₂Dies gilt auch für mit der nach Satz 1 berechtigten Person in einem Haushalt lebende Ehegatten oder Ehegattinnen.

(3) ₁Anspruch auf Elterngeld hat abweichend von Absatz 1 Satz 1 Nummer 2 auch, wer

1. mit einem Kind in einem Haushalt lebt, das er mit dem Ziel der Annahme als Kind aufgenommen hat,
2. ein Kind des Ehegatten oder der Ehegattin in seinen Haushalt aufgenommen hat oder
3. mit einem Kind in einem Haushalt lebt und die von ihm erklärte Anerkennung der Vaterschaft nach § 1594 Absatz 2 des Bürgerlichen Gesetzbuchs noch nicht wirksam oder über die von ihm beantragte Vaterschaftsfeststellung nach § 1600d des Bürgerlichen Gesetzbuchs noch nicht entschieden ist.

₂Für angenommene Kinder und Kinder im Sinne des Satzes 1 Nummer 1 sind die Vorschriften dieses Gesetzes mit der Maßgabe anzuwenden, dass statt des Zeitpunktes der Geburt der Zeitpunkt der Aufnahme des Kindes bei der berechtigten Person maßgeblich ist.

(4) Können die Eltern wegen einer schweren Krankheit, Schwerbehinderung oder Todes der Eltern ihr Kind nicht betreuen, haben Verwandte bis zum dritten Grad und ihre Ehegatten oder Ehegattinnen Anspruch auf Elterngeld, wenn sie die übrigen Voraussetzungen nach Absatz 1 erfüllen und wenn von

VIII.5 Bundeselterngeld- und Elternzeitgesetz (BEEG) § 1

anderen Berechtigten Elterngeld nicht in Anspruch genommen wird.

(5) Der Anspruch auf Elterngeld bleibt unberührt, wenn die Betreuung und Erziehung des Kindes aus einem wichtigen Grund nicht sofort aufgenommen werden kann oder wenn sie unterbrochen werden muss.

(6) Eine Person ist nicht voll erwerbstätig, wenn

1. ihre Arbeitszeit 32 Wochenstunden im Durchschnitt des Lebensmonats nicht übersteigt,
2. sie eine Beschäftigung zur Berufsbildung ausübt oder
3. sie als eine im Sinne der §§ 23 und 43 des Achten Buches Sozialgesetzbuch geeignete Kindertagespflegeperson tätig ist.

(6a) Als erwerbstätig im Sinne dieses Gesetzes gelten auch Personen, die vorübergehend nicht arbeiten, solange sie

1. sich in einem Arbeitsverhältnis befinden oder
2. selbständig erwerbstätig sind.

(7) ₁Ein nicht freizügigkeitsberechtigter Ausländer oder eine nicht freizügigkeitsberechtigte Ausländerin ist nur anspruchsberechtigt, wenn diese Person

1. eine Niederlassungserlaubnis oder eine Erlaubnis zum Daueraufenthalt-EU besitzt,
2. eine Blaue Karte EU, eine ICT-Karte, eine Mobiler-ICT-Karte oder eine Aufenthaltserlaubnis besitzt, die für einen Zeitraum von mindestens sechs Monaten zur Ausübung einer Erwerbstätigkeit berechtigen oder berechtigt haben oder diese erlauben, es sei denn, die Aufenthaltserlaubnis wurde

   a) nach § 16e des Aufenthaltsgesetzes zu Ausbildungszwecken, nach § 19c Absatz 1 des Aufenthaltsgesetzes zum Zweck der Beschäftigung als Au-Pair oder zum Zweck der Saisonbeschäftigung, nach § 19e des Aufenthaltsgesetzes zum Zweck der Teilnahme an einem Europäischen Freiwilligendienst oder nach § 20a Absatz 5 Satz 1 des Aufenthaltsgesetzes zur Suche nach einer Erwerbstätigkeit oder nach Maßnahmen zur Anerkennung ausländischer Berufsqualifikationen erteilt,

   b) nach § 16b des Aufenthaltsgesetzes zum Zweck eines Studiums, nach § 16d des Aufenthaltsgesetzes für Maßnahmen zur Anerkennung ausländischer Berufsqualifikationen, nach § 20 des Aufenthaltsgesetzes zur Suche nach einer Erwerbstätigkeit oder nach § 20a Absatz 5 Satz 2 des Aufenthaltsgesetzes zur Suche nach einer Erwerbstätigkeit oder nach Maßnahmen zur Anerkennung ausländischer Berufsqualifikationen erteilt und die Person ist weder erwerbstätig noch nimmt sie Elternzeit nach § 15 dieses Gesetzes oder laufende Geldleistungen nach dem Dritten Buch Sozialgesetzbuch in Anspruch,

   c) nach § 23 Absatz 1 des Aufenthaltsgesetzes wegen eines Krieges im Heimatland dieser Person oder nach § 23a oder § 25 Absatz 3 bis 5 des Aufenthaltsgesetzes erteilt,

3. eine in Nummer 2 Buchstabe c genannte Aufenthaltserlaubnis besitzt und im Bundesgebiet berechtigt erwerbstätig ist oder Elternzeit nach § 15 dieses Gesetzes oder laufende Geldleistungen nach dem Dritten Buch Sozialgesetzbuch in Anspruch nimmt,
4. eine in Nummer 2 Buchstabe c genannte Aufenthaltserlaubnis besitzt und sich seit mindestens 15 Monaten erlaubt, gestattet oder geduldet im Bundesgebiet aufhält oder
5. eine Beschäftigungsduldung gemäß § 60d in Verbindung mit § 60a Absatz 2 Satz 3 des Aufenthaltsgesetzes besitzt.

₂Abweichend von Satz 1 Nummer 3 erste Alternative ist ein minderjähriger nicht freizügigkeitsberechtigter Ausländer oder eine minderjährige nicht freizügigkeitsberechtigte Ausländerin unabhängig von einer Erwerbstätigkeit anspruchsberechtigt.

(8) ₁Ein Anspruch entfällt, wenn die berechtigte Person im letzten abgeschlossenen Veranlagungszeitraum vor der Geburt des Kindes

ein zu versteuerndes Einkommen nach § 2 Absatz 5 des Einkommensteuergesetzes in Höhe von mehr als 175 000 Euro erzielt hat. ₂Erfüllt auch eine andere Person die Voraussetzungen des Absatzes 1 Satz 1 Nummer 2 oder der Absätze 3 oder 4, entfällt abweichend von Satz 1 der Anspruch, wenn die Summe des zu versteuernden Einkommens beider Personen mehr als 175 000 Euro beträgt.

§ 2 Höhe des Elterngeldes

(1) ₁Elterngeld wird in Höhe von 67 Prozent des Einkommens aus Erwerbstätigkeit vor der Geburt des Kindes gewährt. ₂Es wird bis zu einem Höchstbetrag von 1 800 Euro monatlich für volle Lebensmonate gezahlt, in denen die berechtigte Person kein Einkommen aus Erwerbstätigkeit hat. ₃Das Einkommen aus Erwerbstätigkeit errechnet sich nach Maßgabe der §§ 2c bis 2f aus der um die Abzüge für Steuern und Sozialabgaben verminderten Summe der positiven Einkünfte aus

1. nichtselbständiger Arbeit nach § 2 Absatz 1 Satz 1 Nummer 4 des Einkommensteuergesetzes sowie

2. Land- und Forstwirtschaft, Gewerbebetrieb und selbständiger Arbeit nach § 2 Absatz 1 Satz 1 Nummer 1 bis 3 des Einkommensteuergesetzes,

die im Inland zu versteuern sind und die die berechtigte Person durchschnittlich monatlich im Bemessungszeitraum nach § 2b oder in Lebensmonaten der Bezugszeit nach § 2 Absatz 3 hat.

(2) ₁In den Fällen, in denen das Einkommen aus Erwerbstätigkeit vor der Geburt geringer als 1 000 Euro war, erhöht sich der Prozentsatz von 67 Prozent um 0,1 Prozentpunkte für je 2 Euro, um die dieses Einkommen den Betrag von 1 000 Euro unterschreitet, bis zu 100 Prozent. ₂In den Fällen, in denen das Einkommen aus Erwerbstätigkeit vor der Geburt höher als 1 200 Euro war, sinkt der Prozentsatz von 67 Prozent um 0,1 Prozentpunkte für je 2 Euro, um die dieses Einkommen den Betrag von 1 200 Euro überschreitet, auf bis zu 65 Prozent.

(3) ₁Für Lebensmonate nach der Geburt des Kindes, in denen die berechtigte Person ein Einkommen aus Erwerbstätigkeit hat, das durchschnittlich geringer ist als das Einkommen aus Erwerbstätigkeit vor der Geburt, wird Elterngeld in Höhe des nach den Absätzen 1 oder 2 maßgeblichen Prozentsatzes des Unterschiedsbetrages dieser Einkommen aus Erwerbstätigkeit gezahlt. ₂Als Einkommen aus Erwerbstätigkeit vor der Geburt ist dabei höchstens der Betrag von 2 770 Euro anzusetzen. ₃Der Unterschiedsbetrag nach Satz 1 ist für das Einkommen aus Erwerbstätigkeit in Lebensmonaten, in denen die berechtigte Person Basiselterngeld in Anspruch nimmt, und in Lebensmonaten, in denen sie Elterngeld Plus im Sinne des § 4a Absatz 2 in Anspruch nimmt, getrennt zu berechnen.

(4) ₁Elterngeld wird mindestens in Höhe von 300 Euro gezahlt. ₂Dies gilt auch, wenn die berechtigte Person vor der Geburt des Kindes kein Einkommen aus Erwerbstätigkeit hat.

§ 2a Geschwisterbonus und Mehrlingszuschlag

(1) ₁Lebt die berechtigte Person in einem Haushalt mit

1. zwei Kindern, die noch nicht drei Jahre alt sind, oder

2. drei oder mehr Kindern, die noch nicht sechs Jahre alt sind,

wird das Elterngeld um 10 Prozent, mindestens jedoch um 75 Euro erhöht (Geschwisterbonus). ₂Zu berücksichtigen sind alle Kinder, für die die berechtigte Person die Voraussetzungen des § 1 Absatz 1 und 3 erfüllt und für die sich das Elterngeld nicht nach Absatz 4 erhöht.

(2) ₁Für angenommene Kinder, die noch nicht 14 Jahre alt sind, gilt als Alter des Kindes der Zeitraum seit der Aufnahme des Kindes in den Haushalt der berechtigten Person. ₂Dies gilt auch für Kinder, die die berechtigte Person entsprechend § 1 Absatz 3 Satz 1 Nummer 1 mit dem Ziel der Annahme als Kind in ihren Haushalt aufgenommen hat. ₃Für Kinder mit Behinderung im Sinne von § 2 Absatz 1 Satz 1 des Neunten Buches Sozialgesetzbuch liegt

die Altersgrenze nach Absatz 1 Satz 1 bei 14 Jahren.

(3) Der Anspruch auf den Geschwisterbonus endet mit Ablauf des Monats, in dem eine der in Absatz 1 genannten Anspruchsvoraussetzungen entfällt.

(4) ₁Bei Mehrlingsgeburten erhöht sich das Elterngeld um je 300 Euro für das zweite und jedes weitere Kind (Mehrlingszuschlag). ₂Dies gilt auch, wenn ein Geschwisterbonus nach Absatz 1 gezahlt wird.

§ 2b Bemessungszeitraum

(1) ₁Für die Ermittlung des Einkommens aus nichtselbstständiger Erwerbstätigkeit im Sinne von § 2c vor der Geburt sind die zwölf Kalendermonate vor dem Kalendermonat der Geburt des Kindes maßgeblich. ₂Bei der Bestimmung des Bemessungszeitraums nach Satz 1 bleiben Kalendermonate unberücksichtigt, in denen die berechtigte Person

1. im Zeitraum nach § 4 Absatz 1 Satz 2 und 3 und Absatz 5 Satz 3 Nummer 1 Buchstabe a, Nummer 2 Buchstabe b, Nummer 3 Buchstabe b und Nummer 4 Buchstabe b Elterngeld für ein älteres Kind bezogen hat,

2. während der Schutzfristen nach § 3 des Mutterschutzgesetzes nicht beschäftigt werden durfte oder Mutterschaftsgeld nach dem Fünften Buch Sozialgesetzbuch oder nach dem Zweiten Gesetz über die Krankenversicherung der Landwirte oder Krankentagegeld nach § 192 Absatz 5 Satz 2 des Versicherungsvertragsgesetzes bezogen hat,

3. eine Krankheit hatte, die maßgeblich durch eine Schwangerschaft bedingt war, oder

4. Wehrdienst nach dem Wehrpflichtgesetz in der bis zum 31. Mai 2011 geltenden Fassung oder nach dem Vierten Abschnitt des Soldatengesetzes oder Zivildienst nach dem Zivildienstgesetz geleistet hat.

₃Abweichend von Satz 2 sind Kalendermonate im Sinne des Satzes 2 Nummer 1 bis 4 auf Antrag der berechtigten Person zu berücksichtigen. ₄Abweichend von Satz 2 bleiben auf Antrag bei der Ermittlung des Einkommens für die Zeit vom 1. März 2020 bis zum Ablauf des 23. September 2022 auch solche Kalendermonate unberücksichtigt, in denen die berechtigte Person aufgrund der COVID-19-Pandemie ein geringeres Einkommen aus Erwerbstätigkeit hatte und dies glaubhaft machen kann. ₅Satz 2 Nummer 1 gilt in den Fällen des § 27 Absatz 1 Satz 1 mit der Maßgabe, dass auf Antrag auch Kalendermonate mit Elterngeldbezug für ein älteres Kind nach Vollendung von dessen 14. Lebensmonat unberücksichtigt bleiben, soweit der Elterngeldbezug von der Zeit vor Vollendung des 14. Lebensmonats auf danach verschoben wurde.

(2) ₁Für die Ermittlung des Einkommens aus selbstständiger Erwerbstätigkeit im Sinne von § 2d vor der Geburt sind die jeweiligen steuerlichen Gewinnermittlungszeiträume maßgeblich, die dem letzten abgeschlossenen steuerlichen Veranlagungszeitraum vor der Geburt des Kindes zugrunde liegen. ₂Haben in einem Gewinnermittlungszeitraum die Voraussetzungen des Absatzes 1 Satz 2 oder Satz 4 vorgelegen, sind auf Antrag die Gewinnermittlungszeiträume maßgeblich, die dem diesen Ereignissen vorangegangenen abgeschlossenen steuerlichen Veranlagungszeitraum zugrunde liegen.

(3) ₁Abweichend von Absatz 1 ist für die Ermittlung des Einkommens aus nichtselbstständiger Erwerbstätigkeit vor der Geburt der letzte abgeschlossene steuerliche Veranlagungszeitraum vor der Geburt maßgeblich, wenn die berechtigte Person in den Zeiträumen nach Absatz 1 oder Absatz 2 Einkommen aus selbstständiger Erwerbstätigkeit hatte. ₂Haben im Bemessungszeitraum nach Satz 1 die Voraussetzungen des Absatzes 1 Satz 2 oder Satz 4 vorgelegen, ist Absatz 2 Satz 2 mit der zusätzlichen Maßgabe anzuwenden, dass für die Ermittlung des Einkommens aus nichtselbstständiger Erwerbstätigkeit vor der Geburt der vorangegangene steuerliche Veranlagungszeitraum maßgeblich ist.

(4) ₁Abweichend von Absatz 3 ist auf Antrag der berechtigten Person für die Ermittlung des

Einkommens aus nichtselbstständiger Erwerbstätigkeit allein der Bemessungszeitraum nach Absatz 1 maßgeblich, wenn die zu berücksichtigende Summe der Einkünfte aus Land- und Forstwirtschaft, Gewerbebetrieb und selbstständiger Arbeit nach § 2 Absatz 1 Satz 1 Nummer 1 bis 3 des Einkommensteuergesetzes

1. in den jeweiligen steuerlichen Gewinnermittlungszeiträumen, die dem letzten abgeschlossenen steuerlichen Veranlagungszeitraum vor der Geburt des Kindes zugrunde liegen, durchschnittlich weniger als 35 Euro im Kalendermonat betrug und

2. in den jeweiligen steuerlichen Gewinnermittlungszeiträumen, die dem steuerlichen Veranlagungszeitraum der Geburt des Kindes zugrunde liegen, bis einschließlich zum Kalendermonat vor der Geburt des Kindes durchschnittlich weniger als 35 Euro im Kalendermonat betrug.

₂Abweichend von § 2 Absatz 1 Satz 3 Nummer 2 ist für die Berechnung des Elterngeldes im Fall des Satzes 1 allein das Einkommen aus nichtselbstständiger Erwerbstätigkeit maßgeblich. ₃Die für die Entscheidung über den Antrag notwendige Ermittlung der Höhe der Einkünfte aus Land- und Forstwirtschaft, Gewerbebetrieb und selbstständiger Arbeit erfolgt für die Zeiträume nach Satz 1 Nummer 1 entsprechend § 2d Absatz 2; in Fällen, in denen zum Zeitpunkt der Entscheidung kein Einkommensteuerbescheid vorliegt, und für den Zeitraum nach Satz 1 Nummer 2 erfolgt die Ermittlung der Höhe der Einkünfte entsprechend § 2d Absatz 3. ₄Die Entscheidung über den Antrag erfolgt abschließend auf der Grundlage der Höhe der Einkünfte, wie sie sich aus den gemäß Satz 3 vorgelegten Nachweisen ergibt.

§ 2c Einkommen aus nichtselbstständiger Erwerbstätigkeit

(1) ₁Der monatlich durchschnittlich zu berücksichtigende Überschuss der Einnahmen aus nichtselbstständiger Arbeit in Geld oder Geldeswert über ein Zwölftel des Arbeitnehmer-Pauschbetrags, vermindert um die Abzüge für Steuern und Sozialabgaben nach den §§ 2e und 2f, ergibt das Einkommen aus nichtselbstständiger Erwerbstätigkeit. ₂Nicht berücksichtigt werden Einnahmen, die im Lohnsteuerabzugsverfahren nach den lohnsteuerlichen Vorgaben als sonstige Bezüge zu behandeln sind. ₃Die zeitliche Zuordnung von Einnahmen erfolgt nach den lohnsteuerlichen Vorgaben für das Lohnsteuerabzugsverfahren. ₄Maßgeblich ist der Arbeitnehmer-Pauschbetrag nach § 9a Satz 1 Nummer 1 Buchstabe a des Einkommensteuergesetzes in der am 1. Januar des Kalenderjahres vor der Geburt des Kindes für dieses Jahr geltenden Fassung.

(2) ₁Grundlage der Ermittlung der Einnahmen sind die Angaben in den für die maßgeblichen Kalendermonate erstellten Lohn- und Gehaltsbescheinigungen des Arbeitgebers. ₂Die Richtigkeit und Vollständigkeit der Angaben in den maßgeblichen Lohn- und Gehaltsbescheinigungen wird vermutet.

(3) ₁Grundlage der Ermittlung der nach den §§ 2e und 2f erforderlichen Abzugsmerkmale für Steuern und Sozialabgaben sind die Angaben in der Lohn- und Gehaltsbescheinigung, die für den letzten Kalendermonat im Bemessungszeitraum mit Einnahmen nach Absatz 1 erstellt wurde. ₂Soweit sich in den Lohn- und Gehaltsbescheinigungen des Bemessungszeitraums eine Angabe zu einem Abzugsmerkmal geändert hat, ist die von der Angabe nach Satz 1 abweichende Angabe maßgeblich, wenn sie in der überwiegenden Zahl der Kalendermonate des Bemessungszeitraums gegolten hat. ₃§ 2c Absatz 2 Satz 2 gilt entsprechend.

(4) ₁Der anteilige Arbeitnehmer-Pauschbetrag nach Absatz 1 Satz 1 ist nicht zu berücksichtigen, wenn dem Ansässigkeitsstaat der berechtigten Person nach einem Abkommen zur Vermeidung der Doppelbesteuerung das Besteuerungsrecht für das Elterngeld zusteht und wenn das aus Deutschland gezahlte Elterngeld nach den maßgebenden Vorschriften des Ansässigkeitsstaats der Steuer unterliegt. ₂Unterliegt das Elterngeld im Ansässigkeitsstaat nach dessen maßgebenden Vorschriften nicht der Steuer, so ist der Arbeit-

nehmer-Pauschbetrag nach Absatz 1 entsprechend zu berücksichtigen.

§ 2d Einkommen aus selbstständiger Erwerbstätigkeit

(1) Die monatlich durchschnittlich zu berücksichtigende Summe der positiven Einkünfte aus Land- und Forstwirtschaft, Gewerbebetrieb und selbstständiger Arbeit (Gewinneinkünfte), vermindert um die Abzüge für Steuern und Sozialabgaben nach den §§ 2e und 2f, ergibt das Einkommen aus selbstständiger Erwerbstätigkeit.

(2) ₁Bei der Ermittlung der im Bemessungszeitraum zu berücksichtigenden Gewinneinkünfte sind die entsprechenden im Einkommensteuerbescheid ausgewiesenen Gewinne anzusetzen. ₂Ist kein Einkommensteuerbescheid zu erstellen, werden die Gewinneinkünfte in entsprechender Anwendung des Absatzes 3 ermittelt.

(3) ₁Grundlage der Ermittlung der in den Bezugsmonaten zu berücksichtigenden Gewinneinkünfte ist eine Gewinnermittlung, die mindestens den Anforderungen des § 4 Absatz 3 des Einkommensteuergesetzes entspricht. ₂Als Betriebsausgaben sind 25 Prozent der zugrunde gelegten Einnahmen oder auf Antrag die damit zusammenhängenden tatsächlichen Betriebsausgaben anzusetzen.

(4) ₁Soweit nicht in § 2c Absatz 3 etwas anderes bestimmt ist, sind bei der Ermittlung der nach § 2e erforderlichen Abzugsmerkmale für Steuern die Angaben im Einkommensteuerbescheid maßgeblich. ₂§ 2c Absatz 3 Satz 2 gilt entsprechend.

(5) Die zeitliche Zuordnung von Einnahmen und Ausgaben erfolgt nach den einkommensteuerrechtlichen Grundsätzen.

§ 2e Abzüge für Steuern

(1) ₁Als Abzüge für Steuern sind Beträge für die Einkommensteuer, den Solidaritätszuschlag und, wenn die berechtigte Person kirchensteuerpflichtig ist, die Kirchensteuer zu berücksichtigen. ₂Die Abzüge für Steuern werden einheitlich für Einkommen aus nichtselbstständiger und selbstständiger Erwerbstätigkeit auf Grundlage einer Berechnung anhand des am 1. Januar des Kalenderjahres vor der Geburt des Kindes für dieses Jahr geltenden Programmablaufplans für die maschinelle Berechnung der vom Arbeitslohn einzubehaltenden Lohnsteuer, des Solidaritätszuschlags und der Maßstabsteuer für die Kirchenlohnsteuer im Sinne von § 39b Absatz 6 des Einkommensteuergesetzes nach den Maßgaben der Absätze 2 bis 5 ermittelt.

(2) ₁Bemessungsgrundlage für die Ermittlung der Abzüge für Steuern ist die monatlich durchschnittlich zu berücksichtigende Summe der Einnahmen nach § 2c, soweit sie von der berechtigten Person zu versteuern sind, und der Gewinneinkünfte nach § 2d. ₂Bei der Ermittlung der Abzüge für Steuern nach Absatz 1 werden folgende Pauschalen berücksichtigt:

1. der Arbeitnehmer-Pauschbetrag nach § 9a Satz 1 Nummer 1 Buchstabe a des Einkommensteuergesetzes, wenn die berechtigte Person von ihr zu versteuernde Einnahmen hat, die unter § 2c fallen, und

2. eine Vorsorgepauschale
   a) mit den Teilbeträgen nach § 39b Absatz 2 Satz 5 Nummer 3 Buchstabe b, c und e des Einkommensteuergesetzes, falls die berechtigte Person von ihr zu versteuernde Einnahmen nach § 2c hat, ohne in der gesetzlichen Rentenversicherung oder einer vergleichbaren Einrichtung versicherungspflichtig gewesen zu sein, oder
   b) mit den Teilbeträgen nach § 39b Absatz 2 Satz 5 Nummer 3 Buchstabe a bis c und e des Einkommensteuergesetzes in allen übrigen Fällen,

wobei die Höhe der Teilbeträge ohne Berücksichtigung der besonderen Regelungen zur Berechnung der Beiträge nach § 55 Absatz 3 und § 58 Absatz 3 des Elften Buches Sozialgesetzbuch bestimmt wird.

(3) ₁Als Abzug für die Einkommensteuer ist der Betrag anzusetzen, der sich unter Berücksichtigung der Steuerklasse und des Faktors nach § 39f des Einkommensteuergesetzes nach § 2c Absatz 3 ergibt; die Steuerklasse VI bleibt unberücksichtigt. ₂War die be-

rechtigte Person im Bemessungszeitraum nach § 2b in keine Steuerklasse eingereiht oder ist ihr nach § 2d zu berücksichtigender Gewinn höher als ihr nach § 2c zu berücksichtigender Überschuss der Einnahmen über ein Zwölftel des Arbeitnehmer-Pauschbetrags, ist als Abzug für die Einkommensteuer der Betrag anzusetzen, der sich unter Berücksichtigung der Steuerklasse IV ohne Berücksichtigung eines Faktors nach § 39f des Einkommensteuergesetzes ergibt.

(4) ₁Als Abzug für den Solidaritätszuschlag ist der Betrag anzusetzen, der sich nach den Maßgaben des Solidaritätszuschlagsgesetzes 1995 für die Einkommensteuer nach Absatz 3 ergibt. ₂Freibeträge für Kinder werden nach den Maßgaben des § 3 Absatz 2a des Solidaritätszuschlagsgesetzes 1995 berücksichtigt.

(5) ₁Als Abzug für die Kirchensteuer ist der Betrag anzusetzen, der sich unter Anwendung eines Kirchensteuersatzes von 8 Prozent für die Einkommensteuer nach Absatz 3 ergibt. ₂Freibeträge für Kinder werden nach den Maßgaben des § 51a Absatz 2a des Einkommensteuergesetzes berücksichtigt.

(6) Vorbehaltlich der Absätze 2 bis 5 werden Freibeträge und Pauschalen nur berücksichtigt, wenn sie ohne weitere Voraussetzung jeder berechtigten Person zustehen.

(7) ₁Abzüge für Steuern nach Absatz 1 Satz 1 sind nicht zu berücksichtigen, wenn dem Ansässigkeitsstaat der berechtigten Person nach einem Abkommen zur Vermeidung der Doppelbesteuerung das Besteuerungsrecht für das Elterngeld zusteht und wenn das aus Deutschland gezahlte Elterngeld nach den maßgebenden Vorschriften des Ansässigkeitsstaats der Steuer unterliegt. ₂Unterliegt das Elterngeld im Ansässigkeitsstaat nach dessen maßgebenden Vorschriften nicht der Steuer, sind die Abzüge für Steuern nach den Absätzen 1 bis 6 entsprechend zu berücksichtigen.

§ 2f Abzüge für Sozialabgaben

(1) ₁Als Abzüge für Sozialabgaben sind Beträge für die gesetzliche Sozialversicherung oder für eine vergleichbare Einrichtung sowie für die Arbeitsförderung zu berücksichtigen. ₂Die Abzüge für Sozialabgaben werden einheitlich für Einkommen aus nichtselbstständiger und selbstständiger Erwerbstätigkeit anhand folgender Beitragssatzpauschalen ermittelt:

1. 9 Prozent für die Kranken- und Pflegeversicherung, falls die berechtigte Person in der gesetzlichen Krankenversicherung nach § 5 Absatz 1 Nummer 1 bis 12 des Fünften Buches Sozialgesetzbuch versicherungspflichtig gewesen ist,

2. 10 Prozent für die Rentenversicherung, falls die berechtigte Person in der gesetzlichen Rentenversicherung oder einer vergleichbaren Einrichtung versicherungspflichtig gewesen ist, und

3. 2 Prozent für die Arbeitsförderung, falls die berechtigte Person nach dem Dritten Buch Sozialgesetzbuch versicherungspflichtig gewesen ist.

(2) ₁Bemessungsgrundlage für die Ermittlung der Abzüge für Sozialabgaben ist die monatlich durchschnittlich zu berücksichtigende Summe der Einnahmen nach § 2c und der Gewinneinkünfte nach § 2d. ₂Einnahmen aus Beschäftigungen im Sinne des § 8, des § 8a oder des § 20 Absatz 3 Satz 1 des Vierten Buches Sozialgesetzbuch werden nicht berücksichtigt. ₃Für Einnahmen aus Beschäftigungsverhältnissen im Sinne des § 20 Absatz 2 des Vierten Buches Sozialgesetzbuch ist der Betrag anzusetzen, der sich nach § 344 Absatz 4 des Dritten Buches Sozialgesetzbuch für diese Einnahmen ergibt, wobei der Faktor im Sinne des § 20 Absatz 2a Satz 2 des Vierten Buches Sozialgesetzbuch unter Zugrundelegung der Beitragssatzpauschalen nach Absatz 1 bestimmt wird.

(3) Andere Maßgaben zur Bestimmung der sozialversicherungsrechtlichen Beitragsbemessungsgrundlagen werden nicht berücksichtigt.

§ 3 Anrechnung von anderen Einnahmen

(1) ₁Auf das der berechtigten Person nach § 2 oder nach § 2 in Verbindung mit § 2a zustehende Elterngeld werden folgende Einnahmen angerechnet:

1. Mutterschaftsleistungen
   a) in Form des Mutterschaftsgeldes nach dem Fünften Buch Sozialgesetzbuch oder nach dem Zweiten Gesetz über die Krankenversicherung der Landwirte mit Ausnahme des Mutterschaftsgeldes nach § 19 Absatz 2 des Mutterschutzgesetzes oder
   b) in Form des Zuschusses zum Mutterschaftsgeld nach § 20 des Mutterschutzgesetzes, die der berechtigten Person für die Zeit ab dem Tag der Geburt des Kindes zustehen,
2. Dienst- und Anwärterbezüge sowie Zuschüsse, die der berechtigten Person nach beamten- oder soldatenrechtlichen Vorschriften für die Zeit eines Beschäftigungsverbots ab dem Tag der Geburt des Kindes zustehen,
3. dem Elterngeld oder den Mutterschaftsleistungen vergleichbare Leistungen, auf die eine nach § 1 berechtigte Person außerhalb Deutschlands oder gegenüber einer über- oder zwischenstaatlichen Einrichtung Anspruch hat,
4. Elterngeld, das der berechtigten Person für ein älteres Kind zusteht, oder dem Elterngeld oder den Mutterschaftsleistungen vergleichbare Leistungen für ein älteres Kind, auf die der berechtigte Person außerhalb Deutschlands oder gegenüber einer über- oder zwischenstaatlichen Einrichtung Anspruch hat,
5. Einnahmen, die der berechtigten Person als Ersatz für Erwerbseinkommen zustehen und
   a) die nicht bereits für die Berechnung des Elterngeldes nach § 2 berücksichtigt werden oder
   b) bei deren Berechnung das Elterngeld nicht berücksichtigt wird.

₂Stehen der berechtigten Person die Einnahmen nur für einen Teil des Lebensmonats des Kindes zu, sind sie nur auf den entsprechenden Teil des Elterngeldes anzurechnen. ₃Für jeden Kalendermonat, in dem Einnahmen nach Satz 1 Nummer 4 oder Nummer 5 im Bemessungszeitraum bezogen worden sind, wird der Anrechnungsbetrag um ein Zwölftel gemindert. ₄Beginnt der Bezug von Einnahmen nach Satz 1 Nummer 5 nach der Geburt des Kindes und berechnen sich die anzurechnenden Einnahmen auf der Grundlage eines Einkommens, das geringer ist als das Einkommen aus Erwerbstätigkeit im Bemessungszeitraum, so ist der Teil des Elterngeldes in Höhe des nach § 2 Absatz 1 oder 2 maßgeblichen Prozentsatzes des Unterschiedsbetrages zwischen dem durchschnittlichen monatlichen Einkommen aus Erwerbstätigkeit im Bemessungszeitraum und dem durchschnittlichen monatlichen Bemessungseinkommen der anzurechnenden Einnahmen von der Anrechnung freigestellt.

(2) ₁Bis zu einem Betrag von 300 Euro ist das Elterngeld von der Anrechnung nach Absatz 1 frei, soweit nicht Einnahmen nach Absatz 1 Satz 1 Nummer 1 bis 3 auf das Elterngeld anzurechnen sind. ₂Dieser Betrag erhöht sich bei Mehrlingsgeburten um je 300 Euro für das zweite und jedes weitere Kind.

(3) Solange kein Antrag auf die in Absatz 1 Satz 1 Nummer 3 genannten vergleichbaren Leistungen gestellt wird, ruht der Anspruch auf Elterngeld bis zur möglichen Höhe der vergleichbaren Leistung.

§ 4 Bezugsdauer, Anspruchsumfang

(1) ₁Elterngeld wird als Basiselterngeld oder als Elterngeld Plus gewährt. ₂Es kann ab dem Tag der Geburt bezogen werden. ₃Basiselterngeld kann bis zur Vollendung des 14. Lebensmonats des Kindes bezogen werden. ₄Elterngeld Plus kann bis zur Vollendung des 32. Lebensmonats bezogen werden, solange es ab dem 15. Lebensmonat in aufeinander folgenden Lebensmonaten von zumindest einem Elternteil in Anspruch genommen wird. ₅Für angenommene Kinder und Kinder im Sinne des § 1 Absatz 3 Satz 1 Nummer 1 kann Elterngeld ab Aufnahme bei der berechtigten Person längstens bis zur Vollendung des achten Lebensjahres des Kindes bezogen werden.

(2) ₁Elterngeld wird in Monatsbeträgen für Lebensmonate des Kindes gezahlt. ₂Der Anspruch endet mit dem Ablauf des Lebensmonats, in dem eine Anspruchsvoraussetzung entfallen ist.

(3) ₁Die Eltern haben gemeinsam Anspruch auf zwölf Monatsbeträge Basiselterngeld. ₂Ist das Einkommen aus Erwerbstätigkeit eines Elternteils in zwei Lebensmonaten gemindert, haben die Eltern gemeinsam Anspruch auf zwei weitere Monate Basiselterngeld (Partnermonate). ₃Statt für einen Lebensmonat Basiselterngeld zu beanspruchen, kann die berechtigte Person jeweils zwei Lebensmonate Elterngeld Plus beziehen.

(4) ₁Ein Elternteil hat Anspruch auf höchstens zwölf Monatsbeträge Basiselterngeld zuzüglich der höchstens vier zustehenden Monatsbeträge Partnerschaftsbonus nach §4b. ₂Ein Elternteil hat nur Anspruch auf Elterngeld, wenn er es mindestens für zwei Lebensmonate bezieht. ₃Lebensmonate des Kindes, in denen einem Elternteil nach §3 Absatz 1 Satz 1 Nummer 1 bis 3 anzurechnende Leistungen oder nach §192 Absatz 5 Satz 2 des Versicherungsvertragsgesetzes Versicherungsleistungen zustehen, gelten als Monate, für die dieser Elternteil Basiselterngeld nach §4a Absatz 1 bezieht.

(5) ₁Abweichend von Absatz 3 Satz 1 beträgt der gemeinsame Anspruch der Eltern auf Basiselterngeld für ein Kind, das

1. mindestens sechs Wochen vor dem voraussichtlichen Tag der Entbindung geboren wurde: 13 Monatsbeträge Basiselterngeld;
2. mindestens acht Wochen vor dem voraussichtlichen Tag der Entbindung geboren wurde: 14 Monatsbeträge Basiselterngeld;
3. mindestens zwölf Wochen vor dem voraussichtlichen Tag der Entbindung geboren wurde: 15 Monatsbeträge Basiselterngeld;
4. mindestens 16 Wochen vor dem voraussichtlichen Tag der Entbindung geboren wurde: 16 Monatsbeträge Basiselterngeld.

₂Für die Berechnung des Zeitraums zwischen dem voraussichtlichen Tag der Entbindung und dem tatsächlichen Tag der Geburt ist der voraussichtliche Tag der Entbindung maßgeblich, wie er sich aus dem ärztlichen Zeugnis oder dem Zeugnis einer Hebamme oder eines Entbindungspflegers ergibt.

₃Im Fall von

1. Satz 1 Nummer 1
   a) hat ein Elternteil abweichend von Absatz 4 Satz 1 Anspruch auf höchstens 13 Monatsbeträge Basiselterngeld zuzüglich der höchstens vier zustehenden Monatsbeträge Partnerschaftsbonus nach §4b,
   b) kann Basiselterngeld abweichend von Absatz 1 Satz 3 bis zur Vollendung des 15. Lebensmonats des Kindes bezogen werden und
   c) kann Elterngeld Plus abweichend von Absatz 1 Satz 4 bis zur Vollendung des 32. Lebensmonats des Kindes bezogen werden, solange es ab dem 16. Lebensmonat in aufeinander folgenden Lebensmonaten von zumindest einem Elternteil in Anspruch genommen wird;

2. Satz 1 Nummer 2
   a) hat ein Elternteil abweichend von Absatz 4 Satz 1 Anspruch auf höchstens 14 Monatsbeträge Basiselterngeld zuzüglich der höchstens vier zustehenden Monatsbeträge Partnerschaftsbonus nach §4b,
   b) kann Basiselterngeld abweichend von Absatz 1 Satz 3 bis zur Vollendung des 16. Lebensmonats des Kindes bezogen werden und
   c) kann Elterngeld Plus abweichend von Absatz 1 Satz 4 bis zur Vollendung des 32. Lebensmonats des Kindes bezogen werden, solange es ab dem 17. Lebensmonat in aufeinander folgenden Lebensmonaten von zumindest einem Elternteil in Anspruch genommen wird;

3. Satz 1 Nummer 3
   a) hat ein Elternteil abweichend von Absatz 4 Satz 1 Anspruch auf höchstens 15 Monatsbeträge Basiselterngeld zuzüglich der höchstens vier zustehenden Monatsbeträge Partnerschaftsbonus nach §4b,
   b) kann Basiselterngeld abweichend von Absatz 1 Satz 3 bis zur Vollendung des 17. Lebensmonats des Kindes bezogen werden und

c) kann Elterngeld Plus abweichend von Absatz 1 Satz 4 bis zur Vollendung des 32. Lebensmonats des Kindes bezogen werden, solange es ab dem 18. Lebensmonat in aufeinander folgenden Lebensmonaten von zumindest einem Elternteil in Anspruch genommen wird;

4. Satz 1 Nummer 4
   a) hat ein Elternteil abweichend von Absatz 4 Satz 1 Anspruch auf höchstens 16 Monatsbeträge Basiselterngeld zuzüglich der höchstens vier zustehenden Monatsbeträge Partnerschaftsbonus nach § 4b,
   b) kann Basiselterngeld abweichend von Absatz 1 Satz 3 bis zur Vollendung des 18. Lebensmonats des Kindes bezogen werden und
   c) kann Elterngeld Plus abweichend von Absatz 1 Satz 4 bis zur Vollendung des 32. Lebensmonats des Kindes bezogen werden, solange es ab dem 19. Lebensmonat in aufeinander folgenden Lebensmonaten von zumindest einem Elternteil in Anspruch genommen wird.

(6) ₁Ein gleichzeitiger Bezug von Basiselterngeld beider Elternteile ist nur in einem der ersten zwölf Lebensmonate des Kindes möglich. ₂Bezieht einer der beiden Elternteile Elterngeld Plus, so kann dieser Elternteil das Elterngeld Plus gleichzeitig zum Bezug von Basiselterngeld oder von Elterngeld Plus des anderen Elternteils beziehen. ₃§ 4b bleibt unberührt. ₄Abweichend von Satz 1 können bei Mehrlingsgeburten und Frühgeburten im Sinne des Absatzes 5 sowie bei Kindern, bei denen eine Behinderung im Sinne von § 2 Absatz 1 Satz 1 des Neunten Buches Sozialgesetzbuch ärztlich festgestellt wird und bei Kindern, die einen Geschwisterbonus nach § 2a Absatz 1 in Verbindung mit Absatz 2 Satz 3 auslösen, beide Elternteile gleichzeitig Basiselterngeld beziehen.

§ 4a Berechnung von Basiselterngeld und Elterngeld Plus

(1) Basiselterngeld wird allein nach den Vorgaben der §§ 2 bis 3 ermittelt.

(2) ₁Elterngeld Plus wird nach den Vorgaben der §§ 2 bis 3 und den zusätzlichen Vorgaben der Sätze 2 und 3 ermittelt. ₂Das Elterngeld Plus beträgt monatlich höchstens die Hälfte des Basiselterngeldes, das der berechtigten Person zustünde, wenn sie während des Elterngeldbezugs keine Einnahmen im Sinne des § 2 oder des § 3 hätte oder hat. ₃Für die Berechnung des Elterngeldes Plus halbieren sich:

1. der Mindestbetrag für das Elterngeld nach § 2 Absatz 4 Satz 1,
2. der Mindestbetrag des Geschwisterbonus nach § 2a Absatz 1 Satz 1,
3. der Mehrlingszuschlag nach § 2a Absatz 4 sowie
4. die von der Anrechnung freigestellten Elterngeldbeträge nach § 3 Absatz 2.

§ 4b Partnerschaftsbonus

(1) Wenn beide Elternteile
1. nicht weniger als 24 und nicht mehr als 32 Wochenstunden im Durchschnitt des Lebensmonats erwerbstätig sind und
2. die Voraussetzungen des § 1 erfüllen,

hat jeder Elternteil für diesen Lebensmonat Anspruch auf einen zusätzlichen Monatsbetrag Elterngeld Plus (Partnerschaftsbonus).

(2) ₁Die Eltern haben je Elternteil Anspruch auf höchstens vier Monatsbeträge Partnerschaftsbonus. ₂Sie können den Partnerschaftsbonus nur beziehen, wenn sie ihn jeweils für mindestens zwei Lebensmonate in Anspruch nehmen.

(3) Die Eltern können den Partnerschaftsbonus nur gleichzeitig und in aufeinander folgenden Lebensmonaten beziehen.

(4) Treten während des Bezugs des Partnerschaftsbonus die Voraussetzungen für einen alleinigen Bezug nach § 4c Absatz 1 Nummer 1 bis 3 ein, so kann der Bezug durch einen Elternteil nach § 4c Absatz 2 fortgeführt werden.

(5) Das Erfordernis des Bezugs in aufeinander folgenden Lebensmonaten nach Absatz 3 und § 4 Absatz 1 Satz 4 gilt auch dann als erfüllt, wenn sich während des Bezugs oder nach dem Ende des Bezugs herausstellt, dass die Voraussetzungen für den Partnerschaftsbonus nicht in allen Lebensmonaten, für die

der Partnerschaftsbonus beantragt wurde, vorliegen oder vorlagen.

§ 4c Alleiniger Bezug durch einen Elternteil

(1) Ein Elternteil kann abweichend von § 4 Absatz 4 Satz 1 zusätzlich auch das Elterngeld für die Partnermonate nach § 4 Absatz 3 Satz 2 beziehen, wenn das Einkommen aus Erwerbstätigkeit für zwei Lebensmonate gemindert ist und

1. bei diesem Elternteil die Voraussetzungen für den Entlastungsbetrag für Alleinerziehende nach § 24b Absatz 1 und 3 des Einkommensteuergesetzes vorliegen und der andere Elternteil weder mit ihm noch mit dem Kind in einer Wohnung lebt,
2. mit der Betreuung durch den anderen Elternteil eine Gefährdung des Kindeswohls im Sinne von § 1666 Absatz 1 und 2 des Bürgerlichen Gesetzbuchs verbunden wäre oder
3. die Betreuung durch den anderen Elternteil unmöglich ist, insbesondere, weil er wegen einer schweren Krankheit oder einer Schwerbehinderung sein Kind nicht betreuen kann; für die Feststellung der Unmöglichkeit der Betreuung bleiben wirtschaftliche Gründe und Gründe einer Verhinderung wegen anderweitiger Tätigkeiten außer Betracht.

(2) ₁Liegt eine der Voraussetzungen des Absatzes 1 Nummer 1 bis 3 vor, so hat ein Elternteil, der in mindestens zwei bis höchstens vier aufeinander folgenden Lebensmonaten nicht weniger als 24 und nicht mehr als 32 Wochenstunden im Durchschnitt des Lebensmonats erwerbstätig ist, für diese Lebensmonate Anspruch auf zusätzliche Monatsbeträge Elterngeld Plus. ₂§ 4b Absatz 5 gilt entsprechend.

§ 4d Weitere Berechtigte

₁Die §§ 4 bis 4c gelten in den Fällen des § 1 Absatz 3 und 4 entsprechend. ₂Der Bezug von Elterngeld durch nicht sorgeberechtigte Elternteile und durch Personen, die nach § 1 Absatz 3 Satz 1 Nummer 2 und 3 Anspruch auf Elterngeld haben, bedarf der Zustimmung des sorgeberechtigten Elternteils.

Abschnitt 2
Verfahren und Organisation

§ 5 Zusammentreffen von Ansprüchen

(1) Erfüllen beide Elternteile die Anspruchsvoraussetzungen, bestimmen sie, wer von ihnen die Monatsbeträge für welche Lebensmonate des Kindes in Anspruch nimmt.

(2) ₁Beanspruchen beide Elternteile zusammen mehr als die ihnen nach § 4 Absatz 3 und § 4b oder nach § 4 Absatz 3 und § 4b in Verbindung mit § 4d zustehenden Monatsbeträge, so besteht der Anspruch eines Elternteils, der nicht über die Hälfte der zustehenden Monatsbeträge hinausgeht, ungekürzt; der Anspruch des anderen Elternteils wird gekürzt auf die vom Gesamtanspruch verbleibenden Monatsbeträge. ₂Beansprucht jeder der beiden Elternteile mehr als die Hälfte der ihm zustehenden Monatsbeträge, steht jedem Elternteil die Hälfte des Gesamtanspruchs der Monatsbeträge zu.

(3) ₁Die Absätze 1 und 2 gelten in den Fällen des § 1 Absatz 3 und 4 entsprechend. ₂Wird eine Einigung mit einem nicht sorgeberechtigten Elternteil oder einer Person, die nach § 1 Absatz 3 Satz 1 Nummer 2 und 3 Anspruch auf Elterngeld hat, nicht erzielt, so kommt es abweichend von Absatz 2 allein auf die Entscheidung des sorgeberechtigten Elternteils an.

§ 6 Auszahlung

Elterngeld wird im Laufe des Lebensmonats gezahlt, für den es bestimmt ist.

§ 7 Antragstellung

(1) ₁Elterngeld ist schriftlich zu beantragen. ₂Es wird rückwirkend nur für die letzten drei Lebensmonate vor Beginn des Lebensmonats geleistet, in dem der Antrag auf Elterngeld eingegangen ist. ₃Im Antrag ist anzugeben, für welche Lebensmonate Basiselterngeld, für welche Lebensmonate Elterngeld Plus oder für welche Lebensmonate Partnerschaftsbonus beantragt wird.

(2) ₁Die im Antrag getroffenen Entscheidungen können bis zum Ende des Bezugszeitraums geändert werden. ₂Eine Änderung

kann rückwirkend nur für die letzten drei Lebensmonate vor Beginn des Lebensmonats verlangt werden, in dem der Änderungsantrag eingegangen ist. ₃Sie ist außer in den Fällen besonderer Härte unzulässig, soweit Monatsbeträge bereits ausgezahlt sind. ₄Abweichend von den Sätzen 2 und 3 kann für einen Lebensmonat, in dem bereits Elterngeld bezogen wurde, nachträglich Basiselterngeld beantragt werden. ₅Im Übrigen finden die für die Antragstellung geltenden Vorschriften auch auf den Änderungsantrag Anwendung.

(3) ₁Der Antrag ist, außer im Fall des § 4c und der Antragstellung durch eine allein sorgeberechtigte Person, zu unterschreiben von der Person, die ihn stellt, und zur Bestätigung der Kenntnisnahme auch von der anderen berechtigten Person. ₂Die andere berechtigte Person kann gleichzeitig

1. einen Antrag auf Elterngeld stellen oder

2. der Behörde anzeigen, wie viele Monatsbeträge sie beansprucht, wenn mit ihrem Anspruch die Höchstgrenzen nach § 4 Absatz 3 in Verbindung mit § 4b überschritten würden.

₃Liegt der Behörde von der anderen berechtigten Person weder ein Antrag auf Elterngeld noch eine Anzeige nach Satz 2 vor, so werden sämtliche Monatsbeträge der berechtigten Person ausgezahlt, die den Antrag gestellt hat; die andere berechtigte Person kann bei einem späteren Antrag abweichend von § 5 Absatz 2 nur die unter Berücksichtigung von § 4 Absatz 3 in Verbindung mit § 4b vom Gesamtanspruch verbleibenden Monatsbeträge erhalten.

§ 8 Auskunftspflicht, Nebenbestimmungen

(1) Soweit im Antrag auf Elterngeld Angaben zum voraussichtlichen Einkommen aus Erwerbstätigkeit gemacht wurden, ist nach Ablauf des Bezugszeitraums für diese Zeit das tatsächliche Einkommen aus Erwerbstätigkeit nachzuweisen.

(1a) ₁Die Mitwirkungspflichten nach § 60 des Ersten Buches Sozialgesetzbuch gelten

1. im Falle des § 1 Absatz 8 Satz 2 auch für die andere Person im Sinne des § 1 Absatz 8 Satz 2 und

2. im Falle des § 4b oder des § 4b in Verbindung mit § 4d Satz 1 für beide Personen, die den Partnerschaftsbonus beantragt haben.

₂§ 65 Absatz 1 und 3 des Ersten Buches Sozialgesetzbuch gilt entsprechend.

(2) ₁Elterngeld wird in den Fällen, in denen die berechtigte Person nach ihren Angaben im Antrag im Bezugszeitraum voraussichtlich kein Einkommen aus Erwerbstätigkeit haben wird, unter dem Vorbehalt des Widerrufs für den Fall gezahlt, dass sie entgegen ihren Angaben im Antrag Einkommen aus Erwerbstätigkeit hat. ₂In den Fällen, in denen zum Zeitpunkt der Antragstellung der Steuerbescheid für den letzten abgeschlossenen steuerlichen Veranlagungszeitraum vor der Geburt des Kindes nicht vorliegt und nach den Angaben im Antrag die Beträge nach § 1 Absatz 8 voraussichtlich nicht überschritten werden, wird das Elterngeld unter dem Vorbehalt des Widerrufs für den Fall gezahlt, dass entgegen den Angaben im Antrag die Beträge nach § 1 Absatz 8 überschritten werden.

(3) Über die Höhe des Elterngeldes wird bis zum Nachweis der jeweils erforderlichen Angaben vorläufig unter Berücksichtigung der glaubhaft gemachten Angaben entschieden, wenn

1. zum Zeitpunkt der Antragstellung der Steuerbescheid für den letzten abgeschlossenen Veranlagungszeitraum vor der Geburt des Kindes nicht vorliegt und noch nicht angegeben werden kann, ob die Beträge nach § 1 Absatz 8 überschritten werden,

2. das Einkommen aus Erwerbstätigkeit vor der Geburt nicht ermittelt werden kann oder

3. die berechtigte Person nach den Angaben im Antrag auf Elterngeld im Bezugszeitraum voraussichtlich Einkommen aus Erwerbstätigkeit hat.

§ 9 Einkommens- und Arbeitszeitnachweis, Auskunftspflicht des Arbeitgebers

(1) ₁Soweit es zum Nachweis des Einkommens aus Erwerbstätigkeit oder der wöchentlichen Arbeitszeit erforderlich ist, hat der Arbeitgeber der nach § 12 zuständigen Behörde für bei ihm Beschäftigte das Arbeitsentgelt, die für die Ermittlung der nach den §§ 2e und 2f erforderlichen Abzugsmerkmale für Steuern und Sozialabgaben sowie die Arbeitszeit auf Verlangen zu bescheinigen; das Gleiche gilt für ehemalige Arbeitgeber. ₂Für die in Heimarbeit Beschäftigten und die ihnen Gleichgestellten (§ 1 Absatz 1 und 2 des Heimarbeitsgesetzes) tritt an die Stelle des Arbeitgebers der Auftraggeber oder Zwischenmeister.

(2) ₁Für den Nachweis des Einkommens aus Erwerbstätigkeit kann die nach § 12 Absatz 1 zuständige Behörde auch das in § 108a Absatz 1 des Vierten Buches Sozialgesetzbuch vorgesehene Verfahren zur elektronischen Abfrage und Übermittlung von Entgeltbescheinigungsdaten nutzen. ₂Sie darf dieses Verfahren nur nutzen, wenn die betroffene Arbeitnehmerin oder der betroffene Arbeitnehmer zuvor in dessen Nutzung eingewilligt hat. ₃Wenn der betroffene Arbeitgeber ein systemgeprüftes Entgeltabrechnungsprogramm nutzt, ist er verpflichtet, die jeweiligen Entgeltbescheinigungsdaten mit dem in § 108a Absatz 1 des Vierten Buches Sozialgesetzbuch vorgesehenen Verfahren zu übermitteln.

§ 10 Verhältnis zu anderen Sozialleistungen

(1) Das Elterngeld und vergleichbare Leistungen der Länder sowie die nach § 3 auf die Leistung angerechneten Einnahmen oder Leistungen bleiben bei Sozialleistungen, deren Zahlung von anderen Einkommen abhängig ist, bis zu einer Höhe von insgesamt 300 Euro im Monat als Einkommen unberücksichtigt.

(2) Das Elterngeld und vergleichbare Leistungen der Länder sowie die nach § 3 auf die Leistung angerechneten Einnahmen oder Leistungen dürfen bis zu einer Höhe von insgesamt 300 Euro nicht dafür herangezogen werden, um auf Rechtsvorschriften beruhende Leistungen anderer, auf die kein Anspruch besteht, zu versagen.

(3) Soweit die berechtigte Person Elterngeld Plus bezieht, bleibt das Elterngeld nur bis zur Hälfte des Anrechnungsfreibetrags, der nach Abzug der anderen nach Absatz 1 nicht zu berücksichtigenden Einnahmen für das Elterngeld verbleibt, als Einkommen unberücksichtigt und darf nur bis zu dieser Höhe nicht dafür herangezogen werden, um auf Rechtsvorschriften beruhende Leistungen anderer, auf die kein Anspruch besteht, zu versagen.

(4) Die nach den Absätzen 1 bis 3 nicht zu berücksichtigenden oder nicht heranzuziehenden Beträge vervielfachen sich bei Mehrlingsgeburten mit der Zahl der geborenen Kinder.

(5) ₁Die Absätze 1 bis 4 gelten nicht bei Leistungen nach dem Zweiten Buch Sozialgesetzbuch, dem Zwölften Buch Sozialgesetzbuch, § 6a des Bundeskindergeldgesetzes und dem Asylbewerberleistungsgesetz. ₂Bei den in Satz 1 bezeichneten Leistungen bleiben das Elterngeld und vergleichbare Leistungen der Länder sowie die nach § 3 auf das Elterngeld angerechneten Einnahmen in Höhe des nach § 2 Absatz 1 berücksichtigten Einkommens aus Erwerbstätigkeit vor der Geburt bis zu 300 Euro im Monat als Einkommen unberücksichtigt. ₃Soweit die berechtigte Person Elterngeld Plus bezieht, verringern sich die Beträge nach Satz 2 um die Hälfte. ₄Abweichend von Satz 2 bleibt Mutterschaftsgeld gemäß § 19 des Mutterschutzgesetzes in voller Höhe unberücksichtigt.

(6) Die Absätze 1 bis 4 gelten entsprechend, soweit für eine Sozialleistung ein Kostenbeitrag erhoben werden kann, der einkommensabhängig ist.

§ 11 Unterhaltspflichten

₁Unterhaltsverpflichtungen werden durch die Zahlung des Elterngeldes und vergleichbarer Leistungen der Länder nur insoweit berührt, als die Zahlung 300 Euro monatlich übersteigt. ₂Soweit die berechtigte Person Elterngeld Plus bezieht, werden die Unterhaltspflichten insoweit berührt, als die Zahlung 150 Euro übersteigt. ₃Die in den Sätzen 1 und 2 genannten Beträge vervielfachen sich bei Mehrlingsgeburten mit der Zahl der geborenen Kinder. ₄Die Sätze 1 bis 3 gelten nicht in den Fällen des § 1361 Absatz 3, der §§ 1579, 1603 Absatz 2 und des § 1611 Absatz 1 des Bürgerlichen Gesetzbuchs.

§ 12 Zuständigkeit; Bewirtschaftung der Mittel

(1) ₁Die Landesregierungen oder die von ihnen beauftragten Stellen bestimmen die für die Ausführung dieses Gesetzes zuständigen Behörden. ₂Zuständig ist die von den Ländern für die Durchführung dieses Gesetzes bestimmte Behörde des Bezirks, in dem das Kind, für das Elterngeld beansprucht wird, zum Zeitpunkt der ersten Antragstellung seinen inländischen Wohnsitz hat. ₃Hat das Kind, für das Elterngeld beansprucht wird, in den Fällen des § 1 Absatz 2 zum Zeitpunkt der ersten Antragstellung keinen inländischen Wohnsitz, so ist die von den Ländern für die Durchführung dieses Gesetzes bestimmte Behörde des Bezirks zuständig, in dem die berechtigte Person ihren letzten inländischen Wohnsitz hatte; hilfsweise ist die Behörde des Bezirks zuständig, in dem der entsendende Dienstherr oder Arbeitgeber der berechtigten Person oder der Arbeitgeber des Ehegatten oder der Ehegattin der berechtigten Person den inländischen Sitz hat.

(2) Den nach Absatz 1 zuständigen Behörden obliegt auch die Beratung zur Elternzeit.

(3) ₁Der Bund trägt die Ausgaben für das Elterngeld. ₂Die damit zusammenhängenden Einnahmen sind an den Bund abzuführen. ₃Für die Ausgaben und die mit ihnen zusammenhängenden Einnahmen sind die Vorschriften über das Haushaltsrecht des Bundes einschließlich der Verwaltungsvorschriften anzuwenden.

§ 13 Rechtsweg

(1) ₁Über öffentlich-rechtliche Streitigkeiten in Angelegenheiten der §§ 1 bis 12 entscheiden die Gerichte der Sozialgerichtsbarkeit. ₂§ 85 Absatz 2 Nummer 2 des Sozialgerichtsgesetzes gilt mit der Maßgabe, dass die zuständige Stelle nach § 12 bestimmt wird.

(2) Widerspruch und Anfechtungsklage haben keine aufschiebende Wirkung.

§ 14 Bußgeldvorschriften

(1) Ordnungswidrig handelt, wer vorsätzlich oder fahrlässig

1. entgegen § 8 Absatz 1 einen Nachweis nicht, nicht richtig, nicht vollständig oder nicht rechtzeitig erbringt,

2. entgegen § 9 Absatz 1 eine dort genannte Angabe nicht, nicht richtig, nicht vollständig oder nicht rechtzeitig bescheinigt,

3. entgegen § 60 Absatz 1 Satz 1 Nummer 1 des Ersten Buches Sozialgesetzbuch, auch in Verbindung mit § 8 Absatz 1a Satz 1, eine Angabe nicht, nicht richtig, nicht vollständig oder nicht rechtzeitig macht,

4. entgegen § 60 Absatz 1 Satz 1 Nummer 2 des Ersten Buches Sozialgesetzbuch, auch in Verbindung mit § 8 Absatz 1a Satz 1, eine Mitteilung nicht, nicht richtig, nicht vollständig oder nicht rechtzeitig macht oder

5. entgegen § 60 Absatz 1 Satz 1 Nummer 3 des Ersten Buches Sozialgesetzbuch, auch in Verbindung mit § 8 Absatz 1a Satz 1, eine Beweisurkunde nicht, nicht richtig, nicht vollständig oder nicht rechtzeitig vorlegt.

(2) Die Ordnungswidrigkeit kann mit einer Geldbuße von bis zu zweitausend Euro geahndet werden.

(3) Verwaltungsbehörden im Sinne des § 36 Absatz 1 Nummer 1 des Gesetzes über Ordnungswidrigkeiten sind die in § 12 Absatz 1 genannten Behörden.

Abschnitt 3
Elternzeit für Arbeitnehmerinnen und Arbeitnehmer

§ 15 Anspruch auf Elternzeit

(1) ₁Arbeitnehmerinnen und Arbeitnehmer haben Anspruch auf Elternzeit, wenn sie

1. a) mit ihrem Kind,
   b) mit einem Kind, für das sie die Anspruchsvoraussetzungen nach § 1 Absatz 3 oder 4 erfüllen, oder
   c) mit einem Kind, das sie in Vollzeitpflege nach § 33 des Achten Buches Sozialgesetzbuch aufgenommen haben,

   in einem Haushalt leben und
2. dieses Kind selbst betreuen und erziehen.

₂Nicht sorgeberechtigte Elternteile und Personen, die nach Satz 1 Nummer 1 Buchstabe b und c Elternzeit nehmen können, bedürfen der Zustimmung des sorgeberechtigten Elternteils.

(1a) ₁Anspruch auf Elternzeit haben Arbeitnehmerinnen und Arbeitnehmer auch, wenn sie mit ihrem Enkelkind in einem Haushalt leben und dieses Kind selbst betreuen und erziehen und

1. ein Elternteil des Kindes minderjährig ist oder
2. ein Elternteil des Kindes sich in einer Ausbildung befindet, die vor Vollendung des 18. Lebensjahres begonnen wurde und die Arbeitskraft des Elternteils im Allgemeinen voll in Anspruch nimmt.

₂Der Anspruch besteht nur für Zeiten, in denen keiner der Elternteile des Kindes selbst Elternzeit beansprucht.

(2) ₁Der Anspruch auf Elternzeit besteht bis zur Vollendung des dritten Lebensjahres eines Kindes. ₂Ein Anteil von bis zu 24 Monaten kann zwischen dem dritten Geburtstag und dem vollendeten achten Lebensjahr des Kindes in Anspruch genommen werden. ₃Die Zeit der Mutterschutzfrist nach § 3 Absatz 2 und 3 des Mutterschutzgesetzes wird für die Elternzeit der Mutter auf die Begrenzung nach den Sätzen 1 und 2 angerechnet. ₄Bei mehreren Kindern besteht der Anspruch auf Elternzeit für jedes Kind, auch wenn sich die Zeiträume im Sinne der Sätze 1 und 2 überschneiden. ₅Bei einem angenommenen Kind und bei einem Kind in Vollzeit- oder Adoptionspflege kann Elternzeit von insgesamt bis zu drei Jahren ab der Aufnahme bei der berechtigten Person, längstens bis zur Vollendung des achten Lebensjahres des Kindes genommen werden; die Sätze 2 und 4 sind entsprechend anwendbar, soweit sie die zeitliche Aufteilung regeln. ₆Der Anspruch kann nicht durch Vertrag ausgeschlossen oder beschränkt werden.

(3) ₁Die Elternzeit kann, auch anteilig, von jedem Elternteil allein oder von beiden Elternteilen gemeinsam genommen werden. ₂Satz 1 gilt in den Fällen des Absatzes 1 Satz 1 Nummer 1 Buchstabe b und c entsprechend.

(4) ₁Die Arbeitnehmerin oder der Arbeitnehmer darf während der Elternzeit nicht mehr als 32 Wochenstunden im Durchschnitt des Monats erwerbstätig sein. ₂Die Beschränkung auf 32 Wochenstunden im Durchschnitt des Monats gilt nicht für die Tätigkeit einer im Sinne der §§ 23 und 43 des Achten Buches Sozialgesetzbuch geeigneten Kindertagespflegeperson. ₃Die Ausübung einer Teilzeitarbeit bei einem anderen Arbeitgeber oder einer selbständigen Erwerbstätigkeit nach Satz 1 bedürfen der Zustimmung des Arbeitgebers. ₄Dieser kann seine Zustimmung nur innerhalb von vier Wochen nach der Beantragung aus dringenden betrieblichen Gründen in Textform verweigern.

(5) ₁Der Arbeitnehmer oder die Arbeitnehmerin kann eine Verringerung der Arbeitszeit und ihre Verteilung beantragen. ₂Der Antrag kann mit der Mitteilung nach Absatz 7 Satz 1 Nummer 5 verbunden werden. ₃Über den Antrag sollen sich der Arbeitgeber und der Arbeitnehmer oder die Arbeitnehmerin innerhalb von vier Wochen einigen. ₄Lehnt der Arbeitgeber den Antrag ab, so hat er dies dem Arbeitnehmer oder der Arbeitnehmerin innerhalb der Frist nach Satz 3 mit einer Begründung mitzuteilen. ₅Unberührt bleibt das Recht, sowohl die vor der Elternzeit bestehende Teilzeitarbeit unverändert während der Elternzeit fortzusetzen, soweit Absatz 4 beachtet ist, als auch nach der Elternzeit zu der Arbeitszeit zurückzukehren, die vor Beginn der Elternzeit vereinbart war.

(6) Der Arbeitnehmer oder die Arbeitnehmerin kann gegenüber dem Arbeitgeber, soweit eine Einigung nach Absatz 5 nicht möglich ist, unter den Voraussetzungen des Absat-

zes 7 während der Gesamtdauer der Elternzeit zweimal eine Verringerung seiner oder ihrer Arbeitszeit beanspruchen.

(7) ₁Für den Anspruch auf Verringerung der Arbeitszeit gelten folgende Voraussetzungen:

1. Der Arbeitgeber beschäftigt, unabhängig von der Anzahl der Personen in Berufsbildung, in der Regel mehr als 15 Arbeitnehmer und Arbeitnehmerinnen,
2. das Arbeitsverhältnis in demselben Betrieb oder Unternehmen besteht ohne Unterbrechung länger als sechs Monate,
3. die vertraglich vereinbarte regelmäßige Arbeitszeit soll für mindestens zwei Monate auf einen Umfang von nicht weniger als 15 und nicht mehr als 32 Wochenstunden im Durchschnitt des Monats verringert werden,
4. dem Anspruch stehen keine dringenden betrieblichen Gründe entgegen und
5. der Anspruch auf Teilzeit wurde dem Arbeitgeber
   a) für den Zeitraum bis zum vollendeten dritten Lebensjahr des Kindes sieben Wochen und
   b) für den Zeitraum zwischen dem dritten Geburtstag und dem vollendeten achten Lebensjahr des Kindes 13 Wochen

vor Beginn der Teilzeittätigkeit in Textform mitgeteilt.

₂Der Antrag muss den Beginn und den Umfang der verringerten Arbeitszeit enthalten. ₃Die gewünschte Verteilung der verringerten Arbeitszeit soll im Antrag angegeben werden. ₄Falls der Arbeitgeber die beanspruchte Verringerung oder Verteilung der Arbeitszeit ablehnt, muss die Ablehnung innerhalb der in Satz 5 genannten Frist und mit Begründung in Textform erfolgen. ₅Hat ein Arbeitgeber die Verringerung der Arbeitszeit

1. in einer Elternzeit zwischen der Geburt und dem vollendeten dritten Lebensjahr des Kindes nicht spätestens vier Wochen nach Zugang des Antrags oder
2. in einer Elternzeit zwischen dem dritten Geburtstag und dem vollendeten achten

Lebensjahr des Kindes nicht spätestens acht Wochen nach Zugang des Antrags

in Textform abgelehnt, gilt die Zustimmung als erteilt und die Verringerung der Arbeitszeit entsprechend den Wünschen der Arbeitnehmerin oder des Arbeitnehmers als festgelegt. ₆Haben Arbeitgeber und Arbeitnehmerin oder Arbeitnehmer über die Verteilung der Arbeitszeit kein Einvernehmen nach Absatz 5 Satz 2 erzielt und hat der Arbeitgeber nicht innerhalb der in Satz 5 genannten Fristen die gewünschte Verteilung in Textform abgelehnt, gilt die Verteilung der Arbeitszeit entsprechend den Wünschen der Arbeitnehmerin oder des Arbeitnehmers als festgelegt. ₇Soweit der Arbeitgeber den Antrag auf Verringerung oder Verteilung der Arbeitszeit rechtzeitig ablehnt, kann die Arbeitnehmerin oder der Arbeitnehmer Klage vor dem Gericht für Arbeitssachen erheben.

§ 16 Inanspruchnahme der Elternzeit

(1) ₁Wer Elternzeit beanspruchen will, muss sie

1. für den Zeitraum bis zum vollendeten dritten Lebensjahr des Kindes spätestens sieben Wochen und
2. für den Zeitraum zwischen dem dritten Geburtstag und dem vollendeten achten Lebensjahr des Kindes spätestens 13 Wochen

vor Beginn der Elternzeit in Textform vom Arbeitgeber verlangen. ₂Verlangt die Arbeitnehmerin oder der Arbeitnehmer Elternzeit nach Satz 1 Nummer 1, muss sie oder er gleichzeitig erklären, für welche Zeiten innerhalb von zwei Jahren Elternzeit genommen werden soll. ₃Bei dringenden Gründen ist ausnahmsweise eine angemessene kürzere Frist möglich. ₄Nimmt die Mutter die Elternzeit im Anschluss an die Mutterschutzfrist, wird die Zeit der Mutterschutzfrist nach § 3 Absatz 2 und 3 des Mutterschutzgesetzes auf den Zeitraum nach Satz 2 angerechnet. ₅Nimmt die Mutter die Elternzeit im Anschluss an einen auf die Mutterschutzfrist folgenden Erholungsurlaub, werden die Zeit der Mutterschutzfrist nach § 3 Absatz 2 und 3 des Mutterschutzgesetzes und die Zeit des

Erholungsurlaubs auf den Zweijahreszeitraum nach Satz 2 angerechnet. ₆Jeder Elternteil kann seine Elternzeit auf drei Zeitabschnitte verteilen; eine Verteilung auf weitere Zeitabschnitte ist nur mit der Zustimmung des Arbeitgebers möglich. ₇Der Arbeitgeber kann die Inanspruchnahme eines dritten Abschnitts einer Elternzeit innerhalb von acht Wochen nach Zugang des Antrags aus dringenden betrieblichen Gründen ablehnen, wenn dieser Abschnitt im Zeitraum zwischen dem dritten Geburtstag und dem vollendeten achten Lebensjahr des Kindes liegen soll. ₈Der Arbeitgeber hat dem Arbeitnehmer oder der Arbeitnehmerin die Elternzeit zu bescheinigen. ₉Bei einem Arbeitgeberwechsel ist bei der Anmeldung der Elternzeit bei Verlangen des neuen Arbeitgebers eine Bescheinigung des früheren Arbeitgebers über bereits genommene Elternzeit durch die Arbeitnehmerin oder den Arbeitnehmer vorzulegen.

(2) Können Arbeitnehmerinnen aus einem von ihnen nicht zu vertretenden Grund eine sich unmittelbar an die Mutterschutzfrist des § 3 Absatz 2 und 3 des Mutterschutzgesetzes anschließende Elternzeit nicht rechtzeitig verlangen, können sie dies innerhalb einer Woche nach Wegfall des Grundes nachholen.

(3) ₁Die Elternzeit kann vorzeitig beendet oder im Rahmen des § 15 Absatz 2 verlängert werden, wenn der Arbeitgeber zustimmt. ₂Die vorzeitige Beendigung wegen der Geburt eines weiteren Kindes oder in Fällen besonderer Härte, insbesondere bei Eintritt einer schweren Krankheit, Schwerbehinderung oder Tod eines Elternteils oder eines Kindes der berechtigten Person oder bei erheblich gefährdeter wirtschaftlicher Existenz der Eltern nach Inanspruchnahme der Elternzeit, kann der Arbeitgeber unbeschadet von Satz 3 nur innerhalb von vier Wochen aus dringenden betrieblichen Gründen schriftlich ablehnen. ₃Die Elternzeit kann zur Inanspruchnahme der Schutzfristen des § 3 des Mutterschutzgesetzes auch ohne Zustimmung des Arbeitgebers vorzeitig beendet werden; in diesen Fällen soll die Arbeitnehmerin dem Arbeitgeber die Beendigung der Elternzeit rechtzeitig mitteilen. ₄Eine Verlängerung der Elternzeit kann verlangt werden, wenn ein vorgesehener Wechsel der Anspruchsberechtigten aus einem wichtigen Grund nicht erfolgen kann.

(4) Stirbt das Kind während der Elternzeit, endet diese spätestens drei Wochen nach dem Tod des Kindes.

(5) Eine Änderung in der Anspruchsberechtigung hat der Arbeitnehmer oder die Arbeitnehmerin dem Arbeitgeber unverzüglich mitzuteilen.

§ 17 Urlaub

(1) ₁Der Arbeitgeber kann den Erholungsurlaub, der dem Arbeitnehmer oder der Arbeitnehmerin für das Urlaubsjahr zusteht, für jeden vollen Kalendermonat der Elternzeit um ein Zwölftel kürzen. ₂Dies gilt nicht, wenn der Arbeitnehmer oder die Arbeitnehmerin während der Elternzeit bei seinem oder ihrem Arbeitgeber Teilzeitarbeit leistet.

(2) Hat der Arbeitnehmer oder die Arbeitnehmerin den ihm oder ihr zustehenden Urlaub vor dem Beginn der Elternzeit nicht oder nicht vollständig erhalten, hat der Arbeitgeber den Resturlaub nach der Elternzeit im laufenden oder im nächsten Urlaubsjahr zu gewähren.

(3) Endet das Arbeitsverhältnis während der Elternzeit oder wird es im Anschluss an die Elternzeit nicht fortgesetzt, so hat der Arbeitgeber den noch nicht gewährten Urlaub abzugelten.

(4) Hat der Arbeitnehmer oder die Arbeitnehmerin vor Beginn der Elternzeit mehr Urlaub erhalten, als ihm oder ihr nach Absatz 1 zusteht, kann der Arbeitgeber den Urlaub, der dem Arbeitnehmer oder der Arbeitnehmerin nach dem Ende der Elternzeit zusteht, um die zu viel gewährten Urlaubstage kürzen.

§ 18 Kündigungsschutz

(1) ₁Der Arbeitgeber darf das Arbeitsverhältnis ab dem Zeitpunkt, von dem an Elternzeit verlangt worden ist, nicht kündigen. ₂Der Kündigungsschutz nach Satz 1 beginnt

1. frühestens acht Wochen vor Beginn einer Elternzeit bis zum vollendeten dritten Lebensjahr des Kindes und

2. frühestens 14 Wochen vor Beginn einer Elternzeit zwischen dem dritten Geburtstag und dem vollendeten achten Lebensjahr des Kindes.

₃Während der Elternzeit darf der Arbeitgeber das Arbeitsverhältnis nicht kündigen. ₄In besonderen Fällen kann ausnahmsweise eine Kündigung für zulässig erklärt werden. ₅Die Zulässigkeitserklärung erfolgt durch die für den Arbeitsschutz zuständige oberste Landesbehörde oder die von ihr bestimmte Stelle. ₆Die Bundesregierung kann mit Zustimmung des Bundesrates allgemeine Verwaltungsvorschriften zur Durchführung des Satzes 4 erlassen.

(2) Absatz 1 gilt entsprechend, wenn Arbeitnehmer oder Arbeitnehmerinnen

1. während der Elternzeit bei demselben Arbeitgeber Teilzeitarbeit leisten oder

2. ohne Elternzeit in Anspruch zu nehmen, Teilzeitarbeit leisten und Anspruch auf Elterngeld nach §1 während des Zeitraums nach §4 Absatz 1 Satz 2, 3 und 5 haben.

§19 Kündigung zum Ende der Elternzeit

Der Arbeitnehmer oder die Arbeitnehmerin kann das Arbeitsverhältnis zum Ende der Elternzeit nur unter Einhaltung einer Kündigungsfrist von drei Monaten kündigen.

§20 Zur Berufsbildung Beschäftigte, in Heimarbeit Beschäftigte

(1) ₁Die zu ihrer Berufsbildung Beschäftigten gelten als Arbeitnehmer und Arbeitnehmerinnen im Sinne dieses Gesetzes. ₂Die Elternzeit wird auf die Dauer einer Berufsausbildung nicht angerechnet, es sei denn, dass während der Elternzeit die Berufsausbildung nach §7a des Berufsbildungsgesetzes oder §27b der Handwerksordnung in Teilzeit durchgeführt wird. ₃§15 Absatz 4 Satz 1 bleibt unberührt.

(2) ₁Anspruch auf Elternzeit haben auch die in Heimarbeit Beschäftigten und die ihnen Gleichgestellten (§1 Absatz 1 und 2 des Heimarbeitsgesetzes), soweit sie am Stück mitarbeiten. ₂Für sie tritt an die Stelle des Arbeitgebers der Auftraggeber oder Zwischenmeister und an die Stelle des Arbeitsverhältnisses das Beschäftigungsverhältnis.

§21 Befristete Arbeitsverträge

(1) Ein sachlicher Grund, der die Befristung eines Arbeitsverhältnisses rechtfertigt, liegt vor, wenn ein Arbeitnehmer oder eine Arbeitnehmerin zur Vertretung eines anderen Arbeitnehmers oder einer anderen Arbeitnehmerin für die Dauer eines Beschäftigungsverbotes nach dem Mutterschutzgesetz, einer Elternzeit, einer auf Tarifvertrag, Betriebsvereinbarung oder einzelvertraglichen Vereinbarung beruhenden Arbeitsfreistellung zur Betreuung eines Kindes oder für diese Zeiten zusammen oder für Teile davon eingestellt wird.

(2) Über die Dauer der Vertretung nach Absatz 1 hinaus ist die Befristung für notwendige Zeiten einer Einarbeitung zulässig.

(3) Die Dauer der Befristung des Arbeitsvertrags muss kalendermäßig bestimmt oder bestimmbar oder den in den Absätzen 1 und 2 genannten Zwecken zu entnehmen sein.

(4) ₁Der Arbeitgeber kann den befristeten Arbeitsvertrag unter Einhaltung einer Frist von mindestens drei Wochen, jedoch frühestens zum Ende der Elternzeit, kündigen, wenn die Elternzeit ohne Zustimmung des Arbeitgebers vorzeitig endet und der Arbeitnehmer oder die Arbeitnehmerin die vorzeitige Beendigung der Elternzeit mitgeteilt hat. ₂Satz 1 gilt entsprechend, wenn der Arbeitgeber die vorzeitige Beendigung der Elternzeit in den Fällen des §16 Absatz 3 Satz 2 nicht ablehnen darf.

(5) Das Kündigungsschutzgesetz ist im Falle des Absatzes 4 nicht anzuwenden.

(6) Absatz 4 gilt nicht, soweit seine Anwendung vertraglich ausgeschlossen ist.

(7) ₁Wird im Rahmen arbeitsrechtlicher Gesetze oder Verordnungen auf die Zahl der beschäftigten Arbeitnehmer und Arbeitnehmerinnen abgestellt, so sind bei der Ermittlung dieser Zahl Arbeitnehmer und Arbeitnehmerinnen, die sich in der Elternzeit befinden oder zur Betreuung eines Kindes freigestellt sind, nicht mitzuzählen, solange für sie aufgrund von Absatz 1 ein Vertreter oder eine Vertreterin eingestellt ist. ₂Dies gilt nicht,

wenn der Vertreter oder die Vertreterin nicht mitzuzählen ist. ₃Die Sätze 1 und 2 gelten entsprechend, wenn im Rahmen arbeitsrechtlicher Gesetze oder Verordnungen auf die Zahl der Arbeitsplätze abgestellt wird.

Abschnitt 4
Statistik und Schlussvorschriften

§ 22 Bundesstatistik

(1) ₁Zur Beurteilung der Auswirkungen dieses Gesetzes sowie zu seiner Fortentwicklung sind laufende Erhebungen zum Bezug von Elterngeld als Bundesstatistiken durchzuführen. ₂Die Erhebungen erfolgen zentral beim Statistischen Bundesamt.

(2) ₁Die Statistik zum Bezug von Elterngeld erfasst vierteljährlich zum jeweils letzten Tag des aktuellen und der vorangegangenen zwei Kalendermonate für Personen, die in einem dieser Kalendermonate Elterngeld bezogen haben, für jedes den Anspruch auslösende Kind folgende Erhebungsmerkmale:

1. Art der Berechtigung nach § 1,
2. Grundlagen der Berechnung des zustehenden Monatsbetrags nach Art und Höhe (§ 2 Absatz 1, 2, 3 oder 4, § 2a Absatz 1 oder 4, § 2c, die §§ 2d, 2e oder § 2f),
3. Höhe des dem zustehenden Monatsbetrags (§ 4a Absatz 1 und 2 Satz 1) ohne die Berücksichtigung der Einnahmen nach § 3,
4. Art und Höhe der Einnahmen nach § 3,
5. Inanspruchnahme der als Partnerschaftsbonus gewährten Monatsbeträge nach § 4b Absatz 1 und der weiteren Monatsbeträge Elterngeld Plus nach § 4c Absatz 2,
6. Höhe des monatlichen Auszahlungsbetrags,
7. Geburtstag des Kindes,
8. für die Elterngeld beziehende Person:
   a) Geschlecht, Geburtsjahr und -monat,
   b) Staatsangehörigkeit,
   c) Wohnsitz oder gewöhnlicher Aufenthalt,
   d) Familienstand und unverheiratetes Zusammenleben mit dem anderen Elternteil,
   e) Vorliegen der Voraussetzungen nach § 4c Absatz 1 Nummer 1 und
   f) Anzahl der im Haushalt lebenden Kinder.

₂Die Angaben nach den Nummern 2, 3, 5 und 6 sind für jeden Lebensmonat des Kindes bezogen auf den nach § 4 Absatz 1 möglichen Zeitraum des Leistungsbezugs zu melden.

(3) Hilfsmerkmale sind:

1. Name und Anschrift der zuständigen Behörde,
2. Name und Telefonnummer sowie Adresse für elektronische Post der für eventuelle Rückfragen zur Verfügung stehenden Person und
3. Kennnummer des Antragstellers oder der Antragstellerin.

§ 23 Auskunftspflicht; Datenübermittlung an das Statistische Bundesamt

(1) ₁Für die Erhebung nach § 22 besteht Auskunftspflicht. ₂Die Angaben nach § 22 Absatz 3 Nummer 2 sind freiwillig. ₃Auskunftspflichtig sind die nach § 12 Absatz 1 zuständigen Stellen.

(2) ₁Die Antragstellerin oder der Antragsteller ist gegenüber den nach § 12 Absatz 1 zuständigen Stellen zu den Erhebungsmerkmalen nach § 22 Absatz 2 auskunftspflichtig. ₂Die zuständigen Stellen nach § 12 Absatz 1 dürfen die Angaben nach § 22 Absatz 2 Satz 1 Nummer 8, soweit sie für den Vollzug dieses Gesetzes nicht erforderlich sind, nur durch technische und organisatorische Maßnahmen getrennt von den übrigen Daten nach § 22 Absatz 2 und nur für die Übermittlung an das Statistische Bundesamt verwenden und haben diese unverzüglich nach Übermittlung an das Statistische Bundesamt zu löschen.

(3) Die in sich schlüssigen Angaben sind als Einzeldatensätze elektronisch zum Ablauf von 30 Arbeitstagen nach Ablauf des Berichtszeitraums an das Statistische Bundesamt zu übermitteln.

§ 24 Übermittlung von Tabellen mit statistischen Ergebnissen durch das Statistische Bundesamt

₁Zur Verwendung gegenüber den gesetzgebenden Körperschaften und zu Zwecken der Planung, jedoch nicht zur Regelung von Einzelfällen, übermittelt das Statistische Bundesamt Tabellen mit statistischen Ergebnissen, auch soweit Tabellenfelder nur einen einzigen Fall ausweisen, an die fachlich zuständigen obersten Bundes- oder Landesbehörden. ₂Tabellen, deren Tabellenfelder nur einen einzigen Fall ausweisen, dürfen nur dann übermittelt werden, wenn sie nicht differenzierter als auf Regierungsbezirksebene, im Falle der Stadtstaaten auf Bezirksebene, aufbereitet sind.

§ 24a Übermittlung von Einzelangaben durch das Statistische Bundesamt

(1) ₁Zur Abschätzung von Auswirkungen der Änderungen dieses Gesetzes im Rahmen der Zwecke nach § 24 übermittelt das Statistische Bundesamt auf Anforderung des fachlich zuständigen Bundesministeriums diesem oder von ihm beauftragten Forschungseinrichtungen Einzelangaben ab dem Jahr 2007 ohne Hilfsmerkmale mit Ausnahme des Merkmals nach § 22 Absatz 3 Nummer 3 für die Entwicklung und den Betrieb von Mikrosimulationsmodellen. ₂Die Einzelangaben dürfen nur im hierfür erforderlichen Umfang und mittels eines sicheren Datentransfers übermittelt werden.

(2) ₁Bei der Verarbeitung der Daten nach Absatz 1 ist das Statistikgeheimnis nach § 16 des Bundesstatistikgesetzes zu wahren. ₂Dafür ist die Trennung von statistischen und nichtstatistischen Aufgaben durch Organisation und Verfahren zu gewährleisten. ₃Die nach Absatz 1 übermittelten Daten dürfen nur für die Zwecke verwendet werden, für die sie übermittelt wurden. ₄Die übermittelten Einzeldaten sind nach dem Erreichen des Zweckes zu löschen, zu dem sie übermittelt wurden.

(3) ₁Personen, die Empfängerinnen und Empfänger von Einzelangaben nach Absatz 1 Satz 1 sind, unterliegen der Pflicht zur Geheimhaltung nach § 16 Absatz 1 und 10 des Bundesstatistikgesetzes. ₂Personen, die Einzelangaben nach Absatz 1 Satz 1 erhalten sollen, müssen Amtsträger oder für den öffentlichen Dienst besonders Verpflichtete sein. ₃Personen, die Einzelangaben erhalten sollen und die nicht Amtsträger oder für den öffentlichen Dienst besonders Verpflichtete sind, sind vor der Übermittlung zur Geheimhaltung zu verpflichten. ₄§ 1 Absatz 2, 3 und 4 Nummer 2 des Verpflichtungsgesetzes vom 2. März 1974 (BGBl. I S. 469, 547), das durch § 1 Nummer 4 des Gesetzes vom 15. August 1974 (BGBl. I S. 1942) geändert worden ist, gilt in der jeweils geltenden Fassung entsprechend. ₅Die Empfängerinnen und Empfänger von Einzelangaben dürfen aus ihrer Tätigkeit gewonnene Erkenntnisse nur für die in Absatz 1 genannten Zwecke verwenden.

§ 25 Automatisierter Datenabruf bei den Standesämtern

Beantragt eine Person Elterngeld, so ist die nach § 12 Absatz 1 zuständige Behörde berechtigt, zur Prüfung des Anspruchs nach § 1 die folgenden Daten über die Beurkundung der Geburt eines Kindes bei dem für die Entgegennahme der Anzeige der Geburt zuständigen Standesamt gemäß § 68 Absatz 3 des Personenstandsgesetzes automatisiert abzurufen, wenn die antragstellende Person zuvor in die elektronische Datenübermittlung eingewilligt hat:

1. Tag und Ort der Geburt des Kindes,

2. Geburtsname und Vornamen des Kindes,

3. Familiennamen, Geburtsnamen und Vornamen der Eltern des Kindes.

§ 26 Anwendung der Bücher des Sozialgesetzbuches

(1) Soweit dieses Gesetz zum Elterngeld keine ausdrückliche Regelung trifft, ist bei der Ausführung des Ersten und Zweiten Abschnitts das Erste Kapitel des Zehnten Buches Sozialgesetzbuch anzuwenden.

(2) § 328 Absatz 3 und § 331 des Dritten Buches Sozialgesetzbuch gelten entsprechend.

§ 27 Sonderregelung aus Anlass der COVID-19-Pandemie

(1) ₁Übt ein Elternteil eine systemrelevante Tätigkeit aus, so kann sein Bezug von Elterngeld auf Antrag für die Zeit vom 1. März 2020 bis 31. Dezember 2020 aufgeschoben werden. ₂Der Bezug der verschobenen Lebensmonate ist spätestens bis zum 30. Juni 2021 anzutreten. ₃Wird von der Möglichkeit des Aufschubs Gebrauch gemacht, so kann das Basiselterngeld abweichend von § 4 Absatz 1 Satz 2 und 3 auch noch nach Vollendung des 14. Lebensmonats bezogen werden. ₄In der Zeit vom 1. März 2020 bis 30. Juni 2021 entstehende Lücken im Elterngeldbezug sind abweichend von § 4 Absatz 1 Satz 4 unschädlich.

(2) ₁Für ein Verschieben des Partnerschaftsbonus gelten Absatz 1 entsprechend, wenn nur ein Elternteil einen systemrelevanten Beruf ausübt. ₂Hat der Bezug des Partnerschaftsbonus bereits begonnen, so gelten allein die Bestimmungen des Absatzes 3.

(3) Liegt der Bezug des Partnerschaftsbonus ganz oder teilweise vor dem Ablauf des 23. September 2022 und kann die berechtigte Person die Voraussetzungen des Bezugs aufgrund der COVID-19-Pandemie nicht einhalten, gelten die Angaben zur Höhe des Einkommens und zum Umfang der Arbeitszeit, die bei der Beantragung des Partnerschaftsbonus glaubhaft gemacht worden sind.

§ 28 Übergangsvorschrift

(1) Für die vor dem 1. September 2021 geborenen oder mit dem Ziel der Adoption aufgenommenen Kinder ist dieses Gesetz in der bis zum 31. August 2021 geltenden Fassung weiter anzuwenden.

(1a) Für die nach dem 31. August 2021 und vor dem 1. April 2024 geborenen oder mit dem Ziel der Adoption aufgenommenen Kindern ist dieses Gesetz in der bis zum 31. März 2024 geltenden Fassung weiter anzuwenden.

(1b) Für die nach dem 31. März 2024 und vor dem 1. Mai 2025 geborenen oder mit dem Ziel der Adoption aufgenommenen Kinder ist dieses Gesetz in der bis zum 30. April 2025 geltenden Fassung weiter anzuwenden.

(2) Für die dem Erziehungsgeld vergleichbaren Leistungen der Länder sind § 8 Absatz 1 und § 9 des Bundeserziehungsgeldgesetzes in der bis zum 31. Dezember 2006 geltenden Fassung weiter anzuwenden.

(3) ₁§ 1 Absatz 7 Satz 1 Nummer 1 bis 4 in der Fassung des Artikels 36 des Gesetzes vom 12. Dezember 2019 (BGBl. I S. 2451) ist für Entscheidungen anzuwenden, die Zeiträume betreffen, die nach dem 29. Februar 2020 beginnen. ₂§ 1 Absatz 7 Satz 1 Nummer 5 in der Fassung des Artikels 36 des Gesetzes vom 12. Dezember 2019 (BGBl. I S. 2451) ist für Entscheidungen anzuwenden, die Zeiträume betreffen, die nach dem 31. Dezember 2019 beginnen. ₃§ 1 Absatz 7 Satz 1 Nummer 2 Buchstabe c in der Fassung des Artikels 12 Nummer 1 des Gesetzes vom 23. Mai 2022 (BGBl. I S. 760) ist für Entscheidungen anzuwenden, die Zeiträume betreffen, die nach dem 31. Mai 2022 beginnen. ₄§ 1 Absatz 7 Satz 1 Nummer 2 Buchstabe a und b in der Fassung des Artikels 43 des Gesetzes vom 2. Dezember 2024 (BGBl. 2024 I Nr. 387) ist für Entscheidungen anzuwenden, die Zeiträume betreffen, die nach dem 31. Mai 2024 beginnen.

(4) ₁§ 9 Absatz 2 ist auf Kinder anwendbar, die nach dem 31. Dezember 2021 geboren oder mit dem Ziel der Adoption aufgenommen worden sind. ₂§ 25 ist auf Kinder anwendbar, die nach dem 31. Oktober 2024 geboren oder mit dem Ziel der Adoption aufgenommen worden sind. ₃Für die nach dem 31. Dezember 2021 und vor dem 1. November 2024 geborenen oder mit dem Ziel der Adoption aufgenommenen Kinder ist § 25 in der bis zum 31. Oktober 2024 geltenden Fassung weiter anzuwenden. ₄Zur Erprobung des Verfahrens können diese Regelungen in Pilotprojekten mit Zustimmung des Bundesministeriums für Familie, Senioren, Frauen und Jugend, des Bundesministeriums für Arbeit und Soziales und des Bundesministeriums des Innern und für Heimat auf Kinder, die vor dem 1. Januar 2022 geboren oder mit dem Ziel der Adoption aufgenommen worden sind, angewendet werden.

(5) ₁§ 1 Absatz 8 ist auf Kinder anwendbar, die ab dem 1. April 2025 geboren oder mit dem Ziel der Adoption angenommen worden sind. ₂Für die ab dem 1. April 2024 und vor dem 1. April 2025 geborenen oder mit dem Ziel der Adoption angenommenen Kinder gilt § 1 Absatz 8 mit der Maßgabe, dass ein Anspruch entfällt, wenn die berechtigte Person im letzten abgeschlossenen Veranlagungszeitraum vor der Geburt des Kindes ein zu versteuerndes Einkommen nach § 2 Absatz 5 des Einkommensteuergesetzes in Höhe von mehr als 200 000 Euro erzielt hat. ₃Erfüllt auch eine andere Person die Voraussetzungen des § 1 Absatz 1 Satz 1 Nummer 2 oder des Absatzes 3 oder 4, entfällt in diesem Zeitraum abweichend von § 1 Absatz 8 Satz 1 der Anspruch, wenn die Summe des zu versteuernden Einkommens beider Personen mehr als 200 000 Euro beträgt.

Gesetz über vermögenswirksame Leistungen für Beamte, Richter, Berufssoldaten und Soldaten auf Zeit

in der Fassung der Bekanntmachung
vom 16. Mai 2002 (BGBl. I S. 1778)

Zuletzt geändert durch
Gesetz zum Abbau verzichtbarer Anordnungen der Schriftform im Verwaltungsrecht des Bundes
vom 29. März 2017 (BGBl. I S. 626)

§ 1

(1) Vermögenswirksame Leistungen nach dem Fünften Vermögensbildungsgesetz erhalten

1. Bundesbeamte, Beamte der Länder, der Gemeinden, der Gemeindeverbände sowie der sonstigen der Aufsicht eines Landes unterstehenden Körperschaften, Anstalten und Stiftungen des öffentlichen Rechts; ausgenommen sind die Ehrenbeamten und entpflichtete Hochschullehrer,
2. Richter des Bundes und der Länder; ausgenommen sind die ehrenamtlichen Richter,
3. Berufssoldaten und Soldaten auf Zeit mit Anspruch auf Besoldung oder Ausbildungsgeld (§ 30 Abs. 2 des Soldatengesetzes).

(2) Vermögenswirksame Leistungen werden für die Kalendermonate gewährt, in denen dem Berechtigten Dienstbezüge, Anwärterbezüge oder Ausbildungsgeld nach § 30 Abs. 2 des Soldatengesetzes zustehen und er diese Bezüge erhält.

(3) Der Anspruch auf die vermögenswirksamen Leistungen entsteht frühestens für den Kalendermonat, in dem der Berechtigte die nach § 4 Abs. 1 erforderlichen Angaben mitteilt, und für die beiden vorangegangenen Monate desselben Kalenderjahres.

§ 2

(1) Die vermögenswirksame Leistung beträgt 6,65 Euro. Teilzeitbeschäftigte erhalten den Betrag, der dem Verhältnis der ermäßigten zur regelmäßigen Arbeitszeit entspricht; bei begrenzter Dienstfähigkeit nach bundes- oder landesrechtlicher Regelung gilt Entsprechendes.

(2) Beamte auf Widerruf im Vorbereitungsdienst, deren Anwärterbezüge nebst Familienzuschlag der Stufe 1 971,45 Euro monatlich nicht erreichen, erhalten 13,29 Euro.

(3) Für die Höhe der vermögenswirksamen Leistung sind die Verhältnisse am Ersten des Kalendermonats maßgebend. Wird das Dienstverhältnis nach dem Ersten des Kalendermonats begründet, ist für diesen Monat der Tag des Beginns des Dienstverhältnisses maßgebend.

(4) Die vermögenswirksame Leistung ist bis zum Ablauf der auf den Monat der Mitteilung nach § 4 Abs. 1 folgenden drei Kalendermonate, danach monatlich im Voraus zu zahlen.

§ 3

(1) Die vermögenswirksame Leistung wird dem Berechtigten im Kalendermonat nur einmal gewährt.

(2) Bei mehreren Dienstverhältnissen ist das Dienstverhältnis maßgebend, aus dem der Berechtigte einen Anspruch auf vermögenswirksame Leistungen hat. Sind solche Leistungen für beide Dienstverhältnisse vorgesehen, sind sie aus dem zuerst begründeten Verhältnis zu zahlen.

(3) Erreicht die vermögenswirksame Leistung nach Absatz 2 nicht den Betrag nach § 2 dieses Gesetzes, ist der Unterschiedsbetrag aus dem anderen Dienstverhältnis zu zahlen.

(4) Die Absätze 1 bis 3 gelten entsprechend für vermögenswirksame Leistungen aus einem anderen Rechtsverhältnis, auch wenn die Regelungen im Einzelnen nicht übereinstimmen.

§ 4

(1) Der Berechtigte teilt seiner Dienststelle oder der nach Landesrecht bestimmten Stelle schriftlich oder elektronisch die Art der ge-

VIII.6 Vermögenswirksame Leistungen §§ 5–6

wählten Anlage mit und gibt hierbei, soweit dies nach der Art der Anlage erforderlich ist, das Unternehmen oder Institut mit der Nummer des Kontos an, auf das die Leistung eingezahlt werden soll.

(2) Für die vermögenswirksamen Leistungen nach diesem Gesetz und die vermögenswirksame Anlage von Teilen der Bezüge nach dem Fünften Vermögensbildungsgesetz soll der Berechtigte möglichst dieselbe Anlageart und dasselbe Unternehmen oder Institut wählen.

(3) Der Wechsel der Anlage bedarf im Falle des § 11 Abs. 3 Satz 2 des Fünften Vermögensbildungsgesetzes nicht der Zustimmung der zuständigen Stelle, wenn der Berechtigte diesen Wechsel aus Anlass der erstmaligen Gewährung der vermögenswirksamen Leistung verlangt.

§ 5 (weggefallen)

§ 6

Dieses Gesetz gilt nicht für die öffentlich-rechtlichen Religionsgemeinschaften und ihre Verbände.

Fünftes Gesetz zur Förderung der Vermögensbildung der Arbeitnehmer
(Fünftes Vermögensbildungsgesetz – 5. VermBG)

in der Fassung der Bekanntmachung
vom 4. März 1994 (BGBl. I S. 406)

Zuletzt geändert durch
Jahressteuergesetz 2024
vom 2. Dezember 2024 (BGBl. I Nr. 387)

§ 1 Persönlicher Geltungsbereich

(1) Die Vermögensbildung der Arbeitnehmer durch vereinbarte vermögenswirksame Leistungen der Arbeitgeber wird nach den Vorschriften dieses Gesetzes gefördert.

(2) Arbeitnehmer im Sinne dieses Gesetzes sind Arbeiter und Angestellte einschließlich der zu ihrer Berufsausbildung Beschäftigten. Als Arbeitnehmer gelten auch die in Heimarbeit Beschäftigten.

(3) Die Vorschriften dieses Gesetzes gelten nicht

1. für vermögenswirksame Leistungen juristischer Personen an Mitglieder des Organs, das zur gesetzlichen Vertretung der juristischen Person berufen ist,
2. für vermögenswirksame Leistungen von Personengesamtheiten an die durch Gesetz, Satzung oder Gesellschaftsvertrag zur Vertretung der Personengesamtheit berufenen Personen.

(4) Für Beamte, Richter, Berufssoldaten und Soldaten auf Zeit gelten die nachstehenden Vorschriften dieses Gesetzes entsprechend.

§ 2 Vermögenswirksame Leistungen, Anlageformen

(1) Vermögenswirksame Leistungen sind Geldleistungen, die der Arbeitgeber für den Arbeitnehmer anlegt

1. als Sparbeiträge des Arbeitnehmers auf Grund eines Sparvertrags über Wertpapiere oder andere Vermögensbeteiligungen (§ 4)
   a) zum Erwerb von Aktien, die vom Arbeitgeber ausgegeben werden oder an einer deutschen Börse zum regulierten Markt zugelassen oder in den Freiverkehr einbezogen sind,
   b) zum Erwerb von Wandelschuldverschreibungen, die vom Arbeitgeber ausgegeben werden oder an einer deutschen Börse zum regulierten Markt zugelassen oder in den Freiverkehr einbezogen sind, sowie von Gewinnschuldverschreibungen, die vom Arbeitgeber ausgegeben werden, zum Erwerb von Namensschuldverschreibungen des Arbeitgebers jedoch nur dann, wenn auf dessen Kosten die Ansprüche des Arbeitnehmers aus der Schuldverschreibung durch ein Kreditinstitut verbürgt oder durch ein Versicherungsunternehmen privatrechtlich gesichert sind und das Kreditinstitut oder Versicherungsunternehmen im Geltungsbereich dieses Gesetzes zum Geschäftsbetrieb befugt ist,
   c) zum Erwerb von Anteilen an OGAW-Sondervermögen sowie an als Sondervermögen aufgelegten offenen Publikums-AIF nach den §§ 218 und 219 des Kapitalanlagegesetzbuchs sowie von Anteilen an offenen EU-Investmentvermögen und offenen ausländischen AIF, die nach dem Kapitalanlagegesetzbuch vertrieben werden dürfen, wenn nach dem Jahresbericht für das vorletzte Geschäftsjahr, das dem Kalenderjahr des Abschlusses des Vertrags im Sinne des § 4 oder des § 5 vorausgeht, der Wert der Aktien in diesem Investmentvermögen 60 Prozent des Werts dieses Investmentvermögens nicht unterschreitet; für neu aufgelegte Invest-

mentvermögen ist für das erste und zweite Geschäftsjahr der erste Jahresbericht oder der erste Halbjahresbericht nach Auflegung des Investmentvermögens maßgebend,

d) (weggefallen)

e) (weggefallen)

f) zum Erwerb von Genußscheinen, die vom Arbeitgeber als Wertpapiere ausgegeben werden oder an einer deutschen Börse zum regulierten Markt zugelassen oder in den Freiverkehr einbezogen sind und von Unternehmen mit Sitz und Geschäftsleitung im Geltungsbereich dieses Gesetzes, die keine Kreditinstitute sind, ausgegeben werden, wenn mit den Genußscheinen das Recht am Gewinn eines Unternehmens verbunden ist und der Arbeitnehmer nicht als Mitunternehmer im Sinne des § 15 Abs. 1 Satz 1 Nr. 2 des Einkommensteuergesetzes anzusehen ist,

g) zur Begründung oder zum Erwerb eines Geschäftsguthabens bei einer Genossenschaft mit Sitz und Geschäftsleitung im Geltungsbereich dieses Gesetzes; ist die Genossenschaft nicht der Arbeitgeber, so setzt die Anlage vermögenswirksamer Leistungen voraus, daß die Genossenschaft entweder ein Kreditinstitut oder eine Bau- oder Wohnungsgenossenschaft im Sinne des § 2 Abs. 1 Nr. 2 des Wohnungsbau-Prämiengesetzes ist, die zum Zeitpunkt der Begründung oder des Erwerbs des Geschäftsguthabens seit mindestens drei Jahren im Genossenschaftsregister ohne wesentliche Änderung ihres Unternehmensgegenstandes eingetragen und nicht aufgelöst ist oder Sitz und Geschäftsleitung in dem in Artikel 3 des Einigungsvertrages genannten Gebiet hat und dort entweder am 1. Juli 1990 als Arbeiterwohnungsbaugenossenschaft, Gemeinnützige Wohnungsbaugenossenschaft oder sonstige Wohnungsbaugenossenschaft bestanden oder einen nicht unwesentlichen Teil von Wohnungen aus dem Bestand einer solchen Bau- oder Wohnungsgenossenschaft erworben hat,

h) zur Übernahme einer Stammeinlage oder zum Erwerb eines Geschäftsanteils an einer Gesellschaft mit beschränkter Haftung mit Sitz und Geschäftsleitung im Geltungsbereich dieses Gesetzes, wenn die Gesellschaft das Unternehmen des Arbeitgebers ist,

i) zur Begründung oder zum Erwerb einer Beteiligung als stiller Gesellschafter im Sinne des § 230 des Handelsgesetzbuchs am Unternehmen des Arbeitgebers mit Sitz und Geschäftsleitung im Geltungsbereich dieses Gesetzes, wenn der Arbeitnehmer nicht als Mitunternehmer im Sinne des § 15 Abs. 1 Nr. 2 des Einkommensteuergesetzes anzusehen ist,

k) zur Begründung oder zum Erwerb einer Darlehensforderung gegen den Arbeitgeber, wenn auf dessen Kosten die Ansprüche des Arbeitnehmers aus dem Darlehensvertrag durch ein Kreditinstitut verbürgt oder durch ein Versicherungsunternehmen privatrechtlich gesichert sind und das Kreditinstitut oder Versicherungsunternehmen im Geltungsbereich dieses Gesetzes zum Geschäftsbetrieb befugt ist,

l) zur Begründung oder zum Erwerb eines Genußrechts am Unternehmen des Arbeitgebers mit Sitz und Geschäftsleitung im Geltungsbereich dieses Gesetzes, wenn damit das Recht am Gewinn dieses Unternehmens verbunden ist, der Arbeitnehmer nicht als Mitunternehmer im Sinne des § 15 Abs. 1 Nr. 2 des Einkommensteuergesetzes anzusehen ist und über das Genußrecht kein Genußschein im Sinne des Buchstaben f ausgegeben wird,

2. als Aufwendungen des Arbeitnehmers auf Grund eines Wertpapier-Kaufvertrags (§ 5),

3. als Aufwendungen des Arbeitnehmers auf Grund eines Beteiligungs-Vertrags (§ 6) oder eines Beteiligungs-Kaufvertrags (§ 7),

4. als Aufwendungen des Arbeitnehmers nach den Vorschriften des Wohnungsbau-Prämiengesetzes; die Voraussetzungen für die Gewährung einer Prämie nach dem Wohnungsbau-Prämiengesetz brauchen nicht vorzuliegen; die Anlage vermögenswirksamer Leistungen als Aufwendungen nach § 2 Abs. 1 Nr. 2 des Wohnungsbau-Prämiengesetzes für den ersten Erwerb von Anteilen an Bau- und Wohnungsgenossenschaften setzt voraus, daß die Voraussetzungen der Nummer 1 Buchstabe g zweiter Halbsatz erfüllt sind,

5. als Aufwendungen des Arbeitnehmers
   a) zum Bau, zum Erwerb, zum Ausbau oder zur Erweiterung eines im Inland belegenen Wohngebäudes oder einer im Inland belegenen Eigentumswohnung,
   b) zum Erwerb eines Dauerwohnrechts im Sinne des Wohnungseigentumsgesetzes an einer im Inland belegenen Wohnung,
   c) zum Erwerb eines im Inland belegenen Grundstücks zum Zwecke des Wohnungsbaus oder
   d) zur Erfüllung von Verpflichtungen, die im Zusammenhang mit den in den Buchstaben a bis c bezeichneten Vorhaben eingegangen sind,

   sofern der Anlage nicht ein von einem Dritten vorgefertigtes Konzept zu Grunde liegt, bei dem der Arbeitnehmer vermögenswirksame Leistungen zusammen mit mehr als 15 anderen Arbeitnehmern anlegen kann; die Förderung der Aufwendungen nach den Buchstaben a bis c setzt voraus, daß sie unmittelbar für die dort bezeichneten Vorhaben verwendet werden,

6. als Sparbeiträge des Arbeitnehmers auf Grund eines Sparvertrags (§ 8),

7. als Beiträge des Arbeitnehmers auf Grund eines Kapitalversicherungsvertrags (§ 9),

8. als Aufwendungen des Arbeitnehmers, der nach § 18 Abs. 2 oder 3 die Mitgliedschaft in einer Genossenschaft oder Gesellschaft mit beschränkter Haftung gekündigt hat, zur Erfüllung von Verpflichtungen aus der Mitgliedschaft, die nach dem 31. Dezember 1994 fortbestehen oder entstehen.

(2) Aktien, Wandelschuldverschreibungen, Gewinnschuldverschreibungen oder Genußscheine eines Unternehmens, das im Sinne des § 18 Abs. 1 des Aktiengesetzes als herrschendes Unternehmen mit dem Unternehmen des Arbeitgebers verbunden ist, stehen Aktien, Wandelschuldverschreibungen, Gewinnschuldverschreibungen oder Genußscheinen im Sinne des Absatzes 1 Nr. 1 Buchstabe a, b oder f gleich, die vom Arbeitgeber ausgegeben werden. Ein Geschäftsguthaben bei einer Genossenschaft mit Sitz und Geschäftsleitung im Geltungsbereich dieses Gesetzes, die im Sinne des § 18 Abs. 1 des Aktiengesetzes als herrschendes Unternehmen mit dem Unternehmen des Arbeitgebers verbunden ist, steht einem Geschäftsguthaben im Sinne des Absatzes 1 Nr. 1 Buchstabe g bei einer Genossenschaft, die das Unternehmen des Arbeitgebers ist, gleich. Eine Stammeinlage oder ein Geschäftsanteil an einer Gesellschaft mit beschränkter Haftung mit Sitz und Geschäftsleitung im Geltungsbereich dieses Gesetzes, die im Sinne des § 18 Abs. 1 des Aktiengesetzes als herrschendes Unternehmen mit dem Unternehmen des Arbeitgebers verbunden ist, stehen einer Stammeinlage oder einem Geschäftsanteil im Sinne des Absatzes 1 Nr. 1 Buchstabe h an einer Gesellschaft, das das Unternehmen des Arbeitgebers ist, gleich. Eine Beteiligung als stiller Gesellschafter an einem Unternehmen mit Sitz und Geschäftsleitung im Geltungsbereich dieses Gesetzes, das im Sinne des § 18 Abs. 1 des Aktiengesetzes als herrschendes Unternehmen mit dem Unternehmen des Arbeitgebers verbunden ist oder das aus Grund eines Vertrags mit dem Arbeitgeber an dessen Unternehmen gesellschaftsrechtlich beteiligt ist, steht einer Beteiligung als stiller Gesellschafter im Sinne des Absatzes 1 Nr. 1 Buchstabe i gleich. Eine Darlehensforderung gegen ein Unternehmen mit Sitz und Geschäftsleitung im Geltungsbereich dieses Gesetzes, das im Sinne des § 18 Abs. 1 des Aktiengesetzes als

herrschendes Unternehmen mit dem Unternehmen des Arbeitgebers verbunden ist, oder ein Genußrecht an einem solchen Unternehmen stehen einer Darlehensforderung oder einem Genußrecht in einem Unternehmen im Sinne des Absatzes 1 Nr. 1 Buchstabe k oder l gleich.

(3) Die Anlage vermögenswirksamer Leistungen in Gewinnschuldverschreibungen im Sinne des Absatzes 1 Nr. 1 Buchstabe b und des Absatzes 2 Satz 1, in denen neben der gewinnabhängigen Verzinsung eine gewinnunabhängige Mindestverzinsung zugesagt ist, setzt voraus, daß

1. die gewinnunabhängige Mindestverzinsung der Gewinnschuldverschreibung im Regelfall die Hälfte der Gesamtverzinsung nicht überschreitet oder

2. die gewinnunabhängige Mindestverzinsung zum Zeitpunkt der Ausgabe der Gewinnschuldverschreibung die Hälfte der Emissionsrendite festverzinslicher Wertpapiere nicht überschreitet, die in den Monatsberichten der Deutschen Bundesbank für den viertletzten Kalendermonat ausgewiesen wird, den dem Kalendermonat der Ausgabe vorausgeht.

(4) Die Anlage vermögenswirksamer Leistungen in Genußscheinen und Genußrechten im Sinne des Absatzes 1 Nr. 1 Buchstabe f und l und des Absatzes 2 Satz 1 und 5 setzt voraus, daß eine Rückzahlung zum Nennwert nicht zugesagt ist; ist neben dem Recht am Gewinn eine gewinnunabhängige Mindestverzinsung zugesagt, gilt Absatz 3 entsprechend.

(5) Der Anlage vermögenswirksamer Leistungen nach Absatz 1 Nr. 1 Buchstabe f, i bis l, Absatz 2 Satz 1, 4 und 5 sowie Absatz 4 in einer Genossenschaft mit Sitz und Geschäftsleitung im Geltungsbereich dieses Gesetzes stehen §19 und eine Festsetzung durch Satzung gemäß § 20 des Genossenschaftsgesetzes nicht entgegen.

(5a) Der Arbeitgeber hat vor der Anlage vermögenswirksamer Leistungen im eigenen Unternehmen in Zusammenarbeit mit dem Arbeitnehmer Vorkehrungen zu treffen, die der Absicherung der angelegten vermögenswirksamen Leistungen bei einer während der Dauer der Sperrfrist eintretenden Zahlungsunfähigkeit des Arbeitgebers dienen. Das Bundesministerium für Arbeit und Sozialordnung berichtet den gesetzgebenden Körperschaften bis zum 30. Juni 2002 über die nach Satz 1 getroffenen Vorkehrungen.

(6) Vermögenswirksame Leistungen sind steuerpflichtige Einnahmen im Sinne des Einkommensteuergesetzes und Einkommen, Verdienst oder Entgelt (Arbeitsentgelt) im Sinne der Sozialversicherung und des Dritten Buches Sozialgesetzbuch. Reicht der nach Abzug der vermögenswirksamen Leistung verbleibende Arbeitslohn zur Deckung der einzubehaltenden Steuern, Sozialversicherungsbeiträge und Beiträge zur Bundesagentur für Arbeit nicht aus, so hat der Arbeitnehmer dem Arbeitgeber den zur Deckung erforderlichen Betrag zu zahlen.

(7) Vermögenswirksame Leistungen sind arbeitsrechtlich Bestandteil des Lohns oder Gehalts. Der Anspruch auf die vermögenswirksame Leistung ist nicht übertragbar.

§ 3 Vermögenswirksame Leistungen für Angehörige, Überweisung durch den Arbeitgeber, Kennzeichnungs-, Bestätigungs- und Mitteilungspflichten

(1) Vermögenswirksame Leistungen können auch angelegt werden

1. zugunsten des nicht dauernd getrennt lebenden Ehegatten oder Lebenspartners des Arbeitnehmers,

2. zugunsten der in § 32 Abs. 1 des Einkommensteuergesetzes bezeichneten Kinder, die zu Beginn des maßgeblichen Kalenderjahrs das 17. Lebensjahr noch nicht vollendet hatten oder die in diesem Kalenderjahr lebend geboren wurden oder

3. zugunsten der Eltern oder eines Elternteils des Arbeitnehmers, wenn der Arbeitnehmer als Kind die Voraussetzungen der Nummer 2 erfüllt.

Dies gilt nicht für die Anlage vermögenswirksamer Leistungen auf Grund von Verträgen nach den §§ 5 bis 7.

(2) Der Arbeitgeber hat die vermögenswirksamen Leistungen für den Arbeitnehmer unmittelbar an das Unternehmen oder Institut zu überweisen, bei dem sie angelegt werden sollen. Er hat dabei gegenüber dem Unternehmen oder Institut die vermögenswirksamen Leistungen zu kennzeichnen. Das Unternehmen oder Institut hat die nach § 2 Abs. 1 Nr. 1 bis 5, Abs. 2 bis 4 angelegten vermögenswirksamen Leistungen und die Art ihrer Anlage zu kennzeichnen. Kann eine vermögenswirksame Leistung nicht oder nicht mehr die Voraussetzungen des § 2 Abs. 1 bis 4 erfüllen, so hat das Unternehmen oder Institut dies dem Arbeitgeber unverzüglich schriftlich mitzuteilen. Die Sätze 1 bis 4 gelten nicht für die Anlage vermögenswirksamer Leistungen auf Grund von Verträgen nach den §§ 5, 6 Abs. 1 und § 7 Abs. 1 mit dem Arbeitgeber.

(3) Für eine vom Arbeitnehmer gewählte Anlage nach § 2 Abs. 1 Nr. 5 hat der Arbeitgeber auf Verlangen des Arbeitnehmers die vermögenswirksamen Leistungen an den Arbeitnehmer zu überweisen, wenn dieser dem Arbeitgeber eine schriftliche Bestätigung seines Gläubigers vorgelegt hat, daß die Anlage bei ihm die Voraussetzungen des § 2 Abs. 1 Nr. 5 erfüllt; Absatz 2 gilt in diesem Falle nicht. Der Arbeitgeber hat die Richtigkeit der Bestätigung nicht zu prüfen.

§ 4 Sparvertrag über Wertpapiere oder andere Vermögensbeteiligungen

(1) Ein Sparvertrag über Wertpapiere oder andere Vermögensbeteiligungen im Sinne des § 2 Abs. 1 Nr. 1 ist ein Sparvertrag mit einem Kreditinstitut oder einer Kapitalverwaltungsgesellschaft, in dem sich der Arbeitnehmer verpflichtet, als Sparbeiträge zum Erwerb von Wertpapieren im Sinne des § 2 Abs. 1 Nr. 1 Buchstabe a bis f, Abs. 2 Satz 1, Abs. 3 und 4 oder zur Begründung oder zum Erwerb von Rechten im Sinne des § 2 Abs. 1 Nr. 1 Buchstabe g bis l, Abs. 2 Satz 2 bis 5 und Abs. 4 einmalig oder für die Dauer von sechs Jahren seit Vertragsabschluß laufend vermögenswirksame Leistungen einzahlen zu lassen oder andere Beträge einzuzahlen.

(2) Die Förderung der auf Grund eines Vertrags nach Absatz 1 angelegten vermögenswirksamen Leistungen setzt voraus, daß

1. die Leistungen eines Kalenderjahrs, vorbehaltlich des Absatzes 3, spätestens bis zum Ablauf des folgenden Kalenderjahrs zum Erwerb der Wertpapiere oder zur Begründung oder zum Erwerb der Rechte verwendet und bis zur Verwendung festgelegt werden und

2. die mit den Leistungen erworbenen Wertpapiere unverzüglich nach ihrem Erwerb bis zum Ablauf einer Frist von sieben Jahren (Sperrfrist) festgelegt werden und über die Wertpapiere oder die mit den Leistungen begründeten oder erworbenen Rechte bis zum Ablauf der Sperrfrist nicht durch Rückzahlung, Abtretung, Beleihung oder in anderer Weise verfügt wird.

Die Sperrfrist gilt für alle auf Grund des Vertrags angelegten vermögenswirksamen Leistungen und beginnt am 1. Januar des Kalenderjahrs, in dem der Vertrag abgeschlossen worden ist. Als Zeitpunkt des Vertragsabschlusses gilt der Tag, an dem die vermögenswirksame Leistung, bei Verträgen über laufende Einzahlungen die erste vermögenswirksame Leistung, beim Kreditinstitut oder bei der Kapitalverwaltungsgesellschaft eingeht.

(3) Vermögenswirksame Leistungen, die nicht bis zum Ablauf der Frist nach Absatz 2 Nr. 1 verwendet worden sind, gelten als rechtzeitig verwendet, wenn sie am Ende eines Kalenderjahrs insgesamt 150 Euro nicht übersteigen und bis zum Ablauf der Sperrfrist nach Absatz 2 verwendet oder festgelegt werden.

(4) Eine vorzeitige Verfügung ist abweichend von Absatz 2 unschädlich, wenn

1. der Arbeitnehmer oder sein von ihm nicht dauernd getrennt lebender Ehegatte oder Lebenspartner nach Vertragsabschluß gestorben oder völlig erwerbsunfähig geworden ist,

2. der Arbeitnehmer nach Vertragsabschluß, aber vor der vorzeitigen Verfügung geheiratet oder eine Lebenspartnerschaft be-

gründet hat und im Zeitpunkt der vorzeitigen Verfügung mindestens zwei Jahre seit Beginn der Sperrfrist vergangen sind,

3. der Arbeitnehmer nach Vertragsabschluß arbeitslos geworden ist und die Arbeitslosigkeit mindestens ein Jahr lang ununterbrochen bestanden hat und im Zeitpunkt der vorzeitigen Verfügung noch besteht,

4. der Arbeitnehmer den Erlös innerhalb der folgenden drei Monate unmittelbar für die eigene Weiterbildung oder für die seines von ihm nicht dauernd getrennt lebenden Ehegatten oder Lebenspartners einsetzt und die Maßnahme außerhalb des Betriebes, dem er oder der Ehegatte oder der Lebenspartner angehört, durchgeführt wird und Kenntnisse und Fertigkeiten vermittelt werden, die dem beruflichen Fortkommen dienen und über arbeitsplatzbezogene Anpassungsfortbildungen hinausgehen; für vermögenswirksame Leistungen, die der Arbeitgeber für den Arbeitnehmer nach § 2 Absatz 1 Nummer 1 Buchstabe a, b, f bis l angelegt hat und die Rechte am Unternehmen des Arbeitgebers begründen, gilt dies nur bei Zustimmung des Arbeitgebers; bei nach § 2 Abs. 2 gleichgestellten Anlagen gilt dies nur bei Zustimmung des Unternehmens, das im Sinne des § 18 Abs. 1 des Aktiengesetzes als herrschendes Unternehmen mit dem Unternehmen des Arbeitgebers verbunden ist,

5. der Arbeitnehmer nach Vertragsabschluß unter Aufgabe der nichtselbständigen Arbeit eine Erwerbstätigkeit, die nach § 138 Abs. 1 der Abgabenordnung der Gemeinde mitzuteilen ist, aufgenommen hat oder

6. festgelegte Wertpapiere veräußert werden und der Erlös bis zum Ablauf des Kalendermonats, der dem Kalendermonat der Veräußerung folgt, zum Erwerb von in Absatz 1 bezeichneten Wertpapieren wiederverwendet wird; der bis zum Ablauf des der Veräußerung folgenden Kalendermonats nicht wiederverwendete Erlös gilt als rechtzeitig wiederverwendet, wenn er am Ende eines Kalendermonats insgesamt 150 Euro nicht übersteigt.

(5) Unschädlich ist auch, wenn in die Rechte und Pflichten des Kreditinstituts oder der Kapitalverwaltungsgesellschaft aus dem Sparvertrag an seine Stelle ein anderes Kreditinstitut oder eine andere Kapitalverwaltungsgesellschaft während der Laufzeit des Vertrags durch Rechtsgeschäft eintritt.

(6) Werden auf einen Vertrag über laufend einzuzahlende vermögenswirksame Leistungen oder andere Beträge in einem Kalenderjahr, das dem Kalenderjahr des Vertragsabschlusses folgt, weder vermögenswirksame Leistungen noch andere Beträge eingezahlt, so ist der Vertrag unterbrochen und kann nicht fortgeführt werden. Das gleiche gilt, wenn mindestens alle Einzahlungen eines Kalenderjahrs zurückgezahlt oder die Rückzahlungsansprüche aus dem Vertrag abgetreten oder beliehen werden.

§ 5 Wertpapier-Kaufvertrag

(1) Ein Wertpapier-Kaufvertrag im Sinne des § 2 Abs. 1 Nr. 2 ist ein Kaufvertrag zwischen dem Arbeitnehmer und dem Arbeitgeber zum Erwerb von Wertpapieren im Sinne des § 2 Abs. 1 Nr. 1 Buchstabe a bis f, Abs. 2 Satz 1, Abs. 3 und 4 durch den Arbeitnehmer mit der Vereinbarung, den vom Arbeitnehmer geschuldeten Kaufpreis mit vermögenswirksamen Leistungen zu verrechnen oder mit anderen Beträgen zu zahlen.

(2) Die Förderung der auf Grund eines Vertrags nach Absatz 1 angelegten vermögenswirksamen Leistungen setzt voraus, daß

1. mit den Leistungen eines Kalenderjahrs spätestens bis zum Ablauf des folgenden Kalenderjahrs die Wertpapiere erworben werden und

2. die mit den Leistungen erworbenen Wertpapiere unverzüglich nach ihrem Erwerb bis zum Ablauf einer Frist von sechs Jahren (Sperrfrist) festgelegt werden und über die Wertpapiere bis zum Ablauf der Sperrfrist nicht durch Rückzahlung, Abtretung, Beleihung oder in anderer Weise verfügt wird; die Sperrfrist beginnt am 1. Januar des Kalenderjahrs, in dem das Wertpapier erworben worden ist; § 4 Abs. 4 Nr. 1 bis 5 gilt entsprechend.

§ 6 Beteiligungs-Vertrag

(1) Ein Beteiligungs-Vertrag im Sinne des § 2 Abs. 1 Nr. 3 ist ein Vertrag zwischen dem Arbeitnehmer und dem Arbeitgeber über die Begründung von Rechten im Sinne des § 2 Abs. 1 Nr. 1 Buchstabe g bis l und Abs. 4 für den Arbeitnehmer am Unternehmen des Arbeitgebers mit der Vereinbarung, die vom Arbeitnehmer für die Begründung geschuldete Geldsumme mit vermögenswirksamen Leistungen zu verrechnen oder mit anderen Beträgen zu zahlen.

(2) Ein Beteiligungs-Vertrag im Sinne des § 2 Abs. 1 Nr. 3 ist auch ein Vertrag zwischen dem Arbeitnehmer und

1. einem Unternehmen, das nach § 2 Abs. 2 Satz 2 bis 5 mit dem Unternehmen des Arbeitgebers verbunden oder nach § 2 Abs. 2 Satz 4 an diesem Unternehmen beteiligt ist, über die Begründung von Rechten im Sinne des § 2 Abs. 1 Nr. 1 Buchstabe g bis l, Abs. 2 Satz 2 bis 5 und Abs. 4 für den Arbeitnehmer an diesem Unternehmen oder

2. einer Genossenschaft mit Sitz und Geschäftsleitung im Geltungsbereich dieses Gesetzes, die ein Kreditinstitut oder eine Bau- oder Wohnungsgenossenschaft ist, die die Voraussetzungen des § 2 Abs. 1 Nr. 1 Buchstabe g zweiter Halbsatz erfüllt, über die Begründung eines Geschäftsguthabens für den Arbeitnehmer bei dieser Genossenschaft

mit der Vereinbarung, die vom Arbeitnehmer für die Begründung der Rechte oder des Geschäftsguthabens geschuldete Geldsumme mit vermögenswirksamen Leistungen zahlen zu lassen oder mit anderen Beträgen zu zahlen.

(3) Die Förderung der auf Grund eines Vertrags nach Absatz 1 oder 2 angelegten vermögenswirksamen Leistungen setzt voraus, daß

1. mit den Leistungen eines Kalenderjahrs spätestens bis zum Ablauf des folgenden Kalenderjahrs die Rechte begründet werden und

2. über die mit den Leistungen begründeten Rechte bis zum Ablauf einer Frist von sechs Jahren (Sperrfrist) nicht durch Rückzahlung, Abtretung, Beleihung oder in anderer Weise verfügt wird; die Sperrfrist beginnt am 1. Januar des Kalenderjahrs, in dem das Recht begründet worden ist; § 4 Abs. 4 Nr. 1 bis 5 gilt entsprechend.

§ 7 Beteiligungs-Kaufvertrag

(1) Ein Beteiligungs-Kaufvertrag im Sinne des § 2 Abs. 1 Nr. 3 ist ein Kaufvertrag zwischen dem Arbeitnehmer und dem Arbeitgeber zum Erwerb von Rechten im Sinne des § 2 Abs. 1 Nr. 1 Buchstabe g bis l, Abs. 2 Satz 2 bis 5 und Abs. 4 durch den Arbeitnehmer mit der Vereinbarung, den vom Arbeitnehmer geschuldeten Kaufpreis mit vermögenswirksamen Leistungen zu verrechnen oder mit anderen Beträgen zu zahlen.

(2) Ein Beteiligungs-Kaufvertrag im Sinne des § 2 Abs. 1 Nr. 3 ist auch ein Kaufvertrag zwischen dem Arbeitnehmer und einer Gesellschaft mit beschränkter Haftung, die nach § 2 Abs. 2 Satz 3 mit dem Unternehmen des Arbeitgebers verbunden ist, zum Erwerb eines Geschäftsanteils im Sinne des § 2 Abs. 1 Nr. 1 Buchstabe h an dieser Gesellschaft durch den Arbeitnehmer mit der Vereinbarung, den vom Arbeitnehmer geschuldeten Kaufpreis mit vermögenswirksamen Leistungen zahlen zu lassen oder mit anderen Beträgen zu zahlen.

(3) Für die Förderung der auf Grund eines Vertrags nach Absatz 1 oder 2 angelegten vermögenswirksamen Leistungen gilt § 6 Abs. 3 entsprechend.

§ 8 Sparvertrag

(1) Ein Sparvertrag im Sinne des § 2 Abs. 1 Nr. 6 ist ein Sparvertrag zwischen dem Arbeitnehmer und einem Kreditinstitut, in dem die in den Absätzen 2 bis 5 bezeichneten Vereinbarungen, mindestens aber die in den Absätzen 2 und 3 bezeichneten Vereinbarungen, getroffen sind.

(2) Der Arbeitnehmer ist verpflichtet,

1. einmalig oder für die Dauer von sechs Jahren seit Vertragsabschluß laufend, mindestens aber einmal im Kalenderjahr,

als Sparbeiträge vermögenswirksame Leistungen einzahlen zu lassen oder andere Beträge einzuzahlen und

2. bis zum Ablauf einer Frist von sieben Jahren (Sperrfrist) die eingezahlten vermögenswirksamen Leistungen bei dem Kreditinstitut festzulegen und die Rückzahlungsansprüche aus dem Vertrag weder abzutreten noch zu beleihen.

Der Zeitpunkt des Vertragsabschlusses und der Beginn der Sperrfrist bestimmen sich nach den Regelungen des § 4 Abs. 2 Satz 2 und 3.

(3) Der Arbeitnehmer ist abweichend von der in Absatz 2 Satz 1 Nr. 2 bezeichneten Vereinbarung zur vorzeitiger Verfügung berechtigt, wenn eine der in § 4 Abs. 4 Nr. 1 bis 5 bezeichneten Voraussetzungen erfüllt ist.

(4) Der Arbeitnehmer ist abweichend von der in Absatz 2 Satz 1 Nr. 2 bezeichneten Vereinbarung auch berechtigt, vor Ablauf der Sperrfrist mit eingezahlten vermögenswirksamen Leistungen zu erwerben

1. Wertpapiere im Sinne des § 2 Abs. 1 Nr. 1 Buchstabe a bis f, Abs. 2 Satz 1, Abs. 3 und 4,

2. Schuldverschreibungen, die vom Bund, von den Ländern, von den Gemeinden, von anderen Körperschaften des öffentlichen Rechts, vom Arbeitgeber, von einem im Sinne des § 18 Abs. 1 des Aktiengesetzes als herrschendes Unternehmen mit dem Unternehmen des Arbeitgebers verbundenen Unternehmen oder von einem Kreditinstitut mit Sitz und Geschäftsleitung im Geltungsbereich dieses Gesetzes ausgegeben werden, Namensschuldverschreibungen des Arbeitgebers jedoch nur dann, wenn auf dessen Kosten die Ansprüche des Arbeitnehmers aus der Schuldverschreibung durch ein Kreditinstitut verbürgt oder durch ein Versicherungsunternehmen privatrechtlich gesichert sind und das Kreditinstitut oder Versicherungsunternehmen im Geltungsbereich dieses Gesetzes zum Geschäftsbetrieb befugt ist,

3. Genußscheine, die von einem Kreditinstitut mit Sitz und Geschäftsleitung im Geltungsbereich dieses Gesetzes, das nicht der Arbeitgeber ist, als Wertpapiere ausgegeben werden, wenn mit den Genußscheinen das Recht am Gewinn des Kreditinstituts verbrieft ist, der Arbeitnehmer nicht als Mitunternehmer im Sinne des § 15 Abs. 1 Nr. 2 des Einkommensteuergesetzes anzusehen ist und die Voraussetzungen des § 2 Abs. 4 erfüllt sind,

4. Anleiheforderungen, die in ein Schuldbuch des Bundes oder eines Landes eingetragen werden,

5. Anteile an einem Sondervermögen, die von Kapitalverwaltungsgesellschaften im Sinne des Kapitalanlagegesetzbuchs ausgegeben werden und nicht unter § 2 Abs. 1 Nr. 1 Buchstabe c fallen, oder

6. Anteile an offenen EU-Investmentvermögen und ausländischen AIF, die nach dem Kapitalanlagegesetzbuch vertrieben werden dürfen.

Der Arbeitnehmer ist verpflichtet, bis zum Ablauf der Sperrfrist die nach Satz 1 erworbenen Wertpapiere bei dem Kreditinstitut, mit dem der Sparvertrag abgeschlossen ist, festzulegen und über die Wertpapiere nicht zu verfügen; diese Verpflichtung besteht nicht, wenn eine der in § 4 Abs. 4 Nr. 1 bis 5 bezeichneten Voraussetzungen erfüllt ist.

(5) Der Arbeitnehmer ist abweichend von der in Absatz 2 Satz 1 Nummer 2 bezeichneten Vereinbarung auch berechtigt, vor Ablauf der Sperrfrist die Überweisung eingezahlter vermögenswirksamer Leistungen auf einen von ihm oder seinem nicht dauernd getrennt lebenden Ehegatten oder Lebenspartner abgeschlossenen Bausparvertrag zu verlangen, wenn weder mit der Auszahlung der Bausparsumme begonnen worden ist noch die überwiesenen Beträge vor Ablauf der Sperrfrist ganz oder zum Teil zurückgezahlt noch Ansprüche aus dem Bausparvertrag abgetreten oder beliehen werden oder wenn eine solche vorzeitige Verfügung nach § 2 Absatz 3 Satz 2 Nummer 1 und 2 des Wohnungsbau-Prämiengesetzes in der Fassung der Bekanntmachung vom 30. Oktober 1997 (BGBl. I S. 2678), das zuletzt durch Artikel 7

des Gesetzes vom 5. April 2011 (BGBl. I S. 554) geändert worden ist, in der jeweils geltenden Fassung unschädlich ist. Satz 1 gilt für vor dem 1. Januar 2009 und nach dem 31. Dezember 2008 abgeschlossene Bausparverträge.

§ 9 Kapitalversicherungsvertrag

(1) Ein Kapitalversicherungsvertrag im Sinne des § 2 Abs. 1 Nr. 7 ist ein Vertrag über eine Kapitalversicherung auf den Erlebens- und Todesfall gegen laufenden Beitrag, der für die Dauer von mindestens zwölf Jahren und mit den in den Absätzen 2 bis 5 bezeichneten Vereinbarungen zwischen dem Arbeitnehmer und einem Versicherungsunternehmen abgeschlossen ist, das im Geltungsbereich dieses Gesetzes zum Geschäftsbetrieb befugt ist.

(2) Der Arbeitnehmer ist verpflichtet, als Versicherungsbeiträge vermögenswirksame Leistungen einzahlen zu lassen oder andere Beträge einzuzahlen.

(3) Die Versicherungsbeiträge enthalten keine Anteile für Zusatzleistungen wie für Unfall, Invalidität oder Krankheit.

(4) Der Versicherungsvertrag sieht vor, daß bereits ab Vertragsbeginn ein nicht kürzbarer Anteil von mindestens 50 Prozent des gezahlten Beitrags als Rückkaufswert (§ 169 des Versicherungsvertragsgesetzes) erstattet oder der Berechnung der prämienfreien Versicherungsleistung (§ 165 des Versicherungsvertragsgesetzes) zugrunde gelegt wird.

(5) Die Gewinnanteile werden verwendet

1. zur Erhöhung der Versicherungsleistung oder

2. auf Verlangen des Arbeitnehmers zur Verrechnung mit fälligen Beiträgen, wenn er nach Vertragsabschluß arbeitslos geworden ist und die Arbeitslosigkeit mindestens ein Jahr lang ununterbrochen bestanden hat und im Zeitpunkt der Verrechnung noch besteht.

§ 10 Vereinbarung zusätzlicher vermögenswirksamer Leistungen

(1) Vermögenswirksame Leistungen können in Verträgen mit Arbeitnehmern, in Betriebsvereinbarungen, in Tarifverträgen oder in bindenden Festsetzungen (§ 19 des Heimarbeitsgesetzes) vereinbart werden.

(2) bis (4) (weggefallen)

(5) Der Arbeitgeber kann auf tarifvertraglich vereinbarte vermögenswirksame Leistungen die betrieblichen Sozialleistungen anrechnen, die dem Arbeitnehmer in dem Kalenderjahr bisher schon als vermögenswirksame Leistungen erbracht worden sind.

§ 11 Vermögenswirksame Anlage von Teilen des Arbeitslohns

(1) Der Arbeitgeber hat auf schriftliches Verlangen des Arbeitnehmers einen Vertrag über die vermögenswirksame Anlage von Teilen des Arbeitslohns abzuschließen.

(2) Auch vermögenswirksam angelegte Teile des Arbeitslohns sind vermögenswirksame Leistungen im Sinne dieses Gesetzes.

(3) Zum Abschluß eines Vertrags nach Absatz 1, wonach die Lohnteile nicht zusammen mit anderen vermögenswirksamen Leistungen für den Arbeitnehmer angelegt und überwiesen werden sollen, ist der Arbeitgeber nur dann verpflichtet, wenn der Arbeitnehmer die Anlage von Teilen des Arbeitslohns in monatlichen der Höhe nach gleichbleibenden Beträgen von mindestens 13 Euro oder in vierteljährlichen der Höhe nach gleichbleibenden Beträgen von mindestens 39 Euro oder nur einmal im Kalenderjahr in Höhe eines Betrags von mindestens 39 Euro verlangt. Der Arbeitnehmer kann bei der Anlage in monatlichen Beträgen während des Kalenderjahrs die Art der vermögenswirksamen Anlage und das Unternehmen oder Institut, bei dem sie erfolgen soll, nur mit Zustimmung des Arbeitgebers wechseln.

(4) Der Arbeitgeber kann einen Termin im Kalenderjahr bestimmen, zu dem die Arbeitnehmer des Betriebs oder Betriebsteils die einmalige Anlage von Teilen des Arbeitslohns nach Absatz 3 verlangen können. Die Bestimmung dieses Termins unterliegt der Mitbestimmung des Betriebsrats oder der zuständigen Personalvertretung; das für die Mitbestimmung in sozialen Angelegenheiten vorgeschriebene Verfahren ist einzuhalten. Der nach Satz 1 bestimmte Termin ist den

Arbeitnehmern in jedem Kalenderjahr erneut in geeigneter Form bekanntzugeben. Zu einem anderen als dem nach Satz 1 bestimmten Termin kann der Arbeitnehmer eine einmalige Anlage nach Absatz 3 nur verlangen

1. von Teilen des Arbeitslohns, den er im letzten Lohnzahlungszeitraum des Kalenderjahrs erzielt, oder
2. von Teilen besonderer Zuwendungen, die im Zusammenhang mit dem Weihnachtsfest oder Jahresende gezahlt werden.

(5) Der Arbeitnehmer kann jeweils einmal im Kalenderjahr von dem Arbeitgeber schriftlich verlangen, daß der Vertrag über die vermögenswirksame Anlage von Teilen des Arbeitslohns aufgehoben, eingeschränkt oder erweitert wird. Im Fall der Aufhebung ist der Arbeitgeber nicht verpflichtet, in demselben Kalenderjahr einen neuen Vertrag über die vermögenswirksame Anlage von Teilen des Arbeitslohns abzuschließen.

(6) In Tarifverträgen oder Betriebsvereinbarungen kann von den Absätzen 3 bis 5 abgewichen werden.

§ 12 Freie Wahl der Anlage

Vermögenswirksame Leistungen werden nur dann nach den Vorschriften dieses Gesetzes gefördert, wenn der Arbeitnehmer die Art der vermögenswirksamen Anlage und das Unternehmen oder Institut, bei dem sie erfolgen soll, frei wählen kann. Einer Förderung steht jedoch nicht entgegen, daß durch Tarifvertrag die Anlage auf die Formen des § 2 Abs. 1 Nr. 1 bis 5, Abs. 2 bis 4 beschränkt wird. Eine Anlage im Unternehmen des Arbeitgebers nach § 2 Abs. 1 Nr. 1 Buchstabe g bis l und Abs. 4 ist nur mit Zustimmung des Arbeitgebers zulässig.

§ 13 Anspruch auf Arbeitnehmer-Sparzulage

(1) Der Arbeitnehmer hat Anspruch auf eine Arbeitnehmer-Sparzulage nach Absatz 2, wenn er gegenüber dem Unternehmen, dem Institut oder dem in § 3 Absatz 3 genannten Gläubiger in die Datenübermittlung nach Maßgabe des § 15 Absatz 1 Satz 2 und 3 eingewilligt hat und sein Einkommen die Grenze von 40 000 Euro oder bei einer Zusammenveranlagung nach § 26b des Einkommensteuergesetzes von 80 000 Euro nicht übersteigt. Maßgeblich ist das zu versteuernde Einkommen nach § 2 Absatz 5 des Einkommensteuergesetzes in dem Kalenderjahr, in dem die vermögenswirksamen Leistungen angelegt worden sind.

(2) Die Arbeitnehmer-Sparzulage beträgt 20 Prozent der nach § 2 Absatz 1 Nummer 1 bis 3, Absatz 2 bis 4 angelegten vermögenswirksamen Leistungen, soweit sie 400 Euro im Kalenderjahr nicht übersteigen, und 9 Prozent der nach § 2 Absatz 1 Nummer 4 und 5 angelegten vermögenswirksamen Leistungen, soweit sie 470 Euro im Kalenderjahr nicht übersteigen.

(3) Die Arbeitnehmer-Sparzulage gilt weder als steuerpflichtige Einnahme im Sinne des Einkommensteuergesetzes noch als Einkommen, Verdienst oder Entgelt (Arbeitsentgelt) im Sinne der Sozialversicherung und des Dritten Buches Sozialgesetzbuch; sie gilt arbeitsrechtlich nicht als Bestandteil des Lohns oder Gehalts. Der Anspruch auf Arbeitnehmer-Sparzulage ist nicht übertragbar.

(4) Der Anspruch auf Arbeitnehmer-Sparzulage entsteht mit Ablauf des Kalenderjahrs, in dem die vermögenswirksamen Leistungen angelegt worden sind.

(5) Der Anspruch auf Arbeitnehmer-Sparzulage entfällt rückwirkend, soweit die in den §§ 4 bis 7 genannten Fristen oder bei einer Anlage nach § 2 Abs. 1 Nr. 4 die in § 2 Abs. 1 Nr. 3 und 4 und Abs. 3 Satz 1 sowie des Wohnungsbau-Prämiengesetzes vorgesehenen Voraussetzungen nicht eingehalten werden. Satz 1 gilt für vor dem 1. Januar 2009 und nach dem 31. Dezember 2008 abgeschlossene Bausparverträge. Der Anspruch entfällt nicht, wenn die Sperrfrist nicht eingehalten wird, weil

1. der Arbeitnehmer das Umtausch- oder Abfindungsangebot eines Wertpapier-Emittenten angenommen hat oder Wertpapiere dem Aussteller nach Auslosung oder Kündigung durch den Aussteller zur Einlösung vorgelegt worden sind,

2. die mit den vermögenswirksamen Leistungen erworbenen oder begründeten Wertpapiere oder Rechte im Sinne des § 2 Abs. 1 Nr. 1, Abs. 2 bis 4 ohne Mitwirkung des Arbeitnehmers wertlos geworden sind oder
3. der Arbeitnehmer über nach § 2 Abs. 1 Nr. 4 angelegte vermögenswirksame Leistungen nach Maßgabe des § 4 Abs. 4 Nr. 4 in Höhe von mindestens 30 Euro verfügt.

§ 14 Festsetzung der Arbeitnehmer-Sparzulage, Anwendung der Abgabenordnung, Verordnungsermächtigung, Rechtsweg

(1) Die Verwaltung der Arbeitnehmer-Sparzulage obliegt den Finanzämtern. Die Arbeitnehmer-Sparzulage wird aus den Einnahmen an Lohnsteuer gezahlt.

(2) Auf die Arbeitnehmer-Sparzulage sind die für Steuervergütungen geltenden Vorschriften der Abgabenordnung entsprechend anzuwenden. Dies gilt nicht für § 163 der Abgabenordnung.

(3) Für die Arbeitnehmer-Sparzulage gelten die Strafvorschriften des § 370 Abs. 1 bis 4, der §§ 371, 375 Abs. 1 und des § 376 sowie die Bußgeldvorschriften der §§ 378, 379 Abs. 1 und 4 und der §§ 383 und 384 der Abgabenordnung entsprechend. Für das Strafverfahren wegen einer Straftat nach Satz 1 sowie der Begünstigung einer Person, die eine solche Tat begangen hat, gelten die §§ 385 bis 408, für das Bußgeldverfahren wegen einer Ordnungswidrigkeit nach Satz 1 die §§ 409 bis 412 der Abgabenordnung entsprechend.

(4) Die Arbeitnehmer-Sparzulage wird auf Antrag durch das für die Besteuerung des Arbeitnehmers nach dem Einkommen zuständige Finanzamt festgesetzt. Der Arbeitnehmer hat den Antrag nach amtlich vorgeschriebenem Vordruck zu stellen. Die Arbeitnehmer-Sparzulage wird fällig

a) mit Ablauf der für die Anlageform vorgeschriebenen Sperrfrist, nach diesem Gesetz,

b) mit Ablauf der im Wohnungsbau-Prämiengesetz oder in der Verordnung zur Durchführung des Wohnungsbau-Prämiengesetzes genannten Sperr- und Rückzahlungsfristen. Bei Bausparverträgen gelten die in § 2 Abs. 3 Satz 1 des Wohnungsbau-Prämiengesetzes genannten Sperr- und Rückzahlungsfristen und zwar unabhängig davon, ob der Vertrag vor dem 1. Januar 2009 oder nach dem 31. Dezember 2008 abgeschlossen worden ist,

c) mit Zuteilung des Bausparvertrags oder

d) in den Fällen unschädlicher Verfügung.

(5) Ein Bescheid über die Ablehnung der Festsetzung einer Arbeitnehmer-Sparzulage ist aufzuheben und die Arbeitnehmer-Sparzulage ist nachträglich festzusetzen, wenn der Einkommensteuerbescheid nach Ergehen des Ablehnungsbescheides geändert wird und dadurch erstmals festgestellt wird, dass die Einkommensgrenzen des § 13 Absatz 1 unterschritten sind. Die Frist für die Festsetzung der Arbeitnehmer-Sparzulage endet in diesem Fall nicht vor Ablauf eines Jahres nach Bekanntgabe des geänderten Steuerbescheides. Satz 2 gilt entsprechend, wenn der geänderten Einkommensteuerfestsetzung kein Bescheid über die Ablehnung der Festsetzung einer Arbeitnehmer-Sparzulage vorangegangen ist.

(6) Besteht für Aufwendungen, die vermögenswirksame Leistungen darstellen, ein Anspruch auf Arbeitnehmer-Sparzulage und hat der Arbeitnehmer hierfür abweichend von § 1 Satz 2 Nummer 1 des Wohnungsbau-Prämiengesetzes eine Wohnungsbauprämie beantragt, endet die Frist für die Festsetzung der Arbeitnehmer-Sparzulage nicht vor Ablauf eines Jahres nach Bekanntgabe der Mitteilung über die Änderung des Prämienanspruchs.

(7) Die Bundesregierung wird ermächtigt, durch Rechtsverordnung mit Zustimmung des Bundesrates das Verfahren bei der Festsetzung und der Auszahlung der Arbeitnehmer-Sparzulage näher zu regeln, soweit dies zur Vereinfachung des Verfahrens erforderlich ist. Dabei kann auch bestimmt werden, dass der Arbeitgeber, das Unternehmen, das Institut oder der in § 3 Abs. 3 genannte Gläubiger bei der Antragstellung mitwirkt und ihnen die

Arbeitnehmer-Sparzulage zugunsten des Arbeitnehmers überwiesen wird.

(8) In öffentlich-rechtlichen Streitigkeiten über die auf Grund dieses Gesetzes ergehenden Verwaltungsakte der Finanzbehörden ist der Finanzrechtsweg gegeben.

§ 15 Elektronische Vermögensbildungsbescheinigung, Verordnungsermächtigungen, Haftung, Anrufungsauskunft, Außenprüfung

(1) Das Unternehmen, das Institut oder der in § 3 Absatz 3 genannte Gläubiger hat der für die Besteuerung des Arbeitnehmers nach dem Einkommen zuständigen Finanzbehörde nach Maßgabe des § 93c der Abgabenordnung neben den in § 93c Absatz 1 der Abgabenordnung genannten Daten folgende Angaben zu übermitteln (elektronische Vermögensbildungsbescheinigung), wenn der Arbeitnehmer gegenüber der mitteilungspflichtigen Stelle in die Datenübermittlung eingewilligt hat:

1. den jeweiligen Jahresbetrag der nach § 2 Abs. 1 Nr. 1 bis 5, Abs. 2 bis 4 angelegten vermögenswirksamen Leistungen sowie die Art ihrer Anlage,

2. das Kalenderjahr, dem diese vermögenswirksamen Leistungen zuzuordnen sind, und

3. entweder das Ende der für die Anlageform vorgeschriebenen Sperrfrist nach diesem Gesetz oder bei einer Anlage nach § 2 Abs. 1 Nr. 4 das Ende der im Wohnungsbau-Prämiengesetz oder in der Verordnung zur Durchführung des Wohnungsbau-Prämiengesetzes genannten Sperr- und Rückzahlungsfristen, entweder das Ende der für die Anlageform vorgeschriebenen Sperrfrist nach diesem Gesetz oder bei einer Anlage nach § 2 Abs. 1 Nr. 4 das Ende der im Wohnungsbau-Prämiengesetz oder in der Verordnung zur Durchführung des Wohnungsbau-Prämiengesetzes genannten Sperr- und Rückzahlungsfristen. Bei Bausparverträgen sind die in § 2 Abs. 3 Satz 1 des Wohnungsbau-Prämiengesetzes genannten Sperr- und Rückzahlungsfristen zu bescheinigen un-

abhängig davon, ob der Vertrag vor dem 1. Januar 2009 oder nach dem 31. Dezember 2008 abgeschlossen worden ist.

Die Einwilligung nach Satz 1 ist spätestens bis zum Ablauf des zweiten Kalenderjahres, das auf das Kalenderjahr der Anlage der vermögenswirksamen Leistungen folgt, zu erteilen. Dabei hat der Arbeitnehmer dem Mitteilungspflichtigen die Identifikationsnummer mitzuteilen. Wird die Einwilligung nach Ablauf des Kalenderjahres der Anlage der vermögenswirksamen Leistungen abgegeben, sind die Daten bis zum Ende des folgenden Kalendervierteljahres zu übermitteln.

(1a) In den Fällen des Absatzes 1 ist für die Anwendung des § 72a Absatz 4 und des § 93c Absatz 4 Satz 1 der Abgabenordnung die für die Besteuerung der mitteilungspflichtigen Stelle nach dem Einkommen zuständige Finanzbehörde zuständig. Die nach Absatz 1 übermittelten Daten können durch die nach Satz 1 zuständige Finanzbehörde zum Zweck der Anwendung des § 93c Absatz 4 Satz 1 der Abgabenordnung bei den für die Besteuerung der Arbeitnehmer nach dem Einkommen zuständigen Finanzbehörden abgerufen und verwendet werden.

(2) Die Bundesregierung wird ermächtigt, durch Rechtsverordnung mit Zustimmung des Bundesrates weitere Vorschriften zu erlassen über

1. Aufzeichnungs- und Mitteilungspflichten des Arbeitgebers und des Unternehmens oder Instituts, bei dem die vermögenswirksamen Leistungen angelegt sind, und

2. die Festlegung von Wertpapieren und die Art der Festlegung, soweit dies erforderlich ist, damit nicht die Arbeitnehmer-Sparzulage zu Unrecht gezahlt, versagt, nicht zurückgefordert oder nicht einbehalten wird.

(3) Haben der Arbeitgeber, das Unternehmen, das Institut oder der in § 3 Abs. 3 genannte Gläubiger ihre Pflichten nach diesem Gesetz oder nach einer auf Grund dieses Gesetzes erlassenen Rechtsverordnung verletzt, so haften sie für die Arbeitnehmer-Sparzulage, die wegen ihrer Pflichtverletzung zu Unrecht

gezahlt, nicht zurückgefordert oder nicht einbehalten worden ist.

(4) Das Finanzamt, das für die Besteuerung nach dem Einkommen der in Absatz 3 Genannten zuständig ist, hat auf deren Anfrage Auskunft darüber zu erteilen, wie im einzelnen Fall die Vorschriften über vermögenswirksame Leistungen anzuwenden sind, die nach § 2 Absatz 1 Nummer 1 bis 5 und Absatz 2 bis 4 angelegt werden.

(5) Das für die Lohnsteuer-Außenprüfung zuständige Finanzamt kann bei den in Absatz 3 Genannten eine Außenprüfung durchführen, um festzustellen, ob sie ihre Pflichten nach diesem Gesetz oder nach einer auf Grund dieses Gesetzes erlassenen Rechtsverordnung, soweit diese mit der Anlage vermögenswirksamer Leistungen nach § 2 Abs. 1 Nr. 1 bis 5, Abs. 2 bis 4 zusammenhängen, erfüllt haben. Die §§ 195 bis 203a der Abgabenordnung gelten entsprechend.

§ 16 (gegenstandslos)

§ 16a Gleichstellung der Wertpapierinstitute

Für die Anwendung der vorstehenden Vorschriften dieses Gesetzes sind Wertpapierinstitute im Sinne des Wertpapierinstitutsgesetzes den Kreditinstituten sowie den Kapitalverwaltungsgesellschaften im Sinne des Kapitalanlagegesetzbuchs gleichgestellt.

§ 17 Anwendungsvorschriften

(1) Die vorstehenden Vorschriften dieses Gesetzes gelten vorbehaltlich der nachfolgenden Absätze für vermögenswirksame Leistungen, die nach dem 31. Dezember 1993 angelegt werden.

(2) Für vermögenswirksame Leistungen, die vor dem 1. Januar 1994 angelegt werden, gilt, soweit Absatz 5 nichts anderes bestimmt, § 17 des Fünften Vermögensbildungsgesetzes in der Fassung der Bekanntmachung vom 19. Januar 1989 (BGBl. I S. 137) – Fünftes Vermögensbildungsgesetz 1989 –, unter Berücksichtigung der Änderung durch Artikel 2 Nr. 1 des Gesetzes vom 13. Dezember 1990 (BGBl. I S. 2749).

(3) Für vermögenswirksame Leistungen, die im Jahr 1994 angelegt werden auf Grund eines vor dem 1. Januar 1994 abgeschlossenen Vertrags

1. nach § 4 Abs. 1 oder § 5 Abs. 1 des Fünften Vermögensbildungsgesetzes 1989 zum Erwerb von Aktien oder Wandelschuldverschreibungen, die keine Aktien oder Wandelschuldverschreibungen im Sinne des vorstehenden § 2 Abs. 1 Nr. 1 Buchstaben a oder b, Abs. 2 Satz 1 sind, oder

2. nach § 6 Abs. 2 des Fünften Vermögensbildungsgesetzes 1989 über die Begründung eines Geschäftsguthabens bei einer Genossenschaft, die keine Genossenschaft im Sinne des vorstehenden § 2 Abs. 1 Nr. 1 Buchstabe g, Abs. 2 Satz 2 ist, oder

3. nach § 6 Abs. 2 oder § 7 Abs. 2 des Fünften Vermögensbildungsgesetzes 1989 über die Übernahme einer Stammeinlage oder zum Erwerb eines Geschäftsanteils an einer Gesellschaft mit beschränkter Haftung, die keine Gesellschaft im Sinne des vorstehenden § 2 Abs. 1 Nr. 1 Buchstabe h, Abs. 2 Satz 3 ist,

gelten statt der vorstehenden §§ 2, 4, 6 und 7 die §§ 2, 4, 6 und 7 des Fünften Vermögensbildungsgesetzes 1989.

(4) Für vermögenswirksame Leistungen, die nach dem 31. Dezember 1993 auf Grund eines Vertrages im Sinne des § 17 Abs. 5 Satz 1 des Fünften Vermögensbildungsgesetzes 1989 angelegt werden, gilt § 17 Abs. 5 und 6 des Fünften Vermögensbildungsgesetzes 1989.

(5) Für vermögenswirksame Leistungen, die vor dem 1. Januar 1994 auf Grund eines Vertrags im Sinne des Absatzes 3 angelegt worden sind, gelten § 4 Abs. 2 bis 5, § 5 Abs. 2, § 6 Abs. 3 und § 7 Abs. 3 des Fünften Vermögensbildungsgesetzes 1989 über Fristen für die Verwendung vermögenswirksamer Leistungen und über Sperrfristen nach dem 31. Dezember 1993 nicht mehr. Für vermögenswirksame Leistungen, die vor dem 1. Januar 1994 auf Grund eines Vertrags im Sinne des § 17 Abs. 2 des Fünften Vermögensbildungsgesetzes 1989 über die Begründung einer oder

mehrerer Beteiligungen als stiller Gesellschafter angelegt worden sind, gilt § 7 Abs. 3 des Fünften Vermögensbildungsgesetzes in der Fassung der Bekanntmachung vom 19. Februar 1987 (BGBl. I S. 630) über die Sperrfrist nach dem 31. Dezember 1993 nicht mehr.

(6) Für vermögenswirksame Leistungen, die vor dem 1. Januar 1999 angelegt worden sind, gilt § 13 Abs. 1 und 2 dieses Gesetzes in der Fassung der Bekanntmachung vom 4. März 1994 (BGBl. I S. 406).

(7) § 13 Abs. 1 Satz 1 und Abs. 2 in der Fassung des Artikels 2 des Gesetzes vom 7. März 2009 (BGBl. I S. 451) ist erstmals für vermögenswirksame Leistungen anzuwenden, die nach dem 31. Dezember 2008 angelegt werden.

(8) § 8 Abs. 5, § 13 Abs. 5 Satz 1 und 2, § 14 Abs. 4 Satz 4 Buchstabe b und § 15 Abs. 1 Nr. 3 in der Fassung des Artikels 7 des Gesetzes vom 29. Juli 2008 (BGBl. I S. 1509) sind erstmals für vermögenswirksame Leistungen anzuwenden, die nach dem 31. Dezember 2008 angelegt werden.

(9) § 4 Abs. 4 Nr. 4 und § 13 Abs. 5 Satz 3 Nr. 3 in der Fassung des Artikels 1 des Gesetzes vom 8. Dezember 2008 (BGBl. I S. 2373) ist erstmals bei Verfügungen nach dem 31. Dezember 2008 anzuwenden.

(10) § 14 Absatz 4 Satz 2 in der Fassung des Artikels 12 des Gesetzes vom 16. Juli 2009 (BGBl. I S. 1959) ist erstmals für vermögenswirksame Leistungen anzuwenden, die nach dem 31. Dezember 2006 angelegt werden, und in Fällen, in denen am 22. Juli 2009 über einen Antrag auf Arbeitnehmer-Sparzulage noch nicht bestandskräftig entschieden ist.

(11) § 13 Absatz 1 Satz 2 in der Fassung des Artikels 10 des Gesetzes vom 8. Dezember 2010 (BGBl. I S. 1768) ist erstmals für vermögenswirksame Leistungen anzuwenden, die nach dem 31. Dezember 2008 angelegt werden.

(12) § 2 Absatz 1 Nummer 5 in der Fassung des Artikels 13 des Gesetzes vom 7. Dezember 2011 (BGBl. I S. 2592) ist erstmals für vermögenswirksame Leistungen anzuwenden, die nach dem 31. Dezember 2011 angelegt werden.

(13) § 3 Absatz 1 Satz 1 Nummer 1 in der Fassung des Artikels 18 des Gesetzes vom 26. Juni 2013 (BGBl. I S. 1809) ist erstmals für vermögenswirksame Leistungen anzuwenden, die nach dem 31. Dezember 2012 angelegt werden. § 4 Absatz 4 Nummer 1, 2 und 4 sowie § 8 Absatz 5 Satz 1 in der Fassung des Artikels 18 des Gesetzes vom 26. Juni 2013 (BGBl. I S. 1809) sind erstmals bei Verfügungen nach dem 31. Dezember 2012 anzuwenden.

(14) Das Bundesministerium der Finanzen teilt den Zeitpunkt der erstmaligen Anwendung der §§ 13 und 14 Absatz 4 sowie des § 15 in der Fassung des Artikels 18 des Gesetzes vom 26. Juni 2013 (BGBl. I S. 1809) durch ein im Bundessteuerblatt zu veröffentlichendes Schreiben mit. Bis zu diesem Zeitpunkt sind die §§ 13 und 14 Absatz 4 sowie der § 15 in der Fassung des Artikels 13 des Gesetzes vom 7. Dezember 2011 (BGBl. I S. 2592) weiter anzuwenden.

(15) § 2 Absatz 1 Nummer 1 in der Fassung des Artikels 5 des Gesetzes vom 18. Dezember 2013 (BGBl. I S. 4318) ist erstmals für vermögenswirksame Leistungen anzuwenden, die nach dem 31. Dezember 2013 angelegt werden. § 4 Absatz 4 Nummer 4 in der Fassung des Artikels 5 des Gesetzes vom 18. Dezember 2013 (BGBl. I S. 4318) ist erstmals bei Verfügungen nach dem 31. Dezember 2013 anzuwenden.

(16) Zur Abwicklung von Verträgen, die vor dem 25. Mai 2018 unter den Voraussetzungen des § 15 Absatz 1 Satz 1 in der am 30. Juni 2013 geltenden Fassung abgeschlossen wurden, sind das Unternehmen, das Institut oder der in § 3 Absatz 3 genannte Gläubiger verpflichtet, die Daten nach Maßgabe des § 15 Absatz 1 Satz 1 zu übermitteln, es sei denn, der Arbeitnehmer hat der Datenübermittlung schriftlich widersprochen.

(17) § 13 Absatz 1 Satz 1 in der Fassung des Artikels 34 des Gesetzes vom 11. Dezember 2023 (BGBl. 2023 I Nr. 354) ist erstmals für vermögenswirksame Leistungen anzuwenden, die nach dem 31. Dezember 2023 angelegt werden.

(18) § 16a ist rückwirkend ab Inkrafttreten des Wertpapierinstitutsgesetzes vom 12. Mai 2021 (BGBl. I S. 990) anzuwenden.

§ 18 Kündigung eines vor 1994 abgeschlossenen Anlagevertrages und der Mitgliedschaft in einer Genossenschaft oder Gesellschaft mit beschränkter Haftung

(1) Hat sich der Arbeitnehmer in einem Vertrag im Sinne des § 17 Abs. 3 verpflichtet, auch nach dem 31. Dezember 1994 vermögenswirksame Leistungen überweisen zu lassen oder andere Beträge zu zahlen, so kann er den Vertrag bis zum 30. September 1994 auf den 31. Dezember 1994 mit der Wirkung schriftlich kündigen, daß auf Grund dieses Vertrags vermögenswirksame Leistungen oder andere Beträge nach dem 31. Dezember 1994 nicht mehr zu zahlen sind.

(2) Ist der Arbeitnehmer im Zusammenhang mit dem Abschluß eines Vertrags im Sinne des § 17 Abs. 3 Nr. 2 Mitglied in einer Genossenschaft geworden, so kann er die Mitgliedschaft bis zum 30. September 1994 auf den 31. Dezember 1994 mit der Wirkung schriftlich kündigen, daß nach diesem Zeitpunkt die Verpflichtung, Einzahlungen auf einen Geschäftsanteil zu leisten und ein Eintrittsgeld zu zahlen, entfällt. Weitergehende Rechte des Arbeitnehmers nach dem Statut der Genossenschaft bleiben unberührt. Der ausgeschiedene Arbeitnehmer kann die Auszahlung des Auseinandersetzungsguthabens, die Genossenschaft kann die Zahlung eines den ausgeschiedenen Arbeitnehmer treffenden Anteils an einem Fehlbetrag zum 1. Januar 1998 verlangen.

(3) Ist der Arbeitnehmer im Zusammenhang mit dem Abschluß eines Vertrags im Sinne des § 17 Abs. 3 Nr. 3 Gesellschafter einer Gesellschaft mit beschränkter Haftung geworden, so kann er die Mitgliedschaft bis zum 30. September 1994 auf den 31. Dezember 1994 schriftlich kündigen. Weitergehende Rechte des Arbeitnehmers nach dem Gesellschaftsvertrag bleiben unberührt. Der zum Austritt berechtigte Arbeitnehmer kann von der Gesellschaft als Abfindung den Verkehrswert seines Geschäftsanteils verlangen; maßgebend ist der Verkehrswert im Zeitpunkt des Zugangs der Kündigungserklärung. Der Arbeitnehmer kann die Abfindung nur verlangen, wenn die Gesellschaft sie ohne Verstoß gegen § 30 Abs. 1 des Gesetzes betreffend die Gesellschaften mit beschränkter Haftung zahlen kann. Hat die Gesellschaft die Abfindung bezahlt, so stehen dem Arbeitnehmer aus seinem Geschäftsanteil keine Rechte mehr zu. Kann die Gesellschaft bis zum 31. Dezember 1996 die Abfindung nicht gemäß Satz 4 zahlen, so ist sie auf Antrag des zum Austritt berechtigten Arbeitnehmers aufzulösen. § 61 Abs. 1, Abs. 2 Satz 1 und Abs. 3 des Gesetzes betreffend die Gesellschaften mit beschränkter Haftung gilt im übrigen entsprechend.

(4) Werden auf Grund der Kündigung nach Absatz 1, 2 oder 3 Leistungen nicht erbracht, so hat der Arbeitnehmer dies nicht zu vertreten.

(5) Hat der Arbeitnehmer nach Absatz 1 einen Vertrag im Sinne des § 17 Abs. 3 Nr. 2 oder nach Absatz 2 die Mitgliedschaft in einer Genossenschaft gekündigt, so gelten beide Kündigungen als erklärt, wenn der Arbeitnehmer dies nicht ausdrücklich ausgeschlossen hat. Entsprechendes gilt, wenn der Arbeitnehmer nach Absatz 1 einen Vertrag im Sinne des § 17 Abs. 3 Nr. 3 oder nach Absatz 3 die Mitgliedschaft in einer Gesellschaft mit beschränkter Haftung gekündigt hat.

(6) Macht der Arbeitnehmer von seinem Kündigungsrecht nach Absatz 1 keinen Gebrauch, so gilt die Verpflichtung, vermögenswirksame Leistungen überweisen zu lassen, nach dem 31. Dezember 1994 als Verpflichtung, andere Beträge in entsprechender Höhe zu zahlen.

IX Verfassung/Verwaltung

Verfassung

IX.1	Grundgesetz für die Bundesrepublik Deutschland	948
IX.2	Verfassung des Landes Baden-Württemberg	1002

Verwaltung

IX.3	Verwaltungsgerichtsordnung (VwGO)	1019
IX.4	Verwaltungsverfahrensgesetz für Baden-Württemberg (Landesverwaltungsverfahrensgesetz – LVwVfG)	1071
IX.5	Landesverwaltungsgesetz	1110
IX.6	Landesdatenschutzgesetz (LDSG)	1119
IX.7	Dienstordnung für die Landesverwaltung Baden-Württemberg	1136

Grundgesetz für die Bundesrepublik Deutschland

Vom 23. Mai 1949 (BGBl. S. 1)

Zuletzt geändert durch
Gesetz zur Änderung des Grundgesetzes
(Artikel 93 und 94)
vom 20. Dezember 2024 (BGBl. I Nr. 439)

Inhaltsübersicht

PRÄAMBEL

I. Die Grundrechte

Artikel 1	(Schutz der Menschenwürde)
Artikel 2	(Persönliche Freiheit)
Artikel 3	(Gleichheit vor dem Gesetz)
Artikel 4	(Glaubens- und Bekenntnisfreiheit)
Artikel 5	(Freie Meinungsäußerung)
Artikel 6	(Ehe, Familie, uneheliche Kinder)
Artikel 7	(Schulwesen)
Artikel 8	(Versammlungsfreiheit)
Artikel 9	(Vereinigungsfreiheit)
Artikel 10	(Brief- und Postgeheimnis)
Artikel 11	(Freizügigkeit)
Artikel 12	(Freiheit des Berufes)
Artikel 12a	(Wehrpflicht, Ersatzdienst)
Artikel 13	(Unverletzlichkeit der Wohnung)
Artikel 14	(Eigentum, Erbrecht und Enteignung)
Artikel 15	(Sozialisierung)
Artikel 16	(Ausbürgerung, Auslieferung)
Artikel 16a	(Asylrecht)
Artikel 17	(Petitionsrecht)
Artikel 17a	(Wehrdienst, Ersatzdienst)
Artikel 18	(Verwirkung von Grundrechten)
Artikel 19	(Einschränkung von Grundrechten)

II. Der Bund und die Länder

Artikel 20	(Demokratische, rechtsstaatliche Verfassung)
Artikel 20a	(Schutz der natürlichen Lebensgrundlagen)
Artikel 21	(Parteien)
Artikel 22	(Hauptstadt Berlin, Bundesflagge)
Artikel 23	(Europäische Union)
Artikel 24	(Supranationale Einrichtungen)
Artikel 25	(Regeln des Völkerrechts)
Artikel 26	(Angriffskrieg, Kriegswaffen)
Artikel 27	(Handelsflotte)
Artikel 28	(Länder und Gemeinden)
Artikel 29	(Neugliederung des Bundesgebiets)
Artikel 30	(Funktionen der Länder)
Artikel 31	(Vorrang des Bundesrechts)
Artikel 32	(Auswärtige Beziehungen)
Artikel 33	(Staatsbürger, öffentlicher Dienst)
Artikel 34	(Amtshaftung bei Amtspflichtverletzungen)
Artikel 35	(Rechts- und Amtshilfe)
Artikel 36	(Landsmannschaftliche Gleichbehandlung)
Artikel 37	(Bundeszwang)

III. Der Bundestag

Artikel 38	(Wahl)
Artikel 39	(Wahlperiode, Zusammentritt)
Artikel 40	(Präsidium, Geschäftsordnung)
Artikel 41	(Wahlprüfung)
Artikel 42	(Öffentlichkeit, Beschlussfassung)
Artikel 43	(Anwesenheit der Bundesminister)
Artikel 44	(Untersuchungsausschüsse)
Artikel 45	(Ausschuss für die Angelegenheiten der Europäischen Union)
Artikel 45a	(Ausschüsse für Auswärtiges und Verteidigung)

Artikel	Bezeichnung
Artikel 45b	(Wehrbeauftragter)
Artikel 45c	(Petitionsausschuss)
Artikel 45d	(Parlamentarisches Kontrollgremium)
Artikel 46	(Indemnität, Immunität)
Artikel 47	(Zeugnisverweigerungsrecht)
Artikel 48	(Ansprüche der Abgeordneten)
Artikel 49	(weggefallen)

IV. Der Bundesrat

Artikel 50	(Funktion)
Artikel 51	(Zusammensetzung)
Artikel 52	(Präsident, Geschäftsordnung)
Artikel 53	(Anwesenheit der Bundesregierung)

IVa. Gemeinsamer Ausschuß

Artikel	Bezeichnung
Artikel 53a	(Zusammensetzung, Verfahren)

V. Der Bundespräsident

Artikel 54	(Bundesversammlung)
Artikel 55	(Unabhängigkeit des Bundespräsidenten)
Artikel 56	(Eidesleistung)
Artikel 57	(Vertretung)
Artikel 58	(Gegenzeichnung)
Artikel 59	(Völkerrechtliche Vertretungsmacht)
Artikel 60	(Ernennung der Bundesbeamten)
Artikel 61	(Anklage vor dem Bundesverfassungsgericht)

VI. Die Bundesregierung

Artikel 62	(Zusammensetzung)
Artikel 63	(Wahl des Bundeskanzlers; Bundestagsauflösung)
Artikel 64	(Ernennung der Bundesminister)
Artikel 65	(Verantwortung, Geschäftsordnung)
Artikel 65a	(Befehls- und Kommandogewalt)
Artikel 66	(Kein Nebenberuf)
Artikel 67	(Misstrauensvotum)
Artikel 68	(Vertrauensvotum – Bundestagsauflösung)
Artikel 69	(Stellvertreter des Bundeskanzlers)

VII. Die Gesetzgebung des Bundes

Artikel 70	(Gesetzgebung des Bundes und der Länder)
Artikel 71	(Ausschließliche Gesetzgebung)
Artikel 72	(Konkurrierende Gesetzgebung)
Artikel 73	(Sachgebiete der ausschließlichen Gesetzgebung)
Artikel 74	(Sachgebiete der konkurrierenden Gesetzgebung)
Artikel 75	(weggefallen)
Artikel 76	(Gesetzesvorlagen)
Artikel 77	(Gesetzgebungsverfahren)
Artikel 78	(Zustandekommen der Gesetze)
Artikel 79	(Änderung des Grundgesetzes)
Artikel 80	(Erlass von Rechtsverordnungen)
Artikel 80a	(Verteidigungsfall, Spannungsfall)
Artikel 81	(Gesetzgebungsnotstand)
Artikel 82	(Verkündung, In-Kraft-Treten)

VIII. Die Ausführung der Bundesgesetze und die Bundesverwaltung

Artikel 83	(Grundsatz: landeseigene Verwaltung)
Artikel 84	(Bundesaufsicht bei landeseigener Verwaltung)
Artikel 85	(Landesverwaltung im Bundesauftrag)
Artikel 86	(Bundeseigene Verwaltung)
Artikel 87	(Gegenstände der Bundeseigenverwaltung)
Artikel 87a	(Streitkräfte und ihr Einsatz)
Artikel 87b	(Bundeswehrverwaltung)
Artikel 87c	(Auftragsverwaltung im Kernenergiebereich)
Artikel 87d	(Luftverkehrsverwaltung)
Artikel 87e	(Eisenbahnverkehrsverwaltung)

IX.1 Grundgesetz (GG)

Inhaltsübersicht

Artikel 87f	(Postwesen, Telekommunikation)
Artikel 88	(Bundesbank)
Artikel 89	(Bundeswasserstraßen)
Artikel 90	(Bundesstraßen)
Artikel 91	(Abwehr drohender Gefahr)

VIIIa. Gemeinschaftsaufgaben, Verwaltungszusammenarbeit

Artikel 91a	(Gemeinschaftsaufgaben)
Artikel 91b	(Zusammenwirken von Bund und Ländern)
Artikel 91c	(Zusammenwirken bei informationstechnischen Systemen)
Artikel 91d	(Vergleichsstudien)
Artikel 91e	(Zusammenwirken auf dem Gebiet der Grundsicherung für Arbeitsuchende)

IX. Die Rechtsprechung

Artikel 92	(Gerichtsorganisation)
Artikel 93	(Bundesverfassungsgericht)
Artikel 94	(Zuständigkeit des Bundesverfassungsgerichts)
Artikel 95	(Oberste Gerichtshöfe)
Artikel 96	(Bundesgerichte)
Artikel 97	(Unabhängigkeit der Richter)
Artikel 98	(Rechtsstellung der Richter)
Artikel 99	(Verfassungsstreitigkeiten durch Landesgesetz zugewiesen)
Artikel 100	(Verfassungsrechtliche Vorentscheidung)
Artikel 101	(Verbot von Ausnahmegerichten)
Artikel 102	(Abschaffung der Todesstrafe)
Artikel 103	(Grundrechtsgarantien für das Strafverfahren)
Artikel 104	(Rechtsgarantien bei Freiheitsentziehung)

X. Das Finanzwesen

Artikel 104a	(Tragung der Ausgaben)
Artikel 104b	(Finanzhilfen für besonders bedeutsame Investitionen)
Artikel 104c	(Finanzhilfen)
Artikel 104d	(Finanzhilfen für sozialen Wohnungsbau)
Artikel 105	(Gesetzgebungszuständigkeit)
Artikel 106	(Steuerverteilung)
Artikel 106a	(Personennahverkehr)
Artikel 106b	(Ausgleich infolge der Übertragung der Kfz-Steuer)
Artikel 107	(Örtliches Aufkommen)
Artikel 108	(Finanzverwaltung)
Artikel 109	(Haushaltswirtschaft)
Artikel 109a	(Haushaltsnotlage, Stabilitätsrat)
Artikel 110	(Haushaltsplan)
Artikel 111	(Haushaltsvorgriff)
Artikel 112	(Über- und außerplanmäßige Ausgaben)
Artikel 113	(Ausgabenerhöhung, Einnahmeminderung)
Artikel 114	(Rechnungslegung, Bundesrechnungshof)
Artikel 115	(Kreditaufnahme)

Xa. Verteidigungsfall

Artikel 115a	(Feststellung des Verteidigungsfalles)
Artikel 115b	(Übergang der Befehls- und Kommandogewalt)
Artikel 115c	(Konkurrierende Gesetzgebung im Verteidigungsfall)
Artikel 115d	(Gesetzgebungsverfahren im Verteidigungsfall)
Artikel 115e	(Befugnisse des gemeinsamen Ausschusses)
Artikel 115f	(Einsatz des Bundesgrenzschutzes; Weisungen an Landesregierungen)
Artikel 115g	(Bundesverfassungsgericht)
Artikel 115h	(Ablauf von Wahlperioden, Amtszeiten)
Artikel 115i	(Befugnisse der Landesregierungen)
Artikel 115k	(Außer-Kraft-Treten von Gesetzen und Rechtsverordnungen)

| Artikel 115l | (Beendigung des Verteidigungsfalles) |

XI. Übergangs- und Schlußbestimmungen

Artikel 116	(Begriff „Deutscher"; Wiedereinbürgerung)
Artikel 117	(Übergangsregelung für Artikel 3 und Artikel 11)
Artikel 118	(Neugliederung von Baden-Württemberg)
Artikel 118a	(Neugliederung Berlin/Brandenburg)
Artikel 119	(Flüchtlinge und Vertriebene)
Artikel 120	(Besatzungskosten, Kriegsfolgelasten, Soziallasten)
Artikel 120a	(Lastenausgleich)
Artikel 121	(Begriff „Mehrheit")
Artikel 122	(Aufhebung früherer Gesetzgebungszuständigkeiten)
Artikel 123	(Fortgelten bisherigen Rechts; Staatsverträge)
Artikel 124	(Fortgelten bei ausschließlicher Gesetzgebung)
Artikel 125	(Fortgelten bei konkurrierender Gesetzgebung)
Artikel 125a	(Übergangsregelung bei Kompetenzänderung)
Artikel 125b	(Überleitung Föderalismusreform)
Artikel 125c	(Überleitung Föderalismusreform)
Artikel 126	(Zweifel über Fortgelten von Recht)
Artikel 127	(Recht des Vereinigten Wirtschaftsgebietes)
Artikel 128	(Fortbestehen von Weisungsrechten)
Artikel 129	(Fortgelten von Ermächtigungen)
Artikel 130	(Körperschaften des öffentlichen Rechts)
Artikel 131	(Frühere Angehörige des öffentlichen Dienstes)
Artikel 132	(gegenstandslos)
Artikel 133	(Vereinigtes Wirtschaftsgebiet, Rechtsnachfolge)
Artikel 134	(Reichsvermögen, Rechtsnachfolge)
Artikel 135	(Gebietsänderungen, Rechtsnachfolge)
Artikel 135a	(Erfüllung alter Verbindlichkeiten)
Artikel 136	(Erster Zusammentritt des Bundesrates)
Artikel 137	(Wählbarkeit von Beamten, Soldaten und Richtern)
Artikel 138	(Notariat)
Artikel 139	(Befreiungsgesetze)
Artikel 140	(Religionsfreiheit, Religionsgesellschaften)
Artikel 141	(Landesrechtliche Regelung des Religionsunterrichts)
Artikel 142	(Grundrechte in Landesverfassungen)
Artikel 143	(Abweichungen vom Grundgesetz aufgrund Einigungsvertrag)
Artikel 143a	(Umwandlung der Bundeseisenbahnen)
Artikel 143b	(Umwandlung der Bundespost)
Artikel 143c	(Beträge aus dem Bundeshaushalt)
Artikel 143d	(Haushaltswirtschaft, Schuldenbremse)
Artikel 143e	(Bundesautobahnen und sonstige Fernstraßen)
Artikel 143f	(Außerkrafttreten)
Artikel 143g	(Übergangsregelung)
Artikel 144	(Ratifizierung des Grundgesetzes)
Artikel 145	(Verkündung des Grundgesetzes)
Artikel 146	(Außer-Kraft-Treten des Grundgesetzes)

PRÄAMBEL

Im Bewußtsein seiner Verantwortung vor Gott und den Menschen, von dem Willen beseelt, als gleichberechtigtes Glied in einem vereinten Europa dem Frieden der Welt zu dienen, hat sich das Deutsche Volk kraft seiner verfassungsgebenden Gewalt dieses Grundgesetz gegeben.

Die Deutschen in den Ländern Baden-Württemberg, Bayern, Berlin, Brandenburg, Bremen, Hamburg, Hessen, Mecklenburg-Vorpommern, Niedersachsen, Nordrhein-Westfalen, Rheinland-Pfalz, Saarland, Sachsen, Sachsen-Anhalt, Schleswig-Holstein und Thüringen haben in freier Selbstbestimmung die Einheit und Freiheit Deutschlands vollendet. Damit gilt dieses Grundgesetz für das gesamte Deutsche Volk.

I. Die Grundrechte

Artikel 1 (Schutz der Menschenwürde)

(1) Die Würde des Menschen ist unantastbar. Sie zu achten und zu schützen ist Verpflichtung aller staatlichen Gewalt.

(2) Das Deutsche Volk bekennt sich darum zu unverletzlichen und unveräußerlichen Menschenrechten als Grundlage jeder menschlichen Gemeinschaft, des Friedens und der Gerechtigkeit in der Welt.

(3) Die nachfolgenden Grundrechte binden Gesetzgebung, vollziehende Gewalt und Rechtsprechung als unmittelbar geltendes Recht.

Artikel 2 (Persönliche Freiheit)

(1) Jeder hat das Recht auf die freie Entfaltung seiner Persönlichkeit, soweit er nicht die Rechte anderer verletzt und nicht gegen die verfassungsmäßige Ordnung oder das Sittengesetz verstößt.

(2) Jeder hat das Recht auf Leben und körperliche Unversehrtheit. Die Freiheit der Person ist unverletzlich. In diese Rechte darf nur auf Grund eines Gesetzes eingegriffen werden.

Artikel 3 (Gleichheit vor dem Gesetz)

(1) Alle Menschen sind vor dem Gesetz gleich.

(2) Männer und Frauen sind gleichberechtigt. Der Staat fördert die tatsächliche Durchsetzung der Gleichberechtigung von Frauen und Männern und wirkt auf die Beseitigung bestehender Nachteile hin.

(3) Niemand darf wegen seines Geschlechtes, seiner Abstammung, seiner Rasse, seiner Sprache, seiner Heimat und Herkunft, seines Glaubens, seiner religiösen oder politischen Anschauungen benachteiligt oder bevorzugt werden. Niemand darf wegen seiner Behinderung benachteiligt werden.

Artikel 4 (Glaubens- und Bekenntnisfreiheit)

(1) Die Freiheit des Glaubens, des Gewissens und die Freiheit des religiösen und weltanschaulichen Bekenntnisses sind unverletzlich.

(2) Die ungestörte Religionsausübung wird gewährleistet.

(3) Niemand darf gegen sein Gewissen zum Kriegsdienst mit der Waffe gezwungen werden. Das Nähere regelt ein Bundesgesetz.

Artikel 5 (Freie Meinungsäußerung)

(1) Jeder hat das Recht, seine Meinung in Wort, Schrift und Bild frei zu äußern und zu verbreiten und sich aus allgemein zugänglichen Quellen ungehindert zu unterrichten. Die Pressefreiheit und die Freiheit der Berichterstattung durch Rundfunk und Film werden gewährleistet. Eine Zensur findet nicht statt.

(2) Diese Rechte finden ihre Schranken in den Vorschriften der allgemeinen Gesetze, den gesetzlichen Bestimmungen zum Schutze der Jugend und in dem Recht der persönlichen Ehre.

(3) Kunst und Wissenschaft, Forschung und Lehre sind frei. Die Freiheit der Lehre entbindet nicht von der Treue zur Verfassung.

Artikel 6 (Ehe, Familie, uneheliche Kinder)

(1) Ehe und Familie stehen unter dem besonderen Schutze der staatlichen Ordnung.

(2) Pflege und Erziehung der Kinder sind das natürliche Recht der Eltern und die zuvörderst

ihnen obliegende Pflicht. Über ihre Betätigung wacht die staatliche Gemeinschaft.

(3) Gegen den Willen der Erziehungsberechtigten dürfen Kinder nur auf Grund eines Gesetzes von der Familie getrennt werden, wenn die Erziehungsberechtigten versagen oder wenn die Kinder aus anderen Gründen zu verwahrlosen drohen.

(4) Jede Mutter hat Anspruch auf den Schutz und die Fürsorge der Gemeinschaft.

(5) Den unehelichen Kindern sind durch die Gesetzgebung die gleichen Bedingungen für ihre leibliche und seelische Entwicklung und ihre Stellung in der Gesellschaft zu schaffen wie den ehelichen Kindern.

Artikel 7 (Schulwesen)

(1) Das gesamte Schulwesen steht unter der Aufsicht des Staates.

(2) Die Erziehungsberechtigten haben das Recht, über die Teilnahme des Kindes am Religionsunterricht zu bestimmen.

(3) Der Religionsunterricht ist in den öffentlichen Schulen mit Ausnahme der bekenntnisfreien Schulen ordentliches Lehrfach. Unbeschadet des staatlichen Aufsichtsrechtes wird der Religionsunterricht in Übereinstimmung mit den Grundsätzen der Religionsgemeinschaften erteilt. Kein Lehrer darf gegen seinen Willen verpflichtet werden, Religionsunterricht zu erteilen.

(4) Das Recht zur Errichtung von privaten Schulen wird gewährleistet. Private Schulen als Ersatz für öffentliche Schulen bedürfen der Genehmigung des Staates und unterstehen den Landesgesetzen. Die Genehmigung ist zu erteilen, wenn die privaten Schulen in ihren Lehrzielen und Einrichtungen sowie in der wissenschaftlichen Ausbildung ihrer Lehrkräfte nicht hinter den öffentlichen Schulen zurückstehen und eine Sonderung der Schüler nach den Besitzverhältnissen der Eltern nicht gefördert wird. Die Genehmigung ist zu versagen, wenn die wirtschaftliche und rechtliche Stellung der Lehrkräfte nicht genügend gesichert ist.

(5) Eine private Volksschule ist nur zuzulassen, wenn die Unterrichtsverwaltung ein besonderes pädagogisches Interesse anerkennt oder, auf Antrag von Erziehungsberechtigten, wenn sie als Gemeinschaftsschule, als Bekenntnis- oder Weltanschauungsschule errichtet werden soll und eine öffentliche Volksschule dieser Art in der Gemeinde nicht besteht.

(6) Vorschulen bleiben aufgehoben.

Artikel 8 (Versammlungsfreiheit)

(1) Alle Deutschen haben das Recht, sich ohne Anmeldung oder Erlaubnis friedlich und ohne Waffen zu versammeln.

(2) Für Versammlungen unter freiem Himmel kann dieses Recht durch Gesetz oder auf Grund eines Gesetzes beschränkt werden.

Artikel 9 (Vereinigungsfreiheit)

(1) Alle Deutschen haben das Recht, Vereine und Gesellschaften zu bilden.

(2) Vereinigungen, deren Zwecke oder deren Tätigkeit den Strafgesetzen zuwiderlaufen oder die sich gegen die verfassungsmäßige Ordnung oder gegen den Gedanken der Völkerverständigung richten, sind verboten.

(3) Das Recht, zur Wahrung und Förderung der Arbeits- und Wirtschaftsbedingungen Vereinigungen zu bilden, ist für jedermann und für alle Berufe gewährleistet. Abreden, die dieses Recht einschränken oder zu behindern suchen, sind nichtig, hierauf gerichtete Maßnahmen sind rechtswidrig. Maßnahmen nach den Artikeln 12a, 35 Abs. 2 und 3, Artikel 87a Abs. 4 und Artikel 91 dürfen sich nicht gegen Arbeitskämpfe richten, die zur Wahrung und Förderung der Arbeits- und Wirtschaftsbedingungen von Vereinigungen im Sinne des Satzes 1 geführt werden.

Artikel 10 (Brief- und Postgeheimnis)

(1) Das Briefgeheimnis sowie das Post- und Fernmeldegeheimnis sind unverletzlich.

(2) Beschränkungen dürfen nur auf Grund eines Gesetzes angeordnet werden. Dient die Beschränkung dem Schutze der freiheitlichen demokratischen Grundordnung oder dem Bestandes oder der Sicherung des Bundes oder eines Landes, so kann das Gesetz bestimmen, daß sie dem Betroffenen nicht mitgeteilt wird

und daß an die Stelle des Rechtsweges die Nachprüfung durch von der Volksvertretung bestellte Organe und Hilfsorgane tritt.

Artikel 11 (Freizügigkeit)

(1) Alle Deutschen genießen Freizügigkeit im ganzen Bundesgebiet.

(2) Dieses Recht darf nur durch Gesetz oder auf Grund eines Gesetzes und nur für die Fälle eingeschränkt werden, in denen eine ausreichende Lebensgrundlage nicht vorhanden ist und der Allgemeinheit daraus besondere Lasten entstehen würden oder in denen es zur Abwehr einer drohenden Gefahr für den Bestand oder die freiheitliche demokratische Grundordnung des Bundes oder eines Landes, zur Bekämpfung von Seuchengefahr, Naturkatastrophen oder besonders schweren Unglücksfällen, zum Schutze der Jugend vor Verwahrlosung oder um strafbaren Handlungen vorzubeugen, erforderlich ist.

Artikel 12 (Freiheit des Berufes)

(1) Alle Deutschen haben das Recht, Beruf, Arbeitsplatz und Ausbildungsstätte frei zu wählen. Die Berufsausübung kann durch Gesetz oder auf Grund eines Gesetzes geregelt werden.

(2) Niemand darf zu einer bestimmten Arbeit gezwungen werden, außer im Rahmen einer herkömmlichen allgemeinen, für alle gleichen öffentlichen Dienstleistungspflicht.

(3) Zwangsarbeit ist nur bei einer gerichtlich angeordneten Freiheitsentziehung zulässig.

Artikel 12a (Wehrpflicht, Ersatzdienst)

(1) Männer können vom vollendeten achtzehnten Lebensjahr an zum Dienst in den Streitkräften, im Bundesgrenzschutz oder in einem Zivilschutzverband verpflichtet werden.

(2) Wer aus Gewissensgründen den Kriegsdienst mit der Waffe verweigert, kann zu einem Ersatzdienst verpflichtet werden. Die Dauer des Ersatzdienstes darf die Dauer des Wehrdienstes nicht übersteigen. Das Nähere regelt ein Gesetz, das die Freiheit der Gewissensentscheidung nicht beeinträchtigen darf und auch eine Möglichkeit des Ersatzdienstes vorsehen muß, die in keinem Zusammenhang mit den Verbänden der Streitkräfte und des Bundesgrenzschutzes steht.

(3) Wehrpflichtige, die nicht zu einem Dienst nach Absatz 1 oder 2 herangezogen sind, können im Verteidigungsfalle durch Gesetz oder auf Grund eines Gesetzes zu zivilen Dienstleistungen für Zwecke der Verteidigung einschließlich des Schutzes der Zivilbevölkerung in Arbeitsverhältnissen verpflichtet werden; Verpflichtungen in öffentlich-rechtliche Dienstverhältnisse sind nur zur Wahrnehmung polizeilicher Aufgaben oder solcher hoheitlichen Aufgaben der öffentlichen Verwaltung, die nur in einem öffentlich-rechtlichen Dienstverhältnis erfüllt werden können, zulässig. Arbeitsverhältnisse nach Satz 1 können bei den Streitkräften, im Bereich ihrer Versorgung sowie bei der öffentlichen Verwaltung begründet werden; Verpflichtungen in Arbeitsverhältnisse im Bereiche der Versorgung der Zivilbevölkerung sind nur zulässig, um ihren lebensnotwendigen Bedarf zu decken oder ihren Schutz sicherzustellen.

(4) Kann im Verteidigungsfalle der Bedarf an zivilen Dienstleistungen im zivilen Sanitäts- und Heilwesen sowie in der ortsfesten militärischen Lazarettorganisation nicht auf freiwilliger Grundlage gedeckt werden, so können Frauen vom vollendeten achtzehnten bis zum vollendeten fünfundfünfzigsten Lebensjahr durch Gesetz oder auf Grund eines Gesetzes zu derartigen Dienstleistungen herangezogen werden. Sie dürfen auf keinen Fall zum Dienst mit der Waffe verpflichtet werden.

(5) Für die Zeit vor dem Verteidigungsfalle können Verpflichtungen nach Absatz 3 nur nach Maßgabe des Artikels 80a Abs. 1 begründet werden. Zur Vorbereitung auf Dienstleistungen nach Absatz 3, für die besondere Kenntnisse oder Fertigkeiten erforderlich sind, kann durch Gesetz oder auf Grund eines Gesetzes die Teilnahme an Ausbildungsveranstaltungen zur Pflicht gemacht werden. Satz 1 findet insoweit keine Anwendung.

(6) Kann im Verteidigungsfalle der Bedarf an Arbeitskräften für die in Absatz 3 Satz 2 ge-

nannten Bereiche auf freiwilliger Grundlage nicht gedeckt werden, so kann zur Sicherung dieses Bedarfs die Freiheit der Deutschen, die Ausübung eines Berufs oder den Arbeitsplatz aufzugeben, durch Gesetz oder auf Grund eines Gesetzes eingeschränkt werden. Vor Eintritt des Verteidigungsfalles gilt Absatz 5 Satz 1 entsprechend.

Artikel 13 (Unverletzlichkeit der Wohnung)

(1) Die Wohnung ist unverletzlich.

(2) Durchsuchungen dürfen nur durch den Richter, bei Gefahr im Verzuge auch durch die in den Gesetzen vorgesehenen anderen Organe angeordnet und nur in der dort vorgeschriebenen Form durchgeführt werden.

(3) Begründen bestimmte Tatsachen den Verdacht, daß jemand eine durch Gesetz einzeln bestimmte besonders schwere Straftat begangen hat, so dürfen zur Verfolgung der Tat auf Grund richterlicher Anordnung technische Mittel zur akustischen Überwachung von Wohnungen, in denen der Beschuldigte sich vermutlich aufhält, eingesetzt werden, wenn die Erforschung des Sachverhalts auf andere Weise unverhältnismäßig erschwert oder aussichtslos wäre. Die Maßnahme ist zu befristen. Die Anordnung erfolgt durch einen mit drei Richtern besetzten Spruchkörper. Bei Gefahr im Verzuge kann sie auch durch einen einzelnen Richter getroffen werden.

(4) Zur Abwehr dringender Gefahren für die öffentliche Sicherheit, insbesondere einer gemeinen Gefahr oder einer Lebensgefahr, dürfen technische Mittel zur Überwachung von Wohnungen nur auf Grund richterlicher Anordnung eingesetzt werden. Bei Gefahr im Verzuge kann die Maßnahme auch durch eine andere gesetzlich bestimmte Stelle angeordnet werden; eine richterliche Entscheidung ist unverzüglich nachzuholen.

(5) Sind technische Mittel ausschließlich zum Schutze der bei einem Einsatz in Wohnungen tätigen Personen vorgesehen, kann die Maßnahme durch eine gesetzlich bestimmte Stelle angeordnet werden. Eine anderweitige Verwertung der hierbei erlangten Erkenntnisse ist nur zum Zwecke der Strafverfolgung oder der Gefahrenabwehr und nur zulässig, wenn zuvor die Rechtmäßigkeit der Maßnahme richterlich festgestellt ist; bei Gefahr im Verzuge ist die richterliche Entscheidung unverzüglich nachzuholen.

(6) Die Bundesregierung unterrichtet den Bundestag jährlich über den nach Absatz 3 sowie über den im Zuständigkeitsbereich des Bundes nach Absatz 4 und, soweit richterlich überprüfungsbedürftig, nach Absatz 5 erfolgten Einsatz technischer Mittel. Ein vom Bundestag gewähltes Gremium übt auf der Grundlage dieses Berichts die parlamentarische Kontrolle aus. Die Länder gewährleisten eine gleichwertige parlamentarische Kontrolle.

(7) Eingriffe und Beschränkungen dürfen im übrigen nur zur Abwehr einer gemeinen Gefahr oder einer Lebensgefahr für einzelne Personen, auf Grund eines Gesetzes auch zur Verhütung dringender Gefahren für die öffentliche Sicherheit und Ordnung, insbesondere zur Behebung der Raumnot, zur Bekämpfung von Seuchengefahr oder zum Schutze gefährdeter Jugendlicher vorgenommen werden.

Artikel 14 (Eigentum, Erbrecht und Enteignung)

(1) Das Eigentum und das Erbrecht werden gewährleistet. Inhalt und Schranken werden durch die Gesetze bestimmt.

(2) Eigentum verpflichtet. Sein Gebrauch soll zugleich dem Wohle der Allgemeinheit dienen.

(3) Eine Enteignung ist nur zum Wohle der Allgemeinheit zulässig. Sie darf nur durch Gesetz oder auf Grund eines Gesetzes erfolgen, das Art und Ausmaß der Entschädigung regelt. Die Entschädigung ist unter gerechter Abwägung der Interessen der Allgemeinheit und der Beteiligten zu bestimmen. Wegen der Höhe der Entschädigung steht im Streitfalle der Rechtsweg vor den ordentlichen Gerichten offen.

Artikel 15 (Sozialisierung)

Grund und Boden, Naturschätze und Produktionsmittel können zum Zwecke der Vergesellschaftung durch ein Gesetz, das Art und Ausmaß der Entschädigung regelt, in Gemeineigentum oder in andere Formen der Gemeinwirtschaft überführt werden. Für die Entschädigung gilt Art. 14 Abs. 3 Satz 3 und 4 entsprechend.

Artikel 16 (Ausbürgerung, Auslieferung)

(1) Die Deutsche Staatsangehörigkeit darf nicht entzogen werden. Der Verlust der Staatsangehörigkeit darf nur auf Grund eines Gesetzes und gegen den Willen des Betroffenen nur dann eintreten, wenn der Betroffene dadurch nicht staatenlos wird.

(2) Kein Deutscher darf an das Ausland ausgeliefert werden. Durch Gesetz kann eine abweichende Regelung für Auslieferungen an einen Mitgliedstaat der Europäischen Union oder an einen internationalen Gerichtshof getroffen werden, soweit rechtsstaatliche Grundsätze gewahrt sind.

Artikel 16a (Asylrecht)

(1) Politisch Verfolgte genießen Asylrecht.

(2) Auf Absatz 1 kann sich nicht berufen, wer aus einem Mitgliedstaat der Europäischen Gemeinschaften oder aus einem anderen Drittstaat einreist, in dem die Anwendung des Abkommens über die Rechtsstellung der Flüchtlinge und der Konvention zum Schutze der Menschenrechte und Grundfreiheiten sichergestellt ist. Die Staaten außerhalb der Europäischen Gemeinschaften, auf die die Voraussetzungen des Satzes 1 zutreffen, werden durch Gesetz, das der Zustimmung des Bundesrates bedarf, bestimmt. In den Fällen des Satzes 1 können aufenthaltsbeendende Maßnahmen unabhängig von einem hiergegen eingelegten Rechtsbehelf vollzogen werden.

(3) Durch Gesetz, das der Zustimmung des Bundesrates bedarf, können Staaten bestimmt werden, bei denen auf Grund der Rechtslage, der Rechtsanwendung und der allgemeinen politischen Verhältnisse gewährleistet erscheint, daß dort weder politische Verfolgung noch unmenschliche oder erniedrigende Bestrafung oder Behandlung stattfindet. Es wird vermutet, daß ein Ausländer aus einem solchen Staat nicht verfolgt wird, solange er nicht Tatsachen vorträgt, die die Annahme begründen, daß er entgegen dieser Vermutung politisch verfolgt wird.

(4) Die Vollziehung aufenthaltsbeendender Maßnahmen wird in den Fällen des Absatzes 3 und in anderen Fällen, die offensichtlich unbegründet sind oder als offensichtlich unbegründet gelten, durch das Gericht nur ausgesetzt, wenn ernstliche Zweifel an der Rechtmäßigkeit der Maßnahme bestehen; der Prüfungsumfang kann eingeschränkt werden und verspätetes Vorbringen unberücksichtigt bleiben. Das Nähere ist durch Gesetz zu bestimmen.

(5) Die Absätze 1 bis 4 stehen völkerrechtlichen Verträgen von Mitgliedstaaten der Europäischen Gemeinschaften untereinander und mit dritten Staaten nicht entgegen, die unter Beachtung der Verpflichtungen aus dem Abkommen über die Rechtsstellung der Flüchtlinge und der Konvention zum Schutze der Menschenrechte und Grundfreiheiten, deren Anwendung in den Vertragsstaaten sichergestellt sein muß, Zuständigkeitsregelungen für die Prüfung von Asylbegehren einschließlich der gegenseitigen Anerkennung von Asylentscheidungen treffen.

Artikel 17 (Petitionsrecht)

Jedermann hat das Recht, sich einzeln oder in Gemeinschaft mit anderen schriftlich mit Bitten oder Beschwerden an die zuständigen Stellen und an die Volksvertretung zu wenden.

Artikel 17a (Wehrdienst, Ersatzdienst)

(1) Gesetze über Wehrdienst und Ersatzdienst können bestimmen, daß für die Angehörigen der Streitkräfte und des Ersatzdienstes während der Zeit des Wehr- oder Ersatzdienstes das Grundrecht, seine Meinung in Wort, Schrift und Bild frei zu äußern und zu verbreiten (Artikel 5 Abs. 1 Satz 1 erster Halbsatz), das Grundrecht der Versammlungsfreiheit (Artikel 8) und das Petitionsrecht (Artikel 17), soweit es das Recht gewährt, Bitten oder Beschwerden in Gemeinschaft mit anderen vorzubringen, eingeschränkt werden.

(2) Gesetze, die der Verteidigung einschließlich des Schutzes der Zivilbevölkerung dienen, können bestimmen, daß die Grundrechte der Freizügigkeit (Artikel 11) und der Unverletzlichkeit der Wohnung (Artikel 13) eingeschränkt werden.

Artikel 18 (Verwirkung von Grundrechten)

Wer die Freiheit der Meinungsäußerung, insbesondere die Pressefreiheit (Artikel 5 Abs. 1), die Lehrfreiheit (Artikel 5 Abs. 3), die Versammlungsfreiheit (Artikel 8), die Vereinigungsfreiheit (Artikel 9), das Brief-, Post- und Fernmeldegeheimnis (Artikel 10), das Eigentum (Artikel 14) oder das Asylrecht (Artikel 16a) zum Kampfe gegen die freiheitliche demokratische Grundordnung mißbraucht, verwirkt diese Grundrechte. Die Verwirkung und ihr Ausmaß werden durch das Bundesverfassungsgericht ausgesprochen.

Artikel 19 (Einschränkung von Grundrechten)

(1) Soweit nach diesem Grundgesetz ein Grundrecht durch Gesetz oder auf Grund eines Gesetzes eingeschränkt werden kann, muß das Gesetz allgemein und nicht nur für den Einzelfall gelten. Außerdem muß das Gesetz das Grundrecht unter Angabe des Artikels nennen.

(2) In keinem Falle darf ein Grundrecht in seinem Wesensgehalt angetastet werden.

(3) Die Grundrechte gelten auch für inländische juristische Personen, soweit sie ihrem Wesen nach auf diese anwendbar sind.

(4) Wird jemand durch die öffentliche Gewalt in seinen Rechten verletzt, so steht ihm der Rechtsweg offen. Soweit eine andere Zuständigkeit nicht begründet ist, ist der ordentliche Rechtsweg gegeben. Artikel 10 Abs. 2 Satz 2 bleibt unberührt.

II. Der Bund und die Länder

Artikel 20 (Demokratische, rechtsstaatliche Verfassung)

(1) Die Bundesrepublik Deutschland ist ein demokratischer und sozialer Bundesstaat.

(2) Alle Staatsgewalt geht vom Volke aus. Sie wird vom Volke in Wahlen und Abstimmungen und durch besondere Organe der Gesetzgebung, der vollziehenden Gewalt und der Rechtsprechung ausgeübt.

(3) Die Gesetzgebung ist an die verfassungsmäßige Ordnung, die vollziehende Gewalt und die Rechtsprechung sind an Gesetz und Recht gebunden.

(4) Gegen jeden, der es unternimmt, diese Ordnung zu beseitigen, haben alle Deutschen das Recht zum Widerstand, wenn andere Abhilfe nicht möglich ist.

Artikel 20a (Schutz der natürlichen Lebensgrundlagen)

Der Staat schützt auch in Verantwortung für die künftigen Generationen die natürlichen Lebensgrundlagen und die Tiere im Rahmen der verfassungsmäßigen Ordnung durch die Gesetzgebung und nach Maßgabe von Gesetz und Recht durch die vollziehende Gewalt und die Rechtsprechung.

Artikel 21 (Parteien)

(1) Die Parteien wirken bei der politischen Willensbildung des Volkes mit. Ihre Gründung ist frei. Ihre innere Ordnung muß demokratischen Grundsätzen entsprechen. Sie müssen über die Herkunft und Verwendung ihrer Mittel sowie über ihr Vermögen öffentlich Rechenschaft geben.

(2) Parteien, die nach ihren Zielen oder nach dem Verhalten ihrer Anhänger darauf ausgehen, die freiheitliche demokratische Grundordnung zu beeinträchtigen oder zu beseitigen oder den Bestand der Bundesrepublik Deutschland zu gefährden, sind verfassungswidrig.

(3) Parteien, die nach ihren Zielen oder dem Verhalten ihrer Anhänger darauf ausgerichtet sind, die freiheitliche demokratische Grundordnung zu beeinträchtigen oder zu beseitigen oder den Bestand der Bundesrepublik Deutschland zu gefährden, sind von staatlicher Finanzierung ausgeschlossen. Wird der Ausschluss festgestellt, so entfällt auch eine steuerliche Begünstigung dieser Parteien und von Zuwendungen an diese Parteien.

(4) Über die Frage der Verfassungswidrigkeit nach Absatz 2 sowie über den Ausschluss von staatlicher Finanzierung nach Absatz 3 entscheidet das Bundesverfassungsgericht.

(5) Das Nähere regeln Bundesgesetze.

Artikel 22 (Hauptstadt Berlin, Bundesflagge)

(1) Die Hauptstadt der Bundesrepublik Deutschland ist Berlin. Die Repräsentation des Gesamtstaates in der Hauptstadt ist Aufgabe des Bundes. Das Nähere wird durch Bundesgesetz geregelt.

(2) Die Bundesflagge ist schwarz-rot-gold.

Artikel 23 (Europäische Union)

(1) Zur Verwirklichung eines vereinten Europas wirkt die Bundesrepublik Deutschland bei der Entwicklung der Europäischen Union mit, die demokratischen, rechtsstaatlichen, sozialen und föderativen Grundsätzen und dem Grundsatz der Subsidiarität verpflichtet ist und einen diesem Grundgesetz im wesentlichen vergleichbaren Grundrechtsschutz gewährleistet. Der Bund kann hierzu durch Gesetz mit Zustimmung des Bundesrates Hoheitsrechte übertragen. Für die Begründung der Europäischen Union sowie für Änderungen ihrer vertraglichen Grundlagen und vergleichbare Regelungen, durch die dieses Grundgesetz seinem Inhalt nach geändert oder ergänzt wird oder solche Änderungen oder Ergänzungen ermöglicht werden, gilt Artikel 79 Abs. 2 und 3.

(1a) Der Bundestag und der Bundesrat haben das Recht, wegen Verstoßes eines Gesetzgebungsakts der Europäischen Union gegen das Subsidiaritätsprinzip vor dem Gerichtshof der Europäischen Union Klage zu erheben. Der Bundestag ist hierzu auf Antrag eines Viertels seiner Mitglieder verpflichtet. Durch Gesetz, das der Zustimmung des Bundesrates bedarf, können für die Wahrnehmung der Rechte, die dem Bundestag und dem Bundesrat in den vertraglichen Grundlagen der Europäischen Union eingeräumt sind, Ausnahmen von Artikel 42 Abs. 2 Satz 1 und Artikel 52 Abs. 3 Satz 1 zugelassen werden.

(2) In Angelegenheiten der Europäischen Union wirken der Bundestag und durch den Bundesrat die Länder mit. Die Bundesregierung hat den Bundestag und den Bundesrat umfassend und zum frühestmöglichen Zeitpunkt zu unterrichten.

(3) Die Bundesregierung gibt dem Bundestag Gelegenheit zur Stellungnahme vor ihrer Mitwirkung an Rechtsetzungsakten der Europäischen Union. Die Bundesregierung berücksichtigt die Stellungnahmen des Bundestages bei den Verhandlungen. Das Nähere regelt ein Gesetz.

(4) Der Bundesrat ist an der Willensbildung des Bundes zu beteiligen, soweit er an einer entsprechenden innerstaatlichen Maßnahme mitzuwirken hätte oder soweit die Länder innerstaatlich zuständig wären.

(5) Soweit in einem Bereich ausschließlicher Zuständigkeiten des Bundes Interessen der Länder berührt sind oder soweit im übrigen der Bund das Recht zur Gesetzgebung hat, berücksichtigt die Bundesregierung die Stellungnahme des Bundesrates. Wenn im Schwerpunkt Gesetzgebungsbefugnisse der Länder, die Einrichtung ihrer Behörden oder ihre Verwaltungsverfahren betroffen sind, ist bei der Willensbildung des Bundes insoweit die Auffassung des Bundesrates maßgeblich zu berücksichtigen; dabei ist die gesamtstaatliche Verantwortung des Bundes zu wahren. In Angelegenheiten, die zu Ausgabenerhöhungen oder Einnahmeminderungen für den Bund führen können, ist die Zustimmung der Bundesregierung erforderlich.

(6) Wenn im Schwerpunkt ausschließliche Gesetzgebungsbefugnisse der Länder auf den Gebieten der schulischen Bildung, der Kultur oder des Rundfunks betroffen sind, wird die Wahrnehmung der Rechte, die der Bundesrepublik Deutschland als Mitgliedstaat der Europäischen Union zustehen, vom Bund auf einen vom Bundesrat benannten Vertreter der Länder übertragen. Die Wahrnehmung der Rechte erfolgt unter Beteiligung und in Abstimmung mit der Bundesregierung; dabei ist die gesamtstaatliche Verantwortung des Bundes zu wahren.

(7) Das Nähere zu den Absätzen 4 bis 6 regelt ein Gesetz, das der Zustimmung des Bundesrates bedarf.

Artikel 24 (Supranationale Einrichtungen)

(1) Der Bund kann durch Gesetz Hoheitsrechte auf zwischenstaatliche Einrichtungen übertragen.

(1a) Soweit die Länder für die Ausübung der staatlichen Befugnisse und die Erfüllung der staatlichen Aufgaben zuständig sind, können sie mit Zustimmung der Bundesregierung Hoheitsrechte auf grenznachbarschaftliche Einrichtungen übertragen.

(2) Der Bund kann sich zur Wahrung des Friedens einem System gegenseitiger kollektiver Sicherheit einordnen; er wird hierbei in die Beschränkungen seiner Hoheitsrechte einwilligen, die eine friedliche und dauerhafte Ordnung in Europa und zwischen den Völkern der Welt herbeiführen und sichern.

(3) Zur Regelung zwischenstaatlicher Streitigkeiten wird der Bund Vereinbarungen über eine allgemeine, umfassende, obligatorische, internationale Schiedsgerichtsbarkeit beitreten.

Artikel 25 (Regeln des Völkerrechts)

Die allgemeinen Regeln des Völkerrechts sind Bestandteil des Bundesrechtes. Sie gehen den Gesetzen vor und erzeugen Rechte und Pflichten unmittelbar für die Bewohner des Bundesgebietes.

Entscheidung des Bundesverfassungsgerichts vom 6. Dezember 2006 (BGBl. I 2007 S. 33)

Aus dem Beschluss des Bundesverfassungsgerichts vom 6. Dezember 2006 – 2 BvM 9/03 – wird die Entscheidungsformel veröffentlicht:
Eine allgemeine Regel des Völkerrechts, nach der ein lediglich pauschaler Immunitätsverzicht zur Aufhebung des Schutzes der Immunität auch für solches Vermögen genügt, das dem Entsendestaat im Empfangsstaat zur Aufrechterhaltung der Funktionsfähigkeit seiner diplomatischen Mission dient, ist nicht feststellbar.
Die vorstehende Entscheidungsformel hat gemäß § 31 Abs. 2 des Bundesverfassungsgerichtsgesetzes Gesetzeskraft.

Artikel 26 (Angriffskrieg, Kriegswaffen)

(1) Handlungen, die geeignet sind und in der Absicht vorgenommen werden, das friedliche Zusammenleben der Völker zu stören, insbesondere die Führung eines Angriffskrieges vorzubereiten, sind verfassungswidrig. Sie sind unter Strafe zu stellen.

(2) Zur Kriegsführung bestimmte Waffen dürfen nur mit Genehmigung der Bundesregierung hergestellt, befördert und in Verkehr gebracht werden. Das Nähere regelt ein Bundesgesetz.

Artikel 27 (Handelsflotte)

Alle deutschen Kauffahrteischiffe bilden eine einheitliche Handelsflotte.

Artikel 28 (Länder und Gemeinden)

(1) Die verfassungsmäßige Ordnung in den Ländern muß den Grundsätzen des republikanischen, demokratischen und sozialen Rechtsstaates im Sinne dieses Grundgesetzes entsprechen. In den Ländern, Kreisen und Gemeinden muß das Volk eine Vertretung haben, die aus allgemeinen, unmittelbaren, freien, gleichen und geheimen Wahlen hervorgegangen ist. Bei Wahlen in Kreisen und Gemeinden sind auch Personen, die die Staatsangehörigkeit eines Mitgliedstaates der Europäischen Gemeinschaft besitzen, nach Maßgabe von Recht der Europäischen Gemeinschaft wahlberechtigt und wählbar. In Gemeinden kann an die Stelle einer gewählten Körperschaft die Gemeindeversammlung treten.

(2) Den Gemeinden muß das Recht gewährleistet sein, alle Angelegenheiten der örtlichen Gemeinschaft im Rahmen der Gesetze in eigener Verantwortung zu regeln. Auch die Gemeindeverbände haben im Rahmen ihres gesetzlichen Aufgabenbereiches nach Maßgabe der Gesetze das Recht der Selbstverwaltung. Die Gewährleistung der Selbstverwaltung umfaßt auch die Grundlagen der finanziellen Eigenverantwortung, zu diesen Grundlagen gehört eine den Gemeinden mit Hebesatzrecht zustehende wirtschaftskraftbezogene Steuerquelle.

(3) Der Bund gewährleistet, daß die verfassungsmäßige Ordnung der Länder den Grundrechten und den Bestimmungen der Absätze 1 und 2 entspricht.

Artikel 29 (Neugliederung des Bundesgebiets)

(1) Das Bundesgebiet kann neu gegliedert werden, um zu gewährleisten, daß die Länder nach Größe und Leistungsfähigkeit die ihnen obliegenden Aufgaben wirksam erfüllen können. Dabei sind die landsmannschaftliche Verbundenheit, die geschichtlichen und kulturellen Zusammenhänge, die wirtschaftliche Zweckmäßigkeit sowie die Erfordernisse der Raumordnung und der Landesplanung zu berücksichtigen.

(2) Maßnahmen zur Neugliederung des Bundesgebietes ergehen durch Bundesgesetz, das der Bestätigung durch Volksentscheid bedarf. Die betroffenen Länder sind zu hören.

(3) Der Volksentscheid findet in den Ländern statt, aus deren Gebieten oder Gebietsteilen ein neues oder neu umgrenztes Land gebildet werden soll (betroffene Länder). Abzustimmen ist über die Frage, ob die betroffenen Länder wie bisher bestehenbleiben sollen oder ob das neue oder neu umgrenzte Land gebildet werden soll. Der Volksentscheid für die Bildung eines neuen oder neu umgrenzten Landes kommt zustande, wenn in dessen künftigem Gebiet und insgesamt in den Gebieten oder Gebietsteilen eines betroffenen Landes, deren Landeszugehörigkeit im gleichen Sinne geändert werden soll, jeweils eine Mehrheit der Änderung zustimmt. Er kommt nicht zustande, wenn im Gebiet eines der betroffenen Länder eine Mehrheit die Änderung ablehnt; die Ablehnung ist jedoch unbeachtlich, wenn in einem Gebietsteil, dessen Zugehörigkeit zu dem betroffenen Land geändert werden soll, eine Mehrheit von zwei Dritteln der Änderung zustimmt, es sei denn, daß im Gesamtgebiet des betroffenen Landes eine Mehrheit von zwei Dritteln die Änderung ablehnt.

(4) Wird in einem zusammenhängenden, abgegrenzten Siedlungs- und Wirtschaftsraum, dessen Teile in mehreren Ländern liegen und der mindestens eine Million Einwohner hat, von einem Zehntel der in ihm zum Bundestag Wahlberechtigten durch Volksbegehren gefordert, daß für diesen Raum eine einheitliche Landeszugehörigkeit herbeigeführt werde, so ist durch Bundesgesetz innerhalb von zwei Jahren entweder zu bestimmen, ob die Landeszugehörigkeit gemäß Absatz 2 geändert wird, oder daß in den betroffenen Ländern eine Volksbefragung stattfindet.

(5) Die Volksbefragung ist darauf gerichtet festzustellen, ob eine in dem Gesetz vorzuschlagende Änderung der Landeszugehörigkeit Zustimmung findet. Das Gesetz kann verschiedene, jedoch nicht mehr als zwei Vorschläge der Volksbefragung vorlegen. Stimmt eine Mehrheit einer vorgeschlagenen Änderung der Landeszugehörigkeit zu, so ist durch Bundesgesetz innerhalb von zwei Jahren zu bestimmen, ob die Landeszugehörigkeit gemäß Absatz 2 geändert wird. Findet ein der Volksbefragung vorgelegter Vorschlag eine den Maßgaben des Absatzes 3 Satz 3 und 4 entsprechende Zustimmung, so ist innerhalb von zwei Jahren nach der Durchführung der Volksbefragung ein Bundesgesetz zur Bildung des vorgeschlagenen Landes zu erlassen, das der Bestätigung durch Volksentscheid nicht mehr bedarf.

(6) Mehrheit im Volksentscheid und in der Volksbefragung ist die Mehrheit der abgegebenen Stimmen, wenn sie mindestens ein Viertel der zum Bundestag Wahlberechtigten umfaßt. Im übrigen wird das Nähere über Volksentscheid, Volksbegehren und Volksbefragung durch ein Bundesgesetz geregelt; dieses kann auch vorsehen, daß Volksbegehren innerhalb eines Zeitraumes von fünf Jahren nicht wiederholt werden können.

(7) Sonstige Änderungen des Gebietsbestandes der Länder können durch Staatsverträge der beteiligten Länder oder durch Bundesgesetz mit Zustimmung des Bundesrates erfolgen, wenn das Gebiet, dessen Landeszugehörigkeit geändert werden soll, nicht mehr als 50 000 Einwohner hat. Das Nähere regelt ein Bundesgesetz, das der Zustimmung des Bundesrates und der Mehrheit der Mitglieder des Bundestages bedarf. Es muß die Anhörung der betroffenen Gemeinden und Kreise vorsehen.

(8) Die Länder können eine Neugliederung für das jeweils von ihnen umfaßte Gebiet oder für Teilgebiete abweichend von den Vorschriften der Absätze 2 bis 7 durch Staatsvertrag regeln. Die betroffenen Gemeinden und Kreise sind zu hören. Der Staatsvertrag bedarf der Bestätigung durch Volksentscheid in jedem beteiligten Land. Betrifft der Staatsvertrag Teilgebiete der Länder, kann die Bestätigung auf Volksentscheide in diesen Teilgebieten beschränkt werden; Satz 5 zweiter Halbsatz findet keine Anwendung. Bei einem Volksentscheid entscheidet die Mehrheit der abgegebenen Stimmen, wenn sie mindestens ein Viertel der zum Bundestag Wahlberechtigten umfaßt; das Nähere regelt ein Bundesgesetz. Der Staatsvertrag bedarf der Zustimmung des Bundestages.

Artikel 30 (Funktionen der Länder)
Die Ausübung der staatlichen Befugnisse und die Erfüllung der staatlichen Aufgaben ist Sache der Länder, soweit dieses Grundgesetz keine andere Regelung trifft oder zuläßt.

Artikel 31 (Vorrang des Bundesrechts)
Bundesrecht bricht Landesrecht.

Artikel 32 (Auswärtige Beziehungen)
(1) Die Pflege der Beziehungen zu auswärtigen Staaten ist Sache des Bundes.

(2) Vor dem Abschlusse eines Vertrages, der die besonderen Verhältnisse eines Landes berührt, ist das Land rechtzeitig zu hören.

(3) Soweit die Länder für die Gesetzgebung zuständig sind, können sie mit Zustimmung der Bundesregierung mit auswärtigen Staaten Verträge abschließen.

Artikel 33 (Staatsbürger, öffentlicher Dienst)
(1) Jeder Deutsche hat in jedem Lande die gleichen staatsbürgerlichen Rechte und Pflichten.

(2) Jeder Deutsche hat nach seiner Eignung, Befähigung und fachlichen Leistung gleichen Zugang zu jedem öffentlichen Amte.

(3) Der Genuß bürgerlicher und staatsbürgerlicher Rechte, die Zulassung zu öffentlichen Ämtern sowie die im öffentlichen Dienste erworbenen Rechte sind unabhängig von dem religiösen Bekenntnis. Niemandem darf aus seiner Zugehörigkeit oder Nichtzugehörigkeit zu einem Bekenntnisse oder einer Weltanschauung ein Nachteil erwachsen.

(4) Die Ausübung hoheitsrechtlicher Befugnisse ist als ständige Aufgabe in der Regel Angehörigen des öffentlichen Dienstes zu übertragen, die in einem öffentlich-rechtlichen Dienst- und Treueverhältnis stehen.

(5) Das Recht des öffentlichen Dienstes ist unter Berücksichtigung der hergebrachten Grundsätze des Berufsbeamtentums zu regeln und fortzuentwickeln.

Artikel 34 (Amtshaftung bei Amtspflichtverletzungen)
Verletzt jemand in Ausübung eines ihm anvertrauten öffentlichen Amtes die ihm einem Dritten gegenüber obliegende Amtspflicht, so trifft die Verantwortlichkeit grundsätzlich den Staat oder die Körperschaft, in deren Dienst er steht. Bei Vorsatz oder grober Fahrlässigkeit bleibt der Rückgriff vorbehalten. Für den Anspruch auf Schadensersatz und für den Rückgriff darf der ordentliche Rechtsweg nicht ausgeschlossen werden.

Artikel 35 (Rechts- und Amtshilfe)
(1) Alle Behörden des Bundes und der Länder leisten sich gegenseitig Rechts- und Amtshilfe.

(2) Zur Aufrechterhaltung oder Wiederherstellung der öffentlichen Sicherheit oder Ordnung kann ein Land in Fällen von besonderer Bedeutung Kräfte und Einrichtungen des Bundesgrenzschutzes zur Unterstützung seiner Polizei anfordern, wenn die Polizei ohne diese Unterstützung eine Aufgabe nicht oder nur unter erheblichen Schwierigkeiten erfüllen könnte. Zur Hilfe bei einer Naturkatastrophe oder bei einem besonders schweren Unglücksfall kann ein Land Polizeikräfte anderer Länder, Kräfte und Einrichtungen anderer Verwaltungen sowie des Bundesgrenzschutzes und der Streitkräfte anfordern.

(3) Gefährdet die Naturkatastrophe oder der Unglücksfall das Gebiet mehr als eines Landes, so kann die Bundesregierung, soweit es

zur wirksamen Bekämpfung erforderlich ist, den Landesregierungen die Weisung erteilen, Polizeikräfte anderen Ländern zur Verfügung zu stellen, sowie Einheiten des Bundesgrenzschutzes und der Streitkräfte zur Unterstützung der Polizeikräfte einsetzen. Maßnahmen der Bundesregierung nach Satz 1 sind jederzeit auf Verlangen des Bundesrates, im übrigen unverzüglich nach Beseitigung der Gefahr aufzuheben.

Artikel 36 (Landsmannschaftliche Gleichbehandlung)

(1) Bei den obersten Bundesbehörden sind Beamte aus allen Ländern in angemessenem Verhältnis zu verwenden. Die bei den übrigen Bundesbehörden beschäftigten Personen sollen in der Regel aus dem Lande genommen werden, in dem sie tätig sind.

(2) Die Wehrgesetze haben auch die Gliederung des Bundes in Länder und ihre besonderen landsmannschaftlichen Verhältnisse zu berücksichtigen.

Artikel 37 (Bundeszwang)

(1) Wenn ein Land die ihm nach dem Grundgesetze oder einem anderen Bundesgesetze obliegenden Bundespflichten nicht erfüllt, kann die Bundesregierung mit Zustimmung des Bundesrates die notwendigen Maßnahmen treffen, um das Land im Wege des Bundeszwanges zur Erfüllung seiner Pflichten anzuhalten.

(2) Zur Durchführung des Bundeszwanges hat die Bundesregierung oder ihr Beauftragter das Weisungsrecht gegenüber allen Ländern und ihren Behörden.

III. Der Bundestag

Artikel 38 (Wahl)

(1) Die Abgeordneten des Deutschen Bundestages werden in allgemeiner, unmittelbarer, freier, gleicher und geheimer Wahl gewählt. Sie sind Vertreter des ganzen Volkes, an Aufträge und Weisungen nicht gebunden und nur ihrem Gewissen unterworfen.

(2) Wahlberechtigt ist, wer das achtzehnte Lebensjahr vollendet hat; wählbar ist, wer das Alter erreicht hat, mit dem die Volljährigkeit eintritt.

(3) Das Nähere bestimmt ein Bundesgesetz.

Artikel 39 (Wahlperiode, Zusammentritt)

(1) Der Bundestag wird vorbehaltlich der nachfolgenden Bestimmungen auf vier Jahre gewählt. Seine Wahlperiode endet mit dem Zusammentritt eines neuen Bundestages. Die Neuwahl findet frühestens sechsundvierzig, spätestens achtundvierzig Monate nach Beginn der Wahlperiode statt. Im Falle einer Auflösung des Bundestages findet die Neuwahl innerhalb von sechzig Tagen statt.

(2) Der Bundestag tritt spätestens am dreißigsten Tage nach der Wahl zusammen.

(3) Der Bundestag bestimmt den Schluß und den Wiederbeginn seiner Sitzungen. Der Präsident des Bundestages kann ihn früher einberufen. Er ist hierzu verpflichtet, wenn ein Drittel der Mitglieder, der Bundespräsident oder der Bundeskanzler es verlangen.

Artikel 40 (Präsidium, Geschäftsordnung)

(1) Der Bundestag wählt seinen Präsidenten, dessen Stellvertreter und die Schriftführer. Er gibt sich eine Geschäftsordnung.

(2) Der Präsident übt das Hausrecht und die Polizeigewalt im Gebäude des Bundestages aus. Ohne seine Genehmigung darf in den Räumen des Bundestages keine Durchsuchung oder Beschlagnahme stattfinden.

Artikel 41 (Wahlprüfung)

(1) Die Wahlprüfung ist Sache des Bundestages. Er entscheidet auch, ob ein Abgeordneter des Bundestages die Mitgliedschaft verloren hat.

(2) Gegen die Entscheidung des Bundestages ist die Beschwerde an das Bundesverfassungsgericht zulässig.

(3) Das Nähere regelt ein Bundesgesetz.

Artikel 42 (Öffentlichkeit, Beschlussfassung)

(1) Der Bundestag verhandelt öffentlich. Auf Antrag eines Zehntels seiner Mitglieder oder auf Antrag der Bundesregierung kann mit

Zweidrittelmehrheit die Öffentlichkeit ausgeschlossen werden. Über den Antrag wird in nichtöffentlicher Sitzung entschieden.

(2) Zu einem Beschlusse des Bundestages ist die Mehrheit der abgegebenen Stimmen erforderlich, soweit dieses Grundgesetz nichts anderes bestimmt. Für die vom Bundestage vorzunehmenden Wahlen kann die Geschäftsordnung Ausnahmen zulassen.

(3) Wahrheitsgetreue Berichte über die öffentlichen Sitzungen des Bundestages und seiner Ausschüsse bleiben von jeder Verantwortlichkeit frei.

Artikel 43 (Anwesenheit der Bundesminister)

(1) Der Bundestag und seine Ausschüsse können die Anwesenheit jedes Mitgliedes der Bundesregierung verlangen.

(2) Die Mitglieder des Bundesrates und der Bundesregierung sowie ihre Beauftragten haben zu allen Sitzungen des Bundestages und seiner Ausschüsse Zutritt. Sie müssen jederzeit gehört werden.

Artikel 44 (Untersuchungsausschüsse)

(1) Der Bundestag hat das Recht und auf Antrag eines Viertels seiner Mitglieder die Pflicht, einen Untersuchungsausschuß einzusetzen, der in öffentlicher Verhandlung die erforderlichen Beweise erhebt. Die Öffentlichkeit kann ausgeschlossen werden.

(2) Auf Beweiserhebungen finden die Vorschriften über den Strafprozeß sinngemäß Anwendung. Das Brief-, Post- und Fernmeldegeheimnis bleibt unberührt.

(3) Gerichte und Verwaltungsbehörden sind zur Rechts- und Amtshilfe verpflichtet.

(4) Die Beschlüsse der Untersuchungsausschüsse sind der richterlichen Erörterung entzogen. In der Würdigung und Beurteilung des der Untersuchung zugrunde liegenden Sachverhaltes sind die Gerichte frei.

Artikel 45 (Ausschuss für die Angelegenheiten der Europäischen Union)

Der Bundestag bestellt einen Ausschuß für die Angelegenheiten der Europäischen Union. Er kann ihn ermächtigen, die Rechte des Bundestages gemäß Artikel 23 gegenüber der Bundesregierung wahrzunehmen. Er kann ihn auch ermächtigen, die Rechte wahrzunehmen, die dem Bundestag in den vertraglichen Grundlagen der Europäischen Union eingeräumt sind.

Artikel 45a (Ausschüsse für Auswärtiges und Verteidigung)

(1) Der Bundestag bestellt einen Ausschuß für auswärtige Angelegenheiten und einen Ausschuß für Verteidigung.

(2) Der Ausschuß für Verteidigung hat auch die Rechte eines Untersuchungsausschusses. Auf Antrag eines Viertels seiner Mitglieder hat er die Pflicht, eine Angelegenheit zum Gegenstand seiner Untersuchung zu machen.

(3) Artikel 44 Abs. 1 findet auf dem Gebiet der Verteidigung keine Anwendung.

Artikel 45b (Wehrbeauftragter)

Zum Schutz der Grundrechte und als Hilfsorgan des Bundestages bei der Ausübung der parlamentarischen Kontrolle wird ein Wehrbeauftragter des Bundestages berufen. Das Nähere regelt ein Bundesgesetz.

Artikel 45c (Petitionsausschuss)

(1) Der Bundestag bestellt einen Petitionsausschuß, dem die Behandlung der nach Artikel 17 an den Bundestag gerichteten Bitten und Beschwerden obliegt.

(2) Die Befugnisse des Ausschusses zur Überprüfung von Beschwerden regelt ein Bundesgesetz.

Artikel 45d (Parlamentarisches Kontrollgremium)

(1) Der Bundestag bestellt ein Gremium zur Kontrolle der nachrichtendienstlichen Tätigkeit des Bundes.

(2) Das Nähere regelt ein Bundesgesetz.

Artikel 46 (Indemnität, Immunität)

(1) Ein Abgeordneter darf zu keiner Zeit wegen seiner Abstimmung oder wegen einer Äußerung, die er im Bundestage oder in einem seiner Ausschüsse getan hat, gerichtlich oder dienstlich verfolgt oder sonst außerhalb

des Bundestages zur Verantwortung gezogen werden. Dies gilt nicht für verleumderische Beleidigungen.

(2) Wegen einer mit Strafe bedrohten Handlung darf ein Abgeordneter nur mit Genehmigung des Bundestages zur Verantwortung gezogen oder verhaftet werden, es sei denn, daß er bei Begehung der Tat oder im Laufe des folgenden Tages festgenommen wird.

(3) Die Genehmigung des Bundestages ist ferner bei jeder anderen Beschränkung der persönlichen Freiheit eines Abgeordneten oder zur Einleitung eines Verfahrens gegen einen Abgeordneten gemäß Artikel 18 erforderlich.

(4) Jedes Strafverfahren und jedes Verfahren gemäß Artikel 18 gegen einen Abgeordneten, jede Haft und jede sonstige Beschränkung seiner persönlichen Freiheit sind auf Verlangen des Bundestages auszusetzen.

Artikel 47 (Zeugnisverweigerungsrecht)
Die Abgeordneten sind berechtigt, über Personen, die ihnen in ihrer Eigenschaft als Abgeordnete oder denen sie in dieser Eigenschaft Tatsachen anvertraut haben, sowie über diese Tatsachen selbst das Zeugnis zu verweigern. Soweit dieses Zeugnisverweigerungsrecht reicht, ist die Beschlagnahme von Schriftstücken unzulässig.

Artikel 48 (Ansprüche der Abgeordneten)
(1) Wer sich um einen Sitz im Bundestage bewirbt, hat Anspruch auf den zur Vorbereitung seiner Wahl erforderlichen Urlaub.

(2) Niemand darf gehindert werden, das Amt eines Abgeordneten zu übernehmen und auszuüben. Eine Kündigung oder Entlassung aus diesem Grunde ist unzulässig.

(3) Die Abgeordneten haben Anspruch auf eine angemessene, ihre Unabhängigkeit sichernde Entschädigung. Sie haben das Recht der freien Benutzung aller staatlichen Verkehrsmittel. Das Nähere regelt ein Bundesgesetz.

Artikel 49 (weggefallen)

IV. Der Bundesrat

Artikel 50 (Funktion)
Durch den Bundesrat wirken die Länder bei der Gesetzgebung und Verwaltung des Bundes und in Angelegenheiten der Europäischen Union mit.

Artikel 51 (Zusammensetzung)
(1) Der Bundesrat besteht aus Mitgliedern der Regierungen der Länder, die sie bestellen und abberufen. Sie können durch andere Mitglieder ihrer Regierungen vertreten werden.

(2) Jedes Land hat mindestens drei Stimmen, Länder mit mehr als zwei Millionen Einwohnern haben vier, Länder mit mehr als sechs Millionen Einwohnern fünf, Länder mit mehr als sieben Millionen Einwohnern sechs Stimmen.

(3) Jedes Land kann so viele Mitglieder entsenden, wie es Stimmen hat. Die Stimmen eines Landes können nur einheitlich und nur durch anwesende Mitglieder oder deren Vertreter abgegeben werden.

Artikel 52 (Präsident, Geschäftsordnung)
(1) Der Bundesrat wählt seinen Präsidenten auf ein Jahr.

(2) Der Präsident beruft den Bundesrat ein. Er hat ihn einzuberufen, wenn die Vertreter von mindestens zwei Ländern oder die Bundesregierung es verlangen.

(3) Der Bundesrat faßt seine Beschlüsse mit mindestens der Mehrheit seiner Stimmen. Er gibt sich eine Geschäftsordnung. Er verhandelt öffentlich. Die Öffentlichkeit kann ausgeschlossen werden.

(3a) Für Angelegenheiten der Europäischen Union kann der Bundesrat eine Europakammer bilden, deren Beschlüsse als Beschlüsse des Bundesrates gelten; die Anzahl der einheitlich abzugebenden Stimmen der Länder bestimmt sich nach Artikel 51 Abs. 2.

(4) Den Ausschüssen des Bundesrates können andere Mitglieder oder Beauftragte der Regierungen der Länder angehören.

Artikel 53 (Anwesenheit der Bundesregierung)
Die Mitglieder der Bundesregierung haben das Recht und auf Verlangen die Pflicht, an

den Verhandlungen des Bundesrates und seiner Ausschüsse teilzunehmen. Sie müssen jederzeit gehört werden. Der Bundesrat ist von der Bundesregierung über die Führung der Geschäfte auf dem laufenden zu halten.

IVa. Gemeinsamer Ausschuß

Artikel 53a (Zusammensetzung, Verfahren)

(1) Der Gemeinsame Ausschuß besteht zu zwei Dritteln aus Abgeordneten des Bundestages, zu einem Drittel aus Mitgliedern des Bundesrates. Die Abgeordneten werden vom Bundestage entsprechend dem Stärkeverhältnis der Fraktionen bestimmt; sie dürfen nicht der Bundesregierung angehören. Jedes Land wird durch ein von ihm bestelltes Mitglied des Bundesrates vertreten; diese Mitglieder sind nicht an Weisungen gebunden. Die Bildung des Gemeinsamen Ausschusses und sein Verfahren werden durch eine Geschäftsordnung geregelt, die vom Bundestage zu beschließen ist und der Zustimmung des Bundesrates bedarf.

(2) Die Bundesregierung hat den Gemeinsamen Ausschuß über ihre Planungen für den Verteidigungsfall zu unterrichten. Die Rechte des Bundestages und seiner Ausschüsse nach Artikel 43 Abs. 1 bleiben unberührt.

V. Der Bundespräsident

Artikel 54 (Bundesversammlung)

(1) Der Bundespräsident wird ohne Aussprache von der Bundesversammlung gewählt. Wählbar ist jeder Deutsche, der das Wahlrecht zum Bundestage besitzt und das vierzigste Lebensjahr vollendet hat.

(2) Das Amt des Bundespräsidenten dauert fünf Jahre. Anschließende Wiederwahl ist nur einmal zulässig.

(3) Die Bundesversammlung besteht aus den Mitgliedern des Bundestages und einer gleichen Anzahl von Mitgliedern, die von den Volksvertretungen der Länder nach den Grundsätzen der Verhältniswahl gewählt werden.

(4) Die Bundesversammlung tritt spätestens 30 Tage vor Ablauf der Amtszeit des Bundespräsidenten, bei vorzeitiger Beendigung spätestens 30 Tage nach diesem Zeitpunkt zusammen. Sie wird von dem Präsidenten des Bundestages einberufen.

(5) Nach Ablauf der Wahlperiode beginnt die Frist des Absatzes 4 Satz 1 mit dem ersten Zusammentritt des Bundestages.

(6) Gewählt ist, wer die Stimmen der Mehrheit der Mitglieder der Bundesversammlung erhält. Wird diese Mehrheit in zwei Wahlgängen von keinem Bewerber erreicht, so ist gewählt, wer in einem weiteren Wahlgang die meisten Stimmen auf sich vereinigt.

(7) Das Nähere regelt ein Bundesgesetz.

Artikel 55 (Unabhängigkeit des Bundespräsidenten)

(1) Der Bundespräsident darf weder der Regierung noch einer gesetzgebenden Körperschaft des Bundes oder eines Landes angehören.

(2) Der Bundespräsident darf kein anderes besoldetes Amt, kein Gewerbe und keinen Beruf ausüben und weder der Leitung noch dem Aufsichtsrat eines auf Erwerb gerichteten Unternehmens angehören.

Artikel 56 (Eidesleistung)

Der Bundespräsident leistet bei seinem Amtsantritt vor den versammelten Mitgliedern des Bundestages und des Bundesrates folgenden Eid: „Ich schwöre, daß ich meine Kraft dem Wohle des deutschen Volkes widmen, seinen Nutzen mehren, Schaden von ihm wenden, das Grundgesetz und die Gesetze des Bundes wahren und verteidigen, meine Pflichten gewissenhaft erfüllen und Gerechtigkeit gegen jedermann üben werde. So wahr mir Gott helfe." Der Eid kann auch ohne religiöse Beteuerung geleistet werden.

Artikel 57 (Vertretung)

Die Befugnisse des Bundespräsidenten werden im Falle seiner Verhinderung oder bei vorzeitiger Erledigung des Amtes durch den Präsidenten des Bundesrates wahrgenommen.

Artikel 58 (Gegenzeichnung)

Anordnungen und Verfügungen des Bundespräsidenten bedürfen zu ihrer Gültigkeit der Gegenzeichnung durch den Bundeskanzler oder durch den zuständigen Bundesminister. Dies gilt nicht für die Ernennung und Entlassung des Bundeskanzlers, die Auflösung des Bundestages gemäß Artikel 63 und das Ersuchen gemäß Artikel 69 Abs. 3.

Artikel 59 (Völkerrechtliche Vertretungsmacht)

(1) Der Bundespräsident vertritt den Bund völkerrechtlich. Er schließt im Namen des Bundes die Verträge mit auswärtigen Staaten. Er beglaubigt und empfängt die Gesandten.

(2) Verträge, welche die politischen Beziehungen des Bundes regeln oder sich auf Gegenstände der Bundesgesetzgebung beziehen, bedürfen der Zustimmung oder der Mitwirkung der jeweils für die Bundesgesetzgebung zuständigen Körperschaften in der Form eines Bundesgesetzes. Für Verwaltungsabkommen gelten die Vorschriften über die Bundesverwaltung entsprechend.

Artikel 60 (Ernennung der Bundesbeamten)

(1) Der Bundespräsident ernennt und entläßt die Bundesrichter, die Bundesbeamten, die Offiziere und Unteroffiziere, soweit gesetzlich nichts anderes bestimmt ist.

(2) Er übt im Einzelfalle für den Bund das Begnadigungsrecht aus.

(3) Er kann diese Befugnisse auf andere Behörden übertragen.

(4) Die Absätze 2 bis 4 des Artikels 46 finden auf den Bundespräsidenten entsprechende Anwendung.

Artikel 61 (Anklage vor dem Bundesverfassungsgericht)

(1) Der Bundestag oder der Bundesrat können den Bundespräsidenten wegen vorsätzlicher Verletzung des Grundgesetzes oder eines anderen Bundesgesetzes vor dem Bundesverfassungsgericht anklagen. Der Antrag auf Erhebung der Anklage muß von mindestens einem Viertel der Mitglieder des Bundestages oder einem Viertel der Stimmen des Bundesrates gestellt werden. Der Beschluß auf Erhebung der Anklage bedarf der Mehrheit von zwei Dritteln der Mitglieder des Bundestages oder von zwei Dritteln der Stimmen des Bundesrates. Die Anklage wird von einem Beauftragten der anklagenden Körperschaft vertreten.

(2) Stellt das Bundesverfassungsgericht fest, daß der Bundespräsident einer vorsätzlichen Verletzung des Grundgesetzes oder eines anderen Bundesgesetzes schuldig ist, so kann es ihn des Amtes für verlustig erklären. Durch einstweilige Anordnung kann es nach der Erhebung der Anklage bestimmen, daß er an der Ausübung seines Amtes verhindert ist.

VI. Die Bundesregierung

Artikel 62 (Zusammensetzung)

Die Bundesregierung besteht aus dem Bundeskanzler und aus den Bundesministern.

Artikel 63 (Wahl des Bundeskanzlers; Bundestagsauflösung)

(1) Der Bundeskanzler wird auf Vorschlag des Bundespräsidenten vom Bundestage ohne Aussprache gewählt.

(2) Gewählt ist, wer die Stimmen der Mehrheit der Mitglieder des Bundestages auf sich vereinigt. Der Gewählte ist vom Bundespräsidenten zu ernennen.

(3) Wird der Vorgeschlagene nicht gewählt, so kann der Bundestag binnen vierzehn Tagen nach dem Wahlgange mit mehr als der Hälfte seiner Mitglieder einen Bundeskanzler wählen.

(4) Kommt eine Wahl innerhalb dieser Frist nicht zustande, so findet unverzüglich ein neuer Wahlgang statt, in dem gewählt ist, wer die meisten Stimmen erhält. Vereinigt der Gewählte die Stimmen der Mehrheit der Mitglieder des Bundestages auf sich, so muß der Bundespräsident ihn binnen sieben Tagen nach der Wahl ernennen. Erreicht der Gewählte diese Mehrheit nicht, so hat der Bundespräsident binnen sieben Tagen entweder ihn zu ernennen oder den Bundestag aufzulösen.

Artikel 64 (Ernennung der Bundesminister)

(1) Die Bundesminister werden auf Vorschlag des Bundeskanzlers vom Bundespräsidenten ernannt und entlassen.

(2) Der Bundeskanzler und die Bundesminister leisten bei der Amtsübernahme vor dem Bundestage den in Artikel 56 vorgesehenen Eid.

Artikel 65 (Verantwortung, Geschäftsordnung)

Der Bundeskanzler bestimmt die Richtlinien der Politik und trägt dafür die Verantwortung. Innerhalb dieser Richtlinien leitet jeder Bundesminister seinen Geschäftsbereich selbständig und unter eigener Verantwortung. Über Meinungsverschiedenheiten zwischen den Bundesministern entscheidet die Bundesregierung. Der Bundeskanzler leitet ihre Geschäfte nach einer von der Bundesregierung beschlossenen und vom Bundespräsidenten genehmigten Geschäftsordnung.

Artikel 65a (Befehls- und Kommandogewalt)

Der Bundesminister für Verteidigung hat die Befehls- und Kommandogewalt über die Streitkräfte.

Artikel 66 (Kein Nebenberuf)

Der Bundeskanzler und die Bundesminister dürfen kein anderes besoldetes Amt, kein Gewerbe und keinen Beruf ausüben und weder der Leitung noch ohne Zustimmung des Bundestages dem Aufsichtsrate eines auf Erwerb gerichteten Unternehmens angehören.

Artikel 67 (Misstrauensvotum)

(1) Der Bundestag kann dem Bundeskanzler das Mißtrauen nur dadurch aussprechen, daß er mit der Mehrheit seiner Mitglieder einen Nachfolger wählt und den Bundespräsidenten ersucht, den Bundeskanzler zu entlassen. Der Bundespräsident muß dem Ersuchen entsprechen und den Gewählten ernennen.

(2) Zwischen dem Antrage und der Wahl müssen 48 Stunden liegen.

Artikel 68 (Vertrauensvotum – Bundestagsauflösung)

(1) Findet ein Antrag des Bundeskanzlers, ihm das Vertrauen auszusprechen, nicht die Zustimmung der Mehrheit der Mitglieder des Bundestages, so kann der Bundespräsident auf Vorschlag des Bundeskanzlers binnen 21 Tagen den Bundestag auflösen. Das Recht zur Auflösung erlischt, sobald der Bundestag mit der Mehrheit seiner Mitglieder einen anderen Bundeskanzler wählt.

(2) Zwischen dem Antrage und der Abstimmung müssen 48 Stunden liegen.

Artikel 69 (Stellvertreter des Bundeskanzlers)

(1) Der Bundeskanzler ernennt einen Bundesminister zu seinem Stellvertreter.

(2) Das Amt des Bundeskanzlers oder eines Bundesministers endigt in jedem Falle mit dem Zusammentritt eines neuen Bundestages, das Amt eines Bundesministers auch mit jeder anderen Erledigung des Amtes des Bundeskanzlers.

(3) Auf Ersuchen des Bundespräsidenten ist der Bundeskanzler, auf Ersuchen des Bundeskanzlers oder des Bundespräsidenten ein Bundesminister verpflichtet, die Geschäfte bis zur Ernennung seines Nachfolgers weiterzuführen.

VII. Die Gesetzgebung des Bundes

Artikel 70 (Gesetzgebung des Bundes und der Länder)

(1) Die Länder haben das Recht der Gesetzgebung, soweit dieses Grundgesetz nicht dem Bunde Gesetzgebungsbefugnisse verleiht.

(2) Die Abgrenzung der Zuständigkeit zwischen Bund und Ländern bemißt sich nach den Vorschriften dieses Grundgesetzes über die ausschließliche und die konkurrierende Gesetzgebung.

Artikel 71 (Ausschließliche Gesetzgebung)

Im Bereiche der ausschließlichen Gesetzgebung des Bundes haben die Länder die Befugnis zur Gesetzgebung nur, wenn und soweit sie hierzu in einem Bundesgesetze ausdrücklich ermächtigt werden.

Artikel 72 (Konkurrierende Gesetzgebung)

(1) Im Bereich der konkurrierenden Gesetzgebung haben die Länder die Befugnis zur Gesetzgebung, solange und soweit der Bund von seiner Gesetzgebungszuständigkeit nicht durch Gesetz Gebrauch gemacht hat.

(2) Auf den Gebieten des Artikels 74 Abs. 1 Nr. 4, 7, 11, 13, 15, 19a, 20, 22, 25 und 26 hat der Bund das Gesetzgebungsrecht, wenn und soweit die Herstellung gleichwertiger Lebensverhältnisse im Bundesgebiet oder die Wahrung der Rechts- oder Wirtschaftseinheit im gesamtstaatlichen Interesse eine bundesgesetzliche Regelung erforderlich macht.

(3) Hat der Bund von seiner Gesetzgebungszuständigkeit Gebrauch gemacht, können die Länder durch Gesetz hiervon abweichende Regelungen treffen über:

1. das Jagdwesen (ohne das Recht der Jagdscheine);
2. den Naturschutz und die Landschaftspflege (ohne die allgemeinen Grundsätze des Naturschutzes, das Recht des Artenschutzes oder des Meeresnaturschutzes);
3. die Bodenverteilung;
4. die Raumordnung;
5. den Wasserhaushalt (ohne stoff- oder anlagenbezogene Regelungen);
6. die Hochschulzulassung und die Hochschulabschlüsse;
7. die Grundsteuer.

Bundesgesetze auf diesen Gebieten treten frühestens sechs Monate nach ihrer Verkündung in Kraft, soweit nicht mit Zustimmung des Bundesrates anderes bestimmt ist. Auf den Gebieten des Satzes 1 geht im Verhältnis von Bundes- und Landesrecht das jeweils spätere Gesetz vor.

(4) Durch Bundesgesetz kann bestimmt werden, daß eine bundesgesetzliche Regelung, für die eine Erforderlichkeit im Sinne des Absatzes 2 nicht mehr besteht, durch Landesrecht ersetzt werden kann.

Artikel 73 (Sachgebiete der ausschließlichen Gesetzgebung)

(1) Der Bund hat die ausschließliche Gesetzgebung über:

1. die auswärtigen Angelegenheiten sowie die Verteidigung einschließlich des Schutzes der Zivilbevölkerung;
2. die Staatsangehörigkeit im Bunde;
3. die Freizügigkeit, das Passwesen, das Melde- und Ausweiswesen, die Ein- und Auswanderung und die Auslieferung;
4. das Währungs-, Geld- und Münzwesen, Maße und Gewichte sowie die Zeitbestimmung;
5. die Einheit des Zoll- und Handelsgebietes, die Handels- und Schiffahrtsverträge, die Freizügigkeit des Warenverkehrs und den Waren- und Zahlungsverkehr mit dem Auslande einschließlich des Zoll- und Grenzschutzes;

5a. den Schutz deutschen Kulturgutes gegen Abwanderung ins Ausland;

6. den Luftverkehr;

6a. den Verkehr von Eisenbahnen, die ganz oder mehrheitlich im Eigentum des Bundes stehen (Eisenbahnen des Bundes), den Bau, die Unterhaltung und das Betreiben von Schienenwegen der Eisenbahnen des Bundes sowie die Erhebung von Entgelten für die Benutzung dieser Schienenwege;

7. das Postwesen und die Telekommunikation;
8. die Rechtsverhältnisse der im Dienste des Bundes und der bundesunmittelbaren Körperschaften des öffentlichen Rechtes stehenden Personen;
9. den gewerblichen Rechtsschutz, das Urheberrecht und das Verlagsrecht;

9a. die Abwehr von Gefahren des internationalen Terrorismus durch das Bundeskriminalpolizeiamt in Fällen, in denen eine länderübergreifende Gefahr vorliegt, die Zuständigkeit einer Landespolizeibehörde nicht erkennbar ist oder die oberste Landesbehörde um eine Übernahme ersucht;

Art. 74   Grundgesetz (GG)   **IX.1**

10. die Zusammenarbeit des Bundes und der Länder
    a) in der Kriminalpolizei,
    b) zum Schutze der freiheitlichen demokratischen Grundordnung, des Bestandes und der Sicherheit des Bundes oder eines Landes (Verfassungsschutz) und
    c) zum Schutze gegen Bestrebungen im Bundesgebiet, die durch Anwendung von Gewalt oder darauf gerichtete Vorbereitungshandlungen auswärtige Belange der Bundesrepublik Deutschland gefährden,

    sowie die Einrichtung eines Bundeskriminalpolizeiamtes und die internationale Verbrechensbekämpfung;
11. die Statistik für Bundeszwecke;
12. das Waffen- und das Sprengstoffrecht;
13. die Versorgung der Kriegsbeschädigten und Kriegshinterbliebenen und die Fürsorge für die ehemaligen Kriegsgefangenen;
14. die Erzeugung und Nutzung der Kernenergie zu friedlichen Zwecken, die Errichtung und den Betrieb von Anlagen, die diesen Zwecken dienen, den Schutz gegen Gefahren, die bei Freiwerden von Kernenergie oder durch ionisierende Strahlen entstehen, und die Beseitigung radioaktiver Stoffe.

(2) Gesetze nach Absatz 1 Nr. 9a bedürfen der Zustimmung des Bundesrates.

Artikel 74 (Sachgebiete der konkurrierenden Gesetzgebung)

(1) Die konkurrierende Gesetzgebung erstreckt sich auf folgende Gebiete:
1. das bürgerliche Recht, das Strafrecht, die Gerichtsverfassung, das gerichtliche Verfahren (ohne das Recht des Untersuchungshaftvollzugs), die Rechtsanwaltschaft, das Notariat und die Rechtsberatung;
2. das Personenstandswesen;
3. das Vereinsrecht;
4. das Aufenthalts- und Niederlassungsrecht der Ausländer;
5. (weggefallen)
6. die Angelegenheiten der Flüchtlinge und Vertriebenen;
7. die öffentliche Fürsorge (ohne das Heimrecht);
8. (weggefallen)
9. die Kriegsschäden und die Wiedergutmachung;
10. die Kriegsgräber und Gräber anderer Opfer des Krieges und Opfer von Gewaltherrschaft;
11. das Recht der Wirtschaft (Bergbau, Industrie, Energiewirtschaft, Handwerk, Gewerbe, Handel, Bank- und Börsenwesen, privatrechtliches Versicherungswesen) ohne das Recht des Ladenschlusses, der Gaststätten, der Spielhallen, der Schaustellung von Personen, der Messen, der Ausstellungen und der Märkte;
12. das Arbeitsrecht einschließlich der Betriebsverfassung, des Arbeitsschutzes und der Arbeitsvermittlung sowie die Sozialversicherung einschließlich der Arbeitslosenversicherung;
13. die Regelung der Ausbildungsbeihilfen und die Förderung der wissenschaftlichen Forschung;
14. das Recht der Enteignung, soweit sie auf den Sachgebieten der Artikel 73 und 74 in Betracht kommt;
15. die Überführung von Grund und Boden, von Naturschätzen und Produktionsmitteln in Gemeineigentum oder in andere Formen der Gemeinwirtschaft;
16. die Verhütung des Mißbrauchs wirtschaftlicher Machtstellung;
17. die Förderung der land- und forstwirtschaftlichen Erzeugung (ohne das Recht der Flurbereinigung), die Sicherung der Ernährung, die Ein- und Ausfuhr land- und forstwirtschaftlicher Erzeugnisse, die Hochsee- und Küstenfischerei und den Küstenschutz;
18. den städtebaulichen Grundstücksverkehr, das Bodenrecht (ohne das Recht

der Erschließungsbeiträge) und das Wohngeldrecht, das Altschuldenhilferecht, das Wohnungsbauprämienrecht, das Bergarbeiterwohnungsbaurecht und das Bergmannssiedlungsrecht;

19. Maßnahmen gegen gemeingefährliche oder übertragbare Krankheiten bei Menschen und Tieren, Zulassung zu ärztlichen und anderen Heilberufen und zum Heilgewerbe, sowie das Recht des Apothekenwesens, der Arzneien, der Medizinprodukte, der Heilmittel, der Betäubungsmittel und der Gifte;

19a. die wirtschaftliche Sicherung der Krankenhäuser und die Regelung der Krankenhauspflegesätze;

20. das Recht der Lebensmittel einschließlich der ihrer Gewinnung dienenden Tiere, das Recht der Genussmittel, Bedarfsgegenstände und Futtermittel sowie den Schutz beim Verkehr mit land- und forstwirtschaftlichem Saat- und Pflanzgut, den Schutz der Pflanzen gegen Krankheiten und Schädlinge sowie den Tierschutz;

21. die Hochsee- und Küstenschiffahrt sowie die Seezeichen, die Binnenschifffahrt, den Wetterdienst, die Seewasserstraßen und die dem allgemeinen Verkehr dienenden Binnenwasserstraßen;

22. den Straßenverkehr, das Kraftfahrwesen, den Bau und die Unterhaltung von Landstraßen für den Fernverkehr sowie die Erhebung und Verteilung von Gebühren oder Entgelten für die Benutzung öffentlicher Straßen mit Fahrzeugen;

23. die Schienenbahnen, die nicht Eisenbahnen des Bundes sind, mit Ausnahme der Bergbahnen;

24. die Abfallwirtschaft, die Luftreinhaltung und die Lärmbekämpfung (ohne Schutz vor verhaltensbezogenem Lärm);

25. die Staatshaftung;

26. die medizinisch unterstützte Erzeugung menschlichen Lebens, die Untersuchung und die künstliche Veränderung von Erbinformationen sowie Regelungen zur Transplantation von Organen, Geweben und Zellen;

27. die Statusrechte und -pflichten der Beamten der Länder, Gemeinden und anderen Körperschaften des öffentlichen Rechts sowie der Richter in den Ländern mit Ausnahme der Laufbahnen, Besoldung und Versorgung;

28. das Jagdwesen;

29. den Naturschutz und die Landschaftspflege;

30. die Bodenverteilung;

31. die Raumordnung;

32. den Wasserhaushalt;

33. die Hochschulzulassung und die Hochschulabschlüsse.

(2) Gesetze nach Absatz 1 Nr. 25 und 27 bedürfen der Zustimmung des Bundesrates.

Artikel 75 (weggefallen)

Artikel 76 (Gesetzesvorlagen)
(1) Gesetzesvorlagen werden beim Bundestage durch die Bundesregierung, aus der Mitte des Bundestages oder durch den Bundesrat eingebracht.

(2) Vorlagen der Bundesregierung sind zunächst dem Bundesrat zuzuleiten. Der Bundesrat ist berechtigt, innerhalb von sechs Wochen zu diesen Vorlagen Stellung zu nehmen. Verlangt er aus wichtigem Grunde, insbesondere mit Rücksicht auf den Umfang einer Vorlage, eine Fristverlängerung, so beträgt die Frist neun Wochen. Die Bundesregierung kann eine Vorlage, die sie bei der Zuleitung an den Bundesrat ausnahmsweise als besonders eilbedürftig bezeichnet hat, nach drei Wochen oder, wenn der Bundesrat ein Verlangen nach Satz 3 geäußert hat, nach sechs Wochen dem Bundestag zuleiten, auch wenn die Stellungnahme des Bundesrates noch nicht bei ihr eingegangen ist; sie hat die Stellungnahme des Bundesrates unverzüglich nach Eingang dem Bundestag nachzureichen. Bei Vorlagen zur Änderung dieses Grundgesetzes und zur Übertragung von Hoheitsrechten nach Artikel 23 oder Artikel 24 beträgt die Frist zur Stellungnahme neun Wochen; Satz 4 findet keine Anwendung.

(3) Vorlagen des Bundesrates sind dem Bundestag durch die Bundesregierung innerhalb von sechs Wochen zuzuleiten. Sie soll hierbei ihre Auffassung darlegen. Verlangt sie aus wichtigem Grunde, insbesondere mit Rücksicht auf den Umfang einer Vorlage, eine Fristverlängerung, so beträgt die Frist neun Wochen. Wenn der Bundesrat eine Vorlage ausnahmsweise als besonders eilbedürftig bezeichnet hat, beträgt die Frist drei Wochen oder, wenn die Bundesregierung ein Verlangen nach Satz 3 geäußert hat, sechs Wochen. Bei Vorlagen zur Änderung dieses Grundgesetzes und zur Übertragung von Hoheitsrechten nach Artikel 23 oder Artikel 24 beträgt die Frist neun Wochen; Satz 4 findet keine Anwendung. Der Bundestag hat über die Vorlagen in angemessener Frist zu beraten und Beschluß zu fassen.

Artikel 77 (Gesetzgebungsverfahren)

(1) Die Bundesgesetze werden vom Bundestage beschlossen. Sie sind nach ihrer Annahme durch den Präsidenten des Bundestages unverzüglich dem Bundesrate zuzuleiten.

(2) Der Bundesrat kann binnen drei Wochen nach Eingang des Gesetzesbeschlusses verlangen, daß ein aus Mitgliedern des Bundestages und des Bundesrates für die gemeinsame Beratung von Vorlagen gebildeter Ausschuß einberufen wird. Die Zusammensetzung und das Verfahren dieses Ausschusses regelt eine Geschäftsordnung, die vom Bundestag beschlossen wird und der Zustimmung des Bundesrates bedarf. Die in diesen Ausschuß entsandten Mitglieder des Bundesrates sind nicht an Weisungen gebunden. Ist zu einem Gesetz die Zustimmung des Bundesrates erforderlich, so können auch der Bundestag und die Bundesregierung die Einberufung verlangen. Schlägt der Ausschuß eine Änderung des Gesetzesbeschlusses vor, so hat der Bundestag erneut Beschluß zu fassen.

(2a) Soweit zu einem Gesetz die Zustimmung des Bundesrates erforderlich ist, hat der Bundesrat, wenn ein Verlangen nach Absatz 2 Satz 1 nicht gestellt oder das Vermittlungsverfahren ohne einen Vorschlag zur Änderung des Gesetzesbeschlusses beendet ist, in angemessener Frist über die Zustimmung Beschluß zu fassen.

(3) Soweit zu einem Gesetze die Zustimmung des Bundesrates nicht erforderlich ist, kann der Bundesrat, wenn das Verfahren nach Abs. 2 beendigt ist, gegen ein vom Bundestage beschlossenes Gesetz binnen zwei Wochen Einspruch einlegen. Die Einspruchsfrist beginnt im Falle des Absatzes 2 letzter Satz mit dem Eingange des vom Bundestage erneut gefaßten Beschlusses, in allen anderen Fällen mit dem Eingange der Mitteilung des Vorsitzenden des in Absatz 2 vorgesehenen Ausschusses, daß das Verfahren vor dem Ausschusse abgeschlossen ist.

(4) Wird der Einspruch mit der Mehrheit der Stimmen des Bundesrates beschlossen, so kann er durch Beschluß der Mehrheit der Mitglieder des Bundestages zurückgewiesen werden. Hat der Bundesrat den Einspruch mit einer Mehrheit von mindestens zwei Dritteln seiner Stimmen beschlossen, so bedarf die Zurückweisung durch den Bundestag einer Mehrheit von zwei Dritteln, mindestens der Mehrheit der Mitglieder des Bundestages.

Artikel 78 (Zustandekommen der Gesetze)

Ein vom Bundestage beschlossenes Gesetz kommt zustande, wenn der Bundesrat zustimmt, den Antrag gemäß Artikel 77 Abs. 2 nicht stellt, innerhalb der Frist des Artikels 77 Abs. 3 keinen Einspruch einlegt oder ihn zurücknimmt oder wenn der Einspruch vom Bundestage überstimmt wird.

Artikel 79 (Änderung des Grundgesetzes)

(1) Das Grundgesetz kann nur durch ein Gesetz geändert werden, das den Wortlaut des Grundgesetzes ausdrücklich ändert oder ergänzt. Bei völkerrechtlichen Verträgen, die eine Friedensregelung, die Vorbereitung einer Friedensregelung oder den Abbau einer besatzungsrechtlichen Ordnung zum Gegenstand haben oder der Verteidigung der Bundesrepublik zu dienen bestimmt sind, genügt zur Klarstellung, daß die Bestimmungen des Grundgesetzes dem Abschluß und dem In-

kraftsetzen der Verträge nicht entgegenstehen, eine Ergänzung des Wortlautes des Grundgesetzes, die sich auf diese Klarstellung beschränkt.

(2) Ein solches Gesetz bedarf der Zustimmung von zwei Dritteln der Mitglieder des Bundestages und zwei Dritteln der Stimmen des Bundesrates.

(3) Eine Änderung dieses Grundgesetzes, durch welche die Gliederung des Bundes in Länder, die grundsätzliche Mitwirkung der Länder bei der Gesetzgebung oder die in den Artikeln 1 und 20 niedergelegten Grundsätze berührt werden, ist unzulässig.

Artikel 80 (Erlass von Rechtsverordnungen)

(1) Durch Gesetz können die Bundesregierung, ein Bundesminister oder die Landesregierungen ermächtigt werden, Rechtsverordnungen zu erlassen. Dabei müssen Inhalt, Zweck und Ausmaß der erteilten Ermächtigung im Gesetze bestimmt werden. Die Rechtsgrundlage ist in der Verordnung anzugeben. Ist durch Gesetz vorgesehen, daß eine Ermächtigung weiter übertragen werden kann, so bedarf es zur Übertragung der Ermächtigung einer Rechtsverordnung.

(2) Der Zustimmung des Bundesrates bedürfen, vorbehaltlich anderweitiger bundesgesetzlicher Regelung, Rechtsverordnungen der Bundesregierung oder eines Bundesministers über Grundsätze und Gebühren für die Benutzung der Einrichtungen des Postwesens und der Telekommunikation, über die Grundsätze der Erhebung des Entgelts für die Benutzung der Einrichtungen der Eisenbahnen des Bundes, über den Bau und Betrieb der Eisenbahnen, sowie Rechtsverordnungen auf Grund von Bundesgesetzen, die der Zustimmung des Bundesrates bedürfen oder die von den Ländern im Auftrage des Bundes oder als eigene Angelegenheit ausgeführt werden.

(3) Der Bundesrat kann der Bundesregierung Vorlagen für den Erlaß von Rechtsverordnungen zuleiten, die seiner Zustimmung bedürfen.

(4) Soweit durch Bundesgesetz oder auf Grund von Bundesgesetzen Landesregierungen ermächtigt werden, Rechtsverordnungen zu erlassen, sind die Länder zu einer Regelung auch durch Gesetz befugt.

Artikel 80a (Verteidigungsfall, Spannungsfall)

(1) Ist in diesem Grundgesetz oder in einem Bundesgesetz über die Verteidigung einschließlich des Schutzes der Zivilbevölkerung bestimmt, daß Rechtsvorschriften nur nach Maßgabe dieses Artikels angewandt werden dürfen, so ist die Anwendung außer im Verteidigungsfalle nur zulässig, wenn der Bundestag den Eintritt des Spannungsfalles festgestellt oder wenn er der Anwendung besonders zugestimmt hat. Die Feststellung des Spannungsfalles und die besondere Zustimmung in den Fällen des Artikels 12a Abs. 5 Satz 1 und Abs. 6 Satz 2 bedürfen einer Mehrheit von zwei Dritteln der abgegebenen Stimmen.

(2) Maßnahmen auf Grund von Rechtsvorschriften nach Absatz 1 sind aufzuheben, wenn der Bundestag es verlangt.

(3) Abweichend von Absatz 1 ist die Anwendung solcher Rechtsvorschriften auch auf der Grundlage und nach Maßgabe eines Beschlusses zulässig, der von einem internationalen Organ im Rahmen eines Bündnisvertrages mit Zustimmung der Bundesregierung gefaßt wird. Maßnahmen nach diesem Absatz sind aufzuheben, wenn der Bundestag es mit der Mehrheit seiner Mitglieder verlangt.

Artikel 81 (Gesetzgebungsnotstand)

(1) Wird im Falle des Artikels 68 der Bundestag nicht aufgelöst, so kann der Bundespräsident auf Antrag der Bundesregierung mit Zustimmung des Bundesrates für eine Gesetzesvorlage den Gesetzgebungsnotstand erklären, wenn der Bundestag sie ablehnt, obwohl die Bundesregierung sie als dringlich bezeichnet hat. Das gleiche gilt, wenn eine Gesetzesvorlage abgelehnt worden ist, obwohl der Bundeskanzler mit ihr den Antrag des Artikels 68 verbunden hatte.

(2) Lehnt der Bundestag die Gesetzesvorlage nach Erklärung des Gesetzgebungsnotstandes erneut ab oder nimmt er sie in einer für die Bundesregierung als unannehmbar bezeichneten Fassung an, so gilt das Gesetz als

zustande gekommen, soweit der Bundesrat ihm zustimmt. Das gleiche gilt, wenn die Vorlage vom Bundestage nicht innerhalb von vier Wochen nach der erneuten Einbringung verabschiedet wird.

(3) Während der Amtszeit eines Bundeskanzlers kann auch jede andere vom Bundestage abgelehnte Gesetzesvorlage innerhalb einer Frist von sechs Monaten nach der ersten Erklärung des Gesetzgebungsnotstandes gemäß Absatz 1 und 2 verabschiedet werden. Nach Ablauf der Frist ist während der Amtszeit des gleichen Bundeskanzlers eine weitere Erklärung des Gesetzgebungsnotstandes unzulässig.

(4) Das Grundgesetz darf durch ein Gesetz, das nach Absatz 2 zustande kommt, weder geändert noch ganz oder teilweise außer Kraft oder außer Anwendung gesetzt werden.

Artikel 82 (Verkündung, In-Kraft-Treten)

(1) Die nach den Vorschriften dieses Grundgesetzes zustande gekommenen Gesetze werden vom Bundespräsidenten nach Gegenzeichnung ausgefertigt und im Bundesgesetzblatt verkündet. Das Bundesgesetzblatt kann in elektronischer Form geführt werden. Rechtsverordnungen werden von der Stelle, die sie erlässt, ausgefertigt. Das Nähere zur Verkündung und zur Form von Gegenzeichnung und Ausfertigung von Gesetzen und Rechtsverordnungen regelt ein Bundesgesetz.

(2) Jedes Gesetz und jede Rechtsverordnung soll den Tag des Inkrafttretens bestimmen. Fehlt eine solche Bestimmung, so treten sie mit dem 14. Tage nach Ablauf des Tages in Kraft, an dem das Bundesgesetzblatt ausgegeben worden ist.

VIII. Die Ausführung der Bundesgesetze und die Bundesverwaltung

Artikel 83 (Grundsatz: landeseigene Verwaltung)

Die Länder führen die Bundesgesetze als eigene Angelegenheit aus, soweit dieses Grundgesetz nichts anderes bestimmt oder zuläßt.

Artikel 84 (Bundesaufsicht bei landeseigener Verwaltung)

(1) Führen die Länder die Bundesgesetze als eigene Angelegenheit aus, so regeln sie die Einrichtung der Behörden und das Verwaltungsverfahren. Wenn Bundesgesetze etwas anderes bestimmen, können die Länder davon abweichende Regelungen treffen. Hat ein Land eine abweichende Regelung nach Satz 2 getroffen, treten in diesem Land hierauf bezogene spätere bundesgesetzliche Regelungen der Einrichtung der Behörden und des Verwaltungsverfahrens frühestens sechs Monate nach ihrer Verkündung in Kraft, soweit nicht mit Zustimmung des Bundesrates anderes bestimmt ist. Artikel 72 Abs. 3 Satz 3 gilt entsprechend. In Ausnahmefällen kann der Bund wegen eines besonderen Bedürfnisses nach bundeseinheitlicher Regelung das Verwaltungsverfahren ohne Abweichungsmöglichkeit für die Länder regeln. Diese Gesetze bedürfen der Zustimmung des Bundesrates. Durch Bundesgesetz dürfen Gemeinden und Gemeindeverbänden Aufgaben nicht übertragen werden.

(2) Die Bundesregierung kann mit Zustimmung des Bundesrates allgemeine Verwaltungsvorschriften erlassen.

(3) Die Bundesregierung übt die Aufsicht darüber aus, daß die Länder die Bundesgesetze dem geltenden Rechte gemäß ausführen. Die Bundesregierung kann zu diesem Zwecke Beauftragte zu den obersten Landesbehörden entsenden, mit deren Zustimmung und, falls diese Zustimmung versagt wird, mit Zustimmung des Bundesrates auch zu den nachgeordneten Behörden.

(4) Werden Mängel, die die Bundesregierung bei der Ausführung der Bundesgesetze in den Ländern festgestellt hat, nicht beseitigt, so beschließt auf Antrag der Bundesregierung oder des Landes der Bundesrat, ob das Land das Recht verletzt hat. Gegen den Beschluß des Bundesrates kann das Bundesverfassungsgericht angerufen werden.

(5) Der Bundesregierung kann durch Bundesgesetz, das der Zustimmung des Bundesrates bedarf, zur Ausführung von Bundesgesetzen die Befugnis verliehen werden, für besondere Fälle Einzelweisungen zu erteilen. Sie sind,

außer wenn die Bundesregierung den Fall für dringlich erachtet, an die obersten Landesbehörden zu richten.

Artikel 85 (Landesverwaltung im Bundesauftrag)

(1) Führen die Länder die Bundesgesetze im Auftrage des Bundes aus, so bleibt die Einrichtung der Behörden Angelegenheit der Länder, soweit nicht Bundesgesetze mit Zustimmung des Bundesrates etwas anderes bestimmen. Durch Bundesgesetz dürfen Gemeinden und Gemeindeverbänden Aufgaben nicht übertragen werden.

(2) Die Bundesregierung kann mit Zustimmung des Bundesrates allgemeine Verwaltungsvorschriften erlassen. Sie kann die einheitliche Ausbildung der Beamten und Angestellten regeln. Die Leiter der Mittelbehörden sind mit ihrem Einvernehmen zu bestellen.

(3) Die Landesbehörden unterstehen den Weisungen der zuständigen obersten Bundesbehörden. Die Weisungen sind, außer wenn die Bundesregierung es für dringlich erachtet, an die obersten Landesbehörden zu richten. Der Vollzug der Weisung ist durch die obersten Landesbehörden sicherzustellen.

(4) Die Bundesaufsicht erstreckt sich auf Gesetzmäßigkeit und Zweckmäßigkeit der Ausführung. Die Bundesregierung kann zu diesem Zwecke Bericht und Vorlage der Akten verlangen und Beauftragte zu allen Behörden entsenden.

Artikel 86 (Bundeseigene Verwaltung)

Führt der Bund die Gesetze durch bundeseigene Verwaltung oder durch bundesunmittelbare Körperschaften oder Anstalten des öffentlichen Rechtes aus, so erläßt die Bundesregierung, soweit nicht das Gesetz Besonderes vorschreibt, die allgemeinen Verwaltungsvorschriften. Sie regelt, soweit das Gesetz nichts anderes bestimmt, die Einrichtung der Behörden.

Artikel 87 (Gegenstände der Bundeseigenverwaltung)

(1) In bundeseigener Verwaltung mit eigenem Verwaltungsunterbau werden geführt der Auswärtige Dienst, die Bundesfinanzverwaltung und nach Maßgabe des Artikels 89 die Verwaltung der Bundeswasserstraßen und der Schiffahrt. Durch Bundesgesetz können Bundesgrenzschutzbehörden, Zentralstellen für das polizeiliche Auskunfts- und Nachrichtenwesen, für die Kriminalpolizei und zur Sammlung von Unterlagen für Zwecke des Verfassungsschutzes und des Schutzes gegen Bestrebungen im Bundesgebiet, die durch Anwendung von Gewalt oder darauf gerichtete Vorbereitungshandlungen auswärtige Belange der Bundesrepublik Deutschland gefährden, eingerichtet werden.

(2) Als bundesunmittelbare Körperschaften des öffentlichen Rechtes werden diejenigen sozialen Versicherungsträger geführt, deren Zuständigkeitsbereich sich über das Gebiet eines Landes hinaus erstreckt. Soziale Versicherungsträger, deren Zuständigkeitsbereich sich über das Gebiet eines Landes, aber nicht über mehr als drei Länder hinaus erstreckt, werden abweichend von Satz 1 als landesunmittelbare Körperschaften des öffentlichen Rechtes geführt, wenn das aufsichtsführende Land durch die beteiligten Länder bestimmt ist.

(3) Außerdem können für Angelegenheiten, für die dem Bunde die Gesetzgebung zusteht, selbständige Bundesoberbehörden und neue bundesunmittelbare Körperschaften und Anstalten des öffentlichen Rechtes durch Bundesgesetz errichtet werden. Erwachsen dem Bunde auf Gebieten, für die ihm die Gesetzgebung zusteht, neue Aufgaben, so können bei dringendem Bedarf bundeseigene Mittel- und Unterbehörden mit Zustimmung des Bundesrates und der Mehrheit der Mitglieder des Bundestages errichtet werden.

Artikel 87a (Streitkräfte und ihr Einsatz)

(1) Der Bund stellt Streitkräfte zur Verteidigung auf. Ihre zahlenmäßige Stärke und die Grundzüge ihrer Organisation müssen sich aus dem Haushaltsplan ergeben.

(1a) Zur Stärkung der Bündnis- und Verteidigungsfähigkeit kann der Bund ein Sondervermögen für die Bundeswehr mit eigener Kreditermächtigung in Höhe von einmalig bis zu 100 Milliarden Euro errichten. Auf die Kreditermächtigung sind Artikel 109 Absatz 3 und

Artikel 115 Absatz 2 nicht anzuwenden. Das Nähere regelt ein Bundesgesetz.

(2) Außer zur Verteidigung dürfen die Streitkräfte nur eingesetzt werden, soweit dieses Grundgesetz es ausdrücklich zuläßt.

(3) Die Streitkräfte haben im Verteidigungsfalle und im Spannungsfalle die Befugnis, zivile Objekte zu schützen und Aufgaben der Verkehrsregelung wahrzunehmen, soweit dies zur Erfüllung ihres Verteidigungsauftrages erforderlich ist. Außerdem kann den Streitkräften im Verteidigungsfalle und im Spannungsfalle der Schutz ziviler Objekte auch zur Unterstützung polizeilicher Maßnahmen übertragen werden; die Streitkräfte wirken dabei mit den zuständigen Behörden zusammen.

(4) Zur Abwehr einer drohenden Gefahr für den Bestand oder die freiheitliche demokratische Grundordnung des Bundes oder eines Landes kann die Bundesregierung, wenn die Voraussetzungen des Artikels 91 Abs. 2 vorliegen und die Polizeikräfte sowie der Bundesgrenzschutz nicht ausreichen, Streitkräfte zur Unterstützung der Polizei und des Bundesgrenzschutzes beim Schutze von zivilen Objekten und bei der Bekämpfung organisierter und militärisch bewaffneter Aufständischer einsetzen. Der Einsatz von Streitkräften ist einzustellen, wenn der Bundestag oder der Bundesrat es verlangen.

Artikel 87b (Bundeswehrverwaltung)

(1) Die Bundeswehrverwaltung wird in bundeseigener Verwaltung mit eigenem Verwaltungsunterbau geführt. Sie dient den Aufgaben des Personalwesens und der unmittelbaren Deckung des Sachbedarfs der Streitkräfte. Aufgaben der Beschädigtenversorgung und des Bauwesens können der Bundeswehrverwaltung nur durch Bundesgesetz, das der Zustimmung des Bundesrates bedarf, übertragen werden. Der Zustimmung des Bundesrates bedürfen ferner Gesetze, soweit sie die Bundeswehrverwaltung zu Eingriffen in Rechte Dritter ermächtigen; das gilt nicht für Gesetze auf dem Gebiete des Personalwesens.

(2) Im übrigen können Bundesgesetze, die der Verteidigung einschließlich des Wehrersatzwesens und des Schutzes der Zivilbevölkerung dienen, mit Zustimmung des Bundesrates bestimmen, daß sie ganz oder teilweise in bundeseigener Verwaltung mit eigenem Verwaltungsunterbau oder von den Ländern im Auftrage des Bundes ausgeführt werden. Werden solche Gesetze von den Ländern im Auftrage des Bundes ausgeführt, so können sie mit Zustimmung des Bundesrates bestimmen, daß die der Bundesregierung und den zuständigen obersten Bundesbehörden auf Grund des Artikels 85 zustehenden Befugnisse ganz oder teilweise Bundesoberbehörden übertragen werden; dabei kann bestimmt werden, daß diese Behörden beim Erlaß allgemeiner Verwaltungsvorschriften gemäß Artikel 85 Abs. 2 Satz 1 nicht der Zustimmung des Bundesrates bedürfen.

Artikel 87c (Auftragsverwaltung im Kernenergiebereich)

Gesetze, die auf Grund des Artikels 73 Abs. 1 Nr. 14 ergehen, können mit Zustimmung des Bundesrates bestimmen, daß sie von den Ländern im Auftrag des Bundes ausgeführt werden.

Artikel 87d (Luftverkehrsverwaltung)

(1) Die Luftverkehrsverwaltung wird in Bundesverwaltung geführt. Aufgaben der Flugsicherung können auch durch ausländische Flugsicherungsorganisationen wahrgenommen werden, die nach Recht der Europäischen Gemeinschaft zugelassen sind. Das Nähere regelt ein Bundesgesetz.

(2) Durch Bundesgesetz, das der Zustimmung des Bundesrates bedarf, können Aufgaben der Luftverkehrsverwaltung den Ländern als Auftragsverwaltung übertragen werden.

Artikel 87e (Eisenbahnverkehrsverwaltung)

(1) Die Eisenbahnverkehrsverwaltung für Eisenbahnen des Bundes wird in bundeseigener Verwaltung geführt. Durch Bundesgesetz können Aufgaben der Eisenbahnverkehrsverwaltung den Ländern als eigene Angelegenheit übertragen werden.

(2) Der Bund nimmt die über den Bereich der Eisenbahnen des Bundes hinausgehenden Aufgaben der Eisenbahnverkehrsverwaltung wahr, die ihm durch Bundesgesetz übertragen werden.

(3) Eisenbahnen des Bundes werden als Wirtschaftsunternehmen in privat-rechtlicher Form geführt. Diese stehen im Eigentum des Bundes, soweit die Tätigkeit des Wirtschaftsunternehmens den Bau, die Unterhaltung und das Betreiben von Schienenwegen umfaßt. Die Veräußerung von Anteilen des Bundes an den Unternehmen nach Satz 2 erfolgt auf Grund eines Gesetzes; die Mehrheit der Anteile an diesen Unternehmen verbleibt beim Bund. Das Nähere wird durch Bundesgesetz geregelt.

(4) Der Bund gewährleistet, daß dem Wohl der Allgemeinheit, insbesondere den Verkehrsbedürfnissen, beim Ausbau und Erhalt des Schienennetzes der Eisenbahnen des Bundes sowie bei deren Verkehrsangeboten auf diesem Schienennetz, soweit diese nicht den Schienenpersonennahverkehr betreffen, Rechnung getragen wird. Das Nähere wird durch Bundesgesetz geregelt.

(5) Gesetze auf Grund der Absätze 1 bis 4 bedürfen der Zustimmung des Bundesrates. Der Zustimmung des Bundesrates bedürfen ferner Gesetze, die die Auflösung, die Verschmelzung und die Aufspaltung von Eisenbahnunternehmen des Bundes, die Übertragung von Schienenwegen der Eisenbahnen des Bundes an Dritte sowie die Stillegung von Schienenwegen der Eisenbahnen des Bundes regeln oder Auswirkungen auf den Schienenpersonennahverkehr haben.

Artikel 87f (Postwesen, Telekommunikation)

(1) Nach Maßgabe eines Bundesgesetzes, das der Zustimmung des Bundesrates bedarf, gewährleistet der Bund im Bereich des Postwesens und der Telekommunikation flächendeckend angemessene und ausreichende Dienstleistungen.

(2) Dienstleistungen im Sinne des Absatzes 1 werden als privatwirtschaftliche Tätigkeiten durch die aus dem Sondervermögen Deutsche Bundespost hervorgegangenen Unternehmen und durch andere private Anbieter erbracht. Hoheitsaufgaben im Bereich des Postwesens und der Telekommunikation werden in bundeseigener Verwaltung ausgeführt.

(3) Unbeschadet des Absatzes 2 Satz 2 führt der Bund in der Rechtsform einer bundesunmittelbaren Anstalt des öffentlichen Rechts einzelne Aufgaben in bezug auf die aus dem Sondervermögen Deutsche Bundespost hervorgegangenen Unternehmen nach Maßgabe eines Bundesgesetzes aus.

Artikel 88 (Bundesbank)

Der Bund errichtet eine Währungs- und Notenbank als Bundesbank. Ihre Aufgaben und Befugnisse können im Rahmen der Europäischen Union der Europäischen Zentralbank übertragen werden, die unabhängig ist und dem vorrangigen Ziel der Sicherung der Preisstabilität verpflichtet.

Artikel 89 (Bundeswasserstraßen)

(1) Der Bund ist Eigentümer der bisherigen Reichswasserstraßen.

(2) Der Bund verwaltet die Bundeswasserstraßen durch eigene Behörden. Er nimmt die über den Bereich eines Landes hinausgehenden staatlichen Aufgaben der Binnenschiffahrt und die Aufgaben der Seeschifffahrt wahr, die ihm durch Gesetz übertragen werden. Er kann die Verwaltung von Bundeswasserstraßen, soweit sie im Gebiete eines Landes liegen, diesem Lande auf Antrag als Auftragsverwaltung übertragen. Berührt eine Wasserstraße das Gebiet mehrerer Länder, so kann der Bund das Land beauftragen, für das die beteiligten Länder es beantragen.

(3) Bei der Verwaltung, dem Ausbau und dem Neubau von Wasserstraßen sind die Bedürfnisse der Landeskultur und der Wasserwirtschaft im Einvernehmen mit den Ländern zu wahren.

Artikel 90 (Bundesstraßen)

(1) Der Bund bleibt Eigentümer der Bundesautobahnen und sonstigen Bundesstraßen des Fernverkehrs. Das Eigentum ist unveräußerlich.

(2) Die Verwaltung der Bundesautobahnen wird in Bundesverwaltung geführt. Der Bund kann sich zur Erledigung seiner Aufgaben einer Gesellschaft privaten Rechts bedienen. Diese Gesellschaft steht im unveräußerlichen Eigentum des Bundes. Eine unmittelbare oder mittelbare Beteiligung Dritter an der Gesell-

Art. 91–91c Grundgesetz (GG) **IX.1**

schaft und deren Tochtergesellschaften ist ausgeschlossen. Eine Beteiligung Privater im Rahmen von Öffentlich-Privaten Partnerschaften ist ausgeschlossen für Streckennetze, die das gesamte Bundesautobahnnetz oder das gesamte Netz sonstiger Bundesfernstraßen in einem Land oder wesentliche Teile davon umfassen. Das Nähere regelt ein Bundesgesetz.

(3) Die Länder oder die nach Landesrecht zuständigen Selbstverwaltungskörperschaften verwalten die sonstigen Bundesstraßen des Fernverkehrs im Auftrage des Bundes.

(4) Auf Antrag eines Landes kann der Bund die sonstigen Bundesstraßen des Fernverkehrs, soweit sie im Gebiet dieses Landes liegen, in Bundesverwaltung übernehmen.

Artikel 91 (Abwehr drohender Gefahr)

(1) Zur Abwehr einer drohenden Gefahr für den Bestand oder die freiheitliche demokratische Grundordnung des Bundes oder eines Landes kann ein Land Polizeikräfte anderer Länder sowie Kräfte und Einrichtungen anderer Verwaltungen und des Bundesgrenzschutzes anfordern.

(2) Ist das Land, in dem die Gefahr droht, nicht selbst zur Bekämpfung der Gefahr bereit oder in der Lage, so kann die Bundesregierung die Polizei in diesem Lande und die Polizeikräfte anderer Länder ihren Weisungen unterstellen sowie Einheiten des Bundesgrenzschutzes einsetzen. Die Anordnung ist nach Beseitigung der Gefahr, im übrigen jederzeit auf Verlangen des Bundesrates aufzuheben. Erstreckt sich die Gefahr auf das Gebiet mehr als eines Landes, so kann die Bundesregierung, soweit es zur wirksamen Bekämpfung erforderlich ist, den Landesregierungen Weisungen erteilen; Satz 1 und Satz 2 bleiben unberührt.

VIIIa. Gemeinschaftsaufgaben, Verwaltungszusammenarbeit

Artikel 91a (Gemeinschaftsaufgaben)

(1) Der Bund wirkt auf folgenden Gebieten bei der Erfüllung von Aufgaben der Länder mit, wenn diese Aufgaben für die Gesamtheit bedeutsam sind und die Mitwirkung des Bundes zur Verbesserung der Lebensverhältnisse erforderlich ist (Gemeinschaftsaufgaben):

1. Verbesserung der regionalen Wirtschaftsstruktur,
2. Verbesserung der Agrarstruktur und des Küstenschutzes.

(2) Durch Bundesgesetz mit Zustimmung des Bundesrates werden die Gemeinschaftsaufgaben sowie Einzelheiten der Koordinierung näher bestimmt.

(3) Der Bund trägt in den Fällen des Absatzes 1 Nr. 1 die Hälfte der Ausgaben in jedem Land. In den Fällen des Absatzes 1 Nr. 2 trägt der Bund mindestens die Hälfte; die Beteiligung ist für alle Länder einheitlich festzusetzen. Das Nähere regelt das Gesetz. Die Bereitstellung der Mittel bleibt der Feststellung in den Haushaltsplänen des Bundes und der Länder vorbehalten.

Artikel 91b (Zusammenwirken von Bund und Ländern)

(1) Bund und Länder können auf Grund von Vereinbarungen in Fällen überregionaler Bedeutung bei der Förderung von Wissenschaft, Forschung und Lehre zusammenwirken. Vereinbarungen, die im Schwerpunkt Hochschulen betreffen, bedürfen der Zustimmung aller Länder. Dies gilt nicht für Vereinbarungen über Forschungsbauten einschließlich Großgeräten.

(2) Bund und Länder können auf Grund von Vereinbarungen zur Feststellung der Leistungsfähigkeit des Bildungswesens im internationalen Vergleich und bei diesbezüglichen Berichten und Empfehlungen zusammenwirken.

(3) Die Kostentragung wird in der Vereinbarung geregelt.

Artikel 91c (Zusammenwirken bei informationstechnischen Systemen)

(1) Bund und Länder können bei der Planung, der Errichtung und dem Betrieb der für ihre Aufgabenerfüllung benötigten informationstechnischen Systeme zusammenwirken.

(2) Bund und Länder können auf Grund von Vereinbarungen die für die Kommunikation

zwischen ihren informationstechnischen Systemen notwendigen Standards und Sicherheitsanforderungen festlegen. Vereinbarungen über die Grundlagen der Zusammenarbeit nach Satz 1 können für einzelne nach Inhalt und Ausmaß bestimmte Aufgaben vorsehen, dass nähere Regelungen bei Zustimmung einer in der Vereinbarung zu bestimmenden qualifizierten Mehrheit für Bund und Länder in Kraft treten. Sie bedürfen der Zustimmung des Bundestages und der Volksvertretungen der beteiligten Länder; das Recht zur Kündigung dieser Vereinbarungen kann nicht ausgeschlossen werden. Die Vereinbarungen regeln auch die Kostentragung.

(3) Die Länder können darüber hinaus den gemeinschaftlichen Betrieb informationstechnischer Systeme sowie die Errichtung von dazu bestimmten Einrichtungen vereinbaren.

(4) Der Bund errichtet zur Verbindung der informationstechnischen Netze des Bundes und der Länder ein Verbindungsnetz. Das Nähere zur Errichtung und zum Betrieb des Verbindungsnetzes regelt ein Bundesgesetz mit Zustimmung des Bundesrates.

(5) Der übergreifende informationstechnische Zugang zu den Verwaltungsleistungen von Bund und Ländern wird durch Bundesgesetz mit Zustimmung des Bundesrates geregelt.

Artikel 91d (Vergleichsstudien)
Bund und Länder können zur Feststellung und Förderung der Leistungsfähigkeit ihrer Verwaltungen Vergleichsstudien durchführen und die Ergebnisse veröffentlichen.

Artikel 91e (Zusammenwirken auf dem Gebiet der Grundsicherung für Arbeitsuchende)
(1) Bei der Ausführung von Bundesgesetzen auf dem Gebiet der Grundsicherung für Arbeitsuchende wirken Bund und Länder oder die nach Landesrecht zuständigen Gemeinden und Gemeindeverbände in der Regel in gemeinsamen Einrichtungen zusammen.

(2) Der Bund kann zulassen, dass eine begrenzte Anzahl von Gemeinden und Gemeindeverbänden auf ihren Antrag und mit Zustimmung der obersten Landesbehörde die Aufgaben nach Absatz 1 allein wahrnimmt. Die notwendigen Ausgaben einschließlich der Verwaltungsausgaben trägt der Bund, soweit die Aufgaben bei einer Ausführung von Gesetzen nach Absatz 1 vom Bund wahrzunehmen sind.

(3) Das Nähere regelt ein Bundesgesetz, das der Zustimmung des Bundesrates bedarf.

IX. Die Rechtsprechung

Artikel 92 (Gerichtsorganisation)
Die rechtsprechende Gewalt ist den Richtern anvertraut; sie wird durch das Bundesverfassungsgericht, durch die in diesem Grundgesetze vorgesehenen Bundesgerichte und durch die Gerichte der Länder ausgeübt.

Artikel 93 (Bundesverfassungsgericht)
(1) Das Bundesverfassungsgericht ist ein allen übrigen Verfassungsorganen gegenüber selbständiger und unabhängiger Gerichtshof des Bundes.

(2) Das Bundesverfassungsgericht besteht aus Bundesrichtern und anderen Mitgliedern; es gliedert sich in zwei Senate. In jeden Senat werden je zur Hälfte vom Bundestag und vom Bundesrat acht Richter gewählt; sie dürfen weder dem Bundestag, dem Bundesrat, der Bundesregierung noch entsprechenden Organen eines Landes angehören. Durch Bundesgesetz nach Absatz 5 kann vorgesehen werden, dass das Wahlrecht vom anderen Wahlorgan ausgeübt werden kann, wenn innerhalb einer zu bestimmenden Frist nach dem Ende der Amtszeit oder dem vorzeitigen Ausscheiden eines Richters eine Wahl seines Nachfolgers nicht zustande kommt.

(3) Die Amtszeit der Mitglieder des Bundesverfassungsgerichts dauert zwölf Jahre, längstens bis zum Ende des Monats, in dem das Mitglied das 68. Lebensjahr vollendet. Nach Ablauf der Amtszeit führen die Richter ihre Amtsgeschäfte bis zur Ernennung des Nachfolgers fort. Eine anschließende oder spätere Wiederwahl ist ausgeschlossen.

(4) Das Bundesverfassungsgericht gibt sich eine Geschäftsordnung, die das Plenum beschließt.

(5) Ein Bundesgesetz regelt die Verfassung und das Verfahren des Bundesverfassungsgerichts. Es kann für Verfassungsbeschwerden die vorherige Erschöpfung des Rechtsweges zur Voraussetzung machen und ein besonderes Annahmeverfahren vorsehen.

Artikel 94 (Zuständigkeit des Bundesverfassungsgerichts)

(1) Das Bundesverfassungsgericht entscheidet:

1. über die Auslegung dieses Grundgesetzes aus Anlass von Streitigkeiten über den Umfang der Rechte und Pflichten eines obersten Bundesorgans oder anderer Beteiligter, die durch dieses Grundgesetz oder in der Geschäftsordnung eines obersten Bundesorgans mit eigenen Rechten ausgestattet sind;

2. bei Meinungsverschiedenheiten oder Zweifeln über die förmliche und sachliche Vereinbarkeit von Bundesrecht oder Landesrecht mit diesem Grundgesetz oder die Vereinbarkeit von Landesrecht mit sonstigem Bundesrecht auf Antrag der Bundesregierung, einer Landesregierung oder eines Viertels der Mitglieder des Bundestages;

2a. bei Meinungsverschiedenheiten, ob ein Gesetz den Voraussetzungen des Artikels 72 Absatz 2 entspricht, auf Antrag des Bundesrates, einer Landesregierung oder der Volksvertretung eines Landes;

3. bei Meinungsverschiedenheiten über Rechte und Pflichten des Bundes und der Länder, insbesondere bei der Ausführung von Bundesrecht durch die Länder und bei der Ausübung der Bundesaufsicht;

4. in anderen öffentlich-rechtlichen Streitigkeiten zwischen dem Bund und den Ländern, zwischen verschiedenen Ländern oder innerhalb eines Landes, soweit nicht ein anderer Rechtsweg gegeben ist;

4a. über Verfassungsbeschwerden, die von jedermann mit der Behauptung erhoben werden können, durch die öffentliche Gewalt in einem seiner Grundrechte oder in einem seiner in Artikel 20 Absatz 4, 33, 38, 101, 103 und 104 enthaltenen Rechte verletzt zu sein;

4b. über Verfassungsbeschwerden von Gemeinden und Gemeindeverbänden wegen Verletzung des Rechts auf Selbstverwaltung nach Artikel 28 durch ein Gesetz, bei Landesgesetzen jedoch nur, soweit nicht Beschwerde beim Landesverfassungsgericht erhoben werden kann;

4c. über Beschwerden von Vereinigungen gegen ihre Nichtanerkennung als Partei für die Wahl zum Bundestag;

5. in den übrigen in diesem Grundgesetz vorgesehenen Fällen.

(2) Das Bundesverfassungsgericht entscheidet außerdem auf Antrag des Bundesrates, einer Landesregierung oder der Volksvertretung eines Landes, ob im Falle des Artikels 72 Absatz 4 die Erforderlichkeit für eine bundesgesetzliche Regelung nach Artikel 72 Absatz 2 nicht mehr besteht oder Bundesrecht in den Fällen des Artikels 125a Absatz 2 Satz 1 nicht mehr erlassen werden könnte. Die Feststellung, dass die Erforderlichkeit entfallen ist oder Bundesrecht nicht mehr erlassen werden könnte, ersetzt ein Bundesgesetz nach Artikel 72 Absatz 4 oder nach Artikel 125a Absatz 2 Satz 2. Der Antrag nach Satz 1 ist nur zulässig, wenn eine Gesetzesvorlage nach Artikel 72 Absatz 4 oder nach Artikel 125a Absatz 2 Satz 2 im Bundestag abgelehnt oder über sie nicht innerhalb eines Jahres beraten und Beschluss gefasst oder wenn eine entsprechende Gesetzesvorlage im Bundesrat abgelehnt worden ist.

(3) Das Bundesverfassungsgericht wird ferner in den ihm sonst durch Bundesgesetz zugewiesenen Fällen tätig.

(4) Die Entscheidungen des Bundesverfassungsgerichts binden die Verfassungsorgane des Bundes und der Länder sowie alle Gerichte und Behörden. Ein Bundesgesetz bestimmt, in welchen Fällen seine Entscheidungen Gesetzeskraft haben.

Artikel 95 (Oberste Gerichtshöfe)

(1) Für die Gebiete der ordentlichen, der Verwaltungs-, der Finanz-, der Arbeits- und der Sozialgerichtsbarkeit errichtet der Bund als

oberste Gerichtshöfe den Bundesgerichtshof, das Bundesverwaltungsgericht, den Bundesfinanzhof, das Bundesarbeitsgericht und das Bundessozialgericht.

(2) Über die Berufung der Richter dieser Gerichte entscheidet der für das jeweilige Sachgebiet zuständige Bundesminister gemeinsam mit einem Richterwahlausschuß, der aus den für das jeweilige Sachgebiet zuständigen Ministern der Länder und einer gleichen Anzahl von Mitgliedern besteht, die vom Bundestage gewählt werden.

(3) Zur Wahrung der Einheitlichkeit der Rechtsprechung ist ein Gemeinsamer Senat der in Absatz 1 genannten Gerichte zu bilden. Das Nähere regelt ein Bundesgesetz.

Artikel 96 (Bundesgerichte)

(1) Der Bund kann für Angelegenheiten des gewerblichen Rechtsschutzes ein Bundesgericht errichten.

(2) Der Bund kann Wehrstrafgerichte für die Streitkräfte als Bundesgerichte errichten. Sie können die Strafgerichtsbarkeit nur im Verteidigungsfalle sowie über Angehörige der Streitkräfte ausüben, die in das Ausland entsandt oder an Bord von Kriegsschiffen eingeschifft sind. Das Nähere regelt ein Bundesgesetz. Diese Gerichte gehören zum Geschäftsbereich des Bundesjustizministers. Ihre hauptamtlichen Richter müssen die Befähigung zum Richteramt haben.

(3) Oberster Gerichtshof für die in Absatz 1 und 2 genannten Gerichte ist der Bundesgerichtshof.

(4) Der Bund kann für Personen, die zu ihm in einem öffentlich-rechtlichen Dienstverhältnis stehen, Bundesgerichte zur Entscheidung in Disziplinarverfahren und Beschwerdeverfahren errichten.

(5) Für Strafverfahren auf den folgenden Gebieten kann ein Bundesgesetz mit Zustimmung des Bundesrates vorsehen, daß Gerichte der Länder Gerichtsbarkeit des Bundes ausüben:

1. Völkermord;
2. völkerstrafrechtliche Verbrechen gegen die Menschlichkeit;
3. Kriegsverbrechen;
4. andere Handlungen, die geeignet sind und in der Absicht vorgenommen werden, das friedliche Zusammenleben der Völker zu stören (Artikel 26 Abs. 1);
5. Staatsschutz.

Artikel 97 (Unabhängigkeit der Richter)

(1) Die Richter sind unabhängig und nur dem Gesetze unterworfen.

(2) Die hauptamtlich und planmäßig endgültig angestellten Richter können wider ihren Willen nur kraft richterlicher Entscheidung und nur aus Gründen und unter den Formen, welche die Gesetze bestimmen, vor Ablauf ihrer Amtszeit entlassen oder dauernd oder zeitweise ihres Amtes enthoben oder an eine andere Stelle oder in den Ruhestand versetzt werden. Die Gesetzgebung kann Altersgrenzen festsetzen, bei deren Erreichung auf Lebenszeit angestellte Richter in den Ruhestand treten. Bei Veränderung der Einrichtung der Gerichte oder ihrer Bezirke können Richter an ein anderes Gericht versetzt oder aus dem Amte entfernt werden, jedoch nur unter Belassung des vollen Gehaltes.

Artikel 98 (Rechtsstellung der Richter)

(1) Die Rechtsstellung der Bundesrichter ist durch besonderes Bundesgesetz zu regeln.

(2) Wenn ein Bundesrichter im Amte oder außerhalb des Amtes gegen die Grundsätze des Grundgesetzes oder gegen die verfassungsmäßige Ordnung eines Landes verstößt, so kann das Bundesverfassungsgericht mit Zweidrittelmehrheit auf Antrag des Bundestages anordnen, daß der Richter in ein anderes Amt oder in den Ruhestand zu versetzen ist. Im Falle eines vorsätzlichen Verstoßes kann auf Entlassung erkannt werden.

(3) Die Rechtsstellung der Richter in den Ländern ist durch besondere Landesgesetze zu regeln, soweit Artikel 74 Abs. 1 Nr. 27 nichts anderes bestimmt.

(4) Die Länder können bestimmen, daß über die Anstellung der Richter in den Ländern der Landesjustizminister gemeinsam mit einem Richterwahlausschuß entscheidet.

(5) Die Länder können für Landesrichter eine Absatz 2 entsprechende Regelung treffen. Geltendes Landesverfassungsrecht bleibt unberührt. Die Entscheidung über eine Richteranklage steht dem Bundesverfassungsgericht zu.

Artikel 99 (Verfassungsstreitigkeiten durch Landesgesetz zugewiesen)

Dem Bundesverfassungsgerichte kann durch Landesgesetz die Entscheidung von Verfassungsstreitigkeiten innerhalb eines Landes, den in Artikel 95 Abs. 1 genannten obersten Gerichtshöfen für den letzten Rechtszug die Entscheidung in solchen Sachen zugewiesen werden, bei denen es sich um die Anwendung von Landesrecht handelt.

Artikel 100 (Verfassungsrechtliche Vorentscheidung)

(1) Hält ein Gericht ein Gesetz, auf dessen Gültigkeit es bei der Entscheidung ankommt, für verfassungswidrig, so ist das Verfahren auszusetzen und, wenn es sich um die Verletzung der Verfassung eines Landes handelt, die Entscheidung des für Verfassungsstreitigkeiten zuständigen Gerichtes des Landes, wenn es sich um die Verletzung dieses Grundgesetzes handelt, die Entscheidung des Bundesverfassungsgerichtes einzuholen. Dies gilt auch, wenn es sich um die Verletzung dieses Grundgesetzes durch Landesrecht oder um die Unvereinbarkeit eines Landesgesetzes mit einem Bundesgesetze handelt.

(2) Ist in einem Rechtsstreite zweifelhaft, ob eine Regel des Völkerrechtes Bestandteil des Bundesrechts ist und ob sie unmittelbar Rechte und Pflichten für den einzelnen erzeugt (Artikel 25), so hat das Gericht die Entscheidung des Bundesverfassungsgerichtes einzuholen.

(3) Will das Verfassungsgericht eines Landes bei der Auslegung des Grundgesetzes von einer Entscheidung des Bundesverfassungsgerichtes oder des Verfassungsgerichtes eines anderen Landes abweichen, so hat das Verfassungsgericht die Entscheidung des Bundesverfassungsgerichtes einzuholen.

Entscheidung des Bundesverfassungsgerichts
vom 6. Dezember 2006 (BGBl. I 2007 S. 33)
Aus dem Beschluss des Bundesverfassungsgerichts vom 6. Dezember 2006 – 2 BvM 9/03 – wird die Entscheidungsformel veröffentlicht:
Eine allgemeine Regel des Völkerrechts, nach der ein lediglich pauschaler Immunitätsverzicht zur Aufhebung des Schutzes der Immunität auch für solches Vermögen genügt, das dem Entsendestaat im Empfangsstaat zur Aufrechterhaltung der Funktionsfähigkeit seiner diplomatischen Mission dient, ist nicht feststellbar.
Die vorstehende Entscheidungsformel hat gemäß § 31 Abs. 2 des Bundesverfassungsgerichtsgesetzes Gesetzeskraft.

Artikel 101 (Verbot von Ausnahmegerichten)

(1) Ausnahmegerichte sind unzulässig. Niemand darf seinem gesetzlichen Richter entzogen werden.

(2) Gerichte für besondere Sachgebiete können nur durch Gesetz errichtet werden.

Artikel 102 (Abschaffung der Todesstrafe)

Die Todesstrafe ist abgeschafft.

Artikel 103 (Grundrechtsgarantien für das Strafverfahren)

(1) Vor Gericht hat jedermann Anspruch auf rechtliches Gehör.

(2) Eine Tat kann nur bestraft werden, wenn die Strafbarkeit gesetzlich bestimmt war, bevor die Tat begangen wurde.

(3) Niemand darf wegen derselben Tat auf Grund der allgemeinen Strafgesetze mehrmals bestraft werden.

Artikel 104 (Rechtsgarantien bei Freiheitsentziehung)

(1) Die Freiheit der Person kann nur auf Grund eines förmlichen Gesetzes und nur unter Beachtung der darin vorgeschriebenen Formen beschränkt werden. Festgehaltene Personen dürfen weder seelisch noch körperlich mißhandelt werden.

(2) Über die Zulässigkeit und Fortdauer einer Freiheitsentziehung hat nur der Richter zu entscheiden. Bei jeder nicht auf richterlicher Anordnung beruhenden Freiheitsentziehung ist unverzüglich eine richterliche Entscheidung herbeizuführen. Die Polizei darf aus eigener Machtvollkommenheit niemanden länger als bis zum Ende des Tages nach dem Ergreifen in eigenem Gewahrsam halten. Das Nähere ist gesetzlich zu regeln.

(3) Jeder wegen des Verdachtes einer strafbaren Handlung vorläufig Festgenommene ist spätestens am Tage nach der Festnahme dem Richter vorzuführen, der ihm die Gründe der Festnahme mitzuteilen, ihn zu vernehmen und ihm Gelegenheit zu Einwendungen zu geben hat. Der Richter hat unverzüglich entweder einen mit Gründen versehenen schriftlichen Haftbefehl zu erlassen oder die Freilassung anzuordnen.

(4) Von jeder richterlichen Entscheidung über die Anordnung oder Fortdauer einer Freiheitsentziehung ist unverzüglich ein Angehöriger des Festgehaltenen oder eine Person seines Vertrauens zu benachrichtigen.

X. Das Finanzwesen

Artikel 104a (Tragung der Ausgaben)

(1) Der Bund und die Länder tragen gesondert die Ausgaben, die sich aus der Wahrnehmung ihrer Aufgaben ergeben, soweit dieses Grundgesetz nichts anderes bestimmt.

(2) Handeln die Länder im Auftrage des Bundes, trägt der Bund die sich daraus ergebenden Ausgaben.

(3) Bundesgesetze, die Geldleistungen gewähren und von den Ländern ausgeführt werden, können bestimmen, daß die Geldleistungen ganz oder zum Teil vom Bund getragen werden. Bestimmt das Gesetz, daß der Bund die Hälfte der Ausgaben oder mehr trägt, wird es im Auftrage des Bundes durchgeführt. Bei der Gewährung von Leistungen für Unterkunft und Heizung auf dem Gebiet der Grundsicherung für Arbeitsuchende wird das Gesetz im Auftrage des Bundes ausgeführt, wenn der Bund drei Viertel der Ausgaben oder mehr trägt.

(4) Bundesgesetze, die Pflichten der Länder zur Erbringung von Geldleistungen, geldwerten Sachleistungen oder vergleichbaren Dienstleistungen gegenüber Dritten begründen und von den Ländern als eigene Angelegenheit oder nach Absatz 3 Satz 2 im Auftrag des Bundes ausgeführt werden, bedürfen der Zustimmung des Bundesrates, wenn daraus entstehende Ausgaben von den Ländern zu tragen sind.

(5) Der Bund und die Länder tragen die bei ihren Behörden entstehenden Verwaltungsausgaben und haften im Verhältnis zueinander für eine ordnungsmäßige Verwaltung. Das Nähere bestimmt ein Bundesgesetz, das der Zustimmung des Bundesrates bedarf.

(6) Bund und Länder tragen nach der innerstaatlichen Zuständigkeits- und Aufgabenverteilung die Lasten einer Verletzung von supranationalen oder völkerrechtlichen Verpflichtungen Deutschlands. In Fällen länderübergreifender Finanzkorrekturen der Europäischen Union tragen Bund und Länder diese Lasten im Verhältnis 15 zu 85. Die Ländergesamtheit trägt in diesen Fällen solidarisch 35 vom Hundert der Gesamtlasten entsprechend einem allgemeinen Schlüssel; 50 vom Hundert der Gesamtlasten tragen die Länder, die die Lasten verursacht haben, anteilig entsprechend der Höhe der erhaltenen Mittel. Das Nähere regelt ein Bundesgesetz, das der Zustimmung des Bundesrates bedarf.

Artikel 104b (Finanzhilfen für besonders bedeutsame Investitionen)

(1) Der Bund kann, soweit dieses Grundgesetz ihm Gesetzgebungsbefugnisse verleiht, den Ländern Finanzhilfen für besonders bedeutsame Investitionen der Länder und der Gemeinden (Gemeindeverbände) gewähren, die

1. zur Abwehr einer Störung des gesamtwirtschaftlichen Gleichgewichts oder

2. zum Ausgleich unterschiedlicher Wirtschaftskraft im Bundesgebiet oder

3. zur Förderung des wirtschaftlichen Wachstums

erforderlich sind. Abweichend von Satz 1 kann der Bund im Falle von Naturkatastrophen oder außergewöhnlichen Notsituationen, die sich der Kontrolle des Staates entziehen und die staatliche Finanzlage erheblich beeinträchtigen, auch ohne Gesetzgebungsbefugnisse Finanzhilfen gewähren.

(2) Das Nähere, insbesondere die Arten der zu fördernden Investitionen, wird durch Bundesgesetz, das der Zustimmung des Bundesrates bedarf, oder auf Grund des Bundeshaushaltsgesetzes durch Verwaltungsvereinbarung geregelt. Das Bundesgesetz oder die Verwaltungsvereinbarung kann Bestimmungen über die Ausgestaltung der jeweiligen Länderprogramme zur Verwendung der Finanzhilfen vorsehen. Die Festlegung der Kriterien für die Ausgestaltung der Länderprogramme erfolgt im Einvernehmen mit den betroffenen Ländern. Zur Gewährleistung der zweckentsprechenden Mittelverwendung kann die Bundesregierung Bericht und Vorlage der Akten verlangen und Erhebungen bei allen Behörden durchführen. Die Mittel des Bundes werden zusätzlich zu eigenen Mitteln der Länder bereitgestellt. Sie sind befristet zu gewähren und hinsichtlich ihrer Verwendung in regelmäßigen Zeitabständen zu überprüfen. Die Finanzhilfen sind im Zeitablauf mit fallenden Jahresbeträgen zu gestalten.

(3) Bundestag, Bundesregierung und Bundesrat sind auf Verlangen über die Durchführung der Maßnahmen und die erzielten Verbesserungen zu unterrichten.

Artikel 104c (Finanzhilfen)

Der Bund kann den Ländern Finanzhilfen für gesamtstaatlich bedeutsame Investitionen sowie besondere, mit diesen unmittelbar verbundene, befristete Ausgaben der Länder und Gemeinden (Gemeindeverbände) zur Steigerung der Leistungsfähigkeit der kommunalen Bildungsinfrastruktur gewähren. Artikel 104b Absatz 2 Satz 1 bis 3, 5, 6 und Absatz 3 gilt entsprechend. Zur Gewährleistung der zweckentsprechenden Mittelverwendung kann die Bundesregierung Berichte und anlassbezogen die Vorlage von Akten verlangen.

Artikel 104d (Finanzhilfen für sozialen Wohnungsbau)

Der Bund kann den Ländern Finanzhilfen für gesamtstaatlich bedeutsame Investitionen der Länder und Gemeinden (Gemeindeverbände) im Bereich des sozialen Wohnungsbaus gewähren. Artikel 104b Absatz 2 Satz 1 bis 5 sowie Absatz 3 gilt entsprechend.

Artikel 105 (Gesetzgebungszuständigkeit)

(1) Der Bund hat die ausschließliche Gesetzgebung über die Zölle und Finanzmonopole.

(2) Der Bund hat die konkurrierende Gesetzgebung über die Grundsteuer. Er hat die konkurrierende Gesetzgebung über die übrigen Steuern, wenn ihm das Aufkommen dieser Steuern ganz oder zum Teil zusteht oder die Voraussetzungen des Artikels 72 Abs. 2 vorliegen.

(2a) Die Länder haben die Befugnis zur Gesetzgebung über die örtlichen Verbrauch- und Aufwandsteuern, solange und soweit sie nicht bundesgesetzlich geregelten Steuern gleichartig sind. Sie haben die Befugnis zur Bestimmung des Steuersatzes bei der Grunderwerbsteuer.

(3) Bundesgesetze über Steuern, deren Aufkommen den Ländern oder den Gemeinden (Gemeindeverbänden) ganz oder zum Teil zufließt, bedürfen der Zustimmung des Bundesrates.

Artikel 106 (Steuerverteilung)

(1) Der Ertrag der Finanzmonopole und das Aufkommen der folgenden Steuern stehen dem Bund zu:

1. die Zölle,

2. die Verbrauchsteuern, soweit sie nicht nach Absatz 2 den Ländern, nach Absatz 3 Bund und Ländern gemeinsam oder nach Absatz 6 den Gemeinden zustehen,

3. die Straßengüterverkehrsteuer, die Kraftfahrzeugsteuer und sonstige auf motorisierte Verkehrsmittel bezogene Verkehrsteuern,

4. die Kapitalverkehrsteuern, die Versicherungsteuer und die Wechselsteuer,

5. die einmaligen Vermögensabgaben und die zur Durchführung des Lastenausgleichs erhobenen Ausgleichsabgaben,
6. die Ergänzungsabgabe zur Einkommensteuer und zur Körperschaftsteuer,
7. Abgaben im Rahmen der Europäischen Gemeinschaften.

(2) Das Aufkommen der folgenden Steuern steht den Ländern zu:
1. die Vermögensteuer,
2. die Erbschaftsteuer,
3. die Verkehrsteuern, soweit sie nicht nach Absatz 1 dem Bund oder nach Absatz 3 Bund und Ländern gemeinsam zustehen,
4. die Biersteuer,
5. die Abgabe von Spielbanken.

(3) Das Aufkommen der Einkommensteuer, der Körperschaftsteuer und der Umsatzsteuer steht dem Bund und den Ländern gemeinsam zu (Gemeinschaftsteuern), soweit das Aufkommen der Einkommensteuer nicht nach Absatz 5 und das Aufkommen der Umsatzsteuer nicht nach Absatz 5a den Gemeinden zugewiesen wird. Am Aufkommen der Einkommensteuer und der Körperschaftsteuer sind der Bund und die Länder je zur Hälfte beteiligt. Die Anteile von Bund und Ländern an der Umsatzsteuer werden durch Bundesgesetz, das der Zustimmung des Bundesrates bedarf, festgesetzt. Bei der Festsetzung ist von folgenden Grundsätzen auszugehen:

1. Im Rahmen der laufenden Einnahmen haben der Bund und die Länder gleichmäßig Anspruch auf Deckung ihrer notwendigen Ausgaben. Dabei ist der Umfang der Ausgaben unter Berücksichtigung einer mehrjährigen Finanzplanung zu ermitteln.
2. Die Deckungsbedürfnisse des Bundes und der Länder sind so aufeinander abzustimmen, daß ein billiger Ausgleich erzielt, eine Überbelastung der Steuerpflichtigen vermieden und die Einheitlichkeit der Lebensverhältnisse im Bundesgebiet gewahrt wird.

Zusätzlich werden in die Festsetzung der Anteile von Bund und Ländern an der Umsatzsteuer Steuermindereinnahmen einbezogen, die den Ländern ab 1. Januar 1996 aus der Berücksichtigung von Kindern im Einkommensteuerrecht entstehen. Das Nähere bestimmt das Bundesgesetz nach Satz 3.

(4) Die Anteile von Bund und Ländern an der Umsatzsteuer sind neu festzusetzen, wenn sich das Verhältnis zwischen den Einnahmen und Ausgaben des Bundes und der Länder wesentlich anders entwickelt; Steuermindereinnahmen, die nach Absatz 3 Satz 5 in die Festsetzung der Umsatzsteueranteile zusätzlich einbezogen werden, bleiben hierbei unberücksichtigt. Werden den Ländern durch Bundesgesetz zusätzliche Ausgaben auferlegt oder Einnahmen entzogen, so kann die Mehrbelastung durch Bundesgesetz, das der Zustimmung des Bundesrates bedarf, auch mit Finanzzuweisungen des Bundes ausgeglichen werden, wenn sie auf einen kurzen Zeitraum begrenzt ist. In dem Gesetz sind die Grundsätze für die Bemessung dieser Finanzzuweisungen und für ihre Verteilung auf die Länder zu bestimmen.

(5) Die Gemeinden erhalten einen Anteil an dem Aufkommen der Einkommensteuer, der von den Ländern an ihre Gemeinden auf der Grundlage der Einkommensteuerleistungen ihrer Einwohner weiterzuleiten ist. Das Nähere bestimmt ein Bundesgesetz, das der Zustimmung des Bundesrates bedarf. Es kann bestimmen, daß die Gemeinden Hebesätze für den Gemeindeanteil festsetzen.

(5a) Die Gemeinden erhalten ab dem 1. Januar 1998 einen Anteil an dem Aufkommen der Umsatzsteuer. Er wird von den Ländern auf der Grundlage eines orts- und wirtschaftsbezogenen Schlüssels an ihre Gemeinden weitergeleitet. Das Nähere wird durch Bundesgesetz, das der Zustimmung des Bundesrates bedarf, bestimmt.

(6) Das Aufkommen der Grundsteuer und Gewerbesteuer steht den Gemeinden, das Aufkommen der örtlichen Verbrauch- und Aufwandsteuern steht den Gemeinden oder nach Maßgabe der Landesgesetzgebung den Gemeindeverbänden zu. Den Gemeinden ist das Recht einzuräumen, die Hebesätze der Grundsteuer und Gewerbesteuer im Rahmen der Gesetze festzusetzen. Bestehen in einem

Land keine Gemeinden, so steht das Aufkommen der Grundsteuer und Gewerbesteuer sowie der örtlichen Verbrauch- und Aufwandsteuern dem Land zu. Bund und Länder können durch eine Umlage an dem Aufkommen der Gewerbesteuer beteiligt werden. Das Nähere über die Umlage bestimmt ein Bundesgesetz, das der Zustimmung des Bundesrates bedarf. Nach Maßgabe der Landesgesetzgebung können die Grundsteuer und Gewerbesteuer sowie der Gemeindeanteil vom Aufkommen der Einkommensteuer und der Umsatzsteuer als Bemessungsgrundlagen für Umlagen zugrunde gelegt werden.

(7) Von dem Länderanteil am Gesamtaufkommen der Gemeinschaftsteuern fließt den Gemeinden und Gemeindeverbänden insgesamt ein von der Landesgesetzgebung zu bestimmender Hundertsatz. Im übrigen bestimmt die Landesgesetzgebung, ob und inwieweit das Aufkommen der Landessteuern den Gemeinden (Gemeindeverbänden) zufließt.

(8) Veranlaßt der Bund in einzelnen Ländern oder Gemeinden (Gemeindeverbänden) besondere Einrichtungen, die diesen Ländern oder Gemeinden (Gemeindeverbänden) unmittelbar Mehrausgaben oder Mindereinnahmen (Sonderbelastungen) verursachen, gewährt der Bund den erforderlichen Ausgleich, wenn und soweit den Ländern oder Gemeinden (Gemeindeverbänden) nicht zugemutet werden kann, die Sonderbelastungen zu tragen. Entschädigungsleistungen Dritter und finanzielle Vorteile, die diesen Ländern oder Gemeinden (Gemeindeverbänden) als Folge der Einrichtungen erwachsen, werden bei dem Ausgleich berücksichtigt.

(9) Als Einnahmen und Ausgaben der Länder im Sinne dieses Artikels gelten auch die Einnahmen und Ausgaben der Gemeinden (Gemeindeverbände).

Artikel 106a (Personennahverkehr)

Den Ländern steht ab 1. Januar 1996 für den öffentlichen Personennahverkehr ein Betrag aus dem Steueraufkommen des Bundes zu. Das Nähere regelt ein Bundesgesetz, das der Zustimmung des Bundesrates bedarf. Der Betrag nach Satz 1 bleibt bei der Bemessung der Finanzkraft nach Artikel 107 Abs. 2 unberücksichtigt.

Artikel 106b (Ausgleich infolge der Übertragung der Kfz-Steuer)

Den Ländern steht ab dem 1. Juli 2009 infolge der Übertragung der Kraftfahrzeugsteuer auf den Bund ein Betrag aus dem Steueraufkommen des Bundes zu. Das Nähere regelt ein Bundesgesetz, das der Zustimmung des Bundesrates bedarf.

Artikel 107 (Örtliches Aufkommen)

(1) Das Aufkommen der Landessteuern und der Länderanteil am Aufkommen der Einkommensteuer und der Körperschaftsteuer stehen den einzelnen Ländern insoweit zu, als die Steuern von den Finanzbehörden in ihrem Gebiet vereinnahmt werden (örtliches Aufkommen). Durch Bundesgesetz, das der Zustimmung des Bundesrates bedarf, sind für die Körperschaftsteuer und die Lohnsteuer nähere Bestimmungen über die Abgrenzung sowie über Art und Umfang der Zerlegung des örtlichen Aufkommens zu treffen. Das Gesetz kann auch Bestimmungen über die Abgrenzung und Zerlegung des örtlichen Aufkommens anderer Steuern treffen. Der Länderanteil am Aufkommen der Umsatzsteuer steht den einzelnen Ländern, vorbehaltlich der Regelungen nach Absatz 2, nach Maßgabe ihrer Einwohnerzahl zu.

(2) Durch Bundesgesetz, das der Zustimmung des Bundesrates bedarf, ist sicherzustellen, dass die unterschiedliche Finanzkraft der Länder angemessen ausgeglichen wird; hierbei sind die Finanzkraft und der Finanzbedarf der Gemeinden (Gemeindeverbände) zu berücksichtigen. Zu diesem Zweck sind in dem Gesetz Zuschläge zu und Abschläge von der jeweiligen Finanzkraft bei der Verteilung der Länderanteile am Aufkommen der Umsatzsteuer zu regeln. Die Voraussetzungen für die Gewährung von Zuschlägen und für die Erhebung von Abschlägen sowie die Maßstäbe für die Höhe dieser Zuschläge und Abschläge sind in dem Gesetz zu bestimmen. Für Zwe-

cke der Bemessung der Finanzkraft kann die bergrechtliche Förderabgabe mit nur einem Teil ihres Aufkommens berücksichtigt werden. Das Gesetz kann auch bestimmen, dass der Bund aus seinen Mitteln leistungsschwachen Ländern Zuweisungen zur ergänzenden Deckung ihres allgemeinen Finanzbedarfs (Ergänzungszuweisungen) gewährt. Zuweisungen können unabhängig von den Maßstäben nach den Sätzen 1 bis 3 auch solchen leistungsschwachen Ländern gewährt werden, deren Gemeinden (Gemeindeverbände) eine besonders geringe Steuerkraft aufweisen (Gemeindesteuerkraftzuweisungen), sowie außerdem solchen leistungsschwachen Ländern, deren Anteile an den Fördermitteln nach Artikel 91b ihre Einwohneranteile unterschreiten.

Artikel 108 (Finanzverwaltung)

(1) Zölle, Finanzmonopole, die bundesgesetzlich geregelten Verbrauchsteuern einschließlich der Einfuhrumsatzsteuer, die Kraftfahrzeugsteuer und sonstige auf motorisierte Verkehrsmittel bezogene Verkehrsteuern ab dem 1. Juli 2009 sowie die Abgaben im Rahmen der Europäischen Gemeinschaften werden durch Bundesfinanzbehörden verwaltet. Der Aufbau dieser Behörden wird durch Bundesgesetz geregelt. Soweit Mittelbehörden eingerichtet sind, werden deren Leiter im Benehmen mit den Landesregierungen bestellt.

(2) Die übrigen Steuern werden durch Landesfinanzbehörden verwaltet. Der Aufbau dieser Behörden und die einheitliche Ausbildung der Beamten können durch Bundesgesetz mit Zustimmung des Bundesrates geregelt werden. Soweit Mittelbehörden eingerichtet sind, werden deren Leiter im Einvernehmen mit der Bundesregierung bestellt.

(3) Verwalten die Landesfinanzbehörden Steuern, die ganz oder zum Teil dem Bund zufließen, so werden sie im Auftrage des Bundes tätig. Artikel 85 Abs. 3 und 4 gilt mit der Maßgabe, daß an die Stelle der Bundesregierung der Bundesminister der Finanzen tritt.

(4) Durch Bundesgesetz, das der Zustimmung des Bundesrates bedarf, kann bei der Verwaltung von Steuern ein Zusammenwirken von Bundes- und Landesfinanzbehörden sowie für Steuern, die unter Absatz 1 fallen, die Verwaltung durch Landesfinanzbehörden und für andere Steuern die Verwaltung durch Bundesfinanzbehörden vorgesehen werden, wenn und soweit dadurch der Vollzug der Steuergesetze erheblich verbessert oder erleichtert wird. Für die den Gemeinden (Gemeindeverbänden) allein zufließenden Steuern kann die den Landesfinanzbehörden zustehende Verwaltung durch die Länder ganz oder zum Teil den Gemeinden (Gemeindeverbänden) übertragen werden. Das Bundesgesetz nach Satz 1 kann für ein Zusammenwirken von Bund und Ländern bestimmen, dass bei Zustimmung einer im Gesetz genannten Mehrheit Regelungen für den Vollzug von Steuergesetzen für alle Länder verbindlich werden.

(4a) Durch Bundesgesetz, das der Zustimmung des Bundesrates bedarf, können bei der Verwaltung von Steuern, die unter Absatz 2 fallen, ein Zusammenwirken von Landesfinanzbehörden und eine länderübergreifende Übertragung von Zuständigkeiten auf Landesfinanzbehörden eines oder mehrerer Länder im Einvernehmen mit den betroffenen Ländern vorgesehen werden, wenn und soweit dadurch der Vollzug der Steuergesetze erheblich verbessert oder erleichtert wird. Die Kostentragung kann durch Bundesgesetz geregelt werden.

(5) Das von den Bundesfinanzbehörden anzuwendende Verfahren wird durch Bundesgesetz geregelt. Das von den Landesfinanzbehörden und in den Fällen des Absatzes 4 Satz 2 von den Gemeinden (Gemeindeverbänden) anzuwendende Verfahren kann durch Bundesgesetz mit Zustimmung des Bundesrates geregelt werden.

(6) Die Finanzgerichtsbarkeit wird durch Bundesgesetz einheitlich geregelt.

(7) Die Bundesregierung kann allgemeine Verwaltungsvorschriften erlassen, und zwar mit Zustimmung des Bundesrates, soweit die Verwaltung den Landesfinanzbehörden oder Gemeinden (Gemeindeverbänden) obliegt.

Art. 109–110 Grundgesetz (GG) **IX.1**

Artikel 109 (Haushaltswirtschaft)

(1) Bund und Länder sind in ihrer Haushaltswirtschaft selbständig und voneinander unabhängig.

(2) Bund und Länder erfüllen gemeinsam die Verpflichtungen der Bundesrepublik Deutschland aus Rechtsakten der Europäischen Gemeinschaft auf Grund des Artikels 104 des Vertrags zur Gründung der Europäischen Gemeinschaft zur Einhaltung der Haushaltsdisziplin und tragen in diesem Rahmen den Erfordernissen des gesamtwirtschaftlichen Gleichgewichts Rechnung.

(3) Die Haushalte von Bund und Ländern sind grundsätzlich ohne Einnahmen aus Krediten auszugleichen. Bund und Länder können Regelungen zur im Auf- und Abschwung symmetrischen Berücksichtigung der Auswirkungen einer von der Normallage abweichenden konjunkturellen Entwicklung sowie eine Ausnahmeregelung für Naturkatastrophen oder außergewöhnliche Notsituationen, die sich der Kontrolle des Staates entziehen und die staatliche Finanzlage erheblich beeinträchtigen, vorsehen. Für die Ausnahmeregelung ist eine entsprechende Tilgungsregelung vorzusehen. Die nähere Ausgestaltung regelt für den Haushalt des Bundes Artikel 115 mit der Maßgabe, dass Satz 1 entsprochen ist, wenn die Einnahmen aus Krediten 0,35 vom Hundert im Verhältnis zum nominalen Bruttoinlandsprodukt nicht überschreiten. Die nähere Ausgestaltung für die Haushalte der Länder regeln diese im Rahmen ihrer verfassungsrechtlichen Kompetenzen mit der Maßgabe, dass Satz 1 nur dann entsprochen ist, wenn keine Einnahmen aus Krediten zugelassen werden.

(4) Durch Bundesgesetz, das der Zustimmung des Bundesrates bedarf, können für Bund und Länder gemeinsam geltende Grundsätze für das Haushaltsrecht, für eine konjunkturgerechte Haushaltswirtschaft und für eine mehrjährige Finanzplanung aufgestellt werden.

(5) Sanktionsmaßnahmen der Europäischen Gemeinschaft im Zusammenhang mit den Bestimmungen in Artikel 104 des Vertrags zur Gründung der Europäischen Gemeinschaft zur Einhaltung der Haushaltsdisziplin tragen Bund und Länder im Verhältnis 65 zu 35. Die Ländergesamtheit trägt solidarisch 35 vom Hundert der auf die Länder entfallenden Lasten entsprechend ihrer Einwohnerzahl; 65 vom Hundert der auf die Länder entfallenden Lasten tragen die Länder entsprechend ihrem Verursachungsbeitrag. Das Nähere regelt ein Bundesgesetz, das der Zustimmung des Bundesrates bedarf.

Artikel 109a (Haushaltsnotlage, Stabilitätsrat)

(1) Zur Vermeidung von Haushaltsnotlagen regelt ein Bundesgesetz, das der Zustimmung des Bundesrates bedarf,

1. die fortlaufende Überwachung der Haushaltswirtschaft von Bund und Ländern durch ein gemeinsames Gremium (Stabilitätsrat),
2. die Voraussetzungen und das Verfahren zur Feststellung einer drohenden Haushaltsnotlage,
3. die Grundsätze zur Aufstellung und Durchführung von Sanierungsprogrammen zur Vermeidung von Haushaltsnotlagen.

(2) Dem Stabilitätsrat obliegt ab dem Jahr 2020 die Überwachung der Einhaltung der Vorgaben des Artikels 109 Absatz 3 durch Bund und Länder. Die Überwachung orientiert sich an den Vorgaben und Verfahren aus Rechtsakten auf Grund des Vertrages über die Arbeitsweise der Europäischen Union zur Einhaltung der Haushaltsdisziplin.

(3) Die Beschlüsse des Stabilitätsrats und die zugrunde liegenden Beratungsunterlagen sind zu veröffentlichen.

Artikel 110 (Haushaltsplan)

(1) Alle Einnahmen und Ausgaben des Bundes sind in den Haushaltsplan einzustellen; bei Bundesbetrieben und bei Sondervermögen brauchen nur die Zuführungen oder die Ablieferungen eingestellt zu werden. Der Haushaltsplan ist in Einnahme und Ausgabe auszugleichen.

(2) Der Haushaltsplan wird für ein oder mehrere Rechnungsjahre, nach Jahren getrennt,

vor Beginn des ersten Rechnungsjahres durch das Haushaltsgesetz festgestellt. Für Teile des Haushaltsplanes kann vorgesehen werden, daß sie für unterschiedliche Zeiträume, nach Rechnungsjahren getrennt, gelten.

(3) Die Gesetzesvorlage nach Absatz 2 Satz 1 sowie Vorlagen zur Änderung des Haushaltsgesetzes und des Haushaltsplanes werden gleichzeitig mit der Zuleitung an den Bundesrat beim Bundestage eingebracht; der Bundesrat ist berechtigt, innerhalb von sechs Wochen, bei Änderungsvorlagen innerhalb von drei Wochen, zu den Vorlagen Stellung zu nehmen.

(4) In das Haushaltsgesetz dürfen nur Vorschriften aufgenommen werden, die sich auf die Einnahmen und Ausgaben des Bundes und auf den Zeitraum beziehen, für den das Haushaltsgesetz beschlossen wird. Das Haushaltsgesetz kann vorschreiben, daß die Vorschriften erst mit der Verkündung des nächsten Haushaltsgesetzes oder bei Ermächtigung nach Artikel 115 zu einem späteren Zeitpunkt außer Kraft treten.

Artikel 111 (Haushaltsvorgriff)

(1) Ist bis zum Schluß eines Rechnungsjahres der Haushaltsplan für das folgende Jahr nicht durch Gesetz festgestellt, so ist bis zu seinem Inkrafttreten die Bundesregierung ermächtigt, alle Ausgaben zu leisten, die nötig sind,

a) um gesetzlich bestehende Einrichtungen zu erhalten und gesetzlich beschlossene Maßnahmen durchzuführen,

b) um die rechtlich begründeten Verpflichtungen des Bundes zu erfüllen,

c) um Bauten, Beschaffungen und sonstige Leistungen fortzusetzen oder Beihilfen für diese Zwecke weiter zu gewähren, sofern durch den Haushaltsplan des Vorjahres bereits Beträge bewilligt worden sind.

(2) Soweit nicht auf besonderem Gesetze beruhende Einnahmen aus Steuern, Abgaben und sonstigen Quellen oder die Betriebsmittelrücklage die Ausgaben unter Absatz 1 decken, darf die Bundesregierung die zur Aufrechterhaltung der Wirtschaftsführung erforderlichen Mittel bis zur Höhe eines Viertels der Endsumme des abgelaufenen Haushaltsplanes im Wege des Kredits flüssig machen.

Artikel 112 (Über- und außerplanmäßige Ausgaben)

Überplanmäßige und außerplanmäßige Ausgaben bedürfen der Zustimmung des Bundesministers der Finanzen. Sie darf nur im Falle eines unvorhergesehenen und unabweisbaren Bedürfnisses erteilt werden. Näheres kann durch Bundesgesetz bestimmt werden.

Artikel 113 (Ausgabenerhöhung, Einnahmeminderung)

(1) Gesetze, welche die von der Bundesregierung vorgeschlagenen Ausgaben des Haushaltsplanes erhöhen oder neue Ausgaben in sich schließen oder für die Zukunft mit sich bringen, bedürfen der Zustimmung der Bundesregierung. Das gleiche gilt für Gesetze, die Einnahmeminderungen in sich schließen oder für die Zukunft mit sich bringen. Die Bundesregierung kann verlangen, daß der Bundestag die Beschlußfassung über solche Gesetze aussetzt. In diesem Fall hat die Bundesregierung innerhalb von sechs Wochen dem Bundestage eine Stellungnahme zuzuleiten.

(2) Die Bundesregierung kann innerhalb von vier Wochen, nachdem der Bundestag das Gesetz beschlossen hat, verlangen, daß der Bundestag erneut Beschluß faßt.

(3) Ist das Gesetz nach Artikel 78 zustande gekommen, kann die Bundesregierung ihre Zustimmung nur innerhalb von sechs Wochen und nur dann versagen, wenn sie vorher das Verfahren nach Absatz 1 Satz 3 und 4 oder nach Absatz 2 eingeleitet hat. Nach Ablauf dieser Frist gilt die Zustimmung als erteilt.

Artikel 114 (Rechnungslegung, Bundesrechnungshof)

(1) Der Bundesminister der Finanzen hat dem Bundestage und dem Bundesrate über alle Einnahmen und Ausgaben sowie über das Vermögen und die Schulden im Laufe des nächsten Rechnungsjahres zur Entlastung der Bundesregierung Rechnung zu legen.

Art. 115–115a Grundgesetz (GG) **IX.1**

(2) Der Bundesrechnungshof, dessen Mitglieder richterliche Unabhängigkeit besitzen, prüft die Rechnung sowie die Wirtschaftlichkeit und Ordnungsmäßigkeit der Haushalts- und Wirtschaftsführung des Bundes. Zum Zweck der Prüfung nach Satz 1 kann der Bundesrechnungshof auch bei Stellen außerhalb der Bundesverwaltung Erhebungen vornehmen; dies gilt auch in den Fällen, in denen der Bund den Ländern zweckgebundene Finanzierungsmittel zur Erfüllung von Länderaufgaben zuweist. Er hat außer der Bundesregierung unmittelbar dem Bundestage und dem Bundesrate jährlich zu berichten. Im übrigen werden die Befugnisse des Bundesrechnungshofes durch Bundesgesetz geregelt.

Artikel 115 (Kreditaufnahme)

(1) Die Aufnahme von Krediten sowie die Übernahme von Bürgschaften, Garantien oder sonstigen Gewährleistungen, die zu Ausgaben in künftigen Rechnungsjahren führen können, bedürfen einer der Höhe nach bestimmten oder bestimmbaren Ermächtigung durch Bundesgesetz.

(2) Einnahmen und Ausgaben sind grundsätzlich ohne Einnahmen aus Krediten auszugleichen. Diesem Grundsatz ist entsprochen, wenn die Einnahmen aus Krediten 0,35 vom Hundert im Verhältnis zum nominalen Bruttoinlandsprodukt nicht überschreiten. Zusätzlich sind bei einer von der Normallage abweichenden konjunkturellen Entwicklung die Auswirkungen auf den Haushalt im Auf- und Abschwung symmetrisch zu berücksichtigen. Abweichungen der tatsächlichen Kreditaufnahme von der nach den Sätzen 1 bis 3 zulässigen Kreditobergrenze werden auf einem Kontrollkonto erfasst; Belastungen, die den Schwellenwert von 1,5 vom Hundert im Verhältnis zum nominalen Bruttoinlandsprodukt überschreiten, sind konjunkturgerecht zurückzuführen. Näheres, insbesondere die Bereinigung der Einnahmen und Ausgaben um finanzielle Transaktionen und das Verfahren zur Berechnung der Obergrenze der jährlichen Nettokreditaufnahme unter Berücksichtigung der konjunkturellen Entwicklung auf der Grundlage eines Konjunkturbereinigungsverfahrens sowie die Kontrolle und den Ausgleich von Abweichungen der tatsächlichen Kreditaufnahme von der Regelgrenze, regelt ein Bundesgesetz. Im Falle von Naturkatastrophen oder außergewöhnlichen Notsituationen, die sich der Kontrolle des Staates entziehen und die staatliche Finanzlage erheblich beeinträchtigen, können diese Kreditobergrenzen auf Grund eines Beschlusses der Mehrheit der Mitglieder des Bundestages überschritten werden. Der Beschluss ist mit einem Tilgungsplan zu verbinden. Die Rückführung der nach Satz 6 aufgenommenen Kredite hat binnen eines angemessenen Zeitraumes zu erfolgen.

Xa. Verteidigungsfall

Artikel 115a (Feststellung des Verteidigungsfalles)

(1) Die Feststellung, daß das Bundesgebiet mit Waffengewalt angegriffen wird oder ein solcher Angriff unmittelbar droht (Verteidigungsfall), trifft der Bundestag mit Zustimmung des Bundesrates. Die Feststellung erfolgt auf Antrag der Bundesregierung und bedarf einer Mehrheit von zwei Dritteln der abgegebenen Stimmen, mindestens der Mehrheit der Mitglieder des Bundestages.

(2) Erfordert die Lage unabweisbar ein sofortiges Handeln und stehen einem rechtzeitigen Zusammentritt des Bundestages unüberwindliche Hindernisse entgegen oder ist er nicht beschlußfähig, so trifft der Gemeinsame Ausschuß diese Feststellung mit einer Mehrheit von zwei Dritteln der abgegebenen Stimmen, mindestens der Mehrheit seiner Mitglieder.

(3) Die Feststellung wird vom Bundespräsidenten gemäß Artikel 82 im Bundesgesetzblatt verkündet. Ist dies nicht rechtzeitig möglich, so erfolgt die Verkündung in anderer Weise; sie ist im Bundesgesetzblatt nachzuholen, sobald die Umstände es zulassen.

(4) Wird das Bundesgebiet mit Waffengewalt angegriffen und sind die zuständigen Bundesorgane außerstande, sofort die Feststellung nach Absatz 1 Satz 1 zu treffen, so gilt

diese Feststellung als getroffen und als zu dem Zeitpunkt verkündet, in dem der Angriff begonnen hat. Der Bundespräsident gibt diesen Zeitpunkt bekannt, sobald die Umstände es zulassen.

(5) Ist die Feststellung des Verteidigungsfalles verkündet und wird das Bundesgebiet mit Waffengewalt angegriffen, so kann der Bundespräsident völkerrechtliche Erklärungen über das Bestehen des Verteidigungsfalles mit Zustimmung des Bundestages abgeben. Unter den Voraussetzungen des Absatzes 2 tritt an die Stelle des Bundestages der Gemeinsame Ausschuß.

Artikel 115b (Übergang der Befehls- und Kommandogewalt)

Mit der Verkündung des Verteidigungsfalles geht die Befehls- und Kommandogewalt über die Streitkräfte auf den Bundeskanzler über.

Artikel 115c (Konkurrierende Gesetzgebung im Verteidigungsfall)

(1) Der Bund hat für den Verteidigungsfall das Recht der konkurrierenden Gesetzgebung auch auf den Sachgebieten, die zur Gesetzgebungszuständigkeit der Länder gehören. Diese Gesetze bedürfen der Zustimmung des Bundesrates.

(2) Soweit es die Verhältnisse während des Verteidigungsfalles erfordern, kann durch Bundesgesetz für den Verteidigungsfall

1. bei Enteignungen abweichend von Artikel 14 Abs. 3 Satz 2 die Entschädigung vorläufig geregelt werden,
2. für Freiheitsentziehungen eine von Artikel 104 Abs. 2 Satz 3 und Abs. 3 Satz 1 abweichende Frist, höchstens jedoch eine solche von vier Tagen, für den Fall festgesetzt werden, daß ein Richter nicht innerhalb der für Normalzeiten geltenden Frist tätig werden konnte.

(3) Soweit es zur Abwehr eines gegenwärtigen oder unmittelbar drohenden Angriffs erforderlich ist, kann für den Verteidigungsfall durch Bundesgesetz mit Zustimmung des Bundesrates die Verwaltung und das Finanzwesen des Bundes und der Länder abweichend von den Abschnitten VIII, VIIIa und X geregelt werden, wobei die Lebensfähigkeit der Länder, Gemeinden und Gemeindeverbände, insbesondere auch in finanzieller Hinsicht, zu wahren ist.

(4) Bundesgesetze nach den Absätzen 1 und 2 Nr. 1 dürfen zur Vorbereitung ihres Vollzuges schon vor Eintritt des Verteidigungsfalles angewandt werden.

Artikel 115d (Gesetzgebungsverfahren im Verteidigungsfall)

(1) Für die Gesetzgebung des Bundes gilt im Verteidigungsfalle abweichend von Artikel 76 Abs. 2, Artikel 77 Abs. 1 Satz 2 und Abs. 2 bis 4, Artikel 78 und Artikel 82 Abs. 1 die Regelung der Absätze 2 und 3.

(2) Gesetzesvorlagen der Bundesregierung, die sie als dringlich bezeichnet, sind gleichzeitig mit der Einbringung beim Bundestage dem Bundesrate zuzuleiten. Bundestag und Bundesrat beraten diese Vorlagen unverzüglich gemeinsam. Soweit zu einem Gesetze die Zustimmung des Bundesrates erforderlich ist, bedarf es zum Zustandekommen des Gesetzes der Zustimmung der Mehrheit seiner Stimmen. Das Nähere regelt eine Geschäftsordnung, die vom Bundestage beschlossen wird und der Zustimmung des Bundesrates bedarf.

(3) Für die Verkündung der Gesetze gilt Artikel 115a Abs. 3 Satz 2 entsprechend.

Artikel 115e (Befugnisse des gemeinsamen Ausschusses)

(1) Stellt der Gemeinsame Ausschuß im Verteidigungsfalle mit einer Mehrheit von zwei Dritteln der abgegebenen Stimmen, mindestens mit der Mehrheit seiner Mitglieder fest, daß dem rechtzeitigen Zusammentritt des Bundestages unüberwindliche Hindernisse entgegenstehen oder daß dieser nicht beschlußfähig ist, so hat der Gemeinsame Ausschuß die Stellung von Bundestag und Bundesrat und nimmt deren Rechte einheitlich wahr.

(2) Durch ein Gesetz des Gemeinsamen Ausschusses darf das Grundgesetz weder geändert noch ganz oder teilweise außer Kraft oder außer Anwendung gesetzt werden. Zum Erlaß von Gesetzen nach Artikel 23 Abs. 1

Satz 2, Artikel 24 Abs. 1 oder Artikel 29 ist der Gemeinsame Ausschuß nicht befugt.

Artikel 115f (Einsatz des Bundesgrenzschutzes; Weisungen an Landesregierungen)

(1) Die Bundesregierung kann im Verteidigungsfalle, soweit es die Verhältnisse erfordern,

1. den Bundesgrenzschutz im gesamten Bundesgebiete einsetzen;
2. außer der Bundesverwaltung auch den Landesregierungen und, wenn sie es für dringlich erachtet, den Landesbehörden Weisungen erteilen und diese Befugnis auf von ihr zu bestimmende Mitglieder der Landesregierungen übertragen.

(2) Bundestag, Bundesrat und der Gemeinsame Ausschuß sind unverzüglich von den nach Absatz 1 getroffenen Maßnahmen zu unterrichten.

Artikel 115g (Bundesverfassungsgericht)

Die verfassungsmäßige Stellung und die Erfüllung der verfassungsmäßigen Aufgaben des Bundesverfassungsgerichtes und seiner Richter dürfen nicht beeinträchtigt werden. Das Gesetz über das Bundesverfassungsgericht darf durch ein Gesetz des Gemeinsamen Ausschusses nur insoweit geändert werden, als dies auch nach Auffassung des Bundesverfassungsgerichtes zur Aufrechterhaltung der Funktionsfähigkeit des Gerichtes erforderlich ist. Bis zum Erlaß eines solchen Gesetzes kann das Bundesverfassungsgericht die zur Erhaltung der Arbeitsfähigkeit des Gerichtes erforderlichen Maßnahmen treffen. Beschlüsse nach Satz 2 und Satz 3 faßt das Bundesverfassungsgericht mit der Mehrheit der anwesenden Richter.

Artikel 115h (Ablauf von Wahlperioden, Amtszeiten)

(1) Während des Verteidigungsfalles ablaufende Wahlperioden des Bundestages oder der Volksvertretungen der Länder enden sechs Monate nach Beendigung des Verteidigungsfalles. Die im Verteidigungsfalle ablaufende Amtszeit des Bundespräsidenten sowie bei vorzeitiger Erledigung seines Amtes die Wahrnehmung seiner Befugnisse durch den Präsidenten des Bundesrates enden neun Monate nach Beendigung des Verteidigungsfalles. Die im Verteidigungsfalle ablaufende Amtszeit eines Mitgliedes des Bundesverfassungsgerichtes endet sechs Monate nach Beendigung des Verteidigungsfalles.

(2) Wird eine Neuwahl des Bundeskanzlers durch den Gemeinsamen Ausschuß erforderlich, so wählt dieser einen neuen Bundeskanzler mit der Mehrheit seiner Mitglieder; der Bundespräsident macht dem Gemeinsamen Ausschuß einen Vorschlag. Der Gemeinsame Ausschuß kann dem Bundeskanzler das Mißtrauen nur dadurch aussprechen, daß er mit der Mehrheit von zwei Dritteln seiner Mitglieder einen Nachfolger wählt.

(3) Für die Dauer des Verteidigungsfalles ist die Auflösung des Bundestages ausgeschlossen.

Artikel 115i (Befugnisse der Landesregierungen)

(1) Sind die zuständigen Bundesorgane außerstande, die notwendigen Maßnahmen zur Abwehr der Gefahr zu treffen, und erfordert die Lage unabweisbar ein sofortiges selbständiges Handeln in einzelnen Teilen des Bundesgebietes, so sind die Landesregierungen oder die von ihnen bestimmten Behörden oder Beauftragten befugt, für ihren Zuständigkeitsbereich Maßnahmen im Sinne des Artikels 115f Abs. 1 zu treffen.

(2) Maßnahmen nach Absatz 1 können durch die Bundesregierung, im Verhältnis zu Landesbehörden und nachgeordneten Bundesbehörden auch durch die Ministerpräsidenten der Länder jederzeit aufgehoben werden.

Artikel 115k (Außer-Kraft-Treten von Gesetzen und Rechtsverordnungen)

(1) Für die Dauer ihrer Anwendbarkeit setzen Gesetze nach den Artikeln 115c, 115e und 115g und Rechtsverordnungen, die auf Grund solcher Gesetze ergehen, entgegenstehendes Recht außer Anwendung. Dies gilt nicht gegenüber früherem Recht, das auf

Grund der Artikel 115c, 115e und 115g erlassen worden ist.

(2) Gesetze, die der Gemeinsame Ausschuß beschlossen hat, und Rechtsverordnungen, die auf Grund solcher Gesetze ergangen sind, treten spätestens sechs Monate nach Beendigung des Verteidigungsfalles außer Kraft.

(3) Gesetze, die von den Artikeln 91a, 91b, 104a, 106 und 107 abweichende Regelungen enthalten, gelten längstens bis zum Ende des zweiten Rechnungsjahres, das auf die Beendigung des Verteidigungsfalles folgt. Sie können nach Beendigung des Verteidigungsfalles durch Bundesgesetz mit Zustimmung des Bundesrates geändert werden, um zu der Regelung gemäß den Abschnitten VIIIa und X überzuleiten.

Artikel 115l (Beendigung des Verteidigungsfalles)

(1) Der Bundestag kann jederzeit mit Zustimmung des Bundesrates Gesetze des Gemeinsamen Ausschusses aufheben. Der Bundesrat kann verlangen, daß der Bundestag hierüber beschließt. Sonstige zur Abwehr der Gefahr getroffene Maßnahmen des Gemeinsamen Ausschusses oder der Bundesregierung sind aufzuheben, wenn der Bundestag und der Bundesrat es beschließen.

(2) Der Bundestag kann mit Zustimmung des Bundesrates jederzeit durch einen vom Bundespräsidenten zu verkündenden Beschluß den Verteidigungsfall für beendet erklären. Der Bundesrat kann verlangen, daß der Bundestag hierüber beschließt. Der Verteidigungsfall ist unverzüglich für beendet zu erklären, wenn die Voraussetzungen für seine Feststellung nicht mehr gegeben sind.

(3) Über den Friedensschluß wird durch Bundesgesetz entschieden.

XI. Übergangs- und Schlußbestimmungen

Artikel 116 (Begriff „Deutscher"; Wiedereinbürgerung)

(1) Deutscher im Sinne dieses Grundgesetzes ist vorbehaltlich anderweitiger gesetzlicher Regelung, wer die deutsche Staatsangehörigkeit besitzt oder als Flüchtling oder Vertriebener deutscher Volkszugehörigkeit oder als dessen Ehegatte oder Abkömmling in dem Gebiete des Deutschen Reiches nach dem Stande vom 31. Dezember 1937 Aufnahme gefunden hat.

(2) Frühere deutsche Staatsangehörige, denen zwischen dem 30. Januar 1933 und dem 8. Mai 1945 die Staatsangehörigkeit aus politischen, rassischen oder religiösen Gründen entzogen worden ist, und ihre Abkömmlinge sind auf Antrag wieder einzubürgern. Sie gelten als nicht ausgebürgert, sofern sie nach dem 8. Mai 1945 ihren Wohnsitz in Deutschland genommen haben und nicht einen entgegengesetzten Willen zum Ausdruck gebracht haben.

Artikel 117 (Übergangsregelung für Artikel 3 und Artikel 11)

(1) Das dem Artikel 3 Abs. 2 entgegenstehende Recht bleibt bis zu seiner Anpassung an diese Bestimmung des Grundgesetzes in Kraft, jedoch nicht länger als bis zum 31. März 1953.

(2) Gesetze, die das Recht der Freizügigkeit mit Rücksicht auf die gegenwärtige Raumnot einschränken, bleiben bis zu ihrer Aufhebung durch Bundesgesetz in Kraft.

Artikel 118 (Neugliederung von Baden-Württemberg)

Die Neugliederung in dem die Länder Baden, Württemberg-Baden und Württemberg-Hohenzollern umfassenden Gebiete kann abweichend von den Vorschriften des Artikels 29 durch Vereinbarung der beteiligten Länder erfolgen. Kommt eine Vereinbarung nicht zustande, so wird die Neugliederung durch Bundesgesetz geregelt, das eine Volksbefragung vorsehen muß.

Artikel 118a (Neugliederung Berlin/Brandenburg)

Die Neugliederung in dem die Länder Berlin und Brandenburg umfassenden Gebiet kann abweichend von den Vorschriften des Artikels 29 unter Beteiligung ihrer Wahlberechtigten durch Vereinbarung beider Länder erfolgen.

Artikel 119 (Flüchtlinge und Vertriebene)

In Angelegenheiten der Flüchtlinge und Vertriebenen, insbesondere zu ihrer Verteilung auf die Länder, kann bis zu einer bundesgesetzlichen Regelung die Bundesregierung mit Zustimmung des Bundesrates Verordnungen mit Gesetzeskraft erlassen. Für besondere Fälle kann dabei die Bundesregierung ermächtigt werden, Einzelweisungen zu erteilen. Die Weisungen sind außer bei Gefahr im Verzuge an die obersten Landesbehörden zu richten.

Artikel 120 (Besatzungskosten, Kriegsfolgelasten, Soziallasten)

(1) Der Bund trägt die Aufwendungen für Besatzungskosten und die sonstigen inneren und äußeren Kriegsfolgelasten nach näherer Bestimmung von Bundesgesetzen. Soweit diese Kriegsfolgelasten bis zum 1. Oktober 1969 durch Bundesgesetze geregelt worden sind, tragen Bund und Länder im Verhältnis zueinander die Aufwendungen nach Maßgabe dieser Bundesgesetze. Soweit Aufwendungen für Kriegsfolgelasten, die in Bundesgesetzen weder geregelt worden sind noch geregelt werden, bis zum 1. Oktober 1965 von den Ländern, Gemeinden (Gemeindeverbänden) oder sonstigen Aufgabenträgern, die Aufgaben von Ländern oder Gemeinden erfüllen, erbracht worden sind, ist der Bund zur Übernahme von Aufwendungen dieser Art auch nach diesem Zeitpunkt nicht verpflichtet. Der Bund trägt die Zuschüsse zu den Lasten der Sozialversicherung mit Einschluß der Arbeitslosenversicherung und der Arbeitslosenhilfe. Die durch diesen Absatz geregelte Verteilung der Kriegsfolgelasten auf Bund und Länder läßt die gesetzliche Regelung von Entschädigungsansprüchen für Kriegsfolgen unberührt.

(2) Die Einnahmen gehen auf den Bund zu demselben Zeitpunkte über, an dem der Bund die Ausgaben übernimmt.

Artikel 120a (Lastenausgleich)

(1) Die Gesetze, die der Durchführung des Lastenausgleichs dienen, können mit Zustimmung des Bundesrates bestimmen, daß sie auf dem Gebiete der Ausgleichsleistungen teils durch den Bund, teils im Auftrage des Bundes durch die Länder ausgeführt werden und daß die der Bundesregierung und den zuständigen obersten Bundesbehörden auf Grund des Artikels 85 insoweit zustehenden Befugnisse ganz oder teilweise dem Bundesausgleichsamt übertragen werden. Das Bundesausgleichsamt bedarf bei Ausübung dieser Befugnisse nicht der Zustimmung des Bundesrates; seine Weisungen sind, abgesehen von den Fällen der Dringlichkeit, an die obersten Landesbehörden (Landesausgleichsämter) zu richten.

(2) Artikel 87 Abs. 3 Satz 2 bleibt unberührt.

Artikel 121 (Begriff „Mehrheit")

Mehrheit der Mitglieder des Bundestages und der Bundesversammlung im Sinne dieses Grundgesetzes ist die Mehrheit ihrer gesetzlichen Mitgliederzahl.

Artikel 122 (Aufhebung früherer Gesetzgebungszuständigkeiten)

(1) Vom Zusammentritt des Bundestages an werden die Gesetze ausschließlich von den in diesem Grundgesetze anerkannten gesetzgebenden Gewalten beschlossen.

(2) Gesetzgebende und bei der Gesetzgebung beratend mitwirkende Körperschaften, deren Zuständigkeit nach Absatz 1 endet, sind mit diesem Zeitpunkt aufgelöst.

Artikel 123 (Fortgelten bisherigen Rechts; Staatsverträge)

(1) Recht aus der Zeit vor dem Zusammentritt des Bundestages gilt fort, soweit es dem Grundgesetze nicht widerspricht.

(2) Die vom Deutschen Reich abgeschlossenen Staatsverträge, die sich auf Gegenstände beziehen, für die nach diesem Grundgesetze die Landesgesetzgebung zuständig ist, bleiben, wenn sie nach allgemeinen Rechtsgrundsätzen gültig sind und fortgelten, unter Vorbehalt aller Rechte und Einwendungen der Beteiligten in Kraft, bis neue Staatsverträge durch die nach diesem Grundgesetze

zuständigen Stellen abgeschlossen werden oder ihre Beendigung auf Grund der in ihnen enthaltenen Bestimmungen anderweitig erfolgt.

Artikel 124 (Fortgelten bei ausschließlicher Gesetzgebung)

Recht, das Gegenstände der ausschließlichen Gesetzgebung des Bundes betrifft, wird innerhalb seines Geltungsbereiches Bundesrecht.

Artikel 125 (Fortgelten bei konkurrierender Gesetzgebung)

Recht, das Gegenstände der konkurrierenden Gesetzgebung des Bundes betrifft, wird innerhalb seines Geltungsbereiches Bundesrecht,

1. soweit es innerhalb einer oder mehrerer Besatzungszonen einheitlich gilt,

2. soweit es sich um Recht handelt, durch das nach dem 8. Mai 1945 früheres Reichsrecht abgeändert worden ist.

Artikel 125a (Übergangsregelung bei Kompetenzänderung)

(1) Recht, das als Bundesrecht erlassen worden ist, aber wegen der Änderung des Artikels 74 Abs. 1, der Einfügung des Artikels 84 Abs. 1 Satz 7, des Artikels 85 Abs. 1 Satz 2 oder des Artikels 105 Abs. 2a Satz 2 oder wegen der Aufhebung der Artikel 74a, 75 oder 98 Abs. 3 Satz 2 nicht mehr als Bundesrecht erlassen werden könnte, gilt als Bundesrecht fort. Es kann durch Landesrecht ersetzt werden.

(2) Recht, das auf Grund des Artikels 72 Abs. 2 in der bis zum 15. November 1994 geltenden Fassung erlassen worden ist, aber wegen Änderung des Artikels 72 Abs. 2 nicht mehr als Bundesrecht erlassen werden könnte, gilt als Bundesrecht fort. Durch Bundesgesetz kann bestimmt werden, dass es durch Landesrecht ersetzt werden kann.

(3) Recht, das als Landesrecht erlassen worden ist, aber wegen Änderung des Artikels 73 nicht mehr als Landesrecht erlassen werden könnte, gilt als Landesrecht fort. Es kann durch Bundesrecht ersetzt werden.

Artikel 125b (Überleitung Föderalismusreform)

(1) Recht, das auf Grund des Artikels 75 in der bis zum 1. September 2006 geltenden Fassung erlassen worden ist und das auch nach diesem Zeitpunkt als Bundesrecht erlassen werden könnte, gilt als Bundesrecht fort. Befugnisse und Verpflichtungen der Länder zur Gesetzgebung bleiben insoweit bestehen. Auf den in Artikel 72 Abs. 3 Satz 1 genannten Gebieten können die Länder von diesem Recht abweichende Regelungen treffen, auf den Gebieten des Artikels 72 Abs. 3 Satz 1 Nr. 2, 5 und 6 jedoch erst, wenn und soweit der Bund ab dem 1. September 2006 von seiner Gesetzgebungszuständigkeit Gebrauch gemacht hat, in den Fällen der Nummern 2 und 5 spätestens ab dem 1. Januar 2010, im Falle der Nummer 6 spätestens ab dem 1. August 2008.

(2) Von bundesgesetzlichen Regelungen, die auf Grund des Artikels 84 Abs. 1 in der vor dem 1. September 2006 geltenden Fassung erlassen worden sind, können die Länder abweichende Regelungen treffen, von Regelungen des Verwaltungsverfahrens bis zum 31. Dezember 2008 aber nur dann, wenn ab dem 1. September 2006 in dem jeweiligen Bundesgesetz Regelungen des Verwaltungsverfahrens geändert worden sind.

(3) Auf dem Gebiet des Artikels 72 Absatz 3 Satz 1 Nummer 7 darf abweichendes Landesrecht der Erhebung der Grundsteuer frühestens für Zeiträume ab dem 1. Januar 2025 zugrunde gelegt werden.

Artikel 125c (Überleitung Föderalismusreform)

(1) Recht, das auf Grund des Artikels 91a Abs. 2 in Verbindung mit Abs. 1 Nr. 1 in der bis zum 1. September 2006 geltenden Fassung erlassen worden ist, gilt bis zum 31. Dezember 2006 fort.

(2) Die nach Artikel 104a Abs. 4 in der bis zum 1. September 2006 geltenden Fassung in den Bereichen der Gemeindeverkehrsfinanzierung und der sozialen Wohnraumförderung geschaffenen Regelungen gelten bis zum 31. Dezember 2006 fort. Die im Bereich

der Gemeindeverkehrsfinanzierung für die besonderen Programme nach §6 Absatz 1 des Gemeindeverkehrsfinanzierungsgesetzes sowie die mit dem Gesetz über Finanzhilfen des Bundes nach Artikel 104a Absatz 4 des Grundgesetzes an die Länder Bremen, Hamburg, Mecklenburg-Vorpommern, Niedersachsen sowie Schleswig-Holstein für Seehäfen vom 20. Dezember 2001 nach Artikel 104a Absatz 4 in der bis zum 1. September 2006 geltenden Fassung geschaffenen Regelungen gelten bis zu ihrer Aufhebung fort. Eine Änderung des Gemeindeverkehrsfinanzierungsgesetzes durch Bundesgesetz ist zulässig. Die sonstigen nach Artikel 104a Absatz 4 in der bis zum 1. September 2006 geltenden Fassung geschaffenen Regelungen gelten bis zum 31. Dezember 2019 fort, soweit nicht ein früherer Zeitpunkt für das Außerkrafttreten bestimmt ist oder wird. Artikel 104b Absatz 2 Satz 4 gilt entsprechend.

(3) Artikel 104b Absatz 2 Satz 5 ist erstmals auf nach dem 31. Dezember 2019 in Kraft getretene Regelungen anzuwenden.

Artikel 126 (Zweifel über Fortgelten von Recht)

Meinungsverschiedenheiten über das Fortgelten von Recht als Bundesrecht entscheidet das Bundesverfassungsgericht.

Artikel 127 (Recht des Vereinigten Wirtschaftsgebietes)

Die Bundesregierung kann mit Zustimmung der Regierungen der beteiligten Länder Recht der Verwaltung des Vereinigten Wirtschaftsgebietes, soweit es nach Artikel 124 oder 125 als Bundesrecht fortgilt, innerhalb eines Jahres nach Verkündung dieses Grundgesetzes in den Ländern Baden, Groß-Berlin, Rheinland-Pfalz und Württemberg-Hohenzollern in Kraft setzen.

Artikel 128 (Fortbestehen von Weisungsrechten)

Soweit fortgeltendes Recht Weisungsrechte im Sinne des Artikels 84 Abs. 5 vorsieht, bleiben sie bis zu einer anderweitigen gesetzlichen Regelung bestehen.

Artikel 129 (Fortgelten von Ermächtigungen)

(1) Soweit in Rechtsvorschriften, die als Bundesrecht fortgelten, eine Ermächtigung zum Erlasse von Rechtsverordnungen oder allgemeinen Verwaltungsvorschriften sowie zur Vornahme von Verwaltungsakten enthalten ist, geht sie auf die nunmehr sachlich zuständigen Stellen über. In Zweifelsfällen entscheidet die Bundesregierung im Einvernehmen mit dem Bundesrate; die Entscheidung ist zu veröffentlichen.

(2) Soweit in Rechtsvorschriften, die als Landesrecht fortgelten, eine solche Ermächtigung enthalten ist, wird sie von den nach Landesrecht zuständigen Stellen ausgeübt.

(3) Soweit Rechtsvorschriften im Sinne der Absätze 1 und 2 zu ihrer Änderung oder Ergänzung oder zum Erlaß von Rechtsvorschriften an Stelle von Gesetzen ermächtigen, sind diese Ermächtigungen erloschen.

(4) Die Vorschriften der Absätze 1 und 2 gelten entsprechend, soweit in Rechtsvorschriften auf nicht mehr geltende Vorschriften oder nicht mehr bestehende Einrichtungen verwiesen ist.

Artikel 130 (Körperschaften des öffentlichen Rechts)

(1) Verwaltungsorgane und sonstige der öffentlichen Verwaltung oder Rechtspflege dienende Einrichtungen, die nicht auf Landesrecht oder Staatsverträgen zwischen Ländern beruhen, sowie die Betriebsvereinigung der südwestdeutschen Eisenbahnen und der Verwaltungsrat für das Post- und Fernmeldewesen für das französische Besatzungsgebiet unterstehen der Bundesregierung. Diese regelt mit Zustimmung des Bundesrates die Überführung, Auflösung oder Abwicklung.

(2) Oberster Disziplinarvorgesetzter der Angehörigen dieser Verwaltungen und Einrichtungen ist der zuständige Bundesminister.

(3) Nicht landesunmittelbare und nicht auf Staatsverträgen zwischen den Ländern beruhende Körperschaften und Anstalten des öffentlichen Rechtes unterstehen der Aufsicht der zuständigen obersten Bundesbehörde.

Artikel 131 (Frühere Angehörige des öffentlichen Dienstes)

Die Rechtsverhältnisse von Personen einschließlich der Flüchtlinge und Vertriebenen, die am 8. Mai 1945 im öffentlichen Dienste standen, aus anderen als beamten- oder tarifrechtlichen Gründen ausgeschieden sind und bisher nicht oder nicht ihrer früheren Stellung entsprechend verwendet werden, sind durch Bundesgesetz zu regeln. Entsprechendes gilt für Personen einschließlich der Flüchtlinge und Vertriebenen, die am 8. Mai 1945 versorgungsberechtigt waren und aus anderen als beamten- oder tarifrechtlichen Gründen keine oder keine entsprechende Versorgung mehr erhalten. Bis zum Inkrafttreten des Bundesgesetzes können vorbehaltlich anderweitiger landesrechtlicher Regelung Rechtsansprüche nicht geltend gemacht werden.

Artikel 132 (gegenstandslos)

Artikel 133 (Vereinigtes Wirtschaftsgebiet, Rechtsnachfolge)

Der Bund tritt in die Rechte und Pflichten der Verwaltung des Vereinigten Wirtschaftsgebietes ein.

Artikel 134 (Reichsvermögen, Rechtsnachfolge)

(1) Das Vermögen des Reiches wird grundsätzlich Bundesvermögen.

(2) Soweit es nach seiner ursprünglichen Zweckbestimmung überwiegend für Verwaltungsaufgaben bestimmt war, die nach diesem Grundgesetze nicht Verwaltungsaufgaben des Bundes sind, ist es unentgeltlich auf die nunmehr zuständigen Aufgabenträger und, soweit es nach seiner gegenwärtigen, nicht nur vorübergehenden Benutzung Verwaltungsaufgaben dient, die nach diesem Grundgesetze nunmehr von den Ländern zu erfüllen sind, auf die Länder zu übertragen. Der Bund kann auch sonstiges Vermögen den Ländern übertragen.

(3) Vermögen, das dem Reich von den Ländern und Gemeinden (Gemeindeverbänden) unentgeltlich zur Verfügung gestellt wurde, wird wiederum Vermögen der Länder und Gemeinden (Gemeindeverbände), soweit es nicht der Bund für eigene Verwaltungsaufgaben benötigt.

(4) Das Nähere regelt ein Bundesgesetz, das der Zustimmung des Bundesrates bedarf.

Artikel 135 (Gebietsänderungen, Rechtsnachfolge)

(1) Hat sich nach dem 8. Mai 1945 bis zum Inkrafttreten dieses Grundgesetzes die Landeszugehörigkeit eines Gebietes geändert, so steht in diesem Gebiete das Vermögen des Landes, dem das Gebiet angehört hat, dem Lande zu, dem es jetzt angehört.

(2) Das Vermögen nicht mehr bestehender Länder und nicht mehr bestehender anderer Körperschaften und Anstalten des öffentlichen Rechtes geht, soweit es nach seiner ursprünglichen Zweckbestimmung überwiegend für Verwaltungsaufgaben bestimmt war, oder nach seiner gegenwärtigen, nicht nur vorübergehenden Benutzung überwiegend Verwaltungsaufgaben dient, auf das Land oder die Körperschaft oder Anstalt des öffentlichen Rechtes über, die nunmehr diese Aufgaben erfüllen.

(3) Grundvermögen nicht mehr bestehender Länder geht einschließlich des Zubehörs, soweit es nicht bereits zu Vermögen im Sinne des Absatzes 1 gehört, auf das Land über, in dessen Gebiet es gelegen ist.

(4) Sofern ein überwiegendes Interesse des Bundes oder das besondere Interesse eines Gebietes es erfordert, kann durch Bundesgesetz eine von den Absätzen 1 bis 3 abweichende Regelung getroffen werden.

(5) Im übrigen wird die Rechtsnachfolge und die Auseinandersetzung, soweit sie nicht bis zum 1. Januar 1952 durch Vereinbarung zwischen den beteiligten Ländern oder Körperschaften oder Anstalten des öffentlichen Rechtes erfolgt, durch Bundesgesetz geregelt, das der Zustimmung des Bundesrates bedarf.

(6) Beteiligungen des ehemaligen Landes Preußen an Unternehmen des privaten Rechtes gehen auf den Bund über. Das Nähere regelt ein Bundesgesetz, das auch Abweichendes bestimmen kann.

(7) Soweit über Vermögen, das einem Lande oder einer Körperschaft oder Anstalt des öffentlichen Rechtes nach den Absätzen 1 bis 3 zufallen würde, von dem danach Berechtigten durch ein Landesgesetz, auf Grund eines Landesgesetzes oder in anderer Weise bei Inkrafttreten des Grundgesetzes verfügt worden war, gilt der Vermögensübergang als vor der Verfügung erfolgt.

Artikel 135a (Erfüllung alter Verbindlichkeiten)

(1) Durch die in Artikel 134 Absatz 4 und Artikel 135 Absatz 5 vorbehaltene Gesetzgebung des Bundes kann auch bestimmt werden, daß nicht oder nicht in voller Höhe zu erfüllen sind

1. Verbindlichkeiten des Reiches sowie Verbindlichkeiten des ehemaligen Landes Preußen und sonstiger nicht mehr bestehender Körperschaften und Anstalten des öffentlichen Rechts,

2. Verbindlichkeiten des Bundes oder anderer Körperschaften und Anstalten des öffentlichen Rechts, welche mit dem Übergang von Vermögenswerten nach Artikel 89, 90, 134 und 135 im Zusammenhang stehen, und Verbindlichkeiten dieser Rechtsträger, die auf Maßnahmen der in Nummer 1 bezeichneten Rechtsträger beruhen,

3. Verbindlichkeiten der Länder und Gemeinden (Gemeindeverbände), die aus Maßnahmen entstanden sind, welche diese Rechtsträger vor dem 1. August 1945 zur Durchführung von Anordnungen der Besatzungsmächte oder zur Beseitigung eines kriegsbedingten Notstandes im Rahmen dem Reich obliegender oder vom Reich übertragener Verwaltungsaufgaben getroffen haben.

(2) Absatz 1 findet entsprechende Anwendung auf Verbindlichkeiten der Deutschen Demokratischen Republik oder ihrer Rechtsträger sowie auf Verbindlichkeiten des Bundes oder anderer Körperschaften und Anstalten des öffentlichen Rechts, die mit dem Übergang von Vermögenswerten der Deutschen Demokratischen Republik auf Bund, Länder und Gemeinden im Zusammenhang stehen, und auf Verbindlichkeiten, die auf Maßnahmen der Deutschen Demokratischen Republik oder ihrer Rechtsträger beruhen.

Artikel 136 (Erster Zusammentritt des Bundesrates)

(1) Der Bundesrat tritt erstmalig am Tage des ersten Zusammentritts des Bundestages zusammen.

(2) Bis zur Wahl des ersten Bundespräsidenten werden dessen Befugnisse von dem Präsidenten des Bundesrates ausgeübt. Das Recht der Auflösung des Bundestages steht ihm nicht zu.

Artikel 137 (Wählbarkeit von Beamten, Soldaten und Richtern)

(1) Die Wählbarkeit von Beamten, Angestellten des öffentlichen Dienstes, Berufssoldaten, freiwilligen Soldaten auf Zeit und Richtern im Bund, in den Ländern und den Gemeinden kann gesetzlich beschränkt werden.

(2) und (3) (gegenstandslos)

Artikel 138 (Notariat)

Änderungen der Einrichtungen des jetzt bestehenden Notariats in den Ländern Baden, Bayern, Württemberg-Baden und Württemberg-Hohenzollern bedürfen der Zustimmung der Regierungen dieser Länder.

Statt Baden, Württemberg-Baden und Württemberg-Hohenzollern: Baden-Württemberg.

Artikel 139 (Befreiungsgesetze)

Die zur „Befreiung des deutschen Volkes vom Nationalsozialismus und Militarismus" erlassenen Rechtsvorschriften werden von den Bestimmungen dieses Grundgesetzes nicht berührt.

Artikel 140 (Religionsfreiheit, Religionsgesellschaften)

Die Bestimmungen der Artikel 136, 137, 138, 139 und 141 der Deutschen Verfassung vom 11. August 1919 sind Bestandteile dieses Grundgesetzes.

Die Bestimmungen der **Weimarer Reichsverfassung** lauten:

Artikel 136

(1) Die bürgerlichen und staatsbürgerlichen Rechte und Pflichten werden durch die Ausübung der Religionsfreiheit weder bedingt noch beschränkt.

(2) Der Genuß bürgerlicher und staatsbürgerlicher Rechte sowie die Zulassung zu öffentlichen Ämtern sind unabhängig von dem religiösen Bekenntnis.

(3) Niemand ist verpflichtet, seine religiöse Überzeugung zu offenbaren. Die Behörden haben nur soweit das Recht, nach der Zugehörigkeit zu einer Religionsgesellschaft zu fragen, als davon Rechte und Pflichten abhängen oder eine gesetzlich angeordnete statistische Erhebung dies erfordert.

(4) Niemand darf zu einer kirchlichen Handlung oder Feierlichkeit oder zur Teilnahme an religiösen Übungen oder zur Benutzung einer religiösen Eidesform gezwungen werden.

Artikel 137

(1) Es besteht keine Staatskirche.

(2) Die Freiheit der Vereinigung zur Religionsgesellschaften wird gewährleistet. Der Zusammenschluß von Religionsgesellschaften innerhalb des Reichsgebiets unterliegt keinen Beschränkungen.

(3) Jede Religionsgesellschaft ordnet und verwaltet ihre Angelegenheiten selbständig innerhalb der Schranken des für alle geltenden Gesetzes. Sie verleiht ihre Ämter ohne Mitwirkung des Staates oder der bürgerlichen Gemeinde.

(4) Religionsgesellschaften erwerben die Rechtsfähigkeit nach den allgemeinen Vorschriften des bürgerlichen Rechts.

(5) Die Religionsgesellschaften bleiben Körperschaften des öffentlichen Rechtes, soweit sie solche bisher waren. Anderen Religionsgesellschaften sind auf ihren Antrag gleiche Rechte zu gewähren, wenn sie durch ihre Verfassung und die Zahl ihrer Mitglieder die Gewähr der Dauer bieten. Schließen sich mehrere derartige öffentlich-rechtliche Religionsgesellschaften zu einem Verbande zusammen, so ist auch dieser Verband eine öffentlich-rechtliche Körperschaft.

(6) Die Religionsgesellschaften, welche Körperschaften des öffentlichen Rechtes sind, sind berechtigt, auf Grund der bürgerlichen Steuerlisten nach Maßgabe der landesrechtlichen Bestimmungen Steuern zu erheben.

(7) Den Religionsgesellschaften werden die Vereinigungen gleichgestellt, die sich die gemeinschaftliche Pflege einer Weltanschauung zur Aufgabe machen.

(8) Soweit die Durchführung dieser Bestimmungen eine weitere Regelung erfordert, liegt diese der Landesgesetzgebung ob.

Artikel 138

(1) Die auf Gesetz, Vertrag oder besonderen Rechtstiteln beruhenden Staatsleistungen an die Religionsgesellschaften werden durch die Landesgesetzgebung abgelöst. Die Grundsätze hierfür stellt das Reich auf.

(2) Das Eigentum und andere Rechte der Religionsgesellschaften und religiösen Vereine an ihren für Kultus-, Unterrichts- und Wohltätigkeitszwecke bestimmten Anstalten, Stiftungen und sonstigen Vermögen werden gewährleistet.

Artikel 139

Der Sonntag und die staatlich anerkannten Feiertage bleiben als Tage der Arbeitsruhe und der seelischen Erhebung gesetzlich geschützt.

Artikel 141

Soweit das Bedürfnis nach Gottesdienst und Seelsorge im Heer, in Krankenhäusern, Strafanstalten oder sonstigen öffentlichen Anstalten besteht, sind die Religionsgesellschaften zur Vornahme religiöser Handlungen zuzulassen, wobei jeder Zwang fernzuhalten ist.

Artikel 141 (Landesrechtliche Regelung des Religionsunterrichts)

Artikel 7 Abs. 3 Satz 1 findet keine Anwendung in einem Lande, in dem am 1. Januar 1949 eine andere landesrechtliche Regelung bestand.

Artikel 142 (Grundrechte in Landesverfassungen)

Ungeachtet der Vorschrift des Artikels 31 bleiben Bestimmungen der Landesverfassungen auch insoweit in Kraft, als sie in Übereinstimmung mit den Artikeln 1 bis 18 dieses Grundgesetzes Grundrechte gewährleisten.

Artikel 143 (Abweichungen vom Grundgesetz aufgrund Einigungsvertrag)

(1) Recht in dem in Artikel 3 des Einigungsvertrags genannten Gebiet kann längstens bis zum 31. Dezember 1992 von Bestimmungen dieses Grundgesetzes abweichen, soweit und solange infolge der unterschiedlichen Verhältnisse die völlige Anpassung an die grundgesetzliche Ordnung noch nicht erreicht werden kann. Abweichungen dürfen nicht gegen Artikel 19 Abs. 2 verstoßen und müssen mit den in Artikel 79 Abs. 3 genannten Grundsätzen vereinbar sein.

(2) Abweichungen von den Abschnitten II, VIII, VIIIa, IX, X und XI sind längstens bis zum 31. Dezember 1995 zulässig.

(3) Unabhängig von Absatz 1 und 2 haben Artikel 41 des Einigungsvertrags und Regelungen zu seiner Durchführung auch insoweit Bestand, als sie vorsehen, daß Eingriffe in das Eigentum auf dem in Artikel 3 dieses Vertrags genannten Gebiet nicht mehr rückgängig gemacht werden.

Artikel 143a (Umwandlung der Bundeseisenbahnen)

(1) Der Bund hat die ausschließliche Gesetzgebung über alle Angelegenheiten, die sich aus der Umwandlung der in bundeseigener Verwaltung geführten Bundeseisenbahnen in Wirtschaftsunternehmen ergeben. Artikel 87e Abs. 5 findet entsprechende Anwendung. Beamte der Bundeseisenbahnen können durch Gesetz unter Wahrung ihrer Rechtsstellung und der Verantwortung des Dienstherrn einer privat-rechtlich organisierten Eisenbahn des Bundes zur Dienstleistung zugewiesen werden.

(2) Gesetze nach Absatz 1 führt der Bund aus.

(3) Die Erfüllung der Aufgaben im Bereich des Schienenpersonenverkehrs der bisherigen Bundeseisenbahnen ist bis zum 31. Dezember 1995 Sache des Bundes. Dies gilt auch für die entsprechenden Aufgaben der Eisenbahnverkehrsverwaltung. Das Nähere wird durch Bundesgesetz geregelt, das der Zustimmung des Bundesrates bedarf.

Artikel 143b (Umwandlung der Bundespost)

(1) Das Sondervermögen Deutsche Bundespost wird nach Maßgabe eines Bundesgesetzes in Unternehmen privater Rechtsform umgewandelt. Der Bund hat die ausschließliche Gesetzgebung über alle sich hieraus ergebenden Angelegenheiten.

(2) Die vor der Umwandlung bestehenden ausschließlichen Rechte des Bundes können durch Bundesgesetz für eine Übergangszeit den aus der Deutschen Bundespost POSTDIENST und der Deutschen Bundespost TELEKOM hervorgegangenen Unternehmen verliehen werden. Die Kapitalmehrheit am Nachfolgeunternehmen der Deutschen Bundespost POSTDIENST darf der Bund frühestens fünf Jahre nach Inkrafttreten des Gesetzes aufgeben. Dazu bedarf es eines Bundesgesetzes mit Zustimmung des Bundesrates.

(3) Die bei der Deutschen Bundespost tätigen Bundesbeamten werden unter Wahrung ihrer Rechtsstellung und der Verantwortung des Dienstherrn bei den privaten Unternehmen beschäftigt. Die Unternehmen üben Dienstherrnbefugnisse aus. Das Nähere bestimmt ein Bundesgesetz.

Artikel 143c (Beträge aus dem Bundeshaushalt)

(1) Den Ländern stehen ab dem 1. Januar 2007 bis zum 31. Dezember 2019 für den durch die Abschaffung der Gemeinschaftsaufgaben Ausbau und Neubau von Hochschulen einschließlich Hochschulkliniken und Bildungsplanung sowie für den durch die Abschaffung der Finanzhilfen zur Verbesserung der Verkehrsverhältnisse der Gemeinden und zur sozialen Wohnraumförderung bedingten Wegfall der Finanzierungsanteile des Bundes jährlich Beträge aus dem Haushalt des Bundes zu. Bis zum 31. Dezember 2013 werden diese Beträge aus dem Durchschnitt der Finanzierungsanteile des Bundes im Referenzzeitraum 2000 bis 2008 ermittelt.

(2) Die Beträge nach Absatz 1 werden auf die Länder bis zum 31. Dezember 2013 wie folgt verteilt:

1. als jährliche Festbeträge, deren Höhe sich nach dem Durchschnittsanteil eines jeden Landes im Zeitraum 2000 bis 2003 errechnet;

2. jeweils zweckgebunden an den Aufgabenbereich der bisherigen Mischfinanzierungen.

(3) Bund und Länder überprüfen bis Ende 2013, in welcher Höhe die den Ländern nach Absatz 1 zugewiesenen Finanzierungsmittel zur Aufgabenerfüllung der Länder noch angemessen und erforderlich sind. Ab dem 1. Januar 2014 entfällt die nach Absatz 2 Nr. 2 vorgesehene Zweckbindung der nach

Absatz 1 zugewiesenen Finanzierungsmittel; die investive Zweckbindung des Mittelvolumens bleibt bestehen. Die Vereinbarungen aus dem Solidarpakt II bleiben unberührt.

(4) Das Nähere regelt ein Bundesgesetz, das der Zustimmung des Bundesrates bedarf.

Artikel 143d (Haushaltswirtschaft, Schuldenbremse)

(1) Artikel 109 und 115 in der bis zum 31. Juli 2009 geltenden Fassung sind letztmals auf das Haushaltsjahr 2010 anzuwenden. Artikel 109 und 115 in der ab dem 1. August 2009 geltenden Fassung sind erstmals für das Haushaltsjahr 2011 anzuwenden; am 31. Dezember 2010 bestehende Kreditermächtigungen für bereits eingerichtete Sondervermögen bleiben unberührt. Die Länder dürfen im Zeitraum vom 1. Januar 2011 bis zum 31. Dezember 2019 nach Maßgabe der geltenden landesrechtlichen Regelungen von den Vorgaben des Artikels 109 Absatz 3 abweichen. Die Haushalte der Länder sind so aufzustellen, dass im Haushaltsjahr 2020 die Vorgabe aus Artikel 109 Absatz 3 Satz 5 erfüllt wird. Der Bund kann im Zeitraum vom 1. Januar 2011 bis zum 31. Dezember 2015 von der Vorgabe des Artikels 115 Absatz 2 Satz 2 abweichen. Mit dem Abbau des bestehenden Defizits soll im Haushaltsjahr 2011 begonnen werden. Die jährlichen Haushalte sind so aufzustellen, dass im Haushaltsjahr 2016 die Vorgabe aus Artikel 115 Absatz 2 Satz 2 erfüllt wird; das Nähere regelt ein Bundesgesetz.

(2) Als Hilfe zur Einhaltung der Vorgaben des Artikels 109 Absatz 3 ab dem 1. Januar 2020 können den Ländern Berlin, Bremen, Saarland, Sachsen-Anhalt und Schleswig-Holstein für den Zeitraum 2011 bis 2019 Konsolidierungshilfen aus dem Haushalt des Bundes in Höhe von insgesamt 800 Millionen Euro jährlich gewährt werden. Davon entfallen auf Bremen 300 Millionen Euro, auf das Saarland 260 Millionen Euro und auf Berlin, Sachsen-Anhalt und Schleswig-Holstein jeweils 80 Millionen Euro. Die Hilfen werden auf der Grundlage einer Verwaltungsvereinbarung nach Maßgabe eines Bundesgesetzes mit Zustimmung des Bundesrates geleistet. Die Gewährung der Hilfen setzt einen vollständigen Abbau der Finanzierungsdefizite bis zum Jahresende 2020 voraus. Das Nähere, insbesondere die jährlichen Abbauschritte der Finanzierungsdefizite, die Überwachung des Abbaus der Finanzierungsdefizite durch den Stabilitätsrat sowie die Konsequenzen im Falle der Nichteinhaltung der Abbauschritte, wird durch Bundesgesetz mit Zustimmung des Bundesrates und durch Verwaltungsvereinbarung geregelt. Die gleichzeitige Gewährung der Konsolidierungshilfen und Sanierungshilfen auf Grund einer extremen Haushaltsnotlage ist ausgeschlossen.

(3) Die sich aus der Gewährung der Konsolidierungshilfen ergebende Finanzierungslast wird hälftig von Bund und Ländern, von letzteren aus ihrem Umsatzsteueranteil, getragen. Das Nähere wird durch Bundesgesetz mit Zustimmung des Bundesrates geregelt.

(4) Als Hilfe zur künftig eigenständigen Einhaltung der Vorgaben des Artikels 109 Absatz 3 können den Ländern Bremen und Saarland ab dem 1. Januar 2020 Sanierungshilfen in Höhe von jährlich insgesamt 800 Millionen Euro aus dem Haushalt des Bundes gewährt werden. Die Länder ergreifen hierzu Maßnahmen zum Abbau der übermäßigen Verschuldung sowie zur Stärkung der Wirtschafts- und Finanzkraft. Das Nähere regelt ein Bundesgesetz, das der Zustimmung des Bundesrates bedarf. Die gleichzeitige Gewährung der Sanierungshilfen und Sanierungshilfen auf Grund einer extremen Haushaltsnotlage ist ausgeschlossen.

Artikel 143e (Bundesautobahnen und sonstige Fernstraßen)

(1) Die Bundesautobahnen werden abweichend von Artikel 90 Absatz 2 längstens bis zum 31. Dezember 2020 in Auftragsverwaltung durch die Länder oder die nach Landesrecht zuständigen Selbstverwaltungskörperschaften geführt. Der Bund regelt die Umwandlung der Auftragsverwaltung in Bundesverwaltung nach Artikel 90 Absatz 2 und 4 durch Bundesgesetz mit Zustimmung des Bundesrates.

(2) Auf Antrag eines Landes, der bis zum 31. Dezember 2018 zu stellen ist, übernimmt der Bund abweichend von Artikel 90 Absatz 4 die sonstigen Bundesstraßen des Fernverkehrs, soweit sie im Gebiet dieses Landes liegen, mit Wirkung zum 1. Januar 2021 in Bundesverwaltung.

(3) Durch Bundesgesetz mit Zustimmung des Bundesrates kann geregelt werden, dass ein Land auf Antrag die Aufgabe der Planfeststellung und Plangenehmigung für den Bau und für die Änderung von Bundesautobahnen und von sonstigen Bundesstraßen des Fernverkehrs, die der Bund nach Artikel 90 Absatz 4 oder Artikel 143e Absatz 2 in Bundesverwaltung übernommen hat, im Auftrage des Bundes übernimmt und unter welchen Voraussetzungen eine Rückübertragung erfolgen kann.

Artikel 143f (Außerkrafttreten)

Artikel 143d, das Gesetz über den Finanzausgleich zwischen Bund und Ländern sowie sonstige auf der Grundlage von Artikel 107 Absatz 2 in seiner ab dem 1. Januar 2020 geltenden Fassung erlassene Gesetze treten außer Kraft, wenn nach dem 31. Dezember 2030 die Bundesregierung, der Bundestag oder gemeinsam mindestens drei Länder Verhandlungen über eine Neuordnung der bundesstaatlichen Finanzbeziehungen verlangt haben und mit Ablauf von fünf Jahren nach Notifikation des Verhandlungsverlangens der Bundesregierung, des Bundestages oder der Länder beim Bundespräsidenten keine gesetzliche Neuordnung der bundesstaatlichen Finanzbeziehungen in Kraft getreten ist. Der Tag des Außerkrafttretens ist im Bundesgesetzblatt bekannt zu geben.

Artikel 143g (Übergangsregelung)

Für die Regelung der Steuerertragsverteilung, des Länderfinanzausgleichs und der Bundesergänzungszuweisungen bis zum 31. Dezember 2019 ist Artikel 107 in seiner bis zum Inkrafttreten des Gesetzes zur Änderung des Grundgesetzes vom 13. Juli 2017 geltenden Fassung weiter anzuwenden.

Artikel 144 (Ratifizierung des Grundgesetzes)

(1) Dieses Grundgesetz bedarf der Annahme durch die Volksvertretungen in zwei Dritteln der deutschen Länder, in denen es zunächst gelten soll.

(2) Soweit die Anwendung dieses Grundgesetzes in einem der in Artikel 23 aufgeführten Länder oder in einem Teile eines dieser Länder Beschränkungen unterliegt, hat das Land oder der Teil des Landes das Recht, gemäß Artikel 38 Vertreter in den Bundestag und gemäß Artikel 50 Vertreter in den Bundesrat zu entsenden.

Artikel 145 (Verkündung des Grundgesetzes)

(1) Der Parlamentarische Rat stellt in öffentlicher Sitzung unter Mitwirkung der Abgeordneten Groß-Berlins die Annahme dieses Grundgesetzes fest, fertigt es aus und verkündet es.

(2) Dieses Grundgesetz tritt mit Ablauf des Tages der Verkündung in Kraft.

(3) Es ist im Bundesgesetzblatt zu veröffentlichen.

Der Tag der Verkündung war der 23. Mai 1949.

Artikel 146 (Außer-Kraft-Treten des Grundgesetzes)

Dieses Grundgesetz, das nach Vollendung der Einheit und Freiheit Deutschlands für das gesamte deutsche Volk gilt, verliert seine Gültigkeit an dem Tage, an dem eine Verfassung in Kraft tritt, die von dem deutschen Volke in freier Entscheidung beschlossen worden ist.

Verfassung des Landes Baden-Württemberg
Vom 11. November 1953 (GBl. S. 173)

Zuletzt geändert durch
Gesetz zur Änderung der Verfassung des Landes Baden-Württemberg und des Gesetzes über die Landtagswahlen
vom 26. April 2022 (GBl. S. 237)

Vorspruch

Im Bewußtsein der Verantwortung vor Gott und den Menschen, von dem Willen beseelt, die Freiheit und Würde des Menschen zu sichern, dem Frieden zu dienen, das Gemeinschaftsleben nach den Grundsätzen der sozialen Gerechtigkeit zu ordnen, den wirtschaftlichen Fortschritt aller zu fördern, und entschlossen, dieses demokratische Land als lebendiges Glied der Bundesrepublik Deutschland in einem vereinten Europa, dessen Aufbau föderativen Prinzipien und dem Grundsatz der Subsidiarität entspricht, zu gestalten und an der Schaffung eines Europas der Regionen sowie der Förderung der grenzüberschreitenden Zusammenarbeit aktiv mitzuwirken, hat sich das Volk von Baden-Württemberg in feierlichem Bekenntnis zu den unverletzlichen und unveräußerlichen Menschenrechten und den Grundrechten der Deutschen kraft seiner verfassunggebenden Gewalt durch die Verfassunggebende Landesversammlung diese Verfassung gegeben.

ERSTER HAUPTTEIL
Vom Menschen und seinen Ordnungen

I. Mensch und Staat

Artikel 1
(1) Der Mensch ist berufen, in der ihn umgebenden Gemeinschaft seine Gaben in Freiheit und in der Erfüllung des christlichen Sittengesetzes zu seinem und der anderen Wohl zu entfalten.

(2) Der Staat hat die Aufgabe, den Menschen hierbei zu dienen. Er faßt die in seinem Gebiet lebenden Menschen zu einem geordneten Gemeinwesen zusammen, gewährt ihnen Schutz und Förderung und bewirkt durch Gesetz und Gebot einen Ausgleich der wechselseitigen Rechte und Pflichten.

Artikel 2
(1) Die im Grundgesetz für die Bundesrepublik Deutschland festgelegten Grundrechte und staatsbürgerlichen Rechte sind Bestandteil dieser Verfassung und unmittelbar geltendes Recht.

(2) Das Volk von Baden-Württemberg bekennt sich darüber hinaus zu dem unveräußerlichen Menschenrecht auf die Heimat.

Artikel 2a
Kinder und Jugendliche haben als eigenständige Persönlichkeiten ein Recht auf Achtung ihrer Würde, auf gewaltfreie Erziehung und auf besonderen Schutz.

Artikel 2b
Niemand darf wegen seiner Behinderung benachteiligt werden.

Artikel 3
(1) Die Sonntage und die staatlich anerkannten Feiertage stehen als Tage der Arbeitsruhe und der Erhebung unter Rechtsschutz. Die staatlich anerkannten Feiertage werden durch Gesetz bestimmt. Hierbei ist die christliche Überlieferung zu wahren.

(2) Der 1. Mai ist gesetzlicher Feiertag. Er gilt dem Bekenntnis zu sozialer Gerechtigkeit, Frieden, Freiheit und Völkerverständigung.

Artikel 3a
(1) Der Staat schützt auch in Verantwortung für die künftigen Generationen die natürlichen Lebensgrundlagen im Rahmen der ver-

fassungsmäßigen Ordnung durch die Gesetzgebung und nach Maßgabe von Gesetz und Recht durch die vollziehende Gewalt und die Rechtsprechung.

(2) Der Staat fördert gleichwertige Lebensverhältnisse, Infrastrukturen und Arbeitsbedingungen im gesamten Land.

Artikel 3b

Tiere werden als Lebewesen und Mitgeschöpfe im Rahmen der verfassungsmäßigen Ordnung geachtet und geschützt.

Artikel 3c

(1) Der Staat, die Gemeinden und die Gemeindeverbände fördern den ehrenamtlichen Einsatz für das Gemeinwohl, das kulturelle Leben und den Sport unter Wahrung der Autonomie der Träger.

(2) Die Landschaft sowie die Denkmale der Kunst, der Geschichte und der Natur genießen öffentlichen Schutz und die Pflege des Staates und der Gemeinden.

II. Religion und Religionsgemeinschaften

Artikel 4

(1) Die Kirchen und die anerkannten Religions- und Weltanschauungsgemeinschaften entfalten sich in der Erfüllung ihrer religiösen Aufgaben frei von staatlichen Eingriffen.

(2) Ihre Bedeutung für die Bewahrung und Festigung der religiösen und sittlichen Grundlagen des menschlichen Lebens wird anerkannt.

Artikel 5

Für das Verhältnis des Staates zu den Kirchen und den anerkannten Religions- und Weltanschauungsgemeinschaften gilt Artikel 140 des Grundgesetzes für die Bundesrepublik Deutschland. Er ist Bestandteil dieser Verfassung.

Artikel 6

Die Wohlfahrtspflege der Kirchen und der anerkannten Religions- und Weltanschauungsgemeinschaften wird gewährleistet.

Artikel 7

(1) Die dauernden Verpflichtungen des Staates zu wiederkehrenden Leistungen an die Kirchen bleiben dem Grunde nach gewährleistet.

(2) Art und Höhe dieser Leistungen werden durch Gesetz oder Vertrag geregelt.

(3) Eine endgültige allgemeine Regelung soll durch Gesetz oder Vertrag getroffen werden.

Artikel 8

Rechte und Pflichten, die sich aus Verträgen mit der evangelischen und katholischen Kirche ergeben, bleiben von dieser Verfassung unberührt.

Artikel 9

Die Kirchen sind berechtigt, für die Ausbildung der Geistlichen Konvikte und Seminare zu errichten und zu führen.

Artikel 10

Die Besetzung der Lehrstühle der theologischen Fakultäten geschieht unbeschadet der in Artikel 8 genannten Verträge und unbeschadet abweichender Übung im Benehmen mit der Kirche.

III. Erziehung und Unterricht

Artikel 11

(1) Jeder junge Mensch hat ohne Rücksicht auf Herkunft oder wirtschaftliche Lage das Recht auf eine seiner Begabung entsprechende Erziehung und Ausbildung.

(2) Das öffentliche Schulwesen ist nach diesem Grundsatz zu gestalten.

(3) Staat, Gemeinden und Gemeindeverbände haben die erforderlichen Mittel, insbesondere auch Erziehungsbeihilfen, bereitzustellen.

(4) Das Nähere regelt ein Gesetz.

Artikel 12

(1) Die Jugend ist in der Ehrfurcht vor Gott, im Geiste der christlichen Nächstenliebe, zur Brüderlichkeit aller Menschen und zur Friedensliebe, in der Liebe zu Volk und Heimat, zu sittlicher und politischer Verantwortlichkeit, zu beruflicher und sozialer Bewährung und zu freiheitlicher demokratischer Gesinnung zu erziehen.

(2) Verantwortliche Träger der Erziehung sind in ihren Bereichen die Eltern, der Staat, die Religionsgemeinschaften, die Gemeinden und die in ihren Bünden gegliederte Jugend.

Artikel 13

Kinder und Jugendliche sind gegen Ausbeutung, Vernachlässigung und gegen sittliche, geistige, körperliche und seelische Gefährdung zu schützen. Staat, Gemeinden und Gemeindeverbände schaffen die erforderlichen Einrichtungen. Ihre Aufgaben können auch durch die freie Wohlfahrtspflege wahrgenommen werden.

Artikel 14

(1) Es besteht allgemeine Schulpflicht.

(2) Unterricht und Lernmittel an den öffentlichen Schulen sind unentgeltlich. Die Unentgeltlichkeit wird stufenweise verwirklicht. Auf gemeinnütziger Grundlage arbeitende private mittlere und höhere Schulen, die einem öffentlichen Bedürfnis entsprechen, als pädagogisch wertvoll anerkannt sind und eine gleichartige Befreiung gewähren, haben Anspruch auf Ausgleich der hierdurch entstehenden finanziellen Belastung. Den gleichen Anspruch haben auf gemeinnütziger Grundlage arbeitende private Volksschulen nach Art. 15 Abs. 2. Näheres regelt ein Gesetz.

Artikel 15

(1) Die öffentlichen Volksschulen (Grund- und Hauptschulen) haben die Schulform der christlichen Gemeinschaftsschule nach den Grundsätzen und Bestimmungen, die am 9. Dezember 1951 in Baden für die Simultanschule mit christlichem Charakter gegolten haben.

(2) Öffentliche Volksschulen (Grund- und Hauptschulen) in Südwürttemberg-Hohenzollern, die am 31. März 1966 als Bekenntnisschulen eingerichtet waren, können auf Antrag der Erziehungsberechtigten in staatlich geförderte private Volksschulen desselben Bekenntnisses umgewandelt werden. Das Nähere regelt ein Gesetz, das einer Zweidrittelmehrheit bedarf.

(3) Das natürliche Recht der Eltern, die Erziehung und Bildung ihrer Kinder mitzubestimmen, muß bei der Gestaltung des Erziehungs- und Schulwesens berücksichtigt werden.

Artikel 16

(1) In christlichen Gemeinschaftsschulen werden die Kinder auf der Grundlage christlicher und abendländischer Bildungs- und Kulturwerte erzogen. Der Unterricht wird mit Ausnahme des Religionsunterrichts gemeinsam erteilt.

(2) Bei der Bestellung der Lehrer an den Volksschulen ist auf das religiöse und weltanschauliche Bekenntnis der Schüler nach Möglichkeit Rücksicht zu nehmen. Bekenntnismäßig nicht gebundene Lehrer dürfen jedoch nicht benachteiligt werden.

(3) Ergeben sich bei der Auslegung des christlichen Charakters der Volksschule Zweifelsfragen, so sind sie in gemeinsamer Beratung zwischen dem Staat, den Religionsgemeinschaften, den Lehrern und den Eltern zu beheben.

Artikel 17

(1) In allen Schulen waltet der Geist der Duldsamkeit und der sozialen Ethik.

(2) Die Schulaufsicht wird durch fachmännisch vorgebildete, hauptamtlich tätige Beamte ausgeübt.

(3) Prüfungen, durch die eine öffentlich anerkannte Berechtigung erworben werden soll, müssen vor staatlichen oder staatlich ermächtigten Stellen abgelegt werden.

(4) Die Erziehungsberechtigten wirken durch gewählte Vertreter an der Gestaltung des Lebens und der Arbeit der Schule mit. Näheres regelt ein Gesetz.

Artikel 18

Der Religionsunterricht ist an den öffentlichen Schulen ordentliches Lehrfach. Er wird nach den Grundsätzen der Religionsgemeinschaften und unbeschadet des allgemeinen Aufsichtsrechts des Staates von deren Beauftragten erteilt und beaufsichtigt. Die Teilnahme am Religionsunterricht und an religiösen Schulfeiern bleibt der Willenserklärung der Erziehungsberechtigten, die Erteilung des Religionsunterrichts der des Lehrers überlassen.

Artikel 19

(1) Die Ausbildung der Lehrer für die öffentlichen Grund- und Hauptschulen muß gewährleisten, daß die Lehrer zur Erziehung und zum Unterricht gemäß den in Artikel 15 genannten Grundsätzen befähigt sind. An staatlichen Einrichtungen erfolgt sie mit Ausnahme der in Absatz 2 genannten Fächer gemeinsam.

(2) Die Dozenten für Theologie und Religionspädagogik werden im Einvernehmen mit der zuständigen Kirchenleitung berufen.

Artikel 20

(1) Die Hochschule ist frei in Forschung und Lehre.

(2) Die Hochschule hat unbeschadet der staatlichen Aufsicht das Recht auf eine ihrem besonderen Charakter entsprechende Selbstverwaltung im Rahmen der Gesetze und ihrer staatlich anerkannten Satzungen.

(3) Bei der Ergänzung des Lehrkörpers wirkt sie durch Ausübung ihres Vorschlagsrechts mit.

Artikel 21

(1) Die Jugend ist in den Schulen zu freien und verantwortungsfreudigen Bürgern zu erziehen und an der Gestaltung des Schullebens zu beteiligen.

(2) In allen Schulen ist Gemeinschaftskunde ordentliches Lehrfach.

Artikel 22

Die Erwachsenenbildung ist vom Staat, den Gemeinden und den Landkreisen zu fördern.

ZWEITER HAUPTTEIL
Vom Staat und seinen Ordnungen

I. Die Grundlagen des Staates

Artikel 23

(1) Das Land Baden-Württemberg ist ein republikanischer, demokratischer und sozialer Rechtsstaat.

(2) Das Land ist ein Glied der Bundesrepublik Deutschland.

Artikel 24

(1) Die Landesfarben sind Schwarz-Gold.

(2) Das Landeswappen wird durch Gesetz bestimmt.

Artikel 25

(1) Die Staatsgewalt geht vom Volke aus. Sie wird vom Volke in Wahlen und Abstimmungen und durch besondere Organe der Gesetzgebung, der vollziehenden Gewalt und der Rechtsprechung ausgeübt.

(2) Die Gesetzgebung ist an die verfassungsmäßige Ordnung in Bund und Land, die vollziehende Gewalt und die Rechtsprechung sind an Gesetz und Recht gebunden.

(3) Die Gesetzgebung steht den gesetzgebenden Organen zu. Die Rechtsprechung wird durch unabhängige Richter ausgeübt. Die Verwaltung liegt in der Hand von Regierung und Selbstverwaltung.

Artikel 26

(1) Wahl- und stimmberechtigt ist jeder Deutsche, der im Lande wohnt oder sich sonst gewöhnlich aufhält und am Tage der Wahl oder Abstimmung das 16. Lebensjahr vollendet hat.

(2) (weggefallen)

(3) Die Ausübung des Wahl- und Stimmrechts ist Bürgerpflicht.

(4) Alle nach der Verfassung durch das Volk vorzunehmenden Wahlen und Abstimmungen sind allgemein, frei, gleich, unmittelbar und geheim.

(5) Bei Volksabstimmungen wird mit Ja oder Nein gestimmt.

(6) Der Wahl- oder Abstimmungstag muß ein Sonntag sein.

(7) Das Nähere bestimmt ein Gesetz. Es kann das Wahl- und Stimmrecht von einer bestimmten Dauer des Aufenthalts im Lande und, wenn der Wahl- und Stimmberechtigte mehrere Wohnungen innehat, auch davon abhängig machen, daß seine Hauptwohnung im Lande liegt.

(8) Für Wahlen und Abstimmungen in Gemeinden und Kreisen gilt Artikel 72.

II. Der Landtag

Artikel 27

(1) Der Landtag ist die gewählte Vertretung des Volkes.

(2) Der Landtag übt die gesetzgebende Gewalt aus und überwacht die Ausübung der vollziehenden Gewalt nach Maßgabe dieser Verfassung.

(3) Die Abgeordneten sind Vertreter des ganzen Volkes. Sie sind nicht an Aufträge und Weisungen gebunden und nur ihrem Gewissen unterworfen.

Artikel 28

(1) Die Abgeordneten werden nach einem Verfahren gewählt, das die Persönlichkeitswahl mit den Grundsätzen der Verhältniswahl verbindet.

(2) Wählbar ist jeder Wahlberechtigte, der am Tag der Wahl das 18. Lebensjahr vollendet hat. Die Wählbarkeit kann von einer bestimmten Dauer der Staatsangehörigkeit und des Aufenthalts im Lande abhängig gemacht werden.

(3) Das Nähere bestimmt ein Gesetz. Es kann die Zuteilung von Sitzen davon abhängig machen, daß ein Mindestanteil der im Lande abgegebenen gültigen Stimmen erreicht wird. Der geforderte Anteil darf fünf vom Hundert nicht überschreiten.

Artikel 29

(1) Wer sich um einen Sitz im Landtag bewirbt, hat Anspruch auf den zur Vorbereitung seiner Wahl erforderlichen Urlaub.

(2) Niemand darf gehindert werden, das Amt eines Abgeordneten zu übernehmen und auszuüben. Eine Kündigung oder Entlassung aus einem Dienst- oder Arbeitsverhältnis aus diesem Grunde ist unzulässig.

Artikel 30

(1) Die Wahlperiode des Landtags dauert fünf Jahre. Sie beginnt mit dem Ablauf der Wahlperiode des alten Landtags, nach einer Auflösung des Landtags mit dem Tage der Neuwahl.

(2) Die Neuwahl muß vor Ablauf der Wahlperiode, im Falle der Auflösung des Landtags binnen sechzig Tagen stattfinden.

(3) Der Landtag tritt spätestens am sechzehnten Tage nach Beginn der Wahlperiode zusammen.

(4) Der Landtag bestimmt den Schluß und den Wiederbeginn seiner Sitzungen. Der Präsident kann den Landtag früher einberufen. Er ist dazu verpflichtet, wenn ein Viertel der Mitglieder des Landtags oder die Regierung es verlangt.

Artikel 31

(1) Die Wahlprüfung ist Sache des Landtags. Er entscheidet auch, ob ein Abgeordneter seinen Sitz im Landtag verloren hat.

(2) Die Entscheidungen können beim Verfassungsgerichtshof angefochten werden.

(3) Das Nähere bestimmt ein Gesetz.

Artikel 32

(1) Der Landtag wählt seinen Präsidenten und dessen Stellvertreter, die zusammen mit weiteren Mitgliedern das Präsidium bilden, sowie die Schriftführer. Der Landtag gibt sich eine Geschäftsordnung, die nur mit einer Mehrheit von zwei Dritteln der anwesenden Abgeordneten geändert werden kann.

(2) Der Präsident übt das Hausrecht und die Polizeigewalt im Sitzungsgebäude aus. Ohne seine Zustimmung darf im Sitzungsgebäude keine Durchsuchung oder Beschlagnahme stattfinden.

(3) Der Präsident verwaltet die wirtschaftlichen Angelegenheiten des Landtags nach Maßgabe des Haushaltsgesetzes. Er vertritt das Land im Rahmen der Verwaltung des Landtags. Ihm steht die Einstellung und Entlassung der Angestellten und Arbeiter sowie im Einvernehmen mit dem Präsidium die Ernennung und Entlassung der Beamten des Landtags zu. Der Präsident ist oberste Dienstbehörde für die Beamten, Angestellten und Arbeiter des Landtags.

(4) Bis zum Zusammentritt eines neugewählten Landtags führt der bisherige Präsident die Geschäfte fort.

Artikel 33

(1) Der Landtag verhandelt öffentlich. Die Öffentlichkeit wird ausgeschlossen, wenn der Landtag es auf Antrag von zehn Abgeordneten oder eines Mitglieds der Regierung mit einer Mehrheit von zwei Dritteln der anwesenden Abgeordneten beschließt. Über den Antrag wird in nichtöffentlicher Sitzung entschieden.

(2) Der Landtag beschließt mit der Mehrheit der abgegebenen Stimmen, sofern die Verfassung nichts anderes bestimmt. Für die vom Landtag vorzunehmenden Wahlen kann die Geschäftsordnung Ausnahmen zulassen. Der Landtag gilt als beschlußfähig, solange nicht auf Antrag eines seiner Mitglieder vom Präsidenten festgestellt wird, daß weniger als die Hälfte der Abgeordneten anwesend sind.

(3) Für wahrheitsgetreue Berichte über die öffentlichen Sitzungen des Landtags und seiner Ausschüsse darf niemand zur Verantwortung gezogen werden.

Artikel 34

(1) Der Landtag und seine Ausschüsse können die Anwesenheit eines jeden Mitglieds der Regierung verlangen.

(2) Die Mitglieder der Regierung und ihre Beauftragten haben zu den Sitzungen des Landtags und seiner Ausschüsse Zutritt und müssen jederzeit gehört werden. Sie unterstehen der Ordnungsgewalt des Präsidenten und der Vorsitzenden der Ausschüsse. Der Zutritt der Mitglieder der Regierung und ihrer Beauftragten zu den Sitzungen der Untersuchungsausschüsse und ihr Rederecht in diesen Sitzungen wird durch Gesetz geregelt.

Artikel 34a

(1) Die Landesregierung unterrichtet den Landtag zum frühestmöglichen Zeitpunkt über alle Vorhaben der Europäischen Union, die von erheblicher politischer Bedeutung für das Land sind und entweder die Gesetzgebungszuständigkeiten der Länder betreffen oder wesentliche Interessen des Landes unmittelbar berühren. Sie gibt dem Landtag Gelegenheit zur Stellungnahme.

(2) Sollen ausschließliche Gesetzgebungszuständigkeiten der Länder ganz oder teilweise auf die Europäische Union übertragen werden, ist die Landesregierung an Stellungnahmen des Landtags gebunden. Werden durch ein Vorhaben der Europäischen Union im Schwerpunkt ausschließliche Gesetzgebungszuständigkeiten der Länder unmittelbar betroffen, ist die Landesregierung an Stellungnahmen des Landtags gebunden, es sei denn, erhebliche Gründe des Landesinteresses stünden entgegen. Satz 2 gilt auch für Beschlüsse des Landtags, mit denen die Landesregierung ersucht wird, im Bundesrat darauf hinzuwirken, dass entweder der Bundesrat im Falle der Subsidiaritätsklage oder die Bundesregierung zum Schutz der Gesetzgebungszuständigkeiten der Länder eine Klage vor dem Gerichtshof der Europäischen Union erhebt. Im Übrigen berücksichtigt die Landesregierung Stellungnahmen des Landtags zu Vorhaben der Europäischen Union, die Gesetzgebungszuständigkeiten der Länder wesentlich berühren.

(3) Die Einzelheiten der Unterrichtung und Beteiligung des Landtags werden durch Gesetz geregelt.

Artikel 35

(1) Der Landtag hat das Recht und auf Antrag von einem Viertel seiner Mitglieder die Pflicht, Untersuchungsausschüsse einzusetzen. Der Gegenstand der Untersuchung ist im Beschluß genau festzulegen.

(2) Die Ausschüsse erheben in öffentlicher Verhandlung die Beweise, welche sie oder die Antragsteller für erforderlich erachten. Beweise sind zu erheben, wenn sie von einem Viertel der Mitglieder des Ausschusses beantragt werden. Die Öffentlichkeit kann ausgeschlossen werden.

(3) Gerichte und Verwaltungsbehörden sind zur Rechts- und Amtshilfe verpflichtet.

(4) Das Nähere über die Einsetzung, die Befugnisse und das Verfahren der Untersuchungsausschüsse wird durch Gesetz geregelt. Das Briefgeheimnis sowie das Post- und Fernmeldegeheimnis bleiben unberührt.

(5) Die Gerichte sind frei in der Würdigung und Beurteilung des Sachverhalts, welcher der Untersuchung zugrunde liegt.

Artikel 35a

(1) Der Landtag bestellt einen Petitionsausschuß, dem die Behandlung der nach Artikel 2 Abs. 1 dieser Verfassung und Artikel 17 des Grundgesetzes an den Landtag gerichteten Bitten und Beschwerden obliegt. Nach Maßgabe der Geschäftsordnung des Landtags können Bitten und Beschwerden auch einem anderen Ausschuß überwiesen werden.

(2) Die Befugnisse des Petitionsausschusses zur Überprüfung von Bitten und Beschwerden werden durch Gesetz geregelt.

Artikel 36

(1) Der Landtag bestellt einen Ständigen Ausschuß, der die Rechte des Landtags gegenüber der Regierung vom Ablauf der Wahlperiode oder von der Auflösung des Landtags an bis zum Zusammentritt eines neugewählten Landtags wahrt. Der Ausschuß hat in dieser Zeit auch die Rechte eines Untersuchungsausschusses.

(2) Weiter gehende Befugnisse, insbesondere das Recht der Gesetzgebung, der Wahl des Ministerpräsidenten sowie der Anklage von Abgeordneten und von Mitgliedern der Regierung, stehen dem Ausschuß nicht zu.

Artikel 37

Ein Abgeordneter darf zu keiner Zeit wegen seiner Abstimmung oder wegen einer Äußerung, die er im Landtag, in einem Ausschuß, in einer Fraktion oder sonst in Ausübung seines Mandats getan hat, gerichtlich oder dienstlich verfolgt oder anderweitig außerhalb des Landtags zur Verantwortung gezogen werden.

Artikel 38

(1) Ein Abgeordneter kann nur mit Einwilligung des Landtags wegen einer mit Strafe bedrohten Handlung oder aus sonstigen Gründen zur Untersuchung gezogen, festgenommen, festgehalten oder verhaftet werden, es sei denn, daß er bei Verübung der strafbaren Handlung oder spätestens im Laufe des folgenden Tages festgenommen wird.

(2) Jedes Strafverfahren gegen einen Abgeordneten und jede Haft oder sonstige Beschränkung seiner persönlichen Freiheit ist auf Verlangen des Landtags für die Dauer der Wahlperiode aufzuheben.

Artikel 39

Die Abgeordneten können über Personen, die ihnen in ihrer Eigenschaft als Abgeordnete oder denen sie als Abgeordnete Tatsachen anvertraut haben, sowie über diese Tatsachen selbst das Zeugnis verweigern. Personen, deren Mitarbeit ein Abgeordneter in Ausübung seines Mandats in Anspruch nimmt, können das Zeugnis über die Wahrnehmungen verweigern, die sie anläßlich dieser Mitarbeit gemacht haben. Soweit Abgeordnete und ihre Mitarbeiter dieses Recht haben, ist die Beschlagnahme von Schriftstücken unzulässig.

Artikel 40

Die Abgeordneten haben Anspruch auf eine angemessene Entschädigung, die ihre Unabhängigkeit sichert. Sie haben innerhalb des Landes das Recht der freien Benutzung aller staatlichen Verkehrsmittel. Näheres bestimmt ein Gesetz.

Artikel 41

(1) Wer zum Abgeordneten gewählt ist, erwirbt die rechtliche Stellung eines Abgeordneten mit der Annahme der Wahl. Der Gewählte kann die Wahl ablehnen.

(2) Ein Abgeordneter kann jederzeit auf sein Mandat verzichten. Der Verzicht ist von ihm selbst dem Präsidenten des Landtags schriftlich zu erklären. Die Erklärung ist unwiderruflich.

(3) Verliert ein Abgeordneter die Wählbarkeit, so erlischt sein Mandat.

Artikel 42

(1) Erhebt sich der dringende Verdacht, daß ein Abgeordneter seine Stellung als solcher in gewinnsüchtiger Absicht mißbraucht habe, so kann der Landtag beim Verfassungsgerichtshof ein Verfahren mit dem Ziel beantragen, ihm sein Mandat abzuerkennen.

(2) Der Antrag auf Erhebung der Anklage muß von mindestens einem Drittel der Mitglieder des Landtags gestellt werden. Der Beschluß

auf Erhebung der Anklage erfordert bei Anwesenheit von mindestens zwei Dritteln der Mitglieder des Landtags eine Zweidrittelmehrheit, die jedoch mehr als die Hälfte der Mitglieder des Landtags betragen muß.

Artikel 43

(1) Der Landtag kann sich auf Antrag eines Viertels seiner Mitglieder vor Ablauf seiner Wahlperiode durch eigenen Beschluß, der der Zustimmung von zwei Dritteln seiner Mitglieder bedarf, selbst auflösen. Zwischen Antrag und Abstimmung müssen mindestens drei Tage liegen.

(2) Der Landtag ist ferner aufgelöst, wenn die Auflösung von zehn vom Hundert der Wahlberechtigten verlangt wird und bei einer binnen sechs Wochen vorzunehmenden Volksabstimmung die Mehrheit der Stimmberechtigten diesem Verlangen beitritt.

Artikel 44

Die Vorschriften der Artikel 29 Abs. 2, 37, 38, 39 und 40 gelten für die Mitglieder des Präsidiums und des Ständigen Ausschusses sowie deren erste Stellvertreter auch für die Zeit nach Ablauf der Wahlperiode oder nach Auflösung des Landtags bis zum Zusammentritt eines neugewählten Landtags.

III. Die Regierung

Artikel 45

(1) Die Regierung übt die vollziehende Gewalt aus.

(2) Die Regierung besteht aus dem Ministerpräsidenten und den Ministern. Als weitere Mitglieder der Regierung können Staatssekretäre und ehrenamtliche Staatsräte ernannt werden. Die Zahl der Staatssekretäre darf ein Drittel der Zahl der Minister nicht übersteigen. Staatssekretären und Staatsräten kann durch Beschluß des Landtags Stimmrecht verliehen werden.

(3) Die Regierung beschließt unbeschadet des Gesetzgebungsrechts des Landtags über die Geschäftsbereiche ihrer Mitglieder. Der Beschluß bedarf der Zustimmung des Landtags.

(4) Der Ministerpräsident kann einen Geschäftsbereich selbst übernehmen.

Artikel 46

(1) Der Ministerpräsident wird vom Landtag mit der Mehrheit seiner Mitglieder ohne Aussprache in geheimer Abstimmung gewählt. Wählbar ist, wer zum Abgeordneten gewählt werden kann und das 35. Lebensjahr vollendet hat.

(2) Der Ministerpräsident beruft und entläßt die Minister, Staatssekretäre und Staatsräte. Er bestellt seinen Stellvertreter.

(3) Die Regierung bedarf zur Amtsübernahme der Bestätigung durch den Landtag. Der Beschluß muß mit mehr als der Hälfte der abgegebenen Stimmen gefaßt werden.

(4) Die Berufung eines Mitglieds der Regierung durch den Ministerpräsidenten nach der Bestätigung bedarf der Zustimmung des Landtags.

Artikel 47

Wird die Regierung nicht innerhalb von drei Monaten nach dem Zusammentritt des neugewählten Landtags oder nach der sonstigen Erledigung des Amtes des Ministerpräsidenten gebildet und bestätigt, so ist der Landtag aufgelöst.

Artikel 48

Die Mitglieder der Regierung leisten beim Amtsantritt den Amtseid vor dem Landtag. Er lautet:

„Ich schwöre, daß ich meine Kraft dem Wohle des Volkes widmen, seinen Nutzen mehren, Schaden von ihm wenden, Verfassung und Recht wahren und verteidigen, meine Pflichten gewissenhaft erfüllen und Gerechtigkeit gegen jedermann üben werde. So wahr mir Gott helfe."

Der Eid kann auch ohne religiöse Beteuerung geleistet werden.

Artikel 49

(1) Der Ministerpräsident bestimmt die Richtlinien der Politik und trägt dafür die Verantwortung. Er führt den Vorsitz in der Regierung und leitet ihre Geschäfte nach einer von der Regierung zu beschließenden Geschäftsordnung. Die Geschäftsordnung ist zu veröffentlichen. Innerhalb der Richtlinien der Politik

leitet jeder Minister seinen Geschäftsbereich selbständig unter eigener Verantwortung.

(2) Die Regierung beschließt insbesondere über Gesetzesvorlagen, über die Stimmabgabe des Landes im Bundesrat, über Angelegenheiten, in denen ein Gesetz dies vorschreibt, über Meinungsverschiedenheiten, die den Geschäftskreis mehrerer Ministerien berühren, und über Fragen von grundsätzlicher oder weittragender Bedeutung.

(3) Die Regierung beschließt mit Mehrheit der anwesenden stimmberechtigten Mitglieder. Jedes Mitglied hat nur eine Stimme, auch wenn es mehrere Geschäftsbereiche leitet.

Artikel 50

Der Ministerpräsident vertritt das Land nach außen. Der Abschluß von Staatsverträgen bedarf der Zustimmung der Regierung und des Landtags.

Artikel 51

Der Ministerpräsident ernennt die Richter und Beamten des Landes. Dieses Recht kann durch Gesetz auf andere Behörden übertragen werden.

Artikel 52

(1) Der Ministerpräsident übt das Gnadenrecht aus. Er kann dieses Recht, soweit es sich nicht um schwere Fälle handelt, mit Zustimmung der Regierung auf andere Behörden übertragen.

(2) Ein allgemeiner Straferlaß und eine allgemeine Niederschlagung anhängiger Strafverfahren können nur durch Gesetz ausgesprochen werden.

Artikel 53

(1) Das Amtsverhältnis der Mitglieder der Regierung, insbesondere die Besoldung und Versorgung der Minister und Staatssekretäre, regelt ein Gesetz.

(2) Die hauptamtlichen Mitglieder der Regierung dürfen kein anderes besoldetes Amt, kein Gewerbe und keinen Beruf ausüben. Kein Mitglied der Regierung darf der Leitung oder dem Aufsichtsorgan eines auf wirtschaftliche Betätigung gerichteten Unternehmens angehören. Ausnahmen kann der Landtag zulassen.

Artikel 54

(1) Der Landtag kann dem Ministerpräsidenten das Vertrauen nur dadurch entziehen, daß er mit der Mehrheit seiner Mitglieder einen Nachfolger wählt und die von diesem gebildete Regierung gemäß Artikel 46 Abs. 3 bestätigt.

(2) Zwischen dem Antrag auf Abberufung und der Wahl müssen mindestens drei Tage liegen.

Artikel 55

(1) Die Regierung und jedes ihrer Mitglieder können jederzeit ihren Rücktritt erklären.

(2) Das Amt des Ministerpräsidenten und der übrigen Mitglieder der Regierung endet mit dem Zusammentritt eines neuen Landtags, das Amt eines Ministers, eines Staatssekretärs und eines Staatsrates auch mit jeder anderen Erledigung des Amtes des Ministerpräsidenten.

(3) Im Falle des Rücktritts oder einer sonstigen Beendigung des Amtes haben die Mitglieder der Regierung bis zur Amtsübernahme der Nachfolger ihr Amt weiterzuführen.

Artikel 56

Auf Beschluß von zwei Dritteln der Mitglieder des Landtags muß der Ministerpräsident ein Mitglied der Regierung entlassen.

Artikel 57

(1) Die Mitglieder der Regierung können wegen vorsätzlicher oder grobfahrlässiger Verletzung der Verfassung oder eines anderen Gesetzes auf Beschluß des Landtags vor dem Verfassungsgerichtshof angeklagt werden.

(2) Der Antrag auf Erhebung der Anklage muß von mindestens einem Drittel der Mitglieder des Landtags unterzeichnet werden. Der Beschluß erfordert bei Anwesenheit von mindestens zwei Dritteln der Mitglieder des Landtags eine Zweidrittelmehrheit, die jedoch mehr als die Hälfte der Mitglieder des Landtags betragen muß. Der Verfassungsgerichtshof kann einstweilen anordnen, daß das angeklagte Mitglied der Regierung sein Amt nicht ausüben darf. Die Anklage wird durch den vor oder nach ihrer Erhebung erfolgten Rücktritt des Mitglieds der Regierung oder

durch dessen Abberufung oder Entlassung nicht berührt.

(3) Befindet der Verfassungsgerichtshof im Sinne der Anklage, so kann er dem Mitglied der Regierung sein Amt aberkennen; Versorgungsansprüche können ganz oder teilweise entzogen werden.

(4) Wird gegen ein Mitglied der Regierung in der Öffentlichkeit ein Vorwurf im Sinne des Abs. 1 erhoben, so kann es mit Zustimmung der Regierung die Entscheidung des Verfassungsgerichtshofs beantragen.

IV. Die Gesetzgebung

Artikel 58

Niemand kann zu einer Handlung, Unterlassung oder Duldung gezwungen werden, wenn nicht ein Gesetz oder eine auf Gesetz beruhende Bestimmung es verlangt oder zuläßt.

Artikel 59

(1) Gesetzesvorlagen werden von der Regierung, von Abgeordneten oder vom Volk durch Volksantrag oder Volksbegehren eingebracht.

(2) Das Volk kann die Befassung des Landtags mit Gegenständen der politischen Willensbildung im Zuständigkeitsbereich des Landtags, auch mit einem ausgearbeiteten und mit Gründen versehenen Gesetzentwurf, beantragen. Der Landtag hat sich mit dem Volksantrag zu befassen, wenn dieser von mindestens 0,5 vom Hundert der Wahlberechtigten gestellt wird. Die Auflösung des Landtags bestimmt sich nach Artikel 43.

(3) Dem Volksbegehren muss ein ausgearbeiteter und mit Gründen versehener Gesetzentwurf zugrunde liegen. Gegenstand des Volksbegehrens kann auch ein als Volksantrag nach Absatz 2 Satz 2 eingebrachter Gesetzentwurf sein, dem der Landtag nicht unverändert zugestimmt hat. Über Abgabegesetze, Besoldungsgesetze und das Staatshaushaltsgesetz findet kein Volksbegehren statt. Das Volksbegehren ist zustande gekommen, wenn es von mindestens zehn vom Hundert der Wahlberechtigten gestellt wird. Das Volksbegehren ist von der Regierung mit ihrer Stellungnahme unverzüglich dem Landtag zu unterbreiten.

(4) Die Gesetze werden vom Landtag oder durch Volksabstimmung beschlossen.

(5) Das Nähere bestimmt ein Gesetz.

Artikel 60

(1) Eine durch Volksbegehren eingebrachte Gesetzesvorlage ist zur Volksabstimmung zu bringen, wenn der Landtag der Gesetzesvorlage nicht unverändert zustimmt. In diesem Fall kann der Landtag dem Volk einen eigenen Gesetzentwurf zur Entscheidung mitvorlegen.

(2) Die Regierung kann ein vom Landtag beschlossenes Gesetz vor seiner Verkündung zur Volksabstimmung bringen, wenn ein Drittel der Mitglieder des Landtags es beantragt. Die angeordnete Volksabstimmung unterbleibt, wenn der Landtag mit Zweidrittelmehrheit das Gesetz erneut beschließt.

(3) Wenn ein Drittel der Mitglieder des Landtags es beantragt, kann die Regierung eine von ihr eingebrachte, aber vom Landtag abgelehnte Gesetzesvorlage zur Volksabstimmung bringen.

(4) Der Antrag nach Absatz 2 und Absatz 3 ist innerhalb von zwei Wochen nach der Schlußabstimmung zu stellen. Die Regierung hat sich innerhalb von zehn Tagen nach Eingang des Antrags zu entscheiden, ob sie die Volksabstimmung anordnen will.

(5) Bei der Volksabstimmung entscheidet die Mehrheit der abgegebenen gültigen Stimmen. Das Gesetz ist beschlossen, wenn mindestens zwanzig vom Hundert der Stimmberechtigten zustimmen.

(6) Über Abgabegesetze, Besoldungsgesetze und das Staatshaushaltsgesetz findet keine Volksabstimmung statt.

Artikel 61

(1) Die Ermächtigung zum Erlaß von Rechtsverordnungen kann nur durch Gesetz erteilt werden. Dabei müssen Inhalt, Zweck und Ausmaß der erteilten Ermächtigung bestimmt werden. Die Rechtsgrundlage ist in der Verordnung anzugeben.

(2) Die zur Ausführung der Gesetze erforderlichen Rechtsverordnungen und Verwaltungsvorschriften erläßt, soweit die Gesetze nichts anderes bestimmen, die Regierung.

Artikel 62

(1) Ist bei drohender Gefahr für den Bestand oder die freiheitliche demokratische Grundordnung des Landes oder für die lebensnotwendige Versorgung der Bevölkerung sowie bei einem Notstand infolge einer Naturkatastrophe oder eines besonders schweren Unglücksfalls der Landtag verhindert, sich alsbald zu versammeln, so nimmt ein Ausschuß des Landtags als Notparlament die Rechte des Landtags wahr. Die Verfassung darf durch ein von diesem Ausschuß beschlossenes Gesetz nicht geändert werden. Die Befugnis, dem Ministerpräsidenten das Vertrauen zu entziehen, steht dem Ausschuß nicht zu.

(2) Solange eine Gefahr für den Bestand oder die freiheitliche demokratische Grundordnung des Landes droht, finden durch das Volk vorzunehmende Wahlen und Abstimmungen nicht statt. Die Feststellung, daß Wahlen und Abstimmungen nicht stattfinden, trifft der Landtag mit einer Mehrheit von zwei Dritteln seiner Mitglieder. Ist der Landtag verhindert, sich alsbald zu versammeln, so trifft der in Absatz 1 Satz 1 genannte Ausschuß die Feststellung mit einer Mehrheit von zwei Dritteln seiner Mitglieder. Die verschobenen Wahlen und Abstimmungen sind innerhalb von sechs Monaten, nachdem der Landtag festgestellt hat, daß die Gefahr beendet ist, durchzuführen. Die Amtsdauer der in Betracht kommenden Personen und Körperschaften verlängert sich bis zum Ablauf des Tages der Neuwahl.

(3) Die Feststellung, daß der Landtag verhindert ist, sich alsbald zu versammeln, trifft der Präsident des Landtags.

Artikel 63

(1) Die verfassungsmäßig zustandegekommenen Gesetze werden durch den Ministerpräsidenten ausgefertigt und binnen Monatsfrist im Gesetzblatt des Landes verkündet. Sie werden vom Ministerpräsidenten und mindestens der Hälfte der Minister unterzeichnet. Wenn der Landtag die Dringlichkeit beschließt, müssen sie sofort ausgefertigt und verkündet werden.

(2) Rechtsverordnungen werden von der Stelle, die sie erläßt, ausgefertigt und, soweit das Gesetz nichts anderes bestimmt, im Gesetzblatt verkündet.

(3) Gesetze nach Artikel 62 werden, falls eine rechtzeitige Verkündung im Gesetzblatt nicht möglich ist, auf andere Weise öffentlich bekanntgemacht. Die Verkündung im Gesetzblatt ist nachzuholen, sobald die Umstände es zulassen.

(4) Gesetze und Rechtsverordnungen sollen den Tag bestimmen, an dem sie in Kraft treten. Fehlt eine solche Bestimmung, so treten sie mit dem vierzehnten Tage nach Ablauf des Tages in Kraft, an dem das Gesetzblatt ausgegeben worden ist.

(5) Nach Maßgabe eines Gesetzes können die Ausfertigung von Gesetzen und Rechtsverordnungen und deren Verkündung in elektronischer Form vorgenommen werden.

Artikel 64

(1) Die Verfassung kann durch Gesetz geändert werden. Ein Änderungsantrag darf den Grundsätzen des republikanischen, demokratischen und sozialen Rechtsstaates nicht widersprechen. Die Entscheidung, ob ein Änderungsantrag zulässig ist, trifft auf Antrag der Regierung oder eines Viertels der Mitglieder des Landtags der Verfassungsgerichtshof.

(2) Die Verfassung kann vom Landtag geändert werden, wenn bei Anwesenheit von mindestens zwei Dritteln seiner Mitglieder eine Zweidrittelmehrheit, die jedoch mehr als die Hälfte seiner Mitglieder betragen muß, es beschließt.

(3) Die Verfassung kann durch Volksabstimmung geändert werden, wenn mehr als die Hälfte der Mitglieder des Landtags dies beantragt hat. Sie kann ferner durch eine Volksabstimmung nach Artikel 60 Abs. 1 geändert werden. Das verfassungsändernde Gesetz ist beschlossen, wenn die Mehrheit der Stimmberechtigten zustimmt.

(4) Ohne vorherige Änderung der Verfassung können Gesetze, welche Bestimmungen der Verfassung durchbrechen, nicht beschlossen werden.

V. Die Rechtspflege

Artikel 65

(1) Die rechtsprechende Gewalt wird im Namen des Volkes durch die Gerichte ausgeübt, die gemäß den Gesetzen des Bundes und des Landes errichtet sind.

(2) Die Richter sind unabhängig und nur dem Gesetz unterworfen.

Artikel 66

(1) Die hauptamtlich und planmäßig endgültig angestellten Richter können wider ihren Willen nur kraft richterlicher Entscheidung und nur aus Gründen und unter den Formen, welche die Gesetze bestimmen, vor Ablauf ihrer Amtszeit entlassen oder dauernd oder zeitweise ihres Amtes enthoben oder an eine andere Stelle oder in den Ruhestand versetzt werden. Die Gesetzgebung kann Altersgrenzen festsetzen, bei deren Erreichung auf Lebenszeit angestellte Richter in den Ruhestand treten. Bei Veränderung der Einrichtung der Gerichte oder ihrer Bezirke können Richter an ein anderes Gericht versetzt oder aus dem Amte entfernt werden, jedoch nur unter Belassung des vollen Gehaltes.

(2) Verstößt ein Richter im Amt oder außerhalb des Amtes gegen die verfassungsmäßige Ordnung, so kann auf Antrag der Mehrheit der Mitglieder des Landtags das Bundesverfassungsgericht mit Zweidrittelmehrheit anordnen, daß der Richter in ein anderes Amt oder in den Ruhestand zu versetzen ist. Im Falle eines vorsätzlichen Verstoßes kann auf Entlassung erkannt werden.

(3) Im übrigen wird die Rechtsstellung der Richter durch ein besonderes Gesetz geregelt. Das Gesetz bestimmt auch den Amtseid der Richter.

Artikel 67

(1) Wird jemand durch die öffentliche Gewalt in seinen Rechten verletzt, so steht ihm der Rechtsweg offen.

(2) Über Streitigkeiten im Sinne des Abs. 1 sowie über sonstige öffentlich-rechtliche Streitigkeiten entscheiden Verwaltungsgerichte, soweit nicht die Zuständigkeit eines anderen Gerichtes gesetzlich begründet ist.

(3) (weggefallen)

(4) Das Nähere bestimmt ein Gesetz.

Artikel 68

(1) Es wird ein Verfassungsgerichtshof gebildet. Er entscheidet

1. über die Auslegung dieser Verfassung aus Anlaß von Streitigkeiten über den Umfang der Rechte und Pflichten eines obersten Landesorgans oder anderer Beteiligter, die durch die Verfassung oder in der Geschäftsordnung des Landtags oder der Regierung mit eigener Zuständigkeit ausgestattet sind,

2. bei Zweifeln oder Meinungsverschiedenheiten über die Vereinbarkeit von Landesrecht mit dieser Verfassung,

3. über die Vereinbarkeit eines Landesgesetzes mit dieser Verfassung, nachdem ein Gericht das Verfahren gemäß Art. 100 Abs. 1 des Grundgesetzes für die Bundesrepublik Deutschland ausgesetzt hat,

4. in den übrigen durch diese Verfassung oder durch Gesetz ihm zugewiesenen Angelegenheiten.

(2) Antragsberechtigt sind in den Fällen

1. des Abs. 1 Nr. 1 die obersten Landesorgane oder die Beteiligten im Sinne des Abs. 1 Nr. 1,

2. des Abs. 1 Nr. 2 ein Viertel der Mitglieder des Landtags oder die Regierung.

(3) Der Verfassungsgerichtshof besteht aus neun Mitgliedern, und zwar

drei Berufsrichtern,

drei Mitgliedern mit der Befähigung zum Richteramt und

drei Mitgliedern, bei denen diese Voraussetzung nicht vorliegt.

Die Mitglieder des Verfassungsgerichtshofs werden vom Landtag auf die Dauer von neun Jahren gewählt. Aus jeder Gruppe ist ein Mitglied alle drei Jahre neu zu bestellen. Scheidet ein Richter vorzeitig aus, so wird für den Rest seiner Amtszeit ein Nachfolger gewählt. Zum Vorsitzenden ist einer der Berufsrichter zu bestellen. Die Mitglieder dürfen weder dem Bundestag, dem Bundesrat, der Bundesregierung noch entsprechenden Organen eines Landes angehören.

(4) Ein Gesetz regelt das Nähere, insbesondere Verfassung und Verfahren des Verfassungsgerichtshofs. Es bestimmt, in welchen Fällen seine Entscheidungen Gesetzeskraft haben.

VI. Die Verwaltung

Artikel 69

Die Verwaltung wird durch die Regierung, die ihr unterstellten Behörden und durch die Träger der Selbstverwaltung ausgeübt.

Artikel 70

(1) Aufbau, räumliche Gliederung und Zuständigkeiten der Landesverwaltung werden durch Gesetz geregelt. Aufgaben, die von nachgeordneten Verwaltungsbehörden zuverlässig und zweckmäßig erfüllt werden können, sind diesen zuzuweisen.

(2) Die Einrichtung der staatlichen Behörden im einzelnen obliegt der Regierung, auf Grund der von ihr erteilten Ermächtigung den Ministern.

Artikel 71

(1) Das Land gewährleistet den Gemeinden und Gemeindeverbänden sowie den Zweckverbänden das Recht der Selbstverwaltung. Sie verwalten ihre Angelegenheiten im Rahmen der Gesetze unter eigener Verantwortung. Das gleiche gilt für sonstige öffentlich-rechtliche Körperschaften und Anstalten in den durch Gesetz gezogenen Grenzen.

(2) Die Gemeinden sind in ihrem Gebiet die Träger der öffentlichen Aufgaben, soweit nicht bestimmte Aufgaben im öffentlichen Interesse durch Gesetz anderen Stellen übertragen sind. Die Gemeindeverbände haben innerhalb ihrer Zuständigkeit die gleiche Stellung.

(3) Den Gemeinden oder Gemeindeverbänden kann durch Gesetz die Erledigung bestimmter bestehender oder neuer öffentlicher Aufgaben übertragen werden. Gleichzeitig sind Bestimmungen über die Deckung der Kosten zu treffen. Führen diese Aufgaben, spätere vom Land veranlasste Änderungen ihres Zuschnitts oder der Kosten aus ihrer Erledigung oder spätere nicht vom Land veranlasste Änderungen der Kosten aus der Erledigung übertragener Pflichtaufgaben nach Weisung zu einer wesentlichen Mehrbelastung der Gemeinden oder Gemeindeverbände, so ist ein entsprechender finanzieller Ausgleich zu schaffen. Die Sätze 2 und 3 gelten entsprechend, wenn das Land freiwillige Aufgaben der Gemeinden oder Gemeindeverbände in Pflichtaufgaben umwandelt oder besondere Anforderungen an die Erfüllung bestehender, nicht übertragener Aufgaben begründet. Das Nähere zur Konsultation der in Absatz 4 genannten Zusammenschlüsse zu einer Kostenfolgenabschätzung kann durch Gesetz oder eine Vereinbarung der Landesregierung mit diesen Zusammenschlüssen geregelt werden.

(4) Bevor durch Gesetz oder Verordnung allgemeine Fragen geregelt werden, welche die Gemeinden und Gemeindeverbände berühren, sind diese oder ihre Zusammenschlüsse rechtzeitig zu hören.

Artikel 72

(1) In den Gemeinden und Kreisen muß das Volk eine Vertretung haben, die aus allgemeinen, unmittelbaren, freien, gleichen und geheimen Wahlen hervorgegangen ist. Bei Wahlen in Kreisen und Gemeinden sind auch Personen, die die Staatsangehörigkeit eines Mitgliedstaates der Europäischen Gemeinschaft besitzen, nach Maßgabe von Recht der Europäischen Gemeinschaft wahlberechtigt und wählbar sowie bei Abstimmungen stimmberechtigt.

(2) Wird in einer Gemeinde mehr als eine gültige Wahlvorschlagsliste eingereicht, so muß die Wahl unter Berücksichtigung der Grundsätze der Verhältniswahl erfolgen. Durch Gemeindesatzung kann Teilorten eine Vertretung im Gemeinderat gesichert werden. In kleinen Gemeinden kann an die Stelle einer gewählten Vertretung die Gemeindeversammlung treten.

(3) Das Nähere regelt ein Gesetz.

Artikel 73

(1) Das Land sorgt dafür, daß die Gemeinden und Gemeindeverbände ihre Aufgaben erfüllen können.

(2) Die Gemeinden und Kreise haben das Recht, eigene Steuern und andere Abgaben nach Maßgabe der Gesetze zu erheben.

(3) Die Gemeinden und Gemeindeverbände werden unter Berücksichtigung der Aufgaben des Landes an dessen Steuereinnahmen beteiligt. Näheres regelt ein Gesetz.

Artikel 74

(1) Das Gebiet von Gemeinden und Gemeindeverbänden kann aus Gründen des öffentlichen Wohls geändert werden.

(2) Das Gemeindegebiet kann durch Vereinbarung der beteiligten Gemeinden mit staatlicher Genehmigung, durch Gesetz oder auf Grund eines Gesetzes geändert werden. Die Auflösung von Gemeinden gegen deren Willen bedarf eines Gesetzes. Vor einer Änderung des Gemeindegebiets muß die Bevölkerung der unmittelbar betroffenen Gebiete gehört werden.

(3) Das Gebiet von Gemeindeverbänden kann durch Gesetz oder auf Grund eines Gesetzes geändert werden. Die Auflösung von Landkreisen bedarf eines Gesetzes.

(4) Das Nähere wird durch Gesetz geregelt.

Artikel 75

(1) Das Land überwacht die Gesetzmäßigkeit der Verwaltung der Gemeinden und Gemeindeverbände. Durch Gesetz kann bestimmt werden, daß die Übernahme von Schuldverpflichtungen und Gewährschaften sowie die Veräußerung von Vermögen von der Zustimmung der mit der Überwachung betrauten Staatsbehörde abhängig gemacht werden, und daß diese Zustimmung unter dem Gesichtspunkt einer geordneten Wirtschaftsführung erteilt oder versagt werden kann.

(2) Bei der Übertragung staatlicher Aufgaben kann sich das Land ein Weisungsrecht nach näherer gesetzlicher Vorschrift vorbehalten.

Artikel 76

Gemeinden und Gemeindeverbände können den Verfassungsgerichtshof mit der Behauptung anrufen, daß ein Gesetz die Vorschriften der Artikel 71 bis 75 verletze.

Artikel 77

(1) Die Ausübung hoheitsrechtlicher Befugnisse ist als ständige Aufgabe in der Regel Angehörigen des öffentlichen Dienstes zu übertragen, die in einem öffentlich-rechtlichen Dienst- und Treueverhältnis stehen.

(2) Alle Angehörigen des öffentlichen Dienstes sind Sachwalter und Diener des ganzen Volkes.

Artikel 78

Jeder Beamte leistet folgenden Amtseid:

„Ich schwöre, daß ich mein Amt nach bestem Wissen und Können führen, Verfassung und Recht achten und verteidigen und Gerechtigkeit jedermann üben werde. So wahr mir Gott helfe."

Der Eid kann auch ohne religiöse Beteuerung geleistet werden.

VII. Das Finanzwesen

Artikel 79

(1) Alle Einnahmen und Ausgaben des Landes sind in den Haushaltsplan einzustellen; bei Landesbetrieben und bei Sondervermögen brauchen nur die Zuführungen oder die Ablieferungen eingestellt zu werden. Der Haushaltsplan soll in Einnahme und Ausgabe ausgeglichen sein.

(2) Der Haushaltsplan wird für ein Rechnungsjahr oder mehrere Rechnungsjahre, nach Jahren getrennt, durch das Haushaltsgesetz festgestellt. Die Feststellung soll vor Beginn des Rechnungsjahres, bei mehreren Rechnungsjahren vor Beginn des ersten Rechnungsjahres, erfolgen.

(3) In das Haushaltsgesetz dürfen nur Vorschriften aufgenommen werden, die sich auf die Einnahmen und die Ausgaben des Landes und auf den Zeitraum beziehen, für den das Haushaltsgesetz beschlossen wird. Das Haushaltsgesetz kann vorschreiben, daß die Vorschriften erst mit der Verkündung des nächsten Haushaltsgesetzes oder bei Ermächtigun-

gen nach Artikel 84 zu einem späteren Zeitpunkt außer Kraft treten.

(4) Das Vermögen und die Schulden sind in einer Anlage des Haushaltsplans nachzuweisen.

Artikel 80

(1) Ist bis zum Schluß eines Rechnungsjahres weder der Haushaltsplan für das folgende Rechnungsjahr festgestellt worden noch ein Nothaushaltsgesetz ergangen, so kann bis zur gesetzlichen Regelung die Regierung diejenigen Ausgaben leisten, die nötig sind, um

1. gesetzlich bestehende Einrichtungen zu erhalten und gesetzlich beschlossene Maßnahmen durchzuführen,
2. die rechtlich begründeten Verpflichtungen des Landes zu erfüllen,
3. Bauten, Beschaffungen und sonstige Leistungen fortzusetzen oder Beihilfen für diese Zwecke weiter zu gewähren, sofern durch den Haushaltsplan eines Vorjahres bereits Beträge bewilligt worden sind.

(2) Soweit die auf besonderem Gesetz beruhenden Einnahmen aus Steuern, Abgaben und sonstigen Quellen oder die Betriebsmittelrücklage die in Abs. 1 genannten Ausgaben nicht decken, kann die Regierung den für eine geordnete Haushaltsführung erforderlichen Kredit beschaffen. Dieser darf ein Viertel der Endsumme des letzten Haushaltsplans nicht übersteigen.

Artikel 81

Über- und außerplanmäßige Ausgaben bedürfen der Zustimmung des Finanzministers. Sie darf nur im Falle eines unvorhergesehenen und unabweisbaren Bedürfnisses erteilt werden. Die Genehmigung des Landtags ist nachträglich einzuholen.

Artikel 82

(1) Beschlüsse des Landtags, welche die im Haushaltsplan festgesetzten Ausgaben erhöhen oder neue Ausgaben mit sich bringen, bedürfen der Zustimmung der Regierung. Das gleiche gilt für Beschlüsse des Landtags, die Einnahmeminderungen mit sich bringen. Die Deckung muß gesichert sein.

(2) Die Regierung kann verlangen, daß der Landtag die Beschlußfassung nach Absatz 1 aussetzt. In diesem Fall hat die Regierung innerhalb von sechs Wochen dem Landtag eine Stellungnahme zuzuleiten.

Artikel 83

(1) Der Finanzminister hat dem Landtag über alle Einnahmen und Ausgaben sowie über das Vermögen und die Schulden des Landes zur Entlastung der Regierung jährlich Rechnung zu legen.

(2) Die Rechnung sowie die gesamte Haushalts- und Wirtschaftsführung des Landes werden durch den Rechnungshof geprüft. Seine Mitglieder besitzen die gleiche Unabhängigkeit wie die Richter. Die Ernennung des Präsidenten und des Vizepräsidenten des Rechnungshofs bedarf der Zustimmung des Landtags. Der Rechnungshof berichtet jährlich unmittelbar dem Landtag und unterrichtet gleichzeitig die Regierung. Im übrigen werden Stellung und Aufgaben des Rechnungshofs durch Gesetz geregelt.

Artikel 84

(1) Einnahmen und Ausgaben sind grundsätzlich ohne Einnahmen aus Krediten auszugleichen. Einnahmen aus Krediten im Sinne von Satz 1 entstehen dem Land auch dann, wenn Kredite von Fonds, Einrichtungen und Unternehmen des Landes, die gemäß den gesetzlichen Vorgaben der Europäischen Union dem Staatssektor zuzurechnen sind, aufgenommen werden und wenn der daraus folgende Schuldendienst aus dem Landeshaushalt erbracht wird oder künftig zu erbringen ist.

(2) Bei einer von der Normallage abweichenden konjunkturellen Entwicklung kann von Absatz 1 abgewichen werden. In diesem Fall sind die Auswirkungen auf den Haushalt im Auf- und Abschwung symmetrisch zu berücksichtigen.

(3) Im Falle von Naturkatastrophen oder außergewöhnlichen Notsituationen, die sich der Kontrolle des Landes Baden-Württemberg entziehen und dessen Finanzlage erheblich beeinträchtigen, kann von den Vorgaben nach Absatz 1 und 2 abgewichen werden. Die Fest-

stellung, dass eine Naturkatastrophe im Sinne von Satz 1 vorliegt, trifft der Landtag mit der Mehrheit seiner Mitglieder. Die Feststellung, dass eine außergewöhnliche Notsituation im Sinne von Satz 1 vorliegt, trifft der Landtag bei Anwesenheit von mindestens zwei Dritteln seiner Mitglieder mit einer Zweidrittelmehrheit, die jedoch mehr als die Hälfte seiner Mitglieder betragen muss. Über die Höhe der insoweit erforderlichen Kreditermächtigung beschließt der Landtag mit der Mehrheit der abgegebenen Stimmen. Der Beschluss nach Satz 4 ist mit einem Tilgungsplan zu verbinden. Die Rückführung der nach Satz 1 aufgenommenen Kredite hat binnen eines angemessenen Zeitraumes zu erfolgen.

(4) Die Aufnahme von Krediten sowie jede Übernahme von Bürgschaften, Garantien oder sonstigen Gewährleistungen bedürfen einer Ermächtigung durch Gesetz.

(5) Näheres, insbesondere die Bereinigung der Einnahmen und Ausgaben um finanzielle Transaktionen und das Verfahren zur Berechnung der Vorgaben der Absätze 1 und 2 unter Berücksichtigung der konjunkturellen Entwicklung auf der Grundlage eines Konjunkturbereinigungsverfahrens sowie die Kontrolle und den Ausgleich von Abweichungen von diesen Vorgaben, regelt ein Gesetz.

Schlußbestimmungen

Artikel 85
Die Universitäten und Hochschulen mit Promotionsrecht bleiben in ihrem Bestand erhalten.

Artikel 86 (weggefallen)

Artikel 87
Die Wohlfahrtspflege der freien Wohlfahrtsverbände wird gewährleistet.

Artikel 88
Landesrecht im Sinne der Artikel 68 Abs. 1 Nr. 2 und 3 und 76 ist auch das vor Inkrafttreten dieser Verfassung geltende Recht.

Artikel 89
Bei der ersten Wahl der gemäß Artikel 68 Abs. 3 zu bestellenden Mitglieder des Verfassungsgerichtshofs wird je ein Mitglied der genannten drei Gruppen auf die Dauer von sechs Jahren, je ein weiteres Mitglied auf die Dauer von drei Jahren gewählt.

Artikel 90
Die Organisation der Polizei bleibt im Grundsatz bis zu einer gesetzlichen Neuregelung bestehen.

Artikel 91
Bei den Ministerien und sonstigen obersten Landesbehörden sollen Beamte aus den bisherigen Ländern in angemessenem Verhältnis verwendet werden.

Artikel 92
Mehrheiten oder Minderheiten der „Mitglieder des Landtags" im Sinne dieser Verfassung werden nach der gesetzlichen Zahl der Mitglieder des Landtags berechnet.

Artikel 92a
Die Anwesenheit im Rahmen von Beschlussfassungen nach dieser Verfassung umfasst die Teilnahme in elektronischer Form. Näheres kann in der Geschäftsordnung des jeweiligen Gremiums bestimmt werden.

Artikel 93
(1) Die Abgeordneten der nach § 13 des Zweiten Gesetzes über die Neugliederung in den Ländern Baden, Württemberg-Baden und Württemberg-Hohenzollern vom 4. Mai 1951 (BGBl. I S. 283 ff.) gewählten Verfassunggebenden Landesversammlung bilden nach Inkrafttreten dieser Verfassung den ersten Landtag.

(2) Die Wahlperiode dieses Landtags endet am 31. März 1956.

Artikel 93a
Abweichend von Artikel 30 Abs. 1 Satz 1 endet die am 1. Juni 2006 begonnene Wahlperiode des 14. Landtags am 30. April 2011, es sei denn, der Landtag wird vorher aufgelöst. Im Übrigen bleibt Artikel 30 Abs. 1 unberührt.

Artikel 94
(1) Die von der Verfassunggebenden Landesversammlung beschlossene Verfassung ist von ihrem Präsidenten auszufertigen und von

der vorläufigen Regierung im Gesetzblatt des Landes zu verkünden.

(2) Die Verfassung tritt am Tage ihrer Verkündung in Kraft. Zum gleichen Zeitpunkt treten die Verfassungen der bisherigen Länder Baden, Württemberg-Baden und Württemberg-Hohenzollern außer Kraft.

(3) Sonstiges Recht der bisherigen Länder bleibt, soweit es dieser Verfassung nicht widerspricht, in seinem Geltungsbereich bestehen. Soweit in Gesetzen oder Verordnungen Organe der bisherigen Länder genannt sind, treten an ihre Stelle die entsprechenden Organe des Landes Baden-Württemberg.

Verwaltungsgerichtsordnung (VwGO)

in der Fassung der Bekanntmachung
vom 19. März 1991 (BGBl. I S. 686)

Zuletzt geändert durch
Gesetz zur Einführung eines Leitentscheidungsverfahrens beim Bundesgerichtshof
vom 24. Oktober 2024 (BGBl. I Nr. 328)

Inhaltsübersicht

Teil I
Gerichtsverfassung

1. Abschnitt
Gerichte

- § 1 (Unabhängigkeit)
- § 2 (Gliederung)
- § 3 (Gerichtsorganisation)
- § 4 (Präsidium, Geschäftsverteilung)
- § 5 (Besetzung, Kammern)
- § 6 (Einzelrichter)
- §§ 7 und 8 (weggefallen)
- § 9 (Oberverwaltungsgericht)
- § 10 (Bundesverwaltungsgericht)
- § 11 (Großer Senat)
- § 12 (Großer Senat des OVG)
- § 13 (Geschäftsstelle)
- § 14 (Rechts- und Amtshilfe)

2. Abschnitt
Richter

- § 15 (Ernennung)
- § 16 (Richter im Nebenamt)
- § 17 (Richter auf Probe, Richter kraft Auftrags, Richter auf Zeit)
- § 18 (Deckung vorübergehenden Personalbedarfs)

3. Abschnitt
Ehrenamtliche Richter

- § 19 (Gleiche Rechte)
- § 20 (Persönliche Voraussetzungen)
- § 21 (Ausschluss)
- § 22 (Ausgeschlossene Personengruppen)
- § 23 (Ablehnungsberechtigte)
- § 24 (Entbindung vom Amt)
- § 25 (Amtszeit)
- § 26 (Wahlausschuss)
- § 27 (Erforderliche Zahl)
- § 28 (Vorschlagsliste)
- § 29 (Auswahl)
- § 30 (Reihenfolge; Hilfsliste)
- § 31 (weggefallen)
- § 32 (Entschädigung)
- § 33 (Ordnungsgeld)
- § 34 (Oberverwaltungsgericht)

4. Abschnitt
Vertreter des öffentlichen Interesses

- § 35 (Oberbundesanwalt)
- § 36 (Oberverwaltungsgericht, Verwaltungsgericht)
- § 37 (Befähigung zum Richteramt)

5. Abschnitt
Gerichtsverwaltung

- § 38 (Dienstaufsicht)
- § 39 (Keine Verwaltungsgeschäfte)

6. Abschnitt
Verwaltungsrechtsweg und Zuständigkeit

- § 40 (Öffentlich-rechtliche Streitigkeiten)
- § 41 (weggefallen)
- § 42 (Anfechtungsklage; Verpflichtungsklage)
- § 43 (Feststellungsklage)
- § 44 (Mehrere Klagebegehren)
- § 44a (Rechtsbehelfe gegen behördliche Verfahrenshandlungen)
- § 45 (Erster Rechtszug)
- § 46 (Zweiter Rechtszug)

§ 47	(Gültigkeit von Satzungen, von Rechtsvorschriften)		**8. Abschnitt** **Besondere Vorschriften für Anfechtungs- und Verpflichtungsklagen**
§ 48	(Erster Rechtszug)		
§ 49	(Dritter Rechtszug)		
§ 50	(Bundesverwaltungsgericht im ersten Rechtszug)	§ 68	(Nachprüfung im Vorverfahren)
		§ 69	(Widerspruch)
§ 51	(Verbot eines Teilvereins)	§ 70	(Frist)
§ 52	(Örtliche Zuständigkeit)	§ 71	(Anhörung)
§ 53	(Bestimmung des zuständigen Gerichts)	§ 72	(Abhilfe)
		§ 73	(Widerspruchsbescheid)
	Teil II **Verfahren** **7. Abschnitt** **Allgemeine Verfahrensvorschriften**	§ 74	(Frist zur Klageerhebung)
		§ 75	(Verzögerung der Sachentscheidung)
		§ 76	(weggefallen)
		§ 77	(Ersetzung von Einspruchs- und Beschwerdeverfahren)
§ 54	(Ausschließung, Ablehnung von Gerichtspersonen)	§ 78	(Klagegegner)
		§ 79	(Gegenstand der Anfechtungsklage)
§ 55	(Öffentlichkeit, Sitzungspolizei, Gerichtssprache, Beratung, Abstimmung)	§ 80	(Aufschiebende Wirkung; sofortige Vollziehung; Aussetzung der Vollziehung)
§ 55a	(Elektronische Dokumente)	§ 80a	(Rechtsbehelf eines Dritten)
§ 55b	(Elektronische Prozessakten)	§ 80b	(Aufschiebende Wirkung)
§ 55c	Formulare; Verordnungsermächtigung	§ 80c	(Aufschiebende Wirkung im ersten Rechtszug)
§ 55d	Nutzungspflicht für Rechtsanwälte, Behörden und vertretungsberechtigte Personen		**9. Abschnitt** **Verfahren im ersten Rechtszug**
§ 56	(Zustellung)	§ 81	(Erhebung der Klage)
§ 56a	Öffentliche Bekanntmachung)	§ 82	(Inhalt der Klageschrift)
§ 57	(Fristen)	§ 83	(Verweisung)
§ 58	(Belehrung über Rechtsbehelf)	§ 84	(Gerichtsbescheid)
§ 59	(weggefallen)	§ 85	(Zustellung der Klage)
§ 60	(Wiedereinsetzung in den vorigen Stand)	§ 86	(Erforschung des Sachverhalts)
		§ 87	(Vorbereitende richterliche Anordnungen)
§ 61	(Beteiligungsfähigkeit)		
§ 62	(Prozessfähigkeit)	§ 87a	(Entscheidung des Vorsitzenden)
§ 63	(Beteiligte)	§ 87b	(Fristsetzung)
§ 64	(Streitgenossenschaft)	§ 87c	(Vorrang und Beschleunigung)
§ 65	(Beiladung)	§ 88	(Bindung an das Klagebegehren)
§ 66	(Stellung des Beigeladenen)	§ 89	(Widerklage)
§ 67	(Bevollmächtigte Vertreter)	§ 90	(Rechtshängigkeit)
§ 67a	(Gemeinsamer Bevollmächtigter)	§ 91	(Änderung der Klage)
		§ 92	(Zurücknahme der Klage)

Inhaltsübersicht   Verwaltungsgerichtsordnung (VwGO)   **IX.3**

§ 93	(Gemeinsame Verhandlung; Trennung)
§ 93a	(Musterverfahren)
§ 94	(Aussetzung der Verhandlung)
§ 95	(Persönliches Erscheinen)
§ 96	(Beweiserhebung)
§ 97	(Beweistermin)
§ 98	(Anwendbare Vorschriften)
§ 99	(Urkunden-, Aktenvorlage; Auskunftspflicht)
§ 100	(Akteneinsicht)
§ 101	(Mündliche Verhandlung)
§ 102	(Ladung der Beteiligten)
§ 102a	(Videoübertragung)
§ 103	(Ablauf der Verhandlung)
§ 104	(Erörterung der Streitsache)
§ 105	(Niederschrift)
§ 106	(Vergleich)

10. Abschnitt
Urteile und andere Entscheidungen

§ 107	(Entscheidung durch Urteil)
§ 108	(Richterliche Überzeugung)
§ 109	(Zwischenurteil)
§ 110	(Teilurteil)
§ 111	(Zwischenurteil über den Grund)
§ 112	(Mitwirkende Richter)
§ 113	(Ausspruch)
§ 114	(Ermessensentscheidungen)
§ 115	(Anfechtungsklage)
§ 116	(Verkündung, Zustellung)
§ 117	(Inhalt des Urteils)
§ 118	(Berichtigung)
§ 119	(Antrag auf Berichtigung)
§ 120	(Urteilsergänzung)
§ 121	(Wirkung rechtskräftiger Urteile)
§ 122	(Beschlüsse, Begründung)

11. Abschnitt
Einstweilige Anordnung

§ 123	(Einstweilige Anordnung bezüglich Streitgegenstand)

Teil III
Rechtsmittel und Wiederaufnahme des Verfahrens

12. Abschnitt
Berufung

§ 124	(Berufung gegen Endurteile)
§ 124a	(Zulassung der Berufung)
§ 125	(Anwendbare Vorschriften)
§ 126	(Zurücknahme)
§ 127	(Anschlussberufung)
§ 128	(Umfang der Prüfung)
§ 128a	(Neue Erklärungen, Beweismittel)
§ 129	(Bindung an Anträge)
§ 130	(Aufhebung, Zurückverweisung)
§ 130a	(Berufung unbegründet)
§ 130b	(Begründung)
§ 131	(weggefallen)

13. Abschnitt
Revision

§ 132	(Revision gegen Entscheidung des Oberverwaltungsgerichts)
§ 133	(Beschwerde gegen Nichtzulassung)
§ 134	(Sprungrevision)
§ 135	(Ausschluss der Berufung)
§ 136	(weggefallen)
§ 137	(Verletzung von Bundesrecht)
§ 138	(Revisionsgründe)
§ 139	(Einlegung der Revision)
§ 140	(Zurücknahme)
§ 141	(Anwendbare Vorschriften)
§ 142	(Keine Klageänderung, Beiladung)
§ 143	(Unzulässige Revision)
§ 144	(Revisionsentscheidung)
§ 145	(weggefallen)

14. Abschnitt
Beschwerde, Erinnerung, Anhörungsrüge

§ 146	(Beschwerde gegen Entscheidungen des Verwaltungsgerichts)
§ 147	(Einlegung der Beschwerde)
§ 148	(Abhilfe; Vorlage)
§ 149	(Aufschiebende Wirkung; Aussetzung der Vollziehung)

§ 150 (Entscheidung durch Beschluss)
§ 151 (Beauftragter, ersuchter Richter; Urkundsbeamter)
§ 152 (Beschwerden an das Bundesverwaltungsgericht)
§ 152a (Rüge eines beschwerten Beteiligten)

**15. Abschnitt
Wiederaufnahme des Verfahrens**

§ 153 (Wiederaufnahme rechtskräftig beendeter Verfahren)

**Teil IV
Kosten und Vollstreckung**

**16. Abschnitt
Kosten**

§ 154 (Kostenpflichtige)
§ 155 (Verteilung auf mehrere Beteiligte)
§ 156 (Anerkenntnis)
§ 157 (weggefallen)
§ 158 (Anfechtung)
§ 159 (Gesamtschuldner)
§ 160 (Vergleich)
§ 161 (Kostenentscheidung)
§ 162 (Zu erstattende Kosten)
§ 163 (weggefallen)
§ 164 (Kostenfestsetzung)
§ 165 (Anfechtung)
§ 165a (Anwendbarkeit der ZPO)
§ 166 (Prozesskostenhilfe)

**17. Abschnitt
Vollstreckung**

§ 167 (Anwendbare Vorschriften)
§ 168 (Vollstreckungstitel)
§ 169 (Vollstreckung zu Gunsten von Gebietskörperschaften u. ä.)
§ 170 (Vollstreckung gegen Gebietskörperschaften u. ä.)
§ 171 (Keine Vollstreckungsklausel)
§ 172 (Zwangsgeld)

**Teil V
Schluß- und Übergangsbestimmungen**

§ 173 (Grundsätzliche Anwendbarkeit von GVG und ZPO)
§ 174 (Befähigung zum höheren Verwaltungsdienst)
§ 175 (Verfahren vor 18. April 2018)
§ 176 (Besetzung des Gerichts)
§ 177 (Papierform)
§§ 178 und 179 (Änderungsvorschriften)
§ 180 (Vernehmung, Vereidigung nach VwVfG und SGB X)
§§ 181 und 182 (Änderungsvorschriften)
§ 183 (Nichtigkeit von Landesrecht)
§ 184 (Verwaltungsgerichtshof)
§ 185 (Besonderheiten für bestimmte Bundesländer)
§ 186 (Besonderheiten für Stadtstaaten)
§ 187 (Ermächtigungen für Länder)
§ 188 (Zusammenfassung von Sachgebieten)
§ 188a (Wirtschaftsrecht)
§ 188b (Planungsrecht)
§ 189 (Bildung von Fachsenaten)
§ 190 (Unberührtes Bundesrecht)
§ 191 (Änderungsvorschrift)
§ 192 (Änderungsvorschrift)
§ 193 (Verfassungsstreitigkeiten)
§ 194 (Übergangsvorschrift)
§ 195 (In-Kraft-Treten)

Teil I
Gerichtsverfassung

1. Abschnitt
Gerichte

§ 1 (Unabhängigkeit)
Die Verwaltungsgerichtsbarkeit wird durch unabhängige, von den Verwaltungsbehörden getrennte Gerichte ausgeübt.

§ 2 (Gliederung)
Gerichte der Verwaltungsgerichtsbarkeit sind in den Ländern die Verwaltungsgerichte und je ein Oberverwaltungsgericht, im Bund das Bundesverwaltungsgericht mit Sitz in Leipzig.

§ 3 (Gerichtsorganisation)
(1) Durch Gesetz werden angeordnet
1. die Errichtung und Aufhebung eines Verwaltungsgerichts oder eines Oberverwaltungsgerichts,
2. die Verlegung eines Gerichtssitzes,
3. Änderungen in der Abgrenzung der Gerichtsbezirke,
4. die Zuweisung einzelner Sachgebiete an ein Verwaltungsgericht für die Bezirke mehrerer Verwaltungsgerichte,
4a. die Zuweisung von Verfahren, bei denen sich die örtliche Zuständigkeit nach § 52 Nr. 2 Satz 1, 2 oder 5 bestimmt, an ein anderes Verwaltungsgericht oder an mehrere Verwaltungsgerichte des Landes,
5. die Errichtung einzelner Kammern des Verwaltungsgerichts oder einzelner Senate des Oberverwaltungsgerichts an anderen Orten,
6. der Übergang anhängiger Verfahren auf ein anderes Gericht bei Maßnahmen nach den Nummern 1, 3, 4 und 4a, wenn sich die Zuständigkeit nicht nach den bisher geltenden Vorschriften richten soll.

(2) Mehrere Länder können die Errichtung eines gemeinsamen Gerichts oder gemeinsamer Spruchkörper eines Gerichts oder die Ausdehnung von Gerichtsbezirken über die Landesgrenzen hinaus, auch für einzelne Sachgebiete, vereinbaren.

§ 4 (Präsidium, Geschäftsverteilung)
Für die Gerichte der Verwaltungsgerichtsbarkeit gelten die Vorschriften des Zweiten Titels des Gerichtsverfassungsgesetzes entsprechend. Die Mitglieder und drei Vertreter des für Entscheidungen nach § 99 Abs. 2 zuständigen Spruchkörpers bestimmt das Präsidium jeweils für die Dauer von vier Jahren. Die Mitglieder und ihre Vertreter müssen Richter auf Lebenszeit sein.

§ 5 (Besetzung, Kammern)
(1) Das Verwaltungsgericht besteht aus dem Präsidenten und aus den Vorsitzenden Richtern und weiteren Richtern in erforderlicher Anzahl.

(2) Bei dem Verwaltungsgericht werden Kammern gebildet.

(3) Die Kammer des Verwaltungsgerichts entscheidet in der Besetzung von drei Richtern und zwei ehrenamtlichen Richtern, soweit nicht ein Einzelrichter entscheidet. Bei Beschlüssen außerhalb der mündlichen Verhandlung und bei Gerichtsbescheiden (§ 84) wirken die ehrenamtlichen Richter nicht mit.

§ 6 (Einzelrichter)
(1) Die Kammer soll in der Regel den Rechtsstreit einem ihrer Mitglieder als Einzelrichter zur Entscheidung übertragen, wenn
1. die Sache keine besonderen Schwierigkeiten tatsächlicher oder rechtlicher Art aufweist und
2. die Rechtssache keine grundsätzliche Bedeutung hat.

Ein Richter auf Probe darf im ersten Jahr nach seiner Ernennung nicht Einzelrichter sein.

(2) Der Rechtsstreit darf dem Einzelrichter nicht übertragen werden, wenn bereits vor der Kammer mündlich verhandelt worden ist, es sei denn, daß inzwischen ein Vorbehalts-, Teil- oder Zwischenurteil ergangen ist.

(3) Der Einzelrichter kann nach Anhörung der Beteiligten den Rechtsstreit auf die Kammer zurückübertragen, wenn sich aus einer wesentlichen Änderung der Prozeßlage ergibt, daß die Rechtssache grundsätzliche Bedeutung hat oder die Sache besondere Schwie-

rigkeiten tatsächlicher oder rechtlicher Art aufweist. Eine erneute Übertragung auf den Einzelrichter ist ausgeschlossen.

(4) Beschlüsse nach den Absätzen 1 und 3 sind unanfechtbar. Auf eine unterlassene Übertragung kann ein Rechtsbehelf nicht gestützt werden.

§§ 7 und 8 (weggefallen)

§ 9 (Oberverwaltungsgericht)

(1) Das Oberverwaltungsgericht besteht aus dem Präsidenten und aus den Vorsitzenden Richtern und weiteren Richtern in erforderlicher Anzahl.

(2) Bei dem Oberverwaltungsgericht werden Senate gebildet.

(3) Die Senate des Oberverwaltungsgerichts entscheiden in der Besetzung von drei Richtern; die Landesgesetzgebung kann vorsehen, daß die Senate in der Besetzung von fünf Richtern entscheiden, von denen zwei auch ehrenamtliche Richter sein können. Für die Fälle des § 48 Abs. 1 kann auch vorgesehen werden, daß die Senate in der Besetzung von fünf Richtern und zwei ehrenamtlichen Richtern entscheiden. Satz 1 Halbsatz 2 und Satz 2 gelten nicht für die Fälle des § 99 Abs. 2.

(4) In Verfahren nach § 48 Absatz 1 Satz 1 Nummer 3 bis 15 kann der Senat den Rechtsstreit einem seiner Mitglieder als Einzelrichter zur Entscheidung übertragen, wenn

1. die Sache keine besonderen Schwierigkeiten tatsächlicher oder rechtlicher Art aufweist und

2. die Rechtssache keine grundsätzliche Bedeutung hat.

§ 6 Absatz 2 bis 4 gilt entsprechend.

§ 10 (Bundesverwaltungsgericht)

(1) Das Bundesverwaltungsgericht besteht aus dem Präsidenten und aus den Vorsitzenden Richtern und weiteren Richtern in erforderlicher Anzahl.

(2) Bei dem Bundesverwaltungsgericht werden Senate gebildet.

(3) Die Senate des Bundesverwaltungsgerichts entscheiden in der Besetzung von fünf Richtern, bei Beschlüssen außerhalb der mündlichen Verhandlung in der Besetzung von drei Richtern.

(4) In Verfahren nach § 50 Absatz 1 Nummer 6 kann der Senat in einer Besetzung mit drei Richtern entscheiden, wenn

1. die Sache keine besonderen Schwierigkeiten tatsächlicher oder rechtlicher Art aufweist und

2. die Rechtssache keine grundsätzliche Bedeutung hat.

§ 6 Absatz 2 bis 4 gilt entsprechend.

§ 11 (Großer Senat)

(1) Bei dem Bundesverwaltungsgericht wird ein Großer Senat gebildet.

(2) Der Große Senat entscheidet, wenn ein Senat in einer Rechtsfrage von der Entscheidung eines anderen Senats oder des Großen Senats abweichen will.

(3) Eine Vorlage an den Großen Senat ist nur zulässig, wenn der Senat, von dessen Entscheidung abgewichen werden soll, auf Anfrage des erkennenden Senats erklärt hat, daß er an seiner Rechtsauffassung festhält. Kann der Senat, von dessen Entscheidung abgewichen werden soll, wegen einer Änderung des Geschäftsverteilungsplanes mit der Rechtsfrage nicht mehr befaßt werden, tritt der Senat an seine Stelle, der nach dem Geschäftsverteilungsplan für den Fall, in dem abweichend entschieden wurde, nunmehr zuständig wäre. Über die Anfrage und die Antwort entscheidet der jeweilige Senat durch Beschluß in der für Urteile erforderlichen Besetzung.

(4) Der erkennende Senat kann eine Frage von grundsätzlicher Bedeutung dem Großen Senat zur Entscheidung vorlegen, wenn das nach seiner Auffassung zur Fortbildung des Rechts oder zur Sicherung einer einheitlichen Rechtsprechung erforderlich ist.

(5) Der Große Senat besteht aus dem Präsidenten und je einem Richter der Revisionssenate, in denen der Präsident nicht den Vorsitz führt. Legt ein anderer als ein Revisionssenat vor oder soll von dessen Entscheidung abgewichen werden, ist auch ein Mitglied dieses

Senats im Großen Senat vertreten. Bei einer Verhinderung des Präsidenten tritt ein Richter des Senats, dem er angehört, an seine Stelle.

(6) Die Mitglieder und die Vertreter werden durch das Präsidium für ein Geschäftsjahr bestellt. Das gilt auch für das Mitglied eines anderen Senats nach Absatz 5 Satz 2 und für seinen Vertreter. Den Vorsitz im Großen Senat führt der Präsident, bei Verhinderung das dienstälteste Mitglied. Bei Stimmengleichheit gibt die Stimme des Vorsitzenden den Ausschlag.

(7) Der Große Senat entscheidet nur über die Rechtsfrage. Er kann ohne mündliche Verhandlung entscheiden. Seine Entscheidung ist in der vorliegenden Sache für den erkennenden Senat bindend.

§ 12 (Großer Senat des OVG)

(1) Die Vorschriften des § 11 gelten für das Oberverwaltungsgericht entsprechend, soweit es über eine Frage des Landesrechts endgültig entscheidet. An die Stelle der Revisionssenate treten die nach diesem Gesetz gebildeten Berufungssenate.

(2) Besteht ein Oberverwaltungsgericht nur aus zwei Berufungssenaten, so treten an die Stelle des Großen Senats die Vereinigten Senate.

(3) Durch Landesgesetz kann eine abweichende Zusammensetzung des Großen Senats bestimmt werden.

§ 13 (Geschäftsstelle)

Bei jedem Gericht wird eine Geschäftsstelle eingerichtet. Sie wird mit der erforderlichen Anzahl von Urkundsbeamten besetzt.

§ 14 (Rechts- und Amtshilfe)

Alle Gerichte und Verwaltungsbehörden leisten den Gerichten der Verwaltungsgerichtsbarkeit Rechts- und Amtshilfe.

2. Abschnitt
Richter

§ 15 (Ernennung)

(1) Die Richter werden auf Lebenszeit ernannt, soweit nicht in §§ 16 und 17 Abweichendes bestimmt ist.

(2) (weggefallen)

(3) Die Richter des Bundesverwaltungsgerichts müssen das fünfunddreißigste Lebensjahr vollendet haben.

§ 16 (Richter im Nebenamt)

Bei dem Oberverwaltungsgericht und bei dem Verwaltungsgericht können auf Lebenszeit ernannte Richter anderer Gerichte und ordentliche Professoren des Rechts für eine bestimmte Zeit von mindestens zwei Jahren, längstens jedoch für die Dauer ihres Hauptamtes, zu Richtern im Nebenamt ernannt werden.

§ 17 (Richter auf Probe, Richter kraft Auftrags, Richter auf Zeit)

Bei den Verwaltungsgerichten können auch folgende Richter verwendet werden:

1. Richter auf Probe,
2. Richter kraft Auftrags und
3. Richter auf Zeit.

§ 18 (Deckung vorübergehenden Personalbedarfs)

Zur Deckung eines nur vorübergehenden Personalbedarfs kann ein Beamter auf Lebenszeit mit der Befähigung zum Richteramt für die Dauer von mindestens zwei Jahren, längstens jedoch für die Dauer seines Hauptamts, zum Richter auf Zeit ernannt werden. § 15 Absatz 1 Satz 1 und 3 sowie Absatz 2 des Deutschen Richtergesetzes ist entsprechend anzuwenden.

3. Abschnitt
Ehrenamtliche Richter

§ 19 (Gleiche Rechte)

Der ehrenamtliche Richter wirkt bei der mündlichen Verhandlung und der Urteilsfindung mit gleichen Rechten wie der Richter.

§ 20 (Persönliche Voraussetzungen)

Der ehrenamtliche Richter muß Deutscher sein. Er soll das 25. Lebensjahr vollendet und seinen Wohnsitz innerhalb des Gerichtsbezirks haben.

§ 21 (Ausschluss)

(1) Vom Amt des ehrenamtlichen Richters sind ausgeschlossen

1. Personen, die infolge Richterspruchs die Fähigkeit zur Bekleidung öffentlicher Ämter nicht besitzen oder wegen einer vorsätzlichen Tat zu einer Freiheitsstrafe von mehr als sechs Monaten verurteilt worden sind,
2. Personen, gegen die Anklage wegen einer Tat erhoben ist, die den Verlust der Fähigkeit zur Bekleidung öffentlicher Ämter zur Folge haben kann,
3. Personen, die nicht das Wahlrecht zu den gesetzgebenden Körperschaften des Landes besitzen.

(2) Personen, die in Vermögensverfall geraten sind, sollen nicht zu ehrenamtlichen Richtern berufen werden.

§ 22 (Ausgeschlossene Personengruppen)

Zu ehrenamtlichen Richtern können nicht berufen werden

1. Mitglieder des Bundestages, des Europäischen Parlaments, der gesetzgebenden Körperschaften eines Landes, der Bundesregierung oder einer Landesregierung,
2. Richter,
3. Beamte und Angestellte im öffentlichen Dienst, soweit sie nicht ehrenamtlich tätig sind,
4. Berufssoldaten und Soldaten auf Zeit,
5. Rechtsanwälte, Notare und Personen, die fremde Rechtsangelegenheiten geschäftsmäßig besorgen.

§ 23 (Ablehnungsberechtigte)

(1) Die Berufung zum Amt des ehrenamtlichen Richters dürfen ablehnen

1. Geistliche und Religionsdiener,
2. Schöffen und andere ehrenamtliche Richter,
3. Personen, die zwei Amtsperioden lang als ehrenamtliche Richter bei Gerichten der allgemeinen Verwaltungsgerichtsbarkeit tätig gewesen sind,
4. Ärzte, Krankenpfleger, Hebammen,
5. Apothekenleiter, die keinen weiteren Apotheker beschäftigen,
6. Personen, die die Regelaltersgrenze nach dem Sechsten Buch Sozialgesetzbuch erreicht haben.

(2) In besonderen Härtefällen kann außerdem auf Antrag von der Übernahme des Amtes befreit werden.

§ 24 (Entbindung vom Amt)

(1) Ein ehrenamtlicher Richter ist von seinem Amt zu entbinden, wenn er

1. nach §§ 20 bis 22 nicht berufen werden konnte oder nicht mehr berufen werden kann oder
2. seine Amtspflichten gröblich verletzt hat oder
3. einen Ablehnungsgrund nach § 23 Abs. 1 geltend macht oder
4. die zur Ausübung seines Amtes erforderlichen geistigen oder körperlichen Fähigkeiten nicht mehr besitzt oder
5. seinen Wohnsitz im Gerichtsbezirk aufgibt.

(2) In besonderen Härtefällen kann außerdem auf Antrag von der weiteren Ausübung des Amtes entbunden werden.

(3) Die Entscheidung trifft ein Senat des Oberverwaltungsgerichts in den Fällen des Absatzes 1 Nr. 1, 2 und 4 auf Antrag des Präsidenten des Verwaltungsgerichts, in den Fällen des Absatzes 1 Nr. 3 und 5 und des Absatzes 2 auf Antrag des ehrenamtlichen Richters. Die Entscheidung ergeht durch Beschluß nach Anhörung des ehrenamtlichen Richters. Sie ist unanfechtbar.

(4) Absatz 3 gilt entsprechend in den Fällen des § 23 Abs. 2.

(5) Auf Antrag des ehrenamtlichen Richters ist die Entscheidung nach Absatz 3 von dem Senat des Oberverwaltungsgerichts aufzuheben, wenn Anklage nach § 21 Nr. 2 erhoben war und der Angeschuldigte rechtskräftig außer Verfolgung gesetzt oder freigesprochen worden ist.

§ 25 (Amtszeit)

Die ehrenamtlichen Richter werden auf fünf Jahre gewählt.

§ 26 (Wahlausschuss)

(1) Bei jedem Verwaltungsgericht wird ein Ausschuß zur Wahl der ehrenamtlichen Richter bestellt.

(2) Der Ausschuß besteht aus dem Präsidenten des Verwaltungsgerichts als Vorsitzendem, einem von der Landesregierung bestimmten Verwaltungsbeamten und sieben Vertrauensleuten als Beisitzern. Die Vertrauensleute, ferner sieben Vertreter werden aus den Einwohnern des Verwaltungsgerichtsbezirks vom Landtag oder von einem durch ihn bestimmten Landtagsausschuß oder nach Maßgabe eines Landesgesetzes gewählt. Sie müssen die Voraussetzungen zur Berufung als ehrenamtliche Richter erfüllen. Die Landesregierungen werden ermächtigt, durch Rechtsverordnung die Zuständigkeit für die Bestimmung des Verwaltungsbeamten abweichend von Satz 1 zu regeln. Sie können diese Ermächtigung auf oberste Landesbehörden übertragen. In den Fällen des § 3 Abs. 2 richtet sich die Zuständigkeit für die Bestellung des Verwaltungsbeamten sowie des Landes für die Wahl der Vertrauensleute nach dem Sitz des Gerichts. Die Landesgesetzgebung kann in diesen Fällen vorsehen, dass jede beteiligte Landesregierung einen Verwaltungsbeamten in den Ausschuss entsendet und dass jedes beteiligte Land mindestens zwei Vertrauensleute bestellt.

(3) Der Ausschuß ist beschlußfähig, wenn wenigstens der Vorsitzende, ein Verwaltungsbeamter und drei Vertrauensleute anwesend sind.

§ 27 (Erforderliche Zahl)

Die für jedes Verwaltungsgericht erforderliche Zahl von ehrenamtlichen Richtern wird durch den Präsidenten so bestimmt, daß voraussichtlich jeder zu höchstens zwölf ordentlichen Sitzungstagen im Jahr herangezogen wird.

§ 28 (Vorschlagsliste)

Die Kreise und kreisfreien Städte stellen in jedem fünften Jahr eine Vorschlagsliste für ehrenamtliche Richter auf. Der Ausschuß bestimmt für jeden Kreis und für jede kreisfreie Stadt die Zahl der Personen, die in die Vorschlagsliste aufzunehmen sind. Hierbei ist die doppelte Anzahl der nach § 27 erforderlichen ehrenamtlichen Richter zugrunde zu legen. Für die Aufnahme in die Liste ist die Zustimmung von zwei Dritteln der anwesenden Mitglieder der Vertretungskörperschaft des Kreises oder der kreisfreien Stadt, mindestens jedoch die Hälfte der gesetzlichen Mitgliederzahl erforderlich. Die jeweiligen Regelungen zur Beschlussfassung der Vertretungskörperschaft bleiben unberührt. Die Vorschlagslisten sollen außer dem Namen auch den Geburtsort, den Geburtstag und Beruf des Vorgeschlagenen enthalten; sie sind dem Präsidenten des zuständigen Verwaltungsgerichts zu übermitteln.

§ 29 (Auswahl)

(1) Der Ausschuß wählt aus den Vorschlagslisten mit einer Mehrheit von mindestens zwei Dritteln der Stimmen die erforderliche Zahl von ehrenamtlichen Richtern.

(2) Bis zur Neuwahl bleiben die bisherigen ehrenamtlichen Richter im Amt.

§ 30 (Reihenfolge; Hilfsliste)

(1) Das Präsidium des Verwaltungsgerichts bestimmt vor Beginn des Geschäftsjahres die Reihenfolge, in der die ehrenamtlichen Richter zu den Sitzungen heranzuziehen sind.

(2) Für die Heranziehung von Vertretern bei unvorhergesehener Verhinderung kann eine Hilfsliste aus ehrenamtlichen Richtern aufgestellt werden, die am Gerichtssitz oder in seiner Nähe wohnen.

§ 31 (weggefallen)

§ 32 (Entschädigung)

Der ehrenamtliche Richter und der Vertrauensmann (§ 26) erhalten eine Entschädigung nach dem Justizvergütungs- und -entschädigungsgesetz.

§ 33 (Ordnungsgeld)

(1) Gegen einen ehrenamtlichen Richter, der sich ohne genügende Entschuldigung zu einer Sitzung nicht rechtzeitig einfindet oder der sich seinen Pflichten auf andere Weise entzieht,

kann ein Ordnungsgeld festgesetzt werden. Zugleich können ihm die durch sein Verhalten verursachten Kosten auferlegt werden.

(2) Die Entscheidung trifft der Vorsitzende. Bei nachträglicher Entschuldigung kann er sie ganz oder zum Teil aufheben.

§ 34 (Oberverwaltungsgericht)

§§ 19 bis 33 gelten für die ehrenamtlichen Richter bei dem Oberverwaltungsgericht entsprechend, wenn die Landesgesetzgebung bestimmt hat, daß bei diesem Gericht ehrenamtliche Richter mitwirken.

4. Abschnitt
Vertreter des öffentlichen Interesses

§ 35 (Oberbundesanwalt)

(1) Die Bundesregierung bestellt einen Vertreter des Bundesinteresses beim Bundesverwaltungsgericht und richtet ihn im Bundesministerium des Innern, für Bau und Heimat ein. Der Vertreter des Bundesinteresses beim Bundesverwaltungsgericht kann sich an jedem Verfahren vor dem Bundesverwaltungsgericht beteiligen; dies gilt nicht für Verfahren vor den Wehrdienstsenaten. Er ist an die Weisungen der Bundesregierung gebunden.

(2) Das Bundesverwaltungsgericht gibt dem Vertreter des Bundesinteresses beim Bundesverwaltungsgericht Gelegenheit zur Äußerung.

§ 36 (Oberverwaltungsgericht, Verwaltungsgericht)

(1) Bei dem Oberverwaltungsgericht und bei dem Verwaltungsgericht kann nach Maßgabe einer Rechtsverordnung der Landesregierung ein Vertreter des öffentlichen Interesses bestimmt werden. Dabei kann ihm allgemein oder für bestimmte Fälle die Vertretung des Landes oder von Landesbehörden übertragen werden.

(2) § 35 Abs. 2 gilt entsprechend.

§ 37 (Befähigung zum Richteramt)

(1) Der Vertreter des Bundesinteresses beim Bundesverwaltungsgericht und seine hauptberuflichen Mitarbeiter des höheren Dienstes müssen die Befähigung zum Richteramt haben.

(2) Der Vertreter des öffentlichen Interesses bei dem Oberverwaltungsgericht und bei dem Verwaltungsgericht muß die Befähigung zum Richteramt nach dem Deutschen Richtergesetz haben; § 174 bleibt unberührt.

5. Abschnitt
Gerichtsverwaltung

§ 38 (Dienstaufsicht)

(1) Der Präsident des Gerichts übt die Dienstaufsicht über die Richter, Beamten, Angestellten und Arbeiter aus.

(2) Übergeordnete Dienstaufsichtsbehörde für das Verwaltungsgericht ist der Präsident des Oberverwaltungsgerichts.

§ 39 (Keine Verwaltungsgeschäfte)

Dem Gericht dürfen keine Verwaltungsgeschäfte außerhalb der Gerichtsverwaltung übertragen werden.

6. Abschnitt
Verwaltungsrechtsweg und Zuständigkeit

§ 40 (Öffentlich-rechtliche Streitigkeiten)

(1) Der Verwaltungsrechtsweg ist in allen öffentlich-rechtlichen Streitigkeiten nichtverfassungsrechtlicher Art gegeben, soweit die Streitigkeiten nicht durch Bundesgesetz einem anderen Gericht ausdrücklich zugewiesen sind. Öffentlich-rechtliche Streitigkeiten auf dem Gebiet des Landesrechts können einem anderen Gericht auch durch Landesgesetz zugewiesen werden.

(2) Für vermögensrechtliche Ansprüche aus Aufopferung für das gemeine Wohl und aus öffentlich-rechtlicher Verwahrung sowie für Schadensersatzansprüche aus der Verletzung öffentlich-rechtlicher Pflichten, die nicht auf einem öffentlich-rechtlichen Vertrag beruhen, ist der ordentliche Rechtsweg gegeben; dies gilt nicht für Streitigkeiten über das Bestehen und die Höhe eines Ausgleichsanspruchs im Rahmen des Artikels 14 Abs. 1 Satz 2 des Grundgesetzes. Die besonderen Vorschriften des Beamtenrechts sowie über

den Rechtsweg bei Ausgleich von Vermögensnachteilen wegen Rücknahme rechtswidriger Verwaltungsakte bleiben unberührt.

§ 41 (weggefallen)

§ 42 (Anfechtungsklage; Verpflichtungsklage)

(1) Durch Klage kann die Aufhebung eines Verwaltungsakts (Anfechtungsklage) sowie die Verurteilung zum Erlaß eines abgelehnten oder unterlassenen Verwaltungsakts (Verpflichtungsklage) begehrt werden.

(2) Soweit gesetzlich nichts anderes bestimmt ist, ist die Klage nur zulässig, wenn der Kläger geltend macht, durch den Verwaltungsakt oder seine Ablehnung oder Unterlassung in seinen Rechten verletzt zu sein.

§ 43 (Feststellungsklage)

(1) Durch Klage kann die Feststellung des Bestehens oder Nichtbestehens eines Rechtsverhältnisses oder der Nichtigkeit eines Verwaltungsakts begehrt werden, wenn der Kläger ein berechtigtes Interesse an der baldigen Feststellung hat (Feststellungsklage).

(2) Die Feststellung kann nicht begehrt werden, soweit der Kläger seine Rechte durch Gestaltungs- oder Leistungsklage verfolgen kann oder hätte verfolgen können. Dies gilt nicht, wenn die Feststellung der Nichtigkeit eines Verwaltungsakts begehrt wird.

§ 44 (Mehrere Klagebegehren)

Mehrere Klagebegehren können vom Kläger in einer Klage zusammen verfolgt werden, wenn sie sich gegen denselben Beklagten richten, im Zusammenhang stehen und dasselbe Gericht zuständig ist.

§ 44a (Rechtsbehelfe gegen behördliche Verfahrenshandlungen)

Rechtsbehelfe gegen behördliche Verfahrenshandlungen können nur gleichzeitig mit den gegen die Sachentscheidung zulässigen Rechtsbehelfen geltend gemacht werden. Dies gilt nicht, wenn behördliche Verfahrenshandlungen vollstreckt werden können oder gegen einen Nichtbeteiligten ergehen.

§ 45 (Erster Rechtszug)

Das Verwaltungsgericht entscheidet im ersten Rechtszug über alle Streitigkeiten, für die der Verwaltungsrechtsweg offensteht.

§ 46 (Zweiter Rechtszug)

Das Oberverwaltungsgericht entscheidet über das Rechtsmittel

1. der Berufung gegen Urteile des Verwaltungsgerichts und

2. der Beschwerde gegen andere Entscheidungen des Verwaltungsgerichts.

§ 47 (Gültigkeit von Satzungen, von Rechtsvorschriften)

(1) Das Oberverwaltungsgericht entscheidet im Rahmen seiner Gerichtsbarkeit auf Antrag über die Gültigkeit

1. von Satzungen, die nach den Vorschriften des Baugesetzbuchs erlassen worden sind, sowie von Rechtsverordnungen auf Grund des § 246 Abs. 2 des Baugesetzbuchs,

2. von anderen im Rang unter dem Landesgesetz stehenden Rechtsvorschriften, sofern das Landesrecht dies bestimmt.

(2) Den Antrag kann jede natürliche oder juristische Person, die geltend macht, durch die Rechtsvorschrift oder deren Anwendung in ihren Rechten verletzt zu sein oder in absehbarer Zeit verletzt zu werden, sowie jede Behörde innerhalb eines Jahres nach Bekanntmachung der Rechtsvorschrift stellen. Er ist gegen die Körperschaft, Anstalt oder Stiftung zu richten, welche die Rechtsvorschrift erlassen hat. Das Oberverwaltungsgericht kann dem Land und anderen juristischen Personen des öffentlichen Rechts, deren Zuständigkeit durch die Rechtsvorschrift berührt wird, Gelegenheit zur Äußerung binnen einer zu bestimmenden Frist geben. § 65 Abs. 1 und 4 und § 66 sind entsprechend anzuwenden.

(3) Das Oberverwaltungsgericht prüft die Vereinbarkeit der Rechtsvorschrift mit Landesrecht nicht, soweit gesetzlich vorgesehen ist, daß die Rechtsvorschrift ausschließlich durch das Verfassungsgericht eines Landes nachprüfbar ist.

(4) Ist ein Verfahren zur Überprüfung der Gültigkeit der Rechtsvorschrift bei einem Ver-

fassungsgericht anhängig, so kann das Oberverwaltungsgericht anordnen, daß die Verhandlung bis zur Erledigung des Verfahrens vor dem Verfassungsgericht auszusetzen sei.

(5) Das Oberverwaltungsgericht entscheidet durch Urteil oder, wenn es eine mündliche Verhandlung nicht für erforderlich hält, durch Beschluß. Kommt das Oberverwaltungsgericht zu der Überzeugung, daß die Rechtsvorschrift ungültig ist, so erklärt es sie für unwirksam; in diesem Fall ist die Entscheidung allgemein verbindlich und die Entscheidungsformel vom Antragsgegner ebenso zu veröffentlichen wie die Rechtsvorschrift bekanntzumachen wäre. Für die Wirkung der Entscheidung gilt § 183 entsprechend.

(6) Das Gericht kann auf Antrag eine einstweilige Anordnung erlassen, wenn dies zur Abwehr schwerer Nachteile oder aus anderen wichtigen Gründen dringend geboten ist.

§ 48 (Erster Rechtszug)

(1) Das Oberverwaltungsgericht entscheidet im ersten Rechtszug über sämtliche Streitigkeiten, die betreffen

1. die Errichtung, den Betrieb, die sonstige Innehabung, die Veränderung, die Stillegung, den sicheren Einschluß und den Abbau von Anlagen im Sinne der §§ 7 und 9a Abs. 3 des Atomgesetzes,

1a. das Bestehen und die Höhe von Ausgleichsansprüchen auf Grund der §§ 7e und 7f des Atomgesetzes,

2. die Bearbeitung, Verarbeitung und sonstige Verwendung von Kernbrennstoffen außerhalb von Anlagen der in § 7 des Atomgesetzes bezeichneten Art (§ 9 des Atomgesetzes) und die wesentliche Abweichung von den wesentlichen Veränderung im Sinne des § 9 Abs. 1 Satz 2 des Atomgesetzes sowie die Aufbewahrung von Kernbrennstoffen außerhalb der staatlichen Verwahrung (§ 6 des Atomgesetzes),

3. die Errichtung, den Betrieb und die Änderung von Kraftwerken mit Feuerungsanlagen für feste, flüssige und gasförmige Brennstoffe mit einer Feuerungswärmeleistung von mehr als dreihundert Megawatt,

3a. die Errichtung, den Betrieb und die Änderung von Anlagen zur Nutzung von Windenergie an Land mit einer Gesamthöhe von mehr als 50 Metern sowie Anlagen von Windenergie auf See im Küstenmeer,

3b. die Errichtung, den Betrieb und die Änderung von Kraft-Wärme-Kopplungsanlagen im Sinne des Kraft-Wärme-Kopplungsgesetzes ab einer Feuerungswärmeleistung von 50 Megawatt,

4. Planfeststellungsverfahren gemäß § 43 des Energiewirtschaftsgesetzes, soweit nicht die Zuständigkeit des Bundesverwaltungsgerichts nach § 50 Absatz 1 Nummer 6 begründet ist,

4a. Planfeststellungs- oder Plangenehmigungsverfahren für die Errichtung, den Betrieb und die Änderung von Einrichtungen nach § 66 Absatz 1 des Windenergie-auf-See-Gesetzes, soweit nicht die Zuständigkeit des Bundesverwaltungsgerichts nach § 50 Absatz 1 Nummer 6 begründet ist,

5. Verfahren für die Errichtung, den Betrieb und die wesentliche Änderung von ortsfesten Anlagen zur Verbrennung oder thermischen Zersetzung von Abfällen mit einer jährlichen Durchsatzleistung (effektive Leistung) von mehr als einhunderttausend Tonnen und von ortsfesten Anlagen, in denen ganz oder teilweise Abfälle im Sinne des § 48 des Kreislaufwirtschaftsgesetzes gelagert oder abgelagert werden,

6. das Anlegen, die Erweiterung oder Änderung und den Betrieb von Verkehrsflughäfen und von Verkehrslandeplätzen mit beschränktem Bauschutzbereich,

7. Planfeststellungsverfahren für den Bau oder die Änderung der Strecken von Straßenbahnen, Magnetschwebebahnen und von öffentlichen Eisenbahnen sowie für den Bau oder die Änderung von Rangier- und Containerbahnhöfen,

8. Planfeststellungsverfahren für den Bau oder die Änderung von Bundesfernstraßen und Landesstraßen,
9. Planfeststellungsverfahren für den Neubau oder den Ausbau von Bundeswasserstraßen,
10. Planfeststellungsverfahren für Maßnahmen des öffentlichen Küsten- oder Hochwasserschutzes,
11. Planfeststellungsverfahren nach §68 Absatz 1 des Wasserhaushaltsgesetzes oder nach landesrechtlichen Vorschriften für die Errichtung, die Erweiterung oder die Änderung von Häfen, die für Wasserfahrzeuge mit mehr als 1350 Tonnen Tragfähigkeit zugänglich sind, unbeschadet der Nummer 9,
12. Planfeststellungsverfahren nach §68 Absatz 1 des Wasserhaushaltsgesetzes für die Errichtung, die Erweiterung oder die Änderung von Wasserkraftanlagen mit einer elektrischen Nettoleistung von mehr als 100 Megawatt,
12a. Gewässerbenutzungen im Zusammenhang mit der aufgrund des Kohleverstromungsbeendigungsgesetzes vorgesehenen Einstellung von Braunkohletagebauen,
12b. Planfeststellungsverfahren für Gewässerausbauten im Zusammenhang mit der aufgrund des Kohleverstromungsbeendigungsgesetzes vorgesehenen Einstellung von Braunkohletagebauen,
13. Planfeststellungsverfahren nach dem Bundesberggesetz,
14. Zulassungen von
    a) Rahmenbetriebsplänen,
    b) Hauptbetriebsplänen,
    c) Sonderbetriebsplänen und
    d) Abschlussbetriebsplänen

    sowie Grundabtretungsbeschlüsse, jeweils im Zusammenhang mit der aufgrund des Kohleverstromungsbeendigungsgesetzes vorgesehenen Einstellung von Braunkohletagebauen, und
15. Planfeststellungsverfahren nach §65 Absatz 1 in Verbindung mit Anlage 1 Nummer 19.7 des Gesetzes über die Umweltverträglichkeitsprüfung für die Errichtung und den Betrieb oder die Änderung von Dampf- oder Warmwasserpipelines.

Satz 1 gilt auch für Streitigkeiten über Genehmigungen, die anstelle einer Planfeststellung erteilt werden, sowie für Streitigkeiten über sämtliche für das Vorhaben erforderlichen Genehmigungen und Erlaubnisse, auch soweit sie Nebeneinrichtungen betreffen, die mit ihm in einem räumlichen und betrieblichen Zusammenhang stehen. Die Länder können durch Gesetz vorschreiben, daß über Streitigkeiten, die Besitzeinweisungen in den Fällen des Satzes 1 betreffen, das Oberverwaltungsgericht im ersten Rechtszug entscheidet.

(2) Das Oberverwaltungsgericht entscheidet im ersten Rechtszug ferner über Klagen gegen die von einer obersten Landesbehörde nach §3 Abs. 2 Nr. 1 des Vereinsgesetzes ausgesprochenen Vereinsverbote und nach §8 Abs. 2 Satz 1 des Vereinsgesetzes erlassenen Verfügungen.

(3) Abweichend von §21e Absatz 4 des Gerichtsverfassungsgesetzes soll das Präsidium des Oberverwaltungsgerichts anordnen, dass ein Spruchkörper, der in einem Verfahren nach Absatz 1 Satz 1 Nummer 3 bis 15 tätig geworden ist, für dieses nach einer Änderung der Geschäftsverteilung zuständig bleibt.

Entscheidung des Bundesverfassungsgerichts
vom 29. September 2020 (BGBl. I S. 2652)

Aus dem Beschluss des Bundesverfassungsgerichts vom 29. September 2020 – 1 BvR 1550/19 – wird folgende Entscheidungsformel veröffentlicht:

1. Die Beschwerdeführerinnen sind dadurch in ihrem Grundrecht aus Artikel 14 Absatz 1 des Grundgesetzes verletzt, dass der Gesetzgeber auch für den Zeitraum nach dem 30. Juni 2018 weder durch das Sechzehnte Gesetz zur Änderung des Atomgesetzes vom 10. Juli 2018 (Bundesgesetzblatt I Seite 1122) noch durch ein anderes Gesetz eine Neuregelung in Kraft gesetzt hat, die eine im Wesentlichen vollständige Verstromung der den Kernkraftwer-

ken in Anlage 3 Spalte 2 zum Atomgesetz zugewiesenen Elektrizitätsmengen sicherstellt oder einen angemessenen Ausgleich für nicht mehr verstrombare Teile dieser Elektrizitätsmengen gewährt (vgl. BVerfGE 143, 246 <248, Nummer 1 der Entscheidungsformel>).

(**Anmerkung der Redaktion:** Durch das oben genannte Sechzehnte Gesetz zur Änderung des Atomgesetzes wurde in § 48 VwGO Absatz 1 Satz 1 Nr. 1a eingefügt. Laut Urteilsbegründung ist das Änderungsgesetz nicht wirksam in Kraft getreten.)

2. Der Gesetzgeber bleibt zur Neuregelung verpflichtet.

Die vorstehende Entscheidungsformel hat gemäß § 31 Absatz 2 des Bundesverfassungsgerichtsgesetzes Gesetzeskraft.

§ 49 (Dritter Rechtszug)

Das Bundesverwaltungsgericht entscheidet über das Rechtsmittel

1. der Revision gegen Urteile des Oberverwaltungsgerichts nach § 132,
2. der Revision gegen Urteile des Verwaltungsgerichts nach §§ 134 und 135,
3. der Beschwerde nach § 99 Abs. 2 und § 133 Abs. 1 dieses Gesetzes sowie nach § 17a Abs. 4 Satz 4 des Gerichtsverfassungsgesetzes.

§ 50 (Bundesverwaltungsgericht im ersten Rechtszug)

(1) Das Bundesverwaltungsgericht entscheidet im ersten und letzten Rechtszug

1. über öffentlich-rechtliche Streitigkeiten nichtverfassungsrechtlicher Art zwischen dem Bund und den Ländern und zwischen verschiedenen Ländern,
2. über Klagen gegen die vom Bundesminister des Innern, für Bau und Heimat nach § 3 Abs. 2 Nr. 2 des Vereinsgesetzes ausgesprochenen Vereinsverbote und nach § 8 Abs. 2 Satz 1 des Vereinsgesetzes erlassenen Verfügungen,
3. über Streitigkeiten gegen Abschiebungsanordnungen nach § 58a des Aufenthaltsgesetzes und ihre Vollziehung, sowie den Erlass eines Einreise- und Aufenthaltsverbots auf dieser Grundlage,
4. über Klagen gegen den Bund, denen Vorgänge im Geschäftsbereich des Bundesnachrichtendienstes zugrunde liegen,
5. über Klagen gegen Maßnahmen und Entscheidungen nach § 12 Absatz 3a des Abgeordnetengesetzes, nach den Vorschriften des Elften Abschnitts des Abgeordnetengesetzes, nach § 6b des Bundesministergesetzes und nach § 7 des Gesetzes über die Rechtsverhältnisse der Parlamentarischen Staatssekretäre in Verbindung mit § 6b des Bundesministergesetzes,
6. über sämtliche Streitigkeiten, die Planfeststellungsverfahren und Plangenehmigungsverfahren für Vorhaben betreffen, die in dem Allgemeinen Eisenbahngesetz, dem Bundeswasserstraßengesetz, dem Energieleitungsausbaugesetz, dem Bundesbedarfsplangesetz, in dem § 43e Absatz 4 des Energiewirtschaftsgesetzes, dem § 76 Absatz 1 des Windenergie-auf-See-Gesetzes oder dem Magnetschwebebahnplanungsgesetz bezeichnet sind, über sämtliche Streitigkeiten zu Verfahren im Sinne des § 17e Absatz 1 des Bundesfernstraßengesetzes, über sämtliche Streitigkeiten, die Vorhaben zur Errichtung und zur Anbindung von Terminals zum Import von Wasserstoff und Derivaten betreffen, sowie über die ihm nach dem LNG-Beschleunigungsgesetz zugewiesenen Verfahren,
7. über die ihm nach dem Energiesicherungsgesetz zugewiesenen Verfahren.

(2) In Verfahren nach Absatz 1 Nummer 6 ist § 48 Absatz 3 entsprechend anzuwenden.

(3) Hält das Bundesverwaltungsgericht nach Absatz 1 Nr. 1 eine Streitigkeit für verfassungsrechtlich, so legt es die Sache dem Bundesverfassungsgericht zur Entscheidung vor.

§ 51 (Verbot eines Teilvereins)

(1) Ist gemäß § 5 Abs. 2 des Vereinsgesetzes das Verbot des Gesamtvereins anstelle des Verbots eines Teilvereins zu vollziehen, so ist ein Verfahren über eine Klage dieses Teilvereins gegen das ihm gegenüber erlassene Verbot bis zum Erlaß der Entscheidung über eine Klage gegen das Verbot des Gesamtvereins auszusetzen.

(2) Eine Entscheidung des Bundesverwaltungsgerichts bindet im Falle des Absatzes 1 die Oberverwaltungsgerichte.

(3) Das Bundesverwaltungsgericht unterrichtet die Oberverwaltungsgerichte über die Klage eines Vereins nach § 50 Abs. 1 Nr. 2.

§ 52 (Örtliche Zuständigkeit)
Für die örtliche Zuständigkeit gilt folgendes:

1. In Streitigkeiten, die sich auf unbewegliches Vermögen oder ein ortsgebundenes Recht oder Rechtsverhältnis beziehen, ist nur das Verwaltungsgericht örtlich zuständig, in dessen Bezirk das Vermögen oder der Ort liegt.

2. Bei Anfechtungsklagen gegen den Verwaltungsakt einer Bundesbehörde, einer bundesunmittelbaren Körperschaft, Anstalt oder Stiftung des öffentlichen Rechts, ist das Verwaltungsgericht örtlich zuständig, in dessen Bezirk die Bundesbehörde, die Körperschaft, Anstalt oder Stiftung ihren Sitz hat, vorbehaltlich der Nummern 1 und 4. Dies gilt auch bei Verpflichtungsklagen in den Fällen des Satzes 1. In Streitigkeiten nach dem Asylgesetz ist jedoch das Verwaltungsgericht örtlich zuständig, in dessen Bezirk der Ausländer nach dem Asylgesetz seinen Aufenthalt zu nehmen hat; ist eine örtliche Zuständigkeit danach nicht gegeben, bestimmt sie sich nach Nummer 3. Soweit ein Land, in dem der Ausländer seinen Aufenthalt zu nehmen hat, von der Möglichkeit nach § 83 Absatz 3 des Asylgesetzes Gebrauch gemacht hat, ist das Verwaltungsgericht örtlich zuständig, das nach dem Landesrecht für Streitigkeiten nach dem Asylgesetz betreffend den Herkunftsstaat des Ausländers zuständig ist. Für Klagen gegen den Bund auf Gebieten, die in die Zuständigkeit der diplomatischen und konsularischen Auslandsvertretungen der Bundesrepublik Deutschland fallen, auf dem Gebiet der Visumangelegenheiten auch, wenn diese in die Zuständigkeit des Bundesamts für Auswärtige Angelegenheiten fallen, ist das Verwaltungsgericht örtlich zuständig, in dessen Bezirk die Bundesregierung ihren Sitz hat.

3. Bei allen anderen Anfechtungsklagen vorbehaltlich der Nummern 1 und 4 ist das Verwaltungsgericht örtlich zuständig, in dessen Bezirk der Verwaltungsakt erlassen wurde. Ist er von einer Behörde, deren Zuständigkeit sich auf mehrere Verwaltungsgerichtsbezirke erstreckt, oder von einer gemeinsamen Behörde mehrerer oder aller Länder erlassen, so ist das Verwaltungsgericht zuständig, in dessen Bezirk der Beschwerte seinen Sitz oder Wohnsitz hat. Fehlt ein solcher innerhalb des Zuständigkeitsbereichs der Behörde, so bestimmt sich die Zuständigkeit nach Nummer 5. Bei Anfechtungsklagen gegen Verwaltungsakte einer von den Ländern mit der Vergabe von Studienplätzen beauftragten Behörde ist jedoch das Verwaltungsgericht örtlich zuständig, in dessen Bezirk die Behörde ihren Sitz hat. Dies gilt auch bei Verpflichtungsklagen in den Fällen der Sätze 1, 2 und 4.

4. Für alle Klagen aus einem gegenwärtigen oder früheren Beamten-, Richter-, Wehrpflicht-, Wehrdienst- oder Zivildienstverhältnis und für Streitigkeiten, die auf die Entstehung eines solchen Verhältnisses beziehen, ist das Verwaltungsgericht örtlich zuständig, in dessen Bezirk der Kläger oder Beklagte seinen dienstlichen Wohnsitz oder in Ermangelung dessen seinen Wohnsitz hat. Hat der Kläger oder Beklagte keinen dienstlichen Wohnsitz oder keinen Wohnsitz innerhalb des Zuständigkeitsbereichs der Behörde, die den ursprünglichen Verwaltungsakt erlassen hat, so ist das Gericht örtlich zuständig, in dessen Bezirk diese Behörde ihren Sitz hat. Die Sätze 1 und 2 gelten für Klagen nach § 79 des Gesetzes zur Regelung der Rechtsverhältnisse der unter Artikel 131 des Grundgesetzes fallenden Personen entsprechend.

5. In allen anderen Fällen ist das Verwaltungsgericht örtlich zuständig, in dessen Bezirk der Beklagte seinen Sitz, Wohnsitz oder in Ermangelung dessen seinen Auf-

enthalt hat oder seinen letzten Wohnsitz oder Aufenthalt hatte.

§ 53 (Bestimmung des zuständigen Gerichts)

(1) Das zuständige Gericht innerhalb der Verwaltungsgerichtsbarkeit wird durch das nächsthöhere Gericht bestimmt,

1. wenn das an sich zuständige Gericht in einem einzelnen Fall an der Ausübung der Gerichtsbarkeit rechtlich oder tatsächlich verhindert ist,
2. wenn es wegen der Grenzen verschiedener Gerichtsbezirke ungewiß ist, welches Gericht für den Rechtsstreit zuständig ist,
3. wenn der Gerichtsstand sich nach § 52 richtet und verschiedene Gerichte in Betracht kommen,
4. wenn verschiedene Gerichte sich rechtskräftig für zuständig erklärt haben,
5. wenn verschiedene Gerichte, von denen eines für den Rechtsstreit zuständig ist, sich rechtskräftig für unzuständig erklärt haben.

(2) Wenn eine örtliche Zuständigkeit nach § 52 nicht gegeben ist, bestimmt das Bundesverwaltungsgericht das zuständige Gericht.

(3) Jeder am Rechtsstreit Beteiligte und jedes mit dem Rechtsstreit befaßte Gericht kann das im Rechtszug höhere Gericht oder das Bundesverwaltungsgericht anrufen. Das angerufene Gericht kann ohne mündliche Verhandlung entscheiden.

Teil II
Verfahren

7. Abschnitt
Allgemeine Verfahrensvorschriften

§ 54 (Ausschließung, Ablehnung von Gerichtspersonen)

(1) Für die Ausschließung und Ablehnung der Gerichtspersonen gelten §§ 41 bis 49 der Zivilprozeßordnung entsprechend.

(2) Von der Ausübung des Amtes als Richter oder ehrenamtlicher Richter ist auch ausgeschlossen, wer bei dem vorausgegangenen Verwaltungsverfahren mitgewirkt hat.

(3) Besorgnis der Befangenheit nach § 42 der Zivilprozeßordnung ist stets dann begründet, wenn der Richter oder ehrenamtliche Richter der Vertretung einer Körperschaft angehört, deren Interessen durch das Verfahren berührt werden.

§ 55 (Öffentlichkeit, Sitzungspolizei, Gerichtssprache, Beratung, Abstimmung)

§§ 169, 171a bis 198 des Gerichtsverfassungsgesetzes über die Öffentlichkeit, Sitzungspolizei, Gerichtssprache, Beratung und Abstimmung finden entsprechende Anwendung.

§ 55a (Elektronische Dokumente)

(1) Vorbereitende Schriftsätze und deren Anlagen, schriftlich einzureichende Anträge und Erklärungen der Beteiligten sowie schriftlich einzureichende Auskünfte, Aussagen, Gutachten, Übersetzungen, Anträge und Erklärungen Dritter können nach Maßgabe der Absätze 2 bis 6 als elektronische Dokumente bei Gericht eingereicht werden.

(2) Das elektronische Dokument muss für die Bearbeitung durch das Gericht geeignet sein. Die Bundesregierung bestimmt durch Rechtsverordnung mit Zustimmung des Bundesrates technische Rahmenbedingungen für die Übermittlung und die Eignung zur Bearbeitung durch das Gericht sowie das Nähere zur Verarbeitung von Daten der Postfachinhaber nach Absatz 4 Satz 1 Nummer 5 in einem sicheren elektronischen Verzeichnis.

(3) Das elektronische Dokument muss mit einer qualifizierten elektronischen Signatur der verantwortenden Person versehen sein oder von der verantwortenden Person signiert und auf einem sicheren Übermittlungsweg eingereicht werden. Satz 1 gilt nicht für Anlagen, die vorbereitenden Schriftsätzen beigefügt sind. Soll ein schriftlich einzureichender Antrag oder eine schriftlich einzureichende Erklärung eines Beteiligten oder eines Dritten als elektronisches Dokument eingereicht werden, so kann der unterschriebene Antrag

oder die unterschriebene Erklärung in ein elektronisches Dokument übertragen und durch den Bevollmächtigten, den Vertreter oder den Beistand nach Satz 1 übermittelt werden.

(4) Sichere Übermittlungswege sind

1. der Postfach- und Versanddienst eines De-Mail-Kontos, wenn der Absender bei Versand der Nachricht sicher im Sinne des § 4 Absatz 1 Satz 2 des De-Mail-Gesetzes angemeldet ist und er sich die sichere Anmeldung gemäß § 5 Absatz 5 des De-Mail-Gesetzes bestätigen lässt,

2. der Übermittlungsweg zwischen den besonderen elektronischen Anwaltspostfächern nach den §§ 31a und 31b der Bundesrechtsanwaltsordnung oder einem entsprechenden, auf gesetzlicher Grundlage errichteten elektronischen Postfach und der elektronischen Poststelle des Gerichts,

3. der Übermittlungsweg zwischen einem nach Durchführung eines Identifizierungsverfahrens eingerichteten Postfach einer Behörde oder einer juristischen Person des öffentlichen Rechts und der elektronischen Poststelle des Gerichts,

4. der Übermittlungsweg zwischen einem nach Durchführung eines Identifizierungsverfahrens eingerichteten elektronischen Postfach einer natürlichen oder juristischen Person oder einer sonstigen Vereinigung und der elektronischen Poststelle des Gerichts,

5. der Übermittlungsweg zwischen einem nach Durchführung eines Identifizierungsverfahrens genutzten Postfach- und Versanddienst eines Nutzerkontos im Sinne des § 2 Absatz 5 des Onlinezugangsgesetzes und der elektronischen Poststelle des Gerichts,

6. sonstige bundeseinheitliche Übermittlungswege, die durch Rechtsverordnung der Bundesregierung mit Zustimmung des Bundesrates festgelegt werden, bei denen die Authentizität und Integrität der Daten sowie die Barrierefreiheit gewährleistet sind.

Das Nähere zu den Übermittlungswegen gemäß Satz 1 Nummer 3 bis 5 regelt die Rechtsverordnung nach Absatz 2 Satz 2.

(5) Ein elektronisches Dokument ist eingegangen, sobald es auf der für den Empfang bestimmten Einrichtung des Gerichts gespeichert ist. Dem Absender ist eine automatisierte Bestätigung über den Zeitpunkt des Eingangs zu erteilen. Die Vorschriften dieses Gesetzes über die Beifügung von Abschriften für die übrigen Beteiligten finden keine Anwendung.

(6) Ist ein elektronisches Dokument für das Gericht zur Bearbeitung nicht geeignet, ist dies dem Absender unter Hinweis auf die Unwirksamkeit des Eingangs unverzüglich mitzuteilen. Das Dokument gilt als zum Zeitpunkt der früheren Einreichung eingegangen, sofern der Absender es unverzüglich in einer für das Gericht zur Bearbeitung geeigneten Form nachreicht und glaubhaft macht, dass es mit dem zuerst eingereichten Dokument inhaltlich übereinstimmt.

(7) Soweit eine handschriftliche Unterzeichnung durch den Richter oder den Urkundsbeamten der Geschäftsstelle vorgeschrieben ist, genügt dieser Form die Aufzeichnung als elektronisches Dokument, wenn die verantwortenden Personen am Ende des Dokuments ihren Namen hinzufügen und das Dokument mit einer qualifizierten elektronischen Signatur versehen. Der in Satz 1 genannten Form genügt auch ein elektronisches Dokument, in welches das handschriftlich unterzeichnete Schriftstück gemäß § 55b Absatz 6 Satz 4 übertragen worden ist.

§ 55b (Elektronische Prozessakten)

(1) Die Prozessakten können elektronisch geführt werden. Die Bundesregierung und die Landesregierungen bestimmen jeweils für ihren Bereich durch Rechtsverordnung den Zeitpunkt, von dem an die Prozessakten elektronisch geführt werden. In der Rechtsverordnung sind die organisatorisch-technischen Rahmenbedingungen für die Bildung, Führung und Verwahrung der elektronischen Akten festzulegen. Die Landesregierungen können die Ermächtigung auf die für die Ver-

waltungsgerichtsbarkeit zuständigen obersten Landesbehörden übertragen. Die Zulassung der elektronischen Akte kann auf einzelne Gerichte oder Verfahren beschränkt werden; wird von dieser Möglichkeit Gebrauch gemacht, kann in der Rechtsverordnung bestimmt werden, dass durch Verwaltungsvorschrift, die öffentlich bekanntzumachen ist, geregelt wird, in welchen Verfahren die Prozessakten elektronisch zu führen sind. Die Rechtsverordnung der Bundesregierung bedarf nicht der Zustimmung des Bundesrates.

(1a) Die Prozessakten werden ab dem 1. Januar 2026 elektronisch geführt. Die Bundesregierung und die Landesregierungen bestimmen jeweils für ihren Bereich durch Rechtsverordnung die organisatorischen und dem Stand der Technik entsprechenden technischen Rahmenbedingungen für die Bildung, Führung und Verwahrung der elektronischen Akten einschließlich der einzuhaltenden Anforderungen der Barrierefreiheit. Die Bundesregierung und die Landesregierungen können jeweils für ihren Bereich durch Rechtsverordnung bestimmen, dass Akten, die in Papierform angelegt wurden, in Papierform weitergeführt werden. Die Landesregierungen können die Ermächtigungen nach den Sätzen 2 und 3 auf die für die Verwaltungsgerichtsbarkeit zuständigen obersten Landesbehörden übertragen. Die Rechtsverordnungen der Bundesregierung bedürfen nicht der Zustimmung des Bundesrates.

(1b) Die Bundesregierung und die Landesregierungen können jeweils für ihren Bereich durch Rechtsverordnung bestimmen, dass Akten, die vor dem 1. Januar 2026 in Papierform angelegt wurden, ab einem bestimmten Stichtag oder Ereignis in elektronischer Form weitergeführt werden. Die Zulassung der Weiterführung in elektronischer Form kann auf einzelne Gerichte oder Verfahren beschränkt werden; wird von dieser Möglichkeit Gebrauch gemacht, kann in der Rechtsverordnung bestimmt werden, dass durch Verwaltungsvorschrift, die öffentlich bekanntzumachen ist, geregelt wird, in welchen Verfahren Akten in elektronischer Form weitergeführt werden. Die Rechtsverordnung der Bundesregierung bedarf nicht der Zustimmung des Bundesrates. Die Ermächtigung kann durch Rechtsverordnung auf die zuständige oberste Bundesbehörde oder auf die für die Verwaltungsgerichtsbarkeit zuständigen obersten Landesbehörden übertragen werden.

(2) Werden die Akten in Papierform geführt, ist von einem elektronischen Dokument ein Ausdruck für die Akten zu fertigen. Kann dies bei Anlagen zu vorbereitenden Schriftsätzen nicht oder nur mit unverhältnismäßigem Aufwand erfolgen, so kann ein Ausdruck unterbleiben. Die Daten sind in diesem Fall dauerhaft zu speichern; der Speicherort ist aktenkundig zu machen.

(3) Wird das elektronische Dokument auf einem sicheren Übermittlungsweg eingereicht, so ist dies aktenkundig zu machen.

(4) Ist das elektronische Dokument mit einer qualifizierten elektronischen Signatur versehen und nicht auf einem sicheren Übermittlungsweg eingereicht, muss der Ausdruck einen Vermerk darüber enthalten,

1. welches Ergebnis die Integritätsprüfung des Dokumentes ausweist,
2. wen die Signaturprüfung als Inhaber der Signatur ausweist,
3. welchen Zeitpunkt die Signaturprüfung für die Anbringung der Signatur ausweist.

(5) Ein eingereichtes elektronisches Dokument kann im Falle von Absatz 2 nach Ablauf von sechs Monaten gelöscht werden.

(6) Werden die Prozessakten elektronisch geführt, sind in Papierform vorliegende Schriftstücke und sonstige Unterlagen nach dem Stand der Technik zur Ersetzung der Urschrift in ein elektronisches Dokument zu übertragen. Es ist sicherzustellen, dass das elektronische Dokument mit den vorliegenden Schriftstücken und sonstigen Unterlagen bildlich und inhaltlich übereinstimmt. Das elektronische Dokument ist mit einem Übertragungsnachweis zu versehen, der das bei der Übertragung angewandte Verfahren und die bildliche und inhaltliche Übereinstimmung dokumentiert. Wird ein von den ver-

antwortenden Personen handschriftlich unterzeichnetes gerichtliches Schriftstück übertragen, ist der Übertragungsnachweis mit einer qualifizierten elektronischen Signatur des Urkundsbeamten der Geschäftsstelle zu versehen. Die in Papierform vorliegenden Schriftstücke und sonstigen Unterlagen können sechs Monate nach der Übertragung vernichtet werden, sofern sie nicht rückgabepflichtig sind.

(7) Die Bundesregierung kann durch Rechtsverordnung mit Zustimmung des Bundesrates die für die Übermittlung elektronischer Akten zwischen Behörden und Gerichten geltenden Standards bestimmen.

§ 55c Formulare; Verordnungsermächtigung

Das Bundesministerium der Justiz und für Verbraucherschutz kann durch Rechtsverordnung mit Zustimmung des Bundesrates elektronische Formulare einführen. Die Rechtsverordnung kann bestimmen, dass die in den Formularen enthaltenen Angaben ganz oder teilweise in strukturierter maschinenlesbarer Form zu übermitteln sind. Die Formulare sind auf einer in der Rechtsverordnung zu bestimmenden Kommunikationsplattform im Internet zur Nutzung bereitzustellen. Die Rechtsverordnung kann bestimmen, dass eine Identifikation des Formularverwenders abweichend von § 55a Absatz 3 auch durch Nutzung des elektronischen Identitätsnachweises nach § 18 des Personalausweisgesetzes, § 12 des eID-Karte-Gesetzes oder § 78 Absatz 5 des Aufenthaltsgesetzes erfolgen kann.

§ 55d Nutzungspflicht für Rechtsanwälte, Behörden und vertretungsberechtigte Personen

Vorbereitende Schriftsätze und deren Anlagen sowie schriftlich einzureichende Anträge und Erklärungen, die durch einen Rechtsanwalt, durch eine Behörde oder durch eine juristische Person des öffentlichen Rechts einschließlich der von ihr zur Erfüllung ihrer öffentlichen Aufgaben gebildeten Zusammenschlüsse eingereicht werden, sind als elektronisches Dokument zu übermitteln. Gleiches gilt für die nach diesem Gesetz vertretungsberechtigten Personen, für die ein sicherer Übermittlungsweg nach § 55a Absatz 4 Satz 1 Nummer 2 zur Verfügung steht. Ist eine Übermittlung aus technischen Gründen vorübergehend nicht möglich, bleibt die Übermittlung nach den allgemeinen Vorschriften zulässig. Die vorübergehende Unmöglichkeit ist bei der Ersatzeinreichung oder unverzüglich danach glaubhaft zu machen; auf Anforderung ist ein elektronisches Dokument nachzureichen.

§ 56 (Zustellung)

(1) Anordnungen und Entscheidungen, durch die eine Frist in Lauf gesetzt wird, sowie Terminbestimmungen und Ladungen sind zuzustellen, bei Verkündung jedoch nur, wenn es ausdrücklich vorgeschrieben ist.

(2) Zugestellt wird von Amts wegen nach den Vorschriften der Zivilprozessordnung.

(3) Wer nicht im Inland wohnt, hat auf Verlangen einen Zustellungsbevollmächtigten zu bestellen.

§ 56a (Öffentliche Bekanntmachung)

(1) Sind gleiche Bekanntgaben an mehr als fünfzig Personen erforderlich, kann das Gericht für das weitere Verfahren die Bekanntgabe durch öffentliche Bekanntmachung anordnen. In dem Beschluß muß bestimmt werden, in welchen Tageszeitungen die Bekanntmachungen veröffentlicht werden; dabei sind Tageszeitungen vorzusehen, die in dem Bereich verbreitet sind, in dem sich die Entscheidung voraussichtlich auswirken wird. Der Beschluß ist den Beteiligten zuzustellen. Die Beteiligten sind darauf hinzuweisen, auf welche Weise die weiteren Bekanntgaben bewirkt werden und wann das Dokument als zugestellt gilt. Der Beschluß ist unanfechtbar. Das Gericht kann den Beschluß jederzeit aufheben; es muß ihn aufheben, wenn die Voraussetzungen des Satzes 1 nicht vorlagen oder nicht mehr vorliegen.

(2) Die öffentliche Bekanntmachung erfolgt durch Aushang an der Gerichtstafel oder durch Veröffentlichung in einem elektronischen Informations- und Kommunikations-

system, das im Gericht öffentlich zugänglich ist und durch Veröffentlichung im Bundesanzeiger sowie in den im Beschluss nach Absatz 1 Satz 2 bestimmten Tageszeitungen. Bei der Entscheidung genügt die öffentliche Bekanntmachung der Entscheidungsformel und der Rechtsbehelfsbelehrung. Statt des bekannt zu machenden Dokuments kann eine Benachrichtigung öffentlich bekannt gemacht werden, in der angegeben ist, wo das Dokument eingesehen werden kann. Eine Terminbestimmung oder Ladung muss im vollständigen Wortlaut öffentlich bekannt gemacht werden.

(3) Das Dokument gilt als an dem Tage zugestellt, an dem seit dem Tage der Veröffentlichung im Bundesanzeiger zwei Wochen verstrichen sind; darauf ist in jeder Veröffentlichung hinzuweisen. Nach der öffentlichen Bekanntmachung einer Entscheidung können die Beteiligten eine Ausfertigung schriftlich anfordern; darauf ist in der Veröffentlichung gleichfalls hinzuweisen.

§ 57 (Fristen)

(1) Der Lauf einer Frist beginnt, soweit nichts anderes bestimmt ist, mit der Zustellung oder, wenn diese nicht vorgeschrieben ist, mit der Eröffnung oder Verkündung.

(2) Für die Fristen gelten die Vorschriften der §§ 222, 224 Abs. 2 und 3, §§ 225 und 226 der Zivilprozeßordnung.

§ 58 (Belehrung über Rechtsbehelf)

(1) Die Frist für ein Rechtsmittel oder einen anderen Rechtsbehelf beginnt nur zu laufen, wenn der Beteiligte über den Rechtsbehelf, die Verwaltungsbehörde oder das Gericht, bei denen der Rechtsbehelf anzubringen ist, den Sitz und die einzuhaltende Frist schriftlich oder elektronisch belehrt worden ist.

(2) Ist die Belehrung unterblieben oder unrichtig erteilt, so ist die Einlegung des Rechtsbehelfs nur innerhalb eines Jahres seit Zustellung, Eröffnung oder Verkündung zulässig, außer wenn die Einlegung vor Ablauf der Jahresfrist infolge höherer Gewalt unmöglich war oder eine schriftliche oder elektronische Belehrung dahin erfolgt ist, daß ein Rechtsbehelf nicht gegeben sei. § 60 Abs. 2 gilt für den Fall höherer Gewalt entsprechend.

§ 59 (weggefallen)

§ 60 (Wiedereinsetzung in den vorigen Stand)

(1) Wenn jemand ohne Verschulden verhindert war, eine gesetzliche Frist einzuhalten, so ist ihm auf Antrag Wiedereinsetzung in den vorigen Stand zu gewähren.

(2) Der Antrag ist binnen zwei Wochen nach Wegfall des Hindernisses zu stellen; bei Versäumung der Frist zur Begründung der Berufung, des Antrags auf Zulassung der Berufung, der Revision, der Nichtzulassungsbeschwerde oder der Beschwerde beträgt die Frist einen Monat. Die Tatsachen zur Begründung des Antrags sind bei der Antragstellung oder im Verfahren über den Antrag glaubhaft zu machen. Innerhalb der Antragsfrist ist die versäumte Rechtshandlung nachzuholen. Ist dies geschehen, so kann die Wiedereinsetzung auch ohne Antrag gewährt werden.

(3) Nach einem Jahr seit dem Ende der versäumten Frist ist der Antrag unzulässig, außer wenn der Antrag vor Ablauf der Jahresfrist infolge höherer Gewalt unmöglich war.

(4) Über den Wiedereinsetzungsantrag entscheidet das Gericht, das über die versäumte Rechtshandlung zu befinden hat.

(5) Die Wiedereinsetzung ist unanfechtbar.

§ 61 (Beteiligungsfähigkeit)

Fähig, am Verfahren beteiligt zu sein, sind
1. natürliche und juristische Personen,
2. Vereinigungen, soweit ihnen ein Recht zustehen kann,
3. Behörden, sofern das Landesrecht dies bestimmt.

§ 62 (Prozessfähigkeit)

(1) Fähig zur Vornahme von Verfahrenshandlungen sind
1. die nach bürgerlichem Recht Geschäftsfähigen,
2. die nach bürgerlichem Recht in der Geschäftsfähigkeit Beschränkten, soweit sie

durch Vorschriften des bürgerlichen oder öffentlichen Rechts für den Gegenstand des Verfahrens als geschäftsfähig anerkannt sind.

(2) Betrifft ein Einwilligungsvorbehalt nach § 1825 des Bürgerlichen Gesetzbuchs den Gegenstand des Verfahrens, so ist ein geschäftsfähiger Betreuter nur insoweit zur Vornahme von Verfahrenshandlungen fähig, als er nach den Vorschriften des bürgerlichen Rechts ohne Einwilligung des Betreuers handeln kann oder durch Vorschriften des öffentlichen Rechts als handlungsfähig anerkannt ist.

(3) Für Vereinigungen sowie für Behörden handeln ihre gesetzlichen Vertreter und Vorstände.

(4) §§ 53 bis 58 der Zivilprozeßordnung gelten entsprechend.

§ 63 (Beteiligte)
Beteiligte am Verfahren sind
1. der Kläger,
2. der Beklagte,
3. der Beigeladene (§ 65),
4. der Vertreter des Bundesinteresses beim Bundesverwaltungsgericht oder der Vertreter des öffentlichen Interesses, falls er von seiner Beteiligungsbefugnis Gebrauch macht.

§ 64 (Streitgenossenschaft)
Die Vorschriften der §§ 59 bis 63 der Zivilprozeßordnung über die Streitgenossenschaft sind entsprechend anzuwenden.

§ 65 (Beiladung)
(1) Das Gericht kann, solange das Verfahren noch nicht rechtskräftig abgeschlossen oder in höherer Instanz anhängig ist, von Amts wegen oder auf Antrag andere, deren rechtliche Interessen durch die Entscheidung berührt werden, beiladen.

(2) Sind an dem streitigen Rechtsverhältnis Dritte derart beteiligt, daß die Entscheidung auch ihnen gegenüber nur einheitlich ergehen kann, so sind sie beizuladen (notwendige Beiladung).

(3) Kommt nach Absatz 2 die Beiladung von mehr als fünfzig Personen in Betracht, kann das Gericht durch Beschluß anordnen, daß nur solche Personen beigeladen werden, die dies innerhalb einer bestimmten Frist beantragen. Der Beschluß ist unanfechtbar. Er ist im Bundesanzeiger bekanntzumachen. Er muß außerdem in Tageszeitungen veröffentlicht werden, die in dem Bereich verbreitet sind, in dem sich die Entscheidung voraussichtlich auswirken wird. Die Bekanntmachung kann zusätzlich in einem von dem Gericht für Bekanntmachungen bestimmten Informations- und Kommunikationssystem erfolgen. Die Frist muß mindestens drei Monate seit Veröffentlichung im Bundesanzeiger betragen. In der Veröffentlichung in Tageszeitungen ist mitzuteilen, an welchem Tage die Frist abläuft. Für die Wiedereinsetzung in den vorigen Stand bei Versäumung der Frist gilt § 60 entsprechend. Das Gericht soll Personen, die von der Entscheidung erkennbar in besonderem Maße betroffen werden, auch ohne Antrag beiladen.

(4) Der Beiladungsbeschluß ist allen Beteiligten zuzustellen. Dabei sollen der Stand der Sache und der Grund der Beiladung angegeben werden. Die Beiladung ist unanfechtbar.

§ 66 (Stellung des Beigeladenen)
Der Beigeladene kann innerhalb der Anträge eines Beteiligten selbständig Angriffs- und Verteidigungsmittel geltend machen und alle Verfahrenshandlungen wirksam vornehmen. Abweichende Sachanträge kann er nur stellen, wenn eine notwendige Beiladung vorliegt.

§ 67 (Bevollmächtigte Vertreter)
(1) Die Beteiligten können vor dem Verwaltungsgericht den Rechtsstreit selbst führen.

(2) Die Beteiligten können sich durch einen Rechtsanwalt oder einen Rechtslehrer an einer staatlichen oder staatlich anerkannten Hochschule eines Mitgliedstaates der Europäischen Union, eines anderen Vertragsstaates des Abkommens über den Europäischen Wirtschaftsraum oder der Schweiz, der die Befähigung zum Richteramt besitzt, als Be-

vollmächtigten vertreten lassen. Darüber hinaus sind als Bevollmächtigte vor dem Verwaltungsgericht vertretungsbefugt nur

1. Beschäftigte des Beteiligten oder eines mit ihm verbundenen Unternehmens (§ 15 des Aktiengesetzes); Behörden und juristische Personen des öffentlichen Rechts einschließlich der von ihnen zur Erfüllung ihrer öffentlichen Aufgaben gebildeten Zusammenschlüsse können sich auch durch Beschäftigte anderer Behörden oder juristischer Personen des öffentlichen Rechts einschließlich der von ihnen zur Erfüllung ihrer öffentlichen Aufgaben gebildeten Zusammenschlüsse vertreten lassen,

2. volljährige Familienangehörige (§ 15 der Abgabenordnung, § 11 des Lebenspartnerschaftsgesetzes), Personen mit Befähigung zum Richteramt und Streitgenossen, wenn die Vertretung nicht im Zusammenhang mit einer entgeltlichen Tätigkeit steht,

3. Steuerberater, Steuerbevollmächtigte, Wirtschaftsprüfer und vereidigte Buchprüfer, Personen und Vereinigungen im Sinne der §§ 3a und 3c des Steuerberatungsgesetzes im Rahmen ihrer Befugnisse nach § 3a des Steuerberatungsgesetzes, zu beschränkter geschäftsmäßiger Hilfeleistung in Steuersachen nach den §§ 3d und 3e des Steuerberatungsgesetzes berechtigte Personen im Rahmen dieser Befugnisse sowie Gesellschaften im Sinne des § 3 Satz 1 Nummer 2 und 3 des Steuerberatungsgesetzes, die durch Personen im Sinne des § 3 Satz 2 des Steuerberatungsgesetzes handeln, in Abgabenangelegenheiten,

3a. Steuerberater, Steuerbevollmächtigte, Wirtschaftsprüfer und vereidigte Buchprüfer, Personen und Vereinigungen im Sinne der §§ 3a und 3c des Steuerberatungsgesetzes im Rahmen ihrer Befugnisse nach § 3a des Steuerberatungsgesetzes, zu beschränkter geschäftsmäßiger Hilfeleistung in Steuersachen nach den §§ 3d und 3e des Steuerberatungsgesetzes berechtigte Personen im Rahmen dieser Befugnisse sowie Gesellschaften im Sinne des § 3 Satz 1 Nummer 2 und 3 des Steuerberatungsgesetzes, die durch Personen im Sinne des § 3 Satz 2 des Steuerberatungsgesetzes handeln, in Angelegenheiten finanzieller Hilfeleistungen im Rahmen staatlicher Hilfsprogramme zur Abmilderung der Folgen der COVID-19-Pandemie, wenn und soweit diese Hilfsprogramme eine Einbeziehung der Genannten als prüfende Dritte vorsehen,

4. berufsständische Vereinigungen der Landwirtschaft für ihre Mitglieder,

5. Gewerkschaften und Vereinigungen von Arbeitgebern sowie Zusammenschlüsse solcher Verbände für ihre Mitglieder oder für andere Verbände oder Zusammenschlüsse mit vergleichbarer Ausrichtung und deren Mitglieder,

6. Vereinigungen, deren satzungsgemäße Aufgaben die gemeinschaftliche Interessenvertretung, die Beratung und Vertretung von Menschen mit Behinderungen wesentlich umfassen und die unter Berücksichtigung von Art und Umfang ihrer Tätigkeit sowie ihres Mitgliederkreises die Gewähr für eine sachkundige Prozessvertretung bieten, für ihre Mitglieder in Angelegenheiten des Schwerbehindertenrechts sowie der damit im Zusammenhang stehenden Angelegenheiten,

7. juristische Personen, deren Anteile sämtlich im wirtschaftlichen Eigentum einer der in den Nummern 5 und 6 bezeichneten Organisationen stehen, wenn die juristische Person ausschließlich die Rechtsberatung und Prozessvertretung dieser Organisation und ihrer Mitglieder oder anderer Verbände oder Zusammenschlüsse mit vergleichbarer Ausrichtung und deren Mitglieder entsprechend deren Satzung durchführt, und wenn die Organisation für die Tätigkeit der Bevollmächtigten haftet.

Bevollmächtigte, die keine natürlichen Personen sind, handeln durch ihre Organe und mit der Prozessvertretung beauftragten Vertreter.

(3) Das Gericht weist Bevollmächtigte, die nicht nach Maßgabe des Absatzes 2 vertretungsbefugt sind, durch unanfechtbaren Beschluss zurück. Prozesshandlungen eines nicht vertretungsbefugten Bevollmächtigten und Zustellungen oder Mitteilungen an diesen Bevollmächtigten sind bis zu seiner Zurückweisung wirksam. Das Gericht kann den in Absatz 2 Satz 2 Nr. 1 und 2 bezeichneten Bevollmächtigten durch unanfechtbaren Beschluss die weitere Vertretung untersagen, wenn sie nicht in der Lage sind, das Sach- und Streitverhältnis sachgerecht darzustellen.

(4) Vor dem Bundesverwaltungsgericht und dem Oberverwaltungsgericht müssen sich die Beteiligten, außer im Prozesskostenhilfeverfahren, durch Prozessbevollmächtigte vertreten lassen. Dies gilt auch für Prozesshandlungen, durch die ein Verfahren vor dem Bundesverwaltungsgericht oder einem Oberverwaltungsgericht eingeleitet wird. Als Bevollmächtigte sind nur die in Absatz 2 Satz 1 bezeichneten Personen zugelassen. Behörden und juristische Personen des öffentlichen Rechts einschließlich der von ihnen zur Erfüllung ihrer öffentlichen Aufgaben gebildeten Zusammenschlüsse können sich durch eigene Beschäftigte mit Befähigung zum Richteramt oder durch Beschäftigte mit Befähigung zum Richteramt anderer Behörden oder juristischer Personen des öffentlichen Rechts einschließlich der von ihnen zur Erfüllung ihrer öffentlichen Aufgaben gebildeten Zusammenschlüsse vertreten lassen. Vor dem Bundesverwaltungsgericht sind auch die in Absatz 2 Satz 2 Nr. 5 bezeichneten Organisationen einschließlich der von ihnen gebildeten juristischen Personen gemäß Absatz 2 Satz 7 Nr. 7 als Bevollmächtigte zugelassen, jedoch nur in Angelegenheiten, die Rechtsverhältnisse im Sinne des § 52 Nr. 4 betreffen, in Personalvertretungsangelegenheiten und in Angelegenheiten, die in einem Zusammenhang mit einem gegenwärtigen oder früheren Arbeitsverhältnis von Arbeitnehmern im Sinne des § 5 des Arbeitsgerichtsgesetzes stehen, einschließlich Prüfungsangelegenheiten. Die in Satz 5 genannten Bevollmächtigten müssen durch Personen mit der Befähigung zum Richteramt handeln. Vor dem Oberverwaltungsgericht sind auch die in Absatz 2 Satz 2 Nr. 3 bis 7 bezeichneten Personen und Organisationen als Bevollmächtigte zugelassen. Ein Beteiligter, der nach Maßgabe der Sätze 3, 5 und 7 zur Vertretung berechtigt ist, kann sich selbst vertreten.

(5) Richter dürfen nicht als Bevollmächtigte vor dem Gericht auftreten, dem sie angehören. Ehrenamtliche Richter dürfen, außer in den Fällen des Absatzes 2 Satz 2 Nr. 1, nicht vor einem Spruchkörper auftreten, dem sie angehören. Absatz 3 Satz 1 und 2 gilt entsprechend.

(6) Die Vollmacht ist schriftlich zu den Gerichtsakten einzureichen. Sie kann nachgereicht werden; hierfür kann das Gericht eine Frist bestimmen. Der Mangel der Vollmacht kann in jeder Lage des Verfahrens geltend gemacht werden. Das Gericht hat den Mangel der Vollmacht von Amts wegen zu berücksichtigen, wenn nicht als Bevollmächtigter ein Rechtsanwalt auftritt. Ist ein Bevollmächtigter bestellt, sind die Zustellungen oder Mitteilungen des Gerichts an ihn zu richten.

(7) In der Verhandlung können die Beteiligten mit Beiständen erscheinen. Beistand kann sein, wer in Verfahren, in denen die Beteiligten den Rechtsstreit selbst führen können, als Bevollmächtigter zur Vertretung in der Verhandlung befugt ist. Das Gericht kann andere Personen als Beistand zulassen, wenn dies sachdienlich ist und hierfür nach den Umständen des Einzelfalls ein Bedürfnis besteht. Absatz 3 Satz 1 und 3 und Absatz 5 gelten entsprechend. Das von dem Beistand Vorgetragene gilt als von dem Beteiligten vorgebracht, soweit es nicht von diesem sofort widerrufen oder berichtigt wird.

§ 67a (Gemeinsamer Bevollmächtigter)

(1) Sind an einem Rechtsstreit mehr als zwanzig Personen im gleichen Interesse beteiligt, ohne durch einen Prozeßbevollmächtigten vertreten zu sein, kann das Gericht ihnen durch Beschluß aufgeben, innerhalb einer angemessenen Frist einen gemeinsamen Bevollmächtigten zu bestellen, wenn sonst

die ordnungsgemäße Durchführung des Rechtsstreits beeinträchtigt wäre. Bestellen die Beteiligten einen gemeinsamen Bevollmächtigten nicht innerhalb der ihnen gesetzten Frist, kann das Gericht einen Rechtsanwalt als gemeinsamen Vertreter durch Beschluß bestellen. Die Beteiligten können Verfahrenshandlungen nur durch den gemeinsamen Bevollmächtigten oder Vertreter vornehmen. Beschlüsse nach den Sätzen 1 und 2 sind unanfechtbar.

(2) Die Vertretungsmacht erlischt, sobald der Vertreter oder der Vertretene dies dem Gericht schriftlich oder zu Protokoll des Urkundsbeamten der Geschäftsstelle erklärt; der Vertreter kann die Erklärung nur hinsichtlich aller Vertretenen abgeben. Gibt der Vertretene eine solche Erklärung ab, so erlischt die Vertretungsmacht nur, wenn zugleich die Bestellung eines anderen Bevollmächtigten angezeigt wird.

8. Abschnitt
Besondere Vorschriften für Anfechtungs- und Verpflichtungsklagen

§ 68 (Nachprüfung im Vorverfahren)

(1) Vor Erhebung der Anfechtungsklage sind Rechtmäßigkeit und Zweckmäßigkeit des Verwaltungsakts in einem Vorverfahren nachzuprüfen. Einer solchen Nachprüfung bedarf es nicht, wenn ein Gesetz dies bestimmt oder wenn

1. der Verwaltungsakt von einer obersten Bundesbehörde oder von einer obersten Landesbehörde erlassen worden ist, außer wenn ein Gesetz die Nachprüfung vorschreibt, oder
2. der Abhilfebescheid oder der Widerspruchsbescheid erstmalig eine Beschwer enthält.

(2) Für die Verpflichtungsklage gilt Absatz 1 entsprechend, wenn der Antrag auf Vornahme des Verwaltungsakts abgelehnt worden ist.

§ 69 (Widerspruch)

Das Vorverfahren beginnt mit der Erhebung des Widerspruchs.

§ 70 (Frist)

(1) Der Widerspruch ist innerhalb eines Monats, nachdem der Verwaltungsakt dem Beschwerten bekanntgegeben worden ist, schriftlich, in elektronischer Form nach § 3a Absatz 2 des Verwaltungsverfahrensgesetzes, schriftformersetzend nach § 3a Absatz 3 des Verwaltungsverfahrensgesetzes und § 9a Absatz 5 des Onlinezugangsgesetzes oder zur Niederschrift bei der Behörde zu erheben, die den Verwaltungsakt erlassen hat. Die Frist wird auch durch Einlegung bei der Behörde, die den Widerspruchsbescheid zu erlassen hat, gewahrt.

(2) §§ 58 und 60 Abs. 1 bis 4 gelten entsprechend.

§ 71 (Anhörung)

Ist die Aufhebung oder Änderung eines Verwaltungsakts im Widerspruchsverfahren erstmalig mit einer Beschwer verbunden, soll der Betroffene vor Erlaß des Abhilfebescheids oder des Widerspruchsbescheids gehört werden.

§ 72 (Abhilfe)

Hält die Behörde den Widerspruch für begründet, so hilft sie ihm ab und entscheidet über die Kosten.

§ 73 (Widerspruchsbescheid)

(1) Hilft die Behörde dem Widerspruch nicht ab, so ergeht ein Widerspruchsbescheid. Diesen erläßt

1. die nächsthöhere Behörde, soweit nicht durch Gesetz eine andere höhere Behörde bestimmt wird,
2. wenn die nächsthöhere Behörde eine oberste Bundes- oder oberste Landesbehörde ist, die Behörde, die den Verwaltungsakt erlassen hat,
3. in Selbstverwaltungsangelegenheiten die Selbstverwaltungsbehörde, soweit nicht durch Gesetz anderes bestimmt wird.

Abweichend von Satz 2 Nr. 1 kann durch Gesetz bestimmt werden, dass die Behörde, die den Verwaltungsakt erlassen hat, auch für die Entscheidung über den Widerspruch zuständig ist.

(2) Vorschriften, nach denen im Vorverfahren des Absatzes 1 Ausschüsse oder Beiräte an die Stelle einer Behörde treten, bleiben unberührt. Die Ausschüsse oder Beiräte können abweichend von Absatz 1 Nr. 1 auch bei der Behörde gebildet werden, die den Verwaltungsakt erlassen hat.

(3) Der Widerspruchsbescheid ist zu begründen, mit einer Rechtsmittelbelehrung zu versehen und zuzustellen. Zugestellt wird von Amts wegen nach den Vorschriften des Verwaltungszustellungsgesetzes. Der Widerspruchsbescheid bestimmt auch, wer die Kosten trägt.

§ 74 (Frist zur Klageerhebung)
(1) Die Anfechtungsklage muß innerhalb eines Monats nach Zustellung des Widerspruchsbescheids erhoben werden. Ist nach § 68 ein Widerspruchsbescheid nicht erforderlich, so muß die Klage innerhalb eines Monats nach Bekanntgabe des Verwaltungsakts erhoben werden.

(2) Für die Verpflichtungsklage gilt Absatz 1 entsprechend, wenn der Antrag auf Vornahme des Verwaltungsakts abgelehnt worden ist.

§ 75 (Verzögerung der Sachentscheidung)
Ist über einen Widerspruch oder über einen Antrag auf Vornahme eines Verwaltungsakts ohne zureichenden Grund in angemessener Frist sachlich nicht entschieden worden, so ist die Klage abweichend von § 68 zulässig. Die Klage kann nicht vor Ablauf von drei Monaten seit der Einlegung des Widerspruchs oder seit dem Antrag auf Vornahme des Verwaltungsakts erhoben werden, außer wenn wegen besonderer Umstände des Falles eine kürzere Frist geboten ist. Liegt ein zureichender Grund dafür vor, daß über den Widerspruch noch nicht entschieden oder der beantragte Verwaltungsakt noch nicht erlassen ist, so setzt das Gericht das Verfahren bis zum Ablauf einer von ihm bestimmten Frist, die verlängert werden kann, aus. Wird dem Widerspruch innerhalb der vom Gericht gesetzten Frist stattgegeben oder der Verwaltungsakt innerhalb dieser Frist erlassen, so ist die Hauptsache für erledigt zu erklären.

§ 76 (weggefallen)

§ 77 (Ersetzung von Einspruchs- und Beschwerdeverfahren)
(1) Alle bundesrechtlichen Vorschriften in anderen Gesetzen über Einspruchs- oder Beschwerdeverfahren sind durch die Vorschriften dieses Abschnitts ersetzt.

(2) Das gleiche gilt für landesrechtliche Vorschriften über Einspruchs- oder Beschwerdeverfahren als Voraussetzung der verwaltungsgerichtlichen Klage.

§ 78 (Klagegegner)
(1) Die Klage ist zu richten

1. gegen den Bund, das Land oder die Körperschaft, deren Behörde den angefochtenen Verwaltungsakt erlassen oder den beantragten Verwaltungsakt unterlassen hat; zur Bezeichnung des Beklagten genügt die Angabe der Behörde,

2. sofern das Landesrecht dies bestimmt, gegen die Behörde selbst, die den angefochtenen Verwaltungsakt erlassen oder den beantragten Verwaltungsakt unterlassen hat.

(2) Wenn ein Widerspruchsbescheid erlassen ist, der erstmalig eine Beschwer enthält (§ 68 Abs. 1 Satz 2 Nr. 2), ist Behörde im Sinne des Absatzes 1 die Widerspruchsbehörde.

§ 79 (Gegenstand der Anfechtungsklage)
(1) Gegenstand der Anfechtungsklage ist

1. der ursprüngliche Verwaltungsakt in der Gestalt, die er durch den Widerspruchsbescheid gefunden hat,

2. der Abhilfebescheid oder Widerspruchsbescheid, wenn dieser erstmalig eine Beschwer enthält.

(2) Der Widerspruchsbescheid kann auch dann alleiniger Gegenstand der Anfechtungsklage sein, wenn und soweit er gegenüber dem ursprünglichen Verwaltungsakt eine zusätzliche selbständige Beschwer enthält. Als eine zusätzliche Beschwer gilt auch

die Verletzung einer wesentlichen Verfahrensvorschrift, sofern der Widerspruchsbescheid auf dieser Verletzung beruht. § 78 Abs. 2 gilt entsprechend.

§ 80 (Aufschiebende Wirkung; sofortige Vollziehung; Aussetzung der Vollziehung)

(1) Widerspruch und Anfechtungsklage haben aufschiebende Wirkung. Das gilt auch bei rechtsgestaltenden und feststellenden Verwaltungsakten sowie bei Verwaltungsakten mit Doppelwirkung (§ 80a).

(2) Die aufschiebende Wirkung entfällt nur

1. bei der Anforderung von öffentlichen Abgaben und Kosten,
2. bei unaufschiebbaren Anordnungen und Maßnahmen von Polizeivollzugsbeamten,
3. in anderen durch Bundesgesetz oder für Landesrecht durch Landesgesetz vorgeschriebenen Fällen, insbesondere für Widersprüche und Klagen Dritter gegen Verwaltungsakte, die Investitionen oder die Schaffung von Arbeitsplätzen betreffen,
3a. für Widersprüche und Klagen Dritter gegen Verwaltungsakte, die die Zulassung von Vorhaben betreffend Bundesverkehrswege und Mobilfunknetze zum Gegenstand haben und die nicht unter Nummer 3 fallen,
4. in den Fällen, in denen die sofortige Vollziehung im öffentlichen Interesse oder im überwiegenden Interesse eines Beteiligten von der Behörde, die den Verwaltungsakt erlassen oder über den Widerspruch zu entscheiden hat, besonders angeordnet wird.

Die Länder können auch bestimmen, daß Rechtsbehelfe keine aufschiebende Wirkung haben, soweit sie sich gegen Maßnahmen richten, die in der Verwaltungsvollstreckung durch die Länder nach Bundesrecht getroffen werden.

(3) In den Fällen des Absatzes 2 Satz 1 Nummer 4 ist das besondere Interesse an der sofortigen Vollziehung des Verwaltungsakts schriftlich zu begründen. Einer besonderen Begründung bedarf es nicht, wenn die Behörde bei Gefahr im Verzug, insbesondere bei drohenden Nachteilen für Leben, Gesundheit oder Eigentum vorsorglich eine als solche bezeichnete Notstandsmaßnahme im öffentlichen Interesse trifft.

(4) Die Behörde, die den Verwaltungsakt erlassen oder über den Widerspruch zu entscheiden hat, kann in den Fällen des Absatzes 2 die Vollziehung aussetzen, soweit nicht bundesgesetzlich etwas anderes bestimmt ist. Bei der Anforderung von öffentlichen Abgaben und Kosten kann sie die Vollziehung auch gegen Sicherheit aussetzen. Die Aussetzung soll bei öffentlichen Abgaben und Kosten erfolgen, wenn ernstliche Zweifel an der Rechtmäßigkeit des angegriffenen Verwaltungsakts bestehen oder wenn die Vollziehung für den Abgaben- oder Kostenpflichtigen eine unbillige, nicht durch überwiegende öffentliche Interessen gebotene Härte zur Folge hätte.

(5) Auf Antrag kann das Gericht der Hauptsache die aufschiebende Wirkung in den Fällen des Absatzes 2 Satz 1 Nummer 1 bis 3a ganz oder teilweise anordnen, im Falle des Absatzes 2 Satz 1 Nummer 4 ganz oder teilweise wiederherstellen. Der Antrag ist schon vor Erhebung der Anfechtungsklage zulässig. Ist der Verwaltungsakt im Zeitpunkt der Entscheidung schon vollzogen, so kann das Gericht die Aufhebung der Vollziehung anordnen. Die Wiederherstellung der aufschiebenden Wirkung kann von der Leistung einer Sicherheit oder von anderen Auflagen abhängig gemacht werden. Sie kann auch befristet werden.

(6) In den Fällen des Absatzes 2 Satz 1 Nummer 1 ist der Antrag nach Absatz 5 nur zulässig, wenn die Behörde einen Antrag auf Aussetzung der Vollziehung ganz oder zum Teil abgelehnt hat. Das gilt nicht, wenn

1. die Behörde über den Antrag ohne Mitteilung eines zureichenden Grundes in angemessener Frist sachlich nicht entschieden hat oder
2. eine Vollstreckung droht.

(7) Das Gericht der Hauptsache kann Beschlüsse über Anträge nach Absatz 5 jederzeit ändern oder aufheben. Jeder Beteiligte kann die Änderung oder Aufhebung wegen

veränderter oder im ursprünglichen Verfahren ohne Verschulden nicht geltend gemachter Umstände beantragen.

(8) In dringenden Fällen kann der Vorsitzende entscheiden.

§ 80a (Rechtsbehelf eines Dritten)

(1) Legt ein Dritter einen Rechtsbehelf gegen den an einen anderen gerichteten, diesen begünstigenden Verwaltungsakt ein, kann die Behörde

1. auf Antrag des Begünstigten nach § 80 Absatz 2 Satz 1 Nummer 4 die sofortige Vollziehung anordnen,
2. auf Antrag des Dritten nach § 80 Abs. 4 die Vollziehung aussetzen und einstweilige Maßnahmen zur Sicherung der Rechte des Dritten treffen.

(2) Legt ein Betroffener gegen einen an ihn gerichteten belastenden Verwaltungsakt, der einen Dritten begünstigt, einen Rechtsbehelf ein, kann die Behörde auf Antrag des Dritten nach § 80 Absatz 2 Satz 1 Nummer 4 die sofortige Vollziehung anordnen.

(3) Das Gericht kann auf Antrag Maßnahmen nach den Absätzen 1 und 2 ändern oder aufheben oder solche Maßnahmen treffen. § 80 Abs. 5 bis 8 gilt entsprechend.

§ 80b (Aufschiebende Wirkung)

(1) Die aufschiebende Wirkung des Widerspruchs und der Anfechtungsklage endet mit der Unanfechtbarkeit oder, wenn die Anfechtungsklage im ersten Rechtszug abgewiesen worden ist, drei Monate nach Ablauf der gesetzlichen Begründungsfrist des gegen die abweisende Entscheidung gegebenen Rechtsmittels. Dies gilt auch, wenn die Vollziehung durch die Behörde ausgesetzt oder die aufschiebende Wirkung durch das Gericht wiederhergestellt oder angeordnet worden ist, es sei denn, die Behörde hat die Vollziehung bis zur Unanfechtbarkeit ausgesetzt.

(2) Das Rechtsmittelgericht kann auf Antrag anordnen, daß die aufschiebende Wirkung fortdauert.

(3) § 80 Abs. 5 bis 8 und die §§ 80a und 80c gelten entsprechend.

§ 80c (Aufschiebende Wirkung im ersten Rechtszug)

(1) In Verfahren nach § 48 Absatz 1 Satz 1 Nummer 3 bis 15 und § 50 Absatz 1 Nummer 6 gelten für die Anordnung oder Wiederherstellung der aufschiebenden Wirkung (§§ 80 und 80a) ergänzend die Absätze 2 bis 4. Von Satz 1 ausgenommen sind in § 48 Absatz 1 Satz 1 Nummer 6 das Anlegen von Verkehrsflughäfen und von Verkehrslandeplätzen mit beschränktem Bauschutzbereich sowie in § 48 Absatz 1 Satz 1 Nummer 13 Planfeststellungsverfahren für Braunkohletagebaue.

(2) Das Gericht kann einen Mangel des angefochtenen Verwaltungsaktes außer Acht lassen, wenn offensichtlich ist, dass dieser in absehbarer Zeit behoben sein wird. Ein solcher Mangel kann insbesondere sein

1. eine Verletzung von Verfahrens- oder Formvorschriften oder
2. ein Mangel bei der Abwägung im Rahmen der Planfeststellung oder der Plangenehmigung.

Das Gericht soll eine Frist zur Behebung des Mangels setzen. Verstreicht die Frist, ohne dass der Mangel behoben worden ist, gilt § 80 Absatz 7 entsprechend. Satz 1 gilt grundsätzlich nicht für Verfahrensfehler gemäß § 4 Absatz 1 des Umwelt-Rechtsbehelfsgesetzes.

(3) Entscheidet das Gericht im Rahmen einer Vollzugsfolgenabwägung, soll es die Anordnung oder Wiederherstellung der aufschiebenden Wirkung in der Regel auf diejenigen Maßnahmen des angefochtenen Verwaltungsaktes beschränken, bei denen dies erforderlich ist, um anderenfalls drohende irreversible Nachteile zu verhindern. Es kann die beschränkte Anordnung oder Wiederherstellung der aufschiebenden Wirkung von der Leistung einer Sicherheit durch den Begünstigten des angefochtenen Verwaltungsaktes abhängig machen.

(4) Das Gericht hat im Rahmen einer Vollzugsfolgenabwägung die Bedeutung von Vorhaben besonders zu berücksichtigen, wenn ein Bundesgesetz feststellt, dass diese im überragenden öffentlichen Interesse liegen.

9. Abschnitt
Verfahren im ersten Rechtszug

§ 81 (Erhebung der Klage)
(1) Die Klage ist bei dem Gericht schriftlich zu erheben. Bei dem Verwaltungsgericht kann sie auch zu Protokoll des Urkundsbeamten der Geschäftsstelle erhoben werden. § 129a Absatz 2 der Zivilprozessordnung gilt entsprechend.

(2) Der Klage und allen Schriftsätzen sollen vorbehaltlich des § 55a Absatz 5 Satz 3 Abschriften für die übrigen Beteiligten beigefügt werden.

§ 82 (Inhalt der Klageschrift)
(1) Die Klage muß den Kläger, den Beklagten und den Gegenstand des Klagebegehrens bezeichnen. Sie soll einen bestimmten Antrag enthalten. Die zur Begründung dienenden Tatsachen und Beweismittel sollen angegeben, die angefochtene Verfügung und der Widerspruchsbescheid sollen in Abschrift beigefügt werden.

(2) Entspricht die Klage diesen Anforderungen nicht, hat der Vorsitzende oder der nach § 21g des Gerichtsverfassungsgesetzes zuständige Berufsrichter (Berichterstatter) den Kläger zu der erforderlichen Ergänzung innerhalb einer bestimmten Frist aufzufordern. Er kann dem Kläger für die Ergänzung eine Frist mit ausschließender Wirkung setzen, wenn es an einem der in Absatz 1 Satz 1 genannten Erfordernisse fehlt. Für die Wiedereinsetzung in den vorigen Stand gilt § 60 entsprechend.

§ 83 (Verweisung)
Für die sachliche und örtliche Zuständigkeit gelten die §§ 17 bis 17b des Gerichtsverfassungsgesetzes entsprechend. Beschlüsse entsprechend § 17a Abs. 2 und 3 des Gerichtsverfassungsgesetzes sind unanfechtbar.

§ 84 (Gerichtsbescheid)
(1) Das Gericht kann ohne mündliche Verhandlung durch Gerichtsbescheid entscheiden, wenn die Sache keine besonderen Schwierigkeiten tatsächlicher oder rechtlicher Art aufweist und der Sachverhalt geklärt ist. Die Beteiligten sind vorher zu hören. Die Vorschriften über Urteile gelten entsprechend.

(2) Die Beteiligten können innerhalb eines Monats nach Zustellung des Gerichtsbescheids

1. Berufung einlegen, wenn sie zugelassen worden ist (§ 124a),

2. Zulassung der Berufung oder mündliche Verhandlung beantragen; wird von beiden Rechtsbehelfen Gebrauch gemacht, findet mündliche Verhandlung statt,

3. Revision einlegen, wenn sie zugelassen worden ist,

4. Nichtzulassungsbeschwerde einlegen oder mündliche Verhandlung beantragen, wenn die Revision nicht zugelassen worden ist; wird von beiden Rechtsbehelfen Gebrauch gemacht, findet mündliche Verhandlung statt,

5. mündliche Verhandlung beantragen, wenn ein Rechtsmittel nicht gegeben ist.

(3) Der Gerichtsbescheid wirkt als Urteil; wird rechtzeitig mündliche Verhandlung beantragt, gilt er als nicht ergangen.

(4) Wird mündliche Verhandlung beantragt, kann das Gericht in dem Urteil von einer weiteren Darstellung des Tatbestandes und der Entscheidungsgründe absehen, soweit es der Begründung des Gerichtsbescheides folgt und dies in seiner Entscheidung feststellt.

§ 85 (Zustellung der Klage)
Der Vorsitzende verfügt die Zustellung der Klage an den Beklagten. Zugleich mit der Zustellung ist der Beklagte aufzufordern, sich schriftlich zu äußern; § 81 Abs. 1 Satz 2 gilt entsprechend. Hierfür kann eine Frist gesetzt werden.

§ 86 (Erforschung des Sachverhalts)
(1) Das Gericht erforscht den Sachverhalt von Amts wegen; die Beteiligten sind dabei heranzuziehen. Es ist an das Vorbringen und an die Beweisanträge der Beteiligten nicht gebunden.

(2) Ein in der mündlichen Verhandlung gestellter Beweisantrag kann nur durch einen

Gerichtsbeschluß, der zu begründen ist, abgelehnt werden.

(3) Der Vorsitzende hat darauf hinzuwirken, daß Formfehler beseitigt, unklare Anträge erläutert, sachdienliche Anträge gestellt, ungenügende tatsächliche Angaben ergänzt, ferner alle für die Feststellung und Beurteilung des Sachverhalts wesentlichen Erklärungen abgegeben werden.

(4) Die Beteiligten sollen zur Vorbereitung der mündlichen Verhandlung Schriftsätze einreichen. Hierzu kann sie der Vorsitzende unter Fristsetzung auffordern. Die Schriftsätze sind den Beteiligten von Amts wegen zu übermitteln.

(5) Den Schriftsätzen sind die Urkunden oder elektronischen Dokumente, auf die Bezug genommen wird, in Abschrift ganz oder im Auszug beizufügen. Sind die Urkunden dem Gegner bereits bekannt oder sehr umfangreich, so genügt die genaue Bezeichnung mit dem Anerbieten, Einsicht bei Gericht zu gewähren.

§ 87 (Vorbereitende richterliche Anordnungen)

(1) Der Vorsitzende oder der Berichterstatter hat schon vor der mündlichen Verhandlung alle Anordnungen zu treffen, die notwendig sind, um den Rechtsstreit möglichst in einer mündlichen Verhandlung zu erledigen. Er kann insbesondere

1. die Beteiligten zur Erörterung des Sach- und Streitstandes und zur gütlichen Beilegung des Rechtsstreits laden und einen Vergleich entgegennehmen;

2. den Beteiligten die Ergänzung oder Erläuterung ihrer vorbereitenden Schriftsätze, die Vorlegung von Urkunden, die Übermittlung von elektronischen Dokumenten und die Vorlegung von anderen zur Niederlegung bei Gericht geeigneten Gegenständen aufgeben, insbesondere eine Frist zur Erklärung über bestimmte klärungsbedürftige Punkte setzen;

3. Auskünfte einholen;

4. die Vorlage von Urkunden oder die Übermittlung von elektronischen Dokumenten anordnen;

5. das persönliche Erscheinen der Beteiligten anordnen; § 95 gilt entsprechend;

6. Zeugen und Sachverständige zur mündlichen Verhandlung laden.

(2) Die Beteiligten sind von jeder Anordnung zu benachrichtigen.

(3) Der Vorsitzende oder der Berichterstatter kann einzelne Beweise erheben. Dies darf nur insoweit geschehen, als es zur Vereinfachung der Verhandlung vor dem Gericht sachdienlich und von vornherein anzunehmen ist, daß das Gericht das Beweisergebnis auch ohne unmittelbaren Eindruck von dem Verlauf der Beweisaufnahme sachgemäß zu würdigen vermag.

§ 87a (Entscheidung des Vorsitzenden)

(1) Der Vorsitzende entscheidet, wenn die Entscheidung im vorbereitenden Verfahren ergeht,

1. über die Aussetzung und das Ruhen des Verfahrens;

2. bei Zurücknahme der Klage, Verzicht auf den geltend gemachten Anspruch oder Anerkenntnis des Anspruchs, auch über einen Antrag auf Prozesskostenhilfe;

3. bei Erledigung des Rechtsstreits in der Hauptsache, auch über einen Antrag auf Prozesskostenhilfe;

4. über den Streitwert;

5. über Kosten;

6. über die Beiladung.

(2) Im Einverständnis der Beteiligten kann der Vorsitzende auch sonst anstelle der Kammer oder des Senats entscheiden.

(3) Ist ein Berichterstatter bestellt, so entscheidet dieser anstelle des Vorsitzenden.

§ 87b (Fristsetzung)

(1) Der Vorsitzende oder der Berichterstatter kann dem Kläger eine Frist setzen zur Angabe der Tatsachen, durch deren Berücksichtigung oder Nichtberücksichtigung im Verwaltungsverfahren er sich beschwert fühlt. Die Frist-

setzung nach Satz 1 kann mit der Fristsetzung nach § 82 Abs. 2 Satz 2 verbunden werden.

(2) Der Vorsitzende oder der Berichterstatter kann einem Beteiligten unter Fristsetzung aufgeben, zu bestimmten Vorgängen

1. Tatsachen anzugeben oder Beweismittel zu bezeichnen,
2. Urkunden oder andere bewegliche Sachen vorzulegen sowie elektronische Dokumente zu übermitteln, soweit der Beteiligte dazu verpflichtet ist.

(3) Das Gericht kann Erklärungen und Beweismittel, die erst nach Ablauf einer nach den Absätzen 1 und 2 gesetzten Frist vorgebracht werden, zurückweisen und ohne weitere Ermittlungen entscheiden, wenn

1. ihre Zulassung nach der freien Überzeugung des Gerichts die Erledigung des Rechtsstreits verzögern würde und
2. der Beteiligte die Verspätung nicht genügend entschuldigt und
3. der Beteiligte über die Folgen einer Fristversäumung belehrt worden ist.

Der Entschuldigungsgrund ist auf Verlangen des Gerichts glaubhaft zu machen. Satz 1 gilt nicht, wenn es mit geringem Aufwand möglich ist, den Sachverhalt auch ohne Mitwirkung des Beteiligten zu ermitteln.

(4) Abweichend von Absatz 3 hat das Gericht in Verfahren nach § 48 Absatz 1 Satz 1 Nummer 3 bis 15 und § 50 Absatz 1 Nummer 6 Erklärungen und Beweismittel, die erst nach Ablauf einer nach den Absätzen 1 und 2 gesetzten Frist vorgebracht werden, zurückzuweisen und ohne weitere Ermittlungen zu entscheiden, wenn der Beteiligte

1. die Verspätung nicht genügend entschuldigt und
2. über die Folgen einer Fristversäumung belehrt worden ist.

Absatz 3 Satz 2 und 3 gilt entsprechend.

§ 87c (Vorrang und Beschleunigung)

(1) Verfahren nach § 48 Absatz 1 Satz 1 Nummer 3 bis 15 und § 50 Absatz 1 Nummer 6 sollen vorrangig und beschleunigt durchgeführt werden. Dies gilt auch

1. für Verfahren nach § 47 Absatz 1 Nummer 1, wenn sie Bauleitpläne mit Darstellungen oder Festsetzungen von Flächen für die in § 48 Absatz 1 Satz 1 Nummer 3, 3a, 3b oder 5 genannten Vorhaben zum Gegenstand haben und

2. für Verfahren nach § 47 Absatz 1 Nummer 2, wenn sie Raumordnungspläne mit Festlegungen von Gebieten zur Nutzung von Windenergie zum Gegenstand haben.

Besonders zu priorisieren sind Verfahren über Vorhaben, wenn ein Bundesgesetz feststellt, dass diese im überragenden öffentlichen Interesse liegen. Von Satz 1 ausgenommen sind in § 48 Absatz 1 Satz 1 Nummer 6 das Anlegen von Verkehrsflughäfen und von Verkehrslandeplätzen mit beschränktem Bauschutzbereich sowie in § 48 Absatz 1 Satz 1 Nummer 13 Planfeststellungsverfahren für Braunkohletagebaue.

(2) In den in Absatz 1 genannten Verfahren soll der Vorsitzende oder der Berichterstatter in geeigneten Fällen die Beteiligten zu einem frühen ersten Termin zur Erörterung des Sach- und Streitstandes und zur gütlichen Beilegung des Rechtsstreits laden. Kommt es in diesem Termin nicht zu einer gütlichen Beilegung des Rechtsstreits, erörtert der Vorsitzende oder der Berichterstatter mit den Beteiligten den weiteren Ablauf des Verfahrens und die mögliche Terminierung der mündlichen Verhandlung.

§ 88 (Bindung an das Klagebegehren)

Das Gericht darf über das Klagebegehren nicht hinausgehen, ist aber an die Fassung der Anträge nicht gebunden.

§ 89 (Widerklage)

(1) Bei dem Gericht der Klage kann eine Widerklage erhoben werden, wenn der Gegenanspruch mit dem in der Klage geltend gemachten Anspruch oder mit den gegen ihn vorgebrachten Verteidigungsmitteln zusammenhängt. Dies gilt nicht, wenn in den Fällen des § 52 Nr. 1 für die Klage wegen des Gegenanspruchs ein anderes Gericht zuständig ist.

(2) Bei Anfechtungs- und Verpflichtungsklagen ist die Widerklage ausgeschlossen.

§ 90 (Rechtshängigkeit)

Durch Erhebung der Klage wird die Streitsache rechtshängig. In Verfahren nach dem Siebzehnten Titel des Gerichtsverfassungsgesetzes wegen eines überlangen Gerichtsverfahrens wird die Streitsache erst mit Zustellung der Klage rechtshängig.

§ 91 (Änderung der Klage)

(1) Eine Änderung der Klage ist zulässig, wenn die übrigen Beteiligten einwilligen oder das Gericht die Änderung für sachdienlich hält.

(2) Die Einwilligung des Beklagten in die Änderung der Klage ist anzunehmen, wenn er sich, ohne ihr zu widersprechen, in einem Schriftsatz oder in einer mündlichen Verhandlung auf die geänderte Klage eingelassen hat.

(3) Die Entscheidung, daß eine Änderung der Klage nicht vorliegt oder zuzulassen sei, ist nicht selbständig anfechtbar.

§ 92 (Zurücknahme der Klage)

(1) Der Kläger kann bis zur Rechtskraft des Urteils seine Klage zurücknehmen. Die Zurücknahme nach Stellung der Anträge in der mündlichen Verhandlung setzt die Einwilligung des Beklagten und, wenn ein Vertreter des öffentlichen Interesses an der mündlichen Verhandlung teilgenommen hat, auch seine Einwilligung voraus. Die Einwilligung gilt als erteilt, wenn der Klagerücknahme nicht innerhalb von zwei Wochen seit Zustellung des die Rücknahme enthaltenden Schriftsatzes widersprochen wird; das Gericht hat auf diese Folge hinzuweisen.

(2) Die Klage gilt als zurückgenommen, wenn der Kläger das Verfahren trotz Aufforderung des Gerichts länger als zwei Monate nicht betreibt. Absatz 1 Satz 2 und 3 gilt entsprechend. Der Kläger ist in der Aufforderung auf die sich aus Satz 1 und § 155 Abs. 2 ergebenden Rechtsfolgen hinzuweisen. Das Gericht stellt durch Beschluß fest, daß die Klage als zurückgenommen gilt.

(3) Ist die Klage zurückgenommen oder gilt sie als zurückgenommen, so stellt das Gericht das Verfahren durch Beschluß ein und spricht die sich nach diesem Gesetz ergebenden Rechtsfolgen der Zurücknahme aus. Der Beschluß ist unanfechtbar.

§ 93 (Gemeinsame Verhandlung; Trennung)

Das Gericht kann durch Beschluß mehrere bei ihm anhängige Verfahren über den gleichen Gegenstand zu gemeinsamer Verhandlung und Entscheidung verbinden und wieder trennen. Es kann anordnen, daß mehrere in einem Verfahren erhobene Ansprüche in getrennten Verfahren verhandelt und entschieden werden.

§ 93a (Musterverfahren)

(1) Ist die Rechtmäßigkeit einer behördlichen Maßnahme Gegenstand von mehr als zwanzig Verfahren, kann das Gericht eines oder mehrere geeignete Verfahren vorab durchführen (Musterverfahren) und die übrigen Verfahren aussetzen. Die Beteiligten sind vorher zu hören. Der Beschluß ist unanfechtbar.

(2) Ist über die durchgeführten Verfahren rechtskräftig entschieden worden, kann das Gericht nach Anhörung der Beteiligten über die ausgesetzten Verfahren durch Beschluß entscheiden, wenn es einstimmig der Auffassung ist, daß die Sachen gegenüber rechtskräftig entschiedenen Musterverfahren keine wesentlichen Besonderheiten tatsächlicher oder rechtlicher Art aufweisen und der Sachverhalt geklärt ist. Das Gericht kann in einem Musterverfahren erhobene Beweise einführen; es kann nach seinem Ermessen die wiederholte Vernehmung eines Zeugen oder eine neue Begutachtung durch denselben oder andere Sachverständige anordnen. Beweisanträge zu Tatsachen, über die bereits im Musterverfahren Beweis erhoben wurde, kann das Gericht ablehnen, wenn ihre Zulassung nach seiner freien Überzeugung nicht zum Nachweis neuer entscheidungserheblicher Tatsachen beitragen und die Erledigung des Rechtsstreits verzögern würde. Die Ablehnung kann in der Entscheidung nach

Satz 1 erfolgen. Den Beteiligten steht gegen den Beschluß nach Satz 1 das Rechtsmittel zu, das zulässig wäre, wenn das Gericht durch Urteil entschieden hätte. Die Beteiligten sind über dieses Rechtsmittel zu belehren.

§ 94 (Aussetzung der Verhandlung)

Das Gericht kann, wenn die Entscheidung des Rechtsstreits ganz oder zum Teil von dem Bestehen oder Nichtbestehen eines Rechtsverhältnisses abhängt, das den Gegenstand eines anderen anhängigen Rechtsstreits bildet oder von einer Verwaltungsbehörde festzustellen ist, anordnen, daß die Verhandlung bis zur Erledigung des anderen Rechtsstreits oder bis zur Entscheidung der Verwaltungsbehörde auszusetzen sei.

§ 95 (Persönliches Erscheinen)

(1) Das Gericht kann das persönliche Erscheinen eines Beteiligten anordnen. Als persönliches Erscheinen gilt auch die nach § 102a Absatz 2 Satz 1 gestattete Teilnahme per Bild- und Tonübertragung. Für den Fall des Ausbleibens kann es Ordnungsgeld wie gegen einen im Vernehmungstermin nicht erschienenen Zeugen androhen. Bei schuldhaftem Ausbleiben setzt das Gericht durch Beschluß das angedrohte Ordnungsgeld fest. Androhung und Festsetzung des Ordnungsgeldes können wiederholt werden.

(2) Ist Beteiligter eine juristische Person oder eine Vereinigung, so ist das Ordnungsgeld dem nach Gesetz oder Satzung Vertretungsberechtigten anzudrohen und gegen ihn festzusetzen.

(3) Das Gericht kann einer beteiligten öffentlich-rechtlichen Körperschaft oder Behörde aufgeben, zur mündlichen Verhandlung einen Beamten oder Angestellten zu entsenden, der mit einem schriftlichen Nachweis über die Vertretungsbefugnis versehen und über die Sach- und Rechtslage ausreichend unterrichtet ist.

§ 96 (Beweiserhebung)

(1) Das Gericht erhebt Beweis in der mündlichen Verhandlung. Es kann insbesondere Augenschein einnehmen, Zeugen, Sachverständige und Beteiligte vernehmen und Urkunden heranziehen.

(2) Das Gericht kann in geeigneten Fällen schon vor der mündlichen Verhandlung durch eines seiner Mitglieder als beauftragten Richter Beweis erheben lassen oder durch Bezeichnung der einzelnen Beweisfragen ein anderes Gericht um die Beweisaufnahme ersuchen.

§ 97 (Beweistermin)

Die Beteiligten werden von allen Beweisterminen benachrichtigt und können der Beweisaufnahme beiwohnen. Sie können an Zeugen und Sachverständige sachdienliche Fragen richten. Wird eine Frage beanstandet, so entscheidet das Gericht.

§ 98 (Anwendbare Vorschriften)

Soweit dieses Gesetz nicht abweichende Vorschriften enthält, sind auf die Beweisaufnahme §§ 358 bis 444 und 450 bis 494 der Zivilprozeßordnung entsprechend anzuwenden.

§ 99 (Urkunden-, Aktenvorlage; Auskunftspflicht)

(1) Behörden sind zur Vorlage von Urkunden oder Akten, zur Übermittlung elektronischer Dokumente und zu Auskünften verpflichtet. Führen Behörden die Akten elektronisch, sind diese als digital durchsuchbare Dokumente vorzulegen, soweit dies technisch möglich ist. Wenn das Bekanntwerden des Inhalts dieser Urkunden, Akten, elektronischen Dokumente oder dieser Auskünfte dem Wohl des Bundes oder eines Landes Nachteile bereiten würde oder wenn die Vorgänge nach einem Gesetz oder ihrem Wesen nach geheim gehalten werden müssen, kann die zuständige oberste Aufsichtsbehörde die Vorlage von Urkunden oder Akten, die Übermittlung der elektronischen Dokumente und die Erteilung der Auskünfte verweigern.

(2) Auf Antrag eines Beteiligten stellt das Oberverwaltungsgericht ohne mündliche Verhandlung durch Beschluss fest, ob die Verweigerung der Vorlage der Urkunden oder Akten, der Übermittlung der elektronischen Dokumente oder der Erteilung von Auskünf-

ten rechtmäßig ist. Verweigert eine oberste Bundesbehörde die Vorlage, Übermittlung oder Auskunft mit der Begründung, das Bekanntwerden des Inhalts der Urkunden, der Akten, der elektronischen Dokumente oder der Auskünfte würde dem Wohl des Bundes Nachteile bereiten, entscheidet das Bundesverwaltungsgericht; Gleiches gilt, wenn das Bundesverwaltungsgericht nach §50 für die Hauptsache zuständig ist. Der Antrag ist bei dem für die Hauptsache zuständigen Gericht zu stellen. Dieses gibt den Antrag und die Hauptsacheakten an den nach §189 zuständigen Spruchkörper ab. Die oberste Aufsichtsbehörde hat die nach Absatz 1 Satz 2 verweigerten Urkunden oder Akten auf Aufforderung dieses Spruchkörpers vorzulegen, die elektronischen Dokumente zu übermitteln oder die verweigerten Auskünfte zu erteilen. Sie ist zu diesem Verfahren beizuladen. Das Verfahren unterliegt den Vorschriften des materiellen Geheimschutzes. Können diese nicht eingehalten werden oder macht die zuständige Aufsichtsbehörde geltend, dass besondere Gründe der Geheimhaltung oder des Geheimschutzes der Übergabe der Urkunden oder Akten oder der Übermittlung der elektronischen Dokumente an das Gericht entgegenstehen, wird die Vorlage oder Übermittlung nach Satz 5 dadurch bewirkt, dass die Urkunden, Akten oder elektronischen Dokumente dem Gericht in von der obersten Aufsichtsbehörde bestimmten Räumlichkeiten zur Verfügung gestellt werden. Für die nach Satz 5 vorgelegten Akten, elektronischen Dokumente und für die gemäß Satz 8 geltend gemachten besonderen Gründe gilt §100 nicht. Die Mitglieder des Gerichts sind zur Geheimhaltung verpflichtet; die Entscheidungsgründe dürfen Art und Inhalt der geheim gehaltenen Urkunden, Akten, elektronischen Dokumente und Auskünfte nicht erkennen lassen. Für das nichtrichterliche Personal gelten die Regelungen des personellen Geheimschutzes. Soweit nicht das Bundesverwaltungsgericht entschieden hat, kann der Beschluss selbständig mit der Beschwerde angefochten werden. Über die Beschwerde gegen den Beschluss eines Oberverwaltungsgerichts entscheidet das Bundesverwaltungsgericht. Für das Beschwerdeverfahren gelten die Sätze 4 bis 11 sinngemäß.

§100 (Akteneinsicht)

(1) Die Beteiligten können die Gerichtsakten und die dem Gericht vorgelegten Akten einsehen. Beteiligte können sich auf ihre Kosten durch die Geschäftsstelle Ausfertigungen, Auszüge, Ausdrucke und Abschriften erteilen lassen.

(2) Werden die Prozessakten elektronisch geführt, wird Akteneinsicht durch Bereitstellung des Inhalts der Akten zum Abruf oder durch Übermittlung des Inhalts der Akten auf einem sicheren Übermittlungsweg gewährt. Auf besonderen Antrag wird Akteneinsicht durch Einsichtnahme in die Akten in Diensträumen gewährt. Ein Aktenausdruck oder ein Datenträger mit dem Inhalt der Akten wird auf besonders zu begründenden Antrag nur übermittelt, wenn der Antragsteller hieran ein berechtigtes Interesse darlegt. Stehen der Akteneinsicht in der nach Satz 1 vorgesehenen Form wichtige Gründe entgegen, kann die Akteneinsicht in der nach den Sätzen 2 und 3 vorgesehenen Form auch ohne Antrag gewährt werden. Über einen Antrag nach Satz 3 entscheidet der Vorsitzende; die Entscheidung ist unanfechtbar. §87a Absatz 3 gilt entsprechend.

(3) Werden die Prozessakten in Papierform geführt, wird Akteneinsicht durch Einsichtnahme in die Akten in Diensträumen gewährt. Die Akteneinsicht kann, soweit nicht wichtige Gründe entgegenstehen, auch durch Bereitstellung des Inhalts der Akten zum Abruf oder durch Übermittlung des Inhalts der Akten auf einem sicheren Übermittlungsweg gewährt werden. Nach dem Ermessen des Vorsitzenden kann der nach §67 Absatz 2 Satz 1 und 2 Nummer 3 bis 6 bevollmächtigten Person die Mitnahme der Akten in die Wohnung oder Geschäftsräume gestattet werden. §87a Absatz 3 gilt entsprechend.

(4) In die Entwürfe zu Urteilen, Beschlüssen und Verfügungen, die Arbeiten zu ihrer Vorbereitung und die Dokumente, die Abstim-

mungen betreffen, wird Akteneinsicht nach den Absätzen 1 bis 3 nicht gewährt.

§ 101 (Mündliche Verhandlung)

(1) Das Gericht entscheidet, soweit nichts anderes bestimmt ist, auf Grund mündlicher Verhandlung. Die mündliche Verhandlung soll so früh wie möglich stattfinden.

(2) Mit Einverständnis der Beteiligten kann das Gericht ohne mündliche Verhandlung entscheiden.

(3) Entscheidungen des Gerichts, die nicht Urteile sind, können ohne mündliche Verhandlung ergehen, soweit nichts anderes bestimmt ist.

§ 102 (Ladung der Beteiligten)

(1) Sobald der Termin zur mündlichen Verhandlung bestimmt ist, sind die Beteiligten mit einer Ladungsfrist von mindestens zwei Wochen, bei dem Bundesverwaltungsgericht von mindestens vier Wochen, zu laden. In dringenden Fällen kann der Vorsitzende die Frist abkürzen.

(2) Bei der Ladung ist darauf hinzuweisen, daß beim Ausbleiben eines Beteiligten auch ohne ihn verhandelt und entschieden werden kann.

(3) Die Gerichte der Verwaltungsgerichtsbarkeit können Sitzungen auch außerhalb des Gerichtssitzes abhalten, wenn dies zur sachdienlichen Erledigung notwendig ist.

(4) § 227 Abs. 3 Satz 1 der Zivilprozeßordnung ist nicht anzuwenden.

§ 102a (Videoübertragung)

(1) Die mündliche Verhandlung kann in geeigneten Fällen und soweit ausreichende Kapazitäten zur Verfügung stehen als Videoverhandlung stattfinden. Eine mündliche Verhandlung findet als Videoverhandlung statt, wenn an ihr mindestens ein Verfahrensbeteiligter per Bild- und Tonübertragung teilnimmt. Verfahrensbeteiligte nach dieser Vorschrift sind die Beteiligten, ihre Bevollmächtigten und Beistände.

(2) Das Gericht kann unter den Voraussetzungen des Absatzes 1 Satz 1 auf Antrag eines Verfahrensbeteiligten oder von Amts wegen die Teilnahme per Bild- und Tonübertragung für einen Verfahrensbeteiligten, mehrere oder alle Verfahrensbeteiligte gestatten. Die Ablehnung eines Antrags auf Teilnahme per Bild- und Tonübertragung ist kurz zu begründen.

(3) Das Gericht kann auf Antrag oder von Amts wegen die Vernehmung eines Zeugen, Sachverständigen oder Beteiligten per Bild- und Tonübertragung gestatten. Das Antragsrecht steht den Verfahrensbeteiligten, Zeugen und Sachverständigen zu. Absatz 1 gilt entsprechend.

(4) Den Verfahrensbeteiligten und Dritten ist es untersagt, die Übertragung aufzuzeichnen. Hierauf sind sie zu Beginn der Verhandlung hinzuweisen. Das Gericht kann die Videoverhandlung oder die Bild- und Tonübertragung nach Absatz 3 für die Zwecke des § 160a der Zivilprozessordnung ganz oder teilweise aufzeichnen. Über Beginn und Ende der Aufzeichnung hat das Gericht die Verfahrensbeteiligten und im Falle von Absatz 3 auch die Zeugen und Sachverständigen zu informieren.

(5) Entscheidungen nach dieser Vorschrift sind unanfechtbar.

(6) Die Absätze 1 bis 5 gelten entsprechend für Erörterungstermine (§ 87 Absatz 1 Satz 2 Nummer 1 und § 87c Absatz 2 Satz 1).

§ 103 (Ablauf der Verhandlung)

(1) Der Vorsitzende eröffnet und leitet die mündliche Verhandlung.

(2) Nach Aufruf der Sache trägt der Vorsitzende oder der Berichterstatter den wesentlichen Inhalt der Akten vor.

(3) Hierauf erhalten die Beteiligten das Wort, um ihre Anträge zu stellen und zu begründen.

§ 104 (Erörterung der Streitsache)

(1) Der Vorsitzende hat die Streitsache mit den Beteiligten tatsächlich und rechtlich zu erörtern.

(2) Der Vorsitzende hat jedem Mitglied des Gerichts auf Verlangen zu gestatten, Fragen zu stellen. Wird eine Frage beanstandet, so entscheidet das Gericht.

(3) Nach Erörterung der Streitsache erklärt der Vorsitzende die mündliche Verhandlung für geschlossen. Das Gericht kann die Wiedereröffnung beschließen.

§ 105 (Niederschrift)
Für das Protokoll gelten die §§ 159 bis 165 der Zivilprozeßordnung entsprechend.

§ 106 (Vergleich)
Um den Rechtsstreit vollständig oder zum Teil zu erledigen, können die Beteiligten zu Protokoll des Gerichts oder des beauftragten oder ersuchten Richters einen Vergleich schließen, soweit sie über den Gegenstand des Vergleichs verfügen können. Ein gerichtlicher Vergleich kann auch dadurch geschlossen werden, daß die Beteiligten einen in der Form eines Beschlusses ergangenen Vorschlag des Gerichts, des Vorsitzenden oder des Berichterstatters schriftlich oder durch Erklärung zu Protokoll in der mündlichen Verhandlung gegenüber dem Gericht annehmen.

10. Abschnitt
Urteile und andere Entscheidungen

§ 107 (Entscheidung durch Urteil)
Über die Klage wird, soweit nichts anderes bestimmt ist, durch Urteil entschieden.

§ 108 (Richterliche Überzeugung)
(1) Das Gericht entscheidet nach seiner freien, aus dem Gesamtergebnis des Verfahrens gewonnenen Überzeugung. In dem Urteil sind die Gründe anzugeben, die für die richterliche Überzeugung leitend gewesen sind.
(2) Das Urteil darf nur auf Tatsachen und Beweisergebnisse gestützt werden, zu denen die Beteiligten sich äußern konnten.

§ 109 (Zwischenurteil)
Über die Zulässigkeit der Klage kann durch Zwischenurteil vorab entschieden werden.

§ 110 (Teilurteil)
Ist nur ein Teil des Streitgegenstands zur Entscheidung reif, so kann das Gericht ein Teilurteil erlassen.

§ 111 (Zwischenurteil über den Grund)
Ist bei einer Leistungsklage ein Anspruch nach Grund und Betrag streitig, so kann das Gericht durch Zwischenurteil über den Grund vorab entscheiden. Das Gericht kann, wenn der Anspruch für begründet erklärt ist, anordnen, daß über den Betrag zu verhandeln ist.

§ 112 (Mitwirkende Richter)
Das Urteil kann nur von den Richtern und ehrenamtlichen Richtern gefällt werden, die an der dem Urteil zugrunde liegenden Verhandlung teilgenommen haben.

§ 113 (Ausspruch)
(1) Soweit der Verwaltungsakt rechtswidrig und der Kläger dadurch in seinen Rechten verletzt ist, hebt das Gericht den Verwaltungsakt und den etwaigen Widerspruchsbescheid auf. Ist der Verwaltungsakt schon vollzogen, so kann das Gericht auf Antrag auch aussprechen, daß und wie die Verwaltungsbehörde die Vollziehung rückgängig zu machen hat. Dieser Ausspruch ist nur zulässig, wenn die Behörde dazu in der Lage und diese Frage spruchreif ist. Hat sich der Verwaltungsakt vorher durch Zurücknahme oder anders erledigt, so spricht das Gericht auf Antrag durch Urteil aus, daß der Verwaltungsakt rechtswidrig gewesen ist, wenn der Kläger ein berechtigtes Interesse an dieser Feststellung hat.

(2) Begehrt der Kläger die Änderung eines Verwaltungsaktes, der einen Geldbetrag festsetzt oder eine darauf bezogene Feststellung trifft, kann das Gericht den Betrag in anderer Höhe festsetzen oder die Feststellung durch eine andere ersetzen. Erfordert die Ermittlung des festzusetzenden oder festzustellenden Betrags einen nicht unerheblichen Aufwand, kann das Gericht die Änderung des Verwaltungsaktes durch Angabe der zu Unrecht berücksichtigten oder nicht berücksichtigten tatsächlichen oder rechtlichen Verhältnisse so bestimmen, daß die Behörde den Betrag auf Grund der Entscheidung errechnen kann. Die Behörde teilt den Beteiligten das Ergebnis der Neuberechnung unverzüg-

lich formlos mit; nach Rechtskraft der Entscheidung ist der Verwaltungsakt mit dem geänderten Inhalt neu bekanntzugeben.

(3) Hält das Gericht eine weitere Sachaufklärung für erforderlich, kann es, ohne in der Sache selbst zu entscheiden, den Verwaltungsakt und den Widerspruchsbescheid aufheben, soweit nach Art oder Umfang die noch erforderlichen Ermittlungen erheblich sind und die Aufhebung auch unter Berücksichtigung der Belange der Beteiligten sachdienlich ist. Auf Antrag kann das Gericht bis zum Erlaß des neuen Verwaltungsakts eine einstweilige Regelung treffen, insbesondere bestimmen, daß Sicherheiten geleistet werden oder ganz oder zum Teil bestehen bleiben und Leistungen zunächst nicht zurückgewährt werden müssen. Der Beschluß kann jederzeit geändert oder aufgehoben werden. Eine Entscheidung nach Satz 1 kann nur binnen sechs Monaten seit Eingang der Akten der Behörde bei Gericht ergehen.

(4) Kann neben der Aufhebung eines Verwaltungsaktes eine Leistung verlangt werden, so ist im gleichen Verfahren auch die Verurteilung zur Leistung zulässig.

(5) Soweit die Ablehnung oder Unterlassung des Verwaltungsaktes rechtswidrig und der Kläger dadurch in seinen Rechten verletzt ist, spricht das Gericht die Verpflichtung der Verwaltungsbehörde aus, die beantragte Amtshandlung vorzunehmen, wenn die Sache spruchreif ist. Andernfalls spricht es die Verpflichtung aus, den Kläger unter Beachtung der Rechtsauffassung des Gerichts zu bescheiden.

§ 114 (Ermessensentscheidungen)

Soweit die Verwaltungsbehörde ermächtigt ist, nach ihrem Ermessen zu handeln, prüft das Gericht auch, ob der Verwaltungsakt oder die Ablehnung oder Unterlassung des Verwaltungsakts rechtswidrig ist, weil die gesetzlichen Grenzen des Ermessens überschritten sind oder von dem Ermessen in einer dem Zweck der Ermächtigung nicht entsprechenden Weise Gebrauch gemacht ist. Die Verwaltungsbehörde kann ihre Ermessenserwägungen hinsichtlich des Verwaltungsaktes auch noch im verwaltungsgerichtlichen Verfahren ergänzen.

§ 115 (Anfechtungsklage)

§§ 113 und 114 gelten entsprechend, wenn nach § 79 Abs. 1 Nr. 2 und Abs. 2 der Widerspruchsbescheid Gegenstand der Anfechtungsklage ist.

§ 116 (Verkündung, Zustellung)

(1) Das Urteil wird, wenn eine mündliche Verhandlung stattgefunden hat, in der Regel in dem Termin, in dem die mündliche Verhandlung geschlossen wird, verkündet, in besonderen Fällen in einem sofort anzuberaumenden Termin, der nicht über zwei Wochen hinaus angesetzt werden soll. Das Urteil ist den Beteiligten zuzustellen. Der Vorsitzende kann den Beteiligten, ihren Bevollmächtigten und Beiständen gestatten, an der Urteilsverkündung per Bild- und Tonübertragung teilzunehmen.

(2) Statt der Verkündung ist die Zustellung des Urteils zulässig; dann ist das Urteil binnen zwei Wochen nach der mündlichen Verhandlung der Geschäftsstelle zu übermitteln.

(3) Entscheidet das Gericht ohne mündliche Verhandlung, so wird die Verkündung durch Zustellung an die Beteiligten ersetzt.

§ 117 (Inhalt des Urteils)

(1) Das Urteil ergeht „Im Namen des Volkes". Es ist schriftlich abzufassen und von den Richtern, die bei der Entscheidung mitgewirkt haben, zu unterzeichnen. Ist ein Richter verhindert, seine Unterschrift beizufügen, so wird dies mit dem Hinderungsgrund vom Vorsitzenden oder, wenn er verhindert ist, vom dienstältesten beisitzenden Richter unter dem Urteil vermerkt. Der Unterschrift des ehrenamtlichen Richter bedarf es nicht.

(2) Das Urteil enthält

1. die Bezeichnung der Beteiligten, ihrer gesetzlichen Vertreter und der Bevollmächtigten nach Namen, Beruf, Wohnort und ihrer Stellung im Verfahren,

2. die Bezeichnung des Gerichts und die Namen der Mitglieder, die bei der Entscheidung mitgewirkt haben,

3. die Urteilsformel,
4. den Tatbestand,
5. die Entscheidungsgründe,
6. die Rechtsmittelbelehrung.

(3) Im Tatbestand ist der Sach- und Streitstand unter Hervorhebung der gestellten Anträge seinem wesentlichen Inhalt nach gedrängt darzustellen. Wegen der Einzelheiten soll auf Schriftsätze, Protokolle und andere Unterlagen verwiesen werden, soweit sich aus ihnen der Sach- und Streitstand ausreichend ergibt.

(4) Ein Urteil, das bei der Verkündung noch nicht vollständig abgefaßt war, ist vor Ablauf von zwei Wochen, vom Tage der Verkündung an gerechnet, vollständig abgefaßt der Geschäftsstelle zu übermitteln. Kann dies ausnahmsweise nicht geschehen, so ist innerhalb dieser zwei Wochen das von den Richtern unterschriebene Urteil ohne Tatbestand, Entscheidungsgründe und Rechtsmittelbelehrung der Geschäftsstelle zu übermitteln; Tatbestand, Entscheidungsgründe und Rechtsmittelbelehrung sind alsbald nachträglich niederzulegen, von den Richtern besonders zu unterschreiben und der Geschäftsstelle zu übermitteln.

(5) Das Gericht kann von einer weiteren Darstellung der Entscheidungsgründe absehen, soweit es der Begründung des Verwaltungsakts oder des Widerspruchsbescheids folgt und dies in seiner Entscheidung feststellt.

(6) Der Urkundsbeamte der Geschäftsstelle hat auf dem Urteil den Tag der Zustellung und im Falle des § 116 Abs. 1 Satz 1 den Tag der Verkündung zu vermerken und diesen Vermerk zu unterschreiben. Werden die Akten elektronisch geführt, hat der Urkundsbeamte der Geschäftsstelle den Vermerk in einem gesonderten Dokument festzuhalten. Das Dokument ist mit dem Urteil untrennbar zu verbinden.

§ 118 (Berichtigung)
(1) Schreibfehler, Rechenfehler und ähnliche offenbare Unrichtigkeiten im Urteil sind jederzeit vom Gericht zu berichtigen.

(2) Über die Berichtigung kann ohne vorgängige mündliche Verhandlung entschieden werden. Der Berichtigungsbeschluß wird auf dem Urteil und den Ausfertigungen vermerkt. Ist das Urteil elektronisch abgefasst, ist auch der Beschluss elektronisch abzufassen und mit dem Urteil untrennbar zu verbinden.

§ 119 (Antrag auf Berichtigung)
(1) Enthält der Tatbestand des Urteils andere Unrichtigkeiten oder Unklarheiten, so kann die Berichtigung binnen zwei Wochen nach Zustellung des Urteils beantragt werden.

(2) Das Gericht entscheidet ohne Beweisaufnahme durch Beschluß. Der Beschluß ist unanfechtbar. Bei der Entscheidung wirken nur die Richter mit, die beim Urteil mitgewirkt haben. Ist ein Richter verhindert, so entscheidet bei Stimmengleichheit die Stimme des Vorsitzenden. Der Berichtigungsbeschluß wird auf dem Urteil und den Ausfertigungen vermerkt. Ist das Urteil elektronisch abgefasst, ist auch der Beschluss elektronisch abzufassen und mit dem Urteil untrennbar zu verbinden.

§ 120 (Urteilsergänzung)
(1) Wenn ein nach dem Tatbestand von einem Beteiligten gestellter Antrag oder die Kostenfolge bei der Entscheidung ganz oder zum Teil übergangen ist, so ist auf Antrag das Urteil durch nachträgliche Entscheidung zu ergänzen.

(2) Die Entscheidung muß binnen zwei Wochen nach Zustellung des Urteils beantragt werden.

(3) Die mündliche Verhandlung hat nur den nicht erledigten Teil des Rechtsstreits zum Gegenstand. Von der Durchführung einer mündlichen Verhandlung kann abgesehen werden, wenn mit der Ergänzung des Urteils nur über einen Nebenanspruch oder über die Kosten entschieden werden soll und wenn die Bedeutung der Sache keine mündliche Verhandlung erfordert.

§ 121 (Wirkung rechtskräftiger Urteile)
Rechtskräftige Urteile binden, soweit über den Streitgegenstand entschieden worden ist,
1. die Beteiligten und ihre Rechtsnachfolger und

2. im Falle des § 65 Abs. 3 die Personen, die einen Antrag auf Beiladung nicht oder nicht fristgemäß gestellt haben.

§ 122 (Beschlüsse, Begründung)

(1) §§ 88, 108 Abs. 1 Satz 1, §§ 118, 119 und 120 gelten entsprechend für Beschlüsse.

(2) Beschlüsse sind zu begründen, wenn sie durch Rechtsmittel angefochten werden können oder über einen Rechtsbehelf entscheiden. Beschlüsse über die Aussetzung der Vollziehung (§§ 80, 80a) und über einstweilige Anordnungen (§ 123) sowie Beschlüsse nach Erledigung des Rechtsstreits in der Hauptsache (§ 161 Abs. 2) sind stets zu begründen. Beschlüsse, die über ein Rechtsmittel entscheiden, bedürfen keiner weiteren Begründung, soweit das Gericht das Rechtsmittel aus den Gründen der angefochtenen Entscheidung als unbegründet zurückweist.

11. Abschnitt
Einstweilige Anordnung

§ 123 (Einstweilige Anordnung bezüglich Streitgegenstand)

(1) Auf Antrag kann das Gericht, auch schon vor Klageerhebung, eine einstweilige Anordnung in bezug auf den Streitgegenstand treffen, wenn die Gefahr besteht, daß durch eine Veränderung des bestehenden Zustandes die Verwirklichung eines Rechts des Antragstellers vereitelt oder wesentlich erschwert werden könnte. Einstweilige Anordnungen sind auch zur Regelung eines vorläufigen Zustands in bezug auf ein streitiges Rechtsverhältnis zulässig, wenn diese Regelung, vor allem bei dauernden Rechtsverhältnissen, um wesentliche Nachteile abzuwenden oder drohende Gewalt zu verhindern oder aus anderen Gründen nötig erscheint.

(2) Für den Erlaß einstweiliger Anordnungen ist das Gericht der Hauptsache zuständig. Dies ist das Gericht des ersten Rechtszugs und, wenn die Hauptsache im Berufungsverfahren anhängig ist, das Berufungsgericht. § 80 Abs. 8 ist entsprechend anzuwenden.

(3) Für den Erlaß einstweiliger Anordnungen gelten §§ 920, 921, 923, 926, 928 bis 932, 938, 939, 941 und 945 der Zivilprozeßordnung entsprechend.

(4) Das Gericht entscheidet durch Beschluß.

(5) Die Vorschriften der Absätze 1 bis 3 gelten nicht für die Fälle der §§ 80 und 80a.

Teil III
Rechtsmittel und Wiederaufnahme des Verfahrens

12. Abschnitt
Berufung

§ 124 (Berufung gegen Endurteile)

(1) Gegen Endurteile einschließlich der Teilurteile nach § 110 und gegen Zwischenurteile nach den §§ 109 und 111 steht den Beteiligten die Berufung zu, wenn sie von dem Verwaltungsgericht oder dem Oberverwaltungsgericht zugelassen wird.

(2) Die Berufung ist nur zuzulassen,

1. wenn ernstliche Zweifel an der Richtigkeit des Urteils bestehen,
2. wenn die Rechtssache besondere tatsächliche oder rechtliche Schwierigkeiten aufweist,
3. wenn die Rechtssache grundsätzliche Bedeutung hat,
4. wenn das Urteil von einer Entscheidung des Oberverwaltungsgerichts, des Bundesverwaltungsgerichts, des Gemeinsamen Senats der obersten Gerichtshöfe des Bundes oder des Bundesverfassungsgerichts abweicht und auf dieser Abweichung beruht oder
5. wenn ein der Beurteilung des Berufungsgerichts unterliegender Verfahrensmangel geltend gemacht wird und vorliegt, auf dem die Entscheidung beruhen kann.

§ 124a (Zulassung der Berufung)

(1) Das Verwaltungsgericht lässt die Berufung in dem Urteil zu, wenn die Gründe des § 124 Abs. 2 Nr. 3 oder Nr. 4 vorliegen. Das Oberverwaltungsgericht ist an die Zulassung gebunden. Zu einer Nichtzulassung der Berufung ist das Verwaltungsgericht nicht befugt.

(2) Die Berufung ist, wenn sie von dem Verwaltungsgericht zugelassen worden ist, innerhalb eines Monats nach Zustellung des vollständigen Urteils bei dem Verwaltungsgericht einzulegen. Die Berufung muss das angefochtene Urteil bezeichnen.

(3) Die Berufung ist in den Fällen des Absatzes 2 innerhalb von zwei Monaten nach Zustellung des vollständigen Urteils zu begründen. Die Begründung ist, sofern sie nicht zugleich mit der Einlegung der Berufung erfolgt, bei dem Oberverwaltungsgericht einzureichen. Die Begründungsfrist kann auf einen vor ihrem Ablauf gestellten Antrag von dem Vorsitzenden des Senats verlängert werden. Die Begründung muss einen bestimmten Antrag enthalten sowie die im Einzelnen anzuführenden Gründe der Anfechtung (Berufungsgründe). Mangelt es an einem dieser Erfordernisse, so ist die Berufung unzulässig.

(4) Wird die Berufung nicht in dem Urteil des Verwaltungsgerichts zugelassen, so ist die Zulassung innerhalb eines Monats nach Zustellung des vollständigen Urteils zu beantragen. Der Antrag ist bei dem Verwaltungsgericht zu stellen. Er muss das angefochtene Urteil bezeichnen. Innerhalb von zwei Monaten nach Zustellung des vollständigen Urteils sind die Gründe darzulegen, aus denen die Berufung zuzulassen ist. Die Begründung ist, soweit sie nicht bereits mit dem Antrag vorgelegt worden ist, bei dem Oberverwaltungsgericht einzureichen. Die Stellung des Antrags hemmt die Rechtskraft des Urteils.

(5) Über den Antrag entscheidet das Oberverwaltungsgericht durch Beschluss. Die Berufung ist zuzulassen, wenn einer der Gründe des § 124 Abs. 2 dargelegt ist und vorliegt. Der Beschluss soll kurz begründet werden. Mit der Ablehnung des Antrags wird das Urteil rechtskräftig. Lässt das Oberverwaltungsgericht die Berufung zu, wird das Antragsverfahren als Berufungsverfahren fortgesetzt; der Einlegung einer Berufung bedarf es nicht.

(6) Die Berufung ist in den Fällen des Absatzes 5 innerhalb eines Monats nach Zustellung des Beschlusses über die Zulassung der Berufung zu begründen. Die Begründung ist bei dem Oberverwaltungsgericht einzureichen. Absatz 3 Satz 3 bis 5 gilt entsprechend.

§ 125 (Anwendbare Vorschriften)

(1) Für das Berufungsverfahren gelten die Vorschriften des Teils II entsprechend, soweit sich aus diesem Abschnitt nichts anderes ergibt. § 84 findet keine Anwendung.

(2) Ist die Berufung unzulässig, so ist sie zu verwerfen. Die Entscheidung kann durch Beschluß ergehen. Die Beteiligten sind vorher zu hören. Gegen den Beschluß steht den Beteiligten das Rechtsmittel zu, das zulässig wäre, wenn das Gericht durch Urteil entschieden hätte. Die Beteiligten sind über dieses Rechtsmittel zu belehren.

§ 126 (Zurücknahme)

(1) Die Berufung kann bis zur Rechtskraft des Urteils zurückgenommen werden. Die Zurücknahme nach Stellung der Anträge in der mündlichen Verhandlung setzt die Einwilligung des Beklagten und, wenn ein Vertreter des öffentlichen Interesses an der mündlichen Verhandlung teilgenommen hat, auch seine Einwilligung voraus.

(2) Die Berufung gilt als zurückgenommen, wenn der Berufungskläger das Verfahren trotz Aufforderung des Gerichts länger als drei Monate nicht betreibt. Absatz 1 Satz 2 gilt entsprechend. Der Berufungskläger ist in der Aufforderung auf die sich aus Satz 1 und § 155 Abs. 2 ergebenden Rechtsfolgen hinzuweisen. Das Gericht stellt durch Beschluß fest, daß die Berufung als zurückgenommen gilt.

(3) Die Zurücknahme bewirkt den Verlust des eingelegten Rechtsmittels. Das Gericht entscheidet durch Beschluß über die Kostenfolge.

§ 127 (Anschlussberufung)

(1) Der Berufungsbeklagte und die anderen Beteiligten können sich der Berufung anschließen. Die Anschlussberufung ist bei dem Oberverwaltungsgericht einzulegen.

(2) Die Anschließung ist auch statthaft, wenn der Beteiligte auf die Berufung verzichtet hat oder die Frist für die Berufung oder den Antrag auf Zulassung der Berufung verstrichen ist. Sie ist zulässig bis zum Ablauf eines Mo-

nats nach der Zustellung der Berufungsbegründungsschrift.

(3) Die Anschlussberufung muss in der Anschlussschrift begründet werden. § 124a Abs. 3 Satz 2, 4 und 5 gilt entsprechend.

(4) Die Anschlussberufung bedarf keiner Zulassung.

(5) Die Anschließung verliert ihre Wirkung, wenn die Berufung zurückgenommen oder als unzulässig verworfen wird.

§ 128 (Umfang der Prüfung)

Das Oberverwaltungsgericht prüft den Streitfall innerhalb des Berufungsantrags im gleichen Umfange wie das Verwaltungsgericht. Es berücksichtigt auch neu vorgebrachte Tatsachen und Beweismittel.

§ 128a (Neue Erklärungen, Beweismittel)

(1) Neue Erklärungen und Beweismittel, die im ersten Rechtszug entgegen einer hierfür gesetzten Frist (§ 87b Abs. 1 und 2) nicht vorgebracht worden sind, sind nur zuzulassen, wenn nach der freien Überzeugung des Gerichts ihre Zulassung die Erledigung des Rechtsstreits nicht verzögern würde oder wenn der Beteiligte die Verspätung genügend entschuldigt. Der Entschuldigungsgrund ist auf Verlangen des Gerichts glaubhaft zu machen. Satz 1 gilt nicht, wenn der Beteiligte im ersten Rechtszug über die Folgen einer Fristversäumung nicht nach § 87b Abs. 3 Nr. 3 belehrt worden ist oder wenn es mit geringem Aufwand möglich ist, den Sachverhalt auch ohne Mitwirkung des Beteiligten zu ermitteln.

(2) Erklärungen und Beweismittel, die das Verwaltungsgericht zu Recht zurückgewiesen hat, bleiben auch im Berufungsverfahren ausgeschlossen.

§ 129 (Bindung an Anträge)

Das Urteil des Verwaltungsgerichts darf nur soweit geändert werden, als eine Änderung beantragt ist.

§ 130 (Aufhebung, Zurückverweisung)

(1) Das Oberverwaltungsgericht hat die notwendigen Beweise zu erheben und in der Sache selbst zu entscheiden.

(2) Das Oberverwaltungsgericht darf die Sache, soweit ihre weitere Verhandlung erforderlich ist, unter Aufhebung des Urteils und des Verfahrens an das Verwaltungsgericht nur zurückverweisen,

1. soweit das Verfahren vor dem Verwaltungsgericht an einem wesentlichen Mangel leidet und aufgrund dieses Mangels eine umfangreiche oder aufwändige Beweisaufnahme notwendig ist oder

2. wenn das Verwaltungsgericht noch nicht in der Sache selbst entschieden hat

und ein Beteiligter die Zurückverweisung beantragt.

(3) Das Verwaltungsgericht ist an die rechtliche Beurteilung der Berufungsentscheidung gebunden.

§ 130a (Berufung unbegründet)

Das Oberverwaltungsgericht kann über die Berufung durch Beschluß entscheiden, wenn es sie einstimmig für begründet oder einstimmig für unbegründet hält und eine mündliche Verhandlung nicht für erforderlich hält. § 125 Abs. 2 Satz 3 bis 5 gilt entsprechend.

§ 130b (Begründung)

Das Oberverwaltungsgericht kann in dem Urteil über die Berufung auf den Tatbestand der angefochtenen Entscheidung Bezug nehmen, wenn es sich die Feststellungen des Verwaltungsgerichts in vollem Umfange zu eigen macht. Von einer weiteren Darstellung der Entscheidungsgründe kann es absehen, soweit es die Berufung aus den Gründen der angefochtenen Entscheidung als unbegründet zurückweist.

§ 131 (weggefallen)

13. Abschnitt
Revision

§ 132 (Revision gegen Entscheidung des Oberverwaltungsgerichts)

(1) Gegen das Urteil des Oberverwaltungsgerichts (§ 49 Nr. 1) und gegen Beschlüsse nach § 47 Abs. 5 Satz 1 steht den Beteiligten die Revision an das Bundesverwaltungsgericht zu, wenn das Oberverwaltungsgericht

oder auf Beschwerde gegen die Nichtzulassung das Bundesverwaltungsgericht sie zugelassen hat.

(2) Die Revision ist nur zuzulassen, wenn

1. die Rechtssache grundsätzliche Bedeutung hat,
2. das Urteil von einer Entscheidung des Bundesverwaltungsgerichts, des Gemeinsamen Senats der obersten Gerichtshöfe des Bundes oder des Bundesverfassungsgerichts abweicht und auf dieser Abweichung beruht oder
3. ein Verfahrensmangel geltend gemacht wird und vorliegt, auf dem die Entscheidung beruhen kann.

(3) Das Bundesverwaltungsgericht ist an die Zulassung gebunden.

§ 133 (Beschwerde gegen Nichtzulassung)

(1) Die Nichtzulassung der Revision kann durch Beschwerde angefochten werden.

(2) Die Beschwerde ist bei dem Gericht, gegen dessen Urteil Revision eingelegt werden soll, innerhalb eines Monats nach Zustellung des vollständigen Urteils einzulegen. Die Beschwerde muß das angefochtene Urteil bezeichnen.

(3) Die Beschwerde ist innerhalb von zwei Monaten nach der Zustellung des vollständigen Urteils zu begründen. Die Begründung ist bei dem Gericht, gegen dessen Urteil Revision eingelegt werden soll, einzureichen. In der Begründung muß die grundsätzliche Bedeutung der Rechtssache dargelegt oder die Entscheidung, von der das Urteil abweicht, oder der Verfahrensmangel bezeichnet werden.

(4) Die Einlegung der Beschwerde hemmt die Rechtskraft des Urteils.

(5) Wird der Beschwerde nicht abgeholfen, entscheidet das Bundesverwaltungsgericht durch Beschluß. Der Beschluß soll kurz begründet werden; von einer Begründung kann abgesehen werden, wenn sie nicht geeignet ist, zur Klärung der Voraussetzungen beizutragen, unter denen eine Revision zuzulassen ist. Mit der Ablehnung der Beschwerde durch das Bundesverwaltungsgericht wird das Urteil rechtskräftig.

(6) Liegen die Voraussetzungen des § 132 Abs. 2 Nr. 3 vor, kann das Bundesverwaltungsgericht in dem Beschluß das angefochtene Urteil aufheben und den Rechtsstreit zur anderweitigen Verhandlung und Entscheidung zurückverweisen.

§ 134 (Sprungrevision)

(1) Gegen das Urteil eines Verwaltungsgerichts (§ 49 Nr. 2) steht den Beteiligten die Revision unter Übergehung der Berufungsinstanz zu, wenn der Kläger und der Beklagte der Einlegung der Sprungrevision schriftlich zustimmen und wenn sie von dem Verwaltungsgericht im Urteil oder auf Antrag durch Beschluß zugelassen wird. Der Antrag ist innerhalb eines Monats nach Zustellung des vollständigen Urteils schriftlich zu stellen. Die Zustimmung zu der Einlegung der Sprungrevision ist dem Antrag oder, wenn die Revision im Urteil zugelassen ist, der Revisionsschrift beizufügen.

(2) Die Revision ist nur zuzulassen, wenn die Voraussetzungen des § 132 Abs. 2 Nr. 1 oder 2 vorliegen. Das Bundesverwaltungsgericht ist an die Zulassung gebunden. Die Ablehnung der Zulassung ist unanfechtbar.

(3) Lehnt das Verwaltungsgericht den Antrag auf Zulassung der Revision durch Beschluß ab, beginnt mit der Zustellung dieser Entscheidung der Lauf der Frist für den Antrag auf Zulassung der Berufung von neuem, sofern der Antrag in der gesetzlichen Frist und Form gestellt und die Zustimmungserklärung beigefügt war. Läßt das Verwaltungsgericht die Revision durch Beschluß zu, beginnt der Lauf der Revisionsfrist mit der Zustellung dieser Entscheidung.

(4) Die Revision kann nicht auf Mängel des Verfahrens gestützt werden.

(5) Die Einlegung der Revision und die Zustimmung gelten als Verzicht auf die Berufung, wenn das Verwaltungsgericht die Revision zugelassen hat.

§ 135 (Ausschluss der Berufung)

Gegen das Urteil eines Verwaltungsgerichts (§ 49 Nr. 2) steht den Beteiligten die Revision an das Bundesverwaltungsgericht zu, wenn durch Bundesgesetz die Berufung ausgeschlossen ist. Die Revision kann nur eingelegt werden, wenn das Verwaltungsgericht oder auf Beschwerde gegen die Nichtzulassung das Bundesverwaltungsgericht sie zugelassen hat. Für die Zulassung gelten die §§ 132 und 133 entsprechend.

§ 136 (weggefallen)

§ 137 (Verletzung von Bundesrecht)

(1) Die Revision kann nur darauf gestützt werden, daß das angefochtene Urteil auf der Verletzung

1. von Bundesrecht oder
2. einer Vorschrift des Verwaltungsverfahrensgesetzes eines Landes, die ihrem Wortlaut nach mit dem Verwaltungsverfahrensgesetz des Bundes übereinstimmt,

beruht.

(2) Das Bundesverwaltungsgericht ist an die in dem angefochtenen Urteil getroffenen tatsächlichen Feststellungen gebunden, außer wenn in bezug auf diese Feststellungen zulässige und begründete Revisionsgründe vorgebracht sind.

(3) Wird die Revision auf Verfahrensmängel gestützt und liegt nicht zugleich eine der Voraussetzungen des § 132 Abs. 2 Nr. 1 und 2 vor, so ist nur über die geltend gemachten Verfahrensmängel zu entscheiden. Im übrigen ist das Bundesverwaltungsgericht an die geltend gemachten Revisionsgründe nicht gebunden.

§ 138 (Revisionsgründe)

Ein Urteil ist stets als auf der Verletzung von Bundesrecht beruhend anzusehen, wenn

1. das erkennende Gericht nicht vorschriftsmäßig besetzt war,
2. bei der Entscheidung ein Richter mitgewirkt hat, der von der Ausübung des Richteramts kraft Gesetzes ausgeschlossen oder wegen Besorgnis der Befangenheit mit Erfolg abgelehnt war,
3. einem Beteiligten das rechtliche Gehör versagt war,
4. ein Beteiligter im Verfahren nicht nach Vorschrift des Gesetzes vertreten war, außer wenn er der Prozeßführung ausdrücklich oder stillschweigend zugestimmt hat,
5. das Urteil auf eine mündliche Verhandlung ergangen ist, bei der die Vorschriften über die Öffentlichkeit des Verfahrens verletzt worden sind, oder
6. die Entscheidung nicht mit Gründen versehen ist.

§ 139 (Einlegung der Revision)

(1) Die Revision ist bei dem Gericht, dessen Urteil angefochten wird, innerhalb eines Monats nach Zustellung des vollständigen Urteils oder des Beschlusses über die Zulassung der Revision nach § 134 Abs. 3 Satz 2 schriftlich einzulegen. Die Revisionsfrist ist auch gewahrt, wenn die Revision innerhalb der Frist bei dem Bundesverwaltungsgericht eingelegt wird. Die Revision muß das angefochtene Urteil bezeichnen.

(2) Wird der Beschwerde gegen die Nichtzulassung der Revision abgeholfen oder läßt das Bundesverwaltungsgericht die Revision zu, so wird das Beschwerdeverfahren als Revisionsverfahren fortgesetzt, wenn nicht das Bundesverwaltungsgericht das angefochtene Urteil nach § 133 Abs. 6 aufhebt; der Einlegung einer Revision durch den Beschwerdeführer bedarf es nicht. Darauf ist in dem Beschluß hinzuweisen.

(3) Die Revision ist innerhalb von zwei Monaten nach Zustellung des vollständigen Urteils oder des Beschlusses über die Zulassung der Revision nach § 134 Abs. 3 Satz 2 zu begründen; im Falle des Absatzes 2 beträgt die Begründungsfrist einen Monat nach Zustellung des Beschlusses über die Zulassung der Revision. Die Begründung ist bei dem Bundesverwaltungsgericht einzureichen. Die Begründungsfrist kann auf einen vor ihrem Ablauf gestellten Antrag von dem Vorsitzenden verlängert werden. Die Begründung muß einen bestimmten Antrag enthalten, die verletzte Rechtsnorm und, soweit Verfahrensmängel gerügt werden, die Tatsachen angeben, die den Mangel ergeben.

§ 140 (Zurücknahme)

(1) Die Revision kann bis zur Rechtskraft des Urteils zurückgenommen werden. Die Zurücknahme nach Stellung der Anträge in der mündlichen Verhandlung setzt die Einwilligung des Revisionsbeklagten und, wenn der Vertreter des Bundesinteresses beim Bundesverwaltungsgericht an der mündlichen Verhandlung teilgenommen hat, auch seine Einwilligung voraus.

(2) Die Zurücknahme bewirkt den Verlust des eingelegten Rechtsmittels. Das Gericht entscheidet durch Beschluß über die Kostenfolge.

§ 141 (Anwendbare Vorschriften)

Für die Revision gelten die Vorschriften über die Berufung entsprechend, soweit sich aus diesem Abschnitt nichts anderes ergibt. Die §§ 87a, 130a und 130b finden keine Anwendung.

§ 142 (Keine Klageänderung, Beiladung)

(1) Klageänderungen und Beiladungen sind im Revisionsverfahren unzulässig. Das gilt nicht für Beiladungen nach § 65 Abs. 2.

(2) Ein im Revisionsverfahren nach § 65 Abs. 2 Beigeladener kann Verfahrensmängel nur innerhalb von zwei Monaten nach Zustellung des Beiladungsbeschlusses rügen. Die Frist kann auf einen vor ihrem Ablauf gestellten Antrag von dem Vorsitzenden verlängert werden.

§ 143 (Unzulässige Revision)

Das Bundesverwaltungsgericht prüft, ob die Revision statthaft und ob sie in der gesetzlichen Form und Frist eingelegt und begründet worden ist. Mangelt es an einem dieser Erfordernisse, so ist die Revision unzulässig.

§ 144 (Revisionsentscheidung)

(1) Ist die Revision unzulässig, so verwirft sie das Bundesverwaltungsgericht durch Beschluß.

(2) Ist die Revision unbegründet, so weist das Bundesverwaltungsgericht die Revision zurück.

(3) Ist die Revision begründet, so kann das Bundesverwaltungsgericht

1. in der Sache selbst entscheiden,
2. das angefochtene Urteil aufheben und die Sache zur anderweitigen Verhandlung und Entscheidung zurückverweisen.

Das Bundesverwaltungsgericht verweist den Rechtsstreit zurück, wenn der im Revisionsverfahren nach § 142 Abs. 1 Satz 2 Beigeladene ein berechtigtes Interesse daran hat.

(4) Ergeben die Entscheidungsgründe zwar eine Verletzung des bestehenden Rechts, stellt sich die Entscheidung selbst aber aus anderen Gründen als richtig dar, so ist die Revision zurückzuweisen.

(5) Verweist das Bundesverwaltungsgericht die Sache bei der Sprungrevision nach § 49 Nr. 2 und nach § 134 zur anderweitigen Verhandlung und Entscheidung zurück, so kann es nach seinem Ermessen auch an das Oberverwaltungsgericht zurückverweisen, das für die Berufung zuständig gewesen wäre. Für das Verfahren vor dem Oberverwaltungsgericht gelten dann die gleichen Grundsätze, wie wenn der Rechtsstreit auf eine ordnungsgemäß eingelegte Berufung bei dem Oberverwaltungsgericht anhängig geworden wäre.

(6) Das Gericht, an das die Sache zur anderweitigen Verhandlung und Entscheidung zurückverwiesen ist, hat seiner Entscheidung die rechtliche Beurteilung des Revisionsgerichts zugrunde zu legen.

(7) Die Entscheidung über die Revision bedarf keiner Begründung, soweit das Bundesverwaltungsgericht Rügen von Verfahrensmängeln nicht für durchgreifend hält. Das gilt nicht für Rügen nach § 138 und, wenn mit der Revision ausschließlich Verfahrensmängel geltend gemacht werden, für Rügen, auf denen die Zulassung der Revision beruht.

§ 145 (weggefallen)

14. Abschnitt
Beschwerde, Erinnerung, Anhörungsrüge

§ 146 (Beschwerde gegen Entscheidungen des Verwaltungsgerichts)

(1) Gegen die Entscheidungen des Verwaltungsgerichts, des Vorsitzenden oder des Berichterstatters, die nicht Urteile oder Gerichtsbescheide sind, steht den Beteiligten und den sonst von der Entscheidung Betroffenen die Beschwerde an das Oberverwal-

tungsgericht zu, soweit nicht in diesem Gesetz etwas anderes bestimmt ist.

(2) Prozeßleitende Verfügungen, Aufklärungsanordnungen, Beschlüsse über eine Vertagung oder die Bestimmung einer Frist, Beweisbeschlüsse, Beschlüsse über Ablehnung von Beweisanträgen, über Verbindung und Trennung von Verfahren und Ansprüchen und über die Ablehnung von Gerichtspersonen sowie Beschlüsse über die Ablehnung der Prozesskostenhilfe, wenn das Gericht ausschließlich die persönlichen oder wirtschaftlichen Voraussetzungen der Prozesskostenhilfe verneint, können nicht mit der Beschwerde angefochten werden.

(3) Außerdem ist vorbehaltlich einer gesetzlich vorgesehenen Beschwerde gegen die Nichtzulassung der Revision die Beschwerde nicht gegeben in Streitigkeiten über Kosten, Gebühren und Auslagen, wenn der Wert des Beschwerdegegenstandes zweihundert Euro nicht übersteigt.

(4) Die Beschwerde gegen Beschlüsse des Verwaltungsgerichts in Verfahren des vorläufigen Rechtsschutzes (§§ 80, 80a und 123) ist innerhalb eines Monats nach Bekanntgabe der Entscheidung zu begründen. Die Begründung ist, sofern sie nicht bereits mit der Beschwerde vorgelegt worden ist, bei dem Oberverwaltungsgericht einzureichen. Sie muss einen bestimmten Antrag enthalten, die Gründe darlegen, aus denen die Entscheidung abzuändern oder aufzuheben ist, und sich mit der angefochtenen Entscheidung auseinander setzen. Mangelt es an einem dieser Erfordernisse, ist die Beschwerde als unzulässig zu verwerfen. Das Verwaltungsgericht legt die Beschwerde unverzüglich vor; § 148 Abs. 1 findet keine Anwendung. Das Oberverwaltungsgericht prüft nur die dargelegten Gründe.

§ 147 (Einlegung der Beschwerde)

(1) Die Beschwerde ist bei dem Gericht, dessen Entscheidung angefochten wird, schriftlich oder zu Protokoll des Urkundsbeamten der Geschäftsstelle innerhalb von zwei Wochen nach Bekanntgabe der Entscheidung einzulegen. § 67 Abs. 4 bleibt unberührt.

(2) Die Beschwerdefrist ist auch gewahrt, wenn die Beschwerde innerhalb der Frist bei dem Beschwerdegericht eingeht.

§ 148 (Abhilfe; Vorlage)

(1) Hält das Verwaltungsgericht, der Vorsitzende oder der Berichterstatter, dessen Entscheidung angefochten wird, die Beschwerde für begründet, so ist ihr abzuhelfen; sonst ist sie unverzüglich dem Oberverwaltungsgericht vorzulegen.

(2) Das Verwaltungsgericht soll die Beteiligten von der Vorlage der Beschwerde an das Oberverwaltungsgericht in Kenntnis setzen.

§ 149 (Aufschiebende Wirkung; Aussetzung der Vollziehung)

(1) Die Beschwerde hat nur dann aufschiebende Wirkung, wenn sie die Festsetzung eines Ordnungs- oder Zwangsmittels zum Gegenstand hat. Das Gericht, der Vorsitzende oder der Berichterstatter, dessen Entscheidung angefochten wird, kann auch sonst bestimmen, daß die Vollziehung der angefochtenen Entscheidung einstweilen auszusetzen ist.

(2) §§ 178 und 181 Abs. 2 des Gerichtsverfassungsgesetzes bleiben unberührt.

§ 150 (Entscheidung durch Beschluss)

Über die Beschwerde entscheidet das Oberverwaltungsgericht durch Beschluß.

§ 151 (Beauftragter, ersuchter Richter; Urkundsbeamter)

Gegen die Entscheidungen des beauftragten oder ersuchten Richters oder des Urkundsbeamten kann innerhalb von zwei Wochen nach Bekanntgabe die Entscheidung des Gerichts beantragt werden. Der Antrag ist schriftlich oder zu Protokoll des Urkundsbeamten der Geschäftsstelle des Gerichts zu stellen. §§ 147 bis 149 gelten entsprechend.

§ 152 (Beschwerden an das Bundesverwaltungsgericht)

(1) Entscheidungen des Oberverwaltungsgerichts können vorbehaltlich des § 99 Abs. 2 und des § 133 Abs. 1 dieses Gesetzes sowie des § 17a Abs. 4 Satz 4 des Gerichtsverfas-

sungsgesetzes nicht mit der Beschwerde an das Bundesverwaltungsgericht angefochten werden.

(2) Im Verfahren vor dem Bundesverwaltungsgericht gilt für Entscheidungen des beauftragten oder ersuchten Richters oder des Urkundsbeamten der Geschäftsstelle § 151 entsprechend.

§ 152a (Rüge eines beschwerten Beteiligten)

(1) Auf die Rüge eines durch eine gerichtliche Entscheidung beschwerten Beteiligten ist das Verfahren fortzuführen, wenn

1. ein Rechtsmittel oder ein anderer Rechtsbehelf gegen die Entscheidung nicht gegeben ist und

2. das Gericht den Anspruch dieses Beteiligten auf rechtliches Gehör in entscheidungserheblicher Weise verletzt hat.

Gegen eine der Endentscheidung vorausgehende Entscheidung findet die Rüge nicht statt.

(2) Die Rüge ist innerhalb von zwei Wochen nach Kenntnis von der Verletzung des rechtlichen Gehörs zu erheben; der Zeitpunkt der Kenntniserlangung ist glaubhaft zu machen. Nach Ablauf eines Jahres seit Bekanntgabe der angegriffenen Entscheidung kann die Rüge nicht mehr erhoben werden. Formlos mitgeteilte Entscheidungen gelten mit dem vierten Tag nach Aufgabe zur Post als bekannt gegeben. Die Rüge ist schriftlich oder zu Protokoll des Urkundsbeamten der Geschäftsstelle bei dem Gericht zu erheben, dessen Entscheidung angegriffen wird. § 67 Abs. 4 bleibt unberührt. Die Rüge muss die angegriffene Entscheidung bezeichnen und das Vorliegen der in Absatz 1 Satz 1 Nr. 2 genannten Voraussetzungen darlegen.

(3) Den übrigen Beteiligten ist, soweit erforderlich, Gelegenheit zur Stellungnahme zu geben.

(4) Ist die Rüge nicht statthaft oder nicht in der gesetzlichen Form oder Frist erhoben, so ist sie als unzulässig zu verwerfen. Ist die Rüge unbegründet, weist das Gericht sie zurück. Die Entscheidung ergeht durch unanfechtbaren Beschluss. Der Beschluss soll kurz begründet werden.

(5) Ist die Rüge begründet, so hilft ihr das Gericht ab, indem es das Verfahren fortführt, soweit dies aufgrund der Rüge geboten ist. Das Verfahren wird in die Lage zurückversetzt, in der es sich vor dem Schluss der mündlichen Verhandlung befand. In schriftlichen Verfahren tritt an die Stelle des Schlusses der mündlichen Verhandlung der Zeitpunkt, bis zu dem Schriftsätze eingereicht werden können. Für den Ausspruch des Gerichts ist § 343 der Zivilprozessordnung entsprechend anzuwenden.

(6) § 149 Abs. 1 Satz 2 ist entsprechend anzuwenden.

15. Abschnitt
Wiederaufnahme des Verfahrens

§ 153 (Wiederaufnahme rechtskräftig beendeter Verfahren)

(1) Ein rechtskräftig beendetes Verfahren kann nach den Vorschriften des Vierten Buchs der Zivilprozeßordnung wiederaufgenommen werden.

(2) Die Befugnis zur Erhebung der Nichtigkeitsklage und der Restitutionsklage steht auch dem Vertreter des öffentlichen Interesses, im Verfahren vor dem Bundesverwaltungsgericht im ersten und letzten Rechtszug auch dem Vertreter des Bundesinteresses beim Bundesverwaltungsgericht zu.

Teil IV
Kosten und Vollstreckung

16. Abschnitt
Kosten

§ 154 (Kostenpflichtige)

(1) Der unterliegende Teil trägt die Kosten des Verfahrens.

(2) Die Kosten eines ohne Erfolg eingelegten Rechtsmittels fallen demjenigen zur Last, der das Rechtsmittel eingelegt hat.

(3) Dem Beigeladenen können Kosten nur auferlegt werden, wenn er Anträge gestellt

oder Rechtsmittel eingelegt hat; § 155 Abs. 4 bleibt unberührt.

(4) Die Kosten des erfolgreichen Wiederaufnahmeverfahrens können der Staatskasse auferlegt werden, soweit sie nicht durch das Verschulden eines Beteiligten entstanden sind.

(5) Soweit der Antragsteller allein auf Grund von § 80c Absatz 2 unterliegt, fallen die Gerichtskosten dem obsiegenden Teil zur Last. Absatz 3 bleibt unberührt.

§ 155 (Verteilung auf mehrere Beteiligte)

(1) Wenn ein Beteiligter teils obsiegt, teils unterliegt, so sind die Kosten gegeneinander aufzuheben oder verhältnismäßig zu teilen. Sind die Kosten gegeneinander aufgehoben, so fallen die Gerichtskosten jedem Teil zur Hälfte zur Last. Einem Beteiligten können die Kosten ganz auferlegt werden, wenn der andere nur zu einem geringen Teil unterlegen ist.

(2) Wer einen Antrag, eine Klage, ein Rechtsmittel oder einen anderen Rechtsbehelf zurücknimmt, hat die Kosten zu tragen.

(3) Kosten, die durch einen Antrag auf Wiedereinsetzung in den vorigen Stand entstehen, fallen dem Antragsteller zur Last.

(4) Kosten, die durch Verschulden eines Beteiligten entstanden sind, können diesem auferlegt werden.

§ 156 (Anerkenntnis)

Hat der Beklagte durch sein Verhalten keine Veranlassung zur Erhebung der Klage gegeben, so fallen dem Kläger die Prozeßkosten zur Last, wenn der Beklagte den Anspruch sofort anerkennt.

§ 157 (weggefallen)

§ 158 (Anfechtung)

(1) Die Anfechtung der Entscheidung über die Kosten ist unzulässig, wenn nicht gegen die Entscheidung in der Hauptsache ein Rechtsmittel eingelegt wird.

(2) Ist eine Entscheidung in der Hauptsache nicht ergangen, so ist die Entscheidung über die Kosten unanfechtbar.

§ 159 (Gesamtschuldner)

Besteht der kostenpflichtige Teil aus mehreren Personen, so gilt § 100 der Zivilprozeßordnung entsprechend. Kann das streitige Rechtsverhältnis dem kostenpflichtigen Teil gegenüber nur einheitlich entschieden werden, so können die Kosten den mehreren Personen als Gesamtschuldnern auferlegt werden.

§ 160 (Vergleich)

Wird der Rechtsstreit durch Vergleich erledigt und haben die Beteiligten keine Bestimmung über die Kosten getroffen, so fallen die Gerichtskosten jedem Teil zur Hälfte zur Last. Die außergerichtlichen Kosten trägt jeder Beteiligte selbst.

§ 161 (Kostenentscheidung)

(1) Das Gericht hat im Urteil oder, wenn das Verfahren in anderer Weise beendet worden ist, durch Beschluß über die Kosten zu entscheiden.

(2) Ist der Rechtsstreit in der Hauptsache erledigt, so entscheidet das Gericht außer in den Fällen des § 113 Abs. 1 Satz 4 nach billigem Ermessen über die Kosten des Verfahrens durch Beschluß; der bisherige Sach- und Streitstand ist zu berücksichtigen. Der Rechtsstreit ist auch in der Hauptsache erledigt, wenn der Beklagte der Erledigungserklärung des Klägers nicht innerhalb von zwei Wochen seit Zustellung des die Erledigungserklärung enthaltenden Schriftsatzes widerspricht und er vom Gericht auf diese Folge hingewiesen worden ist.

(3) In den Fällen des § 75 fallen die Kosten stets dem Beklagten zur Last, wenn der Kläger mit seiner Bescheidung vor Klageerhebung rechnen durfte.

§ 162 (Zu erstattende Kosten)

(1) Kosten sind die Gerichtskosten (Gebühren und Auslagen) und die zur zweckentsprechenden Rechtsverfolgung oder Rechtsverteidigung notwendigen Aufwendungen der Beteiligten einschließlich der Kosten des Vorverfahrens.

(2) Die Gebühren und Auslagen eines Rechtsanwalts oder eines Rechtsbeistands, in den in § 67 Absatz 2 Satz 2 Nummer 3 und 3a ge-

nannten Angelegenheiten auch einer der dort genannten Personen, sind stets erstattungsfähig. Soweit ein Vorverfahren geschwebt hat, sind Gebühren und Auslagen erstattungsfähig, wenn das Gericht die Zuziehung eines Bevollmächtigten für das Vorverfahren für notwendig erklärt. Juristische Personen des öffentlichen Rechts und Behörden können an Stelle ihrer tatsächlichen notwendigen Aufwendungen für Post- und Telekommunikationsdienstleistungen den in Nummer 7002 der Anlage 1 zum Rechtsanwaltsvergütungsgesetz bestimmten Höchstsatz der Pauschale fordern.

(3) Die außergerichtlichen Kosten des Beigeladenen sind nur erstattungsfähig, wenn sie das Gericht aus Billigkeit der unterliegenden Partei oder der Staatskasse auferlegt.

§ 163 (weggefallen)

§ 164 (Kostenfestsetzung)
Der Urkundsbeamte des Gerichts des ersten Rechtszugs setzt auf Antrag den Betrag der zu erstattenden Kosten fest.

§ 165 (Anfechtung)
Die Beteiligten können die Festsetzung der zu erstattenden Kosten anfechten. § 151 gilt entsprechend.

§ 165a (Anwendbarkeit der ZPO)
§ 110 der Zivilprozessordnung gilt entsprechend.

§ 166 (Prozesskostenhilfe)
(1) Die Vorschriften der Zivilprozeßordnung über die Prozesskostenhilfe sowie § 569 Abs. 3 Nr. 2 der Zivilprozessordnung gelten entsprechend. Einem Beteiligten, dem Prozesskostenhilfe bewilligt worden ist, kann auch ein Steuerberater, Steuerbevollmächtigter, Wirtschaftsprüfer oder vereidigter Buchprüfer beigeordnet werden. Die Vergütung richtet sich nach den für den beigeordneten Rechtsanwalt geltenden Vorschriften des Rechtsanwaltsvergütungsgesetzes.

(2) Die Prüfung der persönlichen und wirtschaftlichen Verhältnisse nach den §§ 114 bis 116 der Zivilprozessordnung einschließlich der in § 118 Absatz 2 der Zivilprozessordnung bezeichneten Maßnahmen, der Beurkundung von Vergleichen nach § 118 Absatz 1 Satz 3 der Zivilprozessordnung und der Entscheidungen nach § 118 Absatz 2 Satz 4 der Zivilprozessordnung obliegt dem Urkundsbeamten der Geschäftsstelle des jeweiligen Rechtszugs, wenn der Vorsitzende ihm das Verfahren insoweit überträgt. Liegen die Voraussetzungen für die Bewilligung der Prozesskostenhilfe hiernach nicht vor, erlässt der Urkundsbeamte die den Antrag ablehnende Entscheidung; anderenfalls vermerkt der Urkundsbeamte in den Prozessakten, dass dem Antragsteller nach seinen persönlichen und wirtschaftlichen Verhältnissen Prozesskostenhilfe gewährt werden kann und in welcher Höhe gegebenenfalls Monatsraten oder Beträge aus dem Vermögen zu zahlen sind.

(3) Dem Urkundsbeamten obliegen im Verfahren über die Prozesskostenhilfe ferner die Bestimmung des Zeitpunkts für die Einstellung und eine Wiederaufnahme der Zahlungen nach § 120 Absatz 3 der Zivilprozessordnung sowie die Änderung und die Aufhebung der Bewilligung der Prozesskostenhilfe nach den §§ 120a und 124 Absatz 1 Nummer 2 bis 5 der Zivilprozessordnung.

(4) Der Vorsitzende kann Aufgaben nach den Absätzen 2 und 3 zu jedem Zeitpunkt an sich ziehen. § 5 Absatz 1 Nummer 1, die §§ 6, 7, 8 Absatz 1 bis 4 und § 9 des Rechtspflegergesetzes gelten entsprechend mit der Maßgabe, dass an die Stelle des Rechtspflegers der Urkundsbeamte der Geschäftsstelle tritt.

(5) § 87a Absatz 3 gilt entsprechend.

(6) Gegen Entscheidungen des Urkundsbeamten nach den Absätzen 2 und 3 kann innerhalb von zwei Wochen nach Bekanntgabe die Entscheidung des Gerichts beantragt werden.

(7) Durch Landesgesetz kann bestimmt werden, dass die Absätze 2 bis 6 für die Gerichte des jeweiligen Landes nicht anzuwenden sind.

17. Abschnitt
Vollstreckung

§ 167 (Anwendbare Vorschriften)
(1) Soweit sich aus diesem Gesetz nichts anderes ergibt, gilt für die Vollstreckung das

Achte Buch der Zivilprozeßordnung entsprechend. Vollstreckungsgericht ist das Gericht des ersten Rechtszugs.

(2) Urteile auf Anfechtungs- und Verpflichtungsklagen können nur wegen der Kosten für vorläufig vollstreckbar erklärt werden.

§ 168 (Vollstreckungstitel)

(1) Vollstreckt wird

1. aus rechtskräftigen und aus vorläufig vollstreckbaren gerichtlichen Entscheidungen,
2. aus einstweiligen Anordnungen,
3. aus gerichtlichen Vergleichen,
4. aus Kostenfestsetzungsbeschlüssen,
5. aus den für vollstreckbar erklärten Schiedssprüchen öffentlich-rechtlicher Schiedsgerichte, sofern die Entscheidung über die Vollstreckbarkeit rechtskräftig oder für vorläufig vollstreckbar erklärt ist.

(2) Für die Vollstreckung können den Beteiligten auf ihren Antrag Ausfertigungen des Urteils ohne Tatbestand und ohne Entscheidungsgründe erteilt werden, deren Zustellung in den Wirkungen der Zustellung eines vollständigen Urteils gleichsteht.

§ 169 (Vollstreckung zu Gunsten von Gebietskörperschaften u. ä.)

(1) Soll zugunsten des Bundes, eines Landes, eines Gemeindeverbandes, einer Gemeinde oder einer Körperschaft, Anstalt oder Stiftung des öffentlichen Rechts vollstreckt werden, so richtet sich die Vollstreckung nach dem Verwaltungsvollstreckungsgesetz. Vollstreckungsbehörde im Sinne des Verwaltungsvollstreckungsgesetzes ist der Vorsitzende des Gerichts des ersten Rechtszugs; er kann für die Ausführung der Vollstreckung eine andere Vollstreckungsbehörde oder einen Gerichtsvollzieher in Anspruch nehmen.

(2) Wird die Vollstreckung zur Erzwingung von Handlungen, Duldungen und Unterlassungen im Wege der Amtshilfe von Organen der Länder vorgenommen, so ist sie nach landesrechtlichen Bestimmungen durchzuführen.

§ 170 (Vollstreckung gegen Gebietskörperschaften u. ä.)

(1) Soll gegen den Bund, ein Land, einen Gemeindeverband, eine Gemeinde, eine Körperschaft, eine Anstalt oder Stiftung des öffentlichen Rechts wegen einer Geldforderung vollstreckt werden, so verfügt auf Antrag des Gläubigers das Gericht des ersten Rechtszugs die Vollstreckung. Es bestimmt die vorzunehmenden Vollstreckungsmaßnahmen und ersucht die zuständige Stelle um deren Vornahme. Die ersuchte Stelle ist verpflichtet, dem Ersuchen nach den für sie geltenden Vollstreckungsvorschriften nachzukommen.

(2) Das Gericht hat vor Erlaß der Vollstreckungsverfügung die Behörde oder bei Körperschaften, Anstalten und Stiftungen des öffentlichen Rechts, gegen die vollstreckt werden soll, die gesetzlichen Vertreter von der beabsichtigten Vollstreckung zu benachrichtigen mit der Aufforderung, die Vollstreckung innerhalb einer vom Gericht zu bemessenden Frist abzuwenden. Die Frist darf einen Monat nicht übersteigen.

(3) Die Vollstreckung ist unzulässig in Sachen, die für die Erfüllung öffentlicher Aufgaben unentbehrlich sind oder deren Veräußerung ein öffentliches Interesse entgegensteht. Über Einwendungen entscheidet das Gericht nach Anhörung der zuständigen Aufsichtsbehörde oder bei obersten Bundes- oder Landesbehörden des zuständigen Ministers.

(4) Für öffentlich-rechtliche Kreditinstitute gelten die Absätze 1 bis 3 nicht.

(5) Der Ankündigung der Vollstreckung und der Einhaltung einer Wartefrist bedarf es nicht, wenn es sich um den Vollzug einer einstweiligen Anordnung handelt.

§ 171 (Keine Vollstreckungsklausel)

In den Fällen der §§ 169, 170 Abs. 1 bis 3 bedarf es einer Vollstreckungsklausel nicht.

§ 172 (Zwangsgeld)

Kommt die Behörde in den Fällen des § 113 Abs. 1 Satz 2 und Abs. 5 und des § 123 der ihr im Urteil oder in der einstweiligen Anordnung auferlegten Verpflichtung nicht nach, so kann das Gericht des ersten Rechtszugs auf Antrag unter Fristsetzung gegen sie ein Zwangsgeld bis zehntausend Euro durch Beschluß androhen, nach fruchtlosem Fristablauf festsetzen und von Amts wegen vollstrecken. Das Zwangsgeld kann wiederholt angedroht, festgesetzt und vollstreckt werden.

Teil V
Schluß- und Übergangsbestimmungen

§ 173 (Grundsätzliche Anwendbarkeit von GVG und ZPO)

Soweit dieses Gesetz keine Bestimmungen über das Verfahren enthält, sind das Gerichtsverfassungsgesetz und die Zivilprozeßordnung einschließlich § 278 Absatz 5 und § 278a entsprechend anzuwenden, wenn die grundsätzlichen Unterschiede der beiden Verfahrensarten dies nicht ausschließen; das Leitentscheidungsverfahren nach den §§ 552b und 565 der Zivilprozessordnung ist nicht anzuwenden. Die Vorschriften des Siebzehnten Titels des Gerichtsverfassungsgesetzes sind mit der Maßgabe entsprechend anzuwenden, dass an die Stelle des Oberlandesgerichts das Oberverwaltungsgericht, an die Stelle des Bundesgerichtshofs das Bundesverwaltungsgericht und an die Stelle der Zivilprozessordnung die Verwaltungsgerichtsordnung tritt. Gericht im Sinne des § 1062 der Zivilprozeßordnung ist das zuständige Verwaltungsgericht, Gericht im Sinne des § 1065 der Zivilprozeßordnung das zuständige Oberverwaltungsgericht.

§ 174 (Befähigung zum höheren Verwaltungsdienst)

(1) Für den Vertreter des öffentlichen Interesses bei dem Oberverwaltungsgericht und bei dem Verwaltungsgericht steht der Befähigung zum Richteramt nach dem Deutschen Richtergesetz die Befähigung zum höheren Verwaltungsdienst gleich, wenn sie nach mindestens dreijährigem Studium der Rechtswissenschaft an einer Universität und dreijähriger Ausbildung im öffentlichen Dienst durch Ablegen der gesetzlich vorgeschriebenen Prüfungen erlangt worden ist.

(2) Bei Kriegsteilnehmern gilt die Voraussetzung des Absatzes 1 als erfüllt, wenn sie den für sie geltenden besonderen Vorschriften genügt haben.

§ 175 (Verfahren vor 18. April 2018)
§ 43 des Einführungsgesetzes zum Gerichtsverfassungsgesetz gilt entsprechend.

§ 176 (Besetzung des Gerichts)
Bei den Verwaltungsgerichten dürfen bis zum Ablauf des 31. Dezember 2025 abweichend von § 29 Absatz 1 des Deutschen Richtergesetzes bei einer gerichtlichen Entscheidung auch mitwirken:

1. zwei abgeordnete Richter auf Lebenszeit oder

2. ein abgeordneter Richter auf Lebenszeit und entweder ein Richter auf Probe oder ein Richter kraft Auftrags.

§ 177 (Papierform)
(1) Dokumente und Aktenteile, die nach den Verschlusssachenanweisungen des Bundes oder der Länder als Verschlusssache höher als VS-NUR FÜR DEN DIENSTGEBRAUCH eingestuft sind, dürfen bis zum 31. Dezember 2035 abweichend von den §§ 55a bis 55d in Papierform erstellt, geführt und übermittelt werden. Dokumente und Aktenteile, die nach den Verschlusssachenanweisungen des Bundes oder der Länder als Verschlusssache VS-NUR FÜR DEN DIENSTGEBRAUCH eingestuft sind, dürfen bis zum 31. Dezember 2035 abweichend von den §§ 55a bis 55d in Papierform übermittelt werden. Die für die Handhabung von Verschlusssachen geltenden Geheimschutzvorschriften bleiben unberührt.

(2) Die Bundesregierung und die Landesregierungen können abweichend von § 55b jeweils für ihren Bereich durch Rechtsverordnung bestimmen, dass Akten, die elektronisch angelegt wurden, ab einem bestimmten Ereignis bis zum 31. Dezember 2025 in Papierform weitergeführt werden. Die Zulassung der Weiterführung in Papierform kann auf einzelne Gerichte oder Verfahren beschränkt werden; wird von dieser Möglichkeit Gebrauch gemacht, kann in der Rechtsver-

ordnung bestimmt werden, dass durch Verwaltungsvorschrift, die öffentlich bekanntzumachen ist, geregelt wird, in welchen Verfahren Akten in elektronischer Form weitergeführt werden. Die Rechtsverordnung der Bundesregierung bedarf nicht der Zustimmung des Bundesrates. Die Ermächtigung kann durch Rechtsverordnung auf die zuständige oberste Bundesbehörde oder auf die für die Verwaltungsgerichtsbarkeit zuständigen obersten Landesbehörden übertragen werden.

§§ 178 und 179 (Änderungsvorschriften)

§ 180 (Vernehmung, Vereidigung nach VwVfG und SGB X)

Erfolgt die Vernehmung oder die Vereidigung von Zeugen und Sachverständigen nach dem Verwaltungsverfahrensgesetz oder nach dem Zehnten Buch Sozialgesetzbuch durch das Verwaltungsgericht, so findet sie vor dem dafür im Geschäftsverteilungsplan bestimmten Richter statt. Über die Rechtmäßigkeit einer Verweigerung des Zeugnisses, des Gutachtens oder der Eidesleistung nach dem Verwaltungsverfahrensgesetz oder nach dem Zehnten Buch Sozialgesetzbuch entscheidet das Verwaltungsgericht durch Beschluß.

§§ 181 und 182 (Änderungsvorschriften)

§ 183 (Nichtigkeit von Landesrecht)

Hat das Verfassungsgericht eines Landes die Nichtigkeit von Landesrecht festgestellt oder Vorschriften des Landesrechts für nichtig erklärt, so bleiben vorbehaltlich einer besonderen gesetzlichen Regelung durch das Land die nicht mehr anfechtbaren Entscheidungen der Gerichte der Verwaltungsgerichtsbarkeit, die auf der für nichtig erklärten Norm beruhen, unberührt. Die Vollstreckung aus einer solchen Entscheidung ist unzulässig. § 767 der Zivilprozeßordnung gilt entsprechend.

§ 184 (Verwaltungsgerichtshof)

Das Land kann bestimmen, daß das Oberverwaltungsgericht die bisherige Bezeichnung „Verwaltungsgerichtshof" weiterführt.

§ 185 (Besonderheiten für bestimmte Bundesländer)

(1) In den Ländern Berlin und Hamburg treten an die Stelle der Kreise im Sinne des § 28 die Bezirke.

(2) Die Länder Berlin, Brandenburg, Bremen, Hamburg, Mecklenburg-Vorpommern, Saarland und Schleswig-Holstein können Abweichungen von den Vorschriften des § 73 Abs. 1 Satz 2 zulassen.

(3) In den Ländern Berlin und Bremen treten an die Stelle der Landesstraßen im Sinne des § 48 Absatz 1 Satz 1 Nummer 8 die Straßen I. Ordnung nach § 20 Nummer 1 des Berliner Straßengesetzes und die Straßen der Gruppe A nach § 3 Absatz 1 Nummer 1 des Bremischen Landesstraßengesetzes.

§ 186 (Besonderheiten für Stadtstaaten)

§ 22 Nr. 3 findet in den Ländern Berlin, Bremen und Hamburg auch mit der Maßgabe Anwendung, daß in der öffentlichen Verwaltung ehrenamtlich tätige Personen nicht zu ehrenamtlichen Richtern berufen werden können. § 6 des Einführungsgesetzes zum Gerichtsverfassungsgesetz gilt entsprechend.

§ 187 (Ermächtigungen für Länder)

(1) Die Länder können den Gerichten der Verwaltungsgerichtsbarkeit Aufgaben der Disziplinargerichtsbarkeit und der Schiedsgerichtsbarkeit bei Vermögensauseinandersetzungen öffentlich-rechtlicher Verbände übertragen, diesen Gerichten Berufsgerichte angliedern sowie dabei die Besetzung und das Verfahren regeln.

(2) Die Länder können ferner für das Gebiet des Personalvertretungsrechts von diesem Gesetz abweichende Vorschriften über die Besetzung und das Verfahren der Verwaltungsgerichte und des Oberverwaltungsgerichts erlassen.

§ 188 (Zusammenfassung von Sachgebieten)

Die Sachgebiete in Angelegenheiten der Fürsorge mit Ausnahme der Angelegenheiten der Sozialhilfe und des Asylbewerberleistungsgesetzes, der Jugendhilfe, der Schwerbehindertenfürsorge sowie der Ausbildungsförderung sollen in einer Kammer oder in einem Senat zusammengefaßt werden. Gerichtskosten (Gebühren und Auslagen) werden in den Verfahren dieser Art nicht erhoben; dies gilt nicht für Erstattungsstreitigkeiten zwischen Sozialleistungsträgern.

§ 188a (Wirtschaftsrecht)

Für Angelegenheiten des Wirtschaftsrechts können besondere Kammern oder Senate gebildet werden (Wirtschaftskammern, Wirtschaftssenate). Die Sachgebiete der Wirtschaftsverfassung, Wirtschaftslenkung, Marktordnung und Außenwirtschaft, des Gewerberechts sowie des Post-, Fernmelde- und Telekommunikationsrechts sollen in den Wirtschaftskammern oder Wirtschaftssenaten zusammengefasst werden. Darüber hinaus können den Wirtschaftskammern oder Wirtschaftssenaten weitere Streitigkeiten mit einem Bezug zum Wirtschaftsrecht zugewiesen werden.

§ 188b (Planungsrecht)

Für Angelegenheiten des Planungsrechts sollen besondere Kammern oder Senate gebildet werden (Planungskammern, Planungssenate). Ihnen können insbesondere auch Sachgebiete zugewiesen werden, die mit den Angelegenheiten des Planungsrechts im Zusammenhang stehen.

§ 189 (Bildung von Fachsenaten)

Für die nach § 99 Abs. 2 zu treffenden Entscheidungen sind bei den Oberverwaltungsgerichten und dem Bundesverwaltungsgericht Fachsenate zu bilden.

§ 190 (Unberührtes Bundesrecht)

Die folgenden Gesetze, die von diesem Gesetz abweichen, bleiben unberührt:

1. das Lastenausgleichsgesetz vom 14. August 1952 (Bundesgesetzbl. I S. 446) in der Fassung der dazu ergangenen Änderungsgesetze,
2. das Gesetz über die Errichtung eines Bundesaufsichtsamtes für das Versicherungs- und Bausparwesen vom 31. Juli 1951 (Bundesgesetzbl. I S. 480) in der Fassung des Gesetzes zur Ergänzung des Gesetzes über die Errichtung eines Bundesaufsichtsamtes für das Versicherungs- und Bausparwesen vom 22. Dezember 1954 (Bundesgesetzbl. I S. 501),
3. (weggefallen)
4. das Flurbereinigungsgesetz vom 14. Juli 1953 (Bundesgesetzbl. I S. 591),
5. das Personalvertretungsgesetz vom 5. August 1955 (Bundesgesetzbl. I S. 477),
6. die Wehrbeschwerdeordnung (WBO) vom 23. Dezember 1956 (Bundesgesetzbl. I S. 1066),
7. das Kriegsgefangenenentschädigungsgesetz (KgfEG) in der Fassung vom 8. Dezember 1956 (Bundesgesetzbl. I S. 908),
8. § 13 Abs. 2 des Patentgesetzes und die Vorschriften über das Verfahren vor dem Deutschen Patentamt.

§ 191 (Änderungsvorschrift)

(1) (Änderungsvorschrift)

(2) § 127 des Beamtenrechtsrahmengesetzes und § 54 des Beamtenstatusgesetzes bleiben unberührt.

§ 192 (Änderungsvorschrift)

§ 193 (Verfassungsstreitigkeiten)

In einem Land, in dem kein Verfassungsgericht besteht, bleibt eine dem Oberverwaltungsgericht übertragene Zuständigkeit zur Entscheidung von Verfassungsstreitigkeiten innerhalb des Landes bis zur Errichtung eines Verfassungsgerichts unberührt.

§ 194 (Übergangsvorschrift)

(1) Die Zulässigkeit der Berufungen richtet sich nach dem bis zum 31. Dezember 2001 geltenden Recht, wenn vor dem 1. Januar 2002

1. die mündliche Verhandlung, auf die das anzufechtende Urteil ergeht, geschlossen worden ist,
2. in Verfahren ohne mündliche Verhandlung die Geschäftsstelle die anzufechtende Entscheidung zum Zwecke der Zustellung an die Parteien herausgegeben hat.

(2) Im Übrigen richtet sich die Zulässigkeit eines Rechtsmittels gegen eine gerichtliche Entscheidung nach dem bis zum 31. Dezember 2001 geltenden Recht, wenn vor dem 1. Januar 2002 die gerichtliche Entscheidung bekannt gegeben oder verkündet oder von Amts wegen an Stelle einer Verkündung zugestellt worden ist.

(3) Fristgerecht vor dem 1. Januar 2002 eingelegte Rechtsmittel gegen Beschlüsse in Verfahren der Prozesskostenhilfe gelten als durch das Oberverwaltungsgericht zugelassen.

(4) In Verfahren, die vor dem 1. Januar 2002 anhängig geworden sind oder für die die Klagefrist vor diesem Tage begonnen hat, sowie in Verfahren über Rechtsmittel gegen gerichtliche Entscheidungen, die vor dem 1. Januar 2002 bekannt gegeben oder verkündet oder von Amts wegen an Stelle einer Verkündung zugestellt worden sind, gelten für die Prozessvertretung der Beteiligten die bis zu diesem Zeitpunkt geltenden Vorschriften.

(5) § 40 Abs. 2 Satz 1, § 154 Abs. 3, § 162 Abs. 2 Satz 3 und § 188 Satz 2 sind für die ab 1. Januar 2002 bei Gericht anhängig werdenden Verfahren in der zu diesem Zeitpunkt geltenden Fassung anzuwenden.

(6) Für am 1. Januar 2024 noch anhängige Verfahren aus dem Sachgebiet der Kriegsopferfürsorge gilt § 67 Absatz 2 Satz 2 Nummer 6 in der am 31. Dezember 2023 geltenden Fassung weiter.

§ 195 (In-Kraft-Treten)

(1) (Inkrafttreten)

(2) bis (6) (weggefallen)

(7) Für Rechtsvorschriften im Sinne des § 47, die vor dem 1. Januar 2007 bekannt gemacht worden sind, gilt die Frist des § 47 Abs. 2 in der bis zum Ablauf des 31. Dezember 2006 geltenden Fassung.

Verwaltungsverfahrensgesetz für Baden-Württemberg (Landesverwaltungsverfahrensgesetz – LVwVfG)

in der Fassung der Bekanntmachung
vom 12. April 2005 (GBl. S. 350)

Zuletzt geändert durch
Gesetz zur Änderung des Landesverwaltungsverfahrensgesetzes und anderer Gesetze
vom 4. Februar 2021 (GBl. S. 181)

Inhaltsübersicht

Teil I
Anwendungsbereich, örtliche Zuständigkeit, elektronische Kommunikation, Amtshilfe, europäische Verwaltungszusammenarbeit

Abschnitt 1
Anwendungsbereich, örtliche Zuständigkeit, elektronische Kommunikation

- § 1 Anwendungsbereich
- § 2 Ausnahmen vom Anwendungsbereich
- § 3 Örtliche Zuständigkeit
- § 3a Elektronische Kommunikation
- § 3b Personenbezogene Daten, Betriebs- und Geschäftsgeheimnisse

Abschnitt 2
Amtshilfe

- § 4 Amtshilfepflicht
- § 5 Voraussetzungen und Grenzen der Amtshilfe
- § 6 Auswahl der Behörde
- § 7 Durchführung der Amtshilfe
- § 8 Kosten der Amtshilfe

Abschnitt 3
Europäische Verwaltungszusammenarbeit

- § 8a Grundsätze der Hilfeleistung
- § 8b Form und Behandlung der Ersuchen
- § 8c Kosten der Hilfeleistung
- § 8d Mitteilungen von Amts wegen
- § 8e Anwendbarkeit

Teil II
Allgemeine Vorschriften über das Verwaltungsverfahren

Abschnitt 1
Verfahrensgrundsätze

- § 9 Begriff des Verwaltungsverfahrens
- § 10 Nichtförmlichkeit des Verwaltungsverfahrens
- § 11 Beteiligungsfähigkeit
- § 12 Handlungsfähigkeit
- § 13 Beteiligte
- § 14 Bevollmächtigte und Beistände
- § 15 Bestellung eines Empfangsbevollmächtigten
- § 16 Bestellung eines Vertreters von Amts wegen
- § 17 Vertreter bei gleichförmigen Eingaben
- § 18 Vertreter für Beteiligte bei gleichem Interesse
- § 19 Gemeinsame Vorschriften für Vertreter bei gleichförmigen Eingaben und bei gleichem Interesse
- § 20 Ausgeschlossene Personen
- § 21 Besorgnis der Befangenheit
- § 22 Beginn des Verfahrens
- § 23 Amtssprache
- § 24 Untersuchungsgrundsatz
- § 25 Beratung, Auskunft, frühe Öffentlichkeitsbeteiligung
- § 26 Beweismittel
- § 27 Versicherung an Eides statt
- § 27a Öffentliche Bekanntmachung im Internet
- § 28 Anhörung Beteiligter

IX.4 Landesverwaltungsverfahrensgesetz (LVwVfG) — Inhaltsübersicht

- § 29 Akteneinsicht durch Beteiligte
- § 30 (weggefallen)

Abschnitt 2
Fristen, Termine, Wiedereinsetzung

- § 31 Fristen und Termine
- § 32 Wiedereinsetzung in den vorigen Stand

Abschnitt 3
Amtliche Beglaubigung

- § 33 Beglaubigung von Dokumenten
- § 34 Beglaubigung von Unterschriften

Teil III
Verwaltungsakt

Abschnitt 1
Zustandekommen des Verwaltungsaktes

- § 35 Begriff des Verwaltungsaktes
- § 35a Vollständig automatisierter Erlass eines Verwaltungsaktes
- § 36 Nebenbestimmungen zum Verwaltungsakt
- § 37 Bestimmtheit und Form des Verwaltungsaktes; Rechtsbehelfsbelehrung
- § 38 Zusicherung
- § 39 Begründung des Verwaltungsaktes
- § 40 Ermessen
- § 41 Bekanntgabe des Verwaltungsaktes
- § 42 Offenbare Unrichtigkeiten im Verwaltungsakt
- § 42a Genehmigungsfiktion

Abschnitt 2
Bestandskraft des Verwaltungsaktes

- § 43 Wirksamkeit des Verwaltungsaktes
- § 44 Nichtigkeit des Verwaltungsaktes
- § 45 Heilung von Verfahrens- und Formfehlern
- § 46 Folgen von Verfahrens- und Formfehlern
- § 47 Umdeutung eines fehlerhaften Verwaltungsaktes
- § 48 Rücknahme eines rechtswidrigen Verwaltungsaktes
- § 49 Widerruf eines rechtmäßigen Verwaltungsaktes
- § 49a Erstattung, Verzinsung
- § 50 Rücknahme und Widerruf im Rechtsbehelfsverfahren
- § 51 Wiederaufgreifen des Verfahrens
- § 52 Rückgabe von Urkunden und Sachen

Abschnitt 3
Verjährungsrechtliche Wirkungen des Verwaltungsaktes

- § 53 Hemmung der Verjährung durch Verwaltungsakt

Teil IV
Öffentlich-rechtlicher Vertrag

- § 54 Zulässigkeit des öffentlich-rechtlichen Vertrags
- § 55 Vergleichsvertrag
- § 56 Austauschvertrag
- § 57 Schriftform
- § 58 Zustimmung von Dritten und Behörden
- § 59 Nichtigkeit des öffentlich-rechtlichen Vertrags
- § 60 Anpassung und Kündigung in besonderen Fällen
- § 61 Unterwerfung unter die sofortige Vollstreckung
- § 62 Ergänzende Anwendung von Vorschriften

Teil V
Besondere Verfahrensarten

Abschnitt 1
Förmliches Verwaltungsverfahren

- § 63 Anwendung der Vorschriften über das förmliche Verwaltungsverfahren
- § 64 Form des Antrags
- § 65 Mitwirkung von Zeugen und Sachverständigen
- § 66 Verpflichtung zur Anhörung von Beteiligten

§ 67	Erfordernis der mündlichen Verhandlung	§ 82	Pflicht zu ehrenamtlicher Tätigkeit
§ 68	Verlauf der mündlichen Verhandlung	§ 83	Ausübung ehrenamtlicher Tätigkeit
§ 69	Entscheidung	§ 84	Verschwiegenheitspflicht
§ 70	Anfechtung der Entscheidung	§ 85	Entschädigung
§ 71	Besondere Vorschriften für das förmliche Verfahren vor Ausschüssen	§ 86	Abberufung
		§ 87	Ordnungswidrigkeiten

Abschnitt 1a
Verfahren über eine einheitliche Stelle

- § 71a Anwendbarkeit
- § 71b Verfahren
- § 71c Informationspflichten
- § 71d Gegenseitige Unterstützung
- § 71e Elektronisches Verfahren

Abschnitt 2
Planfeststellungsverfahren

- § 72 Anwendung der Vorschriften über das Planfeststellungsverfahren
- § 73 Anhörungsverfahren
- § 74 Planfeststellungsbeschluss, Plangenehmigung
- § 75 Rechtswirkungen der Planfeststellung
- § 76 Planänderungen vor Fertigstellung des Vorhabens
- § 77 Aufhebung des Planfeststellungsbeschlusses
- § 78 Zusammentreffen mehrerer Vorhaben

Teil VI
Rechtsbehelfsverfahren

- § 79 Rechtsbehelfe gegen Verwaltungsakte
- § 80 Erstattung von Kosten im Vorverfahren

Teil VII
Ehrenamtliche Tätigkeit, Ausschüsse

Abschnitt 1
Ehrenamtliche Tätigkeit

- § 81 Anwendung der Vorschriften über die ehrenamtliche Tätigkeit

Abschnitt 2
Ausschüsse

- § 88 Anwendung der Vorschriften über Ausschüsse
- § 89 Ordnung in den Sitzungen
- § 90 Beschlussfähigkeit
- § 91 Beschlussfassung
- § 92 Wahlen durch Ausschüsse
- § 93 Niederschrift

Teil VIII
Besondere Bestimmungen für Gemeinden und Gemeindeverbände

- § 94 Pflichten der Gemeinden gegenüber den Bürgern
- § 95 Erfüllung von Aufgaben der Gemeinden durch Verwaltungsgemeinschaften

Teil IX
Schlussvorschriften

- § 96 Länderübergreifende Verfahren
- § 97 Sonderregelung für Verteidigungs- und Notstandsangelegenheiten
- § 98 Überleitung von Verfahren
- § 99 Verwaltungsvorschriften
- § 100 Änderung des Gesetzes über die Verkündung von Rechtsverordnungen
- § 101 Änderung des Ersten Gesetzes zur Funktionalreform und anderer Gesetze
- § 102 Änderung des Straßengesetzes
- § 102a Übergangsvorschrift zu § 53
- § 103 Inkrafttreten

Teil I
Anwendungsbereich, örtliche Zuständigkeit, elektronische Kommunikation, Amtshilfe, europäische Verwaltungszusammenarbeit

Abschnitt 1
Anwendungsbereich, örtliche Zuständigkeit, elektronische Kommunikation

§ 1 Anwendungsbereich

(1) Dieses Gesetz gilt für die öffentlich-rechtliche Verwaltungstätigkeit der Behörden des Landes, der Gemeinden und Gemeindeverbände sowie der sonstigen der Aufsicht des Landes unterstehenden juristischen Personen des öffentlichen Rechts, soweit nicht landesrechtliche Vorschriften inhaltsgleiche oder entgegenstehende Bestimmungen enthalten.

(2) Behörde im Sinne dieses Gesetzes ist jede Stelle, die Aufgaben der öffentlichen Verwaltung wahrnimmt.

§ 2 Ausnahmen vom Anwendungsbereich

(1) Dieses Gesetz gilt nicht für die Tätigkeit der Kirchen, der Religionsgesellschaften und Weltanschauungsgemeinschaften sowie ihrer Verbände und Einrichtungen und nicht für die Tätigkeit des Südwestrundfunks.

(2) Dieses Gesetz gilt ferner nicht für

1. Verfahren, die ganz oder überwiegend nach den Vorschriften der Abgabenordnung durchzuführen sind; § 61 Abs. 3 und § 80 Abs. 4 bleiben unberührt,
2. die Strafverfolgung, die Verfolgung und Ahndung von Ordnungswidrigkeiten, die Rechtshilfe für das Ausland in Straf- und Zivilsachen und, unbeschadet des § 80 Abs. 4, für Maßnahmen des Richterdienstrechts,
3. Verfahren nach dem Sozialgesetzbuch,
4. das Recht des Lastenausgleichs,
5. das Recht der Wiedergutmachung.

(3) Für die Tätigkeit

1. der Gerichtsverwaltungen und der Behörden der Justizverwaltung einschließlich der ihrer Aufsicht unterliegenden Körperschaften des öffentlichen Rechts gilt dieses Gesetz nur, soweit die Tätigkeit der Nachprüfung im Verfahren vor den Gerichten der Verwaltungsgerichtsbarkeit unterliegt;
2. der Behörden bei Leistungs-, Eignungs- und ähnlichen Prüfungen von Personen sowie der Schulen bei Versetzungs- und anderen Entscheidungen, die auf einer Leistungsbeurteilung beruhen, gelten nur die §§ 3a bis 13, 20 bis 27, 29 bis 38, 40 bis 52, 79, 80 und 98.

(4) Die oberste Schulbehörde kann durch Rechtsverordnung Ausnahmen von § 20 zulassen, wenn dies für die Aufrechterhaltung eines ordnungsgemäßen Schulbetriebs oder bei Abwägung der Interessen der Betroffenen geboten ist. Für Berufungsverfahren im Hochschulbereich sind die §§ 28, 29 und 39 nicht anzuwenden.

§ 3 Örtliche Zuständigkeit

(1) Örtlich zuständig ist

1. in Angelegenheiten, die sich auf unbewegliches Vermögen oder ein ortsgebundenes Recht oder Rechtsverhältnis beziehen, die Behörde, in deren Bezirk das Vermögen oder der Ort liegt;
2. in Angelegenheiten, die sich auf den Betrieb eines Unternehmens oder einer seiner Betriebsstätten, auf die Ausübung eines Berufes oder auf eine andere dauernde Tätigkeit beziehen, die Behörde, in deren Bezirk das Unternehmen oder die Betriebsstätte betrieben oder der Beruf oder die Tätigkeit ausgeübt wird oder werden soll;
3. in anderen Angelegenheiten, die
   a) eine natürliche Person betreffen, die Behörde, in deren Bezirk die natürliche Person ihren gewöhnlichen Aufenthalt hat oder zuletzt hatte,
   b) eine juristische Person oder eine Vereinigung betreffen, die Behörde, in deren Bezirk die juristische Person oder die Vereinigung ihren Sitz hat oder zuletzt hatte;

§ 3a **Landesverwaltungsverfahrensgesetz (LVwVfG)** IX.4

4. in Angelegenheiten, bei denen sich die Zuständigkeit nicht aus den Nummern 1 bis 3 ergibt, die Behörde, in deren Bezirk der Anlass für die Amtshandlung hervortritt.

(2) Sind nach Absatz 1 mehrere Behörden zuständig, so entscheidet die Behörde, die zuerst mit der Sache befasst worden ist, es sei denn, die gemeinsame fachlich zuständige Aufsichtsbehörde bestimmt, dass eine andere örtlich zuständige Behörde zu entscheiden hat. Sie kann in den Fällen, in denen eine gleiche Angelegenheit sich auf mehrere Betriebsstätten eines Betriebs oder Unternehmens bezieht, eine der nach Absatz 1 Nr. 2 zuständigen Behörden als gemeinsame zuständige Behörde bestimmen, wenn dies unter Wahrung der Interessen der Beteiligten zur einheitlichen Entscheidung geboten ist. Diese Aufsichtsbehörde entscheidet ferner über die örtliche Zuständigkeit, wenn sich mehrere Behörden für zuständig oder für unzuständig halten oder wenn die Zuständigkeit aus anderen Gründen zweifelhaft ist. Fehlt eine gemeinsame Aufsichtsbehörde, so treffen die fachlich zuständigen Aufsichtsbehörden die Entscheidung gemeinsam.

(3) Ändern sich im Lauf des Verwaltungsverfahrens die die Zuständigkeit begründenden Umstände, so kann die bisher zuständige Behörde das Verwaltungsverfahren fortführen, wenn dies unter Wahrung der Interessen der Beteiligten der einfachen und zweckmäßigen Durchführung des Verfahrens dient und die nunmehr zuständige Behörde zustimmt.

(4) Bei Gefahr im Verzug ist für unaufschiebbare Maßnahmen jede Behörde örtlich zuständig, in deren Bezirk der Anlass für die Amtshandlung hervortritt. Die nach Absatz 1 Nr. 1 bis 3 örtlich zuständige Behörde ist unverzüglich zu unterrichten.

§ 3a Elektronische Kommunikation

(1) Die Übermittlung elektronischer Dokumente ist zulässig, soweit der Empfänger hierfür einen Zugang eröffnet. Für elektronische Dokumente an Behörden, die verschlüsselt oder signiert sind oder sonstige besondere technische Merkmale aufweisen, ist ein Zugang nur eröffnet, soweit dies ausdrücklich von der Behörde festgelegt oder im Einzelfall zwischen Behörde und Absender vereinbart wurde.

(2) Eine durch Rechtsvorschrift angeordnete Schriftform kann, soweit nicht durch Rechtsvorschrift etwas anderes bestimmt ist, durch die elektronische Form ersetzt werden. Der elektronischen Form genügt ein elektronisches Dokument, das mit einer qualifizierten elektronischen Signatur versehen ist. Die Signierung mit einem Pseudonym, das die Identifizierung der Person des Signaturschlüsselinhabers nicht unmittelbar durch die Behörde ermöglicht, ist nicht zulässig. Die Schriftform kann auch ersetzt werden

1. durch unmittelbare Abgabe der Erklärung in einem elektronischen Formular, das von der Behörde in einem Eingabegerät oder über öffentlich zugängliche Netze zur Verfügung gestellt wird;

2. bei Anträgen und Anzeigen durch Versendung eines elektronischen Dokuments an die Behörde mit der Versandart nach § 5 Absatz 5 des De-Mail-Gesetzes;

3. bei elektronischen Verwaltungsakten oder sonstigen elektronischen Dokumenten der Behörden durch Versendung einer De-Mail-Nachricht nach § 5 Absatz 5 des De-Mail-Gesetzes, bei der die Bestätigung des akkreditierten Diensteanbieters die erlassende Behörde als Nutzerin des De-Mail-Kontos erkennen lässt;

4. durch in einer auf Grund von § 3a Absatz 2 Satz 4 Nummer 4 des Verwaltungsverfahrensgesetzes von der Bundesregierung erlassenen Rechtsverordnung festgelegte Verfahren.

In den Fällen des Satzes 4 Nummer 1 muss bei einer Eingabe über öffentlich zugängliche Netze ein sicherer Identitätsnachweis nach § 18 des Personalausweisgesetzes, § 12 des eID-Karte-Gesetzes oder nach § 78 Absatz 5 des Aufenthaltsgesetzes erfolgen.

(3) Ist ein der Behörde übermitteltes elektronisches Dokument für sie zur Bearbeitung nicht geeignet, teilt sie dies dem Absender unter Angabe der für sie geltenden techni-

schen Rahmenbedingungen unverzüglich mit. Macht ein Empfänger geltend, er könne das von der Behörde übermittelte elektronische Dokument nicht bearbeiten, hat sie es ihm erneut in einem geeigneten elektronischen Format oder als Schriftstück zu übermitteln.

(4) Erfolgt eine Antragstellung in elektronischer Form, kann die zuständige Behörde Mehrfertigungen sowie die Übermittlung der dem Antrag beizufügenden Unterlagen auch in schriftlicher Form verlangen.

§ 3b Personenbezogene Daten, Betriebs- und Geschäftsgeheimnisse

Die Behörde darf personenbezogene Daten nicht unbefugt verarbeiten. Sie darf Betriebs- und Geschäftsgeheimnisse nicht unbefugt offenbaren.

Abschnitt 2
Amtshilfe

§ 4 Amtshilfepflicht

(1) Jede Behörde leistet anderen Behörden auf Ersuchen ergänzende Hilfe (Amtshilfe).

(2) Amtshilfe liegt nicht vor, wenn

1. Behörden einander innerhalb eines bestehenden Weisungsverhältnisses Hilfe leisten;
2. die Hilfeleistung in Handlungen besteht, die der ersuchten Behörde als eigene Aufgabe obliegen.

§ 5 Voraussetzungen und Grenzen der Amtshilfe

(1) Eine Behörde kann um Amtshilfe insbesondere dann ersuchen, wenn sie

1. aus rechtlichen Gründen die Amtshandlung nicht selbst vornehmen kann;
2. aus tatsächlichen Gründen, besonders weil die zur Vornahme der Amtshandlung erforderlichen Dienstkräfte oder Einrichtungen fehlen, die Amtshandlung nicht selbst vornehmen kann;
3. zur Durchführung ihrer Aufgaben auf die Kenntnis von Tatsachen angewiesen ist, die ihr unbekannt sind und die sie selbst nicht ermitteln kann;
4. zur Durchführung ihrer Aufgaben Urkunden oder sonstige Beweismittel benötigt, die sich im Besitz der ersuchten Behörde befinden;
5. die Amtshandlung nur mit wesentlich größerem Aufwand vornehmen könnte als die ersuchte Behörde.

(2) Die ersuchte Behörde darf Hilfe nicht leisten, wenn

1. sie hierzu aus rechtlichen Gründen nicht in der Lage ist;
2. durch die Hilfeleistung dem Wohl des Bundes oder eines Landes erhebliche Nachteile bereitet würden.

Die ersuchte Behörde ist insbesondere zur Vorlage von Urkunden oder Akten sowie zur Erteilung von Auskünften nicht verpflichtet, wenn die Vorgänge nach einem Gesetz oder ihrem Wesen nach geheim gehalten werden müssen.

(3) Die ersuchte Behörde braucht Hilfe nicht zu leisten, wenn

1. eine andere Behörde die Hilfe wesentlich einfacher oder mit wesentlich geringerem Aufwand leisten kann;
2. sie die Hilfe nur mit unverhältnismäßig großem Aufwand leisten könnte;
3. sie unter Berücksichtigung der Aufgaben der ersuchenden Behörde durch die Hilfeleistung die Erfüllung ihrer eigenen Aufgaben ernstlich gefährden würde.

(4) Die ersuchte Behörde darf die Hilfe nicht deshalb verweigern, weil sie das Ersuchen aus anderen als den in Absatz 3 genannten Gründen oder weil sie die mit der Amtshilfe zu verwirklichende Maßnahme für unzweckmäßig hält.

(5) Hält die ersuchte Behörde sich zur Hilfe nicht für verpflichtet, so teilt sie der ersuchenden Behörde ihre Auffassung mit. Besteht diese auf der Amtshilfe, so entscheidet über die Verpflichtung zur Amtshilfe die gemeinsame fachlich zuständige Aufsichtsbehörde oder, sofern eine solche nicht besteht, die für die ersuchte Behörde fachlich zuständige Aufsichtsbehörde.

§ 6 Auswahl der Behörde

Kommen für die Amtshilfe mehrere Behörden in Betracht, so soll nach Möglichkeit eine Behörde der untersten Verwaltungsstufe des Verwaltungszweigs ersucht werden, dem die ersuchende Behörde angehört.

§ 7 Durchführung der Amtshilfe

(1) Die Zulässigkeit der Maßnahme, die durch die Amtshilfe verwirklicht werden soll, richtet sich nach dem für die ersuchende Behörde, die Durchführung der Amtshilfe nach dem für die ersuchte Behörde geltenden Recht.

(2) Die ersuchende Behörde trägt gegenüber der ersuchten Behörde die Verantwortung für die Rechtmäßigkeit der zu treffenden Maßnahme. Die ersuchte Behörde ist für die Durchführung der Amtshilfe verantwortlich.

§ 8 Kosten der Amtshilfe

(1) Die ersuchende Behörde hat der ersuchten Behörde für die Amtshilfe keine Verwaltungsgebühr zu entrichten. Auslagen hat sie der ersuchten Behörde auf Anforderung zu erstatten, wenn sie im Einzelfall 35 Euro übersteigen. Leisten Behörden desselben Rechtsträgers einander Amtshilfe, so werden die Auslagen nicht erstattet.

(2) Nimmt die ersuchte Behörde zur Durchführung der Amtshilfe eine kostenpflichtige Amtshandlung vor, so stehen ihr die von einem Dritten hierfür geschuldeten Kosten (Verwaltungsgebühren, Benutzungsgebühren und Auslagen) zu.

Abschnitt 3
Europäische Verwaltungszusammenarbeit

§ 8a Grundsätze der Hilfeleistung

(1) Jede Behörde leistet Behörden anderer Mitgliedstaaten der Europäischen Union auf Ersuchen Hilfe, soweit dies nach Maßgabe von Rechtsakten der Europäischen Gemeinschaft geboten ist.

(2) Behörden anderer Mitgliedstaaten der Europäischen Union können um Hilfe ersucht werden, soweit dies nach Maßgabe von Rechtsakten der Europäischen Gemeinschaft zugelassen ist. Um Hilfe ist zu ersuchen, soweit dies nach Maßgabe von Rechtsakten der Europäischen Gemeinschaft geboten ist.

(3) Die §§ 5, 7 und 8 Abs. 2 sind entsprechend anzuwenden, soweit Rechtsakte der Europäischen Gemeinschaft nicht entgegenstehen.

§ 8b Form und Behandlung der Ersuchen

(1) Ersuchen sind in deutscher Sprache an Behörden anderer Mitgliedstaaten der Europäischen Union zu richten; soweit erforderlich, ist eine Übersetzung beizufügen. Die Ersuchen sind gemäß den gemeinschaftsrechtlichen Vorgaben und unter Angabe des maßgeblichen Rechtsakts zu begründen.

(2) Ersuchen von Behörden anderer Mitgliedstaaten der Europäischen Union dürfen nur erledigt werden, wenn sich ihr Inhalt in deutscher Sprache aus den Akten ergibt. Soweit erforderlich, soll bei Ersuchen in einer anderen Sprache von der ersuchenden Behörde eine Übersetzung verlangt werden.

(3) Ersuchen von Behörden anderer Mitgliedstaaten der Europäischen Union können abgelehnt werden, wenn sie nicht ordnungsgemäß und unter Angabe des maßgeblichen Rechtsakts begründet sind und die erforderliche Begründung nach Aufforderung nicht nachgereicht wird.

(4) Einrichtungen und Hilfsmittel der Kommission zur Behandlung von Ersuchen sollen genutzt werden. Informationen sollen elektronisch übermittelt werden.

§ 8c Kosten der Hilfeleistung

Ersuchende Behörden anderer Mitgliedstaaten der Europäischen Union haben Verwaltungsgebühren oder Auslagen nur zu erstatten, soweit dies nach Maßgabe von Rechtsakten der Europäischen Gemeinschaft verlangt werden kann.

§ 8d Mitteilungen von Amts wegen

(1) Die zuständige Behörde teilt den Behörden anderer Mitgliedstaaten der Europäischen Union und der Kommission Angaben über Sachverhalte und Personen mit, soweit dies nach Maßgabe von Rechtsakten der Europäischen Gemeinschaft geboten ist. Dabei

sollen die hierzu eingerichteten Informationsnetze genutzt werden.

(2) Übermittelt eine Behörde Angaben nach Absatz 1 an die Behörde eines anderen Mitgliedstaats der Europäischen Union, unterrichtet sie den Betroffenen über die Tatsache der Übermittlung, soweit Rechtsakte der Europäischen Gemeinschaft dies vorsehen; dabei ist auf die Art der Angaben sowie auf die Zweckbestimmung und die Rechtsgrundlage der Übermittlung hinzuweisen.

§ 8e Anwendbarkeit

Die Regelungen dieses Abschnitts sind mit Inkrafttreten des jeweiligen Rechtsaktes der Europäischen Gemeinschaft, wenn dieser unmittelbare Wirkung entfaltet, im Übrigen mit Ablauf der jeweiligen Umsetzungsfristen anzuwenden. Sie gelten auch im Verhältnis zu den anderen Vertragsstaaten des Abkommens über den Europäischen Wirtschaftsraum, soweit Rechtsakte der Europäischen Gemeinschaft auch auf diese Staaten anzuwenden sind.

Teil II
Allgemeine Vorschriften über das Verwaltungsverfahren

Abschnitt 1
Verfahrensgrundsätze

§ 9 Begriff des Verwaltungsverfahrens

Das Verwaltungsverfahren im Sinne dieses Gesetzes ist die nach außen wirkende Tätigkeit der Behörden, die auf die Prüfung der Voraussetzungen, die Vorbereitung und den Erlass eines Verwaltungsaktes oder auf den Abschluss eines öffentlich-rechtlichen Vertrages gerichtet ist; es schließt den Erlass des Verwaltungsaktes oder den Abschluss des öffentlich-rechtlichen Vertrages ein.

§ 10 Nichtförmlichkeit des Verwaltungsverfahrens

Das Verwaltungsverfahren ist an bestimmte Formen nicht gebunden, soweit keine besonderen Rechtsvorschriften für die Form des Verfahrens bestehen. Es ist einfach, zweckmäßig und zügig durchzuführen.

§ 11 Beteiligungsfähigkeit

Fähig, am Verfahren beteiligt zu sein, sind

1. natürliche und juristische Personen,
2. Vereinigungen, soweit ihnen ein Recht zustehen kann,
3. Behörden.

§ 12 Handlungsfähigkeit

(1) Fähig zur Vornahme von Verfahrenshandlungen sind

1. natürliche Personen, die nach bürgerlichem Recht geschäftsfähig sind,
2. natürliche Personen, die nach bürgerlichem Recht in der Geschäftsfähigkeit beschränkt sind, soweit sie für den Gegenstand des Verfahrens durch Vorschriften des bürgerlichen Rechts als geschäftsfähig oder durch Vorschriften des öffentlichen Rechts als handlungsfähig anerkannt sind,
3. juristische Personen und Vereinigungen (§ 11 Nr. 2) durch ihre gesetzlichen Vertreter oder durch besonders Beauftragte,
4. Behörden durch ihre Leiter, deren Vertreter oder Beauftragte.

(2) Betrifft ein Einwilligungsvorbehalt nach § 1903 des Bürgerlichen Gesetzbuchs den Gegenstand des Verfahrens, so ist ein geschäftsfähiger Betreuer nur insoweit zur Vornahme von Verfahrenshandlungen fähig, als er nach den Vorschriften des bürgerlichen Rechts ohne Einwilligung des Betreuers handeln kann oder durch Vorschriften des öffentlichen Rechts als handlungsfähig anerkannt ist.

(3) Die §§ 53 und 55 der Zivilprozessordnung gelten entsprechend.

§ 13 Beteiligte

(1) Beteiligte sind

1. Antragsteller und Antragsgegner,
2. diejenigen, an die die Behörde den Verwaltungsakt richten will oder gerichtet hat,

3. diejenigen, mit denen die Behörde einen öffentlich-rechtlichen Vertrag schließen will oder geschlossen hat,
4. diejenigen, die nach Absatz 2 von der Behörde zu dem Verfahren hinzugezogen worden sind.

(2) Die Behörde kann von Amts wegen oder auf Antrag diejenigen, deren rechtliche Interessen durch den Ausgang des Verfahrens berührt werden können, als Beteiligte hinzuziehen. Hat der Ausgang des Verfahrens rechtsgestaltende Wirkung für einen Dritten, so ist dieser auf Antrag als Beteiligter zu dem Verfahren hinzuzuziehen; soweit er der Behörde bekannt ist, hat diese ihn von der Einleitung des Verfahrens zu benachrichtigen.

(3) Wer anzuhören ist, ohne dass die Voraussetzungen des Absatzes 1 vorliegen, wird dadurch nicht Beteiligter.

§ 14 Bevollmächtigte und Beistände

(1) Ein Beteiligter kann sich durch einen Bevollmächtigten vertreten lassen. Die Vollmacht ermächtigt zu allen das Verwaltungsverfahren betreffenden Verfahrenshandlungen, sofern sich aus ihrem Inhalt nicht etwas anderes ergibt. Der Bevollmächtigte hat auf Verlangen seine Vollmacht schriftlich nachzuweisen. Ein Widerruf der Vollmacht wird der Behörde gegenüber erst wirksam, wenn er ihr zugeht.

(2) Die Vollmacht wird weder durch den Tod des Vollmachtgebers noch durch eine Veränderung in seiner Handlungsfähigkeit oder seiner gesetzlichen Vertretung aufgehoben; der Bevollmächtigte hat jedoch, wenn er für den Rechtsnachfolger im Verwaltungsverfahren auftritt, dessen Vollmacht auf Verlangen schriftlich beizubringen.

(3) Ist für das Verfahren ein Bevollmächtigter bestellt, so soll sich die Behörde an ihn wenden. Sie kann sich an den Beteiligten selbst wenden, soweit er zur Mitwirkung verpflichtet ist. Wendet sich die Behörde an den Beteiligten, so soll der Bevollmächtigte verständigt werden. Vorschriften über die Zustellung an Bevollmächtigte bleiben unberührt.

(4) Ein Beteiligter kann zu Verhandlungen und Besprechungen mit einem Beistand erscheinen. Das von dem Beistand Vorgetragene gilt als von dem Beteiligten vorgebracht, soweit dieser nicht unverzüglich widerspricht.

(5) Bevollmächtigte und Beistände sind zurückzuweisen, wenn sie entgegen § 3 des Rechtsdienstleistungsgesetzes vom 12. Dezember 2007 (BGBl. I S. 2840) in der jeweils geltenden Fassung Rechtsdienstleistungen erbringen.

(6) Bevollmächtigte und Beistände können vom Vortrag zurückgewiesen werden, wenn sie hierzu ungeeignet sind; vom mündlichen Vortrag können sie nur zurückgewiesen werden, wenn sie zum sachgemäßen Vortrag nicht fähig sind. Nicht zurückgewiesen werden können Personen, die nach § 67 Abs. 2 Satz 1 und 2 Nr. 3 bis 7 der Verwaltungsgerichtsordnung zur Vertretung im verwaltungsgerichtlichen Verfahren befugt sind.

(7) Die Zurückweisung nach den Absätzen 5 und 6 ist auch dem Beteiligten, dessen Bevollmächtigter oder Beistand zurückgewiesen wird, mitzuteilen. Verfahrenshandlungen des zurückgewiesenen Bevollmächtigten oder Beistandes, die dieser nach der Zurückweisung vornimmt, sind unwirksam.

§ 15 Bestellung eines Empfangsbevollmächtigten

Ein Beteiligter ohne Wohnsitz oder gewöhnlichen Aufenthalt, Sitz oder Geschäftsleitung im Inland hat der Behörde auf Verlangen innerhalb einer angemessenen Frist einen Empfangsbevollmächtigten im Inland zu benennen. Unterlässt er dies, gilt ein an ihn gerichtetes Schriftstück am siebenten Tage nach der Aufgabe zur Post und ein elektronisch übermitteltes Dokument am dritten Tag nach Absendung als zugegangen. Dies gilt nicht, wenn feststeht, dass das Dokument den Empfänger nicht oder zu einem späteren Zeitpunkt erreicht hat. Auf die Rechtsfolgen der Unterlassung ist der Beteiligte hinzuweisen.

§ 16 Bestellung eines Vertreters von Amts wegen

(1) Ist ein Vertreter nicht vorhanden, so hat das Betreuungsgericht, für einen minderjährigen Beteiligten das Familiengericht, auf Ersuchen der Behörde einen geeigneten Vertreter zu bestellen

1. für einen Beteiligten, dessen Person unbekannt ist;
2. für einen abwesenden Beteiligten, dessen Aufenthalt unbekannt ist oder der an der Besorgung seiner Angelegenheiten verhindert ist;
3. für einen Beteiligten ohne Aufenthalt im Inland, wenn er der Aufforderung der Behörde, einen Vertreter zu bestellen, innerhalb der ihm gesetzten Frist nicht nachgekommen ist;
4. für einen Beteiligten, der infolge einer psychischen Krankheit oder körperlichen, geistigen oder seelischen Behinderung nicht in der Lage ist, in dem Verwaltungsverfahren selbst tätig zu werden;
5. bei herrenlosen Sachen, auf die sich das Verfahren bezieht, zur Wahrung der sich in Bezug auf die Sachen ergebenden Rechte und Pflichten.

(2) Für die Bestellung des Vertreters ist in den Fällen des Absatzes 1 Nr. 4 das Gericht zuständig, in dessen Bezirk der Beteiligte seinen gewöhnlichen Aufenthalt hat; im Übrigen ist das Gericht zuständig, in dessen Bezirk die ersuchende Behörde ihren Sitz hat.

(3) Der Vertreter hat gegen den Rechtsträger der Behörde, die um seine Bestellung ersucht hat, Anspruch auf eine angemessene Vergütung und auf die Erstattung seiner baren Auslagen. Die Behörde kann von dem Vertretenen Ersatz ihrer Aufwendungen verlangen. Sie bestimmt die Vergütung und stellt die Auslagen und Aufwendungen fest.

(4) Im Übrigen gelten für die Bestellung und für das Amt des Vertreters in den Fällen des Absatzes 1 Nr. 4 die Vorschriften über die Betreuung, in den übrigen Fällen die Vorschriften über die Pflegschaft entsprechend.

§ 17 Vertreter bei gleichförmigen Eingaben

(1) Bei Anträgen und Eingaben, die in einem Verwaltungsverfahren von mehr als 50 Personen auf Unterschriftslisten unterzeichnet oder in Form vervielfältigter gleich lautender Texte eingereicht worden sind (gleichförmige Eingaben), gilt für das Verfahren derjenige Unterzeichner als Vertreter der übrigen Unterzeichner, der darin mit seinem Namen, seinem Beruf und seiner Anschrift als Vertreter bezeichnet ist, soweit er nicht von ihnen als Bevollmächtigter bestellt worden ist. Vertreter kann nur eine natürliche Person sein.

(2) Die Behörde kann gleichförmige Eingaben, die die Angaben nach Absatz 1 Satz 1 nicht deutlich sichtbar auf jeder mit einer Unterschrift versehenen Seite enthalten oder dem Erfordernis des Absatzes 1 Satz 2 nicht entsprechen, unberücksichtigt lassen. Will die Behörde so verfahren, so hat sie dies durch ortsübliche Bekanntmachung mitzuteilen. Die Behörde kann ferner gleichförmige Eingaben insoweit unberücksichtigt lassen, als Unterzeichner ihren Namen oder ihre Anschrift nicht oder unleserlich angegeben haben.

(3) Die Vertretungsmacht erlischt, sobald der Vertreter oder der Vertretene dies der Behörde schriftlich erklärt; der Vertreter kann eine solche Erklärung nur hinsichtlich aller Vertretenen abgeben. Gibt der Vertretene eine solche Erklärung ab, so soll er der Behörde zugleich mitteilen, ob und wie er seine Eingabe aufrechterhält und ob er einen Bevollmächtigten bestellt hat.

(4) Endet die Vertretungsmacht des Vertreters, so kann die Behörde die nicht mehr Vertretenen auffordern, innerhalb einer angemessenen Frist einen gemeinsamen Vertreter zu bestellen. Sind mehr als 50 Personen aufzufordern, so kann die Behörde die Aufforderung ortsüblich bekannt machen. Wird der Aufforderung nicht fristgemäß entsprochen, so kann die Behörde von Amts wegen einen gemeinsamen Vertreter bestellen.

§ 18 Vertreter für Beteiligte bei gleichem Interesse

(1) Sind an einem Verwaltungsverfahren mehr als 50 Personen im gleichen Interesse

beteiligt, ohne vertreten zu sein, so kann die Behörde sie auffordern, innerhalb einer angemessenen Frist einen gemeinsamen Vertreter zu bestellen, wenn sonst die ordnungsmäßige Durchführung des Verwaltungsverfahrens beeinträchtigt wäre. Kommen sie der Aufforderung nicht fristgemäß nach, so kann die Behörde von Amts wegen einen gemeinsamen Vertreter bestellen. Vertreter kann nur eine natürliche Person sein.

(2) Die Vertretungsmacht erlischt, sobald der Vertreter oder der Vertretene dies der Behörde schriftlich erklärt; der Vertreter kann eine solche Erklärung nur hinsichtlich aller Vertretenen abgeben. Gibt der Vertretene eine solche Erklärung ab, so soll er der Behörde zugleich mitteilen, ob er seine Eingabe aufrechterhält und ob er einen Bevollmächtigten bestellt hat.

§ 19 Gemeinsame Vorschriften für Vertreter bei gleichförmigen Eingaben und bei gleichem Interesse

(1) Der Vertreter hat die Interessen der Vertretenen sorgfältig wahrzunehmen. Er kann alle das Verwaltungsverfahren betreffenden Verfahrenshandlungen vornehmen. An Weisungen ist er nicht gebunden.

(2) § 14 Abs. 5 bis 7 gilt entsprechend.

(3) Der von der Behörde bestellte Vertreter hat gegen deren Rechtsträger Anspruch auf angemessene Vergütung und auf Erstattung seiner baren Auslagen. Die Behörde kann von den Vertretenen zu zahlenden Anteilen Ersatz ihrer Aufwendungen verlangen. Sie bestimmt die Vergütung und stellt die Auslagen und Aufwendungen fest.

§ 20 Ausgeschlossene Personen

(1) In einem Verwaltungsverfahren darf für eine Behörde nicht tätig werden,

1. wer selbst Beteiligter ist;

2. wer Angehöriger eines Beteiligten ist;

3. wer einen Beteiligten kraft Gesetzes oder Vollmacht allgemein oder in diesem Verwaltungsverfahren vertritt;

4. wer Angehöriger einer Person ist, die einen Beteiligten in diesem Verfahren vertritt;

5. wer bei einem Beteiligten gegen Entgelt beschäftigt ist oder bei ihm als Mitglied des Vorstandes, des Aufsichtsrats oder eines gleichartigen Organs tätig ist; dies gilt nicht für den, dessen Anstellungskörperschaft Beteiligte ist;

6. wer außerhalb seiner amtlichen Eigenschaft in der Angelegenheit ein Gutachten abgegeben hat oder sonst tätig geworden ist.

Dem Beteiligten steht gleich, wer durch die Tätigkeit oder durch die Entscheidung einen unmittelbaren Vorteil oder Nachteil erlangen kann. Dies gilt nicht, wenn der Vor- oder Nachteil nur darauf beruht, dass jemand einer Berufs- oder Bevölkerungsgruppe angehört, deren gemeinsame Interessen durch die Angelegenheit berührt werden.

(2) Absatz 1 gilt nicht für Wahlen zu einer ehrenamtlichen Tätigkeit und für die Abberufung von ehrenamtlich Tätigen.

(3) Wer nach Absatz 1 ausgeschlossen ist, darf bei Gefahr im Verzug unaufschiebbare Maßnahmen treffen.

(4) Hält sich ein Mitglied eines Ausschusses (§ 88) für ausgeschlossen oder bestehen Zweifel, ob die Voraussetzungen des Absatzes 1 gegeben sind, ist dies dem Vorsitzenden des Ausschusses mitzuteilen. Der Ausschuss entscheidet über den Ausschluss. Der Betroffene darf an dieser Entscheidung nicht mitwirken. Das ausgeschlossene Mitglied darf bei der weiteren Beratung und Beschlussfassung nicht zugegen sein.

(5) Angehörige im Sinne des Absatzes 1 Nr. 2 und 4 sind

1. der Verlobte,

2. der Ehegatte,

2a. der Lebenspartner,

3. Verwandte und Verschwägerte gerader Linie,

4. Geschwister,

5. Kinder der Geschwister,

6. Ehegatten der Geschwister und Geschwister der Ehegatten,
6a. Lebenspartner der Geschwister und Geschwister der Lebenspartner,
7. Geschwister der Eltern,
8. Personen, die durch ein auf längere Dauer angelegtes Pflegeverhältnis mit häuslicher Gemeinschaft wie Eltern und Kind miteinander verbunden sind (Pflegeeltern und Pflegekinder).

Angehörige sind die in Satz 1 aufgeführten Personen auch dann, wenn

1. in den Fällen der Nummern 2, 3 und 6 die die Beziehung begründende Ehe nicht mehr besteht;
1a. in den Fällen der Nummern 2a, 3 und 6a die die Beziehung begründende Lebenspartnerschaft nicht mehr besteht;
2. in den Fällen der Nummern 3 bis 7 die Verwandtschaft oder Schwägerschaft durch Annahme als Kind erloschen ist;
3. im Falle der Nummer 8 die häusliche Gemeinschaft nicht mehr besteht, sofern die Personen weiterhin wie Eltern und Kind miteinander verbunden sind.

§ 21 Besorgnis der Befangenheit

(1) Liegt ein Grund vor, der geeignet ist, Misstrauen gegen eine unparteiische Amtsausübung zu rechtfertigen, oder wird von einem Beteiligten das Vorliegen eines solchen Grundes behauptet, so hat, wer in einem Verwaltungsverfahren für eine Behörde tätig werden soll, den Leiter der Behörde oder den von diesem Beauftragten zu unterrichten und sich auf dessen Anordnung der Mitwirkung zu enthalten. Betrifft die Besorgnis der Befangenheit den Leiter der Behörde, so trifft diese Anordnung die Aufsichtsbehörde, sofern sich der Behördenleiter nicht selbst einer Mitwirkung enthält.

(2) Für Mitglieder eines Ausschusses (§ 88) gilt § 20 Abs. 4 entsprechend.

§ 22 Beginn des Verfahrens

Die Behörde entscheidet nach pflichtgemäßem Ermessen, ob und wann sie ein Verwaltungsverfahren durchführt. Dies gilt nicht, wenn die Behörde auf Grund von Rechtsvorschriften

1. von Amts wegen oder auf Antrag tätig werden muss;
2. nur auf Antrag tätig werden darf und ein Antrag nicht vorliegt.

§ 23 Amtssprache

(1) Die Amtssprache ist deutsch.

(2) Werden bei einer Behörde in einer fremden Sprache Anträge gestellt oder Eingaben, Belege, Urkunden oder sonstige Dokumente vorgelegt, soll die Behörde unverzüglich die Vorlage einer Übersetzung verlangen. In begründeten Fällen kann die Vorlage einer von einem öffentlich bestellten und beeidigten Urkundenübersetzer angefertigten oder beglaubigten Übersetzung verlangt werden. Wird die verlangte Übersetzung nicht unverzüglich vorgelegt, so kann die Behörde auf Kosten des Beteiligten selbst eine Übersetzung beschaffen. Hat die Behörde Dolmetscher oder Übersetzer herangezogen, erhalten diese in entsprechender Anwendung des Justizvergütungs- und -entschädigungsgesetzes eine Vergütung.

(3) Soll durch eine Anzeige, einen Antrag oder die Abgabe einer Willenserklärung eine Frist in Lauf gesetzt werden, innerhalb deren die Behörde in einer bestimmten Weise tätig werden muss, und gehen diese in einer fremden Sprache ein, so beginnt der Lauf der Frist erst mit dem Zeitpunkt, in dem der Behörde eine Übersetzung vorliegt.

(4) Soll durch eine Anzeige, einen Antrag oder eine Willenserklärung, die in fremder Sprache eingehen, zu Gunsten eines Beteiligten eine Frist gegenüber der Behörde gewahrt, ein öffentlich-rechtlicher Anspruch geltend gemacht oder eine Leistung begehrt werden, so gelten die Anzeige, der Antrag oder die Willenserklärung als zum Zeitpunkt des Eingangs bei der Behörde abgegeben, wenn auf Verlangen der Behörde innerhalb einer von dieser zu setzenden angemessenen Frist eine Übersetzung vorgelegt wird. Andernfalls ist der Zeitpunkt des Eingangs der Übersetzung maßgebend, soweit sich nicht aus zwischenstaatlichen Vereinbarungen etwas anderes

ergibt. Auf diese Rechtsfolge ist bei der Fristsetzung hinzuweisen.

§ 24 Untersuchungsgrundsatz

(1) Die Behörde ermittelt den Sachverhalt von Amts wegen. Sie bestimmt Art und Umfang der Ermittlungen; an das Vorbringen und an die Beweisanträge der Beteiligten ist sie nicht gebunden. Setzt die Behörde automatische Einrichtungen zum Erlass von Verwaltungsakten ein, muss sie für den Einzelfall bedeutsame tatsächliche Angaben des Beteiligten berücksichtigen, die im automatischen Verfahren nicht ermittelt würden.

(2) Die Behörde hat alle für den Einzelfall bedeutsamen, auch die für die Beteiligten günstigen Umstände zu berücksichtigen.

(3) Die Behörde darf die Entgegennahme von Erklärungen oder Anträgen, die in ihren Zuständigkeitsbereich fallen, nicht deshalb verweigern, weil sie die Erklärung oder den Antrag in der Sache für unzulässig oder unbegründet hält.

§ 25 Beratung, Auskunft, frühe Öffentlichkeitsbeteiligung

(1) Die Behörde soll die Abgabe von Erklärungen, die Stellung von Anträgen oder die Berichtigung von Erklärungen oder Anträgen anregen, wenn diese offensichtlich nur versehentlich oder aus Unkenntnis unterblieben oder unrichtig abgegeben oder gestellt worden sind. Sie erteilt, soweit erforderlich, Auskunft über die den Beteiligten im Verwaltungsverfahren zustehenden Rechte und die ihnen obliegenden Pflichten.

(2) Die Behörde erörtert, soweit erforderlich, bereits vor Stellung eines Antrags mit dem zukünftigen Antragsteller, welche Nachweise und Unterlagen von ihm zu erbringen sind und in welcher Weise das Verfahren beschleunigt werden kann. Soweit es der Verfahrensbeschleunigung dient, soll sie dem Antragsteller nach Eingang des Antrags unverzüglich Auskunft über die voraussichtliche Verfahrensdauer und die Vollständigkeit der Antragsunterlagen geben.

(3) Die Behörde wirkt darauf hin, dass der Träger bei der Planung von Vorhaben, die nicht nur unwesentliche Auswirkungen auf die Belange einer größeren Zahl von Dritten haben können, die betroffene Öffentlichkeit frühzeitig über die Ziele des Vorhabens, die Mittel, es zu verwirklichen, und die voraussichtlichen Auswirkungen des Vorhabens unterrichtet (frühe Öffentlichkeitsbeteiligung). Die frühe Öffentlichkeitsbeteiligung soll möglichst bereits vor Stellung eines Antrags stattfinden. Der betroffenen Öffentlichkeit soll Gelegenheit zur Äußerung und zur Erörterung gegeben werden. Das Ergebnis der vor Antragstellung durchgeführten frühen Öffentlichkeitsbeteiligung soll der betroffenen Öffentlichkeit und der Behörde spätestens mit der Antragstellung, im Übrigen unverzüglich mitgeteilt werden. Satz 1 gilt nicht, soweit die betroffene Öffentlichkeit bereits nach anderen Rechtsvorschriften vor der Antragstellung zu beteiligen ist. Beteiligungsrechte nach anderen Rechtsvorschriften bleiben unberührt.

§ 26 Beweismittel

(1) Die Behörde bedient sich unter Beachtung des § 3b der Beweismittel, die sie nach pflichtgemäßem Ermessen zur Ermittlung des Sachverhalts für erforderlich hält. Sie kann insbesondere

1. Auskünfte jeder Art einholen,
2. Beteiligte anhören, Zeugen und Sachverständige vernehmen oder die schriftliche oder elektronische Äußerung von Beteiligten, Sachverständigen und Zeugen einholen,
3. Urkunden und Akten beiziehen,
4. den Augenschein einnehmen.

(2) Die Beteiligten sollen bei der Ermittlung des Sachverhalts mitwirken. Sie sollen insbesondere ihnen bekannte Tatsachen und Beweismittel angeben. Eine weitergehende Pflicht, bei der Ermittlung des Sachverhalts mitzuwirken, insbesondere eine Pflicht zum persönlichen Erscheinen, zur Angabe von personenbezogenen Daten oder von Betriebs- und Geschäftsgeheimnissen oder zur Aussage, besteht nur, soweit sie durch Rechtsvorschrift besonders vorgesehen ist. Der Auskunftspflichtige kann die Auskunft

auf Fragen, zu deren Beantwortung er durch Rechtsvorschrift verpflichtet ist, verweigern, wenn er durch die Beantwortung sich oder einen in § 20 Abs. 5 bezeichneten Angehörigen der Gefahr strafgerichtlicher Verfolgung oder eines Verfahrens nach dem Gesetz über Ordnungswidrigkeiten aussetzen würde.

(3) Für Zeugen und Sachverständige besteht eine Pflicht zur Aussage oder zur Erstattung von Gutachten, nur wenn dies durch Rechtsvorschrift vorgesehen ist. Falls die Behörde Zeugen und Sachverständige herangezogen hat, erhalten sie auf Antrag in entsprechender Anwendung des Justizvergütungs- und -entschädigungsgesetzes eine Entschädigung oder Vergütung.

§ 27 Versicherung an Eides statt

(1) Die Behörde darf bei der Ermittlung des Sachverhalts eine Versicherung an Eides statt nur verlangen und abnehmen, wenn die Abnahme der Versicherung über den betreffenden Gegenstand und in dem betreffenden Verfahren durch Gesetz oder Rechtsverordnung vorgesehen und die Behörde durch Rechtsvorschrift für zuständig erklärt worden ist. Eine Versicherung an Eides statt soll nur gefordert werden, wenn andere Mittel zur Erforschung der Wahrheit nicht vorhanden sind, zu keinem Ergebnis geführt haben oder einen unverhältnismäßigen Aufwand erfordern. Von eidesunfähigen Personen im Sinne des § 393 der Zivilprozessordnung darf eine eidesstattliche Versicherung nicht verlangt werden.

(2) Wird die Versicherung an Eides statt von einer Behörde zur Niederschrift aufgenommen, so sind zur Aufnahme nur der Behördenleiter, sein allgemeiner Vertreter sowie Angehörige des öffentlichen Dienstes befugt, welche die Befähigung zum Richteramt haben oder die Voraussetzungen des § 110 Satz 1 des Deutschen Richtergesetzes erfüllen. Andere Angehörige des öffentlichen Dienstes kann der Behördenleiter oder sein allgemeiner Vertreter hierzu allgemein oder im Einzelfall schriftlich ermächtigen.

(3) Die Versicherung besteht darin, dass der Versichernde die Richtigkeit seiner Erklärung über den betreffenden Gegenstand bestätigt und erklärt: „Ich versichere an Eides statt, dass ich nach bestem Wissen die reine Wahrheit gesagt und nichts verschwiegen habe." Bevollmächtigte und Beistände sind berechtigt, an der Aufnahme der Versicherung an Eides statt teilzunehmen.

(4) Vor der Aufnahme der Versicherung an Eides statt ist der Versichernde über die Bedeutung der eidesstattlichen Versicherung und die strafrechtlichen Folgen einer unrichtigen oder unvollständigen eidesstattlichen Versicherung zu belehren. Die Belehrung ist in der Niederschrift zu vermerken.

(5) Die Niederschrift hat ferner die Namen der anwesenden Personen sowie den Ort und den Tag der Niederschrift zu enthalten. Die Niederschrift ist demjenigen, der die eidesstattliche Versicherung abgibt, zur Genehmigung vorzulesen oder auf Verlangen zur Durchsicht vorzulegen. Die erteilte Genehmigung ist zu vermerken und von dem Versichernden zu unterschreiben. Die Niederschrift ist sodann von demjenigen, der die Versicherung an Eides statt aufgenommen hat, sowie von dem Schriftführer zu unterschreiben.

§ 27a Öffentliche Bekanntmachung im Internet

(1) Ist durch Rechtsvorschrift eine öffentliche oder ortsübliche Bekanntmachung angeordnet, soll die Behörde deren Inhalt zusätzlich im Internet veröffentlichen. Dies wird dadurch bewirkt, dass der Inhalt der Bekanntmachung auf einer Internetseite der Behörde oder ihres Verwaltungsträgers zugänglich gemacht wird. Bezieht sich die Bekanntmachung auf zur Einsicht auszulegende Unterlagen, sollen auch diese über das Internet zugänglich gemacht werden. Soweit durch Rechtsvorschrift nichts anderes geregelt ist, ist der Inhalt der zur Einsicht ausgelegten Unterlagen maßgeblich.

(2) In der öffentlichen oder ortsüblichen Bekanntmachung ist die Internetseite anzugeben.

§ 28 Anhörung Beteiligter

(1) Bevor ein Verwaltungsakt erlassen wird, der in Rechte eines Beteiligten eingreift, ist

diesem Gelegenheit zu geben, sich zu den für die Entscheidung erheblichen Tatsachen zu äußern.

(2) Von der Anhörung kann abgesehen werden, wenn sie nach den Umständen des Einzelfalles nicht geboten ist, insbesondere wenn

1. eine sofortige Entscheidung wegen Gefahr im Verzug oder im öffentlichen Interesse notwendig erscheint;
2. durch die Anhörung die Einhaltung einer für die Entscheidung maßgeblichen Frist in Frage gestellt würde;
3. von den tatsächlichen Angaben eines Beteiligten, die dieser in einem Antrag oder einer Erklärung gemacht hat, nicht zu seinen Ungunsten abgewichen werden soll;
4. die Behörde eine Allgemeinverfügung oder gleichartige Verwaltungsakte in größerer Zahl oder Verwaltungsakte mit Hilfe automatischer Einrichtungen erlassen will;
5. Maßnahmen in der Verwaltungsvollstreckung getroffen werden sollen.

(3) Eine Anhörung unterbleibt, wenn ihr ein zwingendes öffentliches Interesse entgegensteht.

§ 29 Akteneinsicht durch Beteiligte

(1) Die Behörde hat den Beteiligten Einsicht in die das Verfahren betreffenden Akten zu gestatten, soweit deren Kenntnis zur Geltendmachung oder Verteidigung ihrer rechtlichen Interessen erforderlich ist. Satz 1 gilt bis zum Abschluss des Verwaltungsverfahrens nicht für Entwürfe zu Entscheidungen sowie die Arbeiten zu ihrer unmittelbaren Vorbereitung. Soweit nach den §§ 17 und 18 eine Vertretung stattfindet, haben nur die Vertreter Anspruch auf Akteneinsicht.

(2) Die Behörde ist zur Gestattung der Akteneinsicht nicht verpflichtet, soweit durch sie die ordnungsgemäße Erfüllung der Aufgaben der Behörde beeinträchtigt, das Bekanntwerden des Inhalts der Akten dem Wohle des Bundes oder eines Landes Nachteile bereiten würde oder soweit die Vorgänge nach einem Gesetz oder ihrem Wesen nach, namentlich wegen der berechtigten Interessen der Beteiligten oder dritter Personen, geheim gehalten werden müssen.

(3) Die Akteneinsicht erfolgt bei der Behörde, die die Akten führt. Im Einzelfall kann die Einsicht auch bei einer anderen Behörde oder bei einer diplomatischen oder berufskonsularischen Vertretung der Bundesrepublik Deutschland im Ausland erfolgen; weitere Ausnahmen kann die Behörde, die die Akten führt, gestatten.

§ 30 (weggefallen)

Abschnitt 2
Fristen, Termine, Wiedereinsetzung

§ 31 Fristen und Termine

(1) Für die Berechnung von Fristen und für die Bestimmung von Terminen gelten die §§ 187 bis 193 des Bürgerlichen Gesetzbuchs entsprechend, soweit nicht durch die Absätze 2 bis 5 etwas anderes bestimmt ist.

(2) Der Lauf einer Frist, die von einer Behörde gesetzt wird, beginnt mit dem Tag, der auf die Bekanntgabe der Frist folgt, außer wenn dem Betroffenen etwas anderes mitgeteilt wird.

(3) Fällt das Ende einer Frist auf einen Sonntag, einen gesetzlichen Feiertag oder einen Samstag, so endet die Frist mit dem Ablauf des nächstfolgenden Werktags. Dies gilt nicht, wenn dem Betroffenen unter Hinweis auf diese Vorschrift ein bestimmter Tag als Ende der Frist mitgeteilt worden ist.

(4) Hat eine Behörde Leistungen nur für einen bestimmten Zeitraum zu erbringen, so endet dieser Zeitraum auch dann mit dem Ablauf seines letzten Tags, wenn dieser auf einen Sonntag, einen gesetzlichen Feiertag oder einen Samstag fällt.

(5) Der von einer Behörde gesetzte Termin ist auch dann einzuhalten, wenn er auf einen Sonntag, gesetzlichen Feiertag oder Samstag fällt.

(6) Ist eine Frist nach Stunden bestimmt, so werden Sonntage, gesetzliche Feiertage oder Samstage mitgerechnet.

(7) Fristen, die von einer Behörde gesetzt sind, können verlängert werden. Sind solche Fristen bereits abgelaufen, so können sie rückwirkend verlängert werden, insbesondere wenn es unbillig wäre, die durch den Fristablauf eingetretenen Rechtsfolgen bestehen zu lassen. Die Behörde kann die Verlängerung der Frist nach § 36 mit einer Nebenbestimmung verbinden.

§ 32 Wiedereinsetzung in den vorigen Stand

(1) War jemand ohne Verschulden verhindert, eine gesetzliche Frist einzuhalten, so ist ihm auf Antrag Wiedereinsetzung in den vorigen Stand zu gewähren. Das Verschulden eines Vertreters ist dem Vertretenen zuzurechnen.

(2) Der Antrag ist innerhalb von zwei Wochen nach Wegfall des Hindernisses zu stellen. Die Tatsachen zur Begründung des Antrages sind bei der Antragstellung oder im Verfahren über den Antrag glaubhaft zu machen. Innerhalb der Antragsfrist ist die versäumte Handlung nachzuholen. Ist dies geschehen, so kann Wiedereinsetzung auch ohne Antrag gewährt werden.

(3) Nach einem Jahr seit dem Ende der versäumten Frist kann die Wiedereinsetzung nicht mehr beantragt oder die versäumte Handlung nicht mehr nachgeholt werden, außer wenn dies vor Ablauf der Jahresfrist infolge höherer Gewalt unmöglich war.

(4) Über den Antrag auf Wiedereinsetzung entscheidet die Behörde, die über die versäumte Handlung zu befinden hat.

(5) Die Wiedereinsetzung ist unzulässig, wenn sich aus einer Rechtsvorschrift ergibt, dass sie ausgeschlossen ist.

Abschnitt 3
Amtliche Beglaubigung

§ 33 Beglaubigung von Dokumenten

(1) Jede Behörde ist befugt, Abschriften von Urkunden, die sie selbst ausgestellt hat, zu beglaubigen. Darüber hinaus sind die von den Ministerien in ihrem Geschäftsbereich durch Rechtsverordnung bestimmten Behörden befugt, Abschriften zu beglaubigen, wenn die Urschrift von einer Behörde ausgestellt ist oder die Abschrift zur Vorlage bei einer Behörde benötigt wird, sofern nicht durch Rechtsvorschrift die Erteilung beglaubigter Abschriften aus amtlichen Registern und Archiven anderen Behörden ausschließlich vorbehalten ist.

(2) Abschriften dürfen nicht beglaubigt werden, wenn Umstände zu der Annahme berechtigen, dass der ursprüngliche Inhalt des Schriftstücks, dessen Abschrift beglaubigt werden soll, geändert worden ist, insbesondere wenn dieses Schriftstück Lücken, Durchstreichungen, Einschaltungen, Änderungen, unleserliche Wörter, Zahlen oder Zeichen, Spuren der Beseitigung von Wörtern, Zahlen und Zeichen enthält oder wenn der Zusammenhang eines aus mehreren Blättern bestehenden Schriftstückes aufgehoben ist.

(3) Eine Abschrift wird beglaubigt durch einen Beglaubigungsvermerk, der unter die Abschrift zu setzen ist. Der Vermerk muss enthalten

1. die genaue Bezeichnung des Schriftstücks, dessen Abschrift beglaubigt wird,

2. die Feststellung, dass die beglaubigte Abschrift mit dem vorgelegten Schriftstück übereinstimmt,

3. den Hinweis, dass die beglaubigte Abschrift nur zur Vorlage bei der angegebenen Behörde erteilt wird, wenn die Urschrift nicht von einer Behörde ausgestellt worden ist,

4. den Ort und den Tag der Beglaubigung, die Unterschrift des für die Beglaubigung zuständigen Bediensteten und das Dienstsiegel.

(4) Die Absätze 1 bis 3 gelten entsprechend für die Beglaubigung von

1. Ablichtungen, Lichtdrucken und ähnlichen in technischen Verfahren hergestellten Vervielfältigungen,

2. auf fototechnischem Wege von Schriftstücken hergestellten Negativen, die bei einer Behörde aufbewahrt werden,

3. Ausdrucken elektronischer Dokumente,

4. elektronischen Dokumenten,
   a) die zur Abbildung eines Schriftstücks hergestellt wurden,
   b) die ein anderes technisches Format als das mit einer qualifizierten elektronischen Signatur verbundene Ausgangsdokument erhalten haben.

(5) Der Beglaubigungsvermerk muss zusätzlich zu den Angaben nach Absatz 3 Satz 2 bei der Beglaubigung

1. des Ausdrucks eines elektronischen Dokuments, das mit einer qualifizierten elektronischen Signatur verbunden ist, die Feststellungen enthalten,
   a) wen die Signaturprüfung als Inhaber der Signatur ausweist,
   b) welchen Zeitpunkt die Signaturprüfung für die Anbringung der Signatur ausweist und
   c) welche Zertifikate mit welchen Daten dieser Signatur zu Grunde lagen;

2. eines elektronischen Dokuments den Namen des für die Beglaubigung zuständigen Bediensteten und die Bezeichnung der Behörde, die die Beglaubigung vornimmt, enthalten; die Unterschrift des für die Beglaubigung zuständigen Bediensteten und das Dienstsiegel nach Absatz 3 Satz 2 Nr. 4 werden durch eine dauerhaft überprüfbare qualifizierte elektronische Signatur ersetzt.

Wird ein elektronisches Dokument, das ein anderes technisches Format als das mit einer qualifizierten elektronischen Signatur verbundene Ausgangsdokument erhalten hat, nach Satz 1 Nr. 2 beglaubigt, muss der Beglaubigungsvermerk zusätzlich die Feststellungen nach Satz 1 Nr. 1 für das Ausgangsdokument enthalten.

(6) Die nach Absatz 4 hergestellten Dokumente stehen, sofern sie beglaubigt sind, beglaubigten Abschriften gleich.

(7) Jede Behörde soll von Urkunden, die sie selbst ausgestellt hat, auf Verlangen ein elektronisches Dokument nach Absatz 4 Nummer 4 Buchstabe a oder eine elektronische Abschrift fertigen und beglaubigen.

§ 34 Beglaubigung von Unterschriften

(1) Die von den Ministerien in ihrem Geschäftsbereich durch Rechtsverordnung bestimmten Behörden sind befugt, Unterschriften zu beglaubigen, wenn das unterzeichnete Schriftstück zur Vorlage bei einer Behörde oder bei einer sonstigen Stelle, der auf Grund einer Rechtsvorschrift das unterzeichnete Schriftstück vorzulegen ist, benötigt wird. Dies gilt nicht für

1. Unterschriften ohne zugehörigen Text,
2. Unterschriften, die der öffentlichen Beglaubigung (§ 129 des Bürgerlichen Gesetzbuchs) bedürfen.

(2) Eine Unterschrift soll nur beglaubigt werden, wenn sie in Gegenwart des beglaubigenden Bediensteten vollzogen oder anerkannt wird.

(3) Der Beglaubigungsvermerk ist unmittelbar bei der Unterschrift, die beglaubigt werden soll, anzubringen. Er muss enthalten

1. die Bestätigung, dass die Unterschrift echt ist,
2. die genaue Bezeichnung desjenigen, dessen Unterschrift beglaubigt wird, sowie die Angabe, ob sich der für die Beglaubigung zuständige Bedienstete Gewissheit über diese Person verschafft hat und ob die Unterschrift in seiner Gegenwart vollzogen oder anerkannt worden ist,
3. den Hinweis, dass die Beglaubigung nur zur Vorlage bei der angegebenen Behörde oder Stelle bestimmt ist,
4. den Ort und den Tag der Beglaubigung, die Unterschrift des für die Beglaubigung zuständigen Bediensteten und das Dienstsiegel.

(4) Die Absätze 1 bis 3 gelten für die Beglaubigung von Handzeichen entsprechend.

Teil III
Verwaltungsakt

Abschnitt 1
Zustandekommen des Verwaltungsaktes

§ 35 Begriff des Verwaltungsaktes

Verwaltungsakt ist jede Verfügung, Entscheidung oder andere hoheitliche Maßnahme, die eine Behörde zur Regelung eines Einzelfalls auf dem Gebiet des öffentlichen Rechts trifft und die auf unmittelbare Rechtswirkung nach außen gerichtet ist. Allgemeinverfügung ist ein Verwaltungsakt, der sich an einen nach allgemeinen Merkmalen bestimmten oder bestimmbaren Personenkreis richtet oder die öffentlich-rechtliche Eigenschaft einer Sache oder ihre Benutzung durch die Allgemeinheit betrifft.

§ 35a Vollständig automatisierter Erlass eines Verwaltungsaktes

Ein Verwaltungsakt kann vollständig durch automatische Einrichtungen erlassen werden, sofern dies durch Rechtsvorschrift zugelassen ist und weder ein Ermessen noch ein Beurteilungsspielraum besteht.

§ 36 Nebenbestimmungen zum Verwaltungsakt

(1) Ein Verwaltungsakt, auf den ein Anspruch besteht, darf mit einer Nebenbestimmung nur versehen werden, wenn sie durch Rechtsvorschrift zugelassen ist oder wenn sie sicherstellen soll, dass die gesetzlichen Voraussetzungen des Verwaltungsaktes erfüllt werden.

(2) Unbeschadet des Absatzes 1 darf ein Verwaltungsakt nach pflichtgemäßem Ermessen erlassen werden mit

1. einer Bestimmung, nach der eine Vergünstigung oder Belastung zu einem bestimmten Zeitpunkt beginnt, endet oder für einen bestimmten Zeitraum gilt (Befristung);
2. einer Bestimmung, nach der der Eintritt oder der Wegfall einer Vergünstigung oder einer Belastung von dem ungewissen Eintritt eines zukünftigen Ereignisses abhängt (Bedingung);
3. einem Vorbehalt des Widerrufs

oder verbunden werden mit

4. einer Bestimmung, durch die dem Begünstigten ein Tun, Dulden oder Unterlassen vorgeschrieben wird (Auflage);
5. einem Vorbehalt der nachträglichen Aufnahme, Änderung oder Ergänzung einer Auflage.

(3) Eine Nebenbestimmung darf dem Zweck des Verwaltungsaktes nicht zuwiderlaufen.

§ 37 Bestimmtheit und Form des Verwaltungsaktes; Rechtsbehelfsbelehrung

(1) Ein Verwaltungsakt muss inhaltlich hinreichend bestimmt sein.

(2) Ein Verwaltungsakt kann schriftlich, elektronisch, mündlich oder in anderer Weise erlassen werden. Ein mündlicher Verwaltungsakt ist schriftlich oder elektronisch zu bestätigen, wenn hieran ein berechtigtes Interesse besteht und der Betroffene dies unverzüglich verlangt. Ein elektronischer Verwaltungsakt ist unter denselben Voraussetzungen schriftlich zu bestätigen; § 3a Abs. 2 findet insoweit keine Anwendung.

(3) Ein schriftlicher oder elektronischer Verwaltungsakt muss die erlassende Behörde erkennen lassen und die Unterschrift oder die Namenswiedergabe des Behördenleiters, seines Vertreters oder seines Beauftragten enthalten. Wird für einen Verwaltungsakt, für den durch Rechtsvorschrift die Schriftform angeordnet ist, die elektronische Form verwendet, muss auch das der Signatur zu Grunde liegende qualifizierte Zertifikat oder ein zugehöriges qualifiziertes Attributzertifikat die erlassende Behörde erkennen lassen. Im Fall des § 3a Absatz 2 Satz 4 Nummer 3 muss die Bestätigung nach § 5 Absatz 5 des De-Mail-Gesetzes die erlassende Behörde als Nutzerin des De-Mail-Kontos erkennen lassen.

(4) Für einen Verwaltungsakt kann für die nach § 3a Abs. 2 erforderliche Signatur durch

Rechtsvorschrift die dauerhafte Überprüfbarkeit vorgeschrieben werden.

(5) Bei einem schriftlichen Verwaltungsakt, der mit Hilfe automatischer Einrichtungen erlassen wird, können abweichend von Absatz 3 Unterschrift und Namenswiedergabe fehlen. Zur Inhaltsangabe können Schlüsselzeichen verwendet werden, wenn derjenige, für den der Verwaltungsakt bestimmt ist oder der von ihm betroffen wird, auf Grund der dazu gegebenen Erläuterungen den Inhalt des Verwaltungsaktes eindeutig erkennen kann.

(6) Einem schriftlichen oder elektronischen Verwaltungsakt, der der Anfechtung unterliegt, ist eine Erklärung beizufügen, durch die der Beteiligte über den Rechtsbehelf, der gegen den Verwaltungsakt gegeben ist, über die Behörde oder das Gericht, bei denen der Rechtsbehelf einzulegen ist, den Sitz und über die einzuhaltende Frist belehrt wird (Rechtsbehelfsbelehrung). Satz 1 gilt auch für die schriftliche oder elektronische Bestätigung eines Verwaltungsaktes und die Bescheinigung nach § 42a Absatz 3.

§ 38 Zusicherung

(1) Eine von der zuständigen Behörde erteilte Zusage, einen bestimmten Verwaltungsakt später zu erlassen oder zu unterlassen (Zusicherung), bedarf zu ihrer Wirksamkeit der schriftlichen Form. Ist vor dem Erlass des zugesicherten Verwaltungsaktes die Anhörung Beteiligter oder die Mitwirkung einer anderen Behörde oder eines Ausschusses auf Grund einer Rechtsvorschrift erforderlich, so darf die Zusicherung erst nach Anhörung der Beteiligten oder nach Mitwirkung dieser Behörde oder des Ausschusses gegeben werden.

(2) Auf die Unwirksamkeit der Zusicherung finden, unbeschadet des Absatzes 1 Satz 1, § 44, auf die Heilung von Mängeln bei der Anhörung Beteiligter und der Mitwirkung anderer Behörden oder Ausschüsse § 45 Abs. 1 Nr. 3 bis 5 sowie Abs. 2, auf die Rücknahme § 48, auf den Widerruf, unbeschadet des Absatzes 3, § 49 entsprechende Anwendung.

(3) Ändert sich nach Abgabe der Zusicherung die Sach- oder Rechtslage derart, dass die Behörde bei Kenntnis der nachträglich eingetretenen Änderung die Zusicherung nicht gegeben hätte oder aus rechtlichen Gründen nicht hätte geben dürfen, ist die Behörde an die Zusicherung nicht mehr gebunden.

§ 39 Begründung des Verwaltungsaktes

(1) Ein schriftlicher oder elektronischer sowie ein schriftlich oder elektronisch bestätigter Verwaltungsakt ist mit einer Begründung zu versehen. In der Begründung sind die wesentlichen tatsächlichen und rechtlichen Gründe mitzuteilen, die die Behörde zu ihrer Entscheidung bewogen haben. Die Begründung von Ermessensentscheidungen soll auch die Gesichtspunkte erkennen lassen, von denen die Behörde bei der Ausübung ihres Ermessens ausgegangen ist.

(2) Einer Begründung bedarf es nicht,

1. soweit die Behörde einem Antrag entspricht oder einer Erklärung folgt und der Verwaltungsakt nicht in Rechte eines anderen eingreift;

2. soweit demjenigen, für den der Verwaltungsakt bestimmt ist oder der von ihm betroffen wird, die Auffassung der Behörde über die Sach- und Rechtslage bereits bekannt oder auch ohne Begründung für ihn ohne weiteres erkennbar ist;

3. wenn die Behörde gleichartige Verwaltungsakte in größerer Zahl oder Verwaltungsakte mit Hilfe automatischer Einrichtungen erlässt und die Begründung nach den Umständen des Einzelfalles nicht geboten ist;

4. wenn sich dies aus einer Rechtsvorschrift ergibt;

5. wenn eine Allgemeinverfügung öffentlich bekannt gegeben wird.

§ 40 Ermessen

Ist die Behörde ermächtigt, nach ihrem Ermessen zu handeln, hat sie ihr Ermessen entsprechend dem Zweck der Ermächtigung auszuüben und die gesetzlichen Grenzen des Ermessens einzuhalten.

§ 41 Bekanntgabe des Verwaltungsaktes

(1) Ein Verwaltungsakt ist demjenigen Beteiligten bekannt zu geben, für den er bestimmt ist oder der von ihm betroffen wird. Ist ein Bevollmächtigter bestellt, so kann die Bekanntgabe ihm gegenüber vorgenommen werden.

(2) Ein schriftlicher Verwaltungsakt, der im Inland durch die Post übermittelt wird, gilt am dritten Tag nach der Aufgabe zur Post als bekannt gegeben. Ein Verwaltungsakt, der im Inland oder in das Ausland elektronisch übermittelt wird, gilt am dritten Tag nach der Absendung als bekannt gegeben. Dies gilt nicht, wenn der Verwaltungsakt nicht oder zu einem späteren Zeitpunkt zugegangen ist; im Zweifel hat die Behörde den Zugang des Verwaltungsaktes und den Zeitpunkt des Zugangs nachzuweisen.

(2a) Mit Einwilligung des Beteiligten kann ein elektronischer Verwaltungsakt dadurch bekannt gegeben werden, dass er vom Beteiligten oder von seinem Bevollmächtigten über öffentlich zugängliche Netze abgerufen wird. Die Behörde hat zu gewährleisten, dass der Abruf nur nach Authentifizierung der berechtigten Person möglich ist und der elektronische Verwaltungsakt von ihr gespeichert werden kann. Der Verwaltungsakt gilt am Tag nach dem Abruf als bekannt gegeben. Wird der Verwaltungsakt nicht innerhalb von zehn Tagen nach Absendung einer Benachrichtigung über die Bereitstellung abgerufen, wird diese beendet. In diesem Fall ist die Bekanntgabe nicht bewirkt; die Möglichkeit einer erneuten Bereitstellung zum Abruf oder der Bekanntgabe auf andere Weise bleibt unberührt.

(3) Ein Verwaltungsakt darf öffentlich bekannt gegeben werden, wenn dies durch Rechtsvorschrift zugelassen ist. Eine Allgemeinverfügung darf auch dann öffentlich bekannt gegeben werden, wenn eine Bekanntgabe an die Beteiligten untunlich ist.

(4) Die öffentliche Bekanntgabe eines schriftlichen oder elektronischen Verwaltungsaktes wird dadurch bewirkt, dass sein verfügender Teil ortsüblich bekannt gemacht wird. In der ortsüblichen Bekanntmachung ist anzugeben, wo der Verwaltungsakt und seine Begründung eingesehen werden können. Der Verwaltungsakt gilt zwei Wochen nach der ortsüblichen Bekanntmachung als bekannt gegeben. In einer Allgemeinverfügung kann ein hiervon abweichender Tag, jedoch frühestens der auf die Bekanntmachung folgende Tag bestimmt werden.

(5) Vorschriften über die Bekanntgabe eines Verwaltungsaktes mittels Zustellung bleiben unberührt.

§ 42 Offenbare Unrichtigkeiten im Verwaltungsakt

Die Behörde kann Schreibfehler, Rechenfehler und ähnliche offenbare Unrichtigkeiten in einem Verwaltungsakt jederzeit berichtigen. Bei berechtigtem Interesse des Beteiligten ist zu berichtigen. Die Behörde ist berechtigt, die Vorlage des Dokuments zu verlangen, das berichtigt werden soll.

§ 42a Genehmigungsfiktion

(1) Eine beantragte Genehmigung gilt nach Ablauf einer für die Entscheidung festgelegten Frist als erteilt (Genehmigungsfiktion), wenn dies durch Rechtsvorschrift angeordnet und der Antrag hinreichend bestimmt ist. Die Vorschriften über die Bestandskraft von Verwaltungsakten und über das Rechtsbehelfsverfahren gelten entsprechend.

(2) Die Frist nach Absatz 1 Satz 1 beträgt drei Monate, soweit durch Rechtsvorschrift nichts Abweichendes bestimmt ist. Die Frist beginnt mit Eingang der vollständigen Unterlagen. Sie kann einmal angemessen verlängert werden, wenn dies durch die Schwierigkeit der Angelegenheit gerechtfertigt ist. Die Fristverlängerung ist zu begründen und rechtzeitig mitzuteilen.

(3) Auf Verlangen ist demjenigen, dem der Verwaltungsakt nach § 41 Abs. 1 bekannt zu geben wäre, der Eintritt der Genehmigungsfiktion schriftlich zu bescheinigen.

Abschnitt 2
Bestandskraft des Verwaltungsaktes

§ 43 Wirksamkeit des Verwaltungsaktes

(1) Ein Verwaltungsakt wird gegenüber demjenigen, für den er bestimmt ist oder der von

ihm betroffen wird, in dem Zeitpunkt wirksam, in dem er ihm bekannt gegeben wird. Der Verwaltungsakt wird mit dem Inhalt wirksam, mit dem er bekannt gegeben wird.

(2) Ein Verwaltungsakt bleibt wirksam, solange und soweit er nicht zurückgenommen, widerrufen, anderweitig aufgehoben oder durch Zeitablauf oder auf andere Weise erledigt ist.

(3) Ein nichtiger Verwaltungsakt ist unwirksam.

§ 44 Nichtigkeit des Verwaltungsaktes

(1) Ein Verwaltungsakt ist nichtig, soweit er an einem besonders schwerwiegenden Fehler leidet und dies bei verständiger Würdigung aller in Betracht kommenden Umstände offenkundig ist.

(2) Ohne Rücksicht auf das Vorliegen der Voraussetzungen des Absatzes 1 ist ein Verwaltungsakt nichtig,

1. der schriftlich oder elektronisch erlassen worden ist, die erlassende Behörde aber nicht erkennen lässt;
2. der nach einer Rechtsvorschrift nur durch die Aushändigung einer Urkunde erlassen werden kann, aber dieser Form nicht genügt;
3. den eine Behörde außerhalb ihrer durch § 3 Abs. 1 Nr. 1 begründeten Zuständigkeit erlassen hat, ohne dazu ermächtigt zu sein;
4. den aus tatsächlichen Gründen niemand ausführen kann;
5. der die Begehung einer rechtswidrigen Tat verlangt, die einen Straf- oder Bußgeldtatbestand verwirklicht;
6. der gegen die guten Sitten verstößt.

(3) Ein Verwaltungsakt ist nicht schon deshalb nichtig, weil

1. Vorschriften über die örtliche Zuständigkeit nicht eingehalten worden sind, außer wenn ein Fall des Absatzes 2 Nr. 3 vorliegt;
2. eine nach § 20 Abs. 1 Satz 1 Nr. 2 bis 6 ausgeschlossene Person mitgewirkt hat;
3. ein durch Rechtsvorschrift zur Mitwirkung berufener Ausschuss den für den Erlass des Verwaltungsaktes vorgeschriebenen Beschluss nicht gefasst hat oder nicht beschlussfähig war;
4. die nach einer Rechtsvorschrift erforderliche Mitwirkung einer anderen Behörde unterblieben ist.

(4) Betrifft die Nichtigkeit nur einen Teil des Verwaltungsaktes, so ist er im Ganzen nichtig, wenn der nichtige Teil so wesentlich ist, dass die Behörde den Verwaltungsakt ohne den nichtigen Teil nicht erlassen hätte.

(5) Die Behörde kann die Nichtigkeit jederzeit von Amts wegen feststellen; auf Antrag ist sie festzustellen, wenn der Antragsteller hieran ein berechtigtes Interesse hat.

§ 45 Heilung von Verfahrens- und Formfehlern

(1) Eine Verletzung von Verfahrens- oder Formvorschriften, die nicht den Verwaltungsakt nach § 44 nichtig macht, ist unbeachtlich, wenn

1. der für den Erlass des Verwaltungsaktes erforderliche Antrag nachträglich gestellt wird;
2. die erforderliche Begründung nachträglich gegeben wird;
3. die erforderliche Anhörung eines Beteiligten nachgeholt wird;
4. der Beschluss eines Ausschusses, dessen Mitwirkung für den Erlass des Verwaltungsaktes erforderlich ist, nachträglich gefasst wird;
5. die erforderliche Mitwirkung einer anderen Behörde nachgeholt wird.

(2) Handlungen nach Absatz 1 können bis zum Abschluss der letzten Tatsacheninstanz eines verwaltungsgerichtlichen Verfahrens nachgeholt werden.

(3) Fehlt einem Verwaltungsakt die erforderliche Begründung oder ist die erforderliche Anhörung eines Beteiligten vor Erlass des Verwaltungsaktes unterblieben und ist dadurch die rechtzeitige Anfechtung des Verwaltungsaktes versäumt worden, so gilt die Versäumung der Rechtsbehelfsfrist als nicht verschuldet. Das für die Wiedereinsetzungsfrist nach § 32 Abs. 2 maßgebende Ereignis

tritt im Zeitpunkt der Nachholung der unterlassenen Verfahrenshandlung ein.

§ 46 Folgen von Verfahrens- und Formfehlern

Die Aufhebung eines Verwaltungsaktes, der nicht nach § 44 nichtig ist, kann nicht allein deshalb beansprucht werden, weil er unter Verletzung von Vorschriften über das Verfahren, die Form oder die örtliche Zuständigkeit zu Stande gekommen ist, wenn offensichtlich ist, dass die Verletzung die Entscheidung in der Sache nicht beeinflusst hat.

§ 47 Umdeutung eines fehlerhaften Verwaltungsaktes

(1) Ein fehlerhafter Verwaltungsakt kann in einen anderen Verwaltungsakt umgedeutet werden, wenn er auf das gleiche Ziel gerichtet ist, von der erfassenden Behörde in der geschehenen Verfahrensweise und Form rechtmäßig hätte erlassen werden können und wenn die Voraussetzungen für dessen Erlass erfüllt sind.

(2) Absatz 1 gilt nicht, wenn der Verwaltungsakt, in den der fehlerhafte Verwaltungsakt umzudeuten wäre, der erkennbaren Absicht der erfassenden Behörde widerspräche oder seine Rechtsfolgen für den Betroffenen ungünstiger wären als die des fehlerhaften Verwaltungsaktes. Eine Umdeutung ist ferner unzulässig, wenn der fehlerhafte Verwaltungsakt nicht zurückgenommen werden dürfte.

(3) Eine Entscheidung, die nur als gesetzlich gebundene Entscheidung ergehen kann, kann nicht in eine Ermessensentscheidung umgedeutet werden.

(4) § 28 ist entsprechend anzuwenden.

§ 48 Rücknahme eines rechtswidrigen Verwaltungsaktes

(1) Ein rechtswidriger Verwaltungsakt kann, auch nachdem er unanfechtbar geworden ist, ganz oder teilweise mit Wirkung für die Zukunft oder für die Vergangenheit zurückgenommen werden. Ein Verwaltungsakt, der ein Recht oder einen rechtlich erheblichen Vorteil begründet oder bestätigt hat (begünstigender Verwaltungsakt), darf nur unter den Einschränkungen der Absätze 2 bis 4 zurückgenommen werden.

(2) Ein rechtswidriger Verwaltungsakt, der eine einmalige oder laufende Geldleistung oder teilbare Sachleistung gewährt oder hierfür Voraussetzung ist, darf nicht zurückgenommen werden, soweit der Begünstigte auf den Bestand des Verwaltungsaktes vertraut hat und sein Vertrauen unter Abwägung mit dem öffentlichen Interesse an einer Rücknahme schutzwürdig ist. Das Vertrauen ist in der Regel schutzwürdig, wenn der Begünstigte gewährte Leistungen verbraucht oder eine Vermögensdisposition getroffen hat, die er nicht mehr oder nur unter unzumutbaren Nachteilen rückgängig machen kann. Auf Vertrauen kann sich der Begünstigte nicht berufen, wenn er

1. den Verwaltungsakt durch arglistige Täuschung, Drohung oder Bestechung erwirkt hat;

2. den Verwaltungsakt durch Angaben erwirkt hat, die in wesentlicher Beziehung unrichtig oder unvollständig waren;

3. die Rechtswidrigkeit des Verwaltungsaktes kannte oder infolge grober Fahrlässigkeit nicht kannte.

In den Fällen des Satzes 3 wird der Verwaltungsakt in der Regel mit Wirkung für die Vergangenheit zurückgenommen.

(3) Wird ein rechtswidriger Verwaltungsakt, der nicht unter Absatz 2 fällt, zurückgenommen, so hat die Behörde dem Betroffenen auf Antrag den Vermögensnachteil auszugleichen, den dieser dadurch erleidet, dass er auf den Bestand des Verwaltungsaktes vertraut hat, soweit sein Vertrauen unter Abwägung mit dem öffentlichen Interesse schutzwürdig ist. Absatz 2 Satz 3 ist anzuwenden. Der Vermögensnachteil ist jedoch nicht über den Betrag des Interesses hinaus zu ersetzen, das der Betroffene an dem Bestand des Verwaltungsaktes hat. Der auszugleichende Vermögensnachteil wird durch die Behörde festgesetzt. Der Anspruch kann nur innerhalb eines Jahres geltend gemacht werden; die Frist be-

ginnt, sobald die Behörde den Betroffenen auf sie hingewiesen hat.

(4) Erhält die Behörde von Tatsachen Kenntnis, welche die Rücknahme eines rechtswidrigen Verwaltungsaktes rechtfertigen, so ist die Rücknahme nur innerhalb eines Jahres seit dem Zeitpunkt der Kenntnisnahme zulässig. Dies gilt nicht im Falle des Absatzes 2 Satz 3 Nr. 1.

(5) Über die Rücknahme entscheidet nach Unanfechtbarkeit des Verwaltungsaktes die nach § 3 zuständige Behörde; dies gilt auch dann, wenn der zurückzunehmende Verwaltungsakt von einer anderen Behörde erlassen worden ist.

§ 49 Widerruf eines rechtmäßigen Verwaltungsaktes

(1) Ein rechtmäßiger nicht begünstigender Verwaltungsakt kann, auch nachdem er unanfechtbar geworden ist, ganz oder teilweise mit Wirkung für die Zukunft widerrufen werden, außer wenn ein Verwaltungsakt gleichen Inhalts erneut erlassen werden müsste oder aus anderen Gründen ein Widerruf unzulässig ist.

(2) Ein rechtmäßiger begünstigender Verwaltungsakt darf, auch nachdem er unanfechtbar geworden ist, ganz oder teilweise mit Wirkung für die Zukunft nur widerrufen werden,

1. wenn der Widerruf durch Rechtsvorschrift zugelassen oder im Verwaltungsakt vorbehalten ist;
2. wenn mit dem Verwaltungsakt eine Auflage verbunden ist und der Begünstigte diese nicht oder nicht innerhalb einer ihm gesetzten Frist erfüllt hat;
3. wenn die Behörde auf Grund nachträglich eingetretener Tatsachen berechtigt wäre, den Verwaltungsakt nicht zu erlassen, und wenn ohne den Widerruf das öffentliche Interesse gefährdet würde;
4. wenn die Behörde auf Grund einer geänderten Rechtsvorschrift berechtigt wäre, den Verwaltungsakt nicht zu erlassen, soweit der Begünstigte von der Vergünstigung noch keinen Gebrauch gemacht oder auf Grund des Verwaltungsaktes noch keine Leistungen empfangen hat, und wenn ohne den Widerruf das öffentliche Interesse gefährdet würde;
5. um schwere Nachteile für das Gemeinwohl zu verhüten oder zu beseitigen.

§ 48 Abs. 4 gilt entsprechend.

(3) Ein rechtmäßiger Verwaltungsakt, der eine einmalige oder laufende Geldleistung oder teilbare Sachleistung zur Erfüllung eines bestimmten Zwecks gewährt oder hierfür Voraussetzung ist, kann, auch nachdem er unanfechtbar geworden ist, ganz oder teilweise auch mit Wirkung für die Vergangenheit widerrufen werden, wenn

1. die Leistung nicht, nicht alsbald nach der Erbringung oder nicht mehr für den in dem Verwaltungsakt bestimmten Zweck verwendet wird;
2. mit dem Verwaltungsakt eine Auflage verbunden ist und der Begünstigte diese nicht oder nicht innerhalb einer ihm gesetzten Frist erfüllt hat.

§ 48 Abs. 4 gilt entsprechend.

(4) Der widerrufene Verwaltungsakt wird mit dem Wirksamwerden des Widerrufs unwirksam, wenn die Behörde keinen anderen Zeitpunkt bestimmt.

(5) Über den Widerruf entscheidet nach Unanfechtbarkeit des Verwaltungsaktes die nach § 3 zuständige Behörde; dies gilt auch dann, wenn der zu widerrufende Verwaltungsakt von einer anderen Behörde erlassen worden ist.

(6) Wird ein begünstigender Verwaltungsakt in den Fällen des Absatzes 2 Nr. 3 bis 5 widerrufen, so hat die Behörde den Betroffenen auf Antrag für den Vermögensnachteil zu entschädigen, den dieser dadurch erleidet, dass er auf den Bestand des Verwaltungsaktes vertraut hat, soweit sein Vertrauen schutzwürdig ist. § 48 Abs. 3 Satz 3 bis 5 gilt entsprechend. Für Streitigkeiten über die Entschädigung ist der ordentliche Rechtsweg gegeben.

§ 49a Erstattung, Verzinsung

(1) Soweit ein Verwaltungsakt mit Wirkung für die Vergangenheit zurückgenommen oder

widerrufen worden oder infolge Eintritts einer auflösenden Bedingung unwirksam geworden ist, sind bereits erbrachte Leistungen zu erstatten. Die zu erstattende Leistung ist durch schriftlichen Verwaltungsakt festzusetzen.

(2) Für den Umfang der Erstattung mit Ausnahme der Verzinsung gelten die Vorschriften des Bürgerlichen Gesetzbuchs über die Herausgabe einer ungerechtfertigten Bereicherung entsprechend. Auf den Wegfall der Bereicherung kann sich der Begünstigte nicht berufen, soweit er die Umstände kannte oder infolge grober Fahrlässigkeit nicht kannte, die zur Rücknahme, zum Widerruf oder zur Unwirksamkeit des Verwaltungsaktes geführt haben.

(3) Der zu erstattende Betrag ist vom Eintritt der Unwirksamkeit des Verwaltungsaktes an mit fünf Prozentpunkten über dem Basiszinssatz jährlich zu verzinsen. Von der Geltendmachung des Zinsanspruchs kann insbesondere dann abgesehen werden, wenn der Begünstigte die Umstände, die zur Rücknahme, zum Widerruf oder zur Unwirksamkeit des Verwaltungsaktes geführt haben, nicht zu vertreten hat und den zu erstattenden Betrag innerhalb der von der Behörde festgesetzten Frist leistet.

(4) Wird eine Leistung nicht alsbald nach der Auszahlung für den bestimmten Zweck verwendet, so können für die Zeit bis zur zweckentsprechenden Verwendung Zinsen nach Absatz 3 Satz 1 verlangt werden. Entsprechendes gilt, soweit eine Leistung in Anspruch genommen wird, obwohl andere Mittel anteilig oder vorrangig einzusetzen sind. § 49 Abs. 3 Satz 1 Nr. 1 bleibt unberührt.

§ 50 Rücknahme und Widerruf im Rechtsbehelfsverfahren

§ 48 Abs. 1 Satz 2, Abs. 2 bis 4 sowie § 49 Abs. 2 bis 4 und 6 gelten nicht, wenn ein begünstigender Verwaltungsakt, der von einem Dritten angefochten worden ist, während des Vorverfahrens oder während des verwaltungsgerichtlichen Verfahrens aufgehoben wird, soweit dadurch dem Widerspruch oder der Klage abgeholfen wird.

§ 51 Wiederaufgreifen des Verfahrens

(1) Die Behörde hat auf Antrag des Betroffenen über die Aufhebung oder Änderung eines unanfechtbaren Verwaltungsaktes zu entscheiden, wenn

1. sich die dem Verwaltungsakt zu Grunde liegende Sach- oder Rechtslage nachträglich zu Gunsten des Betroffenen geändert hat;
2. neue Beweismittel vorliegen, die eine dem Betroffenen günstigere Entscheidung herbeigeführt haben würden;
3. Wiederaufnahmegründe entsprechend § 580 der Zivilprozessordnung gegeben sind.

(2) Der Antrag ist nur zulässig, wenn der Betroffene ohne grobes Verschulden außerstande war, den Grund für das Wiederaufgreifen in dem früheren Verfahren, insbesondere durch Rechtsbehelf, geltend zu machen.

(3) Der Antrag muss binnen drei Monaten gestellt werden. Die Frist beginnt mit dem Tage, an dem der Betroffene von dem Grund für das Wiederaufgreifen Kenntnis erhalten hat.

(4) Über den Antrag entscheidet die nach § 3 zuständige Behörde; dies gilt auch dann, wenn der Verwaltungsakt, dessen Aufhebung oder Änderung begehrt wird, von einer anderen Behörde erlassen worden ist.

(5) Die Vorschriften des § 48 Abs. 1 Satz 1 und des § 49 Abs. 1 bleiben unberührt.

§ 52 Rückgabe von Urkunden und Sachen

Ist ein Verwaltungsakt unanfechtbar widerrufen oder zurückgenommen oder ist seine Wirksamkeit aus einem anderen Grund nicht oder nicht mehr gegeben, so kann die Behörde die auf Grund dieses Verwaltungsaktes erteilten Urkunden oder Sachen, die zum Nachweis der Rechte aus dem Verwaltungsakt oder zu deren Ausübung bestimmt sind, zurückfordern. Der Inhaber und, sofern er nicht der Besitzer ist, auch der Besitzer dieser Urkunden oder Sachen sind zu ihrer Herausgabe verpflichtet. Der Inhaber oder der Besitzer kann jedoch verlangen, dass ihm die

Urkunden oder Sachen wieder ausgehändigt werden, nachdem sie von der Behörde als ungültig gekennzeichnet sind; dies gilt nicht bei Sachen, bei denen eine solche Kennzeichnung nicht oder nicht mit der erforderlichen Offensichtlichkeit oder Dauerhaftigkeit möglich ist.

Abschnitt 3
Verjährungsrechtliche Wirkungen des Verwaltungsaktes

§ 53 Hemmung der Verjährung durch Verwaltungsakt

(1) Ein Verwaltungsakt, der zur Feststellung oder Durchsetzung des Anspruchs eines öffentlich-rechtlichen Rechtsträgers erlassen wird, hemmt die Verjährung dieses Anspruchs. Die Hemmung endet mit Eintritt der Unanfechtbarkeit des Verwaltungsaktes oder sechs Monate nach seiner anderweitigen Erledigung.

(2) Ist ein Verwaltungsakt im Sinne des Absatzes 1 unanfechtbar geworden, beträgt die Verjährungsfrist 30 Jahre. Soweit der Verwaltungsakt einen Anspruch auf künftig fällig werdende regelmäßig wiederkehrende Leistungen zum Inhalt hat, bleibt es bei der für diesen Anspruch geltenden Verjährungsfrist.

Teil IV
Öffentlich-rechtlicher Vertrag

§ 54 Zulässigkeit des öffentlich-rechtlichen Vertrags

Ein Rechtsverhältnis auf dem Gebiet des öffentlichen Rechts kann durch Vertrag begründet oder aufgehoben werden (öffentlich-rechtlicher Vertrag), soweit Rechtsvorschriften nicht entgegenstehen. Insbesondere kann die Behörde, anstatt einen Verwaltungsakt zu erlassen, einen öffentlich-rechtlichen Vertrag mit demjenigen schließen, an den sie sonst den Verwaltungsakt richten würde.

§ 55 Vergleichsvertrag

Ein öffentlich-rechtlicher Vertrag im Sinne des § 54 Satz 2, durch den eine bei verständiger Würdigung des Sachverhalts oder der Rechtslage bestehende Ungewissheit durch gegenseitiges Nachgeben beseitigt wird (Vergleich), kann geschlossen werden, wenn die Behörde den Abschluss des Vergleichs zur Beseitigung der Ungewissheit nach pflichtgemäßem Ermessen für zweckmäßig hält.

§ 56 Austauschvertrag

(1) Ein öffentlich-rechtlicher Vertrag im Sinne des § 54 Satz 2, in dem sich der Vertragspartner der Behörde zu einer Gegenleistung verpflichtet, kann geschlossen werden, wenn die Gegenleistung für einen bestimmten Zweck im Vertrag vereinbart wird und der Behörde zur Erfüllung ihrer öffentlichen Aufgaben dient. Die Gegenleistung muss den gesamten Umständen nach angemessen sein und im sachlichen Zusammenhang mit der vertraglichen Leistung der Behörde stehen.

(2) Besteht auf die Leistung der Behörde ein Anspruch, so kann nur eine solche Gegenleistung vereinbart werden, die bei Erlass eines Verwaltungsaktes Inhalt einer Nebenbestimmung nach § 36 sein könnte.

§ 57 Schriftform

Ein öffentlich-rechtlicher Vertrag ist schriftlich zu schließen, soweit nicht durch Rechtsvorschrift eine andere Form vorgeschrieben ist.

§ 58 Zustimmung von Dritten und Behörden

(1) Ein öffentlich-rechtlicher Vertrag, der in Rechte eines Dritten eingreift, wird erst wirksam, wenn der Dritte schriftlich zustimmt.

(2) Wird anstatt eines Verwaltungsaktes, bei dessen Erlass nach einer Rechtsvorschrift die Genehmigung, die Zustimmung oder das Einvernehmen einer anderen Behörde erforderlich ist, ein Vertrag geschlossen, so wird dieser erst wirksam, nachdem die andere Behörde in der vorgeschriebenen Form mitgewirkt hat.

§ 59 Nichtigkeit des öffentlich-rechtlichen Vertrags

(1) Ein öffentlich-rechtlicher Vertrag ist nichtig, wenn sich die Nichtigkeit aus der entsprechenden Anwendung von Vorschriften des Bürgerlichen Gesetzbuchs ergibt.

(2) Ein Vertrag im Sinne des § 54 Satz 2 ist ferner nichtig, wenn

1. ein Verwaltungsakt mit entsprechendem Inhalt nichtig wäre;
2. ein Verwaltungsakt mit entsprechendem Inhalt nicht nur wegen eines Verfahrens- oder Formfehlers im Sinne des § 46 rechtswidrig wäre und dies den Vertragschließenden bekannt war;
3. die Voraussetzungen zum Abschluss eines Vergleichsvertrags nicht vorlagen und ein Verwaltungsakt mit entsprechendem Inhalt nicht nur wegen eines Verfahrens- oder Formfehlers im Sinne des § 46 rechtswidrig wäre;
4. sich die Behörde eine nach § 56 unzulässige Gegenleistung versprechen lässt.

(3) Betrifft die Nichtigkeit nur einen Teil des Vertrags, so ist er im Ganzen nichtig, wenn nicht anzunehmen ist, dass er auch ohne den nichtigen Teil geschlossen worden wäre.

§ 60 Anpassung und Kündigung in besonderen Fällen

(1) Haben die Verhältnisse, die für die Festsetzung des Vertragsinhalts maßgebend gewesen sind, sich seit Abschluss des Vertrags so wesentlich geändert, dass einer Vertragspartei das Festhalten an der ursprünglichen vertraglichen Regelung nicht zuzumuten ist, so kann diese Vertragspartei eine Anpassung des Vertragsinhalts an die geänderten Verhältnisse verlangen oder, sofern eine Anpassung nicht möglich oder einer Vertragspartei nicht zuzumuten ist, den Vertrag kündigen. Die Behörde kann den Vertrag auch kündigen, um schwere Nachteile für das Gemeinwohl zu verhüten oder zu beseitigen.

(2) Die Kündigung bedarf der Schriftform, soweit nicht durch Rechtsvorschrift eine andere Form vorgeschrieben ist. Sie soll begründet werden.

§ 61 Unterwerfung unter die sofortige Vollstreckung

(1) Jeder Vertragschließende kann sich der sofortigen Vollstreckung aus einem öffentlich-rechtlichen Vertrag im Sinne des § 54 Satz 2 unterwerfen. Die Behörde muss hierbei von dem Behördenleiter, seinem allgemeinen Vertreter oder einem Angehörigen des öffentlichen Dienstes, der die Befähigung zum Richteramt hat oder die Voraussetzungen des § 110 Satz 1 des Deutschen Richtergesetzes erfüllt, vertreten werden.

(2) Auf öffentlich-rechtliche Verträge im Sinne des Absatzes 1 Satz 1 ist das Landesverwaltungsvollstreckungsgesetz entsprechend anzuwenden. Will eine natürliche oder juristische Person des Privatrechts oder eine nichtrechtsfähige Vereinigung die Vollstreckung wegen einer Geldforderung betreiben, so ist § 170 Abs. 1 bis 3 der Verwaltungsgerichtsordnung entsprechend anzuwenden. Richtet sich die Vollstreckung wegen der Erzwingung einer Handlung, Duldung oder Unterlassung gegen eine Behörde, so ist § 172 der Verwaltungsgerichtsordnung entsprechend anzuwenden.

(3) Die Absätze 1 und 2 gelten auch für öffentlich-rechtliche Verträge über Kommunalabgaben.

§ 62 Ergänzende Anwendung von Vorschriften

Soweit sich aus den §§ 54 bis 61 nichts Abweichendes ergibt, gelten die übrigen Vorschriften dieses Gesetzes. Ergänzend gelten die Vorschriften des Bürgerlichen Gesetzbuchs entsprechend.

Teil V
Besondere Verfahrensarten

Abschnitt 1
Förmliches Verwaltungsverfahren

§ 63 Anwendung der Vorschriften über das förmliche Verwaltungsverfahren

(1) Das förmliche Verwaltungsverfahren nach diesem Gesetz findet statt, wenn es durch Rechtsvorschrift angeordnet ist.

(2) Für das förmliche Verwaltungsverfahren gelten die §§ 64 bis 71 und, soweit sich aus ihnen nichts Abweichendes ergibt, die übrigen Vorschriften dieses Gesetzes.

(3) Die Mitteilung nach § 17 Abs. 2 Satz 2 und die Aufforderung nach § 17 Abs. 4 Satz 2 sind im förmlichen Verwaltungsverfahren öffentlich bekannt zu machen. Die öffentliche Bekanntmachung wird dadurch bewirkt, dass die Behörde die Mitteilung oder die Aufforderung in ihrem amtlichen Veröffentlichungsblatt und außerdem in örtlichen Tageszeitungen, die in dem Bereich verbreitet sind, in dem sich die Entscheidung voraussichtlich auswirken wird, bekannt macht.

§ 64 Form des Antrags

Setzt das förmliche Verwaltungsverfahren einen Antrag voraus, so ist er schriftlich oder zur Niederschrift bei der Behörde zu stellen.

§ 65 Mitwirkung von Zeugen und Sachverständigen

(1) Im förmlichen Verwaltungsverfahren sind Zeugen zur Aussage und Sachverständige zur Erstattung von Gutachten verpflichtet. Die Vorschriften der Zivilprozessordnung über die Pflicht, als Zeuge auszusagen oder als Sachverständiger ein Gutachten zu erstatten, über die Ablehnung von Sachverständigen sowie über die Vernehmung von Angehörigen des öffentlichen Dienstes als Zeugen oder Sachverständige gelten entsprechend.

(2) Verweigern Zeugen oder Sachverständige ohne Vorliegen eines der in den §§ 376, 383 bis 385 und 408 der Zivilprozessordnung bezeichneten Gründe die Aussage oder die Erstattung des Gutachtens, so kann die Behörde das für den Wohnsitz oder den Aufenthaltsort des Zeugen oder des Sachverständigen zuständige Verwaltungsgericht um die Vernehmung ersuchen. Befindet sich der Wohnsitz oder der Aufenthaltsort des Zeugen oder des Sachverständigen nicht am Sitz eines Verwaltungsgerichts oder einer besonders errichteten Kammer, so kann auch das zuständige Amtsgericht um die Vernehmung ersucht werden. In dem Ersuchen hat die Behörde den Gegenstand der Vernehmung darzulegen sowie die Namen und Anschriften der Beteiligten anzugeben. Das Gericht hat die Beteiligten von den Beweisterminen zu benachrichtigen.

(3) Hält die Behörde mit Rücksicht auf die Bedeutung der Aussage eines Zeugen oder des Gutachtens eines Sachverständigen oder zur Herbeiführung einer wahrheitsgemäßen Aussage die Beeidigung für geboten, so kann sie das nach Absatz 2 zuständige Gericht um die eidliche Vernehmung ersuchen.

(4) Das Gericht entscheidet über die Rechtmäßigkeit einer Verweigerung des Zeugnisses, des Gutachtens oder der Eidesleistung.

(5) Ein Ersuchen nach Absatz 2 oder 3 an das Gericht darf nur von dem Behördenleiter, seinem allgemeinen Vertreter oder einem Angehörigen des öffentlichen Dienstes gestellt werden, der die Befähigung zum Richteramt hat oder die Voraussetzungen des § 110 Satz 1 des Deutschen Richtergesetzes erfüllt.

(6) § 180 der Verwaltungsgerichtsordnung ist entsprechend anzuwenden.

§ 66 Verpflichtung zur Anhörung von Beteiligten

(1) Im förmlichen Verwaltungsverfahren ist den Beteiligten Gelegenheit zu geben, sich vor der Entscheidung zu äußern.

(2) Den Beteiligten ist Gelegenheit zu geben, der Vernehmung von Zeugen und Sachverständigen und der Einnahme des Augenscheins beizuwohnen und hierbei sachdienliche Fragen zu stellen; ein schriftlich oder elektronisch vorliegendes Gutachten soll ihnen zugänglich gemacht werden.

§ 67 Erfordernis der mündlichen Verhandlung

(1) Die Behörde entscheidet nach mündlicher Verhandlung. Hierzu sind die Beteiligten mit angemessener Frist schriftlich zu laden. Bei der Ladung ist darauf hinzuweisen, dass bei Ausbleiben eines Beteiligten auch ohne ihn verhandelt und entschieden werden kann. Sind mehr als 50 Ladungen vorzunehmen, so können sie durch öffentliche Bekanntmachung ersetzt werden. Die öffentliche Be-

kanntmachung wird dadurch bewirkt, dass der Verhandlungstermin mindestens zwei Wochen vorher im amtlichen Veröffentlichungsblatt der Behörde und außerdem in örtlichen Tageszeitungen, die in dem Bereich verbreitet sind, in dem sich die Entscheidung voraussichtlich auswirken wird, mit dem Hinweis nach Satz 3 bekannt gemacht wird. Maßgebend für die Frist nach Satz 5 ist die Bekanntgabe im amtlichen Veröffentlichungsblatt.

(2) Die Behörde kann ohne mündliche Verhandlung entscheiden, wenn

1. einem Antrag im Einvernehmen mit allen Beteiligten in vollem Umfang entsprochen wird;
2. kein Beteiligter innerhalb einer hierfür gesetzten Frist Einwendungen gegen die vorgesehene Maßnahme erhoben hat;
3. die Behörde den Beteiligten mitgeteilt hat, dass sie beabsichtige, ohne mündliche Verhandlung zu entscheiden, und kein Beteiligter innerhalb einer hierfür gesetzten Frist Einwendungen dagegen erhoben hat;
4. alle Beteiligten auf sie verzichtet haben;
5. wegen Gefahr im Verzug eine sofortige Entscheidung notwendig ist.

(3) Die Behörde soll das Verfahren so fördern, dass es möglichst in einem Verhandlungstermin erledigt werden kann.

§ 68 Verlauf der mündlichen Verhandlung

(1) Die mündliche Verhandlung ist nicht öffentlich. An ihr können Vertreter der Aufsichtsbehörden und Personen, die bei der Behörde zur Ausbildung beschäftigt sind, teilnehmen. Anderen Personen kann der Verhandlungsleiter die Anwesenheit gestatten, wenn kein Beteiligter widerspricht. Ein Beteiligter kann verlangen, dass mit ihm in Abwesenheit anderer Beteiligter verhandelt wird, soweit er ein berechtigtes Interesse an der Geheimhaltung seiner persönlichen oder sachlichen Verhältnisse oder an der Wahrung von Betriebs- und Geschäftsgeheimnissen glaubhaft macht. Die Beteiligten sind über ihre Rechte nach Satz 3 und 4 zu belehren.

(2) Der Verhandlungsleiter hat die Sache mit den Beteiligten zu erörtern. Er hat darauf hinzuwirken, dass unklare Anträge erläutert, sachdienliche Anträge gestellt, ungenügende Angaben ergänzt sowie alle für die Feststellung des Sachverhalts wesentlichen Erklärungen abgegeben werden.

(3) Der Verhandlungsleiter ist für die Ordnung verantwortlich. Er kann Personen, die seine Anordnungen nicht befolgen, entfernen lassen. Die Verhandlung kann ohne diese Personen fortgesetzt werden.

(4) Über die mündliche Verhandlung ist eine Niederschrift zu fertigen. Die Niederschrift muss Angaben enthalten über

1. den Ort und den Tag der Verhandlung,
2. die Namen des Verhandlungsleiters, der erschienenen Beteiligten, Zeugen und Sachverständigen,
3. den behandelten Verfahrensgegenstand und die gestellten Anträge,
4. den wesentlichen Inhalt der Aussagen der Zeugen und Sachverständigen,
5. das Ergebnis eines Augenscheins.

Die Niederschrift ist von dem Verhandlungsleiter und, soweit ein Schriftführer hinzugezogen worden ist, auch von diesem zu unterzeichnen. Der Aufnahme in die Verhandlungsniederschrift steht die Aufnahme in eine Schrift gleich, die ihr als Anlage beigefügt und als solche bezeichnet ist; auf die Anlage ist in der Verhandlungsniederschrift hinzuweisen.

§ 69 Entscheidung

(1) Die Behörde entscheidet unter Würdigung des Gesamtergebnisses des Verfahrens.

(2) Verwaltungsakte, die das förmliche Verfahren abschließen, sind schriftlich zu erlassen, wobei Namen und Anschriften der Beteiligten im verfügenden Teil stets angegeben werden dürfen, schriftlich zu begründen und den Beteiligten zuzustellen; in den Fällen des § 39 Abs. 2 Nr. 1 und 3 bedarf es einer Begründung nicht. Ein elektronischer Verwaltungsakt nach Satz 1 ist mit einer dauerhaft überprüfbaren qualifizierten elektronischen Signatur zu versehen. Erscheint es für eine

ordnungsgemäße Begründung erforderlich, die persönlichen oder sachlichen Verhältnisse eines Beteiligten, insbesondere seine wirtschaftlichen oder gesundheitlichen Verhältnisse oder seine Betriebs- und Geschäftsgeheimnisse, im Einzelnen darzustellen, hat die Behörde in der Begründung auf die Angabe seines Namens und, soweit möglich, auch seiner Anschrift oder des von dem Vorhaben betroffenen Grundstücks zu verzichten; in diesem Fall teilt sie dem Beteiligten zusammen mit dem Verwaltungsakt schriftlich mit, welcher Teil der Begründung sich auf sein Vorbringen bezieht. Zugleich weist sie jeden Beteiligten darauf hin, dass er auf schriftlichen Antrag Auskunft über die Daten nach Satz 3 oder darüber erhält, was das Vorbringen eines anderen Beteiligten abgehandelt ist, soweit die Kenntnis dieser Daten zur Geltendmachung seiner rechtlichen Interessen erforderlich ist. Mit Einwilligung des Beteiligten, die schriftlich oder zur Niederschrift der Behörde zu erklären ist, dürfen die Daten nach Satz 3 in die Begründung aufgenommen werden.

(3) Sind mehr als 50 Zustellungen vorzunehmen, so können sie durch öffentliche Bekanntmachung ersetzt werden. Die öffentliche Bekanntmachung wird dadurch bewirkt, dass der verfügende Teil des Verwaltungsaktes und die Rechtsbehelfsbelehrung im amtlichen Veröffentlichungsblatt der Behörde und außerdem in örtlichen Tageszeitungen bekannt gemacht werden, die in dem Bereich verbreitet sind, in dem sich die Entscheidung voraussichtlich auswirken wird. Der Verwaltungsakt gilt mit dem Tage als zugestellt, an dem seit dem Tage der Bekanntmachung in dem amtlichen Veröffentlichungsblatt zwei Wochen verstrichen sind; hierauf ist in der Bekanntmachung hinzuweisen. Nach der öffentlichen Bekanntmachung kann der Verwaltungsakt bis zum Ablauf der Rechtsbehelfsfrist von den Beteiligten schriftlich oder elektronisch angefordert werden; hierauf ist in der Bekanntmachung gleichfalls hinzuweisen.

(4) Wird das förmliche Verwaltungsverfahren auf andere Weise abgeschlossen, so sind die Beteiligten hiervon zu benachrichtigen. Sind mehr als 50 Benachrichtigungen vorzunehmen, so können sie durch öffentliche Bekanntmachung ersetzt werden; Absatz 3 Satz 2 gilt entsprechend.

§ 70 Anfechtung der Entscheidung

Vor Erhebung einer verwaltungsgerichtlichen Klage, die einen im förmlichen Verwaltungsverfahren erlassenen Verwaltungsakt zum Gegenstand hat, bedarf es keiner Nachprüfung in einem Vorverfahren.

§ 71 Besondere Vorschriften für das förmliche Verfahren vor Ausschüssen

(1) Findet das förmliche Verwaltungsverfahren vor einem Ausschuss (§ 88) statt, so hat jedes Mitglied das Recht, sachdienliche Fragen zu stellen. Wird eine Frage von einem Beteiligten beanstandet, so entscheidet der Ausschuss über ihre Zulässigkeit.

(2) Bei der Beratung und Abstimmung dürfen nur Ausschussmitglieder zugegen sein, die an der mündlichen Verhandlung teilgenommen haben. Ferner dürfen Personen zugegen sein, die bei der Behörde, bei der der Ausschuss gebildet ist, zur Ausbildung beschäftigt sind, soweit der Vorsitzende ihre Anwesenheit gestattet. Die Abstimmungsergebnisse sind festzuhalten.

(3) Jeder Beteiligte kann ein Mitglied des Ausschusses ablehnen, das in diesem Verwaltungsverfahren nicht tätig werden darf (§ 20) oder bei dem die Besorgnis der Befangenheit besteht (§ 21). Eine Ablehnung vor der mündlichen Verhandlung ist schriftlich oder zur Niederschrift zu erklären. Die Erklärung ist unzulässig, wenn sich der Beteiligte, ohne den ihm bekannten Ablehnungsgrund geltend zu machen, in die mündliche Verhandlung eingelassen hat. Für die Entscheidung über die Ablehnung gilt § 20 Abs. 4 Satz 2 bis 4.

Abschnitt 1a
Verfahren über eine einheitliche Stelle

§ 71a Anwendbarkeit

(1) Ist durch Rechtsvorschrift angeordnet, dass ein Verwaltungsverfahren über eine

einheitliche Stelle abgewickelt werden kann, so gelten die Vorschriften dieses Abschnitts und, soweit sich aus ihnen nichts Abweichendes ergibt, die übrigen Vorschriften dieses Gesetzes.

(2) Der zuständigen Behörde obliegen die Pflichten aus § 71b Abs. 3, 4 und 6, § 71c Abs. 2 und § 71e auch dann, wenn sich der Antragsteller oder Anzeigepflichtige unmittelbar an die zuständige Behörde wendet.

§ 71b Verfahren

(1) Die einheitliche Stelle nimmt Anzeigen, Anträge, Willenserklärungen und Unterlagen entgegen und leitet sie unverzüglich an die zuständigen Behörden weiter.

(2) Anzeigen, Anträge, Willenserklärungen und Unterlagen gelten am dritten Tag nach Eingang bei der einheitlichen Stelle als bei der zuständigen Behörde eingegangen. Vom Antragsteller oder Anzeigepflichtigen einzuhaltende Fristen werden mit Eingang bei der einheitlichen Stelle gewahrt.

(3) Soll durch die Anzeige, den Antrag oder die Abgabe einer Willenserklärung eine Frist in Lauf gesetzt werden, innerhalb derer die zuständige Behörde tätig werden muss, stellt die zuständige Behörde eine Empfangsbestätigung aus. In der Empfangsbestätigung ist das Datum des Eingangs bei der einheitlichen Stelle mitzuteilen und auf die Frist, die Voraussetzungen für den Beginn des Fristlaufs und auf eine an den Fristablauf geknüpfte Rechtsfolge sowie auf die verfügbaren Rechtsbehelfe hinzuweisen.

(4) Ist die Anzeige oder der Antrag unvollständig, teilt die zuständige Behörde unverzüglich mit, welche Unterlagen nachzureichen sind. Die Mitteilung enthält den Hinweis, dass der Lauf der Frist nach Absatz 3 erst mit Eingang der vollständigen Unterlagen beginnt. Das Datum des Eingangs der nachgereichten Unterlagen bei der einheitlichen Stelle ist mitzuteilen.

(5) Soweit die einheitliche Stelle zur Verfahrensabwicklung in Anspruch genommen wird, sollen Mitteilungen der zuständigen Behörde an den Antragsteller oder Anzeigepflichtigen über sie weitergegeben werden. Verwaltungsakte werden auf Verlangen desjenigen, an den sich der Verwaltungsakt richtet, von der zuständigen Behörde unmittelbar bekannt gegeben.

(6) Ein schriftlicher Verwaltungsakt, der durch die Post in das Ausland übermittelt wird, gilt einen Monat nach Aufgabe zur Post als bekannt gegeben. § 41 Abs. 2 Satz 3 gilt entsprechend. Von dem Antragsteller oder Anzeigepflichtigen kann nicht nach § 15 verlangt werden, einen Empfangsbevollmächtigten zu bestellen. § 10 Abs. 3 des Landesverwaltungszustellungsgesetzes findet keine Anwendung.

§ 71c Informationspflichten

(1) Die einheitliche Stelle erteilt auf Anfrage unverzüglich Auskunft über die maßgeblichen Vorschriften, die zuständigen Behörden, den Zugang zu den öffentlichen Registern und Datenbanken, die zustehenden Verfahrensrechte und die Einrichtungen, die den Antragsteller oder Anzeigepflichtigen bei der Aufnahme oder Ausübung seiner Tätigkeit unterstützen. Sie teilt unverzüglich mit, wenn eine Anfrage zu unbestimmt ist.

(2) Die zuständigen Behörden erteilen auf Anfrage unverzüglich Auskunft über die maßgeblichen Vorschriften und deren gewöhnliche Auslegung. Nach § 25 erforderliche Anregungen und Auskünfte werden unverzüglich gegeben.

§ 71d Gegenseitige Unterstützung

Die einheitliche Stelle und die zuständigen Behörden wirken gemeinsam auf eine ordnungsgemäße und zügige Verfahrensabwicklung hin; alle einheitlichen Stellen und zuständigen Behörden sind hierbei zu unterstützen. Die Pflicht zur Unterstützung besteht auch gegenüber einheitlichen Stellen und sonstigen Behörden des Bundes und anderer Länder. Die zuständigen Behörden stellen der einheitlichen Stelle insbesondere die erforderlichen Informationen zum Verfahrensstand zur Verfügung.

§ 71e Elektronisches Verfahren

Das Verfahren nach diesem Abschnitt wird auf Verlangen in elektronischer Form abgewickelt. § 3a Abs. 2 Satz 2 und 3 und Abs. 3 bleibt unberührt.

Abschnitt 2
Planfeststellungsverfahren

§ 72 Anwendung der Vorschriften über das Planfeststellungsverfahren

(1) Ist ein Planfeststellungsverfahren durch Rechtsvorschrift angeordnet, so gelten hierfür die §§ 73 bis 78 und, soweit sich aus ihnen nichts Abweichendes ergibt, die übrigen Vorschriften dieses Gesetzes; die §§ 51 und 71a bis 71e sind nicht anzuwenden, § 29 ist mit der Maßgabe anzuwenden, dass Akteneinsicht nach pflichtgemäßem Ermessen zu gewähren ist.

(2) Die Mitteilung nach § 17 Abs. 2 Satz 2 und die Aufforderung nach § 17 Abs. 4 Satz 2 sind im Planfeststellungsverfahren öffentlich bekannt zu machen. Die öffentliche Bekanntmachung wird dadurch bewirkt, dass die Behörde die Mitteilung oder die Aufforderung in ihrem amtlichen Veröffentlichungsblatt und außerdem in örtlichen Tageszeitungen, die in dem Bereich verbreitet sind, in dem sich das Vorhaben voraussichtlich auswirken wird, bekannt macht.

§ 73 Anhörungsverfahren

(1) Der Träger des Vorhabens hat den Plan der Anhörungsbehörde zur Durchführung des Anhörungsverfahrens einzureichen. Der Plan besteht aus den Zeichnungen und Erläuterungen, die das Vorhaben, seinen Anlass, die von dem Vorhaben betroffenen Grundstücke und Anlagen sowie Namen und gegenwärtige Anschriften der betroffenen Eigentümer erkennen lassen; Grundstückseigentümer dürfen dabei nach dem Grundbuch bezeichnet werden, soweit dem Träger des Vorhabens nicht dessen Unrichtigkeit bekannt ist.

(2) Innerhalb eines Monats nach Zugang des vollständigen Plans fordert die Anhörungsbehörde die Behörden, deren Aufgabenbereich durch das Vorhaben berührt wird, zur Stellungnahme auf und veranlasst, dass der Plan in den Gemeinden, in denen sich das Vorhaben voraussichtlich auswirken wird, ausgelegt wird.

(3) Die Gemeinden nach Absatz 2 haben den Plan innerhalb von drei Wochen nach Zugang für die Dauer eines Monats zur Einsicht auszulegen. Auf eine Auslegung kann verzichtet werden, wenn der Kreis der Betroffenen und die Vereinigungen nach Absatz 4 Satz 5 bekannt sind und ihnen innerhalb angemessener Frist Gelegenheit gegeben wird, den Plan einzusehen.

(3a) Die Behörden nach Absatz 2 haben ihre Stellungnahme innerhalb einer von der Anhörungsbehörde zu setzenden Frist abzugeben, die drei Monate nicht überschreiten darf. Stellungnahmen, die nach Ablauf der Frist nach Satz 1 eingehen, sind zu berücksichtigen, wenn der Planfeststellungsbehörde die vorgebrachten Belange bekannt sind oder hätten bekannt sein müssen oder für die Rechtmäßigkeit der Entscheidung von Bedeutung sind; im Übrigen können sie berücksichtigt werden.

(4) Jeder, dessen Belange durch das Vorhaben berührt werden, kann bis zwei Wochen nach Ablauf der Auslegungsfrist schriftlich oder zur Niederschrift bei der Anhörungsbehörde oder bei der Gemeinde Einwendungen gegen den Plan erheben. Im Falle des Absatzes 3 Satz 2 bestimmt die Anhörungsbehörde die Einwendungsfrist. Mit Ablauf der Einwendungsfrist sind alle Einwendungen ausgeschlossen, die nicht auf besonderen privatrechtlichen Titeln beruhen. Hierauf ist in der Bekanntmachung der Auslegung oder bei der Bekanntgabe der Einwendungsfrist hinzuweisen. Vereinigungen, die auf Grund einer Anerkennung nach anderen Rechtsvorschriften befugt sind, Rechtsbehelfe nach der Verwaltungsgerichtsordnung gegen die Entscheidung nach § 74 einzulegen, können innerhalb der Frist nach Satz 1 Stellungnahmen zu dem Plan abgeben. Die Sätze 2 bis 4 gelten entsprechend.

(5) Die Gemeinden, in denen der Plan auszulegen ist, haben die Auslegung vorher ortsüblich bekannt zu machen. In der Bekanntmachung ist darauf hinzuweisen,

1. wo und in welchem Zeitraum der Plan zur Einsicht ausgelegt ist;

2. dass etwaige Einwendungen oder Stellungnahmen von Vereinigungen nach Absatz 4 Satz 5 bei den in der Bekanntma-

chung zu bezeichnenden Stellen innerhalb der Einwendungsfrist vorzubringen sind;
3. dass bei Ausbleiben eines Beteiligten in dem Erörterungstermin auch ohne ihn verhandelt werden kann;
4. dass
   a) die Personen, die Einwendungen erhoben haben, oder die Vereinigungen, die Stellungnahmen abgegeben haben, von dem Erörterungstermin durch öffentliche Bekanntmachung benachrichtigt werden können,
   b) die Zustellung der Entscheidung über die Einwendungen durch öffentliche Bekanntmachung ersetzt werden kann,

wenn mehr als 50 Benachrichtigungen oder Zustellungen vorzunehmen sind.

Nicht ortsansässige Betroffene, deren Person und Aufenthalt bekannt sind oder sich innerhalb angemessener Frist ermitteln lassen, sollen auf Veranlassung der Anhörungsbehörde von der Auslegung mit dem Hinweis nach Satz 2 benachrichtigt werden.

(6) Nach Ablauf der Einwendungsfrist hat die Anhörungsbehörde die rechtzeitig gegen den Plan erhobenen Einwendungen, die rechtzeitig abgegebenen Stellungnahmen von Vereinigungen nach Absatz 4 Satz 5 sowie die Stellungnahmen der Behörden zu dem Plan mit dem Träger des Vorhabens, den Behörden, den Betroffenen sowie denjenigen, die Einwendungen erhoben haben oder Stellungnahmen abgegeben haben, zu erörtern. Der Erörterungstermin ist mindestens eine Woche vorher ortsüblich bekannt zu machen. Die Behörden der Träger des Vorhabens und diejenigen, die Einwendungen erhoben oder Stellungnahmen abgegeben haben, sind von dem Erörterungstermin zu benachrichtigen. Sind außer der Benachrichtigung der Behörden und des Trägers des Vorhabens mehr als 50 Benachrichtigungen vorzunehmen, so können diese Benachrichtigungen durch öffentliche Bekanntmachung ersetzt werden. Die öffentliche Bekanntmachung wird dadurch bewirkt, dass abweichend von Satz 2 der Erörterungstermin im amtlichen Veröffentlichungsblatt der Anhörungsbehörde und außerdem in örtlichen Tageszeitungen bekannt gemacht wird, die in dem Bereich verbreitet sind, in dem sich das Vorhaben voraussichtlich auswirken wird; maßgebend für die Frist nach Satz 2 ist die Bekanntgabe im amtlichen Veröffentlichungsblatt. Im Übrigen gelten für die Erörterung die Vorschriften über die mündliche Verhandlung im förmlichen Verwaltungsverfahren (§ 67 Abs. 1 Satz 3, Abs. 2 Nr. 1 und 4 und Abs. 3, § 68 entsprechend. Die Anhörungsbehörde schließt die Erörterung innerhalb von drei Monaten nach Ablauf der Einwendungsfrist ab.

(7) Abweichend von den Vorschriften des Absatzes 6 Satz 2 bis 5 kann der Erörterungstermin bereits in der Bekanntmachung nach Absatz 5 Satz 2 bestimmt werden.

(8) Soll ein ausgelegter Plan geändert werden und werden dadurch der Aufgabenbereich einer Behörde oder einer Vereinigung nach Absatz 4 Satz 5 oder Belange Dritter erstmals oder stärker als bisher berührt, so ist diesen die Änderung mitzuteilen und ihnen Gelegenheit zu Stellungnahmen und Einwendungen innerhalb von zwei Wochen zu geben; Absatz 4 Satz 3 bis 6 gilt entsprechend. Wird sich die Änderung voraussichtlich auf das Gebiet einer anderen Gemeinde auswirken, so ist der geänderte Plan in dieser Gemeinde auszulegen; die Absätze 2 bis 6 gelten entsprechend.

(9) Die Anhörungsbehörde gibt zum Ergebnis des Anhörungsverfahrens eine Stellungnahme ab und leitet diese der Planfeststellungsbehörde innerhalb eines Monats nach Abschluss der Erörterung mit dem Plan, den Stellungnahmen der Behörden und der Vereinigungen nach Absatz 4 Satz 5 sowie den nicht erledigten Einwendungen zu.

(10) Der Träger des Vorhabens hat der Gemeinde die Auslagen zu erstatten, die ihr durch Bekanntmachungen und Benachrichtigungen im Anhörungsverfahren entstehen, wenn sie 35 Euro übersteigen.

§ 74 Planfeststellungsbeschluss, Plangenehmigung

(1) Die Planfeststellungsbehörde stellt den Plan fest (Planfeststellungsbeschluss). Die Vorschriften über die Entscheidung und die

Anfechtung der Entscheidung im förmlichen Verwaltungsverfahren (§§ 69 und 70) sind anzuwenden.

(2) Im Planfeststellungsbeschluss entscheidet die Planfeststellungsbehörde über die Einwendungen, über die bei der Erörterung vor der Anhörungsbehörde keine Einigung erzielt worden ist. Sie hat dem Träger des Vorhabens Vorkehrungen oder die Errichtung und Unterhaltung von Anlagen aufzuerlegen, die zum Wohl der Allgemeinheit oder zur Vermeidung nachteiliger Wirkungen auf Rechte anderer erforderlich sind. Sind solche Vorkehrungen oder Anlagen untunlich oder mit dem Vorhaben unvereinbar, so hat der Betroffene Anspruch auf angemessene Entschädigung in Geld.

(3) Soweit eine abschließende Entscheidung noch nicht möglich ist, ist diese im Planfeststellungsbeschluss vorzubehalten; dem Träger des Vorhabens ist dabei aufzugeben, noch fehlende oder von der Planfeststellungsbehörde bestimmte Unterlagen rechtzeitig vorzulegen.

(4) Der Planfeststellungsbeschluss ist dem Träger des Vorhabens, denjenigen, über deren Einwendungen entschieden worden ist, und den Vereinigungen, über deren Stellungnahmen entschieden worden ist, zuzustellen. Eine Ausfertigung des Beschlusses ist mit einer Rechtsbehelfsbelehrung, einem Hinweis entsprechend § 69 Abs. 2 Satz 4 und einer Ausfertigung des festgestellten Plans in den Gemeinden zwei Wochen zur Einsicht auszulegen; der Ort und die Zeit der Auslegung sind ortsüblich bekannt zu machen. Mit dem Ende der Auslegungsfrist gilt der Beschluss gegenüber den übrigen Betroffenen als zugestellt; darauf ist in der Bekanntmachung hinzuweisen. § 73 Abs. 10 gilt entsprechend.

(5) Sind außer an den Träger des Vorhabens mehr als 50 Zustellungen nach Absatz 4 vorzunehmen, so können diese Zustellungen durch öffentliche Bekanntmachung ersetzt werden. Die öffentliche Bekanntmachung wird dadurch bewirkt, dass der verfügende Teil des Planfeststellungsbeschlusses, die Rechtsbehelfsbelehrung und ein Hinweis auf die Auslegung nach Absatz 4 Satz 2 im amtlichen Veröffentlichungsblatt der zuständigen Behörde und außerdem in örtlichen Tageszeitungen bekannt gemacht werden, die in dem Bereich verbreitet sind, in dem sich das Vorhaben voraussichtlich auswirken wird; auf Auflagen ist hinzuweisen. Mit dem Ende der Auslegungsfrist gilt der Beschluss den Betroffenen und denjenigen gegenüber, die Einwendungen erhoben haben, als zugestellt; hierauf ist in der Bekanntmachung hinzuweisen. Nach der öffentlichen Bekanntmachung kann der Planfeststellungsbeschluss bis zum Ablauf der Rechtsbehelfsfrist von den Betroffenen und von denjenigen, die Einwendungen erhoben haben, schriftlich oder elektronisch angefordert werden; hierauf ist in der Bekanntmachung gleichfalls hinzuweisen.

(6) Anstelle eines Planfeststellungsbeschlusses kann eine Plangenehmigung erteilt werden, wenn

1. Rechte anderer nicht oder nur unwesentlich beeinträchtigt werden oder die Betroffenen sich mit der Inanspruchnahme ihres Eigentums oder eines anderen Rechts schriftlich einverstanden erklärt haben,

2. mit den Trägern öffentlicher Belange, deren Aufgabenbereich berührt wird, das Benehmen hergestellt worden ist und

3. nicht andere Rechtsvorschriften eine Öffentlichkeitsbeteiligung vorschreiben, die den Anforderungen des § 73 Absatz 3 Satz 1 und Absatz 4 bis 7 entsprechen muss.

Die Plangenehmigung hat die Rechtswirkungen der Planfeststellung; auf ihre Erteilung sind die Vorschriften über das Planfeststellungsverfahren nicht anzuwenden; davon ausgenommen sind Absatz 4 Satz 1 und Absatz 5, die entsprechend anzuwenden sind. Vor Erhebung einer verwaltungsgerichtlichen Klage bedarf es keiner Nachprüfung in einem Vorverfahren. § 75 Abs. 4 gilt entsprechend.

(7) Planfeststellung und Plangenehmigung entfallen in den Fällen von unwesentlicher Bedeutung. Diese liegen vor, wenn

1. andere öffentliche Belange nicht berührt sind oder die erforderlichen behördlichen

Entscheidungen vorliegen und sie dem Plan nicht entgegenstehen,
2. Rechte anderer nicht beeinflusst werden oder mit den vom Plan Betroffenen entsprechende Vereinbarungen getroffen worden sind und
3. nicht andere Rechtsvorschriften eine Öffentlichkeitsbeteiligung vorschreiben, die den Anforderungen des § 73 Absatz 3 Satz 1 und Absatz 4 bis 7 entsprechen muss.

§ 75 Rechtswirkungen der Planfeststellung

(1) Durch die Planfeststellung wird die Zulässigkeit des Vorhabens einschließlich der notwendigen Folgemaßnahmen an anderen Anlagen im Hinblick auf alle von ihm berührten öffentlichen Belange festgestellt; neben der Planfeststellung sind andere behördliche Entscheidungen nach Bundes- oder Landesrecht, insbesondere öffentlich-rechtliche Genehmigungen, Verleihungen, Erlaubnisse, Bewilligungen, Zustimmungen und Planfeststellungen nicht erforderlich. Durch die Planfeststellung werden alle öffentlich-rechtlichen Beziehungen zwischen dem Träger des Vorhabens und den durch den Plan Betroffenen rechtsgestaltend geregelt.

(1a) Mängel bei der Abwägung der von dem Vorhaben berührten öffentlichen und privaten Belange sind nur erheblich, wenn sie offensichtlich und auf das Abwägungsergebnis von Einfluss gewesen sind. Erhebliche Mängel bei der Abwägung oder eine Verletzung von Verfahrens- oder Formschriften führen nur dann zur Aufhebung des Planfeststellungsbeschlusses oder der Plangenehmigung, wenn sie nicht durch Planergänzung oder durch ein ergänzendes Verfahren behoben werden können; die §§ 45 und 46 bleiben unberührt.

(2) Ist der Planfeststellungsbeschluss unanfechtbar geworden, so sind Ansprüche auf Unterlassung des Vorhabens auf Beseitigung oder Änderung der Anlagen oder auf Unterlassung ihrer Benutzung ausgeschlossen. Treten nicht voraussehbare Wirkungen des Vorhabens oder der dem festgestellten Plan entsprechenden Anlagen auf das Recht eines anderen erst nach Unanfechtbarkeit des Plans auf, so kann der Betroffene Vorkehrungen oder die Errichtung und Unterhaltung von Anlagen verlangen, welche die nachteiligen Wirkungen ausschließen. Sie sind dem Träger des Vorhabens durch Beschluss der Planfeststellungsbehörde aufzuerlegen. Sind solche Vorkehrungen oder Anlagen untunlich oder mit dem Vorhaben unvereinbar, so richtet sich der Anspruch auf angemessene Entschädigung in Geld. Werden Vorkehrungen oder Anlagen im Sinne des Satzes 2 notwendig, weil nach Abschluss des Planfeststellungsverfahrens auf einem benachbarten Grundstück Veränderungen eingetreten sind, so hat die hierdurch entstehenden Kosten der Eigentümer des benachbarten Grundstücks zu tragen, es sei denn, dass die Veränderungen durch natürliche Ereignisse oder höhere Gewalt verursacht worden sind; Satz 4 ist nicht anzuwenden.

(3) Anträge, mit denen Ansprüche auf Herstellung von Einrichtungen oder auf angemessene Entschädigung nach Absatz 2 Satz 2 und 4 geltend gemacht werden, sind schriftlich an die Planfeststellungsbehörde zu richten. Sie sind nur innerhalb von drei Jahren nach dem Zeitpunkt zulässig, zu dem der Betroffene von den nachteiligen Wirkungen des dem unanfechtbar festgestellten Plan entsprechenden Vorhabens oder der Anlage Kenntnis erhalten hat; sie sind ausgeschlossen, wenn nach Herstellung des dem Plan entsprechenden Zustandes 30 Jahre verstrichen sind.

(4) Wird mit der Durchführung des Plans nicht innerhalb von fünf Jahren nach Eintritt der Unanfechtbarkeit begonnen, so tritt er außer Kraft. Als Beginn der Durchführung des Plans gilt jede erstmals nach außen erkennbare Tätigkeit von mehr als nur geringfügiger Bedeutung zur plangemäßen Verwirklichung des Vorhabens; eine spätere Unterbrechung der Verwirklichung des Vorhabens berührt den Beginn der Durchführung nicht.

§ 76 Planänderungen vor Fertigstellung des Vorhabens

(1) Soll vor Fertigstellung des Vorhabens der festgestellte Plan geändert werden, bedarf es eines neuen Planfeststellungsverfahrens.

(2) Bei Planänderungen von unwesentlicher Bedeutung kann die Planfeststellungsbehörde von einem neuen Planfeststellungsverfahren absehen, wenn die Belange anderer nicht berührt werden oder wenn die Betroffenen der Änderung zugestimmt haben.

(3) Führt die Planfeststellungsbehörde in den Fällen des Absatzes 2 oder in anderen Fällen einer Planänderung von unwesentlicher Bedeutung ein Planfeststellungsverfahren durch, so bedarf es keines Anhörungsverfahrens und keiner öffentlichen Bekanntgabe des Planfeststellungsbeschlusses.

§ 77 Aufhebung des Planfeststellungsbeschlusses

Wird ein Vorhaben, mit dessen Durchführung begonnen worden ist, endgültig aufgegeben, so hat die Planfeststellungsbehörde den Planfeststellungsbeschluss aufzuheben. In dem Aufhebungsbeschluss sind dem Träger des Vorhabens die Wiederherstellung des früheren Zustands oder geeignete andere Maßnahmen aufzuerlegen, soweit dies zum Wohl der Allgemeinheit oder zur Vermeidung nachteiliger Wirkungen auf Rechte anderer erforderlich ist. Werden solche Maßnahmen notwendig, weil nach Abschluss des Planfeststellungsverfahrens auf einem benachbarten Grundstück Veränderungen eingetreten sind, so kann der Träger des Vorhabens durch Beschluss der Planfeststellungsbehörde zu geeigneten Vorkehrungen verpflichtet werden; die hierdurch entstehenden Kosten hat jedoch der Eigentümer des benachbarten Grundstücks zu tragen, es sei denn, dass die Veränderungen durch natürliche Ereignisse oder höhere Gewalt verursacht worden sind.

§ 78 Zusammentreffen mehrerer Vorhaben

(1) Treffen mehrere selbständige Vorhaben, für deren Durchführung Planfeststellungsverfahren vorgeschrieben sind, derart zusammen, dass für diese Vorhaben oder für Teile von ihnen nur eine einheitliche Entscheidung möglich ist, so findet für diese Vorhaben oder für deren Teile nur ein Planfeststellungsverfahren statt.

(2) Zuständigkeiten und Verfahren richten sich nach den Rechtsvorschriften über das Planfeststellungsverfahren, das für diejenige Anlage vorgeschrieben ist, die einen größeren Kreis öffentlich-rechtlicher Beziehungen berührt. Bestehen Zweifel, welche Rechtsvorschrift anzuwenden ist, und sind nach den in Betracht kommenden Rechtsvorschriften Behörden verschiedener Länder zuständig, so führen, falls sich die obersten Behörden der Länder nicht einigen, die Landesregierungen das Einvernehmen darüber herbei, welche Rechtsvorschrift anzuwenden ist; sind nach den in Betracht kommenden Rechtsvorschriften eine Bundesbehörde und eine Landesbehörde zuständig, so führen, falls sich die obersten Bundes- und Landesbehörden nicht einigen, die Bundesregierung und die Landesregierung das Einvernehmen darüber herbei, welche Rechtsvorschrift anzuwenden ist.

Teil VI
Rechtsbehelfsverfahren

§ 79 Rechtsbehelfe gegen Verwaltungsakte

Für förmliche Rechtsbehelfe gegen Verwaltungsakte gelten die Verwaltungsgerichtsordnung und die zu ihrer Ausführung ergangenen Rechtsvorschriften, soweit nicht durch Gesetz etwas anderes bestimmt ist; im Übrigen gelten die Vorschriften dieses Gesetzes.

§ 80 Erstattung von Kosten im Vorverfahren

(1) Soweit der Widerspruch erfolgreich ist, hat der Rechtsträger, dessen Behörde den angefochtenen Verwaltungsakt erlassen hat, demjenigen, der Widerspruch erhoben hat, die zur zweckentsprechenden Rechtsverfolgung oder Rechtsverteidigung notwendigen Aufwendungen zu erstatten. Dies gilt auch, wenn der Widerspruch nur deshalb keinen Erfolg hat, weil die Verletzung einer Verfahrens- oder Formvorschrift nach § 45 unbeachtlich ist. Soweit der Widerspruch erfolglos geblieben ist, hat derjenige, der den Widerspruch eingelegt hat, die zur zweckentsprechenden Rechtsverfolgung oder Rechtsver-

teidigung notwendigen Aufwendungen der Behörde, die den angefochtenen Verwaltungsakt erlassen hat, zu erstatten; dies gilt nicht, wenn der Widerspruch gegen einen Verwaltungsakt eingelegt wird, der im Rahmen

1. eines bestehenden oder früheren öffentlich-rechtlichen Dienst-, Amts- oder Schulverhältnisses oder

2. einer bestehenden oder früheren gesetzlichen Dienstpflicht oder einer Tätigkeit, die anstelle der gesetzlichen Dienstpflicht geleistet werden kann,

erlassen wurde. Aufwendungen, die durch das Verschulden eines Erstattungsberechtigten entstanden sind, hat dieser selbst zu tragen; das Verschulden eines Vertreters ist dem Vertretenen zuzurechnen. Erledigt sich der Widerspruch auf andere Weise, so wird über die Kosten nach billigem Ermessen entschieden; der bisherige Sachstand ist zu berücksichtigen.

(2) Die Gebühren und Auslagen eines Rechtsanwalts oder eines sonstigen Bevollmächtigten im Vorverfahren sind erstattungsfähig, wenn die Zuziehung eines Bevollmächtigten notwendig war.

(3) Die Behörde, die die Kostenentscheidung getroffen hat, setzt auf Antrag den Betrag der zu erstattenden Aufwendungen fest; hat ein Ausschuss oder Beirat (§ 73 Abs. 2 der Verwaltungsgerichtsordnung) die Kostenentscheidung getroffen, so obliegt die Kostenfestsetzung der Behörde, bei der der Ausschuss oder Beirat gebildet ist. Die Kostenentscheidung bestimmt auch, ob die Zuziehung eines Rechtsanwalts oder eines sonstigen Bevollmächtigten notwendig war.

(4) Die Absätze 1 bis 3 gelten auch

1. für Vorverfahren bei Maßnahmen des Richterdienstrechts und

2. für abgabenrechtliche Vorverfahren, in denen an die Stelle des Einspruchs (§ 348 der Abgabenordnung) der Widerspruch (§ 68 der Verwaltungsgerichtsordnung) tritt.

Teil VII
Ehrenamtliche Tätigkeit, Ausschüsse

Abschnitt 1
Ehrenamtliche Tätigkeit

§ 81 Anwendung der Vorschriften über die ehrenamtliche Tätigkeit

Für die ehrenamtliche Tätigkeit im Verwaltungsverfahren gelten die §§ 82 bis 87.

§ 82 Pflicht zu ehrenamtlicher Tätigkeit

Eine Pflicht zur Übernahme ehrenamtlicher Tätigkeit besteht nur, wenn sie durch Rechtsvorschrift vorgesehen ist.

§ 83 Ausübung ehrenamtlicher Tätigkeit

(1) Der ehrenamtlich Tätige hat seine Tätigkeit gewissenhaft und unparteiisch auszuüben.

(2) Bei Übernahme seiner Aufgaben ist er zur gewissenhaften und unparteiischen Tätigkeit und zur Verschwiegenheit besonders zu verpflichten. Die Verpflichtung ist aktenkundig zu machen.

§ 84 Verschwiegenheitspflicht

(1) Der ehrenamtlich Tätige hat, auch nach Beendigung seiner ehrenamtlichen Tätigkeit, über die ihm dabei bekannt gewordenen Angelegenheiten Verschwiegenheit zu wahren. Dies gilt nicht für Mitteilungen im dienstlichen Verkehr oder über Tatsachen, die offenkundig sind oder ihrer Bedeutung nach keiner Geheimhaltung bedürfen.

(2) Der ehrenamtlich Tätige darf ohne Genehmigung über Angelegenheiten, über die er Verschwiegenheit zu wahren hat, weder vor Gericht noch außergerichtlich aussagen oder Erklärungen abgeben.

(3) Die Genehmigung, als Zeuge auszusagen, darf nur versagt werden, wenn die Aussage dem Wohl des Bundes oder eines Landes Nachteile bereiten oder die Erfüllung öffentlicher Aufgaben ernstlich gefährden oder erheblich erschweren würde.

(4) Ist der ehrenamtlich Tätige Beteiligter in einem gerichtlichen Verfahren oder soll sein

Vorbringen der Wahrnehmung seiner berechtigten Interessen dienen, so darf die Genehmigung auch dann, wenn die Voraussetzungen des Absatzes 3 erfüllt sind, nur versagt werden, wenn ein zwingendes öffentliches Interesse dies erfordert. Wird sie versagt, so ist dem ehrenamtlich Tätigen der Schutz zu gewähren, den die öffentlichen Interessen zulassen.

(5) Die Genehmigung nach den Absätzen 2 bis 4 erteilt die fachlich zuständige Aufsichtsbehörde der Stelle, die den ehrenamtlich Tätigen berufen hat.

§ 85 Entschädigung

Der ehrenamtlich Tätige hat Anspruch auf Ersatz seiner notwendigen Auslagen und seines Verdienstausfalls. Die Entschädigung für ehrenamtlich Tätige bei den unteren Verwaltungsbehörden richtet sich nach den Satzungen der Landkreise, der Gemeinden und der Verwaltungsgemeinschaften nach § 17 des Landesverwaltungsgesetzes über die ehrenamtliche Tätigkeit in der jeweils geltenden Fassung, soweit durch Rechtsvorschrift nichts anderes bestimmt ist.

§ 86 Abberufung

Personen, die zu ehrenamtlicher Tätigkeit herangezogen worden sind, können von der Stelle, die sie berufen hat, abberufen werden, wenn ein wichtiger Grund vorliegt. Ein wichtiger Grund liegt insbesondere vor, wenn der ehrenamtlich Tätige

1. seine Pflicht gröblich verletzt oder sich als unwürdig erwiesen hat;
2. seine Tätigkeit nicht mehr ordnungsgemäß ausüben kann.

§ 87 Ordnungswidrigkeiten

(1) Ordnungswidrig handelt, wer

1. eine ehrenamtliche Tätigkeit nicht übernimmt, obwohl er zur Übernahme verpflichtet ist;
2. eine ehrenamtliche Tätigkeit, zu deren Übernahme er verpflichtet war, ohne anerkennenswerten Grund niederlegt.

(2) Die Ordnungswidrigkeit kann mit einer Geldbuße geahndet werden.

(3) Verwaltungsbehörden im Sinne des § 36 Abs. 1 Nr. 1 des Gesetzes über Ordnungswidrigkeiten sind die obersten Landesbehörden und die Regierungspräsidien für die ehrenamtlich Tätigen, die von ihnen berufen werden, im Übrigen die fachlich zuständigen Aufsichtsbehörden, wenn keine Fachaufsicht besteht, die Rechtsaufsichtsbehörden der Stellen, die die ehrenamtlich Tätigen berufen.

Abschnitt 2
Ausschüsse

§ 88 Anwendung der Vorschriften über Ausschüsse

Für Ausschüsse, Beiräte und andere kollegiale Einrichtungen (Ausschüsse) gelten, wenn sie in einem Verwaltungsverfahren tätig werden, die §§ 89 bis 93.

§ 89 Ordnung in den Sitzungen

Der Vorsitzende eröffnet, leitet und schließt die Sitzungen; er ist für die Ordnung verantwortlich.

§ 90 Beschlussfähigkeit

(1) Ausschüsse sind beschlussfähig, wenn alle Mitglieder geladen und mehr als die Hälfte, mindestens aber drei der stimmberechtigten Mitglieder anwesend sind. Beschlüsse können auch im schriftlichen Verfahren gefasst werden, wenn kein Mitglied widerspricht.

(2) Ist eine Angelegenheit wegen Beschlussunfähigkeit zurückgestellt worden und wird der Ausschuss zur Behandlung desselben Gegenstands erneut geladen, so ist er ohne Rücksicht auf die Zahl der Erschienenen beschlussfähig, wenn darauf in dieser Ladung hingewiesen worden ist.

§ 91 Beschlussfassung

Beschlüsse werden mit Stimmenmehrheit gefasst. Bei Stimmengleichheit entscheidet bei offenen Abstimmungen die Stimme des Vorsitzenden, wenn er stimmberechtigt ist; sonst gilt Stimmengleichheit als Ablehnung.

§ 92 Wahlen durch Ausschüsse

(1) Gewählt wird, wenn kein Mitglied des Ausschusses widerspricht, durch Zuruf oder Zeichen, sonst durch Stimmzettel. Auf Verlangen eines Mitglieds ist geheim zu wählen.

(2) Gewählt ist, wer von den abgegebenen Stimmen die meisten erhalten hat. Bei Stimmengleichheit entscheidet das vom Leiter der Wahl zu ziehende Los.

(3) Sind mehrere gleichartige Wahlstellen zu besetzen und liegen mehrere Wahlvorschläge vor, so ist nach dem Höchstzahlverfahren d'Hondt zu wählen, außer wenn einstimmig etwas anderes beschlossen worden ist. Über die Zuteilung der letzten Wahlstelle entscheidet bei gleicher Höchstzahl das vom Leiter der Wahl zu ziehende Los.

§ 93 Niederschrift

Über die Sitzung ist eine Niederschrift zu fertigen. Die Niederschrift muss Angaben enthalten über

1. den Ort und den Tag der Sitzung,
2. die Namen des Vorsitzenden und der anwesenden Ausschussmitglieder,
3. den behandelten Gegenstand und die gestellten Anträge,
4. die gefassten Beschlüsse,
5. das Ergebnis von Wahlen.

Die Niederschrift ist von dem Vorsitzenden und, soweit ein Schriftführer hinzugezogen worden ist, auch von diesem zu unterzeichnen.

Teil VIII
Besondere Bestimmungen für Gemeinden und Gemeindeverbände

§ 94 Pflichten der Gemeinden gegenüber den Bürgern

(1) Die Gemeinden sind im Rahmen ihrer Verwaltungskraft ihren Einwohnern bei der Einleitung von Verwaltungsverfahren behilflich, auch wenn für deren Durchführung eine andere Behörde zuständig ist. Zur Rechtsberatung sind die Gemeinden nicht verpflichtet.

(2) Die Gemeinden haben Vordrucke aller Art, die ihnen von anderen Behörden überlassen werden, bereitzuhalten.

(3) Die Gemeinden haben Anzeigen, Anträge und Erklärungen, die beim Landratsamt oder beim Regierungspräsidium einzureichen sind, entgegenzunehmen und unverzüglich an diese Behörden weiterzuleiten. Die Einreichung bei der Gemeinde gilt als bei der zuständigen Behörde vorgenommen, soweit Bundesrecht nicht entgegensteht.

§ 95 Erfüllung von Aufgaben der Gemeinden durch Verwaltungsgemeinschaften

(1) Das fachlich zuständige Ministerium kann durch Rechtsverordnung im Einvernehmen mit dem Innenministerium bestimmen, dass Aufgaben, die durch §§ 73 und 74 dieses Gesetzes oder durch Bundesrecht den Gemeinden übertragen sind, durch Verwaltungsgemeinschaften erfüllt werden.

(2) Die durch Bundesrecht oder auf Grund von Bundesrecht zur Übertragung von Aufgaben auf die Gemeinden ermächtigte Landesbehörde kann durch Rechtsverordnung im Einvernehmen mit dem Innenministerium bestimmen, dass diese Aufgaben durch Verwaltungsgemeinschaften erfüllt werden.

Teil IX
Schlussvorschriften

§ 96 Länderübergreifende Verfahren

Ist nach § 3 Abs. 2 Satz 4 eine gemeinsame zuständige Behörde bestimmt und erstreckt sich das Verwaltungsverfahren auf das Gebiet eines anderen Bundeslandes, so ist insoweit das Verfahrensrecht dieses Landes anzuwenden. Die fachlich zuständigen Aufsichtsbehörden können durch Vereinbarung eine abweichende Regelung treffen.

§ 97 Sonderregelung für Verteidigungs- und Notstandsangelegenheiten

Nach Feststellung des Verteidigungsfalls oder des Spannungsfalls, bei drohender Gefahr für den Bestand oder die freiheitliche demokratische Grundordnung des Landes oder für die lebensnotwendige Versorgung der Bevölkerung sowie bei einem Notstand infolge einer Naturkatastrophe oder eines besonders schweren Unglücksfalls kann in Verteidigungs- oder Notstandsangelegenheiten von der Anhörung Beteiligter (§ 28 Abs. 1), von der schriftlichen Bestätigung (§ 37 Abs. 2 Satz 2) und von der schriftlichen Begründung eines Verwaltungsaktes (§ 39 Abs. 1) abgesehen werden; in diesen Fällen gilt ein Verwaltungsakt abweichend von § 41 Abs. 4 Satz 3 mit dem auf die Bekanntmachung folgenden Tag als bekannt gegeben. Dasselbe gilt für die sonstigen gemäß Artikel 80a des Grundgesetzes anzuwendenden Rechtsvorschriften.

§ 98 Überleitung von Verfahren
(hier nicht aufgenommen)

§ 99 Verwaltungsvorschriften
Die zur Durchführung dieses Gesetzes notwendigen Verwaltungsvorschriften werden vom Innenministerium im Einvernehmen mit den anderen Ministerien erlassen.

§ 100 Änderung des Gesetzes über die Verkündung von Rechtsverordnungen
(hier nicht aufgenommen)

§ 101 Änderung des Ersten Gesetzes zur Funktionalreform und anderer Gesetze
(hier nicht aufgenommen)

§ 102 Änderung des Straßengesetzes
(hier nicht aufgenommen)

§ 102a Übergangsvorschrift zu § 53
§ 53 in der ab Inkrafttreten des Elektronik-Anpassungsgesetzes geltenden Fassung findet auf die an diesem Tag bestehenden und noch nicht verjährten Ansprüche Anwendung. Eine zuvor eingetretene und zu diesem Zeitpunkt noch nicht beendete Unterbrechung der Verjährung gilt als beendet; die neue Verjährung ist ab Inkrafttreten des Elektronik-Anpassungsgesetzes gehemmt. Ist ein Verwaltungsakt, der zur Unterbrechung der Verjährung geführt hat, vor dem Inkrafttreten des Elektronik-Anpassungsgesetzes aufgehoben worden und ist an diesem Tag die in § 212 Abs. 2 Satz 1 des Bürgerlichen Gesetzbuchs in der bis 31. Dezember 2001 geltenden Fassung bestimmte Frist noch nicht abgelaufen, so ist § 212 Abs. 2 des Bürgerlichen Gesetzbuchs in dieser Fassung entsprechend anzuwenden.

§ 103 Inkrafttreten
(hier nicht aufgenommen)

Landesverwaltungsgesetz

Vom 14. Oktober 2008 (GBl. S. 313)

Zuletzt geändert durch
Haushaltsbegleitgesetz 2025/2026
vom 17. Dezember 2024 (GBl. Nr. 114)

Inhaltsübersicht

Erster Teil
Geltungsbereich des Gesetzes und Gliederung der Verwaltungsbehörden

§ 1 Geltungsbereich und Gliederung der Verwaltungsbehörden

Zweiter Teil
Allgemeine Bestimmungen zur Aufsicht, Aufgabenübertragung und zur Zusammenarbeit der Verwaltungsbehörden

§ 2 Dienst- und Fachaufsicht
§ 3 Inhalt der Dienst- und der Fachaufsicht
§ 4 Aufgabenübertragung
§ 5 Zusammenarbeit der Verwaltungsbehörden
§ 6 Verwaltungsdaten

Dritter Teil
Verwaltungsbehörden

Erster Abschnitt
Oberste Landesbehörden

§ 7 Einteilung
§ 8 Aufgaben
§ 9 Änderung der Geschäftsbereiche der Ministerien

Zweiter Abschnitt
Allgemeine Verwaltungsbehörden

Erster Unterabschnitt
Einteilung

§ 10 Allgemeine Verwaltungsbehörden

Zweiter Unterabschnitt
Regierungspräsidien

§ 11 Regierungsbezirke und Regierungspräsidien
§ 12 Gebiet der Regierungsbezirke
§ 13 Aufgaben
§ 14 Aufsicht

Dritter Unterabschnitt
Untere Verwaltungsbehörden

§ 15 Aufgabenzuweisung, Gebühren und Auslagen
§ 16 Gemeinsame Durchführung von Aufgaben
§ 17 Verwaltungsgemeinschaften
§ 18 Aufgaben
§ 19 Zuständigkeit der Großen Kreisstädte und der Verwaltungsgemeinschaften
§ 20 Aufsicht über die Landratsämter
§ 21 Aufsicht über die Stadtkreise, Großen Kreisstädte und Verwaltungsgemeinschaften
§ 22 Vorgaben zum Einsatz der elektronischen Datenverarbeitung

Dritter Abschnitt
Besondere Verwaltungsbehörden

§ 23 Einteilung
§ 24 Aufgaben
§ 25 Errichtung, Aufhebung, Sitz und Bezirk
§ 26 Aufsicht über die besonderen Verwaltungsbehörden

Vierter Teil
Übergangs- und Schlussbestimmungen

§ 27 Verhältnis zum Polizeigesetz
§ 28 Verwaltungsvorschriften

Erster Teil
Geltungsbereich des Gesetzes und Gliederung der Verwaltungsbehörden

§ 1 Geltungsbereich und Gliederung der Verwaltungsbehörden

(1) Das Landesverwaltungsgesetz gilt für alle staatlichen Behörden, die staatliche Verwaltungsaufgaben zu erfüllen haben und für alle kommunalen Behörden, soweit ihnen staatliche Verwaltungsaufgaben übertragen wurden (Verwaltungsbehörden). Für die Gemeinden und die Verwaltungsgemeinschaften gelten die Bestimmungen über die unteren Verwaltungsbehörden nur, soweit sie deren Aufgaben nach diesem Gesetz zu erfüllen haben. Das Landesverwaltungsgesetz gilt nicht für die Organe der Rechtspflege.

(2) Die Verwaltungsbehörden gliedern sich in die obersten Landesbehörden (§§ 7 bis 9), die allgemeinen Verwaltungsbehörden (§§ 10 bis 22) und die besonderen Verwaltungsbehörden (§§ 23 bis 26).

Zweiter Teil
Allgemeine Bestimmungen zur Aufsicht, Aufgabenübertragung und zur Zusammenarbeit der Verwaltungsbehörden

§ 2 Dienst- und Fachaufsicht

Die staatlichen Verwaltungsbehörden unterliegen der Dienstaufsicht und der Fachaufsicht.

§ 3 Inhalt der Dienst- und der Fachaufsicht

(1) Die Dienstaufsicht erstreckt sich auf den Aufbau, die innere Ordnung, den Einsatz und die Verteilung von Personal- und Sachmitteln, die allgemeine Geschäftsführung und die Personalangelegenheiten einer Behörde.

(2) Die Fachaufsicht erstreckt sich auf die rechtmäßige und zweckmäßige Wahrnehmung der fachlichen Verwaltungsangelegenheiten der Behörde.

(3) Die Aufsichtsbehörden können mit den ihrer Aufsicht unterstehenden Behörden Zielvereinbarungen abschließen und von ihnen Berichterstattung, Vorlage der Akten sowie Erhebung und Übermittlung von Leistungsdaten über den Vollzug der staatlichen Aufgaben verlangen, Prüfungen vornehmen und Weisungen erteilen. Auf den Abschluss von Zielvereinbarungen mit den nachgeordneten Behörden findet das Landespersonalvertretungsgesetz keine Anwendung.

(4) Die Landesregierung kann nähere Bestimmungen über die Handhabung der Dienstaufsicht und der Fachaufsicht, mit Ausnahme des Geschäftsbereichs des Rechnungshofs, erlassen.

(5) Die Gemeindeordnung, die Landkreisordnung, spezialgesetzliche Regelungen in diesem Gesetz und andere Rechtsvorschriften, durch die die Rechte der Dienstaufsichts- und Fachaufsichtsbehörden erweitert oder beschränkt werden, bleiben unberührt.

§ 4 Aufgabenübertragung

(1) Soweit nicht besondere gesetzliche Bestimmungen entgegenstehen, können die Ministerien bestimmte Aufgaben, für die sie selbst zuständig sind, auf eine oder mehrere nachgeordnete Behörden durch Rechtsverordnung übertragen oder zur Vereinfachung des Verwaltungsverfahrens oder zur Verbesserung der Verwaltungsleistung bestimmte Aufgaben, für die nachgeordnete Verwaltungsbehörden zuständig sind, durch Rechtsverordnung auf andere nachgeordnete Behörden übertragen.

(2) Die Landesregierung kann zur Vereinfachung des Verwaltungsverfahrens oder zur Verbesserung der Verwaltungsleistung bestimmte Aufgaben, für die die Regierungspräsidien, die unteren Verwaltungsbehörden oder besondere Verwaltungsbehörden zuständig sind, jeweils auf eine oder mehrere dieser Behörden auch für den Bezirk der anderen Behörden durch Rechtsverordnung übertragen.

(3) Die Landesregierung kann durch Rechtsverordnung bestimmen, dass zur Vereinfachung des Verwaltungsverfahrens oder zur Verbesserung der Verwaltungsleistung bestimmte Aufgaben aus den in § 19 Abs. 1 genannten Angelegenheiten den Großen Kreisstädten und den Verwaltungsgemeinschaften nach § 17 als unteren Verwaltungsbehörden

oder den Gemeinden als Pflichtaufgaben nach Weisung übertragen werden.

(4) Aufgabenübertragungen auf besondere Verwaltungsbehörden können abweichend von Absatz 1 und 2 auch durch eine Anordnung erfolgen.

§ 5 Zusammenarbeit der Verwaltungsbehörden

(1) Hat eine Verwaltungsbehörde vor einer Entscheidung einer anderen Verwaltungsbehörde Gelegenheit zur Stellungnahme zu geben, so soll sie ihr hierfür eine angemessene Frist setzen, die in der Regel über die Dauer eines Monats nicht hinausgehen soll. Macht die beteiligte Verwaltungsbehörde innerhalb der ihr gesetzten Frist geltend, dass eine rechtzeitige Stellungnahme nicht erfolgen kann, hat sie dies gegenüber der für die Entscheidung zuständigen Verwaltungsbehörde im Einzelnen zu begründen und einen Termin zu benennen, zu dem ihr eine Stellungnahme möglich ist. Geht innerhalb der Frist nach Satz 1 oder innerhalb der von der beteiligten Verwaltungsbehörde genannten Frist keine Stellungnahme ein, so kann die für die Entscheidung zuständige Verwaltungsbehörde davon ausgehen, dass keine Einwendungen erhoben werden, sofern Bundesrecht nicht entgegensteht. Anderweitige Regelungen bleiben unberührt.

(2) Absatz 1 gilt auch für die der Aufsicht des Landes unterstehenden juristischen Personen des öffentlichen Rechts.

(3) Absatz 1 Satz 1 und 3 und Absatz 2 sind entsprechend anzuwenden, wenn Behörden der anderen Länder oder des Bundes Gelegenheit zur Stellungnahme zu geben ist.

§ 6 Verwaltungsdaten

Die an die Verwaltungsnetze angeschlossenen Verwaltungsbehörden und Stellen können folgende personenbezogenen Daten ihrer Bediensteten verarbeiten und untereinander zur allgemeinen verwaltungsinternen Einsicht in elektronischen Verzeichnissen bereitstellen:

1. Name, Vorname, Namensbestandteile, persönlicher Titel, Amtsbezeichnung,
2. Bezeichnung der Verwaltungsbehörde und der Organisationseinheit,
3. Daten zur dienstlichen Erreichbarkeit (dienstliche Adresse, Raum, Telefon- und Fax-Nummer, E-Mail-Adresse),
4. Informationen zur zeitlichen Verfügbarkeit während der regelmäßigen Arbeitszeiten sowie
5. Angaben zum Aufgaben- und Tätigkeitsbereich und zu Mitgliedschaften in Gremien.

Dritter Teil
Verwaltungsbehörden

Erster Abschnitt
Oberste Landesbehörden

§ 7 Einteilung

Oberste Landesbehörden sind die Landesregierung, der Ministerpräsident, die Ministerien, der Rechnungshof und der Landesbeauftragte für den Datenschutz.

§ 8 Aufgaben

(1) Die obersten Landesbehörden nehmen die Aufgaben wahr, die ihnen oder den Landeszentralbehörden durch Verfassung oder Gesetz zugewiesen sind. Die Befugnisse, die durch bundesrechtliche Bestimmungen auf die obersten Landesbehörden, die Landesministerien oder die Landeszentralbehörden übertragen sind, dürfen von den obersten Landesbehörden nicht ausgeübt werden, wenn in gesetzlichen Bestimmungen eine Übertragung dieser Befugnisse auf nachgeordnete Behörden für zulässig erklärt ist; die obersten Landesbehörden können sich jedoch einzelne Befugnisse vorbehalten.

(2) Die Aufgaben des Landesbeauftragten für den Datenschutz ergeben sich aus der Verordnung (EU) 2016/679 des Europäischen Parlaments und des Rates vom 27. April 2016 zum Schutz natürlicher Personen bei der Verarbeitung personenbezogener Daten, zum freien Datenverkehr und zur Aufhebung der Richtlinie 95/46/EG (Datenschutz-Grundverordnung) (ABl. L 119 vom 4. Mai 2016, S. 1, ber. ABl. L 314 vom 22. November 2016, S. 72) in der jeweils geltenden Fassung und sonstigen Gesetzen.

(3) Zu den Aufgaben der Landesregierung, des Ministerpräsidenten, der Ministerien und des Rechnungshofs gehören im Rahmen ihrer Zuständigkeit:

1. der Verkehr mit dem Landtag,
2. die Ausarbeitung und Vorlage von Gesetzentwürfen und der Erlass von Rechts- und Verwaltungsvorschriften,
3. der Verkehr mit dem Bundesrat sowie mit den obersten Behörden des Bundes und der Länder,
4. der Verkehr mit der Vertretung des Landes beim Bund,
5. der Verkehr mit den ausländischen Behörden und den zwischenstaatlichen Einrichtungen.

Für bestimmte Angelegenheiten der Nummern 3 bis 5 kann eine besondere Regelung getroffen werden.

(4) Den Ministerien und dem Rechnungshof obliegen im Rahmen ihres Geschäftsbereichs:

1. die Leitung und Beaufsichtigung der ihnen nachgeordneten Behörden,
2. die Aufgaben der obersten Dienstbehörden auf dem Gebiet des Beamten-, Besoldungs-, Versorgungs- und Tarifrechts, soweit nicht für bestimmte Angelegenheiten eine besondere Regelung getroffen worden ist,
3. die Aufgaben des Landes, die nicht einer anderen Behörde zugewiesen sind.

Den Ministerien obliegt außerdem im Rahmen ihres Geschäftsbereichs die Aufsicht über die öffentlich-rechtlichen Körperschaften und Anstalten, die sich über mehrere Regierungsbezirke erstrecken.

(5) Dem Landesbeauftragten für den Datenschutz obliegt im Rahmen seines Geschäftsbereichs die Aufgabe der obersten Dienstbehörde auf dem Gebiet des Beamten-, Besoldungs-, Versorgungs- und Tarifrechts, soweit nicht für bestimmte Angelegenheiten eines besondere Regelung getroffen worden ist.

§ 9 Änderung der Geschäftsbereiche der Ministerien

(1) Werden Geschäftsbereiche von Ministerien neu abgegrenzt, so gehen die in Gesetzen, Rechtsverordnungen und Verwaltungsvorschriften bestimmten Zuständigkeiten auf das nach der Neuabgrenzung zuständige Ministerium über. Die Landesregierung weist hierauf sowie auf den Zeitpunkt des Übergangs im Gesetzblatt hin.

(2) Die einem Ministerium in Gesetzen, Rechtsverordnungen und Verwaltungsvorschriften zugewiesene Zuständigkeit wird durch eine Änderung der Bezeichnung des Ministeriums nicht berührt.

(3) Das Innenministerium wird ermächtigt, bei Änderungen der Zuständigkeit oder der Bezeichnung von Ministerien durch Rechtsverordnung im Einvernehmen mit den beteiligten Ministerien in Gesetzen und Rechtsverordnungen die Bezeichnung des bisher zuständigen Ministeriums durch die Bezeichnung des neu zuständigen Ministeriums oder die bisherige Bezeichnung des Ministeriums durch die neue Bezeichnung zu ersetzen.

Zweiter Abschnitt
Allgemeine Verwaltungsbehörden

Erster Unterabschnitt
Einteilung

§ 10 Allgemeine Verwaltungsbehörden

Allgemeine Verwaltungsbehörden sind die Regierungspräsidien und die unteren Verwaltungsbehörden.

Zweiter Unterabschnitt
Regierungspräsidien

§ 11 Regierungsbezirke und Regierungspräsidien

(1) Das Landesgebiet ist in die Regierungsbezirke

Stuttgart mit Sitz des Regierungspräsidiums in Stuttgart,

Karlsruhe mit Sitz des Regierungspräsidiums in Karlsruhe,

Freiburg mit Sitz des Regierungspräsidiums in Freiburg

und

Tübingen mit Sitz des Regierungspräsidiums in Tübingen
eingeteilt.

(2) Für jeden Regierungsbezirk besteht ein Regierungspräsidium. Die Regierungspräsidien können mit Zustimmung des Innenministeriums für die Wahrnehmung bestimmter Aufgaben auswärtige Standorte errichten, wenn hierfür ein dienstliches Bedürfnis besteht.

§ 12 Gebiet der Regierungsbezirke

(1) Der Regierungsbezirk Stuttgart umfasst die Stadtkreise Stuttgart und Heilbronn sowie die Landkreise Böblingen, Esslingen, Göppingen, Heidenheim, Heilbronn, Hohenlohekreis, Ludwigsburg, Main-Tauber-Kreis, Ostalbkreis, Rems-Murr-Kreis und Schwäbisch Hall.

(2) Der Regierungsbezirk Karlsruhe umfasst die Stadtkreise Baden-Baden, Heidelberg, Karlsruhe, Mannheim und Pforzheim sowie die Landkreise Calw, Enzkreis, Freudenstadt, Karlsruhe, Neckar-Odenwald-Kreis, Rastatt und Rhein-Neckar-Kreis.

(3) Der Regierungsbezirk Freiburg umfasst den Stadtkreis Freiburg sowie die Landkreise Breisgau-Hochschwarzwald, Emmendingen, Konstanz, Lörrach, Ortenaukreis, Rottweil, Schwarzwald-Baar-Kreis, Tuttlingen und Waldshut.

(4) Der Regierungsbezirk Tübingen umfasst den Stadtkreis Ulm sowie die Landkreise Alb-Donau-Kreis, Biberach, Bodenseekreis, Ravensburg, Reutlingen, Sigmaringen, Tübingen und Zollernalbkreis.

(5) Bei der Zuteilung von Kreisen zu einem Regierungsbezirk ist ihr jeweiliger Gebietsbestand maßgebend.

§ 13 Aufgaben

Die Regierungspräsidien sind zuständig für die ihnen, den höheren Verwaltungsbehörden oder entsprechenden Behörden durch Gesetz oder Rechtsverordnung zugewiesenen Aufgaben. Dies gilt nicht für Aufgaben, die zur Zuständigkeit einer höheren Sonderbehörde gehören oder auf Grund gesetzlicher Ermächtigung den unteren Verwaltungsbehörden oder besonderen Verwaltungsbehörden übertragen sind.

§ 14 Aufsicht

(1) Das Innenministerium führt die Dienstaufsicht über die Regierungspräsidien. Ihm obliegen für die Bediensteten der Regierungspräsidien mit Ausnahme der Bediensteten des schulpädagogischen Dienstes der Regierungspräsidien sowie der Bediensteten der Abteilung Forstdirektion des Regierungspräsidiums Freiburg die den Ministerien zugewiesenen Aufgaben auf dem Gebiet der Personalangelegenheiten. Die Einstellung von Fachbediensteten durch das Innenministerium erfolgt im Einvernehmen mit dem jeweiligen Fachministerium.

(2) Die Ministerien führen die Fachaufsicht über die Regierungspräsidien im Rahmen ihres Geschäftsbereichs.

**Dritter Unterabschnitt
Untere Verwaltungsbehörden**

§ 15 Aufgabenzuweisung, Gebühren und Auslagen

(1) Untere Verwaltungsbehörden sind

1. in den Landkreisen die Landratsämter sowie nach Maßgabe des § 19 die Großen Kreisstädte und die Verwaltungsgemeinschaften nach § 17,

2. in den Stadtkreisen die Gemeinden.

(2) Die Aufgaben der unteren Verwaltungsbehörden werden in den Stadtkreisen und Großen Kreisstädten vom Bürgermeister, in den Verwaltungsgemeinschaften vom Verbandsvorsitzenden oder vom Bürgermeister der Gemeinde, die die Aufgaben des Gemeindeverwaltungsverbands erfüllt, als Pflichtaufgaben nach Weisung erledigt.

(3) Für die Erhebung von Gebühren und Auslagen gilt das Kommunalabgabengesetz, wenn die Aufgaben der unteren Verwaltungsbehörde von einer Gemeinde oder Verwaltungsgemeinschaft wahrgenommen werden. Abweichend hiervon gelten für die Erhebung von Gebühren und Auslagen für bautechnische Prüfungen nach baurechtli-

chen Vorschriften die für die staatlichen Behörden maßgebenden Vorschriften und für die Erhebung von straßenrechtlichen Sondernutzungsgebühren, die dem Bund oder dem Land zustehen, die straßenrechtlichen Vorschriften.

§ 16 Gemeinsame Durchführung von Aufgaben

(1) Landkreise, Stadtkreise, Große Kreisstädte und Verwaltungsgemeinschaften nach § 17 sowie untere Sonderbehörden des Landes können durch Verwaltungsvereinbarung die gemeinsame Durchführung bestimmter Aufgaben der unteren Verwaltungsbehörden und der unteren Sonderbehörden vereinbaren, soweit Bundesrecht nicht entgegensteht. Dafür können sie gemeinsame Dienststellen bilden. Eine gemeinsame Dienststelle kann auch als Teil einer der beteiligten Behörden eingerichtet werden. Die Zuständigkeit der Behörden bleibt durch die Bildung gemeinsamer Dienststellen unberührt.

(2) Die Bediensteten üben ihre Tätigkeiten in der gemeinsamen Dienststelle nach der fachlichen Weisung der im Einzelfall zuständigen Behörde aus. Ihre dienstrechtliche Stellung im Übrigen bleibt unberührt.

(3) Verletzt ein Bediensteter in Ausübung seiner Tätigkeit in der gemeinsamen Dienststelle die ihm einem Dritten gegenüber obliegende Amtspflicht, haftet die Körperschaft, deren Behörde für die Amtshandlung sachlich und örtlich zuständig ist.

(4) Jede Behörde hat auch bei Einrichtung gemeinsamer Dienststellen zu gewährleisten, dass an ihrem Sitz eine Stelle mit ausreichend qualifiziertem Personal besteht, die im Tätigkeitsbereich der gemeinsamen Dienststelle die erforderlichen Auskünfte erteilt und Anträge oder sonstige Erklärungen von Bürgern entgegennimmt.

(5) Absatz 1 Satz 4 und die Absätze 2 bis 4 gelten, falls keine gemeinsame Dienststelle eingerichtet wurde, entsprechend für die gemeinsame Durchführung von Maßnahmen, die sich über das Gebiet einer Behörde hinaus erstrecken.

§ 17 Verwaltungsgemeinschaften

(1) Verwaltungsgemeinschaften mit mehr als 20 000 Einwohnern können auf ihren Antrag von der Landesregierung zu unteren Verwaltungsbehörden erklärt werden; die Antragstellung eines Gemeindeverwaltungsverbands bedarf des Beschlusses einer Mehrheit von zwei Dritteln der satzungsmäßigen Stimmenzahl der Verbandsversammlung; die Antragstellung der erfüllenden Gemeinde einer vereinbarten Verwaltungsgemeinschaft bedarf des Beschlusses einer Mehrheit von zwei Dritteln aller Stimmen des gemeinsamen Ausschusses. Die Erklärung von Verwaltungsgemeinschaften zu unteren Verwaltungsbehörden ist im Gesetzblatt bekannt zu machen. Bei späterem Beitritt und beim Ausscheiden von Gemeinden gilt Satz 2 entsprechend.

(2) Die Landesregierung kann die Erklärung widerrufen, wenn die in Absatz 1 Satz 1 Halbsatz 1 genannten Voraussetzungen nicht mehr erfüllt sind. Der Widerruf ist im Gesetzblatt bekannt zu machen.

§ 18 Aufgaben

(1) Die unteren Verwaltungsbehörden sind zuständig für alle ihnen durch Gesetz oder Rechtsverordnung zugewiesenen staatlichen Verwaltungsaufgaben. Die Verwaltungsgemeinschaften sind auch für alle Aufgaben der ihnen angehörenden Gemeinden zuständig, die den Großen Kreisstädten als unteren Verwaltungsbehörden zugewiesen sind.

(2) Dies gilt nicht für Aufgaben, die auf Grund gesetzlicher Ermächtigung unteren Sonderbehörden übertragen sind.

§ 19 Zuständigkeit der Großen Kreisstädte und der Verwaltungsgemeinschaften

(1) Von der Zuständigkeit der Großen Kreisstädte und der Verwaltungsgemeinschaften als unteren Verwaltungsbehörden sind folgende Angelegenheiten ausgeschlossen:

1. a) das Staatsangehörigkeitswesen,
   b) die Aufsicht im Personenstandswesen,
   c) der Katastrophenschutz und die zivile Verteidigung,

d) die Aufgaben nach dem Eingliederungsgesetz und dem Flüchtlingsaufnahmegesetz,
e) die Zulassung zum Straßenverkehr,
f) die Beförderung von Personen zu Lande und der Güterkraftverkehr einschließlich der Beförderung gefährlicher Güter auf der Straße,
g) die Aufgaben nach § 50 Abs. 3 Nr. 1 Buchst. a und § 53b Abs. 2 Satz 1 Nr. 2 Buchst. a des Straßengesetzes,

2. a) die Aufgaben nach § 139b Abs. 7 und 8 GewO,
b) das Schornsteinfegerwesen,
c) das Preisangabenrecht,

3. a) die Landwirtschaft,
b) die Bekämpfung von Tierseuchen, das Recht der Tierkörperbeseitigung und der Tierschutz,
c) das Naturschutzrecht mit Ausnahme der Aufgaben nach §§ 21, 23 Absatz 5, 30 Absatz 2, 47 Absatz 2 und 3 des Naturschutzgesetzes (NatSchG) und in Bezug auf die Zuständigkeit für Naturdenkmale nach § 34 NatSchG,
d) das Lebensmittel- und Bedarfsgegenständerecht, die Weinüberwachung, das Fleischhygienerecht und das Geflügelfleischhygienerecht,
e) das Forstwesen, außer in den Fällen des § 47a Absatz 1 des Landeswaldgesetzes,
f) die Flurbereinigung,
g) die Aufgaben nach dem Vermessungsgesetz,

4. a) die Aufgaben nach dem Gesundheitsdienstgesetz, nach dem Sozialen Entschädigungsrecht und dem Feststellungsverfahren nach dem Neunten Buch Sozialgesetzbuch,
b) die Aufgaben nach dem Arbeitszeitgesetz,
c) die Aufgaben nach dem Gesetz über Betriebsärzte, Sicherheitsingenieure und andere Fachkräfte für Arbeitssicherheit,
d) die Aufgaben nach dem Jugendarbeitsschutzgesetz,
e) die Aufgaben nach dem Mutterschutzgesetz,
f) die Aufgaben nach § 18 des Bundeserziehungsgeldgesetzes,
g) die Aufgaben nach dem Fahrpersonalrecht,
h) die Aufgaben nach § 17 Abs. 1 bis 8 sowie nach § 20 Abs. 3 und 4 des Gesetzes über den Ladenschluss,
i) die Aufgaben nach dem Wohn-, Teilhabe- und Pflegegesetz,
j) die Aufgaben des Versicherungsamts,

5. a) das Recht der Abfallentsorgung,
b) das Wasserrecht und die Wasser- und Bodenverbände,
c) das Bodenschutz- und Altlastenrecht,
d) das Immissionsschutzrecht,
e) die Aufgaben nach dem Geräte- und Produktsicherheitsgesetz sowie die Aufgaben nach den auf Grund von § 14 des Geräte- und Produktsicherheitsgesetzes erlassenen Rechtsverordnungen,
f) die Aufgaben nach dem Arbeitsschutzgesetz und den danach ergangenen Rechtsverordnungen,
g) die Aufgaben nach der Arbeitsstättenverordnung und nach der Verordnung über besondere Arbeitsschutzanforderungen bei Arbeiten im Freien in der Zeit vom 1. November bis 31. März,
h) das Chemikalienrecht,
i) die Aufgaben nach der Biostoffverordnung,
j) die Aufgaben nach der Druckluftverordnung,
k) die Aufgaben nach der Benzinbleigesetz-Durchführungsverordnung,
l) das Sprengstoffrecht.

(2) Abweichend von Absatz 1 Nr. 5 Buchst. d sind nach Maßgabe der Immissionsschutz-Zuständigkeitsverordnung Aufgaben nach der Verordnung über kleine und mittlere Feuerungsanlagen (1. BImSchV), nach der Verordnung zur Auswurfbegrenzung von Holzstaub (7. BImSchV), nach der Sportanlagenlärmschutzverordnung (18. BImSchV), nach der Verordnung über Anlagen zur Feuerbestattung (27. BImSchV) und nach

der Geräte- und Maschinenlärmschutzverordnung (32. BImSchV) von der Zuständigkeit der Großen Kreisstädte und der Verwaltungsgemeinschaften nach § 17 als unteren Verwaltungsbehörden nicht ausgeschlossen. Das Gleiche gilt für Aufgaben des Sprengstoffrechts nach Absatz 1 Nr. 5 Buchst. 1 nach Maßgabe der Sprengstoff-Zuständigkeitsverordnung.

§ 20 Aufsicht über die Landratsämter

(1) Die Regierungspräsidien führen die Dienstaufsicht über die Landratsämter. Den jeweiligen Fachministerien obliegen die Aufgaben der obersten Dienstbehörde nach § 8 Abs. 4 Satz 1 Nummer 2 für Fachbeamte des höheren Dienstes und vergleichbare Beschäftigte des Landes bei den Landratsämtern; die Einstellung der Fachbediensteten erfolgt im Einvernehmen mit dem Innenministerium. Im Übrigen ist das Innenministerium oberste Dienstaufsichtsbehörde.

(2) Die Regierungspräsidien führen die Fachaufsicht über die Landratsämter. Oberste Fachaufsichtsbehörden sind die Ministerien im Rahmen ihres Geschäftsbereichs.

§ 21 Aufsicht über die Stadtkreise, Großen Kreisstädte und Verwaltungsgemeinschaften

(1) Als untere Verwaltungsbehörden unterliegen die Stadtkreise, Großen Kreisstädte und Verwaltungsgemeinschaften der Fachaufsicht.

(2) Die Fachaufsicht obliegt im Rahmen ihrer Zuständigkeit den Ministerien und den Regierungspräsidien.

(3) Die Fachaufsichtsbehörden haben ein unbeschränktes Weisungsrecht.

§ 22 Vorgaben zum Einsatz der elektronischen Datenverarbeitung

(1) Die Ministerien können im Einvernehmen mit dem Innenministerium und dem Finanzministerium durch Rechtsverordnung bestimmen, dass die unteren Verwaltungsbehörden Daten, die zur Erfüllung einer Aufgabe erforderlich sind, in elektronischer Form erfassen, verarbeiten, empfangen und in einem vorgegebenen Format auf einem vorgeschriebenen Weg an eine bestimmte Stelle übermitteln, wenn das Land hierzu durch Rechtsvorschrift der Europäischen Gemeinschaft oder des Bundes verpflichtet ist oder Aufgaben im Auftrag des Bundes ausgeführt werden (Artikel 85 des Grundgesetzes).

(2) Die Ministerien können im Einvernehmen mit dem Innenministerium und dem Finanzministerium durch Rechtsverordnung Verfahrensvorschriften nach Absatz 1 erlassen. Sie können darüber hinaus bestimmen, dass

1. zwischen den unteren Verwaltungsbehörden und den anderen Behörden der Landesverwaltung einheitliche Verfahren zum elektronischen Austausch von Dokumenten und Daten sowie für die gemeinsame Nutzung von Datenbeständen eingerichtet und weiterentwickelt werden,

2. einheitliche und, soweit erforderlich, gemeinsame Datenverarbeitungsverfahren angewandt werden,

3. miteinander verbindbare Techniken und Geräte eingesetzt werden.

Die nach Satz 2 möglichen Bestimmungen können getroffen werden, wenn dies erforderlich ist

1. zur Abwehr von oder zur Vorbeugung gegen Gefahren, die dem Gemeinwohl drohen,

2. zur Durchführung der auf Rechtsvorschriften der Europäischen Gemeinschaft beruhenden Förder- und Ausgleichsmaßnahmen, soweit sie der Finanzkontrolle unterliegen, und zur Bearbeitung von sachlich und verfahrenstechnisch damit zusammenhängenden Förder- und Ausgleichsmaßnahmen nach Rechtsvorschriften des Bundes und des Landes,

3. zur Erfüllung von Berichts- und Überwachungspflichten, die durch Rechtsvorschriften der Europäischen Gemeinschaft oder bundesrechtlich vorgegeben sind,

4. zur Vereinfachung von Verwaltungsverfahren mit dem Ziel der Verbesserung der Verwaltungsleistungen oder der Verminderung der Ausgaben des Landes und der kommunalen Körperschaften.

(3) Die auf personenbezogene Daten anzuwendenden Rechtsvorschriften des Bundes oder des Landes bleiben unberührt.

Dritter Abschnitt
Besondere Verwaltungsbehörden

§ 23 Einteilung

(1) Die besonderen Verwaltungsbehörden gliedern sich in Landesoberbehörden, höhere Sonderbehörden und untere Sonderbehörden.

(2) Landesoberbehörden sind die Behörden, deren Zuständigkeit sich auf das ganze Landesgebiet erstreckt.

(3) Höhere Sonderbehörden sind die Körperschaftsforstdirektion, die Nationalparkverwaltung im Nationalpark Schwarzwald und die Anstalt des öffentlichen Rechts Forst Baden-Württemberg.

(4) Untere Sonderbehörden sind alle übrigen Behörden, denen ein fachlich begrenzter Aufgabenbereich für einen Teil des Landes zugewiesen ist.

§ 24 Aufgaben

Die besonderen Verwaltungsbehörden sind zuständig für alle Aufgaben, die ihnen durch Gesetz, Rechtsverordnung oder eine Anordnung nach § 4 Abs. 4 zugewiesen sind.

§ 25 Errichtung, Aufhebung, Sitz und Bezirk

(1) Landesoberbehörden können nur durch Gesetz errichtet und aufgehoben werden.

(2) Höhere und untere Sonderbehörden können, soweit gesetzlich nichts anderes bestimmt ist, von der Landesregierung errichtet und aufgehoben werden. Die Errichtung einer solchen Behörde bedarf jedoch eines Gesetzes, wenn sie Aufgaben dient, die bisher noch nicht von einer besonderen Verwaltungsbehörde wahrgenommen werden. Sitz und Bezirk der höheren und unteren Sonderbehörden bestimmt die Landesregierung.

(3) Die Bezirke der unteren Sonderbehörden sind so einzurichten, dass sie einen oder mehrere Kreise desselben Regierungsbezirks umfassen. Die Landesregierung kann in besonderen Fällen eine andere Regelung treffen.

§ 26 Aufsicht über die besonderen Verwaltungsbehörden

(1) Es führen die Dienstaufsicht und die Fachaufsicht:
1. die Ministerien im Rahmen ihres Geschäftsbereichs über die besonderen Verwaltungsbehörden,
2. die Regierungspräsidien, die Landesoberbehörden und die höheren Sonderbehörden über die ihnen nachgeordneten unteren Sonderbehörden.

(2) Die unteren Sonderbehörden, die nicht dem Regierungspräsidium, sondern unmittelbar einem Ministerium, einer Landesoberbehörde oder höheren Sonderbehörde nachgeordnet sind, werden von der Landesregierung bestimmt, soweit nicht für einzelne Arten von Behörden besondere gesetzliche Bestimmungen bestehen.

Vierter Teil
Übergangs- und Schlussbestimmungen

§ 27 Verhältnis zum Polizeigesetz

Die Bestimmungen des Polizeigesetzes werden durch dieses Gesetz nicht berührt.

§ 28 Verwaltungsvorschriften

Die zur Durchführung dieses Gesetzes notwendigen Verwaltungsvorschriften werden erlassen
1. von der Landesregierung für die obersten Landesbehörden mit Ausnahme des Landesbeauftragten für den Datenschutz und für die Regierungspräsidien,
2. im Übrigen von jedem Ministerium für die zu seinem Geschäftsbereich gehörenden Verwaltungsbehörden.

Landesdatenschutzgesetz (LDSG)

Vom 12. Juni 2018 (GBl. S. 173)

Zuletzt geändert durch
Gesetz zur Änderung des Landesmediengesetzes und weiterer Gesetze
vom 6. Dezember 2022 (GBl. S. 622)

Inhaltsübersicht

ABSCHNITT 1
Allgemeine Bestimmungen

- § 1 Zweck des Gesetzes
- § 2 Anwendungsbereich
- § 3 Sicherstellung des Datenschutzes

ABSCHNITT 2
Rechtsgrundlagen der Verarbeitung personenbezogener Daten

- § 4 Zulässigkeit der Verarbeitung personenbezogener Daten
- § 5 Datenverarbeitung zu anderen Zwecken (Ergänzung zu Artikel 6 Absatz 3 und 4 der Verordnung (EU) 2016/679)
- § 6 Übermittlung personenbezogener Daten
- § 7 Datenverarbeitung in der gemeinsamen Dienststelle

ABSCHNITT 3
Rechte der betroffenen Person

- § 8 Beschränkung der Informationspflicht (Ergänzung zu Artikel 13 und 14 der Verordnung (EU) 2016/679)
- § 9 Beschränkung des Auskunftsrechts (Ergänzung zu Artikel 15 der Verordnung (EU) 2016/679)
- § 10 Beschränkung des Rechts auf Löschung (Ergänzung zu Artikel 17 der Verordnung (EU) 2016/679)
- § 11 Beschränkung der Benachrichtigungspflicht (Ergänzung zu Artikel 34 der Verordnung (EU) 2016/679)

ABSCHNITT 4
Besondere Verarbeitungssituationen

- § 12 Verarbeitung personenbezogener Daten, die einem Berufs- oder besonderen Amtsgeheimnis unterliegen
- § 13 Datenverarbeitung zu wissenschaftlichen oder historischen Forschungszwecken und zu statistischen Zwecken
- § 14 Datenverarbeitung zu im öffentlichen Interesse liegenden Archivzwecken
- § 15 Datenverarbeitung bei Dienst- und Arbeitsverhältnissen
- § 16 Öffentliche Auszeichnungen und Ehrungen
- § 17 Verarbeitung personenbezogener Daten im öffentlichen Interesse
- § 18 Videoüberwachung öffentlich zugänglicher Räume
- § 19 Verarbeitung personenbezogener Daten zu künstlerischen und literarischen Zwecken

ABSCHNITT 5
Unabhängige Aufsichtsbehörden

- § 20 Errichtung
- § 21 Unabhängigkeit
- § 22 Ernennung und Amtszeit
- § 23 Amtsverhältnis
- § 24 Rechte und Pflichten
- § 25 Aufgaben und Befugnisse
- § 26 Pflicht zur Unterstützung
- § 27 Rundfunkbeauftragte oder Rundfunkbeauftragter für den Datenschutz

**ABSCHNITT 6
Sanktionen**

§ 28 Ordnungswidrigkeiten (Ergänzung zu Artikel 83 Absatz 7 der Verordnung (EU) 2016/679)

§ 29 Strafvorschrift (Ergänzung zu Artikel 84 der Verordnung (EU) 2016/679)

**ABSCHNITT 7
Übergangsbestimmungen**

§ 30 Polizeibehörden und Polizeivollzugsdienst, Justizbehörden, Landesamt für Verfassungsschutz und Vollzug des Landessicherheitsüberprüfungsgesetzes

§ 31 Überleitungsvorschriften

ABSCHNITT 1
Allgemeine Bestimmungen

§ 1 Zweck des Gesetzes

Dieses Gesetz trifft ergänzende Regelungen zur Durchführung der Verordnung (EU) 2016/679 des Europäischen Parlaments und des Rates vom 27. April 2016 zum Schutz natürlicher Personen bei der Verarbeitung personenbezogener Daten, zum freien Datenverkehr und zur Aufhebung der Richtlinie 95/46/EG (Datenschutz-Grundverordnung) (ABl. L 119 vom 4. Mai 2016, S. 1, ber. ABl. L 314 vom 22. November 2016, S. 72) in der jeweils geltenden Fassung sowie Regelungen für die Verarbeitung personenbezogener Daten im Rahmen einer Tätigkeit, die nicht in den Anwendungsbereich des Unionsrechts fällt.

§ 2 Anwendungsbereich

(1) Dieses Gesetz gilt nach Maßgabe von Absatz 2 bis 7 für die Verarbeitung personenbezogener Daten durch Behörden und sonstige Stellen des Landes, der Gemeinden und Gemeindeverbände und der sonstigen der Aufsicht des Landes unterstehenden juristischen Personen des öffentlichen Rechts (öffentliche Stellen). Die öffentliche Stelle ist zugleich Verantwortlicher nach Artikel 4 Nummer 7 der Verordnung (EU) 2016/679, soweit dieses Gesetz nichts anderes bestimmt. Dieses Gesetz gilt nicht für die Verarbeitung personenbezogener Daten

1. durch das Landesamt für Verfassungsschutz im Rahmen der Erfüllung seiner Aufgaben nach § 3 des Landesverfassungsschutzgesetzes,
2. beim Vollzug des Landessicherheitsüberprüfungsgesetzes,
3. durch die Polizei sowie die Gerichte, Staatsanwaltschaften, das Justizministerium und die Justizvollzugsbehörden zum Zwecke der Verhütung, Ermittlung, Aufdeckung oder Verfolgung von Straftaten und Ordnungswidrigkeiten oder der Strafvollstreckung, einschließlich des Schutzes vor und der Abwehr von Gefahren für die öffentliche Sicherheit und
4. durch andere für die Verfolgung und Ahndung von Ordnungswidrigkeiten zuständige Stellen,

soweit besondere Rechtsvorschriften keine abweichenden Regelungen treffen. § 30 gilt auch für die Verarbeitung personenbezogener Daten nach Satz 3.

(2) Als öffentliche Stellen gelten auch juristische Personen und sonstige Vereinigungen des privaten Rechts, die Aufgaben der öffentlichen Verwaltung wahrnehmen und an denen eine oder mehrere der in Absatz 1 genannten juristischen Personen des öffentlichen Rechts mit absoluter Mehrheit der Anteile oder absoluter Mehrheit der Stimmen beteiligt sind. Beteiligt sich eine juristische Person oder sonstige Vereinigung des privaten Rechts nach Satz 1 an einer weiteren Vereinigung des privaten Rechts, findet Satz 1 entsprechende Anwendung. Nehmen nichtöffentliche Stellen hoheitliche Aufgaben der öffentlichen Verwaltung wahr, sind sie insoweit öffentliche Stellen im Sinne dieses Gesetzes.

(3) Soweit besondere Rechtsvorschriften des Bundes oder des Landes auf personenbezogene Daten anzuwenden sind, gehen sie den Vorschriften dieses Gesetzes vor. Die Vorschriften dieses Gesetzes gehen denen des Landesverwaltungsverfahrensgesetzes vor, soweit bei der Ermittlung des Sachverhalts personenbezogene Daten verarbeitet werden.

(4) Soweit die Verarbeitung personenbezogener Daten im Rahmen einer Tätigkeit stattfindet, die nicht in den sachlichen Anwendungsbereich der Verordnung (EU) 2016/679 oder der Richtlinie (EU) 2016/680 des Europäischen Parlaments und des Rates vom 27. April 2016 zum Schutz natürlicher Personen bei der Verarbeitung personenbezogener Daten durch die zuständigen Behörden zum Zwecke der Verhütung, Ermittlung, Aufdeckung oder Verfolgung von Straftaten oder der Strafvollstreckung sowie zum freien Datenverkehr und zur Aufhebung des Rahmenbeschlusses 2008/977/JI des Rates (ABl. L 119 vom 4. Mai 2016, S. 89) fällt, gelten die Regelungen der Verordnung (EU) 2016/679 und dieses Gesetz entsprechend, sofern die Verarbeitung nicht in besonderen Rechtsvor-

schriften geregelt ist. Die Artikel 30, 35 und 36 der Verordnung (EU) 2016/679 gelten nur, soweit die Verarbeitung personenbezogener Daten automatisiert erfolgt oder die Daten in einem Dateisystem gespeichert sind oder gespeichert werden sollen. Auf die Prüfungstätigkeit des Rechnungshofs und der staatlichen Rechnungsprüfungsämter finden Artikel 30 und Kapitel VI der Verordnung (EU) 2016/679 sowie §§ 25 und 26 dieses Gesetzes keine Anwendung.

(5) Dieses Gesetz gilt für den Landtag sowie unbeschadet des Absatz 1 Nummer 3 für die Gerichte nur, soweit sie in Verwaltungsangelegenheiten tätig werden.

(6) Soweit öffentliche Stellen als Unternehmen mit eigener Rechtspersönlichkeit am Wettbewerb teilnehmen, sind die für nichtöffentliche Stellen geltenden datenschutzrechtlichen Vorschriften entsprechend anzuwenden. Satz 1 gilt nicht für Zweckverbände.

(7) Die Vorschriften dieses Gesetzes gelten nicht für die Verarbeitung personenbezogener Daten zur Ausübung des Begnadigungsrechts.

§ 3 Sicherstellung des Datenschutzes

(1) Bei der Datenverarbeitung sind angemessene und spezifische Maßnahmen zur Wahrung der Interessen der betroffenen Person vorzusehen. Dabei sind der Stand der Technik, die Implementierungskosten, die Art, der Umfang, die Umstände und die Zwecke der Verarbeitung sowie die unterschiedliche Eintrittswahrscheinlichkeit und Schwere der mit der Verarbeitung verbundenen Risiken für die Rechte und Freiheiten natürlicher Personen zu berücksichtigen. Zu den Maßnahmen können insbesondere gehören:

1. technische und organisatorische Maßnahmen, um sicherzustellen, dass die Verarbeitung gemäß der Verordnung (EU) 2016/679 erfolgt,
2. Maßnahmen, die die nachträgliche Überprüfung und Feststellung gewährleisten, ob und von wem personenbezogene Daten erfasst, verändert oder gelöscht worden sind,
3. die Sensibilisierung und Schulung der an Verarbeitungsvorgängen Beteiligten,
4. die Beschränkung des Zugangs zu den personenbezogenen Daten innerhalb der öffentlichen Stelle und von Auftragsverarbeitern,
5. die Pseudonymisierung personenbezogener Daten,
6. die Verschlüsselung personenbezogener Daten,
7. die Fähigkeit, die Vertraulichkeit, Integrität, Verfügbarkeit und Belastbarkeit der Systeme und Dienste im Zusammenhang mit der Verarbeitung personenbezogener Daten auf Dauer sicherzustellen, einschließlich der Fähigkeit, die Verfügbarkeit der personenbezogenen Daten und den Zugang zu ihnen bei einem physischen oder technischen Zwischenfall rasch wiederherzustellen,
8. die Einrichtung eines Verfahrens zur regelmäßigen Überprüfung, Bewertung und Evaluierung der Wirksamkeit der technischen und organisatorischen Maßnahmen zur Gewährleistung der Sicherheit der Verarbeitung und
9. spezifische Verfahrensregelungen, die im Fall einer Übermittlung oder Verarbeitung personenbezogener Daten für andere Zwecke die Einhaltung der Vorgaben dieses Gesetzes sowie der Verordnung (EU) 2016/679 sicherstellen.

(2) Den bei öffentlichen Stellen beschäftigten Personen ist es untersagt, personenbezogene Daten unbefugt zu verarbeiten (Datengeheimnis). Das Datengeheimnis besteht nach Beendigung ihrer Tätigkeit fort.

ABSCHNITT 2
Rechtsgrundlagen der Verarbeitung personenbezogener Daten

§ 4 Zulässigkeit der Verarbeitung personenbezogener Daten

Die Verarbeitung personenbezogener Daten ist unbeschadet sonstiger Bestimmungen zulässig, wenn sie zur Erfüllung der in der Zuständigkeit der öffentlichen Stelle liegenden Aufgabe oder in Ausübung öffentlicher Gewalt, die der öffentlichen Stelle übertragen wurde, erforderlich ist.

§ 5 Datenverarbeitung zu anderen Zwecken (Ergänzung zu Artikel 6 Absatz 3 und 4 der Verordnung (EU) 2016/679)

(1) Die Verarbeitung personenbezogener Daten zu einem anderen Zweck als zu demjenigen, zu dem sie erhoben wurden, ist unbeschadet der Bestimmungen der Verordnung (EU) 2016/679 zulässig, wenn

1. sie zur Abwehr erheblicher Nachteile für das Gemeinwohl oder einer unmittelbar drohenden Gefahr für die öffentliche Sicherheit oder zur Wahrung erheblicher Belange des Gemeinwohls erforderlich ist,
2. sie zum Schutz der betroffenen Person oder zur Abwehr einer schwerwiegenden Beeinträchtigung der Rechte und Freiheiten einer anderen Person erforderlich ist,
3. sich bei der rechtmäßigen Aufgabenerfüllung Anhaltspunkte für Straftaten oder Ordnungswidrigkeiten von erheblicher Bedeutung ergeben und die Unterrichtung der für die Verhütung, Verfolgung oder Vollstreckung zuständigen Behörden erforderlich ist oder
4. Angaben der betroffenen Person überprüft werden müssen, weil tatsächliche Anhaltspunkte für deren Unrichtigkeit bestehen,

soweit die Verarbeitung notwendig und verhältnismäßig ist.

(2) Eine Verarbeitung gilt als mit den ursprünglichen Zwecken vereinbar, wenn sie

1. für die Wahrnehmung von Aufsichts- und Kontrollbefugnissen benötigt wird oder
2. der Rechnungsprüfung oder der Durchführung von Organisationsuntersuchungen oder der Prüfung und Wartung von automatisierten Verfahren dient.

Dies gilt auch für die Verarbeitung zu eigenen Aus- und Fortbildungszwecken, soweit schutzwürdige Belange der betroffenen Person nicht entgegenstehen.

(3) Abweichend von Artikel 13 der Verordnung (EU) 2016/679 erfolgt eine Information der betroffenen Person über die Datenverarbeitung nach Absatz 1 Nummern 1 bis 4 nicht, soweit und solange hierdurch der Zweck der Verarbeitung gefährdet würde und die Interessen der öffentlichen Stelle an der Nichterteilung der Information die Interessen der betroffenen Person überwiegen.

(4) Personenbezogene Daten, die ausschließlich zum Zweck der Datenschutzkontrolle, der Datensicherung oder zur Sicherstellung des ordnungsgemäßen Betriebs einer Datenverarbeitungsanlage verarbeitet werden, dürfen nur für diesen Zweck und hiermit in Zusammenhang stehende Maßnahmen gegenüber Beschäftigten verarbeitet werden oder soweit dies zur Verhütung oder Verfolgung von Straftaten gegen Leib, Leben oder Freiheit einer Person erforderlich ist.

§ 6 Übermittlung personenbezogener Daten

(1) Die Übermittlung personenbezogener Daten zu anderen als ihren Erhebungszwecken ist zulässig, wenn

1. sie zur Erfüllung einer der übermittelnden oder der empfangenden öffentlichen Stelle obliegenden Aufgabe erforderlich ist und die Voraussetzungen vorliegen, die eine Verarbeitung nach § 5 zulassen würden oder
2. der Empfänger eine nichtöffentliche Stelle ist, die ein berechtigtes Interesse an ihrer Kenntnis glaubhaft darlegt und die betroffene Person kein schutzwürdiges Interesse an dem Ausschluss der Übermittlung hat; dies gilt auch, soweit die Daten zu anderen Zwecken als denjenigen, zu denen sie erhoben wurden, übermittelt werden.

(2) Die Verantwortung für die Zulässigkeit der Übermittlung personenbezogener Daten trägt die übermittelnde öffentliche Stelle. Erfolgt die Übermittlung an eine öffentliche Stelle im Geltungsbereich des Grundgesetzes auf deren Ersuchen, trägt diese Verantwortung und erteilt die Informationen nach Artikel 14 der Verordnung (EU) 2016/679. Die übermittelnde öffentliche

Stelle hat im Falle des Satzes 2 lediglich zu prüfen, ob das Übermittlungsersuchen im Rahmen der Aufgaben der ersuchenden öffentlichen Stelle liegt. Die Rechtmäßigkeit des Ersuchens prüft sie nur, wenn im Einzelfall hierzu Anlass besteht.

(3) Erfolgt die Übermittlung aufgrund eines automatisierten Verfahrens, welches die Übermittlung personenbezogener Daten durch Abruf ermöglicht, trägt die Verantwortung für die Rechtmäßigkeit des Abrufs der Dritte, an den übermittelt wird. Die übermittelnde Stelle prüft die Zulässigkeit des Abrufs nur, wenn dazu Anlass besteht. Sie hat zu gewährleisten, dass die Übermittlung personenbezogener Daten zumindest durch geeignete Stichprobenverfahren festgestellt und überprüft werden kann.

§ 7 Datenverarbeitung in der gemeinsamen Dienststelle

(1) Die örtlich zuständige öffentliche Stelle darf personenbezogene Daten nur den in einer gemeinsamen Dienststelle nach § 16 Absatz 1 des Landesverwaltungsgesetzes beschäftigten eigenen Bediensteten zur Verarbeitung für eigene Aufgaben überlassen. Durch technische und organisatorische Maßnahmen ist sicherzustellen, dass ein Zugriff auf die Daten nach Satz 1 durch Bedienstete anderer Behörden nicht möglich ist. Soweit dies zur Sicherstellung einer sachgerechten Erledigung der eigenen Aufgaben erforderlich ist, darf die örtlich zuständige öffentliche Stelle auch Bediensteten anderer Behörden, die in der gemeinsamen Dienststelle beschäftigt sind, personenbezogene Daten zur Verarbeitung überlassen. Im Rahmen einer solchen Datenverarbeitung unterliegen die Bediensteten anderer Behörden den Weisungen der örtlich zuständigen öffentlichen Stelle. Hinsichtlich der Daten, die sie im Rahmen ihrer Tätigkeit für die fremde Behörde zur Kenntnis nehmen, haben sie das Datengeheimnis gegenüber ihrer eigenen Dienststelle zu wahren. Das Nähere ist durch gemeinsame interne Dienstanweisungen zu regeln. Verantwortlicher bleibt die örtlich zuständige öffentliche Stelle.

(2) Für gemeinsame Dienststellen nach § 27 des Gesetzes über kommunale Zusammenarbeit gilt Absatz 1 entsprechend.

ABSCHNITT 3
Rechte der betroffenen Person

§ 8 Beschränkung der Informationspflicht (Ergänzung zu Artikel 13 und 14 der Verordnung (EU) 2016/679)

(1) Eine Pflicht zur Information der betroffenen Person besteht nicht, soweit und solange

1. die Information die öffentliche Sicherheit gefährden oder sonst dem Wohle des Bundes oder eines Landes Nachteile bereiten würde,

2. die Information die Verhütung oder Verfolgung von Straftaten oder Ordnungswidrigkeiten von erheblicher Bedeutung gefährden würde,

3. die Information die Geltendmachung, Ausübung oder Verteidigung zivilrechtlicher Ansprüche beeinträchtigen würde,

4. die Daten oder die Tatsache der Verarbeitung nach einer Rechtsvorschrift oder zum Schutze der betroffenen Person oder der Rechte und Freiheiten anderer Personen geheim gehalten werden müssen oder

5. die Information voraussichtlich die Verwirklichung des wissenschaftlichen oder historischen Forschungszwecks unmöglich macht oder ernsthaft beeinträchtigt

und deswegen das Interesse der betroffenen Person an der Informationserteilung zurücktreten muss.

(2) Bezieht sich die Informationserteilung auf die Übermittlung personenbezogener Daten an Staatsanwaltschaften, Polizeibehörden oder den Polizeivollzugsdienst, Verfassungsschutzbehörden und, soweit sie in Erfüllung ihrer gesetzlichen Aufgaben im Anwendungsbereich der Abgabenordnung zur Überwachung und Prüfung personenbezogene Daten speichern, an Behörden der Finanzverwaltung, ist diesen Behörden vorab Gelegenheit zur Stellungnahme zu geben. Satz 1 fin-

det auch Anwendung auf die Übermittlung personenbezogener Daten an den Bundesnachrichtendienst, den Militärischen Abschirmdienst und, soweit die Sicherheit des Bundes berührt wird, an andere Behörden des Bundesministers der Verteidigung. Satz 1 und 2 gelten entsprechend für die Information über die Herkunft der Daten von den genannten Behörden.

(3) Die Gründe für das Absehen von der Information sind zu dokumentieren.

§ 9 Beschränkung des Auskunftsrechts (Ergänzung zu Artikel 15 der Verordnung (EU) 2016/679)

(1) Die Auskunftserteilung kann aus den in § 8 Absatz 1 Nummern 1 bis 4 genannten Gründen abgelehnt werden. Die betroffene Person kann ferner keine Auskunft verlangen, soweit und solange die personenbezogenen Daten ausschließlich zu Zwecken der Datensicherung oder der Datenschutzkontrolle gespeichert sind und eine Verarbeitung zu anderen Zwecken durch geeignete technische und organisatorische Maßnahmen ausgeschlossen ist und deswegen das Interesse der betroffenen Person an der Auskunftserteilung zurücktreten muss.

(2) Sofern die öffentliche Stelle eine große Menge von Informationen über die betroffene Person verarbeitet, kann sie sich auf die Benennung der Verarbeitungsvorgänge Verarbeitungsvorgänge und der Art der verarbeiteten Daten beschränken, wenn sie im Übrigen von der betroffenen Person eine Präzisierung verlangt, auf welche Informationen oder welche Verarbeitungsvorgänge sich ihr Auskunftsersuchen bezieht. Kommt die betroffene Person dem Verlangen nicht nach, kann die Auskunft verweigert werden, soweit die Auskunftserteilung einen unzumutbaren Aufwand auslösen würde.

(3) § 8 Absatz 2 gilt entsprechend.

(4) Die Ablehnung der Auskunftserteilung ist zu begründen, es sei denn, durch die Mitteilung der Gründe würde der mit der Auskunftsverweigerung verfolgte Zweck gefährdet. In diesem Fall sind die Gründe der Auskunftsverweigerung zu dokumentieren. Die betroffene Person ist auf die Möglichkeit der Beschwerde bei der oder dem Landesbeauftragten für den Datenschutz hinzuweisen.

(5) Wird der betroffenen Person keine Auskunft erteilt, ist sie auf ihr Verlangen der oder dem Landesbeauftragten für den Datenschutz zu erteilen, soweit nicht die jeweils zuständige oberste Landesbehörde im Einzelfall feststellt, dass dadurch die Sicherheit des Bundes oder eines Landes gefährdet würde. Die Mitteilung der oder des Landesbeauftragten für den Datenschutz an die betroffene Person über das Ergebnis der datenschutzrechtlichen Prüfung darf keine Rückschlüsse auf den Erkenntnisstand der öffentlichen Stelle zulassen, sofern diese nicht einer weiter gehenden Auskunft zustimmt.

§ 10 Beschränkung des Rechts auf Löschung (Ergänzung zu Artikel 17 der Verordnung (EU) 2016/679)

(1) Die Bestimmungen des Landesarchivgesetzes zur Anbietungspflicht sowie sonstige gesetzliche oder satzungsmäßige Dokumentations- und Aufbewahrungspflichten bleiben unberührt.

(2) Die Pflicht zur Löschung personenbezogener Daten nach Artikel 17 der Verordnung (EU) 2016/679 besteht nicht, wenn Grund zu der Annahme besteht, dass durch eine Löschung schutzwürdige Interessen der betroffenen Person beeinträchtigt würden. In diesem Fall tritt an die Stelle einer Löschung eine Einschränkung der Verarbeitung nach Artikel 18 der Verordnung (EU) 2016/679. Die öffentliche Stelle unterrichtet die betroffene Person über das Absehen von der Löschung und die Einschränkung der Verarbeitung. Widerspricht die betroffene Person dem Absehen von der Löschung, sind die Daten zu löschen.

(3) Ist eine Löschung im Falle nichtautomatisierter Datenverarbeitung wegen der besonderen Art der Speicherung nicht oder nur mit unverhältnismäßig hohem Aufwand möglich und ist das Interesse der betroffenen Person an der Löschung als gering anzusehen, besteht das Recht der betroffenen Person auf und die Pflicht der öffentlichen Stelle zur Lö-

schung personenbezogener Daten nicht. In diesem Fall tritt an die Stelle einer Löschung eine Einschränkung der Verarbeitung nach Artikel 18 der Verordnung (EU) 2016/679. Satz 1 und 2 finden keine Anwendung, wenn die personenbezogenen Daten unrechtmäßig verarbeitet wurden.

§ 11 Beschränkung der Benachrichtigungspflicht (Ergänzung zu Artikel 34 der Verordnung (EU) 2016/679)

Die öffentliche Stelle kann von der Benachrichtigung der von einer Verletzung des Schutzes personenbezogener Daten betroffenen Person absehen, soweit und solange

1. die Benachrichtigung die öffentliche Sicherheit gefährden oder sonst dem Wohle des Bundes oder eines Landes Nachteile bereiten würde,
2. die Daten oder die Tatsache der Verarbeitung nach einer Rechtsvorschrift oder zum Schutze der betroffenen Person oder der Rechte anderer Personen geheim gehalten werden müssen oder
3. die Benachrichtigung die Sicherheit von Systemen der Informationstechnologie gefährden würde

und deswegen das Interesse der betroffenen Person an der Benachrichtigung zurücktreten muss.

ABSCHNITT 4
Besondere Verarbeitungssituationen

§ 12 Verarbeitung personenbezogener Daten, die einem Berufs- oder besonderen Amtsgeheimnis unterliegen

(1) Personenbezogene Daten, die einem Berufs- oder besonderen Amtsgeheimnis unterliegen und die der öffentlichen Stelle in Ausübung einer Berufs- oder Amtspflicht übermittelt worden sind, dürfen von der öffentlichen Stelle nur für den Zweck verarbeitet werden, für den sie die Daten erhalten hat. Artikel 9 der Verordnung (EU) 2016/679 bleibt unberührt.

(2) Für einen anderen Zweck dürfen die Daten nur verarbeitet werden, wenn

1. die Änderung des Zwecks durch besonderes Gesetz zugelassen ist oder
2. die Voraussetzungen des § 5 Absatz 1 Nummern 1 bis 3, § 13 Absatz 1 oder § 14 Absatz 1 vorliegen und die zur Verschwiegenheit verpflichtete Stelle zugestimmt hat.

§ 13 Datenverarbeitung zu wissenschaftlichen oder historischen Forschungszwecken und zu statistischen Zwecken

(1) Öffentliche Stellen dürfen personenbezogene Daten einschließlich besonderer Kategorien personenbezogener Daten für wissenschaftliche oder historische Forschungszwecke oder für statistische Zwecke verarbeiten, wenn die Zwecke auf andere Weise nicht oder nur mit unverhältnismäßigem Aufwand erreicht werden können und die Interessen der öffentlichen Stelle an der Durchführung des Forschungs- oder Statistikvorhabens die Interessen der betroffenen Person an einem Ausschluss der Verarbeitung überwiegen. Besondere Kategorien personenbezogener Daten sind die in Artikel 9 Absatz 1 der Verordnung (EU) 2016/679 genannten Daten.

(2) Die personenbezogenen Daten sind zu anonymisieren, sobald dies nach dem Forschungs- oder Statistikzweck möglich ist, es sei denn, berechtigte Interessen der betroffenen Person stehen dem entgegen. Bis zur Anonymisierung sind die Merkmale gesondert zu speichern, mit denen Einzelangaben einer bestimmten oder bestimmbaren Person zugeordnet werden können. Sie dürfen mit den Einzelangaben nur zusammengeführt werden, soweit der Forschungs- oder Statistikzweck dies erfordert.

(3) Die wissenschaftliche oder historische Forschung betreibenden öffentlichen Stellen dürfen personenbezogene Daten außer bei Einwilligung nur veröffentlichen, soweit dies für die Darstellung von Forschungsergebnissen über Ereignisse der Zeitgeschichte unerlässlich ist.

(4) Die in Artikel 15, 16, 18 und 21 der Verordnung (EU) 2016/679 vorgesehenen Rechte der betroffenen Person sind insoweit beschränkt, als diese Rechte voraussichtlich die Verwirklichung der jeweiligen Forschungs- oder Statistikzwecke unmöglich machen oder ernsthaft beeinträchtigen und die Beschränkung für die Erfüllung der jeweiligen Forschungs- oder Statistikzwecke notwendig ist. Das Recht auf Auskunft gemäß Artikel 15 der Verordnung (EU) 2016/679 besteht darüber hinaus nicht, wenn die Daten für Zwecke der wissenschaftlichen Forschung erforderlich sind und die Auskunftserteilung einen unverhältnismäßigen Aufwand erfordern würde.

§ 14 Datenverarbeitung zu im öffentlichen Interesse liegenden Archivzwecken

(1) Die Verarbeitung besonderer Kategorien personenbezogener Daten ist zulässig, wenn sie für im öffentlichen Interesse liegende Archivzwecke erforderlich ist.

(2) Das Recht auf Auskunft der betroffenen Person gemäß Artikel 15 der Verordnung (EU) 2016/679 besteht nicht, wenn das Archivgut nicht durch den Namen der Person erschlossen ist oder keine Angaben gemacht werden, die das Auffinden des betreffenden Archivguts mit vertretbarem Verwaltungsaufwand ermöglichen.

(3) Das Recht auf Berichtigung der betroffenen Person gemäß Artikel 16 der Verordnung (EU) 2016/679 besteht nicht, wenn die personenbezogenen Daten zu Archivzwecken im öffentlichen Interesse verarbeitet werden. Bestreitet die betroffene Person die Richtigkeit der personenbezogenen Daten, ist ihr die Möglichkeit einer Gegendarstellung einzuräumen. Das zuständige Archiv ist verpflichtet, die Gegendarstellung den Unterlagen hinzuzufügen.

(4) Die in Artikel 18, 19, 20 und 21 der Verordnung (EU) 2016/679 vorgesehenen Rechte bestehen nicht, soweit diese Rechte voraussichtlich die Verwirklichung der im öffentlichen Interesse liegenden Archivzwecke unmöglich machen oder ernsthaft beeinträchtigen und die Ausnahmen für die Erfüllung dieser Zwecke erforderlich sind.

(5) Soweit öffentliche Stellen verpflichtet sind, Unterlagen einem öffentlichen Archiv zur Übernahme anzubieten, ist eine Löschung erst zulässig, nachdem die Unterlagen dem öffentlichen Archiv angeboten und von diesem nicht als archivwürdig übernommen worden sind oder über die Übernahme nicht innerhalb der gesetzlichen Frist entschieden worden ist.

§ 15 Datenverarbeitung bei Dienst- und Arbeitsverhältnissen

(1) Personenbezogene Daten von Bewerberinnen und Bewerbern sowie Beschäftigten dürfen verarbeitet werden, soweit dies zur Eingehung, Durchführung, Beendigung oder Abwicklung des jeweiligen Dienst- oder Arbeitsverhältnisses oder zur Durchführung innerdienstlicher planerischer, organisatorischer, personeller, sozialer oder haushalts- und kostenrechnerischer Maßnahmen, insbesondere zu Zwecken der Personalplanung und des Personaleinsatzes, erforderlich oder in einer Rechtsvorschrift, einem Tarifvertrag oder einer Dienst- oder Betriebsvereinbarung (Kollektivvereinbarung) vorgesehen ist. Die Verarbeitung ist auch zulässig, wenn sie zur Ausübung oder Erfüllung der sich aus einem Gesetz, einem Tarifvertrag oder einer Kollektivvereinbarung ergebenden Rechte und Pflichten der Interessenvertretung der Beschäftigten erforderlich ist.

(2) Besondere Kategorien personenbezogener Daten dürfen für Zwecke des Beschäftigungsverhältnisses verarbeitet werden, soweit die Verarbeitung erforderlich ist, um den Rechten und Pflichten der öffentlichen Stellen oder der betroffenen Person, auch aufgrund von Kollektivvereinbarungen, auf dem Gebiet des Dienst- und Arbeitsrechts sowie des Rechts der sozialen Sicherheit und des Sozialschutzes zu genügen und kein Grund zu der Annahme besteht, dass das schutzwürdige Interesse der betroffenen Person am Ausschluss der Verarbeitung überwiegt.

(3) Im Zusammenhang mit der Begründung eines Dienst- oder Arbeitsverhältnisses ist die Erhebung personenbezogener Daten einer

Bewerberin oder eines Bewerbers bei dem bisherigen Dienstherrn oder Arbeitgeber nur zulässig, wenn die betroffene Person eingewilligt hat. Satz 1 gilt entsprechend für die Übermittlung personenbezogener Daten an künftige Dienstherren oder Arbeitgeber.

(4) Auf die Verarbeitung von Personalaktendaten von Arbeitnehmerinnen und Arbeitnehmern sowie Auszubildenden in einem privatrechtlichen Ausbildungsverhältnis finden die für Beamtinnen und Beamte geltenden Vorschriften des § 50 des Beamtenstatusgesetzes und der §§ 83 bis 88 des Landesbeamtengesetzes entsprechende Anwendung, es sei denn, besondere Rechtsvorschriften oder tarifliche Vereinbarungen gehen vor.

(5) Zur Aufdeckung von Straftaten und schwerwiegenden Pflichtverletzungen dürfen personenbezogene Daten von Beschäftigten nur dann verarbeitet werden, wenn zu dokumentierende tatsächliche Anhaltspunkte den Verdacht begründen, dass die betroffene Person im Beschäftigungsverhältnis eine Straftat oder schwerwiegende Pflichtverletzung begangen hat, die Verarbeitung zur Aufdeckung erforderlich ist und das schutzwürdige Interesse der den Beschäftigten an dem Ausschluss der Verarbeitung nicht überwiegt, insbesondere Art und Ausmaß im Hinblick auf den Anlass nicht unverhältnismäßig sind.

(6) Die Verarbeitung biometrischer Daten von Beschäftigten zu Authentifizierungs- und Autorisierungszwecken ist untersagt, es sei denn, die betroffene Person hat ausdrücklich eingewilligt oder sie ist durch Dienst- oder Betriebsvereinbarung geregelt und für die Datenverarbeitung besteht jeweils ein dringendes dienstliches Bedürfnis.

(7) Eine Überwachung von Beschäftigten mit Hilfe optisch-elektronischer Einrichtungen zum Zwecke der Verhaltens- und Leistungskontrolle ist unzulässig. Absatz 5 bleibt unberührt. Für sonstige technische Einrichtungen gilt Absatz 1 entsprechend; die öffentliche Stelle muss geeignete Maßnahmen treffen, um sicherzustellen, dass insbesondere die in Artikel 5 der Verordnung (EU) 2016/679 dargelegten Grundsätze für die Verarbeitung personenbezogener Daten eingehalten werden.

(8) Beschäftigte sind alle bei öffentlichen Stellen beschäftigten Personen unabhängig von der Rechtsform des Beschäftigungsverhältnisses. Die Beteiligungsrechte der Interessenvertretungen der Beschäftigten bleiben unberührt.

§ 16 Öffentliche Auszeichnungen und Ehrungen

(1) Zur Entscheidung über öffentliche Auszeichnungen und Ehrungen dürfen personenbezogene Daten einschließlich besonderer Kategorien personenbezogener Daten verarbeitet werden; die öffentlichen Stellen sind insofern nicht zur Informations- und Auskunftserteilung gemäß Artikel 13 bis 15 der Verordnung (EU) 2016/679 verpflichtet.

(2) Zu anderen Zwecken dürfen die Daten nicht verarbeitet werden, es sei denn, sie werden für protokollarische Zwecke benötigt.

§ 17 Verarbeitung personenbezogener Daten im öffentlichen Interesse

(1) Für die Überprüfung der Zuverlässigkeit von Besuchern, Mitarbeitern von Unternehmen und anderen Organisationen sowie sonstigen Personen, die in sicherheits- oder sicherheitstechnisch relevante Bereiche gelangen sollen, für die öffentliche Stellen Verantwortung tragen, gilt § 15 Absatz 2 Satz 1 entsprechend mit der Maßgabe, dass zusätzlich die Einwilligung der betroffenen Person erforderlich ist. Besondere Kategorien personenbezogener Daten sowie Daten über strafrechtliche Verurteilungen und Straftaten oder damit zusammenhängende Sicherungsmaßregeln dürfen nur aufgrund einer ausdrücklichen Einwilligung verarbeitet werden.

(2) Abweichend von Artikel 9 Absatz 1 der Verordnung (EU) 2016/679 ist die Verarbeitung besonderer Kategorien personenbezogener Daten zulässig, wenn die Verarbeitung aus Gründen eines erheblichen öffentlichen Interesses oder zur Abwehr einer erheblichen Gefahr für die öffentliche Sicherheit erforderlich ist und die Interessen der öffentlichen Stelle an der Datenverarbeitung die Interessen der betroffenen Person überwiegen.

§ 18 Videoüberwachung öffentlich zugänglicher Räume

(1) Die Beobachtung öffentlich zugänglicher Räume mit Hilfe optisch-elektronischer Einrichtungen (Videoüberwachung) sowie die Verarbeitung der dadurch erhobenen personenbezogenen Daten ist zulässig, soweit dies im Rahmen der Erfüllung öffentlicher Aufgaben oder in Ausübung des Hausrechts im Einzelfall erforderlich ist,

1. um Leben, Gesundheit, Freiheit oder Eigentum von Personen, die sich in öffentlichen Einrichtungen, öffentlichen Verkehrsmitteln, Amtsgebäuden oder sonstigen baulichen Anlagen öffentlicher Stellen oder in deren unmittelbarer Nähe aufhalten, oder
2. um Kulturgüter, öffentliche Einrichtungen, öffentliche Verkehrsmittel, Amtsgebäude oder sonstige bauliche Anlagen öffentlicher Stellen sowie die dort oder in deren unmittelbarer Nähe befindlichen Sachen

zu schützen und keine Anhaltspunkte dafür bestehen, dass schutzwürdige Interessen der betroffenen Personen überwiegen.

(2) Die Videoüberwachung ist durch geeignete Maßnahmen zum frühestmöglichen Zeitpunkt erkennbar zu machen; dabei ist der Verantwortliche mitzuteilen.

(3) Für einen anderen Zweck dürfen die Daten nur weiterverarbeitet werden, soweit dies zur Abwehr von Gefahren für die öffentliche Sicherheit oder zur Verfolgung von Ordnungswidrigkeiten von erheblicher Bedeutung oder von Straftaten erforderlich ist.

(4) Werden durch Videoüberwachung erhobene Daten einer bestimmten Person zugeordnet, besteht die Pflicht zur Information der betroffenen Person über diese Verarbeitung nach Artikel 13 und 14 der Verordnung (EU) 2016/679. § 8 gilt entsprechend.

(5) Die Videoaufzeichnungen und daraus gefertigte oder sich auf die Videoüberwachung beziehende Unterlagen sind unverzüglich, spätestens jedoch vier Wochen nach der Datenerhebung zu löschen, soweit sie nicht zur Verfolgung von Ordnungswidrigkeiten von erheblicher Bedeutung oder von Straftaten oder zur Geltendmachung von Rechtsansprüchen benötigt werden.

(6) Öffentliche Stellen haben ihren jeweiligen Datenschutzbeauftragten unbeschadet des Artikels 35 Absatz 2 der Verordnung (EU) 2016/679 rechtzeitig vor dem erstmaligen Einsatz einer Videoüberwachungseinrichtung den Zweck, die räumliche Ausdehnung und die Dauer der Videoüberwachung, den betroffenen Personenkreis, die Maßnahmen nach Absatz 2 und die vorgesehenen Auswertungen mitzuteilen und ihm Gelegenheit zur Stellungnahme zu geben.

§ 19 Verarbeitung personenbezogener Daten zu künstlerischen und literarischen Zwecken

(1) Werden personenbezogene Daten zu künstlerischen und literarischen Zwecken verarbeitet, gelten neben Absatz 2 und 3 nur Artikel 5 Absatz 1 Buchstabe f in Verbindung mit Absatz 2, Artikel 24 und 32, sowie Kapitel I, VI, VIII, X und XI der Verordnung (EU) 2016/679. Artikel 82 der Verordnung (EU) 2016/679 gilt mit der Maßgabe, dass nur für unzureichende Maßnahmen nach Artikel 5 Absatz 1 Buchstabe f, Artikel 24 und 32 der Verordnung (EU) 2016/679 gehaftet wird. Den betroffenen Personen stehen nur die in Absatz 2 und 3 genannten Rechte zu.

(2) Führt die künstlerische oder literarische Offenlegung oder Verbreitung personenbezogener Daten zu hierauf bezogenen Maßnahmen wie Gegendarstellungen, Verpflichtungserklärungen, Gerichtsentscheidungen oder Widerrufen, sind diese Maßnahmen zu den gespeicherten Daten zu nehmen und dort für dieselbe Zeitdauer aufzubewahren wie die Daten selbst und bei einer Übermittlung der Daten gemeinsam mit diesen zu übermitteln.

(3) Wird jemand durch die künstlerische oder literarische Offenlegung oder Verbreitung personenbezogener Daten in seinem Persönlichkeitsrecht beeinträchtigt, kann er Auskunft über die zugrunde liegenden, zu seiner Person gespeicherten Daten verlangen.

ABSCHNITT 5
Unabhängige Aufsichtsbehörden

§ 20 Errichtung

(1) Die oder der Landesbeauftragte für den Datenschutz ist eine unabhängige, nur dem Gesetz unterworfene oberste Landesbehörde. Der Dienstsitz ist Stuttgart.

(2) Die oder der Landesbeauftragte für den Datenschutz ist Dienstvorgesetzte oder Dienstvorgesetzter der Beamtinnen und Beamten der Behörde. Die Beschäftigten der oder des Landesbeauftragten für den Datenschutz sind ausschließlich an ihre oder seine Weisungen gebunden.

(3) Die oder der Landesbeauftragte für den Datenschutz kann Aufgaben der Personalverwaltung und Personalwirtschaft auf andere Stellen des Landes übertragen, soweit hierdurch ihre oder seine Unabhängigkeit nicht beeinträchtigt wird. Diesen Stellen dürfen personenbezogene Daten der Beschäftigten übermittelt werden, soweit deren Kenntnis zur Erfüllung der übertragenen Aufgaben erforderlich ist. Die Aufgabenübertragung nach Satz 1 kann nur im Einvernehmen mit der anderen Stelle erfolgen.

§ 21 Unabhängigkeit

(1) Die oder der Landesbeauftragte für den Datenschutz handelt bei der Erfüllung ihrer oder seiner Aufgaben und bei der Ausübung ihrer oder seiner Befugnisse völlig unabhängig.

(2) Die oder der Landesbeauftragte für den Datenschutz unterliegt der Rechnungsprüfung durch den Rechnungshof, soweit hierdurch ihre oder seine Unabhängigkeit nicht beeinträchtigt wird.

(3) Die Abgeordneten des Landtags sind berechtigt, Anfragen an die Landesbeauftragte für den Datenschutz oder den Landesbeauftragten für den Datenschutz zu richten, zu deren Beantwortung diese oder dieser nur verpflichtet ist, soweit hierdurch nicht ihre oder seine Unabhängigkeit beeinträchtigt wird.

§ 22 Ernennung und Amtszeit

(1) Der Landtag wählt ohne Aussprache auf Vorschlag der Landesregierung mit der Mehrheit seiner Mitglieder die Landesbeauftragte für den Datenschutz oder den Landesbeauftragten für den Datenschutz. Diese oder dieser soll neben der erforderlichen Erfahrung und Sachkunde insbesondere im Bereich des Schutzes personenbezogener Daten die Befähigung zum Richteramt oder zum höheren Verwaltungsdienst haben oder für eine andere Laufbahn des höheren Dienstes befähigt sein.

(2) Die oder der Gewählte wird von der Landtagspräsidentin oder dem Landtagspräsidenten ernannt. Sie oder er wird vor dem Landtag auf das Amt verpflichtet.

Die Amtszeit der oder des Landesbeauftragten für den Datenschutz beträgt sechs Jahre. Die zweimalige Wiederwahl ist zulässig.

§ 23 Amtsverhältnis

(1) Die oder der Landesbeauftragte für den Datenschutz steht nach Maßgabe dieses Gesetzes in einem öffentlich-rechtlichen Amtsverhältnis zum Land.

(2) Die Landtagspräsidentin oder der Landtagspräsident kann die Landesbeauftragte für den Datenschutz oder den Landesbeauftragten für den Datenschutz ihres oder seines Amtes entheben, wenn diese oder dieser eine schwere Verfehlung begangen hat oder die Voraussetzungen für die Wahrnehmung ihrer oder seiner Aufgaben nicht mehr erfüllt. Die Amtsenthebung bedarf der Zustimmung von zwei Dritteln der Mitglieder des Landtags. Die Amtsenthebung wird mit der Zustellung der Urkunde durch die Landtagspräsidentin oder den Landtagspräsidenten wirksam.

(3) Die Leitende Beamtin oder der Leitende Beamte der Dienststelle der oder des Landesbeauftragten für den Datenschutz nimmt die Rechte und Pflichten der oder des Landesbeauftragten für den Datenschutz wahr, wenn die oder der Landesbeauftragte für den Datenschutz an der Ausübung ihres oder seines Amtes verhindert ist oder wenn ihr oder sein Amtsverhältnis geendet hat. § 21 Absatz 1 gilt in den genannten Fällen entsprechend.

(4) Die oder der Landesbeauftragte für den Datenschutz erhält vom Beginn des Kalendermonats an, in dem das Amtsverhältnis beginnt, bis zum Schluss des Kalendermo-

nats, in dem das Amtsverhältnis endet, Bezüge in Höhe des Grundgehalts der Besoldungsgruppe B 6. Daneben werden der Familienzuschlag sowie sonstige Besoldungsbestandteile, Trennungsgeld, Reisekostenvergütung, Umzugskostenvergütung und Beihilfen in Krankheits-, Geburts- oder Todesfällen in sinngemäßer Anwendung der für Beamtinnen und Beamte geltenden Vorschriften gewährt.

(5) Die oder der Landesbeauftragte für den Datenschutz erhält nach dem Ausscheiden aus dem Amt Versorgungsbezüge in sinngemäßer Anwendung der für Beamtinnen und Beamte geltenden Vorschriften.

§ 24 Rechte und Pflichten

(1) Die oder der Landesbeauftragte für den Datenschutz hat von allen mit den Aufgaben ihres oder seines Amtes nicht zu vereinbarenden Handlungen abzusehen und während ihrer oder seiner Amtszeit keine andere mit ihrem oder seinem Amt nicht zu vereinbarende entgeltliche oder unentgeltliche Tätigkeit auszuüben. Insbesondere darf die oder der Landesbeauftragte für den Datenschutz neben ihrem oder seinem Amt kein anderes besoldetes Amt, kein Gewerbe und keinen Beruf ausüben und weder der Leitung, dem Aufsichtsrat oder Verwaltungsrat eines auf Erwerb gerichteten Unternehmens noch einer Regierung oder einer gesetzgebenden Körperschaft des Bundes oder eines Landes angehören. Sie oder er darf nicht gegen Entgelt außergerichtliche Gutachten abgeben.

(2) Die oder der Landesbeauftragte für den Datenschutz hat der Landtagspräsidentin oder dem Landtagspräsidenten Mitteilung über Geschenke zu machen, die sie oder er in Bezug auf das Amt erhält. Die Landtagspräsidentin oder der Landtagspräsident entscheidet über die Verwendung der Geschenke; sie oder er kann Verfahrensvorschriften erlassen.

(3) Die oder der Landesbeauftragte für den Datenschutz ist, auch nach Beendigung ihres oder seines Amtsverhältnisses, verpflichtet, über die ihr oder ihm amtlich bekannt gewordenen Angelegenheiten Verschwiegenheit zu bewahren. Dies gilt nicht für Mitteilungen im dienstlichen Verkehr oder Tatsachen, die offenkundig sind oder ihrer Bedeutung nach keiner Geheimhaltung bedürfen. Die oder der Landesbeauftragte für den Datenschutz entscheidet nach pflichtgemäßem Ermessen, ob und inwieweit sie oder er oder ihre oder seine Beschäftigten über solche Angelegenheiten vor Gericht oder außergerichtlich aussagen oder Erklärungen abgeben. Wenn sie oder er nicht mehr im Amt ist, ist die Genehmigung der oder des amtierenden Landesbeauftragten für den Datenschutz erforderlich. Satz 1, 2 und 4 gelten entsprechend für die Beschäftigten der oder des Landesbeauftragten für den Datenschutz nach Beendigung ihrer Tätigkeit bei ihrer oder seiner Dienststelle.

(4) Die oder der Landesbeauftragte für den Datenschutz hat für die Dauer von zwei Jahren nach der Beendigung ihrer oder seiner Amtszeit von allen mit den Aufgaben ihres oder seines früheren Amtes nicht zu vereinbarenden Handlungen und entgeltlichen oder unentgeltlichen Tätigkeiten abzusehen.

(5) Die oder der Landesbeauftragte für den Datenschutz darf als Zeugin oder Zeuge aussagen, es sei denn, die Aussage würde dem Wohle des Bundes oder eines Landes Nachteile bereiten, insbesondere Nachteile für die Sicherheit der Bundesrepublik Deutschland oder eines Landes oder ihre Beziehungen zu anderen Staaten, oder Grundrechte verletzen. Betrifft die Aussage laufende oder abgeschlossene Vorgänge, die dem Kernbereich exekutiver Eigenverantwortung der Landesregierung zuzurechnen sind oder sein könnten, darf die oder der Landesbeauftragte für den Datenschutz nur im Benehmen mit der Landesregierung aussagen.

§ 25 Aufgaben und Befugnisse

(1) Die oder der Landesbeauftragte für den Datenschutz ist zuständige Aufsichtsbehörde im Sinne des Artikels 51 Absatz 1 der Verordnung (EU) 2016/679 im Geltungsbereich dieses Gesetzes, es sei denn, besondere Vorschriften regeln eine andere Zuständigkeit. Sie oder er ist zugleich Aufsichtsbehörde für

den Datenschutz für nichtöffentliche Stellen nach § 40 des Bundesdatenschutzgesetzes.

(2) Die oder der Landesbeauftragte für den Datenschutz nimmt auch im Anwendungsbereich des § 2 Absatz 4 die Aufgaben gemäß Artikel 57 der Verordnung (EU) 2016/679 wahr und übt die Befugnisse gemäß Artikel 58 der Verordnung (EU) 2016/679 aus. Bei den Gemeinden, Gemeindeverbänden und den sonstigen der Aufsicht des Landes unterstehenden juristischen Personen des öffentlichen Rechts sowie bei den in § 2 Absatz 2 genannten Stellen ist das vertretungsberechtigte Organ der Verantwortliche.

(3) Jede oder jeder kann sich an die Landesbeauftragte für den Datenschutz oder den Landesbeauftragten für den Datenschutz wenden, wenn sie oder er der Ansicht ist, bei der Verarbeitung ihrer oder seiner personenbezogenen Daten durch eine öffentliche Stelle in ihren oder seinen Rechten verletzt worden zu sein. Wer von seinem Recht nach Satz 1 Gebrauch gemacht hat, darf aus diesem Grund nicht benachteiligt oder gemaßregelt werden.

(4) Stellt die oder der Landesbeauftragte für den Datenschutz Verstöße gegen die Vorschriften dieses Gesetzes oder gegen andere Vorschriften über den Datenschutz oder sonstige Mängel bei der Verarbeitung oder Nutzung personenbezogener Daten fest, teilt sie oder er dies bei den öffentlichen Stellen des Landes der zuständigen Rechts- oder Fachaufsichtsbehörde mit und gibt dieser zur Ausübung der Befugnisse des Artikels 58 Absatz 2 Buchstaben b bis g und j der Verordnung (EU) 2016/679 Gelegenheit zur Stellungnahme innerhalb einer angemessenen Frist. Bei den Gemeinden, Gemeindeverbänden und den sonstigen der Aufsicht des Landes unterstehenden juristischen Personen des öffentlichen Rechts sowie den in § 2 Absatz 2 genannten Stellen tritt an die Stelle der Rechts- und Fachaufsichtsbehörde das vertretungsberechtigte Organ; zugleich unterrichtet die oder der Landesbeauftragte für den Datenschutz die zuständige Aufsichtsbehörde. Von der Einräumung der Gelegenheit zur Stellungnahme kann abgesehen werden, wenn eine sofortige Entscheidung wegen Gefahr im Verzug oder im öffentlichen Interesse notwendig erscheint oder ihr ein zwingendes öffentliches Interesse entgegensteht. Die Stellungnahme soll auch eine Darstellung der Maßnahmen enthalten, die aufgrund der Mitteilung der oder des Landesbeauftragten für den Datenschutz getroffen worden oder beabsichtigt sind.

(5) § 29 Absatz 3 des Bundesdatenschutzgesetzes bleibt unberührt und gilt entsprechend für die Notarinnen und Notare des Landes. Im Übrigen erstreckt sich die Kontrolle der oder des Landesbeauftragten für den Datenschutz auch auf personenbezogene Daten, die einem Berufs- oder besonderen Amtsgeheimnis unterliegen. Erlangt die oder der Landesbeauftragte für den Datenschutz im Rahmen einer Untersuchung Kenntnis von Daten, die einer Geheimhaltungspflicht unterliegen, gilt die Geheimhaltungspflicht auch für die Landesbeauftragte für den Datenschutz oder den Landesbeauftragten für den Datenschutz.

§ 26 Pflicht zur Unterstützung

(1) Die öffentlichen Stellen sind verpflichtet, die Landesbeauftragte für den Datenschutz oder den Landesbeauftragten für den Datenschutz und ihre oder seine Beauftragten bei der Erfüllung ihrer oder seiner Aufgaben zu unterstützen. Ihnen ist im Rahmen ihrer gesetzlichen Befugnisse insbesondere

1. Auskunft zu ihren Fragen sowie Einsicht in alle Unterlagen und Akten, insbesondere in die gespeicherten Daten und die Datenverarbeitungsprogramme zu gewähren, die im Zusammenhang mit der Verarbeitung personenbezogener Daten stehen und
2. jederzeit Zutritt zu den Diensträumen einschließlich aller Datenverarbeitungsanlagen und -geräte zu gewähren.

(2) Die Ministerien beteiligen die Landesbeauftragte für den Datenschutz oder den Landesbeauftragten für den Datenschutz rechtzeitig bei der Ausarbeitung von Rechts- und Verwaltungsvorschriften, welche die Verarbeitung personenbezogener Daten betreffen.

§ 27 Rundfunkbeauftragte oder Rundfunkbeauftragter für den Datenschutz

(1) Der Südwestrundfunk ernennt für die Dauer von sechs Jahren eine Rundfunkbeauftragte für den Datenschutz oder einen Rundfunkbeauftragten für den Datenschutz, die oder der für alle Tätigkeiten des Südwestrundfunks und seiner Beteiligungsunternehmen nach § 42 Absatz 3 Satz 1 des Medienstaatsvertrages an Stelle der oder des Landesbeauftragten für den Datenschutz zuständige Aufsichtsbehörde nach Artikel 51 Absatz 1 der Verordnung (EU) 2016/679 ist. Die Ernennung erfolgt durch den Rundfunkrat mit Zustimmung des Verwaltungsrats. Die zweimalige Wiederernennung ist zulässig.

(2) Die oder der Rundfunkbeauftragte für den Datenschutz muss über die für die Erfüllung der Aufgaben und Ausübung der Befugnisse erforderliche Qualifikation, nachgewiesen durch ein abgeschlossenes Hochschulstudium, sowie über Erfahrung und Sachkunde, insbesondere im Bereich des Schutzes personenbezogener Daten, verfügen.

(3) Die Anbindung der oder des Rundfunkbeauftragten für den Datenschutz erfolgt bei der Gremiengeschäftsstelle. Die oder der Rundfunkbeauftragte für den Datenschutz ist angemessen zu vergüten. Nähere Bestimmungen, insbesondere die Grundsätze der Vergütung, trifft der Rundfunkrat mit Zustimmung des Verwaltungsrats in einer Satzung. Ihr oder ihm ist die für die Erfüllung ihrer oder seiner Aufgaben und Befugnisse notwendige Personal-, Finanz- und Sachausstattung zur Verfügung zu stellen. Die hierfür vorgesehenen Mittel sind jährlich, öffentlich und gesondert im Haushaltsplan des Südwestrundfunks auszuweisen und der oder dem Rundfunkbeauftragten für den Datenschutz im Haushaltsvollzug zuzuweisen. Die oder der Rundfunkbeauftragte für den Datenschutz ist in der Wahl ihrer oder seiner Mitarbeiterinnen oder Mitarbeiter frei. Sie unterstehen allein ihrer oder seiner Leitung.

(4) Das Amt der oder des Rundfunkbeauftragten für den Datenschutz kann nicht neben anderen Aufgaben innerhalb des Südwestrundfunks und seiner Beteiligungs- und Hilfsunternehmen wahrgenommen werden. Sonstige Aufgaben müssen mit dem Amt der oder des Rundfunkbeauftragten für den Datenschutz zu vereinbaren sein und dürfen ihre oder seine Unabhängigkeit nicht gefährden. Das Amt endet mit Ablauf der Amtszeit, mit Rücktritt vom Amt oder mit Erreichen des gesetzlichen oder tarifvertraglich geregelten Renteneintrittsalters. Die oder der Rundfunkbeauftragte für den Datenschutz kann ihres oder seines Amtes nur enthoben werden, wenn sie oder er eine schwere Verfehlung begangen hat oder die Voraussetzungen für die Wahrnehmung ihrer oder seiner Aufgaben nicht mehr erfüllt. Dies geschieht durch Beschluss des Rundfunkrats auf Vorschlag des Verwaltungsrats; die oder der Rundfunkbeauftragte für den Datenschutz ist vor der Entscheidung zu hören.

(5) Die oder der Rundfunkbeauftragte für den Datenschutz ist in Ausübung ihres oder seines Amtes völlig unabhängig und nur dem Gesetz unterworfen. Sie oder er unterliegt keiner Dienst-, Rechts- und Fachaufsicht. Der Finanzkontrolle des Verwaltungsrats unterliegt sie oder er nur insoweit, als ihre oder seine Unabhängigkeit dadurch nicht beeinträchtigt wird. Die Mitglieder des Rundfunkrats und des Verwaltungsrats sind berechtigt, Anfragen an die Rundfunkbeauftragte für den Datenschutz oder den Rundfunkbeauftragten für den Datenschutz zu richten, soweit hierdurch ihre oder seine Unabhängigkeit nicht beeinträchtigt wird.

(6) Jeder kann sich an die Rundfunkbeauftragte für den Datenschutz oder den Rundfunkbeauftragten für den Datenschutz wenden, wenn sie oder er der Ansicht ist, bei der Verarbeitung ihrer oder seiner personenbezogenen Daten durch den Südwestrundfunk oder eines seiner Beteiligungsunternehmen nach Absatz 1 Satz 1 in seinen Rechten verletzt worden zu sein.

(7) Die oder der Rundfunkbeauftragte für den Datenschutz hat die Aufgaben und Befugnisse entsprechend Artikel 57 und Artikel 58 Absatz 1 bis 5 der Verordnung (EU) 2016/679. Gegen den Südwestrundfunk dürfen keine Geldbußen verhängt werden. § 25 Absatz 4

gilt entsprechend mit der Maßgabe, dass die Mitteilung an die Intendantin oder den Intendanten unter gleichzeitiger Unterrichtung des Verwaltungsrats zu richten ist. Dem Verwaltungsrat ist auch die Stellungnahme der Intendantin oder des Intendanten zuzuleiten. Von einer Beanstandung und Unterrichtung kann abgesehen werden, wenn es sich um unerhebliche Mängel handelt oder deren unverzügliche Behebung sichergestellt ist.

(8) Die oder der Rundfunkbeauftragte für den Datenschutz hat auch für die Dauer von zwei Jahren nach der Beendigung ihrer oder seiner Amtszeit von allen mit den Aufgaben ihres oder seines früheren Amtes nicht zu vereinbarenden Handlungen und entgeltlichen oder unentgeltlichen Tätigkeiten abzusehen.

(9) Die oder der Rundfunkbeauftragte für den Datenschutz ist während und nach Beendigung ihres oder seines Amtsverhältnisses verpflichtet, über die ihr oder ihm amtlich bekannt gewordenen Angelegenheiten und vertraulichen Informationen Verschwiegenheit zu bewahren. Bei der Zusammenarbeit mit anderen Aufsichtsbehörden ist, soweit die Datenverarbeitung zu journalistischen Zwecken betroffen ist, der Informantenschutz zu wahren.

(10) Die oder der Rundfunkbeauftragte für den Datenschutz erstattet den Organen des Südwestrundfunks jährlich einen Tätigkeitsbericht nach Artikel 59 der Verordnung (EU) 2016/679. Der Bericht wird den Landtagen und den Landesregierungen der unterzeichnenden Länder des Staatsvertrags über den Südwestrundfunk übermittelt. Der Bericht wird veröffentlicht.

ABSCHNITT 6
Sanktionen

§ 28 Ordnungswidrigkeiten (Ergänzung zu Artikel 83 Absatz 7 der Verordnung (EU) 2016/679)

Gegen öffentliche Stellen im Sinne des § 2 Absatz 1 und 2 dürfen keine Geldbußen verhängt werden, es sei denn, die öffentlichen Stellen nehmen als Unternehmen mit eigener Rechtspersönlichkeit am Wettbewerb teil.

§ 29 Strafvorschrift (Ergänzung zu Artikel 84 der Verordnung (EU) 2016/679)

(1) Mit Freiheitsstrafe bis zu zwei Jahren oder mit Geldstrafe wird bestraft, wer

1. unbefugt von diesem Gesetz oder der Verordnung (EU) 2016/679 geschützte personenbezogene Daten, die nicht allgemein zugänglich sind,
   a) speichert, nutzt, verändert, übermittelt oder löscht,
   b) zum Abruf mittels automatisierten Verfahrens bereithält oder
   c) abruft oder sich oder einem anderen aus Dateien verschafft oder
2. durch unrichtige Angaben personenbezogene Daten, die durch dieses Gesetz oder die Verordnung (EU) 2016/679 geschützt werden und nicht allgemein zugänglich sind, erschleicht

und hierbei gegen Entgelt oder in der Absicht handelt, sich oder einen anderen zu bereichern oder einen anderen zu schädigen.

(2) Die Tat wird nur auf Antrag verfolgt. Antragsberechtigt sind die betroffene Person, die öffentliche Stelle, der Auftragsverarbeiter, die oder der Landesbeauftragte für den Datenschutz, die oder der Rundfunkbeauftragte für den Datenschutz und die Aufsichtsbehörden.

ABSCHNITT 7
Übergangsbestimmungen

§ 30 Polizeibehörden und Polizeivollzugsdienst, Justizbehörden, Landesamt für Verfassungsschutz und Vollzug des Landessicherheitsüberprüfungsgesetzes

(1) Für die Verarbeitung personenbezogener Daten durch die Polizeibehörden und den Polizeivollzugsdienst gilt, soweit sie nicht die Verordnung (EU) 2016/679 anzuwenden haben, das Landesdatenschutzgesetz in der am 20. Juni 2018 geltenden Fassung weiter, bis die Regelungen des Landes Baden-Württem-

berg zur Umsetzung der Richtlinie (EU) 2016/680 für den Bereich der Polizei in Kraft treten.

(2) Für die Verarbeitung personenbezogener Daten zu den in Artikel 2 Absatz 2 Buchstabe d der Verordnung (EU) 2016/679 genannten Zwecken durch das Justizministerium und die Justizvollzugsbehörden sowie durch die ordentlichen Gerichte und die Staatsanwaltschaften des Landes, soweit sie zu diesen Zwecken in Verwaltungsangelegenheiten tätig werden, sowie für die Behörden des Landes, die personenbezogene Daten zur Verfolgung und Ahndung von Ordnungswidrigkeiten verarbeiten, gilt das Landesdatenschutzgesetz in der am 20. Juni 2018 geltenden Fassung weiter, bis das Gesetz des Landes Baden-Württemberg zur Anpassung des besonderen Datenschutzrechts an die Verordnung und zur Umsetzung der Richtlinie (EU) 2016/680 für den Geschäftsbereich des Justizministeriums sowie für die zur Ahndung von Ordnungswidrigkeiten zuständigen Behörden des Landes in Kraft tritt.

(3) Für die Verarbeitung personenbezogener Daten durch das Landesamt für Verfassungsschutz im Rahmen der Erfüllung seiner Aufgaben nach § 3 des Landesverfassungsschutzgesetzes und beim Vollzug des Landessicherheitsüberprüfungsgesetzes gilt das Landesdatenschutzgesetz in der am 20. Juni 2018 geltenden Fassung weiter, bis das Gesetz des Landes Baden-Württemberg zur Änderung des Landesverfassungsschutzgesetzes und anderer Gesetze in Kraft tritt.

§ 31 Überleitungsvorschriften

(1) Der zum Zeitpunkt des Inkrafttretens dieses Gesetzes im Amt befindliche Landesbeauftragte für den Datenschutz gilt ab dem Tag des Inkrafttretens dieses Gesetzes als in ein Amt nach § 23 Absatz 1 berufen. Mit der Berufung in dieses Amt endet sein Beamtenverhältnis auf Zeit. Seine Amtszeit endet am 31. Dezember 2022.

(2) Mit Inkrafttreten dieses Gesetzes sind die Angehörigen des öffentlichen Dienstes bei dem Landesbeauftragten für den Datenschutz vom Landtag zu dem Landesbeauftragten für den Datenschutz versetzt.

(3) Der Personalrat bei der Dienststelle des Landesbeauftragten für den Datenschutz besteht ab Inkrafttreten dieses Gesetzes bis zu seiner Neuwahl als Personalrat bei dem Landesbeauftragten für den Datenschutz fort.

Dienstordnung für die Landesverwaltung Baden-Württemberg

Vom 9. Februar 1998 (GABl. S. 248)

Zuletzt geändert durch
Vorschriftenanordnung
vom 23. November 2004 (GABl. 2005 S. 194)

Inhaltsverzeichnis

1 Leitlinie Dienstleistung
1.1 Bürgernähe
1.1.1 Schreiben, Vordrucke
1.1.2 Zeitfaktor
1.1.3 Sprechzeiten
1.2 Vermittlung der Ziele des Verwaltungshandelns
1.3 Wirksamkeit und Wirtschaftlichkeit des Verwaltungshandelns
1.4 Laufende Aufgabenkritik

2 Leitlinie Führung und Personalwirtschaft
2.1 Führung
2.1.1 Einführung und Einarbeitung
2.1.2 Aufgaben, Delegation
2.1.3 Zeichnungsrecht
2.1.4 Information
2.1.5 Mitarbeitergespräch
2.1.6 Mitarbeiterbefragung
2.1.7 Kontrolle
2.2 Personalwirtschaft
2.2.1 Personalrunden und Personalgespräche
2.2.2 Arbeitsplatzwechsel
2.2.3 Fortbildung

3 Leitlinie Organisation
3.1 Aufbauorganisation
3.1.1 Aufbau der Behörden
3.1.2 Organisationsplan
3.1.3 Geschäftsverteilungsplan
3.1.4 Projektorganisation
3.1.5 Gruppenarbeit
3.2 Dienstbetrieb
3.2.1 Arbeitszeit
3.2.2 Verbot des Handeltreibens
3.2.3 Alkoholische Getränke
3.3 Ablauforganisation
3.3.1 Eingänge
3.3.2 Sicht- und Arbeitsvermerke
3.3.3 Federführung
3.3.4 Beteiligung und Mitzeichnung
3.3.5 Wirtschaftliche Arbeitsweise
3.3.6 Schriftverkehr, Aufnahme in die Akten
3.3.7 Anschrift der Behörden
3.3.8 Schreiben an mehrere Adressaten
3.3.9 Verfügungen
3.3.10 Zeichnung
3.3.11 Unterschrift und Beglaubigung
3.3.12 „Postversand"
3.3.13 Amtliche Verkündungs- und Bekanntmachungsblätter
3.3.14 Ausnahmen
3.4 Verkehr mit Behörden und anderen Stellen
3.4.1 Verkehr zwischen Landesbehörden
3.4.2 Einholen von Weisungen
3.4.3 Verkehr mit dem Landtag und den Abgeordneten
3.4.4 Verkehr mit Organen und Behörden der Europäischen Gemeinschaften, des Bundes und anderer Bundesländer
3.5 Geschäftsbedarf
3.5.1 Dienstsiegel
3.5.2 Vordrucke

4 Schlußbestimmungen
4.1 Geltungsbereich
4.2 Inkrafttreten
4.3 Aufhebung von Vorschriften
4.4 Fortschreibung des Anhangs 1 und 2
4.5 Ausnahme vom automatischen Außerkrafttreten

Anhang hier nicht aufgenomen:
Verwaltungsvorschriften zu Themen
der Dienstordnung
Stichwortverzeichnis
(hier nicht aufgenommen)

Dienstordnung IX.7

1 Leitlinie Dienstleistung

1.1 Bürgernähe

(1) Verwaltung muß bürgernah sein.

(2) Bürgernähe hat ihre Grenze, wo eine wohlwollende Auslegung von Rechtsvorschriften mit dem Gebot des rechtmäßigen Handelns nicht mehr vereinbar oder wo die Pflicht zur unparteiischen, objektiven Aufgabenerfüllung zum Wohl der Allgemeinheit verletzt wäre.

(3) Bürgernähe findet in vielen Bereichen des Verwaltungshandelns Ausdruck:

1.1.1. Schreiben, Vordrucke

(1) Schreiben sollen nicht nur inhaltlich verständlich sein, sondern sich auch in Wortwahl und Stil am Empfänger orientieren.

(2) Schriftverkehr soll in der persönlichen Form geführt werden („wir"; sofern dies vorgeschrieben oder zugelassen ist: „ich"). In Schreiben an private Personen sind Anrede und Grußformel zu verwenden; bei Behörden kann darauf verzichtet werden.

(3) Wenn Vordrucke nicht ohne weiteres verstanden werden können, sind sie zu erläutern.

(4) Für Schreiben im amtlichen Schriftverkehr, auch zwischen über- und untergeordneten Behörden, sollen anstelle von „Erlaß" die Begriffe „Schreiben" oder „Verfügung" verwendet werden, soweit durch Rechtsvorschrift keine andere Bezeichnung vorgeschrieben ist.

1.1.2 Zeitfaktor

(1) Schnelle Verwaltungsverfahren bei Genehmigung von Investitionsvorhaben und Infrastrukturprojekten sind ein wichtiger Standortfaktor. Betroffene können erwarten, daß berücksichtigt wird, welche Folgen z. B. die Dauer eines Verwaltungsverfahrens für sie hat.

(2) Bei längerer Bearbeitungszeit ist in einem Zwischenbescheid der voraussichtliche Erledigungstermin mitzuteilen.

1.1.3 Sprechzeiten

Landesbehörden sollen während der gesamten regelmäßigen Arbeitszeit offengehalten werden. Wenn Sprechzeiten eingeführt werden müssen, ist auf die Bedürfnisse der Bevölkerung Rücksicht zu nehmen. Behörden am gleichen Ort sollen ihre Sprechzeiten aufeinander abstimmen.

1.2 Vermittlung der Ziele des Verwaltungshandelns

(1) Die Behörden des Landes begründen und erläutern ihre Entscheidungen so, daß bei den Betroffenen Verständnis möglichst auch für ablehnende oder belastende Bescheide geweckt wird.

(2) Die Behörden beteiligen die Betroffenen möglichst frühzeitig an ihren Verfahren.

(3) Öffentlichkeitsarbeit gehört zu den Aufgaben der Behördenleitung. Mit Presse, Funk und Fernsehen verkehren grundsätzlich die Behördenleitung, die Pressereferentin oder der Pressereferent oder andere von der Behördenleitung Beauftragte.

1.3 Wirksamkeit und Wirtschaftlichkeit des Verwaltungshandelns

(1) In komplexen, umfangreichen oder aus anderen Gründen besonders schwierigen Fällen kann es angezeigt sein, Lösungen außerhalb der hierarchischen, oft arbeitsteiligen Organisation zu erarbeiten, um schneller zu besseren Ergebnissen zu kommen. Hierfür eignen sich besonders Projektgruppen oder sonstige Formen der Gruppenarbeit.

(2) Gespräche mit Betroffenen geben wichtige Hinweise, wie bestimmte Verfahren oder die öffentliche Verwaltung insgesamt verbessert werden können. Im Einzelfall können gezielte Befragungen hierfür eingesetzt werden.

(3) Der Auftrag, Aufgaben mit den verfügbaren Personal- und Sachmitteln sparsam und wirtschaftlich zu erfüllen, wird häufig zu Zielkonflikten führen. Es gehört mit zu den wichtigsten Aufgaben der Behördenleitung, diese aufzulösen, damit die Beschäftigten ihre Aufgaben sachgerecht erledigen können.

(4) Grundlage sparsamen und wirtschaftlichen Handelns sind vor allem Erkenntnisse über Kosten und Nutzen von Verwaltungsleistungen. Die Behörden stellen daher den Leistungen, die sie erbringen, soweit möglich und zweckmäßig, die Kosten gegenüber. Dazu setzen sie betriebswirtschaftliche Instrumente, z. B. Investitionsrechnung und Wertanalyse, sowie die Kosten- und Leistungsrechnung ein.

1.4 Laufende Aufgabenkritik

Die Behörden überprüfen laufend ihren Aufgabenbestand und die Art der Erledigung und wirken auf eine Optimierung hin. Hierfür ist z. B. der Vergleich mit Leistungen und Kosten anderer Behörden zu suchen, und es sind verwaltungswissenschaftliche sowie betriebswirtschaftliche Erkenntnisse zu nutzen.

2 Leitlinie Führung und Personalwirtschaft

2.1 Führung

Die Behörden der Landesverwaltung wurden durch die Leitlinien für die Führung und Zusammenarbeit vom 30. Oktober 1979 auf den Grundgedanken des kooperativen Führungsstils verpflichtet. Um dies zu gewährleisten, halten sich die Führungskräfte an den folgenden Kernbestand von Regeln.

2.1.1 Einführung und Einarbeitung

Es ist Führungsaufgabe, dafür zu sorgen, daß neue – insbesondere neu in die Landesverwaltung eintretende – Beschäftigte eingeführt und eingearbeitet werden.

2.1.2 Aufgaben, Delegation

(1) Den Beschäftigten ist grundsätzlich ein klar abgegrenzter Aufgabenbereich mit den erforderlichen Handlungs- und Entscheidungsbefugnissen zu übertragen; dabei sind insbesondere ihre Fähigkeiten und Kenntnisse zu berücksichtigen.

(2) Weisungen für den Einzelfall sind auf das sachlich Notwendige zu beschränken. Haben Beschäftigte eine Arbeit nach Weisung erledigt, können sie ihre abweichende Auffassung in den Akten festhalten. Weitergehende, z. B. beamtenrechtliche Pflichten (Remonstration) bleiben unberührt.

2.1.3 Zeichnungsrecht

(1) Die Beschäftigten zeichnen die Vorgänge abschließend, die sie ohne sachnotwendige Beteiligung von Vorgesetzten erarbeitet haben.

(2) Vorgesetzte können sich die abschließende Zeichnung in besonderen Einzelfällen vorbehalten. Allgemeine Vorbehalte sind in einer Zeichnungsregelung festzulegen. Behörden mit gleichartigen Aufgaben sollen die Zeichnung nach einheitlichen Maßstäben regeln.

(3) Das Zeichnungsrecht der Beschäftigten kann aus besonderen Gründen, insbesondere während sie sich einarbeiten, vorübergehend eingeschränkt werden.

2.1.4 Information

(1) Vorgesetzte sorgen dafür, daß allen Beschäftigten die Informationen gegeben werden, die sie benötigen, um ihre Aufgaben zu erfüllen. Dazu gehören auch Informationen über Zusammenhänge und allgemeine Umstände der Tätigkeit der Behörde, damit die Beschäftigten ihre eigenen Tätigkeiten in die Arbeit ihrer Behörde einordnen können. Die Beschäftigten haben das Recht und die Pflicht, sich in ihrem Aufgabenbereich die notwendigen Informationen zu beschaffen, vor allem, um die ihnen vorgegebenen Ziele zu erreichen.

(2) Die Beschäftigten informieren ihre Vorgesetzten über Angelegenheiten von wesentlicher Bedeutung.

(3) Mitarbeiterbesprechungen sollen regelmäßig durchgeführt werden.

2.1.5 Mitarbeitergespräch

(1) Zwischen Vorgesetzten aller Führungsebenen und den ihnen unmittelbar zugeordneten Beschäftigten sollen regelmäßig Gespräche stattfinden, die je nach Bedarf folgende Elemente enthalten:

– beraten, z. B. zu Arbeitsstil, -methoden oder -zufriedenheit und zu Fragen der Zusammenarbeit. Dieser Teil des Gesprächs

Dienstordnung IX.7

setzt Offenheit und persönliches Vertrauen zwischen den Beteiligten voraus;
- Ziele vereinbaren, z. B. fachliche Ziele oder Verhaltensziele, Handlungsgrundsätze und -rahmen. Beim nächsten Gespräch ist zu erörtern, in welchem Umfang die Ziele erreicht wurden;
- Hinweise geben für die berufliche Entwicklung, z. B. über den Qualifizierungsbedarf durch Fortbildungsmaßnahmen des Dienstherrn und Eigenleistungen, der erforderlich ist, um die übertragene Aufgabe zu erfüllen. Die Vorgesetzten legen offen, wie sie die Möglichkeiten weiterer beruflicher Entwicklung einschätzen. Sie unterstützen die Beschäftigten bei dieser Entwicklung auch dann, wenn damit ein Wechsel in eine andere Organisationseinheit verbunden sein sollte.

(2) Bei den Gesprächen sind die Kompetenzen von Fach- und Dienstvorgesetzten zu beachten.

2.1.6 Mitarbeiterbefragung

(1) Die Mitarbeiterbefragung kann eingesetzt werden, vor allem um Arbeitszufriedenheit und Motivation der Beschäftigten, Schwachstellen in der Organisation, bei der Information, bei der Führung, der Kooperation und der Bindung an die Behörde zu ermitteln.

(2) Mitarbeiterbefragungen sind grundsätzlich im Auftrag der Behördenleitung und anonym durchzuführen. Es wird empfohlen, die Personalvertretung und die Frauenvertreterin auch dann zu beteiligen, wenn dies gesetzlich nicht vorgeschrieben ist. In der Regel sollen erprobte Fragenkataloge eingesetzt werden. Die Ergebnisse sind offen zwischen der Behördenleitung und den Beschäftigten zu erörtern. Erkannte Mängel sind zu beseitigen.

2.1.7 Kontrolle

Vorgesetzte sind verpflichtet, Art und Umfang der Aufgabenerledigung der Beschäftigten zu beobachten. Umfang und eingesetzte Mittel sind situationsbezogen festzulegen. Die Auswertung muß auf den im voraus festgelegten und bekannten Arbeitszielen und Maßstäben aufbauen. Die Personalvertretung und die Frauenvertreterin sind – falls erforderlich – zu beteiligen. Kontrollen sollen Leistung und Motivation der Beschäftigten nicht einengen.

2.2 Personalwirtschaft

Verantwortung für die Führung einer Organisationseinheit und personalwirtschaftliche Verantwortung liegen in der Landesverwaltung oft nicht in einer Hand. Die folgenden Hinweise sollen helfen, die Zusammenarbeit der Behörden mit den personalverwaltenden Stellen zu verbessern.

2.2.1 Personalrunden und Personalgespräche

(1) Die Personalreferate sollen mit den Vorgesetzten regelmäßig Gespräche führen, insbesondere über Leistung und Befähigung der ihnen zugeordneten Beschäftigten und die Anforderungsprofile ihrer Arbeitsplätze (Personalrunden).

(2) Aufgrund der Personalrunden sollen für Beschäftigte Perspektiven entwickelt werden. Dabei ist die Förderung von Frauen in Bereichen, in denen sie unterrepräsentiert sind, besonders zu berücksichtigen. Bei Wechsel des Arbeitsplatzes soll – insbesondere wenn ein Wechsel auf einen weniger geschätzten Arbeitsplatz vorgesehen ist – möglichst bereits eine künftige anderweitige Verwendung geplant werden.

(3) Die Personalreferate sollen jedenfalls mit solchen Beschäftigten, die das Spitzenamt ihrer Laufbahngruppe noch nicht erreicht haben, sowie mit vergleichbaren Angestellten in angemessenen Zeitabständen Personalgespräche führen und dabei die in den Personalrunden gewonnenen Erkenntnisse verwerten.

(4) In den Personalgesprächen soll auch die weitere berufliche Entwicklung angesprochen werden.

2.2.2 Arbeitsplatzwechsel

(1) Der Arbeitsplatzwechsel ist ein wichtiges Mittel der beruflichen Entwicklung. Die Lan-

desverwaltung strebt daher hohe Mobilität der Beschäftigten an.

(2) Besonders gilt für Beschäftigte, die auf Führungsaufgaben vorbereitet werden sollen:
- Nachwuchskräfte sollen in der Probezeit und in den ersten Jahren nach der Anstellung in mehreren Fachbereichen und Verwaltungsbehörden, möglichst auf mehreren Verwaltungsebenen, verwendet werden.
- Beschäftigte kommen erst dann für hervorgehobene Funktionen in Betracht, wenn sie sich möglichst in verschiedenen Aufgabenbereichen bewährt haben.
- In das Spitzenamt einer Laufbahn soll nur befördert werden und in eine höhere Laufbahn soll grundsätzlich nur aufsteigen, wer sich auf mehreren Arbeitsplätzen besonders bewährt hat. Für Angestellte sind dabei die Eingruppierungsgrundsätze zu beachten.

(3) Spitzenpositionen sollen nur an Beschäftigte übertragen werden, die sich auf verschiedenartigen Dienstposten, möglichst auf mehreren Verwaltungsebenen oder in verschiedenen Ressorts, in verantwortlicher Stellung besonders bewährt haben. Auch in leitenden Positionen soll ein Arbeitsplatzwechsel stattfinden.

2.2.3 Fortbildung

Fortbildung ist eine der Grundlagen beruflicher Entwicklung. Vorgesetzte und personalverwaltende Stellen zeigen den Beschäftigten auf, wie sie sich selbst am Arbeitsplatz fortbilden können. Die Vorgesetzten besprechen durchgeführte Fortbildungsmaßnahmen mit den Beschäftigten, überprüfen den Ertrag in der Praxis und weisen die für die Fortbildung zuständige Stelle darauf hin, welche Mängel der Fortbildung beseitigt werden sollten.

3 Leitlinie Organisation

3.1 Aufbauorganisation

3.1.1 Aufbau der Behörden

(1) Landesbehörden sind in der Regel dreistufig, z. B. in Referate, Abteilungen und die Behördenleitung gegliedert. Andere Organisationseinheiten können gebildet werden, wenn es die Eigenart der Aufgabe rechtfertigt.

(2) Zahl und Größe der Organisationseinheiten sind so zu bemessen, daß sie mit möglichst geringem Aufwand koordiniert werden können. Zugleich muß aber eine angemessene Leitung der Organisationseinheiten gewährleistet bleiben. Die optimale Leitungsspanne wird vor allem durch die Aufgaben der Behörden bestimmt. Die Organisation ist der Aufgabenentwicklung anzupassen.

(3) Grundeinheit der Behörde ist das Referat. Jede Aufgabe soll einem Referat zugewiesen sein, soweit sie nicht wegen ihrer Eigenart bestimmten Personen übertragen ist (z. B. Bürgerreferentin oder Bürgerreferent).

(4) Einer Abteilung sind wesentliche Teile der Gesamtaufgabe der Behörde zuzuordnen. Sie besteht aus mehreren Referaten.

3.1.2 Organisationsplan

(1) Die Organisationseinheiten der Behörden sind mit Kurzbezeichnungen in einem Organisationsplan darzustellen.

(2) Behörden mit gleichartigen Aufgaben sollen in der Struktur übereinstimmen.

3.1.3 Geschäftsverteilungsplan

(1) Jede Behörde erstellt einen Geschäftsverteilungsplan. Darin werden die Aufgabengebiete voneinander abgegrenzt und den Organisationseinheiten und möglichst auch einzelnen Personen zugeordnet. Die Beschäftigten sollen nur einer Organisationseinheit zugeordnet werden.

(2) Der Geschäftsverteilungsplan soll mindestens die Aufgabengebiete in Stichworten beschreiben, Namen und Funktion der beschäftigten Personen enthalten und soweit

notwendig und sinnvoll die Vertretung regeln.

3.1.4 Projektorganisation

Komplexe und bedeutsame Vorhaben sollen als Projekte mit eigener Projektorganisation und -verantwortung abgewickelt werden. Die Projektleitung führt die Projektgruppe und organisiert, plant, überwacht und steuert das Projekt. Sehr umfangreiche und komplexe Projekte werden von einem Projektcontrolling gesteuert und von einem Lenkungsgremium beaufsichtigt.

3.1.5 Gruppenarbeit

Weitere Formen der Gruppenarbeit (z. B. Arbeitsgruppen, Arbeitskreise, Ausschüsse, Kommissionen, Qualitätszirkel, Beraterkreise) kommen in Betracht, um Entscheidungen vorzubereiten, Probleme zu untersuchen, Konzeptionen zu entwickeln und Vorhaben zu bearbeiten oder zu begleiten. Die Gruppe wird befristet oder ständig mit festgelegten Aufgaben, Kompetenzen und – falls erforderlich – Mitteln gebildet. Soweit nichts anderes bestimmt wird, organisiert sie sich selbst. Die Mitglieder der Gruppe sind untereinander gleichgestellt. Die Gruppe ist aufzulösen, wenn ihre Aufgabe erledigt ist.

3.2 Dienstbetrieb

3.2.1 Arbeitszeit

(1) Soweit es Arbeitszeitverordnung, Tarifverträge und sonstige Regelungen erlauben und dienstliche Belange nicht entgegenstehen, sollen die Behörden die Arbeitszeit flexibel gestalten.

(2) Für Gemeinschaftsveranstaltungen der Behörde (z. B. einen Betriebsausflug) darf wie bisher jährlich ein Arbeitstag in Anspruch genommen werden.

(3) Sonstige Veranstaltungen, wie z. B. Amtseinführungen und Verabschiedungen, sollen möglichst außerhalb der Kern-Arbeitszeit durchgeführt werden.

3.2.2 Verbot des Handeltreibens

(1) Es ist nicht gestattet, in Diensträumen und dienstlichen Anlagen Waren und Dienstleistungen für private Zwecke anzubieten oder zu vertreiben.

(2) Ausnahmen dürfen nur für Kantinen und Cafeterien zugelassen werden.

3.2.3 Alkoholische Getränke

Die Behörden haben dem Mißbrauch von Alkohol vorzubeugen. Der Genuß von alkoholischen Getränken ist während der Arbeitszeit nicht gestattet. Ausnahmen sollen nur bei besonderen Anlässen zugelassen werden.

3.3 Ablauforganisation

3.3.1 Eingänge

(1) Die Behörden richten Posteingangsstellen ein und regeln den Geschäftsgang. Eingänge sind zunächst entsprechend dem Aktenplan zu registrieren. Sie sollen dann den zuständigen Personen unverzüglich und möglichst unmittelbar zugeleitet werden. Die Behördenleitung bestimmt, welche Eingänge über Vorgesetzte zu leiten sind. Mit Eingängen über elektronische Kommunikationsmedien (z. B. das Landesverwaltungsnetz, Postdienste) ist entsprechend zu verfahren.

(2) Sendungen mit persönlicher Anschrift werden den Beschäftigten ungeöffnet zugeleitet. Ist der Inhalt dienstlicher Art, sind sie unverzüglich in den Geschäftsgang zu geben. An Behörden gerichtete Sendungen mit Zusätzen (z. B. „zu Händen von . . ." oder „zu Händen . . . o. V. i. A.") werden von der Posteingangsstelle geöffnet in den Geschäftsgang gegeben, wenn nichts anderes bestimmt ist.

(3) Wert- und Einschreibsendungen werden bei der Posteingangsstelle in ein Eingangsbuch eingetragen, in dem die Person den Empfang bescheinigt, der die Sendung ausgehändigt wurde.

(4) Enthalten Sendungen Bargeld, Wertsachen u. ä., so werden diese sofort an die Kasse, die Zahlstelle oder an hierfür bestimmte Personen gegen Quittung weitergegeben. Postwertzeichen sind den Eingängen zu entnehmen, nachzuweisen und zu verwenden, um Dienstsendungen freizumachen.

Freiumschläge sind den Eingängen beizufügen.

(5) Wird ein Eingang an eine andere Behörde abgegeben, ist in der Regel Abgabenachricht zu erteilen.

3.3.2 Sicht- und Arbeitsvermerke

Als Sichtvermerke gelten Striche oder Namenszeichen; mit Arbeitsvermerken (z. B. +, Schlußzeichnung der entscheidenden Verfügung vorbehalten oder bR, bitte Rücksprache) werden Hinweise für den weiteren Geschäftsgang gegeben. Es hat sich bewährt, dabei farbige Schreibmittel zu benutzen, z. B. die Behördenleitung grüne, ihre ständige Vertretung rote und die Abteilungsleitung blaue.

3.3.3 Federführung

Sind an einer Angelegenheit mehrere Organisationseinheiten beteiligt, ist die Organisationseinheit federführend, die überwiegend zuständig ist. Zweifel sind unverzüglich zu klären.

3.3.4 Beteiligung und Mitzeichnung

(1) Sind andere Organisationseinheiten oder Behörden (Stellen) von einer Angelegenheit ebenfalls berührt, sind sie frühzeitig zu beteiligen. Ist eine Mitzeichnung erforderlich, soll der Verfügungsentwurf in dringenden Fällen den Beteiligten gleichzeitig (sternförmig) zugeleitet werden. Dabei sind Texte grundsätzlich elektronisch zu übermitteln (elektronische Post, Landesverwaltungsnetz, Telefax). Bei umfangreichen Entwürfen soll angegeben werden, zu welchen Punkten die Mitzeichnung erbeten wird. Bei Einsatz von Bürokommunikationssystemen ist die Mitzeichnung möglichst elektronisch abzuwickeln.

(2) Änderungs- und Ergänzungsvorschläge sind an die federführende Stelle zu richten und, soweit notwendig, zu begründen; d. h. die Mitzeichnenden dürfen den Entwurf nur einvernehmlich mit der Person der federführenden Stelle ergänzen oder ändern, die zuletzt unterzeichnet hat. Wird die Mitzeichnung abgelehnt, ist dies ebenfalls zu begründen.

(3) Keine Mitzeichnung wird eingeholt, wenn Stellungnahmen der zu beteiligenden Stellen im endgültigen Entwurf voll berücksichtigt wurden oder das Einverständnis auf andere Weise erklärt worden ist.

3.3.5 Wirtschaftliche Arbeitsweise

(1) Um zeit- und kostensparend zu arbeiten und unnötigen Aufwand zu vermeiden

- ist z. B. herkömmlicher Schriftwechsel nur dann zu führen, wenn die Sache mündlich, fernmündlich oder mit elektronischen Übertragungsmitteln nicht ausreichend oder zweckmäßig erledigt werden kann,

- sind Schreiben kurz zu fassen und, wenn vertretbar, handschriftlich ausgefüllte Kurzmitteilungen zu verwenden,

- sind Dienstbesprechungen anzuberaumen, um Verwaltungshandeln abzustimmen und zu beschleunigen, Erfahrungen auszutauschen oder um wichtige Informationen weiterzugeben; wenn über Besprechungen Protokolle gefertigt werden, sollen diese sich darauf beschränken, Ergebnisse festzuhalten.

- sind die Möglichkeiten der Informations- und Kommunikationstechnik zu nutzen,

- sind angemessene Termine zu setzen, wenn Stellungnahmen angefordert und andere Stellen beteiligt werden,

- ist nur ausnahmsweise zu fordern, Vollzug zu melden oder Fehlanzeige zu erstatten,

- sind Rechts- und Verwaltungsvorschriften, Rundschreiben u. ä., die amtlich veröffentlicht werden, nur dann mit besonderen Anschreiben zu versenden, wenn der zeitgerechte Vollzug dies gebietet,

- sind Vorbemerkungen und Vermerke nur zu fertigen, wenn ohne sie eine Verfügung nicht verständlich ist oder wenn wichtige Informationen in den Akten festzuhalten sind. Sie sind knapp zu fassen.

(2) Am Arbeitsplatz können zur eigenen Kontrolle u. a. eingesetzt werden:

- persönliche Arbeitsstatistiken mit Hilfe von Fallzahlen, Kennzahlen usw.,

- periodische Arbeitsberichte.

3.3.6 Schriftverkehr, Aufnahme in die Akten

(1) Werden Schreiben mit Hilfe der Informationstechnik erstellt, ist sicherzustellen, daß sie in der Fassung zu den Akten gelangen, in der sie versandt wurden. Elektronisch bearbeitete Entwürfe, die bis zur Schlußzeichnung in wesentlichen Teilen geändert wurden, sind auch in ihren früheren Fassungen zu den Akten zu nehmen, soweit deren Verfasserin oder Verfasser dies verfügt.

(2) Auf andere Weise erstellte Schreiben sind im Reinschriftverfahren mit einer Mehrfertigung (als „Entwurf") für die Akten anzufertigen. Entwürfe für Schreiben sind nur zu fertigen, wenn damit zu rechnen ist, daß der Text voraussichtlich geändert werden muß.

3.3.7 Anschrift der Behörden

Schreiben sind mit Ausnahme von Personalvorgängen oder Vorgängen mit anderem vertraulichem Inhalt grundsätzlich an die Behörde und nicht an einzelne Personen zu adressieren. Dies gilt auch für Schreiben, die über elektronische Kommunikationsmedien versandt werden.

3.3.8 Schreiben an mehrere Adressaten

Bei Schreiben gleichen Inhalts an mehrere Stellen sollen sämtliche in der Anschrift aufgeführt oder eine Sammelanschrift mit besonderem Verteiler verwendet werden. In Schreiben, die andere Stellen nur zur Kenntnis erhalten, ist in die Anschrift der Zusatz „nachrichtlich" aufzunehmen. Werden mit Hilfe der Informationstechnik anstelle einer Sammelanschrift inhaltsgleiche Schreiben mit Einzelanschriften versehen, genügt es, in geeigneter Weise allen Empfängern in möglichst knapper Form mitzuteilen, welcher Verteiler benutzt wurde.

3.3.9 Verfügungen

Jeder Vorgang ist mit einer schriftlichen, abschließend gezeichneten Verfügung zu erledigen (Wv, d. h. Wiedervorlage mit Frist; zV, d. h. zum Vorgang, bei dem bereits eine Frist läuft, wenn eine Einzelbearbeitung nicht oder noch nicht erforderlich ist; zdA, d. h. zu den Akten, wenn die Angelegenheit abgeschlossen oder in absehbarer Zeit nichts zu veranlassen ist; wegl, d. h. weglegen, wenn das Schriftstück nicht dauernd und nicht in den Akten aufbewahrt werden muß).

3.3.10 Zeichnung

Verfügungen sind mit Namenszeichen und Datum zu zeichnen. Abschließende Zeichnung ist kenntlich zu machen, z. B. indem das Namenszeichen unterstrichen wird.

3.3.11 Unterschrift und Beglaubigung

(1) Schreiben mit Anrede und Grußformel sollen eigenhändig unterschrieben werden. Unter die Unterschrift ist der Name in Maschinenschrift zu setzen.

(2) Schreiben werden ohne die Zusätze „In Vertretung" oder „Im Auftrag" unterschrieben, es sei denn, dies ist rechtlich vorgegeben. Die Behördenleitung kann ihrer Unterschrift die Amtsbezeichnung, die Stellvertretung den Zusatz „In Vertretung der oder des . . . (Behördenleitung)" hinzufügen.

(3) Gleiche Schreiben, die in großer Zahl benötigt werden, können mit der Unterschrift vervielfältigt werden. Werden solche Schreiben mit Hilfe der Informationstechnik ausgefertigt, kann auf eine Unterschrift ganz verzichtet werden. Auch dabei sollte der Name der Person, die schlußgezeichnet hat, unter das Schreiben gesetzt werden.

(4) Bei Schreiben in und zwischen Behörden ist auf eine Unterschrift und auf eine Beglaubigung zu verzichten. In diesen Fällen wird der Name der Person, die schlußgezeichnet hat, mit dem Zusatz „gez." unter das Schreiben gesetzt. Bei Schreiben an andere Empfänger kann oder muß, je nach Rechtslage, die nicht eigenhändige Unterschrift beglaubigt werden.

3.3.12 „Postversand"

Behörden können Postausgangsstellen einrichten. Für den Versand ist der wirtschaftlichste und zweckmäßigste Weg zu wählen. Insbesondere sind der zwischenbehördliche Postaustausch und die elektronischen Kommunikationsmedien so weit wie möglich zu nutzen.

3.3.13 (weggefallen)

3.3.14 Ausnahmen

Bei Einsatz der Informations- und Kommunikationstechnik kann, soweit erforderlich, von den vorstehenden Regeln des Abschnitts 3.3 abgewichen werden. Durch geeignete organisatorische Maßnahmen ist sicherzustellen, daß die Ziele der Regeln – z. B. Verfahrenssicherheit, Wirtschaftlichkeit – gleichwohl erreicht werden.

3.4 Verkehr mit Behörden und anderen Stellen

3.4.1 Verkehr zwischen Landesbehörden

Übergeordnete und nachgeordnete Behörden verkehren auf dem Dienstweg. Davon ist abzusehen, wenn anzunehmen ist, daß die zwischengeschaltete Behörde in der Sache nicht tätig wird; sie ist dann gleichzeitig zu unterrichten, es sei denn, Gründe des Datenschutzes stehen entgegen. Behörden der gleichen Verwaltungsebene verkehren unmittelbar miteinander, soweit für einzelne Verwaltungsverfahren nichts abweichendes geregelt ist.

3.4.2 Einholen von Weisungen

Weisung einer übergeordneten Behörde wird nur eingeholt, wenn die Entscheidung besonders schwierig ist, die Entscheidungspraxis vereinheitlicht werden soll oder wenn die Entscheidung von grundsätzlicher oder weittragender Bedeutung ist. Wird Weisung eingeholt, ist zugleich die eigene Auffassung darzulegen.

3.4.3 Verkehr mit dem Landtag und den Abgeordneten

(1) Der Verkehr mit dem Landtag ist den obersten Landesbehörden vorbehalten. Die den Ministerien nachgeordneten Behörden sind nicht befugt, sich unmittelbar an den Landtag oder an einzelne Abgeordnete zu wenden.

(2) Wenden sich Abgeordnete unmittelbar an Behörden, die den Ministerien nachgeordnet sind, oder an einzelne dort beschäftigte Personen, ist das zuständige Ministerium zu unterrichten, wenn es sich um Anliegen von erheblicher politischer Bedeutung handelt.

3.4.4 Verkehr mit Organen und Behörden der Europäischen Gemeinschaften, des Bundes und anderer Bundesländer

Mit den Organen der Europäischen Gemeinschaften, des Bundes und der anderen Bundesländer sowie mit den obersten Behörden des Bundes und der anderen Länder verkehren die nachgeordneten Behörden über die Ministerien, soweit nichts anderes bestimmt ist. An Schriftverkehr von erheblicher Bedeutung mit den genannten Stellen ist die Vertretung des Landes Baden-Württemberg beim Bund und in europäischen Angelegenheiten nachrichtlich zu beteiligen. Im übrigen verkehren die Behörden des Landes mit den Behörden des Bundes, den bundesunmittelbaren Körperschaften, Anstalten und Stiftungen des öffentlichen Rechts sowie mit den Behörden der anderen Länder in der Regel unmittelbar.

3.5 Geschäftsbedarf

3.5.1 Dienstsiegel

Die Zahl der Dienstsiegel und die Befugnis, ein Dienstsiegel zu führen, sind auf das Notwendige zu beschränken. Die Dienstsiegel sind zu kennzeichnen und in Listen zu erfassen. Sie dürfen nur gegen Empfangsbescheinigung ausgehändigt werden. Dienstsiegel sind unter Verschluß zu halten; ihr Verlust ist unverzüglich anzuzeigen.

3.5.2 Vordrucke

Bei standardisierbaren Vorgängen sind Vordrucke zu verwenden, die möglichst auch elektronisch erstellt, vorgehalten und verarbeitet werden können.

4 Schlußbestimmungen

4.1 Geltungsbereich

(1) Die Dienstordnung gilt für die Behörden des Landes mit Ausnahme des Geschäftsbereichs des Rechnungshofs, der Gerichte, der Staatsanwaltschaften, der Notariate und der

Strafvollzugsbehörden. In Dienststellen und Einrichtungen des Landes gilt sie nur, soweit deren Beschäftigte Verwaltungsaufgaben wahrnehmen.

(2) Die Dienstordnung kann für Behörden zu einer „Geschäftsordnung" abgerundet werden.

(3) Verwaltungsvorschriften des Bundes zur Ausführung von Bundesgesetzen durch die Länder und Verwaltungsvorschriften, die einheitlich in mehreren Bundesländern angewendet werden und vom Land übernommen sind, gehen den Bestimmungen dieser Dienstordnung vor.

4.2 Inkrafttreten

Die Dienstordnung tritt mit sofortiger Wirkung in Kraft.

4.3 Aufhebung von Vorschriften

Mit sofortiger Wirkung tritt der Erlaß der Landesregierung zur Einführung der „Leitlinien für die Führung und Zusammenarbeit in der Verwaltung des Landes Baden-Württemberg" vom 30. Oktober 1979 (GABl. 1980 S. 97) außer Kraft.

Die Dienstordnung für die Landesbehörden in Baden-Württemberg in der Fassung vom 13. Januar 1976 (GABl. S. 194, ber. S. 676), geändert am 29. November 1984 (GABl. S. 1054), deren Weitergeltung durch Verwaltungsvorschrift des Innenministeriums vom 1. Dezember 1986 (GABl. S. 1188) verfügt wurde, ist mit Wirkung vom 1. Januar 1997 durch Fristablauf bereits außer Kraft getreten.

4.4 Fortschreibung des Anhangs 1 und 2

Das Innenministerium wird ermächtigt, Anhang 1 und 2 bei Bedarf fortzuschreiben.

4.5 Ausnahme vom automatischen Außerkrafttreten

Die Dienstordnung trifft Organisationsordnungen. Sie ist nach Abschnitt IV Nr. 3 Buchst. c der Bereinigungsanordnung vom automatischen Außerkrafttreten ausgenommen.

Anhang hier nicht aufgenommen

X Allgemeine Schutzvorschriften

X.1 Allgemeines Gleichbehandlungsgesetz (AGG) 1148
X.2 Gesetz über die Durchführung von Maßnahmen des Arbeitsschutzes zur Verbesserung der Sicherheit und des Gesundheitsschutzes der Beschäftigten bei der Arbeit
(Arbeitsschutzgesetz – ArbSchG) 1161
X.3 Landesnichtraucherschutzgesetz (LNRSchG) 1174

Allgemeines Gleichbehandlungsgesetz (AGG)

Vom 14. August 2006 (BGBl. I S. 1897)

Zuletzt geändert durch
Gesetz zur Anpassung der Bundesbesoldung und -versorgung für die Jahre 2023 und 2024
sowie zur Änderung weiterer dienstrechtlicher Vorschriften
vom 22. Dezember 2023 (BGBl. I Nr. 414)

Abschnitt 1
Allgemeiner Teil

§ 1 Ziel des Gesetzes

Ziel des Gesetzes ist, Benachteiligungen aus Gründen der Rasse oder wegen der ethnischen Herkunft, des Geschlechts, der Religion oder Weltanschauung, einer Behinderung, des Alters oder der sexuellen Identität zu verhindern oder zu beseitigen.

§ 2 Anwendungsbereich

(1) Benachteiligungen aus einem in § 1 genannten Grund sind nach Maßgabe dieses Gesetzes unzulässig in Bezug auf:

1. die Bedingungen, einschließlich Auswahlkriterien und Einstellungsbedingungen, für den Zugang zu unselbstständiger und selbstständiger Erwerbstätigkeit, unabhängig von Tätigkeitsfeld und beruflicher Position, sowie für den beruflichen Aufstieg,
2. die Beschäftigungs- und Arbeitsbedingungen einschließlich Arbeitsentgelt und Entlassungsbedingungen, insbesondere in individual- und kollektivrechtlichen Vereinbarungen und Maßnahmen bei der Durchführung und Beendigung eines Beschäftigungsverhältnisses sowie beim beruflichen Aufstieg,
3. den Zugang zu allen Formen und allen Ebenen der Berufsberatung, der Berufsbildung einschließlich der Berufsausbildung, der beruflichen Weiterbildung und der Umschulung sowie der praktischen Berufserfahrung,
4. die Mitgliedschaft und Mitwirkung in einer Beschäftigten- oder Arbeitgebervereinigung oder einer Vereinigung, deren Mitglieder einer bestimmten Berufsgruppe angehören, einschließlich der Inanspruchnahme der Leistungen solcher Vereinigungen,
5. den Sozialschutz, einschließlich der sozialen Sicherheit und der Gesundheitsdienste,
6. die sozialen Vergünstigungen,
7. die Bildung,
8. den Zugang zu und die Versorgung mit Gütern und Dienstleistungen, die der Öffentlichkeit zur Verfügung stehen, einschließlich von Wohnraum.

(2) ₁Für Leistungen nach dem Sozialgesetzbuch gelten § 33c des Ersten Buches Sozialgesetzbuch und § 19a des Vierten Buches Sozialgesetzbuch. ₂Für die betriebliche Altersvorsorge gilt das Betriebsrentengesetz.

(3) ₁Die Geltung sonstiger Benachteiligungsverbote oder Gebote der Gleichbehandlung wird durch dieses Gesetz nicht berührt. ₂Dies gilt auch für öffentlich-rechtliche Vorschriften, die dem Schutz bestimmter Personengruppen dienen.

(4) Für Kündigungen gelten ausschließlich die Bestimmungen zum allgemeinen und besonderen Kündigungsschutz.

§ 3 Begriffsbestimmungen

(1) ₁Eine unmittelbare Benachteiligung liegt vor, wenn eine Person wegen eines in § 1 genannten Grundes eine weniger günstige Behandlung erfährt, als eine andere Person in einer vergleichbaren Situation erfährt, erfahren hat oder erfahren würde. ₂Eine unmittelbare Benachteiligung wegen des Geschlechts liegt in Bezug auf § 2 Abs. 1 Nr. 1 bis 4 auch im Falle einer ungünstigeren Behandlung einer Frau wegen Schwangerschaft oder Mutterschaft vor.

(2) Eine mittelbare Benachteiligung liegt vor, wenn dem Anschein nach neutrale Vorschrif-

ten, Kriterien oder Verfahren Personen wegen eines in § 1 genannten Grundes gegenüber anderen Personen in besonderer Weise benachteiligen können, es sei denn, die betreffenden Vorschriften, Kriterien oder Verfahren sind durch ein rechtmäßiges Ziel sachlich gerechtfertigt und die Mittel sind zur Erreichung dieses Ziels angemessen und erforderlich.

(3) Eine Belästigung ist eine Benachteiligung, wenn unerwünschte Verhaltensweisen, die mit einem in § 1 genannten Grund in Zusammenhang stehen, bezwecken oder bewirken, dass die Würde der betreffenden Person verletzt und ein von Einschüchterungen, Anfeindungen, Erniedrigungen, Entwürdigungen oder Beleidigungen gekennzeichnetes Umfeld geschaffen wird.

(4) Eine sexuelle Belästigung ist eine Benachteiligung in Bezug auf § 2 Abs. 1 Nr. 1 bis 4, wenn ein unerwünschtes, sexuell bestimmtes Verhalten, wozu auch unerwünschte sexuelle Handlungen und Aufforderungen zu diesen, sexuell bestimmte körperliche Berührungen, Bemerkungen sexuellen Inhalts sowie unerwünschtes Zeigen und sichtbares Anbringen von pornographischen Darstellungen gehören, bezweckt oder bewirkt, dass die Würde der betreffenden Person verletzt wird, insbesondere wenn ein von Einschüchterungen, Anfeindungen, Erniedrigungen, Entwürdigungen oder Beleidigungen gekennzeichnetes Umfeld geschaffen wird.

(5) ₁Die Anweisung zur Benachteiligung einer Person aus einem in § 1 genannten Grund gilt als Benachteiligung. ₂Eine solche Anweisung liegt in Bezug auf § 2 Abs. 1 Nr. 1 bis 4 insbesondere vor, wenn jemand eine Person zu einem Verhalten bestimmt, das einen Beschäftigten oder eine Beschäftigte wegen eines in § 1 genannten Grundes benachteiligt oder benachteiligen kann.

§ 4 Unterschiedliche Behandlung wegen mehrerer Gründe

Erfolgt eine unterschiedliche Behandlung wegen mehrerer in § 1 genannten Gründe, so kann diese unterschiedliche Behandlung nach den §§ 8 bis 10 und 20 nur gerechtfertigt werden, wenn sich die Rechtfertigung auf alle diese Gründe erstreckt, derentwegen die unterschiedliche Behandlung erfolgt.

§ 5 Positive Maßnahmen

Ungeachtet der in den §§ 8 bis 10 sowie in § 20 benannten Gründe ist eine unterschiedliche Behandlung auch zulässig, wenn durch geeignete und angemessene Maßnahmen bestehende Nachteile wegen eines in § 1 genannten Grundes verhindert oder ausgeglichen werden sollen.

Abschnitt 2
Schutz der Beschäftigten vor Benachteiligung

Unterabschnitt 1
Verbot der Benachteiligung

§ 6 Persönlicher Anwendungsbereich

(1) ₁Beschäftigte im Sinne dieses Gesetzes sind

1. Arbeitnehmerinnen und Arbeitnehmer,
2. die zu ihrer Berufsbildung Beschäftigten,
3. Personen, die wegen ihrer wirtschaftlichen Unselbstständigkeit als arbeitnehmerähnliche Personen anzusehen sind; zu diesen gehören auch die in Heimarbeit Beschäftigten und die ihnen Gleichgestellten.

₂Als Beschäftigte gelten auch die Bewerberinnen und Bewerber für ein Beschäftigungsverhältnis sowie die Personen, deren Beschäftigungsverhältnis beendet ist.

(2) ₁Arbeitgeber (Arbeitgeber und Arbeitgeberinnen) im Sinne dieses Abschnitts sind natürliche und juristische Personen sowie rechtsfähige Personengesellschaften, die Personen nach Absatz 1 beschäftigen. ₂Werden Beschäftigte einem Dritten zur Arbeitsleistung überlassen, so gilt auch dieser als Arbeitgeber im Sinne dieses Abschnitts. ₃Für die in Heimarbeit Beschäftigten und die ihnen Gleichgestellten tritt an die Stelle des Arbeitgebers der Auftraggeber oder Zwischenmeister.

(3) Soweit es die Bedingungen für den Zugang zur Erwerbstätigkeit sowie den beruflichen Aufstieg betrifft, gelten die Vorschriften dieses Abschnitts für Selbstständige und Organ-

mitglieder, insbesondere Geschäftsführer oder Geschäftsführerinnen und Vorstände, entsprechend.

§ 7 Benachteiligungsverbot

(1) Beschäftigte dürfen nicht wegen eines in § 1 genannten Grundes benachteiligt werden; dies gilt auch, wenn die Person, die die Benachteiligung begeht, das Vorliegen eines in § 1 genannten Grundes bei der Benachteiligung nur annimmt.

(2) Bestimmungen in Vereinbarungen, die gegen das Benachteiligungsverbot des Absatzes 1 verstoßen, sind unwirksam.

(3) Eine Benachteiligung nach Absatz 1 durch Arbeitgeber oder Beschäftigte ist eine Verletzung vertraglicher Pflichten.

§ 8 Zulässige unterschiedliche Behandlung wegen beruflicher Anforderungen

(1) Eine unterschiedliche Behandlung wegen eines in § 1 genannten Grundes ist zulässig, wenn dieser Grund wegen der Art der auszuübenden Tätigkeit oder der Bedingungen ihrer Ausübung eine wesentliche und entscheidende berufliche Anforderung darstellt, sofern der Zweck rechtmäßig und die Anforderung angemessen ist.

(2) Die Vereinbarung einer geringeren Vergütung für gleiche oder gleichwertige Arbeit wegen eines in § 1 genannten Grundes wird nicht dadurch gerechtfertigt, dass wegen eines in § 1 genannten Grundes besondere Schutzvorschriften gelten.

§ 9 Zulässige unterschiedliche Behandlung wegen der Religion oder Weltanschauung

(1) Ungeachtet des § 8 ist eine unterschiedliche Behandlung wegen der Religion oder der Weltanschauung bei der Beschäftigung durch Religionsgemeinschaften, die ihnen zugeordneten Einrichtungen ohne Rücksicht auf ihre Rechtsform oder durch Vereinigungen, die sich die gemeinschaftliche Pflege einer Religion oder Weltanschauung zur Aufgabe machen, auch zulässig, wenn eine bestimmte Religion oder Weltanschauung unter Beachtung des Selbstverständnisses der jeweiligen Religionsgemeinschaft oder Vereinigung im Hinblick auf ihr Selbstbestimmungsrecht oder nach der Art der Tätigkeit eine gerechtfertigte berufliche Anforderung darstellt.

(2) Das Verbot unterschiedlicher Behandlung wegen der Religion oder der Weltanschauung berührt nicht das Recht der in Absatz 1 genannten Religionsgemeinschaften, der ihnen zugeordneten Einrichtungen ohne Rücksicht auf ihre Rechtsform oder der Vereinigungen, die sich die gemeinschaftliche Pflege einer Religion oder Weltanschauung zur Aufgabe machen, von ihren Beschäftigten ein loyales und aufrichtiges Verhalten im Sinne ihres jeweiligen Selbstverständnisses verlangen zu können.

§ 10 Zulässige unterschiedliche Behandlung wegen des Alters

₁Ungeachtet des § 8 ist eine unterschiedliche Behandlung wegen des Alters auch zulässig, wenn sie objektiv und angemessen und durch ein legitimes Ziel gerechtfertigt ist. ₂Die Mittel zur Erreichung dieses Ziels müssen angemessen und erforderlich sein. ₃Derartige unterschiedliche Behandlungen können insbesondere Folgendes einschließen:

1. die Festlegung besonderer Bedingungen für den Zugang zur Beschäftigung und zur beruflichen Bildung sowie besonderer Beschäftigungs- und Arbeitsbedingungen, einschließlich der Bedingungen für Entlohnung und Beendigung des Beschäftigungsverhältnisses, um die berufliche Eingliederung von Jugendlichen, älteren Beschäftigten und Personen mit Fürsorgepflichten zu fördern oder ihren Schutz sicherzustellen,

2. die Festlegung von Mindestanforderungen an das Alter, die Berufserfahrung oder das Dienstalter für den Zugang zur Beschäftigung oder für bestimmte mit der Beschäftigung verbundene Vorteile,

3. die Festsetzung eines Höchstalters für die Einstellung auf Grund der spezifischen Ausbildungsanforderungen eines bestimmten Arbeitsplatzes oder auf Grund der Notwendigkeit einer angemessenen Be-

schäftigungszeit vor dem Eintritt in den Ruhestand,
4. die Festsetzung von Altersgrenzen bei den betrieblichen Systemen der sozialen Sicherheit als Voraussetzung für die Mitgliedschaft oder den Bezug von Altersrente oder von Leistungen bei Invalidität einschließlich der Festsetzung unterschiedlicher Altersgrenzen im Rahmen dieser Systeme für bestimmte Beschäftigte oder Gruppen von Beschäftigten und die Verwendung von Alterskriterien im Rahmen dieser Systeme für versicherungsmathematische Berechnungen,
5. eine Vereinbarung, die die Beendigung des Beschäftigungsverhältnisses ohne Kündigung zu einem Zeitpunkt vorsieht, zu dem der oder die Beschäftigte eine Rente wegen Alters beantragen kann; § 41 des Sechsten Buches Sozialgesetzbuch bleibt unberührt,
6. Differenzierungen von Leistungen in Sozialplänen im Sinne des Betriebsverfassungsgesetzes, wenn die Parteien eine nach Alter oder Betriebszugehörigkeit gestaffelte Abfindungsregelung geschaffen haben, in der die wesentlich vom Alter abhängigen Chancen auf dem Arbeitsmarkt durch eine verhältnismäßig starke Betonung des Lebensalters erkennbar berücksichtigt worden sind, oder Beschäftigte von den Leistungen des Sozialplans ausgeschlossen haben, die wirtschaftlich abgesichert sind, weil sie, gegebenenfalls nach Bezug von Arbeitslosengeld, rentenberechtigt sind.

Unterabschnitt 2
Organisationspflichten des Arbeitgebers

§ 11 Ausschreibung
Ein Arbeitsplatz darf nicht unter Verstoß gegen § 7 Abs. 1 ausgeschrieben werden.

§ 12 Maßnahmen und Pflichten des Arbeitgebers
(1) ₁Der Arbeitgeber ist verpflichtet, die erforderlichen Maßnahmen zum Schutz vor Benachteiligungen wegen eines in § 1 genannten Grundes zu treffen. ₂Dieser Schutz umfasst auch vorbeugende Maßnahmen.

(2) ₁Der Arbeitgeber soll in geeigneter Art und Weise, insbesondere im Rahmen der beruflichen Aus- und Fortbildung, auf die Unzulässigkeit solcher Benachteiligungen hinweisen und darauf hinwirken, dass diese unterbleiben. ₂Hat der Arbeitgeber seine Beschäftigten in geeigneter Weise zum Zwecke der Verhinderung von Benachteiligung geschult, gilt dies als Erfüllung seiner Pflichten nach Absatz 1.

(3) Verstoßen Beschäftigte gegen das Benachteiligungsverbot des § 7 Abs. 1, so hat der Arbeitgeber die im Einzelfall geeigneten, erforderlichen und angemessenen Maßnahmen zur Unterbindung der Benachteiligung wie Abmahnung, Umsetzung, Versetzung oder Kündigung zu ergreifen.

(4) Werden Beschäftigte bei der Ausübung ihrer Tätigkeit durch Dritte nach § 7 Abs. 1 benachteiligt, so hat der Arbeitgeber die im Einzelfall geeigneten, erforderlichen und angemessenen Maßnahmen zum Schutz der Beschäftigten zu ergreifen.

(5) ₁Dieses Gesetz und § 61b des Arbeitsgerichtsgesetzes sowie Informationen über die für die Behandlung von Beschwerden nach § 13 zuständigen Stellen sind im Betrieb oder in der Dienststelle bekannt zu machen. ₂Die Bekanntmachung kann durch Aushang oder Auslegung an geeigneter Stelle oder den Einsatz der im Betrieb oder der Dienststelle üblichen Informations- und Kommunikationstechnik erfolgen.

Unterabschnitt 3
Rechte der Beschäftigten

§ 13 Beschwerderecht
(1) ₁Die Beschäftigten haben das Recht, sich bei den zuständigen Stellen des Betriebs, des Unternehmens oder der Dienststelle zu beschweren, wenn sie sich im Zusammenhang mit ihrem Beschäftigungsverhältnis vom Arbeitgeber, von Vorgesetzten, anderen Beschäftigten oder Dritten wegen eines in § 1 genannten Grundes benachteiligt fühlen. ₂Die Beschwerde ist zu prüfen und das Ergebnis

der oder dem beschwerdeführenden Beschäftigten mitzuteilen.

(2) Die Rechte der Arbeitnehmervertretungen bleiben unberührt.

§ 14 Leistungsverweigerungsrecht

₁Ergreift der Arbeitgeber keine oder offensichtlich ungeeignete Maßnahmen zur Unterbindung einer Belästigung oder sexuellen Belästigung am Arbeitsplatz, sind die betroffenen Beschäftigten berechtigt, ihre Tätigkeit ohne Verlust des Arbeitsentgelts einzustellen, soweit dies zu ihrem Schutz erforderlich ist. ₂§ 273 des Bürgerlichen Gesetzbuchs bleibt unberührt.

§ 15 Entschädigung und Schadensersatz

(1) ₁Bei einem Verstoß gegen das Benachteiligungsverbot ist der Arbeitgeber verpflichtet, den hierdurch entstandenen Schaden zu ersetzen. ₂Dies gilt nicht, wenn der Arbeitgeber die Pflichtverletzung nicht zu vertreten hat.

(2) ₁Wegen eines Schadens, der nicht Vermögensschaden ist, kann der oder die Beschäftigte eine angemessene Entschädigung in Geld verlangen. ₂Die Entschädigung darf bei einer Nichteinstellung drei Monatsgehälter nicht übersteigen, wenn der oder die Beschäftigte auch bei benachteiligungsfreier Auswahl nicht eingestellt worden wäre.

(3) Der Arbeitgeber ist bei der Anwendung kollektiv-rechtlicher Vereinbarungen nur dann zur Entschädigung verpflichtet, wenn er vorsätzlich oder grob fahrlässig handelt.

(4) ₁Ein Anspruch nach Absatz 1 oder 2 muss innerhalb einer Frist von zwei Monaten schriftlich geltend gemacht werden, es sei denn, die Tarifvertragsparteien haben etwas anderes vereinbart. ₂Die Frist beginnt im Falle einer Bewerbung oder eines beruflichen Aufstiegs mit dem Zugang der Ablehnung und in den sonstigen Fällen einer Benachteiligung zu dem Zeitpunkt, in dem der oder die Beschäftigte von der Benachteiligung Kenntnis erlangt.

(5) Im Übrigen bleiben Ansprüche gegen den Arbeitgeber, die sich aus anderen Rechtsvorschriften ergeben, unberührt.

(6) Ein Verstoß des Arbeitgebers gegen das Benachteiligungsverbot des § 7 Abs. 1 begründet keinen Anspruch auf Begründung eines Beschäftigungsverhältnisses, Berufsausbildungsverhältnisses oder einen beruflichen Aufstieg, es sei denn, ein solcher ergibt sich aus einem anderen Rechtsgrund.

§ 16 Maßregelungsverbot

(1) ₁Der Arbeitgeber darf Beschäftigte nicht wegen der Inanspruchnahme von Rechten nach diesem Abschnitt oder wegen der Weigerung, eine gegen diesen Abschnitt verstoßende Anweisung auszuführen, benachteiligen. ₂Gleiches gilt für Personen, die den Beschäftigten hierbei unterstützen oder als Zeuginnen oder Zeugen aussagen.

(2) ₁Die Zurückweisung oder Duldung benachteiligender Verhaltensweisen durch betroffene Beschäftigte darf nicht als Grundlage für eine Entscheidung herangezogen werden, die diese Beschäftigten berührt. ₂Absatz 1 Satz 2 gilt entsprechend.

(3) § 22 gilt entsprechend.

**Unterabschnitt 4
Ergänzende Vorschriften**

§ 17 Soziale Verantwortung der Beteiligten

(1) Tarifvertragsparteien, Arbeitgeber, Beschäftigte und deren Vertretungen sind aufgefordert, im Rahmen ihrer Aufgaben und Handlungsmöglichkeiten an der Verwirklichung des in § 1 genannten Ziels mitzuwirken.

(2) ₁In Betrieben, in denen die Voraussetzungen des § 1 Abs. 1 Satz 1 des Betriebsverfassungsgesetzes vorliegen, können bei einem groben Verstoß des Arbeitgebers gegen Vorschriften aus diesem Abschnitt der Betriebsrat oder eine im Betrieb vertretene Gewerkschaft unter der Voraussetzung des § 23 Abs. 3 Satz 1 des Betriebsverfassungsgesetzes die dort genannten Rechte gerichtlich geltend machen; § 23 Abs. 3 Satz 2 bis 5 des Betriebsverfassungsgesetzes gilt entsprechend. ₂Mit dem Antrag dürfen nicht Ansprüche des Benachteiligten geltend gemacht werden.

§ 18 Mitgliedschaft in Vereinigungen

(1) Die Vorschriften dieses Abschnitts gelten entsprechend für die Mitgliedschaft oder die Mitwirkung in einer

1. Tarifvertragspartei,
2. Vereinigung, deren Mitglieder einer bestimmten Berufsgruppe angehören oder die eine überragende Machtstellung im wirtschaftlichen oder sozialen Bereich innehat, wenn ein grundlegendes Interesse am Erwerb der Mitgliedschaft besteht,

sowie deren jeweiligen Zusammenschlüssen.

(2) Wenn die Ablehnung einen Verstoß gegen das Benachteiligungsverbot des § 7 Abs. 1 darstellt, besteht ein Anspruch auf Mitgliedschaft oder Mitwirkung in den in Absatz 1 genannten Vereinigungen.

Abschnitt 3
Schutz vor Benachteiligung im Zivilrechtsverkehr

§ 19 Zivilrechtliches Benachteiligungsverbot

(1) Eine Benachteiligung aus Gründen der Rasse oder wegen der ethnischen Herkunft, wegen des Geschlechts, der Religion, einer Behinderung, des Alters oder der sexuellen Identität bei der Begründung, Durchführung und Beendigung zivilrechtlicher Schuldverhältnisse, die

1. typischerweise ohne Ansehen der Person zu vergleichbaren Bedingungen in einer Vielzahl von Fällen zustande kommen (Massengeschäfte) oder bei denen das Ansehen der Person nach der Art des Schuldverhältnisses eine nachrangige Bedeutung hat und die zu vergleichbaren Bedingungen in einer Vielzahl von Fällen zustande kommen oder
2. eine privatrechtliche Versicherung zum Gegenstand haben,

ist unzulässig.

(2) Eine Benachteiligung aus Gründen der Rasse oder wegen der ethnischen Herkunft ist darüber hinaus auch bei der Begründung, Durchführung und Beendigung sonstiger zivilrechtlicher Schuldverhältnisse im Sinne des § 2 Abs. 1 Nr. 5 bis 8 unzulässig.

(3) Bei der Vermietung von Wohnraum ist eine unterschiedliche Behandlung im Hinblick auf die Schaffung und Erhaltung sozial stabiler Bewohnerstrukturen und ausgewogener Siedlungsstrukturen sowie ausgeglichener wirtschaftlicher, sozialer und kultureller Verhältnisse zulässig.

(4) Die Vorschriften dieses Abschnitts finden keine Anwendung auf familien- und erbrechtliche Schuldverhältnisse.

(5) ₁Die Vorschriften dieses Abschnitts finden keine Anwendung auf zivilrechtliche Schuldverhältnisse, bei denen ein besonderes Nähe- oder Vertrauensverhältnis der Parteien oder ihrer Angehörigen begründet wird. ₂Bei Mietverhältnissen kann dies insbesondere der Fall sein, wenn die Parteien oder ihre Angehörigen Wohnraum auf demselben Grundstück nutzen. ₃Die Vermietung von Wohnraum zum nicht nur vorübergehenden Gebrauch ist in der Regel kein Geschäft im Sinne des Absatzes 1 Nr. 1, wenn der Vermieter insgesamt nicht mehr als 50 Wohnungen vermietet.

§ 20 Zulässige unterschiedliche Behandlung

(1) ₁Eine Verletzung des Benachteiligungsverbots ist nicht gegeben, wenn für eine unterschiedliche Behandlung wegen der Religion, einer Behinderung, des Alters, der sexuellen Identität oder des Geschlechts ein sachlicher Grund vorliegt. ₂Das kann insbesondere der Fall sein, wenn die unterschiedliche Behandlung

1. der Vermeidung von Gefahren, der Verhütung von Schäden oder anderen Zwecken vergleichbarer Art dient,
2. dem Bedürfnis nach Schutz der Intimsphäre oder der persönlichen Sicherheit Rechnung trägt,
3. besondere Vorteile gewährt und ein Interesse an der Durchsetzung der Gleichbehandlung fehlt,
4. an die Religion eines Menschen anknüpft und im Hinblick auf die Ausübung der Religionsfreiheit oder auf das Selbstbestim-

mungsrecht der Religionsgemeinschaften, der ihnen zugeordneten Einrichtungen ohne Rücksicht auf ihre Rechtsform sowie der Vereinigungen, die sich die gemeinschaftliche Pflege einer Religion zur Aufgabe machen, unter Beachtung des jeweiligen Selbstverständnisses gerechtfertigt ist.

(2) ₁Kosten im Zusammenhang mit Schwangerschaft und Mutterschaft dürfen auf keinen Fall zu unterschiedlichen Prämien oder Leistungen führen. ₂Eine unterschiedliche Behandlung wegen der Religion, einer Behinderung, des Alters oder der sexuellen Identität ist im Falle des §19 Abs. 1 Nr. 2 nur zulässig, wenn diese auf anerkannten Prinzipien risikoadäquater Kalkulation beruht, insbesondere auf einer versicherungsmathematisch ermittelten Risikobewertung unter Heranziehung statistischer Erhebungen.

§ 21 Ansprüche

(1) ₁Der Benachteiligte kann bei einem Verstoß gegen das Benachteiligungsverbot unbeschadet weiterer Ansprüche die Beseitigung der Beeinträchtigung verlangen. ₂Sind weitere Beeinträchtigungen zu besorgen, so kann er auf Unterlassung klagen.

(2) ₁Bei einer Verletzung des Benachteiligungsverbots ist der Benachteiligende verpflichtet, den hierdurch entstandenen Schaden zu ersetzen. ₂Dies gilt nicht, wenn der Benachteiligende die Pflichtverletzung nicht zu vertreten hat. ₃Wegen eines Schadens, der nicht Vermögensschaden ist, kann der Benachteiligte eine angemessene Entschädigung in Geld verlangen.

(3) Ansprüche aus unerlaubter Handlung bleiben unberührt.

(4) Auf eine Vereinbarung, die von dem Benachteiligungsverbot abweicht, kann sich der Benachteiligende nicht berufen.

(5) ₁Ein Anspruch nach den Absätzen 1 und 2 muss innerhalb einer Frist von zwei Monaten geltend gemacht werden. ₂Nach Ablauf der Frist kann der Anspruch nur geltend gemacht werden, wenn der Benachteiligte ohne Verschulden an der Einhaltung der Frist verhindert war.

Abschnitt 4
Rechtsschutz

§ 22 Beweislast

Wenn im Streitfall die eine Partei Indizien beweist, die eine Benachteiligung wegen eines in § 1 genannten Grundes vermuten lassen, trägt die andere Partei die Beweislast dafür, dass kein Verstoß gegen die Bestimmungen zum Schutz vor Benachteiligung vorgelegen hat.

§ 23 Unterstützung durch Antidiskriminierungsverbände

(1) ₁Antidiskriminierungsverbände sind Personenzusammenschlüsse, die nicht gewerbsmäßig und nicht nur vorübergehend entsprechend ihrer Satzung die besonderen Interessen von benachteiligten Personen oder Personengruppen nach Maßgabe von § 1 wahrnehmen. ₂Die Befugnisse nach den Absätzen 2 bis 4 stehen ihnen zu, wenn sie mindestens 75 Mitglieder haben oder einen Zusammenschluss aus mindestens sieben Verbänden bilden.

(2) ₁Antidiskriminierungsverbände sind befugt, im Rahmen ihres Satzungszwecks in gerichtlichen Verfahren als Beistände Benachteiligter in der Verhandlung aufzutreten. ₂Im Übrigen bleiben die Vorschriften der Verfahrensordnungen, insbesondere diejenigen, nach denen Beiständen weiterer Vortrag untersagt werden kann, unberührt.

(3) Antidiskriminierungsverbänden ist im Rahmen ihres Satzungszwecks die Besorgung von Rechtsangelegenheiten Benachteiligter gestattet.

(4) Besondere Klagerechte und Vertretungsbefugnisse von Verbänden zu Gunsten von behinderten Menschen bleiben unberührt.

Abschnitt 5
Sonderregelungen für öffentlich-rechtliche Dienstverhältnisse

§ 24 Sonderregelung für öffentlich-rechtliche Dienstverhältnisse

Die Vorschriften dieses Gesetzes gelten unter Berücksichtigung ihrer besonderen Rechtsstellung entsprechend für

§§ 25–26b Allgemeines Gleichbehandlungsgesetz (AGG) X.1

1. Beamtinnen und Beamte des Bundes, der Länder, der Gemeinden, der Gemeindeverbände sowie der sonstigen der Aufsicht des Bundes oder eines Landes unterstehenden Körperschaften, Anstalten und Stiftungen des öffentlichen Rechts,
2. Richterinnen und Richter des Bundes und der Länder,
3. Zivildienstleistende sowie anerkannte Kriegsdienstverweigerer, soweit ihre Heranziehung zum Zivildienst betroffen ist.

Abschnitt 6
Antidiskriminierungsstelle des Bundes und Unabhängige Bundesbeauftragte oder Unabhängiger Bundesbeauftragter für Antidiskriminierung

§ 25 Antidiskriminierungsstelle des Bundes

(1) Beim Bundesministerium für Familie, Senioren, Frauen und Jugend wird unbeschadet der Zuständigkeit der Beauftragten des Deutschen Bundestages oder der Bundesregierung die Stelle des Bundes zum Schutz vor Benachteiligungen wegen eines in § 1 genannten Grundes (Antidiskriminierungsstelle des Bundes) errichtet.

(2) ₁Der Antidiskriminierungsstelle des Bundes ist die für die Erfüllung ihrer Aufgaben notwendige Personal- und Sachausstattung zur Verfügung zu stellen. ₂Sie ist im Einzelplan des Bundesministeriums für Familie, Senioren, Frauen und Jugend in einem eigenen Kapitel auszuweisen.

(3) Die Antidiskriminierungsstelle des Bundes wird von der oder dem Unabhängigen Bundesbeauftragten für Antidiskriminierung geleitet.

§ 26 Wahl der oder des Unabhängigen Bundesbeauftragten für Antidiskriminierung; Anforderungen

(1) Die oder der Unabhängige Bundesbeauftragte für Antidiskriminierung wird auf Vorschlag der Bundesregierung vom Deutschen Bundestag gewählt.

(2) Über den Vorschlag stimmt der Deutsche Bundestag ohne Aussprache ab.

(3) Die vorgeschlagene Person ist gewählt, wenn für sie mehr als die Hälfte der gesetzlichen Zahl der Mitglieder des Deutschen Bundestages gestimmt hat.

(4) ₁Die oder der Unabhängige Bundesbeauftragte für Antidiskriminierung muss zur Erfüllung ihrer oder seiner Aufgaben und zur Ausübung ihrer oder seiner Befugnisse über die erforderliche Qualifikation, Erfahrung und Sachkunde insbesondere im Bereich der Antidiskriminierung verfügen. ₂Insbesondere muss sie oder er über durch einschlägige Berufserfahrung erworbene Kenntnisse des Antidiskriminierungsrechts verfügen und die Befähigung für die Laufbahn des höheren nichttechnischen Verwaltungsdienstes des Bundes haben.

§ 26a Rechtsstellung der oder des Unabhängigen Bundesbeauftragten für Antidiskriminierung

(1) ₁Die oder der Unabhängige Bundesbeauftragte für Antidiskriminierung steht nach Maßgabe dieses Gesetzes in einem öffentlich-rechtlichen Amtsverhältnis zum Bund. ₂Sie oder er ist bei der Ausübung ihres oder seines Amtes unabhängig und nur dem Gesetz unterworfen.

(2) Die oder der Unabhängige Bundesbeauftragte für Antidiskriminierung untersteht der Rechtsaufsicht der Bundesregierung.

§ 26b Amtszeit der oder des Unabhängigen Bundesbeauftragten für Antidiskriminierung

(1) Die Amtszeit der oder des Unabhängigen Bundesbeauftragten für Antidiskriminierung beträgt fünf Jahre.

(2) Eine einmalige Wiederwahl ist zulässig.

(3) Kommt vor Ende des Amtsverhältnisses eine Neuwahl nicht zustande, so führt die oder der bisherige Unabhängige Bundesbeauftragte für Antidiskriminierung auf Ersuchen der Bundespräsidentin oder des Bundespräsidenten die Geschäfte bis zur Neuwahl fort.

§ 26c Beginn und Ende des Amtsverhältnisses der oder des Unabhängigen Bundesbeauftragten für Antidiskriminierung; Amtseid

(1) ₁Die oder der nach § 26 Gewählte ist von der Bundespräsidentin oder dem Bundespräsidenten zu ernennen. ₂Das Amtsverhältnis der oder des Unabhängigen Bundesbeauftragten für Antidiskriminierung beginnt mit der Aushändigung der Ernennungsurkunde.

(2) ₁Die oder der Unabhängige Bundesbeauftragte für Antidiskriminierung leistet vor der Bundespräsidentin oder dem Bundespräsidenten folgenden Eid: „Ich schwöre, dass ich meine Kraft dem Wohl des deutschen Volkes widmen, seinen Nutzen mehren, Schaden von ihm wenden, das Grundgesetz und die Gesetze des Bundes wahren und verteidigen, meine Pflichten gewissenhaft erfüllen und Gerechtigkeit gegen jedermann üben werde. So wahr mir Gott helfe." ₂Der Eid kann auch ohne religiöse Beteuerung geleistet werden.

(3) Das Amtsverhältnis endet

1. regulär mit dem Ablauf der Amtszeit oder
2. wenn die oder der Unabhängige Bundesbeauftragte für Antidiskriminierung vorzeitig aus dem Amt entlassen wird.

(4) ₁Entlassen wird die oder der Unabhängige Bundesbeauftragte für Antidiskriminierung

1. auf eigenes Verlangen oder
2. auf Vorschlag der Bundesregierung, wenn die oder der Unabhängige Bundesbeauftragte für Antidiskriminierung eine schwere Verfehlung begangen hat oder die Voraussetzungen für die Wahrnehmung ihrer oder seiner Aufgaben nicht mehr erfüllt.

₂Die Entlassung erfolgt durch die Bundespräsidentin oder den Bundespräsidenten.

(5) ₁Im Fall der Beendigung des Amtsverhältnisses vollzieht die Bundespräsidentin oder der Bundespräsident eine Urkunde. ₂Die Entlassung wird mit der Aushändigung der Urkunde wirksam.

§ 26d Unerlaubte Handlungen und Tätigkeiten der oder des Unabhängigen Bundesbeauftragten für Antidiskriminierung

(1) Die oder der Unabhängige Bundesbeauftragte für Antidiskriminierung darf keine Handlungen vornehmen, die mit den Aufgaben des Amtes nicht zu vereinbaren sind.

(2) ₁Die oder der Unabhängige Bundesbeauftragte für Antidiskriminierung darf während der Amtszeit und während einer anschließenden Geschäftsführung keine anderen Tätigkeiten ausüben, die mit dem Amt nicht zu vereinbaren sind, unabhängig davon, ob es entgeltliche oder unentgeltliche Tätigkeiten sind. ₂Insbesondere darf sie oder er

1. kein besoldetes Amt, kein Gewerbe und keinen Beruf ausüben,
2. nicht dem Vorstand, Aufsichtsrat oder Verwaltungsrat eines auf Erwerb gerichteten Unternehmens, nicht einer Regierung oder einer gesetzgebenden Körperschaft des Bundes oder eines Landes angehören und
3. nicht gegen Entgelt außergerichtliche Gutachten abgeben.

§ 26e Verschwiegenheitspflicht der oder des Unabhängigen Bundesbeauftragten für Antidiskriminierung

(1) ₁Die oder der Unabhängige Bundesbeauftragte für Antidiskriminierung ist verpflichtet, über die Angelegenheiten, die ihr oder ihm im Amt oder während einer anschließenden Geschäftsführung bekannt werden, Verschwiegenheit zu bewahren. ₂Dies gilt nicht für Mitteilungen im dienstlichen Verkehr oder für Tatsachen, die offenkundig sind oder ihrer Bedeutung nach keiner Geheimhaltung bedürfen. ₃Die oder der Unabhängige Bundesbeauftragte für Antidiskriminierung entscheidet nach pflichtgemäßem Ermessen, ob und inwieweit sie oder er über solche Angelegenheiten vor Gericht oder außergerichtlich aussagt oder Erklärungen abgibt.

(2) ₁Die Pflicht zur Verschwiegenheit gilt auch nach Beendigung des Amtsverhältnisses oder nach Beendigung einer anschließenden Geschäftsführung. ₂In Angelegenheiten, für die die Pflicht zur Verschwiegenheit gilt, darf vor

Gericht oder außergerichtlich nur ausgesagt werden und dürfen Erklärungen nur abgegeben werden, wenn dies die oder der amtierende Unabhängige Bundesbeauftragte für Antidiskriminierung genehmigt hat.

(3) Unberührt bleibt die Pflicht, bei einer Gefährdung der freiheitlichen demokratischen Grundordnung für deren Erhaltung einzutreten und die gesetzlich begründete Pflicht, Straftaten anzuzeigen.

§ 26f Zeugnisverweigerungsrecht der oder des Unabhängigen Bundesbeauftragten für Antidiskriminierung

(1) ₁Die oder der Unabhängige Bundesbeauftragte für Antidiskriminierung ist berechtigt, über Personen, die ihr oder ihm in ihrer oder seiner Eigenschaft als Leitung der Antidiskriminierungsstelle des Bundes Tatsachen anvertraut haben, sowie über diese Tatsachen selbst das Zeugnis zu verweigern. ₂Soweit das Zeugnisverweigerungsrecht der oder des Unabhängigen Bundesbeauftragten für Antidiskriminierung reicht, darf von ihr oder ihm nicht gefordert werden, Akten oder andere Dokumente vorzulegen oder herauszugeben.

(2) Das Zeugnisverweigerungsrecht gilt auch für die der oder dem Unabhängigen Bundesbeauftragten für Antidiskriminierung zugewiesenen Beschäftigten mit der Maßgabe, dass über die Ausübung dieses Rechts die oder der Unabhängige Bundesbeauftragte für Antidiskriminierung entscheidet.

§ 26g Anspruch der oder des Unabhängigen Bundesbeauftragten für Antidiskriminierung auf Amtsbezüge, Versorgung und auf andere Leistungen

(1) Die oder der Unabhängige Bundesbeauftragte für Antidiskriminierung erhält Amtsbezüge entsprechend dem Grundgehalt der Besoldungsgruppe B 6 und den Familienzuschlag entsprechend den §§ 39 bis 41 des Bundesbesoldungsgesetzes.

(2) ₁Der Anspruch auf die Amtsbezüge besteht für die Zeit vom ersten Tag des Monats, in dem das Amtsverhältnis beginnt, bis zum letzten Tag des Monats, in dem das Amtsverhältnis endet. ₂Werden die Geschäfte über das Ende des Amtsverhältnisses hinaus noch bis zur Neuwahl weitergeführt, so besteht der Anspruch für die Zeit bis zum letzten Tag des Monats, in dem die Geschäftsführung endet. ₃Bezieht die oder der Unabhängige Bundesbeauftragte für Antidiskriminierung für einen Zeitraum, für den sie oder er Amtsbezüge erhält, ein Einkommen aus einer Verwendung im öffentlichen Dienst, so ruht der Anspruch auf dieses Einkommen bis zur Höhe der Amtsbezüge. ₄Die Amtsbezüge werden monatlich im Voraus gezahlt.

(3) ₁Für Ansprüche auf Beihilfe und Versorgung gelten § 12 Absatz 6, die §§ 13 bis 18 und 20 des Bundesministergesetzes entsprechend mit der Maßgabe, dass an die Stelle der vierjährigen Amtszeit in § 15 Absatz 1 des Bundesministergesetzes eine Amtszeit als Unabhängige Bundesbeauftragte oder Unabhängiger Bundesbeauftragter für Antidiskriminierung von fünf Jahren tritt. ₂Ein Anspruch auf Übergangsgeld besteht längstens bis zum Ablauf des Monats, in dem die für Bundesbeamtinnen und Bundesbeamte geltende Regelaltersgrenze nach § 51 Absatz 1 und 2 des Bundesbeamtengesetzes vollendet wird. ₃Ist § 18 Absatz 2 des Bundesministergesetzes nicht anzuwenden, weil das Beamtenverhältnis einer Bundesbeamtin oder eines Bundesbeamten nach Beendigung des Amtsverhältnisses als Unabhängige Bundesbeauftragte oder Unabhängiger Bundesbeauftragter für Antidiskriminierung fortgesetzt wird, dann ist die Amtszeit als Unabhängige Bundesbeauftragte oder Unabhängiger Bundesbeauftragter für Antidiskriminierung bei der wegen Eintritt oder Versetzung der Bundesbeamtin oder des Bundesbeamten in den Ruhestand durchzuführenden Festsetzung des Ruhegehalts als ruhegehaltfähige Dienstzeit zu berücksichtigen.

(4) Die oder der Unabhängige Bundesbeauftragte für Antidiskriminierung erhält Reisekostenvergütung und Umzugskostenvergütung entsprechend den für Bundesbeamtinnen und Bundesbeamte geltenden Vorschriften.

§ 26h Verwendung der Geschenke an die Unabhängige Bundesbeauftragte oder den Unabhängigen Bundesbeauftragten für Antidiskriminierung

(1) Erhält die oder der Unabhängige Bundesbeauftragte für Antidiskriminierung ein Geschenk in Bezug auf das Amt, so muss sie oder er dies der Präsidentin oder dem Präsidenten des Deutschen Bundestages mitteilen.

(2) ₁Die Präsidentin oder der Präsident des Deutschen Bundestages entscheidet über die Verwendung des Geschenks. ₂Sie oder er kann Verfahrensvorschriften erlassen.

§ 26i Berufsbeschränkung

₁Die oder der Unabhängige Bundesbeauftragte für Antidiskriminierung ist verpflichtet, eine beabsichtigte Erwerbstätigkeit oder sonstige entgeltliche Beschäftigung außerhalb des öffentlichen Dienstes, die innerhalb der ersten 18 Monate nach dem Ende der Amtszeit oder einer anschließenden Geschäftsführung aufgenommen werden soll, schriftlich oder elektronisch gegenüber der Präsidentin oder dem Präsidenten des Deutschen Bundestages anzuzeigen. ₂Die Präsidentin oder der Präsident des Deutschen Bundestages kann der oder dem Unabhängigen Bundesbeauftragten für Antidiskriminierung die beabsichtigte Erwerbstätigkeit oder sonstige entgeltliche Beschäftigung untersagen, soweit zu besorgen ist, dass öffentliche Interessen beeinträchtigt werden. ₃Von einer Beeinträchtigung ist insbesondere dann auszugehen, wenn die beabsichtigte Erwerbstätigkeit oder sonstige entgeltliche Beschäftigung in Angelegenheiten oder Bereichen ausgeführt werden soll, in denen die oder der Unabhängige Bundesbeauftragte für Antidiskriminierung während der Amtszeit oder einer anschließenden Geschäftsführung tätig war. ₄Eine Untersagung soll in der Regel die Dauer von einem Jahr nach dem Ende der Amtszeit oder einer anschließenden Geschäftsführung nicht überschreiten. ₅In Fällen der schweren Beeinträchtigung öffentlicher Interessen kann eine Untersagung auch für die Dauer von bis zu 18 Monaten ausgesprochen werden.

§ 27 Aufgaben der Antidiskriminierungsstelle des Bundes

(1) ₁Wer der Ansicht ist, wegen eines in § 1 genannten Grundes benachteiligt worden zu sein, kann sich an die Antidiskriminierungsstelle des Bundes wenden. ₂An die Antidiskriminierungsstelle des Bundes können sich auch Beschäftigte wenden, die der Ansicht sind, benachteiligt worden zu sein auf Grund

1. der Beantragung oder Inanspruchnahme einer Freistellung von der Arbeitsleistung oder der Anpassung der Arbeitszeit als Eltern oder pflegende Angehörige nach dem Bundeselterngeld- und Elternzeitgesetz, dem Pflegezeitgesetz oder dem Familienpflegezeitgesetz,

2. des Fernbleibens von der Arbeit nach § 2 des Pflegezeitgesetzes oder

3. der Verweigerung ihrer persönlich zu erbringenden Arbeitsleistung aus dringenden familiären Gründen nach § 275 Absatz 3 des Bürgerlichen Gesetzbuchs, wenn eine Erkrankung oder ein Unfall ihre unmittelbare Anwesenheit erfordert.

(2) ₁Die Antidiskriminierungsstelle des Bundes unterstützt auf unabhängige Weise Personen, die sich nach Absatz 1 an sie wenden, bei der Durchsetzung ihrer Rechte zum Schutz vor Benachteiligungen. ₂Hierbei kann sie insbesondere

1. über Ansprüche und die Möglichkeiten des rechtlichen Vorgehens im Rahmen gesetzlicher Regelungen zum Schutz vor Benachteiligungen informieren,

2. Beratung durch andere Stellen vermitteln,

3. eine gütliche Beilegung zwischen den Beteiligten anstreben.

₃Soweit Beauftragte des Deutschen Bundestages oder der Bundesregierung zuständig sind, leitet die Antidiskriminierungsstelle des Bundes die Anliegen der in Absatz 1 genannten Personen mit deren Einverständnis unverzüglich an diese weiter.

(3) Die Antidiskriminierungsstelle des Bundes nimmt auf unabhängige Weise folgende Aufgaben wahr, soweit nicht die Zuständigkeit der Beauftragten der Bundesregierung oder des Deutschen Bundestages berührt ist:

1. Öffentlichkeitsarbeit,
2. Maßnahmen zur Verhinderung von Benachteiligungen aus den in § 1 genannten Gründen sowie von Benachteiligungen von Beschäftigten gemäß Absatz 1 Satz 2,
3. Durchführung wissenschaftlicher Untersuchungen zu diesen Benachteiligungen.

(4) ₁Die Antidiskriminierungsstelle des Bundes und die in ihrem Zuständigkeitsbereich betroffenen Beauftragten der Bundesregierung und des Deutschen Bundestages legen gemeinsam dem Deutschen Bundestag alle vier Jahre Berichte über Benachteiligungen aus den in § 1 genannten Gründen sowie über Benachteiligungen von Beschäftigten gemäß Absatz 1 Satz 2 vor und geben Empfehlungen zur Beseitigung und Vermeidung dieser Benachteiligungen. ₂Sie können gemeinsam wissenschaftliche Untersuchungen zu Benachteiligungen durchführen.

(5) Die Antidiskriminierungsstelle des Bundes und die in ihrem Zuständigkeitsbereich betroffenen Beauftragten der Bundesregierung und des Deutschen Bundestages sollen bei Benachteiligungen aus mehreren der in § 1 genannten Gründe zusammenarbeiten.

§ 28 Amtsbefugnisse der oder des Unabhängigen Bundesbeauftragten für Antidiskriminierung und Pflicht zur Unterstützung durch Bundesbehörden und öffentliche Stellen des Bundes

(1) ₁Die oder der Unabhängige Bundesbeauftragte für Antidiskriminierung ist bei allen Vorhaben, die ihre oder seine Aufgaben berühren, zu beteiligen. ₂Die Beteiligung soll möglichst frühzeitig erfolgen. ₃Sie oder er kann der Bundesregierung Vorschläge machen und Stellungnahmen zuleiten.

(2) Die oder der Unabhängige Bundesbeauftragte für Antidiskriminierung informiert die Bundesministerien – vorbehaltlich anderweitiger gesetzlicher Bestimmungen – frühzeitig in Angelegenheiten von grundsätzlicher politischer Bedeutung, soweit Aufgaben der Bundesministerien betroffen sind.

(3) In den Fällen, in denen sich eine Person wegen einer Benachteiligung an die Antidiskriminierungsstelle des Bundes gewandt hat und die Antidiskriminierungsstelle des Bundes die gütliche Beilegung zwischen den Beteiligten anstrebt, kann die oder der Unabhängige Bundesbeauftragte für Antidiskriminierung Beteiligte um Stellungnahmen ersuchen, soweit die Person, die sich an die Antidiskriminierungsstelle des Bundes gewandt hat, hierzu ihr Einverständnis erklärt.

(4) Alle Bundesministerien, sonstigen Bundesbehörden und öffentlichen Stellen im Bereich des Bundes sind verpflichtet, die Unabhängige Bundesbeauftragte oder den Unabhängigen Bundesbeauftragten für Antidiskriminierung bei der Erfüllung der Aufgaben zu unterstützen, insbesondere die erforderlichen Auskünfte zu erteilen.

§ 29 Zusammenarbeit der Antidiskriminierungsstelle des Bundes mit Nichtregierungsorganisationen und anderen Einrichtungen

Die Antidiskriminierungsstelle des Bundes soll bei ihrer Tätigkeit Nichtregierungsorganisationen sowie Einrichtungen, die auf europäischer, Bundes-, Landes- oder regionaler Ebene zum Schutz vor Benachteiligungen wegen eines in § 1 genannten Grundes tätig sind, in geeigneter Form einbeziehen.

§ 30 Beirat der Antidiskriminierungsstelle des Bundes

(1) ₁Zur Förderung des Dialogs mit gesellschaftlichen Gruppen und Organisationen, die sich den Schutz vor Benachteiligungen wegen eines in § 1 genannten Grundes zum Ziel gesetzt haben, wird der Antidiskriminierungsstelle des Bundes ein Beirat beigeordnet. ₂Der Beirat berät die Antidiskriminierungsstelle des Bundes bei der Vorlage von Berichten und Empfehlungen an den Deutschen Bundestag nach § 27 Abs. 4 und kann hierzu sowie zu wissenschaftlichen Untersuchungen nach § 27 Abs. 3 Nr. 3 eigene Vorschläge unterbreiten.

(2) ₁Das Bundesministerium für Familie, Senioren, Frauen und Jugend beruft im Einvernehmen mit der oder dem Unabhängigen Bundesbeauftragten für Antidiskriminierung

sowie den entsprechend zuständigen Beauftragten der Bundesregierung oder des Deutschen Bundestages die Mitglieder dieses Beirats und für jedes Mitglied eine Stellvertretung. ₂In den Beirat sollen Vertreterinnen und Vertreter gesellschaftlicher Gruppen und Organisationen sowie Expertinnen und Experten in Benachteiligungsfragen berufen werden. ₃Die Gesamtzahl der Mitglieder des Beirats soll 16 Personen nicht überschreiten. ₄Der Beirat soll zu gleichen Teilen mit Frauen und Männern besetzt sein.

(3) Der Beirat gibt sich eine Geschäftsordnung, die der Zustimmung des Bundesministeriums für Familie, Senioren, Frauen und Jugend bedarf.

(4) ₁Die Mitglieder des Beirats üben die Tätigkeit nach diesem Gesetz ehrenamtlich aus. ₂Sie haben Anspruch auf Aufwandsentschädigung sowie Reisekostenvergütung, Tagegelder und Übernachtungsgelder. ₃Näheres regelt die Geschäftsordnung.

Abschnitt 7
Schlussvorschriften

§ 31 Unabdingbarkeit
Von den Vorschriften dieses Gesetzes kann nicht zu Ungunsten der geschützten Personen abgewichen werden.

§ 32 Schlussbestimmung
Soweit in diesem Gesetz nicht Abweichendes bestimmt ist, gelten die allgemeinen Bestimmungen.

§ 33 Übergangsbestimmungen
(1) Bei Benachteiligungen nach den §§ 611a, 611b und 612 Abs. 3 des Bürgerlichen Gesetzbuchs oder sexuellen Belästigungen nach dem Beschäftigtenschutzgesetz ist das vor dem 18. August 2006 maßgebliche Recht anzuwenden.

(2) ₁Bei Benachteiligungen aus Gründen der Rasse oder wegen der ethnischen Herkunft sind die §§ 19 bis 21 nicht auf Schuldverhältnisse anzuwenden, die vor dem 18. August 2006 begründet worden sind. ₂Satz 1 gilt nicht für spätere Änderungen von Dauerschuldverhältnissen.

(3) ₁Bei Benachteiligungen wegen des Geschlechts, der Religion, einer Behinderung, des Alters oder der sexuellen Identität sind die §§ 19 bis 21 nicht auf Schuldverhältnisse anzuwenden, die vor dem 1. Dezember 2006 begründet worden sind. ₂Satz 1 gilt nicht für spätere Änderungen von Dauerschuldverhältnissen.

(4) ₁Auf Schuldverhältnisse, die eine privatrechtliche Versicherung zum Gegenstand haben, ist § 19 Abs. 1 nicht anzuwenden, wenn diese vor dem 22. Dezember 2007 begründet worden sind. ₂Satz 1 gilt nicht für spätere Änderungen solcher Schuldverhältnisse.

(5) ₁Bei Versicherungsverhältnissen, die vor dem 21. Dezember 2012 begründet werden, ist eine unterschiedliche Behandlung wegen des Geschlechts im Falle des § 19 Absatz 1 Nummer 2 bei den Prämien oder Leistungen nur zulässig, wenn dessen Berücksichtigung bei einer auf relevanten und genauen versicherungsmathematischen und statistischen Daten beruhenden Risikobewertung ein bestimmender Faktor ist. ₂Kosten im Zusammenhang mit Schwangerschaft und Mutterschaft dürfen auf keinen Fall zu unterschiedlichen Prämien oder Leistungen führen.

Gesetz über die Durchführung von Maßnahmen des Arbeitsschutzes zur Verbesserung der Sicherheit und des Gesundheitsschutzes der Beschäftigten bei der Arbeit (Arbeitsschutzgesetz – ArbSchG)

Vom 7. August 1996 (BGBl. I S. 1246)

Zuletzt geändert durch
Postrechtsmodernisierungsgesetz
vom 15. Juli 2024 (BGBl. I Nr. 236)

Erster Abschnitt
Allgemeine Vorschriften

§ 1 Zielsetzung und Anwendungsbereich

(1) ₁Dieses Gesetz dient dazu, Sicherheit und Gesundheitsschutz der Beschäftigten bei der Arbeit durch Maßnahmen des Arbeitsschutzes zu sichern und zu verbessern. ₂Es gilt in allen Tätigkeitsbereichen und findet im Rahmen der Vorgaben des Seerechtsübereinkommens der Vereinten Nationen vom 10. Dezember 1982 (BGBl. 1994 II S. 1799) auch in der ausschließlichen Wirtschaftszone Anwendung.

(2) ₁Dieses Gesetz gilt nicht für den Arbeitsschutz von Hausangestellten in privaten Haushalten. ₂Es gilt nicht für den Arbeitsschutz von Beschäftigten auf Seeschiffen und in Betrieben, die dem Bundesberggesetz unterliegen, soweit dafür entsprechende Rechtsvorschriften bestehen.

(3) ₁Pflichten, die die Arbeitgeber zur Gewährleistung von Sicherheit und Gesundheitsschutz der Beschäftigten bei der Arbeit nach sonstigen Rechtsvorschriften haben, bleiben unberührt. ₂Satz 1 gilt entsprechend für Pflichten und Rechte der Beschäftigten. ₃Unberührt bleiben Gesetze, die andere Personen als Arbeitgeber zu Maßnahmen des Arbeitsschutzes verpflichten.

(4) Bei öffentlich-rechtlichen Religionsgemeinschaften treten an die Stelle der Betriebs- oder Personalräte die Mitarbeitervertretungen entsprechend dem kirchlichen Recht.

§ 2 Begriffsbestimmungen

(1) Maßnahmen des Arbeitsschutzes im Sinne dieses Gesetzes sind Maßnahmen zur Verhütung von Unfällen bei der Arbeit und arbeitsbedingten Gesundheitsgefahren einschließlich Maßnahmen der menschengerechten Gestaltung der Arbeit.

(2) Beschäftigte im Sinne dieses Gesetzes sind:

1. Arbeitnehmerinnen und Arbeitnehmer,
2. die zu ihrer Berufsbildung Beschäftigten,
3. arbeitnehmerähnliche Personen im Sinne des § 5 Abs. 1 des Arbeitsgerichtsgesetzes, ausgenommen die in Heimarbeit Beschäftigten und die ihnen Gleichgestellten,
4. Beamtinnen und Beamte,
5. Richterinnen und Richter,
6. Soldatinnen und Soldaten,
7. die in Werkstätten für Behinderte Beschäftigten.

(3) Arbeitgeber im Sinne dieses Gesetzes sind natürliche und juristische Personen und rechtsfähige Personengesellschaften, die Personen nach Absatz 2 beschäftigen.

(4) Sonstige Rechtsvorschriften im Sinne dieses Gesetzes sind Regelungen über Maßnahmen des Arbeitsschutzes in anderen Gesetzen, in Rechtsverordnungen und Unfallverhütungsvorschriften.

(5) ₁Als Betriebe im Sinne dieses Gesetzes gelten für den Bereich des öffentlichen Dienstes die Dienststellen. ₂Dienststellen sind die einzelnen Behörden, Verwaltungsstellen und Betriebe der Verwaltungen des Bundes, der Länder, der Gemeinden und der sonstigen

Körperschaften, Anstalten und Stiftungen des öffentlichen Rechts, die Gerichte des Bundes und der Länder sowie die entsprechenden Einrichtungen der Streitkräfte.

Zweiter Abschnitt
Pflichten des Arbeitgebers

§ 3 Grundpflichten des Arbeitgebers

(1) ₁Der Arbeitgeber ist verpflichtet, die erforderlichen Maßnahmen des Arbeitsschutzes unter Berücksichtigung der Umstände zu treffen, die Sicherheit und Gesundheit der Beschäftigten bei der Arbeit beeinflussen. ₂Er hat die Maßnahmen auf ihre Wirksamkeit zu überprüfen und erforderlichenfalls sich ändernden Gegebenheiten anzupassen. ₃Dabei hat er eine Verbesserung von Sicherheit und Gesundheitsschutz der Beschäftigten anzustreben.

(2) Zur Planung und Durchführung der Maßnahmen nach Absatz 1 hat der Arbeitgeber unter Berücksichtigung der Art der Tätigkeiten und der Zahl der Beschäftigten

1. für eine geeignete Organisation zu sorgen und die erforderlichen Mittel bereitzustellen sowie

2. Vorkehrungen zu treffen, daß die Maßnahmen erforderlichenfalls bei allen Tätigkeiten und eingebunden in die betrieblichen Führungsstrukturen beachtet werden und die Beschäftigten ihren Mitwirkungspflichten nachkommen können.

(3) Kosten für Maßnahmen nach diesem Gesetz darf der Arbeitgeber nicht den Beschäftigten auferlegen.

§ 4 Allgemeine Grundsätze

Der Arbeitgeber hat bei Maßnahmen des Arbeitsschutzes von folgenden allgemeinen Grundsätzen auszugehen:

1. Die Arbeit ist so zu gestalten, daß eine Gefährdung für das Leben sowie die physische und die psychische Gesundheit möglichst vermieden und die verbleibende Gefährdung möglichst gering gehalten wird;

2. Gefahren sind an ihrer Quelle zu bekämpfen;

3. bei den Maßnahmen sind der Stand von Technik, Arbeitsmedizin und Hygiene sowie sonstige gesicherte arbeitswissenschaftliche Erkenntnisse zu berücksichtigen;

4. Maßnahmen sind mit dem Ziel zu planen, Technik, Arbeitsorganisation, sonstige Arbeitsbedingungen, soziale Beziehungen und Einfluß der Umwelt auf den Arbeitsplatz sachgerecht zu verknüpfen;

5. individuelle Schutzmaßnahmen sind nachrangig zu anderen Maßnahmen;

6. spezielle Gefahren für besonders schutzbedürftige Beschäftigtengruppen sind zu berücksichtigen;

7. den Beschäftigten sind geeignete Anweisungen zu erteilen;

8. mittelbar oder unmittelbar geschlechtsspezifisch wirkende Regelungen sind nur zulässig, wenn dies aus biologischen Gründen zwingend geboten ist.

§ 5 Beurteilung der Arbeitsbedingungen

(1) Der Arbeitgeber hat durch eine Beurteilung der für die Beschäftigten mit ihrer Arbeit verbundenen Gefährdung zu ermitteln, welche Maßnahmen des Arbeitsschutzes erforderlich sind.

(2) ₁Der Arbeitgeber hat die Beurteilung je nach Art der Tätigkeiten vorzunehmen. ₂Bei gleichartigen Arbeitsbedingungen ist die Beurteilung eines Arbeitsplatzes oder einer Tätigkeit ausreichend.

(3) Eine Gefährdung kann sich insbesondere ergeben durch

1. die Gestaltung und die Einrichtung der Arbeitsstätte und des Arbeitsplatzes,

2. physikalische, chemische und biologische Einwirkungen,

3. die Gestaltung, die Auswahl und den Einsatz von Arbeitsmitteln, insbesondere von Arbeitsstoffen, Maschinen, Geräten und Anlagen sowie den Umgang damit,

4. die Gestaltung von Arbeits- und Fertigungsverfahren, Arbeitsabläufen und Arbeitszeit und deren Zusammenwirken,

5. unzureichende Qualifikation und Unterweisung der Beschäftigten,
6. psychische Belastungen bei der Arbeit.

§ 6 Dokumentation

(1) ₁Der Arbeitgeber muß über die je nach Art der Tätigkeiten und der Zahl der Beschäftigten erforderlichen Unterlagen verfügen, aus denen das Ergebnis der Gefährdungsbeurteilung, die von ihm festgelegten Maßnahmen des Arbeitsschutzes und das Ergebnis ihrer Überprüfung ersichtlich sind. ₂Bei gleichartiger Gefährdungssituation ist es ausreichend, wenn die Unterlagen zusammengefaßte Angaben enthalten.

(2) Unfälle in seinem Betrieb, bei denen ein Beschäftigter getötet oder so verletzt wird, daß er stirbt oder für mehr als drei Tage völlig oder teilweise arbeits- oder dienstunfähig wird, hat der Arbeitgeber zu erfassen.

§ 7 Übertragung von Aufgaben

Bei der Übertragung von Aufgaben auf Beschäftigte hat der Arbeitgeber je nach Art der Tätigkeiten zu berücksichtigen, ob die Beschäftigten befähigt sind, die für die Sicherheit und den Gesundheitsschutz bei der Aufgabenerfüllung zu beachtenden Bestimmungen und Maßnahmen einzuhalten.

§ 8 Zusammenarbeit mehrerer Arbeitgeber

(1) ₁Werden Beschäftigte mehrerer Arbeitgeber an einem Arbeitsplatz tätig, sind die Arbeitgeber verpflichtet, bei der Durchführung der Sicherheits- und Gesundheitsschutzbestimmungen zusammenzuarbeiten. ₂Soweit dies für die Sicherheit und den Gesundheitsschutz der Beschäftigten bei der Arbeit erforderlich ist, haben die Arbeitgeber je nach Art der Tätigkeiten insbesondere sich gegenseitig und ihre Beschäftigten über die mit den Arbeiten verbundenen Gefahren für Sicherheit und Gesundheit der Beschäftigten zu unterrichten und Maßnahmen zur Verhütung dieser Gefahren abzustimmen.

(2) Der Arbeitgeber muß sich je nach Art der Tätigkeit vergewissern, daß die Beschäftigten anderer Arbeitgeber, die in seinem Betrieb tätig werden, hinsichtlich der Gefahren für ihre Sicherheit und Gesundheit während ihrer Tätigkeit in seinem Betrieb angemessene Anweisungen erhalten haben.

§ 9 Besondere Gefahren

(1) Der Arbeitgeber hat Maßnahmen zu treffen, damit nur Beschäftigte Zugang zu besonders gefährlichen Arbeitsbereichen haben, die zuvor geeignete Anweisungen erhalten haben.

(2) ₁Der Arbeitgeber hat Vorkehrungen zu treffen, daß alle Beschäftigten, die einer unmittelbaren erheblichen Gefahr ausgesetzt sind oder sein können, möglichst frühzeitig über diese Gefahr und die getroffenen oder zu treffenden Schutzmaßnahmen unterrichtet sind. ₂Bei unmittelbarer erheblicher Gefahr für die eigene Sicherheit oder die Sicherheit anderer Personen müssen die Beschäftigten die geeigneten Maßnahmen zur Gefahrenabwehr und Schadensbegrenzung selbst treffen können, wenn der zuständige Vorgesetzte nicht erreichbar ist; dabei sind die Kenntnisse der Beschäftigten und die vorhandenen technischen Mittel zu berücksichtigen. ₃Den Beschäftigten dürfen aus ihrem Handeln keine Nachteile entstehen, es sei denn, sie haben vorsätzlich oder grob fahrlässig ungeeignete Maßnahmen getroffen.

(3) ₁Der Arbeitgeber hat Maßnahmen zu treffen, die es den Beschäftigten bei unmittelbarer erheblicher Gefahr ermöglichen, sich durch sofortiges Verlassen der Arbeitsplätze in Sicherheit zu bringen. ₂Den Beschäftigten dürfen hierdurch keine Nachteile entstehen. ₃Hält die unmittelbare erhebliche Gefahr an, darf der Arbeitgeber die Beschäftigten nur in besonders begründeten Ausnahmefällen auffordern, ihre Tätigkeit wieder aufzunehmen. ₄Gesetzliche Pflichten der Beschäftigten zur Abwehr von Gefahren für die öffentliche Sicherheit sowie die §§ 7 und 11 des Soldatengesetzes bleiben unberührt.

§ 10 Erste Hilfe und sonstige Notfallmaßnahmen

(1) ₁Der Arbeitgeber hat entsprechend der Art der Arbeitsstätte und der Tätigkeiten sowie

der Zahl der Beschäftigten die Maßnahmen zu treffen, die zur Ersten Hilfe, Brandbekämpfung und Evakuierung der Beschäftigten erforderlich sind. ₂Dabei hat er der Anwesenheit anderer Personen Rechnung zu tragen. ₃Er hat auch dafür zu sorgen, daß im Notfall die erforderlichen Verbindungen zu außerbetrieblichen Stellen, insbesondere in den Bereichen der Ersten Hilfe, der medizinischen Notversorgung, der Bergung und der Brandbekämpfung eingerichtet sind.

(2) ₁Der Arbeitgeber hat diejenigen Beschäftigten zu benennen, die Aufgaben der Ersten Hilfe, Brandbekämpfung und Evakuierung der Beschäftigten übernehmen. ₂Anzahl, Ausbildung und Ausrüstung der nach Satz 1 benannten Beschäftigten müssen in einem angemessenen Verhältnis zur Zahl der Beschäftigten und zu den bestehenden besonderen Gefahren stehen. ₃Vor der Benennung hat der Arbeitgeber den Betriebs- oder Personalrat zu hören. ₄Weitergehende Beteiligungsrechte bleiben unberührt. ₅Der Arbeitgeber kann die in Satz 1 genannten Aufgaben auch selbst wahrnehmen, wenn er über die nach Satz 2 erforderliche Ausbildung und Ausrüstung verfügt.

§ 11 Arbeitsmedizinische Vorsorge

Der Arbeitgeber hat den Beschäftigten auf ihren Wunsch unbeschadet der Pflichten aus anderen Rechtsvorschriften zu ermöglichen, sich je nach den Gefahren für ihre Sicherheit und Gesundheit bei der Arbeit regelmäßig arbeitsmedizinisch untersuchen zu lassen, es sei denn, auf Grund der Beurteilung der Arbeitsbedingungen und der getroffenen Schutzmaßnahmen ist nicht mit einem Gesundheitsschaden zu rechnen.

§ 12 Unterweisung

(1) ₁Der Arbeitgeber hat die Beschäftigten über Sicherheit und Gesundheitsschutz bei der Arbeit während ihrer Arbeitszeit ausreichend und angemessen zu unterweisen. ₂Die Unterweisung umfaßt Anweisungen und Erläuterungen, die eigens auf den Arbeitsplatz oder den Aufgabenbereich der Beschäftigten ausgerichtet sind. ₃Die Unterweisung muß bei der Einstellung, bei Veränderungen im Aufgabenbereich, der Einführung neuer Arbeitsmittel oder einer neuen Technologie vor Aufnahme der Tätigkeit der Beschäftigten erfolgen. ₄Die Unterweisung muß an die Gefährdungsentwicklung angepaßt sein und erforderlichenfalls regelmäßig wiederholt werden.

(2) ₁Bei einer Arbeitnehmerüberlassung trifft die Pflicht zur Unterweisung nach Absatz 1 den Entleiher. ₂Er hat die Unterweisung unter Berücksichtigung der Qualifikation und der Erfahrung der Personen, die ihm zur Arbeitsleistung überlassen werden, vorzunehmen. ₃Die sonstigen Arbeitsschutzpflichten des Verleihers bleiben unberührt.

§ 13 Verantwortliche Personen

(1) Verantwortlich für die Erfüllung der sich aus diesem Abschnitt ergebenden Pflichten sind neben dem Arbeitgeber

1. sein gesetzlicher Vertreter,
2. das vertretungsberechtigte Organ einer juristischen Person,
3. der vertretungsberechtigte Gesellschafter einer Personenhandelsgesellschaft,
4. Personen, die mit der Leitung eines Unternehmens oder eines Betriebes beauftragt sind, im Rahmen der ihnen übertragenen Aufgaben und Befugnisse,
5. sonstige nach Absatz 2 oder nach einer auf Grund dieses Gesetzes erlassenen Rechtsverordnung oder nach einer Unfallverhütungsvorschrift verpflichtete Personen im Rahmen ihrer Aufgaben und Befugnisse.

(2) Der Arbeitgeber kann zuverlässige und fachkundige Personen schriftlich damit beauftragen ihm obliegende Aufgaben nach diesem Gesetz in eigener Verantwortung wahrzunehmen.

§ 14 Unterrichtung und Anhörung der Beschäftigten des öffentlichen Dienstes

(1) Die Beschäftigten des öffentlichen Dienstes sind vor Beginn der Beschäftigung und bei Veränderungen in ihren Arbeitsbereichen über Gefahren für Sicherheit und Gesundheit, denen sie bei der Arbeit ausgesetzt sein kön-

nen, sowie über die Maßnahmen und Einrichtungen zur Verhütung dieser Gefahren und die nach § 10 Abs. 2 getroffenen Maßnahmen zu unterrichten.

(2) Soweit in Betrieben des öffentlichen Dienstes keine Vertretung der Beschäftigten besteht, hat der Arbeitgeber die Beschäftigten zu allen Maßnahmen zu hören, die Auswirkungen auf Sicherheit und Gesundheit der Beschäftigten haben können.

Dritter Abschnitt
Pflichten und Rechte der Beschäftigten

§ 15 Pflichten der Beschäftigten

(1) ₁Die Beschäftigten sind verpflichtet, nach ihren Möglichkeiten sowie gemäß der Unterweisung und Weisung des Arbeitgebers für ihre Sicherheit und Gesundheit bei der Arbeit Sorge zu tragen. ₂Entsprechend Satz 1 haben die Beschäftigten auch für die Sicherheit und Gesundheit der Personen zu sorgen, die von ihren Handlungen oder Unterlassungen bei der Arbeit betroffen sind.

(2) Im Rahmen des Absatzes 1 haben die Beschäftigten insbesondere Maschinen, Geräte, Werkzeuge, Arbeitsstoffe, Transportmittel und sonstige Arbeitsmittel sowie Schutzvorrichtungen und die ihnen zur Verfügung gestellte persönliche Schutzausrüstung bestimmungsgemäß zu verwenden.

§ 16 Besondere Unterstützungspflichten

(1) Die Beschäftigten haben dem Arbeitgeber oder dem zuständigen Vorgesetzten jede von ihnen festgestellte unmittelbare erhebliche Gefahr für die Sicherheit und Gesundheit sowie jeden an den Schutzsystemen festgestellten Defekt unverzüglich zu melden.

(2) ₁Die Beschäftigten haben gemeinsam mit dem Betriebsarzt und der Fachkraft für Arbeitssicherheit den Arbeitgeber darin zu unterstützen, die Sicherheit und den Gesundheitsschutz der Beschäftigten bei der Arbeit zu gewährleisten und seine Pflichten entsprechend den behördlichen Aufgaben zu erfüllen. ₂Unbeschadet ihrer Pflicht nach Absatz 1 sollen die Beschäftigten von ihnen festgestellte Gefahren für Sicherheit und Gesundheit und Mängel an den Schutzsystemen auch der Fachkraft für Arbeitssicherheit, dem Betriebsarzt oder dem Sicherheitsbeauftragten nach § 22 des Siebten Buches Sozialgesetzbuch mitteilen.

§ 17 Rechte der Beschäftigten

(1) ₁Die Beschäftigten sind berechtigt, dem Arbeitgeber Vorschläge zu allen Fragen der Sicherheit und des Gesundheitsschutzes bei der Arbeit zu machen. ₂Für Beamtinnen und Beamte des Bundes ist § 125 des Bundesbeamtengesetzes anzuwenden. ₃Entsprechendes Landesrecht bleibt unberührt.

(2) ₁Sind Beschäftigte auf Grund konkreter Anhaltspunkte der Auffassung, daß die vom Arbeitgeber getroffenen Maßnahmen und bereitgestellten Mittel nicht ausreichen, um die Sicherheit und den Gesundheitsschutz bei der Arbeit zu gewährleisten, und hilft der Arbeitgeber darauf gerichteten Beschwerden von Beschäftigten nicht ab, können sich diese an die zuständige Behörde wenden. ₂Hierdurch dürfen den Beschäftigten keine Nachteile entstehen. ₃Die in Absatz 1 Satz 2 und 3 genannten Vorschriften sowie die Vorschriften des Hinweisgeberschutzgesetzes, der Wehrbeschwerdeordnung und des Gesetzes über den Wehrbeauftragten des Deutschen Bundestages bleiben unberührt.

Vierter Abschnitt
Verordnungsermächtigungen

§ 18 Verordnungsermächtigungen

(1) ₁Die Bundesregierung wird ermächtigt, durch Rechtsverordnung mit Zustimmung des Bundesrates vorzuschreiben, welche Maßnahmen der Arbeitgeber und die sonstigen verantwortlichen Personen zu treffen haben und wie sich die Beschäftigten zu verhalten haben, um ihre jeweiligen Pflichten, die sich aus diesem Gesetz ergeben, zu erfüllen. ₂In diesen Rechtsverordnungen kann auch bestimmt werden, daß bestimmte Vorschriften des Gesetzes zum Schutz anderer als in § 2 Abs. 2 genannter Personen anzuwenden sind.

(2) Durch Rechtsverordnungen nach Absatz 1 kann insbesondere bestimmt werden,

1. daß und wie zur Abwehr bestimmter Gefahren Dauer oder Lage der Beschäftigung oder die Zahl der Beschäftigten begrenzt werden muß,
2. daß der Einsatz bestimmter Arbeitsmittel oder -verfahren mit besonderen Gefahren für die Beschäftigten verboten ist oder der zuständigen Behörde angezeigt oder von ihr erlaubt sein muß oder besonders gefährdete Personen dabei nicht beschäftigt werden dürfen,
3. daß bestimmte, besonders gefährliche Betriebsanlagen einschließlich der Arbeits- und Fertigungsverfahren vor Inbetriebnahme, in regelmäßigen Abständen oder auf behördliche Anordnung fachkundig geprüft werden müssen,
3a. dass für bestimmte Beschäftigte angemessene Unterkünfte bereitzustellen sind, wenn dies aus Gründen der Sicherheit, zum Schutz der Gesundheit oder aus Gründen der menschengerechten Gestaltung der Arbeit erforderlich ist und welche Anforderungen dabei zu erfüllen sind,
4. daß Beschäftigte, bevor sie eine bestimmte gefährdende Tätigkeit aufnehmen oder fortsetzen oder nachdem sie sie beendet haben, arbeitsmedizinisch zu untersuchen sind, und welche besonderen Pflichten der Arzt dabei zu beachten hat,
5. dass Ausschüsse zu bilden sind, denen die Aufgabe übertragen wird, die Bundesregierung oder das zuständige Bundesministerium zur Anwendung der Rechtsverordnungen zu beraten, dem Stand der Technik, Arbeitsmedizin und Hygiene entsprechende Regeln und sonstige gesicherte arbeitswissenschaftliche Erkenntnisse zu ermitteln sowie Regeln zu ermitteln, wie die in den Rechtsverordnungen gestellten Anforderungen erfüllt werden können. Das Bundesministerium für Arbeit und Soziales kann die Regeln und Erkenntnisse amtlich bekannt machen.

(3) ₁In epidemischen Lagen von nationaler Tragweite nach § 5 Absatz 1 des Infektionsschutzgesetzes kann das Bundesministerium für Arbeit und Soziales ohne Zustimmung des Bundesrates spezielle Rechtsverordnungen nach Absatz 1 für einen befristeten Zeitraum erlassen. ₂Das Bundesministerium für Arbeit und Soziales kann ohne Zustimmung des Bundesrates durch Rechtsverordnung für einen befristeten Zeitraum, der spätestens mit Ablauf des 7. April 2023 endet,

1. bestimmen, dass spezielle Rechtsverordnungen nach Satz 1 nach Aufhebung der Feststellung der epidemischen Lage von nationaler Tragweite nach § 5 Absatz 1 des Infektionsschutzgesetzes fortgelten, und diese ändern sowie
2. spezielle Rechtsverordnungen nach Absatz 1 erlassen.

§ 19 Rechtsakte der Europäischen Gemeinschaften und zwischenstaatliche Vereinbarungen

Rechtsverordnungen nach § 18 können auch erlassen werden, soweit dies zur Durchführung von Rechtsakten des Rates oder der Kommission der Europäischen Gemeinschaften oder von Beschlüssen internationaler Organisationen oder von zwischenstaatlichen Vereinbarungen, die Sachbereiche dieses Gesetzes betreffen, erforderlich ist, insbesondere um Arbeitsschutzpflichten für andere als in § 2 Abs. 3 genannte Personen zu regeln.

§ 20 Regelungen für den öffentlichen Dienst

(1) Für die Beamten der Länder, Gemeinden und sonstigen Körperschaften, Anstalten und Stiftungen des öffentlichen Rechts regelt das Landesrecht, ob und inwieweit die nach § 18 erlassenen Rechtsverordnungen gelten.

(2) ₁Für bestimmte Tätigkeiten im öffentlichen Dienst des Bundes, insbesondere bei der Bundeswehr, der Polizei, den Zivil- und Katastrophenschutzdiensten, dem Zoll oder den Nachrichtendiensten, können das Bundeskanzleramt, das Bundesministerium des Innern, für Bau und Heimat, das Bundesministerium für Verkehr und digitale Infrastruktur, das Bundesministerium der Verteidigung oder das Bundesministerium der Finanzen, soweit sie

§§ 20a–20b Arbeitsschutzgesetz (ArbSchG) **X.2**

hierfür jeweils zuständig sind, durch Rechtsverordnung ohne Zustimmung des Bundesrates bestimmen, daß Vorschriften dieses Gesetzes ganz oder zum Teil nicht anzuwenden sind, soweit öffentliche Belange dies zwingend erfordern, insbesondere zur Aufrechterhaltung oder Wiederherstellung der öffentlichen Sicherheit. ₂Rechtsverordnungen nach Satz 1 werden im Einvernehmen mit dem Bundesministerium für Arbeit und Soziales und, soweit nicht das Bundesministerium des Innern, für Bau und Heimat selbst ermächtigt ist, im Einvernehmen mit diesem Ministerium erlassen. ₃In den Rechtsverordnungen ist gleichzeitig festzulegen, wie die Sicherheit und der Gesundheitsschutz bei der Arbeit unter Berücksichtigung der Ziele dieses Gesetzes auf andere Weise gewährleistet werden. ₄Für Tätigkeiten im öffentlichen Dienst der Länder, Gemeinden und sonstigen landesunmittelbaren Körperschaften, Anstalten und Stiftungen des öffentlichen Rechts können den Sätzen 1 und 3 entsprechende Regelungen durch Landesrecht getroffen werden.

Fünfter Abschnitt
Gemeinsame deutsche Arbeitsschutzstrategie

§ 20a Gemeinsame deutsche Arbeitsschutzstrategie

(1) ₁Nach den Bestimmungen dieses Abschnitts entwickeln Bund, Länder und Unfallversicherungsträger im Interesse eines wirksamen Arbeitsschutzes eine gemeinsame deutsche Arbeitsschutzstrategie und gewährleisten ihre Umsetzung und Fortschreibung. ₂Mit der Wahrnehmung der ihnen gesetzlich zugewiesenen Aufgaben zur Verhütung von Arbeitsunfällen, Berufskrankheiten und arbeitsbedingten Gesundheitsgefahren sowie zur menschengerechten Gestaltung der Arbeit tragen Bund, Länder und Unfallversicherungsträger dazu bei, die Ziele der gemeinsamen deutschen Arbeitsschutzstrategie zu erreichen.

(2) Die gemeinsame deutsche Arbeitsschutzstrategie umfasst

1. die Entwicklung gemeinsamer Arbeitsschutzziele,

2. die Festlegung vorrangiger Handlungsfelder und von Eckpunkten für Arbeitsprogramme sowie deren Ausführung nach einheitlichen Grundsätzen,

3. die Evaluierung der Arbeitsschutzziele, Handlungsfelder und Arbeitsprogramme mit geeigneten Kennziffern,

4. die Festlegung eines abgestimmten Vorgehens der für den Arbeitsschutz zuständigen Landesbehörden und der Unfallversicherungsträger bei der Beratung und Überwachung der Betriebe,

5. die Herstellung eines verständlichen, überschaubaren und abgestimmten Vorschriften- und Regelwerks.

§ 20b Nationale Arbeitsschutzkonferenz

(1) ₁Die Aufgabe der Entwicklung, Steuerung und Fortschreibung der gemeinsamen deutschen Arbeitsschutzstrategie nach § 20a Abs. 1 Satz 1 wird von der Nationalen Arbeitsschutzkonferenz wahrgenommen. ₂Sie setzt sich aus jeweils drei stimmberechtigten Vertretern von Bund, Ländern und den Unfallversicherungsträgern zusammen und bestimmt für jede Gruppe drei Stellvertreter. ₃Außerdem entsenden die Spitzenorganisationen der Arbeitgeber und Arbeitnehmer für die Behandlung von Angelegenheiten nach § 20a Abs. 2 Nr. 1 bis 3 und 5 jeweils bis zu drei Vertreter in die Nationale Arbeitsschutzkonferenz; sie nehmen mit beratender Stimme an den Sitzungen teil. ₄Die Nationale Arbeitsschutzkonferenz gibt sich eine Geschäftsordnung; darin werden insbesondere die Arbeitsweise und das Beschlussverfahren festgelegt. ₅Die Geschäftsordnung muss einstimmig angenommen werden.

(2) Alle Einrichtungen, die mit Sicherheit und Gesundheit bei der Arbeit befasst sind, können der Nationalen Arbeitsschutzkonferenz Vorschläge für Arbeitsschutzziele, Handlungsfelder und Arbeitsprogramme unterbreiten.

(3) ₁Die Nationale Arbeitsschutzkonferenz wird durch ein Arbeitsschutzforum unterstützt, das in der Regel einmal jährlich stattfindet. ₂Am Arbeitsschutzforum sollen sachverständige Vertreter der Spitzenorganisationen der Arbeitgeber und Arbeitnehmer, der Berufs- und Wirtschaftsverbände, der Wis-

senschaft, der Kranken- und Rentenversicherungsträger, von Einrichtungen im Bereich Sicherheit und Gesundheit bei der Arbeit sowie von Einrichtungen, die der Förderung der Beschäftigungsfähigkeit dienen, teilnehmen. ₃Das Arbeitsschutzforum hat die Aufgabe, eine frühzeitige und aktive Teilhabe der sachverständigen Fachöffentlichkeit an der Entwicklung und Fortschreibung der gemeinsamen deutschen Arbeitsschutzstrategie sicherzustellen und die Nationale Arbeitsschutzkonferenz entsprechend zu beraten.

(4) Einzelheiten zum Verfahren der Einreichung von Vorschlägen nach Absatz 2 und zur Durchführung des Arbeitsschutzforums nach Absatz 3 werden in der Geschäftsordnung der Nationalen Arbeitsschutzkonferenz geregelt.

(5) ₁Die Geschäfte der Nationalen Arbeitsschutzkonferenz und des Arbeitsschutzforums führt die Bundesanstalt für Arbeitsschutz und Arbeitsmedizin. ₂Einzelheiten zu Arbeitsweise und Verfahren werden in der Geschäftsordnung der Nationalen Arbeitsschutzkonferenz festgelegt.

Sechster Abschnitt
Schlußvorschriften

§ 21 Zuständige Behörden; Zusammenwirken mit den Trägern der gesetzlichen Unfallversicherung

(1) ₁Die Überwachung des Arbeitsschutzes nach diesem Gesetz ist staatliche Aufgabe. ₂Die zuständigen Behörden haben die Einhaltung dieses Gesetzes und der auf Grund dieses Gesetzes erlassenen Rechtsverordnungen zu überwachen und die Arbeitgeber bei der Erfüllung ihrer Pflichten zu beraten. ₃Bei der Überwachung haben die zuständigen Behörden bei der Auswahl von Betrieben Art und Umfang des betrieblichen Gefährdungspotenzials zu berücksichtigen.

(1a) ₁Die zuständigen Landesbehörden haben bei der Überwachung nach Absatz 1 sicherzustellen, dass im Laufe eines Kalenderjahres eine Mindestanzahl an Betrieben besichtigt wird. ₂Beginnend mit dem Kalenderjahr 2026 sind im Laufe eines Kalenderjahres mindestens 5 Prozent der im Land vorhandenen Betriebe zu besichtigen (Mindestbesichtigungsquote). ₃Von der Mindestbesichtigungsquote kann durch Landesrecht nicht abgewichen werden. ₄Erreicht eine Landesbehörde die Mindestbesichtigungsquote nicht, so hat sie die Zahl der besichtigten Betriebe bis zum Kalenderjahr 2026 schrittweise mindestens so weit zu erhöhen, dass sie die Mindestbesichtigungsquote erreicht. ₅Maßgeblich für die Anzahl der im Land vorhandenen Betriebe ist die amtliche Statistik der Bundesagentur für Arbeit des Vorjahres.

(2) ₁Die Aufgaben und Befugnisse der Träger der gesetzlichen Unfallversicherung richten sich, soweit nichts anderes bestimmt ist, nach den Vorschriften des Sozialgesetzbuchs. ₂Soweit die Träger der gesetzlichen Unfallversicherung nach dem Sozialgesetzbuch im Rahmen ihres Präventionsauftrags auch Aufgaben zur Gewährleistung von Sicherheit und Gesundheitsschutz für die Beschäftigten wahrnehmen, werden sie ausschließlich im Rahmen ihrer autonomen Befugnisse tätig.

(3) ₁Die zuständigen Landesbehörden und die Unfallversicherungsträger wirken auf der Grundlage einer gemeinsamen Beratungs- und Überwachungsstrategie nach § 20a Abs. 2 Nr. 4 eng zusammen und stellen den Erfahrungsaustausch sicher. ₂Diese Strategie umfasst die Abstimmung allgemeiner Grundsätze zur methodischen Vorgehensweise bei

1. der Beratung und Überwachung der Betriebe,

2. der Festlegung inhaltlicher Beratungs- und Überwachungsschwerpunkte, aufeinander abgestimmter oder gemeinsamer Schwerpunktaktionen und Arbeitsprogramme und

3. der Förderung eines Daten- und sonstigen Informationsaustausches, insbesondere über Betriebsbesichtigungen und deren wesentliche Ergebnisse.

₃Die zuständigen Landesbehörden vereinbaren mit den Unfallversicherungsträgern nach § 20 Abs. 2 Satz 3 des Siebten Buches Sozialgesetzbuch die Maßnahmen, die zur Umsetzung der gemeinsamen Arbeitsprogramme nach § 20a Abs. 2 Nr. 2 und der gemeinsamen

Beratungs- und Überwachungsstrategie notwendig sind; sie evaluieren deren Zielerreichung mit den von der Nationalen Arbeitsschutzkonferenz nach §20a Abs. 2 Nr. 3 bestimmten Kennziffern.

(3a) ₁Zu nach dem 1. Januar 2023 durchgeführten Betriebsbesichtigungen und deren Ergebnissen übermitteln die für den Arbeitsschutz zuständigen Landesbehörden an den für die besichtigte Betriebsstätte zuständigen Unfallversicherungsträger im Wege elektronischer Datenübertragung folgende Informationen:

1. Name und Anschrift des Betriebs,
2. Anschrift der besichtigten Betriebsstätte, soweit nicht mit Nummer 1 identisch,
3. Kennnummer zur Identifizierung,
4. Wirtschaftszweig des Betriebs,
5. Datum der Besichtigung,
6. Anzahl der Beschäftigten zum Zeitpunkt der Besichtigung,
7. Vorhandensein einer betrieblichen Interessenvertretung,
8. Art der sicherheitstechnischen Betreuung,
9. Art der betriebsärztlichen Betreuung,
10. Bewertung der Arbeitsschutzorganisation einschließlich
    a) der Unterweisung,
    b) der arbeitsmedizinischen Vorsorge und
    c) der Ersten Hilfe und sonstiger Notfallmaßnahmen,
11. Bewertung der Gefährdungsbeurteilung einschließlich
    a) der Ermittlung von Gefährdungen und Festlegung von Maßnahmen,
    b) der Prüfung der Umsetzung der Maßnahmen und ihrer Wirksamkeit und
    c) der Dokumentation der Gefährdungen und Maßnahmen,
12. Verwaltungshandeln in Form von Feststellungen, Anordnungen oder Bußgeldern.

₂Die übertragenen Daten dürfen von den Unfallversicherungsträgern nur zur Erfüllung der in ihrer Zuständigkeit nach §17 Absatz 1 des Siebten Buches Sozialgesetzbuch liegenden Aufgaben verarbeitet werden.

(4) ₁Die für den Arbeitsschutz zuständige oberste Landesbehörde kann mit Trägern der gesetzlichen Unfallversicherung vereinbaren, daß diese in näher zu bestimmenden Tätigkeitsbereichen die Einhaltung dieses Gesetzes, bestimmter Vorschriften dieses Gesetzes oder der auf Grund dieses Gesetzes erlassenen Rechtsverordnungen überwachen. ₂In der Vereinbarung sind Art und Umfang der Überwachung sowie die Zusammenarbeit mit den staatlichen Arbeitsschutzbehörden festzulegen.

(5) ₁Soweit nachfolgend nichts anderes bestimmt ist, ist zuständige Behörde für die Durchführung dieses Gesetzes und der auf dieses Gesetz gestützten Rechtsverordnungen in den Betrieben und Verwaltungen des Bundes die Zentralstelle für Arbeitsschutz beim Bundesministerium des Innern, für Bau und Heimat. ₂Im Auftrag der Zentralstelle handelt, soweit nichts anderes bestimmt ist, die Unfallversicherung Bund und Bahn, die insoweit der Aufsicht des Bundesministeriums des Innern, für Bau und Heimat unterliegt; Aufwendungen werden nicht erstattet. ₃Im öffentlichen Dienst im Geschäftsbereich des Bundesministeriums für Verkehr und digitale Infrastruktur führt die Unfallversicherung Bund und Bahn, soweit die Eisenbahn-Unfallkasse bis zum 31. Dezember 2014 Träger der Unfallversicherung war, dieses Gesetz durch. ₄Für Betriebe und Verwaltungen in den Geschäftsbereichen des Bundesministeriums der Verteidigung und des Auswärtigen Amtes hinsichtlich seiner Auslandsvertretungen führt das jeweilige Bundesministerium, soweit es jeweils zuständig ist, oder die von ihm jeweils bestimmte Stelle dieses Gesetz durch. ₅Im Geschäftsbereich des Bundesministeriums der Finanzen führt die Berufsgenossenschaft Verkehrswirtschaft Post-Logistik Telekommunikation dieses Gesetz durch, soweit der Geschäftsbereich des ehemaligen Bundesministeriums für Post und Telekommunikation betroffen ist. ₆Die Sätze 1 bis 4 gelten auch für Betriebe und Verwaltungen, die zur Bundesverwaltung gehören, für die aber eine Berufsgenossenschaft Träger der Unfallversi-

cherung ist. ₇Die zuständigen Bundesministerien können mit den Berufsgenossenschaften für diese Betriebe und Verwaltungen vereinbaren, daß das Gesetz von den Berufsgenossenschaften durchgeführt wird; Aufwendungen werden nicht erstattet.

§ 22 Befugnisse der zuständigen Behörden

(1) ₁Die zuständige Behörde kann vom Arbeitgeber oder von den verantwortlichen Personen die zur Durchführung ihrer Überwachungsaufgabe erforderlichen Auskünfte und die Überlassung von entsprechenden Unterlagen verlangen. ₂Werden Beschäftigte mehrerer Arbeitgeber an einem Arbeitsplatz tätig, kann die zuständige Behörde von den Arbeitgebern oder von den verantwortlichen Personen verlangen, dass das Ergebnis der Abstimmung über die zu treffenden Maßnahmen nach § 8 Absatz 1 schriftlich vorgelegt wird. ₃Die auskunftspflichtige Person kann die Auskunft auf solche Fragen oder die Vorlage derjenigen Unterlagen verweigern, deren Beantwortung oder Vorlage sie selbst oder einen ihrer in § 383 Abs. 1 Nr. 1 bis 3 der Zivilprozeßordnung bezeichneten Angehörigen der Gefahr der Verfolgung wegen einer Straftat oder Ordnungswidrigkeit aussetzen würde. ₄Die auskunftspflichtige Person ist darauf hinzuweisen.

(2) ₁Die mit der Überwachung beauftragten Personen sind befugt, zu den Betriebs- und Arbeitszeiten Betriebsstätten, Geschäfts- und Betriebsräume zu betreten, zu besichtigen und zu prüfen sowie in die geschäftlichen Unterlagen der auskunftspflichtigen Person Einsicht zu nehmen, soweit dies zur Erfüllung ihrer Aufgaben erforderlich ist. ₂Außerdem sind sie befugt, Betriebsanlagen, Arbeitsmittel und persönliche Schutzausrüstungen zu prüfen, Arbeitsverfahren und Arbeitsabläufe zu untersuchen, Messungen vorzunehmen und insbesondere arbeitsbedingte Gesundheitsgefahren festzustellen und zu untersuchen, auf welche Ursachen ein Arbeitsunfall, eine arbeitsbedingte Erkrankung oder ein Schadensfall zurückzuführen ist. ₃Sie sind berechtigt, die Begleitung durch den Arbeitgeber oder eine von ihm beauftragte Person zu verlangen. ₄Der Arbeitgeber oder die verantwortlichen Personen haben die mit der Überwachung beauftragten Personen bei der Wahrnehmung ihrer Befugnisse nach den Sätzen 1 und 2 zu unterstützen. ₅Außerhalb der in Satz 1 genannten Zeiten dürfen die mit der Überwachung beauftragten Personen ohne Einverständnis des Arbeitgebers die Maßnahmen nach den Sätzen 1 und 2 nur treffen, soweit sie zur Verhütung dringender Gefahren für die öffentliche Sicherheit und Ordnung erforderlich sind. ₆Wenn sich die Arbeitsstätte in einer Wohnung befindet, dürfen die mit der Überwachung beauftragten Personen die Maßnahmen nach den Sätzen 1 und 2 ohne Einverständnis des Bewohner oder Nutzungsberechtigten nur treffen, soweit sie zur Verhütung dringender Gefahren für die öffentliche Sicherheit und Ordnung erforderlich sind. ₇Die auskunftspflichtige Person hat die Maßnahmen nach den Sätzen 1, 2, 5 und 6 zu dulden. ₈Die Sätze 1 und 5 gelten entsprechend, wenn nicht feststeht, ob in der Arbeitsstätte Personen beschäftigt werden, jedoch Tatsachen gegeben sind, die diese Annahme rechtfertigen. ₉Das Grundrecht der Unverletzlichkeit der Wohnung (Artikel 13 des Grundgesetzes) wird insoweit eingeschränkt.

(3) ₁Die zuständige Behörde kann im Einzelfall anordnen,

1. welche Maßnahmen der Arbeitgeber und die verantwortlichen Personen oder die Beschäftigten zur Erfüllung der Pflichten zu treffen haben, die sich aus diesem Gesetz und den auf Grund dieses Gesetzes erlassenen Rechtsverordnungen ergeben,

2. welche Maßnahmen der Arbeitgeber und die verantwortlichen Personen zur Abwendung einer besonderen Gefahr für Leben und Gesundheit der Beschäftigten zu treffen haben.

₂Die zuständige Behörde hat, wenn nicht Gefahr im Verzug ist, zur Ausführung der Anordnung eine angemessene Frist zu setzen. ₃Wird eine Anordnung nach Satz 1 nicht innerhalb einer gesetzten Frist oder eine für sofort vollziehbar erklärte Anordnung nicht sofort ausgeführt, kann die zuständige Behörde die von der Anordnung betroffene Arbeit oder die Verwendung oder den Betrieb der von der Anordnung betroffenen Arbeitsmittel untersagen. ₄Maßnahmen der zuständigen Behörde im Bereich des öffentlichen Dienstes, die den Dienstbetrieb wesentlich beeinträchtigen, sollen im Einvernehmen mit der obersten Bundes- oder Landesbehörde oder dem Hauptverwaltungsbeamten der Gemeinde getroffen werden.

§ 23 Betriebliche Daten; Zusammenarbeit mit anderen Behörden; Jahresbericht, Bundesfachstelle

(1) ₁Der Arbeitgeber hat der zuständigen Behörde zu einem von ihr bestimmten Zeitpunkt Mitteilungen über

1. die Zahl der Beschäftigten und derer, an die er Heimarbeit vergibt, aufgegliedert nach Geschlecht, Alter und Staatsangehörigkeit,
2. den Namen oder die Bezeichnung und Anschrift des Betriebes, in dem er sie beschäftigt,
3. seinen Namen, seine Firma und seine Anschrift sowie
4. den Wirtschaftszweig, dem sein Betrieb angehört,

zu machen. ₂Das Bundesministerium für Arbeit und Soziales wird ermächtigt, durch Rechtsverordnung mit Zustimmung des Bundesrates zu bestimmen, daß die Stellen der Bundesverwaltung, denen der Arbeitgeber die in Satz 1 genannten Mitteilungen bereits auf Grund einer Rechtsvorschrift mitgeteilt hat, diese Angaben an die für die Behörden nach Absatz 1 zuständigen obersten Landesbehörden als Schreiben oder auf maschinell verwertbaren Datenträgern oder durch Datenübertragung weiterzuleiten haben. ₃In der Rechtsverordnung können das Nähere über die Form der weiterzuleitenden Angaben sowie die Frist für die Weiterleitung bestimmt werden. ₄Die weitergeleiteten Angaben dürfen nur zur Erfüllung der in der Zuständigkeit der Behörden nach § 21 Abs. 1 liegenden Arbeitsschutzaufgaben verarbeitet werden.

(2) ₁Die mit der Überwachung beauftragten Personen dürfen die ihnen bei ihrer Überwachungstätigkeit zur Kenntnis gelangenden Geschäfts- und Betriebsgeheimnisse nur in den gesetzlich geregelten Fällen oder zur Verfolgung von Gesetzwidrigkeiten oder zur Erfüllung von gesetzlich geregelten Aufgaben zum Schutz der Versicherten dem Träger der gesetzlichen Unfallversicherung oder zum Schutz der Umwelt den dafür zuständigen Behörden offenbaren. ₂Soweit es sich bei Geschäfts- und Betriebsgeheimnissen um Informationen über die Umwelt im Sinne des Umweltinformationsgesetzes handelt, richtet sich die Befugnis zu ihrer Offenbarung nach dem Umweltinformationsgesetz.

(3) ₁Ergeben sich im Einzelfall für die zuständigen Behörden konkrete Anhaltspunkte für

1. eine Beschäftigung oder Tätigkeit von Ausländern ohne den erforderlichen Aufenthaltstitel nach § 4 Abs. 3 des Aufenthaltsgesetzes, eine Aufenthaltsgestattung oder eine Duldung, die zur Ausübung der Beschäftigung berechtigen, oder eine Genehmigung nach § 284 Abs. 1 des Dritten Buches Sozialgesetzbuch,
2. Verstöße gegen die Mitwirkungspflicht nach § 60 Abs. 1 Satz 1 Nr. 2 des Ersten Buches Sozialgesetzbuch gegenüber einer Dienststelle der Bundesagentur für Arbeit, einem Träger der gesetzlichen Kranken-, Pflege-, Unfall- oder Rentenversicherung oder einem Träger der Sozialhilfe oder gegen die Meldepflicht nach § 8a des Asylbewerberleistungsgesetzes,
3. Verstöße gegen das Gesetz zur Bekämpfung der Schwarzarbeit,
4. Verstöße gegen das Arbeitnehmerüberlassungsgesetz,
5. Verstöße gegen die Vorschriften des Vierten und des Siebten Buches Sozialgesetzbuch über die Verpflichtung zur Zahlung von Sozialversicherungsbeiträgen,
6. Verstöße gegen das Aufenthaltsgesetz,
7. Verstöße gegen die Steuergesetze,
8. Verstöße gegen das Gesetz zur Sicherung von Arbeitnehmerrechten in der Fleischwirtschaft,
9. Verstöße gegen Vorgaben für Pakete mit erhöhtem Gewicht nach dem Postgesetz,

unterrichten sie die für die Verfolgung und Ahndung der Verstöße nach den Nummern 1 bis 9 zuständigen Behörden, die Träger der Sozialhilfe sowie die Behörden nach § 71 des Aufenthaltsgesetzes. ₂In den Fällen des Satzes 1 arbeiten die zuständigen Behörden insbesondere mit den Agenturen für Arbeit, den Hauptzollämtern, den Rentenversicherungsträgern, den Krankenkassen als Einzugsstellen für die Sozialversicherungsbeiträge, den Trägern der gesetzlichen Unfallversicherung, den nach Landesrecht für die Verfolgung und Ahndung von Verstößen gegen das Gesetz zur Bekämpfung der Schwarzarbeit zuständigen Behörden, den Trägern der Sozialhilfe, den in § 71 des Aufenthaltsgesetzes genannten Behörden, den Finanzbehörden und der Bundesnetzagentur für Elektrizität, Gas, Telekommunikation, Post und Eisenbahnen zusammen.

(4) ₁Die zuständigen obersten Landesbehörden haben über die Überwachungstätigkeit der ihnen unterstellten Behörden einen Jahresbericht zu veröffentlichen. ₂Der Jahresbericht umfaßt auch Angaben zur Erfüllung von Unterrichtungspflichten aus internationalen Übereinkommen oder Rechtsakten der Europäischen Gemeinschaften, soweit sie den Arbeitsschutz betreffen.

(5) ₁Bei der Bundesanstalt für Arbeitsschutz und Arbeitsmedizin wird eine Bundesfachstelle für Sicherheit und Gesundheit bei der Arbeit eingerichtet. ₂Sie hat die Aufgabe, die Jahresberichte der Länder einschließlich der Besichtigungsquote nach § 21 Absatz 1a auszuwerten und die Ergebnisse für den statistischen Bericht über den Stand von Sicherheit und Gesundheit bei der Arbeit und über das Unfall- und Berufskrankheitengeschehen in der Bundesrepublik Deutschland nach § 25 Absatz 1 des Siebten Buches Sozialgesetzbuch zusammenzufassen. ₃Das Bundesministerium für Arbeit und Soziales kann die Arbeitsweise und das Verfahren der Bundesfachstelle für Sicherheit und Gesundheit bei der Arbeit im Errichtungserlass der Bundesanstalt für Arbeitsschutz und Arbeitsmedizin festlegen.

§ 24 Ermächtigung zum Erlaß von allgemeinen Verwaltungsvorschriften

Die Bundesregierung kann mit Zustimmung des Bundesrates allgemeine Verwaltungsvorschriften erlassen insbesondere

1. zur Durchführung dieses Gesetzes und der auf Grund dieses Gesetzes erlassenen Rechtsverordnungen, insbesondere dazu, welche Kriterien zur Auswahl von Betrieben bei der Überwachung anzuwenden, welche Sachverhalte im Rahmen einer Betriebsbesichtigung mindestens zu prüfen und welche Ergebnisse aus der Überwachung für die Berichterstattung zu erfassen sind,

2. über die Gestaltung der Jahresberichte nach § 23 Abs. 4 und

3. über die Angaben, die die zuständigen obersten Landesbehörden dem Bundesministerium für Arbeit und Soziales für den Unfallverhütungsbericht nach § 25 Abs. 2 des Siebten Buches Sozialgesetzbuch bis zu einem bestimmten Zeitpunkt mitzuteilen haben.

§ 24a Ausschuss für Sicherheit und Gesundheit bei der Arbeit

(1) ₁Beim Bundesministerium für Arbeit und Soziales wird ein Ausschuss für Sicherheit und Gesundheit bei der Arbeit gebildet, in dem geeignete Personen vonseiten der öffentlichen und privaten Arbeitgeber, der Gewerkschaften, der Landesbehörden, der gesetzlichen Unfallversicherung und weitere geeignete Personen, insbesondere aus der Wissenschaft, vertreten sein sollen. ₂Dem Ausschuss sollen nicht mehr als 15 Mitglieder angehören. ₃Für jedes Mitglied ist ein stellvertretendes Mitglied zu benennen. ₄Die Mitgliedschaft im Ausschuss ist ehrenamtlich. ₅Ein Mitglied oder ein stellvertretendes Mitglied aus den anderen Ausschüssen beim Bundesministerium für Arbeit und Soziales nach § 18 Absatz 2 Nummer 5 soll dauerhaft als Gast im Ausschuss für Sicherheit und Gesundheit bei der Arbeit vertreten sein.

(2) ₁Das Bundesministerium für Arbeit und Soziales beruft die Mitglieder des Ausschusses für Sicherheit und Gesundheit bei der Arbeit und die stellvertretenden Mitglieder. ₂Der

Ausschuss gibt sich eine Geschäftsordnung und wählt die Vorsitzende oder den Vorsitzenden aus seiner Mitte. ₃Die Geschäftsordnung und die Wahl der oder des Vorsitzenden bedürfen der Zustimmung des Bundesministeriums für Arbeit und Soziales.

(3) ₁Zu den Aufgaben des Ausschusses für Sicherheit und Gesundheit bei der Arbeit gehört es, soweit hierfür kein anderer Ausschuss beim Bundesministerium für Arbeit und Soziales nach §18 Absatz 2 Nummer 5 zuständig ist,

1. den Stand von Technik, Arbeitsmedizin und Hygiene sowie sonstige gesicherte arbeitswissenschaftliche Erkenntnisse für die Sicherheit und Gesundheit der Beschäftigten zu ermitteln,

2. Regeln und Erkenntnisse zu ermitteln, wie die in diesem Gesetz gestellten Anforderungen erfüllt werden können,

3. Empfehlungen zu Sicherheit und Gesundheit bei der Arbeit aufzustellen,

4. das Bundesministerium für Arbeit und Soziales in allen Fragen des Arbeitsschutzes zu beraten.

₂Das Arbeitsprogramm des Ausschusses für Sicherheit und Gesundheit bei der Arbeit wird mit dem Bundesministerium für Arbeit und Soziales abgestimmt. ₃Der Ausschuss arbeitet eng mit den anderen Ausschüssen beim Bundesministerium für Arbeit und Soziales nach §18 Absatz 2 Nummer 5 zusammen.

(4) ₁Das Bundesministerium für Arbeit und Soziales kann die vom Ausschuss für Sicherheit und Gesundheit bei der Arbeit ermittelten Regeln und Erkenntnisse im Gemeinsamen Ministerialblatt bekannt geben und die Empfehlungen veröffentlichen. ₂Der Arbeitgeber hat die bekannt gegebenen Regeln und Erkenntnisse zu berücksichtigen. ₃Bei Einhaltung dieser Regeln und bei Beachtung dieser Erkenntnisse ist davon auszugehen, dass die in diesem Gesetz gestellten Anforderungen erfüllt sind, soweit diese von der betreffenden Regel abgedeckt sind. ₄Die Anforderungen aus Rechtsverordnungen nach §18 und dazu bekannt gegebene Regeln und Erkenntnisse bleiben unberührt.

(5) ₁Die Bundesministerien sowie die obersten Landesbehörden können zu den Sitzungen des Ausschusses für Sicherheit und Gesundheit bei der Arbeit Vertreterinnen oder Vertreter entsenden. ₂Auf Verlangen ist ihnen in der Sitzung das Wort zu erteilen.

(6) Die Geschäfte des Ausschusses für Sicherheit und Gesundheit bei der Arbeit führt die Bundesanstalt für Arbeitsschutz und Arbeitsmedizin.

§25 Bußgeldvorschriften

(1) Ordnungswidrig handelt, wer vorsätzlich oder fahrlässig

1. einer Rechtsverordnung nach §18 Abs. 1 oder §19 zuwiderhandelt, soweit sie für einen bestimmten Tatbestand auf diese Bußgeldvorschrift verweist oder

2. a) als Arbeitgeber oder als verantwortliche Person einer vollziehbaren Anordnung nach §22 Abs. 3 oder

   b) als Beschäftigter einer vollziehbaren Anordnung nach §22 Abs. 3 Satz 1 Nr. 1 zuwiderhandelt.

(2) Die Ordnungswidrigkeit kann in den Fällen des Absatzes 1 Nr. 1 und 2 Buchstabe b mit einer Geldbuße bis zu fünftausend Euro, in den Fällen des Absatzes 1 Nr. 2 Buchstabe a mit einer Geldbuße bis zu dreißigtausend Euro geahndet werden.

§26 Strafvorschriften

Mit Freiheitsstrafe bis zu einem Jahr oder mit Geldstrafe wird bestraft, wer

1. eine in §25 Abs. 1 Nr. 2 Buchstabe a bezeichnete Handlung beharrlich wiederholt oder

2. durch eine in §25 Abs. 1 Nr. 1 oder Nr. 2 Buchstabe a bezeichnete vorsätzliche Handlung Leben oder Gesundheit eines Beschäftigten gefährdet.

Landesnichtraucherschutzgesetz (LNRSchG)

Vom 25. Juli 2007 (GBl. S. 337)

Zuletzt geändert durch
Gesetz zur Änderung des Landesnichtraucherschutzgesetzes
vom 3. März 2009 (GBl. S. 81)

§ 1 Zweckbestimmung

(1) Dieses Gesetz hat zum Ziel, dass in Schulen sowie bei schulischen Veranstaltungen, in Jugendhäusern, in Tageseinrichtungen für Kinder, in Behörden, Dienststellen und sonstigen Einrichtungen des Landes und der Kommunen sowie in Krankenhäusern, Pflegeeinrichtungen und Gaststätten nicht geraucht wird. Die Regelungen dienen, insbesondere bei Kindern und Jugendlichen, dem Schutz vor den Gefahren des Passivrauchens.

(2) Die nachfolgenden Bestimmungen gelten nicht für Justizvollzugsanstalten.

§ 2 Rauchfreiheit in Schulen

(1) In Schulgebäuden und auf Schulgeländen sowie bei Schulveranstaltungen ist das Rauchen untersagt. Auf Schulgeländen befindliche Wohnungen sind vom Rauchverbot nach Satz 1 ausgenommen.

(2) Abweichend von Absatz 1 kann die Gesamtlehrerkonferenz mit Zustimmung der Schulkonferenz und nach Anhörung des Elternbeirats und der Schülermitverantwortung für volljährige Schüler ab Klasse 11 oder den entsprechenden Klassen der beruflichen Schulen sowie für dort tätige Lehrkräfte Raucherzonen außerhalb von Schulgebäuden im Außenbereich des Schulgeländes jeweils für ein Schuljahr zulassen, wenn und soweit die Belange des Nichtraucherschutzes dadurch nicht beeinträchtigt werden.

(3) Die Bestimmungen der Absätze 1 und 2 gelten auch für Schulen in freier Trägerschaft.

§ 3 Rauchfreiheit in Jugendhäusern

In Jugendhäusern ist das Rauchen untersagt.

§ 4 Rauchfreiheit in Tageseinrichtungen für Kinder

In den Gebäuden und auf den Grundstücken der Tageseinrichtungen für Kinder ist das Rauchen untersagt. § 2 Abs. 1 Satz 2 gilt entsprechend.

§ 5 Rauchfreiheit in Behörden, Dienststellen und sonstigen Einrichtungen des Landes und der Kommunen

(1) In den Behörden und Dienststellen des Landes oder der Kommunen sowie in sonstigen vom Land oder den Kommunen getragenen Einrichtungen ist das Rauchen untersagt. § 2 Abs. 1 Satz 2 gilt entsprechend. Das Rauchverbot nach Satz 1 gilt auch in Dienstfahrzeugen. Kommunen im Sinne von Satz 1 sind Gemeinden, Gemeindeverbände, Zweckverbände, Regionalverbände sowie Stadt- und Landkreise.

(2) Abweichend von Absatz 1 kann die Leitung der in Absatz 1 Satz 1 genannten Einrichtungen Ausnahmen vom Rauchverbot bei besonderen Veranstaltungen zulassen. Sie kann zudem das Rauchen in bestimmten abgeschlossenen Räumen gestatten, wenn und soweit die Belange des Nichtraucherschutzes dadurch nicht beeinträchtigt werden.

§ 6 Rauchfreiheit in Krankenhäusern und Pflegeeinrichtungen

(1) In Krankenhäusern und stationären Pflegeeinrichtungen ist das Rauchen untersagt. Satz 1 gilt insbesondere auch für Kantinen, Cafeterien, Schulen und Werkstätten des Krankenhauses oder der Pflegeeinrichtung. Dieses Gesetz findet keine Anwendung auf mit einem Krankenhaus oder einer Pflegeeinrich-

tung verbundene Hotels und auf Einrichtungen des Hospizdienstes. § 2 Abs. 1 Satz 2 gilt entsprechend. Krankenhäuser im Sinne dieses Gesetzes sind die in § 2 Nr. 1 des Krankenhausfinanzierungsgesetzes in der Fassung vom 10. April 1991 (BGBl. I S. 887) genannten Einrichtungen einschließlich der Rehabilitationseinrichtungen.

(2) Abweichend von Absatz 1 können in Krankenhäusern Ausnahmen für solche Patientinnen und Patienten zugelassen werden, die sich im Bereich der Palliativmedizin befinden, sich zu einer psychiatrischen Behandlung oder auf Grund einer gerichtlich angeordneten Unterbringung in einer geschlossenen Abteilung des Krankenhauses aufhalten oder bei denen die Untersagung des Rauchens dem Therapieziel, zum Beispiel bei der Suchtbehandlung, entgegensteht. Die Entscheidung, ob im Einzelfall das Rauchen erlaubt werden soll, trifft der behandelnde Arzt. Die Klinikleitung hat in den Fällen des Satzes 1 Vorkehrungen zu treffen, um die Rauchfreiheit im Krankenhaus und den gesundheitlichen Schutz der übrigen sich im Krankenhaus aufhaltenden Personen soweit wie möglich zu gewährleisten. Soweit die Klinikleitung für die in Satz 1 genannten Patienten entsprechende Räumlichkeiten zur Verfügung stellt, sollen diese so gelegen und beschaffen sein, dass sie den Zweck dieses Gesetzes nicht beeinträchtigen.

(3) Für die Beschäftigten des Krankenhauses kann die Klinikleitung auf Antrag Raucherzimmer einrichten. Absatz 2 Satz 3 und 4 gilt entsprechend.

(4) Abweichend von Absatz 1 ist das Rauchen in abgeschlossenen Räumlichkeiten von Pflegeeinrichtungen erlaubt, wenn diese Räume ausschließlich von Rauchern genutzt oder bewohnt werden und alle Nutzer oder Bewohner des betroffenen Raumes hierzu ihr Einverständnis erteilt haben. Absatz 2 Satz 3 und 4 sowie Absatz 3 Satz 1 gelten entsprechend.

§ 7 Rauchfreiheit in Gaststätten

(1) In Gaststätten ist das Rauchen untersagt. Gaststätten im Sinne dieses Gesetzes sind Betriebe, die Getränke oder zubereitete Speisen zum Verzehr an Ort und Stelle verabreichen, wenn der Betrieb jedermann oder bestimmten Personen zugänglich ist und den Vorschriften des Gaststättengesetzes in der Fassung vom 20. November 1998 (BGBl. I S. 3419) unterliegt. Satz 1 gilt nicht für Bier-, Wein- und Festzelte sowie die Außengastronomie und die im Reisegewerbe betriebenen Gaststätten.

(2) Abweichend von Absatz 1 ist das Rauchen zulässig

1. in vollständig abgetrennten Nebenräumen, wenn und soweit diese Räume in deutlich erkennbarer Weise als Raucherräume gekennzeichnet sind und die Belange des Nichtraucherschutzes dadurch nicht beeinträchtigt werden,

2. in Gaststätten mit weniger als 75 Quadratmetern Gastfläche und ohne abgetrennten Nebenraum, wenn keine oder lediglich kalte Speisen einfacher Art zum Verzehr an Ort und Stelle verabreicht werden, Personen mit nicht vollendetem 18. Lebensjahr der Zutritt verwehrt wird und die Gaststätten am Eingangsbereich in deutlich erkennbarer Weise als Rauchergaststätten, zu denen Personen mit nicht vollendetem 18. Lebensjahr keinen Zutritt haben, gekennzeichnet sind.

(3) In Diskotheken ist abweichend von Absatz 1 das Rauchen in vollständig abgetrennten Nebenräumen ohne Tanzfläche zulässig, wenn der Zutritt zur Diskothek auf Personen ab vollendetem 18. Lebensjahr beschränkt ist und die Nebenräume in deutlich erkennbarer Weise als Raucherräume gekennzeichnet sind.

(4) Arbeitsschutzrechtliche Bestimmungen bleiben unberührt.

§ 8 Maßnahmen zur Umsetzung des Rauchverbots

(1) Die Leitungen der in §§ 2 bis 6 genannten Einrichtungen sind für die Einhaltung des Rauchverbots in den von ihnen geleiteten Einrichtungen verantwortlich. Sie haben auf das Rauchverbot durch deutlich sichtbare Hinweisschilder in jedem Eingangsbereich hinzuweisen. Soweit ihnen Verstöße gegen das Rauchverbot bekannt werden, haben sie die

erforderlichen Maßnahmen zu ergreifen, um weitere Verstöße zu verhindern.

(2) Die Pflichten nach Absatz 1 gelten auch für Gaststättenbetreiber für deren jeweilige Gaststätte. Die Regelung zur Kennzeichnung nach § 7 Abs. 2 Satz 1 bleibt davon unberührt.

§ 9 Ordnungswidrigkeiten

(1) Ordnungswidrig handelt, wer vorsätzlich oder fahrlässig

1. entgegen § 2 Abs. 1 in einem Schulgebäude, auf einem Schulgelände sowie auf Schulveranstaltungen raucht, ohne dass eine Ausnahmeregelung nach § 2 Abs. 2 vorliegt,

2. entgegen § 3 in einem Jugendhaus raucht,

3. entgegen § 4 in einem Gebäude oder auf einem Grundstück einer Tageseinrichtung für Kinder raucht,

4. entgegen § 5 Abs. 1 in einer Behörde, Dienststelle oder sonstigen Einrichtung des Landes oder einer Kommune raucht, ohne dass eine Ausnahmegenehmigung nach § 5 Abs. 2 vorliegt,

5. entgegen § 6 Abs. 1 in einem Krankenhaus oder in einer Pflegeeinrichtung raucht, ohne dass eine Ausnahmeregelung nach § 6 Abs. 2 bis 4 vorliegt,

6. entgegen § 7 in einer Gaststätte raucht,

7. entgegen § 7 als Betreiber seiner Kennzeichnungspflicht nicht nachkommt oder als Betreiber Verstöße gegen das Rauchverbot nicht verhindert.

Schüler werden vorrangig mit Erziehungs- und Ordnungsmaßnahmen nach § 90 des Schulgesetzes für Baden-Württemberg (SchG) zur Einhaltung des Rauchverbots angehalten.

(2) Die Ordnungswidrigkeit nach Absatz 1 Satz 1 Nr. 1 bis 6 kann mit einer Geldbuße bis zu 40 Euro und im innerhalb eines Jahres erfolgenden Wiederholungsfall mit einer Geldbuße bis zu 150 Euro geahndet werden. Die Ordnungswidrigkeit nach Absatz 1 Satz 1 Nr. 7 kann mit einer Geldbuße bis zu 2500 Euro und im innerhalb eines Jahres erfolgenden Wiederholungsfall mit einer Geldbuße bis zu 5000 Euro geahndet werden.

(3) Verwaltungsbehörde im Sinne des § 36 Abs. 1 Nr. 1 des Gesetzes über Ordnungswidrigkeiten ist die Ortspolizeibehörde. Dies gilt ungeachtet der §§ 33 und 34 SchG sowie des § 16 Abs. 1 Nr. 21 des Landesverwaltungsgesetzes auch in Bezug auf das Rauchverbot an Schulen.

§ 10 Inkrafttreten

Dieses Gesetz tritt am 1. August 2007 in Kraft.

Stichwortverzeichnis

Sie finden das jeweilige Stichwort über die fettgedruckte Angabe der Leitziffer, gefolgt durch die Vorschriftenabkürzung.
Beispiel: I.3/LBG weist auf die Leitziffer I.3; hier im Kapitel I in der Ordnungsziffer 3 wurde das Landesbeamtengesetz eingeordnet. Im angegebenen Paragrafen bzw. Artikel finden Sie den gesuchten Begriff.

Abordnung I.1 § 14 **I.3** § 25

Allgemeines Gleichbehandlungsgesetz X.1

Alters- und Hinterbliebenengeld IV.1 § 92 ff.

Altersgeld IV.1 § 87 ff.

Altersgrenze I.3 § 36 ff.

Alterssicherungssysteme, Trennung IV.1 § 84 ff.

Altersteilzeit I.3 § 70

Altersteilzeitzuschlag III.10

Altersvorsorgezulage VIII.5 § 79 ff.

Amtsbezeichnung I.3 § 56 **III.1** § 29

Amtshaftung IX.1 Art. 34

Amtshandlungen, Befreiung I.3 § 52

Amtshilfe IX.4 § 4 ff.

Amtszulagen III.1 § 43 ff.

Anpassung von Dienst- und Versorgungsbezügen in 2015/2016 III.1.1 § 1 ff.

Anwärterbezüge III.1 § 79 ff.

Anwärtersonderzuschlagsverordnung III.8 § 1 ff.

Arbeitnehmer-Sparzulage VIII.7 § 13

Arbeitsschutz X.2 § 1 ff. **I.3** § 77 **I.9** § 49 ff.

Arbeitsschutzgesetz X.2

Arbeitszeit I.3 § 67 **I.9** § 4 ff.
Lehrer an öffentlichen Schulen **I.10**
Lehrkräfte **I.9** § 18
Polizei und Strafvollzugsdienst **I.9** § 16 ff.
regelmäßige wöchentliche **I.9** § 4
Richter **I.9** § 20
Teilzeitbeschäftigung **I.9** § 14

Arbeitszeit- und Urlaubsverordnung I.9 § 1 ff.

Arbeitszeitguthaben III.1 § 71

Arbeitszeitmodelle, neue I.9 § 19

Aufschiebende Wirkung IX.3 § 80

Aufstieg I.3 § 22

Aufwandsentschädigungen III.1 § 19

Ausbildungs- und Prüfungsordnung
für den gehobenen Verwaltungsdienst **II.14** § 1 ff.
für den mittleren Verwaltungsdienst **II.13** § 1 ff.

Ausgleichszulage III.1 § 64

Auslandsbesoldung III.1 § 78

Auslandsdienstreisen VI.1 § 12

Auslandsumzüge VI.2 § 13

Beamtengesetz I.3 § 1 ff.

Beamtenrechte, Verlust I.1 § 24

Beamtenrechtszuständigkeitsverordnung I.5

Beamtenstatusgesetz I.1 § 1 ff.

Beamtenverhältnis I.1 § 3 **I.3** § 6 ff.
auf Probe **I.3** § 6
auf Zeit **I.1** § 6 **I.3** § 7
Beendigung **I.1** § 21 ff. **I.3** § 31 ff.
Nichterfüllung von Plichten **I.1** § 47
rechtliche Stellung **I.1** § 33 ff.

Beamtenversorgung IV.1 § 1 ff.

Beförderung I.3 § 20

Stichwortverzeichnis

Beförderungsämter III.1 § 26 ff.

Befristete Arbeitsverträge VIII.5 § 21

Begnadigung I.11 § 43

Begrenzte Dienstfähigkeit I.1 § 27

Behindertengleichstellung
Barrierefreiheit VIII.2 § 3
Benachteiligungsverbot VIII.2 § 6

Behindertengleichstellungsgesetz, des Landes VIII.2

Beihilfe I.3 § 78
Begrenzung VII.1 § 15
Bemessung VII.1 § 14
Einschränkungen VII.2
Tod des Beihilfeberechtigten VII.1 § 12

Beihilfeberechtigte Personen VII.1 § 2
Personen, Zusammentreffen mehrerer VII.1 § 4

Beihilfefähige Aufwendungen VII.1 § 5
Anschlussheilbehandlung, Rehabilitation VII.1 § 7
außerhalb Deutschlands entstandene Aufwendungen VII.1 § 13
Fahrten VII.1 § 10a
Familien- und Haushaltshilfe VII.1 § 10a
Geburtsfälle VII.1 § 11
Krankenhausleistungen VII.1 § 6a
Krankheit VII.1 § 6
Kuren VII.1 § 8
Maßnahmen zur Gesundheitsvorsorge VII.1 § 10
Pflegebedürftigkeit VII.1 § 9
Todesfälle VII.1 § 12

Beihilfeverordnung VII.1 § 1 ff.

Benachteiligungsverbot X.1 § 1 ff.

Berücksichtigungsfähige Angehörige VII.1 § 3

Berufsbeamtentum, Grundsätze IX.1 Art. 33

Berufskrankheiten-Verordnung IV.4 § 1 ff.

Berufung IX.3 § 124 ff.

Besoldung
Anpassung III.1 § 16
Anspruch III.1 § 4 ff.
funktionsgerechte III.1 § 20
Rückforderung III.1 § 15

Beurteilungsrichtlinien, Verwaltungsvorschrift des Finanzministeriums I.7.1

Beurteilungsverordnung I.7 § 1 ff.

Bezügebestandteile IV.1 § 103

Briefwahl V.2 § 23

Bundeselterngeld- und Elternzeitgesetz VIII.5

Bundeskindergeldgesetz VIII.3

Bundespräsident IX.1 Art. 54 ff.

Bundesrat IX.1 Art. 50 ff.

Bundesrecht, Vorrang IX.1 Art. 31

Bundesregierung IX.1 Art. 62 ff.

Bundestag IX.1 Art. 38 ff.

Chancengleichheit, Verordnung über die Wahl der Beauftragten VIII.1.1

Chancengleichheitsgesetz VIII.1

Datenschutzgesetz des Landes IX.6

Demokratie IX.1 Art. 20

Dienstbehörde I.3 § 3

Diensteid I.1 § 38 I.3 § 47

Dienstherrnfähigkeit I.1 § 2 I.3 § 2

Dienstjubiläum I.3 § 82

Dienstkleidung I.3 § 55

Dienstliche Beurteilung, Dienstzeugnis I.3 § 51

Dienstordnung für die Landesverwaltung Baden-Württemberg IX.7

Stichwortverzeichnis

Dienstrechtsreformgesetz, Auszug I.2 §1 ff.

Dienstunfall IV.1 §45

Dienstunfähigkeit I.1 §26 I.3 §43 ff.
Verfahren I.3 §44

Dienstvereinbarung V.1 §85

Dienstvergehen I.1 §47

Dienstvorgesetzter I.5 §3 ff.
höherer I.5 §7

Dienstzeugnis I.3 §51

Diskriminierungsverbot X.1 §1 ff.

Disziplinarbehörde I.11 §4 ff.
besondere Zuständigkeit I.5 §12 ff.

Disziplinarmaßnahmen I.11 §25 ff.
Verwertungsverbot, Entfernung aus Personalakten I.11 §42

Disziplinarverfahren I.11 §8 ff.

Disziplinarverfügung I.11 §38

Ehrenbeamte I.1 §5 I.3 §91 IV.1 §76

Eingangsämter III.1 §24 ff.

Einkommensteuergesetz, Auszug VIII.4 §9c ff.

Einsatzversorgung IV.1 §46

Einschränkungen der beihilfefähigen Aufwendungen VII.2

Einstellung I.3 §18

Einstweilige Anordnung IX.3 §123

Einstweiliger Ruhestand I.1 §30, §30 ff.

Elterngeld VIII.5 §1 ff.

Elternzeit I.1 §46 I.3 §76 I.9 §40 ff. VIII.5 §15 ff.
Krankenfürsorge I.9 §46
Teilzeitbeschäftigung I.9 §42

Entlassung I.1 §22 ff. I.3 §31 ff.

Erholungsurlaub I.1 §44 I.9 §21 ff.

Ernennung I.1 §8 ff.
Kriterien I.1 §9
Voraussetzungen I.1 §10
Zuständigkeit I.4 §1 ff.

Ernennungsgesetz I.4

Erschwerniszulage III.1 §63

Erschwerniszulagenverordnung III.4 §1 ff.

Erziehung und Unterricht IX.2 Art. 11 ff.

Fahr- und Transportkosten VII.3 §16

Fahrkostenersatz III.1 §77

Fahrkostenerstattung VI.1 §5

Familienkasse VIII.3 §13a

Familienleistungsausgleich VIII.4 §31

Familienzuschlag III.1 §40 IV.1 §65

Finanzwesen IX.1 Art. 104a IX.2 Art. 79 ff.

Forschungs- und Lehrzulage III.1 §60 III.5 §8

Fortbildung I.3 §50

Führungsfunktionen, auf Probe I.3 §8

Fünftes Vermögensbildungsgesetz VIII.7 §1 ff.

Funktionszeit, Dienstleistungsabend I.9 §12

Fürsorge I.1 §45 I.3 §75 ff.

Gebärdensprache VIII.2 §8

Gefahrenschutz X.2 §1 ff.

Gemeinden IX.1 Art. 28

Gerichtsvollzieher, Vergütung III.1 §68

Gesamtpersonalrat V.1 §54

Geschenke
Belohnungen, Annahmeverbot I.1 §42
Verbot der Annahme I.12

Stichwortverzeichnis

Gesetzgebung IX.1 Art. 70 ff. **IX.2** Art. 58 ff.
ausschließliche des Bundes **IX.1** Art. 71, Art. 73
konkurrierende **IX.1** Art. 72, Art. 74

Gesundheitsschutz X.2 § 1 ff.

Gewerkschaften, Berufsverbände, Mitgliedschaft I.1 § 52

Gleichheitsgrundsatz IX.1 Art. 3

Grundamtsbezeichnungs-Verordnung III.2 § 1 ff.

Grundgehalt I.3 § 3 **III.1** § 21, § 31 ff.

Grundgesetz IX.1

Grundrechte IX.1 Art. 1 ff.

Hauptstadt IX.1 Art. 22

Heilbehandlung VII.3 § 3

Heilfürsorge I.3 § 79

Heilfürsorgeberechtigte Personen VII.3 § 1

Heilfürsorgeleistungen
ambulante Betreuung **VII.3** § 4 ff.
Art und Umfang **VII.3** § 2
Beamte der Feuerwehr **VII.3** § 19
Familien- und Haushaltshilfe **VII.3** § 10
Kostenträger **VII.3** § 3
Krankenhausbehandlung **VII.3** § 8 ff.
Krankenpflege **VII.3** § 9
vorbeugende Maßnahmen **VII.3** § 15
zahnärztliche Betreuung **VII.3** § 6 ff.

Heilfürsorgeverordnung VII.3 § 1 ff.

Heilverfahren IV.1 § 48

Heilverfahrensverordnung IV.2 § 1 ff.

Heimfahrten VI.3 § 5

Hinterbliebenengeld IV.1 § 91

Hinterbliebenenversorgung IV.1 § 30 ff., § 104

Hochschullehrer I.1 § 61

Jubiläumsgabenverordnung I.8 § 1 ff.

Jugend- und Auszubildendenvertretung
Jugend- und Auszubildendenversammlung **V.1** § 65 ff.
Jugend- und Auszubildendenvertretung **V.1** § 65 ff.

Kindergeld VIII.3 § 1 ff. **VIII.4** § 62 ff.

Kinderzuschlag IV.1 § 66 **VIII.3** § 6a

Klage, erster Rechtszug IX.3 § 81 ff.

Klagearten IX.3 § 42 ff.

Korruptionsverhütung und -bekämpfung I.12

Kosten IX.3 § 154 ff.

Kostendämpfungspauschale VII.1 § 15

Krankenhausbehandlung VII.3 § 4

Kündigungsschutz VIII.5 § 18

Kur- oder Sanatoriumsaufenthalt VII.3 § 5

Länder IX.1 Art. 28

Landesbeamtengesetz I.3 § 1 ff.
Verwaltungsvorschrift **I.3.1**

Landesbeamtenversorgungsgesetz Baden-Württemberg IV.1 § 1 ff.

Landesbehörden, oberste IX.5 § 7 ff.

Landesbesoldungsgesetz III.1 § 1 ff.
Allgemeine Verwaltungsvorschrift **III.1.1**

Landesbesoldungsordnung
A **III.1** § 28
B **III.1** § 28
R **III.1** § 35 ff.
W **III.1** § 37 ff.

Landesdatenschutzgesetz IX.6 § 1 ff.

Landesdisziplinargesetz I.11 § 1 ff.

Landesnebentätigkeitsverordnung I.6 § 1 ff.

Landespersonalvertretungsgesetz V.1 § 1 ff.

Stichwortverzeichnis

Landesverwaltungsverfahrensgesetz IX.4

Landtag IX.2 Art. 27 ff.

Laufbahnen I.3 § 14 ff.

Laufbahngruppenwechsel I.3 § 10

Laufbahnprüfung I.3 § 16

Laufbahnverordnungen
Wirtschaftsministerium II.5 § 1 ff.
Finanzlaufbahnverordnung (FLVO) II.4 § 1 ff.
Innenministerium (LVO-IM) II.1 § 1 ff.
Justizministerium (LVO-JuM) II.7 § 1 ff.
Kultusministerium (LVO-KM) II.2 § 1 ff.
Ländlicher Raum und Verbraucherschutz (LVO-MLR) II.3 § 1 ff.
Polizei (LVO-Pol) II.10 § 1 ff.
Sozialministerium (LVO-SM) II.9 § 1 ff.
Umweltministerium (LVO-UM) II.11 § 1 ff.
Verkehr und Infrastruktur (LVO-MVI) II.6 § 1 ff.
Wissenschafts- und Kunstbereich (LVO-MWK) II.8 § 1 ff.

Laufbahnwechsel, horizontaler I.3 § 21

Lehrkräfte-ArbeitszeitVO I.10 § 1 ff.

Lehrkräftezulagenverordnung III.7

Leistungsbezüge III.1 § 38 ff.
Ruhegehaltfähigkeit III.5 § 6

Leistungsbezügeverordnung III.5 § 1 ff.

Leistungsprämien III.1 § 76

Medizinische Rehabilitation VII.3 § 14

Mehrarbeitsvergütung III.1 § 65

Mindestversorgung IV.1 § 27

Mutterschutz I.1 § 46 I.3 § 76 I.9 § 32 ff.

Nebentätigkeit I.1 § 40
nach Dienstbeendigung I.1 § 41
Vergütung I.6 § 3

Nebentätigkeiten I.3 § 60 ff.

Nebentätigkeitsverordnung I.6 § 1 ff.

Nichtraucherschutzgesetz, des Landes X.3 § 1 ff.

Öffentlich-rechtlicher Vertrag IX.4 § 54 ff.

Pausen I.9 § 11

Personalakte I.1 § 50

Personalaktendaten I.3 § 83 ff.

Personalrat V.1 § 8 ff.
Amtszeit V.1 § 22 ff.
Anhörung V.1 § 86
Ausschüsse V.1 § 35
Beschlussfassung V.1 § 34
Erlöschen der Mitgliedschaft V.1 § 25
Geschäftsführung V.1 § 28 ff.
Landesamt für Verfassungsschutz V.1 § 97
Mitbestimmungsangelegenheiten V.1 § 73 ff.
Polizei V.1 § 96
Rechtsstellung V.1 § 43 ff.
Schule, Lehre, Forschung V.1 § 98 ff.
Südwestrundfunk V.1 § 105 ff.
Vorsitz V.1 § 29
Wahl und Zusammensetzung V.1 § 8 ff.
Wählbarkeit V.1 § 9
Zahl der Mitglieder V.1 § 10

Personalratsmitglieder, Rechtsstellung V.1 § 43 ff.

Personalratswahlen V.1 § 8 ff. V.2 § 1 ff.

Personalversammlung V.1 § 49 ff.

Personalvertretung
Beschäftigte V.1 § 4 ff.
Dienststellen V.1 § 5
Verbot der Behinderung, Benachteiligung und Begünstigung V.1 § 6

Petitionsausschuss IX.1 Art. 45c

Petitionsrecht IX.1 Art. 17

Pflege- und Kinderpflegeergänzungszuschlag IV.1 § 67

Stichwortverzeichnis

Pflegekosten VII.3 §11
Hilflosigkeitszuschlag IV.1 §49

Pflegezeiten I.3 §74 I.9 §48 ff.

Planstellen III.3 §3

Probezeit I.3 §19

Rechtsprechung IX.1 Art. 92 ff.

Regierung IX.2 Art. 45 ff.

Regierungspräsidien IX.5 §11 ff.

Reisekostengesetz VI.1

Reisekostenvergütung VI.1 §3 ff.

Reisen aus besonderem Anlass, Trennungsgeld und Auslagen VI.1 §13 ff.

Religion und Religionsgemeinschaften IX.2 Art. 4 ff.

Revision IX.3 §132 ff.

Ruhegehalt IV.1 §18 ff.

Ruhegehalt, Höhe IV.1 §27

Ruhegehaltfähige Dienstbezüge IV.1 §19

Ruhegehaltfähige Dienstzeit IV.1 §21 ff.

Ruhegehaltfähigkeit, Leistungsbezüge III.5 §6

Ruhestand I.3 §36 ff.
Beamtenverhältnis auf Probe I.1 §28
Beginn I.3 §46
einstweiliger I.3 §42
Erreichen der Altersgrenze I.1 §25
gesetzlicher I.3 §36 ff.

Ruhezeit I.9 §11

Schadenersatz, Pflicht zum I.1 §48

Schwerbehinderte in der Landesverwaltung VIII.2.1

Sitzungsvergütung III.1 §66

Sonderausgaben VIII.4 §10 ff.

Sonderurlaub I.9 §26 ff.

Sparvertrag VIII.7 §4, §8

Stellenobergrenzenverordnung III.3 §1 ff.

Stellenzulagen III.1 §47 ff.

Sterbegeld IV.1 §32

Strafverfahren gegen Beamte, Übermittlung I.1 §49

Strukturzulage III.1 §46

Stufenvertretungen V.1 §55

Tagegeld VI.1 §6

Tarifverträge V.1 §3

Teilzeitbeschäftigung I.1 §43 I.3 §69 I.9 §14

Telearbeit I.9 §15

Trennungsgeld VI.2 §12 VI.3 §2 ff.

Trennungsgeldverordnung VI.3 §1 ff.

Übernachtungsgeld VI.1 §7

Umbildung einer Körperschaft I.1 §16 ff. I.3 §26 ff.

Umzugskostengesetz VI.2 §1 ff.

Umzugskostenvergütung VI.2 §2 ff.
Zuständigkeit I.5 §17

Unfall-Hinterbliebenenversorgung IV.1 §55 ff.

Unfallausgleich IV.1 §50

Unfallentschädigungsverordnung IV.3 §1 ff.

Unfallfürsorge IV.1 §44 ff.

Unfallruhegehalt IV.1 §51 ff. VII.3 §12

Unterhaltsbeihilfe III.1 §88

Unterhaltsbeitrag IV.1 §36
Unfallfürsorge IV.1 §56 ff.

Unterrichtsvergütungsverordnung III.9 §1 ff.

Stichwortverzeichnis

Unterstützungsgrundsätze, Verwaltungsvorschrift über die Neufassung VII.5

Untätigkeitsklage IX.3 § 75

Urlaub I.3 § 71 ff. I.9 § 21 ff.
Dauer I.9 § 21 ff.

Urlaubsanspruch VIII.5 § 17

Verabschiedung, Altersgrenzen I.3 § 41

Vereinigungsfreiheit IX.1 Art. 9

Verfahrensgrundsätze IX.4 § 9 ff.

Verfassung IX.2

Vergütungen III.1 § 65 ff.

Vermögensbildungsgesetz VIII.7 § 1 ff.

Vermögenswirksame Leistungen III.1 § 85 ff. VIII.6 § 1 ff.
Anlageformen VIII.7 § 2

Verschollenheit, Bezüge IV.1 § 43

Verschwiegenheitspflicht I.1 § 37 I.3 § 57

Versetzung I.1 § 15 I.3 § 24

Versorgung, Arten IV.1 § 17

Versorgungsausgleich IV.1 § 105
nach der Ehescheidung IV.1 § 13 ff.

Versorgungsauskunft IV.1 § 77

Versorgungsbezüge IV.1 § 3 ff.

Versorgungsfondsgesetz IV.5 § 1 ff.

Versorgungslastenteilung IV.1 § 78 ff.
Übergangsvorschriften IV.1 § 110 ff.

Versorgungsrücklage III.1 § 17

Versorgungsrücklagegesetz IV.6 § 1 ff.

Vertrauensschutz IX.4 § 48

Verwaltung IX.2 Art. 69 ff.

Verwaltungsakt IX.4 § 35 ff.
Bestandskraft IX.4 § 43 ff.
Rücknahme IX.4 § 48

Verwaltungsbehörden IX.5 § 7 ff.
besondere IX.5 § 23 ff.
untere IX.5 § 15 ff.

Verwaltungsgerichtsordnung IX.3

Verwaltungsgesetz, des Landes IX.5

Verwaltungsrechtsweg IX.3 § 40

Verwaltungsverfahrensgesetz, des Landes IX.4 § 1 ff.

Verwendungen im Ausland I.1 § 60

Vollstreckungsvergütung III.1 § 67

Vorbereitungsdienst I.3 § 16

Vorschussrichtlinien VII.4

Vorverfahren IX.3 § 68 ff.

Wahlausschreiben V.2 § 9

Wahlniederschrift V.2 § 29

Wahlordnung LPVG V.2

Wahlvorschläge V.2 § 11 ff.

Wahlvorstand, Wahlhelfer V.2 § 1 ff.

Waisengeld IV.1 § 37 ff.

Wechselschichtdienst und Schichtdienst III.4 § 17

Wegstreckenentschädigung VI.1 § 5

Weisungsgebundenheit I.1 § 35

Widerspruch, aufschiebende Wirkung I.1 § 54

Widerspruchsentscheidungen, Zuständigkeit I.5 § 10 ff.

Wiederaufgreifen des Verfahrens IX.4 § 51

Wiederaufnahme des Verfahrens IX.3 § 153

Wiedereinsetzung in den vorigen Stand IX.4 § 32 IX.3 § 60

Witwengeld IV.1 § 33 ff.

Stichwortverzeichnis

Wählerverzeichnis V.2 § 6
Zulagen, Amtszulagen III.1 § 43 ff.
Zuschlag bei Altersteilzeit III.10
Zuschläge III.1 § 69 ff.

Zustellung I.3 § 5
Zuständigkeit, beamtenrechtliche I.5 § 1 ff.

Kalender 2025

2025	JANUAR				FEBRUAR				MÄRZ				
Montag		6	13	20	27		3	10	17	24		3	10	17	24	31
Dienstag		7	14	21	28		4	11	18	25		4	11	18	25
Mittwoch	1	8	15	22	29		5	12	19	26		5	12	19	26
Donnerstag	2	9	16	23	30		6	13	20	27		6	13	20	27
Freitag	3	10	17	24	31		7	14	21	28		7	14	21	28
Samstag	4	11	18	25		1	8	15	22		1	8	15	22	29
Sonntag	5	12	19	26		2	9	16	23		2	9	16	23	30

	APRIL				MAI					JUNI				
Montag		7	14	**21**	28		5	12	19	26		2	**9**	16	23	30
Dienstag	1	8	15	22	29		6	13	20	27		3	10	17	24
Mittwoch	2	9	16	23	30		7	14	21	28		4	11	18	25
Donnerstag	3	10	17	24		**1**	8	15	22	**29**		5	12	**19**	26
Freitag	4	11	**18**	25		2	9	16	23	30		6	13	20	27
Samstag	5	12	19	26		3	10	17	24	31		7	14	21	28
Sonntag	**6**	**13**	**20**	**27**		4	**11**	**18**	**25**		**1**	8	15	22	29

	JULI				AUGUST				SEPTEMBER				
Montag		7	14	21	28		4	11	18	25	1	8	15	22	29
Dienstag	1	8	15	22	29		5	12	19	26	2	9	16	23	30
Mittwoch	2	9	16	23	30		6	13	20	27	3	10	17	24
Donnerstag	3	10	17	24	31		7	14	21	28	4	11	18	25
Freitag	4	11	18	25		1	**8**	**15**	22	29	5	12	19	26
Samstag	5	12	19	26		2	9	16	23	30	6	13	**20**	27
Sonntag	**6**	**13**	**20**	**27**		3	**10**	**17**	**24**	**31**	**7**	**14**	**21**	**28**

	OKTOBER				NOVEMBER				DEZEMBER				
Montag		6	13	20	27		3	10	17	24	1	8	15	22	29
Dienstag		7	14	21	28		4	11	18	25	2	9	16	23	30
Mittwoch	1	8	15	22	29		5	12	**19**	26	3	10	17	24	31
Donnerstag	2	9	16	23	30		6	13	20	27	4	11	18	**25**
Freitag	**3**	10	17	24	**31**		7	14	21	28	5	12	19	**26**
Samstag	4	11	18	25		**1**	8	15	22	29	6	13	20	27
Sonntag	**5**	**12**	**19**	**26**		**2**	**9**	**16**	**23**	**30**	**7**	**14**	**21**	**28**

Neujahr 1. Januar, Hl. Drei Könige 6. Januar, Weltfrauentag 8. März, Karfreitag 18. April, Ostern 20. und 21. April, Tag der Arbeit 1. Mai, Tag der Befreiung 8. Mai, Christi Himmelfahrt 29. Mai, Pfingsten 8. und 9. Juni, Fronleichnam 19. Juni, Friedensfest Augsburg 8. August, Mariä Himmelfahrt 15. August, Weltkindertag 20. September, Tag der Dt. Einheit 3. Oktober, Reformationstag 31. Oktober, Allerheiligen 1. November, Buß- und Bettag 19. November, Weihnachten 25. und 26. Dezember

XII

Kalender 2026

2026	JANUAR				FEBRUAR				MÄRZ				
Montag		5	12	19	26		2	9	16	23		2	9	16	23	30
Dienstag		6	13	20	27		3	10	17	24		3	10	17	24	31
Mittwoch		7	14	21	28		4	11	18	25		4	11	18	25
Donnerstag	1	8	15	22	29		5	12	19	26		5	12	19	26
Freitag	2	9	16	23	30		6	13	20	27		6	13	20	27
Samstag	3	10	17	24	31		7	14	21	28		7	14	21	28
Sonntag	4	11	18	25		1	8	15	22		1	8	15	22	29

	APRIL				MAI				JUNI				
Montag		6	13	20	27		4	11	18	25	1	8	15	22	29
Dienstag		7	14	21	28		5	12	19	26	2	9	16	23	30
Mittwoch	1	8	15	22	29		6	13	20	27	3	10	17	24
Donnerstag	2	9	16	23	30		7	14	21	28	4	11	18	25
Freitag	3	10	17	24		1	8	15	22	29	5	12	19	26
Samstag	4	11	18	25		2	9	16	23	30	6	13	20	27
Sonntag	5	12	19	26		3	10	17	24	31	7	14	21	28

	JULI				AUGUST					SEPTEMBER				
Montag		6	13	20	27		3	10	17	24	31		7	14	21	28
Dienstag		7	14	21	28		4	11	18	25		1	8	15	22	29
Mittwoch	1	8	15	22	29		5	12	19	26		2	9	16	23	30
Donnerstag	2	9	16	23	30		6	13	20	27		3	10	17	24
Freitag	3	10	17	24	31		7	14	21	28		4	11	18	25
Samstag	4	11	18	25		1	8	15	22	29		5	12	19	26
Sonntag	5	12	19	26		2	9	16	23	30		6	13	20	27

	OKTOBER				NOVEMBER					DEZEMBER				
Montag		5	12	19	26		2	9	16	23	30		7	14	21	28
Dienstag		6	13	20	27		3	10	17	24		1	8	15	22	29
Mittwoch		7	14	21	28		4	11	18	25		2	9	16	23	30
Donnerstag	1	8	15	22	29		5	12	19	26		3	10	17	24	31
Freitag	2	9	16	23	30		6	13	20	27		4	11	18	25
Samstag	3	10	17	24	31		7	14	21	28		5	12	19	26
Sonntag	4	11	18	25		1	8	15	22	29		6	13	20	27

Neujahr 1. Januar, Hl. Drei Könige 6. Januar, Weltfrauentag 8. März, Karfreitag 3. April, Ostern 5. und 6. April, Tag der Arbeit 1. Mai, Christi Himmelfahrt 14. Mai, Pfingsten 24. und 25. Mai, Fronleichnam 4. Juni, Friedensfest Augsburg 8. August, Mariä Himmelfahrt 15. August, Weltkindertag 20. September, Tag der Dt. Einheit 3. Oktober, Reformationstag 31. Oktober, Allerheiligen 1. November, Buß- und Bettag 18. November, Weihnachten 25. und 26. Dezember

Monatskalender 2025

JANUAR

1	**Mi**	**Neujahr**	1
2	Do		
3	Fr		
4	Sa		
5	So		
6	**Mo**	**Heilige Drei Könige**[1]	2
7	Di	◐	
8	Mi		
9	Do		
10	Fr		
11	Sa		
12	So		
13	Mo	○	3
14	Di		
15	Mi		
16	Do		
17	Fr		
18	Sa		
19	So		
20	Mo		4
21	Di	◑	
22	Mi		
23	Do		
24	Fr		
25	Sa		
26	So		
27	Mo		5
28	Di		
29	Mi	●	
30	Do		
31	Fr		

FEBRUAR

1	Sa		
2	So		
3	Mo		6
4	Di		
5	Mi	◐	
6	Do		
7	Fr		
8	Sa		
9	So		
10	Mo		7
11	Di		
12	Mi	○	
13	Do		
14	Fr	Valentinstag	
15	Sa		
16	So		
17	Mo		8
18	Di		
19	Mi		
20	Do	◑	
21	Fr		
22	Sa		
23	So		
24	Mo		9
25	Di		
26	Mi		
27	Do		
28	Fr	●	

[1] Gesetzlicher Feiertag in Baden-Württemberg, Bayern und Sachsen-Anhalt

● = Neumond, ○ = Vollmond, ◑ = Halbmond, abnehmend, ◐ = Halbmond, zunehmend, ⊗ = Mondfinsternis, Vollmond

XII

Monatskalender 2025

MÄRZ

1	Sa		
2	**So**		
3	Mo	Rosenmontag	10
4	Di	Fastnacht	
5	Mi	Aschermittwoch	
6	Do		◐
7	Fr		
8	**Sa**	Weltfrauentag[1]	
9	**So**		
10	Mo		11
11	Di		
12	Mi		
13	Do		
14	Fr		⊗
15	Sa		
16	**So**		
17	Mo		12
18	Di		
19	Mi		
20	Do	Frühlingsanfang	
21	Fr		
22	Sa		◐
23	**So**		
24	Mo		13
25	Di		
26	Mi		
27	Do		
28	Fr		
29	Sa		●
30	**So**	Beginn der Sommerzeit	
31	Mo		14

APRIL

1	Di		
2	Mi		
3	Do		
4	Fr		
5	Sa		◐
6	**So**		
7	Mo		15
8	Di		
9	Mi		
10	Do		
11	Fr		
12	Sa		
13	**So**		○
14	Mo		16
15	Di		
16	Mi		
17	Do		
18	**Fr**	Karfreitag	
19	Sa		
20	**So**	Ostersonntag	
21	**Mo**	Ostermontag	◐ 17
22	Di		
23	Mi		
24	Do		
25	Fr		
26	Sa		
27	**So**		●
28	Mo		18
29	Di		
30	Mi		

[1] Gesetzlicher Feiertag in Berlin und Mecklenburg-Vorpommern

Monatskalender 2025

MAI

1	Do	Tag der Arbeit
2	Fr	
3	Sa	
4	So	◐
5	Mo	19
6	Di	
7	Mi	
8	Do	Tag der Befreiung[1]
9	Fr	
10	Sa	
11	So	Muttertag
12	Mo	○ 20
13	Di	
14	Mi	
15	Do	
16	Fr	
17	Sa	
18	So	
19	Mo	21
20	Di	◐
21	Mi	
22	Do	
23	Fr	
24	Sa	
25	So	
26	Mo	22
27	Di	●
28	Mi	
29	Do	Christi Himmelfahrt
30	Fr	
31	Sa	

[1] 80. Jahrestag der Befreiung vom Nationalsozialismus Sonderfeiertag in Berlin

JUNI

1	So	
2	Mo	23
3	Di	◐
4	Mi	
5	Do	
6	Fr	
7	Sa	
8	So	Pfingstsonntag
9	Mo	Pfingstmontag 24
10	Di	
11	Mi	○
12	Do	
13	Fr	
14	Sa	
15	So	
16	Mo	25
17	Di	
18	Mi	◐
19	Do	Fronleichnam[1]
20	Fr	
21	Sa	Sommeranfang
22	So	
23	Mo	26
24	Di	
25	Mi	●
26	Do	
27	Fr	
28	Sa	
29	So	
30	Mo	27

[1] Gesetzlicher Feiertag in Baden-Württemberg, Bayern, Hessen, Nordrhein-Westfalen, Rheinland-Pfalz, Saarland und teilweise in Sachsen und Thüringen

Monatskalender 2025

JULI

1	Di	
2	Mi	◐
3	Do	
4	Fr	
5	Sa	
6	**So**	
7	Mo	28
8	Di	
9	Mi	
10	Do	○
11	Fr	
12	Sa	
13	**So**	
14	Mo	29
15	Di	
16	Mi	
17	Do	
18	Fr	◑
19	Sa	
20	**So**	
21	Mo	30
22	Di	
23	Mi	
24	Do	●
25	Fr	
26	Sa	
27	**So**	
28	Mo	31
29	Di	
30	Mi	
31	Do	

AUGUST

1	Fr		◐
2	Sa		
3	**So**		
4	Mo		32
5	Di		
6	Mi		
7	Do		
8	Fr	Friedensfest[1]	
9	Sa		○
10	**So**		
11	Mo		33
12	Di		
13	Mi		
14	Do		
15	Fr	Mariä Himmelfahrt[2]	
16	Sa		◑
17	**So**		
18	Mo		34
19	Di		
20	Mi		
21	Do		
22	Fr		
23	Sa		●
24	**So**		
25	Mo		35
26	Di		
27	Mi		
28	Do		
29	Fr		
30	Sa		
31	**So**		◐

1 Gesetzlicher Feiertag im Stadtkreis Augsburg
2 Gesetzlicher Feiertag im Saarland und teilweise in Bayern

Monatskalender 2025

SEPTEMBER

1	Mo	36
2	Di	
3	Mi	
4	Do	
5	Fr	
6	Sa	
7	**So**	⊗
8	Mo	37
9	Di	
10	Mi	
11	Do	
12	Fr	
13	Sa	
14	**So**	◐
15	Mo	38
16	Di	
17	Mi	
18	Do	
19	Fr	
20	Sa	Weltkindertag[1]
21	**So**	●
22	Mo	39
23	Di	Herbstanfang
24	Mi	
25	Do	
26	Fr	
27	Sa	
28	**So**	
29	Mo	40
30	Di	◐

1 Gesetzlicher Feiertag in Thüringen

OKTOBER

1	Mi	
2	Do	
3	**Fr**	Tag der Deutschen Einheit
4	Sa	
5	**So**	Erntedankfest[1]
6	Mo	41
7	Di	○
8	Mi	
9	Do	
10	Fr	
11	Sa	
12	**So**	
13	Mo	◐ 42
14	Di	
15	Mi	
16	Do	
17	Fr	
18	Sa	
19	**So**	
20	Mo	43
21	Di	●
22	Mi	
23	Do	
24	Fr	
25	Sa	
26	**So**	Ende der Sommerzeit
27	Mo	44
28	Di	
29	Mi	◐
30	Do	
31	**Fr**	**Reformationstag**[2]

1 Örtlich verschieden
2 Gesetzlicher Feiertag in Brandenburg, Bremen, Hamburg, Mecklenburg-Vorpommern, Sachsen, Sachsen-Anhalt, Schleswig-Holstein und Thüringen

Monatskalender 2025

NOVEMBER

1	**Sa**	Allerheiligen[1]	
2	**So**		
3	Mo		45
4	Di		
5	Mi		○
6	Do		
7	Fr		
8	Sa		
9	**So**		
10	Mo		46
11	Di		
12	Mi		◐
13	Do		
14	Fr		
15	Sa		
16	**So**	Volkstrauertag	
17	Mo		47
18	Di		
19	**Mi**	Buß- und Bettag[2]	
20	Do		●
21	Fr		
22	Sa		
23	**So**	Totensonntag	
24	Mo		48
25	Di		
26	Mi		
27	Do		
28	Fr		◑
29	Sa		
30	**So**	1. Advent	

DEZEMBER

1	Mo		49
2	Di		
3	Mi		
4	Do		○
5	Fr		
6	Sa	Nikolaus	
7	**So**	2. Advent	
8	Mo		50
9	Di		
10	Mi		
11	Do		◐
12	Fr		
13	Sa		
14	**So**	3. Advent	
15	Mo		51
16	Di		
17	Mi		
18	Do		
19	Fr		
20	Sa		●
21	**So**	4. Advent / Winteranfang	
22	Mo		52
23	Di		
24	Mi	Heiligabend	
25	**Do**	1. Weihnachtstag	
26	**Fr**	2. Weihnachtstag	
27	Sa		◑
28	**So**		
29	Mo		1
30	Di		
31	Mi	Silvester	

XII

[1] Gesetzlicher Feiertag in Baden-Württemberg, Bayern, Nordrhein-Westfalen, Rheinland-Pfalz und im Saarland
[2] Gesetzlicher Feiertag in Sachsen

Schulferien 2025 Bundesrepublik Deutschland

	Winter	Ostern/Frühjahr	Himmelfahrt/Pfingsten	Sommer	Herbst	Weihnachten
Baden-Württemb.	–	14.04.–26.04.	10.06.–20.06.	31.07.–13.09.	27.10.–30.10./31.10.	22.12.–05.01.
Bayern	03.03.–07.03.	14.04.–25.04.	10.06.–20.06.	01.08.–15.09.	03.11.–07.11./19.11.	22.12.–05.01.
Berlin	03.02.–08.02.	14.04.–25.04./02.05./30.05.	10.06.	24.07.–06.09.	20.10.–01.11.	22.12.–02.01.
Brandenburg	03.02.–08.02.	14.04.–25.04./02.05./30.05.	10.06.	24.07.–06.09.	20.10.–01.11.	22.12.–02.01.
Bremen	03.02.–04.02.	07.04.–19.04.	30.04./02.05./30.05./10.06.	03.07.–13.08.	13.10.–25.10.	22.12.–05.01.
Hamburg	31.01.	10.03.–21.03.	02.05./26.05.–30.05.	24.07.–03.09.	20.10.–31.10.	17.12.–02.01.
Hessen	–	07.04.–21.04.	–	07.07.–15.08.	06.10.–18.10.	22.12.–10.01.
Mecklenburg-Vorp.	03.02.–14.02.	14.04.–23.04./30.05.	06.06.–10.06.	28.07.–06.09.	02.10./20.10.–25.10./03.11.	22.12.–05.01.
Niedersachsen[1]	03.02.–04.02.	07.04.–19.04./30.04.	02.05./30.05./10.06.	03.07.–13.08.	13.10.–25.10.	22.12.–05.01.
Nordrhein-Westf.	–	14.04.–26.04.	10.06.	14.07.–26.08.	13.10.–25.10.	22.12.–06.01.
Rheinland-Pfalz	–	14.04.–25.04.	–	07.07.–15.08.	13.10.–24.10.	22.12.–07.01.
Saarland	24.02.–04.03.	14.04.–25.04.	–	07.07.–14.08.	13.10.–24.10.	22.12.–02.01.
Sachsen	17.02.–01.03.	18.04.–25.04./30.05.	–	28.06.–08.08.	06.10.–18.10.	22.12.–02.01.
Sachsen-Anhalt	27.01.–31.01.	07.04.–19.04.	30.05.	28.06.–08.08.	13.10.–25.10.	22.12.–05.01.
Schleswig-Holstein[2]	03.02.	11.04.–25.04./02.05.	30.05.	28.07.–06.09.	20.10.–30.10./28.11.	19.12.–06.01.
Thüringen	03.02.–08.02.	07.04.–19.04.	30.05.	28.06.–08.08.	06.10.–18.10.	22.12.–03.01.

1 Auf den Ostfriesischen Inseln gelten Sonderregelungen.
2 Auf den Inseln Sylt, Föhr, Helgoland und Amrum sowie auf den Halligen enden die Sommerferien eine Woche früher, die Herbstferien beginnen eine Woche früher.

Alle Angaben ohne Gewähr.

Schulferien 2026 Bundesrepublik Deutschland

	Winter	Ostern/Frühjahr	Himmelfahrt/Pfingsten	Sommer	Herbst	Weihnachten
Baden-Württemb.	–	30.03.–11.04.	26.05.–05.06.	30.07.–12.09.	26.10.–30.10./31.10.	23.12.–09.01.
Bayern	16.02.–20.02.	30.03.–10.04.	26.05.–05.06.	03.08.–14.09.	02.11.–06.11./18.11.	24.12.–08.01.
Berlin	02.02.–07.02.	30.03.–10.04.	15.05./26.05.	09.07.–22.08.	19.10.–31.10.	23.12.–02.01
Brandenburg	02.02.–07.02.	30.03.–10.04.	15.05./26.05.	09.07.–22.08.	19.10.–30.10.	23.12.–02.01.
Bremen	02.02.–03.02.	23.03.–07.04.	15.05./26.05.	02.07.–12.08.	12.10.–24.10.	23.12.–09.01
Hamburg	30.01.	02.03.–13.03.	11.05.–15.05.	09.07.–19.08.	19.10.–30.10.	21.12.–01.01.
Hessen	–	30.03.–10.04.	–	29.06.–07.08.	05.10.–17.10.	23.12.–12.01.
Mecklenburg-Vorp.	09.02.–20.02.	30.03.–08.04.	15.05./22.05.–26.05.	13.07.–22.08.	19.10.–24.10./26.11.–27.11.	19.12.–02.01.
Niedersachsen[1]	02.02.–03.02.	23.03.–07.04.	15.05./26.05.	02.07.–12.08.	12.10.–24.10.	23.12.–09.01.
Nordrhein-Westf.	–	30.03.–11.04.	26.05.	20.07.–01.09.	17.10.–31.10.	23.12.–06.01.
Rheinland-Pfalz	–	30.03.–10.04.	–	29.06.–07.08.	05.10.–16.10.	23.12.–08.01.
Saarland	16.02.–20.02.	07.04.–17.04.	–	29.06.–07.08.	05.10.–16.10.	21.12.–31.12.
Sachsen	09.02.–21.02.	03.04.–10.04.	15.05.	04.07.–14.08.	12.10.–24.10.	23.12.–02.01.
Sachsen-Anhalt	31.01.–06.02.	30.03.–04.04.	26.05.–29.05.	04.07.–14.08.	19.10.–30.10.	21.12.–02.01.
Schleswig-Holstein[2]	02.02.–03.02.	26.03.–10.04.	15.05.	04.07.–15.08.	12.10.–24.10.	21.12.–06.01.
Thüringen	16.02.–21.02.	07.04.–17.04.	15.05.	04.07.–14.08.	12.10.–24.10.	23.12.–02.01.

1 Auf den Ostfriesischen Inseln gelten Sonderregelungen.
2 Auf den Inseln Sylt, Föhr, Helgoland und Amrum sowie auf den Halligen enden die Sommerferien eine Woche früher, die Herbstferien beginnen eine Woche früher.

Alle Angaben ohne Gewähr.

Notizen

Notizen

Notizen

Notizen

Notizen

Schnellübersicht

I	Statusrecht	19
II	Laufbahn/Ausbildung	259
III	Besoldung	341
IV	Versorgung	543
V	Personalvertretung	633
VI	Reise- und Umzugskosten/Trennungsgeld	711
VII	Beihilfe/Fürsorge	729
VIII	Soziale Schutzvorschriften/Familienförderung/Vermögensbildung	821
IX	Verfassung/Verwaltung	947
X	Allgemeine Schutzvorschriften	1147
XI	Stichwortverzeichnis	1177
XII	Kalendarium/Ferientermine	1185